Herausgegeben von

Cordula Stumpf
Friedemann Kainer
Christian Baldus

in Verbindung mit dem
Arbeitskreis Europäische Integration e.V.

Cordula Stumpf | Friedemann Kainer |
Christian Baldus (Hrsg.)

Privatrecht, Wirtschaftsrecht, Verfassungsrecht

Privatinitiative und Gemeinwohlhorizonte in der europäischen Integration

Festschrift für Peter-Christian Müller-Graff
zum 70. Geburtstag am 29. September 2015

Nomos

Arbeitskreis Europäische Integration e.V.

Die Deutsche Nationalbibliothek verzeichnet diese Publikation in der Deutschen Nationalbibliografie; detaillierte bibliografische Daten sind im Internet über http://dnb.d-nb.de abrufbar.

ISBN 978-3-8487-2088-0 (Print)
ISBN 978-3-8452-6478-3 (ePDF)

1. Auflage 2015

Vorwort

I.

Am 29. September 2015 vollendet Peter-Christian Müller-Graff sein siebzigstes Lebensjahr: im aktiven Dienst und in der Vollkraft seines Schaffens. Jahr um Jahr, Jahrzehnt um Jahrzehnt kommen neue Schriften, Aktivitäten und Initiativen hinzu, er ist in Heidelberg und in der Welt präsent wie nur wenige. Sein Werdegang und seine Verdienste sind hier schon aus Raumgründen nur in den Grundzügen nachzuzeichnen (II.). Wohl aber soll gesagt werden, warum diese Festschrift so ist, wie sie ist (III.), und warum sie so betitelt ist (IV.). Denn der Jubilar wägt seine Worte, und in dem Wort von den Gemeinwohlhorizonten steckt viel von seiner wissenschaftlichen Persönlichkeit.

II.

Studium und Promotion führten Peter-Christian Müller-Graff nach Göttingen, Berlin, Tübingen und an die Cornell University in Ithaca, N.Y., das Referendariat unter anderem zum Juristischen Dienst der Europäischen Kommission. Auf Promotion (1973, bei Ludwig Raiser: „Rechtliche Auswirkungen einer laufenden Geschäftsverbindung im amerikanischen und deutschen Recht") in Tübingen und baden-württembergisches Assessorexamen (1974) folgten 1982 die Habilitation bei Wernhard Möschel: "Unternehmensinvestitionen und Investitionssteuerung im Marktrecht" (Tübingen 1984) und nahtloser Übergang auf die erste Professur in Köln. Dort war der Jubilar seit 1985 auch im Wettbewerbssenat des OLG tätig, was ihm viel bedeutet. Bereits 1986 erhielt er zwei Rufe auf Ordinariate in Osnabrück und Trier. In Trier lehrte er die folgenden acht Jahre und bekam drei weitere ehrenvolle Rufe, nunmehr auf Ordinariate in Mainz, Würzburg und Heidelberg.

Er wurde 1994 in Heidelberg auf den Lehrstuhl für Bürgerliches Recht, Handels-, Gesellschafts- und Wirtschaftsrecht, Europarecht und Rechtsvergleichung berufen, verbunden mit einer Direktorenstelle am Institut für deutsches und europäisches Gesellschafts- und Wirtschaftsrecht der

Ruprecht-Karls-Universität Heidelberg. Dort bekleidete er eine Vielzahl von Ämtern in Institut, Fakultät und Gesamtuniversität. Besonders zu nennen ist sein insgesamt fünfjähriges Dekanat in einer Zeit akuter Bedrohung der Fakultät (1999-2004): eine Belastung, die manch anderer wissenschaftlich nicht durchgehalten hätte, und eine Zeit, deren schiere Länge anderen den Ostrakismos eingebracht hätte. Dem Jubilar aber trägt die seinerzeit bewiesene Klugheit und Disziplin, Umsicht und Festigkeit bis heute Dank und Anerkennung des Kollegiums ein. Es ist kein Zufall, dass er bis heute weit über seine Ämter hinaus quer durch die Universität in zahlreichen Angelegenheiten um Rat und Hilfe gebeten wird.

Zu sagen, mit dem Gang nach Heidelberg sei Peter-Christian Müller-Graffs *peregrinatio academica* beendet gewesen, trifft die Sache nur formal. Die Kurpfalz ist ihm Wahlheimat und Operationsbasis zugleich. Die Vielzahl seiner nationalen, europäischen und internationalen Engagements kann hier nicht aufgezählt werden. Es sind buchstäblich Dutzende von Gastprofessuren, Gremientätigkeiten, Beratungs- und Organisationsaufgaben, zumeist in verantwortlicher Stellung. Von denen, die ihm besonders am Herzen liegen, seien genannt, ohne den Versuch einer zeitlichen und sachlichen Reihung: die Tätigkeit als Heidelberger Direktor der Schule des deutschen Rechts an der Jagiellonen-Universität Krakau und Rektoratsbeauftragter der Universität Heidelberg für die Beziehungen mit dieser Universität; als Rektoratsbeauftragter für den Aufbau der Andrássy-Universität Budapest, deren Senat er angehört; als Vorstandsvorsitzender des Arbeitskreises Europäische Integration; als geschäftsführendes Vorstandsmitglied der Wissenschaftlichen Gesellschaft für Europarecht in der Gesellschaft für Rechtsvergleichung. Weit über Universitäres hinaus wirkte er 2002/2003 als externer Experte und Berater des Bundesratmitglieds des Europäischen Verfassungskonvents. Viele der hier nur exemplarisch genannten Erfahrungen bündelt er seit 2013 tatkräftig als Vorsitzender des Deutschen Juristen-Fakultätentages.

Wie sehr ihm die Sache der Studierenden am Herzen liegt, beweisen seine Engagements als federführender Vertrauensdozent der Studienstiftung, als Cambridge-Beauftragter und beim *European Law Moot Court* (samt Ausrichtung zweier *Regional Finals*) – alles ununterbrochen seit fast 20 Jahren.

Rückschlüsse auf die sachliche und räumliche Spannweite der Tätigkeiten des Jubilars gewähren schließlich, neben nationalen und internationalen Orden und Ehrenzeichen einschließlich des Bundesverdienstkreuzes, drei Ehrendoktortitel: der Eötvös-Loránd-Universität Budapest (2002), der Universität Bergen (2008) und der Jagiellonen-Universität Krakau (2011).

Fragt man ihn, was ihm wichtig sei, so nennt er nicht die bisher skizzierten Verdienste. Forschung und Lehre, beide klassisch verstanden und gepflegt, sind für ihn die Essentialia des Hochschullehrerberufs; akademische Selbstverwaltung und politisch konnotierte Aufgaben sind gewissenhaft wahrzunehmen, dürfen die Identität des Forschers aber nicht prägen. Der prinzipienfeste Lutheraner Peter-Christian Müller-Graff liebt das Bild des klösterlich lebenden Gelehrten. Klösterlich heißt ihm selbstverständlich nicht weltfremd oder weltfeindlich, sondern, eben klassisch, Forschung und Lehre in individuellem, unabgelenktem Bemühen um Erkenntnis, gepflegter Sprache und kollegialem Gespräch. Klassisch heißt für seine eigene Forschung und Lehre: anspruchsvoll, systematisch, dogmatisch, grundlagensensibel, auf praktische Problemlösung vor allem aus richterlicher Perspektive angelegt. Der einzelne Interessenkonflikt wird immer und immer wieder in seinen größeren Rahmen gestellt, die Teilgebiete des Rechts werden zusammengehalten, das Recht in seinen Spezifika wird gegen außerrechtliche Ordnungs- und Erkenntnismodelle gehalten. Das jüngste, hoffentlich nicht das letzte, Monument dieser Haltung ist die Enzyklopädie Europarecht.

Dieses Denken im System steht keineswegs im Gegensatz dazu, dass der Jubilar nicht müde wird, die zentrale Rolle des Wirtschaftsrechts zu betonen. Es ist sein zentrales Arbeitsgebiet, er hat es systematisch und systematisierend durchdrungen; er versteht es nicht sektoriell, nicht atomisiert, sondern als Impulsquelle und Anwendungsfeld für die Systeme des Bürgerlichen Rechts wie des Europarechts. Wer „Wirtschaftsrecht" als einen thematisch und methodisch reduzierten Gegenstand nichtuniversitärer Ausbildung missversteht, kann sich angemessen formulierter, sachlich aber vernichtender Kritik des Jubilars sicher sein.

So hat Peter-Christian Müller-Graff die Lehre im Bürgerlichen Recht nie vernachlässigt und stets den Blick in alles schweifen lassen, was rund um das Wirtschaftsrecht liegt. Bekannt ist sein Interesse an den Nachbarwissenschaften, namentlich der Politologie und der Ökonomie, geradezu legendär sind seine *rapports de synthèse* in allen möglichen Sprachen auf Tagungen höchst unterschiedlichen Gegenstandes, alles gestützt auf den Fundus umfassender Bildung. Entsprechend stellen sich seine wissenschaftlichen Beziehungen dar: Die Dissertationsthemen und die heutigen Tätigkeitsbereiche der über 70 Doktoranden aus dem In- und Ausland sowie der beiden habilitierten Schüler (weitere Habilitationen stehen an) belegen nachdrücklich die Fruchtbarkeit dieser lebenslangen Arbeit daran, Breite nicht strukturlos und Tiefe nicht beziehungslos werden zu lassen. Ein Blick in das Inhaltsverzeichnis dieser Festschrift führt in dieselbe Richtung: Ein geringer Teil der Eingeladenen war aus respektablen persönlichen oder beruflichen Gründen und mit Bedauern daran verhindert, einen Aufsatz beizusteuern. Die Themen der eingegangenen Beiträge aber zeigen, woran denkt, wer gebeten wird, etwas für den Jubilar zu schreiben.

Auch wer Peter-Christian Müller-Graff als akademischen Lehrer oder aus kollegialer Zusammenarbeit gut kennt, fragt sich immer wieder, wie er seine Aufgaben nicht nur überhaupt bewältigt, sondern vor allem, woher jene Verbindung von Ernsthaftigkeit und Schalk, Ruhe und Zuversicht kommt, die ihn auszeichnet. Er ist ein akademisches Unikum, sozusagen die inkarnierte Wiedergewinnung der Kurpfalz durch einen bayerischen Kosmopoliten. Humanist durch und durch, ist er wissbegierig, stilsicher, aufmerksam für die großen und die kleinen Dinge allerorten; sein Blick sieht überall das handfeste Detail und dahinter die Strukturen und Prinzipien. Vieles ist Disziplin, gelebte Überzeugung von der Sache, vieles die Fähigkeit zum genauen Notieren, zum Delegieren, zum Unterscheiden zwischen eigenen und fremden Aufgaben. Manches mag die Schokolade bewirken, über deren regelmäßigen Konsum belastbare Forschungsergebnisse freilich nicht vorliegen. Über historische Vorbilder ist ebenfalls nichts Sicheres bekannt; rechtsgeschichtlich tätigen Kollegen fiel die Jhering-Büste in der Lehrstuhlbibliothek auf; die bisweilen geäußerte Assoziation mit einem Barockfürsten würde der Jubilar gewiss zurückweisen. Am Ende ist er einfach er selbst, und dies allein rechtfertigte bereits die Festschrift.

III.

Einbändige Festschriften kann (und soll!) man in die Hand nehmen und lesen. Sind sie freilich einer derart weltläufigen Persönlichkeit gewidmet, ist kein Raum für Archivaufsätze. Dem steht die Bindegrenze entgegen. Und so sehr der Jubilar, Mitherausgeber von Archivzeitschriften, Archivaufsätze schätzt, weiß er doch nicht erst seit seiner Zeit bei der Kommission: Oftmals kann man das Wesentliche besser kurz sagen und schreiben. Die Autoren haben sich nahezu alle in bewundernswürdiger Disziplin an die räumlichen, zeitlichen und technischen Bitten der Herausgeber gehalten. Auch dafür gebührt ihnen großer Dank. Bei manchem sind auf diese Weise zwei Artikel entstanden, was der Wissenschaft gewiss nicht schadet. Die Textgrundlage des Festvortrags wird selbstverständlich in voller Länge abgedruckt.

Die Inhalte zeugen, wie schon gesagt, von der Breite wie von der Verflochtenheit der Interessen des Jubilars. Die Gliederung folgt den mit Titel und Untertitel der Festschrift angesprochenen großen Linien im Wirken des Jubilars anhand dessen, was denen, die ihn schätzen, zu diesem Anlass eingefallen ist. Dass mancher Beitrag in mehr als einer Abteilung seinen Platz hätte finden können, reflektiert die systemische Prägekraft des Geehrten.

Das Erscheinen dieses Bandes hat der Nomos Verlag möglich gemacht: mit kurzen Kommunikationswegen, in perfekter Organisation und durch die vorzügliche Betreuung, die namentlich Frau Gisela Krausnick dem Werk hat angedeihen lassen. Zu danken ist auch dem Arbeitskreis Europäische Integration sowie einigen Einzelspendern, die nicht genannt sein wollen, für finanzielle Unterstützung.

IV.

Zu erklären bleibt der Titel und hier der Untertitel dennoch. Privatrecht, Wirtschaftsrecht und Verfassungsrecht sind die Großkreise, in denen das Wirken des Jubilars sich organisiert. Das Gemeinwohl liegt jedem Juristen am Herzen. Peter-Christian Müller-Graff aber spricht, in juristisch kaum üblicher, wohl aber interdisziplinär informierter Weise, gern von den Gemeinwohlhorizonten: im Plural. Vielleicht liegt hier ein Schlüssel zu seinem Denken. Er ist kein Relativist. Er ist tolerant, wie man es nur sein kann, wenn man Überzeugungen hat. Er unterstellt, solange es realistisch ist, auch anderen, dass es ihnen um die Sache und um die gute Sache geht: Es gibt ein Gemeinwohl, aber viele Horizonte. Darin findet sich vielleicht Inspiration Ludwig Raisers, indes in neue Sphären fortentwickelt: Der Jubilar weiß, dass Interessen und Perspektiven legitimerweise unterschiedlich sein können, auch juristisch, auch innerhalb ein und derselben Institution. Es gibt Verfahren und Stilregeln dazu, wie solche Unterschiede zu bewältigen sind.

Die Rede von den Gemeinwohlhorizonten appelliert an alle Diskursteilnehmer, ihre Rolle in den Institutionen so zu spielen, wie das Recht es verlangt und die Politik es möglich erscheinen lässt. Sie erhält und pflegt den Diskurs und damit das Privatrecht, das Wirtschaftsrecht und die Verfassung. Was Peter-Christian Müller-Graff zu diesem Werk beigetragen hat und weiter beiträgt, spiegelt sich in dieser Festschrift.

V.

Es bleibt der Dank. Verlag und Sponsoren wurden bereits genannt. An unseren Lehrstühlen haben sich überdies redaktionell Frau stud. iur. Lydia Förster, Frau stud. iur. Lucina Herzog, Frau stud. iur. Anna Schmitt und Herr Ass. iur. Thomas Raff besonders verdient gemacht; Herr Raff verantwortet zusammen mit Frau Ref. iur. Lena Gerold auch die Indizes. Schon die Vorbereitung des Werkes wäre kaum denkbar gewesen ohne die umsichtige Unterstützung von Frau Ursula Hartenstein und Frau Irene Kreis, die Organisation der feierlichen Übergabe nicht ohne Frau Patricia Engelmann.

Eine Gemeinschaftsarbeit dieses Umfangs verlangt ein bisweilen etwas summarisches Verfahren, und sie wird am Ende notwendig auch Fehler aufweisen. Dafür bitten die Herausgeber um Nachsicht.

Im Mai 2015
Cordula Stumpf
Friedemann Kainer
Christian Baldus

Grußwort Anne Peters

Herzliche Geburtstagsgrüße über den Neckar! Peter-Christian Müller-Graff hat im Laufe seiner langen Schaffensphase souverän den public-private split überwunden und sich deshalb immer wieder für die Forschung am Max-Planck-Institut für ausländisches öffentliches Recht interessiert. Das Verhältnis zwischen Fakultät und Institut war dank seines Engagements stets anregend, manchmal sogar aufregend. In der Ausrichtung von Moot Courts, der Identifizierung und Förderung junger Talente, Promotionen und gemeinsamen Projekten haben unsere beide Institutionen oft fruchtbar zusammengearbeitet; und dies war vielfach dem Jubilar zu verdanken. Dank seiner ungebrochenen Energie steht einem weiteren Austausch zu beiderseits interessierenden Themen nichts entgegen! In Betracht kommen etwa Reflexionen zur Legitimität und Effektivität des neuen internationalen Kakaoabkommens (Abkommen v. 25.6.2010, in Kraft seit 1.10.2012; UNCTAD/TD/COCOA.10/3; Text in ILM 50 (2010), 673)). Nach dessen Art. 37 Abs. 1 verpflichten sich die Mitglieder, „den Konsum von Schokolade zu fördern", und die Organisation sucht „die Zusammenarbeit mit dem Privatsektor für die Umsetzung dieser Aktivitäten (Art. 37 Abs. 3). Art. 38 fordert die „Vorbereitung von Studien", unter anderem zu Themen wie „Kakaokonsum und traditionelle und mögliche neue Nutzungsformen" und zu „Bezügen zwischen Kakao und Gesundheit".

Ich freue mich auf anregende Diskussionen mit Peter-Christian Müller-Graff und mit allen Kollegen unserer Fakultät.

Prof. Dr. Anne Peters, LL.M.
Max-Planck-Institut für ausländisches öffentliches Recht und Völkerrecht, Heidelberg

Grußwort Vassilios Skouris

Peter-Christian Müller-Graff war mir gewiss schon vor der Aufnahme meiner Tätigkeit am Europäischen Gerichtshof ein Begriff, doch ich habe ihn eigentlich erst danach richtig kennen und schätzen gelernt. Unsere Wege haben sich in den letzten fünfzehn Jahren mehrmals gekreuzt und ich hatte daher Gelegenheit, die besonderen Vorzüge eines vorbildlichen Wissenschaftlers und überzeugten Europäers zu entdecken. Seine Vorliebe für das Europarecht hat in diesem Zusammenhang naturgemäß eine wichtige Rolle gespielt. Deshalb bin ich den Herausgebern „seiner" Festschrift besonders dankbar, dass sie es mir ermöglicht haben, ein kurzes Grußwort beizutragen, um meine Hochachtung für die Leistungen des Jubilars ausdrücken zu dürfen.

Mehrere Gesichtspunkte scheinen mir im Hinblick auf die Persönlichkeit und den Werdegang von Müller-Graff von Bedeutung.

Erstens halte ich für erwähnenswert, dass Müller-Graff von Haus aus Privat- und Wirtschaftsrechtler ist, was für eine intensive Beschäftigung mit der Unionsrechtsordnung (als einer eigen- und selbständigen Rechtsordnung) nicht unbedingt prädestiniert. Oft haben Europarechtler ihren Ursprung im öffentlichen Recht, weil die Vertreter dieses Fachs mit Fragen wie Begrenzung der staatlichen Souveränität, Kompetenzverteilung (zwischen der Union und den Mitgliedstaaten einerseits und zwischen den Unionsorganen andererseits) oder Umfang und Grenzen der Grundfreiheiten und/oder der Grundrechte eher vertraut sind. Zweifellos haben sich die Dinge inzwischen erheblich gewandelt. Zunächst ist zu betonen, dass das Unionsrecht schon sehr früh präsent war in spezifischen Bereichen des Handels- und Gesellschaftsrechts, im Wettbewerbsrecht, im Verbraucherschutz oder im (Zivil)Prozessrecht bei den Fragen der Zuständigkeitsverteilung unter den Gerichten der Mitgliedstaaten bzw. der gegenseitigen Anerkennung von Urteilen. Infolge des Vertrags von Lissabon und der Einbeziehung und Vertiefung des sog. Raums der Freiheit, der Sicherheit und des Rechts ist der Bezug des Unionsrechts zum Privatrecht noch enger und intensiver geworden, was eigentlich bedeutet, dass die Kollegen, die sich mit dem Zivilrecht, dem Handels- und Gesellschaftsrecht und dem Wirtschaftsrecht befassen, sehr wohl „Europarechtler" sind und Wesentliches zur Entwicklung des Unionsrechts beitragen können. Betrachtet man allerdings die allgemeine Lage, so war das Verhältnis der „reinen" Privatrechtler zum Unionsrecht nicht spannungsfrei, die Einwirkung des europäischen Gesetzgebers in das nationale Privatrecht wurde nicht vorbehaltlos begrüßt, wenn insbesondere bewährte und überkommene Instrumente des nationalen (Zivil)Rechts dem Unionsrecht weichen mussten. Das gilt insbesondere für den harten Kern des Zivilrechts, wenn man z.B. an die Schwierigkeiten denkt, die in mehreren Mitgliedstaaten mit der Umsetzung der Richtlinie über die Produzentenhaftung verbunden waren. Deshalb ist der Beitrag von Wissenschaftlern wie Müller-Graff besonders hervorzuheben, weil sie es übernommen haben, die nationale (Privat)Rechtslehre mit dem Unionsrecht anzufreunden und die Angst vor einem „unbekannten Wesen" erfolgreich abzubauen.

Zweitens ist Müller-Graff ein internationaler Rechtsgelehrter „par excellence". Er hat Gastvorlesungen an vielen renommierten Universitäten des Auslands gehalten und Lehraufträge erfüllt, Promotions- und Habilitationsvorhaben außerhalb Deutschlands unterstützt und ist ein begeisterter Kongressteilnehmer (und Photograph!). Ich habe ihn bei unzähligen Veranstaltungen getroffen, er ist ein treuer und gern gesehener FIDE-Gast, weil er aktiv mitwirkt, dort viele Funktionen übernommen hat und sich um einen echten Rechtsdialog bemüht. Dieser Rechtsdialog hat mehrere Facetten, die alle Müller-Graff vertraut sind. Einmal geht es um das intensive Gespräch mit Fachkollegen aus anderen Ländern, um das Problembewusstsein zu wecken und die Voraussetzungen für eine einheitliche Auslegung und Anwendung des Unionsrechts zu schaffen. Ebenso wichtig (wenn nicht wichtiger) ist die dogmatische Auseinandersetzung mit der Rechtsprechung der nationalen, aber auch der europäischen Gerichte. Für diese Art des Dialogs setzt sich Müller-Graff besonders ein und zwar nicht nur in der Form von schriftlichen Stellungnahmen und Kommentaren zu spezifischen Urteilen, sondern auch durch die Teilnahme an gemeinsamen Veranstaltungen mit Richtern des Europäischen Gerichtshofs (in Heidelberg, aber auch in Luxemburg), bei denen Erfahrungen ausgetauscht und die gegenseitigen Positionen klargestellt werden. Aber auch als Prozessvertreter vor der Großen Kammer des Europäischen Gerichtshofs habe ich Müller-Graff erlebt. Denn auch diese Art des Dialogs mit der Rechtswissenschaft kann von gegenseitigem Nutzen sein. In diesem Zusammenhang erinnere ich mich daran, dass wir kurz vor der Durchführung der mündlichen Verhandlung in einem wichtigen Verfahren vor der Großen Kammer gemeinsam an einer Veranstaltung in Krakau teilgenommen haben. Ich wusste damals nicht, dass er einige Tage später in Luxemburg auftreten würde, war also gewissermaßen überrascht, ihn vor mir in seinem Professorentalar zu sehen, habe aber außerordentlich geschätzt, dass er während der Tagung in Krakau die anstehende Prozessvertretung mit keinem Wort erwähnt hat.

Der dritte Punkt betrifft die wissenschaftlichen Leistungen Müller-Graffs im Europarecht. Das beeindruckende Publikationsverzeichnis beweist die Breite und die Tiefe der wissenschaftlichen Interessen des Jubilars, literarisch ist er besonders hervorgetreten durch Monographien, systematische Werke, Kommentierungen und Einzelbeiträge, die stattlich an der Zahl und reich in ihrem Inhalt sind. Ohne jeden Anspruch auf Vollständigkeit wären zu erwähnen die einmalige, auf zehn (!) Bände angelegte und deshalb großartige Enzyklopädie Europarecht (mit Armin Hatje), die ihren Namen wie kaum ein anderes Sammelwerk verdient, das in mehreren Auflagen erschienene Buch mit einer Gesamtsicht des Verhältnisses zwischen Privatrecht und Europäischem (Gemeinschafts)Unionsrecht, die diversen Beiträge zum Wettbewerbsrecht, die monographisch anmutenden Kommentierungen zu den Grundfreiheiten. Aber auch über die (nicht gerade engen) Grenzen des Privatrechts hinaus hat sich Müller-Graff geäußert über die unmittelbare Wahl des Europäischen Parlaments, wiederholt über das Haushaltsrecht der Europäischen Union, über den Europäischen Verfassungskonvent oder über die Drittwirkung der Grundfreiheiten und Grundrechte im Unionsrecht. Angesichts dieses breiten Spektrums wissenschaftlicher Betätigung ist es nicht weiter verwunderlich, dass der Jubilar mehrfacher Ehrendoktor ist.

Nicht unerwähnt sollten schließlich die persönlichen Bindungen bleiben, die Müller-Graff mit seinen Fachkollegen eingeht und pflegt. Ich habe das Glück, zu diesem Personenkreis zu gehören und von dieser Beziehung zu profitieren und ich habe das noch größere Glück, mit gleich zwei laudationes aus der Feder bzw. aus dem Mund von Müller-Graff bedacht zu sein: Einmal bei der höchst ehrenvollen Verleihung der Ehrendoktorwürde der Juristischen Fakultät der Universität Heidelberg im Jahr 2010, die er initiiert hat, und etwas später bei der Übergabe des Dimitris-Tsatsos-Preises in Athen. Beide Male habe ich bewundert, mit welchem außerordentlichen Einsatz Müller-Graff meinen bescheidenen Beitrag zum öffentlichen Recht und zum Europarecht ausgewertet und elegant präsentiert hat. Er möge mir verzeihen, wenn ich nicht denselben Einsatz in diesem Grußwort an den Tag lege. Ich kann ihm aber versichern, dass es mir eine Ehre ist, ihm diese wenigen Worte auf den Weg zu geben, weil er wie wenige es verdient hat, mit einer Festschrift ausgezeichnet zu werden.

Ich bedauere unendlich, keinen Beitrag für die vorliegende Festschrift verfasst zu haben. Die Verantwortung dafür liegt ausschließlich bei mir, doch ist es mir nicht gelungen, rechtzeitig einen dem Anlass entsprechenden Artikel zu liefern. Der humanistisch aus- und vorgebildete Jubilar möge mir das nachsehen und mir glauben, dass „το μεν πνεύμα πρόθυμον, η δε σαρξ ασθενής“ war.

Prof. Dr. Dr. h.c. mult. Vassilios Skouris,
Präsident des Gerichtshofs der Europäischen Union

Inhalt

A.
Privatrecht

I. Grundlagen

Praktische Vernunft als Fundament des Zivilrechts. Zur rechtsphilosophischen Begründung privatrechtlicher Autonomie durch Kant in der Metaphysik der Sitten

Volker Haas

I. Einleitung

Der Jubilar kann gewiss als Rechtswissenschaftler gelten, dem das Zivilrecht in seinen europarechtlichen Bezügen ein wesentliches Anliegen ist, ohne dabei jedoch dessen Grundlagen aus den Augen zu verlieren. Gerade im Hinblick auf die europarechtlichen Einflüsse auf das Zivilrecht erscheint die Beantwortung der Frage immer dringlicher, auf welche Fundamente sich die Privatrechtsordnung stützen soll und welchen Rahmen diese Fundamente ihrer Ausgestaltung setzen können. Auf der Suche nach einer hinreichend festen normativen Basis soll noch einmal der Blick auf die Rechtsphilosophie Kants gelenkt werden. Folgt man Wieacker, dann wurde das ältere Vernunftrecht eines Grotius und Pufendorf durch die Vernunftkritik Kants widerlegt und durch eine formale Pflicht- und Freiheitsethik ersetzt.[1]

II. Das Grundgerüst des rechtsphilosophischen Begründungswegs in der Metaphysik der Sitten

Die Metaphysik der Sitten schließt sich der Kritik der praktischen Vernunft an. Sie teilt sich – wie Kant schon in der Vorrede zur Metaphysik der Sitten hervorhebt – in die metaphysischen Anfangsgründe der Rechtslehre und der Tugendlehre ein. Nur Erstere ist Gegenstand der nachfolgenden Betrachtungen. Die Rechtslehre verlangt nach Ansicht von Kant ein aus der Vernunft hervorgehendes, a priori entworfenes System, das man als Metaphysik des Rechts bezeichnen könnte. Denn nur wenn die Sitten-

1 *Wieacker*, Privatrechtsgeschichte der Neuzeit, 2. Auflage, 1967, Nachdruck 1996, 375.

gesetze als a priori gegründet und notwendig ausgewiesen werden können, gelten sie Kant zufolge als Gesetze. Die Gesetzgebung kann nun zweifacher Natur sein: Diejenige Gesetzgebung, die eine Handlung zur Pflicht und diese Pflicht zugleich zur Triebfeder macht, ist ethisch. Diejenige aber, die eine andere Triebfeder als die Idee der Pflicht zulässt, ist juridisch. Dementsprechend bezeichnet Kant die bloße Übereinstimmung einer Handlung mit dem Gesetz ohne Rücksicht auf die Triebfeder als Legalität, während Moralität voraussetzt, dass die Pflicht Triebfeder der gesetzmäßigen Handlung ist.[2] Die Pflichten, die aus der rechtlichen Gesetzgebung resultieren, können daher nur äußere Pflichten sein. Gemeint ist damit, dass der Gegenstand der Verpflichtung sich auf äußere Handlungen beschränkt. In diesem Sinne ist es eine äußere Pflicht, sein vertragsmäßiges Versprechen zu halten.[3] Unter Rechtslehre versteht Kant daher den Inbegriff der Gesetze, für welche eine *äußere* Gesetzgebung möglich ist.[4]

Zur Beantwortung der Frage, was Recht ist, reicht nach Kant eine bloß empirische, positivistische Rechtslehre nicht aus. Die Quelle jener Kriterien, durch die man sowohl Recht als auch Unrecht erkennen kann, liegt seines Erachtens in der bloßen, das heißt in der reinen praktischen Vernunft. Diese bestimmt Recht als Inbegriff der Bedingungen, unter denen die Willkür des einen mit der Willkür des anderen nach dem allgemeinen Gesetz der Freiheit zusammen vereinigt werden kann. Eine Handlung, die diesem Kriterium genügt, weil nach ihrer Maxime die Freiheit der Willkür eines jeden mit jedermanns Freiheit nach einem allgemeinen Gesetz zusammen bestehen kann, ist demnach rechtmäßig.[5] Da das Rechtsgesetz nicht verlangt, dass die Person um der Verbindlichkeit willen ihre Freiheit auf jene Bedingungen einschränkt, sagt laut Kant die Vernunft nur, dass die Freiheit ihrer Idee darauf eingeschränkt sei und von anderen Personen auch tätlich eingeschränkt werden dürfe.[6] Kennzeichen des Rechts ist es, dass es mit der Befugnis zu zwingen verbunden ist. Kant leitet diese Befugnis zunächst aus dem Satz vom Widerspruch ab: Der Zwang, der einer Handlung, die ein Hindernis der Freiheit nach allgemeinen Gesetzen und damit Unrecht ist, entgegengesetzt wird, stimmt mit der Freiheit nach all-

---

2 *Kant*, Metaphysik der Sitten, 2. Auflage, 1798, in: Werke in sechs Bänden, Bd. IV, Weischedel (Hrsg.), Nachdruck 1983, 324.

3 *Kant* (Fn. 2) 324.

4 *Kant* (Fn. 2) 336.

5 *Kant* (Fn. 2) 337.

6 *Kant* (Fn. 2) 338.

gemeinen Gesetzen überein und ist damit rechtmäßig. Allerdings kann man Kant zufolge den Begriff des Rechts unmittelbar durch die Möglichkeit des äußeren Zwangs, der mit der Freiheit von jedermann nach allgemeinen Gesetzen zusammen bestehen kann, definieren, da das strikte Recht der juridischen Gesetzgebung die Triebfeder gerade nicht reguliert.[7]

Das Recht erkennt nach Ansicht von Kant dem Einzelnen Rechte im Sinne subjektiver Rechtspositionen zu. Rechte definiert er als (moralisches) Vermögen, andere zu verpflichten. Sie vermitteln also ihrem Inhaber eine Rechtsmacht. Die Rechte unterteilen sich in angeborene und erworbene Rechte. Kant kennt nur ein einziges angeborenes Recht, das dem einzelnen Menschen kraft seiner Menschheit von Natur aus zukommt: Freiheit im Sinne von Unabhängigkeit von eines anderen nötigender Willkür, sofern sie mit jedes anderen Freiheit nach einem allgemeinen Gesetz zusammen bestehen kann. Da die Menschheit nach Vorstellung von Kant selbst eine Würde ist,[8] ist anzunehmen, dass Kant das Freiheitsrecht auf diese Würde gründet.[9] Die Würde der menschlichen Natur bzw. der Menschheit stützt er schon in der Grundlegung zur Metaphysik der Sitten auf die Selbstgesetzgebung der Vernunft, also die Autonomie.[10] Dieses angeborene Mein und Dein nennt Kant auch das *innere* Mein und Dein, da das äußere Mein und Dein erworben werden muss. Es schließt unter anderem die Gleichheit und die Qualität des Menschen ein, sein eigener Herr zu sein.[11]

Die Deduktionen zum Privatrecht zielen auf die Begründung des *äußeren* Mein und Dein ab, wobei sich die nachfolgenden Ausführungen auf das Eigentum beschränken müssen. Kant geht von dem Axiom der äußeren Freiheit aus.[12] Das Rechtlich-Meinige ist Kant zufolge dasjenige, womit jemand so verbunden ist, dass der Gebrauch, den ein anderer ohne seine Einwilligung von dem Gegenstand machen möchte, ihn lädieren würde.[13] Kant stellt fest, dass es möglich ist, einen jeden äußeren Gegenstand der Willkür als das Seine zu haben, und behauptet daran anschließend,

7 *Kant* (Fn. 2) 338 ff.
8 *Kant* (Fn. 2) 600.
9 So *Kersting*, Wohlgeordnete Freiheit, Frankfurt/Main 1993, 203 ff.
10 *Kant*, Grundlegung zur Metaphysik der Sitten, 2. Auflage, 1786, in: Werke in sechs Bänden, Bd. IV, Weischedel (Hrsg.), Nachdruck 1983, 69, 74.
11 *Kant* (Fn. 2) 345 f.
12 *Kant* (Fn. 2) 378.
13 *Kant* (Fn. 2) 353.

dass eine gesetzliche Maxime, nach welcher ein Gegenstand an sich herrenlos werden müsste, rechtswidrig sei. Denn sollte es rechtlich nicht in der Macht des Einzelnen stehen, Gebrauch von einem Gegenstand der Willkür zu machen, so würde die Freiheit sich insoweit selbst des Gebrauchs ihrer Willkür berauben, das heißt einen brauchbaren Gegenstand außer aller Möglichkeit des Gebrauchs setzen, obgleich die Willkür formaliter im Gebrauch der Gegenstände mit jedermanns äußerer Freiheit nach allgemeinen Gesetzen zusammenstimmen würde. Die reine praktische Vernunft kann Kant zufolge kein absolutes Gebrauchsverbot enthalten, da sie keine anderen als formale Gesetze des Willkürgebrauchs zugrunde legt.[14] Es ist daher a priori ein Postulat der praktischen Vernunft, einen Gegenstand der Willkür als mögliches äußeres Mein oder Dein anzusehen. Bei diesem Postulat handelt es sich um ein Erlaubnisgesetz, weil es jedem die Befugnis gibt, allen anderen eine Verbindlichkeit aufzuerlegen, die sie sonst nicht hätten, sich des Gebrauchs gewisser Gegenstände zu erhalten.[15] Es erweitert das allgemeine Rechtsgesetz.[16]

Der Erwerb des äußeren Mein und Dein kann abgeleiteter oder ursprünglicher Natur sein. Der ursprüngliche Erwerb ist Kant zufolge auf den Boden beschränkt,[17] da das Bewegliche auf dem Boden nicht das Seine von jemandem sein kann, wenn dieser nicht vorher als im rechtlichen Besitz desselben befindlich angenommen wird.[18] Kernproblem der Begründung des ursprünglichen Erwerbs, der dem Prioritätsprinzip folgt, ist für Kant der Umstand, dass durch die einseitige Willkür des Sich-Bemächtigenden anderen Rechtssubjekten nicht die Verbindlichkeit auferlegt werden kann, sich des Gebrauchs der okkupierten Sache zu enthalten.[19] In der Zueignung der Sache liegt Kant zufolge das Bekenntnis, jedem anderen in Ansehung des äußeren Seinen wechselseitig gleichermaßen zu einer Enthaltung verbunden zu sein. Keiner soll jedoch verbunden sein, das äußere Seine des anderen unangetastet zu lassen, wenn ihm nicht jeder andere ebenfalls die Sicherheit gibt, in Ansehung des Seinigen nach demselben Prinzip zu verfahren.[20] Die Möglichkeit des ursprünglichen Erwerbs setzt

14 *Kant* (Fn. 2) 354.
15 *Kant* (Fn. 2) 354 f.
16 *Kant* (Fn. 2) 355.
17 *Kant* (Fn. 2) 355.
18 *Kant* (Fn. 2) 372.
19 *Kant* (Fn. 2) 365, 369, 371, 374, 375.
20 *Kant* (Fn. 2) 365, 424.

daher nach Vorstellung von Kant *der Idee nach* einen Gesamtbesitz, eine communio fundi originaria, voraus, der einen Gebrauch des Bodens aufgrund der unvermeidlichen Entgegensetzung der Willkür der Einzelnen ausschließt. Bei dem Begriff des Gesamtbesitzes handelt es sich also um einen Begriff der praktischen Vernunft, der sich nicht auf einen uranfänglichen geschichtlichen Zustand bezieht.[21] Erst die vereinigte Willkür aller in diesem a priori vorausgesetzten Gesamtbesitz soll den ursprünglichen Erwerb begründen.[22] Denn die einseitige Willkür kann nur insofern berechtigen, als sie in dem a priori vereinigten und gesetzgebenden Willen aller enthalten ist. Nur durch den vereinigten Willen aller ist die Übereinstimmung der freien Willkür des Einzelnen mit der Freiheit von jedermann gewährleistet. Nur *in der Idee* eines derartigen Willens kann daher der Vernunfttitel der Erwerbung liegen.[23]

Der zur Gesetzgebung vereinigte Wille existiert jedoch nur im bürgerlichen Zustand.[24] Es besteht daher nach Ansicht von Kant eine Pflicht, in eine Gesellschaft mit anderen bzw. in einen rechtlichen Zustand zu treten. Es ist Unrecht, in einem nicht-rechtlichen Zustand verharren zu wollen, in dem niemand des Seinen wider Gewalttätigkeit sicher ist.[25] Aufgrund der rechtlichen Möglichkeit, einen äußeren Gegenstand als das Seine zu haben, muss es daher sogar jedem Subjekt erlaubt sein, jeden anderen, mit dem es in Verkehr kommen oder zum Streit über das Mein und Dein kommen könnte, zu nötigen, sich mit ihm in den bürgerlichen Zustand zu begeben.[26] Die Notwendigkeit öffentlich-rechtlichen Zwangs stützt Kant dabei nicht auf die Erfahrung von Gewaltigkeit und Bösartigkeit. Es soll vielmehr a priori in der Vernunftidee eines nicht-rechtlichen Zustandes liegen, dass die Menschen niemals vor Gewalttätigkeit sicher sein können, weil das Fehlen einer autoritativen Festlegung des äußeren Mein und Dein zum Streit über die jeweiligen Rechte und Pflichten führt.[27] Erst im bürgerlichen Zustand existiert eine öffentliche distributive Gerechtigkeit, die

21 *Kant* (Fn. 2) 368, 373, 378.
22 *Kant* (Fn. 2) 359, 360, 371, 373, 378.
23 *Kant* (Fn. 2) 374 f.
24 *Kant* (Fn. 2) 359, 366, 375.
25 *Kant* (Fn. 2) 344, 374, 422, 424, 430.
26 *Kant* (Fn. 2) 366.
27 *Kant* (Fn. 2) 430.

in Form von Gesetzgebung und Rechtsprechung dem Einzelnen das Seine zuerkennt.[28]

Der Unterschied zwischen dem Naturzustand und dem bürgerlichen Zustand ist jedoch nicht ganz eindeutig: Einerseits meint Kant, dass die bürgerliche Verfassung ein Zustand sei, in dem das Seine *nur gesichert*, *nicht aber bestimmt* werde. Es muss daher seiner Ansicht nach schon vor der bürgerlichen Verfassung ein äußeres provisorisches Mein und Dein als möglich angenommen werden. Es ist der provisorische Besitz, der den Übergang in den bürgerlichen Zustand verlangt. Demgegenüber wird der rechtliche Besitz, das Eigentum, im bürgerlichen Zustand peremtorisch erworben.[29] Andererseits erklärt Kant jedoch, dass der vereinigte Wille gesetzlich *bestimme*, was rechtens sei und was jedem als das Seine anerkannt werden solle. Im Naturzustand ist die Erwerbung deswegen provisorisch, weil sie durch keine öffentliche distributive Gerechtigkeit *bestimmt* und durch keine das Recht ausübende Gewalt *gesichert* wird.[30]

III. Einwände gegen die Ableitung des Privatrechts aus der praktischen Vernunft

Kein Zweifel: Kant entfaltet die Vernunftidee des Privatrechts als Ordnung, die privatrechtliche Autonomie durch Zuerkennung subjektiver, wechselseitig zu beachtender Rechte gewährt.[31] So vorzugswürdig eine derartige Konzeption gerade angesichts der gegenwärtigen Anfechtungen auch erscheinen mag, so fragwürdig ist ihre rechtsphilosophische Ableitung aus der reinen praktischen Vernunft. Dies gilt zunächst für die Forderung des Rechtsgesetzes, dass die Freiheit der Willkür eines jeden mit jedermanns Freiheit nach einem *allgemeinen* Gesetz zusammen bestehen können muss. Deutet man die erforderliche Allgemeinheit des Gesetzes im Sinne bloßer Widerspruchsfreiheit, dann gelingt zwar *insoweit* die Deduktion des Rechtsgesetzes aus der praktischen Vernunft, allerdings nur um den Preis, dass es als Rechtsfindungskriterium völlig untauglich ist.[32] So

---

28 *Kant* (Fn. 2) 430.
29 *Kant* (Fn. 2) 366 f., 375.
30 *Kant* (Fn. 2) 378, 430.
31 Vgl. *Hruschka* JZ 2004, 1085 ff.
32 Vgl. für den Bereich der Tugendlehre *Wimmer*, Universalisierung in der Ethik, Frankfurt/Main 1980, 334 ff.

wird Kant teilweise eines inhaltslosen Formalismus geziehen.[33] Man könnte freilich die erforderliche Allgemeinheit als Gleichheitsgebot rekonstruieren. Dies aber würde die Heranziehung materialer Gesichtspunkte notwendig machen, ohne die die Vergleichbarkeit der Fälle nicht beurteilt werden könnte. Die Ableitung dieser Gesichtspunkte aus der praktischen Vernunft wäre ihrerseits zu klären. In diesem Zusammenhang ist zu berücksichtigen, dass Kant – wie oben dargestellt – die Existenz eines auf die Würde gestützten angeborenen Freiheitsrechts postuliert, das erst das objektive Rechtsgesetz in eine subjektivrechtliche Befugnis transformiert. Kant liefert jedoch an keiner Stelle eine Begründung dafür, warum es vernünftig ist, aus der praktischen Vernunft die Würde der Menschheit[34] und daraus wiederum das Freiheitsrecht herzuleiten. Der Verdacht liegt daher nahe, dass Kant mit dem angeborenen Freiheitsrecht kryptisch auf eine materiale Rechtsquelle Bezug nimmt.

Eine ähnliche Problematik stellt sich im Rahmen des ursprünglichen Erwerbs. Kant postuliert einen ursprünglichen Gesamtbesitz, da nicht erklärbar sei, wieso die einseitige Willkür in Form der Bemächtigung andere verbinden könne. Nachvollziehbar ist diese Position nur, wenn man den Gesamtbesitz im Naturzustand als provisorisches Miteigentum aller deutet.[35] Denn nur unter der Voraussetzung, dass die Okkupation durch den Einzelnen die Rechtssphäre der anderen berührt, besteht die Notwendigkeit ihrer Zustimmung. Andernfalls bedürfte es allenfalls – wie bei allen anderen Rechten – einer formalen gesetzlichen Anerkennung des ursprünglichen Erwerbs durch den Allgemeinwillen, die die von Kant eingeforderte Erfüllung des Anspruchs auf Sicherheit einlöst. Einen plausiblen, zwingenden Grund, warum die gemeinschaftliche Bewirtschaftung des Bodens im bürgerlichen Zustand vernunftwidrig wäre, nennt Kant nicht.

Schließlich stellt sich die Frage, wie von der reinen praktischen Vernunft ein Weg zur Anwendung äußeren Zwangs als Exekutionsmodus des Rechts führt. Die praktische Vernunft verlangt gerade, dass die aus ihr folgenden Gesetze als Maximen den Willen des Handelnden bestimmen. Die

---

33 Siehe *L. Nelsen*, System der philosophischen Rechtslehre und Politik, Gesammelte Schriften, Bd. VI, München 1976, 56 f.

34 So schon der Vorwurf von *Schönecker/Wood*, Kants „Grundlegung zur Metaphysik der Sitten", 4. Auflage, 2011, 147.

35 So offenbar *Kersting* (Fn. 9) 257 ff.; dagegen jedoch *Hruschka* (Fn. 31) 1089; siehe auch *Kühl*, Eigentumsordnung als Freiheitsordnung, Freiburg/München 1984, 191 ff.

praktische Vernunft begründet die Moralität. Der Verzicht auf rechtswidriges Verhalten aus Furcht vor Ausübung von Zwang ist nur ein Gebot der Klugheit, mithin ein bloßer hypothetischer Imperativ. Die Argumentation von Kant zeigt eigentlich zunächst einmal nur auf, dass Zwangshandlungen moralisch möglich sind.[36] Die moralische Notwendigkeit ergibt sich eventuell erst unter Berücksichtigung des Umstandes, dass aufgrund praktischer Vernunft die Pflicht existiert, den Naturzustand zu verlassen und sich in den bürgerlichen Zustand zu begeben. Doch bestehen Zweifel, ob diese Pflicht wirklich ein kategorischer Imperativ ist. Denn der in der Idee des Naturzustandes gleichsam konzeptionell angelegte Streit über das äußere Mein und Dein kann jederzeit durch Selbstaufopferung vermieden werden. Sich auf diese Selbstopferung nicht einlassen zu dürfen, wäre jedoch gleichermaßen wiederum nur ein Gebot bloßer Klugheit.

IV. Schlussbemerkung

Mit diesen kritischen Anmerkungen soll es sein Bewenden haben. Einzelne Theoreme und Grundbegriffe der Rechtsphilosophie von Kant sind durchaus von Einfluss auf Savigny gewesen.[37] Dies gilt aber nicht für Kants Bestreben, das Privatrecht in seinen Anfangsgründen als Emanation reiner praktischer Vernunft zu erweisen.[38] Schon 1814 hat Savigny das Vorhaben, den Inhalt eines Gesetzbuchs aus dem Vernunftrecht ohne Rücksicht auf das Bestehende festzulegen, als völlig hohlen Anspruch zurückgewiesen.[39] Zu Recht: Man kann aus reiner praktischer Vernunft nicht die normative Gestalt einer Rechtsordnung herleiten. Der Beitrag der Rechtsphilosophie zum Anliegen der Rechtswissenschaft, sich in Anbetracht der Europäisierung des Privatrechts seiner Fundamente zu vergewissern, kann daher nur sehr begrenzt sein. Ad multos annos!

---

36 *Kersting* (Fn. 9) 124 ff.

37 Dazu siehe *Kiefner*, in: Blühdorn/J. Ritter (Hrsg.), Philosophie und Rechtswissenschaft, Frankfurt/Main 1969, 3 ff.

38 Vgl. *Rückert*, Idealismus, Jurisprudenz und Politik bei Friedrich Carl von Savigny, Ebelsbach 1984, 196 ff.; *Nörr*, Savignys philosophische Lehrjahre, Frankfurt/Main 1994, 75 ff.; vgl. ferner das feinziselierte Bild bei *Unberath* ZRG (GA) 127 (2010), 142 ff.

39 *von Savigny*, Vom Beruf der Zeit für Gesetzgebung und Rechtswissenschaft, Heidelberg 1814, 17 f.

Rechtsgeschichte, Privatrecht und Methode in der Union

Christian Baldus

I. Einleitung

Peter-Christian Müller-Graff, Humanist und Hochschullehrer mit Blick für Praxis und Politik, hat es stets gelehrt und vorgelebt: Rechtsdogmatik und Grundlagen des Rechts gehören zusammen. Grundlagen sind ihm nicht zuletzt die geschichtlichen. Dogmatik ist das, woraus der Richter, Voraussetzungen und Folgen seines Tuns im Blick, argumentiert und was er argumentierend schafft. So hat der Jubilar seine Forschungsinteressen und Praxisaufgaben immer systematisch im Griff gehabt, von der Verfassung Europas bis zum Verkauf von Schokolade an Endverbraucher. Seine Methode kennt, nutzt und hinterfragt vorhandene Systemelemente; sie arbeitet dabei beständig an der Schaffung besseren Systems, gern in sinnfälligen Metaphern. Das zeigen große Entwürfe wie seine Begründung des Gemeinschaftsprivatrechts als Wissenschaftsgebiet,[1] aber auch zahllose Einzelstudien und nicht zuletzt seine souveränen *rapports de synthèse* zu Tagungen.

So fügen sich einige Themen des Jubilars zwanglos in die alte Frage nach dem Verhältnis der Rechtsgeschichte zum geltenden Recht. Was auch immer Rechtsgeschichte und Privatrecht der Union sein mögen (II.), sie verbinden sich problematisch in der Auslegung des Unionsrechts (III.), und das begründet Herausforderungen an alle genannten Teildisziplinen der Rechtswissenschaft (IV.). Gerade die hier berührten Arbeitsfelder Müller-Graffs zeigen: Die Frage nach dem „Wert" der historischen Fächer für die dogmatischen (und umgekehrt) ist nicht mit Bekenntnissen und Postulaten zu bewältigen. Sie gehört in die Methode praktischer Rechtsanwendung.[2]

---

1 *Müller-Graff*, Europäisches Gemeinschaftsrecht und Privatrecht. Das Privatrecht in der europäischen Integration, NJW 1993, 13-23; *ders.* (Hrsg.), Gemeinsames Privatrecht in der EG (2. Aufl. 1999).

2 Der Kürze halber stehen in den folgenden Fußnoten nur ausgewählte neuere Arbeiten für umfangreichere Debatten, die an den zitierten Stellen nachgewiesen werden.

Für das Zusammenwachsen einer Vielfalt von Traditionen in Europa gibt es keine Metaregeln, sondern nur Erfahrungen. Diese müssen im dogmatischen Detail und im historischen Zusammenhang untersucht werden, wenn man der Gegenwart Entscheidungshilfen geben will. Welche Elemente sich vor welchem Gemeinwohlhorizont im Spiel der Interessen durchsetzen, und sei es modifiziert, das zeigt sich, um eine Lieblingsmetapher des Jubilars zu zitieren, im Maschinenraum. Die Maschine kann nur bedienen, wer ihre Teile und die Bedingungen ihres Funktionierens kennt und wer weiß, wohin er will, auch unter Risiko: *navigare necesse est*. Man darf vermuten, dass dieser Satz um die Mitte des letzten Jahrhunderts auf dem Freisinger Domgymnasium gelehrt wurde.

II. Zwei offene Begriffe: Rechtsgeschichte und Privatrecht der Union

Rechtsgeschichte kann vom Recht oder von der Geschichte her gedacht werden. Objekt der Disziplin sind Rechtsnormen in ihrer Entstehung, ihrer Anwendung, aber auch ihrem Untergang: historische Prozesse, die einerseits nicht im Lichte von Rückprojektionen aus der Gegenwart verstanden werden können, andererseits nicht ohne Verständnis für das spezifische Wirken von Normen und ohne das Bewusstsein des Juristen von seiner eigenen Geprägtheit. So hat die Zuordnung zur Rechtswissenschaft ihren guten Sinn. Zu warnen ist freilich vor unhinterfragter Konstruktion und Legitimation von Traditionen. Rechtsgeschichte negiert Absolutheitsansprüche des Bestehenden. Sie hält, oft ausgehend von ungelösten Problemen der Gegenwart, den Blick offen für denkbare künftige Änderungen. Daraus folgen drei Grundelemente: äußere Rechtsgeschichte, innere Rechtsgeschichte, Methodengeschichte. Die äußere Rechtsgeschichte fragt nach den Bedingungen der Normentwicklung, die innere nach deren Ergebnissen, die Methodengeschichte danach, wie bestimmte Ergebnisse verfolgt wurden.

So hat auch das Unionsprivatrecht seine Geschichte. Wir sprechen – anders als der Jubilar – vom Unionsprivatrecht, um den so geprägten wie be-

---

Dahinter wiederum wird man – expliziert oder strukturell – mehr als einen Gedanken finden, den der Jubilar erwogen und weitergegeben hat. Vgl. vorab und mwN. *Baldus/Raff*, § 3: Richterliche Interpretation des Gemeinschaftsrechts, in: Enzyklopädie Europarecht, Band 6: Europäisches Privat- und Unternehmensrecht (hrsg. v. Gebauer und Teichmann), 2015.

lasteten Begriff der Gemeinschaft zu vermeiden; wir vermeiden den schillernden Begriff des Europäischen Privatrechts, der bis heute mehr Forum als Fokus ist.

III. Integrationsrecht und Rechtsgeschichte: Aporien der Auslegung

Überzeugend hat der Jubilar stets das Besondere am Integrationsrecht betont, und just hier setzen Fragen der inneren Rechtsgeschichte und der Methode an: Wenn die grenzüberschreitende Privatautonomie Antriebskraft der Integration ist, dann muss das sich permanent verdichtende Privatrecht der Union dieser Besonderheit Rechnung tragen. Es muss die begrifflichen und systematischen Potentiale der zusammenwachsenden mitgliedstaatlichen Rechtsordnungen heben, ohne das Unionsrecht auf bestimmte dieser Traditionen festzulegen. Zugleich ist es in historischer Perspektive geradezu banal, dass einzelne Traditionen sich in einzelnen Fragen durchsetzen werden, wie sehr sich auch der Gesetzgeber sachlich und terminologisch um Neutralität bemühen mag: Jeder Jurist ist geprägt.

Das Mantra von der autonomen Auslegung ist politisch so unvermeidlich, wie es praktisch unrealistisch ist. Es ist Ausdruck eines historischen Prozesses, der sich seinem Ende nähert. Die verschiedenen Versuche, es zu retten (überdetaillierte Regelung, implizite Verweisung an den EuGH) dokumentieren dies ebenso wie die (seltene) offene Verweisung auf das Recht der Mitgliedstaaten. Die europäische Methodenlehre befindet sich nicht zufällig in einem Umbruchprozess.

Es gibt mithin einen Wettbewerb der Methoden, Lösungen und Traditionen auch unter der Oberfläche des Unionsrechts. Dieser Wettbewerb hängt zusammen mit vielen Faktoren äußerer Rechtsgeschichte, namentlich der Juristenausbildung und dem Prozessrecht. Im Kern aber sollte er ein Ringen um die sachlich überzeugendste Lösung sein. Möglich ist das, wenn der europäische Gesetzgeber Normtexte einer gewissen Qualität vorlegt (wozu es zunächst gründlicher, möglichst mehrsprachiger Vorbereitung bedarf – hier liegt aus Gründen praktischer wie politischer Zwänge vieles im Argen);[3] und dann, wenn auch die Rechtsanwender die nötige Vorbereitung mitbringen, wozu jedenfalls im Bereich komplexer Privatrechtsverhältnisse zunehmend historisch-vergleichende Sensibilität gehört.

3 Umfassend *Zedler*, Mehrsprachigkeit und Methode (2015).

Beispiele für das Gesagte sind Legion. Statt aller sei nur erwähnt, dass die Erbrechtsverordnung[4] (unvermeidlicherweise) mit traditionellen Privatrechtskonzepten arbeitet, von der „ausdrücklichen Erklärung“ bis zum „Vermächtnis“. Selbst soweit es gelingen sollte, die Tragweite dieser Konzepte auf das Internationale Privat- und Verfahrensrecht zu beschränken: Dass hier „autonome Auslegung“ wirklich die allein funktionsorientierte Schaffung einer unionalen Begrifflichkeit sein könnte, wird füglich niemand glauben. Dann aber muss man darüber nachdenken, wie die unvermeidliche Prägung der Rechtsanwender sinnvoll in den europäischen Normbildungsprozess integriert werden kann. Man muss mit anderen Worten rechtsgeschichtlich denken, und zwar gleich in doppelter Weise: hinsichtlich der zu bewältigenden Prägungen und hinsichtlich des Prozesses ihrer Bewältigung.

Hingegen ist Skepsis geboten, was die neuerdings stärker diskutierte klassisch – genetisch – verstandene historische Auslegung angeht (nicht nur für das Unionsrecht)[5]. Gewiss sind Materialien heute besser zugänglich, und auch das Selbstverständnis der Akteure wandelt sich.[6] So mögen sich die Vorstöße einiger Generalanwälte erklären, die in unterschiedlicher argumentativer Einkleidung, teils nachdrücklich,[7] teils beiläufig,[8] biswei-

4 VO(EU) Nr. 650 (2012) des Europäischen Parlaments und des Rates vom 4.7.2012, ABl. L 201/107 vom 27.7.2012. Lit. statt aller: *Bonomi/Wautelet*, Le droit européen des successions (Bruxelles 2013). Zum oben gegebenen Beispiel *Baldus*, Erbe und Vermächtnisnehmer nach der Erbrechtsverordnung, GPR 9 (2012) 312-315.

5 Näher *Baldus/Theisen/Vogel* (Hrsg.), „Gesetzgeber“ und Rechtsanwendung (2013; Rez.: *G. Schulze* GPR 2014, 215; *Karpen* DVBl. 2014, 914 f.; *Guckelberger* ZG 2014, 394-399). Anders: *Fleischer* (Hrsg.), Mysterium "Gesetzesmaterialien" (2013); *Rüthers*, Die heimliche Revolution vom Rechtsstaat zum Richterstaat (2014).

6 *Schorkopf*, Rechtsgeschichte der europäischen Integration, JZ 2014, 421-431.

7 In dieser Richtung vor allem GA Kokott: C-274/12 P, Telefónica, Schlussanträge vom 21.3.2013, Rn. 38 ff.; C-370/12, Pringle, Schlussanträge vom 26.10.2012, Rn. 45, 130 f.; C-583/11 P, Inuit Tapiriit Kanatami, Schlussanträge vom 17.1.2013, Rn. 32 (dort Fn. 21 Verweis auf die Entscheidung Pringle, C-370/12, 27.11.2012, Rn. 135), 39 ff., 44 ff.

8 Ohne Anspruch auf Vollständigkeit (neuere Dokumente bis Mitte 2014; ohne die Metapher vom „Willen“ des Gesetzgebers): GA Cruz Villalón, C-435/12, Stichting de Thuiskopie, Schlussanträge vom 9.1.2014, Rn. 64; GA Jääskinen, C-201/11 P u.a., Schlussanträge vom 12.12.2012, UEFA und FIFA / Kommission, Rn. 21; C-555/11, EEAE, Schlussanträge vom 12.9.2013, Rn. 27, 30, 48; GA Mengozzi, C-409/11, Csonka, Schlussanträge vom 24.10.2012, Rn. 30 f.; C-203/12, Billerud, Schlussanträge vom 16.5.2013, Rn. 29; C-285/12, Diakité, Schlussanträge vom

len auch ausdrücklich vom entscheidenden Spruchkörper rezipiert,[9] eine Aufwertung nicht nur von Konventsmaterialien verlangen. Allein das Kompromisshafte jeder unionalen Gesetzgebung bleibt, ebenso wie die Komplexität des Rechtsetzungsverfahrens, die es noch schwieriger macht als im mitgliedstaatlichen Recht, einen „Willen" der unionsverfassungsrechtlich Legitimierten zu identifizieren. Näher liegt denn auch im Europarecht eine am einzelnen Problem orientierte historische Einbettung von Wortlaut, System und Telos: geschichtliche Betrachtung als funktionelle Querschnittsmethode, nicht als Dekor oder Joker. Wie weit der Gerichtshof den genannten Vorstößen Raum geben wird, bleibt zu beobachten.

IV. Anforderungen an die Teildisziplinen

Aus dem Gesagten folgen Anforderungen an die Rechtsgeschichte wie an das Privatrecht der Union. Es ist kein Raum für *ancilla*-Theorien und ebensowenig für Beliebigkeit. Das Privatrecht der Union ist kein Legitimationsfaktor für akademische Arbeit an der Rechtsgeschichte; die Rechtsgeschichte hat nicht zu legitimieren, was die Union tut: Es gibt nur wechselseitige Anregung zwischen je eigenen Funktionen dienenden Materien.

Diese Anregungen fordern aber Dialogfähigkeit des jeweils eigenen Teilfaches. Der Unionsprivatrechtler bekommt seine Themen aus Brüssel, Straßburg und Luxemburg und sollte fragen, wo ihm historisch-vergleichende Studien dazu helfen, Diskussionsprozesse zu analysieren und zu optimieren. Der Rechtshistoriker kann sich von solchen Themen inspirieren lassen; jedenfalls liegt es in seiner Verantwortung, nach der notwendig technischen Quellenarbeit seine Ergebnisse zugänglich zu präsentieren.

Die heute vielleicht größte Gefahr für die Rechtsgeschichte besteht nicht einmal darin, aus dem Zusammenhang gerissene EuGH-Zitate zu

---

18.7.2013, Rn. 63 ff.; GA Wahl, C-435/11, CHS, Schlussanträge vom 13.6.2013, Rn. 22; C-184/12, Unamar, Schlussanträge vom 15.5.2013, Rn. 50; C-371/12, Petillo, Schlussanträge vom 9.10.2013, Rn. 48 (mit Fn. 30 und hier Verweisung auf GA Jääskinen in den Rs. C-22/12 und C-277/12); C-255/13, I, Schlussanträge vom 20.3.2014, Rn. 45. Vgl. noch (spezifischer gelagert) GA Bot, C-573/12, Schlussanträge vom 28.1.2014, Rn. 42 m. Fn. 12; GA Kokott, C-579/12 RX-II, Strack, Stellungnahme vom 11.6.2013, Rn. 31 f.; GA Sharpston, C-189/11, Kommission / Spanien u.a., Schlussanträge vom 6.6.2013, Rn. 5.

9 S. Fn. 8; ohne Schlussanträge: C-601/11 P, Urt. v. 11.7.2013, Rn. 132 ff.

Zeugnissen einer kontinuierlichen Dogmatik zu verklären. Noch größer ist die Versuchung, im eigenen Feld geschwind Regeln und Prinzipien zu finden, um diese sodann freudestrahlend dem Unionsprivatrecht oder wenigstens dem Europäischen Privatrecht anzubieten. Es gibt durchaus regel- und prinzipienfreundliche Zeiten wie das 19. Jahrhundert, und ihre Prägekraft ist unbestreitbar. Die Wertungszusammenhänge vieler Epochen aber – namentlich der römischen, auf die der Kern jedenfalls[10] aller kontinentaleuropäischen Privatrechte zurückgeht – sind primär aus der Lösung einzelner Fälle heraus zu verstehen. Die Exegese folgt nicht ohne Grund ihrer eigenen, sehr kleinschrittigen Technik, ihre Methode entwickelt sich zwischen geltendem Recht, Philologie und Geschichte, und so findet man immer wieder neue Entscheidungsaspekte und -tendenzen in den Quellen.

Um die Beispiele aufzugreifen: Das römische Vermächtnisrecht ist in hochverdichteten Quellen dokumentiert, die dem aufmerksamen Leser viel über Entwicklung und praktisches Zusammenspiel verschiedener Vermächtnistypen (wie sie mit der ErbVO wieder ihren Einzug in Deutschland halten könnten)[11] in unterschiedlichen Gestaltungssituationen verraten. Die heutige Lehre von der Konkludenz wurzelt nicht in einer römischen „Lehre von der Willenserklärung“, sondern unter anderem in bestimmten Sonderfragen des Geschäftsführungsrechts. Dergleichen muss nicht jeder im Detail wissen, der europäisches Erbrecht pflegt. Er sollte aber wissen, dass die Rechtsgeschichte kein Selbstbedienungsladen ist, in dem man gleich das scheinbar Passende findet. Sie ist eher ein Werkzeuggeschäft, dessen Inhaber für manches eine Lösung hat und für anderes selbst noch suchen muss – und der zunächst einmal genau zuhört, wie der Kunde seinen Bedarf beschreibt.

---

10 Vgl. *R. Zimmermann*, Der europäische Charakter des englischen Rechts, ZEuP 1 (1993) 4-51.

11 Das sieht der deutsche Umsetzungsgesetzgeber bekanntlich anders, wie etwa aus § 32 VI IntErbRVG (BGBl. 2015 I Nr. 26 v. 29.6.2015, S. 1042, 1049) resultiert: "Vermächtnisnehmer, die nach dem anzuwendenden Erbrecht eine unmittelbare Berechtigung an einem Nachlassgegenstand hätten, können den ihnen hieraus nach deutschem Recht erwachsenen Anspruch auf Erfüllung des Vermächtnisses (…)". Das Schicksal dieser Vorstellung vor Luxemburger Richtern ist angesichts der textlichen Unklarheit der Verordnung in ihrer Endversion unsicher, und auch "historische Auslegung" im üblichen Sinne (der VO oder des IntErbRVG) wird möglicherweise den deutschen Versuch nicht retten, das Vindikationslegat mit allen Mitteln vor der Tür zu halten. Näher zum Sachproblem mwN. einerseits *Kunz* GPR 2013, 293 ff.; andererseits *Döbereiner* GPR 2014, 42 ff.

Es geht also um methodische Vorsicht, und genau diese braucht auch die Methodologie selbst, die derzeit hinlänglich damit beschäftigt ist, ihre Lehre auf reale Bedingungen der Rechtsentstehung abzustimmen.

V. Methode für den Maschinenraum

Die Rechtsgeschichte der Union ist auch die Geschichte ihres Privatrechts, je weiter die Integration fortschreitet, umso mehr. Die Union kann sich nicht höher integrieren, ohne geprägte Gebiete zu berühren, weiter zu prägen und sich prägen zu lassen. Das wird bisweilen verdrängt, bisweilen als Bedrohung für die Integration oder für die einzelnen Traditionen angesehen. Zu solcher Sorge besteht punktuell durchaus Anlass, nur ist der ganze Prozess alternativlos: *navigare necesse est*. Die Integration hat ihre Eigendynamik deswegen, weil sie auf der Initiative Privater beruht, also selbst dann nicht aufgehalten werden könnte, wenn man sich zu der Torheit eines politischen Verzichts auf jede weitere Integration entschlösse. Das hat der Jubilar immer wieder herausgestellt, *nota bene* mit differenzierten Folgerungen für einzelne Integrationsbereiche.

Schaden droht da, wo man nicht zur Kenntnis nimmt, was tatsächlich im Rechtsleben geschieht. Das beginnt bei Mängeln in der (dogmatischen, rechtsgeschichtlichen, rechtsvergleichenden, europarechtlichen) Juristenausbildung,[12] setzt sich fort bei Mängeln im (europäischen, nationalen) Normsetzungsprozess und ist besonders wichtig in der methodenkorrekten Normanwendung zwischen europäischer und nationaler Ebene. Dieses Feld, theoretisch nicht unbestellt, ist praktisch so unübersichtlich, dass niemand behaupten kann, er wisse hinreichend, was in der Praxis mit Sachverhalten geschieht, die unter dem Recht der Union stehen. Die Entwicklung einer praktikablen europäischen Methodenlehre steht erst am Anfang. Sie ist ein eminent geschichtliches Projekt: nicht in dem Sinne, dass der Amtsrichter in Heidelberg oder Helsinki regelmäßig mit den *travaux préparatoires* europäischer Rechtsakte arbeiten sollte. Es müssen aber Wege gefunden werden, auf denen die problembezogene Erfahrung der Rechtsordnungen, die sich in der Union beziehungsweise in Bereichen

---

12 Dazu aus der Feder des Jubilars, der auch Maßgebliches zur Fernhaltung des sog. Bologna-Prozesses von der deutschen Juristenausbildung geleistet hat, etwa *Baldus/Müller-Graff* GPR 2014, 2 ff.

verstärkter Zusammenarbeit[13] verbinden, diesem Amtsrichter zugänglich wird. Erst dann werden die Ressourcen der Privatrechtsintegration wirklich freigesetzt.

Erfahrungspotentiale lassen sich in dogmatische Linien fassen – wenn man bereit ist, „Dogmatik" als Funktionsbegriff zu fassen und zu akzeptieren, dass das Wort und die Sache in unterschiedlichen Traditionen unterschiedlich schattiert sind. Europäische Dogmatik wird sachgerecht weder in der Welt akademischer Arbeitsgruppen noch unter den Bedingungen heutiger politischer Normsetzung noch spontan in der Praxis entstehen. Sie verlangt den Juristen, der um die geschichtliche Bedingtheit, Begrenztheit und Offenheit jeder juristischen Erfahrung weiß und der in eben diesem Bewusstsein immer wieder von der Brücke in den Maschinenraum steigt. Prototyp eines solchen Juristen ist der Jubilar.

13 Aus dem „projet Convergence" vgl. nur *Baldus/Müller-Graff* (Hrsg.), Europäisches Privatrecht in Vielfalt geeint (2011).

Bemerkungen zur Angleichung des Privatrechts in Europa

Gábor Hamza

1. Durch den Beschluss des EG-Parlaments vom 26. Mai 1989 (ABl. EG C 158/400) wurden die Mitgliedstaaten aufgefordert, ihre Privatrechtsordnungen (Zivil- und Handelsrecht) miteinander in Einklang zu bringen.[1] Die EG hat hierauf eine Kommission eingesetzt, die diesbezüglich Vorschläge ausarbeiten sollte.[2] Im Beschluss des EU-Parlaments vom 6. Mai 1994 (ABl. EG C 205/518) wurden die Mitgliedstaaten erneut ermahnt,[3] bestimmte Bereiche des Privatrechts zur Förderung des Binnenmarkts zu vereinheitlichen.[4] Über diese Frage ist in der Sitzung des Europäischen Rats im Jahre 1999 in Tampere wieder beraten worden. Punkt 39 der Erklärung von Tampere weist die Kommission auf die Notwendigkeit der Privatrechtsharmonisierung unter den Mitgliedstaaten hin.[5] Am 15. November 2001 wurde erneut ein Beschluss (ABl. EG C 2001 255/1) im

---

1 Hinsichtlich der Vorgeschichte der Rechtsvereinheitlichung im Bereich des Privatrechts in der klassischen (griechisch-römischen) Antike siehe *Maroi,* Tendenze antiche e recenti verso l'unificazone internazionale del diritto privato, Roma 1933, 7 f. und 15. Zur Bedeutung des Werkes von *Theophrastos* Peri nomón, das im Wesentlichen ebenfalls der Rechtsvereinheitlichung diente, siehe *Hamza*, Jogösszehasonlítás és az antik jogrendszerek (Rechtsvergleichung und die Rechtsordnungen der Antike), Budapest 1998, 17 ff.

2 *Großfeld/Bilda* ZfRV 33 (1992), 426; *Glenn* ERPL 1 (1993), 57 ff.; *Hamza* AJHung 44 (2003), 165–177; *Hamza*, AnnUB 45 (2004), 13–27; *Hamza*, *Europa e diritto privato,* 8 (2005), 907–923; *Hamza*, in: Estudios de Derecho civil. Obligaciones y contratos. IV. Homenaje a F. Hinestrosa 40 años de Rectoría, Bogotá 2007, 239–252.

3 Siehe *Tilmann ZEuP* 3 (1995), 534–551.

4 *Staudenmayer*, in: Die Schuldrechtsreform vor dem Hintergrund des Gemeinschaftsrechts, 429.

5 Über die verschiedenen Beschlüsse siehe *Alpa* ERPL 8 (2000), 326 ff.; Walter Hallstein hat bereits im Jahre 1964 auf die Möglichkeit und Notwendigkeit der Rechtsangleichung in der Europäischen Wirtschaftsgemeinschaft hingewiesen. Siehe *Hallstein* RabelsZ 28 (1964), 211–230.

Europäischen Parlament über die Empfehlung zur Angleichung des Zivil- und Handelsrechts der Mitgliedstaaten verabschiedet.[6]

Bereits im Jahre 1980 wurde die von Professor Ole Lando geleitete *Commission on European Contract Law* einberufen, die die allgemeinen Grundsätze (*Principles*) des europäischen Vertragsrechts (*European Contract Law*) ausarbeiten sollte.[7] Im Zusammenhang mit der Tätigkeit dieser Kommission soll die Tendenz der „Kommerzialisierung des Privatrechts" (auf Französisch: *commercialisation du droit civil*, auf Italienisch: *commercializzazione del diritto privato*, auf Spanisch: *mercantilización del derecho privado* oder *comercialización del derecho civil*) erwähnt werden.[8]

Im Oktober 1990 wurde in Pavia die internationale *Académie des Privatistes Européens* (auf Italienisch: *Accademia dei Giusprivatisti Europei*) gegründet, deren Hauptziel erklärtermaßen die Schaffung eines einheitlichen europäischen Kodex des Vertragsrechts ist. Der erste Präsident der Akademie war der namhafte italienische Zivilrechtler Alberto Trabucchi (1907–1998), Professor in Padua. Sein Nachfolger wurde der ebenfalls bekannte spanische Zivilist José Luis de los Mozos (1924–2008), Professor in Valladolid. Dessen Nachfolger wiederum wurde Professor Peter Stein, der vorher Vizepräsident der *Académie des Privatistes Européens* war.

Zahlreiche Mitglieder dieser Akademie waren bzw. sind Römischrechtler: Peter Stein, Regius Professor (emeritus) of Civil Law in Cambridge, bis 2008 Vizepräsident der Akademie; der Münchener Professor Dieter Medicus und die inzwischen verstorbenen Professoren Theo Mayer-Maly von Salzburg, Roger Vigneron von Liège und Fritz Sturm von Lausanne. Bei der Gründung der Akademie spielte Giuseppe Gandolfi, Professor in Pavia, eine entscheidende Rolle, dessen Œuvre bekanntlich auch im Bereich des römischen Rechts bedeutend ist.[9] Im Rahmen der Akademie wirkt auch die *Groupe d'étude pour le droit européen commun (GEDEC)*,

---

6 *Sonnenberger* RIW 48 (2002), 489; siehe noch *Hommelhoff* AcP 192 (1992), 71–107.

7 *Lando* RabelsZ 56 (1992), 261 ff; siehe noch *Berger* ERPL 9 (2001), 21–34.

8 In Bezug auf diese Tendenz siehe zusammenfassend aus der Literatur: *Levi*, La commercializzazione del diritto privato. Il senso dell'unificazione, Milano 1996.

9 In der Redaktion von Giuseppe Gandolfi entstand der Vorentwurf des Code Européen des Contracts (Avant-projet). Siehe *Gandolfi*, Code Européen des Contrats–Avant-projet, Milano 2001. Vgl. noch: *Gandolfi* ZEuP 2002, 1–4; *ders.,* in: An Academic Green Paper on European Contract Law, Lancaster 2002, 201 ff. und ders., in: Scritti per Franciosi. II, d'Ippolito (Hrsg.), Napoli 2007, 999–1023.

die an einer Kodifizierung des europäischen Vertragsrechts arbeitet *(Code Européen des Contrats).*[10] Grundlage für diesen Kodex-Entwurf bildet in erster Linie das Vierte Buch *(Libro Quarto)* des italienischen *Codice civile* von 1942 über das Schuldrecht. Außerdem diente der *Contract Code,*[11] der von der vom Oxforder Professor Harvey McGregor geleiteten *English Law Commission* in den 1960-er und 1970-er Jahren ausgearbeitet worden war, als Modell.[12] Der *Contract Code* sollte das englische *Common law* mit dem schottischen (im kontinentaleuropäischen Recht wurzelnden) *Civil Law*[13] im Bereich des Vertragsrechts miteinander in Einklang bringen.[14]

Gleichwohl gibt es auch *Gegner* dieser Harmonisierungsbewegung. So hat sich z.B. der Heidelberger Professor Peter Ulmer stets skeptisch gegenüber der Privatrechtsvereinheitlichung innerhalb der EU-Mitgliedstaaten geäußert.[15] Eine ähnliche Ansicht vertrat auch der im Jahre 2003 verstorbene namhafte Zivilrechtler und Rechtssoziologe Jean Carbonnier, der nicht nur die Dringlichkeit, sondern auch überhaupt die Notwendigkeit der Rechtsvereinheitlichung auf diesem Gebiet angezweifelt hat. Es scheint fast so, als ob sich der zwischen Anton Friedrich Justus Thibaut und Friedrich Carl von Savigny Mitte der 1810er Jahre (im Jahre 1814) stattgefundene Streit („Kodifikationsstreit“) um die Notwendigkeit der Kodifikation wiederholen würde – freilich unter veränderten Verhältnissen.[16]

---

10 Eine Übersicht über die Arbeit und die Leistungen der Akademie von Pavia bietet Gandolfi. Siehe *Gandolfi RTDCiv.*1992, 707 ff. Siehe noch *Gaggero* RDC 43 (1997), 113–120; *Varela*, Um Código Civil para a Europa, BFDC 78 (2002).

11 *McGregor*, Contract Code drawn up on behalf of the English Law Commission, Milano – London 1993.

12 Die Materialien über die Sitzungen der Akademie von Pavia wurden bisher in zwei Bänden veröffentlicht. Siehe *Stein*, Incontro di studio su il futuro codice europeo dei contratti, Pavia 20–21.10.1990, Milano 1993; *Stein*, Atti accademici 1992–1994, Milano 1996.

13 Über den Terminus technicus „Civil Law“ siehe *Berger*, in FS für Kisch, Stuttgart 1955, 125–146.

14 Über die Rolle der Rechtsvergleichung in der Europäisierung des Vertragsrechts siehe aus der Literatur: *Oudin* RIDC 59 (2007), 475–522.

15 *Ulmer* JZ 1992, 1 ff. Skeptisch ist auch van Caenegem. Siehe *van Caenegem*, European Law in the Past and the Future: Unity and Diversity over Two Millennia, New York – Cambridge 2002.

16 Bezüglich der Frage der Notwendigkeit der Kodifikation in Europa siehe aus der Sekundärliteratur: Mengoni, L’Europa dei codici o un codice per l’Europa? Roma 1993; *Kerameus* ERPL 5 (1997), 455–481.

2. Obwohl sich bislang keineswegs ein einheitlicher Standpunkt durchsetzen konnte,[17] besteht dennoch kein Zweifel daran, dass die Rechtsvereinheitlichung langfristig gesehen in irgendeiner Form vollzogen werden muss.[18] Es gibt Versuche, ein Europäisches Zivilgesetzbuch *(Code civil européen)* vorzubereiten bzw. zu redigieren.[19] Die europaweite Rechtsvereinheitlichung[20] kann auf verschiedenen Wegen geschehen: einerseits mittels Verordnung bzw. Richtlinie, andererseits aber auch durch koordinierte nationale Gesetzgebung.[21] Auf die Schwierigkeit des Vereinheitlichungsprozesses deutet z.B. der Umstand hin, dass es im Jahre 1970 in England und Schottland[22] – d.h. im Vereinigten Königreich – nicht gelungen ist, den einheitlichen *Contract Code* zu verabschieden.[23]

Die Rechtsvereinheitlichung schreitet innerhalb der Europäischen Union in erster Linie im Bereich des Vertragsrechts voran.[24]

---

17 Dies bezieht sich auch auf die Harmonisierung des Schuldrechts. Siehe *Schlechtriem* ZEuP 10 (2002), 213–221. Siehe noch Gruber ZVglRWiss 101 (2002), 38–44.

18 Siehe aus der Literatur: *Basedow*, Common Market Law Review 33 (1996) 1169–1195; *Quigley*, European Contract Law, London 1997; *Basedow* ERPL 9 (2001), 35–49; *Castronovo*, Principi di diritto europeo dei contratti, Milano 2001; *Lando* Pace International Law Review 13 (2001), 339 ff.; *Vescasillas* Pace International Law Review, 13 (2001), 371 ff.; *di Majo* Europa e diritto privato 5 (2002), 883 ff.; *Lando* Uniforme Law Review/Revue de Droit Uniforme NS 8 (2003), 123–133; *Bonell* AJCL 56 (2008), 1–28.

19 Siehe *Lookofsky* SSL 39 (2000), 111–121; *v. Bar* RIDC 53 (2001), 127–139.

20 In Bezug auf die Kompetenzfrage der Rechtsangleichung in der Europäischen Union siehe aus der Literatur: *Vogenauer/Weatherill*, The European Community's Competence to Pursue the Harmonisation of Contract Law – an Empirical Contribution to a Debate, in: Vogenauer/Weatherill (Hrsg.), The Harmonisation of European Contract Law: Implications for European Private Laws, Business and Legal Practice, Oxford 2006.

21 *Remien* ZVglRWiss 87 (1988), 105–122; *ders.* RabelsZ 56 (1992), 30; *ders.* JZ 1992, 277 ff.; Vgl. noch *Herber*, in: K. Schmidt (Hrsg.), Rechtsdogmatik und Rechtspolitik, Berlin 1990, 269; *Taupitz*, Europäische Privatrechtsvereinheitlichung heute und morgen, Tübingen 1993; *Lando SSL* 40 (2000), 343–402; und *Schulte-Nölke* JZ 2001, 917–920.

22 In diesem Zusammenhang sei darauf verwiesen, dass man in der Literatur über ein „British ius commune" seit der ersten Hälfte des 18. Jahrhunderts (nach der Verabschiedung des *Act of Union* im Jahre 1701) spricht. Siehe *Wuffels* Edinburgh Law Review, 6 (2002) 315–355.

23 *Tilman*, in: FS für H. Helmrich, München 1994, 441.

24 Siehe zusammenfassend aus der reichen Literatur: *Staudenmayer ERPL* 11 (2003), 113–127 und *ders. ERPL* 13 (2005), 95–104.

Es soll auch darauf verwiesen werden, dass es bereits in der Zwischenkriegszeit, d.h. nach dem Ersten Weltkrieg, Bestrebungen gab, auf Kodifikationsebene das Schuldrecht von einigen Ländern zu vereinheitlichen. Der *Projet de Code franco-italien des Obligations et des Contrats* (auf Italienisch: *Progetto italo-francese di Codice delle Obbligazioni e dei Contratti*) vom Jahre 1927 sollte die Grundlage eines Gesetzes bzw. Gesetzbuches für Schuldverhältnisse (Obligationen und Verträge) für Frankreich und Italien bilden.[25]

Das römische Recht bzw. die römischrechtliche Tradition, Fundament der meisten Privatrechtsordnungen in Europa, kann auch für diesen langen Entwicklungsprozess zweifelsohne als Grundlage dienen.[26] In dieser Hinsicht ist hierbei an die Grundprinzipien des römischen Rechts, etwa an die Vertragsfreiheit, zu denken.[27]

Es ist immerhin festzustellen, dass die Vertragsfreiheit – d.h. die Freiheit, einen Vertrag überhaupt abschließen zu können („Abschlußfreiheit"), die Freiheit, den Partner auszuwählen („Partnerfreiheit") und die Freiheit, den Inhalt des Vertrages zu bestimmen („Inhaltsfreiheit")[28] – auf einigen Gebieten, wie etwa im Verbraucherschutz *(consumer protection, protection du consommateur),* nur stark eingeschränkte Geltung haben und da-

---

25 Bezüglich dieses Entwurfes, dessen Hauptredaktoren auf italienischer Seite Vittorio Scialoja (1856–1933) und auf französischer Seite Ferdinand Larnaude (1853–1942) waren, siehe aus der umfangreichen Literatur: *Larnaude,* Rapport à Monsieur le Garde des Sceaux, Ministre de la Justice sur l'unification législative entre la France et l'Italie, Paris 1929; *ders*., L'Unification législative entre la France et l'Italie (obligations et contrats), Paris 1930; *Scaduro*, in: Circolo giuridico „L. Sampolo", Palermo 1930, 11 ff. und *Rotondi* AJCL 3 (1954), 345 ff. Siehe noch *Consentini*, Code International des obligations en 3115 articles. Perfectionnement et Ampliation du Projet franco-italien de Code des Obligations et des Contrats (1927) en vue de l'unification des législations civiles et commerciales sur des bases internationales, Paris 1937.

26 *Knütel* ZEuP 2 (1994), 244–276.

27 *Hommelhoff*, in: FS für Helmrich, München 1994, 340.

28 Zur Geschichte der Vertragsfreiheit siehe *Scherrer*, Die geschichtliche Entwicklung des Prinzips der Vertragsfreiheit, Berlin 1948; *Busche*, Privatautonomie und Kontrahierungszwang, Tübingen 1999; *Somma*, Autonomia privata e struttura del consenso contrattuale. Aspetti storico-comparativi di una vicenda concettuale, Milano 2000. In Bezug auf die Privatautonomie (Vertragsautonomie) im Europarecht siehe *Alessi*, Diritto europeo e autonomia contrattuale, Palermo 1999. Siehe noch Sacco *RIDC* 59 (2007), 743–760.

durch relativiert werden.[29] Das in die nationale Rechtsordnung übernommene (umgesetzte) europäische Gemeinschaftsrecht *(acquis communautaire)*[30] neigt nämlich tendenziell – im Interesse des schwächeren Vertragspartners, nämlich des Verbrauchers – zur Einschränkung der Willensfreiheit der vertragsschließenden Parteien *(voluntas contrahentium).*

Das römische Recht kann unserer Ansicht nach auch für eine einheitliche privatrechtliche Rechtsanwendung bzw. für deren schrittweise Ausgestaltung dienlich sein.[31] Zu Zeiten des *ius commune* wurde bekanntermaßen europaweit ein einheitlicher „rechtlicher Arbeitsstil", der *stilus curiae,*

---

29 Über den Verbraucherschutz (Konsumentenschutz) siehe aus der umfangreichen Literatur: Bourgoignie, Éléments pour une théorie du droit de la consommation: Au regard des développements du droit belge et du droit de la Communauté Économique Européenne, Bruxelles 1988; *Medicus*, in: FS für Kitagawa, Berlin 1992, 471–486; *Hondius* Verbraucher und Recht, 11 (1996), 295–301; *Faber* ZEuP 6 (1998), 854–892; *Hondius*, in: Neues europäischesVertragsrecht und Verbraucherschutz-Regelungskonzepte der Europäischen Union und ihre Auswirkungen auf die nationalen Rechtsordnungen, Köln 1999, 19–38; *de Matos,* Les contrats transfrontaliers conclus par les consommateurs au sein de l'Union Européenne, Aix-en-Provence 2001; *Roth JZ* 2001, 475–490; *Amato*, Per un diritto europeo dei contratti con i consumatori: Problemi e tecniche di attuazione della legislazione comunitaria nell'ordinamento italiano e nel Regno Unito, Milano, 2003; *Beauchard*, in: Études de droit de la consommation. Liber amicorum J. Calais-Auloy, Paris 2004, 55–67; *Fontaine*, in: Études de droit de la consommation. Liber amicorum J. Calais-Auloy, Paris 2004, 385–397; *Mazeaud*, in: Études de droit de la consommation. Liber amicorum J. Calais-Auloy, Paris 2004, 697–724; *Bourgoignie*, in: Pour une réforme du droit de la consommation au Québec. (Sous la direction F. Maniet) Cowansville (QC) 2005, 228; *ders*., in: Regards croisés sur les enjeux contemporains du droit de la consommation. (Sous la direction de Th. Bourgoignie) Cowansville (QC) 2006, 1–18; *Calais-Auloy/Steinmetz*, Droit de la consommation, Paris 2006; *Calais-Auloy*, in: Liber amicorum B. Stauder. Droit de la consommation – Konsumentenrecht – Consumer law. (Sous la direction de L. Thévenoz et N. Reich) Genève – Zurich – Bâle 2006, 65–75 und *Pichonnaz*, in: Liber amicorum B. Stauder. Droit de la consommation – Konsumentenrecht – Consumer law. (Sous la direction de L. Thévenoz et N. Reich) Genève – Zurich – Bâle 2006, 323–340.

30 In Bezug auf die rechtsdogmatischen, rechtstheoretischen und verfassungsrechtlichen Aspekte des Gemeinschaftsrechts (*droit communautaire*) siehe *Schroeder*, Das Gemeinschaftsrechtssystem. Eine Untersuchung zu den rechtsdogmatischen, rechtstheoretischen und verfassungsrechtlichen Grundlagen des Systemdenkens im Europäischen Gemeinschaftsrecht, Tübingen 2002.

31 In Bezug auf die Rolle des römischen Rechts im Bereich der Vereinheitlichung des internationalen Warenkaufrechts siehe Villela, in: Sodalitas. Scritti in onore di A. Guarino. VII, Napoli 1984, 3279–3304.

angewandt. Dies wurde unter Vermittlung des römischen Rechts bewirkt, das einst die *lingua franca* der Juristen war. Der einheitliche *stilus curiae* endete mit der „Nationalisierung" der Rechtsordnungen *(ius patrium)*. Die erfreulicherweise wieder internationalere Züge annehmende Juristenausbildung, deren wichtiger Bestandteil das römische Recht ist bzw. sein könnte oder sollte, kann langfristig gesehen zur erneuten Vereinheitlichung des *stilus curiae* führen.[32]

8. Die Mitglieder der Akademie zu Pavia, unter denen sich gleichermaßen ausgewiesene Experten des römischen Rechts, des *Common law* und des modernen kodifizierten Privatrechts befinden, sehen es als ihre Aufgabe an, im Zuge der Kodifikation eines einheitlichen europäischen Vertragsrechts einen Kompromiss zwischen dem – auf dem römischen Recht basierenden – kontinentalen Recht und dem *Common law* zu finden.[33]

---

32 *Ranieri IC* 17 (1990), 10 ff.

33 Die Vertreter der Akademie von Pavia sehen immerhin die Schwierigkeiten der Rechtsvereinheitlichung im Bereich der Vorbereitung eines Gesetzbuches für das europäische Vertragsrecht („droit européen des contrats"). Dies bezieht sich z.B. auf die Eigenart der *liability* des *Common law.* Siehe *Gandolfi*, in: FS für Mayer-Maly (Schermaier/Rainer/Winkel), Köln – Weimar – Wien 2002, 229–238.

Begrenzte Rationalität als Rechtfertigung einer speziellen Vertragsethik bei Langzeitverträgen? Zur Bedeutung verhaltenswissenschaftlicher Gesichtspunkte für die Beurteilung privatautonomer Bindungen

Piotr Tereszkiewicz

Der vorliegende Beitrag zielt darauf ab, die Befunde der verhaltenswissenschaftlichen Forschung für die Erörterung einer privatrechtlichen Fragestellung zu verwenden, namentlich der Begründung einer speziellen Vertragsethik bei Langzeitverträgen. In der Lehre wird häufig auf das Strukturelement der Kooperation bei komplexen Langzeitverträgen – im Gegensatz zu einfachen Austauschverhältnissen – hingewiesen.[1] Die Notwendigkeit einer vertrauensvollen Zusammenarbeit zwischen Vertragsparteien soll kennzeichnend für diese Art der Verträge sein.[2] Im Grunde genommen wird hier aber kooperatives Verhalten rein *deskriptiv* betrachtet, als eine Eigenschaft der Kategorie der Langzeitverträge. Fraglich erscheint, ob das Erfordernis kooperativen Verhaltens damit als eine hinreichend begründete normative Regel aufgefasst werden kann, um den Inhalt der Rechte und Pflichten aufzufüllen.

Von größerer Relevanz erscheint daher die ökonomisch fundierte Auffassung von *Campbell/Harris*.[3] Danach seien Langzeitverträge dahingehend zu verstehen, dass die Parteien bewusst eine kooperierende Einstellung annehmen. Insofern werden Langzeitverträge mit einer Gesellschaft verglichen: Die Parteien streben die Wohlfahrtsmehrung auf eine indirekte Weise im Wege des langfristigen kooperativen Verhaltens an. Der kooperative Charakter des Verhaltens der Vertragsparteien, also die kooperative Wohlfahrtsmehrung, komme im Vertrauen zur anderen Partei zum Aus-

---

1 Z.B. *Nicklisch* NJW 1985, 2361, 2364.

2 Vgl. *Nicklisch* (Fn. 1) 2364; *ders.* JZ 1984, 757 f. Zu den Vertragsarten und der zugehörigen Begrifflichkeit: *Martinek*, in: Staudinger, BGB, Vorbemerkung zu §§ 662 ff. (2006) 78 ff. Zur Rechtsfigur der Geschäftsverbindung vgl. *Müller-Graff*, Rechtliche Auswirkungen einer laufenden Geschäftsverbindung im amerikanischen und deutschen Recht, Karlsruhe 1974, 247 ff.

3 *Campbell/Harris* Journal of Law and Society 20 (1993) 166, 167 ff.

druck, welches die Festlegung der vertraglichen Verbindlichkeiten ersetze.[4] Damit akzeptieren die Parteien eine allgemeine und konkretisierungsfähige Norm von *Fairness* als Verhaltensmaßstab für ihre Beziehung. Die den einfachen Austauschverhältnissen zugrunde liegende Annahme eines individualistisch motivierten wohlfahrtsmehrenden Akteurs ist nicht geeignet, die kooperative Haltung zu erklären, die für die Langzeitverträge von fundamentaler Bedeutung ist.[5]

Die oben genannte These von *Fairness* als Verhaltensmaßstab bei Dauerrechtsverhältnissen macht auf die Eigenart dieser Kategorie der Rechtsverhältnisse aufmerksam: Insbesondere wirkt sich eine mangelhafte Risikoeinschätzung zum Zeitpunkt der Begründung des Rechtsverhältnisses (des Vertragsschlusses) nachträglich gravierend aus. Illustrativ mag der folgende Fall erscheinen: In dem einer Entscheidung des BGH von 1993[6] zugrundeliegenden Sachverhalt war der über 80 Jahre alte Gesellschafter einer KG, welcher der Gesellschaft 53 Jahre lang angehört hatte, auf die Verwertung seines Kommanditanteils wirtschaftlich angewiesen. Der wirtschaftliche Wert des Anteils überstieg inzwischen bei weitem den Buchwert, nach dem laut dem Gesellschaftsvertrag seine Abfindung zu berechnen war.

Der oben genannte Fall mag eine der Ausprägungen begrenzter Rationalität eines Menschen dokumentieren. Begrenzte Rationalität stellt ein in den Verhaltenswissenschaften umfangreich untersuchtes Phänomenon dar.[7] Die *Verhaltensökonomie* besagt, dass Menschen nur eingeschränkt rational handeln, weil sie nur über beschränkte Denk- und Vorstellungsfähigkeiten verfügen.[8] Insbesondere neigen Menschen dazu, suboptimale

4 *Campbell/Harris* (Fn. 3), 167.

5 *Campbell/Harris* (Fn. 3), 167. Zum Meinungsstand *Martinek* (Fn. 2), Rn. 68 ff.

6 BGH, 20.9.1993 – II ZR 104/92 = NJW 1993, 3193.

7 Die Kernbefunde und Aussagen dieser Forschungsrichtung werden bei *Kahneman*, Schnelles Denken, langsames Denken, München 2012, 331 ff. zusammengefasst. S. auch *Thaler/Sunstein*, Nudge: Improving decisions about health, wealth and happiness, New Haven 2009, 19 ff. Zur Rezeption in der juristischen Literatur z.B. *Fleischer*, in: FS für Immenga, Fuchs/Schwintowski/Zimmer, 2004, 575 ff.; *Eidenmüller* JZ 2005, 216 ff.; *Schön*, in: FS für Canaris, Heldrich/Koller/Prölss/Langenbucher/Grigoleit/Hager/Hey/Neuner/Petersen/Singer, Bd. I 2007, 1191, 1204 ff.; *Fleischer/Schmolke/Zimmer,* in: Fleischer/Zimmer (Hrsg.) Beitrag der Verhaltensökonomie zum Handels- und Wirtschaftsrecht, Frankfurt am Main 2011, 9 ff.; *Wiedemann/Wank* JZ 2013, 340 ff.

8 *Kahneman* (Fn. 7), 139 ff; 331 ff. S. auch *Eidenmüller* (Fn. 8), 218 ff.

Entscheidungen zu treffen, die auf einer fragwürdigen Einschätzung der Lage beruhen. Als wichtigste Ausprägungen der begrenzten Rationalität werden neben mangelhafter Risikoeinschätzung vor allem mangelhafte Informationsversorgung und fehlende Einsichtsfähigkeit beim Eingehen der Bindungen genannt.[9] Bezüglich der Langzeitverträge ist an solche Ausprägungen der begrenzten Rationalität zu denken, wie Überoptimismus mit Blick auf die Stabilität der vertraglichen Beziehung, aber auch Zeitinkonsistenz im Hinblick auf die Bedeutung der aktuellen Willensdisposition für die Zukunft. Die Notwendigkeit des Selbstschutzes vor den theoretisch fernliegenden, aber praktisch durchaus realistischen Ereignissen wird häufig unterschätzt.[10] Dies führt zur Frage nach dem Schutz vor eigenen irrationalen oder fehlerhaften Entscheidungen, deren Folgen sich erst in einer fernen Zukunft verwirklichen können, mit anderen Worten dem Schutz vor einer *Überforderung der Selbstverantwortung.*[11]

In der zivilrechtlichen Lehre wird unter dem Einfluss des verhaltenswissenschaftlichen Diskurses die Anerkennung einer Störung der Willensfreiheit wegen begrenzter Rationalität diskutiert.[12] Unter diesem Gesichtspunkt führt etwa *Barbara Dauner-Lieb* aus, dass im Laufe der dynamischen Entwicklung langfristiger Beziehungen ein Vertragspartner häufig seine individuellen Interessen zurückstelle, weil er oder sie auf den Bestand des Gemeinschaftsverhältnisses vertraue und deshalb den Gemeinschaftsinteressen Priorität einräume. Gleichzeitig sinke wegen der immer enger werdenden persönlichen Beziehungen die Neigung zu aus rationaler Perspektive möglicherweise begründeten Vertragsanpassungen. Die Partei kann sich von dem Eindruck leiten lassen, dass der Wunsch nach einer Neuverhandlung die Vertrauensbasis in Frage stellen könnte. Das klassische Instrumentarium des Zivilrechts scheint auf solche Fälle nur bedingt anwendbar. Das Institut der Wirksamkeitskontrolle, sei es über § 138 BGB oder sei es über eine allgemeine Inhaltskontrolle begriffen als Angemessenheitsprüfung, erweist sich hier aus mehreren Gründen als unange-

---

9 Vgl. den an juristische Systematiken anknüpfenden Überblick bei *Wiedemann/Wank* (Fn. 7), 341 ff.

10 *Schön* (Fn. 7), 1201; *Wiedemann/Wank* (Fn. 7), 342.

11 Begriffsprägend *Dauner-Lieb* AcP 201 (2001) 295, 329. Auf die Frage unerlaubten Fremdeinflusses auf die Person des Entscheidungsträgers wird hier nicht eingegangen.

12 *Fleischer* (Fn. 7), 575 ff.; *Dauner-Lieb* AcP 210 (2010), 580, 597; *Eidenmüller* (Fn. 7), 220 ff.

messen.[13] Insbesondere knüpfen die Sittenwidrigkeits- und Inhaltskontrolle an die Umstände des Vertragsschlusses an und sind, da sie die Sanktion der Unwirksamkeit vorsehen, ungeeignet, die aufgrund des Prozesscharakters des Vertrages eintretenden Entwicklungen zu Lasten eines der Vertragspartner zu erfassen und eine Vertragsgestaltung zu erlauben.

Dem Schutzanliegen der Vertragspartner ist in solchen Fallkonstellationen mit dem Institut der Ausübungskontrolle aufgrund § 242 BGB Rechnung zu tragen. Die Ausübungskontrolle bestünde in der Prüfung, ob sich die Risikoverteilung im Laufe der dynamischen Vertragsbeziehung zu einer unzumutbaren Belastung eines Vertragspartners entwickelt hat, d.h. ob eine Vertragsklausel ohne Zweifel einseitig, ungerechtfertigt und unzumutbar ist.[14] Es bliebe zu überprüfen, ob die Berufung auf die Vertragsklausel, insbesondere die Verzichts- oder Ausschlussklausel nicht rechtmissbräuchlich wäre. In dem obengenannten BGH-Fall wurde zu Recht bejaht, dass es dem Gesellschafter nach Treu und Glauben nicht zuzumuten sei, sich mit dem festgestellten Buchwert abfinden zu lassen.[15] Aus dogmatischer Sicht wurde dies allerdings mit dem Instrument der ergänzenden Vertragsauslegung nach den Grundsätzen von Treu und Glauben unter angemessener Abwägung der Interessen der Vertragsparteien gelöst.[16]

Das Verhältnis der Ausübungskontrolle und der ergänzenden Vertragsauslegung bedarf daher der Klärung. Die ergänzende Auslegung setzt eine Regelungslücke im Sinne einer planwidrigen Unvollständigkeit des Vertrages voraus.[17] Damit scheidet die ergänzende Auslegung aus, wenn der

---

13 Dazu vor dem Hintergrund der Eheverträge eingehend *Dauner-Lieb* (Fn. 11), 325 ff. Allgemein zur Inhaltskontrolle *Fastrich*, Richterliche Inhaltskontrolle im Privatrecht, München 1992, 215 ff.

14 So: *Dauner-Lieb* (Fn. 12), 597, mit Verweis auf *Sanders*, Statischer Vertrag und dynamische Vertragsbeziehung – Wirksamkeit und Ausübungskontrolle von Gesellschafts- und Eheverträgen, Bielefeld 2008, 358 ff. Zuvor: *Dauner-Lieb* (Fn. 11), 325.

15 BGH, 20.9.1993 – II ZR 104/92 v. 20.9.1993 = NJW 1993, 3193, dazu *Ulmer/Schäfer* ZGR 1995, 135 ff.

16 Für die ergänzende Vertragsauslegung die h. L., s. *Roth*, in: Baumbach/Hopt, Handelsgesetzbuch, 36. Aufl. (2014), § 131 HGB Rn. 73; *Schmidt*, in: ders., Münchner Kommentar HGB, 3. Aufl. (2011), § 131 HGB Rn. 174. Zur Abgrenzung der ergänzenden Auslegung, der Vertragsanpassung und der Vertragskontrolle eingehend *Dauner-Lieb* ZHR 158 (1994) 271, 277 ff.

17 *Busche*, in: Säcker, Münchner Kommentar BGB, 6. Aufl. (2012) § 157 BGB, Rn. 38. S. auch *Dauner-Lieb* (Fn. 16), 283 ff.

Vertrag eine sachlich passende Regelung bereithält. Der Maßstab bleibt der hypothetische, also normativ bereinigte Parteiwille – die ergänzende Auslegung zielt darauf ab, jedem Rechtsgeschäft seinen besonderen Geltungssinn unter Berücksichtigung der subjektiven Interessen und objektiven Sinnhaftigkeit zuzuweisen.[18] Die von der begrenzten Rationalität begründete Ausübungskontrolle beruht auf einer unterschiedlichen Annahme: Die Feststellung einer Vertragslücke ist nicht notwendig. Im Gegenteil: Man geht davon aus, dass die Vertragsparteien bestimmte Entwicklungen in die Vertragsgestaltung abstrakt einbezogen, aber ihre Konsequenzen aufgrund begrenzter Rationalität unzutreffend eingeschätzt haben. Aus diesem Grund soll die Rechtsordnung das Festhalten an der Vertragsbindung nicht erlauben.[19]

Die Ausübungskontrolle zum Schutz vor den Folgen begrenzter Rationalität hat zugegebenermaßen weitreichende Folgen: Der Ausnahmecharakter der Ausübungskontrolle als Mittel zur Erfassung unvorhersehbarer Konstellationen ginge verloren; außerdem geschähe dies auf Kosten der Rechtssicherheit.[20] Darüber hinaus ist auf die methodologischen Zweifel der auf den Gesichtspunkt der begrenzten Rationalität gestützten Ausübungskontrolle einzugehen. Sie betreffen zuerst die Gewissheit und Verbreitung der empirisch festzustellenden Verhaltensmuster.[21] Diese Skepsis sollte man zum Anlass für eine empirische Befestigung wichtigster irrationaler Verhaltensmuster nehmen, etwa durch fachlich fokussierte Befragung der Unternehmer wie auch der vertragsgestaltenden und beratenden Juristen, aber auch der Schiedsrichter. Eine vertiefte empirische Untermauerung des Verhaltensmodells bei Langzeitverträgen kann sich für die juristische Akzeptanz des Gedanken der begrenzten Rationalität nur als förderlich erweisen.

Ferner ist dem grundsätzlichen Einwand Rechnung zu tragen, dass die verhaltensökonomischen Erkenntnisse nur deskriptive, aber keine präskriptiven Wirkungen in der Rechtsordnung entfalten können.[22] An der Richtigkeit dieser Aussage dürften gegenwärtig keine Zweifel bestehen.

---

18 *Busche* (Fn. 17), § 157 Rn. 27.

19 So: *Dauner-Lieb* (Fn. 12), 599.

20 Aus diesem Grund behutsam befürwortend *Dauner-Lieb* (Fn. 11), 329.

21 Für eine empirische Erhärtung irrationaler Verhaltensmuster *Fleischer* (Fn. 7), 586 f. Nach *Dauner-Lieb* (Fn. 12), 609 wäre eine Erwartung naturwissenschaftlich oder empirisch gesicherter Gewissheiten ohnehin Illusion.

22 *Wiedemann/Wank* (Fn. 7), 345.

Dennoch lässt sich festhalten, dass die verhaltenswissenschaftlichen Einsichten stufenweise den juristisch fest eingeprägten normativen Verhaltensmaßstab eines autonomen und rationalen Vertragsakteurs – und seine Sonderausprägungen wie etwa des ordentlichen Geschäftsleiters oder des ehrbaren Kaufmanns – verändern können: Bekanntlich unterliegt das Menschenbild des Gesetzgebers Wandelungen und Korrekturen.[23] Die Erkenntnisse der Verhaltensforschung können gegenwärtig vor allem die Zielrichtung der Auslegung des Gesetzes steuern. Es handelt sich dabei um einen komplexen und nicht vollständig vorhersehbaren Prozess der Rechtsentwicklung, der zuerst im Wege von Ergänzungen und Korrekturen etablierter Rechtsprinzipien erfolgen soll.[24] Das Vertragsrecht sollte dabei offen sein für Einflüsse aus dem Sonderprivatrecht, insbesondere dem Verbraucher- und Kapitalmarktrecht.[25]

Die hier untersuchte Frage der Begründung einer besonderen Ethik bei komplexen Verträgen sollte sowohl als ein an den Normengeber als auch an die Rechtsprechung gerichtetes Programm verstanden werden. Eine der wichtigsten Einsichten der Verhaltensökonomie für die Rechtswissenschaft lautet: Regeln wirken nicht nur *ex post*, sondern auch *ex ante*.[26] Die Regeln des Vertragsrechts sollen das Verhalten der Vertragsakteure beeinflussen können, selbst wenn sie nicht immer in vollem Umfang durchsetzbar sind. Es ist zweifelhaft, ob die Realität der dynamischen Langzeitbeziehungen einer detaillierten und umfassenden gesetzlichen Regelung unterzogen werden kann. Die Diskussion um die richtige Aufgabenverteilung zwischen dem Gesetzgeber und der Rechtsprechung wird seit langem geführt. Es sei hier darauf hinzuweisen, dass die Schwierigkeit, die Rechtsprechung damit zu beauftragen, die Rechtsregeln systematisch in dem oben skizzierten Sinne zu optimieren, mit der ihr immanenten retrospektiven Betrachtung konkreter Sachverhalte zusammen hängt: In einzelnen Fällen spielt meistens nur ein bestimmter Aspekt (ein Risiko) eine zentrale

23 Zum Menschenbild des BGB *Laufs*, in: FS für Picker, Lobinger, 2010, 1285 ff.

24 So auch *Wiedemann/Wank* (Fn. 7), 341. Die Ergänzungen und Randkorrekturen können an die Dogmatik des geltenden Zivilrechts andocken.

25 Die Bedeutung der Sonderprivatrechte heben *Wiedemann/Wank* (Fn. 7), 345 hervor. Für einen multidisziplinären Governance-Ansatz für das Vertragsrecht *Riesenhuber/Möslein*, in: Riesenhuber (Hrsg.), Perspektiven des Europäischen Schuldvertragsrechts, Berlin 2008, 1, 3 m.w.N.

26 *Riesenhuber/Möslein* (Fn. 25), 11 m.w.N.

Rolle oder wird nur ein bestimmtes Risiko wegen seiner tatsächlichen Verwirklichung vom Gericht nachträglich als wesentlich angesehen.[27]

Als Fazit ist festzuhalten, dass die verhaltenswissenschaftliche Forschung dazu beitragen kann, eine Begründung für den Schutz vor den Folgen eigener Willensdispositionen zu liefern. Die Aufgeschlossenheit der dogmatischen Analyse gegenüber gründlich dokumentierten verhaltenswissenschaftlichen Befunden kann meines Erachtens den Rückgriff auf den Verhaltensmaßstab von *Fairness* und die Ethik der Kooperation legitimieren.

27 Die Gerichte besitzen den Vorteil der Rückschau (*the benefit of hindsight*) bei der Beurteilung eines Sachverhalts, während der Gesetzgeber prospektive Regeln schafft, vgl. zur Aufgabenteilung zwischen der Rechtsprechung und der Gesetzgebung im Hinblick auf die Regelung der Informationshaftung *Craswell* Virginia LR 92 (2006) 565, 577 f. Zurückhaltend im Hinblick auf rechtsschaffende Funktion der Gerichte vor dem Hintergrund der anglo-amerikanischen Jurisprudenz *Fuller/Winston* Harvard LR 92 (1978) 353, 391 f.

II. Privatrecht und Rechtsordnung

Das Entstehen von Rechtsverbindlichkeiten durch Gesetz oder Vertrag

Paul Kirchhof

I. Die Aktualität der Unterscheidung zwischen gesetzter und vereinbarter Gerechtigkeit

Wir saßen im Bruchsaler Schlossgarten beim Fakultätsausflug und sprachen über die sogenannten „Verrechnungsvereinbarungen" zwischen Unternehmen und Behörden, nach denen steuerbare Gewinne zwischen den in unterschiedlichen Ländern ansässigen Tochtergesellschaften einer Unternehmensgruppe steuerwirksam verteilt werden. Die EU-Kommission prüft gegenwärtig, ob derartige steuerbegünstigende Absprachen mit Unternehmen dem Beihilfeverbot des Art. 107 Abs. 1 AEUV widersprechen.[1] Peter-Christian Müller-Graff erkannte mit dem ihm eigenen rechtsstrukturierenden Scharfsinn die Problematik eines Vertrages mit Belastungswirkung für Dritte, der nicht eigens in Rechtspositionen Dritter eingreift, aber auf Belastung Dritter angelegt ist.[2] Wir beließen es in der Leichtigkeit einer nachmittäglichen Plauderstunde bei dieser Andeutung des Problems und besuchten das Bruchsaler Museum für Musikautomaten, in dem die Mechanik von Spielfiguren und Tonträgern die Kunst ineinandergreifender Folgerichtigkeit bewusst macht.

Doch die Grundsatzfrage, welche Rechtsfolgen der Verfügungsgewalt von Vertragspartnern unterliegen, deshalb vertraglich durch den Willen der Vertragsparteien geregelt werden können; und welche Rechtsfolgen allein durch Gesetz – nach den Prinzipien des Gleichmaßes und der Ver-

---

1 *Pressemitteilung der Europäischen Kommission vom 11.6.2014,* Brüssel/Statement by Vice President Almunia, 11.6.2014, Brüssel, betreffend die IT-Unternehmen Apple (Irland), Starbucks (Niederlande) und die Fiat Finance and Trade (Luxemburg), EU: Staatliche Beihilfen, DB 2014, 12.

2 *Habersack*, Vertragsfreiheit und Drittinteresse, 1992, 55; *Martens* AcP 177 (1977), 116, 165 f.; vgl. auch *Wiedemann* SAE 1969, 2665, 2668 – Verbot einer Erstreckung tariflicher Vergünstigungen auf gewerkschaftsfremde „Trittbrettfahrer" unzulässig.

hältnismäßigkeit – begründet werden, bedarf je nach den Anfragen der Gegenwart an das Recht immer wieder neuer Antworten. Ich trage in dieser Peter-Christian Müller-Graff gewidmeten Studie dazu einige Gedanken im Grenzbereich von privatem und öffentlichem Recht bei.

Der Vertrag ist eines der elementaren Rechtsinstrumente individueller Freiheit, der die Vertragspartner befähigt, allein durch Verständigung über den Tausch von ihnen verfügbaren Gütern Rechtsverbindlichkeiten hervorzubringen, welche die Rechtsordnung als gerecht anerkennt, weil die Beteiligten es so wollen. Demgegenüber setzt das Gesetz die Rahmenbedingungen individueller Freiheit und gemeinschaftlichen Zusammenlebens auch gegen den Willen der Gesetzesadressaten, trifft in der Allgemeinheit und Gleichheit seiner Aussagen Regelungen für jedermann dank demokratischer Legitimation, nicht individueller Zustimmung, benennt dabei auch die Tatbestandsvoraussetzungen für das Entstehen eines Vertrages, seine inhaltlichen Grenzen und seine Durchsetzbarkeit.[3]

II. Geltungsbedingungen von Gesetz und Vertrag

Recht entwickelt sich aus einer ideell begriffenen Herkunft in eine textgebundene Zukunft. Die ihm zugrundeliegende Übereinkunft ist nicht – wie beim Vertrag – der Konsens im Einzelfall, sondern meint einen gedachten – fiktiven – Konsens der Rechtsbeteiligten über einen „Gesellschaftsvertrag“.[4] Dieses Sich-Vertragen hat seinen Ursprung nicht in einem individuell gebildeten und erklärten Willen, sondern in der Zugehörigkeit zu einer Sprach-, Kultur- und Wirtschaftsgemeinschaft, die gemeinsame Vorstellungen von Recht und Gerechtigkeit entwickelt hat, in die der Bürger

---

3 *Hirsch*, in: FS für Kirchhof, Kube/Mellinghoff/Morgenthaler u.a. (Hrsg.), Bd. II, 2013, § 109, Rn. 6 f.; BVerfG, Beschl. v. 19.10.1993 – 1 BvR 567/89 u.a., NJW 1994, 36 = BVerfGE 89, 214, 234; vgl. im übrigen BVerfG, Beschl. v. 7.2.1990 – 1 BvR 26/84, NJW 1990, 1469 = BVerfGE 81, 242 254 f.; Urt. v. 6.2.2001 – 1 BvR 12/92, NJW 2001, 957 = BVerfGE 103, 89, 100 ff.

4 Zum Gesellschaftsvertrag vgl. *Rousseau*, Du contrat social ou principes du droit politique, 1762, (dt.: *ders*., Sozialphilosophische und Politische Schriften, 1981, 267 ff.); dazu: *Kersting*, Die politische Philosophie des Gesellschaftsvertrags, 2005; *ders*., Jean-Jacques Rousseaus „Gesellschaftsvertrag“, 2002.

hineingeboren wird und beheimatet ist. Diese aus der Zusammenkunft erwachsende Übereinkunft bezeichnet man herkömmlich als „Konvention".[5]

In der Moderne, die Recht unter den Voraussetzungen sprachlicher Fassung, Urkundlichkeit, demokratischer Legitimation und allgemeiner Verkündung anerkennt, ruht Recht in seinen Entstehens- und fortdauernden Geltungsbedingungen aber weiterhin auf gemeinsamen Rechtsvorstellungen der Rechtsbeteiligten. Dabei ist die verfassunggebende Gewalt[6] stets eine verfassungweitergebende Gewalt,[7] die nachdenkt und nachschreibt, aber auch vordenkt und vorschreibt. Verfassungsvorstellungen entwickeln sich aus der Idee vom Rechtssubjekt, dem Menschen, der Person, der Persönlichkeit. Der „Mensch" beansprucht eine menschenrechtliche Statusgleichheit in Würde,[8] fordert freiheitliche Selbstbestimmung in eigenen Angelegenheiten.[9] Die „Person" definiert die Rolle,[10] die der Mensch in einer Gesellschaft – im Beruf, in der Familie, nach seinem Stand und Alter – einnimmt, bezeichnet anfangs nach Römischem Recht die Rechtstellung eines freien oder unfreien, freigeborenen oder freigelassenen, gewaltunterworfenen Menschen,[11] später den Eigenwert der Individualität in einer sich sittlich bewährenden Freiheit.[12] Die „Person" wird rechtsfähig, damit

5 *Achermann*, in: Lieb/Strosetzki (Hrsg.), Philologie als Literatur- und Rechtswissenschaft, 2013, 13 f.

6 *Steiner*, Verfassunggebung und verfassunggebende Gewalt des Volkes, 1966, 206 f.; *Henke* Der Staat, 1980, 181, 208.

7 *P. Kirchhof*, in: Isensee/Kirchhof u.a. (Hrsg.), Handbuch des Staatsrechts, Bd. II, § 21, Rn. 5.

8 BVerfG, Urt. v. 21.6.1977 – 1 BvL 14/76, NJW 1977 = BVerfGE 45, 187; Beschl. v.29.5.1990 – 1 BvL 20/84 u.a., NJW 1990, 2869 = BVerfGE 82, 60; Beschl. v. 12.11.1997 – 1 BvR 479/92 u. 1 BvR 307/94, NJW 1998, 519 = BVerfGE 96, 375; Urt. v. 5.2.2004 – 2 BvR 2029/01, NJW 2004, 739 = BVerfGE 109, 133; Urt. v. 3.3.2004 – 1 BvR 2378/98 u. 1 BvR 1084/99, NJW 2004, 999 = BVerfGE 109, 279; Urt. v. 15.2.2006 – 1 BvR 357/05, NJW 2006, 751 = BVerfGE 115, 118; Urt. v. 9.2.2010 – 1 BvL 1/09 u.a., NJW 2010, 505 = BVerfGE 125, 175.

9 *Hofmann*, in: Schmidt-Bleibtreu/ders./Hopfauf (Hrsg.), GG, Art. 2, Rn. 33; *Sachs*, in: ders.(Hrsg.), GG, vor Art. 1, Rn. 43; *Herdegen*, in: Maunz/Dürig, GG, Art. 1 Abs. 1, Rn. 84 ff.

10 Zur – umstrittenen – Ableitung des Wortes von „persona", der „Maske", in der ein Schauspieler seine Rolle wahrnimmt, vgl. *Palm*, Person im Ertragssteuerrecht, 2013, 44 f. m. Nachw.

11 *Gaius*, Inst. I, 9, 10, 48; *Palm* (Fn. 10), 44 f. m. Nachw., 47.

12 *Ritter*, in: Schnur (Hrsg.), Zur Geschichte der Erklärung der Menschenrechte, 1964, 202, 219 f.; *Palm* (Fn. 10), 68 f.; *Stern*, in: HGR, Bd. I, 2004, § 1, Rn. 8.

rechtlich handlungsfähig,[13] beansprucht im Status als Rechtssubjekt Subjektqualität[14] und Statusgleichheit,[15] wird im modernen Recht zu einer Kategorie der Freiheit.[16] Diese Elementargleichheit des Menschen als Person wird zur „Persönlichkeit“, wenn der einzelne Mensch sich nach seinen Anlagen, Begabungen, körperlichen und psychischen Konstitutionen und der von ihm gewählten Freiheitswahrnehmung von anderen Menschen abhebt und auch aus der Rechtsgemeinschaft hervorhebt.[17]

Auf dieser Grundlage ist die Vertragsfreiheit nach Art. 2 Abs. 1 GG als Individualrecht und als institutionelle Garantie verfassungsrechtlich gewährleistet, ist Ausdruck und Bedingung „unseres kulturell und rechtlich begründeten Bildes des für sich selbst verantwortlichen Menschen sowie Bedingung einer marktwirtschaftlichen Ordnung“.[18] Die verfassungsrechtliche Garantie der Privatautonomie erlaubt eine rechtsförmliche Bindung der Vertragspartner, die in wechselseitiger Annäherung einen für beide Partner gebilligten Vertragsinhalt finden.[19] Der übereinstimmende Wille der Vertragspartner schafft einen sachgerechten Interessenausgleich. Die Rechtsordnung billigt die Verständigung unter Betroffenen als einen Weg zu einem gerechten Preis, zum angemessenen Tausch.[20] Wenn zwei Part-

---

13 *Dürig*, in: Maunz/ders., GG, (Erstaufl. 1958), Art. 1 Abs. 1, Rn. 19; *Coing*, Die obersten Grundsätze des Rechts, 1947; *Wertenbruch*, Der Staat aus personaler Sicht, 1984, 11; dazu *Palm* (Fn. 10), 286 f.

14 BVerfG, Urt. v. 15.12.1970 – 2 BvF 1/69, 2 BvR 629/68, 308/69, NJW 1971, 275 = BVerfGE 30, 1 26; Beschl. V. 20.10.1992 – 1 BvR 698/89, NJW 1993, 1457 = BVerfGE 87, 209, 228; Urt. v. 3.3.2004 – 1 BvR 2378/98 u. 1 BvR 1084/99, NJW 2004, 999 = BVerfGE 109, 279, 321 f.; Urt. v. 15.2.2006 – 1 BvR 357/05, NJW 2006, 751 = BVerfGE 115, 118, 153.

15 Vgl. Art. 6 EGBGB – Die Anerkennung des Menschen als Person gehört zu den wesentlichen Grundsätzen des ordre public –, dazu *Kannowski*, in: Staudinger, BGB, 2013, § 1 , Rn. 1.

16 *Palm* (Fn. 10), 78 f.; vgl. *Ozouf*, in: Furet/dies. (Hrsg.), Kritisches Wörterbuch der Französischen Revolution, Bd. II, 1996, 1037 f.; zur Darstellung der Brüderlichkeit 1038; zur Utopie der Stadt der Bruderliebe 1042.

17 *Brugger*, in: ders./Neumann/Kirste (Hrsg.), Rechtsphilosophie im 21. Jahrhundert, 2008, 50, 56.

18 *Hirsch*, in: FS für Kirchhof, Kube/Mellinghoff/Morgenthaler u.a. (Hrsg.), Bd. II, 2013, § 109, Rn. 3 f. (Zitat Rn. 4).

19 *Isensee*, in: Isensee/Kirchhof u.a. (Hrsg.), Handbuch des Staatsrechts, Bd. VII, 2009 § 150, Rn. 114 f.

20 Zur „iustitia commutativa“ vgl. *Aristoteles*, Nikomachische Ethik, 1131 a, 1 ff.; dazu *Rüthers/Fischer/Birk*, Rechtstheorie, 2013, Rn. 361; *van Suntum*, Die unsichtbare Hand, 2005, 69 f.; *Isensee* (Fn. 19), Rn. 14 f.

ner sich rechtsförmlich „vertragen“, entsteht für sie ein Stück Gerechtigkeit.

III. Vereinbarungen mit Belastungswirkungen für Dritte

Das Privatrecht unterscheidet zwischen einem Vertrag zulasten Dritter, der den Dritten ohne eigene Mitwirkung unmittelbar verpflichtet,[21] und dem Vertrag mit Belastungswirkungen für Dritte, der nicht eigens in Rechtspositionen Dritter eingreift, aber Drittinteressen belastet.[22] Der BGH beanstandet insbesondere einen Verzicht auf künftige Unterhaltsvereinbarungen, durch die ein Sozialhilfeträger oder Familienangehöriger unterhaltspflichtig werden soll.[23] Ähnliche Folgerungen zieht der BGH in seiner neueren Rechtsprechung für die Leistung von „Schwarzarbeit“, bei der ein Vertrag den Leistungsaustausch so gestaltet, dass er die mit dem Leistungsaustausch verbundenen Steuern und Sozialabgaben vermeiden soll.[24] In seiner früher vielbeachteten, heute aber wenig kommentierten Fischmarkt-Entscheidung[25] betont das Gericht, eine juristische Person des öffentlichen Rechts dürfe nur im Rahmen ihres gesetzlichen oder satzungsmäßigen Auftrags handeln. Sei eine wirtschaftliche Betätigung nicht von den gesetzlichen und satzungsrechtlichen Grundlagen der Körperschaft gedeckt, stehe dieses Handeln außerhalb ihrer Rechtsmacht. Der Vertrag sei daher unwirksam geschlossen und nichtig.[26] Eines Rückgriffs auf § 134 BGB oder auf die Grenzen der Vertretungsmacht bedürfe es nicht.[27]

---

21 *Gottwald,* in: MüKo, BGB, § 328, Rn. 139; *Habersack* (Fn. *2*), 30 f.

22 *Habersack* (Fn. 2), 55; *Martens* AcP 177 (1977), 116, 165 f.; *Wiedemann* SAE 1969, 265, 268 – Verbot einer Erstreckung tariflicher Vergünstigungen auf gewerkschaftsfremde „Trittbrettfahrer“ unzulässig.

23 Vgl. BGH, Urt. v. 8.12.1982 – IV b ZR 333/81, NJW 1983, 1851 = BGHZ 86, 82, 89; Urt. v. 24.4.1985 – IV b ZR 22/84, NJW 1985, 1833; Urt. v. 17.9.1986 – IV b ZR 59/85, NJW 1987, 1546; Urt. v. 5.11.2008 – XII ZR 157/06, NJW 2009, 842, 845; zu den dogmatischen Fragen: *Hess* FamRZ 1996, 1981, 1982, 1985 ff. m. N., vgl. auch *Sack/Fischinger*, in: Staudinger, BGB, Neubearb. 2011, § 138 , Rn. 455.

24 BGH, Urt. v. 1.8.2013 – VII ZR 6/13, NJW 2013, 3167 – Nichtigkeit gemäß § 134 BGB i. V. m. § 1 Abs. 2 Nr. 2 SchwarzArbG; auch der bereicherungsrechtliche Anspruch auf Wertersatz gegen den Besteller wird verneint, Urt. v. 10.4.2014 – VII ZR 241/13, NJW 2014, 1805.

25 BGH, Urt. v. 28.2.1956 – I ZR 84/54, NJW 1956, 746 f.

26 BGH, Urt. v. 28.2.1956 – I ZR 84/54, NJW 1956, 746, 747.

27 BGH (Fn. 26), 746, 747 f.

In der Sache entwickelt der BGH eine ultra-vires-Lehre,[28] wie sie gegenwärtig insbesondere für das Verhältnis von Mitgliedstaat und Europäischer Union von rechtlicher Bedeutung ist.[29] Das Urteil des Bundesgerichtshofs[30] wird in der Bindung der Wirtschaftsaufsicht an die Verwaltungskompetenz allgemein anerkannt, jedoch in den dogmatischen Grundlagen ihrer Rechtsfolgen unterschiedlich gedeutet.[31]

Der Vertragsgedanke wird von der Rechtsprechung in seinen Grundgedanken in Frage gestellt, wenn eine Verständigung Gegenstände betrifft, über die Vertragspartner verfügen wollen, aber nicht verfügen dürfen. Im Strafprozess sind Verständigungen zwischen Gericht, Staatsanwalt und Rechtsanwalt üblich geworden, jedoch mit dem Schuldgrundsatz, der Unschuldsvermutung und dem Grundsatz des fairen, rechtsstaatlichen Verfahrens kaum zu vereinbaren.[32] Im Steuerrecht wählt die Rechtspraxis die sog. „tatsächliche Verständigung“, die ein Einvernehmen über den steuererheblichen Sachverhalt zu erzielen behauptet, tatsächlich aber die Steuerrechtsfolge konsensual bestimmt. Doch ein Steuervertrag, der eine gesetzlich begründete Steuer verringert oder erlässt, wäre nichtig.[33] Ähnliche entformalisierte Absprachen sind auch im Umweltrecht und im öffentlichen Wirtschaftsrecht üblich.[34]

Doch die Wege zu vertraglich vereinbarter und gesetzlich angeordneter Gerechtigkeit sind noch nicht hinreichend scharf vorgezeichnet. Im Fall der „Schwarzwaldklinik“ hat das Bundesverfassungsgericht hervorgehoben, dass allein die vertraglich gewählte Rechtsform – eine kardiologische Klinik wurde vom Chefarzt, die andere von einer GmbH unter Verantwortung eines Chefarztes geführt - nicht zu unterschiedlichen Steuerbelastun-

---

28 *Wolff* VerwArch, 2014, 1, 3 f.

29 BVerfG, Urt. 12.10.1993 – 2 BvR 2134/92 u. 2 BvR 2159/92, NJW 1993, 3047 = BVerfGE 89, 155; Urt. v. 30.6.2009 – 2 BvE 2/08 u.a., NJW 2009, 2267 = BVerfGE 123, 267.

30 Bestätigt im BGH, Beschl. v. 15.7.1969 – NotZ 3/69, NJW 1969, 2198; Urt. v. 23.9.1992 – I ZR 251/90, NJW 1993, 918 = BGHZ 119, 237.

31 Vgl. jeweils m. N. *Wolff* (Fn. 28), 1, 11.

32 BVerfGE 133, 168, 197 ff.

33 *Seer*, Verständigung im Steuerverfahren, 1996, 376 f.

34 *Schoch* , in: Isensee/Kirchhof u.a. (Hrsg.), Handbuch des Staatsrechts, Bd. III, § 37, Rn. 28 f.

gen führen dürfe.[35] Andererseits hat das Bundesverfassungsgericht die Auffassung vertreten, eine gesetzliche,[36] nicht unbeträchtliche Schlechterstellung der Personengesellschaften gegenüber Einzelkaufleuten werde dadurch aufgefangen, dass den Personengesellschaften die Möglichkeit offenstehe, der Benachteiligung durch gesellschaftsrechtliche Gestaltung auszuweichen.[37] Die Ausweichoption, eine gesetzlich gefährdete Gleichheit oder Mäßigung durch Vertragsgestaltung herzustellen, wird anerkannt.

IV. Die vertragliche Begründung einer juristischen Person

Der Mensch ist dem Recht in seiner Würde und Unverfügbarkeit vorgegeben. Die Verfassungsordnung anerkennt und bestätigt ihn als Rechtssubjekt.[38] Die juristische Person hingegen ist eine Entscheidungs- und Wirkeinheit,[39] ein Werk des Rechts, das durch das Recht geschaffen und geformt, dem Menschen als Mittel zum Zweck, als Werkzeug bereitgestellt worden ist. In der juristischen Person sucht der Mensch Vermögenswerte und ideelle Organisationen von der Existenz ihrer Gründer unabhängig zu machen, sie von der vita brevis der natürlichen Personen zu lösen, sie einer potentiellen „Unsterblichkeit" anzunähern.[40] Diese Zweckschöpfung des Rechts ist auf die Rechtsordnung angewiesen, die den Organisationstyp – den Verein, die Aktiengesellschaft, die GmbH – bereitstellt, ihren

---

35 BVerfG, Beschl. v. 10.11.1999 – 2 BvR 2861/93, NJW 2000, 860 = BVerfGE 101, 151, 156 f.; vgl. auch Urt. v. 7.12.1999 – 2 BvR 301/98, NJW 2000, 572 = BVerfGE 101, 297, 309.

36 Die Abfärberegelung des § 15 Abs. 3 Nr. 1 EStG.

37 BVerfGE 120, 1, 52 ff.; Voraussetzung: zweifelsfrei legal, kein unzumutbarer Aufwand, kein nennenswertes finanzielles und rechtliches Risiko 120, 53; vgl. aber nunmehr BVerfG, Urt. v.v 17.12.2014 – 1 BvL 21/12, DStR 2015, 31, Rn. 253 ff..

38 *Isensee*, in: Isensee/Kirchhof u.a. (Hrsg.), Handbuch des Staatsrechts, Bd. IX, 2011, § 199, Rn. 12 f.

39 *Rittner,* Die werdende juristische Person, 1973, 223 f.; *Dreher* ZHR 155 (1991), 349, 362 f.

40 Vgl. im einzelnen *Reuter,* in: MüKo, BGB, Bd. I, 1984, vor § 21, Rn. 2; *Wieacker,* in: FS für Huber, Forsthoff (Hrsg.) 1973, 339, 358 f.; *Palm,* in: FS für Kirchhof, Kube/Mellinghoff/Morgenthaler u.a. (Hrsg.), § 111, Rn. 20 f. m. N. der historischen Dogmen zur Erklärung der Juristischen Person; *Isensee* (Fn. 38), § 199, Rn. 13.

Zweck in dem Organisationstyp und der Satzung begrenzt, sie in ihrem Organisationsstatut, ihrem rechtlich geordneten Verfahren und ihrem Auftrag handlungsfähig macht.

Eine solche juristische Person kann allein aus dem Konsens ihrer Gründungsmitglieder nicht gerechtfertigt werden. Sie ist gerade darauf angelegt, über die Partner des Gründungsvertrages hinaus zu wirken,[41] also die Relativität des Vertrages zu überwinden. Die Rechtsordnung öffnet sich der Einsicht, dass die Wahrnehmung der individuellen Freiheit Organisationen hervorbringt, die zwar dem einzelnen Menschen dienen,[42] aber die Freiheit der einzelnen Menschen gerade dadurch mehren, dass sie Organisations- und Wirkungskontinuität über diese Menschen hinaus sichern. Die Berufsfreiheit findet ihr Wirkungsfeld vor allem im Unternehmen. Die Wissenschaftsfreiheit hat ihre Grundlage in Hochschule und Forschungsinstituten. Ideelle Bürgeraktivitäten entfalten sich in Vereinen und Gesellschaften. Für viele Freiheitsrechte – die Medienfreiheit, die Vereinigungsfreiheit, die Tariffreiheit, die Berufs- und Eigentümerfreiheit – sind die juristischen Personen organisatorische Voraussetzung. Dieses anerkennt das Grundgesetz ausdrücklich in Art. 19 Abs. 3 GG, der eine begrenzte Grundrechtsfähigkeit der juristischen Personen regelt.

Der Gründungsvertrag einer juristischen Person entfaltet Rechtsverbindlichkeiten deshalb nicht nur mit Wirkung für die am Vertragsschluss beteiligten Personen, sondern auch für die nachfolgenden Personen, die sich durch Erwerb von Mitgliedschaft oder Beteiligung an der juristischen Person auf diese eingelassen haben.[43] Der ursprüngliche Vertragsgedanke – die Rechtfertigung der vertraglichen Verbindlichkeiten für die am Vertragsschluss beteiligten Personen – muss deshalb erweitert werden.

Das Problem ist von der Organisation des Staates her geläufig. Der Staat wird durch einen Willensakt gegründet, die Monarchie durch einen Einzelwillen, die Republik durch eine aus den Willensakten verschiedener Individuen gewonnene verfassungsmäßige Ordnung, die Demokratie

---

41 *Rittner* (Fn. 39), 212 f.; *Reuter* (Fn. 40), vor § 21, Rn. 2 f.

42 BVerfG, Urt. v. 1.3.1979 – 1 BvR 532, 533/77, 419/78, 1 BvL 21/78, NJW 1979, 699 = BVerfGE 50, 290, 344 f.

43 Zu den rechtserheblichen Wirkungen eines Unternehmens auch für Dritte vgl. *P. Kirchhof,* in: FS für Hommelhoff, Erle/Goette/Kleindiek (Hrsg.), 2012, 527; *Hommelhoff,* in: FS für Hoyningen-Huene, Boemke/Lembke/Linck (Hrsg.)2013, 137.

durch die verfassunggebende Gewalt des Staatsvolkes.[44] Der Staat verstetigt sich dann unabhängig vom Willen der Staatengründer zu einem Verfassungsstaat und Völkerrechtssubjekt. Doch dieser Staat bedarf der ständigen Erneuerung und Bestätigung durch die Staatsbürger, die in Wahlen und Abstimmungen den Staat der Gegenwart legitimieren und auch seine Verfassung ändern können. Für die juristische Person des Privatrechts gelten andere Bestätigungs- und Erneuerungsinstitute.

Wenn die Legitimation des Gründungsvertrages durch die Gründer somit verbindlich auch über Mitgliedschaft und Existenz der Gründer hinauswirkt, braucht die juristische Person Angemessenheits- und Anpassungsregeln, Nichtigkeitsgründe und Ausübungskontrollen, die einerseits bei Wandel der Geschäftsgrundlage zu entsprechenden Anpassungen des Gründungsvertrages verpflichten, ebenso aber eine jeweils gegenwartsgerechte Handhabung des Gesellschaftsstatuts nach dem Willen der heute Berechtigten fordern. Bei praktischen Fragen des Ausscheidens oder des Ausschlusses eines Gesellschafters, der Ziel- und Zweckanpassung der Gesellschaft, der Bewertung vertragserheblicher Vermögenswerte, der Auflösung und Auseinandersetzung oder Umwandlung einer Gesellschaft, der Anteilsveräußerung und der Gesellschaftsveräußerung kann der Geltungsgrund der juristischen Person, der Gründungsvertrag in seiner legitimierenden und begrenzenden Wirkung, Erkenntnishilfen leisten. Die juristische Person lebt trotz der Zeit, aber auch in der Zeit.

V. Vertrag im Rahmen der Gesetze

Freiheit ist ein vom Gesetzgeber vorgefundenes, universales Recht, schließt in seinem Geltungs- und Wirkungsanspruch die Vertragsfreiheit ein. Doch wenn diese Freiheit zum Freiheitsrecht wird, also von einer Rechtsordnung als Inhalt ihrer Gewährleistungen und Durchsetzungsgarantien anerkannt wird, ist die Freiheit definiert, begrenzt, in die Gesamtordnung aller Freiheitsberechtigten eingebettet. Der Vertrag ist deshalb durch unabdingbares Gesetzesrecht, durch ein gesetzliches Verbot, durch die Grenzziehung zwischen öffentlichem und privatem Recht, durch die

---

44 Vgl. *Jellinek,* Allgemeine Staatslehre, 1914, 711; *Grimm,* in: Isensee/Kirchhof u.a. (Hrsg.), Handbuch des Staatsrechts, Bd. I, 2003, § 1, Rn. 11 f.

Sittenwidrigkeit, das Prinzip von Treu und Glauben, durch andere gesetzliche Fenster zu Moral und Ethik[45] gebunden.

Doch auch dieses Verhältnis von Gesetz und Vertrag ist näher auszuloten. Ein aktuelles Beispiel bildet die Staatsverschuldung. Wenn der Darlehnsvertrag zwischen Staat und Darlehnsgeber die fristgerechte Rückzahlung des Darlehnsbetrages in gleicher Art und Güte verspricht, die Vertragsbeteiligten sich aber einig sind, dass dieses Darlehn in naher Zukunft nicht zurückgezahlt werden wird; wenn die Zusatzverschuldung ersichtlich dem Verbot weiterer Neuverschuldung und dem Grundsatz eines Haushaltsausgleichs ohne Kredite (Art. 109 Abs. 3, 115 Abs. 2, 143 d Abs. 1 S. 6 GG) widerspricht; wenn die Neuverschuldung auch offenkundig den Verschuldungsgrenzen der Art. 121 bis 126 AEUV zuwiderläuft, so stellt sich für den Staat, den Kreditgeber und die Struktur des Finanzmarktes die elementare Frage nach der Verbindlichkeit.

Dieses zu bedenken, mag Aufgabe für Dogmatiker im Stil eines Peter-Christian Müller-Graff sein.

---

45 Vgl. *P. Kirchhof*, in: Isensee/Kirchhof u.a. (Hrsg.), Handbuch des Staatsrechts, Bd. XII, 2014, § 273, Rn. 35 f.

Party Autonomy and the Interface between Principles of Contract Law and Unification of Private International Law

Miklós Király

This paper would like to pay tribute to the outstanding oeuvre of Professor *Müller-Graff* recalling his contribution to the preparation of Central European Countries for the European Union (EU) membership[1] and his major studies on the impact of the law of the EU on private law.[2]

During the past decades, new instruments, so-called Principles, were elaborated in order to support approximation of contract laws on global as well as regional scale. These optional soft laws were published either by international institutions or academic bodies creating non-national sources of contract law and posing new challenges for private international law, too.

The UNIDROIT Principles of International Commercial Contracts (UPICC) were first published in 1994 followed by new, amended editions in 2004 and 2010.[3] In 2013, a separate document was passed by the Governing Council of UNIDROIT on the choice of UPICC (Model Clauses for the Use of the UNIDROIT Principles of International Commercial Contracts).[4] The *Lando* Commission published the Principles of European Contract Law (PECL) in 2000 and 2003.[5] The European Commission supported the academic exercise on the harmonisation of private law which

---

1 *Mádl/Müller-Graff* (eds.), Hungary: From Europe Agreement to a Member Status in the European Union, Baden-Baden 1996, 244.

2 *Müller-Graff*, in: Hartkamp/Hesselink/Hondius/Joustra/du Perron (eds.), Towards a European Civil Code, Second Revised and Expanded Edition, Ars Aequi Libri, Nijmegen, the Hague, London, Boston, 1998, 71-89.

3 UNIDROIT Principles of International Commercial Contracts 2010, UNIDROIT, Rome 2010, 454.

4 Model Clauses for the Use of the UNIDROIT Principles of International Commercial Contracts, UNIDROIT, Rome, 2013, 22.

5 *Lando/Beale* (eds.), Principles of European Contract Law , Parts I-II, the Hague, London, Boston, 561; *Lando/Clive/Prüm/Zimmermann* (eds.), Principles of European Contract Law , Parts III, Kluwer Law International, the Hague, London, Boston, 2003, 291.

led in 2009 to the publication of the Draft Common Frame of Reference (DCFR),[6] then the European Commission promulgated a draft Regulation and, as its annex, the Common European Sales Law (CESL).[7]

All the above-mentioned Principles contain clauses on their possible application. The Preamble of the latest edition of the UPICC refers to several functions of the UPICC: *"...They shall be applied when the parties have agreed that their contract be governed by them. They may be applied when the parties have agreed that their contract be governed by general principles of law, the lex mercatoria or the like. They may be applied when the parties have not chosen any law to govern their contract. They may be used to interpret or supplement international uniform law instruments. They may be used to interpret or supplement domestic law. They may serve as a model for national and international legislators."*

Furthermore, the above-mentioned separate UNIDROIT document on model clauses contains a very elaborate system of different types of clauses. According to them, it is possible for the contracting parties to choose only the UPICC *(kollisionsrechtliche Verweisung)* as governing law or choosing the UPICC supplemented by a particular domestic law or supplemented by generally accepted principles of international commercial law. A separate model clause is offered to incorporate the UNIDROIT principles as terms of the contract *(materiellrechtliche Verweisung)*. Moreover, other model clauses also refer to the UPICC as means of interpreting and supplementing the International Convention on Sales of Goods (CISG) when the latter is chosen by the parties or as means of interpreting and supplementing the applicable domestic law.[8]

The PECL and the other above-mentioned Principles have not been accompanied by such a sophisticated document of pre-formulated choice of law clauses, however, they envisage very similar functions for themselves in the EU.

---

6 *Von Bar/Clive/Schulte-Nölke* (eds.), Principles, Definitions and Model Rules of European Private Law. Draft Common Frame of Reference (DCFR) Outline edition, prepared by the Study Group on a European Civil Code and the Research Group on EC Private Law (*Acquis* Group), Munich 2009, 643.

7 Proposal for a Regulation of the European Parliament and of the Council on a Common European Sales Law, COM/2011/0635 final - 2011/0284 (COD). By now, it is very unlikely that the Proposal will be passed in its original form by the Council of Ministers and the European Parliament.

8 Model Clauses 3 and 4.

According to PECL, *"These Principles are intended to be applied as general rules of contract law in the"* EU. The PECL will be applied *"when the parties have agreed to incorporate them into their contract or that their contract is to be governed by them."*[9]

The DCFR is less explicit regarding its applicability. According to its Article I.-I:101: *"These rules are intended to be used primarily in relation to contracts and other juridical acts, contractual and non-contractual rights and obligations and related property matters."* This low-key approach can be explained by the circumstance that the main purpose of the DCFR was thought to be a possible model for a *"political Common Frame of Reference (CFR)"*, an academic inspiration for a future EU contract law to be passed not by legal scholars but the institutions of the EU.[10]

Finally, the idea of the "political" CFR was born under the name of the CESL. The CESL was originally modelled as a 28th, legal regime of the EU, a *sui generis* set of European rules for contracts. In such a setting, the choice of CESL would have inevitably been of a private international law nature, touching upon the interesting but sensitive relationship between the harmonisation of substantive law (contract law) and the Rome Regulations which are the results of unification of private international law within the EU.[11] However, later the character of the CESL has been changed or at least a new robe was given to it. According to the published version of the proposal, *"This agreement to use the Common European Sales Law is a choice between two different sets of sales law within the same national law and does therefore not amount to, and must not be confused with, the previous choice of the applicable law within the meaning of private international law rules."*[12] This statement has represented a significant policy shift on the side of the European Commission, the CESL has been kept

9 PECL Article 1:101. Furthermore, according to this provision, the PECL may be applied when the parties have agreed that their contract is to be governed by "general principles of law", the *"lex mercatoria"* or the like; or have not chosen any system or rules of law to govern their contract. The PECL may provide a solution to the issue raised where the system or rules of law applicable do not do so.

10 Draft Common Frame of Reference, (fn. 6), 37.

11 Regulation (EC) No 593/2008 of the European Parliament and of the Council of 17 June 2008 on the law applicable to contractual obligations (Rome I) OJ L 177, 4.7.2008, 6–16; Regulation (EC) No 864/2007 of the European Parliament and of the Council of 11 July 2007 on the law applicable to non-contractual obligations (Rome II) OJ L 199, 31.7.2007, 40–49.

12 COM (2011) 635, 6.

outside the reach of the general system of European private international law norms.

Generally, the provisions on the scope and application of soft law instruments represent only one side of the coin. The actual application of the Principles is heavily dependent upon the private international law provisions of the forum,[13] unless their choice and application is guaranteed by another obligatory instrument, like the draft CESL Regulation. For a long period of time, the private international law rules on contracts were firmly anchored in domestic law, despite the growing number of Conventions prepared by the Hague Conference. However, with the rise of the law-making activity of the EU this situation has changed radically, at least in Europe. The Rome Convention on the Law Applicable on Contractual Relationships was passed in 1980, while its successor, the Rome I Regulation, was promulgated in 2008. The Rome I Regulation – diverging from its original concept – shows a reserved attitude towards non-national soft law instruments, like the different Principles. According to its Article 3 on freedom of choice a *"contract shall be governed by the law chosen by the parties."* In this context, the term law clearly refers to domestic laws, promulgated by the states.[14] This strict approach is slightly cushioned by the Preamble of the Rome I Regulation which allows substantive law designation confirming that it *"does not preclude parties from incorporating by reference into their contract a non-State body of law or an international convention."*[15] However, this is not a major achievement, actually it directly comes from the contractual freedom of the parties. More forward-looking is paragraph (14) of the Preamble of the Rome I Regulation according to which *"Should the Community adopt, in an appropriate legal instrument, rules of substantive contract law, including standard terms and conditions, such instrument may provide that the parties may choose to apply those rules."* So, theoretically it accepts the applicability of an EU contract law – like the CESL in its original draft form.

---

13 *Boele-Woelki*, Unifying and Harmonizing Substantive Law and the Role of Conflict of Laws, Hague Academy of International Law, Leiden, Boston, 2010, 274 , esp. 174-177.

14 This is clearly supported by Article 4 of Rome I Regulation, which provides rules on applicable law in the absence of choice, consequently refers to the *„law of the country"*.

15 Rome I Regulation, Preamble (13).

The Inter-American Convention on the Law Applicable to International Contracts elaborated by Inter-American Specialized Conference on Private International Law (CIDIP) in 1994 seems to be much more generous declaring in its Article 10 that *"In addition to the provisions in the foregoing articles, the guidelines, customs, and principles of international commercial law as well as commercial usage and practices generally accepted shall apply in order to discharge the requirements of justice and equity in the particular case."* This Article refers to the freedom of courts to apply the principles of international contract law, however, this freedom should be logically guaranteed for the contracting parties too, although Article 7 of the Convention is not very clear in this respect.[16] Unlike the Rome I Regulation, which has replaced the private international law rules related to contracts in EU Member States,[17] the geographical impact of the Inter-American Convention is much more limited, since up till now only Mexico and Venezuela have ratified it[18] and it is applicable only in the relationship of these two countries. There are no concrete plans on the fast accession of the United States (US) to this convention which could give a major impetus to its application. It means that the practice of US Courts will be influenced by the Restatement Second on Conflict of Laws, especially by its §§ 186-188 which refer to the *"law of the state chosen by parties"* or to the *"local law of the state"*, not mentioning non-state sources of contract law. So, similarly to Regulation Rome I, only the "incorporation by reference" of non-state laws (*materiellrechtliche Verweisung)* seems to be accepted by the Restatement.[19]

Finally, we have to mention the preparation of a unique instrument under the aegis of the Hague Conference. This instrument is the Hague Principles on Choice of Law in International Contracts[20] (Hague Principles). According to its Article 3 on "rules of law", „*The law chosen by the parties may be rules of law that are generally accepted on an international, supranational or regional level as neutral and balanced set of rules, unless the law of the forum provides otherwise."* These Hague Principles make the most decisive intellectual step towards broadening the scope of

16 *Article 7 „The contract shall be governed by the law chosen by the parties. ...".*

17 In Denmark, the Rome Convention has remained the applicable EU instrument.

18 *Boele-Woelki* (fn. 13), 186.

19 Comment c of § 187, *S. C. Symeonides*, Contracts subject to non-state norms, The American Journal of Comparative Law, Vol LIV, Fall 2006, 209-231, esp. 216.

20 Approved on 19 March 2015.

party autonomy. According to their provisions, choice may be to designate not only State law but also *"rules of law"*. The commentary of the Hague Principles expressedly refers in this context to UPICC and PECL as examples and elaborates the meaning of such qualifying key terms as "set of rules", "neutrality" and "balanced". But we have to keep in mind that this is a pioneering effort, regarding the form of the instrument as well, since it will remain "Principles", a soft law instrument itself, instead of a convention, so it will not be ratified in different countries and will not function as hard law. However, we should not underestimate its persuasive authority, its contribution to the international discourse and its impact on the future development of private international law.

On balance, we have to admit a kind of discrepancy between the ambitions of the above introduced Principles and the prevailing approach of private international law: the Principles are much more ambitious than the present European private international law norms on contracts, although the application of the Principles is generally dependent upon the "goodwill" of regional and domestic conflict of laws rules. We may recall again the fairly restrictive approach of Rome I Regulation. The Inter-American Convention is more generous but it has only a limited geographical application and the Hague Principles, which accepts the choice of non-state laws, is a soft law instrument itself. However, it may be forerunner of a new generation of private international law norms, supporting the application of non-state norms.

Of course, when evaluating the importance and application of Principles in the field of substantive contract law we should clearly differentiate between arbitration and litigation. Parties of arbitral procedures and arbitrators themselves enjoy a much greater freedom in deciding on the application of rules of law, including Principles,[21] than parties involved in litigation or judges of ordinary courts.

The Principles and private international law rules, the soft and the hard laws will presumably live together in a nuanced relationship. This coexistence would work even more smoothly if private international law codes became more benevolent towards the application of high quality and neutral soft law instruments enhancing in this way party autonomy and the effective application of the various Principles on contract law.

---

21 For example according to Article 21 of the 2012 ICC Arbitration Rules: "The parties shall be free to agree upon the rules of law to be applied by the arbitral tribunal to the merits of the dispute. …".

Subsidiaritätsprinzip und europäisches Privatrecht

Matthias Lehmann

Der Jubilar ist ein prominenter Grenzgänger zwischen öffentlichem und privatem Recht. Daher kann es kaum verwundern, dass er sich als einer der ersten Autoren mit dem ebenso reizvollen wie schwierigen Thema Subsidiarität auseinandergesetzt hat.[1] Seit seinem viel beachteten Pionierwerk hat das Prinzip kaum an Bedeutung verloren. Im Gegenteil, angesichts der heutigen politischen Lage ist man fast geneigt zu sagen, seine Rolle für das Gemeinwohl in der Union sei wichtiger denn je. Diese Behauptung ist zunächst näher zu begründen. In einem zweiten Schritt ist der Inhalt des Subsidiaritätsprinzips zu konkretisieren. Im Anschluss wird der Frage nachgegangen, welche Aussagen sich aus der zuvor entwickelten Konzeption des Subsidiaritätsprinzips für die Gestaltung des zukünftigen Verhältnisses von europäischem und nationalem Privatrecht ableiten lassen.

I. Die Bedeutung des Subsidiaritätsprinzips für das Gemeinwohl

Obwohl das Subsidiaritätsprinzip seit dem Vertrag von Maastricht an prominenter Stelle im Primärrecht verankert ist,[2] fristet es bislang ein Schattendasein. Häufig wird seine fehlende Relevanz mit Hilfe der Tatsache illustriert, dass bis heute kein einziger Rechtsakt der EU unter Berufung auf den Verstoß gegen das Prinzip für nichtig erklärt wurde.[3] Aber nicht nur in der gerichtlichen Praxis spielt das Subsidiaritätsprinzip lediglich eine subsidiäre Rolle. So hat die Kommission zwar eine Begründungspflicht im

---

1 *Müller-Graff* ZHR 159 (1995), 34; *ders.*, European Union Review 1996, 75.

2 Art. 5 Abs. 2 EUV. Siehe zuvor Art. 3b Abs. 2 EGV.

3 Siehe *Albin* NVwZ 2006, 629, 630; *Bickenbach* EuR 2013, 523 m.w.N.; *Ritzer/Ruttloff* EuR 2006, 116. Detailliert zum Umgang des EuGH mit dem Subsidiaritätsprinzip *Horsely* Journal of Common Market Studies 50 (2012), 267, 269 ff.

Hinblick auf die Vereinbarkeit von Vorschlägen mit Art. 5 Abs. 2 EUV.[4] Sie versucht ihr jedoch meist mit der Standardformulierung zu genügen, die einschlägigen Anforderungen der Verträge seien erfüllt.[5] Rat und Parlament akzeptieren das im Zweifel. Auch die mit dem Lissabon-Vertrag neu eingeführten Mechanismen des Frühwarnsystems und der Subsidiaritätsrüge,[6] mit deren Hilfe die nationalen Parlamente die Einhaltung des Prinzips stärker kontrollieren können sollen, müssen ihre Leistungsfähigkeit erst noch unter Beweis stellen.

Selbst in der politischen Diskussion taucht der Terminus „Subsidiarität" eher selten auf. Dabei kommt ihm eine wichtige Funktion für das Gemeinwohl zu, die sich gerade in der augenblicklichen Lage der Europäischen Union als entscheidend erweisen könnte. In der Perzeption vieler Wähler werden zu viele Aufgaben von der Union wahrgenommen, die sich besser auf mitgliedstaatlicher Ebene erledigen ließen. Der ständig zunehmenden Zahl der EU-Kritiker könnte ein großer Teil des Winds aus den Segeln genommen werden, wenn Kommission, Europäisches Parlament und Rat das Subsidiaritätsprinzip stärker berücksichtigten. Es eignet sich in hervorragender Weise dazu, eine Brücke über ideologische Differenzen hinweg zu schlagen. EU-Gegner werden das Prinzip begrüßen, da es die Rechte der Mitgliedstaaten stärkt. EU-Befürwortern ist es jedoch ebenso willkommen, erlaubt es doch, die Schlagkraft der EU auf solche Projekte zu konzentrieren, die sich am besten auf Unionsebene verwirklichen lassen. Das Subsidiaritätsprinzip stellt daher den kleinsten gemeinsamen Nenner zwischen den verschiedenen Lagern dar. Nur echte Nationalisten, die eine su-

---

4 Siehe dazu Art. 5 Prot. über die Anwendung der Grundsätze der Subsidiarität und der Verhältnismäßigkeit v. 13.12.2007, ABl. C 306, S. 150.

5 Eine typische Formulierung lautet etwa: „Da das Ziel dieser Verordnung, nämlich …, von den Mitgliedstaaten nicht ausreichend erreicht werden kann, sondern vielmehr wegen ihres Umfangs und ihrer Wirkung auf Unionsebene besser zu verwirklichen ist, kann die Union im Einklang mit dem in Artikel 5 des Vertrags über die Europäische Union verankerten Subsidiaritätsprinzip tätig werden." Vgl. z.B. Erwgr. 86 VO (EU) Nr. 596/2014 des Europäischen Parlaments und des Rates v. 16.4.2014 über Marktmissbrauch, ABl. 2014 Nr. L 173/1 , Erwgr. 36 des Verordnungsvorschlags für ein Gemeinsames Europäisches Kaufrecht (KOM(2011) 635 endg.) sowie Erwgr. 27 RL 2014/50/EU des Europäischen Parlaments und des Rates v. 16.4.2014 über Mindestvorschriften zur Erhöhung der Mobilität von Arbeitnehmern zwischen den Mitgliedstaaten durch Verbesserung des Erwerbs und der Wahrung von Zusatzrentenansprüchen, ABl. 2014 Nr. L 128/1.

6 Siehe Art. 6 f. Prot. über die Anwendung der Grundsätze der Subsidiarität und der Verhältnismäßigkeit v. 13.12.2007.

pranationale Organisation als solche grundsätzlich ablehnen, können eine gegenüber den Mitgliedstaaten subsidiäre Union kritisieren.[7]

Seinem Kern nach ist das Subsidiaritätsprinzip ein *governance*-Prinzip. Es besagt, dass Kompetenzen auf unterster Ebene wahrgenommen werden sollen, soweit sie sich nicht ausnahmsweise besser auf höherer Ebene ausüben lassen. Das Prinzip passt für alle Mehrebenensysteme, von der katholischen Kirche bis zur Europäischen Union. Hinter ihm steht zum einen der Effizienzgedanke. Entscheidungen sollen dort getroffen werden, wo sie sich auswirken und wo sich die meisten Informationen finden.[8] Zum anderen hat das Subsidiaritätsprinzip aber auch eine demokratiefördernde und eine psychologische Komponente, denn seine strikte Beachtung führt zur Stärkung der Selbstverwaltung und größerer Bürgernähe.[9]

Subsidiarität ist auch ein politischer *topos*. Sein genauer Inhalt ist im Wege des Diskurses auszufüllen. Genau in dieser Unschärfe liegt jedoch die Stärke des Prinzips. Treffend erscheint das Bonmot Joseph Weilers, es handele sich um ein „deliciously vague word“.[10] Jeder kann Subsidiarität in seinem Sinn interpretieren, sowohl Befürworter einer stärkeren EU als auch deren Gegner. Indem letztere aber den Begriff verwenden, erkennen sie die Legitimität der Union implizit an. Das ist wichtig, denn es bedeutet, dass der Diskurs über mehr oder weniger Subsidiarität innerhalb der EU stattfindet – und nicht außerhalb ihrer. Der Begriff hat daher eine integrationsstiftende Funktion. Er passt gut zum Konzept der deliberativen Demokratie eines John Rawls oder eines Jürgen Habermas.[11]

Die Funktion des Subsidiaritätsprinzips im politischen Diskurs schließt eine gleichzeitig rechtliche Funktion nicht aus. Durch die Aufnahme des Prinzips in den Text des EU-Vertrags kann sich der Gerichtshof der Aufgabe nicht verschließen, Gesetzgebungsakte auf die Einhaltung des Prinzips hin zu kontrollieren. Das Subsidiaritäts- und Verhältnismäßigkeitsprotokoll setzen dessen Justiziabilität des Prinzips als selbstverständlich voraus.[12] Jedoch verfügt der Gerichtshof insofern über ein Prüfungsmono-

---

7 Vgl. zu ihnen und ihren Motiven die Ausführungen von *Smits* European Review of Contract Law 8 (2012), 296.

8 *Calliess*, Subsidiaritäts- und Solidaritätsprinzip, Baden-Baden 1999, S. 31.

9 *Calliess* (Fn. 8), S. 31.

10 *Weiler*, EUI Working Paper RSC No. 95/11, S. 39.

11 *Rawls,* A Theory of Justice; *Habermas,* Faktizität und Geltung. Vgl. auch *Cohen,* in: Hamlin/Pettit, The Good Polity, S. 17.

12 Art. 8 Prot. über die Anwendung der Grundsätze der Subsidiarität und der Verhältnismäßigkeit v. 13.12.2007.

pol, wie der Jubilar schon früh herausgearbeitet hat.[13] Ebenso überzeugt auch sein Plädoyer, der Gerichtshof solle dem Gesetzgeber eine weitgehende Einschätzungsprärogative zugestehen, denn es sei nicht die Aufgabe der Judikative, politische Entscheidungen durch richterliche zu ersetzen.[14] Die Luxemburger Richter haben sich bis heute an diese Direktive gehalten und *judicial restraint* geübt. Damit haben sie den Vorrang der politischen gegenüber der rechtlichen Funktion des Subsidiaritätsprinzips anerkannt.

II. Subsidiarität als dynamisches Konzept

Der große Vorteil des Subsidiaritätsprinzips, offen für verschiedene Interpretationen zu sein und dadurch integrativ wirken zu können, ist zugleich sein größter Nachteil. Nicht ganz zu Unrecht wird dem Subsidiaritätsprinzip eine gewisse Konturenlosigkeit nachgesagt.[15] Die politische Funktion des Subsidiaritätsprinzips widerspricht dem nicht, sondern bestätigt sie. Sie führt vor Augen, warum das Prinzip inhaltlich offen sein muss, denn andernfalls könnte es seine integrierende Kraft im politischen Prozess nicht ausüben.

Das bedeutet aber keineswegs, dass aus der vorrangig politischen Funktion des Prinzips keine inhaltlichen Folgerungen abgeleitet werden könnten. Vielmehr hat sie wichtige Konsequenzen. Sie erklärt, warum nicht ein für allemal entschieden werden kann, ob eine bestimmte Aufgabe auf mitgliedstaatlicher Ebene oder besser auf EU-Ebene wahrgenommen werden sollte. Die Beurteilung ist vielmehr von Zeit und Kontext abhängig. Die Analyse der Leistungsfähigkeit von Mitgliedstaaten und EU ist gebunden an den jeweiligen historischen Moment und die spezifischen Umstände, unter denen diese vorgenommen wird. Der Begriff der Subsidiarität ist mit anderen Worten dynamisch zu verstehen. Das erste Subsidiaritätsprotokoll

---

13 *Müller-Graff* European Union Review 1996, 75, 83-86.

14 *Müller-Graff* European Union Review 1996, 75, 88.

15 Siehe das Zitat von *Weiler* oben bei Fn. 10. Selbst die Herkunft des Prinzips ist umstritten. Dazu näher *Müller-Graff* European Union Review 1996, 75, 76-82; *ders.* ZHR 159 (1995), 49 f.; *Barber* European Law Journal 11 (2005), 308, 309-313; *Brault/Renaudineau/Sicard*, Le principe de subsidiarité, 2005, S. 9-23; *Constantinesco* Yearbook of European Law 11 (1991), 33; *Davies* Common Market Law Review 43 (2006), 63, 77 f.; *Estrella*, Principle of Subsidiarity, 2002, S. 76-82; *Moersch*, Subsidiaritätsprinzip, 2001, S. 25 ff.; *Schütze* Cambridge Law Journal 2009, 525 f.

hatte dies noch ausdrücklich hervorgehoben.[16] Obwohl das Protokoll mittlerweile durch ein anderes ersetzt wurde, hat seine Aussage weiterhin Gültigkeit. Denn das neue Protokoll legt lediglich das *procedere* fest, mittels dessen die Einhaltung der Anforderungen des Subsidiaritätsprinzips zu überprüfen ist; inhaltlich sollte dieses gerade nicht neu bestimmt werden.

Die dynamische Konzeption verdeutlicht, dass Subsidiarität kein dogmatisch-starres Konzept ist, aus dem konkrete Aussagen nur logisch deduziert werden müssten. Vielmehr hängt sie von den jeweiligen politischen und ökonomischen Umständen ab, die das Verhältnis der Union zu den Mitgliedstaaten prägen. Daher bedarf die Anwendung des Prinzips einer sicheren Tatsachengrundlage, welche im Wege empirischer Analysen zu ermitteln ist.[17]

III. Anwendung auf das europäische Privatrecht

Die Bedeutung der dynamischen Konzeption der Subsidiarität zeigt sich besonders deutlich, wenn man diese auf das Privatrecht anwendet. Derzeit wird in der Rechtswissenschaft u.a. vor dem Hintergrund des Subsidiaritätsprinzips diskutiert, ob die Union ein europäisches Zivilgesetzbuch erlassen könnte.[18] Folgt man der dynamischen Konzeption des Begriffs „Subsidiarität“, gelangt man zu einer differenzierten Antwort. Die zum Teil jahrhundertlange Tradition und Erfahrung, die sich in nationaler Zivilrechtsgesetzgebung und -rechtsprechung spiegelt, ist ein starkes Argument dafür, den Mitgliedstaaten die Regelung der Rechtsverhältnisse zwischen Privatpersonen zu überlassen. Dafür sprechen neben rechtsökonomischen auch rechtskulturelle Aspekte wie die Vertrautheit der Juristen im

---

16 Prot. über die Anwendung der Grundsätze der Subsidiarität und der Verhältnismäßigkeit v. 10.11.1997, Nr. 3 Satz 4.

17 Siehe auch das erste Subsidiaritätsprotokoll, nach dem die Einhaltung der Subsidiarität anhand qualitativer und, wenn möglich, qualitativer Kriterien zu prüfen ist; Prot. über die Anwendung der Grundsätze der Subsidiarität und der Verhältnismäßigkeit v. 10.11.1997.

18 Vgl. etwa *Baldus,* in: Barrett/Bernardeau, ERA-Forum 2002: European Civil Code, S. 89; *Hähnchen,* in: Schmidt-Kessel, Der gemeinsame Referenzrahmen, 2009, S. 147, 165; *Rutgers,* in: Hartkamp et al, European Civil Code, 2010, S. 313 ff.; *Zeno-Zencovich/Vard,* in: Hartkamp et al, European Civil Code, 2004, S. 212 ff.; *Ziller,* in: Hesselink, The Politics of a European Civil Code, 2006, S. 89, 92 ff.

Umgang mit ihren eigenen Kodifikationen und Fallsystemen. In einer mehr und mehr zusammenwachsenden Union lässt sich andererseits auch nicht ausschließen, dass es in vielleicht nicht allzu ferner Zukunft angebracht wäre, eine mitgliedstaatenübergreifende, umfassende Regelung in einem Europäischen Zivilgesetzbuch zu treffen.

Die Offenheit des Subsidiaritätsprinzips sowohl für die eine als auch für die andere Lösung wird durch die Rechtsvergleichung bestätigt. So wird etwa in den USA, von einigen wenigen Ausnahmen abgesehen, das Privatrecht grundsätzlich von den Bundesstaaten geregelt.[19] Einen dezentralen Ansatz verfolgen auch das Vereinigte Königreich oder Spanien.[20] Im Gegensatz dazu verfügen Deutschland, Österreich und die Schweiz über Zivilrechtskodifikationen auf Bundesebene,[21] auch wenn sie im Übrigen stark dezentralisierte Staaten sind.

Besonders deutlich wird die Ergebnisoffenheit der Anwendung des Subsidiaritätsprinzips auf das Privatrecht im intertemporalen Rechtsvergleich. In den soeben genannten Ländern wurde die Notwendigkeit einheitlicher Regelung des Zivilrechts im Laufe der Geschichte durchaus unterschiedlich betrachtet. So war in der Schweiz und in Deutschland das Zivilrecht zunächst uneinheitlich, bevor es ab dem Ende des 19. Jahrhunderts auf Bundesebene vereinheitlicht wurde. Im Gegensatz dazu war das spanische Zivilrecht zunächst weitgehend zentralisiert, bevor die autonomen Regionen (*Comunidades Autónomas*) in jüngster Zeit begannen, ihre eigenen Kodifikationen z.B. auf dem Gebiet des Vertrags- oder Sachenrechts zu erlassen. Noch komplexer wird das Bild, wenn man berücksichtigt, dass es auch andere Möglichkeiten der Harmonisierung gibt, wie z.B. der US-amerikanische Uniform Commercial Code (U.C.C.) oder die Richtlinien der Europäischen Union zeigen.

---

19 Die Vereinigten Staaten können Wirtschaftsrecht harmonisieren, aber nur, soweit es den zwischenstaatlichen Handel betrifft, vgl. Article 1, Section 8, Clause 3 Constitution of the United States.

20 Zum gemischten Rechtssystem des Vereinigten Königreichs vgl. *Palmer*, Mixed Jurisdictions Worldwide, S. 201 ff. Zur Kompetenz der spanischen autonomen Regionen für das Zivilrecht vgl. Art. 149.1 Nr. 8 Constitución Española sowie Art. 13.2 Código Civil.

21 Österreich: ABGB; Schweiz: ZGB und OR.

IV. Fazit

Das Verhältnis von Subsidiarität und europäischem Privatrecht ist abhängig von Kontext und Zeit unterschiedlich zu beantworten. Jede generelle Stellungnahme verbietet sich. Notwendig sind empirische Studien. Für das Zivilrecht müssen außer ökonomischen auch andere Kriterien herangezogen werden. Zu berücksichtigen ist z.B. das Wissen und die Erfahrung bezüglich der vorhandenen Regeln, die Existenz von konkretisierender Rechtsprechung und Literatur, Effizienzgewinne durch die Senkung von Informations- und Transaktionskosten infolge einheitlicher Regeln, aber auch rechtskulturelle Probleme, welche die Umstellung vom bestehenden auf ein anderes System erschweren. Daher lässt sich die Einführung eines europäischen Zivilgesetzbuchs nicht pauschal im Sinne eines „in jedem Fall" oder eines „niemals" beantworten.

Privatautonomie und ihre Grenzen im Gemeinschaftsprivatrecht und in den postsozialistischen Kodifikationen

Lajos Vékás

In dem breiten wissenschaftlichen Œuvre unseres Jubilars spielt das europäische Privatrecht (mit einem von ihm geprägten Terminus technicus: das Gemeinschaftsprivatrecht) eine wesentliche Rolle. Die Themenwahl dieses Beitrags möchte dem weltweit anerkannten Kollegen Ehre erweisen und Freude bereiten.

I.

In den ehemaligen sozialistischen Staaten, so auch in Ungarn, hat die Diktatur nicht nur das öffentliche Recht zu ihren eigenen Zwecken missbraucht, sondern mit der fast vollständigen Verstaatlichung des Eigentums an Produktionsmitteln auch die Privatautonomie ihrer wirtschaftlichen Grundlage beraubt. Als politische und verfassungsrechtliche Grundlagen einer freien Wirtschaftsordnung – und damit für das Privatrecht – sind bekanntlich der Schutz des Privateigentums, die Vertragsfreiheit und die sonstige wirtschaftliche Handlungsfreiheit unerlässlich. Diese Voraussetzungen fehlten aber – mehr oder weniger – in allen sozialistischen Staaten. So entstand eine paradoxe Situation; etwas zugespitzt formuliert, existierte in diesen Ländern ein *Privatrecht ohne Privateigentum.*[1] Der klassische Kern des Privatrechts war größtenteils auf die Verhältnisse der Bürger untereinander und auf die Beziehungen zwischen staatlichen Unternehmen und Bürgern beschränkt. Nur in diesen Beziehungen herrschte die Privatautonomie und kamen die vertragsrechtlichen Vorschriften des Privatrechts zur Geltung. Innerhalb des vorherrschenden staatlichen Eigentums war dagegen die Vertragsfreiheit aufgehoben oder stark zurückgedrängt.

1 So schon von mir in einem früheren Aufsatz in: Schlechtriem (Hrsg.), Privatrecht und Wirtschaftsverfassung, Baden Baden 1994, 43-50 (43). Zum Wesen des sozialistischen Privatrechts siehe nach wie vor *Reich*, Sozialismus und Zivilrecht, Frankfurt am Main 1972.

Hier bestimmten die Planaufträge mit verwaltungsrechtlichem Charakter die Rechtsverhältnisse. Diese Beziehungen waren zwar in Vertragsform verkleidet, die so genannten Planverträge konnten jedoch – mangels Privatautonomie – nur als Pseudoverträge verstanden werden. Nach dem politischen Wandel in 1990 mussten deshalb die Voraussetzungen der Privatautonomie wiederhergestellt werden. Dies ist in verschiedenen Formen der Privatisierung geschehen.

Der Hauptstrom der privatrechtlichen Gesetzgebung in Europa hat sich in der jüngsten Zeit auf *Gemeinschaftsebene* verlagert. Die EU-Richtlinien und EU-Verordnungen zum einen sowie die privatrechtlichen Modellgesetze zum anderen, wie die Europäischen Prinzipien des Vertragsrechts (PECL) und die darauf basierenden Arbeiten der Study Group on a European Civil Code mit dem Zweck der Schaffung eines „akademischen" Gemeinsamen Referenzrahmens (DCFR) sowie zuletzt der EU-Verordnungsvorschlag über ein einheitliches europäisches Kaufrecht (CESL) weisen eindeutig in diese Richtung.

Die grundlegenden Änderungen im Privatrecht der mittel- und osteuropäischen sowie baltischen Staaten in den 1990-er Jahren haben jedoch die Frage nach der Neukodifikation auf *mitgliedstaatlicher Ebene* aufgeworfen und eine rasche Antwort verlangt. Diese Rechtsordnungen konnten und wollten deshalb die Entwicklungen in der Europäischen Union nicht abwarten. Insbesondere in den baltischen Staaten war diese Aufgabe unaufschiebbar, weil diese Staaten – als Teil der Rückerlangung ihrer Souveränität – sich von ihrem nach sowjetischem Muster erstellten sozialistischen Kodex schnellstmöglich trennen wollten. In *Estland* wurde das Privatrecht nach und nach in einzelnen Gesetzen kodifiziert.[2] In *Lettland* gilt wieder (mit Änderungen aus den 1990-er und 2000-er Jahren) das Vorkriegsgesetzbuch vom 28. Januar 1937. Mit dem Inkrafttreten der einzelnen Teile des alten Gesetzbuches traten die entsprechenden Bestimmungen des Zivilgesetzbuches der ehemaligen Lettischen Sowjetrepublik außer Kraft.[3] In *Litauen* wurde am 18. Juli 2000 ein neues bürgerliches Ge-

2 Siehe dazu *Mikk* JOR 42 (2001), 31-52.

3 Off. J. 1937, Nr. 5, Pos. 29. Die Wiedereinsetzung der Geltung ist durch das Gesetz vom 14. Januar 1992 „Über das Bürgerliche Gesetzbuch der Lettischen Republik" (Vedemosti Nr. 4-5, Pos. 50 von 1992) beschlossen worden. Siehe dazu: *Lammich/ Ušacka*, Entwicklung des Rechtsystems Lettlands seit der Unabhängigkeitserklärung von 1990. ROW 39(1995), 65-71 (67).

setzbuch verabschiedet.[4] Umfangreiche Kodifikationsarbeiten wurden aber auch in den anderen ehemaligen sozialistischen Staaten durchgeführt.[5] In *Slowenien* wurden – ähnlich wie in Estland – die einzelnen Teile eines ZGB sukcessive verabschiedet.[6] Auch in *Rumänien*[7] und in *Tschechien*[8] wurde jeweils ein umfangreiches neues Gesetzbuch verabschiedet. Schließlich ist das neue Zivilgesetzbuch in *Ungarn* am 15. März 2014 in Kraft getreten.[9] Rege Kodifikationsarbeiten sind auch in *Polen*[10] und in der *Slowakei*[11] im Gange.

II.

Neben der Eigentums- und Vereinigungsfreiheit stellt bekanntlich die Vertragsfreiheit den dritten Hauptpfeiler der Privatautonomie dar. Nach allgemeiner Auffassung ist sie weiterhin ein *Eckstein des Privatrechts*.[12] Diese Feststellung bleibt trotz des Umstandes zutreffend, dass die klassische Vertragsfreiheit zweifelsohne der liberalen Gesellschafts- und Staatsauf-

---

4 In Kraft seit dem 1. Juli 2001; siehe dazu *Mikelenas*, in: Uniform Law Review/ Revue de Droit Uniforme V, Rom 2000, 243-261.

5 Siehe dazu Ginsburgs/Barry/Simons (Hrsg.), The Revival of Private Law in Central and Eastern Europe, Den Haag 1996; *Harmathy* ZEuP 6 (1998), 553-563; *Horn* (Hrsg.), Die Neugestaltung des Privatrechts in Mittelosteuropa und Osteuropa (Polen, Russland, Tschechien, Ungarn), München 2002.

6 Siehe dazu *Trstenjak* ZEuP 8(2000), 77-90.

7 Gesetz Nr. 287/2009 (Gbl. Nr 511 vom 24. Juli 2009), in Kraft seit Oktober 2011. Siehe dazu *Alunaru*, Erwägungen zum neuen rumänischen Zivilgesetzbuch. Österreichische Notariatszeitung, 5/2010, 131-143; *ders.*, in: Welser (Hrsg.), Privatrechtsentwicklung in Zentral- und Osteuropa. Wien 2008, 77-100.

8 Nr. 89/2012 SIG; in Kraft seit 1.1.2014; zur Vorgeschichte siehe *Verny*, in: Horn (Fn. 5), 89-110.

9 Gesetz Nr. V/2013 (Gbl. Nr 31 vom 26. Februar 2013); vgl. dazu *Vékás*, in: Okuda/ Schauer (Hrsg.), Geschichtliche Wurzeln und Reformen in mittel- und osteuropäischen Privatrechtsordnungen, Wien 2014, 1-18.

10 Siehe *Poczubut* ZEuP 7(1999), 75-90.

11 Vgl. *Lazar*, in: Fischer-Czermak/Hopf/Schauer (Hrsg.), Das ABGB auf dem Weg in das 3. Jahrtausend, Wien 2003, 229-231.

12 *Flume*, Allgemeiner Teil des BGB, Band 2: Das Rechtsgeschäft, 3. Auflage Berlin 1979, § 1: Die Privatautonomie. Die heutige Bedeutung der Privatautonomie betont u. a. *Epstein*, Scepticism and Freedom. A modern case for classical liberalism, Chicago 2003, 41-46; *Posner*, Economic Analysis of Law, 6. Auflage 2003, Ch. 4.; *Atiyah*, An Introduction to the Law of Contract, 5. Auflage 1995, 27-34.

fassung des 19. Jahrhunderts entstammte und in den letzten hundert Jahren in vielerlei Hinsicht zurückgedrängt wurde.[13] In diese Richtung wirkten die Entstehung der wettbewerbsrechtlichen Diskriminierungsverbote,[14] später auch das Streben nach sozialer Gerechtigkeit hin. Die *Begrenzungen der Vertragsfreiheit* bedeuten teils eine Vertragsabschlusspflicht (zum Beispiel bei Verträgen mit Unternehmen in Monopolstellung oder mit Anbietern der grundlegenden Versorgung: Wasser, Gas bzw. Strom[15]),[16] teils eine inhaltliche Vertragskontrolle. Sie wollten jedoch vor allem dafür sorgen, dass die im Prinzip unbeschränkte Wettbewerbsfreiheit heute in mehr geregelten Bahnen verläuft und damit die Vertragsfreiheit gerettet wird. Dies ist insbesondere bei den wettbewerbsrechtlichen Verboten der Fall, die mit ihrer Einmischung in die Marktverhältnisse gerade das gewährleisten wollten, dass die Vertragsfreiheit frei von Deformationen zur Geltung komme. Auch das Bestreben nach sozialer Gerechtigkeit kann, im Falle einer geglückten und ausgeglichenen Verbrauchergesetzgebung, Ähnliches erreichen. Trotz dieser Beschränkungen stehen die privatrechtlichen Verhältnisse auch heute in hohem Maße unter der Herrschaft der Privatautonomie, und die Verträge werden von der Gestaltungsfreiheit der Parteien

---

13 Eine zusammenfassende Darstellung der Bedeutung und Begrenzungen der Vertragsfreiheit in der angelsächsischen, deutschen und französischen Literatur: *Trebilcock*, The Limits of Freedom of Contract, Cambridge 1993; *Beale* (Hrsg.), Chitty on Contracts, Vol. I.: General principles, 29. Auflage 2004, 1-012–1-016; *Roscher*, Vertragsfreiheit als Verfassungsproblem, Berlin 1974; *Raiser*, Die Aufgabe des Privatrechts, Kronberg Ts 1977; *Höfling*, Vertragsfreiheit, Heidelberg 1991; *Medicus*, Abschied von der Privatautonomie im Schuldrecht?, Köln 1994; *Knobel*, Wandlungen im Verständnis der Vertragsfreiheit, Berlin 2000; *Terré/Simler/Lequette*, Droit civil, Les obligations, 6. Auflage 1996, 30 ff.; nach wie vor originell *Ripert*, La règle morale dans les obligations civiles, 3. Auflage 1935, 39 ff. Als eine der Haupttendenzen der gesamten europäischen Vertragsrechtsentwicklung sieht die Beschränkung der Vertragsfreiheit *Kötz*, Europäisches Vertragsrecht Bd. I., Tübingen 1996, 15 ff.; andere Auffassung: *Busche*, Privatautonomie und Kontrahierungszwang, Tübingen 1999, 74 ff., insbesondere 102 ff.

14 *Epstein* (Fn. 12), 47-50.

15 Die englischen Gerichte sehen die Rechtsverhältnisse betreffend öffentlicher Dienstleistungen gar nicht als Vertrag an: Read v. Croydon Corp. [1938] 4 All E. R. 631; Oceangas (Gibraltar) Ltd. v. Port of London Authority [1993] 2 Lloyd's Rep. 292; Norweb plc v. Dixon [1995] 1 W. L. R. 637; Rushton v. Worcester City Council [2001] EWCA Civ 367.

16 Vgl. *Bydlinski* AcP 180(1980) 1-46.; *Kilian* AcP 180(1980) 47-83. Monographische Aufarbeitung in der neueren Literatur: *Busche* (Fn. 13); *Klingenfuß*, Der Kontrahierungszwang im deutschen und französischen Zivilrecht, Frankfurt 2004.

dominiert. Das neue ungarische Zivilgesetzbuch spricht das Prinzip der Vertragsfreiheit ausdrücklich aus und stellt diese Norm (§ 6:59 Abs. 1) vor die Detailvorschriften des Vertragsrechts.

III.

Parallel mit der Festigung der Grundlagen für die Privatautonomie hat man in den postsozialistischen Privatrechten auch solche neueren Strömungen in der europäischen Privatrechtsauffassung zu berücksichtigen, durch die *Schranken für die Vertragsfreiheit* gesetzt werden. Hier ist vor allem das europäische Verbrauchervertragsrecht zu erwähnen. Zum Schutz der Verbraucher, um seine wirtschaftliche Schwäche und sein Informationsdefizit auszugleichen, stellen die unabdingbaren Normen bei Verbraucherverträgen Hindernisse bei der freien Gestaltung des Vertragsinhalts auf.[17]

Das europäische Verbrauchervertragsrecht und seine Umsetzung rufen neue Probleme für die mitgliedstaatliche Gesetzgebung hervor. Insbesondere der „kodifikationsfremde“ Charakter der Richtlinien verursacht Schwierigkeiten bei der Umsetzung in die nationalen Rechtssysteme. In den Richtlinien vermischen sich verwaltungsrechtliche Normen in das privatrechtliche Material, es kommen Wiederholungen und unbegründete Unterschiede in den einzelnen Richtlinien vor. Das Richtlinienprivatrecht der EU steht mit der Kodifikationsidee im krassen Widerspruch und seine Umsetzung in die mitgliedstaatlichen Rechtsordnungen wirft sowohl rechtssystematische als auch rechtsdogmatische Fragen auf. Gewiss wird man nach ein paar Jahrzehnten auf diese Anfangsphase der europäischen Gesetzgebung, auf ihre „pointillistische” Methode,[18] auf ihre dogmatischen Schwächen wie auf Kinderkrankheiten des gemeinsamen Vertragsrechts zurückblicken.[19] Auf der anderen Seite lässt der eindeutige *Angleichungseffekt* der Richtlinien in den mitgliedstaatlichen Rechtsordnungen sich nicht leugnen. Trotz ihrer Unvollkommenheit und ihres fragmentari-

---

17 Zu den theoretischen Grundlagen des Verbraucherrechts: *Reich*, Markt und Recht, Neuwied/Darmstadt 1977; *Joerges*, Verbraucherschutz als Rechtsproblem, Heidelberg 1981; zu den rechtsdogmatischen Grundfragen: *Esser/Schmidt*, Schuldrecht, Band I.[8], 1. § II, 2. § II, Heidelberg 1995.

18 So auch schon *Kötz* RabelsZ 50 (1986) 1-18 (3, 5).

19 *Vékás* ZEuP 12 (2004) 454-476 (474).

schen Charakters[20] haben die vertragsrechtlichen Richtlinien zu einer Rechtsangleichung in den Mitgliedstaaten[21] auf den jeweiligen Rechtsgebieten geführt und dadurch den Binnenmarkt gefördert. Außerdem konnte die Richtlinienumsetzung Chancen zur Modernisierung des veralteten nationalen Vertragsrechts geben. Diesen Vorteil haben die nationalen Gesetzgeber auch in den postsozialistischen Staaten beispielsweise bei der Umsetzung der Verbrauchsgüterkaufrichtlinie wahrgenommen. Wie das ständig wachsende Gebiet des Privatrechts europäischen Ursprungs in eine nationale Rechtsordnung am besten eingearbeitet und integriert werden kann, ist eines der schwierigsten Probleme und gleichzeitig auch – um mit *Savigny* zu sprechen – „Beruf unserer Zeit für Gesetzgebung und Rechtswissenschaft".[22]

Die Entstehung eines gemeinsamen Vertragsrechts für die Europäische Union ist ein langwieriger Prozess. Wahrscheinlich stehen wir nur am Anfang dieses Wegs. Eine erfolgversprechende Harmonisierung braucht nicht nur komplexe Fachkenntnisse, sondern auch Geduld. Die mit faulen Kompromissen abgeschlossene Verbraucherrechterichtlinie und die darin enthaltene Teilumstellung von der Mindestharmonisierung auf die Vollharmonisierung (bei den Fernabsatzverträgen und „Haustürgeschäften") können nicht als Fortschritt bewertet werden.[23] Der zu hektisch zusammengebastelte Verordnungsvorschlag für ein gemeinsames Kaufrecht (CESL) ist das neueste Beispiel für die Ungeduld der zuständigen EU-Organe. Solche unüberlegten Versuche stellen die Gesetzgeber kodifizierter Rechtsordnungen wiederholt vor unnötig schwierige Aufgaben. Trotzdem muss man weiterhin experimentieren; dessen Terrain ist jedoch eher in der Rechtswissenschaft und nicht in der Rechtsetzung zu finden.

---

20 Siehe dazu *Kötz*, (Fn. 18); *Hommelhoff* AcP 192 (1992), 71-107; *Remien* RabelsZ 60 (1996), 1-39; Grundmann (Hrsg.), Systembildung und Systemlücken in Kerngebieten des Europäischen Privatrechts, Tübingen 2000.

21 Zu dieser Frage in den neuen Mitgliedstaaten: *Reich*, in: FS für Schmidt, Brüggemeier, 2005, 239-262; *Vékás*, in: 4. Europäischer Juristentag, Wien 2008, 67-83, 76 ff.

22 Zu den Problemen im Einzelnen siehe: *Welser* (Hrsg.), Konsumentenschutz in Zentral- und Osteuropa, Wien 2010, insbesondere die Beiträge von Kathrein, Lazar, Pisulinski, Zöchling-Jud, Zoll und Vékás.

23 Siehe dazu: *Jud/Wendehorst* (Hrsg.), Neuordnung des Verbraucherprivatrechts in Europa?, Wien 2009; *Unger* ZEuP 20 (2012), 270-304; *Zöchling-Jud* AcP 212 (2012), 550-574.

III. Materielles Recht

1. Rechtsgeschäfte und Obligationen

Die französische causa-Lehre – Ende eines Mythos?

Marc-Philippe Weller

I. Einführung

Peter-Christian Müller-Graff ist ein großer Kenner und Freund des französischen Rechts. Als Gastprofessor wirkte er unter anderem in Nancy, Bordeaux und Montpellier. Vor diesem Hintergrund sei der nachfolgende Beitrag dem Jubilar, der den *Verf.* dieser Zeilen in den 1990er Jahren in zahlreichen Vorlesungen an der Universität Heidelberg geprägt hat, in herzlicher Verbundenheit gewidmet.

Die Lehre von der *cause*[1] ist ein Markenzeichen des französischen Rechts. *Philippe Malaurie* nennt sie „un des symboles de l'esprit juridique français".[2] Im großen Lehrbuch von *Malaurie/Aynès/Stoffel-Munck* wird sie charakterisiert als „une pièce maîtresse du système français des obligations."[3] In der Rechtsvergleichung findet man eine Fülle an Studien über die *cause*.[4] Die Kritik aus dem Ausland fällt dabei häufig streng aus. „La cause has in practice proved to be abstruse: difficult to define, unsatisfactory in application, and even artificial in conception as a test."[5] Verständlich wird die causa-Lehre indes, wenn man sie in Beziehung setzt zu den „gefährlichen" Wirkungen (*Kegel*) eines Vertrages (unter II.). Die cause soll nun im Zuge der geplanten Reform des französischen Obligationenrechts abgeschafft werden; dies geht aus einem entsprechenden Reformentwurf des Justizministeriums vom 23.10.2013, dem „Avant-projet de

---

1 Siehe z.B. *Capitant*, De la cause des obligations, 3ème éd. 1927; *Ghestin*, Traité de Droit Civil – La Formation du contrat, 1993, S. 817 ff.; *Marty/Raynaud*, Les Obligations, 2ème éd. 1988, Tome 1, 193 ff.

2 *Malaurie*, JCP G 2008.I.204.

3 *Malaurie/Aynès/Stoffel-Munck*, Les obligations, 5ème éd. 2011, n° 603.

4 *Hübner/Constantinesco*, Einführung in das französische Recht, 4. éd. 2001, S. 166; *Marsh*, Comparative Contract Law, 1996, 95 ff.; *Ranieri*, Europäisches Obligationenrecht, 3. éd. 2009, 1047, 1134 ff.; *Schmidt*, Der Vertragsschluss, 2014, S. 38 ff.; *Westermann*, Die causa im französischen und deutschen Zivilrecht, 1967; *Zweigert/Kötz*, Einführung in die Rechtsvergleichung, 3. éd. 1996, 375.

5 *Owsia*, Formation of contract, 1995, 141.

réforme du droit des obligations", hervor (unter III.). Die von der cause bislang erfassten Problemstellungen sollen dabei von anderen Instituten erfasst werden (unter IV.). Der Sache nach wird der Mythos der cause freilich – wenn auch in anderem Gewande – weiterleben (unter V.).

II. Die cause – Mechanismus zur Einhegung der „Vertragsgefahr"

1. Der gefährliche Vertrag

Die cause bildet einen „general test for the differentiation of an enforceable contract and an unenforceable agreement."[6] Ihre Funktion erklärt sich, wenn man berücksichtigt, dass sich Verträge im Hinblick auf ihre Rechtsfolgen gegenüber den anderen (gesetzlichen) Schuldverhältnissen als „gefährlicher" erweisen. Diese pointierte Charakterisierung stammt von *Gerhard Kegel*: Ein „Vertrag ist gefährlich und soll auch gefährlich sein".[7] Wird man sich dieser Gefährlichkeit bewusst, wird die Funktion der „cause" deutlich.

Die Wirkungen von vertraglichen und gesetzlichen Schuldverhältnissen unterscheiden sich erheblich.[8] So sind deliktische Schuldverhältnisse lediglich auf Ausgleich in Form von Schadensersatz gerichtet; es geht dabei um die Wiederherstellung des Zustandes ante delictum.[9] Bei der ungerechtfertigten Bereicherung schuldet der Bereicherungsschuldner die Herausgabe eines ungerechtfertigt erlangten Vermögensvorteils.[10] Und bei der Geschäftsführung ohne Auftrag wird Herausgabe des aus der Geschäftsführung Erlangten bzw. umgekehrt Aufwendungsersatz geschuldet.[11] Die *außervertraglichen* Schuldverhältnisse zielen demgemäß alle in dieselbe, nämlich in eine statische, konservierende, ja rückwärtsgewandte Richtung. Ihre Rechtsfolgen orientieren sich am status quo ante. Sie wollen die etablierte Vermögensordnung bewahren. Sie sind – um die Terminologie *Kegels* weiterzuentwickeln – „ungefährlich".

---

6 *Owsia*, Formation of contract, 1995, 141.
7 *Kegel*, Gutachten für den 40. DJT (1953), 135, 200.
8 Vgl. *Rittner* JZ 2011, 269 ff.
9 Vgl. §§ 823 ff., 249 ff. BGB; Art. 1382 Code civil.
10 Vgl. §§ 812 ff. BGB; Art. 149 Avant-projet de réforme 2013.
11 Vgl. §§ 683 S. 1, 677, 667, 670 BGB; Art. 142 Avant-projet de réforme 2013.

In scharfem Gegensatz dazu präsentieren sich die vertraglichen Schuldverhältnisse. Ein Vertrag zielt auf Änderung des status quo, seine Wirkung ist dynamisch, umgestaltend, zukunftsgerichtet. Denn nur Verträge erlauben eine effiziente Allokation von Gütern. Schon *Jean Domat* konstatierte im Jahr 1702: „L'usage des conventions est une suite naturelle de l'ordre de la société civile (...). C'est principalement par les conventions, (que les hommes) s'accommodent".[12] Heute wird Verträgen eine *Pareto*-effiziente Wirkung bescheinigt.[13] Außervertragliche Schuldverhältnisse erreichen diesen Effizienzgrad nicht. (Nur) der Vertrag gilt daher als „König des Privatrechts".[14]

Um dieser Allokationsfunktion nachzukommen, zwingt der Vertrag den Schuldner zur Erfüllung seiner Verpflichtung in natura.[15] Kommt er dem Grundsatz der Naturalerfüllung nicht nach, kann der Gläubiger alternativ Schadensersatz statt der Leistung (§§ 280, 281 BGB), mithin das positive Interesse, verlangen. Die Naturalerfüllung und das positive Interesse heben den Vertrag von den gesetzlichen Schuldverhältnissen ab. Mit Blick auf diese besonders einschneidenden Vertragsfolgen sehen alle Rechtsordnungen Schutzmechanismen zugunsten des Vertragsschuldners auf der Ebene des Vertragsschlusses oder aber auf der Ebene der Vertragserfüllung vor.

2. *Die cause im Code civil*

Der Code civil bedient sich der cause, um die soeben skizzierte „Vertragsgefahr" einzuhegen; sie ist nach Art. 1108 Code civil explizit eine Vertragsentstehungsvoraussetzung. Art. 1131 Code civil ergänzt: „L'obligation sans cause, ou sur une fausse cause, ou sur une cause illicite, ne peut avoir *aucun effet*." Die französische Doktrin hat zwei Hauptfunktionen der cause herausgearbeitet:

---

12 *Domat*, Les lois civiles dans leur ordre naturel, Première Partie, Livre Premier, 1702, 19.

13 *Weller*, Die Vertragstreue, 2009, 354.

14 *Jahn* FAZ, 3.5.2010, 12.

15 *Riehm*, Der Grundsatz der Naturalerfüllung, 2015.

a) Die cause – Rechtfertigung der Naturalerfüllung

Die cause hat zum einen eine rechtfertigende Funktion.[16] Sie legitimiert den Vertrag, namentlich die scharfe Pflicht zur Naturalerfüllung.[17] Es genügt nicht, dass die Verpflichtung des Schuldners von dessen Willenserklärung getragen ist; sie muss darüber hinaus eine cause haben.[18] Der Schuldner verpflichtet sich, um ein bestimmtes Ziel zu erreichen; seine Verpflichtung ist motiviert. In dieser Motivation liegt die cause.[19] Diese erweist sich demnach als das „Warum" der Verpflichtung.[20] Dieses Warum braucht nur objektiv und abstrakt vorzuliegen.[21]

In entgeltlichen Verträgen liegt die cause in dem Vorteil oder der Gegenleistung, welche jede Partei auf Grundlage des Vertrages von der Gegenseite zu erhalten erhofft.[22] In gegenseitigen Verträgen soll die cause nach der berühmten Schrift von *Henri Capitant*[23] in der jeweiligen *Erfüllung* der Gegenleistung liegen.[24] So hat zum Beispiel die Verpflichtung des Käufers zur Kaufpreiszahlung ihre cause in der Erlangung von Eigentum und Besitz an der Kaufsache. Allerdings soll die cause dabei nicht als Instrument fungieren, um in concreto die Angemessenheit der Gegenleistung zu kontrollieren. Das Äquivalent von Leistung und Gegenleistung unterfällt vielmehr der grundsätzlich richterlich nicht überprüfbaren Vertragsinhaltsfreiheit. Bei unentgeltlichen Verträgen wird die cause im abstrakten Schenkungsmotiv (*motif général de faire plaisir; animus donandi*) gesehen.[25]

Die Legitimationsfunktion der cause beruht mithin auf einem objektiven und abstrakten Ansatz:[26] Die cause wird in der Gegenleistung bzw. in

---

16 *Malaurie/Aynès/Stoffel-Munck* (Fn. 3), n° 619, 622.

17 *Laroumet*, Droit civil, Tome III (Les Obligations/Le Contrat), 2ème édition 1991, n° 440: « La cause est toujours envisagée du côté de la dette pour la justifier et non pas du côté de la créance.»

18 *Terré/Simler/Lequette* Droit civil – Les obligations, 11ème éd. 2013, n° 336.

19 *Laroumet* (Fn. 17), n° 440 : « La motivation de la volonté constitue la théorie de la cause. »

20 *Laroumet* (Fn. 17), n° 441.

21 *Malaurie/Aynès/Stoffel-Munck* (Fn. 3), n° 621.

22 *Terré/Simler/Lequette* (Fn. 18), n° 338, 339.

23 *Capitant*, De la cause des obligations, 1923.

24 *Malaurie/Aynès/Stoffel-Munck* (Fn. 3), n° 614, 619.

25 *Buffelan-Lanore/Larribau-Terneyre*, Droit civil – Les obligations, 12ème éd. 2010, n° 876.

26 *Malaurie/Aynès/Stoffel-Munck* (Fn. 3), n° 621.

einer Liberalität gesehen; auf das konkrete Motiv oder Äquivalenzverhältnis kommt es nicht an.

b) Die cause – Begrenzung der Naturalerfüllung

Die cause hat zweitens eine Begrenzungsfunktion.[27] Sie begrenzt die Vertragswirkungen insofern, als diese gegen den ordre public oder die guten Sitten verstoßen. So statuiert Art. 1133 Code civil: „La cause est illicite, quand elle est prohibée par la loi, quand elle est contraire aux bonnes mœurs ou à l'ordre public. " Im Gegensatz zur Rechtsfertigungsfunktion mit ihrem objektiven und abstrakten Ansatz bedient sich die Begrenzungsfunktion einer subjektiven und konkreten Betrachtungsweise; der Richter hat das bestimmende Motiv des Schuldners in concreto zu bestimmen.[28] Erweist sich dieses als illicite, ist der Vertrag nichtig.

III. Abschaffung der cause im Zuge der Reform des französischen Obligationenrechts

1. Das Reformprojekt

Mit dem am 23. Oktober 2013 vorgestellten *„Avant-projet de réforme du droit des obligations*" präsentiert Frankreichs Gesetzgeber eines der ambitioniertesten Reformprojekte in der zweihundertjährigen Geschichte seines traditionsreichen Code civil von 1804 und folgt damit den europäischen Nachbarn im Wettbewerb der Rechtsordnungen.

Erste Entwürfe zur Modernisierung des französischen Obligationenrechts gehen zurück auf das Jahr 2005. Auf Wunsch des damaligen Präsidenten *Jacques Chirac* hatte sich unter Leitung des Pariser Universitätsprofessors *Pierre Catala* eine Arbeitsgruppe gebildet, der hauptsächlich Professoren zahlreicher französischer Universitäten angehörten. Hintergrund war das Anliegen, mit den bereits erfolgten Schuldrechtsreformen wie derjenigen der Niederlande (1992) oder der Bundesrepublik (2001) gleichzuziehen. Hinzu kam das Bestreben, das nationale Zivilrecht auf

27 *Ferid/Sonnenberger*, Das Französische Zivilrecht, 2. Aufl. 1994, Band 1/1, F 605: „Erlaubtheitsfunktion".

28 *Malaurie/Aynès/Stoffel-Munck*, (Fn. 3), n° 626.

Grundlage der von der Lando-Kommission erarbeiteten *Principles of European Contrat Law* den europäischen Entwicklungen im Vertragsrecht anzupassen und so Frankreich eine „Stimme im europäischen Konzert" zu verleihen.[29] Der „Vorschlag Catala" wurde dem französischen Justizminister schließlich im Sommer 2005 offiziell vorgelegt.

Diesen Reformbestrebungen folgend erarbeitete in den Jahren 2008 bis 2011 eine weitere Arbeitsgruppe im Rahmen der „Académie des Sciences Morales et Politiques" unter Vorsitz von *François Terré* einen zweiten Entwurf, der ebenfalls in den folgenden Gesetzesentwürfen Beachtung finden sollte.

Auf Grundlage dieser wissenschaftlichen Vorarbeiten legte das Justizministerium im Jahr 2009 einen ersten Gesetzentwurf vor, auf den das aktuell zur Debatte stehende *Avant-projet de réforme du droit des obligations* vom 23. Oktober 2013 zurückgreift. Um der zunehmenden Dringlichkeit der Reformpläne nachzukommen, und wohl um einen langwierigen parlamentarischen Entscheidungsprozess zu umgehen, überraschte die französische Regierung bereits im November 2013 mit einer Gesetzesvorlage an den Senat, die eine Ermächtigung zur Umsetzung *par ordonnance* gemäß Art. 38 der Verfassung von 1958 vorsieht. Dies lehnte der Senat jedoch im Januar 2014 ab, während die Assemblée Nationale im darauffolgenden April für eine solche Ermächtigung votierte. Nachdem auch in der Commission mixte paritaire kein Konsens erzielt werden konnte, hat nunmehr die Assemblée Nationale das „letzte Wort". Mit einem Inkrafttreten des Reformtextes wird für Ende 2015 gerechnet.

2. *Konsensuales Vertragsmodell ohne cause*

Der Reformvorschlag 2013 weicht erheblich vom bisherigen Vertragsmodell des Code civil ab.[30] Der Vertrag wird in Art. 1 definiert als „accord de volontés (…) destiné à créer des effets de droit". „Il se forme par le seul échange des consentements quel qu'en soit le mode d'expression."[31] Es handelt sich um ein ausschließlich konsensuales Modell,[32] das dem deut-

29 Vgl. Avant-projet de réforme du droit des obligations v. 22.9.2005, 6.

30 Vgl. *Terré*, Pour une réforme du droit des contrats, Dalloz 2008; *Mazeaud*, Recueil Dalloz 2009,1364 ff.; *Henry*, Recueil Dalloz, 2009, 28 f.

31 Art. 7 Avant-projet de réforme 2013.

32 Vgl. Art. 79 Avant-projet de réforme 2013.

schen – auf *Savigny, Puchta* und *Windscheid* zurückgehenden – Vertragskonzept entspricht, wonach der Vertrag allein „eine Vereinigung zweier Willenserklärungen“ darstellt.[33]

Die Konsequenz dieses rein konsensualen Vertragsmodells ist die Streichung der cause als Vertragsentstehungsvoraussetzung. Nach Art. 35 Avant-projet de réforme 2013 soll der Vertragsschluss nur noch voraussetzen: „(1.) le consentement des parties, (2.) leur capacité de contracter, (3.) un contenu licite et certain.“

Indes, obgleich der Konsens *conditio sine qua non* für den Vertragsschluss ist, ist damit noch nicht gesagt, dass ein Rechtssystem jeglichen Vertragsschluss unabhängig von seinem Inhalt absegnet.[34] So streicht der Reformvorschlag die cause nur dem Wortlaut nach. Materiell sind jedoch die Funktionen der cause in benachbarten Rechtsfiguren aufgegangen.

IV. Alternativen zur cause

1. Rechtfertigungsfunktion

In Bezug auf die Rechtfertigung der Naturalerfüllung nimmt die cause zum einen die Rolle eines „Seriositätsindizes“ ein.[35] Diese Aufgabe kann alternativ auch durch eine *reale* oder eine *formelle* Vertragsentstehungsvoraussetzung übernommen werden, insbesondere bei einseitig verpflichtenden Verträgen, wo es an der Gegenleistung als Rechtfertigung für die Übernahme der eigenen Leistungsverpflichtung fehlt. Das deutsche Recht geht diesen Weg, indem es bei der Handschenkung die tatsächliche Zuwendung (reales Element) und beim Schenkungsversprechen die notarielle Form als über den Konsens hinausgehende Tatbestandsvoraussetzungen statuiert, §§ 516, 518 BGB.

Zum anderen verknüpft die cause Leistung und Gegenleistung. Diese Verknüpfung erfolgt im deutschen Recht bei gegenseitigen Verträgen nicht durch ein zusätzliches Tatbestandsmerkmal im Rahmen der Vertragsentstehung, sondern auf Ebene der Vertragserfüllung. Bei gegenseitigen Verträgen wird die Leistungsverpflichtung des Schuldners über die Einrede der Nichterfüllung (§ 320 BGB) geschützt, deren Zweck es ist, die

33 Vgl. *Weller*, Die Vertragstreue, 2009, 69.
34 *Terré/Simler/Lequette*(Fn. 18), n° 28.
35 *Ferid/Sonnenberger* (Fn. 28), F 605.

Erbringung der Gegenleistung abzusichern. Hinzu kommt die Figur der Unmöglichkeit (§ 275 BGB), welche die Gegenseite ipso iure von ihrer (Gegen-)Leistungsverpflichtung befreit (§ 326 Abs. 1 S. 1 BGB).

Der französische Reformvorschlag 2013 kennt nun ähnliche Instrumente, um den Schuldner zu schützen. Im Fall der „contrepartie illusoire ou dérisoire" (Art. 75 des Entwurfs) und der „caducité en cas de la disparition d'un élément constitutif" (Art. 94 und 95 des Entwurfs) wird der Vertrag nichtig. Darüber hinaus soll vergleichbar dem deutschen Recht die Einrede der Nichterfüllung normiert werden (Art. 127 des Entwurfs).

2. *Begrenzungsfunktion*

Die Begrenzungsfunktion der cause wird auch im deutschen Recht auf Vertragsentstehungsseite adressiert, nämlich in Gestalt der Nichtigkeit wegen Verstoßes gegen die guten Sitten (§ 138 BGB) oder gegen ein gesetzliches Verbot (§ 134 BGB).[36] Vergleichbar soll Art. 69 des Reformentwurfes die Begrenzungsfunktion übernehmen: „Le contrat ne peut déroger à l'ordre public ni par son contenu, ni par son *but* (…)." Der Begriff des Vertragszieles bzw. Vertragszweckes („but") erfasst bei Lichte besehen diejenigen Konstellationen, die gegenwärtig unter den Tatbestand der „cause licite" subsumiert werden.

V. Bilanz

Im gegenwärtigen Code civil ist die cause eine komplexe Rechtsfigur, weil sie zwei verschiedene Funktionen in sich vereint: Die Rechtfertigungsfunktion mit ihrem abstrakten und objektiven Ansatz sowie die Begrenzungsfunktion, die jedoch subjektiv und konkret ausgerichtet ist. Diese, *einem* einzelnen Rechtsbegriff überantwortete *doppelte* Rolle ist dem Rechtsverkehr nur schwer vermittelbar. Die Rechtsklarheit und damit auch die Rechtssicherheit leiden. Vor diesem Hintergrund erscheint die Abschaffung der cause im Reformvorschlag 2013 begrüßenswert.[37]

Indes: Die vom Begriff der cause gegenwärtig erfassten materiellen Problemstellungen erledigen sich freilich nicht durch die bloße textuelle

---

36 *Laroumet* (Fn. 17), n° 443.

37 A.A. *Tournafond*, Recueil Dalloz 2008, 2607.

Streichung der Rechtsfigur. Die Rechtsordnung muss diese Problemstellungen vielmehr über andere Rechtsfiguren auffangen. Diese erweisen sich im Reformvorschlag als disparat und verstreut. Ob die durch das Reformprojekt bezweckte Vereinfachung erreicht wird, muss insofern bezweifelt werden. Ein Mythos lässt sich eben nicht so leicht verdrängen.

Die Vertragstypen im Vorschlag für das Gemeinsame Europäische Kaufrecht – die Bestimmung des Anwendungsbereiches eines optionalen Instruments durch die Typisierung von Verträgen*

Fryderyk Zoll

I. Die Vertragstypen im europäischen Vertragsrecht

Das europäische Vertragsrecht setzt sich aus einer Fülle verschiedener Rechtsakte zusammen, die grundsätzlich kein selbständiges System des Vertragsrechts bilden, sondern nur das Vertragsrecht der Mitgliedstaaten punktuell ergänzen.[1] Überwiegend stellen den Bezugspunkt für die charakteristischen Richtlinien des Vertragsrechts nicht die Vertragstypen dar, sondern bestimmte beschriebene Situationen, die die Schutzwirkung der Richtlinie aktivieren.[2] Die typischen Beispiele für diese Entwicklung sind vor allem die Haustürgeschäfte und Fernabsatzverträge, die zunächst von besonderen Richtlinien[3] erfasst waren und heute durch die Richtlinie über Verbraucherrechte[4] geregelt werden. In beiden Fällen ist der Anwen-

---

* Der Text wurde vorbereitet im Rahmen des von dem polnischen Nationalen Wissenschaftszentrum finanzierten Projekts: UMO-2012/04/A/HS5/00709, "Made in Europe" - European Standards of Quality for Services on the Global Competitive Market, For the More Service – Centered Law of Obligations.

1 *Riesenhuber*, System und Prinzipien des Europäischen Vertragsrechts, Berlin 2003, 55-58; *Schulte-Nölke/Zoll*, Introductory Part, in: Principles of the Existing EC Contract Law (Acquis Principles), Contract II, Munich 2009, xxiii, xxv; *Zoll*, A Need for a New Structure for European Private Law, in: Brownsword/Micklitz a.o., The Foundations of European Private Law, Oregon 2011, 555, 556; *Schulze/Zoll*, Lehrbuch zum Europäischen Vertragsrecht, Baden-Baden 2015, § 2, Rn. 2, 19.

2 *Schulte-Nölke/ Zoll*, (Fn. 1), xxiii, xxv.

3 RL 85/577/EWG des Rates v. 20.12.1985 betreffend den Verbraucherschutz im Falle von außerhalb von Geschäftsräumen geschlossenen Verträgen, ABl. 1985 Nr. L 372/31; RL 97/7/EG des Europäischen Parlaments und des Rates v. 20.5.1997 über den Verbraucherschutz bei Vertragsabschlüssen im Fernabsatz, ABl. 1997 Nr. L 144/19.

4 RL 2011/83/EU des Europäischen Parlaments und des Rates v. 25.10.2011 über die Rechte der Verbraucher, ABl. 2011 Nr. L 304/64; umfassende Diskussion der Voll-

dungsbereich nicht durch einen Rückgriff auf einen in der Richtlinie definierten Vertragstypus bestimmt, sondern durch die Beschreibung einer besonderen Situation.[5]

Auch bei denjenigen Richtlinien, in welchen der europäische Gesetzgeber eher geneigt war, eine Konstruktion zu verwenden, die sich an bestimmten Vertragsarten orientiert, handelt es sich nicht um eine Typisierung der Verträge[6] im Sinne der nationalen Gesetzbücher,[7] sondern um eine möglichst weite Fassung des Anwendungsbereichs der gegebenen Richtlinie. Der Kreditvertrag nach der alten[8] und der neuen Verbraucherkreditrichtlinie[9] ist nicht als ein bestimmter Vertragstypus zu sehen,[10] sondern vielmehr als Sammelbegriff für verschiedene Verträge, die einer Finanzierung mit der Verpflichtung zur Rückzahlung einer Geldsumme dienen.[11] Ähnlich verhält es sich mit der Richtlinie über Time-Sharing.[12] Auch in diesem Bereich gibt es keinen bestimmten Vertragstypus, etwa den eines Time-Sharing-Vertrags.[13] Diese Bezeichnung dient wiederum als Klammer für verschiedene Rechtsverhältnisse, die ganz unterschiedli-

---

harmonisierung durch die Richtlinie in: *Stürner*, Vollharmonisierung im Verbraucherrecht, 2010.

5 *Schulte-Nölke/Zoll*, (Fn. 1), xxiii, xxv.

6 M.E. zeigt die Tatsache, dass die Definition des Kaufvertrages in Art. 2 Ziff. 5 Verbraucherrechterichtlinie nur der Bestimmung des Anwendungsbereichs der Richtlinie dient, deutlich, dass sogar aus einer präzisen Definition einer Vertragsart in einer Richtlinie noch keine Typisierung des Vertrags abgeleitet werden kann, siehe: *Schulze/Zoll*, (Fn. 1), § 2, Rn. 39.

7 Ebda; für das polnische Recht siehe: *Pecyna/Zoll*, in: Transformacje Prawa Prywatnego 1/2012, ISSN 1641-1609, 25, 26.

8 RL 87/102/EWG des Rates v. 22.12.1986 zur Angleichung der Rechts- und Verwaltungsvorschriften der Mitgliedstaaten über den Verbraucherkredit, ABl. 1987 Nr. L 42/48.

9 RL 2008/48/EG des Europäischen Parlaments und des Rates vom 23.4.2008 über Verbraucherkreditverträge und zur Aufhebung der RL 87/102/EWG des Rates, ABl. 2008 Nr. L 133/66 .

10 *Pecyna/Zoll*, (Fn. 7), 25, 28.

11 Art. 2, 3 (c) Verbraucherkreditrichtlinie (Fn. 9).

12 RL 2008/122/EG des Europäischen Parlaments und des Rates vom 14.1.2009 über den Schutz der Verbraucher im Hinblick auf bestimmte Aspekte von Teilzeitnutzungsverträgen, Verträgen über langfristige Urlaubsprodukte sowie Wiederverkaufs- und Tauschverträgen, ABl. 2009 Nr. L 33/10. *Schulze/Zoll* (Fn. 1), § 2, Rn. 33 f.

13 Definition des Timesharing-Vertrages siehe Art. 2 (1) (a) Timesharing-Richtlinie (Fn. 12); *Pecyna/Zoll* (Fn. 7), 25, 28.

cher Natur sein können und die nach dem nationalen Recht unterschiedlichen Vertragstypen zuzuordnen sind.[14]

Von den älteren Richtlinien enthält die Richtlinie über Handelsvertreter[15] eine Regelung, die im weitesten Sinne den Handelsvertretervertrag typisiert.[16] Diese Typisierung dient zwar auch der Bestimmung des Anwendungsbereiches der Richtlinie. Es finden sich aber auch Regelungen über die Hauptbestimmungen des Vertrags, die die Rechte und Pflichten aus diesem Vertrag festlegen. In diesem Sinne kann man von dem Handelsvertretervertrag als von einem genuinen Vertragstypus mit europäischer Herkunft sprechen.

Im Rahmen der Verbrauchsgüterkaufrichtlinie[17] wurde der Kaufvertrag nicht definiert. Der europäische Gesetzgeber ist davon ausgegangen, dass die nationalen Rechtsordnungen von einem relativ ähnlichen Begriff des Kaufvertrages ausgehen.[18] Auf Ebene des Unionsrechts hat man gegenüber den nationalen Rechtsordnungen nur eine Ergänzung beigefügt, nach welcher auch solche Verträge unter den Begriff des Kaufvertrages fallen, in denen sich eine Partei verpflichtet, die Sache herzustellen. Darüber hinaus liefert die Verbrauchsgüterkaufrichtlinie aber keine Festlegung der aus dem Kaufvertrag hervorgehenden Hauptpflichten.

Diese Zurückhaltung des europäischen Gesetzgebers im Hinblick auf die Typisierung von Verträgen[19] ist verständlich. Die Funktion der Typisierung von Verträgen[20] und der Schaffung von bestimmten Vertragstypen hat in den nationalen Rechtsordnungen eine weitgehend andere Funktion. Im Falle der nationalen Rechtsordnungen handelt es sich um für die Parteien bereitgestellte fertige Regelungen,[21] die der Gesetzgeber für ausge-

---

14 Zu dem Begriff des Timesharing siehe: *Schubert* NZM 2007, 665-667.

15 RL 86/653/EWG des Rates v. 18.12.1986 zur Koordinierung der Rechtsvorschriften der Mitgliedstaaten betreffend die selbständigen Handelsvertreter, ABl. 1986 Nr. L 382/17.

16 Art. 3-15 Handelsvertreterrichtlinie (Fn. 15); *Flohr/Pohl*, in: *Martinek/ Semler* u.a. (Hrsg.), Vertriebsrecht, 3. Auflage 2010, Kap. 4, Der Handelsvertretervertrag.

17 RL 1999/44/EG des Europäischen Parlaments und des Rates v. 25.5.1999 zu bestimmten Aspekten des Verbrauchsgüterkaufs und der Garantien für Verbrauchsgüter, ABl. 1999, Nr. 171/12.

18 *Serrano*, in: Grundmann/Bianca, EU-Kaufrechts-Richtlinie Kommentar, 2002, Art. 1 Rn. 9.

19 *Schulze/Zoll* (Fn. 1), § 2, Rn. 31.

20 *Pecyna/Zoll* (Fn. 7), 25, 27.

21 *Schulze/Zoll* (Fn. 1), § 2, Rn. 32.

wogen und gerecht erachtet.[22] Es handelt sich nicht um die Festlegung des Anwendungsbereichs eines Gesetzes. Den Parteien bleibt grundsätzlich freigestellt, einen Vertragstypus zu verwenden bzw. sich von diesem zu entfernen.[23] Die gesetzliche Regelung eines Typus′ wird von den Vertragsparteien mit einer unterschiedlichen Intensität verwendet. Tatsächlich abgeschlossene Verträge entfernen sich im Regelfall unterschiedlich weit vom gesetzlichen Modell.[24] Nicht selten überschreiten sie die Grenze der Zuordnung zu einem anderen Vertragsmodell und sind dann als gemischte Verträge[25] zu betrachten.[26] Manchmal versuchen die nationalen Gesetzgeber einen Vertragstypus in einer anderen Rolle zu verwenden und im Rahmen dieses Typus′ die strukturell schwächere Partei zu schützen. Dies ist oft im Bereich des Arbeitsrechts oder des Mietrechts der Fall. Diese Methode verfehlt aber häufig ihr Ziel, weil es relativ leicht ist, ähnliche wirtschaftliche Ziele unter Einsatz eines anderen Vertrags zu erreichen, der sich im Zweifel weniger verbraucherschützend zeigt. Da die Verträge zudem immer komplexer werden, ist die Zuordnung eines zwischen konkreten Parteien geschlossenen Vertrages zu einem Vertragstypus im nationalen Recht immer schwieriger.[27] In diesem Zusammenhang stellt sich aber die Frage, ob die Bildung eines genuinen europäischen Vertragstypus die richtige Stoßrichtung der europäischen Rechtsordnung ist oder sein sollte. Kann der europäische Gesetzgeber den Zweck der europäischen Rechtsharmonisierung bzw. Rechtsvereinheitlichung überhaupt erreichen; sollte er neue Typen von Verträgen auf der europäischen Ebene schaffen?

---

22 Zur Bedeutung der normativen Typenordnung, siehe: *Stoffels*, Gesetzlich nicht geregelte Schuldverträge: Rechtsfindung und Inhaltskontrolle, 2001, 103-105; Zum Zweck der Typisierung von Verträgen siehe: *Rott-Pietrzyk*, in: Transformacje Prawa Prywatnego, 1/2012, 41, 44-46; *Radwański*, in: Transformacje Prawa Prywatnego, 1/2012, 5, 6.

23 *Feldmann/Löwisch*, in: Staudinger BGB, Neubearb. 2012, § 311, Rn. 30; *Andrés Santos*, in: Andrés Santos/Baldus/Dedek, Vertragstypen in Europa, 2012, 1, 4 f.; *Stoffels* (Fn. 22), 103.

24 *Pecyna/Zoll* (Fn. 1), 25, 27; *Andrés Santos*, (Fn. 23), 1, 5.

25 Zum Begriff der gemischten Verträge siehe: *Gawlik*, in: Pojęcie umowy nienazwanej, studia cywilistyczne 1971, Band XVIII, Palestra 1974, Nr. 5, 25, 25-32.

26 *Feldmann/Löwisch*, in: Staudinger BGB, Neubearb. 2012, § 311, Rn. 30-51; *Rott-Pietrzyk*, (Fn. 22), 1/2012, 41, 43.

27 *Pecyna/Zoll*, (Fn. 7), 25, 27; *Pisuliński*, in: Transformacje Prawa Prywatnego, 1/2012, 15, 18-19; *Rott-Pietrzyk*, (Fn. 22), 41, 46; Eine Auflistung problematisch einzuordnender Verträge unternimmt *Radwański*, in: Transformacje Prawa Prywatnego, 1/2012, 5, 8-13.

In den internationalen Verträgen, die das private Vertragsrecht betreffen, wie z.B. im UN-Kaufrecht, erfüllt die Typisierung von Verträgen zwei Funktionen. Erstens dient sie der traditionellen Funktion, den Parteien ein Modell des Kaufvertrages zu liefern. Zweitens bestimmt sie den Anwendungsbereich des Übereinkommens. Die Definition des Kaufvertrages im UN-Kaufrecht ist aber weit gefasst.[28] Auch gemischte Verträge mit einem dominierenden kaufrechtlichen Teil fallen in den Anwendungsbereich des Übereinkommens. Diese Methode hat zum Teil auch der europäische Gesetzgeber übernommen, der aber unglücklicherweise versuchte, die Grenzen des Anwendungsbereiches viel klarer zu bestimmen.

In den letzten zwei Dekaden ist eine Steigerung der Regelungsdichte des europäischen Vertragsrechts zu beobachten.[29] Der europäische Gesetzgeber beschränkte sich nicht mehr auf die Randbereiche des Vertragsrechts. Immer stärker rückte er in die Kernzonen des Vertragsrechts der Mitgliedsstaaten und versuchte zugleich, nicht nur die Randbereiche zu regeln, sondern immer stärker die Rechtsverhältnisse flächendeckend zu erfassen. Als Beispiel dieser Entwicklung kann z.B. die Richtlinie über Zahlungsdienste im Binnenmarkt[30] genannt werden, die z.B. den Rahmenvertrag[31] ausführlich regelt.

Eine besondere Entwicklung betrifft die Richtlinie über Verbraucherrechte. Ursprünglich hat man geplant, im Rahmen dieser Richtlinie eine ziemlich umfassende, wenn auch bei weitem nicht komplette, Regelung

28 Art. 3 (2) CISG; *Magnus*, in: Staudinger BGB, Neubearb. 2013, Art. 3 CISG, Rn. 30; *Ferrari*, in: *Schwenzer/ Schlechtriem*, Kommentar zum Einheitlichen UN-Kaufrecht, 6. Auflage 2013, Art. 3, Rn. 19 und Art. 35, Rn. 32a.

29 *Müller-Graff*, in: Schmidt-Kessel, Ein einheitliches europäisches Kaufrecht?, 2012, 51, 54 und Fn. 14 zu zahlreichen tragenden Projekten der Vereinheitlichung des Europäischen Privatrechts; *Schulze/Stuyck*, in: Schulze/Stuyck, Towards an European Contract Law, 2011, 3-8; *Reding*, in: Schulze/Stuyck, ebda. 9-20; *Alpa*, in: Schulze/Stuyck, ebda. 23-33; *Busche*, in: Münchener Kommentar BGB, 6. Auflage 2012, Vorbem. Rn. 47 f.; *Riesenhuber*, EU-Vertragsrecht, 2013, Rn. 24-43; *Howells/Schulze*, Modernising and Harmonising Consumer Contract Law, 2009, 3-4.

30 RL 2007/64/EG des Europäischen Parlaments und des Rates v. 13.11.2007 über Zahlungsdienste im Binnenmarkt, zur Änderung der RL 97/7/EG, 2002/65/EG, 2005/60/EG und 2006/48/EG sowie zur Aufhebung der RL 97/5/EG, ABl. 2007 Nr. L 319/1.

31 Art. 4 Nr. 12 Richtlinie über Zahlungsdienste im Binnenmarkt (Fn. 30).

des Kaufvertrages vorzusehen.[32] Daraus ist aber nur eine sehr bescheidene und unvollständige Normierung des Kaufrechts entstanden, die bloß ganz bestimmte Aspekte[33] dieses Vertrages berührt. Die Richtlinie enthält aber eine Definition des Kaufvertrages, die die Hauptpflichten, die für diesen Vertrag charakteristisch sind, bestimmt.[34] Darüber hinaus enthält diese Definition eine Erweiterung, die eine dienstleistungsrechtliche Komponente erfasst und eine Regel für gemischte Verträge enthält.[35] Erstaunlicherweise beinhaltet die Richtlinie eine Norm, die im Fall des gemischten Vertrages die Annahme der Absorptionstheorie[36] zum Ausdruck bringt. Es ist auffallend, dass der europäische Gesetzgeber die Definition des Kaufvertrages in der Richtlinie über Verbraucherrechte mit der Definition in der Richtlinie über den Verbrauchsgüterkauf nicht abgestimmt hat.[37] Die Definition der Richtlinie über Verbraucherrechte enthält keine Bestimmung, die ausdrücklich die Verträge über herzustellende Waren erfasst. Zumindest aber Verträge über die Herstellung von Waren aus vom Besteller gestellten Materialien fallen aus dem Anwendungsbereich der Richtlinie über Verbraucherrechte heraus.[38] Die Definition der Richtlinie über Verbraucherrechte dient möglicherweise nicht einer umfassenden europäischen Normierung des Kaufvertrages und auch nicht einer Angleichung dieses Begriffs auf der Ebene des Richtlinienrechts, sondern bezweckt lediglich, dass die Vorschriften der Richtlinie, die punktuell bestimmte Fragen des Kaufrechts regeln, in allen von der Definition erfassten Situationen zur Anwendung kommen, also auch in Fällen der gemischten Verträge mit einem dienstleistungsrechtlichen Teil.

---

32 *Stürner*, in: *Schulte-Nölke/Zoll/Jansen/Schulze*, Der Entwurf für ein optionales europäisches Kaufrecht, 2012, 47, 48 f.; *Howells/Schulze*, Modernising and Harmonising Consumer Contract Law, 2009, 3-8.

33 Etwa die Aspekte des Verbrauchsgüterkaufs und der Klauselkontrolle wurden vollständig gestrichen, siehe: *Stürner*, (Fn. 32), 47, 48.

34 Art. 2 Nr. 5 Verbraucherrechterichtlinie (Fn. 4).

35 *Zoll* iKAR 2014, 8, 11.

36 BGH, 9.12.1974 – VII ZR 290/11 = BGHZ 63, 306, 307, 309; 10.5.1951 – III ZR 102/50 = BGH NJW 1951, 596; RGZ 161, 323-325; *Gawlik*, in: Pojęcie umowy nienazwanej, studia cywilistyczne 1971, Band XVIII, Palestra 1974, Nr. 5, 25, 30; *Gehrlein/Sutschet*, in: *Bamberger/Roth*, BGB Kommentar, 32. Auflage 2014, § 311, Rn. 20 f.; *Stoffels* (Fn. 22), 154 f.

37 *Zoll* (Fn. 35), 8, 11.

38 *Zoll* (Fn. 35), 8, 13.

Obwohl bereits erste Symptome der Herausbildung von genuinen europäischen Vertragstypen zu erblicken sind, kann man eigentlich noch nicht von einem System des Vertragsrechts sprechen. Dieser Prozess wurde jedoch durch die Erarbeitung des Vorschlags[39] über das Gemeinsame Europäische Kaufrecht[40] beschleunigt. Seit längerer Zeit arbeiteten viele Gruppen von Wissenschaftlern an einem europäischen Vertragsrecht, das eine qualitative Umgestaltung zum Ziel hatte. Symbolisch für diese Tendenz ist das Werk der *Acquis Group*, welche aus bereits bestehenden Bausteinen des *acquis communautaire* ein autonomes System des Vertragsrechts zu entwickeln versuchte.[41] Im System der *Acquis Principles* hat man aber bewusst auf die Typisierung von Verträgen verzichtet.[42] Bei Schaffung der *Acquis Principles* ging man davon aus, dass eine moderne Regelung des Vertragsrechts auf eine strikte Typisierung von Verträgen verzichten soll.

II. Die Vertragstypen im Vorschlag für das GEK

Im Vorschlag für das GEK ist man diesem Ansatz der *Acquis Group* nicht gefolgt. Der Anwendungsbereich des GEK wird von drei Vertragstypen beschränkt. Diese drei Vertragstypen können allerdings nicht aus einer Perspektive beurteilt werden.[43] Es handelt sich nämlich nicht um nur verschiedene Vertragsarten, die unter Anwendung ein und derselben Methode der Differenzierung voneinander abgegrenzt werden können, sondern um drei Kategorien, die sich nach weitgehend unterschiedlichen Kriterien unterscheiden lassen.

---

39 KOM 2011 (635) endg. Vorschlag für eine Verordnung des Europäischen Parlaments und des Rates über ein Gemeinsames Europäisches Kaufrecht.

40 im Folgenden *GEK*.

41 *Schulte-Nölke/Zoll* (Fn. 1), xxiii-xxxv; *Dannemann*, in: Principles of the Existing EC Contract Law (Acquis Principles), Contract II, Munich 2009, xxxxvi; *Schulze*, in: *Schulze/Ebers/Grigoleit*, Informationspflichten und Vertragsschluss im Acuis Communautaire, 2003, 3, 5 f., 10 f.

42 *Schulte-Nölke/Zoll* (Fn. 1), xxiii, xxv.

43 *Pfeiffer*, in: Remien/Herrler/Limmer, Gemeinsames Europäisches Kaufrecht für die EU?, 2012, Rn. 33-48; *Schmidt-Kessel*, in: Schmidt-Kessel, Ein einheitliches europäisches Kaufrecht?, 2012, 29, 30.32; *Wendehorst*, in: Reiner Schulze, CESL commentary, 2012, Art. 5 Rn. 3-15, 16-24, 25-33.

Im Vorschlag für das GEK werden die „Vertragstypen" in zwei hauptsächlichen Funktionen verwendet: In der „traditionellen" Rolle, um den Parteien ein Modell der Regelung einer Rechtsbeziehung[44] zur Verfügung zu stellen, und in der Funktion der Bestimmung des Anwendungsbereichs des Optionalen Instruments. Es scheint aber, dass die angewendete Methode der Typisierung für die Erreichung der beiden genannten Zwecke nicht geeignet ist. Der Grund dafür liegt in einem „Geburtsfehler" dieses Instruments. Aus politischen Gründen scheute man davor zurück, den Anwendungsbereich zu weit zu bestimmen, da man befürchtete, dass ein europäisches allgemeines Vertragsrecht keine ausreichende Unterstützung finden würde. Zugleich hat man aber ein Instrument[45] geschaffen, dass eher als ein allgemeines Vertragsrecht verfasst ist, dessen Anwendungsbereich nur unpräzise und inkohärent festgelegt ist.

Nach Art. 5 GEK (V) ist das Optionale Instrument für Kaufverträge, Verträge über die Bereitstellung digitaler Inhalte und auf Verträge über verbundene Dienstleistungen anwendbar. Der Anwendungsbereich wird darüber hinaus durch den Verweis durch Art. 6 GEK (V) auf Art. 5 GEK (V) näher präzisiert. Art. 6 GEK (V) bestimmt, dass gemischte Verträge grundsätzlich vom Anwendungsbereich des GEK ausgeschlossen sind, mit Ausnahme solcher Verträge, die ausschließlich Elemente aus den in Art. 5 GEK (V) genannten Verträgen enthalten.[46] In dieser Konstruktion lauert das oben beschriebene Problem der Inkohärenz der angewendeten Kriterien. Das GEK definiert diese Vertragsarten in Art. 2 der Verordnung. Der Kaufvertrag (Art. 2 (k) GEK (V)) wird traditionell erfasst, wobei der europäische Gesetzgeber bezüglich der Übertragung des Eigentums unterschiedliche europäische Traditionen wahrnimmt. Zusätzlich wird hier die aus der Verbrauchsgüterkaufrichtlinie bekannte Erweiterung des Kaufvertragsbegriffs auf Verträge, die eine Verpflichtung zur Herstellung der Waren beinhalten, zum Ausdruck gebracht. Ein unentbehrlicher Bestandteil dieser Definition ist die in Art. 2 (i) GEK (V) enthaltene Definition des Preises. Trotz der scheinbaren Präzision und Schärfe dieser Definition entstehen an ihrem Rand abgestufte Schattenbereiche. Unklar bleibt, ob z.B. der in vielen Rechtsordnungen verbreitete Vorvertrag zum Kaufvertrag

---

44 *Müller-Graff*, in: Schulte-Nölke/Zoll/Jansen/Schulze, Der Entwurf für ein Gemeinsames Europäisches Kaufrecht, 2012, 21, 38.

45 Zum Optionalen Instrument als „Marktordnung", siehe: *Müller-Graff* (Fn. 44), 21, 36.

46 Wendehorst (Fn. 43), Art. 6, Rn. 1-13.

auch unter den Anwendungsbereich des Optionalen Instruments fällt. Dieses Problem stellt sich auch im Rahmen des UN-Kaufrechts und verführt zu der Ansicht, dass auch im Fall des GEK eine ähnliche Antwort getroffen werden sollte. Die h.M. geht davon aus, dass das UN-Kaufrecht auf diese Verträge anwendbar ist.[47] Die Konturen der Definition des Kaufvertrags im Rahmen des UN-Kaufrechts sind aber offener als im Falle des GEK. Wie sich aus Art. 6 GEK (V) ergibt, versuchen die Verfasser des GEK, jegliche Erweiterungen des Anwendungsbereiches des Instruments zu unterbinden. Möglicherweise muss dieses Verbot auch für die Vorverträge gelten. Es ist schwierig, im Fall des GEK funktionell zu argumentieren, weil die engen Konturen des GEK ihre Daseinsberechtigung eher in einem vermuteten Willen der Mitgliedsstaaten[48] und weniger in der Funktion der einzelnen Vorschriften finden.

Die wahre Ungewissheit beginnt aber erst mit dem Begriff des Vertrages über Bereitstellung von digitalen Inhalten.[49] Die Definition aus Art. 2 (j) GEK (V) erfasst nicht den Vertrag selbst, sondern definiert allein den Begriff der digitalen Inhalte.[50] Die vollständige Definition des Vertrages ist erst aus Art. 5 (b) GEK (V) zu entnehmen, also aus der Vorschrift, die den Anwendungsbereich des Optionalen Instruments bestimmt. Die dort enthaltene Definition ist aber so weit, dass man sie nicht als eine „Typisierung" des Vertrags über die Bereitstellung von digitalen Inhalten verstehen kann. Die Diskussion, ob die Verfasser des Optionalen Instruments nur die kaufähnlichen Verträge vor Augen hatten (unter Vorbehalt, das auch die unentgeltlichen Verträge gemeint sind) oder auch nicht standardisierte[51] Verträge über digitale Inhalte sowie Verträge wie *cloud computing*

---

47 *Ferrari*, in: Schlechtriem/ Schwenzer, Kommentar zum Einheitlichen UN-Kaufrecht, 5. Auflage 2008, Art. 1, Rn. 21; konkreter: *Schroeter*, in: Schlechtriem/ Schwenzer, Kommentar zum Einheitlichen UN-Kaufrecht, 6. Auflage 2013, Vorbem. zu Art. 14, Rn. 31-41; einschränkend: *Gruber*, in: Münchener Kommentar BGB, Vorbem. zu CISG Teil II, Rn. 12-13.

48 Der vermutete Wille zur Erleichterung des Abschlusses grenzüberschreitender Kaufverträge durch das GEK kommt zum Ausdruck in der Aufführung der Gründe und Ziele im Rahmen des Hintergrunds des Vorschlags für ein Gemeinsames Europäisches Kaufrecht, KOM (2011)635 endg., 2-5.

49 *Zahn* ZEuP 2014, 77, 78-80.

50 Woraus sich bereits entnehmen lässt, dass Verträge über die Bereitstellung von digitalen Inhalten nicht dazu geeignet sind, die Lieferung von z.B. Schokolade zum Gegenstand zu haben.

51 Zu der vertragstypologischen Einordnung von Cloud-Computing Verträgen siehe: *Wicker* MMR 2012, 783-788.

erfasst wissen wollten, lässt sich unendlich führen.[52] Es ist zu begrüßen, dass das Europäische Parlament diese Frage deutlicher beantworten möchte[53] und hier zum Teil dem Vorschlag[54] des *European Law Institute* folgt. Man kann aber bereits auf der Grundlage des Vorschlags der Kommission sagen, dass das GEK im Bereich der digitalen Inhalte als ein allgemeines Vertragsrecht wirken muss. Der Inhalt dieses Vertrags bildet keine Grenze für die Anwendung des Optionalen Instruments. Das könnte aber weitgehende Folgen haben. Art. 6 GEK (V) geht davon aus, dass die Grenzen eines Vertragstypus gezogen werden können. Werden die Grenzen nicht genau festgelegt, kann nicht von einem typengemischten Vertrag gesprochen werden. Es kommt also zu einer paradoxalen Lösung. Die gleichen Vorschriften, die primär für den Kaufvertrag bestimmt waren, kommen auch für eine heterogene Gruppe von Verträgen zur Anwendung, die nur einen gemeinsamen Nenner in Gestalt der digitalen Inhalte haben.

Daneben gibt es noch den „verbundenen" Dienstleistungsvertrag.[55] In der Systematik des GEK handelt es sich hierbei um einen selbständigen Vertrag, dessen Grenzen zwar auch nicht leicht zu definieren sind, bei dem aber eine werkvertragsrechtliche Komponente überwiegt. Die verwässerten Konturen dieses Vertrages stellen seine Funktion der Bestimmung des Anwendungsbereiches des Optionalen Instruments in Frage. Eigentlich handelt es sich hier nur um eine dienstleistungsspezifische Kom-

---

52 Bericht des European Law Institute zum Vorschlag für eine Verordnung über ein Gemeinsames Europäisches Kaufrecht KOM(2011)635 endg., S. 30-31, abrufbar unter: http://www.europeanlawinstitute.eu/fileadmin/user_upload/p_eli/Publications/S-2-2012_Statement_on_the_Proposal_for_a_Regulation_on__a_Common_European_Sales_Law.pdf (zuletzt abgerufen im Nov. 2014); Erste Ergänzung zum Bericht des European Law Institute zum Vorschlag für eine Verordnung über ein Gemeinsames Europäisches Kaufrecht KOM(2011)635 endg., S. 18-24, abrufbar unter: http://www.europeanlawinstitute.eu/fileadmin/user_upload/p_eli/Publications/CESL_1st_Supplement.pdf (zuletzt abgerufen im Nov. 2014); *Wendehorst* ZEuP 2013, 199, 200; *Zahn* ZEuP 2014, 77, 78-80, 93 f.

53 Siehe neu eingefügter Erwägungsgrund 17a zum Cloud Computing, Erwägungsgrund 18 zu Verträgen mit digitalen Inhalten, Erwägungsgrund 19a zu den verbundenen Verträgen in der Zustimmung des Europäischen Parlaments zum Vorschlag der Kommission für ein Gemeinsames Europäisches Kaufrecht vom Februar 2014, Oral P7_TA-PROV(2014)0159.

54 *Wendehorst* ZeuP 2013, 199 f.

55 *Zoll* in: Schulte-Nölke/Zoll/Jansen/Schulze (Fn. 44), 279-283; *Zoll*, in: Schulze/Stuyck, Towards a European Contract Law, 151-160, 154 f.; Christiane Wendehorst (Fn. 43) Art. 5, Rn. 25-40.

ponente[56] des Kaufvertrages bzw. des Vertrages über Bereitstellung digitaler Inhalte. Wenn dieser Vertrag nur zum Zeitpunkt des Abschlusses des Hauptvertrags, in Bezug auf dessen Gegenstand und zwischen den gleichen Parteien geschlossen werden kann, muss er durch die gleiche Rechtsbeziehung wie der Hauptvertrag erfasst sein. In seinem Entwurf[57] hat das *European Law Institute* versucht, hieraus Schlussfolgerungen zu ziehen, und den Vertrag über verbundene Dienstleistungen besser in das System zu integrieren.

III. Fazit

Die Vertragstypen des GEK haben unscharfe Konturen. Das ist verständlich – in der modernen Welt werden die Verträge immer komplexer. Die Verfasser des GEK versuchen aber den Schein zu wecken, als wären diese Konturen tatsächlich sehr scharf gezogen. Das Ergebnis wird eine große Unsicherheit darüber sein, ob die Einwahl des Optionalen Instruments wirksam ist. Diese Unsicherheit würde die Parteien dann möglicherweise davon abhalten, ihre Rechtsverhältnisse dem GEK zu unterstellen. Die Festlegung des Anwendungsbereichs eines Instruments durch den Vertragstypus ist heute keine gute Idee. Vielleicht müsste man im Bereich der Europäisierung des Vertragsrechts mehr wagen, da sonst, unter Anwendung von ineffizienten Halbmitteln, die Niederlage einer bedeutenden Idee droht.

---

56 *Zoll* (Fn. 54), 279, 282.

57 Bericht des European Law Institute zum Vorschlag für eine Verordnung über ein Gemeinsames Europäisches Kaufrecht KOM(2011)635 endg., aufrufbar unter: http://www.europeanlawinstitute.eu/fileadmin/user_upload/p_eli/Publications/S-2-2012_Statement_on_the_Proposal_for_a_Regulation_on__a_Common_European_Sales_Law.pdf (zuletzt aufgerufen im Nov. 2014).

Die Wahrnehmung grenzüberschreitender Privatautonomie in der EU: Zur AGB-Kontrolle im Bereich externer Lücken des Gemeinsamen Europäischen Kaufrechts

Thomas Pfeiffer

I. Einleitung

Zu den großen Themen des Jubilars gehört die Einsicht, dass eine der für das Zivilrecht zentralen Aufgaben des Unionsrechts in der Gewährleistung grenzüberschreitender Privatautonomie liegt.[1] Vor allem auf eine Verbesserung der praktischen Ausübungsbedingungen für grenzüberschreitendes privatautonomes Handeln soll der Vorschlag für ein gemeinsames europäisches Kaufrecht (GEKR) zielen. Der Entwurf enthält zwar seinerseits in Art. 1 Abs. 1 GEKR-E ein Bekenntnis zur Abschluss- und Inhaltsfreiheit der Parteien. Andererseits fragt man sich, ob die ausdrückliche Betonung der Vertragsfreiheit in Art. 1 Abs. 1 GEKR-E Ausdruck eines hochrangigen Grundsatzes oder doch eher der Notwendigkeit ist, angesichts der ansonsten in dem Entwurf vorgesehenen Einschränkungen der Vertragsfreiheit das an sich Selbstverständliche zu betonen.

Als praktisch wichtigste Schranke der Privatautonomie – in vielen Fällen aber auch: als praktisch wichtigster Schutz gegenüber ihrem Missbrauch – hat sich jedenfalls im deutschen nationalen Kontext das AGB-Recht erwiesen. Gerade seiner Ausgestaltung sollte daher angemessene Aufmerksamkeit gewidmet werden. Zugleich ist das Recht der nicht-ausgehandelten Klauseln, wie die Erfahrungen mit der Klausel-RL 93/13 zeigen, in besonderem Maße geeignet, allfällige Spannungen zwischen dem nationalen und unionalen Privatrecht aufscheinen zu lassen.

1 Etwa *Müller-Graff* NJW 1993, 13.

II. Externe Lücken

Die durch das GEKR nicht erfassten Materien[2], für die sich die Bezeichnung externe Lücken eingebürgert hat,[3] werden nach der 27. Begründungserwägung des Entwurfs durch nationales Recht (d.h. die kollisionsrechtlich anwendbare *lex causae*) gefüllt. Dementsprechend stellt sich die Frage, ob die im GEKR vorgesehene Klauselkontrolle nur solche Klauseln erfasst, deren Regelungsgegenstand sich im Anwendungsbereich von GEKR-Vorschriften bewegt oder ob hierunter auch solche Klauseln fallen, die von dispositiven Vorschriften des zur Lückenfüllung anwendbaren nationalen Rechts abweichen.

Dem Wortlaut der Artt. 79 ff. GEKR-E nach ist eine Differenzierung nach dem Regelungsgegenstand zwar nicht vorgesehen. Allerdings könnte es systematisch geboten sein, Klauseln im Regelungsbereich der sog. externen Lücken des GEKR nicht dem Regime der Artt. 79 ff. GEKR-E zu unterwerfen. Die Frage ist dementsprechend streitig.[4]

III. Der Standpunkt des GEKR

1. Normative Maßgaben im GEKR

Wie schon angedeutet, enthält der Wortlaut der Artt. 79 ff. GEKR-E keinen Hinweis auf eine Beschränkung der Klauselkontrolle auf Klauseln im Regelungsbereich des GEKR. Betrachtet man zudem den Klauselkatalog der Artt. 84 und 85 GEKR-E im Einzelnen, dann wird offenbar, dass auch

2 S. die Aufzählung der 27. Begründungserwägung; dazu *Gsell*, in: Remien/Herrler/Limmer (Hrsg.), Gemeinsames Europäisches Kaufrecht für die EU?, München 2012, 145, 149.

3 *Gsell* (Fn. 2), 149; *Wendehorst*, in: Schulze, Common European Sales Law – Commentary, Baden-Baden 2012, Art. 11 VO, Rn. 9.

4 S. etwa *W. Ernst*, in: Remien/Herrler/Limmer (Hrsg.), Gemeinsames Europäisches Kaufrecht für die EU?, München 2012, 93, 104; vom gegenteiligen Ergebnis (jedenfalls für außervertragliche Materien) ausgehend *Wendehorst*, in: Zöchling-Jud/Wendehorst, Am Vorabend eines europäischen Kaufrechts?, München 2012, 87, 103; *Eidenmüller/Jansen/Kieninger/Wagner/Zimmermann* JZ 2012, 269, 279, gehen wohl von einer Erstreckung der AGB-Kontrolle auf externe Lücken aus, kritisieren aber gerade diese; offenlassend wohl *Zöchling-Jud* AcP 212 (2012), 550, 570. Mein eigener Standpunkt ist bereits dem Diskussionsbericht von *Kleinschmidt* AcP 212 (2012), 575, 579, zu entnehmen; er wird hier erstmals literarisch entfaltet.

Klauseln erfasst werden, deren Maßgaben externe Lücken betreffen. Das zeigen folgende Beispiele, die sämtliche Materien erfassen, die in den Katalog externer Lücken nach der 27. Begründungserwägung fallen.

- Die Freizeichnungsverbote (Art. 84 lit. a und b GEKR-E) des Entwurfs erfassen auch Klauseln, deren Regelungsgehalt deliktsrechtliche Ansprüche einschränkt.
- Art. 85 lit. c GEKR-E betrifft die Aufrechnung.
- Mit Einschränkungen der Vertretungsmacht befassen sich die Klauselverbote in Art. 84 lit c. GEKR-E.
- Prozessuale Klauseln und Schiedsklauseln sind von Art. 84 lit. d GEKR-E berührt.

Damit steht fest, dass jedenfalls die genannten Klauselkataloge auch im Bereich externer Lücken liegende Klauseln erfassen wollen. Diese Klauselkataloge können aber auch zur Interpretation der Generalklausel in Art. 83 GEKR-E herangezogen werden.[5] Deshalb ist davon auszugehen, dass auch die Generalklauseln in Artt. 83 und 86 GEKR-E derartige Klauseln erfassen.

2. Systematische Auslegung des Unionsrechts: die Klausel-Richtlinie

Nur dieser Standpunkt steht auch im Einklang mit einer systematischen Auslegung des Unionsrechts. Namentlich für die Inhaltskontrolle im Anwendungsbereich der Klauselrichtlinie ist klar, dass es sich um einen Querschnittsrechtsakt handelt, dessen Maßgaben auch dann Anwendung finden, wenn die betroffene vertragsrechtliche Regelungsmaterie (wie fast durchweg) durch nationales Recht geregelt wird.[6]

---

5 Dies gilt jedenfalls für die Vorbildregeln in den ACQP, s. *Pfeiffer/Ebers*, Acquis-Principles – Contract II, München 2009, Art. 6:301, Rn. 10; zum Vorbildcharakter für das GEKR, *Pfeiffer*, Unfaire Vertragsbestimmungen, European Review of Private Law, 19, München 2011, 835, sowie *ders.*, in: GS für Wolf, Dammann/Grunsky/Pfeiffer (Hrsg.), 2011, 111.

6 Vgl. *Pfeiffer*, in: Wolf/Lindacher/Pfeiffer, AGB-Recht, 6. Aufl. 2013, Art. 1 RL 93/13, Rn. 10.

3. Illegalität und Immoralität

Die Verweisung auf nationales Recht umfasst nach der 27. Begründungserwägung auch Fragen der Gesetzes- oder Sittenwidrigkeit. „Illegalität" und „Immoralität" sind Beispiele externer Lücken. Das gilt unabhängig von der Ursache der Illegalität oder Immoralität und erfasst damit auch solche Fälle, in denen der Verstoß seine Ursache in Klauseln hat, die in den Regelungsbereich des GEKR-E fallen. Hier kann man etwa an einzeln ausgehandelte Klauseln denken, die den vertraglichen Erfüllungsanspruch einer Vertragspartei fast vollständig aushöhlen. Beim verwandten Phänomen der Gesetzes- und Sittenwidrigkeit zeigt sich also, dass ein Hinüberwirken inhaltlicher Unwirksamkeitsgründe über die „Grenze" zwischen GEKR-Materien und externen Materien (wenngleich in umgekehrter Richtung) nicht von vornherein ausgeschlossen ist.

4. Mögliche Einwände

a) Unmöglichkeit?

Will man Klauseln einer Inhaltskontrolle nach Maßgabe der Artt. 79 ff. GEKR-E unterwerfen, die von zur Füllung externer Lücken anwendbaren Vorschriften des nationalen Rechts abweichen, stellt sich die Frage, in welcher Weise die Inhaltskontrolle nach dem GEKR in solchen Fällen vorgenommen werden kann. Auch für das GEKR wird man nämlich davon ausgehen müssen, dass sich die Unangemessenheit einer Klausel zumindest auch, möglicherweise sogar in erster Linie danach bemisst, inwieweit sie von Grundgedanken des dispositiven Rechts abweicht. Eine solche Inhaltskontrolle muss also einen gleichsam hybriden Maßstab anlegen, bei dem zwar die Unwirksamkeit dem GEKR, aber der Bezugspunkt beim Vergleich der Klausel mit dem dispositiven Recht der maßgebenden nationalen Lückenregel zu entnehmen ist, möglicherweise auch in ihrem komplexen Zusammenwirken mit dem GEKR. Insofern kann man fragen, ob eine sinnvolle Inhaltskontrolle derartiger Klauseln nach Maßgabe des GEKR überhaupt möglich ist.

Freilich muss auch bedacht werden, dass ein derartiger hybrider Maßstab kein Novum ist. Bekannt ist er insbesondere aus dem UN-Kaufrecht, weil dieses für materielle Unwirksamkeitsgründe auf das nationale Recht verweist, so dass sich eine etwaige Unwirksamkeit von AGB auch im Falle der Anwendbarkeit des UN-Kaufrechts (falls das maßgebende Hintergrundrecht deutsches Rechts ist) nach § 307 BGB bemisst. Insbesondere werden die maßgebenden Grundgedanken der gesetzlichen Regelung im Sinne von § 307 Abs. 2 Nr. 2 BGB in diesen Fällen dem UN-Kaufrecht entnommen.[7] Diese schon stets zu beachtende hybride Rechtslage hat bislang nicht zu besonderen Unzuträglichkeiten geführt. Warum es im Verhältnis zwischen GEKR und nationalem Recht anders liegen sollte, ist nicht erkennbar.

Eine vergleichbare Beobachtung lässt sich im Zusammenhang mit der Klauselrichtlinie 93/13/EWG anführen. Hier besteht ebenfalls die Schwierigkeit, dass einerseits der Maßstab der Inhaltskontrolle – jedenfalls mittelbar im Wege der richtlinienkonformen Auslegung – einem Rechtsakt des EU-Rechts zu entnehmen ist, wohingegen der Referenzmaßstab zur Ermittlung der Abweichung vom dispositiven Gesetzesrecht regelmäßig dem nationalen Recht entstammt. Auch wenn der EuGH die Entscheidung über die Missbräuchlichkeit einzelner Klauseln im Sinne des Art. 3 der Richtlinie grundsätzlich den nationalen Gerichten zuweist,[8] ist doch klar, dass sich der Unwirksamkeitsmaßstab aus der Richtlinie ergibt.[9] Ein hybrider Maßstab ist auch hier vorgesehen. Er bildet kein Novum und verlangt nichts Unmögliches.

b) Vermeidung einer Doppelprüfung

Entnimmt man den Maßstab der Klauselkontrolle dem GEKR, stellt sich die Frage, wie mit einer etwaigen Klauselkontrolle des berufenen nationalen Rechts umzugehen ist. Zutreffend wird nämlich darauf hingewiesen, dass ein Nebeneinander einer Klauselkontrolle nach Maßstäben des GEKR und einer zusätzlichen Klauselkontrolle nach Maßgabe des im Bereich

---

7 *Pfeiffer*, in: Wolf/Lindacher/Pfeiffer, AGB-Recht, 6. Aufl. 2013, § 307 BGB, Rn. 107.

8 EuGH, Urt. v. 1.4.2004, Rs. C-237/02 (Freiburger Kommunalbauten), Slg. 2004, I-3403.

9 Dementsprechend stellt die Definition allgemeiner Unwirksamkeitskriterien eine Aufgabe des EuGH dar, EuGH, Urt. v. 21.3.2013, Rs. C-92/11 (RWE), EU:C:2013:180; EuGH, Urt. v. 9.11.2010, Rs. C-137/08 (Pénzügyi), Slg. 2010, I-10847; EuGH, Urt. v. 3.6.2010, Rs. C-484/08 (Caja de Ahorros), Slg. 2010, I-4785; EuGH, Urt. v. 26.4.2012, Rs. C-472/10 (Invitel), EU:C:2012:242; zusammenfassend *Pfeiffer* NJW 2014, 3069.

externer Lücken anwendbaren Rechts zu komplex und daher in den Folgen schwerlich erträglich wäre.[10] Allerdings ist eine solche Doppelung nicht zu befürchten. Nach Art. 11 S. 1 GEKR-VO-E gilt das GEKR im Anwendungsbereich seiner Regeln exklusiv. Art. 11 S. 1 GEKR-VO-E enthält seiner Rechtsnatur und seinem Inhalt nach eine Rechtsanwendungsvorschrift (Kollisionsregel), die das Verhältnis des GEKR zur nationalen *lex causae* regelt. Dass solche Rechtsanwendungsregeln Qualifikationsfragen aufwerfen, ist nachgerade typisch. Geht man aus den dargelegten Gründen davon aus, dass die Klauselkontrolle auch im Bereich der externen Lücken dem GEKR unterfällt, dann folgt aus Art. 11 S. 1 GEKR-VO-E, dass diese Kontrolle exklusiv gilt. Eine Klauselkontrolle nach Maßgabe des nationalen Rechts findet daher nicht mehr statt. Das wirft zwar die Frage nach der Abgrenzung der durch das GEKR erfassten Klauselkontrolle von einer Gesetzeswidrigkeit („Illegalität") oder „Immoralität" einzelner Klauseln auf, die nicht mehr unter das GEKR fällt. Solche Abgrenzungsfragen sind aber angesichts der Existenz externer Lücken ohnehin nicht gänzlich vermeidbar. Eine Doppelung der Klauselkontrolle, die in der Tat weder konzeptionell noch praktisch überzeugen könnte, ist nach der Exklusivitätsregel des Art. 11 des VO-E dagegen normativ ausgeschlossen.

c) Nicht vertragsrechtliche Materien

Im Schrifttum findet sich ferner der Hinweis, dass einzelne Aspekte solcher Klauseln im Regelungsbereich externer Lücken im kollisionsrechtlichen Sinne nicht vertragsrechtlich zu qualifizieren sind, so dass hier nicht das (nationale) Vertragsstatut, sondern ein anderes Statut maßgebend sei.[11]

Vorrangig gilt auch in diesen Fällen Art. 11 GEKR-VO-E. Diese Exklusivitätsregel gilt für alle Bereiche externer Lücken. Allerdings ist bei der Klauselkontrolle zwischen einer spezifisch vertragsrechtlichen Kontrolle und anderen Mechanismen zu unterscheiden. Die spezifisch vertragsrechtliche Klauselkontrolle ist exklusiv im GEKR-E geregelt, selbst soweit sie sich (etwa bei der Haftungsfreizeichnung) auch auf deliktsrecht-

10 *Ernst* (Fn. 4), 105, Rn. 31.
11 *Wendehorst* (Fn. 4), 103.

liche Ansprüche auswirkt. Der spezifisch vertragsrechtliche Charakter zeigt sich etwa darin, dass die maßgebenden GEKR-E-Regeln an die fehlende Aushandlung anknüpfen und hieraus die Befugnis zur Inhaltskontrolle herleiten. Soweit eine solche Klauselkontrolle in Frage steht, gilt das GEKR exklusiv. Nur dieser Standpunkt ist mit den bereits erwähnten Klauseltatbeständen in Art. 84 lit. a-d GEKR-E vereinbar.

Hiervon zu unterschieden sind aber solche Einschränkungen der Klauselkontrolle, die nicht allgemein vertragsrechtlich zu qualifizieren sind, sondern einer anderen Sachmaterie zugeordnet werden können. Hierunter fallen etwa die Schranken für Gerichtsstandsklauseln im B2C-Verkehr (Art. 19 Brüssel I-VO 1215/2012). Sie finden in der Tat zusätzlich zum GEKR Anwendung.

5. *Vermeidung eines gespaltenen Kontrollmaßstabs*

Die in den vorstehenden Einwänden zum Ausdruck kommende Sorge, durch eine Hybridisierung des Rechts der Klauselkontrolle im Rahmen des GEKR könnte dieses ohnehin schon komplexe Rechtsgebiet noch unübersichtlicher werden, wenn man die GEKR-Klauselkontrolle auf Klauseln im Bereich externer Lücken erstreckt, muss freilich auch in umgekehrter Richtung bedacht werden. Die dem GEKR-E ersichtlich zugrundeliegende Auffassung, dass sich die Klauselkontrolle nach Art. 79 ff. GEKR-E auch auf die Bereiche externer Lücken erstreckt, führt dazu, dass für die Klauselkontrolle ein einheitlicher Kontrollmaßstab gilt, ohne dass es darauf ankommt, ob der Regelungsgehalt einer Klausel ganz oder zum Teil in eine externe Lücke fällt. Die Gegenposition führt demgegenüber zwar nicht zu einer Verdoppelung der Klauselkontrolle, aber zu einem gespaltenen Kontrollmaßstab. Die Klauselkontrolle unterläge nur dann dem GEKR-E, wenn die Klauseln dessen Materien berührten; anderenfalls unterlägen die Klauseln dem im jeweiligen Lückenbereich maßgebenden Recht. Diese Spaltung des Kontrollmaßstabs könnte nicht nur zur Spaltung in zwei, sondern im ungünstigsten Fall zu einer Mehrzahl unterschiedlicher Teilmaterien mit je eigenem Klauselkontrollmaßstab führen. Denn neben dem GEKR würde in manchen Lückenbereichen der Kontrollmaßstab des Vertragsstatuts gelten, in anderen derjenige des Stellvertretungsstatuts, in wieder anderen des Deliktsstatuts. Das ist nicht nur durch das GEKR nicht gewollt, sondern wäre auch höchst komplex und widerspräche dem binnenmarktbezogenen Vereinfachungsziel des GEKR sowie seinem Streben nach praktischer Stärkung der grenzüberschreitenden Privatautonomie.

IV. Fazit und Ausblick

Damit ergibt sich zunächst als Fazit, dass der Kontrollmaßstab der Art. 79 ff. GEKR-E auch für Klauseln im Regelungsbereich externer Lücken gilt.

Gerade aus der Sicht des deutschen Betrachters könnte dieser Befund über seine unmittelbare dogmatische Bedeutung hinaus einen erheblichen rechtspolitischen Nutzen für die Privatautonomie im Allgemeinen entfalten. Denn der Kontrollmaßstab des Art. 85 GEKR-E stimmt mit demjenigen des deutschen Rechts im Unternehmensverkehr keineswegs überein.[12] Der Maßstab des Art. 85 GEKR-E ist, zumal nach den Änderungsvorschlägen des Parlaments, großzügiger als derjenige des deutschen Rechts. Damit eröffnet sich die Chance, die Auswirkungen der unterschiedlichen Kontrollmaßstäbe des GEKR einerseits und der §§ 307, 310 Abs. 1 BGB andererseits bei ansonsten identischen Klauseln und identischen dispositiven Referenztatbeständen des nationalen Rechts zu beobachten. Dies könnte der festgefahrenen Diskussion um die gebotene Auflockerung der deutschen AGB-Kontrolle im Unternehmensverkehr neuen Auftrieb verschaffen und damit einen wertvollen Impuls zugunsten der Privatautonomie geben.

V. Post skriptum

Nach Manuskriptschluss zog die Kommission den Entwurf des GEKR zurück. Der Jubilar kann sich durch diese Entwicklung in seiner Einschätzung bestätigt sehen. Zu erwarten ist ein neuer Vorschlag, der sich auf den elektronischen Geschäftsverkehr konzentriert.[13] Die in diesem Beitrag entfalteten Überlegungen zu einer sinnvollen Ausgestaltung der AGB-Inhaltskontrolle bleiben auch für einen solchen Rechtsakt bedeutsam.

---

12 Anders *Graf von Westphalen* DRiZ 2012, 314; skeptisch zur Erreichbarkeit einer großzügigeren Praxis *Ernst* (Fn. 4), 103, Rn. 30.

13 Arbeitsprogramm der Kommission 2015, COM (2014) 910 final, S. 7.

AGB-Kontrolle in den Niederlanden[1]

Ewoud Hondius

I. Einführung

Eines der größten Gesetzgebungsprojekte in Deutschland vor der Überarbeitung des Schuldrechts war sicherlich die Einführung des AGB-Gesetzes. Nicht nur in Deutschland selbst, auch im Ausland hat dieses Gesetz viel Aufmerksamkeit auf sich gezogen. Dies hat sich auch nicht geändert, nachdem das AGB-Gesetz mit der Überarbeitung des Schuldrechts in das BGB aufgenommen worden ist. Eines der Länder, in dem das Interesse am deutschen Recht traditionell groß ist – nicht nur am deutschem Recht im Allgemeinen,[2] sondern am AGB-Recht im Besonderen[3] – sind die Niederlande. Die gesetzlichen Regelungen in Deutschland und den Niederlanden sind sehr ähnlich. Dies ist kein Zufall. Erstens hat das deutsche Recht damals, als das neue *Burgerlijk Wetboek* vorbereitet wurde, einen maßgeblichen Einfluss auf den niederländischen Gesetzgebungsprozess gehabt.[4] (Umgekehrt scheint das niederländische Recht das BGB beeinflusst zu haben, indem nach dem niederländischen Beispiel das AGB-Recht am Ende auch in das BGB integriert worden ist, wie dies in den Niederlanden schon 1992 der Fall war. Allerdings ist kein Indiz dazu zu finden, dass die deutsche Entstehungsgeschichte vom niederländischen Recht beeinflusst worden ist. Dies ist auch nicht der Fall im Bereich des medizinischen Behandlungsvertrags, wo die Regelung im BGB der Aufnahme der *geneeskundige behandelingsovereenkomst* im *Burgerlijk wetboek* mit zwei Jahrzehnten Verspätung folgte.) Zweitens sind sowohl das deutsche wie auch das niederländische Recht selbstverständlich dem Einfluss des europäischen

---

1 Der Autor bedankt sich herzlich bei Dr. Andreas Mom (Berlin) für seine Hilfe bei der sprachlichen Überarbeitung des Beitrags.

2 Siehe *E. Hondius*, Het onovertroffen Duitse privaatrecht, 63 Ars Aequi 2014, S. 551-557.

3 Siehe *R.H.C. Jongeneel*, De wet algemene voorwaarden en het AGB-Gesetz, Diss. Vrije Universiteit Amsterdam 1991.

4 *L.J.H. Mölenberg*, *G.J. Rijken*, De ervaringen van de Duitse consumentenorganisaties met het AGB-Gesetz, SWOKA 1991, 115.

Rechts unterlegen. Hier ist nicht nur die Richtlinie über mißbräuchliche Klauseln in Verbraucherverträgen zu nennen, sondern auch Urteile des EuGH, wie z.B. im Océano-Fall.[5]

Die Ähnlichkeit der beiden Systeme hat jedoch nicht dazu geführt, dass sie ganz identisch sind. In Deutschland ist das Transparenzgebot viel wichtiger als in den Niederlanden. Deutschland kennt, anders als die Niederlande, das Verbot überraschender und mehrdeutiger Klauseln in § 305c BGB; in Deutschland sind allgemeine *Arbeits*bedingungen, anders als in den Niederlanden, der AGB-Regelung unterworfen; die Anwendung der Generalklausel sowie der beiden Listen mit Klauselverboten mit bzw. ohne Wertungsmöglichkeit ist nicht genau dieselbe, usw. Trotzdem sind die Hauptlinien ähnlich: dies betrifft die Definition von AGB, die Unangemessenheitskontrolle, die Ausnahme für Preis und Entgelt, die Struktur der beiden Listen sowie die Sanktionen einschließlich des Instruments der Verbandsklage.[6] Doch gerade bei den Sanktionen unterscheidet sich die Praxis der beiden Länder erheblich. Dieser Tatsache widmet sich der vorliegende Aufsatz für Peter-Christian Müller-Graff.

II. Thema

Wie der Jubilar[7] hat auch der Verfasser dieses Beitrags an europäischen Harmonisierungsprojekten mitgearbeitet.[8] Oft war es ungeachtet der großen Unterschiede zwischen insbesondere *common law* und *civil law* trotzdem möglich, Kompromisse herauszuarbeiten. *Consideration, punitive damages,* Wegfall der Geschäftsgrundlage sind nur einige Stichwörter, die dies bestätigen können. Es war möglich, große Unterschiede zwischen dem englischen und dem kontinental-europäischen Recht zu überwinden. Aber wie wird, nachdem die Gesetze harmonisiert sind, die Praxis aussehen?

---

5 C-240/98 – C-244/98.

6 *A. Mom*, Kollektiver Rechtsschutz in den Niederlanden, Diss. Konstanz, Tübingen, 2011, 497 S.

7 Siehe zum Beispiel *Müller-Graff*, Privatrecht und Europäisches Gemeinschaftsrecht/Gemeinschaftsprivatrecht, 2. Auflage, Baden-Baden, 1991, 116 S.

8 So unter anderem als Mitglied der Lando-Gruppe (Principles of European Contract Law), Von Bar-Gruppe (Draft Common Frame of Reference), Van Gerven-Gruppe (Ius commune casebook on consumer law) und die Common core of European private law-Gruppe (Unexpected circumstances, mit H.C. Grigoleit).

Gerade am Beispiel des AGB-Verbandsklagerechts lässt sich zeigen, dass die Praxis auch bei genau demselben Wortlaut des Gesetzes sehr unterschiedlich sein kann. Wie wirkt sich die Verbandsklagebefugnis im deutschen AGB-Recht aus? Viele Verfahren, die Verbraucherschutzverbände anstrengen, gehen auf Beschwerden von Verbrauchern zurück. In der Praxis werden die mit Abstand meisten Beschwerden über unangemessene Allgemeine Geschäftsbedingungen durch Verbraucherschutzverbände außergerichtlich im Wege von Abmahnverfahren mit strafbewehrten Unterlassungserklärungen erledigt. Wo dieser Weg nicht zum Erfolg führt, wird der Weg der Verbandsklage beschritten. Die deutsche Praxis hat zu einer großen Zahl von Urteilen geführt.[9]

Jetzt das niederländische Recht: Auch hier findet man AGB-Verbandsklagen vor den Gerichten, allerdings wurde – anders als in Deutschland – die gerichtliche Zuständigkeit bei einem einzigen Oberlandesgericht, dem Gerichtshof Den Haag, konzentriert (Art. 6:241 *Burgerlijk Wetboek)*. Die Zahl der AGB-Verbandsklageverfahren ist jedoch sehr niedrig.[10] Bedeutet dies etwa, dass die Zahl der unangemessenen AGB in den Niederlanden niedriger ist oder dass die Niederländer anständiger sind als deutsche Unternehmer? Oder gehen die Niederländer nicht so leicht vor Gericht? Letzteres ist tatsächlich von einem deutschen Rechtssoziologen, Erhard Blankenburg, nachgewiesen worden. Vor längerer Zeit hat Blankenburg die Rechtsanwendung in den Niederlanden mit der in Nordrhein-Westfalen – zwei Gebiete mit ungefähr derselben Bevölkerungszahl und derselben sozial-ökonomischen Zusammensetzung – verglichen. Damals fand Blankenburg heraus, dass die Zahl der Klagen in Nordrhein-Westfalen fast das Zehnfache der Zahlen in den Niederlanden betrug.[11] Obwohl sich wahrscheinlich die Zahlen angeglichen haben dürften, besteht ein gewisser Unterschied bestimmt noch. Besonders offenkundig wird dies im Bereich der AGB-Verbandsklage. Insbesondere im Verbraucherrecht ist es in den Niederlanden üblich, dass AGB zwischen Verbraucher- und Unternehmens-

9 Siehe *Ulmer,* in: Ulmer/Brandner/Hensen, AGB-Recht, 10. Aufl., Köln 2006, Einl. Rn. 84.

10 Laut der Datenbank <rechtspraak.nl> gibt es seit Bestehen der AGB-Verbandsklage im Jahr 1992 insgesamt nur fünf Urteile in diesem Bereich, die veröffentlicht worden sind.

11 *Erhard Blankenburg*, *Jan Verwoerd*, Prozeßhäufigkeiten in den Niederlanden und in Nordrhein-Westfalen 1970-1984, in: Erhard Blankenburg (Red.), Prozeßflut? Studien zur Prozeßtätigkeit europäischer Gerichte in historischen Zeitreihen und im Rechtsvergleich, Köln, 1988, S. 257-333.

verbänden ausgehandelt werden. Diese Verhandlungen werden zumeist vom Sozial-Ökonomischen Rat begleitet. Die ausgehandelten AGB haben theoretisch zwar keine *erga omnes*-Wirkung, aber in der Praxis gibt es kaum einen Unterschied. Gerichte werden den Umstand, dass eine Klausel von Verbänden gemeinsam ausgehandelt worden ist, meistens – nicht immer – als Ausweis der Angemessenheit betrachten.

III. Poldermodell versus Streitmodell

Man könnte das niederländische Modell auch das *Poldermodell*[12] nennen und das deutsche Modell als *Streitmodell* bezeichnen. Am Ende dieses Beitrags werden die Vor- und Nachteile der beiden Modelle dargelegt, der Hauptzweck dieses Beitrags ist jedoch vielmehr für den deutschsprachigen Leser, eine Einschätzung des niederländischen Modells zu erhalten. Zu Anfang möchte ich dabei ein Bekenntnis machen. Selbst habe ich das *Poldermodell* seit vierzig Jahren immer befürwortet und geschätzt, nicht nur in Worten, sondern auch tatsächlich als Vorsitzender einiger Verhandlungskommissionen, zum Beispiel im Bereich der Dienstleistungen und des Transportrechts (Eisenbahn, Straßenbahn). Man kann von mir daher nicht ein ganz unabhängiges Urteil erwarten. Allerdings kann der Leser wenigstens erwarten, dass ich auch die Nachteile des niederländischen Systems erwähne.

Das niederländische Poldermodell stand bereits bei der Einführung der AGB-Regelung im Jahr 1992 Pate. Der Gedanke war, Unternehmern bei der Schaffung von AGB nicht nur negativ zu sagen, was nicht gestattet ist, sondern auch positiv mit auf den Weg zu geben, welche Klauseln ein hoheitliches *imprimatur* bekommen würden. Zu dieser Zeit gab es innerhalb des Sozial-Ökonomischen Rats einen Verbraucherbeirat, die so genannte Kommission für Verbraucherangelegenheiten (*Commissie voor consumentenaangelegenheden* - CCA).[13] Diese Kommission, die noch immer besteht, obwohl nicht mehr sehr aktiv, bekam den Auftrag, Verhandlungen

---

12 *Mom*, S. 1, Fußnote 1: "In der niederländischen Gesellschaft ist der Begriff `Poldermodell` Ausdruck für einen auf gegenseitigem Vetrauen und erfolgsorientiertem Konsens beruhenden Entscheidungsprozess".

13 Dazu *Thom van Mierlo*, Oude sporen van tweezijdige zelfregulering: branches en huisvrouwen in de jaren vijftig en zestig, Tijdschrift voor Consumentenrecht 2015 (im Erscheinen).

zwischen Verbraucherverbänden und Unternehmerverbänden zu begleiten. Später wurde dieser Auftrag organisatorisch vom Verbraucherbeirat getrennt und der „Koordinationsgruppe Selbstregulierungsverhandlungen" des Sozial-Ökonomischen Rats anvertraut, wodurch sich jedoch rein faktisch kaum etwas geändert hat.

IV. Einzelheiten

Hat ein Verbraucher eine Beschwerde über AGB, meldet er sich bei einer Verbraucherorganisation. Erhält der Verbraucherverband mehrere gleichlautende Beschwerden, wendet er sich an den zuständigen Unternehmensdachverband. Es kann sein, dass der Unternehmerverband die fragliche Klausel daraufhin sogleich ändert. Es kann aber auch sein, dass der Verband sich mit der Verbraucherorganisation darüber einigt, über die AGB zu verhandeln. Denkbar ist auch, dass der Unternehmerverband die Initiative zu Verhandlungen ergreift.

Weshalb würde ein Unternehmerverband so etwas vorschlagen? Weil die Verbände oft ein Interesse daran haben, zusammen mit den Verbraucherverbänden eine Schlichtungsstelle zu vereinbaren. Anders als in Deutschland sind diese Schlichtungsstellen für Verbraucherbeschwerden in den Niederlanden sehr populär. Die europäische ADR-Richtlinie (2013/11/EU) ist aus den Erfahrungen des niederländischen Beispiels entstanden.

V. Verhandlungsmodalitäten

Die Verhandlungen finden unter Leitung eines unabhängigen Vorsitzenden, oft ein Mitglied eines Oberlandesgerichts, ein ehemaliger Politiker oder ein Universitätsprofessor, statt. Der Vorsitzende wird unterstützt von einem Berufsjuristen, der beim Sozial-Ökonomischen Rat tätig und somit auch zuständig für die Protokolle ist. Um zu erreichen, dass die Verhandlungen an einem neutralen Standort stattfinden, werden sie immer am Sitz des Sozial-Ökonomischen Rats in Den Haag organisiert. Da die Neutralität als wichtig angesehen wird, hat der Rat eine ganze Reihe von detaillierten Verfahrensregeln kodifiziert.[14]

---

14 SER, Handleiding voorwaardenoverleg 2012, Spelregels voorwaardenoverleg 2012. Siehe www.ser.nl.

Wenn die Verhandlungen mit Erfolg beendet werden konnten, wird der Sozial-Ökonomische Rat die Einigung über die Presse bekannt geben. Dies geschieht, um zu vermeiden, dass vorhandene Animositäten wiederbelebt werden, etwa wenn ein Verbraucherverband gegenüber der Presse mitteilt: „Endlich haben die Unternehmer versprochen, ihre betrügerischen Praktiken zu beenden“. Dass eine solche Mitteilung nicht dazu beiträgt, Animositäten zu beenden, liegt auf der Hand.

VI. Praxis

Diese formalen Regeln sind der eine Teil. Sie geben jedoch keinen genauen Eindruck von den Verhandlungen. Sie seien daher um einige persönliche Beobachtungen ergänzt:

- Parteien, die am Anfang der Verhandlungen oft misstrauisch sind, haben am Ende oft Verständnis für die Argumente der anderen Seite.
- Die Unternehmer werden oft repräsentiert von älteren Geschäftsführern, die das Misstrauen von Verbrauchern über unangemessene moderne Geschäftspraktiken teilen.
- In mehreren Branchen haben die Vertreter der Unternehmen früher bei einem Verbraucherverband gearbeitet. Dies fördert das gegenseitige Verständnis.
- Falls es nicht möglich ist, zu einer Übereinstimmung in allen Punkten zu kommen, hat sich die Praxis der „Sternchen“ (*) entwickelt: mit einem solchen „Sternchen“ wird angedeutet, worüber die Parteien keine Einigkeit erzielt haben.

VII. Ergebnisse

Eine Übersicht aller ausgehandelten Verbands-AGB fehlt. Da jedoch diese AGB fast ausnahmslos eine Schlichtungsklausel enthalten, kann man die Frage auch so stellen: Wie viele Branchen haben eine Schlichtungsstelle? Dies sind zurzeit mehr als fünfzig, die die folgenden Bezeichnungen haben:

- Autovermietung *(Autoverhuur*)
- Bau- und Innenausbaumaterialien) (*Bouw- en afbouwmaterialen*)
- Dachbedeckung (*Dakbedekking)*

- Direktverkauf (*Directe Verkoop)*
- Eigentumswohnungen, die unter eine Garantieregelung fallen (*Garantiewoningen*)
- Einzelhandel (*Klussenbedrijven*)
- Elektro (*Elektro)*
- Elektronische Kommunikationsdienste (*Elektronische communicatiediensten*)
- Energie (*Energie*)
- Energieausweis *(Energielabel*)
- Fahrschulen (*Rijopleidingen*)
- Fahrzeuge (*Voertuigen)*
- Fernabsatz *(Thuiswinkel)*
- Freizeit und Erholung (*Recreatie*)
- Friseur, Schönheitsspezialist, Fußpflege (*Uiterlijke verzorging*)
- Gesundheits- und Pflegeeinrichtungen (*Zorginstellingen*)
- Groen (*Gartenbaubetriebe)*
- Glas, Porzellan, Steingut (*Glas, Porselein en Aardewerk*)
- Informationsdienste (*Informatiedienstaanbieders*; hat zum 1. Januar 2015 ihre Arbeit eingestellt)
- Innenausbau *(Afbouw)*
- Installationsbetriebe (*Installerende Bedrijven)*
- Kinderopvang (*Kinderbetreuung)*
- Klimaanlagen (*Airconditioning*)
- Makler (*Makelaardij)*
- Maler- und Tapezierarbeiten, Glasereien (*Schilders-, Behangers- en Glaszetbedrijf)*
- Notariat (*Notariaat)*
- Öffentlicher Personennahverkehr (*Openbaar Vervoer)*
- Optiker (*Optiek*)
- Parkett (*Parket*)
- Pflaster- und Fliesenlegerbetriebe *(Bestratingsbedrijf)*
- Pflege, häusliche Pflege *(Verpleging, verzorging en thuiszorg*)
- Privatkliniken (*Zelfstandige Klinieken*)
- Privatschulen; private Fortbildungseinrichtungen (*Particuliere Onderwijsinstellingen)*
- Post (*Post*)
- Psychische Gesundheitsfürsorge (*Geestelijke Gezondheidszorg*)
- Reisen (*Reizen)*
- Schmuck und Uhren (*Sieraden en Uurwerken*)

- Sonnenschutz i.S.v. Rollläden, Markisen etc. (*Zonwering)*
- Sport und Bewegung (*Spor en beweging*)
- Taxibeförderung (*Taxivervoer)*
- Telekommunikation (*Telecommunicatie*)
- Textil und Schuhe *(Textiel en schoenen*)
- Trinkwasserbetriebe (*Water*)
- Umbau und Neubau (*Verbouwingen en nieuwbouw*)
- Umzugsunternehmen (*Verhuizen*)
- Zentrale Antenneneinrichtungen *(Centrale antenne inrichtingen*)
- Zweiräder (*Tweewielers)*
- Waterrecreatie (*Wassersport*)
- Webshop *(Fernabsatz über Betriebe, die ein bestimmtes Gütezeichen führen dürfen*)
- Wohnen (*Won*)

Wie die Übersicht zeigt, sind fast alle großen Unternehmenszweige einbezogen. Nur die wichtige Luftfahrtbranche hat wegen Befürchtungen der Luftfahrtgesellschaften vor Urteilen mit hohen Schadensersatzsummen nicht zugestimmt und sich selbst aus einem Schiedsgericht zurückgezogen.

VIII. Zukunft und Fazit

Wie wird die Zukunft für die AGB-Kontrolle aussehen? Werden die Unterschiede zwischen der deutschen und niederländischen Praxis bestehen bleiben? Zwei neuere Entwicklungen sollten hier erwähnt werden.

Erstens haben die Niederlande seit einigen Jahren eine Verbraucherschutzbehörde, die *Autoriteit consument en markt* (zunächst hieß sie *Consumentenautoriteit*). Diese Behörde wurde gegründet, da eine europäische Richtlinie die Zusammenarbeit von solchen Behörden forderte und die Niederlande noch keine solche Verbraucherschutzbehörde hatten. Bisher hat die *Autoriteit consument en markt* sich nicht oder kaum mit den AGB-Verhandlungen, die unter dem Dach des Sozial-Ökonomischen Rats stattfinden, beschäftigt. Es ist aber nicht auszuschließen, dass sich dies in Zukunft ändern wird.

Zweitens gilt für beide Länder, dass europäische Regelungen die Rechtslage ändern könnten. Erwähnt wurde bereits die ADR-Richtlinie, aber auch das Gemeinsame Europäische Kaufrecht[15] könnte hier zu Änderungen führen.

Zum Schluss: Poldermodell oder Streitmodell, welches Modell ist zu bevorzugen? Dieser Beitrag ist, wie bereits erwähnt, stark von den positiven Erfahrungen des Autors mit dem Verhandlungsmodell beeinflusst. Es soll an dieser Stelle nicht für das eine oder andere Modell geworben werden. Zweck ist vielmehr, das niederländische Poldermodell im AGB-Recht bekannt zu machen. Dabei darf nicht übersehen werden, dass das Poldermodell auch Nachteile hat. Es ist gegründet auf dem Willen zur Zusammenarbeit. Wo dieser fehlt, wie bei der niederländischen Luftfahrt, funktioniert das System nicht. Ein weiterer Nachteil ist das Fehlen von Rechtsprechung. Anders als in Deutschland ist es in den Niederlanden schwierig, eine schnelle Antwort auf die Frage zu bekommen, ob eine Klausel unangemessen benachteiligend ist. Haftungsklauseln gehören zu den häufigsten AGB, aber in den Niederlanden ist es kaum möglich, die Frage zu beantworten, ob eine bestimmte Klausel angemessen ist oder nicht. Selbstverständlich gibt es Urteile der Schlichtungsstellen dazu – und diese werden auch veröffentlicht –, aber diesen Urteilen fehlt die Autorität von Gerichtsentscheidungen.

15 Obwohl Ende 2014 unklar war, ob ein gemeinsames europäisches Kaufrecht tatsächlich zu Stande kommen wird.

Vertragstreue und Vertragsreue

Thomas Finkenauer

Das Prinzip der Vertragstreue findet seit dem römischen Recht Ausdruck in dem Satz *pacta sunt servanda.*[1] Es liegt allen europäischen Rechtsordnungen zugrunde. Mit ihm schien zunächst die Vertragsreue durch nachträgliche Ausübung eines Widerrufsrechts – „*ius poenitendi*“[2] – unvereinbar.[3] In den beiden letzten Jahrzehnten war man jedoch bestrebt, das Recht des Verbrauchers, den Vertrag ohne Angabe von Gründen innerhalb bestimmter Fristen[4] zu widerrufen und so zu Fall zu bringen, mit dem Prinzip der Vertragstreue zu versöhnen. Es fanden sich rasch gelehrte Kollegen, die dem Verbraucherschutzrecht die gewünschte Schützenhilfe leisteten: Das rechtspolitisch erwünschte und europarechtlich wie einzelstaatlich durchgesetzte Reurecht des Verbrauchers – über seine Legitimität soll hier nicht gerechtet werden[5] – stehe sogar mit dem Prinzip der Vertragstreue im Einklang! Zur Rechtfertigung dieses auf Anhieb doch überraschenden Satzes meint etwa Riesenhuber, das nur für bestimmte Ausnahmebereiche geltende Widerrufsrecht negiere nicht das Prinzip der Ver-

---

1 *Ulpian* D. 2, 14, 7, 7; 2, 14, 1 a. E. (auf die Einzelheiten ist hier nicht einzugehen); sodann X 1, 35, 1 Summarium; *Liebs*, Lateinische Rechtsregeln und Rechtssprichwörter, 7. Aufl. 2007, S. 167; zu den schon im römischen Recht bestehenden Ausnahmen *Zimmermann*, The Law of Obligations, Kapstadt 1990, S. 578.

2 S. etwa *Schurr*, Geschäftsimmanente Abstandnahme (2006), S. 1; *Zimmermann* (Fn. 1), S. 578; *Weller*, Die Vertragstreue, Tübingen 2009, S. 291. Es handelt sich dabei nicht um einen quellenmäßigen Ausdruck, D. 12, 4, 5, 1 kennt allerdings eine *actio propter paenitentiam.*

3 S. etwa *Lorenz*, Der Schutz vor dem unerwünschten Vertrag (1997), S. 167 f., 199; *Roth* JZ 1999, 529, 533.

4 Neben der regelmäßigen Widerrufsfrist von 14 Tagen nach § 355 Abs. 2 BGB existieren in den §§ 356 ff. Fristen von einem Monat, von drei Monaten und 14 Tagen und von einem Jahr und 14 Tagen. Überdies ist das Widerrufsrecht bei Verbraucherdarlehensverträgen nach nicht ordnungsgemäßer Belehrung ewig (dazu *Habersack/Schürnbrand* ZIP 2014, 749 ff.).

5 S. dazu etwa *Weller* (Fn. 2), S. 292; *Drexl*, Die wirtschaftliche Selbstbestimmung des Verbrauchers (1998), S. 9 f., 283 ff., 395 f.

tragsbindung, sondern bestätige es.[6] Die Ausnahme bestätigt die Regel – gewiß; aber eine Ausnahme bleibt schon eine Ausnahme. Weller stellt dagegen maßgeblich auf den Ablauf der Widerrufsfrist ab. Das Widerrufsrecht stärke (!) die Vertragstreue deshalb, weil es eine ihrer Legitimationsgrundlagen, die Vertragsgerechtigkeit, flankierend sichere. Die Selbstverantwortung des Verbrauchers werde nicht geschwächt, weil weder Partnerwahl noch Abschluß- oder Inhaltsfreiheit beeinträchtigt würden.[7] Vielmehr werde die Selbstverantwortung durch die Bedenkzeit nur „zeitlich gestreckt". Es bleibe also bei einer autonomen Entscheidung des Verbrauchers, über die Vertragsgeltung werde nicht etwa von Dritten entschieden. Die „zeitlich gestreckte" Entscheidung ermögliche es dem Verbraucher, neue Informationen einzuholen. Weil sein Widerrufsrecht so dafür sorge, daß sich das Marktgleichgewicht wieder „einpendele", würden die Vertragsgerechtigkeit und damit zugleich auch die Vertragstreue gestärkt.[8] Allerdings stellt Weller im gleichen Atemzug fest, daß die mit dem Widerrufsrecht einhergehende Einschränkung von Vertragsfreiheit und Vertragstreue mit der größeren Vertragsgerechtigkeit legitimiert würden.[9]

Man fragt sich unweigerlich: Stärkt das Widerrufsrecht nun die Vertragstreue oder schwächt es sie? Man fragt sich natürlich auch, welches merkwürdige Verständnis von Selbstverantwortung diesen Sätzen zugrunde liegt. Sollte die Selbstverantwortung tatsächlich nur selbstreferentiell sein, es sich um eine Verantwortung „vor sich selbst" handeln, die deshalb nicht eingeschränkt wird, weil für den Verbraucher weiterhin freie Partnerwahl, Inhalts- und Abschlußfreiheit bestehen und, solange er will, der Vertrag besteht? Ist es nicht vielmehr so, daß man nur dann von Selbstverantwortung sprechen kann, wenn sich der Vertragspartner auf das gegebene Wort verlassen kann? Bei Weller wird (im Gefolge Riesenhubers) aber aus dem Recht des Verbrauchers eine ihn treffende „Zweitentscheidungslast":[10] Bekennt sich der Verbraucher – nach einem „zeitlich gestreckten" Ringen um seine Vertragstreue – zum Vertrag, verleiht er dieser offenbar

6 *Riesenhuber*, Europäisches Vertragsrecht (2006), Rn. 403.

7 Man darf mit *Heiderhoff*, Grundstrukturen des nationalen und europäischen Verbrauchervertragsrechts (2004), S. 321, wohl sogar konstatieren, daß die Abschlußfreiheit durch das Widerrufsrecht gestärkt wird, weil Verbraucher im Vertrauen darauf häufiger Verträge abschließen.

8 *Weller* (Fn. 2), S. 294 ff.

9 *Weller* (Fn. 2), S. 296.

10 Ausdruck von *Riesenhuber* (Fn. 6), Rn. 909; *Weller* (Fn. 2), S. 296.

besonderen Ausdruck. Die Rede von der „Zweitentscheidungslast" ist nichts anderes als ein argumentativer Taschenspielertrick; sie konstruiert anstelle des Rechts eine Belastung, die dem begünstigten Verbraucher auferlegt ist, um eine Vertragsbindung zu vermeiden.

Eine ganz andere Frage ist es, ob es nicht berechtigt ist, dem – tatsächlich ja häufig zu beobachtenden – Marktungleichgewicht zwischen Unternehmer und Verbraucher durch das Reurecht Rechnung zu tragen. Die materielle Aufladung des Verbraucherschutzrechts sollte man jedoch nicht mit scheindogmatischen Herleitungen verschleiern. Das hat auch Weller selbst begriffen, wenn er am Ende seiner Ausführungen unumwunden einräumt, daß das Prinzip der Vertragstreue durch das Reurecht eingeschränkt werde, dies aber mit übergeordneten materiellen Erwägungen rechtfertigt. Den Systembruch – die Aushöhlung des Vertragstreueprinzips durch das Reurecht[11] – sollte man lieber unverhohlen zugeben.[12]

Ein weiterer Vorstoß in dieselbe Richtung hat Harke unternommen.[13] Die herrschende Meinung, das Reurecht laufe dem Grundsatz der Vertragsbindung zuwider, beruhe auf der Unterstellung, daß die Bindung stets bereits im Moment des Vertragsabschlusses entstanden sein müsse. Dies sei jedoch weder denknotwendig noch aufgrund des historischen Vorbilds des römischen Rechts geboten. Das „andere" Vertragsmodell – dem Verbraucher Zeit zur Entscheidung über die Geltung des Vertrags einzuräumen – sei keineswegs erst Ausfluß des modernen Sozialschutzes, sondern ebenso alt wie der Konsensualvertrag selbst.

Sicherlich hat Harke damit recht, daß unser Vertragsverständnis nicht „denknotwendig" ist, und sicherlich ist ihm auch darin beizupflichten, daß ein Konsens im Prinzip auch „zeitlich gestreckt" denkbar ist. Seiner historischen Herleitung muß aber vehement widersprochen werden. Die Römer kannten verschiedene Formen des Vertragsschlusses, ihr „Erfolgsmodell" war jedoch der Konsensualvertrag: Der schiere Konsens der Parteien schuf, unabhängig von der Einhaltung einer jeden Form, die vertraglichen Verpflichtungen. Dieses Modell stand Pate für den heutigen Kauf-,

---

11 Gleichfalls rabulistisch wäre es, allein auf die immerhin noch erforderliche Vertragstreue nach Ablauf der Widerrufsfrist abzustellen: Jedenfalls für die Zwischenzeit ab Vertragsschluß ist die Vertragstreue entscheidend in Frage gestellt.

12 S. etwa *Schurr* (Fn. 2), S. 179, 213, 220; *Bülow/Artz*, Verbraucherprivatrecht, Heidelberg 2011, Rn. 23, 72; *Honsell* ZIP 2008, 621, 623; *Riesenhuber* (Fn. 6), Rn. 400, 907 ff. (im Grundsatz); *Grüneberg*, in: Palandt, BGB, § 355, Rn. 3.

13 *Harke*, Allgemeines Schuldrecht, Berlin/Heidelberg 2010, § 6, Rn. 82.

Miet-, Pacht-, Dienst- und Werkvertrag, den Auftrag und die Gesellschaft, also für alle praktisch wichtigen Verträge. Anders lag es bei den sog. Innominatkontrakten in Form von Tauschvereinbarungen, bei denen zunächst keine Klage auf die versprochene Gegenleistung gewährt wurde, sondern lediglich eine Kondiktion auf Herausgabe der bereits erbrachten eigenen Leistung anerkannt war: Wegen der Verfehlung des mit der Leistung verfolgten Zwecks, den Vertragspartner zur Erbringung der Gegenleistung zu bewegen, erhielt der Leistende eine *condictio ob rem.*[14] Dieser Klage stellte der römische Prätor erst viel später, in hochklassischer Zeit,[15] eine *actio in factum* (oder: *actio praescriptis verbis*) als Klagerecht auf die Gegenleistung selbst zur Seite, wenn die Leistung bereits erbracht war. Die Klagbarkeit des Tauschvertrags sollte nicht (mehr) an den Schwierigkeiten der juristischen Subsumption – umstritten war die Einbeziehung des Tauschs in den Kauf – scheitern.[16] Von diesem Moment an bestand für den Vorleistenden ein Wahlrecht, entweder seine Leistung zurückzuverlangen oder die Gegenleistung zu fordern. Aus diesem Wahlrecht nun macht Harke ein antikes Reurecht: Habe den Vorleistenden sein Vertragsentschluß gereut, habe er die Vertragsbindung beseitigen können; sei dies nicht der Fall gewesen, habe er auf Vertragsdurchführung bestehen können. Zur Untermauerung seines historischen Arguments bemüht Harke zudem die Sozialgeschichte: Innominatverträge, also Tauschvereinbarungen, hätten vornehmlich die kleinen Leute vorgenommen, das heutige Standardmodell des Kaufs hingegen sei nur für eine kleine Elite geschaffen worden.

Sicher hat eher der sog. kleine Mann Tauschvereinbarungen vorgenommen. Zutreffend ist auch, daß das römische Zivilrecht – insbesondere die Klagbarkeit der genannten Verträge – zunächst hauptsächlich für geschäftlich gewandte, auch ausländische Eliten geschaffen wurde. Jedoch sollte man historisch nicht zusammenspannen, was nicht zusammengehört. Für die Zeit, in der der Prätor die Innominatverträge klagbar machte, wird kaum ein Historiker auf die Idee verfallen, daß Konsensualverträge nur von Eliten abgeschlossen worden wären: Gerade der sog. kleine Mann war z. B. auf einen Mietvertrag angewiesen, und auch er schloß Kaufverträge ab.

---

14 *Kaser*, Das Römische Privatrecht (1971), Bd. I, S. 597.

15 D. 2, 14, 7, 2; *Harke*, Römisches Recht, München 2008, § 11, Rn. 24.

16 *Kaser* (Fn. 14), S. 581.

Harkes sozialhistorische Erwägungen übergehen zudem völlig den Umstand, daß gerade bei den Innominatkontrakten die Parteirollen vom heutigen Verbrauchervertrag völlig verschieden waren: Während dieser gerade dadurch gekennzeichnet ist, daß auf der einen Seite ein – typisierend – erfahrener, geschäftsgewandter Unternehmer steht und nur auf der anderen ein schutzbedürftiger Verbraucher, wurden Tauschverträge doch in aller Regel von Menschen gleichen sozialen Standes (und zwar mangels Liquidität tatsächlich eher von „kleinen Leuten") abgeschlossen.

Noch weniger überzeugt es aber, wenn Harke das Nebeneinander von *condictio ob rem* (zur Rückforderung der Vorleistung) und *actio in factum* (zur Forderung der Gegenleistung) als Vorläufer des heutigen Widerrufsrechts bezeichnet. Die Entwicklung beider Klagemöglichkeiten, *condictio* und *actio*, liegt mehrere Hundert Jahre auseinander, und nur aufgrund des notorischen Konservatismus der römischen Juristen[17] blieben sie nebeneinander bestehen, ohne daß das bereits anerkannte Recht zur Rückforderung der eigenen Leistung mit der *condictio ob rem* eingeschränkt worden wäre, wie wir das heute tun. Die Konkurrenz beider Rechtsmittel war jedoch mitnichten ein planvolles Vorgehen zur Schaffung eines Wahlrechts. Die römischen Juristen haben mit der *condictio ob rem* lediglich eine Abhilfe wegen der Zweckverfehlung gewährt und mit der *actio* nur das Bedürfnis anerkannt, über die Bereicherungsklage hinaus auch eine Klage auf die Gegenleistung zu erhalten.

Wenn die römischen Juristen schon mitnichten für die planvolle Schaffung eines Wahlrechts ins Feld geführt werden können, können sie dies noch um so weniger für die Schaffung eines Reurechts. Denn Harke vergißt zu erwähnen, daß das römische „Reurecht" nur Bestand hatte, bis der Vertragspartner seine Leistung erbrachte. Es geht hier also um nichts anderes als um die Voraussetzungen einer *condictio ob rem*. Wie kann aber von einem Reurecht die Rede sein, wenn der Vertragspartner dieses durch Erbringung seiner Gegenleistung ohne weiteres zu Fall bringen konnte? Der Vorleistende hatte gerade kein Reurecht, sondern konnte nur einen durch die Erbringung der Gegenleistung beschränkten Bereicherungsanspruch geltend machen.

Alles in allem: Denknotwendig ist unser Konsensualmodell, das mit dem Vertragsschluß eine Vertragsbindung eintreten läßt, tatsächlich nicht; jedes andere Modell – Anerkennung eines Konsenses erst nach Ablauf

---

17 S. dazu nur *Schulz*, Prinzipien des römischen Rechts, Berlin 1954, S. 65.

einer Bedenkzeit – aber ist nicht nur „irgendwie“, sondern fundamental anders. Da hilft es nicht, diesen Umstand mit verqueren konstruktiven Überlegungen zu verschleiern oder gar unter Anrufung der Rechtsgeschichte vermeintliche Vorbilder bei den Römern zu suchen. Das moderne Widerrufsrecht ist vorbildlos und selbstverständlich ein Einbruch in unsere Vertragsrechtsdogmatik. Wenn dieser rechtspolitisch erwünscht ist, sollte man sich damit auch abfinden.

Die Gewährleistungshaftung nach dem gemeinsamen europäischen Kaufrecht und dem neuen polnischen Kaufrecht

Jerzy Pisuliński

I. Einleitende Bemerkungen

Am 11.10.2011 hat die Europäische Kommission einen Vorschlag für eine Verordnung über ein Gemeinsames Europäisches Kaufrecht[1] (nachfolgend VO-Entwurf oder GEK genannt) vorgestellt. Trotz einer eher kritischen Würdigung durch Verbraucherorganisationen und Unternehmer wurde dieser Entwurf zu einer der Prioritäten der polnischen Präsidentschaft erklärt. Da ein Teil der Mitgliedstaaten Einwände erhoben hat, wird im Rat immer noch über die Verordnung diskutiert. Das Europäische Parlament dagegen hat in der am 26.02.2014 angenommenen Resolution 264 Änderungsvorschläge gemacht. Die Mehrheit davon wurde von der Europäischen Kommission angenommen.[2]

Professor Peter-Christian Müller-Graff hat sich für die Arbeiten der Expertengruppe, die von der Europäischen Kommission eingesetzt worden ist[3] und die die sog. feasibility study, welche am 3.05.2011 veröffentlicht wurde, ausgearbeitet hat, interessiert und hat sich später an der Diskussion über den VO-Entwurf beteiligt.[4] In diesem Aufsatz werden die Vorschriften des GEK über die Haftung des Verkäufers für die Vertragswidrigkeit der Kaufsache mit dem neuen polnischen Gewährleistungsrecht verglichen. Ziel dieser Gegenüberstellung ist die Antwort auf die Frage, ob dem Käufer bei der Wahl des GEK (der von der Europäischen Kommission im

---

1 KOM (2011) 635.

2 Beschluss der Europäischen Kommission vom 20.5.2014. Nur 5 Änderungsvorschläge wurden nicht angenommen (Nr. 70, 74, 77, 182 und 208). Die Europäische Kommission hat jedoch später den Entwurf der Verordnung widerrufen (siehe Mitteilung der Europäischen Kommission KOM (2014) 910).

3 S. Beschluss der Europäischen Kommission vom 26.4.2010, ABl. 2010 L 105, 109.

4 S. bspw. *Müller-Graff*, in: Schulte-Nölke, Zoll, Jansen, Schulze (Hrsg.), Der Entwurf für ein optionales europäisches Kaufrecht, München 2012, 21 ff.; *Müller-Graff*, in: Schmidt-Kessel (Hrsg.), Ein einheitliches europäisches Kaufrecht?, Eine Analyse des Vorschlags der Kommission, München 2012, 51 ff.

VO-Entwurf vorgeschlagenen Fassung) ein vergleichbarer Schutz gewährleistet wird wie auf der Grundlage des ansonsten anwendbaren polnischen Rechts.

II. Neue polnische Regelung der Verkäuferhaftung für Mängel der Kaufsache

Am 25.12.2014 ist das Verbraucherrechtegesetz vom 30.05.2014 in Kraft getreten.[5] Obwohl das Hauptziel dieses Gesetzes die Umsetzung der Richtlinie 2011/83/EU über die Rechte der Verbraucher[6] war, wurden dadurch gleichzeitig Änderungen im Zivilgesetzbuch (ZGB)[7] vorgenommen, und das Gesetz vom 27.07.2002 über besondere Bedingungen des Verbrauchsgüterkaufs,[8] das die Verbrauchsgüterkaufrichtlinie 1999/44/EG (VGKRL)[9] ins polnische Recht implementiert hat, wurde aufgehoben. Statt der zweigleisigen Regelung der Verkäuferhaftung für die Kaufsache (das Gesetz von 2002 bezog sich auf den Verbrauchsgüterkauf, hinsichtlich der übrigen Kaufverträge fand das ZGB Anwendung)[10] gilt ab dem 25.12.2014 grundsätzlich ein einheitliches Haftungsregime.[11] Die wichtigsten Änderungen des ZGB bezüglich der Mängelhaftung des Verkäufers sind:

1. Gleichstellung der Mängelhaftung bei Kaufverträgen, die von Unternehmern mit Verbrauchern abgeschlossen werden

Die Unterschiede des Gewährleistungsrechts bei Verbraucherverträgen bestehen darin, dass

a) bei Offenbarwerden des Mangels binnen eines Jahres ab Übergabe der Sache die Vermutung besteht, dass der Mangel bzw. die Ursache dafür bereits zum Zeitpunkt der Übergabe bestand (Art. 556^2 ZGB);
b) den Zusicherungen des Verkäufers über Eigenschaften der Sache öffentliche Zusicherungen des Herstellers oder seines Vertreters, Impor-

5 Dz.U. (poln. Gesetzblatt) 2014, Pos. 827.
6 ABl. 2011 L 304, 64.
7 Gesetz vom 23.4.1964, konsolidierte Fassung Dz.U. 2014, Pos. 121 mit Änd.
8 Dz.U. 2012 Nr. 141, Pos. 1176 mit Änd.
9 ABl. 1999 L 171, 12 ff.
10 Mehr dazu s. *Pisuliński* ZEuP 1/2015, 147 ff.
11 S. *Pisuliński*, a.a.O.

teurs oder Quasi-Herstellers gleichgestellt werden (Art. 556[1] § 2 ZGB);

c) die Verkäuferhaftung für Gattungssachen oder künftige Sachen ausgeschlossen ist, wenn der Käufer bei Übergabe Kenntnis von diesen Mängeln hatte (ist der Käufer ein Verbraucher, so ist die Haftung nur dann ausgeschlossen, wenn er den Mangel bei Vertragsschluss kannte,[12] vgl. Art. 557 §§ 1, 2 ZGB);

d) der Verkäufer den Aus- und Wiedereinbau der Sache (im Fall der Nachbesserung[13] oder der Ersatztlieferung) verweigern kann (Art. 561[1] § 2 ZGB), sofern die Kosten dieser Handlungen die des Kaufpreises übersteigen; anders verhält es sich, wenn der Käufer Verbraucher ist – hier kann dieser den Aus- und Wiedereinbau der Sache verlangen, wobei er den Teil der den Kaufpreis übersteigenden Kosten selbst zu tragen verpflichtet ist (Art. 561[1] § 3 ZGB); [14]

e) keine Plicht besteht, die Sache zu prüfen und den festgestellten Mangel dem Verkäufer mitzuteilen; diese Obliegenheit besteht lediglich bei Kaufverträgen zwischen Unternehmern (Art. 563 ZGB);

f) die Gewährleistungsvorschriften grundsätzlich dispositiven Charakter haben; ist der Käufer aber Verbraucher, ist der Ausschluss oder die Beschränkung der Haftung nur in gesetzlich vorgesehenen Fällen zulässig (praktisch betrifft dies nur die Verkürzung der Mängelhaftungsfrist im Fall von gebrauchten Sachen, vgl. Art. 568 § 1 S. 2 ZGB).

2. Der Begriff des Sachmangels wurde neu definiert (Art. 556[1] ZGB): Die verkaufte Sache ist mangelhaft, wenn sie nicht vertragsgemäß ist (bisher führten die Vorschriften Situationen auf, in denen die Sache mit einem Sachmangel behaftet war; jetzt hat die Aufzählung Beispielcharakter und dient der näheren Präzisierung, worin eine Vertragswidrigkeit bestehen kann).
3. Es wurde darauf verzichtet, eine Differenzierung zwischen den Käuferrechten in Abhängigkeit davon vorzunehmen, was für eine Sache Ge-

---

12 Vgl. Art. 2 Abs. 3 VGKRL.

13 Die Terminologie ist in den verschiedenen in diesem Aufsatz besprochenen Rechtsakten teilweise uneinheitlich. Da inhaltlich – in dem hier maßgebenden Umfang – offenbar keine Unterschiede bezweckt sind, werden vorliegend zum besseren Leseverständnis für alle Rechtsakte einheitliche Begriffe verwendet.

14 Nimmt der Verbraucher den Aus- und Wiedereinbau selbst vor, kann er vom Verkäufer die Zahlung des Betrages verlangen, der den Aus- und Wiedereinbaukosten entspricht, wobei dieser den Kaufpreis nicht übersteigen darf.

genstand des Kaufvertrages war, da die VGKRL eine solche Unterscheidung nicht vorsieht.[15] Darüber hinaus wurde beim Verbrauchsgüterkauf auf die Reihenfolge, in der die Rechte ausgeübt werden konnten, verzichtet.[16] Nun steht auch dem Verbraucher-Käufer das Wahlrecht zwischen Rücktritt, Nachbesserung, Ersatzlieferung und Minderung zu.[17]

4. Die Käufer- und Verkäuferpflichten wurden für den Fall der Forderung nach Ersatzlieferung oder Nachbesserung und für den Fall des Rücktritts präzisiert: Die Vorschriften regeln, wann und wohin der Käufer dem Verkäufer die mangelhafte Sache liefern soll. Zudem wurde der Verkäufer verpflichtet, die Sache (im Fall der Ersatzlieferung oder Nachbesserung) auf eigene Kosten aus- und wiedereinzubauen und die mangelhafte Sache vom Käufer abzuholen (Art. 561^{1}, Art. 561^{2}, Art. 561^{4} ZGB).[18]
5. Der Begriff des Rechtsmangels wurde dahingehend erweitert, dass ein Mangel auch dann zu bejahen ist, wenn der Käufer wegen einer Gerichtsentscheidung bzw. einer Entscheidung eines anderen Organs die Sache nicht nutzen oder über sie verfügen kann (Art. 556^{3} ZGB).
6. Die Frist der Verkäuferhaftung für Sachmängel an einer beweglichen Sache wurde von einem auf zwei Jahre[19] und für Sachmängel an einer

---

15 Bislang gewährte das ZGB dem Käufer nur dann die Möglichkeit der Ersatzlieferung, wenn eine Gattungssache Kaufgegenstand war (vor diesem Hintergrund bestanden Zweifel, wie dieser Begriff zu verstehen sei, wenn eine neue, serienmäßig hergestellte Sache verkauft wurde, die durch individuelle Nummern gekennzeichnet war, wie bspw. ein Auto). Der Käufer konnte die Nachbesserung einer mangelhaften bestimmten Sache nur dann verlangen, wenn der Verkäufer deren Hersteller war.

16 Auf der Grundlage des aufgehobenen Gesetzes über besondere Bedingungen des Verbrauchsgüterkaufs konnte der Verbraucher zunächst eine Nachbesserung oder Ersatzlieferung verlangen und erst bei Erfolglosigkeit dieser Abhilfen (mit gewissen Ausnahmen) konnte er Minderung geltend machen oder vom Vertrag zurücktreten.

17 Aufgrund der Art des Mangels oder der Art der Kaufsache stehen dem Käufer nicht immer alle genannten Rechte zu (z.B. bei Unerheblichkeit des Mangels kann der Käufer nicht vom Vertrag zurücktreten, vgl. 560 § 4 ZGB).

18 Dies ist insbesondere dann von Bedeutung, wenn die Entsorgung der mangelhaften Sache mit Aufwendungen verbunden ist, da sie wegen Umweltschutzvorschriften nur durch darauf spezialisierte Firmen durchgeführt werden kann (wie z.B. im Fall von Elektrogeräten).

19 Bislang haftete der Verkäufer lediglich beim Verbrauchsgüterkauf für eine binnen zwei Jahren ab Übergabe offenbar gewordene Vertragswidrigkeit. Dies schrieb

Immobilie auf fünf Jahre[20] ab Übergabe der Sache verlängert (Art. 568 ZGB).

Es sollte noch erwähnt werden, dass durch die Novellierung die Bestimmungen über den Gefahrübergang beim Kaufvertrag geändert wurden, wodurch sie an Art. 20 der Verbraucherrechterichtlinie angepasst wurden. Insbesondere auf den Verbrauchsgüterkaufvertrag findet Art. 544 § 1 ZGB keine Anwendung, der den Gefahrübergang auf den Käufer bereits auf den Zeitpunkt der Übergabe der Sache an einen Beförderer legt, wenn die Sache an einen Ort gesandt werden soll, der nicht Erfüllungsort ist.[21] Die Gefahr geht auf den Verbraucher im Moment der Übergabe der Sache an einen Beförderer nur dann über, wenn der Verbraucher selbst, ohne Einflussnahme des Verkäufers, den Beförderer ausgewählt hat (Art. 548 § 3 ZGB).

III. Vergleich der Mängelhaftung des Verkäufers nach dem geplanten GEK und nach dem polnischen Gewährleistungsrecht

Die Haftung des Verkäufers für Sachmängel der Kaufsache nach polnischem Recht und für die Vertragswidrigkeit der Kaufsache nach dem VO-Entwurf hat objektiven Charakter und ist vom Verschulden unabhängig (vgl. Art. 556 und 556[1] ZGB und Art. 106 GEK[22]). Der Begriff der Vertragswidrigkeit, die nach polnischem Recht nun vom Bestehen eines Sachmangels zeugt (vgl. Anm. oben), bezieht sich auf die Lösung aus der VG-KRL, an die auch die Vorschriften des GEK angelehnt sind (Art. 87 Abs. 1 lit. c i.V.m. Art. 99-101 GEK). Beide Rechtsakte bedienen sich jedoch nicht der Vermutungskonstruktion, wie es nach der Richtlinie der Fall war

nämlich die VGKRL vor. Bei anderen Verträgen betrug diese Frist ein Jahr (es handelte sich um eine Ausschlussfrist, innerhalb deren der Käufer die Gewährleistungsrechte geltend machen konnte).

20 Vor der Novellierung haftete der Verkäufer nur für Mängel an Gebäuden 3 Jahre lang ab Übergabe.

21 Der Ausschluss der Anwendung dieser Norm ergibt sich aus dem neuen Art. 454[1] ZGB, der besagt, dass der im Vertrag genannte Ort, an den die Sache an den Verbraucher versendet werden soll, den Erfüllungsort darstellt.

22 Dies ergibt sich aus Art. 106 Abs. 4 GEK, der die Käuferrechte im Fall der entschuldigten (excused) Nichterfüllung bestimmt, s. Art. 88 GEK, der Art. 79 CISG nachgebildet ist. Mehr dazu s. *Schmidt-Kessel*, in: Ein einheitliches europäisches Kaufrecht? (Fn. 4), 297 ff.

(vgl. Art. 2 Abs. 2). Im Gegensatz zum polnischen ZGB, das lediglich beispielhaft aufführt, wann die Sache vertragswidrig ist (Art. 556^1 ZGB), bestimmt der VO-Entwurf erschöpfend, wann die Sache vertragsgemäß ist (Art. 99 GEK), und weist Kriterien auf, anhand derer die Vertragsmäßigkeit zu beurteilen ist (Art. 100 GEK). Ein weiterer Unterschied betrifft die Vertragswidrigkeit, die durch unsachgemäße Installierung (Montage) der Sache durch den Verkäufer oder entsprechend der von ihm gelieferten Anleitung verursacht wurde, denn der VO-Entwurf behandelt sie nur im Fall des Verbraucherkaufvertrags als Vertragswidrigkeit, während das polnische Recht eine angenäherte Lösung bezüglich jeglicher Kaufverträge anwendet. Darüber hinaus sieht das polnische Recht für den Verbrauchsgüterkauf eine längere Frist, innerhalb derer die Vertragswidrigkeit vermutet wird, vor (ein Jahr anstatt nur sechs Monate, wie es Art. 105 Abs. 2 GEK bestimmt).

Der Rechtsmangel ist unterschiedlich definiert. Der VO-Entwurf knüpft hier an Art. 41 und 42 CISG an, indem er die Haftung für Rechte und Ansprüche aus geistigem Eigentum und sonstige Fälle, in den ein Dritter ein Recht an der Sache oder einen Anspruch darauf hat, unterscheidet (Art. 102 GEK). Das polnische Recht sieht eine solche Differenzierung nicht vor und definiert zudem den Rechtsmangel enger, indem es schuldrechtliche Ansprüche Dritter auf die Sache grundsätzlich nicht als Rechtsmangel ansieht.[23]

Dem Grundsatz nach machen beide Rechtsakte den Verkäufer haftbar, wenn die Sache zum Zeitpunkt des Gefahrübergangs auf den Käufer vertragswidrig ist (Art. 559 ZGB und Art. 105 Abs. 1 GEK). Allerdings bestimmt das polnische Recht, dass die Gefahr – grundsätzlich – im Moment der Übergabe übergeht, wobei der VO-Entwurf den Zeitpunkt des Gefahrübergangs bei Verbraucherkaufverträgen (Zeitpunkt der Übergabe der Sache, Art. 142 Abs. 1 GEK) und bei Verträgen zwischen Unternehmern (Zeitpunkt der Übergabe der Sache oder Zeitpunkt, in dem die Sache dem Käufer zu seiner Verfügung bereitgestellt wurde, Art. 143 und 144 GEK) unterscheidet. Ferner regelt das polnische Recht, anders als der VO-Entwurf (Art. 146 GEK), nicht den Gefahrübergang im Fall von zu befördernden Sachen. Darüber hinaus regelt der VO-Entwurf die Rechtsfolgen der fehlenden Übernahme der Sache durch den Käufer (Art. 142 Abs. 3

23 Eine Ausnahme betrifft z.B. die Miete. Mehr über den Begriff des Rechtsmangels s. *Podrecka*, Rękojmia za wady prawne rzeczy sprzedanej, Warszawa 2011, 166 ff., 252 ff. m.w.N.

GEK),[24] während es im polnischen Recht an einer solchen Regelung fehlt.[25]

In beiden Rechtsakten hat ein Verbraucher-Käufer keine Pflicht, die Sache zu untersuchen und dem Verkäufer den Mangel (die Vertragswidrigkeit) anzuzeigen; solche Pflichten belasten dagegen den Unternehmer-Käufer (Art. 563 ZGB sowie Art. 106 Abs. 2, 3 und Art. 121 f. GEK). In Bezug auf einen zwischen Unternehmern geschlossenen Kaufvertrag gibt der VO-Entwurf dem Verkäufer das Recht, die Vertragsmäßigkeit der Sache nachzuholen, wenn er diese vor Ablauf der Leistungszeit geliefert hat (Art. 109 GEK), wogegen eine solche Regelung im polnischen Recht nicht existiert. Das ZGB spricht dem Verkäufer nur das Recht zu, die Rücktrittserklärung des Käufers unwirksam werden zu lassen, wenn er unverzüglich und ohne übermäßige Schwierigkeiten die Nachbesserung oder Ersatzlieferung vornimmt (Art. 560 §§ 1, 2 ZGB).

Bei Feststellung eines Mangels (der Vertragswidrigkeit) hat der Käufer auf der Grundlage beider Rechtsakte grundsätzlich die Wahl zwischen verschiedenen Abhilfen: Er kann Ersatzlieferung, Nachbesserung oder Minderung verlangen oder vom Vertrag zurücktreten (Art. 560 und Art. 561 ZGB sowie Art. 106 GEK). Nach polnischem Recht wählt der Käufer die Abhilfeart, wogegen gemäß dem VO-Entwurf die Wahl zwischen Nachbesserung und der Ersatzlieferung dem Käufer zusteht, wenn dieser Verbraucher ist (Art. 111 GEK). Da eine solche Regelung in Bezug auf zwischen Unternehmern geschlossene Verträge fehlt, wird angenommen, dass der Verkäufer zwischen diesen Arten der Herbeiführung der Vertragsmäßigkeit wählen darf.[26] Das Rücktrittsrecht bedarf keiner vorherigen Geltendmachung des Nachbesserungs- oder Ersatzlieferungsrechts (auf die Aufeinanderfolge der Rechte, wie es die Verbraucherrechterichtlinie vorsieht, wurde verzichtet), wobei es aber beschränkt ist. Nach polnischem Recht kann der Käufer nämlich nicht vom Vertrag zurücktreten,

---

24 Die genannte Vorschrift betrifft den Verbraucherkaufvertrag. Bei einem zwischen Unternehmern geschlossenen Vertrag geht die Gefahr bereits dann auf den Käufer über, wenn die Sache übernommen werden sollte (Art. 144 GEK). Es spielt keine Rolle, ob dies tatsächlich erfolgt ist.

25 S. jedoch Urteil des Obersten Gerichtshofes vom 28.7.2000, II CKN 552/98, OSN 2/2000, Pos. 24, in dem entschieden wurde, dass die Gefahr auf den Käufer übergehen kann, obwohl dieser die ihm vom Verkäufer zur Verfügung gestellte Sache nicht abgeholt hat.

26 So *Zöchling-Jud*, in: Ein einheitliches europäisches Kaufrecht? (Fn. 4), 334 m.w.N.

wenn der Mangel unerheblich ist, wogegen der VO-Entwurf zwei Fälle unterscheidet: die Nichterfüllung und die Schlechterfüllung.[27] Grundsätzlich kann der Käufer nur im Fall einer wesentlichen Nichterfüllung vom Vertrag zurücktreten (Art. 114 Abs. 1 GEK). War jedoch bei einem Verbraucherkaufvertrag die Kaufsache vertragswidrig, kann der Käufer nicht vom Vertrag zurücktreten, wenn die Vertragswidrigkeit unerheblich ist (Art. 114 Abs. 2 GEK).[28] In beiden Rechtsakten wird das Rücktrittsrecht hingegen nur auf einen Teil der Leistung beschränkt, wenn lediglich ein Teil der gelieferten Sachen mangelhaft (vertragswidrig) ist und von den übrigen Sachen getrennt werden kann (Art. 564 ZGB und Art. 117 Abs. 1 GEK). Der VO-Entwurf lässt jedoch den Rücktritt vom gesamten Vertrag zu, wenn die Nichterfüllung derart ist, dass sie den Rücktritt vom gesamten Vertrag rechtfertigt (Art. 117 Abs. 2 und 3 GEK). Eine ähnliche Regelung sieht das polnische Recht in Bezug auf den Rücktritt wegen eines Mangels der Kaufsache nicht vor.

Im Gegensatz zum polnischen Recht (Art. 561^1-Art. 561^4 ZGB; s. auch Anm. oben) bestimmt der VO-Entwurf nicht detailliert die Pflichten des Verkäufers, die mit der Ersatzlieferung oder Nachbesserung verbunden sind.[29]

Die beiden Rechtsakte gehen auch verschiedene Wege, was die Frist der Ausübung der Rechte durch den Käufer angeht. Im polnischen Recht wurden die Fristen der Geltendmachung der Gewährleistungsrechte einheitlich geregelt. Dagegen differenziert der VO-Entwurf u.a. zwischen den Rücktrittsfristen: Beim Kaufvertrag zwischen Unternehmern hat der Käufer – unter Androhung des Rechtsverlustes – die Rücktrittserklärung innerhalb einer angemessenen Frist abzugeben, wogegen eine solche Beschränkung auf Verbraucherkaufverträge keine Anwendung findet (Art. 119 GEK). Außerdem unterliegt die Geltendmachung der Rechte der Verjährung nach Maßgabe des Art. 180 (s. Art. 178 GEK) und beträgt mithin 2 Jahre ab Kenntniserlangung von der Vertragswidrigkeit (kurze Verjährungsfrist), jedoch nicht später als 10 Jahre ab Ablauf der Leistungszeit des Verkäufers (lange Verjährungsfrist).[30] Nach polnischem Recht beträgt die Frist grundsätzlich ein Jahr ab Feststellung des Mangels (war der Käu-

27 Diese Lösung wird kritisiert, s. *Zöchling-Jud*, a.a.O., 341.

28 Mehr dazu s. *Wendehorst*, in: Ein einheitliches europäisches Kaufrecht? (Fn. 4), 376 ff.

29 S. jedoch Art. 112 GEK.

30 S. *Müller*, in: Ein einheitliches europäisches Kaufrecht? (Fn. 4), 531, 533 f.

fer ein Verbraucher, kann sie allerdings nicht vor Ablauf von 2 Jahren ab Übergabe enden), soweit der Mangel binnen 2 Jahren ab Übergabe einer beweglichen Sache offenbar geworden ist (bei Immobilien beträgt diese Frist 5 Jahre). Folglich sind die Fristen zur Geltendmachung der Rechte auf der Grundlage des VO-Entwurfs grundsätzlich länger.

IV. Schlussfolgerungen

Trotz der aufgezeigten Unterschiede zwischen dem polnischen Recht und dem VO-Entwurf kann festgestellt werden, dass die Wahl des GEK in Bezug auf einen Vertrag, auf den ansonsten das polnische Recht anzuwenden wäre, für den Käufer grundsätzlich nicht zur Verschlechterung der Rechtslage führen würde. In gewissem Maße bietet die europäische Regelung der Verkäuferhaftung für Vertragswidrigkeit der Sache dem Käufer sogar einen weitergehenden Schutz, insbesondere was die Frist zur Ausübung der Rechte anbelangt (eine Ausnahme bildet das Rücktrittsrecht, dessen Geltendmachung in Kaufverträgen zwischen Unternehmern beschränkt wurde).

2. Insbesondere: Verbraucherschutz

Binnenmarkt im Gleichgewicht – Folgen der Akzentverschiebung für den Verbraucherschutz

Martin Schmidt-Kessel

Wie kein Zweiter steht *Peter-Christian Müller-Graff* für das Binnenmarktrecht. Er hat nicht allein diesen Begriff geprägt,[1] sondern auch wesentliche Konsequenzen aus dieser Konzeption gezogen, von denen die meisten heute Allgemeingut sind oder wenigstens breite Aufmerksamkeit und Zustimmung erfahren haben. Bei der teleologischen Auslegung und dem übergreifenden Binnenmarkttelos des Gemeinschaftsrechts ansetzend, hat er so weite Teile der europäischen Rechtsordnung auf eine neue konzeptionelle Grundlage zu stellen vermocht. Das gilt zuvörderst für das primäre Recht von Europäischer Gemeinschaft und heute Europäischer Union und dabei insbesondere für die Konkretisierung der Grundfreiheiten und des Wettbewerbsrechts.[2] Zugleich hat er auf der Ebene des Sekundärrechts mit der Konzeption des Binnenmarktrechts für das Europäische Privatrecht die Grundlage einer ganz eigenen – auch über die Zeitschrift für das Privatrecht der Europäischen Union (GPR) – wirkmächtigen Denkschule begründet.[3] Dabei hat stets auch die Rolle des Verbrauchers im Fokus der Betrachtung gestanden, auch wenn sie sich begrifflich erst in jüngerer Zeit ausdrücklich als Gegenstand der Betrachtung findet.

Der Binnenmarkt gehört zu den Kernzielen des Unionsrechts und darf als „Herzstück der Europäischen Integration" bezeichnet werden.[4] Zwar begründet dieses Binnenmarktziel als solches – anders als die Grundfreiheiten und das Wettbewerbsrecht – keine subjektiven Rechte des einzel-

---

1 *Müller-Graff,* Binnenmarktziel und Rechtsordnung – Binnenmarktrecht, Bergisch-Gladbach/Köln 1989. Siehe ferner *ders.*, Binnenmarkt und Rechtsordnung, Mainz 1990.

2 S. bereits die Kommentierung zu Warenverkehrsfreiheit in *von der Gröben/Thießing/Ehlermann,* 4. Aufl. Baden-Baden 1991 sowie *Müller-Graff,* Wettbewerbsregeln des Gemeinschaftseuropäischen Binnenmarktes, Trier 1991 (m. zahlreichen späteren Fortschreibungen a.a.O.).

3 Ausgangspunkt ist *Müller-Graff,* Privatrecht und Europäisches Gemeinschaftsrecht – Gemeinschaftsprivatrecht, Baden-Baden 1989, 2. Aufl. 1991.

4 So etwa *Möstl,* Vertrag von Lissabon, München 2010, 121.

nen Marktteilnehmers. Jedoch werden sowohl die Union als auch die Mitgliedstaaten (über Art. 4 III EUV) durch das Binnenmarktziel verpflichtet. Das Binnenmarkttelos durchzieht zudem als allgemeiner Auslegungsgrundsatz das gesamte Primär- und Sekundärrecht. Vor allem aber beschreibt das Binnenmarktkonzept das wesentliche Tatbestandsmerkmal für die Rechtsangleichungskompetenz des Art. 114 AEUV. Im Folgenden soll nun der Versuch unternommen werden, eine durch die verschiedenen Änderungen der Verträge eingetretene Akzentverschiebung im Binnenmarktkonzept zu begründen und deren Folgen für die Rechtssetzungskompetenzen der Union beim Verbraucherschutz zu erklären: Art. 3 Abs. 3 EUV – so die hier vertretene These – hat das Binnenmarktkonzept verändert; das Zusammenspiel mit Artt. 12, 169 AEUV und Art. 38 GRC begründet eine besondere Fallgruppe für Zulässigkeit von Binnenmarktgesetzgebung.

I. Das Binnenmarktkonzept als materielle Voraussetzung der Rechtsangleichung – herkömmliche Fallgruppen

Von den sechs Voraussetzungen der Rechtsangleichungskompetenz des Art. 114 AEUV[5] lassen sich nennenswert eingrenzende Effekte nur über zwei erreichen,[6] nämlich dass die Maßnahme der Errichtung und dem Funktionieren des Binnenmarkts zu dienen hat und den Anforderungen der Verhältnismäßigkeit und Subsidiarität genügen muss. Das Erfordernis „Errichtung und Funktionieren des Binnenmarktes" wird nach ständiger Rechtsprechung und heute ganz überwiegender Auffassung im Schrifttum von zwei Fallgruppen bestimmt, nämlich dem Abbau von Hemmnissen für die Grundfreiheiten und dem Abbau von spürbaren Wettbewerbsverfälschungen.

In der erstgenannten Fallgruppe ergibt sich die Erfüllung des Binnenmarkterfordernisses aus divergierenden Rechtsregeln, die den Handel zwischen Mitgliedstaaten behindern können. Wann dies der Fall ist, wird im

5 Außer den beiden im folgenden angesprochenen sind dies: eine Maßnahme der Rechtsangleichung, die Rechts- und Verwaltungsvorschriften der Mitgliedstaaten als Gegenstand, eine der von Art. 114 AEUV genannten Materien (positiv: Verwirklichung der Ziele des Art. 26 AEUV; negativ: keine Ausnahme nach Art. 114 Abs. 2 AEUV) sowie die Vereinbarkeit mit dem Unionsrecht im Übrigen.

6 Zur fehlenden Eingrenzungswirkung vgl. etwa *Kahl*, in: Calliess/Ruffert, EUV/AEUV, Art. 114 AEUV, Rn. 28.

Schrifttum regelmäßig einer Kombination der Dassonville-Formel („geeignet … unmittelbar oder mittelbar, tatsächlich oder potentiell")[7] mit der Keck-Rechtsprechung[8] entnommen,[9] wodurch die Regelung reiner Verkaufsmodalitäten nicht im Blick auf die Grundfreiheiten zum Gegenstand von Maßnahmen nach Art. 114 AEUV werden können soll.[10] Letztere können aber zum Abbau von Wettbewerbsverfälschungen in der zweiten Fallgruppe angegangen werden, soweit diese Wettbewerbsverfälschungen spürbar sind.[11]

Die Konzentration des Binnenmarkterfordernisses auf die Verwirklichung von Grundfreiheiten und die Beseitigung von Wettbewerbsverfälschungen macht das Binnenmarktrecht im Kern zu einem Freiheitsermöglichungsrecht. Dementsprechend lassen sich herkömmlich freiheitsbeschränkende Maßnahmen auf der Basis von Art. 114 AEUV nur unter zusätzlichen Voraussetzungen rechtfertigen: Entweder dienen freiheitsbeschränkende Maßnahmen im Rahmen eines Gesamtsystems mittelbar doch wieder der Freiheitsermöglichung,[12] oder es kommt ihnen präventiver Charakter zu, indem die Union divergierenden Rechtsetzungen der Mitgliedstaaten zur Vermeidung von Binnenmarkthindernissen zuvor kommt; erforderlich ist insoweit eine hinreichende Wahrscheinlichkeit der Auseinanderentwicklung etwaiger Schutzsysteme.[13] Eine rein auf Schutzbedarf reagierende Regelung ist nach diesen Grundansätzen nicht möglich, sofern nicht eine der genannten Ausnahmen vorliegt.

II. Binnenmarkt im Gleichgewicht

Der Vertrag von Lissabon hat das Binnenmarktkonzept neu akzentuiert. Zwar ist die Definition im heutigen Art. 26 Abs. 2 AEUV – Raum ohne Binnengrenzen mit Verwirklichung der Grundfreiheiten – unverändert geblieben; neu ist jedoch die Verbindung des Konzepts mit den Begriffen des Art. 3 Abs. 2 S. 2 EUV, insbesondere mit dem Begriff der sozialen

---

7 EuGH, Urt. v. 11.7.1974, Rs. 8/74 (Dassonville), Slg. 1974, 837, Rn. 2, 4.

8 EuGH, Urt. v. 24.11.1993, Rs. C-267/91 und C-268/91 (Keck und Mithouard), Slg. 1993, I-6097, Rn. 15.

9 Siehe etwa *Kahl*, in: Calliess/Ruffert, EUV/AEUV, Art. 114 AEUV, Rn. 21.

10 *Kahl*, in: Calliess/Ruffert, EUV/AEUV, Art. 114 AEUV, Rn. 21.

11 *Kahl*, in: Calliess/Ruffert, EUV/AEUV, Art. 114 AEUV, Rn. 22.

12 *Tietje*, in: Grabitz/Hilf/Nettesheim, EU, Art. 114 AEUV, Rn. 99.

13 *Tietje*, in: Grabitz/Hilf/Nettesheim, EU, Art. 114 AEUV, Rn. 100.

Marktwirtschaft. Die mit dieser Ergänzung verbundene Veränderung der Unionsteleologie[14] verschiebt sich auch die Akzentsetzung des Binnenmarktes hin zu einem Binnenmarkt im Gleichgewicht. Die primärrechtlich etablierten Schutzkonzepte vor allem zugunsten der Umwelt, des Verbraucherschutzes und weiterer Ziele sind heute als Teil der Binnenmarktpolitik der Freiheitsverwirklichung komplementär.[15] Dieser Binnenmarkt im Gleichgewicht ist als Ziel heute bereits in Art. 3 Abs. 3 EUV verankert.

Auf den ersten Blick scheint diese Akzentverschiebung beim Binnenmarktkonzept nicht zu dessen auf die Freiheitsermöglichung konzentrierter klassischer Definition in Art. 26 Abs. 2 AEUV zu passen. Zu beachten ist freilich, dass Art. 26 Abs. 3 AEUV die neue Gleichgewichtskonzeption bereits vorzeichnet.[16] Zudem sind Freiheitsbeschränkungen bereits in Art. 26 AEUV angelegt, nämlich in dem einschränkungslosen Verweis auf die „Bestimmungen der Verträge" in Abs. 1 und 2 – wozu auch Art. 3 Abs. 2 EUV zählt (wie auch Artt. 12, 169 AEUV und Art. 38 GRC), sowie in der zusätzlich zur Aufgabe der Verwirklichung des Binnenmarktes begründeten Gewährleistungsverantwortung für dessen Funktionieren. Beides erlaubt gerade auch die Beschränkung von Freiheiten durch die Binnenmarktpolitik im Rahmen der Definition.

III. Verbraucherschutz als eigener Teil der Binnenmarktidee

Die damit verbundene Komplementarität von Freiheitsverwirklichung und Schutzkonzepten innerhalb des Binnenmarktkonzepts hat für die Verbraucherpolitik die Konsequenz, dass Binnenmarkt und Verbraucherschutz einander nicht gegenüberstehen, sondern der Verbraucherschutz zu einem Kernbestandteil des Binnenmarkkonzeptes geworden ist.[17] Das gilt frei-

---

14 *Terhechte*, in: Grabitz/Hilf/Nettesheim, Art. 3 EUV, Rn. 47.

15 Ähnlich unlängst Schlussanträge GA *Bot,* 4.3.2013, Rs. C-59/12 (BKK Mobil Oil/ Wettbewerbszentrale), EU:C:2013:450, Rn. 32: Das Wettbewerbsrecht und Verbraucherschutzrecht nähmen „dadurch, dass sie die Missbräuche, die dem freien Funktionieren des Marktes inhärent sind und deren Opfer die Verbraucher und die konkurrierenden Unternehmen sind, verhindern und bekämpfen, an der Regulierung des Marktes teil.".

16 Vgl. *Kahl*, in: Calliess/Ruffert, AEUV/EUV, Art. 26, Rn. 20; *Bast*, in: Grabitz/ Hilf/Nettesheim, EU, Art. 26, Rn. 17.

17 In diese Richtung bereits *Meller-Hannich*, Verbraucherschutz im Schuldvertragsrecht, 2005, S. 59 ff.

lich nicht für die Verbraucherpolitik insgesamt, sondern allein für den ihr innenwohnenden Schutzansatz (im Gegensatz zur Idee nachfrageorientierter Steuerung des sozio-ökonomischen Gesamtsystems[18]). Diese Privilegierung des Schutzansatzes der Verbraucherpolitik im Rahmen des Binnenmarktes ergibt sich sowohl aus Art. 169 Abs. 2 Buchst. a AEUV als auch aus der höheren normativen Wertigkeit des Schutzansatzes qua Verankerung in Art. 38 GRC und Art. 12 AEUV.

Verbraucherschutz ist demnach integraler Bestandteil der Binnenmarktpolitik; mit dieser Aussage geht Art. 169 Abs. 2 Buchst. a AEUV erheblich über die in Artt. 12, 114 Abs. 3 AEUV enthaltenen Bezugnahmen auf den Verbraucherschutz hinaus. Die Vorschrift hat insoweit klarstellende Funktion und ist nicht allein auf die Wiederholung von Selbstverständlichem beschränkt.[19] Deutlicher noch als in der Binnenmarktkompetenz des Art. 114 AEUV und in Umsetzung des durch Art. 3 Abs. 3 EUV etablierten Konzepts vom „Binnenmarkt im Gleichgewicht“ leistet die Vorschrift für den Verbraucherschutz ihren Beitrag zur Verschiebung der Gewichte im Binnenmarktkonzept von der Konzentration auf die Freiheitsermöglichung hin zur Komplementarität von Freiheit und Schutz unter dem Dach des Binnenmarktes: Der Binnenmarkt reißt nicht nur Hindernisse nieder, sondern gewährt den Verbrauchern auch Schutz.[20] Die Verantwortung für die Gewährleistung dieses Schutzes obliegt der Union nach Art. 38 GRC.

Zieht man die Konsequenz aus der Beschränkungsmöglichkeit der Freiheiten und der durch die beschriebene Akzentverschiebung eingetretenen Komplementarität von Freiheit und Schutz für die Verbraucherpolitik, ergibt sich daraus für den Verbraucherschutz, dass zur Gewährleistung der Funktionsfähigkeit des Binnenmarktes auch rein freiheitsbeschränkende Maßnahmen gehören, welche Risiken begegnen (sollen), die sich aus dem freien Verkehr von Waren, Personen, Dienstleistungen und Kapital im Raum ohne Binnengrenzen ergeben.[21] Die Verbraucherschutzkompetenz nach Artt. 114, 169 Abs. 2 Buchst. a AEUV ergibt sich also als Reaktion auf die Risiken der Freiheit, und zwar der Freiheit sowohl des Unternehmers als auch des Verbrauchers. Freiheit und Schutz sind mit dem Ziel

---

18 Zu diesem Gegensatz demnächst *Schmidt-Kessel*, in: Frankfurter Kommentar, EUV/AEUV, Art. 12 AEUV, Rn. 18-22.

19 So aber *Krebber*, in: Calliess/Ruffert, EUV/AEUV, Art. 169 AEUV, Rn. 14.

20 Ähnlich offenbar *Micklitz/Rott*, in: Dauses, EU-Wirtschaftsrecht, H. V. Verbraucherschutz, Rn. 26.

21 Wie hier *Lurger*, in: Streinz, EUV/AEUV, Art. 169 AEUV, Rn. 1.

einer praktischen Konkordanz zum Ausgleich zu bringen.[22] Der Verbraucherschutz wird nicht mediatisiert,[23] sondern ist nunmehr eigenes Regelungsziel im Binnenmarkt. Auch insoweit geht es um eine Verwirklichung der Ziele des Art. 26 AEUV.

IV. Folgen für die Verbraucherschutzkompetenz

Die Regelung von Verbraucherschutz im Binnenmarkt kann daher alleiniger Regelungszweck einer Maßnahme nach Art. 114 AEUV sein. Es handelt sich insoweit um eine neue, dritte Fallgruppe der Binnenmarktverwirklichung. Sie ist auf den Verbraucherschutz beschränkt, weil für andere Schutzziele eigenständige Kompetenzen bestehen.

Technisch wird dies durch den in Art. 169 Abs. 2 Buchst. a AEUV enthaltenen Verweis auf Art. 114 AEUV und dessen Voraussetzungen umgesetzt: Maßnahmen auch nach Artt. 114, 169 Abs. 2 Buchst. a AEUV sind (nur) möglich, wenn sämtliche Voraussetzungen des Art. 114 AEUV vorliegen.[24] Es ist daher die – durch Art. 169 Abs. 2 Buchst. a AEUV nur mitverkörperte – Veränderung des Binnenmarktkonzepts durch Art. 3 Abs. 3 EUV, welche die Spielräume der Union im Verbraucherschutzbereich erweitert, und nicht die Vorschrift des Art. 169 Abs. 2 Buchst. a AEUV selbst. Möglich ist eine Vollharmonisierung; die Mindestklausel des Art. 169 Abs. 4 AEUV gilt nicht,[25] was dem Regelungszweck von Art. 169 AEUV entspricht.

Neben dieser neuen Reaktion auf die Risiken der Freiheit als eigener Gruppe von Dysfunktionalitäten des Binnenmarktes verbleibt es bei den bisherigen Fallgruppen der EuGH-Rechtsprechung zu Art. 114 AEUV und seinen Vorgängerbestimmungen, wonach eine Maßnahme das Ziel verfolgen muß, die Voraussetzungen für die Errichtung und das Funktionieren des Binnenmarktes zu verbessern oder spürbare Wettbewerbsverzerrungen zu beseitigen. Auch bei hinreichendem gemeinschaftsweitem Verbrau-

---

22 *Krebber*, in: Calliess/Ruffert, EUV/AEUV, Art. 169 AEUV, Rn. 15.

23 So aber *Mancaleoni*, in: Cristofaro/Zaccaria (Hrsg.), Commentario breve al Diritto dei consumatori, 2. Aufl. Padua 2013, III Nr. 5.

24 *Mancaleoni*, in: Cristofaro/Zaccaria (Hrsg.), Commentario breve al Diritto dei consumatori, 2. Aufl. Padua 2013, III Nr. 5.

25 EuGH, Urt. v. 12.10.1995, Rs. C-85/94 (Piageme/Peeters), Slg. 1995, I-2955, Rn. 19 und allgemeine Auffassung, zuletzt etwa BGH, Urt. v. 20.3.2013 – I ZR 209/11, Rn. 15 = NJW-RR 2014, 554, 555.

cherschutz kann sich die Unionskompetenz an dieser Stelle daher zusätzlich – und wie bisher schon – aus der Notwendigkeit ergeben, Binnenmarkthindernisse aus verschiedenen Verbraucherschutzstandards oder Durchsetzungsinstrumenten zu beseitigen. Dann freilich geht es nicht in erster Linie um Verbraucherschutz, sondern um einen unternehmerzentrierten Ansatz und damit nicht um Artt. 114, 169 Abs. 2 Buchst. a AEUV, sondern um eine klassische Anwendung von Art. 114 AEUV.

Im Übrigen gelten in allen drei Fallgruppen die allgemeinen Regeln zu Art. 114 AEUV: Die Verwirklichung der Ziele von Art. 26 AEUV muss Hauptzweck und -gegenstand und nicht lediglich ein beiläufiges oder ergänzendes Ziel der Rechtsangleichungsmaßnahme sein. Die Maßnahme muss den Anforderungen der Subsidiarität und der Verhältnismäßigkeit nach Art. 5 Abs. 2 und 3 AEUV genügen. Erforderlich ist zudem die Kohärenz des unionsrechtlichen Regelungsgefüges, auf die der Unionsgesetzgeber für den Verbraucherschutz durch Art. 12 AEUV besonders verpflichtet wird.

Fazit: Mit der neuen Akzentuierung des Binnenmarktes im Gleichgewicht ist für das Verbraucherschutzrecht eine neue Fallgruppe der Binnenmarktgesetzgebung eröffnet worden. Diese ist nicht der Freiheitsermöglichung verpflichtet, sondern gestattet auch die Etablierung reiner Verbraucherschutzmaßnahmen.

Der Begriff des Verbrauchers in europäischen Rechtsakten und im deutschen Recht, insbesondere bei den Zahlungsdiensten

Peter Bülow

Peter Müller-Graff hat die Dogmatik des europäischen Primärrechts entscheidend mitgeprägt. Dieser Beitrag befasst sich mit europäischem Sekundärrecht, das gerade im Privatrecht die Suche nach der richtigen Rechtsanwendung, die mit Kärrnerfleiß gefundene Feststellung von Begründetheit oder Nichtbegründetheit des Anspruchs, bestimmt und unterschiedliche Wege weisen kann. Solche Wege eröffnen sich für den Begriff des Verbrauchers, der sich in zahlreichen privatrechtlichen Richtlinien, von der Fernabsatz-Finanzdienstleistungen-Richtlinie bis zur Verbraucherrechte-Richtlinie, findet, außerdem in der Zahlungsdienste-Richtlinie und in der SEPA-MigrationsVO.

I. Befund: negative Abgrenzung

Die Richtlinien und die Verordnung bestimmen den Begriff des Verbrauchers, inhaltlich übereinstimmend trotz teilweise unterschiedlichem Wortlaut negativ. Die natürliche Person ist Verbraucher, wenn sie bei einem Rechtsgeschäft zu Zwecken handelt, die nicht ihrer beruflichen oder gewerblichen Tätigkeit zugerechnet werden können,[1] außerhalb dieser Tätigkeit liegen. Positiv gewendet ist es der private Zweck, der die Verbrauchereigenschaft ausmacht.. Die Verbraucherrechte-Richtlinie verwendet außerdem die Begriffe geschäftlich und handwerklich, was lediglich als Klarstellung, aber nicht als abweichende Differenzierung erscheint.

---

1 Das Possessivpronomen „ihrer" scheint entgegen *Flume* ZIP 2000, 1427 keineswegs vorauszusetzen, dass die natürliche Person einen unternehmerischen Tätigkeitsbereich haben müsse, vielmehr ist dieser Normteil bei einer natürlichen Person, die ausschließlich Privatperson ist, gegenstandslos und geht ins Leere.

II. Umsetzung im deutschen Recht

Betrachtet man die Umsetzungsnorm im deutschen Recht in Gestalt von § 13 BGB, fallen zwei Unterschiede auf: Der Ausschluss der Verbrauchereigenschaft tritt nicht schlechthin bei beruflichem Zweck ein, sondern bei selbständigem beruflichem Zweck; außerdem verhindert ein unternehmerischer Zweck die Verbrauchereigenschaft nur dann, wenn er überwiegt. Die Frage ist, ob diese Abweichungen im deutschen Recht mit den umgesetzten Richtlinien konform sind.

1. Unselbständige berufliche Tätigkeit

Das Tatbestandsmerkmal „selbständig" bei der beruflichen Tätigkeit in § 13 BGB verwirklicht bekanntlich die *ratio*, arbeitnehmerbezogene Rechtsgeschäfte in den Verbraucherbegriff einzubeziehen und nur die freien Berufe unternehmerisch zu machen. Die Richtlinienkonformität dieser Regelung erschließt sich aus den sekundärrechtlichen harmonisierten Bereichen, die darin liegen, Rechtsgeschäfte aus privatem Zweck zu erfassen. Diese Erfassung ist durch § 13 BGB gewahrt und die harmonisierten Bereiche sind erfüllt. Außerhalb der für den Verbraucherbegriff harmonisierten Bereiche von Verbraucherrechte-Richtlinie, Verbraucherkredit- und Wohnimmobilien-Kreditrichtlinie, Fernabsatz-Finanzdienstleistungen-Richtlinie, Verbrauchsgüterkauf-Richtlinie, AGB-Richtlinie, Timesharing-Richtlinie liegen Personen, die nicht aus privatem Zweck handeln; den Mitgliedstaaten steht es frei, solche Personen in den persönlichen Anwendungsbereich ihrer nationalen Normen einzubeziehen, also Richtlinienbestimmungen auf Personen zu erstrecken, die sich außerhalb der harmonisierten Bereiche befinden.[2] Dies gilt für voll harmonisierende Richtlinien ebenso wie für solche nach dem Mindestharmonisierungskonzept. So sind die Richtlinien nicht dadurch berührt, dass zu unternehmerischem Zweck handelnde Personen als Existenzgründer bei Verbraucherkrediten und deren Vermittlung gem. §§ 512, 655e Abs. 2 BGB wie Verbraucher

2 EuGH v. 12.7.2012 – C-602/10, Volksbank Romania, Rn. 52, 62, WM 2012, 2049 mit. Rez. WM 2013, 245; BGH v. 22.5.2012 – XI ZR 290/11, Rn. 24, NJW 2012, 2571; *Gsell/Schellhase* JZ 2009, 20, 22; *Riehm/Schreindorfer* GPR 2008, 244; *Artz* GPR 2009, 171; *Riehm* JZ 2006, 1035; so explizit auch Erwägungsgrund 13 zur Verbraucherrechte-Richtlinie.

behandelt werden; es wird berichtet,[3] dass nach dem britischen *consumer-credit-act* Kleingewerbetreibende einbezogen sind (s. auch unten III.2.a.). Außerhalb der harmonisierten Bereiche der vollharmonisierenden Richtlinien läge auch eine denkbare Regelung, nach der juristische Personen, etwa Idealvereine, einbezogen würden.[4] Deshalb dürfen auch natürliche Personen, die zu unselbständig-beruflichen, arbeitnehmerbezogenen Zwecken handeln, von den verbraucherprivatrechtlichen Bestimmungen erfasst werden.[5]

Allerdings kann sich durch die Erstreckung des Verbraucherbegriffs ein anderes, hier nicht zu vertiefendes Problem stellen, dass nämlich eigentlich unternehmerisch handelnde Personen, die wie Verbraucher behandelt werden, als unternehmerische Kontrahenten der Verbraucher im ursprünglichen Sinne, also der privatgeschäftlich handelnden natürlichen Personen, wegfallen und damit zugleich Verbraucherschutz für diese, originären, Verbraucher. Dieser Problematik nimmt sich Buch I-1:105 (3) DCFR bei Geschäften mit doppeltem Zweck (gleich nachf.) an. Zu überlegen wäre, solche uneigentlichen Verbraucher und eigentlichen Unternehmer nur dann als Verbraucher zu behandeln, wenn sie mit einem Unternehmer kontrahieren, aber als Unternehmer, wenn sie mit einem – originären – Verbraucher kontrahieren.

2. *Geschäfte mit doppeltem Zweck*

Ist der Zweck des Rechtsgeschäfts ihrer unternehmerischen Tätigkeit zuzurechnen, ist die natürliche Person nicht Verbraucher; ist der Zweck teils privater, teils unternehmerischer Natur, kommt es auf die überwiegende

---

3 *Ritz*, Harmonisierungsprobleme bei der Umsetzung der EG-Richtlinie 87/102 über den Verbraucherkredit, 1996, 26.

4 Deshalb ist auch die Einbeziehung der Gesellschaft bürgerlichen Rechts in den Verbraucherbegriff, BGH v. 23.10.2001 – XI ZR 63/01, NJW 2012, 368 mit Anm. *Artz* JZ 2002, 57, unionsrechtskonform, was *Fehrenbacher/Herr* BB 2002, 1006, 1009 und *Mülbert* WM 2004, 905, 907, 909, verkennen; zutr. *Riehm* JZ 2006, 1035, 1042.

5 Es ist also keine Frage der Optionsausübung etwa nach Art. 15 der alten Verbraucherkreditrichtlinie 87/102/EWG oder nach Art. 8 der alten Haustürgeschäfterichtlinie 85/577/EWG, die auf dem Mindestharmonisierungskonzept beruhten; so aber AnwKomm(NK)/*Ring*, 2. Aufl.2012, § 13 BGB Rn. 22, der nicht erklärt, wie seine These in den neuen vollharmonisierenden Richtlinien funktionieren sollte.

Zweckbestimmung an: Überwiegt der unternehmerische Zweck, ist die natürliche Person nicht Verbraucher, sondern ihrerseits Unternehmer, z.B. bei einem zu doppeltem Zweck aufgenommenen Darlehen oder einer erworbenen Sache. Das Tatbestandsmerkmal „überwiegend" in § 13 BGB beruht auf Erwägungsgrund 17 der Verbraucherrechte-Richtlinie sowie Erwägungsgrund 12 der Wohnimmobilien-Kreditrichtlinie, wo es heißt, dass die natürliche Person als Verbraucher zu betrachten ist, wenn der unternehmerische Zweck nicht überwiegt.[6] Hierin liegt ein gesetzgeberisches, von Rat und Parlament zur Verfügung gestelltes Auslegungskriterium,[7] mit dem der unbestimmte Rechtsbegriff der Zurechnung (resp. des Begriffs des außerhalb der unternehmerischen Tätigkeit liegenden Zwecks in Art. 2 Nr. 1 Verbraucherrechte-Richtlinie) konkretisiert wird. § 13 BGB erhebt dieses Auslegungskriterium richtliniengetreu zum Tatbestandsmerkmal im deutschen materiellen[8] Recht.

III. Europäisches Recht des Zahlungsverkehrs

Den Verbraucherbegriff bestimmen auch, mit den vorgenannten Richtlinien gleichsinnig, Art. 4 Nr. 11 der Zahlungsdienste-Richtlinie 2007/64/EG[9] und Art. 2 Nr. 24 der SEPA-MigrationsVO 260/2012, mit der die technischen Regeln für die Einwanderung des einheitlichen SEPA-Zahlungsver-

---

6 Richtlinien und § 13 BGB divergieren, wenn privater und unternehmerischer Anteil gleich groß sind: Nach Erwägungsgrund 13 ist die natürliche Person Verbraucher, nach § 13 BGB nicht – richtlinienkonforme Extension? So *Patrick Meier* JuS 2014, 777.

7 Hierfür sind die Erwägungsgründe der richtige Ort, *Riehm* JZ 2006, 1035, 1041, entgegen *Patrick Meier* JuS 2014, 777, 779, nicht der Normtext selbst.

8 Im internationalen Prozessrecht waltet ein engerer, autonom bestimmter Begriff, wonach ein Überwiegen nicht ausreicht; der unternehmerische Zweck hindert die Subsumtion als Verbraucher nur dann nicht, wenn der Zweck derart nebensächlich ist, dass er im Gesamtzusammenhang des Geschäfts nur eine ganz untergeordnete Rolle spielt, EuGH v. 20.1.2005 – C-464/01, Rn. 45 – *Gruber*-, NJW 2005, 653 mit Komm. und Bespr. *Mankowski*, EWiR 1/05, 305 und RIW 2005, 561, 563: „Vernachlässigbarkeitstest", *Loacker* JZ 2013, 234, 238. Im IPR gilt nach Art. 6 Abs. 1 Rom-I-VO eine Schwerpunktbetrachtung, AnwKomm(NK)/*Leible*, 2014, Art. 6 Rom-I-VO Rn. 24.

9 Eine Neufassung befindet sich im Kodifikationsprozess, *Spindler* BKR 2014, 265; *Hingst/Lösung* BKR 2014, 315.

fahrens anstelle der nationalen Verfahren festgelegt werden.[10] Der einheitliche europäische Zahlungsverkehrsraum überwindet die vorher bestehende Fragmentierung aufgrund eigenständiger Zahlungsverfahren in den Mitgliedstaaten.

1. Nischen für Privatautonomie und Umsetzung in deutsches Recht

Die Zahlungsdienste-Richtlinie gibt in Art. 30 Abs. 1 und in Art. 51 Abs. 1 bei Verträgen im Rahmen des Zahlungsverkehrs der Privatautonomie Raum, indem die Parteien von Vorschriften der Richtlinie abweichen dürfen. Privatautonome, von den Regelungen der Richtlinie abweichende Vereinbarungen können jedoch nur dann wirksam vereinbart werden, wenn der Zahlungsdienstnutzer kein Verbraucher ist. Außerdem nimmt sich Art. 71 bei der Durchführung von Zahlungsdiensten des Verbrauchers an. Bargeldeinzahlungen brauchen dem Zahlungsempfänger nämlich erst am nächsten Tag verfügbar gemacht zu werden; unverzüglich hat dies aber zu geschehen, wenn der Einzahler ein Verbraucher ist. Diese Richtlinienbestimmungen sind durch §§ 675e Abs. 4, 675t Abs. 2 BGB, Art. 248 § 19 EGBGB umgesetzt worden. Normadressat dieser Regelungen ist der Verbraucher. Gemeint ist, ohne dass dies einer Erläuterung für bedürftig erachtet worden wäre,[11] der in § 13 BGB definierte Verbraucher.[12] Auch im SEPA-Rechtsrahmen wäre demgemäß die natürliche Person als Zahlungsdienstenutzer erfasst, die zu arbeitnehmerbezogenem Zweck handelt, und diejenige, die mit doppeltem Zweck handelt.

2. Arbeitnehmerbezug

Der Zahlungsverkehr im europäischen Binnenmarkt war geprägt durch Fragmentierung in unterschiedliche nationale Systeme,[13] sodass ein grenzüberschreitender Zahlungsvorgang nur an den Eingang des Systems im

---

10 *Reymann*, JuS 2012, 781, 787.

11 Gesetzesbegründung, BT-Drucks. 16/11643 = BR-Drucks 848/08, 162 (158), 168 (164), 236 (232).

12 Staudinger/*Omlor*, 2012, § 675e Rn. 8 (§ 13 BGB entspreche der Definition von Art. 4 Nr. 11 Zahlungsdienste-Richtlinie).

13 Monatsbericht der Deutschen Bundesbank, Dezember 2006, 93, 98.

Empfängerland gebracht und von dort übernommen, aber nicht durch ein einheitliches Verfahren durchgeführt werden konnte. Dies führte zu höheren Kosten und zu längeren Zeiten im Vergleich zu einem Binnenvorgang. Um die Fragmentierung aufzubrechen, wurde der einheitliche europäische Zahlungsverkehrsraum SEPA als moderner und kohärenter rechtlicher Rahmen für Zahlungsdienste geschaffen (Erwägungsgrund 4 zur Zahlungsdienste-Richtlinie), der für alle Teilnehmer in der Union gilt, sodass sich dieser Teilnehmer sicher sein kann, dass in jedem Mitgliedstaat dieselben Regeln anwendbar sind.

a) Systemwidrigkeit

Mit diesem System erscheint es unvereinbar, dass die Mitgliedstaaten erneut eine Fragmentierung herbeiführen, indem sie den persönlichen Anwendungsbereich anders gestalten als in Art. 4 Nr. 11 der Zahlungsdienste-Richtlinie vorgesehen. Wo hierfür Gestaltungsmöglichkeiten bestehen, werden sie durch die Richtlinie selbst bestimmt, nämlich durch Art. 30 Abs. 2 und Art. 51 Abs. 3, wonach die Mitgliedstaaten vorsehen können, dass Kleinstunternehmen nach Art. 4 Nr. 26 (Erwägungsgrund 20) wie Verbraucher behandelt werden. Ein Teilnehmer braucht aber nicht damit zu rechnen, dass natürliche Personen, die zu beruflichem Zweck handeln, Verbraucher sein sollen, weil der Zweck einer unselbständigen beruflichen Tätigkeit zuzurechnen ist und er beispielsweise eine Bargeldeinzahlung unverzüglich zur Verfügung stellen müsste. *Vice versa* darf sich ein Arbeitnehmer nicht darauf einstellen, selbst wenn die durch § 13 BGB gefundene Lösung als die bessere empfunden werden mag. Aus der *ratio* des einheitlichen Zahlungsverkehrsraums folgt demgemäß, dass der harmonisierte Bereich des europäischen Zahlungsdienstrechts anders gezogen werden muss als bei den vorgenannten verbraucherprivatrechtlichen Richtlinien. Die zu vermeidende Fragmentierung kann nur erreicht werden, wenn die den Zahlungsverkehrsraum betreffenden Regelungen als abschließend verstanden werden, diesen also vollständig erfassen, sodass ergänzende nationale Regelungen gleichsam in diese vollständige Erfassung eindringen würden, was nichts anderes bedeutet, als dass sie einem Mitgliedstaat nicht erlaubt und gem. Art. 86 Abs. 1 der Zahlungsdienste-Richtlinie unwirksam sind.

b) Fazit: Restriktion

Im Falle von § 13 BGB als den Tatbestand des Verbrauchers in §§ 675e Abs. 4, 675t Abs. 2 BGB, Art. 248 § 19 EGBGB bestimmende Norm ist eine richtlinienkonforme restriktive Auslegung dahin geboten, dass arbeitnehmerbezogene Geschäfte nicht die Anwendung dieser Vorschriften begründen.

3. Geschäfte mit doppeltem Zweck

Zahlungsdienste-Richtlinie und MigrationsVO knüpfen die Verbrauchereigenschaft ebenso wie die privatrechtlichen Richtlinien an die Zurechnung des Geschäftszwecks, ohne diesen Begriff zu konkretisieren. Wie auszulegen ist, erläutern Erwägungsgrund 17 zur Verbraucherrechte-Richtlinie und 12 zur Wohnimmobilien-Kreditrichtlinie. Es sind keine Gesichtspunkte zu erkennen, diese Auslegung nicht auch im Recht des Zahlungsverkehrsraums anzulegen. Eine Fragmentierung wird dadurch gerade vermieden, Besonderheiten des Zahlungsverkehrs stehen nicht entgegen. Das Tatbestandsmerkmal „überwiegend" in § 13 BGB ist folglich auch für Art. 4 Nr. 11 Zahlungsdienste-Richtlinie sowie für Art. 2 Nr. 24 MigrationsVO anzuwenden.

Integration verbraucherprivatrechtlicher Vorschriften in das BGB. Versuch einer Zwischenbilanz

Markus Artz

I. Von den Nebengesetzen zum Verbraucherschutz im BGB

Seit der Modernisierung des deutschen Schuldrechts finden sich die auf unterschiedlichen Richtlinien der Europäischen Union und ihrer Vorgänger beruhenden besonderen Vorschriften zum Verbraucherprivatrecht an zentralen Stellen des Bürgerlichen Gesetzbuchs. Seinerzeit, im Vorfeld der Schuldrechtsreform von 2002, wurde intensiv darüber diskutiert, ob und welche Auswirkungen es hat, verbraucherprivatrechtliche Sondervorschriften in das BGB zu integrieren. Der Schritt, nicht nur die Verbrauchsgüterkaufrichtlinie in das deutsche Recht umzusetzen, sondern neben der grundlegenden Überarbeitung des Leistungsstörungsrechts auch noch verbraucherprivatrechtliche Nebengesetze, wie das Fernabsatzgesetz, Haustürgeschäftewiderrufsgesetz oder das Verbraucherkreditgesetz in das BGB zu überführen, war in keiner Weise gemeinschaftsrechtlich angezeigt, sondern ist schlicht als Baustein der sog. „Großen Lösung" zu begreifen. Während seinerzeit eine Tendenz zur Zusammenführung der Regelungen unter dem Dach des BGB festzustellen war, die grundsätzlich auch bei nachfolgend umzusetzenden Richtlinien weiterverfolgt wurde, zeigte sich später eine geradezu in die entgegengesetzte Richtung weisende Entwicklung: Einzelne Regelungen zu den verbraucherprivatrechtlichen Informationspflichten wurden wieder aus dem BGB entfernt und in das EGBGB ausgelagert.

II. Verzahnung mit dem allgemeinen Schuldrecht und Systematisierung der verbraucherprivatrechtlichen Vorschriften

Die Integration verbraucherprivatrechtlicher Sondervorschriften weist, schaut man auf die Entwicklung seit der Schuldrechtsreform zurück, zwei wesentliche Entwicklungsstränge auf, die nicht ohne Brüche sind.

1. Verzahnung mit dem allgemeinen Schuldrecht

Insbesondere die Umsetzung der Verbrauchsgüterkaufrichtlinie war von dem Bestreben geprägt, die Vorgaben der Richtlinie in die Systematik des allgemeinen Leistungsstörungsrechts einzupassen und das Kaufrecht als solches unter Berücksichtigung der Richtlinie umzugestalten. § 437 BGB mag als deutlichster Ausweis für diesen Ansatz genannt werden. Einzelne, wenige verbraucherprivatrechtliche Sonderregeln wurden in die §§ 474 ff. BGB verlagert. Aber nicht nur im Kaufrecht wurde zunächst ein solcher Harmonisierungsansatz verfolgt. Die Rechtsfolgen des verbraucherprivatrechtlichen Widerrufs orientierten sich an den Regelungen des Rücktrittsfolgenrechts, auf das § 357 BGB a.F. verwies.

2. Systematisierung verbraucherprivatrechtlicher Vorschriften

Eine zweite charakteristische Eigenart der Integration verbraucherprivatrechtlicher Nebengesetze liegt in dem Bestreben, allgemeine, für mehrere Richtlinien geltende Regelungen zu schaffen. Begonnen wurde dies mit der Einführung der §§ 13, 14 BGB zur Definition des Begriffspaars Unternehmer/Verbraucher und den ersten Versuchen, allgemeine Vorschriften für das verbraucherprivatrechtliche Widerrufsrecht zu formulieren, womit im Übrigen schon vor der Schuldrechtsreform im Zuge der Umsetzung der Fernabsatzrichtlinie begonnen wurde. Ihren zwischenzeitlichen Abschluss hat dies nun in der Neufassung der Vorschriften zu den Besonderen Vertriebsformen und der völligen Umgestaltung der allgemeinen Regelungen zum Widerrufsrecht und seinen Folgen im Rahmen der Umsetzung der Richtlinie über Verbraucherrechte gefunden, die zum 13.6.2014 vollzogen wurde.

3. Sollbruchstellen

Sowohl die Einflechtung der neuen Regelungen in das bestehende System des BGB als auch das Bemühen, Basisnormen für das Verbraucherprivatrecht zu schaffen, hat neue Fragen aufgeworfen.

Zum einen lässt sich etwa im Kaufrecht feststellen, dass die Integration der aus der Richtlinie stammenden Vorgaben in das allgemeine Kaufrecht Probleme nach sich zieht, wenn der EuGH den nationalen Richter zur richtlinienkonformen Auslegung resp. Rechtsfortbildung anhält. In diesem Bereich hat die Rechtsprechung des EuGH den Gesetzgeber mehrfach zum Nachjustieren veranlasst. Zu nennen sind die mittlerweile berühmten Entscheidungen zur Nutzungsentschädigung im Rahmen der Nachlieferung und zum Ersatz von Aus- und Einbaukosten. Hätte man verbraucherschützende Richtlinien in ein eigenständiges, nur Verbrauchsgüterkaufverträge betreffendes Gesetz transformiert, wäre solchen Fingerzeigen aus Luxemburg recht einfach dadurch Rechnung zu tragen gewesen, einzelne Regelungen in dem sonderprivatrechtlichen Gesetz zu ändern. Dies gestaltet sich schwieriger, wenn die Normen im allgemeingültigen Kaufrecht zu finden sind und nachfolgende Änderungen unmittelbar beispielsweise auf den unternehmerischen Verkehr durchschlagen. Hier zeichnet sich nun eine Tendenz zur Beschränkung der unionsrechtlichen Vorgaben auf den persönlichen Regelungsbereich der Richtlinie, also das Verbraucherprivatrecht, ab. Im Kaufrecht verlagert man solche klarstellenden Normen zunehmend in die §§ 474 ff. BGB. Es kommt insoweit zu einer gespaltenen Anwendung gemeinschaftsrechtlich geprägten Rechts. Die ursprünglich angestrebte „große Lösung“ wird teilweise wieder eingeschränkt.

Probleme traten auch auf im Zusammenhang mit dem Verweis des § 357 BGB auf das Rücktrittsfolgenrecht. Nachdem der EuGH entschieden hatte, dass Unternehmer nach Widerruf eines Fernabsatzvertrags die ursprünglichen Versandkosten (sog. Hinsendekosten) zu ersetzen haben, stand man vor dem großen Problem, dies in der Systematik der §§ 346 ff. BGB abzubilden.

Jüngste Entwicklungen haben gezeigt, wie schwierig es sich gestaltet, etwa für die einzelnen Widerrufsrechte allgemeingültige Grundnormen zu formulieren. Jedes Widerrufsrecht hat seine Eigenart, so dass der Gesetzgeber nun dazu übergegangen ist, ausgehend von § 355 BGB für die einzelnen Widerrufsrechte wiederum eigene Regelungen zu den Voraussetzungen und Rechtsfolgen zu formulieren (§§ 356, 357 BGB). Die jeweils eigenständige Formulierung von Vorschriften zur Rückabwicklung widerrufener Verbraucherverträge und damit einhergehende Abkoppelung vom Rücktrittsfolgenrecht ist sehr sinnvoll und hilfreich.

III. Integration versus eigenständiges Verbraucherschutzgesetz

Alternativ zur Integration verbraucherprivatrechtlicher Regelungen in das allgemeine Zivilrecht hätte man, wie in zahlreichen anderen europäischen

Staaten, ein eigenständiges Verbrauchergesetzbuch verfassen können, auf das sich fortan die Umsetzung neuer Richtlinien bzw. die Reaktion auf die Rechtsprechung des EuGH beschränkt hätte.

Das bestehende deutsche System hat zur Folge, dass jede weitere Transformation von Richtlinien zu erheblichen Eingriffen und Änderungen des Privatrechts im BGB führt. Das BGB kommt nicht zur Ruhe. Exemplarisch sei das Verbraucherkreditrecht in §§ 491 ff. BGB genannt, das nicht nur durch die Umsetzung der zweiten Verbraucherkreditrichtlinie, sondern ebenso durch Änderungen der allgemeinen Regelungen zum Widerrufsrecht, jüngst im Zuge der Umsetzung der Richtlinie über Rechte der Verbraucher, tiefgreifend umgestaltet wurde. Der nächste Akt steht bevor: Zum 21.3.2016 ist die europäische Richtlinie über Wohnimmobilienkredite für Verbraucher (2014/17/EU) in das nationale Recht umzusetzen. Seit Juli 2015 liegt ein Referentenentwurf des BMJV vor, der weitreichende Änderungen des Verbraucherkreditrechts in Aussicht stellt.

Doch auch angesichts der Nachteile, die häufige Änderungen der Vorschriften im BGB und die damit einher gehende Unruhe und Verunsicherung unzweifelhaft mit sich bringen, überwiegen die Vorteile einer Integration verbraucherprivatrechtlicher Vorschriften in das BGB, blickt man auf die Zeit seit der Schuldrechtsreform zurück.

1. Bedeutung des Verbraucherprivatrechts für die juristische Ausbildung

Heute dürfte es keinen Zweifel mehr daran geben, dass die Bedeutung des Regelungsstandorts verbraucherprivatrechtlicher Vorschriften nicht zu unterschätzen ist. Während etwa die Regelungen zum Haustürwiderruf im HWiG oder zum Fernabsatzvertrag im FernAbsG zunächst ein Schattendasein fristeten, gehört das Widerrufsrecht des Verbrauchers bei Besonderen Vertriebsformen heute zum Standardstoff in der juristischen Ausbildung. Ein Blick in die juristischen Lehrbücher zum Schuldrecht und entsprechende Kapitel der Grundkurse zum BGB zeigt, dass verbraucherprivatrechtliche Regelungen und somit das Europäische Privatrecht als solches mit seinen Methoden der Auslegung und Rechtsfortbildung nun dem Standardwissen des Jurastudiums angehören. Auch die Standardkommentare zum BGB kommen nicht umhin, die Vorschriften an prominenter Stelle zu erläutern. Nicht nur, dass sich das Widerrufsrecht als besonderes Gestaltungsrecht des Verbrauchers außerordentlich gut eignet, um die Lösung von der vertraglichen Bindung darzustellen und zu verstehen. Auch die Rückabwicklung widerrufener Verträge, nun unter Maßgabe von §§ 355, 357 BGB, und das Verhältnis dieses Reglements zum Rücktrittsfolgen- und Bereicherungsrecht bringt spannende Rechtsfragen mit sich. Dass heute intensiv über Parallelen und Unterschiede zwischen den §§ 346 ff. und den §§ 355 ff. BGB diskutiert wird, ist unmittelbare Folge der Integration des Verbraucherprivatrechts in das BGB. Während sich andere europäische Rechtsordnungen dafür entschieden haben, zur Transformation verbraucherprivatrechtlicher Regelungen aus Richtlinien eigenständige Verbraucherschutzgesetze zu schaffen, geht es dabei in Deutschland nun um zentrale systematische Fragen des Schuldrechts. Der Blick auf die Behandlung und Bedeutung des Verbraucherschutzrechts in solchen Ländern und deren Rechtsordnungen zeigt, dass es insoweit an der wissenschaftlichen Durchdringung der Materie mangelt, verbraucherprivatrechtliche Fragen in einen größeren bürgerlich-rechtlichen Zusammenhang zu stellen. Das Verbraucherschutzrecht wird in den Mitgliedstaaten, in denen eigenständige zivilrechtliche Verbraucherschutzgesetzbücher existieren, als separate, eigenständige Rechtsmaterie behandelt. Lehrbücher zum Vertragsrecht sparen das Verbraucherschutzgesetz aus. Dies hat unweigerlich zur Folge, dass auch die Methoden des Europäischen Privatrechts nur dieser Spezialmaterie vorbehalten sind und nicht den Stellenwert genießen, den sie in den zurückliegenden Jahren in Deutschland erlangt haben. Deutsche Studierende kommen nicht umhin, sich schon zu Beginn ihres Studiums mit den Grundlagen des Europäischen Privatrechts auseinanderzusetzen, da das Verbraucherprivatrecht zum festen Bestandteil der zivilrechtlichen Grundausbildung geworden ist. Dazu hat die Integration der Vorschriften in das BGB sicher einen gehörigen Beitrag geleistet.

2. Bedeutung des Verbraucherprivatrechts in der Praxis

Selbstverständlich hängt die Anwendung verbraucherprivatrechtlicher Regelungen auf einzelne Lebenssachverhalte nicht davon ab, ob die einschlägigen Vorschriften in Nebengesetzen oder im BGB zu finden sind. Allerdings stellt man immer wieder fest, dass seit der Integration des Verbraucherprivatrechts in das BGB in Bereichen, die man nicht auf den ersten Blick mit dem Rechtsgebiet in Verbindung bringt, Diskussionen über dessen Einflussnahme aufkommen. Exemplarisch sei die gerade intensiv geführte Debatte über die Bedeutung des Widerrufsrechts bei Wohnraummietverträgen genannt.

IV. Schluss

Hielt man die Frage der Integration von Verbraucherschutzgesetzen und des AGB-Gesetzes im Zuge der Schuldrechtsreform 2002 für wenig relevant, hat sich seither gezeigt, dass die dahingehende Entscheidung den Stellenwert verbraucherprivatrechtlicher und somit unionsrechtlich determinierter Vorschriften unzweifelhaft gesteigert hat. Treten zwar an der einen oder anderen Stelle auch Probleme und Wertungswidersprüche auf, überwiegen die Vorteile der Integration eindeutig.

Europäischer oder nationaler oder systematischer Verbraucherschutz? – Defizite sachlicher Normlegitimation bei überschießender Richtlinien-Umsetzung am Beispiel des „ewigen" Rechts zum Widerruf von Immobiliarkreditverträgen

Beate Gsell

I. Einleitung

Verbraucher, die in der Vergangenheit und vor der aktuellen Niedrigzinsphase zur Finanzierung einer Immobilie einen Kredit mit langjähriger Sollzinsbindung aufgenommen haben, können ihre Vertragserklärung auch heute noch widerrufen, wenn sie von der Bank über das Widerrufsrecht aus § 495 Abs. 1, 355 BGB nicht ordnungsgemäß belehrt wurden. Der Lauf der vierzehntätigen Widerrufsfrist des § 355 Abs. 2 BGB wird dann nach §§ 356b Abs. 2 S. 1, 356 Abs. 3 S. 3 BGB bzw. den Vorläufernormen zu dieser Vorschrift (§§ 355 Abs. 3, 495 Abs. 2 S. 1 Nr. 2 lit. b BGB a.F.)aufgehalten.

Im vorliegenden Beitrag soll nicht geklärt werden, ob ein solches „ewiges" Widerrufsrecht, das Justiz[1], Verbraucherzentralen[2] und offenbar auch

1 Eine Liste mit einschlägigen verbraucherfreundlichen Urteilen findet sich auf der homepage der Stiftung Warentest, s. https://www.test.de/Immobilienkredite-So-kommen-Sie-aus-teuren-Kreditvertraegen-raus-4718800-4719374/ (abrufbar am 12.12.2014).

2 S. nur zu den Aktivitäten der Verbraucherzentrale Bremen und Hamburg http://www.verbraucherzentrale-bremen.de/immobilienkredit--widerruf-und-rueckforderung-der-vorfaelligkeitsentschaedigung; http://www.vzhh.de/baufinanzierung/311059/widerrufsbelehrungen-meistens-ungueltig.aspx (beide Seiten abrufbar am 12.12.2014).

das Bundeskartellamt[3] beschäftigt und das als „Widerrufsjoker[4]" durch die Medien wandert, allgemein und speziell bei grundpfandrechtlich gesicherten Darlehensverträgen rechtspolitisch angemessen ist oder nicht. Darüber kann man trefflich streiten. So ist einerseits offensichtlich, dass der Verbraucher das Widerrufsrecht gegenwärtig oft als „Reurecht" nutzt, weil sich ihm die Chance bietet, in den Genuss eines mittlerweile günstigeren Zinsniveaus zu gelangen.

Andererseits kann man in der empfindlichen Folge einer späten Stornierung eines günstigen Geschäfts durchaus eine effektive Absicherung der verbraucherschützenden Belehrungsanforderungen sehen.[5]

Bemerkenswert ist allerdings und allein darum soll es vorliegend gehen, dass die Einführung und Beibehaltung des „ewigen" Widerrufsrechts für grundpfandrechtlich gesicherte Verbraucherdarlehensverträge im deutschen Recht in einer spezifischen Weise europarechtlich geprägt ist, die wohl für eine „überschießende" Umsetzung europäischer Richtlinienvorgaben nicht untypisch ist.

Für diese europäische Prägung ist kennzeichnend, dass die Änderung des nationalen Rechts in einem sog. "überschießenden" Bereich gerade keinen bindenden europarechtlichen Vorgaben folgt, aber dennoch (auch) insoweit kaum sachlich-inhaltlich durch den nationalen Gesetzgeber legitimiert wird. Vielmehr stehen bei der legislativen Entscheidung Einheitlichkeit und systematische Geschlossenheit des nationalen Rechts im Vorder-

---

3 Zu angeblichen Absprachen unter den Banken, Verbrauchern, die eine Widerruf erklärt haben, keine Anschlussfinanzierung mehr zu gewähren, s. ein Artikel in der F.A.Z. http://www.faz.net/aktuell/finanzen/meine-finanzen/sparen-und-geld-anlegen/guenstige-kreditzinsen-kuendigungen-alter-kredite-machen-banken-zu-schaffen-13252192.html (abrufbar am 12.12.2014).

4 Vgl. etwa einen Artikel von *Seith*, in: DER SPIEGEL Heft 36/2014 http://www.spiegel.de/spiegel/print/d-128977579.html (abrufbar am 12.12.2014).

5 Konsequenterweise scheidet damit de lege lata eine Heranziehung des Instruments der Verwirkung grds. aus, muss doch der unzureichend belehrende Unternehmer gerade angesichts der gesetzlich vorgesehenen Fristenhemmung mit einem späten Widerruf auch noch im Stadium der Vertragsdurchführung rechnen; abw. *Habersack/Schürnbrand* ZIP 2014, 749 ff., 755 f. insbesondere unter Verweis auf eine aus der zeitweisen Unzulänglichkeit der amtlichen Belehrungsmuster resultierenden angeblichen besonderen Schutzbedürftigkeit der Unternehmer; dagegen überzeugend *Gansel/Huth/Knorr* BKR 2014, 353 ff., 359 ff.; gegen eine Verwirkung des europarechtlich determinierten versicherungsrechtlichen Widerrufsrechts BGH, 7.5.2014 – IV ZR 76/11 = NJW 2014,2646, 2650 Rn. 39 f. unter Verweis auf EuGH, 19.12.2013 – Rs. C-209/12 (Endress) Rn. 30.

grund und orientiert sich der nationale Gesetzgeber zu diesem Zweck an einem europäischen Vorbild, das nur bestimmte, enger gefasste Sachverhalte regelt (hier konkret: Haustürgeschäfte) und das bemerkenswerterweise vorliegend aufgrund einer Intervention des Europäischen Gesetzgebers mittlerweile gar nicht mehr in der ursprünglichen Form existiert.[6]

Damit gerät die Verantwortlichkeit für die geltende nationale Rechtslage zu einer merkwürdigen Gemengelage. Formal besteht zwar für den „überschießenden" Bereich eindeutig eine autonom nationale Legislativverantwortung, tatsächlich ist der mittelbare Einfluss des Europarechts jedoch beträchtlich und führt dazu, dass die sachlich-inhaltliche Verantwortung für die geltenden Regelungen sich zwischen den beiden Ebenen der Rechtssetzung zu verlieren droht.

II. Einführung des „ewigen" Widerrufsrecht für grundpfandrechtlich gesicherte Kredite aus systematischen Gründen

1. Keine europäische Vorgabe eines „ewigen" Widerrufsrechts allgemein bei grundpfandrechtlich gesicherten Verbraucherkrediten

Das Europarecht verpflichtet die Mitgliedstaaten nicht dazu, allgemein für grundpfandrechtlich gesicherte Verbraucherkredite bei Belehrungsverstößen ein „ewiges" Widerrufsrecht vorzusehen. Die ursprüngliche VerbrKr-RL 87/102/EWG ordnet überhaupt kein Widerrufsrecht an und die reformierte Verbraucherkredit-RL 2008/48/EG gibt zwar in Art. 14 ein Widerrufsrecht vor, nimmt aber nach ihrem Art. 2 Abs. 2 lit. a grundpfandrechtlich gesicherte Kredite insgesamt von ihrem Anwendungsbereich aus.

Und die neue RL 2014/17/EU über Wohnimmobilienkreditverträge vom 4.2.2014[7], die bis 21.3.2016 ins nationale Recht umgesetzt werden muss, lässt nach Art. 14 Abs. 6 Unterabs. 1 und 2 den Mitgliedstaaten die Wahl, ob sie ein Widerrufsrecht gewähren oder aber lediglich *vor* Abschluss des Vertrages dem Verbraucher eine Bedenkzeit von mindestens sieben Tagen einräumen, um „Angebote zu vergleichen, ihre Auswirkungen zu bewerten und eine fundierte Entscheidung zu treffen." Während dieser Bedenkzeit bleibt zwar der Kreditgeber an sein Angebot gebunden, eine verbindliche Vertragsannahme durch den Verbraucher ist aber mög-

---

6 Dazu sogleich unten II.3.

7 Dazu etwa *Schäfer* VuR 2014, 207 ff.

lich, so dass die Bedenkzeit anders als ein Widerrufsrecht gerade keine nachträgliche Loslösung vom Vertrag mehr erlaubt.[8]

Davon abgesehen fehlt in RL 2014/17/EU eine Regelung, die den Lauf der Bedenkzeit oder Widerrufsrist an eine ordnungsgemäße Belehrung knüpft, sondern wird umgekehrt in Erwägungsgrund 23 explizit darauf hingewiesen, dass die Mitgliedstaaten „im Interesse der Rechtssicherheit […]“ vorsehen können sollten, dass die Bedenkzeit oder das Widerrufsrecht in Fällen endet, in denen „der Verbraucher Schritte unternimmt, die gemäß nationalem Recht die Begründung oder Übertragung eines Rechts an einer Immobilie im Zusammenhang mit oder unter Verwendung von Finanzmitteln, die er im Rahmen des Kreditvertrags erhalten hat, zur Folge haben, oder in denen er ggf. die Finanzmittel an eine dritte Partei überträgt“.[9]

Und Art. 14 Abs. 6 letzter Unterabs. von RL 2014/17/EU sieht für den Fall, dass der Verbraucher ein Recht zum Widerruf seines Immobiliarkreditvertrages nach Unterabs. 2 hat, vor, dass Art. 6 der RL 2002/65/EG über das Widerrufsrecht beim Fernabsatz von Finanzdienstleistungen nicht zur Anwendung kommt. Anders als die RL 2014/17/EU regelt Art. 6 Abs. 1 RL 2002/65/EG Abs. 1 u.a., dass der Lauf der finanzfernabsatzrechtlichen Widerrufsfrist an die Erfüllung der Informationspflichten geknüpft ist. Selbst wenn also ein Mitgliedstaat für Immobiliarkreditverträge ein Widerrufsrecht vorschreibt, so soll er also offenbar gerade nicht gezwungen sein, dieses bei Belehrungsverstößen „ewig“ aufrecht zu erhalten.

---

8 Allerdings gestattet Art. 14 Abs. 6 Unterabs. 4 RL 2014/17/EU den Mitgliedstaaten eine Regelung, wonach der Verbraucher (höchstens) zehn Tage lang gehindert ist, das Kreditangebot anzunehmen; vgl. auch Erwägungsgrund 23 S. 4 Hs. 1.

9 Entsprechend enthält auch das nach Art. 14 Abs. 2 und 3 RL 2014/17/EU zwingend zu verwendende ESIS-Merkblatt zwar in Ziff. 11 einen Hinweis auf die Bedenkzeit bzw. das Widerrufsrecht und auf des letzteren möglichen Verlust bei Erwerb oder Veräußerung einer Immobilie im Zusammenhang mit dem Kreditvertrag. Der Lauf der Bedenkzeit oder der Widerrufsfrist wird aber darin nicht von einer entsprechenden Belehrung abhängig gemacht.

2. *Erstreckung des europäischen Haustürwiderrufs-Regimes auf grundpfandrechtlich gesicherte Kredite*

Anlass für die Einführung eines „ewigen" Widerrufsrechts für grundpfandrechtlich gesicherte Darlehen in Deutschland war denn auch nicht das Europäische Verbraucherkreditrecht, sondern die haustürrechtliche Heininger-Entscheidung[10], in welcher der EuGH erstens die Anwendbarkeit der RL 85/577/EWG über außerhalb von Geschäftsräumen geschlossene Verträge auf Realkreditverträge anerkannte und zweitens eine Befristung des in der RL 85/577/EWG vorgesehenen Widerrufsrechts bei nicht ordnungsgemäßer Belehrung des Verbrauchers als richtlinienwidrig verwarf.

Der deutsche Gesetzgeber entschied sich dagegen, die deutsche Rechtslage nur punktgenau für an der Haustür geschlossene Kreditverträge an die Heininger-Entscheidung anzupassen. Vielmehr wurde in § 355 Abs. 3 BGB a.F. ein S. 3 angefügt, der allgemein bestimmte, dass das Widerrufsrecht nicht erlischt, wenn der Verbraucher nicht ordnungsgemäß über sein Widerrufsrecht belehrt wurde.[11] Diese Sanktion erfasste damit auch Verbraucherwiderrufsrechte, für die es keine entsprechenden europäischen Vorgaben gab, so insbesondere das autonom im nationalen Recht geschaffene Recht zum Widerruf von Verbraucherdarlehensverträgen. Dabei ging der Wille des Gesetzgebers ausweislich der insoweit maßgeblichen Gesetzesmaterialien, Beschlussempfehlung und Bericht des Rechtsausschusses des Bundestages vordringlich dahin, eine einheitliche Regelung für den Lauf der Widerrufsfrist zu schaffen. Durch Differenzierungen würde, befürchtete man, „das Recht noch unübersichtlicher, als es bisher schon war. Die Unterschiedlichkeit der Regelungen wäre für den Bürger noch viel weniger nachvollziehbar, als sie es bisher schon war."[12]

Zugleich begnügte man sich nicht damit, die bisherige Konkurrenzregel in § 312a BGB a.F. dahin anzupassen, dass das haustürrechtliche nur dann durch das verbraucherdarlehensrechtliche Widerrufsrecht verdrängt wurde, wenn dieses tatsächlich gegeben war.[13] Vielmehr beseitigte man über-

---

10 EuGH, Urt. v. 13.12.2001, Rs. C-481/99 (Heininger), Slg. 2001, I-9945 .

11 Die Änderungen erfolgten durch das Gesetz zur Änderung des Rechts der Vertretung durch Rechtsanwälte vor den Oberlandesgerichten (OLG-Vertretungsänderungsgesetz – OLGVertrÄndG) v. 23.7.2002, s. BGBl. 2002 I, S. 2850 ff.

12 S. BT Drucks. 14/9266, 45.

13 S. zu dieser Anpassung BT Drucks. 14/9266, 44.

schießend in § 491 Abs. 3 Nr. 1 BGB a.F. die Ausnahme vom verbraucherkreditrechtlichen Widerruf, die bislang für grundpfandrechtlich gesicherte Darlehen galt, sofern diese zu üblichen Konditionen gewährt wurden. Dabei findet sich in Beschlussempfehlung und Bericht des Rechtsausschusses des Bundestages allerdings kaum ein Wort dazu, inwiefern die ursprünglich anlässlich der Schaffung des VerbrKrG für die Sonderbehandlung von Immobiliarkreditverträgen angeführten Sachgründe[14] weiterhin oder eben keine Gültigkeit mehr beanspruchten.[15] Vielmehr wird vor allem die beabsichtigte einheitliche Behandlung aller Verbraucherdarlehensverträge hervorgehoben.[16]

3. Europarechtliche Korrektur des haustürrechtlichen Vorbildes

Mit dem Erlass der Richtlinie 2011/83/EU über Rechte der Verbraucher hat der europäische Gesetzgeber die Heininger-Rechtsprechung des EuGH legislativ korrigiert und für den Fall von Belehrungsverstößen bei außerhalb von Geschäftsräumen geschlossenen Verträgen und Fernabsatzgeschäften das Widerrufsrecht durch eine absolute Höchstfrist von 12 Monaten nach Ablauf der regulären vierzehntägigen Widerrufsfrist begrenzt[17]. Diese Regelung findet sich mittlerweile umgesetzt in § 356 Abs. 3 S. 2 BGB n.F.[18]

Damit ist das haustürrechtliche europäische Vorbild für das überschießend-nationale „ewige" Widerrufsrecht bei Immobiliarkreditverträgen be-

---

14 S. dazu BT Drucks. 11/5462, 18, wo es insbesondere heißt: „Das Widerrufsrecht würde die taggenaue Refinanzierung vieler Realkredite, die eine Grundlage für deren günstige Verzinsung darstellt, erheblich gefährden."

15 S. BT Drucks. 14/9266 S. 45, 47; bemerkenswert deutlich gegen eine sachliche Angemessenheit der Ausdehnung des Widerrufsrechts allerdings BR Drucks. 503/02, S. 9, wo es heißt: „Der Bundesrat war schon bisher stets der Auffassung, bei Immobiliardarlehensverträgen sei ein Widerrufsrecht nicht zweckmäßig, weil dieses die taggenaue Refinanzierung vieler Realkredite, die die Grundlage der günstigen Zinsen darstellt, erheblich gefährdet. Hieran hat sich nichts geändert. " und: „Insgesamt erscheint es lediglich aus systematischen Gründen hinnehmbar, wenn das Widerrufsrecht einheitlich vorgesehen wird. "

16 S. BT Drucks. 14/9266, S. 47.

17 Art. 10 Abs. 1 RL 2011/83/EU.

18 Geändert durch das Gesetz zur Umsetzung der Verbraucherrechterichtlinie und zur Änderung des Gesetzes zur Regelung der Wohnungsvermittlung v. 20. 9. 2013, BGBl 2013 I, S. 3642.

seitigt worden. Das Ziel des deutschen Gesetzgebers, Belehrungsverstöße einheitlich zu behandeln, lässt sich folglich nicht mehr erreichen. Denn weder die Verbraucherkredit-RL 2008/48/EG noch die RL 2002/65/EG über den Fernabsatz von Finanzdienstleistungen[19] enthalten eine Art. 10 Abs. 1 RL 2011/83/EU entsprechende Höchstfrist. Dementsprechend wird nach § 356b Abs. 2 S. 1 BGB n.F. bei Verbraucherkreditverträgen die Widerrufsfrist weiterhin durch Belehrungsverstöße gehemmt und greift nach § 356 Abs. 3 S. 3 BGB n.F. bei Verträgen über Finanzdienstleistungen die absolute Höchstfrist in S. 2 nicht ein.

Das „ewige" Widerrufsrecht, das damit für grundpfandrechtlich gesicherte Verbraucherdarlehen im deutschen Recht weiterhin gilt, kann sich also aktuell nicht mehr an haustürrechtliche europäische Vorgaben, sondern nur mehr an das bei seiner Einführung noch gar nicht existierende finanzfernabsatz-[20] und verbraucherkreditrechtliche Unionsrechts-Regime anlehnen, das aber die Mitgliedstaaten nicht einmal dazu zwingt, bei grundpfandrechtlich gesicherten Krediten überhaupt ein Widerrufsrecht anzuordnen.

III. Ausblick

Obwohl das Europarecht für Immobiliarkreditverträge niemals ein „ewiges" Widerrufsrecht vorschrieb und für Haustürgeschäfte mittlerweile eine Höchstfrist für die Ausübung anordnet, wäre es ohne das Europarecht in Deutschland vermutlich kaum zur Einführung eines Widerrufsrechts bei grundpfandrechtlich gesicherten Krediten gekommen und erst recht nicht zu dessen Ausgestaltung als „ewiges" Widerrufsrecht im Falle von Belehrungsmängeln. Mittlerweile hat dieses national-überschießende und sachlich-inhaltlich kaum begründete „ewige" Widerrufsrecht sein europarechtliches Vorbild überlebt, obwohl damit die vom nationalen Gesetzgeber ursprünglich beabsichtigte systematische Einheit gerade entfallen ist.

Die RL 2014/17/EU über Wohnimmobilienkreditverträge für Verbraucher ist nach ihrem Art. 2 Abs. 1 anders als die Verbraucherkredit-

---

19 In Art. 6 Abs. 2 lit. c RL 2002/65/EG ist allerdings ein Erlöschen für den Fall vorgesehen, dass der Vertrag auf ausdrücklichen Wunsch des Verbrauchers von beiden Seiten voll erfüllt wird, bevor der Verbraucher sein Widerrufsrecht ausübt; sie findet sich in § 356 Abs. 4 S. 2 BGB umgesetzt.

20 S. aber insoweit die vorhergehende Fn.

RL 2008/48/EG grundsätzlich mindestharmonisierend ausgestaltet. Einer Beibehaltung des „ewigen“ Widerrufsrechts für grundpfandrechtlich gesicherte Kredite steht sie deshalb nicht im Wege. Im Referentenentwurf eines Gesetzes zur Umsetzung der Wohnimmobilienkreditrichtlinie war denn auch keine Abschaffung vorgesehen.[21] Überlegungen zur sachlich-inhaltlichen Angemessenheit der Beibehaltung finden sich darin jedoch nicht. Abweichend davon schlägt nun allerdings der Regierungsentwurf vom 15.7.2015[22] in einem neuen § 356b Abs. 2 S. 4 BGB eine absolute Höchstfrist für den Widerruf von Immobiliar-Verbraucherdarlehensverträgen von zwölf Monaten und vierzehn Tagen vor, die stark der Regelung in § 356 Abs. 3 S. 2 BGB ähnelt. Sollte diese Bestimmung Gesetz werden, so wäre also die zeitliche Ausgestaltung des Widerrufsrechts bei Immobiliarkreditverträgen im Falle von Belehrungsverstößen wiederum an das europäische haustürrechtliche (und nunmehr auch fernabsatzrechtliche) Vorbild angeglichen, allerdings mit anderem Inhalt. Auch wenn damit erneut ein gewisser systematischer Gleichklang triumphieren würde, so wird doch immerhin zur Begründung mit der Rechtssicherheit ein wohltuend sachliches Argument bemüht.[23]

---

21 Der Referentenentwurf mit Bearbeitungsstand vom 18.12.2014 ist abrufbar (am 29.7.2015) unter http://www.bmjv.de/SharedDocs/Downloads/DE/pdfs/Gesetze/RefE-Wohnimmobilienkreditrichtlinie.pdf?=_blob=publicationFile. In Umsetzung von Art. 14 Abs. 6 Unterabs. 1 und 2 RL 2014/17/EU wird außerdem für die Fälle, in denen bisher ein Widerrufsrecht ausgeschlossen war (i.e. bei Umschuldungsdarlehen, § 495 Abs. 2 Nr. 1 BGB, notariell zu beurkundenden Darlehen, § 495 Abs. 2 Nr. 2 BGB und eingeräumten Überziehungsmöglichkeiten bzw. geduldeten Überziehungen, § 495 Abs. 2 Nr. 3 BGB) eine siebentägige Bedenkzeit eingeführt, innerhalb derer der Verbraucher das Angebot aber bereits annehmen kann, s. Art. 1 Nr. 11 des Referentenentwurfes und die Begründung, S. 81 f.; s. auch bereits oben II.1. vor und mit Fn. 8.

22 Abrufbar (am 29.7.2015) unter http://www.bmjv.de/SharedDocs/Downloads/DE/pdfs/Gesetze/Download.html;|sessionid=648FEAE288F189ACCED45C79D2E-F4039.1_cid324.

23 S. die Begründung des Regierungsentwurfes (Nachw. in der vorhergehenden Fn.), S. 91.

Ist die „Internet -Abo-Falle“ bei richtlinienkonformer Auslegung Betrug?

Thomas Hillenkamp

Für einen Beitrag, der inmitten dem Aufblicken zu den europarechtlich geprägten Höhenzügen des Privat-, Wirtschafts- und Verfassungsrechts in die Gassen des Strafrechts führt[1], eignet sich ein Fall, der dem BGH erstmalig die Antwort darauf abverlangte, ob „die Berücksichtigung der Richtlinie 2005/29/EG – Richtlinie über unlautere Geschäftspraktiken – nicht zu einer Einschränkung des strafrechtlichen Rechtsgüterschutzes“ durch § 263 StGB zwingt.[2] Die Frage birgt erheblichen Sprengstoff, da sie den Einfluss europarechtlicher Vorgaben auf das durch das deutsche Strafrecht gewährleistete Schutzniveau betrifft. Obwohl es nahe lag, unter Verwendung des der Richtlinie zugrunde liegenden europäischen Verbraucherleitbildes[3] als Blaupause für ein mit Eigensorgfaltsobliegenheiten belastetes Betrugsopfer einen nicht hinreichend sorgfältig agierenden Täuschungsadressaten aus dem Schutzbereich des § 263 StGB herauszunehmen, ist der BGH dieser Einladung zur Straffreistellung durchschaubarer Irreführungen nicht gefolgt. Das wird begrüßen, wer dem ausgerechnet im noch nicht lange zurückliegenden Jahrzehnt der „Wiederentdeckung des

1 Das gewählte Bild lehnt sich an den Satz „Privatrecht und Gemeinschaftsrecht: nach dem Aufblicken zu den Fixsternen der Verfassungsperspektiven ist nun die – vielleicht undankbare – Aufgabe zu bewältigen, Ihrer aller Aufmerksamkeit auf die Gassen des Zivilrechts zu lenken“ an, mit dem *Peter-Christian Müller-Graff*, dem dieser Beitrag in Dankbarkeit für über 20 Jahre erfahrene herzliche Heidelberger Kollegialität mit den besten Wünschen zu seinem 70. Geburtstag gewidmet ist, *seine* auf einem Vortrag beruhende Schrift: Privatrecht und Europäisches Gemeinschaftsrecht – Gemeinschaftsprivatrecht, 1. Aufl. 1989, S. 8 mit der ihm eigenen, uns in Heidelberg namentlich in seiner Dekanatszeit von Mal zu Mal beeindruckenden rhetorischen Kraft und Eleganz eingeleitet hat.

2 BGH - Urt. v. 5.3.2014 – 2.StR 616/12 = NJW 2014, 2595; Zitat aus dem von der Redaktion gebildeten LS 3.

3 S. dazu EuGH, Urt. v. 12.5.2011, Rs. C-122/10 (Ving Sverige), Slg. 2011, I-3903, Rn. 23 unter Berufung auf Urt. v. 19.9.2006, Rs. C-356/04 (Lidl Belgium), Slg. 2006, I-8501, Rn. 78 und Urt. v. 18.11.2010, C-159/09 (Lidl), Slg. 2010, I-11761, Rn. 47; *Müller-Graff* NJW 1993, 13, 19 f.

Opfers“[4] aufkommenden Trend, bei Auslassen möglichen und zumutbaren Selbstschutzes statt von Fremd- von eigenverantworteter Selbstschädigung zu sprechen und so verfahrenden Opfern den strafrechtlichen Schutz zu entziehen, nichts abzugewinnen vermag, die ausgelassene Gelegenheit, dem Trend unionsrechtlichen Boden zu geben, dagegen bedauern, wer solcher „Viktimodogmatik“ anhängt.[5] Auch wenn man aus solchen und anderen Gründen der Entscheidung kritisch gegenübersteht, wird sich freilich kaum jemand finden, der die in ihr vorgenommene Begrenzung der Selbstverantwortlichkeit[6] des Verbrauchers und damit zugleich ihr Ergebnis nicht billigt.[7]

Der dem Urteil zugrunde liegende Sachverhalt weist die für Kostenfallen im Internet typischen Merkmale auf. Der Angekl. betrieb seit August 2006[8] u.a. eine Internetseite, auf der ein Online-Routenplaner angeboten wurde. Weder auf der Startseite noch auf der sich nach Betätigung der Schaltfläche „Route berechnen“ öffnenden Seite, deren sichtbarer Text bei der „statistisch am häufigsten verwendeten Bildschirmgröße und -auflö-

---

4 *Küper* GA 1980, 217; die Rückbesinnung auf das Opfer bezweckte eigentlich die Stärkung seiner Position und Interessen, s. *Hillenkamp* JuS 1987, 940 ff.

5 Die Initialzündung zu dieser Strömung ging von *Amelung*, „Irrtum und Zweifel des Getäuschten beim Betrug“, GA 1977, S. 1 ff. aus. *Ich* bin diesem Ansatz in *meiner* Habilitationsschrift „Vorsatztat und Opferverhalten“, 1981 entgegengetreten und verteidige meinen Standpunkt namentlich zum Betrug bis heute in *Wessels/Hillenkamp*, Strafrecht BT/2, Straftaten gegen Vermögenswerte, 37. Aufl. 2014, Rn. 487 f., 499, 512 f., jeweils m.w.N. zum Streitstand.

6 Die ursprünglich vor allem beim Merkmal des Irrtums angesiedelte Problematik ist zunehmend in die Figur der objektiven Zurechnung unter dem Blickwinkel eigenverantworteter (i. S. einer „Rechenschaft für eigenes Verhalten und seine Folgen abzulegen und dafür einzustehen“ haben, so die Definition der Selbstverantwortung bei *Müller-Graff*, in: Riesenhuber, Das Prinzip der Selbstverantwortung, 2012, S. 140) Selbstschädigung verlagert worden, aus *meiner* Sicht ohne Gewinn an Überzeugungskraft.

7 Bis zur Manuskriptabgabe lag eine insgesamt – *v. Heintschel-Heinegg* JA 2014, 790 – und eine nur i.E., nicht aber im methodischen Vorgehen – *Hecker/Müller* ZWH 2014, 329 - zust. Bespr. vor.

8 Trotz auf Klage des Verbraucherschutzverbandes 2007 durch das LG Frankfurt erfolgter Untersagung auch noch nach dem 1.9.2007. Zur genauen, bis April 2008 währenden Tatzeit und weiteren Details s. den zu diesem Fall vom OLG Frankfurt a.M., 17.12.2010 – 1 Ws 29/09 = NJW 2011, 398 (nach Ablehnung durch LG Frankfurt, 5.3.2009 – 5/27 Kls 3330 Js 212484/07 KLs – 12/08 = MMR 2009, 421) erlassenen Eröffnungsbeschluss. Die genannte Richtlinie war gem. Art. 19 bis zum 12.6.2007 durch ab 12.12.2007 anzuwendende Vorschriften umzusetzen.

sung" mit der Schaltfläche „Route planen" endete, befand sich ein erkennbarer Hinweis darauf, dass die Inanspruchnahme des Routenplaners zum Abschluss eines Abonnementvertrags führen und zur Zahlung von 59,95 € verpflichten sollte. Das erfuhr man nur, wenn man – wozu nichts zwang - einem Sternchen-Verweis auf der zweiten Seite durch Scrollen bis ans Ende eines mehrzeiligen Fußnotentextes oder – was allerdings Bedingung für die Möglichkeit des Leistungsabrufs war - dem Link „AGB und Verbraucherinformation" nachging. Die dort auch angekündigte Zusendung einer entsprechenden Rechnung führte zu einer Strafanzeige von 261 Nutzern, die den Kostenhinweis nicht zur Kenntnis genommen hatten. 10 Anzeigeerstatter hatten das Entgelt bezahlt, die restlichen waren mit Zahlungserinnerungen und Schreiben von Rechtsanwälten bedrängt worden, in denen u.a. mit einem Eintrag bei der Schufa gedroht wurde. Der BGH hat die Verurteilung wegen (versuchten) Betrugs bestätigt.[9] Die Fragen, die das Urteil und der vorangegangene Eröffnungsbeschluss zum Schaden, zur Vollendung, zum Verbotsirrtum und zum besonders schweren Fall aufgeworfen haben[10], bleiben hier ausgeblendet. Der begrenzte Raum und das Leitmotiv der Festschrift rechtfertigen es, den Blick allein auf Täuschung und Irrtum und den sie verbindenden Zurechnungszusammenhang in ihrer denkbaren Überformung durch die zitierte Richtlinie zu werfen. Soweit unter Verweis auf das ihr nach dem BGH zugrunde liegende „Leitbild eines durchschnittlich verständigen und aufmerksamen Verbrauchers" die Ansicht vertreten wird, bei richtlinienkonformer Auslegung liege eine be-

---

9 Die Verfahrensverzögerung bewog das erst im Juni 2012 entscheidende LG, nach der „Vollstreckungslösung" (BGH, 17.1.2008 – GSSt 1/07 = NJW 2008, 860; zur von Verfassungs wegen gebotenen Einstellung des Verfahrens in extremen Fällen überlanger Verfahrensdauer s. *Hillenkamp*, in: Mußgnug, Rechtsentwicklung unter dem Bonner Grundgesetz, 1990, S. 229 ff.) von der wegen versuchten Betrugs in einem besonders schweren Fall (§§ 263 I, II, III 2 Nrn. 1, 2, 22, 23 II StGB) verhängten und zur Bewährung ausgesetzten Freiheitsstrafe von 2 Jahren 4 Monate als vollstreckt zu erklären.

10 S. dazu BGH, 5.3.2014 – 2 StR 616/12, Rn. 35 ff. = NJW 2014, 2595, 2598 f. mit den in Fn. 7 zit. Bespr.; OLG Frankfurt a.M., 17.12.2010 – 1 Ws 29/09, Rn. 63 ff. = NJW 2011, 398, 402 ff. mit Anm. *Hansen* sowie die Bespr. von *Bosch*, JK 6/11, StGB § 263/90; *Brammsen/Apel* WRP 2011, 470; *Eisele* MMR 2011, 273; *Erb* ZIS 2011, 368; *Hatz* JA 2012, 186; *Hecker* JuS 2011, 470 und *Hövel* GRUR 2011, 253. Die jedenfalls bei erfolgter Zahlung *unzutreffende* Annahme nur *versuchten* Betrugs hat den allein revisionsführenden Angekl. nicht beschwert und blieb deshalb von BGH, 5.3.2014 – 2 Str 616/12 Rn. 40 = NJW 2014, 2595, 2599 unbeanstandet.

trugsrelevante Täuschung nur vor, wenn sie geeignet sei, eine informierte, aufmerksame und verständige Person zu täuschen, folgt der BGH dieser Ansicht ausdrücklich nicht.[11] Man geht kaum fehl, wenn man die dafür maßgeblichen Ankersätze darin sieht, dass der BGH „auch unter Berücksichtigung der RL 2005/29/EG“ an seiner Rechtsprechung „festzuhalten“ gedenkt, nach der „Leichtgläubigkeit des Opfers oder Erkennbarkeit einer auf die Herbeiführung eines Irrtums gerichteten Täuschungshandlung weder aus Rechtsgründen die Täuschungsabsicht“ noch „eine irrtumsbedingte Fehlvorstellung“ entfallen lassen. Damit soll das vor der Richtlinie erreichte Schutzniveau ersichtlich aufrechterhalten werden. Beschränkte man die „Betrugsstrafbarkeit“ demgegenüber auf … „Täuschungshandlungen, die geeignet sind, einen durchschnittlich verständigen und aufmerksamen Verbraucher zu täuschen“, widerspräche man „dem durch § 263 StGB intendierten Rechtsgüterschutz“, weil man ihn gerade solchen Verbrauchern gegenüber versagte, die – weil „intellektuell oder situativ nicht zu einem normativ >>durchschnittlichen<< Maß an Selbstschutz in der Lage … in besonderem Maße schutzwürdig sind.“[12] Daran, ob diese dem angedeuteten Trend zum Tatbestandsausschluss durch Opfermitverschulden entgegentretenden Aussagen ohne Vorlage an den EuGH (Art. 267

11 BGH, 5.3.2014 – 2 StR 616/12, Rn. 23 = NJW 2014, 2595, 2596 f. nennt für die verworfene Ansicht *Hecker*, Europäisches Strafrecht, 4. Aufl. 2012, § 9 Rn 34 f.; § 10 Rn. 17, 21; *Ruhs*, in: FS für Rissing-van Saan, 2011, 567, 579 ff.; *Satzger*, in: Satzger/Schluckebier/Widmaier, StGB, 2. Aufl. 2014, § 263 Rn. 112 -114; *Soyka* wistra 2007, 127, 132. Vgl. wird auch auf *Dannecker* ZStW 117 (2005), 697, 711 f. verwiesen, der einen relativierenden Standpunkt vertritt, s. auch *Dannecker*, in: Graf/Jäger/Wittig, Wirtschafts- und Steuerstrafrecht, 2011, § 263 Rn. 9. Die Argumentation ist auf den *Irrtum* entsprechend erstreckbar.

12 BGH, 5.3.2014 – 2 StR 616/12, Rn. 20, 29 = NJW 2014, 2595, 2596 f. Der BGH verweist auf BGH, 22.10.1986 – 3 StR 226/86 = BGHSt 34, 199, 201 f.; BGH, 4.12.2003 – 5 StR 308/03 = NStZ-RR 2004, 110, 111 und BGH, 5.12.2002 – 3 StR 161/02 = NJW 2003, 1198 f., eine Entscheidung, in der er „viktimologisch motivierten Ansätzen“, die bei für das Opfer auflösbaren Zweifeln den Irrtum verneinen wollen – s. dazu *Hillenkamp*, Examenswichtige Klausurprobleme BT, 12. Auflage 2013, 29. Problem – eine Absage erteilt, deren Begründung die von *mir* (Fn. 5),S. 18 ff., 135 ff., 153 ff., 172 ff. gegebene im Kern wiederholt (leider ohne sie zu zitieren). Die in BGH, 10.7.1952 – 5 StR 358/52 = BGHSt 3, 99, 103; 26.4.2001 – 4 StR 439/00 = BGHSt 47, 1, 4 zu findende Einschränkung, dass „allzu sorglose Menschen vor den Folgen ihres eigenen Tuns zu schützen“ nicht „Aufgabe des Strafrechts (und des Betrugstatbestands)“ sei, beruht auf einer Verkennung des Subsidiaritätsprinzips, s. *Hillenkamp* (Fn 5), S. 175 ff., und hat in den hier erörterten Fallgestaltungen keine praktische Bedeutung.

AEUV) zu gewinnen waren, weil die „Auslegung der Richtlinie ... offenkundig und zweifelsfrei“ sei[13], sind sicher Zweifel erlaubt. Sie zu überwinden, kann freilich die Annahme helfen, dass die in der Sache überzeugende, zweischichtige Begründung des BGH auch der Auslegung des EuGH nicht widerstritte, weil allein sie (kriminalpolitisch) vernünftig erscheint.

Bevor man zu dieser Auslegung und ihrem Einfluss auf den Betrug kommt, müssen allerdings die Objekte denkbarer Überformung, also Täuschung und Irrtum, nach deutschem Maßstab vorliegen. Eine bloße ignorantia facti – hier der Entgeltlichkeit – reicht nicht aus, vielmehr muss die Fehlvorstellung Folge einer täuschenden Einwirkung auf das Vorstellungsbild des Betrugsopfers sein. Das ist nicht leicht zu begründen, wenn die genaue Lektüre des Angebots ergibt, dass nichts Unwahres gesagt, die Wahrheit „ausgedrückt“ ist.[14] Die Annahme einer konkludenten Täuschung und eines auf sie zurückzuführenden Irrtums ist gleichwohl heute annähernd unstreitig. Sie lässt sich besser als auf den Verweis, die Irrtumserregung sei hier nicht bloße Folge, sondern Zweck der sich äußerlich den Anschein verkehrsgerechten Verhaltens gebenden, in Wahrheit aber allein auf Schädigung zielenden verschleiernden Handlung[15], darauf stützen, dass einen Internetbenutzer die in solchem rechtlichen Rahmen und Gesamtzusammenhang dem Anbieter zugewiesene Informationslast zur Entgeltlichkeit vom diesbezüglichen Orientierungsrisiko mit der Folge befreit, dass er nach der Verkehrssitte ohne klare gegenteilige Ansage auf Unentgeltlichkeit setzen und das Angebot entsprechend verstehen darf. Als Quellen für diese Last- und Risikoverteilung lassen sich § 1 I 1, VI 2 PreisangVO und - für spätere Fälle – auch die seit 2012 in § 312g BGB (= § 312j n.F.) umgesetzte „Buttonlösung“ anführen, deren Gebote der Angekl. – gerichtlich abgemahnt – ersichtlich vorsätzlich verletzt hat.[16]

---

13 BGH, 5.3.2014 – 2 StR 616/12, Rn. 33 = NJW 2014, 2595, 2598; eine Behauptung, die angesichts der umfangreichen Begründung sich nicht unmittelbar einleuchtend auf die „acte-clair-Doktrin“ berufen kann, krit. daher *Hecker/Müller* ZWH 14, 332, 333.

14 Wie hier im Sternchen-Hinweis und den AGB. Zur Täuschung durch die Behauptung wahrer Tatsachen s. grundl. *H.Schröder*, in: FS für Peters, 1974, 153 ff.

15 So im Anschluss an BGH, 26.4.2001 – 4 StR 439/00 = BGHSt 47, 1, 5 und BGH, 4.12.2003 – 5 StR 308/03 = wistra 2004, 103, 104 OLG Frankfurt, 17.12.2010 – 1Ws 29/09 Rn. 44 = NJW 11, 398, 401.

16 *Wessels/Hillenkamp* (Fn. 5), Rn. 496, 499, 506 m.w.N.; BGH, 5.3.2014 – 2 StR 616/12, Rn. 17-19 = NJW 2014, 2595, 2596 folgt (ohne Hinweis auf die Buttonlö-

Obwohl die Opfer bei akribischer Sorgfalt die „Wahrheit“ erfahren und ihren Irrtum vermeiden konnten, besteht nach bisheriger Rechtsprechung auch am Kausal- und Zurechnungszusammenhang zwischen Irrtum und Täuschung kein Zweifel. Es kommt danach nicht darauf an, „wovon der Getäuschte bei gehöriger Aufmerksamkeit hätte ausgehen müssen, sondern nur, wovon er tatsächlich ausgegangen ist.“[17]

Trotz eines Bekenntnisses des BGH zur sich auch auf das vor der Richtlinie bestehende Strafrecht spätestens mit Ablauf der Umsetzungsfrist erstreckenden „Verpflichtung zur richtlinienkonformen Auslegung“[18] glaubt der Senat, dass ihn die RL 2005/29/EG nicht zu einer Änderung der Rechtsprechung zwingt. In einer ersten Begründungsschicht setzt der BGH der richtlinienkonformen Auslegung Grenzen. Auf dem Hintergrund eingeschränkter Rechtsetzungskompetenz der EU auf dem Gebiet des Strafrechts und des Grundsatzes weitgehender Schonung der mitgliedschaftlichen Rechtsordnungen, der eine grundlegende Neubestimmung des normativen Gehalts einer nationalen Vorschrift verbiete, bedürfe es der Prüfung, ob eine primär andere Lebensbereiche betreffende Richtlinie nach Sinn und Zweck auf die Strafnorm durchschlägt. Das wird für die „ein hohes Verbraucherschutzniveau“ (Art. 1) anstrebende RL 2005/29/EG i.S. einer Absenkung des strafrechtlichen Vermögensschutzes durch § 263 StGB verneint, weil sie nicht den Zweck habe, „Ge-

sung) erfreulicherweise eher der zweiten Begründung; zur Täuschung s. auch die zivilrechtlichen Entscheidungen OLG Frankfurt a.M. GRUR 2009, 265; 10, 482. Dass bei Pflichtverletzung nach § 312j IV BGB kein Vertrag zustande kommt, beeinflusst nun auch die Frage einer schadensgleichen Vermögensgefährdung beim Eingehungsbetrug, s. *Fischer*, StGB, 61. Aufl. 2014, § 263 Rn. 28a, 176a; *Kliegel* JR 2013, 289 ff.

17 *Wessels/Hillenkamp* (Fn. 5), Rn. 513. BGH, 5.3.2014 – 2 StR 616/12, Rn. 30 = NJW 2014, 2595, 2598 leitet das anfechtbar daraus her, dass der Irrtum eine normativer Wertung entzogene „psychologische Tatsache“ sei; das ist angesichts der Funktion des Irrtums als Scharnier für die Tatherrschaft des Täuschenden zu bestreiten und setzt sich auch in Gegensatz zur andernorts – freilich unzutreffend - behaupteten „Normativität“ des Heimtücke beseitigenden Argwohns (= auch eine „psychologische Tatsache“), s. dazu BGH, 12.2.2003 – 1 StR 403/02 = NStZ 2003, 425; *Hillenkamp*, in: FS für Rudolphi, 2004, 463 ff.

18 BGH NJW 2014, 2597 (24 f.); das Gebot ist im Strafrecht im Grundsatz unstr., s. *Ambos*, Internationales Strafrecht, 3. Aufl. 2011, § 11 Rn 46 ff.; *Dannecker/Bülte*, in: Wabnitz/Janovsky, Handbuch des Wirtschafts- und Steuerstrafrechts, 4. Aufl. 2014, 2/286 ff.; *Hecker* (Fn. 11), § 10 Rn. 1 ff.; *Satzger*, Internationales und Europäisches Strafrecht, 6. Aufl. 2013, § 9 Rn. 89 ff. S. darüberhinaus *Müller-Graff* NJW 1993, 13, 21 f.

schäftspraktiken straffrei zu stellen, die zu einer Verletzung von Rechtsgütern der Verbraucher führen und Verhaltensweisen zu privilegieren, die auf die Täuschung unterdurchschnittlich aufmerksamer und verständiger Verbraucher gerichtet sind. Irreführende Geschäftspraktiken“ – und darin wird man dem BGH Recht geben können – „ die dazu dienen, den Verbraucher durch gezielte Täuschung an seinem Vermögen zu schädigen, werden von dem Schutzzweck“ – besser von der Reichweite - „der Richtlinie daher (gar) nicht erfasst.“[19]

In einer zweiten, die eher konfrontative und voraussichtlich Kritik herausfordernde Ablehnung der Anwendung der Richtlinie hilfsweise aufgebenden Begründungsschicht[20] wird dann gezeigt, dass in casu auch „eine Einschränkung des Betrugstatbestandes auf Grund einer die Vorgaben und Wertungen der RL 2005/29/EG berücksichtigenden Auslegung nicht in Betracht“ kommt. Dafür wird zurecht darauf verwiesen, dass das Leitbild des schutzwürdigen Verbrauchers nach dem Erwägungsgrund 19 in Art. 5 II lit. b und III der RL eine Differenzierung erfährt, nach der auf das „durchschnittliche Mitglied einer Gruppe von Verbrauchern“ abzustellen ist, an die sich die Geschäftspraxis wendet. Zeichnet sich diese Gruppe für den Anbieter erkennbar durch eine ihre besondere Schutzbedürftigkeit begründende „Leichtgläubigkeit im Hinblick“ auf seine Geschäftspraktiken aus, ist zur Sicherstellung hinreichenden Schutzes die Praktik „aus der Perspektive eines durchschnittlichen Mitglieds dieser Gruppe zu beurteilen.“ Dass das für den Internetnutzer Schutz durch die RL bedeutet, liegt auf der Hand.

Von der Entscheidung gehen zwei Botschaften und eine Lehre aus. Eine von (kriminalpolitischer) Vernunft getragene Auslegung europäischen Rechts kann das Strafrecht vor dem viktimodogmatischen Trend zur Schaffung (kriminalpolitisch) unsinniger Schädigungsfreiräume ebenso wie vor den Gefahren „sektoraler Europäisierung“ und „Zersplitterung des Täuschungsschutzniveaus“, die mit dem personell wie sachlich begrenzten Wirkungsradius der Richtlinie einherginge[21], bewahren. Das ist eine für das Strafrecht wie für potentielle Opfer ebenso beruhigende Nachricht wie die, dass als Zweites sich „Inkasso-Anwälte“, die die nicht beste-

---

19 BGH NJW 2014, 2597 (27 f.); der BGH beruft sich dafür auf *Erb* ZIS 2011, 368, 376; *Rönnau/Wegner* GA 2013, 561, 566 und *Vergho* wistra 2010, 86, 90 f.

20 BGH NJW 2014, 2598 (31 f.) unter Berufung auf MüKo-StGB/*Hefendehl*, 2. Aufl. 2014, § 263 Rn. 50.

21 S. dazu *Satzger* (Fn. 11), § 263 Rn. 113 f.; *Soyka* wistra 2002, 127, 130 ff.

henden Forderungen der Anbieter einzutreiben suchen, sich künftig sicher der Beihilfe zum Betrug und der auf Drittbereicherung zielenden Erpressung schuldig machen.[22] Die Lehre der Entscheidung liegt darin, dass, wer sich mit dem (unseligen viktimodogmatischen) Zeitgeist vermählt, sich auf ein vom BGH getrenntes Leben einstellen muss.[23]

---

22 S. dazu schon bisher *Wessels/Hillenkamp* (Fn. 5), Rn. 499 m.w.N.

23 Das Bild lehnt sich an das von *Müller-Graff* (Fn. 1), S. 40 übermittelte englische Sprichwort an, dass „wer sich mit dem Zeitgeist vermählt, …bald Witwer sein" wird.

Der europarechtliche Maßstab des „verständigen Verbrauchers" und das Strafrecht. Inwieweit kann man den Schutz vor Ausnutzung von Unaufmerksamkeit der Eigeninitiative potenzieller Täuschungsopfer überlassen?

Volker Erb

I. Einführung

Zu den vielfältigen wissenschaftlichen Interessengebieten des *verehrten Jubilars* gehört die Freiheit des Warenverkehrs, die ein zentrales Grundanliegen der europäischen Integration bildet.[1] Darauf bezogene europarechtliche Vorgaben bleiben auch auf das nationale Strafrecht nicht ohne Wirkung, soweit strafbewehrte Verbote zum Schutz der Verbraucher den grenzüberschreitenden Handel zu beeinträchtigen drohen. Erhebliche Bedeutung hat dabei der vom EuGH entwickelte[2] und in der EU-Richtlinie 2005/29/EG über unlautere Geschäftspraktiken (RLuG)[3] übernommene Maßstab des „durchschnittlich informierten, aufmerksamen und verständigen Verbrauchers", mit dem einem schrankenlosen staatlichen Paternalismus in diesem Bereich eine Absage erteilt und der Bürger in einem gewissen Rahmen darauf verwiesen wurde, sich in Eigeninitiative vor möglichen Irrtümern bei Kaufentscheidungen selbst zu schützen. Die Konsequenzen für das deutsche Strafrecht sind bislang nur für das Wettbewerbsrecht und mithin für die strafbare Werbung nach § 16 Abs. 1 UWG zumindest im Grundsatz[4] geklärt, nicht jedoch für den Betrug nach § 263 StGB.

---

1 Vgl. seine grundlegende Kommentierung der Art. 28-30 EGV, in: von der Groeben/Schwarze EU-/EG-Vertrag sowie die Ankündigung einer Neuauflage zu den entsprechenden Vorschriften im AEUV.

2 Dazu eingehend und m.w.N. *Bornkamm*, in: Köhler/Bornkamm, UWG, § 6 Rn. 1.46, 1.53.

3 ABl. EG 149 v. 11.6.2005, 22; Abdruck mit Erwägungsgründen in GRUR Int. 2005, 569.

4 Nicht hingegen, was die erforderliche Konkretisierung des Verbraucherleitbilds zur Anwendung auf konkrete Sachverhalte betrifft, was im Hinblick auf Art. 103 Abs. 2 GG erhebliche Probleme aufwirft, dazu *Vergho* wistra 2010, 86, 88 f.

II. Strafbare Werbung, § 16 Abs. 1 UWG

1. Nach § 16 Abs. 1 UWG macht sich strafbar, wer „in der Absicht, den Anschein eines besonders günstigen Angebots hervorzurufen, in öffentlichen Bekanntmachungen oder in Mitteilungen, die für einen größeren Kreis von Personen bestimmt sind, durch unwahre Angaben irreführend wirbt". Während die „Unwahrheit" der Angaben nach h.M. objektiv zu bestimmen ist,[5] kommt es bei der Frage, ob der Gesamteindruck der Werbung unter einem für die Kaufentscheidung relevanten Aspekt „irreführend" ist, ersichtlich auf die Wirkung an, die bei potenziellen Kunden erzielt wird.[6] Da diese Wirkung je nach Bildung, mentaler Verfassung und momentanem Grad der Aufmerksamkeit der Betroffenen höchst unterschiedlich ausfallen kann, stellt sich die Frage, auf welchen Typus von Werbeadressaten man insofern abstellen soll.

2. Die europäische Integration erfordert nun, dass die Antwort darauf im Wesentlichen nach gleichen Maßstäben getroffen wird. Der freie Warenverkehr darf nämlich u.a. nicht dadurch beeinträchtigt werden, dass der Hersteller eines Produkts durch den Einsatz von Werbemethoden, die im einen Mitgliedsstaat als legitim gelten, beim grenzüberschreitenden Handel Gefahr läuft, sich in einem anderen Mitgliedsstaat strafbar zu machen. Vor diesem Hintergrund ist es *europarechtlich zwingend*, die Auslegung des Merkmals „irreführend" in § 16 Abs. 1 UWG jedenfalls für grenzüberschreitende Sachverhalte an dem als Maßstab der Vereinheitlichung vorgesehenen Leitbild des *durchschnittlich informierten, aufmerksamen und verständigen Durchschnittsverbrauchers* auszurichten.[7] Wenn sich der deutsche Gesetzgeber bei der Neufassung des UWG in der 15. Legislaturperiode nunmehr allgemein auf dieses Leitbild bezogen hat,[8] steht damit endgültig fest, dass der gleiche Maßstab auch für reine Inlandssachverhalte gilt, für die dies unionsrechtlich nicht zwingend wäre.[9] In der nationalen

---

5 Vgl. BGHSt 52, 227, 234 = GRUR 2008, 818, 822.

6 Vgl. etwa *Hellmann/Beckemper*, Wirtschaftsstrafrecht, Leipzig 2013, Rn. 453 ff.; die Konzeption des Merkmals ist insofern eine andere als bei der zivilrechtlichen Regelung in § 5 UWG.

7 *Bornkamm* (Fn. 2) § 6 Rn. 1.47: „Seit der Entscheidung „Gut Springenheide" (EuGH, Urt. v. 16.7.1998 (Gut Springheide), Slg. 1998, I-4657 = GRUR Int 1998, 795) … in Stein gemeißelt.".

8 Vgl. die Begr. des RegE in BT-Drucks. 15/1487, 19.

9 *Dannecker* ZStW 117 (2005), 697, 710 f.; *Hecker*, Europäisches Strafrecht, § 9 Rn. 35.

Rechtsprechung hatte dies neben dem Verzicht auf die früher häufig verwendete Formel vom „flüchtigen Verbraucher“[10] eine Erhöhung der erforderlichen Irreführungsquote zur Folge.[11] Dies bedeutet, dass es jedem einzelnen Verbraucher selbst obliegt, Werbeaussagen mit einer gewissen Aufmerksamkeit und Vorsicht zu begegnen, weil ein staatlicher Schutz (zumal ein solcher mit dem scharfen Schwert des Strafrechts) vor Irreführungen, denen er auf diese Weise entgehen kann, nicht mehr gewährt wird.

III. Betrug, § 263 StGB

1. Im Schrifttum finden sich Stimmen, die für die Anwendung von § 263 StGB zumindest in Teilbereichen ähnliche Konsequenzen ziehen wollen, was auf den ersten Blick durchaus naheliegend erscheint: Die strafbarkeitsbegrenzende Wirkung, die der Anwendungsvorrang des Unionsrechts gegenüber dem nationalen Recht entfaltet, kann schwerlich davon abhängen, ob eine nebenstrafrechtliche Flankierung des einschlägigen wirtschaftsrechtlichen Regelungswerks oder ein Straftatbestand des Kernstrafrechts einer unionsrechtlich zulässigen wirtschaftlichen Betätigung als potenzielles Hindernis im Wege steht.[12] Verbietet sich die Annahme eines strafbaren Betruges im Zusammenhang mit grenzüberschreitenden Werbeaussagen, die nur von besonders leichtgläubigen und unvorsichtigen Adressaten für bare Münze genommen werden (z.B. ein als „Haarverdicker-Doppelhaar“ bezeichnetes Kosmetikprodukt verdopple das Haar binnen zehn Minuten[13]) deshalb nicht in gleicher Weise wie eine Verfolgung als strafbare Werbung?[14] Müssen daraus resultierende Erhöhungen der Schwelle zur betrugsrelevanten Täuschung sinnvollerweise nicht auch bei reinen Inlandssachverhalten zum Tragen kommen, und müssen sie nicht über die Fälle der Publikumswerbung hinaus für alle Varianten des Betru-

---

10 *Bornkamm* (Fn. 2) § 6 Rn. 1.55 ff. m.w.N.

11 *Tiedemann*, Wirtschaftsstrafrecht BT, München 2011, Rn. 220.

12 Vgl. *Ruhs*, in: FS für Rissing-van Saan, 2011, 567, 578.

13 So eine der vom Angeklagten in BGHSt 34, 199, 200 = NJW 1987, 388 verbreiteten Behauptungen.

14 *Soyka* wistra 2007, 127, 129; *Scheinfeld* wistra 2008, 167, 173; *Ruhs*, in: FS Rissing-van Saan, 2011, 567, 579 ff.; *Saliger*, in: Matt/Renzikowski, StGB, § 263 Rn. 109; *Satzger*, in: Satzger/Schluckebier/Widmaier, StGB, § 263 StGB Rn. 113.

ges gelten, um eine heillose Zersplitterung der Betrugsdogmatik zu vermeiden?[15]

2. Eine nähere Betrachtung zeigt indessen, dass sich die Situation beim Betrug von derjenigen bei Verstößen gegen § 16 Abs. 1 UWG typischerweise grundlegend unterscheidet, und dass ein weiter Täuschungsbegriff hier deshalb allenfalls in einigen Grenzbereichen (dazu unten 3.) zur Errichtung unzulässiger Handelshemmnisse im Binnenmarkt der Europäischen Union führen könnte.

a) Verstöße gegen § 16 Abs. 1 UWG erfolgen i.d.R. im *regulären Wirtschaftsverkehr*: Gewerbetreibende vermarkten Produkte und Dienstleistungen, die einen realen wirtschaftlichen Wert darstellen, und greifen im Wettbewerb mit anderen Anbietern lediglich zu Werbemethoden, über deren Legitimität man geteilter Meinung sein kann, bei denen man sich zur Etablierung eines funktionierenden Binnenmarkts aber grenzüberschreitend auf eine einheitliche Bewertung einigen muss. Den Schutz vor Irreführung am Leitbild des „durchschnittlich informierten, aufmerksamen und verständigen Durchschnittsverbrauchers" auszurichten, ist hier durch das kumulative Zusammentreffen der beiden folgenden Aspekte leicht zu rechtfertigen: Erstens ist die Beschränkung einer grundsätzlich erlaubten wirtschaftlichen Betätigung an den Grundsatz der Verhältnismäßigkeit gebunden, weshalb man hier nicht jedes beliebige Risiko, dass sich uninformierte oder unaufmerksame Personen zu irrtumsgeleiteten Verfügungen verleiten lassen, zum Anlass nehmen darf, die unternehmerischen Freiheiten der Gewerbetreibenden zu beschränken. Zweitens erleiden die Werbeadressaten durch irrtumsgeleitete Verfügungen hier nur eine Beeinträchtigung ihrer wirtschaftlichen Dispositionsfreiheit, aber zumindest insoweit keinen Vermögensschaden, als ihnen als Gegenleistung für ihre Verfügung eine werthaltige Gegenleistung zufließt.

b) Beim Betrug liegen die Dinge anders: Mit dem von § 263 StGB vorausgesetzten Eintritt eines Vermögensschadens sind durch den mehr oder

---

15 *Dannecker* ZStW 117 (2005), 697, 712 f.; *Soyka* wistra 2007, 127, 132; *Scheinfeld* wistra 2008, 167, 172; *Gaede*, in: FS II für Roxin, 2011, 967, 979; *ders.*, in: Anwaltskommentar StGB, § 263 StGB Rn. 23; *Eick*, Die Berücksichtigung des Opferverhaltens beim Betrug am Beispiel der Werbung, Dissertation, Tübingen 2011, S. 162 f., 167; für eine Einschränkung der Reichweite von § 263 StGB ausschließlich im Bereich der Produktwerbung hingegen *Hecker*, Strafbare Produktwerbung im Lichte des Gemeinschaftsrechts, 2001, 322 ff.; *Tiedemann*, in: Leipziger Kommentar, StGB, Bd. 9/1, 2012, Vor § 263 StGB Rn. 40.

weniger *kompensationslosen* Verlust von Werten für die Opfer viel gravierendere Einbußen zu verzeichnen; es geht insofern um handfeste Rechtsgutsverletzungen, die in der Abwägung gegenüber den Interessen des freien Warenverkehrs schon für sich genommen ein ganz anderes Gewicht beanspruchen können als der Schutz der Dispositionsfreiheit des Verbrauchers als solcher.[16] Noch bedeutender (insbesondere für die europarechtliche Betrachtung) ist der Unterschied auf der Täterseite: Jedenfalls in den verbreiteten Varianten, in denen das Opfer entweder gar keine oder eine in Relation zum aufgewendeten Geldbetrag praktisch wertlose Gegenleistung erhält, dient das ganze Unterfangen keinem regulären Handel mit einem Produkt. Ist überhaupt eine Ware im Spiel, hat diese vielmehr nur eine Lockvogel- und Alibifunktion, um den eigentlichen Gegenstand der Betätigung zu kaschieren, der schlicht darin besteht, eine *parasitäre Bereicherung* zu erlangen. So wird man einem Betrüger, der umetikettiertes gewöhnliches Shampoo für das *Zwanzigfache* des Marktpreises als angeblichen „Haarverdicker“ verkauft, der binnen 10 Minuten alle Haar- und Kopfhautprobleme lösen soll,[17] schwerlich eine ernsthafte Teilnahme am Markt der Anbieter von Kosmetikartikeln attestieren können. Damit bewegt er sich außerhalb des Schutzbereichs der RLuG, deren auf „Geschäftspraktiken, die in unmittelbarem Zusammenhang mit der Beeinflussung der geschäftlichen Entscheidungen des Verbrauchers in Bezug auf Produkte stehen“,[18] bezogener Inhalt sinnvollerweise nur den *regulären Handel* mit diesen Produkten umfassen kann, nicht aber die Verwendung von Waren, denen in Relation zu den Vermögenseinbußen der Opfer überhaupt kein nennenswerter wirtschaftlicher Wert zukommt, als bloßes Instrument zur betrügerischen Schädigung des Vermögens anderer Personen. Dies gilt umso mehr, als der Versuch, billige Standardware unter Zuschreibung wundersamer Eigenschaften zum zwanzigfachen Preis zu veräußern, ersichtlich keine Marketingstrategie darstellt, mit der man gegenüber „verständigen Verbrauchern“ irgendeinen Absatz erzielen könnte. Ein solches Vorgehen zielt somit (anders als eine Werbung mit marktschreierischen Übertreibungen beim Vertrieb eines Shampoos zu einigermaßen marktgerechten Konditionen) von vornherein *ausschließlich* auf

---

16 Zutr. *Vergho*, Der Maßstab der Verbrauchererwartung im Verbraucherschutzstrafrecht, Freiburg 2009, S. 126 f., 129 ff., 298 ff.; *ders.* wistra 2010, 86, 90 ff.; *Brammsen/Apel* WRP 2011, 1254, 1255.

17 Vgl. den BGHSt 34, 199 = MDR 1987, 246 zugrunde liegenden Fall.

18 So EWG Nr. 7 der RLuG.

solche Käufer, die dem Leitbild des verständigen Verbrauchers *gerade nicht* entsprechen.[19] Dass der EuGH gleichwohl eine Freiheit proklamieren könnte, durch derartige Praktiken ganz gezielt besonders unbedarften Menschen das Geld aus der Tasche zu ziehen, ohne nennenswerte Gegenleistungen zu erbringen, erscheint ausgeschlossen.[20]

3. Konflikte mit den europarechtlichen Vorgaben könnte der traditionell weite, auch den Einfältigen und Leichtgläubigen schützende Täuschungsbegriff des deutschen Betrugsstrafrechts somit allenfalls in Grenzbereichen heraufbeschwören, in denen die fragliche Betätigung nicht mit derartiger Offensichtlichkeit ausschließlich auf eine Schädigung von Täuschungsopfern angelegt ist, so dass man evtl. doch von einer Teilnahme am regulären Markt zum Absatz des betreffenden Produkts sprechen könnte. Hier kämen zunächst Fälle in Betracht, in denen sich eine Werbeaussage mit leicht durchschaubaren Übertreibungen auf ein Produkt bezieht, dessen Preis zwar etwas überhöht erscheint (womit sich bereits ein Vermögensschaden i.S. von § 263 StGB begründen ließe), aber nicht wie im Haarverdicker-Fall völlig außer Relation zum Wert der Sache steht. Probleme könnte ferner die Begründung eines Vermögensschadens über die Figur des „individuellen Schadenseinschlags" bereiten, wenn eine Ware nur für bestimmte Käufer wertlos ist, weil diese nach ihren persönlichen Umständen nichts damit anfangen können, nicht jedoch für andere, aus deren Perspektive sie eine wirtschaftlich sinnvolle Investition darstellt.[21] Wie solche Konstellationen bei grenzüberschreitenden Sachverhalten europarechtskonform zu behandeln sind, sollte die Justiz bei Auftreten eines entsprechenden Falles in der Tat durch eine Vorabanfrage beim EuGH klären. Da insofern aber allenfalls punktuelle Einschränkungen der Betrugsstrafbarkeit zur Debatte stehen, sollten diese – wenn sie der EuGH denn überhaupt einfordern sollte – aber unbedingt auf die europarechtlich relevanten Fälle begrenzt bleiben. Ein Anlass für Modifikationen der Betrugsdogmatik, die mit einer allgemeinen Absenkung des Schutzniveaus

---

19 Zutr. *Heim*, Die Vereinbarkeit der deutschen Betrugsstrafbarkeit (§ 263 StGB) mit unionsrechtlichen Grundsätzen und Regelungen zum Schutz der Verbraucher vor Irreführungen, Dissertation, Osnabrück 2013, S. 197 f.; zum Ganzen bereits *Erb* ZIS 2011, 368, 376 f.; in diesem Sinne nunmehr auch BGH wistra 2014, 394, 397.

20 Vor allem, wenn man an die „gemeinschafts- und konventionsrechtlich gewährleistete[n] Eigentums-, Vermögens- und Antidiskriminierungsgrundrechte der Unionsbürger" denkt, auf die *Brammsen/Apel* WRP 2011, 400, 404, in diesem Zusammenhang zutreffend verweisen; vgl. ferner *Heim* (Fn. 19), 200 f.

21 Vgl. *Heim* (Fn. 19), 195.

gegenüber täuschungsbedingten Vermögensschädigungen einher ginge, ist hingegen nicht ersichtlich[22] – und schon gar nicht für eine generelle Erhöhung der Voraussetzungen einer betrugsrelevanten Täuschung.

IV. Fazit

Europarechtliche Vorgaben haben dazu geführt, dass die Eigenverantwortung des Verbrauchers im Wettbewerbsstrafrecht einen höheren Stellenwert erhielt. Im Betrugsstrafrecht sind in dieser Richtung allenfalls Randkorrekturen geboten. Ansonsten kann und muss es dabei bleiben, dass § 263 StGB auch die Einfältigen und Leichtgläubigen schützt. Einen vernünftigen Grund dafür, ausgerechnet diesen Personen zum Schutz ihres Vermögens eine Eigeninitiative abzuverlangen, die sie nicht leisten können, und damit einen Freiraum zu ihrer gezielten vermögensschädigenden Ausbeutung zu eröffnen, gibt es nicht.[23]

---

22 So auch *Wessels/Hillenkamp*, Strafrecht BT 2, Heidelberg 2014, Rn. 488; Heim (Fn. 19), 213 f.

23 Zutr. bereits *Hillenkamp*, Vorsatztat und Opferverhalten, Habilitation, Göttingen 1981, S. 195 f.

3. Familienrecht, Gender Mainstreaming, Antidiskriminierung

Die Vaterschaft im europäischen Antidiskriminierungsrecht – eine Problemskizze

Thomas Lobinger

I. Einleitung

1. Die Gleichbehandlung von Frauen und Männern im Unionsrecht

Die Bekämpfung der Geschlechterdiskriminierung gehört zum Urbestand des Rechts der heutigen Europäischen Union. Bereits Art. 119 des EWG-Vertrags vom 25.03.1957 enthielt den Grundsatz der Entgeltgleichheit, wie er aktuell in Art. 157 Abs. 1 AEUV zu finden ist. Erst knapp 20 Jahre später erfolgte dann allerdings auch ein umfassendes Diskriminierungsverbot im Bereich der Beschäftigung. Die Richtlinie 76/207/EWG hatte zum Ziel, den Grundsatz der Gleichbehandlung von Männern und Frauen nicht nur beim Entgelt, sondern bei sämtlichen Arbeitsbedingungen sowie insbesondere auch beim Zugang zur Beschäftigung, beim beruflichen Aufstieg und in Bezug auf die soziale Sicherheit zu verwirklichen. Sie ist heute in der Richtlinie 2006/54/EG aufgegangen. Über das Feld der Beschäftigung hinaus soll die zivilrechtliche Gleichbehandlung von Frauen und Männern durch die Richtlinie 2004/113/EG gewährleistet werden. Primärrechtlich erstreckt sich das Verbot der Geschlechterdiskriminierung heute ohnehin auf alle Zuständigkeitsbereiche der Union (s. Art. 6 Abs. 1 EUV i.V.m. Artt. 21, 23 EU-GRCharta sowie auch Art. 19 AEUV).

2. Erfolge der Gleichstellungspolitik

Dass die Gleichstellung von Männern und Frauen speziell auf dem Arbeitsmarkt in den vergangenen Jahrzehnten Fortschritte gemacht hat, lässt sich – bei allen anhaltenden Problemen – kaum leugnen. In der Union wie in Deutschland hat sich der Abstand zwischen den Erwerbsquoten von Männern und Frauen allein zwischen den Jahren 2000 und 2014 um mehr als sechs Prozent verringert.[1] Diese Entwicklung dürfte nicht zuletzt auch etwas mit veränderten Rollenbildern und Familienstrukturen zu tun haben, die das Recht nicht nur durch Gleichbehandlungsvorschriften, sondern auch durch spezielle familienpolitische Instrumente wie Eltern„urlaub" und Elterngeld zu fördern versucht. In Deutschland hat nach der Einführung der sog. 12+2-Regelung beim Elterngeld (s. § 4 Abs. 2 und 3 BEEG) die Bereitschaft von Vätern deutlich zugenommen, sich für mindestens zwei Monate zugunsten der Familie beruflich einzuschränken und sich so auch den keineswegs nur schokoladigen Seiten eines Säuglings- oder Kleinkinderhaushalts auszusetzen.[2]

3. Neue diskriminierungstechnische Grenzverläufe

Mit solchen gleichstellungspolitischen Erfolgen muss allerdings nicht zwangsläufig auch eine Abnahme der Diskriminierungsgefahren einhergehen. Denn neben die beschriebene Entwicklung tritt – insbesondere in Deutschland – als deutlich stärkerer gesellschaftlicher Trend eine seit Jahrzehnten zunächst abnehmende und sodann auf äußerst niedrigem Niveau verharrende Geburtenrate.[3] Sind Männer zunehmend bereit, beruflich zugunsten familiärer Verantwortung zurückzustecken, riskieren sie damit aber nicht nur eine in Vorurteilen und überkommenen Rollenbildern gründende Diskriminierung, wie sie bislang weitgehend dem weiblichen Geschlecht „vorbehalten" war. Sie teilen mit den Müttern ihrer Kinder auch das Risiko einer aus Arbeitgebersicht durchaus „rationalen Diskriminierung" gegenüber Arbeitnehmerinnen und Arbeitnehmern bzw. Bewerberinnen und Bewerbern ohne oder mit weniger Nachwuchs. Diskriminie-

---

1 S. als Berechnungsgrundlage die Angaben für die EU und für Deutschland in der eurostat-Datenbank „Erwerbstätigenquoten nach Geschlecht, Alter und Staatsangehörigkeit (%) [lfsa_ergan]", letzte Aktualisierung 07.07.2015, abrufbar unter http://ec.europa.eu/eurostat/data/database, zuletzt abgerufen am 25.07.2015.

2 S. Statistisches Bundesamt, Pressemitteilung Nr. 176 vom 27.05.2013, https://www.destatis.de/DE/PresseService/Presse/Pressemitteilungen/2013/05/PD13_176_22922.html (zuletzt abgerufen am 25.07.2015).

3 S. hierfür nur die Daten unter Statistisches Bundesamt, https://www.destatis.de/DE/Service/FAQ/Bevoelkerung/Geburten/Methodik/Geburtenziffer1950bis 2012.html sowie auch unter https://www.destatis.de/DE/Service/FAQ/Bevoelkerung/Geburten/Methodik/KohortenfertilitaetFrauenjahrgaenge.html (zuletzt abgerufen jeweils am 25.07.2015).

rungstechnisch mag sich in diesem Punkt der Grenzverlauf deshalb nur verschieben. Was früher vor allem eine Sache des Geschlechts war, entwickelt sich zur geschlechtsunabhängigen Sache der (Kinder-)Betreuungslast. Damit stellt sich zwangsläufig aber auch die Frage, ob das Recht Männer vor Diskriminierungsgefahren, wie sie bisher fast ausschließlich Frauen betrafen, ebenso schützt wie diese. Hierbei geht es keineswegs nur um theoretische Überlegungen.[4] Selbst als solche wären sie allerdings noch von erheblichem Belang. Denn in der Antwort auf die gestellte Frage muss das Antidiskriminierungsrecht vor sich selbst und seinen obersten Grundsätzen (s. Art. 6 Abs. 1 EUV i.V.m. Artt. 20, 21, 23 EU-GRCharta) bestehen. Es muss zeigen, dass es für Männer und Frauen dort, wo diese gleichartigen Gefahren ausgesetzt sind, auch einen gleichartigen Schutz vorhält. Darüber hinaus würde ein unterschiedliches Schutzniveau aber auch das gleichstellungspolitische Ziel einer tatsächlich partnerschaftlichen und deshalb künftig noch deutlich stärker von Vätern wahrgenommenen Familienverantwortung[5] konterkarieren. Wenn der Diskriminierungsschutz familienzeitwilliger Männer strukturell hinter dem von Frauen zurückbleibt, kann sich das negativ auf deren Bereitschaft auswirken, diesen Willen auch in die Tat umzusetzen.

II. Analyse des einschlägigen Richtlinienrechts

1. Irrationale Diskriminierung

Wird ein zum Vaterschafts- oder Elternurlaub bereiter Mann bei beruflichen Einstellungs- oder Aufstiegsentscheidungen benachteiligt, kann das

---

4 Vgl. für die praktische Relevanz nur etwa *Budras*, FAZ v. 01.10.2013, http://www.faz.net/aktuell/beruf-chance/recht-und-gehalt/elternzeit-kein-verlass-mehr-auf-die-maenner-12592802.html (zuletzt abgerufen am 25.07.2015); *Krohn*, FAZ v. 15.11.2012, http://www.faz.net/aktuell/wirtschaft/menschen-wirtschaft/maenner-nehmen-elternzeit-vaeter-in-vollzeit-11961561.html (zuletzt abgerufen am 25.07.2015).

5 Vgl. hierzu nur etwa die Erwägungsgründe Nr. 8, 12 und 16 Anhang RL 2010/18/EU des Rates v. 08.03.2010 zur Durchführung der von BUSINESSEUROPE, UEAPME, CEEP und EGB geschlossenen überarbeiteten Rahmenvereinbarung über den Elternurlaub und zur Aufhebung der Richtlinie 96/34/EG, ABl. 2010 Nr. L 68/13 sowie jüngst auch EuGH, Urt. v. 16.07.2015, Rs. C-222/14 (Maïstrellis), juris Rn. 50..

zunächst rein irrationale Gründe haben, die regelmäßig auch mit einer Persönlichkeitsrechtsverletzung einhergehen, weil die grundlegende menschliche Gleichwertigkeit des Betroffenen in Abrede gestellt wird: „Frauen gehören an den Herd und Männer, die für ihre Kinder zu Hause bleiben, sind keine richtigen Männer."

Mit Blick auf derartig motivierte Diskriminierungen herrscht in den einschlägigen europäischen Richtlinien für Männer und Frauen ein identisches Schutzniveau. Denn die Betroffenen scheitern jeweils an dem speziell für ihr Geschlecht von dem Entscheidungsträger definierten Rollenbild. Nur Frauen können darunter leiden, dass sie „an den Herd gehören" und nur Männer darunter, dass sie angesichts ihrer Bereitschaft zur Familienzeit „keine richtigen Männer sind". In beiden Fällen liegt deshalb eine unmittelbare Diskriminierung wegen des Geschlechts i. S. v. Art. 2 Abs. 1 lit. a) Richtlinie 2006/54/EG vor.

2. „Rationale Diskriminierungen"

Deutlich problematischer verhält es sich demgegenüber mit Diskriminierungen, die nicht in Vorurteilen und verkrusteten Rollenbildern, sondern in rein ökonomischen Erwägungen wie einem größeren Personalplanungsbedarf, erhöhten Ausfallrisiken, geringerer zeitlicher Flexibilität und ggf. auch Berufserfahrung der Mitarbeiter etc. gründen und die deshalb als durchaus „rationale Diskriminierungen" bezeichnet werden können.[6] Knüpft der Arbeitgeber maßgeblich hieran an, kann das allgemeine Verbot der Geschlechterdiskriminierung, wie es insbesondere in der Richtlinie 2006/54/EG seine Ausprägung gefunden hat, nicht mehr helfen. Ein männlicher Bewerber, der nicht eingestellt wird, weil seine Partnerin schwanger ist und seine Einlassungen im Vorstellungsgespräch oder auch sein bisheriger Lebenslauf darauf hindeuten, dass er schon bald in Elternzeit gehen könnte, genießt von vornherein nicht den durch Art. 14 Abs. 1 lit. a) i.V.m. Art. 2 Abs. 2 lit. c) Richtlinie 2006/54/EG vermittelten Schutz im Zusammenhang mit Schwangerschaft oder Mutterschaftsurlaub. Denn

---

6 Zu der in solchen „rationalen Diskriminierungen" gründenden Sonderstellung der Geschlechterdiskriminierung im Hinblick auf die zivilrechtssystematisch an sich geforderte Rückbindung des Diskriminierungsschutzes an den persönlichkeitsrechtlichen Integritätsschutz s. nur *Lobinger*, in: Isensee, Vertragsfreiheit und Diskriminierung, Berlin 2007, 99, 159 ff.

dieser beschränkt sich explizit auf Frauen. Nichts anderes ergibt sich aber auch bei einem Rückgriff auf das Konzept der mittelbaren Diskriminierung (Art. 2 Abs. 1 lit. b) Richtlinie 2006/54/EG): Solange (werdende) Väter wie unser Bewerber in der gesellschaftlichen Wirklichkeit noch immer deutlich in der Minderheit sind, fehlt es gerade an den notwendigen besonderen Auswirkungen für das männliche Geschlecht.[7]

Völlig schutzlos sind „moderne Väter" gleichwohl nicht. Das europäische Recht hat die aufgezeigten Probleme im Ansatz durchaus erkannt. So gewährt Art. 16 Richtlinie 2006/54/EG für den Fall, dass ein Mitgliedstaat freiwillig einen Anspruch auf Vaterschaftsurlaub einräumt, den Männern, die hiervon Gebrauch machen, Kündigungs- und Bestandsschutz. In Deutschland spielt das mangels einer entsprechenden gesetzlichen Regelung allerdings von vornherein keine Rolle. Etwas anderes gilt dagegen für das Kündigungs- und Benachteiligungsverbot bei Beantragung oder Inanspruchnahme von Elternurlaub gemäß § 5 Abs. 4 Anhang Richtlinie 2010/18/EU. Denn einen Anspruch auf Elternzeit muss es in sämtlichen Mitgliedsstaaten geben und gibt es in Deutschland auch.[8] Die Reichweite dieses geschlechtsneutralen Schutzes ist allerdings beschränkt: Er erfasst nur „Arbeitnehmer" und damit also Personen, die bereits in einem Beschäftigungsverhältnis stehen; Bewerber bleiben außen vor. Ferner muss es sich um Benachteiligungen handeln, die aufgrund der Beantragung oder Inanspruchnahme des Elternurlaubs erfolgen. Diskriminierungen aufgrund einer vom Arbeitgeber lediglich erwarteten Beantragung können deshalb ebenfalls nicht ohne weiteres als erfasst angesehen werden.

3. Zwischenfazit

Die einschlägigen Richtlinientexte weisen für Männer und Frauen im Hinblick auf Diskriminierungen, die mit der Bereitschaft zur Übernahme familiärer Betreuungslasten verbunden sind, ein deutlich unterschiedliches

---

7 Vgl. zu dem damit verbundenen Grundproblem des Konzepts der mittelbaren Diskriminierung nur etwa *Bader*, Arbeitsrechtlicher Diskriminierungsschutz als Privatrecht, Berlin 2012, 263 ff. Als geradezu absurd muss erscheinen, dass nach diesem Konzept das zunehmende familiäre Engagement von Vätern den Schutz der Frauen nach und nach beseitigen würde.

8 S. §§ 15 ff. BEEG; der durch § 18 BEEG gewährte Kündigungsschutz bleibt allerdings hinter dem von § 5 Abs. 4 Anhang Richtlinie 2010/18/EU geforderten Kündigungs- und Benachteiligungsschutz zurück.

Schutzniveau auf. Anders als Frauen fehlt Männern auch unter Berücksichtigung der Regelungen zum Vaterschafts- und zum Elternurlaub jeder Schutz vor „rationalen", d. h. nicht auf verkrusteten Rollenbildern basierenden und deshalb regelmäßig persönlichkeitsrechtsverletzenden Diskriminierungen bei Einstellungsentscheidungen. Ähnliches kann sich auch innerhalb eines bereits bestehenden Arbeitsverhältnisses für Entscheidungen über den beruflichen Aufstieg oder den Zugang zu beruflichen Weiterbildungsmaßnahmen ohne zugrunde liegenden Rechtsanspruch ergeben, wenn im Zeitpunkt der fraglichen Entscheidung ein Antrag auf Elternurlaub nur erwartet, nicht aber schon gestellt war. Das europäische Antidiskriminierungsrecht scheint damit aber seinen eigenen Vorgaben (s. insbesondere Art. 6 Abs. 1 EUV i.V.m. Artt. 20, 21, 23 EU-GRCharta sowie Art. 157 AEUV) in der Tat nicht gerecht zu werden. Die aufgezeigten Unterschiede lassen sich dabei auch nicht etwa als „positive Maßnahmen" zur Förderung des unterrepräsentierten Geschlechts im Sinne von Art. 3 Richtlinie 2006/54/EG (s. ferner Art. 157 Abs. 4 AEUV und Art. 6 Abs. 1 EUV i.V.m. Art. 23 Abs. 2 EU-GRCharta) begreifen. Denn sie schaffen ja gerade für die Situation, in der die Gesellschaft selbst die gewünschte Gleichstellung durch eine gerechtere Lastenverteilung zwischen Frauen und Männern befördern würde, konterkarierende Fehlanreize.[9]

III. Abhilfemöglichkeiten de lege lata?

Die denkbaren Ansatzpunkte für eine Angleichung der unterschiedlichen Schutzniveaus auch ohne Eingreifen des Gesetzgebers lassen sich in dem hier zur Verfügung stehenden Raum allenfalls noch benennen, nicht mehr aber auch eingehend erörtern. Erwägen mag man dabei zunächst einen Rückgriff auf das Konzept der sog. assoziierenden Diskriminierung. In der Rechtssache *Coleman*[10] hatte es der EuGH für eine Diskriminierung wegen Behinderung genügen lassen, dass nicht die benachteiligte Arbeitnehmerin selbst behindert war, sondern ihr Kind.[11] Auf dieser Basis ließe sich möglicherweise auch die Schwangerschaft der Partnerin für eine Diskriminierung des werdenden Vaters „wegen des Geschlechts" heranziehen. In-

---

9 S. o. I 3 bei Fn. 5.

10 EuGH, Urt. v. 17.07.2008, Rs. C-303/06 (Coleman), Slg. 2008, I-5603.

11 S. EuGH, Urt. v. 17.07.2008, Rs. C-303/06 (Coleman), Slg. 2008, I-5603, LS 1 und Rn. 51.

des müsste die Benachteiligung des Mannes hiernach auch gerade an den Zustand der Schwangerschaft (seiner Partnerin) anknüpfen, was regelmäßig nicht der Fall sein wird. In der Realität werden vielmehr seine (eigenen) Pläne für die Zeit *nach der Geburt* entscheidend dafür sein, dass man ihn nicht einstellt oder nicht befördert. Im Übrigen scheitert eine solche Lösung aber auch schon daran, dass die Benachteiligung im Zusammenhang mit einer Schwangerschaft gemäß Art. 2 Abs. 2 lit. c) Richtlinie 2006/54/EG explizit nur bei Frauen als Diskriminierung gilt.

Weil die Schutzlücken, die nach Art. 16 Richtlinie 2006/54/EG und § 5 Abs. 4 Anhang Richtlinie 2010/18/EU für elternzeitwillige Männer vor allem mit Blick auf Einstellungs- und Beförderungsentscheidungen verbleiben, bei Frauen durch die allgemeinen Regeln der Richtlinie 2006/54/EG geschlossen werden, mag man ferner auch an einen analogen Rückgriff hierauf denken.[12] Knüpft der Entscheidungsträger allein an die nachgeburtlichen Betreuungslasten an, wird der Schutz des weiblichen Geschlechts allerdings über die Figur der mittelbaren Diskriminierung realisiert (Art. 14 Abs. 1 i.V.m. Art. 2 Abs. 1 lit. b) Richtlinie 2006/54/EG). Ein solches um die Zugehörigkeit zur mehrheitlich betroffenen Gruppe konditioniertes Differenzierungsverbot kann aber nicht analog auf die Minderheit angewendet werden. Denn es würde dadurch zum unkonditionierten Differenzierungsverbot mit verändertem Schutzziel (Betreuungslast statt Geschlecht).[13] Der im Konzept der mittelbaren Diskriminierung fehlende Schutz der Minderheit ist deshalb nie „Lücke“, sondern immer Absicht. Die diesem Konzept immanente strukturelle Ungleichbehandlung von Minderheiten kann deshalb aber auch dem Rechtsanwender immer nur Anlass sein, das Konzept als solches in Frage zu stellen und ergänzende bzw. ersetzende Regelungen zur Herstellung von Rechtsgleichheit zu fordern. Aus sich selbst heraus, mittels Analogie, lässt sich dessen grundlegender Mangel dagegen nicht beheben.

---

12 Vgl. zur grundsätzlichen Möglichkeit eines analogen Rückgriffs auf Richtlinien nur etwa EuGH, Urt. v. 12.03.2014, Rs. C-456/12 (O.), EU:C:2014:135, Rn. 50, 61; *Neuner*, in: Riesenhuber, Europäische Methodenlehre, Berlin, 3. Auflage 2015, § 12, Rn. 27 ff.

13 Vgl. nur auch *Bader* (Fn. 7), 264 f.

IV. Fazit

Das Europäische Antidiskriminierungsrecht ist auf ureigenstem Feld, der Gleichberechtigung von Frauen und Männern, selbst nicht frei von Diskriminierung. Eine nach überkommenen Vorstellungen mutterschaftlich gelebte Vaterschaft wird vor den damit verbundenen Diskriminierungsgefahren auf dem Arbeitsmarkt schlechter geschützt als die Mutterschaft. Dies widerspricht nicht nur fundamentalen Rechtsgrundsätzen der Union (insbesondere Art. 6 Abs. 1 EUV i.V.m. Artt. 20, 21, 23 EU-GRCharta), sondern konterkariert mit den hierdurch hervorgerufenen Fehlanreizen auch das gleichstellungspolitische Ziel einer stärkeren Beteiligung von Männern an der aktiven Erziehungsverantwortung. Es ist deshalb hohe Zeit, einen kohärenten und vom Geschlecht der Betroffenen unabhängigen *Schutz der Elternschaft* zu entwickeln.

Gender-Mainstreaming und Sprachwandel – „Feminisierung“ oder „Entmannung“ der deutschen Sprache?

Manfred A. Dauses

I. Einführung

Der Jubilar, Prof. Dr. Dr. h.c. mult. Peter-Christian Müller-Graff, ist nicht nur ein Meister des geschriebenen wie des gesprochenen Wortes. Als vielseitig interessierter Gelehrter ist er auch offen für linguistische Grundsatzfragen wie grammatikalische und lexikalische Strukturen, u.a. in diversen Fremdsprachen. So erinnert sich der Verfasser noch lebhaft an eine Diskussion mit ihm in seinem damaligen Büro an der Universität Trier über japanische Schriftzeichen in den Schriftarten Katakana, Hiragana und Kanji.

Der vorliegende Beitrag befasst sich mit einem Problemfeld an der Schnittstelle von Rechtswissenschaft und Linguistik: der Gleichstellung von Männern und Frauen in der Sprache, vornehmlich in rechtserheblichen Texten wie Gesetzen und Rechtsverordnungen, und weiterhin den Auswirkungen des Verbots der Geschlechterdiskriminierung (als Ausfluss des „Gender-Mainstreaming“) auf die Weiterentwicklung der deutschen Sprache. Der Verfasser geht davon aus, dass Sprache als solche nicht nur ein Kommunikationsmittel, sondern auch ein Herrschaftsinstrument ist. Sie reflektiert, aber definiert und gestaltet auch die gesellschaftliche Wirklichkeit. Insbesondere prägt sie durch die grammatische Hierarchisierung der biologischen Geschlechter die Gesellschaftsordnung im Geist der sprachlichen Vorgaben.

II. Europarechtliche Rahmenbedingungen

Die Unionsrechtsordnung kennt allgemeine und spezifische Gleichheitsrechte, die teils in den Unionsverträgen und in der Judikatur des EuG verankert sind, teils durch Rechtsakte des Unionssekundärrechts gewährleistet werden. Unter den allgemeinen Gleichheitsgeboten, die negativ auch als Diskriminierungsverbote verstanden werden können, kommt dem Gebot der Gleichbehandlung von Frauen und Männern, alias dem Geschlechterdiskriminierungsverbot, ein herausragender Stellenwert zu. Das Gebot bzw. Verbot gehört zu den Verfassungszielen der Union (Art. 2 Satz 2, 3 Abs. 3 Uabs. II EUV; siehe auch Art. 21 Abs. 1 GRCH). Eine spezifische Ausprägung hat es in Art. 157 AEUV als Geschlechtergleichbehandlung hinsichtlich des Arbeitsentgelts sowie allgemein hinsichtlich der Arbeits- und Beschäftigungsbedingungen und der Chancengleichheit im Arbeitsleben erfahren.

Insgesamt sieben EWG/EG-Richtlinien implementieren das vorgenannte Unionsverfassungsrecht.[1] Bezeichnend für den einschlägigen Rechtsbestand ist, dass er sich schwerpunktmäßig auf Regelungen zu Arbeits- und Beschäftigungsfragen bezieht, die allgemeine politische und gesellschaftliche Gleichstellung der Geschlechter aber nur am Rande tangiert (vgl. Art. 19 AEUV). Insbesondere kennt das Unionsrecht keine spezifische Vorschrift zur sprachlich-formalen, d.h. grammatischen und lexikalischen Gleichstellung von Männern und Frauen bzw. von „männlichen" und „weiblichen" Sachverhalten in rechtserheblichen Texten.

---

1 RL 75/117/EWG des Rates v. 10.2.1975 zur Angleichung der Rechtsvorschriften der Mitgliedstaaten über die Anwendung des Grundsatzes des gleichen Entgelts für Männer und Frauen, ABl. 1975 Nr. L 45/19; RL 76/207/EWG des Rates v. 9.2.1976 zur Verwirklichung des Grundsatzes der Gleichbehandlung von Männern und Frauen hinsichtlich des Zugangs zur Beschäftigung, zur Berufsbildung und zum beruflichen Aufstieg sowie in Bezug auf die Arbeitsbedingungen, ABl. 1976 Nr. 39/40; RL 86/378/EWG des Rates vom 24.7.1986 zur Verwirklichung des Grundsatzes der Gleichbehandlung von Männern und Frauen bei den betrieblichen Systemen der sozialen Sicherheit, ABl. 1986 Nr. L 225/40; RL 79/7/EWG des Rates v. 19.12.1978 zur schrittweisen Verwirklichung des Grundsatzes der Gleichbehandlung von Männern und Frauen im Bereich der sozialen Sicherheit, ABl. 1979 Nr. L 6/24; RL 97/80/EG des Rates v. 15.12.1997 über die Beweislast bei Diskriminierung aufgrund des Geschlechts, ABl. 1998 Nr. L 14/6; RL 2006/54/EG des Europäischen Parlaments und des Rates v. 5.7.2006 zur Verwirklichung des Grundsatzes der Chancengleichheit und Gleichbehandlung von Männern und Frauen in Arbeits- und Beschäftigungsfragen, ABl. 2006 Nr. 204/23 (fasst frühere Richtlinien in einem einzigen Text zusammen und ersetzt sie); RL 2000/78/EG des Rates v. 27.11.2000 zur Festlegung eines allgemeinen Rahmens für die Verwirklichung der Gleichbehandlung in Beschäftigung und Beruf, ABl. 2000 Nr. L 303/16 (Unterbindung jeglicher Diskriminierung; Eingliederung des Geschlechterdiskriminierungsverbots in den allgemeinen Rahmen des Antidiskriminierungsrechts).

III. Gender-Mainstreaming als autonome Quelle eines umfassenden Geschlechterdiskriminierungsverbots

Hier kommt der „Mainstream“, der Zeitgeist, ins Spiel. In seiner Ausprägung als „Gender-Mainstreaming“ fordert er die bedingungslose Gleichstellung von Männern und Frauen in allen Lebensbereichen und auf allen Ebenen: Politik, Wirtschaft, gesellschaftlicher Umgang, Familie u.a.m., und zwar auch über die Reichweite der juristischen Diskriminierungsverbote hinaus.

Der Begriff „Gender-Mainstreaming“ entstammt dem Sprachgebrauch der UNO. Das Wortungetüm wurde 1985 auf der 3. UN-Weltfrauenkonferenz in Nairobi geschaffen und bedeutet sinngemäß die Einbettung des Verbots der Geschlechterdiskriminierung in den politischen und gesellschaftlichen „Hauptstrom“. Das Thema wurde 1995 auf der 4. UN-Weltfrauenkonferenz in Peking im Sinne einer „durchgängigen Gleichstellungsorientierung“, auf der Grundlage geschlechtsspezifischer Eigenheiten und Interessen, weiterentwickelt. Da die Gleichstellung von Männern und Frauen zu den Verfassungszielen der Europäischen Union gehört (siehe oben), hat das Gedankengut des Gender-Mainstreaming mittlerweile auch das Europarecht beeinflusst. Allerdings reicht es ratione materiae weiter als der Schutz des Unionsrechts, da es auch die sprachliche Gleichbehandlung der Geschlechter, an erster Stelle die gleichberechtigte Nennung von Männern und Frauen in rechtserheblichen Dokumenten, umfasst.

IV. Sprachwandel als Ausfluss des Gender-Mainstreaming-Konzepts?

Vertreter des Gender-Mainstreaming-Konzepts sehen eine Verletzung des Gebots der Geschlechtergerechtigkeit u.a. darin, dass infolge der dominanten Verwendung maskuliner Grammatikformen für die Bezeichnung von Personen oder Personengruppen in normativen Texten der Eindruck entstehen könne, die betreffende Regelung sei ausschließlich oder zumindest überwiegend an der Situation von Männern orientiert und an diese gerichtet, wohingegen Frauen als Regelungsgegenstand und -adressaten in den Hintergrund träten und sozusagen nur implizit „mitgeregelt“ würden. Dies aber laufe auf eine nicht gerechtfertigte Benachteiligung der Frauen hinaus, deren spezifische Rechtsverhältnisse und Bedürfnisse nicht hinreichend berücksichtigt würden.[2]

Angeprangert wird somit letztlich das sprachstrukturelle Phänomen, dass in Sprachen wie dem Deutschen, die zwei oder mehr grammatische Geschlechter („genera“) kennen, das männliche Geschlecht („masculinum“) in der Weise dominiert, dass auch Personen (biologisch) weiblichen Geschlechts mit grammatisch maskulinen Begriffen bezeichnet werden können (sogenanntes „generisches Maskulinum“). Kritikern zufolge wird mit dieser Grammatikkonstruktion die gebotene Gleichstellung von Männern und Frauen, zumindest in sprachlich-formaler Hinsicht, unterlaufen.[3]

So wird etwa verallgemeinernd von „Kunden“ oder „Verbrauchern“ gesprochen, womit im jeweiligen Kontext auch „Kundinnen“ und „Verbraucherinnen“ gemeint sind. Und ein Bericht über die „Einwohner“ von Heidelberg wird die „Einwohnerinnen“ dieser schönen Stadt am Necker kaum aussparen wollen. Am Rande sei angemerkt, dass nicht nur Substantive, sondern auch Pronomina grundsätzlich die Wirkung generischer Maskulina haben können (z.B. interrogativ/relativ: „wer“; als substantivisch gebrauchtes Pronomen schließt „jedermann“ auch „jedefrau“ ein). In diese Kategorie fällt jedoch u.E. nicht das Indefinitpronomen „man“, das nach seinem Ursprung kein echtes Maskulinum ist. Es leitet sich nämlich nicht von dem Substantiv „Mann“ ab, sondern ist aus dem Altindischen (Sans-

2 Siehe dazu die Empfehlungen in dem vom BMJ herausgegebenen „Handbuch der Rechtsförmlichkeit“, 2008, .Rn. 110 ff.

3 Zur Erläuterung wird vorangeschickt, dass die vergleichende Linguistik sowohl Sprachen kennt, die keinerlei grammatische Geschlechter aufweisen (z.B. Japanisch) als auch solche, die über zwei oder mehr „genera“ verfügen. Die letztere Kategorie untergliedert sich hauptsächlich in Sprachen mit zwei „genera“ („masculinum“ – „femininum“: z.B. moderne romanische Sprachen wie Französisch, Italienisch, Spanisch, Portugiesisch u.a.m., die aber noch Restbestände eines „neutrum“ aus dem Lateinischen aufweisen) und Sprachen mit drei „genera“ („mascullinum“ – „femininum“ – „neutrum“: z.B. Deutsch, Latein, (Alt-)Griechisch; slawische Sprachen wie Russisch, Polnisch, Tschechisch u.a.m.). Bemerkenswert für Sprachen mit zwei oder mehr „genera“ ist der Umstand, dass das grammatische Geschlecht („genus“) sowohl bei Personenbenennungen als auch ggf. bei „sächlichen“ Begriffen vom „natürlichen“ Geschlecht abweichen kann bzw. dass ungeachtet des sächlich-gegenständlichen Charakters des betreffenden Begriffs dieser nicht notwendigerweise mit dem grammatischen Neutrum verbunden wird, sondern in bestimmten Fällen auch mit dem Maskulinum oder Femininum kombiniert werden kann.

krit, 6. Jh. v. Chr.) entlehnt, wo „mánuh" allgemein „Mensch" bzw. „Menschheit" und nicht nur „Mann" bedeutete.

Die potenziell nachteiligen Auswirkungen des generischen Maskulinums auf die spezifische Rechtslage von Frauen lassen nach einem funktionellen Äquivalent dieser Grammatikkonstruktion suchen, das den Belangen der Frauen besser gerecht wird. In Betracht kommen u.a. geschlechtsneutrale Personenbezeichnungen (z.B. „Mitglied", „Lehrkraft", „Studierende" etc.), des Weiteren passivische Formulierungen sowie Umschreibungen. Als spezifisches Hilfsmittel bietet sich die Verwendung getrenntgeschlechtlicher Paarformen (sog. Doppel- oder Beidnennung) an. Sie besteht darin, dass das betreffende Substantiv bzw. Pronomen in zwei getrenntgeschlechtliche Bestandteile, d.h. die männliche und die weibliche Grammatikform, aufgespalten wird (z.B. „der Lehrer" und/oder „die Lehrerin"). Diese Konstruktion kann auch in abgekürzter Sparschreibung wiedergegeben werden (z.B. mit Binnen-I: „LeserInnen", mit Schrägstrich im Wortinnern: „Leser/innen" oder mit Unterstrich: „Leser_innen").

Ein Anwendungsfall für die Aufnahme getrenntgeschlechtlicher Paarformen in Gesetzestexte findet sich u.a. in § 24 des Allgemeinen Gleichbehandlungsgesetzes (AGG). Dort heißt es: „Die Vorschriften dieses Gesetzes gelten .... entsprechend für …. 1. Beamtinnen und Beamte …. 2. Richterinnen und Richter ….". Ein weiterer Problemkreis betrifft die Verwendung weiblicher Formen von Amtsbezeichnungen für Beamte, Richter und Soldaten sowie von Graden und Titeln. Ausgangspunkt der Regelung ist Anlage I 1. („Amtsbezeichnungen") zum Bundesbesoldungsgesetz (BBesG), wonach „weibliche Beamte … die Amtsbezeichnung soweit möglich in der weiblichen Form [führen]." Entsprechendes gilt nach den einschlägigen Vorbemerkungen zum BBesG für Professoren, Richter und Staatsanwälte. Aufschlussreich ist, dass das deutsche Soldatengesetz nebst Nebengesetzen keine vergleichbare Regelung für Soldaten enthält, deren Dienstgradbezeichnungen mithin auch für Soldaten weiblichen Geschlechtes ausnahmslos in der männlichen Grammatikform angegeben werden (z.B. [Frau] Feldwebel, Hauptmann, Oberst etc.).

Für geschützte Berufsbezeichnungen kommen ähnliche Regelungen wie für (zivilberufliche) Amtsbezeichnungen zum Zuge: Sie werden, soweit tunlich, von Frauen in der grammatisch weiblichen Form geführt.[4]

4 Bei einzelnen Berufen (z.B. in der Krankenpflege) wurden lange Zeit die männliche und die weibliche Form der betreffenden Berufsbezeichnung aus Ableitungen von verschiedenen Wortstämmen gebildet: z.B. „Krankenschwester"/"Krankenpfleger",

Der Vorteil getrenntgeschlechtlicher Paarformen liegt auf der Hand: Sie betreffen ausdrücklich beide Geschlechter in gleicher Weise. Als Nachteil ist zu werten, dass sie zunehmend zur Verfolgung partikulärer rechtspolitischer Interessen eingesetzt werden und signifikant in gewachsene Grundstrukturen der deutschen Sprache eingreifen. Unter der Doppelnennung leiden zudem die Lesbarkeit und Verständlichkeit der Texte sowie die allgemeine Sprachästhetik. Gegen die abgekürzte Sparschreibung ist überdies einzuwenden, dass sie sich nicht für gesprochene Texte eignet.

Einen völlig neuen Weg zur vermeintlichen Verwirklichung des Geschlechterdiskriminierungsverbots hat unlängst die altehrwürdige Universität Leipzig beschritten. In ihrer Grundordnung vom 6. August 2013 werden die Rechtsverhältnisse der Mitglieder und Angehörigen der alma mater unter Verwendung grammatisch femininer Personenbezeichnungen („Professorin", „Rektorin" etc.) geregelt. In einer Fußnote wird klargestellt, dass diese „Personenbezeichnungen gleichermaßen für Personen männlichen und weiblichen Geschlechts [gelten]. Männer können die Amts- und Funktionsbezeichnungen .... in grammatisch maskuliner Form führen."

Mit dieser kämpferisch-feministischen Regelung, die das generische Maskulinum durch ein generisches Femininum ablöst, hat die Universität Leipzig den Gipfel der Absurdität erklommen. Die angeführte Satzung verfolgt keineswegs das löbliche Ziel einer geschlechtergerechten Gleichbehandlung, vielmehr läuft sie auf eine klare Bevorzugung und Privilegierung von Frauen hinaus. Den Anforderungen einer vernünftigen Gleichstellungspolitik wird damit nicht Rechnung getragen. Sarkastisch könnte man von einer „Feminisierung" der deutschen Sprache sprechen, mit der eine entsprechende linguistische „Entmannung" einhergeht.

Eine Rechtfertigung dieser Politik käme allenfalls in Betracht unter dem Gesichtspunkt spezifischer Vergünstigungen zum Ausgleich von Benachteiligungen durch eine in der Vergangenheit verfolgte frauenfeindliche Sprachpolitik (sog. positive Diskriminierung, vgl. Art. 157 Abs. IV AEUV über die effektive Gewährleistung der vollen Gleichstellung von Männern und Frauen im Arbeitsleben. Siehe ferner die US-Antidiskrimi-

---

heute überholt durch die vereinheitlichte gesetzliche Neubezeichnung „Gesundheits- und Krankenpfleger[-in]". Ein absolutes Unikum stellt das Hebammengesetz vom 4. Juni 1985 dar: Es behält bis heute die traditionelle weibliche Berufsbezeichnung „Hebamme" bei, verweist aber männliche Mitglieder des Berufsstandes auf den neugeschaffenen Kunstbegriff des „Entbindungspflegers".

nierungspolitik der „affirmative action“). Derartige kompensatorische Maßnahmen müssen aber im Einklang mit den Erfordernissen der Wahrung des Kulturgutes Sprache stehen, das ein wesentlicher Bestandteil des kulturellen Erbes der Völker ist. Zum identitätsbildenden Grundgefüge der deutschen Sprache gehört, dass bei Personenbezeichnungen nur in raren Ausnahmefällen ein generisches Femininum verwendet wird, das auch von den Sprechern als solches verstanden wird (z.B. „die Geisel“, „die Waise“). Diese über Jahrhunderte gefestigte sprachliche Tradition darf nicht leichtfertig partikulären Interessen und kurzlebigen politischen Tendenzen geopfert werden.

V. Schlusswort – eine Sottise

Dem Leser dieses Festschriftbeitrags dürfte nicht entgangen sein, dass nicht alle hier dargestellten Konzepte und Thesen mit vollem wissenschaftlichen Ernst präsentiert und evaluiert wurden. Vor diesem Hintergrund sei es dem Autor gestattet, mit einer Sottise zu schließen, der auszugsweisen Wiedergabe gendergerecht aufbereiteter Texte der deutschsprachigen Weltliteratur. Ausgewählt wurden das „Lied der Deutschen“ (3. Strophe) und Schillers Ode „An die Freude“:

> „Einigkeit und Recht und Freiheit für das deutsche Heimatland!
> Danach lasst uns alle streben, geschwisterlich mit Herz und Hand! [.....]
> Blüh im Glanze dieses Glückes, blühe, deutsches Heimatland!“
> (aus: „Lied der Deutschen“, 3. Strophe)[5]
>
> „Alle Menschen werden Geschwister, wo dein sanfter Flügel weilt.“
> (aus: Ode „An die Freude“)

5 Anders als die deutsche Nationalhymne (die nur in der Fantasie des Autors dieser Abhandlung gendergerecht umgeschrieben wurde) ist die österreichische Bundeshymne, mit Wirkung vom 1. Januar 2012, offiziell im Sinne der emanzipatorischen Geschlechtergerechtigkeit bereinigt worden (Bundesgesetz über die gendergerechte Textierung der österreichischen Bundeshymne). Nach der Neufassung ist unser alpiner Nachbarstaat nicht mehr nur „Heimat großer Söhne“, sondern „Heimat großer Söhne und Töchter“. Und Treue schwörende „Bruderchöre“ mutierten zu geschlechtsneutralen „Jubelchören“.

Einheit in Vielfalt – Grenzen der Familienrechtsvereinheitlichung durch den Europäischen Gerichtshof für Menschenrechte

Robert Uerpmann-Wittzack

I. Einleitung

In einer konstitutionalisierten Rechtsordnung wie der deutschen strahlen die Verfassung und namentlich die Grundrechte auf alle Teile der Rechtsordnung aus.[1] Im Extremfall erscheint das Fachrecht als bloßes „konkretisiertes Verfassungsrecht“.[2] Mittlerweile hat sich die Europäische Menschenrechtskonvention (EMRK) mit ihren Grundrechtsgewährleistungen zu einer „völkerrechtlichen Nebenverfassung“[3] entwickelt. Dabei lassen sich in der Spruchtätigkeit des Europäischen Gerichtshofs für Menschenrechte (EGMR),[4] die bereits 1986 als „Beginn einer europäischen Verfassungsrechtsprechung“[5] bezeichnet wurde, erhebliche Konstitutionalisierungstendenzen erkennen. Die reiche Spruchpraxis des Straßburger Gerichtshofs führt nicht nur zu einer Harmonisierung europäischer Grundrechtsstandards, sondern sie greift teilweise tief in das nationale Fachrecht hinein. Es erscheint schwierig, die richtige Balance zwischen einer Etablierung gemeinsamer europäischer Standards und der Wahrung vielfältiger europäischer Rechtskulturen zu finden. Wie der EGMR mit dieser Aufgabe ringt, soll im Folgenden am Beispiel des Familienrechts aufgezeigt werden.

---

1 Dazu *Canaris* AcP 184 (1984), 201 ff.; *ders.*, Grundrechte und Privatrecht, Berlin 1999.

2 *Werner* DVBl. 1959, 527.

3 *Tomuschat* VVDStRL 36 (1978), S. 7 (51 f.); *ders.*, in: Isensee/Kirchhof (Hrsg.), Handbuch des Staatsrechts, Bd. XI, 3. Aufl. 2013, § 226, Rn. 90.

4 Alle Entscheidungen des EGMR sind im Original abrufbar unter: http://hudoc.echr.coe.int/.

5 *Frowein* JuS 1986, 845.

Wie geeignet gerade das Familienrecht zum Studium einer „europäischen Einheit in Vielfalt“[6] ist, zeigt nicht zuletzt der Tagungsband: „Europäisches Privatrecht in Vielfalt geeint“,[7] den der Jubilar 2011 mit herausgegeben hat und der das Familienrecht als ein Referenzgebiet wählt.

Aus menschenrechtlicher Perspektive gilt es im Familienrecht, Raum für eine privatautonome Lebensgestaltung zu schaffen und den Einzelnen einen geeigneten rechtlichen Rahmen für ihr Familienleben zur Verfügung zu stellen.[8] Gleichzeitig besteht ein Bedürfnis, die Schwächeren und namentlich Kinder in Familienbeziehungen zu schützen. Jenseits der individualrechtlichen Perspektive wird das Familienrecht von Ordnungsvorstellungen wie etwa dem Bild der klassischen, bürgerlichen, ehebasierten Familie mitbestimmt, wobei die Ehe in diesem Konzept als heterosexuelle Lebensgemeinschaft mit klarer Rollenverteilung begriffen wird. Hier entfalten Gemeinwohlvorstellungen über die richtige Form der Familie als Grundlage des gesellschaftlichen Lebens ihre Kraft, wobei die Gemeinwohlhorizonte innerhalb Europas beispielsweise zwischen skandinavischen Staaten wie Norwegen und Schweden einerseits und Russland andererseits erheblich differieren.

Der kurze Beitrag soll zeigen, mit welchen Instrumenten der EGMR sein Ziel eines gemeineuropäischen Grundrechtsstandards mit der Wahrung kultureller Eigenheiten in einem Europa der Nationalstaaten zum Ausgleich zu bringen versucht. An erster Stelle steht der nationale Beurteilungsspielraum, der es dem EGMR gestattet, die Vereinheitlichungstendenzen einer europäischen Grundrechtsprechung zurückzunehmen (II.). Demgegenüber ermöglichen Diskriminierungsverbote einen rechtsordnungsspezifischen Menschenrechtsschutz auch dort, wo es an einem gemeineuropäischen Konsens fehlt (III.). Schließlich soll untersucht werden, welche Rolle der Blick auf den Einzelfall im Ringen um Einheit und Vielfalt im europäischen Grundrechtsschutz spielt (IV.). Eine kurze Zusammenfassung schließt den Beitrag (V.).

---

6 *Müller-Graff*, in: Baldus/Müller-Graff (Hrsg.), Europäisches Privatrecht in Vielfalt geeint, München 2011, 3 (3, 5).

7 S. Fn. 6.

8 Dazu: *Uerpmann-Wittzack*, in: Grabenwarter (Hrsg.), Europäischer Grundrechteschutz, 2014, § 10, Rn. 49.

II. Der nationale Beurteilungsspielraum

Das klassische Instrument zur Wahrung nationaler Vielfalt im europäischen Grundrechtsraum ist der Beurteilungsspielraum (*margin of appreciation*), den der EGMR den nationalen Instanzen einräumt.[9] Wie der EGMR schon früh entschieden hat, ist der Beurteilungsspielraum in Fragen der Moral besonders groß.[10] In neuerer Zeit stellt der EGMR insbesondere auch auf das Fehlen eines europäischen Konsenses ab, um einen weiten Beurteilungsspielraum zu begründen.[11]

Sehr deutlich zeigt sich der Beurteilungsspielraum bei Fragen der menschlichen Reproduktion.[12] Der EGMR ist so weit gegangen, den Staaten einen Beurteilungsspielraum hinsichtlich der Frage einzuräumen, ob und ggf. ab welchem Zeitpunkt das ungeborene Leben als Leben i.S.v. Art. 2 EMRK geschützt wird,[13] obwohl damit in vollkommen atypischer Weise der Schutzbereich zur Disposition der Mitgliedstaaten gestellt wird.[14] Folgerichtig räumt der EGMR den Mitgliedstaaten einen breiten Beurteilungsspielraum in Fragen des Schwangerschaftsabbruchs ein. Damit weist er die Gemeinwohlbestimmungskompetenz der nationalen Ebene zu.[15] Auch die weitgehenden Abtreibungsverbote in Irland und Polen hat der EGMR gebilligt.[16] Allerdings fordert der EGMR, dass in Fällen schwerster Gefahren für die Schwangere die Möglichkeit eines Schwangerschaftsabbruchs nicht bloß theoretisch im nationalen Recht verankert, sondern auch praktisch realisierbar sein muss.[17] Hier klingt bereits die un-

---

9 Im Überblick *Grabenwarter/Pabel*, Europäische Menschenrechtskonvention, München 2012, § 18, Rn. 20-21.

10 EGMR, Urt. v. 24.5.1988 – 10737/84 (Müller u.a.) = NJW 1989, 379, Rn. 35 f.; Urt. v. 20.9.1994 – 13470/87 (Otto-Preminger-Institut), Rn. 50, 56.

11 Dazu *Wildhaber/Hjartarson/ Donnelly* HRLJ 22 (2013), 248 ff.; krit. *Nussberger* RW 2012, 197 ff.; *v. Ungern-Sternberg* AVR 51 (2013), 312 ff.

12 Dazu *Koutnatzis/Weilert* AVR 51 (2013), 73 ff.

13 Grundlegend EGMR, Urt. v. 8.7.2004 – 53924/00 (Vo) = NJW 2005, 727, Rn. 82.

14 Krit. daher Sondervotum *Ress* NJW 2005, 734, Rn. 8; *Lux-Wesener* EuGRZ 2005, 558 ff.

15 Zur kompetenziellen Seite der Gemeinwohlbestimmung s. *Uerpmann*, Das öffentliche Interesse, Tübingen 1999, 141 ff.; *ders.*, in: Schuppert/Neidhardt (Hrsg.), Gemeinwohl – Auf der Suche nach Substanz, Berlin 2002, 179,186 ff.

16 S. insb. EGMR, Urt. v. 16.12.2010 – 25579/05 (A, B und C) = NJW 2011, 2107, Rn. 232 ff.

17 EGMR (Fn. 16), Rn. 264 ff.; Urt. v. 20.3.2007 – 5410/03 (Tysiąc) = NJOZ 2009, 3349, Rn. 114 ff.

ten[18] zu behandelnde Einzelfallorientierung der EGMR-Rechtsprechung an.

Ebenso weit ist der Beurteilungsspielraum in den moralisch brisanten Fragen der Reproduktionsmedizin. So vermied es der EGMR in der Sache S. H. u.a. gegen Österreich angesichts unterschiedlicher Auffassungen in den Mitgliedstaaten sorgfältig, sich auf einen europäischen Standard in Hinblick auf Samen- und Eizellspende festzulegen.[19]

III. Das Diskriminierungsverbot: Rechtsordnungsimmanenter Menschenrechtsschutz

Wie das Diskriminierungsverbot des Art. 14 EMRK rechtsordnungsimmanenten Menschenrechtsschutz vermitteln kann, zeigen zwei Urteile zur Kindesadoption durch homosexuelle Frauen. Eine einheitliche Haltung zur Homosexualität ist in Europa nicht erkennbar. Während westeuropäische Staaten von Portugal bis Schweden die Ehe für gleichgeschlechtliche Partner geöffnet haben,[20] gibt es im Osten Europas nach wie vor Tendenzen, homosexuelle Handlungen unter Strafe zu stellen. In dieser Situation ist es schwer, aus dem Recht auf Achtung des Privat- und Familienlebens gemäß Art. 8 EMRK bestimmte Rechte abzuleiten, auch wenn die Adoption eines Kindes zumindest das durch Art. 8 EMRK geschützte Privatleben der betroffenen Personen berührt. Im Fall E. B. gegen Frankreich hat der EGMR daher auf das Diskriminierungsverbot aus Art. 8 i.V.m. Art. 14 EMRK zurückgegriffen. Der homosexuellen Beschwerdeführerin war die Adoption eines Kindes versagt worden, obwohl das französische Recht an sich die Adoption durch einen einzelnen Erwachsenen zulässt. Der EGMR kam zu der Überzeugung, dass die Adoption im konkreten Fall gerade wegen der Homosexualität der Beschwerdeführerin versagt worden sei und sah darin eine unzulässige Diskriminierung.[21] Auch im Fall X u.a./Österreich sah der Gerichtshof kein Problem darin, wenn ein Staat nur verheirateten Paaren die Adoption gestattet und die Ehe nicht für gleichgeschlecht-

---

18 Zu IV.

19 EGMR (Große Kammer), Urt. v. 3.11.2011 – 57813/00 (S. H. u.a.) = NJW 2012, 207, Rn. 91 ff.

20 S. die Nachweise bei *Uerpmann-Wittzack* (Fn. 8), Rn. 19.

21 EGMR (Große Kammer), Urt. v. 22.1.2008 – 43546/02 (E. B.) = NJW 2009, 3637, Rn. 71-97.

liche Paare öffnet, so dass diesen eine Adoption verwehrt bleibt.[22] Gestattet das nationale Recht aber nicht verheirateten heterosexuellen Paaren die Stiefkindadoption, so muss er dieses Recht grundsätzlich auch homosexuellen Paaren gewähren.[23] Das Diskriminierungsverbot geht daher über den Standard hinaus, den Art. 8 EMRK europaweit gebietet, und gewährt Konventionsrechtsschutz auch in den Fällen, in denen ein Staat Rechte gewährt, die den gemeineuropäischen Standard übertreffen.[24]

Ähnlich verhält es sich im Bereich der Sozialleistungen. Art. 8 EMRK verpflichtet die Staaten nicht, eine Sozialleistung wie Kindergeld zu gewähren.[25] Entscheidet sich ein Staat aber zur Gewährung von Kindergeld, wertet der EGMR dies als Maßnahme zum Schutz des Familienlebens i.S.v. Art. 8 Abs. 1 EMRK mit der Folge, dass die konkrete Ausgestaltung der freiwillig übernommenen Sozialleistung an Art. 14 EMRK zu messen ist. So beanstandete der EGMR eine Regelung, die bestimmte in Deutschland lebende Ausländergruppen ohne hinreichenden Grund vom Anspruch auf Kindergeld ausnahm.[26] Damit kann der EGMR die Ausgestaltung des Kindergeldes in einem Staat überprüfen, obwohl die EMRK keinen gemeineuropäischen Standard zur Gewährung von Kindergeld enthält.

IV. Der Blick auf den Einzelfall

Vor dem EGMR gibt es keine prinzipale Normenkontrolle. Vielmehr ist der EGMR dazu aufgerufen, konkrete Menschenrechtsverletzungen im Einzelfall nachzuprüfen. Das schließt zwar eine inzidente Normenkontrolle nicht grundsätzlich aus. Der EGMR betont aber traditionell den einzelfallbezogenen Charakter seiner Kontrolle.[27] In jüngerer Zeit wird immer klarer, dass der EGMR es teilweise mit strukturellen Problemen zu tun hat, die durch eine Gesetzesänderung behoben werden müssen. Daher geht

---

22 EGMR (Große Kammer), Urt. v. 19.2.2013 – 19010/07(X u.a.) = NJW 2013, 2173, Rn. 105-110.

23 Ebenda, Rn. 111-153.

24 Ebenda, Rn. 135.

25 S. nur EGMR, Urt. v. 28.10.2010 – 40080/07 (Fawsie) = NVwZ-RR 2011, 727, Rn. 27.

26 EGMR, Urt. v. 25.10.2005 – 59140/00 (Okpisz) = NVwZ 2006, 917, Rn. 32-34.

27 S. nur EGMR, Urt. v. 13.6.1979 – 6833/74 (Marckx) = NJW 1979, 2449, Rn. 58; Urt. v. 21.12.2010 – 20578/07 (Anayo) = NJW 2011, 3565, Rn. 69; (Große Kammer) (Fn. 19), Rn. 92.

er insbesondere in sog. Piloturteilen teilweise über den Einzelfall hinaus und stellt grundsätzlichen legislativen Reformbedarf fest.[28] Dennoch bleibt die Prüfperspektive des EGMR grundsätzlich einzelfallbezogen.

Diese Tendenz zeigt sich insbesondere in der Rechtsprechung zum Sorge- und Umgangsrecht nichtehelicher Väter sowie zur Vaterschaftsanerkennung. So beanstandete der EGMR eine Regelung, nach der ein väterliches Sorgerecht außerhalb einer Ehe stets von der Zustimmung der Mutter abhängig war. Zwar mag es sein, dass ein gemeinsames Sorgerecht gegen den Willen der Mutter regelmäßig dem Kindeswohl widerspricht. Der EGMR fordert aber die Möglichkeit einer Einzelfallprüfung.[29] Ähnlich beurteilte er die Frage, ob der biologische Vater des in einer fremden Ehe geborenen Kindes eine Möglichkeit haben muss, seine eigene biologische Vaterschaft feststellen zu lassen, und verlangt, dass wenigstens im konkreten Fall geprüft werden kann, ob es dem Kindeswohl entspricht, dem leiblichen Vater ein Umgangsrecht einzuräumen.[30] Der EGMR blickt in diesen Fällen auf Einzelfallgerechtigkeit, während der Gedanke einer legislativen Typisierungskompetenz zurücktritt. Es „verbietet sich“ also, wie der BGH in anderem Zusammenhang formuliert, „jede schematische Lösung“.[31] Die nationale Gesetzgebung wird auf diese Weise gezwungen, Gemeinwohlkompetenz an Exekutive sowie Judikative und im konkreten Fall an die Familiengerichtsbarkeit zu delegieren.

An sich ist diese Einzelfallbetrachtung kein Mittel der Rechtsvereinheitlichung. Vielmehr begünstigt der Blick auf den Einzelfall eine Fragmentierung oder gar Atomisierung des Rechts. Indem dieser Ansatz jedoch starre Ordnungskonzepte, die schematisch angewandt werden, verbietet, führt er zugleich zu einer gewissen Angleichung der Rechtsordnungen. Es handelt sich um einen liberalen Ansatz, der es verbietet, unterschiedliche Identitäten, Rollenbilder und Lebensentwürfe über einen Kamm zu scheren und der damit diversifizierten Lebenswirklichkeiten

---

28 Grundlegend EGMR (Große Kammer), Urt. v. 22.6.2004 – 31443/96 (Broniowski) = NJW 2005, 2521, Rn. 192-194; s. auch EGMR (Große Kammer), Urt. v. 8.6.2006 – 75529/01 (Sürmeli) = NJW 2006, 2389, Rn. 136-139 sowie *Cremer*, in: O. Dörr/Grote/Marauhn (Hrsg.), EMRK/GG Konkordanzkommentar, 2. Aufl. 2013, Kap. 32, Rn. 114 ff.

29 EGMR, Urt. v. 3.12.2009 – 22028/04 (Zaunegger) = NJW 2010, 501, Rn. 46-63.

30 EGMR, Anayo (Fn. 27), Rn. 67-72; s. auch EGMR, Urt. v. 22.3.2012 – 23338/09 (Kautzor) = NJW 2013, 1937, Rn. 63-79.

31 S. nur BGH, Urt. v. 23. 10. 2003 – IX ZR 270/02 = NJW 2004, 1169 zum Bereicherungsrecht.

Rechnung trägt. Darüber hinaus bewirkt die Betonung des Einzelfalls eine Machtverlagerung weg von der parlamentarischen Gesetzgebung, der einfache Schematisierungen versagt werden, hin zur Rechtsprechung, die den Einzelfall zu beurteilen hat. Freilich wird der Gewinn an Einzelfallgerechtigkeit mit einem Verlust an Vorhersehbarkeit und Rechtssicherheit erkauft.

V. Zusammenfassung

Nach alledem hat Verfassungsrecht in einer konstitutionalisierten Rechtsordnung mit ausgeprägter Verfassungsgerichtsbarkeit ein erhebliches rechtsvereinheitlichendes Potential. Das gilt auch für die europäische Grundrechteverfassung mit dem EGMR. Verschiedene Instrumente gestatten es dem EGMR, den Grad der Grundrechtsharmonisierung zu kontrollieren. An erster Stelle steht der nationale Beurteilungsspielraum, der Raum für rechtskulturelle Vielfalt und nationale Gemeinwohlhorizonte lässt. Demgegenüber bieten die Diskriminierungsverbote des Art. 14 EMRK einen Ansatz, um auch dort kontrollierend einzugreifen und eine nationale Rechtsordnung an ihren eigenen Maßstäben zu messen, wo einheitliche europäische Maßstäbe fehlen. Die Einzelfallorientierung der Straßburger Rechtsprechung ist unter Vereinheitlichungsgesichtspunkten ambivalent. Einerseits verhindert der Blick auf den Einzelfall eine systematische Rechtsvereinheitlichung. Andererseits verdrängt das Streben nach Einzelfallgerechtigkeit schematische Ordnungsvorstellungen des nationalen Rechts zugunsten von Abwägungsentscheidungen. Damit wird die Verlagerung von Gemeinwohlkompetenz auf Gerichte, die individuelle Rechtspositionen zum Ausgleich zu bringen haben, zum gemeinsamen Strukturmerkmal europäischer Rechtsordnungen.

4. Gesellschaftsrecht

Die Konstituierung des europäischen Gesellschaftsrechts – Freiheitssicherung im Kernbereich unternehmerischer Betätigung

Carsten Herresthal

I. Einleitung

Zu den zahlreichen Forschungsfeldern des Jubilars zählt neben den Interdependenzen von Privat- und Verfassungsrecht sowie den Rahmenbedingungen für die Marktfreiheit stets auch das europäische Gesellschaftsrecht.[1] Im Schnittfeld dieser drei Bereiche liegt die Themenstellung der Konstituierung des europäischen Gesellschaftsrechts. Ausgangspunkt der nachfolgenden, notwendig nur skizzenhaften, dem Jubilar gleichwohl umso herzlicher zugeeigneten Überlegungen ist der aktuelle Zustand des Vertragsrechts. Dieses wird weiterhin durch ein Paradoxon geprägt. Denn die ordnungstheoretischen Grundlagen einer Wirtschaftsverfassung[2] haben die materiell-rechtliche Ausgestaltung der wettbewerbsverfassten Marktwirtschaft als Grundsatz der EG entscheidend beeinflusst.[3] Dies mündete in einen Raumgewinn für die Privatautonomie im Binnenmarkt. Gleichwohl haben jene Regelungen im nationalen Vertragsrecht, die in der jüngeren Vergangenheit unter Invokation der Privatrechtsgesellschaft[4] und deren freiheitlichen Prinzipien besonders heftig kritisiert wurden, weit überwiegend ihre Genese im Unionsrecht.[5] Als Folge der Überlagerung der freiheitlichen Marktöffnung durch eine individualethische Aufladung des Vertragsrechts im Zuge seiner Harmonisierung wurden Marktfreiheit und Privatautonomie im allgemeinen Privatrecht substantiell zurückgedrängt. Ein entscheidender Grund hierfür ist die nur formale Anerkennung der

---

1 Vgl. nur *Müller-Graff* ZHR 177 (2013), 563; *ders.* EWS 2009, 489; *ders.*, in: FS für Hellwig, 2010, S. 251; *ders./Teichmann* (Hrsg.), Europäisches Gesellschaftsrecht auf neuen Wegen, 2010.

2 Vgl. nur *Böhm* Ordo I (1948) 61 ff.; *Mestmäcker* AcP 168 (1968), 235 ff.

3 Vgl. *Ophüls* ZHR 124 (1961/2), 136 ff.; *Mestmäcker*, in: FS für Böhm, 1965, S. 345 ff.

4 Dazu *Herresthal*, in: FS für Canaris, II, Münche 2007, S. 1107 ff.

5 Vgl. schon *Bydlinski* AcP 194 (1994), 319, 328 f.

Privatautonomie im Primärrecht. Eine effektive Grundrechtskontrolle privatrechtsrelevanter Sekundärrechtsakte am Maßstab der Privatautonomie ist bislang nicht gewährleistet; die primärrechtliche Privatautonomie ist (noch) kein *law in action*.[6] Zudem ist eine hinreichende Ausdifferenzierung der tragenden Prinzipien- und Wertungsstruktur im europäischen Privatrecht bislang unterblieben.

Angesichts der Ausweitung der unionsrechtlichen Gesellschaftsformen, die mit der SUP[7] einen weiteren Schritt unternehmen würde, gilt es im europäischen Gesellschaftsrecht ein zum europäischen Vertragsrecht paralleles Schicksal zu vermeiden. Denn auch bei diesem besteht die Gefahr der Freiheitsverkürzung durch eine freiheitsbeschränkende Instrumentalisierung des Privatrechts.

II. Die zwei zentralen Elemente einer Konstituierung

Erforderlich ist daher im europäischen Gesellschaftsrecht zweierlei, die Ausformung wirkungsmächtiger Grundrechtsgarantien, namentlich der Privatautonomie und der unternehmerischen Handlungsfreiheit, damit diese höchstrangigen Freiheitsgewährleistungen im Unionsrecht zu prägenden Gestaltungsfaktoren des europäischen Gesellschaftsrechts werden, sowie die Ausdifferenzierung eines auf den Grundlagen der Verträge aufbauenden Prinzipien- und Wertungskanons für die supranationalen Gesellschaftsformen. Damit sind die beiden zentralen Elemente einer Konstituierung des europäischen Gesellschaftsrechts benannt. Indes sind beide Elemente, die Konkretisierungen der Freiheitsgewährleistungen als unverzichtbare Voraussetzung der unternehmerischen Betätigung sowie die Notwendigkeit eines übergreifenden Prinzipien- und Wertungskanons, bislang noch nicht hinreichend in das Blickfeld getreten. Vielmehr kreist die Diskussion über die Zukunft des europäischen Gesellschaftsrechts bislang v.a. um den Wettbewerb der Gesellschaftsrechtssysteme in Europa und die Folgen supranationaler Rechtsformen für diesen Wettbewerb und das nationale Gesellschaftsrecht. Die Auseinandersetzung mit den supranationa-

6 Ausf. *Herresthal*, in: Huber/Ziegler (Hrsg.), Current Problems in the Protection of Human Rights, Oxford 2013, S. 89.

7 Vgl. Vorschlag für eine Richtlinie für das europäische Parlament und des Rates über Gesellschaften mit beschränkter Haftung mit einem einzigen Gesellschafter, COM(2014) 212 final, BR-Drucks. 165/14.

len Gesellschaftsformen beschränkt sich bislang regelmäßig[8] auf eine Darstellung der konstituierenden Rechtsakte, ihre dogmatische Analyse und die Präzisierung der verbleibenden nationalen Regelungsspielräume.

Der Bedarf für diese zweispurige Konstituierung des europäischen Gesellschaftsrechts ist indes offenkundig. So droht eine substantielle Verkürzung der wirtschaftlichen Betätigungsfreiheit, wenn die europäischen Gesellschaftsformen die Marktakteure in das Prokrustesbett des zwingenden Rechts nötigen, um marktexterne Zielsetzungen des Unionsgesetzgebers zu verwirklichen. Zudem ist im europäischen Gesellschaftsrecht ein Paradigmenwechsel zu verzeichnen. Nach diesem treten die Bereitstellung adäquater Gesellschaftsformen sowie die Vereinheitlichung der nationalen Rechte als Regelungszweck zurück und werden durch die Instrumentalisierung des Gesellschaftsrechts als Mittel zur Krisenbewältigung sowie zur Erreichung punktueller Zwecke, u.a. der Schutz von Aktionären oder Anlegern, ersetzt. Ohne wirkungsmächtige Grundrechtsgarantien und einen hinreichend konstituierten Regelungsrahmen aus Prinzipien und Wertungen können die supranationalen Gesellschaftsformen aber weitreichend zu politischen Zwecken instrumentalisiert werden. Einer kodifikatorischen Fehlsteuerung im Unionsrecht durch die Verfolgung marktexterner (politischer) Zwecke können die beiden genannten Elemente entgegenwirken. Auch vermögen sie der Gefahr politischer Kompromisse bei gesellschaftsrechtlichen Sekundärrechtsakten entgegenzusteuern.

III. Die Notwendigkeit effektiver Grundrechtsgewährleistungen

Grundlegendes Strukturdefizit bei der Europäisierung des allgemeinen Privatrechts ist die unzureichende primärrechtliche Gewährleistung der Privatautonomie. Freilich sind Privatautonomie und Vertragsfreiheit ungeschriebene Unionsgrundrechte, auch wenn die Stellungnahmen des EuGH insoweit wenig pointiert sind. Nach ihm sind aber die wirtschaftliche Betätigungsfreiheit sowie die Handels- und Wirtschaftsfreiheit umfassend gewährleistet. Auch die Grundrechtecharta verbürgt zutreffend die Privat-

---

8 Vgl. zu Ausnahmen *Schön* RabelsZ 64 (2000), 1 (14 ff.); *Grundmann*, in: FS für Lutter, Köln 2000, S. 61, 66 ff.; *Hommelhoff/Riesenhuber*, in: Grundmann (Hrsg.), Systembildung und Systemlücken in Kerngebieten des Europäischen Privatrechts, Tübingen 2000, S. 259 ff.

autonomie sowie die Freiheit zu wirtschaftlicher Betätigung.[9] Allerdings weisen diese Grundrechtsverbürgungen bislang ein Gewährleistungs- und ein Anwendungsdefizit auf. Ersteres folgt aus der unzureichenden Ausdifferenzierung der Grundrechtsgewährleistungen in der EuGH-Rechtsprechung, Letzteres aus der unzureichenden Prüfung privatrechtsangleichender Rechtsakte am Maßstab dieser Grundrechte durch den EuGH.[10]

Dem entsprechend besteht im europäischen Gesellschaftsrecht die Notwendigkeit zur Ausdifferenzierung von Schutzbereich und -niveau der primärrechtlich verbürgten unternehmerischen Handlungsfreiheit. Aufgrund der nunmehr primär maßgebenden Verbürgung in der Grundrechtecharta (Art. 16) besteht die Chance auf eine höhere inhaltliche Präzision im Zuge der Konkretisierung als bei der zuvor allenfalls möglichen Ableitung einer sehr vagen Kerngewährleistung des ungeschriebenen Grundrechts aus den Verfassungsüberlieferungen. Zudem besteht nun die Möglichkeit der wechselseitigen Beeinflussung von Chartagrundrecht und privatrechtlichen Prinzipien, auch des Gesellschaftsrechts; eine solche war bei den ungeschriebenen bloßen Grundrechtskerngewährleistungen nicht möglich. Allerdings müsste der EuGH hierzu eine etwaige Grundrechtsverletzung – wie die Rechtsstaatlichkeit der EU nahelegt – bei hinreichenden Anhaltspunkten eigenständig und nicht nur auf Rüge prüfen. Zudem müsste der Grundrechtsschutz der Charta ein *law in action* sein, mithin müssten Sekundärrechtsakte, die nicht seinem Maßstab standhalten, vom EuGH als (partiell) primärrechtswidrig verworfen werden. Dies ist bei privatrechtlichen Sekundärrechtsakten bislang nicht erfolgt.

IV. Das Desiderat eines Prinzipien- und Wertungskanons im europäischen Gesellschaftsrecht

1. Das Strukturdefizit im europäischen Gesellschaftsrecht

Den Gefahren einer legislativen Instrumentalisierung supranationaler Gesellschaftsformen sowie einer gesetzgeberischen Missachtung der unternehmerischen Handlungsfreiheit ist des Weiteren durch die Einbindung dieser Gesellschaftsformen in einen kohärenten Prinzipien- und Wertungs-

9 Vgl. nur *Ruffert*, in: Ehlers (Hrsg.), Europäische Grundrechte und Grundfreiheiten, Berlin 4. Aufl. 2015, § 19 Rn. 12.

10 Ausf dazu *Herresthal* (Fn. 6), S. 103 ff.

kanon im Unionsrecht zu begegnen. Hiermit ist ein elementarer, vielfach aber nicht hinreichend bedachter Unterschied zwischen den nationalen und den supranationalen Gesellschaftsformen angesprochen. Die nationalen Gesellschaftsformen sind von umfassenden, ausdifferenzierten Prinzipien- und Wertungskanones des nationalen kohärenten Gesellschaftsrechts umgeben. Diese nationalen Kanones bilden den normativen Rahmen für einfachgesetzliche Regelungen im nationalen Gesellschaftsrecht. Abweichendes gilt für die supranationalen Gesellschaftsformen im Unionsrecht. Sie sind bislang von keinem ausdifferenzierten, annähernd kohärenten unionsrechtlichen Prinzipien- und Wertungskanon umschlossen; ein solcher harrt der Ausformulierung und v.a. der judikativen Anerkennung. Er könnte den Regelungsrahmen für weitere supranationale Rechtsformen bilden, *de lege lata* die Auslegung und Fortbildung der Rechtsakte sowie *de lege ferenda* den weiteren Rechtssetzungsprozess auf der Ebene des Unionsrechts leiten. Ein mitgliedstaatlicher Kanon eignet sich aufgrund des Vorranges des Unionsrechts nicht als Residualordnung. Die Erweiterung des Wettbewerbs der Gesellschaftsrechte um supranationale Gesellschaftsformen fordert hingegen einen solchen Kanon.

Damit verschiebt sich zugleich der Fokus, der im Gesellschaftsrecht bislang vorrangig auf die Herstellung unionsweit einheitlicher Rechtsverhältnisse – das „*level playing field*" – gerichtet war, damit die wirtschaftlichen Entscheidungen der Rechtssubjekte nicht durch Unterschiede der nationalen Gesellschaftsrechte verzerrt werden. Die Formulierung eines Ordnungsrahmens für die supranationalen Gesellschaftsformen nimmt hingegen die Vermeidung einer Wettbewerbsverzerrung des um diese Formen erweiterten Wettbewerbs *durch den Unionsgesetzgeber* in den Blick. Denn im Wettbewerb der Gesellschaftsrechte ist die EU mit den supranationalen Gesellschaftsformen ein Wettbewerber, der ebenfalls an einen Regelungsrahmen gebunden werden muss.

2. Die Infrastrukturverantwortung des Unionsgesetzgebers

Ergänzend tritt hinzu, dass Gesellschaftsformen auf eine gesetzgeberische Ausgestaltung angewiesen sind. Ihre Verfügbarkeit hängt von der Gewährleistung durch die jeweilige Rechtsordnung ab. Die Unionsgrundrechte verbürgen die wirtschaftliche Betätigungsfreiheit sowie die Vereinigungsfreiheit.[11] Letztere erfordert eine einfachgesetzliche, d.h. sekundärrechtliche nähere Ausgestaltung der Freiheit; ohne diese kann sie keine hinreichende Wirksamkeit erlangen.[12] Auch wenn die Entwicklung einer leistungsrechtlichen Dimension der Unionsgrundrechte noch am Anfang steht,[13] entspricht es der Binnenmarktlogik sowie dem Ziel einer immer engeren Union, dass das Unionsrecht ab einem bestimmten – mittlerweile erreichten – Integrationsgrad des Binnenmarktes geeignete supranationale Gesellschaftsformen im Sekundärrecht zur Verfügung stellen muss. Angesichts der erreichten Integrationshöhe und des Gewährleistungsgrads der Unionsgrundrechte spricht mittlerweile vieles dafür, dass der Sekundärrechtsgesetzgeber verpflichtet ist, eine hinreichende Anzahl von Gesellschaftsformen zur Verfügung zu stellen, die verschiedene Typen von Vereinigungen angemessen abbilden. Die Funktionsfähigkeit dieser Vereinigungen und ihrer Organe muss danach gewährleistet werden.

Für dieses Ergebnis sprechen auch die Funktion der Verhaltensermöglichung durch das Recht und seine Organisationsformen sowie die Organisationsleistung von Rechtsregeln für die jeweilige Marktstruktur. Beide Aspekte legen die Bereitstellung von Rechtsregeln nahe, die den Rechtssubjekten das Handeln in einer wettbewerbsverfassten Marktwirtschaft ermöglichen,[14] wenn und soweit sie dieser Regelungen bedürfen. Umfang und Dichte der Regelungen richten sich nach den Ordnungs- und Schutznotwendigkeiten des jeweiligen Regelungsbereichs. (Auch) der Sekundärrechtsgesetzgeber hat somit eine Verantwortung für die „juristische Infrastruktur“, d.h. für die Verfügbarkeit eines Korpus von Rechtsregeln, der den Rechtssubjekten ein sinnvolles Handeln in Organisationsformen ermöglicht, die für die jeweilige Marktstruktur adäquat sind. Die verfügbaren Normen müssen den Privatrechtssubjekten adäquate Gestaltungsmöglichkeiten eröffnen, ihre Rechtsbeziehungen rechtsverbindlich sinnvoll zu ordnen.[15] Dies gilt insbes. im Gesellschaftsrecht, da Verfügbarkeit und

11 Ausf. dazu *Streinz*, in: Streinz, EUV/EGV, 2. Aufl., München 2012, Art. 12 GR-Charta, Rn. 5 ff.

12 Dies ist zum parallelen deutschen Grundrecht anerkannt, vgl. BVerfG, 01.03.1979 – 1 BvR 532/77, 1 BvR 533/77, 1 BvR 419/78, 1 BvL 21/78 = BVerfGE 50, 290, 354 f.

13 Vgl. immerhin *Streinz* (Fn. 11), Art. 13 GR-Charta, Rn. 10 zu Schutzpflichten aus der Vereinigungsfreiheit.

14 Vgl. *Richter/Furubotn*, Neue Institutionenökonomik, 4. Aufl., Tübingen 2010, S. 314 f.

15 *Cheffins,* Company Law, Oxford 1997, S. 250.

Existenz von Gesellschaften von der Gewährleistung durch die konkrete Rechtsordnung abhängen.

Die erreichte Integrationshöhe der EU spricht dafür, dass der Sekundärrechtsgesetzgeber im Rahmen seiner Kompetenzen eine derartige juristische Infrastruktur bereitzustellen hat, mithin Regeln für supranationale Gesellschaftsgrundformen, die wettbewerbsfähige Unternehmen ermöglichen. Freilich besteht ein weiter legislativer Einschätzungs- und Ausgestaltungsspielraum. Eine Mindestausstattung mit Organisations- und Verfahrensregeln wird aber vom Normsetzungsgebot umfasst.

3. Die Genese des Prinzipien- und Wertungskanons

Die zutreffende Genese des erforderlichen Prinzipien- und Wertungskanons im europäischen Gesellschaftsrecht basiert auf zwei Säulen. Zum ersten bildet die Konstitutionalisierung des europäischen Gesellschaftsrechts eine Grundlage dieses Kanons, mithin die Ausdehnung verfassungsrechtlicher, v.a. grundrechtlicher Wertungen des Primärrechts in das europäische Gesellschaftsrecht. Hierzu sind die materiellen (Freiheits-)Verbürgungen im Primärrecht, die verfassungsrechtlichen Grundwertungen, Freiheitssphären und Schutzniveaus sowie ungeschriebene allgemeine Rechtsprinzipien zu gesellschaftsrechtlichen Prinzipien zu konkretisieren. Auf diese Weise werden die materiellen Anforderungen des europäischen Verfassungsrechts in das sekundärrechtliche Gesellschaftsrecht transportiert.

Zum Zweiten ist eine Systembildung ausgehend von jenen Rechtsakten im Sekundärrecht möglich, die supranationale Gesellschaftsformen konstituieren, sowie von dem übrigen gesellschaftsrechtsrelevanten Sekundärrecht, um einen Prinzipien- und Wertungskanon zu formulieren, der dem Unionsrecht bereits inhärent ist. Die für eine derartige Systembildung erforderlichen hinreichend konkreten positiv-rechtlichen Wertungen sind im europäischen Gesellschaftsrecht in Bezug auf die supranationalen Gesellschaftsformen im Ansatz erkennbar. Den umfangreichen Regelungen können bereits Wertungsentscheidungen und Prinzipien entnommen werden.

Die Systembildung kann mithin gegenläufig erfolgen, indem der Prinzipien- und Wertungskanon induktiv aus dem konstituierenden Sekundärrecht sowie deduktiv aus dem Primärrecht abzuleiten ist. Ein solcher Kanon wäre der primäre Referenzrahmen für die Rechtsgewinnung im europäischen Gesellschaftsrecht, d.h. bei der Auslegung des Sekundärrechts und einer etwaigen Rechtsfortbildung im Sekundärrecht. Dass dem

Sekundärrecht eine solche Prinzipienstruktur nicht fremd ist, zeigt der Entwurf einer GEK-VO (Art. 4 I, II), mit der der Sekundärrechtsgesetzgeber (ihre Verabschiedung vorausgesetzt) derartige Prinzipien im Privatrecht anerkennen wird.

Die Inhalte dieses Prinzipienkanons können hier nur angedeutet werden. Übergreifendes Ziel ist die Gewährleistung der Funktionsfähigkeit der ökonomischen Prozesse; das Leitprinzip ist die Ermöglichung des Wirtschaftens auf dem Binnenmarkt. Das konstituierende Grundprinzip der individuellen Freiheit ist daher zu gewährleisten. Es erfordert einen angemessenen Schutz der Freiheit, über Rechtsform, Satzungsinhalt und Organisation der Aufsicht im Rahmen der Gründung und Ausgestaltung der Gesellschaft zu entscheiden. Hinzu tritt die wechselseitige Zuordnung subjektiver Rechte (Gesellschafter-, Gläubiger-, Arbeitnehmerrechte). Auch sind die zentralen Interessenkonflikte zu adressieren, u.a. das Verhältnis zwischen Anteilseignern und Unternehmensleitung, Groß- und Kleinaktionären sowie den Interessen Dritter (u.a. Gesellschaftsgläubiger).

V. Fazit

Das Vertragsrecht wird mittlerweile von der EU freiheitsverkürzend instrumentalisiert. Dies ist u.a. aufgrund des Fehlens freiheitssichernder Konstanten im europäischen Vertragsrecht möglich. Der gesellschaftsrechtliche Normfundus mit supranationalen Rechtsformen wächst kontinuierlich. Notwendig ist daher eine Konstituierung des europäischen Gesellschaftsrechts, verstanden als Ausbildung freiheitssichernder Konstanten im Unionsrecht. Zum einen besteht die Notwendigkeit einer wirkungsmächtigen Gewährleistung der europäischen Freiheitsgrundrechte, namentlich der Privatautonomie, der unternehmerischen Handlungsfreiheit und der Vereinigungsfreiheit. Zum anderen besteht das Desiderat eines Prinzipien- und Wertungskanons im europäischen Gesellschaftsrecht, der gegenläufig aus den Verfassungsvorgaben und den gesellschaftsrechtlichen Prinzipien des Sekundärrechts abzuleiten ist.

Gesellschafterrechte in der „strategischen Insolvenz"

Carsten Schäfer

I. Einführung

Die „strategische Insolvenz" wird derzeit stark diskutiert. *Eidenmüller* hat sie in einem kürzlich veröffentlichten Beitrag in der Zeitschrift für Wirtschaftsrecht einleuchtend dahin definiert, dass von einem strategischen Insolvenzantrag immer dann gesprochen werden könne, wenn das Insolvenzverfahren freiwillig zur planvollen Erreichung eines wirtschaftlichen Ziels eingesetzt werde.[1] Ein solches Ziel könne auch die „Bewältigung eines Gesellschafterkonflikts" sein, so exemplarisch im vielbeachteten Fall Suhrkamp.[2] Dort sollte ein solcher Konflikt zu Lasten des Minderheitsgesellschafters durch dessen weitgehende Entmachtung qua Formwechsel von der KG in die AG gelöst werden.

Eidenmüller bewertet „strategische" Anträge grundsätzlich und auch im Falle eines Gesellschafterstreits positiv, sofern sie zur Steigerung des Unternehmenswerts beitragen. Anderes soll hingegen gelten, sofern das Verfahren (offensichtlich) auf eine bloße Umverteilung des Unternehmenswerts gerichtet ist.[3] Bei Suhrkamp spricht vieles dafür, dass ein solcher Umverteilungszweck im Vordergrund stand und das Insolvenzplanverfahren nach diesem Maßstab missbräuchlich war. In seiner Beschwerdeentscheidung hat der IX. Zivilsenat des BGH jedenfalls betont, dass die durch den Insolvenzplan gegen den Minderheitsgesellschafter ergriffenen Maßnahmen den Beteiligungswert erheblich mindern könnten und es deshalb „auf der Hand" liege, dass der Minderheitsgesellschafter durch den Insolvenzplan erhebliche Verluste erleide.[4] Hierauf ist zurückzukommen, der Aspekt der Unternehmenswertsteigerung durch eine „strategische Insol-

---

1 *Eidenmüller* ZIP 2014, 1197, 1198 f.

2 Dazu *Schäfer* ZIP 2013, 2237 m.w.N. und seither *Müller* DB 2014, 41; *Stöber* ZInsO 2013, 2457; *Möhlenkamp* BB 2013, 2828; *Eidenmüller* NJW 2014, 17; sowie BGH, Beschluss v. 17.7.2014 – IX ZB 13/14 mit Anm. *Hölzle* ZIP 2014, 1819.

3 *Eidenmüller* (Fn. 1), 1197, 1201 und 1202.

4 BGH, Urt. v. 17.7.2014 – IX ZB 13/14, Rn. 42.

venz" wird sich in der Tat als zentral erweisen, zumal Insolvenzverfahren bekanntlich teuer sind, nämlich direkte und indirekte Kosten von bis zu 30% des Unternehmenswerts erzeugen.[5] Allerdings gilt es auch, diesen Aspekt in das Rechtsschutzsystem der InsO zu integrieren und ihm damit zur rechtlichen Wirksamkeit zu verhelfen.

Virulent ist das Thema, seit die Gesellschafter gem. § 217 S. 2 InsO in einen Insolvenzplan einbezogen und durch § 244 InsO einer einfachen Mehrheitsentscheidung sämtlicher Gläubiger unterworfen werden können; unter den Voraussetzungen des Obstruktionsverbots (§ 245 Abs. 3 InsO) kann ihre Zustimmung sogar vollends entbehrlich sein. Überdies sieht § 225a Abs. 3 InsO ganz allgemein vor, dass der Plan jede Regelung treffen kann, die „gesellschaftsrechtlich zulässig" ist. Es war also wohl nur eine Frage der Zeit, bis findige Berater den Weg der „strategischen Insolvenz" auch zu dem Zweck vorschlagen würden, unliebsame Minderheitsgesellschafter zu entmachten oder gar auszuschließen, nachdem im Schrifttum zunächst vor allem die „insolvenzrechtliche Übernahme" eines Unternehmens durch seine Gläubiger thematisiert worden war.[6] Denn bei der (vorläufigen) Eigenverwaltung behält das vom Mehrheitsgesellschafter gesteuerte Management ohne weiteres die Zuständigkeit, einen „passenden" Insolvenzplan aufzustellen (§§ 270 ff. InsO).

Aus diesem Kontext sollen hier zwei Fragen herausgegriffen werden, die auf grundsätzliche Aspekte zu Voraussetzungen und Grenzen einer Einbeziehung von Gesellschaftern in den Insolvenzplan zielen, nämlich (1.) Was ist eine „gesellschaftsrechtlich zulässige" Planmaßnahme (dazu unter II.)? Und müssen (2.) die Anteilseigener gefragt werden, bevor ein „strategischer", also freiwilliger Insolvenzantrag gestellt werden darf (dazu unter III.)? Entsprechend dem hier gesteckten Rahmen ist der Beitrag eher programmatisch angelegt. Sein Anliegen ist es, schon auf Basis des geltenden (Insolvenz-)Rechts zu angemessenen Lösungen zu gelangen, stellt aber zugleich eine Grundlage für Überlegungen zu einer Gesetzesrevision dar, die erforderlich wäre, falls eine inzidente Korrektur nicht gelingen sollte. Verf. darf deshalb hoffen, mit seinem Geburtstagsgeschenk beim Jubilar auf Interesse zu stoßen.

---

5 So die Feststellung bei *Eidenmüller* (Fn. 1), 1197, 1199.

6 S. nur *K. Schmidt* ZIP 2012, 2085 ff.

II. Was ist eine „gesellschaftsrechtlich zulässige" Maßnahme im Insolvenzplan?

1. Einführung

Wie Insolvenzanträge zu bewerten sind, die auf die Lösung eines Gesellschafterstreits zielen, hängt wesentlich vom Umfang des Rechtsschutzes ab, der (Minderheits-)Gesellschaftern im Planverfahren zukommt, um ihre noch werthaltigen Anteilseignerposition gegen unberechtigte Zugriffe durch die Mehrheit zu verteidigen. Hier wird sich der unbefangene, gesellschaftsrechtlich vorgebildete Betrachter zunächst auf gesichertem Terrain wähnen, gestattet eben § 225a Abs. 3 InsO auch dem Insolvenzplan nur Maßnahmen, die „gesellschaftsrechtlich zulässig" sind.

Demgemäß wird zwar üblicherweise als Ausgangspunkt betont, dass nur solche Planregelungen in Betracht kämen, die nicht zwingenden gesellschaftsrechtlichen Regeln widersprechen.[7] Von diesem Grundsatz werden aber eine Reihe von Ausnahmen aus dem „Sinn und Zweck der Einbeziehung der Anteilsinhaber"[8] hergeleitet: Verbreitet findet sich etwa die These, dass eine Treupflichtbindung der Gesellschaftermehrheit gegenüber der Minderheit nicht bestehe,[9] obwohl nicht zweifelhaft ist, dass die aus der Treupflicht hergeleiteten Schranken der Mehrheitsmacht zum zwingenden – wenn auch ungeschriebenen – Gesellschaftsrecht gehören.[10] Auch das Bezugsrecht der Gesellschafter, also ihr dem Verwässerungsschutz dienendes Recht auf quotale Beteiligung an einer effektiven Kapitalerhöhung (vgl. § 186 AktG für die AG), wird verschiedentlich für obsolet gehalten,[11] obwohl das Bezugsrecht zweifellos ein zwingendes Indivi-

7 S. *Spliedt*, in: K. Schmidt, InsO, 18. Aufl. 2013, § 225a, Rn. 35 sowie z.B. *Eidenmüller* (Fn. 2), 17, 18; *Haas* NZG 2012, 961, 965.

8 So etwa die Formulierung bei *Eidenmüller* (Fn. 2), 17, 18.

9 So insbes. *Thole* ZIP 2013, 1937; zust. *Eidenmüller* (Fn. 2), 17, 18; dagegen schon *Schäfer* (Fn. 2), 2237; a.A. auch *Spliedt* ZInsO 2013, 2155, 2157 ff.

10 S. nur *Ulmer/Schäfer*, in: MünchKommBGB, 6. Aufl. 2013, § 705, Rn. 221 ff., dort auch zur gesellschaftsvertraglichen Wurzel der Treupflicht, aus der sich auch ihre (unbestrittene) Fortgeltung im Liquidationsstadium ergibt.

11 *Spliedt,* (Fn. 7), § 225a, Rn. 35; *Eidenmüller* (Fn. 2), 17, 18; *Haas* (Fn. 7), 961, 965; *Hirte/Knof/Mock* DB 2011, 632, 638; a.A. aber *Müller* KTS 2012, 419, 441 f.; *Simon/Merkelbach* NZG 2012, 121, 125; *Madaus* ZIP 2012, 2133; *Hölzle*, Praxisleitfaden ESUG, Köln, 2. Aufl. 2014, §§ 217, 225a InsO, Rn. 43.

dualrecht ist und nur unter Beachtung (auch) materieller Kriterien („sachlicher Grund“)[12] im Einzelfall ausgeschlossen werden kann.

2. Stellungnahme[13]

Viele Insolvenzrechtler sind der Meinung, schon aus dem Vorhandensein spezieller insolvenzrechtlicher Verfahrensvorschriften – namentlich zur Beschlussfassung über den Insolvenzplan – herleiten zu können, dass auch zwingende *materielle* Schutzinstrumente suspendiert seien.[14] Doch gestattet dieser Eingriff in das Stimmrecht qua insolvenzspezifische Abstimmungsregeln noch keine Aussage über die inhaltlichen Anforderungen an Planmaßnahmen. Selbst wer gar kein Stimmrecht hat, ist selbstverständlich durch die zwingenden Schranken der Mehrheitsmacht geschützt.

Ein weiterer Ansatz zur Begründung grenzenloser gesellschaftsrechtlicher Gestaltungsbefugnis im Insolvenzplan wird in der „vermögenszentrierten Sichtweise des ESUG“[15] gesehen, die Gesellschafter generell und ausschließlich auf die Liquidierung des Restwerts ihrer Beteiligung verweise. Außerdem wird betont, dass der Gesetzgeber in den Motiven von der „regelmäßigen“ Wertlosigkeit der Anteile ausgehe. Aus dieser Formulierung, aber auch aus § 225a Abs. 5 InsO ist hergeleitet worden, dass die Mitgliedschaftsposition bei eröffneten Insolvenzverfahren automatisch mit (annähernd) Null zu bewerten sei, nämlich dem bloßen (anteiligen) Zerschlagungswert des Unternehmens entspräche.[16] Eine Variante dieser The-

---

12 BGH, Urt. v. 13.3.1978 – II ZR 142/76, BGHZ 71, 40, 43 ff. = NJW 1978, 1316; die zwingende Geltung dieser richterrechtlichen Regel ist nicht zu bezweifeln, s. nur *Hüffer/Koch*, in: Hüffer/Koch, AktG, 11. Aufl. 2014, § 186, Rn. 25 ff.

13 Ausführlicher *Schäfer* ZIP 2014, 2417.

14 S. z.B. *Eidenmüller* (Fn. 2), 17, 18 („neue Gemeinschaft der Residualberechtigten“); *Thole* (Fn. 9), 1937, 1941 f. (Hinweis auf §§ 251, 253 InsO); *Hölzle* EWiR 2013, 591, 592. Äußerst weitgehend auch LG Berlin, Beschluss v. 20.10.2014 – 51 T 696/14 = ZIP 2014, 2197, 2203 (s. sogleich im Text).

15 So prägnant *Brinkmann* ZIP (Fn. 15), 201, mit Fn. 32.

16 Z.B. *Decher/Voland* ZIP 2013, 103, 107; *Thole* (Fn. 9), 1937, 1940; *Altmeppen*, in: FS für Hommelhoff, Erle/Goette/Kleindiek, 2012, S. 1, 17; *Landfermann* WM 2012, 821, 829; *Müller* (Fn. 2), 41, 44; tendenziell auch *Wertenbruch* ZIP 2013, 1693, 1699 (mit Schlussfolgerung für Forderungsbewertung beim DES); dagegen eingehend m.w.N. *Schäfer/Wüstemann* ZIP 2014, 1757; anders jetzt zutr. auch BGH, Beschluss v. 17.7.2014 – IX ZB 13/14 = ZIP 2014, 1442, Rn. 41: bei Suhrkamp sei angesichts der Fortführung offensichtlich nicht der von § 253 Abs. 2

se ist die Behauptung, dass sich ein Nachteil iSv. §§ 251, 253 InsO zwar auch aus der „Berücksichtigung wertbildender Faktoren“ ergeben könne, der einzig relevante Vergleichsmaßstab aber der „Liquidationserlös nach § 199 S. 2 InsO“ sei.[17] Eine relevante Benachteiligung scheide danach stets aus, sofern dem Gesellschafter noch irgendeine (gesellschaftsrechtliche) Befugnis verbleibe;[18] dies offenbar in der Annahme, dass der Liquidationserlös für die Gesellschafter stets gleich Null sei.[19]

Dieser These ist gleichfalls nicht zu folgen. Vielmehr kann auch die Umgestaltung der Mitgliedschaft zu einem erheblichen Wertverlust führen.[20] Im Fall Suhrkamp lag dies wegen des Verlusts sämtlicher Mitspracherechte in Geschäftsführungsfragen durch Umwandlung in eine AG bei gleichzeitiger Anteilsvinkulierung auf der Hand, ohne dass sich aber der Nachteil exakt quantifizieren ließ. Selbst wenn man den Ansatz des ESUG als „ausschließlich vermögensbezogene Sichtweise“ verallgemeinern wollte,[21] müsste man jedenfalls anerkennen, dass er in Bezug auf Nachteile, die sich aus wesentlichen Veränderungen der fortbestehenden Mitgliedschaft ergeben, an seine immanenten Grenzen stößt. Deshalb ist aus der fehlenden exakten Bezifferbarkeit eines Nachteils keineswegs dessen Irrelevanz herzuleiten, sondern der entgegengesetzte Schluss zu ziehen (was nach allgemeiner Methodik bereits auf der Basis des geltenden Rechts möglich ist): Dort, wo feststeht, dass die (gesellschaftsrechtliche) Planmaßnahme zu einem erheblichen Wertverlust führt, dieser aber nicht exakt bezifferbar ist, liegt schon deshalb ein der Planbestätigung entgegenstehender (und ggf. mit der Beschwerde rügbarer) Nachteil des Plans vor.

InsO gemeinte Regelfall gegeben, dass der Beteiligungswert mit Null anzusetzen sei.

17 So *Hölzle* (Fn. 2), 1819, 1822 f., auf den sich LG Berlin, Beschluss v. 20.10.2014 – 51 T 696/14 = ZIP 2014, 2197 beruft; s. ferner etwa *Brinkmann* (Fn. 15), 197, 201.

18 So *Hölzle* (Fn. 2), 1819, 1823.

19 Dazu, dass dies, auch für sich gesehen, nicht zutrifft, weil zwischen der Zerschlagung der Gesellschaft und des Unternehmens zu differenzieren ist, s. *Schäfer/Wüstemann* (Fn. 16), 1757, 1761.

20 So zu Recht auch BGH, Beschluss v. 17.7.2014 – IX ZB 13/14 = ZIP 2014, 1442, Rn. 41 f.

21 Anders jetzt BGH, Beschluss v. 17.7.2014 – IX ZB 13/14 = ZIP 2014, 1442, Rn. 41 f. und insoweit zust. *Hölzle* (Fn. 2), 1819, 1821 („normativer Nachteil“ prinzipiell beachtlich); anders auch *Schäfer* (Fn. 2), 2237, 2242 f.

Dies gilt umso mehr, als Art. 14 GG im Rahmen des Anteilseigentums gerade auch (werthaltige) mitgliedschaftsbezogene Rechte schützt.[22]

Freilich scheidet ein weiterer Wertverlust durch Umgestaltung der Mitgliedschaft aus, sofern die Gesellschaftsanteile ohnehin insgesamt wertlos sind. Dies muss sich aber aus allgemeinen Bewertungsgrundsätzen ergeben und kann nicht etwa aus der Insolvenzeröffnung gleichsam automatisch abgeleitet werden.[23] Nach diesen allgemeinen Maßstäben ist die Fortführung des Unternehmens (auf der Basis des Insolvenzplans) für dessen Bewertung zu berücksichtigen, und hiervon ist zu Recht auch der IX. Senat des BGH ausgegangen.[24] Der sich so ergebende Brutto-Unternehmenswert ist zwar primär den Gläubigern zugewiesen; deren überproportionale, die Gesellschafter verdrängende Teilhabe wäre hiermit nicht nur unvereinbar, sondern auch mit dem Eigentumsschutz aus Art. 14 GG kaum in Einklang zu bringen.[25]

III. Mitwirkungsrechte der Gesellschafter bei der „strategischen Insolvenz"

1. Einführung und Fragestellung

Weil die Einbeziehung der Gesellschafter in den Insolvenzplan ein erhebliches Missbrauchspotential aufweist, wie der Fall Suhrkamp in paradigmatischer Weise verdeutlicht hat,[26] erscheint ein zusätzlicher präventiver Schutz dringlich. Hierbei geht es zunächst um die bekannte Frage, ob ein Insolvenzantrag wegen drohender Zahlungsunfähigkeit der vorherigen Zustimmung der Gesellschafter bedarf (dazu unter 2.). Das ESUG hat ferner Instrumente geschaffen bzw. fortentwickelt, die als solche ebenfalls frei-

---

22 Insofern auch *Brinkmann* (Fn. 15), 197, 205 (der hieraus aber nur die Zustimmungsbedürftigkeit eines freiwilligen Insolvenzantrags ableiten will); s.ü. nur *Stöber* (Fn. 2), 2457, 2460.

23 Eingehend hierzu *Schäfer/Wüstemann* (Fn. 16), 1757, 1758 ff.

24 BGH, Beschluss v. 17.7.2014 – IX ZB 13/14 = ZIP 2014, 1442, Rn. 41: „Angesichts des Fortbestands des Unternehmens ist nicht der von § 253 Abs. 2 InsO gemeinte Regelfall gegeben, dass der Wert der Beteiligung an der insolventen Gesellschaft wirtschaftlich mit Null anzusetzen ist.".

25 Auch dazu eingehend *Schäfer/Wüstemann* (Fn. 16), 1757, 1761 ff.

26 Vgl. auch den Bericht zu weiteren Problemfällen bei *Brockdorff* u.a. BB 2014, 1862 f.

willig sind, auch wenn der Insolvenzantrag zwingend, namentlich die Gesellschaft (auch) überschuldet ist. Die Rede ist von den Anträgen auf (vorläufige) Eigenverwaltung (§ 270 f. InsO) und auf Eröffnung eines Schutzschirmverfahrens (§ 270b InsO), das auch bei Überschuldung möglich ist. Das Missbrauchspotential zu Lasten der Minderheitsgesellschafter ergibt sich bei „strategischen Insolvenzen“ vor allem daraus, dass das (vom Mehrheitsgesellschafter ausgewählte und kontrollierte) Management den Insolvenzplan im Schutzschirmverfahren selbst aufstellen und bei anschließender Eröffnung des Insolvenzverfahrens in Eigenverwaltung auch durchsetzen kann.[27]

2. *Zustimmungsbedürftigkeit des Antrags wegen drohender Zahlungsunfähigkeit*

Inzwischen nimmt die ganz hM an, dass die Geschäftsführer vor einem Insolvenzantrag wegen drohender Zahlungsunfähigkeit die Zustimmung der Gesellschafter einholen müssen, wobei in der Kapitalgesellschaft überwiegend ein Beschluss mit Dreiviertelmehrheit, in der Personengesellschaft sogar ein einstimmiger Beschluss verlangt wird.[28] Die vereinzelt vertretene Gegenauffassung geht hingegen davon aus, dass es sich um eine bloße Geschäftsführungsmaßnahme handele.[29]

---

27 Näher, auch zum zeitl. Ablauf, *Kern*, in: Kirchhof/Stürner/Eidenmüller, MünchKommInsO, 3. Aufl. 2013, § 270b, Rn. 133.

28 OLG München, Urt. v. 21.3.2013 – 23 U 3344/12 = ZIP 2013, 1121, 1123; *Brinkmann* (Fn. 15), 197, 204 f. (Dreiviertelmehrheit bei AG); *Brünkmans/Uebele* ZinsO 2014, 265, 267 (Beschluss mit Dreiviertelmehrheit); *Fölsing* ZInsO 2013, 1325, 1328 f. (bei Personengesellschaft Einstimmigkeit); *Geißler* ZInsO 2013, 919, 922 ff.; *Haas/Hossfeld,* in: Gottwald, InsolvenzR-Handbuch, 4. Aufl. 2010, § 92 Rn. 141; *Lang/Muschalle* NZI 2013, 953, 955; *Leinekugel/Skauradszum* GmbHR 2011, 1121, 1123 ff (Dreiviertelmehrheit); *Madaus* ZIP 2014, 500, 502; *Saenger/Al-Wraikat* NZG 2013, 1201, 1203 f.; *Schäfer* (Fn. 2), 2237, 2242; *Thole* (Fn. 9), 1937, 1944 f.; *Wertenbruch* DB 2013, 1592 ff.; *Tetzlaff* ZInsO 2008, 137, 139 f.; *Uhlenbruck,* in: K. Schmidt/Uhlenbruck, Die GmbH in der Krise, 4. Aufl. 2009, A. Rn. 5.43 und *Vallender* ebd. B. Rn. 5.216; bei der AG für Zustimmung (nur) des AR *K. Schmidt*, InsO (Fn. 7), § 19 Rn. 31.

29 *Eidenmüller* (Fn. 1), 1203 (der zusätzlich auf § 276a InsO verweist, der aber für die Gegenansicht spricht, dazu unter 3.); ähnlich auch *Meyer-Löwy/Pickerill* GmbHR 2013, 1065, 1072.

Der h.M. ist zu folgen: Selbst wenn es sich bei der Antragstellung um eine Geschäftsführungsmaßnahme handelte, wäre die Zustimmungsbedürftigkeit damit noch nicht erledigt; denn sowohl bei Personengesellschaften (§§ 116 Abs. 2, 164 HGB) als auch bei der GmbH[30] dürfen außergewöhnliche Geschäftsführungsmaßnahmen nur mit vorheriger Zustimmung der Gesellschafter vorgenommen werden. Schon wegen der Wertung des § 49 Abs. 3 GmbHG könnte nicht ernsthaft zweifelhaft sein, dass die Einleitung von Sanierungsmaßnahmen auch in der GmbH eine solche außergewöhnliche Maßnahme darstellt, die nach § 49 Abs. 2 GmbHG der Gesellschafterversammlung zur Entscheidung vorzulegen ist.

Freilich vermag die Einordnung als bloße Geschäftsführungsmaßnahme ohnehin nicht zu überzeugen; vielmehr handelt es sich um eine Grundlagenentscheidung. Zu der hierfür gegebenen klassischen, aber unverändert zutreffenden Begründung, dass der Antrag auf die durch Eröffnung eines Insolvenzverfahrens eintretende Auflösung der Gesellschaft zielt (§ 131 Abs. 1 Nr. 3 HGB, § 60 Abs. 1 Nr. 4 GmbHG, § 262 Abs. 1 Nr. 3 AktG, § 728 BGB),[31] tritt der Rechtsverlust der Gesellschafter durch die vom ESUG geschaffenen gesellschaftsrechtlichen Regelungsbefugnisse. Insbesondere wird das zentrale Stimmrecht der Gesellschafter durch die insolvenzrechtlichen Abstimmungsregeln sehr stark eingeschränkt, so dass wesentliche und präventiv wirkende Mitwirkungsbefugnisse verloren gehen. Schon dieser Eingriff ist von erheblicher Bedeutung für die Einordnung als Strukturmaßnahme. Erst recht spräche alles für eine solche Einordnung, falls man den Gesellschaftern nur wegen der Eröffnung des Insolvenz(plan)verfahrens einen Teil des Unternehmenswerts entziehen könnte, wie viele dies annehmen (allerdings zu Unrecht, s. II. 2).

Für AG und GmbH bedarf der Beschluss daher konsequentermaßen einer qualifizierten (satzungsändernden) Mehrheit (§ 53 GmbHG, § 179 AktG), während es in der Personengesellschaft darauf ankommt, ob die Auflösung in eine Mehrheitsklausel einbezogen ist, anderenfalls ist Einstimmigkeit erforderlich.[32] Setzen sich die Mitglieder des Leitungsorgans

---

30 Dazu, dass Geschäftsführer außergewöhnliche Geschäftsführungsmaßnahmen von sich aus der Gesellschafterversammlung vorlegen müssen, s. *Kleindiek*, in: Lutter/Hommelhoff, GmbH-Gesetz, 18. Aufl. 2012, § 37, Rn. 10 f. m.w.N.

31 Dies gilt unabhängig davon, welcher Insolvenzgrund zur Eröffnung führt, s. nur *Schmahl/Busch*, in: MünchKommInsO (Fn. 27), § 29 Rn. 3, 9; *Hüffer,* in: MünchKommAktG, 3. Aufl. 2004, § 262 Rn. 48.

32 Näher Staub/*Schäfer*, HGB, 5. Aufl. 2009, § 131 Rn. 22.

über die Kompetenz der Gesellschafter hinweg, begehen sie eine zum Schadensersatz führende Pflichtverletzung.

3. *Zustimmungsbedürftigkeit eines Antrags auf Eigenverwaltung und Schutzschirmverfahren*

Bislang eher am Rande behandelt wird die Frage, ob auch die Anträge auf Eigenverwaltung bzw. auf Eröffnung eines Schutzschirmverfahrens als solche eines vorherigen Gesellschafterbeschlusses bedürfen. Selbständige Bedeutung erlangt sie dort, wo der Insolvenzantrag nach § 15a InsO verpflichtend ist, aber mit den genannten Anträgen verbunden wird. Insofern wird allerdings nicht immer klar differenziert,[33] wohl aufgrund der Annahme, dass die Eigenverwaltung beantragende Gesellschaft sich häufig auf drohende Zahlungsunfähigkeit berufe.[34] Hinsichtlich des Antrags auf Eröffnung eines Schutzschirmverfahrens, der nur in Verbindung mit der Eigenverwaltung möglich ist, § 270b Abs. 1 InsO, gilt Ähnliches.[35] Da das Schutzschirmverfahren notwendig mit der Eigenverwaltung verbunden ist, beschränken sich die folgenden Ausführungen hierauf.

Als solcher zielt der Antrag auf Eigenverwaltung naturgemäß nicht auf die Auflösung der Gesellschaft, auch wenn er mit einem Schutzschirmverfahren verbunden wird, das als besondere Form des Antragsverfahrens dem Eröffnungsbeschluss vorgelagert ist.[36] Besteht tatsächlich eine Antragspflicht, bedeutet die Eigenverwaltung per se auch noch keinen weiterreichenden Eingriff in Gesellschafterrechte als beim fremdverwalteten

---

33 So beziehen sich *Saenger/Al-Wraikat* (Fn. 28), 1201, 1203 f. mit Blick auf das Schutzschirmverfahren allein auf die Kompetenz zur Insolvenzantragsstellung bei drohender Zahlungsunfähigkeit; auch bei *Wertenbruch* (Fn. 28), 1592, 1593 bleibt undeutlich, ob er den Antrag auf Eigenverwaltung als solchen für zustimmungsbedürftig hält.

34 So etwa *Tetzlaff,* in: MünchKommInsO (Fn. 27), § 270, Rn. 30 (der es jedenfalls als zweckmäßig ansieht, dass der Antrag von den Gesellschaftern unterstützt wird); im Fall Suhrkamp ist der Antrag allerdings wegen drohender Zahlungsunfähigkeit *und* Überschuldung gestellt worden.

35 Für Zustimmungsbedürftigkeit wegen weitreichender Änderungen für die (Minderheits-) Gesellschafter, aber mit Bezug auf Antrag wegen drohender Zahlungsunfähigkeit *Fölsing* (Fn. 28), 1325, 1328 f.; deutlich für selbständige Zustimmungsbedürftigkeit hingegen *Ströhmann/Längsfeld* NZI 2013, 271, 276.

36 S. nur BegrRegE (ESUG), BT-Drucks. 17/7511, S. 60; *Kern* (Fn. 27), § 270b, Rn. 1.

Verfahren. Andererseits sind die Grenzen zwischen Antragsrecht (bei drohender Zahlungsunfähigkeit) und Antragspflicht (wegen Überschuldung) gelegentlich fließend, und der Fall Suhrkamp hat gezeigt, dass die wirksame gerichtliche Kontrolle einer von der Gesellschaft behaupteten Überschuldung nicht garantiert ist, zumal den Gesellschaftern insofern kein Rechtsmittel zusteht.

Die Eigenverwaltung bewirkt aber nicht nur das schon erwähnte erhebliche Missbrauchsrisiko für (Minderheits-)Gesellschafter. Sie führt wegen § 276a InsO auch zu einem erheblichen Eingriff in die Kompetenzordnung der Gesellschaft; denn nach dieser Bestimmung wird Gesellschaftern bzw. Aufsichtsrat, vorbehaltlich der Verwaltung „freien" Vermögens, jeglicher Einfluss auf die Geschäftsführung entzogen, und selbst Abberufung und Neubestellung von Mitgliedern der Geschäftsleitung sind nur mit Zustimmung des Sachwalters zulässig. Dieser Eingriff, verbunden mit dem erwähnten, gegenüber der Fremdverwaltung signifikant höheren Missbrauchspotential rechtfertigt es, den Antrag auf Eigenverwaltung als außerordentliche Geschäftsführungsmaßnahme zu bewerten, so dass er in der Personengesellschaft und GmbH zwingend der Gesellschafterversammlung zur (vorherigen) Zustimmung vorzulegen ist, während in der AG die Zustimmung des (dort betroffenen) Aufsichtsrats als ausreichend angesehen werden kann. Es gelten die gesetzlichen (GmbH) bzw. vertraglichen Regeln über Mehrheitsbeschlüsse. Von Bedeutung ist dies freilich nur, wenn der Antrag nicht auf eine bloß drohende Zahlungsunfähigkeit gestützt wird bzw. werden kann (dann liegt sogar eine strukturändernde Maßnahme vor, dazu oben 2). Missachten die Mitglieder des Leitungsorgans die Zustimmungsbedürftigkeit, begehen sie eine Pflichtverletzung.

Anders wird man wohl hinsichtlich der *Aufstellung des Plans* entscheiden müssen, jedenfalls wenn er während des Eröffnungsverfahrens (also nach einem Antrag auf Eröffnung eines Schutzschirmverfahrens bzw. Insolvenzantrag) erfolgt. Zum einen gilt hier vielleicht schon § 276a InsO.[37] Jedenfalls lässt sich aber nicht widerspruchsfrei begründen, dass der Ein-

---

37 *Thole,* Gesellschaftsrechtliche Maßnahmen in der Insolvenz, Köln 2014, Rn. 283; *Ströhmann/Längsfeld* (Fn. 35), 271, 273 f.; für eine gesellschaftliche Veränderungssperre *Hölzle* ZIP 2012, 2427, 2429 ff.; a.A. aber h.L.: *Klöhn* NZG 2013, 81, 84 und *Klöhn,* in: MünchKommInsO (Fn. 27), § 276a Rn. 18; *Riggert*, in: Braun, InsO, 6. Aufl. 2014, § 276a Rn. 3; *Riggert*, in: Nerlich/Römermann/, InsO, 28. EL Januar 2015, § 276a Rn. 6; *Zipperer* ZIP 2012, 1492, 1494 f. (§ 276a gehört systematisch in den Regelungen zum eröffneten Eigenverwaltungsverfahren).

fluss der Gesellschafter bei der Aufstellung des Plans wesentlich größer ist als bei der späteren Planannahme. Demgegenüber sprechen gute Gründe dafür, die dem Eröffnungsantrag vorgelagerte *Auswahl des Sachwalters* (§ 270b Abs. 2 S. 2 InsO) und des „Bescheinigers“ (§ 270b Abs. 1 Satz 3 InsO) als außerordentliche Geschäftsführungsmaßnahmen mit der Folge einzuordnen, dass bei Personengesellschaft und GmbH auch hier die vorherige Zustimmung der Gesellschafter einzuholen ist.[38]

IV. Ergebnisse

1. Die „vermögenszentrierte Sichtweise“ der InsO stößt überall dort auf ihre immanenten Grenzen, wo eine gesellschaftsrechtliche Maßnahme zwar zu einem erheblichen Wertverlust wegen Umgestaltung der Mitgliedschaft führt, dieser Verlust aber nicht eindeutig bezifferbar ist.
2. Ein Wertverlust ist immer dann anzunehmen, wenn der durch eine zweckadäquate Unternehmensbewertung nach allgemeinen Regeln ermittelte Netto-Unternehmenswert positiv ist; die Wertlosigkeit der Anteile ist von der Gesellschaft nachzuweisen.
3. Sind Anteile danach noch werthaltig, ist jede nicht klar bezifferbare Verschlechterung der Mitgliedschaft der Gesellschafter unzulässig; ein Plan, der solche Maßnahmen enthält, darf (insofern) nicht gerichtlich bestätigt werden, anderenfalls kann er mit der Beschwerde erfolgreich angegriffen werden.
4. Der Insolvenzantrag wegen drohender Zahlungsunfähigkeit bedarf als strukturändernde Maßnahme zwingend der vorherigen Zustimmung der Gesellschafter, in der Regel auch einer qualifizierten Mehrheit.
5. Der Antrag auf Eigenverwaltung – auch in Verbindung mit einem Schutzschirmantrag – ist als außerordentliche Geschäftsführungsmaßnahme in Personengesellschaft und GmbH ebenfalls zustimmungspflichtig (arg. § 276a InsO); in der AG bedarf er einer Zustimmung des Aufsichtsrats. Dies ist namentlich dann von selbständiger Bedeutung, wenn die Insolvenz (auch) wegen Überschuldung beantragt wird. Entsprechendes gilt auch für die Auswahl des Sachwalters.

---

38 In diesem Sinne *Ströhmann/Längsfeld* (Fn. 35), 271, 276.

Mehr Europa für die Europäische Aktiengesellschaft?

Zugleich einige Bemerkungen zur Gestaltungsfreiheit im Gesellschaftsrecht

Peter Hommelhoff

I. Zusammengesetztes SE-Recht

Bekanntlich ist die Europäische Aktiengesellschaft, die SE, auf einem Flickenteppich aus einheitlichem Unionsrecht und dem je unterschiedlichen Aktienrecht der 28 Mitgliedstaaten gegründet – aufgerufen durch Regelungsaufträge des europäischen Gesetzgebers an die nationalen, durch Regelungsermächtigungen an diese und durch die Auffangregelung in Art. 9 Abs. 1 lit c (ii) SE-VO. Und ebenso geläufig das Ergebnis: Es gibt nicht *die* SE, sondern 56 SE-Formen in der Union und ihren Mitgliedstaaten, die *deutsche* dualistische oder monistische SE, die *französische* etc. In der Rechtsgrundlage einer jeden SE findet sich zu großen Teilen je unterschiedlich mitgliedstaatliches Recht; so vor allem zur Organisationsverfassung, zum Verhältnis der Verwaltungsorgane zur Hauptversammlung, zur Stellung des Aktionärs und zu seinen Rechten sowie zum Pflichtenprogramm der Unternehmensleiter und zu ihrer möglichen Haftung. Kurzum: Die SE-VO bietet nicht weniger, aber auch nicht mehr als einen einheitlichen europäischen Rechtsrahmen, der erst noch der Ausfüllung durch nationales Recht und durch die Satzung bedarf.[1] Andere sprechen vom bloßen „Gerippe“, vom unionsrechtlichen „Torso“.

II. Vom Vollstatut zu europäischem Minimalismus

1. Wie ist es zu diesem Regelungskonzept eines Torso gekommen?[2] Stand am Anfang der europäischen Gesetzgebungsarbeit, abgestützt auf den

---

1 *Lutter/Bayer/J. Schmidt*, Europäisches Unternehmens- und Kapitalmarktrecht, Berlin 5. Aufl. 2012, S. 1465.

2 Zur Gesetzgebungsgeschichte der SE-VO: *Blanquet* ZGR 2002, 20 ff.

Vorentwurf von *Pieter Sanders*,[3] im Kommissionsvorschlag von 1970 doch eine vollumfängliche und konzeptionell geschlossene Gesamtregelung des Aktienrechts zur Debatte einschließlich Mitbestimmungs-, Konzern- und (unter bestimmten Aspekten) Betriebsverfassungsrecht, also ein Vollstatut mit über 400 Artikeln.[4] Nach Anhörung der Organe und Interessenträger legte die Kommission sodann 1975 den revidierten Vorschlag eines Vollstatuts vor; aber auch er stieß immer noch auf erhebliche Widerstände bei den Mitgliedstaaten und in der Unternehmenspraxis mit der Folge, dass die gesetzgeberischen Arbeiten mehr als ein Jahrzehnt lang ruhten.

Erst 1989 wagte die Kommission einen neuen Verordnungsvorschlag in einer 1991 überarbeiteten Fassung: Aus den mehr als 400 Artikeln waren zuletzt 108 geworden, weil die Mitbestimmung in einer eigenständigen Richtlinie Platz gefunden und die Kommission vor allem vielfältig auf eigene SE-Regeln verzichtet und stattdessen umfänglich auf das Aktienrecht der Mitgliedstaaten verwiesen hatte.

2. Damit war der Konzeptwechsel vom Vollstatut zum regulatorischen Minimum im Gemeinschaftsrecht radikal vollzogen. Wenn auch seine Gründe nicht ausformuliert sind, so lagen sie doch ganz offenbar im durch das Einstimmigkeitsprinzip im Ministerrat (Art. 308 EG)[5] gestärkten Verhalten der Mitgliedstaaten: Viele waren bestrebt, ihre eigene nationale Regelung zu europäisieren und damit zu verallgemeinern; und nicht wenige Mitgliedstaaten befürchteten eine zu große Attraktivität der SE im vertikalen Rechtsformenwettbewerb mit ihrer nationalen AG und überdies vom SE-Statut national nur begrenzt beherrschbare Impulse zur Modernisierung des eigenen Aktienrechts.

---

3 Zum Grundkonzept für eine Europäische Aktiengesellschaft s. seine berühmte Rotterdamer Antrittsvorlesung, u.a. abgedruckt in: AWD 1960, 1.

4 Dazu die Beiträge in: Lutter , Die Europäische Aktiengesellschaft, Köln 2. Aufl. 1978.

5 Zu dieser Rechtsgrundlage EuGH, Urt. v. 9.3.2006, Rs. C-436/03 (van Esbroeck), Slg. 2006, I-3733, Rn. 46, die zur SCE ergangene Entscheidung gilt ebenfalls für die SE.

III. Zur Attraktivität der SE

1. Von diesem „Torso"-Konzept einer SE-VO hatte das Schrifttum mannigfach negative Auswirkungen befürchtet: Die Gemengelage aus europäischem und je nationalem Recht führe an vielen Stellen zu Auslegungs- und Abstimmungsschwierigkeiten innerhalb der Rechtsgrundlagen für die einzelne Gesellschaft, habe große Rechtsunsicherheit zur Folge, erfordere teure und zeitintensive Beratung und mache ein so zusammengesetztes SE-Statut für die Unternehmenspraxis schwer handhabbar. Dramatisch die conclusio, die der Doyen des europäischen Gesellschaftsrechts in Deutschland damals gezogen hat:[6] Das Konzept einer europäischen Minimalregelung sei nicht nachbesserungsfähig und deshalb abzulehnen. Verwirklichen müsse man stattdessen das Gegenkonzept der Rechtseinheit, also des Vollstatuts, wenn auch mit Wahlrechten für Organisationsstrukturen und Mitbestimmung.

2. In der deutschen Wirtschaftspraxis haben die Befürchtungen des Schrifttums bedeutende Unternehmen wie Allianz, BASF, E.ON, Freudenberg, MAN, Porsche und SAP nicht davon abgehalten, die Rechtsform der SE zu nutzen. Anwendung hat sie aber auch im Mittelstand gefunden: Wilo, Deichmann und viele andere mehr – ein bemerkenswerter Befund, weil in der mittelständischen Wirtschaft Rechtsunsicherheit, Beratungsbedürfnis und schwere Handhabbarkeit eigentlich besonders einschneidend hätten wirken müssen. Warum ist die SE trotzdem so beliebt?

Wegen des Gestaltungspotentials, das aktien- und mitbestimmungsrechtlicher Satzungsstrenge zuwider über diese europäische Rechtsform erschlossen werden kann:[7] die verhandelte Mitbestimmung, namentlich die im Konzern, die Einbeziehung ausländischer Arbeitnehmer, die sachangemessene Berücksichtigung der leitenden Angestellten und der Gewerkschaften, die Verkleinerung der Aufsichtsräte, die Verstetigung des mitbestimmungsrechtlichen Status; daneben im einen und anderen Fall wohl das europäische Label der SE. Deren monistische Form eröffnet insbesondere Familienunternehmen überdies die Chance, den Verwaltungsrat mit Blick auf den Generationenübergang flexibel veränderlich zu gestalten.

---

6 *Lutter* AG 1990, 419, 421.

7 Zu den Vorteilen der SE aus praktischer Sicht *Eidenmüller/Engert/Hornuf* AG 2009, 845, 846 ff.

Somit wiegen offenbar die Vorteile der SE in der Unternehmens- und Konzernpraxis bemerkenswert ihre Nachteile auf, die aus der zusammengesetzten SE-Rechtsgrundlage herrühren. Der „europäische Torso“ ist offenbar kein Problem.

3. Allerdings ist dies ein deutscher Befund, der seinen Grund in der spezifischen Eignung der SE findet, das hierzulande zwingende, also unflexible Aktien- und Mitbestimmungsrecht zumindest ein wenig zu flexibilisieren, ihm den Anflug privatautonomer Gestaltbarkeit zu eröffnen. Das ist in den meisten anderen Mitgliedstaaten mit ihrem dort schon von Gesetzes wegen deutlich flexibleren Aktienrecht nicht notwendig, und konsequent wird dort das Rechtsformangebot der SE-VO viel weniger, wenn nicht gar überhaupt nicht genutzt.

Umso bedeutsamer die Schlussfolgerung, welche die EU-Kommission aus einer Funktionsstudie zur SE und aus den Stellungnahmen zu ihr 2010 gezogen hat:[8] In der Praxis werfe die SE-VO noch eine Reihe von Problemen auf, die zum Teil darauf zurückzuführen seien, dass das Statut keine einheitliche SE-Gesellschaftsform geschaffen habe, sondern eine Form, die in jedem Mitgliedstaat zum Teil durch nationale Rechtsvorschriften beherrscht werde. Also: Außerhalb Deutschlands haben die mit dem „Torso“-Konzept verbundenen Befürchtungen, wie es scheint, doch erhebliches Gewicht. Dort lassen sie vor der Wahl der SE als Organisationsform weit verbreitet zurückschrecken, so dass rechtspolitisch zu fragen ist: Braucht die Europäische Aktiengesellschaft mehr Unionsrecht? Überlegungen zu dieser Frage seien *Peter-Christian Müller-Graff*, dem engagierten Fakultätskollegen und hilfreichen Gesprächspartner auch zu Problemen des Gesellschaftsrechts[9] mit allen guten Wünschen gewidmet.

IV. Europäisierungs-Impulse aus der Rechtspraxis?

Muss die SE unter Zurückdrängung mitgliedstaatlicher Vielfalt zu wahrer Supranationalität geführt werden, um befreit von den momentanen Nachteilen ihre Attraktivität als Rechtsform im gesamten Binnenmarkt zu steigern?

---

8 Report vom 17.11.2010, COM (2010) 676.

9 *Müller-Graff,* in: Hommelhoff/Helms, Neue Wege in die Europäische Privatgesellschaft, Köln 2001, S. 289 ff.

1. Aus dem Blickwinkel der Unternehmen geschaut scheint die Komplexität der SE-Rechtsgrundlagen für Gründung, Umstrukturierung und Betrieb in Großunternehmen und –konzernen beherrschbar und auch nicht mit übermäßiger Rechtsunsicherheit verbunden. Für kleine und mittlere Unternehmen und vergleichbare Konzerne wird demnächst die Rechtsform der SUP (oder besser noch: der SPE als wahrer Konzernbaustein) zur Verfügung stehen. Ebenso werden sich die Beratungskosten in Grenzen halten, weil die SE typischerweise als Konzernspitze eingesetzt wird, aber nur vereinzelt als nachgeordnete Tochter- oder Enkelgesellschaft.

Zum Schutze der Gläubiger verweist die SE-VO auf das in Umsetzung der Kapitalrichtlinie weithin harmonisierte Recht der Mitgliedstaaten; die in ihnen fortbestehenden Unterschiede sind im Binnenmarkt offensichtlich von nicht so großer praktischer Bedeutung. Sehr wohl aber die weit unterschiedliche Rolle, die den Aktionären in der „britischen", „deutschen", „niederländischen" etc. SE jeweils zugewiesen ist.[10] Aber auf die Kapitalmarktfähigkeit dieser insoweit markant unterschiedlichen SE´s wirkt sich dieser Umstand gewiss ebenso wenig aus, wie die Rechtsform-spezifischen Unterschiede zwischen einer deutschen AG und einer britischen plc deren Auftritt auf den Kapitalmärkten nicht beeinträchtigen.

Aus rechtspraktischen Gründen, so das Zwischenergebnis, ist eine weitere Europäisierung des SE-Statuts nicht zwingend erforderlich. Von ihr wäre ein Schub zur stärkeren Nutzung dieser Rechtsform nicht zu erwarten.

2. Sollte man deshalb die Unterschiedlichkeit im Recht der SE nicht als Chance sehen, um den Unternehmen die Freiheit zu eröffnen, zwischen „deutscher", „französischer" und „britischer" SE unabhängig von ihrem Geschäftssitz zu wählen? Im horizontalen Rechtsformen-Wettbewerb könnte sich dann in der Rechtspraxis das relativ beste Aktienrecht zur Ergänzung des einheitlichen SE-Unionsrechts durchsetzen: Einer Hamburger SE stünde das flexible plc-Recht Großbritanniens zur Verfügung.

Aber Art. 7 SE-VO verkoppelt zwingend Register- und Geschäftssitz im selben Mitgliedstaat. Denn viele von ihnen betrachten die Sitzaufspaltung bei europäischen Rechtsformen mit größter Reserve – vorweg Deutschland wegen befürchteter Flucht aus der Mitbestimmung nach dem Vorbild der Air Berlin plc. Aber auch andere Mitgliedstaaten möchten

10 Dazu eindrücklich *Huizinga*, Die Machtbalance zwischen Verwaltung und Hauptversammlung in der Europäischen Gesellschaft, Köln 2012.

möglichen Rechtsformen-Wettbewerb zulasten ihrer nationalen Formen dämpfen, wie ihr Beharren auf den grenzüberschreitenden Bezug (Art. 2 SE-VO) erweist. All´ dies beschränkt die in Privatautonomie wurzelnde Wahlfreiheit der Unternehmen.[11]

3. Mithin besteht für wesentliche Änderungen des SE-Statuts mit seiner Melange aus europäischem und je nationalem Recht offenbar kein Anlass. Es bleibt jedoch die SE als Konzernbaustein, als Gestaltungsinstrument, um Binnenmarkt-weite Konzerne mit Töchtern und Enkeln in einer Mehrzahl von Mitgliedstaaten einheitlich zu organisieren. Für ihren effektiven Betrieb ist die Einheitlichkeit der Konzernstrukturen, der Leitungs-, Informations- und Kontrollstrukturen zwischen den Konzerngliedern notwendig. Die mitgliedstaatlichen Unterschiede vom Stellenwert des Tochtereigeninteresses über die Offenheit gegenüber Mutterweisungen bis hin zum Handlungs- und Pflichtenprogramm der Tochtergeschäftsführung beeinträchtigen (als Begrenzungen privatautonomer Gestaltungsfreiheit) Konzernführung und –betrieb im Binnenmarkt.

Aber braucht es die SE, um Töchter und Enkel im Binnenmarkt zu organisieren? Große Konzerne in Europa wie Allianz, BASF oder SAP, aber auch Siemens oder VW können mit ihren nationalrechtlich organisierten Töchtern in anderen Mitgliedstaaten offenbar gut leben. Die SE-Töchter im Allianz- und im MAN-Konzern sind eine Ausnahme. Und für die kleinen und mittleren Konzerne im Binnenmarkt ist das Projekt SUP/SPE auf dem (allerdings steinigen) Weg. Konsequent entfaltet auch die Konzerneinbindung der SE keinen starken Schub, das SE-Statut stärker unionsrechtlich zu fundamentieren.

V. Rechtspolitische Konsequenzen

Für die Rechtspolitik zum europäischen Gesellschaftsrecht folgen aus alledem diese Befunde:

- Aus der Rechtspraxis resultiert momentan kein starker Druck, im SE-Statut die Grenzlinie zwischen Unions- und je nationalem Recht weiter in Richtung Europa zu verschieben.

11 Zu den gesellschaftsrechtlichen Freiheiten grundlegend *Rittner*, Die werdende juristische Person, Tübingen 1973, S. 248 ff.

- Befürchtungen mangelnder Praktikabilität des kompliziert zusammengesetzten SE-Statuts haben sich nicht bestätigt.
- Deshalb ist die Verlautbarung der EU-Kommission in ihrem Aktionsplan 2012 gut verständlich: keine weitere Europäisierung im Augenblick; stattdessen werben in der Union, die SE als angebotene Rechtsform tatsächlich zu nutzen.
- In der Tat ist die SE in den meisten Mitgliedstaaten, abgesehen von Deutschland, noch nicht angekommen. Deshalb bleibt für den europäischen Gesetzgeber im Spannungsverhältnis zwischen der Union und den Mitgliedstaaten auch auf diesem Feld behutsames Vorgehen unverändert angezeigt.

Die europäische Verhandlungslösung als Impuls für das deutsche Mitbestimmungsrecht

Christoph Teichmann

Der Europäischen Union verdanken wir ein einzigartiges Experiment. In ein traditionell von zwingendem Recht geprägtes Normengefüge wurden Elemente der Gestaltungsfreiheit eingebaut. Auf die seit 2004 verfügbare Rechtsform der Europäischen Aktiengesellschaft (SE) findet das zwingende deutsche Mitbestimmungsrecht keine Anwendung. Stattdessen können die Sozialpartner im Wege rechtlich geordneter Verhandlungen ihr eigenes Mitbestimmungsmodell vereinbaren. Es entspricht dem vom *Jubilar* geprägten Gedanken der selbstgesteuerten Integration durch Koordination privatautonom verantworteter Entscheidungen,[1] dem auch der *Verfasser* zahlreiche Anregungen verdankt, wenn gerade der europäische Gesetzgeber angesichts der mitgliedstaatlichen Systemvielfalt von einer inhaltlichen Regelung absieht und die Konfliktlösung den betroffenen Parteien anvertraut. Die deutschen Erfahrungen mit der SE zeigen allerdings, dass der gesetzliche Steuerungsmechanismus für derartige Verhandlungen möglicherweise noch nicht ganz ausgereift ist.

I. Unternehmerische Mitbestimmung in Deutschland

Die Mitbestimmung der Arbeitnehmer im Aufsichtsrat ist eine historisch gewachsene und das deutsche Wirtschaftsmodell prägende Antwort auf den Interessengegensatz zwischen Arbeit und Kapital.[2] In den Umwälzungen des frühen zwanzigsten Jahrhunderts fand die Weimarer Republik ge-

---

1 Siehe nur *Müller-Graff*, Unternehmensinvestitionen und Investitionssteuerung im Marktrecht, Tübingen 1984, 284.

2 Fundstellennachweise müssen aus Platzgründen exemplarisch bleiben. Vgl. zur historischen Entwicklung der Mitbestimmung *Raiser*, Verhandlungen des 66. Deutschen Juristentages Stuttgart 2006, Band 1 Gutachten, S. B 11 ff. sowie *Ulmer/Habersack,* in: Ulmer/Habersack/Henssler, Mitbestimmungsrecht, 3. Auflage, 2013, MitbestG, Einl. Rn. 15 ff.

genüber Forderungen nach einer Sozialisierung der Großindustrie den historischen Kompromiss einer Entsendung von Betriebsratsmitgliedern in den Aufsichtsrat großer Aktiengesellschaften (Betriebsrätegesetz 1920). Nach dem Zweiten Weltkrieg einigte man sich für die Montanindustrie, die aus der Kriegszeit politisch belastet und zugleich durch Reparationen in ihrer Existenz bedroht hervorging, auf eine paritätische Besetzung der Aufsichtsräte (Montanmitbestimmungsgesetz 1951). Für die übrige Wirtschaft erreichten die Gewerkschaften immerhin eine Drittelbeteiligung (Betriebsverfassungsgesetz 1952). Zusätzlich schuf das Mitbestimmungsgesetz von 1976 ein System der Parität, das bis heute für alle Kapitalgesellschaften gilt, die mehr als 2.000 Arbeitnehmer beschäftigen. Ein leichtes Übergewicht der Anteilseigner ergibt sich aus der Zweitstimme des Aufsichtsratsvorsitzenden (§ 29 Abs. 2 MitbestG), der wegen eines besonderen Wahlverfahrens (§ 27 MitbestG) regelmäßig von der Anteilseignerseite kommt. Für Kapitalgesellschaften mit mehr als 500 Arbeitnehmern und nicht mehr als 2.000 Arbeitnehmern blcibt es bei der Drittelbeteiligung (§ 1 Drittelbeteiligungsgesetz).

Diese mühsam errungene Interessenbalance hat bis heute Bestand. Eine Verfassungsbeschwerde der betroffenen Unternehmen gegen das Mitbestimmungsgesetz 1976 blieb erfolglos. Das Bundesverfassungsgericht sah in der paritätischen Mitbestimmung eine zulässige Inhalts- und Schrankenbestimmung des Eigentums.[3] Sie sei Ausdruck der sozialen Bindung des Anteilseigentums, dessen Nutzung immer auch der Mitwirkung der Arbeitnehmer bedürfe.[4] Zudem beeinflusse die Mitbestimmung im Unternehmen die Bedingungen, unter denen die Arbeitnehmer ihr Grundrecht auf Berufsfreiheit wahrnehmen.[5]

Unternehmenslenker äußern sich mittlerweile überwiegend positiv zur Mitbestimmung und die Gewerkschaften verteidigen sie als nicht verhandelbares Element des deutschen Wirtschaftsmodells. Dass es unter der Oberfläche weiter brodelt, zeigt das Schicksal einer von der Bundesregierung im Jahre 2005 eingesetzten Expertenkommission unter Leitung von *Kurt Biedenkopf*. Sie sollte über eine Modernisierung der Mitbestimmung beraten, konnte sich jedoch nicht einmal auf einen gemeinsamen Abschlussbericht einigen. Zu weit lagen die Positionen der Unternehmen und der Arbeitnehmer auseinander. Es blieb bei einem zurückhaltenden Re-

3 BVerfGE 50, 290 ff.
4 BVerfGE 50, 290, 349.
5 BVerfGE 50, 290, 349.

formvorschlag der wissenschaftlichen Kommissionsmitglieder,[6] der auf die eigentliche Herausforderung keine Antwort gibt: Die Unterwanderung des tradierten deutschen Modells durch die europäische Mitbestimmungslösung.

II. Die Verhandlungslösung in der Societas Europaea (SE)

In den ersten Jahren der Europäischen Wirtschaftsgemeinschaft hatte das deutsche Mitbestimmungsmodell durchaus Chancen, in eine europäische Regelung überführt zu werden.[7] Eine Richtlinie, die den Arbeitnehmern europaweit das Recht auf Mitwirkung in den Unternehmensorganen gewähren sollte, war in Vorbereitung. Auch die frühen Vorschläge zur Europäischen Aktiengesellschaft (*Societas Europaea*) sahen Mitbestimmung vor. Doch dieser Trend war nicht von Dauer; die Mitbestimmung wurde mehr und mehr zum Zankapfel der Mitgliedstaaten. Zu unterschiedlich waren und sind die nationalen Modelle, ein gemeinsamer Nenner lässt sich kaum finden.[8] Den Staaten, die wie Deutschland einen Interessen*ausgleich* innerhalb der Unternehmensverfassung anstreben und dafür einen rechtlichen Rahmen schaffen,[9] stehen solche gegenüber, die den Interessen*gegensatz* betonen und ihn außerhalb der Unternehmensorgane austragen lassen. Symptomatisch war der Zusammenschluss der deutschen Hoechst AG und der französischen Rhone-Poulenc SA. Während die Arbeitgeberseite durchaus bereit war, in dem neuen Gemeinschaftsunternehmen eine Mitbestimmung im Aufsichtsrat zu ermöglichen, verspürten die französischen Gewerkschaften wenig Neigung, sich dort mit den Vertretern der Kapitalseite an einen Tisch zu setzen.[10]

---

6 Der Abschlussbericht der wissenschaftlichen Kommissionsmitglieder ist, soweit ersichtlich, nur als elektronische Datei verfügbar (siehe etwa: http://de.wikipedia.org/wiki/Kommission_zur_Modernisierung_der_deutschen_Unternehmensmitbestimmung).

7 Vgl. *Teichmann,* in: Müller-Graff (Hrsg.), Deutschlands Rolle in der Europäischen Union, 2008, 241, 251 ff.

8 Eingehend dazu *Mävers*, Die Mitbestimmung der Arbeitnehmer in der Europäischen Aktiengesellschaft, Baden-Baden 2002.

9 Neben Deutschland und Österreich sind das insbesondere die skandinavischen Staaten; vgl. die Länderberichte in: Baums/Ulmer (Hrsg.), Unternehmens-Mitbestimmung der Arbeitnehmer im Recht der EU-Mitgliedstaaten, Heidelberg 2004.

10 Darüber berichtet *Rehfeldt* in der Zeitschrift „Mitbestimmung", Heft 5/99, 46 f.

Die Redaktoren des SE-Statuts standen damit vor einer kaum lösbaren Aufgabe: Deutschland wollte sein System der Mitbestimmung nicht auf dem europäischen Altar opfern, andere Staaten hingegen wollten eine mitbestimmte SE nicht akzeptieren. Als salomonischer Vorschlag erwies sich die europäische Verhandlungslösung. Sie war in der Richtlinie über den Europäischen Betriebsrat bereits erprobt und lieferte für das SE-Statut den Durchbruch:[11] Bei Gründung einer SE sollten die beteiligten Gesellschaften und ihre Arbeitnehmer über die Mitbestimmungsrechte der Arbeitnehmer verhandeln. Erst nach Abschluss der Verhandlungen sollte die SE eingetragen werden. Aus deutscher Sicht galt es dabei vor allem, eine Minderung der Mitbestimmungsrechte zu verhindern. Dem dient eine gesetzliche Auffanglösung, nach der sich bei einem Scheitern der Verhandlungen das höchste Mitbestimmungsniveau durchsetzt, das in den Gründungsgesellschaften anzutreffen ist. Bei einem Zusammenschluss unter Beteiligung deutscher Gesellschaften läuft dieser Mechanismus regelmäßig auf eine Konservierung des deutschen Modells hinaus. Andererseits führen Unternehmenszusammenschlüsse aus Staaten, die keine Mitbestimmung kennen, zu einer SE ohne Mitbestimmung, so dass man auch der Position dieser Staaten gerecht werden konnte. Die jeder SE-Gründung vorgeschalteten Verhandlungen ließen zudem hoffen, dass es einer Auffangregelung am Ende überhaupt nicht bedürfe und die Sozialpartner für sich selbst innovative und maßgeschneiderte Lösungen entwickeln würden.

III. Rechtspraktische Gestaltungen auf Basis der europäischen Verhandlungslösung

Was folgte, ist ein Lehrstück für die begrenzte Voraussicht von Gesetzgebung: Erstens wurde die SE in den allermeisten Mitgliedstaaten ein Flop. Selbst 10 Jahre nach ihrer Einführung gibt es zahlreiche Staaten, in denen die europäische Rechtsform keine nennenswerte Rolle spielt.[12] Zweitens hat sich die Beratungspraxis der Rechtsform bemächtigt und dem gegebenen Rechtsrahmen ungeahnte Gestaltungsmöglichkeiten entlockt. Besonders in Deutschland spricht viel dafür, dass die Attraktivität der SE gerade in der möglichen Abweichung vom zwingenden Mitbestimmungsmodell

---

11 Grundlegend der sog. *Davignon*-Bericht von 1997, BR-Drucks. 572/97.

12 Laufend aktualisierte Statistiken finden sich auf der Homepage des Europäischen Gewerkschaftsbundes: www.worker-participation.eu.

liegt.[13] So kann in der SE die Größe des Aufsichtsrats per Satzung festgelegt werden, während das deutsche Mitbestimmungsrecht (§ 7 MitbestG) die Größe des Aufsichtsrats zwingend festlegt. Bei einer der ersten SE-Gründungen auf deutschem Boden (Allianz SE) führte dies zu einer Verkleinerung von 20 auf 12 Mitglieder. Dabei bleibt die paritätische Mitbestimmung auch im verkleinerten Aufsichtsrat erhalten. So gilt in deutschen Großunternehmen, die in die SE wechselten, durchgehend paritätische Mitbestimmung. Zumeist wird darüber eine Mitbestimmungsvereinbarung abgeschlossen, deren Inhalt jedoch angesichts der andernfalls greifenden Auffanglösung kaum überrascht.

Anders verhält es sich bei einer Gruppe, an die man während der Schaffung des SE-Statuts kaum gedacht hatte: Die kleinen und mittleren Unternehmen. Nimmt ein Unternehmen mit weniger als 2.000 Arbeitnehmern die Rechtsform der SE an, führt die Vorher-Nachher-Lösung zu einer Fortsetzung des aktuell bestehenden Mitbestimmungsniveaus. Zwischen 500 und 2.000 Arbeitnehmern ist das die Drittelbeteiligung im Aufsichtsrat. Unterhalb dieser Schwellen ist die deutsche Gesellschaft mitbestimmungsfrei, es gibt demzufolge auch in der SE keine Mitbestimmung. Der eigentliche Clou dieser Gestaltung erweist sich zu einem späteren Zeitpunkt. Da der SE-Gesetzgeber annahm, mit der Verhandlungslösung alles Nötige für die Mitbestimmung getan zu haben, schließen die SE-Richtlinie und das hierauf fußende SE-Beteiligungsgesetz (SEBG) die Anwendung des nationalen Mitbestimmungsrechts aus (§ 47 Abs. 1 SEBG). Ein späteres Wachstum der Arbeitnehmerzahlen führt also nur dann zu einer höheren Quote der Arbeitnehmer im Aufsichtsrat, wenn sich dafür in der Mitbestimmungsvereinbarung eine Regelung findet. Tatsächlich ist das nur höchst selten der Fall. Die große Mehrzahl der Mitbestimmungsvereinbarungen regelt für den Fall des späteren Wachstums keine Anpassung der Mitbestimmung.[14]

---

13 Vgl. dazu die Untersuchungen von *Eidenmüller/Engert/Hornuf* AG 2008, 721 ff. und AG 2009, 845 ff.

14 Vgl. das rechtstatsächliche Material bei *Rose/Köstler*, Mitbestimmung in der Europäischen Aktiengesellschaft (SE), 2. Auflage 2014, 25 ff.

IV. Funktionsweise des Verhandlungsmechanismus – Lehren für die deutsche Diskussion

Ganz offenbar hat der europäische Gesetzgeber das Phänomen des „Einfrierens" der Mitbestimmung auf niedrigem Niveau nicht vorhergesehen. Deutschland hätte dem kaum zugestimmt. Dennoch bietet der gesetzliche Ordnungsrahmen eine Lösung für das Problem. Denn zum gesetzlich geregelten Inhalt der Vereinbarung gehört ausdrücklich eine Festlegung derjenigen Fälle, in denen die Vereinbarung neu ausgehandelt werden soll (§ 21 Abs. 1 Nr. 6 SEBG).[15] Aus Perspektive der Belegschaft läge es nahe, das spätere Wachstum als einen solchen Fall in die Vereinbarung aufzunehmen. Dass dies rechtspraktisch kaum geschieht, gibt Anlass für einen näheren Blick auf den rechtlichen Ordnungsrahmen der Verhandlungslösung.

Bei Existenz einer gesetzlichen Auffanglösung finden die Verhandlungen ganz offensichtlich „im Schatten des Gesetzes" statt.[16] Die Parteien orientieren sich an dem, was sie im Vergleich zur Auffanglösung gewinnen können. Das wirkt sich offenbar in beide Richtungen aus. Einerseits kommt es bei der Gründung einer SE nicht zu einer Herabsetzung des Mitbestimmungsniveaus, weil die Arbeitnehmer dies durch ein Scheiternlassen der Verhandlungen unterbinden können. Die Vorher-Nachher-Lösung sichert ihnen das frühere Mitbestimmungsniveau. Andererseits gelingt es den Arbeitnehmern nicht, den gewohnten Standard einer mit zunehmender Belegschaft anwachsenden Mitbestimmung im Verhandlungswege durchzusetzen. Denn genau in diesem Punkt steht ihnen die Auffanglösung nicht zur Seite. Diese kennt kein dynamisches Wachstum. Von einem Scheitern der Verhandlungen profitierte in dieser Hinsicht die Unternehmensleitung. Da sich eine Einigung in der Öffentlichkeit immer besser verkaufen lässt als ein Scheitern, einigt man sich zweckmäßigerweise just auf den Mitbestimmungsstandard, den die Auffanglösung ohnehin gewährt.

Diese Erfahrungen liefern wertvolle Impulse für die deutsche Diskussion. Für eine Flexibilisierung der Mitbestimmung besteht offenbar ein Bedürfnis. Sonst würden sich deutsche Unternehmen nicht die Mühe machen, eigens dafür in die SE zu wechseln. Eine Verhandlungslösung könn-

15 Ob darin ein zwingender Bestandteil der Vereinbarung liegt, ist umstritten (vgl. *Forst*, Die Beteiligungsvereinbarung nach § 21 SEBG, Köln 2010, 197).

16 *Eidenmüller/Hornuf/Reps* Journal of Corporate Law Studies 2013, 201, 206 ff.

te daher auch im nationalen Recht sinnvoll sein.[17] Echte Verhandlungen „auf Augenhöhe" sind allerdings nach der existierenden Regelung keineswegs gewährleistet.[18] Denn anders als etwa im Tarifvertragsrecht können die Arbeitnehmer eine gewünschte Regelung nicht durch Streik erzwingen. Die Unternehmensseite wiederum erreicht kaum jemals eine Minderung der Mitbestimmung, weil sich die Arbeitnehmer am Maßstab der gesetzlichen Auffanglösung orientieren. Für kreative Zwischenlösungen bleibt kein Raum, zumal in der Literatur die Auffassung vorherrscht, die Mitbestimmungsvereinbarung sei der deutschen Satzungsstrenge unterworfen.[19]

Eine national-autonome Regelung des Verhandlungsverfahrens könnte die Schwächen des europäischen Modells ausgleichen und einer Flucht in die SE, zumindest soweit sie mitbestimmungsinduziert ist, entgegenwirken. Die regelungsbedürftigen Punkte sind dank der europäischen Impulse klar hervorgetreten: Der Umfang der Vereinbarungsautonomie bedarf einer präzisen Regelung. Zudem ist mit großer Sorgfalt eine gesetzliche Auffanglösung zu konzipieren, bei deren Eingreifen beide Seiten etwas zu verlieren haben. Nur dann werden sie ernsthaft über eine maßgeschneiderte individuelle Lösung verhandeln.

V. Fazit

Dem europäischen Gesetzgeber verdankt das deutsche Mitbestimmungsrecht mit dem SE-Verhandlungsverfahren einen wichtigen Impuls. Seine Wirkung in der Praxis sollte weiter beobachtet werden, um mehr über die Mechanismen derartiger Verhandlungen zu erfahren und in nicht allzu ferner Zukunft auch das nationale Mitbestimmungsrecht für autonome Vereinbarungen öffnen zu können.

---

17 In diesem Sinne etwa *Arbeitskreis „Unternehmerische Mitbestimmung"*, ZIP 2009, 885 ff., *Hommelhoff* ZGR 2010, 48 ff., *Weber*, in: FS Scheuing, Müller-Graff/Schmahl/Skouris (Hrsg.), 2011, 773 ff.

18 Zutreffend *Weber* (Fn. 17), 773, 792.

19 Grundlegend dafür *Habersack* AG 2006, 345 ff. (für die Gegenauffassung, die eine weiter reichende europäische Vereinbarungsautonomie annimmt, *Teichmann* AG 2008, 797 ff.).

Die Leitung der Aktiengesellschaft zwischen Gesellschaftsinteresse und Gemeinwohl

Julia Lübke

I. Einleitung

Die Europäische Kommission hat 2011 „Eine neue EU-Strategie (2011-14) für die soziale Verantwortung der Unternehmen (CSR)" vorgelegt. CSR – *Corporate Social Responsibility* – versteht sie darin „als ein Konzept, das den Unternehmen als Grundlage dient, auf freiwilliger Basis soziale Belange und Umweltbelange in ihre Unternehmenstätigkeit und in die Wechselbeziehungen mit den Stakeholdern zu integrieren".[1] Hierzu hat die RL 2014/95/EU die Berichtspflichten der Unternehmen nach der RL 2013/34/EU durch die neuen Art. 19a, 29a ausgeweitet: Der Lagebericht bestimmter großer Unternehmen muss spätestens ab 2017 auch eine nichtfinanzielle Erklärung" enthalten mit Angaben, „die für das Verständnis des Geschäftsverlaufs, des Geschäftsergebnisses, der Lage des Unternehmens sowie der Auswirkungen seiner Tätigkeit erforderlich sind und sich mindestens auf Umwelt-, Sozial-, und Arbeitnehmerbelange, auf die Achtung der Menschenrechte und auf die Bekämpfung von Korruption und Bestechung beziehen". Bemerkenswert ist insbesondere die Erstreckung der Berichtspflicht über Gemeinwohlbelange auf Angaben, die (nur) erforderlich sind, um die Auswirkungen der Unternehmenstätigkeit „*auf die Gesellschaft*" (3. Erwägungsgrund der RL 2014/95/EU) – d.h.: die Allgemeinheit – zu verstehen, die sich also auf die (geschäftliche) Lage der *Aktien*gesellschaft gar nicht auswirken. Der RL-Vorschlag der Kommission zielte noch „auf geschäftsrelevante Informationen ab" und beschränkte den Lagebericht, wie gehabt (s. § 289 Abs. 1, 3 HGB), darauf, „den Geschäftsverlauf, das Geschäftsergebnis und die Lage der Gesellschaft" darzustellen.[2]

1 KOM(2001) 366 endg., 7, Rn. 20; KOM(2011) 681 endg., 4.
2 KOM(2013) 207 endg., 8, 12.

Peter-Christian Müller-Graff hat – zu Recht kritisch – darauf hingewiesen, dass die Europäische Union mit der Ausweitung von Berichtspflichten den „‚persuasiver' Weg zur Durchsetzung heteronomer politischer Detailvorstellungen und politikverträglicher Erziehung von Unternehmen eröffnet".[3] Die folgenden Überlegungen sollen zum einen die aktienrechtlichen Grenzen der „Erziehung" von Unternehmen zu sozial verantwortlichem Handeln ausleuchten, die offensichtlich werden, sobald man diesen Begriff durch den der Bindung unternehmerischen Handelns an das Gemeinwohl ersetzt. Dass Aktiengesellschaften, an die sich die Berichtspflichten insbesondere richten, sich auch oder ausschließlich Gemeinwohlbelangen verschreiben dürfen, steht außer Frage. Der Zweck der meisten Aktiengesellschaften ist aber die Gewinnerzielung. Diesem Leitbild folgt auch das Aktiengesetz (s. nur § 58 AktG).[4] Muss oder darf in diesem Fall der Vorstand, der für die Gesellschaft handelt (§ 78 Abs. 1 S. 1 AktG), Gemeinwohlinteressen verfolgen? Zum anderen sind die Berichtspflichten, wie zu zeigen sein wird, kein rein „persuasiver" Weg, sondern wirken sich inhaltlich auf die Sorgfaltspflicht der Vorstandsmitglieder aus.

II. Zielvorgaben für das Vorstandshandeln

Mit der Frage nach der Zulässigkeit der Berücksichtigung von Gemeinwohlaspekten ist das nachgerade klassische Problem der Zielvorgaben für das Vorstandshandeln und damit der Grenzen der Vorstandskompetenzen angesprochen. Das Aktienrecht eröffnet dem Vorstand in § 76 Abs. 1 AktG ein Leitungsermessen, das indes, weil die Vorstandsmitglieder Sorgfaltspflichten unterliegen und für deren Verletzung haften (§ 93 Abs. 1 S. 1, Abs. 2 AktG), nicht unbegrenzt sein kann.

---

3 *Müller-Graff* ZHR 177 (2013), 563, 574 f.

4 *Fleischer*, in: Spindler/Stilz, AktG, 2. Aufl. 2010, § 82 Rn. 27.

1. Zum Meinungsstand

§ 76 Abs. 1 AktG selbst nennt, anders als seine Vorgängernorm,[5] die Zielvorgaben für das Vorstandshandeln nicht. Äußere Grenze des Vorstandshandelns ist unstreitig die Legalitätspflicht: Der Vorstand muss die eigenen gesetzlichen und satzungsrechtlichen Pflichten erfüllen und dafür sorgen, dass die Aktiengesellschaft sich nach außen rechtmäßig verhält,[6] und zwar auch dann, wenn eine Rechtsverletzung im (wirtschaftlichen) Interesse der Gesellschaft läge.[7] Ob der Vorstand auch bei unternehmerischen, d.h. nicht gesetzlich gebundenen Entscheidungen Gemeinwohlbelange berücksichtigen darf oder muss, ist dagegen seit Jahrzehnten Gegenstand einer intensiven wissenschaftlichen Diskussion, die sich zwischen den Gegenpolen eines interessenpluralistischen, Gemeinwohlbelange einschließenden Ansatzes (insbesondere dem Konzept des Unternehmensinteresses) und der interessenmonistischen Maximierung des Marktwerts zugunsten kurzfristig handelnder Aktionäre (*Shareholder Value*) bewegt.

Nach wohl herrschender Meinung hat der Vorstand die Interessen von Aktionären, Arbeitnehmern und Öffentlichkeit (*Stakeholder*), die in der AG und dem von ihr betriebenen Unternehmen zusammentreffen, zu berücksichtigen, kurz: seine Handlungen am Unternehmensinteresse auszurichten.[8] Der Vorstand soll Gemeinwohlbelange mit berücksichtigen dürfen, und zwar gleichberechtigt mit den Belangen der Aktionäre.[9] Ein interessenpluralistischer Ansatz muss den Vorstand zur Berücksichtigung von Gemeinwohlbelangen bei unternehmerischen Entscheidungen richtigerweise sogar verpflichtet sehen.[10] Die Gegenposition räumt den Interessen der Aktionäre den Vorrang ein. Die meisten Vertreter eines Interessenmonismus sehen den Vorstand dabei nicht im Sinne eines eng verstandenen

---

5 § 70 Abs. 1 AktG 1937: Leitung der Aktiengesellschaft so, „wie das Wohl des Betriebs und seiner Gefolgschaft und der gemeine Nutzen von Volk und Reich es fordern" (zit. nach *Kropff*, Aktiengesetz, 1965, 593 f.).

6 Statt aller *Spindler*, in: MüKo, AktG, 4. Aufl. 2014, § 76 Rn. 32, § 93 Rn. 73 f. m.w.N.

7 BGH, 27.8.2010 – 2 StR 111/09, Rn. 29 = BGHSt 55, 266, 275 f.

8 BGH, 21.12.2005 – 3 StR 470/04 = BGHSt 50, 331, 341; aus der Lit. statt aller *Koch*, in: Hüffer, AktG, 11. Aufl. 2014, § 76 Rn. 28 ff., 36 m.w.N.

9 S. BGH, 13.10.1977 – II ZR 123/76 = BGHZ 69, 334, 339, allerdings für den Fall eines Gleichlaufs öffentlicher und privatwirtschaftlicher Interessen.

10 Konsequent anders *Ulmer* AcP 202 (2002), 143, 158 f., der dem Vorstand im Einzelfall auch die Wahl des Ziels anheimstellt.

Shareholder-Value-Konzepts verpflichtet, den Marktwert des Eigenkapitals kurzfristig zu steigern,[11] sondern die Gewinne der Gesellschaft, die mittelbar den Aktionären zugute kommen, langfristig zu maximieren (moderates *Shareholder-Value*-Konzept).[12] Geht man davon aus, dass eine Aktiengesellschaft nur dauerhaft erfolgreich sein kann, wenn ihre Tätigkeit auf soziale Akzeptanz stößt, und Handlungen des Vorstands, die den „Bürgersinn" der Gesellschaft öffentlichkeitswirksam zum Ausdruck bringen, sie als „*good corporate citizen*" darstellen, daher langfristig der Gewinnmaximierung dienen können,[13] dann darf der Vorstand auch nach dem interessenmonistischen Modell Gemeinwohlbelange verfolgen. Dies gilt aber eben nur, *soweit er damit langfristig die Gesellschaftsgewinne maximiert.* Die Berücksichtigung von Gemeinwohlbelangen *um ihrer selbst willen* erlaubt allein der interessenpluralistische Ansatz.[14] Die Ergebnisse der beiden Modelle nähern sich damit zwar an;[15] bei genuin altruistischem Handeln bleiben die Unterschiede indes bestehen.

2. *Das Gesellschaftsinteresse als Ziel des Vorstandshandelns*

Richtigerweise ist Maßstab des Vorstandshandelns das Gesellschaftsinteresse, d.h., weil die Gesellschaft kein eigenes Interesse haben kann, das Interesse der Aktionäre als Mitglieder der Gesellschaft.[16] Aufgabe des Vorstands ist es dabei im Rahmen seiner Sorgfaltspflicht nicht, die tatsächlichen Interessen des jeweils aktuellen Gesellschafterkreises zu ermitteln und zu verfolgen – dies stünde im Widerspruch zur Eigenverantwortlichkeit der Leitung –, sondern das normativ verstandene Interesse der Aktionäre an der Verfolgung des Gesellschaftszwecks zu wahren, d.h. im Regelfall: an der Erzielung von Gewinnen.[17]

---

11 Dazu (wenngleich mit rechtlichen Bedenken) *Mülbert* ZGR 1997, 129 ff.

12 BGH, 6.12.2001 – 1 StR 215/01 = BGHSt 47, 187, 194 ff.; *Fleischer* (Fn. 4), § 76 Rn. 37 f.; *Seibt*, in: Schmidt/Lutter, AktG, 2. Aufl. 2010, § 76 Rn. 12; *Weber*, in: Hölters, AktG, 2. Aufl. 2014, § 76 Rn. 19, 22.

13 S. nur BGH, 6.12.2001 – 1 StR 215/01 = BGHSt 47, 187, 195; *Fleischer* AG 2001, 171, 176.

14 Dafür insbes. *Müller-Michaels/Ringel* AG 2011, 101, 104 ff.; *Säcker* BB 2009, 282, 284; *Spindler* (Fn. 6), § 93 Rn. 71.

15 *Fleischer* (Fn. 4), § 76 Rn. 44; *Koch* (Fn. 8), Rn. 29.

16 *Weber* (Fn. 12).

17 Vgl. *Reiner* ZVglRWiss 2011, 443, 464 f.; *Weber* (Fn. 12), Rn. 19.

Zur Begründung mögen hier einige Stichworte genügen. § 93 Abs. 1 S. 1 AktG konkretisiert die Sorgfaltspflicht des Vorstands durch den Standard des „ordentlichen und gewissenhaften Geschäftsleiters", der – seit dem UMAG durch S. 2 gesetzgeberisch bestätigt[18] – jedenfalls dann nicht pflichtwidrig handelt, wenn er „bei einer unternehmerischen Entscheidung vernünftigerweise annehmen durfte, auf der Grundlage angemessener Information zum Wohle der Gesellschaft zu handeln". Dieser Wortlaut liefert ein erstes Indiz dafür, dass es auf das Gesellschaftsinteresse und nicht auf die Interessen von Bezugsgruppen ankommt, die der Gesellschaft als Dritte gegenüberstehen. Die systematische Betrachtung stützt diesen Befund. Am deutlichsten wird dies bei der Organhaftung. § 93 Abs. 2 S. 1 AktG knüpft an Pflichtverletzungen die Pflicht, den Schaden *der Gesellschaft* zu ersetzen. Geschützt ist das Vermögen der (Aktien-)Gesellschaft und damit mittelbar das Vermögen der Eigenkapitalgeber. Die Verletzung der (materiellen oder immateriellen) Interessen anderer Bezugsgruppen hingegen wird aktienrechtlich nicht sanktioniert.[19] Dies spricht sehr deutlich gegen eine aktienrechtliche Pflicht des Vorstands, solche Interessen bei der Leitung der Gesellschaft zu berücksichtigen. Einige Änderungen durch das KonTraG 1998 spiegeln diese Ausrichtung des Vorstandshandelns an der (langfristigen) Steigerung des Unternehmenswerts – d.h: an der Stärkung der Ertragskraft und damit an der langfristigen Gewinnmaximinerung – ebenfalls wider,[20] ebenso die Einfügung von § 93 Abs. 1 S. 2 AktG, den der Gesetzgeber als sicheren Hafen insbesondere für ein Handeln zur langfristigen Ertragsstärkung verstanden wissen wollte.[21]

Im Lichte der systematischen und historischen Argumente kommt der Aussage des AktG-Gesetzgebers von 1965, wonach der Vorstand, wie schon nach § 70 Abs. 1 AktG 1937,[22] selbstverständlich „die Belange der Aktionäre und der Arbeitnehmer zu berücksichtigen hat" und „Gleiches ... für die Belange der Allgemeinheit [gilt]",[23] keine maßgebliche Bedeutung mehr zu.[24] Der Mitbestimmung wiederum, von einigen als Beleg für die

---

18 Begr. RegE, BT-Drucks. 15/5092, S. 11.

19 *Reiner* (Fn. 17), 461.

20 S. §§ 71 Abs. 1 Nr. 8, 192 Abs. 2 Nr. 3 AktG und dazu Begr. RegE, BT-Drucks. 13/9712, 13, 23.

21 Begr. RegE UMAG, BT-Drucks. 15/5092, 11.

22 S.o. Fn. 5.

23 Begr. RegE, zit. nach *Kropff* (Fn. 5), 97.

24 *Fleischer* (Fn. 13), 175; *Mülbert* AG 2009, 766, 770; a.A. *Koch* (Fn. 8), Rn. 30; *Spindler*, in: FS für Hommelhoff, Erle (Hrsg. u.a.), 2012, 1133, 1139.

Berücksichtigung von Gemeinwohlbelangen im Gesellschaftsrecht herangezogen,[25] lässt sich zum einen allenfalls die Maßgeblichkeit von Arbeitnehmerbelangen entnehmen. Zum anderen bestätigt ihre Ausgestaltung gerade den Vorrang der Aktionärsinteressen: Bei Stimmengleichheit entscheidet auch im paritätisch besetzten Aufsichtsrat das doppelte Stimmrecht des Vorsitzenden, der von den Anteilseignervertretern gewählt ist (§§ 29 Abs. 2, 27 Abs. 1 MitbestG).

Auch die Vertreter eines interessenpluralistischen Ansatzes übrigens sehen das Leitungsermessen des Vorstands beschränkt durch dessen Pflicht, den Bestand des Unternehmens – d.h. auch: dessen dauerhafte Rentabilität – zu gewährleisten,[26] unterstellen also ein Interesse der Arbeitnehmer und der Allgemeinheit am Fortbestand jedes Unternehmens.[27] Diese Schranke der ganz h.M. spricht aber aus zweierlei Gründen gegen eine Berücksichtigung des Gemeinwohls bei der Leitung der Aktiengesellschaft, die die wohl h.M. ja befürwortet. Erstens ist rein *tatsächlich* fraglich, ob die Allgemeinheit ein Interesse am Fortbestand jedes Unternehmens – z.B. der Rüstungsindustrie – hat. Zweitens, und vor allem, haben nur die Aktionäre ein *rechtlich* gesichertes Interesse am Bestand des (von der Aktiengesellschaft betriebenen) Unternehmens: Die Aktionäre können eine Aktiengesellschaft aus bloßem Eigeninteresse gründen, und sie können sie nach Belieben wieder auflösen (§ 262 Abs. 1 Nr. 2 AktG), auch wenn dies zur Stilllegung sämtlicher Betriebe der Gesellschaft und damit zur betriebsbedingten Kündigung der Arbeitnehmer führt und dem Gemeinwohl widerspricht. Konsequenterweise müsste daher auch die h.M., wenn sie den Bestand des Unternehmens als Schranke des Leitungsermessens begreift, den Aktionärsinteressen im Falle eines Interessenkonflikts den Vorrang einräumen.

---

25 *Koch* (Fn. 8), Rn. 30; *Spindler* (Fn. 6), § 76 Rn. 63.

26 Z.B. OLG Hamm, 10.5.1995 – 8 U 59/94 = AG 1995, 512, 514; *Goette*, in: FS 50 Jahre BGH, 2000, 123, 127; *Koch* (Fn. 8), Rn. 34; *Spindler* (Fn. 6), § 76 Rn. 69.

27 Ausdrücklich *Baums*, in: FS für U. Huber, Baums/Wertenbuch (Hrsg.), 2006, 657, 666.

III. *Die Wechselwirkung zwischen der Pflicht zur Abgabe einer nichtfinanziellen Erklärung und der aktienrechtlichen Sorgfaltspflicht*

Die Pflicht des Vorstands, sein Handeln auf die Gewinnmaximierung auszurichten, steht der Übernahme sozialer Verantwortung durch den Vorstand als Vertreter der Gesellschaft nicht grundsätzlich entgegen. Gemeinwohlbelange muss (und darf) der Vorstand aber nur berücksichtigen, wenn er aufgrund angemessener Informationen vernünftigerweise annehmen darf (§ 93 Abs. 1 S. 2 AktG), dass dies langfristig die Unternehmensgewinne steigert, d.h.: um die Akzeptanz der Gesellschaft durch Arbeitnehmer, Verbraucher, Allgemeinheit etc. zu erhöhen oder jedenfalls nicht zu schmälern.

Publizität spielt dabei eine entscheidende Rolle: Der Vorstand kann durch eine aktive *Förderung von Gemeinwohlbelangen* die Akzeptanz der Gesellschaft nur erhöhen, wenn er seine Maßnahmen gegenüber einem geeigneten Publikum öffentlich macht. Eine Pflicht, (informell) über derartige Maßnahmen zu berichten, folgt schon aus der aktienrechtlichen Sorgfaltspflicht. Art. 19a, 29a der RL 2013/34/EU n.F. konkretisieren diese Pflicht inhaltlich und formal, v.a. um die Vergleichbarkeit der Informationen zu erhöhen (6. Erwägungsgrund der RL 2014/95/EU).

Nach Art. 19a, 29a muss ein Unternehmen künftig aber außerdem über die mit seiner Geschäftstätigkeit verbundenen *negativen Auswirkungen auf Gemeinwohlbelange* berichten. Dieser Aspekt der Berichtspflicht kann im Einzelfall die Sorgfaltspflicht inhaltlich verändern. Aktienrechtlich darf der Vorstand eine (legale und kurzfristig gewinnbringende) Beeinträchtigung von Gemeinwohlbelangen nur unterlassen, wenn sie die Gewinnaussichten der Gesellschaft langfristig schmälern würde, insbesondere also dann, wenn die Gefahr besteht, dass die Beeinträchtigung publik wird und Lieferanten oder Kunden sich vom Unternehmen abwenden. Art 19a, 29a zwingen nun zur Veröffentlichung bestimmter Beeinträchtigungen und verschieben damit die Grenzen des Vorstandsermessens: Die Beeinträchtigung von Gemeinwohlbelangen ist künftig nur noch zulässig, wenn die dadurch erzielten Gewinne die durch den *aufgrund der Berichtspflicht nunmehr unvermeidbaren* Reputationsschaden der Gesellschaft zu erwartenden Gewinneinbußen übersteigen.

Corporate Social Responsibility bedeutet (EU-)definitionsgemäß die *freiwillige* Übernahme sozialer Verantwortung. Für die Gesellschaft selbst ändert sich hieran durch die RL 2014/95/EU nichts. Für den Vorstand indes, ihren gesetzlichen Vertreter, führen die neuen Berichtspflichten in

Einzelfällen zu der Pflicht, Gemeinwohlbelange auch dort zu berücksichtigen, wo sie ohne die Berichtspflichten hätten vernachlässigt werden dürfen (und müssen).

Aktiengesellschaften und Sonderrechte im novellierten italienischen Recht*

Giuseppe B. Portale

I. Das Fehlen einer generellen Normierung der Sonderrechte im italienischen Aktienrecht

Die Novelle des italienischen Kapitalgesellschaftsrechts [begonnen mit der Verordnungsermächtigung *(legge delega)* vom 3. Oktober 2001, Nr. 366, und abgeschlossen mit dem gesetzesvertretenden Dekret *(decreto legislativo)* vom 17. Januar 2003, Nr. 6] sollte unter anderem eine differenziertere Ausgestaltung der Kapitalgesellschaftstypen bewirken. Eines der Ziele dieser Novelle war vornehmlich die Abgrenzung der Gesellschaft mit beschränkter Haftung *(società a responsabilità limitata, s.r.l.)* von der Aktiengesellschaft *(società per azioni, s.p.a.)*, wobei bisher erstere auf letzterer aufbaute. Dadurch sollte die Gesellschaft mit beschränkter Haftung *(s.r.l.)* an die Personengesellschaften angenähert werden.

Eine derartige Differenzierung hat verschiedenste Auswirkungen auf die gesetzliche Ausgestaltung beider soeben aufgeführter Kapitalgesellschaftsformen. Insbesondere spiegelt sich dies in den Regelungen zur Gesellschaftsbeteiligung wider.[1] Es wurde angestrebt, die Gesellschaftsbeteiligung personenbezogen zu prägen, indem man der Person des Gesellschafters einer Gesellschaft mit beschränkter Haftung *(s.r.l.)* eine zentrale Stellung innerhalb dieser zuwies. Im objektiven Sinne wurde im Aktienrecht dagegen die traditionelle Beteiligungsform kapitaler Prägung in Form der Aktie beibehalten.[2]

Eine bedeutende Neuerung dieses Regelungsrahmens ist die Möglichkeit, Gesellschaftern der Gesellschaft mit beschränkter Haftung *(s.r.l.)*

---

* Für die Übersetzung danke ich Herrn Ref. jur. Alessandro De Maria.

1 Hierzu im Allgemeinen siehe: *Angelici*, La riforma delle società di capitali, 2006, S. 1 ff. und S. 49 ff.

2 Dies ist die Umsetzung des Art. 4 Abs. 1 der Verordnungsermächtigung 366/2001 durch das gesetzesvertretende Dekret vom 17. Januar 2003: vgl. Relazione al d. lgs. 17 gennaio 2003, Nr. 6, in Riv. soc. 2003, 147, Nr. 11.

durch Satzungsklauseln gewisse Sonderrechte *(diritti particolari)* zu gewähren, welche vermögens- und organisationsrechtlicher Natur sein können (Art. 2468 Abs. 3 codice civile, c.c.). Für die Aktiengesellschaften ist die Einräumung derartiger Befugnisse hingegen nicht ausdrücklich vorgesehen [jedenfalls nicht ähnlich deutlich und umfassend normiert wie bei der Gesellschaft mit beschränkter Haftung *(s.r.l.):* vgl. *infra sub* II.]. Tatsächlich besteht immer noch die Möglichkeit, unter den Aktionären im Hinblick auf ihre satzungsmäßig zugestandenen Rechte zu differenzieren. Eine Unterscheidung vollzieht sich jedoch allein durch die objektiv in der Aktie inkorporierte Rechtsposition. Dies geschieht durch die Schaffung verschiedenartiger Aktiengattungen (Art. 2348 Abs. 2 c.c.).[3]

Insofern müsste es prinzipiell ausgeschlossen sein, Aktionären Sonderrechte zuzusprechen, weil diese Rechte *per definitionem* allein den einzelnen (namentlich individualisierten oder, einer anderen Auffassung folgend, zumindest typologisch individualisierbaren[4]) Gesellschaftern zustehen können. Diese Ansicht ist zuweilen im italienischen Schrifttum weit verbreitet. Es wird mehrheitlich vertreten, der sozioökonomische Grundtyp der Aktiengesellschaft sei auf große, dem Kapitalmarkt zugängliche, Unternehmen zugeschnitten, in denen der Aktionär weniger die Rolle eines (Mit)Unternehmers als vielmehr lediglich diejenige eines Kapitalge-

3 Um lediglich die Lehrbücher anzuführen: *G.F. Campobasso*, Diritto Commerciale, 2012, S. 204 ff. und S. 574 ff.; *Notari/Stella Richter jr.*, Diritto delle società, 2012, S. 142 ff. und S. 298 ff.; *Ginevra/Daccó*, M. Cian, Diritto commerciale, 2013, Band II, S. 275 ff. und S. 572 ff.

4 Bezugnehmend auf die Sonderrechte (im weiteren Sinne) in der s.r.l., *Santagata,* in: I diritti particolari die soci, in S.r.l. Commentario dedicato a G.B. Portale, 2011, S. 286; *Cian/Sandei,* in: Rescigno, Trattato di diritto privato, 2012, 16, V, S. 149; Comitato notarile del Triveneto, Massime, 2011, I.I.9; dagegen, *D'Attorre*, Il principio di uguaglianza tra soci nelle società per azioni, 2007, S. 123 f., der (hinsichtlich des gestuften Stimmrechts) den Rückgriff auf die Sonderrechte ausschließt, da es sich hierbei um Privilegien handle, die allen zugestanden werden, sofern sie sich in derselben Situation befinden.

bers (oder bildhaft gesprochen: eines „Geldsacks“)[5] zugewiesen bekomme.

II. Einzelne Sonderrechtstatbestände im Aktienrecht und ihre Verallgemeinerbarkeit als Rechtsfigur

Indes fehlt es im italienischen Aktienrecht nicht an Ausnahmetatbeständen, welche vollausgebildete Sonderrechte für bestimmte Gesellschafter vorsehen. Diesbezüglich sind folgende Normen zu erwähnen, die es erlauben, in der Gesellschaftssatzung vorzusehen, dass: *1)* einzelne Aktionäre ihre Aktien einziehen oder die Papiere anderer Aktionäre bei Eintritt eines bestimmten Ereignisses bzw. nach einem vorher bestimmten Zeitablauf erwerben können (Art. 2437-*sexies* c.c.);[6] *2)* den Gründungsgesellschaftern nicht vermögensbezogene Vorteile, sondern körperschaftliche Rechte gewährt werden (Artt. 2340, 2341 Abs. 2 c.c.);[7] und gleichwohl nur für diejenigen Gesellschaften, welche nicht am Risikokapitalmarkt teilnehmen (sog. geschlossene Gesellschaften), *3)* dem Staat oder anderen öffentlichen Einrichtungen der Zugang zu den Gesellschaftsorganen ermöglicht wird, indem man ihnen das Recht einräumt (sog. Entsendungsrecht), eines oder mehrere Mitglieder dieser Organe zu benennen (Art. 2449 Abs. 1 c.c.).[8]

---

5 Vgl. *G.F. Campobasso* (Fn. 3), 204, Fn. 9*; D'Attorre* (Fn. 4), S. 99 ff.; *La Sala*, Principio capitalistico e voto non proporzionale nella società per azioni, 2012, S. 70, 83; jüngst, *Angelici*, Società per azioni, Band I., Principi e problemi, 2012, S. 31, 58 f., Fn. 91, 92 und 80f. In der deutschsprachigen Literatur, *von Klein*, Die neueren Entwicklungen in Verfassung und Recht der Aktiengesellschaft, 1904, S. 5 („Gedanken einer selbstständigen Geldvereinigung“) und bereits *Auerbach*, Das Gesellschaftswesen in juristischer und volkswirtschaftlicher Hinsicht, 1861, S. 185 („Ein solcher Verein kann, wenngleich er eine Vielheit von Individuen zu seinen Mitgliedern hat, nicht sowohl Verein von Personen, wie als Ansammlung rein *pecuniärer* Grössen, eingelegter oder einzulegender Summen gelten“).

6 *M.B. Portale*, I diritti «particolari» del socio di s.p.a., Tesi di dottorato in diritto commerciale interno e internazionale, Università degli Studi di Brescia, Ciclo XXII, A.A. 2009/2010, S. 49 f.; *G.B. Portale*, Tra diritto dell'impresa e metamorfosi della s.p.a., in: FS für P. Abbadessa, Band I, 2014, S. 115 f.; *ders.,* Banca borsa e tit. cred, Band I, 2014, S. 140.

7 *M.B. Portale* (Fn. 6), S. 34 ff.; *G.B. Portale*, Tra diritto (Fn. 6), S. 115 f.

8 *Daccò*, Diritti particolari e „recesso dalla s.r.l., 2012, S. 84, Fn. 74; *D'Attorre* (Fn. 4), S. 125 ff.; *M.B. Portale* (Fn. 6), S. 64.

Im Lichte dieser Vorgaben stellt sich mitunter die Frage, ob diese gesetzlich ausdrücklich typisierten Sonderrechte als Ausnahme gesehen werden und folglich als solche einer Analogie nicht zugänglich sind, oder ob sie doch eher Ausdruck eines Grundprinzips sind, welches Aktionären die Einräumung von bestimmten Sonderrechten zugesteht. Nach einer in Italien weit verbreiteten Auffassung soll ersteres der Fall sein (Sonderrechte stellen eine Ausnahme dar): Ein Sonderrecht sei nur in den eng begrenzten Fällen der nicht vermögensbezogenen Vorteile zu Gunsten der Gründungsgesellschafter und hinsichtlich des Nominierungsrechts des Staates und anderer öffentlicher Einrichtungen zulässig.[9] Allerdings erscheint eine derartige Beurteilung vorschnell und nicht zufriedenstellend. Verschiedenste Ausgestaltungsmöglichkeiten der Aktiengesellschaft würden unberücksichtigt bleiben, sodass diesbezüglich eine Diskussion zumindest nicht abwegig erscheint.

III. Rechtsvergleichender Meinungsstand und die personalistische Gestaltbarkeit der Aktiengesellschaft

Die soeben postulierte Notwendigkeit einer anderweitigen Beurteilung wird vornehmlich durch eine rechtsvergleichende Betrachtung untermauert. So gestatten verschiedene, bedeutende Rechtsordnungen die Einräumung von Sonderrechten an Aktionäre einer Aktiengesellschaft. Neben den vereinzelten Ansätzen des französischen Rechts (hier ist die Vergabe erhöhter Dividendenansprüche und Stimmrechte gleichermaßen für börsen- und nicht börsennotierte Aktiengesellschaften zulässig: Art. *L 232-14 du Code de commerce, C.com.*, Art. *L 225-123 C.com.*[10]) und den Normen des spanischen Rechts (vgl. hinsichtlich der finanziellen Bevorzugung der Gründungsmitglieder, Art. 27 *texto refundido de la Ley de Sociedades de Capital*), lässt sich insbesondere die polnische Rechtsordnung als Vorbild heranziehen. Die Regelungen der Art. 354 §§ 1, 2 *Kodeks spółek hand-*

9 Z.B., *D'Attorre,* (Fn. 4), S. 125 ff.

10 Erweitertes («doppeltes») Stimmrecht das, bei an der Börse gehandelten Aktiengesellschaften „automatisch" anerkannt wird, es sei denn etwas anderes wird satzungsmäßig bestimmt: hinsichtlich der *ratio* einer solchen Regelung, welche durch das loi n. 2014-384 du 29.3.2014 *(«visant à reconquérin l'economie réelle»)* eingeführt wurde, jedoch kritisch in Bezug auf deren Wirkung, *Martin/Angel*, La Semaine Juridique Entreprise et Affaire , Januar 2014, S. 22 ff.

lowych, KSH (dieses Gesetzbuch der Handelsgesellschaften wurde bekanntermaßen in Zusammenarbeit mit namhaften deutschen Wissenschaftlern verfasst) sehen vor, dass einzelnen bestimmten Aktionären satzungsmäßig Sonderrechte zugewiesen werden. So kann ihnen das Recht zugestanden werden, Mitglieder des Vorstands oder des Aufsichtsrats zu benennen (Entsendungsrecht) bzw. abzuberufen, oder von der Gesellschaft bestimmte Leistungen zu erhalten.[11]

Ebenso sind die Erfahrungen des deutschen Rechtsraumes von großer Bedeutung. Die Zulässigkeit der *Sonder- und Vorzugsrechte* im Sinne des § 35 BGB wird für die Aktiengesellschaften in verschiedensten Normen angenommen. Zu nennen sind § 101 Abs. 2, S. 1 und § 103 Abs. 2, S. 1 AktG, denen zufolge auch private Aktionäre per Satzung mit Entsendungsrechten ausgestattet werden können.[12] Nicht minder erwähnenswert ist es, dass zumindest die Möglichkeit einer Auslegung besteht, dass einzelnen Aktionären das Recht eingeräumt wird, die Gesellschaft oder andere Aktionäre zu bestimmen, ihre Aktien einzuziehen oder an diese zu veräußern.[13]

Diese positiven Erfahrungen des deutschen Aktienrechts sind insofern für den italienischen Rechtsausleger interessant, weil das italienische Recht entgegen dem deutschen Recht nicht von einer Satzungsstrenge im Sinne des § 23 Abs. 5 AktG ausgeht, sondern vielmehr keine Norm vorsieht, die es den Gesellschaftern nimmt, privatautonom über die Gestaltung der Satzung zu entscheiden. Im Gegenteil stellt gerade die Satzungsfreiheit eines der *Leitmotive* der Kapitalgesellschaftsrechtsnovelle aus dem Jahre 2003 dar:[14] So rechtfertigt die Öffnung des deutschen Rechts hin-

11 *Fabsich/Oplustil* RIW 2010, S. 823 f.

12 *Beuthien* ZGR 2014, S. 24 ff. und 40; *Lutter/Krieger/Verse*, Rechte und Pflichten des Aufsichtsrats, 2014, § 1 Rn. 14, 7, weisen, nach Feststellung, dass es sich um ein *ad personam* Recht handelt und dass diese insbesondere in gemischten Gesellschaften regelmäßig verwendet werden, darauf hin, dass jüngst die Thyssen-Krupp AG, eine rein privatrechtliche Gesellschaft, von diesem Recht Gebrauch gemacht hat, indem sie der Krupp-Stiftung, bei einer Beteiligung von 25%, drei Plätze in ihrem Aufsichtsrat zugesprochen hat.

13 *Veil*, in: K. Schmidt/Lutter, AktG, 2010, § 237, Rn. 12, 2649; weiterführend *G.B. Portale,* Tra diritto (Fn. 6), S. 115, Fn. 23 f.

14 Vgl. *Angelici* (Fn. 1), S. 11 ff.

sichtlich Sonderrechten in der Aktiengesellschaft erst recht den Schluss, diese auch in der italienischen Rechtsordnung zuzulassen.[15]

Ferner lässt sich bereits die Grundannahme in Zweifel ziehen, der Zulässigkeit von Sonderrechten stünde die vom italienischen Gesetzgeber erdachte typische Ausgestaltung von Aktiengesellschaften entgegen. So mangelt es nicht an Indizien im positiven Recht, die den Schluss auf eine Zulässigkeit der personenbezogenen Ausrichtung der Aktiengesellschaften zulassen würden. Man denke an die Möglichkeit, die Übertragbarkeit der Aktien satzungsmäßig durch Vorkaufsrechte oder Zustimmungsvorbehalte zu beschränken (Art. 2355 *bis* c.c.); oder daran, Aktien mit Nebenleistungen auszugeben (wobei zu beachten bleibt, dass diese Leistungen, sofern nicht anders von der Satzung bestimmt, nur durch einstimmigen Hauptversammlungsentschluss geändert werden können; und dass diese nur mit Zustimmung des Vorstandes übertragbar sein können: Art. 2345 c.c.);[16] oder an die Gestaltungsoption, das mit dem Aktienbesitz einhergehende Stimmrecht auf Schwellen- oder Höchstwerte zu begrenzen oder im Verhältnis zum Gesamtbesitz eines Aktionärs zu staffeln (Art. 2351 Abs. 3 c.c.).[17]

Zudem ist anzumerken, dass der italienische Gesetzgeber kürzlich ähnlich weitreichende Rechtsinstitute für börsennotierte Aktiengesellschaften eingeführt hat. Ihnen ist nunmehr das Recht eingeräumt worden, in ihrer Satzung eine Erhöhung der Dividende oder des Stimmrechts für diejenigen Aktionäre vorzusehen, die ihre Aktien über einen vorgeschriebenen Zeitraum hinweg kontinuierlich halten (Artt. 127 *quarter, quinquies* testo unico della finanza, t.u.f.).[18] Es ist jedoch darauf hinzuweisen, dass einhergehend mit einer im Vordringen befindlichen Ansicht die soeben aufgezählten Tatbestände nicht als Sonderrechte im engeren Sinne verstanden werden können. Dies spiegelt sich in den objektiven Voraussetzungen des Tatbestands wider (etwa dem Besitz von Aktien mit Nebenleistungen, einer bestimmten Menge Aktien oder in einem Aktienbesitz für einen bestimmten Zeitraum), die es naturgemäß nicht zulassen, namentlich be-

15 Den Schwerpunkt auf die Reichweite der Satzungsautonomie der («geschlossenen») Aktiengesellschaften setzend, um diesen die Möglichkeit zu geben, Aktionären Sonderrechte einzuräumen, *Cian/Sandei* (Fn. 4), S. 149 f.

16 Vgl. *G.F. Campobasso* (Fn. 3), S. 197 f.; *Cian/Sandei* (Fn. 4), S. 150.

17 Vgl. *M.B. Portale* (Fn. 6), S. 1 ff.; *Cian/Sandei* (Fn. 4), S. 150.

18 Bezugnehmend auf die erhöhte Dividendenausschüttung, vgl., *Stella Richter jr.* Riv. dir. comm. 2011, Band I, 103; *M.B. Portale* (Fn. 6), S. 47 f.; *Cian/Sandei* (Fn. 4), S. 153, Fn. 109; *G.B. Portale,* Tra diritto (Fn. 6), S. 115, Fn. 22.

stimmten Aktionären Sonderrechte (*ad personam*)[19] einzuräumen. Trotz des tief in der italienischen Lehre verwurzelten Grundsatzes, wonach die Aktie alle mitgliedschaftlichen Teilhaberechte an einer Gesellschaft inkorporiert, sind die exemplarisch angeführten Fälle Ausdruck der Zulässigkeit einer «Personalisierung» der Aktiengesellschaften.[20] All dies unterstützt für die Zwecke der vorliegenden Untersuchung den Schluss, dass auch im italienischen Aktienrecht Sonderrechte bestimmter Aktionäre anzuerkennen sind.

IV. Sonderrechte in der Praxis

Des Weiteren erscheint es, auch auf Grund der von der Praxis manifestierten Notwendigkeit, vorzugswürdig, eine Zulässigkeit von Sonderrechten anzunehmen, berücksichtigend, dass keine normative Regelung der Einräumung von solchen Rechten entgegensteht. Man denke vor allem an den Bedarf eines *venture capitalist* an besonderen Informationsrechten, von welchen dessen Investitionsentscheidung in erheblicher Weise abhängt. Ebenso besteht häufig das Bedürfnis, den Gesellschaftern entgeltliche Nutzungsrechte an Gesellschaftsgütern, wie z.B. Immobilien und Anlagen, zu erteilen. Ferner könnte eine Aktienimmobiliengesellschaft genauso verfahren wollen, wenn sie das Rechtsinstitut der gemeinschaftlichen Teilzeitimmobilieneigentümerschaft nicht verwenden kann.[21] Es ist auch in der Satzungspraxis nicht unüblich, Klauseln zu verwenden, die einzelnen oder mehreren Gesellschaftern besondere Rechte einräumen, wie bspw. das Recht, über den Eintritt Dritter in die Gesellschaft mitzubestimmen.[22]

Neben anderen wird zudem im italienischen Recht die Anerkennung typengemischter Gesellschaften befürwortet.[23] Dies ermöglicht die analoge Anwendung der Regelungen einer Gesellschaftsform auf eine andere, so-

19 *M.B. Portale* (Fn. 6), S. 63.
20 *M.B. Portale* (Fn. 6), S. 63.
21 *M.B. Portale* (Fn. 6), Kapitel I-II; *G.B. Portale* Tra diritto (Fn. 6), S. 116; s. auch Art. 354 KSH.
22 *G.B. Portale* Tra diritto (Fn. 6), S. 116.
23 Statt von der Typenvermischung spricht die deutsche Literatur auch von der Hybridgesellschaft: so z.B. *A. Kaiser* RIW 2007, S. 16.

fern diese Erweiterung nicht dem ursprünglichen Regelungszweck der *per analogiam* extensional erweiterten Norm zuwiderläuft.[24]

Nach einer derartigen Betrachtung bleibt festzuhalten, dass ein «Import» von Sonderrechten in das italienische Aktienrecht nahe liegt.

24 Vgl. *Piscitello*, Società di persone a struttura aperta e circolazione delle quote, 1995, S. 5 ff.; *Pisani*, Società di persone „a struttura corporativa", 2000, S. 26 ff.; ferner, auch für weitere Verweise, *G.B. Portale* Tra diritto (Fn. 6), S. 112 f.

Zur Rolle des Prüfungsausschusses nach der EU-Reform zur Abschlussprüfung

Reinhard Marsch-Barner

I. Einleitung

Als Reaktion auf die weltweite Finanz- und Kapitalmarktkrise hat die EU-Kommission 2010 das Grünbuch „Weiteres Vorgehen im Bereich der Abschlussprüfung: Lehren aus der Krise“[1] vorgelegt und darin zahlreiche Vorschläge für eine grundlegende Reform der Abschlussprüfung unterbreitet. Diese Vorschläge wurden eingehend diskutiert und weiterentwickelt. Daran waren neben den betroffenen Fachkreisen die EU-Kommission, das EU-Parlament und der Ministerrat beteiligt. Die Verhandlungen innerhalb dieser drei EU-Gremien (sog. Trilog) führten schließlich zur Verabschiedung der Richtlinie zur Änderung der Abschlussprüferrichtlinie vom 16. April 2014[2] („ÄndRL“) und der Verordnung über spezifische Anforderungen an die Abschlussprüfung bei Unternehmen von öffentlichem Interesse vom 16. April 2014[3] („VO“). Die Verordnung tritt am 17. Juni 2016 als unmittelbar geltendes Recht in allen EU-Mitgliedstaaten in Kraft. Die Richtlinie ist parallel dazu bis spätestens zum 17. Juni 2016 von den Mitgliedstaaten in deren nationales Recht umzusetzen.

Die beiden Rechtsakte der EU haben zum Ziel, die Rahmenbedingungen der gesetzlichen Abschlussprüfung der Jahresabschlüsse und konsolidierten Abschlüsse der Unternehmen von öffentlichem Interesse durch weitreichende Änderungen bei der Bestellung der Abschlussprüfer, der Durchführung der Abschlussprüfung und der Berichterstattung sowie der

1 Vom 13.10.2010, KOM (2010) 561 endgültig.

2 Richtlinie 2014/56/EU des Europäischen Parlaments und des Rates vom 16. April 2014 zur Änderung der Richtlinie 2006/43/EG über Abschlussprüfungen von Jahresabschlüssen und konsolidierten Abschlüssen, ABl. 2014 Nr. L 158/196.

3 Verordnung (EU) Nr. 537/2014 des Europäischen Parlaments und des Rates vom 16. April 2014 über spezifische Anforderungen an die Abschlussprüfung bei Unternehmen von öffentlichem Interesse und zur Aufhebung des Beschlusses 2005/909/EG der Kommission, ABl. 2014 Nr. L 158/77.

behördlichen Aufsicht über die Abschlussprüfung zu verbessern. Verbessert werden sollen vor allem die Sicherung der Unabhängigkeit der Abschlussprüfer und die Qualität der Abschlussprüfungen. In den neuen Regelungen taucht wiederholt der Prüfungsausschuss des Verwaltungs- oder Aufsichtsrats auf. Ihm werden mehrere neue Aufgaben zugewiesen, die seine Rolle bei der Abschlussprüfung der Unternehmen von öffentlichem Interesse[4] deutlich verstärken. Dies soll im Folgenden näher erörtert werden. Für die Umsetzung ins deutsche Recht wird dabei vom derzeitigen Entwurf eines Abschlussprüfungsreformgesetzes ausgegangen.[5]

Da der Jubilar an allen neuen Entwicklungen im Bereich des Wirtschaftsrechts lebhaften Anteil nimmt, hegt der Verfasser die Hoffnung, dass auch dieser Beitrag sein Interesse finden möge.

II. Derzeitige Rolle des Prüfungsausschusses

1. Bildung eines Prüfungsausschusses

Gegenwärtig wird der Prüfungsausschuss in den einschlägigen Gesetzen an mehreren Stellen erwähnt.[6] Trotz dieser Hervorhebung handelt es sich aber nicht um ein gesetzlich vorgeschriebenes Gremium, sondern um einen freiwillig gebildeten Ausschuss des Aufsichts- oder Verwaltungsrats.[7] Die bereits in der Abschlussprüfer-Richtlinie von 2006 vorgesehene Verpflichtung für Unternehmen von öffentlichem Interesse, einen Prüfungsausschuss einzurichten,[8] ist bislang nicht umgesetzt worden.

---

4 Das sind alle kapitalmarktorientierten Unternehmen, Kreditinstitute und Versicherungsunternehmen sowie etwaige weitere, vom nationalen Gesetzgeber als Unternehmen von öffentlichem Interesse definierte Unternehmen, vgl. Art. 1 Nr. 13 der Richtlinie 2014/56/EG.

5 RefE des BMJV v. 27.3.2015.

6 Vgl. § 324 HGB, §§ 107 Abs. 3 Satz 2, 124 Abs. 3 Satz 2 AktG; § 34 Abs. 4 Satz 4 SEAG.

7 Vgl. § 107 Abs. Abs. 3 Satz 2, Abs. 4 AktG; § 34 Abs. 4 Satz 4.

8 Vgl. Art. 41 Abs. 1 der Richtlinie 2006/43/EG des Europäischen Parlaments und des Rates vom 17. Mai 2006 über Abschlussprüfungen von Jahresabschlüssen und konsolidierten Abschlüssen, zur Änderung der Richtlinie 78/600/EWG

Die Aufgaben des Prüfungsausschusses sind nicht zwingend vorgegeben, sondern im Gesetz nur beispielhaft aufgeführt (§ 107 Abs. 3 Satz 2 AktG). Welche Aufgaben dem Ausschuss tatsächlich zugewiesen sind, hängt von der Entscheidung des jeweiligen Aufsichts- oder Verwaltungsrats ab. Lediglich kapitalmarktorientierte Gesellschaften, die über keinen Aufsichtsrat verfügen,[9] sind verpflichtet, einen Prüfungsausschuss einzurichten (§§ 324, 364d HGB). Diese Bestimmung hat als Auffangregelung jedoch nur einen begrenzten Anwendungsbereich.[10] Seit 2013 sind außerdem noch Kreditinstitute verpflichtet, einen Prüfungsausschuss zu errichten (§ 25d Abs. 9 KWG).

Der Prüfungsausschuss ist dabei kein eigenständiges Gremium, sondern ein unselbständiger Teil des Aufsichtsrats. Dieser kann die Aufgaben des Prüfungsausschusses auch selbst übernehmen. In der Praxis der börsennotierten Gesellschaften wird jedoch ganz überwiegend ein Prüfungsausschuss eingerichtet. Dies beruht darauf, dass der Deutsche Corporate Governance Kodex die Bildung eines solchen Ausschusses empfichlt (Ziff. 5.3.2 Satz 1 DCGK). Dieser Empfehlung folgten 2014 100% der DAX-30-Gesellschaften sowie 79,4 % aller börsennotierten Gesellschaften.[11]

2. Aufgaben des Prüfungsausschusses

Der Prüfungsausschuss hat im allgemeinen die Aufgaben, die in § 107 Abs. 3 Satz 2 AktG aufgezählt sind. Er überwacht den Prozess der Rechnungslegung und die Abschlussprüfung, bei letzterer insbesondere die Unabhängigkeit des Abschlussprüfers und die vom Abschlussprüfer zusätzlich erbrachten Leistungen. Bei der Wahl des Abschlussprüfers hat er dem Aufsichtsrat eine Empfehlung für dessen Vorschlag an die Hauptversammlung zu geben (§ 124 Abs. 3 Satz 2 AktG). Ein weiterer Aufgabenschwerpunkt ist die Kontrolle der Wirksamkeit des internen Kontrollsys-

---

und 83/349/EWG des Rates und zur Aufhebung der Richtlinie 84/253/EWG des Rates, ABl. 2006 Nr. L 157/87.

9 Z.B. eine kapitalmarktorientierte, nicht mitbestimmte GmbH.

10 Vgl. Baumbach/*Hopt/Merkt*, HGB, 36. Aufl. 2014, § 324 Rn. 1; *Ernsthaler/Marsch-Barner*, HGB, 8. Aufl. 2015, § 324 Rn. 3; KK-RLR/*Burg/Müller*, 2011, § 324 Rn. 2.

11 *v. Werder/Turkali* DB 2015, 1357, 1362; ähnlich 2013, siehe *v. Werder/Bartz* DB 2014, 905, 910.

tems, des Risikomanagementsystems sowie des internen Revisionssystems.

Nach der Empfehlung des Kodex (Ziff. 5.3.2 DCGK) befasst sich der Prüfungsausschuss außerdem mit der Compliance. Diese Aufgabe wird bisweilen aber auch einem eigenen Ausschuss zugewiesen.[12] Vor der Empfehlung für den Vorschlag zur Wahl des Abschlussprüfers soll der Prüfungsausschuss eine Unabhängigkeitserklärung des Abschlussprüfers einholen (Ziff. 7.2.1 Abs. 1 DCGK). Nach der Wahl soll er diesem den Prüfungsauftrag erteilen,[13] dabei die Prüfungsschwerpunkte bestimmen und mit dem Abschlussprüfer dessen Honorarvereinbarung abschließen (Ziff. 5.3.2, 7.2.2 DCGK). Alle diese Aufgaben können auch vom Aufsichtsrat selbst wahrgenommen werden.

Die Aufgaben des Prüfungsausschusses sind überwiegend vorbereitender Natur. Das gilt vor allem für die Prüfung des Jahres- und Konzernabschlusses, die zwingend dem Gesamtaufsichtsrat vorbehalten ist (§ 171 Abs. 1 AktG). Eine Übertragung dieser Prüfung auf den Prüfungsausschuss zur endgültigen Wahrnehmung ist ausgeschlossen (§ 107 Abs. 3 Satz 2 AktG). Von dieser Regelung abgesehen, können aber bestimmte Einzelaufgaben auf den Prüfungsausschuss zur selbständigen Erledigung delegiert werden. Von dieser Möglichkeit wird in der Praxis vielfältig Gebrauch gemacht.

III. Künftige Rolle des Prüfungsausschusses

Mit der Verordnung zur Abschlussprüfung werden die bisherigen Zuständigkeiten des Prüfungsausschuss deutlich erweitert.

---

12 So besteht z.B. im Aufsichtsrat der Siemens AG ein eigener Compliance Ausschuss.

13 Überwiegende Ansicht, vgl. *Habersack*, in: MüKo, AktG, 4. Aufl. 2014, § 111 Rn. 86; *Hüffer*, AktG, 11. Aufl. 2014, § 111 Rn. 27; *Hopt/Roth*, in: GroßkommAktG, 4. Aufl. 2005, § 11 Rn. 487; *Bürgers/Körber/Israel*, AktG, 3. Aufl. 2014, § 111 Rn. 16; Hdb. börsennotierte AG/*E.Vetter*, 3. Aufl. 2014, § 26 Rn. 65; a.A. *K.Schmidt/Lutter/Drygala*, AktG, 2. Aufl. 2010, § 111 Rn. 38; *Lutter/Krieger/Verse*, Rechte und Pflichten des Aufsichtsrats, 6. Aufl. 2014, Rn. 174; *Velte* NZG 2011, 771, 772.

1. Bildung des Prüfungsausschusses

Nach Art. 39 Abs. 1 Satz 1 ÄndRL haben die Mitgliedstaaten sicherzustellen, dass jedes Unternehmen von öffentlichem Interesse einen Prüfungsausschuss hat. Unternehmen, bei denen der Prüfungsausschuss wie in Deutschland Teil des Aufsichtsrats ist, können allerdings vorsehen, dass die Aufgaben des Prüfungsausschusses vom gesamten Aufsichtsrat wahrgenommen werden (Art. 39 Abs. 2 Unterabs. 2 ÄndRL[14]). Nur Unternehmen, die keinen Aufsichtsrat haben, müssen einen Prüfungsausschuss einrichten.[15]

Grundsätzlich muss die Mehrheit der Mitglieder des Prüfungsausschusses von dem geprüften Unternehmen unabhängig sein. Sind die Mitglieder des Ausschusses jedoch wie in Deutschland zugleich Mitglieder des Aufsichtsrats, kann von diesem Erfordernis befreit werden (Art. 39 Abs. 5 ÄndRL). Von dieser Mäglichkeit soll Gebrauch gemacht werden. Künftig müssen aber alle Ausschussmitglieder mit dem Bereich, in dem das geprüfte Unternehmen tätig ist, „vertraut sein".[16] Für die Besetzung des Prüfungsausschusses werden damit Branchenkenntnisse wichtig.

2. Aufgaben des Prüfungsausschusses

a) Mitwirkung bei der Bestellung des Abschlussprüfers

Die bisherige Aufgabe des Prüfungsausschusses, dem Gesamtaufsichtsrat eine Empfehlung für seinen Vorschlag zur Wahl des Abschlussprüfers zu unterbreiten, wird erheblich ausgeweitet. So muss der Prüfungsausschuss dem Aufsichtsrat künftig zwei Vorschläge unterbreiten, diese begründen und dabei seine Präferenz mitteilen (Art. 16 Abs. 2 Unterabs. 2 VO). Diese Empfehlung muss auch in den Wahlvorschlag an die Hauptversammlung aufgenommen werden (vgl. Art. 16 Abs. 5 VO).

Vor seiner Empfehlung hat der Prüfungsausschuss ein Auswahlverfahren mit bestimmten, vorher festgelegten Auswahlkriterien durchzuführen (Art. 16 Abs. 3 Unterabs. 2 VO und Art. 39 Abs. 6 f ÄndRL). Über die Be-

---

14 Mit Verweis auf Art. 2 Abs. 1 f) der Richtlinie 2003/71/EG des Europäischen Parlamentes und des Rates v. 4.11.2003, ABl. 2003 Nr. L 345/64.

15 Vgl. § 324 HGB i.d.F. des RefE v. 27.3.2015 (Fn. 5).

16 Vgl. § 100 Abs. 5 AktG i.d.F. des RefE v. 27.3.2015 (Fn. 5).

urteilung der auf dieser Grundlage eingegangenen Bewerbungen ist vom Unternehmen ein schriftlicher Bericht zu erstellen. Dieser Bericht ist vom Prüfungsausschuss zu „validieren", was wohl als Plausibilitätsprüfung zu verstehen ist (vgl. Art. 16 Abs. 3e VO).

Vergleicht man dieses Verfahren mit der bisherigen Regelung in § 124 Abs. 3 Satz 2 AktG, so ist das künftige Verfahren zur Erstellung der Empfehlung des Prüfungsausschusses wesentlich aufwändiger. Die auf der Grundlage eines solchen Auswahlverfahrens erstellte Empfehlung des Prüfungsausschusses hat auch mehr Gewicht. Aufsichtsrat und Hauptversammlung wird es kaum möglich sein, von dieser Empfehlung abzuweichen.

Eine vorherige Empfehlung des Prüfungsausschusses ist auch erforderlich, wenn das Prüfungsmandat über die künftige Höchstlaufzeit des Mandats hinaus verlängert werden soll (Art. 17 Abs. 5 VO). Eine neue Ausschreibung ist dann aber nicht notwendig.

b) Durchführung der Abschlussprüfung

Eine wesentliche Aufgabe des Prüfungsausschusses besteht darin, die Unabhängigkeit der Abschlussprüfung zu überwachen (§ 107 Abs. 3 Satz 2 AktG). Die Wahrung dieser Unabhängigkeit ist für die Qualität der Abschlussprüfung von entscheidender Bedeutung. Für die Beurteilung der Unabhängigkeit des Abschlussprüfers spielt u.a. eine Rolle, wie hoch die Prüfungshonorare sind, die er von dem zu prüfenden Unternehmen bezieht, und inwieweit auch Leistungen außerhalb der Abschlussprüfung erbracht werden.

Hat der Abschlussprüfer in den letzten drei Jahren auch Nichtprüfungsleistungen erbracht, so darf das Gesamthonorar dafür nicht mehr als 70% des durchschnittlichen Prüfungshonorars betragen. Die Unabhängigkeit des Abschlussprüfers wird zudem als gefährdet angesehen, wenn sein Prüfungshonorar in den letzten drei Jahren mehr als 15% seines mandantenbezogenen Gesamthonorars umfasst hat. Liegt das Prüfungshonorar weiterhin über diesem Prozentsatz, soll der Prüfungsausschuss entscheiden, ob der Abschlussprüfer die Prüfung für einen weiteren Zeitraum von bis zu längstens zwei Jahren durchführen darf (Art. 4 Abs. 3 Unterabs. 2 VO). Bei einer ablehnenden Entscheidung muss ein anderer Abschlussprüfer bestellt werden.

Zur Wahrung der Unabhängigkeit des Abschlussprüfers sind zudem bestimmte, in Art. 5 Abs. 1 VO einzeln aufgeführte Leistungen außerhalb der Abschlussprüfung verboten (sog. Black List). Unwesentliche Nichtprüfungsleistungen in den Bereichen Steuerberatung und Bewertung können von diesem Verbot jedoch ausgenommen werden. Andere als die verbotenen Nichtprüfungsleistungen sind zulässig, wenn sie vom Prüfungsausschuss gebilligt werden (Art. 5 Abs. 4 VO). Bei dieser Regelung ist zu berücksichtigen, dass nach deutschem Recht nicht der Aufsichtsrat, sondern der Vorstand für die Vergabe von Nichtprüfungsleistungen zuständig ist. Die Erlaubniserteilung durch den Prüfungsausschuss muss daher als Zustimmungserteilung im Sinne von § 111 Abs. 4 Satz 2 AktG verstanden werden.[17]

c) Berichterstattung über die Prüfung

Der Abschlussprüfer hat das Ergebnis seiner Prüfung wie bisher im Bestätigungsvermerk niederzulegen. Dieser Vermerk muss bestimmte Mindestangaben enthalten; die Mitgliedstaaten können ergänzende Anforderungen festlegen (Art. 10 Abs. 1 VO i.V.m. Art. 28 der ÄndRL). Daneben hat der Abschlussprüfer einen zusätzlichen Bericht mit einer Erläuterung des Prüfungsergebnisses und weiteren Angaben zur durchgeführten Prüfung zu erstellen (Art. 11 VO).[18] Dieser Bericht, der sich inhaltlich an dem Prüfungsbericht gemäß § 321 HGB orientiert, ist an den Prüfungsausschuss zu richten. Um insbesondere deutschen Bedenken gegen eine zu starke Verselbständigung des Prüfungsausschusses Rechnung zu tragen, muss der Bericht aber auch dem Aufsichtsrat vorgelegt werden, wenn dieser den Prüfungsauftrag erteilt hat.[19]

IV. Schlussfolgerungen

Der Prüfungsausschuss wird nach der jüngsten EU-Reform wie ein eigenständiges Unternehmensorgan behandelt. So werden dem Prüfungsaus-

---

17 Vgl. *Velte* NZG 2013, 1332, 1333.

18 Dazu näher *Hommelhoff* DB 2012, 389 ff. und 445 ff.

19 Vgl. Art. 11 Abs. 1 Satz 2 VO und § 321 Abs. 5 HGB i.d.F. des RefE v. 27.3.2015 (Fn. 5).

schuss bestimmte Aufgaben unmittelbar durch die neuen Regeln zugewiesen. Diese Aufgaben haben nicht nur vorbereitenden Charakter wie die Empfehlung zur Bestellung des Abschlussprüfers, sondern umfassen auch eigenständige Entscheidungen wie die Zustimmungserteilung bei der Durchführung bestimmter Nichtprüfungsleistungen. Außerdem wird der Prüfungsausschuss erster Ansprechpartner in der Kommunikation zwischen Abschlussprüfer und Aufsichtsorgan. Insgesamt wird seine Rolle deutlich aufgewertet. Um sicherzustellen, dass sich der Prüfungsausschuss im deutschen Führungssystem nicht zu sehr verselbständigt, dürfte es sich empfehlen, den Ausschuss stärker in die Arbeit des Gesamtaufsichtsrats zu integrieren. Ein Mittel dazu wären z.B. erhöhte Berichtspflichten gegenüber dem Gesamtaufsichtsrat (vgl. § 107 Abs. 3 Satz 4 AktG).

Die Societas Unius Personae (SUP) – wohin mit der 2. Person?

Barbara Grunewald

I. Problemstellung

Am 09.04.2014 hat die Europäische Kommission den Vorschlag einer Richtlinie über Gesellschaften mit beschränkter Haftung mit einem einzigen Gesellschafter vorgelegt.[1] Sie reagierte damit auf den Widerstand, der sich im Rat gegen ihren früheren Vorschlag für eine Verordnung über das Statut der Europäischen Privatgesellschaft (SPE) gebildet hatte.[2] Die Kommission hoffte offenbar, dass ein Richtlinienvorschlag, der nur 1-Personen-Gesellschaften erfasst, eher konsensfähig wäre.[3] Mit diesem Ansatz handelt man sich naturgemäß allerdings ein neues Problem ein: Was tun, wenn ein zweiter Gesellschafter doch – etwa als Investor – benötigt wird? Der Richtlinienvorschlag sieht in Artikel 15 Abs. 3 immerhin eine mittelbare Beteiligung Dritter vor. Im Folgenden soll diese Regelung auf ihre Praxistauglichkeit überprüft sowie der Frage nachgegangen werden, was geschieht, wenn die Beteiligten einen anderen Weg als den vom Entwurf in Art. 15 vorgesehenen zur Beteiligung weiterer Personen beschreiten.

II. Der Richtlinienvorschlag

1. Der Inhalt

Art. 6 des Vorschlags bestimmt, dass die Mitgliedsstaaten der Europäischen Union die Möglichkeit vorsehen, Gesellschaften mit beschränkter Haftung mit einem einzigen Gesellschafter mit dem Namen SUP ins Handelsregister eintragen zu lassen. Art. 8 regelt die Gründung durch eine na-

---

1 COM (2014) 212.

2 COM (2014) 212 S. 2.

3 Auch sind die erforderlichen Mehrheiten unterschiedlich hoch, Verordnungen müssen einstimmig beschlossen werden, Richtlinien zur Realisierung der Niederlassungsfreiheit durchlaufen das ordentliche Gesetzgebungsverfahren.

türliche oder juristische Person und Art. 9 verpflichtet die Mitgliedsstaaten, die Umwandlung einer GmbH in eine SUP zu ermöglichen. Art. 15 Abs. 1 lautet: „Die SUP gibt nicht mehr als einen Anteil aus. Dieser Anteil ist unteilbar." Die Botschaft ist also klar: Mehr als einen Gesellschafter soll eine SUP nicht haben.

Relativiert wird diese Aussage in gewisser Hinsicht durch Art. 15 Abs. 3 S. 1. Diese Bestimmung lautet: „Wenn der einzige Anteil einer SUP im Einklang mit dem anwendbaren nationalen Recht im Eigentum von mehr als einer Person steht, gelten diese Personen im Verhältnis zur SUP als ein Gesellschafter".

Das klingt nach einer Fiktion. Zwar hat die SUP nun mehrere Gesellschafter, diese gelten aber – so der Wortlaut – als ein Gesellschafter.

Für die Bundesrepublik Deutschland hat diese Bestimmung durchaus praktische Bestimmung. Zwar kann ein Anteil nicht „im Eigentum" mehrerer Personen stehen. Denn Eigentum gibt es nur an Sachen.[4] Gemeint ist aber wohl, dass mehrere Berechtigte gemeinsam Inhaber des Anteils sein können. § 18 GmbHG regelt genau diese Situation und damit steht eine entsprechende Rechtslage „im Einklang mit dem anwendbaren nationalen Recht". Es wird also bei einer SUP deutschen Rechts eine solche mittelbare Beteiligung geben.[5]

Art. 15 Abs. 3 dürfte eigentlich nicht einschlägig sein, wenn der Anteil einer Gesellschaft bürgerlichen Rechts, einer OHG oder KG gehört, da diese Gesellschaften selbst Anteilsinhaber sind und daher von einer Berechtigung mehrerer an dem Anteil eigentlich nicht die Rede sein kann.[6] Ganz eindeutig ist dies allerdings nicht. Denn da Art. 8 von der Gründung der SUP durch eine natürliche oder juristische Person spricht, die Gesamthandgesellschaften aber nicht erwähnt, wird es so sein, dass diese doch unter Art. 15 fallen sollen. Sinnvoll und systemkonform mit dem deutschen Recht wäre das nicht. Doch ist der Vorschlag in der Tat so zu verstehen, dass jede Gesamthand unter Art. 15 Abs. 3 fällt, zumal die Rechts-

---

4 *Ebbing*, in: Erman, BGB, vor § 985, Rn. 1; *Fritzsche*, in: Bamberger/Roth, BGB, § 985 Rn. 1; *Reichert/Weller*, in: MünchKomm GmbH-Gesetz, § 18 GmbHG, Rn. 16.

5 *Lanfermann/Maul* BB 2014, 1283, 1292.

6 Ebenso *Beuerkens* GmbHR 2014, 738, 749 f.; im deutschen Recht ist die Frage geklärt, dass § 18 GmbHG nicht anwendbar ist, wenn eine GbR den Anteil hält; *Bayer* in: Lutter/Hommelhoff, GmbHG, § 18 Rn. 2; *Reichert/Weller* (Fn. 4), § 18 GmbHG, Rn. 24.

fähigkeit von Gesamthandgesellschaften nicht in allen Mitgliedsstaaten gleich gesehen wird.

Die Unterbeteiligung an einem Anteil ist von Art. 15 Abs. 3 sicherlich nicht erfasst, da der Hauptbeteiligte den Anteil alleine hält. Anders ist dies bei Bruchteilsgemeinschaften. Dann liegt die Berechtigung wie von Art. 15 Abs. 3 gefordert bei den Gemeinschaftern selbst. Gleiches gilt für eine Erbengemeinschaft. Da eine Bruchteilsgemeinschaft auch durch Vertrag begründet werden kann,[7] können bei entsprechender Vereinbarung dann doch mehrere Personen zumindest mittelbar an dem einzigen Anteil der SUP beteiligt werden, die dann – so Art. 15 Abs. 3 S. 1 – im Verhältnis zur SUP als ein Gesellschafter gelten. Wie diese Personen das Innenverhältnis unter sich ausgestalten, bleibt ihnen überlassen. Hier besteht bei der Bruchteilsgemeinschaft weitgehende Vertragsfreiheit.[8]

Art. 15 Abs. 3 S. 2 verpflichtet die Beteiligten zur Rechtsausübung durch einen Vertreter, dessen Name dem Leitungsorgan der SUP – also dem Geschäftsführer – mitzuteilen und der ins Handelsregister einzutragen ist (Art. 15 Abs. 3 S. 5). Bis diese Mitteilung an den Geschäftsführer erfolgt ist, ist die Ausübung der Rechte dem mittelbar Beteiligten in der SUP nicht möglich (Art. 15 Abs. 3 S. 3). Zudem haften nach Art. 15 Abs. 3 S. 4 die Eigentümer des einzigen Anteils gesamtschuldnerisch für die Verpflichtungen, die der Vertreter eingeht.

Sollen Rechte ausgeübt werden, muss man sich also auf einen gemeinsamen Vertreter einigen. Vermutlich ist die Regelung so zu verstehen, dass die so benannte Person dann Vertreter bleibt, bis alle mittelbar Beteiligten dem Geschäftsführer gegenüber eine andere Erklärung abgeben. Unklar ist allerdings, was der Richtlinienvorschlag meint, wenn er anordnet, dass die Berechtigten „gesamtschuldnerisch für Verpflichtungen, die der Vertreter eingeht“, haften. Eigentlich geht ein solcher Vertreter selbst gar keine Verpflichtungen ein. Er vertritt ja nur die Berechtigten, die dann ihrerseits verpflichtet sind. Gemeint könnte sein, dass diese auch verpflichtet werden, wenn der Vertreter seine Vertretungsmacht überschreitet (also etwa eine Kapitalerhöhung beschließt, obwohl es die mittelbar Beteiligten mehrheitlich nicht wollten). Sehr häufig wird ein solches Szenario wohl nicht vorkommen. Schließlich bringt sich ein Vertreter mit diesem Verhalten mit einiger Sicherheit über kurz oder lang um die Vertreterposi-

---

7 *Aderhold*, in: Erman, BGB, § 741 BGB, Rn. 15; *Gehrlein*, in: Bamberger/Roth, BGB, § 741 BGB, Rn. 7.

8 *Aderhold*, (Fn. 7), § 741 BGB, Rn. 3; *Gehrlein*, (Fn. 7) § 741 BGB, Rn. 4.

tion. Gemeint könnte mit der Formulierung auch sein, dass die Vertretungsmacht für alle Erklärungen im Bereich der SUP nicht beschränkt werden kann. Das Ergebnis wäre dasselbe: Die Berechtigten werden im Außenverhältnis verpflichtet, im Innenverhältnis können sie dann ggf. bei dem Vertreter Rückgriff nehmen.

Näher scheint aber ein Verständnis zu liegen, das eine ordnungsgemäße Vertretung voraussetzt (Kapitalerhöhung erwünscht und vom Vertreter für die mittelbar Berechtigten ordnungsgemäß beschlossen) und nur die finanziellen Folgen der Vertretung ins Auge fasst (alle mittelbar Beteiligten haften gesamtschuldnerisch auf die volle Summe).[9] Sehr zweckmäßig wäre das nicht. Denn dann kommt sofort die Frage auf, ob dies auch für die Kommanditgesellschaft gilt, falls diese als Gesamthand unter Art. 15 Abs. 3 fällt. Dies würde bedeuten, dass auch die Kommanditisten unbeschränkt haften. Auch würde eine solche Interpretation den mittelbar Beteiligten die Möglichkeit eröffnen, die Vertretungsmacht so auszugestalten, dass sie nur dann vertreten werden, wenn eine gesamtschuldnerische Haftung ausgeschlossen ist. Denn schließlich haften die Berechtigten nach diesem Verständnis ja nur für Verpflichtungen, die der Vertreter ordnungsgemäß begründet hat. Dies müsste dann zur Folge haben, dass eine wie auch immer beschränkte Vertretungsmacht sich zu Gunsten der mittelbar Beteiligten auswirkt.

2. Der Zweck der Regelung

Wie geschildert ist die SUP eine Reaktion auf den Widerstand, der sich gegenüber der SPE formierte. Der neue Richtlinienvorschlag zielt wie der Verordnungsvorschlag auch schon darauf, eine europäische Rechtsform für den Mittelstand zu schaffen, um so kleinen und mittleren Unternehmen die Gründungen von Gesellschaften im Ausland zu erleichtern. Dies soll durch Vorschriften geschehen, die in allen Mitgliedsstaaten für diese Rechtsform – eben die SUP – gleichermaßen gelten. Freilich lag der Hauptstreitpunkt, an dem die SEP letztlich gescheitert ist, bei Fragen der Mitbestimmung sowie bei Uneinigkeiten darüber, ob ein geringes Mindestkapital akzeptabel ist – Probleme, die mit der Anzahl der Gesellschaf-

---

9 Das entspricht § 18 Abs. 2 GmbHG.

ter nichts zu tun haben und die vermutlich im Weiteren Gesetzgebungsverfahren erneut thematisiert werden.[10]

Auch andere Gründe, die dafür sprechen würden, den Richtlinienvorschlag auf 1-Personen-Gesellschaften zu beschränken, sind m.E. nicht erkennbar. In den Erwägungsgründen[11] heißt es dazu, dass die Existenz nur eines Anteils dazu diene, „Missbrauch zu verhindern und die Kontrolle von SUP zu vereinfachen.“ Nicht gesagt wird aber, welche Regelung missbraucht werden könnte, was kontrolliert werden soll und wieso eine Kontrolle vereinfacht wird, wenn direkte Beteiligungen verboten, Holdingkonstruktionen aber erlaubt werden.

1-Personen-Gesellschaften sind von der Regelungsintensität her insofern weniger komplex, als das Rechtsverhältnis der Gesellschafter untereinander natürlich keiner Normierung bedarf. Für die SUP spielt dieser Aspekt allerdings keine Rolle, da subsidiär für die SUP das Recht gilt, das in den Mitgliedsstaaten für die der GmbH entsprechende Rechtsform anwendbar ist (Art. 7 Abs. 4). Diese Regclungsmodelle sind vielfach erprobt und könnten problemlos die Reglung der SUP ergänzen.

Dass eigentlich nichts dafür spricht, nur 1-Personen-Gesellschaften die SUP zu eröffnen, zeigt gerade auch Art. 15. Da es zulässig ist, mittelbar mehrere Berechtigte zu haben, drängt sich die Frage auf, warum dies nicht auch unmittelbar möglich sein soll, zumal Zweck des Richtlinienvorschlags die Förderung kleinerer und mittlerer Unternehmen ist und gerade diese oftmals wachsen und dann einen weiteren Investor benötigen.[12] Was ist gewonnen, wenn dieser Investor Bruchteilsberechtigter an einem Geschäftsanteil statt weiterer Gesellschafter wird? Einfacher wird es durch diese Konstruktion für den Gesellschafter sicher nicht. Allerdings zwingt Art. 15 Abs. 3 S. 3 wie geschildert zur Bestellung eines Vertreters. Der Geschäftsführer hat diesen – und nur diesen – als Ansprechpartner, muss also nicht die Beschlüsse der Gesellschafterversammlung abwarten. Praktisch bedeutsam ist diese Vereinfachung aber wohl kaum. Schließlich wird der Vertreter, bevor er aktiv wird, meist seinerseits Weisungen der mittelbar Beteiligten einholen. Es ist sogar damit zu rechnen, dass die mittelbar Beteiligten die Vertretungsmacht so ausgestalten werden, dass der Vertre-

---

10 *Bayer/J. Schmidt* BB 2014, 1219, 1223; *Beuerkens* GmbHR 2014, 738, 746; *J. Schmidt* GmbHR 2014, 129, 130.

11 COM (2014) 212, S. 14, Nr. 20.

12 *Lanfermann/Maul* BB 2014, 1283, 1292.

ter sie nur nutzen kann, wenn er zumindest für wichtige Geschäfte die mittelbar Beteiligten zuvor gefragt hat.

Möglich wäre es auch, dass eine GmbH, eventuell in der Variante UG (haftungsbeschränkt), oder eine sonstige Kapitalgesellschaft den Anteil hält. Ein neuer Investor könnte dann an dieser Gesellschaft beteiligt werden. Doch auch dann stellt sich die Frage, wem mit dieser Regelung geholfen wäre. Soweit ersichtlich erzwingt keine andere Rechtsform in der Bundesrepublik eine solche Holdingkonstruktion. Dies würde auch weder die Transparenz der Gesellschaftsverhältnisse fördern noch die Position der Gläubiger verbessern.

III. Umgehungen

1. Fallgestaltungen

Ein Gesellschafter einer SUP, der an der Beteiligung weiterer Gesellschafter interessiert ist, kann wie geschildert seinen Anteil auf eine andere Gesellschaft oder auf eine Bruchteilsgemeinschaft übertragen, an der dann die weitere Person beteiligt ist. Was passiert aber, wenn der Gesellschafter diesen Weg nicht geht? Er könnte beispielsweise eine Kapitalerhöhung beschließen (Art. 21 Abs. 2 c) und eine weitere Person könnte diese Summe zeichnen und dann beide davon ausgehen, nunmehr gemäß ihrer Kapitalquote an der SUP beteiligt zu sein. Zwar sieht Art. 13 Abs. 1 d vor, dass der Gründungsgesellschafter ins Handelsregister eingetragen wird. Aber diese Regelung gilt nur für die Gründung und hat auch keine konstitutive Bedeutung.

Ähnlich kann es bei der Begründung einer „Unterbeteiligung" aussehen. Vereinbart der Gesellschafter, dass der Anteil geteilt werden soll und nur nach außen von einer Unterbeteiligung die Rede sein soll, stellt sich dieselbe Frage: Wie soll die Rechtsordnung reagieren?

Auch kann es sein, dass eine GmbH sich in eine SUP umwandelt, die GmbH aber statt einen nun doch zwei Gesellschafter hat (etwa wenn die Übertragung des einen Geschäftsanteils auf den anderen GmbH-Gesellschafter unwirksam war). Wo bleibt dann, so fragt man sich, der zweite Gesellschafter?

2. Die im Richtlinienentwurf vorgesehene Rechtsfolge

Nach Art. 25 Abs. 1 haben die Mitgliedsstaaten die Wahl: Wenn die SUP die Voraussetzungen, die die Richtlinie nennt, nicht mehr erfüllt, wird sie entweder aufgelöst oder in eine andere Gesellschaftsform umgewandelt. Beide Rechtsfolgen haben ihre Tücken.

Klar ist, dass eine ipso iure–Auflösung bei unternehmenstragenden Gesellschaften praktisch nicht in Frage kommt. Zu vielfältig sind die Voraussetzungen für die Existenz einer SUP, als dass beim Fehlen jedes dieser Tatbestandsmerkmale eine solche Liquidation praktikabel wäre.[13] So kann kaum angenommen werden, dass eine SUP, wenn das Nettovermögen nicht mehr mindestens so hoch ist wie der Betrag des gezeichneten Stammkapitals zuzüglich der Rücklagen, die nach der Satzung nicht ausgeschüttet werden dürfen, automatisch aufgelöst ist. Gleich steht etwa der Fall, dass eine SUP durch eine Kommanditgesellschaft gegründet wird, was, falls man Art. 8 so versteht, nicht möglich sein soll. Aber auch die automatische Umwandlung in eine andere Gesellschaftsform kommt nicht in Frage. Zwar könnte man insoweit an eine Umwandlung in eine GmbH oder UG (haftungsbeschränkt) denken. Aber wer würde prüfen, ob im Moment der Umwandlung das Stammkapital vorhanden ist? Wie könnte der Rechtsverkehr von der Umwandlung erfahren? Was wäre, wenn der „Fehler" später behoben wird (etwa wieder nur ein Gesellschafter vorhanden ist)?

Wirklich praktikabel ist nur ein dritter Weg: Der SUP wird für den Fall, dass sie den Mangel nicht abstellt und sich auch nicht in eine andere Gesellschaftsform auf dem Weg des UmwG umwandelt, die Auflösung vom Registerrichter angedroht. Diesen Weg scheint auch der Vorschlag der Richtlinie zu akzeptieren.[14] Denn in Art. 25 Abs. 1 S. 2 ist vorgesehen, dass für den Fall, dass die SUP keine geeigneten Schritte zur Umwandlung in eine andere Gesellschaftsform unternimmt, die zuständige Behörde die zur Auflösung der SUP erforderliche Befugnisse haben muss.

Dies würde für den Fall, dass die SUP zwei Gesellschafter hat, bedeuten, dass das Registergericht eine Umwandlung in eine andere Rechtsform verlangt. Sollte die Gesellschaft dem nicht nachkommen, droht die Auflösung der SUP. Leben können die Gesellschafter mit dieser Regelung, so-

13 *Lanfermann/Maul* BB 2014, 1283, 1294.

14 Ähnlich *Lanfermann/Maul* BB 2014, 1283, 1292 f.

lange sie sich einig sind, recht gut. Es steht kaum zu befürchten, dass ein Registergericht einschreitet. Wie sollte es auch von dem zweiten Gesellschafter erfahren? Im Konfliktfall wird die Sache allerdings schwieriger. Doch helfen dann bis zur Auflösung die Regeln der faktischen Gesellschaft.

V. Fazit

1. Der Richtlinienvorschlag zielt darauf, kleinen und mittleren Unternehmen die Gründung von Gesellschaften in anderen Ländern der Europäischen Union zu erleichtern. Dieses Ziel setzt aber nicht voraus, dass nur 1-Personen-Gesellschaften gegründet werden dürfen. Im Gegenteil: Gerade Start-Up-Unternehmen, die für kleine und mittlere Unternehmen nicht untypisch sind, haben bessere Wachstumschancen, wenn sie auch weitere Gesellschafter aufnehmen können.

2. Die Regelung des Richtlinienvorschlags verlangt nicht nach einer 1-Personen-Gesellschaft. Im Gegenteil: Die Regelungen lassen sich durch das jeweilige nationale Recht der GmbH problemlos so ergänzen, dass auch Mehr-Personen-Gesellschaften erfasst werden.

3. Sollte der Verordnungsvorschlag daran festhalten, dass eine SUP nur durch eine Person gegründet werden kann, wird Art. 15 Abs. 3 als Einfallstor für mittelbare Beteiligungen dienen. Im Ergebnis wird die Rechtsstellung der mittelbaren Beteiligungen so ausgestaltet werden, wie es für direkt Beteiligte typisch ist. Ein etwas höherer Grand der Komplexität, der niemandem dient, wäre die unvermeidliche Folge.

4. Auch Umgehungen werden vorkommen, zumal die von dem Richtlinienvorschlag vorgesehene Rechtsfolge (Androhung der Auflösung, falls keine Umwandlung erfolgt) nicht wirklich abschreckend ist.

Grenzüberschreitender Herausformwechsel einer polnischen Kapitalgesellschaft im Lichte der neuesten Rechtsprechung des EuGH

Krzysztof Oplustil, Tadeusz Włudyka

I.

Das europäische Privatrecht gehört zu den wichtigsten Bereichen der wissenschaftlichen Betätigung des Jubilars. Besondere Aufmerksamkeit schenkt er dem Gesellschaftsrecht, das er zutreffend in einem breiteren Kontext des europäischen Wirtschaftsordnungsrechts und der europäischen Wirtschaftspolitik thematisiert.[1] Der vorliegende Beitrag über einen Aspekt der grenzüberschreitenden Mobilität der Gesellschaften aus dem Gesichtspunkt des europäischen und polnischen Rechts ist in Dankbarkeit und Verehrung *Peter-Christian Müller-Graff*, einem großen Freund Polens und der Jagiellonen Universität Krakau, gewidmet. Seit der Gründung der Schule des Deutschen Rechts in Krakau im Jahre 1997 ist der Jubilar deren engagierter Dozent und langjähriger Leiter. Auf seine Initiative gehen die gemeinsamen juristischen Aktivitäten in Lehre und Forschung zurück, welche die Universitäten Heidelberg und Krakau erfolgreich und zukunftsgerichtet verbinden.

II.

Die grenzüberschreitende Unternehmensmobilität ist zutreffend als „Essenz des Binnenmarktes" bezeichnet.[2] Die wohl paradigmatische Erscheinung dieser Mobilität stellt die grenzüberschreitende Verlegung des Satzungssitzes der Gesellschaft, begleitet durch deren Wechsel in die im Recht des Zuzugsstaates vorgesehene Form, dar – also: der identitätswah-

---

1 Vgl. *Müller-Graff,* in: Müller-Graff/Teichmann (Hrsg.), Europäisches Gesellschaftsrecht auf neuen Wegen, Baden-Baden 2010, 9 ff.

2 Vgl. *Weller*, in: FS für U. Blaurock, Jung/Lamprecht/Blasek (Hrsg.), 2013, 498 unter Verweisung auf *K. J. Hopt*.

rende grenzüberschreitende Formwechsel.[3] Da die sekundärrechtliche Harmonisierung durch die Sitzverlegungsrichtlinie immer noch fehlt, sind umzugswillige Gesellschaften auf die ihnen durch das primäre Unionsrecht gewährte Niederlassungsfreiheit angewiesen. Fundamentale Bedeutung für die Verwirklichung dieser Freiheit hat die Rechtsprechung des Europäischen Gerichtshofs (EuGH), der sich darum bemüht, Schritt für Schritt ein systematisch geschlossenes Konzept der grenzüberschreitenden Unternehmensmobilität aufzubauen. Wichtige Bausteine in diesem (werdenden) Gebäude sind zwei EuGH-Judikate: *Cartesio* (2008)[4] und *Vale* (2012).[5] Im *Cartesio*-Urteil hat der EuGH *obiter dictum* entschieden, dass ein grenzüberschreitender Formwechsel, der zum Wegzug der Gesellschaft in einen anderen Mitgliedstaat und zur Änderung des auf sie anwendbaren Rechts führt, unter bestimmten Bedingungen in den Schutzbereich der Niederlassungsfreiheit fällt.[6] Die Befugnis der Mitgliedstaaten zur Bestimmung der kollisionsrechtlichen Anknüpfung rechtfertige es nicht, „dass der Gründungsmitgliedstaat die Gesellschaft dadurch, dass er ihre Auflösung und Liquidation verlangt, daran hindert, sich in eine Gesellschaft nach dem nationalen Recht dieses anderen Mitgliedstaates umzuwandeln, soweit dies nach diesem Recht möglich ist".[7] Ein „solches Hemmnis" stelle „eine Beschränkung der Niederlassungsfreiheit dar…, die, wenn sie nicht zwingenden Gründen des Allgemeininteresses entspricht, nach Art. 43 EG (=Art. 49 AEUV) verboten" sei.[8] Nach der *Vale*-Entscheidung ist klar, dass, sofern im Aufnahmestaat eine Umwandlungsregelung für nationale Gesellschaften besteht, diese auch auf den rechtsformkongruenten grenzüberschreitenden Formwechsel angewendet sein muss.[9] Der Aufnahmestaat darf sich nicht auf die fehlende unionsrechtliche Harmonisierung sowie auf den Mangel an speziellen kollisions- und/oder sachenrechtlichen Regelungen zur grenzüberschreitenden Umwandlung oder Sitzverlegung berufen und solchen Formwechsel schlicht und

3 Siehe dazu nur *Verse* ZEuP 2013, 458 ff. und *W.-H. Roth*, in: FS für Hoffmann-Becking, Krieger/Lutter/Schmidt (Hrsg.), 2013, 965 jeweils mit w.N. In der polnischen Literatur: *Napierała* RPEiS 2013, Nr. 1, 5; *Oplustil* KPP 2014, Nr. 1, 71.

4 EuGH, Urt. v. 16.12.2008, Rs. C-210/06 (Cartesio), Slg. 2008, I-9641.

5 EuGH, Urt. v. 12.7.2012, Rs. C-378/10 (VALE Építési kft), EU:C:2012:440.

6 S. dazu nur *Müller-Graff*, in: FS für Hellwig, Müller-Graff/Teichmann (Hrsg.), 2010, 251, 263 ff.

7 EuGH (Fn. 4), Rn. 112.

8 EuGH (Fn. 4), Rn. 113.

9 Vgl. EuGH, (Fn.), Rn. 32.

generell verweigern. Vielmehr ist der Zugsstaat verpflichtet, die effektive Inanspruchnahme der aus dem primären Unionsrecht erwachsenden Befugnis auf grenzüberschreitenden Formwechsel unter Beachtung des Äquivalenz- und den Effektivitätsgrundsatzes zu ermöglichen. In Ermangelung einer sekundärrechtlichen Harmonisierung des Umwandlungsverfahrens muss auf nationale Vorschriften über die (innerstaatliche) Umwandlung und Gründung der Gesellschaft zurückgegriffen werden, die als „Durchführungsnormen" der Durchsetzung der unionsrechtlichen Berechtigung dienen sollen.[10]

Obwohl sich der EuGH im *Vale*-Urteil mit der Problematik des grenzüberschreitenden Formwechsels aus der Perspektive des Aufnahmestaates beschäftigte, müssen seine Aussagen bezüglich der Äquivalenz- und Effektivitätsgrundsätze unserer Meinung nach auch vom *Herkunftsstaat* (*Wegzugsstaat*) beachtet werden. Um die (planwidrigen) Lücken im eigenen Recht zu schließen, können und sollen die Organe (z.B. Registergerichte) dieses Staates nationale Vorschriften, die für innerstaatliche Umwandlungen gelten, im Wege einer „europarechtsfreundlichen" Analogie auch auf den grenzüberschreitenden Form- und Sitzwechsel anwenden.[11] Nicht ausgeschlossen ist auch die entsprechende Anwendung der zur Umsetzung der Zehnten Richtlinie erlassenen Vorschriften über transnationale Verschmelzungen,[12] wenn dies im Hinblick auf den Schutz der berechtigten Interessen der *stakeholder* (etwa Minderheitsgesellschafter, Gläubiger, Arbeitnehmer) gerechtfertigt ist und sonstige Kriterien des vom EuGH entwickelten „Vier-Stufen-Tests" (sog. *Gebhard*-Formel) erfüllt. Der Herkunftsstaat darf jedoch die grenzüberschreitende Umstrukturierung „seiner" Gesellschaften nicht in einer unberechtigten Art und Weise ungünstiger behandeln als den innerstaatlichen Formwechsel und unverhältnismäßigen Einschränkungen unterwerfen. Aus dem Effektivitätsgrundsatz ergibt sich darüber hinaus *eine positive Pflicht* der beiden involvierten Mitgliedsstaaten zur Ermöglichung der grenzüberschreiten Umwandlungen nach ihrem nationalen Recht.[13] Mit anderen Worten: Das europäische

---

10 Dazu *Schön* ZGR 2013, 333, 347.

11 Vgl. dazu *Teichmann* ZIP 2009, 393, 403.

12 RL 2005/56/EG des Europäischen Parlamentes und des Rates v. 26.10.2005 über die Verschmelzung von Kapitalgesellschaften aus verschiedenen Mitgliedstaaten (Zehnte Richtlinie), ABl. 2005 Nr. L 310/1.

13 So zutreffend *Teichmann* DB 2012, 2085, 2091 und ihm folgend *Napierała*, Europejskie prawo spółek, 2013, 423.

Recht verlangt sowohl vom Wegzugs- als auch Zuzugsstaat nicht lediglich, dass sie solche Strukturmaßnahmen nicht verbieten. Die Mitgliedsstaaten müssen auch dafür sorgen, dass die Gesellschaften von dieser unionsrechtlich geschützten Modalität der Niederlassungsfreiheit *effektiv* Gebrauch machen können.

III.

Das polnische Recht regelt den grenzüberschreitenden Formwechsel und die Sitzverlegung nicht.[14] Im Gegenteil: Das Gesetzbuch der Handelsgesellschaften (HGGB) 2000 sieht (ähnlich wie sein Vorgänger aus 1934) vor, dass ein notariell protokollierter Beschluss der Gesellschafter- bzw. Hauptversammlung über die Verlegung des Sitzes der GmbH bzw. der AG ins Ausland die Auflösung und Liquidation der Gesellschaft zur Folge hat (Art. 270 Nr. 2 bzw. Art. 459 Nr. 2 HGGB). Die Vorschriften beziehen sich auf die grenzüberschreitende Verlegung des *satzungsmäßigen* Gesellschaftssitzes, die in der Änderung des anwendbaren Rechts (Statutenwechsel) resultieren soll. Das polnische Recht verbietet somit den polnischen Kapitalgesellschaften ausdrücklich und generell die identitätswahrende Sitzverlegung und zwar auch dann, wenn sie mit dem Wechsel in eine im Recht eines anderen EU-Staates vorgesehene Gesellschaftsform einhergeht. Das Verbot gilt unabhängig davon, ob die Gesellschaft zusammen mit dem Satzungs- und Registersitz auch ihren Verwaltungssitz ins Ausland verlegt oder ob es sich bloß um sog. isolierten Form- und Statutenwechsel, d.h. die Verlegung des statutarischen Sitzes ohne begleitende reale Aktivitäten mittels einer festen Einrichtung im Zuzugsstaat, handeln soll.

In der polnischen Doktrin wird die erwähnte Regelung überwiegend kritisch und als europarechtswidrig betrachtet.[15] Schon nach *Cartesio*- und *Vale*-Judikaten wurde aber im Schrifttum ein Versuch unternommen, die Vereinbarkeit dieser Vorschriften mit der Niederlassungsfreiheit zu vertei-

---

14 Eine fragmentarische Vorschrift, die mehr Fragen aufwirft als klärt, enthält das polnische Kollisionsrecht, d.h. Art. 19 IPR-Gesetzes 2011. S. dazu *Ernst* RabelsZ 2012, 597, 616.

15 Vgl. *Szydło* Rejent 2008, Nr. 7-8, 146; *derselbe* ECFR 2010, vol. 7, 430 ff.; *Oplustil* (Fn. 3), 85 ff.; *Napierała* (Fn. 13), 422 f.; *Teichmann/Ptak* RIW 2010, 821-822;.

digen.[16] Die zwingende Auflösung einer polnischen umzugswilligen Kapitalgesellschaft sei zwar ohne Zweifel als eine die primärrechtlich garantierte Niederlassungsfreiheit dieser Gesellschaft behindernde Maßnahme anzusehen. Sie sei jedoch im Hinblick auf den Schutz der Allgemeininteressen gerechtfertigt und zugleich zur Erreichung dieses Ziels erforderlich. Im *Cartesio*-Urteil habe der EuGH festgestellt, dass die Sanktionierung des grenzüberschreitenden Formwechsels mit der Auflösung der umzugswilligen Gesellschaft nur dann eine unzulässige Beschränkung von deren Niederlassungsfreiheit darstelle, „wenn sie nicht zwingenden Gründen des Allgemeininteresses entspricht". Die Interessen der Gläubiger, Minderheitsgesellschafter und Arbeitnehmer der polnischen Gesellschaft sowie das Interesse der polnischen Finanzbehörde an Wahrung der Wirksamkeit steuerlicher Kontrolle ließen sich nicht besser und effizienter als durch den generellen Ausschluss des grenzüberschreitenden Formwechsels und der Sitzverlegung schützen. Insbesondere seien die Schutzmaßnahmen, die das polnische Recht in Bezug auf den innerstaatlichen Formwechsel vorsieht, für die Erreichung dieser Ziele inadäquat und würden den genannten Interessengruppen keinen angemessenen Schutz gewährleisten. In Ermangelung besonderer rechtlicher Schutzinstrumente stelle die zwingende Auflösung der Gesellschaft als Folge des Sitzverlegungsbeschlusses eine erforderliche und geeignete Wegzugsbeschränkung dar und würde damit dem ungeschriebenen Rechtfertigungstest gerecht.

Der vorgestellten Auffassung kann weder im Schluss noch in der Argumentation gefolgt werden. Spätestens seit der *Cartesio*-Entscheidung soll außer Zweifel stehen, dass auch der Wegzugsstaat die Niederlassungsfreiheit der umzugs- und formwechselwilligen Gesellschaft respektieren muss.[17] Die Feststellung des EuGH, Gesellschaften seien „Geschöpfe" nationalen Rechts, darf nicht als ein Freibrief für die den grenzüberschreitenden Formwechsel unterbindenden Regelungen im Recht dieses Staates verstanden werden. Wie man in der deutschen Lehre zutreffend betont, erfordert das sich aus der Niederlassungsfreiheit ergebende Beschränkungsverbot „ein maßvolles Vorgehen, das nach einem verhältnismäßigen Ausgleich der Niederlassungsfreiheit und Schutzinteressen sucht".[18] Eine generelle Verweigerung der grenzüberschreitenden Umwandlung und Sitz-

---

16 *Mataczyński*, in: Problemy Prawa Prywatnego Międzynarodowego, 2013, Bd. 13, 45-58.

17 Vgl. nur *Mörsdorf* CMLR 2012, 629, 650 und *Verse*, aaO., 478.

18 *Teichmann* (Fn. 13), 2089.

verlegung ist stets eine unverhältnismäßige und ungeeignete Beschränkungsmaßnahme, weil sie auch diejenigen Gesellschaftsumzüge verbietet, die berechtigte Allgemeininteressen *nicht* gefährden. Ein generelles Verbot der Sitzverlegung erfüllt somit nicht den *Gebhard*-Test. Der polnische Gesetzgeber darf sich nicht auf seine Regelungsabstinenz bzw. die des europäischen Normgebers in Bezug auf die grenzüberschreitende Umwandlung und Sitzverlegung berufen, um deren Sanktionierung durch Auflösung der Gesellschaft zu rechtfertigen. Im Gegenteil: Nach den Grundsätzen der Äquivalenz und Effektivität, die auch vom Wegzugsstaat beachtet werden müssen, ist dem polnischen Gesetzgeber sowie den rechtsanwendenden Organen verwehrt, den grenzüberschreitenden Formwechsel übermäßig zu erschweren und ungünstiger als den innerstaatlichen zu behandeln. Da der grenzüberschreitende Formwechsel durch die als Beschränkungsverbot verstandene Niederlassungsfreiheit geschützt ist, sind die Mitgliedstaaten verpflichtet, den Gesellschaften die effektive Ausübung der ihnen unionsrechtlich garantierten Berechtigung zu ermöglichen. Diese positive Pflicht trifft Polen unabhängig davon, ob es für eine umzugswillige Gesellschaft ein Zuzugs- oder Wegzugsstaat ist. Dabei können und sollen die berechtigten Interessen der *stakeholder* auf eine verhältnismäßige Art und Weise geschützt werden. Im polnischen (wie auch im deutschen) Recht besteht eine planwidrige Lücke, die durch analoge Anwendung des nationalen Umwandlungsrechts beseitigt werden soll. In erster Linie kommen hier die Vorschriften des HGGB über den innerstaatlichen Formwechsel in Betracht, die etwa die Erstellung des Umwandlungsplanes, dessen Prüfung durch einen unabhängigen Sachprüfer und die Fassung des Beschlusses mit qualifizierter Stimmenmehrheit vorsehen. Tragen die nationalen Umwandlungsvorschriften dem grenzüberschreitenden Charakter des Formwechsels nicht ausreichend Rechnung, so soll man sich an den Regelungen orientieren, die das polnische Recht in der Umsetzung des sekundären Unionsrechts in Bezug auf vergleichbare Strukturmaßnahmen, wie die Sitzverlegung einer SE oder die grenzüberschreitende Verschmelzung von Kapitalgesellschaften, bereit hält. Analogiefähig sind insbesondere die HGGB-Vorschriften, die im Fall einer Herausverschmelzung besondere Schutzkautelen zugunsten überstimmter Minderheitsgesellschafter und Gläubiger einer polnischen Gesellschaft, wie das Austrittsrecht der ersteren (Art. 516^{11} HGGB) und den Anspruch der Gläubiger auf Sicherstellung ihrer Forderungen (Art. 516^{10} HGGB), vorsehen.[19] Auch die Interessen der Arbeitnehmer und des polnischen Fiskus lassen sich auf eine verhältnismäßige Art und Weise unter dem Rückgriff auf die Analogie zu den auf die grenzüberschreitende Herausverschmelzung oder die SE-Sitzverlegung anwendbaren Vorschriften schützen.

IV.

Zum Schluss ist noch die Frage zu klären, ob Art. 270 Nr. 2 und Art. 459 Nr. 2 HGGB noch irgendwelcher Anwendungsbereich in Bezug auf das EU-Ausland bleibt. Diese Frage ist zu bejahen: Die Anwendung dieser Vorschriften ist auf diejenigen Vorgänge unionsrechtlich zulässig, die in den Schutzbereich der Niederlassungsfreiheit nicht fallen. Dazu gehört die sog. isolierte Satzungssitzverlegung, also ein Fall, in dem eine polnische Kapitalgesellschaft lediglich die Verlegung des statutarischen Sitzes in einen anderen Mitgliedstaat unter Belassung des Verwaltungssitzes in Polen anstrebt und keine echte Niederlassung („feste Einrichtung auf unbestimmte Zeit") im Zuzugsstaat hat. Nach der zutreffenden, obwohl nicht unumstrittenen Auffassung, die durch die Aussagen des EuGH im *Vale*-Urteil bestätigt wurde, ist die Umwandlung in eine ausländische Briefkastengesellschaft durch die Niederlassungsfreiheit nicht geschützt.[20] Deswegen kann das polnische Recht solch einen Vorgang den polnischen Gesellschaften verbieten, ohne das es dadurch gegen das primäre Unionsrecht verstößt.

---

19 S. dazu ausführlich *Teichmann/Ptak* (Fn. 15), 822 und *Oplustil* (Fn. 3), 116 ff.

20 *Verse* (Fn. 3), 478; *Mörsdorfer* (Fn. 17), 629, 637 ff.; *W.-H. Roth* (Fn. 3), 989 ff.; *Teichmann* (Fn. 13), 2087-2088; tendenziell anders wohl *Schön* (Fn. 10), 360; *Bayer/Schmidt* ZIP 2012, 1481, 1486.

Die Verfolgung von Gruppeninteressen in der grenzüberschreitenden Unternehmensgruppe

Christian Schubel

Die wechselseitigen Bezüge zwischen dem Europäischen Binnenmarkt und grenzüberschreitend agierenden Unternehmensgruppen sind klar zu greifen: Einerseits vollzieht sich die Realisierung und Vertiefung des Binnenmarktes ganz wesentlich über Unternehmen, die Tochtergesellschaften in anderen Mitgliedstaaten der Europäischen Union gegründet haben, anderseits fördert der Binnenmarkt die Entstehung derartiger Gruppen in vielfältiger Weise. Und dennoch wecken grenzüberschreitende Unternehmensgruppen in vielen EU-Mitgliedstaaten Befürchtungen: In Deutschland bangt man vor einem Verlust von Arbeitsplätzen und Besteuerungsquellen, in Polen teilen viele die Besorgnis, die einheimischen Töchter ausländischer Mütter bildeten lediglich „verlängerte Werkbänke", die in der nächsten Krise rasch abgeklappt würden, und in Ungarn wird man selbst im Gespräch unter Fachkollegen mit der Behauptung konfrontiert, die konzernrechtlichen Vorschriften des (dritten) Gesetzes über die Wirtschaftsgesellschaften[1] hätten eine Ausplünderung ungarischer Unternehmen durch ihre ausländischen Obergesellschaften erlaubt. All dies, wie auch neue Erkenntnisse über die von einzelnen Mitgliedstaaten geförderten Steuervermeidungsstrategien internationaler Konzerne,[2] lassen erahnen, dass der „klassische" Konzernkonflikt in der grenzüberschreitenden Unternehmensgruppe eine neue Dimension gewinnt.

Vor dem Hintergrund dieses facettenreichen Stimmungsbildes hat die Kommission in ihrem gesellschaftsrechtlichen Aktionsplan vom 12.12.2012, dessen konzeptionelle Stringenz und Überzeugungskraft sogleich vom Jubilar gedankenreich vermessen worden ist,[3] angekündigt,

---

1 Gesetz Nr. IV/2006 über die Wirtschaftsgesellschaften (GWiG-2006), verabschiedet am 19.12.2005, verkündet am 4.1.2006 im Magyar Közlöny 1/2006, S. 24; siehe insb. die §§ 52 ff. Am 15.3.2014 ist dieses Gesetz vom neuen Bürgerlichen Gesetzbuch Ungarns abgelöst worden.

2 Hierzu nur Süddeutsche Zeitung vom 6.11.2014 „Ärger im Steuer-Märchenland".

3 *Müller-Graff* ZHR 177 (2013), 563 ff.

eine Initiative für „eine bessere Anerkennung des Begriffs Gruppeninteresse" vorzulegen.[4] Selbstredend geht es hierbei nicht um einen Kampf für oder gegen Begriffe, sondern um einen Punkt, der ein Jahrzehnt früher an vergleichbarer Stelle noch mit den Worten erläutert worden war, die Mitgliedstaaten sollten verpflichtet werden, eine Rahmenbestimmung für Gruppen einzuführen, wonach die Leitung eines Konzernunternehmens eine abgestimmte Konzernpolitik festlegen und umsetzen dürfe, sofern die Interessen seiner Gläubiger wirkungsvoll geschützt und die Vor- und Nachteile im Lauf der Zeit gerecht auf die Aktionäre des Unternehmens verteilt würden.[5] Im Jahr 2003 blickte man mithin aus der Perspektive der (ausländischen) Konzernmutter, ein Jahrzehnt später wird die Stellung des Geschäftsführers bzw. Vorstandes der (inländischen) Tochtergesellschaft thematisiert: Dieser Personenkreis agiere bisher unter großer Rechtsunsicherheit, werde von Schadensersatz- und Strafrisiken bedroht.[6] In der Sache geht es aber weiterhin um das Interesse vieler Muttergesellschaften internationaler Unternehmensgruppen, ihre in verschiedenen Mitgliedstaaten tätigen Tochtergesellschaften nach übereinstimmenden Standards leiten zu können. Im rechtswissenschaftlichen Schrifttum wird betont, eine effektive Führung von Unternehmensgruppen mittels Festlegung einheitlicher Handlungsvorgaben und Pflichtenmaßstäbe sei nicht möglich, wenn jeweils darauf Rücksicht genommen werden müsste, welche Intensität der Einflussnahme vom Recht des Sitzstaates der Tochtergesellschaft noch zugelassen werden würde.[7]

Dass die Vielgestaltigkeit der nationalen Gesellschaftsrechtsordnungen, insb. im Bereich der zweiten Kapitalgesellschaftsform, aber auch beim Organisationsrecht der Aktiengesellschaft, den Aufbau und die Führung einer grenzüberschreitenden Unternehmensgruppe erschweren kann, lässt sich kaum leugnen. Nicht ohne Zweifel ist jedoch schon, ob die dem Bereich des Gesellschaftsrechts zuzurechnenden Erschwernisse in ihren Wir-

4 Kommission, Aktionsplan: Europäisches Gesellschaftsrecht und Corporate Governance – ein moderner Rechtsrahmen für engagiertere Aktionäre und besser überlebensfähige Unternehmen, KOM (2012) 740 endg., 17, 20.

5 Kommission, Modernisierung des Gesellschaftsrechts und Verbesserung der Corporate Governance in der Europäischen Union - Aktionsplan, KOM (2003) 284 endg. (21.5.2003), 23.

6 *Hopt* EuZW 2012, 481, 482; vgl. auch den Report of the Reflection Group on the Future of EU Company Law, 2011, 60.

7 Vgl. *Drygala* AG 2013, 198, 202; *Hommelhoff* KSzW 2014, 63, 64; *Kalss* EuZW 2013, 361, 362.

kungen tatsächlich in einem relevanten Umfang über das Maß hinausreichen, das auf anderen Rechtsgebieten durch unterschiedliche nationale Vorschriften erzeugt wird: Ein Unternehmen, das eine Tochtergesellschaft in einem anderen Mitgliedstaat gründen will, muss sich ja nicht nur wegen des Gesellschaftsrechts mit der Rechtsordnung des Aufnahmestaates beschäftigen. Zumindest in den mittelosteuropäischen EU-Beitrittsstaaten ist zudem immer wieder zu beobachten, dass Modernisierungs- und Liberalisierungsbemühungen im Gesellschaftsrecht aufgrund von Beharrungstendenzen auf anderen Gebieten leerlaufen.[8]

Offenbar geht es nicht nur um das Problem voneinander abweichender mitgliedstaatlicher Vorschriften, sondern vor allem darum, dass in einer ganzen Reihe von Mitgliedstaaten keine Sonderregelungen für Gesellschaften existieren, die in eine Gruppe eingebunden sind, so dass es insoweit bei der Anwendung der Bestimmungen des allgemeinen Gesellschaftsrechts verbleibt, wonach u.a. die einzelne Gesellschaft von ihrer Geschäftsführung grundsätzlich im eigenen Interesse zu führen ist. Allein auf das Primärrecht, also insb. auf die Niederlassungsfreiheit gestützt, wird sich die Forderung nach einer breiten Freistellung der Leitung grenzüberschreitender Gruppen von den Regelungen des allgemeinen Gesellschaftsrechts in einem solchen Mitgliedstaats nicht durchsetzen lassen, begibt man sich doch mit der Gründung einer ausländischen Tochtergesellschaft freiwillig auf Dauer in die Obhut einer anderen Rechtsordnung, wobei die Regelungszuständigkeit bezüglich der niederlassungsrelevanten Vorschriften grundsätzlich beim jeweiligen Mitgliedstaat liegt.[9] Selbstverständlich darf eine im Ausland ansässige Gruppenspitze insoweit nicht schlechter behandelt werden, wie eine inländische Muttergesellschaft,[10] ebenso dürfen die ausländischen Beteiligten bei der Ausübung ihrer Gesellschafterrechte nicht eingeschränkt werden. Die Ausgestaltung der de-

---

8 So wurde in Ungarn z. B. durch das GWiG-2006 die Regelung abgeschafft, wonach in den Satzungen der Gesellschaften deren Unternehmensgegenstand nach dem Raster des sog. TEAOR-Systems äußerst detailliert anzugeben war und zwar auch hinsichtlich von Neben- und nur vorübergehend ausgeübten Tätigkeiten. Da aber eine Umsatzsteuerrückerstattung sowie die erfolgreiche Bewerbung um öffentliche Ausschreibungen weiterhin voraussetzten, dass die betroffenen Tätigkeiten beim Unternehmensgegenstand der betroffenen Gesellschaft angegeben worden waren, blieb die Satzungspraxis unverändert.

9 Hierzu etwa *Bröhmer,* in: Calliess/Ruffert (Hrsg.), EUV/AEUV – Kommentar, 4. Aufl. 2011, Art. 49 AEUV Rn. 31 f.

10 Siehe nur *Teichmann* ZGR 2013, 45, 69 f.

taillierten Vermögens- und Verwaltungsstruktur einer mitgliedstaatlichen Gesellschaftsrechtsform liegt jedoch – so sekundärrechtliche Harmonisierungsmaßnahmen fehlen – allein bei den Mitgliedstaaten und ist daher weitgehend einer inhaltlichen Kontrolle durch die europäische Gerichtsbarkeit entzogen.[11] Ein Recht auf eine „reibungslose grenzüberschreitende Geschäftstätigkeit" durch Binnenmarkt-weite Anerkennung konzerneinheitlicher Richtlinien lässt sich aus der Niederlassungsfreiheit unmittelbar nicht herleiten.[12]

Wer derartige Berechtigungen schaffen möchte, muss sie daher im Sekundärrecht ausgestalten.[13] Hierbei kommt es aber nicht nur auf das „ob", sondern auch auf das „wie" an: So richtig der Gedanke ist, die in den grenzüberschreitenden Gruppen fast überall „gelebte Konzernpolitik" müsse aus einer rechtlichen Grauzone herausgeführt werden,[14] so kann es nicht nur um eine pauschale Legalisierung ebendieser Praxis durch eine weitgehende Freistellung von den Anforderungen der mitgliedstaatlichen Gesellschaftsrechtsordnungen gehen. Betont vorsichtig formulierend gibt der Jubilar zu bedenken: Erst noch klärungsbedürftig sei, inwieweit ein spezifisch unionsrechtlicher Rahmen für Fragen wie der Bindung von Tochtergesellschaften an das „Gruppeninteresse" u.a.m. pointiert freiverkehrsförderlich oder wettbewerbsertüchtigend formbar wäre.[15] Da ein solches Regelwerk zentrale Bereiche der – häufig in einem längeren historischen Prozess gewachsenen – Gesellschaftsordnungen in den Mitgliedstaaten überlagern würde, dürfte es zudem politisch nur durchzusetzen sein, wenn es nicht nur die Situation und die Interessen der Staaten bedenkt, in denen viele Muttergesellschaften internationaler Unternehmensgruppen ihren Sitz haben oder die einen beliebten Sitz von Holdinggesellschaften bilden, sondern auch in hinreichender Weise Rücksicht auf jene Länder nimmt, in deren Wirtschaft überwiegend Tochtergesellschaften grenzüberschreitender Gruppen agieren.[16]

---

11 Vgl. *Schön* ZGR 2013, 333, 343, 348; auch *Teichmann* ZGR 2011, 639, 688.

12 In diese Richtung wohl *Kalss* EuZW 2013, 361 f.

13 So auch *Teichmann* ZGR 2013, 45, 70.

14 Hierzu *Teichmann* AG 2013, 184, 191, 195; ferner *Kalss* EuZW 2013, 361, 362; Report (Fn. 6), S. 62.

15 *Müller-Graff* ZHR 177 (2013), 563, 569.

16 So sollen z. B. in Rumänien im Jahr 2009 15.258 internationale Gesellschaftsgruppen tätig gewesen sein, von denen lediglich 33 von Rumänien aus kontrolliert worden sind; vgl. *Botoş*, Konzernbildung in Rumänien, in: Winner/Cierpial-Magnor (Hrsg.), Rechtsprobleme im Konzern, (2012), 9.

Ein erster Punkt, der auf der Suche nach politischer Akzeptanz einige Bedeutung erlangen könnte, betrifft das gesellschaftsrechtliche Instrumentarium, mit dem die in die Rechtsordnungen der Mitgliedstaaten geschlagene Bresche auszufüllen wäre. Die aktuelle deutsche Diskussion blickt vor allem auf das Weisungsrecht. Vorgebracht wird, die allgemeine Bekundung einer Prävalenz des Gruppeninteresses reiche nicht aus, es müsse möglich sein, das Verhältnis zwischen den Leitungsorganen der verschiedenen Gesellschaften rechtlich zu organisieren. Der europäische Gesetzgeber solle deshalb die Anerkennung des Gruppeninteresses um das Weisungsrecht der Mutter und eine entsprechende Folgepflicht der Tochter ergänzen.[17] Angeregt wird mithin eine Ausrichtung auf das Instrumentarium des deutschen Vertragskonzernrechts, gegen das jedoch in anderen Mitgliedstaaten nicht unerhebliche Vorbehalte bestehen,[18] welche offenbar auch dafür gesorgt haben, dass vom Vorschlag der Reflection Group, der den Vorstoß der Kommission angeregt hat, kein verbindliches Weisungsrecht vorgesehen war.[19] Die Rücksichtnahme auf tatsächliche oder vermeintliche Befindlichkeiten in den Mitgliedstaaten[20] hat dann vermutlich die Kommission veranlasst, mit der „Anerkennung des Begriffes“ eine Formulierung zu wählen, welche die Frage nach dem Instrumentarium völlig offenlässt. Bei einer Umsetzung des Vorschlags kann dieser Punkt gewiss nicht ausgeblendet werden, doch sollte die Lücke nicht primär oder sogar ausschließlich mit dem Weisungsrecht und einer entsprechenden Folgepflicht ausgefüllt werden, auch weil bereits mit einer rechtssicheren Legalisierung „milderer“ Leitungsmittel für die effektive Abwicklung grenzüberschreitender Gruppenbeziehungen oft viel gewonnen wäre;[21] in diesen Fällen würde zudem die Frage nach dem erforderlichen Schutzinstrumentarium weniger ins Gewicht fallen.

---

17 Siehe insb. *Hommelhoff* KSzW 2014, 63, 64.

18 *Hopt* ZGR 2013, 165, 210.

19 Vgl. Report (Fn. 6), 60 f.; hierzu *Drygala* AG 2013, 198, 203.

20 Siehe etwa *Warchol,* in: Winner/Cierpial-Magnor (Hrsg.), Rechtsprobleme im Konzern, (2012), 153, 161: „In Polen erinnern die „Weisungsrechte“ und die „Konzerninteressen“ an die staatlichen Unternehmen und die vergangenen kommunistischen Erfahrungen Polens, bei denen durch die Zentralverwaltung und einen „Befehl aus Warschau oder Moskau“ jeder Businessplan schnell erfüllt sein musste.“.

21 Vgl. auch *Ekkenga* AG 2013, 181, 184, mit Blick auf Informationspflichten von Tochtergesellschaften.

Damit ist ein zweiter zentraler Punkt angesprochen, ohne dessen Klärung sich ein solches Projekt nicht sinnvoll wird umsetzen lassen. Allgemein wird anerkannt, dass eine Ausrichtung der Tochtergesellschaft auf das Gruppeninteresse zumindest spezielle Regelungen zum Schutz der Gläubiger und – soweit vorhanden – der Minderheitsgesellschafter erforderlich macht und dass auch die Interessen sonstiger Stakeholder berührt sein können.[22] Ein durchdachtes Konzept zur Lösung dieser Problematik scheint bisher nicht vorzuliegen, ob das aus dem französischen Recht stammende Rozenblum-Modell, auf das immer wieder geblickt wird, tatsächlich die Grundlage einer gemeinschaftsrechtlichen Regelung bilden kann, bedarf eingehender Untersuchung. Eine Weiterverweisung auf die mitgliedstaatlichen Rechtsordnungen würde zwar eventuell drohende Konflikte mit deren Verfassungsrecht vermeiden,[23] brächte letztlich aber nur eine Scheinlösung, weil die relevanten nationalen Vorschriften den Unternehmensleitungen erheblich voneinander abweichende Handlungsfreiräume eröffnen und somit einen relevanten Angleichungserfolg ausschließen würden.[24]

Drittens schließlich weckt ein Blick auf jene mitgliedstaatlichen Regelungen, die bei grenzüberschreitenden Unternehmensgruppen für besondere Haftungsrisiken sorgen,[25] Zweifel bezüglich der Erfolgsaussichten eines Konzepts, das offenbar ausschließlich bei der Geschäftsführung der Tochtergesellschaften ansetzen, eventuell lediglich über eine an der Business Judgment Rule angelehnte Formel von einem Punkt aus, gleichsam „minimalinvasiv", die Problematik lösen möchte.[26] Ein derartiger Ansatz mag geeignet sein, im Konfliktfall mögliche Bedenken ebendieser Geschäftsführung aus dem Weg zu räumen und so eine geschmeidige grenzüberschreitende Konzernleitung ermöglichen.[27] Einen „Safe Harbour" würde die Regelung aber wohl nur für die Geschäftsführer der Tochterge-

---

22 Hierzu insb. *Drygala* AG 2013, 198, 204 f.; *Hommelhoff* KSzW 2014, 63, 64.

23 Siehe nur *J. Schubel,* in: Winner/Cierpial-Magnor (Hrsg.), Rechtsprobleme im Konzern, (2012), 109 ff., zu den Anforderungen an entsprechende Schutzvorschriften, die sich aus der Rechtsprechung des polnischen Verfassungsgerichtshofes ergeben.

24 Vgl. *Hommelhoff* KSzW 2014, 63, 65.

25 Siehe nur Winner (Hrsg.), Haftungsrisiken für die Konzernmutter in Mittel- und Osteuropa, (2013), wo für neun Staaten die entsprechenden Risiken auf über 800 Seiten aufgelistet werden.

26 Hierzu *Drygala* AG 2013, 198, 203 f.; *Teichmann* AG 2013, 184, 191.

27 Zur speziellen Situation dieser Personengruppe siehe *Drygala* AG 2013, 198, 202.

sellschaft schaffen,[28] nicht für die ausländische Muttergesellschaft, ja es ist sogar zu befürchten, dass sich deren Haftungsrisiken erhöhen, wenn die Geschäftsführung der Tochter mangels eigener persönlicher Betroffenheit nicht mehr auf die entsprechenden Regelungen des Aufnahmestaates aufmerksam macht. Will man jedoch auch diese „Riffe“ beseitigen bzw. zumindest halbwegs übereinstimmend gestalten, so lässt sich dies wohl nur auf der Grundlage eines deutlich breiter ansetzenden Konzepts erreichen.

---

28 Zu diesem Regelungsziel insb. *Teichmann* AG 2013, 184, 191.

(No) market for corporate governance? Related party transactions and shareholder approval rights

Gemeinwohl und Privatautonomie im Aktienrecht – wessen Wohl und wessen Autonomie?

Katja Langenbucher

On 9th April 2014[1] the European Commission released a proposal for a Directive amending 2007/36/EC as regards the encouragement of long-term shareholder engagement and Directive 2013/34/EU as regards certain elements of the corporate governance statement ("the proposal"). The proposal sets out to enhance good corporate governance in Europe. Its focus is on better corporate transparency and on fostering shareholder engagement. We find rules on institutional investors and asset managers, on proxy advisors, on cross-border exercise of shareholder rights, on management compensation and on related party transactions. Notably the latter provides a striking example of path dependency at work in corporate governance regulation. Contrast for example the French or the United Kingdom's rules on transparency and on shareholder approval of related party transactions with the German approach of dealing with these concerns in the context of its law of corporate groups (*Konzernrecht*).[2] What comes naturally to one legal tradition requires changes at the very core of another legal tradition. It will be argued in this note that corporate governance regulation profits from market-based, rather than one-size-fits-all solutions.

---

1 COM(2014)213 final.

2 Comparing France, Italy and Germany: *Conac/Enriques/Gelter*, Constraining Dominant Shareholders' Self-Dealing: The Legal Framework in France, Germany, and Italy, http://www.law.harvard.edu/programs/olin_center/fellows_papers/pdf/Gelter_18.pdf.

I. The governance problem and the Commission's remedies

Addressing horizontal and vertical corporate governance issues has always been a key issue of corporate law.[3] The owners of a listed corporation have no interest in allowing management to extract private benefits by having the company "buy high" and "sell low" to its leaders.[4] By the same token, dispersed and/or minority shareholders will want to keep rent-seeking activities of blockholders at bay. Legal rules on the matter operate in a complicated environment: There is the need to (i) define transactions which should raise suspicion and (ii) the best strategy to cope with them.

Unsurprisingly, the Commission's primary remedy is transparency. Transactions with related parties representing more than 1% of the assets of the company are to be publicly announced. In addition, they are to be accompanied by an independent third party report assessing whether they correspond to market prices and are fair and reasonable from the perspective of the shareholders, including minority shareholders (art. 9c para. 1 of the proposal).

The proposal goes beyond transparency if transactions on a larger scale are concerned. Transactions with related parties representing more than 5% of the assets, stand-alone or aggregated over a period of 12 months, or transactions which can have a significant impact on profits or turnover are to be submitted to a vote by the shareholders in a general meeting. If a shareholder is involved in the transaction, such shareholder shall have no voting right on that issue. The company must wait for approval or else conclude the transaction under the condition of shareholder approval. Advance approval may be requested under certain circumstances.

Transactions between parent and subsidiary companies may be exempted from those requirements if the subsidiary company is wholly owned (100%) by the parent company.

---

3 *Conac/Enriques/Gelter*, Constraining Dominant Shareholders' Self-Dealing: The Legal Framework in France, Germany, and Italy, http://www.law.harvard.edu/programs/olin_center/fellows_papers/pdf/Gelter_18.pdf, 1; *Roe,* in: Shirley/Menard, Handbook for New Institutional Economics (2004), 371.

4 *Cheung/Rau/Stouraitis/Qi*, Buy High, Sell Low: How Listed Firms Price Asset Transfers in Related Party Transactions, 2008, have examined data on Hong-Kong in 1999-2000 and not only found remarkable governance problems but tried to show that short of audit comittees corporate governance mechanisms did not seem to yield good results.

II. Related Party Transactions and transparency

Transparency is a well-established instrument of corporate governance. The more information is out there, the better shareholders, namely in a dispersed ownership structure, are in a position to either form an opinion themselves or at least trust in financial intermediaries to do so. In this way, transparency contributes to adequate pricing of securities. Or so the story goes. While transparency will surely not hurt, the expectations placed on this regulatory instrument are not as high as they used to be. Dispersed shareholders are "rationally apathetic".[5] It will rarely make sense for them to spend time and money on keeping up to date with information released by all the issuers forming part of a mixed equity portfolio they hold. Even if they do so, behavioral finance research suggests that most of them will not respond adequately by taking the decision a rational investor would take. Many still hope that professional arbitrageurs, at least aggregated, resemble the rational investor familiar from the theoretical models of economic research. Others doubt this, both on behavioral and on empirical grounds. Adding to those concerns are classic principal-agent-problems when proxy advisors are the ones doing the job (p. 5 of the proposal). To the extent that it has become increasingly uncertain whether transparency will lead to the desired result, it is with new interest that we look at other governance instruments.

III. Related Party Transactions and shareholder approval

Sorting through the possible governance mechanisms, shareholder approval seems to be one of the most natural instruments, offering a somewhat "democratic" appeal. The company's owners decide upon the merits of going ahead with a related party transaction. If the majority amongst the owners thinks favorably of the transaction, it may be done.

Of course, concerns about shareholders being "rationally apathetic" remain valid. If we cannot expect dispersed shareholders to read disclosure reports on related party transactions, we will probably not count on them

5 Which leads to low attendance rates at general meetings, see *Romano* 89 Columbia Law Review (1989) 1599, 1607; hoping for more involvement: *Gulinello*, 3 Utah Law Review (2010) 547; skeptical about the benefits: *Bainbridge*, UCLA School of Law, Law-Econ Research Paper No. 08-12; http://ssrn.com/abstract=1130969.

making an informed voting decision either. Hence, it is not necessarily the retail investor the Commission's proposal is interested in. Instead, "institutional investors and asset managers are important shareholders of listed companies in the Union and therefore can play an important role in the corporate governance of these companies" (recital (9) of the proposal). One is reminded of "stewardship theory",[6] images of powerful and benevolent block holders or advisors of those spring to mind. For institutionals, rational apathy concerns are less stringent. They hold larger stakes than the average retail investor and enjoy economies of scale when accepting the services of advisors.[7]

But what happens if the transaction takes place between the corporation and a controlling shareholder? Democracy theory teaches us that in general, it is whatever the majority decides that will be a legitimate result. However, being a party to the transaction, the majority shareholder is exempt from voting. The minority shareholders will vote on whether the transaction will take place, even if they own only a fraction of the company shares.

Of course protecting the minority from misuse of majoritarian rights is no alien concept to democracy in general and to corporate law more specifically. It is less clear, however, if shareholder approval is the best governance instrument to achieve that end.

A number of concerns might worry us. The proposal clearly hopes to "encourage long-term" as well as "sustainable shareholder engagement" (recitals (3) and (8) of the proposal). But even for the most benevolent minority shareholder there will be instances where a related party transaction with the controlling shareholder will make sense for both, the corporation and the majority shareholder, but not for the minority shareholder.[8] Is it advisable to allow the minority to block transactions of this type?

Even more troublesome are the gambling strategies we might see in the acquisition or in the holding of minority stakes by less benevolent shareholders. Owning a very small stake in a corporation may turn out to be quite profitable if a controlling shareholder wishes to go through with a re-

---

6 FRC, The UK Stewardship Code, 2012, https://www.frc.org.uk/Our-Work/Publications/Corporate-Governance/UK-Stewardship-Code-September-2012.pdf; *Davis/Schoorman/Donaldson*, 22 The Academy of Management Review (1997) 20; *Davies*, Shareholders in the United Kingdom (forthcoming).

7 Less hopeful *Freitag* AG 2014, 647, 648, 654.

8 *Goshen* 91 California Law Review (2003) 393, 400.

lated party transaction and knows he depends on the minority's approval.[9] Painful experience with "robbery shareholders" in Germany have taught us that it is not necessarily in the best interest of the corporation to set incentives for deals to be concluded in order to convince the minority to drop opposition against the majority's strategies.

On a more general level, it seems unclear whether the envisaged protection of minority rights vis-à-vis related party transactions is compatible with the policies underlying take-over law. Remember: shareholders facing a substantial change in stock ownership of the corporation they are invested in, are to make a choice, representing the core idea underlying mandatory offers in EU take-over law. Either the prospective minority shareholders exit, with the take-over Directive's guarantee of compensation, or they stay loyal to the corporation. If they choose the latter, it is assumed that they consciously enter into the new era, shaped by the majority shareholder taking over control of the corporation. Granting shareholder approval rights for related party transactions seems to be at odds with the minority's decision to stay invested in a corporation with concentrated ownership. We might eventually see more block holders squeezing out minority shareholders to reduce the chances of uncomfortable opposition.

IV. Related Party Transactions and controlling shareholder liability

If transparency doesn't seem powerful enough to achieve the intended goal and shareholder approval rights risk overachieving it, it might be worth the while to allow for alternative governance mechanisms. German law of corporate groups (*Konzernrecht*) has been relying on a liability regime to protect minority shareholders vis-à-vis a controlling shareholder. Management in the controlled corporation draws up a "dependency report" ("*Abhängigkeitsbericht*") detailing every single transaction with the controlling corporation as well as orders by this corporation. Actions which prove in any way disadvantageous for the controlled corporation entitle it to claim compensation from the controlling company.[10]

---

9 *Goshen* 91 California Law Review (2003) 393, 402 on "strategic voting".

10 Discussing pros and cons of this regime in the context of the Commission's proposal: *Drygala* AG 2013, 198, 207; *Hommelhoff* KSzW 2014, 63, 67 (all skeptical as regards shareholder approval rights); *Lanfermann/Maul* BB 2014, 1283, 1287.

The liability regime seems to score better in a number of respects. The strategy to buy or hold minority stakes in order to profit from the potential to block transactions doesn't work as well within the liability regime. While every shareholder may bring a claim for damages, it is first and foremost the corporation's damages which are to be settled. Only if individual shareholders suffer from damages after the corporation has been paid out, they may claim those. Another attractive feature of the liability regime are the creditor rights it is offering. If neither management nor minority shareholders take action against the disadvantageous transaction, creditors may, under certain conditions, pursue this route.

V. A market for corporate governance regulation?

This note has started with the observation that corporate governance regulation is often path-dependent with a country's predominant ownership structure playing a crucial role (see above I.). Of course, following path-dependency is not necessarily an efficient way to reach optimal results. Instead, one might consider a market-based approach: The Commission lists a number of governance instruments it considers equivalent and gives Member States or even individual corporations the choice which regime to follow. One such instrument, stemming from German corporate law, has been proposed here. More comprehensive papers list many more, ranging from fiduciary duties over procedural requirements to administrative intervention.[11] If corporate governance is about finding good rules on how to run a corporation, market forces should have a say.

VI. Summing up

Related party transactions between the corporation and its management or its shareholders present problems every corporate law regulator needs to address. The European Commission has offered a proposal relying on transparency and shareholder approval rights for transactions above 1%

---

11 *Conac/Enriques/Gelter*, Constraining Dominant Shareholders' Self-Dealing: The Legal Framework in France, Germany, and Italy, http://www.law.harvard.edu/programs/olin_center/fellows_papers/pdf/Gelter_18.pdf, pp. 9 et seq; *Goshen* 91 California Law Review (2003) 393, 399 et seq.

and 5% respectively. While providing transparency will not hurt, it may not fulfill the intended goal.

Granting shareholder approval rights can be an especially helpful mechanism in corporations with dispersed ownership.[12] Where corporations with a controlling shareholder are concerned, transactions between parent and subsidiary company will depend on the approval of a potentially very small fraction of shareholders, as the parent company may not vote. There are good reasons to assume that this situation will cause inappropriate incentives for professional minority shareholders, bargaining on a profit to be made with the threat of blocking relevant transactions. For corporations with concentrated ownership, an import stemming from the German law of corporate groups has been advocated here. It provides for a liability rather than a shareholder approval regime. Transactions between parent and subsidiary which prove disadvantageous for the subsidiary company entitle this company to damages. Claims may be brought by the corporation, but also by individual shareholders and by creditors.

For the European Commission it might be promising not to opt for one governance mechanism only but instead allow for a market solution. Regulatory techniques such as discretion or opt-out mechanisms for Member States to choose between different governance mechanisms or else a "comply or explain" system might further a market for the best corporate governance, rather than stifling it by introducing a path-dependent uniform rule.

12 *Drygala* AG 2013, 198, 210; on ownership structure in the UK *Davies*, Shareholders in the United Kingdom (forthcoming), arguing that we find a "semi-dispersed" structure with sufficiently coordinated pension funds and insurance companies.

Die Kausalität von Insiderinformationen – Entwicklungsstufen eines „europäischen“ Tatbestandsmerkmals: Von der Insiderrichtlinie (1989) zur Marktmissbrauchsverordnung (2014)

Jochem Reichert

I. Einleitung: 25 Jahre europäisches Insiderverbot

Wenn jemand, der über Insiderinformationen verfügt, Insiderpapiere erwirbt oder veräußert, stellt sich die Frage, in welchem Verhältnis Handlung und überlegenes Wissen zueinander stehen müssen, um eine Sanktion wegen verbotener Insidergeschäfte zu rechtfertigen. Zwar mag es der Intuition und Lebenserfahrung entsprechen, dass derjenige, der über exklusive Informationen verfügt, diese auch nutzt, d.h. nur oder vor allem deshalb Insiderpapiere erwirbt oder veräußert, weil er besser informiert ist als die Allgemeinheit. Aber es kann auch eine ganze Reihe anderer Gründe für den Erwerb oder die Veräußerung geben. Nicht selten beruht der Entschluss zur Veräußerung oder zum Erwerb auf langfristigen strategischen Überlegungen, die in keinem Zusammenhang mit den Insiderinformationen stehen; es kann z.B. um die Fokussierung auf das Kerngeschäft gehen oder die Erhöhung der Liquidität, die ein Handeln ganz unabhängig von der Informationslage gebieten. Bisweilen werden die Informationen auch erst erlangt, nachdem der Entschluss zur Veräußerung oder zum Erwerb bereits längst gefallen ist.

Angesichts dessen erscheint es nicht unproblematisch, jeden Insider unter Generalverdacht zu stellen, indem man eine Kausalitätsbeziehung zwischen seinem Wissensstand und seinem Handeln – widerlegbar oder nicht widerlegbar – vermutet. Da Insidergeschäfte zudem nicht nur verboten, sondern auch strafrechtlich sanktioniert sind, gilt es verstärkt, etablierten rechtsstaatlichen Mindeststandards Rechnung zu tragen.

Das Spannungsverhältnis zwischen effektiver Bekämpfung des Insiderhandels, unternehmerischer Handlungsfreiheit und rechtsstaatlichen Prinzipien hat die Entwicklung des Insiderrechts im Allgemeinen und die Debatte um das Kausalitätserfordernis im Besonderen während der letzten 25

Jahre geprägt. Eigentlicher Motor der Entwicklung war indes die fortschreitende europäische Integration: das Bemühen um die Schaffung eines einheitlichen europäischen Kapitalmarktes. Der Verlauf soll im Folgenden anhand der drei großen Wegmarken – Insiderrichtlinie (II.), Marktmissbrauchsrichtlinie (III.) und Marktmissbrauchsverordnung (IV.) – skizziert werden.

II. Grundlegung: Die Jahre 1989 bis 2003

1. Die Insiderrichtlinie (1989)

Gestützt auf Art. 100a des Vertrages zur Gründung der EWG, der Maßnahmen zur Angleichung der Rechts- und Verwaltungsvorschriften der Mitgliedstaaten erlaubte, die die Errichtung und das Funktionieren des Binnenmarktes zum Gegenstand haben, erging im Jahr 1989 die Richtlinie „zur Koordinierung der Vorschriften betreffend Insider-Geschäfte" (Insiderrichtlinie). Die Vorgabe für die zentrale Verbotsnorm, Art. 2 Abs. 1,[1] lautete: „Jeder Mitgliedstaat untersagt den Personen, die … über eine Insider-Information verfügen, unter Ausnutzung derselben in Kenntnis der Sache für eigene oder fremde Rechnung entweder selbst oder indirekt die Wertpapiere des bzw. der von dieser Information betroffenen Emittenten zu erwerben oder zu veräußern." Ein Insidergeschäft setzte demnach voraus, dass eine Insiderinformation „ausgenutzt" wird. Diese Wendung spricht dafür, dass die Richtlinie von einem planmäßigen, zielgerichteten Handeln ausgeht. Auch nach der englischen und der französischen Fassung bezieht sich das Verbot auf Insider, die bewusst Vorteile aus ihren besonderen Kenntnissen ziehen, diese mithin zu ihrem Vorteil „ausbeuten" wollen.

2. Das Zweite Finanzmarktförderungsgesetz (1994)

Erst mit erheblicher Verspätung, nämlich mit dem Zweiten Finanzmarktförderungsgesetz vom 27.1.1994, setzte der Bundesgesetzgeber die EG-rechtlichen Vorgaben um.[2] Das Verbot von Insidergeschäften war im neu

---

1 ABl. Nr. L 334/30 vom 18.11.1989.
2 BGBl. I S. 1994, 1749.

geschaffenen WpHG in § 14 enthalten, der einem Insider Erwerb und Veräußerung von Insiderpapieren „unter Ausnutzung seiner Kenntnis“ untersagte.

In der damaligen Literatur gab es Stimmen, die in subjektiver Hinsicht kein Handeln in Gewinnerzielungsabsicht verlangen.[3] Die wohl h.L. stellte indes auf den intentionalen Aspekt des Begriffs „ausnutzen“ ab und sah es als Voraussetzung des subjektiven Tatbestandes an, dass der Insider in der Absicht handelte, sich oder einem anderen einen Sondervorteil zu verschaffen.[4]

III. „Objektivierung“: Die Jahre 2003 bis 2014/16

1. Die Marktmissbrauchsrichtlinie (2003)

Die Richtlinie 2003/6/EG vom 28.1.2003 (Marktmissbrauchsrichtlinie), die an die Stelle der Insiderrichtlinie trat und diese aufhob (Art. 20), ersetzte die Formulierung „unter Ausnutzung derselben in Kenntnis der Sache“ durch „unter Nutzung derselben“. Entsprechend hieß es nunmehr in der englischen Fassung „prohibit … from using that information“ (anstatt „from taking advantage of …“) und in der französischen Fassung „d'utiliser cette information“ (anstatt „en exploitant … cette information“). Diese Änderung im Wortlaut war kein Versehen, sondern ging offenbar zurück auf einen Vorschlag des europäischen Parlaments, „unter Ausnutzung“ („taking advantage of“) gegen „unter Verwendung“ („using“) auszutauschen.[5] Auf die Weise „sollte jede auf einen Zweck oder einen Vorsatz verweisende Komponente gestrichen werden“, wie es in der Begründung heißt.[6] Es ging also lediglich darum, die besondere subjektive Komponente, die Gewinnerzielungsabsicht, zu eliminieren, nicht intendiert war hingegen, die Notwendigkeit einer (objektiv) kausalen Verknüpfung von Information und Handlung in Frage zu stellen. Außerdem befürwortete das

3 *Claussen* DB 1994, 27, 31.

4 *Assmann*, in: Assmann/Schneider, Wertpapierhandelsgesetz, 1. Auflage, 1995, § 14 WpHG, Rn. 24 f.; *ders.* AG 1994, 237, 246; *Schäfer*, in: Schäfer, WpHG, 1999, § 14 WpHG, Rn. 11; *Caspari* ZGR 1994, 530, 542.

5 Bericht des Ausschusses für Wirtschaft und Währung vom 27.2.2002, A5-0069/2002 (endg./final), S. 23.

6 Bericht des Ausschusses für Wirtschaft und Währung vom 27.2.2002, A5-0069/2002 (endg./final), S. 23.

Parlament eine Verschärfung des Insiderverbotes wohl nur deshalb, weil es von einer Sanktionierung „im Verwaltungsverfahren“[7] (mithin nicht im rechtsstaatlich besonders sensiblen Strafverfahren) ausging.[8] Des Weiteren fehlt es an eindeutigen Aussagen, denen man entnehmen könnte, dass eine kausale Verknüpfung vermutet wird und es dem Insider obliegt, die Vermutung zu widerlegen. Allenfalls der 18. Erwägungsgrund der Richtlinie, der vorgibt, von welchen Annahmen die zuständigen Behörden „ausgehen sollten“, könnte als ein Hinweis in diese Richtung verstanden werden, doch selbst das erscheint zweifelhaft.[9]

2. Das Gesetz zur Verbesserung des Anlegerschutzes (2004)

Die Umsetzung der Marktmissbrauchsrichtlinie in nationales Recht erfolgte in Deutschland 2004 durch das „Gesetz zur Verbesserung des Anlegerschutzes“ (AnSVG). § 14 Abs. 1 Nr. 1 WpHG stellt seither darauf ab, ob Insiderpapiere „unter Verwendung“ einer Insiderinformation erworben oder veräußert wurden. Die Gesetzesbegründung macht deutlich, dass der Gesetzgeber einerseits mit der neuen Begrifflichkeit auch inhaltlich neue Akzente setzen wollte, er andererseits jedoch ausschließlich die subjektive Komponente, das absichtsvolle, zielgerichtete Handeln, im Blick hatte, da es angesichts einer Vielzahl denkbarer Motive Schwierigkeiten bereite, ein planmäßiges Vorgehen, eben ein „Ausnutzen“ von Insiderinformationen, nachzuweisen: „Der Begriff ‚Verwendung‘ macht deutlich, dass ein solches subjektiv ausgerichtetes Handeln nicht mehr verlangt wird. Der Zweck des Handelns, zum Beispiel die Erlangung eines wirtschaftlichen Vorteils, findet damit nicht mehr im Tatbestand … Berücksichtigung. Ungeachtet dessen muss der Täter, um den Tatbestand zu erfüllen, die Information in sein Handeln mit einfließen lassen. Die reine Erfüllung einer

---

7 Bericht des Ausschusses für Wirtschaft und Währung vom 27.2.2002, A5-0069/2002 (endg./final), S. 23.

8 Vgl. dazu auch *Ziemons* NZG 2004, 537, 539.

9 Erwägungsgrund 18: „Ausnutzung von Insider-Informationen kann vorliegen, wenn Finanzinstrumente erworben oder veräußert werden und der Betreffende dabei weiß oder hätte wissen müssen, dass es sich bei der ihm vorliegenden Information um eine Insider-Information handelt. Hier sollten die zuständigen Behörden von dem ausgehen, was eine normale, vernünftige Person unter den gegebenen Umständen wusste oder hätte wissen müssen.“.

Verbindlichkeit, welche in gleicher Weise auch ohne Kenntnis der Insiderinformation erfolgt wäre, reicht … hierfür noch nicht aus."

Die beiden letzten Sätze lassen sich kaum anders verstehen, als dass der Gesetzgeber eine kausale Verknüpfung zwischen Kenntnis und Handeln als Voraussetzung für die Annahme eines verbotenen Insidergeschäfts i.S. des § 14 Abs. 1 Nr. 1 WpHG ansieht. Gleichwohl wurden in der Literatur vereinzelt Stimmen laut, die auf der Grundlage des geänderten Wortlauts des WpHG das Erfordernis einer Ursächlichkeit der Insiderinformation verneinten.[10] Die ganz h.M. verlangt jedoch zu Recht, dass die Kenntnis der Insiderinformation kausal – zumindest *mit*ursächlich – für das Handeln des Insiders geworden sein muss.[11] Hätte der Gesetzgeber jedem, der auch nur „im Besitz" von Insiderinformationen ist, ein Handeln verbieten wollen, so wäre es ein Leichtes gewesen, sich dieser Formulierung – anstelle von „unter Verwendung" – zu bedienen.[12] Eine *Kausalitätsvermutung* hat die h.M. in Deutschland vor der Spector-Entscheidung des EuGH (dazu sogleich) nie ernsthaft in Erwägung gezogen oder gar bejaht.[13]

3. *Die Spector-Entscheidung des EuGH (2009)*

Die Spector-Entscheidung des EuGH von 2009[14] hat für mehr Unruhe und Unsicherheit gesorgt als bislang jede Richtlinien- und Gesetzesreform. Grund hierfür ist eine Art der Argumentation und Beweisführung, die sich den (jedenfalls im deutschen Recht) etablierten Kategorien der Strafrechts- und Privatrechtsdogmatik entzieht.

Der EuGH geht davon aus, dass bei Besitz einer Insider-Information diese „grundsätzlich als integraler Bestandteil des Entscheidungsprozesses angesehen werden" könne.[15] Dementsprechend sehe Art. 2 Abs. 1 der Richtlinie 2003/6 nicht ausdrücklich ein subjektives Tatbestandsmerkmal dergestalt vor, dass der Urheber des Geschäfts mit Vorsatz gehandelt ha-

---

10 *Pawlik*, in: Hirte, KK zum WpHG, 1. Auflage, 2007, § 14 WpHG, Rn. 16 ff.

11 *Assmann*, in: Assmann/Schneider, Wertpapierhandelsgesetz, 6. Auflage, 2012, § 14 WpHG, Rn. 23 ff.; *Cascante/Topf* AG 2009, 53, 55 f.; *Spindler* NJW 2004, 3449, 3451; *Brandi/Süßmann* AG 2004, 642, 643; *Diekmann/Sustmann* NZG 2004, 929, 931; *Hammen* WM 2004, 1753, 1760.

12 *Assmann* (Fn. 11), § 14 WpHG, Rn. 25.

13 Vgl. *Bussian* WM 2011, 8, 10 f.

14 EuGH, Urt. v. 23.12.2009, Rs. C-45/08 (Spector), Slg. 2009, I-12073.

15 EuGH, Urt. v. 23.12.2009, Rs. C-45/08 (Spector), Slg. 2009, I-12073, Rn. 36.

ben müsse. Die Erfüllung der in Art. 2 Abs. 1 der Richtlinie 2003/6 festgelegten Tatbestandsmerkmale des Insider-Geschäfts erlaube zu vermuten, dass der Urheber dieses Geschäfts mit Vorsatz gehandelt habe.[16] Allerdings gebiete es der Grundsatz der Unschuldsvermutung, dass die in Art. 2 Abs. 1 der Richtlinie 2003/6 aufgestellte Vermutung, wonach der Vorsatz des ein Insider-Geschäft Tätigenden implizit aus den objektiven Tatbestandsmerkmalen dieses Verstoßes folge, widerlegbar sein müsse.[17]

Wie schon aus diesen wenigen Kernaussagen ersichtlich, verbindet der EuGH in seiner Begründung Kausalitätserwägungen mit Überlegungen zum subjektiven Tatbestand und rechtsstaatlichen Bedenken. Es ist daher nicht verwunderlich, dass die Entscheidung nicht nur scharf kritisiert, sondern auch und vor allem ganz unterschiedlich interpretiert wurde. Nach einer Ansicht, die sich am besten mit dem Wortlaut der Entscheidung in Einklang bringen lässt, handelt der EuGH lediglich vom Vorsatzelement und trifft keinerlei Aussage zum Kausalitätserfordernis.[18] In Bezug auf letzteres bleibt also alles beim Alten: Der Kausalitätszusammenhang zwischen Information und Handeln ist dem Insider nachzuweisen und wird nicht zu seinen Ungunsten vermutet.

Nach anderer Ansicht betrifft die vom EuGH angenommene widerlegbare Vermutung (zumindest auch) die Frage der Kausalität.[19] Dann stellt sich freilich angesichts der mit verbotenen Insidergeschäften verbundenen strafrechtlichen Sanktionen das Problem, inwieweit sich eine Kausalitätsvermutung mit strafprozessualen und verfassungsrechtlichen Grundsätzen vereinbaren lässt. Denn es gehört zu den elementaren rechtsstaatlichen Prinzipien, dass nicht der Beschuldigte seine Unschuld, sondern umgekehrt man ihm seine Schuld nachweisen muss.[20] Der Grundsatz der Unschuldsvermutung erschöpft sich mithin nicht, wie der EuGH suggeriert, in der Möglichkeit, eine Vermutung zu widerlegen. Man wird also nicht um die Feststellung herum kommen, dass eine Kausalitätsvermutung zu Lasten des Insiders – sofern vom EuGH bejaht – in Deutschland[21] im Be-

---

16 EuGH, Urt. v. 23.12.2009, Rs. C-45/08 (Spector), Slg. 2009, I-12073, Rn. 38.

17 EuGH, Urt. v. 23.12.2009, Rs. C-45/08 (Spector), Slg. 2009, I-12073, Rn. 44.

18 *Assmann* (Fn. 11) § 14 WpHG, Rn. 26; *Schulz* ZIP 2010, 609, 611.

19 *Bussian* (Fn. 12), 8, 10 f.; *Cascante/Bingel* NZG 2010, 161, 162.

20 Vgl. nur Maunz/Dürig/*Grzesick*, 2006, Art. 20 GG Rn. 148; *Meyer-Goßner*, 54. Aufl., 2011, § 155 StPO Rn. 3; *Sachs/Degenhart*, 5. Aufl., 2009, Art. 103 GG Rn. 46.

21 Vgl. aber auch Art. 6 Abs. 2 EMRK: „Jede Person, die einer Straftat angeklagt ist, gilt bis zum gesetzlichen Beweis ihrer Schuld als unschuldig.“.

reich der strafrechtlichen Verfolgung von Insiderdelikten keine Anwendung finden kann.[22] Möglich wäre es vielleicht, die Annahmen des EuGH in bloße Beweisregeln oder Beweisvermutungen umzudeuten, aber das ändert in der Sache wenig, da der Tatrichter an solche Regeln nicht gebunden ist.[23]

IV. Konsolidierung: Die Marktmissbrauchsverordnung (2014)

1. Grundsatz: Vermutete Kausalität

Mit Inkrafttreten der Marktmissbrauchsverordnung (MMVO) im Juli 2014 erfolgte eine grundlegende Revision des Marktmissbrauchsrechts. Anders als bei den europäischen Vorgaben der Jahre 1989 und 2003 handelt es sich diesmal um eine Verordnung, also um einen Rechtsakt, der unmittelbar in den EU-Mitgliedstaaten geltendes Recht enthält (Art. 288 Abs. 2 AEUV). Ein Teil der Regelungen gilt bereits seit dem Inkrafttreten, der Großteil jedoch erst ab dem 3. Juli 2016 (Art. 39 Abs. 2 MMVO).

Neuerungen ergeben sich durch die MMVO auch für das Insiderrecht, nicht aber, jedenfalls auf den ersten Blick, für das Kausalitätserfordernis. Wie die Marktmissbrauchsrichtlinie stellt die MMVO darauf ab, ob der Insider seine Geschäfte „unter Nutzung" von Insiderinformationen tätigte (Art. 8 Abs. 1 MMVO). An der Notwendigkeit einer Kausalitätsbeziehung zwischen Wissen und Handeln hält man also fest. Neu ist allerdings, dass nunmehr die vom EuGH in der Spector-Entscheidung befürwortete Kausalitätsvermutung zu Lasten des Insiders in den Erwägungsgründen – wenn auch modifiziert – angesprochen wird. In Erwägungsgrund 24 heißt es: Wenn eine juristische oder natürliche Person im Besitz von Insiderinformationen ist und Insidergeschäfte vornimmt, „sollte unterstellt werden, dass diese Person diese Information genutzt hat." Relativiert wird die Feststellung durch den Zusatz „diese Annahme lässt die Verteidigungsrechte unberührt", ohne dass – isoliert betrachtet – klar genug zum Ausdruck kommt, dass etwaige Verteidigungsrechte die Kausalitätsvermutung gera-

22 *Assmann* (Fn. 11), § 14 WpHG, Rn. 26, 61; *Schulz* (Fn. 18), 609, 611; *Nietsch* ZHR 174 (2010), 556, 576 f.

23 BGH, Beschluss v. 19.8.1993 – 4 StR 627/92 = NJW 1993, 3081, 3082; *Meyer-Goßner*, München 54. Auflage 2011, § 261 StPO Rn. 2a.

de einschränken bzw. aufheben, um rechtsstaatlichen Grundsätzen zu genügen.

Für die Kausalitätsvermutung im Regelfall wird ferner Art. 9 MMVO[24] angeführt, der Ausnahmen von der allgemeinen „Annahme“ enthält, dass eine Person Insiderinformationen „genutzt und daher auf der Grundlage eines Erwerbs oder einer Veräußerung Insidergeschäfte getätigt hat.“ Nach Art. 9 Abs. 6 MMVO können die Ausnahmen von der Annahme ihrerseits widerlegt werden, wenn „die zuständige Behörde feststellt, dass sich hinter den betreffenden Handelsaufträgen, Geschäften oder Handlungen ein rechtswidriger Grund verbirgt.“

2. *Strafrechtliche Umsetzung*

Die Definition des Insidergeschäfts in Art. 8 MMVO hat Bedeutung für verschiedene rechtliche Tatbestände und Zusammenhänge. Die größten Probleme wirft die Frage auf, inwieweit die Kausalitätsunterstellung gemäß Art. 8 Abs. 1 S. 1 i.V.m. Erwägungsgrund 24 MMVO auch für das Insiderstrafrecht verbindlich ist.

Neben den genannten, aus dem deutschen Straf- und Verfassungsrecht abgeleiteten Bedenken (III. 3.) könnte einer Anwendung der Kausalitätsvermutung auf das Strafrecht der Umstand entgegenstehen, dass es den europäischen Institutionen an der Kompetenz für Entscheidungen auf dem Gebiet des Straf- und Strafverfahrensrechts fehlt. Dergleichen Vorbehalte sind bereits in Bezug auf die Spector-Entscheidung des EuGH geäußert worden.[25] Allerdings sieht Art. 83 Abs. 2 S. 1 AEUV die Möglichkeit vor, „Mindestvorschriften für die Festlegung von Straftaten und Strafen“ zu erlassen, wenn sich die Angleichung der Strafnormen zwischen den Mitgliedstaaten als unerlässlich „für die wirksame Durchführung der Politik der Union auf einem Gebiet, auf dem Harmonisierungsmaßnahmen erfolgt sind,“ erweist. Auf diese Rechtsgrundlage bezieht sich die ebenfalls 2014 erlassene „Richtlinie über strafrechtliche Sanktionen bei Marktmanipulation“ (CRIM-MAD). Sie knüpft in Art. 3 Abs. 2 an die Definition des Insidergeschäfts in der MMVO an: Ein solches liege vor bei einer Geschäftstätigkeit „unter Nutzung“ von Insiderinformationen.

---

24 *Veil* ZBB 2014, 85, 91; vgl. auch *Kiesewetter/Parmentier* BB 2013, 2371, 2373; *Viciano-Gofferje/Cascante* NZG 2012, 968, 972 f.

25 *Schulz* (Fn. 18), 609, 610; *Nietsch* (Fn. 22), 556, 579.

Selbst wenn man sich die kompetenzrechtliche Fundamentalkritik an der CRIM-MAD[26] nicht zu Eigen machen möchte, die mangels „Unerlässlichkeit" einer Angleichung des Insiderstrafrechts die Zuständigkeit der EU in Frage stellt, ist nicht zu bestreiten, dass die CRIM-MAD einen Grenzbereich gemeinschaftsrechtlicher Regelungsbefugnisse betrifft. Folglich ist es erforderlich, die Richtlinie eng auszulegen und die in ihr enthaltenen Vorschriften tatsächlich nur als „Mindestvorschriften" zu begreifen, die gegebenenfalls einer Konkretisierung durch den nationalen Gesetzgeber bedürfen. Schon aus diesem Grund kann die nur den Erwägungsgründen bzw. (mittelbar) Art. 9 MMVO zu entnehmende Kausalitätsvermutung nicht als verbindlich für die strafrechtliche Umsetzung angesehen werden.

Hinzu kommt, dass die CRIM-MAD – deutlicher als die MMVO – das Insiderrecht unter den Vorbehalt der Vereinbarkeit mit rechtsstaatlichen und strafprozessualen Grundsätzen stellt. In Erwägungsgrund 27 CRIM-MAD wird explizit auf die zu berücksichtigende Charta der Grundrechte der Europäischen Union verwiesen, insbesondere auf die Unschuldsvermutung und die Verteidigungsrechte (Art. 48 der Charta). Ferner heißt es in Erwägungsgrund 28: „Bei der Umsetzung dieser Richtlinie sollten die Mitgliedstaaten dafür Sorge tragen, dass die Verfahrensrechte von Verdächtigen oder Beschuldigten in Strafverfahren gewährleistet werden." Da – wie gesehen – im Rahmen eines strafrechtlichen Verfahrens die Kausalitätsvermutung zu Lasten des Insiders elementaren rechtsstaatlichen Grundsätzen zuwider läuft, lässt sich eine solche Vermutung weder nach europäischem noch nach deutschem Recht,[27] weder jetzt noch nach 2016 rechtfertigen.

---

26 Vgl. dazu *Veil* (Fn. 24), 85, 87; *Parmentier* BKR 2013, 133, 134.

27 Zu den durch die „Solange"-Rechtsprechung des BVerfG gezogenen Grenzen vgl. *Nietsch* (Fn. 22), 556, 579.

5. Arbeitsrecht

Wahrung und Förderung der Arbeits- und Wirtschaftsbedingungen nach der Direktive und unter dem Schutz der Koalitionsfreiheit

Peter Badura

I. Koalitionsfreiheit: Freiheitsrecht der Arbeitnehmer und Arbeitgeber und Gewährleistung des Tarifvertragssystems

Die Koalitionsfreiheit ist in erster Linie ein Freiheitsrecht der Arbeitnehmer und der Arbeitgeber und ihrer Vereinigungen, der Koalitionen. Elemente der Gewährleistung sind die Gründungs- und Beitrittsfreiheit, die Freiheit des Austritts und des Fernbleibens sowie der Schutz der Koalition als solcher und ihr Recht, durch spezifisch koalitionsmäßige Betätigung die in Art. 9 Abs. 3 GG genannten Zwecke zu verfolgen. Das Grundrecht schützt als koalitionsmäßige Betätigung den Abschluss von Tarifverträgen und auch Arbeitskampfmaßnahmen, die auf den Abschluss von Tarifverträgen gerichtet sind. Durch den Schutz des Abschlusses von Tarifverträgen dient die Koalitionsfreiheit einer „sinnvollen Ordnung des Arbeitslebens".[1] Das Recht der Arbeitnehmer und Arbeitgeber auf Kollektivverhandlungen und Kollektivmaßnahmen ist auch ein Grundrecht des Unionsrechts.[2]

Die Verfassung gibt dem durch das Grundrecht garantierten Freiheitsrecht die Inhaltsbestimmung und Zweckbindung „Zur Wahrung und Förderung der Arbeits- und Wirtschaftsbedingungen", anknüpfend an die Programmatik der Weimarer Reichsverfassung. Im Unterschied zur allgemeinen Vereinigungsfreiheit (Art. 9 Abs. 1 GG) gewährleistet die Koalitionsfreiheit über den negatorischen, individuellen und kollektiven Freiheitsschutz hinaus einen Rechtszustand und eine objektive Ordnung der Arbeits- und Wirtschaftsbedingungen durch die Existenz und die Tätigkeit

1 BVerfG, Urt. v. 1.3.1979 – 1 BvR 532 u.a.= BVerfGE 50, 290 (367 f.); Urt. v. 4.7.1995 – 1 BvF 2/86 u.a. = BVerfGE 92, 365 (393 f.); Beschl. v. 27.4.1999 – 1 BvR 2203/93, 1 BvR 897/95 = BVerfGE 100, 271 (282); *Scholz*, in: Isensee/Kirchhof, HStR, Bd. VIII, 3. Aufl. 2010, § 175, Rn. 14, 22 ff.

2 Art. 28 GRC; Erläuterung zu Artikel 28.

der Koalitionen, die in Bindungen und Schranken der Kollektivmaßnahmen wirksam werden, z.B. in den Anforderungen an die Tariffähigkeit der Koalitionen, aber auch in Erfordernissen des Gemeinwohls und des öffentlichen Interesses. Das kann dogmatisch in der Auslegungsmaxime der Instituts- oder Einrichtungsgarantie erfasst werden.[3]

Das Grundrecht der Koalitionsfreiheit bedarf der Ausgestaltung durch die Rechtsordnung, soweit es die Beziehungen zwischen Trägern widerstreitender Interessen zum Gegenstand hat.[4] Es ist Sache des Gesetzgebers, die Tragweite der Koalitionsfreiheit dadurch zu bestimmen, dass er die Befugnisse der Koalitionen im einzelnen ausgestaltet und näher regelt.[5] Dies ist vor allem unerlässlich, wo gewichtige Belange anderer, auch des Sozialpartners, berührt werden.[6] Die Tarifautonomie unterliegt der Regelung und Begrenzung durch Gesetz.[7] Auch hier, im Bereich der Koalitionsfreiheit und der Tarifautonomie, folgt das Gesetz den Grundsätzen des Vorbehalts des Gesetzes für Eingriffe in Freiheit und Eigentum, verwirklicht aber die in der Gewährleistung der Koalitionsfreiheit angelegte Vollmacht, den objektiven Schutz- und Garantiegehalt des Grundrechts im Hinblick auf die Wahrung und Förderung der Arbeits- und Wirtschaftsbedingungen zur Geltung zu bringen. Die einprägsame Formel, dass Tarifnormen auf „kollektiv ausgeübter Privatautonomie“ beruhen,[8] ist deshalb missverständlich, wenn sie vorbehaltlos zur Kennzeichnung der Eigenart der Koalitionsfreiheit verwendet wird.[9]

Enthält ein Grundrecht, wie hier, ein Freiheitsrecht verbunden mit der Garantie eines objektiv gewährleisteten Schutz- und Ordnungsgehalts, fassbar als Einrichtungsgarantie, bezeugt damit die Verfassung ein bestimmtes öffentliches Interesse des Gemeinwesens an der Ausübung des Grundrechts. Diese wird so zum Bestandteil des rechtlich geordneten Soziallebens, zu einem von der Verfassung für wesentlich gehaltenen Strukturelement der Gesellschaftsordnung. In Gestalt der Einrichtungsgarantie, hier für das Tarifvertragssystem, wird die notwendige Verbindung einer gewissen Privilegierung und einer gewissen öffentlichen Verantwortlich-

3 Abl. *Scholz*, in: Isensee/Kirchhof, HStR, Bd. VIII, § 175, Rn. 87 ff.
4 BVerfG, Urt. v. 4.7.1995 – 1 BvF 2/86 u.a. = BVerfGE 92, 365 (394).
5 BVerfG, Beschl. v. 17.2.1981 – 2 BvR 384/78 = BVerfGE 57, 220 (246).
6 BVerfG, Urt. v. 1.3.1979 – 1 BvR 532/77 u.a. = BVerfGE 50, 290 (368 f.).
7 BVerfG, Urt. v. 1.3.1979 – 1 BvR 532/77 u.a. = BVerfGE 50, 290 (368 f.).
8 BAG, Urt. v. 25.2.1998 – 7 AZR 641/96 = JZ 1999, 200.
9 Anders *Lobinger* JZ 2014, 810.

keit der Grundrechtsberechtigten sichtbar. Die Einrichtungsgarantie enthält zugleich, als objektive Grundsatznorm, eine Richtschnur und Direktive für den Gesetzgeber, der das kollektive Beteiligungsrecht der Koalitionen näher ausgestaltet und in der Abwägung und Ausgleichung mit dem öffentlichen Interesse und den etwa betroffenen Rechten Dritter beschränkt.[10] Die Verfassung schreibt der selbstbestimmten Existenz und Wirksamkeit der Koalitionen im Rahmen des Tarifvertragssystems eine im öffentlichen Interesse liegende, autonom wahrzunehmende Aufgabe zu, beleiht sie aber nicht mit einer an sich staatlichen Rechtsetzungsmacht. Die normativen Bestimmungen eines Tarifvertrages (§ 1 Abs. 1 TVG) gewinnen ihre Qualität als Rechtsregeln aus der staatlichen Anerkennung, vorbehaltlich ihrer Begrenzung durch die staatlichen Gesetze.[11]

II. Die Gewährleistung der Tarifautonomie durch das Freiheitsrecht und die objektive Grundsatznorm des Art. 9 Abs. 3 GG

Die Verfassung intendiert die Ordnung der Arbeits- und Wirtschaftsbedingungen durch autonome Rechtsnormen der Koalitionen. Den Koalitionen ist durch Art. 9 Abs. 3 GG die Aufgabe zugewiesen und in einem Kernbereich gewährleistet, die Arbeits- und Wirtschaftsbedingungen in eigener Verantwortung und in wesentlichen ohne staatliche Einflussnahme zu gestalten. Sie erfüllen damit eine öffentliche Aufgabe.[12] Nur dadurch, dass der Staat einen Bestand von Normen, die das Tarifvertragssystem bilden, als Wirkungsfeld der Koalitionen nach der Direktive der grundrechtlichen Institutsgarantie schafft und erhält, kann die Tarifautonomie der Koalitionen zur Wahrung und Förderung der Arbeits- und Wirtschaftsbedingungen sinnvoll und wirksam ausgeübt werden.[13] Die Garantie der Tarifautonomie und der mit ihr verbundenen Arbeitskampffreiheit durch die Koalitionsfreiheit ist eine Ordnungsentscheidung der Wirtschafts- und Arbeits-

10 Vgl. BVerfG, Urt. v. 18.11.1954 – 1 BvR 629/52 = BVerfGE 4, 96 (107 ff.); Beschl. v. 30.11.1965 – 2 BvR 54/62 = 19, 303 (321 f.); Beschl. v. 19.10.1966 – 1 BvL 24/65 = BVerfGE 20, 312 (317); Beschl. v. 26.5.1970 – 2 BvR 664/65 = BVerfGE 28, 295 (303 ff.).

11 BVerfG, Beschl. v. 27.2.1973 – 2 BvL 27/69 = BVerfGE 34, 307 (317); Beschl. v. 24.5.1977 – 2 BvL 11/74 = BVerfGE 44, 322 (345).

12 BVerfG, Beschl. v. 26.5.1970 – 2 BvR 664/65 = BVerfGE 28, 295 (304 f.); Beschl. v. 24.5.1977 – 2 BvL 11/74 = BVerfGE 44, 322 (340 f.).

13 *Kemper*, in: Mangoldt/Klein/Starck GG, 6. Aufl. 2010, Art. 9 Abs. 3, Rn. 141 ff.

verfassung und ein tragendes Element der den Koalitionen überlassenen sozialen Selbstverwaltung.[14]

Die Koalitionsfreiheit ist ein soziales Grundrecht, das in erster Linie die verfassungsrechtliche Anerkennung und Gewährleistung des schutzwürdigen Interesses der abhängigen Arbeit an einer kollektiven, koalitionsmäßigen Wahrung und Förderung der Arbeits- und Wirtschaftsbedingungen bezweckt. Das Grundrecht soll hauptsächlich die Angewiesenheit des einzelnen Arbeitnehmers auf koalitionsweise Geltendmachung und Wahrung seiner Interessen im Hinblick auf die Arbeits- und Wirtschaftsbedingungen angesichts einer privatwirtschaftlichen und unternehmerischen Grundordnung der Produktionsverhältnisse verfassungsrechtlich ausgleichen. Im Gegenzug bezieht das Grundrecht das folgeweise bestehende Interesse der Unternehmer und Arbeitgeber an einer kollektiven Regelung der Arbeits- und Wirtschaftsbedingungen und damit überhaupt das kollektivrechtliche System der Ausgleichung und Regelung der Interessen und Erfordernisse der Arbeits- und Wirtschaftsbedingungen in die verfassungsrechtliche Gewährleistung ein. Die der verfassungsrechtlichen Rechtszuweisung konnexe Einrichtungsgarantie erfasst die rechtliche Grundstruktur und das Gesamtgefüge des dem sozialen Rechtsstaat eigentümlichen Systems der kollektiven Gestalt der Wirtschafts- und Arbeitsordnung. Daraus ergeben sich die leitenden Folgerungen für wesentliche Fragen: Grundrechtsbindung der Tarifvertragsparteien, Tariffähigkeit von Koalitionen, Allgemeinverbindlicherklärung von Tarifverträgen.

Die durch Gesetz anerkannte und in Inhalt und Wirkung näher bestimmte Fähigkeit der Koalitionen, durch Kollektivvertrag Tarifnormen für die Arbeitsverhältnisse ihrer Mitglieder zu schaffen, ist keine Ausübung öffentlicher Gewalt. Sie ist dementsprechend nicht an die Grundrechte gebunden (Art. 1 Abs. 3 GG).[15] Auf der anderen Seite hat die kollektive Rechtsmacht der Koalitionen und insbesondere die staatlich sanktionierte, normative Verfügung der Koalitionen über die Arbeitsverhältnisse und deren Wirksamkeit als Faktor der Wirtschafts- und Arbeitsordnung zur Folge, dass die staatliche Schutz- und Gewährleistungspflicht betroffe-

---

14 *Badura* RdA 1974, 129; *Badura*, Staatsrecht, 6. Aufl. 2015 C, Rn. 100; Eine gerichtliche Kontrolle des Umfangs von Streikforderungen, die auf tariflich regelbare Ziele gerichtet sind, ist mit Art. 9 Abs. 3 GG nicht zu vereinbaren (BAG, Urt. v. 24.04.2007 - 1 AZR 252/06BAGE 122, 134).

15 *Kemper,* in: Mangoldt/Klein/Starck GG, Art. 1 Abs. 3, Rn. 143; *Preis*, Arbeitsrecht, 3. Aufl. 2012, 293 ff.

ner Grundrechte, z.B. der Art. 3 Abs. 2 und 12 Abs. 1 GG, durch Gesetz und Richterspruch eine „mittelbare" Grundrechtsbindung hervorruft. Nach dieser Maßgabe tritt, soweit eine gesetzliche Regelung fehlt, eine richterliche Inhaltskontrolle ein.[16] Die Bindung des Richters an die Grundrechte kommt bei der streitentscheidenden Tätigkeit auf dem Gebiet des Privatrechts nicht unmittelbar, wohl aber insoweit in Betracht, als das Grundgesetz in seinem Grundrechtsabschnitt zugleich Elemente objektiver Ordnung aufrichtet, die als verfassungsrechtliche Grundentscheidung für alle Bereiche der Rechtsordnung Geltung haben, mithin auch das Privatrecht beeinflussen.[17] Diese „Ausstrahlungswirkung" der Grundrechte geht im Hinblick auf die dem Tarifvertrag eigentümliche „Fremdbestimmung" der Tarifnormen weiter als im Fall der allgemeinen Inhaltskontrolle von privatrechtlichen Verträgen.[18]

Der Schutz einer Vereinigung als Koalition setzt nicht ausnahmslos die Zwecksetzung voraus, Tarifverträge abzuschließen und bereit zu sein, zur Durchsetzung Arbeitskampfmaßnahmen zu ergreifen; das Grundrecht gilt für „alle Berufe", also auch für Beamte. Die Tariffähigkeit einer Koalition (§ 2 Abs. 1 TVG) hingegen setzt die Kampfbereitschaft voraus, sodass die Koalitionsfreiheit nur solche frei gebildete Vereinigungen in ihrer Tariffähigkeit schützt, die nach ihrer Gesamtstruktur unabhängig genug sind, um die Interessen ihrer Mitglieder auf arbeits- und sozialrechtlichem Gebiet wirksam und nachhaltig zu vertreten; die Tariffähigkeit einer Koalition

16 BAG, Urt. v. 25.2.1998 – 7 AZR 641/96 = NZA 1998, 715; BAG, Urt. v. 30.8.2000 – 4 AZR 563/99 = NZA 2001, 613; BAG, Urt. v. 08.12.2010 - 7 AZR 438/09 = NZA 2011, 586; BAG, Urt. v. 05.10.1999 - 4 AZR 668/98 = RdA 2000, 310 lässt es ausdrücklich offen, ob die Tarifvertragsparteien an die Grundrechte, insbes. an Art. 3 Abs. 1 GG und an den daraus ableitbaren allgemeinen Gleichheitssatz, gebunden sind. Das Urteil des BAG (Urt. v. 27.5.2004 – 6 AZR 129/03 = NZA 2004, 1399, mit Anm. *Dieterich* RdA 2005, 177) folgt der Rechtsauffassung, dass die Tarifvertragsparteien als Vereinigungen privaten Rechts nicht unmittelbar grundrechtsgebunden sind. Gleichwohl müssten sie auf Grund der Schutzpflichtfunktion der Grundrechte bei ihrer tariflichen Normsetzung den allgemeinen Gleichheitsgrundsatz des Art. 3 Abs. 1 GG sowie die Diskriminierungsverbote des Art. 3 Abs. 2 und Abs. 3 GG beachten. *Richardi*, in: Richardi/Wlotzke, Münchener Handbuch zum Arbeitsrecht, 2. Aufl. 2000, Bd. II, § 10, Rn. 22 ff., 27 ff.; *Hromadka/Maschmann*, Arbeitsrecht, 6. Aufl. 2014, Bd. II, Rn. 160 ff.

17 BVerfG, Beschl. v. 23.4.1986 – 2 BvR 487/80 = BVerfGE 73, 261 (269) – Verweisung im Sozialplan auf Tarifvertrag.

18 *Möstl* JZ 1999, 202; *Löwisch* RdA 2000, 313.

setzt grundsätzlich die Kampfbereitschaft voraus.[19] Der Gesetzgeber kann die Zuerkennung der Tariffähigkeit an eine Koalition davon abhängig machen, ob dadurch der Zweck des Tarifvertragssystems, eine sinnvolle Ordnung des Arbeitslebens, insbes. der Lohngestaltung, zu erreichen, gewahrt bleibt. Nach diesem Maßstab kann die Tariffähigkeit auf Koalitionen mit bestimmten Organisationsformen beschränkt werden, kann eine bestimmte Größe der Koalition für die Zuerkennung der Tariffähigkeit vorausgesetzt werden und kann die Tariffähigkeit unter bestimmten Voraussetzungen auch nicht kampfwilligen Koalitionen ausnahmsweise zukommen. Die Koalitionsfreiheit ist nur dann sinnvoll, wenn die Rechtsordnung den Koalitionen auch die Erreichung ihres in Art. 9 Abs. 3 GG bezeichneten Zwecks, nämlich die Arbeits- und Wirtschaftsbedingungen ihrer Mitglieder zu wahren und zu fördern, gewährleistet und die Möglichkeit gibt, diesen Zweck durch spezifisch koalitionsgemäße Beteiligung, also durch Tarifverträge, zu verwirklichen.[20] Die Gewährleistung der Tarifautonomie lässt dem Gesetzgeber einen weiten Spielraum, verbietet es aber, die Tariffähigkeit von Umständen abhängig zu machen, die nicht von der Sache selbst, also von der im allgemeinen Interesse liegenden Aufgabe der Ordnung und Befriedigung des Arbeitslebens, erfordert sind.[21] Für Koalitionen im Sinne von Art. 9 Abs. 3 GG sind die Solidarität ihrer Mitglieder und ein geschlossenes Auftreten nach außen von besonderer Bedeutung. Voraussetzung für die Funktionsfähigkeit der Tarifautonomie sind die Geschlossenheit der Organisation und die Durchsetzungskraft der Koalition gegenüber dem sozialen Gegenspieler.[22] Die Tariffähigkeit einer Arbeitnehmervereinigung setzt – im Unterschied zu einem Arbeitgeber und

---

19 BVerfG, Urt. v. 18.11.1954 – 1 BvR 629/52 = BVerfGE 4, 96; Urt. v. 6.5.1964 – 1 BvR 79/62 = BVerfGE 18, 18 (27 ff.); Beschl. v. 20.10.1981 – 1 BvR 404/78 = BVerfGE 58, 233 (248 f.); BAG, Beschl. v. 20.11.1990 – 1 ABR 62/89 = NZA 1991, 428.

20 BVerfG, Beschl. v. 19.10.1966 – 1 BvL 24/65 (Tariffähigkeit der Innungen und Innungsverbände) = BVerfGE 20, 312 (319 f.)–.

21 BVerfG, Urt. v. 1.3.1979 – 1 BvR 532/77 u.a. (MitbestG 1976) = BVerfGE 50, 290 (369 f.); Zur Tariffähigkeit von Gewerkschaften vgl. BVerfG, Beschl. v. 20.10.1981 – 1 BvR 404/78 = BVerfGE 58, 233 (248 f.).

22 BVerfG, Beschl. v. 24.2.1999 – 1 BvR 123/93 = BVerfGE 100, 204 (223) – Betriebsratswahlen.

einem Arbeitgeberverband – eine hinreichende Leistungsfähigkeit und Durchsetzungskraft für Tarifverhandlungen und Arbeitskampf voraus.[23]

Durch den staatlichen Normativakt der Allgemeinverbindlichkeitserklärung (§ 5 TVG) können die Tarifnormen eines Tarifvertrages über den Kreis der Mitglieder der beteiligten Koalitionen hinaus auf die bisher nicht tarifgebundenen Arbeitgeber und Arbeitnehmer erstreckt werden (§ 5 Abs. 4 TVG). Die Allgemeinverbindlicherklärung muss im öffentlichen Interesse geboten erscheinen; von dieser Voraussetzung kann abgesehen werden, wenn die Allgemeinverbindlicherklärung zur Behebung eines sozialen Notstandes erforderlich erscheint (§ 5 Abs. 1 Satz 1 TVG). Die Allgemeinverbindlicherklärung erscheint in der Regel im öffentlichen Interesse geboten, wenn der Tarifvertrag in seinem Geltungsbereich für die Gestaltung der Arbeitsbedingungen überwiegende Bedeutung erlangt hat oder die Absicherung der Wirksamkeit der tarifvertraglichen Normsetzung gegen die Folgen wirtschaftlicher Fehlentwicklung eine Allgemeinverbindlicherklärung verlangt.[24] In diesen Maßgaben äußert sich die Tragweite der in der Koalitionsfreiheit einbegriffenen objektiven Grundsatznorm für die Ordnung der Arbeits- und Wirtschaftsbedingungen. Die Allgemeinverbindlicherklärung, auf deren Entscheidung die Tarifparteien einen maßgeblichen Einfluss haben, wirkt als Instrument zur Abstützung der von Art. 9 Abs. 3 GG intendierten Ordnung des Arbeitslebens durch die Koalitionen und zur Sicherung der Effektivität der tarifvertraglichen Normsetzung gegen die Folgen wirtschaftlicher Fehlentwicklungen. Die „Normsetzungsprärogative" der Koalitionen gilt nicht schrankenlos. Es ist Sache des subsidiär für die Ordnung des Arbeitslebens weiterhin zuständigen Gesetzgebers, die Betätigungsgarantie der Koalitionen in einer den besonderen Erfordernissen des jeweiligen Sachbereichs entsprechenden Weise – in den Grenzen des Kernbereichs der Koalitionsfreiheit – näher zu regeln.[25]

---

23 BAG, Beschl. v. 20.11.1990 – 1 ABR 62/89 = NZA 1991, 428, unter Bezugnahme auf BVerfG, Beschl. v. 20.10.1981 – 1 BvR 404/78 = BVerfGE 58, 233.

24 § 5 Abs. 1 Satz 2 TVG in der Fass. des Art. 5 Nr. 1a des Gesetzes zur Stärkung der Tarifautonomie (Tarifautonomiestärkungsgesetz) vom 11. August 2014 (BGBl. I S. 1348, 1356); Gesetzentwurf der BReg., BT Drucks. 18/1558, 10, 30, 48.

25 BVerfG, Beschl. v. 24.5.1977 – 2 BvL 11/74 = BVerfGE 44, 322 (341 ff.) mit Anm. *P. Badura* BlStSozArbR 1978, 353; BVerfG, Beschl. v. 14.6.1983 – 2 BvR 488(80 = BVerfGE 64, 208 (215); BVerwG, Beschl. v. 3.11.1988 – 7 C 115/86 = NJW 1989, 1495.

Der Mindestlohn als Herausforderung von Privatautonomie und Wettbewerb

Hanno Kube

Peter-Christian Müller-Graff steht für eine Rechtswissenschaft, die in besonderer Weise zwischen Privat- und Wirtschaftsrecht, Verfassungsrecht und Europarecht vermittelt. Es ist eine Rechtswissenschaft, die ihre Erkenntnisse aus der Gesamtschau der Materien gewinnt, weil sie darum weiß, dass nur die Gesamtschau dazu befähigt, das rechtlich angeleitete Zusammenwirken von Bürger, Wirtschaft, Staat und Europäischer Union in seiner ganzen Komplexität zu erfassen. Dieser Ansatz spiegelt sich unmittelbar in den großen Themen des Jubilars wider, der Privatautonomie und dem Gemeinwohl, der staatlichen Wirtschaftsregulierung und der europäischen Integration.[1]

Im Schnittfeld dieser Themen steht eine aktuelle bundespolitische Gestaltung, die ebenso brisant wie umstritten ist, die Einführung des flächendeckenden Mindestlohns. Auch hier lohnt eine Gesamtschau nach Maßgabe der Normen, die das Verhältnis zwischen privater Autonomie und rechtlicher Gemeinwohlbindung, zwischen freiem Wettbewerb und hoheitlicher Intervention bestimmen.

---

1 Beispielhaft aus jüngerer Zeit, ausgewählt mit Blick auf das Thema des vorliegenden Beitrags, *Müller-Graff*, in: Müller-Graff/Selvig, Regulation Strategies in the European Economic Area, 2008, 29 ff.; *Müller-Graff*, in: Müller-Graff/Schmahl/Skouris (Hrsg.), FS für Scheuing, 2011, 600 ff.; *Müller-Graff*, in: Riesenhuber (Hrsg.), Das Prinzip der Selbstverantwortung, 2011, 139 ff.; *Müller-Graff/Schwarze*, Neues Europäisches Wirtschafts- und Wettbewerbsrecht?, Europarecht Beiheft 2/2011; *Müller-Graff*, in: Vedder/Heintschel von Heinegg, Europäisches Unionsrecht, Handkommentar, 2012, 519 ff.; *Müller-Graff*, in: Hatje/Müller-Graff, Europäisches Organisations- und Verfassungsrecht, 2014, 477 ff.; *Müller-Graff*, Europäisches Wirtschaftsordnungsrecht, 2014; *Müller-Graff*, in: Boemke/Lembke/Linck (Hrsg.), FS für Freiherr von Hoyningen-Huene, 2014, 313 ff.

I. Einführung des flächendeckenden Mindestlohns

Lohnvereinbarungen sind Kernelemente tarifvertraglicher Übereinkünfte. Unmittelbar binden diese Übereinkünfte nur die Vertragsparteien. Eine darüber hinausgehende Bindungswirkung in die Breite entfalten Tarifverträge jedoch dann, wenn sie gemäß § 5 Tarifvertragsgesetz für allgemeinverbindlich erklärt werden; dies unter den Voraussetzungen, dass die Tarifvertragsparteien einen entsprechenden Antrag stellen, der Tarifausschuss sein Einvernehmen erklärt und das öffentliche Interesse die Allgemeinverbindlichkeit gebietet. Ähnliche Voraussetzungen und Rechtsfolgen haben daneben Tariferstreckungen, die mittels Rechtsverordnung auf Grundlage von § 7 Arbeitnehmerentsendegesetz angeordnet werden. In beiden Fällen bleibt die Verallgemeinerung in ihrer Reichweite aber auf die jeweils betreffende Branche beschränkt.

Über diesen Grundsatz der branchenspezifischen Lohnnormierung setzt sich die Regierungspolitik nunmehr jedoch hinweg, dies unter Verweis auf eine „sinkende Tarifbindung“, auf „weiße Flecken in der Tariflandschaft“ und auf die Gefährdungen, die sich daraus für die Arbeitnehmerinnen und Arbeitnehmer ergäben.[2] So wurden durch das so genannte Tarifautonomiestärkungsgesetz vom 11. August 2014[3] nicht nur die Voraussetzungen der Allgemeinverbindlicherklärung reduziert und die Anzahl der Branchen, in denen eine Tariferstreckung möglich ist, erhöht. Vielmehr wurde, noch darüber hinausgehend, eine branchenübergreifende, allgemeine Mindestlohngrenze bei – zunächst – 8,50 Euro pro Stunde mit Wirkung ab 1. Januar 2015 eingeführt, die vorbehaltlich höherer Branchenmindestlöhne subsidiär gelten soll. Die legislative Festsetzung dieser Grenze durch das als Art. 1 des Tarifautonomiestärkungsgesetzes erlassene Mindestlohngesetz beendet, zumindest vorerst, die hitzig geführte politische Diskussion über das Thema, die sich zuletzt auf die Frage nach gebotenen Ausnahmen konzentrierte. Dies enthebt aber nicht vom Erfordernis einer grundsätzlichen verfassungs- und auch europarechtlichen Prüfung.

---

2 „Deutschlands Zukunft gestalten“, Koalitionsvertrag zwischen CDU, CSU und SPD vom 27.11.2013, 48 f.

3 Gesetz zur Stärkung der Tarifautonomie (Tarifautonomiestärkungsgesetz) vom 11.8.2014, BGBl. I 2014, 1348.

II. Scheitern der freiheitsgrundrechtlichen Eingriffsrechtfertigung

Ganz offensichtlich fordert eine allgemeine Mindestlohnregelung die verfassungsrechtliche Gewährleistung der Koalitionsfreiheit gemäß Art. 9 Abs. 3 GG als bereichsspezifische und besonders herausgehobene, ausnahmsweise sogar mit unmittelbarer Drittwirkung ausgestattete Garantie der Privatautonomie fundamental heraus. Tarifvertragliche Vereinbarungen über Vergütungsgruppen unterhalb der Mindestlohngrenze werden kategorisch ausgeschlossen. Dies wirkt sich im Ergebnis auf die gesamte tarifvertragliche Vergütungsstruktur aus, weil die Entgeltgruppen sachgerecht und folgerichtig aneinander anschließen müssen.[4] Auch werden die Möglichkeiten, Arbeitsplätze durch zeitlich befristete Sanierungstarifverträge zu sichern, stark eingeschränkt.[5] Der Eingriffscharakter der gesetzlichen Mindestlohngrenze liegt damit auf der Hand.[6] Das Tarifautonomiestärkungsgesetz stärkt nicht, sondern schwächt die Autonomie, sofern man die Idee der Autonomie auf den sich selbst bestimmenden und entfaltenden Menschen und die zur Selbstorganisation befähigte Gesellschaft bezieht, wie es dem freiheitlichen Bild des Grundgesetzes entspricht. Freilich ist der Staat aufgerufen, Freiheit auszugestalten, Freiheit durch Regelung wirklich werden zu lassen.[7] Wird die tatsächliche Eingriffsqualität einer staatlichen Maßnahme aber unter Verweis auf ein vermeintliches, wohlmeinendes Ausgestaltungsanliegen negiert, verkehrt sich die Wirkrichtung des Grundrechts, das dann nicht mehr – der Abwehrfunktion der Grundrechte entsprechend – als Schild des Bürgers gegen den freiheitsbeschränkenden Staat erscheint, sondern die Gestalt einer Kompetenzgrund-

4 *Lobinger* JZ 2014, 810, 813.

5 Siehe *Picker* RdA 2014, 25, 34, der deshalb einen tarifdispositiven Mindestlohn befürwortet.

6 Siehe zum Eingriffscharakter vergleichbarer gesetzlicher Einschränkungen der Tarifautonomie BVerfG, 24.4.1996 – 1 BvR 712/86, BVerfGE 94, 268, 282 ff. (Regelung der Befristung von Arbeitsverhältnissen tarifgebundener Arbeitnehmer); BVerfG, 27.4.1999 – 1 BvR 2203/93, 897/95, BVerfGE 100, 271, 282 f. (Bindung von Zuschüssen für Arbeitsbeschaffungsmaßnahmen an die Vereinbarung untertariflicher Entgelte); BVerfG, 3.4.2001 – 1 BvL 32/97, BVerfGE 103, 293, 304 (Möglichkeit der Anrechnung von Kuren auf die tarifvertraglich festgelegte Dauer des Erholungsurlaubs).

7 Grundsätzlich *Jestaedt*, Grundrechtsentfaltung im Gesetz, Tübingen 1999; *Morgenthaler*, Freiheit durch Gesetz, Tübingen 1999; *Cornils*, Die Ausgestaltung der Grundrechte, Tübingen 2005; *Bumke*, Die Ausgestaltung der Grundrechte, Tübingen 2009.

lage für staatliche Freiheitsverkürzung und Gesellschaftsformung annimmt. Eine solche Negation nimmt vor, wer behauptet, Art. 9 Abs. 3 GG sei „kein Grundrecht gegen Arbeitnehmerschutz“,[8] um die Mindestlohnregelung auf dieser Argumentationsgrundlage als Ausgestaltung der Tarifautonomie zu bezeichnen.[9] Freilich wurde die Tarifautonomie im 19. Jahrhundert auch aus Gründen des Arbeitnehmerschutzes geschaffen. Dieser Schutz wird nach der Idee der Tarifautonomie aber gerade dadurch erreicht, dass die Befugnis zur Festlegung der Arbeits- und Vergütungsbedingungen in die Hand der Tarifvertragsparteien gelegt wird, nicht dagegen in die Hand des Staates.[10] Immer wieder ist zu beobachten, dass Normen mittels einer Abstrahierung ihrer Tatbestandsmerkmale und Zwecksetzungen ein neuer, anderer, gar konträrer Inhalt untergeschoben wird.[11] Art. 9 Abs. 3 GG schützt die Verhandlungsfreiheit der Tarifpartner, nicht die Gestaltungsmacht der jeweiligen demokratischen Mehrheit.

Dies führt auf die freiheitsgrundrechtliche Rechtfertigungsebene. Im Mittelpunkt der Diskussion steht hier der Schutz der Menschenwürde, vermittelt über die Sicherung der Existenz.[12] Doch vermag dieser Rechtfertigungsansatz das Mindestlohngesetz in seiner Eingriffsqualität[13] nicht zu tragen. Im bipolaren Vertragsverhältnis zwischen Arbeitgeber und Arbeitnehmer manifestiert sich der objektivrechtliche Ausstrahlungsgehalt der Menschenwürdegarantie gemäß Art. 1 Abs. 1 GG – und auch des Innominatfreiheitsrechts der Privatautonomie aus Art. 2 Abs. 1 GG – vor allem in dem Verbot, sittenwidrig niedrige Löhne zu zahlen (§ 138 BGB). So sieht das BAG einen um ein Drittel unterhalb des Durchschnittslohns liegenden

8 *Preis/Ulber*, Die Verfassungsmäßigkeit des allgemeinen gesetzlichen Mindestlohns, Rechtsgutachten auf Ersuchen der Hans-Böckler-Stiftung, 2014, 98, 103 (Ausgestaltung oder Eingriff hier offengelassen).

9 *Engels* JZ 2008, 490, 493 f.; *Preis/Greiner* ZfA 2009, 825, 832; *Lakies* AuR 2013, 69, 72.

10 *Lobinger* JZ 2014, 810, 814.

11 Vgl. für ein anderes Beispiel aus dem Bereich von Art. 6 Abs. 1 GG die klare Analyse bei *Germann*, in: VVDStRL Bd. 73 (2014), 257 ff.

12 Auf diesen Ansatz konzentriert sich auch *Bepler*, in: Ständige Deputation des Deutschen Juristentages, Verhandlungen des 70. Deutschen Juristentages Hannover 2014, Bd. I, Gutachten, 2014, B 106 f.

13 Auch das auf eine grundrechtliche Schutzpflicht gestützte Staatshandeln muss sich, wenn es zugleich einen Freiheitseingriff bedeutet, vor dem Freiheitsgrundrecht des Betroffenen rechtfertigen.

Lohn als sittenwidrig an.[14] Die Aufgabe, das wirtschaftliche Existenzminimum des Menschen zu gewährleisten, ist demgegenüber eine aus Art. 1 Abs. 1 i. V. m. Art. 20 Abs. 1 GG herzuleitende öffentliche Aufgabe des Sozialstaats.[15] Im Steuerstaat des Grundgesetzes obliegt die Finanzierung der Existenzsicherung deshalb der Basis-Solidargemeinschaft der Steuerpflichtigen.[16] Eine Verlagerung der Finanzierungsverantwortung für diese allgemeine Staatsaufgabe auf die Gruppe der Arbeitgeber ist damit nicht vereinbar.[17]

Zu Recht fragt das Bundesverfassungsgericht auch in anderen Zusammenhängen dezidiert danach, ob sich eine bestimmte Sach- und Finanzierungsverantwortung aus dem arbeitsvertraglich begründeten Verhältnis ableiten lässt oder aber jenseits dieses Verhältnisses liegt und damit – vorbehaltlich einer sonstigen Zuordnung – dem Staat zufällt. So ist die Last der Lohnfortzahlung im Krankheitsfall dem Arbeitgeber aufzubürden, weil sich eine entsprechende Fürsorgepflicht des Arbeitgebers für den Arbeitnehmer aus dem Arbeitsverhältnis entnehmen lässt.[18] Die Lohnfortzahlung bei gesetzlich vorgesehenem Sonderurlaub für die ehrenamtliche Jugendarbeit ist dagegen, mangels einer diesbezüglichen Verantwortung des Arbeitgebers für die Aufgabe, von der Staatskasse zu finanzieren.[19] Überträgt man diesen aus der Sonderabgabendogmatik entlehnten und zu Recht auf den Grundrechtsbereich übertragenen Rechtsgedanken[20] auf den Fall des Mindestlohns, liegt die Antwort auf der Hand. Den Arbeitgeber trifft keine aus dem individuellen Arbeitsverhältnis abzuleitende Pflicht, für das wirtschaftliche Existenzminimum des Arbeitnehmers zu sorgen.

---

14 BAG, 22.4.2009 – 5 AZR 436/08 = NZA 2009, 837; bestätigt durch BAG, 18.4.2012 – 5 AZR 630/10 = NZA 2012, 978.

15 Aus jüngerer Zeit BVerfG, 9.2.2010 – 1 BvL 1/09, 3/09, 4/09, BVerfGE 125, 175, 222; BVerfG, 18.7.2012 – 1 BvL 10/10, 2/11, BVerfGE 132, 134, 159.

16 *Kube*, in: Mellinghoff, Steuern im Sozialstaat, DStJG Bd. 29, 2006, 11, 16 ff.

17 Ebenso *Lobinger*, in: Anderheiden u.a. (Hrsg.), Verfassungsvoraussetzungen, Gedächtnisschrift für Brugger, 2013, 355, 363 ff.

18 In BVerfG, 26.4.1978 – 1 BvL 29/76, BVerfGE 48, 227 vorausgesetzt; entsprechend BVerfG, 18.11.2003 – 1 BvR 302/96, BVerfGE 109, 64, 87 f. für den Arbeitgeberanteil am Mutterschaftsgeld; kritisch dazu allerdings *Kube* JZ 2004, 358; zur Differenzierung zwischen Verhaltens- und Lastentragungspflicht auch *Kube*, Die Verwaltung Bd. 41, 2008, 1 ff.

19 BVerfG, 11.2.1992 – 1 BvR 890/84 und 74/87, BVerfGE 85, 226, 236 f.; ähnlich schon BVerfG, 15.12.1987 – 1 BvR 563, 582/85, 974/86 und 1 BvL 3/86, BVerfGE 77, 308, 336 f.

20 Siehe auch *Kube* JZ 2010, 265, 267.

Bei Licht betrachtet kann er dies auch gar nicht, weil er den Arbeitnehmer nur ausschnitthaft, zumal in Übereinstimmung mit datenschutzrechtlichen Anforderungen, im Rahmen des konkreten Beschäftigungsverhältnisses wahrnimmt.

Ebenso wenig wie der Schutz der Menschenwürde tragen die anderen im Raum stehenden Ansätze zur Rechtfertigung des durch das Mindestlohngesetz bewirkten Eingriffs in die Tarifautonomie und freilich auch in die Berufsfreiheit des Arbeitgebers ebenso wie des Arbeitnehmers. In der Gesetzesbegründung wird insofern sehr allgemein auf die „in Artikel 2 Absatz 1 und Artikel 20 Absatz 1 des Grundgesetzes zum Ausdruck kommenden elementaren Gerechtigkeitsanforderungen" verwiesen,[21] namentlich also auf die freie Entfaltung der Persönlichkeit und das Sozialstaatsprinzip. Dieser Verweis und im Übrigen auch die Kriterien, die der gesetzlich vorgesehenen Mindestlohnkommission zur künftigen Anpassung der Mindestlohngrenze an die Hand gegeben werden (§ 9 Abs. 2 Mindestlohngesetz), deuten darauf hin, dass es dem Gesetzgeber selbst weniger um die menschenwürdige Existenz, sondern vielmehr um ein den eigenen, staatlichen Vorstellungen entsprechendes gesellschaftliches Miteinander nach Maßgabe der Fairness geht, abgebildet in einer aus staatlicher Sicht angemessenen Tarifstruktur und -entwicklung. Der Staat nimmt die Tarifgestaltung damit letztlich selbst in die Hand. Dementsprechend wird in der Gesetzesbegründung nur im Nachsatz ergänzt, dass „Arbeitgeber sowie Arbeitnehmerinnen und Arbeitnehmer" „im Übrigen" „dazu aufgerufen" blieben, „über die Organisation in Arbeitgeberverbänden und Gewerkschaften und den Abschluss von Tarifverträgen eine angemessene Teilhabe der Arbeitnehmerinnen und Arbeitnehmer am von den Unternehmen Erwirtschafteten zu erreichen".[22] Die grundgesetzlich im Zentrum stehende Freiheit wird hier zum Annex, zu einem staatlich verfügbaren Bonbon. Dies zeigt das Bild eines Staates, der die Freiheit des Menschen und der Gesellschaft nicht respektiert, sondern nur duldet, solange die Ergebnisse der Freiheitsbetätigung der eigenen Vorstellung von der Gesellschaft entsprechen. Derartige Gestaltungsanliegen legitimieren die hier in Rede stehenden Grundrechtseingriffe nicht.

Das Mindestlohngesetz scheitert damit, in seiner derzeitigen Form, am freiheitsgrundrechtlichen Schutz der Koalitions- und der Berufsfreiheit der

---

21 BT-Drucks. 18/1558, 28.
22 BT-Drucks. 18/1558, 28.

Arbeitgeber wie auch der Arbeitnehmer. Mindestlohnkonzepte mögen verfassungskonform auszugestalten sein, wenn sie auf die mittelbare Drittwirkung der Menschenwürdegarantie und der Gewährleistung der Privatautonomie im Rahmen des individuellen Arbeitsverhältnisses gegründet werden, wenn sie also das Verbot der sittenwidrigen Beschäftigung konkretisieren, die diesbezügliche Verantwortung des Arbeitgebers aktualisieren und eine strukturelle Unterlegenheit des Arbeitnehmers – in diesen Grenzen – kompensieren. Auch eine Verantwortung der Arbeitgeber für den Bestand und die Stabilität der Sozialversicherungssysteme mag in diesem Zusammenhang, zumindest im Grundsatz, in Erwägung zu ziehen sein.[23] Derartige Regelungsmotive, die dann aber auch konsequent und folgerichtig umgesetzt werden müssen,[24] verfolgt das vorliegende Mindestlohngesetz, dem eher die Vorstellung staatlicher Gesellschaftsformung zugrunde liegt, jedoch nicht.

Gleichheitsrechtliche Fragen, die an die Umgrenzung der Ausnahmen vom Mindestlohnerfordernis (§ 22 Mindestlohngesetz) gerichtet werden,[25] haben ihre eigene Relevanz, müssen ihren Bezugspunkt dabei aber ihrerseits in den berechtigten Freiheitsinteressen der Beteiligten finden. Das Grundgesetz gewährleistet gleiche Freiheit. Scheitert ein Gesetz schon an den Freiheitsgrundrechten, wirft dies einen Schatten auf die Prüfung anhand des Gleichheitsmaßstabs.

III. Anforderungen des europäischen Binnenmarkts

Nach § 20 Mindestlohngesetz gilt die Mindestlohngrenze für alle im Inland beschäftigten Arbeitnehmerinnen und Arbeitnehmer, unabhängig von der Ansässigkeit des Arbeitgebers.[26] EU-rechtlich ist dies unproblematisch. Die grundfreiheitsrechtlichen Grenzen der potentiellen Reichweite

---

23 *Picker* RdA 2014, 25, 29 f.

24 Zu Recht kritisch zum Ziel der Entlastung der Sozialkassen *Lobinger* JZ 2014, 810, 816 unter Hinweis darauf, dass die effektive Mehrbelastung allein die Arbeitgeber des Niedriglohnsektors trifft.

25 *Bug*, Ausnahmen von einem gesetzlichen Mindestlohn für einzelne Arbeitnehmergruppen aus verfassungsrechtlicher Sicht, Wissenschaftliche Dienste, Deutscher Bundestag, WD 6 - 3000 - 002/14, 2014, 7 ff.; *Grzeszick* ZRP 2014, 66 ff.

26 Nach § 13 Mindestlohngesetz gilt zwar § 14 Arbeitnehmerentsendegesetz entsprechend, wonach für die Einhaltung der gesetzlichen Verpflichtungen auch durch einen Nachunternehmer gehaftet wird; der Nachunternehmer ist aber seinerseits

eines Mindestlohnerfordernisses hat der EuGH gleichwohl in einem Urteil vom 18. September 2014 deutlich aufgezeigt, dies in einem aus Deutschland stammenden Fall, in dem es um die Ausschreibung eines öffentlichen Auftrags durch die Stadt Dortmund ging. In einer Mustererklärung sollten die Bewerber um den Auftrag bestätigen, dass gegebenenfalls auch Nachunternehmer ein bestimmtes Mindeststundenentgelt an ihre Beschäftigten zahlen. Die Bundesdruckerei GmbH, die mit einem polnischen Subunternehmen kooperieren wollte, konnte diese Erklärung nicht abgeben, machte aber – abgesehen von der Frage nach der Vereinbarkeit der Mustererklärung mit dem nordrhein-westfälischen Tariftreue- und Vergabegesetz, das keine Vorgaben zu Nachunternehmern von Auftragnehmern enthält – einen Verstoß der Anforderung gegen Art. 56 AEUV, die Dienstleistungsfreiheit, geltend. Der EuGH gab der Bundesdruckerei GmbH in dem von einer Vergabekammer vorgelegten Fall Recht. Die Anforderung diene zwar dem Arbeitnehmerschutz, schränke die Dienstleistungsfreiheit aber unverhältnismäßig ein, soweit das Lohnniveau im Ansässigkeitsstaat des Nachunternehmers niedriger sei als in Deutschland. Denn den Nachunternehmern werde dadurch die Möglichkeit vorenthalten, „aus den zwischen den jeweiligen Lohnniveaus bestehenden Unterschieden einen Wettbewerbsvorteil zu ziehen". Zugleich sei das deutsche Lohnniveau zur Gewährleistung eines hinreichenden Arbeitnehmerschutzes im Ansässigkeitsstaat des Nachunternehmers nicht erforderlich.[27] Der Gerichtshof betont damit den Wert des auf unterschiedlichen Rahmenbedingungen in den Mitgliedstaaten beruhenden Wettbewerbs und versteht den Arbeitnehmerschutz durch Mindestlohnregelungen mitgliedstaatlich parzelliert. Damit sichert das EU-Recht die Freiheitlichkeit im grenzüberschreitenden Binnenmarkt, die komplementär zur innerstaatlich durch die Grundrechte des Grundgesetzes gesicherten Freiheitlichkeit des Wirtschaftens – und des Tarifsystems – steht.

---

allein durch § 20 Mindestlohngesetz gebunden, also bei Inlandsbeschäftigung zur Zahlung des Mindestlohns verpflichtet.

27 EuGH, Urt. v. 18.9.2014, Rs. C-549/13 (Bundesdruckerei GmbH/Stadt Dortmund), EU:C:2014:2235, Rn. 33 ff.

IV. Wert und Gefährdung der Freiheit

Das Mindestlohngesetz ist damit verfassungswidrig, wird den Rechtsstaat aber nicht ins Wanken bringen. Sorge muss gleichwohl die Haltung des Gesetzgebers bereiten, die hier zutage tritt und die sich weiterhin manifestiert. So heißt es im Referentenentwurf eines neuen Bundesgesetzes zur Regelung der Tarifeinheit von Ende Oktober 2014, „die Befriedungsfunktion der Tarifautonomie" werde „durch Tarifkollisionen beeinträchtigt, weil innerbetriebliche Verteilungskämpfe den Betriebsfrieden" gefährdeten. „Die Akzeptanz einer betrieblichen Lohnpolitik, die vor allem die besonderen Schlüsselpositionen von Arbeitnehmerinnen und Arbeitnehmern im Betriebsablauf" prämiere, sei „gering. Die tariflichen Verhandlungsergebnisse" würden „von Arbeitnehmerinnen und Arbeitnehmern weder als verteilungs- noch als leistungsgerecht empfunden".[28] Wenn die „Akzeptanz" und das „Empfinden von Gerechtigkeit" als Kriterien herangezogen werden, um darüber zu entscheiden, ob Ergebnisse freiheitlicher Gestaltungsprozesse Bestand haben können oder nicht, wird die Freiheit selbst negiert und letztlich durch autoritäre Entscheidungsmacht ersetzt. Denn was gerecht ist, diktiert in diesem Fall der Staat. Dies aber ist das Ende der Freiheit.

28 Referentenentwurf der Bundesregierung zu einem Gesetz zur Regelung der Tarifeinheit (Tarifeinheitsgesetz) von Ende Oktober 2014, 6.

Arbeiten über die Altersgrenze hinaus – Überlegungen zur Europarechtskonformität der Neuregelung des § 41 SGB VI

Markus Stoffels

I. Einführung

Das Wirken des Jubilars an der hiesigen Fakultät hat eindrucksvoll gezeigt, wie wertvoll die Fortführung der Lehr- und Forschungstätigkeit über die reguläre Altersgrenze hinaus für den Dienstherrn und damit letztlich für die Allgemeinheit sein kann. Auch wenn ein solches überobligationsmäßiges Engagement nicht den Normalfall darstellt, so zeigt sich doch, wie wichtig es sein kann, sich des Erfahrungsschatzes und des Wissens der älteren Beschäftigten auch über die Altersgrenze hinaus zu versichern. Das gilt nicht nur für das in mancher Hinsicht besonders gelagerte Beamtenverhältnis der Professoren, das hier - je nach Bundesland verschieden ausgestaltete - Verlängerungsmöglichkeiten vorsieht. Auch auf dem allgemeinen Arbeitsmarkt zeigt sich ein deutlicher und nachhaltiger Anstieg der Erwerbstätigkeit von Personen, die die reguläre Altersgrenze überschritten haben.[1] Es deutet alles darauf hin, dass sich diese Entwicklung fortsetzen wird. Die Gründe liegen auf der Hand:

- die steigende Zahl der Rentner
- die höhere Lebenserwartung und bessere Gesundheit der Älteren
- der vermehrt geäußerte Wunsch, auch im fortgeschrittenen Alter noch ein produktives Mitglied der Gesellschaft zu sein
- die Notwendigkeit, die eher sinkenden Renten aufzubessern, um einen angemessenen Lebensstandard zu sichern
- die aus der demographischen Entwicklung resultierende Notwendigkeit für die Unternehmen, stärkere Anstrengungen zu entfalten, sich die Erfahrungen und das Know-how qualifizierter Fachkräfte zu sichern.

1 Umfassende statistische Auswertungen finden sich bei *Gasche*, Empirie und Ökonomie des Arbeitsmarktverhaltens Älterer, in: Arbeiten im Alter, hrsg. von Rieble/Junker/Giesen (2013), 15 ff.

Dem Gemeinwohl dienlich wäre es, wenn der Gesetzgeber diese ökonomischen und gesellschaftlichen Realitäten aufgreifen, ihnen insbesondere einen verlässlichen Rechtsrahmen zur Verfügung stellen würde. Privatautonome, auf die jeweiligen Bedürfnisse abgestimmte, flexible Arrangements der Arbeitsvertragsparteien sollten dabei keinen unnötigen Schranken unterworfen werden.

II. Die Altersbefristung nach neuem Recht (§ 41 SGB VI)

Einen ersten – im Grundsatz zu begrüßenden – Schritt in diese Richtung hat der Gesetzgeber kürzlich mit der Ergänzung des § 41 SGB VI um einen dritten Satz getan.[2] Die große Koalition hatte sich hierauf im Zuge der Verhandlungen zur Rente mit 63 geeinigt, wohl um einen Gegenakzent zu der von vielen Sachverständigen kritisierten rentenpolitischen Grundsatzentscheidung zu setzen.

§ 41 Satz 3 SGB IV lautet nunmehr wie folgt:

> „Sieht eine Vereinbarung die Beendigung des Arbeitsverhältnisses mit dem Erreichen der Regelaltersgrenze vor, können die Arbeitsvertragsparteien durch Vereinbarung während des Arbeitsverhältnisses den Beendigungszeitpunkt, gegebenenfalls auch mehrfach, hinausschieben."

1. Hintergrund: die unsichere Rechtslage nach dem Teilzeit- und Befristungsgesetz

Der Hintergrund dieser Regelung ist, dass die Beschäftigung von Arbeitnehmern jenseits der Altersgrenze regelmäßig in der Erwartung geschieht, dass diese von überschaubarer zeitlicher Dauer sein wird. Das legitime Bestreben wird dahin gehen, das Arbeitsverhältnis von vornherein zeitlich zu limitieren. Die im Teilzeit- und Befristungsgesetz vorgesehen Befristungsmöglichkeiten decken solche Gestaltung jedoch nur unzureichend ab.

---

2 Art. 1 Nr. 1 a des Gesetzes zu Leistungsverbesserungen in der gesetzlichen Rentenversicherung (RV-Leistungsverbesserungsgesetz) vom 23.6.2014, BGBl. I Nr. 27 (2014) S. 787; in Kraft getreten am 1.7.2014; hierzu *Bader* NZA 2014, 749; *Kleinebrink* DB 2014, 1490; *Poguntke* NZA 2014, 1372; *Klösel/Reitz* NZA 2014, 1366.

Zwar ließ sich schon bislang die Ansicht vertreten, derartige Altersbefristungen seien solche mit sachlichem Grund (§ 14 Abs. 1 TzBfG).[3] Teils plädierte man dafür, den Rentnerstatus des Arbeitnehmers als solchen als Grund in der Person des Arbeitnehmers (§ 14 Abs. 1 S. 2 Nr. 6 TzBfG) anzuerkennen.[4] Andere wollten vor dem Hintergrund, dass die Aufzählung der sachlichen Gründe in § 14 Abs. 1 TzBfG keinen abschließenden Charakter hat, einen ungeschriebenen sachlichen Grund annehmen.[5] Das BAG (11.2.2015 – 7 AZR 17/13) hat jüngst einen deutlich restriktiveren Standpunkt bezogen und verlangt, dass die befristete Fortsetzung des Arbeitsverhältnisses einer konkreten, im Zeitpunkt der Vereinbarung der Befristung bestehenden Personalplanung des Arbeitgebers dient.

Auch die problematische Regelung des § 14 Abs. 3 TzBfG wurde in diesem Zusammenhang diskutiert.[6] Dabei handelt es sich um einen Fall der ausnahmsweise erlaubten Befristung ohne Vorliegen eines sachlichen Grundes. Voraussetzung ist, dass der Arbeitnehmer bei Beginn des befristeten Arbeitsverhältnisses das 52. Lebensjahr vollendet hat. Hier ist immerhin eine Befristungsdauer von bis zu fünf Jahren erlaubt. Es existiert kein Vorbeschäftigungsverbot, so dass grundsätzlich auch der bisherige Arbeitgeber von dieser Ausnahmeregelung profitieren kann. Allerdings sieht der nach der Mangold-Entscheidung des EuGH[7] reformierte Tatbestand des § 14 Abs. 3 TzBfG vor, dass der Arbeitnehmer vor seiner befristeten Einstellung mindestens vier Monate beschäftigungslos gewesen ist (oder gleichgestellte Sachverhalte). Das macht eine nahtlose Fortsetzung der Erwerbstätigkeit auf der Basis eines befristeten Arbeitsverhältnisses unmöglich. Hinzu kommt, dass auch nach der Neuregelung der tatbestand-

---

3 *Sediq* NZA 2009, 524 ff.; *Bauer/von Medem* NZA 2012, 951.

4 LAG Berlin Brandenburg, 20.1.2013 – 12 Sa 1303/12= BeckRS 2013, 66631 (aufgehoben durch BAG 11.2.2015 – 7 AZR 17/13, BeckRS 2015, 69639); *Stoffels*, Befristung und Kündigungsschutz jenseits der Altersgrenze, in: Arbeiten im Alter, hrsg. von Rieble/Junker/Giesen (2013), 64; KR-*Lipke*, § 14 TzBfG, Rn. 289.

5 *Bayreuther* NJW 2012, 2762.

6 *Stoffels*, Befristung und Kündigungsschutz jenseits der Altersgrenze, in: Arbeiten im Alter, hrsg. von Rieble/Junker/Giesen (2013), 61 ff.; *Steinrau-Steinrück/Burkhard-Pötter* NJW-Spezial 2012, 306 f.

7 EuGH, Urt. v. 22.11.2005, Rs. C-144/04 (Mangold), Slg. 2005, I-9981= NZA 2005, 1345.

lichen Voraussetzungen des § 14 Abs. 3 TzBfG Bedenken im Hinblick auf die Europarechtskonformität geltend gemacht werden.[8]

Vor dem Hintergrund dieser unsicheren Rechtslage wurde vielfach eine legislative Klarstellung angemahnt.[9] Für eine großzügige befristungsrechtliche Beurteilung solcher Sachverhalte spricht in der Tat, dass Personen, die über die Altersgrenze hinaus einer abhängigen Beschäftigung nachgehen, durch den gleichzeitigen Bezug der Altersrente grundsätzlich finanziell abgesichert sind. Hinzu kommt das berechtigte Interesse des Arbeitgebers, sich angesichts der in vorgerücktem Alter generell nachlassenden Leistungsfähigkeit nicht *ad infinitum* binden zu wollen, sondern vielmehr in überschaubarer Zeit eine Nachfolgeregelung einleiten zu können.

Die amtliche Begründung für die nunmehr vorgenommene Ergänzung des § 41 SGB VI ist weniger grundsätzlich angelegt und beschränkt sich auf die Nennung einiger praktischer Beispiele. Auszugsweise heißt es dort:[10] „In der Praxis gibt es Wünsche von Arbeitgebern und Arbeitnehmern, auch nach Erreichen der Regelaltersgrenze und darauf bezogener Beendigungsvereinbarungen einvernehmlich das Arbeitsverhältnis für einen von vornherein bestimmten Zeitraum rechtssicher fortsetzen zu können. Dieses Anliegen greift die Ergänzung des § 41 auf. (….) Mit dem Hinausschieben des Beendigungszeitpunkts über das Erreichen der Regelaltersgrenze hinaus können Arbeitnehmer und Arbeitgeber beispielsweise reagieren, wenn eine Nachbesetzung der entsprechenden Stelle nicht nahtlos erfolgen kann. Auch können Arbeitnehmer laufende Projekte mit ihrer Sachkunde erfolgreich zum Abschluss bringen oder neu eingestellte, jüngere Kollegen in ihre Tätigkeit einarbeiten."

---

8 *Bayreuther* BB 2007, 1113; *Preis/Temming* NZA 2010, 196; die Europarechtskonformität bejahend jedenfalls soweit es um die erstmalige Anwendung der Regelung zwischen denselben Arbeitsvertragsparteien geht – hingegen zuletzt BAG 23.2.2012 – 7 AZR 360/12, BeckRS 2014, 72727.

9 *Bauer/Gottschalk* BB 2013, 507; *Stoffels*, Befristung und Kündigungsschutz jenseits der Altersgrenze, in: Arbeiten im Alter, hrsg. von Rieble/Junker/Giesen (2013), 72.

10 Die neue Bestimmung war im ursprünglichen Gesetzentwurf nicht enthalten (vgl. BTDrucks. 18/909). Erst die Beschlussempfehlung des Bundestagsausschusses für Arbeit und Soziales hatte sie vorgesehen und ihr eine Begründung beigegeben (BTDrucks. 18/1489, 24 f.).

2. Anwendungsbereich und tatbestandliche Voraussetzungen

§ 41 Satz 3 SGB VI stellt ersichtlich eine Sonderregelung gegenüber § 14 Abs. 1 TzBfG dar. Die Vorschrift setzt eine kollektiv- oder individualvertraglich vereinbarte Altersgrenze voraus, was in Deutschland verbreiteter Praxis entspricht. Die Fortsetzungsvereinbarung muss sodann noch vor Erreichen der Altersgrenze zwischen Arbeitgeber und Arbeitnehmer in schriftlicher Form (§ 14 Abs. 4 TzBfG) – ggf. unter Beteiligung des Betriebsrats (§ 99 BetrVG) – erfolgen. Der Wortlaut der Norm („den Beendigungszeitpunkt … hinausschieben“) ist insoweit eindeutig.

Leider hat es der Gesetzgeber versäumt, sich zu der im Rahmen des § 14 Abs. 2 TzBfG hoch umstrittenen Frage zu äußern, ob mit der Verlängerung auch eine inhaltliche Änderung der Arbeitsbedingungen verbunden werden kann; man denke z.B. an eine altersgerechte Absenkung der Arbeitszeit. Schon im Rahmen des § 14 Abs. 2 TzBfG sprechen die besseren Argumente gegen den vom BAG in ständiger Rechtsprechung[11] eingenommenen Standpunkt, dass eine Verlängerung nur zu im Übrigen unveränderten Bedingungen erfolgen darf.[12] Für die Interpretation des § 41 Satz 3 SGB VI ist zudem bedeutsam, dass der Gesetzgeber nicht wie in § 14 Abs. 2 TzBfG von „Arbeitsvertrag“, sondern von „Arbeitsverhältnis“ spricht. Eine solche Wortwahl in – zu unterstellender - Kenntnis der Streitfrage ist mehr als ein Fingerzeig, auch wenn die amtliche Begründung hierauf keinen Bezug nimmt.[13] Solange es allerdings in diesem Punkt keine höchstrichterliche Klärung gibt, ist der Vertragspraxis dringend zu raten, eine geplante inhaltliche Änderung der Arbeitsbedingungen nicht in einem engen zeitlichen Zusammenhang zu dem Hinausschieben des Beendigungszeitpunkts zu vereinbaren.

---

11 BAG, 26.7.2000 – 7 AZR 51/99 = NZA 2001, 546; BAG, 25.10.2000 – 7 AZR 483/99 = NZA 2001, 659; BAG, 20.9.2006 – 10 AZR 770/05, AP TVG § 1 Bezugnahme auf Tarifvertrag Nr. 41.

12 Kritisch etwa *Bauer* NZA 2011, 241, 242 und *Preis/Greiner* RdA 2010, 148, 158 f.; *Backhaus*, in: Ascheid/Preis/Schmidt, Kündigungsrecht. Großkommentar zum gesamten Recht der Beendigung von Arbeitsverhältnissen, 4. Auflage 2012, § 14 TzBfG, Rn. 344; *Stoffels*, in: Zur Integrationskraft zivilrechtlicher Dogmatik, hrsg. von Lobinger/Piekenbrock/Stoffels (2014), 12 f.

13 So auch *Bauer* NZA 2014, 890; von der Übertragbarkeit der Rechtsprechung zu § 14 Abs. 2 TzBfG auf § 41 Satz 3 SGB VI gehen hingegen *Kleinebrink* DB 2014, 751 und *Bader* NZA 2014, 751 aus. ErfK-*Rolfs*, § 41 SGB VI hält die Rechtslage in diesem Punkt für „unklar“.

Die Neuregelung zieht auch in einem weiteren Punkt Kritik auf sich. Sie regelt nur eine von mehreren Konstellationen der befristeten Rentnerbeschäftigung. Zwei Varianten bleiben außen vor: Erstens ist an den Fall zu denken, dass der Arbeitnehmer bei seinem bisherigen Arbeitgeber durch Erreichen der Altersgrenze ausscheidet, jedoch schon wenige Monate später wieder „zurückgerufen" wird, etwa weil sich die Nachfolgeregelung zerschlagen hat oder sonstige unvorhergesehene Umstände eingetreten sind. Zweitens könnte es sein, dass sich der Arbeitnehmer nach Erreichen der Altersgrenze anders orientieren und in die Dienste eines anderen Arbeitgebers treten will. Beide Fallkonstellationen sind befristungsrechtlich nicht begünstigt. Im letzteren Fall kommt zwar eine sachgrundlose Befristung nach § 14 Abs. 2 TzBfG in Betracht, allerdings nur unter Beachtung des Vorbeschäftigungsverbots und nur mit einer Höchstbefristungsdauer von zwei Jahren, die nicht selten als zu kurz empfunden werden dürfte. Die Ausklammerung dieser beiden Sachverhalte kann wertungsmäßig nicht überzeugen.[14] Die Absicherung der wirtschaftlichen Existenz durch Rentenbezug ist in all diesen Fällen in gleicher Weise gegeben.

3. *Europarechtskonformität der Neuregelung*

Als kritisch wird man leider auch die Europarechtskonformität der Neuregelung einstufen müssen. Die Bedenken wurzeln zum einen im Verbot der Altersdiskriminierung und zum anderen in den Vorgaben der Befristungsrichtlinie.

a) Beachtung des Verbots der Altersdiskriminierung

Vor dem Hintergrund der Mangold-Entscheidung des EuGH,[15] in der immerhin eine an das Alter anknüpfende befristungsrechtliche Privilegierung verworfen worden ist, richtet sich der Blick sogleich auf das primär (Art. 21 Abs. 1 EU-GRCharta) und sekundärrechtlich (Gleichbehandlungsrahmen-Richtlinie 2000/78/EG) verankerte Verbot der Altersdiskri-

---

14 Ebenso *Bauer* (Fn. 13), 889.

15 EuGH, Urt. v. 22.11.2005, Rs. C-144/04 (Mangold), Slg. 2005, I-9981 = NZA 2005, 1345, 1348.

minierung. Nun hat der EuGH allerdings in seiner Serie von Entscheidungen reguläre gesetzliche und tarifvertragliche Altersgrenzen als gerechtfertigt anerkannt.[16] Die in diesen Entscheidungen ausgebreiteten europarechtlichen Rechtfertigungserwägungen lassen sich auch auf die hier interessierende Fallkonstellation der Rentnerbeschäftigung auf der Grundlage eines befristeten Arbeitsvertrages übertragen. Die materielle Absicherung ist gleichermaßen gegeben, Neueinstellungen werden planbar und gefördert und eine einseitige Beendigung des Arbeitsverhältnisses im fortgeschrittenen Alter unter erniedrigenden Bedingungen wird vermieden. Es drängt sich damit ein Erst-Recht-Schluss auf: Wenn schon eine auf das Renteneintrittsalter bezogene Altersgrenze diskriminierungsfrei vereinbart werden kann, so sollte umso mehr „auch eine neue oder verlängernde Befristungsabrede … zulässig sein, die eine erneute Beendigung bei Erreichen eines höheren Alters als des gesetzlichen Rentenalters vorsieht."[17] Die Mangold-Entscheidung steht dieser Bewertung nicht entgegen, denn sie beschränkt ihren Geltungsanspruch ausdrücklich auf eine nach dem Lebensalter definierte Gruppe von Arbeitnehmern „bis zum Erreichen eines Alters, ab dem sie ihre Rentenansprüche geltend machen können."[18] Bestätigt wird die hier vertretene Einschätzung vor allem durch die Entscheidung des EuGH in der Rechtssache Georgiev.[19] In ihr ging es um eine Regelung im bulgarischen Recht, wonach das Arbeitsverhältnis von Universitätsprofessoren mit Erreichen des Renteneintrittsalters endet und für die folgenden maximal drei Jahre befristet fortgesetzt werden kann. Diesen Sachverhalt grenzt der EuGH von demjenigen der Mangold-Entscheidung ab und sieht in der Förderung jüngerer Professoren ein legitimes Ziel. Die erneute Befristung knüpft – wie der EuGH hervorhebt – auch nicht ausschließlich an das Lebensalter des Arbeitnehmers, sondern an seinen Anspruch auf Altersrente an. Außerdem hätten Professoren nach der bulgarischen Regelung die Wahl, ob sie in den mit dem Bezug einer

16 EuGH, Urt. v. 16.10.2007, Rs. C-411/05 (Palacios), Slg. 2007, I-8531 = NZA 2007, 1219; EuGH, Urt. v. 12.10.2010, Rs. C-45/09 (Rosenbladt), Slg. 2010, I-9391 = NZA 2010, 1167; EuGH, Urt. v. 5.7.2012, Rs. C-141/11 (Hörnfeldt), EU:C:2012:421 = NZA 2012, 785.

17 So zutreffend *Sediq* NZA 2009, 526.

18 EuGH, Urt. v. 22.11.2005, Rs. C-144/04 (Mangold), Slg. 2005, I-9981 = NZA 2005, 1345 Tz. 64.

19 EuGH, Urt. v. 18.11.2010, Rs. C-250/09, 268/09 (Geogiev), Slg. 2010, I-11869 = NZA 2011, 29.

Altersrente verbundenen Ruhestand gehen oder über das Alter von 65 Jahren hinaus weiter arbeiten.

Bedeutsam im Hinblick auf unsere Fragestellung ist sodann die Entscheidung des EuGH in der Rechtssache Hörnfeldt.[20] Der EuGH billigt in diesem Urteil eine gesetzliche Altersgrenzenregelung im schwedischen Recht, die dem Arbeitgeber das Recht gibt, das Arbeitsverhältnis allein deshalb zu beenden, weil der Arbeitnehmer das 67. Lebensjahr vollendet hat. Bemerkenswert ist in unserem Zusammenhang Tz. 41 der Entscheidungsgründe: „Zum anderen hat die schwedische Regierung vorgetragen, dass der Arbeitgeber, wenn das Arbeitsverhältnis beendet werde, dem betreffenden Arbeitnehmer ein befristetes Arbeitsverhältnis anbieten könne. Der Arbeitgeber und der Arbeitnehmer könnten die Dauer dieses Verhältnisses frei vereinbaren und es erforderlichenfalls auch verlängern." An dieser sehr liberalen Ausgestaltung des Befristungsrechts nimmt der Gerichtshof offenbar keinen Anstoß. Im Gegenteil: Dadurch sieht er die Forderung verwirklicht, es müsse sichergestellt sein, dass der von einer Altersgrenze betroffene Arbeitnehmer nicht endgültig aus dem Arbeitsmarkt ausscheiden muss. Bei aller Unsicherheit spricht das für einen eher großzügigen Beurteilungsmaßstab, soweit es um die Befristung der Arbeitsverhältnisse von Arbeitnehmern jenseits der Altersgrenze geht, zumal der EuGH betont, dass der Gesetzgeber bei der Festlegung der Maßnahmen zur Zielerreichung über einen weiten Ermessensspielraum verfüge.[21]

Von daher kann hier festgehalten werden, dass die Neuregelung in ihrer grundsätzlichen Stoßrichtung ein legitimes Ziel im Zusammenhang mit der Beschäftigungs- und Arbeitsmarktpolitik i.S.v. Art. 6 Abs. 1 der RL 2000/78/EG (Förderung der Beschäftigungschancen jüngerer Arbeitnehmer, Entlastung des Arbeitsmarktes; beides nur zeitverzögert) in angemessener und erforderlicher Weise verfolgt.[22] Hingewiesen sei auch auf den 8. Erwägungsgrund der Gleichbehandlungsrahmen-Richtlinie 2000/78/EG. Dort heißt es, dass der Unterstützung älterer Arbeitnehmer mit dem Ziel der Erhöhung ihres Anteils an der Erwerbsbevölkerung be-

---

20 EuGH, Urt.l v. 5.7.2012, Rs. C-141/11 (Hörnfeldt), EU:C:2012:421 = NZA 2012, 785.

21 Zuletzt EuGH, Urt. v. 21.7.2011, verb. Rs. C-159/10 und C-160/10 (Fuchs und Köhler), Slg. 2011, I-6919 = NVwZ 2011, 1249 Rn. 61.

22 So auch *Bader* (Fn. 13), 752.

sondere Aufmerksamkeit gebührt. Ferner folgert der EuGH[23] aus Art. 15 Abs. 1 der EU-GRCharta, dass auf die Teilnahme älterer Arbeitnehmer am Berufsleben und damit am wirtschaftlichen, kulturellen und sozialen Leben besonderes Augenmerk zu richten ist. Ihr Verbleiben im Berufsleben fördere die Vielfalt im Bereich der Beschäftigung, die ein im 25. Erwägungsgrund der Richtlinie 2000/78/EG anerkanntes Ziel sei.

b) Bedenken im Hinblick auf die Anforderungen der Befristungsrichtlinie

Die europarechtlichen Bedenken gehen richtiger Ansicht nach eher von der aus einer europäischen Sozialpartnervereinbarung hervorgegangenen Befristungsrichtlinie 1999/70/EG aus.[24] Deren in § 5 verankertes Kernanliegen besteht darin, einem Missbrauch der Befristungsmöglichkeit durch aufeinander folgende befristete Arbeitsverträge (sog. Kettenbefristungen) vorzubeugen. Danach kann der Mitgliedstaat bei der Befristung

- das Erfordernis eines sachlichen Grundes bei Verlängerung von befristeten Verträgen einführen
- die Höchstdauer aufeinander folgender befristeter Arbeitsverträge festlegen
- oder die Höchstzahl der Verlängerungen bestimmen.

Misslich an der Regelung des § 41 Satz 3 SGB VI ist, dass sie im Hinblick auf mögliche weitere Verlängerungen (nach dem einmaligen Hinausschieben des Beendigungszeitpunkts)[25] keinerlei einschränkende Voraussetzungen aufstellt. Vielmehr lautet der Gesetzestext schlicht „gegebenenfalls auch mehrfach“. Auch wenn die Vorgaben der Befristungsrichtlinie in der Rechtsprechung des EuGH bislang noch kaum konturiert worden sind, lässt sich doch konstatieren: Eine wirksame Missbrauchsbegrenzung, die eine hohe Anzahl von Verlängerungen über einen langen Zeitraum unterbinden würde, hat der deutsche Gesetzgeber nicht einmal ansatzweise vorgesehen. Es von vornherein der Rechtsprechung zu überantworten, die

---

23 EuGH, Urt. v. 21.7.2011, verb. Rs. C-159/10 und C-160/10 (Fuchs und Köhler), Slg. 2011, I-6919 = NVwZ 2011, 1249 Rn. 62 f.

24 *Bader* (Fn. 13), 752; ErfK-*Rolfs*, 15. Aufl. 2015, § 41 SGB VI Rn. 22.

25 Die Einräumung dieser erstmaligen Verlängerungsoption als solche dürfte sicherlich vor der Befristungsrichtlinie zu rechtfertigen sein, m.E. am ehesten im Sinne eines gesetzlich kodifizierten sachlichen Grundes.

Grenze des Missbrauchs anhand von Einzelfällen kasuistisch zu entwickeln, dürfte dem für die Umsetzung von Richtlinien geltenden Transparenzgebot[26] nicht gerecht werden. Mehr als gewagt erscheint es jedenfalls, per se jede weitere Verlängerung durch den Sachgrund „Absicherung durch Rente“ legitimiert zu sehen.[27]

III. Folgen und Fazit

Welche Folgen hat dieser Befund nun für die Praxis? Wie steht es um die Wirksamkeit von auf der Grundlage des § 41 Satz 3 SGB VI vereinbarten Verlängerungen über die Altersgrenze hinaus? Im Grunde kann die Antwort hierauf nur in Form einer Risikoabschätzung erfolgen. Aus dem Gesagten folgt zunächst, dass ein Verstoß des § 41 Satz 3 SGB VI gegen das Verbot der Altersdiskriminierung unwahrscheinlich ist, so dass mit der dramatischen Folge der Unanwendbarkeit der Vorschrift[28] eher nicht zu rechnen ist. Sollte sich diese Prognose jedoch nicht bestätigen, wäre die fatale Folge ein unbefristetes Arbeitsverhältnis (§ 16 Satz 1 TzBfG), wenn nicht gleichzeitig ein Sachgrund i.S.v. § 14 Abs. 1 TzBfG die Befristung zu rechtfertigen vermag.

Es bleibt allerdings immer noch der Verstoß gegen die Befristungsrichtlinie, der als solcher jedoch noch nicht zur Unanwendbarkeit nationalen Rechts führt. Vielmehr ist damit zu rechnen, dass die Gerichte die Möglichkeiten einer richtlinienkonformen Auslegung ausloten werden[29] und sich der Gesetzgeber früher oder später zu einer Eingrenzung veranlasst sieht.[30] Ein Restrisiko besteht allerdings insofern, als nicht ausgeschlossen werden kann, dass der EuGH gerade in den fehlenden Maßnahmen gegen Missbrauch eine Diskriminierung der älteren Arbeitnehmer jenseits der Altersgrenze gegenüber jüngeren Arbeitnehmern sieht, denen gegenüber Befristungen durch die Anzahl der Verlängerungen und die Höchstdauer

---

26 EuGH, Urt. v. 10.5.2001, Rs. C-144/99 (Kommission/Niederlande), Slg. 2001, I-3541 = NJW 2001, 2244.

27 Dies vor allem im Hinblick auf die restriktive Entscheidung des EuGH (NZA 2006, 909) in der Rechtssache Adelener.

28 Vgl. insoweit EuGH, Urt. v. 22.11.2005 Rs. C-144/04 (Mangold), Slg. 2005, I-9981 = NZA 2005, 1345, 1348 und EuGH, Urt. v. 19.1.2010, Rs. C-555/07 (Kücükdeveci), Slg. 2010, I-365 = NZA 2010, 85, 88.

29 Keinen Spielraum sieht hier wohl zu Recht *Bader* (Fn. 13), 752.

30 Entsprechender Formulierungsvorschlag bei *Bauer* (Fn. 13), 891.

eingeschränkt sind. Der Verstoß gegen die Befristungsrichtlinie könnte so auch auf die diskriminierungsrechtliche Beurteilung durchschlagen.

Arbeitgeber sind daher gut beraten, nicht nur die einladende, schokoladenfarbige Vorderseite der Regelung zu betrachten, sondern sich auch die skizzierten Folgen bewusst zu machen und vor diesem Hintergrund genau zu prüfen, ob sie sich auf diese neue Befristungsmöglichkeit verlassen wollen. Auf einen großzügigen Vertrauensschutz werden sie nach allen Erfahrungen in der Vergangenheit jedenfalls nicht bauen können. Wer hier auf der sicheren Seite stehen will, der sollte vorsorglich einen anderen unstrittig anerkannten Befristungsgrund (z.B. Projektbefristung) parat haben. Auch für die Arbeitsvertragsparteien gilt mithin die bekannte lateinische Spruchweisheit, die der Jubilar nicht müde wird zu zitieren: *Quidquid agis, prudenter agas et respice finem.*

Art. 30 der Grundrechtecharta – Inhalt und Bedeutung für das deutsche Recht

Bernd Waas

I. Einleitung

In ihrem Kapitel IV (Solidarität) enthält die Charta der Grundrechte der Europäischen Union (GRC) eine Reihe sozialer Grundrechte. Diese haben primär einen arbeitsrechtlichen Einschlag. In individualarbeitsrechtlicher Hinsicht ist Art. 30 GRC besonders bedeutsam: Dieser lautet: „Jede Arbeitnehmerin und jeder Arbeitnehmer hat nach dem Gemeinschaftsrecht und den einzelstaatlichen Rechtsvorschriften und Gepflogenheiten Anspruch auf Schutz vor ungerechtfertigter Entlassung."

Der vorliegende Beitrag will zweierlei leisten. Zum einen soll die Gewährleistung des Art. 30 GRC skizziert und insbesondere aus der Perspektive des deutschen Rechts, welches eine verfassungsrechtliche Gewährleistung des Kündigungsschutzes nicht kennt, einer kritischen Betrachtung unterzogen werden. Zum anderen soll der Frage nachgegangen werden, welche Konsequenzen die Gewährleistung des Art. 30 GRC für das deutsche Kündigungsschutzrecht hat bzw. haben könnte.

II. Inhalt des Art. 30 GRC

Betrachtet man das Arbeitsvölkerrecht, so findet sich in Art. 24 der Revidierten Sozialcharta (RESC) aus dem Jahre 1996 eine verwandte Regelung. Diese Gewährleistung ist nach ihrem Wortlaut deutlich konkreter als Art. 30 GRC. Allerdings leidet die RESC insgesamt darunter, dass sie bislang von den Mitgliedstaaten nur sehr zögerlich ratifiziert wurde. Vielleicht noch bemerkenswerter als der Blick in das Arbeitsvölkerrecht ist, dass sich die Gewährleistung eines Schutzes vor ungerechtfertigten Kündigungen auch nur höchst selten in den Verfassungen der Mitgliedstaaten findet. Eine der wenigen Ausnahmen bildet Portugal, das in Art. 53 der Verfassung „Arbeitern (….) die Sicherung des Arbeitsplatzes garantiert" und u. a. “Entlassungen ohne rechtfertigenden Grund” explizit für unzulässig erklärt.[1]

Auch in Deutschland fehlt bekanntermaßen eine verfassungsrechtliche Gewährleistung des Kündigungsschutzes. Allerdings schreibt Art. 12 Abs. 1 GG einen gewissen kündigungsschutzrechtlichen Mindeststandard vor. Zwar hat das BVerfG im sog. Warteschleifenurteil festgestellt, dass Art. 12 Abs. 1 GG keinen “unmittelbaren Schutz gegen den Verlust eines Arbeitsplatzes aufgrund privater Dispositionen” verleihe. Doch hat es diese Aussage sogleich dahingehend ergänzt, dass dem Staat unter dem Gesichtspunkt des Art. 12 Abs. 1 GG sehr wohl eine Schutzpflicht obliege.[2] Allerdings: Als mit dem gebotenen Mindeststandard vereinbar betrachtet das BVerfG insbesondere auch den Umstand, dass vom allgemeinen gesetzlichen Kündigungsschutz nach § 23 Abs. 1 KSchG, der sog. Kleinbetriebsklausel, Arbeitnehmer kleinerer Betriebe ausgenommen sind. Dabei erkennt das Gericht das durch Art. 12 Abs. 1 GG geschützte Interesse des Arbeitnehmers an einer Erhaltung seines Arbeitsplatzes ausdrücklich an. Diesem stehe aber die Berufsfreiheit bzw. die wirtschaftliche Betätigungsfreiheit des Arbeitgebers gegenüber, die gleichfalls durch Art. 12 Abs. 1 GG geschützt seien. Daran gemessen, verletze § 23 Abs. 1 KSchG die Gewährleistung aus Art. 12 Abs. 1 GG aber nicht, da der Gesetzgeber die einander gegenüberstehenden Interessen angemessen berücksichtigt habe.[3]

Vor dem Hintergrund der verbreiteten Zurückhaltung gegenüber der Verbürgung eines verfassungskräftigen Schutzes vor ungerechtfertigten Entlassungen kann die Gewährleistung des Art. 30 GRC nicht anders verstanden werden, als dass die Grundrechtecharta insoweit ein “Zeichen setzen” wollte.[4] Allerdings wäre dieses deutlicher ausgefallen, wenn die Gewährleistung inhaltlich mehr Substanz hätte. Anders als Art. 24 RESC bleibt Art. 30 GRC aber, wie gesagt, weitgehend im Unbestimmten, wobei v. a. der sog. Refrain, also die Zurückbindung der Gewährleistung auf das nationale Kündigungsrecht,[5] für interpretatorische Unsicherheit sorgt. Dementsprechend gehen die Einschätzungen der Bedeutung der Vorschrift

---

1 Verf. v. 2. April 1976 i.d.F. vom 4. April 2001.

2 BVerfG, 24.4.1991 – 1 BvT 1241/90 = AP GG Art. 12 Nr. 70 (u. III. 1.).

3 BVerfG, 27.1.1998 – 1 BvL 15-87 = AP KSchG 1969 § 23 Nr. 17 (u. B. I. 3a) und b)).

4 So *Krebber*, in: Calliess/Ruffert, EUV/AEUV, 4. Aufl. 2011, Art. 30 GRC, Rn. 1.

5 Vgl. hierzu nur *Rudolf*, in: Meyer, Charta der Grundrechte der Europäischen Union, 4. Auflage, 2014, Art. 30 GRC, Rn. 10.

weit auseinander: Während manche Art. 30 GRC, gemessen am Wortlaut, als "überflüssige Norm" ansehen und ihr nicht mehr Potenzial beimessen, als die Grundlage der "Entwicklung sehr allgemeiner Mindesterwartungen" zu bilden,[6] erkennen andere zwar einen "weiten Regelungsvorbehalt" an, machen aber zugleich darauf aufmerksam, dass "Einschränkungen des Grundrechts verhältnismäßig sein (müßten)", da andernfalls die "Substanz" der Gewährleistung beeinträchtigt werde.[7] In dieselbe Richtung weisen Stimmen, welche sich gegen eine Auslegung des Refrain wenden, die die Gewährleistung "letztlich beliebig (...) werden (lässt)".[8] Ins Feld geführt wird zuweilen auch, dass in den Erläuterungen zur Grundrechtecharta[9] davon die Rede ist, dass sich Art. 30 GRC an Art. 24 RESC "anlehnt". Dementsprechend soll Art. 30 GRC seinem sachlichen Schutzbereich nach beispielsweise den Ausspruch einer arbeitgeberseitigen Kündigung wegen Krankheit grundsätzlich ausschließen.[10]

Vereinzelt begegnen auch Stimmen, die Art. 30 GRC, gemessen am Wortlaut der Vorschrift, einen beträchtlichen Schutzgehalt beimessen. So beharrt etwa *Bruun* darauf, dass Art. 30 GRC für jeden Arbeitnehmer einen gewissen kündigungsschutzrechtlichen Mindeststandard sichern wolle. Darüber hinaus interpretiert er die Bestimmung, in einer Zusammenschau mit dem (mit Art. 1 Abs. 1 GG weitgehend wortgleichen) Art. 1 GRC, dahin, dass die Kündigung auch an gewissen formellen Anforderungen gemessen werden müsse;[11] aufhorchen lässt insoweit insbesondere die von ihm behauptete Notwendigkeit einer Anhörung des betroffenen Arbeitnehmers, da es ein derartiges allgemeines Erfordernis nach deutschem Recht gerade nicht gibt.[12] Auch in anderer Hinsicht hat Art. 30 GRC

---

6 So *Krebber*, (Fn. 4), Rn. 2 u. 8; vgl. auch *Kröll*, in: Holoubek/Lienbacher (Hrsg.), GRC-Kommentar, 2014, Art. 30 GRC, Rn. 7: „Fall wohlklingender Grundrechtslyrik".

7 *Jarass*, Charta der Grundrechte der EU, 2. Aufl. 2013, Art. 30 GRC, Rn. 11.

8 Vgl. *Rudolf* (Fn. 6), Vorbem. zu Titel IV, Rn. 39; vgl. zur Parallelproblematik bei Art. 28 GRC *Thüsing/Traut* RdA 2012, 65, 70 m. w. N.

9 Vgl. zu deren Bedeutung Art. 52 Abs. 7 GRC.

10 Vgl. insoweit *Willemsen/Sagan* NZA 2011, 258, 261 u. Hinw. auf den Anhang zur RESC.

11 *Bruun*, in: Bercussion (ed), European labour law and the EU Charter of Fundamental Rights – summary version, 2002, S. 63 (66).

12 Bei einer ordentlichen Kündigung müssen dem Arbeitnehmer bei Ausspruch der Kündigung nicht einmal die Kündigungsgründe mitgeteilt werden; vgl. nur BAG AP KSchG § 1 Nr. 5.

durchaus das Potential größerer Tragkraft, als auf den ersten Blick wahrnehmbar ist. So hält *Rebhahn* Art. 30 GRC auch auf Fälle der Befristung von Arbeitsverträgen für anwendbar, sofern diese nämlich auf eine Umgehung des Schutzes vor ungerechtfertigter Entlassung zielt.[13] Auch das BAG hat sich zuletzt gegenüber der Überlegung, dass Art. 30 GRC (i. V. m. der Rahmenvereinbarung über befristete Arbeitsverträge[14]) mitgliedstaatlichen Regelungen zur Kettenbefristung von Arbeitsverträgen Grenzen ziehen könnte, mehr als aufgeschlossen gezeigt.[15] Es wird Aufgabe des EuGH sein, die Reichweite des Art. 30 GRC – im Rechtsgespräch mit den nationalen Verfassungsgerichten – zu konkretisieren. Dies enthebt die Rechtswissenschaft freilich nicht ihrer Aufgabe, die Rspr. des Gerichts kritisch zu begleiten.

III. Auswirkungen auf das deutsche Recht

Wie oben bereits angesprochen, genießen in Deutschland Arbeitnehmer keinen Kündigungsschutz, wenn sie in Kleinbetrieben beschäftigt sind (§ 23 Abs. 1 KSchG). Dasselbe gilt für Arbeitnehmer, die die gesetzliche Wartezeit von einem halben Jahr (§ 1 Abs. 1 KSchG) noch nicht überschritten haben. Dies bedeutet jedoch nicht, dass diesen Arbeitnehmern jeglicher Kündigungsschutz vorenthalten bliebe. Denn die Rechtsprechung hat einen Kündigungsschutz entwickelt, der an den zivilrechtlichen Generalklauseln, insbesondere §§ 138 und 242 BGB, ansetzt.[16] Nicht zuletzt auf diesen Umstand hat das BVerfG denn auch seine Feststellung der Verfassungsmäßigkeit der Kleinbetriebsklausel in § 23 Abs. 1 KSchG gestützt.[17] Mit Blick auf Art. 30 GRC stellt sich nichtsdestoweniger die Fra-

---

13 *Rebhahn*, in: *Grabenwarter*, Europäischer Grundrechtsschutz, EnzEuR, Bd. 2, 1. Aufl. 2014, § 16, Rn. 86.

14 EGB-UNICE-CEEP-Rahmenvereinbarung über befristete Arbeitsverträge.

15 Vgl. BAG, 22.1.2014 – 7 AZR 243/12, Rn. 36 = NZA 2014, 483, 486; BAG, 19.3.2014 – 7 AZR 828/12, Rn. 29 = NZA-RR 2014, 462, 464; anders übr. EuGöD, 21.2.2013 – F-58/08, Rn. 55 = BeckRS 2013, 80462.

16 Demgegenüber sind diskriminierende Kündigung während der Wartezeit und in Kleinbetrieben nach BAG, 19.12.2013 – 6 AZR 190/12 = NZA 2014, 372 unmittelbar am Maßstab des AGG zu messen.

17 Vgl. BVerfG (Fn. 3) (u. B. I. 3b) cc)) mit der Feststellung, dass der "verfassungsrechtlich gebotene Mindestschutz des Arbeitsplatzes vor Verlust durch private Disposition (…) damit in jedem Fall gewährleistet" sei.

ge, ob die Herausnahme weiter Kreise der Arbeitnehmer aus dem allgemeinen gesetzlichen Kündigungsschutz wirklich das letzte Wort sein kann. Zu Zweifeln Anlass gibt, bei aller Unbestimmtheit des sachlichen Gewährleistungsbereichs des Art. 30 GRC, das Eingangswörtchen "jeder": Kann es angesichts der Verbürgung eines Kündigungsschutzes für jedermann, wirklich angehen, dass das deutsche Recht Arbeitnehmer in Kleinbetrieben und ohne längere Beschäftigungszeit aus dem KSchG ausnimmt?

Auch das BAG hat sich diese Frage für den Fall einer Kündigung während der gesetzlichen Wartezeit des § 1 Abs. 1 KSchG gestellt – und klar verneint. Art. 30 GRC bildet nach Auffassung des Gerichts von vornherein keinen relevanten Maßstab, weil die Charta nach Art. 51 Abs. 1 Satz 1 GRC die Mitgliedstaaten "ausschließlich bei der Durchführung des Rechts der Union" bindet, §§ 138, 242 BGB aber "nach dem gegenwärtigen Stand des Unionsrechts (…) keine Durchführung einer europäischen Richtlinie darstellen (…) und auch keine sonstigen Anknüpfungspunkte an das Unionsrecht aufweisen".[18]

So verlockend es einerseits – angesichts des unbestimmten Gewährleistungsbereichs des Art. 30 GRC – ist, dem möglichen Ausgreifen der darin enthaltenen Gewährleistung auf das deutsche Recht einfach durch Verweis auf Art. 51 Abs. 1 Satz 1 GRC zu begegnen,[19] so deutlich ist andererseits, dass die Argumentation dadurch zwangsläufig mit allen Unsicherheiten belastet wird, die sich, v. a. für den deutschen Betrachter, mit den Stichworten Åkerberg Fransson und Antiterrordatei benennen lassen. In Åkerberg Fransson hatte der EuGH bekanntlich "Durchführung" als "vom Unionsrecht erfasst" gelesen,[20] wohingegen das BVerfG für die Frage des An-

18 BAG, 8.12.2011 – 6 AZN 1371/11, Rn. 12 = NZA 2012, 286, 287 ; vgl. zum Ganzen auch EuGH, Urt. v. 16.1.2008, Rs. C-361/07 (Polier), Slg. 2008, I-6, zu einer Parallelproblematik im französischen Recht, wo sich das Gericht wg. der Nichteröffnung des Anwendungsbereichs des Gemeinschaftsrechts für offensichtlich unzuständig erklärte. Weiteren Aufschluss über den Standpunkt des EuGH hätte die Entscheidung in der Rs. C-117/14 (Poclava/Toledano) zu einer Wartezeitregelung des spanischen Rechts geben können. Doch hat sich der Gerichtshof für nicht zuständig erklärt.

19 Statt z. B. in eine Verhältnismäßigkeitsprüfung einzutreten; vgl. hierzu *Rebhahn* (Fn. 12), § 16, Rn. 87.

20 EuGH, Urt. v. 26.2.2013, Rs. C-617/10 (Akerberg Fransson), EU:C:2013:280 = NJW 2013, 1415; vgl. auch EuGH, Urt. v. 26.2.2013, Rs. C-399/11 (Melloni), EU:C:2013:107 = EuZW 2013, 305; vgl. zu dieser Frage zuletzt auch EuGH, Urt.

wendungsbereichs der Grundrechtecharta darauf abstellen will, ob eine Frage "durch Unionsrecht determiniert" ist.[21]

Ohne auf die damit aufscheinenden Konzepte zum Verständnis des Art. 51 Abs. 1 Satz 1 GRC näher eingehen zu können, ließe sich nun fragen, ob die beschränkte Reichweite des Kündigungsschutzgesetzes wenigstens nach der erstgenannten Lesart Bedenken unter dem Gesichtspunkt des Art. 30 GRC begegnet. Wann, so müsste man dann weiter fragen, wird das nationale Recht "vom Unionsrecht umfasst"? Insoweit ist zunächst festzuhalten, dass bislang keine allgemeine Richtlinie zum Kündigungsschutz besteht.[22] Immerhin enthalten einzelne Richtlinien, etwa die RL 2001/23/EG zum Betriebsübergang, auch kündigungsschutzrechtliche Bestimmungen.[23] Indes regeln diese nur – umstandsbezogen oder statusbezogen[24] – Teilaspekte, wie an Art. 4 Abs. 1 der Betriebsübergangsrichtlinie besonders deutlich wird, der i. W. nur die in Art. 3 Abs. 1 der Richtlinie angeordnete Vertragsübernahme absichern soll. Aussagen zu einem generellen Kündigungsschutz sind diesen Bestimmungen demgegenüber nicht zu entnehmen.[25] Ebenfalls nicht weiter führt die von *Numhauser-Henning* in die Diskussion eingebrachte Überlegung, das in § 5 der Rahmenvereinbarung über befristete Arbeitsverträge enthaltene Verbot von Kettenbefristungen enthalte die Bewertung, dass unbefristete Arbeitsverhältnisse nicht beliebig aufgelöst werden dürften, weshalb die Befristungsrichtlinie zu einer "Erfassung" des nationalen Kündigungsschutzrechts

---

v. 10.7.2014, Rs. C-198/13 (Julian Hernández), EU:C:2014:2055, Rn. 37 = EuZW 2014, 795 mit einem Abstellen u. a. darauf, „ob es eine Regelung des Unionsrechts gibt, die für diesen Bereich spezifisch ist oder ihn beeinflussen kann".

21 BVerfG, 24.4.2013 – 1 BvR 1215/07, Rn. 90 = NJW 2013, 1499, 1501; kritisch etwa *Ohler* NVwZ 2013, 1433, 1437. Die Entscheidung BAG, 11.9.2013 – 7 AZR 843/11 = NZA 2013, 1352 (Art. 30 GRC nicht einschlägig, da die Rahmenvereinbarung die erstmalige Befristung eines Arbeitsverhältnisses nicht erfasst), dürfte illustrativ für diese Sichtweise sein.

22 Die Möglichkeit hierzu wäre wg. Art. 153 Abs. 1 lit. d AEUV durchaus gegeben.

23 Vgl. den Überblick bei *Meyer* NZA 2014, 993, 996.

24 Vgl. etwa Art. 10 Abs. 3 der RL 2009/38/EG über die Einsetzung eines Europäischen Betriebsrats oder die Schaffung eines Verfahrens zur Unterrichtung und Anhörung der Arbeitnehmer in gemeinschaftsweit operierenden Unternehmen und Unternehmensgruppen, ABl. 2009 Nr. L 122/28.

25 Ebenso *Willemsen/Sagan* NZA 2011, 258; auch *Barnard*, in: Countouris/Freedland (ed.), Resocialising Europe in a Time of Crisis, 2013, S. 250, 264; vgl. insoweit auch EuGH, Urt. v. 16.1.2008, C-361/07 (Polier), Slg. 2008, I-6, Rn. 14.

durch das Unionsrechts führe.[26] Zwar ist, gerade aus deutscher Sicht, gar nicht zu bestreiten, dass Befristungs- und Kündigungsschutzrecht in einem engen Zusammenhang stehen.[27] Doch handelt es sich dabei nicht um einen qualifizierten Zusammenhang. Sagen lässt sich nämlich nur, dass die Regelung zur Kettenbefristung einen gewissen Kündigungsschutz (wie er im deutschen Recht auch außerhalb des KSchG ja durchaus besteht) sinnvollerweise *voraussetzt*, nicht aber, dass der Kündigungsschutz hierdurch sogleich *mitgeregelt* würde. Letzteres gilt um so mehr, wenn man bedenkt, dass man dabei nicht nur einen Zugriff der europäischen Sozialpartner auf den nationalen Kündigungsschutz unterstellen müsste, sondern darüber hinaus der Sache nach auch das in Art. 153 Abs. 2 AEUV aufgestellte Einstimmigkeitserfordernis für Regelungen im Bereich des Kündigungsschutzes beiseite räumen würde.[28]

IV. Schluss

Die Auslegung von Art. 30 GRC wird Gerichte und Rechtswissenschaft noch häufiger beschäftigen. Die Bedeutung der Gewährleistung für die Bestimmung der Schranken des gesetzlichen Kündigungsschutzes in Deutschland erscheint derzeit aber gering.

---

26 Zit. aus *Rebhahn* (Fn. 12), § 16, Rn. 30, Fn. 70.

27 Vgl. nur BAG, 12.10.1960 – Gr. Senat 1/59 = NJW 1961, 798 mit einer Beurteilung der Zulässigkeit von Kettenbefristungen unter dem Gesichtspunkt einer Umgehung des gesetzlichen Kündigungsschutzes.

28 Im Ergebnis ebenso *Rebhahn* (Fn. 12), § 16, Rn. 30.

Die Arbeitnehmerentsendung im System der Grundfreiheiten

Sebastian Krebber

I. Einleitung

Die wirtschaftlich bedingte Freizügigkeit natürlicher Personen im Binnenmarkt wird durch die Grundfreiheiten nur für die selbständig Tätigen vollständig geregelt: Sie werden durch die Niederlassungsfreiheit geschützt, wenn sie ihren wirtschaftlichen Standort in einen anderen Mitgliedstaat verlagern. Gehen sie nur vorübergehend einer wirtschaftlichen Tätigkeit in einem anderen Mitgliedstaat nach, erfaßt sie die Dienstleistungsfreiheit. Für Arbeitnehmer existiert mit der Arbeitnehmerfreizügigkeit nur das Pendant zur Niederlassungsfreiheit des Selbständigen. Dem Arbeitnehmer, der seine Arbeit lediglich vorübergehend in einem anderen Mitgliedstaat erbringt, widmet sich anders als dem Selbständigen in derselben Situation keine eigene Grundfreiheit. Im folgenden wird nachgezeichnet und bewertet, wie die Arbeitnehmerentsendung im System der Grundfreiheiten erfaßt wird.

II. Arbeitnehmerentsendung im System der Grundfreiheiten: Entwicklung in Rechtsprechung und Unionsgesetzgebung

Nur der Arbeitnehmer, der Zugang zum Arbeitsmarkt des Bestimmungslandes sucht, unterliegt der Arbeitnehmerfreizügigkeit, Art. 45 ff. AEUV[1]. Die Arbeitnehmerentsendung ist aber dadurch gekennzeichnet, daß die Arbeit in dem anderen Mitgliedstaat vorübergehend und auf der Grundlage

1 EuGH, Urt. v. 9.8.1994, Rs. C-43/93 (Vander Elst), Slg. 1994, I-3803, Rn. 21; Urt. v. 25.10.2001, verb. Rs. C-49/98, C-50/98, C-52/98 bis C-54/98, C-68/98 bis C-71/98 (Finalarte), Slg. 2001, I-7831, Rn. 22 f.; aus der Literatur hier nur der Jubilar, in: Streinz, EUV/AEUV, 2. Aufl. 2012, Art. 56 AEUV, Rn. 26, und der Verf., zuletzt in einem 2012 abgeschlossenen Manuskript für Müller-Graff, Europäisches Wirtschaftsordnungsrecht (EnzEuR Bd. IV), 2015, § 2 Rn. 4; anders Birk, FS für Wissmann, 2005, 523, 529; *Franzen*, in: Streinz, EUV/AEUV, Art. 45 AEUV, Rn. 36.

des Arbeitsverhältnisses mit dem Arbeitgeber im Herkunftsland erbracht wird. Grundtypus ist die Situation, in der der Arbeitnehmer einen gewöhnlichen Arbeitsort in seinem Herkunftsstaat hat und von seinem Arbeitgeber, der einen Auftrag in einem anderen Mitgliedstaat annimmt, zur Ausführung der damit verbundenen Arbeiten in dem Bestimmungsland eingesetzt wird. Diese Situation unterfällt der Dienstleistungsfreiheit des Arbeitgebers, Art. 56 ff. AEUV. Art. 45 AEUV schützt den Arbeitnehmer allenfalls im Land des gewöhnlichen Arbeitsorts, wenn er dort Wanderarbeitnehmer ist.

Die zur Dienstleistungserbringung vom Arbeitgeber in den anderen Mitgliedstaat vorübergehend mitgebrachten Arbeitnehmer arbeiten dort als Ausdruck des Herkunftslandprinzips zu den Arbeitsbedingungen des Heimatstaates, was sich im Kern mit den Ergebnissen des unionsrechtlichen internationalen Sozialrechts und des Kollisionsrechts für vertragliche Schuldverhältnisse deckt: Sofern die voraussichtliche Dauer der Entsendung 24 Monate nicht überschreitet, bleibt nach Art. 12 VO 883/2004[2] das auf der Grundlage von Art. 11 VO 884/2004 bestimmte Sozialstatut, im Regelfall nach Art. 11 Abs. 3 lit. a VO 884/2004 das Sozialrecht des Mitgliedstaates des Beschäftigungsortes, unverändert. Gemäß Art. 8 Abs. 2 S. 2 VO 593/2008 (Rom I-VO)[3] wird die Regelanknüpfung des objektiven Arbeitsverhältnisstatuts an das Recht des gewöhnlichen Arbeitsortes durch eine vorübergehende Entsendung in einen anderen Mitgliedstaat nicht berührt. Internationales Sozialrecht und Arbeitskollisionsrecht gehen die Entsendung pragmatisch an, indem sie Statutenwechsel wegen der damit verbundenen Schwierigkeiten auf das nötigste beschränken.

Zu einem frühen Zeitpunkt in der Entwicklung hat der EuGH in drei obiter dicta indes formuliert, daß es einem Mitgliedstaat nicht verwehrt sei, seine Rechtsvorschriften oder Tarifverträge auf alle Personen anzuwenden, die sich auch nur vorübergehend in seinem Hoheitsgebiet aufhielten.[4] Die darin liegende Verdrängung des Herkunftsland- durch das Bestimmungslandprinzip wurde Ende 1996 durch den europäischen Gesetz-

---

2 ABl. 2004 Nr. L 166/1.

3 ABl. 2008 Nr. L 177/6.

4 EuGH Urt. v. 3.2.1982, verb. Rs. 62/81 u. 63/81 (Seco / EVI), Slg. 1982, 223, Rn. 14; Urt. v. 27.3.1990, Rs. C-113/89 (Rush Portuguesa), Slg. 1990, I-1417, Rn. 18; Urt. v. 9.8.1994, Rs. C-43/93 (Vander Elst), Slg. 1994, I-3803, Rn. 23.

geber in die Entsenderichtlinie (ERL)[5] übernommen. Art. 3 Abs. 1 ERL verpflichtet einen Mitgliedstaat dazu, einen im einzelnen bezeichneten harten Kern von Arbeitsbedingungen (materielle Voraussetzung) auf entsandte Arbeitnehmer anzuwenden, wenn diese Arbeitsbedingungen in Rechts- und Verwaltungsvorschriften oder in allgemein verbindlich erklärten Tarifverträgen (formelle Voraussetzung) festgelegt sind.

Über die Vereinbarkeit der ERL mit der vom EuGH entwickelten allgemeinen Grundfreiheitendogmatik bestand keine Einigkeit, weil die ERL zu zahlreiche Widersprüche in sich trägt: Die ERL setzt einen Mitte der 1990er Jahre in der Baubranche entstandenen Wunsch von Hochlohnmitgliedstaaten um, sich gegen günstigere Konkurrenz aus Niedriglohnstaaten wehren zu können. Die Anwendung des harten Kerns an Arbeitsbedingungen des Bestimmungslandes soll Bauunternehmern aus solchen Ländern die komparativen Wettbewerbsvorteile nehmen, die sich aus der Anwendung des Arbeitsrechts des Herkunftsstaates ergeben. Insbesondere in Deutschland wurden die wegen Art. 3 Abs. 1 ERL erforderlichen allgemeinverbindlichen Tarifverträge in der Baubranche allerdings erst vor dem Hintergrund der Entsendeproblematik vereinbart. Damit stellen sie als Sonderregel, die Bauunternehmer aus bestimmten Herkunftsmitgliedstaaten treffen soll, an sich eine Diskriminierung dar.[6] Geht man hingegen mit dem EuGH, der die Möglichkeit einer Diskriminierung nie in Betracht gezogen hat, vom Vorliegen einer Beschränkung aus, ergibt sich das Problem, daß die Abwehr von Konkurrenten einen sog. Grund wirtschaftlicher Art darstellt, der als Rechtfertigungsgrund schlechthin nicht in Betracht kommt.[7] Zwei Kunstgriffe des EuGH erst ebnen dann doch noch den Weg zur Rechtfertigung der Beschränkung der Dienstleistungsfreiheit: Zum einen soll nicht die Absicht des Gesetzgebers in der Gesetzesbegründung den Ausschlag dafür geben, ob wirtschaftliche Ziele verfolgt werden.[8] Wirklicher und maßgeblicher Rechtfertigungsgrund soll zum anderen der Schutz der entsandten Arbeitnehmer sein, obwohl Zweck dieses Schutzes doch ist, ihrem Arbeitgeber Aufträge zu nehmen.[9] Ein weiterer Wider-

---

5 RL 96/71/EG vom 16. 12. 1996 über die Entsendung von Arbeitnehmern im Rahmen der Erbringung von Dienstleistungen, ABl. 1997 Nr. L 18/01.

6 Siehe nur *Konzen*, in: Dörr/Dreher, Europa als Rechtsgemeinschaft, 1997, 53, 63 f.

7 EuGH, Urt. v. 5.6.1997, Rs. C-398/95 (SETTG), Slg. 1997, I-3091, Rn. 23.

8 EuGH v. 25.10.2011, verb. Rs. C-49/98 u.a. (Finalarte), Slg. 2001, I-7831, Rn. 39 f.; Urt. v. 24.1.2002, Rs. C-164/99 (Portugaia Construções), Slg. 2002, I-787, Rn. 27 f.

9 *Krebber* ZEuP 2001, 358, 372.

spruch der Systematik der ERL zur Grundfreiheitendogmatik liegt darin, daß Art. 3 ERL zur Anwendung von Arbeitsbedingungen verpflichtet, auf die der Arbeitnehmer ohnehin Anspruch hat. Die Ansprüche sind der Höhe nach nicht deckungsgleich, doch werden die Unterschiede dadurch nivelliert, daß bis auf den Lohn alle in Art. 3 ERL genannten Bereiche des harten Kerns an Arbeitsbedingungen unionsrechtlich harmonisiert sind. Damit ist das Verbot der Doppelbelastung zu beachten, das greift, wenn Arbeitnehmer in ihrem Ursprungsmitgliedstaat „den gleichen oder einen im wesentlichen vergleichbaren Schutz genießen".[10] Ob dieses Verbot modal in dem Sinne zu verstehen ist, daß es ausreicht, daß bereits in dem Ursprungsland eine entsprechende Verpflichtung bestand, oder ob es nur greift, wenn und soweit die jeweiligen Verpflichtungen sich in ihrer Höhe entsprechen, ist vom EuGH unterschiedlich beurteilt worden.[11]

Über die grundsätzliche Vereinbarkeit der ERL oder vor der ERL verabschiedeter inhaltsgleicher mitgliedstaatlicher Gesetze mit Art. 56 ff. AEUV hat der EuGH nie geurteilt. Als letzten Entwicklungsschritt hat der EuGH die ERL vielmehr wie folgt in sein dogmatisches Verständnis der Grundfreiheiten eingebaut: Das Arbeitsrecht des Bestimmungsstaates auf entsandte Arbeitnehmer anzuwenden, beschränkt die Dienstleistungsfreiheit des Arbeitgebers. Der zwingende Grund des Allgemeininteresses, der diese Beschränkung rechtfertigen könnte, ist der Schutz der entsandten Arbeitnehmer. Das Ausmaß des zulässigen Schutzes dieser Arbeitnehmer durch Anwendung des Arbeitsrechts des Bestimmungsstaates wird abschließend durch die ERL konkretisiert.[12]

---

10 EuGH, Urt. v. 28.3.1996, Rs. C-272/94 (Michel Guiot), Slg. 1996, I-1905, Rn. 17.

11 Modal: EuGH, Urt. v. 28.3.1996, Rs. C-272/94 (Michel Guiot), Slg. 1996, I-1905, Rn. 17; Urt. v. 23.11.1999, verb. Rs. C-369/96 u. C-376/96 (Arblade), Slg. 1999, I-8453, Rn. 48-51; Materiell: EuGH Urt. v. 25.10.2001, verb. Rs. C-49/98 u.a. (Finalarte), Slg. 2001, I-7831, Rn. 44; Urt. v. 24.1.2002, Rs. C-164/99 (Portugaia Construções), Slg. 2002, I-787, Rn. 14 f.; in diese Richtung bereits EuGH, Urt. v. 15.3.2001, Rs. C-165/98 (Mazzoleni), Slg. 2001, I-2189, Rn. 19 ff.; unklar EuGH, Urt. v. 24.1.2002, Rs. C-164/99 (Portugaia Construções), Slg. 2001, I-787, Rn. 28 ff.

12 EuGH, Urt. v. 18.12.2007, Rs. C-341/05 (Laval), Slg. 2007, I-11767; Urt. v. 3.4.2008, Rs. C-346/06 (Rüffert), Slg. 2008, I-1989; Urt. v. 19.6.2008, Rs. C-319/06 (Kommission / Luxemburg), Slg. 2008, I-4323.

III. Würdigung

1. Bewertung auf der Grundlage des Grundverständnisses des EuGH

Eine mit einem System unvereinbare Regelung zu einem Teil dieses Systems zu machen, hat durchaus Züge eines dogmatischen Geniestreichs. So wird sichergestellt, daß das vom EuGH aufgestellte Gesamtsystem steht und nicht durch die ERL gestört wird. Die aufgezeigten Widersprüche werden allerdings nur überdeckt.

Der ERL wird zudem eine neue Funktion zugewiesen, für die sie nicht geschaffen wurde: Nur soweit es die ERL formal und materiell vorsieht, ist die Anwendung des Arbeitsrechts des Bestimmungsstaates auf entsandte Arbeitnehmer unionsrechtskonform.[13] Vor allem an der formalen Voraussetzung scheitern funktional mit gesetzlichen oder allgemeinverbindlichen Tarifverträgen vergleichbare rechtliche Konstruktionen wie Tariftreueerklärungen, die nach den Landesvergabegesetzen bestimmter Bundesländer von Bietern um einen öffentlichen Auftrag verlangt werden, um sicherzustellen, daß ein Auftrag der öffentlichen Hand nur an Anbieter vergeben wird, die sich zur Einhaltung eines Tarifvertrags verpflichten.[14] Daher kann der Eindruck entstehen, daß die zur *Absicherung* der Anwendung des Arbeitsrechts des Bestimmungslandes gedachte ELR zu einem weiteren *Hindernis* einer solchen Anwendung geworden ist.

Indem der EuGH am engen Text der ELR festhält und nicht eine funktionale Auslegung der Voraussetzungen von Art. 3 ELR ermöglicht, läßt er letztlich durchblicken, daß er die ELR als systemwidriges Element in seinem Grundfreiheitenverständnis betrachtet. Abhilfe durch den Unionsgesetzgeber durch Anpassung der ELR an ihre neue Funktion wäre möglich, ist aber nicht in Sicht.

2. Die Arbeitnehmerentsendung und Arbeitnehmerfreizügigkeit

Die gezeichnete Entwicklung im Sekundärrecht und in der Rechtsprechung des EuGH fußt auf der Annahme, daß die Arbeitnehmerentsendung

---

13 *Krebber* CMLR 46 (2009), 1725 ff.

14 EuGH, Urt. v. 3.4.2008, Rs. C-346/06 (Rüffert), Slg. 2008, I-1989, Rn. 21 ff.; zu den Vergabegesetzen neueren Zuschnitts einerseits *Krebber* EuZA 2013, 435 ff.; andererseits *Däubler* NZA 2014, 694 ff.

kein Fall der Arbeitnehmerfreizügigkeit ist. Die Begründung des EuGH, der entsandte Arbeitnehmer suche keinen Zugang zum Arbeitsmarkt, ist in einer Union, in der gemäß Art. 45 Abs. 3 lit. a, b AEUV auch Freizügigkeit zur Arbeitssuche besteht, zu weich. Ein das Wesen der Arbeitnehmerfreizügigkeit besser treffendes Kriterium wäre, ob ein Arbeitnehmer mit einem in einem anderen Mitgliedstaat angesiedelten Arbeitgeber ein Arbeitsverhältnis eingeht. Nur dann greift unabhängig von der beabsichtigten oder tatsächlichen Dauer dieses Arbeitsverhältnisses Art. 45 AEUV.

Neben dem Grundtypus des entsandten Arbeitnehmers und dem Normaltypus des Wanderarbeitnehmers haben sich in der Praxis zwei weitere Kategorien herausgebildet, deren rechtliche Einordnung ungewiß ist und die die alleinige Maßgeblichkeit der obigen Definition fragwürdig erscheinen lassen: (1) Der dauerhaft in verschiedene Mitgliedstaaten entsandte Arbeitnehmer mit dort jeweils tatsächlichen Arbeitsorten, der aber in keinem Mitgliedstaat mehr über einen gewöhnlichen Arbeitsort verfügt, sowie (2) der dauerhaft in einen einzigen Mitgliedstaat entsandte Arbeitnehmer, der in seinem Herkunftsstaat keinen gewöhnlichen Arbeitsort hat. Dem EuGH nach liegt in keiner Variante eine Entsendung iSv Art. 12 VO 883/2004 vor, wenn nicht der Arbeitgeber im Herkunftsland eine über reine Verwaltungstätigkeiten hinausgehende Geschäftstätigkeit ausübt.[15] Objektives Arbeitsverhältnisstatut wäre bei (1) nach Art. 8 Abs. 3 Rom I-VO das Recht der einstellenden Niederlassung, und bei (2) das Recht des Staates, in den entsandt wird, als Recht des gewöhnlichen Arbeitsortes nach Art. 8 Abs. 2 Rom I-VO. Auch wenn beide Konstellationen nicht dem herkömmlichen Verständnis einer Arbeitnehmerentsendung entsprechen, sind Art. 3 Abs. 1, 3 lit. a-c ERL weit genug formuliert, solche Arbeitnehmer zu erfassen. In Art. 4 Abs. 3 RL 2014/67[16] zur Durchsetzung der ERL genannte Kriterien deuten demgegenüber eher auf den Grundtypus hin. Ihr Nichtvorliegen führt jedoch nicht zwingend dazu, daß keine Entsendung vorliegt (Abs. 4). Der EuGH hat noch keine Stellung genommen. Es entspricht aber nicht dem Konzept der Grundfreiheiten, daß ein Arbeitnehmer durch Art. 45 AEUV allenfalls in einem Mitgliedstaat geschützt wäre, in dem er tatsächlich gar nicht arbeitet, während Grundlage der rechtlichen Beurteilung der eigentlichen Arbeitsverrichtung die Dienstleistungsfreiheit des Arbeitgebers ist. Die Entsendung der Arbeitnehmerfreizügigkeit zu

---

15 EuGH, Urt. v. 10.2.2000, Rs. C-202/97 (Fitzwilliam), Slg. 2000, I-883; Urt. v. 9.11.2000, Rs. C-404/98 (Plum), Slg. 2000, I-9379.

16 ABl. 2014 Nr. L 159/11.

entziehen, schafft eine eigenständige Kategorie, eine Sonderform unselbständiger Beschäftigung im Binnenmarkt, deren tatsächliche Bedeutung zunimmt und die rechtlich nicht sauber einzufangen ist.

IV. Ergebnis

Diese Dynamisierung der Entsendung läßt es in den Augen des *Verf.* im Rückblick überzeugender erscheinen, die Arbeitnehmerfreizügigkeit auch auf alle Formen der Entsendung anzuwenden.[17] Den *Jubilar* mögen diese Zeilen anregen, seine Haltung zu überdenken. Im Ergebnis bedeutet die Anwendung der Art. 45 ff. AEUV auf die Entsendung nicht, daß der entsandte Arbeitnehmer stets die Arbeitsbedingungen des jeweiligen Entsendestaates genießt. Art. 45 Abs. 2 AEUV steht nur einer unterschiedlichen Behandlung aufgrund der Staatsangehörigkeit entgegen. Welches Arbeits- und Sozialrecht anwendbar wäre, hätte sich daher nach Art. 11 f. VO 883/2004 sowie Art. 8 f. Rom I-VO gerichtet, die anders als die ERL mit den Grundlinien des Binnenmarktes ohne weiteres vereinbar sind.

17 S. (Fn. 1).

Arbeitsrecht und internationale Mediation

Rolf Birk

I. Einleitung

ADR (alternative dispute resolution) – und kein Ende! Man hat angesichts einer geradezu überbordenden Diskussion und Literaturschwemme den Eindruck, als sei ADR heute alternativlos. Dazu passt auch, wenn etwa im Vorwort zu dem umfangreichen „Handbuch Mediation" von den Herausgebern eine „ungebrochene Welle der Begeisterung" für diese „aufsehenerregende Alternative zum Gerichtsweg" konstatiert wird.[1] „Conciliation, mediation, arbitration", also Vermitteln, Schlichten und privates gerichtsförmiges Entscheiden als wichtigste Formen außergerichtlicher Konfliktregulierung spielen natürlich in sehr unterschiedlicher Weise schon lange, auch eine mehr oder weniger wichtige Rolle bei der Lösung arbeitsrechtlicher Auseinandersetzungen. Aber bisher dürften sich die Auswirkungen auf die arbeitsrechtliche Streitkultur – vielleicht im Gegensatz zu anderen Konfliktbereichen – eher in relativ bescheidenen Rahmen halten. Dies braucht nicht zu verwundern, gibt es ja außerhalb der Arbeitsgerichte vielfältige Möglichkeiten und Instrumente zur Lösung arbeitsrechtlich relevanter individueller und kollektiver Streitigkeiten zwischen Arbeitgebern und Arbeitnehmern.

Ob auch für die Mediation im Arbeitsrecht bei grenzüberschreitenden Sachverhalten Raum ist, wurde bislang so gut wie nicht erörtert. Dies gilt sowohl für Deutschland als auch für andere Länder innerhalb wie außerhalb der EU. Auch in den USA wurde die Frage bisher ignoriert, lediglich für ganz unrealistische Szenarien mit völkerrechtlicher Schlagseite haben einige Autoren[2] die Problematik ohne weiteren systematischen und praktischen Zugriff aufgegriffen. Damit bleibt die internationale Mediation in arbeitsrechtlichen Konflikten nach wie vor ein gewisses Desiderat. Auch

1 *Haft/von Schlieffen* (Hrsg.), Handbuch Mediation, 2. Aufl., München 2009, S. XI.

2 Vgl. etwa die Beiträge von *Hepple, St. Antoine, Thomas* und *Zack*, in: The International Bureau of the Permanent Court of Arbitration (ed.), Labor Law beyond Borders: ADR and the Internationalization of Labor Dispute, 2003, 35 ff.

wenn der Verfasser außerhalb der bereits gesetzlich geregelten Fälle keinen dringenden Bedarf für die Mediation national wie international erblicken kann, bleibt es doch von Interesse, die Fragestellung aufzugreifen und ihr einige Überlegungen zu widmen.

Es liegt auf der Hand, dass dieses Unterfangen nicht dieselbe Aufmerksamkeit für sich in Anspruch nehmen kann wie die internationale Wirtschaftsmediation,[3] für die auch die Nähe zur internationalen Schiedsgerichtsbarkeit als anderem Instrument außergerichtlicher Streitbeilegung große Bedeutung besitzt. Dies gilt auf keinen Fall für das Arbeitsrecht, das der privaten Schiedsgerichtsbarkeit sowohl national[4] wie international[5] mit Recht wenig Spielraum einräumt. Die Rechtsvergleichung bestätigt dies im Übrigen, auch wenn der „arbitration" in den USA, welche nicht mit der Schiedsgerichtsbarkeit deutscher Provenienz gleichgesetzt werden darf, mangels besonderer Arbeitsgerichte eine viel größere Bedeutung zukommt; freilich ist nicht zu übersehen, dass die kollektivvertraglich bestimmte „arbitration"[6] heute nur noch etwa 8% der Arbeitnehmer erfasst und damit an praktischer Relevanz erheblich eingebüßt hat.[7]

Zurück zu Europa und Deutschland. Weder das Unionsrecht noch das deutsche Recht der Mediation erwähnen ausdrücklich in ihren einschlägigen Rechtsinstrumenten das Arbeitsrecht,[8] obwohl beide es nach allgemeiner Auffassung miteinbeziehen. Die Mediationsrichtlinie vom 21.5.2008 – 208/52/EG erwähnt es wenigstens im Erwägungsgrund Nr. 10, so im Zusammenhang mit der weitgehend fehlenden Verfügbarkeit über arbeitsrechtliche Rechte und Pflichten, während das deutsche Mediationsgesetz vom Arbeitsrecht formal keinerlei Notiz nimmt. Gleichwohl ist von der

---

3 Dazu vor allem aus dem deutschen Schrifttum *Hutner*, Das internationale Privat- und Verfahrensrecht der Wirtschaftsmediation, Tübingen 2005.

4 Aus jüngster Zeit *Münch*, in: FS für H. Otto, Krause/Schwarze (Hrsg.), 2008, 327, 353 ff.

5 *Birk*, in: Erlanger FS für K. H. Schwab, Waldner/Künzel (Hrsg.), 1990, 305 ff.

6 Ein collective bargaining agreement enthält in der Regel eine arbitration clause, die individualrechtliche Streitigkeiten zwischen Arbeitgeber und Arbeitnehmer einem arbitrator zur Entscheidung zuweist.

7 Die Zahl der gewerkschaftlich organisierten Arbeitnehmer hat in den USA – wie fast überall – stark abgenommen und daher bedingt auch der Abschluss von Tarifverträgen.

8 Zur Medationstauglichkeit von arbeitsrechtlichen Konflikten *Prütting*, in: Haft/von Schlieffen (Hrsg.), Handbuch Mediation, 2. Aufl., München 2009, § 21 Rn. 30 ff.; *Bürger*, Möglichkeiten für den Einsatz der Mediation im Arbeitsrecht unter Einbeziehung des Mediationsgesetzes, Stuttgart 2014, 103 f.

Einbeziehung des Arbeitsrechts in das europäische wie deutsche Mediationsrecht auszugehen.[9]

Damit erfasst auch die Mediations-RL die internationale, also grenzüberschreitende Mediation von arbeitsrechtlichen Konflikten, soweit beide Parteien ihren Wohnsitz oder gewöhnlichen Aufenthalt in verschiedenen Mitgliedstaaten haben (Art. 2 Abs. 1 Mediations-RL). Es kommt demnach nicht darauf an, wo die arbeitsrechtliche Streitigkeit zu verorten ist oder wo die Mediation stattfinden soll. Wenn demnach die Voraussetzungen des Art. 2 Abs. 1 nicht vorliegen, ist eine internationale Mediation nicht ausgeschlossen, sie richtet sich dann eben allein nach deutschem Recht. Das Mediationsgesetz sagt dazu allerdings nichts, so dass hier allein allgemeine Regeln zu bilden sind. Attraktiv ist eine solche Lösung freilich nicht, denn außerhalb des Anwendungsbereichs der Mediations-RL gewährt das Mediationsgesetz deren Vorteile – vor allem die Freizügigkeit des Mediationsvergleichs als vollstreckbarer Titel innerhalb der EU –, wenn auch unter erschwerten Bedingungen.

Bevor die kollisionsrechtliche Problematik der internationalen Mediation von Arbeitsstreitigkeiten skizziert wird – mehr ist in diesem Zusammenhang aus Raumgründen nicht möglich –, soll noch kurz auf die recht eigenartige europarechtliche Konstellation zwischen Mediations-RL und deutschem Mediationsgesetz als angeblichem nationalen Umsetzungsakt eingegangen werden, der inhaltlich von der Richtlinie eigentlich nur sehr begrenzt Kenntnis nimmt.[10]

Zunächst ist rechtspolitisch bemerkenswert, dass die EU eigentlich eine allgemeine Richtlinie zur Harmonisierung des Rechts der Mediation anstrebte, aber angesichts fehlender Kompetenz auf den „Trick" verfiel, eine Richtlinie allein für grenzüberschreitende Streitigkeiten zu erlassen, da hierfür Art. 61 lit. c und Art. 67 Abs. 5 – zweiter Spiegelstrich – EUV als ausreichende Rechtsgrundlage angesehen wurden. In Erwägungsgrund 8 wird indes das eigentliche Ziel offenbart: die Aufforderung an die Mitgliedstaaten, die Richtlinie als allgemeine Leitlinie für die Regelung der Mediation zu verstehen. Diese Art von „Pädagogik" ist indes zurückzuweisen. Es kommt hinzu, dass vor allem die US-amerikanische Mediationslandschaft und -regelung weitgehend Modell stehen sollte. Anders als bei der Gleichbehandlungsfrage, wo die US-amerikanische Antidiskrimi-

9 Vgl. auch *Dürschke/Vincenc*, ZESAR 2010, 445 ff.

10 Davon ist bei *Dürschke/Vincenc* (Fn. 9) allerdings nichts zu lesen.

nierungsgesetzgebung offen Pate stand – ohne großen Widerstand der Mitgliedstaaten –, wurde hier die Amerikanisierung[11] eines Rechtsgebiets mehr über die Hintertür betrieben. In beiden Fällen stellt sich das eher als Armutszeugnis denn als Fortschritt dar, weil die Rechtstradition und das europäische Rechtsdenken schmählich über Bord geworfen wurden.

Die Ausweitung der Mediations-RL auf das gesamte Feld der Mediation durch ihre „Umsetzung" im Mediationsgesetz führte unglücklicherweise auch dazu, dass jede Berücksichtigung der grenzüberschreitenden Problematik unterblieb, fürwahr – keine Meisterleistung.

II. Mediation bei grenzüberschreitenden Arbeitskonflikten[12]

Eine Konfliktlösung im Wege der Entstaatlichung und damit auch einer Loslösung vom nationalen Recht hängt freilich davon ab, ob das staatliche Recht zumindest dies für die rechtlichen Streitigkeiten zulässt, selbst wenn diese zusätzlich auch Komponenten eines Regelungsstreites (Interessenauseinandersetzung) zum Inhalt haben sollten.

Demnach stellt sich zunächst bei der grenzüberschreitenden Mediation die Frage, welches staatliche Recht über die Zulässigkeit einer Mediation – hier im Arbeitsrecht – entscheidet. Daran schließt sich die weitere kollisionsrechtliche Erörterung der internationalen Mediation im Arbeitsrecht an.

1. Die Zulässigkeit der Mediation bei grenzüberschreitenden arbeitsrechtlichen Konflikten

Die Erörterung der internationalen Mediation findet angesichts von Mediations-RL und nationalen Umsetzungsakten, also insbesondere des deutschen Mediationsgesetzes, nicht im rechtsfreien Raum statt. Bei aller Frei-

11 Zur Amerikanisierung des Arbeitsrechts über das Gemeinschaftsrecht, *Junker*, in: FS für H. Otto, Krause/Schwarze (Hrsg.), 2008, 157 (169: „nachäffen") am Beispiel der Whistleblowing-Gesetzgebung.

12 Deutsches Schrifttum gibt es bisher dazu nicht. Zum Kollisionsrecht der Mediation bzw. Wirtschaftsmediation: *Eidenmüller* (Fn. 3), passim; *Hutner* (Fn. 3), 16 ff. 189 ff., 233 ff., 241 ff; *Hess*, in: Haft/von Schlieffen (Hrsg.), Handbuch Mediation, 2. Aufl., München 2009, § 48 Rn. 73-81; wenig ergiebig *Alexander*, International and Comparative Mediation Legal Perspectives, Alphen aan der Rijn 2009, 61 ff.

heit von staatlichen Regeln wird praktisch gesehen bei der Mediation ihre Einbindung in nationales Recht für eine Reihe von Fragen relevant (z. B. dilatorischer Klageverzicht, Verjährungshemmung, der Mediationsvergleich als möglicher Vollstreckungstitel und seine unionsweite Freizügigkeit). Aus diesem Grunde bedarf es auch einer Antwort auf die Frage nach der rechtlichen Zulässigkeit der Mediation bei arbeitsrechtlichen nationalen wie grenzüberschreitenden Konflikten.

Welche Rechtsordnung entscheidet darüber? Damit verknüpft ist die weitere Frage nach der Mediationsfähigkeit des Gegenstandes der Mediation. Vor allem im Arbeitsrecht ist dies von Bedeutung, da nach den meisten nationalen Arbeitsrechtsordnungen viele zwingende, vertraglich nicht abdingbare Regelungen materieller wie prozessualer Art bestehen. Das Problem ist ähnlich dem über die Schiedsfähigkeit des Streitgegenstandes in der Schiedsgerichtsbarkeit. Mediations-RL wie deutsches Mediationsgesetz gehen – wenn auch ohne ausdrückliche Regelung – davon aus, dass arbeitsrechtliche Konflikte – freilich nicht stets – jedenfalls im Allgemeinen mediationstauglich sind.

Über die Zulässigkeit der Mediation in grenzüberschreitenden arbeitsrechtlichen Sachverhalten und damit auch über die Mediationsfähigkeit von deren Gegenstand entscheidet das Recht des Mediationsortes als lex fori, da es sich hier um eine zum Verfahrensrecht zu zählende Frage handelt. Dies gilt auch für außergerichtliche Verfahren wie die Mediation. Wo die Mediation stattfindet, liegt dabei in der Entscheidung der Parteien, die ausdrücklich oder konkludent den Mediationsort bestimmen können. Sie haben es in der Hand, die Mediation im Inland oder Ausland – innerhalb oder außerhalb der EU – durchzuführen. Wo der Konflikt selbst zu lokalisieren ist, am Sitz des Betriebs oder Unternehmens, spielt insoweit keine Rolle.

Konkret bedeutet dies für die internationale Mediation im Arbeitsrecht: Es ist zu unterscheiden, wo das Mediationsverfahren stattfindet, ob im Inland oder im Ausland, sei es, dass der Mediationsort in einem Mitgliedstaat der EU oder in einem Nichtmitgliedstaat (z. B. in den USA) sich befindet. Hierbei spielt es insoweit keine Rolle, welches Recht etwa das Arbeitsverhältnis oder die sonstige arbeitsrechtliche Fragestellung beherrscht.

2. Inländischer Mediationsort

Wird die Mediation im Inland durchgeführt, sind die Mediations-RL sowie das Mediationsgesetz als wesentliche Rechtsquellen zu beachten, auch wenn sie selbst nichts Wesentliches bzw. nichts zur internationalen Mediation sagen.

Das deutsche Recht bildet demnach die maßgebliche nationale lex fori für ein inländisches Mediationsverfahren.[13] Über die für die internationale Mediation wichtigen Rechtsfragen entscheidet demnach das deutsche Recht als maßgebliches Kollisionsrecht. Dies bedeutet freilich nicht, dass das deutsche Recht auch die betreffende Frage in der Sache entscheidet, denn es kann ja eine andere Rechtsordnung für anwendbar berufen. Deutsches Recht fungiert in erster Linie als Kollisionsrecht und als Sachrecht nur, wenn das Kollisionsrecht auf es verweist.

Da ein spezielles Kollisionsrecht des Privat- und Verfahrensrechts für die Mediation bisher nicht existiert, sind allenfalls die allgemeinen Regeln für die mediationsrechtlichen Probleme entsprechend heranzuziehen oder aus ihnen zu entwickeln. Die kollisionsrechtliche Durchdringung der Fragen der außergerichtlichen Streitbeilegung steckt ja erst in ihren Anfängen. Welche Schwierigkeiten damit verbunden sind, zeigt die schon etwas weitergediehene Entwicklung bei der internationalen Wirtschaftsmediation,[14] wenngleich auch bei ihr ein bereits konsolidierter Meinungsstand oder gar Bestand an Normen noch fehlt.

Was den Gegenstand der arbeitsrechtlichen Mediation betrifft, so kann dieser eine individualrechtliche oder eine kollektivrechtliche Streitigkeit sein. Dieses Grundverhältnis wird rechtlich ergänzt durch die Mediationsvereinbarung und mit dieser wiederum verbunden etwa der Mediatorenvertrag und Prozessvereinbarungen (etwa ein dilatorischer Klageverzicht).

Das Grundverhältnis, hier das Arbeitsverhältnis, wird dabei entweder durch das von den Parteien oder durch objektive Anknüpfung bestimmte Recht beherrscht (Art. 8 Rom I-VO). Für die Mediationsvereinbarung gilt dies nicht, sie ist kein materiell-rechtlicher Bestandteil des Grundverhältnisses, sondern dient der außergerichtlichen Konfliktlösung, selbst wenn sie gleichzeitig und in derselben Urkunde mit dem Grundverhältnis abgeschlossen wird. Auf die Mediationsvereinbarung sind deshalb auch nicht

---

13 Ebenso *Hess* (Fn. 12), § 43, Rn. 76.

14 Dazu *Hutner* (Fn. 3), passim.

die Vorschriften der Rom I-VO unmittelbar anwendbar, obwohl es sich um eine Vereinbarung handelt, aber eben nicht um eine schuldrechtliche Vereinbarung i. S. d. Art. 1 Abs. 2 Rom I-VO. Vielmehr regelt sie eine Form der außergerichtlichen Konfliktlösung und zwar deren Ob und Wie, also ein Verfahren der Konfliktlösung, wenn auch nicht durch ein Gericht, sondern durch die Parteien selbst unter Inanspruchnahme fremder Hilfe; dabei soll hier der unscharfe, weiche Begriff der Mediation auf sich beruhen (vgl. Art. 3 lit.a Mediations-RL; § 1 Abs. 1 Mediationsgesetz) wie auch etwa seine Abgrenzung zur privaten Schiedsgerichtsbarkeit als einem anderen ADR-Verfahren.

Die Mediationsvereinbarung ist demnach als eine Verfahrensvereinbarung zu qualifizieren und unterliegt somit nach der deutschen lex fori dem deutschen Recht.[15] Dieses lässt allerdings auch insoweit eine Rechtswahl bei einer Vereinbarung über das Verfahren zu. Art. 3 ff. Rom I-VO sind mithin analog anwendbar. Die anderen verfahrensrechtlichen Vereinbarungen im Vorhof eines inländischen Verfahrens unterliegen der inländischen lex fori. Dass diese ein anderes Recht beruft, erscheint zwar möglich, aber nicht sehr wahrscheinlich; freilich gehört diese „Feststellung" eher in das Reich der Spekulation. Im Rahmen der vorliegenden Skizze soll diese Problematik offenbleiben.

Bildet indes eine Frage des kollektiven Arbeitsrechts den Gegenstand des Konflikts, so ist sie generell mediationsfähig;[16] weil Mediationstheorie wie deutsches Mediationsgesetz dies nicht ausschließen, soweit die Parteien über sie disponieren können. Freilich sind die Grenzen hier schneller erreicht als im Individualarbeitsrecht, sie im Einzelnen in dieser Skizze auszuloten, ist nicht erforderlich.

Eine internationale Mediation in einer kollektivrechtlichen Streitigkeit hat aber zur Folge, dass die Mediationsvereinbarung nicht ohne weiteres der Rechtswahl der Parteien unterliegt. Denn eine analoge – und nur eine solche kommt ja hier in Frage – Anwendung der Art. 3 ff. Rom I-VO verbietet sich, weil dieses Rechtsinstrument nicht analogiefähig und damit auf kollektivrechtliche Konflikte anwendbar[17] ist. Andere ungeschriebene Kollisionsnormen bieten sich nicht an. Eine Rechtswahl für die Mediationsvereinbarung erscheint nur dann vertretbar, wenn sie auf das Recht des

---

15 Ebenso *Hess* (Fn. 12), § 43, Rn. 76.

16 Vgl. *Bürger* (Fn. 8), 181 ff., 244 ff.

17 *Birk*, in: Münchener Handbuch des Arbeitsrechts, Bd. I, 2. Aufl., 2000, 21 Rn. 20 für das frühere Recht.

Staates beschränkt bleibt, in welchem der kollektive Konflikt ganz oder doch überwiegend zu lokalisieren ist.

Für den Mediationsvergleich, der die Mediation erfolgreich abschließt, ist eine Spaltung in ein Errichtungs- und ein Inhaltsstatut abzulehnen.[18] Über ihn entscheidet das Statut des Grundverhältnisses. Handelt es sich um die Beilegung eines individuellen arbeitsrechtlichen Konflikts, ist für ihn das Arbeitsverhältnisstatut maßgebend. Wo wie beim kollektivrechtlichen Konflikt ein Arbeitsvertragsstatut bzw. ein Arbeitsverhältnisstatut fehlt, entscheidet das anderweitig zu bestimmende Statut der kollektivrechtlichen Streitigkeit. Dieses muss ja nach inländischem Kollisionsrecht ohne Rückgriff auf die Rom I-VO bestimmt werden.

Anschließend soll noch kurz auf die Problematik der Mediationsklausel[19] bei grenzüberschreitenden Fällen eingegangen werden, da sie im Arbeitsrecht besonders kritisch unter die Lupe zu nehmen ist angesichts der regelmäßigen labilen Gleichgewichtslage zwischen den Parteien. Eine Mediationsklausel kommt in erster Linie bei Streitfällen zwischen Arbeitgeber und Arbeitnehmer in Betracht, weil hier ein Arbeitsvertrag als Grundverhältnis fungiert, bei kollektivrechtlichen Konflikten ist dies so nicht der Fall. Die Mediationsklausel bezieht sich zunächst auf das Ob einer Mediation und nicht notwendig auf das Wie, obwohl natürlich beides durchaus schon ohne konkreten Konflikt regelbar ist. Sie richtet sich nach dem Recht des Grundvertrages, eine andere Anknüpfung erscheint wenig sinnvoll.

Eine Überprüfung von Mediationsklauseln im Rahmen der AGB-Kontrolle erscheint sehr wichtig,[20] denn jedenfalls noch heute ist eine solche Klausel in Arbeitsverträgen ungewöhnlich und kann damit leicht zu einer unangemessenen Benachteiligung des Arbeitnehmers (§ 307 BGB) führen. Eine formularmäßige Mediationsklausel muss jedenfalls gegenwärtig als überraschend im Sinne des § 305c BGB angesehen werden.[21] Eine AGB-Kontrolle kommt nach deutschem Recht nur in Frage, wenn der Mediationsort im Inland liegt.

---

18 So aber *Hutner* (Fn. 3), 244 ff.

19 Allgemein hierzu *Bürger* (Fn. 8), 158 ff. m. weit. Nachweisen.

20 Vgl. *Bürger* (Fn. 8), 165 ff.

21 A.A. wohl *Bürger* (Fn. 8), 168.

3. Ausländischer Mediationsort

Findet die Mediation an einem Ort im Ausland statt, so ist wegen dessen rechtlicher Bedeutung in vielfältiger Hinsicht wichtig, zwischen einer Mediation im EU-Ausland und einer solchen in einem Drittstaat zu unterscheiden. Im ersten Fall sind Unionsrecht und harmonisiertes nationales Mediationsrecht maßgeblich; gleichsam handelt es sich um die spiegelbildliche Situation zu 2. Bei einer Mediation in einem Drittstaat – etwa in den USA – ist dies jedoch wesentlich anders.

Die Wirkungen einer ausländischen Mediation im Inland sind sehr unterschiedlich. Während bei einer Mediation in einem Mitgliedstaat der EU etwa die Freizügigkeit des Mediationsvergleichs als Vollstreckungstitel gewährleistet ist, hat die Mediation in einem Nichtmitgliedstaat in aller Regel keine solchen Auswirkungen.

III. Schluss

Ich hoffe, dass der Jubilar nicht nur Verständnis für diese Skizze einiger Gedanken zu einem etwas abgelegenen Thema zeigt, sondern darüber hinaus ihr ein gewisses Interesse entgegenbringt. Jedenfalls zeigt sie dem Meister des Europarechts, wie weit die Europäisierung selbst auf dem Gebiet der außergerichtlichen Lösung arbeitsrechtlicher Konflikte gediehen ist.

IV. Prozessuale Durchsetzung

Internationale Gerichtsstandsvereinbarungen, Privatautonomie und prozessuale Rechtshängigkeitsdogmatik – Europas Reise in die Welt

Peter Huber

I. Einführung

Ein zentrales Element der Privatautonomie im Prozessrecht ist die Beachtung von Gerichtsstandsvereinbarungen. In den meisten Rechtsordnungen ist anerkannt, dass Vertragsparteien – jedenfalls in handelsrechtlichen Verträgen – vereinbaren können, dass im Streitfall die Gerichte eines bestimmten Staates zuständig sein sollen. Unterschiede ergeben sich jedoch bei der konkreten Ausgestaltung des Schutzes dieser prozessualen Form der Privatautonomie. Aus europäischer Sicht besonders interessant ist hier das Verhältnis von Gerichtsstandsvereinbarungen zu einer zentralen Doktrin des (internationalen) Prozessrechts, nämlich der Lehre von der Beachtung ausländischer Rechtshängigkeit. Konkret: Darf ein kraft Gerichtsstandsvereinbarung zuständiges Gericht entscheiden, wenn die einschlägige Rechtshängigkeitsregel es eigentlich zur Aussetzung des Verfahrens oder zur Abweisung der Klage verpflichten würde? Das europäische Recht, in Gestalt der Brüssel I-VO, hat hierzu bisher eine rigide, die prozessuale Dogmatik über die Privatautonomie stellende, Antwort gegeben (II). Die weltweite Entwicklung hingegen deutete schon lange in eine andere Richtung; Ausdruck hierfür ist die Lösung des Haager Übereinkommens über internationale Gerichtsstandsvereinbarungen von 2005 (III). Seit neuestem nähert sich auch das europäische Recht mit der Neufassung der Brüssel I-VO der international vertretenen Linie an (IV).

II. Europa – Teil 1: Rigide Härte

1. Privatautonomie

Die Europäische Gerichtsstands- und Vollstreckungsverordnung (EuGVO, Brüssel I-VO) von 2001 lässt Gerichtsstandsvereinbarungen in Art. 23 zu.

Sie vermutet sogar ihre Ausschließlichkeit (Art. 23 I 2 Brüssel I-VO 2001). Insofern räumt sie der Privatautonomie grundsätzlich einen durchaus hohen Stellenwert ein.

2. Dogmatik

Die Regelungen der Brüssel I-VO 2001 über die anderweitige Rechtshängigkeit sind, jedenfalls in der Form, die ihnen der EuGH gegeben hat, von bemerkenswerter Rigidität. Art. 27 Brüssel I-VO 2001 postuliert ein strenges Prioritätsprinzip. Sind vor Gerichten mehrerer Mitgliedstaaten Verfahren zwischen denselben Parteien über einen identischen Streitgegenstand anhängig, so setzt sich das zuerst anhängig gemachte durch; das spätere Verfahren muss weichen (Aussetzung bzw. Abweisung). Sind die beiden Verfahren zwar nicht identisch, stehen sie aber „im Zusammenhang", so gilt das etwas flexiblere Regime des Art. 28 Brüssel I-VO 2001: Das später angerufene Gericht „kann" das Verfahren aussetzen bzw. abweisen, muss es aber nicht; es hat also ein Ermessen. Wie rigide oder flexibel dieses System funktioniert, hängt demnach entscheidend davon ab, wie weit man den Begriff der Identität des Streitgegenstandes versteht: je weiter, desto rigider. Der EuGH hat den Begriff der Identität denkbar weit ausgelegt. Identisch sind die Streitgegenstände beider Verfahren demnach bereits dann, wenn sie „im Kern" übereinstimmen. Nach dieser so genannten Kernpunkttheorie hat eine negative Feststellungsklage, die sich auf die Feststellung etwa des Nichtbestehens eines Vertrages richtet, den gleichen Streitgegenstand wie eine positive Leistungsklage, mit der ein Anspruch aus diesem Vertrag durchgesetzt werden soll.[1] Die Folge war der „italienische Torpedo".[2] Darunter versteht man eine negative Feststellungsklage, die der Schuldner einer Forderung (und potentielle Leistungsbeklagte) gegen den Gläubiger (und potentiellen Leistungskläger) in einem Mitgliedstaat der Verordnung anhängig macht, der dafür bekannt ist, dass die Mühlen seiner Justiz langsam mahlen. Dies hat zur Folge, dass sämtliche Möglichkeiten einer späteren Leistungsklageerhebung, die der Gläubiger in irgendeinem Mitgliedstaat hätte, blockiert werden, bis das zuerst angerufene Gericht (d.h. das mit der negativen Feststellungsklage befasste „Torpedo"-

1 Vgl. dazu EuGH, 6.12.1994, Rs. C-406/92 (Tatry/Maciej Rataj), Rn. 45.

2 Der Begriff geht zurück auf *Franzosi*, 19 European Intellectual Property Review (1997), 382.

Gericht) über seine internationale Zuständigkeit entschieden hat. Je länger dies dauert, desto länger kann der Gläubiger nicht in einem anderen (schnelleren) Mitgliedstaat zum Zuge kommen. Zwar wird der Gläubiger in der Regel die Möglichkeit haben, vor dem Torpedo-Gericht eine Leistungsklage in Form der Widerklage zu erheben,[3] doch hat es der Schuldner dennoch geschafft, den Gläubiger vor das langsame Forum zu zwingen.

3. Dogmatische Rigidität vor Privatautonomie

Zum Konflikt zwischen Privatautonomie und Dogmatik kam es im Fall Gasser: Die italienische Käuferin hatte in Italien negative Feststellungsklage erhoben, die österreichische Verkäuferin – gestützt u.a. auf eine ausschließliche Gerichtsstandsvereinbarung – einige Monate darauf Klage auf Zahlung des Kaufpreises in Österreich. Das österreichische Gericht legte dem EuGH die Frage vor, ob es den Einwand der ausländischen Rechtshängigkeit auch dann beachten müsse, wenn es aufgrund einer Gerichtsstandsvereinbarung ausschließlich zuständig sei. Im Verfahren vor dem EuGH hielt insbesondere das Vereinigte Königreich die Fahne der Privatautonomie hoch; die Rechtshängigkeitsregel habe zu weichen, um (u.a.) die Handelspraxis, Gerichtsstandsvereinbarungen zu treffen, zu ermutigen.[4] Der EuGH stellte jedoch dogmatische Rigidität über Privatautonomie und entschied, angesichts des klaren Wortlauts der Vorschriften und des hohen Ziels der Rechtssicherheit gebe es keine Möglichkeit, von der starren Rechtshängigkeitsregel abzuweichen. Das später angerufene Gericht habe also das Verfahren auszusetzen bzw. die Klage abzuweisen, selbst wenn es aufgrund einer Gerichtsstandsvereinbarung ausschließlich zuständig sei.[5] Dies gelte auch dann, wenn das Verfahren vor dem zuerst angerufenen Gericht unvertretbar lange dauere.[6] Es verwundert nicht, dass die Entscheidung vielfach auf Kritik gestoßen ist.[7] Glücklicherweise geht

---

3 Vgl. Art. 6 Nr. 3 Brüssel I-VO und *Rauscher/Leible,* EuZPR/EuIPR, Brüssel I-VO Art. 6 Rn. 24 f. und 28.

4 Vgl. EuGH, 9.12.2003, C-116/02 (Gasser/MISAT), Rn. 31.

5 EuGH, (Fn. 4) Rn. 54.

6 EuGH, (Fn. 4) Rn. 70. Vgl. zum Ganzen auch *Mankowski* IPRax 2009, 23.

7 Vgl. etwa *Althammer/Löhnig* ZZP Int. 9 (2004), 23, 31 ff.; *Grothe* IPRax 2004, 205, 208 ff.; *Mance* Law Quarterly Review (2004), 357; *Merrett* 55 International & Comparative Law Quarterly (2006), 315, 327; *Schilling* IPRax 2004, 294, 297.

die Entwicklung international und bald auch in Europa in eine andere Richtung.

III. Die Welt: Vorrang der Privatautonomie

1. Das Haager Übereinkommen von 2005

Als Beispiel für den außerhalb der EU vorherrschenden Ansatz kann das Haager Übereinkommen von 2005 über internationale Gerichtsstandsvereinbarungen (HGÜ)[8] dienen, das zum 1. Oktober 2015 in Kraft getreten ist.[9] Das Übereinkommen gilt im Verhältnis zwischen den teilnehmenden EU-Staaten und dem bislang einzigen sonstigen Vertragsstaat Mexiko. Sollten auch die USA das – bereits gezeichnete - HGÜ schließlich ratifizieren,[10] wird dies möglicherweise weitere Staaten zum Beitritt animieren. Unabhängig davon kann der Text des HGÜ als Ausdruck eines international akzeptablen Regimes zur Behandlung internationaler Gerichtsstandsvereinbarungen betrachtet werden.[11]

Das Übereinkommen ist bei internationalen Sachverhalten auf ausschließliche Gerichtsstandsvereinbarungen anzuwenden, die in Zivil- und Handelssachen zwischen Unternehmern geschlossen werden (Art. 1 I, 2 I lit. a) HGÜ). Die Ausschließlichkeit einer Gerichtsstandsvereinbarung wird – wie in der Brüssel I-VO – vermutet (Art 3 lit. b) HGÜ). Die Gerichtsstandsvereinbarung fällt nur unter das Übereinkommen, wenn sie ein Gericht in einem Vertragsstaat prorogiert (Art. 3 HGÜ). Unerheblich für die Anwendbarkeit des HGÜ selbst ist es, ob eine der Parteien aus einem Vertragsstaat kommt.[12] Relevant wird der Aufenthalt der Parteien hingegen für die Abgrenzung des HGÜ zur Brüssel I-VO: Gemäß Art. 26 VI lit. a HGÜ bleibt die Anwendung der Brüssel I-VO unberührt, „sofern kei-

8 Text abrufbar unter http://www.hcch.net/upload/conventions/txt37de.pdf.

9 Vgl. http://www.hcch.net/index_de.php?act=conventions.status2&cid=98.

10 Derzeit gibt es – wohl innenpolitisch motivierte – Schwierigkeiten im Ratifikationsprozess, vgl. dazu *Burbank* 2 Journal of Private International Law (2006), 287, 294; *Dubay* 3 George Mason Journal of International Commercial Law (2011), 1, 34 ff.

11 *Teitz* 53 American Journal of Comparative Law (2005), 543, 549; *Wagner* RabelsZ 73 (2009), 100, 144.

12 *Huber/Antomo* Nihon University Comparative Law (2010), 123, 126; *Huber*, in: FS für Gottwald 2014, S. 283, 284.

ne der Parteien ihren Aufenthalt in einem Vertragsstaat dieses Übereinkommens hat, der nicht Mitgliedstaat" der EU ist.

2. *Akzeptanz und Durchsetzung von Gerichtsstandsvereinbarungen im HGÜ*

Das HGÜ erklärt Gerichtsstandsvereinbarungen für zulässig, unterwirft sie bestimmten Formerfordernissen und trifft nähere Regelungen zur Bestimmung ihrer Wirksamkeit (Art. 3 HGÜ). Die Prorogationswirkung regelt Art. 5 I HGÜ: Das gewählte Gericht muss seine Zuständigkeit bejahen und den Fall entscheiden, es sei denn, die Gerichtsstandsvereinbarung ist nach dem Recht dieses Staates[13] ungültig oder nach Art. 3 lit. c) HGÜ formunwirksam.[14]

In Art. 6 HGÜ sieht das Übereinkommen eine strenge Derogationswirkung vor. Wird ein anderes (Vertragsstaats-)Gericht als das vereinbarte angerufen, so darf es gemäß Art. 6 I HGÜ grundsätzlich nicht in der Sache entscheiden, sondern muss das Verfahren aussetzen bzw. die Klage abweisen, es sei denn, eine der in der Vorschrift genannten Ausnahmen (Ungültigkeit der Gerichtsstandsvereinbarung,[15] Fehlen der Fähigkeit zum Vertragsschluss,[16] ordre public bzw. „manifest injustice", Undurchführbarkeit des Verfahrens im prorogierten Forum) ist einschlägig.

13 Gemeint ist damit das Recht, das nach dem Kollisionsrecht dieses Staates auf die Gerichtsstandsvereinbarung anwendbar ist; vgl. *Hartley/Dogauchi*, Explanatory Report on the 2005 Hague Choice of Court Agreements Convention, Rn. 125, 146; *Wagner* RabelsZ 73 (2009), 100, 119, 122.

14 *Huber/Antomo* Nihon University Comparative Law (2010), 123 129; *Huber*, in: FS für Gottwald, 2014, S. 283, 286.

15 Nach dem Recht (einschließlich Kollisionsrechts) des Staats des prorogierten Gerichts. M.E. darf das derogierte Gericht auch die Formerfordernisse überprüfen, vgl. Huber, in: FS für Gottwald, 2014, S. 283, 287 Fn. 19.

16 Gemeint ist das aus Sicht des Kollisionsrechts des derogierten Gerichts auf die Fähigkeit zum Abschluss der Vereinbarung anwendbare Recht, vgl. *Hartley/Dogauchi* (Fn. 13), Rn. 150. Dies ist allerdings umstritten, vgl. *Wagner* RabelsZ 73 (2009), 100, 122 m.w.N.

3. Gerichtsstandsvereinbarungen und Rechtshängigkeitseinwand im HGÜ

Das HGÜ selbst enthält keine Rechtshängigkeitsregeln. Das bedeutet freilich nicht, dass insoweit nun andere Regelungen (z.B. die Brüssel I-VO) angewendet werden können. Vielmehr ergibt sich aus Art. 5 II HGÜ das Gegenteil. Nach dieser Vorschrift darf das prorogierte Gericht die Ausübung seiner Zuständigkeit gerade nicht mit der Begründung verweigern, dass ein anderes (ausländisches) Gericht über die Sache entscheiden solle. Das HGÜ schließt also genau diejenige Rechtsfolge aus, die sich aus der Beachtung anderweitiger Rechtshängigkeit ergeben würde. Das prorogierte Gericht darf demnach nicht unter Berufung auf eine – wo auch immer geregelte – Rechtshängigkeitslehre die Entscheidung verweigern, selbst wenn derselbe Streitgegenstand vor einem anderen Gericht anhängig ist.[17]

Parallel dazu verlangt Art. 6 HGÜ eindeutig, dass das derogierte Gericht das Verfahren aussetzt bzw. abweist, wenn es nicht von einem der in der Vorschrift genannten Unwirksamkeitsgründe ausgeht. Ein Ermessen ist insoweit nicht vorgesehen. Das derogierte Gericht kann also gerade nicht das Verfahren mit der Begründung fortführen, es sei das zuerst angerufene Gericht und aus seinen Rechtshängigkeitsregeln ergebe sich, dass es deshalb entscheiden müsse.

4. Bedeutung

Was ergibt sich nun aus der geschilderten Rechtslage nach dem HGÜ für das Spannungsverhältnis zwischen internationalprozessrechtlicher Privatautonomie und dogmatischer Rigidität? Die Brüssel I-VO 2001 akzeptiert zwar Privatautonomie, legt aber in Gestalt der Rechtshängigkeitsvorschriften ein enges Korsett bereit und zwingt die Privatautonomie, dieses anzulegen. Das HGÜ verzichtet nicht nur darauf, ein solches Korsett bereit zu legen, sondern verbietet es dem Gericht sogar, der Privatautonomie eines der Korsette aus anderen Rechtsordnungen anzulegen. In der Kernfrage entscheidet sich das HGÜ also exakt für das Gegenteil dessen, was die Brüssel I-VO 2001 für richtig hält.

---

17 Siehe etwa *Hartley* 31 European Law Review (2006), 414, 416; *Hartley/Dogauchi* (Fn. 13), Rn. 3; *Huber/Antomo*, Nihon University Comparative Law 2010, 123, 130; *Lipe/Tyler*, 33 Houston Journal of International Law (2010), 1, 18; *Wagner* RabelsZ 73 (2009), 100, 110, 119.

IV. Europa – Teil 2: auf dem richtigen Weg

Die Kritik an der rigiden Einschränkung der Privatautonomie und das Vorbild des HGÜ haben dazu geführt,[18] dass der EU-Gesetzgeber seine bisherige Haltung aufgegeben und die Privatautonomie bzw. die Gerichtsstandsvereinbarung gegenüber der Rechtshängigkeitslehre gestärkt hat. In der Neufassung der Brüssel I-VO von 2012, die ab Anfang 2015 gilt, genießen ausschließliche Gerichtsstandsvereinbarungen weitreichenden Vorrang vor den Rechtshängigkeitsregeln. Die neuen Art. 31 II, III Brüssel I-VO 2012 bestimmen, grob gesagt, Folgendes: Wird das prorogierte Gericht angerufen, muss ein anderes Gericht das Verfahren aussetzen, solange das vereinbarte Gericht seine Zuständigkeit prüft. Hält das prorogierte Gericht sich für zuständig, muss das andere Gericht sich für unzuständig erklären. Dies gilt gerade für den Fall, dass das andere Gericht zuerst angerufen war. Umgekehrt folgt aus dem in die Rechtshängigkeitsregel (jetzt Art. 29 Brüssel I-VO 2012) neu eingefügten Vorbehalt zugunsten des Art. 31, dass das prorogierte Gericht das Verfahren selbst dann nicht aussetzen oder beenden muss, wenn ein anderes Gericht vor ihm mit dem gleichen Streitgegenstand befasst wurde.[19] Im Ergebnis nähert sich die Neufassung des zentralen Instruments des Europäischen IZPR damit der Lösung des HGÜ an, die der Privatautonomie (in Form der Gerichtsstandsvereinbarung) den Vorrang vor den Härten der Rechtshängigkeitslehre einräumt. Selbst wenn die Neuregelung eine Reihe von Auslegungsfragen aufwerfen mag – etwa: Welches der beteiligten Gerichte darf wann und in welchem Umfang die Wirksamkeit der Gerichtsstandsvereinbarung überprüfen? – kann man doch feststellen: Die Richtung stimmt!

---

18 Für einen Gleichlauf der reformierten Brüssel I-VO mit dem HGÜ z.B. *Hess*, Europäisches Zivilprozessrecht (2009), § 6 Rn. 137; *Pfeiffer*, in: Hess/Pfeiffer/Schlosser, The Brussels I Regulation 44/2001, 2. Aufl. 2008, Rn. 327.

19 Vgl. *Cadet* EuZW 2013, 218, 220; *Kunick/Lamb/Prantl/Regenhardt* SchiedsVZ 2012, 21, 25 f. Vgl. auch Erwägungsgrund (22) zur Verordnung.

Die EU-Richtlinie zur Verbraucherstreitbeilegung: Entlastung oder Schwächung der Justiz?

Burkhard Hess[1]

I. Die Perspektive des Unionsgesetzgebers

Die deutsche Diskussion nimmt die AS-Richtlinie[2] überwiegend als eine Gefährdung der staatlichen Justiz wahr – könnte sie doch im Ergebnis zu einer Abwanderung von Verbraucherstreitigkeiten in die organisierte Schlichtung bewirken.[3] Das mag man angesichts der leistungsfähigen Ziviljustiz hierzulande bedauern, die Perspektive des Unionsgesetzgebers ist jedoch eine andere: Art. 149 AEUV verpflichtet die Union, im Rahmen eines eigenständigen Politikbereichs den Verbraucherschutz im Binnenmarkt zu effektuieren. In Umsetzung der Verbraucherpolitik ist in den letzten Jahrzehnten ein ausgreifendes Sonderprivatrecht entstanden. Der Unionsgesetzgeber hat dabei nicht nur Vorschriften zum materiellen Recht erlassen, sondern auch spezielle Verfahrensvorschriften implementiert, etwa im kollektiven Rechtsschutz[4] oder für sog. Bagatellverfahren.[5]

Peter Müller-Graff gehört zu denjenigen Wissenschaftlern, die die Bedeutung des Unionsrechts für das deutsche Privat- und Verfahrensrecht

---

1 *Burkhard Hess* ist Direktor des Max-Planck-Instituts für Verfahrensrecht in Luxemburg. *Nils Pelzer*, wissenschaftlicher Referent und Doktorand, half bei der Vorbereitung des Beitrags.

2 RL 2013/11/EU des Europäischen Parlaments und des Rates v. 21.5.2013 über die alternative Beilegung verbraucherrechtlicher Streitigkeiten, ABl. 2013 Nr. L 165/63 ff.

3 Pointiert *H. Roth* JZ 2013, 637 ff.; *Meller-Hannich/Höland/Krausbeck* ZEuP 2014, 8, 38 („Zwei-Klassen-Justiz"); *Eidenmüller/Engel* ZIP 2013, 1704, 1708 („justizähnliches Parallelsystem").

4 Vgl. die RL 2009/22/EG des Europäischen Parlaments und des Rates v. 23.4.2009 über Unterlassungsklagen zum Schutz der Verbraucherinteressen, ABl. 2009 Nr. L 110/30 ff.

5 VO (EG) Nr. 861/2007 des Europäischen Parlaments und des Rates v. 11.7.2007 zur Einführung eines europäischen Verfahrens für geringfügige Forderungen, ABl. 2007 Nr. L 199/1 ff., dazu *Kern* JZ 2012, 389, 393 ff. Zu Reformvorschlägen *Hau*, in: FS Gottwald, 2014, S. 255, 256 ff.

frühzeitig erkannt und zum Gegenstand intensiver Forschung gemacht haben.[6] Er hat dabei immer auch andersartige Situationen im europäischen Ausland im Blick behalten. Daher hoffe ich, dass meine Überlegungen zur Umsetzung der EU-Richtlinie zur Verbraucherstreitbeilegung auf sein Interesse stoßen.

1. Uneinheitliche Implementierung des europäischen Verbraucherschutzes in den nationalen Justizsystemen

Das europäische Verbraucherrecht enthält eine institutionelle Schwachstelle. Denn es wird, wie das gesamte Unionsrecht, von den Gerichten der EU-Mitgliedstaaten dezentral implementiert (vgl. Art. 19 Abs. 1 UAbs. 2 EUV).[7] Das hat zur Folge, dass die heterogene Leistungsfähigkeit der nationalen Justizsysteme unmittelbar auf die Anwendung des Verbraucherrechts durchschlägt – in manchen EU-Mitgliedstaaten werden Verbraucherprozesse innerhalb von wenigen Monaten erledigt, während in anderen Mitgliedstaaten derartige Verfahren mehrere Jahre benötigen. Laut einer Studie im Auftrag der EU-Kommission[8] ist Deutschland dabei im Vergleich gut aufgestellt: Danach dauert ein Verbraucherprozess in Deutschland durchschnittliche 257 Tage in erster Instanz und damit nur beinahe halb so lang wie der europäische Durchschnitt (rund 512 Tage).[9] Bei Einbeziehung aller drei Instanzen liegt die Gesamtdauer in Deutsch-

6 Herausragend: *Müller-Graff*, Gemeinsames Privatrecht in der Europäischen Gemeinschaft, 2. Auflage 1999.

7 Dazu *Hess*, Europäisches Zivilprozessrecht, 2010, § 11 I, Rn. 1 ff.

8 Pilot study on the Functioning of the National Judicial Systems for the Application of Consumer Protection Law Rules, 14 March 2014, Contract JUST/2011/EVAL/01, Final Report, http://ec.europa.eu/justice/effective-justice/files/cses_consumer_protection_final_report_en.pdf. Die Autoren der Studie durchsuchten nationale Entscheidungsdatenbanken der Mitgliedstaaten nach letztinstanzlichen Urteilen mit Verbraucherbezug, zwischen 2008 und 2013, S. 27. Je nach Mitgliedstaat wurden Stichproben analysiert; in 16 Mitgliedstaaten wurden nur Entscheidungen berücksichtigt, die die dritte Instanz erreichten. Der Datensatz war letztlich klein; so untersuchten die Autoren der Studie lediglich 21 Fälle aus Deutschland, S. 105.

9 Eigene Berechnung anhand der Rohdaten der Studie, S. 26. Dabei blieben Irland und Kroatien, für die keine Daten vorlagen, außer Betracht.

land allerdings bei 1163 Tagen – das ist immerhin etwas weniger als der EU-Durchschnitt von rund 1390 Tagen.[10]

Die Anwendung des Verbraucherrechts wird jedoch konterkariert, wenn eine lange Prozessdauer, Kostenrisiken und die Ungewissheit über den Ausgang des Verfahrens den Verbraucher letztlich davon abhalten, überhaupt zu klagen. Für den Unionsgesetzgeber bedeutet dies praktisch, dass er zwar verbraucherschützende Regeln – sowohl auf der Ebene des materiellen als auch des Prozessrechts – schaffen kann, ohne hingegen den flächendeckenden Vollzug garantieren zu können.

2. *Alternative Streitbeilegungsverfahren*

Angesichts des uneinheitlichen und teilweise ineffizienten Vollzugs des Verbraucherschutzes erscheint es durchaus einleuchtend, dass der Unionsgesetzgeber mit der alternativen Streitbeilegung eine „zweite Spur" zur dezentralen Durchsetzung von Verbraucherrechten schafft. Dies entspricht der Entwicklung in zahlreichen Mitgliedstaaten, etwa in England[11] oder auch in Skandinavien.[12] Der Unionsgesetzgeber greift hier auch moderne Tendenzen der Streitbeilegung auf, die – ausgehend von den USA – die nationalen Justizsysteme nachhaltig beeinflussen und (teilweise) umformen.[13] Die außergerichtliche Streitbeilegung weist derzeit in allen Mitgliedstaaten ganz erhebliche Wachstumsraten auf – ohne dass bisher ein Ordnungsrahmen geschaffen wurde. So gesehen schließt die AS-Richtlinie eine Regelungslücke in den Streitbeilegungssystemen der EU-Mitgliedstaaten – übrigens auch in Deutschland, wo eine unübersichtliche Vielzahl von heterogenen Streitbeilegungsstellen existiert.

---

10 Eigene Berechnung anhand der Rohdaten der Studie, ebd. Mitgliedstaaten, für die nicht für alle Instanzen Daten vorlagen, blieben außer Betracht.

11 Dort ist die staatliche Justiz (wegen überhöhter Anwaltskosten) für die durchschnittlichen Bürger nicht mehr erreichbar, kritisch *Genn*, Judging Civil Justice, Cambridge University Press 2008, S. 24 ff.; zur Entwicklung außergerichtlicher Streitbeilegung *Benöhr/Hodges/Creutzfeld-Banda*, The United Kingdom, in: Benöhr/Hodges/Creutzfeld-Banda, Consumer ADR in Europe, 2012, S. 353 ff.

12 *Weber/Hodges/Creutzfeld-Banda*, Sweden, in: Benöhr/Hodges/Creutzfeld-Banda, Consumer ADR in Europe, 2012, S. 229 ff.; zuvor *Scherpe*, Außergerichtliche Streitbeilegung in Verbrauchersachen, 2002, S. 110 ff., 171 ff.

13 Dazu *Hess* (Fn. 7), § 10 V, Rn. 136 ff.

II. Durchsetzung zwingenden Verbraucherrechts durch konsensuale Verfahren?

Die AS-Richtlinie verpflichtet die Mitgliedstaaten, ein flächendeckendes System außergerichtlicher Stellen zur Beilegung von Verbraucherstreitigkeiten zu schaffen. Zugleich enthält sie prozessuale Mindestvorgaben für die anzuwendenden Verfahren.[14] Schließlich setzt das neue Streitbeilegungssystem Anreize: Die AS-Verfahren sollen für die Verbraucher grundsätzlich kostenfrei sein und innerhalb knapper Fristen abgewickelt werden; der Einsatz von IT soll die Verfahren effektuieren, Unternehmer müssen schließlich die Verbraucher über das jeweils zugängliche Verfahren informieren.

Der Regelungsansatz der Richtlinie sieht sich freilich einem grundsätzlichen Einwand ausgesetzt: Das EU-Verbraucherrecht ist zwingendes Recht, von dem die Parteien nicht ohne weiteres abweichen können.[15] Schlichtungsverfahren setzen hingegen auf den Konsens der Parteien, der durch wechselseitiges Nachgeben herbeigeführt wird. Dabei kommt dem Schlichter eine zentrale Rolle zu: Er soll regelmäßig den Parteien einen Vorschlag zur Beilegung des Streits vorlegen. Die Richtlinie löst freilich das Dilemma nicht vollständig auf: Sie verpflichtet nämlich nur im Fall der auferlegten (sprich bindenden) Schlichtung den Schlichter auf die Einhaltung des Verbraucherrechts (Art. 11 Abs. 1 AS-RL).[16] Im Regelfall einer sog. vorschlagenden, sprich nicht bindenden Schlichtung kann der Streitmittler hingegen auch vom Gesetz abweichende Lösungen empfehlen.[17] Hier setzt der Unionsgesetzgeber auf die Information des Verbrauchers: Er ist zu Beginn des Schlichtungsverfahrens und bei der Unterbrei-

---

14 Ausführlich *Rühl* ZZP 127 (2014), 61, 65 ff.

15 Vgl. etwa § 475 Abs. 1 BGB in Umsetzung von Art. 7 Abs. 1 der Verbrauchsgüterkauf-RL.

16 Der deutsche Gesetzentwurf will diese Form der Schlichtung, die einem Schieds- bzw. Gerichtsverfahren ähnelt, nicht implementieren (vgl. § 4 Abs. 2 RE-VSBG) – sie entspricht nicht der Praxis der Schlichtungsverfahren in Deutschland und würde im Ergebnis eine Gerichtsbarkeit mit niedrigeren Standards schaffen. So auch *Hirsch* NJW 2013, 2088, 2092.

17 Ein logischer Widerspruch zur zwingenden Natur des Verbraucherschutzrechts besteht dabei nicht – der Verbraucher kann nach Entstehung einer Streitigkeit nach materiellem Recht auf die ihm eingeräumten, zwingend eröffneten Schutzrechte ganz oder teilweise verzichten, *Weidenkaff*, in: Palandt, 74. Auflage 2015, § 475 BGB , Rn. 3a m.w.N.; ausführlich *Pelzer* ZKM 2015, 43, 44 f.

tung des Vorschlags darüber zu informieren, dass der Vorschlag vom Ergebnis eines Gerichtsverfahrens abweichen kann.

Man mag bezweifeln, ob dies zur effektiven Durchsetzung des Verbraucherrechts ausreicht. Denn der Verbraucher erhält – regelmäßig bei geringwertigen Streitigkeiten – ein Angebot, bei dem er zwar eventuell Geld verliert, jedoch im Zweifel auf eine sofortige Leistung des Unternehmers zugreifen kann. Der Anreiz, sich auf den Kompromiss einzulassen und dem Risiko eines Gerichtsverfahrens auszuweichen, wird im Ergebnis häufig dazu führen, dass die raschen Schlichtungsverfahren im Verbraucherschutz den Gerichtsschutz de facto substituieren.[18] – Derartige Entwicklungen sind in anderen EU-Mitgliedstaaten, etwa in England bereits Gegenstand der öffentlichen Diskussion.[19] Für eine entsprechende Grundsatzdiskussion in Deutschland ist es freilich inzwischen fast zu spät. Denn die Richtlinie ist geltendes Recht und bis zum Juli 2015 umzusetzen.

Daher erscheint es zunächst zielführend, dass der deutsche Gesetzgeber die Regelungsspielräume der Richtlinie nutzt, um auch in der Verbraucherschlichtung eine Rechtsdurchsetzung zu implementieren, und zugleich die Schnittstellen zum Gerichtsverfahren offenhält. An diesen Regelungszielen sollte sich der deutsche Gesetzgeber orientieren. Der Regierungsentwurf für ein Verbraucherstreitbeilegungsgesetz (RE-VSBG), den die Bundesregierung im Mai 2015 vorgelegt hat,[20] geht dabei in die richtige Richtung – im Gesetzgebungsverfahren ist er jedoch in einigen Punkten nachzubessern.

III. Die Umsetzung der RL 2013/11/EU in Deutschland

1. Institutionelle Umsetzung

a) Einrichtung eines Akkreditierungssystems

Nach dem Regierungsentwurf sollen die Länder die entsprechenden Akkreditierungen vornehmen und Universalschlichtungsstellen vorhalten –

---

18 *Eidenmüller/Engel* ZIP 2013, 1704 ff.; *Roth* JZ 2013, 637, 642; *Wagner* CMLR 51 (2014), 165, 194 (“doomed to failure”); *Stadler* ZZP 128 (2015), 165, 167.

19 Lesenswerte Kritik bei *Genn* (Fn. 11), S. 114 ff. (Mediation and access to justice).

20 Abrufbar unter: http://www.bmjv.de/SharedDocs/Downloads/DE/pdfs/Gesetze/RegE_ADR-Richtlinie.pdf.

der Regierungsentwurf strebt mithin eine Kopie der föderalen Gerichtsverfassung bei der außergerichtlichen Streitbeilegung an.[21] Daneben tritt das Bundesamt für Justiz als Anlaufstelle für Kommission (Art. 20 RE-VSBG) und Kontaktstelle für die Online-Plattform der ODR-Verordnung.[22]

Damit schafft der Entwurf ein kompliziertes, teures und schwergängiges Behördensystem, das die Steuerung des Schlichtungssystems durch einheitliche Akkreditierungsverfahren und standardisierte Berichtspflichten erschwert.[23] Es besteht die Gefahr, dass Probleme in speziellen Sektoren nicht rechtzeitig erkannt werden, die Landesbehörden[24] unterschiedliche Prüfungsverfahren implementieren und die Gesamtsituation für die Verbraucher unübersichtlich wird.

Die Konzentration der Akkreditierung und Kontrolle beim Bundesamt für Justiz (sowie bei Beliehenen) erscheint als effektive Alternative.[25] Schon jetzt werden Vorschläge berichtet, wonach die Länder durch Staatsverträge (sic) einheitliche Verwaltungsstrukturen schaffen könnten – derartige Lösungen werden jedoch gewiss nicht zum 8. Juli 2015 zur Verfügung stehen.

Einen Akkreditierungszwang strebt der RE-VSBG hingegen nicht an, vielmehr soll eine Eintragung in die Liste anerkannter Einrichtungen die Qualität der jeweiligen Schlichtungsstelle zertifizieren[26] – daneben kann jedoch weiterhin unzertifizierte Streitschlichtung angeboten werden.[27]

---

21 So ausdrücklich die Begründung zum Regierungsentwurf, S. 50.

22 VO 523/2013, ABl. EU 2013 L 165/1 ff. § 40 Abs. 2 RE-VSBG sieht dafür auch die Beleihung eines privaten Dienstleisters vor.

23 Dazu *Hodges* ZKM 2012, 195, 197; *Greger* ZZP 128 (2015), 137, 145 f.

24 Hierbei ist offen, ob die Zuständigkeiten bei den Justiz- oder den Verbraucherressorts angesiedelt werden.

25 Art. 87 Abs. 3 GG ermöglicht die Schaffung bundeseigener Behörden. Für die Auffangschlichtung sollte bundesweit eine Stelle (im Wege der Beleihung) geschaffen werden, dafür auch *Rühl* (Fn. 14), 84 f.

26 § 33 RE-VSBG. Besser wäre die Erteilung eines „Gütesiegels".

27 *Stadler* (Fn. 18), 172 f. Dies erscheint inkonsequent: Wenn das VSBG durch inhaltliche Vorgaben die Qualität außergerichtlicher Streitbelegung verbessern soll, dann besteht kein Anlass, im Geltungsbereich der AS-RL „Streitschlichtungsstellen" zu tolerieren, die den rechtsstaatlichen Mindestvorgaben der Richtlinie nicht genügen. Mittelfristig sollte daher ein Akkreditierungszwang erwogen werden. Zwar fällt die Tätigkeit von Schlichtungsstellen aus dem Anwendungsbereich des RDG (§ 2 Abs. 3 Nr. 2), doch gilt der Grundgedanke des Verbraucherschutzes bei Rechtsdienstleistungen ebenso für die Schlichtung.

Auch die Unternehmer werden nicht verpflichtet, an der Schlichtung teilzunehmen; sie müssen hierüber ihre Kunden informieren.[28]

b) Fachliche Qualifikation sog. „Streitmittler"

§ 6 RE-VSBG schafft einen neuen Beruf: den sog. Streitmittler. Nach § 6 Abs. 2 sollen Streitmittler über „die Rechtskenntnisse, insbesondere im Verbraucherrecht, das Fachwissen die Fähigkeiten verfügen, die für die Beilegung von Streitigkeiten in der Zuständigkeit der Verbraucherschlichtungsstelle erforderlich sind."[29] Damit wird offensichtlich ein „Adjudicator" geringerer Art und Güte eingeführt, dessen Qualifikation völlig unklar bleibt: Reicht ein Nebenfachstudium „Wirtschaftsrecht" aus; vielleicht ein Lehrgang in „Mediation"; ist überhaupt ein Studium erforderlich – vielleicht genügt bereits eine Ausbildung als Rechtsanwaltsgehilfe oder die frühere Tätigkeit als Gerichtsvollzieher.[30]

Damit bleibt der Entwurf weit hinter der aktuellen Praxis zurück: In vielen Schlichtungsstellen sind Volljuristen, häufig hoch angesehene, frühere Bundesrichter tätig – sie werden (bisweilen) von einem Team weniger qualifizierter Personen unterstützt. Im Ergebnis bleibt damit der juristische Sachverstand in der Schlichtungsstelle gewahrt. Dies erscheint zur Umsetzung des zwingenden Verbraucherrechts dringend geboten. Ein qualitatives und vertrauenswürdiges Streitbeilegungssystem erfordert den Einsatz qualifizierter Personen: Die Verbraucherstreitbeilegung betrifft Auseinandersetzungen mit prägender, rechtlicher Einkleidung, erfordert mithin eine rechtliche Prüfung des Sachverhalts. Daher sollte die Letztverantwortung von Volljuristen in diesem Bereich zwingend vorgeschrieben

---

28 Fazu kritisch *Greger* (Fn. 23), 142 ff. Die hohen Kosten (bis zu 380 €/Verfahren), die zumindest für die Universalschlichtungsstellen der Länder vorgesehen sind (§ 31 RE-VSBG), dürften für viele Unternehmen prohibitiv wirken.

29 Dies steht im Einklang mit den Vorgaben von Art. 6 Abs. 1 lit. a der AS-RL.

30 Es ist zumindest zu erwarten, dass eine ganze Reihe von neuen Bachelor-Studiengängen (an Fachhochschulen und Universitäten) hier eine (vermeintliche) Marktlücke erschließen werden, vgl. auch *Rühl* (Fn. 14), 61, 86 f.

werden[31] – zur Verbesserung des Verbraucherschutzes und in Überschießung der Richtlinie.[32]

2. Prozessuale Umsetzung

a) Implementierung zwingender Verfahrensgarantien

Für die Schlichtungsverfahren selbst enthalten die Art. 6–9 AS-RL wesentliche Verfahrensgrundsätze, die Unabhängigkeit (Weisungsfreiheit)[33] und die Unparteilichkeit des Streitmittlers, die Freiwilligkeit der Streitschlichtung und die entsprechende Information des Verbrauchers. Der Regierungsentwurf beschränkt sich hier auf eine enge Anlehnung an die die Vorgaben der AS-RL. Dennoch erscheinen hier ergänzende Regelungen sinnvoll.

Dies gilt vor allem für den sog. Transparenzgrundsatz. Bisher ist die Veröffentlichungs- und Berichtspflicht nicht im Detail angesprochen – sie ist jedoch für die einheitliche Anwendung des Verbraucherrechts essentiell. Nur so lässt sich die Kohärenz der Spruchpraxis gewährleisten. Daher sollte das Umsetzungsgesetz die Publikation wesentlicher Empfehlungen der Schlichtungsstellen verbindlich vorschreiben[34] – dies entspricht auch der Praxis der skandinavischen Ombudsstellen.[35]

Zufriedenstellend erscheint hingegen die Regelung zur Aussetzungspflicht der Schlichtungsstellen zugunsten der staatlichen Justiz: Nach § 15 Abs. 2 Nr. 5 RE-VSBG soll die Schlichtungsstelle die Bearbeitung von Beschwerden ablehnen können, wenn eine grundsätzliche Rechtsfrage, die für die Bewertung der Streitigkeit erheblich ist, nicht geklärt ist (lit. b).[36]

---

31 Der Einsatz von Volljuristen ist häufig gesetzlich vorgeschrieben, vgl. etwa § 4 Abs. 3 S 1 LuftSchlichtVO: „Die Schlichter müssen die Befähigung zum Richteramt haben […].“; vgl. ebenso § 191f Abs. 2 S. 2 BRAO sowie § 14 Abs. 2 S. 1 UKlaG i.d.F. des RE-VSBG.

32 *Eidenmüller/Engel* (Fn. 18), 1709; ebenso *Gsell* ZZP (128) 2015, 189, 210.

33 Zudem dessen finanzielle Unabhängigkeit vom Unternehmer.

34 A.A. *Rühl* (Fn. 14), 93 (Veröffentlichungspflicht würde ein 2. Streitbeilegungssystem schaffen; hierzu ist zu bemerken, dass die fehlende Veröffentlichungspflicht ein derartiges System nicht zu verhindern vermag).

35 Zur Praxis in Dänemark vgl. *Scherpe* (Fn. 12), S. 190 f.

36 Dies ist mit der ADR-Richtlinie vereinbar, vgl. ErwG 25, s. dazu *Stadler* (Fn. 18), 177 f.

Diese Regelung steht im Einklang mit der bisherigen Praxis deutscher Schlichtungsstellen.[37] Sie sichert mithin den Vorrang der staatlichen Justiz, zeigt aber zugleich die Notwendigkeit auf, dass die Streitmittler über hinreichende juristische Expertise verfügen müssen.[38]

b) Bindung der Einigungsvorschläge an zwingendes Verbraucherrecht

Von entscheidender Bedeutung ist die Frage, inwieweit die Vorschläge der Streitmittler zwingendes Verbraucherrecht beachten müssen. § 19 Abs. 1 S. 1 RE-VSBG sieht hierzu vor, dass Einigungsvorschläge das geltende Recht berücksichtigen müssen.[39] Gleichzeitig muss die Schlichtungsstelle die Parteien allerdings darüber informieren, dass ein Schlichtungsvorschlag „von dem Ergebnis eines gerichtlichen Verfahrens abweichen kann“ (§ 16 Abs. 1 Nr. 3 und § 19 Abs. 3 S. 1 a.E. RE-VSBG).

Der Regierungsentwurf vergibt hier die Chance zu einer effektiven Implementierung zwingenden Verbraucherschutzrechts in den Schlichtungsverfahren. Die aktuelle Formulierung stellt es letztlich in das Belieben des Streitmittlers, inwieweit er das zwingende Verbraucherrecht „berücksichtigt“. Die Freiwilligkeit des Verfahrens bietet kein hinreichendes Gegengewicht: Der Verbraucher muss ja nicht einmal darüber informiert werden, inwieweit der Vorschlag auf zwingende Verbraucherrechte verzichtet.

Hier gilt es nachzubessern: Der Gesetzeswortlaut sollte klarstellen, dass der Streitmittler lediglich bei tatsächlichen Zweifeln von den Vorgaben des Verbraucherschutzes abweichen kann. Diese grundsätzliche Gesetzesbindung sollte der Gesetzgeber für alle Bereiche des zwingenden Verbrau-

---

37 Gleiche Regelungen enthalten beispielsweise Nr. 2 Abs. 2 a.E. Verfahrensordnung des Ombudsmanns der privaten Banken, Nr. I. Abs. 2 Verfahrensordnung des Ombudsmanns des Verbands öffentlicher Banken oder § 8 Abs. 2 S. 1 Verfahrensordnung der Nahverkehr Schlichtungsstelle Niedersachsen und Bremen.

38 Zur Notwendigkeit, die Schlichtungsstellen mit Volljuristen zu besetzen, vgl. oben Text bei Fn 31.

39 Die Formulierung des Referentenentwurfs entspricht der Praxis zahlreicher Schlichtungsstellen, die sich grundsätzlich am anwendbaren Recht orientieren, vgl. beispielsweise Nr. 4 Abs. 4 S. 3 f. Verfahrensordnung des Ombudsmanns der privaten Banken, Nr. III Abs. 4 S. 1 Verfahrensordnung des Ombudsmanns des Verbands öffentlicher Banken oder § 9 Verfahrensordnung der Nahverkehr Schlichtungsstelle Niedersachsen und Bremen (Nahverkehr SNUB).

cherschutzes vorsehen, um ein rechtsstaatliches Niveau der außergerichtlichen Schlichtung zu gewährleisten – immerhin handelt es sich um ein (zumindest) staatlich veranlasstes Streitbeilegungsverfahren, das nicht rechtsfern organisiert werden sollte.

Es bedarf zudem einer Klarstellung, dass die Orientierung am geltenden Recht nicht nur unverbindlicher Programmsatz ist. Denn im Fall einer abweichenden Praxis der Schlichtungsstelle muss die Überwachungsbehörde deren Anerkennung widerrufen (§ 26 Abs. 2 RE-VSBG, Art. 20 Abs. 2 AS-RL). Zudem haftet die Schlichtungsstelle für Fehlverhalten der Streitmittler gegenüber den Konfliktparteien vertraglich (§§ 280, 278 BGB)[40] für Fehlverhalten der Streitmittler. Zwar wird u.U. ein Kausalitätsbeweis schwer zu führen sein; auch sollte dem Schlichter ein weiter Beurteilungsspielraum zuzuerkennen sein. Dennoch ist die zivilrechtliche Haftung der Schlichtungsstelle sowie des Streitmittlers nicht zu leugnen.[41]

IV. Fazit

Zusammenfassend ist festzuhalten, dass der deutsche Gesetzgeber die Umsetzungsspielräume der Richtlinie deutlicher besser nutzen sollte, als dies der Regierungsentwurf vorschlägt. Zwar erscheint die Förderung der außergerichtlichen Schlichtung angesichts der hohen Leistungsfähigkeit der deutschen Justiz nicht als ein vordringliches Regelungsanliegen. Andererseits ist nicht zu verkennen, dass die Zahl der außergerichtlichen Schlichtungsverfahren auch in Deutschland deutlich zugenommen hat. Damit ist es an der Zeit, einen kohärenten Regelungsrahmen zu schaffen, der auch die inhaltliche Qualität dieser Streitbeilegung sichert. Insofern setzt der Unionsgesetzgeber einen Regelungsimpuls, den der deutsche Gesetzgeber im positiven Sinne umsetzen sollte.[42]

---

40 *Unberath,* in: Greger/Unberath, Mediationsgesetz, 2012, Teil 3, Rn. 40; *Rühl* (Fn. 14), 89 f.; *Pelzer* (Fn. 17), 45 f

41 Ein Spruchrichterprivileg (§ 839 Abs. 2 BGB) ist den Streitmittlern – gerade auch vor dem Hintergrund ihres weiten Beurteilungsspielraums – nicht zuzuerkennen. Deren persönliche Haftung richtet sich nach § 826 BGB – bleibt mithin regelmäßig auf Vorsatz beschränkt.

42 So auch *Hirsch* (Fn. 16), 2088 ff.; *Rühl* (Fn. 14), 61 ff.

Der spanische Zivilprozess vor dem EuGH – zwischen Parteiherrschaft und Gemeinwohlinteressen

Christoph A. Kern

I. Einleitung

Zu den vielfältigen wissenschaftlichen Interessen des Jubilars gehört auch das europäische Zivilprozessrecht. Dabei ist ihm die Beschäftigung mit der primärrechtlichen Vogelperspektive des Art. 81 AEUV über die justizielle Zusammenarbeit in Zivilsachen[1] ebenso lieb wie die Ebene des prozessualen Sekundärrechts, namentlich das bislang einzige europäische Erkenntnisverfahren, das die Verordnung über das Verfahren für geringfügige Forderungen eingeführt hat.[2] Auch das nicht harmonisierte nationale Zivilprozessrecht steht seit langem unter dem Einfluss des Europarechts. Besonders wichtig für den Zivilprozess sind dabei naturgemäß die Richtlinien auf dem Gebiet des Privat- und Wirtschaftsrechts. Hiermit ist der Bogen zu den Schwerpunkten der Lehr- und Forschungstätigkeit des Jubilars geschlagen. Es bietet sich daher an, der Festschrift zu seinen Ehren einen Beitrag über den Einfluss des europäischen Privat- und Wirtschaftsrechts auf das nationale Zivilprozessrecht beizusteuern.

Dass das materielle Europarecht auch das nicht harmonisierte nationale Prozessrecht beeinflusst, kann kaum verwundern. Denn das materielle Recht verwirklicht sich am augenfälligsten im Prozess.[3] Mittler dieses Einflusses ist der EuGH. Nach seiner gefestigten Rechtsprechung[4] respek-

---

1 *Müller-Graff/Kainer* DRiZ 78 (2000), 350-354.

2 *Müller-Graff*, Justice Light – The European Small Claims Procedure (2014) (im Druck, zitiert nach Publikationsverzeichnis). Zum geringen Erfolg der Verordnung *R. Wagner* NJW 2014, 1862, 1863.

3 S. nur *Wach*, Handbuch des Deutschen Civilprozessrechts, Bd. 1 (1885), 4: „Damit Recht nicht nur sei, sondern auch gelte, muss Prozess sein.".

4 EuGH, Urt. v. 16.12.1976, Rs. 33/76 (Rewe), Slg. 1976, 1989, Rn. 5; Urt. v. 16.12.1976, Rs. 45/76 (Comet BV), Slg. 1976, 2043, Rn. 11,18; Urt. v. 27.2.1980, Rs. 68/79 (Just), Slg. 1980, 501, Rn. 25; Urt. v. 9.11.1983, Rs. 199/82 (Amministrazione delle finanze dello Stato), Slg. 1983, 3595, Rn. 12, 14; Urt. v. 14.12.1995, verb. Rs. C-430/93 und C-431/93 (van Schijndel u.a.), Slg. 1995, I-4705, Rn. 17;

tiert er zwar die mitgliedstaatliche Verfahrensautonomie. Das mitgliedstaatliche Verfahrensrecht muss jedoch den Grundsätzen der Äquivalenz und der Effektivität gerecht werden. Die prozessuale Durchsetzung des europäischen Rechts darf also nicht schwieriger sein als die Durchsetzung des nationalen Rechts (Äquivalenz), und das nationale Prozessrecht darf die Durchsetzung des europäischen Rechts nicht unmöglich machen oder über Gebühr erschweren (Effektivität). An diesen Maßstäben hat der EuGH jüngst in gleich drei Vorabentscheidungsverfahren das erst im Jahr 2000 grundlegend reformierte[5] spanische Zivilprozessrecht gemessen. Bestehen konnte es vor seinen Augen in keinem der drei Fälle: In der Rechtssache Banco Español de Crédito[6] kritisierte der EuGH, dass im spanischen Mahnverfahren auch wucherische Verbraucherdarlehensforderungen beigetrieben werden können. In der Rechtssache Aziz[7] störte sich der EuGH an der Strenge des spanischen Hypothekenvollstreckungsverfahrens, in dem weder die Missbräuchlichkeit einer Klausel des zugrundeliegenden Darlehensvertrags geltend gemacht werden kann noch eine Aussetzung der Vollstreckung möglich ist. In der Rechtssache Duarte Hueros[8] schließlich konnte der EuGH das ihm vorgetragene Zusammenspiel der Regelungen des spanischen Zivilprozesses über die Bindung an den Klagantrag und die Rechtskraft nicht akzeptieren.

Vor allem das dritte dieser Urteile, das Urteil in der Rechtssache Duarte Hueros, rührt an zivilprozessuale Grundentscheidungen, in denen sich nicht zuletzt das Verhältnis von Parteiinitiative und Gemeinwohl widerspiegelt.

Urt. v. 7.6.2007, verb. Rs. C-222/05 bis C-225/05 (van der Weerd u.a.), Slg. 2007, I-423,3 Rn. 28; Urt. v. 6.10.2009, Rs. C-40/08 (Asturcom Telecommunicaciones), Slg. 2009, I-9579, Rn. 38; Urt. v. 21.2.2013, Rs. C-472/11 (Banif Plus Bank), EU:C:2013:88, Rn. 26.

5 Ley 1/2000, de 7 de enero, de Enjuiciamiento Civil, BOE Nr. 7 v. 8.1.2000, 575; dazu deutschsprachig *Ortells Ramos* ZZPInt 5 (2000), 95 ff.

6 EuGH, Urt. v. 14.6.2012, Rs. C-618/10 (Banco Español de Crédito SA), EU:C:2012:349.

7 EuGH, Urt. v. 14.3.2013, Rs. C-415/11 (Mohamed Aziz), EU:C:2013:164.

8 Urt. v. 3.10.2013, Rs. C-32/12 (Duarte Hueros), EU:C:2013:637.

II. Parteiherrschaft und Gemeinwohl im Zivilprozessrecht

Über die Zwecke des Zivilprozesses herrscht bekanntlich keine völlige Einigkeit.[9] Zumindest ein wichtiger, richtigerweise aber sogar der wichtigste Zweck des Zivilprozesses ist die Durchsetzung privater – genauer: privatrechtlicher – Interessen. In einer freiheitlichen Gesellschafts- und Wirtschaftsordnung müssen das Ob und das Wie der Durchsetzung privater Interessen aber grundsätzlich der Privatinitiative des Einzelnen überlassen bleiben. Für die Ausgestaltung des Zivilprozessrechts ergibt sich hieraus, dass den beteiligten Privaten eine herausgehobene, bestimmende Rolle eingeräumt werden muss. Diese Rolle lässt sich als Parteiherrschaft bezeichnen.

Die Parteiherrschaft kommt in verschiedenen prozessualen Grundprinzipien zum Ausdruck. In deutscher Terminologie ist zunächst die – der Sache nach auch von den ALI/Unidroit Principles of Transnational Civil Procedure anerkannte[10] – Dispositionsmaxime zu nennen, mit der die Herrschaft der Parteien über Anfang, Ende und Gegenstand des Prozesses gemeint ist.[11] Die Parteiherrschaft zeigt sich auch in der Geltung des Verhandlungsgrundsatzes, der die Herrschaft der Parteien über den Tatsachenstoff und die Art und Weise der Tatsachenfeststellung beschreibt.[12] Schließlich entspricht es dem Gedanken der Parteiherrschaft, wenn auch der Ablauf des Verfahrens die Initiative der Parteien voraussetzt, also Parteibetrieb herrscht.[13]

Kein Zivilprozessrecht kann jedoch den Gedanken der Parteiherrschaft in Reinform verwirklichen. Vielmehr stehen einer uneingeschränkten Parteiherrschaft andere private und öffentliche Interessen entgegen. Auch

9 S. nur *R. Stürner*, in: FS für Baumgärtel (1990), 545 ff.; *Münch*, in: Oestmann, Zwischen Formstrenge und Billigkeit (2009), 55, 94-96; *Kern*, in: Pérez Ragone/ Tavolari Goycoolea, Derecho Procesal Civil Comparado: Homenaje a Rolf Stürner (2013), 319 ff.

10 Principle 10 der ALI/Unidroit Principles of Transnational Civil Procedure (im Folgenden: ALI/Unidroit Principles).

11 *Rosenberg/Schwab/Gottwald*, Zivilprozessrecht, 17. Aufl. (2010), § 76; *P. L.Murray/R. Stürner*, German Civil Justice (2004), 20, 156-158.

12 *Rosenberg/Schwab/Gottwald* (Fn. 11) § 77 Rn. 7 ff.; *Murray/Stürner* (Fn. 11) 158-160.

13 Grundlegend *R. Stürner*, in: Schilken, FS für Gerhardt (2004), 967, 968 ff.

wenn private und öffentliche Interessen oft parallel laufen,[14] wird man einige Ziele, mit denen die Parteiherrschaft kollidieren kann, als überwiegend von Gemeinwohlerwägungen getragen ansehen können. Innerhalb des Prozessrechts sind dies die Ziele eines zügigen und kostengünstigen Verfahrens selbst bei entgegenstehendem Parteiwillen und das Ziel einer Klärung prozessualer Streitfragen; aus dem materiellen Recht kommen hinzu das Ziel einer Klärung materiellrechtlicher Streitfragen sowie nicht zuletzt die Durchsetzung der materiellrechtlichen Wertentscheidungen. Daher kennt etwa das heutige deutsche Zivilprozessrecht einige Einschränkungen der Dispositionsmaxime im Familienrecht[15] und im Mietrecht,[16] Einschränkungen des Verhandlungsgrundsatzes durch aktive Mitwirkung des Richters bei der Tatsachenaufklärung[17] oder gar die Geltung des Untersuchungsgrundsatzes etwa in der freiwilligen Gerichtsbarkeit[18] und schließlich die weitgehende Geltung des Amtsbetriebs anstelle des früher vorherrschenden Parteibetriebs.[19]

Aufgabe des Zivilprozessrechts ist es, die verschiedenen privaten und öffentlichen Interessen und damit auch Parteiherrschaft und Gemeinwohl in einer Weise auszutarieren, die den Bedürfnissen der Zeit und der jeweiligen Gesellschaft entspricht. Welche Anforderungen der EuGH an diese Austarierung stellt, zeigt sich in seiner Rechtsprechung zum spanischen Zivilprozess, insbesondere in der Rechtssache Duarte Hueros.

---

14 So entspricht es privatem wie öffentlichem Interesse, Verfahrensdauer und Verfahrenskosten niedrig zu halten: Das Interesse der Parteien und des Staates an zügiger Streitbeilegung läuft meist – allerdings nicht immer – parallel; die Schonung privater Ressourcen ist auch volkswirtschaftlich erwünscht, die Schonung der öffentlichen Ressourcen kommt letztlich auch den Privaten wieder zugute. Dazu *Kern*, Revista de Processo (RePro) ano 39, 228, fevereiro 2014, 15, 19 ff.

15 Z.B. Eheaufhebung auch auf Antrag der Verwaltungsbehörde, § 1316 Abs. 1 Nr. 1 BGB; in Ehesachen kein Anerkenntnis und kein Versäumnisurteil gegen den Antragsgegner, §§ 113 Abs. 4 Nr. 6, 130 Abs. 2 FamFG; gerichtliche Maßnahmen bei Gefährdung des Kindeswohls, § 1666 BGB; Betreuerbestellung von Amts wegen, § 1896 Abs. 1 Satz 1 Alt. 2 BGB; Löschung vermögensloser Gesellschaften und Genossenschaften von Amts wegen, § 394 FamFG.

16 Richterliche Neuordnung von Wohnraummietverhältnissen ohne Antrag, § 308a ZPO.

17 §§ 142-144, 273 Abs. 2 Nr. 2, 5, 448 ZPO; s. auch Principle 22.2.2 ALI/Unidroit Principles.

18 § 26 FamFG.

19 *Rauscher*, in: Münchener Kommentar zur ZPO, Bd. I, 4. Aufl. (2013), Einleitung Rn. 294 f.; *Stürner* (Fn. 13) 971 ff.; *Murray/Stürner* (Fn. 11) 165 f.; *Münch* (Fn. 9), S. 71; s. auch Principle 14 ALI/Unidroit Principles.

III. Die Rechtssache Duarte Hueros

Das materielle Recht, dessen prozessuale Durchsetzung den EuGH in der Rechtssache Duarte Hueros[20] beschäftigte, war die Verbrauchsgüterkaufrichtlinie.[21] Die Klägerin hatte einen Citroën C3 Pluriel, einen Kleinwagen mit beweglichem und abbaubarem Dach, gekauft. Das Dach des Wagens erwies sich als undicht. Nachdem diverse Reparaturversuche erfolglos blieben, begehrte die Klägerin Vertragsauflösung und Rückzahlung des Kaufpreises.

Das spanische Gericht befand, der Mangel sei geringfügig, weshalb eine Vertragsauflösung ausscheide.[22] Nach spanischem und europäischem materiellem Recht hätte die Käuferin wegen des Mangels indes noch immer mindern können. Das Gericht kam jedoch zu dem Ergebnis, dass dies aus prozessualen Gründen unmöglich sei, sich die Klägerin also in einer prekären Lage befinde: Ihre Klage auf Vertragsauflösung und Rückzahlung müsse wegen Geringfügigkeit des Mangels abgewiesen werden. Eine Klageänderung auf Minderung und Rückzahlung des überbezahlten Kaufpreisteils lasse das spanische Prozessrecht nicht zu. Dem Gericht sei es aber auch unmöglich, von Amts wegen eine Minderung vorzunehmen und der Klägerin auf dieser Grundlage etwas zuzusprechen. Schließlich stehe einer neuen Klage mit dem Ziel der Minderung die breite Rechtskraft des spanischen Prozessrechts entgegen.

Verständlicherweise hatte das Gericht Zweifel, ob dieser faktische Ausschluss einer Minderung mit der Verbrauchsgüterkaufrichtlinie vereinbar sei. Es legte daher dem EuGH die Frage vor, ob „das Gericht [...] von Amts wegen den Kaufpreis angemessen mindern“ könne, „[w]enn ein Verbraucher, nachdem der vertragsgemäße Zustand des Verbrauchsguts nicht hergestellt wurde, weil die Nachbesserung, obwohl sie wiederholt verlangt wurde, erfolglos war, vor Gericht ausschließlich die Aufhebung des Vertrags begehrt, die aber nicht statthaft ist, weil die Vertragswidrigkeit geringfügig ist“. Der EuGH äußerte sich zwar nicht dazu, ob eine Minderung von Amts wegen vorzunehmen sei. Er befand aber, dass die

---

20 Oben Fn. 8.

21 Richtlinie 1999/44/EG des Europäischen Parlaments und des Rates vom 25. Mai 1999 zu bestimmten Aspekten des Verbrauchsgüterkaufs und der Garantien für Verbrauchsgüter, ABl. EG Nr. L 171 v. 7.7.1999, 12 ff.

22 Art. 7 Satz 2 der Ley 23/2003 in Umsetzung von Art. 3 Abs. 6 der Richtlinie.

Richtlinie prozessualen Vorschriften entgegenstehe, die eine Minderung faktisch ausschlössen, weil dies den Grundsatz der Effektivität verletze.

IV. Analyse

In prozessualer Hinsicht[23] sind es die Regel *ne ultra petita*, der Ausschluss der Klageänderung und die breite Rechtskraft, die unter dem Blickwinkel von Parteiherrschaft und Gemeinwohl nähere Betrachtung verdienen.

1. Ne ultra petita

Die Bindung an den Sachantrag des Klägers ist Ausfluss der Dispositionsmaxime.[24] Durch seinen Antrag legt der Kläger den Gegenstand des Rechtsstreits fest. Das Gericht darf über diesen Antrag nicht hinausgehen (*ne ultra petita*), wohl aber weniger zusprechen.

Unter deutschem Kaufrecht wäre in Betracht gekommen, dass das Gericht der Klägerin den geringeren Betrag zuerkennt, der ihr nach Minderung zusteht. Denn der Klagantrag lautet in beiden Fällen allein auf Zahlung.[25] Rücktritt und Minderung, die den Rückzahlungsanspruch entstehen lassen, erfolgen durch einfache Willenserklärung;[26] im Rücktritt wird, wenn dieser wegen Geringfügigkeit ins Leere geht, die Minderung als *minus* enthalten sein. Das spanische Recht sieht die Minderung aber offenbar als *aliud* an, vielleicht weil in kontinentaler Tradition die Gestaltung nicht

---

23 Im regenreicheren Deutschland ist es vor allem die Einordnung des Mangels als geringfügig, die die Kommentatoren beschäftigt (*Baldus* GPR 2013, 301; *Korth* GPR 2014, 87 ff.). Bemerkenswerterweise hatte schon Generalanwältin Juliane Kokott in ihren Schlussanträgen Ausführungen zur Geringfügigkeit gemacht und auf eine abweichende Rechtsprechung des Bundesgerichtshofs zu Feuchtigkeit im Innenraum eines Gebrauchtwagens (BGH, Urt. v. 5.11.2008 – VIII ZR 166/07 = NJW 2009, 508) hingewiesen (Schlussanträge GA Kokott, 28.2.2013, EU:C:2013:128, Rn. 55-57).

24 S. nur *Leipold*, in: Stein/Jonas, ZPO, Bd. III, 22. Aufl. (2005), vor § 128 Rn. 138 f.; *Rosenberg/Schwab/Gottwald* (Fn. 11) § 76 Rn. 3.

25 Hätte die Klägerin allerdings korrekterweise Zahlung nach Rücktritt nur Zug um Zug gegen Herausgabe des Fahrzeugs beantragt, so wäre die Verurteilung zur Zahlung eines geringeren Betrags ohne Zug-um-Zug-Einrede kein *minus*, sondern ein *aliud*.

26 §§ 437 Nr. 2, 349, 441 BGB.

durch Willenserklärung, sondern durch das Gericht erfolgt.[27] Die Klägerin klagte denn auch nicht nur auf Rückzahlung, sondern zugleich auf Auflösung des Kaufvertrags.

Erfreulicherweise verzichtet der EuGH darauf, dem spanischen Gericht die Minderung von Amts wegen zu erlauben oder gar abzuverlangen. Denn es wäre ein gewichtiger Eingriff in die Dispositionsmaxime und damit die Parteiherrschaft, wenn ein Gericht auch im normalen Erkenntnisverfahren[28] ohne Parteiantrag den von ihm für geeignet gehaltenen Rechtsbehelf zusprechen dürfte oder müsste. Anders, als dies die Generalanwältin[29] unter Rückgriff auf jüngere Rechtsprechung des EuGH[30] ausführt, liegt die innere Rechtfertigung der Regel *ne ultra petita* nicht allein darin, Verzögerungen zu vermeiden und den Gegner vor einer Verurteilung zu schützen, mit der er nicht gerechnet hat („Schutz der Verteidigungsrechte").[31] Die primäre Rechtfertigung der Regel *ne ultra petita* liegt vielmehr in einem Verständnis des Verhältnisses von Staat und Individuum, das auf dem Gebiet des Privatrechts einschließlich der privatrechtlichen Streitigkeiten auf Privatinitiative statt staatlicher Gestaltung setzt. Leider hat der EuGH diesen Gedanken, der ihm vor zwanzig Jahren noch klar vor Augen stand,[32] in jüngeren Urteilen nicht mehr aufgegriffen. Es ist zu hoffen, dass darin kein gewollter Richtungswechsel liegt. Die Regel *ne ultra petita* ist es wert, bewahrt zu werden.[33]

---

27 *Acciones de rebaja del precio o resolución*, entsprechend den ädilizischen *actiones in quanti minoris* oder *redhibitoria*; im deutschen Recht vor der Schuldrechtsreform Ansprüche *auf* Minderung und Wandelung, § 462 BGB a.F.

28 S. zum einstweiligen Rechtsschutz für Deutschland § 938 ZPO; dazu z.B. das Urteil des OLG München v. 9.9.2014 – 18 U 516/14 – Ritter Sport Voll-Nuss, juris, Rn. 14.

29 Schlussanträge (Fn. 23), Rn. 32.

30 EuGH, Urt. v. 7.6.2007, verb. Rs. C-222/05 bis C-225/05 (van der Weerd u.a.), Slg. 2007, I-4233, Rn. 35; bloßer Verweis in Urt. v. 17.12.2009, Rs. C-227/08 (Martín Martín), Slg. 2009, I-11939, Rn. 20.

31 Denn wenn der Kläger in einem späteren Verfahren einen anderen Antrag stellen kann, ist die Beschleunigung eine Chimäre, kann er dies aber – etwa wegen breiter Rechtskraft – nicht, würde ihm ein falscher Antrag zum Verhängnis, was der EuGH gerade im vorliegenden Fall nicht akzeptieren will. Für den Schutz der Beklagtenrechte wiederum würde es ausreichen, dem Gegner vor einer nicht beantragten Entscheidung Gehör zu gewähren; die Regel *ne ultra petita* würde insoweit im Grundsatz des rechtlichen Gehörs aufgehen.

32 EuGH, Urt. v. 14.12.1995, verb. Rs. C-430/93 und C-431/93 (van Schijndel u.a.), Slg. 1995, I-4705, Rn. 21.

33 Vgl. nur Principle 10.3 ALI/Unidroit Principles.

2. *Ausschluss der Klageänderung*

Der Ausschluss jeder Klageänderung zwingt den umsichtigen Kläger bei Geltung der Regel *ne ultra petita*, schon mit Klageerhebung hilfsweise alle in Betracht kommenden Anträge zu stellen, zu ihnen vorzutragen und Beweis anzubieten. Seine Disposition über den Verfahrensgegenstand wird also auf den Moment der Verfahrenseinleitung beschränkt. Zu Hinweisen auf sachdienliche Anträge braucht man den Richter hier gar nicht erst anzuhalten. Für den nicht oder nicht gut beratenen Kläger ist dies riskant; zudem müssen sich beide Parteien sogleich auch mit Hilfsanträgen befassen, die vielleicht nie streitentscheidend werden. Die von einer solchen „Eventualmaxime" angestrebte Konzentration und Beschleunigung ist fragwürdig, jedenfalls aber teuer erkauft.

Mit seiner großzügigen Zulassung von Klageänderungen durch § 264 Nr. 2, 3 ZPO, den ergänzenden Möglichkeiten der Klageänderung bei Zustimmung des Gegners oder Sachdienlichkeit in § 263 ZPO und der Pflicht des Richters, gem. § 139 Abs. 1 Satz 2 Var. 4 ZPO auf sachdienliche Anträge hinzuwirken, ist das deutsche Zivilprozessrecht in den letzten Jahrzehnten nicht schlecht gefahren. Auch die ALI/Unidroit Principles sprechen sich für eine weitrechende Befugnis zur Klageänderung aus.[34] Zwar sollte man mit Empfehlungen zur Rechtstransplantation vorsichtig sein.[35] Die Verfahrensstrukturen des deutschen und des neuen spanischen Zivilprozesses weisen jedoch beträchtliche Ähnlichkeiten auf.[36] Eine Reform, die den Ausschluss jeder Klageänderung abschafft und sich an der deutschen Lösung oder den ALI/Unidroit Principles orientiert, könnte daher durchaus erfolgreich sein.

3. *Breite Rechtskraft*

Die breite Rechtskraft- bzw. Präklusionswirkung des spanischen Prozessrechts wird, wie die Kernpunkttheorie des EuGH, mit dem Ziel einer Vermeidung mehrfacher gerichtlicher Auseinandersetzung über einen einheit-

34 Principle 10.4 ALI/Unidroit Principles.

35 *Kern*, Justice between Simplification and Formalism (2007), 131.

36 „Hauptverhandlungsmodell"; dazu *R. Stürner* ZZPInt 11 (2006), 381, 390 f. m.w.N.; *Stürner/Kern*, in: Gürzumar, Halûk Konuralp Anısına Armağan/Gedächtnisschrift für Konuralp, Bd. I (2009), 997, 1001 ff., insbes. 1006-1008.

lichen Lebenssachverhalt gerechtfertigt.[37] Dass unter einem engeren Rechtskraftbegriff, wie er etwa in Deutschland gilt, über ein und denselben Lebenssachverhalt häufig mehrere Prozesse geführt würden, ist allerdings nicht zu beobachten. Die Rechtssache Duarte Hueros zeigt zudem, dass eine breite Rechtskraft – ebenso wie der Ausschluss einer Klageänderung – die Parteien zu frühzeitiger Ausweitung des Streits zwingt und für die nicht optimal beratene Partei große Risiken birgt. Einiges spricht dafür, dass der behauptete Effizienzgewinn, den der Ausschluss weiterer Prozesse bringen soll, von dem Effizienzverlust durch eine generelle Ausweitung des Streits aufgezehrt wird. Parteien, die sich optimale rechtliche Beratung nicht leisten können, mutet eine breite Rechtskraft ein ganz erhebliches Risiko zu. Nicht nur dem spanischen Gesetzgeber, sondern auch dem EuGH sollte die Rechtssache Duarte Hueros insoweit zu denken geben.[38]

V. Schluss

Teils in seinem verständlichen Bestreben nach Beschleunigung, teils wohl auch in Fortführung alter Traditionen lässt der spanische Zivilprozess die Durchsetzung des materiellen Rechts in einem Umfang zurückstehen, der den EuGH auf den Plan gerufen hat. Indem sich der EuGH dabei auf die Feststellung beschränkt, das materielle Recht stehe den jeweiligen prozessualen Regelungen entgegen, lässt er Raum für eine Fortentwicklung des Zivilprozesses, die dem Gedanken der Parteiherrschaft treubleibt.[39] Es ist zu hoffen, dass Gesetzgeber und Gerichte diesen Weg einschlagen und am Bild eines Zivilprozesses festhalten, der von Privatinitiative geprägt ist – eine Hoffnung, die der Jubilar teilen dürfte.

---

37 Für Spanien Esposición de Motivos, epígrafe VIII (BOE Nr. 7 v. 8.1.2000, 579); *Fuentes Soriano*, in: Asencio Mellado, Ley de Enjuiciamiento Civil comentada y con Jurisprudencia (2013), Art. 400 Anm. 2; *Tapia Fernándes*, in: Cordón Moreno et al., Commentarios a la Ley de Enjuiciamiento Civil, Bd. I, (2011), Art. 400 Anm. II; für den EuGH („Vermeidung einander widersprechender Entscheidungen“) EuGH, Urt. v. 8.12.1987, Rs. 144/86 (Gubisch), Slg. 1987, 4861; Urt. v. 6.12.1994, Rs. C-406/92 (The Tatry), Slg. 1994, I-5439.

38 Vgl. auch das relativ enge Konzept von Principle 28.3 der ALI/Unidroit Principles.

39 Wohl zu weitgehend auf Richtermacht setzt die Small Claims-Verordnung im Beweisrecht, dazu *Kern*, JZ 2012, 389, 397.

Die Vollstreckung ohne Exequaturverfahren

Miklós Kengyel

Der Jubilar unterhält besonders enge Beziehungen zu Ungarn. Sein langjähriges Engagement für die Rechtswissenschaftliche Fakultät der Eötvös Lóránd Universität Budapest wurde 2002 mit der Verleihung der Ehrendoktorwürde anerkannt. Als Rektoratsbeauftragter der Universität Heidelberg für den Aufbau der Andrássy Universität Budapest und kooptiertes Mitglieds des Senats der Andrássy Universität erwies er sich als unermüdlicher Förderer der deutschsprachigen Ausbildung in Ungarn. Der Verfasser hat ihn nicht nur als einen europaweit anerkannten Wissenschaftler, der über ein ausgezeichnetes Organisationstalent verfügt, kennenlernen dürfen, sondern auch als einen stets hilfbereiten Menschen, eine herausragende Persönlichkeit.

I. Paradigmenwechsel in der grenzüberschreitenden Vollstreckung

Die Idee zur Abschaffung des Vollstreckbarerklärungsverfahrens ist beinahe so alt wie die Verabschiedung der Brüssel I-VO. Obwohl das Tampere-Programm aus dem Jahr 1999[1] nur im Allgemeinen die Bedingungen der gegenseitigen Anerkennung gerichtlicher Entscheidungen zu verbessern beabsichtigte, nahm damit eine Entwicklung ihren Anfang, die nach Rechberger „in jüngster Zeit besondere Brisanz erlangt hat".[2]

Ursprünglich hatte der Europäische Rat vor, lediglich bei Titeln über geringfügige verbraucher- oder handelsrechtliche Ansprüche und bei bestimmten familienrechtlichen Urteilen (etwa über Unterhaltsansprüche und Umgangsrechte) das zwischen Anerkennung und Vollstreckung der Entscheidungen verankerte Verfahren abzuschaffen.[3] Zugleich wollte er

1 Tampere Europäischer Rat, 15. und 16. Oktober 1999, Schlussfolgerungen des Vorsitzes. Ratsdokument Nr. N 200/99, http://www.europarl.europa.eu/summits/tam_de.htm (Zugriff vom 6.9.2014).

2 *Rechberger*, in: FS für Ereciński (2011), 1278.

3 Tampere (Fn. 1), Schlussfolgerungen, VI. 34.

die Abschaffung des Zwischenverfahrens von der Festlegung und Einhaltung gewisser Mindeststandards abhängig machen. Das am 30. November 2000 angenommene Maßnahmenprogramm[4] enthielt bereits konkretere Zielsetzungen. In Hinblick auf unbestrittene Forderungen sowie – auf Frankreichs Initiative hin – die Ausweitung der Brüssel II-VO bei Unterhalts- und Umgangsrechten schlug er die Abschaffung des Exequaturverfahrens vor. Letzteres wurde durch die Verordnung (EG) Nr. 2201/2003 des Rates verwirklicht,[5] die nicht nur bezüglich der Umgangsrechte, sondern auch für die Entscheidung über das Sorgerecht festlegte, dass diese „in allen Mitgliedstaaten anerkannt und vollstreckt werden muss, ohne dass es eines weiteren Verfahrens bedarf" (Art. 41, 42).

Nachdem das Maßnahmenprogramm die Abschaffung des Exequaturverfahrens bei unbestrittenen Forderungen auf die Ebene der Prioritäten der Gemeinschaft gehoben hatte, zeichneten sich schon im ersten Halbjahr 2001, unter schwedischer Ratspräsidentschaft, die ersten Grundzüge der Verordnung ab.[6] Im April 2002 veröffentlichte die Kommission den Vorschlag zur EG-Vollstr-TitelVO.[7] Der Vorschlag wurde 2003 in Hinblick auf die Stellungnahmen des Europäischen Wirtschafts- und Sozialausschusses und des Europäischen Parlaments von der Kommission überarbeitet.[8] Am 21. April 2004 wurde die Verordnung (EG) Nr. 805/2004 zur Einführung eines europäischen Vollstreckungstitels für unbestrittene Forderungen vom Europäischen Parlament und vom Rat erlassen.

Für eine Vollstreckung ohne Exequaturverfahren war die in der Rechtsliteratur als Paradigmenwechsel bewertete Verordnung wegbereitend.[9] An die Stelle der Vollstreckbarerklärung im Zweitstaat trat die Bestätigung der Entscheidung als Europäischer Vollstreckungstitel im Erststaat. Die Rechtsliteratur geizte nicht mit Lob. Kropholler hob die ökonomische Bedeutung der EG-Vollstr-TitelVO hervor, vor allem mit Blick darauf, dass

---

4 Maßnahmenprogramm zur Umsetzung des Grundsatzes der gegenseitigen Anerkennung gerichtlicher Entscheidungen in Zivil- und Handelssachen. ABl. EG 2001, C 12, 1-9.

5 Verordnung (EG) Nr. 2201/2003 des Rates vom 27. November 2003 über die Zuständigkeit und die Anerkennung und Vollstreckung von Entscheidungen in Ehesachen und in Verfahren betreffend die elterliche Verantwortung für die gemeinsamen Kinder der Ehegatten (Brüssel II-VO) ABl. EG 2003, L 338, 1-29.

6 *Kropholler/von Hein*, Europäisches Zivilprozessrecht (2011), 771-772.

7 KOM (2002) 159 end.

8 KOM (2003) 341 end.

9 *Fasching/Konecny*, Kommentar zu den Zivilprozessgesetzen V/1 (2008), 1288.

schätzungsweise 90 Prozent der zur grenzüberschreitenden Vollstreckung ausstehenden Entscheidungen unbestrittene Forderungen beträfen.[10] Nach Hess erleichtere die Verordnung nachhaltig die grenzüberschreitende Geltendmachung von Anerkenntnis- und Versäumnisurteilen.[11] Pabst wiederum lobte, trotz gewisser Bedenken, dass durch die Abschaffung des Exequaturs die damit verbundenen Verzögerungen und Kosten vermieden werden könnten.[12] Und Rechberger – auch wenn er das Lob einiger Kollegen für etwas übertrieben hielt – befand, dass durch die Verordnung der Traum von in Europa „frei zirkulierenden" Gerichtsentscheidungen beziehungsweise vollstreckbaren Urkunden nun tatsächlich Wirklichkeit werden könne.[13]

In die übereinstimmende Begrüßung mischte sich ein einzelner „dissonanter Klang": die Besorgnis über den Wegfall des ordre public,[14] deren Kern sich auf die banale Frage zusammenfassen lässt: Hat der Gemeinschaftsgesetzgeber auch das Kind mit dem Bade ausgeschüttet? Oberhammers Ansicht nach war das Argument der höchst seltenen Inanspruchnahme, das die Kommission insgesamt gegen Exequatur-Versagungsgründe anführte, nicht überzeugend: Es bedeute „den Verzicht des Springers auf den Notfallschirm mit dem Argument, der Hauptfallschirm öffne zumeist".[15] Die herrschende Lehre nahm – trotz der Rechtssache Krombach/Bamberski[16] – den Standpunkt ein, dass „die Einhaltung der in Art. 6 EMRK niedergelegten Garantien im Erkenntnisverfahren ausreichend seien und keine Doppelung dieses Schutzes durch die Gerichte des Vollstreckungsstaates gebiete".[17]

Durch die Abschaffung des Exequaturverfahrens übernahm die EG-Vollstr-TitelVO im Maßnahmenprogramm aus dem Jahr 2000 auch die für

---

10 *Kropholler*, Europäisches Zivilprozessrecht (1983), 568.

11 *Hess*, Europäisches Zivilprozessrecht (2010), 538.

12 *Rauscher/Pabst* in: EuZPR/EuIPR, Einl. EG-Vollstr-TitelVO, 22.

13 *Rechberger*, in: FS für Németh (2003), 703, 729.

14 Gemäß Art. 5 EG-Vollstr-TitelVO wird eine Entscheidung, die im Ursprungsmitgliedstaat als Europäischer Vollstreckungstitel bestätigt worden ist, in den anderen Mitgliedstaaten anerkannt und vollstreckt, ohne dass es einer Vollstreckbarerklärung bedarf und ohne dass die Anerkennung angefochten werden kann.

15 *Oberhammer* IPRax 2010, 197, 201; *Rauscher* International Journal of Procedural Law (IJPL) 2011, 265, 290.

16 EuGH, Urt. v. 28.3.2000, Rs. C-7/98 (Krombach/Bamberski), Slg. 2000, I-1935.

17 *Wagner* IPRax 2002, 75, 87; *Stein* IPRax 2004, 181, 186; *Kropholler* (Fn. 10) 582 ff.

sie bestimmte Rolle eines Pilotprojekts.[18] Diesem folgten einige Jahre später die EG-MahnVO,[19] die EG-BagatellVO,[20] weiterhin die EG-UnterhaltVO[21] bezüglich der Entscheidungen der Unterzeichnerstaaten des Haager Protokolls und schließlich auch die zum 10. Januar 2015 in Kraft tretende revidierte Brüssel I-VO.[22]

II. Innerstaatliche Regelung in Ungarn

Das innerstaatliche Recht musste an die Vorschriften der einzelnen Verordnungen angepasst werden. In Ungarn wurde dabei die Mehrheit der neuen Regelungen in das Zwangsvollstreckungsgesetz aufgenommen. Bei als europäische Vollstreckungstitel beglaubigten, ausländischen gerichtlichen Entscheidungen und Vergleichen, bei für vollstreckbar erklärten Europäischen Zahlungsbefehlen, bei im europäischen Verfahren für geringfügige Forderungen gefällten Urteilen und schließlich bei den in Unterzeichnerstaaten des Haager Protokolls getroffenen Entscheidungen und Vergleichen in Unterhaltssachen stellt das Kreisgericht am Wohnsitz des Vollstreckungsschuldners (in Budapest das „Zentrale Bezirksgericht Buda") nach erfolgter Vollstreckungsbestätigung von Amts wegen ein Vollstreckungsblatt[23] aus. Falls der Europäische Zahlungsbefehl von einem ungarischen Notar ausgestellt wurde, gilt der den Europäischen Zahlungsbefehl ausstellende Notar als Ausstellungsort (§ 16 uZwVG). Die als europäischer Vollstreckungstitel beglaubigte, ausländische öffentliche Urkunde sowie öffentliche Urkunden, die in Unterhaltssachen in Unterzeichner-

---

18 Maßnahmenprogramm (Fn. 4) 9.

19 Verordnung (EG) Nr. 1896/2006 des Europäischen Parlaments und des Rates vom 12.12.2006 zur Einführung des europäischen Mahnverfahrens. ABl. EG 2006, L 399, 1-32.

20 Verordnung (EG) Nr. 861/2007 des Europäischen Parlaments und des Rates vom 11.07.2007 zur Einführung eines europäischen Verfahrens für geringfügige Forderungen. ABl. EG 2007, L 199, 1-22.

21 Verordnung (EG) Nr. 4/2009 des Rates vom 18. 12. 2008 über die Zuständigkeit, das anwendbare Recht, die Anerkennung und Vollstreckung von Entscheidungen und die Zusammenarbeit in Unterhaltssachen. ABl. EG 2009, L 7, 1-79.

22 Verordnung (EU) Nr. 1215/2012 des Europäischen Parlaments und des Rates vom 12. Dezember 2012 über die gerichtliche Zuständigkeit und die Anerkennung und Vollstreckung von Entscheidungen in Zivil- und Handelssachen (Neufassung) ABl. EG 2012, L 351, 1-32.

23 *Küpper*, in: Forschungsverbund Ost- und Südosteuropa, Nr. 28, 2005, 18, 78.

staaten des Haager Protokolls ausgestellt wurden, werden von den Kreisgerichten am Wohnsitz des Vollstreckungsschuldners und in Budapest vom „Zentralen Bezirksgericht Buda" mit einer Vollstreckungsklausel versehen (§ 23/B Abs. 2 uZwVG).

Über im Erststaat getroffene Entscheidungen sowie über gerichtliche Vergleiche und öffentliche Urkunden wird – unter Verwendung entsprechender Formblätter – eine Bescheinigung ausgestellt,[24] die dem entscheidenden Gericht im ersuchten Mitgliedstaat als „Kompass" dienen soll. Bei Entscheidungen oder gerichtlichen Vergleichen werden die Bescheinigung beziehungsweise der Auszug in Ungarn vom erstinstanzlichen Gericht ausgestellt. Bei öffentlichen Urkunden handelt das im Zuständigkeitsbereich der die öffentliche Urkunde ausstellenden Behörde liegende Kreisgericht.[25]

Die Möglichkeit eines Rechtsmittels gegen die der Vollstreckung zugrunde liegende Entscheidung, gegen eine Bestätigung beziehungsweise Verweigerung oder Aussetzung der Vollstreckung besteht nur begrenzt und nur dem Recht der Mitgliedstaaten entsprechend.[26] Die an die Verordnung anknüpfenden Vorschriften hierzu sind im ungarischen Zwangsvollstreckungsgesetz niedergelegt. Unter den Rechtsmitteln gibt es die Berichtigung oder die Rücknahme der sich auf den europäischen Vollstreckungstitel beziehenden Bescheinigung auf Antrag,[27] die Rücknahme des Vollstreckungsblattes beziehungsweise die Löschung der Vollstreckungsklausel.[28] Das für die Vollstreckung zuständige Gericht ist zur Aussetzung der Vollstreckung berechtigt[29] (§ 48 Abs. 8 uZwVG). Auch bei der Beschrän-

---

24 Vgl. Art. 9 EG-VollstrTitelVO; Art. 18 EG-MahnVO; Art. 20, Abs. 2 EG-BagatellVO; Art. 20 Abs. 1b EG-UnterhaltVO; Art. 53 Brüssel I-VO n. F.

25 Eine Sonderregelung gilt für den Notar, der sein eigenes Zeugnis oder einen Auszug auf Grund der von ihm ausgestellten öffentlichen Urkunde, von ihm erlassenen Bescheid oder von ihm bestätigten Vergleich ausstellen kann. Die Vollstreckbarerklärung des Europäischen Zahlungsbefehls ist die Aufgabe des den Befehl erlassenen Notars (§ 31/C Abs. 1-2-3 uZwVG).

26 Vgl. Art. 18-19, 21, 23 EG-VollstrTitelVO; Art. 20, 22-23 EG-MahnVO; Art. 17-18, 22, 23 EG-BagatellVO; Art. 19, 21 EG-UnterhaltVO; Art. 45-51 Brüssel I-VO n. F.

27 § 31/C Abs. 7 uZwVG.

28 § 211 uZwVG.

29 § 48 Abs. 8 uZwVG.

kung des Vollstreckungsverfahrens auf Sicherungsmaßnahmen[30] kommt es zur Aussetzung der Vollstreckung.

III. Neufassung der Brüssel-I Verordnung

Seit 2005 haben die ungarischen Gerichte nur wenig Erfahrungen bei der Anwendung der oben erwähnten Verordnungen sammeln können. Nach statistischen Daten kam es lediglich bei 10 Prozent der grenzüberschreitenden Vollstreckungssachen zu einer unmittelbaren Vollstreckung. Auch diese Umstände trugen dazu bei, dass die Ungarische Regierung im Jahr 2009 – in ihrer Stellungnahme zum Grünbuch zur Brüssel I-VO[31] – die vollständige Abschaffung des Exequaturverfahrens als *verfrüht* bewertete. Aus ihrer Sicht sei die Kenntnis der Verordnungen und ihre richtige Anwendung noch nicht ausreichend genug. Weiterhin würden im Fall der Abschaffung des Exequaturverfahrens die Mitgliedstaaten die Filter in vollem Umfang in das durch das innere Recht regulierte Vollstreckungsverfahren einbauen. Das wäre dann mit der unerwünschten Folge verbunden, dass die Gerichtsentscheidungen der Mitgliedstaaten nicht mehr einem einheitlichen Anforderungssystem, sondern bis zu 27 (nunmehr 28) sich voneinander unterscheidenden Regelungen entsprechen könnten, abhängig davon, in welchem Mitgliedstaat ihre Vollstreckung beantragt werde.[32]

Das Grünbuch spaltete die Mitgliedstaaten hinsichtlich der Frage der Abschaffung des Exequaturverfahrens.[33] Die gegensätzlichen Meinungen hielten die Kommission jedoch nicht davon ab, im Jahr 2010 den radikalen Vorschlag zu machen,[34] für alle unter die Brüssel I-VO fallenden Gerichtsentscheidungen – ausgenommen die Entscheidungen zu Beleidigungsverfahren und kollektivem Schadensersatz – das Exequaturverfahren abzuschaffen. Man wollte den Rechtschutz der Beklagten durch drei Rechtsbehelfe sichern, wodurch in außergewöhnlichen Fällen verhindert werden könne, dass eine in dem einen Mitgliedstaat gefällte Entscheidung

30 Art. 23 Punkt *a)* EuVTVO,Art. 23 Punkt *a)* EuMVVO, Art. 23 Punkt *a)* EuGFVO.

31 KOM (2009) 175 end.

32 http://ec.europa.eu/justice/news/consulting_public/0002/contributions/ms_governments/hungary_hu.pdf. (Zugriff vom 6.9.2014).

33 *Rechberger* (Fn. 2) 1294-1295.

34 KOM (2010) 748 end.

in einem anderen Mitgliedstaat rechtskräftig würde. Der am 12. Dezember 2012 verabschiedete Normtext[35] bezieht sich ausdrücklich auf alle gerichtlichen Entscheidungen (gerichtlichen Vergleiche und öffentlichen Urkunden) im Geltungsbereich der Verordnung. Im Erwägungsgrund 26 der Verordnung heißt es dazu, dass das gegenseitige Vertrauen in die Rechtspflege der anderen Mitgliedstaaten die Abschaffung der Vollstreckbarerklärung vor der Vollstreckung erlaube, ohne freilich die wesentlichen Elemente des Verfahrens aus dem System zu verbannen. Die Neufassung der Brüssel I-VO hat die Versagungsgründe ausdrücklich beibehalten (Art. 45), darunter auch die viel diskutierte Vorbehaltsklausel sowie das dreiinstanzliche gerichtliche Verfahren (Art. 48-50). Die Vorschriften wurden nur insoweit geändert, dass sie aus dem abgeschafften Exequaturverfahren in das Verfahren der Versagung der Vollstreckung verlegt wurden. Obwohl die Vollstreckbarerklärung als eigenständiges Verfahren in der Brüssel I-VO abgeschafft wurde, kann aufgrund der funktionalen Gleichheit von einer „revolutionären Neuerung" keine Rede sein.

35 Siehe Fn. 22.

Kritisches zur Kontrolle der Pflicht zur Vorlage an den EuGH

Hans-Jürgen Hellwig

Eine strenge Umfangsbeschränkung des Verlages für die Beiträge zu einer Festschrift hat für die Autoren den Vorteil, dass sie sich auf Thesen beschränken dürfen, deren Begründung sie den Lesern überlassen, allen voran dem Jubilar. Gleichwohl hoffe ich, dass die Lektüre des nachfolgenden Beitrags Peter-Christian Müller-Graff auch Freude bereitet.

I. Rechtstatsächlicher Hintergrund

Die Nichtvorlage des BGH in der Entscheidung "IBH/Lemmerz" vom 15.1.1990[1] in einer Auslegungsfrage betreffend die Kapital-RL wurde im Schrifttum heftig kritisiert, weil das Gericht seine Auslegung als offenkundig bezeichnete und dabei den Hinweis der Revision auf die abweichende Beurteilung im englischen, italienischen und französischen Recht sowie in zwei Briefen des zuständigen Abteilungsleiters der Brüsseler Kommission unberücksichtigt ließ.[2] Die Verfassungsbeschwerde gegen die Nichtvorlage wurde vom BVerfG mit der Begründung zurückgewiesen, der BGH habe seine Vorlagepflicht nicht grundsätzlich verkannt.[3] Auf einer Tagung von ZGR und ECLR Anfang 1992 wurde die Nichtvorlage des BGH erneut scharf kritisiert, insbesondere vom früheren EuGH-Richter Ulrich Everling. Der Vorsitzende des II. ZS teilte daraufhin mit, der Senat habe im Interesse der Parteien die Verzögerung durch eine Vorlage an den EuGH vermeiden wollen; weil dies aber kein Grund für eine Nichtvorlage sei, habe man zum acte clair gegriffen. Das Auditorium war konsterniert, nicht zuletzt wegen der strafrechtlichen Implikationen von Inhalt und Tatsache der Mitteilung. Auf dem DJT 1994 in Münster erklärte der damalige Präsident des Bundessozialgerichts, nach seinen Erfahrungen seien alle Nichtvorlagen wegen acte clair in der Sozialgerichtsbarkeit

---

1 BGHZ 110, 47 ff.

2 Vgl. hierzu und zum folgenden *Hellwig* ZGR 2013, 216, 224 ff.

3 BVerfG, Urt. v. 27. 8.1991 – 2 BvR 276/90 = ZIP 1991, 1283 f.

in Wirklichkeit Nichtvorlagen, um das Verfahren nicht zu verzögern. Auf einer Tagung der Berliner Humboldt-Universität im Jahr 2005 zum Thema "European Judicial Architecture" erklärte der damalige Präsident des BGH, man sei sich bei den regelmäßigen Treffen der Präsidenten der obersten Gerichte der Mitgliedstaaten einig, dem EuGH so wenig wie möglich vorzulegen. Diese Äußerung wurde insbesondere von EuGH-Präsident Skouris scharf kritisiert. Ich selbst habe von einem "Nichtvorlagekartell" gesprochen. Dies dürfte der Grund sein, weshalb es ausweislich des Erfahrungsaustauschs im Rat der Europäischen Anwaltschaften (CCBE) auch in anderen Mitgliedstaaten zunehmend zweifelhafte Acte clair-Nichtvorlagen gibt. Wie der Fall IBH/Lemmerz zeigt, werden Nichtvorlagen wegen vorgeschobenem acte clair vom derzeitigen Prüfraster des BVerfG bei Art. 101 Abs. 1 Satz 2 GG nicht erfasst.[4] Vor diesem Hintergrund soll im Folgenden die derzeitige Kontrolle von Nichtvorlageentscheidungen überprüft werden.

II. Prüfungsmaßstab des Bundesverfassungsgerichts

Nach Ansicht beider Senate des BVerfG[5] gilt im Rahmen von Art. 101 Abs. 1 S. 2 GG auch bei der unionsrechtlichen Zuständigkeitsnorm des heutigen Art. 267 Abs. 3 AEUV der Prüfungsmaßstab der unvertretbaren/willkürlichen Normanwendung mit seinen drei Fallgruppen: (1.) grundsätzliche Verkennung der Vorlagepflicht, (2.) bewusstes Abweichen von der Rspr. des EuGH zu entscheidungserheblichen Fragen ohne Vorlagebereitschaft und (3.) unvertretbare Überschreitung des dem Hauptsachegericht zuzuerkennenden Beurteilungsrahmens, die insbesondere dann vorliegt, wenn die Fachgerichte das Vorliegen eines "acte clair" oder eines "acte éclairé" i.S. der CILFIT-Entscheidung des EuGH[6] unvertretbar/willkürlich bejahen.

---

4 Die zunehmende Aversion gegenüber Vorlagen an den EuGH wird durch die steigende Anzahl erfolgreicher Verfassungsbeschwerden gegen Nichtvorlagen bestätigt. Zur letzten eindeutig unionsrechtswidrigen Nichtvorlage durch das BVerwG und deren scharfe Rüge durch das EuG siehe *Martin-Ehlers* EuZW 2014, 721 f.

5 Vgl. zuletzt BVerfG, Urt. v. 10.6.2014 – 2 BvE 2/09, 2 BvE 2/10 = NJW 2014, 2489, 2490. Siehe insbesondere *Calliess* NJW 2013, 1905, 1908 f. zur Kritik, zu den einzelnen Kammer- und Senatsentscheidungen und zur wechselseitigen Abgrenzung der beiden Senate.

6 EuGH, Urt. v. 6.10.1982, Rs. 283/81 (CILFIT), Slg. 1982, I-3415.

III. Prüfungsgegenstand des Bundesverfassungsgerichts

Der Erste Senat hebt zutreffenderweise darauf ab, ob das Fachgericht die verfahrensrechtliche Vorlagepflicht nach Art. 267 Abs. 3 AEUV vertretbar gehandhabt hat. Demgegenüber prüft der Zweite Senat, ob das Fachgericht die entscheidungserhebliche Sachnorm des Unionsrechts vertretbar ausgelegt hat.[7] Dem ist entgegen zu halten, dass sich bei der Prüfung nach Art. 101 Abs. 1 Satz 2 GG diese Auslegungsfrage nicht isoliert stellt, sondern nur im Rahmen der den gesetzlichen Richter bestimmenden Vorschrift des Art. 267 Abs. 3 AEUV.

IV. Die Voraussetzungen für eine Ausnahme von der Vorlagepflicht

Im 1. HS des Tenors von CILFIT[8] heißt es, dass ein an sich vorlagepflichtiges Fachgericht eine sich in einem bei ihm schwebenden Verfahren stellende Frage des Gemeinschaftsrechts dem EuGH vorlegen muss,

> *"es sei denn, es hat festgestellt, dass die gestellte Frage nicht entscheidungserheblich ist, dass die betreffende gemeinschaftsrechtliche Bestimmung bereits Gegenstand einer Auslegung durch den Gerichtshof war oder dass die richtige Anwendung des Gemeinschaftsrechts derart offenkundig ist, dass für einen vernünftigen Zweifel keinerlei Raum bleibt;"*

Für die Ausnahme von der Vorlagepflicht wegen Offenkundigkeit ("acte clair") enthält der 2. HS des Tenors von CILFIT eine wichtige Einschränkung:

> "ob ein solcher Fall gegeben ist, ist unter Berücksichtigung der Eigenheiten des Gemeinschaftsrechts, der besonderen Schwierigkeiten seiner Auslegung und der Gefahr voneinander abweichender Gerichtsentscheidungen innerhalb der Gemeinschaft zu beurteilen."

Der EuGH hat diese Einschränkung in den Entscheidungsgründen wie folgt konkretisiert[9]:

> Das Fachgericht darf acte clair nur annehmen, *"wenn es überzeugt ist, dass auch für die Gerichte der übrigen Mitgliedstaaten und den Gerichtshof die gleiche Gewissheit bestünde. Nur wenn diese Voraussetzungen erfüllt sind,*

---

7 Nachweise für die Rspr. beider Senate bei *Calliess* NJW 2013, 1905, 1908.

8 EuGH, Urt. v. 6.10.1982, Rs. 283/81 (CILFIT), Slg. 1982, I-3415, 3431 f.

9 EuGH, Urt. v. 6.10.1982, Rs. 283/81 (CILFIT), Slg. 1982, I-3415, Rn. 16 ff.

> *darf das innerstaatliche Gericht davon absehen, diese Frage dem Gerichtshof vorzulegen, und sie stattdessen in eigener Verantwortung lösen."*

Es reicht also nicht aus, wenn das Fachgericht die entscheidungserhebliche Sachnorm nur aus seinem innerstaatlichen Blickwinkel prüft. Es muss vielmehr diese Prüfung auch aus dem Blickwinkel der Gerichte der übrigen Mitgliedstaaten und des EuGH vornehmen und dabei stets zu dem Ergebnis acte clair kommen. Andernfalls muss das Fachgericht die entscheidungserhebliche Auslegungsfrage dem EuGH vorlegen.

In weiterer Konkretisierung der Acte clair-Ausnahme von der Vorlagepflicht gemäß dem 2. HS des Tenors machen die Entscheidungsgründe von CILFIT zusätzliche Vorgaben dazu, wie die Acte clair-Frage zu prüfen ist:

- *"Ob die Möglichkeit* (sc. des acte clair) *besteht, ist jedoch unter Berücksichtigung der Eigenheiten des Gemeinschaftsrechts und der besonderen Schwierigkeiten seiner Auslegung zu beurteilen".*
- Das Fachgericht muss bei der Auslegung einer gemeinschafsrechtlichen Vorschrift alle sprachlichen Fassungen vergleichen, da diese gleichermaßen verbindlich sind.
- Das Fachgericht muss beachten, dass *"das Gemeinschaftsrecht eine eigene, besondere Terminologie verwendet"* und *"dass Rechtsbegriffe im Gemeinschaftsrecht in den verschiedenen nationalen Rechten nicht unbedingt den gleichen Gehalt haben müssen."*
- *"Schließlich ist jede Vorschrift des Gemeinschaftsrechts in ihrem Zusammenhang zu sehen und im Lichte des gesamten Gemeinschaftsrechts, seiner Ziele und seines Entwicklungsstands zur Zeit der Anwendung der betreffenden Vorschrift auszulegen."*

Trotz Kritik im Schrifttum[10] und von Generalanwalt Ruiz-Jarabo Colomer[11] hat der EuGH in der Zeit nach CILFIT nur das Erfordernis der Berücksichtigung aller Sprachfassungen relativiert, aber an den übrigen in CILFIT genannten Voraussetzungen für eine ausnahmsweise Nichtvorlage an den EuGH festgehalten.[12] Wie die grundsätzliche Vorlagepflicht ist

10 Nachweise bei *Schröder* EuR 2011, 808 (809, Fn. 7).

11 GA *Ruiz-Jarabo*, Schlussanträge zu EuGH, Urt. v. 6.12.2005, Rs. C-461/03 (Gaston Schul), Slg. 2005, I-10513, Rn. 52 ff.

12 Vgl. etwa EuGH, Urt. v. 6.12.2005, Rs. C-461/03 (Gaston Schul), Slg. 2005, I-10513, Rn. 16 und Urt. v. 30.9.2004, Rs. C-496/03 (Intermodal Transports), Slg. 2005, I-8151.

auch die Acte clair-Ausnahme von dieser Pflicht unionsrechtlicher Natur. Die vom EuGH in CILFIT aufgestellten Voraussetzungen und Vorgaben sollen sichern, dass diese unionsrechtliche Dimension beachtet wird und dass die Acte clair-Ausnahme nicht wie eine Norm des innerstaatlichen Rechts gehandhabt wird.

Der Tenor eines Urteils, mit dem der EuGH eine Norm des Unionsrechts ausgelegt hat, ist nach der Rspr. des EuGH und dem insoweit einhelligen Schrifttum verbindlich, und zwar nicht nur für das vorlegende Gericht, sondern für alle Gerichte in allen Mitgliedsstaaten in dem Sinne, dass sie der Vorlagepflicht nach Art. 267 Abs. 3 AEUV unterliegen, wenn sie von der Auslegung des EuGH abweichen wollen.[13] Die Gründe der Entscheidung müssen zur Auslegung des Tenors herangezogen werden.[14]

Die vorgenannte Bindungswirkung erga omnes anerkennt das BVerfG in seiner 2. Fallgruppe (bewusstes Abweichen von einer Entscheidung des EuGH ohne Vorlagebereitschaft). Dass diese Bindungswirkung nur für die Auslegung von materiellen Normen des Unionsrechts gilt und nicht auch bei verfahrensrechtlichen Normen wie der des Art. 267 Abs. 3 AEUV, ist bisher von niemand vertreten worden und wäre auch mit dem allgemeinen Verständnis vom systemischen Verhältnis zwischen Unionsrecht mit seiner vorrangigen Bindungswirkung einerseits und mitgliedstaatlichem Recht andererseits nicht vereinbar.

V. Konsequenzen einer CILFIT-widrigen Nichtvorlage nach Unionsrecht und EMRK

Wenn ein Fachgericht sich von der beantragten Vorlage nach Art. 267 Abs. 3 AEUV mit der Begründung acte clair dispensiert, ohne die Vorgaben des EuGH in CILFIT für die Feststellung von acte clair zu erfüllen, liegt eine qualifizierte Verletzung der Vorlagepflicht – Negierung einer ausdrücklichen Entscheidung des EuGH – vor, die den betreffenden Mitgliedstaat gegenüber dem Bürger zum Schadensersatz verpflichtet[15] und zu einem Vertragsverletzungsverfahren der Kommission gegen den betref-

13 Vgl. *Ehricke*, in: Streinz EUV/AEUV, Art. 267 AEUV, Rn. 69, 72.

14 Siehe EuGH, Urt. v. 14.7.1977, Rs. C-1/77 (Bosch), Slg. 1977, I-1473, Rn. 2 ff. Die Rechtslage ist insoweit der bei § 31 Abs. 2 BVerfGG vergleichbar, vgl. BVerfG, 27.6.2014 – 2 BvR 429/12 = NJW 2014, 2777.

15 EuGH, Urt. v. 30.9.2003, Rs. C-221/01 (Köbler), Slg. 2003, I-10239.

fenden Mitgliedstaat führen kann.[16] Eine solche Nichtvorlage ist zudem unvertretbar/willkürlich und verstößt deshalb gegen die Garantie eines fairen Verfahrens nach Art. 6 Abs. 1 EMRK.[17]

VI. Konsequenzen für das Bundesverfassungsgericht

Die unionsrechtlichen Vorgaben von CILFIT gelten nach der Rspr. des EuGH und Art. 20 Abs. 3 GG auch für das BVerfG. Die Überprüfung nach Art. 101 Abs. 1 Satz 2 GG muss sich deshalb auf die in Rede stehende Zuständigkeitsnorm in ihrer Gesamtheit beziehen, d.h. nicht nur auf den 1. HS des CILFIT-Tenors, sondern auch auf die einschränkenden Vorgaben für die Feststellung dieses Ausnahmetatbestandes durch den 2. HS und dessen Konkretisierung in den Entscheidungsgründen. Nur dann, wenn beide HS des CILFIT-Tenors in der Konkretisierung durch die Entscheidungsgründe erfüllt sind, besteht eine Ausnahme von der grundsätzlichen Vorlagepflicht. Beide Senate des BVerfG beschränken hingegen ihre Prüfung auf den 1. HS. Wenn die 1. Kammer des 2. Senats in ihrem Beschluss vom 29.4.2014 mit Blick auf die unterschiedlichen Prüfungsmaßstäbe der beiden Senate äußert, dass "in der praktischen Anwendung (sic.!) der Maßstäbe" keine Unterschiede bestehen, vielmehr stimmten beide Senate – unbeschadet zum Teil abweichender Formulierungen – in der Sache überein,[18] erklärt sich das daraus, dass beide Senate bei ihrer Prüfung die unionsrechtliche Rechtsnorm verkürzen, aus der sich der gesetzliche Richter ergibt, indem sie die unionsrechtlichen Vorgaben für die Annahme von acte clair vernachlässigen.

Geht man davon aus, dass nicht nur der acte clair, sondern auch die Vorgaben des EuGH für die Feststellung von acte clair zum Tatbestand der Ausnahme von der Vorlagepflicht gehören, und berücksichtigt man ferner, dass das Fachgericht nach der Rspr. des BVerG unvertretbar han-

---

16 Vgl. *Karpenstein,* in: Grabitz-Hilf/Nettesheim EUV/AEUV, Art. 258 AEUV, Rn. 72 unter Hinweis auf den Fall Kommission/Schweden von 2003.

17 Vgl. EGMR, 20.9.2011 – 3989/07 und 38353/07 (Ullens de Schooten et Rezabek v. Belgien) sowie 4.9.2012 – 30123/10 (Ferreira v. Portugal). Weitere Nachweise bei BVerfG, 29.4.2014 – 2 BvR 1572/10 = NJW 2014, 2489 (2491) Rspr. Zum Verstoß einer pflichtwidrigen Nichtvorlage gegen Art. 6 Abs. 1 EMRK, siehe EGMR, Urt. v. 30.6.2005 - 45036/98 (Bosphorus) = NJW 2006, 197 (201) und ausführlich *Ryngaert* European Law Review 2014, 176 ff.

18 BVerfG, 29.4.2014 – 2 BvR 1572/10 = NJW 2014, 2489, 2489 ff..

delt, wenn es sich hinsichtlich des Unionsrechts nicht ausreichend kundig gemacht hat,[19] so ergibt sich Folgendes. Ein Fachgericht, welches sich durch die Annahme von acte clair von seiner Vorlagepflicht dispensiert, ohne dass es die Erfüllung der vom EuGH in CILFIT aufgestellten Voraussetzungen für die Annahme eines acte clair nachvollziehbar darlegt, handelt sub specie Art. 101 Abs. 1 S. 2 GG unvertretbar, denn es weicht entweder in Kenntnis seiner Vorlagepflicht ohne erneute Vorlage an den EuGH von CILFIT ab (2. Fallgruppe des BVerfG) oder es verkennt grundsätzlich die von CILFIT definierte Reichweite der Vorlagepflicht (1. Fallgruppe des BVerfG), weil es bewusst von den Vorgaben von CILFIT für die Annahme von acte clair abweicht oder weil es verkennt, dass es bei seiner Acte clair-Prüfung die Vorgaben von CILFIT einzuhalten hat. Von einer vertretbaren Nichtvorlage der entscheidungserheblichen Frage des materiellen Unionsrechts kann nur gesprochen werden, wenn das Fachgericht die Vorgaben von CILFIT nachvollziehbar eingehalten hat.

Die Praxis des BVerfG, seine Überprüfung einer Nichtvorlage wegen acte clair auf den 1. HS von CILFIT zu beschränken und den 2. HS auszublenden, wirft ferner aus unionsrechtlicher Sicht die Frage der Vereinbarkeit mit der Loyalitätspflicht und dem Effektivitätsgebot nach Art. 4 Abs. 3 EUV, die für alle Mitgliedstaaten und alle ihre Gerichte gelten, und dem im Rahmen von Art. 19 Abs. 3 EUV geltenden Kooperationsverhältnis zwischen nationalen und unionalen Gerichten auf. Der tschechische Verfassungsgerichtshof übernimmt bei der Rüge der Verletzung des Rechts auf den gesetzlichen Richter zwar den Willkürmaßstab des BVerfG. Anders als das BVerfG erachtet er es aber nicht für ausreichend, sondern nimmt Willkür an, wenn das Fachgericht seine Auslegung der entscheidungserheblichen Unionsnorm vertretbar begründet, ohne die Kriterien von CILFIT zu berücksichtigen – konkret ging es darum, dass die entscheidungserhebliche Auslegungsfrage von dem obersten Gericht eines anderen Mitgliedstaates anders beantwortet worden war.[20] Die Frage der Unionsrechtskonformität stellt sich auch insoweit, als das BVerfG bei seiner Prüfung das unionsrechtliche Erfordernis der Offenkundigkeit der Auslegung der entscheidungserheblichen Vorschrift des Unionsrechts in Richtung der bei Zuständigkeitsbestimmungen des deutschen Rechts geltenden Vertretbarkeit der Auslegung aufweicht. Insofern ist festzustellen,

19 Nachweise bei *Roth* NVwZ 2009, 345, 349.

20 Verfassungsgerichtshof von Tschechien – 2009/01/08 – II. Ú S 1009/08.

dass der Verfassungsgerichtshof von Österreich für eine Verletzung des verfassungsrechtlich gewährleisteten Rechts auf ein Verfahren vor dem gesetzlichen Richter durch Nichtvorlage eines letztinstanzlich entscheidenden Fachgerichts keine "grobe" oder sonst qualifizierte Verletzung fordert, sondern "jede Verletzung der Vorlagepflicht" genügen lässt.[21]

Diese Fragen erübrigen sich nicht deswegen, weil nach BVerfG und EuGH eine unionsrechtliche Pflicht, ein zusätzliches Rechtsmittel zur Überprüfung der Einhaltung der Vorlagepflicht zu schaffen, nicht besteht und die nationalen Gerichte nach dem Effektivitätsgebot oder dem Grundsatz der loyalen Zusammenarbeit lediglich verpflichtet sind, die vorgefundenen nationalen Verfahrensvorschriften so auszulegen und anzuwenden, dass natürliche und juristische Personen die Rechtmäßigkeit jeder nationalen Entscheidung oder anderen Maßnahme, mit der eine Gemeinschaftshandlung allgemeiner Geltung auf sie angewandt wird, gerichtlich anfechten und sich dabei auf die Ungültigkeit dieser Handlung berufen können.[22] Es geht hier nämlich nicht darum, ob unionsrechtlich die Schaffung einer weiteren Rechtsmittelinstanz geboten ist, sondern darum, ob dort, wo nach Erschöpfung des Instanzenzuges nach innerstaatlichem Recht die Möglichkeit besteht, die Nichtvorlage an den EuGH wegen Verletzung von nationalem Verfassungsrecht von einem Verfassungsgericht überprüfen zu lassen, ein solches Verfassungsgericht an Unionsrecht gebunden ist, weil dieses für alle Gerichte und nicht nur für Instanzgerichte gilt – die Stellung der Verfassungsbeschwerde außerhalb des Instanzenzuges gibt keinen Dispens vom Unionsrecht. Ggf. müsste das BVerfG diese Frage – insbesondere vor dem Hintergrund der abweichenden Sachlage in Tschechien und Österreich – als Auslegungsfrage dem EuGH vorlegen.

Bei der Frage des Effektivitätsgebots und der Loyalitätspflicht dürfte auch von Bedeutung sein, dass das BVerfG seine eigene ausschließliche Auslegungszuständigkeit nach Art. 100 Abs. 2 GG für Regeln des Völkerrechts nach Art. 25 GG besser schützt als die Auslegungskompetenz des EuGH für Unionsrecht nach Art. 267 Abs. 3 AEUV – die Auslegungszuständigkeit des EuGH wird nur durch den Willkürmaßstab geschützt, im

21 Entscheidung vom 30.9.2003, Geschäftszahl B 614/01 ua, Sammlungsnr. 16988, dort unter IV. 2.1 mwN.

22 So aber 1. Kammer des Zweiten Senats, Beschluss vom 29.4.2014 – 2 BvR 1572/10 = NJW 2014, 2489, 2491 mit Blick auf den Willkürmaßstab.

Bereich von Art. 100 Abs. 2 GG genügt jegliche Verletzung der Vorlagepflicht.[23]

So wie das BVerfG zwecks eigener Entlastung durch Plenarbeschluss vom 30.4.2003[24] für den Anspruch auf rechtliches Gehör nach Art. 103 Abs. 1 GG den Gesetzgeber veranlasste, die Anhörungsrüge nach § 321 a ZPO zu schaffen, könnte das BVerfG den Gesetzgeber veranlassen, mit Blick auf Art. 267 Abs. 3 AEUV und das Recht auf den gesetzlichen Richter nach Art. 101 Abs. 1 Satz 2 GG durchgesetzt eine Nichtvorlagerüge einzuführen, einzulegen bei dem nichtvorlegenden Fachgericht.[25]

23 BVerfG, 10.6.1997 – 2 BvR 1516/96 = NJW 1998, 50.
24 BVerfG, 30.4.2003 – 1 PBvU 1/02 = NJW 2003, 1924.
25 Ebenso *Schröder* EuR 2011, 808 (827).

Zur Beteiligung Großbritanniens an der justiziellen Zusammenarbeit in Zivilsachen – mögliche Verluste der EU bei einem Austritt des Vereinigten Königreichs aus der EU

Jörg Pirrung

Der Jubilar hat sich im Rahmen seiner umfangreichen literarischen Tätigkeit auch immer wieder mit der justiziellen Zusammenarbeit der EU einschließlich derjenigen in Zivilsachen beschäftigt.[1] Hier sollen einzelne auf Großbritannien bezogene Fragen in Zusammenhang mit diesem Themenbereich, insbesondere zu Grundlagen der internationalen Zuständigkeit und der Vollstreckung von Entscheidungen aus Mitgliedstaaten, aber auch mit TTIP eine aktuelle Problematik angesprochen werden, wozu[2] einige persönliche Bemerkungen ohne Anspruch auf allgemeine Geltung angezeigt erscheinen.

I. Gerichtsstands- und Vollstreckungsübereinkommen

Den Anstoß dazu haben Ausführungen von Michael Kerr ,[3] dem Sohn des Kritikers Alfred Kerr, zu einem Aspekt der Anpassungsverhandlungen zum GVÜ[4] aus Anlass des Beitritts Großbritanniens, Dänemarks und Irlands zur EWG gegeben. Kerr war wohl Englands erster im Ausland geborener Richter seit Henry II., 1981-1989 Lord Justice of Appeal und u.a. Präsident der British-German Jurists Association (1986-1991) und der Eu-

1 Z.B.: *Müller-Graff*, in: FS für Ulrich Everling, Due/Lutter/Schwarze (Hrsg.), 1995 925.

2 Nach jahrelangen Erfahrungen im Bundesministerium der Justiz (1972-1997) und beim Europäischen Gericht erster Instanz in Luxemburg (1997-2007).

3 *M. Kerr*, As Far As I Remember, Oxford 2002 (paperback 2006), 274.

4 Brüsseler Übereinkommen vom 27.9.1968 über die gerichtliche Zuständigkeit und die Vollstreckung gerichtlicher Entscheidungen in Zivil- und Handelssachen, BGBl. 1972 II 773.

ro-Arab Association for International Arbitration (1997-2002).[5] Er teilt mit, dass er von den rund sechs Jahre dauernden, von ihm als endlos empfundenen Verhandlungen einen Punkt besonders in Erinnerung behalten hat: Es ging um den Ablauf der Abstimmung zu einem wichtigen britischen Anliegen, nämlich im GVÜ die bis dahin nicht vorgesehene Möglichkeit einzuführen, dass auch Parteien ohne sonstigen Bezug zur EWG Gerichtsstandsvereinbarungen zugunsten – insbesondere – englischer Gerichte mit der (Derogations-) Wirkung sollten schließen können, dass sie (nicht ausschließlichen) Zuständigkeiten von Gerichten anderer Mitgliedstaaten vorgehen. Nach extrem langen, aus seiner Sicht wenig aussichtsreich erscheinenden Diskussionen konnte der britische Wunsch schließlich an einem späten Freitag Nachmittag nach Unterstützung durch die Vertreter der Beitrittsstaaten Irland und Dänemark sowie der Niederlande mit vier zu drei Stimmen gegen diejenigen der Vertreter von Frankreich, Belgien und – vor allem, wie Kerr hervorhebt – Deutschland durchgesetzt werden, weil Luxemburg bei dieser Sitzung nicht vertreten war und der italienische Delegierte einen frühen Heimflug genommen hatte.[6] Die Gegner des britischen Anliegens, besonders auch der belgische Vorsitzende Jenard, wollten diesem an sich vernünftigen Wunsch nicht zustimmen, weil es nicht um ein echtes Anpassungsproblem ging.[7] Die – letztlich maßgebende – niederländische Haltung dazu wich von der ursprünglich auch von diesem Mitgliedstaat vertretenen engen Auffassung zum Begriff der „erforderlichen Anpassungen" ab.

Kerr war als Vorsitzender des „Inter-Departmental Committee set up to monitor the negotiations" ein (fast) ständiges Mitglied der britischen Delegation in Brüssel, ihr Leiter Karl Newman vom Lord Chancellor's Department.[8] Beide waren als Jugendliche in Deutschland aufgewachsen und hatten ausgezeichnete deutsche (und französische) Sprachkenntnisse.[9] Sie gehörten nicht nur fachlich zu den herausragenden Persönlichkeiten bei den Anpassungsverhandlungen: Newman hatte viel Erfahrung im Bereich

5 The Telegraph 23.4.2002.

6 *Kerr* (Fn. 3), 276.

7 Schlosser-Bericht (*Geimer-Schütze*, Internationaler Rechtsverkehr 601·175), Rn. 177.

8 *Kerr* (Fn. 3), 275.

9 Über die Flucht der Familie Kerr aus Nazi-Deutschland über die Schweiz und Frankreich nach England und die schwierigen Umstände danach berichtete zunächst Michaels Schwester Judith Kerr in einem sehr erfolgreichen Kinderbuch (When Hitler Stole Pink Rabbit, 1971), viel später dann auch er selbst (Fn. 3, 41).

des internationalen Zivilverfahrensrechts, so bei der Haager Konferenz für Internationales Privatrecht zum Beweisaufnahmeübereinkommen[10] und aus Verhandlungen mit den USA über ein britisch-amerikanisches Vollstreckungsabkommen. Kerr war neben dem Schotten Alexander Jack Mackenzie-Stuart die erste englische Richterstelle am EuGH angeboten worden, die er aber ablehnte, weil er nicht nach Luxemburg gehen wollte. Statt seiner wurde Jean-Pierre Warner dann erster britischer Generalanwalt beim EuGH,[11] und Mackenzie-Stuart wurde nicht nur Richter am EuGH von 1973-1984, sondern 1984-1988 auch dessen Präsident. Auf mich, der ich fast vom ersten Tag meiner Zeit im BMJ an die Anpassungsverhandlungen zum GVÜ miterlebt habe, hat die britische Delegation vor allem wegen Newman und Kerr einen bleibenden Eindruck hinterlassen. Der Einfluss dieser Personen auf das aus den Verhandlungen hervorgegangene GVÜ in der Fassung des ersten Beitrittsübereinkommens[12] war groß, das Ergebnis ein für das kontinentaleuropäische Recht und das britische sowie irische Common Law enorm wichtiger Schritt.

Dass hiermit im Prinzip aus der Sicht Europas der richtige Weg eingeschlagen war, bestätigte sich schon bei den ersten Auslegungsverfahren des EuGH zum GVÜ im Jahr 1976, bei denen sich von Anfang an zu Grundsatzfragen auch die britische Regierung – zulässigerweise – maßgeblich beteiligt hat, obwohl das GVÜ im VK noch gar nicht galt.[13] Später hat dann der Schotte David Edward als britischer Richter (1992-2004) einen beeindruckenden Einfluss auf die Auslegung des GVÜ genommen. Die Großbritannien in Zusammenhang mit der internationalen Zuständigkeit der Gerichte besonders interessierenden Fragen nach der Möglichkeit einer Anwendung des *forum non conveniens*-Grundsatzes und von *anti-suit-injunctions* im Rahmen des GVÜ, was beides außerhalb dessen Anwendungsbereichs jedenfalls nach Common Law zulässig wäre, hat der EuGH – nach außen unglücklicherweise ohne förmliche Beteiligung von Richtern aus dem Bereich des Common Law an der jeweiligen Richterbank –

---

10 Vom 18.3.1970 (BGBl. 1977 II 1472); Conférence de La Haye, Actes et documents de la Onzième session 1968 IV 156 und passim.

11 *Kerr* (Fn. 3) 274.

12 ABl. EG L 304/77 vom 30.10.1978.

13 Hinweis zur ablehnenden französischen Haltung dazu beim *Verf.* in: FS für Jan Kropholler, Baetge/v. Hein/v.Hinden (Hrsg.), 2008, 399, 403 f.

ablehnend entschieden,[14] wie das nach der Entstehungsgeschichte des GVÜ auch kaum anders möglich war. Aber man kann sicher sein, dass insbesondere Edward, aber auch sein britischer, 1937 in Deutschland geborener Nachfolger Konrad Schiemann und Generalanwalt Francis Jacobs ebenso wie der irische Richter Aindrias Ó Caoimh[15] ihren Kollegen die entsprechenden Interessen genau verdeutlicht haben. Immerhin hat Art. 15 Brüssel IIa-VO[16] unter Berufung auf das Kindeswohl wenigstens den Gedanken des *forum (non) conveniens* (wie auch ähnlich schon früher § 47 Abs. 2 FGG) grundsätzlich aufgegriffen. Im neuesten Urteil des EuGH zu dieser Verordnung hat der Gerichtshof aufgrund einer Vorlage des irischen Supreme Court unter Beteiligung von Ó Caoimh im Eilverfahren erneut[17] zum Begriff des gewöhnlichen Aufenthalts, insbesondere zu seiner Fortdauer, Stellung genommen.[18]

Insgesamt ist die Rechtsprechung des EuGH zum GVÜ und zu den Folgeverordnungen grundsätzlich zu begrüßen, und zwar durchaus auch aufgrund der Beteiligung der Common Law-Länder und -Richter. In Übereinstimmung mit dem Protokoll im Anhang zum EUV hat sich Irland im übrigen bisher an fast allen – ausgenommen: Erbrechtsverordnung[19] – zivilverfahrensrechtlichen Verordnungen (zu Insolvenz, Zustellung, Beweisaufnahme, Mahnverfahren, Durchsetzung geringfügiger Forderungen, Unterhalt) mit Anspruch auf (bis auf Dänemark) EU-weite Geltung beteiligt, Großbritannien ebenso, aber mit der zusätzlichen Ausnahme der Kontenpfändungs-VO 655/2014.[20]

---

14 EuGH, Urt. v. 1.3.2005, Rs. C-281/02 (Owusu), Slg. 2005, I-1383 zum *forum* und Urt. v. 27.4.2004, Rs. C-159/02 (Turner), Slg. 2004, I-3565 zur *injunction*.

15 Der Sohn des früheren irischen EuGH-Richters Aindrias O'Keefe.

16 Verordnung (EG) Nr. 2201/2003 vom 27.11.2003 über die Zuständigkeit und die Anerkennung und Vollstreckung von Entscheidungen in Ehesachen und in Verfahren betreffend die elterliche Verantwortung.

17 In Anschluss an sein Urteil v. 22.12.2010, Rs. C-497/10 (Mercredi), Slg. 2010 I-14309 aufgrund einer Vorlage des Court of Appeal (England & Wales).

18 EuGH, Urt. v. 9.10.2014, Rs. C-376/14 PPU (C. v. M.), EU:C:2014:2268.

19 Verordnung (EU) Nr. 650/2012 vom 4.7.2012 über die Zuständigkeit, das anzuwendende Recht, die Anerkennung und Vollstreckung von Entscheidungen und die Annahme und Vollstreckung öffentlicher Urkunden in Erbsachen sowie zur Einführung eines Europäischen Nachlasszeugnisses, ABl. EU 2012 L 201/107.

20 Besonderes gilt für die Brüssel IIa ergänzende Rom III-Verordnung Nr. 1259/2010 vom 20.12.2010 zur Begründung einer verstärkten Zusammenarbeit im Bereich des auf die Ehescheidung und Trennung ohne Auflösung des Ehebandes anzuwendenden Rechts, der nur etwa die Hälfte der EU-Staaten angehören (wollen).

Wenn man sich daran erinnert, welchen Aufwand es z. B. erfordert, die Anwendung des GVÜ im Verhältnis zu Dänemark auf entsprechenden Stand zu bringen wie in der übrigen EU nach der GVO I, mag man sich kaum vorstellen, mit welchen technischen Komplikationen im gesamten Bereich der justiziellen Zusammenarbeit zu rechnen wäre, falls Großbritannien die EU verlassen würde – von zu erwartenden Rückschlägen etwa zum wünschenswerten Einfluss der Parteien auf den Verfahrensgang ganz zu schweigen.

II. Schiedsgerichtsbarkeit – TTIP und Ceta

Bislang wenig hatte sich die EU mit der internationalen Schiedsgerichtsbarkeit beschäftigt, weil die Anerkennung der Wirksamkeit von Schiedsverträgen mit grenzüberschreitenden Elementen und die Durchsetzung entsprechender Schiedssprüche vor allem durch das New Yorker Übereinkommen über die Anerkennung und Vollstreckung ausländischer Schiedssprüche vom 10.6.1958[21] mit 150 Vertragsstaaten (einschließlich aller EU-Mitglieder, der USA und – seit 1986 – Kanadas) weitgehend sichergestellt sind. Ähnliches gilt für das Weltbankübereinkommen zur Beilegung von Investitionsstreitigkeiten zwischen Staaten und Angehörigen anderer Staaten,[22] dem 148 Staaten (einschließlich aller EU-Mitglieder und der USA, aber nicht: Kanada) angehören und das sich in zahlreichen Schiedsverfahren bewährt hat.[23] Umso erstaunlicher erscheint, dass in Zusammenhang mit den Verhandlungen der EU über ein transatlantisches Freihandelsübereinkommen[24] und entsprechende Verhandlungen mit Kanada[25] diese weltweit bewährte Art der Streitbeilegung grundsätzlich angegriffen wird. Dazu hier nur so viel: Die EU-Kommission verspricht, bei solchen Schiedsverfahren für mehr Transparenz als bisher üblich zu sorgen.[26] Insbesondere im Verhältnis zu den USA kann man für dortige Streitfälle deutscher Unternehmen gegen „den Staat“ durchaus solche Verfahren den

21 BGBl. 1961 II 121.
22 BGBl. 1969 II 369 (ICSID).
23 Aufstellung über 81 Fälle 1971-2000 bei *Geimer/Schütze* (Fn. 7), 720·21.
24 TTIP, dazu z.B. Frankenberger, Angstkampagne, FAZ 9.10.2014, 1.
25 *Ceta*, „Große Koalition streitet weiter“, FAZ 20.10.2014, 4.
26 Aktuelle Zusammenfassung bei Wikipedia unter „Kritik“ am Ende; vgl. auch *R. Basedow*, Das Problem mit den Geheimgerichten, FAZ 17.9.2014.

gerichtlichen Verfahren mit all ihren Risiken (pre-trial discovery, Jury, punitive damages, allgemein hohe Schadensersatzsummen) vorziehen. Wenn sich ein Staat einmal wie Deutschland offenbar im Fall des Kraftwerks Moorburg gegenüber dem schwedischen Unternehmen Vattenfall[27] auf eine entsprechende Schiedsklausel eingelassen hat, um Investitionen auf seinem Gebiet überhaupt erst zu erhalten, dann muss er eben die Konsequenzen daraus tragen. Die Frage, wie dies alles im Rahmen einer EU ohne Großbritannien aussehen würde, wagt man kaum zu stellen.

III. Rechtsstaat, Realismus, Liberalität, Pluralität gegen übertriebene Gemeinsamkeit, Subsidiarität, Weltoffenheit ...

Aus meiner Sicht ist das Vereinigte Königreich im Rahmen der EU, wie sie heute besteht, insgesamt ein Garant dafür, dass Verpflichtungen, wenn sie, selbst nach schwierigen Verhandlungen, einmal eingegangen worden sind, auch eingehalten werden, dass man nicht alles nur um des heiligen Grundsatzes der Einstimmigkeit willen mitmachen muss – Stichwort: Euro – und dass ein Mindestmaß an Liberalität gewahrt sein muss – Freiheit auch zu verfahrensrechtlichen Vereinbarungen, Weltoffenheit. Das muss natürlich nicht jeder so sehen. Aber wenn Großbritannien die EU verließe, wäre Irland als Vertreter eines Common Law-Systems auf Dauer wohl zu schwach, um für die erforderliche Ausgewogenheit zwischen der Masse der kontinentaleuropäischen Rechte und den Bedürfnissen seines Rechtssystems sorgen zu können. In der justiziellen Zusammenarbeit wäre es neben Dänemark zu sehr Außenseiter, um für ausgewogene Ergebnisse eintreten zu können – es sei denn, es könnte wie Luxemburg unter den „alten“ EWG-Staaten weit über die zahlenmäßigen Verhältnisse hinaus durch außerordentlich vielseitig qualifizierte Vertreter überall Einfluss ausüben. Das könnte man jedoch wohl nicht erwarten.

Auch wer Gelegenheit hatte mitzuerleben, wie anstrengend Vertreter Großbritanniens und ihnen nahestehende Lobbyisten bei Verhandlungen sein können, wird nur schwer bestreiten können, dass entsprechende Auseinandersetzungen sich nicht selten grundsätzlich lohnen. Auch wo das Vereinigte Königreich sich letztlich nicht an Vorhaben der justiziellen Zusammenarbeit beteiligt, werden die Gründe seiner Entscheidung Spuren

27 „Vattenfall fordert 5 Milliarden“, FAZ 16.10.2014, 18.

im Ergebnis der Verhandlungen hinterlassen. Dass Großbritannien nicht bei allen Themen der justiziellen Zusammenarbeit in Zivilsachen mitarbeiten muss, ist aus meiner Sicht keineswegs nur negativ zu sehen: Der Zwang zur Mitarbeit gegen die eigene Überzeugung erscheint, wenn ein Mitgliedstaat im Rahmen einer Mehrheitsentscheidung überstimmt worden ist, bedenklicher als ein möglicher Verlust an Rechtseinheit im Rahmen der EU. Dass die britische Regierung einen Preis für ihren Verbleib in der EU fordern wird, etwa gewisse Begrenzungen von EU-Zuständigkeiten, ist nach allen bisherigen Erfahrungen – man denke an die Erfolge von Frau Thatcher in ähnlicher Situation („I want my money back") – zu erwarten. Das muss aber nicht zu so offensichtlichen Verzerrungen wie damals führen, besonders wenn man beachtet, wie weit manche Organe der EU ihre Kompetenzen, nicht immer mit überzeugenden Gründen, auslegen.

Wenn der EuGH, wie wohl zu erwarten, in seinem Gutachten zur Zuständigkeit der EU bei vor langer Zeit von allen EU-Staaten ratifizierten Übereinkommen der Haager Konferenz für IPR[28] zum Ergebnis kommen sollte, dass sie als Vertragsstaaten des Übereinkommens vom 25.10.1980 über die zivilrechtlichen Aspekte internationaler Kindesentführung[29] nicht mehr jeder für sich über die Annahme von Beitritten neuer Vertragsstaaten entscheiden können, so wäre dies ein weiterer Schritt gegen eine an sich wünschenswerte Vielfalt.

Michael Kerr hat sich Ende 1972 gegen ein Leben in Luxemburg als EuGH-Richter entschieden, „despite the compensations of a large tax-free salary and a Mercedes and a driver";[30] steuerfrei wäre sein Gehalt nicht gewesen, aber auch unter Berücksichtigung der EU-Steuern doch nicht unbeträchtlich. Es ist zu hoffen, dass noch manche Briten die Möglichkeit bekommen, ähnliche Entscheidungen zu treffen.

---

28 Avis 1/13.
29 BGBl. 1990 II, 206.
30 *Kerr* (Fn. 3), 274.

Zur Zukunft des Privatrechts am Europäischen Gerichtshof

Waltraud Hakenberg

I. Einführung

Der Beginn des europäischen Privatrechts wird herkömmlicherweise mit dem Erlass der Produkthaftungs-Richtlinie im Jahre 1985 angesetzt. Als die Autorin im Jahre 1990 die Vorlesung „Europarecht im Zivilrecht" am Europa-Institut der Universität des Saarlandes von dem damals einzigen Spezialisten der Materie *Peter-Christian Müller-Graff* „erbte", handelte es sich um eine völlig neue Domäne. Die Ansätze mündeten in eine vorsichtige Richtlinien-Gesetzgebung in ausgewählten Bereichen des privaten Wirtschaftsrechts – immerhin war die EG damals eine reine Wirtschaftsgemeinschaft. Ab den 2000er Jahren griff das europäische Privatrecht beherzter auf immer mehr Bereiche über, die mit Wirtschaft nichts zu tun haben, wie z.B. Erb- und Familienrecht. Parallel entwickelte sich ein wahrer Verbraucherschutz-Hype, der die Rechtsanwendung insgesamt überlagerte. Der Europäische Gerichtshof („EuGH") ist noch immer dabei, seine Rolle in diesem Sonderbereich des europäischen Rechts zu finden.[1] Der vorliegende Beitrag stellt einige Reflexionen an, wie dies in 20 Jahren, sozusagen zum 90. Geburtstag unseres Jubilars, aussehen könnte.

1. Reaktion auf die Emanzipation des Verbrauchers

Die gegenwärtige Konzeption des europäischen Verbrauchers als Person, welche der besonderen Fürsorge des europäischen Rechts bedarf, ist nicht mehr zeitgemäß. Waren und Dienstleistungen jeder Art werden mittlerweile von höchst preisbewussten Kunden selbständig elektronisch unter Verzicht auf besondere Beratung erworben und ausgetauscht; Bewertungen, Rankings u.ä. werden ohne Zurückhaltung veröffentlicht. Die Rolle von Unternehmern und Verbrauchern verwischt bei Geschäftsmodellen

---

1 Zur Entwicklung s. den umfassenden Beitrag von *Kohler/Puffer-Mariette* ZEuP 2014, 696.

wie e-bay. Viele Berufe verlagern sich; Bauern verdienen mehr Geld mit der Netz-Einspeisung von Solarenergie als mit dem Verkauf ihrer Kartoffeln.[2] All dies ist Ausfluss einer Gesellschaft, in der emanzipierte Menschen die vorhandenen Technologien und den freien Handel, den die Europäische Union sich 60 Jahre lang zum Ziel gesetzt hat, als Ist-Zustand nutzen. Das Recht muss sich auf diesen Wandel einstellen und Rollenmodelle aufgeben, die nicht mehr zeitgemäß sind.

Der EuGH geht, wie die europäische Gesetzgebung auch, bislang von einer Opferrolle des Verbrauchers in einem quasi-vertikalen Verhältnis aus. Es trifft zu, dass das Europarecht traditionell vom öffentlichen Recht determiniert war und sich in früheren Zeiten das Richterkollegium am EuGH überwiegend aus Professoren des öffentlichen Rechts zusammensetzte. Dies hat sich mittlerweile geändert, doch die Vorstellung, dass Europarecht dem vermeintlich Schwächeren Schutz bieten muss, wird unterschwellig immer noch auf das Verhältnis Unternehmer/Kunde erstreckt. Stichworte wie Privatautonomie oder Vertragsfreiheit sind in Urteilen des EuGH kaum zu finden.

Nun ist nicht auszuschließen, dass dem EuGH vor allem solche Fälle vorgelegt werden, in denen eine solche Schutzwirkung bewusst gesucht wird. Nationale Gerichte, für die die nationale Rechtsanwendung nicht zu dem Ergebnis führt, welches sie konkret für „gerecht" erachten, könnten die Tendenz haben, im europäischen Recht Hilfe zu suchen. Ein Beispiel dafür sind die Fälle zu den so genannten „Schrottimmobilien", die den EuGH zu Beginn der 2000-Jahre beschäftigten.[3] Hier hatten Privatpersonen in Deutschland nach der Wende von zwielichtigen Verkäufern Immobilien erworben, von denen sie sich Profite erwarteten, die dann nicht eintrafen. Der EuGH wurde als Retter der schutzbedürftigen Käufer gefeiert. Als ähnlich schutzwürdig *per definitionem* werden z. B. Pauschaltouristen

---

2 Nach *Rifkin* (Süddeutsche Zeitung vom 10.9.2014) ist das Zeitalter des „Prosumenten", einer Kombination von Produzent und Konsument, angebrochen. Die moderne Gesellschaft sei dabei, sich zu einer Tauschgesellschaft auf hohem Niveau zu wandeln, in der jeder je nach Sachlage sowohl die Rolle des Käufers als auch diejenige des Erwerbers einnehmen könne, und in der das Eigentum als Wert an sich zurücktrete.

3 S. insbesondere EuGH, Urt. v. 25.10.2005, Rs. C-350/03 (Schulte), Slg. 2005, I-9215 auf Vorlage des Landgerichts Bochum.

angesehen, ganz gleich wie gutgläubig sie sich auf preiswerte Reisen einlassen.[4]

Der EuGH sollte sich mit einer nuancierteren Rechtsprechung der Emanzipation des Verbrauchers anpassen. Das Prinzip der Vertragsfreiheit sollte eine Richtschnur der Auslegung werden. Richterlicher Respekt vor einem Vertrag genauso wie vor einer Rechtsnorm sollte auch im Europarecht gelten. Die Dualität, die dem Konzept des dispositiven Rechts innewohnt, also einerseits ein Ordnungs- und Kontrollrahmen, andererseits ein verantwortungsvolles Abweichen davon, sollte unterstützt werden. Elemente wie *due diligence* oder Treu und Glauben, die aus stark autonomen Rechtsbeziehungen wie dem Handelskauf bekannt sind, können auch in die Vertragsauslegung unter Privaten einfließen. Insbesondere in Bereichen, in denen bereits auf der Anbieter-Ebene ein ruinöser Wettbewerb durch Dumping-Preise herrscht wie im Flugsektor, sollte nicht auch noch kategorisch die Erwerber-Ebene bevorzugt werden. Eine realistischere Betrachtungsweise tut Not, da ein zu großzügiger Opferschutz den Wettbewerb noch stärker verzerrt.

Fraglich ist, ob die Drittwirkung der Europäischen Grundrechtecharta[5] ein wirkungsvolles Instrument in der Beurteilung moderner Privatrechtsbeziehungen darstellt. Meist kann jede Partei ein anderes Grundrecht für sich in Anspruch nehmen, zwischen denen dann ein Ausgleich gesucht werden muss. Ein Beispiel hierfür ist die Gratwanderung zwischen Meinungsfreiheit und Datenschutz, die der EuGH in aktuellen Urteilen exemplifiziert hat.[6] Der Datenschutz ist im Übrigen ein aktuell besonders interessantes Rechtsgebiet, weil er sich gerade vom öffentlichen ins private Recht hinein verlagert: ein traditionell vertikal angelegtes Rechtsgebiet zum Schutz der Bürger vor dem Staat trifft mittlerweile auf eine Situation, in der überwiegend Private Daten anderer Privater, von denen viele freiwillig preisgegeben wurden, beobachten, sammeln und gewinnbringend verkaufen.[7] Die Frage ist, ob wirklich die hohe Schule des Grundrechts-

---

4 S. z.B. EuGH, Urt. v. 16.2.2012, Rs. C-134/11 (Blödel-Pawlik), EU:C:2012:98 (pauschaler Schutz vor Zahlungsunfähigkeit des Veranstalters, auch wenn diese durch Betrug veranlasst war), oder EuGH, Urt. v. 15.6.1999 C-140/97 (Rechberger), Slg. 1999, I-3499 (Nachteile einer von einer Boulevard-Zeitung an ihre Kunden „geschenkten" Reise). S. zu der Problematik schon *Tichadou* ZEuS 2002, 299.

5 S. hierzu *Masing* NJW 2012, 2305.

6 S. insbesondere EuGH, Urt. v. 8.4.2014, verb. Rs. C-293/12 und C-594/12 (Digital Rights Ireland und Seitlinger u.a.),EU:C:2014:238.

7 S. hierzu *Hakenberg*, FS für Stein, 2014.

schutzes notwendig ist, um fließende Beziehungen von Bereitstellern und Nutzern von Netzinhalten zu beurteilen, oder ob nicht leichter ausbalancierte Konzepte zur Selbstkontrolle ausreichen würden, wie es etwa Brasilien mit seiner im April 2014 erlassenen Internet-Verfassung versucht.

2. *Stärkere Konvergenz der privatrechtlichen Disziplinen des Europarechts*

Gegenwärtig entwickeln sich die Disziplinen, in denen das europäische Recht privatrechtliche Materien regelt, überwiegend alleine weiter: Das Kaufrecht geht andere Wege als der unlautere Wettbewerb,[8] das Gesellschaftsrecht andere als das Sozialrecht,[9] der gewerbliche Rechtschutz andere als das UWG oder gar das IPR. Eine Konvergenz, ein „innerer Zusammenhalt" der Disziplinen (*Blaurock*),[10] tut jedoch Not. Dass hierbei, sozusagen kollateral, auch die Entwicklung in den mitgliedstaatlichen Rechten zu beachten ist, müsste eigentlich eine Selbstverständlichkeit sein. Auch im Jahre 2035 wird die Rechtsvergleichung ihre Bedeutung behalten. Nun ist mit der Forderung stärkerer Konvergenz zwar vorrangig der europäische Gesetzgeber angesprochen. Er ist sich des Problems auch in Ansätzen bewusst: so wurden z.B. 2011 mit der Verbraucherrechte-Richtlinie auseinanderdriftende Einzel-Richtlinien in sinnvoller Weise zusammengefasst. Doch auch die Rechtsprechung kann die Konvergenz befördern und sollte dies viel stärker tun.

Ein eindringliches Beispiel hierfür ist der Fall „Leitner".[11] Der EuGH war nach der europarechtlichen Existenz eines immateriellen Schadensersatzes wegen entgangener Urlaubsfreuden gefragt worden. Die Pauschalreisen-Richtlinie sprach sich hierzu nicht aus; sie erwähnte nur implizit vorhandene Regelungen in den Mitgliedstaaten. Der EuGH hatte den Mut, aus der Tatsache, dass überall mit Ausnahme des Vorlagestaates Österreich ein immaterieller Schadensersatz im Reiserecht in den vergangenen

8 Zu einem interessanten Zusammentreffen s. allerdings EuGH, Urt. v. 15.3.2012, Rs. C-453/10 (Pereničová) EU:C:2012:144, wonach eine unlautere Klausel nicht notwendig eine missbräuchliche im Sinne der Klausel-Richtlinie zu sein hat.

9 Auch hier gibt es natürlich Ausnahmen, z.B. die Arbeitnehmerbeteiligung bei der Europäischen Aktiengesellschaft.

10 *Blaurock* ZEuP 2013, 1.

11 EuGH, Urt. v. 12.3.2002, Rs. C-168/00 (Leitner), Slg. 2002, I-2631.

Jahren geschaffen worden war, eine solche Evolution auch „in die Richtlinie hineinzuinterpretieren". Dies mag nicht ganz orthodox erscheinen. Das Ergebnis ist jedoch uneingeschränkt zu befürworten und zeigt, dass das Vorabentscheidungsverfahren auch als integratives Instrument genutzt werden kann.

Ähnlich zu befürworten sind die Entwicklungen, die als „überschießende Richtlinienwirkung" bekannt sind, also eine freiwillige Übernahme europäischen Rechts für ähnlich geartete nationale Konstellationen. Der EuGH hat dies zunächst vorsichtig, aber dann doch klar befürwortet und Vorabentscheidungsverfahren angeboten, gerade um zu einer konvergenten Evolution zu gelangen.

Eine andere Art der Konvergenz, über die sich nachzudenken lohnt, ist diejenige zwischen materiellen und prozessrechtlichen Lösungen. Ein Ansatz könnte die Stärkung von Verbandsklagerechten bis hin zu den außerhalb der USA noch misstrauisch beäugten „class actions" sein. Weniger zu befürworten ist der Versuch des EuGH, der Klausel-Richtlinie über eine obligatorische amtswegige richterliche Überprüfung zu größerem Erfolg zu verhelfen.[12] Hier wurde ihm zu Recht vorgeworfen, dass über eine solche Überführung des Offizialprinzips in das Privatrecht alle Kategorien gesprengt werden, was selbst klaren Befürwortern des Verbraucherschutzes als Opferschutz zu viel ist.

3. *Neue Arten der Kooperation zwischen dem EuGH und den nationalen Gerichten*

In 20 Jahren wird die Kooperation zwischen dem EuGH und den nationalen Gerichten voraussichtlich eine andere sein. Die Frage ist, ob das Vorabentscheidungsverfahren für privatrechtliche Auseinandersetzungen in einer schnell-lebigen Zeit (noch) geeignet sein wird.[13]

Die höchstrichterliche Formulierung von Rechtsprinzipien, die die obersten Gerichte eines Landes anbieten, war für den EuGH in Privat-

12 S. z.B. EuGH, Urt. v. 4.6.2009, Rs. C-243/08 (Pannon GSM), Slg. 2009, I-4713.

13 S. hierzu *Hakenberg* RabelsZ 2002, 367. Umfassend zu dem Thema s. *H. Rösler*, Europäische Gerichtsbarkeit auf dem Gebiet des Zivilrechts, Habilitation, Tübingen 2012. Interessant ist, dass bis heute, also 30 Jahre nach Erlass der Produkthaftungs-Richtlinie, die Zahl der Vorabentscheidungsersuchen zu privatrechtsharmonisierenden Richtlinien noch nicht einmal 100 erreicht hat.

rechtsmaterien immer schwierig. Erstens sind die Fälle in der Zahl zu gering, und zweitens ist der case-law-Ansatz des EuGH dafür eigentlich nicht geeignet. Die privatrechtlichen Vorlagen sind oft sehr heterogen, und viele Vorlagegerichte erbitten Detaillösungen für ihren konkreten Fall. Für die Erarbeitung großer Prinzipien ist daher oft kein Raum. Nun liegt dies natürlich auch an dem sehr intensiv aufgefächerten Richtlinien-Recht und wird sich ändern, wenn große Kodifizierungen in Kraft treten, etwa das erwähnte Gemeinsame Kaufrecht.

Wie könnte eine zukünftige gerichtliche Kontrolle der Entwicklung europäischen Privatrechts aussehen, die nicht von Mediationsmodellen, on-line-Schiedsgerichten etc. an den Rand gedrängt wird? Man könnte sich z.B. eine institutionalisierte Zusammenarbeit der nationalen Zivilgerichte vorstellen, die vom EuGH unterstützt wird. Kleinere Mitgliedstaaten oder solche, die vor dem Beitritt kein lange entwickeltes Zivilrecht kannten, haben meist kein Problem damit, sich grenzüberschreitend juristisch auszutauschen. Öffnen müssten sich also nur die großen Mitgliedstaaten. Sie haben ihrerseits die größte Erfahrung damit, höchstrichterliche Rechtsprechung zu kreieren, über Kommentarliteratur bekanntzumachen etc. So könnten bereits bei nationalen Höchstgerichten europarechtlich erfahrene Senate oder ad-hoc-Stellen gebildet werden, die entweder mit Kollegen aus anderen Mitgliedstaaten besetzt sind, oder die über Gemeinsame Senate zusammenarbeiten. Sie könnten unabhängig vom Instanzenzug eingeschaltet werden und entweder direkt eine eigene Einschätzung abgeben oder einen qualifizierten Kontakt mit dem EuGH herstellen. An den EuGH selbst könnte ständig eine Gruppe nationaler Zivilrichter verschiedener Mitgliedstaaten abgeordnet sein, die zur Vorab-Begutachtung der vorlegten Fälle herangezogen werden. Zu denken wäre an eine Organisation im Rahmen des Wissenschaftlichen Dienstes des EuGH, wo im Übrigen auch eine für alle Länder einfach zu benutzende Dokumentation geschaffen werden sollte. Am EuGH selbst würden im Privatrecht spezialisierte Senate entstehen.

Das Verwerfungsmonopol für europäische Rechtsakte müsste beim EuGH verbleiben, doch die Interpretation würde im Privatrecht wesentlich stärker von den nationalen Gerichten selbst beeinflusst. Schließlich sind sie es, die die Materie am besten kennen. Akademien wie das 2011 gegründete European Law Institute könnten die Kooperation wissenschaftlich begleiten.

In 20 Jahren wird vermutlich auch notwendig sein, dass die richterliche Tätigkeit weiter beschleunigt wird. Zwar sind die gegenwärtig durchschnittlichen 16 Monate für ein Vorabentscheidungsverfahren sehr respektabel, wenn man bedenkt, dass die Verfahren in 24 verschiedenen Sprachen geführt werden können und die Verfahrensdauer auch die Übersetzung des Urteils in alle Sprachen einschließt. Für elektronische Kaufverträge der Zukunft, deren Vertragspartner ein spezifisches Rechtsproblem haben, wird dies trotzdem zu lange sein. Will der EuGH nicht Gefahr laufen, beiseite gestellt zu werden, müssten neue Ideen verfolgt werden. So könnten beschleunigte Verfahren aus allen Ländern auf Englisch ausschließlich geführt werden. Bei reinen Rechtsfragen könnte ein rein schriftliches Verfahren stattfinden,[14] oder das bereits heute diskutierte „Green-light-Verfahren" könnte eingeführt werden, wonach die Vorlagegerichte ihre eigene Einschätzung der europarechtlichen Fragestellung vortragen und nur eine Bestätigung durch den EuGH erbitten.

II. Schluss

Es ist reizvoll, sich die Zukunft auszumalen. Der Jubilar, der zahlreiche Entwicklungen angestoßen hat, weiß selbst am besten, dass kreative Ideen alleine nur selten ausreichen. Es kommt auf ihre Umsetzung an, und diese ist meist ein langer Prozess mit vielen Akteuren. Europa hat heute über 500 Millionen Bürger. Die juristische Begleitung ihres Zusammenlebens ist eine Herausforderung, der sich jede Generation von Juristen neu zu stellen hat.

14 Mündliche Verhandlungen über Videokonferenzen kann sich die Autorin dahingegen noch nicht so richtig vorstellen, doch sind auch sie vielleicht in 20 Jahren Realität. Die technischen Voraussetzungen sind am EuGH bereits vorhanden und werden gegenwärtig für Vergleichsgespräche u.ä. benutzt.

B.
Wirtschaftsrecht

I. Grundfreiheiten

Binnenmarktrelevanz statt grenzüberschreitender Aktivität – die Rs. Belgacom als Neujustierung in der Dogmatik der Grundfreiheiten?

Ferdinand Wollenschläger

I. Einführung

Das europäische Wirtschaftsrecht im Allgemeinen und die für dieses konstitutiven Marktfreiheiten im Besonderen stellen zentrale Forschungsbereiche des Jubilars dar, in denen er Grundlegendes geleistet hat. Hiervon zeugen nicht nur zahlreiche Abhandlungen, sondern auch gewichtige Kommentierungen sowie Monographien,[1] und nicht zuletzt der kürzlich erschienene Grundlagenbeitrag „Grundfreiheiten und Wettbewerbsordnung" in der von Peter-Christian Müller-Graff mitherausgegebenen Enzyklopädie des Europarechts.[2] In Anknüpfung hieran widmet sich dieser Beitrag einer potentiell weit reichenden Neujustierung in der Dogmatik der Marktfreiheiten, die sich in einer jüngeren Entscheidung des Europäischen Gerichtshofs, nämlich dem Urteil in der Rs. Belgacom vom 14.11.2013,[3] andeutet: Die bislang für die Möglichkeit, sich auf die Grundfreiheiten berufen zu können, zentrale Voraussetzung, eine grenzüberschreitende ökonomische Aktivität entfalten zu müssen (II.), relativiert der Gerichtshof nämlich und lässt die Binnenmarktrelevanz des Sachverhalts genügen (III.). Diese Entwicklung sei abschließend bewertet (IV.).

---

1 Siehe nur das beeindruckende Schriftenverzeichnis des Jubilars im Anhang dieser Festschrift.

2 *Müller-Graff*, in: Hatje/ders. (Hrsg.), Enzyklopädie Europarecht, Bd. 1, 2014, § 9.

3 EuGH, Urt. v. 14.11.2013, Rs. C-221/12 (Belgacom), EU:C:2013:736.

II. Grenzüberschreitende Aktivität als Tatbestandsmerkmal der Marktfreiheiten

Nach überkommenem Verständnis setzen die Marktfreiheiten in Einklang mit ihrer Zielsetzung, die transnationale Marktintegration zu befördern, die Ausübung einer grenzüberschreitenden ökonomischen Aktivität voraus.[4] So bedarf es etwa, um sich als Dienstleistungserbringer auf die Dienstleistungsfreiheit berufen zu können, der Erbringung von Dienstleistungen im EU-Ausland oder wenigstens gegenüber EU-ausländischen Empfängern.[5] Dementsprechend formuliert auch der Gerichtshof, dass Art. 56 f. AEUV „auf Tätigkeiten ohne jeden Auslandsbezug keine Anwendung“ finden.[6]

III. Binnenmarktrelevanz statt grenzüberschreitender Aktivität: Die Entscheidung des EuGH in der Rs. Belgacom

Eine bedeutsame Neujustierung hat das Erfordernis eines grenzüberschreitenden Elements in der jüngeren Rechtsprechung des Gerichtshofs zur Vergabe öffentlicher Aufträge, die namentlich als Dienstleistungskonzessionen oder wegen Nichterreichens der Schwellenwerte nicht unter die EU-Vergaberichtlinien[7] fallen, erfahren. Auch wenn die detaillierten Regeln des EU-Sekundärrechts keine Anwendung finden, hat der EuGH zu

---

4 Siehe nur *Müller-Graff* (Fn. 2), § 9 Rn. 5 ff., 42 ff.; *ders.*, in: Streinz (Hrsg.), EUV/AEUV, 2. Auflage 2012, Art. 49 AEUV, Rn. 20, Art. 56 AEUV, Rn. 31; *F. Wollenschläger*, in: Schmidt/ders. (Hrsg.), Kompendium Öffentliches Wirtschaftsrecht, 4. Auflage 2015, § 1, Rn. 58.

5 Statt vieler *Müller-Graff*, in: Streinz (Fn. 4), Art. 56 AEUV, Rn. 31.

6 EuGH, Urt. v. 17.6.1997, Rs. C-70/95 (Sodemare), Slg. 1997, I-3395, Rn. 38; ferner Urt. v. 18.3.1980, Rs. 52/79 (Debauve), Slg. 1980, 834, Rn. 9: „Es ist jedoch darauf hinzuweisen, daß die Vertragsbestimmungen über den freien Dienstleistungsverkehr nicht auf Betätigungen anwendbar sind, deren wesentliche Elemente sämtlich nicht über die Grenzen eines Mitgliedstaats hinausweisen.“

7 Siehe namentlich RL 2004/17/EG des Europäischen Parlaments und des Rates v. 31.3.2004, ABl. 2004 Nr. L 134/1; im Zuge der Vergaberechts-Reform 2014/2016 ersetzt durch RL 2014/25/EU des Europäischen Parlaments und des Rates v. 26.2.2014, ABl. 2014 Nr. L 94/243; mit der RL 2014/23/EU des Europäischen Parlaments und des Rates v. 26.2.2014 über die Konzessionsvergabe, ABl. 2014 Nr. L 94/1, findet sich auch erstmals ein Rechtsakt zur Konzessionsvergabe.

Recht die Marktfreiheiten für einschlägig erachtet und diesen prozedurale sowie materielle Anforderungen an die Auftragsvergabe entnommen, namentlich die Gebote einer transparenten, chancengleichen und neutralen Verfahrensgestaltung (etwa Publizitätsgebot), sachgerechter, nicht-diskriminierender Vergabekriterien sowie eines adäquaten Rechtsschutzes.[8] Vor dem Hintergrund des Binnenmarktziels findet dieses primärrechtliche Vergaberegime indes nur Anwendung auf Auftragsvergaben von „ein[em] bestimmte[n] grenzüberschreitende[n] Interesse"; diese Binnenmarktrelevanz bestimmt sich nach Auftragswert, Auftragsgegenstand und Ort der Auftragsausführung.[9]

Kommt einer Auftragsvergabe demnach Binnenmarktrelevanz zu, ist die öffentliche Hand verpflichtet, die Anforderungen der Marktfreiheiten einzuhalten. Hieran ändert, wie der EuGH zu Recht herausgearbeitet hat, auch der Umstand nichts, dass sich keine ausländischen Bieter am Vergabeverfahren beteiligt haben; denn dies kann gerade Konsequenz der Missachtung der marktfreiheitlichen Transparenzvorgaben sein: So ist es „für das Vorliegen eines sicheren grenzüberschreitenden Interesses nicht erforderlich …, dass ein Wirtschaftsteilnehmer tatsächlich sein Interesse bekundet hat. Dies gilt insbesondere dann, wenn der Rechtsstreit … die fehlende Transparenz im Zusammenhang mit der fraglichen Vereinbarung betrifft. In einem solchen Fall haben die in einem anderen Mitgliedstaat

8 Siehe nur EuGH, Urt. v. 7.12.2000, Rs. C-324/98 (Teleaustria), Slg. 2000, I-10745, Rn. 60 ff.; Urt. v. 13.10.2005, Rs. C-458/03 (Parking Brixen), Slg. 2005, I-8612, Rn. 46 ff.; Urt. v. 9.9.2010, Rs. C-64/08 (Engelmann), Slg. 2010, I-8219, Rn. 49 ff.; Urt. v. 14.11.2013, Rs. C-221/12 (Belgacom), EU:C:2013:736, Rn. 28, 37. Im Überblick m.w.N. *F. Wollenschläger* NVwZ 2007, 388; *ders.*, Verteilungsverfahren, 2010, 114 ff.; *ders.*, in: Müller-Wrede (Hrsg.), Kompendium des Vergaberechts, 2. Auflage 2013, Kap. 26, Rn. 7 ff.; *ders.* REALaw 8 (2015), 205 ff. Siehe ferner die Mitteilung der EK vom 24.7.2006 zu Auslegungsfragen in Bezug auf das Gemeinschaftsrecht, das für die Vergabe öffentlicher Aufträge gilt, die nicht oder nur teilweise unter die Vergaberichtlinien fallen, ABl. 2006 Nr. C 179/2.

9 Siehe nur EuGH, Urt. v. 17.7.2008, Rs. C-347/06 (ASM Brescia), Rn. 59, 62; ferner Urt. v. 14.11.2013, Rs. C-221/12 (Belgacom), EU:C:2013:736, Rn. 28 f.; Urt. v. 16.4.2015, Rs. C-278/14 (SC Enterprise), EU:C:2015:228, Rn. 16 ff.; BGH, 30.8.2011 – X ZR 55/10 = NZBau 2012, 46, 48; OLG Düsseldorf, Beschl. v. 7.3.2012 – VII-Verg 78/11, Verg 78/11 = NZBau 2012, 382, 385. Näher m.w.N. *F. Wollenschläger* NVwZ 2007, 388, 391; *ders.*, Verteilungsverfahren (Fn. 8), 118 ff.; *ders.*, Primärrechtsschutz (Fn. 8), Rn. 9 ff.; *ders.* REALaw 8 (2015), 205, 214 ff.

niedergelassenen Wirtschaftsteilnehmer keine reale Möglichkeit, ihr Interesse an dieser Konzession zu bekunden".[10]

Von dieser objektiv-rechtlichen Verpflichtung scharf zu trennen ist freilich die Frage, ob auch ein Einzelner etwaige Verstöße angreifen kann.[11] Nach herkömmlicher (deutscher) Dogmatik bedarf es hierfür einer subjektiven Rechtsverletzung, die nur dann vorliegt, wenn gerade in der Person des Rechtsschutzsuchenden ein grenzüberschreitender Tatbestand verwirklicht ist. Demnach kann sich bei Verstößen eines inländischen öffentlichen Auftraggebers gegen die Ausschreibungspflicht zwar ein EU-ausländischer Bieter auf die Marktfreiheiten berufen, nicht aber ein inländisches Unternehmen. Dies hat der Gerichtshof in seinem Urteil in der Rs. RI.SAN vom 9.9.1999 noch ausdrücklich bestätigt. Die gleichnamige Gesellschaft, die „ihren Sitz in Italien hat und auf dem italienischen Markt nicht unter Berufung auf die Niederlassungs- oder die Dienstleistungsfreiheit tätig ist", hat die Rechtmäßigkeit einer Vergabeentscheidung einer italienischen Kommune angegriffen – allerdings ohne Erfolg: Denn „[d]ieser Sachverhalt hat keinen Bezug zu einem der Tatbestände, die das Gemeinschaftsrecht auf dem Gebiet des freien Personen- und Dienstleistungsverkehrs regelt. Infolgedessen [findet] … Artikel 55 des Vertrages auf einen Fall wie den des Ausgangsverfahrens keine Anwendung …, der mit keinem seiner Elemente über die Grenzen eines Mitgliedstaats hinausweist und der deshalb keinen Bezug zu einem der Tatbestände hat, die das Gemeinschaftsrecht auf dem Gebiet des freien Personen- und Dienstleistungsverkehrs regelt."[12]

Mit dieser Differenzierung hat der EuGH nun in seinem Urteil in der Rs. Belgacom vom 14.11.2013 – in Einklang mit einer schon zuvor ver-

---

10 EuGH, Urt. v. 14.11.2013, Rs. C-221/12 (Belgacom), EU:C:2013:736, Rn. 31; ebenso bereits EuGH, Urt. v. 21.7.2005, Rs. C-231/03 (Coname), Slg. 2005, I-7287, Rn. 18; Urt. v. 13.10.2005, Rs. C-458/03 (Parking Brixen), Slg. 2005, I-8612, Rn. 55. Siehe auch Schlussanträge GA Stix-Hackl, 12.4.2005, Rs. C-231/03 (Coname), Slg. 2005, I-7287, Rn. 27; *Egger*, Europäisches Vergaberecht, 2008, Rn. 161 f.

11 Siehe bereits *F. Wollenschläger*, Verteilungsverfahren (Fn. 8), 116 ff.; *ders.* REALaw 8 (2015), 205, 211 ff.; ferner *Gabriel/Voll* NZBau 2014, 155, 156 f.

12 EuGH, Urt. v. 9.9.1999, Rs. C-108/98 (RI.SAN), Slg. 1999, I-5219, Rn. 21 ff.

einzelt in Rechtsprechung[13] und Literatur[14] vertretenen Auffassung[15] – gebrochen. Nach dieser kommt das marktfreiheitliche Transparenzgebot nämlich „allen potenziellen Bietern zugute", und zwar „unabhängig davon, ob sie im selben Mitgliedstaat wie [die auftragsvergebende] Behörde niedergelassen sind."[16] Somit sind „die Art. 49 AEUV und 56 AEUV dahin auszulegen …, dass ein Wirtschaftsteilnehmer eines Mitgliedstaats vor den Gerichten dieses Mitgliedstaats geltend machen kann, dass bei dem Abschluss einer Vereinbarung, mit der eine oder mehrere Körperschaften des öffentlichen Rechts dieses Mitgliedstaats gegen Entgelt u. a. das ausschließliche Recht zur Nutzung von Kabelfernsehnetzen sowie ihre Fernsehdienste und die damit verbundenen Abonnementverträge auf einen Wirtschaftsteilnehmer desselben Mitgliedstaats übertragen, die sich aus diesen Artikeln ergebende Transparenzpflicht verletzt worden ist."[17]

IV. Bewertung

Bereits mit der Erklärung der Grundfreiheiten für unmittelbar anwendbar, was angesichts deren Ursprungs in einem völkerrechtlichen Vertragswerk einen bedeutsamen Schritt darstellte,[18] hat der Gerichtshof in den An-

---

13 VG Mainz, Beschl. v. 30.8.2010 – 6 L 849/10.MZ = NZBau 2011, 60, 62; VG Münster, Beschl. vom 9.3.2007 – 1 L 64/07 = VergabeR 2007, 350, 354; LG Frankfurt/Main, Beschl. v. 28.1.2008 – 2-4 O 201/06, 2/4 O 201/06 = NZBau 2008, 599, 605 f. Siehe auch VG Bayreuth, Urt. v. 11.12.2012 – 1 K 12/445, juris, Rn. 95 ff.

14 *Braun/Hauswaldt* EuZW 2006, 176, 177 – für vergaberechtliches Transparenzgebot; *Kallerhoff* NZBau 2008, 97, 102.

15 Ablehnend *Bayreuther* EuZW 2009, 102, 104; *Huerkamp*, Gleichbehandlung und Transparenz als gemeinschaftsrechtliche Prinzipien der staatlichen Auftragsvergabe, 2010, 84 f.; *F. Wollenschläger* NVwZ 2007, 388, 396; *ders.*, Verteilungsverfahren (Fn. 8), 117 f.; *ders.*, Primärrechtsschutz (Fn. 8), Rn. 14.

16 EuGH, Urt. v. 14.11.2013, Rs. C-221/12 (Belgacom), EU:C:2013:736, Rn. 32. Dazu *Gabriel/Voll* NZBau 2014, 155. Kritisch gegenüber diesem Ansatz *F. Wollenschläger*, Verteilungsverfahren (Fn. 8), 116 ff.

17 EuGH, Urt. v. 14.11.2013, Rs. C-221/12 (Belgacom), EU:C:2013:736, Rn. 34.

18 Grundlegend EuGH, Urt. v. 5.2.1963, Rs. 26/62 (van Gend en Loos), Slg. 1963, 3, 24 f.; ferner für die Warenverkehrsfreiheit im Übrigen EuGH, Urt. v. 29.11.1978, Rs. 83/78 (Redmond), Slg. 1978, I-2347, Rn. 66/67. Für die Arbeitnehmerfreizügigkeit EuGH, Urt. v. 4.4.1974, Rs. 167/73 (EK/Frankreich), Slg. 1974, 359, Rn. 35 ff. und Urt. v. 4.12.1974, Rs. 41/74 (van Duyn), Slg. 1974, 1337, Rn. 4 ff. Für die Niederlassungsfreiheit EuGH, Urt. v. 21.6.1974, Rs. 2/74 (Reyners),

fangsjahren der europäischen Integration den Einzelnen zur effektiven Durchsetzung des Gemeinschaftsrechts gegenüber den Mitgliedstaaten mobilisiert.[19] Hieran knüpft das Urteil in der Rs. Belgacom an. Indem der EuGH auch Inländer zur Geltendmachung von Verstößen gegen das marktfreiheitliche Transparenzverbot ermächtigt, obgleich sie sich selbst nicht grenzüberschreitend betätigen, wird dessen Durchsetzung effektiviert.[20] Diesen Gedanken hat das Verwaltungsgericht Münster in einer zuvor ergangenen vergleichbaren Entscheidung (deutlicher als der Gerichtshof) auf den Punkt gebracht:

„Dass Inländer vom Schutzbereich nicht ausgeschlossen sind, ergibt sich auch aus dem Effektivitätsgebot des Art. 10 EG, wonach alle Maßnahmen zu ergreifen sind, die zur Beachtung und Durchsetzung des europäischen Rechts führen. Daraus folgt, dass nicht nur ausländischen Bietern ein subjektives Recht auf Einhaltung der für die Vergabe einer Dienstleistungskonzession geltenden Maßgaben, insbesondere des Gebots der Transparenz, zusteht. Ausländische Unternehmen werden in den Fällen, in denen es an einer hinreichenden Transparenz des Konzessionsvergabeverfahrens mangelt, regelmäßig keine tatsächliche Möglichkeit haben, ihr Interesse am Erhalt der Konzession kundzutun. Da aber die Pflicht zur Transparenz darauf abzielt, die Dienstleistungskonzession dem Wettbewerb zu öffnen, bedeutet der Gleichbehandlungsgrundsatz, dass die ‚Spielregeln' der Vergabe allen potenziellen Konzessionären bekannt sein und auf alle in gleicher Art und Weise angewendet werden müssen. Daher müssen auch inländische Interessenten die Möglichkeit haben, gegen Verstöße gegen das Transparenzgebot vorzugehen. Der Grundsatz der Gleichbehandlung der Bieter auf öffentliche Dienstleistungskonzessionen ist somit auch dann anwendbar, wenn keine offene Diskriminierung aus Gründen der Staatsangehörigkeit vorliegt".[21]

Slg. 1974, 631, Rn. 3 ff. Für die Dienstleistungsfreiheit EuGH, Urt. v. 3.12.1974, Rs. 33/74 (van Binsbergen), Slg. 1974, 1299, Rn. 24/26. Für die Kapitalverkehrsfreiheit EuGH, Urt. v. 14.12.1995, Rs. C-163/94 u. a. (Sanz de Lera), Slg. 1995, I-4821, Rn. 43. Für das allgemeine Freizügigkeitsrecht EuGH, Urt. v. 17.9.2002, Rs. C-413/99 (Baumbast), Slg. 2002, I-7091, Rn. 80 ff. Allgemein dazu *Müller-Graff* (Fn. 2), § 9, Rn. 12 ff.; *F. Wollenschläger*, Grundfreiheit ohne Markt, 2007, 25 ff.; ferner *ders.*, in: Hatje/Müller-Graff (Hrsg.), Enzyklopädie Europarecht, Bd. 1, 2014, § 8, Rn. 116 ff.

19 *Masing*, Die Mobilisierung des Bürgers für die Durchsetzung des Rechts, 1996.

20 Siehe auch *Gabriel/Voll* NZBau 2014, 155, 157.

21 VG Münster, Beschl. v. 9.3.2007 – 1 L 64/07 = VergabeR 2007, 350, 353 f.

Diese Effektivierung mag angesichts der mit ihr einhergehenden verstärkten Durchsetzung von Rechtsbindungen prima facie begrüßenswert erscheinen und ist auch im vergaberechtlichen Schrifttum auf Zustimmung gestoßen.[22] Gerade im Vergaberecht hat die Europäisierung mit Blick auf rechtsstaatliche Standards sowie Bieterrechte sowohl oberhalb der Schwellenwerte als auch unterhalb derselben segensreich gewirkt.[23] Auch löst die Rs. Belgacom das Problem der – freilich bislang überwiegend, und zwar auch vom EuGH[24] – für unionsrechtskonform erachteten Inländerdiskriminierung.[25]

Indes widerspricht das in der Rs. Belgacom zutage tretende Verständnis der Grundfreiheiten deren – auch in Genese und Wortlaut (siehe nur Art. 49, 56, 57 UAbs. 3 AEUV) zum Ausdruck kommenden – Charakter als subjektive Rechte, die Einzelnen die grenzüberschreitende wirtschaftliche Betätigung erleichtern sollen; derartige Rechtspositionen stehen vorliegend nicht inmitten. Vielmehr wird der Einzelne – und dies ohne nähere Begründung sowie ohne Auseinandersetzung mit der bisherigen gegenteiligen Rechtsprechung – zur Durchsetzung des objektiven Rechts ermächtigt und damit nicht nur die Unterscheidung zwischen objektiver und subjektiver Rechtsverletzung zugunsten des effet utile eingeebnet, sondern zugleich tief in hierauf abhebende nationale Rechtstraditionen eingegriffen (vgl. nur § 42 Abs. 2 VwGO).[26]

Das Urteil in der Rs. Belgacom erscheint potentiell folgenreich, lässt sich der Effektivierungsgedanke doch auf alle Marktzugangshindernisse

---

22 *Gabriel/Voll* NZBau 2014, 155, 157 f.; *Kern* EuZW 2014, 73.

23 Zu diesem Prozess statt vieler *F. Wollenschläger*, in: Terhechte (Hrsg.), Verwaltungsrecht der Europäischen Union, 2011, § 19, Rn. 79 ff.; *ders.*, Primärrechtsschutz (Fn. 8), Rn. 80.

24 EuGH, Urt. v. 5.6.1997, verb. Rs. C-64/96 und C-65/96 (Uecker und Jacquet), Slg. 1997, I-3171, Rn. 22; Urt. v. 5.5.2011, Rs. C-434/09 (McCarthy), Slg. 2011, I-3375, Rn. 45. Ebenso *Gärditz* VVDStRL 72 (2013), 49 (145 Fn. 322); *F. Wollenschläger*, Grundfreiheit (Fn. 18), 85 f., 222 f., 341 ff. m.w.N. A. A. Schlussanträge GA Sharpston, 30.9.2010, Rs. C-34/09 (Ruiz Zambrano), Slg. 2011, I-1177, Rn. 123 ff. (mit qualifizierenden Voraussetzungen); *Kochenov*, CYELS 15 (2012–2013), 197, 208 f., 224. Zu verfassungsrechtlichen Aspekten *F. Wollenschläger*, Kompendium (Fn. 4), § 1 Rn. 83.

25 *Braun/Hauswaldt* EuZW 2006, 176, 177; *Gabriel/Voll* NZBau 2014, 155; *Huerkamp* (Fn. 15), 84 f.

26 Ablehnend *Huerkamp* (Fn. 15), 84 f.; *F. Wollenschläger* NVwZ 2007, 388, 396; *ders.*, Verteilungsverfahren (Fn. 8), 118. Zustimmend demgegenüber *Gabriel/Voll* NZBau 2014, 155, 157 f.; *Kern* EuZW 2014, 73.

übertragen: So befördert es zweifelsohne die Marktintegration, wenn Inländer – unabhängig von einer grenzüberschreitenden Aktivität – den Marktfreiheiten entgegenstehende Qualifikationsanforderungen oder Verwaltungsmonopole zu Fall bringen können.[27] Kommt vor diesem Hintergrund eine Beschränkung auf bestimmte Verstöße gegen die Marktfreiheiten in Betracht? Ließen sich und wären überdies Grenzen ratione personae (zu) ziehen (Verhinderung von Popularklagen)? Handelt es sich schließlich um eine Erweiterung des Tatbestands der Marktfreiheiten (Binnenmarktrelevanz statt grenzüberschreitender Aktivität) oder lediglich um die Befugnis zur Durchsetzung einer objektiven respektive Drittrechtsverletzung aus Effektivitätsgründen?

Ob und inwieweit mit der Rs. Belgacom eine generelle Neujustierung der marktfreiheitlichen Dogmatik erfolgt ist, ist indes noch offen. Zu berücksichtigen ist nämlich, dass sich die EuGH-Rechtsprechung bislang auf eine Einzelentscheidung einer Fünfer-Kammer zur öffentlichen Auftragsvergabe beschränkt, die zudem ohne Schlussantrag ergangen ist und von einer früheren Entscheidung, der Rs. RI.SAN, abweicht, ohne dass Letztere erwähnt – geschweige denn für überholt erklärt – worden wäre. Selbiges gilt hinsichtlich der bisherigen ständigen Rechtsprechung zur Unionsrechtskonformität der Inländerdiskriminierung.[28] Überdies mag das Spezifikum des Transparenz-Verstoßes, der die Marktteilnahme von EU-Ausländern vollkommen ausschließt, die Entscheidung (mit) erklären.[29] Gleichwohl ist der Stein ins Rollen gebracht.

---

27 *F. Wollenschläger* NVwZ 2007, 388, 396; *ders.*, Verteilungsverfahren (Fn. 8), 118.

28 Siehe Fn. 24.

29 Dies betonend *Braun/Hauswaldt* EuZW 2006, 176, 177.

Brief reflections on the Free Movement of Goods

Laurence W. Gormley

I. Introduction

The concept of measures having equivalent effect to quantitative restrictions on imports has been hotly debated since the 1960's, and Peter-Christian Müller-Graff has been very active in that debate. While the questions have varied over the years (nobody now believes that only discriminatory measures are caught), revisionist pressures abound. The Court of Justice has attempted to respond to criticism by purporting to clarify its case-law, but has not succeeded. Three issues are of particular interest: *Dassonville* and *Keck* after the Use cases; whether there is or should be a *de minimis* rule in the applying Articles 34 and 35 TFEU, and whether the time is ripe to assimilate the case-law-based justifications to those of Article 36 TFEU.

II. Dassonville remains good law: does Keck survive?

The basic principle in *Dassonville*,[1] usually shorn of the word 'trading', is still the key definition of measures having equivalent effect in Article 34 TFEU, even after the attempt at categorisation in Case C-110/05 *Commission v Italy*.[2] There is no requirement that there be an intention on the part of the national authorities concerned to hinder (now) intra-Union trade. Thus any measure having the object or effect of hindering intra-Union trade will be caught.[3] A measure that is accepted as being justified does not

1 Case 8/74 Procureur du Roi v Dassonville et al, [1974] ECR 837, para. 5.

2 Case C-110/05 Commission v Italy, [2009] ECR I-519, paras. 34-37. In ibid., para. 33 the Court repeated the Dassonville basic principle as pronounced, but usually simply refers to any measure or all measures.

3 See e.g. Case C-322/01 Deutscher Apothekersverbund eV v 0800 Doc Morris NV et al, [2003] ECR I-14887, para. 67; Case C-244/06 Dynamic Medien Vertriebs GmbH v Avides Media AG, [2008] ECR I-505, para. 27, & Case C-110/05 Commission v Italy, [2009] ECR I-519, para. 37.

cease to be a measure having equivalent effect: it merely ceases to be prohibited.[4] If it were otherwise, there would have been no point in the *Keck & Mithouard*[5] approach in which the Court found that selling arrangements which fulfilled two conditions,[6] were, contrary to its previous case-law, outside the scope of measures hindering, directly or indirectly, actually or potentially, trade between Member States for the purposes of the *Dassonville* case-law. The difficulties with this approach have been discussed at length in the literature.[7] In Case C-110/95 *Commission v Italy* the Court again thought that it was shedding light on the scope of Article 34 TFEU, but the literature demonstrates that, as in *Keck* itself, the Court failed utterly.[8]

Market access, which seems to have become the flavor of the month, adds nothing to the *Dassonville* basic principle: the categorisation in Case C-110/95 *Commission v Italy* is merely illustrative, and not exhaustive, and selling arrangements that satisfied the *Keck* criteria were confirmed as not hindering trade between Member States. Thus *Keck* survived the Use cases,[9] at least formally;[10] the Court did not retreat, no matter how compelling the criticisms.

A market access test is just as open to a wide interpretation as the basic principle in *Dassonville*; its only virtue as a term is that it seems, as Spa-

4 See e.g. Case C-405/98 Konsumentombudsmannen (KO) v Gourmet International Products AB (GIP), [2002] ECR I-1795, paras. 25-26.

5 Joined Cases C-267/91 and C-268/91 Keck & Mithouard, [1993] ECR I-6097, para. 16.

6 That the rules apply to all relevant traders operating in national territory and must affect in the same manner, in law and in fact, the marketing of both domestic products and those from other Member States. (Ibid.).

7 See e.g. the literature cited in *Gormley*, EU Law of Free Movement of Goods and Customs Union, Oxford 2009, 408-409 (fn. 75) and in Oliver (ed.), Oliver on Free Movement of Goods in the European Union, 5th. Ed., 2010, 114. See, further, e.g. *Gormley* (2008) 31 Fordh. Int'l LJ 1637-169; *Spaventa* (2009) 34 ELRev 914-932 and *Horsley* (2009) 46 CMLRev 2010-2019.

8 See e.g. *Spaventa*, ibid.; *Oliver* (2010) 33 Fordh. Int'l LJ 1423-1471; *Gormley* (2010) 33 Fordh. Int'l LJ 1589-1628; *Snell* (2010) 47 CML Rev 437- 472 , and the contributions in What Standard after Keck? (2012/2) EJCL 199-368.

9 The Use cases are: Case C-265/06 Commission v Portugal, [2008] ECR I-2245 (Third Chamber); Case C-110/05 Commission v Italy, [2009] ECR I-2019 (Grand Chamber); Case C-142/05 Åklagaren v Mickelsson & Roos, [2009] ECR I-4273 (Second Chamber). See *Gormley* (2010) 33 Fordh. Int'l LJ 1589 at 1595-1608.

10 The relevance of Keck once the Court thinks in terms of market access has been seriously questioned, see e.g. *Spaventa* (2009) 34 ELRev. 914 at 928-929.

venta observed, 'to realign the case law on goods with the case law on the free movement of persons, so that barriers to economic freedom, to the freedom to trade, might now well be caught by Article [34 TFEU] and need to be justified.'[11] But the case-law on the other freedoms was coming into line with the *Dassonville* pre-*Keck* approach.[12] Snell rightly views the notion of market access as obscuring rather than illuminating,[13] and it is difficult to disagree. While there are judgments since the Use cases in which the Court has invoked market access, they are neither clear nor consistent,[14] and there are more important judgments which do not refer to market access at all.[15]

The most shocking aspect of *Commission v Italy* is the Court's analysis of the justification of the Italian measure. Although Advocates General Léger and Bot both found that the measure was excessive, the Court opted for ease of application and found the ban on trailers acceptable. The judges have clearly never crossed narrow bridges or encountered one-way streets in a car! This was a compromise judgment. A majority was rightly willing to uphold the line taken earlier in Case C-265/06 *Commission v Portugal*,[16] and find measures governing the use of goods to be caught by the basic principle in *Dassonville*. The siren-call of Advocate General Kokott in Case C-142/05 *Mickelsson & Roos* to extend the scope of the *Keck* approach to exclude such measures from the concept of measures having equivalent effect[17] was firmly rejected. But the price was the illogical acceptance of the Italian measures. *Dassonville* clearly does survive the Use cases, and *Keck* hangs on at least, but when will *Keck* will be seen as a learning experience and be finally renounced?

---

11 *Spaventa*, ibid., at 929.

12 E.g. Case C-415/93 Bosman, [1995] ECR I-4921, paras. 94-96 (citing earlier case-law).

13 *Snell* (2010) 47 CMLRev. 437 at 470.

14 See e.g. Case C-108/09 Ker-Optika bt v ÀNTSZ Dél-dunántúli Regionális Intézete, [2010] ECR I-12213.

15 See Case C-333/08 Commission v France, [2010] ECR I-757; Case C-421/09 HumanplasmaGmbH v Republik Österreich, [2010] ECR I-12869; Case C-28/09 Commission v Austria, [2011] ECR I-13525.

16 Supra, note 9.

17 Opinion of AG Kokott, C-142/05 Mickelsson & Roos, ECR I-4273 at paras. 47-56.

III. De minimis non curat lex?

The Court has always stated that there is no *de minimis* rule in relation to the free movement of goods, whether in Article 34 TFEU[18] or the prohibition of charges having equivalent effect to customs duties.[19] Advocate General Tesauro in *Hünermund* was unconvinced of the feasibility of a *de minimis* test.[20] Advocate General Jacobs in *Leclerc-Siplec* still pressed for a *de minimis* approach.[21] But the flaws in a *de minimis* approach are clear.[22] A *de minimis* approach would be absurd.

The Court's approach in the Use cases seems to have given some comfort proponents of a *de minimis* approach.[23] In *Commission v Italy* the Court stated that 'a prohibition on the use of a product in the territory of a Member State has a considerable influence on the behaviour of consumers, which, in its turn, affects the access of that product to the market of that Member State.'[24] This is not a *de minimis* threshold by the back door, but merely demonstrates that the effect is not hypothetical or so remote as to be unrealistic. If there is an obstacle to the use of a product, in the form of a prohibition or restriction, the (virtual) non-existence of a market for it is scarcely surprising. In *Mickelson & Roos* the Court referred to the national regulations for the designation of the navigable waters and waterways

---

18 E.g. Case 16/83 Prantl, [1984] ECR 1299, para. 20; Joined Cases 177 and 178/82 Van der Haar et al, [1984] ECR 1797, para. 13; Case 269/83 Commission v France, [1985] ECR 837, para. 10; Case 103/84 Commission v Italy, [1986] ECR 1759, para. 18, Case C-309/02 Radlberger Getränkegesellschaft mbH & Co et al v Land Baden-Württemberg, [2004] ECR I-11763, para. 68. See also, more generally, Case C-49/89 Corsica Ferries France v Direction générale des douanes françaises, [1989] ECR 4441, para. 8.

19 E.g. Case 24/68 Commission v Italy, [1969] ECR 193, para. 9; Case 229/87 Commission v Greece, [1988] ECR 6347, para. 19, Case C-72/03 Carbonati Apuani Srl v Comune di Carrara, [2004] ECR I-8027, para. 20.

20 Opinion of AG Tesauro, C-292/92 Hünermund v Landesapothekerkammer Baden-Württemberg, ECR I-6787 at para. 17.

21 Opinion of AG Jacobs, C-412/93 Société d'importation Édouard Leclerc v TFI Publicité SA et al, ECR I-179 at paras. 42-49.

22 See *Gormley,* in: Arnull et al. (eds.), Continuity and Change in EU Law (Essays in Honour of Sir Francis Jacobs), Oxford 2008, 189, 202; *Gormley* 38 Fordh. Int'l. L.J. 993, 1011-1012; Commission Document COM (2014) 6767 Final (17 September 2014).

23 See e.g. *Krenn* (2012) 49 CMLRev. 177-216; *Jansson/Kalimo* (2014) 51 CMLRev. 523-528.

24 Case C-110/95 Commission v Italy, [2009] ECR I-2019, at para. 56.

having 'the effect of preventing users of personal watercraft from using them for the specific and inherent purposes for which they were intended or of greatly restricting their use'. Enchelmaier regards this as accepting that minor restrictions on use would fall outside the scope of Article 34 TFEU.[25] While he offered various examples, he acknowledged they would be regarded as having a too uncertain or indirect effect to be regarded as hindering trade between Member States. Even if, which is unlikely, they were not to be so regarded, it is submitted that various justifications would be easily available to ensure that such measures would not be prohibited.

In a few cases in which the Court has regarded the measure concerned as being too remote or the effects too uncertain or indirect,[26] but these are extremely rare occurrences indeed. These judgments are usually cited as examples of a remoteness test, but they are not examples of a *de minimis* test.[27] Remoteness is not a form of *de minimis*. Famously, the Court rejected a remoteness argument in Case 67/97 *Bluhme*,[28] which shows that even if a measure covers only a small part of national territory, it can still fall foul of Article 34 TFEU.[29] There is no *de minimis* approach in relation to the internal market, either in the economic extent of the measure or in its territorial scope, or in any other aspect.

Hojnik [30] has argued that while the Court has not expressly accepted a *de minimis* rule in the internal market freedoms, there are signs that it is gaining ground in the field of the internal market. However, the cases in which she purports to find a *de minimis* approach are in fact remoteness cases. She claims that *de minimis* has a rather different meaning under EU internal market law than in other fields, because 'it increases the autono-

---

25 *Enchelmaier*, in: Oliver (ed.), supra, note 7, 191-192. He sees restrictions on use being caught if (i) they constitute total bans on use; or (ii) they prevent goods being employed for the 'specific and inherent purposes for which they were intended,' or (iii) they 'greatly restrict their use'. The last two criteria were, he felt, not notable for their precision.

26 E.g. Case C-379/92 Peralta, [1994] ECR I-3453, para. 24.

27 Case C-266/96 Corsica Ferriesi, [1998] ECR I-3949, para. 30 is claimed to be an example of de minimis, but the decision is based on the restrictive effects being 'too uncertain and indirect' (see para. 31).

28 Case 67/97 Bluhme, [1998] ECR I-8033, para. 22.

29 See also e.g. Joined Cases C-1/90 and C-176/90 Aragonesa de Publicidad Exterior SA et al v Departamento de Sanidad y Seguridad Social de la Generalitat de Cataluña, [1991] ECR I-4151, para. 24.

30 *Hojnik* (2013) 6 EJLS 25-45.

my of national authorities, thereby strengthening democratic decision-making in the EU as a multilevel governance system'. She argues that on this basis 'Member States keep their competence in the field of market law with regard to rules which do not formally discriminate between domestic and foreign goods, people, services and capital, the purpose of which is not regulate trade with other Member States and whose potential restrictive effect on the functioning of the internal market are too uncertain to indirect for the obligation which they lay down to regarded as being in breach of the EU Treaties.'[31] With respect, this is merely a plea for a wider use of a remoteness test, not a plea for a *de minimis* test as usually understood. Her analysis is, with respect, misguided. It is neither desirable nor practical to have a *de minimis* approach in the internal market, and, with the utmost possible respect, it is high time that the Lorelei stopped singing otherwise.

The regulatory powers of the Member States are often seen as almost sacred cows that should, absent discrimination, be sacrosanct. But that is not what the TFEU requires or seeks to achieve. Such powers are not reserved powers: the same applies to the justifications accepted in Article 36 TFEU or the case-law.[32] While the Court is rightly not interested in wholly unmeritorious attempts to worm out of compliance with national laws,[33] it sets its face against any attempt to open a slippery slope of descent into the freedoms only being concerned with big problems. So-called small cases have often been the real breakthrough for fundamental developments in EU law,[34] and it would be contrary to the single internal market concept and to the role in EU law of the 'vigilance of individuals concerned to pro-

31 Ibid., at 43-44.

32 See, e.g. Case 35/76 Simmenthal SpA v Italian Minister for Finance, [1976] ECR 1871, para. 14 (2nd subpara.); Case 153/78 Commission v Germany, [1979] ECR 2555, para. 5. See, further *Gormley*, Prohibiting Restrictions on Trade within the EEC, Amsterdam 1985, 124 and 357.

33 See e.g. Case 229/83 Association des Centres distributeurs Édouard Leclerc et al v Sàrl 'Au blé vert' et al, [1985] ECR 1 (no genuine cross-border movement). See, generally, *Saydé*, Abuse of EU Law and Regulation of the Internal Market, Oxford 2014.

34 See e.g. Case 6/64 Costa v Enel, [1964] ECR 585; Case 43/75 Defrenne, [1976] ECR 455; Case C-152/84 Marshall, [1986] ECR 723 (& Case C-271/91 Marshall, [1993] ECR I-4367).

tect their rights'[35] to adopt a *de minimis* rule that would, in fact, soon become a *carte blanche* in the eyes of the Member States, to sidestep their obligations.

Hojink, also claims that 'it is immoral (or at least democratically illegitimate) for EU law to prohibit all Member States' trading rules, as the European Court of Justice has proclaimed in its 40-year old judgment of *Dassonville.*' In *Dassonville,* while proclaiming the general principle, the Court actually opened the door for justifications not mentioned in Article [34 TFEU]. There is nothing at all immoral or democratically illegitimate in that. However entertaining such rhetoric may be, it should not get in the way of useful and accurate legal analysis!

IV. Assimilation of the justifications?

In *Dassonville* the Court first accepted that it could be possible to accept measures which hindered trade between Member States on grounds of justifications not mentioned in Article 36 [TFEU].[36] In *Cassis de Dijon* the Court showed that these grounds were not a closed class, and coined the term 'mandatory requirements'.[37] The Court has always refused to enlarge the grounds of justification mentioned in the first sentence of Article 36.[38] While the Court's approach to Article 36 and the case-law-based justifications is very similar, there is a major difference: the latter are available only to equally-applicable measures,[39] even though in the field of environmental protection the Court declared discriminatory measures not to be so because of the special nature of the products involved[40] (having just stated

35 Case 26/62 Van Gend en Loos v Nederlandse administratie der belastingen, [1963] ECR 1 at 13.

36 Case 8/74 Procureur du Roi v Dassonville et al, [1974] ECR 837, para. 6.

37 Case 120/78 Rewe-Zentral AG v Bundesmonopolverwaltung für Branntwein, [1979] ECR 649, para. 8.

38 See e.g., Case 7/68 Commission v Italy, [1968] ECR 423; Case 46/76 Bauhuis v Netherlands, [1977] ECR 5, & Case 229/83 Association des Centres distributeurs Édouard Leclerc et al v Sàrl 'Au blé Vert' et al, [1985] ECR 1.

39 E.g. Case 788/79 Gilli & Andres, [1980] ECR 2071, para. 6; Case 113/80 Commission v Ireland, [1981] ECR 1625, paras 7-8; Case 59/82 Schutzverband gegen Unwesen in der Wirtschaft v Weinvertriebs GmbH, [1983] ECR 1217, para. 11; Case 2/90 Commission v Belgium, [1992] ECR I-4431, para. 34.

40 Ibid., paras. 34-36.

that waste was a product like any other product):[41] environmental protection is a special case.

The case-law-based justifications have expanded even into areas which ought to fall within the concept of the health and life of humans animals or plants in Article 36 itself.[42] Unsurprisingly, there has been pressure to assimilate the justifications,[43] but this has been ignored. Enchelmaier has identified a few apparent chinks in the armour,[44] but these are simply examples of poor reasoning. The real problem is that assimilation would also knock a gaping hole in the doctrine that exceptions are to be interpreted strictly. Even though the Member States have had ample opportunities to amend what is now Article 36 TFEU during Treaty revisions, they have failed to do so. While the Court takes an essentially equitable stance[45] in accepting the availability of non-Treaty-based grounds of justification (without by any means always accepting the substantive argument) in the absence of EU legislation governing the interest or value concerned, the Court will not re-write the terms of the TFEU. This is also the response to pressure for reform of the Court's views on standing under what is now Article 263 TFEU.[46]

V. Conclusions and Valedictory

Both *Dassonville* and, at least to an extent, *Keck* survive the Use cases. There is not and should not be a *de minimis* rule applied in free movement cases. The case-law-based grounds of justification and the grounds of justification in Article 36 TFEU should not be assimilated. The charms of the Lorelei, who seek to draw the unwary from the flow of free movement

---

41 Ibid., paras. 23, 26 and 28.

42 In particular, road safety, safety of shipping, and product safety: see *Gormley*, supra, note 8, 520-521.

43 See e.g. Opinion of AG Jacobs, C-379/98 PreussenElektra AG v Schleswag AG, ECR I-2099, paras. 227-228, and *Enchelmaier*, in: Oliver (ed.), supra, note 7, 216-220.

44 In P. Oliver (ed.), *ibid.*, 220.

45 *Gormley*, Prohibiting Restrictions on Trade within the EEC, Amsterdam 1985, 51-57, & in Schrauwen (ed.), Rule of Reason, Groningen 2005, 21-33.

46 See Case C-50/00 P Union de Pequeños Agricultores v Council, [2002] ECR I-6677, para. 45.

onto the treacherous rocks of local interests and market partition with the *de minimis* song must be ignored.

Peter-Christian is a shrewd observer of the Court's difficulties in being consistent in its analysis, and the immaculate misconceptions that result. His writing, conference contributions, and teaching, not least on the free movement of goods, have been rigorous and most stimulating; he is rightly celebrated not only Germany but also far beyond. *Ad multos annos*!

Grundbucheintrag und Grundfreiheiten – Kurze Bemerkungen zum großen Thema Grundfreiheiten und Privatrecht und dem kurzen Beschluss des EuGH in der Rechtssache C-600/13 Intelcom ./. Marvulli

Oliver Remien

Europarecht und Privatrecht werden von wenigen so intensiv und mit solcher Präsenz miteinander verbunden wie von *Peter-Christian Müller-Graff.* Dem Feld des Europäischen Privatrechts hat er sich schon vor Jahrzehnten zugewandt und damals den Ausdruck „Gemeinschaftsprivatrecht" geprägt.[1] Dieser hat nicht nur anheimelnden Klang, sondern bringt auch die vom Jubilar gegenüber Rechtsvergleichung oder Rechtsgeschichte favorisierte Herangehensweise des Betrachtens des Privatrechts aus dem Blickwinkel der Europäischen Verträge gelungen zum Ausdruck.[2]

Vielleicht passt es daher, in diesem kurzen Beitrag eine Frage von Privatrecht und Grundfreiheiten aufzugreifen: Grundbucheintrag und Grundfreiheiten. Diese Frage wurde kürzlich in dem Vorabentscheidungsverfahren der Rechtssache C-600/13 *Intelcom Service Ltd ./. Marvulli* partiell angesprochen, wenn auch nicht beantwortet. Mir scheint aber, der Fall verdient etwas nähere Betrachtung. Ganz im Gegensatz zu der Aufmerksamkeit während des Verfahrens hat es diese nach dessen Beendigung[3] nicht gegeben.[4] Die Frage ist, ob dies zu Recht so ist?

---

1 *Müller-Graff*, Privatrecht und Europäisches Gemeinschaftsrecht – Gemeinschaftsprivatrecht, Baden-Baden 1989 und 2. Aufl. 1991.

2 Zu diesen verschiedenen Begriffen des Europäischen Privatrechts *Remien* EuR 2005, 699, 700.

3 EuGH, Beschl. v. 30.4.2014, Rs. C-600/13 (Intelcom Service), noch nicht in der dig. Slg. veröffentlicht.

4 In dem Verzeichnis der „Urteilsanmerkungen und -besprechungen" oder „Notes aux arrets de la Cour de justice" http://www.curia.eu/jcms/jcms/Jo2_7083 zu den Entscheidungen des EuGH findet sich zu der Rs. C-600/13 keinerlei Eintrag.

I. Das Grundstück in Matera und der EuGH

Bei dem Verfahren ging es um ein Vorabentscheidungsersuchen des Giudice di pace di Matera vom 22.4.2013. Matera ist eine Stadt in Süditalien, in der Provinz Basilikata, Apulien benachbart. Vor dem italienischen Gericht stritt die *Intelcom Service Ltd.* gegen Herrn *Marvulli* wegen vertraglicher und außervertraglicher Haftung bezüglich Schadensersatz wegen Unterbleibens eines Grundbucheintrags eines Kaufvertrags über ein Grundstück, das Herrn *Marvulli* gehört hatte, wegen mangelnder notarieller Beurkundung.[5] *Intelcom* hatte mit *Marvulli* einen Kaufvertrag über ein renovierungsbedürftiges landwirtschaftliches Gebäude von *Marvulli* geschlossen.[6] Nach dem Vertrag sollten die Parteien spätestens bis zum 11.7.2012 für die Einschreibung im Grundbuch sorgen.[7] Da der Vertrag nicht beurkundet war, wurde der Einschreibungsantrag jedoch zurückgewiesen.[8] Daraufhin verklagte *Intelcom* Herrn *Marvulli.*[9] Das Gericht betrachtete das italienische Erfordernis der notariellen Beurkundung für die Einschreibung ins Grundbuch als Schaffung eines wirklichen Monopols für die Notare[10] und legte dem Gerichtshof einige, hier kurz zusammengefasste, Vorabentscheidungsfragen vor:[11] Wird ein wirkliches Monopol geschaffen und damit die Dienstleistungsfreiheit sowie die Richtlinie 2006/123 verletzt (Frage 1)? Liegt ein verbotenes Dienstleistungsmonopol vor (Frage 2)? Liegt eine Maßnahme gleicher Wirkung vor, da Angehörige anderer Mitgliedstaaten gegenüber Angehörigen gewisser Staaten beim Zugang zu ihnen erbrachten Dienstleistungen schlechter behandelt werden (Frage 3)? Die das Vorabentscheidungsersuchen stellende Entscheidung des Giudice di pace di Matera vom 22.4.2013 ging am 21.11.2013 beim Gerichtshof ein.

Neben den Verfahrensbeteiligten nahmen diverse Regierungen von Mitgliedstaaten Stellung, genau elf, sowie die Kommission.[12] Bei den

5 EuGH, (Fn. 3), Rn. 2 des Beschlusses.

6 EuGH, (Fn. 3), Rn. 7.

7 Ebd.

8 EuGH, (Fn. 3), Rn. 8.

9 EuGH, (Fn. 3), Rn. 9.

10 EuGH, (Fn. 3), Rn. 10.

11 Vorabentscheidungsersuchen des Giudice di pace di Matera (Italien), eingereicht am 21.11.2013 – Intelcom Service Ltd/Vicenzo Mario Marvulli (Rechtssache C-600/13), ABl. C 52/56 vom 22.2.2014.

12 Siehe die Angaben am Beginn des Beschlusses des EuGH (Fn. 3).

Mitgliedstaaten handelt es sich um Italien, Belgien, Tschechien, Deutschland, Estland, Spanien, Frankreich, Litauen, Österreich, Polen und Rumänien.[13] Diese Liste ist eindrucksvoll. Über den Inhalt ist nichts Weiteres bekannt, vom Gerichtshof unter Berufung auf Vertraulichkeit und internen Charakter der Dokumente keine weitere Auskunft zu erlangen.[14] In Deutschland hat gegenüber dem Bundesjustizministerium für den Deutschen Notarverein dessen Präsident Dr. *Oliver Vossius* eine interessante Stellungnahme abgegeben, die im Internet veröffentlicht ist.[15] Durch Beschluss vom 30.4.2014 hat der Gerichtshof gemäß Art. 53 Abs. 2 Verfahrensordnung nach Anhörung des Generalanwalts das Vorabentscheidungsersuchen für offensichtlich unzulässig erklärt.[16] Das vorlegende Gericht bitte um die Überprüfung einer Regelung des nationalen Rechts, welche die Einschreibung eines Grundstückskaufvertrags in das Grundbuch mangels, insbesondere, Beurkundung nicht gestatte.[17] Nach ständiger Rechtsprechung gehe es um ein Verfahren der Zusammenarbeit nach Art. 267 AEUV, bei dem das vorlegende Gericht die notwendigen Informationen liefere.[18] Der EuGH nimmt auf die alte Rechtssache *Meilicke* zur verdeckten Sacheinlage[19] und auf *Danske Slagterier*[20] Bezug. Das vorlegende Gericht erkläre aber in keiner Weise, inwiefern die behauptete Unvereinbarkeit mit dem Recht der Union irgendwelche Auswirkungen auf die vertragliche oder außervertragliche Haftung eines Einzelnen haben könne.[21] Das Vorabentscheidungsersuchen sei offensichtlich unzulässig. Das Verfahren vor dem EuGH war damit nach wenigen Monaten beendet.[22]

---

13 Ebd.

14 E-Mail des Presse- und Informationsdienstes des Gerichtshofs, deutschsprachige Abteilung, vom 11.11.2014 an den Verfasser.

15 Deutscher Notarverein, Der Präsident, Vorlageverfahren beim Gerichtshof der Europäischen Union C-600/13 i.S. Intelcom Service Ltd ./. Marvulli („Vorlage"), Schreiben an das BMJV vom 18.2.2014, http://www.dnotv.de/_files/Dokumente/Stellungnahmen/2014_02_18_StellungnahmeIntelcom.pdf.

16 EuGH (Fn. 3).

17 EuGH (Fn. 3), Rn. 14.

18 EuGH (Fn. 3), Rn. 15.

19 EuGH, Urt. v. 16.7.1992, Rs. C-83/91 (Meilicke), Slg. 1992, I-4871.

20 EuGH, Urt. v. 24.3.2009, Rs. C-445/06 (Danske Slagterier), Slg. 2009, I-2119.

21 EuGH (Fn. 3), Rn. 16.

22 Kurioserweise ist zwischen dem Tag des Vorlagebeschlusses (22.4.2013) und dessen Eingang beim EuGH (21.11.2013) mehr Zeit verstrichen als zwischen diesem Eingangstag und dem Beschluss (30.4.2014).

II. Italienisches Zivilrecht und Grundfreiheiten

1. Codice civile in Matera – und Luxemburg?

Im Vorabentscheidungsersuchen des Giudice di pace di Matera und dem Beschluss des EuGH wird auf die Artt. 51 ff. des italienischen Notariatsgesetzes 89/1913 und die Artt. 1350 und 2657 Codice civile (Italienisches Zivilgesetzbuch, nachfolgend Ccit)[23] Bezug genommen. Art. 1350 Ccit schreibt vor, dass Verträge, die das Eigentum an unbeweglichen Sachen übertragen, bei Strafe der Nichtigkeit der Beurkundung oder der privaten Schriftform bedürfen. Nach Art. 2643 Ccit sind Verträge, die das Eigentum an unbeweglichen Sachen übertragen, durch Eintragung öffentlich bekannt zu machen. Die Eintragung erfolgt nach Art. 2657 Ccit nur kraft Urteils, öffentlicher Urkunde, Privaturkunde mit beglaubigter oder öffentlich festgestellter Unterschrift. Der privatschriftliche Vertrag genügt für die unmittelbare Erlangung der Eintragung also offenbar nicht. *Vossius* hat in seiner Stellungnahme[24] unter Bezugnahme auf *Cian/Trabucchi*[25] allerdings darauf hingewiesen, dass der Käufer auf Feststellung seines Eigentumserwerbs durch den privatschriftlichen Vertrag klagen könne und mit dem Feststellungsurteil seine Registrierung erreichen könne.[26] Aber dies bedeutet wohl nur, dass der notarielle Weg nicht der einzige ist, sondern durch den Klageweg ersetzt werden kann. Privatschriftlichkeit aber reicht nicht unmittelbar für die Eintragung, dabei bleibt es. Dass der Kläger „sein Prozessziel auf sehr viel einfachere Weise erreichen“ kann,[27] ändert dies nicht.

Auch wenn der Giudice di pace di Matera von Monopol und Dienstleistungsfreiheit spricht, kann man sich also – so scheint mir – fragen, ob möglicherweise ein Erfordernis der Notariatsform oder des Klageweges für den Grundbucheintrag im Konflikt mit den Anforderungen der Grundfreiheiten steht. Fragen zu stellen, bedeutet ja nicht, sie zu bejahen. Die Auswirkungen auf die in Italien anhängige Hauptsache mögen dann im-

---

23 Deutsche Übersetzungen von: *Bauer/Eccher/König/Kreuzer/Zanon*, Italienisches Zivilgesetzbuch – Codice Civile, Wien 5. Aufl. 2010; bzw. *Patti* (Hrsg.), Italienisches Zivilgesetzbuch – Codice civile italiano, München 2. Aufl. 2012.

24 Deutscher Notarverein/*Vossius* (Fn. 15), S. 4.

25 Commentario Breve al Codice Civile, 2005, Art. 2657 Anm. II 1 und II 4.

26 Ebd.

27 So Deutscher Notarverein/*Vossius* (Fn. 15), S. 5.

mer noch unklar sein, und dies nimmt der EuGH zum Anlass für die Erklärung als offensichtlich unzulässig.[28] Ist dies so „offensichtlich"? Oder wäre die Haftungsklage von *Intelcom* gegen *Marvulli* unbegründet, wenn das Notariatsform- oder Klageerfordernis europarechtswidrig ist, da *Marvulli* dann alles Geschuldete getan gehabt hätte?[29] Die gestellte Grundfreiheitenfrage bleibt damit aber jedenfalls offen und ungelöst.

2. *Die Grundfreiheiten*

Treffend ist allerdings angemerkt worden, es sei wenig klar, in wessen Dienstleistungsfreiheit eingegriffen worden sein soll.[30] Vielleicht ist die Dienstleistungsfreiheit aber in dieser Konstellation ohnedies nicht der richtige Ansatzpunkt für eine Grundfreiheitenprüfung. Die vom Giudice di Pace in Frage 3 angesprochene Warenverkehrsfreiheit der Artt. 34 und 35 AEUV scheint gar nicht einschlägig, wenn man Ware als „bewegliche körperliche Sache, die Geldwert besitzt und Gegenstand von Handelsgeschäften sein kann",[31] definiert. Aber der Immobilienerwerb wird meistens der Kapitalverkehrsfreiheit des Art. 63 AEUV unterstellt, auch wenn Berührungspunkte zur Niederlassungsfreiheit bestehen.[32] Insbesondere bei Beschränkungen des Grunderwerbs durch Ausländer oder Ferienhausinteressenten ist die Kapitalverkehrsfreiheit in der europäischen Rechtsprechung zum Zuge gekommen.[33]

Die Kapitalverkehrsfreiheit mag unter den Grundfreiheiten ein Spätkommer sein, hat in den vergangenen Jahren aber mächtig aufgeholt. Viel spricht dafür, die Kapitalverkehrsfreiheit in parallelem Nachvollzug der

---

28 EuGH (Fn. 3).

29 Der Deutsche Notarverein/*Vossius*, (Fn. 15), S. 2 und 5 geht offenbar aufgrund zusätzlicher Informationen noch auf weitere Einzelheiten des Falles ein: Kaufpreis 4.000,- EURO, Nießbrauch zugunsten der Mutter des Verkäufers *Marvulli*, Verkäufer beruft sich auf Treu und Glauben nach Art. 1175, 1375 Ccit.

30 Deutscher Notarverein/*Vossius* (Fn. 15), S. 5.

31 EuGH, Urt. v. 10.7.1968, Rs. C-7/68 (Kommission/Italien), Slg. 1968, I-00617, 633, 643; näher *Remien*, Stichwort Warenverkehrsfreiheit, in: Basedow/Hopt/Zimmermann (Hrsg.), Handwörterbuch des Europäischen Privatrechts, 1. Auflage 2009, II 1753, 1754.

32 Näher *Wojcik*, in: von der Groeben/Schwarze/Hatje (Hrsg.), Europäisches Unionsrecht, EUV/AEUV/GRC, 7. Aufl. 2015, Art. 63 AEUV Rn. 63.

33 Zusammenfassend *Remien*, in: Gedächtnisschrift für Wolf, Dammann/Grunsky/Pfeiffer (Hrsg.), 2011, 717, 719 f.

Dassonville-Formel[34] als Beschränkungsverbot – mit allerdings entsprechend weiten Rechtfertigungsmöglichkeiten[35] – zu sehen. In einem Notariatsform- oder Klageerfordernis könnte dann möglicherweise eine Beschränkung zu sehen sein.[36] Aber dann drängt sich auch der Anschluss an die *Keck*-Rechtsprechung zu bestimmten Verkaufsmodalitäten[37] auf. Das aber bedeutet, man wird Vorschriften über Modalitäten für Investitionen wie eben auch Beurkundungsvorschriften vom Beschränkungsbegriff ausnehmen,[38] solange sie diskriminierungsfrei sind. Eine Beschränkung des Marktzutritts wie bei dem französischen Verbot der Verzinsung von Sichteinlagen in *Caixa-Bank*[39] wird man wohl kaum annehmen können. Das alles hieße dann, dass zwar an die Kapitalverkehrsfreiheit zu denken ist, diese jedoch durch das nur die Modalitäten oder den Rahmen der Transaktion regelnde Notariatsform- oder Klageerfordernis nicht beschränkt wird. Dass der EuGH dies genauso sähe, wenn er etwas dazu sagte, mag nicht zu hundert Prozent gewiss sein, scheint aber mehr als naheliegend. Man wüsste es gern genauer.

Auf die Frage einer Rechtfertigung kommt es dann gar nicht mehr an. Eine Rechtfertigung läge im Hinblick auf Erfordernisse der Rechtssicherheit im Grundstücksverkehr vermutlich nicht fern. Ohne dass dies primärrechtlich unmittelbar von Bedeutung wäre, kann in diesem Kontext auch noch auf das Sekundärrecht hingewiesen werden. Die Richtlinie über den elektronischen Handel[40] sieht in Art. 9 Abs. 1 die Gleichbehandlung elek-

---

34 EuGH, Urt. v. 11.7.1974, Rs. C-8/74 (Dassonville), Slg. 1974, I-00837, Rn. 5.

35 Etwa *Tröger*, Stichwort Kapital- und Zahlungsverkehrsfreiheit, in: Basedow/Hopt/Zimmermann (Hrsg.), Handwörterbuch des Europäischen Privatrechts, 1. Auflage 2009, I 924, 926.

36 Untersuchung diverser zwingender Vertragsrechtsnormen unter dem Blickwinkel der Grundfreiheiten etwa bei *Remien*, Zwingendes Vertragsrecht und Grundfreiheiten des EG-Vertrages, Habilitation, Tübingen 2003; siehe auch *Körber*, Privatrecht und Grundfreiheiten, Habilitation, Tübingen 2003; *Kainer*, Unternehmensübernahmen im Binnenmarktrecht, Zugleich ein Beitrag zur Privatrechtswirkung der Grundfreiheiten, Baden-Baden, 2004.

37 EuGH, Urt. v. 24.11.1993, verb. Rs. C-267/91 und C-268/91 (Keck), Slg. 1993, I-6097.

38 Siehe *Tröger* (Fn. 35), für Rahmenregelungen *Remien* (Fn. 33).

39 EuGH, Urt. v. 5.10.2004, Rs. C-442/02 (CaixaBank France), Slg. 2004, I-08983.

40 Richtlinie 2000/31/EG vom 8.6.2000 über bestimmte rechtliche Aspekte der Informationsgesellschaft, insbesondere des elektronischen Geschäftsverkehrs, im Binnenmarkt („Richtlinie über den elektronischen Handel"), ABl. 2000 Nr. L 178/1-16.

tronisch geschlossener mit anderen Verträgen und die rechtliche Wirksamkeit elektronisch geschlossener Verträge vor. Dies könnte besonderen Formvorschriften entgegenstehen. Jedoch wird in Art. 9 Abs. 2 lit. a) gerade eine Ausnahme für „Verträge, die Rechte an Immobilien mit Ausnahme von Mietrechten begründen oder übertragen" gemacht. Darin liegt eine sekundärrechtliche Anerkennung gewisser mitgliedstaatlicher Formvorschriften für Immobiliengeschäfte.[41] Damit scheint sekundärrechtlich ein legitimes Bedürfnis nach einer Form im Grundstückverkehr bestätigt, wenn auch in sehr allgemeiner Art und Weise.

III. Fazit

„Christus kam nur bis Eboli",[42] und der Giudice di pace aus dem noch weiter im Landesinneren Süditaliens gelegenen Matera hat beim EuGH in Luxemburg wenig Gehör gefunden. Nach der hier vertretenen Ansicht hätte der EuGH die Fragen des Giudice di pace Matera umformulieren können und sodann eine Beschränkung der Kapitalverkehrsfreiheit verneinen sollen. Es gäbe dann zu dem von elf Mitgliedstaaten durch Stellungnahmen aufgegriffenen Problemkreis eine ausdrückliche Entscheidung des EuGH, die diese italienischen Regeln billigt und wohl auch Bedeutung für Formerfordernisse im Grundstücksverkehr nach anderen mitgliedstaatlichen Rechtsordnungen hätte. Dies wäre auch ein hochinteressanter Fall zum Thema Grundfreiheiten und Privatrecht. Er könnte zur weiteren Ausbildung der Dogmatik der Kapitalverkehrsfreiheit beitragen. Der EuGH ist anders verfahren. Ob dies aus der Sicht der durch Stellungnahmen im Verfahren beteiligten Mitgliedstaaten und der in ihnen am Verfahren interessierten Berufskreise besser ist,[43] muss hier offen bleiben. Aus der Sicht rechtssystematisch denkender neugieriger Wissenschaft scheint es mir bedauerlich. In jedem Fall wird der Fragenkreis Europarecht und Privatrecht noch viele weitere interessante Fragen aufwerfen.

---

41 So bereits *Remien*, in: FS für Ansay, Arkan/Yongalik (Hrsg.) 2006, S. 307, 315.

42 *Carlo Levi*, Cristo si è fermato a Eboli, Turin 1945.

43 Der Deutsche Notarverein/*Vossius* (Fn. 15), hatte für Unzulässigkeit plädiert.

Gemeinwohlinteressen und Grundfreiheiten: Zum Gestaltungsspielraum der Mitgliedstaaten bei der Rechtfertigung des Eingriffs in Grundfreiheiten

Astrid Epiney

I. Einleitung

Die durch den AEU-Vertrag eröffnete Möglichkeit, einen Eingriff in die Grundfreiheiten zu rechtfertigen, ist vor dem Hintergrund zu sehen, dass die Grundfreiheiten – die das Herzstück des Binnenmarkts darstellen (vgl. auch Art. 26 Abs. 2 AEUV) und denen für das EU-Recht insgesamt eine zentrale Bedeutung zukommt – nicht dazu führen sollen, dass es den Mitgliedstaaten verunmöglicht wird, berechtigte Anliegen des Allgemeinwohls (m.a.W. Gemeinwohlinteressen) zu verfolgen. Trotz einer weit verzweigten und quantitativ wie qualitativ reichhaltigen Rechtsprechung des Gerichtshofs zum Thema[1] dürfte aber nach wie vor nicht abschließend geklärt sein, wie weit genau der Gestaltungsspielraum der Mitgliedstaaten in diesem Zusammenhang geht, dies obwohl dieser Gesichtspunkt für die Verfolgung von Gemeinwohlinteressen durch die Mitgliedstaaten von zentraler Bedeutung ist.

Vor diesem Hintergrund sollen im Folgenden, auf der Grundlage einer Skizzierung der dogmatischen Struktur und des Hintergrunds der Möglichkeit der Rechtfertigung von Eingriffen in die Grundfreiheiten (II.), die Gestaltungsspielräume der Mitgliedstaaten präzisiert (III.) und damit ein Beitrag zur Dogmatik der Grundfreiheiten (ein Rechtsgebiet, mit dem sich auch der Jubilar verschiedentlich und vertieft befasst hat)[2] geleistet werden, woran sich ein kurzes Schlusswort anschliesst (IV.).[3]

---

1 S. den Überblick bei *Epiney*, in: Bieber/Epiney/Haag, Die Europäische Union, 2013, § 10, Rn. 15 ff.

2 S. jüngst *Müller-Graff,* Die horizontale Direktwirkung der Grundfreiheiten, EuR 2014, 3 ff.

3 Dabei wird nachfolgend auf Literaturnachweise verzichtet. Zu den Grundfreiheiten die Kommentarliteratur sowie *Ehlers*, Europäische Grundrechte und Grundfreiheiten, 3. Aufl., 2009; *Frenz*, Handbuch Europarecht, Bd. I, 2014.

II. Die Rechtfertigung von Eingriffen in die Grundfreiheiten: Hintergrund und Struktur

Die Möglichkeit der Rechtfertigung von Eingriffen in die Grundfreiheiten ist in erster Linie vor dem Hintergrund zu sehen, dass beschränkende Maßnahmen zur Verwirklichung öffentlicher Interessen notwendig sein können und dass der Schutz der betreffenden Rechtsgüter auf Unionsebene nicht oder nicht erschöpfend geregelt ist, so dass ein legitimes Interesse daran bestehen kann, zum Schutz von Gemeinwohlinteressen die Grundfreiheiten einzuschränken. Im Übrigen wird die Verfolgung der in diesem Zusammenhang relevanten Schutzinteressen in aller Regel im Bereich der geteilten Zuständigkeiten (Art. 4 AEUV) liegen, so dass die Mitgliedstaaten solange und soweit zur Regelung der betreffenden Bereiche zuständig sind, wie die Union ihre Kompetenzen nicht wahrgenommen hat. Dabei haben sie selbstverständlich die Vorgaben des Unionsrechts zu beachten, zu denen auch die Grundfreiheiten gehören; jedoch ist gerade bei der Frage nach den Gestaltungsspielräumen der Mitgliedstaaten auch diese grundsätzliche Regelungskompetenz der Mitgliedstaaten zu beachten.[4]

Vor diesem Hintergrund erklären sich auch die maßgeblich durch die Rechtsprechung entwickelten Voraussetzungen der Rechtfertigung eines Eingriffs in die Grundfreiheiten (die in den Grundsätzen wohl parallel ausgestaltet sind):[5]

- Erstens muss der Eingriff durch solche Gemeinwohlinteressen begründet sein, die durch das Unionsrecht anerkannt sind. Dabei sind die geschriebenen (Art. 36, 45 Abs. 2, 52 AEUV) von den ungeschriebenen Rechtfertigungsgründen („zwingende Erfordernisse des Allgemeinwohls")[6] zu unterscheiden. Unter letztere können letztlich alle öffentlichen Interessen subsumiert werden, mit Ausnahme der sog. wirtschaftlichen Gründe (also solche, die auf die Wirtschaftslenkung oder die Verfolgung sonstiger wirtschaftspolitischer Anliegen abzielen): Diese können keinesfalls einen Eingriff in die Grundfreiheiten rechtfertigen,[7] da dies Idee und Zielsetzung der Grundfreiheiten selbst zuwiderliefe.

---

4 S.u. III.

5 Hierzu die Nachweise in Fn. 1, 3.

6 Grundlegend für den freien Warenverkehr EuGH, Urt. v. 20.2.1979, Rs. 120/78 (Cassis de Dijon), Slg. 1979, I-649, Rn. 8, 14.

7 S. z.B. EuGH, Urt. v. 28.3.1995, Rs. C-324/93 (Evans), Slg. 1995, I-563, Rn. 36; EuGH, Urt. v. 5.6.1997, Rs. C-398/95 (Syndesmos ton Elladi Touristikon),

- Zweitens muss den Anforderungen der Verhältnismäßigkeit Genüge getan sein,[8] kann doch nur unter dieser Voraussetzung davon ausgegangen werden, dass tatsächlich der Verwirklichung der verfolgten öffentlichen Interessen gedient ist.

III. Zur Reichweite des Gestaltungsspielraums der Mitgliedstaaten

1. „Mitgliedstaatliche" Gemeinwohlinteressen

Wenn die Möglichkeit der Rechtfertigung von Eingriffen in die Grundfreiheiten den Mitgliedstaaten die Verfolgung öffentlicher Interessen erlauben soll und wenn den Mitgliedstaaten insoweit eine geteilte Kompetenz zukommt (sowie die Union ihre Kompetenzen nicht oder nicht erschöpfend wahrgenommen hat), muss die Entscheidung, ob ein bestimmtes Interesse als öffentliches Interesse anzusehen und zu verfolgen ist, durch die Mitgliedstaaten getroffen werden, so dass es hier letztlich um mitgliedstaatliche Gemeinwohlinteressen geht. Zu beachten sind allerdings die unionsrechtlichen Schranken, die jedoch nur sog. wirtschaftliche Gründe ausschließen, während alle sonstigen öffentlichen Interessen vom Unionsrecht grundsätzlich anerkannt sind.

Bei der Frage, ob es sich um „zulässige" Allgemeinwohlinteressen handelt, geht es also nicht darum, ob diese (auch) auf Unionsebene anerkannt sind, sondern ausreichend ist ihre Verfolgung auf nationaler Ebene, immer unter der Voraussetzung, dass es sich nicht um wirtschaftliche Interessen handelt. Das Unionsrecht gesteht den Mitgliedstaaten hier also einen sehr weitgehenden Gestaltungsspielraum zu, was jedoch auf der Grundlage des skizzierten primärrechtlichen Hintergrundes zwingend ist, da dieser – über die Anerkennung der „zwingenden Erfordernisse des Allgemeinwohls" – den Mitgliedstaaten die Verfolgung aller Gemeinwohlinteressen erlaubt.

Auch die Rechtsprechung dürfte in diese Richtung gehen, auch wenn sie – soweit ersichtlich – diesen Zusammenhang bislang noch nicht klar und eindeutig formuliert hat. Zunächst prüft der EuGH regelmäßig lediglich, ob ein bestimmtes Interesse eventuell als wirtschaftlicher Grund anzusehen ist, ohne jedoch darüber hinaus seine Anerkennung auf unions-

---

Slg. 1997, I-3091, Rn. 22 f.; EuGH, Urt. v. 24.10.2013, Rs. C-220/12 (Thiele Meneses), noch nicht in der amtl. Slg. veröffentlicht.

8 Vgl. die Nachweise in Fn. 1, 3.

rechtlicher Ebene als entscheidend anzusehen (wenn auch mitunter hierauf hingewiesen wird).[9] Sodann hat er zahlreiche öffentliche Interessen als zwingende Erfordernisse des Allgemeinwohls (die er übrigens immer in nicht abschließender Form zitiert) anerkannt,[10] darunter auch solche, die auf EU-Ebene wohl nicht als öffentliche Interessen anzusehen sind bzw. bei denen dies zumindest sehr fraglich wäre. So stellte der Gerichtshof z.B. bei der Frage, ob der Schutz der Menschenwürde – so wie er im deutschen Grundgesetz ausgestaltet ist – einen Eingriff in die Grundfreiheiten zu rechtfertigen vermag, entscheidend darauf ab, dass dieses Anliegen (das unter den Begriff der öffentlichen Ordnung subsumiert wurde) mit dem Unionsrecht „vereinbar" sei, ohne dass es insoweit darauf ankomme, dass dem Schutz der Menschenwürde in Deutschland eine besondere Stellung zukommt.[11] In seiner Rechtsprechung zu Transferregeln im Profisport lässt der EuGH die Suche nach Talenten sowie die Ausbildung junger Sportler als zwingende Interessen des Allgemeinwohls gelten, dies, obwohl es schwierig sein dürfte, diese Zielsetzungen als solche des Unionsrechts zu definieren; der Gerichtshof stellt denn auch auf ihre „Anerkennung" durch das Unionsrecht ab.[12]

Dieser hier vertretene dogmatische Ansatz kann durchaus konkrete entscheidungserhebliche Implikationen zeitigen: So werden die verfolgten Schutzinteressen zwar in aller Regel auch auf Unionsebene als solche verfolgt (z.B. Umweltschutz, Verbraucherschutz); jedoch sind andere Konstellationen durchaus vorstellbar und auch – wie gezeigt – mitunter praktisch relevant, so z.B. soweit die tatbestandliche Reichweite grundrechtlicher Gewährleistungen auf mitgliedstaatlicher Ebene anders bzw. weiter ausgestaltet ist als auf EU-Ebene. Es wäre vor diesem Hintergrund zu wünschen, dass die Rechtsprechung diesen Aspekt des den Mitgliedstaaten zustehenden Gestaltungsspielraums noch deutlicher herausarbeitet; der in den Urteilen häufig zu findende Hinweis auf die (auch) unionsrechtliche Anerkennung des entsprechenden verfolgten Interesses ist nämlich

9 S. z.B. EuGH, Urt. v. 13.3.2001, Rs. C-379/98 (Preussen Elektra), Slg. 2001, I-2099, Rn. 73 ff.; EuGH, Urt. v. 12.6.2003, Rs. C-112/00 (Schmidberger), Slg. 2003, I-5659, Rn. 74.

10 Vgl. die Nachweise in Fn. 1 , 3 .

11 EuGH, Urt. v. 1.10.2004, Rs. C-36/02 (Omega), Slg. 2004, I-9609, Rn. 33 f.

12 EuGH, Urt. v. 15,12,1995, Rs. C-415/93 (Bosman), Slg. 1995, I-4921, Rn. 105 ff.; s. auch EuGH, Urt. v. 16.3.2010, Rs. C-325/08 (Olympique Lyonnais), Slg. 2010, I-2177.

mitunter missverständlich und trägt – da es hierauf eben gerade nicht bzw. nur unter der Rubrik der unionsrechtlichen „Akzeptanz“ ankommt – den hier formulierten Zusammenhängen nur bedingt Rechnung.

2. *Schutzkonzeption und Schutzniveau*

Wenn es bei den verfolgten öffentlichen Interessen um mitgliedstaatliche Interessen geht und wenn diesen – wie skizziert – schon aufgrund der Kompetenzverteilung zwischen Union und Mitgliedstaaten die Kompetenz zukommt, die entsprechende Schutzpolitik zu verfolgen, so muss konsequenterweise auch die Entscheidung darüber, welche Schutzkonzeption und welches Schutzniveau zugrunde gelegt wird, den Mitgliedstaaten obliegen. Es ist nicht ersichtlich, warum die Union (bzw. der Gerichtshof) ihre Konzeption an die Stelle derjenigen der Mitgliedstaaten setzen können soll, geht es hier doch nicht um die Definition unionsrechtlicher Begriffe, sondern um politische Akzente. Dieser Aspekt ist insbesondere deshalb von großer Bedeutung, weil Schutzkonzeption und -niveau für den Referenzpunkt der Verhältnismäßigkeitsprüfung ausschlaggebend sind, wird dadurch doch das maßgebliche Ziel definiert, an dem die Zulässigkeit der Mittel zu messen ist.

Die Rechtsprechung des EuGH trägt diesem Grundsatz nicht immer genügend Rechnung: Zwar betont der Gerichtshof regelmäßig (insbesondere im Zusammenhang mit dem Gesundheitsschutz, aber auch etwa im Bereich der Regulierung von Lotterien), es sei Sache der Mitgliedstaaten, das Schutzniveau festzulegen, so dass insbesondere der Umstand, dass man in anderen Mitgliedstaates ein niedrigeres Schutzniveau kenne, als solcher nichts an der Zulässigkeit der Maßnahme zu ändern vermöge.[13] In anderen Bereichen jedoch greift der Gerichtshof auch im Zusammenhang mit der

---

13 S. z.B. EuGH, Urt. v. 26.6.1996, Rs. C-293/94 (Brandsma), Slg. 1996, I-3159, Rn. 11 ff.; EuGH, Urt. v. 3.12.1998, Rs. C-67/97 (Bluhme), Slg. 1998, I-8033; EuGH, Urt. v. 15.7.2004, Rs. C-443/02 (Schreiber), Slg. 2004, I-7275; EuGH, Urt. v. 28.9.2006, Rs. C-434/04 (Ahokainen und Leppik), Slg. 2006, I-9171; EuGH, Urt. v. 28.1.2010, Rs. C-333/08 (Kommission/Frankreich), Slg. 2010, I-757, Rn. 85; EuGH, Urt. v. 6.3.2007, verb. Rs. C-338/04, C-359/04, C-460/04 (Placanica), Slg. 2007, I-1891; EuGH, Urt. v. 16.2.2012, verb. Rs. C-72/10, C-77/10 (Costa und Cifone); EuGH, Urt. v. 12.9.2013, verb. Rs. C-660/11, C-8/12 (Biasci u.a.); EuGH), Urt. v. 24.1.2013, verb. Rs. C-186/11, C-209/11 (Stanleybet International).

Frage nach der Rechtfertigung mitgliedstaatlicher Maßnahmen auf unionsrechtliche Konzepte zurück, dies obwohl der betreffende Mitgliedstaat eine andere Konzeption zugrundelegen möchte. Relevant ist dies in erster Linie im Bereich des Verbraucherschutzes: Hier geht der EuGH vom Leitbild des „mündigen" Verbrauchers aus, nach dem z.B. Bedürfnissen des Gesundheits- oder des Verbraucherschutzes statt durch Vermarktungsverbote durch Vorschriften über die Etikettierung der Erzeugnisse Rechnung getragen werden könne.[14] Aber auch im Bereich des Gesundheitsschutzes stellt der Gerichtshof (zumindest implizit) in manchen Urteilen die gewählte mitgliedstaatliche Konzeption bzw. das Schutzniveau in Frage.[15]

3. Gefährdung des Schutzguts

Eine Rechtfertigung kann von vornherein nur unter der Voraussetzung in Betracht kommen, dass tatsächlich nachvollziehbar eine Gefährdung des betreffenden Rechtsguts dargelegt wird, was ggf. eine (wissenschaftlich fundierte) Risikoanalyse impliziert. Allerdings ist den Mitgliedstaaten bei der hier erforderlichen Beurteilung ein gewisser Spielraum einzuräumen; zu berücksichtigen sind dabei der Wahrscheinlichkeitsgrad der Gefährdung sowie die potenzielle Schwere der Beeinträchtigung des Rechtsguts.[16]

4. Geeignetheit und Erforderlichkeit

Insbesondere die Erforderlichkeit hängt oft von der Einschätzung der Situation und einer notwendigerweise auch politisch geprägten Evaluation

---

14 EuGH, Urt. v. 20.2.1979, Rs. 120/78 (Rewe), Slg. 1979, I-649, Rn. 13 (Cassis de Dijon-Prinzip); EuGH, Urt. v. 12.3.1987, Rs. 178/84 (Kommission/Deutschland), Slg. 1987, I-1227, Rn. 35; EuGH, Urt. v. 14.7.1988, Rs. 407/85 (Drei Glocken), Slg. 1988, I-4233, Rn. 12 ff.; EuGH, Urt. v. 16.1.2003, Rs. C-14/00 (Kommission/ Italien), Slg. 2003, I-513.

15 S. EuGH, Urt. v. 2.12.2010, Rs. C-108/09 (Ker-Optika), Slg. 2010, I-12213.

16 S. z.B. EuGH, Urt. v. 23.9.2003, Rs. C-192/01 (Kommission/Dänemark) Slg. 2003, I-9693; EuGH, Urt. v. 2.2.2000, Rs. C-434/97 (Kommission/Frankreich), Slg. 2000, I-1129; EuGH, Urt. v. 5.2.2004, Rs. C-95/01 (Greenham), Slg. 2004, I-1333; EuGH, Urt. v. 2.12.2004, Rs. C-41/02 (Kommission/Niederlande), Slg. 2004, I-11375.

der in Betracht kommenden Instrumente ab. Das Unionsrecht soll den Mitgliedstaaten jedoch keine bestimmten politischen Optionen vorschreiben, so dass die Erforderlichkeit nur dann verneint werden sollte, wenn sich keine mildere Maßnahme aufdrängt. Im Übrigen genügt bei der Geeignetheit bereits ein Beitrag zur Zielerreichung. Insofern ist den Mitgliedstaaten bei der Beurteilung der Geeignetheit und der Erforderlichkeit bei tatbestandlichen Unsicherheiten ein gewisser Gestaltungsspielraum einzuräumen, wobei auch hier ggf. wissenschaftlich abgestützte plausible Nachweise zu erbringen sind.

So weist der EuGH denn auch häufig darauf hin, dass bei Zweifeln hinsichtlich der Wirksamkeit der Maßnahmen darauf abzustellen sei, dass (keine) Anhaltspunkte ersichtlich sein dürften, wonach die nationale Regelung das angestrebte Ziel nicht erreichen könne bzw. über das hinausgeht, was zur Zielerreichung notwendig ist, wobei ggf. eine Risikoanalyse und eine Alternativenprüfung vorzunehmen sind (so dass der Verhältnismäßigkeit auch eine gewisse verfahrensrechtliche Komponente zukommt).[17]

Grundsätzlich dürfte die Rechtsprechung denn auch dem hier zugrunde gelegten Konzept Rechnung tragen; der Umstand, dass einzelne Urteile mitunter nicht in jeder Beziehung überzeugen, dürfte konzeptionell in erster Linie darauf beruhen, dass der Gerichtshof hier die mitgliedstaatlichen Schutzkonzeptionen und -ziele in Frage stellt.[18]

Allerdings fällt insbesondere die Prüfung der Erforderlichkeit einer Maßnahme mitunter sehr engmaschig aus und dürfte nicht immer dem einzuräumenden Gestaltungsspielraum Rechnung tragen.[19] Im Übrigen ist die Rechtsprechung insofern nicht immer ganz konsequent, als in gewissen

---

17 S. z.B. EuGH, Urt. v. 11.7.2000, Rs. C-473/98 (Toolex Alpha), Slg. 2000, I-5671, Rn. 40 ff.; EuGH, Urt. v. 15.6.1999, Rs. C-394/97 (Heinonen), Slg. 1999, I-3599, Rn. 36 ff.; EuGH, Urt. v. 28.1.2010, Rs. C-333/08 (Kommission/Frankreich), Slg. 2010, I-757; EuGH, Urt. v. 19.6.2008, Rs. C-219/07 (Nationale Raad van Dierekwekers), Slg. 2008, I-4475; EuGH, Urt. v. 21.12.2011, Rs. C-28/09 (Kommission/Österreich), Slg. 2011, I-13525.

18 So etwa in EuGH, Urt. v. 2.12.2010, Rs. C-108/09 (Ker-Optika), Slg. 2010, I-12213.

19 S. z.B. EuGH, Urt. v. 21.12.2011, Rs. C-28/09 (Kommission/Österreich), Slg. 2011, I-13525; EuGH, Urt. v. 5.6.2007, Rs. C-170/04 (Rosengren), Slg. 2007, I-4071.

anderen Urteilen die mitgliedstaatlichen Gestaltungsspielräume sehr (zu?) weit gefasst werden.[20]

IV. Schluss

Insgesamt lassen sich somit bereits aus der Konzeption der Grundfreiheiten selbst einige Grundsätze in Bezug auf die Reichweite der mitgliedstaatlichen Gestaltungsspielräume ableiten. Die Rechtsprechung des EuGH trägt diesen prinzipiell auch durchaus Rechnung; allerdings sind nicht immer alle Aspekte deutlich formuliert, so dass hier eine etwas klarere Struktur – wobei in erster Linie die mitgliedstaatlichen Kompetenzen zur Definition der Schutzpolitiken von Bedeutung sind – wünschbar wäre. Sie könnte auch einen Beitrag zu einer größeren (dogmatischen) Kohärenz der Urteile leisten.

20 S. insbesondere EuGH, Urt. v. 16.5.2000, Rs. C-388/95 (Belgien/Spanien), Slg. 2000, I-3123, Rn. 61 ff.; EuGH, Urt. v. 20.5.2003, Rs. C-108/01 (Prosciutto di Parma), Slg. 2003, I-5121; EuGH, Urt. v. 20.3.2003, Rs. C-469/00 (Ravi), Slg. 2003, I-5053; s. auch EuGH, Urt. v. 13.1.2000, Rs. C-220/98 (Lauder Cosmetics), Slg. 2000, I-117.

Unionsgrundrechtliche Rechtfertigungsmöglichkeiten für Grundfreiheitseingriffe durch Private

Carsten Nowak

I. Einführung

Die im Vertrag über die Arbeitsweise der Europäischen Union (AEUV) niedergelegten Grundfreiheiten gehören im Verbund mit den primärrechtlichen Wettbewerbsregeln zu den bedeutsamsten Funktionsgarantien der Europäischen Wirtschaftsverfassung und bilden zugleich eine überaus wichtige Teilgruppe subjektiver Unionsrechte natürlicher und juristischer Personen. Eine weitere Teilgruppe subjektiver Unionsrechte setzt sich aus den Unionsgrundrechten zusammen, die sich größtenteils in der EU-Grundrechtecharta (GRC) finden lassen. Die in normenhierarchischer Hinsicht gleichrangigen Grundfreiheiten und Unionsgrundrechte stehen nicht beziehungslos nebeneinander. Dies verdeutlicht u.a. die Rechtsprechung des Gerichtshofs der Europäischen Union zur facettenreiche Rolle der Unionsgrundrechte im System der Grundfreiheiten, die sich in verschiedenen Aussagen des Unionsrichters zur Auslegung grundfreiheitlicher Verbotstatbestände im Lichte bestimmter Unionsgrundrechte[1], zur Heranziehung verschiedener Unionsgrundrechte zum Zwecke der Rechtfertigung mitgliedstaatlicher Grundfreiheitseingriffe[2] sowie zur Funktion einzelner Unionsgrundrechte als „Schranken-Schranken" i.R. der grundfreiheitlichen Schrankensystematik[3] ablesen lässt. Diese Rechtsprechung hat zahlreiche Publikationen zum Verhältnis zwischen den Grundfreiheiten und den Unionsgrundrechten nach sich gezogen, welches von unserem Jubilar kürzlich mit dem vieldiskutierten Phänomen der unmittelbaren Privat- oder Drittwirkung der Grundfreiheiten in Beziehung gesetzt wurde[4]. Dies

---

1 Grdlg. EuGH, Urt. v. 11.7.2002, Rs. C-60/00 (Carpenter), Slg. 2002, I-6279 Rn. 39 ff.

2 Grdlg. EuGH, Urt. v. 12.6.2003, Rs. C-112/00 (Schmidberger), Slg. 2003, I-5659 Rn. 74 ff.

3 Grdlg. EuGH, Urt. v. 18.6.1991, Rs. C-260/89 (ERT), Slg. 1991, I-2925 Rn. 41 ff.

4 *Müller-Graff* EuR 2014, 3, 25 ff.

verwundert keineswegs, da die kontrovers diskutierte EuGH-Rechtsprechung zur unmittelbaren Dritt- bzw. Privatwirkung der Grundfreiheiten für eine in der jüngeren Vergangenheit noch einmal forcierte Einbeziehung Privater in den Adressatenkreis dieser Freiheiten gesorgt hat (II.) und aus diesem Grund insbesondere die bislang weder vom Unionsrichter hinreichend klar entschiedene noch im Schrifttum einheitlich beantwortete Anschlussfrage aufwirft, ob die unmittelbare Dritt- bzw. Privatwirkung der Grundfreiheiten aus unionsgrundrechtlichen Gründen zu begrenzen ist bzw. ob und inwieweit sich Private, denen in einem konkreten Einzelfall ein Grundfreiheitseingriff vorgeworfen wird, zur Rechtfertigung eines solchen Eingriffs auf Unionsgrundrechte stützen können (III.).

II. Entwicklung und Reichweite der EuGH-Rechtsprechung zur unmittelbaren Dritt- bzw. Privatwirkung der Grundfreiheiten

Die im Schrifttum überaus kontrovers diskutierte Frage nach der unmittelbaren Dritt- bzw. Privatwirkung der Grundfreiheiten dreht sich im Wesentlichen darum, ob und inwieweit neben den EU-Mitgliedstaaten und den EU-Organen, die nach der ständigen EuGH-Rechtsprechung zweifellos an die Grundfreiheiten gebunden sind, auch Private in den Adressatenkreis dieser Freiheiten einzubeziehen sind. Der EuGH bejaht diese Frage zunächst einmal dahin gehend, dass Regelwerke von privaten Verbänden, Gewerkschaften und sonstigen intermediären Gewalten, die die abhängige Erwerbstätigkeit, die selbstständige Arbeit und/oder die Erbringung von Dienstleistungen kollektiv regeln, an den Grundfreiheiten zu messen sind, soweit es um die Arbeitnehmerfreizügigkeit, das Niederlassungsrecht und die Dienstleistungsfreiheit geht[5]. Diese Rechtsprechungslinie hat der Unionsrichter in der Folge zum einen in seinem berühmten Vorabscheidungsurteil in der Rechtssache *Angonese* erheblich erweitert, indem er entschied, dass sich der arbeitnehmerfreizügigkeitsrechtliche Verbotstatbestand des Art. 45 AEUV nicht nur gegen „intermediäre Gewalten", sondern auch gegen ganz „normale" Arbeitgeber wie etwa die Kreissparkasse

5 Vgl. EuGH, Urt. v. 15.12.1995, Rs. C-415/93 (Bosman u.a.), Slg. 1995, I-4921 Rn. 82 ff.; EuGH, Urt. v. 11.4.2000, verb. Rs. C-51/96 u. C-191/97 (Deliège), Slg. 2000, I-2549 Rn. 47; EuGH, Urt. v. 11.12.2007, Rs. C-438/05 (Viking Line), Slg. 2007, I-10779 Rn. 33 i.V.m. Rn. 57 ff.

Bozen richtet[6]. Dass es sich bei dieser Entscheidung nicht um einen „Ausreißer" handelt, verdeutlichte der EuGH einige Jahre später, indem er feststellte, dass auch ein privatrechtlicher Verein in konkreter Gestalt der *Max-Planck-Gesellschaft zur Förderung der Wissenschaften e.V.* das Diskriminierungsverbot des Art. 45 AEUV beachten muss[7]. Da der EuGH diese umfassende Einbeziehung Privater in den Adressatenkreis der Arbeitnehmerfreizügigkeit bislang noch nicht auf andere Grundfreiheiten übertragen hat, handelt es sich hierbei um eine bereichsspezifische Besonderheit, die quer zur fortschreitenden Konvergenz der Grundfreiheiten liegt und insoweit in einem besonderen Maße begründungsbedürftig ist, solange der Ausnahmecharakter dieser Rechtsprechungslinie nicht durch eine dem Konvergenzaspekt Rechnung tragende Übertragung des umstrittenen „Angonese"-Ansatzes auf andere Grundfreiheiten beseitigt wird. Nicht kompatibel mit dem vorgenannten Konvergenztrend schien lange Zeit auch die warenverkehrsfreiheitliche EuGH-Rechtsprechung zu sein, da der Unionsrichter über viele Jahre den Eindruck erweckte, als würde er einer unmittelbaren Dritt- bzw. Privatwirkung der Warenverkehrsfreiheit ablehnend gegenüberstehen[8] und es stattdessen bevorzugen, privates Verhalten, welches den freien Warenverkehr im europäischen Binnenmarkt stört, nach Möglichkeit dem jeweiligen Mitgliedstaat zuzurechnen[9], oder aber einem solchen Verhalten mit der Figur grundfreiheitlicher Schutzpflichten[10] zu begegnen. Umso spektakulärer ist es, dass sich der EuGH in seinem Vorabentscheidungsurteil in der Rechtssache *Fra.bo*[11] in spezieller Ansehung bestimmter Normungs- und Zertifizierungstätigkeiten einer privaten Einrichtung erstmals explizit für die unmittelbare Dritt- bzw. Privatwirkung des in Art. 34 AEUV niedergelegten Verbotstatbestandes ausgesprochen und damit einen weiteren Beitrag zur fortschreitenden Konvergenz der Grundfreiheiten geleistet hat.

---

6 EuGH, Urt. v. 6.6.2000, Rs. C-281/98 (Angonese), Slg. 2000, I-4139 Rn. 30 ff.

7 EuGH, Urt. v. 17.7.2008, Rs. C-94/07 (Raccanelli), Slg. 2008, I-5939 Rn. 42 ff.

8 Vgl. insb. EuGH, Urt. v. 5.4.1984, verb. Rs. 177 u. 178/82 (van de Haar u.a.), Slg. 1984, 1797 Rn. 12; EuGH, Urt. v. 1.10.1987, Rs. 311/85 (Vlaamse Reisebureaus), Slg. 1987, 3801 Rn. 30.

9 EuGH, Urt. v. 5.11.2002, Rs. C-325/00 (Kommission/Deutschland), Slg. 2002, I-9977 ff.

10 EuGH, Urt. v. 9.12.1997, Rs. C-265/95 (Kommission/Frankreich), Slg. 1997, I-6959 Rn. 31 ff.

11 EuGH, Urt. v. 12.7.2012, Rs. C-171/11 (Fra.bo SpA/DVGW), EU:C:2012:453, 797 ff.

Unabhängig davon, was man nun persönlich von der vorgenannten Rechtsprechung zur unmittelbaren Dritt- bzw. Privatwirkung der Grundfreiheiten hält, wird man jedenfalls in der Rechtspraxis zur Kenntnis nehmen müssen, dass der Unionsrichter private Akteure in einem recht weiten Umfang in den Adressatenkreis der Grundfreiheiten einbezieht und auf diese Weise dafür sorgt, dass sich viele Verhaltensweisen Privater auf dem europäischen Binnenmarkt am Maßstab der Grundfreiheiten daraufhin überprüfen lassen, ob sie mit dem unionsverfassungsrechtlichen Binnenmarktkonzept vereinbar sind oder nicht. Umso mehr erstaunt, dass es bisher weder dem Unionsrichter noch der Europarechtswissenschaft gelungen ist, hinreichend klare und konsensfähige Antworten auf die nachfolgend im Vordergrund stehende Anschlussfrage zu geben, ob den nach Maßgabe der oben skizzierten EuGH-Rechtsprechung von der unmittelbaren Dritt- bzw. Privatwirkung der Grundfreiheiten erfassten Privaten, denen im Einzelfall ein Grundfreiheitseingriff vorgeworfen wird, adäquate – insbesondere unionsgrundrechtliche und/oder unionsgrundrechtlich fundierte – Möglichkeiten zur Rechtfertigung eines solchen Eingriffs zur Verfügung stehen.

III. Herkömmliche und unionsgrundrechtliche Rechtfertigungsmöglichkeiten für Grundfreiheitseingriffe durch Private

Im Schrifttum scheint sich mehr und mehr die Auffassung durchzusetzen, dass Privaten, denen ein Grundfreiheitseingriff vorgeworfen wird, die Möglichkeit zuzusprechen sei, sich zur Rechtfertigung eines solchen Eingriffs unmittelbar auf einzelne Unionsgrundrechte berufen zu können.[12] Häufige Erwähnung finden dabei – je nach Lebenssachverhalt – insbesondere die durch Art. 12 GRC geschützte Versammlungs- und Vereinigungsfreiheit, das in Art. 28 GRC niedergelegte Recht auf Kollektivverhandlungen und Kollektivmaßnahmen, die unternehmerische Freiheit nach Art. 16 GRC, die Privatautonomie sowie die als eine besonders bedeutsame Ausprägung dieser Privatautonomie einzuordnende Vertragsfreiheit, die wiederum eine von mehreren Teilgewährleistungen der unternehmerischen

12 Vgl. nur *Cherednychenko* ERPL 2006, 23, 56 ff.; *Kloepfer/Greve* DVBl. 2013, 1148, 1154 ff.; *Krenn* CMLRev. 2012, 177, 212 ff.; *Ludwigs/Weidermann* Jura 2014, 152, 164; *Schepel* ELJ 18 (2012), 177, 196 ff.; *Schultz*, Das Verhältnis von Gemeinschaftsgrundrechten und Grundfreiheiten des EGV, Berlin 2005, 133 ff.

Freiheit im Sinne des Art. 16 GRC darstellt. Die im Vordringen befindliche Aktivierung einzelner Unionsgrundrechte als potenziell in Frage kommende Rechtfertigungsgründe für privat veranlasste Grundfreiheitseingriffe basiert im Wesentlichen darauf, dass die für die Rechtfertigung mitgliedstaatlicher Grundfreiheitseingriffe zur Verfügung stehenden Rechtfertigungsgründe für Private nur von begrenztem Nutzen sind (1.) und dass die darauf zurückführbaren Ansätze des Unionsrichters, die Rechtfertigungsmöglichkeiten Privater i.R. der grundfreiheitlichen Schrankensystematik partiell zu erweitern (2.), allein nicht ausreichen, um die umstrittene EuGH-Rechtsprechung zur unmittelbaren Dritt- bzw. Privatwirkung der Grundfreiheiten für sie erträglicher zu machen (3.).

1. Der begrenzte Nutzen herkömmlicher Rechtfertigungsgründe für Private

Grundfreiheitseingriffe sind verboten, sofern sie nicht gerechtfertigt werden können. Diese grundfreiheitsdogmatische „Binsenweisheit“ gilt unabhängig davon, ob der jeweilige Grundfreiheitseingriff einem EU-Mitgliedstaat, einem Unionsorgan oder einem Privaten zuzurechnen ist und ob sich dieser Eingriff als eine direkte oder indirekte Diskriminierung oder als eine nicht-diskriminierende bzw. unterschiedslos anwendbare Beschränkung erweist. Hinsichtlich der für eine Rechtfertigung derartiger Grundfreiheitseingriffe in Betracht kommenden Rechtfertigungsgründe kann insoweit von einer schrankensystematischen Konvergenz der Grundfreiheiten gesprochen werden, als allen im AEUV niedergelegten grundfreiheitlichen Verbotstatbeständen vertraglich explizit geregelte Rechtfertigungskataloge gegenüberstehen[13], die unstreitig sowohl zur Rechtfertigung diskriminierender Maßnahmen als auch zur Rechtfertigung nicht-diskriminierender Maßnahmen aktiviert werden können. Darüber hinaus geht der Unionsrichter einheitlich für alle Grundfreiheiten davon aus, dass unterschiedslos anwendbare Maßnahmen nicht nur nach Maßgabe der vertraglichen Rechtfertigungskataloge, sondern auch unter Rückgriff auf unzählige zwingende Erfordernisse und sonstige Allgemeinwohlgründe ungeschrie-

13 Art. 36 Satz 1, 45 Abs. 3, 52 Abs. 1, 62 i.V.m. 52 Abs. 1 und 65 Abs. 1 lit. b AEUV.

bener Art gerechtfertigt werden können.[14] Gemeinsam haben diese ungeschriebenen Rechtfertigungsgründe mit den vorgenannten Rechtfertigungsgründen geschriebener Art, dass sie letztendlich nur dann durchgreifen, wenn der jeweils zu rechtfertigende Grundfreiheitseingriff der abschließenden Verhältnismäßigkeitsprüfung standhält, in deren Rahmen zu untersuchen ist, ob dieser Eingriff zur Erreichung des in den Verträgen bzw. in der EuGH-Rechtsprechung als Rechtfertigungsgrund anerkannten Allgemeinwohlbelangs geeignet, erforderlich und angemessen ist[15].

Auf die vorgenannten Rechtfertigungsgründe geschriebener und ungeschriebener Art können sich zwar im Grundsatz auch Private berufen.[16] Der Nutzen dieser Möglichkeit ist jedoch für Private stark begrenzt, da diese Rechtfertigungsgründe durchweg öffentliche Interessen bzw. Allgemeinwohlbelange zur Geltung bringen, während es Privaten im Regelfall um die Verfolgung eigener Partikularinteressen geht. Es ist zwar nicht ausgeschlossen, dass Private gelegentlich – je nach ihrer Funktion – auch einmal öffentliche Belange oder Interessen verfolgen und sich in einem solchen Fall zur Rechtfertigung eines privat veranlassten Grundfreiheitseingriffs auf einen der vorgenannten Allgemeinwohlbelange stützen können[17]. Die große Mehrheit an Fällen, in denen Private vollkommen oder ganz überwiegend eigennützig handeln, wird hiervon indes nicht erfasst.

2. Fragwürdiger Mehrwert der im Angonese-Urteil höchstrichterlich anerkannten Rechtfertigungskategorie „sachlicher Erwägungen"

Aus den vorgenannten Gründen hat der EuGH die Rechtfertigungsmöglichkeiten Privater zwar in einigen Urteilen erweitert, indem er eine Rechtfertigung privat veranlasster Grundfreiheitseingriffe aus besonderen Grün-

---

14 Grdlg. EuGH, Urt. v. 20.2.1979, Rs. 120/78 (Cassis de Dijon), Slg. 1979, 649 Rn. 8; EuGH, Urt. v. 30.11.1995, Rs. C-55/94 (Gebhard), Slg. 1995, I-4165 Rn. 37.

15 Vgl. nur EuGH, Urt. v. 11.12.2007, Rs. C-438/05 (Viking Line), Slg. 2007, I-10779 Rn. 75 ff.; EuGH, Urt. v. 8.9.2009, Rs. C-42/07 (Liga Portuguesa), Slg. 2009, I-7633 Rn. 59 ff.

16 Vgl. nur EuGH, Urt. v. 15.12.1995, Rs. C-415/93 (Bosman), Slg. 1995, I-4921 Rn. 86; EuGH, Urt. v. 18.12.2007, Rs. C-341/05 (Laval), Slg. 2007, I-11767 Rn. 101 ff.

17 Vgl. nur EuGH, Urt. v. 18.12.2007, Rs. C-341/05 (Laval), Slg. 2007, I-11767 Rn. 103 ff.

den von privatem Interesse entweder nicht kategorisch ausschloss[18] oder aber eine derartige Rechtfertigung explizit unter Rückgriff auf „sachliche Erwägungen" in Aussicht stellte[19], ohne hierbei eine Rückbindung an Gemeinwohlbelange vorauszusetzen. Diese sachlichen Erwägungen hat der EuGH jedoch – soweit ersichtlich – in der Folge nicht wieder aufgegriffen, so dass sie bis heute recht konturenlos geblieben sind und ihr mögliches Potential für eine signifikante Verstärkung der hier in Rede stehenden Rechtfertigungsmöglichkeiten Privater bislang noch nicht hinreichend klar zum Vorschein gekommen ist.

3. Plädoyer für eine unmittelbare Heranziehung der Unionsgrundrechte zur Rechtfertigung privater Grundfreiheitseingriffe

Will man im Interesse einer verstärkten Akzeptanz der in hohem Maße umstrittenen EuGH-Rechtsprechung zur unmittelbaren Dritt- bzw. Privatwirkung der Grundfreiheiten verhindern, dass die Rechtfertigungsmöglichkeiten Privater weitaus schlechter ausgestaltet sind als die Möglichkeiten, über welche die EU-Mitgliedstaaten zur Rechtfertigung der ihnen zuzurechnenden Grundfreiheitseingriffe verfügen, so kommt man nicht darum herum, sich im Einklang mit der im Vordringen befindlichen Literaturmeinung[20] für die Möglichkeit einer unmittelbaren Heranziehung der Unionsgrundrechte zur Rechtfertigung privat veranlasster Grundfreiheitseingriffe auszusprechen. Vor diesem Hintergrund ist dem Unionsrichter zu empfehlen, bei passender Gelegenheit den etwa auch von der Generalanwältin *Trstenjak* in der Rechtsache *Fra.bo* für möglich gehaltenen[21] unmittelbaren Rückgriff auf Unionsgrundrechte zur Rechtfertigung privat veranlasster Grundfreiheitseingriffe explizit zuzulassen und sich von anderen etwas künstlich wirkenden Ausweichmanövern oder Umgehungsstrategien, in denen einzelne mit bestimmten Grundfreiheiten kollidierende Grundrechte nur in Verbindung mit dem vertraglichen Rechtfertigungs-

---

18 Vgl. EuGH, Urt. v. 15.12.1995, Rs. C-415/93 (Bosman), Slg. 1995, I-4921 Rn. 106 ff.; EuGH, Urt. v. 16.3.2010, Rs. C-325/08 (Olympique Lyonnais), Slg. 2010, I-2177 Rn. 38 ff.

19 EuGH, Urt. v. 6.6.2000, Rs. C-281/98 (Angonese), Slg. 2000, I-4139 Rn. 42.

20 Siehe dazu m.w.N. Fn. 12.

21 Vgl. Rz. 56 der Schlussanträge der GA'in Trstenjak, 28.3.2012, Rs. C-171/11 (Fra.bo SpA/DVGW), EU:C:2012:176.

grund der öffentlichen Ordnung oder mit sonstigen Allgemeinwohlgründen zur Geltung gebracht werden[22], zu verabschieden. Stattdessen sollte sich der Unionsrichter auf sein wegweisendes *Schmidberger*-Urteil[23] besinnen und dieses gewissermaßen als Blaupause für eine den Grundsätzen der Herstellung praktischer Konkordanz gerecht werdende Auflösung künftiger Konflikte zwischen den gleichrangigen Grundfreiheiten und Unionsgrundrechten in Dritt- bzw. Privatwirkungskonstellationen verwenden. Dem im Schrifttum vereinzelt vorgebrachten Einwand, dass die unmittelbare Heranziehung der Unionsgrundrechte zur Rechtfertigung privat veranlasster Grundfreiheitseingriffe nur möglich sei, wenn es sich dabei um ein unmittelbar drittwirkungsfähiges Unionsgrundrecht handelt, und dass diese Heranziehung nur ganz selten möglich sei, weil es nur sehr wenige unmittelbar drittwirkungsfähige Unionsgrundrechte gäbe[24], kann mit der von *Müller-Graff* vertretenen These entgegengetreten werden, wonach der hier in Rede stehende Mechanismus zur Bewältigung des Konflikts zwischen Grundfreiheiten und Unionsgrundrechten überhaupt nicht als unmittelbare Drittwirkung verstanden werden könne, sondern als eine sowohl auf der Tatbestandsebene als auch auf der Schrankenebene mögliche Begrenzung der Grundfreiheiten einzuordnen sei[25]. Sollte man dies aus rechtsdogmatischen Gründen anders sehen müssen, stünde die Unionsgrundrechtsdogmatik vor neuen Herausforderungen; nachzudenken wäre dann vor allem darüber, ob die Unionsgrundrechte nicht zumindest dann automatisch unmittelbare Drittwirkung entfalten können müssen, wenn dem jeweiligen Grundrechtsträger unmittelbar drittwirkende Grundfreiheiten entgegengehalten werden, die beispielsweises eine grundrechtlich fundierte Privatautonomie begrenzen.

---

22 Vgl. etwa EuGH, Urt. v. 14.10.2004, Rs. C-36/02 (Omega), Slg. 2004, I-9609 Rn. 33 ff.; EuGH, Urt. vom 11.12.2007, Rs. C-438/05 (Viking Line), Slg. 2007, I-10779 Rn. 42 ff.; EuGH, Urt. v. 14.2.2008, Rs. C-244/06 (Dynamic Medien), Slg. 2008, I-505 Rn. 41 f.

23 EuGH (Fn. 2) Rn. 69 ff.

24 *Kahl/Schwind* EuR 2014, 170, 175 ff.

25 *Müller-Graff* (Fn. 4), EuR 2014, 3, 26.

IV. Fazit

Die umstrittene Rechtsprechung des Unionsrichters zur unmittelbaren Dritt- bzw. Privatwirkung der Grundfreiheiten kann an Akzeptanzfähigkeit gewinnen, wenn auf der Rechtsfolgenseite die unmittelbare Heranziehung der Unionsgrundrechte zur Rechtfertigung privat veranlasster Grundfreiheitseingriffe zugelassen wird, um im jeweiligen Einzelfall die Herstellung eines den Vorgaben des *Schmidberger*-Urteils entsprechenden Ausgleichs zwischen kollidierenden Grundfreiheiten und Unionsgrundrechten zu ermöglichen. Dies ist ein rechtsdogmatisch gangbarer und zugleich vernünftiger Weg, da die herkömmlichen Rechtfertigungsgründe geschriebener und ungeschriebener Art nicht ausreichen, um die aus der unmittelbaren Dritt- bzw. Privatwirkung der Grundfreiheiten resultierenden Folgen für die hiervon betroffenen Privaten hinreichend verträglich zu machen.

Die Gewährleistung von Privatautonomie im Spannungsfeld horizontaler Wirkung von Grundfreiheiten und Grundrechten in der Europäischen Union: eine Skizze

Friedemann Kainer

I. Einleitung

Eines der zentralen Themen des Jubilars, das sich von seiner Habilitationsschrift bis hin in jüngste Werke zieht, ist die Gewährleistung der (grenzüberschreitenden) Privatautonomie als eine institutionelle Voraussetzung von Wettbewerb und Binnenmarkt.[1] Sie war Grundlage für die Entwicklung der unmittelbaren Anwendung des Unionsrechts und bleibt als Ausgangspunkt persönlicher Freiheit zur Entfaltung individueller Chancengerechtigkeit Gravitationszentrum einer freiheitlichen Verfassung: wirtschaftlich und politisch.

Normativ ist die Gewährleistung von Freiheit auf primärrechtlicher Ebene Aufgabe und Ziel der binnenmarktlichen Grundfreiheiten und – immer weiter aufwachsend – der unionalen Grundrechte. Erstere beinhalten Verbürgungen des grenzüberschreitenden Waren-, Dienstleistungs-, Personen- und Kapitalverkehrs; letztere sind in der Grundrechtecharta modern ausgefaltet und haben mit der unternehmerischen Freiheit (Art. 16 GrCh) direkten Bezug zur Vertragsfreiheit.[2] In ihrer ursprünglichen Konzeption sind beide auf die Abwehr staatlicher oder staatszurechenbarer Akte gerichtet, die private Freiheit beschneiden. Schon seit längerem adressiert der Europäische Gerichtshof indes die Grundfreiheiten (insb. die Personenverkehrsfreiheit) unmittelbar an Private; die Grundrechte finden im

---

1 *Müller-Graff*, Unternehmensinvestitionen und Investitionssteuerung im Marktrecht, Tübingen 1983; *ders.*, Privatrecht und Europäisches Gemeinschaftsrecht, 1989; *ders.*, in: FS Börner, 1992, S. 304; *ders.* NJW 1993, 13; *ders.*, Gemeinsames Privatrecht in der Europäischen Gemeinschaft, 1999, 14 ff.; *ders.*, in: Dauses (Hrsg.), Handbuch des EU-Wirtschaftsrechts, A.I., Rn. 18.

2 EuGH, Urt. v. 22.1.2013, Rs. C-283/11 (Sky Österreich), ECLI:EU:C:2013:28, Rn. 42; Urt. v. 18.7.2013, Rs. C-426/11 (Alemo-Herron), ECLI:EU:C:2013:521, Rn. 31 f.

Wege mittelbarer Anwendung Eingang in private Rechtsbeziehungen. Diese unmittelbare bzw. mittelbare horizontale Wirkung droht indes die *freiheitserweiternde* Wirkung beider Regelungssysteme[3] in eine *freiheitsmodulierende* oder *freiheitsbeschränkende* Ausformung mit Gewinnern auf der einen und Verlierern auf der anderen Seite zu verkehren. Soll dies nicht zu einer Beschränkung von Freiheit im Übermaß führen, so bedarf es für die horizontale Wirkrichtung begrenzender Kriterien.

Dass der Jubilar hier bereits für die Grundfreiheiten[4] hellsichtig vorangegangen ist, verwundert kaum. Es wäre am EuGH, das Problem an geeigneter Stelle aufzugreifen und seine Rechtsprechung zu modifizieren. Nachstehend seien einige skizzenhafte Überlegungen angestellt, die die Problematik insbesondere grundrechtlicher Einwirkungen thematisieren und mit den Grundfreiheiten parallelisieren.

II. Horizontale Anwendung von Grundrechten und Grundfreiheiten

1. Grundrechte

Dass Privatrecht und Grundrechte keine voneinander getrennten Rechtssysteme bilden, ist seit der *Lüth*-Entscheidung des BVerfG[5] hinlänglich bekannt. Die Einwirkung der Grundrechte war Gegenstand intensiver wissenschaftlicher Erörterung[6] und richterlicher Praxis, der Streit um den Modus der Anwendung (unmittelbar/mittelbar) dürfte im Wesentlichen abge-

---

3 Sowohl den Grundfreiheiten als auch den Grundrechten kommt eine freiheitserweiternde Funktion zu, vgl. *Frenz* EuR 2002, 603; zum Problem der Einschränkung der Privatautonomie durch die Wandlung der Grundrechte als originäre Abwehr- und Leistungsrechte gegen die Union bzw. die Mitgliedstaaten zu individuell einklagbaren Rechten gegenüber Privaten vgl. *Kahl/Schwand* EuR 2014, 170, 178; *Jarass*, Charta der Grundrechte der EU, 2. Auflage 2013, Art. 51, Rn. 31; zur konzeptionellen Unterschiedlichkeit von Grundfreiheiten und Grundrechten s. andererseits *Streinz*, EUV/AEUV, Art. 6 EUV Rn. 34.

4 *Müller-Graff* EuR 2014, 3; *Kainer*, Unternehmensübernahmen im Binnenmarktrecht, 2004; *Lübke*, Der Erwerb von Gesellschaftsanteilen zwischen Kapitalverkehrs- und Niederlassungsfreiheit, 2005.

5 BVerfG, Urt. v. 15.1.1958 - 1 BvR 400/57 (Lüth) = BVerfGE 7, 198 ff.

6 *Dürig*, in: FS Nawiasky, 1956, S. 157 f.; *Nipperdey*, Grundrechte II, 195, S. 1, 18 ff. der jedenfalls für die Würde des Menschen eine Geltung zwischen Privaten bejaht; *Canaris* AcP 184 (1984), 201; *Papier* RdA 2000, 1.

schlossen sein; [7] praktisch dürfte das Problem überschätzt werden, mündet doch auch die mittelbare Grundrechtsanwendung letztlich in die Abwägung gegenläufiger privater Grundrechtspositionen.[8] Diese Grundrechtsabwägung führt die Lösung privatrechtlicher Rechtsstreitigkeiten auf die verfassungsrechtliche Ebene, beispielsweise bei der Bürgschaftsentscheidung des BVerfG.[9] Im Gesellschaftsrecht[10] und im Familien- und Erbrecht[11] finden sich weitere Beispiele, etwa zum Squeeze-out oder bei Eheverträgen. Im europäischen Recht stellt sich das Problem der horizontalen Wirkung der Grundrechte mittlerweile in gleicher Weise. So hat der EuGH in der *Mangold*-Entscheidung das Grundrecht auf Gleichbehandlung wegen des Alters auf das TzBfG angewendet und damit die Freiheitsbereiche Privater neu austariert.[12]

Die Auswirkung der Grundrechte auf die Privatautonomie macht die *Alemo-Herron*-Entscheidung des EuGH deutlich.[13] Es geht um die Auslegung des Art. 3 der Betriebsübergangsrichtlinie auf eine dynamisch wirksame privatvertragliche Inbezugnahme eines Tarifvertrages. Die Besonderheit des Falles lag darin, dass der Erwerber (*Parkwood Leisure Limited*) nicht Mitglied der Arbeitgebervereinigung werden konnte und damit von vornherein von einer Mitwirkung am Tarifvertrag ausgeschlossen war. Der Gerichtshof legt in seiner Prüfung in einem ersten Schritt die Betriebsübergangsrichtlinie aus und meint im Einklang mit früherer Recht-

7 Im Arbeitsrecht schwankte die Rechtsprechung zwischen unmittelbarer und mittelbarer Anwendung; vgl. hierzu *Fabisch*, Die unmittelbare Drittwirkung der Grundrechte im Arbeitsrecht, 2010, 222 ff.; *Hromadka/Maschmann*, Arbeitsrecht, Band 1, § 2, Rn. 37.

8 Vgl. z.B. BAG, Urt. v. 21. 6. 2012 - 2 AZR 153/11.

9 BVerfG, Urt. v. 19.10.1993 – 1 BvR 567/89, 1044/89.

10 Bspw. befand das BVerfG, dass der Verlust des Anteilseigentums im Falle eines Ausschlussverfahrens nach §§ 327a ff. AktG nicht gegen Art. 14 I GG verstößt, weil die Eigentumsfreiheit es nicht ausschließt, Aktien einer Minderheit auch gegen deren Willen auf den Hauptaktionär zu übertragen: BVerfG, Beschl. v. 16.5.2012 – 1 BvR 96/09, 1 BvR 117/09, 1 BvR 118/09, 1 BvR 128/09; Beschl. v. 28.8.2007 – 1 BvR 861/06.

11 Zur auch grundrechtlich festgestellten Sittenwidrigkeit eines einseitig Lasten verteilenden Ehevertrags: BVerfG, Beschl. v. 29.3.2001 – 1 BvR 1766/92; Beschl. vom 22.3.2004 – 1 BvR 2248/01.

12 EuGH, Urt. v. 22.11.2005, Rs. C-144/04 (Mangold), Slg. 2005, I-9981; dazu: *Kainer*, Der Gleichbehandlungsgrundsatz im Zivilrecht, § 3, VI., 2., c) und § 6, I., 1.; *Arnold/Bauer* NJW 2006, 6; *Herrmann/Streinz* RdA 2007, 165.

13 EuGH, Urt. v. 18.7.2013, Rs. C-426/11 (Alemo-Herron), ECLI:EU:C:2013:521.

sprechung, dass der Erwerber in der Lage sein müsse, „die für die Fortsetzung seiner Tätigkeit erforderlichen Anpassungen vorzunehmen“.[14] Die Richtlinie bezwecke nämlich einen gerechten Ausgleich der Interessen der Arbeitnehmer und des Erwerbers bei einem Unternehmensübergang. Der Gerichtshof verweist zur Begründung auf seine *Werhof*-Entscheidung, die ihrerseits mit der negativen Vereinigungsfreiheit argumentierte: Die Fortgeltung der dynamischen Verweisung für den Erwerber soll die negative Vereinigungsfreiheit verletzen, obwohl *Parkwood* die Bindung freiwillig einging.

Deutlicher wird der zweite Begründungsschritt, der ausdrücklich mit der aus Art. 16 GrCh abgeleiteten Vertragsfreiheit argumentiert. Es stellt nach Auffassung des EuGH eine Verletzung der Vertragsfreiheit dar, ja einen Eingriff in den Wesensgehalt dieser Freiheit, wenn der Erwerber zukünftig an Vertragsbedingungen gebunden ist, auf die er keinen Einfluss nehmen kann. Den naheliegenden Gedanken, dass der Erwerber im Zuge des privatautonom übernommenen Betriebs *zugleich* willentlich in den Vertrag eintritt (volenti non fit iniuria!) und zugleich in die Vertragsfreiheit des Arbeitnehmers eingegriffen wird, spricht der EuGH nicht an. Dementsprechend gibt es auch keine offene Abwägung zwischen den Grundrechtspositionen, das Ergebnis scheint willkürlich zu sein.

2. Grundfreiheiten

Die Rechtsprechung des EuGH hat die unmittelbare horizontale Wirkung von Grundfreiheiten zuerst 1974 in der *Walrave und Koch*-Entscheidung[15] entwickelt. Dabei ging es um die Anwendung der Arbeitnehmerfreizügigkeit auf kollektive Regelungen eines Sportverbandes, dessen satzungsgemäße Regularien für die Ausübung des Fahrradsportes für die betroffenen Sportler (bzw. Helfer) zwingende Regelungen entfalteten. Im Kern begründet der EuGH seine Rechtsprechung damit, dass es Privaten untersagt sein müsse, eben solche Behinderungen (wieder) einzuführen, die durch die Anwendung der Grundfreiheit erst beseitigt worden waren. Im Kern geht es also um Regelungen, die in ihrer Qualität staatlichen Regelungen gleichkommen.

---

14 EuGH, Urt. v. 18.7.2013, Rs. C-426/11 (Alemo-Herron), ECLI:EU:C:2013:521, Rn. 25.

15 EuGH, Urt. v. 12.12.1974, Rs. 36/74 (Walrave und Koch), Slg. 1974, 1405.

Diese Linie hat der EuGH in der *Angonese*-Entscheidung verlassen.[16] Hier verletzte eine Bozener Sparkasse (in privater Rechtsform) nach Auffassung des EuGH die Arbeitnehmerfreizügigkeit eines italienischen Staatsbürgers, dem aufgrund eines Auslandsstudiums in Innsbruck das von der Sparkasse geforderte Zweisprachigkeitszeugnis fehlte. Warum aber war ein Unternehmen Adressat der Grundfreiheiten? Gewiss mag man eine Machtposition des Arbeitgebers konstatieren, jedoch fehlt es doch an einer qualitativen Vergleichbarkeit zwischen der inkriminierten privaten und einer staatlichen Maßnahme. Vielmehr ging es schlicht um eine – sachlich möglicherweise so nicht zweckmäßige – Entscheidung eines Arbeitgebers, einen Arbeitnehmer nicht einzustellen; die Entscheidung des EuGH, hierin eine Beschränkung der Arbeitnehmerfreizügigkeit zu sehen, macht die Freiheitsausübung rechtfertigungsbedürftig und hebt damit – normzweckwidrig – Freiheit partiell auf.[17]

III. *Auswirkung der Anwendung von Grundrechten und Grundfreiheiten im Privatrecht*

Im Ausgangspunkt bedeutet die Aktivierung der Grundrechte einen Schritt weg von dem formalen Liberalismus des 19. Jahrhunderts hin in die Richtung einer Materialisierung des Privatrechts.[18] Die Kernfrage ist allerdings, ob die Materialisierung der Freiheit gilt oder aber dem Vertragsinhalt; letztere stellte den vertraglichen Austausch unter eine Angemessenheitsbedingung und brächte damit die Grenze zwischen Privatrechtsgesellschaft und Staat in höchste Gefahr.

Richtigerweise sollte zunächst differenziert werden zwischen Grundrechten, die eine heteronom-distributive Ordnungsvorstellung enthalten (z.B. das Persönlichkeitsrecht, die grundrechtlichen Diskriminierungsverbote) und solchen, die Freiheitsverbürgungen enthalten. Letztere sollten mit Blick auf ihre freiheitserweiternde Zielsetzung ausgelegt werden und würden, angewendet auf Private, allenfalls eine Egalisierung privater Macht bewirken (1); erstere drohen die auf die Verwirklichung des privaten Willens gerichtete Privatrechtslogik zu überlagen (Heteronomisierung,

---

16 EuGH, Urt. v. 6.6.2000, Rs. C-281/98 (Angonese), Slg. 2000, I-4139.

17 *Kainer*, Der Gleichbehandlungsgrundsatz im Zivilrecht, § 5, I. und § 5, IV.

18 *Seifert* EuZW 2011, 696, 698.

2) oder gar private Rechte hoheitlich neu zu verteilen (Distributionswirkung, 3).

1. Egalisierung (scheinbarer) privater Macht?

Eine mögliche und darauf zu begrenzende Auswirkung der mittelbaren Anwendung von (insb. wirtschaftlichen) Grundrechten ist die Egalisierung von privater Macht. Wieder sei auf die Bürgschaftsentscheidung des BVerfG[19] verwiesen: Tatsächlich ändert die mittelbare Anwendung von Grundrechten nichts an der intellektuellen und institutionellen Überlegenheit der Bank gegenüber dem emotional gebundenen Bürgen. Soweit dies ausnahmsweise dazu führt, dass der Unterlegene seine Freiheit nicht informiert und unbeeinflusst ausüben kann, kann die grundrechtliche Wertung der Art. 15 f. GrCh bzw. Art. 2, 12, 14 GG aber kompensierend wirken. Privatrechtsdogmatisch ist dies – bei aller Schwierigkeit des Begriffs der strukturellen Überlegenheit – kein abwegiges Ergebnis. Sieht man das Ziel des Privatrechts darin, auf der Grundlage gegenseitig oder allseitig ausgeübter Privatautonomie im Rahmen einer Wettbewerbsordnung „richtige" Verträge[20] im Sinne ausgleichender Gerechtigkeit zu ermöglichen, dann ist die Materialisierung der Privatautonomie ein möglicher und zielführender Weg hierzu; es liegt nahe, dass die wirtschaftlichen Grundrechte und auch die Grundfreiheiten diese Materialisierung konzeptionell vorbahnen. Die Auswirkungen dieses Konzepts veranschaulicht die *Alemo Herron*-Entscheidung: dass *Parkwood* bei seiner Entscheidung, das Unternehmen zu kaufen, nicht frei gewesen wäre, wurde nicht vorgetragen. Übliche *due diligence* darf verlangt werden, Grundrechtsschutz ist daher nicht angezeigt. Richtigerweise hätte die Begrenzung des Arbeitnehmerschutzes aus der Binnenmarktperspektive der Richtlinie abgeleitet werden können: die Betriebsübergangsrichtlinie ist auf Art. 95 EGV (Art. 114 AEUV) gestützt und sollte daher allenfalls im Lichte des Binnenmarkts in Richtung einer Erleichterung des Marktes für Unternehmen ausgelegt werden.

---

19 BVerfG, Urt. v. 19.10.1993 – 1 BvR 567/89, 1044/89.

20 Vgl. zur Lehre der Richtigkeitsgewähr von Verträgen *Schmidt-Rimpler* AcP 147 (1941), 130.

2. Heteronomisierung der Privatrechtsgesellschaft

Werden diese Grenzen nicht beachtet, dann werden im Gewand der Grundrechte privatrechtsfremde Werte in die Austauschbeziehungen eingeführt (Heteronomisierung). Dies droht wegen der bei jeder Grundrechtekollision unvermeidbaren Abwägung, welche ggf. die Gemeinwohlüberzeugungen eines Gerichts Privaten verbindlich macht. Für die Bürgschaft durch nahe Angehörige bedeutet dies, dass hohe Bürgschaften mit einem spezifischen Interesse der Bank gerechtfertigt werden müssen. Bei der *Viking*-Entscheidung ging es um einen Konflikt zwischen einem finnischen Fährunternehmen und einer Gewerkschaft.[21] Ersteres machte gegen den Streik der Gewerkschaft die Niederlassungsfreiheit in ihrer Perspektive der Wegzugsfreiheit geltend, letztere das Grundrecht auf kollektive Maßnahmen (Streikrecht). Formal findet die horizontale Anwendung der Niederlassungsfreiheit ihre Grenze im Streikrecht der Gewerkschaft; inhaltlich gibt der EuGH die Kriterien vor, die diesen Streik rechtfertigen würden. Man mag die Entscheidung im Ergebnis inhaltlich billigen, jedoch führt die Aktivierung von Grundfreiheiten und Grundrechten zu einer Entprivatisierung der Rechtsbeziehungen zwischen Privaten und zu einer Überlagerung der Freiheit mit privatrechtsfremden Wertungen.

3. Distributionswirkung

Noch stärker ist der Eingriff in die privatrechtlichen Rechtsbeziehungen, wenn die Grundrechte Distributionswirkung im Sinne einer staatlichen Zuteilung von Rechten oder Pflichten entfalten. Diese Schwelle hat der EuGH überschritten mit der Aktivierung von Art. 21, 23 GrCh, u.a. in seinen Entscheidungen *Mangold*[22] und *Kücükdeveci*[23] oder *Test achats*.[24] In allen diesen Fällen wirken grundrechtliche Wertungen mittelbar in den *In-*

---

21 EuGH, Urt. v. 11.12.2007, Rs. C-438/05 (Viking), Slg. 2007, I-10779; dazu: *Schubert* RdA 2008, 289.

22 EuGH, Urt. v. 22.11.2005, C-144/04 (Mangold), Slg. 2005, I-9981; dazu: *Streinz/Hermann* RdA 2007, 165; *Bauer/Arnold* NJW 2006, 6; GA *Mazak*, SchlA v. 15.2.2007, Rs. C-411/05 (Palacios de la Villa), ECLI:EU:C:2007:106, Rn. 79 - 97; *Reich* EuZW 2006, 17, 20 ff.; *Rüthers* NJW 2006, 1640, 1642.

23 EuGH, Urt. v. 19.1.2010, C-555/07 (Kücükdeveci), Slg. 2010, I-365, ECLI:EU:C:2010:21; hierzu *Preis/Temming* NZA 2010, 185 und *Seifert* EuR 2010, 802.

24 EuGH, Urt. v. 1.3.2011, C-236/09 (Test-Achats), Slg. 2011. I-773.

halt von privatrechtlichen Verträgen hinein. Dies zu begrenzen auf die spezifisch distributiv ausgerichteten Diskriminierungsverbote und abzuschirmen vor dem ausgleichend ausgerichteten Vertrags- und Wirtschaftsrecht wäre bereits ein ordnungspolitischer Erfolg; die Terminologie in *Alemo Herron*, die auf der Basis grundrechtlicher Wertungen einen (auf welcher Grundlage?) gerechten Interessenausgleich zwischen Erwerber und Arbeitnehmern fordert, geht in eine falsche Richtung.

4. Entparlamentarisierung der Rechtsbeziehungen in der Privatrechtsgesellschaft

Eine letzte Anmerkungen zur Privatrechtswirkung der Grundrechte: Sie überwindet die Anwendungsgrenzen der Richtlinien und führt zu einer Entparlamentarisierung des Rechts. Das ist ein alter Vorwurf gegen die Anwendung von Grundrechten gerade auch im Privatrecht; auf europäischer Ebene ist der Vorwurf gewichtiger, weil damit nicht nur die horizontale Gewaltenteilung überwunden wird, sondern auch die vertikale Gewaltenteilung betroffen ist. Deutlich macht dies die *Viking*-Entscheidung: Die grundrechtliche Begründung von Streikrechten – wenn auch nur auf der Ebene der Rechtfertigung von Eingriffen in die Niederlassungsfreiheit – und ihre inhaltliche Ausgestaltung ignoriert die absolute Kompetenzgrenze des Art. 153 Abs. 5 AEUV: Kollektive Regelungen sind von der Kompetenz im Sozial- und Arbeitsrecht ausgeschlossen.

IV. Zusammenfassung

Die vorstehenden Überlegungen zeigen, dass die horizontale Anwendung von Grundrechten und Grundfreiheiten aus wirtschaftsordnungsrechtlicher Sicht ambivalente Auswirkungen entfaltet. Soweit Grundrechte dem Schutz von Privatautonomie dienen, sollte ihre Wirkung auf den Schutz und die Entfaltung einer materialisiert verstandenen Privatautonomie begrenzt werden. Für die Grundfreiheiten bedeutet dies, dass ihre Anwendung auf Private nur dann in Betracht kommt, wenn eine private Handlung aus rechtlichen oder faktischen Gründen einseitig zwingenden Charakter hat und die Folge dieses Handelns daher nicht zugleich auch auf einer (potentiell!) freien Willensbetätigung der anderen Seite beruht.[25] Dasselbe gilt für das Grundrecht auf unternehmerische Freiheit.

Grundrechte, denen eine privatrechtsfremde Wertung zukommt, sollten mit Blick auf ihre Wirkung auf die Wirtschaftsordnung ausgelegt werden. Dies ergibt sich daraus, dass Grundrechte und die unionale Wirtschaftsordnung nicht beziehungslos nebeneinander stehen, sondern im Sinne einer *sozialen Marktwirtschaft* miteinander in Konkordanz gebracht werden müssen. Deswegen war die Entscheidung zu Unisex-Tarifen in der Versicherungswirtschaft falsch: Der EuGH ließ dem Diskriminierungsverbot absoluten Vorrang vor anderen Erwägungen, die im Rahmen einer Rechtfertigungsprüfung Platz gefunden hätten, zu Unrecht aber gar nicht zugelassen wurden.

---

25 Mit etwas anderer Akzentuierung auch *Müller-Graff* EuR 2014, 3, 14 ff.

The Case-Law of the European Court of Justice on Direct Taxation

Koen Lenaerts[*]

In the absence of harmonisation,[1] the European Court of Justice (the 'ECJ') has consistently held that direct taxation falls within the competence of the Member States.[2] National legislators are competent to choose the tax base, the tax rate as well as tax advantages. Most importantly, they enjoy absolute discretion to decide whether to exercise their tax powers as a 'home State' (taxing the income of fiscal residents regardless of where it is produced) or alternatively as a 'source State' (taxing the income on a territorial basis even if the taxpayer is not a resident).[3]

That being said, in so far as there is a cross-border 'link' with EU law, policy choices in the field of direct taxation may not disadvantage EU citizens who exercise their rights under EU law. In the ECJ's own words, 'while direct taxation falls within their competence, Member States must none the less exercise that competence in accordance with [EU] law'.[4]

---

* Vice-President of the Court of Justice of the European Union, and Professor of European Union Law, Leuven University. All opinions expressed herein are strictly personal to the author.

1 See Articles 114 (2) and 115 TFEU. Some aspects of direct taxation can be harmonised. For example, see Council Directive 90/435/EEC of 23 July 1990 on the common system of taxation applicable to mergers, divisions, partial divisions, transfers of assets and exchanges of shares concerning companies of different Member States and to the transfer of the registered office, of an SE or SCE, between Member States, [1990] OJ L 225/1, 22.9.1990, p. 6.

2 See, for example, Case C-397/98 and C-410/98 (Metallgesellschaft and Others), [2001] ECR I-1727, para. 37; Case C-446/03 (Marks & Spencer), [2005] ECR I-10837, para. 29; Case C-196/04 (Cadbury Schweppes and Cadbury Schweppes Overseas), [2006] ECR I-7995, para. 40; Case C-374/04 (Test Claimants in Class IV of the ACT Group Litigation), [2006] ECR I-11673, para. 36; Case C-303/07 (Aberdeen Property Fininvest Alpha), [2009] ECR I-5145, para. 34.

3 See generally *Kingston* Common Market Law Review (CMLR) 44 (2007), 1321.

4 Case C-338/11 to C-347/11 (FIM Santander Top 25 Euro Fi), EU:C:2012:286, para. 14 and case-law cited.

However, not all negative changes in the tax status of free movers may be read as being contrary to EU law. Given that the Treaty provisions allow different national tax systems to exist side by side, adverse fiscal repercussions stemming directly from this juxtaposition are not caught by these provisions.[5] Therefore, EU law does not, as such, preclude double taxation of cross-border activities resulting from the interaction of two national tax systems.

Avoiding the erosion of the fiscal powers retained by the Member States while at the same time ensuring compliance with the Treaty provisions on free movement seems a very complex and delicate task, especially if one bears in mind the sensitivities that direct taxation awakens in the Member States.

By relying on the principle of non-discrimination, the ECJ has, nonetheless, taken important steps that aim to circumscribe the exercise of national taxing powers. Due to the different criteria adopted by national legislators in defining their tax jurisdiction, the ECJ has endorsed an elaborated version of that principle that takes into account whether a Member State is acting in either a home State or a source State capacity.

In this regard, the application of the principle of non-discrimination by the ECJ follows a 'three-step' approach. First, it will determine whether there is a difference of treatment between domestic and cross-border economic situations that are subject to tax. If that is the case, the ECJ will examine whether those two situations are objectively comparable having regard to the aim pursued by the national provisions at issue. In the affirmative, the last question that arises is whether those provisions pursue a legitimate objective and comply with the principle of proportionality.

Acting as a home State, a Member State may not distinguish between domestic income and income produced in another Member State.[6] For corporate income taxation, this means, for example, that 'the situation of a corporate shareholder receiving foreign-sourced dividends is comparable to that of a corporate shareholder receiving nationally-sourced dividends in so far as, in each case, the profits made are, in principle, liable to be

---

5 Case C-365/02 (Lindfors), [2004] ECR I-7183, para. 34; Case C-403/03 (Schempp), [2005] ECR I-6421, para. 45; Case C-293/06 (Deutsche Shell), [2008] ECR I-1129, para. 43; Case C-371/10 (National Grid Indus), [2011] ECR I-12273, para. 62.

6 Case C-150/04, (Commission v Denmark), [2007] ECR I-1163.

subject to a series of charges to tax'.[7] Accordingly, if a Member State taxes all income generated by its residents and grants financial relief to domestic dividends, the same relief must be extended to income produced abroad.[8] Similarly, tax incentives granted to residents investing domestically must also be accorded to residents investing in cross-border activities.[9] For example, a Member State may not confer on taxpayers holding its own public debt securities a preferential tax treatment in comparison with taxpayers holding public debt securities issued by other Member States.[10]

As to taxing powers exercised territorially, in a 'source State capacity', the principle of non-discrimination prevents, in principle, national authorities from taxing non-residents and residents differently.[11] For example, tax benefits accorded to resident companies must also be accorded to permanent establishments of non-resident companies.[12] Similarly, a Member State may not impose a higher corporate tax rate on companies established in other Member States and carrying on business in that Member State through a permanent establishment situated there than on resident companies.[13] In addition, in *National Grid Indus*, the ECJ held that a company that transfers its place of effective management from the Member State of incorporation to another Member State is placed at a disadvantage in terms of cash flow compared to a similar company retaining its place of effective management in the Member State in which that company is incorporated, where only companies involved in cross-border transfers are subject to the *immediate* taxation of the unrealised capital gains relating to the assets transferred.[14] Next, the ECJ found that that difference of treatment cannot be explained by an objective difference of situation. 'From the

---

7 Case C-446/04 (Test Claimants in the FII Group Litigation), [2006] ECR I-11753, para. 62; Case C-436/08 and C-437/08 (Haribo), [2011] ECR I-305, para. 59; Case C-35/11 (Test Claimants in the FII Group Litigation), EU:C:2012:707, para. 37.

8 See, for example, Case C-315/02 (Lenz), [2004] ECR I-7063; Case C-319/02 (Manninen), [2004] ECR I-7477; Case C-310/09 (Accor), [2011] ECR I-8115.

9 Case C-484/93 (Svensson and Gustavsson), [1995] ECR I-3955.

10 Case C-20/09 (Commission v Portugal), [2011] ECR I-2637.

11 Case C-43/07 (Arens-Sikken), [2008] I-6887.

12 Case C-270/83 (Commission v France), [1986] ECR 273; Case C-330/91 (Commerzbank), [1993] ECR I-4017.

13 Case C-311/97 (Royal Bank of Scotland), [1999] ECR I-2651.

14 Case C-371/10 (National Grid Indus), [2011] ECR I-12273, para. 37; Case C-261/11 (Commission v Denmark), EU:C:2013:480, para. 29.

point of view of legislation of a Member State aiming to tax capital gains generated in its territory', the ECJ wrote, 'the situation of a company incorporated under the law of that Member State which transfers its place of management to another Member State is similar to that of a company also incorporated under the law of the former Member State which keeps its place of management in that Member State, as regards the taxation of the capital gains relating to the assets which were generated in the former Member State before the transfer of the place of management'.[15] Unless the national legislation at issue pursued a legitimate objective and complied with the principle of proportionality, the ECJ noted that the freedom of establishment would oppose such a difference of treatment.

From the foregoing, it appears that determining whether a tax system is discriminatory depends on the choice of the comparator.[16] Indeed, discrimination will not take place where, for tax purposes, cross-border and domestic situations are not objectively comparable.

By way of illustration, this would be so where, with a view to alleviating economic double taxation, a source State conditions the grant of a tax credit on the company receiving dividends being liable to income tax.[17] In the case of outbound dividends paid to non-resident companies *not liable* to the source State's income tax, those companies may not claim access to tax credits related to these dividends.[18] In those circumstances, denying tax credits to outbound dividends is not a discriminatory measure, since resident and non-resident companies do not find themselves in a comparable situation.[19] The former are subject to income tax and thus have a right to tax credits so that the source State does not tax the profits of the dividend-distributing company first and then the dividends themselves as income of the receiving company. By contrast, since non-resident compa-

15 Case C-371/10 (National Grid Indus), [2011] ECR I-12273, para. 38.

16 Opinion of AG Sharpston, C-293/06 (Deutsche Shell), ECR I-1129, para. 30.

17 Case C-374/04 (Test Claimants in Class IV of the ACT Group Litigation), [2006] ECR I-11673.

18 As to inbound dividends, see judgment in Case C-47/12 (Kronos International), EU:C:2014:2200, paras 80 et seq.

19 For situations where such a comparability exists, see *Tenore* EC Tax Review 19 (2010), 74, at 77 (who points out that 'the position of resident shareholders and non-resident shareholders is comparable insofar as (i) both shareholders are taxed, (ii) both shareholders are not taxed, (iii) non-resident shareholders are taxed whereas resident shareholders are not taxed'). Case C-379/05 (Amurta), [2007] ECR I-9569; Case C-540/07 (Commission v Italy), [2009] ECR I-10983.

nies do not pay income tax, there is no risk of economic double taxation imposed by the source State. Put simply, in so far as the source State is concerned,[20] dividends are equally taxed for resident and non-resident companies, i.e. only at the level of the distributing company.[21]

Furthermore, the ECJ has not adopted a formalistic approach when qualifying two situations as comparable. In addition to comparing the legal provisions applied to domestic and cross-border situations, the ECJ also makes a comparative assessment of the factual context.[22] The classic example is provided by *Schumacker.*[23] There, the ECJ ruled that discrimination arises where a worker earns most of his income (90%) in the State of employment, and neither that State nor the State of residence takes into account his personal and family circumstances for the purposes of awarding tax benefits. Likewise, not only does discrimination occur where there is unequal treatment between domestic and cross-border situations, but it also manifests itself where a Member State awards preferential treatment to cross-border situations involving a given Member State.[24]

In addition, the ECJ has ruled that Articles 49 and 54 TFEU also apply to national legislation that entails indirect discrimination. For example, in *Hervis Sport*, Hungarian legislation imposed a special tax on the turnover of some sectors of the store retail trade. The rate of that tax was steeply progressive in accordance with turnover, in particular in its upper band. Where a company belonged to a group of companies, it was liable to pay a share, in proportion to its turnover, of the special tax payable by all the undertakings belonging to that group on the basis of their overall turnover achieved in Hungary. Because of the progressive rate of the special tax, such a company was subject to an average rate of tax considerably higher than that corresponding to the taxable amount consisting solely of the tur-

---

20 The fact that outbound dividends would be subsequently taxed by the home State (double taxation) cannot be seen as discrimination either, since this is just an adverse consequence of having parallel national tax systems.

21 Conversely, discrimination occurs where a home State adopts an exemption system for domestic dividends and a credit system for foreign dividends, and the first system affords a more favourable tax treatment than the latter. Case C-446/04 (Test Claimants in the FII Group Litigation), [2006] ECR I-11753; Case C-35/11 (Test Claimants in the FII Group Litigation), EU:C:2012:707.

22 *Lang* EC Tax Review 98 (2009), 18.

23 Case C-279/93 (Schumacker), [1995] ECR I-225.

24 See, for example, Case C-194/06 (Orange European Smallcap Fund), [2008] ECR I-3747; but cf. Case C-376/03 (D.), [2005] ECR I-5821.

nover of its own stores. In this regard, the ECJ observed that the legislation at issue did not make a formal distinction according to the registered office of the companies.[25] Indeed, a company belonging to a group of companies which had their registered offices in Hungary and those which had theirs in other Member States were treated alike.[26]

However, it could not be ruled out that the legislation at issue entailed indirect discrimination on the basis of the registered office of the companies. First, the ECJ noted that companies active on the retail market in Hungary which belonged to a group of companies and those which did not belong to such a group were, for the purposes of the special tax, in a comparable situation.[27] Second, the legislation at issue would entail indirect discrimination, if the upper band of the special tax applied, in the majority of cases, to companies belonging to a group of companies which had their registered offices in other Member States. That determination was for the referring court to establish.[28]

Moreover, some scholars have argued that the ECJ should move beyond the discrimination paradigm.[29] In *Nordea Bank*, AG Kokott urged the ECJ to depart from its traditional approach according to which the objective comparability of the situations at hand operates as pre-condition for the application of the law of free movement in the field of direct taxation.[30] In that case, the ECJ was called upon to examine the compatibility with the freedom of establishment of Danish legislation that required the reincorporation of losses lawfully deducted in the event of a resident company transferring a permanent establishment to a group company over which Denmark did not exercise powers of taxation, but did not impose such a requirement where permanent establishments were transferred in Denmark in identical circumstances.

In the view of the Advocate General, it was not necessary to determine whether, having regard to the aim pursued by the national provisions at issue, Danish companies having permanent establishments abroad were ob-

---

25 Case C-385/12 (Hervis Sport- és Divatkereskedelmi), EU:C:2014:47, para. 41.
26 Opinion of AG Kokott, C-385/12 (Hervis Sport- és Divatkereskedelmi), EU:C:2013:531, para. 33.
27 Case C-385/12 (Hervis Sport- és Divatkereskedelmi), EU:C:2014:47, para. 38.
28 Case C-385/12 (Hervis Sport- és Divatkereskedelmi), EU:C:2014:47, paras 39 and 40.
29 *Douma* EC Tax Review 67 (2012), 21.
30 Opinion of AG Kokott, C-48/13 (Nordea Bank), EU:C:2014:153.

jectively comparable to those having permanent establishments in Denmark. In her view, '[t]he [ECJ's] entire case-law does not make it clear in which circumstances a difference in the situations compared should preclude their objective comparability'. 'The merits of a difference in treatment', she wrote, 'should be assessed solely by reference to whether there is a ground capable of providing a proportionate justification for that difference in treatment'.[31]

However, the ECJ did not follow the approach put forward by AG Kokott. It held, instead, that Danish companies having permanent establishments abroad were in a disadvantageous position when compared with those having permanent establishments in Denmark. Next, the ECJ went on to examine the comparability of the situations at hand. It acknowledged that, in principle, 'permanent establishments situated in another Member State [...] are not in a situation comparable to that of resident permanent establishments in relation to measures laid down by a Member State in order to prevent or mitigate the double taxation of a resident company's profits'.[32] However, those situations became objectively comparable when Denmark decided to make the profits of establishments located in other States Members of the EU or the EEA (i.e. Finland, Sweden and Norway) subject to tax.[33] Accordingly, the Danish legislation at issue constituted a restriction on the freedom of establishment that could only be justified by overriding reasons in the public interest that complied with the principle of proportionality. It follows from *Nordea Bank* that, in the field of direct taxation, the difference in treatment brought about by the national measure in question must take place between two situations that are, in light of the aim pursued by such measure, objectively comparable.

Finally, the case-law of the ECJ has not been immune from criticism. Some scholars argue that as a result of applying the principle of non-discrimination to both home and source States, the Court has failed to follow a consistent tax policy.[34] Others posit that the ECJ has engaged in judicial activism by creating new 'taxing rights' and by unduly bending the tax ju-

31 Opinion of AG Kokott, C-48/13 (Nordea Bank), EU:C:2014:153, paras 26 and 28.

32 Case C-48/13 (Nordea Bank), EU:C:2014:2087, para. 24.

33 Case C-48/13 (Nordea Bank), EU:C:2014:2087, para. 24.

34 *Graetz/Warren Jr.* Yale Law Journal 115 (2006), 1186 and Yale Law Journal 121 (2012), 1118 (arguing that prohibition of discrimination based on destination --home State-- is ultimately inconsistent with prohibiting discrimination based on origin --source State).

risdiction of the Member States to the benefit of free movers. However, most of the perceived inconsistencies or tensions could easily be addressed by EU secondary legislation. Given the lack of consensus among Member States to pass such legislation, the ECJ is called upon to enforce EU primary law, i.e. to strike the best possible balance between not depriving the Member States from their taxing powers while making sure that direct taxation does not become an insurmountable obstacle to market integration.

Of course, even if divergences between the Member States were to disappear so that legislation could be passed, the Treaty provisions would still operate to frame the tax paradigm agreed upon. This is clearly demonstrated by the case-law involving indirect taxation, where the ECJ's decisions complete the system laid down by the EU legislator.[35]

In the absence of an EU legislative consensus on direct taxation issues relevant to the internal market, the ECJ does not examine direct taxation beyond the bounds of discrimination. But market integration driven without any support or guidance from the legislature is doomed to suffer from shortcomings.[36] Far from being a sign of inconsistency, this jurisprudence shows that the ECJ fully respects the competences retained by the Member States in an area so fundamental to national sovereignty.[37]

---

35 *Vanistendael* EC Tax Review 17 (2008), 52 (inviting the Court to take an analogous approach to that followed for indirect taxation).

36 Case C-513/04 (Kerckhaert and Morres), [2006] ECR I-10967, para. 22; Case C-128/08 (Damseaux), [2009] ECR I-6823, para. 33; Case C-157/10 (Banco Bilbao Vizcaya Argentaria), [2011] ECR I-13023, para. 31; Case C-35/11 (Test Claimants in the FII Group Litigation), EU:C:2012:707, para. 40. See also *Lenaerts/Bernardeau* Cahiers de Droit Européen 19 (2007), N° 1-2.

37 *Banks* European Law Review 33 (2008), 482.

Schachtel- und Streubesitzbeteiligungen in der Körperschaftsteuer – Irrungen und Wirrungen vor dem Hintergrund des Unionsrechts

Carl-Heinz Witt

I. Einleitung

Sieht der EuGH in einer Vorschrift des mitgliedstaatlichen Rechts einen Verstoß gegen eine unionsrechtliche Grundfreiheit, weil der EU- bzw. EWR-Sachverhalt rechtlich schlechter gestellt wird als der Inlandssachverhalt, so kann der Gesetzgeber des betreffenden Mitgliedstaats regelmäßig so reagieren, dass er den EU- bzw. EWR-Sachverhalt besser oder den Inlandssachverhalt schlechter stellt. Im Steuerrecht wird nicht selten aus fiskalischen Gründen der zweite Weg gewählt. Dass dies innerhalb des nationalen Rechts zu systematischen Brüchen führen, aber auch Zweifel an der Unionsrechtskonformität der neuen Rechtslage aufwerfen kann, erweist sich bei der Besteuerung von Streubesitzdividenden. Wie es dazu kam, warum der neue § 8b Abs. 4 KStG auf Bedenken stößt und wie der als Regelung für Altfälle geschaffene § 32 Abs. 5 KStG zu dauerhaft geltendem Recht gemacht werden könnte, soll diese Skizze zeigen. Sie ist *Peter-Christian Müller-Graff* mit allen herzlich guten Wünschen gewidmet.

II. Hintergrund: EuGH-Entscheid in Rs. C-284/09

§ 8b Abs. 1 KStG, nach dem vereinnahmte Dividendenzahlungen bei der Ermittlung des Einkommens außer Ansatz bleiben,[1] gilt seit jeher für un-

1 Wobei § 3c Abs. 1 EStG unanwendbar ist, indes 5% der Beteiligungserträge als nichtabziehbare Betriebsausgaben gelten (§ 8b Abs. 5 KStG) und die steuerfreie Vereinnahmung damit auf 95% reduziert wird (sog. Schachtelstrafe); dies ist mit Art. 3 Abs. 1 GG vereinbar (BVerfG, Beschl. v. 12.10.2010 – 1 BvL 12/07, BVerfGE 127, 224 = DStR 2010, 2393, Rn. 49 ff.); der Vorschrift gegenüber kritisch aber *Hey* in: Tipke/Lang, Steuerrecht, 22. Aufl. 2015, § 11, Rn. 42; Müller FR 2011, 309.

beschränkt wie für beschränkt steuerpflichtige Körperschaften. Unterschiedlich behandelt wurden Steuerinländer und Steuerausländer indes lange Zeit, was die Kapitalertragsteuer angeht: Diese wird auch auf Gewinnausschüttungen erhoben, die nach § 8b Abs. 1 KStG steuerfrei sind (§ 43 Abs. 1 Satz 3 EStG), bei steuerinländischen Körperschaften aber angerechnet und ggf. erstattet (§ 31 Abs. 1 KStG i.V.m. § 36 Abs. 2 Nr. 2 S. 1 und Abs. 4 EStG). Fließt die Dividende einer EU- oder EWR-ausländischen Körperschaft zu, die an der ausschüttenden Gesellschaft zu mindestens 10% beteiligt ist (sog Schachtelbeteiligung), so wird die Kapitalertragsteuer auf Antrag nicht erhoben (§ 43b EStG).[2] Bei einem kleineren Anteil (sog. Streubesitzbeteiligung) sind von der einbehaltenen und abgeführten Kapitalertragsteuer nur zwei Fünftel erstattungsfähig (§ 44a Abs. 9 EStG); damit wird die Dividende letztlich mit dem KSt-Satz von 15% belastet, und zwar mit Abgeltungswirkung (§ 31 Abs. 1 Nr. 2 KStG). Hierin sah der EuGH im Jahr 2011 eine nicht gerechtfertigte Beschränkung des freien Kapitalverkehrs, also einen Verstoß gegen Art. 56 Abs. 1 EG (heute Art. 63 Abs. 1 AEUV) und gegen Art. 40 des EWR-Abkommens.[3]

III. Reaktion des deutschen Gesetzgebers auf den EuGH-Entscheid

Da der Verstoß von der Kapitalertragsteuer ausging, d.h. von deren Abgeltungswirkung in grenzüberschreitenden Streubesitzfällen, hat der Berliner Gesetzgeber in § 32 Abs. 5 KStG ein neues Verfahren zur Erstattung der einbehaltenen und abgeführten Kapitalertragsteuer eingeführt.[4] Dabei werden strenge Anforderungen gestellt.[5] So wird die abgeltende Kapitaler-

---

2 Umsetzung der Richtlinie 2011/96/EU des Rates über das gemeinsame Steuersystem der Mutter- und Tochtergesellschaften verschiedener Mitgliedstaaten v. 30.11.2011, ABl. 2011 Nr. L 345/8; zuletzt geändert durch Richtlinie 2015/121/EU v. 27.1.2015, ABl. 2015 Nr. L 21/1.

3 EuGH, Urt. v. 20.10.2011, C-284/09 (Kommission/Deutschland), Slg. 2011, I-9882, Rn. 44 ff.

4 Gesetz zur Umsetzung des EuGH-Urteils vom 20.10.2011 in der Rechtssache C-284/09 vom 21.3.2013, BGBl. I S. 561. – Über den Erstattungsanspruch entscheidet das Bundeszentralamt für Steuern (§ 5 Abs. 1 Nr. 39 FVG); dazu *Linn* IStR 2013, 235, 237 f.; *Intemann* BB 2013, 1239, 1242 f.; zu § 32 Abs. 5 KStG ausführlich *Anissimov/Stöber* DStZ 2013, 379, 383 ff.; *Hechtner/Schnitger* Ubg 2013, 269, 276 ff.

5 Vorbild ist die Regelung in Österreich (§ 21 Abs. 1 Ziff. 1a öKStG); dazu *Fraedrich* IStR 2012, 565, 569 ff.

tragsteuer nur insoweit erstattet, als sie im Ansässigkeitsstaat der die Dividendenzahlung empfangenden Körperschaft weder angerechnet noch abgezogen werden kann (§ 32 Abs. 5 Satz 2 Nr. 5 KStG). Dies hat angesichts des erwähnten EuGH-Entscheides besondere Bedeutung.

Deutschland hatte vor dem EuGH nämlich ins Feld geführt, man habe mit allen anderen EU- bzw. EWR-Mitgliedstaaten DBA geschlossen, und nach denen werde eine drohende Doppelbesteuerung – hierzulande und im Ansässigkeitsstaat der Körperschaft – durch Anrechnung der hiesigen Kapitalertragsteuer auf die im Ansässigkeitsstaat geschuldete Steuer vermieden.[6] Dies hatte der Gerichtshof indes zurückgewiesen: Die unterschiedliche Behandlung könne nur dann mit der Anrechnungsmethode neutralisiert werden, wenn die aus Deutschland stammenden Dividenden im anderen Mitgliedstaat hinreichend besteuert würden; der Umfang der Anrechnung hänge damit aber nicht von Deutschland, sondern von der Ausgestaltung der Besteuerung im anderen Mitgliedstaat ab.[7] Das ist im Rahmen des Erstattungsverfahrens nach § 32 Abs. 5 KStG anders: Denn wenn die abgeltende Kapitalertragsteuer nur insoweit erstattet wird, als sie im Ansässigkeitsstaat weder angerechnet noch abgezogen werden kann (vgl. Satz 2 Nr. 5 der Vorschrift), ist sicher gestellt, dass eine etwaige höhere Gesamtbelastung der ins EU- oder EWR-Ausland fließenden Dividende jedenfalls nicht von Deutschland verursacht wird.[8]

Dem vom EuGH konstatierten Verstoß gegen die Kapitalverkehrsfreiheit musste rückwirkend abgeholfen werden, weswegen § 34 Abs. 13a Satz 3 und 4 KStG a.F. bestimmte: Das neue Erstattungsverfahren gilt auch für Kapitalerträge, die in einem Kalenderjahr vor 2013 als dem Jahr zugeflossen sind, in dem die Vorschrift in Kraft gesetzt wurde. Indes muss es zum Zufluss nach Abschaffung des Anrechnungsverfahrens, also seit 2001, gekommen sein.[9] Im Übrigen findet § 32 Abs. 5 KStG erstmals für die Erstattung von Kapitalerträgen Anwendung, die in 2013 zugeflossen sind – dann aber auch letztmals. Denn das neue Erstattungsverfahren setzt

---

6 So z.B. Art. 20 Abs. 2 DBA Deutschland/Frankreich, Art. 23 Abs. 1 DBA Deutschland/Norwegen; auch Art. 23A Abs. 2 OECD-MA.

7 EuGH, Urt. v. 20.10.2011, C-284/09 (Kommission/Deutschland), Slg. 2011, I-9882, Rn. 62 ff.

8 So mit Recht schon *Desens* DStR-Beihefter zu Heft 4/2013, 13, 15; vgl. auch *Anissimov/Stöber* DStZ 2013, 379, 386.

9 Daneben sind die Regelungen zur Festsetzungsverjährung (§§ 169 ff. AO) zu beachten.

voraus, dass die betreffenden Kapitalerträge nach § 8b Abs. 1 KStG bei der Einkommensermittlung außer Ansatz bleiben würden (§ 32 Abs. 5 Satz 2 Nr. 2 KStG). Zugleich mit § 32 Abs. 5 KStG hat der Gesetzgeber aber auch § 8b Abs. 4 KStG eingefügt.[10] Danach sind von der Steuerfreiheit für Gewinnausschüttungen nach Absatz 1 der Vorschrift solche Beteiligungen ausgenommen (mit der Folge voller Steuerpflicht)[11], die eine Mindesthöhe von 10% nicht erreichen. Da § 8b Abs. 4 KStG für Dividendenzahlungen gilt, die nach dem 28.2.2013 zufließen (§ 34 Abs. 7a Satz 2 KStG a.F.), kann die Erstattung der einbehaltenen und abgeführten Kapitalertragsteuer nach § 32 Abs. 5 KStG nur mit Blick auf Kapitalerträge beantragt werden, die bis zum genannten Tag zugeflossen sind.

IV. Bewertung des § 8b Abs. 4 KStG

Die Anwendung des § 8b Abs. 4 KStG, insbesondere der Rückbeziehungsfiktion nach dessen Satz 6, wirft viele Fragen auf.[12] Vor allem fällt aber ins Gewicht, dass es bei Streubesitzbeteiligungen nunmehr zur vollen Doppel- und ggf. auch Mehrfachbelastung des von der obersten Kapitalgesellschaft erwirtschafteten und ausgeschütteten Gewinns bereits auf der Ebene der Körperschaften kommt. Das ist systemwidrig, weil nicht mehr gewährleistet ist, dass eine Dividende, die eine natürliche Person bezieht, auf der sog. Vorbelastungsebene nur einmal definitiv mit 15% KSt[13] belegt worden ist, bevor es bei der natürlichen Person zu einer (ermäßigten) Nachbelastung kommt.[14] Ein sachlicher Grund, Streubesitzbeteiligungen

---

10 Zum Gang des Gesetzgebungsverfahrens *Hechtner/Schnitger* Ubg 2013, 269 ff.

11 Das Teileinkünfteverfahren nach § 3 Nr. 40 Satz 1 lit. d EStG kommt nicht zur Anwendung (*Maciejewski/Rehr* DStR 2015, 1481; a.A. *Rathke/Ritter* DStR 2014, 2107).

12 Dazu *Binnewies*, in: Streck, KStG, 8. Aufl. 2014, § 8b, Rn. 97 ff.; *Benz/Jetter* DStR 2013, 489, 490 ff.; *Herlinghaus* FR 2013, 529, 533 ff., 537 f.; *Schönfeld* DStR 2013, 937 ff.; *Hechtner/Schnitger* Ubg 2013, 269, 271 ff.; *Intemann* BB 2013, 1239, 1240 f.; mittlerweile OFD Frankfurt a.M., Vfg. v. 2.12.2013, S 2750a A – 19 – St 52, GmbHR 2014, 447; dazu *Adrian* GmbHR 2014, 407; *Binnewies* AG 2014, 697; § 8b Abs. 4 Satz 6 KStG soll im Zuge des Investmentsteuerreformgesetzes, für das am 21.7.2015 ein Diskussionsentwurf vorgelegt wurde, geändert werden.

13 § 23 Abs. 1 KStG; hinzu kommen freilich Solidaritätszuschlag und Gewerbesteuer.

14 Binnewies (Fn. 12), § 8b, Rn. 92; *Anissimov/Stöber* DStZ 2013, 379, 382; *Intemann* BB 2013, 1239 f.; *Wiese/Lay* GmbHR 2013, 404, 408; *Herlinghaus* FR

von der Steuerfreiheit von Dividendenzahlungen nach § 8b Abs. 1 KStG auszunehmen, ist nicht erkennbar. Die Neuregelung erscheint daher mit Blick auf Art. 3 Abs. 1 GG bedenklich;[15] eine Rechtfertigung mit rein fiskalischen Gründen[16] trägt nicht.

Zudem werden Streubesitzdividenden nun anders behandelt als Gewinne, die bei der Veräußerung von Streubesitzbeteiligungen entstehen. Bei Schachtelbeteiligungen hingegen sind nicht nur Dividenden, sondern von § 8b Abs. 2 KStG auch Veräußerungsgewinne steuerfrei gestellt.[17] Diese Ungleichbehandlung ist nicht nachzuvollziehen, muss man doch Gewinne aus der Veräußerung von Anteilen den Dividenden gleichstellen, weil sie wirtschaftlich eine Totalausschüttung darstellen. Der von einer Kapitalgesellschaft erwirtschaftete Gewinn kann dem Anteilseigner nämlich nicht nur durch Ausschüttung zufließen, sondern auch – bei Verkauf der Beteiligung – in Form eines erhöhten Kaufpreises, mit dem bestehende offene und stille Reserven vergütet werden.[18] Die Einbeziehung der Veräußerungsgewinne bei Streubesitzbeteiligungen in die Steuerpflicht, wie sie derzeit diskutiert wird,[19] würde zwar zur Gleichbehandlung mit den Dividenden, zugleich aber zu einem vertieften Bruch im KSt-System führen.

Daneben ist unverkennbar, dass die Benachteiligung EU- bzw. EWR-ausländischer Anteilseigner insofern fortbesteht, als der Betriebsausgabenabzug von Aufwendungen, die mit den Dividendenbezügen zusammenhängen, nur im Inland ansässigen Anteilseignern möglich ist. Im Inlands-

---

2013, 529, 535; auch *Hechtner/Schnitger* Ubg 2013, 269, 279; frühzeitig bereits *Desens* DStR-Beihefter zu Heft 4/2013, 13, 14.

15 Gleichsinnig *Anissimov/Stöber* DStZ 2013, 379, 382 f. m.w.N.

16 So der BRat in seiner Stellungnahme zum Entwurf eines JStG 2013 (in das er bereits einen neuen § 8b Abs. 4 KStG aufnehmen wollte) vom 6.7.2012 (BR-Drucks 302/12, S. 67): „Notwendigkeit der Haushaltskonsolidierung".

17 Wobei § 8b Abs. 3 Satz 1 und 2 KStG eine § 8b Abs. 5 KStG (dazu Fn. 1) entsprechende Regelung enthält.

18 In diesem Sinne *Desens*, Das Halbeinkünfteverfahren, 2004, S. 132 ff.; ebenso, aber kritisch, *Hey* (Fn. 1), § 11, Rn. 14; ausführlich *Birk/Desens/Tappe*, Steuerrecht, 17. Aufl. 2014, Rn. 1239 ff.

19 Vgl. Protokollerklärungen der BReg vom 28.2.2013, BT-Plenarprotokoll 17/225, 28160, und vom 19.12.2014, BR-Plenarprotokoll zur 929. Sitzung, S. 429 f.; eine entsprechende Änderung des § 8b Abs. 4 KStG sieht der am 21.7.2015 vom BMF vorgelegte Diskussionsentwurf eines Investmentsteuerreformgesetzes tatsächlich vor.

fall unterliegt also die reine sog. Nettodividende der Besteuerung.[20] Die im Ausland ansässige Körperschaft hat angesichts der Abgeltungswirkung der einbehaltenen und abgeführten Kapitalertragsteuer (§ 32 Abs. 1 Nr. 2 KStG) hingegen nicht die Möglichkeit der steuerlichen Veranlagung, kann also keine Betriebsausgaben geltend machen.[21] Der Besteuerung unterliegt damit die sog. Bruttodividende. Eine Ungleichbehandlung dieser Art – Besteuerung der Nettoeinkünfte bei Gebietsansässigen, der Bruttoeinkünfte bei Gebietsfremden – hat der EuGH vor dem Hintergrund der Dienstleistungsfreiheit für unzulässig erklärt.[22] Ein Verstoß gegen die Kapitalverkehrsfreiheit dürfte nicht anders zu beurteilen sein.[23] Abzuhelfen wäre ihm dadurch, dass man den betreffenden Körperschaften eine Veranlagungsoption einräumt.[24]

Der gezeigte systematische Mangel des § 8b Abs. 4 KStG lässt sich indes nicht beheben. Mit dem Grundgesetz und den Grundfreiheiten des Unionsrechts vereinbar wäre es nur, diese Vorschrift außer Kraft zu setzen, Streubesitzdividenden also wieder in die Steuerfreiheit nach § 8b Abs. 1 KStG einzubeziehen.

V. Vorschlag de lege ferenda

Bei Wegfall des § 8b Abs. 4 KStG wäre das Erstattungsverfahren nach § 32 Abs. 5 KStG nicht länger ein nur auf Altfälle anwendbares Instru-

20 § 8b Abs. 5 KStG wie auch § 3c EStG finden auf Streubesitzdividenden, die § 8b Abs. 4 KStG unterfallen, keine Anwendung (§ 8b Abs. 4 Satz 7 KStG); dazu *Benz/Jetter* DStR 2013, 489, 492; *Haisch/Helios* DB 2013, 724, 727.

21 § 8 Abs. 6 KStG; zu alledem *Streck*, KStG, 8. Aufl. 2014, § 32 Rn. 5 und § 8 Rn. 480; *Herlinghaus* FR 2013, 529, 532.

22 EuGH, Urt. v. 12.5.2003 – C-234/01 (Gerritse), Slg. 2003, I-5933, Rn. 23 ff.

23 *Herlinghaus* FR 2013, 529, 532; *Wiese/Lay* GmbHR 2013, 404, 408.

24 *Desens* DStR-Beihefter zu Heft 4/2013, 13, 15. – Ohne Bedeutung ist hingegen, dass die allein bei Inhaltssachverhalten hinzutretende GewSt-Belastung zu einer Höherbelastung im Inland zufließender Streubesitzdividenden führt; denn nach st. Rspr. des EuGH kann eine steuerliche Benachteiligung, die gegen eine Grundfreiheit verstößt, nicht wegen des etwaigen Bestehens anderer Vorteile als mit dem Unionsrecht vereinbar angesehen werden (EuGH, Urt. v. 20.10.2011, C-284/09 (Kommission/Deutschland), Slg. 2011, I-9882, Rn. 71 m.w.N.). Zur fehlenden Abstimmung der gewerbesteuerlichen Regeln auf § 8b Abs. 4 KStG kritisch *Hey* (Fn. 1), § 11 Rn. 42; *Wiese/Lay* GmbHR 2013, 404, 408 f.; *Herlinghaus* FR 2013, 529, 535; *Haisch/Helios* DB 2013, 724, 727 f.

ment zur Vermeidung der steuerlichen Benachteiligung von Streubesitzdividenden, die EU- bzw. EWR-ausländischen Körperschaften zufließen. Aber auch dieser Vorschrift gegenüber gibt es unionsrechtliche Bedenken, die bei ihrer Anwendung auch in der Zukunft verstärkt ins Gewicht fielen. So dürfen nicht nur im EU- bzw. EWR-Ausland, sondern müssen alle im Ausland ansässige Körperschaften erstattungsberechtigt sein.[25]

Bedenklich ist auch, dass es für die Erstattung auf die außer Ansatz bleibenden Bezüge i.S.d. § 8b Abs. 1 KStG ankommt (§ 32 Abs. 5 Satz 2 Nr. 2 KStG) und nicht auf die Einkünfte nach Anwendung des § 8b KStG, so dass dessen Absatz 5 unberücksichtigt bleibt.[26] Der Erstattungsanspruch führt also zur vollständigen Freistellung. Diese Benachteiligung des Inlandssachverhalts sei, so wird im Schrifttum argumentiert, folgerichtig, liege in § 8 Abs. 5 KStG doch eine pauschale „Gegenleistung" dafür, dass Beteiligungsaufwendungen trotz Steuerfreiheit der Dividenden voll abzugsfähig seien; würden ins Ausland fließende Dividenden durch die Erstattung steuerfrei gestellt, gebe es keinen Anlass, Beteiligungsaufwendungen zu berücksichtigen, und folglich müsse auch kein pauschales Betriebsausgabenabzugsverbot die Steuerfreistellung reduzieren.[27] Außerdem wäre es verfehlt, die Erstattung auf 95% zu beschränken, weil man sich bei § 32 Abs. 5 KStG nicht in einer Veranlagung befinde, in der etwaige Betriebsausgaben berücksichtigt werden könnten, sondern im Erstattungsweg, der dies ausschließe.[28] Aber gerade darin, dass im Ausland ansässige Körperschaften anders als inländische keine beteiligungsbezogenen Betriebsausgaben geltend machen können, liegt eine Ungleichbehandlung, die gegen die Kapitalverkehrsfreiheit verstoßen dürfte, und der Ausschluss des Betriebsausgabenabzugs ist wohl auch nicht dadurch kom-

---

25 So unter Hinweis darauf, dass die Kapitalverkehrsfreiheit, auf die sich der EuGH in seinem Urt. v. 20.10.2011, C-284/09 (Kommission/Deutschland), Slg. 2011, I-9882, gestützt hat (zur Anwendung der Kapitalverkehrsfreiheit statt der Niederlassungsfreiheit jüngst EuGH, Urt. v. 11.9.2014, C-47/12 (Kronos), EU:C:2014:2200, Rn. 29 ff. m.w.N.), sämtliche Beschränkungen des freien Kapitalverkehrs nicht nur zwischen den Mitgliedstaaten, sondern auch zwischen Mitgliedstaaten und Drittstaaten verbietet (Art. 63 Abs. 1 AEUV), *Desens* DStR-Beihefter zu Heft 4/2013, 13, 16 ff.; außerdem *Anissimov/Stöber* DStZ 2013, 379, 383; zuvor bereits vergleichbar *Geurts/Faller* DStR 2012, 2357, 2359.

26 BegrFrakE zum neuen § 32 Abs. 5 KStG, BT-Drucks. 17/11314, S. 5; zu § 8b Abs. 5 KStG o. Fn. 1.

27 Desens DStR-Beihefter zu Heft 4/2013, 13, 16.

28 So bereits frühzeitig *Geurts/Faller*, DStR 2012, 2357, 2359.

pensierbar, dass allein bei Inlandssachverhalten die 5%-Beschränkung des § 8b Abs. 5 KStG zum Tragen kommt. Hierfür spricht auch das, worauf das BVerfG mit Blick auf § 8b Abs. 5 KStG hingewiesen hat: dass sich nämlich die pauschale Hinzurechnung von 5% bei der Mehrzahl der Körperschaften angesichts der Nichtgeltung des § 3c Abs. 1 EStG letztlich als vorteilhaft erweisen wird.[29] Vermeiden ließe sich der potentielle Verstoß gegen die Kapitalverkehrsfreiheit auch hier nur dadurch, dass den erstattungsberechtigten Körperschaften eine Veranlagungsoption eingeräumt würde.

Schließlich ist nicht gerechtfertigt, EU- oder EWR-ausländische Körperschaften, die an der Gewinn ausschüttenden Kapitalgesellschaft zu 10% oder mehr beteiligt sind, von der Erstattung nach § 32 Abs. 5 KStG auszuschließen (vgl. § 32 Abs. 5 Satz 1 Nr. 2 EStG). Zwar kann bei einer solchen Beteiligungshöhe nach Maßgabe des § 43b EStG die Nicht-Erhebung der Kapitalertragsteuer beantragt werden, und des Erstattungsverfahrens bedarf es dann nicht. Wenn jedoch die weiteren Voraussetzungen des § 43b EStG nicht gegeben sind, insbesondere die Haltedauer von zwölf Monaten, so darf der betreffenden Körperschaft die Entlastung im Wege der Erstattung nicht verweigert werden.[30]

VI. Schluss

Der neue § 8b Abs. 4 KStG, mit dem der Gesetzgeber in Reaktion auf das EuGH-Urteil zur Besteuerung von Streubesitzdividenden den Inlandssachverhalt schlechter gestellt hat, ist steuersystematisch verfehlt und sollte gestrichen werden. Damit käme das Erstattungsverfahren nach § 32 Abs. 5 KStG (mit einigen Änderungen) auch in Zukunft zur Anwendung, das de lege lata nur Altfälle erfasst. Statt der Schlechterstellung des Inlandssachverhalts würde eine systematisch richtige Regelung vom Inlandsfall umfassend auf den grenzüberschreitenden Fall erweitert.

---

29 BVerfG, Beschl. v. 12.10.2010 – 1 BvL 12/07 = BVerfGE 127, 224 = DStR 2010, 2393, 2400, Rn. 93 f..

30 So mit Recht *Geurts/Faller* DStR 2012, 2357, 2359.

II. Wettbewerb

Entwicklungslinien der europäischen Integration im Kartellprivatrecht – Eine Skizze

Andreas Weitbrecht

Von Beginn der Europäischen Wirtschaftsgemeinschaft an ist das Kartellrecht ein wichtiger Motor der europäischen Integration; mit Fortschreiten der Entwicklung, insbesondere mit der Fusionskontrollverordnung Nr. 4064/89 und der Verordnung Nr. 1/2003, hat sich diese Integrationswirkung weiter verstärkt. Zur Durchsetzung bedient sich das europäische Kartellrecht, wie die meisten Kartellrechtsordnungen, der Mittel des Verwaltungsrechts, des Ordnungswidrigkeitenrechts und des Zivilrechts.

In dieser Trias hat Peter-Christian Müller-Graff schon früh die Bedeutung des Privatrechts hervorgehoben:[1] Die Freiheit des Wettbewerbs wird nicht nur durch hoheitliche Eingriffe durchgesetzt; sie prägt auch die Beziehungen zwischen privaten Akteuren im Wirtschaftsleben. In diesem Sinne handelt es sich beim europäischen Kartellprivatrecht um einen prominenten Teil des Gemeinschaftsprivatrechts,[2] der von Anfang an mit der Nichtigkeitssanktion des ursprünglichen Art. 85 Abs. 2 EWG-Vertrag im Primärrecht verankert war.

Die Entwicklung des europäischen Kartellprivatrechts ist im Laufe der mehr als 50 Jahre währenden europäischen Integration durch ganz verschiedene Institutionen, sowohl auf der europäischen als auch auf der nationalen – hier der deutschen – Ebene, vorangetrieben worden. Dieser Prozess soll im Folgenden skizziert werden.

I. Vertragsrecht – Die Nichtigkeit kartellrechtswidriger Vereinbarungen

Die Nichtigkeitssanktion des vormaligen Art. 85 Abs. 2 EWG-Vertrag war in den Anfangsjahren ein besonders wichtiges und klares Signal für die

---

1 *Müller-Graff* RabelsZ 48 (1984), 289, 304.

2 Begriffsprägend *Müller-Graff,* in: Müller-Graff/Zuleeg (Hrsg.), Staat und Wirtschaft in der EG, Kolloquium zum 65. Geburtstag von Bodo Börner, 1987, 17 ff. Entsprechend dem Vertrag von Lissabon spricht man heute von Unionsprivatrecht.

unmittelbare Anwendbarkeit der kartellrechtlichen Verbote der damaligen Art. 85 und 86 EWG-Vertrag und für die Einheit der europäischen Rechtsordnung.

1. Reichweite der Nichtigkeit

Jene Vorschrift des Art. 85 Abs. 2 EWG-Vertrag hat nach Inkrafttreten der Verordnung Nr. 17/62 nur zu wenigen Fragestellungen Anlass gegeben. Die wichtigste Weichenstellung war sicherlich die Entscheidung des Gerichtshofs – ganz im Sinne des Verhältnismäßigkeitsgrundsatzes –, wonach die Frage der Teilnichtigkeit, also die Frage, ob die übrigen Regelungen eines Vertrages wirksam bleiben, obwohl bestimmte Regelungen gegen das europäische Kartellrecht verstoßen und daher nichtig sind, eine Sache des nationalen Rechts ist.[3]

2. Teil des europäischen ordre public

Dogmatisch schon etwas schwieriger war die Frage, wie sich die Nichtigkeitsfolge des Art. 85 Abs. 2 EWG-Vertrag gegenüber einem ausländischem Vertragsstatut, d.h. dem Vertragsstatut eines Nicht-Mitgliedstaats, verhält. Diese Sonderanknüpfung zwingender im öffentlichen Interesse des Forums geschaffener Vorschriften wurde dann in Art. 7 Abs. 2 des Römischen Schuldrechtsübereinkommens von 1980 aufgenommen; sie findet sich heute in Art. 9 Abs. 2 der Rom-I Verordnung. Im Übrigen wird die Beachtung des Kartellverbots auch gegenüber der Entscheidung von Schiedsgerichten als gemeinschaftsrechtlicher ordre public, der in allen Mitgliedstaaten zu beachten ist, durchgesetzt.[4]

Diese Grundsätze gelten nicht nur für das Verbot wettbewerbsbeschränkender Vereinbarungen, sondern auch für Verträge, deren Abschluss sich als Missbrauch einer marktbeherrschenden Stellung im Sinne des Art. 86 EWG-Vertrag darstellt.[5] Das Feld der privatrechtlichen Nichtigkeitsfolge war somit bereits früh wohlbestellt.

---

3 So bereits EuGH,Urt. v. 30.6.1966, Rs. 56/65 (Maschinenbau Ulm), Slg. 1966, I-337.

4 EuGH,Urt. v. 1.6.1999, Rs. 126/97 (Eco Swiss), Slg. 1999, I-3055.

5 EuGH, Urt. v. 27.3.1974, Rs. 127/73 (BRT./.Sabam), Slg. 1974, I-313.

II. Deliktsrecht – Schadensersatz für Kartellverstöße

Im Gegensatz zur Nichtigkeit von Verträgen war die Frage, ob derjenige, der durch Verstöße gegen europäisches Kartellrecht einen Schaden erleidet, hierfür Ersatz verlangen kann, weder im Primärrecht noch in einer Ausführungsverordnung wie der Verordnung Nr. 17/62 geregelt. Die Entwicklung der deliktsrechtlichen Komponente des europäischen Kartellprivatrechts vollzieht sich deshalb in einem deutlich längeren und komplexeren Prozess. Wie häufig im europäischen Recht[6] haben dabei abwechselnd verschiedene Institutionen die Führungsrolle übernommen – Gerichtshof, Kommission, der nationale Gesetzgeber, nationale Gerichte und nunmehr der europäische Gesetzgeber. Die Entwicklung ist bis heute nicht abgeschlossen.

1. Die Anerkennung als Schutzgesetz

Die deutsche Rechtsprechung hat schon früh im Grundsatz anerkannt, dass insbesondere der damalige Art. 85 EWG-Vertrag ein Schutzgesetz i. S. d. § 823 Abs. 2 BGB ist,[7] und auch Peter-Christian Müller-Graff hat hier einen Ansatzpunkt für Schadensersatzansprüche gesehen.[8] Diese *dicta* blieben allerdings lange Zeit folgenlos. So dauerte es bis zum Jahre 2001, bis die Entwicklung eines europäischen Kartelldeliktsrechts nennenswert Fahrt aufnahm:

2. Courage/Crehan – Die Initialzündung durch den Gerichtshof

Um dem gemeinschaftsrechtlichen Kartellverbot zu noch größerer Wirksamkeit zu verhelfen, hat der Gerichtshof im Jahr 2001 erstmals entschieden, dass jedermann sich vor nationalen Gerichten auf die Verletzung von Art. 81 EG-Vertrag berufen und, wenn er dadurch geschädigt ist, von dem Rechtsverletzer Schadensersatz verlangen kann.[9]

---

6 Vgl. für den Bereich des public enforcement *Weitbrecht*, in: FS für Schwarze, Becker/Hatje/Potacs/Wunderlich (Hrsg.), 2014, 886.

7 Vgl. z.B. BGH, 10.11.1987 KZR 15/86 = WuW/E 2451.

8 *Müller-Graff* NJW 1993, 13, 14.

9 EuGH, Urt. v. 20.9.2001, Rs. C-453/99 (Courage ./. Crehan), Slg. 2001, I-6297.

Dabei hat der Gerichtshof zunächst zwei Anforderungen an das nationale Schadensersatzrecht formuliert:

- Es muss einen Schadensersatzanspruch für Verstöße gegen die jetzigen Art. 101 und 102 AEUV gewähren (Effektivitätsgrundsatz).
- Zweitens muss dieser Schadensersatzanspruch mindestens gleichwertig sein mit dem Schadensersatz, der für Verletzungen des nationalen Kartellrechts zu leisten ist (Äquivalenzgrundsatz).

Angesichts des Fehlens einer gemeinschaftsrechtlichen Regelung richten sich Einzelheiten wie Verschuldensmaßstab, Kausalzusammenhang, Schadensberechnung, Verzinsung und Verjährung nach dem jeweils anwendbaren nationalen Schadensersatzrecht.[10]

2. Der Gesetzgeber der 7. GWB-Novelle

Daran anschließend hat der deutsche Gesetzgeber in der 7. GWB-Novelle die private Rechtsdurchsetzung im Wege von Schadensersatzansprüchen wegen Verletzung europäischen Kartellrechts erheblich gestärkt. Damit wurde u.a. dem Äquivalenzpostulat des Gerichtshofs zu entsprochen.

Die 7. GWB-Novelle hat in diesem Zusammenhang zwei Ideen verwirklicht, die sich auch in dem erst nach Inkrafttreten der 7. GWB-Novelle veröffentlichten Grünbuch der Kommission[11] finden:

- Gemäß § 33 Abs. 4 GWB entfalten Entscheidungen von Kartellbehörden, sei es der deutschen Kartellbehörden, sei es der europäischen Kommission, sei es von Kartellbehörden anderer Mitgliedstaaten, Bindungswirkung für einen nachfolgenden Schadensersatzprozess.
- Zum anderen ist nach § 33 Abs. 5 GWB die Verjährung eines Schadensersatzanspruches, der auf einem durch die Behörde festgestellten Schadensersatzanspruch beruht, während der Dauer des Behördenverfahrens einschließlich einer möglichen nachfolgenden gerichtlichen Anfechtung gehemmt.

---

10 EuGH (Fn. 9), Rn. 29.
11 KOM(2005) 672 endg.

3. Flankierung durch die Brüssel-I und Rom-II Verordnungen

Kartellverstöße, die mehrere Mitgliedstaaten umfassen, werden im Bereich der hoheitlichen Rechtsdurchsetzung durch eine einzige zuständige Behörde geahndet, die ein einheitliches in der Verordnung Nr. 1/2003 niedergelegtes Verfahrens- und Sanktionsrecht und mit Art. 101 AEUV ein einheitliches materielles Recht anwendet. Demgegenüber ist der private Schadensersatzkläger, der Opfer eines solchen Kartells ist, bei der Durchsetzung seines Anspruchs mit einer Vielzahl von möglichen Gerichtsständen und anwendbaren materiellen Rechtsordnungen konfrontiert, von denen jede möglicherweise nur den in der jeweiligen Jurisdiktion entstandenen Schaden ersetzen kann; allein schon die Frage, wo ein solcher Schaden zu lokalisieren ist, ist umstritten und schwer zu beantworten.

Vor diesem Hintergrund sind im Zuge der Europäisierung des Internationalen Zivilprozessrechts und des Internationalen Privatrechts durch die Brüssel-I und die Rom-II Verordnungen Regelungen entstanden, welche die Durchsetzung dieser Ansprüche erleichtern: Der Kläger, der gemäß Art. 6 1. der Brüssel-I Verordnung einen Gerichtsstand am Heimatgerichtsstand eines der Kartellanten gewählt hat,[12] kann gemäß Art. 6 Abs. III b) der Rom-II Verordnung seinen gesamten in der Union entstandenen Schaden nach der *lex fori* dieses Gerichtsstands liquidieren.

4. Vom Weißbuch zur Unionsrichtlinie

Das Deliktsrecht ist, abgesehen von der Richtlinie über Produkthaftung, vom Unionsprivatrecht bislang weitgehend beiseitegelassen worden. Angesichts der Rechtsprechung des Gerichtshofes und der speziellen Ermächtigung an den Unionsgesetzgeber in Art. 103 AEUV lag es dennoch nahe, den vom Primärrecht geforderten Schadensersatzanspruch von Unionsrechts wegen näher zu konkretisieren.

---

12 EuGH, Urt. v. 21.5.2015, Rs. C-352/13.

a) Weißbuch

Vor dem geschilderten Hintergrund hat die Kommission im Jahr 2008 daher ein Weißbuch zu Schadensersatzklagen nach Kartellverstößen vorgelegt,[13] das eine Reihe von Verbesserungen für die Durchsetzung von Schadensersatzansprüchen vorschlug. Politisch hoch umstritten war die darin favorisierte Einführung von Sammelklagen nach dem in den USA verbreiteten Opt-out Modell. Der auf den Vorschlägen des Weißbuchs basierende Richtlinienentwurf wurde deshalb insbesondere von Deutschland vehement abgelehnt; im Sommer 2009 wurde der verabschiedungsreife Entwurf im Zusammenhang mit der Wiederwahl von Manuel Barroso zum Kommissionspräsidenten in letzter Minute wieder von der Tagesordnung der Kommissionssitzung genommen. Die Idee einer Richtlinie für kartellrechtliche Schadensersatzansprüche war damit erst einmal vom Tisch.

b) Die Ausweitung der europarechtlichen Vorgaben durch den Gerichtshof

Die Entwicklung wurde stattdessen vom Gerichtshof weiter vorangetrieben: In *Courage/Crehan* hatte der Gerichtshof viele Einzelheiten des von ihm postulierten im Gemeinschaftsrecht wurzelnden Schadensersatzanspruches noch dem nationalen Recht überlassen, solange nur die Grundsätze der Äquivalenz und der Effektivität gewahrt bleiben. In der Folgezeit ist der Gerichthof aber darüber hinausgegangen und hat aus dem Effektivitätsgrundsatz eine Reihe von konkreten Anforderungen an das nationale Recht abgeleitet und so den Raum, der in dieser Gemengelage dem Unionsrecht zugewiesen ist, ständig vergrößert.[14]

---

13 Weißbuch: Schadenersatzklagen wegen Verletzung des EU-Wettbewerbsrechts, v. 2.4.2008, KOM(2008) 165 endg.

14 EuGH, Urt. v. 13.7.2006, verb. Rs. C-295/04 (Manfredi) – 298/04 (Pasqualina Murgolo), Slg. 2006, I-6619 (italienische Verjährungsregelung); EuGH, Urt. v. 14.6.2011, Rs. C-360/09 (Pfleiderer), Slg. 2011, I-5161 und EuGH, Urt. v. 6.6.2013, Rs. C-536/11 (Donau Chemie), EU:C:2013:366 (Vorgaben für das Akteneinsichtsrecht der Geschädigten) und EuGH, Urt. v. 5.6.2014, Rs. C-557/12 (Krone), EU:C:2014:1317(Schäden aus Lieferungen, die der Geschädigte nicht von den Kartellanten, sondern im Windschatten des Kartells von Kartellaußenseitern zu ebenfalls überhöhten Preisen bezogen hat – sog. Umbrella-Schäden –, können ebenfalls kausal auf das Kartell zurückzuführen sein).

c) Das ORWI-Urteil des Bundesgerichtshofes

Auch das erste und bisher einzige Grundsatzurteil des Bundesgerichtshofes zum Schadensersatz wegen Verletzung von Art. 101 AEUV hatte sich mit den unionsrechtlichen Vorgaben auseinanderzusetzen, insbesondere hinsichtlich der Frage, ob den indirekten Abnehmern kartellierter Produkte ebenfalls ein Schadensersatzanspruch zusteht.[15] Der Bundesgerichtshof hat einen solchen Anspruch im deutschen Recht gewährt. Ob dieses Ergebnis europarechtlich geboten ist – wofür vieles spricht –,[16] darüber herrschte im Kartellsenat offensichtlich keine Einigkeit; die Frage wurde daher offengelassen.

d) Die Richtlinie über private Schadensersatzansprüche

Wenig mehr als ein Jahr vor dem Ende der Amtszeit der zweiten Barroso-Kommission und des Wettbewerbskommissars Almunia legte die Kommission im Juni 2013 schließlich einen auf Art. 103 AEUV und die Binnenmarktkompetenz zur Rechtsangleichung (Art. 114 AEUV) gestützten Richtlinienentwurf vor. Das umstrittene Thema der kollektiven Rechtsdurchsetzung wurde dabei ausgeklammert; hierzu gab die Kommission den Mitgliedstaaten lediglich unverbindliche Grundsätze anheim.[17]

Die Beratungen in Parlament und Rat haben den Richtlinienentwurf der Kommission in vielen Punkten verändert.[18] Trotz tiefgreifender Eingriffe in das Zivil- und Zivilprozessrecht der Mitgliedstaaten blieben die Diskussionen auf Detailfragen beschränkt. Zur Überraschung vieler konnte zehn Monate nach Vorlage des Entwurfes durch die Kommission im April 2014 eine politische Einigung über die Richtlinie erzielt werden; sie ist gegen Ende des Jahres 2014 in Kraft getreten.

Mit der Regelung der Art. 5-8 über den Zugang zu Beweismitteln (vgl. Art. 5 RL-E), die als ein vom nationalen Zivilrichter gesteuerter Prozess

---

15 BGH, 28.6.2011 – KZR 75/10 = NJW 2012, 928.

16 In diesem Sinne *Weitbrecht* NJW 2012, 881, 883.

17 Empfehlung der Kommission vom 11.6.2013: Gemeinsame Grundsätze für kollektive Unterlassungs- und Schadensersatzverfahren in den Mitgliedstaaten bei Verletzung von durch Unionsrecht garantierten Rechten, ABl. EU Nr. L 201 v. 26.7.2013, S. 60.

18 Zu den Änderungen im Rahmen der politischen Einigung im April 2014 vgl. *Weitbrecht/Mühle* EuZW 2015, 166, 172 f.

entsprechend der englischen *disclosure of documents* konzipiert ist, greift die Richtlinie – wenngleich nur punktuell – tief in das nationale Zivilprozessrecht ein. Die Vorschriften über die Bindungswirkung von Entscheidungen der Kartellbehörden und die Hemmung der Verjährung während des Behördenverfahrens, die sich in Deutschland bewährt haben, finden sich dort wieder. Hinzu kommen Vorgaben für die gesamtschuldnerische Haftung,[19] für Ansprüche indirekter Abnehmer kartellierter Produkte und schließlich zur einvernehmlichen Streitbeilegung.[20]

III. Fazit und Ausblick

Während die Nichtigkeit vertraglicher Regelungen, die gegen Vorschriften des europäischen Kartellrechts verstoßen, im Wesentlichen nur die richterliche Klärung einer begrenzten Anzahl von Streitfragen notwendig gemacht hat, zeigt sich die Entwicklung eines unions-privatrechtlichen Schadensersatzanspruches für Verletzungen von Kartellrecht als ein vielschichtiger iterativer Prozess zwischen europäischer und nationaler Legislative und Judikative. Dieser Prozess ist keineswegs abgeschlossen; er geht mit der Umsetzung der Richtlinie über Schadensersatzansprüche in die nächste Phase. Das punktuell und unsystematisch entstehende Gebäude des Unionsprivatrechts wird so um einen wesentlichen Raum erweitert.

---

19 Hierzu *Müller-Graff*, in: Ackermann/Köndgen (Hrsg.), Festschrift für W.-H. Roth, 2015, S. 399 ff.

20 Zur Umsetzung der Richtlinie in Deutschland *Weitbrecht* WuW 2015 (Heft 10).

Drafting a Competition Act after the EU Model – Merits and Limits in the Case of Greece

Dimitris Tzouganatos

The first Act for the protection of free competition in Greece was introduced in 1977, when Greece was about to become a member of the EEC. The motives for this legislative initiative were rather political: the enactment of competition rules "inspired" by the Treaty of Rome was obviously meant to demonstrate the country's determination to adapt itself to the new economic environment of an open market operating under conditions of free competition.[1] In reality, no competition rules were necessary at that time: the Greek economy was introvert and characterized by lack of competitiveness, heavy protectionism and a large number of state measures in most economic sectors distorting competition. This situation only started to change several years later and only under the influence of EU law. The liberalization of monopolistic markets, such as telecommunications and energy, and the opening of the "closed" professions are the best known examples. With few exceptions Greece has always been unwilling to follow these developments, even at the highest point of the recent economic crisis when pressure became very compelling.[2]

The fact that the enactment of competition rules in Greece in the 1970s was premature may be confirmed by a comparison with Italy, which decided to adopt a Competition Act only in 1990, although the Italian economy was at that time much more advanced than the Greek one in 1977. However, the adoption of the Italian "Competition and Fair Trading Act of October 10, 1990" has been combined with the government's sincere commitment to efficiently protect competition, starting with the establishment of an enforcement authority, the "Autorità Garante della Concorrenza e del Mercato", which has been granted the necessary means to fulfill its tasks. Conversely, the eleven years older enforcement body, the Hellenic

---

1 See *Tzouganatos*, in: Katsoulakos (ed.), Abuse of Dominance, 2007, 173.

2 See OECD, Economic Policy Reforms 2012: Going for Growth, 80, where it is recommended for Greece: "Remove administrative burdens on business and reduce barriers to competition in professional services and network industries".

Commission for the Protection of Competition (now: Hellenic Competition Commission), has for years been neglected by the Greek government.

I. Greek Competition Law Enforcement in a Nutshell

The history of competition law and policy in Greece can be separated into four periods:

1. The years devoted to the examination of vertical agreements (1979-1995)

In the period 1979-1995 the Competition Commission (CC) spent most of its activity in the examination of notified vertical agreements. As regards the way the competition rules have been applied, the adherence to the theory and practice of European competition law has been strong but not always well-considered. The CC practice on exclusive distribution agreements has been criticized as "poorly drafted, vague and ambiguous".[3] This criticism is valid even in cases beyond exclusive distribution. The CC's lack of systematic economic analysis has resulted in a mechanistic implementation of the EC competition rules advanced by the EC Commission and the ECJ, which at that time did not themselves represent the best examples of economic analysis.

The CC was initially integrated in the Ministry of Commerce and supported by the Division for the Protection of Competition of the same Ministry. The Commission's decisions were subject to Appeal before the Athens Administrative Court of First Instance. From an organizational point of view the CC's composition has been rightly considered as one of its weaknesses. Until the amendment by Act 3784/2009, the majority of CC members consisted of persons whose appointment was within the powers of institutions representing undertakings falling under the control of the CC. The contradiction of having representatives of interest groups as members of the authority empowered with the control of business practices has been pointed out by OECD, which noted that the CC's repre-

3 *Christoforou*, Competition Law in Greece in Competition Law in Western Europe and the USA, 1990, G.C.-18.

sentative structure was "more suited to compromise among interests than to consistent application of policy".[4]

2. The negative impact of the merger control provisions on competition law enforcement (1995-2000)

The first step to strengthen the CC was taken in 1995. Act 2296/1995 transformed the CC into an Independent Authority enjoying administrative – but not also economic – independence. Moreover, it upgraded the CC's decisions as it provided that Appeals against them were to be heard before the Athens Administrative Court of Appeals. Despite these changes the CC's effectiveness did not substantially improve, the reason being mainly the merger control introduced by Act 2296/1995. The control operated at two different levels linked with different thresholds: concentrations of undertakings with a larger total turnover fell under preventive control, while concentrations of a smaller scale had to be notified to the CC after completion. In the latter cases the CC did not have to examine the concentrations' impact on competition but was nevertheless required to review notifications. The obligation to notify concentrations with smaller total turnover was intended solely to help the CC collect information on structural market changes.

The very low thresholds for preventive merger control combined with the CC's very scarce human resources obliged the Commission to deal almost exclusively with concentrations which did not have the potential to restrict competition on the Greek market. This unnecessarily extensive merger control together with two further activities of the CC, i.e. the review of complaints (including petitions for interim measures) on abuse of state of economic dependence (art. 2a Act 703/1977) as well as the review of notified vertical agreements, did not permit it to devote itself to its main task of investigating cartels, concerted practices and abuses of dominant positions.[5]

The lack of sincere intent to effectively "activate" the competition rules becomes obvious if one compares the way the government has treated the

4 Review of Regulatory Reform in Greece, 2001, 10.

5 Comp. OECD, Review of Regulatory Reform (note 4) 15 et seq., observing that merger control rules were adequate but their administration distorted priorities greatly.

CC with the treatment received by the Hellenic Telecommunications and Post Commission (TPC).[6] Due to the government's (and the EU's) interest in the telecommunications' market, the TCP, although several years younger than the CC, has been granted all the resources required for effectively fulfilling the task of safeguarding competition in this particular market.

3. Legislative initiatives to enhance law enforcement and setbacks (2000-2011)

The first serious effort to improve the CC's efficiency was made with the adoption of Act 2837/2000, which granted economic independence to the Authority and discharged it from unnecessary duties, namely the review of notifications of "smaller scale" concentrations as well as the notifications of vertical agreements. Moreover, the new law abolished the provision of article 2a Act 703/1977 (abuse of state of economic dependence) with the rationale that abuses of economic dependence are in essence private disputes which are not directly related to restrictions of competition and could, therefore, be resolved by civil courts.[7]

A further amendment of Act 703/1977 by Act 3373/2005 was unfortunate,[8] not only because some of its provisions were incompatible with the EU competition rules, but also because it re-enacted all the cumbersome tasks of the CC abolished by Act 2837/2000. The introduction of Act 3373/2005 signalizes a time period which was characterized by the CC's willingness to support the efforts of the (supervising) Ministry of Development to win over public opinion about its determination to fight restrictions of competition by "impressive" rather than by effective enforcement. Phenomena such as ill-founded decisions lacking sound reasoning and/or

---

6 OECD (note 4) 6, 10 observes that the CC lacked influence and political support and that, in particular, its economic expertise was limited.

7 Similarly, OECD (note 4) 14 states that "Complaints about abuse of economic dependence are usually disputes about contract termination, which may have little to do with public-interest competition policy".

8 See the criticism expressed by *Tzouganatos* DEE 2005, 1028 (gr.); *Komninos* E.C.L.R. 2006, 293; *Riziotis* GRUR Int. 2006, 499.

economic analysis,[9] "spectacularly" high,[10] non-transparently[11] or erroneously calculated[12] fines, insufficient economic analysis and a failure to observe the obligations imposed on the National Competition Authorities by art. 11 par. 4 Regulation 1/2003[13] were not uncommon in the CC's practice during this time period.[14] It is, therefore, no surprise that such practice provoked reactions advocating the adoption of the Austrian model, i.e. a separation of the CC's investigatory powers from its quasi-judicial powers and a transfer of the latter to a Cartel Court.[15]

It took some years and two further legislative initiatives – i.e. amendment by Act 3784/2009 and the replacement of Act 703/1977 by Act 3959/2011 – in order to restore both the "damages" caused by Act 3373/2005 and the status of competition as an institution in Greece.

4. *The impact of Regulation 1/2003 on the new Competition Act 3959/2011*

The decentralization of EU competition law enforcement introduced by Regulation 1/2003 has intensified the need to upgrade the CC as a means to ensure the uniform application of articles 101 and 102 TFEU, on the one hand, and the convergence of national law to EU competition law on

---

9 E.g. decisions 421/V/2008 *"Shell/BP"*, 428/V/2009 *"MSC"* (both annulled by the Athens Administrative Court of Appeals).

10 E.g. decisions 332/V/2007 *"Renault"*, 421/V/2008 *"Shell/BP"*.

11 Compare decisions 312/V/2006 *"Peach Producers"* and 284/IV/2005 *"Association of Super Markets"* (state measures as a factor for the reduction of fines have been taken into account only in the former case). Compare further decisions 284/IV/2005 *"Association of Super Markets"* and 318/V/2006 *"Glaxo"* (the short duration of the infringement of articles 1 and 2 Act 703/1977, respectively, has been taken into account only in the latter case as a factor for the reduction of the fine).

12 E.g. decision 284/IV/2005 *"Association of Super Markets"* (calculation of the fines imposed on the Association as a percentage of its members' turnover despite the fact that such calculation was not provided by Act 703/1977).

13 Council Regulation (EC) No 1/2003 of 16 December 2002 on the implementation of the rules on competition laid down in Articles 81 and 82 of the Treaty, OJ L1, 4.1.2003, p. 1.

14 See *Tzouganatos*, in: Möschel (ed.), 50 Jahre Wettbewerbsgesetz in Deutschland und in Europa, Baden-Baden 2010, 143, 150-151.

15 *Tzouganatos* DEE 2007, 554 (gr.).

the other. Instead of amending Act 703/1977, once again the legislator has chosen to introduce a new Act modeled after the EU competition rules.[16] Accordingly, restrictive agreements are no longer notifiable but subject to self-assessment of the parties, the obligation to notify smaller scale concentrations has been abolished, a five-year limitation period for the imposition of penalties for infringements of the Competition Act has been introduced, and it has been expressedly provided that the Block Exemption Regulations are to be applied by analogy in cases of agreements which are unlikely to affect EU trade. In addition, sanctions for non-compliance have become stricter, with natural persons liable for compliance with the competition rules facing administrative fines and criminal sanctions (criminal fines and, in case of participation in cartels, imprisonment of at least two years).

The new Act seems to provide the CC with all modern tools to deal with restrictions of competition efficiently. It is quite ironic that Regulation 1/2003, which narrows the scope and the importance of national competition laws, has at the same time contributed to the improvement of Greek competition law and its enforcement Authority.

II. Is There a Need for Special Competition Rules in Times of Financial Crisis?

Since the preparation of Act 3959/2011, the Greek financial crisis has deepened. Most sectors of the economy have been hit by lack of liquidity. As (almost) always in times of financial difficulty, there have been voices advocating a more lenient application of competition law. The experience gained by the *"National Industrial Recovery Act"*, introduced in the US in 1933 as a means to overcome the crisis of 1929 by encouraging pricing agreements, proved that the need to protect free competition is no less in times of crisis. The question is whether this conclusion applies to the same extent to restrictive practices and concentrations.

It has been recently pointed out that the acquisition of majority shareholdings in the Greek banks by the Hellenic Financial Stability Fund (HFSF), necessary in order to ensure the banks' recapitalization, has

16 See *Truli* ECLR 2012, 280.

raised questions on the application of competition law which have not been dealt with by the CC in a satisfactory way.[17]

More important is the evaluation of mergers between undertakings in difficulty (directly or indirectly) that are required by banks as a prerequisite for their further financing. Under current practice the CC lacks discretion to take such market realities into account. Consequently, as the assessment criteria to be employed in the review of a merger focus exclusively on the competition-related dimension, the CC is obliged to block any merger expected to significantly impede competition. A solution could be given by political decisions authorizing mergers prohibited by the CC but justified by an overriding public and social interest. Art. 4c par. 3 Act 703/1977 (the equivalent of sec. 42 of the German GWB) providing for such a solution has been abolished by Act 3959/2011 for reasons which are not quite clear. The Greek legislator's intention to adapt the national competition rules to the EU model this time went further than necessary. By abolishing the possibility of authorizing mergers by ministerial decisions, the legislator deprived Greek competition law enforcement of a useful tool which could offer balanced answers to questions arising from the economic crisis.

17 In particular: Does such an acquisition constitute a concentration in technical sense? If not, does not the participation of the HFSF in competing institutions raise concerns of concerted practices between them? See *Truli*, in: Hopt/Tzouganatos (eds.), Das Europäische Wirtschaftsrecht vor neuen Herausforderungen, Tübingen 2014.

Gemeinwohl im Wettbewerbsrecht

Roman Guski

I. „Zielkonflikte"

Ob Unternehmen sich auf das Gemeinwohl berufen können, wenn sie sich wettbewerbswidrig absprechen, hängt vom Verhältnis zwischen Wettbewerb und Gemeinwohl ab. Die juristische Diskussion kennzeichnet dieses Verhältnis oft mit Unterscheidungen wie wirtschaftlich/nicht-wirtschaftlich oder ökonomisch/nichtökonomisch.[1] Freiheit, Märkte, Wettbewerb hier, Gesundheit, Umwelt, Kultur usw. dort – fast so als wären letztere schöne Ideen und nicht knappe Güter. Die ordoliberale Schule, in deren Traditionslinie auch Peter-Christian Müller-Graff steht, hat hingegen stets betont, dass es bei der Unterscheidung Eigennutz/Gemeinwohl (und ihren Geschwistern privat/öffentlich, Individuum/Institution, Recht/Politik) nicht um ein unverbundenes Nebeneinander geht, sondern um gegenseitige Bedingungen.[2] „Marktrecht" beansprucht dadurch verfassungspolitische Relevanz, dass es produktive Fügungen von Privatautonomie und Gemeinwohl ermöglicht.[3]

Für einen Beobachter liegt es nahe, die seit Adam Smith geläufige Verbindung von Eigennutz und Gemeinwohl als *Einheit einer Differenz* zu beschreiben, also als Paradoxie: Wer seinen eigenen Vorteil anstrebt, handelt nicht gemeinnützig, aber Eigennutzverfolgung *ist* gemeinnützig.[4]

---

1 *Breuer*, Das EU-Kartellrecht im Kraftfeld der Unionsziele, Baden-Baden 2013, 569 ff.; *L. Ulmer*, Kartellrecht und außerökonomische Rechtfertigung, 2014, 78 ff.; *Koch* ZHR 169 (2005), 625, 640 ff.; *Gasse*, Querschnittsklauseln und EU-Kartellrecht, Frankfurt 2000, 71 ff., 121 ff.

2 *Müller-Graff*, in: ders. (Hrsg.), Europäisches Wirtschaftsordnungsrecht, Baden-Baden 2014, EnzEuR Bd. 4, § 1 Rn. 1 ff.; *Raiser*, Die Aufgabe des Privatrechts, Kronberg 1977, 208 ff.; *Mestmäcker* AcP 168 (1968), 235 ff.

3 *Müller-Graff*, Unternehmensinvestitionen und Investitionssteuerung im Marktrecht, Tübingen 1983, 272 ff.; *Böhm* WuW 1956, 173, 187.

4 *Luhmann*, Gesellschaftsstruktur und Semantik, Bd. 3, Frankfurt/Main 1993, 45 ff.; *ders.*, Das Recht der Gesellschaft, Frankfurt/Main 1995, 22 f., 140 ff.; ferner *K. Fischer*, in: Schuppert/Neidhardt (Hrsg.), Gemeinwohl, Berlin 2002, 65, 75 ff.

Wenn gewinnorientierter Wettbewerb dem Gemeinwohl dient, kommt es bei Beschränkungen, die dem Gemeinwohl dienen, zu einem Konflikt der Verwirklichungswege. Der Rahmen möglicher Zielkollisionen hat sich auf EU-Ebene durch die Ausdehnung allgemeiner Zwecksetzungen erweitert: Art. 9 AEUV nennt noch übersichtlich Beschäftigungsniveau, sozialen Schutz, Bildung und Gesundheit. In der Gesamtschau eröffnet sich jedoch eine geradezu galaktische Zielvielfalt mit Umweltschutz, Kultur, Verbraucherschutz, Infrastruktur, Industriepolitik, Kohäsionspolitik, Energieversorgung, Agrarversorgung und Versorgung der Agrarversorger.[5] Aus der Praxis sind ferner bekannt Produktsicherheit, Fairplay im Sport, Medienvielfalt, berufliche Zuverlässigkeit, Nichtdiskriminierung und Verkehrspolitik.[6]

Die Union verpflichtet sich bei der Zielverfolgung zwar zu Kohärenz (Art. 7 AEUV), den „Querschnittsklauseln“ werden jedoch nach wie vor diffuse Wirkungen attestiert.[7] Die gängigen Abwägungen scheinen von Fall zu Fall zu stolpern. Bisweilen hält man Wettbewerb und sonstige Aspekte des öffentlichen Interesses sogar für inkommensurabel.[8] Ebenso wenig Abhilfe verspricht die Vorstellung, die Verwirklichung der Querschnittsziele einfach spezieller Gesetzgebung zu überlassen. Denn was das Kartellrecht verbietet, ist verboten, und in integrationsfunktionaler Hinsicht beansprucht das unionale Marktrecht unverändert Verfassungsrang.[9]

---

5 Art. 3 EUV; Artt. 11, 39, 114, 167, 170-178, 191-194 AEUV.

6 Eingehende Berichte bei *Breuer* (Fn. 1), 320 ff., 503 ff.

7 *Breuer* (Fn. 1), 284 f.; vgl. schon *Everling*, in: FS für U. Huber, Baums/Wertenbruch (Hrsg.), 2006, 1073, 1085 ff.

8 *Mestmäcker/Schweitzer*, Europäisches Wettbewerbsrecht, 3. Aufl. 2014, § 14 Rn. 86.

9 *Müller-Graff*, in: ders. (Hrsg.), Europäisches Wirtschaftsordnungsrecht, Baden-Baden 2014, EnzEuR Bd. 4, § 1 Rn. 30 ff., 65 ff.

II. Dogmatische Problemebenen

Anders als die Praxis[10] lehnt es die Lehre vielfach ab, Gemeinwohlziele im Widerstreit mit Wettbewerbsnormen zu berücksichtigen.[11] Die hochselektive Rationalität des Kartellrechts hat genug damit zu tun, Märkte vor Selbstgefährdungen zu schützen.[12] Die komplexitätsbedingte Ungewissheit, die in der Metapher der *invisible hand* zum Ausdruck kommt, schlägt auf das Verhältnis zwischen Wettbewerb und wettbewerbstranszendenten Erwartungen durch. Je stärker solche Erwartungen einbezogen werden, umso gefährdeter ist die juristische Entscheidbarkeit. Das Kartellrecht gerät dadurch in einen Zwiespalt: Gegenüber anderen normativen Ansprüchen muss es den Marktmechanismus trotz dessen Tendenz zur Selbstaufhebung mit Wirkungen verteidigen, die ungewiss sind. Das erklärt die Schwierigkeiten, das Problem juristisch zu lokalisieren.

Die Freistellungsvariante (Art. 101 Abs. 3 AEUV) beschränkt sich auf die Frage, ob sich Alternativen für die Marktgegenseite produkt- oder preisbezogen erweitern.[13] Dahinter lauert allerdings das Ungewissheitsdilemma: Die Freistellungskriterien gelten als praktisch nicht justiziabel, weil sie genau den an sich erhofften, aber nicht kalkulierbaren Wirkungen des Wettbewerbs entsprechen.[14] Wettbewerbsanaloge Wirkungen von Wettbewerbsbeschränkungen zu erfassen, widerstrebt jeder Abstraktion, wie Art. 101 AEUV zeigt, der eine *Einschränkung der technischen Entwicklung* (Abs. 1 lit. b) bei *Förderung des technischen Fortschritts*

---

10 Vgl. schon EuGH, Urt. v. 2.10.1977, Rs. 26/76 (Metro I), Slg. 1977, 1875, Rn. 21; EuGH, Urt. v. 29.10.1989, Rs. 209-215 u. 218/78 (van Landewyk), Slg. 1980, 1043; EuGH, Urt. v. 2.10.1986, Rs. 75/85 (Metro II), Slg. 1986, 3021, Rn. 65.

11 *Müller-Graff* (Fn. 3), 424 ff.; *Mestmäcker/Schweitzer* (Fn. 8), a.a.O.; *Stumpf*, Aufgabe und Befugnis, Frankfurt 1999, 269 f.; *Immenga*, Politische Instrumentalisierung des Kartellrechts?, Tübingen 1976, 8 ff.

12 Vgl. *Mestmäcker*, Normzwecke und Systemfunktionen im Recht der Wettbewerbsbeschränkungen, München 1974, 21 f.; *Raiser*, in: FS für Fechner, Wannagat/Gitter (Hrsg.), 1973, 57, 64 ff.; *Möschel*, Das Wirtschaftsrecht der Banken, Tübingen 1972, 350; *Popper*, Die offene Gesellschaft und ihre Feinde, 2. Aufl. 1970, Bd. 1, 57 f.; *Biedenkopf*, Aktuelle Grundfragen des Kartellrechts, Heidelberg 1958, 11, 32; *Böhm*, Wettbewerb und Monopolkampf, Berlin 1933, 118, 187 ff.

13 *Koch* (Fn. 1), 643; vgl. EuG, 26.4.2005, Rs. T-193/05 (Piau/FIFA), Slg. 2005, II-209.

14 *Mestmäcker* EuZW 1999, 523, 526; *ders.* (Fn. 12), 55; vgl. auch *Schuhmacher*, in: Grabitz/Hilf/Nettesheim (Hrsg.), EUV/AEUV, 54. Aufl. 2014, Art. 101 AEUV Rn. 267.

(Abs. 3) erlaubt. Entsprechend problematisch ist die Übersetzung von Gemeinwohlbelangen in ökonomische Kriterien: Ansätze wie „Transformation“[15] oder „Aufladung“[16] drohen zu verdrängen, dass es angesichts des Umfangs und der Zeitdimension des Problems illusorisch ist, Gefährdungsfolgen als Kosten in eine Wirtschaftlichkeitsrechnung einzubeziehen.[17]

Eine Alternative besteht darin, ganze Sektoren gegenüber Wettbewerbsnormen für immun zu erklären, durch Zielgewährleistungen wie im Agrarrecht (Art. 42 AEUV) oder bei wirtschaftlichen Tätigkeiten im öffentlichen Interesse (Art. 106 Abs. 2 AEUV). Durch solche Generalexemtionen droht eine Zementierung des Status quo, da kaum noch Anreiz zu dynamischen Entwicklungen und Verbesserungen besteht.[18] In jüngerer Zeit setzt sich stattdessen durch, eine Wettbewerbsbeschränkung bei positiven Auswirkungen auf Gemeinwohlbelange schon tatbestandlich zu verneinen.[19] Die Paradoxie der Einheit der Differenz Eigennutz/Gemeinwohl wird damit direkt in den Beschränkungsbegriff verlagert, wo man nun eine Wettbewerbsbeschränkung hat, die keine ist. Ob etikettiert als „rule of reason“ oder als „anzillarische Beschränkungen“, jedenfalls ist wesentlicher Bezugspunkt – wie bei der Freistellung – die Verhältnismäßigkeit.[20] Das Abwägungsdilemma wird nur verschoben, aber nicht gelöst.

Die Praxis landet offenbar unvermeidlich in einer konturenarmen „praktischen Konkordanz“[21], so als ließe sich rational entscheiden, ob eine intakte Umwelt oder die Überallerhältlichkeit von Presseprodukten wichti-

---

15 *Maier-Rigaud*, in: Beckenbach (Hrsg.), Die ökologische Herausforderung für die ökonomische Theorie, Marburg 1991, 27, 39; *Bock* EuZW 1994, 47, 50.

16 *Ulmer* (Fn. 1), 184 ff.; *Gasse* (Fn. 1), 144; *Streinz/Ohler/Herrmann*, Der Vertrag von Lissabon zur Reform der EU, 3. Aufl. 2010, 80.

17 *Luhmann*, Die Gesellschaft der Gesellschaft, Frankfurt/Main 1998, 133; vgl. auch *Breuer* (Fn. 1), 610.

18 Instruktiv zum Dualen System Deutschland Bundeskartellamt, Diskussionspapier für die Sitzung des Arbeitskreises Kartellrecht am 29.9.2003, 11 ff.

19 EuGH, Urt. v. 21.9.1999, Rs. C-67/97 (Albany/Stichting), Slg. 1999, I-5863; EuGH, Urt. v. 19.2.2002, Rs. C-309/99 (Wouters), Slg. 2002, I-1653; EuGH, Urt. v. 18.7.2006, Rs. C-519/04 P (Meca Medina), Slg. 2006, I-6991.

20 *Breuer* (Fn. 1), 620 ff., 701 ff.

21 *Everling* (Fn. 8), 1080; *Gasse* (Fn. 1), 144; zurückhaltend auch *Müller-Graff* EuR 1992, 21; zur Diskussion einerseits *Jestaedt*, in: FS für Isensee, Depenheuer/Heintzen/Jestaedt/Axer (Hrsg.), 2007, 253, 266; *Windisch*, Rechtstheorie 44, 2013, 61, 71 f.; andererseits *Alexy*, Theorie der Grundrechte, Frankfurt 1994, 71 ff.; *ders.*, On Balancing and Subsumption, Ratio Juris 16 (2003), 433 ff.

ger sei als Handlungsfreiheit und kompetitive Strukturen. Kaum konkreter wird es mit den klassischen Kriterien der Eignung und der Erforderlichkeit: Nicht nur lässt sich mit der Zukunft schlecht rechnen; vor allem hängen sowohl die Tauglichkeit einer Maßnahme als auch ihr Vergleich mit Alternativen entscheidend von der Festlegung eines bestimmten Schutz*niveaus* ab[22] – und eben daran fehlt es selbst jenen Normen, die ein „hohes" Level anpeilen. Angesichts solcher Widrigkeiten lässt sich eine Entscheidungsblockade wirksam dadurch verhindern, dass auf den Vorrang der Privatautonomie und den Primat der Märkte abgestellt wird.[23] Das Problem wird dann im Rechtssystem konsequent hierarchisch gelöst, und ein Beobachter könnte notieren, dass die Einheit der Differenz Eigennutz/Gemeinwohl durch die Zusatzunterscheidung vorrangig/nachrangig aufgehoben und zugleich invisibilisiert wird.

Die Fragilität der Hierarchielösung macht sich in der Frage bemerkbar, welche Instanz rechtlich befugt ist, bestimmte Gemeinwohlziele unter Verweis auf den notwendigen Erhalt unternehmerischer Selbstständigkeit auszublenden. So wird davor gewarnt, das Kartellrecht als Einfallstor für Politiken zu benutzen, die nicht demokratisch legitimiert sind, solange der EU-Gesetzgeber seine Kompetenzen nicht ausübt oder Zielvorgaben konkretisiert.[24] Verweise auf „oben" sind heikel, da Gewaltenteilung und Wettbewerb als dezentraler Entdeckungsprozess gerade auf die Vermeidung einer Letztzuständigkeit angelegt sind. So gilt Wettbewerb als nichtautoritäres System sozialer Kontrolle, also als nichtautoritäre Autorität.[25] Und auch Demokratie und Privatautonomie liegt jeweils eine vergleichbare Struktur zugrunde, nämlich eine Identität als Differenz: Herrschaft *ohne Unterschied* zwischen Herrscher und Beherrschtem (Volk) bzw. Verpflichtung *ohne Unterschied* zwischen Verpflichtendem und Verpflichtetem (Subjekt). Wenn nun der Gesetzgeber seinen Willen nach Maßgabe privaten Wollens zurücknimmt, wenn Gerichte vom Gesetz abhängig, bei dessen Anwendung aber unabhängig sind, wenn Behörden trotz Rechtsbindung über Ermessen verfügen – dann wird in der Gesamtbetrachtung

---

22 Hervorgehoben von *Breuer* (Fn. 7), 705 ff.

23 Vgl. *Basedow*, in: FS für Everling, Due/Lutter/Schwarze (Hrsg.), 1995, 48 ff.; *Müller-Graff* (Fn. 3), 272 ff., 423 ff.; *Gasse* (Fn. 1), 177.

24 *Müller-Graff* (Fn. 3), 427; *Mestmäcker/Schweitzer* (Fn. 8); *Gasse* (Fn. 1), 67; *Breuer* (Fn. 1), 570 f.; *G. Monti* CMLR 39 (2002), 1057, 1092; *Koch* ZHR 169 (2005), 625, 644 f.

25 *Hoppmann*, Wettbewerb als Aufgabe, Berlin 1968, 61 ff.; *Möschel* (Fn. 12), 342.

sichtbar, dass mit den laufenden Kollisionslagen keine „Superinstanz" betraut ist wie Athene auf dem Areopag. Die Regelbildung im Recht verläuft vielmehr heterarchisch, mit Gesetzgeber, Gerichten, Behörden und einschließlich der Unternehmen, die seit der Umstellung auf das Legalausnahmesystem die Last der Erstinterpretation der Wettbewerbsregeln tragen.[26]

III. Antinomien und Systemökologie

Trotz dieser strukturellen Komplexität verläuft die Regelbildung aber nicht beliebig, wenn man den Blick auf die *antinomische* Struktur von „Wertekollisionen" richtet.[27] Das heißt, nicht wertverdrängende, sondern wertverbindende Kollisionslösungen zu berücksichtigen.[28] So wird zunächst sichtbar, wann die Rationalität der Wirtschaft mit anderen Systemen (natürliche Umwelt, Gesundheit, Sport) kompatibel ist: Die Entwicklung umweltschonender Verfahren, die Verbesserung medizinischer Heilmittel, sehenswerte sportliche Wettkämpfe usw. ergeben sich auch und insbesondere durch wirksame Konkurrenz. Allerdings berücksichtigt das Rechtssystem System/Umwelt-Beziehungen nicht nur als Bedingungs-, sondern zugleich als Gefährdungsverhältnisse.[29] Die Einbeziehung solcher Rationalitätenkonflikte in das Recht löst rechtsinterne Kollisionen zwischen „Werten" aus, die als normative Gegensätze bei gleichzeitiger Implikation auf den Plan treten, also als Antinomien.[30] Systemtheoretisch gesprochen geht es um negative Selbstreferenz. Sie fungiert wegen des immanenten Paralyserisikos als Selbstirritation und -antrieb des Rechtssystems.[31]

26 Dazu *Guski* ZWeR 2012, 243 ff.; vgl. schon *Hoppmann*, Normzwecke und Systemfunktionen im Recht der Wettbewerbsbeschränkungen, Tübingen 1974, 18.

27 Vgl. für den immanenten Bereich der Wettbewerbsprozesse die Nachweise in Fn. 12 sowie zu den sogenannten „Dilemmathesen" *Möschel* (Fn. 11), 339 ff., 352 ff.; *Biedenkopf* BB 1966, 1113 ff.; *Mestmäcker* (Fn. 1), 245; *Hoppmann* (Fn. 25), 61 ff.

28 Ebenso *Müller-Graff* (Fn. 3), 425.

29 Zur „Konstitutionalisierung" sozialer Systeme als selbstreflexiver Begrenzung von Wachstumszwängen *Teubner*, Verfassungsfragmente, Berlin 2012, 120 ff., 159 ff.

30 *Kesselring*, Die Produktivität der Antinomie, Frankfurt/Main 1984, 98 f.; *Ritsert/Knoll*, Studien über Antinomien und kritische Theorie, Münster 2006, 29 ff.

31 Vgl. *Luhmann*, Das Recht der Gesellschaft, Frankfurt/Main 1992, 76 ff., 477 f.

„Systemökologie" durch Recht bedeutet in diesem Zusammenhang: In den Entscheidungsparametern ist zu berücksichtigen, welche Auswirkungen eine expansive Systemrationalität auf andere Systeme hat und zu welchen Rückkopplungen und Korruptionen es kommen kann.[32] Dies festzustellen kann vor allem wegen des Zeitfaktors vielfach sehr schwierig sein, etwa bei wirtschaftlichen Tätigkeiten, die die natürliche Umwelt belasten, die sie als Möglichkeitsbedingung voraussetzen. In anderen Fällen fällt es leichter, funktionale Beeinträchtigungen auszumachen: Gewinnstreben im Sport etwa benötigt Fairplay, reizt aber zu Doping an.[33] Rechtsberatung ist auf Unabhängigkeit und Vertraulichkeit angewiesen, Konkurrenz führt aber zu Vermengungen zwischen Beratungs- und anderen wirtschaftlichen Interessen.[34] Mit anderen Worten: Wo es um den Erhalt von Funktionsbedingungen geht, werden Verhaltenskoodinierungen auch ohne messbare Effizienzgewinne wettbewerbsrechtlich toleriert.

Querschnittsklauseln sind also nicht bloß politische Erwartungen, sondern rechtliche Zielwerte, nur ohne eingebaute Programmierung. Wenn es sich nicht um bloße Attrappen der Rechtlichkeit handeln soll, sind Übersetzungsleistungen notwendig. Die Kartellrechtspraxis behilft sich mit Argumentationslasten (s.o. II).[35] Damit sind konkrete Entscheidungen aber noch nicht vorgespurt. Es kommt vielmehr darauf an, dass wirtschaftsrechtliche Lösungen der Funktionsfähigkeit konkurrierender *und* aufeinander angewiesener Systeme Rechnung tragen, indem sie destruktive Expansionslogiken begrenzen und entsprechende Regeln formulieren. Der Erfolg hängt entscheidend davon ab, ob es gelingt, systembezogene *Fremdbedrohungen als Selbstbedrohungen* zu identifizieren und mit dem Ziel des wechselseitigen Erhalts von Autonomiebereichen zu behandeln. Unter dieser Prämisse lässt sich größtmögliche Konsistenz des Rechts anmahnen, das gleichzeitig divergierenden Umweltanforderungen entsprechen

---

32 *Teubner* ARSP 65 (1996), 199, 212 f.; *ders.* KritV 2000, 388 ff.

33 EuG Piau (Fn. 13), EuGH, Urt. v. 13.4.2000, Rs. C-176/96 (Lethonen), Slg. 2000, I-2681.

34 Zur Bedrohung des Anwaltsberufs durch parallele Wirtschaftsprüfertätigkeit EuGH, Urt. v. 19.2.2002, Rs. C-309/99 (Wouters), Slg. 2002, I-1577, Rn. 104-107.

35 Zum Verständnis des Marktrechts als Zuordnung von Argumentationslasten auch *Müller-Graff*, Unternehmensinvestitionen und Investitionssteuerung im Marktrecht, Tübingen 1983, 566 („erste Antwort").

muss.[36] Unverzichtbar sind dazu tastende Gruppierungsversuche, wie die Praxis vielfach belegt.[37]

IV. Politik der Privaten?

Die notwendigen Grenzziehungen sind, wie man sieht, allein durch abstrakte Prinzipienbildungen nicht möglich. Auch lässt sich das Verhältnis Eigennutz/Gemeinwohl nicht mehr wie in älteren naturrechtlichen und ökonomischen Gleichgewichtstheorien als harmonische Balance denken. Vielmehr erzeugt das marktrechtstypische Regel/Ausnahme-Schema Asymmetrien, die auf System/Umwelt-Verhältnisse verweisen. Die wirtschaftlichen Akteure stehen vielfach vor der Herausforderung, systemfremde Rationalitäten in ihr funktionales Kalkül einzubeziehen, indem sie sich auf Umweltstandards, Datenschutz, fairen Handel oder bessere Arbeitsbedingungen verpflichten. Das Kartellrecht gleicht eine solche „Politik der Privaten" als Subsumtionsangebote zunächst mit der eigenen, sachlich begrenzten Logik ab. Gelingt dies nicht, kommt es darauf an, ob die kategorische Durchsetzung der kartellrechtlichen Normen zur Korrosion wechselseitiger Bedingungsverhältnisse führt. Dies wird nicht der Regelfall sein, könnte in Zukunft aber häufiger vorkommen.

---

36 *Teubner*, in: Alexy (Hrsg.), Integratives Verstehen, Tübingen 2005, 199 ff.

37 Vgl. *Müller-Graff* (Fn. 3), 551 mit Verweis auf die judikative Entwicklung zu § 242 BGB und § 1 UWG a.F.

Das Mehrsprachenprinzip[1] im Wettbewerbsrecht: Gemeinwohlgrund und -horizont

Thomas Raff

Loriot und die Rechtssprache haben eines gemeinsam. Sie waren bzw. sind stets auf der Suche nach dem präzisesten Ausdruck zur Beschreibung eines Phänomens. Bei Loriot ging es nicht um Farben, sondern um Farbtöne. Grau reichte nicht, weil aschgrau, steingrau und (lebensfrohes) mausgrau die Bedürfnisse besser befriedigen konnten. Zwar waren auch sie nur Annäherungen, aber sie erfüllten in einer konkreten Situation ihren Zweck besser als grau allein. Wenn wir die Bemühungen in der Rechtssprache dagegen halten, so vermag etwa der Begriff der „Gemeinschaft“ das supranationale Element der Europäischen Union immerhin zu beschreiben, weswegen er mangels griffiger Alternativen trotz der im Übrigen zweifelhaften Begriffsgeschichte nicht überall aufgegeben werden sollte.[2]

Schwierig wird es scheinbar, wenn bereits die Annäherungen in unterschiedlichen Sprachen ausgedrückt werden müssen. Aber nur auf den ersten Blick. Im Kontext können Begriffe bisweilen besser verstanden werden, wenn sie in mehreren Sprachen gefasst sind. So tut etwa das Kartellrecht gut daran, seine Eingriffe mit dem Sprachenreservoir der Union abzusichern. Insofern dient das Mehrsprachenprinzip dem Gemeinwohl. Da die praktische Durchsetzung des Prinzips weithin Lücken aufweist, ist seine Stabilisierung (auch in den Köpfen) zugleich Gemeinwohlhorizont.[3]

Darum soll es im Folgenden gehen. Der inhaltliche Schwerpunkt wird im Kartellrecht liegen, dessen Eingriffsintensität einen sensiblen Umgang

---

1 Den Diskussionsstand zeichnet *Zedler* nach: Mehrsprachigkeit und Methode. Der Umgang mit dem sprachlichen Egalitätsprinzip im Unionsrecht, 2015.

2 Namentlich zur Beibehaltung des Begriffs des Gemeinschaftsprivatrechts *Müller-Graff* GPR 2008, 105 und GPR 2011, 274-276; gegenläufig *Baldus,* Rechtsgeschichte, Privatrecht und Methode in der Union, in diesem Band.

3 Ort hierfür ist die Juristenausbildung, die ebenfalls Gemeinwohlinteressen verfolgt; näher *Müller-Graff*, Deutsche Juristenausbildung im internationalen Kontext, in: Baldus/Finkenauer/Rüfner, Bologna und das Rechtsstudium, 2011, 275-280.

mit der Rechtssprache erfordert. Anschauungsobjekte sind Gesetze (I.) und Entscheidungen (II.).

I. Auslegungsprobleme im Primär- und Sekundärrecht

1. Der Zweckbegriff in Art. 101 Abs. 1 AEUV

Eine augenfällige Divergenz zwischen Textversionen betrifft Art. 101 Abs. 1 AEUV. Danach sind Koordinierungen verboten, die eine Wettbewerbsbeschränkung innerhalb des Binnenmarkts *bezwecken* oder bewirken. Äquivalent formuliert die polnische Version: „których *celem* lub skutkiem jest ... “. „Cel“ lässt sich am besten mit „Zweck“ oder „Ziel“ übersetzen.

Die französische Sprachfassung verwendet einen anderen Begriff. Dort sind alle Verhaltensweisen verboten, „qui *ont pour objet* ou pour effet d'empêcher, de restreindre ou de fausser...“. Dasselbe gilt für die italienische (*abbiano per oggetto*), die englische (*„have as their object“*) und die spanische Version (*„tengan por objeto“*).[4] Diese Begriffe lassen sich jeweils sowohl mit „Gegenstand“ als auch mit „Zweck“ übersetzen.

Die Frage ist, ob Art. 101 AEUV ein subjektiver oder ein objektiver Zweckbegriff zugrunde zu legen ist. Während „objet“, „object“ etc. schon begrifflich „objektiv“ verstanden werden müssen,[5] ist es beim „Zweck“ und beim *„cel“* nicht so klar. Die Begriffsgeschichte des Zwecks deutet, so Haverkate in anderem Zusammenhang, zwar stärker in die objektive Richtung, lässt aber auch ein subjektives Deutungsmuster zu.[6]

Der Gerichtshof legt in ständiger Rechtsprechung einen objektiven Zweckbegriff zugrunde. Der Koordinierungstatbestand müsse objektiv geeignet sein, eine Wettbewerbsbeschränkung herbeizuführen.[7]

---

4 Die Reihenfolge der Sprachen orientiert sich am Beitrittsjahr des jeweiligen Mitgliedstaats.

5 Generell zur objektiv-teleologischen Auslegung im Vereinigten Königreich (sog. purposive approach) *Schillig*, in: Riesenhuber , Europäische Methodenlehre, 3. Auflage 2015, § 25, Rn. 17 ff.

6 *Haverkate*, Rechtsfragen des Leistungsstaats (1983), S. 120 mit Fn. 17 und Verweis auf *Luhmann*, Zweckbegriff und Systemrationalität, Frankfurt am Main, 1. Auflage 1973, S. 26 für eine subjektive Sichtweise.

7 Siehe nur EuGH, Urt. v. 4.6.2009, Rs. C-8/08 (T-Mobile Netherlands), Slg. 2009, I-4529, Rn. 31. Aus der Literatur: *Müller-Graff*, in: Vedder/Heintschel-Heinegg,

Das lässt sich mit Blick auf die englische und die romanischen Sprachfassungen gut begründen. Es leuchtet auch ein, denn die Wettbewerbsbehörden hätten erhebliche Schwierigkeiten, müssten sie den Kartellteilnehmern Absichten nachweisen. Entscheidend ist daher der objektive Zweck, kurz: das *Objekt* der Koordinierung.[8] Immerhin können die Ziele der Kartellteilnehmer als Indiz herangezogen werden.[9]

2. Die „dauernde oder fortgesetzte Zuwiderhandlung" in Art. 25 Abs. 2 der VO 1/2003

Das Verfahren Trelleborg Industries SAS u.a.[10] betraf das Marineschläuche-Kartell. Trelleborg Industries war hieran von 1986 bis 1997 sowie von 1999 bis 2007 beteiligt. Die knapp zweijährige Zwischenphase von 1997 bis 1999 ist streitig geblieben. Die Kommission hat für diesen Zeitraum keine Geldbuße festgesetzt, aber – da sich Trelleborg nicht offen und eindeutig vom Kartell distanziert habe[11] – dennoch eine „dauernde" Zuwiderhandlung gegen das Wettbewerbsrecht gem. Art. 25 Abs. 2 VO 1/2003 an-

---

EUV/AEUV, 1. Auflage 2012, Art. 101, Rn. 28; *Mestmäcker/Schweitzer* (Fn. 8), m.w.N. Ausführlich (zur abgestimmten Verhaltensweise) Schlussanträge GA Kokott, 19.2.2009, Rs. C-8/08 (T-Mobile Netherlands), Slg. 2009, I-4529, Rn. 35 ff., die wegen der Weite des Zweckbegriffs von einem „abstrakten Gefährdungsdelikt" spricht. Diese Weite wird durch die Freistellungsmöglichkeiten aus Art. 101 Abs. 3 AEUV eingefangen, mit dem Art. 101 Abs. 1 in Funktionsgemeinschaft steht: *Müller-Graff* EUR 1992, 1-40. Ein Beispiel aus der Praxis, das die Weite veranschaulicht, ist das „Schokoladen-Kartell", siehe dazu den Fallbericht des BKartA, Az. B11-11/08, abzurufen unter bundeskartellamt.de.

8 Dies ist nicht mit der überkommenen „Gegenstandstheorie" aus dem deutschen Wettbewerbsrecht zu verwechseln. Nach der schärfsten Ausformung der Theorie sollte eine Wettbewerbsbeschränkung nur vorliegen, wenn ein Vertrag die Verpflichtung hierzu enthielt. Näher *Möschel*, Recht der Wettbewerbsbeschränkungen, 1983, Rn. 181 ff. m.w.N. Daher sollte von Objekt statt – schöner – von Gegenstand gesprochen werden.

9 EuGH, Urt. v. 14.3.2013, Rs. C-32/11 (Allianz Hungária), EU:C:2013:160, Rn. 37 m.w.N.

10 EuG, Urt. v. 17.5.2013, verb. Rs. T-147/09 (Trelleborg Industrie/Kommission) und T-148/09 Trelleborg AB), EU:T:2013:259, Rn. 72 ff.

11 Hierzu etwa EuGH, Urt. v. 19.3.2009, Rs. C-510/06 P (Archer Daniels Midland), Slg. 2009, I-1843, Rn. 119 m.w.N.

genommen, derentwegen die Verjährung des gesamten Verstoßes seit 1986 erst ab Mai 2007 zu laufen begonnen habe.[12]

Zwar kam das Gericht gegen die Kommission zum Ergebnis, dass keine *dauernde* Zuwiderhandlung vorliege, weil sich eine Kartellbeteiligung von Trelleborg in der Zwischenphase nicht habe nachweisen lassen und daher von einer Unterbrechung des Kartells auszugehen sei.[13]

Es nahm aber eine „fortgesetzte" Zuwiderhandlung an. Unklar ist, was „fortgesetzt" heißt. Die Konjunktion „oder" verdeutlicht, dass es sicher etwas anderes sein muss als „dauernd".[14] Davon abgesehen sind die Sprachfassungen der geltenden Regelung indes ebenso wenig eindeutig wie die der Vorgängerregelung zu Art. 25 Abs. 2 der VO 1.

Die deutsche Fassung der Vorgängerregelung (VO 2988/74/EWG) hieß in Art. 1 Abs. 2: „dauernde oder fortgesetzte Zuwiderhandlungen". Die französische Fassung lautete: „infractions continues ou continuées", die englische sprach von „continuing or repeated infringements".

Die französische Fassung wurde in der VO 1/2003 abgeändert und lautet jetzt: „infractions continues ou répétées". Die englische und die deutsche Fassung wurden unverändert in die neue Verordnung übernommen.[15]

Das Gericht kam zum Ergebnis, die sprachlichen Anpassungen hätten keine Änderungen in der Sache bewirken sollen. Der Verordnungsgeber habe nur eine „etwaige durch die Verwendung des Begriffs 'infraction continuée' entstandene Verwirrung beseitigen" wollen.[16] Eine fortgesetzte Zuwiderhandlung könne demgemäß angenommen werden, wenn „ein einheitliches, von dem Unternehmen vor und nach der Unterbrechung verfolgtes Ziel vorliegt, was aus der Identität der Ziele der in Rede stehenden Praktiken, der betroffenen Waren, der an der Kollusion beteiligten Unternehmen, der wesentlichen Modalitäten ihrer Durchführung, der natürli-

12 Da die Entscheidung wegen berechtigter Interessen der Unternehmen nur in Auszügen unter dem Az. COMP/39.406 im 2009/C 168/05 veröffentlicht ist, wird auf das Referat durch das EuG (Fn. 10), Rn. 22 verwiesen.

13 EuG (Fn. 10), Rn. 69 – dass die Klägerinnen sich vom Kartell nicht genügend distanziert hätten, genüge als Vermutung für eine dauernde Zuwiderhandlung nicht.

14 Dazu EuG (Fn. 10), Rn. 83. Anders liegt bisweilen die Kommissionspraxis, wonach (lediglich) nach einer „einheitlichen, komplexen und fortgesetzten Zuwiderhandlung" gefragt wird. Die Differenzierung zwischen dauernd und fortgesetzt sei daher überflüssig, *Immenga/Mestmäcker/Dannecker/Biermann*, 5. Auflage 2012, Art. 25 VO 1/2003, Rn. 10 f.

15 EuG (Fn. 10), Rn. 80.

16 EuG (Fn. 10), Rn. 82.

chen Personen, die für die Unternehmen tätig wurden, und schließlich des räumlichen Anwendungsbereichs dieser Praktiken hergeleitet werden kann."[17]

Die „fortgesetzte" Zuwiderhandlung setzt also eine zeitlich nicht näher umgrenzte Unterbrechung voraus und bedeutet eine gewichtige Einschränkung der Verjährung zulasten der Unternehmen.[18] In weiteren Verfahren wird zu klären sein, wie lange eine Unterbrechung maximal dauern darf, bis die Verjährungshemmung[19] beendet wird. Interessant wird sein, ob und wenn ja welche zeitliche Nähe zum ersten Verstoß die Begriffe „fortgesetzt", „repeated", „répétées" usw. implizieren. Eine zeitliche Nähe legen „continuées", das in der Sache ja nicht geändert werden wollte, und „fortgesetzt" nahe. Es nimmt insoweit Wunder, dass „fortgesetzt" nicht in „wiederholt" geändert wurde. Letzteres wäre das Äquivalent für „répétées" und „repeated".

II. Widersprüche zwischen Sprachfassungen von Entscheidungen

Beim Mehrsprachenprinzip wird vor allem an widerstreitende Fassungen von Normen gedacht. Es gibt aber auch Fälle, in denen Sprachfassungen von Entscheidungen divergieren:

---

17 EuG (Fn. 10), Rn. 88.

18 Kritisch bereits zu einem früheren Verfahren des EuG, Urt. v. 19.5.2010, Rs. T-18/05 (IMI), Slg. 2010, II-1769 in dem das Gericht eine einjährige Unterbrechung genügen ließ, *Immenga/Mestmäcker/Dannecker/Biermann* (Fn. 14), Rn. 11 am Ende.

19 Dieser Begriff erscheint in Art. 10 Abs. 4 der neuen Kartellschadensersatzrichtlinie 2014/104/EU des Europäischen Parlaments und des Rates v. 26.11.2014 über bestimmte Vorschriften für Schadensersatzklagen nach nationalem Recht wegen Zuwiderhandlungen gegen wettbewerbsrechtliche Bestimmungen der Mitgliedstaaten und der Europäischen Union, ABl. 2014 Nr. L 349/1, wo sowohl die Begriffe „Hemmung" als auch „Unterbrechung" verwendet werden, wohl aber dasselbe meinen: „Die Mitgliedstaaten gewährleisten, dass eine Verjährungsfrist gehemmt – oder je nach nationalem Recht – unterbrochen wird, wenn…".

1. EGMR-Urteil Janosevic

GA Mengozzi setzte sich im Verfahren Elf/Kommission[20] mit einer Entscheidung des EGMR[21] auseinander und stieß auf eine Diskrepanz zwischen ihrer französischen und ihrer englischen Fassung. In der Sache ging es darum, wie die Kompetenzen eines Gerichts bei der Überprüfung von behördlichen Entscheidungen im Wettbewerbsrecht beschaffen sein müssen, um in Einklang mit Art. 6 EMRK zu stehen.

Die französische Fassung sieht vor, dass das Gericht den „pouvoir de réformer" der Entscheidung haben muss; die englische Fassung lässt genügen, dass der Gerichtshof die Entscheidung aufheben kann („to quash").[22] Dass die Möglichkeit, eine Entscheidung lediglich aufzuheben, ein auch für den Betroffenen spürbares „Weniger" ist als das Recht, eine Entscheidung auch zu verändern, liegt auf der Hand. Denn eine Abänderung zugunsten des Betroffenen fällt leichter als die komplette Kassation.

Art. 31 VO 1/2003 erlaubt dem Gericht in Bußgeldfällen, eine Entscheidung nicht nur aufzuheben, sondern sie einer unbeschränkten Nachprüfung zu unterziehen. Es kann die festgesetzte Geldbuße aufheben, herabsetzen oder erhöhen. Der Generalanwalt stellte zwar selbstgesetzte Beschränkungen in der Überprüfungs*praxis* des Gerichts fest, hielt sie aber mit der EGMR-Rechtsprechung für vereinbar. Er begründete dies u.a. damit, dass die Garantien aus Art. 6 EMRK auf das Sanktionenregime im Kartellrecht mangels strafrechtlichen Charakters nicht in ihrer „ganzen Strenge" anzuwenden seien.[23]

2. Beschluss der Kommission in Sachen MB[24]

Beschlüsse der Kommission gem. Art. 288 Abs. 4 AEUV und Art. 297 Abs. 2 UAbs. 3 AEUV ergehen, wenn sie an natürliche oder juristische

20 Schlussanträge GA Mengozzi, 17.2.2011, Rs. C-521/09 P (Elf/Kommission), Slg. 2011, I-8947.

21 EGMR, Urt. v. 21.5. 2003, Janosevic/Schweden, Sammlung 2002-VII, Nr. 91.

22 EGMR (Fn. 21) Rn. 81 f. Da alleinige Verfahrenssprache Englisch war, ist diese Sprachfassung authentisch.

23 Schlussanträge GA Mengozzi, 17.2.2011, Rs. C-521/09 P (Elf/Kommission), Slg. 2011, I-8947.

24 Beschluss 2011/471/EU der Kommission vom 14.12.2010 über die staatliche Beihilfe Deutschlands zugunsten der Biria-Gruppe, ABl. 2011, L 195/55.

Personen gerichtet sind, in der Amtssprache des Adressaten.[25] Es gibt häufig Übersetzungen, verbindlich ist aber allein die Verfahrenssprache. Intuitiv meint man, dies diene der Klarheit. Indes musste das Gericht in einer Entscheidung, in der es der Kommission „Nachlässigkeit bei der Redaktion" des angefochtenen Beschlusses vorwarf, neben der missverständlichen offiziellen deutschen Sprachfassung auch die französische (nicht authentische) Übersetzung konsultieren.[26] Die Kommission verwendete in der deutschen Fassung parallel die Begriffe „Bürgschaft" und „stille Beteiligung". Dass letztere gemeint war, ergab sich nicht nur aus dem Gesamtzusammenhang des Beschlusses, sondern auch aus der französischen Fassung, in der einheitlich von „participation tacite" die Rede war.

Hieran fallen zwei Dinge auf. Hätte es erstens nur eine Sprachfassung gegeben, wäre die Auflösung des Widerspruchs vielleicht schwieriger gewesen. Zweitens muss man das Gericht fragen, ob es auf die französische Sprachfassung zurückgreifen durfte. Immerhin ist allein die deutsche authentisch. Hierzu schwieg das Gericht.

III. Bewertung

Viele, die mit der Mehrsprachigkeit zu tun haben, begreifen sie als Problem.[27] Tatsächlich sind mit ihr eine höhere Akzeptanz[28] und Chancen verbunden, die im besten Sinne rechtswissenschaftlich sind. Mehrere Sprachen potenzieren die Argumente, die der Betroffene nur finden (können) muss.

---

25 EuGH, Urt. v. 21.2.1973, Rs. 6/72 (Continental Can), Slg. 1973, 215, Rn. 12.

26 EuG, Urt. v. 3.7.2013, Rs. T-209/11 (MB/Kommission), EU:T:2013:338, Rn. 115-117.

27 Siehe nur *Mertens* ZNR 2013, 157-171 (170 f.). Der Vorschlag, die 24 Amtssprachen der Union durch drei (Englisch, Französisch, Deutsch) zu ersetzen, dürfte kaum durchsetzbar sein.

28 U.a. deswegen gibt es seit ein paar Jahren am EGMR ein Programm zur Übersetzung wichtiger Dokumente und Urteile in alle Amtssprachen der Mitgliedstaaten der EMRK: http://www.echr.coe.int/Documents/HRTF_standards_translations_ENG.pdf.
Die Erfahrung lehrt, dass es bei Übersetzungen lediglich zur Information selten bleibt. Die Dokumente werden häufig in der jeweiligen Sprache Interpretationsgrundlage; siehe dazu *Mertens* (Fn. 27), insb. 159 f.

Hierin liegt eine nicht zu unterschätzende Bedeutung für die Rechtsberatung. Der Anwalt hat größere Erfolgschancen, wenn er nicht nur Englisch spricht. Im Vortrag des Rechtsberaters, der die Klagegründe gem. Art. 21 der Satzung des Gerichtshofs umgrenzt, d.h. den Streitgegenstand festlegt, liegen indes nach wie vor Defizite, wie Stotz berichtet.[29] Er sollte daher noch stärker darauf achten, welche Schattierung seinem Mandanten am Ehesten hilft. Wenn aschgrau für ihn am günstigsten ist, wäre die Verteidigung des Grauen schlicht unzureichend, die Argumentation mit steingrau wohl schon ein Haftungsfall.

29 *Stotz*, in: Riesenhuber (Fn. 5), § 22, Rn. 10: „Generell kann man feststellen, dass die Prozessparteien die Möglichkeiten, die Rechtsprechung des EuGH und des Gerichts durch fundierte Argumentation zu beeinflussen, in der Vergangenheit nicht immer optimal ausgeschöpft haben.“.

Der extraterritoriale Schutz des Systems unverfälschten Wettbewerbs nach dem Intel-Urteil des EuG

Peter Behrens

Getreu dem Motto dieser Festgabe ist die folgende Skizze einem gewissermaßen internationalen Aspekt des Spannungsverhältnisses zwischen Privatinitiative und Gemeinwohlhorizonten in der EU gewidmet. Sie handelt in gebotener Kürze vom langen Weg, den die Unionsgerichte zurückgelegt haben, um den grenzüberschreitenden Schutz des Systems unverfälschten Wettbewerbs an das globale Aktionsfeld unternehmerischer Privatinitiative anzupassen. Anlass zur Nachzeichnung und Ergänzung dieser Entwicklung ist das jüngst ergangene *Intel*-Urteil des EuG vom 12. Juni 2014,[1] das durch Anerkennung des kartellkollisionsrechtlichen Auswirkungsprinzips gewährleistet, dass sich Unternehmen der Anwendung der Wettbewerbsregeln nicht durch Verlagerung wettbewerbsbeschränkender Strategien ins Ausland entziehen können.

I. Ansatzpunkt beim Schutzzweck

Der internationale Anwendungsbereich der Wettbewerbsregeln definiert den Aktionsradius der Unionsorgane, die für ihre Durchsetzung zuständig sind. Sie sind auf die Verwirklichung des Schutzzwecks der Wettbewerbsregeln verpflichtet. Es ist daher dieser Schutzzweck, der die internationale Reichweite der Wettbewerbsregeln determiniert. Dieser Ansatz ist allgemein typisch für das Wirtschaftskollisionsrecht,[2] das sich grundsätzlich darauf beschränkt, durch "einseitige" Kollisionsnormen den internationalen Anwendungsbereich des eigenen Rechts zu definieren, weil die inländischen Rechtsanwendungsorgane nur zur Anwendung dieses Rechts ermächtigt sind.

---

1 EuG, 12.6.2014, Rs. T-286/09 (Intel/Kommission).

2 Siehe dazu grundlegend etwa *Basedow* RabelsZ 52, 1988, 8 ff.; *Schnyder*, Wirtschaftskollisionsrecht, Zürich 1990, 121 ff.

Der schutzzweckbezogene Anknüpfungspunkt für die Anwendung der unionsrechtlichen Wettbewerbsregeln auf extraterritoriale Sachverhalte ist mangels einer ausdrücklichen Regelung aus den EU-Wettbewerbsregeln selbst abzuleiten. Augenfällig ist insoweit der bereits in diesen Regeln selbst enthaltene territoriale Bezug der verbotenen unternehmerischen Verhaltensweisen zur EU. Er ist in den jeweils tatbestandsmäßig erforderlichen Auswirkungen auf den Wettbewerb im Binnenmarkt enthalten. Allein der Wortlaut hätte daher von Anfang eine Interpretation der Wettbewerbsregeln im Sinne des Auswirkungsprinzips nahegelegt als einer in ihnen implizit ("versteckt") enthaltenen Kollisionsnorm. Das Auswirkungsprinzip lässt sich unschwer als eine Variante des weithin anerkannten „objektiven“ Territorialitätsprinzips erkennen, das von der Lokalisierung der handelnden Subjekte und ihres Verhaltens abstrahiert und stattdessen auf den Ort der Handlungsfolgen abstellt.

Die Anerkennung des Auswirkungsprinzips (*effects doctrine*) als der im Wettbewerbsrecht maßgeblichen (einseitigen) Kollisionsnorm hat ihren Ursprung bekanntlich in der Rechtsprechung der US-amerikanischen Obergerichte. In schrittweiser Abkehr vom strengen Territorialitätsprinzip, dem zu Folge im Ausland veranlasste Wettbewerbsbeschränkungen nicht vom inländischen Antitrust-Recht der USA erfasst werden konnten,[3] hat der amerikanische 2nd Circuit Court of Appeals in seiner berühmten *ALCOA*-Entscheidung[4] aus dem Jahre 1945 die wettbewerbsschädigenden Auswirkungen im Inland genügen lassen, um unternehmerisches Verhalten im Ausland dem US-amerikanischen Antitrust-Recht zu unterwerfen.[5] Diesen Ansatz hat auch der US Supreme Court später bestätigt.[6] Auch das deutsche Gesetz gegen Wettbewerbsbeschränkungen hat sich von Beginn

3 So noch das Urteil des US Supreme Court im Fall American Banana Co. v. United Fruit Co., 213 US 347, 357 (1909).

4 United States v. Aluminium Co. of America, 2nd Cir. 1945, 148 F. 2d 416.

5 Siehe ebendort 443, in Bezug auf ein außerhalb der USA vereinbartes Kartell, das Importe in die USA beschränkte: “[I]t is settled law … that any state may impose liabilities, even upon persons not within its allegiance, for conduct outside its borders that has consequences within its borders which the state reprehends, and these liabilities other states will ordinarily recognise … [B]oth [agreements] were unlawful, though made abroad, if they were intended to affect imports and did affect them …”.

6 Hartford Fire Ins. Co. v. California, 509 US 764, 796 (1993).

an ausdrücklich zum Auswirkungsprinzip bekannt.[7] Die EU ist andere Wege gegangen.

II. Ablehnung des Auswirkungsprinzips

Während die Kommission sich von Anfang an[8] durchweg für das Auswirkungsprinzip ausgesprochen hat und darin wiederholt von Generalanwälten beim EuGH unterstützt worden ist,[9] sind die Unionsgerichte bisher zurückhaltender gewesen. Dies dürfte daran liegen, dass es Staaten gab, die das Auswirkungsprinzip als völkerrechtswidrigen Übergriff auf das Territorium und die nationale Souveränität anderer Staaten ablehnten. Das gilt noch heute für das Vereinigte Königreich.[10]

Der EuGH hat es daher bis in die jüngste Zeit stets vermieden, die Anwendbarkeit des Kartellverbots des Art. 101 Abs. 1 AEUV mit den innergemeinschaftlichen Wettbewerbswirkungen zu begründen, sondern sich stattdessen auf andere Verknüpfungen des zu beurteilenden Sachverhalts mit dem Hoheitsgebiet der EU gestützt, die sich im Rahmen des Territorialitätsprinzips hielten. So wurde im Fall *Teerfarben*[11] auf das Konzept der wirtschaftlichen Einheit zwischen den innerhalb der Gemeinschaft ansässigen Tochterunternehmen und ihren ausländischen Mutterunternehmen abgestellt, um die territoriale Präsenz der ausländischen Kartellanten

---

7 Siehe § 130 Abs. 2 GWB: "Dieses Gesetz findet Anwendung auf alle Wettbewerbsbeschränkungen, die sich im Geltungsbereich dieses Gesetzes auswirken, auch wenn sie außerhalb des Geltungsbereichs dieses Gesetzes veranlasst wurden.".

8 Siehe dazu die von der Kommission im Teerfarben-Fall vertretene Position: EuGH, Urt. v. 14.7.1972, Rs. 48/69 (ICI/Kommission), Slg. 1972, 619, 630; ebenso die Kommission in ihrer Zellstoff-Entscheidung KOM 85/202/EWG v. 19.12.1984, ABl. 1985 L 85/1, 15 Rn. 79.

9 GA Mayras, 14.7.1972, Rs. C-48/69 (ICI/Kommission), Slg. 1972, 667, 693 ff.; GA Darmon, 25.5.1988, verb. Rs. C-89/85 u.a. (Ahlström Osakeyhtiö et al./ Kommission), Slg. 1988, 5214 ff.

10 Vgl. *Whish/Bailey*, Competition Law, 7th ed., Oxford 2012, 501 ff.

11 EuGH, Urt. v. 14.7.1972, Rs. C-48/69 (ICI/Kommission), Slg. 1972, 619, Rn. 132/135.

im Binnenmarkt zu begründen.[12] Im Fall *Zellstoff*[13] war der Rückgriff auf das Konzept der wirtschaftlichen Einheit zur Erfassung des fraglichen Auslandskartells mangels gemeinschaftsinterner Niederlassungen der ausländischen Kartellanten nicht möglich. Stattdessen stellte der Gerichtshof darauf ab, dass der Ort der „Bildung" des in Frage stehenden Preiskartells zwar außerhalb der Gemeinschaft lag, das Kartell aber innerhalb der Gemeinschaft „durchgeführt" worden war, weil es sich auf Waren bezog, die in die Gemeinschaft eingeführt wurden. Der EuGH konnte sich damit weiterhin auf den Standpunkt stellen, dass sich die von ihm gerechtfertigte extraterritoriale Anwendung des Kartellverbots im Rahmen des Territorialitätsprinzips hielt.[14] Im Fall *Zementkartell* hat auch das EuG diesen Standpunkt bestätigt.[15]

III. Hinwendung zum Auswirkungsprinzip

Erst im Fusionskontrollfall *Gencor*[16] hat das EuG dann im Hinblick auf die Anwendbarkeit der FKVO eine Hinwendung zum Auswirkungsprinzip erkennen lassen. Es ging um eine Auslandsfusion, die im Binnenmarkt eine Verengung der Marktstruktur zum Duopol bewirkt hätte. Die Urteilsbegründung ist allerdings ambivalent: Einerseits hat sich das EuG auf das

---

12 Die Regierung des Vereinigten Königreichs bezog seinerzeit in einem Aide-Mémoire an den Gerichtshof ausdrücklich Stellung gegen diesen Ansatz und hielt das Territorialitätsprinzip bzw. seine Souveränität für verletzt, sofern sich die Anwendung des gemeinschaftsrechtlichen Kartellverbots nicht auf innergemeinschaftliche Handlungen der Kartellanten stütze: EuGH, Urt. v. 14.7.1972, Rs. C-48/69 (ICI/Kommission), Slg. 1972, 619, 633 f.

13 EuGH, Urt. v. 25.5.1988, verb. Rs. C-89/85 u.a. (Ahlström Osakeyhtiö et al./ Kommission), Slg. 1988, 5193, 5242 ff., Rn. 16; diesem Ansatz war entgegen ihrer ursprünglichen Entscheidung (Fn. 8) nun auch die Kommission gefolgt: siehe Sitzungsbericht EuGH, ebendort, 5194 ff. , 5211 ff.

14 EuGH (Fn. 13), 5243 Rn. 18; die Regierung des Vereinigten Königreichs hatte sich als Streithelferin erneut deutlich gegen das Auswirkungsprinzip ausgesprochen: siehe Sitzungsbericht EuGH (Fn. 13), 5206.

15 EuG, 15.3.2000, verb. Rs. T-25/95 u.a. (Cimenteries CBR SA/Kommission), Slg. 2000, II-491, 1450, Rn. 4240 f.. Dieses Urteil der 4. Kammer erging bemerkenswerter Weise nach dem Urteil der 5. Kammer in der Fusionskontrollsache Gencor, in dem sich das Gericht u.a. auch auf das Auswirkungsprinzip gestützt hatte (siehe dazu sogleich im Folgenden).

16 EuG, 25.3.1999, Rs. T-102/96 (Gencor/Kommission), Slg. 1999, II-753.

Kriterium der „gemeinschaftsweiten Bedeutung" des Zusammenschlusses gestützt und die dafür erforderlichen innergemeinschaftlichen Umsätze als hinreichende territoriale Verknüpfung mit der Gemeinschaft angesehen;[17] andererseits hat das Gericht darauf abgestellt, dass der geplante Zusammenschluss wegen der Verengung der Marktstruktur „eine unmittelbare und wesentliche Auswirkung" innerhalb der Gemeinschaft haben würde.[18] Das Urteil schwankt somit zwischen Territorialitätsprinzip[19] und Auswirkungsprinzip.

Der Unterschied zwischen dem Auswirkungsprinzip und dem Territorialitätsprinzip ist durchaus nicht trivial. Das zeigt sich weniger in Fällen einer Beschränkung des Wettbewerbs durch positives Handeln (etwa in Gestalt der "Bildung" und "Durchführung" eines Kartells), in denen die Unterscheidung zwischen den „Auswirkungen" und der „Durchführung" der Wettbewerbsbeschränkung oft künstlich erscheint, weil beide praktisch zusammenfallen. Der Unterschied zeigt sich aber in Fällen einer Beschränkung des Wettbewerbs durch Unterlassen, bei dem sich nicht mehr sinnvoll von einer "Durchführung" sprechen lässt. Wenn beispielsweise Unternehmen in Drittstaaten vereinbaren, keine Waren in die EU zu liefern, oder ein außerhalb der EU ansässiges Unternehmen, das im Binnenmarkt über eine marktbeherrschende Stellung verfügt, missbräuchlich die Belieferung von EU-Abnehmern verweigert, dann kann dieses Verhalten wettbewerbsbeschränkende Auswirkungen in der EU haben, obwohl es zu keinen „Durchführungshandlungen" kommt. Wie der Fall *Gencor*[20] zeigt, verhält es sich ebenso bei einer reinen Auslandsfusion, die zur Entstehung oder Verstärkung einer beherrschenden Stellung im Binnenmarkt führt. Die durch eine solche Fusion bewirkte Verengung der Marktstruktur im Binnenmarkt bedarf keiner innergemeinschaftlichen „Durchführungshandlung", um den innergemeinschaftlichen Wettbewerb zu beeinträchtigen.

---

17 EuG (Fn. 16), Rn. 85; vgl. zu diesem Ansatz auch KOM 97/816/EG v. 30.7.1997 (Boeing/McDonell Douglas), ABl. 1997 L 336, 16; KOM COMP/M.2220 v. 3.7.2001 (General Electric/Honeywell), ABl. 2004 L 48, 1.

18 EuG, 25.3.1999, Rs. T-102/96 (Gencor/Kommission), Slg. 1999, II-753, Rn. 90 ff.

19 Ausschließlich im Sinne dieses Prinzips wird das Urteil in der englischen Literatur interpretiert; siehe *Whish/Bailey* (Fn. 10), 501.

20 EuG, 25.3.199, Rs. T-102/96 (Gencor/Kommission), Slg. 1999, II-753.

IV. Anerkennung des Auswirkungsprinzips

Die endgültige Akzeptanz des Auswirkungsprinzips deutet sich jetzt mit dem Urteil des EuG im Fall *Intel*[21] an. Das auf dem Markt für Mikroprozessoren weltweit beherrschende amerikanische Unternehmen *Intel* hatte versucht, seinen wichtigsten – ebenfalls amerikanischen - Konkurrenten *AMD* vom Zugang zu den führenden amerikanischen und asiatischen Computerherstellern durch missbräuchliche Treuerabatte und Exklusivitätsprämien abzuschotten. Damit verhinderte *Intel* insbesondere, dass mit *AMD*-Prozessoren ausgestattete Computer auf den europäischen Markt kamen. Eine überzeugende kollisionsrechtliche Lösung im Hinblick auf die extraterritoriale Anwendung von Art. 102 AEUV war in diesem Fall weder mit dem Konzept der wirtschaftlichen Einheit, noch mit dem Konzept der „Durchführung" der Wettbewerbsbeschränkung zu erreichen, obwohl das Gericht diesen letzteren Ansatz nicht verworfen, sondern als „alternativen" Ansatz beibehalten hat. So hat das Gericht durchaus in Erwägung gezogen, dass die fraglichen Verdrängungsstrategien von *Intel* innerhalb der EU "durchgeführt" wurden, indem die in diese Strategien eingebundenen - ebenfalls ausländischen - Abnehmer der Mikroprozessoren den Vertrieb von mit *AMD*-Prozessoren ausgestatteten Computern in die EU zum Nachteil der europäischen Verbraucher einstellten bzw. einschränkten.[22] Damit ist das Konzept der "Durchführung" einer wettbewerbswidrigen Strategie aber deutlich überdehnt und insbesondere nicht auf das marktbeherrschende Unternehmen selbst beschränkt worden.

Entscheidend ist daher, dass das EuG sein *Gencor*-Urteil, auf das es sich im *Intel*-Urteil ausdrücklich stützt, nunmehr selbst ganz im Sinne des Auswirkungsprinzips interpretiert und ihm damit seine ursprüngliche Ambivalenz genommen hat.[23] Das Gericht hat demgemäß die Anwendbarkeit von Art. 82 EG [jetzt: Art. 102 AEUV] mit der Erwägung begründet, dass die fraglichen Verdrängungsstrategien von *Intel* geeignet waren, sich negativ auf die Marktstruktur und die Verbraucher innerhalb der EU "auszuwirken".[24] Es steht daher nunmehr fest, dass die internationale Reichweite sowohl der FKVO als auch des Art. 102 AEUV durch das Auswirkungs-

---

21 EuG, 12.6.2014, Rs. T-286/09 (Intel/Kommission); der Fall ist allerdings nunmehr beim EuGH als Rechtsmittelinstanz anhängig (Rs. C-413/14).

22 EuG (Fn. 21), Rn. 298 ff.

23 EuG (Fn. 21), Rn. 233 und 240.

24 EuG (Fn. 21), Rn. 250 ff.

prinzip definiert wird. Was nach dem *Intel*-Urteil für Art. 102 AEUV gilt, muss dann aber auch für das Kartellverbot des Art. 101 AEUV gelten.

V. Völkerrechtliche Schranken

Die extraterritoriale Anwendung der EU-Wettbewerbsregeln darf allerdings unter völkerrechtlichen Aspekten nur auf "unmittelbare, wesentliche und vorhersehbare" Auswirkungen auf den innergemeinschaftlichen Wettbewerb gestützt werden. Dem trägt die Entscheidungspraxis der Unionsorgane Rechnung. So hat sich das EuG im Fall einer Auslandsfusion mit wettbewerbsbeschränkenden Auswirkungen innerhalb der Union im Hinblick auf die Vereinbarkeit der Anwendung der FKVO mit dem Völkerrecht eindeutig zu diesen Kriterien bekannt.[25] Mit der Entscheidung des EuG im Fall *Intel* hat dieser Grundsatz nunmehr generelle Akzeptanz auch im Hinblick auf die Anwendung von Art. 102 und Art. 101 AEUV gefunden.[26] Dem entspricht inzwischen auch die US-amerikanische Gesetzgebung; mit dem Foreign Trade Antitrust Improvement Act von 1982 sind in § 6a Sherman Act qualifizierende Kriterien eingeführt worden, nach denen die Auswirkungen auf den inländischen Wettbewerb unmittelbar, wesentlich und vernünftigerweise vorhersehbar (*direct, substantial and reasonably foreseeable*) sein müssen.[27]

25 EuG, 25.3.199, Rs. T-102/96 (Gencor/Kommission), Slg. 1999, II-753, Rn. 90.

26 EuG, 12.6.2014, Rs. T-286/09 (Intel/Kommission), Slg. 2014, II-0000, Rn. 243 und 258.

27 Siehe Sherman Act [1890], 15 U.S.C. § 6a. Dagegen verlangte der Court of Appeals (2nd Circuit) im Fall *ALCOA* nur „*some effect*" in den USA: United States v. Aluminium Co. of America (2nd Cir. 1945), 148 F. 2d 416, 444, und der US Supreme Court im Fall Hartford Fire Ins. Co. v. California, 509 US 764, 796 (1993) „*some substantial effect*".

Markenkosmetik im Internet – Kartellrechtliche Grenzen der Absicherung selektiver Vertriebssysteme nach „Fabre“

Cordula Stumpf

I. Problemstellung

Nach der Legaldefinition von Art. 1 Abs. 1 lit. e VO(EU) 330/2010 verpflichten selektive Vertriebssysteme den Anbieter, nur an ausgewählte Händler zu verkaufen, und verbieten den Händlern, an nicht systemzugehörige Händler zu liefern. Für Hersteller sind selektive Systeme zur Straffung des Vertriebsweges über den Fachhandel interessant, um den Ruf von Markenerzeugnissen zu schützen; zur Absicherung von Alleinvertriebsverträgen für Exportmärkte unterstützen sie auch das Ziel, den Binnenmarkt zu verwirklichen. Für Händler sind selektive Vertriebssysteme die Grundlage eines hochwertigen Kundendienstes, indem sie Trittbrettfahrer abwehren, wodurch auch bei höheren Investitionen die Gewinnspanne gesichert werden kann.[1] Dem steht das Interesse des nicht dem Vertragsnetz angehörenden Handels sowie der Verbraucher am uneingeschränkten Bezug der Produkte zu günstigsten Bedingungen gegenüber. Denn selektive Vertriebssysteme fördern den Wettbewerb zwischen den Marken („interbrand competition“), indem sie den Wettbewerb der systemzugehörigen Händler („intrabrand competition“) reduzieren und Zutrittsschranken für Außenseiter errichten. Es ist deshalb seit langem Konsens, dass selektive Vertriebssysteme kartellrechtlich differenziert zu betrachten sind.

Gefahren drohen selektiven Systemen derzeit vor allem durch das Internet, wenn etwa Markenprodukte an Online-Händler wie Amazon oder Ebay verkauft und damit im Endkundengeschäft außerhalb des Systems vermarktet werden, aber auch, indem systemangehörige Händler über ihren Webauftritt Kunden aus Vertriebsgebieten anderer systemangehöriger Händler akquirieren und damit den Händlergebietsschutz unterlaufen. Markenhersteller entwickelten daher in jüngerer Zeit variantenreiche Strategien zur Absicherung ihrer selektiven Systeme gegen den Internetver-

1 Z. B. *Fesenmair* GRUR-Prax 2013, 283.

trieb, etwa vollständige Internetverbote oder Plattformverbote.[2] Das Wettbewerbsrecht sieht sich auch hier wieder vor der Aufgabe, einerseits privatrechtlich autonome Gestaltungsinteressen der Marktakteure zum Ausgleich, andererseits einen wettbewerbsbasiert funktionierenden Markt mit optimaler Güterverfügbarkeit und damit letztlich Gemeinwohlaspekte zur Geltung zu bringen.

II. Der normative Rahmen

Nach Art. 101 Abs. 1 AEUV verbotene Vereinbarungen, die eine Verhinderung, Einschränkung oder Verfälschung des Wettbewerbs bezwecken oder bewirken, können unter Art. 101 Abs. 3 AEUV vom Kartellverbot freigestellt sein. Die gemäß Art. 103 Abs. 1, Abs. 2 Nr. 2b AEUV ergangene Ratsverordnung 19/65/EWG[3] ist die Ermächtigung gemäß Art. 105 Abs. 3 AEUV für die derzeit im Hinblick auf selektive Systeme einschlägige Vertikal-Gruppenfreistellung der VO(EU) 330/2010 (im folgenden: GVO).[4]

Ein selektives System iSv Art. 1 Abs. 1 lit. e GVO unter der Marktanteilsschwelle des Art. 3 ist nach Art. 2 Abs. 1 gruppenfreigestellt, sofern keine Kernbeschränkung iSv Art. 4 enthalten sowie die schwarze Liste des Art. 5 nicht betroffen ist; sofern ein System zwar dem Tatbestand des Art. 101 Abs. 1 AEUV, jedoch nicht der GVO unterfällt, ist eine Einzelfreistellung zu prüfen. Ein Plattformverbot könnte allerdings eine Beschränkung des Gebiets oder der Kundengruppe iSv Art. 4 lit. b GVO darstellen.[5] Nach Ubuchst. i) ist zulässig insoweit nur die Beschränkung des aktiven Verkaufs in Gebiete oder an Kundengruppen, die der Anbieter sich selbst oder einem anderen Abnehmer vorbehalten hat, sofern dadurch der Verkauf durch die Kunden des Abnehmers nicht beschränkt wird;

---

2 Dazu hier. Bekannt wurden daneben Preisbindungen der zweiten Hand (BKartA, Beschl. v. 25.9.2009 – B 3 123/08, Kontaktlinsen; PM v. 22.8.2014, Schlaraffia; zu Kartellbußen gegen Media-Saturn, Grundig Intermedia und Pioneer in Österreich Die Presse v. 29.12.2014) oder Doppelpreissysteme (OLG Düsseldorf, Urt. v. 13.11.2012, VI-U (Kart) 11/13, Dornbracht, NZKart 2014, 68 = WuW 2014, 317; BKartA, Beschl. v. 27.11.2013, B5-144/13, Gardena, Fallbericht v. 5.12.2013; Beschl. u. Fallbericht v. 23.12.2013, B7 11/2013, Bosch Siemens).

3 ABl. 1965, 36, 533.

4 ABl. 2010 L 11, 1.

5 Zu Vorgeschichte und Auslegung *Pichler/Hertfelder* NZKart 2014, 47.

nach Ubuchst. iii) bleibt zulässig die Beschränkung des Verkaufs an nicht zugelassene Händler durch die Mitglieder eines selektiven Systems innerhalb des vom Anbieter für den Betrieb dieses Systems festgelegten Gebiets. In Betracht kommt auch eine Beschränkung des aktiven oder passiven Verkaufs an Endverbraucher durch auf der Einzelhandelsstufe tätige Mitglieder eines selektiven Vertriebssystems nach Art. 4 lit. c GVO; hier bleibt die Möglichkeit, Mitgliedern des Systems zu untersagen, Geschäfte von nicht zugelassenen Niederlassungen aus zu betreiben.

Leitlinien[6] (im folgenden: LL), die keine Rechtsnormqualität haben, aber als Rechtsanwendungshilfe nützlich sind und eine Selbstbindung der Kommission bewirken, bieten in Zif. 51 Erläuterungen zum Aktiv- bzw. Passivvertrieb, in Zif. 52–54 zum Online-Vertrieb unter Art. 4 GVO.

Auch nach § 1 GWB sind Vereinbarungen zwischen Unternehmen, die eine Einschränkung des Wettbewerbs bezwecken oder bewirken, verboten. Für die unter § 2 Abs. 1 GWB mögliche Freistellung gelten gemäß § 2 Abs. 2 GWB die EU-Gruppenfreistellungsverordnungen entsprechend.[7]

III. Rechtsprechung und Praxis

In jüngerer Zeit[8] sah der Bundesgerichtshof zunächst – entgegen der Vorinstanz,[9] aber in Einklang mit vorheriger Rechtsprechung[10] – die Nichtbelieferung eines Internet-Händlers als zulässige qualitative Beschränkung.[11] Der Einwand, dieser Hersteller gestatte auch den Depothändlern, bis zu 50 % ihres Umsatzes über das Internet abzuwickeln, wurde zurückgewiesen, da dies nur durch die GVO[12] geboten sei, denn Internethandel sei passiver Verkauf iSv Art. 4 lit. b GVO, der vollständige Ausschluss des Inter-

---

6 SEK (2010) 411 endg.

7 Denkbar wäre daneben eine Prüfung eines Boykottverbots aus § 21 Abs. 1 GWB, aus § 4 Nr. 10 UWG oder aus § 823 Abs. 1 BGB. In manchen Fällen wäre auch an § 21 Abs. 2 GWB zu denken. Diese Tatbestände sowie besondere Fallgestaltungen für marktbeherrschende oder marktmächtige Unternehmen bleiben hier außer Betracht.

8 Hier beschränkt auf deutsche und EuGH-Rechtsprechung, obwohl der Blick in andere EU-Mitgliedstaaten nützlich wäre.

9 OLG München, Urt. v. 6.12.2001 – U (K) 3338/01 = MMR 2002, 162.

10 Nachw. bei *Bauer* WRP 2003, 243, 244 f.

11 Urt. v. 4.11.2003 – KZR 2/02 = WRP 2004, 374.

12 In der dort gültigen Version 2790/99.

netvertriebs eine Klausel iSv Art. 4 lit. c GVO; die GVO gebiete aber nicht, auf das Erfordernis eines stationären Ladens zu verzichten. Der Hersteller bezwecke eine Präsentation der Produkte in einem exklusiven Umfeld. Der Kunde solle die Produkte vor Ort ausprobieren und sich von sachkundigem Personal beraten lassen können. Diese qualitätsbezogenen Anforderungen könne der Internethandel ebensowenig wie der klassische Versandhandel erfüllen, welcher in selektiven Vertriebssystemen schon lange ausgeschlossen werden könne.[13]

In einem weiteren Fall[14] bejahte der BGH[15] allerdings die Tatbestandsmäßigkeit des damaligen Art. 81 EGV, heute Art. 101 AEUV, sodass die Beschränkung des länderübergreifenden Internetvertriebs unzulässig war. Möglicherweise weil diese Entscheidung nicht zum selektiven Vertrieb erging, wurde sie in der weiteren Rechtsprechung zum Internetvertrieb nicht berücksichtigt.

Das OLG München hielt eine Klausel, die dem Besteller untersagte, über Internet-Auktionsplattformen zu verkaufen, für zulässig.[16] Zwar sei der vollständige Ausschluss von Internetverkäufen eine Kernbeschränkung nach Art. 4 b GVO, nicht jedoch eine Einzelbeschränkung des Internethandels; Qualitätsanforderungen für den Internethandel blieben ebenso möglich wie im stationären Vertrieb. Innerhalb der Gruppe der Interneteinkäufer könnten Plattformkunden nicht sachlich abgegrenzt werden. Es werde daher kein Kundenkreis eingeschränkt.

Das OLG Karlsruhe[17] umschiffte in einem Fall, in dem ein Hersteller von Schulranzen, der auch Versandhändler beliefert und einen eigenen Internetshop betreibt, seinen „zugelassenen Vertriebspartnern" aber den Ab-

---

13 Unter Verweis auf Kommission v. 18.1.1992, Yves Saint Laurent Parfums, ABl. 1992 L 12. Ebenso Kommission Grundig I, ABl. 1985 L 123; Grundig II, ABl. 1992 L 12.

14 Das BKartA hatte Lottogesellschaften nach § 32 GWB untersagt, durch Beschluss des deutschen Lotto- und Totoblocks, einer Unternehmensvereinigung, ihren Internetvertrieb auf Spielteilnehmer mit Wohnsitz im Bundesland der Lottogesellschaft zu beschränken. Hintergrund dieser Beschränkung war der ordnungsrechtliche Kontext des Glücksspielwesens iVm der zugehörigen Zuständigkeit der Länder; die Lottogesellschaften waren jedoch Unternehmen im kartellrechtlichen Sinn.

15 Beschl. v. 14.8.2008, KVR 54/07.

16 Urt. v. 2.7.2009, U (K) 4842/08, GRUR-RR 2009, 394 = MMR 2010, 35 = BB 2009, 2561 m. Anm. *F. Immenga*. Zugrunde lag auch hier kein selektives System im o.g. Sinn.

17 Urt v. 25.11.2009, 6 U 47/08 Kart, GRUR-RR 2010, 109 = MMR 2010, 175.

satz über ausschließliche Online-Unternehmen sowie Auktionsplattformen verbieten wollte, die Frage der Freistellung, indem das selektive Vertriebssystem schon tatbestandsmäßig nicht als Wettbewerbsbeschränkung gefasst wurde, ausdrücklich auch außerhalb exklusiver Luxusprodukte. Denn Markenartikler generell investierten erheblich in die Positionierung ihrer Ware auf dem Markt, nicht nur über die Qualität, sondern auch durch aufwändige, spezifisch geschulte Beratung und Ansprache vor, während und nach dem Kauf, Service, durch Präsentation und ein wertiges Verkaufsumfeld; letztlich verkauften sie mit dem Produkt auch das Markenimage, das im Internetvertrieb so nicht erzeugbar sei, sondern umgekehrt dort vorausgesetzt und genutzt werde.

Eine Wende brachte die Entscheidung vom 13.10.2011[18] („Fabre") des EuGH zu Vertragsklauseln eines Kosmetikherstellers im Rahmen eines selektiven Systems, die den Vertrieb ausschließlich in physischen Vertriebsräumen unter Anwesenheit eines Pharmazeuten verlangten.

Nach etablierten Grundsätzen beeinflussen Vereinbarungen eines selektiven Vertriebssystems zwangsläufig den Wettbewerb im Gemeinsamen Markt. Legitime Bedürfnisse wie die Aufrechterhaltung eines Fachhandels für hochwertige Erzeugnisse rechtfertigen jedoch eine Einschränkung des Preiswettbewerbs zugunsten eines andere Faktoren als die Preise betreffenden Wettbewerbs. Daher fällt ein solches Vertriebsnetz nicht unter Art. 101 AEUV, sofern die Wiederverkäufer anhand objektiver Gesichtspunkte qualitativer Art, die einheitlich und diskriminierungsfrei festgelegt werden, ausgewählt werden, sofern die Eigenschaften des Erzeugnisses zur Gewährleistung seiner Qualität und seines richtigen Gebrauchs ein solches Vertriebsnetz erfordern und die festgelegten Kriterien nicht über das erforderliche Maß hinausgehen.[19] Zur hier lediglich fraglichen Verhältnismäßigkeit verneinte der EuGH[20] im Hinblick auf die Grundfreiheiten die Notwendigkeit einer individuellen Beratung des Kunden zur Rechtfertigung eines Verbots des Internetverkaufs. Auch das Ziel, den Prestigecharakter zu schützen, könne kein legitimes Ziel einer Wettbewerbsbeschrän-

---

18 Rs. C-439/09, Slg. 2011, I-9419.

19 St. Rspr. seit EuGH, Urt. v. 25.10.1977, Rs. 26/76 (Metro), Slg. 1977, 1875; Urt. v. 11.12.1980, Rs. 31/80 (L´Oréal), Slg. 1980, 3775; Urt. v. 25.10.1983, Rs. 107/82 (AEG), Slg. 1983, 3151.

20 Wie schon Urt. v. 11.12.2003, Rs. C-322/01 (DocMorris, Arzneimittel), Slg. 2003, I-14887; Urt. v. 2.12.2010, Rs. C-108/09 (Ker-Optika, Kontaktlinsen), Slg. 2010, I-12213.

kung sein. Die Klausel enthalte daher eine bezweckte Wettbewerbsbeschränkung iSv Art. 101 Abs. 1 AEUV.[21] Unter Art. 101 Abs. 3 AEUV komme es für eine Gruppenfreistellung[22] auf Art. 4 lit. c der VO an, denn eine Vertragsklausel, die de facto den Internetvertrieb verbietet, bezwecke zumindest die Einschränkung des passiven Verkaufs an außerhalb des Vertragsgebiets des betreffenden Systemhändlers ansässige Endverbraucher, die über das Internet kaufen möchten. Es handele sich nicht um eine zulässige Untersagung des Verkaufs von nicht zugelassenen Niederlassungen iSv Art. 4 lit. c der VO aE, denn ihrem Wortlaut nach erfasse die Regelung nur Direktverkaufsstellen; für eine weitergehende Auslegung sei wegen der verbleibenden Möglichkeit, die Anwendbarkeit der Legalausnahme nach Art. 101 Abs. 3 AEUV per Einzelfreistellung geltend zu machen, kein Bedarf.

In der Folge erklärte das KG unter Bezug auf „Fabre“ ein Plattformverbot für unzulässig, begründete seine Entscheidung allerdings maßgeblich damit, dass im zugrundeliegenden Fall kein selektives Vertriebssystem gegeben sei.[23]

Ein generelles Plattform- und Preissuchmaschinenverbot wird nun auch vom LG Frankfurt nicht mehr als zulässig angesehen.[24] Auch die Zulässigkeit der sog. Logoklausel nach Zif. 54 LL rechtfertige kein Plattformverbot. Die LL aus 2010 seien insoweit durch „Fabre“ überholt, bänden außerdem nur die Kommission. Für die Einzelfreistellung fehlte es am Vortrag von Effizienzvorteilen, insbesondere könne das Markenimage auch durch Qualitätskriterien für Onlineplattformen geschützt werden.

Das OLG Schleswig[25] verurteilte im Rahmen einer Verbandsklage ebenfalls Plattformverbote in einem nicht selektiven Vertriebssystem von Digitalkameras als wettbewerbsbeschränkend, denn Internetplattformen hätten wegen zwischenzeitlicher Professionalisierung des E-Commerce ihren früheren „Flohmarkt“charakter verloren und böten wettbewerbliche

---

21 Sofern die konkrete Prüfung der Klausel durch das vorlegende Gericht ergebe, dass sie in Anbetracht der Produkteigenschaften nicht objektiv gerechtfertigt ist.

22 Noch unter der Vorgängerverordnung 2790/1999.

23 Urt. v. 19.9.2013, 2 U 8/09 Kart, MMR 2013, 774.

24 Urt. v. 18.6.2014, 3 O 158/13, GRUR-RR 2014, 419 = MMR 2014, 777 = BeckRS 2014, 12538 (Funktionsrucksäcke). Ähnlich Urt. v. 31.7.2014, 3 O 128/13 (Coty).

25 Urt. v. 5.6.2014, 16 U Kart. 154/13, n. rkräft., NJW 2014, 3104 m. Anm. *Pahnke* = WRP 2014, 1112 m. Anm. *Telle* = GRUR-RR 2015, 34 = BeckRS 2014, 12538.

Vorteile der Erreichbarkeit und Preisvergleichbarkeit gegenüber den in der Vereinbarung zugelassenen Händler-Onlineshops.

Konsequenterweise wird in jüngeren Entscheidungen nicht nur die entsprechende Klausel im Vertrag für unwirksam erklärt, sondern dem Händler auch Schadensersatz wegen entgangenen Gewinns zugesprochen.[26]

Die Praxis des BKartA weist in dieselbe Richtung. Mit Beschluss v. 15.10.2013[27] stellte das BKartA ein Verfahren ein, nachdem das Unternehmen sein Plattformverbot aufgegeben hatte. Ein ähnliches Plattformverbot wurde förmlich gerügt.[28] Im Beschluss v. 27.6.2014[29] war wegen Überschreitung der Marktanteilschwelle die GVO nicht anwendbar, sodass eine Einzelfreistellung zu prüfen, jedoch in Ermangelung von Effizienzgewinnen zu versagen war. Es wurde bisher insoweit auch in keinem weiteren Fall eine Einzelfreistellung bekannt.[30]

IV. Insbesondere die Tatbestandsmäßigkeit der Wettbewerbsbeschränkung

Der Gerichtshof geht zunächst[31] davon aus, dass zulässige Beschränkungen in selektiven Systemen schon tatbestandsmäßig nicht Art. 101 AEUV unterfallen. Praktischer Hintergrund war ursprünglich Überlastung der Kommission als Freistellungsbehörde unter dem primärrechtlichen Kartellverbot mit Befreiungsvorbehalt der früheren VO 17/62. Mit der Um-

---

26 OLG Düsseldorf, Urt. v. 13.11.2013, VI U (Kart) 11/13; LG Frankfurt, Urt. v. 18.6.2014, 3 O 158/13, GRUR-RR 2014, 419 = MMR 2014, 777 = BeckRS 2014, 12538.

27 B7-1/13-35, Fallbericht v. 24.10.2013, Sennheiser.

28 PM v. 28.4.2014, ASICS.

29 B3-137/12, Fallbericht v. 19.8.2014, Adidas.

30 Dazu *Eickhoff* GWR 2011, 503.

31 Wie schon Urt. v. 25.10.1977, Rs. 26/76 (Metro), Slg. 1977, 1875, zum damaligen Art. 85 EWGV, unter ausdrücklichem Rückgriff auf das Konzept der „workable competition"; ähnlich Urt. v. 11.12.1980, Rs. 31/80 (L´Oréal), Slg. 1980, 3775; Urt. v. 25.10.1983, Rs. 107/82 (AEG), Slg. 1983, 3151. Dieses Konzept geht zurück auf *Clark* AER 30(2), 241 ff. (1940). Zur grundsätzlichen Frage rechtlicher Normhaftigkeit im Zusammenhang mit wirtschaftspolitischen Konzepten schon *Müller-Graff*, Unternehmensinvestitionen und Investitionsteuerung im Marktrecht, Tübingen, 1984, insb. 35 ff., 275 ff.; zur rechtlichen Zielbezogenheit von europäischem Kartellverbot und Freistellung *Stumpf*, Aufgabe und Befugnis, Frankfurt a.M. 1999.

stellung auf das System der Legalausnahme durch die VO 1/2003, das in „Fabre“ mehrfach betont wird, ist dieser Gesichtspunkt eigentlich entfallen.[32] In der Literatur wird der tatbestandliche Ansatz dennoch oft weiter verfolgt, doch wird auch eingewandt, dass es systemwidrig sei, die eigentliche kartellrechtliche Abwägung auf die Definition der Wettbewerbsbeschränkung vorzuverlagern; eine Beeinträchtigung der Handlungsfreiheit anderer Marktteilnehmer stelle vielmehr zunächst eine – zumindest „bezweckte“, was genügt – Wettbewerbsbeschränkung dar,[33] die allenfalls aufgrund von Effizienzgewinnen freigestellt werden kann. Insb. dürfe nicht die Abwägung der GVO, was als Kernbeschränkung anzusehen ist, dadurch umgangen werden, dass bereits auf der Tatbestandsebene die Wettbewerbsbeschränkung verneint wird.[34] Diese Frage kann hier nicht grundsätzlich diskutiert werden.[35] Interessant ist jedoch in diesem Zusammenhang, dass der EuGH in „Fabre“ dem nationalen Gericht Kriterien zu Erforderlichkeit und Verhältnismäßigkeit mitgegeben hat. Individuelle Beratung und Schutz vor falscher Anwendung rechtfertigen danach auf keinen Fall ein Internetverbot,[36] auch nicht das Ziel, das Prestige des Produkts zu schützen.[37] Weitere Gründe sind kaum erkennbar, so dass mit diesem Verständnis Internetverbote praktisch per se als Wettbewerbsbeschränkung gefasst werden, auch wenn sie Teil selektiver Systeme sind.[38] Das weite Tatbestandsverständnis des EuGH zu Art. 101 Abs. 1 AEUV,

---

32 Zutr. *Rudowicz* NZKart 2014, 253.

33 Eine bewirkte Wettbewerbsbeschränkung muss deshalb nicht mehr nachgewiesen werden; zutr. *Wegner* BB 2011, 2959; *Neubauer* MMR 2012, 53.

34 Z. B. *Spieker* GRUR-RR 2009, 81, 83.

35 Sie behält praktische Bedeutung auch im System der Legalausnahme, z. B. oberhalb der Marktanteilsschwellen von Art. 3 GVO, zutr. *Dieselhorst/Luhn* WRP 2008, 1306.

36 Wie schon in Doc Morris u. Ker-Optika (Fn. 19).

37 Das wird nicht begründet, was schon grundsätzlich und besonders vor dem Hintergrund auffällt, dass vorher Gerichte hier genau entgegengesetzt entschieden hatten, s.o.; ebenso *Neubauer* MMR 2012, 50; *Rahlmeyer* ZVertriebsR 2012, 55. Ausf. Abwägung dagegen z. B. bei *Schweda/Rudowicz* WRP 2013, 590. Einschränkend *Peeperkorn/Heimann* GRUR 2014, 1175.

38 Auch wettbewerbstheoretisch besteht ein wesentlicher Einwand gegen das Konzept der „workable competition“ darin, dass es begründungsunklar in der entscheidenden Frage bleibt, wettbewerblich wünschenswerte von unerwünschten Marktunvollkommenheiten zu unterscheiden. Heute hat sich die Wettbewerbstheorie z. B. über Industrieökonomik und Spieltheorie ohnehin weiterentwickelt. Zu vertikalen Wettbewerbsbeschränkungen im Lichte moderner Wettbewerbstheorie auch *Pichler/Hertfelder* NZKart 2014, 47, mwN.

wie es in „Fabre" deutlich wird,[39] ist nur auf Internetverbote bezogen, hätte aber das Potential, im Hinblick auf selektive Vertriebssysteme in Zukunft weiterentwickelt zu werden[40] in Richtung eines nicht nur wettbewerbstheoretisch, sondern auch normtheoretisch moderneren Wettbewerbsverständnisses generell.

V. Fazit

Die Rechtsprechung des EuGH zum Internetvertrieb ist ein Schulbeispiel dafür, wie Grundfreiheiten Binnengrenzen gegenüber hoheitlichen Verkehrshindernissen öffnen (Doc Morris, Ker-Optika) und Wettbewerbsregeln die Grundfreiheiten ergänzen, indem sie auch gegen private Verkehrshindernisse wirken (Fabre). In der kartellrechtlichen Feineinstellung bringt „Fabre" die Anwendung der „Metro"-Rechtsprechung zum selektiven Vertrieb auf die Gegebenheiten des Onlinehandels. Viele Markenartikelhersteller passen demgemäß derzeit ihre selektiven Systeme an die neuen Erfordernisse an.[41]

Schon allein da einige derzeitige Entscheidungen nicht rechtskräftig sind, ist mit weiterer Judikatur zu rechnen. Wünschenswert wäre, gerade bei Selbstveranlagung im System der Legalausnahme,[42] mittelfristig eine legislatorische Klärung des Internetvertriebs nicht nur in den Leitlinien, sondern in der GVO,[43] judikativ eine Fortentwicklung des Wettbewerbsbegriffs, wie er in „Fabre" angelegt sein könnte.

---

39 Dazu auch *Ellenrieder* WRP 2012, 141.

40 Im Sinne einer entsprechenden Offenheit interpretiert *Lettl* WRP 2010, 807, 821 auch die LL.

41 Überblick z. B. bei *Dreyer/Lemberg* BB 2012, 2004.

42 Dazu auch *Rheinländer* WRP 2005, 285, m. zahlr. w. N.; *Velte* EuZW 2012, 19.

43 So auch *Trube* WRP 2004, 861; *Rösner* WRP 2010, 1114. Zur methodischen Konsistenz von GVO und LL auch *Nolte* BB 2014, 1155.

Die Richtlinie über die Haftung für Kartellrechtsverstöße: Förderung der Privatinitiative zur Durchsetzung des Rechts und Eckstein für ein Europäisches Schadensrecht?

Stefan J. Geibel

I. Einführung

Einen Marktteilnehmer zu einer Geltendmachung eigener Ansprüche ergänzend zu einer behördlichen Aufsicht zu mobilisieren, um dem Recht insgesamt zur tatsächlichen Durchsetzung zu verhelfen, ist zu einem normativen Leitbild geworden, das in vielen nationalen Kartellrechtsordnungen zu beobachten ist und das beispielsweise in Deutschland der durch die 7. GWB-Novelle[1] neu gefassten Vorschrift des § 33 Abs. 3 GWB zugrunde liegt. Bereits zuvor wurde dieses Leitbild für das europäische Kartellrecht vom EuGH befördert[2] und ist zentraler Regelungsgegenstand einer Richtlinie über die Schadensersatzhaftung für Kartellrechtsverstöße, die, beruhend auf einem Vorschlag der Kommission vom 11.6.2013, das Europäische Parlament im April 2014 unter erheblichen Änderungen passiert hat und vom Rat im November 2014 verabschiedet wurde.[3] Art. 4 der Richtlinie, einige Passagen in den Erwägungsgründen[4] sowie die „doppel-

1 BGBl. I 2005, 1954.

2 Grundlegend EuGH, Urt. v. 20.9.2001, Rs. C-453/99 (Courage/Crehan), Slg. 2001, I-6297; EuGH, Urt. v. 13.7.2006, verb. Rs. C-295/04 bis C-298/04 (Manfredi/Lloyd Adriatico Assicurazioni), Slg. 2006, I-6619.

3 Richtlinie 2014/104/EU des Europäischen Parlaments und des Rates vom 26.11.2014 über bestimmte Vorschriften für Schadensersatzklagen nach nationalem Recht wegen Zuwiderhandlungen gegen wettbewerbsrechtliche Bestimmungen der Mitgliedstaaten und der Europäischen Union, ABl. EU v. 5.12.2014, L 349/1; Richtlinienvorschlag der Kommission COM(2013) 404 final; Stellungnahme des Europäischen Wirtschafts- und Sozialausschusses ABl. EU v. 6.3.2014, C 67/83; Legislative Entschließung des Europäischen Parlaments vom 17.4.2014, P7_TA(2014)0451.

4 Siehe insbes. die Erwägungsgründe 3 („...Dieses Unionsrecht auf Schadensersatz ...“), 4 („Der nach Unionsrecht geltende Schadensersatzanspruch ...“), 8 („... des nach Unionsrecht geltenden Schadensersatzanspruchs ...“) und 21 („...Unionsrecht auf Ersatz ...“) der Richtlinie.

te Rechtsgrundlage der Artikel 103 und 114 (AEUV)" [5] deuten auf einen im Kern unionsrechtlichen, in der „Effektivierung" der Artikel 101, 102 AEUV anzulegenden Charakter des Schadensersatzanspruches.[6] Die Harmonisierungsanordnung der Richtlinie bezieht sich auf diejenigen nationalen Vorschriften und Verfahrensregelungen, welche diesen (vorgegebenen) unionsrechtlichen Kartellschadensersatzanspruch, dessen Ausübung und Geltendmachung im Einklang mit der Richtlinie „gewährleisten".[7]

Die Richtlinie spannt auch aufgrund der Änderungen durch das Parlament ein derart dichtes Netz von Regelungen für den Inhalt des Schadensersatzanspruches, dass sich unter anderem die Frage stellt, ob in der Richtlinie Kernelemente für ein unionsrechtliches Schadensrecht aufscheinen (III.). Dass die in der Richtlinie vorgeschriebenen „Gewährleistungen" effektiv umgesetzt werden können, hängt zunächst von der Frage ab, ob mit den Mitteln der nationalen Rechtsordnungen Kartellrechtsverstöße tatsächlich mit einer zivilrechtlichen Haftung einher gehen können, ohne dass sich Systembrüche mit dem anwendbaren nationalen Delikts- und Schadensrecht zeigen. Dieser Frage kann hier nur nach Art einer Skizze und beispielhaft in Bezug auf das deutsche Recht nachgegangen werden (II.).

II. Private Normdurchsetzung ohne Systembrüche mit dem Privatrecht?

So eingetreten der Weg über eine Schutzgesetzverletzung im Sinne von § 823 Abs. 2 BGB wirken mag, den die deutsche Rechtsprechung in Anknüpfung an die EuGH-Urteile in den Rechtssachen *Courage/Crehan* und

---

5 Erwägungsgrund 8 der Richtlinie aE.

6 Anders die bislang h.Lit., vgl. dazu z. B. die weiteren Nachweise bei *K. Schmidt*, in: Immenga/Mestmäcker (Hrsg.), Wettbewerbsrecht, Band 1. EU/Teil 2, Kommentar zum Europäischen Kartellrecht, 5. Aufl. 2012, Anh. 2 VO 1/2003 Rn. 2 aE, 13; demgegenüber wies schon der EuGH nur die „Verfahrensmodalitäten für Klagen" und die Bestimmung der zuständigen Gerichte dem innerstaatlichen Recht zu, vgl. EuGH, Urt. v. 20.9.2001, Rs. C-453/99 (Courage/Crehan), Slg. 2001, I-6297, Rn. 29, und sieht den Schadensersatz im Zusammenhang mit der Aussage, Art. 101 Abs. 1 AEUV erzeuge unmittelbare Wirkungen zwischen Einzelnen und lasse „in deren Person Rechte entstehen", EuGH, Urt. v. 13.7.2006, verb. Rs. C-295/04 bis C-298/04 (Manfredi/Lloyd Adriatico Assicurazioni), Slg. 2006, I-6619, Rn. 58, 60.

7 Vgl. insbes. Art. 3 Abs. 1 und Art. 4 Satz 1 der Richtlinie.

Manfredi[8] einem durch einen Kartellrechtsverstoß individuell Geschädigten eröffnet hat,[9] für die Richtlinienumsetzung empfiehlt sich dieser Weg keinesfalls. Würde er eingeschlagen, bestünde die Gefahr, dass die Konturen des Schutzgesetzbegriffs im deutschen Recht zu verschwimmen drohen. Jeder wettbewerbsrechtlichen Norm, die das „System unverfälschten Wettbewerbs“[10] und den Markt selbst schützen soll, stets auch den Schutz der einzelnen Marktteilnehmer beizulegen, geriete notwendig in Kontrast insbesondere zur Qualifizierung kapitalmarkt(-delikts-)rechtlicher Normen. Die anlegerschützende Funktion hat dort im Grundsatz nicht den Schutzgesetzcharakter dieser Normen zur Folge, vielmehr wird dem Anlegerschutz nur ein bloßer „Reflex“ des vom Gesetz gewollten Marktschutzes zugebilligt.[11] Da die Richtlinie in Art. 1 Abs. 1 und Art. 2 Abs. 1 die Schadensersatzpflicht nicht von einem Verschulden abhängig macht, wäre in § 823 Abs. 2 S. 2 BGB eine Ausnahme anzubringen, deren Folgewirkungen für das den §§ 823 ff. BGB zugrunde liegende Verschuldensprinzip noch nicht eingeschätzt werden könnten. Mit einer Qualifizierung als Schutzgesetz würde zudem die Frage aufgeworfen, ob neben den gegen die Wettbewerbsvorschriften verstoßenden Unternehmen auch deren in die Kartellabsprachen involvierte oder sie initiierende Organmitglieder oder gesetzliche Vertreter persönlich haften – ein im deutschen Deliktsrecht bekanntlich vermintes Feld.[12] Sogar der Sprung zu einer entsprechenden Erweiterung des Schutzgesetzcharakters auf alle unionsrechtlichen Bestimmungen wäre nicht mehr weit.[13] Kurzum, das dem deutschen Recht imma-

8 Siehe Fn. 2.

9 Vgl. v. a. BGH, Urt. v. 28.6.2011, KZR 75/10, Rn. 23 ff. = NJW 2012, 928.

10 So für Art. 101 Abs. 1 AEUV *Emmerich*, in: Immenga/Mestmäcker (Hrsg.), Wettbewerbsrecht, Band 1. EU/Teil 1, Kommentar zum Europäischen Kartellrecht, 5. Aufl. 2012, Art. 101 Abs. 1 AEUV Rn. 3.

11 Vgl. allgemein z. B. *Hellgardt*, Kapitalmarktdeliktsrecht, Tübingen 2008, 28 f., 46 ff.; speziell zu einzelnen Normen des WpHG z. B. BGH, Urt. v. 19.2.2008, XI ZR 170/07, Rn. 15 ff.= BGHZ 175, 276 (für § 32 Abs. 2 Nr. 1 WpHG); BGH, Urt. v. 22.6.2010, VI ZR 212/09, Rn. 29 ff.= NJW 2010, 3651 (für § 34a Abs. 1 S. 1 WpHG).

12 Vgl. grundlegend das „Baustoff“-Urteil des BGH, Urt. v. 5.12.1989, VI ZR 335/88 = BGHZ 109, 297. Abzulehnen wäre freilich jeder Automatismus zwischen der Annahme eines Schutzgesetzes und einer persönlichen Außenhaftung des Organwalters; in diese Richtung vgl. z. B. *Verse* ZHR 170 (2006), 398 (405 ff.). Von der Richtlinie wird eine Außenhaftung der Organwalter nicht gefordert.

13 Vgl. z. B. *Wiedmann*, in: Gebauer/Wiedmann (Hrsg.), Zivilrecht unter europäischem Einfluss, 2. Aufl. 2010, Kapitel 2 Rn. 76, 77: „Schadensersatzansprüche er-

nente System eines begrenzten Ersatzes primärer Vermögensschäden[14] drohte bei einer Umsetzung über das allgemeine Deliktsrecht aus den Fugen zu geraten. Um die Richtlinie „privatrechtsstimmig"[15] in deutsches Recht umzusetzen, spricht daher alles gegen eine deliktsrechtliche Einbettung, der es angesichts der eingangs erwähnten unionsrechtlichen Natur des Anspruchs gar nicht bedarf.

Hinsichtlich des persönlichen Schutzbereichs des Kartellschadensersatzanspruches verwundert kaum, dass zum bisherigen nationalen Recht der BGH den Kreis möglicher Ersatzberechtigter weit gezogen und auf die Abnehmer der ferneren Marktstufen erstreckt hatte.[16] Wenn eine Norm schon über ihren Schutzgesetzcharakter keinen eindeutigen Aufschluss gibt, wird sie über eine Beschränkung des persönlichen Schutzbereichs nur schweigen können. Eine differenzierte und reflektierte Wägung des Für und Wider, den Kartellschadensersatz über die direkten Abnehmer hinaus den Teilnehmern aller Marktstufen zu öffnen, muss der Legislative überlassen bleiben. Ob das gesamte Potential dieses Abwägungsprozesses im Richtlinienverfahren ausgefaltet worden ist,[17] mag bezweifelt werden. Zumindest die drängende Problematik um eine notwendige Kanalisierung einer möglicherweise unübersehbar großen Anzahl von Ersatzberechtigten wird von der Richtlinie nicht befriedigend gelöst. Dem nationalen Gesetzgeber wäre anzuraten, bei der Umsetzung nicht lediglich einen Seitenblick auf das KapMuG[18] oder andere Instrumente kollektiven Rechtsschutzes zu werfen.

Wer möglicher Anspruchsgegner des Kartellschadensersatzes sein soll, wurde erst durch eine Änderung des Europäischen Parlaments in Art. 1

---

höhen die Durchsetzungskraft des Unionsrechts"; differenzierend *Riehm*, in: Langenbucher (Hrsg.), Europäisches Privat- und Wirtschaftsrecht, 3. Aufl. 2013, § 3 Rn. 47.

14 Dazu näher z. B. *Schiemann*, in: Erman, BGB, 13. Aufl. 2011, § 823 Rn. 153 ff.; *Spickhoff*, Gesetzesverstoß und Haftung, Köln/Berlin/Bonn/München 1998, 125 ff.

15 *Müller-Graff*, in: Lobinger/Piekenbrock/Stoffels (Hrsg.), Zur Integrationskraft zivilrechtlicher Dogmatik, Tübingen 2014, 137.

16 Vgl. BGH, Urt. v. 28.6.2011, KZR 75/10, Rn. 23 ff. = NJW 2012, 928.

17 Zum Argumentationsstand im deutschen Recht vor der Richtlinie vgl. etwa *Fuchs*, in: Remien (Hrsg.), Schadensersatz im europäischen Privat- und Wirtschaftsrecht, Tübingen 2012, 55, 61 ff.

18 Gesetz über Musterverfahren in kapitalmarktrechtlichen Streitigkeiten (Kapitalanleger-Musterverfahrensgesetz), BGBl. I 2012, 2182, zuletzt geändert durch Gesetz vom 4.7.2013, BGBl. I 2013, 1981.

Abs. 1 der Richtlinie eingefügt: das Unternehmen oder die Unternehmensvereinigung, die den Schaden durch eine Zuwiderhandlung gegen das Wettbewerbsrecht verursacht habe. Sofern damit das europarechtliche Verständnis des Unternehmens als eine „wirtschaftliche Einheit“, in der mehrere Mutter- und Tochterunternehmensträger rechtsformübergreifend und ohne Rücksicht auf eine Verantwortlichkeit allein aufgrund ihrer wirtschaftlichen Angebotstätigkeit in dem von der Kartellvereinbarung erfassten Segment zu einer Zuordnungsebene zusammengebunden sind, tatsächlich für einen Schadensersatzanspruch eines Privaten gegen die Träger dieser wirtschaftlichen Einheit gelten sollte, könnte ein veritabler Bruch jedenfalls mit dem deutschen Haftungs- und Gesellschaftsrecht drohen. Trotz aller Tendenzen, im Handelsrecht stärker das Unternehmen zu betonen, geht das deutsche Recht bewusst nicht so weit, statt des Unternehmensträgers das Unternehmen selbst zum Zuordnungssubjekt von Rechten und Pflichten im Außenverhältnis zu machen.[19] Dürfte ein Kartellschadensersatz von einer Gesellschaft allein deshalb verlangt werden, weil sie mit den gegen das Kartellrecht verstoßenden Konzerngesellschaften eine wirtschaftliche Einheit bildet, würden alle bislang bekannten Zurechnungsregeln übersprungen, und unerträgliche Ergebnisse wären die Folge, insbesondere für Minderheitsgesellschafter und Organmitglieder einer Tochter- oder Schwestergesellschaft, die von dem Verstoß nichts ahnen konnte. Die Versuche, eine wirtschaftliche Einheit im Sinne der EuGH-Rechtsprechung zu Art. 101 AEUV mit einer Personengesellschaft zu vergleichen und die beteiligten Konzernunternehmen gemäß oder analog § 128 HGB haften zu lassen,[20] können allenfalls als ein Erklärungsmodell verstanden werden, das aber die problematischen Fälle nicht zu erklären vermag, in denen zwischen den Konzernunternehmen eine vertragliche Vereinbarung fehlt oder allenfalls eine Innengesellschaft angenommen werden könnte. Eine Vereinbarkeit mit dem nationalen Recht müsste freilich nicht „erklärt“ werden, wenn man – wofür Art. 1 Abs. 1 der Richtlinie allerdings nicht zwingend spricht – die Regelung über den Anspruchsgegner samt der Zurechnungsregeln innerhalb einer „wirtschaftlichen Einheit“ zum Kern des unionsrechtlichen Anspruchs zählt und die Mitgliedstaaten lediglich dessen Geltendmachung zu gewährleisten haben.

---

19 Vgl. nur *K. Schmidt*, Handelsrecht, Unternehmensrecht I, 6. Aufl. 2014, § 3 IV Rn. 43, 44 f. (94 ff.).

20 So *Kersting* Der Konzern 2011, 445, 448 ff.; *ders*. WuW 06/2014, 564, 565 f.

III. Schadensrechtliche Weichenstellungen in der Richtlinie

Da ein Hauptanliegen der Richtlinie die effektive Gewährleistung des Kartellschadensersatzes ist, werden in der Richtlinie folgerichtig die schadensrechtlichen Folgen in einen Vordergrund gerückt. Da der Schaden Voraussetzung des Schadensersatzanspruchs ist, wird man jedenfalls die zentralen schadensrechtlichen Aussagen der Richtlinie zum Kern eines unionsrechtlichen Schadensersatzanspruches zählen müssen. Dies ist für das privatrechtliche Unionssekundärrecht bislang einzigartig, was beispielsweise der durch die Verordnung (EU) Nr. 462/2013 in die Verordnung über Ratingagenturen neu eingefügte Art. 35a, dessen Absatz 4 insbesondere die schadensrechtlichen Folgen eines Haftungsanspruches gegen eine Ratingagentur dem jeweils anwendbaren nationalen Recht zuweist,[21] oder die Produkthaftungsrichtlinie zeigen, deren Regelungen den Schadensbegriff im Wesentlichen voraussetzen und nur ergänzende Funktion haben.[22] Erst mit der Richtlinie zum Kartellschadensersatz wird der Weg zu einem unionsrechtlichen Schadensrecht eingeschlagen.

Schadensrechtlich größte Bedeutung hat die auf Betreiben des Parlaments in Art. 3 Abs. 3 der Richtlinie aufgenommene ausdrückliche Absage an jegliche Form der Überkompensation vor allem in Gestalt eines Strafschadensersatzes oder einer Mehrfachentschädigung. Darüber hinaus hat der Richtliniengeber Andeutungen an eine sanktionierende oder abschreckende Funktion des Schadensersatzes vermieden.[23] Zwar ist die Präventionswirkung der zivilrechtlichen Schadensersatzfolgen eines Kartellverstoßes nicht bloß „nützliche Folge der Kompensation“,[24] sondern liefert einen von mehreren Rechtfertigungsgründen für zahlreiche Abweichungen des Kartellschadensersatztatbestandes vom jeweils anwendbaren Zivil-

---

21 Verordnung (EU) Nr. 462/2013 zur Änderung der Verordnung (EG) Nr. 1060/2009 über Ratingagenturen, ABl. EU v. 31.5.2013, L 146/1.

22 Siehe insbes. Artt. 1, 9 der Richtlinie des Rates vom 25.7.1985 zur Angleichung der Rechts- und Verwaltungsvorschriften der Mitgliedstaaten über die Haftung für fehlerhafte Produkte, ABl. EG v. 7.8.1985, L 210/29.

23 Recht schwach dürfte ein *argumentum e contrario* aus Art. 8 der Richtlinie sein, wo „Sanktionen“ für bestimmte Verstöße gewährleistet werden müssen, aber gerade nicht der Kartellschadensersatz gemeint ist.

24 So BGH, Urt. v. 28.6.2011, KZR 75/10, Rn. 62 = NJW 2012, 928.

recht.[25] Doch kann sie ihrerseits nicht die Einführung pönaler Elemente in den Schadensinhalt rechtfertigen, was in den kontinentaleuropäischen Rechtsordnungen seit langem anerkannt wird.[26] Dass nun der Richtliniengeber gerade bei dem vom Präventionsgedanken besonders durchdrungenen Kartellschadensersatz den Schadensinhalt strikt an die Kompensationsfunktion koppelt, hat eine über das Kartellrecht hinausgehende Bedeutung für das gesamte, auch das künftige Unionsschadensersatzrecht.

In sich konsistent und im Einklang mit vielen mitgliedstaatlichen Rechtstraditionen wird in Art. 3 Abs. 1 der Richtlinie der Grundsatz der Totalreparation („vollständiger Ersatz") verankert und der Ersatz eines Schadens mittels einer Differenzhypothese in Art. 3 Abs. 2 S. 1 der Richtlinie bestimmt. Auch dies ist Fundament des unionsrechtlichen Schadensrechts. Allerdings lässt sich aus dem Wortlaut des Art. 3 Abs. 2 S. 1 nicht exakt bestimmen, ob es sich um eine Restitution in Natur handeln kann oder stets nur um eine Kompensation in Geld. Satz 2 von Art. 3 Abs. 2 der Richtlinie nennt zwar explizit das *damnum emergens* und das *lucrum cessans*,[27] ist aber nicht abschließend. Aus Art. 13 der Richtlinie, in dem der Einwand der Schadensabwälzung mit der Weitergabe des sich aus dem Kartellverstoß resultierenden Preisaufschlags umschrieben wird, kann immerhin der Wille des Richtliniengebers geschlossen werden, den Geschädigten grundsätzlich so zu stellen, wie er bei Abschluss eines Vertrages zu vom Kartellverstoß unbeeinflussten Preiskonditionen stünde, mithin das positive Interesse an einer günstigeren Vertragsgestaltung mit demselben Vertragspartner.[28] Art. 14 Abs. 2 der Richtlinie enthält für mittelbare Abnehmer eine bedeutsame widerlegbare Vermutung, dass ein kausal auf

---

25 Vgl. für § 33 GWB z. B. *Pölzig*, Normdurchsetzung durch Privatrecht, Tübingen 2012, 172; *Fuchs*, in: Remien (Hrsg.), Schadensersatz im europäischen Privat- und Wirtschaftsrecht, Tübingen 2012, S. 55, 56 f.

26 Vgl. z. B. *Koziol*, in: Remien (Hrsg.), Schadensersatz im europäischen Privat- und Wirtschaftsrecht, Tübingen 2012, 5, 12 ff.; zur Ablehnung des Strafschadensersatzes im deutschen Recht vgl. z. B. *Lange/Schiemann*, Handbuch des Schuldrechts, Schadensersatz, 3. Aufl. 2003, Einl. III 2d (12 f.); krit. z. B. *Wagner* AcP 206 (2006), 451 ff.

27 Vgl. Erwägungsgrund 12 der Richtlinie.

28 Siehe auch Satz 1 in Erwägungsgrund 39 der Richtlinie. Dieser Kausalitätsbeweis des hypothetisch günstigeren Vertragsschlusses wird auch im deutschen Recht im Zusammenhang mit Aufklärungspflichtverletzungen häufig nicht explizit verlangt oder unterliegt Beweiserleichterungen, wie an anderer Stelle (*Geibel*, Der Kapitalanlegerschaden, Tübingen 2002, 210 ff.) näher untersucht.

einem Kartellrechtsverstoß beruhender Preisaufschlag an ihn weitergereicht wurde.

Auch wenn der Fall einer Überteuerung häufig sein dürfte, ist er nicht der einzig mögliche Schadensinhalt. Insbesondere kann der Ersatzberechtigte den entgangenen Gewinn (*lucrum cessans*) geltend machen, wenn er beweist, dass er sich ohne den Kartellverstoß billiger eingedeckt hätte, und darlegt, er hätte dennoch zum gleichen Preis weiterveräußert. Dies wird vornehmlich für direkte Abnehmer in Betracht kommen. Andere mögliche Schadensinhalte richten sich danach, welcher Art die Wettbewerbsbeschränkung ist. Zum Beispiel kann im Fall eines selektiven Vertriebssystems der Ersatzberechtigte so zu stellen sein, wie er stünde, wenn ein bestimmter Vertrag geschlossen worden wäre; freilich darf dies nicht mit einem schadensrechtlichen Kontrahierungszwang verwechselt werden.[29]

Da die Richtlinie die Aktivlegitimation grundsätzlich[30] nicht beschränkt, erlaubt sie dem Ersatzverpflichteten im Ansatz konsequent den sog. Einwand der Schadensabwälzung (*passing-on defense*) und erlegt ihm hierfür die Beweislast auf. Ungenau wird allerdings im Indikativ formuliert. Richtigerweise entfällt der Schaden in Gestalt des entgangenen Gewinns nur dann, wenn der Ersatzverpflichtete beweist, dass der Abnehmer bei hypothetischer Annahme eines fehlenden Kartellrechtsverstoßes nicht nur billiger eingekauft, sondern auch billiger weiterveräußert *hätte*. Die Anrechnung eines solchen Vorteils könnte schwerlich aus Präventionsgründen verwehrt werden, wäre aber praktisch häufig nur schwer zu beweisen. Die Richtlinie bekennt sich daher zum Grundsatz der Vorteilsausgleichung und zur Ersatzfähigkeit auch geringer Schäden der mittelbaren Abnehmer.

IV. Résumé

Um möglichst keine Systembrüche mit dem nationalen Recht auszulösen, muss der Kartellschadensersatzanspruch der Richtlinie als ein spezifi-

29 Vgl. z. B. *K. Schmidt*, in: Immenga/Mestmäcker, Wettbewerbsrecht, Band 1. EU/Teil 2, Kommentar zum Europäischen Kartellrecht, 5. Aufl. 2012, Anh. 2 VO 1/2003 Rn. 31; *Pölzig*, Normdurchsetzung durch Privatrecht, Tübingen 2012, 170; anders noch z. B. BGH, Urt. v. 12.5.1998, KZR 23-96 = NJW-RR 1999, 189.

30 Nicht in das System passen insbesondere die Privilegierungen für KMU in Art. 11 Abs. 2 der Richtlinie.

scher, vom nationalen Deliktsrecht möglichst getrennter, auf die Richtlinie verweisender Haftungstatbestand gewährleistet und ausgelegt werden. Der Kartellschadensersatzanspruch findet seinen unantastbaren Kern im Unionsrecht und darf von den Mitgliedstaaten lediglich flankierend hinsichtlich der Modalitäten seiner Ausübung sowie seiner Geltendmachung und verfahrensrechtlichen Durchsetzung im Einklang mit dem Effektivitäts- und dem Äquivalenzprinzip ausgestaltet werden. Nachdem der EuGH in seinem Urteil zum sog. *umbrella pricing* zu derartigen „Modalitäten für die Ausübung“ auch die „Bestimmung der Regeln für die Anwendung des Begriffs“ des ursächlichen Zusammenhangs zwischen Kartellrechtsverstoß und Schaden gezählt hatte,[31] mithin ein Element des Haftungstatbestands, ist schon vor der Verabschiedung der Richtlinie die Diskussion um die Frage eröffnet worden, was genau zu dem der mitgliedstaatlichen Ausgestaltung entzogenen Kern gehört. Richtigerweise zieht der EuGH in dem genannten Urteil die Kausalität selbst zu diesem unantastbaren Kern, indem er statuiert, sie dürfe nicht „kategorisch ausgeschlossen“ sein,[32] müsse also beweisbar bleiben. Die Modalitäten für den Beweis mögen dann der nationalen Rechtsordnung überlassen werden.

Über das Kartellrecht hinaus erlangt die Richtlinie insoweit Bedeutung, als mehrere Pflöcke für ein unionsrechtliches Schadensrecht eingeschlagen werden, von denen hier nur einige betrachtet werden konnten. Ob der unionsrechtliche Kartellschadensersatz auch forensisch an Bedeutung gewinnen wird, hängt im Einzelfall von der Beweisbarkeit nicht nur des Kartellrechtsverstoßes, sondern auch des ursächlichen Schadens ab. Jedenfalls vorläufig wird eine abschreckende Wirkung hauptsächlich von den behördlich verhängten Geldbußen und einem dadurch drohenden Reputationsverlust ausgehen.[33]

---

31 EuGH, Urt. v. 5.6.2014, Rs. C-557/12 (Kone AG u.a./ÖBB-Infrastruktur AG), EU:C:2014:1317, Rn. 24, 31.

32 EuGH, Urt. v. 5.6.2014, Rs. C-557/12 (Kone AG u.a./ÖBB-Infrastruktur AG), EU:C:2014:1317, Rn. 24, 31.

33 Die vom Bundeskartellamt insbesondere gegen Unternehmen der Bier-, Wurst- und Zuckerindustrie verhängten Bußgelder erreichten in 2014 die Rekordsumme von über 1 Mrd. Euro, während sie in 2013 bei nur 240 Mio. Euro lagen, wozu ein nennenswerter Anteil von Bußen gegen Unternehmen der Schokoladenherstellung zählte, vgl. becklink 1036449 und 1024678.

Schadensersatz beim sog. umbrella pricing im europäischen Wettbewerbsrecht – Anmerkungen zum Kone-Urteil des EuGH (Rs C-557/12) v. 5.6.2014

Jürgen Schwarze

I.

Diese Zeilen, die Peter-Christian Müller-Graff als Geburtstagsglückwunsch gewidmet sind, greifen einen Fragenkreis auf, der seit einiger Zeit eine besondere Bedeutung besitzt. Es geht um einen Ausschnitt aus dem europäischen Wettbewerbsrecht, einem der vielen Interessen- und Arbeitsgebiete des Jubilars. Dort hat die Frage des privaten Schadensersatzes bei Wettbewerbsverstößen nicht zuletzt durch die jüngst verabschiedete Richtlinie „über bestimmte Vorschriften für Schadensersatzklagen nach nationalem Recht wegen Zuwiderhandlung gegen wettbewerbliche Bestimmungen der Mitgliedstaaten und der Europäischen Union" eine besondere Aktualität erlangt.[1] Die Rechtsprechung des Europäischen Gerichtshofs hat nicht nur auf diesem Gebiet eine gewisse Vorreiterrolle bei der Entwicklung des europäischen Wettbewerbsrechts gespielt. Deshalb soll hier das Augenmerk auf eine Entscheidung des EuGH gelenkt werden, die dieser kürzlich zum Schadensersatz beim sog. umbrella pricing gefällt hat.[2]

Die Entscheidung bringt zwar keine umwälzenden Neuerungen wie frühere landmark decisions, welche die Entwicklung des europäischen Wett-

---

1 RL 2014/104 EU des Europäischen Parlaments und des Rates v. 26.11.2014 über bestimmte Vorschriften für Schadensersatzklagen nach nationalem Recht wegen Zuwiderhandlungen gegen wettbewerbsrechtliche Bestimmungen der Mitgliedstaaten und der Europäischen Union, Text von Bedeutung für den EWR, ABl. 2014 Nr. L 349/1 Dazu *Hempel* NJW-aktuell 51/2014.

2 EuGH, Urt. v. 5.6.2014, Rs. C-557/12 (Kone u.a.), EU:C:2014:1317. Ausführlich zum Schadensersatz bei Kartellverstößen *Schröter/van der Hout*, in: Schröter/Jakob/Klotz/Mederer (Hrsg.), Europäisches Wettbewerbsrecht, 2. Auflage 2014, 2 B, Rn. 235 ff.

bewerbsrechts maßgeblich geprägt haben.[3] Das Urteil nimmt aber gewisse Weichenstellungen vor und verschiebt im Verhältnis von europäischem und nationalem Recht, einem ewigen Thema der europäischen Gemeinschaftsentwicklung, das Terrain zugunsten des europäischen Wettbewerbsrechts.

Da die Entscheidung in ihrer methodischen Anlage maßgeblich in allgemeine Zusammenhänge und Interpretationsansätze eingebettet ist, sollen hier weniger ihre speziellen sachlichen Auswirkungen untersucht, als vielmehr ihr grundsätzlicher Zugriff und ihre Grundlagen beleuchtet werden, um einmal mehr die grundsätzliche Rolle des EuGH bei der Entwicklung des Unionsrechts hervorzuheben.[4]

II.

Der in der Entscheidung des EuGH relevante Streitgegenstand ist schnell geschildert.

Im Kern ging es in diesem aus Österreich stammenden Vorabentscheidungsverfahren darum, ob das Kartellverbot des Art. 101 AEUV dahin auszulegen ist, dass jedermann von Kartellanten den Ersatz des Schadens verlangen kann, der ihm durch einen Kartellaußenseiter zugefügt wurde, der im Windschatten der erhöhten Marktpreise seine eigenen Preise für seine Produkte mehr anhebt, als er dies ohne das Kartell getan hätte („umbrella pricing").[5] Es stellte sich also die Frage nach der Reichweite der vom Gerichtshof postulierten Haftung der an einem Kartell beteiligten Unternehmen gegenüber denjenigen, die durch den Kartellverstoß geschädigt worden sind. Dabei war insbesondere darüber zu befinden, ob der vom Gerichtshof zur Begründung der Haftung herangezogene unionsrechtliche Effektivitätsgrundsatz ggf. entgegenstehende nationale Schadensersatzregeln verdrängt. Der Gerichtshof hat letztere Frage bejaht und entschieden, dass Art. 101 AEUV einer Auslegung und Anwendung des innerstattlichen Rechts eines Mitgliedsstaates entgegensteht, wonach es aus Rechtsgründen ausgeschlossen ist, dass die an einem Kartell beteiligten Unternehmen zivilrechtlich für Schäden haften, die daraus resultieren, dass ein

3 Dazu näher *Schwarze*, Europäisches Wirtschaftsrecht, Baden-Baden 1. Auflage 2007, S. 99 f. .

4 *Schwarze* DVBl 2014, 537 ff.

5 EuGH, a.a.O.; Vorlagefrage Rn 17.

an diesem Kartell nicht beteiligtes Unternehmen in Anbetracht der Machenschaften des Kartells seine Preise höher festgesetzt hat, als es dies ohne das Kartell getan hätte.

III.

Die Entscheidung des Gerichtshofs fügt sich in die Grundlinien der bisherigen Rechtsprechung ein. Sie erscheint eher als deren systemimmanente Fortentwicklung denn als Überschreitung richterlicher Entscheidungskompetenz.

Bemerkenswert ist, dass sie in ihren zentralen Aussagen ausdrücklich mit dem Rückgriff auf allgemeine Prinzipien des Unionsrechts begründet wird bzw. jenen Prinzipien unausgesprochen folgt.

So greift die Entscheidung zunächst auf das Prinzip der unmittelbaren Wirkung zurück, das zu den Kernelementen des Europarechts rechnet.

War es in dem berühmten Fall Van Gend und Loos[6] darauf gerichtet, dass dem Einzelnen Rechte zur Einhaltung der Verträge durch die Mitgliedstaaten verliehen wurden, erzeugt dieses Prinzip – wie hier – auch unmittelbare Wirkungen zwischen Privaten. Damit wird der Einzelne nicht nur befähigt, seine eigenen Rechte durchzusetzen, sondern zugleich – wie es im Urteil Van Gend und Loos heißt – zum Wächter[7] über die Einhaltung des Unionsrechts bestellt.

Dabei hat sich in der einschlägigen Rechtsentwicklung ein Gleichklang bei den beiden Grundausprägungen des Prinzips der unmittelbaren Wirkung – einerseits gegenüber Mitgliedstaaten, andererseits im Verhältnis von Privaten untereinander – ergeben.

In beiden Fallkonstellationen sollte – wie der weitere Rechtsprechungsverlauf zeigt – die Durchsetzung des Prinzips der unmittelbaren Wirkung durch die Zuerkennung von Schadensersatzansprüchen zusätzlich abgesichert werden.

So hat der Gerichtshof dem Einzelnen zunächst für den Fall fehlerhafter Richtlinienumsetzung,[8] später dann allgemein bei Verstößen gegen dritt-

---

6 EuGH, Urt. v. 5.2.1963, Rs. 26/62 (Van Gend en Loos), Slg. 1963, I-3.

7 EuGH, a.a.O. Rn. 15.

8 EuGH, Urt. v. 19.11.1991, verb. Rs. C-6/90 u. C-9/90 (Francovich u.a. / Italien), Slg. 1991, I-5357, Rn. 33 ff.

schützende Normen des Europarechts[9] einen eigenständigen, europarechtlich begründeten Staatshaftungsanspruch zuerkannt.

In strukturell gleicher Argumentation hat der Gerichtshof in dem hier besprochenen Fall seine bereits bestehende Rechtsprechung zum Schadensersatz für Dritte bei Kartellverstößen so zusammengefasst:

„Das Recht eines jeden, Ersatz seines Schadens zu verlangen, erhöht nämlich die Durchsetzungskraft der Wettbewerbsregeln der Union und ist geeignet, Unternehmen von – oft verschleierten – Vereinbarungen oder Verhaltensweisen abzuhalten, die den Wettbewerb beschränken oder verfälschen können; damit trägt es zur Aufrechterhaltung eines wirksamen Wettbewerbs in der Union bei."[10]

Wie die rechtsvergleichende Betrachtung zum dreifachen Schadensersatz („treble damage claim") im Wettbewerbsrecht[11] zeigt, verwundert es nicht, dass auch in der europäischen Rechtsprechung an dieser Stelle der Gedanke privaten Schadensersatzes und die Vorstellung eines allgemeinen Interesses an der Durchsetzung eines wirksamen Wettbewerbs miteinander verbunden werden.

Auch bei der Beantwortung der hier fallentscheidenden Frage nach der Reichweite des Schadensersatzanspruchs wegen Kartellverstoßes rechtfertigt der Gerichtshof sein Ergebnis mit allgemeinen Grundsätzen des Europarechts. Zu diesem Zweck greift er auf eine richterrechtlich entwickelte Konstruktion zurück, die aus dem Mehrebenensystem der EU geboren worden ist und eine Brücke bilden soll, wenn gemeinschaftliche Rechtssetzungsbefugnis und mitgliedstaatliche Vollzugskompetenz auseinanderfallen.[12] Die Rede ist vom unionsrechtlichen Effektivitätsgrundsatz, der dafür sorgen soll, dass das Europarecht trotz möglicherweise divergierender mitgliedstaatlicher Rechtsprechungs- und Verwaltungsbefugnisse möglichst einheitlich in der gesamten Union gilt.

Der Gerichtshof beschreibt in der Entscheidung mit Blick auf den für die Reichweite des Schadensersatzanspruchs im nationalen Recht verwen-

---

9 EuGH, Urt. v. 5.3.1996, verb. Rs. C-46/93 u. C-48/93 (Brasserie du Pêcheur/Deutschland, und The Queen/Secretary of State for Transport „Factortame"), Slg. 1996, I-1029; EuGH, Urt. v. 8.10.1996, verb. Rs. C-179/94 u. C-188/94 bis 190/94 (Dillenkofer u.a./Deutschland), Slg. 1996, I-4845, Rn. 20.

10 EuGH, a.a.O. Rn. 23.

11 Dazu *Rittner/Dreher*, Europäisches und deutsches Wirtschaftsrecht, Heidelberg u.a. 3. Auflage 2008, § 23, Rn. 134.

12 Dazu *Schwarze*, Europäisches Verwaltungsrecht, Baden-Baden 2. erw. Auflage 2005, CIV.

deten Begriff des „ursächlichen Zusammenhangs“ die zwei Ausprägungen, in denen die erwähnte richterrechtliche Konstruktion traditionell gehandhabt worden ist:

„Die Vorschriften über die Rechtsbehelfe, die den Schutz der dem Einzelnen erwachsenden Rechte gewährleisten sollen, (dürfen) nicht weniger günstig sein als bei entsprechenden Rechtsbehelfen, die nur innerstaatliches Recht betreffen (Äquivalenzgrundsatz), und sie dürfen die Ausübung der durch die Unionsrechtsordnung verliehenen Rechte nicht praktisch unmöglich machen.“[13]

Speziell für das Wettbewerbsrecht fügt der EuGH hinzu, dass die mitgliedstaatlichen Vorschriften „nicht die wirksame Anwendung der Art. 101 AEUV und 102 AEUV beeinträchtigen“ dürfen.[14]

Eine solche Beeinträchtigung des gemeinschaftlichen Wettbewerbs hält der Gerichtshof dann nicht für ausgeschlossen, wenn die einschlägigen nationalen Schadensersatzvorschriften den Ersatz der aus einem „umbrella pricing“ resultierenden Folgeschäden für am Kartell nicht beteiligte Dritte kategorial ausschließen.[15]

Der Gerichtshof lässt gegenüber der Annahme einer solchen Ersatzpflicht insbesondere den im Vorlageverfahren erhobenen Einwand nicht gelten, die von dritten Unternehmen festgesetzten Preise beruhten auf einer autonomen unternehmerischen Entscheidung und würden deshalb den Kausalzusammenhang mit dem rechtswidrig vereinbarten Kartell unterbrechen.[16]

Das Gleiche gilt nach Auffassung des EuGH für das vorgebrachte Gegenargument, zu dem Dritten bestünden keine vertraglichen Beziehungen. Auch dies soll die Haftung nach Ansicht des EuGH nicht ausschließen.[17] So kommt der Gerichtshof insgesamt zu dem Schluss:

„Die volle Wirksamkeit von Art. 101 AEUV wäre … in Frage gestellt, wenn das jedem zustehende Recht, Ersatz des ihm entstandenen Schadens zu verlangen, nach dem nationalen Recht kategorisch und unabhängig von den speziellen Umständen des konkreten Falles vom Vorliegen eines unmittelbaren Kausalzusammenhangs abhängig gemacht würde und aufgrund der Tatsache ausgeschlossen wäre, daß der Betroffene vertragliche

13 EuGH, a.a.O. Rn. 25.
14 EuGH, a.a.O. Rn. 26.
15 EuGH, a.a.O. Rn. 33.
16 EuGH, a.a.O. Rn. 34.
17 EuGH, a.a.O. Rn. 34.

Beziehungen nicht zu einem Kartellaußenseiter hätte, auch wenn dessen Preispolitik eine Folge des Kartells ist, das zu einer Verfälschung der auf wettbewerbsorientierten Märkten herrschenden Preisgestaltungsprozesse beigetragen hat."[18]

IV.

Nach meiner Auffassung ist das Urteil im Ergebnis zu billigen. Es handelt sich um eine maßvolle Erweiterung der aus den vertraglichen Wettbewerbsvorschriften der Art. 101 und Art. 102 AEUV folgenden Regeln, die das nationale Recht nur sachangemessen überlagern, nicht aber über Gebühr zurückdrängen.

Gewiss ist die vom Gerichtshof entwickelte Formel, wonach der Effektivitätsgrundsatz verlangt, dass die durch die Unionsrechtsordnung verliehenen Rechte „nicht praktisch unmöglich gemacht oder übermäßig erschwert werden dürfen", sehr allgemein gehalten und eröffnet in ihrer Unschärfe einen weiten richterlichen Entscheidungsspielraum. Damit läuft sie einerseits einer grundlegenden Zielsetzung des Lissabonner Vertrags, zu einer klareren Kompetenzabgrenzung zwischen Union und Mitgliedstaaten zu gelangen,[19] in gewisser Weise zuwider. Andererseits würden aber gerade Regeln, die zur angemessenen Erledigung von vorab nicht hinreichend einschätzbaren einzelnen Situationen oder Fällen aufgestellt worden sind, durch eine zu große Präzision ihren Sinn und ihre Wirkung verlieren.

Speziell der Effektivitätsgrundsatz ist ersichtlich aus der Not geboren, im Mehrebenensystem der Union eine möglichst einheitlich geltende Unionsgesetzgebung trotz nach Vertragslage möglicher unterschiedlicher mitgliedstaatlicher Gerichts- und Vollzugspraxis sicherzustellen.[20] Auch der Vergleich mit Interpretationsgrundsätzen im nationalen Recht zeigt, dass solche Formeln ohne ein gewisses Maß an inhaltlicher Unbestimmtheit und Flexibilität nicht auskommen können. Dafür mögen die im deutschen Verfassungsrecht verwendeten Auslegungstechniken der „Herstellung

18 EuGH, a.a.O. Rn. 33.

19 Dazu näher *Schwarze*, Einführung: Der Reformvertrag von Lissabon, Rn 26 ff, in: Schwarze, EU-Kommentar, 3. Auflage 2012.

20 Dazu *Schwarze*, Zukunftsaussichten für das Europäische Öffentliche Recht, Baden-Baden 2010, 111.

praktischer Konkordanz" (Hesse) bzw. des „Gebots eines schonenden Ausgleichs" (Lerche) zur Überwindung widerstreitender Verfassungsgüter oder -prinzipien als signifikante Beispiele dienen.

Die hier vom Gerichtshof vorgenommene Auslegung des Effektivitätsgrundsatzes reicht m. E. nicht weiter, als es zur Gewährleistung einheitlicher Wettbewerbsgrundsätze im europäischen Binnenmarkt notwendig ist. Wenn der Gerichtshof sich einmal entschieden hat, Kartellverstöße durch Zuerkennung von Schadensersatzansprüchen zusätzlich zu sanktionieren, muss auch die Frage beantwortet werden, wie weit diese Schadensersatzpflicht reicht und ob und unter welchen Voraussetzungen Dritten ein solcher Schadensersatzanspruch zugute kommen soll. Da sich dieses Problem bei einem Kartellverstoß beinahe zwangsläufig stellt, ist die vom Gerichtshof gelieferte Lösung unter den gegebenen Umständen schwerlich als Kompetenzanmaßung zu werten, zumal sie bei näherer Betrachtung im Ergebnis durchaus moderat ausfällt.

Der Gerichtshof hat danach nur entschieden, dass es mit Art. 101 AEUV unvereinbar ist, wenn das nationale Recht einen Schadensersatzanspruch für unbeteiligte Dritte im Fall des „umbrella pricing" „kategorisch" ausschließt.[21]

Im übrigen knüpft er die Schadensersatzpflicht daran, dass „erwiesen ist", dass ein Kartell, „nach den Umständen des Einzelfalls und insbesondere den Besonderheiten des betreffenden Marktes ein ‚umbrella pricing' durch eigenständig handelnde Dritte zur Folge haben könnte, und … diese Umstände und Besonderheiten den Kartellbeteiligten nicht verborgen bleiben konnten."[22]

Der Gerichtshof überlässt es insoweit ausdrücklich den vorlegenden nationalen Gerichten, darüber zu entscheiden, ob die vorgenannten Voraussetzungen erfüllt sind.[23]

Angesichts dieser behutsamen Aussagen, welche die Schadensersatzpflicht im Fall des „umbrella pricing" – abgesehen von einem kategorischen Ausschluss im nationalen Recht – an weitere sachangemessene Voraussetzungen knüpfen, lässt sich bei einer rechtspolitischen Bewertung des Urteils schwerlich feststellen, dass es gegen den Gedanken der Subsidiarität bzw. einer adäquaten Aufgabenverteilung zwischen europäischen und mitgliedstaatlichen Gerichten verstieße. Eher muss befürchtet werden,

---

21 EuGH, a.a.O. Rn. 34.

22 EuGH, a.a.O. Rn. 30.

23 EuGH, a.a.O. Rn. 34.

dass diese Aussagen des Gerichtshofes zu zurückhaltend formuliert worden sein könnten, um daran künftige Einzelfälle mit der nötigen Sicherheit zu beurteilen.

Aber hier können weitere einschlägige Entscheidungen des Gerichtshofs künftig mehr Klarheit bringen, und es ist durchaus verständlich, wenn ein Gericht zögert, für eine neue Problematik sofort umfassende präzise richterrechtliche Regeln aufzustellen, ohne hinreichendes Fallmaterial zu kennen.

Insgesamt zeigt dieses Urteil einmal mehr, welche Bedeutung die Rechtsprechung des Gerichtshofs gerade bei der Entwicklung des europäischen Wettbewerbsrechts besitzt. Im Rückblick sind auf diesem Gebiet die vom EuGH anhand konkreter Einzelfälle gewonnenen Lösungen später vielfach von der europäischen Gesetzgebung übernommen worden. Stützt sich die Rechtsprechung – wie im vorliegenden Fall – auf zuvor entwickelte allgemeine Rechtsgrundsätze, bleibt sie auch bei neuen Fallgestaltungen hinreichend berechenbar und gewinnt auch dadurch an Überzeugungskraft, wenn sie ihre richterrechtlichen Regeln nicht zu schnell und zu starr formuliert.

Behördliche statt privatautonomer Durchsetzung von Kartellschadensersatzansprüchen im Gemeinwohlinteresse

Florian Bien

In der Tradition unseres gemeinsamen akademischen Lehrers Wernhard Möschel hat der Jubilar sich häufig mit kartellrechtlichen Fragestellungen, in jüngerer Zeit auch mit solchen betreffend den Schadensersatz für Kartellverstöße[1] auseinandergesetzt. Möschel hat aus seiner Präferenz für die behördliche gegenüber der privatrechtlichen Durchsetzung des Kartellrechts nie einen Hehl gemacht, aber immer auch Verständnis für den Wunsch nach Kompensation von Kartellschäden gezeigt.[2] Im Idealfall lassen sich beide Anliegen zusammenführen.

I. Gestern:Zielsetzungen, Rechtsfolgen, Akteure der Kartellrechtsdurchsetzung

Zwei Zielsetzungen beherrschten lange Zeit die Anwendung des deutschen und europäischen Kartellrechts: Schutz des Wettbewerbs als wirtschaftspolitisches Instrument im Gemeinwohlinteresse und Schutz der individuellen Handlungsfreiheit der Marktbeteiligten.[3] Beide Aspekte sind Grundbedingungen für eine auf Privatautonomie gegründete Rechts- und Wirtschaftsordnung.[4] Die doppelte Schutzrichtung des Kartellgesetzes wurde und wird überlagert von einer zweispurigen Rechtsdurchsetzung. Es konkurrieren spezialisierte Behörden wie das Bundeskartellamt[5] und

---

1 Z.B. *Müller-Graff/Kainer* WM 2013, 2149.

2 *Möschel*, WuW 2007, 483.

3 *Hoppmann*, in: Mestmäcker (Hrsg.), Wettbewerb als Aufgabe (1968), 61 ff.; *Koenigs* NJW 1961, 1041; *v. Gamm* NJW 1980, 2489. Zutreffend haben *Mestmäcker* DB 1968, 787, 790 und *Hoppmann* festgestellt, dass zwischen den beiden Schutzobjekten kein Konflikt auftreten kann, es sich vielmehr um zwei Aspekte desselben Schutzzwecks handelt.

4 *Möschel*, Rechtsordnung zwischen Plan und Markt, 1975, 6 ff.

5 Für Deutschland außerdem zu nennen sind die Landeskartellbehörden und die Staatsanwaltschaft.

die Europäische Kommission auf der einen mit der privatautonomen Initiative der betroffenen Marktteilnehmer selbst auf der anderen Seite. Beide Akteure arbeiteten und arbeiten im Wesentlichen mit drei klassischen Rechtsfolgen eines Kartellverstoßes. Der Beendigung des Kartellverstoßes dienen (seit 1973) die (behördliche) Abstellungsverfügung[6] einerseits sowie der (privatrechtliche) Anspruch auf Unterlassung[7] und die Geltendmachung der (ebenfalls privatrechtlichen) Nichtigkeit wettbewerbsbeschränkender Vereinbarungen[8] andererseits. Die Abschreckung vor Kartellverstößen bezweckte und bezweckt noch heute das Instrument der Geldbuße[9] sowie – in Ausnahmefällen – der Gefängnisstrafe[10].

II. Heute: Das Ziel der Kompensation erlittener Vermögenseinbußen ergänzt die individualschützende Ausrichtung des Kartellrechts

Die Option privater Kartellschadensersatzklagen ist in Europa erst etwa in den letzten zehn Jahren praktisch relevant geworden.[11] Sie bringen eine neue Facette des traditionell auch auf den Individualschutz ausgerichteten Schutzzwecks der Kartellrechtsanwendung zum Tragen: die Kompensation individuell erlittener Vermögenseinbußen. Praktisch hängt sie sowohl von der privatautonomen Initiative der betroffenen Marktbeteiligten als auch von dem vorhergehenden Tätigwerden der den Kartellverstoß überhaupt erst ermittelnden und – mit Bindungswirkung für die sog. Follow-on-Kläger (§ 33 Abs. 4 GWB, Art. 16 VO 1/2003) – feststellenden Kartellbehörden ab. In Ausnahmefällen sorgen schon die Kartellbehörden im Rahmen der von ihnen erlassenen Abstellungsverfügung gleich auch noch für den Schadensausgleich oder stoßen ihn mindestens an. Der erst 2013 eingeführte neue § 32 Abs. 2a GWB ermächtigt die Kartellbehörden ausdrücklich dazu, ihre Abstellungsverfügungen mit der Anordnung zu verbinden, aus kartellrechtswidrigem Verhalten erwirtschaftete Vorteile zurückzuerstatten.[12] Im Kern handelt es sich damit um erste Ansätze hin zu

6 § 32 GWB bzw. Art. 9 VO 1/2003.

7 § 33 Abs. 1 GWB.

8 § 134 BGB i. V. m. dem Kartellverbot bzw. Art. 101 Abs. 2 AEUV.

9 § 81 GWB bzw. Art. 23 VO 1/2003.

10 § 298, außerdem § 263 StGB.

11 Anspruchsgrundlage ist § 33 Abs. 3 GWB.

12 So schon vorher obiter BGH, Beschl. v. 10.12.2008 – KVR 2/08 – Stadtwerke Uelzen. Bestätigt im Beschl. v. 15.5.2012 – KVR 51/11 – Wasserpreise Calw.

einem „monistischen" System, in dem die Kartellbehörde sich im Rahmen des Verwaltungsverfahrens zugleich auch um den Schadenausgleich bemüht.[13] Für einen flächendeckenden Einsatz dieses Instruments dürfte es den Kartellbehörden an den dafür erforderlichen Ressourcen fehlen. Verglichen mit der traditionellen Zielsetzung des Wettbewerbsschutzes im Allgemein- und im Individualinteresse erscheint die Kompensation erlittener Vermögenseinbußen auch tatsächlich das weniger wichtige Anliegen zu sein.

III. Morgen: Unmittelbar behördliche Durchsetzung privater Ersatzansprüche im Gemeinwohlinteresse

Sorge um die Effektivität des Wettbewerbsschutzes ist möglicherweise dennoch angebracht. Die Kartellbehörden sind besonders im Bereich der Missbrauchsaufsicht dazu übergegangen, Kartellverfahren nicht mehr mit einer Abstellungs- oder gar Bußgeldverfügung, sondern nur noch mit einer Zusagenentscheidung nach Art. 9 VO 1/2003 bzw. § 32b GWB abzuschließen.[14] Von insgesamt 22 Verfahrensabschlüssen im Bereich der §§ 19, 20 GWB 2005 in den Jahren 2007 bis 2012 erfolgte die Hälfte im Wege der Annahme und Verbindlicherklärung von Verpflichtungszusagen.[15] Im Jahr 2009 beendete das Amt alle 17 Verfahren betreffend Vertikalvereinbarungen durch Verpflichtungszusageentscheidungen.[16] Bei den Landeskartellbehörden liegt der Anteil der mit Verpflichtungszusageentscheidung abgeschlossenen Verfahren im Zeitraum 2007 – 2012 noch höher: 16 von 20 Missbrauchsverfahren endeten mit einer Verfügung nach § 32b GWB.[17] Gegenüber den Wasserversorgern (§ 31 GWB) bedienen sich die Landes-

---

13 Plädoyers und Vorschläge in diese Richtung etwa von *Canenbley/Steinvorth*, in: FS 50 Jahre FIW (2010), 143, 149; *Kapp*, in: FS Möschel (2011), 321 (331 ff.); *Meyer-Lindemann* WuW 2011; 1235, 1246 f.; *Bach*, in: FS Möschel (2012), 15-23. Siehe auch *Bien* NZKart 2013, 11, 17.

14 Siehe nur *Bornkamm*, in: Langen/Bunten, GWB, 12. Auflage (2014), § 32b Rn. 2.

15 Tätigkeitsberichte des BKartA für die Jahre 2011/2012, BT-Drucks. 17/13675 v. 29.5.2013, 132 ff.; 2009/2010, BT-Drucks. 17/6640 v. 20.7.2011, 164 ff. und 2007/2008, BT-Drucks. 16/13500 v. 22.6.2009, 184 ff.

16 BKartA, TB 2009/2010, ebenda, 164.

17 Tätigkeitsberichte des BKartA für die Jahre 2011/2012, BT-Drucks. 17/13675 v. 29.5.2013, 136 ff. ; 2009/2010, BT-Drucks. 17/6640 v. 20.7.2011, 166 und 2007/2008, BT-Drucks. 16/13500 v. 22.6.2009, 186.

kartellbehörden ausschließlich dieses Instruments (einmal in 2007, sechs Mal in 2011 und sieben Mal in 2012).[18] Auch die Europäische Kommission greift zur Erledigung jedenfalls von Missbrauchsverfahren ganz überwiegend auf Entscheidungen nach Art. 9 VO 1/200 zurück.[19]

1. Die Vorteile des Instruments der Verpflichtungszusageentscheidung

Die Kartellbehörden rechtfertigen ihre starke Präferenz für das Instrument der Verpflichtungszusageentscheidung mit den unbestrittenen Vorteilen der größeren Schnelligkeit und der Schonung personeller Ressourcen der Behörde, darüber hinaus aber auch der betroffenen Unternehmen und der Gerichte.[20] Das von der Behörde als mutmaßlich wettbewerbsbeschränkend qualifizierte Verhalten wird in der Regel sofort nach Verbindlicherklärung der entsprechenden (Verhaltens-)Zusagen abgestellt. Die Kartellbehörde spart sich die mühsame Beweisführung des Wettbewerbsverstoßes im Detail. Zu denken ist etwa an komplizierte Kosten-Preis-Vergleiche im Rahmen der Anwendung des Equally-efficient-competitor-Tests bei preisbezogenen Behinderungsmissbräuchen.[21] Die Behörden können sich darauf beschränken, dem betroffenen Unternehmen die „vorläufige Beurteilung [ihrer] Bedenken" mitzuteilen (Art. 9 Abs. 1 S. 1; § 32b Abs. 1

18 Ebenda.

19 Noch weitergehend *Bornkamm*, in: Langen/Bunte, GWB, 12. Auflage (2014), § 32b Rn. 2, nach dessen Einschätzung die Kommission „die meisten, wenn nicht fast alle Verfahren mit einer Entscheidung nach Art. 9 VO 1/2003 [abschließt]." Auflistung von Entscheidungen und weiterführende Nachweise bei *Sura*, in: Langen/Bunte, Europäisches Kartellrecht, 12. Auflage (2014), Art. 9 Rn. 3, sowie (mit eigener differenzierter Statistik) *Wils*, Ten years of commitment decisions under Article 9 of Regulation 1/2003: Too much of a good thing?, http://ssrn.com/author=456087.

20 Näher *Kreße* WRP 2014, 1261, 1262.

21 Ausführlich *Eilmansberger/Bien*, Münchener Kommentar zum Europäischen Wettbewerbsrecht, 2. Auflage (2015), Art. 102 Rn. 493 ff.

S. 1 GWB).[22] Langwierige Rechtsschutzverfahren vor Gericht entfallen.[23] Die auf diese Weise frei werdenden Ressourcen können die Behörden für die Verfolgung schwerwiegender Kartellverstöße einsetzen.[24]

2. Nebenwirkungen des Erfolgs der Verpflichtungszusageentscheidung

Bestimmte Nebenwirkungen der Verpflichtungszusagenentscheidung sind gegen die genannten Vorteile abzuwägen. Hier nicht zu vertiefen ist das Problem, dass Verpflichtungszusageentscheidungen jedenfalls in Deutschland praktisch keiner gerichtlichen Kontrolle unterliegen.[25] Der EuGH hat der Kommission in seinem Urteil Alrosa sehr weitreichenden Spielraum eingeräumt.[26] Das OLG Düsseldorf hat die Anfechtungsbeschwerde eines Drittunternehmens kürzlich sogar für unzulässig erklärt.[27] Besonders die Kommission nutzt diesen Spielraum weidlich. Erinnert sei an die Verfahren gegen E.ON und RWE. Sie endeten mit der für verbindlich erklärten Zusage der Energieversorger, ihre Übertragungsnetze zu veräußern.[28] Die Kommission setzte auf diese Weise letztlich eine eigentumsrechtliche Entflechtung um. Mit diesem Vorhaben (3. Energiebinnenmarktpaket) war die Kommission 2009 noch gescheitert.[29] Ein anderes Problem soll hier im Zentrum der Aufmerksamkeit stehen. Verpflichtungszusagen bieten – vom seltenen Fall eines Verstoßes gegen die Zusagen[30] abgesehen – keine

---

22 Zu dem qualitativen Unterschied zwischen dieser Mitteilung und der Mitteilung der Beschwerdepunkte („statement of objections") i.S.v. Art. 27 Abs. 1 VO 1/2003 *Klees*, Europäisches Kartellverfahrensrecht (2005), § 6 Rn. 112 ff., der auf die differenzierte Behandlung in Art. 2 Abs. 1 VO 773/2004 (Durchführungs-VO) verweist.

23 *Sura*, in: Langen/Bunte, Europäisches Kartellrecht, 12. Auflage (2014), Art. 9 Rn. 21.

24 Commission Staff Working Paper (Report on the functioning of Regulation 1/2003), SEC(2009)547 final, Rn. 102.

25 Vgl. *Bornkamm*, in: Langen/Bunte, GWB, 12. Auflage (2014), § 32b Rn. 2.

26 EuGH, Urt. v. 29.6.2010, C-441/07 P – Alrosa.

27 OLG Düsseldorf, Beschl. v. 17.9.2014 – VI Kart1/213 (V), NZKart 2014, 514 – Kabel Deutschland.

28 Siehe die Zusammenfassungen der Entscheidungen der Kommission v. 26.11.2008 – E.ON (ABl. 2009 C 36, S. 8) und v. 18.3.2009 – RWE (ABl. 2009 C 133, S. 10).

29 Dazu *Schmidt-Preuß* ET 2009, 82 ff.

30 Siehe die Bußgeldentscheidung der Kommission v. 6.3.2013 - C(2013) 1210 final im Fall AT.39530 (Microsoft – Tying).

Grundlage für die Verhängung eines Bußgelds. Aber auch von Seiten privater Geschädigter ist kaum eine nachfolgende Schadensersatzklage zu erwarten. Entsprechend ergebnislos verläuft die Recherche nach etwaigen Beispielen.[31] Von der bloßen Mitteilung einer vorläufigen Beurteilung geht für die Zivilgerichte keine Bindungswirkung im Sinne von § 33 Abs. 4 GWB oder Art. 16 VO 1/2003 aus.[32] Der regelmäßig kursorisch gehaltene Inhalt dieser Mitteilung erlaubt es potentiellen Privatklägern kaum, ihre Zivilklage zu substantiieren. Zugriff auf das – in der Regel etwas ausführlicher gehaltene[33] – statement of objections i.S.v. Art. 27 VO 1/2003 erhalten sie ebenfalls nicht. Der eigenständige Nachweis (sog. Stand-alone-Situation) des Kartellverstoßes dürfte vielen Geschädigten sehr schwer fallen.[34] Wenn selbst die spezialisierte und mit hoheitlichen Ermittlungsbefugnissen ausgestattete Behörde davon absieht, den Wettbewerbsverstoß gerichtsfest nachzuweisen, dürfte dieser Nachweis für Privatkläger ebenfalls nicht einfach zu erbringen sein. Mit dem Ausfall sowohl des Bußgelds als auch der Verurteilung zu Schadensersatz drohen zwei unerwünschte Konsequenzen: weder erfolgt die Abschöpfung der illegalen Gewinne des Verletzers, noch geht vom Kartellrecht eine Abschreckungswirkung aus. Wer damit rechnen kann, auch im Fall der Verfolgung durch die Kartellbehörde den bis zur Verbindlicherklärung seiner Verpflichtungszusagen erlangten Gewinn behalten zu können und darüber hinaus auch kein Bußgeld bezahlen zu müssen, kann das Risiko der Entdeckung seines Wettbewerbsverstoßes getrost eingehen.

---

31 Siehe allerdings Tribunal de commerce de Paris, Urteil v. 30.3.2015, RG n° 2012000109, DKT/Eco emballages u.a.

32 *Rehbinder*, in Loewenheim/Meessen/Riesenkampff, Kartellrecht, 2. Auflage (2009), § 32b Rn. 14; *Bach*, in: Immenga/Mestmäcker, GWB, 5. Auflage (2014), Rn. 26; Erwägungsgründe 13, 22 der VO 1/2003; *Ritter*, in: Immenga/Mestmäcker, EU-Wettbewerbsrecht, 5. Auflage (2012), Art. 16 VO 1/2003 Rn. 3.

33 Siehe oben Fn. 22.

34 *Kreße* WRP 2014, 1261, 1265 m. w. N. in Fn. 34. In der anwaltlichen Literatur wird dieser Aspekt häufig als Vorteil der Verpflichtungszusagenentscheidung für die betroffenen Unternehmen dargestellt, z.B. *Kahlenberg/Neuhaus* EuZW 2005, 620.

3. *Verpflichtung zur Kompensation erlittener Verluste als mögliche Lösung*

Auf dieses Problem der Verpflichtungszusage sind verschiedene Antworten denkbar.[35] Einen möglichen Ausweg haben sowohl die deutschen Kartellbehörden[36] als auch jüngst die Europäische Kommission in den Missbrauchsverfahren Bahnstrom I/II[37] gewiesen. Die parallelen Verfahren wurden ebenfalls mit einer Verpflichtungszusagenentscheidung abgeschlossen. Für verbindlich erklärte die Kommission insbesondere auch die Zusage der Deutschen Bahn, den nichtkonzerneigenen Bahnunternehmen vier Prozent des ihr im Vorjahr bezahlten Strompreises zurückzuerstatten.[38] Die für den Fall zuständigen Kommissionsbeamten weisen die Qualifikation dieser Einmalzahlung als Schadenskompensation ausdrücklich zurück.[39] Daran ist richtig, dass der bei den Konkurrenten der Deutschen Bahn eingetretene Vermögensschaden möglicherweise deutlich höher (vielleicht auch niedriger) ist. Er ist in Kosten-Preis-Schere-Fällen[40] ohnehin schwierig zu berechnen: Preisüberhöhungsschaden oder entgangener Gewinn? Zu bedenken ist, dass das marktbeherrschende Unternehmen nicht verpflichtet ist, die Kosten-Preis-Schere gerade in der Weise abzustellen, dass es die Preise für das den Konkurrenten verkaufte Vorleistungsprodukt (hier: Bahnstrom) senkt. Genauso kommt eine Erhöhung der Preise auf dem nachgelagerten Markt in Betracht. Ein Weiteres kommt hinzu: das mutmaßlich wettbewerbswidrige Verhalten der Bahn (Kosten-Preis-Schere) hielt über den Zeitraum 2003 – 2011, also neun Jahre an. Legt man die vorläufigen Berechnungen der Kommission zugrunde, gilt Folgendes: Während des gesamten Zeitraums, nicht nur im Vorjahr des In-

---

35 Dazu demnächst ausführlich *Björn Becker*, Privater Schadensersatz trotz Zusagenentscheidungen? - Die Folgen der Zunahme an Zusagenentscheidungen für private follow on-Schadensersatzkläger im Kartellrecht (Arbeitstitel Dissertationsprojekt Würzburg).

36 *Nothdurft*, in: FS Bornkamm (2014), 247, 248 f., spricht von ca. 40 Zusageentscheidungen mit Rückerstattungsverpflichtungen.

37 Europäische Kommission, Case COMP/AT.39678 / 39731 – Deutsche Bahn I/II (abrufbar unter http://ec.europa.eu/competition/elojade/isef/case_details.cfm?proc_code=1_39678). Dazu *Schmillen* NZKart 2014, 261.

38 Europäische Kommission, ebenda, Tz. 70, 91 ff.

39 *Schmillen* NZKart 2014, 261, 262 f.; *ders.*, in: Bien/Ludwigs, Das europäische Kartell- und regulierungsrecht der Netzindustrien (2015), 157.

40 Ausführlich *Eilmansberger/Bien*, Münchener Kommentar zum europäischen Kartellrecht, 2. Auflage (2015), Art. 102 Rn. 539 ff.

krafttretens des neuen Bahnstrom-Preissystems, hätte die DB einen um durchschnittlich vier Prozent geringeren Strompreis verlangen müssen, um eine mutmaßlich negative Profitabilität eines hypothetisch ebenso effizienten Wettbewerbers zu verhindern.

Wie auch immer man die Zusagen betreffend die Einmalzahlung dogmatisch einordnet, wird man nicht bestreiten können, dass die Zahlung die in der Vergangenheit von den mutmaßlich geschädigten Konkurrenten der Bahn erlittenen Vermögenseinbußen immerhin teilweise kompensiert. Gleichzeitig schöpft diese Zahlung einen Teil der mutmaßlich illegal erwirtschafteten Gewinne der Bahn ab. Der Entzug des unrechtmäßigen Gewinns ist das Mindestmaß eines (kartellrechtlichen) Sanktionensystems, das auch auf Abschreckung angelegt ist.[41]

IV. Ergebnis

Indem die Kartellbehörden im Rahmen des auf Erlass einer Verpflichtungszusageentscheidung nach Art. 9 VO 1/2003 bzw. § 32b GWB gerichteten Verfahrens für eine (mindestens teilweise) Entschädigung der Opfer eines mutmaßlichen Wettbewerbsverstoßes sorgen, setzen sie vordergründig private Schadensersatzansprüche durch. Darüber hinaus entziehen sie dem mutmaßlichen Täter aber auch (teilweise) den Verletzergewinn. Das ist die Basis jeder Abschreckung. Die Kartellbehörden fördern mit entsprechenden Zusageentscheidungen letztlich das Hauptziel der Kartellrechtsanwendung, den Schutz des Wettbewerbs im Gemeinwohlinteresse. Diesen Weg gilt es fortzusetzen.

---

41 Einprägsam *Kühnen* WuW 2010, 16, 25, der die vollständige Abschöpfung illegaler Kartellgewinne als „Gebot der materiellen Gerechtigkeit und kriminalpolitischen Vernunft" bezeichnet.

Das Unionsgrundrecht „nulla poena sine culpa“ und der Verbotsirrtum im europäischen Kartellordnungswidrigkeitenrecht

Gerhard Dannecker

I. Der Verbotsirrtum im europäischen Kartellordnungswidrigkeitenrecht

Der Verbotsirrtum spielt im europäischen Kartellordnungswidrigkeitenrecht traditionell eine nur untergeordnete Rolle. Der EuGH hat eine Unvermeidbarkeit von Irrtümern nur bei komplexen Marktstrukturen,[1] bei irreführendem Verhalten der Kommission, für das ein objektiver Maßstab zugrunde gelegt wird,[2] sowie bei unklarer Rechtslage[3] in Betracht gezogen.[4] Nach Inkrafttreten der VO 1/2003 und dem damit verbundenen Wegfall des Einzelfreistellungsverfahrens und dem Übergang zum Prinzip der Legalausnahme, das den Unternehmen die Beurteilung überlässt, ob die Voraussetzungen des Art. 101 Abs. 3 AEUV vorliegen, wurde erwartet, dass die Bedeutung des Rechtsirrtums deutlich zunehmen würde.[5] Bislang hat sich diese Erwartung aber nicht erfüllt, und nach der Entscheidung des EuGH im Verfahren „Schenker“[6] steht nicht zu erwarten, dass sich hieran etwas ändern wird. In diesem Verfahren stellte sich die Frage, ob sich ein Unternehmen darauf berufen kann, dass es auf Grund der bei

---

1 Vgl. Ziff. 5 der Bagatellbekanntmachung von 1986 ABl. 1986 Nr. C 231/2; vgl. auch EuGH, Urt. v. 13.2.1979, Rs. 85/76 (Hoffmann-La Roche), Slg. 1979,I-00461, Rn. 139.

2 EuGH, Urt. v. 13.2.1979, Rs. 85/76 (Hoffmann-La Roche), Slg. 1979, I-00461, Rn. 128 ff.; siehe auch EuGH, Urt. v. 16.11.1983, Rs. 188/82 (Thyssen), Slg. 1983, I-03721, Rn. 12 ff.; siehe hierzu: *Papakiriakou*, Das Europäische Unternehmensstrafrecht in Kartellsachen, Herbolzheim 2002, S. 289 ff.

3 Siehe *Papakiriakou*, S. 296 ff.

4 Zusammenfassend dazu *Dannecker/Biermann*, in: Immenga/Mestmäcker (Hrsg.), Wettbewerbsrecht, 5. Auflage 2012, Vorbemerkungen zu Art. 23 f., Rn. 200 ff.

5 *Dreher/Thomas* WuW 2004, 8, 15; *Karbaum*, Kartellrechtliche Compliance - Rechtsgrundlagen und Umsetzung, Osnabrück 2010, S. 78 f.

6 EuGH, Urteil vom 18.6.2013, Rs. C-681/11 (Schenker & co), EU:C:2013:404 = BeckRS 2013, 81227.

einer Wettbewerbsbehörde beantragten und auch in Bestandskraft erwachsenen Entscheidung und einem bei einem Rechtsanwalt eingeholten Rechtsrat von der Rechtmäßigkeit seines Verhaltens ausgehen darf und deshalb ohne Schuld handelt, wenn entgegen der behördlichen Entscheidung und entgegen der rechtlichen Stellungnahme des rechtlichen Beraters ein kartellrechtswidriges Verhalten festgestellt wird. Der EuGH setzt sich mit dem Schuldgrundsatz nicht auseinander, sondern kommt zu dem Ergebnis, dass jedenfalls bei dem zu entscheidenden Sachverhalt ein Irrtum nicht relevant gewesen sein könne. Denn das innerstaatliche Recht dürfe bei der Berücksichtigung der subjektiven Voraussetzungen für die Bebußung im Interesse einer einheitlichen Anwendung der Art. 101 und 102 AEUV in der Union nicht weniger streng sein als das europäische Kartellordnungswidrigkeitenrecht.[7] Er fordert damit einen einheitlichen Verschuldensmaßstab auf europäischer und nationaler Ebene im Interesse einer einheitlichen Anwendung des Kartellrechts, obwohl die Kommission es den Mitgliedstaaten überlassen hat, ihr eigenes Sanktionssystem auf Kartellrechtsverstöße anzuwenden. Da der Schuldgrundsatz in einer Reihe von Mitgliedstaaten Verfassungsrang hat, führt die Entscheidung des EuGH zu der Problematik, inwieweit ein Mitgliedstaat dem strafrechtlichen Schuldgrundsatz Rechnung tragen darf, wenn es um die Durchsetzung von Unionsrecht geht, und inwieweit dem nationalen Grundrechtsschutz durch den unionsrechtlichen Grundrechtsschutz Grenzen gesetzt werden, wenn dies im Interesse der Effektivität erforderlich ist. Hierbei handelt es sich um ein Grundsatzproblem, das sich angesichts der Rechtsprechung des EuGH in der *Åkerberg Fransson*-Entscheidung[8] auf weite Teile des Strafrechts auswirkt. Da sich der verehrte Jubilar stets mit Grundsatzfragen des Europarechts auseinandergesetzt hat und sich dabei auch mit dem europäischen Kartellrecht, insbesondere mit Fragen des Verhältnisses von Wettbewerbsregeln für Unternehmen zu den europä-

---

7 EuGH, Urteil vom 18.6.2013, Rs. C-681/11 (Schenker & co), EU:C:2013:404 = BeckRS 2013, 81227, Rn. 35 f.

8 Urteil vom 26.2.2013, Rs. C-617/10 (Åkerberg Fransson), EU:C:2013:10 = BeckRS 2013, 80395; siehe dazu noch unten III.

ischen Grundfreiheiten[9] oder der Freistellung vom Kartellverbot[10] auseinander gesetzt hat, soll ihm dieser Beitrag gewidmet sein.

II. Die Schenker-Entscheidung des EuGH

Dem *Schenker*-Verfahren lag folgender Sachverhalt zugrunde:

Mehrere Speditionsunternehmen hatten sich Mitte der 1990er Jahre auf dem österreichischen Markt für Speditionsdienstleistungen zu einem Kartell zusammengeschlossen. Sie beriefen sich darauf, rechtsirrig keinen Verstoß gegen das Kartellrecht der EU begangen zu haben, weil sie ihre objektiv unionskartellrechtswidrige Zusammenarbeit auf das Hoheitsgebiet der Republik Österreich beschränkt hatten. Zugleich beantragten sie beim zuständigen österreichischen Kartellgericht die Feststellung, dass sie ein bloßes Bagatellkartell gebildet hätten, das ohne Genehmigung durchgeführt werden konnte. Das Kartellgericht bestätigte dies in einem rechtskräftigen Beschluss von 1996, und eine von den Speditionsunternehmen beauftragte Rechtsanwaltssozietät bekräftigte diese Rechtsauffassung. Nachdem die Europäische Kommission im Jahre 2007 Hausdurchsuchungen durchgeführt hatte, warf die österreichische Wettbewerbsbehörde den Speditionsunternehmen Verstöße gegen europäisches und nationales Kartellrecht vor und beantragte die Verhängung von Geldbußen. Die Speditionsunternehmen machten unter Berufung auf den eingeholten anwaltlichen Rechtsrat und die rechtskräftige Entscheidung des Kartellgerichts geltend, nicht schuldhaft gehandelt zu haben. Das *OLG Wien* folgte dieser Rechtsauffassung. Im Rechtsmittelverfahren legte der *OGH* dem *EuGH* verschiedene Fragen zur Vorwerfbarkeit eines Verbotsirrtums und zum Vertrauen auf anwaltlichen Rat zur Vorabentscheidung vor.

1. Generalanwältin Kokott nahm diesen Fall zum Anlass, grundlegende Ausführungen zur Behandlung des Rechtsirrtums im Straf- und Bußgeldrecht zu machen, diese in Bezug zum Grundsatz „nulla poena sine culpa“

---

9 *Müller-Graff*, in: Müller/Osterloh/Stein (Hrsg.), Festschrift für Günter Hirsch, München 2008, S. 273 ff.; *ders.*, in: Hatje/Müller-Graff (Hrsg.), Europäisches Organisations- und Verfassungsrecht, Baden-Baden 2014, 477 ff.; *ders.*, in: Vedder/Heintschel von Heinegg (Hrsg.), Europäisches Unionsrecht Handkommentar, Baden-Baden 2012, Art. 101- 105 AEUV.

10 *Müller-Graff*, Kartellverbot und Freistellung. Kommentierung des Art. 85 EGV, in: Handkommentar zum EU-Vertrag, Müller/Graff/Heilbronner/Klein/Magiera, Köln, Berlin, Bonn, München 1994, Art. 85 EGV, S. 1 ff.; *ders.*, EuR 1992, 1, 1 ff.

zu setzen und die Anforderungen an die Einholung eines schuldausschließenden Rechtsrats bei einer Behörde bzw. einem Gericht und einem Rechtsanwalt zu konkretisieren.

a. In ihren Schlussanträgen[11] stützte sich Generalanwältin Kokott auf den Grundsatz „*nulla poena sine culpa*", der implizit sowohl in Art. 48 Abs. 1 GRCh als auch in Art. 6 Abs. 2 MRK enthalten sei,[12] und führte aus, dass der verfassungsrechtlich garantierte Schuldgrundsatz einer Ahndung im Falle eines unvermeidbaren Verbotsirrtums entgegenstehe. Ein solcher Irrtum sei allerdings nur anzunehmen, wenn das Unternehmen alles ihm Mögliche und Zumutbare getan habe, um den ihm zur Last gelegten Verstoß gegen das Unionskartellrecht zu vermeiden.[13] Ob der Verbotsirrtum vermeidbar oder unvermeidbar gewesen sei, müsse nach einheitlichen unionsrechtlichen Maßstäben beurteilt werden, damit für alle auf dem Binnenmarkt tätigen Unternehmen im Hinblick auf das materielle Wettbewerbsrecht einheitliche Rahmenbedingungen gelten.[14] Hierbei geht die Generalanwältin zutreffend davon aus, dass durch hohe Anforderungen an die Vermeidbarkeit des Verbotsirrtums erreicht werden kann, dass die Normgeltung nicht durch eine Anerkennung des Verbotsirrtums preisgegeben wird.[15] Entsprechend legt sie detailliert dar, unter welchen Voraussetzungen ein Unternehmen auf den Rechtsrat eines Rechtsanwalts ver-

11 Vgl. Schlussanträge GA Kokott v. 28.2.2013 Rs. C-681/11 (Schenker & co), EU:C:2013:126 = BeckRS 2013, 80441.

12 Schlussanträge GA Kokott v. 28. 2. 2013 Rs. C-681/11 (Schenker & co), EU:C: 2013:126 = BeckRS 2013, 80441 Rn. 41.

13 Ebenso vgl. *Bechtold/Brinker/Bosch/Hirsbrunner*, EG-Kartellrecht, 2. Aufl. (2009), Art. 1 VO 1/2003 Rn. 40; *Dannecker/Biermann*, in: Immenga/Mestmäcker, Art. 23 VO 1/2003 Rn. 88; *Dreher/Thomas* WuW 2004, 8, 13; *Hildebrandt*, Der Irrtum im Bußgeldrecht der Europäischen Gemeinschaften, Frankfurt a. M. 1990, S. 167; *Schütz,* in: Kölner Kommentar zum Kartellrecht, Bd. 4, 2013, Art. 23 VO 1/2003, Rn. 21; *Wiedemann,* in: Festschrift für Bechtold, Brinker/Scheuing/Stockmann (Hrsg.), 2006, S. 627, 643; wohl auch *Engelsing/Schneider,* in: MünchKomm-Kartellrecht, Bd. 1, 2007, Art. 23 VO 1/2003 Rn. 32; zurückhaltend *Klees,* Europ. KartellVerfR, Köln, Berlin, München 2005, § 10 Rn. 116 ff.

14 Schlussanträge GA Kokott v. 28.2.2013 Rs. C-681/11 (Schenker & co), EU:C: 2013:126 = BeckRS 2013, 80441 Rn. 48.

15 So auch *Stuckenberg,* Vorstudien zu Vorsatz und Irrtum im Völkerstrafrecht, Berlin 2007, S. 481; zustimmend *Fleischer* EuZW 2013, 326, 328.

trauen darf und unter welchen Voraussetzungen eine vertrauenswürdige Behörden- oder Gerichtsentscheidung vorliegt.[16]

b. Die Generalanwältin hat in ihren Schlussanträgen Kriterien für ein schutzwürdiges Vertrauen in den Rat eines Rechtsanwalts aufgestellt, die sich an den im deutschen Kartellbußgeldrecht entwickelten Kriterien orientieren.[17] Sie statuiert folgende Voraussetzungen: Gutgläubigkeit des Unternehmens, Unabhängigkeit des Rechtsberaters, Fachkunde des Rechtsberaters, vollständige und zutreffende Tatsachenschilderung, Reichweite der erteilten Rechtsauskunft, Plausibilitätskontrolle durch das Unternehmen.[18]

c. Weiterhin entwickelt die Generalanwältin in ihren Schlussanträgen für die Anforderungen an vertrauenswürdige Behörden- oder Gerichtsentscheidungen ein fünf Mindestvoraussetzungen umfassendes Prüfungsprogramm,[19] das sie auf den unionsrechtlichen Vertrauensgrundsatz zurückführt.[20] Sie fordert die Zuständigkeit der Behörde oder des Gerichts zur Anwendung des Unionkartellrechts, eine umfassende und wahrheitsgemäße Information der nationalen Stelle über alle entscheidungserheblichen Umstände, eine behördliche oder gerichtliche Entscheidung genau zu den Tatsachen- oder Rechtsfragen, auf die das betroffene Unternehmen sich beruft, keine offensichtlich unrichtige Stellungnahme sowie die Gutgläubigkeit des Unternehmens, die entfällt, wenn es von einer entgegenstehenden Rechtsauffassung der zuständigen Unionsorgane erfahren hat.

d. Für den konkreten Fall verneinte die Generalanwältin wohl zu Recht das Vorliegen eines unvermeidbaren Verbotsirrtums, weil der eingeholte Rechtsrat nach den Ausführungen des vorlegenden Gerichts lückenhaft erscheine und von größeren Unternehmen die Kenntnis der einschlägigen Bekanntmachungen und Leitlinien der Europäischen Kommission erwartet werden könne; hieraus ergebe sich zweifelsfrei, dass horizontale Kartelle, die sich auf das gesamte Hoheitsgebiet eines Mitgliedstaats erstrecken, in

16 Schlussanträge GA Kokott v. 28.2.2013 Rs. C-681/11 (Schenker & co), EU:C:2013:126 = BeckRS 2013, 80441 Rn. 87 ff.

17 Vgl. BGH, Beschl. v. 27.1.1966 – KRB 2/65 = BGHSt 21, 18 = NJW 1966, 842; *Dannecker/Biermann*, in: Immenga/Mestmäcker, GWB, 4. Aufl. 2007, vor § 81, Rn. 86 ff.

18 Eingehend zu den einzelnen Kriterien *Fleischer* EuZW 2013, 326, 328 ff.

19 Schlussanträge GA Kokott v. 28.2.2013 Rs. C-681/11 (Schenker & co), EU:C:2013:126 = BeckRS 2013, 80441 Rn. 87-93.

20 Schlussanträge GA Kokott v. 28.2.2013 Rs. C-681/11 (Schenker & co), EU:C:2013:126 = BeckRS 2013, 80441 Rn. 85.

der Regel geeignet seien, den Handel zwischen Mitgliedstaaten zu beeinträchtigen, und damit unter das unionsrechtliche Kartellverbot fielen.

2. Der EuGH befasste sich mit der von der Generalanwältin aufgeworfenen Grundsatzfrage nicht und beschränkte sich auf die Feststellung, dass jedenfalls bei dem vorliegenden Sachverhalt ein Irrtum nicht relevant sein könne. Denn das innerstaatliche Recht dürfe bei der Berücksichtigung der subjektiven Voraussetzungen für die Bebußung im Interesse einer einheitlichen Anwendung der Art. 101 und 102 AEUV in der Union nicht weniger streng sein als das europäische Kartellordnungswidrigkeitenrecht.[21]

Der EuGH hebt lediglich die Notwendigkeit eines einheitlichen Verschuldensmaßstabs auf europäischer und nationaler Ebene im Interesse einer einheitlichen Anwendung der Art. 101 und 102 AEUV hervor und verzichtet auf eine verfassungsrechtliche Verortung des Problems. Er übergeht die Frage, ob und unter welchen Voraussetzungen der verfassungsrechtliche Grundsatz „nulla poena sine culpa" einer Ahndung entgegenstehen kann,[22] und folgt damit seiner bisherigen zurückhaltenden Rechtsprechung im Hinblick auf die Anerkennung eines schuldausschließenden Verbotsirrtums.[23]

Der EuGH stützt seine Begründung[24] nur auf den Grundsatz des Vertrauensschutzes, der lediglich von demjenigen geltend gemacht werden könne, dem die zuständige Verwaltung präzise Zusicherungen gegeben hat. Der Rechtsrat eines Anwalts könne bei einem Unternehmen mithin auf keinen Fall ein berechtigtes Vertrauen darauf begründen, dass sein Verhalten nicht gegen Art. 101 AEUV verstößt oder nicht zur Verhängung einer Geldbuße führt. Da die nationalen Wettbewerbsbehörden nicht befugt seien, eine negative Entscheidung zu erlassen, d. h. eine Entscheidung, mit der das Fehlen eines Verstoßes gegen Art. 101 AEUV festgestellt wird, könnten sie bei Unternehmen kein berechtigtes Vertrauen darauf begründen, dass ihr Verhalten nicht gegen diese Bestimmung verstößt. Außerdem gehe aus der Formulierung der ersten Frage hervor, dass die nationale Wettbewerbsbehörde das Verhalten der im Ausgangsverfah-

---

21 EuGH, Urt. v. 18.6.2013, Rs. C-681/11 (Schenker & co), EU:C:2013:404 = BeckRS 2013, 81227, Rn. 35 f.

22 Dazu *Dreher/Thomas* WuW 2004, 8, 12; *Fleischer* EuZW 2013, 326, 328.

23 EuGH, Urt. v. 1.2.1978, Rs. C-19/77 (Miller International), Slg. 1977, I-00131 = GRUR Int. 1978, 260.

24 EuGH, Urt.v. 18.6.2013, Rs. C-681/11 (Schenker & co), EU:C:2013:404 = BeckRS 2013, 81227, Rn. 41 ff.

ren in Rede stehenden Unternehmen allein nach nationalem Wettbewerbsrecht geprüft hat. Somit könne ein Unternehmen, das gegen Art. 101 AEUV verstoßen hat, nicht der Verhängung einer Geldbuße entgehen, wenn der Zuwiderhandlung ein Irrtum dieses Unternehmens über die Rechtmäßigkeit seines Verhaltens zu Grunde liegt, der auf dem Inhalt eines Rechtsrats eines Anwalts oder einer Entscheidung einer nationalen Wettbewerbsbehörde beruht.

III. Fragwürdigkeit der Rechtsprechung des EuGH und Ausblick

1. Die Rechtslage im konkret zu entscheidenden Fall war möglicherweise nicht ganz eindeutig: Für die Vermeidbarkeit des Verbotsirrtums sprach jedenfalls, dass Tarifabsprachen unter Wettbewerbern auf ein Hardcore-Kartell hindeuteten und somit die Vermeidbarkeit eines Verbotsirrtums angenommen werden konnte. Auch war das nationale Organ für die Auskunftserteilung nicht zuständig. Allerdings konnten rein nationale Sachverhalte in Österreich zum damaligen Zeitpunkt unter einen Bagatelltatbestand subsumiert werden, mit der Folge, dass nicht gegen das europäische Kartellverbot verstoßen worden wäre. Hierauf geht der EuGH jedoch nicht näher ein und verzichtet auf eine Auseinandersetzung mit der Frage, unter welchen Voraussetzungen ein Unternehmen ohne Sanktionsrisiko auf anwaltlichen Rat oder eine behördliche Auskunft vertrauen darf. Als Grundlage hierfür hätten der Grundsatz „nulla poena sine culpa“ und seine Bedeutung im Unternehmenssanktionsrecht herangezogen werden müssen. Die apodiktische Feststellung des EuGH, dass ein Rechtsrat einer Anwaltskanzlei oder eine Entscheidung einer nationalen Wettbewerbsbehörde nicht vor der Verhängung einer Geldbuße schütze, wird der vorliegenden Problematik nicht gerecht. Vielmehr drängt sich der Verdacht auf, dass der EuGH die Effektivität des Unionsrechts beeinträchtigt sah, weil die Anwendung des nationalen Grundrechtsstandards zur Folge gehabt hätte, dass im konkreten Fall keine Geldbußen hätten verhängt werden können. Deshalb kommt er zu der generalisierenden Aussage, Unternehmen könnten sich nicht exkulpierend auf eine abweichende Beratung durch ihren Rechtsberater oder eine nationale Kartellbehörde berufen.[25]

---

25 Zu weiteren Hintergründen der Entscheidung *Dannecker*, in: Festschrift für Helmut Fuchs, Reindl-Krauskopf/Zerbes/Brandstetter/Lewisch/Tipold (Hrsg.), 2014, S. 111 ff., 128 f.

Diese Auffassung ist angesichts der Einführung des Legalausnahmesystems bei Art. 101 Abs. 3 AEUV durch die VO 1/2003 nicht haltbar. Nachdem die Kommission keine Negativatteste potentiell kartellrechtswidriger Verhaltensweisen mehr erteilen kann, besteht für die Unternehmen nunmehr keine Möglichkeit mehr, sich im EU-Kartellrecht durch fachkundige Beratung vollständig zu entlasten.[26] Ihnen wird das volle Subsumtionsrisiko unter die Legalausnahme des Art. 101 Abs. 3 AEUV auferlegt. Im Falle eines Irrtums, auch wenn er unverschuldet ist, laufen sie Gefahr, mit hohen Geldbußen geahndet zu werden.

Das rigide Vorgehen des EuGH mag dadurch motiviert gewesen sein, dass das Gericht in dem Verteidigungsvorbringen eine rechtsmissbräuchliche Berufung auf einen Verbotsirrtum sah, weil möglicherweise ein kollusives Vorgehen oder eine Gefälligkeitsstellungnahme vorlag. Dann hätte der EuGH aber ebenso wie die Generalanwältin das Vorliegen eines unvermeidbaren Verbotsirrtums im konkreten Fall verneinen können. Diesen Weg hat das Gericht jedoch gerade nicht gewählt, sondern die Anerkennung eines die Ahndbarkeit ausschließenden Rechtsirrtums – durch konkludentes Schweigen – generell verworfen. Der EuGH hat nämlich noch nicht einmal den verfassungsrechtlich garantierten Schuldgrundsatz als Maßstab benannt, der im vorliegenden Fall hätte herangezogen werden müssen. Die stattdessen erfolgte knappe Stellungnahme ausschließlich zum Vertrauensgrundsatz – hierauf wird sogleich noch näher einzugehen sein – lässt den Leser auch deshalb ein wenig verdutzt zurück, weil die von der Generalanwältin genannten gerade europäischen Rechtsgrundlagen des Grundsatzes „nulla poena sine culpa“ die Annahme zu rechtfertigen schienen, dass sich der EuGH mit ihnen eher als mit den Einzelheiten mitgliedstaatlicher Rechtsstaatsgarantien auseinandersetzen würde.

Da der Sachverhalt keine hinreichend klaren Angaben enthält, inwieweit seriöser Rechtsrat erteilt worden ist, wird in der Literatur wohl zu Recht hervorgehoben, dass diese Entscheidung sehr auf den Einzelfall bezogen sei, und vor einer zu starken Verallgemeinerung gewarnt.[27] Dennoch sollte die Bedeutung des Urteils nicht unterschätzt werden, handelt es sich doch um eine Entscheidung der Großen Kammer des EuGH in einem Fall, dessen grundsätzliche Bedeutung für die europäischen Strafrechtsprinzipien die Generalanwältin zutreffend herausgearbeitet hatte.

---

26 *Meyer-Lindemann* EuZW 2013, 626 f.

27 *Meyer-Lindemann* EuZW 2013, 626 f.

2. Von zentraler Bedeutung sind die Ausführungen zur Nichtanerkennung eines schuldausschließenden Verbotsirrtums. Diesbezüglich ist zunächst kritisch anzumerken, dass die Einschätzung des EuGH zur Folge hat, dass an die Vermeidbarkeit eines Verbotsirrtums höhere Anforderungen als an fahrlässiges Verhalten gestellt werden. Hierauf geht der EuGH nicht ein und räumt dem europäischen Effektivitätsgrundsatz unbesehen den Vorrang vor dem nationalen Grundrechtsschutz ein: Im Interesse der Wirksamkeit des Unionsrechts dürften die Mitgliedstaaten an die Verhängung von Geldbußen keine höheren subjektiven Anforderungen stellen bzw. einen Bußgelderlass nicht unter leichteren Voraussetzungen gewähren, als dies im Unionsrecht der Fall ist. Damit werden konkrete und detaillierte unionsrechtliche Anforderungen an die von den Mitgliedstaaten für Verletzungen der Art. 101 und 102 AEUV zu verhängenden Kartellsanktionen gestellt.[28]

Wenn der EuGH nicht auf den Schuldgrundsatz, sondern lediglich auf den allgemeinen Grundsatz des Vertrauensschutzes gestützt ausführt, dass ein anwaltliches Gutachten grundsätzlich kein rechtlich relevantes Vertrauen in die Vereinbarkeit eines bestimmten Verhaltens mit europäischem Kartellrecht begründen könne, wird er den Anforderungen an ein rechtsstaatliches Strafrecht nicht gerecht. Insbesondere kann der Hinweis nicht überzeugen, noch nicht einmal eine nationale Kartellbehörde könne eine wirksame Zusicherung über die Vereinbarkeit mit europäischem Kartellrecht abgeben und dies müsse erst recht für ein anwaltliches Gutachten gelten. Hierbei wird nämlich, so zutreffend *Weitbrecht*, übersehen, dass Art. 5 VO 1/2003 die Kompetenzverteilung zwischen der Kommission und den nationalen Kartellbehörden regelt. Hieraus können keine Rückschlüsse darauf gezogen werden, ob ein Unternehmen auf ein anwaltliches Gutachten vertrauen darf.[29]

Die Ausführungen des EuGH fügen sich in seine generelle Rechtsprechung zum Grundrechtsschutz ein. Anfang 2013 hat er in der Entscheidung *Åkerberg Fransson* dargelegt, dass die Mitgliedstaaten bei der Durchführung des Rechts der Union an die Unionsgrundrechte gebunden sind, und zwar nicht nur in dem durch das Unionsrecht determinierten Bereich, sondern generell, auch wenn das nationale Recht den durch das Uni-

28 *Weitbrecht* NJW 2013, 3083 ff., 3085 f.
29 *Meyer-Lindemann* EuZW 2013, 626 f.

onsrecht nicht determinierten Bereich betrifft.[30] Daneben greife der nationale Grundrechtsschutz ein, soweit es um die Durchführung von durch das Unionsrecht nicht determiniertem nationalem Recht geht. Diese Voraussetzungen sind gegeben, wenn eine Kartellbehörde oder ein Kartellgericht nationale Sanktionsregelungen auf Verstöße gegen Art. 101 oder 102 AEUV anwendet. Zwar hat die Kommission in der VO 1/2003 darauf verzichtet, den Mitgliedstaaten Vorgaben für das Sanktionsrecht zu treffen, um so eine Harmonisierung herbeizuführen. Vielmehr sind die Mitgliedstaaten nur verpflichtet, ihr eigenes Sanktionsregime auf die Kartellverbote der Art. 101 und 102 AEUV anzuwenden. Damit gelten aber der europäische und der nationale Schuldgrundsatz nebeneinander, letzterer allerdings nur, wenn dadurch weder das Schutzniveau des Unionsgrundrechts eingeschränkt noch der Vorrang, die Einheit und die Wirksamkeit des Unionsrechts beeinträchtigt werden. Damit wird im vorliegenden Zusammenhang dem Effektivitätsgebot Vorrang vor dem nationalen Schuldgrundsatz eingeräumt. Denn, wie bereits angesprochen, hätte der EuGH ebenso wie die Generalanwältin bereits das Vorliegen eines unvermeidbaren Verbotsirrtums auf tatsächlicher Grundlage verneinen können. Zudem hätte die Chance bestanden, unter Rückgriff auf die Ausführungen der Generalanwältin differenzierte Anforderungen an die „Mindestanforderungen im Zusammenhang mit der Einholung von Rechtsrat“[31] zu statuieren.[32] Diese Chance hat der Gerichtshof nicht ergriffen, sondern deutlich gemacht, dass trotz fehlender Harmonisierungsverpflichtung das europäische Kartellordnungswidrigkeitenrecht Orientierung für die Mitgliedstaaten sein müsse.

3. Wenn man sich vor Augen führt, dass das deutsche Bußgeldregime im Hinblick auf die Rechtsnachfolge und die Verantwortung von Muttergesellschaften für das Verhalten konzernangehöriger Gesellschaften deutlich hinter dem europäischen Kartellordnungswidrigkeitenrecht zurückbleibt, kann nicht ausgeschlossen werden, dass der EuGH auch den Grundsatz „nullum crimen sine lege“ allein an europäischen Standards

---

30 Dazu *Klement*, in: Grabenwarter (Hrsg.), Enzyklopädie Europarecht, Band 2, 2014, § 8, Rn. 58 f.

31 Schlussanträge GA Kokott v. 28.2.2013 Rs. C-681/11 (Schenker & co), EU:C:2013:126 = BeckRS 2013, 80441, Rn. 62.

32 *Fleischer* EuZW 2013, 326, 328 ff. vergleicht diese mit den im in- und ausländischen Organhaftungsrecht erarbeiteten Leitlinien zum Vertrauen auf Expertenrat zu berücksichtigen, die in verschiedenen Ländern sogar kodifiziert worden sind.

messen und einen weitergehenden nationalen Grundrechtsschutz dem europäischen Effektivitätsgebot unterordnen wird. Diesbezüglich findet sich in der deutschen Literatur die Position, Art. 5 VO Nr. 1/2003 enthalte eine Befugnisnorm, soweit das nationale Recht die bestehenden Spielräume nicht ausfülle. Daher seien die Rechtsnachfolgefälle unter Rückgriff auf das europäische Recht zu entscheiden.[33] Das OLG Düsseldorf ist dieser Auffassung zu Recht nicht gefolgt.[34] Hierüber wird der BGH und, sofern er sich für eine Vorlage nach Luxemburg entscheiden wird, der EuGH bereits in absehbarer Zeit im Rahmen eines Vorlageverfahrens entscheiden müssen. Sollte der EuGH an seiner Forderung nach effektiven Sanktionen, vergleichbar dem europäischen Kartellordnungswidrigkeitenrecht, festhalten, so sind die nationalen Kartellsanktionsordnungen, seien es Ordnungswidrigkeiten wie in Deutschland, Verwaltungsstrafen wie in Österreich oder gar Kriminalstrafen wie in England, im Wege der unionskonformen Auslegung auf das Niveau des europäischen Sanktionsrechts zu bringen, obwohl die Kommission den o.g. Verzicht auf die Sanktionierung von Verstößen gegen Art. 101 und 102 AEUV erklärt hat. Weiter gedacht könnte dies bedeuten, dass, wenn der EuGH das nationale Gesetzlichkeitsprinzip an den Grenzen des europäischen Effektivitätsgebots scheitern lassen wird, auch die Erfassung von Rechtsnachfolgefällen oder die Konzernhaftung nicht mehr am nationalen Recht, sondern am europäischen Recht zu messen sein wird, das die Bebußung der wirtschaftlichen Einheit kennt.[35] Wenn man ernst nimmt, dass das deutsche Bundesverfassungsgericht den Schuldgrundsatz als strafrechtlichen Fundamentalsatz einordnet, auf dem das Strafrecht beruht,[36] ist ein Konflikt zwischen EuGH- und BVerfG-Rechtsprechung vorherzusehen, der dem Grundrechtsschutz in der Europäischen Union abträglich sein wird.

Anzustreben ist vielmehr ein einheitlicher Grundrechtsstandard, der zugleich den Vorgaben des EGMR für das Straf- und Ordnungswidrigkeitenrecht entspricht. Diesbezüglich kann auf die Rechtsprechung des EuGH und des EGMR zum Grundsatz „ne bis in idem“ verwiesen werden: Der

---

33 *Mühlhoff* NZWiSt 2013, 321 ff.

34 OLG Düsseldorf, Urt. v. 17.12.2012, VI Kart 7/12 (OWi) = NZKart 2013, 166.

35 Dazu *Heinichen,* Unternehmensbegriff und Haftungsnachfolge im Europäischen Kartellrecht, Baden-Baden 2011.

36 So BVerfG 30.6.2009 – 2 BvE 2/08 (Lissabon) = NJW 2009, 2267, 2289 zum Schuldgrundsatz.

EuGH[37] nimmt in seiner Rechtsprechung für die Frage nach der Qualifikation einer Sanktion als Strafe die *Engel*-Kriterien – Art des Vergehens, Zuordnung zum Kriminalstrafrecht im nationalen Recht, Art und Schwere der angedrohten Strafe – des EGMR[38] in Bezug, und der EGMR verweist wiederum für die Auslegung des Tatbegriffs auf die Rechtsprechung des EuGH.[39] Auf diese Weise wird für „ne bis in idem" ein einheitlicher, aufeinander abgestimmter Grundrechtsstandard erreicht. Auf dem Weg zu einem angemessenen und ausgewogenen Grundrechtsschutz ist die Doppelgeltung von Charta und nationalen Grundrechten nur dann ein gangbarer Weg, wenn den Mitgliedstaaten substanzielle nationale Gestaltungsspielräume eingeräumt werden, auch wenn dieser Weg mit den Vorstellungen des deutschen Bundesverfassungsgerichts nicht in Einklang steht, das eine möglichst strikte Trennung der europäischen und nationalen Grundrechtssphären anstrebt.[40]

---

37 EuGH, Urt. v. 5.6.2012, Rs. C-489/10 (Bonda), EU:C:2012:319 = BeckRS 2012, 81043.

38 EGMR, Urt. v. 8.6.1976 – 5100/71 (Engel u.a./Niederlande) = EuGRZ 1976, 221; Vgl. zum Ganzen *Meyer-Ladewig*, EMRK, 3. Aufl. 2011, Art. 6 EMRK, Rn. 23 ff.; *F. Meyer*, in: Karpenstein/F.C. Mayer (Hrsg.), EMRK, 2012, Art. 6, Rn. 23 ff., jew. m.w.N; *Grabenwarter/Pabel*, in: Dörr/Grote/Marauhn, EMRK/GG, 2. Auflage 2013, Kap. 14, Rn. 18 ff.

39 EGMR, Urt. v. 10.2.2009 – 14939/03 (Sergey Zolotukhin ./. Russland) = BeckRS 2010, 21072.

40 *Thym* NVwZ 2013, 889, 896.

10 Jahre SIEC-Test in der FKVO – Einschränkung der Privatautonomie zu Gunsten des Gemeinwohls?

Werner Berg

Gut zehn Jahre ist es mittlerweile her, dass die neue Fusionskontrollverordnung (FKVO)[1] in Kraft trat und mit ihr eine Umstellung im materiellen Prüfkriterium erfolgte. Die frühere Prüfung, ob durch einen Zusammenschluss eine marktbeherrschende Stellung begründet oder verstärkt wird (sog. Marktbeherrschungstest[2]), ist der Prüfung gewichen, ob durch den Zusammenschluss wirksamer Wettbewerb im Gemeinsamen Markt oder in einem wesentlichen Teil desselben erheblich behindert wird (sog. SIEC-Test[3]). Der Marktbeherrschungstest ist in Art. 2 Abs. 2 FKVO nur noch als Regelbeispiel aufgeführt.[4] Im folgenden Beitrag wird die neuere Praxis der Kommission bei der Anwendung des SIEC-Tests beleuchtet. Dabei fällt insbesondere auf, dass in jüngster Zeit häufiger Fälle ins Hauptprüfverfahren gehen, in denen Marktbeherrschung keine Rolle spielt.

I. Gründe für die Einführung des SIEC-Tests

In den Jahren vor der Reform wurde heftig diskutiert, ob der Marktbeherrschungstest nicht durch das Prüfkriterium der wesentlichen Verminderung des Wettbewerbs ersetzt werden solle. Dieser "*Significant Lessening of Competition*" (sog. SLC)-Test gilt namentlich in den USA und einigen an-

---

1 VO (EG) Nr. 139/2004 des Rates vom 20.1.2004 über die Kontrolle von Unternehmenszusammenschlüssen, ABl. 2004 L 24/1.

2 Das weitere Prüfkriterium des früheren Tests, wonach durch die beherrschende Stellung "wirksamer Wettbewerb im Gemeinsamen Markt oder in einem wesentlichen Teil desselben erheblich behindert würde" spielte keine praktische Rolle.

3 „Significant Impediment to Effective Competition".

4 Der deutsche Gesetzgeber hat im Juni 2013 mit der 8. GWB-Novelle nachgezogen, das Bundeskartellamt wendet seither im Wesentlichen denselben Prüfungsmaßstab für die Bewertung von Zusammenschlüssen an.

deren angelsächsischen Ländern. Vor allem angelsächsische Autoren waren der Auffassung, dass der SLC-Test besser zur ökonomischen Analyse von Zusammenschlüssen passe. Konkret wurde am Marktbeherrschungstest kritisiert, dass er keine effiziente Kontrolle bestimmter Oligopolsituationen zulasse.[5] Die typische Konstellation dieser Lücken-Fälle („*Gap cases*") ist die, dass sich Unternehmen zusammenschließen, die auch nach dem Zusammenschluss keine Marktführer sind, jedoch bislang in engem Wettbewerb miteinander stehen und nach dem Zusammenschluss einseitig Preiserhöhungen vornehmen könnten. Der SLC-Test zielt auf sog. nicht-koordinierte/unilaterale Wirkungen: Ein Unternehmenszusammenschluss führt nicht zu koordiniertem Vorgehen der Oligopolisten, sondern zu einseitig wettbewerbswidrigem Verhalten. Kritiker der Reformbestrebungen waren dagegen der Ansicht, dass es eine Lücke tatsächlich gar nicht gab. Der Missbrauchstest erfasse über eine sachgerechte Marktdefinition und die richtige Anwendung der Voraussetzungen für Einzel- und Kollektivmarktbeherrschung auch einseitiges, nicht-koordiniertes Verhalten.[6] Der SIEC-Test hat dieselbe Stoßrichtung wie der SLC-Test, aber mit der Besonderheit, dass das Marktbeherrschungskriterium als Regelbeispiel fungiert. Frühere, unter dem Marktbeherrschungskriterium ergangene Entscheidungen können daher weiterhin als Präzedenzfälle dienen.

II. Entscheidungspraxis

Zusammenschlüsse, die als echte Lücken-Fälle anzusehen sind, blieben in den ersten Jahren nach Einführung des SIEC-Tests selten. Sie prägten jedoch in den letzten Jahren das Bild der Kommissionspraxis entscheidend mit.[7] Einen erheblichen Anteil daran hat die Konsolidierungswelle im europäischen Mobiltelekommunikationssektor. Auf diesen noch immer

---

5 Etwa *Pearce Azevedo/Walker* European Competition Law Review 2002, 363.

6 Siehe hierzu etwa *Montag/Wolfsgruber*, Neueste Entwicklungen in der europäischen Fusionskontrolle, Zehntes St.Galler Internationales Kartellrechtsforum 2003, 7 ff.

7 Zu den Lückenfällen zu zählen sind insbesondere: Kommission vom 12.11.2009, COMP/M.5549 – EDF/Segebel; Kommission vom 26.4.2006, COMP/M.3916 – T-Mobile/tele.ring; Kommission vom 12.12.2012, COMP/M.6497 – Hutchison 3G Austria/Orange Austria; Kommission vom 31.1.2013, COMP/M.6570 – UPS/TNT Express; Kommission vom 28.5.2014, COMP/M.6992 – Hutchison 3G UK/Telefonica Ireland und Kommission vom 2.7.2014, COMP/M.7018 – Telefonica/E-Plus.

nationalen Märkten sind durchweg vier oder fünf Anbieter tätig, von denen keiner einzelmarktbeherrschend ist. Überdies wurde mit dem Zusammenschlussvorhaben *UPS/TNT Express*[8] im Jahr 2013 erstmals ein Lücken-Fall untersagt. Aber auch außerhalb der Lücken-Fälle werden nicht-koordinierte Wirkungen verstärkt geprüft. Sie haben sich in den letzten Jahren zur mit Abstand am häufigsten angewandten Schadenstheorie entwickelt.[9]

1. Schadenstheorie und Horizontalleitlinien

Die Grundüberlegung im Fall von nicht-koordinierten Wirkungen ist, dass ein Zusammenschluss in einem oligopolistisch geprägten Markt nicht nur dazu führen kann, dass die verbleibenden Unternehmen ihr Marktverhalten koordinieren, sondern auch, dass durch den Wegfall eines Marktteilnehmers Wettbewerbsdruck auf die verbleibenden Unternehmen verloren geht und diese die dadurch gewonnene Marktmacht zu einseitigem Verhalten, insb. zur Erhöhung der Preise nutzen.[10] In den Horizontalleitlinien von 2004 hat die Kommission Wettbewerbsfaktoren genannt, auf die sie bei der Prüfung von nicht-koordinierten Wirkungen besonders achtet.[11] Hierzu zählen neben hohen Marktanteilen die wettbewerbliche Nähe der fusionierenden Unternehmen, der Wettbewerbsanreiz für das fusionierte Unternehmen, die Möglichkeit der Kunden, zu anderen Anbietern zu wechseln, die Produktionskapazität von Wettbewerbern, die Fähigkeit des fusionierten Unternehmens, Wettbewerber an Wachstum zu hindern sowie die Beseitigung einer wichtigen Wettbewerbskraft.

---

8 Kommission (Fn. 7).

9 Obwohl das neue Prüfkriterium ursprünglich zur Erfassung horizontaler Konstellationen eingeführt wurde (s. Erwägungsgrund 25 FKVO), wendet die Kommission den SIEC-Test auch auf vertikale Konstellationen an; s. schon Kommission vom 21.12.2005, COMP/M.3696 – E.ON/MOL, Rn. 453, 466, 520 und 551; anders in Rn. 476.

10 S. 25. Erwägungsgrund der FKVO sowie Leitlinien zur Bewertung horizontaler Zusammenschlüsse (Horizontalleitlinien), 2004/C 31/03, Rn. 24.

11 Horizontalleitlinien (Fn. 10), Rn. 26-38.

2. *Wettbewerbsverhältnis der fusionierenden Unternehmen statt Marktanteile*

Die Betrachtung des Wettbewerbsverhältnisses der fusionierenden Unternehmen hat in den letzten Jahren eine erhebliche Bedeutung erlangt. Das Kriterium ist insbesondere dann von Bedeutung, wenn es sich um einen Markt handelt, in dem die Marktanteile stark schwanken.[12] Auch bei differenzierten Märkten, d.h. bei Märkten, in denen Kunden bestimmte Produkte anderen Produkten vorziehen, kommt der wettbewerblichen Nähe der Zusammenschlussbeteiligten eine zentrale Rolle zu (siehe Telekom-Fälle, etwa *Hutchison 3G Austria/Orange Austria*[13]). Bei nicht-differenzierten Produkten werden daneben regelmäßig die freien Produktionskapazitäten der Marktteilnehmer geprüft und untersucht, ob nach dem Zusammenschluss Anreize zur Reduzierung der Produktion bestehen (siehe *Outokumpu/Inoxum*[14]). Selbst in Fällen, in denen monopolartige Marktanteile erreicht wurden und es nahe gelegen hätte, auf Marktbeherrschung abzustellen, wurde dieses Kriterium intensiv geprüft.[15] Generell ist zu beobachten, dass Marktanteile an Bedeutung verlieren. In *Hutchison 3G Austria/Orange Austria*[16] hatte die Kommission wettbewerbliche Bedenken, obwohl das fusionierte Unternehmen auf einen Marktanteil von nicht mehr als 22% kam. Andererseits akzeptierte die Kommission in *UPM/Myllykoski* und in *Bayer Healthcare/Roche* Marktanteile jenseits von 50%, weil sie erheblichen Wettbewerbsdruck durch andere Papiersorten und geringe Kapazitätsauslastung von Wettbewerbern annahm[17] bzw. die Produkte der am Zusammenschluss Beteiligten nur entfernt substituierbar seien.[18]

---

12 Kommission vom 13.7.2005, COMP/M.3653 – Siemens/VA Tech, Rn. 95.

13 Kommission (Fn. 7), Rn. 175 ff.

14 Kommission vom 7.11.2012, COMP/M.6471 – Outokumpu/Inoxum.

15 Kommission vom 27.6.2007, COMP/M.4439 – Ryanair/Aer Lingus I, Rn. 341, 352 f.

16 Kommission (Fn. 7).

17 Kommission vom 13.7.2011, COMP/M.6101 – UPM/Myllykoski, Rn. 96, 98, 108.

18 Kommission vom 19.11.2004, COMP/M.3544 – Bayer Healthcare/Roche, Rn. 45.

3. *Beseitigung eines für den Wettbewerb besonders wichtigen Unternehmens (Maverick)*

Neben der wettbewerblichen Nähe prüft die Kommission auch, wie sich die Fusionsparteien auf dem Markt verhalten. Dieser Wettbewerbsfaktor war entscheidend in *T-Mobile/tele.ring*, dem wohl ersten klassischen Lücken-Fall, den die Kommission seit Geltung des SIEC-Tests zu entscheiden hatte. Er betraf den Erwerb des österreichischen Mobilfunkanbieters tele.ring durch den Konkurrenten T-Mobile. tele.ring war der viertgrößte Anbieter von Mobilfunkdienstleistungen in Österreich und T-Mobile wurde auch nach dem Erwerb von tele.ring nicht zum Marktführer. Die Untersuchung der Kommission ergab, dass tele.ring die aktivste Kraft auf dem Markt war und erheblichen Wettbewerbsdruck auf die größeren Marktteilnehmer einschließlich T-Mobile ausübte.[19] Sie ging davon aus, dass tele.ring die Rolle eines sog. *Mavericks* einnahm, d.h. eines kleineren Akteurs, der aber dennoch auf andere Wettbewerber eine disziplinierende Wirkung hinsichtlich der Preisgestaltung ausübe.[20] Zudem hätten im Mobilfunkbereich kleine Anbieter häufig einen besonders großen Anreiz für preisaggressive Angebote, da sie ihren Kundenstamm ausbauen wollen, um ihr Netz auszulasten. Bei größeren Wettbewerbern hingegen belasteten aggressive Preisangebote die Profitabilität stärker. Solche Preisangebote müssten nämlich mittelfristig auch an Alt-Kunden weitergegeben werden. Der Versuch, Marktanteile mittels aggressiven Preisangeboten zu gewinnen, sei für Anbieter mit größerem Kundenstamm daher häufig nicht lukrativ.[21] Der Zusammenschluss wurde nur unter Auflagen freigegeben.

4. *Quantifizierung der Beeinträchtigung des Wettbewerbs: Entstehung von Preiserhöhungsspielräumen*

Nicht-koordinierte Wirkungen liegen dann vor, wenn für die Parteien nach dem Zusammenschluss eine Preiserhöhung profitabel ist, ohne dass sie sich dafür mit Wettbewerbern abstimmen müssen. Der zusammenschlussbedingte Anreiz zur Anhebung von Preisen ist mithin ein wesentliches

---

19 Kommission (Fn. 7), Rn. 72.

20 Kommission (Fn. 7), Rn. 72.

21 Kommission (Fn. 7), Rn. 76 f. Ähnlich Kommission vom 6.6.2006, COMP/M. 4141 – Linde/BOC, Rn. 162, 164, 192.

Kriterium bei der Prüfung, ob eine erhebliche Behinderung des Wettbewerbs droht. Die Kommission bestimmt den zu erwartenden Preisanstieg mit Hilfe ökonomischer und ökonometrischer Instrumente. Sie hat mittlerweile eine Vielzahl an quantitativen Methoden angewandt[22] und es ist eine zunehmende Verfeinerung der Prüfung der Kommission festzustellen. In *Hutchison 3G Austria/Orange Austria*[23] hat die Kommission soweit ersichtlich zum ersten Mal den. sog. *Gross Upward Pricing Pressure*-Index ("GUPPI") angewandt, um die Umlenkungsziffer ("*diversion ratio*") zwischen den Produkten der Parteien zu ermitteln. In *Hutchison 3G UK/ Telefónica Ireland* und *Telefónica/E-Plus* ging die Kommission noch weiter und prüfte dies auch in Bezug auf andere Wettbewerber.[24] Im Verfahren *UPS/TNT Express* legten die Parteien selbst ökonomische Studien vor, wonach Preise in mehreren nationalen Märkten leicht anstiegen. Die Kommission kam offenbar auf Basis dieser Studien auf deutlich größere Preissteigerungen, die nur noch durch Effizienzen ausgeglichen werden konnten. Im Ergebnis nutzte den Parteien die Vorlage der ökonomischen Studien nicht, sondern sie hatten die ungünstige Folge, dass sich dadurch gewissermaßen die Beweislast von der Kommission auf die Parteien verlagerte. Interessant ist auch, dass bereits ein erwarteter Preisanstieg von weniger als 5% nach Berücksichtigung der Effizienzen als erhebliche Behinderung angesehen wurde.[25] Danach scheint es, als sei der Effizienzeinwand als Verteidigungsmittel nicht erfolgreich, wenn die nachgewiesenen Effizienzen potenzielle Preisanstiege nicht vollständig ausgleichen. Zudem zeigt *UPS/TNT Express*, dass selbst im Falle eines vollständigen Ausgleichs negativer Preiseffekte durch Effizienzvorteile immer noch wettbewerbliche Bedenken bestehen bleiben können, etwa weil durch den Zusammenschluss ein wichtiger Wettbewerber ausgeschaltet würde.[26]

---

22 Z.B. eine Preiskorrelationsanalyse bei der Marktabgrenzung in Kommission vom 27.2.2013, COMP/M.6663 –Ryanair/Aer Lingus III, Rn. 111 ff.; *Demand Estimation* in Kommission vom 17.11.2010, COMP/M.5658 – Unilever/Sara Lee Rn. 396; Preiskonzentrationsanalyse in UPS/TNT Express (Fn. 7), Rn. 9.

23 Kommission (Fn. 7), Rn. 310 ff.

24 Kommission (Fn. 7).

25 So für Tschechien, Rn. 42, 43, Estland, Rn. 48, 49 und Finnland, Rn. 51, 52 der Beschlusszusammenfassung, ABl. 2014, C 137/8 und Korrigendum ABl. 2014, C 187/14.

26 So für Dänemark und die Niederlande, Rn. 45f. und 65-68 der Beschlusszusammenfassung ABl. 2014, C 137/8 und Korrigendum ABl. 2014, C 187/14.

5. *Effizienzverteidigung*

Der SIEC-Test stellt die wettbewerblichen Wirkungen eines Zusammenschlusses in den Mittelpunkt der Prüfung. Es sind nicht nur die negativen, sondern auch etwaige positive Wirkungen eines Zusammenschusses zu berücksichtigen, allerdings liegt die Beweislast hierfür bei den Parteien. In der FKVO ist anerkannt, dass die durch einen Zusammenschluss bewirkten Effizienzvorteile den Schaden für den Wettbewerb ausgleichen können.[27] Bezeichnend ist, dass die bislang bekanntesten Fälle in Sachen Effizienzverteidigung solche waren, in denen der Zusammenschluss letztlich untersagt wurde. In *Deutsche Börse/NYSE Euronext*[28] reichten aus Sicht der Kommission die möglicherweise erzielten Effizienzgewinne nicht aus, um den durch den Zusammenschluss verursachten Schaden für die Verbraucher auszugleichen.[29] Der Effizienzeinwand wurde dadurch erschwert, dass die Kommission in mehreren betroffenen Märkten eine fast monopolartige Stellung der fusionierten Parteien annahm. Mangels Wettbewerbsdruck hielt sie es für unwahrscheinlich, dass Effizienzvorteile in ausreichendem Maße an Kunden weitergegeben würden.[30] In *UPS/TNT Express*[31] wurden ebenfalls Effizienzvorteile anerkannt. Diese reichten aus, um in mehreren Mitgliedstaaten den erwarteten Preisanstieg auszugleichen. Allerdings konnte dies nicht für alle betroffenen nationalen Märkte nachgewiesen werden, so dass die Effizienzverteidigung auch hier erfolglos blieb. In *Nynas/Shell Harburg* wandte die Kommission die Grundsätze zur Sanierungsfusion bei unselbständigen Betriebsteilen (*failing divison defence)* an und berücksichtigte Effizienzen im Rahmen des zugrunde gelegten Vergleichsszenarios (*counterfactual*), der Schließung der Raffinerie. Im Ergebnis trugen die Effizienzen zur Freigabe des Zusammenschlusses bei.[32]

---

27 29. Erwägungsgrund FKVO.

28 Kommission vom 1.2.2012, COMP/M. 6166 – Deutsche Börse/NYSE Euronext, Rn. 1335.

29 Kommission (Fn. 28), Rn. 1341 f.

30 Siehe hierzu Horizontalleitlinien (Fn. 10), Rn. 84, wo auf diese Fallkonstellation eingegangen wird.

31 Kommission (Fn. 7), Zusammenfassung der Entscheidung, Rn. 31 ff.

32 Kommission vom 2.9.2013, COMP/M.6360 – Nynas/Shell Harburg, Rn. 474.

III. Bilanz und Ausblick

Für die betroffenen Unternehmen hat die Umstellung des materiellen Prüfkriteriums zunächst zur Folge, dass das Ergebnis der wettbewerblichen Prüfung schwerer vorherzusagen ist. Während nach dem Marktbeherrschungskriterium Marktanteile eine ungefähre Prognose über die Prüfintensität und Freigabewahrscheinlichkeit erlaubten, ist dies nach dem SIEC-Test nicht mehr ohne Weiteres möglich. Entscheidend ist vielmehr, ob durch den Zusammenschluss eine Preissteigerung der betroffenen Produkte zu erwarten ist. Wie oben (Ziffer II.4.) dargestellt, nutzt die Kommission für diese Feststellung eine Reihe von Instrumenten, ohne allerdings klare Vorgaben zu machen, welche Instrumente in welchen Fallkonstellationen zur Anwendung kommen.[33] Außerdem fehlen bislang klare Vorgaben, welche erwarteten Preissteigerungen - gegebenenfalls nach Saldierung mit nachgewiesenen Effizienzen - noch tolerabel sind. Schließlich sind die Ermittlung des Näheverhältnisses von Wettbewerbern und der disziplinierenden Wirkung eines Wettbewerbers auf die Markteilnehmer u.U. sehr aufwändig (vgl. hierzu Ziffer II.2. oben) und kommen zur Ermittlung der weiterhin für die Analyse benötigten Marktanteile hinzu.

Im Übrigen hat die Einführung des SIEC-Tests jedenfalls das Einschreiten der Kommission in den Lücken-Fällen erleichtert und Fälle der vertieften Prüfung zugeführt, die auf der Basis des Marktbeherrschungstests vermutlich nur als koordiniertes Zusammenwirken hätten verfolgt werden können. Der Nachweis koordinierter Wirkungen ist aufgrund der strikten Vorgaben der *Airtours*-Rechtsprechung[34] praktisch kaum möglich und hat dazu geführt, dass die Kommission wettbewerbliche Bedenken regelmäßig nicht mehr oder nur zusätzlich - sozusagen "obiter" - auf koordinierte Wirkungen stützt.[35] Sie begründet wettbewerbliche Bedenken in Fällen, die vor der *Airtours*-Rechtsprechung und nach dem alten Marktbeherrschungstest mit großer Wahrscheinlichkeit auf koordinierte Wirkun-

---

33 S. aber die generellen Vorgaben in Ziffer 2.3 der *Best Practices for the submission of economic evidence* der Kommission (2010).

34 EuG, 6.6.2002 – T-342/99 (Airtours), Slg. 2002, II-2585, Rn. 32-41; zu den Kriterien im einzelnen und der Folgerechtsprechung *Kellerbauer*, in: Berg/Mäsch, Deutsches und Europäisches Kartellrecht, 2. Aufl. 2015, Art. 2 FKVO, Rn. 52-55.

35 Ausnahmen bestätigen die Regel: s. Kommission vom 23.9.2008, COMP/M.4980 - ABF/GBI BUSINESS, in dem die Kommission koordinierte Wirkungen angenommen und auf deren Basis Zusagen durchgesetzt hat.

gen gestützt worden wären, nunmehr (ausschließlich) mit nicht-koordinierten Wirkungen.[36] Diese Herangehensweise dürfte zwar dem Sinn und Zweck der Einführung des SIEC-Tests widersprechen, mit dem die vermeintlichen Lücken im Bereich nicht koordinierter Oligopole geschlossen werden sollten.[37] Andererseits ist der Kommission aber zuzugestehen, dass der Wortlaut der FKVO ihr die Wahl lässt, die Untersagung eines Zusammenschlusses mit dessen koordinierten oder nicht-koordinierten Wirkungen zu begründen. Im Übrigen ist die Interventionsrate seit der Änderung des Prüfkriteriums rein statistisch nicht angestiegen.[38]

---

36 Dies setzt voraus, dass unilaterale und koordinierte Wirkungen gleichzeitig auftreten können. Diese Möglichkeit verneinend *Montag/v. Bonin*, in: MüKo, Europäisches und Deutsches Wettbewerbsrecht, München 2007, Band 1, Art. 2 FVKO, Rn. 210.

37 Vgl. Erwägungsgrund 25 FKVO.

38 S. http://ec.europa.eu/competition/mergers/statistics.pdf wonach die Zahl der Untersagungen oder mit Auflagen genehmigten Freigaben gemessen an der Zahl der Anmeldungen weder signifikant gestiegen noch gesunken ist.

Perspektiven für die Fortentwicklung der europäischen Fusionskontrolle

*Andreas Fuchs**

I. Einführung

Seit vor 25 Jahren mit der VO (EWG) Nr. 4064/89 die (erste) europäische Fusionskontrollverordnung (FKVO) in Kraft getreten ist, verfügt die Europäische Union neben den primärrechtlichen Verboten der Artikel 101, 102 AEUV auf sekundärrechtlicher Grundlage auch über eine ausgebildete und präventiv angelegte Marktstrukturkontrolle. Sie hat sich zu einer fest etablierten und unverzichtbaren Säule des EU-Wettbewerbsrechts entwickelt. Nach einer ersten Revision durch die VO (EG) Nr. 1310/97 folgte mit der Neufassung durch die VO (EG) Nr. 139/2004 eine wichtige inhaltliche Reform, die insbesondere das materielle Untersagungskriterium betraf. 10 Jahre nach Einführung des SIEC-Tests, der auf die erhebliche Behinderung wesentlichen Wettbewerbs (*significant impediment to effective competition*) abstellt und inzwischen in den meisten Mitgliedstaaten übernommen worden ist[1], hat die Kommission in ihrem Weißbuch vom 9.7.2014 „Eine wirksamere EU-Fusionskontrolle“[2] eine grundsätzlich po-

---

* Prof. Dr. iur., LL.M. (Michigan), Richter am OLG, Geschäftsführender Direktor des Instituts für Handels- und Wirtschaftsrecht, Universität Osnabrück.

1 Vgl. den Überblick über die Fusionskontrolle in den Mitgliedstaaten bei *Körber,* in: Immenga/Mestmäcker, Wettbewerbsrecht, 5. Aufl. 2012, Einl FKVO Rn. 133 ff.

2 COM(2014) 449 final (im Folgenden: „Weißbuch“); engl. White Paper „Towards more effective European Merger Control“). Es wird begleitet durch ein Arbeitspapier (Commission Staff Working Document SWD (2014) 221 final) sowie eine Folgenabschätzung (Impact Assessment SWD 217 final). Vorausgegangen war eine Anhörung interessierter Kreise im Jahr 2013, vorbereitet durch ein Konsultationspapier (Commission Staff Working Document „Towards more effective EU merger control“, SWD (2013) 239 final); die dazu ergangenen Kommentare sind abrufbar unter http://ec.europa.eu/competition/consultations/2013_merger_control. Vgl. zum Konsultationspapier auch *Langeheine/v. Koppenfels* ZWeR 2013, 299, 307 ff.; zum Weißbuch *v. Koppenfels* 36 Liverpool Law Rev. 7 ff. (2015); *Böni/Rübsaamen* sic! 2015, 216 ff.; *Balitzki* ZWeR 2015, 55 ff. sowie die Stellungnahmen von Behörden

sitive Zwischenbilanz gezogen[3]. Vor allem in zwei Punkten sieht sie jedoch konkreten Reformbedarf: zum einen beim System der Fallallokation zwischen Kommission und nationalen Wettbewerbsbehörden, zum anderen in Bezug auf nicht-kontrollierende Minderheitsbeteiligungen, deren isolierter Erwerb von der europäischen Zusammenschlusskontrolle derzeit – im Unterschied zu den Wettbewerbsordnungen der drei Mitgliedstaaten Großbritannien, Deutschland und Österreich sowie z.B. der USA, Kanadas und Japans – nicht erfasst wird. Darüber hinaus deutet die Kommission an, dass langfristig die Etablierung einer einheitlichen „European Merger Area“ erstrebenswert sein könnte, in der alle Zusammenschlüsse, ob auf europäischer oder auf mitgliedstaatlicher Ebene, nach denselben (materiellen) Regeln beurteilt werden[4].

Die konkreten Reformvorschläge der Kommission ebenso wie die Andeutung einer etwaigen Notwendigkeit der (weiteren) Angleichung zwischen europäischer und mitgliedstaatlicher Fusionskontrolle sind auf ein geteiltes Echo gestoßen. Vor diesem Hintergrund gilt es, sowohl der Frage nach dem grundsätzlichen Reformbedarf als auch der konkreten Ausgestaltung der vorgeschlagenen Neuregelungen und den weiteren Perspektiven für die europäische Fusionskontrolle nachzugehen.

II. Reformbedarf in der europäischen Fusionskontrolle

1. Erstreckung des Anwendungsbereichs der FKVO auf nicht-kontrollierende Minderheitsbeteiligungen (structural links)

a) Die Vorschläge der Kommission

In scharfem Gegensatz zu ihrer früheren Haltung[5] hält die Kommission ihre fehlende Kompetenz zur Prüfung von nicht-kontrollierenden Minderheitsbeteiligungen nunmehr für eine ernstzunehmende Lücke („*serious*

---

und Verbänden unter http://ec.europa.eu/competition/consultations/2014_merger_control.

3 Kommission, Weißbuch (Fn. 2), Rn. 4 ff.

4 Kommission, Weißbuch (Fn. 2), Rn. 23.

5 Kommission, Grünbuch über die Revision der Verordnung (EWG) Nr. 4069/89 (11.12.2001), KOM (2001) 745 endg., Rn. 109.

gap") ihrer Befugnisse zur Marktstrukturkontrolle[6] und schlägt eine begrenzte Ausdehnung des Anwendungsbereichs der FKVO auf sog. „*structural links*" vor. Dies soll in Form eines von ihr als „System der gezielten Transparenz" („*targeted transparency system*") bezeichneten Ansatzes erfolgen[7]. Dieser ist durch zwei Kernelemente gekennzeichnet: Erstens soll bei nicht-kontrollierenden Minderheitsbeteiligungen zunächst keine vollständige Anmeldung nach Formblatt CO erforderlich sein, sondern nur eine Informationsmitteilung („*information notice*"). Selbst diese begrenzte Mitteilungspflicht soll nicht für alle beabsichtigten Minderheitsbeteiligungen gelten, sondern nur für solche, die eine konkrete wettbewerbliche Relevanz aufweisen, indem sie einen „*competitively significant link*" („wettbewerbsrelevante Verbindung") begründen[8]. Auf diese Weise will die Kommission einerseits den bürokratischen Aufwand für die Unternehmen wie für sich selbst möglichst gering halten, auf der anderen Seite aber gewährleisten, dass sie Kenntnis von allen potentiell wettbewerbswidrigen Akquisitionen von Minderheitsinteressen erhält.

aa) Informationsmitteilung

Die Unternehmen sind gehalten, selbst einzuschätzen, ob ihre Transaktion eine wettbewerblich relevante strukturelle Verbindung begründet. Die in diesem Fall zu übersendende „*information notice*" soll nur einen begrenzten Umfang aufweisen und Angaben zu den Parteien, ihrem Umsatz, Art und Umfang der geplanten Transaktion, der Beteiligungshöhe vor und nach dem beabsichtigten Erwerb, den mit der Minderheitsbeteiligung verbundenen Rechten und – in gewissem Umfang – zu Marktanteilen enthalten[9]. Eine vollständige Anmeldung soll nur nötig sein, wenn die Kommission ein Verfahren einleitet, könnte aber auch auf freiwilliger Basis sogleich erfolgen. Offenbar ist beabsichtigt, die Informationsmitteilung mit einem begrenzten Vollzugsverbot von 15 Werktagen zu verbinden, um den Mitgliedstaaten die Gelegenheit zu einem Verweisungsantrag zu geben[10]. In jedem Fall will die Kommission aber die Möglichkeit erhalten,

6 Kommission, Weißbuch (Fn. 2), Rn. 24 ff., 50.
7 Kommission, Weißbuch (Fn. 2), Rn. 45 ff.
8 Kommission, Weißbuch (Fn. 2), Rn. 46.
9 Kommission, Weißbuch (Fn. 2), Rn. 48 f.
10 Kommission, Weißbuch (Fn. 2), Rn. 50.

auch nach Vollzug des Erwerbs der nicht-kontrollierenden Minderheitsbeteiligung für eine begrenzte Zeit von vier bis sechs Monaten nachträglich eine Prüfung einzuleiten[11].

bb) Wettbewerbsrelevante Verbindung

Das maßgebliche Kriterium zur Unterscheidung unproblematischer Transaktionen, die keiner Notifizierungspflicht unterliegen, und solchen mit realistischen wettbewerblichen Risiken, ist nach dem Vorschlag der Kommission das Merkmal der „wettbewerbsrelevanten Verbindung" („*competitively significant link*"). Es weist *prima facie* starke Ähnlichkeiten mit dem Zusammenschlusstatbestand des „wettbewerblich erheblichen Einflusses" im deutschen Recht (§ 37 Abs. 1 Nr. 4 GWB) bzw. dem Kriterium des „*material influence*" im englischen Recht auf[12]. Die Kommission konkretisiert den Begriff durch zwei Elemente, die kumulativ erfüllt sein müssen[13]: Erstens wird eine bestimmte wettbewerbliche Beziehung zwischen Erwerber und Zielunternehmen verlangt; nur der Erwerb von Minderheitsinteressen in einem Wettbewerber oder einem vertikal verbundenen Unternehmen sollen erfasst werden. Zweitens werden gewisse quantitative bzw. qualitative Anforderungen an die Art der Verbindung gestellt. Wettbewerbliche Relevanz soll vorliegen, wenn die erworbene Beteiligung entweder ca. 20% beträgt oder zwischen 5% und 20% liegt, aber durch zusätzliche Faktoren verstärkt wird, die z.B. auf die Einräumung einer *de facto* Sperrminorität hinauslaufen, einen Sitz im Vorstand oder Aufsichtsrat oder Zugang zu wirtschaftlich sensiblen Informationen umfassen.

b) Stellungnahme

Der auf die Identifizierung von wettbewerblich relevanten Akquisitionen und die Reduzierung bürokratischen Aufwands zugeschnittene Ansatz der Kommission ist im Prinzip begrüßenswert. Ein Bedürfnis für die fusionskontrollrechtliche Überprüfung des Erwerbs von Minderheitsbeteiligungen

---

11 Kommission, Weißbuch (Fn. 2), Rn. 51.

12 Hierzu näher z.B. *Montag/Wilks* ZWeR 2015, 69, 76 ff. mwN.

13 Kommission, Weißbuch (Fn. 2), Rn. 47.

auch unterhalb der Kontrollschwelle[14] besteht, weil sich hierdurch (jedenfalls bei horizontaler oder vertikaler Beziehung zum Zielunternehmen) die Anreize des Erwerbers in Bezug auf sein Geschäftsverhalten gegenüber der Zielgesellschaft ändern und er – je nach den Umständen des Einzelfalls, insbesondere der Anteilseignerstruktur der Zielgesellschaft – faktisch die Möglichkeit zur Beeinflussung von deren Marktverhalten erhält[15]. Die in bestimmten Fällen mögliche Anwendung von Art. 101 und Art. 102 AEUV auf den Erwerb von Minderheitsbeteiligungen reicht nicht aus, um die wettbewerblich problematischen Fälle hinreichend zu erfassen[16]. Dies bestätigen auch die Erfahrungen in einer Reihe von Ländern, die ihre Fusionskontrolle zumindest auf bestimmte qualifizierte Minderheitsbeteiligungen unterhalb der Kontrollschwelle erstrecken wie z.B. die USA, Kanada, Großbritannien, Deutschland, Österreich und Japan.[17]. Die Vervollständigung des fusionskontrollrechtlichen Instrumentariums auf europäischer Ebene durch eine schlanke Einbeziehung potentiell wettbewerblich problematischer Minderheitsbeteiligungen erscheint daher im Grundsatz sinnvoll[18], auch wenn die Fallzahlen insgesamt sehr überschaubar sind[19]. Die konkreten Vorschläge der Kommission zur Schließung der zutreffend identifizierten „*enforcement gap*" in der europäischen Fusions-

---

14 Vgl. näher zu den Bedingungen, unter denen auch eine Minderheitsbeteiligung geeignet ist, einen bestimmenden Einfluss iSd Art. 3 Abs. 2 FKVO auf ein anderes Unternehmen zu vermitteln, *Körber,* in: Immenga/Mestmäcker (Fn. 1), Art. 3 FKVO Rn. 86 ff.; *Fuchs,* in: Müller-Graff (Hrsg.), Europäisches Wirtschaftsordnungsrecht (EnzEuR Bd. 4), 2015, § 11 Rn 94 ff. jeweils mwN.

15 Näher zu den potentiellen wettbewerblichen Gefahren *Montag/Wilks* ZWeR 2015, 69, 71 ff.; *Böni/Rübsaamen* sic! 2015, 216, 217 ff.; *Stöcker* ZWeR 2013, 154, 167 ff.,177 jeweils mwN; s. auch Kommission, Weißbuch (Fn. 2), Rn. 28 ff. (zu den von ihr herangezogenen „*theories of harm*").

16 Commission Staff Working Document (Fn. 2), Rn. 61 ff.; zust. *Montag/Wilks* ZWeR 2015, 69, 82 ff.; *Böni/Rübsaamen* sic! 2015, 216, 217. Vgl. zu den engen Grenzen der Anwendung von Artt. 101, 102 AEUV auf den Erwerb von Unternehmensbeteiligungen auch *Fuchs* (Fn. 14), § 11 Rn. 7 f., 33 f. mwN.

17 Commission Staff Working Document (Fn. 2), Rn. 47. Näher zu den Erfahrungen in Deutschland, Großbritannien, Österreich und den USA *Montag/Wilks* ZWeR 2015, 69, 74 ff. mwN.

18 Im Ergebnis ebenso *Montag/Wilks* ZWeR 2015, 69, 85; *v. Koppenfels* 36 Liverpool Law Rev. 7, 17 f., 30 (2015); *Böni/Rübsaamen* sic! 2015, 216, 224, 225.

19 Die Interventionsrate des Bundeskartellamts für Fälle nach § 37 Abs. 1 Nr. 4 GWB beträgt nur ca. 4,6%; die Kommission erwartet eine entsprechende Eingriffsintensität im Falle einer geänderten FKVO, s. *Montag/Wilks* ZWeR 2015, 69, 80; Kommission, Impact Assessment (Fn. 2), Rn. 46.

kontrolle stoßen jedoch vor allem deshalb auf erhebliche Bedenken, weil sie für die betroffenen Unternehmen mit großen Rechtsunsicherheiten und einem unverhältnismäßigen bürokratischen Aufwand verbunden sind[20].

Nach dem Vorschlag der Kommission besteht zwar ein „*safe harbour*" für Beteiligungen unter 5%. Die Wahl einer so niedrigen Schwelle erscheint jedoch problematisch[21]. Als Leitlinie für die Bewertung der Position des Minderheitsgesellschafters sollte vielmehr im Grundsatz die materielle Vergleichbarkeit mit der Innehabung eines *de facto* Vetorechts dienen. Die von der Kommission genannte 20%-Schwelle kommt dem nahe, während das zweite Kriterium (Anteilsbesitz zwischen 5% und 20% plus Zusatzfaktoren) erhebliche Auslegungsspielräume lässt und nicht hinreichend konkretisiert ist. Dem Wortlaut nach soll auch schon der bloße Zugang zu sensiblen Geschäftsinformationen oder ein Sitz im Aufsichtsrat ausreichen. Das erscheint jedoch zu weitgehend. Beide Faktoren können zwar bei der Gesamtwürdigung, ob die Stellung des Minderheitsgesellschafters eine wettbewerblich erhebliche strukturelle Verbindung darstellt, eine Rolle spielen, genügen aber für sich gesehen nicht. Entscheidend muss sein, ob der Erwerber der Minderheitsbeteiligung dauerhaft in die Lage versetzt wird, eigene Wettbewerbsinteressen mit Aussicht auf Erfolg zur Geltung zu bringen[22].

Das lässt sich zwar letztlich nur in einer umfassenden wettbewerblichen Gesamtwürdigung feststellen. Zur Reduzierung der damit verbundenen Rechtsunsicherheit für die Unternehmen bietet sich aber die Einführung eines zusätzlichen „*soft safe harbour*" in der Form einer widerlegbaren Vermutung an. Darin könnte z.B. festgelegt werden, dass ein bloßer Anteilserwerb unterhalb einer bestimmten Schwelle von z.B. 10% oder 15% grundsätzlich nicht geeignet ist, einen „*competitively significant link*" zu begründen, sofern nicht starke gegenteilige Indizien den Schluss rechtfertigen, dass sich das Beteiligungsunternehmen in Zukunft wahrscheinlich nicht mehr unabhängig im Markt bewegen wird.

Auch vor dem Hintergrund der Erfahrungen in der deutschen Fusionskontrolle mit dem ähnlich unbestimmten Merkmal des „wettbewerblich

---

20 Vgl. näher *Montag/Wilks* ZWeR 2015, 69 ff.; zum Aspekt der Rechtsunsicherheit bereits *Fuchs* (Fn. 14), § 11 Rn. 245.

21 A.A. *Montag/Wilks* ZWeR 2015, 69, 87 („appropriate level").

22 So etwa *Bechtold*, GWB, 7. Aufl. 2013, § 37 Rn. 43 (zum deutschen Recht).

erheblichen Einflusses“ in § 37 Abs. 1 Nr. 4 GWB[23] sollten weitere Ansätze für eine klare Begrenzung des Tatbestands einer wettbewerblich erheblichen Verbindung implementiert werden. So sollte man bei vertikalen Verbindungen verlangen, dass sich diese auf einen besonders wichtigen Lieferanten oder Abnehmer mit erheblichem Marktanteil beziehen[24]. Zu weit dürfte es zwar gehen, bei horizontalen strukturellen Verbindungen nur aktuelle Wettbewerber einzubeziehen[25]. Die Minderheitsbeteiligung an einem potentiellen Konkurrenten sollte aber nur dann als relevant angesehen werden, wenn realistischerweise in überschauberer Zeit nicht nur mit einem Markteintritt zu rechnen ist, sondern nach einem solchen auch mit einem erheblichen wettbewerblichen Näheverhältnis zum Erwerber der Beteiligung.

Durchgreifende Bedenken bestehen gegen das vorgeschlagene besondere Verfahren für „*structural links*“ im Rahmen eines Systems „gezielter Transparenz“, das Elemente eines freiwilligen Meldesystems (wie in Großbritannien) mit einem zwingenden Anmeldesystem, wie es in Deutschland und bezüglich des Kontrollerwerbs in der europäischen Fusionskontrolle gilt, vermischt. In der Praxis sind erhebliche zusätzliche Belastungen der Unternehmen zu befürchten. Die in der „abgespeckten“ Informationsmitteilung anzugebenden Daten bleiben nicht wesentlich hinter den Angaben zurück, die im Formblatt CO zu machen sind. Die übliche Phase informeller Vorgespräche mit der Kommission vor der Anmeldung des Zusammenschlusses dürfte nicht kürzer, sondern im Hinblick auf die geplante besonders knappe Prüfungsphase eher länger als bei Kontrollerwerben ausfallen[26]. Zusätzliche Rechtsunsicherheit birgt die vorgesehene nachträgliche Eingriffsmöglichkeit während der ersten vier bis sechs Monate nach dem Zusammenschluss trotz einer vorherigen Information.

Empfehlenswert wäre es, auf (klar abgegrenzte) „wettbewerbsrelevante Verbindungen“ grundsätzlich dieselben Verfahrensregeln wie auf den Kontrollerwerb anzuwenden. Auch wenn ein System freiwilliger Anmeldung, verbunden mit einer nachträglichen Eingriffsmöglichkeit der Kom-

---

23 Vgl. dazu etwa *Bechtold* (Fn. 22), § 37 Rn. 35 ff.; *Bach*, in: MünchKomm GWB, 2. Aufl. 2015, § 37 Rn. 102 ff.; *Montag/Wilks* ZWeR 2015, 69, 74 ff. jeweils mwN.

24 Vgl. etwa den Vorschlag von *Montag/Wilks* ZWeR 2015, 69, 87 („the link must relate to a „key“ input or customer“; „one of the parties in the vertical chain must have a market share of 30% or more”).

25 In diese Richtung aber *Montag/Wilks* ZWeR 2015, 69, 87.

26 *Montag/Wilks* ZWeR 2015, 69, 90.

mission in problematischen Fällen bei unterlassener Information, wie es etwa in Großbritannien praktiziert wird, Vorteile im Hinblick auf die bürokratische Belastung der Unternehmen hätte, sprechen die besseren Argumente dafür, die restriktiv zu bestimmenden Fälle des Erwerbs *wettbewerbsrelevanter* nicht-kontrollierender Minderheitsbeteiligungen dem gleichen zwingenden Anmeldesystem wie sonstige Konzentrationen mit Kontrollerwerb zu unterwerfen. Denn ein System freiwilliger Anmeldung auf EU-Ebene, das notwendig mit einer nachträglichen Eingriffsmöglichkeit im Falle zu Unrecht unterlassener Anmeldungen zu verbinden wäre, ließe sich angesichts der zwingenden Anmeldeerfordernisse in Deutschland und Österreich beim Erwerb von Minderheitsbeteiligungen kaum ohne Friktionen implementieren[27]. Zur Reduzierung der bürokratischen Belastung der Unternehmen sollte die Kommission bei der angekündigten Überprüfung ihrer Vorschläge unter dem Blickwinkel der Verhältnismäßigkeit[28] erwägen, nicht-kontrollierende Minderheitsbeteiligungen zunächst generell dem vereinfachten Verfahren zuzuordnen oder einem besonderen, noch weiter reduzierten „gezielten" Transparenzsystem zu unterwerfen.

2. *Änderungen beim Verweisungsregime*

Das System der europäischen Fusionskontrolle ist durch die wechselseitig ausschließliche Zuständigkeitsverteilung zwischen der Kommission einerseits und den mitgliedstaatlichen Wettbewerbsbehörden andererseits nach Maßgabe der Umsatzkriterien des Art. 1 FKVO geprägt. Es wird durch die Möglichkeit von Fallverweisungen in beide Richtungen (nach Art. 4 Abs. 4 FKVO und Art. 9 FKVO einerseits sowie Art. 4 Abs. 5 FKVO und Art. 22 FKVO andererseits) aufgelockert und funktioniert nach Ansicht der Kommission insgesamt recht gut[29]. Verbesserungsbedarf sieht sie jedoch insoweit, als immer noch eine erhebliche Zahl von Fällen drei oder

---

27 So auch *Montag/Wilks* ZWeR 2015, 69, 92 (trotz erkennbarer Sympathie für ein „voluntary notication system").

28 Vgl. die Ausführungen der Wettbewerbskommissarin *Vestager*, Thoughts on merger reform and market definition, 12.03.2015, abrufbar unter http://ec.europa.eu/commission/2014-2019/vestager/announcements/thoughts-merger-reform-and-market-definition_en.

29 Kommission, Weißbuch (Fn. 2), Rn. 60 unter Hinweis auf den Bericht der Kommission über das Funktionieren der VO Nr. 139/2004 vom 18.6.2009, KOM

mehr Mitgliedstaaten betreffe und viele Unternehmen sich dennoch – offenbar wegen der damit verbundenen Belastungen und Zeitverzögerungen – scheuten, Anträge nach Art. 4 Abs. 5 FKVO zu stellen[30]. Um Verweisungen von den Mitgliedstaaten an die Kommission zu erleichtern, schlägt sie daher vor, das gegenwärtige zweistufige System aus begründetem Verweisungsantrag der Unternehmen und anschließender Anmeldung des Zusammenschlusses zu straffen und den Unternehmen sogleich die Möglichkeit zur Anmeldung bei der Kommission zu geben[31]. Diese würde die Anmeldung sofort an die Mitgliedstaaten weiterleiten, in deren Zuständigkeit der Fall *prima facie* fiele, und ihnen die Möglichkeit für ein Veto gegen die Verweisung innerhalb einer Frist von 15 Arbeitstagen einräumen[32]. Sofern zumindest ein Mitgliedstaat der Abgabe des Falles an die Kommission widerspräche, entfiele die Zuständigkeit der Kommission zur Beurteilung des Zusammenschlussvorhabens, das dann von den Unternehmen in allen betroffenen Mitgliedstaaten angemeldet werden müsste[33].

Weitere Vorschläge der Kommission betreffen Einzelfragen zu Art. 22 FKVO[34] sowie Verweisungen an einen Mitgliedstaat nach Art. 4 Abs. 4 FKVO, bei dem auf die Darlegung verzichtet werden soll, dass der anzumeldende Zusammenschluss den Wettbewerb in dem gesonderen Markt des Mitgliedstaats „erheblich beeinträchtigen könnte“, weil dies einer Verpflichtung zur Selbstbezichtigung nahekommen könne und einen Verweisungsantrag wenig attraktiv mache[35]. Die auf eine Erleichterung und Beschleunigung von Verweisungen zielenden Vorschläge der Kommission sind zu begrüßen und sollten zügig umgesetzt werden.

(2009) 281 endg.; ebenso die Einschätzung bei *Langeheine/v. Koppenfels* ZWeR 2013, 299, 304 ff.

30 Kommission, Weißbuch (Fn. 2), Rn. 60 ff.

31 Kommission, Weißbuch (Fn. 2), Rn. 62, 66.

32 Kommission, Weißbuch (Fn. 2), Rn. 66; zur Intensivierung und Beschleunigung des Informationsaustausches zwischen ihr und den nationalen Wettbewerbsbehörden sollen den Mitgliedstaaten schon die ersten Schreiben der Unternehmen in der Phase vor der Anmeldung des Zusammenschlusses übersandt werden, aaO, Rn. 68.

33 Kommission, Weißbuch (Fn. 2), Rn. 67.

34 Kommission, Weißbuch (Fn. 2), Rn. 69 ff.

35 Kommission, Weißbuch (Fn. 2), Rn. 75.

3. Sonstiger Änderungsbedarf

Gleiches gilt für die von der Kommission erwogenen Einschränkungen bei der Anmeldepflicht, zum einen bei der Gründung von Vollfunktions-GU, die ihren Verwaltungssitz und ihr Tätigkeitsgebiet ausschließlich außerhalb des EWR haben, ohne dass Rückwirkungen in den EWR zu erwarten sind, zum anderen bei Transaktionen, die bislang dem vereinfachten Verfahren unterliegen, aber weder horizontale noch vertikale Beziehungen zwischen den beteiligten Unternehmen involvieren[36].

Bislang noch nicht adressiert hat die Kommission die Problematik, dass die ausschließlich umsatzbezogenen Aufgreifkriterien nach Art. 1 Abs. 2 und Abs. 3 FKVO nicht in der Lage sind, bestimmte wirtschaftlich bedeutende Zusammenschlüsse zu erfassen. So ist es in der Internetökonomie nicht außergewöhnlich, dass innovative Unternehmen mit neuen Geschäftsmodellen bereits sehr hoch bewertet werden und über sehr große Marktanteile verfügen, ohne dass ihre erhebliche wirtschaftliche Bedeutung bereits in den von ihnen erzielten (noch geringen) Umsätzen angemessen reflektiert wird. So fiel die Übernahme von WhatsApp durch Facebook für einen Kaufpreis von ca. 19 Mrd. $ nicht direkt unter die FKVO, sondern konnte nur deshalb von der Kommission überprüft werden, weil der Zusammenschluss in mehreren Mitgliedstaaten anzumelden war und auf Antrag von Facebook nach Art. 4 Abs. 5 FKVO an die Kommission verwiesen wurde[37]. Für die Zukunft erscheint es daher überlegenswert, als ein weiteres Aufgreifkriterium für die Anwendung der FKVO einen bestimmten (hohen) Transaktionswert (für den Erwerb der Kontrolle bzw. einer wettbewerbsrelevanten Minderheitsbeteiligung) festzulegen[38]. Ein Abstellen auf Marktanteile wie in einigen EU-Mitgliedstaaten wäre

36 Kommission, Weißbuch (Fn. 2), Rn. 77.

37 Vgl. hierzu Mitteilung der Kommission, ABl. Nr. C 297/13 v. 4.9.2014 (Vorherige Anmeldung eines Zusammenschlusses – Sache M.7217 – Facebook/WhatsApp) sowie Monopolkommission, Hauptgutachten 2012/2013, Tz. 53; *Körber* WuW 2015, 120, 128. Zur Freigabe des Zusammenschlusses s. Pressemitteilung der Kommission IP/14/1088 v. 3.10.2014. In Großbritannien und Spanien wurde der Zusammenschluss erfasst, da die Fusionskontrollvorschriften dort auch auf Marktanteile als Aufgreifkriterien abstellen; in Zypern kann der zuständige Minister die Prüfung jedes Zusammenschlusses anordnen.

38 Offenbar stellt die Kommission bereits Überlegungen in diese Richtung an, vgl. die Andeutung bei *Vestager* (Fn. 28).

dagegen mit deutlich höherem Ermittlungsaufwand und Rechtsunsicherheiten verbunden und dürfte sich daher nicht empfehlen.

4. *Auf dem Weg zu einem einheitlichen „Europäischen Raum der Fusionskontrolle"?*

Im Weißbuch der Kommission und den begleitenden Dokumenten findet sich an mehreren Stellen der Hinweis darauf, dass sie langfristig die Etablierung eines echten „Europäischen Raums der Fusionskontrolle" anstrebt, in dem – ähnlich wie bei der Durchsetzung der Artt. 101, 102 AEUV – von den Wettbewerbsbehörden auf mitgliedstaatlicher Ebene wie von der Kommission dasselbe materielle Unionsrecht angewendet wird[39].

Die Verwirklichung einer solchen „European Merger Area" mit zwingend einheitlichen Regeln für die Beurteilung von Zusammenschlüssen durch die Kommission und die mitgliedstaatlichen Wettbewerbsbehörden erscheint jedoch aus heutiger Sicht weder erforderlich noch erstrebenswert. Beim wichtigsten Regelungsgegenstand, dem materiellen Untersagungskriterium, hat auf mitgliedstaatlicher Ebene ohnehin schon eine weitgehende Angleichung durch die autonome Übernahme des „SIEC-Tests" stattgefunden[40]. Gleiches ist bezüglich anderer Konzepte geschehen oder zu erwarten, wenn sie überzeugende Regelungen enthalten. Dagegen bedürfen Anwendungsbereich und Verfahren der mitgliedstaatlichen Konzentrationskontrolle für Zusammenschlüsse unterhalb der Schwellenwerte der FKVO aus europäischer Perspektive keiner Harmonisierung. Vielmehr ermöglichen unterschiedliche nationale Regelungen in diesem Bereich einen „Wettbewerb der Ideen" und eröffnen ein mögliches Experimentierfeld zur Erprobung neuer Regeln oder Konzepte, die im Falle ihrer Bewährung auf mitgliedstaatlicher Ebene auch wertvolle Impulse zur Fortentwicklung der europäischen Fusionskontrolle bieten könnten, wie etwa bei der Erfassung von nicht-kontrollierenden Minderheitsbeteiligungen. Auch der Zusammenschluss Facebook/WhatsApp hätte bei Geltung einheitlicher Aufgreifkriterien in allen Mitgliedstaaten wohl nicht überprüft werden können.

---

39 Vgl. Kommission, Weißbuch (Fn. 2), Rn. 22, 23; Commission Staff Working Document (Fn. 2), Rn. 42.

40 Vgl. oben bei Fn. 1.

III. Fazit und Ausblick

Die von der Kommission mit den Vorschlägen in ihrem Weißbuch vom 9.7.2014 angestrebte Verbesserung des rechtlichen Rahmens für die europäische Fusionskontrolle ist im Prinzip zu begrüßen. Das gilt insbesondere für die Vereinfachung des Verweisungssystems. Auch die derzeit bestehende Lücke bei der Erfassung des isolierten Erwerbs nicht-kontrollierender Minderheitsbeteiligungen sollte zumindest auf längere Sicht geschlossen werden. Dies darf allerdings nicht auf Kosten einer Absenkung des in den drei Mitgliedstaaten Deutschland, Österreich und Großbritannien schon erreichten Schutzniveaus, eines zu hohen bürokratischen Aufwands oder zu großer Rechtsunsicherheiten für die Unternehmen geschehen. Erforderlich ist eine schlanke Regelung, die eine deutlichere Abgrenzung der (relativ wenigen) wettbewerblich problematischen Fälle mit einem effizienten präventiven Verfahren verbindet und damit die Anliegen der Verhältnismäßigkeit, Rechtssicherheit und möglichst geringer Kosten der Rechtsanwendung nicht aus den Augen verliert. Die Kommission sollte daher ihre Vorschläge aus dem Weißbuch überarbeiten und präzisieren. Darüber hinaus könnte sich vor dem Hintergrund der Digitalisierung weiter Wirtschaftsbereiche auch die Frage nach der Notwendigkeit zusätzlicher Aufgreifkriterien für die Fusionskontrolle jenseits bloßer Umsatzschwellenwerte stellen, um der Gefahr einer frühzeitigen (womöglich einzelmarktübergreifenden) Vermachtung ganzer Sektoren begegnen und z.B. auch Zusammenschlüsse mit sehr hohen Transaktionswerten (ohne entsprechende Umsatzzahlen) erfassen zu können. Dagegen ist ein Bedürfnis für eine vollständige Angleichung der materiellen Fusionskontrollregeln auf europäischer und mitgliedstaatlicher Ebene auf absehbare Zeit nicht erkennbar.

Die Bindungswirkung von Beschlüssen der Kommission zur Einleitung von förmlichen Beihilfeprüfverfahren in nationalen Gerichtsverfahren

*Christoph Herrmann**

I. Einleitung

Von den weitreichenden Interessen des Jubilars im europäischen Wirtschaftsrecht ist das Beihilfenrecht eines der etwas weniger, gleichwohl aber umfangreich behandelten Gebiete. „Lediglich“ drei von 117 (!) Einzeltiteln und zwei von 485 (!) Einzelbeiträgen tragen das Wort „Beihilfe“ im Titel.[1] Auf ein hinreichendes Interesse darf der vorliegende Beitrag damit aber jedenfalls hoffen.

Die Frage, in welchem Umfang deutsche Gerichte in Verfahren auf Aussetzung bzw. Rückzahlung von angeblich rechtswidrigen Beihilfen, die durch Wettbewerber der angeblich begünstigten Unternehmen angestrengt werden, an Beschlüsse der Kommission zur Eröffnung des förmlichen Prüfverfahrens (Art. 13 Abs. 1, Art. 4 Abs. 4 VO 659/1999[2]) gebun-

---

* Der Autor ist Inhaber des Lehrstuhls für Staats- und Verwaltungsrecht, Europarecht, Europäisches und Internationales Wirtschaftsrecht an der Universität Passau.

1 *Müller-Graff*, XXII.FIDE-Kongress – Die deutschen Landesberichte: Direkte Steuern und Grundfreiheiten der EG; Vollzug des EG-Beihilfenrechts in Deutschland, Außenbeziehungen der EU und die Mitgliedstaaten (Hrsg. mit Jürgen Schwarze), Europarecht Beiheft 3/2007, Baden-Baden 2007; *ders.*, Beihilfenaufsichtsrecht, Kommentierung der Art. III-167 - III-169 VVE, in: Vedder/Heintschel von Heinegg (Hrsg.), Europäischer Verfassungsvertrag, Baden-Baden 2007, S. 489-500; *ders.*, Beihilfenaufsichtsrecht. Kommentierung der Art. 107 - 109 AEUV, in: Vedder/Heintschel von Heinegg (Hrsg.), Europäisches Unionsrecht (EUV/AEUV/Grundrechte-Charta), Handkommentar, Baden-Baden, 2012, S. 568-581; *ders.*, Regionalförderung im vereinigten Deutschland vor dem Hintergrund des Beihilfenrechts der EG, in: Deutsch-deutsche Wirtschafts-, Währungs- und Sozialunion im Rahmen der EG, hrsg. von Wulfdiether Zippel, Baden-Baden, 1991, S. 37-65; *ders.*, Beihilfenaufsicht, in: Sachwörterbuch zur Europäischen Union; hrsg. von Monar/Neuwahl/Noack, Stuttgart 1993, S. 36-38.

2 Verordnung (EG) Nr. 659/1999 des Rates vom 22. März 1999 über besondere Vorschriften für die Anwendung von Artikel 108 des Vertrags über die Arbeitsweise

den sind, beschäftigt seit der Entscheidung des EuGH im von Lufthansa angestrengten Verfahren betreffend den Flughafen Frankfurt-Hahn[3] das deutsche Schrifttum, wobei Praktikerbeiträge bei weitem überwiegen.[4] Sowohl vor dem Schleswig-Holsteinischen OLG als auch vor dem OLG Koblenz sind derzeit noch Verfahren betreffend angeblich von den Flughäfen Frankfurt-Hahn bzw. Lübeck-Blankensee dem Unternehmen Ryanair gewährte Beihilfen anhängig. In beiden Fällen hatte die Kommission nach Beschwerden von Wettbewerbern von Ryanair förmliche Prüfverfahren eröffnet.

Sowohl das Schleswig-Holsteinische OLG als auch das OLG Koblenz legten dem EuGH Fragen bezüglich der Wirkung von Eröffnungsbeschlüssen vor, die der EuGH jedoch nicht direkt beantwortete. Im Lufthansa-Urteil vom 21.11.2013 entschied der EuGH:

> *„1. Wenn die Europäische Kommission in Anwendung von Art. 108 Abs. 3 AEUV das in Abs. 2 dieses Artikels vorgesehene förmliche Prüfverfahren hinsichtlich einer in der Durchführung begriffenen nicht angemeldeten Maßnahme eröffnet hat, ist ein mit einem Antrag auf Unterlassung der Durchführung dieser Maßnahme und auf Rückforderung bereits geleisteter Zahlungen befasstes nationales Gericht verpflichtet, alle erforderlichen Maßnahmen zu treffen, um die Konsequenzen aus einem eventuellen Verstoß gegen die Pflicht zur Aussetzung der Durchführung dieser Maßnahme zu ziehen.*
> *2. Zu diesem Zweck kann das nationale Gericht beschließen, die Durchführung der in Rede stehenden Maßnahme auszusetzen und die Rückforderung der bereits gezahlten Beträge anzuordnen. Es kann auch beschließen, einstweilige Maßnahmen zu erlassen, um zum einen die Interessen der beteiligten Parteien und zum anderen die praktische Wirksamkeit der Entscheidung der Europäischen Kommission, das förmliche Prüfverfahren zu eröffnen, zu wahren.*
> *3. Wenn das nationale Gericht hinsichtlich der Frage, ob die in Rede stehende Maßnahme eine staatliche Beihilfe im Sinne von Art. 107 Abs. 1 AEUV darstellt, oder hinsichtlich der Gültigkeit oder der Auslegung der Entscheidung über die Eröffnung des förmlichen Prüfverfahrens Zweifel hat, kann es zum einen die Europäische Kommission um Erläuterung bitten, und zum an-*

---

der Europäischen Union, ABl. 1999 Nr. L 83/1, zuletzt geändert durch Verordnung (EU) Nr. 734/2013 des Rates vom 22. Juli 2013 zur Änderung der Verordnung (EG) Nr. 659/1999 über besondere Vorschriften für die Anwendung von Artikel 93 des EG-Vertrags, ABl. (EU) 2013 Nr. L 204/15.

3 EuGH, Urt. v. 21.11.2013, Rs. C-284/12 (Deutsche Lufthansa), EU:C:2013:755.

4 *Berrisch* EuZW 2014, 253; *Giesberts/Kleve* NVwZ 2014, 643; *Kamann* ZWeR 2014, 60; *Martin-Ehlers* EuZW 2014, 247; *Rennert* DVBl 2014, 669; *Soltész* NJW 2013, 3773; *Sonder* ZEuS 2014, 361; *Traupel/Jennert* EWS 2014, 1.

> *deren kann oder muss es gemäß Art. 267 Abs. 2 und 3 AEUV dem Gerichtshof der Europäischen Union eine Frage zur Vorabentscheidung vorlegen."*[5]

Auf Nachfrage des EuGH unter Verweis auf diese Entscheidung hielt das Schleswig-Holsteinische OLG seine Frage aufrecht. Der EuGH bestätigte daraufhin am 4. April 2014 durch Beschluss die ersten beiden Leitsätze der Lufthansa-Entscheidung.[6]

Was bedeuten diese Entscheidungen des Gerichtshofs tatsächlich? Vereinzelt wird angenommen, die bloße Existenz eines Eröffnungsbeschlusses führe nun bereits dazu, dass nationale Gerichte vom Vorliegen einer rechtswidrigen, d.h. unter Verstoß gegen die Notifizierungs- und Stillhaltepflicht eingeführten Beihilfe (Art. 1 f VO 659/1999) ausgehen müssten, und zwar völlig unabhängig davon, ob die Kommission hinsichtlich des Vorliegens einer Beihilfe überhaupt schon Feststellungen im Eröffnungsbeschluss getroffen hat.[7] Regelmäßig finden sich hier nämlich lediglich Ausführungen, dass der Kommission eine Beurteilung des Beihilfencharakters noch nicht möglich sei. Das überwiegende Schrifttum steht einem so weitreichenden Schluss allerdings zu Recht ablehnend gegenüber.[8]

II. Europarechtlicher Rahmen

1. Beihilfeverfahren vor der Kommission

Grundsätzlich kann die Kommission eine Maßnahme eines Mitgliedstaates auf die Vereinbarkeit mit dem Beihilfeverbot auch dann prüfen, wenn der Mitgliedstaat diese bei der Kommission nicht nach Art. 108 Abs. 3 S. 1 AEUV, Art. 2 VO 659/1999 angemeldet hat, z.B. weil er davon ausging, dass es sich nicht um eine Beihilfe handelt. Erhält die Kommission Auskünfte über mutmaßliche rechtswidrige Beihilfen (Art. 1 lit. f) VO 659/1999), so prüft sie diese von Amts wegen in einer Vorprüfung (Art. 10 Abs. 1 VO 659/1999). Nach dieser Vorprüfung sind die gleichen Entscheidungsmöglichkeiten eröffnet wie nach der Anmeldung einer Bei-

---

5 EuGH, Urt. v. 21.11.2013, Rs. C-284/12 (Deutsche Lufthansa), EU:C:2013:755, Rn. 47.

6 EuGH, Urt. v. 4.4.2014, Rs. C-27/13 (Flughafen Lübeck), EU:C:2014:240. Rn. 33.

7 *Martin-Ehlers* EuZW 2014, 247.

8 So explizit *Martin-Ehlers* EuZW 2014, 247, 250 mit entsprechenden Literaturnachweisen, der die Bindungswirkung selbst aber umfassend befürwortet.

hilfe. Kommt die Kommission nach vorläufiger Prüfung zu dem Ergebnis, dass die Voraussetzungen des Art. 4 Abs. 4 VO 659/1999 vorliegen, kann (und muss) sie auch für nicht angezeigte Maßnahmen das förmliche Prüfverfahren einleiten.[9] Die Pflicht zur Einleitung des förmlichen Prüfverfahrens besteht insbesondere auch dann, wenn die Kommission nicht über genügend Informationen verfügt, um den Beihilfecharakter einer Maßnahme zu bestimmen und gleichzeitig nicht ohne Weiteres feststellen kann, dass, falls die Maßnahme eine Beihilfe darstellt, sie jedenfalls keinen Anlass zu Bedenken hinsichtlich ihrer Vereinbarkeit mit dem Binnenmarkt sieht.[10] Art. 11 VO 659/1999 ermöglicht der Kommission auch, unter bestimmten Voraussetzungen gezielt gegen „rechtswidrige Beihilfen" vorzugehen. Die Kommission kann die Aussetzung der Maßnahme (Abs. 1) und die einstweilige Rückforderung der unter vermeintlichem Verstoß gegen das Durchführungsverbot gewährten Beihilfe (Abs. 2) anordnen. Für die Rückforderungsanordnung müssen folgende Voraussetzungen erfüllt sein: (1) Nach geltender Praxis dürfen hinsichtlich des Beihilfecharakters der betreffenden Maßnahmen keinerlei Zweifel bestehen, (2) ein Tätigwerden ist dringend geboten, und (3) ein erheblicher und nicht wiedergutzumachender Schaden für einen Konkurrenten ist ernsthaft zu befürchten.

2. Die Rolle der nationalen Gerichte

Der EuGH geht in ständiger Rechtsprechung davon aus, dass die Durchsetzung der Notifizierungspflicht und des Durchführungsverbots auch Sache der nationalen Gerichte ist, wenn diese von Wettbewerbern der angeblich begünstigten Unternehmen angerufen werden. In diesen Fällen müssen die nationalen Gerichte nach ihrem nationalen Recht sämtliche Konsequenzen aus einer Verletzung des Durchführungsverbots ziehen, sowohl hinsichtlich der weiteren Anwendung der streitigen Maßnahmen, als auch der Beitreibung der unter Verletzung des Durchführungsverbots bereits

---

9 Vgl. EuG, Urt. v. 15.3.2001, Rs. T-73/98 (Prayon-Rupel/Kommission), Slg. 2001, II-867, Rn. 41 ff.; s. auch *Bungenberg*, in: Birnstiel/Bungenberg/Heinrich, Europäisches Beihilfenrecht, 2013, S. 863, Rn. 70; *Sinnaeve*, in: Heidenhain, HdB des Europäischen Beihilfenrechts, 2003, § 34, Rn. 12 ff.

10 *Kamann* ZWeR 2014, 60, 72 mit Nachw. aus der Rechtsprechung.

gewährten Vorteile bzw. gezahlter Gelder; gegebenenfalls sind auch vorläufige Maßnahmen zu erlassen.[11]

Anerkannt ist auch, dass die nationalen Gerichte über solche Klagen „unverzüglich" entscheiden müssen und nicht die endgültige Entscheidung der Kommission abwarten dürfen oder müssen.[12] Allerdings hat der EuGH ausdrücklich festgestellt, dass aus der Verpflichtung zu einer unverzüglichen Entscheidung über einen Antrag auf Schutzmaßnahmen nicht zwingend die Pflicht folgt, tatsächlich solche Maßnahmen zu erlassen.[13] Diese Verpflichtung bestehe überhaupt nur dann, „wenn die Qualifizierung als staatliche Beihilfe nicht zweifelhaft ist".[14] Bei Fehlen dieser Voraussetzung muss das nationale Gericht den Antrag somit zurückweisen.[15] Spräche man Eröffnungsbeschlüssen der Kommission auf der Grundlage der Lufthansa-Entscheidung nunmehr umfassende Bindungswirkung im oben beschriebenen Sinne zu, so handelte es sich dabei um eine klare Abkehr von dieser Rechtsprechung.

3. *Bewertung des Lufthansa-Urteils im Schrifttum*

Im Schrifttum ist das Lufthansa-Urteil auf ein umfangreiches Echo gestoßen, u.a. in der Form von Stellungnahmen von Autoren, die in entsprechenden Verfahren involviert sind.[16] Die überwiegende Mehrheit im deutschen Schrifttum steht einer umfassenden strikten Bindungswirkung eines Beschlusses zur Eröffnung des förmlichen Prüfverfahrens nach wie vor ablehnend gegenüber.[17]

Dabei wird wiederholt darauf hingewiesen, dass die Entscheidung Ungenauigkeiten aufweist bzw. bestimmte Fragen offenlässt.[18] Verschiedene Autoren gehen deshalb davon aus, dass der EuGH die nationalen Gerichte

---

11 S. lediglich EuGH, Urt. v. 21.11.1991, Rs. C-354/90 (FNCE), Slg. 1991, I-5523.

12 EuGH, Urt. v. 11.3.2010, Rs. C-1/09 (CELF), Slg. 2010, I-2099.

13 EuGH, Urt. v. 11.3.2010, Rs. C-1/09 (CELF), Slg. 2010, I-2099.

14 EuGH, Urt. v. 11.3.2010, Rs. C-1/09 (CELF), Slg. 2010, I-2099, Rn. 36.

15 EuGH, Urt. v. 11.3.2010, Rs. C-1/09 (CELF), Slg. 2010, I-2099.

16 S. insbesondere *Berrisch* EuZW 2014, 253; *Martin-Ehlers* EuZW 2014, 247; *Soltész* NJW 2013, 3771, 3773 f.

17 S. o. Fn. 8.

18 *Berrisch* EuZW 2014, 253; *Giesberts/Kleve* NVwZ 2014, 643, 645; *Kamann* ZWeR 2014, 60, 71; *Rennert*, DVBl. 2014, 669, 671; *Traupel/Jennert* EWS 2014, 1; wohl auch *Sonder* ZEuS 2014, 361, 371.

nicht an die Qualifizierung als Beihilfe binden wollte, zumal er dies im Tenor trotz der expliziten Frage des OLG Koblenz gerade nicht ausspricht.[19] Soweit eine zwingende Bindungswirkung des Kommissionsbeschlusses hinsichtlich der Feststellung der Beihilfeeigenschaft aus der Entscheidung abgeleitet wird,[20] wird deren Reichweite teilweise hinterfragt bzw. eine übermäßige Reichweite vorläufiger oder noch gar nicht getroffener Feststellungen hinsichtlich des Beihilfecharakters abgelehnt.[21] Auch wird auf das ungeklärte Verhältnis der durch die Entscheidung verstärkt geforderten nationalen Gerichte zu den Kommissionsbefugnissen nach Art. 11 der VO 659/1999 hingewiesen.[22] Kritisiert werden zudem die für Beihilfeempfänger aus der Entscheidung möglicherweise resultierenden Defizite des effektiven und fairen Rechtsschutzes bzw. des Rechts auf gute Verwaltung.[23]

In der Summe sieht die überwiegende Literatur das Urteil – mit Ausnahme des Autors *Martin-Ehlers* (der Lufthansa in dem Verfahren vor dem OLG Koblenz vertritt) und mit Abstrichen wohl *Fronczak* – überaus kritisch. Praktisch ausnahmslos wird allerdings davon ausgegangen, dass den nationalen Gerichten gemäß der Ziffer 3 des Tenors des Urteils bei Zweifeln über die Beihilfeeigenschaft einer Maßnahme die Möglichkeit zur Vorlage an den EuGH offensteht, woraus, wie unten dargelegt, zwingend folgt, dass die nationalen Gerichte eigenständig prüfen können und müssen, ob es sich bei den streitigen Maßnahmen um eine Beihilfe handelt.

---

19 In diese Richtung wohl *Fronczak* RIW 2014, 67 f.; dezidiert *Berrisch* EuZW 2014, 253.

20 So wohl – den EuGH kritisierend – *von Bonin/Wittenberg* EuZW 2014, 68; *Kamann* ZWeR 2014, 60, 67; *Rennert* DVBl 2014, 669, 672 ff.; *Soltész* NJW 2013, 3771, 3773 f.; dezidiert befürwortend *Martin-Ehlers* EuZW 2014, 247; knapp *Fronczak* RIW 2014, 67 ff.; *Maier* BB 2014, 17.

21 *Engel* EnWZ 2014, 22 f.; *Giesberts/Kleve* NVwZ 2014, 643, 645; *Kamann* ZWeR 2014, 60, 72; *Rennert* DVBl 2014, 669, 670; *Soltész* NJW 2013, 3771, 3773 f.; *Traupel/Jennert* EWS 2014, 1, 3.

22 *Berrisch* EuZW 2014, 253, 255; *von Bonin/Wittenberg* EuZW 2014, 68, 69; *Giesberts/Kleve* NVwZ 2014, 643, 645 f.; *Rennert* DVBl 2014, 669, 671; *Soltész* NJW 2013, 3771, 3773 f.; *Traupel/Jennert* EWS 2014, 1, 4.

23 *Berrisch* EuZW 2014, 253, 255; *von Bonin/Wittenberg* EuZW 2014, 68, 69; *Kamann* ZWeR 2014, 60, 74; *Soltész* NJW 2013, 3771, 3773 f.

4. *Eigene Stellungnahme*

a) Unklarheiten und Interpretation des Lufthansa-Urteils

Der EuGH hat die Fragen des OLG Koblenz und des Schleswig-Holsteinischen OLG nicht direkt beantwortet. Die Deutung seiner Antworten im Hinblick auf die vorliegende Fragestellung zeigt, dass seine Antworten unklar formuliert und teilweise sogar widersprüchlich sind. Auch ein Vergleich mit den Ausführungen in der Begründung der Entscheidungen ergibt letztlich keine endgültige Klarheit. Fest steht lediglich, dass dem Urteil gerade nicht entnommen werden kann, dass nach Erlass eines Eröffnungsbeschlusses das nationale Gericht davon ausgehen muss, dass es sich bei den in Rede stehenden Maßnahmen um Beihilfen handelt, bzw. dass es Schutzmaßnahmen zu Gunsten des klagenden Wettbewerbers erlassen muss. Vielmehr kann und muss es die Beihilfeeigenschaft der Maßnahme selbständig prüfen, wobei es allerdings die Feststellungen in dem Eröffnungsbeschluss berücksichtigen muss.

So stellt der EuGH in Ziff. 1 des Tenors des Lufthansa-Urteils einen Bezug zwischen der Pflicht zum Einschreiten und einem „eventuellen Verstoß" gegen das Durchführungsverbot her. Das deutet darauf hin, dass sich die Pflicht zum Einschreiten gerade nicht (allein) aus dem Eröffnungsbeschluss ergeben soll.[24] Aus rechtlicher Sicht kann ein Verstoß gegen das Durchführungsverbot jedenfalls nur tatsächlich vorliegen oder tatsächlich nicht vorliegen. Einen „eventuellen Verstoß" kennt das Unionsbeihilfenrecht als eigenständige rechtliche Kategorie nicht. Mit dem Wort „eventuell" kann damit nur gemeint sein, dass mit der Eröffnung des förmlichen Prüfverfahrens *möglicherweise* ein Verstoß gegen das Durchführungsverbot vorliegt, dass er also jedenfalls nicht mit Sicherheit ausgeschlossen werden kann (dann wäre das Verfahren auch nach Art. 13 Abs. 1, Art. 4 Abs. 2 VO Nr. 659/1999 einzustellen). Hätte der Gerichtshof jedoch eine strikte Bindung nationaler Gerichte in dem Sinne aussprechen wollen, dass sie infolge der Eröffnung des förmlichen Prüfverfahrens zwingend vom tatsächlichen Vorliegen eines Verstoßes ausgehen müssen, so wäre dies – gerade vor dem Hintergrund der konkreten Vorlagefrage – leicht möglich gewesen. Insbesondere der in Ziff. 3 des Tenors enthaltene

---

24 S. auch *Rennert* DVBl 2014, 669, 670, die auf die Bedeutung des „eventuell" nachdrücklich hinweist.

Hinweis des EuGH auf die Möglichkeit der Anrufung des Gerichtshofs bei Zweifeln über den Beihilfecharakter einer Maßnahme zwingt zu dem Schluss, dass die nationalen Gerichte den Beihilfecharakter weiterhin selbst prüfen können und müssen.[25]

Gemäß Art. 267 Abs. 2 AEUV dürfen nationale Gerichte dem EuGH nämlich nur solche Fragen vorlegen, die entscheidungserheblich sind, d.h. von deren Beantwortung der Urteilstenor der Entscheidung des nationalen Gerichts abhängt. Dies zu beurteilen obliegt primär dem nationalen Gericht; der EuGH prüft insoweit nur ausnahmsweise auf Missbrauch und weist rein hypothetische Fragen, konstruierte Fragen oder solche Fragen zurück, bei denen der Sachverhalt, der rechtliche Hintergrund oder der Zusammenhang mit dem Unionsrecht nicht hinreichend klar ist.[26] Fragen, die für die in einem Rechtsstreit zu treffende Entscheidung offensichtlich nicht erheblich sind, darf der EuGH nicht beantworten.[27] Mit diesem Verweis weicht der Gerichtshof auch in bemerkenswerter Manier von den Schlussanträgen des Generalanwalts *Mengozzi* ab, der die Möglichkeit einer Vorlage an den EuGH für die Zeit nach Erlass eines Eröffnungsbeschlusses auf die Frage nach der *Gültigkeit* des Eröffnungsbeschlusses beschränkt.[28]

b) Weitere Überlegungen

aa) Institutionelles Gleichgewicht

Für die Deutung des Lufthansa-Urteils in diesem Sinne sprechen auch weitere Überlegungen. So würde mit der Annahme einer umfassenden Bindungswirkung das institutionelle Gleichgewicht zwischen den Unions-

---

25 Nimmt man – wie *Fronczak* RIW 2014, 67 ff. – an, dass mit den Antworten Nr. 1 und Nr. 2 eine uneingeschränkte Bindungswirkung des Eröffnungsbeschlusses vom EuGH ausgesprochen worden sei, so kann man in diesem Verweis – so *Fronczak* a.a.O. – keinen Sinn mehr erkennen. Ebenfalls eine gewisse Widersprüchlichkeit erkennt hier *Kamann* ZWeR 2014, 60, 76.

26 Zu dieser Rechtsprechung s. *Pechstein*, EU-Prozessrecht, 4. Aufl. 2011, S. 404 ff.; *Thiele*, Europäisches Prozessrecht, 2. Aufl. 2014, S. 191 ff.

27 S. EuGH, Urt. v. 21.2.2006, Rs. C-152/03 (Ritter-Coulais), Slg. 2006, I-1711, Rn. 15.

28 Vgl. Schlussanträge des GA *Mengozzi* zur Rs. C-284/12 (Deutsche Lufthansa), Rn. 44, 46.

organen erheblich beeinträchtigt. Die Organe der Europäischen Union handeln ausweislich Art. 13 Abs. 2 EUV „nach Maßgabe der [ihnen] in den Verträgen zugewiesenen Befugnisse nach den Verfahren, Bedingungen und Zielen, die in den Verträgen festgelegt sind“. Die Rolle der Kommission in der Beihilfenaufsicht ergibt sich danach aus dem Primärrecht sowie der nach Art. 109 AEUV vom Rat erlassenen Durchführungsverordnung VO 659/1999. Die darin enthaltenen Vorschriften binden auch den EuGH. Er kann sich über sie nur dann hinwegsetzen, wenn er sie für mit dem Primärrecht unvereinbar erklärt; er kann jedoch nicht Fragen, die der Gesetzgeber in der VO 659/1999 geregelt hat, im Wege der Rechtsfortbildung abweichend regeln. Art. 11 VO 659/1999 enthält eine ausdrückliche Rechtsgrundlage für die Anordnung der Aussetzung einer nicht notifizierten Beihilfe (Abs. 1) und die vorläufige Rückforderung bereits gezahlter Gelder (Abs. 2). Während die erste Vorschrift lediglich eine Kodifizierung der vorherigen Rechtsprechung des EuGH darstellt,[29] hat der Rat mit Art. 11 Abs. 2 eine Rechtsgrundlage für eine Befugnis der Kommission geschaffen, die der EuGH dieser zuvor abgesprochen hatte: die Anordnung der Rückzahlung bei lediglich formaler Rechtswidrigkeit einer Beihilfe, d.h. einem Verstoß gegen das Durchführungsverbot.[30] Allerdings hat der Rat diese Befugnis der Kommission ganz bewusst[31] an strenge Voraussetzungen geknüpft, darunter das unzweifelhafte Vorliegen einer Beihilfe. Nähme man an, dass ein Eröffnungsbeschluss in jedem Fall zwingend die Aussetzung der in Rede stehenden Maßnahme und die Anordnung der Rückforderung bereits gezahlter Gelder durch die mitgliedstaatlichen Gerichte auf Klagen von Wettbewerbern selbst dann verlangt, wenn der Beihilfecharakter der in Rede stehenden Maßnahme aus rechtlichen oder tatsächlichen Gründen streitig ist und gerade nicht zweifelsfrei feststeht, so würde das die vom Unionsgesetzgeber in Ausübung seiner primärrechtlichen Rechtssetzungskompetenz getroffene abgewogene Entscheidung über den Interessenausgleich zwischen Kommission, Mitgliedstaat, des von der Maßnahme Begünstigten und dessen Konkurrenten aushebeln.[32] Die Kommission könnte dann Maßnahmen, bei denen lediglich nicht von vornherein ausgeschlossen werden kann, dass es sich um Beihil-

---

29 EuGH, Urt. v. 14.2.1990, Rs. C-301/87 (Frankreich/Kommission), Slg. 1990, I-307, Rn. 18 ff.

30 *Lübbig/Martin-Ehlers*, Beihilfenrecht der EU, 2. Aufl. 2009, S. 326 f.

31 *Traupel/Jennert* EWS 2014, 1, 4.

32 In diese Richtung auch *Traupel/Jennert* EWS 2014, 1, 3.

fen handelt, mittelbar einem gegebenenfalls jahrelangen Durchführungsverbot oder Rückforderungsgebot allein dadurch unterwerfen, dass sie das förmliche Prüfverfahren eröffnet. Eine solche Befugnis wollte der Rat der Kommission gerade nicht einräumen, denn sonst hätte er in Art. 11 Abs. 2 VO 659/1999 nicht die oben genannten strengen Voraussetzungen statuiert. Diesem Problem lässt sich ersichtlich nur dadurch Rechnung tragen, dass jedenfalls die Maßstäbe des Art. 11 Abs. 2 VO 659/1999 auf vorläufige Rückforderungsanordnungen durch mitgliedstaatliche Gerichte erstreckt werden, wie es der EuGH in der CELF-Entscheidung im Ergebnis getan hat.[33]

bb) Unionsgrundrechte

Auch die Unionsgrundrechte des Empfängers der angeblichen Beihilfen stehen einer weiten Bindungswirkung entgegen. Zweifelsohne sind mitgliedstaatliche Gerichte bei Entscheidungen über Wettbewerberklagen in Beihilfesachen nach Art. 51 Abs. 1 S. 1 EUGRC an diese gebunden.[34]

Es würde sowohl das Recht auf eine gute Verwaltung (Art. 41 Abs. 1, Abs. 2 lit. a) und b) EUGRC) als auch das Recht auf einen wirksamen Rechtsbehelf (Art. 47 Abs. 1 EUGRC) verletzen, wenn Beschlüssen zur Eröffnung des förmlichen Prüfverfahrens eine Tatbestandswirkung dahingehend zukäme, dass nationale Gerichte davon ausgehen müssten, dass es sich bei der in Rede stehenden Maßnahme um eine rechtswidrige Beihilfe handelt, und dass sie deshalb verpflichtet seien, die Aussetzung der Maßnahme und die Rückforderung bereits gezahlter Gelder anzuordnen. Gemäß Art. 41 Abs. 1, Abs. 2 lit. a) und b) EUGRC hat jede Person das Recht, gehört zu werden, bevor ihr gegenüber eine für sie nachteilige Entscheidung erlassen wird (lit. a)), sowie das Recht auf Akteneinsicht (lit. b)). Beide Rechte werden dem Begünstigten einer (angeblichen) Beihilfe vor Erlass eines Eröffnungsbeschlusses nicht gewährt. Erst nach Eröffnung des förmlichen Prüfverfahrens hat der Begünstigte der (angeblichen) Beihilfe ein eingeschränktes Anhörungsrecht. Misst man Eröffnungsbeschlüssen die oben beschriebene umfassende Tatbestandswirkung zu, so handelt es sich um eine für den Beihilfeempfänger nachteilige Maßnahme

33 Ähnlich auch *Becker* EuZW 2012, 725, 727 f.

34 Zu der Frage, wann Mitgliedstaaten Unionsrecht durchführen, siehe grundlegend EuGH, Urt. v. 26.2.2013, Rs. C-617/10 (Åkerberg Fransson), EU:C:2013:105.

i.S.d. Art. 41 Abs. 2 lit. a) EUGRC.[35] Sofern der Eröffnungsbeschluss nicht eine generelle Beihilferegelung betrifft, sondern eine individualisierbare Beihilfe, ist diese auch „individuell" i.S.d. Art. 41 Abs. 2 lit. a) EU-GRC.

In der Praxis kann es zwar sein, dass der Mitgliedstaat dem Beihilfeempfänger indirekt ermöglicht, seine Ansichten in dem Verfahren vor Erlass des Eröffnungsbeschlusses vorzutragen.[36] Einen entsprechenden Anspruch darauf hat der Beihilfeempfänger jedenfalls positivrechtlich im Unionsrecht nicht. In jedem Fall ist diese indirekte mögliche Mitwirkung nicht geeignet, die Verletzung des Anhörungsrechts durch die Kommission im Vorverfahren zu heilen. Auch die Möglichkeit des Begünstigten einer angeblichen Beihilfe, Eröffnungsbeschlüsse der Kommission im Wege der Nichtigkeitsklage überprüfen zu lassen, kann diesen Mangel nicht „heilen", weil das Recht auf einen wirksamen Rechtsbehelf nach Art. 47 EUGRC ein eigenständiges und damit kumulativ zu gewährleistendes Recht darstellt.[37]

Überdies stellt in den meisten Fällen die Möglichkeit, den Eröffnungsbeschluss mit einer Nichtigkeitsklage anzugreifen, gerade keinen „wirksamen Rechtsbehelf" i.S.d. Art. 47 EUGRC dar.[38] So überprüft das Gericht bei Klagen gegen Eröffnungsbeschlüsse gerade nicht, ob tatsächlich eine Beihilfe vorliegt, sondern lediglich, ob der Kommission ein offensichtlicher Beurteilungsfehler unterlaufen ist, aufgrund dessen sie unzutreffend von erheblichen Schwierigkeiten bei der Beurteilung der Maßnahme ausgegangen ist.[39] Damit ist die Beurteilung rechtlich und tatsächlich schwieriger Fragen (etwa ob Voraussetzungen des Privatinvestortests erfüllt sind) einer wirksamen Prüfung entzogen. Gleiches gilt für alle Fragen, bei denen zum Zeitpunkt des Erlasses des Eröffnungsbeschlusses der Sachverhalt noch nicht vollständig ermittelt war. Einen wirksamen Rechtsbehelf stellen solche Klagen allenfalls dann dar, wenn der Kläger klar definierte

35 Ebenso *Kamann* ZWeR 2014, 60, 74.

36 Auf dieser Grundlage sieht *Martin-Ehlers* EuZW 2014, 247, 251 eine hinreichende Beteiligung des Beihilfeempfängers als gewährleistet an.

37 *Kamann* ZWeR 2014, 60, 75.

38 *Becker* EuZW 2012, 725, 727; *Berrisch* EuZW 2014, 253, 255; *Rennert* DVBl 2014, 669, 672.

39 Siehe zum eingeschränkten Prüfungsmaßstab den Beschluss des Präsidenten des Gerichts vom 10.6.2014 in der Rs. T-172/14 R, mit dem einstweiliger Rechtsschutz gegen die Eröffnung des förmlichen Prüfverfahrens betreffend das deutsche Erneuerbare-Energien-Gesetz (EEG) abgelehnt wurde.

Rechtsfragen zum Beihilfebegriff angreift und die diesbezüglichen Tatsachen unstreitig sind und keiner weiteren Ermittlungen durch die Kommission bedurften.

cc) Verfassungsrechtliche Schranken

Schlussendlich bestehen gegen eine weite Deutung der im Lufthansa-Urteil enthaltenen Leitsätze auch verfassungsrechtliche Bedenken. Wäre das Lufthansa-Urteil des EuGH tatsächlich so zu interpretieren, dass mit der Eröffnung des förmlichen Prüfverfahrens durch die Kommission ein uneingeschränktes Durchführungsverbot für die fragliche Maßnahme greifen sollte, welches von Wettbewerbern etwaig begünstigter Unternehmen vor den deutschen Gerichten durchgesetzt werden könnte, so handelte es sich bei dem Urteil um einen in Deutschland nicht anwendbaren Ultra-vires-Akt, der überdies den verfassungsrechtlich gebotenen Mindestgrundrechtsstandard verletzen dürfte.[40] Ein solches Urteil dürfte von deutschen Behörden und Gerichten im Ergebnis nicht befolgt werden, da es am Anwendungsvorrang des Unionsrechts nicht teilhat.

Die Anerkennung der unmittelbaren Wirkung und des Anwendungsvorrangs des Unionsrechts beruht in Deutschland auf der in Art. 23 Abs. 1 GG enthaltenen Integrationsermächtigung, die ihre Grenzen in den dort genannten Grundsätzen bzw. in den über Art. 79 Abs. 3 GG in Bezug genommenen Grundsätzen der Art. 1 und 20 GG findet.[41] Danach kontrolliert das Bundesverfassungsgericht sowohl Zustimmungsgesetze zu Änderungsverträgen, sonstige völkerrechtliche Verträge in Angelegenheiten der Europäischen Union sowie das Handeln der Unionsorgane daraufhin, ob sie die durch die Zustimmungsgesetze zu den Verträgen gezogenen Kompetenzgrenzen achten (Ultra-vires-Kontrolle), ob sie den nicht integrierbaren Kernbereich staatlicher Identität der Bundesrepublik Deutschland tangieren (Identitätskontrolle) und ob sie einen dem Grundrechtsschutz nach dem Grundgesetz im wesentlichen vergleichbaren Grundrechtsschutz ge-

---

40 Aus Platzgründen kann auf die grundrechtliche Problematik an dieser Stelle nicht eingegangen werden.

41 Siehe hierzu die jüngste Erläuterung durch das Bundesverfassungsgericht in seinem Vorlagebeschluss betreffend das OMT-Programm der EZB, BVerfG, 14.01.2014 - 2 BvR 2728/13, Rn. 16 ff.

währleisten (Grundrechtskontrolle).[42] Diese Kontrolle wird vom Bundesverfassungsgericht – insbesondere im Hinblick auf die Kompetenzdimension – „europarechtsfreundlich“ ausgeübt.[43]

Vorliegend wäre die Annahme einer umfassenden Tatbestandswirkung von Eröffnungsbeschlüssen der Kommission durch den EuGH als offensichtliches und strukturbedeutsames Ultra-vires-Handeln[44] zu qualifizieren, sodass deutsche Gerichte einer solchen Entscheidung keine Folge leisten dürften. Infolge der Annahme einer umfassenden Tatbestandswirkung eines Eröffnungsbeschlusses würde der Kommission die Möglichkeit gegeben, Maßnahmen, bei denen auch nur die geringste Möglichkeit des Vorliegens einer Beihilfe nicht ausgeschlossen werden kann, durch die Eröffnung eines förmlichen Prüfverfahrens einem Durchführungsverbot zu unterwerfen, wodurch die Mitgliedstaaten auf Jahre gehindert wären, Maßnahmen der Wirtschaftslenkung wie z.B. die Energiewende umzusetzen. In Ermangelung einer positivrechtlichen Normierung dieser Befugnis sowie ihrer enormen Auswirkungen wären sowohl die Offensichtlichkeit als auch die Strukturbedeutsamkeit des Kompetenzübergriffs zu bejahen.

Um das Vorliegen eines – nicht anwendbaren – Ultra-vires-Aktes zu vermeiden, ist die Rechtsprechung des EuGH so auszulegen, dass ein Konflikt mit den dargestellten Kontrollmaßstäben von vornherein ausgeschlossen ist. So hat auch das BVerfG in seiner Entscheidung zur Terrordatei eine bestimmte Auslegung der Rechtsprechung des EuGH zum Anwendungsbereich der Grundrechtecharta mit dem Argument abgelehnt, dass sie bei dieser Auslegung einen offensichtlichen Ultra-vires-Akt darstellen würde.[45] Auch aus verfassungsrechtlicher Sicht ist daher eine restriktive Interpretation der vom EuGH in dem Lufthansa-Urteil ausgesprochenen Verpflichtung der mitgliedstaatlichen Gerichte zwingend geboten.

dd) Praktische Aspekte

Selbst wenn man jedoch annähme, dass Beschlüssen zur Eröffnung des förmlichen Prüfverfahrens eine umfassende Tatbestandswirkung dahinge-

---

42 Zur Grundrechtskontrolle durch das Bundesverfassungsgericht s. BVerfG, 14.05.2007 - 1 BvR 2036/05; Schöner Beitrag bei *Polzin* JuS 2012, 1.

43 BVerfG, 6.7.2010 – 2 BvR 2661/06.

44 Zu dieser Voraussetzung s. BVerfG, a.a.O., Rn. 58 ff.

45 BVerfG, 24.4.2013 – 1 BvR 1215/07, Rn. 91.

hend zukommt, dass nationale Gerichte davon ausgehen müssen, dass es sich bei der in Rede stehenden Maßnahme um eine rechtswidrige Beihilfe handelt, und dass sie deshalb verpflichtet sind, die Aussetzung der Maßnahme und die Rückforderung bereits gezahlter Gelder anzuordnen, folgt daraus nicht, dass nationale Gerichte keine eigenständigen Feststellungen zur Beihilfeeigenschaft der Maßnahme mehr treffen müssten. Denn sowohl die Anordnung der Aussetzung der nationalen Maßnahme als auch die Anordnung der (vorläufigen) Rückforderung bereits gezahlter Gelder ist der Höhe nach beschränkt, und zwar auf die dem Empfänger tatsächlich gewährte Begünstigung. Hat die Kommission diese in der Entscheidung nicht ausdrücklich bestimmt, muss das nationale Gericht hier eigenständige Feststellungen treffen. Dabei kann es nach der Rechtsprechung des EuGH auch zum Ergebnis kommen, dass tatsächlich keine Begünstigung gewährt wurde.[46] Das ist insbesondere in den Fällen relevant, in denen die Kommission im Eröffnungsbeschluss lediglich eine Beihilfe nicht ausgeschlossen hat, weil sie bei der Anwendung des Privatinvestortests noch Zweifel hatte.

III. Schluss

Auch mit dem Lufthansa-Urteil des Gerichtshofs bleiben erhebliche Fragen nach der Bedeutung von Beschlüssen der Kommission zur Eröffnung des Hauptprüfverfahrens betreffend angeblich rechtswidrige Beihilfen offen. Eine Deutung des Urteils in Richtung auf eine umfassende, die Feststellungen des Tatbestandes einschließende Bindungswirkung solcher Beschlüsse, wonach nationale Gerichte allein auf dieser Grundlage selbst dann zwingend vom Vorliegen einer rechtswidrigen Beihilfe ausgehen müssten, wenn selbst im Kommissionsbeschluss diesbezüglich nicht einmal vorläufige Feststellungen zu finden sind, verstieße gegen grundlegende Prinzipien des Unionsrechts sowie gegen deutsches Verfassungsrecht. Die Unklarheiten in der Entscheidung sind daher dahingehend aufzulösen, dass nationalen Gerichten weiterhin die Befugnis zukommt, das Vorliegen einer Beihilfe zu prüfen und ggfs. bei Zweifeln den Gerichtshof anzurufen.

46 EuGH, Urt. v. 13.2.2014, Rs. C-69/13 (Mediaset), EU:C:2014:71.

Gemeinwohlsicherung durch Vergaberecht

Oliver Dörr

Die Beschaffungstätigkeit der öffentlichen Hand wurde in Deutschland, aber auch in anderen EU-Mitgliedstaaten, traditionell vor allem als ein Instrument der sparsamen Haushaltsführung des Staates und damit als eine Angelegenheit seiner Selbstorganisation verstanden. Unter dem Einfluss des EU-Binnenmarktrechts aber hat sich die Rationalität dieses Rechtsgebiets erheblich differenziert: So wie die Auftragsvergabe selbst nicht mehr nur der Selbstversorgung der öffentlichen Hand dient, sondern als Instrument der politischen Steuerung vielfältig einsetzbar ist, sind auch dem Vergaberecht heute wenigstens fünf verschiedene Gemeinwohlziele zuzuordnen, die sich allerdings teilweise überschneiden.

I. Wirtschaftlichkeit

Das Gebot der Wirtschaftlichkeit und Sparsamkeit öffentlicher Verwaltung ist nach wie vor eine Grundmaxime des deutschen Haushaltsrechts (vgl. nur § 6 Abs. 1 HGrG, § 7 Abs. 1 BHO), die für die Beschaffung in § 55 Abs. 1 BHO dahin konkretisiert wird, dass dem Einkauf von Lieferungen und Leistungen grundsätzlich eine öffentliche Ausschreibung vorausgehen muss. Die Regeln über die Beschaffung setzen also die haushaltsrechtliche Effizienzmaxime in das vergaberechtliche Wettbewerbsprinzip (§ 97 Abs. 1 GWB) um. Güter und Leistungen sind aufgrund eines transparenten und diskriminierungsfreien Bieterwettbewerbs zu beschaffen, weil die Vermutung besteht, dass eine Mehrzahl konkurrierender Angebote und ihr Wettbewerb um den Zuschlag den Einkauf für die einkaufende Verwaltung wirtschaftlich günstiger macht. Im Rahmen der Beschaffungsregeln selbst findet das Gebot der Wirtschaftlichkeit seinen sichtbarsten Ausdruck im Zuschlagskriterium des § 97 Abs. 5 GWB: Der deutsche Umsetzungsgesetzgeber hat das durch die EU-Vergaberichtlinien eröffnete Wahlrecht zwischen dem „niedrigsten Preis" und dem „wirtschaftlichsten Angebot" zugunsten des letztgenannten ausgeübt und gibt damit den deutschen Vergabestellen die Zuschlags- als eine komplexe

Verwaltungsentscheidung vor. Bei der Bewertung der Wirtschaftlichkeit im konkreten Einzelfall verfügt der öffentliche Auftraggeber über einen weiten Beurteilungsspielraum, der durch eine nicht abschließende Aufzählung von Unterkriterien in den EU-Richtlinien kaum nennenswert eingeschränkt wird.

II. Korruptionsprävention

Mit dieser Wirtschaftlichkeitsfunktion von Auftragsvergabe und Vergaberecht hängt ihre zweite Gemeinwohlfunktion eng zusammen: Rechtsverbindliche Bestimmungen über den öffentlichen Einkauf, die diesen Wettbewerb in geregelte Bahnen lenken, senken nicht nur die Kosten der Beschaffung, sondern verhindern durch die Gebote von Transparenz und Nichtdiskriminierung (vgl. § 97 Abs. 1 und 2 GWB) zugleich auch Hoflieferantentum und Günstlingswirtschaft. Jeder staatliche Beschaffungswunsch muss grundsätzlich öffentlich bekanntgemacht und der resultierende Auftrag dem objektiv besten, nicht dem subjektiv bekannten oder vertrauten Anbieter erteilt werden. Damit greift das Vergaberecht in den Bereich des Strafrechts über, denn eine seiner wesentlichen Funktionen ist die Korruptionsprävention. Zu dieser sind alle EU-Mitgliedstaaten völkerrechtlich verpflichtet, und zwar gerade auch in bezug auf die öffentliche Beschaffung: Die UN-Konvention gegen Korruption von 2003 verpflichtet ihre Vertragsparteien, zu denen seit Ende 2008 auch die Europäische Union gehört, dazu, geeignete Systeme der öffentlichen Auftragsvergabe einzurichten, die auf Transparenz, Wettbewerb und objektiven Entscheidungskriterien beruhen, und auf diese Weise der Korruption vorzubeugen. Diese völkerrechtliche Vertragsbindung der EU erstreckt sich auf ihre Mitgliedstaaten (vgl. Art. 216 Abs. 2 AEUV), diese sind daher unabhängig davon, ob sie selbst der UN-Konvention beigetreten sind oder nicht, verpflichtet, die Regeln der öffentlichen Auftragsvergabe auch im Hinblick auf das Regelungsziel Korruptionsbekämpfung anzuwenden.

Die korruptionsvorbeugende Wirkung des Vergaberechts entsteht im wesentlichen aus der ordnungsgemäßen Anwendung der Grundsätze von Wettbewerb, Transparenz und Gleichbehandlung sowie durch die Möglichkeit ihrer gerichtlichen Durchsetzung (vgl. § 97 Abs. 7 GWB). Auch wenn dies nicht jeden Missbrauch einer Amtsstellung verhindern kann, zumal die Vergaberegeln dem Auftraggeber zahlreiche Auswahl- und Wertungsspielräume belassen, ist mit der vergaberechtlich vorgeschriebenen Verfahrensgestaltung und -dokumentation doch ein wesentlicher Schritt auf dem völkerrechtlich gebotenen Weg getan.

III. Wettbewerbsschutz

Die dritte Gemeinwohlfunktion des Vergaberechts, der subjektive und objektive Wettbewerbsschutz, eignet vor allem den EU-Regeln zur öffentlichen Auftragsvergabe, denn deren Daseinsberechtigung speist sich im Kern aus dem Binnenmarktkonzept des (heutigen) Art. 26 Abs. 2 AEUV und der daraus abzuleitenden Intention, die nationalen Märkte zu öffnen und die grenzüberschreitende Lieferung und Leistungserbringung zu gewährleisten. Diese Intention liegt allen EU-Grundfreiheiten zugrunde und ist vor allem durch sie in Gestalt subjektiver Marktteilnehmerrechte im Unionsprimärrecht verankert. Damit gehört die wettbewerbseröffnende und wettbewerbsschützende Funktion des Vergaberechts heute zu den Kernbestandteilen der europäischen Wirtschaftsverfassung.

Diese europäische Vorgabe ist zudem völkerrechtlich überformt, denn in Ausübung ihrer ausschließlichen Außenhandelskompetenz ist die EU (vormals die EG) verschiedene vertragliche Bindungen mit Drittstaaten im Bereich der öffentlichen Auftragsvergabe eingegangen, die nicht nur ihre eigenen Vergaberegeln determinieren, sondern auch für die Mitgliedstaaten verbindlich und von ihnen bei öffentlichen Beschaffungen zu beachten sind. Die wesentliche dieser Bindungen resultiert aus dem plurilateralen Beschaffungsübereinkommen im Rahmen der WTO (*Agreement on Government Procurement* – GPA), das die EU und ihre Mitgliedstaaten z.B. im Verhältnis zu den USA, Japan und Südkorea verpflichtet, transparente und nichtdiskriminierende Vergabeverfahren durchzuführen. Das Abkommen bewirkt zwar keine allgemeine Handelsliberalisierung, verpflichtet aber zum Abbau spezifischer Hemmnisse für den grenzüberschreitenden Vergabewettbewerb. Aufgrund dieser völkerrechtlichen Festlegungen im Außenverhältnis ist die EU heute nicht mehr in der Lage, die Inhalte und den Anwendungsbereich (z.B. die sog. Schwellenwerte) ihrer Vergaberichtlinien autonom zu bestimmen bzw. zu verändern. Auch jenseits des EU-Binnenmarkts ist der wettbewerbliche Charakter der grenzüberschreitenden Vergabe also heute verbindlich festgeschrieben.

Im deutschen Umsetzungsrecht ist das Wettbewerbsgebot an prominenter Stelle in § 97 Abs. 1 GWB gesetzlich verankert, und zwar kombiniert mit dem Gebot transparenter Vergabeverfahren und in Abs. 2 mit dem Gebot der Gleichbehandlung aller Verfahrensteilnehmer. Nicht nur aufgrund der räumlichen Nähe im Gesetz liegt es auf der Hand, dass diese Grundsätze nicht isoliert nebeneinander stehen, sondern gedanklich, rechtsdogmatisch und in der praktischen Rechtsanwendung miteinander verknüpft sind: Transparenz und Gleichbehandlung sind Voraussetzung dafür, dass ein fairer Wettbewerb um die wirtschaftlichste Leistung entstehen kann. Der Wettbewerbsgrundsatz findet zahlreiche konkrete Ausprägungen in den Verfahrensregeln des Vergaberechts, wie z.B. bei der Wahl des Verfahrens, dem Zugang zum Verfahren oder auch bei der Auswahl der Auswahlkriterien, die gesetzlich determiniert ist (vgl. § 97 Abs. 4 und 5 GWB). Die mit der Wettbewerblichkeit der Vergabe verknüpften Vergabegrundsätze sind nicht nur gesetzliche Programmnormen, sondern enthalten rechtsverbindliche Anforderungen an alle Beteiligten, die über § 97 Abs. 7 GWB zu subjektiven Rechten der Wettbewerbsteilnehmer werden und von diesen gerichtlich geltend gemacht werden können.

Auch außerhalb der unionsrechtlichen Harmonisierung, also vor allem unterhalb der sog. Schwellenwerte, gelten jedenfalls im Ansatz ähnliche Grundsätze. Auch hierzu kommen wesentliche Impulse aus dem EU-Recht, wobei insoweit an die Stelle des EU-Gesetzgebers der EuGH tritt: Seit der bekannten „Telaustria"-Entscheidung aus dem Jahr 2000[1] zieht der Gerichtshof insbesondere das den EU-Grundfreiheiten immanente Diskriminierungsverbot heran, um die nicht-harmonisierte Beschaffungstätigkeit der Mitgliedstaaten bestimmten unionsrechtlichen Grundanforderungen zu unterwerfen. Diese Anforderungen, die im Begriff des „Vergabeprimärrechts" gebündelt werden, lassen sich im wesentlichen auf die Grundsätze von Nichtdiskriminierung, Gleichbehandlung und Transparenz zurückführen und schreiben damit immerhin wesentliche Elemente der Wettbewerblichkeit auch für die Vergabe außerhalb der EU-Richtlinien europarechtlich vor.

Selbst wenn man aber von der europäischen Dimension einmal absieht, die zur Legitimation ihrer Regelungswirkung stets auf die (potentielle) grenzüberschreitende Relevanz der öffentlichen Beschaffung angewiesen ist, gehört die Herstellung und Sicherung von Wettbewerb zu den wesentlichen Rationalitäten des Vergaberechts. Auch im rein innerstaatlichen Raum gibt es enge Beschaffungsmärkte, in denen sich nur wenige Nach-

1 EuGH, Urt. v. 7.12.2000, Rs. C-324/98 (Telaustria und Telefonadress), Slg. 2000, I-10745, Rn. 60.

frager und/oder Anbieter gegenüberstehen und in denen der Ausgleich ihrer widerstreitenden Interessen vor allem durch rechtsverbindliche Verfahrensvorgaben für den Abschluss von Beschaffungsverträgen ermöglicht wird. Vergaberecht zwingt zur Herstellung eines Marktes durch die öffentliche Bekanntmachung einer konkreten Nachfrage und eröffnet grundsätzlich den freien und gleichberechtigten Zugang zu diesem Markt. Dieser Interessenausgleich durch ein wettbewerbliches Verfahren besitzt als solches in einer marktwirtschaftlichen Ordnung eine wesentliche Gemeinwohlfunktion und genießt damit als objektives Rechtsgut den Schutz der demokratischen Rechtsordnung.

IV. Rechtsstaatlichkeit

Jenseits von Haushaltswirtschaft und Wettbewerbsschutz kommt dem modernen Vergaberecht zudem eine wesentliche Funktion als Instrument der rechtsstaatlichen Sicherung im Verwaltungsverfahren der Auftragsvergabe zu. Gesetzliche Beschaffungsregeln, die außenwirksam und für den einzelnen justitiabel sind, dienen dazu, die Nachfragemacht der öffentlichen Hand und das damit einhergehende Instrumentalisierungspotential der Beschaffung zu begrenzen. Wegen seiner ökonomischen Bedeutung ist die öffentliche Auftragsvergabe ein hochwirksames Instrument staatlicher Lenkung und Steuerung, sie kann zur Verfolgung verschiedener wirtschafts-, struktur-, umwelt- oder sozialpolitischer Ziele eingesetzt werden. Vergaberecht setzt dieser Instrumentalisierung Grenzen und lenkt das staatliche Steuerungsverhalten in rechtsstaatliche Bahnen.

Diese rechtsstaatliche Funktion kann das Vergaberecht in Deutschland erst erfüllen, seit das hiesige Beschaffungswesen unter dem Einwirkungsdruck des EU-Rechts verrechtlicht worden ist. Die traditionell seit der Weimarer Republik bestehenden Bindungen an Haushaltsrecht und Verdingungsordnungen entbehrten in dieser Hinsicht praktisch jeder Wirksamkeit, da sie weder im Außenverhältnis zwischen Auftraggeber und Bieter Rechtswirkungen entfalteten, noch vom einzelnen Bieter gerichtlich geltend gemacht werden konnten. Zudem entstanden die wesentlichen Verfahrensregeln als private Regelwerke in sog. Verdingungsausschüssen, die sich aus Vertretern der öffentlichen Hand, also der Auftraggeberseite, und Verbandsvertretern der deutschen Wirtschaft, also der Bieterseite, zusammensetzen. Hier schufen sich also die Betroffenen im Rahmen diffuser, intransparenter Aushandlungsprozesse, vor allem aber jenseits parlamentarischer Legitimation und Kontrolle die für sie geltenden Regeln selbst. Auf diese Regeln verwies das Haushaltsrecht in Bund und Ländern als staatliches Binnenrecht und verlieh ihnen damit praktisch den Charakter von Verwaltungsvorschriften. Dieser rechtsstaatlich schwer erträgliche Zustand endete erst mit der europäisch erzwungenen Verrechtlichung der öffentlichen Auftragsvergabe: Mit dem Inkrafttreten des sog. Kartellvergaberechts im Vierten Teil des GWB am 1.1.1999 erhielt das Vergaberecht in Deutschland eine echte formal-gesetzliche Grundlage, die zudem, wie von den EU-Vergaberichtlinien gefordert, subjektive Rechte der beteiligten Bieter (§ 97 Abs. 7 GWB) und einen gerichtlichen Rechtsschutz (§ 116 GWB) gewährleistet. Erst aufgrund des rechtsstaatlichen Impulses aus Europa – und in seinen Grenzen – ist in Deutschland in den Worten von *Meinrad Dreher* das primär haushaltswirtschaftlich determinierte Vergabe*wesen* zum wettbewerbsorientierten, rechtsstaatlich eingebundenen Vergabe*recht* geworden[2].

Außerhalb des durch EU-Richtlinien harmonisierten Bereichs weist die Verrechtlichung der Auftragsvergabe in Deutschland nach wie vor erhebliche Defizite auf. Hier bestehen – jedenfalls auf Bundesebene – keine gesetzlichen Regelungen, und ein effektiver Rechtsschutz erfolgloser Bieter wird regelmäßig daran scheitern, dass eine Pflicht zur Vorabinformation nicht besteht. Das BVerfG hat diesen Rechtszustand 2006 für mit dem Grundgesetz vereinbar erklärt und die evidente Einschränkung des Rechtsschutzgrundrechts pauschal mit dem Bedürfnis der Verwaltung nach einer reibungslosen und effizienten Beschaffung gerechtfertigt.[3] Das ist rechtsstaatlich nicht nur deshalb unbefriedigend, weil bekanntlich über 80% aller öffentlichen Auftragsvergaben außerhalb des Kartellvergaberechts, also ohne gesetzliche Normierung und ohne gesicherten Rechtsschutz erfolgen. Die rechtsstaatliche Konsolidierung, welche dem deutschen Vergaberecht durch den Impuls aus Europa vorgegeben ist, droht auf diese Weise zur Farce zu werden.

Remedur verspricht insoweit bislang nur das Unionsrecht: Denn das vom EuGH entwickelte „Vergabeprimärrecht", das europäische Minimalanforderungen für jede, auch die „unterschwellige" Beschaffung im EU-Binnenmarkt formuliert, gewährleistet auch ein Minimum an effektivem gerichtlichem Rechtsschutz für erfolglose Bieter oder Interessenten. Der

---

2 *Dreher* NZBau 2002, 419.

3 BVerfG, Urt. v. 13.6.2006 – 1 BvR 1160/03 (Gleichheit im Vergaberecht) Rn. 154-159.

Gerichtshof zielt mit seinem ungeschriebenen Transparenzgebot im Vergabeverfahren nicht zuletzt auf die wirksame Kontrolle zugunsten unterlegener Konkurrenten und greift damit auf eine den EU-Grundfreiheiten akzessorische Gewährleistung zurück, die heute auch in Art. 47 der EU-Grundrechtecharta als selbständiges Unionsgrundrecht verbindlich festgeschrieben ist. Sie verbürgt dem einzelnen, der sich in seinen Marktfreiheiten beeinträchtigt sieht, einen gerichtlichen Rechtsweg sowie ein wirksames Rechtsschutzverfahren. Beides ist für „Unterschwellenvergaben" in Deutschland gegenwärtig nicht hinreichend gewährleistet, so dass es bis auf weiteres des „Umwegs über Europa" bedarf, um die rechtsstaatliche Sicherungsfunktion des Vergaberechts (annähernd) flächendeckend zur Geltung bringen zu können.

V. Grundrechtsschutz

Mit der rechtsstaatlichen hängt die individualrechtliche Schutzfunktion des Vergaberechts zusammen, die sich in einer rechtsstaatlichen Ordnung aus der gesetzlichen Festschreibung subjektiver Rechte und ihrer gerichtlichen Durchsetzbarkeit speist. Beschaffung ist, soweit sie durch die Untergliederungen des Staates oder seine Unternehmen erfolgt, staatliches Handeln und damit gemäß Art. 1 Abs. 3 GG umfassend grundrechtsgebunden. Auch wenn staatliche Einrichtungen Güter und Leistungen einkaufen, sind sie an die Grundrechte des Grundgesetzes gebunden und damit auf deren Freiheits- und Gleichheitspostulate verpflichtet. Staatliches Nachfragehandeln ist an diesen Geboten auszurichten. Eine willkürliche Ungleichbehandlung aus Gründen des Wohnsitzes, des Geschlechts, der Religion oder der sexuellen Orientierung ist im Zusammenhang mit staatlicher Beschaffung von Verfassungs wegen ebenso untersagt, wie ein ungerechtfertigter Eingriff in die entsprechenden Freiheitsgrundrechte mit Mitteln der Auftragsvergabe. Diese grundsätzliche Bindung haben auch BVerfG und BVerwG in ihren grundlegenden Entscheidungen zum Vergaberechtsschutz[4] anerkannt und vor allem in bezug auf das Gleichheits- und das Rechtsschutzgrundrecht konkretisiert: Damit steht allen Bietern, die an einem staatlichen Beschaffungsverfahren teilnehmen (wollen), jedenfalls aus Art. 3 Abs. 1 GG das Recht auf gleichberechtigte Zulassung zum und

---

4 BVerfG (Fn. 2); BVerwG, Urt. v. 2.5.2007 – 6 B 10.07 = NJW 2007, 2275, Rn. 10.

Behandlung im Verfahren sowie zu seiner Durchsetzung ein grundrechtlicher Anspruch auf effektiven Rechtsschutz zu.

Dieser Grundrechtsschutz im Vergabeverfahren beruht auf dem autonomen Geltungsanspruch der deutschen Verfassung und ist damit unabhängig vom Anwendungsbereich der EU-Vergaberichtlinien. Er gilt insbesondere auch unterhalb der sog. Schwellenwerte und in den von den Richtlinien ausgenommenen Bereichen und wird hier ergänzt durch die subjektiven Rechte aus den EU-Grundfreiheiten (vor allem Warenverkehrs- und Dienstleistungsfreiheit), die den Unionsbürgern grundsätzlich ebenfalls unabhängig vom Anwendungsbereich der Richtlinien zustehen und vor nationalen Gerichten geltend gemacht werden können. Im Anwendungsbereich der Richtlinien kommen schließlich die Unionsgrundrechte hinzu, die heute in der EU-Grundrechtecharta rechtsverbindlich niedergelegt sind und die Mitgliedstaaten gemäß Art. 51 Abs. 1 der Charta bei der Durchführung von Richtlinien binden.

Den Teilnehmern und Interessenten an einem Vergabeverfahren stehen gegenüber dem Nachfrageverhalten der öffentlichen Hand also verschiedene Sätze subjektiver Rechte zur Verfügung, welche die Privaten insbesondere vor willkürlicher Ungleichbehandlung des staatlichen Nachfragers schützen. Dieser Gleichbehandlungsanspruch durchzieht alle Phasen des Beschaffungsverfahrens und muss sich nicht nur im Ergebnis der Bieterauswahl, sondern auch – und vor allem – in der Ausgestaltung des Auswahlverfahrens niederschlagen. Die einfach-gesetzlichen Bestimmungen des Vergaberechts dienen auch der Sicherung und effektiven Geltendmachung dieser subjektiven Rechte. Soweit sich im nationalen Recht insoweit Defizite auftun (z.B. durch die fehlende Möglichkeit gerichtlicher Geltendmachung außerhalb der harmonisierten Beschaffung), stehen erneut die justitiablen Regeln des europäischen „Vergabeprimärrechts" zur Verfügung, um die freiheitsschützende Funktion des Vergaberechts sicherzustellen.

VI. Fazit

Das aus dem Gebot sparsamer Haushaltsführung erwachsene Recht der öffentlichen Auftragsvergabe hat sich vor allem unter dem Einfluss des europäischen Unionsrechts zu einer multifunktionalen Rechtsmaterie entwickelt, der im Rahmen einer freiheitlichen rechtsstaatlichen Ordnung heute verschiedene Gemeinwohlfunktionen zugeordnet werden können. In der Erfüllung dieser Funktionen ist das nationale Vergaberecht unionsrechtlich determiniert und überformt, gelegentlich tritt das Unionsrecht sogar an die Stelle des defizitären nationalen Rechts, z.B. wenn es um die Sicherung rechtsstaatlicher Mindeststandards außerhalb der europäischen Harmonisierung geht. Das Vergaberecht ist damit ein anschauliches Beispiel dafür, dass „Europa", die oft allzu wohlfeile Chiffre für verschiedenste Krisenszenarien, als Phänomen des Rechts vor allem die Quelle von Wettbewerb, individueller Freiheit und Rechtsstaatlichkeit bildet und damit Funktionen der Gemeinwohlsicherung übernimmt, die vormals ein Proprium des Staates waren – eine Erkenntnis, die nicht zuletzt im wissenschaftlichen Werk von *Peter-Christian Müller-Graff* sehr prominent zum Ausdruck kommt.

III. Lauterkeit und Geistiges Eigentum

Goldhasen und Goldbären im Europäischen Wirtschaftsrecht

Andreas Piekenbrock

Der Autor dieser Zeilen teilt mit dem Jubilar (u.a.) die Liebe zum Recht, zu Europa und zur Schokolade. Dies alles passt wunderbar zusammen, weil kaum ein Rechtsgebiet so sehr europäisch geprägt ist wie das der Schokolade, noch dazu, wenn sie als

oder als

in Erscheinung tritt. Zwar wurden diese goldigen Tierchen, deren rechtliche Dimension jüngst auch einem Goldsucher aufgefallen ist,[1] von einem Maître Chocolatier in der Schweiz kreiert, wo die Milchschokolade 1875 ihren Siegeszug angetreten hat.[2] Damit stammen sie nur geographisch, aber nicht rechtlich aus dem Herzen Europas. Das schlägt bekanntlich in Brüssel, wo Jean Neuhaus 1912 die Praline erfunden haben soll.[3] Aber

---

1 Vgl. *von Münch*, Jura 2014, 1185, 1188 f.: „Das im Recht seltene Gold“.

2 Als Erfinder der Milchschokolade galt lange Zeit Daniel Peter aus Vevey (VD). Vgl. etwa Chocosuisse Union des Fabricants de Chocolat and others v. Cadbury Ltd., [1999] EWCA Civ 856 = [1999] R.P.C. 826, 845 per Brooke L.J. (Court of Appeal, Urt. v. 25.2.1999). Heute wird der Ursprung dagegen in Dresden lokalisiert. Vgl. www.mitteldeutschland.com/leistungen/news/singleansicht/datum/2011/12/09/Wer-hats-erfunden.html.

3 Vgl. www.faz.net/-gqp-780tq. Die Bezeichnung „belgische Schokolade“ genießt allerdings (noch) keinen Schutz als „geografische Angabe“ im Sinne von Art. 5 Abs. 2 der VO (EU) Nr. 1151/2012 des Europäischen Parlaments und des Rates vom 21.11.2012 über Qualitätsregelungen für Agrarerzeugnisse und Lebensmittel, ABl. Nr. L 343/1 oder als Gemeinschaftskollektivmarke zur Bezeichnung einer geographischen Herkunft nach Art. 66 Abs. 1 der VO (EG) Nr. 207/2009 des Rates vom 26.2.2009 über die Gemeinschaftsmarke (kodifizierte Fassung), ABl. Nr. L 78/1 (im Folgenden: GMV).

produziert werden viele unserer kleinen Freunde in einer wahrhaft europäischen Stadt: in Aachen.[4] Und das Europarecht hat die Schokolade früh für sich entdeckt.

So hat der Rat der alten EWG schon in den Erwägungsgründen der ersten Kakaorichtlinie von 1973[5] festgestellt, dass die einzelstaatlichen Rechtsvorschriften über Kakaoprodukte vor allem bei gewissen Arten von Kakao- und Schokoladeerzeugnissen den freien Warenverkehr behindern. Daher, so die Schlussfolgerung, sei es notwendig, „die Rechtsvorschriften für diese Erzeugnisse anzugleichen", „um den freien Warenverkehr mit diesen Erzeugnissen zu ermöglichen." Diese Feststellung stammt aus der Zeit vor der Cassis-Rechtsprechung, die einen sachlichen Grund dafür fordert, dass Waren, die in einem Mitgliedstaat rechtmäßig in Verkehr gebracht worden sind, nicht in andere Mitgliedstaaten eingeführt werden dürfen.[6] In der Heimat unserer kleinen Freunde hat man dieses Herkunftslandprinzip 2009 einseitig übernommen. Danach dürfen Produkte grundsätzlich in Verkehr gebracht werden, wenn sie (a.) den technischen Vorschriften der EG und, bei unvollständiger oder fehlender Harmonisierung in der EG, den technischen Vorschriften eines Mitgliedstaats der EG oder des EWR entsprechen, und (b.) in diesem EG- oder EWR-Mitgliedstaat rechtmäßig in Verkehr sind (Art. 16a Abs. 1 THG[7]).

Dieses Prinzip ist trotz der sekundärrechtlichen Harmonisierungsbemühungen auch für die Schokolade von zentraler Bedeutung geworden. So

---

4 Chocoladefabriken Lindt & Sprüngli GmbH, Süsterfeldstr. 130, 52072 Aachen. Auf den Schutz der Bezeichnung als „Schweizer Schokolade" hat sich die Auslandsproduktion von Lindt (in Frankreich) nach Auffassung des englischen Court of Appeal nicht negativ ausgewirkt. Vgl. Chocosuisse v. Cadbury (Fn. 2), [1999] R.P.C. 826, 841 per Chadwick L.J., insoweit auszugsweise in deutscher Übersetzung in GRUR Int. 2000, 272, 275. Cadbury hatte Schokolade mit der Bezeichnung „Swiss Chalet" und einem Foto des Matterhorns vertrieben. Seit 2001 sind für Chocosuisse außerdem die Gemeinschaftskollektivmarken „Switzerland" (Nr. 1484005) und „Swiss" (Nr. 1483981) eingetragen. Vgl. https://oami.europa.eu/eSearch.

5 RL 73/241/EWG des Rates vom 24.7.1973 zur Angleichung der Rechtsvorschriften der Mitgliedstaaten für zur Ernährung bestimmte Kakao- und Schokoladeerzeugnisse, ABl. Nr. L 228/23.

6 EuGH, Urt. v. 20.2.1979 – Rs. 120/78 (REWE/Bundesmonopolverwaltung), Slg. 1979, 649 in Rn. 14.

7 Bundesgesetz über die technischen Handelshemmnisse i.d.F. des Bundesgesetzes vom 12.6.2009, AS 2010, 2617. Für Lebensmittel ist allerdings eine Bewilligung des Bundesamtes für Lebensmittelsicherheit und Veterinärwesen erforderlich (Art. 16c THG).

war einer der Hauptstreitpunkte bei der Schokoladenproduktion nach dem Beitritt Dänemarks, Irlands und des Vereinigten Königreichs, dass dort der Zusatz anderer pflanzlicher Fette als Kakaobutter zulässig war.[8] Dieser Streit ist 1973 nicht entschieden worden. Vielmehr blieb es den Mitgliedstaaten überlassen, den Zusatz zuzulassen oder zu verbieten.[9] Da es sich um einen nicht harmonisierten Bereich handelt, hat der EuGH auf der Grundlage der Cassis-Rechtsprechung angenommen, dass Schokolade, die in einem Mitgliedstaat rechtmäßig hergestellt worden ist, unter der Bezeichnung „Schokolade" in allen anderen Mitgliedstaaten vermarktet werden darf.[10]

Die zweite Kakaorichtlinie von 2000,[11] die wenige Monate später in Kraft getreten ist, hat den Streit nunmehr zugunsten des Zusatzes anderer pflanzlicher Fette als Kakaobutter bis maximal 5 % des Enderzeugnisses gelöst.[12] Auf solche Zusätze ist jedoch durch den ins Auge fallenden und deutlich lesbaren Hinweis „enthält neben Kakaobutter auch andere pflanzliche Fette" hinzuweisen.[13] In Italien wurde allerdings für Schokolade ohne Zusatz anderer pflanzlicher Fette als Kakaobutter die Bezeichnung „reine Schokolade" (*cioccolato puro*) zugelassen.[14] Die Verwendung dieses Begriffes für Schokolade mit solchen Zusätzen wurde als Ordnungswidrigkeit behandelt.[15] Dieser Zusatz ist nach Auffassung des EuGH jedoch mit der vollständigen Harmonisierung der Verkehrsbezeichnungen für Kakao- und Schokoladeerzeugnisse[16] unvereinbar.[17] Belgien war hier schlau-

---

8 Vgl. die Feststellungen in EuGH, Urt. v. 16.1.2003 – Rs. C-12/00 (Kommission / Spanien), Slg. 2003, I-480.

9 Art. 14 Abs. 2 lit. a der RL 73/241/EWG (Fn. 5).

10 Vgl. EuGH (Fn. 8), Rn. 70 ff.; EuGH, Urt. v. 16.1.2003 – Rs. C-14/00 (Kommission / Italien), Slg. 2003, I-533 in Rn. 67 ff. Dort sollten die Produkte nur als „Schokoladeersatz" (sucedáneo de chocolate bzw. surrogato di cioccolato) vermarktet werden können.

11 RL 2000/36/EG des Europäischen Parlaments und des Rates vom 23.6.2000 über Kakao- und Schokoladeerzeugnisse für die menschliche Ernährung, ABl. Nr. L 179/19.

12 Art. 2 Abs. 1 der RL 2000/36/EG (Fn. 11).

13 Art. 2 Abs. 2 der RL 2000/36/EG (Fn. 11).

14 Vgl. Art. 6 des decreto legislativo vom 12.6.2003, Nr. 178, G.U. Nr. 165 vom 18.7.2003.

15 Vgl. Art. 7 Abs. 8 des decreto legislativo Nr. 178 (Fn. 14).

16 Vgl. Art. 3 der RL 2000/36/EG (Fn. 11).

17 EuGH, Urt. v. 25.11.2010 – Rs. C-47/09 (Kommission / Italien), Slg. 2010, I-12085 in Rn. 29 ff.

er und hat sich 2001/2002 die inzwischen erloschene Gemeinschaftskollektivmarke „ambao“ eintragen lassen,[18] um Schokolade ohne Zusatz anderer pflanzlicher Fette als Kakaobutter im Markt hervorzuheben.[19]

In den Erwägungsgründen zur Kakaorichtlinie von 2000 wird allerdings auch die globale, die dunkle und bittere Seite der Schokolade thematisiert: der Handel mit den Rohstoffen Kakao, Kakaobutter und anderen pflanzlichen Fetten, die hauptsächlich in Entwicklungsländern erzeugt werden. In diesem Zusammenhang wurde namentlich die Förderung des gerechten Handels („fair trade“) angemahnt.[20] Im Rahmen ihrer Außenkompetenz hat die EU daher auch das Internationale Kakao-Übereinkommen von 2010[21] ratifiziert.[22] Leider gehört die Verletzung der maßgeblichen Übereinkommen gegen Kinderarbeit,[23] deren Beachtung auch im Kakao-Übereinkommen bekräftigt worden ist,[24] in vielen Erzeugerländern aber nach wie vor zur Tagesordnung.[25] Um in Europa Schokolade herstellen zu können, müssen die Rohstoffe schließlich die EU-Zollgrenze überschreiten. Dies ist Kakaobohnen zollfrei möglich.[26] Im Übrigen gilt das GATT, bei

---

18 Marken-Nr. 2177962 (Fn. 4).

19 Vgl. Ministère des Affaires économiques (Hrsg.), Carrefour de l'économie 2001/8 A, abrufbar unter http://economie.fgov.be/fr/binaries/Carrefour2001_8A_tcm326-31972.pdf.

20 Vgl. Erwägungsgrund 15 zur RL 2000/36/EG (Fn. 11). Vgl. dazu etwa die Mitteilung der Kommission vom 5.5.2009 „Beitrag zu einer nachhaltigen Entwicklung: Die Rolle des Fairen Handels und handelsbezogener nichtstaatlicher Nachhaltigkeitssicherungskonzepte“, KOM(2009) 215 endg.

21 In deutscher Übersetzung abgedruckt in ABl. 2011 Nr. L 259/8.

22 Vgl. den Beschluss des Rates vom 16.3.2012, ABl. Nr. L 102/1.

23 Vgl. das ILO-Übereinkommen Nr. 138 über das Mindestalter für die Zulassung zur Beschäftigung vom 26.6.1973, BGBl. 1976 II, 202 und das ILO-Übereinkommen Nr. 182 über das Verbot und unverzügliche Maßnahmen zur Beseitigung der schlimmsten Formen der Kinderarbeit der Internationalen Arbeitsorganisation vom 17.6.1999, BGBl. 2001 II, 1291.

24 Vgl. Art. 42 des Internationalen Kakao-Übereinkommens von 2010 (Fn. 21).

25 Vgl. etwa *Hütz-Adams*, Menschenrechte im Anbau von Kakao, Bonn 2010, 24 ff. (Elfenbeinküste), 30 ff. (Ghana), 34 f. (Nigeria), 38 (Ecuador), abrufbar unter www.humanrights-business.org/26-0-INEF-Forschungsreihe.html.

26 Vgl. die Durchführungsverordnung (EU) Nr. 1001/2013 der Kommission vom 4.12.2013 zur Änderung von Anhang I der Verordnung (EWG) Nr. 2658/87 über die zolltarifliche und statistische Nomenklatur sowie den Gemeinsamen Zolltarif, ABl. Nr. L 290/1, KN-Code 1801 00 00 (S. 144).

dem die Außenkompetenz der EWG früh zum Tragen kam.[27] Darüber hinaus bestehen mit den Erzeugerstaaten Kolumbien, Peru und Ecuador Freihandelsabkommen,[28] die Ausnahmen vom Meistbegünstigungsprinzip zulassen.[29]

Doch kommen wir zurück zur süßen Seite unseres Themas, die nicht nur den Geschmack, sondern auch die Form unserer goldigen Tierchen zutreffend beschreibt. Prägend ist hier zunächst der Goldhase. Um ihn vor unliebsamen Artgenossen zu schützen, ist er 2003 „in neutraler Aufmachung", also ohne Schleifchen, Glöckchen und Näschen, als dreidimensionale Marke (§ 3 Abs. 1 MarkenG[30]) angemeldet und in das Markenregister für die Ware „Schokoladewaren" (Nizza-Klasse 30) eingetragen worden.[31] Im Löschungsverfahren (§ 54 MarkenG) ist festgestellt worden, dass die Gestaltung zwar keinerlei Unterscheidungskraft hat (§ 8 Abs. 2 Nr. 1 MarkenG[32])[33] und der Bezeichnung der Art oder Beschaffenheit der beanspruchten Waren dienen kann (§ 8 Abs. 2 Nr. 2 MarkenG[34]).[35] Sie hat sich aber infolge ihrer Benutzung für Schokoladewaren in den beteiligten Verkehrskreisen so weit durchgesetzt, dass die Löschung nicht mehr verlangt

---

27 Vgl. dazu etwa EuGH, Urt. v. 12.12.1972 – Rs. 21/72 (Fruit Company), Slg. 1972, 1219 in Rn. 14, 18; *Hilpold*, Die EU im GATT/WTO-System, 3. Aufl. 2009, 123 ff. Vgl. ergänzend nur BVerfG, 30.6.2009 – 2 BvE 2/08 u.a. (Lissabon-Vertrag).

28 Vgl. das Handelsübereinkommen zwischen der EU und ihren Mitgliedstaaten einerseits sowie Kolumbien und Peru andererseits vom 23.3.2011, ABl. Nr. L 354/3. Zum Beitritt Ecuadors vgl. vorläufig die VO (EU) Nr. 1384/2014 des Europäischen Parlaments und des Rates vom 18.12.2014 über die Zollbehandlung von Waren mit Ursprung in Ecuador, ABl. Nr. L 372/5.

29 Vgl. dazu etwa *Herrmann/Weiß/Ohler*, Welthandelsrecht, 2. Aufl. 2007, Rn. 402; *Senti*, Regionale Freihandelsabkommen, Zürich/St. Gallen 2013, 244 ff.

30 Vgl. entsprechend Art. 2 der RL 2008/95/EG des Europäischen Parlaments und des Rates vom 22.10.2008 zur Angleichung der Rechtsvorschriften der Mitgliedstaaten über die Marken (kodifizierte Fassung), ABl. Nr. L 299/25.

31 Vgl. BPatG, Beschl. v. 25.2.2010 – 25 W (pat) 33/09, BPatGE 52, 116, 117 = GRUR 2011, 68 – „Goldhase in neutraler Aufmachung".

32 Vgl. entsprechend Art. 3 Abs. 1 lit. b der RL 2008/95/EG (Fn. 30).

33 Vgl. BPatGE 52, 116, 123 ff. (Fn. 31).

34 Vgl. entsprechend Art. 3 Abs. 1 lit. c der RL 2008/95/EG (Fn. 30).

35 Vgl. BPatGE 52, 116, 125 f. (Fn. 31).

werden konnte (§ 8 Abs. 3 MarkenG[36]).[37] Dazu hat der Jubilar sicherlich maßgeblich beigetragen.

Mit der Anmeldung des Goldhasen mit Schleifchen, Glöckchen und Näschen als dreidimensionale Gemeinschaftsmarke (Art. 4 GMV[38]) im Mai 2004 ist unser Maître Chocolatier dagegen in allen Instanzen gescheitert.[39] Trotz seiner europäischen Omnipräsenz war es dem Jubilar offenbar nicht gelungen, die Verkehrsdurchsetzung so weit zu fördern, dass der Goldhase schon damals in allen Mitgliedstaaten infolge seiner Benutzung Unterscheidungskraft erlangt hatte (Art. 7 Abs. 3 GMV), ohne sich ausdrücklich als „Lindt Goldhase" zu erkennen zu geben.[40] In einem französischen Kommentar war zu lesen, der EuGH habe den armen Schokoladenhasen verschlungen.[41] Tant pis. Dieses Schicksal hat offenbar auch den Riegelein-Hasen während des jahrelangen Rechtsstreits mit dem Goldhasen ereilt.[42] Im Ergebnis hat der Goldhase aber auch hier den Kürzeren gezogen.[43] Nur gegen den Wiener Hauswirth-Hasen mit rot-weiß-rotem Schleifchen konnte er sich durchsetzen.[44]

2011 hat der Maître Chocolatier dem Goldhasen einen goldenen Schoko-Teddy zur Seite gestellt[45] und ist damit dem Haribo-Goldbären, der als Bildmarke ebenfalls eine rote Schleife trägt, kräftig auf die Füße getreten. Das OLG Köln hat gleichwohl marken- und lauterkeitsrechtliche Unterlas-

---

36 Vgl. entsprechend Art. 3 Abs. 3 der RL 2008/95/EG (Fn. 30).

37 Vgl. BPatGE 52, 116, 126 ff. (Fn. 31) im Anschluss an BGH, Beschl. v. 9.7.2009 – I ZB 88/07 = GRUR 2010, 138.

38 Vgl. oben Fn. 3.

39 Vgl. EuG, Urt. v. 17.12.2010 – Rs. T-336/08, Slg. 2010, II-291* = GRUR 2011, 425 – „Lindt & Sprüngli / HABM"; EuGH, Urt. v. 24.5.2012 – Rs. C-98/11 (Lindt & Sprüngli / HABM).

40 Mit diesem Zusatz ist der Goldhase als Gemeinschaftsmarke Nr. 1698885 (Fn. 4) seit 2001 geschützt.

41 Marino, Gaz. Pal. 2012, 2975: „La CJUE dévore le lapin en chocolat."

42 Vgl. BGH, 15.7.2010 – I ZR 57/08 Rn. 11 = GRUR 2011, 148. Danach befand sich der Riegelein-Hase in der Revisionsinstanz „nicht mehr bei den Akten".

43 Vgl. LG Frankfurt, 19.12.2002 – 2/3 O 443/02; OLG Frankfurt, 29.1.2004 – 6 U 10/03 = GRUR-RR 2004, 136; BGH, 26.10.2006 – I ZR 37/04 = BGHZ 169, 295; OLG Frankfurt, 8.11.2007 – 6 U 10/03 = GRUR-RR 2008, 191; BGH (Fn. 42); OLG Frankfurt, 27.10.2011 – 6 U 10/03 = GRUR-RR 2012, 255; BGH, Beschl. v. 27.3.2013 – I ZR 72/12.

44 Vgl. EuGH, Urt. v. 11.6.2009 – Rs. C-529/07 (Lindt & Sprüngli / Hauswirth), Slg. 2009, I-4893; BGH, Beschl. v. 22.9.2009 – 17 Ob 17/09p; BGH, Beschl. v. 28.2.2012 – 4 Ob 14/12f.

45 So die Feststellung von OLG Köln, 11.4.2014 – 6 U 230/12.

sungsansprüche verneint.[46] Unter Rückgriff auf die EuGH-Rechtsprechung kam das Gericht zwar zu dem Ergebnis, dass § 14 Abs. 2 Nr. 3 MarkenG auch bei einer Benutzung des Zeichens für identische oder ähnliche Waren einschlägig ist[47] und dass „GOLDBÄREN" im dortigen Sinne eine im Inland bekannte Marke darstellen.[48] Voraussetzung für den Schutz sei aber, dass die beteiligten Verkehrskreise das Kollisionszeichen wegen seiner hochgradigen Ähnlichkeit gedanklich mit der bekannten Marke verknüpfen.[49]

Diese Voraussetzung hat das OLG Köln nach dem Gesamteindruck der Wortmarken auf der einen und der dreidimensionalen Ausgestaltung auf der anderen Seite verneint, weil der Teddy den Markennamen seines Schöpfers offen zur Schau stellt.[50] Dass sich der Goldbär noch schnell als „Gold-Teddy" hat registrieren lassen,[51] wurde als Revanche-Foul gewertet (§ 8 Abs. 2 Nr. 10 MarkenG[52]).[53] Egal wie der BGH am 23.9.2015 (I ZR 105/14) entscheiden wird, zum großen Fest kann man die goldenen Schoko-Teddys noch kaufen; darauf haben sich die Kontrahenten zum Glück für den Jubilar verständigt. Dass dabei nur der ermäßigte Umsatzsteuersatz von 7 % anfällt,[54] ist trotz der europäischen Harmonisierung des Umsatzsteuersystems und der partiellen Zugehörigkeit des Aufkommens zu

---

46 OLG Köln zu § 14 MarkenG und 224 f. zu § 8 UWG (Fn. 45).

47 Vgl. zu Art. 5 Abs. 2 der RL 89/104/EWG des Rates vom 21.12.1988 zur Angleichung der Rechtsvorschriften der Mitgliedstaaten über die Marken, ABl.1989 Nr. L 40/1 EuGH, Urt. v. 9.1.2003 – Rs. C-292/00 (Davidoff), Slg. 2003, I-389 in Rn. 23 ff.; EuGH, Urt. v. 10.4.2008 – Rs. C-102/07 (Adidas und Adidas Benelux), Slg. 2008, I-2439 in Rn. 37. Zu Art. 9 Abs. 1 lit. c GMV vgl. entsprechend EuGH, Urt. v. 6.10.2009 – Rs. C-301/07 (PAGO International), Slg. 2009, I-9429 in Rn. 17 ff.

48 Zum Bekanntheitsgrad vgl. EuGH Slg. 2009, I-9429 in Rn. 21 ff. (Fn. 47) zu Art. 9 Abs. 1 lit. c GMV.

49 EuGH, Urt. v. 23.10.2003 – Rs. C-408/01 (Adidas-Salomon und Adidas Benelux), Slg. 2003, I-12537 in Rn. 29; EuGH, Urt. v. 27.11.2008 – Rs. C-252/07 (Intel Corporation), Slg. 2008, I-8823 in Rn. 30.

50 OLG Köln (Fn. 45), 219.

51 Vgl. Marken-Nr. 1088870 (Fn. 4).

52 Vgl. entsprechend Art. 3 Abs. 2 lit. d der RL 2008/95/EG (Fn. 30).

53 OLG Köln (Fn. 45), 223 f.

54 Vgl. § 12 Abs. 2 Nr. 1 UStG i.V.m. Nr. 30 der Anlage 2.

den Eigenmitteln der Union (Art. 311 AEUV)[55] eine nationale Entscheidung.[56] Den Jubilar wird sie freuen.

---

55 Vgl. Art. 2 Abs. 1 lit. b des Beschlusses des Rates vom 26.5.2014 über das Eigenmittelsystem der Europäischen Union (2014/335/EU, Euratom), ABl. Nr. L 168/105.

56 Nach Art. 98 Abs. 1, 2, 99 Abs. 1 i.V.m. Nr. 1 des Anhangs III der RL 2006/112/EG des Rates vom 28.11.2006 über das gemeinsame Mehrwertsteuersystem, ABl. Nr. L 347/1 können die Mitgliedstaaten auf Nahrungsmittel einen ermäßigten Steuersatz von mindestens 5 % erheben, müssen es aber nicht.

Geografische Herkunftsangaben im Kennzeichen- und Lauterkeitsrecht. Gedanken zur Neujustierung des einschlägigen Koordinatensystems

Walter F. Lindacher

Geografische Herkunftsangaben sind seit jeher[1] ein wichtiges werbliches Kennzeichnungsmittel: Das Merkmal bestimmter örtlicher Provenienz soll die einschlägig gekennzeichneten Produkte aus den Produkten der jeweiligen Allgemeingattung herausheben. Während einfache Herkunftsangaben nur die Herkunft einer Ware oder Dienstleistung verlautbaren, spiegeln qualifizierte Herkunftsangaben einen kollektiven *good will.* Sie behaupten explizit, dass das mit ihnen versehene Produkt aus einem bestimmten geografischen Bereich stammt, verschlüsselt zugleich die Existenz besonderer Eigenschaften oder einer besonderen Qualität.

Fehlsamer Gebrauch qualifizierter Herkunftsangaben, sei es in der Form der Bezeichnungsanmaßung durch Ortsfremde, sei es in der Form der Nichteinhaltung der erwartbaren Qualitätsstandards, tangiert allemal das Interesse der die Standards einhaltenden Ortsansässigen an Sicherung des kollektiven *good will.* Irreführende Bezeichnungsübernahme leitet nicht nur Nachfrage auf den Usurpator um, schwächt vielmehr auch das Kennzeichen als solches in seiner Kommunikationsfunktion. Ja, selbst die offene Anlehnung verwässert das Kennzeichen, beeinträchtigt tendenziell dessen genuine Individualisierungskraft. Wettbewerbliche Relevanz einschlägiger Täuschungspraktiken, bei qualifizierten Herkunftsangaben ex definitione gegeben, aber auch bei usurpatorischer Benutzung einfacher Herkunftsangaben durchaus realitätsnah, thematisiert zudem das Marktinteresse auch gebietsfremder Mitbewerber, das Schutzinteresse der Marktgegenseiteangehörigen (insbesondere der Verbraucher) sowie das institutionelle Interesse an fairem Wettbewerb.

---

1 *Schricker* GRUR Int. 1982, 515/516: „Die geographische Herkunftsangabe dürfte die erste und älteste Form sein, Waren zu kennzeichnen, älter als die individuellen Herkunftszeichen, die Hersteller- oder Händlermarke.".

Einschlägiger Interessen*schutz* heißt je nach Fallgruppe Schutz *von* geografischen Herkunftsangaben oder aber Schutz vor Irreführung *mit* geografischen Herkunftsangaben. Nach traditioneller, noch immer herrschender Ansicht werden geografische Herkunftsangaben im deutschen Recht nicht als solche geschützt. Unbeschadet ihrer Inkorporierung in ein zeichenrechtliches Gesetz werden die §§ 126 ff. MarkenG als lauterkeitsrechtliche Spezialregelung verstanden, die allenfalls reflexartig zu einem Schutz der berechtigten Nutzer führt.[2] Auch die der VO (EU) Nr. 1151/2012 über Qualitätsregelungen für Agrarerzeugnisse und Lebensmittel (Nachfolgerechtsakt der VO (EWG) Nr. 2081/92 sowie der VO (EG) Nr. 510/2006) Zähne einsetzende Regelung des § 135 MarkenG wird – gemeinhin ohne Problematisierung – als lauterkeitsrechtliche Anspruchsnorm angesehen. Im Schrifttum mehren sich freilich nicht von ungefähr die kritischen, den §§ 126 ff. MarkenG kennzeichenrechtlichen Schutz zusprechenden Stimmen.[3] Dem Streit kommt nicht nur akademische Bedeutung zu. Nur ein kennzeichenrechtliches Verständnis ermöglicht etwa eine konsistente Begründung der erwünschten Interventionsbefugnis Gebietsansässiger, die in keinem konkreten Wettbewerbsverhältnis zum Verletzer stehen. Strikte gedankliche Trennung von Kennzeichenschutz und Schutz vor Irreführung mit geografischen Herkunftsangaben und die Anerkennung eines Nebeneinanders beider Schutzsysteme erleichtern zudem eine sachangemessene Antwort auf die Frage nach dem Kreis der Interventionsbefugten in der Fallgestaltung, dass die streitgegenständliche geografische Herkunftsangabe in den Anwendungsbereich der VO (EU) Nr. 1151/2012 fällt und die materiellen Voraussetzungen für eine Registrierung erfüllt, aber (noch) nicht in das bei der Kommission geführte Register eingetragen ist.

---

2 Aus der Rspr.: BGH, 2.7.1998 – I ZR 55/96 – BGHZ 139, 138, 139 = GRUR 1999, 252, 254; BGH, 28.6.2007 – I ZR 49/04, Rn. 31 = GRUR 2007, 884; OLG Hamm 24.8.2010 – 4 U 25/10 – GRUR-RR 2011, 72, 73. Aus dem Schrifttum: *Bornkamm*, in: Köhler/Bornkamm, UWG, 33. Aufl. 2015, § 5 Rn. 4.203; *Busche*, in: MüKo, UWG, 2. Aufl. 2014, § 5 Rn. 692; *Peifer*, in: Fezer, UWG, 2. Aufl. 2010, § 5 Rn. 313; *Sosnitza*, in: Ohly/Sosnitza, UWG, 6. Aufl. 2014, § 5 Rn. 327.

3 *Fezer*, Markenrecht, 4. Aufl. 2009, § 126 Rn. 4 ff.; *Hacker*, in: Ströbele/Hacker, Markengesetz, 11. Aufl. 2015, § 126 Rn. 6; *Lindacher*, in: Großkommentar UWG, 2. Aufl. 2014, Vor §§ 5, 5a Rn. 161; *Büscher* GRUR Int. 2008, 977, 983.

I. Die Grundthese: Qualifizierte geografische Herkunftsangaben als gewerbliches und kommerzielles Eigentum

Qualifizierte geografische Herkunftsangaben zählen zum gewerblichen und kommerziellen Eigentum, vermitteln subjektivrechtliche Positionen. Was vom EuGH für Ursprungsbezeichnungen und sonstige qualifizierte Herkunftsangaben nach der VO (EU) Nr. 1151/2012 in ständiger Rechtsprechung anerkannt[4] und Basis der Herkunftsangaben auf europäischer und nationaler Ebene erfassenden RL 2004/48/EG („Durchsetzungsrichtlinie“) ist, sollte auch für qualifizierte geografische Herkunftsangaben unter deutschem Recht nicht länger in Frage gestellt werden. Dass die Berechtigung zur Bezeichnungsnutzung strukturell vorgegeben typischerweise mehreren zusteht, spricht entgegen BGHZ 139, 138, 139 – Warsteiner II - nicht gegen eine subjektivrechtliche Qualifikation: eingeschränkte Ausschließlichkeit (kein Ausschließlichkeitsrecht gegenüber den die jeweiligen Qualitätsstandards achtenden Gebietsansässigen) bleibt Ausschließlichkeit. Und, auch die mangelnde Veräußerbarkeit und Lizenzierbarkeit lassen sich nicht gegen die Einordnung als subjektives Kennzeichenrecht ins Feld führen: Die berechtigten Nutzer der jeweiligen Herkunftsangabe verfügen nicht nur über ein Verbietungsrecht gegenüber allen unberechtigten Nutzern, sondern positiv auch über ein vermögenswertes exklusives Nutzungsrecht.

Einfache, d.h. keine besondere Eigenschaften bzw. Qualität reklamierende geografische Herkunftsangaben wird man hingegen in der Tat nicht als subjektive Kennzeichenrechte begreifen können. Dass sich qualitätsneutrale Herkunftsangaben oftmals zu Angaben mit Qualitätsaussagen über solchermaßen vermarktete Produkte entwickeln, schafft noch keine eigentumsrechtliche Rechtfertigung.

II. Konsequenz: Genuin kennzeichenrechtlicher Schutz auf europäischer und nationaler Ebene

Dass die VO (EU) Nr. 1151/2012 kennzeichenrechtlich zu verstehen ist, steht zu Recht außer Frage. Konsequente Umsetzung der Erkenntnis, dass qualifizierte geografische Herkunftsangaben eine subjektive Berechtigung

4 Zuletzt EuGH, Urt. v. 8.9.2009, Rs. C-478/07 (American Bud II), Slg. 2009, I-7721, Rn. 110.

vermitteln, verlangt indes auch auf nationaler Ebene mehr als eine Mitberücksichtigung kennzeichenrechtlicher Aspekte in einem „im Kern“ nach wie vor lauterkeitsrechtlich verstandenen Normenkomplex.[5] Veranlasst ist ein den Anschluss an die internationale und europäische Entwicklung schaffender Paradigmenwechsel: die Deutung der §§ 126 ff., 135 MarkenG als kennzeichenrechtliche Regelung,[6] wie hinzuzufügen ist: für qualifizierte geografische Herkunftsangaben.

Einfache geografische Herkunftsangaben unterfallen nicht den §§ 126 ff., 135 MarkenG, genießen zumindest keinen zeichenrechtlichen Schutz.[7]

III. Die Konkurrenzfrage: Kennzeichenschutz und lauterkeitsrechtlicher Schutz vor Irreführung mit geografischen Herkunftsangaben im Rahmen komplementärer nationaler Schutzsysteme

Kennzeichenrechtliche Ausflaggung der §§ 126 ff., 135 MarkenG bedeutet: Abschied von der Lehre vom Vorrang kraft Spezialität. Die §§ 126 ff. MarkenG bzw. § 135 MarkenG i.V.m. Art. 13 VO (EU) Nr. 1151/2012 sind nicht länger *leges speciales* gegenüber § 5 UWG. Die These, dass sich am verdrängenden Vorrang der §§ 126 ff. MarkenG im Ergebnis gleichwohl nichts geändert habe, nur die Vorrangsbegründung eine andere sei,[8] steht und fällt mit der Positionierung im Meinungsstreit zum Konkurrenzverhältnis von Kennzeichenrecht und Lauterkeitsrecht im Allgemeinen. Wer nach wie vor dem Vorrang des Markenrechts das Wort redet, wird den §§ 126 ff. MarkenG, gerade weil sie kennzeichenrechtlicher Natur sind, verdrängenden Vorrang gegenüber § 5 UWG zusprechen.[9] Abschied vom Dogma des Vorrangs des Markenrechts, wie er mit Blick auf die Vorgabe von Art. 6 Abs. 1 lit. b/Abs. 2 lit. a der RL 2005/29/EG auch unionsrechtlich geboten ist,[10] muss konsequenterweise auch bei qualifizierten geografischen Herkunftsangaben zu einem Nebeneinander von

5 So – halbherzig – beispielsweise noch *Marx*, in: Fezer, UWG, 2. Aufl. 2010, § 4-S 10 Rn. 43 ff.

6 *Fezer*, Markenrecht (Fn. 3), § 126 Rn. 1; *Büscher* in: Büscher/Dittmer/Schiwy, Gewerblicher Rechtsschutz, 2. Aufl. 2011, § 126 MarkenG Rn. 18.

7 A.A. *Fezer*, Markenrecht (Fn. 3), § 127 Rn. 3.

8 So *Büscher* (Fn. 6), § 126 MarkenG Rn. 14.

9 Ansatzkonsequent *Büscher* (Fn. 6), § 126 MarkenG Rn. 14.

10 So jetzt auch BGH, 15.8.2013 – I ZR 188/11, Rn. 60 = GRUR 2013, 1161.

Kennzeichenschutz und Schutz vor Irreführung durch geografische Herkunftsangaben führen.[11] Wie bei markenmäßiger Kennzeichnung von Produkten gilt es auch bei Produktkennzeichnung durch geografische Herkunftsangaben lediglich grundlegende kennzeichenrechtliche Wertungen im Rahmen des lauterkeitsrechtlichen Schutzes zu berücksichtigen: Das Kennzeichenrecht bestimmt nicht nur, ob eine bestimmte Bezeichnung geografische Herkunftsangabe (und nicht bloße Gattungsbezeichnung) ist, sondern auch in abstrakter Weise, welche sachlichen Voraussetzungen („Spezifikationen") für eine entsprechende Bezeichnungsverwendung erfüllt sein müssen.[12]

Die je eigene Schutzrichtung des Kennzeichen- und des lauterkeitsrechtlichen Schutzes erlaubt und gebietet spezifische Grenzziehungen, was den Kreis der Interventionsbefugten anbelangt: Kennzeichenrechtlicher Schutz kann in Korrektur von § 128 Abs. 1 MarkenG auch von berechtigten Nutzern der Angabe geltend gemacht werden, die in keinem konkreten Wettbewerbsverhältnis zum Verletzer stehen.[13] Gegenläufig spricht vieles dafür, in teleologischer Reduktion von § 128 Abs. 1 MarkenG die Interventionsbefugnis auf die kennzeichenführungsberechtigten Gebietsansässigen und die mit dem Schutz des Kennzeichens betrauten Verbände zu beschränken. Die Interventionsbefugnis nach Lauterkeitsrecht umschließt demgegenüber auch nicht kennzeichenführungsberechtigte Mitbewerber sowie sonstige Verbände zur Förderung gewerblicher und beruflicher Interessen sowie Verbraucherverbände. Sie ergibt sich unmittelbar aus § 8 Abs. 3 UWG.

Auch im Schutzumfang stehen Kennzeichenschutz und lauterkeitsrechtlicher Schutz im Verhältnis sich überschneidender Kreise. Schutz vor Kennzeichenverwässerung (§ 127 Abs. 3 MarkenG) leistet nur das Kennzeichenrecht, Täuschungsschutz ist ein Anliegen des Kennzeichen- *und* Lauterkeitsrechts, wobei freilich auch insoweit wichtige Unterschiede zu konstatieren bleiben: Schutz nach UWG setzt keine vorgängige Benutzung der geografischen Bezeichnung voraus, für den kennzeichenrechtlichen

---

11 *Fezer*, Markenrecht (Fn. 3), § 126 Rn. 3; *Dreyer*, in: Harte/Henning, UWG, 3. Aufl. 2013, § 5 J Rn. 14a; *Lindacher* (Fn. 3), § 5 Rn. 539.

12 *Lindacher* (Fn. 3), § 5 Rn. 540.

13 Im Ergebnis wohl allg. M. (s. BGH, 28.6.2007 – I ZR 49/04, Rn. 34 = GRUR 2007, 884), freilich nur bei kennzeichenrechtlichem Ansatz konsistent zu begründen.

Schutz ist eine entsprechende Verwendung unverzichtbar.[14] Umgekehrt setzt der Schutz der geografischen Herkunftsangaben nach dem Markengesetz, anders als der lauterkeitsrechtliche Schutz nach § 5 UWG, nicht notwendigerweise voraus, dass die Herkunft der Ware für die Kaufentscheidung des Verbrauchers bedeutsam ist: § 127 Abs. 1 und 2 MarkenG setzt auf abstrakte Gefährdung.[15] Nach Kennzeichenrecht (und nur nach Kennzeichenrecht) profitiert der Schadensersatz geltend machende Verletzte von der Möglichkeit zweifacher Schadensberechnung (konkreter Schaden, Herausgabe des Verletzergewinns).

Was die Rechtsdurchsetzung anbelangt, sind die unterschiedlichen Verjährungsfristen zu beachten: § 129 MarkenG verweist über § 20 MarkenG auf die Verjährungsvorschriften des BGB, § 11 Abs. 1 UWG unterwirft den wettbewerbsrechtlichen Anspruch unter den Voraussetzungen des § 11 Abs. 2 UWG einer verkürzten Frist von sechs Monaten.

Für *einfache* geografische Herkunftsangaben stellt sich nach hier bezogener Position keine Konkurrenzfrage: Irreführende Bezeichnungsanmaßung thematisiert § 5 UWG und nur § 5 UWG.

IV. Das Verhältnis der VO (EU) Nr. 1151/2012 zu den nationalen Schutzsystemen

Handelt es sich beim gekennzeichneten Produkt um ein vom Geltungsbereich der VO (EU) Nr. 1151/2012 umfasstes Agrarerzeugnis oder Lebensmittel, beurteilt sich der Schutz der entsprechenden Ursprungsbezeichnung oder sonstigen qualifizierten Herkunftsangabe nach der Verordnung. Für einen Schutz nach nationalem *Kennzeichenrecht* ist kein Raum. Dies gilt nicht nur in der Fallgestaltung, dass die Ursprungsbezeichnung bzw. sonstige qualifizierte geografische Herkunftsangabe in das bei der Kommission geführte Register eingetragen ist, sondern auch in der Fallgestaltung, dass die materiellen Voraussetzungen für die Eintragung vorliegen, eine Anmeldung und Registrierung – aus welchen Gründen auch immer – (noch) nicht erfolgt ist: Was vom EuGH in *American Bud II*[16] zum Verhältnis zwischen Schutz qualifizierter Herkunftsangaben nach der VO

14 *Fezer*, Markenrecht (Fn. 3), § 126 Rn. 13.

15 *Hacker* (Fn. 3), § 126 Rn. 7.

16 EuGH, Urt. v. 8.9.2009, Rs. C -478/07 (American Bud II), Slg. 2009, I-7721, Rn. 107 ff.

(EU) Nr. 1151/2012 und Schutz von Ursprungsangaben durch bilaterale Verträge zwischen Mitgliedstaaten entschieden wurde, muss konsequenterweise auch für das Verhältnis des Schutzes nach der Verordnung und des Zeichenschutzes nach nationalem Recht gelten.[17]

Durchaus vorschnell wäre es freilich wohl, aus *American Bud II* auch ein Verbot für einen nationalen lauterkeitsrechtlichen Irreführungsschutz herauszulesen. Neben den Wirtschafts- und Verbraucherverbänden auch den nicht gebietsansässigen Mitbewerbern die einschlägige Interventionsbefugnis zu belassen, den zum Kreis der Gebietsansässigen Zählenden als den durch die Täuschungspraktik in ihrer Marktposition am stärksten Betroffenen aber sowohl den zeichenrechtlichen wie den lauterkeitsrechtlichen Schutz abzusprechen,[18] erscheint kaum interessengerecht. Zeichenschutz und lauterkeitsrechtlicher Schutz sind, wie aufgewiesen, nicht gleichwertig. Wer – möglicherweise aus verständlichen und verständigen Gründen – auf den in mancherlei Hinsicht günstigeren Zeichenschutz verzichtet, sollte nicht zugleich des Schutzes verlustig gehen, der gebietsfremden Konkurrenten ohne Wenn und Aber zugebilligt wird.

American Bud II steht einem dem Lauterkeitsrecht Raum-Belassen nicht entgegen. Die Entscheidung weist der VO (EU) Nr. 1151/2012 Ausschließlichkeit auf der Ebene des Kennzeichenschutzes zu, verhält sich nicht zur davon zu trennenden Frage nach dem Verhältnis der Verordnung zum unter der Vorgabe der RL 2005/29/EG stehenden nationalen Lauterkeitsrecht. Art. 6 Abs. 1 lit. b derselben zählt unzutreffende geografische Herkunftsangaben zu den vom nationalen Recht zu unterbindenden Geschäftspraktiken. Die Selbstbeschränkung der RL 2005/29/EG nach Art. 3 Abs. 4 UGP-RL greift nicht: Die VO (EU) Nr. 1151/2012 ist nicht die speziellere unionsrechtliche Regelung. Kennzeichenschutz und Schutz des Verkehrs vor Irreführung mit geografischen Herkunftsangaben sind, weil unterschiedliche Ziele verfolgend, je eigenständige Schutzsysteme.

---

17 Zutreffend *Büscher* (Fn. 6), § 126 MarkenG Rn. 9 sowie *Sosnitza* (Fn. 2), § 5 Rn. 322.

18 So *Sosnitza* (Fn. 2), § 5 Rn. 322.

V. Résumé

Der Beitrag setzt auf eine konsequente Trennung von Kennzeichenschutz und Schutz vor Irreführung mit geografischen Herkunftsangaben, unterscheidet zudem zwischen qualifizierten und einfachen Angaben.

Er sieht qualifizierte geografische Herkunftsangaben im Geltungsbereich der VO (EU) Nr. 1151/12 nach Art. 13 der Verordnung, qualifizierte geografische Herkunftsangaben außerhalb des Geltungsbereichs der VO (EU) Nr. 1151/2012 durch die entgegen traditioneller Ansicht kennzeichenrechtlich verstandenen §§ 126 ff. MarkenG geschützt, verneint für einfache geografische Herkunftsangaben entgegen gängiger Meinung nicht nur den Schutz nach der Verordnung, sondern auch nach §§ 126 ff. MarkenG. Schutz vor Irreführung mit geografischen Herkunftsangaben wird für qualifizierte und einfache Angaben bejaht, bei qualifizierten geografischen Herkunftsangaben neben Zeichenschutz nach europäischem oder nationalem Recht. Die Interventionsbefugnis nach Kennzeichenrecht wird den Zeichenführungsberechtigten sowie den mit dem Schutz der Bezeichnung betrauten Einrichtungen, die Interventionsbefugnis nach Lauterkeitsrecht allen in § 8 Abs. 3 UWG Benannten (unter Einschluss der zeichenführungsberechten Mitbewerber) zugesprochen.

Geografische Herkunftsangaben, die die Eintragungsvoraussetzungen der VO (EU) Nr. 1151/2012 erfüllen, aber nicht zur Anmeldung gebracht wurden, wird der kennzeichenrechtliche Schutz nach europäischem und nationalem Recht abgesprochen, bei Irreführung mit entsprechenden Angaben am lauterkeitsrechtlichen Schutz (mit einschlägiger Interventionsbefugnis gebietsansässiger Konkurrenten) festgehalten.

Die Neujustierung des Koordinatensystems vorbeschriebener Art schafft nicht nur die Möglichkeit plausibler Begründung eines allseits gewünschten Ergebnisses, der Bejahung der Initiativbefugnis Gebietsansässiger außerhalb eines konkreten Wettbewerbsverhältnisses. Sie vermeidet darüber hinaus in zweifacher Weise sinnwidrige Konstellationen: Dass sich Gebietsansässige im Geltungsbereich der VO (EU) Nr. 1151/2012 bei usurpatorischer Verwendung eintragungsfähiger, aber nicht zur Anmeldung gebrachter qualifizierter geografischer Herkunftsangaben schlechter gestellt sehen als bei usurpatorischem Gebrauch einfacher geografischer Herkunftsangaben. Dass sie zudem des Schutzes entraten sollen, der den in der Marktposition minder betroffenen nicht gebietsansässigen Konkurrenten zuteil wird.

Das letzte Wort hat in Vielem der EuGH. Die nationalen Gerichte sollten in passenden Fällen von ihrer Vorlagemöglichkeit Gebrauch machen. Nicht um den Gerichtshof ein „Überdenken" von *American Bud II* anzusinnen,[19] sondern um ihm Gelegenheit zur Klärung der europarechtlich eingebetteten Fragen zu verschaffen, die *American Bud II* offen gelassen hat.

19 So *Fassbender/Herbrich* GRUR Int. 2014, 765, 771.

Ein Unions-Gerichtssystem für die Rechte des Geistigen Eigentums – Schutz privater Rechte im Markt der Union

Winfried Tilmann

I. Vorlagefragen: Nutzung des Art. 256 Abs. 3 AEUV

Kommissar *Oettinger* hat ein Unions-Urheberrecht angekündigt, um den Rechtsschutz für Urheber und dessen Begrenzungen im Zeitalter der digitalen Information zu sichern. Dies wird den im Markenrecht bereits bestehenden Druck auf den Gerichtshof der Europäischen Union (EUGH) erhöhen,[1] dem die als Gemeinschaftsmarkengerichte bezeichneten nationalen Gerichte in den vergangenen fast 20 Jahren bereits eine Vielzahl von Auslegungsfragen zur Gemeinschaftsmarken-VO[2] und zur Markenrechts-RL[3] vorgelegt haben. Hinzu kommt die Zahl der Rechtsbeschwerden[4] gegen Urteile des EUG[5] über Klagen gegen die Entscheidungen der Beschwerdekammern der Erteilungsbehörde (HABM in Alicante). Eine zahlenmäßig geringere Belastung bedeuten für den EUGH die Vorlagefragen der nationalen Gerichte im Bereich des Gemeinschafts-Designrechts und des Gemeinschafts-Sortenschutzrechts.

Art. 256 Abs. 3 AEUV sieht eine Verlagerung der Zuständigkeit für die Beantwortung von Vorlagefragen nach Art. 267 AEUV vom EUGH auf das EUG vor. Diese Verlagerung kann durch eine diesbezügliche Regelung in der Satzung des EUGH erfolgen. Zwar ist die Satzung des EUGH als Protokoll Nr. 3 zum Vertrag von Lissabon primärrechtlicher Natur. Nach Art. 281 Abs. 2 AEUV können jedoch Parlament und Rat im ordentlichen Gesetzgebungsverfahren die EUGH-Satzung ändern, und zwar ent-

1 *Skouris*, in: FS für Starck, Grote (Hrsg.), 2007, 991, 993.

2 VO (EG) Nr. 207/2009 des Rates v. 26.2.2009 über die Gemeinschaftsmarke idF der Bek. , ABl. 2009 Nr. L 78/1.

3 RL 2008/95/EG des Europäischen Parlaments und des Rates vom 22.10.2008 zur Angleichung der Rechtsvorschriften der Mitgliedstaaten über die Marken , ABl. 2008 Nr. L 299/25.

4 Art. 49, 50 der Satzung des EUGH.

5 Art. 65 Gemeinschaftmarken-VO.

weder auf Antrag des Gerichtshofs nach Anhörung der Kommission oder auf Vorschlag der Kommission nach Anhörung des Gerichtshofs. Für den Bereich des Geistigen Eigentums hat eine solche Zuständigkeits-Verlagerung bisher nicht stattgefunden.

Würde der Unions-Gesetzgeber von der Möglichkeit der Zuständigkeitsverlagerung Gebrauch machen, ergäbe sich nach Art. 256 Abs. 3 AEUV folgende Lage: Wenn das EUG der Auffassung wäre, dass eine Rechtssache eine Grundsatzentscheidung erfordert, die die Einheit oder die Kohärenz des Unionsrechts berühren könnte, könnte es die Rechtssache zur Entscheidung an den Gerichtshof verweisen (Art. 256 Abs. 3 UA 2 AEUV). Die Entscheidungen des EUG über Anträge auf Vorabentscheidung können nach Maßgabe der EUGH-Satzung "in Ausnahmefällen" vom Gerichtshof überprüft werden, wenn die ernste Gefahr besteht, dass die Einheit oder die Kohärenz des Unionsrechts berührt wird (Art. 256 Abs. 3 UA 2 AEUV). Wenn der Erste Generalanwalt der Auffassung ist, dass eine solche Gefahr besteht, kann er binnen einen Monats dem EUGH vorschlagen, die Entscheidung des EUG zu überprüfen (Art. 62 EUGH-Satzung). Der EUGH entscheidet innerhalb eines Monats nach Vorlage des Vorschlags, ob die Entscheidung zu überprüfen ist oder nicht (Art. 62 Abs. 2 EUGH-Satzung).

An die Eröffnung der Möglichkeit der Zuständigkeitsverlagerung (schon durch den Vertrag von Nizza) sind in Bezug auf das Recht des Geistigen Eigentums unterschiedliche Erwartungen und Befürchtungen geknüpft worden.[6] Die Erklärung der Regierungskonferenz Nr. 12 hatte EuGH und Kommission zu einer umfassenden Überprüfung und zur Vorlage von Vorschlägen aufgefordert.[7] Der Rechtsausschuss des Parlaments hat bei einer Anhörung des Gerichtspräsidenten *Skouris* zur Erhöhung der Richterzahl im Jahre 2012 nachdrückliche Fragen zur Möglichkeit der Zuständigkeitsverlagerung und zu der noch darzustellenden Möglichkeit der Einrichtung von Fachgerichten unterhalb des EUG gestellt. Der Präsident, der selbst seit langem auf die Belastungsgrenzen des EUGH hingewiesen hatte,[8] hat sich in seiner Antwort zurückhaltend gezeigt und hinsichtlich

---

6 *Johnston* CMLRev. 38 (2001), 499,509; s. ferner *Jacobs*, in: FS für Zuleeg, Gaitanides (Hrsg), 2005, 204, 207 f.; *Rabe*, in: FS für Zuleeg, Gaitanides (Hrsg), 2005, 195, 200 f.; *Schwarze* EuR 2009, 717 ff.; *Skouris* (Fn. 1),991, 993; *Huber*, in: Streinz, EUV/AEUV, Art. 256 AEUV, Rn. 12-15.

7 ABl. 2001 C 80/79; *Huber* (Fn. 6), Art. 256 AEUV, Rn. 3.

8 *Skouris* (Fn. 1) 991, 993.

der zweiten Frage die administrativen Vorteile einer freien Zuordnung der Richter hervorgehoben.

Nicht erst das künftige Unions-Urheberrecht wird den Druck auf den EUGH durch Vorlagefragen im Bereich des Geistigen Eigentums massiv erhöhen. Schon die VO über den Einheitlichen Patentschutz[9] (EPatVO) und das Übereinkommen über ein Einheitliches Patentgericht (EPGÜ)[10] wird die Zahl der Vorlagefragen an den EUGH stark ansteigen lassen. Zwar weist die EPatVO nur wenige in ihrer Bedeutung klärungsbedürftige Vorschriften auf und sind die Auslegung des Europäischen Patentübereinkommens (EPÜ) mit den dort geregelten Nichtigkeitsgründen und die Auslegung des EPGÜ selbst der Auslegungskompetenz entzogen, weil es sich nicht um Unionsrecht handelt. Da aber viele EPGÜ-Vorschriften die entsprechenden Bestimmungen der Durchsetzungs-RL[11] wörtlich übernehmen, muss das Einheitliche Patentgericht (EPG) diesbezügliche Auslegungsfragen dem EUGH vorlegen; es kann dabei nicht die erstaunliche (und unionsrechtswidrige) Zurückhaltung an den Tag legen, die die nationalen Gerichte bisher in Bezug auf die Durchsetzungs-RL gezeigt haben.[12]

Eine Zuständigkeitsverlagerung des Rechts des Geistigen Eigentums auf das EUG hätte nicht nur den Vorteil einer Entlastung des EUGH. Im EUG kann sich auch besser als im EUGH eine mit den notwendigen Spezialkenntnissen im Bereich des Geistigen Eigentums versehene Richterschaft herausbilden. Es ist nicht zu leugnen, dass einige Auslegungs-Entscheidungen des EUGH zu Fragen des Markenrechts und der Ergänzenden Schutzzertifikate zu einer gewissen Ratlosigkeit nicht nur der Richter im Vereinigten Königreich geführt haben.[13] Solche Spezialkenntnisse sind aber angesichts der zunehmenden Detaillierung des Unionsrechts im Bereich des Geistigen Eigentums unerlässlich. Die Gefahr "einer Beeinträchtigung der Einheit und der Kohärenz des Gemeinschaftsrechts"[14] tritt da-

---

9 VO (EU) Nr. 1257/2012 des Europäischen Parlaments und des Rates vom 17.12.2012 über die Umsetzung der Verstärkten Zusammenarbeit im Bereich der Schaffung eines einheitlichen Patentschutzes, ABl. 2012 Nr. L 361/1-8.

10 Übereinkommen v. 19.2.2013.

11 RL 2004/48/EG des Europäischen Parlaments und des Rates vom 29.4.2004 zur Durchsetzung der Rechte des geistigen Eigentum , ABl. 2004 Nr. L 195/16, 16 ff.

12 Eine begrüßenswerte Ausnahme: Vorlagebeschluss des OLG Düsseldorf v. 16.10.2014 – I-15 U 21/14 betreffend Art. 13 der Durchsetzungs-RL (Schadensersatz).

13 *Lord Neuberger* E.I.P.R. 2014, 693, 697 ff.

14 Art. 62 Abs. 1 der EUGH-Satzung.

gegen im Unterholz dieser Rechtsgebiete doch deutlich zurück. Hinzu kommt die in Art. 256 Abs. 3 AEUV und Art. 62 der EUGH-Satzung verankerte Möglichkeit einer Kontrolle der Auslegungsentscheidungen des EUG durch den EUGH.

Die neue Kommission sollte daher den Schwung des Anfangs nutzen und einen Vorschlag zur Zuständigkeitsverlagerung für die Beantwortung von Vorlagefragen im gesamten Bereich des Geistigen Eigentums auf das EUG ausarbeiten.

II. Einrichtung von Fachgerichten für Teile des Geistigen Eigentums nach Art. 257 AEUV

Für die Klagen gegen die Entscheidungen der Beschwerdekammern des HABM im Gemeinschaftsmarkenrecht ist gegenwärtig das EUG zuständig. Dies beruht auf Art. 256 Abs. 1 AEUV, der (wie bereits Art. 230 Abs. 1 Nizza) die Zuständigkeit des EUG bezüglich der in Art. 263 AEUV genannten Klagen gegen die Kommission und gegen Einrichtungen der Union bestätigt hat mit dem Zusatz "mit Ausnahme derjenigen Klagen, die einem nach Artikel 257 gebildeten Fachgericht übertragen werden", und der Klagen, die gemäß der Satzung des EUGH diesem vorbehalten sind; beides ist hinsichtlich der Marken-Klagen Alicante nicht der Fall. Mit der Verlagerung auf das EUG ist bereits ein wesentlicher Schritt zur Entlastung des EUGH und hin zu einer spezialisierten Richterschaft getan. Für einfache Markenfälle, insbesondere für Rechtsstreitigkeiten im Widerspruchsverfahren zwischen Privaten über die Markeneintragung oder Verweigerung, ist aber auch das EUG noch eine "Ebene zu hoch".

Nach Art. 257 AEUV können Parlament und Rat im ordentlichen Gesetzgebungsverfahren (Art. 289 Abs. 1, 294 AEUV) dem EUG beigeordnete Fachgerichte bilden, die für bestimmte Kategorien von Klagen (nach Art. 263 AEUV) erstinstanzlich zuständig sind, die auf besonderen Sachgebieten erhoben werden. Sie beschließen auf Vorschlag der Kommission nach Anhörung des EUGH oder auf Antrag des EUGH nach Anhörung der Kommission. Gegen Entscheidungen des Fachgerichts kann ein Rechtsmittel zum EUG eingelegt werden, das sich auf Rechtsfragen beschränkt (Art. 256 Abs. 2 AEUV), wenn in dem Beschluss nach Art. 257 AEUV nicht auch eine Tatsachenüberprüfung eröffnet wird (Art. 257 Abs. 3

AEUV). Ein solches Fachgericht besteht bisher nur in Gestalt des Gerichts für den öffentlichen Dienst der EU.[15]

Für das Gemeinschaftsmarkenrecht, das Gemeinschaftsdesignrecht und das Gemeinschaftssortenrecht macht die Einrichtung von Fachgerichten Sinn, weil die Klagen gegen die Erteilungsbehörden in den Bereich des Art. 263 AEUV fallen und damit über Art. 256 Abs. 1 AEUV der Weg zu Art. 257 AEUV (Fachgerichte) eröffnet ist. Für diese drei Rechtsgebiete stellt sich die Frage, ob die Zuständigkeit des EUG weiterhin sinnvoll ist. Dafür spricht, dass nach Realisierung des vorstehend zu I. gemachten Vorschlags einer Zuständigkeitsverlagerung für die Beantwortung von Vorlagefragen die Auslegungszuständigkeit für die Beantwortung von Vorlagefragen im Bereich des Geistigen Eigentums auf das EUG die Auslegungszuständigkeit für diese Rechtsgebiete (s. zu I.) und die Klagezuständigkeit in einer Hand lägen. Gegen eine weitere Zuständigkeit des EUG für die Klagen gegen die Erteilungsbehörden spricht, dass nur ein kleiner Teil dieser Klagen tatsächlich grundsätzliche Fragen aufwirft, es vielmehr nur um die Anwendung etablierter Auslegungs-Antworten geht. Betrachtet man die Entscheidungen des EUG über Alicante-Klagen in den letzten drei Jahren, gewinnt dieses Argument deutliches Übergewicht. Eine gemeinsame politische Ausrichtung des Rats vom 7.3.2003[16] sah die Schaffung einer gerichtlichen Kammer (nach dem AEUV nunmehr: Fachgericht) für das Patentrecht bis spätestens 2010 vor. Dieser Beschluss ist durch die Entwicklung des Einheitlichen Patentgerichts überholt worden.

Die neue Kommission sollte daher auch hier den Schwung des Anfangs nutzen und einen Vorschlag zur Einrichtung eines Fachgerichts für Klagen im Bereich des Gemeinschaftsmarkenrechts, des Gemeinschaftsdesignrechts und des Gemeinschaftssortenrechts ausarbeiten.

Für das Patentrecht liegen die Dinge anders. Hier ist Erteilungsbehörde das Europäische Patentamt, eine internationale Einrichtung, keine Unionsbehörde. Klagen nach Art. 263, 256 Abs. 1 AEUV fallen hier also nicht an. Die Zuständigkeit des Gerichtshofs kann sich daher nur über Vorlagefragen ergeben (dazu Vorschlag zu I.). An dieser Situation lässt sich auch durch einen weiteren Ausbau der EPatVO nichts ändern. Der Weg zu einer Beauftragung des EPA, verbunden mit der Eröffnung einer Klage

15 Art. 62c und Anhang I Satzung EUGH.

16 Rats-Dok 7159/03; KOM(2003) 828 endg.

gegen die Patenterteilung oder deren -verweigerung nach Art. 263, 256 Abs. 1 AEUV ist durch das Gutachten 1/09 des EUGH[17] versperrt.

Für das Urheberrecht ist die Nutzung des Art. 257 AEUV (Fachgerichte) erst möglich, wenn mit Entscheidungen einer Einrichtung der Union zu rechnen ist. Das Urheberrecht entsteht ohne Erteilungsakt mit der Entstehung des Werks. Es kann aber sein, dass die Handhabung (Verwertungsgesellschaften) und/oder die Begrenzung des Urheberrechts nach künftigem Unionsrecht die Entscheidung einer Unions-Behörde erfordert. Bis dahin sollten die Erfahrungen mit einem Fachgericht für die Bereiche des Gemeinschaftsmarkenrechts, des Gemeinschaftsdesignrechts und des Gemeinschaftssortenrechts (Vorschlag zu II.) genutzt werden.

III. Ausdehnung der Fachgerichts-Zuständigkeit auf Rechtsstreitigkeiten zwischen Privaten (Art. 262 AEUV).

Die Zuständigkeits-Pforte für Fachgerichte (Art. 257 AEUV) über Art. 263, 256 Abs. 1 AEUV erweist sich schon heute als zu eng. An Widerspruchsverfahren sind zwei Private beteiligt, das HABM (die dortige Beschwerdekammer) ist die streitentscheidende Stelle. Eine Klage gegen das HABM würde die nicht klagende (vor dem Amt obsiegende) Partei außen vor lassen. Auch die Kostentragungspflicht des Amts gegenüber der bei ihr obsiegenden, vor dem EUG aber unterliegenden Partei wäre nicht angemessen. Diesen Problemen ist man dadurch ausgewichen, dass der vor dem Amt obsiegenden Partei im Fall der Klage der unterliegenden Partei automatisch die Rolle eines qualifizierten Streithelfers gewährt wird; sie hat die gleichen Rechte wie eine Partei.[18] Das Urteil des EUG wirkt für und gegen ihn, auch wenn er sich in dem Verfahren nicht äußert. Wenn er sich äußert, können ihm Kosten auferlegt werden.[19]

Diese gezwungene und rechtlich unbefriedigende Konstruktion ist erforderlich gewesen, weil die Zuständigkeit des EUG (Art. 256 AEUV) gegenwärtig nur durch das Nadelöhr des Art. 263 AEUV (Nichtigkeitsklage) begründet werden kann.

---

17 GRUR Int. 2011, 309 ff.

18 Art. 134 Satzung EUG.

19 Einzelheiten bei *Schennen*, in: Eisenführ/Schennen, Gemeinschaftsmarkenverordnung, 4. Auflage 2014, Art. 65, Rn. 3, 11-12, 19-22.

Nach Art. 262 AEUV kann der Rat gemäß einem besonderen Gesetzgebungsverfahren (Art. 289 Abs. 2 AEUV) nach Anhörung des Europäischen Parlaments einstimmig Bestimmungen erlassen, mit denen dem EUGH in dem vom Rat festgelegten Umfang die Zuständigkeit übertragen wird, über Rechtsstreitigkeiten im Zusammenhang mit der Anwendung von aufgrund der Verträge erlassenen Rechtsakten, mit denen europäische Rechtstitel für das geistige Eigentum geschaffen werden, zu entscheiden. Diese Bestimmungen treten nach Zustimmung der Mitgliedstaaten im Einklang mit ihren jeweiligen verfassungsrechtlichen Vorschriften in Kraft.

Das bedeutet, dass die EU in Bezug auf europäische Rechtstitel für das Geistige Eigentum Gerichtsverfahren aller Art (betreffend die Erteilung oder Versagung von Rechtstiteln des Geistigen Eigentums; Streitigkeiten zwischen Privaten aus und in Bezug auf diese Rechtstitel) dem EUGH zuordnen kann, auch dem EUG oder einem diesem beigeordneten Fachgericht (Art. 257 AEUV). Ein Vorschlag der Kommission ist hierfür nicht erforderlich. Rat und Mitgliedstaaten können hierzu die Initiative ergreifen.[20]

EU-Fachgerichte sind im Bereich des Gemeinschaftsmarkenrechts, des Gemeinschaftsdesignrechts und des Gemeinschaftssortenrechts jedenfalls für die bisher über Art. 263, 256 Abs. 1 AEUV laufenden Klagen gegen die Erteilungsbehörden sinnvoll, ja erforderlich, soweit es um Streitigkeiten zwischen Privaten geht (Widerspruchsverfahren, Löschungsanträge). Damit könnte die unglückliche Konstruktion über "qualifizierte Streithelfer" abgelöst werden. Wegen des Sachzusammenhangs sollten dann aber auch die "echten Amtsklagen" (wegen der Versagung der Eintragung oder wegen einer Löschung von Amts wegen) in die Ermächtigung einbezogen werden. Art. 262 AEUV kann auch dort eingesetzt werden, wo sich eine Zuständigkeit (auch) aus Art. 263, 265 Abs. 1 AEUV ergeben würde. Selbst wenn man diese echten Amtsklagen nicht einbezieht: Sie könnten über Art. 263, 265 Abs. 1, 257 AEUV beim gleichen Fachgericht angesiedelt werden.

Ein größerer Schritt wäre es, privatrechtliche Streitigkeiten im Bereich des Gemeinschaftsmarkenrechts, des Gemeinschaftsdesignrechts und des Gemeinschaftssortenrechts einer Fachgerichtsbarkeit des EUGH zuzuordnen. Für eine solche Zuordnung spricht, dass ein großer Teil der materiellen Konfliktlösung (Gültigkeit, Schutzumfang) in dem eben diskutierten

---

20 *Ehricke*, in: Streinz, EUV/AEUV Art. 262, Rn. 4.

Amts-Bereich und dem Bereich der Verletzungsgerichte übereinstimmt. Außerdem könnte über die gegenwärtigen Möglichkeiten (Gesamtwirkung nur bei Klagen am Sitz des Beklagten) hinaus den Urteilen des Fachgerichts eine Wirkung für den gesamten Bereich der EU verliehen werden. Gegen die Zuordnung spricht allein die Ortsnähe der heute (im Bereich des Markenrechts) als "Gemeinschaftsmarkengerichte" tätigen nationalen Gerichte. Dieses Argument hat aber ein geringeres relatives Gewicht, zumal da – wie beim Einheitlichen Patentgericht – dezentrale Eingangskammern vorgesehen werden könnten.

IV. Verhältnis der Fachgerichte zum Einheitlichen Patentgericht

Das Einheitliche Patentgericht wird auf der Ebene des internationalen Rechts errichtet. Echte Amtsklagen scheiden im Bereich des Europäischen Patentrechts nach dem Europäischen Patentübereinkommen (EPÜ) ebenso aus wie Klagen gegen die Erteilungsbehörde wegen Entscheidungen über einen Streit zwischen Privaten (Einspruchsverfahren, Einspruchsbeschwerdeverfahren). Damit fällt ein wesentlicher Teil aus der Gesamtheit der möglichen Klagen in diesem Bereich (nämlich der dem Klageweg nach Art. 263, 256 Abs. 1, 257 AEUV entsprechende), also ein wesentliches Motiv für die Einführung einer EU-Gerichtsbarkeit auf der Grundlage des Art. 262 AEUV, weg. Andererseits ist der Teilnehmerkreis des EPGÜ nach dem Gutachten 1/09 auf die EU-Mitgliedstaaten beschränkt worden. Es besteht also kein strukturelles Hindernis gegen die Umwandlung des EPGÜ in ein Fachgericht der Union.

Wir sind gerade erst mit der Errichtung des EPG beschäftigt. Es ist also zu früh, sich jetzt schon mit dessen Umwandlung in ein Fachgericht des EUGH zu befassen. Der in die Zukunft blickende Rechtswissenschaftler und Rechtspolitiker sollte diese Figur am Horizont aber durchaus im Auge behalten. Dies entspricht dem Weitblick, den der mit dieser Festschrift Geehrte schon mit seiner Habilitationsschrift und dann in seiner gesamten wissenschaftlichen Laufbahn bewiesen hat.

IV. Umwelt und Verkehr

Unionsrechtlich veranlasster Rechtsschutz von Umweltbelangen

Albrecht Weber

I. Einleitung

Der Jubilar hat sich in seiner langen wissenschaftlichen Laufbahn vertieft mit Fragen des Wirtschaftsordnungsrechts der Europäischen Gemeinschaft/Union und insbesondere mit dem Schutz von Gemeinwohlbelangen und Gemeinschaftsgütern auseinandergesetzt. Der Schutz von Umweltgütern hat durch die herausgehobene Stellung des Umweltschutzes als Querschnittsklausel (Art. 11 AEUV), die die zwischen der EU und den Mitgliedstaaten geteilte Zuständigkeit im Bereich des Umweltschutzes (Art. 4 Abs. 2 lit. e) AEUV) und ihre Zielkonkretisierung in Art. 191 Abs. 1–3 AEUV mit einschließt, und durch die Verankerung des Grundsatzes eines hohen Umweltschutzniveaus in Art. 37 EuGRCH einen herausragenden Stellenwert im Verfassungsrecht der Union erhalten. Dabei spielen auch die zwischen der Union und den Mitgliedstaaten abgeschlossenen internationalen Übereinkünfte (Art. 191 Abs. 4 AEUV) eine maßgebliche Rolle, wie die Durchführung bzw. Anwendung der sog. Aarhus-Konvention (A-K) vom 5. Juni 1998[1] zeigt, die von allen Mitgliedstaaten der Union wie auch der Union selbst ratifiziert worden ist.[2] Die A-K ruht auf drei Pfeilern, die den Informationszugang der Öffentlichkeit zu Dokumenten auf Antrag (Art. 4, 5 A-K), die Öffentlichkeitsbeteiligung an bestimmten Vorhaben (Art. 6–8 A-K) sowie den Zugang zu Gerichten in den in Art. 9 Abs. 1–3 A-K bezeichneten Fällen regeln. Während Art. 9 Abs. 1 A-K den Zugang zu „einem Überprüfungsverfahren vor einem Gericht oder einer anderen auf gesetzlicher Grundlage geschaffenen unabhängigen und un-

---

1 Übereinkommen vom 25.6.1998 über den Zugang zu Information, die Öffentlichkeitsbeteiligung an Entscheidungsverfahren über den Zugang zu Gerichten in Umweltangelegenheiten »Aarhus-Konvention«; Ges. vom 9.12.2006, BGBl II, 1251.

2 Beschluss 2005/370/EG des Rates vom 17.2.2005 über den Abschluss des Übereinkommens über den Zugang zu Informationen, die Öffentlichkeitsbeteiligung an Entscheidungsverfahren und den Zugang zu Gerichten in Umweltangelegenheiten im Namen der Europäischen Gemeinschaft, ABl. 2005, L 124/1.

parteiischen Stelle“ in den Fällen einer rechtswidrigen Verhinderung des Zugangs zu Informationen (Art. 4-5 A-K) vorsieht, schreibt Art. 9 Abs. 2 A-K einen vergleichbaren Zugang für „Mitglieder der betroffenen Öffentlichkeit“ in den Fällen verhinderter Öffentlichkeitsbeteiligung (Art. 6 A-K) vor, wenn diese „a) ein ausreichendes Interesse haben oder alternativ b) eine Rechtsverletzung geltend machen, sofern das Verwaltungsprozessrecht einer Vertragspartei dies als Voraussetzung erfordert“. Das „ausreichende Interesse und die Rechtsverletzung“ bestimmen sich nach den Erfordernissen des innerstaatlichen Rechts, wobei die Formulierung in Art. 9 Abs. 2 UA. 3 A-K das Ziel betont, „der betroffenen Öffentlichkeit im Rahmen des Übereinkommens einen *weiten Zugang zu Gerichten* zu gewähren“. Darüber hinaus enthält die Vorschrift eine konventionsrechtliche Definition, wonach das Interesse einer NGO – soweit es die Kriterien des Art. 2 Abs. 5 A-K erfüllt[3] - als ausreichend i. S. des Informationszugangs bzw. als Träger von Rechtsverletzungen bei Öffentlichkeitsbeteiligung gilt (Art. 9 Abs. 3 UA 3 A-K). Schließlich enthält Art. 9 Abs. 3 A-K eine recht weitgespannte Verpflichtung, „Mitgliedern der Öffentlichkeit (soweit sie die im innerstaatlichen Recht festgelegten Kriterien erfüllen, Anm d. Verf.) Zugang zu verwaltungsbehördlichen Verfahren oder gerichtlichen Verfahren“ zu gewähren, „um die von Privatpersonen und Behörden vorgenommenen Handlungen und begangenen Unterlassungen, die gegen umweltbezogenen Bestimmungen des innerstaatlichen Rechts verstoßen, ...“.

Da Art. 9 Abs. 2 wie Art. 9 Abs. 3 A-K Gegenstand von Entscheidungen des EuGH waren, die z. T. weitreichende Folgen für eine Öffnung der Klagebefugnis haben und damit die schon bisher erreichte Europäisierung des Verwaltungsverfahrens- und Verwaltungsprozessrechts[4] unter dem Gesichtspunkt der „Verbandsklage“ vorantreiben, soll besonders auf diese Aspekte eingegangen werden:

---

3 »Betroffene Öffentlichkeit« bedeutet die von den umweltbezogenen Entscheidungsverfahren betroffene oder wahrscheinlich betroffene Öffentlichkeit oder die Öffentlichkeit mit einem Interesse daran; im Sinne dieser Begriffsbestimmungen haben nichtstaatliche Organisationen, die sich für den Umweltschutz einsetzen und alle nach innerstaatlichen Recht geltenden Voraussetzungen erfüllen, ein Interesse.

4 *Oppermann/Classen/Nettesheim*, Europarecht, 5. Auflage, § 12, Rn. 23 ff. m.w.N.; *Schmidt-Assmann/Hoffmann-Riem* (Hrsg.), Strukturen des europäischen Verwaltungsrechts, 1999; zum Rechtsschutz *Munding*, Das Grundrecht auf effektiven Rechtsschutz im Rechtsschutzsystem der Europäischen Union, 2010; *Classen* JZ 2006, 157.

1. Folgerungen aus dem Urteil „Trianel" des EuGH für die nationale Öffentlichkeitsbeteiligung
2. Folgerungen aus dem Urteil des EuGH „Slowakischer Braunbär" zu Art. 9 Abs. 3 A-K
3. Präklusionswirkung von Einwendungen (§ 2 Abs. 3 UmwRG)
4. Ausblick

II. Folgerungen aus dem Urteil des EuGH „Trianel" für die nationale Öffentlichkeitsbeteiligung

Das Urteil des EuGH vom 12.5.1011 („Trianel")[5] erging auf ein Vorabentscheidungsersuchen des OVG Münster v. 5.3.2009 betr. die Auslegung der RL 85/337 des Rates vom 27. Juni 1985 über die Umweltverträglichkeitsprüfung bei bestimmtem öffentlichen und privaten Projekten,[6] dem ein Rechtsstreit zwischen dem BUND (Bund für Umwelt- und Naturschutz Deutschland, Landesverband NRW e.V.) und der Bezirksregierung in Arnsberg zugrunde lag. Die Klage des Umweltverbandes richtete sich auf Aufhebung des dem Kohlekraftwerk Trianel erteilten immissionsrechtlichen Vorbescheids und einer Teilgenehmigung und machte eine Verletzung von nicht-drittschützenden Vorschriften der FFH-RL, immissions- und wasserrechtlichen Vorschriften geltend, wobei er sich zusätzlich auf die praktische Wirksamkeit („effet utile") der RL 85/337 (Art. 10a) berief.[7]

Es ging insbesondere um die Frage, ob sich eine Umweltschutzvereinigung wie der BUND auch auf nicht-drittschützende Vorschriften berufen könne, also die Interessen der Allgemeinheit und nicht die Rechte Einzelner vertreten dürfe, da die deutsche Umsetzungsnorm (§ 2 Abs. 1, 3, 5 Umweltrechtsbehelfegesetz-UmwRG)[8] nur die Klagebefugnis in- bzw.

---

5 EuGH, Urt. v. 12.5.2011, Rs. C-115/09 (Bund für Umwelt und Naturschutz), Slg. 2011, I-3673; hierzu *Schlacke* ZUR 4/2013 m.w.N. zur Literatur Fn. 8.

6 RL 2003/35/EG des EP und des Rates v. 26.5.2003, über die Beteiligung der Öffentlichkeit bei der Ausarbeitung bestimmter umweltbezogener Pläne und Programme und zur Änderung der Richtlinien 85/337/EWG und 96/61/EG des Rates in Bezug auf die Öffentlichkeitsbeteiligung und den Zugang zu Gerichten, ABl. 2003 Nr. L 156/17.

7 Art. 10a RL 85/337/EG, jetzt Art. 11 UVP RL 2011/92/EU.

8 Gesetz über ergänzende Vorschriften zu Rechtsbehelfen in Umweltangelegenheiten nach der EG Richtlinie 2003/35/EG-UmweltrechtsbehelfeG, BGBl. I 2006, 2816.

ausländischer Vereinigungen zulässt, „die dem Umweltschutz dienen, Rechte Einzelner begründen und für die Entscheidung von Bedeutung sind". Der EuGH kam zu dem Ergebnis, dass die deutsche Umsetzungsnorm den Anforderungen des § 10a UVP-RL nicht genüge, die den Kreis der „betroffenen Öffentlichkeit" durch die Merkmale „ausreichendes Interesse bzw. „Rechtsverletzung" hinreichend genau bestimme und daher unmittelbar anwendbar sei.[9] Vor allem aber machen die Luxemburger Richter deutlich, dass die innerstaatlichen Umsetzungsvorschriften das Äquivalenzprinzip und den Effektivitätsgrundsatz beachten und einen „weiten Zugang zu Gerichten" gewähren müssen: „Denn wie der Ausgangsrechtstreit zeigt, nähme dies den Umweltrechtsverbänden weitgehend die Möglichkeit, die Beachtung der aus dem Unionsrecht hervorgegangenen Rechtsvorschriften überprüfen zu lassen, die in den meisten Fällen auf das allgemeine Interesse und nicht auf den alleinigen Schutz der Rechtsgüter Einzelner gerichtet sind".[10]

Die durch das Urteil ausgelöste Anpassungsnovelle berücksichtigte nur eingeschränkt den Umsetzungsbedarf, wobei neue prozessuale Hürden für Umweltverbände errichtet wurden.[11] Immerhin wurde die Beschränkung der Rügebefugnis anerkannter Umweltverbände auf drittschützende Normen beseitigt und auf Verstöße gegen objektive Umweltvorschriften erweitert; durch die systemgerechte Anpassung sind sogar alle umweltbezogenen Vorschriften, unabhängig von ihrem unionsrechtlichen oder rein nationalen Ursprung von Umweltvereinigungen rügefähig, was angesichts der engen Gemengelage zwischen beiden Rechtsschichten und den Intentionen des Art. 9 Abs 2 A-K sinnvoll erscheint.[12] Neben der Frage, ob der Kreis der in § 4 Abs. 1 Nr. 1 umd 2 UmwRG aufgeführten Verfahrensfehlertypen dem Unionsrecht gerecht wird,[13] beschränkt § 4a UmwRG den Spielraum der Überprüfung von unbestimmten Rechtsbegriffen durch die Verwaltungsgerichte auf eine Art „Plausibilitätsprüfung": So ist eine behördliche Entscheidung im gerichtlichen Verfahren nur daraufhin zu über-

---

9 EuGH (Fn. 5), Rn. 57. Diese Auffassung wird inzwischen in der Literatur und Rspr. weitgehend bejaht; vgl. *Gärditz* EurUP 2010, 217; *Durner/Paus* DVBl. 2011, 762; OVG Münster, 5.3.2009 – 8 D 58/08.AK = ZUR 2009, 380 ff.

10 EuGH (Fn. 5), Rn. 46.

11 Eingehend *Schlacke* (Fn. 5), 198 ff.

12 So zutreffend *Schlacke* u.H. auch auf das vor den Compliance Committee des UN ECE Ausschusses anhängige Verfahren gegen die BRD (Fn. 5), 198, Fn. 40.

13 Vgl. die Vorlage des BVerwG,10.1 2012 – 7 C 20/11 an den EuGH; hierzu *Kment* NVwZ 2012, 481 ff.

prüfen, „ob 1) der Sachverhalt vollständig und zutreffend erfasst wurde, 2) die Verfahrensregeln und die rechtlichen Bewertungsgrundsätze eingehalten wurden, 3) das anzuwendende Recht verkannt wurde, 4) sachfremde Erwägungen vorliegen"; zudem verengt die Vorschrift das Wiederherstellungsinteresse im Rahmen des § 80a, 80 Abs. 5 VwGO auf ernsthafte Zweifel". Die Kommission hat wegen beanstandeter mangelhafter Umsetzung inzwischen ein Vertragsverletzungsverfahren gegen die Bundesrepublik eingeleitet, in denen u. a. die Präklusionsregelung (§ 2 Abs. 3 UmwRG) gerügt wird.[14] Diese Frage soll noch unter IV angesprochen werden.

III. Folgerungen aus dem Urteil des EuGH „Slowakischer Braunbär" zu Art. 9 Abs. 3 A-K

Im Urteil des EuGH vom 8. März 2011[15] ging es um die Zulassung einer slowakischen Jagdschutzvereinigung vor Gericht zum Schutz des im Anhang IV der FFH-RL aufgeführten Braunbären, wobei sie sich auf die unmittelbare Anwendbarkeit des Art. 9 Abs. 3 A-K berief. Der EuGH hat in dieser nicht durchweg konsistenten Entscheidung[16] eine unmittelbare Anwendbarkeit zwar verneint, aber doch wichtige Auslegungsleitlinien für die Anwendung des Art. 9 Abs. 3 A-K gegeben. Da es sich um ein gemischtes Abkommen handelt, in dem sowohl die Union wie die Mitgliedstaaten in dem ihnen verbliebenen Kompetenzbereich zuständig sind, prüft der Gerichtshof zunächst, ob die Union ihre Zuständigkeiten ausgeübt habe und die Wirksamkeit der Vorschrift verbindlich für Union und Mit-

---

14 Schreiben der Kommission an D vom 1.10.2012 zum VV Nr. 2007/4267. Im Übrigen hat das ständige Organ zur Überwachung der Aarhus-K, das Compliance Committee (ACC) im Fall der Beschwerde gegen die Bundesrepublik deutlich gemacht, dass die im UmwRG verankerten Kriterien der Verletzung von Umweltvorschriften, „die dem Umweltschutz dienen" und „von Bedeutung für den Umweltschutz sind" (§ 2 Abs. 1 UmwRG) nicht mit Art. 9 Abs. 2, 4 A-K vereinbar sind (ECE/MP.PP/C.1/2014/8); auch wenn man über diese Auslegung streiten mag und es sich um keine verbindliche Gerichtsentscheidung für die Parteien handelt, ist die Auslegung dieses Schlichtungsorgans als nachfolgende Praxis i.S.d. Art. 31 Abs. 3 b) WVK von erheblicher Bedeutung für die völkerrechtskonforme Auslegung der A-K.

15 EuGH, Urt. v. 8.3.2011, Rs. C-240/09 (Slowakischer Braunbär), Slg. 2011, I-1255.

16 Kritisch besonders *Gärditz* NVwZ 2014, 1 ff.

gliedstaaten festlegen könne. Wenn dies nicht der Fall sei, gebiete es das Unionsrecht nicht, schließe es aber auch nicht aus, „dass die Rechtsordnung eines Mitgliedstaats den Einzelnen das Recht zuerkennt, sich unmittelbar auf die entsprechende Norm zu berufen, oder die Gerichte verpflichtet, diese von Amts wegen anzuwenden" (Rn. 32). Dem Einwand, dass die Gemeinschaft selbst in ihrer dem Beschluss 2005/370 beigefügten Erklärung nach Art. 19 Abs. 5 A-K angegeben habe, dass die Umsetzung der sich aus Art. 9 Abs. 3 A-K ergebenden Verpflichtungen nicht in vollem Umfang unter das Unionsrecht falle und die Mitgliedstaaten weiterhin bis zur Ausübung der Zuständigkeiten der Union zuständig blieben (Rn. 39), misst der Gerichtshof erstaunlich geringe Bedeutung bei, weil er nur die Unionsorgane betr. VO Nr. 1367/2006 erwähnt, nicht aber eine mögliche – in der Praxis damals schon blockierte – Harmonisierung durch einen Richtlinienvorschlag der Kommission in Betracht zieht.[17] Der Gerichtshof geht über diesen Umstand großzügig hinweg, indem er unter Hinweis auf frühere Rechtsprechung eine einheitliche Auslegung der dem Unionsrecht unterfallenden Vorschriften fordert, um abweichende Auslegungen zu verhindern.[18] Aufgrund dieser Begründung der eigenen Zuständigkeit zur Auslegung des Art. 9 Abs. 3 A-K gelangt er dann zur Ansicht, dass Art. 9 Abs. 3 A-K keine klare und präzise Verpflichtung enthalte, weil die „Durchführung und die Wirkungen dieser Vorschrift vom Erlass eines weiteren Rechtsakts abhängen" (Rn. 45). Aus dem Zusammenhang der voranstehend zitierten Rechtsprechung ergibt sich, dass es sich nur um die Umsetzung durch den nationalen Normsetzer, nicht den Gemeinschaftsgesetzgeber handeln kann; andernfalls hätte der Gerichtshof die Möglichkeit der Richtlinienharmonisierung erwähnen müssen. Weiter unterstreicht der EuGH dann die Grundsätze der Äquivalenz (Klagen wegen sich aus dem Unionsrecht ergebender Rechte dürfen nicht ungünstiger ausgestaltet werden als innerstaatliche Rechtsbehelfe), der ersichtlich hier nicht zum Tragen kommt, wie der „praktischen Wirksamkeit" (Rn. 48). Daraus folgt,

---

17 Vorschlag für eine Richtlinie des EP und des Rates über den Zugang zu Gerichten in Umweltangelegenheiten, KOM(2003)624 endgültig vom 24.10.2003.

18 „Wenn eine Vorschrift sowohl auf Sachverhalte, die dem innerstaatlichen Recht unterliegen, als auch auf Sachverhalte, die dem Unionsrecht unterliegen, Anwendung finden kann, besteht nämlich ein klares Interesse daran, dass diese Vorschrift unabhängig davon, unter welchen Voraussetzungen sie angewandt werden soll, einheitlich ausgelegt wird (vgl. EuGH, Urt. v. 17.7.1997, C-130/95 (Giloy), Slg. 1997, I-4291, Rn. 28; Urt. v. 16.6.1998, C-53/96 (Hermès), Slg. 1998, I-3603, Rn. 32).".

„dass der nationale Richter dann, wenn eine mit dem Unionsrecht und insbesondere mit der Habitatrichtlinie geschützte Art betroffen ist, sein nationales Recht im Hinblick auf die Gewährung eines effektiven gerichtlichen Rechtsschutzes in den vom Umweltrecht der Gemeinschaft erfassten Bereichen so auszulegen hat, dass es so weit wie möglich im Einklang mit den Art. 9 Abs. 3 des Übereinkommens von Aarhus festgelegten Zielen steht" (Rn. 51). Diese teleologische Auslegung der einschlägigen Bestimmung stellt eine völkerrechtskonforme wie unionsrechtskonforme Auslegung dar, um einer Umweltschutzvereinigung einen Rechtsbehelf am Ende eines Verwaltungsverfahrens zu ermöglichen, die als „Beteiligte" im einschlägigen Fachrecht anerkannt ist.

Die Entscheidung geht indes, wie die oben zitierten Erwägungsgründe zeigen, erkennbar über den Artenschutz der Habitat-RL hinaus[19] und hat allgemeine Bedeutung, die die gerichtlichen Zugangsrechte von Umweltvereinigungen betrifft. Dies zeigt auch die weitere Entwicklung auf 1. Unionsebene, 2. Ebene des ACC sowie vor allem 3. der jüngsten Rechtsprechung des BVerwG.

1. Unionsebene

Die Kommission hatte zwar längere Zeit den RL-Vorschlag nach dessen Scheitern im Rat ruhen lassen. In einer Mitteilung vom 7. März 2012 wie im aktuellen 7. Umweltprogramm kündigt die Kommission an, die aufgrund der Rechtsprechung des EuGH eingetretenen Entwicklungen zu berücksichtigen.[20] Auch hat sie 2013 eine EU-weite, fragenbasierte Konsultation durchgeführt, um Subsidiarität und Verhältnismäßigkeit eines neuen Vorschlags zu prüfen.[21] In der Tat stellt sich die Frage, ob eine Harmonisierung der Kriterien für den gerichtlichen Zugang von Umweltschutzverbänden einen deutlichen Mehrwert für den Umweltschutz der EU brächte oder ob dies nicht vielmehr Sache der Mitgliedstaaten i. S. der „Verfahrensautonomie" der Mitgliedstaaten bleiben sollte, die freilich schon vielfache Einbrüche erfahren hat. Die Kriterien sind durch Art. 9 Abs. 2–5 A-K und Art. 1 Abs. 2; Art. 11 UVP-RL schon weitgehend vorgegeben; der

19 *Sauer* ZUR 4/2014, 196.

20 *Sauer* (Fn. 19), 201 m.w.N.

21 Hintergrundpapier der Europäischen Kommission unter http:// ec.europa.eu/ environment/ consultations/access_justice_en.htm.

gescheiterte RL-Vorschlag zeigt, dass mit viel Begründungsaufwand die Regelung zu rechtfertigen versucht wurde, die Konkretisierung aber gerade zur Frage des Gerichtszugangs erheblich zu wünschen übrig ließ (vom einstweiligen Rechtsschutz mal abgesehen). Die Kommission hat nun am 2. Oktober 2013 überraschend im Rahmen einer Mitteilung zum Bürokratieabbau-Programm REFIT angekündigt, den Vorschlag aus dem Jahr 2003 zurückzuziehen.[22] Aus dem bisherigen Verhalten der Kommission lässt sich nun weder der Schluss ziehen, dass eine Richtlinienharmonisierung zur Frage der Kriterien für den Gerichtszugang unzulässig wäre noch bei Ausbleiben einer solchen die Festlegung der Kriterien allein Sache der Mitgliedstaaten wäre. Dem steht die Auslegung des EuGH im Fall „Slowakischer Bär“ klar entgegen, die den Grundsatz des effektiven Rechtsschutzes von Mitgliedern der Öffentlichkeit und einen „weiten Zugang“ betont. Diese Auffassung wird noch durch die Spruchpraxis des ACC unterstrichen.

2. Auslegung des Aarhus Compliance Committee

Die Auslegung des ACC im Beschwerdeverfahren gegen Deutschland wegen mangelhafter Umsetzung des Art. 9 Abs. 3 A-K stellt ebenfalls zutreffend auf die effektive Durchsetzung der Klagemöglichkeiten von Umweltverbänden ab, die auch in anderen Beschwerdeverfahren gegen Belgien, Dänemark und Österreich bestätigt wurde. „Access to such procedures should be the presumption, not the exception, as art. 9, par. 3 should be read in conjunction with articles 1 and 3 of the Convention and in the light of the purpose reflected in the preamble, «that effective judicial mechanisms should be accessible to the public, including organisations, so that its legitimate interests are protected and the law is enforced»”.[23] Der Ausschuss hat daher festgestellt, dass eine strikte Anwendung der deutschen Schutznormtheorie zum Schutz subjektiver Rechte nicht mit Art. 9 Abs. 3 A-K vereinbar sei: „The requirement of infringement of subjective rights would in many cases rule out the opportunity for environmental NGOs to access review procedures, since they engage in public interest litiga-

22 Mitteilung der Kommission an EP, Rat EWSA und Ausschuss der Regionen, (REFIT), COM(2013)685 final vom 2.10.2013, 9.

23 ACC (Fn. 14), n 92 m.w.N.

tion".[24] Das BVerwG hat in seiner Entscheidung vom 5. September 2013 (Luftreinhalteplan) dieser Auffassung erhebliches Gewicht beigemessen.[25] Allerdings will das CC die Wirkung des Urteils auf die Unionsrechtswidrigkeit der fehlenden deutschen Umsetzung beschränken, was angesichts der weitreichenden Aussagen fraglich sein dürfte.

3. Das Urteil des BVerwG vom 5. September 2013

Im Verfahren vor dem BVerwG auf Sprungrevision gegen ein Urteil des VG Wiesbaden hatte dieses eine altruistische Verbandsklage auf Änderung eines Luftreinhalteplans unter Hinweis auf das Urteil des EuGH „Slowakischer Bär" für zulässig erklärt.[26] Das BVerwG folgte in seiner bahnbrechenden Entscheidung dieser Auffassung. Zunächst stellte es fest, dass eine richtlinienkonforme Auslegung mangels einer hinreichend präzisen Richtlinienbestimmung ausscheide und Art. 9 Abs. 3 A-K nicht unmittelbar anwendbar sei: „Eine nicht unmittelbar anwendbare Bestimmung kann aber nicht Anknüpfungspunkt einer Auslegung sein, die diese Norm der Sache nach anwendbar macht"[27]. Ausgehend vom Feinstaub-Urteil des EuGH („Janecek"), wonach natürliche und juristische Personen eine Klagebefugnis hätten, wenn sie unmittelbar betroffen sind,[28] sei diese Rechtsprechung auch auf Luftreinhaltepläne nach Art. 23 Abs. 1 RL 2008/50/EG, § 47 Abs. 1 BImSchG n. F. übertragbar. Nach seiner Auffassung gebietet das Unionsrecht eine „erweiternde Auslegung der aus dem Luftqualitätsrecht folgenden subjektiven Rechtspositionen".[29] Das Gericht bezieht sich ausdrücklich auf die Entscheidung des EuGH im Fall „Slowakischer Braunbär" (Rn. 44) und schreibt dieses gewissermaßen „unionsrechtsfreundlich" fort: Aus der Rechtsprechung folge auch bei Bezug der Betroffenheit auf den räumlichen Wirkungskreis, dass sich juristische Personen ein fremdes Interesse zum eigenen Anliegen machen dürfen (Rn. 45); daher legt das BVerwG § 42 Abs. 2 Hs. 2 VwGO unionsrechtskonform „im Interesse des aus Art. 4 Abs. 3 EUV folgenden Effektivitäts-

24 ACC (Fn. 14), n 95.
25 BVerwG, 5.9.2013 – 7 C 21/12, Rn. 34 = NVwZ 2014, 64, 66.
26 VG Wiesbaden vom 16.8.2012 – VG 4 K 165/12.WI.
27 BVerwG, (Fn. 25), Rn. 37 = NVwZ 2014, 64, 67.
28 EuGH, Urt. v. 25.7.2008, Rs. C 237/07(Janecek), Slg. 2008, I-6221, Rn. 39.
29 BVerwG (Fn. 25), Rn. 43 = NVwZ 2014, 64, 67.

gebots" als subjektives Recht auch für Umweltvereinigungen aus; der Bürger habe – „bezogen auf das objektive Interesse an der Sicherung der praktischen Wirksamkeit und der Einheit des Unionsrechts – eine »prokuratorische« Rechtsstellung inne" (Rn. 46). Zu den „unmittelbar betroffenen juristischen Personen" zählt das BVerwG auch die nach § 3 UmwRG anerkannten Umweltverbände; diese könnten „Träger von materiellen subjektiven Rechten nur sein, wenn sie Teil nicht nur der allgemeinen Öffentlichkeit, sondern der »betroffenen Öffentlichkeit sind" (Rn. 50). Diese Rechtsprechung, die noch durch eine Entscheidung des BVerwG vom 19. Dezember 2013 fortgeführt wird (Erweiterung der Klagebefugnis anerkannter Naturschutzverbände gegen naturschutzrechtliche Ausnahmeentscheidungen),[30] hat weitreichend Folgen für die – zunächst richterrechtliche – Ausweitung der Klagebefugnis für Umweltverbände.[31] Das Urteil kann hier nicht in allen möglichen Folgewirkungen analysiert werden: Zunächst bleibt festzuhalten, dass sich das BVerwG noch im Rahmen zulässiger – weil unions- und völkerrechtskonformer – Auslegung bewegt und eine analoge Anwendung des § 1 Abs. 1 UmwRG ausschied. Offen bleibt, ob die Aussagen, bezogen auf rechtsfähige Personen, auch auf nicht-rechtsfähige Personenvereinigungen übertragbar sind, gleichwohl spricht die Intention, einen weiten Zugang der betroffenen Öffentlichkeit zu gewähren (Rn. 49), für eine offene Auslegung, die den Absichten der A-K entspricht.[32] Für das Verständnis des BVerwG dürfte ferner maßgebend sein, dass die vom Gericht erwähnte „prokuratorische Rechtsstellung" der Bürger/Verbände nicht nur als „erweiterte Schutznormtheorie" i. S. der Wahrnehmung subjektiver Rechte Einzelner zu begreifen ist, sondern die Verfolgung eines objektiven Interesses ermöglicht, das freilich nach Maßgabe des innerstaatlichen Rechts „unionskonformen Anerkennungsvoraussetzungen" unterliegt. Der Hinweis auf die nichtstaatlichen Organisationen, die ein Interesse am Umweltschutz haben, ist unüberhörbar: „Diese Vereinigungen sollen sich die Belange des Umweltschutzes zum eigenen Anliegen machen können" (Rn. 49).[33]

Von Einzelheiten kongruenter Umsetzung der Vorgaben des BVerwG abgesehen, dürfte zunächst offen sein, ob diese Rechtsprechung ausreicht,

30 BVerwG, 19.12.2013 – 4 C 14.12.

31 Vgl. hierzu *Bunge* ZUR 1/2014, 1 ff.; *Schlacke* NVwZ 2014, 11 ff.; *Sauer* (Fn. 19), 197.

32 *Bunge* (Fn. 31), 7.

33 So zutreffend *Bunge* (Fn. 31), 8.

um einem Vertragsverletzungsverfahren gegen die Bundesrepublik zu entgehen oder das eingeleitete Verfahren abzuschwächen. Das Urteil betrifft zwar die Luftreinhalte- RL i.V.m. Art. 9 Abs. 2 und 3 A-K, hat aber aufgrund seiner allgemeinen Aussagen zu einer unionsrechtskonformen Auslegung des § 42 Abs. 2 VwGO im Hinblick auf die Umsetzung der Rechtsschutzverpflichtung aus Art. 9 Abs. 3 A-K Relevanz für *alle* auf Unionsrecht basierenden Umweltbelange. Da es sich hier nicht um die Umsetzung einer (noch nicht existenten) Richtlinie handelt, könnte hier auch eine höchstrichterliche Auslegung des innerstaatlichen Rechts in unionskonformer Weise ausreichen, bis der deutsche Gesetzgeber tätig wird (um auch den übrigen Anpassungsbedarf vorzunehmen).[34] Dies müsste gerade dann möglich sein, wenn keine unionsrechtliche Konkretisierung – aus welchen Gründen auch immer – vorliegt und Generalklauseln des nationalen Rechts – wie in § 42 Abs. 1, 2 VwGO – ausgelegt werden.[35]

IV. Präklusion von Einwendungen (§ 2 Abs. 3 UmwRG)

Schließlich ist wegen des anhängigen Vertragsverletzungsverfahrens[36] gegen die Bundesrepublik – neben dem Recht von Umweltvereinigungen, die fehlerhafte Durchführung einer UVP geltend zu machen und der Voraussetzungen für die Aufhebung fehlerhafter Zulassungsentscheidungen – § 2 Abs. 3 UmwRG problematisch, wonach umweltrechtliche Verbände mit allen Einwendungen ausgeschlossen sind, die im Beteiligungsverfahren der angegriffenen Zulassungsentscheidung hätten vorgetragen werden können.[37] Neben systeminternen Gründen der Gleichbehandlung der Zuerkennung der Klagebefugnis an Bürger und Umweltverbände[38] steht auch hier die europarechtliche Zulässigkeit auf dem Prüfstand. Der EuGH hat

---

34 Der Fall liegt hier insoweit anders als bei der mangelhaften Umsetzung der TA Luft zu § 48 BImSchG; vgl. EuGH, Urt. v. 30.5.1991, Rs. C-361/88 (Kommission /Deutschland), Slg. 1991, I-2567.

35 Vgl. *Streinz*, Europarecht, Rn. 440.

36 Presseerklärung der Kommission vom 17.10.2013, IP/13/967.

37 „Hat die Vereinigung im Verfahren nach § 1 Abs. 1 Gelegenheit zur Äußerung gehabt, ist sie im Verfahren über den Rechtsbehelf mit allen Einwendungen ausgeschlossen, die sie im Verfahren nach Abs. 1 nicht oder nach den geltenden Rechtsvorschriften nicht rechtzeitig geltend gemacht hat, aber hätte geltend gemacht werden können".

38 *Sauer* (Fn. 19), 198.

im Fall „Djugaarden“[39] festgestellt, dass eine Umweltvereinigung die Möglichkeit eine im gerichtlichen Verfahren ergangene Entscheidung anfechten kann unabhängig „welche Rolle sie in dem Verfahren über den Genehmigungsantrag vor dieser Stelle durch ihre Beteiligung an und ihre Äußerung in diesem Verfahren spielen könnte.“ (Rn. 39). Dies deutet auf eine enge, unionsrechtlich überformte Präklusionswirkung hin, die den bisherigen Ansatz im deutschen Umweltrecht, eine Abschichtung der Einwendungen in den verschiedenen Verfahrensschritten durch formelle und materielle Präklusion zu erreichen, in Frage stellen und wiederum zu einer Zweigleisigkeit des Rechtsschutzes für unionsrechtlich und rein national veranlasste Rechtsbehelfe führen könnte.

V. Ausblick

Die bisherige Übersicht hat gezeigt, dass im deutschen Verwaltungsverfahrens- und Verwaltungsprozessrecht durch die jüngste Rechtsprechung des EuGH weitere Umwälzungen eingetreten sind oder noch bevorstehen, was vor allem die Einführung der Verbandsklage – auch außerhalb des Naturschutzrechts (§§ 64 ff. BNatG bzw. Naturschutzgesetze der Länder) – gleichsam „durch die Hintertür“ betrifft. Dieser Einwirkung sollte indes nicht defensiv begegnet werden, sondern in einem offenen Dialog zwischen den Akteuren Gerichte, Wissenschaft und Gesetzgeber ausgetragen werden.[40] Hier wird auch die Abstimmung mit der Schlichtungspraxis des

39 EuGH, Urt. v. 15.10.2009, Rs. C-263/08 (Djugaarden), Slg. 2009, I-9967; deutlich die Schlussanträge von GA Sharpston, 7.7.2009, Rs. C-263/08 (Djugaarden), Slg. 2009, I-9967, Rn. 52.

40 Zu Umsetzungsstrategien in Deutschland vgl. z. B. *Keupp/Zschiesche* (Hrsg.), UFA Paper: Die Arhus-Konvention-Bürgerbeteiligung in neuer Qualität?, 2010. In *Österreich* stellen sich ähnliche Umsetzungsprobleme, wie eine im Auftrag des Lebensmittelministeriums in Auftrag gegebene Studie der BOKU (Universität für Bodenkultur, Wien) aus dem Jahre 2009 zeigt: „Rechtliche Optionen zur Verbesserung des Zugangs zu Gerichten (access to justice) im österreichischen Umweltrecht gemäß der Aarhus-Konvention (Art. 9 Absatz 3)“ Dort wird neben einer Aufwertung der bestehenden Umweltanwaltschaften ein „materienübergreifendes Umweltrechtsbehelfsgesetz des Bundes“ mit einem Kreis legitimierter Kläger (mit Geltendmachung nicht nur subjektiver Rechte) gefordert (89 ff.).In eine ähnliche Richtung geht die Stellungnahme der Umweltanwaltschaften Österreichs vom 3.7.2013 zum 3. Umsetzungsbericht Aarhus-K: „Es ist inakzeptabel, dass Österreich mit der Umsetzung des Art. 9 Abs. 3 weiterhin säumig ist und diesbezüglich

ACC von Interesse sein, inwieweit ein Gleichklang der konventionsrechtlichen mit der unionsrechtlichen Auslegung erzielbar ist.

Von Bedeutung erscheint künftig auch die „Einbindung" der EuRGRCH in die Argumentation für eine unionskonforme Auslegung der Klagemöglichkeiten von Umweltverbänden, die Umweltinteressen i. S. des Gemeinwohls vertreten: Auch wenn Art. 37 EuGRCH „nur" einen Grundsatz eines hohen Umweltschutzniveaus und nachhaltiger Entwicklung statuiert,[41] ist Art. 47 EuGRCH als verfassungsmäßiges Grundrecht auf einen wirksamen Rechtsbehelf durch „*jede Person*" zu beachten. Dies gilt für die durch das Recht der Union garantierten Freiheiten, also auch von Gesundheitsinteressen (Art. 3, 7 i.V.m. Art. 35 EuGRCH) durch Verbände, die diese Rechte ideell, d.h. satzungsgemäß vertreten.

Das Umwelt(verwaltungs)recht der Mitgliedstaaten befindet sich in einem fortschreitenden Europäisierungsprozess, der nachhaltige Einwirkungen auf die „Verfahrensautonomie" mit sich bringt.

---

bisher keinerlei gesetzliche Maßnahmen gesetzt wurden. Wir erwarten uns daher eine umgehende Einführung von allgemeinem Rechtsschutz für Umweltorganisationen und Umweltanwaltschaften", a.a.O., 6.

41 Vgl. *Jarass* ZUR 12/2011, 563 ff.

Zur Rechtfertigung diskriminierender Beeinträchtigungen des Binnenmarktes aus Umweltschutzgründen

Wolfgang Kahl

I. Hintergrund und (erneute) Aktualität des Themas

Das Zusammenwirken von Binnenmarkt und nicht-wirtschaftlichen Gemeinwohlbelangen gehört zu den großen Forschungsgebieten, die den Jubilar seit jeher in ganz besonderem Maße wissenschaftlich umtreiben und die er mit zahlreichen tiefschürfend-differenzierten Arbeiten inhaltlich maßgeblich bereichert und dank seines ausgeprägten Sensoriums für Themen regelmäßig frühzeitig mitgeprägt hat.[1] Speziell das Spannungsverhältnis der Grundfreiheiten zum Umweltschutz hat er in seinem Beitrag zum Handbuch zum europäischen und deutschen Umweltrecht grundlegend behandelt.[2] Die Frage, unter welchen Voraussetzungen Eingriffe in den freien Warenverkehr aus Umweltschutzgründen im Einzelnen zulässig sind, stellt sich aktuell besonders drängend mit Blick auf die – mangels Harmonisierung auf EU-Ebene nach wie vor rein national organisierte – Ökostromförderung (Förderung der Stromerzeugung aus Erneuerbaren Energien [EE]).[3] Eine Kernfrage des Zielkonflikts von „Ökonomie und Ökologie" ist dabei, ob und, wenn ja, unter welchen Voraussetzungen diskriminierende Eingriffe in den freien Warenverkehr zugunsten des Umweltschutzes gerechtfertigt werden können.

---

1 Grundlegend etwa *Müller-Graff* EuR 1989, 107 ff.; *ders*., Binnenmarkt und Rechtsordnung, Mainz 1990; *ders*., EuR Beiheft 1/2002, 7 ff.; *ders*., in: von der Groeben/Schwarze (Hrsg.), EUV/EGV, 6. Aufl. 2003, Art. 28 EGV Rn. 183 ff., 311 ff.; Art. 30 EGV Rn. 1 ff.; *ders*., in: Köck/Lengauer/Ress (Hrsg.), FS für P. Fischer, 2004, 363 ff.; *ders*., in: Hatje/ders. (Hrsg.), Europäisches Organisations- und Verfassungsrecht, Baden-Baden 2014, § 9 Rn. 48 ff.

2 *Müller-Graff*, in: Rengeling (Hrsg.), Handbuch zum europäischen und deutschen Umweltrecht, Bd. I, 2. Aufl. 2003, § 10.

3 EuGH, Urt. v. 1.7.2014, Rs. C-573/12 (Ålands Vindkraft), EU:C:2014:2037; EuGH, Urt. v. 11.9.2014, verb. Rs. C-204/12-208/12 (Essent Belgium), EU:C:2014:2192. Vgl. auch bereits EuGH, Urt. v. 13.3.2001, Rs. C-379/98 (Preussen Elektra), Slg. 2001, I-2099 Rn. 68 ff.

II. Dogmatische Einordnung des Umweltschutzes als Rechtfertigungsgrund

Als weitgehend geklärt kann heute gelten, dass sowohl die in Art. 36 S. 1 AEUV genannten Gemeinwohlbelange als auch die „zwingenden Erfordernisse" im Sinne der *Cassis*-Rechtsprechung keine ungeschriebenen negativen Tatbestandsmerkmale des Art. 34 AEUV, sondern Rechtfertigungsgründe darstellen. Fraglich ist aber, welcher Rechtfertigungsgrund im Falle der Förderung von EE-Strom exakt einschlägig ist. In Betracht kommt zunächst eine Subsumtion des Umweltschutzes (*in concreto*: des Klimaschutzes) unter den „Schutz der Gesundheit und des Lebens von Menschen, Tieren und Pflanzen". Freilich steht dem der Grundsatz der engen Auslegung[4] der Ausnahmetatbestände des Art. 36 S. 1 AEUV entgegen.[5] Zwar zielt auch der Klimaschutz letztlich auf die Abwehr negativer Konsequenzen des Klimawandels für Menschen, Tiere und Pflanzen ab, allerdings geht es dabei nur um höchst mittelbare Wirkungsbeziehungen, so dass der Umweltschutz klar im Vordergrund steht.[6] Eine Rechtfertigung aus Gründen des Gesundheits- und Lebensschutzes ist ferner nur dann anzunehmen, wenn die geschützten Lebewesen hinreichend individualisierbar und von anderen abgrenzbar sind.[7] Auch hieran scheitert im Fall der Ökostromförderung eine unmittelbare Berufung auf den Gesundheitsschutz als Rechtfertigungsgrund.

Damit treten die „zwingenden Erfordernisse" im Sinne der *Cassis*-Rechtsprechung in den Mittelpunkt des Interesses. Allerdings können diese jedenfalls nach der älteren Judikatur nur Eingriffe durch unterschiedslos wirkende Maßnahmen, nicht aber offene Diskriminierungen wie die nationalen Ökostromfördermaßnahmen (z.B. EEG 2014) rechtfertigen.[8] Obwohl der EuGH in einigen Entscheidungen zugunsten des Umweltschutzes

---

4 EuGH, Urt. v. 19. 12. 1961, Rs. 7/61 (Kommission/Italien), Slg. 1961, 695, 720, st. Rspr.

5 Im Fall *Ålands Vindkraft* kam daher höchstens eine arrondierende Heranziehung des Gesundheitsschutzes in Betracht, nicht aber eine tragende. Nicht überzeugend insofern EuGH (Fn. 3), Rs. C-573/12, Rn. 78 ff. , 80.

6 *Germelmann* EurUP 2014, 329, 332; *Müller-Graff* (Fn. 2), Rn. 82.

7 *Epiney/Möllers*, Freier Warenverkehr und nationaler Umweltschutz, Köln 1992, 26 f.

8 EuGH, Urt. v. 20.2.1979, Rs. C-120/78 (Cassis de Dijon), Slg. 1979, 649 Rn. 8; EuGH, Urt. v. 17.6.1981, Rs. 113/80 (Kommission/Irland), Slg. 1981, 1625 Rn. 10 f.

später von dieser Ansicht abgerückt ist, hat er eine klare, allgemeine Aussage in dieser Frage bislang bedauerlicherweise vermieden und insbesondere keine grundsätzliche Abkehr von der Doktrin der Nichtanwendbarkeit der „zwingenden Erfordernisse" auf diskriminierende Maßnahmen vollzogen. Im Gegenteil: Gerade der große (allerdings reichlich gewundene und letztlich nicht überzeugende) argumentative Aufwand, mit dem der EuGH im Urteil *Wallonische Abfallregelung*[9] den diskriminierenden Charakter der Maßnahme ablehnt, sowie die zusätzliche Heranziehung des Gesundheitsschutzes (neben dem Umweltschutz) in den Urteilen zur Ökostromförderung[10] müssen als Versuche des Gerichtshofs gewertet werden, die bisherige Unterscheidung zwischen diskriminierenden und unterschiedslosen Maßnahmen im Grundsatz gerade aufrechtzuerhalten.[11]

Dies wird auch von einem Teil der Literatur zumindest für offen diskriminierende Maßnahmen befürwortet. Diskriminierende Maßnahmen seien schwerwiegende Eingriffe, die dem Prinzip der Grundfreiheiten diametral zuwiderliefen, so dass sie nur durch die ausdrücklichen Gründe des Art. 36 S. 1 AEUV gerechtfertigt werden könnten.[12] Insgesamt überwiegt im Schrifttum jedoch die Kritik an der dogmatisch letztlich unbefriedigenden Differenzierung der *Cassis*-Rechtsprechung.[13] Gerade in Bezug auf den Umweltschutz ist schwer nachvollziehbar, wieso dieses in Art. 3 Abs. 3 UAbs. 1 EUV an prominenter Stelle und mit imperativer Deutlichkeit („hohes Maß", „Verbesserung") statuierte, besonders hochrangige Ziel (speziell für den Klimaschutz bzw. die EE-Förderung vgl. Art. 191 Abs. 1 Spstr. 4 Hs. 2, 194 Abs. 1 lit. c AEUV) einen im Vergleich zu den geschriebenen Rechtfertigungsgründen des Art. 36 S. 1 AEUV nur abgeschwächten Rechtsstatus genießen sollte.[14]

---

9 EuGH, Urt. v. 9.7.1992, Rs. C-2/90 (Kommission/Belgien), Slg. 1992, I-4431 Rn. 22 ff.

10 So bereits EuGH (Fn. 12) Rn. 75; jetzt erneut EuGH (Fn. 3), Rs. C-573/12, Rn. 76 ff.; verb. Rs. C-204/12-208/12, Rn. 90 ff.; krit. *Brückmann/Steinbach* EnWZ 2014, 346, 349; *Germelmann* (Fn. 6), 331 f.; *Ludwigs* EuZW 2014, 627, 628; *Nysten* EnWZ 2014, 374, 375.

11 *Nowak* VerwArch 2002, 368, 375 ff.; vgl. auch *Frenz* DVBl. 2014, 1125, 1126 f.

12 *Ehlers*, in: ders. (Hrsg.), Europäische Grundrechte und Grundfreiheiten, 4. Aufl. 2014, § 7 Rn. 119.

13 *Müller-Graff* (Fn. 1), in: von der Groeben/Schwarze, Art. 28 EGV Rn. 197; *Kahl*, Umweltprinzip und Gemeinschaftsrecht, Heidelberg 1993, 181 ff.

14 *Kahl* (Fn. 13), 182; *Kingreen*, in: Calliess/Ruffert (Hrsg.), EUV/AEUV, 4. Aufl. 2011, Art. 34-36 AEUV Rn. 84; *Brückmann/Steinbach* (Fn. 10), 350; a. A. *Gundel*,

Ein Ausweg aus diesem „Dilemma" kann dogmatisch am überzeugendsten über eine Privilegierung des Umweltschutzes im Rahmen der Rechtfertigungsgründe gefunden werden. Sie lässt sich primärrechtlich unmittelbar aus der Verankerung als Ziel der Union (Art. 3 Abs. 3 UAbs. 1 S. 2 EUV) und aus dem Integrationsprinzip gem. Art. 11, 114 Abs. 3 AEUV, Art. 37 GRCh herleiten.[15] Vorzugswürdig erscheint hierbei eine *analoge Anwendung des Art. 36 S. 1 AEUV*, da sich der Auslegungsgrundsatz *„singularia non sunt extendenda"* im konkreten Fall nicht gegenüber den genannten primärrechtlichen Anforderungen durchsetzen kann.[16] Vorteil dieser Lösung ist, dass die Rechtsprechung zukünftig auf die fragwürdige Ausdehnung des Gesundheitsschutzes verzichten könnte und der Umweltschutz – entsprechend seinem hohen primärrechtlichen Gewicht – auch für die Fälle als abwägungsfähiger Belang anerkannt würde, in denen ein Eingriff in den freien Warenverkehr auf (mittelbar oder unmittelbar) diskriminierende Weise erfolgt. Damit wäre die praktische Wirksamkeit (*effet utile*) des Umweltschutzziels auch in diesen – in der Praxis gar nicht so seltenen – Konstellationen gewährleistet. Der diskriminierende Charakter schließt die Anwendbarkeit des Umweltschutzes als Rechtfertigungsgrund mithin zwar nicht aus, die diskriminierende Natur der Maßnahme ist aber im Rahmen der – in diesem Fall besonders strengen[17] – Verhältnismäßigkeitsprüfung zu berücksichtigen.[18]

Auf einem anderen Blatt steht, ob man noch einen Schritt weiter geht und, wie in der Literatur teilweise gefordert, die *Cassis*-Rechtsprechung zur Unterscheidung von unterschiedslos anwendbaren und diskriminierenden Maßnahmen generell aufgibt und alle „zwingenden Erfordernisse" den geschriebenen Rechtfertigungsgründen des Art. 36 S. 1 AEUV gleichstellt.[19] Dies würde jedenfalls die dogmatischen Unklarheiten, in die die

---

in: Weyer (Hrsg.), Energienetze, EEG und Energiewende, Baden-Baden 2014, 53, 62.

15 *Classen*, in: Oppermann/ders./Nettesheim, Europarecht, 5. Aufl. 2011, § 22 Rn. 43; *Schmidt/Kahl/Gärditz*, Umweltrecht, 9. Aufl. 2014, § 6 Rn. 71; s. zum Ganzen auch *Heselhaus* EuZW 2011, 645 ff.

16 *Nowak* (Fn. 11), 391; in die Richtung einer analogen Anwendung geht auch *Müller-Graff* (Fn. 2), Rn. 82 f.

17 So *Brückmann/Steinbach* (Fn. 10), 350.

18 *Frenz*, Handbuch Europarecht, Bd. 1, 2. Aufl. 2012, Rn. 1201.

19 In diesem Sinne *Schroeder*, in: Streinz (Hrsg.), EUV/AEUV, 2. Aufl. 2011, Art. 36 AEUV Rn. 33 f.; *Weiß* EuZW 1999, 493, 497 sowie auch GA *Bot*, 8.5.2013, verb. Rs. C-204/12-C-208/12 (Essent Belgium), EU:C:2013:294, Rn. 92 ff.;

Cassis-Rechtsprechung hineingeführt hat, am konsequentesten beseitigen, jedoch zugleich auch das – gerade auf unionsweiter Einheitlichkeit des Rechts (unverfälschter Wettbewerb) basierende – Unionsziel der Verwirklichung des Binnenmarktes am stärksten beeinträchtigen.

III. Verhältnismäßigkeitsprüfung auf Schranken-Schranken-Ebene

Nach allgemeiner Ansicht bestimmt sich die Verhältnismäßigkeit nach einer dreistufigen Prüfung von Geeignetheit, Erforderlichkeit und Angemessenheit. In der Rechtsprechung des EuGH stellt dabei die Erforderlichkeit das wichtigste Kriterium dar, das auch in der Rs. *Ålands Vindkraft* Grund für die unterschiedlichen Beurteilungen durch GA *Bot* und den Gerichtshof war.[20] Dem Gerichtshof ist dabei insoweit zuzustimmen, als er dem Sekundärrecht eine wichtige Indizwirkung bei der Prüfung der Erforderlichkeit nationaler Maßnahmen zumisst, da der Einschätzungsspielraum des Unionsgesetzgebers hinsichtlich von Umfang und Tragweite der Harmonisierung (hier: des EE-Strommarktes) auch bei der Prüfung mitgliedstaatlicher Regelungen respektiert werden muss. Aus Gründen des Demokratieprinzips und des institutionellen Gleichgewichts dürfen die legislativen Wertungen (hier: EE-Richtlinie 2009) nicht unter Rückgriff auf die allgemeineren Aussagen der Art. 34 ff. AEUV überspielt werden.[21]

Der Angemessenheit kommt in ständiger Rechtsprechung die Funktion eines Korrektivs zu; überraschenderweise überging der EuGH jedoch in der Rs. *Ålands Vindkraft* wie auch schon wiederholt in der Vergangenheit eine explizite Prüfung[22] (trotz *Bejahung* der Erforderlichkeit) – dies ist dogmatisch nicht überzeugend. Grundsätzlich ist im Rahmen der Angemessenheit eine Abwägung zwischen der Schwere und Tragweite des Eingriffs in die Warenverkehrsfreiheit und der Bedeutung des Umweltschutzes erforderlich. Dabei wird in der Literatur zum Teil aus der Grundsatzentscheidung der Verträge für einen wettbewerblichen Binnenmarkt eine

---

Rs. C-573/12 Rn. 79 ff. unter der Voraussetzung einer „verstärkten" Verhältnismäßigkeitsprüfung.

20 EuGH (Fn. 3), Rs. C-573/12, Rn. 83 ff.; GA *Bot* (Fn. 19), Rs. C-573/12, Rn. 80 ff.

21 EuGH (Fn. 3), Rs. C-573/12, Rn. 97 ff.; zumindest tendenziell anders *Germelmann* (Fn. 6), 333.

22 Näher *Epiney*, Umweltrecht der EU, 3. Aufl. 2013, Kap. 5, Rn. 88.

strenge Prüfung der Verhältnismäßigkeit abgeleitet.[23] Eine solche strenge Prüfung ist nach hier vertretener Auffassung – wie erwähnt – (nur) bei *offen diskriminierenden* Maßnahmen im Grundsatz zutreffend, lässt sich aber auch dort nicht als (relativer) Vorrang des Binnenmarktes respektive der Grundfreiheiten deuten. Eine solche Präferenzannahme findet im geltenden Primärrecht keine Stütze (vgl. Art. 3 Abs. 3 UAbs. 1 EUV, Art. 11, 114 Abs. 3-6, 191 Abs. 2 UAbs. 1 S. 1, 193, 194 Abs. 1 AEUV, Art. 37 GRCh).[24] Daher wird von der herrschenden Lehre zumindest an der Gleichrangigkeit zwischen Binnenmarkt und Umweltschutz festgehalten,[25] von einem Teil des Schrifttums sogar ein zumindest partieller (auf wesentliche Fragen des vitalen Umweltschutzes bezogener) relativer Vorrang der Ökologie[26] angenommen.[27]

Die Ansicht eines relativen Vorrangs des Umweltschutzes kann für sich in das Feld führen, dass sie den vorstehend zitierten primärrechtlichen Bestimmungen, die sich zu einem verfassungsrechtlichen Prinzip des bestmöglichen Umweltschutzes (Umweltprinzip) verdichten lassen, am besten Rechnung trägt[28] und zudem am ehesten in der Lage ist, eine praktische Ineffektivität des strukturell durchsetzungsschwachen („weichen") Umweltschutzziels gerade in der Abwägung mit durchsetzungsstarken („harten") Ökonomiezielen zu vermeiden.[29] Folge eines relativen Vorrangs des Umweltschutzes ist eine tendenzielle Gewichtsverschiebung im Rahmen der – unverändert gebotenen und ergebnisoffenen – Abwägung.[30] Deren praktische Relevanz lässt sich gerade am *Ålands Vindkraft*-Urteil demonstrieren: Es ist hier vor allem[31] die Unsicherheit hinsichtlich der ökologi-

---

23 *Müller-Graff* (Fn. 2), Rn. 95.

24 Zur herausgehobenen Bedeutung des *ökologischen* Integrationsprinzips s. *Kahl*, in: Streinz (Fn. 19), Art. 11 AEUV Rn. 1 ff. , 3, 8, 15 ff.

25 *Calliess*, in: Hansmann/Sellner (Hrsg.), Grundzüge des Umweltrechts, 4. Aufl. 2012, Kap. 2, Rn. 7; *Classen* (Fn. 15), § 33 Rn. 19; *Frenz*, Handbuch Europarecht, Bd. 4, 2009, Rn. 4361 f.; *Nowak* (Fn. 11), 388.

26 *Epiney* (Fn. 22), Kap. 5, Rn. 56; *Hailbronner* EuGRZ 1989, 101, 104, 116; *Kahl* (Fn. 13), 178 f.; *Scheuing* EuR 1989, 152, 170, 176 f.

27 Überblick zum Meinungsstand bei *Kahl* (Fn. 24), Art. 191 AEUV Rn. 29 ff.

28 *Kahl* (Fn. 24), Art. 191 AEUV Rn. 17 ff.

29 Näher *Kahl* (Fn. 24), Art. 191 AEUV Rn. 35 ff.

30 *Kahl* (Fn. 24), Art. 191 AEUV Rn. 35.

31 Daneben führte der EuGH noch andere Erwägungen an (wirksame Verfolgbarkeit des Umweltschutzziels nur im Erzeugungsstadium; faire und angemessene Lastenaufteilung, insbes. Investitionssicherheit), vgl. EuGH (Fn. 3), Rs. C-573/12, Rn. 76 ff., 87 ff., 98 ff., 119; verb. Rs. C-204/12-208/12, Rn. 102.

schen (!) Wirkung und der Kosten, mithin der Funktionsfähigkeit der nationalen EE-Fördermodelle (bei Aufhebung der territorialen Beschränkung), auf die der EuGH[32] – anders als der Generalanwalt[33] – zur Begründung von deren Erforderlichkeit maßgeblich abstellt.[34] Damit könnte man zunächst annehmen, der Gerichtshof habe sich im konkreten Fall möglicherweise – implizit[35] – der Ansicht vom relativen Vorrang des Umweltschutzes angeschlossen. Bei genauerem Hinsehen bestehen insoweit jedoch Zweifel. Sie resultieren zum einen aus der sonstigen Judikatur des EuGH zum Verhältnis „Ökonomie-Ökologie“,[36] zum anderen aus dem Umstand, dass sich der Gerichtshof im konkreten Fall (wohl nicht nur zufällig) zur Angemessenheit mit keinem Wort äußert und damit der „heiklen“ (möglicherweise auch innerhalb des Gerichts umstrittenen) Frage des Rangverhältnisses gerade bewusst ausweicht.

---

32 EuGH (Fn. 3), Rs. C-573/12, Rn. 98 ff.; krit. *Germelmann* (Fn. 6), 332; *Gundel* RdE 2014, 387, 390.

33 GA *Bot* (Fn. 19), Rs. C-573/12, Rn. 91 ff.

34 Wie hier *Frenz* (Fn. 11), 1126 f. Zu den Problemen einer territorialen Entgrenzung der EE-Förderung s. *Glinski* ZEuS 2014, 235, 247 f. Eine andere – hier nicht weiter zu vertiefende – Frage ist, inwieweit die Wertungen des EuGH in der Rs. *Ålands Vindkraft* auch noch bei einem realisierten EE-Strom-Anteil von 50 oder gar 80% gelten können; dies mit guten Gründen verneinend *Ludwigs* RW 2014, 254, 274 f.; offen lassend EuGH (Fn. 3), Rs. C-573/12, Rn. 92: „nach dem gegenwärtigen Stand des Unionsrechts".

35 Explizit für einen „Vorrang [des Umweltschutzes] vor anderen Erwägungen“ GA *Bot* (Fn. 19), verb. Rs. C-204/12-208/12, Rn. 96.

36 Vgl. *Kahl* (Fn. 24), Art. 191 AEUV Rn. 29 ff., 31.

Deutsche Straßen, „Pkw-Vignette“ und Europa – Protektionismus oder Gemeinwohlorientierung?

Stefanie Schmahl

I. Einführung einer „Pkw-Vignette“ in Deutschland

Neben gewichtigen Fragen zur Bewältigung der Wirtschafts- und Finanzkrise beherrscht ein Thema seit Monaten (Stand Oktober 2014) die europarechtliche Diskussion in Deutschland: die Einführung einer allgemeinen Infrastrukturabgabe für Pkw. Der politische Impetus des gesetzgeberischen Vorhabens liegt auf der Hand. Betrachtet man die Verkehrsinfrastruktur in Deutschland, ist ersichtlich, dass Teile hiervon erheblich beschädigt sind. Instandhaltung, Erneuerung und Ausbau des Straßennetzes bedürfen eines hohen finanziellen Aufwands.[1] Dieser soll nach dem Willen der Großen Koalition u.a. dadurch gedeckt werden, dass sich künftig alle Halter von Pkw, die deutsche Bundesfernstraßen nutzen, durch eine angemessene Abgabe an der Finanzierung des deutschen Straßennetzes beteiligen. Da die über die Kfz-Steuer bereits bestehende finanzielle Belastung der Halter von in Deutschland zugelassenen Pkw aber keinesfalls erhöht werden soll,[2] ist die Europarechtskonformität der angestrebten Regelung zweifelhaft. Der Jubilar, ein ausgewiesener Kenner des europäischen Wirtschaftsrechts, hat dieses Bedenken schon früh in einem Zeitungsinterview geäußert.[3]

Dessen ungeachtet hat das Bundesministerium für Verkehr und digitale Infrastruktur (BMVI) am 7. Juli 2014 einen konzeptionellen Vorschlag für entsprechende Neuregelungen unterbreitet. Danach soll ab dem 1. Januar 2016 eine Infrastrukturabgabe erhoben werden, die als zeitabhängige Stra-

1 *Boehme-Neßler* NVwZ 2014, 97, 97.

2 Koalitionsvertrag zwischen CDU, CSU und SPD vom 27.11.2013 zur 18. Legislaturperiode: „Deutschlands Zukunft gestalten“, 39 f.

3 Vgl. Stuttgarter Nachrichten vom 2.9.2013, abrufbar unter http://www.stuttgarter-nachrichten.de/inhalt.wegen-eu-recht-rechtsexperte-auslaender-maut-nicht-durchsetzbar.8326b85e-c19e-42d1-9b3e-e2c2d4465d5b.html.

ßenbenutzungsgebühr in Form einer Vignette ausgestaltet ist.[4] Die Beitragspflicht ist für Pkw bis 3,5 t sowie für Motorräder vorgesehen, unabhängig von der Staatsangehörigkeit ihrer Fahrer oder Halter.[5] Um eine finanzielle Mehrbelastung einheimischer Autofahrer auszuschließen, sollen allerdings die Halter von in Deutschland zugelassenen Pkw durch eine Herabsetzung der Kfz-Steuer in der Höhe derjenigen Kosten entlastet werden, die für eine Vignette anfallen.[6]

Für die praktische Umsetzung sieht das Konzept vor, dass inländischen Fahrzeughaltern automatisch eine Jahresvignette zugestellt wird, deren Preis sich nach Baujahr, Schadstoffklasse und Hubraum des entsprechenden Fahrzeugs bestimmt.[7] Die Höhe des ermittelten Preises wird dabei mit der jeweils zu entrichtenden Kfz-Steuer im Abgabenbescheid verrechnet. Demgegenüber sollen für im Ausland zugelassene Pkw eine Zehn-Tages-Vignette für zehn Euro, eine Zwei-Monats-Vignette für 20 Euro und eine Jahresvignette angeboten werden, die über das Internet bestellt oder an Tankstellen erworben werden können.[8] Der Verkauf von Jahresvignetten an Tankstellen soll zu einem Einheitspreis erfolgen, der von der technischen Beschaffenheit des Fahrzeugs unabhängig ist.[9]

4 Infopapier des BMVI zur Pkw-Maut/Infrastrukturabgabe, 7.7.2014, 1 und 4. Von der Einführung einer entfernungsabhängigen „Pkw-Maut“, die wegen der notwendigen Errichtung von Mautstellen erhebliche Verwaltungskosten generiert, wurde abgesehen.

5 Lediglich für Fahrzeuge, die ganz oder teilweise von der Kfz-Steuer befreit sind (z.B. Elektroautos), sind Befreiungstatbestände auch für die Infrastrukturabgabe geplant, vgl. Infopapier (Fn. 4) 1.

6 Infopapier (Fn. 4), 2.

7 Infopapier (Fn. 4), 1, 3.

8 Infopapier (Fn. 4), 3.

9 Der vorgesehene Einheitspreis für Jahresvignetten an Tankstellen beläuft sich auf 103,04 Euro für Benzin- und 112,35 Euro für Dieselfahrzeuge, vgl. Infopapier (Fn. 4), 3.

II. Europarechtskonformität der geplanten Vorhaben?

1. Kombination aus allgemeiner Pkw-Vignettenpflicht und kompensatorischer Herabsetzung der Kfz-Steuer

Die Kombination der allgemeinen Pkw-Vignettenpflicht mit einer gleichzeitigen kompensatorischen Herabsetzung der Kfz-Steuer um den Preis der Vignette für Halter von in Deutschland zugelassenen Pkw berührt mehrere unmittelbar anwendbare Vorschriften des AEUV, die generell nebeneinander Anwendung finden.[10] Ein Sekundärrechtsverstoß ist indes nicht festzustellen. Die sog. Eurovignetten-Richtlinie betrifft nur die Erhebung von Gebühren für die Benutzung bestimmter Verkehrswege durch schwere Nutzfahrzeuge von einem Gesamtgewicht von über 3,5 t.[11] Für Fahrzeuge einer niedrigeren Gewichtsklasse gibt es gegenwärtig keine sekundärrechtliche Regelung.

a) Abgaberechtliches Diskriminierungsverbot des Art. 110 AEUV

Aus dem anwendbaren primärrechtlichen Normenkatalog[12] scheidet freilich eine Verletzung des Art. 110 AEUV aus. Die Norm verbietet lediglich eine höhere Besteuerung von ausländischen gegenüber gleichartigen inländischen Waren, setzt also eine speziell auf den Warenverkehr zugeschnittene Abgabe voraus.[13] Da die geplante „Pkw-Vignette" aber allein an die Benutzung der Straße anknüpft, ist der von Art. 110 AEUV geforderte unmittelbare Warenbezug nicht gegeben.[14]

---

10 *Epiney/Heuck/Schleiss*, in: Dauses, Handbuch des EU-Wirtschaftsrechts, 2014, Abschn. L: Verkehrsrecht, Rn. 46 ff.

11 Vgl. Art. 2 lit. d der RL 1999/62/EG des Europäischen Parlaments und des Rates v. 17.6.1999 über die Erhebung von Gebühren für die Benutzung bestimmter Verkehrswege durch schwere Nutzfahrzeuge, ABl. 1999 Nr. L 187/42, i.d.F. ABl. 2011 Nr. L 269/1.

12 Zum Verhältnis zwischen Sekundärrechtsakten und Primärrecht im Bereich des Transportrechts vgl. *Knauff*, EnzEuR V (2014), § 6 Rn. 62 ff.

13 *Seiler*, in: Grabitz/Hilf/Nettesheim (Hrsg.), Das Recht der EU, 54 Erg.-Lfg. 2014, Art. 110 AEUV Rn. 2, 22.

14 So auch *Korte/Gurreck* EuR 2013, 420, 425 f.; ähnlich *Kainer/Ponterlitschek* ZRP 2013, 198, 200.

b) Verkehrspolitisches Diskriminierungsverbot des Art. 92 AEUV

Als deutlich relevanter kristallisiert sich indes das spezielle Diskriminierungsverbot des Art. 92 AEUV heraus, wonach die Mitgliedstaaten auf dem Gebiet der Verkehrspolitik keine Vorschriften einführen dürfen, die sich auf Verkehrsunternehmer anderer Mitgliedstaaten ungünstiger auswirken als auf inländische Verkehrsunternehmer. Der Grund für diese Regelung ist darin zu sehen, dass die Union im Rahmen der Verkehrspolitik einheitliche Regelungen anstrebt, die auf die Schaffung eines gemeinsamen europäischen Verkehrsraums und auf gleiche Wettbewerbsbedingungen für alle Verkehrsunternehmer zielen.[15] Die Kommission hat bereits verlautbart, Straßenbenutzungsgebühren auch für leichte Privatfahrzeuge im Jahre 2020 einführen zu wollen.[16] Auch der EuGH hat im Jahre 1992, als die Bundesrepublik Deutschland die Einführung einer „Lkw-Maut" plante und zugleich die Kfz-Steuer für im Inland zugelassene Lkw zu mindern beabsichtigte, das entsprechende Gesetz an Art. 92 AEUV gemessen. Er hielt die Einführung einer Schwerlastabgabe bei gleichzeitiger Senkung der Kfz-Steuer für einen Verstoß gegen das Stillhaltegebot, da sie die wettbewerbliche Lage ausländischer Verkehrsunternehmer im Vergleich zum *status quo* verschlechtere.[17]

Nun lässt sich fragen, ob die Einführung einer Vignettenpflicht für Motorräder und Pkw bis 3,5 t dem sachlichen Anwendungsbereich des Art. 92 AEUV überhaupt unterfällt, der sich nach seinem klaren Wortlaut nur auf Verkehrsunternehmen erstreckt und damit auf die gewerbliche Nutzung von Kraftfahrzeugen abstellt.[18] Private Nutzungen werden vom Verbotstatbestand des Art. 92 AEUV nicht erfasst,[19] und Pkw sowie Motorräder stehen anders als Lastkraftwagen nur selten als gewerbliche Nutzfahrzeuge in Gebrauch. Da aber Art. 92 AEUV eine „Bagatellgrenze" nicht kennt, findet die Norm bei gewerblichen Kleintransporten – etwa zur Personen-

15 *Schäfer*, in: Streinz, EUV/AEUV, 2. Auflage 2012, Art. 92 AEUV, Rn. 2.
16 Vgl. Mitteilung der Kommission vom 14.5.2012, KOM(2012) 199 endg., 2 f.
17 EuGH, Urt. v. 19.5.1992, Rs. C-195/90 (Kommission/Deutschland), Slg. 1992, I-3141, Rn. 23, 31.
18 *Kainer/Ponterlitschek* (Fn. 14), 199; *Korte/Gurreck* (Fn. 14), 427.
19 *Stadler*, in: Schwarze, EU-Kommentar, 3. Auflage 2012, Art. 92 AEUV, Rn. 3.

beförderung insbesondere in Grenzregionen – in Einzelfällen durchaus auch auf leichte Fahrzeuge Anwendung.[20]

Wie erwähnt enthält Art. 92 AEUV sowohl ein Diskriminierungsverbot als auch eine Stillhalteverpflichtung. Vom Diskriminierungsverbot des Art. 92 AEUV erfasst sind nicht nur Diskriminierungen, die unmittelbar an die Staatsangehörigkeit anknüpfen, sondern auch solche Maßnahmen, die zwar unterschiedslos für In- und Ausländer gelten, aber in ihrer Wirkung faktisch hauptsächlich Staatsangehörige anderer Mitgliedstaaten benachteiligen.[21] Betrachtet man vor diesem Hintergrund die Einführung der Vignette auf der einen und die kompensatorische Senkung der Kfz-Steuer auf der anderen Seite jeweils separat, stellt keine der beiden Maßnahmen eine Diskriminierung in diesem Sinne dar.[22] Die Infrastrukturabgabe, die ausschließlich auf dem Nutzerprinzip basiert, knüpft als solche weder direkt an die Staatsangehörigkeit noch an andere Faktoren an, die Staatsangehörige anderer Mitgliedstaaten stärker belasten als Inländer. Die Kompetenz zur Erhebung der Kfz-Steuer liegt alleine bei den Mitgliedstaaten,[23] weshalb eine Diskriminierung auf der Grundlage des Unionsrechts nicht in Betracht kommt, zumal von der Kfz-Steuerpflicht im Wesentlichen nur Inländer erfasst sind.[24]

Eine mittelbare Diskriminierung der Staatsangehörigen anderer Mitgliedstaaten folgt jedoch aus einer Gesamtschau der beiden Maßnahmen. Wiewohl die Vorhaben formal getrennt werden (müssen), sind sie doch eng miteinander verbunden. Die umfängliche Kompensation der Kosten für die Vignette durch eine entsprechende Senkung der Kfz-Steuer erfolgt einzig aus dem Grund, dass die Einführung einer Infrastrukturabgabe nur für im Ausland zugelassene Fahrzeuge offensichtlich europarechtswidrig wäre.[25] Der Umstand, dass es bei der Vignette wesentlich darum geht, ausländische Kfz-Halter zur Kasse zu bitten, wird von den Regierungspar-

---

20 *Rathke*, Vereinbarkeit des Vorschlags für eine PKW-Maut bzw. Infrastrukturabgabe mit dem Unionsrecht, Ausarbeitung des Wissenschaftlichen Dienstes des Deutschen Bundestages, 2014 (PE 6 – 3000 – 131/14), 10.

21 *Schäfer* (Fn. 15), Art. 92 AEUV Rn. 4, m.w.N.

22 So auch *Rathke* (Fn. 20), 13 f.

23 Vgl. EuGH, Urt. v. 19.5.1992, Rs. C-195/90 (Kommission/Deutschland), Slg. 1992, I-3141, Rn. 30. Vgl. auch BVerfGE 123, 267 (359 ff.).

24 Vgl. § 1 Abs. 1 KraftStG i.V.m. § 46 Abs. 2 FZV. Zwar sieht § 1 Abs. 1 Nr. 2 KraftStG auch eine Steuerpflicht für im Ausland zugelassene Fahrzeuge vor, jedoch enthält § 3 Nr. 13, 15 KraftStG umfangreiche Befreiungstatbestände.

25 *Boehme-Neßler* (Fn. 1), 98.

teien sogar im Koalitionsvertrag offen dargelegt.[26] In derartigen Konstellationen, die aufgrund ihres inneren Zusammenhangs und ihrer Wirkung als Einheit zu betrachten sind,[27] ist es geboten, ausnahmsweise auch Regelungen des direkten Steuerrechts, für die die Mitgliedstaaten die alleinige Kompetenz besitzen, an den Diskriminierungsverboten des AEUV zu messen.[28] Eine andere Wertung käme allenfalls in Betracht, wenn zwischen der Einführung der Vignette und der wirkungsgleichen Steuersenkung ersichtlich kein gegenständlicher und zeitlicher Zusammenhang bestünde,[29] etwa weil eine deutliche Zeitspanne zwischen beiden Maßnahmen läge oder die inländische Kfz-Steuer zugunsten einer ausschließlichen Gebührenfinanzierung vollständig abgeschafft würde. Die Abschaffung der Kfz-Steuer käme im Ergebnis zwar wiederum nur inländischen Fahrzeughaltern zugute, allerdings bestünde der Zweck der Maßnahme dann nicht mehr in einer abgaben- und gebührenrechtlichen Besserstellung der Inländer.[30]

Die Kombination aus genereller Benutzungsgebühr und Steuerreduzierung nur für Inländer wirkt also mittelbar diskriminierend und ist nur schwerlich zu rechtfertigen. Zum Teil wird eine Rechtfertigungsfähigkeit mit Verweis auf die Befreiungsmöglichkeit durch den Rat gemäß Art. 92 a.E. AEUV sogar *a priori* abgelehnt.[31] Erachtet man indes eine Rechtfertigung grundsätzlich als möglich, wofür die besseren Gründe sprechen,[32] kommt eine solche nur in Betracht, wenn die fraglichen Maßnahmen dem Stillhaltegebot entsprechen und im Übrigen verhältnismäßig sind.[33] Was

---

26 Vgl. Fn. 2.

27 So bereits EuGH, Urt. v. 19.5.1992, Rs. C-195/90 (Kommission/Deutschland), Slg. 1992, I-3141, Rn. 23; Schlussanträge GA Jacobs, 13.3.1992, Rs. C-195/90 (Kommission/Deutschland), Slg. 1992, I-3158, Rn. 25, jeweils zur „Lkw-Maut".

28 *Boehme-Neßler* (Fn. 1), 101.

29 Vgl. *Boehme-Neßler* (Fn. 1), 101 f.; *Obwexer*, Stellungnahme vor dem BMVIT – Vereinbarkeit der geplanten Pkw-„Maut" (Infrastrukturabgabe) in Deutschland mit dem Unionsrecht, 10.7.2014, 6.

30 *Boehme-Neßler* (Fn. 1), 102.

31 So etwa *Jung*, in: Calliess/Ruffert, EUV/AEUV, 4. Auflage. 2011, Art. 92 AEUV, Rn. 9; *Boeing/Kotthaus/Rusche*, in: Grabitz/Hilf/Nettesheim (Fn. 13), Art. 92 AEUV, Rn. 12; *Korte/Gurreck* (Fn. 14), 434 f.

32 Dazu *Epiney/Heuck/Schleiss* (Fn. 10), Rn. 168-170. A. A. *Zabel*, NVwZ 2015, 186, 189 f.

33 Vgl. EuGH, Urt. v. 19.5.1992, Rs. C-195/90 (Kommission/Deutschland), Slg. 1992, I-3141, Rn. 29 f.

die Reichweite des Stillhaltegebots anbelangt, halten manche den Abbau bestehender Privilegierungen ausländischer Unternehmen bis hin zu einer Gleichstellung mit inländischen Unternehmen unter der Ägide des Art. 92 AEUV für zulässig.[34] Nach überzeugender Ansicht ist die Stillhalteklausel jedoch dahin zu verstehen, dass weder bestehende Privilegierungen abgebaut noch Regelungen eingeführt werden dürfen, die zu einer Verschlechterung der Situation ausländischer im Vergleich zu inländischen Unternehmen führen.[35] Nicht nur der Wortlaut des Art. 92 AEUV, sondern auch das Telos der europäischen Verkehrspolitik sprechen für diese engere Auslegung. Art. 92 AEUV will gerade verhindern, dass neue mitgliedstaatliche Regelungen den *status quo* zum Nachteil ausländischer im Vergleich zu inländischen Verkehrsunternehmen ändern.[36] Die geplante „Pkw-Vignette“ verschlechtert im Zusammenspiel mit der entsprechenden Reduktion der Kfz-Steuer aber die Situation ausländischer Verkehrsunternehmen, da nur diese mit einer neuen Abgabe finanziell belastet werden, während das Belastungsniveau bei den inländischen Verkehrsunternehmen konstant bleibt. Die Maßnahmenkombination verstößt somit gegen das Verschlechterungsverbot des Art. 92 AEUV; auf die Verhältnismäßigkeit der geplanten Regelungen kommt es insoweit nicht mehr an.

c) Grundfreiheiten und allgemeines Diskriminierungsverbot des Art. 18 AEUV

Dem AEUV sind darüber hinaus verschiedene weitere Diskriminierungsverbote zu entnehmen, an denen das Kombinationsmodell des BMVI ebenfalls zu messen ist. In Abgrenzung zu Art. 92 AEUV gelangen die Grundfreiheiten des Binnenmarktes zur Anwendung, soweit die Leistungserbringung sich nicht in der Verkehrsteilnahme erschöpft, sondern

---

34 So etwa *Kainer/Ponterlitschek* (Fn. 14), 199 f.; *Jung* (Fn. 31), Art. 92 AEUV, Rn. 5.

35 Vgl. EuGH, Urt. v. 19.5.1992, Rs. C-195/90 (Kommission/Deutschland), Slg. 1992, I-3141, Rn. 20 f., 23; Schlussanträge GA Jacobs, 13.3.1992, Rs. C-195/90 (Kommission/Deutschland), Slg. 1992, I-3158, Rn. 16; *Epiney/Heuck/Schleiss* (Fn. 10), Rn. 164 f.; wohl auch *Stadler* (Fn. 19), Art. 92 AEUV, Rn. 4.

36 *Schäfer* (Fn. 15), Art. 92 AEUV, Rn. 2; *Korte/Gurreck* (Fn. 14), 432. A. A. *Hillgruber*, Gutachten zur Infrastrukturabgabe für Kraftfahrzeuge, erstellt am 17.10.2014 im Auftrag des BMVI, 15 ff., abrufbar unter www.bmvi.de.

die Nutzung der Straße bloße Begleiterscheinung der Warenverkehrsfreiheit oder der Personenfreizügigkeiten ist.[37] Das allgemeine Diskriminierungsverbot des Art. 18 AEUV, das wie die übrigen Diskriminierungsverbote der Verträge auch mittelbare Diskriminierungen erfasst, ist in Bereichen anwendbar, die die allgemeine Freizügigkeit von Unionsbürgern betreffen.[38] Damit erlangt Art. 18 AEUV bei allen grenzüberschreitenden Fahrten mit Fahrzeugen im nicht-gewerblichen Bereich Bedeutung.[39]

Sowohl im Rahmen der Grundfreiheiten als auch bei Art. 18 AEUV kann eine mittelbar diskriminierende Regelung durch objektive Gründe gerechtfertigt werden, sofern die Regelung verhältnismäßig ausgestaltet ist.[40] Obgleich Regelungsgehalt und Schutzrichtung der Grundfreiheiten einerseits und des allgemeinen Diskriminierungsverbots andererseits nicht deckungsgleich sind, ist die Möglichkeit der Rechtfertigung von Eingriffen ein allgemeiner Gedanke des Unionsrechts, weshalb diejenigen Gemeinwohlgründe, die einen Eingriff in die spezielleren Grundfreiheiten zu rechtfertigen vermögen, auch im Rahmen von Art. 18 AEUV als Rechtfertigungsgründe anerkannt werden können.[41] Im Fall der hier interessierenden Kombination von Vignettenpflicht und Senkung der Kfz-Steuer ist allerdings kein objektiver Grund des Allgemeininteresses ersichtlich: Aspekte des Umweltschutzes werden mit der Infrastrukturabgabe nicht verfolgt; vielmehr geht es um die Beteiligung an den Instandhaltungs- und Ausbaukosten der Straßeninfrastruktur.[42] Auch das Verursacher- und Nutzerprinzip[43] vermag eine unterschiedliche Behandlung von in- und ausländischen Pkw-Haltern nicht zu rechtfertigen. Zwar entrichten die Halter von in Deutschland zugelassenen Fahrzeugen die jährliche Kfz-Steuer;

---

37 Vgl. *Rathke* (Fn. 20), 12. Zum besonderen Verhältnis zwischen Art. 58 und Art. 92 AEUV vgl. *Müller-Graff*, in: Streinz (Fn. 15), Art. 58 AEUV, Rn. 4.

38 Näher *Schmahl*, EnzEuR II, 2014, § 15 Rn. 68 f., 74 ff., m.w.N.

39 So auch *Kainer/Ponterlitschek* (Fn. 14), 200; *Korte/Gurreck* (Fn. 16), 428. Zu Unrecht a.A. *Beck* NZV 2014, 289, 289 f.

40 *von Bogdandy*, in: Grabitz/Hilf/Nettesheim (Fn. 13), Art. 18 AEUV, Rn. 20, m.w.N.

41 *Boehme-Neßler* (Fn. 1), 99; *Streinz*, in: ders. (Fn. 15), Art. 18 AEUV, Rn. 60.

42 So bereits EuGH, Urt. v. 19.5.1992, Rs. C-195/90 (Kommission/Deutschland), Slg. 1992, I-3141, Rn. 31; Schlussanträge GA Jacobs, 13.3.1992, Rs. C-195/90 (Kommission/Deutschland), Slg. 1992, I-3158, Rn. 31. Vgl. auch *Korte/Gurreck* (Fn. 14), 437 f.; *Rathke* (Fn. 20), 17.

43 Dazu näher Mitteilung der Kommission vom 14.5.2012, KOM(2012) 199 endg., 2 und 11.

diese kommt aber nicht unmittelbar der Straßeninfrastruktur zugute, sondern fließt – ebenso wie die Mineralölsteuer, die an den Tankvorgang in Deutschland anknüpft – zweckungebunden zur allgemeinen Deckung des öffentlichen Finanzbedarfs in den Haushalt.[44] Die Straßenbenutzungsgebühr in Form der Vignette wird indes als nichtsteuerliche Abgabe mit Gegenleistungscharakter für die tatsächliche Inanspruchnahme des Verkehrsnetzes erhoben und stellt einen Ausgleich eines spezifischen Sondervorteils dar, weshalb sie zweckgebunden eingesetzt werden muss.[45] Daher ist es unzulässig, nur ausländische Fahrzeughalter an den Instandhaltungskosten über eine Benutzungsgebühr zu beteiligen, während Inländer über die (um die Benutzungsgebühr reduzierte) Kfz-Steuer zur Instandhaltung der Straßen gerade nicht zweckgebunden beitragen.[46] Aus ähnlichen Überlegungen scheidet auch die Kohärenz des Steuersystems als Rechtfertigungsgrund aus.[47]

2. Ausgestaltung des Vignettenerwerbs

Ferner wirft die im Konzeptpapier des BMVI präsentierte Ausgestaltung des Vignettenerwerbs europarechtliche Probleme auf. So ist zwar nicht zu beanstanden, dass nur ausländische Fahrzeughalter die Vignette über das Internet oder an einer Tankstelle erwerben müssen, während Inländern die Vignette automatisch zugestellt wird.[48] Problematisch ist jedoch, dass bei einem Verkauf an Tankstellen ein pauschaler Einheitspreis für die Jahresvignette vorgesehen ist, der die technische Beschaffenheit des Fahrzeugs außer Acht lässt, während die Höhe der jährlich zu entrichtenden Infrastrukturabgabe bei inländischen Kfz-Haltern nach der Umweltfreundlichkeit des Pkw bemessen wird. Ob höhere Verwaltungskosten und die Notwendigkeit von gesetzgeberischen Typisierungen diese undifferenzierte, nicht „ökologisierte" Preisgestaltung beim Vignettenerwerb an Tankstellen rechtfertigen, lässt sich (zumal im Zeitalter der elektronischen Verwaltung) kritisch hinterfragen.[49] Desgleichen nährt die im Verhältnis unter-

44 Vgl. Art. 106 Abs. 1 Nr. 3 GG; näher *Langeloh* DÖV 2014, 365, 366 f.
45 Vgl. z.B. BVerfGE 50, 217, 226; 110, 370, 388; 113, 128, 148; 124, 348, 263.
46 So auch *Langeloh* (Fn. 44), 367; *Korte/Gurreck* (Fn. 14), 435 f.
47 Ausführlich *Langeloh* (Fn. 44), 370 ff.; *Rathke* (Fn. 20), 18 ff.
48 *Obwexer* (Fn. 29), 7 f.
49 Zutreffend *Obwexer* (Fn. 29), 8; *Rathke* (Fn. 20), 16, 21 f.

schiedlich hohe Ausgestaltung der Preise für Kurzzeit- und Langzeitvignetten Zweifel an der preislichen Sachangemessenheit der Kurzzeitvignetten.[50]

III. Fazit

Die Einführung einer allgemeinen Vignetten-Pflicht in Deutschland unter gleichzeitiger Herabsetzung der Kfz-Steuer muss – trotz formaler Trennung – materiell als Einheit betrachtet werden. Die Kompensation der Vignettenkosten für inländische Fahrzeughalter stellt eine mittelbare Diskriminierung von EU-Ausländern dar und verstößt gegen Art. 92 AEUV, die Grundfreiheiten und Art. 18 AEUV. Eine Rechtfertigung der Maßnahmen kommt solange und soweit nicht in Betracht, als die Kfz-Steuer zweckungebunden der Deckung des allgemeinen Finanzbedarfs des Staates dient und inländische Fahrzeughalter deshalb keinen spezifischen Beitrag zur Instandhaltung der Verkehrsinfrastruktur leisten.[51]

Möglichkeiten für eine unionsrechtskonforme Ausgestaltung der Infrastrukturabgabe bieten sich dennoch: Gelänge es, den inneren Zusammenhang zwischen der Einführung der Vignette und der Senkung der Kfz-Steuer zu lösen, bestünde hierin keine Diskriminierung. Aus zeitlicher Sicht wäre eine solche Entkoppelung möglich, wenn eine nennenswerte Zeitspanne zwischen dem Inkrafttreten beider Maßnahmen läge.[52] Der sachliche Zusammenhang ließe sich beseitigen, wenn die Finanzierung der Verkehrsinfrastruktur völlig neu geregelt werden würde. So böte es sich an, die Kfz-Steuer abzuschaffen und eine allgemeine Gebührenfinanzierung einzuführen, die nicht an den Ort der Zulassung des Pkw anknüpft. Diese rechtlichen Alternativen, die auch finanzpolitisch wohl sinnvoller wären,[53] entsprechen jedoch nicht dem Koalitionsvertrag und scheinen –

---

50 Näher *Rathke* (Fn. 20), 16, 21; *Obwexer* (Fn. 29), 8 f.

51 Dem Bundesgesetzgeber ist es freilich unbenommen, eine gesetzliche Zweckbindung herzustellen oder die Kfz-Steuer durch eine Kfz-Sonderabgabe zu ersetzen, vgl. *Uerpmann-Wittzack*, in: HStR IV, 3. Auflage 2006, § 89, Rn. 17; *Langeloh* (Fn. 44), 367.

52 Erforderlich ist ein Zuwarten von mindestens einem Jahr, ebenso *Schäfer* (Fn. 15), Art. 92 AEUV, Rn. 14.

53 Bei einem geschätzten Fehlbetrag von 7,2 Mrd. Euro jährlich für die Instandhaltung der Straßeninfrastruktur erweisen sich die erwarteten Netto-Einnahmen aus dem Vignettenverkauf mit rund 600 Mio. Euro pro Jahr als äußerst gering. Zur Be-

bislang – politisch nicht gewollt zu sein. Nicht nur deshalb, sondern auch um der Grundidee der europäischen Integration willen wäre eine baldige sekundärrechtliche Regelung der Straßenbenutzungsgebühr für Pkw durch die EU wünschenswert.

---

rechnung im Einzelnen vgl. Infopapier (Fn. 4), 3, sowie das Gutachten der Firma Schmid Mobility Solutions, Wirkungsanalyse Pkw-Maut – Folgen für Nordrhein-Westfalen, 16.4.2014.

V. Die Wirtschafts- und Währungsunion als Ordnung des Finanzmarkts und politisches Projekt

EWWU, Regelbindung und Gemeinwohl

Wim Kösters

I. Einführung

Die EU ist ein freiwilliger Zusammenschluss von Staaten. Artikel 50 EUV räumt ihnen ein Austrittsrecht ein. Soll die EU in der gegenwärtigen Form erhalten bleiben, muss folglich politisch dafür gesorgt werden, dass die Mehrheit der Bevölkerung der europäischen Integration weiter zustimmt. Es war in der Vergangenheit zu beobachten, dass diese Zustimmung am größten war, wenn sie erkennbar den beiden grundlegenden Zielen Frieden und Wohlstand diente (Vgl. hierzu verschiedene Angaben des Eurobarometers). Es kann unterstellt werden, dass mit der Verfolgung dieser beiden Ziele auch das oberste gesellschaftspolitische Ziel, das Gemeinwohl, gefördert wird. Die gegenwärtige Krise der Europäischen Währungsunion hat bei vielen Bürgern jedoch Zweifel am Wert der europäischen Integration aufkommen lassen, was nicht zuletzt auch an der signifikanten Zunahme des Stimmenanteils von europakritischen Parteien bei der letzten Wahl in 2014 zum Europaparlament deutlich wurde. In den Augen vieler Wähler werden offenbar die Kosten der Integration mittlerweile höher eingeschätzt als ihr Nutzen. Dies hängt sicherlich auch mit der gegenwärtigen Krise der EWU und den politischen Reaktionen darauf zusammen. Eine nachhaltige Überwindung der Krise ist daher nur möglich, wenn überzeugend deutlich wird, dass die zu ihrer Bekämpfung ergriffenen Maßnahmen zu mehr Wohlstand und Frieden und somit Gemeinwohl für die europäischen Bürger führen.

Um beurteilen zu können, wie diese Maßnahmen beschaffen sein müssen, damit sie dies leisten, ist eine Analyse der Krisenursachen unerlässlich. Die Schaffung des Europäischen Binnenmarktes und der Europäischen Währungsunion sind aus ökonomischer Sicht auch als Antworten der EU auf die Herausforderungen und Anpassungsnotwendigkeiten der Globalisierung, die sich in den letzten Jahrzehnten verstärkt entwickelt hat, zu betrachten.

Durch die Globalisierung wurden die internationale Integration der Märkte und der internationale Systemwettbewerb deutlich erhöht. Volkswirtschaften, die sich den daraus folgenden Herausforderungen stellten und die notwendigen ökonomischen Anpassungen vornahmen, profitierten mit rascher steigendem Wohlstand (wie z.B. China). Volkswirtschaften, die das nicht taten, fielen wohlfahrtsmäßig immer mehr zurück (wie z.B. Nordkorea).

Binnenmarkt und Währungsunion mit ihren in den Verträgen vereinbarten Regeln sollten wirtschaftspolitisch dafür sorgen, dass sich die beteiligten europäischen Volkswirtschaften schneller anpassen und ihr Wohlstand in der globalisierten Welt weiter zunimmt. Denn sie hätten dadurch einen Vorsprung bei der internationalen Wettbewerbsfähigkeit gewinnen können. Dafür wäre allerdings nicht nur die Einhaltung der Regeln des Stabilitäts- und Wachstumspaktes, sondern auch die gleichzeitige Durchführung von Strukturreformen notwendig gewesen.

II. EWWU im Dienste des Gemeinwohls

Der Globalisierungsprozess der letzten Jahrzehnte wurde wesentlich ermöglicht durch die Vereinbarungen zur Liberalisierung des Welthandels in bisher acht abgeschlossenen GATT-Runden (die letzte, die Uruguay-Runde, wurde 1994 erfolgreich beendet) mit ihren Zollsenkungen, Abschaffungen nichttarifärer Handelshemmnisse, gerade auch Kapitalverkehrskontrollen etc., und die rasanten Entwicklungen in der Informations- und Kommunikationstechnologie. Die aktuelle, nunmehr WTO-Runde, die 2001 begonnene Doha-Runde, kommt nur sehr zäh voran.

Wichtige Kennzeichen der Globalisierung sind eine Zunahme des internationalen Handels, vor allem des intrasektoralen, das Vordringen der Schwellenländer sowie eine deutlich höhere Mobilität der Produktionsfaktoren Arbeit und Kapital, aber auch des Know How. In der Folge haben sich die Integration der internationalen Kapitalmärkte und der weltweite Systemwettbewerb stark erhöht. Dadurch geraten nationale Regulierungssysteme (einschließlich der Jurisdiktion) unter höheren Wettbewerbsdruck. Denn deutlich mobilere Produktionsfaktoren können glaubhaft mit Abwanderung drohen bzw. tatsächlich abwandern.

Der Wohlstand eines Landes kann nur gesteigert werden, wenn es gelingt, mobile Produktionsfaktoren im Lande zu halten und neue zu attrahieren. Dazu müssen sich die nationale Wirtschaftspolitik und die Wirtschaft anpassen, um diesen Herausforderungen gerecht zu werden. Denn nur ein Land, das sich anpasst, profitiert hinsichtlich des Wohlstands von der Globalisierung. Geschieht das nicht, fallen das Land und seine Bürger wohlstandsmäßig zurück.

Wenn man die Zustimmung der Mehrheit der Bevölkerung zur europäischen Integration auf Dauer erhalten will, muss also eine Anpassung der Mitgliedsländer an die Herausforderungen der Globalisierung stattfinden, um international wettbewerbsfähig zu bleiben und ihren Wohlstand zu sichern. Der Europäische Binnenmarkt und die Europäische Währungsunion hätten dabei gute Dienste leisten können, wenn ihre Konzeption von allen Akteuren verstanden und die Einhaltung ihrer Regeln von allen Beteiligten ernst genommen worden wären.

Denn zum einen hätte ein vollendeter Europäischer Binnenmarkt mit dem durch ihn garantierten freien Verkehr von Gütern, Dienstleistungen, Kapital und Arbeit für flexiblere Löhne und Preise und damit eine höhere internationale Wettbewerbsfähigkeit gesorgt, u.a. auch durch eine schnellere Anpassung bei Krisen und eine bessere Allokation der Ressourcen. Zum anderen wird durch die Gemeinschaftswährung Euro das Wechselkursrisiko endgültig beseitigt und ist die unabhängige EZB auf das Ziel Preisniveaustabilität verpflichtet. Zudem sollte durch die sanktionsbewährten Regeln des Stabilitäts- und Wachstumspaktes und die No-Bail-Out-Klausel sichergestellt werden, dass jedes Mitgliedsland seine öffentlichen Haushalte in eigener Verantwortung in Ordnung bringt und nachhaltig gestaltet. In dem so für die nationale Wirtschaftspolitik in der EWU gesteckten Rahmen wäre dann der Lohnpolitik die Hauptverantwortung für das Ziel hoher Beschäftigungsstand zugefallen.

Da diese europäischen Regelungen weit über die sonst im Rahmen der Globalisierung geltenden Bedingungen hinausreichen, wäre damit eine „Superglobalisierung" in der EWWU verbunden gewesen. Dies hätte vor allem einen deutlich höheren Grad des Systemwettbewerbs mit sich gebracht, der zu einer schnelleren Anpassung und damit größeren internationalen Wettbewerbsfähigkeit der EWWU im Vergleich zum Rest der globalisierten Welt geführt hätte. Der Wohlstandsvorsprung Europas hätte dadurch gehalten oder sogar ausgebaut werden können.

III. Beeinträchtigung des Gemeinwohls durch Nichtanpassung

Dazu wäre allerdings notwendig gewesen, die in den europäischen Verträgen vereinbarten Regeln einzuhalten und sich dem geplanten verschärften Systemwettbewerb durch Strukturreformen zu stellen. Dies geschah jedoch allgemein (auch in Deutschland) in unzureichender Weise und zudem von Mitgliedsland zu Mitgliedsland mit sehr unterschiedlicher Intensität. Dabei ist zu beobachten, dass diejenigen Mitgliedsländer in Krisen gerieten, in denen notwendige Strukturreformen und damit Anpassungen an die Herausforderungen der Globalisierung unterblieben.

Damit einher gingen Verletzungen der in den Verträgen vereinbarten Regeln. Unflexible Arbeitsmarktstrukturen, über die Produktivitätsentwicklung hinausgehende Lohnerhöhungen, eine ineffiziente Bankenaufsicht und -regulierung, Defizite im Bildungssystem, ineffiziente und personell überbesetzte öffentliche Verwaltungen, Hemmnisse für private Investitionen, überregulierte Gütermärkte, mangelnde Reaktion auf die Herausforderungen des demographischen Wandels, etc. hätten dagegen jedes Mitgliedsland aus eigenem Interesse zu raschen Strukturreformen veranlassen müssen, um im Systemwettbewerb zu bestehen. Die Einhaltung der Regeln des Europäischen Binnenmarktes und der EWWU (Stabilitäts- und Wachstumspakt), von der bei Vertragsabschluss ausgegangen wurde, sollte dafür den notwendigen Druck erzeugen. Denn im Falle einer Krise konnte sich danach kein Mitgliedsland Hilfe von der Geld- und Fiskalpolitik erhoffen, da die EZB auf das Ziel Preisniveaustabilität verpflichtet war und Verletzungen der Haushaltskriterien Sanktionen nach sich zogen und auch im schlimmsten Fall kein Bail-Out durch andere Mitgliedsländer oder die EU vorgesehen war.

Wie sich gezeigt hat, wurde der vereinbarte Rahmen von den politischen Akteuren nicht ernst genommen oder nicht verstanden, so dass die notwendigen Strukturreformen insbesondere in den Krisenländern nicht aus eigenem Interesse freiwillig durchgeführt wurden. Stattdessen wurden und werden immer wieder vertraglich vereinbarte Regeln missachtet, um als schmerzhaft empfundene Anpassungen zu vermeiden. Die Verantwortung für die ökonomischen Folgen wird dann abwechselnd der „zu restriktiven" EZB, der Europäischen Kommission oder dem als Hegemon und Austeritätsverfechter angesehenen Deutschland zugeschoben.

Die Ursachen der gegenwärtigen Krise werden jedoch schnell offenbar, wenn man sich die Versäumnisse der vergangenen Jahre anschaut. Wachstums- und Wohlfahrtschancen wurden dadurch verpasst, dass der Europäische Binnenmarkt bis heute nicht nur nicht vollendet ist, sondern seine Regeln immer wieder zu unterlaufen und zu umgehen versucht werden, wie z.B. durch die Einführung eines gesetzlichen Mindestlohns in 2014 in Deutschland, ohne dass dagegen politisch etwas unternommen würde. Ablehnung, Bruch und Verwässerung der Regeln des Maastrichter Vertrages ist inzwischen Legion:

- Aufnahme von Staaten in die EWU aufgrund übermäßig großzügig interpretierter oder gefälschter Konvergenzkriterien (z.B. Italien, Belgien, Deutschland, Griechenland).
- Nichtsanktionierung von Verletzungen des Stabilitäts- und Wachstumspaktes (z.B. Deutschland, Frankreich).
- Bezeichnung der Regeln des Stabilitäts- und Wachstumspaktes als „dumm" schon 2002 durch den damaligen Präsidenten der Europäischen Kommission, Prodi, was ihre Rolle als Hüterin der Verträge diskreditierte.
- Offene Ablehnung der Unabhängigkeit und Preisniveaustabilitätsorientierung der EZB durch alle Kandidaten (auch die unterlegenen) in den letzten drei Präsidentschaftswahlkämpfen in Frankreich.
- Frankreich führt eine Schuldenbremse lediglich in einem einfachen Gesetz und nicht – wie im Fiskalpakt vorgesehen – in der Verfassung ein.
- Die schon verwässerten Regeln des Stabilitäts- und Wachstumspaktes werden von der Europäischen Kommission zugunsten einzelner Mitgliedsländer noch weiter gedehnt und damit die Anpassungszwänge noch mehr gelockert.
- Die Europäische Zentralbank sorgt mit ihrer Bereitschaft zur quantitativen Lockerung zwar kurzfristig für die Kohäsion der EWWU, muss aber befürchten, dass sie damit dazu beiträgt, dass notwendige Strukturreformen und somit Anpassungen auf nationaler Ebene weiter verzögert werden.

Durch diese und viele weitere fortgesetzte Dehnungen und explizite Verletzungen vertraglich vereinbarter Regeln wird zum einen die Glaubwürdigkeit der europäischen Politik und ihrer Institutionen erheblich geschädigt, was ihre Wirksamkeit beeinträchtigt. Zum anderen werden dadurch die Zwänge zur Anpassung in Form von nationalen Strukturreformen verringert. Dies zeigt sich dann in hohen staatlichen und privaten Schuldenstandsquoten, mangelnder internationaler Wettbewerbsfähigkeit, hoher Arbeitslosigkeit und niedrigem oder sogar zeitweise rückläufigem Wirtschaftswachstum. All dies wirkt negativ auf das Gemeinwohl und lässt die Zustimmung zur europäischen Integration in Krisen- und Geberländern sinken. Bei ökonomisch ineffizienter Krisenbekämpfung droht daher eine Desintegration.

IV. Gemeinwohlförderliche Krisenbekämpfung

Ökonomisch effizient kann nur eine Krisenbekämpfung sein, die die unterlassene Anpassung durch Strukturreformen nachholt, also Konsolidierung der Staatshaushalte, Erhöhung der internationalen Wettbewerbsfähigkeit, Förderung des Wirtschaftswachstums und Verbesserung der Funktionsweise des Arbeitsmarktes. Dies ist Aufgabe der nationalen Regierungen. Kredite des ESM und expansive Geldpolitik der EZB können keines der Probleme lösen. Da die Strukturreformen jedoch nur mittel- bis längerfristig ihre Wirksamkeit entfalten, können sie Zeit kaufen, bis die nationalen Reformen wirksam werden. Da der Nachholbedarf in einigen Ländern, insbesondere in Griechenland sehr hoch ist, sind schmerzhafte Anpassungen notwendig. Für demokratisch legitimierte Regierungen ist die Durchsetzung sicherlich sehr schwer, da sie Standfestigkeit über einen längeren Zeitraum erfordert. Wenn die notwendigen Strukturreformen jedoch nicht stattfinden, könnte für die EU das aus Süditalien bekannte „Mezzogiorno-Problem“ entstehen: Trotz vieler Hilfen aus dem Norden entwickelt sich der Süden nicht richtig. Es ist zu bezweifeln, dass die EU eine solche Situation über längere Zeit aushalten würde, ohne dass sich stärkere Desintegrationstendenzen entwickeln würden.

Das geschädigte Vertrauen in die europäische Politik und ihre Institutionen muss zudem dadurch wiederhergestellt werden, dass die neuen zur Krisenbekämpfung beschlossenen Regeln (Six Pack, Fiskalpakt, Bankenunion) von allen Beteiligten ernst genommen und in Zukunft strikt eingehalten werden. Nur so kann verlorenes Vertrauen und Glaubwürdigkeit zurückgewonnen werden, was für eine effiziente Politik Grundvoraussetzung ist.

Ein Auseinanderbrechen der EWWU kann aber in Zukunft darüber hinaus nur verhindert werden, wenn für einen höheren Wohlstandszuwachs gesorgt wird. Angesichts des demographischen Wandels in vielen Mitgliedsländern stellt dies eine besondere Herausforderung für die Politik dar. Ihr wird man nicht durch expansive Geldpolitik und europäische Investitionsprogramme gerecht, die allenfalls kurzfristig stimulieren, aber nicht Wachstum auf längere Sicht bewirken können. Dazu sind vielmehr Maßnahmen zur Steigerung von Innovationen und Produktivität notwendig. Auch dabei sind zunächst die Mitgliedsstaaten gefordert. Auf europäischer Ebene könnte dies durch eine Intensivierung des Wettbewerbs im Binnenmarkt erreicht werden. Er ist in vielen Bereichen noch weit davon entfernt, vollendet zu sein. Dies trifft u.a. für die Dienstleistungen zu, für die – anders als im Warenverkehr – das Ursprungslandprinzip nicht gilt. Die Finanzierung neuer, innovativer Unternehmen würde in Europa leichter, wenn ein europäischer Binnenmarkt für Wagniskapital ermöglicht würde. Wachstums- und gemeinwohlförderlich wäre schließlich auch die Schaffung eines Binnenmarktes im Bereich der digitalen Wirtschaft.

Europäische Demokratie in der Krise?

Matthias Ruffert[*]

I. Die These von der „asymmetrischen Demokratie" – Versuch einer Falsifikation

Die Folgen der europäischen Staatsschuldenkrise für die Bevölkerung in den Krisenstaaten, allen voran in Griechenland, sind unübersehbar.[1] Gerade dort ist auch unübersehbar, dass sie nicht unbedingt von den Verursachern der Fehlentwicklungen getragen werden müssen.[2] Vor diesem Hintergrund ist es nur zu verständlich, wenn kritische Anfragen an die Politik der Europäischen Union (EU) formuliert werden. Eine davon lautet, dass es mit dem europäischen Demokratieprinzip unvereinbar sei, wenn einerseits die Geberländer ihre Haushaltsautonomie herausstellten, andererseits die Nehmerländer tiefgreifende haushaltswirksame Auflagen ohne demokratische Kontrolle umsetzen müssten.

Bis vor kurzem ist diese These eher auf der politischen Ebene formuliert worden. Nun hat sie es aber in die Zeitschrift Europarecht geschafft – zu deren Herausgeberkreis der Verfasser dieser Zeilen gemeinsam mit *Peter-Christian Müller-Graff* gehören darf –, dies unter dem Schlagwort „asymmetrische Demokratie".[3] Die These kann und muss indes widerlegt werden.

---

* Meiner Mitarbeiterin *Elena Mönning* danke ich für wertvolle Hinweise und Anregungen.

1 Zur Krisenphänomenologie (Staatsschuldenkrise/Bankenkrise) *Ohler,* Bankenaufsicht und Geldpolitik in der Währungsunion, München 1. Auflage 2015, § 4, Rn. 30 ff. und 50 ff.

2 Zur Situation in Griechenland illustrativ, wenngleich nicht durchweg frei von Polemik *Drossos*, Greece. The Sovereingnty of the debt, the Sovereigns over the debsts and some reflections on law, Harvard Law School, Institute for Global Law and Policy, Working Paper 7/2011, 23 ff.

3 *Triantafyllou* EuR 2014, 458. Übereinstimmung in engen Grenzen bei *Elefhteriadis,* in: Ringe/Huber, Legal Challenges in the Global Financial Crisis, 2014, 27, 42 f..

II. Die vermeintliche Asymmetrie

1. Haushaltsautonomie als Bestandteil des Demokratieprinzips im nationalen Verfassungsrecht

Die parlamentarische Budgethoheit gehört zum rechtsordnungsübergreifenden Kernbestand des Verfassungsrechts. Ihr Schutz gegenüber Beeinträchtigungen durch die europäische Integration ist indes vor allem ein deutsches Phänomen und wird hier maßgeblich vom BVerfG entwickelt. Ausgangspunkt ist der verfassungsrechtlich durchaus anfechtbare Ansatz des Gerichts im Lissabon-Urteil, bestimmte Politikfelder durch das über Art. 79 Abs. 3 GG änderungsfeste Demokratieprinzip dem Zugriff der weiteren Integration zu entziehen und im „demokratischen Primärraum" des Mitgliedstaats Deutschland zu belassen.[4] Hierzu zählt das BVerfG schon im Lissabon-Urteil und im Zeitpunkt Juni 2009, vor dem politischen Offenbarungseid der neu gewählten griechischen Regierung im Herbst desselben Jahres, reichlich überraschend, die Budgethoheit.[5]

In späteren Urteilen festigte das BVerfG sodann seine Rechtsprechung in der Krise. Die Budgetverantwortung dürfte nicht „durch unbestimmte haushaltspolitische Ermächtigungen" bzw. „Mechanismen mit unüberschaubaren haushaltsbedeutsamen Belastungen" vom Bundestag auf andere Akteure übertragen werden.[6] Im gleichen Kontext darf es keine Haftungsübernahme für Willensentscheidungen anderer Staaten geben, so dass größere Hilfsmaßnahmen der Zustimmung des Bundestags im Einzelfall bedürfen.[7] Allerdings belässt das BVerfG die Beurteilung dieser Parameter im Wesentlichen dem Deutschen Bundestag, dem ein Beurteilungs- bzw. Einschätzungsspielraum sowohl für die Wahrscheinlichkeit des Eintretenmüssens für eine Gewährleistung als auch für die Bewertung der künftigen Trag- und Leistungsfähigkeit des Bundeshaushalts zukommt.[8] Mit Blick auf Beschränkungen der haushaltspolitischen Autonomie gegen-

---

4 BVerfGE 123, 267, 357 ff.

5 BVerfGE 123, 267, 361 f.

6 BVerfGE 129, 124, 179; 131, 195, 240; BVerfG, Urt. v. 18.3.2014 – 2 BvR 1390/12 (Fiskalpakt) = EuGRZ 2014, 193, Rn. 163.

7 BVerfGE 129, 124, 180; BVerfG, Urt. v. 18.3.2014 – 2 BvR 1390/12 (Fiskalpakt) = EuGRZ 2014, 193, Rn. 165. Zu weiteren Anforderungen an Verfahren und Entscheidung des Bundestages BVerfGE 130, 318; 131, 152.

8 BVerfGE 129, 124, 182 ff.; BVerfG, Urt. v. 18.3.2014 – 2 BvR 1390/12 (Fiskalpakt) = EuGRZ 2014, 193, Rn. 175.

über disziplinierenden Vorgaben des Unionsrechts oder paralleler intergouvernementaler Regelungen hat das BVerfG im ESM-Urteil nicht nur die Deckungsgleichheit der Schuldenbremsen im Fiskalpakt und im Grundgesetz betont, sondern der Haushaltsautonomie eine stabilitätsorientierte, Gestaltungsspielräume für die Zukunft sichernde Deutung gegeben.[9]

2. Beschränkungen der Haushaltsautonomie durch konditionierte Finanzhilfen der Europäischen Union

Staaten, die Finanzhilfen aus dem Europäischen Stabilitätsmechanismus ESM erhalten, können dies nur unter „strengen Auflagen" (Art. 136 Abs. 3 S. 2 AEUV).[10] Diese Auflagen werden nach Art. 13 Abs. 3 ESMV in einem Memorandum of Understanding (MoU) mit dem betreffenden Mitgliedstaat im Detail vereinbart.[11] Der ESMV regelt nur die Zuständigkeiten auf europäischer Ebene. Hier erhält die Kommission das entsprechende Verhandlungsmandat zusammen mit EZB und IWF. Wer der dadurch institutionalisierten Troika gegenübertritt, wie also die Zustimmung auf der Seite des „ESM-Mitglieds" aussieht, ist eine Frage des jeweiligen mitgliedstaatlichen Rechts.

Auch die Konditionierung der Finanzhilfen vor Inkrafttreten von ESMV und Art. 136 Abs. 3 AEUV ist über MoUs gesteuert worden; dies gilt sowohl für das Griechenland-Hilfspaket als auch für Unterstützungsmaßnahmen über die European Financial Stability Facility (EFSF).[12] Hinsichtlich der massiven Einschnitte in den betroffenen Ländern ist bislang vor allem die Beeinträchtigung von sozialen Gewährleistungen diskutiert worden.[13] Nach nationalem Recht stellt sich aber auch die Frage nach der demokratischen Legitimation der Eingriffe in die Haushaltsautonomie, zu-

---

9 BVerfGE 131, 195, 243 ff. und 278 ff. S. zudem bereits BVerfGE 123, 267, 361 f.; dazu vgl. *Ruffert* EuR 2011, 842, 853.

10 Vertrag zur Einrichtung des Europäischen Stabilitätsmechanismus, BGBl. 2012 II, 983; Beschluß des Europäischen Rates vom 25.3.2012, ABl. EU Nr. L 91/1vom 29.3.2012.

11 *Triantafyllou* (Fn. 3), 458, 462. Zu den MoU im ESM *Ohler* (Fn. 1), Rn. 60 m.w.N.

12 Vgl. *Tuori/Tuori,* The Eurozone Crisis, Cambridge University Press 2014, 89 ff.

13 S. z.B. *Achtsioglou/Doherty* ELJ 20 (2014), 219. Die Verbindung zum Demokratieprinzip wird hergestellt bei *Tuori/Tuori* (Fn. 12) 205 ff.

mal dann, wenn es nach nationalem Recht keine explizite parlamentarische Zustimmung für das jeweilige MoU gibt. In der Literatur wird ein – nur in griechischer Sprache erreichbares[14] – Urteil des Griechischen Staatsrats referiert, das die Probleme des nationalen Verfassungsrechts zwar mit dem Kunstgriff löst, dass es das betreffende MoU als nationales Wirtschaftsprogramm versteht, dem aber ein Minderheitsvotum beigefügt ist, das den griechischen Gesetzgeber „nach den Diktaten fremder Staaten und Instanzen" gebunden sieht.[15] Auf den ersten Blick ist also der Kontrast zwischen den jeweils beispielhaft dargestellten Situationen in Deutschland und Griechenland unübersehbar.

3. Gegenargument I: Die Autonomiebeschränkung ist keine Folge der Finanzhilfen

Auf den zweiten Blick zeigt sich jedoch, dass dieses Ergebnis voreilig wäre. Das schlagende Gegenargument ist geradezu banal. Versetzt man sich zurück in das Frühjahr 2010, so hatte die europäische Politik eine Alternative dazu, Griechenland von Anfang Mai an durch Finanzhilfen zu unterstützen, um einen Zusammenbruch des Euro-Währungsgebiets abzuwehren: Es wäre auch möglich gewesen, den Unterstützungsforderungen nicht nachzugeben und sodann die Folgen eines griechischen Staatsbankrotts zu verarbeiten.[16] Rechtlich dürfte dies der Vorgabe des Art. 125 Abs. 1 AEUV eher entsprochen haben als die gewählte Alternative (die Klärung durch das Urteil Pringle[17] wurde erst zweieinhalb Jahre später herbeigeführt), und darüber, ob die wirtschaftlichen Folgen für die EU gravierender gewesen wären als die erheblichen Nachteile der heutigen Situation, kann nur spekuliert werden.

Aus der Demokratieperspektive entscheidend ist jedoch der Umstand, dass die einschneidenden Folgen für die griechische Volkswirtschaft vermutlich ebenso intensiv gewesen wären. Griechenland wäre in seiner

---

14 Abrufbar unter: http://www.dsanet.gr/Epikairothta/Nomologia/668.htm.

15 *Triantafyllou* (Fn. 3), 458, 463, mit konkreter Formulierung 464. Ferner *Paparrigopoulos/Sofiotis* Verwaltungsrundschau 2013, 181.

16 An meiner bereits im Interview in der FAZ Nr. 19 vom 23.1.2010, 19, geäußerten Rechtsauffassung halte ich weiterhin fest.

17 EuGH, Urt. v. 27.11.2012, Rs. C-370/12 (Pringle), EU:C:2012:756, Rn. 129 ff.

Währung (dem Euro) zahlungsunfähig gewesen.[18] Mit einem Schlag hätten also die Mittel für öffentliche Ausgaben aller Art nicht oder nur noch in begrenztem Umfang zur Verfügung gestanden. Die Errichtung der „Rettungsschirme" stellt nicht nur einen wirtschaftspolitischen Modellwechsel von der ökonomisch-administrativen Steuerung über die Finanzmärkte und das Defizitverfahren zur politischen Steuerung dar.[19] In der Anfrage an die demokratische Legitimation der EU-Politik nach dem Modellwechsel realisiert sich auch die Verantwortungsübernahme durch die EU – was vorher den internationalen Finanzmärkten angelastet worden wäre, trifft nun die EU bzw. die „gebenden" Mitgliedstaaten der Eurozone. Maßgeblich für die Demokratieperspektive bleibt aber die Kausalität. Die Alternativenbetrachtung zeigt, dass die schweren Einschnitte in die Haushaltsautonomie nicht Folge der EU-Politik sind. Äußeres Zeichen in rechtlicher Hinsicht für diese Beurteilung ist auch der Umstand, dass Art. 122 Abs. 2 AEUV keine Rolle bei den Griechenlandhilfen spielt. Es geht eben gerade nicht um außergewöhnliche Ereignisse außerhalb der Kontrolle eines Mitgliedstaates, sondern um flächendeckendes Politikversagen und gravierende innere Strukturprobleme, die lediglich anlässlich der Finanzkrise nach außen sichtbar geworden sind.[20]

Gegen diese – harte – Argumentationslinie gibt es ernstzunehmende Gegenargumente: Die Überschuldung in Staaten wie Griechenland sei Folge der Konstruktion der Währungsunion. Diese sei (1) fehlkonstruiert, weil Wirtschafts- und Währungspolitik nicht in einer Hand lägen und (2) die Fehlkonstruktion und der durch niedrige Zinsen induzierte Importsog aus den heutigen Schuldnerländern die Exportwirtschaft in den heutigen Gläubigerländern befeuert habe.[21] Zwingend mit Blick auf das Demokratieprinzip ist dies allerdings nicht. Vor dem bereits beschriebenen Modellwechsel von der marktmäßig-administrativen zur politischen Steuerung folgte die EWWU durchaus einem klaren wirtschaftsverfassungsrechtlichen Konzept. Stabilität sollte durch Haushaltsdisziplin in den Mitgliedstaaten hergestellt werden, abgesichert durch die Verbote des *bail outs* und

---

18 *Herrmann* EuZW 2012, 805, 806. S. auch *ders.*, in: von Lewinski (Hrsg.), Staatsbankrott als Rechtsfrage, Baden-Baden 2011, 29, 30 ff.

19 *Ruffert* ZG 2013, 1.

20 Das räumt auch *Triantafyllou* (Fn. 3), 458, 465, ein.

21 In diese Richtung *Triantafyllou* (Fn. 3), 458, 459, sowie *Poiares Maduro,* A new governance for the EU and the euro: Democracy and Justice, Robert Schuman Centre for Advanced Studies Policy Paper 11, 2012, 7.

der monetären Staatsfinanzierung, durch das Defizitverfahren und den Stabilitäts- und Wachstumspakt. In diesem Rahmen gab es keinen Anlass für strengere Vorgaben an die Wirtschaftspolitiken der Mitgliedstaaten jenseits ihrer Koordinierung.[22] Selbst die Aufnahme in die Währungsunion trotz fehlender Erfüllung der Konvergenzkriterien und das verheerende Signal des gemeinsamen Durchbrechens des Stabilitätspakts durch Deutschland (unter Bundeskanzler *Schröder*) und Frankreich[23] ändert jedoch nichts an der Eigenverantwortlichkeit aller Mitgliedstaaten für ihre Haushaltsführung. Der Nutzen, den Exportwirtschaften einiger Staaten aus der Überschuldung anderer ziehen, spiegelt sich gewissermaßen im Aufwand für die Finanzhilfen, unterbricht jedoch nicht die Zurechnungsrelation zwischen der Haushaltspolitik der Schuldnerländer und ihrem Resultat.

III. Anforderungen des europäischen Demokratieprinzips

1. Das Prinzip der repräsentativen Demokratie als Prinzip der Europäischen Union in der Europäischen Wirtschafts- und Währungsunion

Eine auf dem Einsatz der EU-Rettungsinstrumente beruhende Asymmetrie in der Haushaltsautonomie gibt es also nicht. Eine andere Frage ist, ob nicht das im Europäischen Verfassungsverbund auf der supranationalen Ebene verankerte Demokratieprinzip eine Gestaltung dieser Instrumente fordert, die den Programmstaaten größere Spielräume gewährt.[24]

Der Vertrag von Lissabon hat die Demokratie nicht nur als Wert der EU formuliert (Art. 2 S. 1 EUV), sondern gibt ihr die repräsentative Demokratie als Regierungsform vor (Art. 10 Abs. 1 EUV).[25] Art. 10 Abs. 2 EUV bildet wiederum die duale Legitimation über Europäisches Parlament einerseits und über die Mitgliedstaaten im (Europäischen) Rat andererseits

---

22 Näher *Ruffert* (Fn. 19), 1 ,3 und 11 f.

23 Ergebnis war die Lockerung des Stabilitätspaktes: VO (EG) Nr. 1055/2005 des Rates v. 27.6.2005 zur Änderung der Verordnung (EG) Nr. 1466/97 über den Ausbau der haushaltspolitischen Überwachung und der Überwachung und Koordinierung der Wirtschaftspolitiken, ABl. 2005 Nr. L 174/1.

24 Das meint wohl *Triantafyllou* (Fn. 3), 458, 465, unter Verweis auf *Baquero-Cruz* ELJ 2008, 389, 411 ff.

25 Umfassend *Calliess,* Die neue Europäische Union nach dem Vertrag von Lissabon, Tübingen 2010, 163 ff.

ab.[26] Der Anwendungsbereich des Art. 10 Abs. 1 und 2 EUV erstreckt sich aber nur auf die Felder, in denen die EU zuständig ist; dies wiederum richtet sich nach dem Prinzip der begrenzten Einzelermächtigung, Art. 5 Abs. 1 S. 1 und Abs. 2 EUV. Nach der Pringle-Rechtsprechung ist die Finanzhilfepolitik auch nach Inkrafttreten von Art. 136 Abs. 3 AEUV im Zuständigkeitsbereich der Mitgliedstaaten verblieben; der ESM und – begrenzt – die Vorgängerinstitutionen bedienen sich (lediglich) des institutionellen Rahmens der EU.[27]

2. Gegenargument II: Duale demokratische Legitimation

Soweit EU-Organe in der „Rettungspolitik“ aktiv werden, ist ihr Handeln aber demokratisch rückangebunden. Zwar kann durchaus die geringe Rolle des Europäischen Parlaments im Kontext der Finanzhilfen kritisiert werden, jedoch wird dies gerade durch die beispielhaft für Deutschland (s.o. II. 1.) erörterte Einbindung nationaler Parlamente kompensiert; insoweit bildet die duale Legitimationsstruktur der EU ein System „kommunizierender Röhren“.[28]

Eine solche Einbindung der nationalen Parlamente im Sinne von Art. 10 Abs. 2 S. 2 EUV ist auch auf „Nehmerseite“ gegeben, denn die für die Programmstaaten handelnden Regierungen sind jeweils demokratisch legitimiert – die politischen Verwerfungen nach Wahlen in diesen Staaten belegen diesen Zusammenhang.[29] Insgesamt erfordert der Modellwechsel auch eine Einbindung der Parlamente, denn die politische Steuerung muss stärker parlamentarisch unterfüttert sein als die Kombination aus marktmäßiger und administrativer Steuerung, weil sie entsprechende Gestaltungsspielräume eröffnet.[30]

Auch hier verbleibt ein gewichtiges Gegenargument. Die Auflagen aus den Finanzhilfen verlangen den Programmstaaten gravierende Eingriffe in ihre Steuer-, Sozial- und Gesundheitspolitik ab, obwohl eine Kompetenz

---

26 *Ruffert,* in: Calliess/Ruffert, EUV/AEUV, 4. Auflage 2011, Art. 10 EUV, Rn. 5 ff.

27 EuGH, Urt. v. 27.11.2012, Rs. C-370/12 (Pringle), EU:C:2012:756, Rn. 153 ff. S. insoweit *Ruffert* JZ 2013, 257 (257 re. Sp.).

28 Vgl. *Calliess* NVwZ 2012, 1, 2.

29 Der bei *Triantafyllou* (Fn. 3), 458, 463, Fn. 18, referierten Diskussion im griechischen Schrifttum über die Notwendigkeit der Ratifikation der MoUs nach griechischem Recht kann hier nicht nachgegangen werden.

30 S. wiederum *Ruffert* (Fn. 19), 1, 19 f.

der Europäischen Union in diesen Bereichen fehlt oder nicht besonders weit reicht.[31] Dem ist jedoch wiederum entgegenzuhalten, dass es (1) nicht um die Harmonisierung der Steuer-, Sozial- und Gesundheitspolitik geht, für die sich in der Tat entsprechende Kompetenzprobleme stellen würden, dass (2) das Primärrecht in Art. 136 Abs. 3 S. 2 AEUV gleichrangig mit den steuer-/sozial-/gesundheitsbezogenen Kompetenznormen die Beauflagung explizit nicht nur zulässt, sondern sogar fordert und dass (3) die konzertierte mitgliedstaatliche Unterstützung, sei es auf völkerrechtlicher, sei es (vorher) auf anderer Basis, trotz der unübersehbaren damit verbundenen Rechts- und Legitimationsprobleme jedenfalls keiner begrenzten Einzelermächtigung im Vertragswerk bedarf.

IV. Conclusio

Natürlich können gegen die Maßnahmen im Anschluss an den Ausbruch der Staatsschuldenkrise viele Einwände vorgebracht werden, politischer, ökonomischer und auch rechtlicher Natur. Sie bringen jedoch keine asymmetrische Demokratie hervor, und auch ein Verstoß gegen Art. 10 Abs. 1 und 2 EUV ist nicht zu gewärtigen.

31 Deutlich *Triantafyllou* (Fn. 3), 458, 462.

Marktintegration als Bestimmungsfaktor der europäischen Finanzmarktregulierung

Brigitte Haar

I. Einleitung

Der europäische Binnenmarkt steht schon seit jeher im Zentrum des umfangreichen Oeuvre des Jubilars. Mit der Finanzkrise sind auch dessen Implikationen für die Regulierung der Finanzmärkte zunehmend ins Blickfeld gerückt. Die Lehman-Insolvenz und der mit ihr einhergehende drohende globale Zusammenbruch des internationalen Finanzsystems hat nicht nur neue Maßnahmen der Finanzmarktregulierung, sondern auch eine Neubestimmung der europäischen Finanzmarktintegration erforderlich gemacht. Um dies auszuleuchten, ist vorab ein kurzer Blick auf die Eckpfeiler der europäischen Finanz- und Kapitalmarktregulierung angezeigt (II.), bevor deren Weiterentwicklung anhand der neueren Regulierungsmaßnahmen mit Blick auf die Marktintegration verdeutlicht werden kann (III.).

II. Die Kapitalverkehrsfreiheit als Eckpfeiler

1. Marktintegration auf der Grundlage harmonisierter Wertpapierdienstleistungsregulierung

Im Zusammenwirken mit der Cassis de Dijon-Entscheidung des EuGH, dem Weißbuch der Kommission zur Vollendung des Binnenmarktes von 1985 und der Einheitlichen Europäischen Akte bereiteten zunächst die Bankenrichtlinien den Weg für die Herkunftslandskontrolle im Finanzsektor.[1] Dieser Anfang der europäischen Finanzmarktregulierung war wesent-

1 EuGH, Urt. v. 20.2.1979, Rs. 120/78 (Cassis-de-Dijon), Slg. 1979, 649; Weißbuch, KOM(85) 310, Juni 1985; Einheitliche Europäische Akte, ABl. EG L 169 vom 29.6.1987; Erste Bankrechtskoordinierungsrichtlinie 77/780/EWG des Rates v. 12.12.1977, ABl. EG L 322/30; Zweite Bankrechtskoordinierungsrichtlinie

lich vom Gedanken des freien Marktzugangs für Finanzmarktakteure getragen, was sich in den nachfolgenden Richtlinien, wie etwa der OGAW-Richtlinie von 1985[2] und der Börsenzulassungsprospektrichtlinie von 1980[3], widerspiegelt. Schwächen einer dezentralisierten Aufsicht zeichneten sich mit der Wertpapierdienstleistungsrichtlinie von 1993[4] ab, so dass die verbleibenden Spielräume der Mitgliedstaaten im Rahmen der Wohlverhaltensregeln und vor allem des ordre public-Vorbehalts gem. Art. 17 Abs. 4 und 18 Abs. 2 der Richtlinie zusätzliche Maßnahmen für eine Marktintegration erforderlich machten.

Daher sollte auf der Grundlage des Aktionsplans für Finanzdienstleistungen 1999 (FSAP)[5] mit insgesamt 42 Maßnahmen der Binnenmarkt für Finanzdienstleistungen vollendet werden. Hierauf zielten auch die auf seiner Grundlage in der Folge erlassenen und umgesetzten 26 Richtlinien, von denen die wichtige MiFID I[6], die Prospekt-[7], die Transparenz-[8] und die Marktmissbrauchs-Richtlinie[9] genannt seien. Während der Regulierungsansatz der MiFID I auf die Zulassung und Aufsicht über börsliche und außerbörsliche Handelsplätze, die Klassifikation von Anlegergruppen und die Definition für übertragbare Wertpapiere als Handelsobjekte auf die Infrastruktur des Wertpapierdienstleistungsverkehrs gerichtet ist, adressieren die drei weiteren Richtlinien mit ihren Publizitäts- und Verbotsvorschriften primär Einzelfragen des Kapitalanlegerschutzes, die einer Harmonisierung zugeführt werden sollten. Dem liegt als übergeordnetes Ziel die Herstellung institutioneller und operationaler Kapitalmarkteffizienz zugrunde, das im Wege eines Rechtsreflexes den Anlegerschutz mittelbar verwirklichen soll.

89/646/EWG des Rates v. 15.12.1989, ABl. EG L 386/1; Überblick zum Ganzen etwa bei *Haar,* in: Basedow/Hopt/Zimmermann (Hrsg.), Handwörterbuch des Europäischen Privatrechts, Tübingen 2009, 498-501.

2 Richtlinie 85/611/EWG des Rates v. 20.12.1985, ABl. EWG L 375/3.

3 Richtlinie 80/390/EWG des Rates v. 17.4.1980, ABl. EG L 100/1.

4 Richtlinie 93/22/EWG des Rates v. 10.5.1993, ABl. EWG L 141/27.

5 Aktionsplan, KOM (1999) 232.

6 Richtlinie 2004/39/EG des Europäischen Parlaments und des Rates v. 21.4.2004, ABl. EG L 145/1.

7 Richtlinie 2003/71/EG des Europäischen Parlaments und des Rates v. 4.11.2003, ABl. EG L 345/64.

8 Richtlinie 2004/109/EG des Europäischen Parlaments und des Rates v. 15.12.2004, ABl. EG L 390/38.

9 Richtlinie 2003/6/EG des Europäischen Parlaments und des Rates v. 28.1.2003, ABl. EG L 96/16.

Das Ineinandergreifen von vereinheitlichter Aufsicht, Anlegerschutz und Kapitalmarkteffizienz stößt jedoch trotz gesteigerter Harmonisierung auf der Durchsetzungsebene an Grenzen, wie vor allem die Finanzkrise 2008/09 verdeutlicht hat. Dem tragen nunmehr die Marktmissbrauchs-Verordnung von 2014[10] und die Marktmissbrauchs-Richtlinie von 2014[11] Rechnung. So präzisiert die Verordnung u.a. die Bestimmungen zum Insiderhandel und zur Marktmanipulation und normiert einige Verschärfungen, wie etwa Dokumentationspflichten und die Pflicht zur Etablierung interner Verfahren und Systeme. Sie wird ergänzt durch die Marktmissbrauchs-Richtlinie mit Bestimmungen über strafrechtliche Sanktionen für Insiderhandel und Markmanipulation. Mit der Erstreckung der Reichweite des Regimes auf weitere Handelsplätze und weitere Finanzprodukte wird zugleich ein Gleichklang mit der neuen MiFID II von 2014[12] hergestellt.

Letztere erweitert u.a. den Regelungsbereich von MiFID I auf weitere neue organisierte Handelssysteme und Finanzinstrumente, wie Anleihen, strukturierte Finanzprodukte und OTC-Derivate, um im Zuge der Finanzkrise zutage getretenen Regulierungslücken mit entsprechenden Verschärfungen sowie auch Durchsetzungslücken Rechnung zu tragen.

2. *Marktintegration durch eine koordinierte Durchsetzung harmonisierter Regulierung*

Angesprochen ist damit die ungelöste Frage nach der Orchestrierung mitgliedstaatlicher Durchsetzungsbefugnisse. Es liegt auf der Hand, dass die der Herkunftslandskontrolle immanente gegenseitige Anerkennung die Verlässlichkeit einzelstaatlicher Regulierung und Aufsicht voraussetzt. Die enge Verzahnung von Wertpapierdienstleistungsfreiheit und Effektivität der Regulierung erwies sich als wichtige Triebfeder bei der Implementierung des FSAP.

Letzterer führte mit der Einführung des Lamfalussy-Verfahrens zu einem beschleunigten Regulierungsprozess, auf dessen Stufe 2 (Level 2)

10 Marktmissbrauchs-Verordnung (EU) Nr. 596/2014 des Europäischen Parlaments und des Rates v. 16.4.2014, ABl. EU L 173/1.

11 Marktmissbrauchs-Richtlinie 2014/57/EU des Europäischen Parlaments und des Rates v. 16.4.2014 , ABl. EU L 173/179.

12 MiFID II-Richtlinie 2014/65/EU des Europäischen Parlaments und des Rates v. 15.5.2014, ABl. EU L 173/349.

nach der Verabschiedung von Grundsatzrichtlinien und -verordnungen durch den Rat und das Europäische Parlament auf Stufe 1 (Level 1) die technischen Einzelheiten in Form von Durchführungsrichtlinien und -verordnungen im Komitologieverfahren von Experten der Kommission und aus Mitgliedstaaten festgelegt werden.[13] In die abgestimmte Umsetzung und Durchsetzung der Level 1- und Level 2-Maßnahmen werden im Rahmen der Entwicklung von Durchführungsbestimmungen auf der Stufe 3 (Level 3) Expertenausschüsse der europäischen Bankaufsichtsbehörden (CEBS), der europäischen Wertpapierregulierungsbehörden (CESR) und der europäischen Aufsichtsbehörden für das Versicherungswesen und die betriebliche Altersversorgung (CEIOPS) beratend eingebunden. Im Interesse der Aufsichtskonvergenz sollen sie auf der Grundlage von Leitlinien für Verwaltungsvorschriften, Empfehlungen zu Auslegungsfragen und Setzung gemeinsamer Standards die konsistente und gleichwertige Anwendung der Regelungen durch die mitgliedstaatlichen Aufsichtsbehörden koordinieren.

Gleichwohl konnte auch das Lamfalussy-Verfahren Divergenzen von zentralisierter und koordinierter Regelsetzung auf Gemeinschaftsebene einerseits und deren Umsetzung durch mitgliedstaatliche Aufsicht andererseits und damit verbundene Koordinationslücken nicht vollständig ausräumen. Wie sich vor allem in der Finanzkrise von 2008/09 gezeigt hat, haben, abgesehen von weiteren Systemschwächen, diese Regelungs- und Aufsichtsstrukturen eine Fokussierung auf die mikroprudenzielle Regulierung nach sich gezogen, ohne etwaige systemische Risiken und daraus erwachsende Erfordernisse einer makroprudenziellen Steuerung angemessen zu berücksichtigen. Für eine effektive Marktintegration ist daher eine Neujustierung der Regulierungsinstrumente erforderlich geworden.

III. Marktintegration durch Risikosteuerung

Damit sind die Beherrschung und Kontrolle systemischer Risiken des Finanzsystems wesentliche Bestimmungsfaktoren für die Weiterentwicklung der europäischen Finanzmarktregulierung geworden. Das enge Ineinandergreifen von Richtlinien, wie z.B. die Marktmissbrauchs- und die MiFID

---

13 Committee of Wise Men on the Regulation of European Securities Markets, Final Report, Brussels, 15 February 2001 (Lamfalussy-Bericht).

II-Richtlinie, mit den entsprechenden detaillierten unmittelbar anwendbaren Verordnungen, wie der Marktmissbrauchs-Verordnung und der Verordnung MiFIR, zielt auf eine stärkere Einheitlichkeit bei der effektiven Um- und Durchsetzung der zugrunde liegenden Richtlinien in den Mitgliedstaaten ab, die die verbliebenen Schwächen des Lamfalussy-Verfahrens beheben sollen. Letztlich findet dieses Bestreben im vom De Larosière-Bericht angeregten Single Rulebook Niederschlag, das mit detaillierten Regulierungsvorgaben Implementierungsrisiken vermindern und die Aufsicht besser koordinieren soll.[14] Damit ist auch das Erfordernis vorgezeichnet, hierfür einen neuen institutionellen Rahmen auf europäischer Ebene zu schaffen.

Hierbei ist es für die Krisenvermeidung und die Gewährleistung der nötigen Finanzmarktstabilität notwendig, die Aufsicht über die einzelnen Finanzinstitute um die Überwachung des Finanzsystems im Ganzen zu erweitern. Dieser zweigleisige Ansatz von mikro- und makroprudenzieller Überwachung spiegelt sich nunmehr in der europäischen Aufsichtsstruktur mit dem European Systemic Risk Board (ESRB)[15] und dem neuen EU-Finanzaufsichtssystem der europäischen Aufsichtsbehörden European Banking Authority (EBA)[16], European Securities Markets Authority (ESMA)[17] und European Insurance and Occupational Pensions Authority (EIOPA)[18] wider.

Die europäischen Aufsichtsbehörden (ESAs) sind Nachfolgeinstitutionen zu den oben genannten Level 3-Ausschüssen, wenngleich ihre Bedeutung aufgrund ihrer weiter reichenden administrativen Autonomie und ihrer Kompetenz zur Verabschiedung vereinheitlichter technischer Durchführungs- und Regulierungsstandards gestärkt worden ist. Zwar weisen ihre Aufgaben Bezüge zum europäischen Finanzmarkt insgesamt und zur erforderlichen Vermeidung systemischer Risiken auf. Gleichwohl trägt ihre Aufsicht in erster Linie mikroprudenzielle Züge und ist in den Aus-

---

14 The High Level Group on Financial Supervision in the EU, Report, Brussels, 25 February 2009, 3, 27-29 (de Larosière-Bericht).

15 ESRB-VO (EU) Nr. 1092/2010 des Europäischen Parlaments und des Rates v. 24.11.2010, ABl. L 331/1.

16 EBA-VO (EU) Nr. 1093/2010 des Europäischen Parlaments und des Rates v. 24.11.2010, ABl. L 331/12.

17 ESMA-VO (EU) Nr. 1095/2010 des Europäischen Parlaments und des Rates v. 24.11.2010, ABl. L 331/84.

18 EIOPA-VO (EU) Nr. 1094/2010 des Europäischen Parlaments und des Rates v. 24.11.2010, ABl. L 331/48.

gangspunkten der Binnenmarktorientierung der gemeinschaftsrechtlichen Finanzmarktregulierung verwurzelt. Demgegenüber trägt das neu geschaffene ESRB die Verantwortung für die makroprudenzielle Aufsicht über das Finanzsystem der Gemeinschaft im Ganzen. Freilich sind im ESRB makro- und mikroprudenzielle Aspekte eng verwoben, wie die Besetzung seines Verwaltungsrats mit den Präsidenten der nationalen Zentralbanken, des Präsidenten und der Vizepräsidenten der Europäischen Zentralbank sowie auch mit den Vorsitzenden der drei Europäischen Aufsichtsbehörden gem. Art. 6 Abs. 1 der VO Nr. 1092/2010 verdeutlicht. Zudem unterliegt die Effektivität der makroprudenziellen Aufsicht durch das ESRB der Einschränkung, dass dessen Warnungen und Empfehlungen rechtlich nicht bindend sind, sondern bei Nichtbefolgung aufgrund des „act or explain"-Mechanismus nach Art. 17 der VO Nr. 1092/2010 lediglich politischen Druck erzeugen können.

Demzufolge können die geschilderten neuen Institutionen eine wirkliche Krisenprävention noch nicht gewährleisten. Die enge Verbindung zwischen Banken und Mitgliedstaaten hat sich im Zuge der Finanzkrise als zunehmend schädlich erwiesen, da sie zu steuerfinanzierten Bankenrettungsaktionen (Bail-outs) führte. Die grenzüberschreitende Tätigkeit und Reichweite der Banken im Zusammenwirken mit dem nationalen Charakter der Bankenregulierung und -aufsicht zieht externe Effekte nationaler Finanzkrisen und ein moralisches Risiko auf Seiten systemischer Banken mit sich, die aus dem Einsatz von Mitteln der Steuerzahler für Bail-outs einzelner Banken resultieren. Markt- und Wettbewerbsverzerrungen auf dem europäischen Finanzmarkt sind die Folge.

Mit der Einführung einer einheitlichen Bankenaufsicht im Rahmen des Einheitlichen Aufsichtsmechanismus (Single Supervisory Mechanism [SSM])[19], einer einheitlichen Sanierung und Abwicklung (EBRD[20], SRM[21]) sowie eines Europäischen Sicherungssystems für Bankeinlagen[22] soll die Europäische Bankenunion die Verzahnung der Interessen einzel-

19 SSM-VO (EU) Nr. 1024/2013 des Europäischen Parlaments und des Rates v. 15.10.2013, ABl. L 287/63.

20 Sanierungs- und Abwicklungsrichtlinie 2014/59/EU des Europäischen Parlaments und des Rates v. 15.5.2014, ABl. L 173/190.

21 SRM-VO (EU) Nr. 806/2014 des Europäischen Parlaments und des Rates v. 15.7.2014, ABl. L 225/1.

22 Einlagensicherungsrichtlinie 2014/49/EU des Europäischen Parlaments und des Rates v. 16.4.2014, ABl. L 173/149.

ner Mitgliedstaaten mit denen ihrer nationalen systemischen Banken zurückdrängen. Auf der Grundlage des SSM wurden der EZB mit Wirkung ab November 2014 umfassende Aufsichtsbefugnisse für Banken der Eurozone übertragen, wobei Mitgliedstaaten außerhalb der Eurozone auf freiwilliger Basis am SSM teilnehmen können. Dies betrifft in erster Linie die direkte Überwachung der 128 größten Banken nach Art. 6 Abs. 4 SSM-VO, was ca. 85% der aggregierten Bilanzsumme aller Banken entspricht. Die übrigen weniger bedeutenden Banken unterstehen weiterhin gem. Art. 6 Abs. 6 SSM-VO primär der Aufsicht der nationalen Aufsichtsbehörden, deren wirksame und einheitliche Funktionsfähigkeit freilich gem. Art. 6 Abs. 5 und 7 SSM-VO in die Verantwortung der EZB fällt. Demzufolge hat der SSM dazu beigetragen, den Nexus zwischen Finanzinstituten und Mitgliedstaaten abzuschwächen, ohne ihn jedoch vollständig eliminieren zu können.

Aufgrund des oben geschilderten moralischen Risikos hat sich dieser Nexus im Zuge des krisenbedingten Bail-out bei der Sanierung und Abwicklung systemrelevanter Banken als besonders prekär und wettbewerbsverzerrend für den europäischen Finanzmarkt erwiesen. Abhilfe schaffen soll hier der am 15.4.2014 verabschiedete Einheitliche Europäische Abwicklungsmechanismus (Single Resolution Mechanism, SRM), der auf dem materiellen Rahmen der Sanierungs- und Abwicklungsrichtlinie aufbaut. Mit seinen zwei Kernelementen, nämlich der Schaffung einer einheitlichen Abwicklungsbehörde (SRB) und eines einheitlichen Abwicklungsfonds (SRF), überwindet der SRM Begrenzungen, die aus dem Nebeneinander nationaler Aufsichtsbehörden und EZB resultieren. Ungelöst bleibt damit jedoch die dritte Säule der Europäischen Bankenunion, ein übergreifendes Sicherheitsnetz für die zugrunde liegenden Kapitalforderungen. Ein solches wird durch die Einlagensicherungsrichtlinie bereitgestellt, wonach die Abwicklungskosten von den Einlagensicherungssystemen mit zu tragen sind, da sich infolge der Sanierungs- und Abwicklungsmaßnahmen, wie der Übertragung der geschützten Einlagen auf eine Brückenbank, die Einlagensicherung als solche erübrigt hat. Mit dem europäischen Sicherungssystem für Bankeinlagen wird letztlich ein europäischer Haftungsverbund gebildet, ohne den ein Finanzmarkt in Europa nicht unter Vermeidung systemischer Risiken zur Entfaltung gebracht werden kann.

Fazit: Wenn auch der Schutz des Finanzmarktes und seiner Funktionsfähigkeit vor systemischen Risiken gegenüber den Grundfreiheiten im Zuge der Finanzkrise in den Vordergrund gerückt ist, so ist mit der europäischen Finanzmarktarchitektur und den sie begleitenden Maßnahmen das Binnenmarktprojekt keineswegs hinfällig geworden. Es hat vielmehr eine neue Integrationsstufe erreicht.

Krisenreaktionsrecht als Verfassungsfrage: Neue Finanzarchitektur im Euroraum

Ulrich Hufeld

Peter-Christian Müller-Graff hat die europäische Verfassungsdebatte vor zehn Jahren in geordnete Bahnen gelenkt. Den noch ungestümen, wenn nicht gar revolutionslustigen jüngeren Kollegen prägte sich ein: dass der am 29. Oktober 2004 in Rom unterzeichnete *neue* Verfassungsvertrag einen *alten* abzulösen trachtet – suprastaatliche Konstitutionalisierung nicht einleitet, nur fortzuschreiben vermag, schöpfend aus „textvermittelter historischer Legitimationstiefe“[1]. Auf einen *Verfassungsvertrag* sah und sieht der europäische Rechtsdenker Müller-Graff das *zielgebundene, transnationale Gemeinwesen eigener Art* gestellt, seine geschichtlich und vertraglich fundierte Eigenrechtlichkeit zwischen Völkerrecht und Staatsrecht. Für die Europäische Union im Vertragsreformprozess entfaltete er 2005 „Kriterien der Europarechtswissenschaft“, ausdrücklich nicht politische, sondern rechtswissenschaftliche. Kriterien, die ein Reformergebnis juristisch diskutabel machen: konzeptionelle Klarheit, funktionelle Realitätsfähigkeit, Systemrationalität und Reduktion von Komplexität[2].

Wir brauchen sie dringlicher denn je. Der Verfassungsvertrag gerät in Bedrängnis. Seine Lissabonner Fassung kann ohne den Post-Laeken-Prozess nicht gedacht werden, wesentlich profitiert sie von den systematischen Vorarbeiten im Konvent 2002/03. Doch seit dem Inkrafttreten 2009 verschatten unsystematische Nacharbeiten das Verfassungsrecht der Europäischen Union. Wer den Post-Lissabon-Prozess im Schatten der Krisen – der Finanzkrise, der Staatsüberschuldungskrise, der Legitimationskrise – verfassungsrechtlich deuten will, benötigt die Kriterien der Euro-

1 *Müller-Graff*, in: Beckmann/Dieringer/Hufeld (Hrsg.), Eine Verfassung für Europa, 2. Aufl. 2005, 311, 328. Das Buch erwuchs aus gemeinschaftlicher Forschung an der Andrássy-Universität Budapest. Deren Erfolg als Europa-Universität geht auch und besonders auf Peter-Christian Müller-Graff zurück; programmatische Schrift: *Müller-Graff*, in: Schubel/Kirste/Müller-Graff/Hufeld/Diggelmann (Hrsg.), Jahrbuch für Vergleichende Staats- und Rechtswissenschaften, 2012, 23 ff.

2 *Müller-Graff*, Verfassung (Fn. 1) 314 ff.

parechtswissenschaft und einen älteren Begriff der Staatsrechtslehre: Verfassungsdurchbrechung.

I. Verfassungsdurchbrechung

Der Begriff speichert historische Erfahrung. Politisch eigensinniges Ausnahmerecht auf Verfassungshöhe heißt seit den 1920er Jahren[3] „Verfassungsdurchbrechung". Sie will die Regel durchaus nicht antasten. Allein in concreto – unter gegebenen Umständen, in vielleicht atypischer Lage – will sie sich der Allgemeinheit der Verfassung widersetzen. Das ist immer ein Alarmzeichen. Wohl mögen die guten Gründe für Sonderrecht überwiegen, kann die Verfassungsdurchbrechung formgerecht gelingen und mit verfassungsändernden Mehrheiten zustandekommen. Doch der Legalitätsbefund tröstet nicht. Schwerlich nur kann der Sonderrechtsetzer den Verdacht abschütteln, er akzeptiere die als Vorgabe der Politik konzipierte Verfassungsregel nur „im Allgemeinen" – und entziehe sich just in der Stunde der Bewährung: Die Urgewalt des Politischen entfessle sich, dementiere ausgerechnet das ihr gewidmete Bändigungsrecht. Jede Verfassungsdurchbrechung befleckt die Reinheit der allgemeinen Norm.

Die rabiate Durchbrechung der Regelordnung *im Notstand* kann als Mutter aller Verfassungsdurchbrechungen gelten. Den Ausnahmezustand zu verdrängen, empfiehlt sich nicht. Im abstrakt vorausgedachten Notstandsrecht erhebt und verteidigt die Verfassung ihren Verrechtlichungsanspruch vorsorglich auch für die Grenzsituation. Wer den Ausnahmezustand verdrängt, hat ihm, wenn er eintritt, nichts mehr entgegenzusetzen, mag noch „die Überlegenheit des Existenziellen über die bloße Normativität"[4] beklagen und in der Studierstube mit dem Tintenfass nach Carl Schmitt werfen.

Die Verfassungsdurchbrechung ist nicht irgendeine lex specialis. Sie ist gefährlich, wenn sie ungebändigt als konkrete politische Maßnahme ins Werk gesetzt und nicht abstrakt „von der Verfassung her" konzipiert wird. Und sie neigt zur Camouflage. Gerne verhüllt sich die peinliche Treulosigkeit der Ausnahme. Als *formelle Verfassungsdurchbrechung* etabliert sie Nebenverfassungsrecht und verschleiert, dass sich die durchbrochene

---

3 Begriffsgeschichte: *Hufeld*, Die Verfassungsdurchbrechung, Berlin 1997, 39 ff.

4 *C. Schmitt*, Verfassungslehre, 1928, 107.

Norm der Stammurkunde nicht vollumfänglich behaupten kann. Die Verfassung wird porös.

II. Das Recht der Krise

Der Begriff der Verfassungsdurchbrechung will die politisch-sonderrechtliche Maßnahme nicht feiern, sondern entschleiern und beherrschen. Mit Sonderrecht ist zu rechnen wie mit Politik selbst. Deshalb tut die Europarechtswissenschaft gut daran, an die verfassungsgeschichtliche Erfahrung und die staatsrechtswissenschaftlichen Kriterien anzuknüpfen.

1. Der Taler wandert

Peter-Christian Müller-Graff zog die Euro-Stabilisierungspolitik in einer Analyse für das Zeitungspublikum unter eine knappe, markante Formel: *Einander ausgeliefert*[5]. Was aber tun, wenn eine bündische Finanz- und Währungsverfassung den Ausnahmezustand verdrängt; wenn sie die Bundesglieder für ihre Staatsfinanzierung auf Steuern und Marktkredite verweist, aber keinen Rat weiß in ernster Finanzierungsnot; wenn der Ernstfall eintritt und der nackte Kaiser nur ein Reichsäpfelchen anzubieten hat namens EFSM? Dann versammeln sich die Reichsstände, voran die Kurfürsten, legen einen Schatz aus eigenen Ressourcen an und helfen sich selbst. Bundestreu, wie sie sind, wollen sie der Reichsverfassung fürstliche Nothilfebefugnisse einschreiben. Dass sie damit das altehrwürdige, vertrauensvoll auf die Eigenverantwortung der Territorien gegründete, freilich an der Überlegenheit des Existenziellen gescheiterte Konzept von Maastricht für Ausnahmerecht öffnen, übersehen sie nicht – auch nicht, dass sie für eine Übergangszeit auf Fürstenrecht ausweichen müssen. Denn die Reichsreform erheischt Zustimmung aller, auch der Königin und der Duodezfürsten, die noch ihre eigenen, alten Goldwährungen umlaufen lassen. So lange aber können die Bedrängten nicht warten. Sie werden deshalb notversorgt aus einer geheimen Schatzkammer im Großherzogtum Luxemburg. Wie gut, dass der Eingeweihte weiß, dass der Schatz EFSF heißt, denn in den Reichsakten findet sich der wunderliche Name nicht.

---

5 FAZ v. 20.5.2010, S. 8.

Die vox populi allerdings will nicht einstimmen und keinen Taler wandern lassen[6]. Eifrige Skribenten greifen zum Tintenfass, wurfbereit, beklagen Not ohne Gebot, glauben den Reichstag entmachtet, bedenken nicht, dass Reichskleinodien etwas anderes sind als Besteuerungsgewalt und Kreditfähigkeit.

2. Durchbrechung der Selbstfinanzierungsregel

Das ist die Erzählung über den historischen „Konzeptionswechsel von der Währungsunion ohne Beistand zu einer Währungsunion mit Beistandsmöglichkeit“[7]. Sie handelt von zwei kategorial eigenständigen, je für sich prototypischen Gestaltungen im sonderrechtlichen Zuschnitt. Die Europäische Finanzstabilisierungsfazilität EFSF diente der Notrettung: Maßnahme im Schmitt-Format, ausgerichtet auf Wiederherstellung der Normallage, konditionierte Finanzhilfe – temporale und außerurkundliche Verfassungsdurchbrechung. Erst der Vertrag zur Einrichtung des Europäischen Stabilitätsmechanismus überführte schieres Notrecht in haltbares Notstandsverfassungsrecht[8]. Der ESM, auf Dauer angelegt, findet Rückhalt im Vertrag. Art. 136 Abs. 3 AEUV beurkundet und verstetigt die Rationalität der temporalen Verfassungsdurchbrechung: Im Ausnahmezustand weicht das ESM-Recht von der Selbstfinanzierungsregel (Art. 125 AEUV) ab, um sie zu retten.

Der ESM managt Staatsressourcen und fordert Wohlverhalten. Die unionsrechtliche Abkehr von der Selbstfinanzierungsregel führt zu weiteren Durchbrechungen auf Staatenebene: Die Sicherungsgeber implantieren den ESM-Solidaritätsimperativ in das staatliche Finanzverfassungsrecht; notfalls unternehmen sie alle budgetären Anstrengungen, „um die Stabilität des Euro-Währungsgebiets insgesamt zu wahren“ (Art. 136 Abs. 3 AEUV). Auch der notleidende Staat regiert sich im Ausnahmezustand. Austeritätsprogramm und Resolvenzrecht überwölben das reguläre Verfassungsrecht, beschneiden das Selbstregierungsrecht und reduzieren die Gestaltungsmacht des Budgetgesetzgebers.

---

6 Bild v. 4.5.2010, S. 1, mit Wortlautzitat aus Art. 125 AEUV.
7 *Müller-Graff* integration 2011, 289, 301.
8 *Hufeld* integration 2011, 117.

3. *Quadratur des Teufelskreises*

Ob die Verarmten im ESM ihr Glück finden wie Sterntaler, ist nicht ausgemacht. Denn sie gelten als arme Bedrängte im Teufelskreis, immer mal wieder genötigt, privaten Pfandhäusern beizustehen. Deren Tauschgeschäfte verwandeln zwar Gold in Steine und Stroh. Weil es aber ganz ohne Tausch auch nicht geht, soll der König von Zeit zu Zeit den Pfandverleihern beispringen. Da regte sich Zweifel, der nächste Fürstentag malte nun seinerseits den Teufel an die Wand und beschloss, dem „Teufelskreis zwischen Banken und Staaten“[9] zu entfliehen.

Die Krise wird ein märchenhaftes Ende finden, wenn die Quadratur des Kreises gelingt im magischen Viereck aus zwei Regeln mit zwei Ausnahmen: staatliche Selbstfinanzierung als Regel, Bail-out als Ausnahme; private Risikoverantwortung als Regel, öffentliche Bail-out-Restrukturierungshilfe als Ausnahme. Mit Sinn für die Magie des Vierecks hat das Bankenunionsrecht den Begriff „Bail-in“ eingeführt[10] – Etikettbegriff für eine Regel, die jeden Bail-out als Ausnahme erweist.

Die SRM-Verordnung[11] systematisiert eine öffentlich-rechtliche Auffangordnung, die spezielles Beihilfenrecht einschließt. Im öffentlichen Interesse verdrängt sie das reguläre Insolvenzverfahren des Privatrechts (Art. 18 Abs. 5) und lässt an seine Stelle eine Ordnung des Irregulären treten. Sie federt übergreifende, „ansteckende“ Bankeninsolvenzen ab und minimiert die Inanspruchnahme öffentlicher Mittel. Im Zentrum steht eine Agentur der Union mit Rechtspersönlichkeit, zentralverantwortlich im föderalen SRM, unabhängig, Eigentümer des „einheitlichen Abwicklungsfonds“, den die Banken selbst befüllen. Die Abwicklungsziele sind „abzuwägen“ (Art. 14): Kontinuität kritischer Bankfunktionen; Verhinderung einer Ansteckung; Schutz öffentlicher Mittel; Schutz der Einleger, Anleger und Bankkunden.

4. *Versteckter Wechselbalg im SRM*

Dass das Sonderregime für die Banken elementare Rechtssätze der Wirtschaftsverfassung durchbricht, liegt auf der Hand. Das mag gleichheits-

9 Europäischer Rat, EUCO 205/12 v. 14.12.2012, Schlussfolgerungen S. 3.
10 Begriffsbestimmung: Art. 3 Abs. 1 Nr. 33 SRM-VO.
11 VO (EU) Nr. 806/2014, ABl. L 225/1 v. 15.7.2014.

rechtlich rechtfertigungsfähig sein, zumindest für eine Übergangsfrist; dann geht es nicht um eine Verfassungsdurchbrechung im strengen Sinne, sondern um die marktordnungsrechtliche Disziplinierung eines Jekyll-Hyde-Akteurs.

Der politisch eigensinnige, mitnichten an der Rettung der Regel interessierte, schlicht widersetzliche Wechselbalg versteckt sich im „Übereinkommen über die Übertragung von Beiträgen auf den einheitlichen Abwicklungsfonds und über die gemeinsame Nutzung dieser Beiträge“ vom 21. Mai 2014[12]. Formell Völkerrecht, verpflichtet er materiell, die SRM-rechtlich geschuldeten Finanzierungsbeiträge der Banken auf den Abwicklungsfonds „zu übertragen“. Formell nicht Unionsrecht, steht er zum Recht der Union in einem Ergänzungs- und besonderen Näheverhältnis[13]. Formell selbständig, vervollständigt der Vertrag das künstlich zweigeteilte SRM-Recht.

Die relevante Eigenleistung des Übereinkommens findet sich in Art. 9. Die clausula rebus sic stantibus über „Einhaltung der allgemeinen Abwicklungsgrundsätze und -ziele“ will benannte Elemente der SRM-VO einfrieren, jedenfalls für die Fonds-Aufbauphase in Sicherheit bringen vor der politischen Dynamik des Art. 114 AEUV. Auf der Rechtsfolgenseite ermächtigt sie den im Zuge einer Verordnungsänderung überstimmten Staat, den Fonds-Geldhahn zuzudrehen: Wenn „gegen den Willen einer Vertragspartei“ die tabuisierten Abwicklungsvorschriften geändert werden, kann sie „ihre Rechte nach dem Völkerrecht in Bezug auf eine grundlegende Änderung der Umstände“ ausüben.

Diese Konstruktion entwirft Binnenmarktrecht ohne Binnenmarktpolitik, schließt auf Jahre den Politikkorridor des Art. 114 AEUV, überspielt Art. 48 EUV, stört sich nicht am Pringle-Diktum des EuGH[14], „dass es den Mitgliedstaaten untersagt ist, untereinander eine Übereinkunft zu schließen, die gemeinsame Regeln beeinträchtigen oder deren Tragweite verändern könnte“.

---

12 Text: BT-Drs. 18/2576, S. 10 ff. Empfehlung des Finanzausschusses: BT-Drs. 18/3088.

13 Kriterien: BVerfG, 19.6.2012 – 2 BvE 4/11 (Unterrichtung des Bundestags über „Euro-Rettung“) BVerfGE 131, 152 (199 ff.).

14 EuGH, Urt. v. 27.11.2012, Rs. C-370/12 (Pringle), EU:C:2012:756, Rn. 101.

III. Neue Finanzarchitektur – Kriterien der Europarechtswissenschaft

Das Krisenreaktionsrecht und die neue EU-Finanzarchitektur heben die ganze Ambivalenz der Verfassungsdurchbrechung ins Bewusstsein. Als gefahrgeneigtes politisches Instrument auf Verfassungshöhe ist sie besonders rechtfertigungsbedürftig[15]. Dass der Zweck nicht jedes Mittel heiligt, gilt auch für die Verfassungsdurchbrechung im Recht der Union. Anspruchsvolle Kriterien der Rechtswissenschaft tragen bei zur Rechtfertigungs- und Rechtmäßigkeitsprüfung, aber auch zur Verständigung über die Rechtskultur der europäischen Rechtsgemeinschaft.

1. Konzeptionelle Klarheit

Das Krisenreaktionsrecht war und bleibt Art. 3 Abs. 4 EUV verpflichtet, der Union, „deren Währung der Euro ist". Das in der EFSF erprobte, mit Art. 136 Abs. 3 AEUV und dem ESM-Vertrag etablierte Notstandsrecht im *do ut des*-Modus der Solidarität und Austerität konzipiert Ausnahmerecht, das die Regel nicht nur bestätigen, sondern unter allen Umständen ermöglichen, „die Gewährleistung einer preisstabilen Währung in einem politisch definierten Wirtschaftsraum"[16] garantieren will: Sonderrecht in haushaltspolitischer Not und Gefahr, ein finanzpolitischer Rütlischwur, der das Autonomiekonzept von Maastricht umgestaltet – eine konzeptionell gegenläufige, restaurativ der Regel dienliche, konstitutive Verfassungsdurchbrechung. Wer das bestreitet und auf die ohnedies gegebene, nicht verbotene, abstrakte Möglichkeit der Staatenhilfe verweist, verfehlt den Systemcharakter des Art. 136 Abs. 3 AEUV. Wäre diese Norm von Beginn an Teil der WWU-Statik gewesen, hätte niemand einen deklaratorischen Charakter behauptet. Der Systemcharakter der Regel-Ausnahme-Konzeption[17] wäre nicht übersehen worden.

---

15 *Hufeld*, Verfassungsdurchbrechung (Fn. 3), 208 ff.

16 *Müller-Graff* ZHR 2012, 2.

17 *Hufeld*, in: Müller-Graff (Hrsg.), EnzEuR Bd. IV, 2015, § 22 Rn. 101 ff.

2. *Funktionelle Realitätsfähigkeit*

Der ESM und die Bankenunion reagieren realitätsgerecht auf den Realitätsschock im Teufelskreis. Die Eurostaaten haben Vertrauen enttäuscht, das Maastrichter Konzept der Selbstverantwortung desavouiert und einer „grotesken", „monströsen", „verzifferten" „Branche, die auf ihrer Schwundstufe angekommen ist"[18], Spielräume des üppigen Wetteiferns eröffnet. Die Eurostaaten müssen sich darauf besinnen, dass sie als hoheitlich begabte Gläubigerstaaten verfasst sind – als Steuerstaaten –, nicht als marktgängige, gar marktabhängige Schuldnerstaaten. Und die Finanzinstitute müssen die SSM-Aufsicht[19] als letzte Chance begreifen. Aufsichtsmodelle anerkennen den Primat privaten Wirtschaftens; der aufsichtliche Eingriff bleibt nachrangige Ausnahme. Wenn Finanzaufsicht scheitert, bleibt nur mehr Verstaatlichung.

3. *Systemrationalität*

Der Realitätsschock hat neue *Mechanismen* hervorgebracht: ESM, SSM, SRM. Die „M"-Konzepte sind *Regel-Ausnahme-Systeme*. Sie gehen darauf aus, irrationale Staatsverschuldungspolitik und die Wetteiferei einer „ungezügelten Finanzwirtschaft"[20] regelgerecht einzuhegen. Jeder künftige Staaten- und Banken-Bail-out muss sich ausweisen als systemrationale Ausnahme, die die Regel bestätigt.

Doch sind wir nicht gefeit vor neuer Irrationalität. Art. 9 des SRM-Übereinkommens lässt Misstrauen erkennen, will Mehrheiten einschüchtern, bevor sie zustandekommen. Bedenklicher noch, könnte der Respekt vor den repressiven, harten Instrumenten des ESM das präventive, weiche Recht der Haushaltskontrolle schwächen – könnten die Räume diesseits der roten Notstandslinie erobert werden als Freiräume waghalsiger Fi-

---

18 Zitate aus der Insideranalyse bei *Olearius/Thiemann*, Bankenkrise – Siechtum mit System, FAZ v. 7.12.2012, S. 12.

19 VO (EU) Nr. 1024/2013, ABl. L 287/63 v. 15.10.2013.

20 *Müller-Graff*, Budgethilfenpolitik (Fn. 7) 307.

nanzpolitik. Das Fiskalvertragsrecht des VSKS[21] so anzunehmen, wie es komponiert ist[22], als hartes Verfassungsrecht, wäre systemrational.

4. Reduktion von Komplexität

Die neue Finanzarchitektur im Euroraum hat ein zerklüftetes, barockes Bauensemble hervorgebracht und nicht nur die „Textkomplexität“[23] gesteigert. Die völkervertraglichen Anbauten (ESM; VSKS; SRM-Übereinkommen) bedrängen die ohnehin prekäre Texteinheit des Primärrechts[24]. Die Rechtsidee der „Grundschrift“[25] nimmt Schaden – von einer kodifikatorischen Geschlossenheit der Verfassungsurkunde[26] kann keine Rede sein. Mit der Aussicht auf Überleitung „in den Rechtsrahmen der Union“ bekennen der Fiskalvertrag und das SRM-Übereinkommen[27] Nähe und Sonderstatus zugleich. Komplexität in der räumlichen Anwendbarkeit bewirkt das Konzept der „teilnehmenden Mitgliedstaaten“[28], ein Euro-Plus-Modus mit Euroraum-Recht, das zugänglich bleibt für EU-Staaten außerhalb der Eurozone.

Ernüchtert, aber mit neuer Hoffnung, differenzierter, damit auch realitätsnäher[29] als vor zehn Jahren denken wir über die Zukunft der Union nach „im Spannungsverhältnis zwischen der Achtung textvermittelter historischer Legitimationstiefe und dem Willen zu gegenwärtiger Neugestaltung“[30].

---

21 Vertrag über Stabilität, Koordinierung und Steuerung in der Wirtschafts- und Währungsunion v. 2.3.2012, BGBl. II 2012, 1008 ff.

22 *Hufeld*, Wirtschaftsunion (Fn. 17) Rn. 135 ff.

23 *Müller-Graff*, Verfassung (Fn. 1) 326.

24 Art. 1 Abs. 3, Art. 6 Abs. 1, Art. 51 EUV.

25 *Müller-Graff*, Verfassung (Fn. 1) 314, auch „Grundvertrag“ (322) und „Grundtext“ (326), seinerzeit auf den VVE gemünzt.

26 *Hufeld*, in: Isensee/Kirchhof, HStR Bd. XII, 2014, § 259 Rn. 10.

27 Art. 16 VSKS, Art. 16 Abs. 2 SRM-Übereinkommen.

28 Art. 2 Nr. 1 SSM-VO, Art. 4 SRM-VO.

29 *Müller-Graff*, Verfassung (Fn. 1) 316.

30 *Müller-Graff*, Verfassung (Fn. 1) 328.

Europas Finanz- und Staatsschuldenkrise – Auswirkungen auf die Rechtsstaatlichkeit und die Demokratie in der Europäischen Union

Martin Seidel

Europas seit Jahren schwelende „Finanz- und Staatschuldenkrise“ hat Auswirkungen auf die Europäische Union als Rechtsgemeinschaft. Der Europäischen Union werden seit der Gründung der sog. Währungszone, d.h. dem Übergang von inzwischen 19 der 28 Mitgliedstaaten in die dritte Ausbaustufe der Währungsunion Verstöße gegen das Unionsrecht vorgeworfen, deren Ausmaß die Rechtsstaatlichkeit der Europäischen Union in Frage stellt. Die 2010 beschlossene sog. Rettungspolitik der Europäischen Union zielt primär nicht auf das wirtschaftliche Erstarken der begünstigten Mitgliedstaaten, d.h. Griechenlands, Portugals, Spaniens, Irlands und Zyperns, möglicherweise in Zukunft auch Italiens und Frankreichs als zwecks Erhalts des Euro und der Währungsunion auf die Sicherung der Finanzstabilität in dem Euro-Raum ab. Die besagte Rettungspolitik, zu der es angeblich keine Alternative gibt, hat die Rechts- und Vertragsbrüche der Europäischen Union seitens der Organe der Europäischen Union sowie ihrer Mitgliedstaaten in einer Weise anschwellen lassen, dass durch eine weitere Missachtung der *rule of law* nicht nur die Europäische Union als Rechtsgemeinschaft, sondern auch die Demokratie in der Europäischen Union und vor allem deren weitere Demokratisierung gefährdet erscheinen. Das Europäische Parlament ist mangels Gleichheit des Stimmrechts der Unionsbürger keine echte parlamentarische Vertretung der europäischen Bürgerschaft als einer Willens- und Schicksalsgemeinschaft, sondern ein Vielvölkerparlament. Der weitere Ausbau der Demokratie in der Europäischen Union ist ausschließlich über Ergänzungen des vertraglichen Unionsrechts durch sog. unionsrechtliche – ehemals gemeinschaftsrechtliche – Verträge erreichbar, deren letzter, der Vertrag von Lissabon, zumindest auf absehbare Zeit keine Nachfolger finden dürfte. Das zeigt der Rückgriff der Mitgliedstaaten der Währungszone mit dem Vertrag über Stabilität, Koordinierung und Steuerung in der Wirtschafts- und Wähngsunion (sog. Fiskal-Vertrag) vom 2. März 2012 auf ein rein völkerrechtliches, und damit für den Ausbau des Unionsrechts unzulängliches Regelungsinstrument, der infolge eines nicht erreichten Konsenses über einen echten Änderungsvertrag zum Vertrag von Lissabon wegen eines Vetos Großbritanniens und Tschechiens erforderlich wurde.

Die Reihe der Rechts- und Vertragsverletzungen beginnt mit bestimmten Entscheidungen des Rates – in der Zusammensetzung der Staats- und Regierungschefs – über die Aufnahme von Mitgliedstaaten in die sog. Währungszone, d.h. mit der Einführung des Euro als Währung der Europäischen Union in ihrem Hoheitsgebiet unter Aufgabe ihrer nationalen Währung und unter ihrer zukünftigen gleichberechtigten Mitgestaltung der Währungspolitik der Europäischen Union. Die beitrittswilligen Mitgliedstaaten hatten nach den vertragsrechtlichen Regelungen für die Aufnahme in die Währungszone den Nachweis zu erbringen, dass sie bestimmte im Vertrag vom Maastricht normierte ökonomische Voraussetzungen erfüllen, insbesondere dass sie – neben weiteren Aufnahmebedingungen – dauerhaft keine höhere jährliche Haushaltsverschuldung als 3 % und insgesamt keinen höheren Schuldenstand als 60 % aufwiesen. Die Aufnahmeentscheidungen des Rates unterlagen wie alle Rechtsakte der Organe der Europäischen Union nach dem Unionsrecht – fristgebunden – einer Überprüfung durch den Europäischen Gerichtshof. Mehrere beitrittswillige Mitgliedstaaten schienen die Aufnahmebedingungen nicht überzeugend nachweisen zu können, wurden aber dennoch einvernehmlich in die Währungszone aufgenommen.

Zu einer Überprüfung der Aufnahmebeschlüsse durch den Europäischen Gerichtshof und einer etwaigen Aufhebung der einen oder anderen Entscheidung des Rates kam es nicht. Wenn sog. objektives europäisches Verfassungsrecht, d.h. die Allgemeinheit betreffende verfassungsrechtliche Regelungen – zu dem die Regelungen der Wirtschafts- und Währungsunion zählen – durch mehrere Organe der Europäischen Union einvernehmlich oder durch gemeinsames Handeln der Organe der Europäischen Union und der Mitgliedstaaten missachtet wird, kommt es nicht zur Anrufung des Europäischen Gerichtshofes. Denn nur die Organe der Europäischen Union sowie die Mitgliedstaaten, nicht dagegen auch Private, haben bei der Verletzung von sog. objektivem europäischem Verfassungsrecht Klagerechte und Zugang zum Europäischen Gerichtshof. Den Aufnahmeentscheidungen – auch allen späteren – lagen gemeinsame Interessen und das Einvernehmen des Rates, der Kommission, des Europäischen Parlaments und aller Mitgliedstaaten zugrunde. Die Anrufung des Europäischen Gerichtshofes durch ein beteiligtes Organ der Europäischen Union oder durch einen beteiligten Mitgliedstaat widersprach nicht nur der politischen Interessenlage, sondern wäre auch verfahrensrechtlich dem Einwand des „venire contra factum proprium" begegnet. Die Aufnahmebeschlüsse des Rates sind dadurch, dass sie nicht angefochten wurden, mit dem Verstreichen der zweimonatigen gerichtlichen Anfechtungsfrist nicht nachträglich objektiv rechtens, sondern lediglich bestandskräftig geworden. Der Rechts- und Vertragsverstoß haftet ihnen nach wie vor dauerhaft an, so dass die Legitimität des Beitritts der betroffenen begünstigten Mitgliedstaaten zur Währungszone noch jederzeit in Frage gestellt werden kann. Die Befugnis zur Erhebung sog. Individualbeschwerden vor dem Europäischen Gerichtshof hat der europäische Verfassungsgeber bislang den Unionsbürgern – zuletzt noch der Vertragsgeber von Lissabon – versagt. Wenn somit bei Entscheidungen die Organe der Europäischen Union und die Mitgliedstaaten zusammenwirken, brauchen sie mit einer Kontrolle durch den Europäischen Gerichtshof allenfalls in Form seiner Anrufung durch nationale Gerichte im Wege von Vorabentscheidungsersuchen nicht zu rechnen.

Die 2010 von der Europäischen Union beschlossenen zweifelhaften Fiskalhilfen, die mit drakonischen und mit für die begünstigten Mitgliedstaaten schwer erfüllbaren Bedingungen verbunden sind, waren nicht die einzige Möglichkeit, der Staatsschulden- und Finanzkrise der Währungszone Herr zu werden. Das Unionsrecht ermöglicht es, Mitgliedstaaten der Währungszone, die ihre Überschuldung, ihre höheren Inflationsraten und ihre Leistungsbilanzdefizite nicht bewältigen können, auf ihren Antrag hin durch einen Ratsbeschluss aus der Währungszone zu entlassen und ihnen erneut den Status einer Mitgliedschaft in der Währungsunion „mit einer Ausnahmegenehmigung" einzuräumen. Das Unionsrecht braucht ein „Austrittsrecht" nicht ausdrücklich vorzusehen. Die Währungsunion ist keine eigenständige Organisation, in die ein Mitgliedstaat „eintreten" und aus der er wieder „austreten" kann, sondern besteht in der Gestaltung einer Währungspolitik für die Mitgliedstaaten als einer sog. „ausschließlichen" Politik (Art. 2 und 3 AEUV). Der Geltungsbereich jedweder Politik der Europäischen Union ist nicht notwendig ihr gesamter Wirtschaftsraum, sondern kann vom Unionsgesetzgeber, und vorab bereits vom Vertragsgeber, in der Weise geordnet werden, dass er sich zeitlich begrenzt oder dauerhaft nur auf bestimmte Mitgliedstaaten erstreckt. Für die Währungspolitik wurde der Geltungsbereich in der Weise geordnet, dass die Mitgliedstaaten, auf die sich der Geltungsbereich erstrecken sollte, bestimmte ökonomische Bedingungen zu erfüllen haben, wobei diese dauerhaft zu erfüllen sind, d.h. nicht nur als Bedingungen für die Aufnahme in die Währungsunion in ihrer dritten Stufe angedacht waren, sondern zugleich als Verbleibebedingungen gelten sollten. Ohne den dauerhaften Nachweis der betreffenden ökonomischen Voraussetzungen kann eine einheitliche Geldpolitik, die auf Staaten und Volkswirtschaften übergreift, die ihr auferlegte Zielsetzung nicht erfüllen.

Ein Ausschlussrecht, d.h. die Befugnis des Rates, einen Mitgliedstaat gegen seinen Willen mit qualifizierter Mehrheit von der Teilnahme an der Währungszone auszuschließen und ihn in den Stand eines „Mitgliedstaates mit einer Ausnahmegenehmigung" zurückzuversetzen, lässt sich aus dem Unionsrecht dagegen nicht herleiten. Die gesetzgeberische Abwicklung des Ausscheidens eines Mitgliedstaates aus der Währungszone erfordert eine loyale Mitwirkung des betroffenen Mitgliedstaates, mit der ein Ausschlussrecht unvereinbar wäre.

Mitgliedstaaten, die im Rahmen einer Auszeit von der „Teilnahme" an der Währungsunion befreit sind, nehmen mit ihrer neuen nationalen Währung an dem Europäischen Währungssystem II (sog. EWS II) teil, das mit Vergünstigungen für ihr wirtschaftliches Erstarken verbunden ist. Bei Abwertungen ihrer Währung können sie, falls diese über das währungs- und wirtschaftspolitisch angezeigte Maß hinausgehen, zur Stabilisierung des Wechselkurses ihrer Währung die nunmehr hierfür bereitstehenden Währungsbeistände der Europäischen Union in Anspruch nehmen. Diese konnten ihnen als Mitglied der Währungszone durch die Bindung an den Euro nicht zur Hilfe kommen. Die betreffenden Mitgliedstaaten haben ferner Zugang zu Wirtschafts- und Sozialbeihilfen der Europäischen Union und können durch Kapitalverkehrsbeschränkungen den wirtschaftlichen Aufbau- und Anpassungsprozess absichern.

Die derzeitigen Rettungsmaßnahmen der Europäischen Union, d.h. die sog. Griechenlandhilfe, der dreiteilige Euro-Rettungsschirm (ESFS) und der Europäische Stabilisierungs-mechanismus (ESM), die seit 2010 von der Europäischen Union als Lösung der Krise der Währungsunion verfolgt werden, haben sich bislang als wenig wirksam erwiesen. Sie verstoßen in verschiedener Hinsicht gegen das Unionsrecht, vor allem gegen das Beistandsverbot des Artikels 125 AEUV und das Verbot der monetären Finanzierung staatlicher Haushalte des Artikels 123 AEUV.

Artikel 125 AEUV begründet für die Europäische Union und die Mitgliedstaaten ein echtes Beistandsverbot, von dem allerdings auf der Grundlage anderer Handlungsermächtigungen des Unionsrechts abgewichen werden darf. Als bloßer Haftungsausschluss, als der das „No bailout"- Prinzip verbreitet diskutiert wird, würde die Regelung des Artikels 125 AEUV, die einen der drei tragenden verfassungsrechtlichen Pfeiler der Währungsunion darstellt, keinen Sinn machen, da in einem Staatenverband die Mitgliedstaaten ohnedies weder für einander noch für den Verband als solchen haften. Der Verstoß gegen das Beistandsverbot trifft im Fall der sog. Griechenlandhilfe (110 Mrd. EUR) die Mitgliedstaaten, bei dem sog. Euro-Rettungsschirm (Anteil der Mitgliedstaaten 440 Mrd. EUR, Anteil der Europäischen Union 60 Mrd. EUR) und bei dem Europäischen Stabilisierungsmechanismus (700 Mrd. EUR) neben den Mitgliedstaaten in beiden Fällen zugleich den Rat und die Kommission.

Mit einem Rechtsverstoß komplexer Art ist die Fiskalhilfe der Europäischen Union im Rahmen des Euro-Rettungsschirms (60 Mrd. EUR) behaftet, deren Grundlage die vom Rat auf Vorschlag der Kommission erlassene auf Artikel 122 II AEUV gestützte Verordnung (EU) Nr. 407/2010 zur Einführung eines europäischen Finanzstabilisierungsmechanismus ist. Von dem Beistandsverbot des Artikels 125 AEUV hätte der Rat allenfalls unter Inanspruchnahme der Handlungsermächtigung des Artikels 352 AEUV abweichen dürfen. Die Voraussetzungen des Artikels 122 Abs. 2 AEUV lagen indes – abgesehen von dem Ausschluss dieser Ermächtigung durch Artikel 352 AEUV – tatbestandlich nicht vor. Die Staatsschuldenkrise ist kein Ereignis, das – wie Artikel 122 Absatz 2 AEUV voraussetzt – einer Naturkatastrophe ähnelt, sondern beruht auf einer fehlerhaften Staatsführung der begünstigten Mitgliedstaaten. Ein Mitgliedstaat, der sich mit seinem Beitritt zur Europäischen Union zu deren Werteordnung bekannt hat, muss sich Verfehlungen seiner Wirtschaftspolitik uneingeschränkt entgegenhalten lassen. Ein weiterer wesentlich schwerer wiegender Rechtsverstoß des Rates und der Kommission besteht indes darin, dass Artikel 122 AEUV keine Ermächtigung des Rates zur Aufnahme von Anleihen auf dem Kapitalmarkt begründet. In Katastrophen- und diesen gleichgesetzten Fällen müssen die zur Finanzierung der Hilfeleistung erforderlichen Mittel im Haushalt der Europäischen Union ausgewiesen, d.h. vom Rat und dem Europäischen Parlament als gemeinsamem Haushaltsgesetzgeber vorab oder im Wege eines Nachtragshaushalts bewilligt sein. Das Unionsrecht sieht weder eine allgemeine Ermächtigung der Europäischen Union zur Aufnahme finanzieller Mittel auf dem Kapitalmarkt vor noch lassen sich ungeschriebene Ermächtigungen zur Verschuldung auf dem Kapitalmarkt zur Finanzierung der Erfüllung von Einzelaufgaben der Europäischen Union aus den einzelnen Handlungsermächtigungen wie Artikel 122 AEUV herleiten.

Die Rechtsschutzlücke der Europäischen Union, die sich bei den Aufnahmeentscheidungen in Anfängen kaum merkbar gezeigt hat, seit 2010 indes mit den Maßnahmen der Rettungspolitik der Europäischen Union sichtbarer geworden ist, kann anders als andere Rechtslücken durch Rechtsprechung des Europäischen Gerichtshofs kaum geschlossen werden. Vom Verfassungsgeber der Europäischen Union dürfte eine Schließung der Rechtsschutzlücke in Form einer Einführung der Individualbeschwerde Privater zu dem Europäischen Gerichtshof in überschaubarer Zukunft nicht zu erwarten sein. Die Lücke an ausreichendem Rechtsschutz durch den Europäischen Gerichtshof kann dazu führen, dass insoweit an Stelle des Europäischen Gerichtshofes die nationalen Gerichte, namentlich die Verfassungsgerichtshöfe der Mitgliedstaaten, vermehrt eingeschaltet werden und diesen die Aufgabe zufällt, die Wahrung des Unionsrechts durch die Organe der Europäischen Union und der Mitgliedstaaten zu sichern. Mit einer solchen Entwicklung ist umso eher zu rechnen, wenn sich herausstellen sollte, dass nicht nur durch Entscheidungen des Rates und der Kommission, sondern auch durch Maßnahmen des Europäischen Systems der Zentralbanken bzw. der Europäischen Zentralbank das Unionsrecht verletzt, beispielsweise das Verbot der monetären Finanzierung mitgliedstaatlicher Haushalte des Artikels 123 AEUV oder das Verbot der unzulässigen Staatsfinanzierung (ebenfalls Artikel 123 AEUV) missachtet oder die Zuständigkeit der Mitgliedstaaten für die Wirtschaftspolitik nicht respektiert wird.

Die Organe der Europäischen Union und die Mitgliedstaaten scheinen die Folgen ihrer Rechts- und Vertragsverstöße nicht ernst genug zu nehmen. Für die in jüngster Zeit angestrebte dritte fiskalische Hilfeleistung zugunsten Griechenlands soll der Europäische Stabilisierungsmechanismus (ESM) mobilisiert werden. Dessen vertragsrechtlichen Voraussetzungen für eine fiskalische Hilfestellung der avisierten Art, nämlich dass der überschuldete und finanziell instabile Mitgliedstaat, Griechenland, eine tragbare Haushaltslage im Sinne einer hochwahrscheinlichen Rückzahlung der Hilfsmaßnahme garantieren kann und – vor allem – durch seine finanzielle Instabilität die finanzielle Stabilität des Euro-Währungsraumes in seiner Gesamtheit gefährdet sein muss, liegen indes nicht vor. Von dem Konkurs griechischer Banken sind anders als seinerzeit 2010 „Dominoeffekte“ zu Lasten der anderen Mitgliedstaaten nicht zu erwarten.

Das Gemeinwohl im Spannungsfeld von staatlichem Recht, Europarecht und Völkerrecht – Ein österreichisches Beispiel

Heribert Franz Köck

Die Juristenausbildung hat sich in den letzten Jahrzehnten grundlegend verändert. Die Marginalisierung jener Fächer, welche zum „Blick über den Tellerrand" genötigt oder doch angeregt haben – wie die Rechtsgeschichte oder die Rechtsphilosophie – hat dazu geführt, dass die meisten Juristen gar nicht mehr wissen, dass sie eigentlich eine Kunst vertreten – *ius est ars boni et aequi*[1] –, sondern froh sind, wenn sie ihr Handwerk einigermaßen beherrschen. Die weitgehende Umstellung von mündlichen auf schriftliche Prüfungen hat das Ihre dazu getan; denn wer im Privatrecht einen Fall zu lösen hat, der nicht nur alle Teilgebiet umfasst, mit denen man von der Wiege bis zur Bahre Bekanntschaft machen kann, sondern dies auch noch in einen prozesstauglichen Schriftsatz bringen muss, hat wenig Gelegenheit, Überlegungen zum Guten, Wahren und Schönen einfließen zu lassen. Auch bei der Abfassung einer Verwaltungsgerichtshofsbeschwerde im öffentlichen Recht ist dafür wenig Platz und würde dort auch, selbst wenn es vielleicht näher läge als im Privatrechtsfall, gar nicht erwartet, ja als unpassend empfunden.

Nur wo die Studienpläne noch mündliche Prüfungen vorsehen, muss man sich nicht mit dem ausreichenden Gebrauch des Handwerkszeugs zufriedengeben, sondern kann darüber hinaus auch noch die Frage stellen, ob das Handwerkszeug zur Fertigung des Werkstücks wirklich tauglich ist, was dann ja wieder Erörterungen über das Werkstücks selbst nach sich ziehen kann, so dass man allmählich vom Wie zum Was kommt. Dann erkennt auch der Kandidat, dass das Was das Wie bestimmt und dass daher nicht der Baumeister, sondern der Architekt das letzte Wort haben muss, auch wenn die Baumeister oft meinen, des Architekten entraten zu können.

So stelle ich denn im Fache „Völkerrecht" als Einstieg in die mündliche Prüfung gelegentlich die Frage, was denn eigentlich der Zweck des Völ-

---

1 Celsus, D.1.1.1. pr.

kerrechts sei. Die meisten Kandidaten scheinen das für eine dumme Frage zu halten, weil offenbar nur ein Dummer mehr fragen kann, als zehn Weise beantworten können. Ich steige dann meist auf der Leiter, die vom Besonderen zum Allgemeinen führt, noch eine Sprosse höher und frage nach dem Zweck des Rechts überhaupt. Da bekomme ich dann meist die Formel präsentiert, dass das Recht das Zusammenleben der Menschen regelt (und das Völkerrecht das Zusammenleben der Staaten), also eine Antwort, die so formal ist, wie man das von Studenten in einem Land erwarten kann, dessen Rechtswissenschaft noch immer von der Rechtstheorie und schon wieder vom „praktischen" Rechtspositivismus geprägt ist und die jeder Wertedebatte möglichst aus dem Weg geht.

Da aber zuletzt doch keiner der Prüflinge bloß in irgendeiner, sondern in einer „gerechten", einer „guten" Ordnung leben möchte, kann man den Kandidaten Stück für Stück entlocken, was sie eigentlich von einer Rechtsordnung, die ja in unser aller Leben mit dem Anspruch auf Gehorsam regelnd eingreift, erwarten. Und zuletzt können wir uns immer darauf einigen, dass wir alle in Frieden und Sicherheit, in Freiheit und in Wohlfahrt leben wollen, so dass es sich hier um Güter handelt, die für uns alle Voraussetzungen eines menschenwürdigen Lebens sind. Und damit sind wir beim Gemeinwohl als der *raison d'être* jeder Rechtsordnung,[2] auch wenn die Studierenden bis dahin das noch nie so gehört haben. Das ist ja auch nicht wirklich verwunderlich, denn das Stichwort „Gemeinwohl" kommt ins Hans Kelsens Reiner Rechtslehre[3] gar nicht vor, wo er überdies in einem umfangreichen Anhang den Nachweis zu führen versucht, dass das, was gemeiniglich unter Gerechtigkeit verstanden wird, nichts als eine Illusion sei. Und da Kelsen an der Abfassung des österreichischen Bundes-Verfassungsgesetzes von 1920 federführend beteiligt war, findet sich auch dort keine Erwähnung des Gemeinwohls.

Im Gegensatz dazu enthält das Bonner Grundgesetz sehr wohl einen Gemeinwohlbezug, wobei der Begriff des „Gemeinwohls" als solcher im

2 Diese Konkretisierung des Gemeinwohls auf die für alle wichtigen Güter Frieden, Freiheit und Wohlfahrt ist auch im Rahmen der pluralistischen Gesellschaft möglich, weil ihre Sicherung die – wenn auch bloß faktische, so doch empirisch erhebbare – Voraussetzung für die breite Akzeptanz von Recht, Staat und internationaler Gemeinschaft und damit für den für das Zusammenleben notwendigen Konsens ist. Wer sich aber außerhalb dieses Konsenses stellt, verliert den Schutz, den Recht, Staat und internationale Gemeinschaft bieten. Vgl. *Köck*, Recht in der pluralistischen Gesellschaft, 1998, 106 ff. und 157 ff.

3 1. Aufl. 1934, 2. Aufl. 1960.

Art. 12 in Zusammenhang mit der Freiheit der Berufsausübung und als „Wohl der Allgemeinheit" in Art. 14 in Zusammenhang mit der Freiheit des Eigentums erscheint.

Im Rahmen der Europäischen Union findet sich der Begriff als solcher nur in Artikel 52 der EU-Grundrechtecharta, der von der „Tragweite und Auslegung der Rechte und Grundsätze" handelt und in Abs. 1 bestimmt, dass „Einschränkung nur vorgenommen werden [dürfen], wenn sie erforderlich sind und den von der Union anerkannten dem Gemeinwohl dienenden Zielsetzungen oder den Erfordernissen des Schutzes der Rechte und Freiheiten anderer tatsächlich entsprechen." Er ist aber – in seiner Voraussetzungen, Bestandteile und Folgerungen aufgeschlüsselt – zentral bereits im Art. 2 EUV sowie im Abs. 3 Abs. 1 EUV enthalten, von denen der eine die Werte der Europäischen Union und ihrer Mitgliedstaaten und der andere das Ziel der Union darlegt.

Die UN-Charta nimmt in Art. 14 in Zusammenhang mit der Rolle der Generalversammlung bei der Friedenssicherung auf das „allgemeine Wohl", in Art. 55 in Zusammenhang mit der „Internationale[n] Zusammenarbeit auf wirtschaftlichem und sozialem Gebiet auf die „Wohlfahrt", sowie in der „Erklärung über Hoheitsgebiete ohne Selbstregierung" im Art. 73 auf „Wohl der Einwohner" und in Art. 75 auf das „Wohl der übrigen Welt" Bezug.

Im allgemeinen Völkerrecht begegnet man dem Gemeinwohl meist in Zusammenhang mit Enteignung und Nationalisierung; dass sie im „öffentlichen Interesse" erfolgen, ist eine der Voraussetzungen für ihre Rechtmäßigkeit. Die UN-Menschenrechtspakte von 1966 klammern diese Frage aus; dafür bedarf es zur Rechtfertigung einer Enteignung nach Art. 2 des I. ZP zur EMRK des „öffentlichen Interesses"[4] bzw. des „Allgemeininteresses".[5] Auch im innerstaatlichen Recht wird für die Enteignung das „Wohl der Allgemeinheit"[6] ausdrücklich gefordert oder doch stillschweigend vorausgesetzt.[7]

---

4 Abs. 1.

5 Abs. 2.

6 Art. 14 GG.

7 Vgl. Art. 5 des österreichischen Staatsgrundgesetzes über die allgemeinen Rechte der Staatsbürger von 1867, welches als Grundrechtekatalog ins B-VG 1920 übernommen wurde: „Das Eigentum ist unverletzlich. Eine Enteignung gegen den Willen des Eigentümers kann nur in den Fällen und in der Art eintreten, welche das Gesetz bestimmt." Der Gesetzesvorbehalt im zweiten Satz erlaubt wegen der zu berücksichtigenden Wesensgehaltsgarantie keine Aushöhlung des im ersten Satz ver-

Trotzdem wird mit dem Gemeinwohl oder vergleichbaren Begriffen zur Begründung subjektiver Rechte des Einzelnen oder zur Rechtfertigung staatlicher Maßnahmen in der Regel sparsam umgegangen. Der Einzelne ist meist auf die konkrete Ausgestaltung des Gemeinwohls in den Gesetzen angewiesen, während der erst für den Einzelfall zu konkretisierende Gemeinwohlbegriff im positiven Recht nur selten als solcher verwendet wird. Und auch der Staat ist nach innen durch verfassungsrechtliche, nach außen durch völkerrechtliche, im Rahmen der Europäischen Union auch durch unionsrechtliche Vorgaben in der Interpretation des Gemeinwohls und seiner Heranziehung zur Rechtfertigung staatlichen Handelns beschränkt.

Manchmal freilich erscheint das so vorgegebene Konzept als zu eng, weil weder die Theorie noch die Praxis für alle zukünftigen Fälle vorsorgen kann und daher immer wieder außerordentliche Fälle auftreten können, die nach außerordentlichen Lösungen verlangen. Ich möchte dies im Folgenden an einem österreichischen Beispiel zu demonstrieren, das auch grenzüberschreitende Bezüge aufweist und daher nicht nur verfassungsrechtliche, sondern auch unionsrechtliche und völkerrechtliche Fragen aufwirft.

* * *

Es handelt sich um den Fall der Hypo Alpe Adria (HAA), einer österreichischen Bank, die – wie schon ihr Name sagt – Aktivitäten in einem Raum unterhalten hat bzw. noch unterhält, der mit „Alpen“ und „Adria“ grob abgesteckt ist. Die Bank hat ihren Sitz in Klagenfurt, der Hauptstadt des österreichischen Bundeslandes Kärnten.

Im Mai 2007, also noch ehe sich die weltweite Finanzkrise abzeichnete, erwarb die Bayerische Landesbank (BayernLB) an der Hypo Gruppe Alpe Adria einen ihr die Kontrolle sichernden Anteil von 50 Prozent plus einer Aktie, wobei – wie mittlerweile auch strafrechtliche Verfahren zu zeigen scheinen – nicht alles mit rechten Dingen zugegangen sein könnte. In der Folge weitete die Bank ihre Geschäfte rasch aus, kam aber binnen zweier Jahre in massive finanzielle Schwierigkeiten, sodass sie bereits 2008 eine Unterstützung seitens der österreichischen Bundesregierung in Anspruch nehmen musste. 2009 drohte sie mangels ausreichender finanzieller Mittel insolvent zu werden. Um den Zusammenbruch dieser wichtigen österrei-

ankerten Grundrechts; die Grundsätze der Verhältnismäßigkeit und der angemessenen Entschädigung müssen (entgegen früherer Rechtsprechung) beachtet werden.

chischen Bank zu vermeiden, wurde die österreichische Bundesregierung aktiv. Am 14. Dezember 2009 erwarb die Republik Österreich die Anteile der BayernLB und anderer Großaktionäre[8] um je 1 Euro. Diese Großaktionäre wollte sich dadurch von möglichen Haftungen im Konkursfall befreien; Österreich, das nunmehr 100 Prozent der Aktien hielt, wollte seinerseits über die Zukunft der HAA, die in der Folge notverstaatlicht wurde, frei entscheiden können.

Die Vereinbarung zwischen der österreichischen Bundesregierung und der BayernLB erwies sich für Österreich als höchst nachteilig, was die Regierung auf falsche Vorspiegelungen seitens der Vertreter der BayernLB zurückführte, welche die Bank – abgesehen von den Auswirkungen der Finanzkrise – als vollkommen gesund dargestellt hätten, während das Institut bereits durch und durch verrottet gewesen sei. Da der Abschluss der Vereinbarung damals drängte, seien die österreichischen Verhandler auf die Richtigkeit der Angaben der bayerischen Seite angewiesen gewesen.

Die Verstaatlichung der HAA beschäftigte auch die Europäische Kommission, welche zwar bereit war, diese Notmaßnahme zu akzeptieren, die Verstaatlichung gleichzeitig aber als eine Art der Beihilfe ansah und forderte, dass Österreich die Bank binnen kurzer Zeit (spätestens 2013) verkaufen oder abwickeln müsse. Da dies aber so gut wie sicher zur Liquidation der Bank geführt und die österreichischen Steuerzahler 16 Milliarden Euro gekostet hätte, konnte Österreich eine Fristverlängerung aushandeln. Der von der Kommission schließlich gebilligte Restrukturierungsplan sieht einen Verkauf der absetzbaren Teile der Bank vor. Ein Verkaufsvertrag über die österreichischen Tochterunternehmen wurde bereits im Mai 2014 unterzeichnet; die Töchter in Süd-Ost-Europa mussten danach bis zum 30. Juni 2015 verkauft werden.

Der österreichische Nationalrat beschloss auf der Grundlage einer Regierungsvorlage am 7. Juli 2014 das Hypo Alpe Adria Sanierungsgesetz (HaaSanG).[9] Es ist am 1 August 2014 zusammen mit einigen Begleitgesetzen in Kraft getreten.

Das HaaSanG sieht die Beteiligung früherer Eigentümer und sog. Nachranggläubiger an den Kosten der endgültigen Lösung in der Höhe von insgesamt an die 1,6 Milliarden Euro vor. Was die letzteren anlagt, so werden deren vor dem 30. Juni 2019 fälligen Ansprüche annulliert, und zwar zu-

8 Kärntner Landesholding und Grazer Wechselseitige Versicherung.
9 Österr. BGBl 2014 I/51.

sammen mit den vom Land Kärnten dafür übernommenen Garantien. Das soll an die 890 Millionen Euro, also mehr als die Hälfte des Gesamtbetrags, einbringen. Österreich argumentiert in diesem Zusammenhang damit, dass jene, welche außerordentliche Risiken eingegangen wären, um außerordentliche Gewinne zu machen, jetzt auch außerordentliche Lasten auf sich nehmen müssten.

Was die früheren Eigentümer betrifft, so sieht Österreich ein von der BayernLB der HAA 2008, also zu einer Zeit, als die Bank bereits Unterstützung seitens der österreichischen Bundesregierung erhalten hatte, gewährtes Darlehen von 800 Millionen Euro ebenfalls als Hochrisikokapital an, das nicht zurückgezahlt wird. Vor diesem Zeitpunkt gegebene Darlehen der BayernLB werde zwar zurückgezahlt, aber frühestens ab 30. Juni 2019. (Das HaaSanG schließt allerdings den Abschluss eines Gesamtkompromisses mit der BayernLB nicht aus.)

Nach dem HaaSanG hatte die österreichische Finanzmarktaufsicht (FMA) binnen zwei Wochen die notwendigen Verordnungen zu erlassen, wobei u.a. jene Verbindlichkeiten zu spezifizieren waren, die durch den mit August 2014 wirksam gewordenen Schuldenschnitt zusammen mit den sie betreffenden Garantien für verfallen erklärt wurden.

Österreich berief sich für diese Vorgangsweise u.a. auf die Richtlinie 2001/24/EG des Europäischen Parlaments und des Rates vom 4. April 2001 über die Sanierung und Liquidation von Kreditinstituten. Diese Richtlinie bezieht sich jedoch lediglich auf die Frage der Zuständigkeit und nicht auf inhaltliche Aspekte, die für die Zulässigkeit bestimmter Maßnahmen von Bedeutung sein könnten. Man kann sich daher weder für noch gegen die Unionsrechtskonformität des HaaSanG auf sie berufen. Auch die Verordnung (EG) Nr. 1346/2000 des Rates über Insolvenzverfahren betrifft nur prozedurale Aspekte.

Betroffene Obligationäre betrachten die Annullierung ihrer Forderungen durch das HaaSanG als Enteignung. Sie haben daher bereits angekündigt, das Gesetz mit einer Grundrechtsbeschwerde vor dem österreichischen Verfassungsgerichtshof anzufechten. Überdies können sie vor den ordentlichen Gerichten auf Feststellung des Fortbestands ihrer Ansprüche klagen, auf Befriedigung derselben allerdings erst ab Fälligkeit. Einen Sonderfall stellen jene Obligationen dar, welche von der Weltbank gehalten werden und ebenfalls vom Land Kärnten garantiert sind. Es ist anzunehmen, dass das HaaSanG auf sie wegen ihres alle Mitglieder bindenden Sonderstatus nicht anwendbar ist und sie daher ihre Ansprüche vor österreichischen Gerichten durchsetzen kann.

Darüber hinaus ist im Falle einer Abweisung der Grundrechtsbeschwerde oder der erwähnten Klagen seitens der österreichischen Höchstgerichte auch eine Beschwerde beim Europäischen Gerichtshof für Menschenrechte wegen Verletzung von Art. 2 des I. ZP zur EMRK denkbar.

Demgegenüber wird sich Österreich – worauf Äußerungen führender Politiker in Zusammenhang mit dem HaaSanG schließen lassen – auf zwei sukzessive Verteidigungslinien zurückziehen, welche beide Überlegungen grundsätzlicher Art zum Gegenstand haben, wobei die betreffenden Grundsätze von Österreich als *overriding principles* angesehen werden.

Im ersten Fall wird Österreich darauf hinweisen, dass die von den Hochrisikogläubigern der HAA gegebenen Darlehen und ihre Akzeptanz der Garantien des Landes Kärnten nicht *bona fide* erfolgt seien, weil für sie nicht nur der schlechte Zustand der Bank, sondern auch der Umstand erkennbar war, dass Kärnten für seine Garantien nicht würde einstehen können, weil sie das Jahresbudget des Landes um ein Mehrfaches überstiegen. Der Grundsatz von Treu und Glauben schließe daher die Geltendmachung dieser Forderungen unter den gegebenen Umständen aus. Der Grundsatz von Treu und Glauben sei aber für jede Rechtsordnung konstitutiv.[10]

Im anderen Fall wird sich Österreich direkt auf das Gemeinwohl berufen. Erstens erfordere das öffentliche (volkswirtschaftliche) Interesse im konkreten Fall drastischen Sanierungsmaßnahmen zu Sicherung eines funktionsfähigen Bankwesens und der Finanzmarktstabilität. Und zweitens sei dabei auch auf die Herstellung der Lastenverteilungsgerechtigkeit und damit auf die Vermeidung einer unverhältnismäßigen Belastung der Allgemeinheit, also der Steuerzahler, zu achten.

Überdies sei nach dem Grundsatz "retten, was zu retten ist" das Herabsetzen von Forderungen auf null im Rahmen von Bankenabwicklungen heute bereits normaler Standard des europäischen Finanzmarktrechts. Hiefür wird sich Österreich auch auf die neue Abwicklungsrichtlinie 2014/59/EU berufen, die tastsächlich eine Vielzahl von überaus gravierenden Maßnahmen vorsieht. Auch wenn deren Umsetzung mit Ende 2014 befristet war, könne doch eine österreichische Gesetzgebung, welche die dort vorgesehenen Maßnahmen vorweggenommen habe, weder als unsachlich noch als unverhältnismäßig angesehen werden.

---

10 Wie das schon *van Bynkershoek*, Quaestines iuris publici libri duo (1737), II, cap. 10, in Zusammenhang mit den Völkerrecht ausgesprochen hat: *hanc (sc. bonam fidem) si tollis, tollis etiam ius gentium.*

* * *

Ob es ein solcher Gebrauch des Gemeinwohlgedankens ist, welchen der Jubilar, dem diese Festschrift gewidmet ist, meint, muss hier dahingestellt bleiben. Aber eine solche am Gemeinwohl orientierte Sicht könnte tatsächlich helfen, sich aus dem Netz privatrechtlicher und öffentlichrechtlicher Bestimmungen zu befreien, welche dem wichtigen Gläubigerschutz in einem Normalfall dienen, der nach den allgemeinen Regeln des Insolvenzrechts und unter Berücksichtigung des Schutzes der individuellen Grundrechte abgewickelt werden kann, wobei deren Beachtung schon in sich selbst den notwendigen Beitrag zum Gemeinwohl leistet. Wie es aber dem Gleichheitsgrundsatz zuwiderläuft, wenn Ungleiches gleich behandelt wird, so müssen auch, wo es sich nicht um den Normalfall, sondern um einen Sonderfall handelt, die Regeln für den Normalfall den Notwendigkeiten des Sonderfalls weichen.

Denn alle rechtlichen Regelungen sind an ihrem Beitrag zum Gemeinwohl zu messen, nicht aber das Gemeinwohl an irgendwelchen rechtlichen Regelungen. Dies erfordert eine gelassene Distanz zum positiven Recht, die dem Juristen nach ursprünglichem Verstehen nicht in der reproduktiven Tätigkeit des Handwerkers, sondern nur in der Kreativität des Künstlers eignet.

* * *

Nach Drucklegung dieser Festschrift hat der österreichische Verfassungsgerichtshof (VfGH) entschieden,[11] dass das HaaSanG verfassungswidrig ist, zur Gänze aufgehoben wird und nicht mehr anzuwenden ist. Grund sei einerseits die unterschiedliche Behandlung von Nachranggläubigern nur aufgrund eines mit 30. Juni 2019 festgelegten Stichtages. Davor fällige Verbindlichkeiten gelten als erloschen, danach fällige nicht. Eine solche Ungleichbehandlung stelle eine Verletzung des Grundrechts auf Eigentum dar. Andererseits sei das vom Gesetz verfügte Erlöschen der Kärtner Landeshaftung nur für diese Gruppe von Nachranggläubigern unsachlich und unverhältnismäßig.

Die Frage der Zulässigkeit von Sonderopfern aus Gründen des Gemeinwohls berührt der VfGH damit noch nicht. Dass der VfGH hier Vorbehalte hat, zeigt die Feststellung, dass gesetzlichen Haftungserklärungen eines Bundeslandes nicht als isolierte Maßnahme im Nachhinein durch eine gesetzliche Anordnung völlig entwertet werden dürfen, selbst wenn das

11 Entscheidung vom 28. Juli 2015, GZ G 239/2015 u.a.

Land das von ihm damit übernommene Risiko evidentermaßen nicht zu tragen im Stande ist. „Auch dann [dürfe] dieses Fehlverhalten nicht alleine und ausschließlich dadurch korrigiert werden, dass die gesetzliche Haftungserklärung eines Bundeslandes im Nachhinein völlig entwertet wird." Die Einschränkung des Vorbehalts auf isolierte Maßnahmen („nicht alleine und ausschließlich") lässt hier aber noch einen Spielraum offen.

Europäische Zentralbank: kontraproduktive unkonventionelle Geldpolitik*

Ansgar Belke

I. Einleitung

Aufgrund der gegenwärtig geringen Inflationsraten als auch einer möglichen Abkehr der Inflationserwartungen von ihrem mittelfristigen Ziel von „nahe, aber unter 2%“ mehren sich die Indizien, dass die Europäische Zentralbank (EZB) in der näheren Zukunft weitere expansive Schritte einleiten wird. Wie vom EZB-Präsidenten Mario Draghi im Rahmen der Pressekonferenz anlässlich der EZB-Ratssitzung im Juni 2014 angedeutet, besteht ein noch verbliebenes Mittel zur Bekämpfung einer möglichen Deflation in der Anwendung der Quantitativen Lockerung („Quantitative Easing, QE“). QE wird eingesetzt, wenn der offizielle Zinssatz der Zentralbank bereits auf null oder fast auf null gesetzt wurde und weiterhin expansive Impulse der Geldpolitik erzeugt werden sollen. In diesem Fall kauft die Zentralbank Anleihen, private oder Staatsanleihen, um die Volkswirtschaft mit mehr Liquidität auszustatten (Ugai, 2006).

Die jüngsten Erfahrungen mit QE aus den USA, Großbritannien und Japan enthüllen jedoch, dass die tatsächlichen Effekte auf die Preis- und die allgemeine ökonomische Entwicklung vergleichsweise gering sind. Im Hinblick auf den Erfolg des QE in der Eurozone äußerte sich der Nobelpreisträger Joe Stiglitz im Rahmen des World Economic Forum in Jordanien: “… the evidence that it provided much stimulus to the economy is very weak. … It may have contributed to asset price bubbles”.[1]

Die folgende Arbeit befasst sich mit einer Einschätzung zu bedeutenden Argumenten für und gegen eine Durchführung des QE durch die EZB. Aufbauend auf einer kurzen Erläuterung des makroökonomischen Umfelds wird anschließend erläutert, inwiefern QE ein geeignetes Instrument

---

* Kurzfassung aus : ORDO – Jahrbuch für die Ordnung von Wirtschaft und Gesellschaft (2014) Bd. 65.

1 S. http://www.taipeitimes.com/News/biz/archives/2013/05/27/2003563249.

zur Stimulierung der gesamtwirtschaftlichen Nachfrage und Vermeidung weiterer Disinflation für die Eurozone darstellt.

II. Makroökonomischer Hintergrund

Die Diskussion um QE in der Eurozone wird in einem makroökonomischem Umfeld gut erklärbarer Niedriginflation – die Südländer der Eurozone gewinnen Wettbewerbsfähigkeit zurück und notwendige „Deleveraging"-Prozesse finden in nahezu der gesamten Eurozone statt - und leicht verbesserter Wachstumsprojektionen für den Euroraum geführt. Dies wird aktuell durch eine länger anhaltende Disinflation gespiegelt: die laufende und auch die antizipierte Inflationsrate liegen deutlich unter dem Ziel der EZB von annähernd 2 Prozent HVPI-Inflation.[2] Die EZB sollte nicht gegen diese wohlerklärte Disinflation vorgehen. Denn das immer noch negative Kreditwachstum in Italien, Spanien oder Portugal ist vor allem auf "bad loans on the banks' balance sheets and to the upcoming bank stress test and the emanating new monetary policy driven bubbles on the bond and stock markets weigh much more heavily" (Belke/Verheyen, 2014) zurückzuführen.

Zu den Befürchtungen einer Deflation: Mario Draghi argumentierte überraschend im Rahmen der EZB-Pressekonferenz im Juni 2014, dass er gegenwärtig keine Deflationsgefahren sehe (Draghi, 2014). Eine nähere Betrachtung der Aussagen Draghis lässt den Schluss zu, dass bereits sehr geringe positive Inflationsraten, und nicht erst Deflation, problematisch sind, da sie die Verringerung der Staatsschulden in überschuldeten Euroländern erschweren. Denn im Lichte der enttäuschenden Wachstumszahlen für Italien und auch Frankreich müssen mehr realwirtschaftliche Ressourcen für die Rückführung der Staatsschulden aufgewendet werden. Dies entspricht der expliziten Rückkehr der Idee der finanziellen Repression in Europa (Reinhart, 2012).

Im Hinblick auf eine Erhöhung der Inflationserwartungen durch QE erscheint daher die Erleichterung der Schuldenrückführung im Euroraum eine vorrangige Rolle einzunehmen. Dies liegt auch daran, dass es gegenwärtig keine Anzeichen für eine bevorstehende Deflation gibt – wobei Deflation als ein permanentes Sinken der Preise definiert wird, welches die

2 HVPI steht für « Harmonisierter Verbraucherpreisindex ».

aggregierte Nachfrage dämpft. Denn Konsumenten schieben Käufe auf, da sie auf einen weiteren Preisverfall in der Zukunft abwarten. Empirische Evidenz für dieses Konsumverhalten findet sich kaum, sondern teilweise eher für das Gegenteil (Klodt/Hartmann, 2014). Folglich sind *Befürchtungen einer drohenden Deflation*, die wiederum die aggregierte Nachfrage in der Eurozone schwächt, wohl auf einen *Mangel mikroökonomischer Fundierung* zurückzuführen.

Im Hinblick auf das Zinsniveau in der Eurozone liegen die kurzfristigen Zinssätze für die meisten Wertpapiere niedrigen Risikos schon nahe Null. Die einzigen Zinssätze, die noch Spielraum nach unten haben, sind folglich die langfristigen Zinssätze (Belke/Gros, 2014). Allerdings gibt es Gründe anzunehmen, dass niedrigere Zinssätze kontraproduktiv wirken könnten.

III. Argument 1 - Einkommensverluste für Sparer

Fallende Zinssätze verringern den Ertrag für Sparer. Zumindest die deutschen Haushalte, die versuchen, ihr Alterseinkommen durch private Ersparnisse aufzubessern, müssten zusätzlich sparen, um ein bestimmtes Ziel an Zusatzeinkommen zu erreichen. Gerade bei langfristigen Anlagen verschärft der Zinseszinseffekt die Vermögenslücken exponentiell, wenn die Zinsen am Anfang der Laufzeit besonders niedrig sind.[3] Durch dieses "Zielsparen" ist es möglich, dass eine Zinssenkung das Sparen noch erhöht: der Einkommenseffekt der Zinssenkung überwiegt den Substitutionseffekt. Die OECD liefert Evidenz dafür, dass niedrigere (Real-)Zinsen gerade in Deutschland zu vermehrtem Sparen führen können (Hüfner/Koske, 2010).[4] Zudem zwingen noch niedrigere Zinsen die Lebensversicherungen, ihre Ausschüttungen zu begrenzen. Auch deshalb muss das QE nicht zwangsläufig zu einer höheren gesamtwirtschaftlichen Nachfrage in Deutschland führen. Eine Operation QE der EZB mit dem Ziel, den realen Konsum, welcher sich in Deutschland auf Rekordniveau befindet, anstei-

---

3 Für Zinseffekte auf die Altersvorsorge in Deutschland siehe beispielsweise *Lang* (1998).

4 Frühe empirische Evidenz für das Auftreten einer "negative interest elasticity of savings" in Industrieländern liefern bereits *Evans* (1983), *Friend* und *Hasbrouck* (1983) und *Hall* (1988).

gen zu lassen, könnte daher auch das Gegenteil bewirken (Belke/Gros, 2014).

Natürlich steht jedem Sparer ein Schuldner gegenüber, dessen Schuldenlast sinkt, wenn die Zinsen fallen. Dieser Zusammenhang gilt aber nur zwingend in einem geschlossenen System. Beim QE geht es jedoch um die gesamte Eurozone und der Zusammenhang wird vielfältiger. Als größter Nettogläubiger in der Eurozone erleidet die deutsche Volkswirtschaft einen Einkommensverlust, wenn die Zinsen weiter fallen. Die Schuldner Deutschlands in der Peripherie der Eurozone profitieren von einer geringeren Zinsbelastung. Da die Volkswirtschaften der Peripherie jedoch zurzeit mit Nachdruck Fremdkapitalabbau (“deleveraging“) ihrer Unternehmen und Haushalte betreiben, werden sie diesen “Windfall” wohl für weitere Schuldenreduktion nutzen, statt ihre Ausgaben zu erhöhen. Die spanischen Haushalte mit zu hohen Hypotheken gewinnen wenig durch niedrigere Langfristzinsen, weil im Süden die Hypothekenzinsen an sehr kurzfristige Interbanksätze indexiert sind (Belke/Gros, 2014).

Hierbei handelt es sich um ein Eurozonen-spezifisches Phänomen. Ein Grund, warum QE in den USA durchaus gewirkt haben könnte, ist, dass die USA der größte Schuldner der Welt sind und QE die Zinsbelastung der gesamten Volkswirtschaft reduziert hat. Ausländer halten US-Anleihen im Wert von ungefähr 7 Billionen USD. Der Saldo der USA aus dem Einkommen aus Investitionen gegenüber dem Ausland hat sich in der Tat seit Beginn des QE um ungefähr 0,7 Prozent des BIP verbessert, obwohl sich der Auslandsvermögensstatus der USA gleichzeitig fortlaufend verschlechterte. Während für die USA geringere Zinssätze folglich einen beträchtlichen Einkommenszuwachs bedeuten, bedeutet dies für Nettogläubiger wie der deutschen Volkswirtschaft hohe Einkommensverluste (Belke/Gros, 2014).

Insgesamt könnten also niedrigere Zinsen einen negativen Einfluss auf die Nachfrage im Euroraum haben. Am Anfang der Währungsunion war dies anders, denn damals gab es noch keine Überschuldung und die Häuserpreise stiegen, während sie heute fallen.

IV. Argument 2 - Steigende Immobilienpreise

Ein weiterer Grund für die Annahme, dass geringere Zinssätze die gesamtwirtschaftliche Nachfrage stimulieren, ist ihr Einfluss auf Vermögenspreise, vor allem Immobilienpreise. Auch hier ist das Beispiel der USA, wo dieser Mechanismus funktioniert, irreführend.

Das Schlüsselproblem liegt wiederum in Deutschland. Zwar steigen die Immobilienpreise – aber mit dem Risiko, eine Dämpfung der Nachfrage zu verursachen. Die Immobilieneigentums-Quote in Deutschland ist relativ niedrig (Tab. 1). Dank Mieterschutz und stabilem System gibt es viele Mieter. In Deutschland sind nur wenig mehr als 40 Prozent Eigentümer ihrer Wohnstätten.[5] Der Rest wird von Finanzinvestoren wie Versicherungen und sozialem Wohnungsbau gehalten.

Tabelle1: Immobilieneigentums-Quote, Mitgliedsländer Eurozone

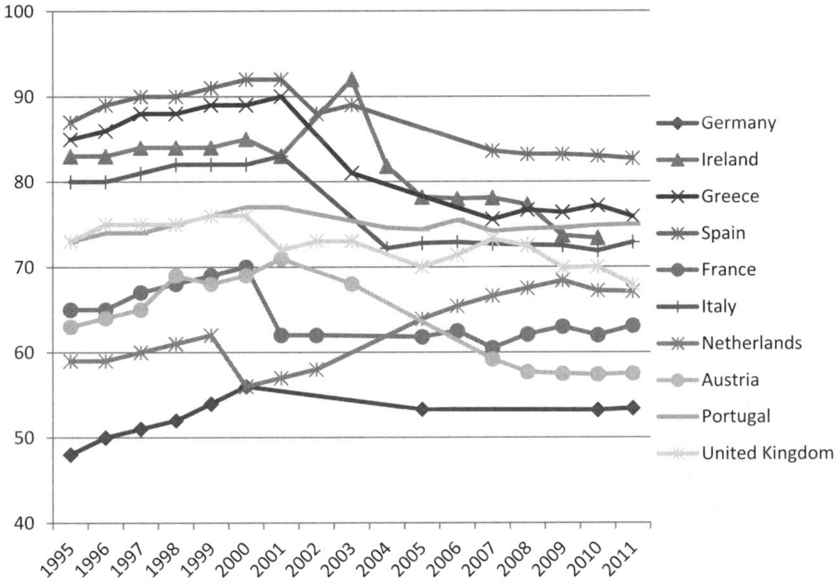

Quelle: Eurostat aus der Sub-Datenbank SILC. Die Rate ist angegeben als Anteil der Haushalte, die im eigenen Haus/der eigenen Wohnung wohnen (oder abbezahlen) als Prozent der Gesamthaushalte. Der andere Anteil sind die Haushalte, die zur Miete wohnen (in % der Gesamthaushalte).

Die Mehrzahl der Haushalte sieht sich folglich steigenden Mieten gegenüber, wenn die Immobilienpreise steigen. Die Studie von Clamor und

5 Die "owner occupation rate" liegt für Deutschland nur bei 46% und beispielsweise für Spanien oder Italien bei rund 80%. Vgl. European Mortgage Federation (2013).

Henger (2013) zeigt, dass höhere Preise und Mieten eine Umverteilung zu wohlhabenden Haushalten bedeutet. Wegen der großen und in der Krise noch gestiegenen Unterschiede in den Sparquoten führt diese Umverteilung zu weniger Konsum.[6] Die Nachfrage mag (erst) in ferner Zukunft wieder steigen, wenn genug neue Eigentümer zumindest einen Teil ihrer Hypotheken abgezahlt haben. Hier, im Zusammenhang mit QE, geht es aber um den kurzfristigen Effekt (Belke/Gros, 2014).

Da sich der meiste Wohnraum im Eigentum von Finanzinstitutionen befindet, dürfte der höhere Wert des Wohnraumbestands lediglich in einer Ausweitung der Bilanzen dieser Institute aufscheinen. Unter deutschen Standards der Rechnungslegung jedoch wird Wohnraum nicht zu Marktpreisen, sondern zu historischen Kosten bilanziert. Dies ist für diese Finanzinstitutionen günstig, denn ihre Steuerverbindlichkeiten werden so gedrückt. Darüber ist es im deutschen Finanzsystem schwieriger, den Wertanstieg einer Immobilie zu extrahieren und direkt für Konsum zu verwerten. In Deutschland sind die Beleihungswerte meist konservativ angesetzt. Außerdem wären die meisten deutschen Banken wohl nicht bereit, zusätzlichen Konsum zu finanzieren, der nicht aus dem laufenden Einkommen heraus finanziert werden kann. Höhere Immobilienpreise können somit die Nachfrage nicht stimulieren. Im Gegenteil, für die meisten deutschen Haushalte bedeutet ein Anstieg der Immobilienpreise eine zusätzliche Belastung (Belke/Gros, 2014).

V. Argument 3 - Niedrigere Zinsen stimulieren die Investitionsnachfrage kaum

Geringere Zinsen erhöhen in der Theorie die Investitionsnachfrage von Unternehmen. Nahezu alle ökonomischen Modelle unterstellen dies. Aber eine große Mehrheit empirischer Studien findet, dass Zinssätze als Approximation der Kapitalnutzungskosten einen eher marginalen Einfluss auf Investitionen haben und andere Faktoren den marginalen Zinseffekt dominieren.[7] Ausgabenakzelerator-Variablen wie der Output, der Cash Flow und das Zinsumfeld selbst stehen standardmäßig für diese „anderen" Fak-

---

6 Vgl. diverse Studien des DIW auf Grundlage des Sozioökonomischen Panels wie zum Beispiel Fichtner, Junker und Schwäbe (2012) sowie BVR (2013).

7 Eine frühe Quelle ist *Hoover* (1954), eine gut zusammenfassende Studie *Caballero* (1999) und eine Referenz am aktuellen Rand *Sharpe und Suarez* (2014).

toren (Gilchrist/Zakrajsek, 2007). Zukünftig dürften dies vor allem das generell schon am kurzen Ende sehr niedrige Zinsniveau, das überreichliche Vorhandensein von „Cash“[8], die Unsicherheit über künftige (Geld-)Politik und Markteingriffe wie die Einführung von Mindestlöhnen und die Bindung von Staatsanleiherenditen an Notenbank interventionen sein.[9]

Nach Chirinko (1993) sind die „effects of changes in the user cost of capital on investment ... surprisingly small in the short- to medium-term". Schließlich ist die für Investitionsentscheidungen benötigte Renditegröße nicht eng mit den aktuellen Markt zinssätzen verknüpft, wohingegen andere Bestandteile der Kapitalnutzungskosten akkurater gemessen werden können (Tevlin/Whelan, 2003; Schaller, 2007). Vor allem aber finanzieren sich Unternehmen *in Europa* eher durch *Bankkredite*, die typischerweise kurz- bis mittelfristig sind. Niedrigere langfristige Zinsen bringen also für Unternehmen wenig, sodass insgesamt zinssenkende Effekte durch QE kaum die Investitionen stimulieren dürften (Belke/Gros, 2014).

VI. Schlussfolgerungen

Die EZB wird voraussichtlich die gesamtwirtschaftliche Nachfrage sowie die Preisentwicklung durch QE nicht maßgeblich beeinflussen können. Speziell für Deutschland ergibt sich die Möglichkeit, dass QE eher kontraproduktiv wirken könnte.

Auch abseits der vorangestellten Überlegungen zur Wirksamkeit von QE machen Erfahrungen aus anderen Volkswirtschaften nur wenig Hoffnung, dass QE in der Eurozone maßgebliche Effekte generieren kann. Bei genauem Hinsehen waren die Erfahrungen mit QE in der Realität bescheidener als häufig proklamiert. Die Fed, die Bank of Japan und die Bank of England (die sog. „QE-3“) führen regelmäßig aus, dass QE durch die Umlenkung der Investoren-Portfolios weg von Cash hin zu nichtmonetären Assets wie Bonds, Equities oder Immobilien die Nachfrage nach diesen Assets erhöhe. Dies wiederum führe zu neuem Asset-Angebot, was neue

8 Die EZB hat sich folglich durch ihre liquiditätszuführenden Transaktionen wie die « Long-term Refinancing Operations (LTROs)« den Boden für QE selbst vorher entzogen.

9 Übrigens folgt hieraus direkt, dass eine Position, die für Mindestlöhne in Deutschland zur Steigerung der dortigen Binnennachfrage und gleichzeitig für ein QE in der Eurozone plädiert, klar inkonsistent ist. Vgl. *Belke und Gros* (2014).

Investitionen in die Realwirtschaft finanziere (Persaud, 2014). Die QE-3 verzeichneten im Zeitraum von 2009 bis 2012 jedoch kaum ein neues Angebot an Anleihen und Aktien, geschweige denn einen Anstieg der Investitionen.

Zudem könnten maßgebliche Unterschiede zwischen den Volkswirtschaften der USA und der Eurozone (insbesondere Deutschland) die bereits geringen Effekte zusätzlich abschwächen. Was in den Vereinigten Staaten (teilweise) funktioniert haben mag, muss in der Eurozone nicht zwingend erfolgreich sein. Die EZB sollte der Versuchung daher widerstehen, die Deflationsgefahr in der Eurozone durch zusätzliche Varianten unkonventioneller Geldpolitik bzw. dem QE zu bekämpfen.

Literatur

Belke, A., Gros, D. (2014): Kontraproduktive unkonventionelle Geldpolitik? oder: Wie das Gespenst der Deflation nicht zu vertreiben ist, Ökonomenstimme, Web: http://www.oekonomenstimme.org/artikel/2014/04/kontraproduktive-unkonventionelle-geldpolitik-oder-wie-das-gespenst-der-deflation-nicht-zu-vertreiben-ist/, 24 April.

Belke, A., Verheyen, F. (2014): The Low Interest Rate Environment, Global Liquidity Spillovers and Challenges for Monetary Policy Ahead, in: Comparative Economic Studies, Vol. 56/2, 313-334.

Beznoska, M., Ochmann, R. (2010): Household Savings Decision and Income Uncertainty, DIW Discussion Papers No. 1046, Deutsches Institut für Wirtschaftsforschung.

BVR (2013): Volkswirtschaft Spezial – Meinungen, Analysen, Fakten, Nr. 4, Bundesverband der deutschen Volksbanken und Raiffeisenbanken, April.

Caballero, R. J. (1999): Aggregate Investment, in John B. Taylor and Michael Woodford (Hrsg.), Handbook of Macroeconomics, Vol 1B, Elsevier.

Chirinko, R.S. (1993): Business Fixed Investment Spending: Modeling Strategies, Empirical Results, and Policy Implications, in: Journal of Economic Literature, Vol. 31, 1875-1911.

Clamor, T., Henger, R. (2013): Verteilung des Immobilienvermögens in Deutschland, IW Trends, Institut der deutschen Wirtschaft, März.

Draghi, M. (2014): Introductory statement to the press conference (with Q&A), European Central Bank, 5 June, Web: http://www.ecb.europa.eu/press/pressconf/2014/html/is140605.en.html.

Eckert, D., Zschäpitz, H. (2014): Starke Währung macht Europäer kirre - Banker warnen: Hoher Wechselkurs droht Euro-Zone in eine Abwärtsspirale der Deflation zu stürzen, in: Die Welt, 25 March, Web: http://www.welt.de/print/die_welt/finanzen/article126152213/Starke-Waehrung-macht-Europaeer-kirre.html.

European Mortgage Federation (2013): Hypostat 2013 - A Review of Europe's Mortgage and Housing Markets, November.

Evans, O. (1983): Tax Policy, the Interest Elasticity of Saving, and Capital Accumulation - Numerical Analysis of Theoretical Models, in: American Economic Review, Vol. 73, 398–410.

Fichtner, F., Junker, S., Schwäbe, C. (2012): Die Einkommensverteilung: Eine wichtige Größe für die Konjunkturprognose, DIW Wochenbericht, Nr. 22, Deutsches Institut für Wirtschaftsforschung, 31. Mai.

Friend, I. Hasbrouck, J. (1983): Saving and After-Tax Rates of Return, in: Review of Economics and Statistics , Vol. 65, 537–543.

Gilchrist, S., Zakrajsek, E. (2007): Investment and the Cost of Capital - New Evidence from the Corporate Bond Market, European Central Bank, November.

Hall, R. (1988): Intertemporal Substitution in Consumption, in: Journal of Political Economy, Vol. 96, 339–357.

Hoover, E.M. (1954): Some Institutional Factors in Business Investment Decisions, American Economic Review, Vol. 44, Papers and Proceedings, 201 f.

Hüfner, F., Koske, I. (2010): Explaining Household Saving Rates in G7 Countries - Implications for Germany, OECD Working Papers 754, Organisation for Economic Co-Operation and Development, March.

Klodt, H., Hartmann, A. (2014): Deflation und Konsumstau: mikroökonomische Evidenz, Kiel Working Papers 1935, Institut für Weltwirtschaft.

Lang, O. (1998): Steueranreize und Geldanlage im Lebenszyklus—Empirische Analysen zu Spar- und Portfolioentscheidungen deutscher Privathaushalte. ZEW-Wirtschaftsanalysen Band 32. Nomos.

Reinhart, C. M. (2012): The Return of Financial Repression. CEPR Discussion Papers Series. 8947, Centre for Economic Policy Research.

Schaller, H. (2007): The Long-run Effect of Taxes, Prices, and the Interest Rate on the Capital Stock, Working paper, Carleton University and Institute for Advanced Studies.

Sharpe, S.A., Suarez, G.A. (2014): The Insensitivity of Investment to Interest Rates: Evidence from a Survey of CFOs, Finance and Economics Discussion Series Divisions of Research & Statistics and Monetary Affairs Federal Reserve Board 2014-2.

Tevlin, S., Whelan, K. (2003): Explaining the Investment Boom of the 1990s, in: Journal of Money, Credit, and Banking, Vol. 35, 1-22.

Ugai, H. (2006): Effects of the Quantitative Easing Policy: A Survey of Empirical Analyses, BoJ Working Papers No.06-E-10, Bank of Japan, July.

Brüsseler Springprozession: Die Harmonisierung des Rechts zentralverwahrter Finanzinstrumente als Lehrstück über Privatautonomie, Regulierung, Lobbyismus und Verwaltung

Herbert Kronke

I. Einleitung

Neben seinen jahrzehntelangen Arbeiten zum europäischen Wirtschaftsrecht und zum europäischen Privatrecht – beides im klassischen Verständnis dieser Kategorien – hat der Jubilar den Blick in jüngerer Vergangenheit auch speziell auf das europäische Kapitalmarkt- und Finanzdienstleistungsrecht gerichtet.[1] Hier geschieht seit dem Ausbruch der jüngsten Krise im Jahre 2008 vieles, und die Maßnahmen des Krisenmanagements beschäftigen das Bundesverfassungsgericht und den EuGH. Die historischen und institutionellen Dimensionen dieses Ringens schlagen die Juristen wie auch die Öffentlichkeit in ihren Bann, so dass es nicht verwundern kann, wenn eine Großbaustelle des europäischen Kapital- und Finanzdienstleistungsrechts privatrechtsdogmatischer Art, die geplante Wertpapierrechtsrichtlinie,[2] auf Überwinterungsniveau zurückgefahren oder gar vorübergehend eingestellt wurde. Wenn man in einer der unzähligen Verlautbarungen aus einem der Seiten-, Zwischen- und Verbindungsgänge dieses Labyrinths liest, eine bestimmte Arbeitsgruppe (zu Clearing und Abwicklung) solle den von der Vorgängergruppe „aufgebauten Schwung weiter tragen um das Ziel eines schrankenlosen europäischen Binnenmarkts für Clearing und Abwicklung von Wertpapiertransaktionen zu erreichen",[3] denkt man unwillkürlich an den Aufschwung mit Rolle rückwärts des gymnasialen Sportunterrichts zurück. In welchem Rangverhältnis Rechtssicherheit, Privatinitiative, Gemeinwohl und europäische Integration stehen, wird mit

1 *Müller-Graff* EWS 2009, 201.

2 Zum derzeitigen Stand des Vorhabens einer *Directive on legal certainty of securities holding and transactions* siehe http://ec.europa.eu/internal_market/financial-markets/securities-law/index_de.htm.

3 http://ec.europa.eu/internal_market/financial-markets/clearing/cesame2/index_de.htm.

Zeitablauf und anwachsenden Dokumentenhalden eher nebuloser als klarer.

II. Gegenstand und Regelungsfragen

Wertpapiere, genauer: Inhaberpapiere, sind – anders als uns dies mit einer Eselsbrücke suggeriert wurde – ganz und gar nicht mehr „wie Klaviere“. Sie, richtiger: Finanzinstrumente,[4] sind seit einigen Jahrzehnten weltweit überwiegend dematerialisiert und/oder immobilisiert, d.h. vor allem zu elektronischen Buchungspositionen mutiert. Gehalten werden sie, innerstaatlich und grenzüberschreitend–global, in einer vertikalen Struktur oder einer Pyramide, deren Basis die Haus- und Depotbanken der Investoren mit den Depots (Konten) letzterer bilden, während erstere ihrerseits auf darüber liegenden Ebenen Depots (Konten) bei anderen Finanzintermediären unterhalten, und an deren Spitze ein Zentralverwahrer *(Central Securities Depository - CSD)* steht, über den die Emittenten die jeweiligen Finanzinstrumente emittieren und der, meist in *Omnibus*-Konten, die Gesamtheit der gebuchten Positionen sowohl der Intermediäre der Zwischenebenen als auch der (End-)Investoren verwahrt.[5] Die wirtschaftliche Bedeutung, die systemischen Risiken, welche sich aus Unsicherheiten der rechtlichen Konstruktion von Erwerbs- und Veräußerungstransaktionen, nicht zuletzt Sicherheitsbestellungen an Effektendepots, über die Grenzen hinweg ergeben, sowie der Reformbedarf liegen auf der Hand – erst recht nach *Lehman* und ganz besonders im europäischen Binnenmarkt. Und zwar sowohl auf dem Feld des Kollisionsrechts als auch auf jenem des materiellen Rechts. Die Europäische Kommission hat diese wohl nicht später als andere erkannt. Doch scheint eine klare Handlungsstrategie entweder nicht entwickelt worden oder irgendwann wieder abhandengekommen zu sein.

---

4 Grundlegend *M. Lehmann*, Finanzinstrumente, Tübingen 2009.

5 Vgl. die Illustrationen bei *Einsele*, Bank- und Kapitalmarktrecht, Tübingen 2. Auflage 2010, 404; *Kronke*, in: S. Carbone, L'Europa a vent'anni da Maastricht (2013) 253.

III. Kollisionsrecht

1. Ausgangslage

Abgesehen von ersten Überlegungen im Schrifttum[6] und ersten gesetzgeberischen Weichenstellungen in Luxemburg (1971) und Belgien (1995),[7] der Heimat der europäischen internationalen Zentralverwahrer, tauchte die Entscheidung des englischen High Court *Macmillan Inc. v. Bishopsgate Investment Trust plc and others (No 3)*[8] die sich stellenden Anknüpfungsprobleme in gleißendes Licht: Da die dort in Rede stehenden Aktien eben keine an einem Ort lagernden Urkunden, sondern nur Buchpositionen waren, machte die Regel von der Anwendbarkeit der *lex cartae sitae* evident keinen Sinn. (Damals) *Justice Millet,* der spätere *Lord Millet,* leitete dieses glänzend her, klopfte ferner andere Anknüpfungspunkte, wie etwa den Ort, dessen Recht der Emittent unterlag *(lex societatis),* auf ihre (Un-)Brauchbarkeit ab und entschied sich schließlich für den Geschäftssitz des die jeweils relevante Buchung vornehmenden Intermediärs. International und im EU-Kontext ist diese Regel, für die früh bereits Luxemburg und Belgien optiert hatten, als PRIMA (Place of the Relevant Intermediary Approach) bekannt geworden. Belgien konsolidierte seither die Rechtslage entsprechend in Art. 91 des IPR-Gesetzbuches vom 1.10.2004; ebenso die Niederlande in Artikel 10:140 ff BW. Auch der im Zuge der Umsetzung der Richtlinie 98/26/EG (Finalitätsrichtlinie) eingefügte § 17 a DepotG war ein - dogmatisch wegen der nicht-konstitutiven Wirkung der Buchung nicht recht plausibler – erster Modernisierungsschritt. Weil das Gemeinschaftsrecht (für den beschränkten Anwendungsbereich der Richtlinien 98/26/EG, 2001/24/EG – Bankensanierungs- und -liquidationsrichtlinie – und 2002/47/EG – Finanzsicherheitenrichtlinie) in die richtige Richtung deutete,[9] hätte man annehmen können, die Kommission werde auf die durch *Macmillan* und den Ruf der betroffenen Wirtschaftskreise

6 *Drobnig*, Vergleichende und kollisionsrechtliche Probleme der Girosammelverwahrung von Wertpapieren im Verhältnis Deutschland-Frankreich, in: FS Zweigert (1981) 73; *Einsele*, Wertpapierrecht als Schuldrecht, 1995, 392 ff.

7 Vgl. dazu *Kronke*, Capital Markets and Conflict of Laws, Rec. cours 286 (2001) 245, 321 f.

8 [1995] 1 WLR 978.

9 Umfassend zum derzeitigen Stand *Born*, Europäisches Kollisionsrecht des Effektengiros, Tübingen 2014.

nach schneller Klärung ausgelösten, bei der Haager Konferenz einsetzenden globalen Arbeiten positiv reagieren und beherzt mitgestalten.

2. Haager Übereinkommen und Brüsseler Übungen

Doch es kam zunächst ganz anders. Das am 13.12.2002 verabschiedete (aufgrund des alten, auf die erste Zeichnung abstellenden, Statuts der Organisation das Datum 5.7.2006 tragende) Übereinkommen über das auf bestimmte Rechte in Bezug auf zwischenverwahrte Wertpapiere anzuwendende Recht[10] stieß anfangs auf irritierendes Desinteresse der Kommission; sie entsandte Nichtjuristen, die zu Beginn der Arbeiten – wohl mangels Mandats – schwiegen und auch in der Folge in sehr bescheidenem Maße beitrugen. Ganz anders die EZB und die Vertreter der nationalen Notenbanken als Delegierte ihrer jeweiligen Staaten. Obwohl vom PRIMA ausgehend, entschied sich die Konferenz schließlich, die Rechtsnatur der Position des Depotinhabers sowie Verfügungen über und gewisse andere „sachenrechtliche" Aspekte von Bucheffekten gemäß Art. 2 Abs. 1 dem von den Parteien für den Depotvertrag als maßgeblich vereinbarten Recht zu unterwerfen, Art. 4 Abs. 1. Die Rechtswahl ist durch einen „Realitätstest" unter Anwendung der Seriositätskriterien gemäß Art. 4 Abs. 1 lit. a und b beschränkt. Parteiautonomie im „Sachenrecht", auch im wirkliche bewegliche Sachen betreffenden IPR bislang mit großer Zurückhaltung erwogen, scheint kühn, stellt aber Rechtssicherheit her. Drei Staaten haben das Übereinkommen bislang gezeichnet.[11] Die Schweiz hat es mit Artt. 108a-108c IPRG innerstaatlich in Kraft gesetzt.

Die Haltung der Kommission verdient es, entlang einer (auf der Website freimütig publizierten) Zeitschiene festgehalten zu werden. Drei Tage nach Annahme des Textes durch die Diplomatische Session, am 15.12.2003, schlägt die Kommission Zeichnung des Übereinkommens durch die Gemeinschaft vor. Am 5.7.2006 ruft sie die Mitgliedstaaten zur Zeichnung auf. Am 25.3.2009 nimmt die Kommission den Vorschlag für einen Beschluss des Rates mit dem Ziel der Zeichnung durch die Gemeinschaft zurück. Das Jahr 2014 ist der Faktenermittlung (!) über die Arbeit

---

10 Grundlegend *Goode/Kanda/Kreuzer* with the assistance of Chr. Bernasconi, Hague Securities Convention. Explanatory Report (2005). In Deutschland *Einsele*, WM 2003, 2349; *Reuschle*, IPRax 2003, 495.

11 Mauritius, die Schweiz und die USA.

der Zentralverwahrer und die Funktion zentraler Gegenparteien gewidmet. Welches sind die Gründe für diese Bewegungen, im Vergleich zu denen die bekanntere Springprozession, jene im schönen luxemburgischen Städtchen Echternach, geradezu als Einhundertmeter-Sprint erscheint? Die dogmatische Analyse erster Sachkenner[12] könnte nahelegen, dass es darum geht: Parteiautonome Wahl des anwendbaren Rechts auf jeder Ebene der Verwahrpyramide (nach der dem Abkommen zugrundeliegenden Prämisse eines intransparenten Systems) mit Wirksamkeit nur jeweils für die eine Rechtsbeziehung (Depotkunde-Verwahrer) auf der entsprechenden Ebene kann zu Friktionen führen. Und zwar, weil in Rechtsordnungen wie der unseren wegen der miteigentumsrechtlichen Qualifikation der Position des Depotinhabers (also dinglicher Wirkung) diese die Ebenen zwischen seinem unmittelbaren („relevanten") Intermediär und der Spitze der Pyramide überspringt. Dies war in Den Haag erkannt und (von der japanischen Delegation[13]) ausdrücklich in die Diskussion eingeführt worden. Der offizielle Erläuterungsbericht notiert indes zu Recht, dies sei kein von der Konvention geschaffenes, sondern auch ohne sie, allerdings verdeckt und mit für alle Beteiligten unvorhersehbaren Folgen existierendes Problem. Und auch der EU-Richtlinien-PRIMA schafft im Falle rechtsordnungsübergreifender Verwahrerketten unterschiedliche Ebenen mit potentiell konfligierenden materiellrechtlichen Antworten auf die Rechtsstellung des Depotinhabers oder Dritter betreffende Fragen. Mit einer eindeutigen und einheitlichen Kollisionsnorm könnten sich Intermediäre darauf einstellen und Risikoverteilungsstrategien entwickeln bzw. das Risiko doppelter Inanspruchnahme bewusst eingehen.[14] Schon während der Haager Sitzungen wurde gestreut, es bestehe die Gefahr, dass zukünftig für „unsere" Depots breitflächig New Yorker Recht gewählt werde.[15] Insoweit dürfte eher *Thévenoz* zuzustimmen sein, der darauf verweist, die starke und komplexe Einbindung eines (etwa deutschen) Intermediärs und seiner Geschäftstätigkeit in das deutsche handelsrechtliche Umfeld mache es in der Praxis

---

12 *Schefold*, in: FS für Kümpel, 2003, 463, 473 f.; *Einsele* ZHR 177 (2013) 50, 63; *Garcimartín/Guillaume*, in: Keijser, Transnational Securities Law, 2014, Rn. 10.89 ff.

13 Preliminary Document No 14 A of May 2002, in: Conférence de La Haye de droit international privé, Actes et documents de la Dix-neuvième session, Tome II, Titres (2006) 302 f.

14 *Goode/Kanda/Kreuzer* (Fn. 10) Art. 4, Rn. 4-43, 4-49.

15 Vgl. die Nachweise bei *Born* (Fn. 9), 323.

ganz unwahrscheinlich, dass dieser einzelne Depotverträge einem anderen als dem deutschen Recht unterstelle.[16] Zudem lässt selbstverständlich eine IPR-Konvention aufsichtsrechtliche Rahmen unberührt. Jede Regulierungsbehörde kann jedem ihrer Jurisdiktion unterstehenden Intermediär jede die Rechtswahlfreiheit limitierende Auflage machen. Es ist vielleicht nicht unwichtig, dass vielzitierte „europäische Kritiker“ der im Haag gefundenen Kollisionsregel bald mit dem Hut einer bestimmten Bank, bald mit dem der Europäischen Bankenvereinigung, dann wieder als Europäische Emittenten und auch als Delegierte eines Mitgliedstaates auftraten, es sich aber doch immer um dieselben Personen handelte. Und dass es von jener Bank nicht ganz unglaubhaft hieß, der status quo passe besser zu ihrem Geschäftsmodell bzw. berge einen Wettbewerbsvorteil in sich. Von den seitens der EZB (aus den gerade genannten Gründen weniger ernst zu nehmen: dem Europäischen Parlament) vorgebrachten Argumenten gegen einen Beitritt der EU (und damit der Mitgliedstaaten)[17] war das einzig überzeugende der Hinweis, am besten werde die kollisionsrechtliche Lösung Bestandteil einer umfassenderen Reform – gemeint: die geplante Wertpapierrichtlinie. Das war ebenso banal wie einleuchtend und hat bis heute zum Stillstand geführt. Schlimmer: zur Rolle rückwärts. Denn während man in Den Haag mit ein wenig mehr Ruhe und Reflexion vielleicht zum – so schien es bisher – konsensfähigen Ur-PRIMA (bei ebenengestufter Betrachtung) zurückgekehrt wäre und die europäische Lösung sich ebenfalls in diese Richtung zu entwickeln schien, erweckt die Kommission nunmehr den Eindruck, alle Lernprozesse seien vergebens und man müsse bei Null beginnen: Nach Aussage eines „Non-paper“ dient es dem Anlegerschutz und der Rechtssicherheit, wenn (im deutschen Verständnis) „sachenrechtliche“ Fragen der Verwahrung von und der Verfügungen über Effekten dem Recht unterstellt werden, dem das Finanzinstrument selbst untersteht.[18] Aktien würden mithin nach Maßgabe der *lex societatis* veräußert, erworben oder verpfändet, Obligationen nach ihrem Statut. Welches das Gesellschaftsstatut ist, wird bekanntlich unterschiedlich beurteilt. Und auch das eine Anleihe beherrschende Recht knüpfen Gerichte und Lehre ganz unterschiedlich an (Emittentensitz, Begebungsmarkt, Parteiautono-

16 *Thévenoz*, in: Conac/Segna/Thévenoz, Intermediated Securities, 2013, 3, 11.

17 Im Detail *Garcimartín/Guillaume* (Fn. 12), Rn. 10.78 ff; *Born* (Fn. 9), 323 f.

18 European Commission. Directorate General Internal Market and Services, Securities Law Legislation. 7th Meeting of the Member States Working Group, Non-Paper of the Services of the Directorate General, 15 May 2013, 8 f. Rn. 37-50.

mie). Hat man sich mit *Lord Millets* Argumenten auseinandergesetzt, warum das Gesellschaftsstatut als Sicherheitenbestellungen an Aktien beherrschendes Recht ausscheiden muss? Hat man bedacht, dass die Bestellung einer Sicherheit an einem Depot nicht selten erfolgt, dass sich Depots aber u.U. aus unterschiedlichen Finanzinstrumenten zusammensetzen? Soll dann ein jedes nach einem anderen Recht verpfändet werden? Und was spricht dafür, Nicht-EU-Transaktionen dem doch angeblich manipulationsbegünstigenden Haager Übereinkommen zu unterstellen?[19] Will man überhaupt weiterkommen? Und sind die, in deren Händen es (derzeit) liegt, dazu imstande?

IV. Sachrecht

Kollisionsrecht zu vereinheitlichen, hat historisch größere Erfolgsaussichten, denn es geht „nur“ um eine Rechtsanwendungsnorm, nicht um das Innerste der Rechtsordnungen berührende dogmatische Konstruktion und gewachsene Systematik. Deshalb war es Ende der 90er Jahre plausibel und unter dem in der Praxis empfundenen Schock richtig, mit den Reformarbeiten in Den Haag zu beginnen. Doch wurde bereits während der Arbeiten an dem Übereinkommen klar, dass selbst bei seiner sofortigen universellen Inkraftsetzung in zahlreichen nationalen Rechten Lücken und dem vorsichtigen Investor nicht erklärbare Inkongruenzen zwischen dogmatischem Soll- und technisch-operationellem Ist-Zustand, somit die dringend erwünschte Rechtssicherheit eine Chimäre bleiben würden. Nicht ohne Grund diskutiert die deutsche Lehre seit vierzig Jahren die Notwendigkeit einer Reform, nicht ohne Grund ist man in England mit dem status quo unzufrieden, und nicht ohne Grund hat die Schweiz mit dem Bucheffektengesetz (BEG) vom 3.10.2008 in Erkenntnis des weitgehenden Verlustes der Funktionen des Wertpapierbegriffs den mutigen Schritt zur Einführung eines Vermögensobjekts sui generis getan.[20] Deshalb (und weil die Mehrheit der Rechtsordnungen weltweit auf den Tatbestand der Bucheffekten in keiner Weise vorbereitet war) begannen bereits in der Endphase der Haager Verhandlungen die Arbeiten an dem am 9.10.2009 verabschiedeten Genfer UNIDROIT-Übereinkommen über materiellrechtliche Be-

---

19 European Commission (Fn. 18) Rn. 51 f.

20 Dazu *Kuhn/Graham-Siegenthaler/Thévenoz*, The Federal Intermediated Securities Act (FISA) and the Hague Securities Convention (HSC), 2010.

stimmungen für intermediär-verwahrte Effekten.[21] Anders als in Den Haag hatte sich die Europäische Kommission in Rom und Genf von Anbeginn offen, lernwillig, aktiv und konstruktiv eingebracht. Dass die ursprünglich anvisierte, logische, Schrittfolge hier zunächst global (und durch funktionale Prinzipien den Rahmen absteckend) und danach regional (Details für den europäischen Binnenmarkt) war, sich dann aber irgendwann in der Brüsseler Choreographie umkehrte, mag bei einem Ensemble dieser Zusammensetzung und Ambition unvermeidlich gewesen sein. Gleichwohl, die Prozession machte sichtbare - global nachvollziehbare und kompatible – Fortschritte.[22] Nur ist sie – wiederum im Gegensatz zu jener in Echternach – immer noch nicht angekommen. Liegt dies daran, dass man die Teilnehmer angeblich mit der Losung verstört hat, Minimalinvasivität und funktionaler Ansatz[23] seien überholt, die Zukunft gehöre der Vollharmonisierung? Vier der elf Erwägungsgründe betonen Anlegerschutz und Regulierungsnotwendigkeit, zwei die Notwendigkeit globaler, auf Funktionalität gründender Anschlussfähigkeit. Schnee von gestern?

---

21 Grundlegend *Kanda/Mooney/Thévenoz/Béraud/Keijser*, Official Commentary on the UNIDROIT Convention on Substantive Rules for Intermediated Securities, 2012; *Kronke*, WM 2010, 1625; *Einsele* (Fn. 12). Kritisch *Mülbert*, in: FS für Koziol, 2010, 1055.

22 Zum Verlauf und zum Stand *Thévenoz* (Fn. 16), 19 f. Zum „grand design“ der „Wertpapierrichtlinie“ (Fn. 2) *Born* (Fn. 9), 365.

23 *Than*, in: FS für Hopt, 2010, 231; *Kronke*, in: FS für Magnus, 2014, 231.

Der Schutz der Kunden nach der MiFID 2 und MIFIR – Eine Skizze des Regelwerks und systemorientierte Schlussfolgerungen

Luca Di Nella

I. Die Weltwirtschaftskrise und die Reformen des EU-Finanzmarktrechts

Während der 2008 aufgetretenen Weltwirtschaftskrise gerieten die Regulierungssysteme der Finanzmärkte unter Kritik, da sie Marktversagen nicht verhüten konnten und dagegen nicht angemessen vorgegangen waren.[1] Daher entstand die Notwendigkeit einer neuen Gesetzgebung.

Auf den EU-Gesetzgeber übte die von *The High-Level Group of Financial Supervision in the EU* im *Report* 2009 veröffentlichte Analyse großen Einfluss aus, ihre Schlussfolgerungen zeigten den Weg für zahlreiche Reformen der Finanzmärkte und der Struktur der Kontrollsysteme.[2]

In dem o.g. Rahmen wurden auch die Richtlinie 2014/65/CE (MIFID 2) und die Verordnung Nr. 600/2014 (MIFIR) erlassen. Zur Ergänzung dieser „Gesetzgebungsakte" werden weitere Rechtsakte „ohne Gesetzescharakter mit allgemeiner Geltung" (Art. 290 AEUV) nach Art. 89 MIFID 2 erlassen.

Laut der Kommission, diese „new rules will improve the way capital markets function to the benefit of the real economy".[3] Das Regelwerk soll die Märkte sicherer, offener und verantwortlicher werden lassen und das Anlegervertrauen neu aufbauen. Die Reform betraf deswegen besonders die Märkte und den Schutz der Anleger.

Hier werden die Vorschriften über den Schutz der Kunden der Wertpapierdienstleistungen analysiert. Anhand einer Skizze der hierfür relevanten

---

1 Vgl. Erwägungsgrund Nr. 4 von MIFID 2.

2 The High-Level Group of Financial Supervision, *Report*, Bruxelles, 25 febbraio 2009, in http://ec.europa.eu/internal_market/finances/docs/de_larosiere_report_it.pdf.

3 European Commission, MEMO 14/15, *Markets in Financial Instruments (MIFID): Commissioner Michel Barnier welcomes agreement in trilogue on revised European rules*, Bruxelles, 14 January 2014, p. 1.

Aspekte des Marktrechts werden schließlich einige Schlussfolgerungen gezogen, um die Angemessenheit des Regelwerks in Bezug auf das o.g. Ziel und auf seine Kompatibilität mit den EU-Systemgrundsätzen des Informationsrechts zu überprüfen.

II. Grundzüge des Rechts der Märkte

Der Zweck der Regelung der Finanzmärkte ist es, die Abwicklung der Geschäfte über Finanzinstrumente innerhalb der geregelten Handelsplätze, d.h. geregelten Märkte, multilateralen Systeme (MTF), organisierten Handelssysteme (OTF) und systematischen Internalisierer, zu begünstigen, wenn nicht gar zu erzwingen. Der Anwendungsbereich der Vor- und Nachhandelstransparenzanforderungen wird daher auf eine breitere Palette von Kapital- und Schuldinstrumenten erweitert, um den Markt transparenter werden zu lassen:

- *Systematische Internalisierer.* Entsprechend der allgemeinen Erweiterung der Vorhandelstransparenzanforderungen baut die MIFIR die Rolle der systematischen Internalisierer dadurch aus, dass diese zahlreiche, in weiterem Sinne verstandene Finanzinstrumente handeln dürfen.
- *Handelspflichten für Wertpapierfirmen.* Die MIFIR fügt für Wertpapierfirmen die Pflichten ein, ihre Handelsgeschäfte mit zum Handel an einem geregelten Markt zugelassenen oder im Rahmen eines MTF, OTF oder systematischen Internalisierers gehandelten Aktien ausschließlich bei solchen Handelsplätzen zu tätigen. Die Wertpapierfirmen dürfen Aktien außerhalb der o.g. Handelsplätze nur tätigen, wenn ihre Handelsgeschäfte auf nicht systematische Weise, *ad hoc*, unregelmäßig und selten getätigt werden oder sie nicht zum Prozess der Kursfestsetzung beitragen.
  Gleiches gilt für standardisierte *OTC*-Derivate. Die ESMA wird die Befugnis haben, die nach EMIR zum *Clearing* verpflichteten Derivateverträge zu identifizieren, welche die Erfordernisse der Liquidität genügend erfüllen, um nur über geregelte Märkte, MTF, OTF abgeschlossen werden zu dürfen (Art. 28).
- *Vor- und Nachhandelstransparenzanforderungen.* MIFIR erweitert auch die Transparenzanforderungen auf eine breitere Palette von Nicht- und Eigenkapitalinstrumenten.

In Bezug auf letztere müssen die Markt-, MTF- oder OTF-Betreiber während der üblichen Handelszeiten kontinuierlich die aktuellen Geld- und Briefkurse und die Tiefe der Handelspositionen zu diesen Kursen veröffentlichen; dies gilt auch für verbindliche Interessenbekundungen (Art. 3). Auch der Anwendungsbereich der Nachhandelstransparenzanforderungen wurde bezüglich der Typen der Eigenkapitalinstrumente und der Handelsplätze erweitert, da auch MTF und OTF betroffen sind: Die Informationen über den Preis, das Volumen sowie den Zeitpunkt der Geschäfte und die Einzelheiten zu sämtlichen Geschäften müssen so „nah in Echtzeit wie technisch möglich" veröffentlicht werden (Art. 6).

Ähnliche Vor- und Nachhandelstransparenzanforderungen gelten auch für Nichteigenkapitalinstrumente (Artt. 8, 10).

- *Datenbereitstellungsdienste.* Die Erbringung von Datenbereitstellungsdiensten wird als grundlegend betrachtet, um eine globale Perspektive über die Handlungstätigkeiten aller EU-Finanzmärkte zu haben. Die Datenbereitstellungsdienste (APA, CTP, ARM, Artt. 64-66, Anhang I D MIDIF 2) bedürfen für die Ausübung ihrer Tätigkeiten einer Zulassung seitens der Herkunftsmitgliedstaatsbehörden und der Einschreibung in einem nationalen Register und im ESMA-Verzeichnis (Art. 59 ff.), um das notwendige Qualitäts- und Zugänglichkeitsniveau der Informationen zu gewährleisten, die auch die OTC-Handelsplätze betreffen.[4]
- *Algorithmischer Handel.* Dieser ist sehr weit, spezifisch und unabhängig definiert, damit jeder Handel mit einem Finanzinstrument einbezogen wird, bei dem ein Computeralgorithmus die einzelnen Auftragsparameter automatisch bestimmt, z.B. ob der Auftrag eingeleitet werden soll, Zeitpunkt, Preis bzw. Quantität des Auftrags oder wie der Auftrag nach seiner Einreichung mit eingeschränkter oder gar ohne menschliche Beteiligung bearbeitet werden soll, etc. (Art. 4 Abs. 1 Nr. 39 MIFID 2).[5] Diese Art von Handel und die damit verbundenen Risiken sind jetzt spezifisch geregelt (Art. 17 MIFID 2).[6]
  Eine Sonderform davon ist die „hochfrequente algorithmische Handelstechnik" (Art. 17 Abs. 2 Satz 5 MIFID 2), bei der „ein Handelssys-

4 So die Erwägungsgründe Nr. 115, 116 von MIFID 2.
5 S. dazu den Erwägungsgrund Nr. 59 von MIFID 2.
6 Vgl. auch den Erwägungsgrund Nr. 59 von MIFID 2.

tem Daten oder Signale des Marktes in hoher Geschwindigkeit analysiert und anschließend innerhalb einer sehr kurzen Zeit als Reaktion auf diese Analyse Aufträge in großer Anzahl sendet oder aktualisiert".[7] Die Benutzung einer solchen Technologie hat Vorteile erbracht (z.B. verringerte kurzfristige Volatilität, eine verbesserte Kundenauftragsausführung). Doch diese Handelstechnologie birgt auch Risiken (z.B. Gefahr der Überlastung der Systeme, Durchführung von irrtümlichen Aufträgen, Überreagieren auf Marktereignisse, Verschärfung der Volatilität). Schließlich können auch von der Verordnung Nr. 596/2014 verbotene missbräuchliche Verhaltensformen entstehen.[8] Zur Sicherstellung der Marktintegrität sieht die Regelung daher sowohl Maßnahmen und Risikokontrollen vor, die auf solche Technologien anwendende oder einen direkten elektronischen Zugang bereitstellende Firmen ausgerichtet sind, als auch andere, mit den ersteren kombinierte Maßnahmen, die Handelsplatzbetreibern gelten.[9] Zudem werden die Firmen weiterhin die Verantwortung für Handelsaufträge tragen, die ihre Kunden unter Nutzung ihrer Systeme oder ihrer Handelscodes erteilen (Art. 17 Abs. 5 Satz 2 MIFID 2).[10]

III. Der Schutz der Anleger

Die MIFID 2 hat zum Ziel, den Schutz der Anleger zu verstärken. Dafür wurden folgende Grundsätze für die Beziehungen zu den Kunden festgelegt: Eine Wertpapierfirma muss bei der Erbringung von Wertpapier- oder Nebendienstleistungen für ihre Kunden ehrlich, redlich und professionell im bestmöglichen Interesse ihrer Kunden handeln und ihnen redliche, eindeutige, nicht irreführende und angemessene Informationen, einschließlich der über sämtliche Kosten und Nebenkosten, rechtzeitig zur Verfügung stellen; Marketing-Mitteilungen müssen eindeutig als solche erkennbar sein (Artt. 24 Abs. 1, 25 MIFID 2).

Wertpapierfirmen, die Finanzinstrumente zum Verkauf an Kunden konzipieren, haben dafür zu sorgen, dass diese so gestaltet sind, dass sie den

---

7 Erwägungsgrund Nr. 61; s. auch Art. 4 § 1 Nr. 40 MIFID 2.

8 Vgl. den Erwägungsgrund Nr. 62 von MIFID 2.

9 Vgl. den Erwägungsgrund Nr. 63 von MIFID 2.

10 Vgl. den Erwägungsgrund Nr. 66 von MIFID 2.

Bedürfnissen eines bestimmten Zielmarktes von Endkunden innerhalb der jeweiligen Kundengattung entsprechen, dass die Strategie für den Vertrieb der Finanzinstrumente mit dem o.g. Zielmarkt vereinbar ist und dass die Wertpapierfirma zumutbare Schritte unternimmt, um zu gewährleisten, dass das Finanzinstrument an den bestimmten Zielmarkt vertrieben wird (Art. 24 Abs. 2 Satz 1 MIFID 2).

Eine Wertpapierfirma muss die von ihr angebotenen oder empfohlenen Finanzinstrumente verstehen, die Vereinbarkeit der Finanzinstrumente mit den Bedürfnissen der Kunden, denen sie Wertpapierdienstleistungen erbringt, beurteilen und auch den in Art. 16 Abs. 3 genannten Zielmarkt von Endkunden berücksichtigen sowie sicherstellen, dass Finanzinstrumente nur angeboten oder empfohlen werden, wenn dies im Interesse des Kunden liegt (Art. 24 Abs. 2 Satz 2 MIFID 2).

Die Möglichkeit für die Wertpapierfirmen, die Kundenaufträge oder die Annahme und Übermittlung von Kundenaufträgen nach der Modalität der *execution only* auszuführen, wird durch den Ausschluss von Finanzinstrumenten, in die ein Derivat eingebettet ist oder deren Struktur und die damit einhergehenden Risiken von den Kunden schwer zu verstehen sind, relativ begrenzt (Art. 25 Absatz 4 MIFID 2).

Die ESMA und die nationalen Behörden werden die notwendigen Befugnisse haben, um die Aussetzung des Handels mit einem Finanzinstrument oder den Ausschluss eines Finanzinstruments vom Handel zu verlangen, unabhängig davon, ob dieser an einem geregelten Markt oder über ein anderes Handelssystem stattfindet, weiterhin den Vertrieb oder Verkauf von Finanzinstrumenten oder strukturierten Einlagen auszusetzen, wenn die Bedingungen der Artikel 40, 41 oder 42 der Verordnung Nr. 600/2014 erfüllt sind (Art. 69 Abs. 2 *m*, *n*, *s*, *t*, MIFID 2).

- *Die Klassifizierung der Kunden.* Die Finanzkrise hat gezeigt, dass auch andere Anleger als Kleinanleger nur begrenzt in der Lage sind, das Risiko ihrer Investitionen einzuschätzen. Damit die Einstufung von Gebietskörperschaften und kommunalen Behörden besser eingegrenzt werden kann, sollten sie eindeutig aus der Liste der geeigneten Gegenparteien und der Kunden ausgeschlossen werden, die als professionelle Kunden gelten, wobei diesen immer noch die Möglichkeit einzuräumen ist, eine Behandlung als professionelle Kunden zu beantragen.[11]

11 S. den Erwägungsgrund Nr. 104 von MIFID 2.

- *Beurteilung der Geeignetheit und der Angemessenheit.* Schärfere Anforderungen wurden bei der Beurteilung der Geeignetheit für die Erbringung von Anlageberatung oder Portfolio-Management festgelegt. Bei der Anlageberatung muss die Wertpapierfirma dem Kunden mitteilen, ob sie eine regelmäßige Beurteilung der Geeignetheit und regelmäßige Berichte vornehmen wird. Vor der Durchführung des Geschäfts erhält der Kunde von ihr eine Erklärung zur Geeignetheit (Art. 25 Abs. 6 MIFID 2).

Die Wertpapierfirmen werden dazu verpflichtet, den Kunden rechtzeitig zu informieren, ob ihre Beratung „unabhängig" erbracht wird und ob die Analyse auf eine umfangreiche oder eine eher beschränkte Palette verschiedener Arten von Finanzinstrumenten gestützt wird (Art. 24 Abs. 4 MIFID).

Bei anderen Finanzdienstleistungen müssen die Wertpapierfirmen nur die Angemessenheit beurteilen (Art. 25 Abs. 4 MIFID 2).

- *Interessenkonflikte und Inducements.* Wertpapierfirmen müssen alle geeigneten Vorkehrungen treffen, um Interessenkonflikte zwischen ihnen selbst, einschließlich ihrer Geschäftsleitung, ihren Beschäftigten und vertraglich gebundenen Vermittlern oder anderen Personen, die mit ihnen direkt oder indirekt durch Kontrolle verbunden sind, und ihren Kunden oder zwischen ihren Kunden untereinander zu erkennen und zu vermeiden oder zu regeln. Nur wenn das nicht ausreicht, um die Kunden gegen Schaden zu schützen, müssen die Wertpapierfirmen sie informieren (Art. 23 MIFID 2).

Die MIFID 2 hat für die unabhängige Anlageberatung und Portfolio-Management anbietenden Wertpapierfirmen das Verbot eingeführt, Gebühren, Provisionen oder andere monetäre oder nichtmonetäre Vorteile einer dritten Partei oder einer Person, die im Namen einer dritten Partei handelt, anzunehmen (Art. 24 Abs. 8 MIFID 2).

- *Kundengünstigste Ausführung von Aufträgen.* Die Informationen über die *execution policy* müssen klar, ausführlich und auf eine für Kunden verständliche Weise erläutert werden. Die Wertpapierfirmen müssen für die Finanzinstrumente für jeden Handelsplatz und alle systematischen Internalisierer mindestens einmal jährlich gebührenfrei Informationen über die Qualität der Ausführung von Aufträgen auf diesem Handelsplatz zur Verfügung stellen und einmal jährlich für jede Klasse von Finanzinstrumenten die vom Handelsvolumen her am wichtigsten fünf Handelsplätze, auf denen sie Kundenaufträge im Vorjahr ausgeführt haben, und Informationen über die erreichte Ausführungsqualität veröffentlichen (Art. 27 MIFID 2).

V. Die Implementierung des Wettbewerbs und die Wahlfreiheit der Kunden

Die wichtigen Zwecke der Implementierung des Wettbewerbs und der Sicherung der Wahlfreiheit der Kunden sollen u.a. durch Vorschriften über die Modalitäten der Erbringung von Finanzdienstleitungen erreicht werden.[12]

Querverkäufe (Art. 24 Abs. 11 MIFID 2) können vorteilhaft, aber auch unvorteilhaft für Kleinanleger sein.

Kopplungsgeschäfte, bei denen zwei oder mehr Finanzdienstleistungen zusammen in einem Paket verkauft werden und zumindest eine dieser Dienstleistungen nicht getrennt erhältlich ist, können den Wettbewerb verzerren und die Mobilität sowie die Entscheidungsfähigkeit der Kunden negativ beeinträchtigen. Bündelungspraktiken, bei denen zwei oder mehr Finanzdienstleistungen zusammen in einem Paket verkauft werden, die aber auch einzeln erworben werden können, können den Wettbewerb zwar auch verzerren und den Kunden schädigen, lassen letzterem jedoch zumindest Wahlmöglichkeiten, so dass die Gefahr der Nicht-Einhaltung der Verpflichtungen seitens der Wertpapierfirmen insofern geringer ist.

Der Einsatz solcher Praktiken wird von der ESMA sorgfältig geprüft werden, damit der Wettbewerb gefördert und die Wahlfreiheit der Verbraucher erhöht wird (Art. 24 Abs. 11 Satz 3 MIFID 2).

VI. Systemorientierte Schlussfolgerungen aus der primären EU-Rechtsperspektive: Licht und Schatten

Auf der makrosystematischen Ebene des Finanzmarktrechts ist die Regulierung positiv zu beurteilen. Im Allgemeinen ist der Zweck des Regelwerks zu schätzen, nach dem die Funktion der Kapitalmärkte so zu beeinflussen ist, dass sie der reellen Wirtschaft dienstbar werden sollte. Ob diese Bestimmungen ihr Ziel konkret erreichen, bleibt abzuwarten. Auf jeden Fall ist der neue Ansatz mit den allgemein tiefer greifenden Vorschriften, den neuen Transparenzpflichten, der Anpassung an die technologischen Handelssysteme, der Wettbewerbsimplementierung, der größeren Harmonisierung der mitgliedstaatlichen Rechtsordnungen und den schärferen Be-

---

12 Erwägungsgrund Nr. 81 von MIFID 2 von MIFID 2.

fugnissen der europäischen Behörden eine bedeutsame und zu begrüßende Entwicklung auch in Richtung eines angemessenen Anlegerschutzes.

Auf der mikrosystematischen Ebene der Rechtsverhältnisse mit den Kunden bzw. den kleinen Anlegern (Verbrauchern und Unternehmern) fällt die Beurteilung leider nicht so positiv aus. Insbesondere sind nicht alle Informationsvorschriften überzeugend, wenn sie mit dem Parameter der Wahlfreiheit der Kunden und dem Verhältnismäßigkeitsprinzip bemessen werden. Schatten treten insbesondere bei den Rechtsätzen über die Interessenkonflikte und Ausführung von Kundenaufträgen nach der Modalität der *execution only* auf.

Die Interessenkonflikte sind eine problematische Nebenerscheinung der heutigen Wertpapierfirmen, da sie verschiedene Arten von Tätigkeiten ausüben können. Es entspricht nicht einem angemessenen Schutz der Kunden, dass diese erst darüber informiert werden, wenn der Konflikt dem „vernünftigen Ermessen" der Wertpapierfirma nach – sogar sehr – schädlich für ihn sein kann: Die Mitteilung könnte zu spät oder gar nicht erfolgen, wenn es die Firma für nicht nötig hält.

Die Modalität der *execution only* erlaubt es, Kundenaufträge ohne Mitteilung jeglicher Information über die betroffenen Finanzinstrumente auszuführen. An dieser Stelle genügt es zu bemerken, dass die größten Finanzskandale der letzten Jahre ganz einfache Instrumente (wie z.B. die sog. Tango-*bonds*) betrafen. Da das Niveau der Finanzkultur der Bevölkerung in der EU im Allgemeinen noch niedrig ist und die Informationen über die Finanzprodukte daher von erheblicher Bedeutung für die Kunden sind, wäre es besser gewesen, diese Modalität nicht zu erlauben. So ist jetzt weiteres Marktversagen wahrscheinlich vorprogrammiert.

Dasselbe Problem gilt für die Beurteilung der Angemessenheit, die für fast alle Dienste gilt, während die Beurteilung der Geeignetheit nur für die Anlageberatung und das Portfolio-Management vorgesehen ist. Dazu ist nur zu bemerken, dass die meisten italienischen Wertpapierfirmen alle Dienstleistungen fast ausschließlich zusammen mit der Anlageberatung und mit der verbundenen Beurteilung der Geeignetheit anbieten. Dies geschieht, weil die Angemessenheitsbeurteilung allein nicht in der Lage ist, den Kunden die effektive Ausübung der Wahlfreiheit zu gewährleisten.

Natürlich könnten die Rechtsakte „ohne Gesetzescharakter" der Kommission noch eine Rolle spielen und den Schutz der Kunden verbessern, aber leider sind in diesem Bereich manche Grundentscheidungen von MIFID 2 schon getroffen.

Die Europäische Bankenunion und das Privatrecht – Eine Skizze

Stefan Grundmann

I. Einleitung

Das Format lässt keinen Raum für Lob, der Jubilar ist jedoch Meister der großen Idee in knapper Form. Unvergessen seine Übertragung der ordoliberalen Kernidee, dass (hoheitliche) Marktordnung und privatrechtliche Gestaltungsfreiheit einander bedingen, in den Kernbereich des Binnenmarktes: Indem er die Grundfreiheiten dahin gehend charakterisierte, mit ihnen würde die Privatautonomie über die Grenzen erstreckt.[1] Dieser Idee der Wechselbezüglichkeit geht die vorliegende Skizze für das große ordnungspolitische Projekt der Jetztzeit nach: der Bankenunion, ins Werk gesetzt 2014/15.

Als ihre vier Pfeiler gelten: (i) die Übertragung der laufenden Aufsicht über 123 systemrelevante Banken der Eurozone auf die EZB[2] und (ii) ihrer Restrukturierung und Abwicklung auf den Single Resolution Board (SRB, Brüssel),[3] sowie (mit der Abwicklung verbunden) (iii) die weitere

---

1 *Müller-Graff* NJW 1993, 13, 14; zur Privatautonomie als Eckstein einer europäischen Wirtschaftsverfassung dann: *Basedow* CMLR 33 (1996) 1169, 1179 f. und 1181-1184. Ausfaltung der vorliegenden Skizze in ZHR 2015 Heft 5.

2 [„SSM"-]VO (EU) Nr. 1024/2013 des Rates v. 15.10.2013 zur Übertragung besonderer Aufgaben im Zusammenhang mit der Aufsicht über Kreditinstitute auf die Europäische Zentralbank, ABl. 2013 Nr. L 287/63 (gestützt auf Art. 127 Abs. 6 AEUV). Zur (m.E. unzweifelhaft gegebenen) Kompetenzgrundlage vgl. nur *Ruthig* ZHR 178 (2014) 443, bes. 450-460. Aufbauend auf: RL 2013/36/EU des Europäischen Parlaments und des Rates vom 26.6.2013 über den Zugang zur Tätigkeit von Kreditinstituten und die Beaufsichtigung von Kreditinstituten und Wertpapierfirmen, zur Änderung […] („CRD IV"), ABl. 2013 Nr. L 176/338, sowie flankierende Verordnung (sog. „CRR").

3 [„SRM"-]VO (EU) Nr. 806/2014 des Europäischen Parlaments und des Rates vom 15.7.2014 zur Festlegung einheitlicher Vorschriften und eines einheitlichen Verfahrens für die Abwicklung von Kreditinstituten und bestimmten Wertpapierfirmen im Rahmen eines einheitlichen Abwicklungsmechanismus und eines einheitlichen Abwicklungsfonds sowie zur Änderung der […], ABl. 2014 Nr. L 225/1 (gestützt auf

Angleichung der Einlagensicherung[4] und (iv) die Schaffung eines einheitlichen Rule Book als des Handbuchs für die Durchführung dieser Aufsichtsaufgaben. Bis auf den dritten Komplex geht es um auch in der Anwendung (Administration) europaeinheitliche Strukturen, nicht nur legislative Harmonisierung, obwohl sowohl SSM- als auch SRM-Verordnung in harmonisiertem Sachrecht fußen (vgl. Nachw. vorige Fußnoten). Das Format lässt keine Diskussion der divergierenden Ziele zu – die Bankenunion soll Fragmentierung der Bankenaufsicht (und damit einhergehender Lobbyabhängigkeit) begegnen, zudem das gefährliche Band zwischen Staats- und Bankfinanzen brechen, während im Privatrecht Privatinteressen in ein Gleichgewicht zu bringen sind – und auch nicht das Spannungsverhältnis bei den Spielern: Kann man aus Verwaltungshandeln, das nun europaeinheitlich wird, auf das (weiterhin nationale, obgleich harmonisierte) Privatrecht schließen? Gilt bei supranationaler Administration weiter, dass nationale Gerichte unabhängig von den Aufsichtsanordnungen judizieren? Allein die „nackte" im Titel gestellte Frage selbst kann beleuchtet werden und auch dies nur sehr knapp:

II. Mögliche Einflusslinien

1. Allgemein: Funktionsschutz und Individualschutz – Regulierung und Privatrecht

Ein Konnex zwischen Schutz des Systems und Schutz der Betroffenen wurde im Kapitalmarktrecht weitergehend postuliert als in jedem anderen Regulierungsbereich, dies unter dem Begriffspaar Funktions- und Individualschutz: Beide Schutzziele werden als konvergent gesehen, d.h. dass

Art. 114 AEUV, zu dieser Kompetenzgrundlage für eine Schaffung auch neuer Behörden [positiv]: EuGH, Urt. v. 22.1.2014, Rs. C-270/12 (*Vereinigtes Königreich ./. Parlament und Rat)*, EU:C:2014:18 = EuZW 2014, 349. Aufbauend auf: RL 2014/59/EU des Europäischen Parlaments und des Rates vom 15.5.2014 zur Festlegung eines Rahmens für die Sanierung und Abwicklung von Kreditinstituten und Wertpapierfirmen und zur Änderung der RL […], ABl. 2014 Nr. L 173/190.

4 RL 2014/49/EU des Europäischen Parlaments und des Rates vom 16.4.2014 über Einlagensicherungssysteme, ABl. 2014 Nr. L 173/149.

guter Anlegerschutz auch weitgehend Marktintegrität und -funktionieren befördere.[5]

Kapitalmarktrecht bildet jedoch erst die zweite große Welle von Marktregulierung – unter dem Paradigma Informationstransfer –, die erste das Recht gegen Wettbewerbsbeschränkungen. Hier erscheint indes der Konnex zwischen Individual- und Funktionsschutz (Regulierung der Marktstruktur) abstrakter: Zwar ist Kundenschutz auch hier zentrales Ziel (vgl. Art. 101 Abs. 3 AEUV), wird jedoch nicht auch als *Mittel* gesehen, um verzerrungsfreie Marktstrukturen zu erhalten. Daher gewann hier die Idee auch erst sehr spät – nach Dekaden der Praxis – Momentum, der Kartellverstoß könne (neben Bußgeldern, d.h. zum Funktionsschutz) auch individuelle Schadensersatzansprüche auslösen.[6] Dass dies heute so gedacht wird, sollte indes auch für die Bankenunion hellhörig machen: Diese Entwicklung legt es nahe, dass auch die Bankenunion breit privatrechtliche Wirkungen zeitigt.

Im Bankaufsichtsrecht – auch der Bankenunion – erscheinen der Konnex wiederum lockerer als im Kapitalmarktrecht und Individual- und Funktionsschutz weniger konvergent: Die Ziele, die mit dem Regulierungskonvolut Bankenunion verfolgt werden, weichen teils sehr von denen im Privatrecht ab, und die Struktur der Entscheidungen und Akteure erscheint wenig geeignet für eine Fortentwicklung des (Bank-)Privatrechts (vgl. jeweils oben). Für das Organisationsrecht wird folgendes radikale Spannungsverhältnis zwischen bankaufsichts- und gesellschaftsrechtlichen Zielvorgaben gesehen:

---

5 Zum Begriffspaar und dieser Einschätzung grdl. im deutschen (Kapitalmarkt-)Recht: *Hopt*, Kapitalanlegerschutz im Recht der Banken, München 1975, 51 f., 334-337; *ders.*, 51. DJT 1976, G1, G47-G51 und G54 f.; *Kübler* ZHR 145 (1981) 204, 205 f.; heute etwa *Koller*, in: Assmann/Schneider, WpHG, 6. Auflage 2012, § 31, Rn. 1 und 3; Kurzüberblick bei *Grundmann*, Europäisches Gesellschaftsrecht, Heidelberg 2. Auflage 2011, Rn. 622-624.

6 Zu den (auch gesetzgeberischen) Überlegungen zu einem Kartelldeliktsrecht in Europa vgl. nur das entsprechende Weißbuch der Europäischen Kommission, KOM(2008) 615; zur Diskussion etwa *Zimmer/Logemann* ZEuP 2009, 489; jetzt Richtlinie 2014/104/EU, ABl. 2014 Nr. L 349/1.

2. Organisationsrecht (Governance) und Restrukturierungsrecht (Bankeninsolvenz)

In zwei Einzelgebieten wurde das Verhältnis zwischen Bankaufsichts- und Bankprivatrecht bereits substantiell diskutiert: für die innere Organisation von Kreditinstituten (besonders: Zielvorgaben für Vorstandshandeln und Vergütungsvorgaben) und für die Restrukturierung und Abwicklung von Kreditinstituten (besonders Insolvenzverfahren, Ausgliederung systemrelevanter Teile, Beschneidung von Eigner- und Gläubigerrechten, mit Rangordnung). Beide Bereiche sollen hier jedoch nur berührt werden, der Schwerpunkt liegt bei der allgemeinen Bank-Kunden-Beziehung, die bisher undiskutiert blieb (dazu unten 3.).

Gerade für Kreditinstitute wurden früh und intensiv nicht nur Verhaltenspflichten nach außen, sondern auch Organisationspflichten nach innen reguliert, die (präventiv) die Einhaltung jener Pflichten nach außen befördern sollten: Etwa indem die (Treuhänder-)Pflicht, im Interessenkonflikt nicht Eigen- oder Drittinteressen den Vorrang einzuräumen, durch eine organisatorische Trennung derjenigen Abteilungen flankiert wurde, die Eigeninteressen des Instituts verfolgen (Eigenhandel) und Fremdinteressen bedienen (Anlageberatung). Dafür steht die Wertpapierdienstleistungs-RL, später MIFID und MIFID II:[7] Namentlich gegen Interessenkonflikte im Wertpapierhandel wurde organisations- *und* verhaltensrechtlich regulierend eingeschritten (Art. 13 ff. bzw. 18 ff. MIFID). Die Organisationspflichten, die aufsichtsrechtlich in der Bankenunion begründet wurden (schon CRD IV), unterscheiden sich jedoch vom bisher Bekannten: Sie zielen – anders als im Rahmen der MIFID – nicht mehr (nach innen) primär darauf ab, die Einhaltung von Individualpflichten nach außen zu befördern. Vielmehr ist das nach außen verfolgte Ziel ein systemisches: „Finanzstabilität" und „Stabilität der Kreditinstitute", nicht etwa Kunden-

---

7 RL 93/22/EWG des Rates v. 10.5.1993 über Wertpapierdienstleistungen, ABl. 1993 Nr. L 141/27 und RL 2004/39/EG des Europäischen Parlaments und des Rates vom 21.4.2004 über Märkte für Finanzinstrumente, zur Änderung der Richtlinien 85/611/EWG und 93/6/EWG des Rates und der Richtlinie 2000/12/EG des Europäischen Parlaments und des Rates und zur Aufhebung der Richtlinie 93/22/EWG des Rates, ABl. 2004 Nr. L 145/1; heute RL 2014/65/EU des Europäischen Parlaments und des Rates vom 15.5.2014 über Märkte für Finanzinstrumente sowie zur Änderung der Richtlinien 2002/92/EG und 2011/61/EU, ABl. 2014 Nr. L 173/349; grdl. zum Gesamtbereich jetzt: *Kumpan*, Der Interessenkonflikt im deutschen Privatrecht, 1. Auflage 2014.

oder Verbraucherschutz (5./6. und 28. Erw.grund SSM-VO). Zudem betreffen die Vorgaben nicht nur die Organisation des Instituts, sondern die Unternehmensleitung selbst (Zielausrichtung) und die (Vorstands-)Vergütung – herkömmlich Kern unternehmerischer Strategieentscheidung. Teils wird daher ein Paradigmenwechsel im (Bank-)Gesellschaftsrecht gesehen: Vorstandshandeln diene nicht mehr (vorrangig oder ausschließlich) Maximierung von Gewinnen oder Unternehmenswert für Aktionäre (Shareholder Value), sondern (vorrangig!) die „Stabilität der Kreditinstitute".[8] Zu dieser – dogmatisch radikalen – Umpolung des Ziels von Vorstandshandeln wurde jedoch eine Alternative diskutiert: eine (weitere) erhebliche Ausweitung der Eigenkapitalanforderungen.[9] Damit würden einerseits die extern an die Institute herangetragenen Vorgaben nochmals erweitert, um Bankinsolvenzen weiter zu reduzieren. Wenn die Hebelwirkung, die bei niedrigerem Eigenkapital höher ausfällt, (wie meist angenommen) Hauptgrund ist für Bankinsolvenzen (mit enormen negativen Externalitäten), scheint diese Verschärfung in der Tat auch aus Sicht der Regulierungstheorie gut begründbar. Umgekehrt wäre es bei Abschmelzen von (Sonder-)Renditen aus disproportionaler Hebelwirkung auch leichter möglich, für Vorstandshandeln am Ziel einer Gewinn- bzw. Unternehmenswertmaximierung festzuhalten. In nuce findet sich dieser Ansatz im reformierten Aufsichtsrecht insofern durchaus, als die aufsichtsrechtlichen Pflichten nach innen teils je nach Höhe des nach außen eingegangenen Risikos divergieren (können). Diese alternative Form eines Eingriffs wurde jedoch – obwohl primär von außen herangetragen und nicht so tief die Organisation tangierend – letztlich als noch intensiver empfunden und verworfen.

Im zweiten Sonderbereich, der Restrukturierung und Abwicklung, wird noch einheitlicher davon ausgegangen, dass das durch die Banking Resolution and Recovery Directive (BRRD) und die SRM-VO gestaltete Privatrecht primär den bankaufsichtsrechtlichen Zielen verpflichtet ist. Dieses Restrukturierungs- und Abwicklungsrecht wird als ein eigenständiges Bankinsolvenzrecht gesehen, zugeschnitten auf die Besonderheiten der Branche. Erklärungen hierzu und Beispiele fallen dem Format zum Opfer, um Raum zu lassen für unerforschtes Terrain:

---

8 Vgl. vor allem *Binder* ZGR 2013, 760.

9 Namentlich *Admati/Hellwig*, Des Bankers neue Kleider – Was bei Banken wirklich schief läuft und was sich ändern muss, München 1. Auflage 2013.

3. Bank-Kunden-Beziehung

Der dritte Bereich kann als das "Reststück" gesehen werden, die Bank-Kunden-Beziehung in der Phase werbender Tätigkeit des Instituts. Aus Sicht des Privatrechts bildet er hingegen den Kern, die gesamte „lebende" bankvertragliche Beziehung zum Kunden, die anderen zwei Bereiche verkörpern eher (klarer umrissene) Sonderfälle. In diesem „Hauptbereich" ist für die Frage, wie weit er vom Regulierungskonvolut Bankenunion beeinflusst ist oder sein sollte, vom bisher für die Bankenunion wichtigsten EuGH-Urteil auszugehen, materiellrechtlich gesprochen von den Fällen, in denen die Regulierung ein *Verbotsgesetz* formuliert: Die EuGH-Entscheidung (Fn. 3) betraf zwar ein als Rechtssatz erlassenes Verbot (von Leerverkäufen). Der EuGH bestätigte vor allem, dass Art. 114 AEUV solch Verbot auch trug, wenn die verfügende Behörde (hier die ESMA) erst noch auf der Grundlage dieser Kompetenznorm geschaffen wurde. Diese Entscheidung kann jedoch verallgemeinert werden. In der Sache handelt es sich um ein Produktverbot (iSd viel diskutierten „Bankprodukt-TÜVs"), wenn auch nicht (primär) dem Kundenschutz verpflichtet (Angst vor Intransparenz), sondern dem Marktschutz (Furcht vor durch Leerverkäufe begründeten Marktrisiken). Folgt man dem EuGH, muss die Kompetenz für solche Verbotsverfügungen a maiore auch für die (EG/EU-vertraglich installierte) EZB bejaht werden: hier als Einzelfallverfügungen (vgl. zudem Art. 127 Abs. 6 AEUV), die zudem zwischen Kreditinstituten differenzieren dürfen, ggf. auch zwischen Mitgliedstaaten und Rechtsordnungen (vgl. 17. Erw.grund SSM-VO). Letzteres ist auch für das Verhältnis zum Privatrecht zentral: Keine Verbotsentscheidung darf primär verbraucherrechtlich (kundenschützend) motiviert sein, jedenfalls nicht als Verbotsverfügung seitens der EZB (28. Erw.grund SSM-VO), was dann freilich (rein) verbraucher- und kundenschützend motivierte Verbotsverfügungen gegen systemrelevante Banken insgesamt de facto zum Ausnahmefall machen dürfte. Motiviert werden müssten Einzelverbote vielmehr mit Gefahren für „Finanzstabilität" und „Stabilität der Kreditinstitute" (5./6. Erw.grund und Art. 1 S. 1 SSM-VO) oder auch für die „Integrität des Binnenmarkts" (10./30. Erw.grund und Art. 1 S. 1 SSM-VO). Hierher zählt früher gerade auch der Fall, dass die Vermarktung eines Produkts geeignet ist, massenweise irreführend zu wirken und daher entweder allgemeines Misstrauen bei Bankkunden hervorzurufen oder massenweise zu Nichtigkeits- oder Schadensersatzklagen zu führen. Beides könnte die Integrität des Binnenmarkts bzw. die Stabilität der Kreditinstitute in Frage stellen. Zugleich kann ebendies – mehr als das Ziel Verbraucherschutz – von Land zu Land und vor allem von Institut zu Institut variieren. Kommt es zu Verbotsverfügungen, können die entsprechenden Bankprodukte (wenn Kreditinstitute nicht den Rechtsweg beschreiten) nicht mehr angeboten werden. Die aufsichtsrechtliche Beurteilung durch die EZB überformt dann das Privatrecht, ohne dass Kunden einen Rechtsbehelf haben.

Das ist anders in der zweiten Fallgruppe. Hier fragt sich, ob eine Pflicht des Instituts gegenüber der Aufsichtsbehörde auch *privatrechtliche Pflichten in der (idR vertraglichen) Bank-Kunden-Beziehung begründet*. Wieder darf die EZB Anordnungen nicht primär auf verbraucherschützende Überlegungen stützen – wobei schon unklar ist, ob das auch für Anlegerschutz gilt (weil dieser teils auch als Verbraucherschutz iwS verstanden wird). Jedenfalls könnte massenhafte Praxis seitens der Institute untersagt werden, die Vertrauen erschüttern oder später breite Klagewellen auslösen könnte. Eine mögliche Entwicklung mögen zwei Beispiele andeuten, für die das Zusammenspiel zwischen Aufsichts- und Privatrecht schon bisher diskutiert wurde. Tendenziell wird – auf Grund der Kompetenz der EZB und der Schaffung eines einheitlichen Rule Book – die Dichte des Regelungsnetzes aufsichtsrechtlicher Art noch erheblich zunehmen, jedenfalls die europaeinheitliche Anwendung. Die zwei Beispiele betreffen Kernfragen des Effekten- und des Kreditgeschäfts. Für die Vorgaben der MIFID im Wertpapierhandel (etwa zu Anlageberatung, Portfolioverwaltung oder Provisionen) ist schon bisher streitig, ob die viel konkreteren gesetzlichen und gesetzesausfüllenden Vorgaben, die EU-Normen umsetzen (§§ 31 ff., 33a, 31d WpHG), auch vertragsrechtliche Pflichten begründen. Bekanntlich verneint die deutsche höchstrichterliche Rspr. dies und befürwortet nur eine diffuse „Ausstrahlwirkung“, dies ohne Vorlage an den EuGH, während das höchstrichterlich im EU-Ausland häufig anders gesehen wird.[10] Wird die Dokumentation europaeinheitlich lückenlos gefordert und praktiziert, verschärft dies die Frage ggf. zusätzlich, zumal wenn der EuGH konziser judiziert als in der Bankinter-Entscheidung.[11] Der Massencharakter des Geschäfts wird eine systemische Relevanz iSd oben ge-

10 Zu allem, auch neuen auslandsrechtlichen Entwicklungen, vgl. *Grundmann*, in Ebenroth/Boujong/Joost/Strohn, HGB-Kommentar, 3. Auflage 2015, BankR VI, Rn. 196 f.

11 EuGH, Urt. v. 30.5.2013, Rs. C-604/11 (Bankinter), Slg. 2013, EU:C:2013:344 = EuZW 2013, 557; für *meine* Auslegung des Urteils: *Grundmann* ERCL 8 (2013), 267.

nannten Zielekanons (nicht bloßes Verbraucherrecht) häufig nahelegen. Das gilt auch beim Standard der verantwortungsbewussten Kreditvergabe, wenn seine Missachtung zum Teil eines Geschäftsmodells gemacht wird. Dass ebendies systemische Wirkung entfalten kann, hat die subprime loan Krise 2008 deutlich gezeigt. Daher wurde teils (obwohl die Verbraucherkredit-RL II den Standard nicht eindeutig festlegte) aus dahingehenden aufsichtsrechtlichen Regeln diese Pflicht auch für das Kundenverhältnis abgeleitet.[12] Wieder ist eine ungleich dichtere, europaeinheitliche Praxis im Aufsichtsrecht zu erwarten. Und sollte der EuGH in einem Teil des Aufsichtsrechts (etwa MIFID) die Direktwirkung auch im Privatrecht bejahen, steht das für alle Bereiche im Raum.

Auch das entstehende einheitliche Rule Book könnte eine zentrale Rolle spielen: Seine Inhalte divergieren je nach Art des Bankgeschäfts, teils eher Kondensat RL-ausfüllender konkretisierender Normsetzung, teils Ausformung einer Best Practice im Aufsichtsrecht, teils Gestaltung des Interbankenverhältnisses – etwa Zahlungsverkehr, wo die Rückabwicklung im Rule Book geregelt ist.[13] Da damit Interbankenabkommen ersetzt wurden, die teils als drittschützend gesehen wurden,[14] liegen vergleichbare Überlegungen zum Rule Book hier nahe.

Die zweite Einwirkungsform des Rule Book ist allgemeiner: Wie wirkt es, wenn es Normen mit Schutzgesetzcharakter ausgestaltet? Traditionell sind Gerichte nicht durch Verwaltungsanweisungen gebunden. Fraglich ist jedoch, ob dies auch gilt, wenn die erlassende Stelle Organ der Verfeinerung supranationalen Rechts ist. Können etwa nationale Gerichte ohne Vorlage an den EuGH von solch einer Auslegung durch die EZB (etwa im Rule Book) abweichen? Wäre das zu verneinen, wäre die Ausstrahlwirkung im Privatrecht allgegenwärtig – wahrscheinlich auch über die 123 systemrelevanten Banken hinaus.

Zu einem letzten privatrechtlichen Streitbereich könnte sich die „Staatshaftung“ entwickeln, da die Haftung der EZB für Aufsichtsversagen nicht ausgeschlossen wird (61. Erw.grund). Freilich werden angesichts der ma-

---

12 Etwa *Hofmann* NJW 2010, 1782, 1785 f.; breiter *Atamer* in: Grundmann/Atamer, Financial Services, Financial Crisis, and General European Contract Law, 2011, S. 179.

13 Vgl. nur GroßKommHGB/*Grundmann*, Bd. 10/2 2015, Dritter Teil Rn. 481-485.

14 Für drittschützende Abreden in den Interbankenabkommen im Lastschriftverkehr vgl. *Grundmann* (Fn. 13), Rn. 348.

kroprudentiellen Ziele (individueller) Schaden und Kausalität selten darzulegen sein.

III. Ausblick

Dies ist nur eine Skizze. Mit der Europäischen Bankenunion sollte ein zweites Großgebiet des Wirtschaftsrechts – aus Gründen des allgemeinen Wohls – einem gänzlich integrierten Regime unterworfen werden: legislatorisch *und* administrativ. Dass dies nochmals einen starken Integrationsschub auslöst – wie ihn der Jubilar schon für das Wettbewerbsrecht betonte –, ist kaum zu bezweifeln. Ob er sich nur auf die makroprudentiellen und Marktrisiken auswirkt, zudem auch auf die (Organisation der) Kreditinstitute sowie ihre Abwicklung, oder ob es zur weiter integrierenden Wirkung auch in der Bank-Kunden-Beziehung kommen wird, ist eine Frage, die hier aufgeworfen wurde und die die (Bank-)Privatrechtswissenschaften noch länger in Atem halten könnte.

Islamic Banking und Finance in Europa – ein Testfall für europäische Privatautonomie und ihre Grenzen

Mathias Rohe

I. Einführung

Der Begriff der Scharia ist in unseren Tagen geeignet, im europäischen Publikum breitflächig Entsetzen auszulösen. Umso mehr mag es erstaunen, dass der britische Premier Cameron im Oktober 2013[1] sein Bestreben zum Ausdruck brachte, London neben Dubai zu einem der großen Zentren für Islamic Banking und Finance (IBF) zu entwickeln, welche letztlich auf Normen der Scharia, des islamischen Normensystems,[2] beruhen. Liechtenstein ist ebenfalls im Begriff, sich als Finanzplatz für scharia-konforme Produkte und Transaktionen anzubieten.[3] Darin spiegelt sich die deutlich zunehmende Bedeutung islamisch legitimierten Wirtschaftens auch in der westlichen Welt im Rahmen des hier geltenden Zivil- und Wirtschaftsrechts wider.[4] Die auf weitreichender privater Selbstbestimmung beruhenden rechtlichen Ordnungen Europas, zu deren grundlegender Erforschung der Jubilar Maßgebliches beigetragen hat, stehen hier vor einer neuen Bewährungsprobe.

---

1 Vgl. „David Cameron unveils £200m bond plan", The Guardian 29.10.2013, abrufbar unter http://www.theguardian.com/money/2013/oct/29/islamic-bond-david-cameron-treasury-plans.

2 Vgl. hierzu *Rohe*, Das islamische Recht: Geschichte und Gegenwart, München 2011, 9 ff. mwN.

3 Vgl. „Banking halal", Süddeutsche vom 31.10.2014 (Ch. Theile), abrufbar unter http://www.sueddeutsche.de/wirtschaft/liechtensteins-werben-um-muslimische-anleger-banking-halal-1.2198339.

4 Vgl. aus der mittlerweile umfangreichen Literatur nur *Mahlknecht*, Islamic Finance, Weinheim 2009; *Gassner/Wackerbeck*, Islamic Finance, Köln 2010; *Langton/Trullols/Turkistani* (Hrsg.), Islamic Economics and Finance. A European Perspective, Chippenham 2011; *Cattelan* (Hrsg.), Islamic Finance In Europe, Cheltenham 2013; *Ali, Rahail* (Hrsg.), Islamic Finance, London 2014; *Asutay/Turkestani* (Hrsg.), Islamic Finance, Berlin 2015.

II. Instrumente des Islamic Banking und Finance im europäischen Kontext

Auch in einigen europäischen Staaten werden mittlerweile scharia-konforme Finanzprodukte angeboten, teils von konventionell operierenden Unternehmen,[5] teils von spezifisch islamisch ausgerichteten. Mit ihnen sollen traditionell ausgeformte Vorschriften islamischen Wirtschaftens umgesetzt werden, insbesondere die Verbote von Spekulations- und Zinsgeschäften sowie Geschäfte mit verpönten Gegenständen wie Alkohol, Schweinefleisch oder Pornographie.[6] Im UK werden fünf islamische Banken betrieben. In Deutschland hat die türkische Kuveyt Türk Bank, die schon eine kleinere Filiale in Mannheim betreibt, einen Antrag auf Zulassung zum Geschäftsbetrieb nach §§ 32 ff. KWG gestellt, der Ende 2014 noch nicht beschieden war. Luxemburg beherbergt mehr als 40 scharia-konforme Investmentfonds und –subfonds.[7] Scharia-konforme Anleihen („sukuk") werden in mehreren Staaten aufgelegt; Sachsen-Anhalt war im Jahre 2004 ein staatlicher Vorreiter.[8] Das UK hat im Jahre 2014 gleichfalls eine solche Anleihe in Höhe von 200 Millionen Pfund als Prototyp für weiteres aufgelegt.[9] Für Export- oder Immobilienfinanzierungen werden Modelle im Rahmen europäischer Rechtsordnungen entwickelt, über welche die Zinsnahme durch wirtschaftlich äquivalent ausgestaltete Gesellschaftsbeteiligungen[10] oder auf der Grundlage traditionell anerkannter Transaktionsformen wie dem gekoppelten Verkauf mit offengelegter Gewinnspanne abgewickelt werden. Islamic Banking und Finance erweist sich damit als weiterer Sektor ethisch grundierten Wirtschaftens.

Selbstverständlich sind auch hierbei die Vorschriften des Kapitalmarktaufsichtsrechts und sonstige zwingende Rechtsvorschriften einzuhalten. Werden Anlagen unter Beteiligung religiöser Instanzen vertrieben, so sind Rechtsfragen wie die nachvollziehbare Bestimmung der Anlagegrundsätze

5 Vgl. z.B. die von Goldman Sachs im September 2014 geplante „sukuk"-Anleihe mit einem Volumen von 500 Millionen Dollar; „Goldman Sachs plant islamische Anleihe", FAZ vom 6.9.2014, S. 29.

6 Vgl. nur *Rohe* (Fn. 2) 236 ff. mwN; *Bälz* BKR 2002, 447 ff.

7 Vgl. *Beluafi/Belabes*, in: Langton u.a. (Fn. 4), 149, 156.

8 Vgl. nur die ausgezeichnete Arbeit von *Sacarcelik*, Rechtsfragen islamischer Zertifikate (sukuk) (2013).

9 Vgl. „Briten begeben islamische Staatsanleihe", FAZ vom 26.7.2014, S. 39.

10 Für Überlegungen zum finanzierten Erwerb von Immobilien im Wege einer GbR zwischen Finanzier und Erwerber vgl. nur *Becker* RNotZ 2014, 22, 28 ff.

(§ 165 Abs. 2 Nr. 2 KAGB), die rechtskonforme Kooperation mit islamischen Beratungsgremien oder die Grenzen der Bewerbung mit Appellen an den „guten Muslim“ zu klären. Die übliche, aufsichtsrechtlich nicht ganz unproblematische Bestimmung bzw. Überprüfung der Geschäftspolitik durch Sharia Boards dürfte wohl aus Gründen des notwendigen Vertrauens der religiös orientierten Kundschaft unvermeidlich sein. Nur so kann die erhoffte „Entlastungswirkung“ im Sinne einer subjektiv zufriedenstellenden Absicherung religionskonformen Handelns erzielt werden. Vorteile der Marktteilnahme solcher im Inland agierenden und aufsichtsrechtlich kontrollierten Anbieter sind unübersehbar, da nach Kenntnis des Verfassers zahlreiche Muslime in Europa erhebliche Summen bei dubiosen, im religiösen Gewand auftretenden Anbietern aus der islamischen Welt oder vergleichbaren europäischen Organisationen[11] verloren haben.[12]

Bargeldlose Transaktionen mit Hilfe des althergebrachten, insbesondere von Migranten aus schlecht organisierten Herkunftsstaaten häufig genutzten Hawala-Systems[13] müssen gleichfalls in den ordnungsrechtlichen europäischen Rahmen gebracht werden. Das gilt nicht zuletzt deshalb, weil auf ihrer Basis nachweislich auch Geldwäsche, Zahlung von Schleppervergütungen und Terrorfinanzierung betrieben wurde.

Nur am Rande sei erwähnt, dass die in Vergangenheit und Gegenwart keineswegs kohärenten Vorschriften des Islamic Banking und Finance eine bedeutsame Rolle in der internationalen Vertragspraxis spielen können.[14] Auf der Grundlage einer Vertragsgestaltung, die auf ein konkretes, islamisch geprägtes staatliches Recht abgestimmt ist, kann das wirtschaftlich erwünschte Ergebnis erzielt werden, indem z.B. Verzugszinsen nicht prozentual, sondern als feste Beträge für pauschalen Schadensersatz festgelegt werden. Noch mehr Flexibilität eröffnet sich im Zusammenspiel

---

11 Vgl. die Berichte über zweifelhafte Investments in der Türkei durch solche Organisationen in „Neuer Markt auf Türkisch“ (Michael Fröhlingdorf), Der Spiegel 26.1.2004, abrufbar unter http://www.spiegel.de/spiegel/print/d-29787309.html.

12 Nicht von ungefähr haben sich mehrere islamische Staaten auf die Einrichtung einer Regelungs- und Überwachungsbehörde für das islamische Finanzwesen geeinigt (Islamic Financial Services Board; erreichbar unter www.ifsb.org); vgl. „Regelungsbehörde für Islam-Banken“, Frankfurter Allgemeine Zeitung v. 5.11.2002, S. 27.

13 Näheres bei *Rohe* (Fn. 2) 376 f. mwN.

14 Hierzu etwa *Bälz* BKR 2012, 277 ff; *ders.* Islamic Law and Society 11 (2004), 117-134; *ders.* IPRax 2005, 44-47.

von Schiedsvereinbarungen und Vertragsgestaltung, wobei die Vollstreckbarkeit im Auge zu behalten ist.

III. Anpassung europäischen Rechts?

Im UK hat sich der Islamic Banking und Finance-Sektor besonders stark entwickelt. Dies beruht auch auf einer besonders traditionellen Orientierung eines großen Teils der muslimischen Bevölkerung. Viele legen Wert auf die Nutzung von Finanzierungsinstrumenten, welche mit den formalen Anforderungen des traditionellen islamischen Wirtschaftsrechts übereinstimmen.[15] Hier haben sich beispielsweise Probleme beim gesamtgesellschaftlich durchaus erwünschten kreditfinanzierten, grundpfandgesicherten Immobilienerwerb ergeben. Zur Vermeidung verzinslicher Darlehen kann grundsätzlich das klassische, weitestgehend akzeptierte Modell der „Murabaha", des gekoppelten Kaufs und Wiederverkaufs mit offengelegter Gewinnspanne, dienen. Der Finanzier erwirbt die Immobilie und veräußert sie dann gegen Ratenzahlungen an den eigentlichen Interessenten.[16] Hinderlich war allerdings der doppelte, nicht selten prohibitive Anfall der Grunderwerbssteuer, den letztlich die Erwerberseite zu schultern hatte. Der Gesetzgeber hat deshalb die Doppelbesteuerung im Jahre 2003 abgeschafft.

Liegt hierin die Einführung einer Parallelrechtsordnung? Wenn tatsächlich die Vertragsgestaltung von vornherein eindeutig den Schluss zulässt, dass formal aufgeteilte Transaktionen tatsächlich als einheitlich gewollt sind und abgewickelt werden, spricht nichts dafür, Steuertatbestände alleine an den Trennungsformalien anzuknüpfen, solange die Verhinderung missbräuchlicher Gestaltungen gesichert ist.

Mehr Fragen wirft eine aktuelle Debatte im UK über vom Staat angebotene „schariakonforme" Studiendarlehen für die teils exorbitanten Studiengebühren in Gestalt des „Takaful" auf.[17] Die Darlehensrückzahlung erfolgt danach nachlaufend ab gewissen Mindesteinkommen, der „Zinsan-

---

15 Vgl. *Housby*, Islamic Financial Services in the United Kingdom, Edinburgh 2011.

16 Zu den unterschiedlichen Modellen *Housby* (Fn. 15), 81 ff.

17 Vgl. „Sharia student loans are flawed, but it's not just Muslims being let down by government's tuition fees obsession", (Alex Stevenson 24.10.2014), abrufbar unter http://www.politics.co.uk/comment-analysis/2014/10/24/sharia-student-loans-are-flawed-but-it-s-not-just-muslims-be.

teil" wird durch eine gemeinnützige Spende in gleicher Höhe ersetzt. Das Eingehen auf formale Zinsverbotsvorschriften aus der mittelalterlichen Gedankenwelt ist jedoch rechtspolitisch bedenklich, wenn wegen der notwendigen „Freiwilligkeit" der Rückzahlung letztlich der Steuerzahler einstehen muss. Zudem könnten Zahlungen aus dem Fonds erst nach einigen Jahren der Auffüllung greifen. Hier wäre es angeraten, die auch im muslimischen Spektrum nunmehr vorhandene Kenntnis des Zeitwerts von Kapital nutzbar zu machen, um zu einer sinngeleiteten Unterscheidung zwischen Nutzungsentgelt und Wucherzins zu gelangen.[18]

Andererseits ist es geboten, auch auf Fälle islamischen Wirtschaftens schlicht das geltende Recht anzuwenden und sich nicht von einer verbreiteten islamskeptischen Grundstimmung leiten zu lassen. Ein Beispiel für juristisches Hyperventilieren ist die im Jahre 2010 entbrannte Debatte um ein Berliner Bürogebäude, in dem ein saudi-arabischer Investor keine (seinen) islamischen Wirtschafts- und Religionsnormen widersprechende Geschäftstätigkeit der Mieter dulden wollte (plakativ formuliert: keine Bar, keine [Zinsgeschäfte betreibende] Bank, kein Bordell).[19] Stellungnahmen hochrangiger politisch tätiger Juristen aus unterschiedlichen Lagern sprachen sich für die Untersagung dieses Geschäftsmodells aus, ohne dass ein Recht auf flächendeckende Grundversorgung mit Bars oder Bordellen ersichtlich wäre. Sollte es hier nicht schlicht der Markt richten? Das gilt auch für die Empörungswelle, die im November 2014 in London ausgebrochen ist, nachdem ein muslimischer Investor ein Traditionshotel scharia-konform betreiben will und dabei auf das Angebot von Schweinefleisch und Alkohol verzichtet: Die umliegenden Bars sollen bereits Umsatzsteigerungen erzielen, so dass die volkswirtschaftliche Bilanz ungetrübt bleibt.[20]

---

18 Vgl. *Rohe* (Fn. 2) 237 mwN.

19 Vgl. „Nur Scharia-konforme Geschäfte erlaubt", Tagesspiegel vom 12.10.2010, abrufbar unter http://www.tagesspiegel.de/berlin/buerogebaeude-am-ernst-reuter-platz-nur-scharia-konforme-geschaefte-erlaubt/1954562.html.

20 Vgl. „Welcome to Hotel Sharia", Daily Mail 14.11.2014, abrufbar unter http://www.dailymail.co.uk/news/article-2835406/Welcome-Hotel-Sharia-No-alcohol-English-breakfasts-trendy-venue-bought-Muslim-multi-millionaire.html. Der Artikel hat 2233 Kommentare erhalten!

IV. Schluss

Die Etablierung von IBF-Instrumenten in Europa ist ein Testfall für die Bereitschaft, kulturell zunächst ungewohnte Elemente des Wirtschaftens nach den allgemein geltenden Maßstäben des Rechts zu integrieren. Ist Europa bereit, Privatautonomie auch gerade dann zu respektieren, wenn sie dem Mainstream suspekt ist? Im Übrigen zeigt sich bei näherer Betrachtung, dass islamisch inspiriertes Wirtschaften für Europa keineswegs ein Novum darstellt: Die jüdischen und christlichen Traditionen Europas kennen vergleichbare Phänomene.[21] Der Gedanke einer rechtlich strukturierten Parallelisierung von Gewinnchancen und Verlustrisiken und die Skepsis gegenüber konturloser Spekulation finden sich auch in liberalen Wirtschaftskonzepten ohne religiöse Grundierung. So kann gerade auch anhand des Islamic Banking und Finance in Zeiten der Finanz- und Wirtschaftskrisen studiert werden, welche tatsächlich oder aber nur formal („Islamischer Whisky") spekulationsfrei ausgeformten Instrumente wirtschaftliche Stabilität fördern können.[22]

Zugleich geht die immer wieder zu hörende Klage von muslimischer Seite, europäische Rechtsordnungen akzeptierten vergleichsweise problemlos wirtschaftsrelevante Normen des Islam, nicht aber diejenigen des islamischen (traditionell patriarchalisch ausgeprägten) Familien- und Erbrechts, deshalb fehl. Die angeblich „neo-liberalen und im Übrigen kulturell eurozentristischen" Haltungen entpuppen sich unschwer als schlichte Anwendungsfälle des ordre public international oder interne: Stimmen „fremde" Normen mit den von der Rechtsordnung etablierten im Ergebnis ganz oder im Wesentlichen überein, sind sie im Rahmen privatautonomer Gestaltung ohne weiteres akzeptabel. Bei massiven inhaltlichen Divergenzen, wie in Fragen der Gleichberechtigung von Geschlechtern und Religionen, gilt bei hinreichendem Inlandsbezug aus guten Gründen das Gegenteil.[23]

Andererseits bietet das europäische Terrain auch intellektuelle Entfaltungsmöglichkeiten unter Muslimen: Die Debatte darüber, ob Umgehungskonstruktionen zur nur formalen Wahrung traditionell entwickelter

---

21 Vgl. *Rohe* (Fn. 2) 113 mwN.

22 Vgl. hierzu: *Ahmed/Asutay/Wilson* (Hrsg.), Islamic Banking and Financial Crisis. Reputation, Stability and Risks, Edinburgh 2014.

23 Vgl. hierzu nur *Rohe*, in: Shah/Foblets/Rohe (Hrsg.), Family, Religion and Law – Cultural Encounters in Europe, Farnham 2014, 49 ff.

Normen und Verbote etabliert werden sollen, oder ob Islamic Banking und Finance sich als ethisch-moralisches Gerüst im Rahmen säkularer Wirtschaftsrechtsmodelle neu definiert, ist noch am Anfang.[24] Bislang scheint die erstgenannte Richtung die Entwicklung zu dominieren. Ein international etablierter, offenbar sehr gut verdienender „Scharia Jet Set"[25] dürfte geringes Interesse an Letzterem haben, während nach Beobachtungen des Verfassers eine junge Generation religiöser Muslime in europäischen Universitäten eine Ethisierung und inhaltliche Neubestimmung des traditionellen Normenkorsetts diskutiert. Insofern mag die Entwicklung über die Grenzen Europas hinaus Impulse für privatautonome Gestaltung setzen.

24 Vgl. nur die einschlägigen Ausführungen bei *Ahmed*, Arab Law Quarterly 28 (3), 278 ff. und von *Muhammad S. Ebrahim*, Rationalizing Hybrid Financial Instruments from an *Uṣūlī* Perspective, ebenda, 295 ff.

25 *Bälz* Inamo 57 (2009), 14 ff.; vgl. auch „Gelehrte als Großverdiener. Islamkonforme Anleihen brauchen das Siegel der Propheten. Das Geschäft boomt" (F. Stocker), Die Welt 14.8.2014, S. 15.

VI. Wirtschaft und Recht im globalen Kontext

Drei falsche Weichenstellungen im Denken Milton Friedmans

Hartmut Marhold

Die gegenwärtige, seit über sechs Jahren anhaltende Krise ist nicht nur eine der Europäischen Integration; sie ist vielmehr die Krise des Gesellschaftsmodells der zweiten Nachkriegsgeneration. Die erste wurde nach ihrem Ende vielfach als „Golden Age"[1] verherrlicht, oder als „Trente Glorieuses"[2] – Titel zweier Bestseller, die, wie so oft, im Rückblick auf das gerade vergangene Kapitel europäischer, westlicher Geschichte geschrieben wurden. Diese „glorreiche" Periode europäischer Wirtschafts- und Sozialgeschichte ging in der Krise der 70er Jahre zu Ende, und einer der Wegweiser aus dieser Krise war Milton Friedman: Was auch immer man „Neoliberalismus" nennen will,[3] dass seine Position neoliberal war (und ist), wird wohl nirgends bestritten. Wir verdanken ihm Orientierungen, die durch Margaret Thatcher und Ronald Reagan, später auch auf dem europäischen Kontinent politisch wirksam geworden sind. Manche Zeitgenossen sehen nun in der gegenwärtigen Krise die seines, des neoliberalen Modells;[4] so wie die erste Nachkriegsgeneration, die „goldene", in den 70ern am Ende ihres Lateins war, so ist die zweite – man könnte sie die „silberne" nennen – jetzt in der Sackgasse. Ein Blick auf Milton Friedmans nobelpreisgekröntes Werk „Capitalism and Freedom"[5] kann ergründen helfen, wo die Geburtsfehler der neoliberalen, der zweiten Nachkriegsgenera-

---

1 *Marglin/Schor* (eds.): The Golden Age of Capitalism. Reintepreting the Postwar Experience, 1990 Oxford (World Institute for Development Economics Research).

2 *Fourastié*, Les Trente Glorieuses, Paris 1979.

3 Vgl. zu den vielfältigen Strömungen, Schulen und Umsetzungsformen des Neoliberalismus *Biebricher*, Neoliberalismus, Hamburg 2012.

4 So etwa *Stiglitz*, The Ideological Crisis of Western Capitalism, 2011, und *Habermas*, Nach dem Bankrott, Interview in: Die Zeit, 7.11.2008. Stiglitz erhielt seinen Nobelpreis, durchaus in Parallele zu Friedman und Hayek (die ihrerseits als Überwinder des Keynesianismus gefeiert wurden), als Kritiker und Überwinder des Neoliberalismus, zugunsten eines (u.a. von ihm selbst so genannten} Neo-Keynesianismus.

5 *Friedman*, Capitalism and Freedom, 2002. Natürlich ist der Erscheinungsort Chicago, wo Friedman seine Schule etablierte. Die Ausgabe, nach der hier zitiert wird, ist die „40th Anniversary Edition" der Erstausgabe, die also 1962 erschien, hier aber

tion lagen und wie sie uns heute daran hindern, eine gemeinwohlorientierte Zukunft zu gestalten.

Die hier vorgetragene These, als Anregung zur Diskussion gemeint, lautet, dass Friedman drei Prämissen zum Ausgangspunkt seiner weit reichenden Folgerungen setzt, die er nicht begründet, die sich aber keineswegs von selbst verstehen, die alle drei auf fatale Abwege führen und jedenfalls die Konzeption von „Gemeinwohl" ausschließen.

I. Friedmans Prämissen

1. „Fundamentally" ...

Die erste dieser Prämissen ist die folgende:

> *"Fundamentally, there are only two ways of co-ordinating the economic activities of millions. One is central direction involving the use of coercion – the technique of the army and of the modern totalitarian state. The other is voluntary co-operation of individuals – the technique of the market place. [...] A working model of a society organized through voluntary exchange is a free private enterprise exchange economy – what we have been calling competitive capitalism."*[6]

Die schon alles entscheidende Vor-Entscheidung dieses "statements" ist die Auffassung, dass es nur zwei Möglichkeiten gibt (wovon auch immer). Die Denkfigur ist binär, wir sprechen populär auch von „Schwarz-Weiß-Denken". Das ist allerdings eine überaus bedeutungsvolle Entscheidung, denn sie schließt alle anderen als die beiden zugelassenen Möglichkeiten aus. Eine Begründung dafür liefert Friedman nicht mit, obwohl die Frage auf der Hand liegt, warum es so sein sollte, dass nur zwei Möglichkeiten, nicht aber eine ganze Palette von verbindenden Optionen möglich sein sollte. Es ist im Gegenteil höchst unwahrscheinlich, dass sich komplexe Realitäten menschlicher Gesellschaften auf nur zwei, einander in der Form von Gegensätzen zugeordnete Möglichkeiten reduzieren lassen. Geradezu verräterisch ist das einleitende Adverb: „fundamentally" lässt erkennen, dass es sich bei dieser Doktrin um eine Form von Fundamentalismus handelt. Man kann diese Denkweise auch als extremistisch charakterisieren,

---

mit den Vorworten nicht nur der Erstausgabe, sondern auch der Ausgabe von 1982 und einer neuen für diese Jubiläumsausgabe.

6 *Friedman* (Fn. 5) 13.

weil die beiden von Friedman allein zugelassenen Wirtschafts(- und Gesellschafts-)formen auf den beiden Extrempositionen einer denkbaren Skala liegen (so wie Schwarz und Weiß auf der Helligkeitsskala). Wie sich in Friedmans Argumentation zeigt, beginnt für ihn das Übel demnach unmittelbar dort, wo der ungebundene Wettbewerb auf einem freien Markt die geringste Einschränkung erfährt – natürlich, denn eine transitorische, vermittelnde Position ist ja ausgeschlossen.

Ein davon grundlegend verschiedener Ansatz, der doch oft und ganz zu Unrecht mit dem neoliberalen Friedmans (und anderer: Hayeks) gleichgesetzt wird, findet sich bei den geistigen Gründervätern der deutschen „Sozialen Marktwirtschaft", die sich zu einer schon in der Vorkriegszeit entwickelten Formel von „Nonkonformisten"[7] bekannten: „Wir sind weder Individualisten, noch Kollektivisten, sondern Personalisten".[8] In der Formel allein schon kommt die Auffassung zum Ausdruck, dass es nicht nur zwei Möglichkeiten gibt, menschliche Existenz in gesellschaftlichen Bezügen zu denken, sondern mehr, mindestens drei, aber konsequenterweise eine Skala von Möglichkeiten, auf der die vermittelnde, nicht eine der beiden extremen, die normativ verbindliche sein soll. Welche Möglichkeiten Friedman dadurch entgehen, dass er den personalen Ansatz zwischen den Extremen verschwinden lässt, welche Weiterungen das Bekenntnis von Müller-Armack zum Personalismus hat, kann hier nicht vertieft erörtert werden. Soviel ist klar: Der „Ordoliberalismus", als Grunddoktrin der Sozialen Marktwirtschaft, war zwar auch ein neuer und liberaler Entwurf, aber kein „neoliberaler" im Sinne Friedmans und Hayeks.

2. Economic freedom vs. „allegedly higher values"

Ein Schwarz-Weiß-Denken, wie es Friedman hier vorführt, lässt sich allenfalls noch historisch erklären, wenn man es als intellektuelles Korrelat der bipolaren Welt verstehen will.[9] Ein solcherart motiviertes Bemühen

---

7 Vgl. *Loubet del Bayle*, Les non-conformistes des années 30, Paris 1969.

8 Vgl. *Müller-Armack* und *Röpke* und ihre Nähe zum Personalismus bei *Löffler,* Religiöses Weltbild und Wirtschaftsordnung — Zum Einfluss christlicher Werte auf die Soziale Marktwirtschaft, in: Zehetmair (Hrsg.), Politik aus christlicher Verantwortung, Wiesbaden 2007, 110-124.

9 Da sich die neoliberale Bewegung schon vor dem Zweiten Weltkrieg formierte, unter Beteiligung von Friedman und Hayek, müsste man, wollte man diesem Verstehensansatz folgen, die damalige, nicht nur gegen kommunistischen, sondern auch

um Verstehen versagt allerdings vor der zweiten Prämisse, die Friedmans Denken prägt:

> *„[...] economic freedom is an end in itself. [...] economic freedom is also an indispensable means toward the achievement of political freedom. [...] The first of these roles needs special emphasis because intellectuals in particular have a strong bias against regarding this aspect of freedom as important. They tend to express contempt for what they regard as material aspects of life, and to regard their own pursuit of allegedly higher values as on a different plane of signification and as deserving of special attention. For most citizens of the country, however, the direct importance of economic freedom is at least comparable to the indirect importance of economic freedom as a means to political freedom."*[10]

Ebenso erstaunlich wie im zuerst diskutierten Fall ist auch hier die apodiktische Setzung einer Prämisse: Wirtschaftliche Freiheit ist ein Wert an sich, sagt Friedman, ohne weitere Begründung. Im Gegenteil, er verweist missbilligend alle „allegedly higher values" in die Bedeutungslosigkeit, als seien es luxuriöse Einbildungen von Intellektuellen. Wer aber verfügt, dass ökonomische Freiheit höchsten, nicht weiter ableitbaren normativen Rang hat? Warum sollte dieser Rang nicht Menschenrechten, Gewissens- und Glaubensfreiheit, ja – wie das deutsche Grundgesetz formuliert – der Menschenwürde selbst zukommen? Friedman bleibt die Antwort auf die Frage, wie sich seine Wertehierarchie ethisch, normativ begründen lässt, schuldig. Die Ökonomisierung des Menschen, die in der zweiten Nachkriegsgeneration weit um sich gegriffen hat, hat hier einen ihrer Ursprünge; der „homo oeconomicus" wird von Friedman (neu) geboren. Die Weiterungen sind wiederum ausgreifend, sie reichen bis zur reduktionistischen Konzeption von Menschen als Wirtschaftsfaktoren, als „Humankapital".

Auch diese fatale Konsequenz konnte den Ordoliberalen nicht unterlaufen, wenn sie auf einer personalen Existenz des Menschen als Referenz für ihr Gesellschaftsmodell bestanden. Dann nämlich wird das Individuum nicht isoliert und allein für sich, nicht allein als Wirtschaftssubjekt, das im eigenen Interesse handelt, aufgefasst, sondern zugleich als Mitglied in einer Gemeinschaft von Menschen, die seine Identität im gleichen Maß verbürgt wie seine Individualität. Aus einer solchen Konzeption lassen

gegen faschistischen Kollektivismus gerichtete Doktrin der „Freiheit" als Gegenposition zu beiden Kollektivismen auffassen. Aber ganz darauf lässt sich Friedmans Feindbild nicht reduzieren: Keynesianismus, New Deal, Kennedys demokratische Präsidentschaft waren für ihn alle gleichermaßen von Übel.

10 *Friedman* (Fn. 5) 8.

sich durchaus „zwischenmenschliche" Werte gewinnen, die dem nie geleugneten ökonomischen Eigeninteresse des Einzelnen mindestens ebenbürtig an die Seite treten.

3. Freiheit für alle, Ethik für jeden

Für Friedman allerdings ist nur Freiheit, nicht aber Ethik ein Anliegen der Gesellschaft. Das ist seine dritte, ebenso fatale und ebenso apodiktisch vorgetragene Prämisse, vielleicht die merkwürdigste von allen:

> *"In a society, freedom has nothing to say about what an individual does with his freedom; it is not an all-embracing ethic. Indeed, a major aim of the liberal is to leave the ethical problem for the individual to wrestle with. The "really" important problems are those that face an individual in a free society – what he should do with his freedom. There are thus two sets of values that a liberal will emphasize – the values that are relevant to relations among people, which is the context in which he assigns first priority to freedom; and the values that are relevant to the individual in the exercise of his freedom, which is the realm of individual ethics and philosophy."*[11]

Diese Aussage hat die gleiche Struktur wie die vorangehenden und bestätigt damit den Befund zu Friedmans Denkweise: Sie beginnt mit einer anspruchsvollen normativen Prämisse; diese bleibt ohne Begründung. Sie setzt sich fort mit einer dualistischen Opposition, in diesem Fall sogar gedoppelt: Gesellschaft-Freiheit versus Individuum-Ethik. Besonders merkwürdig ist in diesem dritten Fall aber zunächst die Tatsache, dass ausdrücklich von Ethik die Rede ist, dagegen die selbst ethische, normative Prämisse offenbar nicht als Teil der Ethik verstanden wird – sonst hätte sie doch begründet werden müssen: Während Tatsachen (wie etwas *ist)* festgestellt werden können, müssen Normen (wie etwas *sein soll)* sich fragen lassen, warum das so und nicht anders sein soll. Freiheit heißt schließlich nichts weniger als dass Menschen die Wahl haben, so oder anders zu handeln; ein bloßes Faktum in Sachen Ethik zu konstatieren, ist mit der Forderung nach Freiheit nicht vereinbar. Merkwürdig ist auch die Zuordnung von Freiheit und Ethik, so als handele es sich hier um einen plausiblen begrifflichen Gegensatz. Das ist aber keineswegs so: „Freiheit" kann man mit „Knechtschaft" oder „Unterdrückung" etc. oppositionell verbinden, oder mit „Verantwortung" positiv korrelieren, aber nicht mit „Ethik"; und

---

11 *Friedman* (Fn. 5), 12.

„Ethik“ ist eine philosophische Disziplin, die man mit „Epistemologie“ oder „Ästhetik“, nicht aber mit „Freiheit“ in gegensätzliche Beziehung bringen kann.

II. Freiheit ohne Gemeinwohl?

Vor allem aber lässt sich auf dieser begrifflichen Grundlage ein „bonum commune“, ein „Gemeinwohl“, nicht denken. Wie auch immer man das Gemeinwohl herleiten will, ob aus der Vorstellung eines den Individuen vor- und übergeordneten Ganzen (der „Schöpfung“, dem „Kosmos“) oder moderner, „bottom up“, aus den mit Menschenwürde begabten Personen, die sich in Gesellschaften vereinigen[12] – weder lässt sich begründen, warum ökonomische Interessen Priorität haben sollten, noch warum es ausschließlich zwei Gesellschaftsformen geben können soll; und vor allem lässt sich Ethik nicht aus der gemeinsamen Verantwortung für das „bonum“ herausdrängen, eben weil es „commune“ ist. Wenn das Gemeinwohl beispielsweise (aber man kann darüber natürlich diskutieren) verstanden wird als „die Summe aller Bedingungen des sozialen Lebens, die den Einzelnen und Gruppen ihre Vervollkommnung ermöglicht, so dass dem Menschen alles zugänglich gemacht wird, was er für ein menschenwürdiges Leben braucht“‘“,[13] dann bedeutet das offenbar viel mehr als nur die ökonomische Freiheit des Marktes, eine Perspektive, die hier nicht entfaltet werden kann, aber ganz andere Horizonte für Wirtschaft, Gesellschaft und Politik, und dies über den Staat hinaus, nicht zuletzt für Europa, eröffnet.

III. Did we do it? ... or did we blew it?

Zu Friedmans Zeiten waren auch andere schon weiter – nicht nur im Vatikan, auch in Woodstock hatte man Zweifel an Friedmans Freiheitsvision. Werfen wir zuletzt einen Blick auf die zentralen Dialoge in einem Film,

---

12 Die Geschichte der Vorstellungen vom „bonum commune“ neu durchdacht und auf Europas Krise bezogen bei *H. Schneider*, Europas Krise und die katholische Soziallehre -. Herausforderungen und Reformperspektiven, 2014.

13 Pastoralkonstitution Gaudium et Spes, Nr. 26 und Nr. 74; zitiert nach *Schneider* (Fn. 12) 46.

der für eine ganze Generation zum Symbol ihres „Lifestyles“ wurde und der deshalb 1969 beim Filmfestival in Cannes die begehrte Goldene Palme gewann: „Easy Rider“. Die zwei Hauptgestalten, gespielt von Peter Fonda (Wyatt, bezeichnenderweise „Captain America“ genannt) und Dennis Hopper (Billy), werden am Anfang des Films reich – durch Drogendealerei. Sie fühlen sich von nun an „frei“, auf ihren umgebauten Harley-Davidsons durch die Vereinigten Staaten zu fahren und begegnen dabei verschiedenen Segmenten der amerikanischen Gesellschaft, darunter einem desillusionierten jungen Rechtsanwalt (George Hanson, gespielt von Jack Nicholson), mit dem sie ins Gespräch kommen:

> *George Hanson: You know, this used to be a helluva good country. I can't understand what's gone wrong with it.*
> *Billy: Man, everybody got chicken, that's what happened. Hey, we can't even get into like, a second-rate hotel, I mean, a second-rate motel, you dig? They think we're gonna cut their throat or somethin'. They're scared, man.*
> *George Hanson: They're not scared of you. They're scared of what you represent to 'em .*
> *Billy: Hey, man. All we represent to them, man, is somebody who needs a haircut.*
> *George Hanson: Oh, no. What you represent to them is freedom.*
> *Billy:* ***What the hell is wrong with freedom? That's what it's all about.***
> *George Hanson: Oh, yeah, that's right. That's what it's all about, all right. But talkin' about it and bein' it, that's two different things. I mean, it's real hard to be free when you are bought and sold in the marketplace.*[14]

Die Frage unter diesen Umständen ist, ob es reicht, seine ökonomische Freiheit zu nutzen und reich zu werden – was den beiden Hauptfiguren ja gelungen ist. Haben sie damit ihrem Leben Sinn und Ziel gegeben? Der letzte Dialog des Films ist kontrovers, und die Frage, die sich die beiden stellen, und so unterschiedlich beantworten, war zur damaligen Zeit prophetisch – wir können sie heute genauso stellen:

> *Billy: We've done it. We've done it. We're rich.*
> *Wyatt. [laughs] Yeah, man. [laughs] Yeah. Clearly, we did it, man we did it. We did it. Huh. We're rich, man. We're retired in Florida, now, mister. Whew.*
> *Wyatt: You know, Billy. We blew it.*
> *Billy: What? Huh? Wha-wha-wha- That's what it's all about, man. I mean, like you know - I mean,* ***you go for the big money, man, and then you're free****. You dig? [Laughs]*
> *Wyatt:* ***We blew it. Good night, man****.*[15]

---

14 Quotes from Easy Rider: http://www.imdb.com/title/tt0064276/quotes.
15 http://en.wikiquote.org/wiki/Easy_Rider (Hervorhebungen HM).

Erzählungen ohne Grenzen – Gemeinwohlhorizonte unter Internationalisierung

Hans Petter Graver

> "Human beings share the same common problems. A film can only be understood if it depicts these properly." – Akira Kurosawa (1910-1998)

In seiner Entscheidung vom 2. Dezember 2009 nahm das Oberste Gericht Norwegens Stellung zu der Frage des Gerichtsstandes in einem Streitfall zwischen einer norwegischen Schriftstellerin und einer afghanischen Familie. Die Geschichte in diesem Fall drehte sich um das vom „Buchhändler in Kabul" beim Amtsgericht Oslo angestrengte Verfahren gegen die Journalistin und Schriftstellerin Åsne Seierstad. Der Buchhändler und seine Familie fühlten sich durch Seierstads Schilderungen in dem Buch *Der Buchhändler aus Kabul* in ihrer Ehre verletzt. Der rechtliche Aspekt der Geschichte ist, inwieweit das Verhältnis zwischen ihnen nach afghanischem oder norwegischem Recht geprüft werden soll. Norwegens Oberstes Gericht kam eindeutig zu dem Schluss, dass norwegisches Recht anzuwenden sei.

Ein zentraler Bestandteil der juristischen Tätigkeit setzt voraus, dass wir Schlüsse ziehen, die nicht als logische Folge zwingend sind oder über das hinausgehen, was wir mit Verweis auf Beobachtungen oder systematische Theorien wahrscheinlich machen können. Mit Alexy können wir sagen, dass die Vernunftregeln nur unvollkommen realisierbar sind.[1] Wenn wir eine Schlussfolgerung für überzeugend halten, so ist diese nicht weiter überzeugend, als dass sie ausgehend von unserem gegenwärtigen Kenntnisstand als angemessen erscheint, so dass wir keinen Grund sehen, diese Schlussfolgerung zu hinterfragen. Wir suchen nach einer Erklärung oder Theorie, gern in Form einer Erzählung darüber, was passiert ist, oder darüber, wie die Dinge zusammenhängen, die für die höchstmöglichen Umstände in einem Fall den bestmöglichen Sinn ergeben. Dies beruht nicht nur auf den konkreten Umständen, sondern auch auf den Vorstellungen

---

1 *Alexy*, Theorie der juristischen Argumentation, (1983), S. 255.

über die Welt im Allgemeinen; wie die Dinge sind und wie sie zusammenhängen.[2]

Wie erzählen die Richter die Geschichte von den Ereignissen, und was sagt dies über den Bezugsrahmen aus, über den sie bei der Prüfung der rechtlichen Fragen verfügen? Richterin Sverdrup beginnt ihre Erzählung im Namen der Mehrheit wie folgt:

> „Åsne Seierstad, jetzt Åsne Guldahl Seierstad, veröffentlichte in Norwegen 2002 , Der Buchhändler aus Kabul' im J.W. Cappelens Forlag AS, jetzt Cappelen Damm AS."[3]

Wir erkennen hier, dass die Erzählung als Erzählung über ein Buch und die Konsequenzen anfängt, die dieses Buch hat. Die Beziehung begann damit, dass Åsne Seierstad sich an den Buchhändler wandte und daraufhin im Frühjahr 2002 bei ihm und seiner Familie wohnen durfte. Im nächsten Abschnitt erfahren wir:

> „Seierstad lebte im Frühjahr 2002 bei der Familie Rais in Kabul, Afghanistan. Der Aufenthalt kam zustande, nachdem sie den Buchhändler Shah Mohammad Rais angesprochen und ihm ihren Wunsch mitgeteilt hatte, ein Buch über die afghanische Kultur und seine Familie zu schreiben."

Warum beginnt die Erzählung nicht hier? Die Erzählung könnte doch ebenso gut wie folgt begonnen haben:

> „Åsne Seierstad, heute Åsne Guldahl Seierstad, wandte sich Anfang 2002 an den Buchhändler B und erzählte, sie wollte ein Buch über die afghanische Kultur und seine Familie schreiben. Seierstad wohnte im Frühjahr 2002 bei der Familie A in Kabul in Afghanistan."

Hätte man die Erzählung so begonnen, wäre sie als Erzählung über eine Journalistin vorgestellt worden, die auf Anfrage bei einer Familie in Afghanistan wohnten durfte, und welche Konsequenzen dies für die Familie hatte. Wir sehen, dass diese beiden unterschiedlichen Erzählungen über tatsächliche Ereignisse unterschiedliche Bezugsrahmen unter anderem in Bezug darauf bieten, mit welchem Land diese Geschichte unserer Meinung nach am stärksten verbunden ist. In der ersten Variante dreht es sich um ein Ereignis in Norwegen: das Erscheinen des Buches, das Konsequenzen in Afghanistan hat. In der anderen handelt es sich um ein Ereignis

---

2 *Amsterdam und Bruner*, Minding the Law, Harvard 2002, S. 111.

3 Eine Übersetzung auf Deutsch, von Dr. Reinhard Giesen, ist mit einer Besprechung erschienen in: IPRax 2010, Heft 5.

in Afghanistan: einen Aufenthalt bei einer Familie, der Konsequenzen für diese Familie in Afghanistan hat.

Der Bezugsrahmen kann auch unsere Beurteilung der weiteren Ereignisse in dieser Geschichte beeinflussen. Der als Erster votierende Richter erzählt, das Buch

> „wurde nicht in Afghanistan herausgegeben und nicht in die persische Sprache übersetzt. Allerdings wurde ein Raubdruck auf Persisch gedruckt. ... Der Buchhändler erfuhr den genaueren Inhalt des Buches, als ihn 2003 ein norwegischer Journalist hierüber aufklärte."

Im Lichte des ersten Bezugsrahmens zeigt dies, dass Åsne Seierstad nichts tat, um den Buchhändler zu treffen oder zu verletzen. Sie gab das Buch im Westen heraus. Dass es auf Persisch herausgegeben wurde, kann weder ihr noch dem Verlag vorgeworfen werden, denn es handelte sich um einen „Raubdruck". Das Wort „Raub" ist eine ziemlich starke Metapher, die unsere Aufmerksamkeit unmittelbar auf die Art von Verletzungen des Urheberrechts lenkt, für deren Bekämpfung die Verlage sehr viel tun.

Was geschieht, wenn wir neben dem Thema der Erzählung auch die Perspektive verändern? Die beiden obigen Varianten haben die Journalistin als Hauptfigur. Was wäre, wenn wir die Geschichte wie folgt erzählen würden:

> „Shah Muhammad Rais bekam Anfang 2002 eine Anfrage von einer Journalistin, die den Anspruch hatte, ein Buch über die afghanische Kultur und seine Familie zu schreiben. Rais lud sie ein, mit ihm und seiner Familie zusammenzuwohnen, und das tat sie im Frühjahr 2002. Ein Jahr später erfuhr Rais von einem anderen Journalisten, dass sein Gast ein Buch geschrieben hatte, und er wurde auf den Inhalt des Buches aufmerksam gemacht."

Mit welchem Land ist diese Erzählung am stärksten verknüpft? Worin besteht die behauptete kränkende Handlung, und wo fand diese statt? Ist es die Tatsache, dass die Journalistin in der Familie wohnte und gleichzeitig ganz anders über sie dachte, als sie verbal zum Ausdruck brachte? Ist es die Niederschrift dieser Gedanken? Wo wurden sie in einem solchen Fall niedergeschrieben? Ist es das Erscheinen des Buches?

Ein ziemlich fester Bezugsrahmen ist erforderlich, um daran festzuhalten, dass die Erzählung eine ebenso starke Anknüpfung an Norwegen wie an Afghanistan hat. Die rhetorische Situation für die Richter ist jedoch, dass sie sich als Norwegens Oberstes Gericht an ein norwegisches Publikum wenden. Sie empfinden die Erzählung leicht als eine Erzählung von einer mutigen norwegischen Auslandskorrespondentin, die für eine norwegische Öffentlichkeit schreibt und berichtet, gegen die von einem Ausländer auf der Grundlage eines Buches vor einem norwegischen Gericht Strafantrag gestellt wird. Es ist keine weitere Begründung dafür notwendig, zugrunde zu legen, dass dieser Fall eine starke Anknüpfung an Norwegen hat.

Der Fall illustriert, wie die Internationalisierung die Horizonte der Gerichte und anderer Juristen prägt. Er zeigt, wie Dinge, die vor der juristischen Beweisführung und Begründung liegen, das Denken und damit die Ergebnisse beeinflussen. Dinge wie die Art und Weise, wie Handlungen und Ereignisse erzählt werden, der kulturelle Zusammenhang, in dem Begriffe und Metaphern stehen, die Denkweise und die Bedeutung kultureller Schlüsselerzählungen; das, was in der rhetorischen Theorie als doxa oder von der hermeneutischen Theorie als Vorverständnis und Vorurteile bezeichnet wird.[4] Die Berücksichtigung dieser Aspekte ist wichtig, um den Charakter der gerichtlichen Entscheidung als soziale Entscheidung zu verstehen.

Die Internationalisierung bringt neue Herausforderungen in Bezug auf die Kommunikation über das Recht und den verpflichtenden Charakter des Rechts mit sich. Anerkennung oder Pflichtgefühl ist ein notwendiges Kennzeichen für sämtliches Recht. Doch wessen Anerkennung und wessen Pflichtgefühl wichtig ist, ändert sich gleichzeitig mit den Bedingungen dafür, dies zu erreichen. Die Möglichkeiten des Gesetzgebers sind begrenzt, weil „der Gesetzgeber auf soziale Kräfte stößt (insbesondere das Rechtsbewusstsein, wirtschaftliche Interessen und Machtverhältnisse), die sich nicht nur mit Worten beschwören lassen".[5] Die Gesellschaft, und darunter das Rechtsbewusstsein, setzen somit Grenzen für die Rechtspolitik und damit auch für das Recht.

Gilt dies für den Gesetzgeber, muss es auch für die Gerichte und andere Akteure im Rechtswesen gelten. Auch deren Aufgabe ist es, die Menschen zu einer bestimmten Handlungsweise zu motivieren, und auch deren Macht entspringt einer Ideologie oder einem Mythos bei Menschen, die diese oder diesen mit rechtlicher Autorität ausstattet. Diese Ideologie oder dieser Mythos kann mit anderen Worten als ein Gefühl der Verpflichtung oder eine latente Anlage verstanden werden, in Übereinstimmung mit den rechtlichen Geboten zu handeln. In jedem Fall muss dieses Gefühl ge-

4 Über die Kommunikationsgemeinschaft und die Kriterien für eine Wiedererkennung einer solchen siehe *Swales*, Genre Analysis: English in academic and research settings, Cambridge 1990, S. 24–27.

5 Siehe *Ross*, Om ret og retfærdighed, Kopenhagen 1953, S. 444, 446.

pflegt werden – sowohl mit Argumenten, dass dieses Gefühl berechtigt oder legitim ist, als auch durch die Aspekte, die das Lernen, die Motivation, die Internationalisierung und die Unterwerfung begründen.

Wie der Fall vom Buchhändler aus Kabul illustriert, besteht das Recht aus Erzählungen. Erzählungen sind mehr als reine Vermittlung von Informationen. Erzählungen haben eine Perspektive, eine Zeitform und grammatische Struktur zum Beispiel im Aktiv oder Passiv. Erzählungen entwickeln sich auf der Grundlage von *scripts* oder Schlüsselerzählungen, d.h. gewöhnlichen Erwartungen und Praxis in einer Kultur. Sie bauen darauf auf, wie Menschen normalerweise in verschiedenen Situationen auftreten, und schaffen dadurch Spannungen, wie sie diesen entsprechen oder von diesen abweichen.[6] Die Erzählungen verändern sich, je nachdem, an wen sie sich richten – ob sie sich beispielsweise an nationale Gesetzgeber und Bürokraten oder an die Zivilgesellschaft richten, und ob man sich an ein internationales und multikulturelles Publikum wendet.

Der Einsatz von Erzählungen, Kategorisierungen und Metaphern trägt dazu bei, in Argumentationsfolgen Zusammenhänge zu schaffen. So erscheint Material, das abweichende Elemente enthält, geordneter und zusammenhängend, während gleichzeitig andere mögliche Arten und Weisen der Darstellung des Materials, die ebenso zusammenhängend und geordnet wären, im Verborgenen bleiben. So gesehen bewahren verschiedene Erzählungen, Kategorien und Metaphern sowohl ein grundlegendes psychologisches Bedürfnis zur Vermeidung von Dissonanzen zwischen einer Beschlussgrundlage als auch eine normative Anforderung an eine zusammenhängende Begründung für einen Standpunkt.

Wie eine unausgesprochene Voraussetzung liegt unter jeder Erzählung, dass die Geschichte auf verschiedene Arten und Weisen erzählt werden kann: mit einer anderen Perspektive, mit einer anderen Gewichtung, wie die Elemente in einer Geschichte verbunden sind usw. Die Argumente, die in einer Urteilsbegründung genannt werden, erzählen nichts über diese möglichen alternativen Erzählungen; ob sie im Prozess der Abwägung eine Rolle spielten und was dazu führte, dass diese eine den anderen vorgezogen wurde. Oftmals können die Auswahl und die Art und Weise, wie der Stoff zu einer zusammenhängenden Erzählung strukturiert wurde, das Produkt bewusster und unbewusster Faktoren sein, wobei Dinge wie die Bezugsrahmen, über die man verfügt, welche Assoziationen man aufgrund

6 Siehe *Amsterdam und Bruner* (Fn. 2), S. 121.

zentraler Begriffe und Wörter bekommt, die einem angeboten werden, sowie die emotionale Einstellung zu Personen und Entscheidungen von großer Bedeutung sind.

Bezugsrahmen, rhetorische Techniken und die Art und Weise, Erzählungen aufzubauen, sind von großer Bedeutung für die Strukturierung rechtlicher Probleme, Argumente und Lösungen. Ab und zu kann es sich dabei um rhetorische Instrumente handeln. Es handelt sich jedoch in noch größerem Maße um unbewusste Verknüpfungen und Assoziationen. Die Analyse hat gezeigt, dass wir hinter die eigentliche Argumentation blicken und mehr lernen können, dass man in Bezug auf einen rechtlichen Stoff mehr kann als auf unterschiedliche Art und Weise zu argumentieren. Indem man sich die Bezugsrahmen und die Strukturierung der Art und Weise ansieht, in der Geschichten erzählt werden, erhalten wir auch einen Einblick darin, *warum* unterschiedlich argumentiert und beurteilt wird. Dies ist Wissen, das sowohl für denjenigen nützlich ist, der effektiver für seinen Fall argumentieren will, als auch für denjenigen, der eine größere Einsicht darin anstrebt, wie sich das Recht durch die juristische Tätigkeit unter anderem der Gerichte bildet und entwickelt.

Doch was beinhaltet dies für die Juristen und deren Ausbildung? Wenn ein bestimmtes Recht internationalisiert wird, verändert sich die Kommunikationsgemeinschaft, in deren Rahmen die juristische Argumentation stattfindet. Ausgehend von einer Situation, in der nationale Akteure des Rechts vor allem untereinander und mit einer Gesellschaft, in der sie leben, kommunizieren, erfolgt die Kommunikation immer öfter in einer Gemeinschaft mit Juristen und Akteuren in anderen Ländern und in internationalen und übernationalen Institutionen.

Gerichtliche Entscheidungen haben infolge der Internationalisierung einen neuen Zweck bekommen, weil nationale Entscheidungen in der letzten Instanz bei der Lösung rechtlicher Fragen nicht länger notwendigerweise das letzte Wort darstellen. Rechtsentscheidungen fließen in zunehmendem Maße in das ein, was als „judicial dialogue" zwischen den Gerichten verschiedener Jurisdiktionen bezeichnet wird. Solche Dialoge können die Entscheidung formeller und informeller Grenzen für Kompetenz und Autorität, die gegenseitige Unterstützung und Argumentationskraft von Beurteilungen und Entscheidungen und die Bestätigung und den

Schutz von nationalen und institutionellen Interessen als Thema haben.[7] Gesetzgeber, Richter und die Subjekte des Rechts müssen sich in zunehmendem Maße einem Recht gegenüber verhalten, das polyzentrisch ist, einen Überfluss an Rechtsquellen und einen höheren Grad an Instabilität und Veränderung als die nationale Rechtsordnung hat.

Im Rahmen der Zusammenarbeit der am Dialog beteiligten Gerichte auf nationaler und länderübergreifender Ebene entsteht im europäischen und internationalen Umfeld ein gewisses Maß an Wettbewerb unter den Gerichten, ihre Ansichten mit Erfolg zu kommunizieren, um Einfluss auf die Rechtsentwicklung nehmen zu können. In dieser Situation gewinnt die Fähigkeit, überzeugen zu können, zunehmend an Bedeutung. Dabei geht es sowohl darum zu erreichen, dass ein Urteil von anderen Juristen in Praxis und Lehre zur Kenntnis genommen wird, als auch darum, dass das betreffende Urteil als Referenzfall verwendet wird. Die Gerichte können sich bezüglich der Einflussnahme nicht mehr auf ihre eigene Autorität innerhalb einer Rechtsordnung verlassen. Unter diesen Bedingungen gewinnt die Überzeugungskraft gegenüber der Bezugnahme auf den Präzedenzfall immer mehr an Bedeutung. Dazu ist es erforderlich, rhetorische Methoden zu verwenden, die dafür ausgelegt sind, zu überzeugen anstelle Vorgaben zu machen.

7 Für den EU-Kontext siehe *Anne Marie Slaughter, Alec Stone Sweet and J.H.H. Weiler*, The European Court and National Courts – Doctrine and Jurisprudence, Oxford 1998.

Pars pro toto: Die Republik Tunesien und die EU

Achim-Rüdiger Börner

I. Allgemeine Wirtschaftsdaten[1]

Tunesien ist mit gut 11 Mio. Einwohnern[2] eine überschaubare Einheit und seine Küste als traditionelles mediterranes Handelszentrum (Karthago) mit langjähriger enger Bindung vor allem an Frankreich die wohl am weitesten entwickelte Region des Maghreb. Das BIP beträgt 2014 ca. 47 Mrd. USD.

Haupthandelslieferant mit 55 % und Hauptabnehmer mit über 70 %,[3] wenn auch fallend, sind die Mitgliedstaaten der EU,[4] vor allem Frankreich, Italien, Deutschland (Austausch 3 Mrd. EUR) und Spanien. Infolge der großen Krise von 2009 ist die Außenhandelsquote Tunesiens von über 40 % auf 36 % zurückgegangen.[5] Der Tourismus (ca. 8 % des BIP) aus der EU (ca. 0,5 Mio. Touristen p.a. aus D)[6] ist in der Krise; 1,8 Mio. Libyer, darunter 100t Patienten,[7] und eine noch nicht erfasste Anzahl von Algeriern machen aktuell den Rückgang teilweise wett; zudem haben gut 40t tu-

1 Alle Internetseiten wurden am 1.9.2014 abgerufen.

2 Hinzu kommen derzeit aufgrund der Libyen-Krise ca. 2 Mio. Flüchtlinge.

3 In 2013.

4 Vgl. *Ikhlas Latif*, Libre échange Tunisie-UE: que les négociations commencent !, Business News Tunisia 18.06.2014, www.buswinessnews.com.tn/libre-echange-tunisie-ue-que-les-negociations-commencent,519,47303,3.

5 Diese und weitere Zahlen zum wirtschaftlichen Zustand in: Germany Trade & Invest, Wirtschaftsdaten kompakt: Tunesien, Bonn Mai 2014, abrufbar unter: www.ahk.de/fileadmin/ahk_ahk/GTal/tunesien.pdf; veraltet www.bmwi.de/DE/Themen/Aussenwirtschaft/laenderinformationen,did=277826.html.

6 Bundesministerium für Wirtschaft und Energie, Tunesien – Wirtschaftliche Beziehungen, abrufbar unter www.bmwi.de(DE/Themen/Aussenwirtschaft/laenderinformationen.did=277830. html.

7 Business News, La relance économique en Tunisie menacée par la poudrière libyenne, Ao´`ut 2014, abrufbar unter : www.businessnews.com.tn/la-relance-economique-en-Tunisie-menacee-par-la- poudriere-libyenne, 519, 459052,3.

nesische Gastarbeiter das unruhige Libyen verlassen,[8] so dass deren Überweisungen fehlen.

Heute bestehen in Tunesien gut 280 Unternehmen mit deutscher Kapitalbeteiligung, in der Regel Verarbeitungs- und Veredelungsbetriebe,[9] und leben knapp 25t Tunesier offiziell in Deutschland.[10]

II. Bisherige Rechtslage

Mit Deutschland bestehen ein bilaterales Investitionsschutzabkommen (in Kraft seit 6.2.1966)[11] und ein Doppelbesteuerungsabkommen (in Kraft seit 23.12.1975).[12]

Seit März 1969 gab es ein Handelsabkommen mit der EU, das Zollbefreiungen für verarbeitete Güter bis zu festgelegten Quoten vorsah und zum Aufbau der Textil- und Lederindustrie in Tunesien führte.[13] 1976 kam es - infolge der EU-Erweiterung - zu einem ablösenden Kooperationsabkommen[14] im Rahmen der Politique Méditerranéenne Globale, das Textilien und Raffinerieprodukte von der Zollbefreiung (rück)ausnahm und eine Zollvergünstigung für Agrargüter außerhalb der Ernte- bzw. Angebotszeiten der (neuen) europäischen Anbieter vorsah, außerdem Wirtschafts- und Finanzhilfen. Das Abkommen wurde 1981 und 1986 verlängert; 1991 knüpfte die EU im Rahmen ihrer Politique Méditerranéenne

8 S.o. (Fn. 7).

9 S.o. (Fn. 5).

10 Vgl. http://de.statista.com/statistik/daten/studie/1221/umfrage/anzahl-der-auslaender-in-deutschland-nach-herkunftsland/.
Außerdem: Europäische Kommission, Pressemitteilung: EU und Tunesien vereinbaren Mobilitätspartnerschaft, Brüssel 3.3.2014, IP/14/208, abrufbar unter www.europa.eu/rapid/press-release_IP-14-208-de.htm; ergänzend aus dieser Quelle: 185t Tunesier in F, 122,5t Tunesier in IT, 25t Tunesier in D; früher waren es in D wohl 80t Tunesier, vgl. http://de.wikipedia.org/wiki/Tunesien.

11 BGBl 1965 II S. 1377.

12 BGBl 1976 II S. 1654.

13 Institut MEDEA, Relations UE-Tunisie, abrufbar unter www.medea.be/fr/pays/tunisie/relations-ue-tunisie/.

14 Service européen pour l'action extérieure, Tunisie, Chronologie des relations bilatérales, abrufbar unter: eeas.europa.eu/delegations/tunisia/eu_tunisia/chronology/index_fr.htam.

Rénovée die weiteren Finanzhilfen an Struktur-, Wirtschafts- und Umweltschutzreformen.[15]

III. Barcelona, die Mittelmeer-Union und die Europäische Nachbarschaftspolitik

Im November 1995 wurde die Euro-Mediterrane Partnerschaft begründet und als sog. Barcelona-Prozess institutionalisiert. Mit der EU sollten bilaterale Assoziierungsabkommen geschlossen werden, die sich auf drei Körbe erstreckten, nämlich

1. den politischen Dialog (insbesondere die Durchsetzung der Menschenrechte und die Errichtung der Rule of Law),
2. die Errichtung einer Freihandelszone binnen 12 Jahren und die wirtschaftliche Zusammenarbeit,
3. den sozialen und kulturellen Dialog zur Förderung der gesellschaftlichen Entwicklung.[16]

Unter dem Programm MEDA I erhielt Tunesien zur Privatisierung, Stützung des Finanzsektors und Bildung 458 Mio. EUR, außerdem 620 Mio. EUR von der EZB. Im Zusammenhang mit diesen Hilfszusagen wurde das Assoziierungsabkommen von 1995 ausgehandelt, das im März 1998 in Kraft trat[17] und heute noch gilt. Zum 01.01.2008 wurde die vollständige Zollbefreiung für Industrieprodukte erreicht. Dieses erste Assoziierungsabkommen mit einem Land des Südrandes der EU und der arabischen Welt ist richtungsweisend gewesen für alle späteren Abkommen der Region (mit Israel, Palästina, Jordanien, Ägypten, Marokko).

Infolge der Initiative des französischen Präsidenten Sarkozy vom August 2007 zur Gründung einer Mittelmeerunion (mit einer Erweiterung auf die Aspekte Umweltschutz, Kultur, Zivilgesellschaft usw.) wurde 2008 die Euro-Mediterrane Partnerschaft reaktiviert;[18] sie wurde in die Europäische

---

15 S.o. Fn. 14; Gesamtübersicht über die bi- und multilateralen Vertragsbeziehungen der EU mit Tunesien unter ec.europa.eu/world/agreements/SearchByCountryAndContinent.do?CountryId=3....

16 Einzelheiten beim *Verf.*, Israel, Palästina und die EU als Wirtschaftspartner, in: FS Gunther Kühne, Frankfurt 2011, 957, 962 f., abrufbar unter www.gair.de.

17 S.o. (Fn. 14).

18 S.o. (Fn 16) 957, 967 f.

Nachbarschaftspolitik (ENP) von 2004 eingebettet und, institutionalisiert in einer umfassenden Architektur mit vielen Dialogebenen als Union für den Mittelmeerraum,[19] fortgesetzt. In diesem Rahmen hat die EU umfangreiche projektgebundene Mittel gemäß den Assoziierungsabkommen und den ENP-Aktionsplänen bereitgestellt.[20]

Ziel der EU war es immer, die südlichen Mittelmeeranrainer[21] aus einer Position der wirtschaftlichen Inferiorität und politischen Instabilität auf EU-Augenhöhe zu führen und mit ihrer wirtschaftlichen und politischen Stabilisierung den Migrationsdruck aus Afrika von der EU zu nehmen. Hinzu kamen die Notwendigkeiten eines zirkummediterranen und raumgreifenden Umweltschutzes und letztlich auch der Wunsch, neue Absatzmärkte zu erschließen. Dafür wird nach Ansicht des Verfassers – zumindest in den Beziehungen zu den Nachbarn – letztlich sogar das zentrale identifizierende Ziel der EU, die Schaffung und Aufrechterhaltung eines Raums der Freiheit, der Sicherheit und des Rechts,[22] instrumentalisiert; altruistische Ziele stehen ohnehin eher im Hintergrund.[23]

Dann entfaltete sich die Finanz- und Wirtschaftskrise, die vor allem den europäischen Süden in große und die südlichen Mittelmeeranrainer, auch Tunesien, in noch größere Schwierigkeiten brachte.

IV. Der tunesische Frühling

In der Folge der Rede des US-Präsidenten Barack Obama in der Al-Azhar-Universität in Kairo am 04.06.2009[24] startete Tunesien im Januar 2011 den arabischen Frühling. Als erste Nation schloss Tunesien ihn ab und

---

19 Einzelheiten bei: *Lippert*, Europäische Nachbarschaftspolitik, Jahrbuch der Europäischen Integration (2009) 163, 166 ff.; *Demelhuber/Marchetti*, Die Union für das Mitelmeer: Ambitionen und Realität, integraton 2011, 132 ff.

20 S.o. *Lippert*, Europäische Nachbarschaftspolitik (Fn. 19), S. 163, 169 f.

21 Zum Potental vgl. *Hanelt*, Europas Nacharn im Süden – Chancenregion Nahost, Bertelsmann-Stiftung: Spotlight Europe 2010/10.

22 Grundlegend unser Jubilar *Peter-Christian Müller-Graff*, Der Raum der Freiheit, der Sicherheit und des Rechts: Integrationswert für Bürger und Gesellschaft, Mitgliedstaaten und Union, integration 2012, 100 ff.

23 Übersicht bei *Blees*, Tagung: Die Perspektiven der EU-Mittelmeerpolitik, integration 2012, 74 ff.

24 *Obama*, Remarks by the President on a new beginning, abrufbar unter www.whitehouse.gov/the-press-office/remarks-by-the-president-at-cairo-university-6-04-09.

veröffentlichte seine neue Verfassung am 28.01.2014.[25] Diese Verfassung ist modern, national, islamistischer Tendenzen entkleidet, von umfangreichen Grundrechten sowie institutionellen *checks and balances* geprägt und als Modell für alle Nachfolger in der arabischen Welt geeignet.[26]

Den Weg zur neuen Verfassung haben die EU und ihre Mitgliedstaaten mit zahlreichen Programmen und Initiativen begleitet, deren Vorteilhaftigkeit für Tunesien durchaus einer der Aspekte im Rahmen der Verfassungsfindung war. Diese indirekte Einflussnahme war legitim und abkommenskonform, denn das Assoziierungsabkommen strebt entsprechend der ENP mehr an als die bloße Schaffung einer Freihandelszone, nämlich eine wettbewerbsfähige Wirtschaft auf der Basis von Rechts- und Sozialstaatlichkeit und von Grundrechten.

Mit der schrittweisen Beseitigung der Zölle und Handelshemmnisse gilt seit November 2012 auch formal für Tunesien die schon 2011 von den Voraussetzungen her erreichte sog. „privilegierte Partnerschaft".[27]

Marokko, dessen Assoziierung später erfolgte, erreichte sie schon 2008,[28] offenbar eine Folge früher amerikanischer Geldzuflüsse im Zusammenhang mit Marokkos Engagement im Irak. Im Vergleich dazu erhält Tunesien die amerikanische Hilfe, die sich durch eine substantielle Größenordnung auszeichnet, erst später, nämlich Kreditgarantien von 485 Mio USD in 2012 und weiteren 500 Mio. USD Kreditgarantie anlässlich des Besuchs des tunesischen (Übergangs)Premiers in Washington im April 2014.[29] Allerdings war auch die europäische Hilfe mit 400 Mio. EUR in der Übergangszeit von 2011-2013[30] nicht zu verachten.

---

25 Einzelheiten beim Verfasser, Einführung in die neue Verfassung der Republik Tunesien und deren Übersetzung, GAIR-Mitteilungen 2014, 45 ff, abrufbar unter www.gair.de.

26 S.o. (Fn. 25) 45, 54.

27 L'Union européenne et la Tunisie, 12.06.2014, abrufbar unter www.diplomatie.gouv.fr/dossiers-pays/tunisie/L'union-europeenne-et-la-tunisie.

28 Krit. daher *Hattab*, Défis et dimensions stratégiques des accords entre la Tunisie et l'UE, Tunis 28.05.2014, abrufbar unter: www.webmanagercenter.com/magazine/economie/2014/05/28/150612/defis-et-dimensions-strategiques-des-accords-entre-la-Tunisie-et-l-UE.

29 *Haddad*, Tunisie: l'économie reprend ses droits, Paris 18.04.2014, abrufbar unter: www.lepoint.fr/afrique/economie/tunisie-l-economie-reprend-ses-droits-18-04-2014-1014215_2033.php.

30 Vgl. Erklärung der EU vom 19.11.2013 im Rahmen des Assoziierungsrates mit Tunesien, s.u. sogleich; zuvor bereits Europäische Kommission, Pressemitteilung: Europäische Union unterstützt Ankurbelung der tunesischen Wirtschaft, Brüssel

Algerien, das sich bisher von der ENP ferngehalten hat, wird unverändert als wichtiger Erdgaslieferant und potentieller Ersatzlieferant anstelle von Russland von der EU hofiert.

Daher gibt es kritische Stimmen zum bisher Erreichten. Tunesiens Bedeutung als Außenhandelspartner der EU hat sich nicht entscheidend vergrößert; es scheint, als ob trotz aller Anstrengungen Tunesien im Vergleich zur EU wirtschaftlich nur mitgehalten, aber nicht aufgeholt habe; die tunesische Wirtschaft sei unverändert nicht ausreichend wettbewerbsfähig.[31]

Diese Kritik stellt vor allem die weitere Entwicklung in Frage. Ziel der gegenwärtigen Verhandlungen der EU mit Tunesien ist ein umfangreiches und vertieftes Freihandelsabkommen.[32] Vorgeschlagen wird sogar eine Vollmitgliedschaft Tunesiens in der EU und dazu das kleinasiatische Zypern als Vergleich herangezogen.[33]

V. Das Assoziierungsabkommen

Schauen wir also zuerst auf den Stand des Assoziierungsabkommens von 1996, das im März 1998 in Kraft getreten ist.[34] Das gemischte Abkommen, bei dem sowohl die EU als auch ihre Mitglieder Vertragspartner sind, besteht aus 96 Artikeln in 8 Abschnitten nebst 6 Anhängen sowie 5 Protokollen.

Art. 1 und Art. 2 sind vorgezogen. Art. 1 definiert als Ziele des Abkommens die Vorgabe eines Rahmens für den politischen Dialog, die graduelle

---

28.1.2012, IP/12/1286, abrufbar unter www.europa.eu/rapid/press-release_IP-12-1286-de.htm.

31 *Hattab* (Fn. 28).

32 *Latif*, Libre échange Tunisie-UE: que les négociations commencent !, Business News Tunisia 18.06.2014, www.businessnews.com.tn/libre-echange-tunisie-ue-que-les-negociations-commencent,519,47303,3; und zuvor *Anon*, Tunisie-EU, Bient ˆot, un accord de libre échange complet et approfondi, African Manager 28.11.2013, abrufbar unter www.africanmanager.com/158715.htam.

33 *von Randow*, Willkommen, Tunesien! Zeit-Online vom 01.05.2011, abrufbar unter www.zeit.de/2011/18/Tunesien-Europa; *Loewe*, Letzte Chance – Tunesien und die Europäische Union, 08.01.2014, abrufbar unter de.qantara.de/print/17426.

34 ABl. EG 1998 L 97/2; Übersicht abrufbar unter eur-lex.europa.eu/search.html?/instInvStatus=ALL&text=Tunisia&quid=14093009; s. auch die Website der Wirtschaftskammer Österreich unter www.wko.at/Content.Node/service/Aussenwirtschaft/fhp/_Handelsabkommen/EU-Tunesien.

Liberalisierung des Waren-, Dienstleistungs- und Kapitalverkehrs, die Förderung des Handels zur Wohlfahrt insbesondere Tunesiens, die Ermutigung der Integration des Maghreb und die Förderung der wirtschaftlichen, sozialen, kulturellen und finanziellen Zusammenarbeit. Art. 2 verlangt, dass die Beziehungen zwischen den Parteien wie auch die Bestimmungen des Abkommens auf dem Respekt für die Menschenrechte und die demokratischen Prinzipien fußen.

Der erste Abschnitt betrifft den politischen Dialog, der auf unterschiedlichen Ebenen (Art. 5) über alle Angelegenheiten gemeinsamen Interesses (Art. 4) geführt werden soll.

Der zweite Abschnitt betrifft den freien Warenverkehr in der Freihandelszone.

Für die im ersten Unterabschnitt i.V.m. Anhängen 3-6 behandelten Industriegüter ist die graduelle Beseitigung von Zöllen und zollgleichen Hindernissen zum Freihandel seit 2008 vollzogen. Das Abkommen ermöglicht Ausnahmen für besondere güterspezifische (Art. 11 Ziff. 4) oder temporäre (Art. 12) Schwierigkeiten; sie sind m.W. bisher nicht zum Zuge gekommen.

Der zweite Unterabschnitt nebst Anhängen 1 (Waren aus Tunesien) und 2 (Waren aus der EU) regelt Agrar- und Fischereierzeugnisse.

Der dritte Unterabschnitt enthält die allgemeinen Bestimmungen für Waren, darunter das Verbot neuer Beschränkungen (Art. 19), ausgenommen solche für Agrarerzeugnisse (Art. 20), das Verbot der Besserstellung von tunesischen im Vergleich zu europäischen Gütern (Art. 21), das Verbot diskriminierender Besteuerung (Art. 22), das Verbot der Behinderung von Freihandelszonen und Grenzhandelsbestimmungen (Art. 23), die Verbote von Dumping (Art. 24) und Marktflutung (Art. 25) sowie die Verfahren zur Beseitigung von Marktstörungen (Art. 26 und 27), schließlich die Anwendung der einheitlichen Zollklassifikation (Art. 30) und das Verfahren für den Herkunftsnachweis (Art. 29 i.V.m. Protokoll 4).

Der dritte Abschnitt (Art. 31, 32) regelt den Dienstleistungsverkehr einschließlich des Niederlassungsrechts unter Hinweis auch auf die Regeln des GATS und steht damit in Konkurrenz zu bilateralen Investitionsschutzabkommen.

Der vierte Abschnitt regelt im ersten Unterabschnitt den freien Zahlungs- und Kapitalverkehr (Art. 33 und 34) unter dem Vorbehalt der Sonderregelung im Falle erheblicher Ungleichgewichte der Zahlungsbilanz (Art. 35) und steht vor allem mit dem Vorbehalt ebenfalls in Konkurrenz zu bilateralen Investitionsschutzabkommen (Vorrang von *lex specialis* oder *lex posterior*?).

Der zweite Unterabschnitt betrifft die Wettbewerbsregeln, nämlich einerseits das Verbot wettbewerbsbeschränkender Abreden und das Gebot der Transparenz von Beihilfen (Art. 36), den Abbau von Staatsmonopolen (Art. 37) sowie das Verbot der Beeinträchtigung des Abkommens durch Unternehmen mit speziellen Rechten (Art. 38) und andererseits den Schutz individueller und gewerblicher Schutzrechte (Art. 39[35]), die Übernahme der technischen Normen der EU (Art. 40) und die Liberalisierung des öffentlichen Beschaffungswesens (Art. 41).

Der fünfte Abschnitt regelt die Zusammenarbeit in wirtschaftlichen Fragen. Sie dient der Förderung der Wirtschaft Tunesiens und des Maghreb (Art. 42 und 43) und betrifft folgende besonderen Aspekte, für die Verfahren der Zusammenarbeit vereinbart werden sollen (Art. 63):

- die regionale Kooperation insbesondere im Maghreb (Art. 43)
- Bildung und Ausbildung (Art. 44)
- wissenschaftliche, technische und technologische Zusammenarbeit (Art. 47)
- Umweltschutz (Art. 48)
- industrielle Zusammenarbeit (Art. 49)
- Förderung und Schutz von Investitionen (Art. 50) – hier eine erneute Überschneidung mit bilateralen Investitionsschutzverträgen
- Zusammenarbeit bei Standards (Art. 51)
- Angleichung der tunesischen Gesetzgebung an den *Acquis communautaire* (Art. 52)
- Normen für Finanzdienstleistungen (Art. 53)
- Landwirtschaft und Fischerei (Art. 54)
- Transportwesen (Art. 55)
- Telekommunikation und Informationstechnologie (Art. 56)
- Energie (Art. 57) – hier geht es vor allem um Einsparung und Erneuerbare Energien
- Tourismus (Art. 58)
- Zollsachen (Art. 59)

---

35 S. hierzu auch die Nachricht zum neuen Validierungsabkommen zur Anerkennung von EPA-Patenten in Tunesien, vgl. Unterzeichnung eines Validierungsabkommens für europäische Patente mit Tunesien, München 4.7.2014, abrufbar unter www.epo.org/news-issues/press/releases/archive/2014/20140704_de.html.

- Statistik (Art. 60)
- Bekämpfung von Geldwäsche (Art. 61)
- Bekämpfung von Drogen und Schmuggel (Art. 62).

Der sechste Abschnitt regelt die Zusammenarbeit in sozialen und kulturellen Angelegenheiten. Hier ist hervorzuheben, dass Auslandszeiten von Gastarbeitern von den Sozialversicherungen des Partnerlandes grundsätzlich, jedenfalls für die Systeme der EU, angerechnet werden sollen (Art. 64-68). Über die Themen Migranten, Migration und illegale Wanderungen soll ein Dialog stattfinden (Art. 69 und 70); eine Arbeitsgruppe soll die offenen sozialen Fragen behandeln (Art. 71 ff). Ein dauerhafter kultureller Dialog unter besonderer Einbeziehung der Jugend wird vorgesehen (Art. 74). Die wirtschaftliche, soziale und kulturelle Kooperation soll sich in einer finanziellen Zusammenarbeit spiegeln, die außerdem auch die Modernisierung der Wirtschaft, die Aufbesserung der Infrastruktur, die Förderung von Investitionen und Arbeitsbeschaffungsmaßnahmen, die Strukturpolitik usw. zum Thema hat (Art. 75 und 76). Ein Monitoring soll finanziellen Verwerfungen infolge der Assoziierung vorbeugen (Art. 78).

Die allgemeinen und abschließenden Bestimmungen des 8. Abschnitts sehen einen Assoziierungsrat (Art. 78-85) einschließlich eines Schiedsverfahrens zur Auslegung des Abkommens (Art. 86 i.V.m. dem Protokoll 6, in Kraft seit 01.04.2013[36]) vor.

Die Verfahrensordnung für die Schiedsgerichtsbarkeit hat Modellcharakter für die künftigen internationalen Abkommen der EU, insbesondere die zur Assoziierung (Art. 198, 199 AEUV für Länder mit besonderer Beziehung zu DN, F, NL und GB bzw. Art 212 AEUV für andere Länder) und die im Bereich der Handelspolitik (Art. 207 AEUV) und des Investitionsschutzes (Art. 207 I, IV AEUV), jeweils einschließlich der Doppelbesteuerung, soweit sie handelspolitische Schutzmaßnahmen o.ä. betrifft (Art. 207 AEUV). [37]

Es gibt einen allgemeinen Vorbehalt für die öffentliche Sicherheit (Art. 87), ein Diskriminierungsverbot (Art. 88) und einen Fiskalvorbehalt (Art. 89).

36 ABl. EG 2013 L 56/3.

37 Abschluss zur Assoziierung und zum Beitritt nach Zustimmung des Europäischen Parlaments mit qualifiziert mehrheitlichem bzw. einstimmigem Ratsbeschluss, Art. 207 IV und 215 Ziff. 8 Abs. 2 AEUV; Aufhebung nach Art. 215 Ziff. 1 AEUV mit qualifiziert mehrheitlichem Ratsbeschluss.

Auch hier erscheinen Konflikte mit bilateralen Investitionsschutzabkommen möglich.

Die letzte Sitzung des Assoziierungsrates EU-Tunesien datiert vom 19.11.2012.

Sie ergab eine Erklärung der EU mit Bezug auf den gesamten Maghreb und mit speziellen Äußerungen zu Tunesien, die erledigt sind z.T. durch dessen neue Verfassung (Demokratie, Rechtsstaatlichkeit, Menschenrechte, Grundfreiheiten, Gleichstellung der Geschlechter, nachhaltige Wirtschaft, Ausgleich zwischen den Regionen, Zivilgesellschaft usw.) und z.T. durch aktuelle Vereinbarungen und Hilfen (Sicherheitssektor, Abkommen über Migration, Mobilität und Sicherheit,[38] wissenschaftliche Austauschprogramme). In Abarbeitung sind das Abkommen zu Konformität und Anerkennung gewerblicher Produkte, Angleichung der technischen Vorschriften an die Gemeinschaftsregelungen, Ratifizierung und Implementierung des Agadir-Abkommens (Maghreb-Handelsabkommen), Abschluss eines umfassenden und weitreichenden Freihandelsabkommens mit der EU, um Tunesien an den europäischen Besitzstand allmählich heranzuführen. Weitaus schwieriger sind die wirtschaftspolitischen Ambitionen:

„Im Zusammenhang mit der Schaffung anspruchsvoller Arbeitsplätze und der Steigerung der Beschäftigungsquote insbesondere bei Frauen, der Reform der Subventionsregelungen, einem inklusiven Wachstum und der Verbesserung des Investitionsklimas steht Tunesien vor großen Herausforderungen. Diese Elemente bedürfen mittel- und langfristiger Strukturreformen, die sich das hohe Wachstumspotenzial des Landes zunutze machen

---

38 Die gemeinsame Erklärung Tunesiens, der EU und ihrer Mitgliedstaaten über die Mobilitätspartnerschaft vom 03.03.2014 betrifft Freizügigkeit, Visa-Erleichterungen und Anerkennung von Abschlüssen, Asylsuchende und illegale Immigranten, Bekämpfung von Schleusern und Menschenhandel. Die Erklärung ist abrufbar unter http://ffm-online.org/wp-content/uploads/2013/12/tun-EU-mob-partnersch-2013-11-entw.pdf und zusammengefasst in: Europäische Kommission, Pressemitteilung: EU und Tunesien vereinbaren Mobilitätspartnerschaft (FN 10);
das neue Abkommen

- greift die Idee der Zuwanderung gut ausgebildeter Tunesier auf, vgl. Driss, Auf gute Nachbarschaft, The European 08.06.2011, abrufbar unter www.theeuropean.de/ahmed-driss/6937-die-eu-und-tunesien
- wird aber auch durchaus als einseitige Interessendurchsetzung der EU zur Abwehr von Immigranten gewertet, vgl. EU schließt „Mobilitätspartnerschaft“ mit Tunesien, Pro Asyl 04.03.2014, abrufbar unter www.proasyl.de/de/news/detail/news/eu_schliesst_mobiltätspartnerschaft_mit_tunesien.

und ferner darauf abzielen, die internationale Attraktivität Tunesiens für öffentliche und private Investitionen – gegebenenfalls mit Unterstützung der Europäischen Investitionsbank und der Europäischen Bank für Wiederaufbau und Entwicklung – weiter zu erhöhen. Die Hilfe für die sozioökonomische Entwicklung des Landes wird weiterhin einen Schwerpunkt der Zusammenarbeit der EU mit Tunesien bilden."

Dementsprechend ist der vom Assoziationsrat beschlossene Aktionsplan 2013-2017 ausgestaltet, der Maßnahmen zur Verbesserung der Verwaltung und des Monitoring, zur Schaffung einer wettbewerbsfähigen Wissensökonomie, die Steigerung der Attraktivität für Unternehmen einschließlich der Förderung kleiner und mittlerer Unternehmen und den Abschluss eines umfassenden und vertieften Freihandelsabkommens unter Abarbeitung der bisher noch offenen Posten aus dem Assoziierungsabkommen (einschließlich der Beseitigung verbliebener Handels- und Investitionshemmnisse) sowie neu eine verstärkte Süd-Süd-Ausrichtung vorsieht.

Der mehrjährige Finanzrahmen der EU für 2014-2022 sieht Hilfen von ca. 10 Mrd. EUR für die südliche ENP vor[39].

Parallel überlegen Frankreich, Italien und Deutschland, auf ihre ausstehenden Kredite an Tunesien zugunsten einer Verwendung der Rückführung in Investitionen zu verzichten,[40] während die Hilfen und Programme in Ausführung des Assoziierungsvertrages auch auf der Ebene der Mitgliedstaaten in Koordination in der Deauville-Partnerschaft[41] weiterlaufen.[42]

---

39 Auswärtiges Amt, Transformationspartnerschaft mit Tunesien - EU-Unterstützung für die südliche Nachbarschaft, Berlin 7.3.2014, abrufbar unter www.auswaertiges-amt.de/DE/Aussenpolitik/RegionaleSchwerpunkte/NaherMittlererOsten.

40 *Haddad* (Fn. 29).

41 Auswärtiges Amt, Transformationspartnerschaft mit Tunesien – Die Deauville-Partnerschaft: Unterstützung des Wandels in der Arabischen Welt, Berlin 06.08.2014, abrufbar unter www.auswaertiges-amt.de/DE/Aussenpolitik/GlobaleFragen/G8/G7-DEU-Praes/Deauville.html; s. z.B. auch Deutsche Botschaft Tunis, Unterzeichnung der zweiten Tranche der Schuldenumwandlung, Tunis Mai 2013, abrufbar unter http://www.tunis.diplo.de/Vertretung/tunis/de/05/Wirtschaftliche__Zusammenarbeit/Seite__Schuldenumwandlung13.html.

42 Für D vgl. z.B.

- Auswärtiges Amt, Projektförderung - Deutsch-Französisch-Tunesischer „Dialog auf Augenhöhe", abrufbar unter www.auswaertiges-amt.de/DE/Aussenpoli

Ein wichtiger Fortschritt ist die Freigabe der EU-Agrarimporte. Die Limitierung durch die EU konnte nur teilweise durch den steigenden Absatz an Nachbarn im Rahmen des Agadir-Abkommens[43] sowie nach Süden kompensiert werden; etliche Produkte gingen dem Vernehmen nach in die EU-Südländer, wo sie als deren einheimische Produkte umetikettiert wurden, so dass das Gros der Wertschöpfung in den Südländern verblieb.

VI. Ausblick

Ein hoher Stand der Integration der Wirtschaft Tunesiens in die EU ist bereits erreicht. Dennoch ist die Volkwirtschaft insgesamt noch zu wenig wettbewerbsfähig, so dass es - durchaus berechtigte - Bedenken gegen eine noch weitergehende Öffnung zur EU gibt.[44] Auch ist das europäische Modell nur teilweise überzeugend, man denke nur an die konjunkturell ziemlich wirkungslosen, wortreichen europäischen Initiativen für Wachstum und Beschäftigung.[45]

---

tik/RegionaleSchwerpunkte/NaherMittlererOsten/ Umbrüche-TPS-Projekte/131002-D-F-TUN-Fortbildung.html

- Bundesministerium für Bildung und Forschung, Internationales Büro, Tunesien – Fördermöglichkeiten für Tunesien, Bonn 16.07.2014, abrufbar unter www.internationales-buero.de/de/4060.php
- Bundesministerium für wirtschaftliche Zusammenarbeit und Entwicklung, Naher Osten und Nordafrika – Tunesien, abrufbar unter www.bmz.de/de/was_wir_machen/laender_regionen/naher_osten_nordafrika/tunesien.

43 *Boughzala*, La zone de libre-échange Tunisie-Union européenne quatorze ans après, abrufbar unter www.iemed.org/annuari2010/farticles/Boughzala_zone_fr.pdf.

44 *Hattab* (Fn. 28); s. auch *Boughzala* (Fn. 43).

45 Europäisches Parlament, Lissabon Strategie (Lissabon Prozess), Straßburg 2000, abrufbar unter www.europarl.europa.eu/brussels/website/media/Lexikon/Pdf/Lissabon_Strategie.pdf; inzwischen als Teilneuauflagen:

- Europäische Kommission, i2020 – Eine europäische Informationsgesellschaft für Wachstum und Beschäftigung, KOM(205 0229 endg., abrufbar unter eur-lex.europa.eu/legal.content/DE/TXT/=CELEX:52005C0229
- Europäischer Rat, Pakt für Wachstum und Beschäftigung, 28./29. Jun 2012, abrufbar unter www.europarl.europa.eu/brussels/Website/Media/Basis/Interne Politikfelder/Sozial.Pdf/Pakt_Wachstum_Beschaeeft_2012.pdf
- Europäische Kommission, Der Pakt für Wachstum und Beschäftigung, ein Jahr danach - Bericht an den europäischen Rat 27./28. Juni 2013, abrufbar unter www.europa.eu/europe 2020/compact_de.pdf

M.E. liegt die Lösung zur Vermeidung von Ungleichgewichten in einer weitreichenden internen Liberalisierung und veränderten Geisteshaltung:

90 % der Handelsgesellschaften Tunesiens haben eine ausländische Kapitalbeteiligung, 12.700 eine europäische;[46] die gesamten ausländischen Direktinvestitionen beliefen sich in 2012 auf über knapp 34 Mrd. USD.[47] Es geht also primär nicht darum, nur weiteres ausländisches Kapital einzuwerben, sondern unternehmerische Initiative im eigenen Land zu entwickeln.

Letzteres erfordert vor allem eine berufliche Ausbildung der Jugend[48] (40 % der Bevölkerung sind unter 25 Jahre alt[49]) und deren Ermunterung, unternehmerisch zu arbeiten und unternehmerische Risiken zu übernehmen. Die Kapitalausstattung der einheimischen Unternehmen wird durch die bereits vorhandene, aber der Kapitalstärkung bedürftige einheimische Entwicklungsbank gestärkt und könnte auch durch einen Entwicklungsfonds gestützt werden, den die Europäische Bank für Wiederaufbau und Entwicklung (EBRD) initiiert und führt. Die neuen Unternehmen sollten von im jeweiligen Sektor erfahrenen Paten (business angels), die von den europäischen Ministerien für Entwicklungshilfe finanziert und geleitet werden, unterstützt werden. Sie werden zeigen, dass es nicht allein auf die formale Ausbildung im Sinne einer Papierform, sondern vor allem auf eine gesellschaftlich als positiv wahrgenommene Initiative und Risikobereitschaft ankommt.

Hinzu kommt die Möglichkeit, staatliche, verliehene und de facto bestehende Monopole und Quasi-Monopole aufzulösen und die verbleibenden Strukturen zu privatisieren.[50]

- Europäische Kommission: Initiative für grüne Beschäftigung: Nutzung des Potenzials der grünen Wirtschaft zur Schaffung von Arbeitsplätzen, OM2014) 446final, abrufbar unter ec.europa.eu/transparency/regdoc/rep/1/2014/DE/1-2014-446DE-F1-1.Pdf .

46 *Hattab* (Fn. 28).

47 German Trade & Invest, Wirtschaftsdaten Tunesien (Fn 5).

48 Formation professionelle.

49 German Trade & Invest, Wirtschaftsdaten Tunesien (Fn. 5).

50 Ausführlich *Verf.*, Arab Spring: Restructuring an Economy under the Rule of Law, GAT – German Arab Trade (Cairo) vol. 63 no. 3 (May/June 2012), pp. 106 et seq.

Besonders für ausländische Investitionen[51] und den Außenhandel[52] bedarf es einer Streichung von Vergünstigungen und (steuerlichen und anderen) Ausnahmen sowie einer Entschlackung und Vereinfachung des öffentlichen Rechts; die Steigerung der behördlichen Effizienz und die Eindämmung von Korruption kommen dann von alleine. Man sehe sich als abschreckende Beispiele nur die Einfuhrbestimmungen[53] und die Investitionsregulierung[54] sowie den bürokratischen internationalen Zahlungsverkehr an. Symptomatisch ist die mittlere Verweildauer von Containern[55] in den Häfen von Tunis,[56] dem Vernehmen nach liegt zwar die Standzeit trotz Digitalisierung bei 10-14 Tagen (vs. ca. 3 Tagen in Hamburg[57]),[58] aber hinzu kommt für die Verweildauer noch eine teure Zeit auf Rede von durchschnittlich gut 2 Wochen.

Die Attraktivität Tunesiens für ausländische Investitionen darf nicht allein oder vorrangig über Vergünstigungen begründet werden. Singapur zeigt, dass es nicht auf natürliche Ressourcen, sondern auf Innovation und Offenheit ankommt und ein steuerlicher *race to the bottom* der falsche Ansatz ist; es gewinnt, wer einen sicheren, angenehmen und gewinnträchtigen Rahmen für alle Initiativen schafft und sämtliche Standortvorteile ausspielt. Tunesien als offene Gesellschaft mit hafenstädtischer Weltorientie-

---

51 FIPA, Guide de l'Investisseur Étranger en Tunisie, Tunis Sept. 2013, abrufbar unter www.investintunisia.tn/document/693.pdf.

52 Andere Vorschläge: Deutsch-Tunesische Industrie- und Handelskammer, Lage und Perspektiven deutscher Exportunternehmen in Tunesien 2013/2014, Tunis 2013, S. 16.

53 German Trade & Invest, Merkblatt über gewerbliche Wareneinfuhren – Tunesien, Bonn 2012; für touristische und Arbeitsaufenthalte Republik Tunesien, Zollbestimmungen in Tunesien 2014, abrufbar unter ww.tunispro.de/tunesien/zoll-in-tunesien.htm.

54 *Boughzala* (Fn. 43).

55 Grundlegend *Rankine*, Benchmarking Container Terminal Performance, Rotterdam 2003, abrufbar unter www.beckettrankine.com/downloads/BCT.PDF.

56 Umschlag tunesischer Häfen insgesamt ca. 27 Mio. t, 0,5 Mio. Container p.a., vgl. World Bank, Container port traffic, abrufbar unter ww.worldbank.org/indicator/IS.SHP.GOOD.TU.

57 Umschlag 100 Mio. t, 8 Mio. Container p.a., vgl. www.hamburg-hafen.de/sites/default/files/daten_und_fakten_2013_englisch.pdf.

58 Im subsaharischen Afrika liegt die Standzeit bei 2-3 Wochen, vgl. *Rolland/Refas/Beuran/Irik*: Why Cargo Dwell Time Matters in Trade, Economic Premise (World Bank) 81, May 2012, abrufbar unter www.sitesources.worlbank.org/EXTPREMNET/Resources/E81.pdf.

rung sollte den mit der neuen Verfassung eingeschlagenen Weg in die Liberalität und Moderne auch wirtschaftspolitisch fortsetzen.

Die Wettbewerbsfreiheit als die fünfte Grundfreiheit eines Gemeinsamen Marktes: Beitrag zum Mercosur*

Augusto Jaeger Junior

1. Einleitung

Mit immenser Freude nehme ich an dieser verdienten Hommage von Professor Dr. Dr. h.c. mult. Peter-Christian Müller-Graff teil. Als ich 2003 bis 2005 im Rahmen meiner Promotion in Heidelberg studierte, nahm ich mit großem Vergnügen an seinen Vorlesungen im Europäischen Binnenmarkt-, Wirtschafts- und Wettbewerbsrecht teil. Der Erkenntnisgewinn war dabei beträchtlich. Es gab zudem immer eine ausgeprägte Bereitschaft des noblen Dozenten, etwas zu meiner Dissertation beizutragen. 2005 war er gemeinsam mit Professor Dr. Dr. h.c. mult. Erik Jayme für mein Rigorosum an der Universidade Federal do Rio Grande do Sul (UFRGS).

Für diese Festschrift am geeignetsten erscheinen mir die durch den Einfluss Prof. Müller-Graffs entstandenden Gedanken zur Wettbewerbsfreiheit als die fünfte Grundfreiheit eines Gemeinsamen Marktes und ihre Auswirkungen auf den wirtschaftlichen Integrationsprozess des Mercosurs. Er teilt meine Ansicht diesbezüglich zwar nicht, war durch seine Vorlesung aber dennoch eine wichtige Inspirationsquelle für mich.

Wie allseits bekannt, impliziert der wirtschaftliche Integrationsprozess des Gemeinsamen Marktes die Präsenz der Grundfreiheiten. In diesem Artikel werde ich vertreten, dass die Zahl dieser Grundfreiheiten fünf beträgt: Warenfreiheit, Freizügigkeit von Arbeitern und Personen, Dienstleistungs- und Niederlassungsfreiheit, Kapitalverkehrsfreiheit sowie Wettbewerbsfreiheit.

These der 2005 an der UFRGS verteidigten und ein Jahr später veröffentlichten Doktorarbeit war die Diskussion darum, ob es vier oder fünf Grundfreiheiten gibt und welche dies im Einzelnen sind.[1] In diesem Rah-

---

* Ich möchte Jan-Willem Prügel für die freundliche Unterstützung und die Hilfe bei der Korrektur dieses Artikels danken.

1 *Jaeger Junior*, Liberdade de concorrência na União Européia e no Mercosul, Dissertation São Paulo, 2006, 807.

men wurde zunächst der Einfluss der Wettbewerbsfreiheit auf den Gemeinsamen Markt und aus aktuellem Anlass auch auf den EU-Binnenmarkt untersucht. Es zeigte sich, dass die Arbeit für die Wettbewerbsfreiheit für den Gemeinsamen EU-Markt fundamental war. Der Grad der Wichtigkeit, die sie erreichte, gab der Wettbewerbsfreiheit eine neue, erhöhte Klassifikation, nämlich als fünfte Grundfreiheit.

Jene Promotionsschrift konzentrierte sich auf die Suche nach Antworten auf die folgenden Fragen, nämlich ob

i) es die progressive Entwicklung des gemeinschaftlichen Integrationsprozesses, ursprünglich bevorzugt auf die Konformität der Grundfreiheiten gestützt, erlaubt, dass die Wettbewerbsfreiheit, verstanden als den Prozess unterstützende Regel, eine neue Klassifikation in Dogmatik und Rechtsprechung darstellen kann und ob

ii) in diesem Falle die Wettbewerbsfreiheit als Vorbild für den Mercosur auf seinem Weg zu einem wahren gemeinsamen Markt dienen kann.

Die Etablierung eines neuen Objektes im Binnenmarkt führte zu einer lebhaften Diskussion, besonders in Bezug auf eine gesetzliche Fixierung, die vorherige Verständnisse bezüglich der Existenz einer fünften Grundfreiheit relativierten. Bis dahin war das Verständnis des Binnenmarktes von den vier Freiheiten unter Ausschluss der Wettbewerbsfreiheit geprägt.

Das Aufkommen des Konzeptes eines Binnenmarktes, die dadurch hervorgebrachten Diskussionen und die effektive Ankunft provozierten eine dogmatische Verwirrung. Als klassisch angesehene Autoren begannen, eine Grundfreiheit nach der anderen zu analysieren. Parallel dazu fingen Teile der Literatur an, die neue Klassifikation einer fünften Grundfreiheit, die des freien Wettbewerbs, in Erwägung zu ziehen. Es war umstritten, ob man die Zahl bei vier belassen und die Wettbewerbsfreiheit als eine gemeinschaftliche Politik verstehen oder ihr den Status einer fünften Grundfreiheit zuerkennen sollte.

Obwohl die Existenz einer fünften Grundfreiheit also schon absehbar war, gab es dennoch Widerstand bezüglich der Anerkennung der Wettbewerbsfreiheit als Fünfte im Bunde.

2. Konzept eines die Wettbewerbsfreiheit umfassenden Binnenmarktes

Die Römischen Verträge verpflichteten die Europäische Gemeinschaft zur schrittweisen Schaffung eines Binnenmarktes. Dieser beinhaltet eine Zone ohne innere Grenzen, in der gemäß den Vertragsvorgaben Waren-, Personen-, Dienstleistungs- und Kapitalfreiheit herrschen.

Das Konzept eines Binnenmarktes stellte seit Einführung ein Puzzle dar.[2] In meiner Doktorarbeit wollte ich beantworten, was man unter einem Binnenmarkt versteht. Eine Antwort auf diese Frage würde die Beobachtung erlauben, ob er ein Plus im Hinblick auf einen Gemeinsamen Markt darstellt oder nicht.[3] Weiterhin würde dadurch auch die Erkenntnis eröffnet, ob der Binnenmarkt auch andere als die vier etablierten Grundfreiheiten umfasst.

1984 eröffnete das Spinelli-Projekt eine erste Definition. Diese vereinte die vier Grundfreiheiten, schloss die der Wettbewerbsfreiheit aber aus. Dem Projekt war nicht das erhoffte Glück beschieden, jedoch trug es zum späteren Aufkommen der Einheitlichen Europäischen Akte und dem Weißbuch[4] bei, in welchem das Verständnis des Binnenmarkts als allgemeingültig festgestellt wurde.[5]

2.1 Restriktive Auslegung des Binnenmarktverständnisses

Für die Vertreter einer restriktiven Doktrin schien das neue Verständnis des Binnenmarkts nicht alle Aspekte des Gemeinsamen Marktes zu reflektieren. Die Legaldefinition des Binnenmarktes in Art. 26 Abs. 2 AEUV (früher Art. 14 Abs. 2 EGV) stellte die beiden Verständnisse des Binnenmarktes stark infrage. Sie erlaubt drei Auslegungsvarianten. Diese sind die Einschränkungs-, die Synonymitäts- und die Erweiterungstheorie. Es gab Autoren, die den Binnenmarkt als Einschränkung zum Gemeinsamen Markt ansahen, andere sahen ihn als die gleiche Sache an und wieder andere entnahmen der erwähnten Vorschrift die Einführung neuer und präziser Zielvorgaben.[6]

---

2 *Müller-Graff*, Binnenmarktziel und Rechtsordnung: Binnenmarktrecht, 9.

3 *Grabitz*, in: FS für Steindorff, 1990, 1229.

4 *Grabitz,* Vom Gemeinsamen Markt zum Binnenmarkt: Statik und Dynamik des Europäischen Marktes, 174.

5 *Stoffel Vallotton*, Algunas consideraciones sobre las nociones de 'mercado común' y 'mercado interior' en el Tratado de la Comunidad Europea, 283.

6 *Müller-Graff*, Die Rechtsangleichung zur Verwirklichung des Binnenmarktes, 123.

2.2 Ansicht der Synonymität zwischen Gemeinsamen Markt und Binnenmarkt

Nach dieser Ansicht sind die Begriffe des Gemeinsamen und des Binnenmarktes im Grundsatz gleich oder zumindest miteinander korrespondierend. Sie gründet auf der Tatsache, dass man vor dem Aufkommen des Vertrages von Lissabon glaubte, der AEUV verwende beide Marktkonzepte mit gleicher Bedeutung. Dann gibt es auch solche, die keinerlei Unterschied zwischen den beiden Begriffen sehen und den Fall Gaston Schul[7] aus dem Jahr 1982 als Begründung heranziehen. Sie erkennen dem Binnenmarkt also keinen Status als eigenständige Rechtsfigur zu.[8]

Wie ich in den Lehren Müller-Graffs lernte, so leitet sich daraus dennoch keine Verengung des Binnenmarktverständnisses ab. Die Garantie der Freiheiten sollte sich vielmehr gemäß den Vorschriften des AUEV ergeben. Dies ließ ein isoliertes Verständnis der Grundfreiheiten nicht zu, sondern verlangte eine Miteinbeziehung des Wettbewerbssystems.[9]

Für den Autor hieß dies zudem, dass eine Trennung der Wettbewerbsgarantie von den Grundfreiheiten künstlich ist.[10]

Zusammenfassend behandeln diese Theorien den Binnenmarkt als ein Minus vor dem Gemeinsamen Markt. Das Hauptargument ist, dass der Binnenmarkt gemäß dem Wortlaut keine Gemeinschaftspolitik, insbesondere nicht in Bezug auf den Wettbewerb, umfasst. Diese Thematiken seien dem Gemeinsamen Markt vorbehalten, wovon der Binnenmarkt lediglich einen Teil umfasse.

2.3 Weite Auslegung des Binnenmarktbegriffs

Obwohl es nicht im Zentrum der Diskussion steht, scheint das Urteil des Titandioxidfalls von 1991[11] ein richterliches Verständnis nahezulegen, nach dem der Binnenmarkt weiter zu verstehen sei als der Gemeinsame

---

7 EuGH, Urt. v. 5.5.1982, Rs. 15/81 (Schul), Slg. 1982, 1409.

8 *Morais*, O Mercado Comum e os auxílios públicos: novas perspectivas, 27, 35.

9 *Müller-Graff*, Die Rechtsangleichung zur Verwirklichung des Binnenmarktes, 123 f.

10 *Müller-Graff*, Die Rechtsangleichung zur Verwirklichung des Binnenmarktes, 124.

11 EuGH, Urt. v. 11.6.1991, Rs. C-300/89 (Titandioxid-Abfälle), Slg. 1991, I-2867.

Markt. Tatsächlich versteht die letzte Ansicht unter dem Binnenmarkt eine Stärkung und Weiterentwicklung des Begriffs des Gemeinsamen Marktes, Ersterer ist also breiter als Letzterer. Diese Theorie besagt, dass der Binnenmarkt alles ist und gemäß der erwähnten Entscheidung auch die Wettbewerbsfreiheit umfasse, was zur Stärkung der Ansicht beitrug, sie als fünfte Grundfreiheit anzuerkennen.

Die Vertreter dieser Theorie sahen den Gemeinsamen Markt als lediglich vorübergehend und als Vorstadium des Binnenmarktes an. Für sie übertrifft Letzterer den Ersteren. Dies ist das Verständnis MÜLLER-GRAFFs.[12] Diese dritte Ansicht weicht ab von der Idee, dass die Änderung eines Vertrags immer über existierenden gemeinschaftlichen Besitzstand hinweg geschieht.[13]

Diese Theorien bestärken die in diesem Artikel vertretene Position, dass der Binnenmarkt etwas Größeres darstellt als der Gemeinsame Markt. Somit bleibt daher zu bestimmen, was ein reiner Binnenmarkt ist. Sein Aufkommen sorgte in der Literatur für eine Verwirrung im Hinblick auf die Klassifikationen der Grundfreiheiten. Es wird vertreten, dass der Binnenmarkt mehr enthält als das, was ausdrücklich für ihn festgehalten wurde. Die Lösung im Titandioxidfall kann die Stellung der Wettbewerbsfreiheit verändert und sie so in den Binnenmarkt integriert haben. Sie wäre somit gerade sein Plus gegenüber dem Gemeinsamen Markt.

Meine Schlussfolgerung war, dass der Binnenmarkt konzeptionell erweitert wurde und die Wettbewerbsfreiheit somit umfasst. Hin und wieder sorgte diese Idee auch für heiteres Gelächter zwischen mir und Professor Müller-Graff während meiner Zeit in Heidelberg.

3. *Dogmatik, Konvergenz und Systematisierung der fünf wirtschaftlichen Grundfreiheiten*

Der Geehrte dieses Artikels ließ mir zudem die Ehre zuteil werden, das Vorwort meiner 2010 in Brasilien veröffentlichten Habilitationsschrift mit dem Titel "Gemeinsamer Markt, Binnenmarkt und Wirtschaftliche Grund-

12 *Müller-Graff*, Binnenmarktziel und Rechtsordnung: Binnenmarktrecht, 66.

13 *von Bogdandy*, in: Grabitz/Hilf, Das Recht der Europäischen Union: Kommentar zur Europäischen Union (EUV/EGV), Art. 14 EGV, Rn. 7.

freiheiten" zu verfassen, die ich während meiner Zeit in Heidelberg mit finanzieller Unterstützung der Alexander von Humboldt-Stiftung schrieb.[14]

Wie bekannt, betrachtet man die Grundfreiheiten traditionellerweise getrennt und isoliert. Üblicherweise beziehen sich Autoren nur auf die vier klassischen wirtschaftlichen Grundfreiheiten. Nach meinem Verständnis umfasst eine solche Betrachtung aber auch die Wettbewerbsfreiheit, die in einer Einheit mit den anderen vier Freiheiten Dogmatik, Konvergenz und Systematisierung zu unterwerfen ist und mit ihnen Eingang in ein fünfstufiges Prüfungsschema[15] finden muss:

1. Schutz- und Anwendungsbereich
2. Beeinträchtigungen
3. Rechtfertigungen der Beeinträchtigungen
4. Schranken-Schranken und Grundsatz der Verhältnismäßigkeit
5. Wirkungen eines Verstoßes gegen die Grundfreiheiten

Diese fünfgliedrige Prüfung war der gedankliche Vorbereitungsschritt für die Analyse der Grundfreiheiten im Hinblick auf Systematik, Konvergenz und Dogmatik und welche meine Studien in Bezug auf ihre Gemeinsamkeiten vorstellt.

Eine Dogmatik würde der Normenanwendung helfen. Zu finden sind auch Theorien, die auf Grundlage gemeinsamer Elemente den Grundfreiheiten eine Konvergenz mit grenzüberschreitendem Charakter und unmittelbarem Effekt attestieren.

Damit entfernt man sich von einer isolierten und entwickelt sich hin zu einer ganzheitlichen Analyse der Grundfreiheiten, die üblicherweise nach dem gezeigten Prüfungsschema abläuft.

3.1 Angleichungs- und Konvergenzelemente zwischen den wirtschaftlichen Grundfreiheiten

Die vorgestellten Grundfreiheiten beinhalten ähnliche Elemente, wie etwa den grenzüberschreitenden Charakter und den unmittelbaren Effekt. Diese Elemente sind ebenso in der Wettbewerbsfreiheit enthalten und bestehen aus solchen zur Angleichung und Konvergenz. Dadurch ergibt sich eine

14 *Jaeger Junior*, Mercados comum e interno e liberdades econômicas fundamentais, Curitiba 2010, 800.

15 *Frenz*, Handbuch Europarecht: Europäische Grundfreiheiten, 137, 176, 205.

Diskussion über das Verhältnis zwischen den vier klassischen Grundfreiheiten und der Wettbewerbsfreiheit. Ein Problem erwachse daraus, dass die Wettbewerbsfreiheit im Unterschied zu den anderen Grundfreiheiten keinen grenzüberschreitenden Charakter habe. Eine andere Frage ist der direkte Effekt der wirtschaftlichen Grundfreiheiten. Sie alle bewirken ihn und führen so zur Schaffung von Rechten und Pflichten. Die erzielten Ergebnisse dieser Einrahmung ermöglichen ein neues argumentatives Element im Hinblick auf den Beweis der Existenz der Wettbewerbsfreiheit als fünfte Grundfreiheit eines wirtschaftlichen Integrationsprozesses, der die Schaffung eines Gemeinsamen Marktes vorsieht.

3.2 Enge Auslegung

Die Idee einer fünften Grundfreiheit weiterentwickelnd und das Forschen der Systematik, Dogmatik und Konvergenz der Grundfreiheiten vertiefend, gewährt Raum, diese zwei Systeme, also den Wettbewerb und die klassischen Grundfreiheiten, als Pfeiler des EU-Verfassungsrechts in Erwägung zu ziehen. Eine Konstitutionalisierung in diesem Sinne würde sowohl zur Feststellung des Arguments des ersten Schrittes, die Wettbewerbsfreiheit als fünfte Grundfreiheit anzusehen, sowie die des nächsten Schrittes, nämlich die beiden Systeme als Pfeiler des EU-Rechts zu haben, führen.

Dieser Vorschlag erwägt den verfassungsrechtlichen und komplementären Charakter der Normen. Die Grundfreiheiten besitzen einen verfassungsrechtlichen Charakter, insoweit als dass sie limitierende Regelungen in Bezug auf einzelne Kompetenzen der Mitgliedsstaaten vorgeben, sobald diese ihre Individualrechte an die Union abtreten. Das Wettbewerbsrecht dürfte aufgrund seines komplementären Charakters nicht anders zu klassifizieren sein.[16]

4. Beitrag zum Mercosur

Nicht zuletzt ist es wichtig, sich insbesondere im Falle des Mercosur, eines weiteren Integrationsprozesses, nach dessen Grundsatz ein gemeinsa-

16 *Baquero Cruz*, Entre competencia y libre circulación: el derecho constitucional económico da la Comunidad Europea, 22.

mer Markt erschaffen wird, zu vergegenwärtigen, dass der Vertrag von Asunción in Artikel 1 zu einem expliziten Einschluss dieser Wettbewerbsfreiheit schweigt. Diese Abwesenheit hindert Autoren daran, sie in die Liste der Grundfreiheiten mit aufzunehmen, insbesondere diejenigen, die sich nur am Wortlaut der Vorschrift orientieren. Dennoch handeln ihre Schriften früher oder später unweigerlich von der Frage des Wettbewerbs, wenn auch nicht als Grundfreiheit, so doch immer, wenn sie über makroökonomische Politik und vom gemeinsamen Markt beeinflusste Sektoren schreiben.

Die EU lässt bei all den Beispielen, die man für die Regulierung eines Rechts in einem Integrationsprozess wie dem Mercosur in Betracht ziehen könnte, durchschimmern, dass das zentrale und anschaulichste im Verständnis der Wettbewerbsfreiheit als fünfte Grundfreiheit besteht. Das Gemeinschaftsrecht über den Wettbewerb, den Hüter der Wettbewerbsfreiheit, hat möglicherweise eine Entwicklung, die es für die Wichtigkeit der Aufrechterhaltung des Binnenmarktes verwendet, aufgezeigt, die die Funktion der Wettbewerbsfreiheit als fünfte Grundfreiheit bestätigt.

Europäische Integration als Gefahr für die Privatautonomie – Notizen aus der Schweiz

Peter Jung

Wir befinden uns im Jahre 70 nach der Geburt des Jubilars. Ganz Europa ist von den Bürokraten aus Brüssel besetzt… Ganz Europa? Nein! Ein von unbeugsamen Helvetiern bevölkertes Land hört nicht auf, den Eindringlingen Widerstand zu leisten… Das ist ein in der Eidgenossenschaft viel bemühtes Bild. Es ist hier nicht der Ort, dieses Selbstbildnis in all seinen Facetten auch nur für den Bereich des Privatrechts zu hinterfragen.[1] Dem Rahmenthema dieser Festschrift und dem besonderen Interesse des Jubilars[2] entsprechend soll es lediglich anhand ausgewählter Beispiele um Bedrohungen der Privatautonomie durch den Integrationsprozess im europäischen Privat- und Wirtschaftsrecht gehen, die in der Schweiz als einem traditionell freiheitlich gesinnten Land auf Widerstand stoßen.

I. Bedrohung einzelner Rahmenbedingungen der Privatautonomie

1. Stil der Gesetzgebung

Eine wichtige Bedingung für die Entfaltung von Privatautonomie bildet im Schweizer Recht der Stil der Gesetzgebung. Die schlichte, volksnahe und verständliche Sprache,[3] die vielfach gerade im Vergleich zum wenig älte-

---

1 Dazu etwa *Müller-Graff*, in: Breuss/Cottier/Müller-Graff (Hrsg.), Die Schweiz im europäischen Integrationsprozess, Baden-Baden 2008, 331 ff.; *Jung* ZSR 2010, 513 ff.

2 Siehe nur *Müller-Graff*, in: Hatje (Hrsg.), Das Binnenmarktrecht als Daueraufgabe, EuR Beiheft 1/2002, 7 ff.; *ders.*, Extending Private Autonomy Across Borders, in: Grundmann/Kerber/Weatherill, Party Autonomy and the Role of Information in the Internal Market, Berlin 2001, 133 ff.; *ders.* EuR 2014, 3 ff.

3 Nach *Huber*, Schweizerisches Zivilgesetzbuch, Erläuterungen zum Vorentwurf des Eidgenössischen Justiz- und Polizeidepartements, 2. Aufl. 1914, 12 und 23 sollte das Schweizerische Zivilgesetzbuch ein Gesetz für das Volk sein, das auch durch Laienrichter angewendet werden kann.

ren BGB gepriesen wird,[4] kommt auch der Privatautonomie zugute. Mit bewusst uneinheitlicher Begrifflichkeit[5] sowie kurz[6] bzw. vielfach unbestimmt gefassten und auf die wesentlichen Anliegen bzw. Fallgestaltungen[7] beschränkten Regelungen gibt der Schweizer Gesetzgeber den Parteien die Möglichkeit, die ungeregelten Fragen selbst zu bestimmen bzw. die weiträumigen Vorgaben näher auszufüllen. Dieses Bestreben wird durch die ohnehin vielfach spärliche Rechtsprechung ebenso unterstützt wie durch die Lehre, die sich beide zudem viel weniger als etwa in Deutschland darum bemühen, die bestehenden Spielräume durch Begriffsdefinitionen,[8] die Beschreibung von Typen[9] oder die Bildung von Fallgruppen[10] einzuengen. So wurde und ist die Schweizer Privatrechtsordnung auch rechtstechnisch „grundsätzlich auf den Boden der Freiheit" gestellt[11] – und dies durchaus unter bewusster Inkaufnahme einer größeren Rechtsunsicherheit. Daran möchte auch etwa der inhaltlich ausdrücklich als europakompatibel verstandene wissenschaftliche Entwurf für einen revidierten Allgemeinen Teil des Obligationenrechts nichts ändern.[12]

Es kann daher nicht verwundern, dass der den Maximen Eugen Hubers genau entgegengesetzte Stil der Europäischen Rechtsetzung mit seinen langen Definitionskatalogen, abstrakten Formulierungen, zahlreichen Ausnahme- und Detailregelungen, ständigen Verweisungen sowie langen

---

4 Hierzu etwa *Zweigert/Kötz*, Einführung in die Rechtsvergleichung, 3. Aufl. 1996, 175; *Kramer* ZBJV 2008, 901, 902 f. und 906.

5 *Huber* (Fn. 3), 16.

6 Nach *Huber* (Fn. 3), 14 und 20 sollte jeder Artikel aus maximal drei Absätzen mit jeweils nur einem einfachen Satz bestehen.

7 *Huber* (Fn. 3), 10 f.

8 So ist etwa unklar, was unter dem Begriff des kaufmännischen Verkehrs (z.B. Art. 190 f., 215 Abs. 1, 313 Abs. 2 OR) zu verstehen ist (dazu *Jung* recht 2009, 43, 49).

9 Siehe allenfalls (vom deutschen Recht geprägt) *Jung*, in: FS zur Emeritierung von Jean-Fritz Stöckli, Bäni/Obrist (Hrsg.), 2014, 335 ff.

10 Dezidiert krit. zu der auch im Schweizer Recht zum Teil befürworteten Bildung von Fallgruppen zur Konkretisierung der Generalklausel betreffend unlauteres Wettbewerbsverhalten *Hilty*, in: Hilty/Arpagaus (Hrsg.), Basler Kommentar – Bundesgesetz gegen den unlauteren Wettbewerb, Basel 2014, Art. 2 Rn. 61 („Eine solche «Tatbestandsbildung» durch die Lehre oder Gerichte droht mithin, den Anwendungsbereich des UWG über den gesetzgeberischen Willen hinaus auszudehnen.").

11 *Huber* (Fn. 3), 25 f.; zum Ganzen auch *Caroni* recht 2008, 43, 44 f.

12 *Huguenin/Hilty* OR 2020 (2013), Einleitung vor Art. 1 ff., Rn. 26 ff.

Schachtelsätzen in der Schweiz auf breite Ablehnung stößt.[13] Am ehesten kann man sich noch mit der unsystematischen und pointilistischen Regelung anfreunden. Die Kritik richtet sich dabei nicht allein gegen die Form, sondern auch den mit Erstaunen zur Kenntnis genommenen Willen, viele der im Schweizer Recht allenfalls rudimentär[14] bzw. generell[15] geregelten Bereiche sehr detailliert zu erfassen. Stilfragen bilden aktuell ein wichtiges Hindernis für den in immer weitere Ferne rückenden Beitritt der Schweiz zur Europäischen Union.[16] Schließlich ist man selbst bei der zurzeit im Bedarfsfall praktizierten weitgehenden inhaltlichen Übernahme von EU-Recht (sog. autonomer Nachvollzug) nicht gezwungen, auch den Stil des EU-Rechts zu kopieren.

2. *Wirkung der Grundrechte im Privatrecht*

Das Schweizer Recht kennt im Gegensatz etwa zum deutschen Recht mit Art. 35 Abs. 3 BV eine ausdrückliche verfassungsrechtliche Regelung zur unmittelbaren Drittwirkung der Grundrechte. Danach haben die Behörden (unter Einschluss der Gerichte) dafür zu sorgen, „dass die Grundrechte, soweit sie sich dazu eignen, auch unter Privaten wirksam werden". Dieses lediglich unter den Eignungsvorbehalt gestellte verfassungsrechtliche Anwendungsgebot, das sich in Verbindung mit Art. 5 Abs. 4 BV auch auf die Menschenrechte der EMRK erstreckt, wird von den Schweizer Zivilgerichten aber immer noch weitgehend ignoriert.[17] Zwar wird auch im

---

13 *Huguenin/Hilty* OR 2020 (2013), Einleitung vor Art. 1 ff., Rn. 29.

14 So fehlt in der Schweiz bislang etwa eine Regulierung von Ratings und Ratingagenturen.

15 So werden etwa in verschiedenen Aufsichtsgesetzen alle als wichtig betrachteten persönlichen Anforderungen an Finanzdienstleister generalklauselartig dadurch erfasst, dass die betreffenden Personen einen guten Ruf genießen und Gewähr für eine ordnungsgemäße Geschäftsführung bieten müssen (sog. Gewährsartikel; z.B. Art. 3 Abs. 2 lit. c BankG).

16 Das an die damalige EWG gerichtete Beitrittsgesuch der Schweiz vom 20.5.1992 (zu den Motiven BBl 1992 III, 1185 ff.), über das bis heute keine Verhandlungen aufgenommen wurden (zu den Motiven BBl 1993 I, 805, 817), liegt spätestens seit einem eindeutigen Votum des Schweizer Volkes gegen die sofortige Aufnahme von Beitrittsverhandlungen im Jahre 2001 „tiefgefroren" in Brüssel (im Archiv des Rats der Europäischen Union).

17 Siehe z.B. zu der (im Ergebnis freilich zu Recht angenommenen) Möglichkeit einer Familienstiftung i.S.v. Art. 335 ZGB, den Kreis der Begünstigten auf die den

Schweizer Privatrecht den Grundrechten eine Maßstabsfunktion bei der verfassungskonformen Auslegung der zahlreichen Generalklauseln und unbestimmten Rechtsbegriffe beigemessen.[18] Außerdem haben der Gesetzgeber und die Gerichte ganz im Sinne der deutschen Schutzgebotslehre Private vor einem nach Abwägung der betroffenen Grundrechte und Interessen als unverhältnismäßig erscheinenden horizontalen Grundrechtseingriff zu bewahren.[19] Da das Bundesgericht über die privatrechtliche Anwendung der Grundrechte der Bundesverfassung aber in letzter Instanz inzident selbst und dabei vorrangig im Lichte der privatrechtlichen Wertungen entscheidet, stößt diese Entwicklung jedoch auf sehr viel weniger Widerstand als die parallele deutlich eingriffsfreundlichere Praxis des mit „fremden Richtern“[20] besetzten EGMR, welche das Bundesgericht auch im Privatrecht zunehmend als ungeliebte Superrevisionsinstanz wahrnimmt.[21]

Familiennamen tragenden Abkömmlinge aus legaler Ehe zu beschränken, BGer (5C.68/2006) vom 30.11.2006 BGE 133 III 167 (ohne Auseinandersetzung mit Art. 35 Abs. 3 BV).

18 Zur verfassungskonformen Auslegung siehe etwa im Lauterkeitsrecht BGer (6S. 298/1996) vom 7.11.1997 BGE 123 IV 211, 215 ff. (Rinderwahnsinn) und BGer vom 30.6.1999 BGE 125 I 369, 374 ff. (Scientology).

19 Dazu nur *Egli*, Drittwirkung von Grundrechten, Zürich 2002, 166 ff.; *Rhinow/ Schefer*, Schweizerisches Verfassungsrecht, 2. Aufl. 2009, 235 f.; krit. *Seiler* ZBJV 2014, 265, 361 („…wenn das Unterlassen einer staatlichen Handlung ein Grundrechtseingriff ist, dann bedarf nicht das staatliche Handeln, sondern das Nichthandeln einer gesetzlichen Grundlage. Gestützt auf diese Grundrechtskonzeption können Verwaltungen und Gerichte jeder Stufe in die Rechtsstellung Privater eingreifen mit der Begründung, dies sei erforderlich, um Grundrechte anderer Privater zu schützen.“).

20 Vgl. dazu *Jung* GPR 2014, 241.

21 Siehe dazu namentlich die Kritik des Bundesrichters *Seiler* (Fn. 19), 352 ff.; ein aktuelles Beispiel bildet der Fall EGMR vom 11. März 2014 (Nr. 52067/10 und Nr. 41072/11), Howald Moor u. a./Schweiz betreffend die strenge Auslegung von Art. 60 OR durch BGer (8C_470/2009) vom 29.1.2010 BGE 136 II 187, 198 ff. (absolute Verjährung von Ersatzansprüchen innerhalb von zehn Jahren ab dem schädigenden Verhalten unabhängig vom Eintritt des Schadens und der Möglichkeit einer Kenntnisnahme durch den Geschädigten), welche vom EGMR zumindest im Falle von Spätschäden an Leib und Leben (in casu Asbestschaden) für unvereinbar mit Art. 6 Ziff. 1 EMRK gehalten wurde.

3. Stellenwert der Selbstregulierung

Die Selbstregulierung genießt namentlich im Schweizer Finanzmarktrecht einen hohen Stellenwert.[22] Sie prägt etwa das Börsen- und Wertpapierhandelsrecht[23] sowie das Recht der Vermögensverwaltung. Auch wenn sich die Selbstregulierung zunehmend zu einer Co-Regulierung entwickelt,[24] die durch gesetzliche Vorgaben teilweise erzwungen ist (sog. obligatorische Selbstregulierung),[25] von der Allfinanzaufsichtsbehörde inhaltlich zu genehmigen ist[26] und von dieser unter bestimmten Voraussetzungen[27] zu einem auch Dritte bindenden Mindeststandard[28] bzw. sogar zum Inhalt einer Verordnung[29] erklärt werden kann, verbleiben doch erhebliche Gestaltungsspielräume. Diese Spielräume und den geringeren Compliance-

---

22 Zum gesetzlichen Rahmen Art. 7 Abs. 3 FINMAG sowie z.B. Art. 3 ff. BEHG; näher dazu der immer noch grundlegende Bericht der EBK vom Juli 2007 „Selbstregulierung im Schweizer Finanzsektor" (http://www.finma.ch/archiv/ebk/d/publik/medienmit/20070704/20070704_02_d.pdf).

23 Siehe dazu etwa das Handelsreglement und das Kotierungsreglement der mit Abstand größten Schweizer Börse SIX Swiss Exchange (beide Reglemente abrufbar unter http://www.six-exchange-regulation.com/index.html).

24 Dazu näher *Zulauf*, in: Jung/Schwarze (Hrsg.), Finanzmarktregulierung in der Krise, Tübingen 2014, 83 ff.

25 Siehe z.B. Art. 37h BankG (Einlagensicherung der Banken), Art. 4 ff. BEHG (Börsenregulierung) und Art. 25 GwG (Regulierung durch Selbstregulierungsorganisationen im Bereich der Geldwäsche).

26 Siehe z.B. für die Reglemente der Börsen Art. 4 Abs. 2 BEHG.

27 Siehe dazu die allgemeinen Leitlinien der FINMA (https://www.finma.ch/d/regulierung/gesetze/Documents/leitlinien-finanzmarktregulierung-20130703-d.pdf) sowie verschiedene „Mindeststandard für Mindeststandards" (z.B. FINMA-RS 09/1 vom 18. Dezember 2008 „Eckwerte für die Anerkennung von Selbstregulierungen zur Vermögensverwaltung als Mindeststandard").

28 Art. 7 Abs. 3 FINMAG und Art. 20 Abs. 2 KAG; dazu FINMA-RS 08/10 vom 20. November 2008, Selbstregulierung als Mindeststandard – Von der Eidg. Finanzmarktaufsicht als Mindeststandard anerkannte Selbstregulierung (abrufbar unter https://www.finma.ch/d/regulierung/Documents/finma-rs-2008-10-d.pdf); die Prüfgesellschaften prüfen die Einhaltung der als Mindeststandard anerkannten Selbstregulierung nach Maßgabe des FINMA-RS 13/13 „Prüfwesen" und halten das Ergebnis allfälliger Prüfungshandlungen im Prüfbericht fest (vgl. FINMA-RS 08/10 Rn. 3).

29 Art. 32 Abs. 1 GwV-FINMA erklärt die Vereinbarung über die Standesregeln zur Sorgfaltspflicht der Banken (VSB 08) für Banken, Effektenhändler, Fondsleitungen, KAG-Investmentgesellschaften und KAG-Vermögensverwalter für verbindlich, sofern es um die Identifizierung der Vertragsparteien und die Feststellung der wirtschaftlich berechtigten Person geht.

Aufwand möchten sich die Schweizer Finanzmarktakteure nur dann nehmen lassen, wenn eine dem EU-Recht äquivalente Regelung für den Zugang zum EWR-Binnenmarkt unabdingbar ist.[30]

4. *Wille zum Pragmatismus*

Der schon sprichwörtliche schweizerische Wille zum Pragmatismus[31] wirkt sich ebenfalls förderlich auf die Privatautonomie aus. So wird namentlich im Handelsrecht die Missachtung oder Umgehung auch zwingender Gesetzesvorschriften im Interesse eines sinnvollen und effektiven Vorgehens mehr oder minder ausdrücklich geduldet, wenn dadurch keine maßgeblichen Drittinteressen betroffen sind.[32] Ein schönes Beispiel bildet die Duldung der ein kaufmännisches Gewerbe betreibenden und nicht allein aus natürlichen Personen bestehenden und daher nach Art. 552 Abs. 1 OR zwingend unzulässigen Kollektivgesellschaft als einfache Gesellschaft.[33] Auf diese Gesellschaften finden dann aber doch im Interesse des Drittschutzes zumindest im Außenverhältnis die handelsrechtlichen Sonderregelungen wieder (vereinzelt) analoge Anwendung,[34] weil das Recht der einfachen Gesellschaft eben nicht auf den Betrieb kaufmännischer Gewerbe zugeschnitten ist.[35] Solche und andere Schlaumeiereien[36] kann man

30 Dazu etwa *Weber/Sethe* SJZ 2014, 569 ff.

31 Dazu mit Beispielen *Brückner* BJM 2007, 153, 160: „Der Schweizer liebt einfache, übersichtliche und währschafte Problemlösungen. Prinzipientreue, Logik und Systematik sind daneben eher sekundär".

32 Zur handelsrechtlichen Auslegungsmaxime „ob etwas passieren kann" *E. Bucher*, in: FS für Meier-Hayoz, Falkner/Zweifel (Hrsg.), 1972, 1, 12 f.

33 Siehe nur BGer vom 3.3.1953 BGE 79 I 179, 181 (insoweit unveröffentlicht) und BGer vom 17.6.1958 BGE 84 II 381 sowie *Gauch* SAG 1978, 77, 89.

34 Zur analogen Anwendung des Außenrechts der Kollektivgesellschaft siehe *Handschin*, Kaufmännische einfache Gesellschaften, in: Jörg/Arter (Hrsg.), Entwicklungen im Gesellschaftsrecht I, Bern 2005, 40; zur Handelsregistereintragung BGer vom 3.3.1953 BGE 79 I 181; gegen die analoge Anwendung von Art. 567 Abs. 3 OR allerdings BGer vom 17.6.1958 BGE 84 II 381; für eine analoge Anwendung des gesamten Kollektivgesellschaftsrechts sogar *Vonzun*, Rechtsnatur und Haftung der Personengesellschaften (2000), Rn. 574 ff.

35 Eingehend dazu und insgesamt krit. *Jung*, in: Wessner/Bohnet (Hrsg.), Mélanges en l'honneur de Roland Ruedin, Basel 2006, 3 ff.

36 So wird z. B. entgegen Art. 716a Abs. 1 Ziff. 4 und 721 OR (unübertragbare Aufgabe des Verwaltungsrats) in der Praxis zumindest bei großen Unternehmen aus Gründen der Praktikabilität auch eine Erteilung der Prokura durch Mitglieder der

sich im nationalen Rahmen vielleicht erlauben. Sie können dann mangels Leidensdrucks auch die Korrektur einer wie im Falle von Art. 552 Abs. 1 OR verfehlten Gesetzesvorschrift entbehrlich machen. Ob sie in einer größeren Union, die sich vorrangig als Rechtsgemeinschaft versteht,[37] ihren Platz haben können, erscheint allerdings fraglich.

II. Bedrohung einzelner Ausprägungen der Privatautonomie

1. Vertragsfreiheit und Inhaltskontrolle von Allgemeinen Geschäftsbedingungen

In der AGB-Kontrolle verfolgt das Schweizer Recht seit langem einen Sonderweg.[38] Zwar hat es mit Wirkung vom 1. Juli 2012 mit Art. 8 UWG n. F. einen teilweise bewusst an Art. 3 der RL 93/13/EWG angelehnten Tatbestand der Inhaltskontrolle von AGB in Konsumentenverträgen geschaffen,[39] doch steht die Vorschrift wie schon ihre Vorgängerin[40] in einem wettbewerbsrechtlichen Kontext.[41] Sie wird auch nicht durch kon-

---

Geschäftsleitung geduldet, sofern der Verwaltungsrat die entsprechende Kompetenzdelegation im Organisationsreglement vorgesehen hat (eingehend Gysi/Käser, Erteilung von Zeichnungsberechtigungen durch die Geschäftsleitung, REPRAX 1/2011, 17 ff.; krit. *P. V. Kunz*, Zur Erteilung von Zeichnungsberechtigungen durch die Geschäftsleitung – Eine wissenschaftliche Replik, in: Jusletter vom 27. Juni 2011).

37 Dazu grundlegend *Hallstein* RabelsZ 28 (1964), 211, 229 ff.

38 *Kramer* SJZ 1985, 17 mit Fn. 1.

39 Art. 8 UWG lautet in der Fassung des Bundesgesetzes vom 17. Juni 2011 (BBl 2011, 4909): „Unlauter handelt insbesondere, wer allgemeine Geschäftsbedingungen verwendet, die in Treu und Glauben verletzender Weise zum Nachteil der Konsumentinnen und Konsumenten ein erhebliches und ungerechtfertigtes Missverhältnis zwischen den vertraglichen Rechten und den vertraglichen Pflichten vorsehen"; dazu etwa *J. Schmid* ZBJV 2012, 1 ff.

40 Art. 8 UWG in der Fassung von 1986 bis 2012; rechtspolitisch vorbereitend *Sticher*, Die Kontrolle Allgemeiner Geschäftsbedingungen als wettbewerbsrechtliches Problem, St. Gallen 1981, 110 ff.; zur damals noch bewussten Beschränkung der Inhaltskontrolle auf den typisch lauterkeitsrechtlichen Aspekt der Irreführung Botschaft zu einem Bundesgesetz gegen den unlauteren Wettbewerb (UWG) vom 18. Mai 1983, BBl. 1983 II, 1009, 1053.

41 Eingehend und krit. zu den Konsequenzen *Jung*, Die systematische Stellung der offenen AGB-Inhaltskontrolle im UWG – Vertrags- und wettbewerbsrechtliche Folgeprobleme, in: Brunner/Schnyder/Eisner-Kiefer (Hrsg.), Allgemeine Ge-

kretisierende Klauselkataloge ergänzt, wodurch nicht nur ihre rechtssichere Handhabung, sondern auch ihre praktische Bedeutung beeinträchtigt wird. Man wird abwarten müssen, inwieweit es im Rahmen des UWG überhaupt zu Klagen kommt,[42] sich die benachteiligte Partei auf die Nichtigkeit von AGB-Klauseln beruft[43] und inwieweit die Gerichte auf der Grundlage der rechtspolitisch stark umstrittenen Vorschrift in Verträge eingreifen werden. Zumindest im kaufmännischen Verkehr und in einer Übergangszeit[44] kann die Schweiz im Bereich der AGB-Inhaltskontrolle weiterhin als Eldorado gelten.[45] Dieser Umstand gehört nach wie vor zu einem der Pluspunkte der Schweizer Rechtsordnung, wenn es im internationalen unternehmerischen Verkehr um die Vornahme einer vertragsrechtlichen Rechtswahl geht.

2. *Vereinigungsfreiheit und Typenstrenge im Gesellschaftsrecht*

Die Aktiengesellschaft ist in der Schweiz mit über 200.000 Gesellschaften dieses Typs die noch immer am weitesten verbreitete Gesellschaftsform. Die Gründe hierfür liegen vor allem im Prestige der Rechtsform bei einem im internationalen Vergleich ausgesprochen flexiblen Statut. Als Teil des Obligationenrechts sind die aktienrechtlichen Regelungen grundsätzlich dispositiv. Daher ist dem Schweizer Recht auch der von Art. 9 Abs. 1 lit. b der SE-VO EG/2157/2001 bzw. § 23 Abs. 5 AktG[46] aufgestellte Grundsatz der sog. Satzungsstrenge vollkommen fremd. Angesichts der weitreichenden Gestaltungsmöglichkeiten ist die AG etwa auch als Rechtsform für

---

schäftsbedingungen nach neuem Schweizer Recht, Zürich 2013, 129 ff.; die erwogene vertragsrechtliche Regelung im Anschluss an Art. 19 und 20 OR wurde sowohl 1983 wie auch vor der Revision von 2009 als zu weitgehend verworfen.

42 *Rusch/Schirrmacher* ZBJV 2013, 683 ff.; *Sutter/Lörtscher* recht 2012, 93 ff.

43 Über die vertragsrechtliche (Teil-)Nichtigkeit missbräuchlicher AGB besteht weitgehend Einigkeit, obwohl es sich nicht um eine typische wettbewerbsrechtliche Rechtsfolge handelt; siehe nur Botschaft zur Änderung des Bundesgesetzes gegen den unlauteren Wettbewerb (UWG) vom 2. September 2009, BBl. 2009, 6152 und 6179; J. Schmid (Fn. 39) 16; vgl. auch zur Richtlinie 93/13/EWG EuGH v. 27.6.2000, Rs. C-240/98 bis C-244/98 (Océano), Slg. 2000, I-4041, Rz. 30.

44 Vgl. dazu auch die Ablehnung einer echten Rückwirkung der neuen Regelung durch BGer (4A_475/2013) vom 15.7.2014 BGE 140 III 404 E. 4.

45 So zur Rechtslage vor 2012 *Gauch*, in: Emmenegger (Hrsg.), Bankhaftungsrecht, Basel 2006, 195, 214.

46 Krit. etwa *Mertens* ZGR 1994, 426 („eiserne Klammer").

kleinere Unternehmen, Familien-, Einpersonen- und Tochtergesellschaften geeignet. Ihre Leitungsstruktur kann ausgehend vom sog. monistischen Modell (Boardsystem) mit Hilfe eines Organisationsreglements sowohl dem französischen PDG-Modell wie auch dem deutschen Aufsichtsratsmodell zumindest angenähert werden. Außerdem sind die Aktionärspflichten allein auf die Einlageleistung beschränkt (Art. 620 Abs. 2, 680 Abs. 1 OR). Daher kennt das Schweizer Aktienrecht im Unterschied zum Schweizer GmbH-Recht (Art. 803 OR) und deutschen Aktienrecht[47] auch keine Treuepflichten, die der Rechtsausübung durch die Aktionäre neben dem allgemeinen Rechtsmissbrauchsverbot besondere Schranken auferlegen und die Gerichte zur Intervention ermächtigen würden.[48] Zurückhaltung wird zudem bei der Anwendung des Gleichbehandlungsgrundsatzes geübt, so dass auch bei Gesellschaften mit börsennotierten Beteiligungspapieren statutarisch etwa Stimmrechtsaktien mit einem überproportionalen Stimmgewicht (Art. 693 OR), stimmrechtslose Partizipationsscheine (Art. 656a ff. OR) und Höchststimmrechte (Art. 692 Abs. 2 S. 2 OR) eingeführt werden können. Während mit der in einer Volksabstimmung angenommenen sog. Minder-Initiative im Bereich der Vergütungskontrolle weitreichende Eingriffe in die Privatautonomie verwirklicht wurden,[49] steht man den in der EU im Trend liegenden bindenden Vorgaben für die ausgewogene Besetzung von Leitungsorganen überwiegend skeptisch gegenüber.[50]

47 Siehe dazu die Leitentscheidung BGH, 20.3.1995 – II ZR 205/94 = BGHZ 129, 136.

48 Siehe nur *Forstmoser/Meier-Hayoz/Nobel*, Aktienrecht, Bern 1996, § 42 Rn. 24 ff.; *Böckli*, Schweizer Aktienrecht, 4. Aufl. 2009, § 13 Rn. 656 ff.

49 Art. 95 Abs. 3 BV und Verordnung gegen übermässige Vergütungen bei börsenkotierten Aktiengesellschaften (VegüV) vom 20.11.2013 (SR 221.331).

50 So stößt der Entwurf des Bundesrats für ein revidiertes Aktienrecht, der eine innerhalb von fünf Jahren zu erreichende Vertretung jedes Geschlechts von mindestens 30 % im Verwaltungsrat und in der Geschäftsleitung mit einem Comply-or-Explain-Ansatz verknüpfen möchte, in der aktuellen Vernehmlassung auf starke Ablehnung.

3. *Informationelle Selbstbestimmung und Publizität*

Publizitätspflichten spielen auch im Schweizer Unternehmensrecht eine wichtige Rolle.[51] Gleichwohl werden immer wieder auch die berechtigten Geheimhaltungsinteressen der Unternehmen hervorgehoben und geschützt.[52] Dies gilt etwa für die Schranken des Auskunftsanspruchs der Aktionäre (Art. 697 OR), die Ausgestaltung des Rechts auf Sonderprüfung (Art. 697a ff. OR), die fehlende Offenlegung des Organisationsreglements (vgl. Art. 716b Abs. 2 S. 2 OR), die deutlich eingeschränkte Rechnungslegungspublizität (Art. 958e OR) sowie die Möglichkeiten zum Aufschub der Ad-hoc-Publizität (Art. 54 KR SIX Swiss Exchange). Man ist sich bewusst, dass ein Beitritt zur Europäischen Union mit einem deutlichen Zuwachs an Unternehmenspublizität verbunden wäre.

4. *Wirtschaftsfreiheit und Lauterkeitsrecht*

Interessant ist schließlich noch ein kurzer Blick auf das Lauterkeitsrecht, das in der Schweizer Rechtsordnung ganz im Sinne der RL 2005/29/EG zunehmend auch als Konsumentenschutzrecht fungiert, obwohl es nach Art. 1 UWG-CH vorrangig eine objektive Zielsetzung verfolgt (Schutz des lauteren und unverfälschten Wettbewerbs) und nur mittelbar einem zudem viel weiter gefassten Subjektschutz (Wettbewerbsschutz im Interesse aller Beteiligten) dient.[53] Im Vergleich zum deutschen Recht stellt man für die Anwendung des strukturell und inhaltlich ähnlichen Schweizer UWG höhere Anforderungen. Dies liegt nicht nur an dem hohen Anteil strafrechtlicher Verfahren, in denen eine enge Auslegung der Sondertatbestände (Art. 3 bis 8 UWG-CH) geboten und ein Rückgriff auf die Generalklausel (Art. 2 UWG-CH) ausgeschlossen ist. Es ist auch durch eine prinzipiell wettbewerbsfunktional geprägte Auslegung[54] und eine liberale Grundein-

---

51 Dazu etwa *Nobel*, Unternehmenskommunikation – Die rechtlichen Aspekte, Bern 2009; *Stückelberger*, Unternehmensinformation und Recht, eine Übersicht, Zürich 2004; *Meier-Schatz*, Wirtschaftsrecht und Unternehmenspublizität, Zürich 1989.

52 *J. N. Druey*, Geheimsphäre des Unternehmens, Grundfragen des Persönlichkeitsrechts auf Geheimsphäre, untersucht mit dem Blick auf einen Sonderfall, Basel/Stuttgart 1977; *Häusermann*, Vertraulichkeit als Schranke von Informationsansprüchen, Zürich/St. Gallen 2009.

53 Dazu näher *Jung*, in: Jung/Spitz (Hrsg.), SHK-UWG, Bern 2010, Art. 1 Rn. 2 ff.

54 Dazu näher *Hilty* (Fn. 10), Art. 1 Rn. 44 ff. und Art. 2 Rn. 15, 44 ff.

stellung[55] bedingt. Hinzu kommt ein Konsumentenleitbild, das sich grundsätzlich[56] am eigenverantwortlich handelnden Marktbürger orientiert,[57] der u. a. (zu Ende) lesen kann und ein gewisses Mindestmaß an Einschätzungsvermögen mitbringt.[58] Als solcher kann der Schweizer Konsument nicht nur auf einige im EU-Recht seit längerem zum Kernbestand gezählte Konsumentenschutzregelungen verzichten,[59] er ist sogar einigen Regelungen gewachsen, die in anderen Ländern dem „schneidigen“ Handelsrecht zugeordnet werden.[60] Kritisch werden schließlich die im EU-Recht[61] mehr und mehr um sich greifenden Werbeverbote betrachtet, weil sie auf einer Überschätzung der Steuerungswirkung von Werbemaßnahmen beruhen

---

55 Dazu etwa *R. H. Weber* sic! 2012, 231, 233 f.

56 Zu Ausnahmen etwa BGer vom 12.6.1980 BGE 106 IV 302, 305 f. (Schmuckhandel): „En effet, la loi vise la protection de l''acheteur inexpérimenté' (...), dont chacun sait que la naïveté et l'aveuglement n'ont guère de limite dans ce domaine“ und BGer (6S. 114/2002) vom 11.7.2002 BGE 128 IV 177, 182 (Telefonsex): Schutz von „Kunden, die selbst zu einfachen Rechenaufgaben nicht in der Lage sind“.

57 *Baudenbacher*, in: Baudenbacher, Lauterkeitsrecht – Kommentar zum UWG, Basel 2001, Art. 1 Rn. 61.

58 BGer (4C.363/2005) vom 27.3.2006 BGE 132 III 414, 427 (Taxes de pharmacie); BGer (4C.375/2002) vom 2.5.2003 BGE 129 III 426, 435 (Unclean hands); BGer (2C_1008/2012) vom 1.3.2013 sic! 2013, 462 (Bilderrahmen).

59 Vgl. dazu die sehr deutliche Medienmitteilung des EJPD vom 9.11.2005 zum damaligen (mit Wirkung zum 1.4.2012 und zum 1.1.2013 teilweise korrigierten) Verzicht des Bundesrates auf einen Ausbau des Konsumentenschutzes im Bereich v. a. des E-Commerce: „Das Obligationenrecht steht auf dem Grundsatz der Vertragsfreiheit. Sie ist Ausdruck davon, dass die Bürger mündig sind und selber am besten wissen, was für sie gut und von Vorteil ist. Widerrufsrechte und Gewährleistungsansprüche tragen dem keine Rechnung und stellen eine Form der Bevormundung des Konsumenten durch den Gesetzgeber dar“.

60 Das gilt namentlich für die im allgemeinen Schweizer Kauf- und Werkvertragsrecht verankerte Rügeobliegenheit (Art. 201 und 367/370 OR); zu dieser „Kommerzialisierung des Zivilrechts“ schon *Oftinger* SJZ 1954, 153, 158 f.

61 Hier geht es etwa um die Steuerung des Geschlechter- (Verschärfung von Art. 3e Abs. 1 lit. c ii) RL 89/552/EWG i.d.F. der RL 2007/65/EG durch ein ausdrückliches Verbot einer die Diskriminierung fördernden audiovisuellen Werbung), Ess- (Art. 3e Abs. 1 lit. g und Abs. 2 RL 89/552/EWG i.d.F. der RL 2007/65/EG) und Autofahrverhaltens (geplante Verschärfung der Autowerbe-RL 99/94/EG); generalklauselartig zudem Art. 3e Abs. 1 lit. c iii) und iiii) RL 89/552/EWG i.d.F. der RL 2007/65/EG.

und weil sie – wenn auch oft in gut gemeinter paternalistischer Absicht – die Unternehmen belasten und den Wettbewerb verzerren können.[62]

III. Fazit

Das Schweizer Privat- und Wirtschaftsrecht hat sich in den letzten Jahren unter internationalem und europäischem Einfluss ebenfalls materialisiert.[63] Dieser Prozess ist jedoch langsamer und flacher als in den Mitgliedstaaten der Europäischen Union verlaufen. In der Schweiz entscheiden sich Gesetzgebung, Rechtsprechung und Doktrin im Zweifel und in aller Regel immer noch für die Freiheit. Diese Grundeinstellung prägt auch das selbstbewusste Auftreten gegenüber der Europäischen Union, der sich die Schweiz auch aus privatrechtlicher Perspektive auf absehbare Zeit allenfalls im Rahmen einer differenzierten Integration[64] anschließen könnte. Vielleicht kann sich die Europäische Union im Schweizer Rechtslabor auch etwas abschauen und – wie der Quästor Claudius Incorruptus in „Astérix bei den Schweizern"[65] an den Wirkstoffen des Edelweißes – am helvetischen Wesen genesen. Nicht unbedingt ein Edelweiß, aber doch ein – zumindest in der Schweiz – rezeptfrei erhältlicher Zaubertrank ist die Privatautonomie allemal!

---

62 Dazu etwa *Schwenninger*, in: T. Geiser/P. Krauskopf/P. Münch (Hrsg.), Schweizerisches und europäisches Wettbewerbsrecht, Basel 2005, N 5.10; *Jung* (Fn. 53), Einl. Rn. 59 mit Hinweis auf die wettbewerbsverfälschenden Wirkungen medienspezifischer Beschränkungen.

63 Vgl. dazu für das deutsche Recht *Wagner*, in: Blaurock/Hager (Hrsg.), Obligationenrecht im 21. Jahrhundert, Baden-Baden 2010, 13, 59 ff.

64 *Müller-Graff*, in: Jung/Baldus, Differenzierte Integration im Gemeinschaftsprivatrecht, München 2007, 109, 110.

65 *Goscinny/Uderzo*, Astérix chez les Helvètes, 1970.

Die Transatlantische Partnerschaft EU–USA und die Schweiz

Richard Senti

Das Jahreskolloquium 2013 des Arbeitskreises Europäische Integration (AEI) befasste sich mit den transatlantischen Beziehungen EU-USA. Nach den Referaten und der anschließenden Diskussion stellte Herr Kollege Professor *Peter-Christian Müller-Graff*, Vorsitzender des Vorstandes des AEI, die Frage: „Und nun, wie wirkt sich eine EU-US-Partnerschaft auf Drittstaaten aus?"

Der vorliegende Beitrag greift das von *P.-Ch. Müller-Graff* angesprochene Thema auf und versucht abzuschätzen, wie sich eine Transatlantische Handels- und Investitionspartnerschaft (Transatlantic Trade and Investment Partnership, TTIP) zwischen der EU und den USA auf den schweizerischen Außenhandel auswirken könnte. Konkrete Ergebnisse der TTIP-Verhandlungen liegen zurzeit noch nicht vor.[1]

I. Der Auftakt zur EU-US-Partnerschaft

Im Februar 2013 kündigten die Staats- und Regierungschefs der EU-Mitgliedstaaten sowie der Präsident der USA die Schaffung einer Handels- und Investitionspartnerschaft zwischen der EU und den USA an. Der Begriff „Partnerschaft" weist auf ein Abkommen hin, das breit angelegt ist und über Zollerleichterungen hinaus sich auch mit Fragen des Dienstleistungshandels, der öffentlichen Beschaffung, der Gesundheit und Sicherheit usw. befasst.[2] Nicht zur Verhandlung stehen – auf Antrag Frankreichs – die audiovisuellen Dienste („exception culturelle"). Die Investitionsgespräche wurden im Januar 2014 unterbrochen. Das EU-Konzeptpapier vom Mai 2015 erwägt die Wiederaufnahme der Investitionsverhandlungen im Verlauf des Jahres 2015.

---

1 Der vorliegende Beitrag stützt sich u.a. auf die Studien: WTI Bern (2014), ifo München (2013), CEPR London (2013) und ECORYS Nederland (2009).

2 Zur Definition der „Wirtschaftlichen Partnerschaft" vgl. *Senti* (2013), 161 ff.

Die Eröffnung der Verhandlungen zwischen der EU und den USA fand am 8. Juni 2013 statt. In den folgenden zwei Jahren haben sich die Delegationen zehn Mal getroffen. Mit der nachträglichen Veröffentlichung des Verhandlungsmandats, erster Abkommensentwürfe und Vertragstexte sowie eines Konzeptpapiers zu den Investitionen werden die ersten Konturen der geplanten Vereinbarung sichtbar.

II. Die Position der Schweiz

Die Schweiz ist im Güter- und Dienstleistungshandel stark auf die EU ausgerichtet. Knapp drei Fünftel der schweizerischen Güterexporte gehen nach der EU und fast vier Fünftel der Importe stammen aus der EU. Auf die USA entfallen rund 10 Prozent des schweizerischen Güterexports und etwa 6 Prozent des Imports. Der Dienstleistungshandel wird von der Schweizerischen Nationalbank (SNB) auf ca. 40 Prozent des Warenhandels geschätzt und dürfte sich anteilmäßig im Verhältnis zum Güterhandel auf die EU und die USA verteilen.[3]

Mit der EU ist die Schweiz vertragsrechtlich eng vernetzt. Der Freihandelsvertrag von 1972 begründet die Zollgemeinschaft Schweiz-EWG (EU) für gewerbliche und industrielle Güter (ohne Agrarprodukte). Nach der Ablehnung des Europäischen Wirtschaftsraums (EWR) im Jahr 1992 durch das schweizerische Volk und das Ständemehr (Mehrheit der Kantone) einigten sich die Schweiz und die EU auf eine Vielzahl von bilateralen Verträgen. Zwischen der Schweiz und den USA bestehen keine bilateralen Abkommen.

III. Die Auswirkungen der TTIP

Führt die transatlantische Partnerschaft zu einer Umleitung der Güterströme zwischen der EU, den USA und der Schweiz? Wie wirkt sich ein EU-US-Abkommen auf den schweizerischen Dienstleistungshandel, die öffentliche Beschaffung, die Gesundheit und Sicherheit sowie die Investitionen aus?

---

3 Eine länderweise Aufteilung der Direktinvestitionen verspricht die SNB auf 2015.

1. Gewerbliche und industrielle Produkte

Die heute vorliegenden Studien kommen zum Schluss, dass ein vollständiger Abbau der Zölle zwischen der EU und den USA deren Handel mit Drittstaaten kaum über 0.5 Prozent mindert.[4] Die geringe Auswirkung erklärt sich durch die niedrigen Zollniveaus in der EU und den USA. Nach Berechnungen der Welthandelsorganisation (World Trade Organization, WTO) sind heute 57 Prozent der EU-Importe (EU-extra) zollfrei, 17 Prozent präferenziert und lediglich 26 Prozent zum vollen Tarif zu verzollen (bezogen auf den Handelswert). In den USA sind 45 Prozent zollfrei, 23 Prozent präferenziert und 34 Prozent unterliegen dem Normalsatz. In der EU und den USA betragen drei Viertel der angewandten Zollsätze weniger als 5 Prozent und der restliche Teil liegt zwischen 5 bis 10 Prozent.[5] Besonders niedrige Zölle gelten für Maschinen, chemische Produkte und Metalle. Höhere Sätze weisen Textilien, Bekleidung und Lederprodukte auf. Unterschiedlich hohe Importzölle erheben die EU und die USA auf Fahrzeugen, über 8 Prozent die EU und gut 2 Prozent die USA.[6]

Für die schweizerischen Importeure wird die EU-US-Zollfreiheit kaum etwas ändern. Weder die EU noch die USA sind an einer Behinderung ihrer Ausfuhren nach der Schweiz interessiert. Die Exporteure der Schweiz hingegen erfahren durch die Schaffung eines EU-US-Binnenmarkts je nach internem Zollabbau eine Benachteiligung. Im Handel mit Maschinen, chemischen Produkten und Metallen sind die in der EU wie in den USA zurzeit angewandten Zölle aber so niedrig, dass der Freihandel EU-USA wegen der damit verbundenen Kosten des Ursprungsnachweises kaum greift. Vom schweizerischen Export von Textilien, Bekleidung und Lederwaren, der mit weniger als 2 Prozent des Gesamtexports der Schweiz bescheiden ist, gehen heute 70 Prozent zollfrei nach der EU und nur 5 Prozent nach den USA. Rückfragen bei Exporteuren lassen vermuten, dass die „Textiler" wegen der hohen Qualität ihrer Produkte eine Umlenkung der Warenströme von den USA nach der EU nicht befürchten, aber auch nicht ausschließen. Eine gewisse Unsicherheit macht sich bei den schweizerischen Fahrzeug-Zulieferfirmen breit. Ihre Sorge gilt den Exporten nach der EU, die durch billigere Vorprodukte aus den USA konkurriert werden könnten.

---

4 Vgl. ifo München (2013), 78 f.
5 WTO (2011), Genf, 224.
6 ifo München (2013), 39, Tab. I.13.

2. *Agrarprodukte und Nahrungsmittel*

Die schweizerischen Agrar- und Nahrungsmittelimporte machen zurzeit etwa 13 Mrd. CHF oder gut 7 Prozent der totalen Importe der Schweiz aus. Davon entfallen 60 Prozent auf die EU und 3 Prozent auf die USA. Die Agrarexporte betragen 9 Mrd. CHF oder 4 Prozent der schweizerischen Gesamtexporte. Davon gehen drei Fünftel nach der EU und weit weniger als ein Fünftel nach den USA.[7]

Die geplante TTIP wird den schweizerischen Agrarimport nicht erschweren. Die Importhürden der Schweiz sind Ausdruck und Ergebnis des eigenen Protektionismus und nicht EU- oder US-bedingt.

Anders die Situation im schweizerischen Agrar- und Nahrungsmittelexport nach der EU und den USA. Durch die Partnerschaft verbilligen sich die gehandelten Produkte zwischen der EU und den USA im Ausmaß der wegfallenden Zölle und nichttarifären Handelshemmnisse. Die Verbilligungen betreffen vor allem den schweizerischen Export von Wein und Milchprodukten sowie einiger Nahrungsmittel wie Kaffee, Schokolade und Gebäck, deren Vorprodukte aber nicht aus der schweizerischen Landwirtschaft stammen.

Ein besonderes Problem schafft die heute in der EU vorherrschende Vorsorgepolitik („precautionary principle"). Die EU erachtet es als fragwürdig, die „Wissenschaft als objektives, universelles Abgrenzungskriterium zu sehen und dementsprechend anzuwenden."[8] Demzufolge verbietet die EU den Import von hormongemästetem Rindfleisch und mit Chlor desinfiziertem Geflügelfleisch sowie gentechnisch veränderten Produkten. Im Gegensatz dazu gewähren die USA eine Marktzulassung, wenn aufgrund wissenschaftlicher Risikoabwägung der Schutz des Lebens und der Gesundheit von Menschen gewährt ist. Sollte die EU die US-Zulassung von genveränderten Organismen übernehmen, wäre es der Schweiz, die im Import von Agrarprodukten und Nahrungsmitteln zu über der Hälfte auf die EU ausgerichtet ist, kaum möglich, sich diesem Markt zu verweigern.

---

7 www.blw.admin.ch (>Deutsch>Themen>International>Agrarstatistiken).

8 *Makatsch* (2004), 142 f. Vgl. *Senti* (2006), 73 ff.

3. Dienstleistungen

Im Dienstleistungssektor entstehen die Handelskosten „hinter der Grenze" aufgrund der Reglementierung, Konzessionierung und Administrierung der Dienste. Eine Quantifizierung der Dienstleistungskosten ist schwierig. Die ifo-Studie rechnet für die EU und die USA im Finanz- und Versicherungssektor mit nichttarifären Kosten von 40 bis 50 Prozent, im Land- und Luftverkehr mit 15 bis 20 Prozent und im Bau und Seetransport mit 50 Prozent für die EU und mit knapp 100 Prozent für die USA.[9]

Es ist anzunehmen, dass die Dienstleistungen in die Integrationsverhandlungen einbezogen werden. Aber da und dort stoßen die Verhandlungspartner mit großer Wahrscheinlichkeit an „rote Linien", die sie kaum zu überschreiten wagen. Wenn die EU und die USA mit ihren Zugeständnissen über die bereits bestehenden Abmachungen mit den AKP- und NAFTA-Partnern hinausgehen, haben sie aufgrund der vertraglich eingegangenen Inländer- und Meistbegünstigungs-Verpflichtungen die Zugeständnisse den bisherigen Partnern bedingungslos und unverzüglich für gleiche Dienste auch zu gewähren. Und wenn man sich vergegenwärtigt, welch schwierige Verhandlungen der Abschluss der AKP- und NAFTA-Verträge erforderten, liegt die Vermutung nahe, dass weder die EU noch die USA daran interessiert sein werden, die früheren Vertragspakete aufzuschnüren und neu auszuhandeln.[10]

Eine Liberalisierung des Dienstleistungshandels zwischen der EU und den USA könnte die Schweiz benachteiligen. Die zurzeit geltenden Freiheiten im Rahmen des Allgemeinen Dienstleistungsabkommens der WTO sind aufgrund der heute noch geltenden „Negativ-" und „Positivlisten" stark eingeschränkt.

4. Öffentliche Beschaffung

In den TTIP-Verhandlungen über die öffentliche Beschaffung stehen drei Systeme einander gegenüber, das WTO-Abkommen über die öffentliche Beschaffung (Agreement on Government Procurement, GPA), die EU-Richtlinien über das öffentliche Beschaffungswesen sowie die US-Vor-

---

9 ifo München (2013), 45, Tab. I.17.

10 AKP: Afrikanische, Pazifische und Karibische Staaten; NAFTA: USA, Kanada und Mexiko.

schriften über die Nachfrage nach einheimischen Gütern und Diensten. Das GPA 1996, revidiert im April 2014, ist ein plurilaterales Abkommen, dem 14 WTO-Mitglieder, darunter die EU, die USA und die Schweiz, angehören.

Die EU verfolgt im GPA einen „Positivlisten Ansatz“ („positive list approach“).[11] Die vom GPA verpflichteten Stellen und die zu beachtenden Schwellenwerte sind abschließend aufgeführt. Zudem gelten in der EU seit den 1970er Jahren interne Richtlinien über das öffentliche Beschaffungswesen und die Vergabe öffentlicher Bauaufträge. Mit der Schweiz unterhält die EU seit 2002 einen bilateralen Vertrag.

Die USA pflegen im GPA den „Ansatz der Negativlisten“ („negative list approach“). Die Negativlisten enthalten 13 Teilstaaten und die Kommunen, die nicht unter das GPA fallen. Rechtskräftig sind zurzeit auch der „Buy American Act 1933“, der „Buy America Act 1983“ und das „Berry Amendment 1941“.

Auf den schweizerischen Importhandel wirkt sich eine Liberalisierung der öffentlichen Beschaffung zwischen der EU und den USA kaum aus. Hingegen wird mit einer Benachteiligung der schweizerischen Exporte zu rechnen sein. Die gegenseitige Ausweitung der EU- und US-Listen auf regionaler und kommunaler Ebene und die Aufhebung der verschiedenen Amerika-Beschaffungsvorschriften haben eine Verlagerung vom Heim- auf den Partnermarkt zur Folge. Dies betrifft vor allem die hochtechnologischen Ausrüstungsgüter wie medizinische Geräte und Eisenbahnanlagen sowie die damit verbundenen Ingenieurleistungen.[12]

5. Gesundheit und Sicherheit

Die „High Level Working Group“ (HLWG) der EU hält in ihrem Positionspapier 2013 fest, die TTIP-Verhandlungen würden sich auf alle heute in der EU und den USA geltenden Gesundheits- und Sicherheitsbestimmungen beziehen. Die Schaffung eines Binnenmarkts erfordere die Beseitigung aller unnötigen Handelshemmnisse (z.B. Mehrfachkontrollen). Die unterschiedlichen Systeme könnten beibehalten, müssten aber gegenseitig anerkannt werden.[13]

---

11 Vgl. ECORYS Nederland (2009), 183 f.

12 Vgl. *Biaggini* (2007), 651 ff.; *Leduc* (2009), 45.

13 HLWG (2013), 2.

Das im Jahr 2002 in Kraft getretene Schweiz-EU-Abkommen über die gegenseitige Anerkennung von Konformitätsbewertungen beschränkt sich auf 16 Produktionssektoren, die zwar weit gefasst sind, aber nach Schätzungen des schweizerischen Staatssekretariats für Wirtschaft (SECO) lediglich 40 Prozent des schweizerischen Exports nach der EU erfassen.[14] Unterschiedliche Sicherheitsvorschriften gelten zum Beispiel für Arzneimittel und technische Produkte wie Heiz- und Sanitäranlagen. Mit den USA unterhält die Schweiz kein Konformitätsabkommen.Einigen sich die EU und die USA auf eine gegenseitige Anerkennung ihrer Gesundheits- und Sicherheitsvorschriften, entsteht für Drittpartner kein gemeinsamer Binnenmarkt. Sie erfahren gegenüber den TTIP-Partnern eine Benachteiligung, weil sie je nach Partner unterschiedliche Vorgaben zu berücksichtigen haben.

6. Direkte Investitionen

Sowohl die EU als auch die USA unterhalten je über hundert Investitionsschutzabkommen mit Ländern aller Welt. Zwischen der EU und den USA hingegen besteht kein Vertrag. Um diesen Mangel zu beheben, schlagen das EU-Mandat von 2013 und das „Concept Paper“ von 2015 vor, im Rahmen der TTIP eine Investitionsvereinbarung zu treffen, welche die gegenseitige Einhaltung des Meistbegünstigungs- und Inlandprinzips sowie für den Fall von Streitigkeiten einen „Investor-to-state“ Streitschlichtungsmechanismus (ISDS) vorsieht. Einzelne Streitfälle wie Vattenfall Schweden/ Deutschland und Philip Morris USA/Australien weckten im Verlauf der letzten beiden Jahre die Befürchtung, das Interesse der Unternehmen werde über das Recht der Staaten gestellt und es entstehe so etwas wie eine „Paralleljustiz“.

Die EU-US-Investitionsregeln werden die Schweiz nicht direkt betreffen. Es ist indessen zu befürchten, dass grosse EU- und US-Firmen sich in der Schweiz nicht schlechter stellen wollen als in den Partnerländern der TTIP und daher von der Schweiz eine analoge Streitschlichtungsordnung fordern. Bei der Grösse dieser Konzerne und der bescheidenen Position der Schweiz als Investor, mag diese Entwicklung der Schweiz nicht zum Vorteil gereichen.

---

14 *Hertig/Meier* (2009), 34. Vgl. *Bühler* (2007), 581 ff.

IV. Die neue alte Welthandelsordnung

Zurzeit erleben wir eine Welthandelsordnung, die sich nach vorne in die Vergangenheit entwickelt. Anstelle der bisherigen GATT- beziehungsweise WTO-Ordnung mit über 160 Einzelstaaten und unabhängigen Zollgebieten entstand in den letzten zwei Jahrzehnten eine Neuordnung mit über 300 regionalen Integrationsräumen. Und wie es damals darum ging, die Märkte der einzelnen Länder gegenseitig zu öffnen, wird es das Ziel der künftigen Welthandelsordnung sein, das Gefälle zwischen den Integrationsblöcken auszuebnen. Die Aufgabe ist die gleiche wie vor siebzig Jahren, verändert haben sich die Handelspartner.

Literatur

Biaggini, Giovanni (2007), Das Abkommen über bestimmte Aspekte des öffentlichen Beschaffungswesens, in: Thürer/Weber/Portmann/Kellerhals (Hrsg.), 651-728

Bühler, Theodor (2007), Abkommen über die gegenseitige Anerkennung von Konformitätsbewertungen, in: Thürer/Weber/Portmann/Kellerhals (Hrsg.), 581-648

CEPR (2013), Centre for Economic Policy Research, Reducing Transatlantic Barriers to Trade and Investment, London

ECORYS Nederland (2009), Non-Tariff Measures in EU-US Trade and Investment, Rotterdam

HLWG (2013), High Level Working Group, Final Report, Brüssel

ifo (2013), Institut für Wirtschaftsforschung, Dimensionen und Auswirkungen eines Freihandelsabkommens zwischen der EU und den USA, München

Leduc, Patrick (2009), Öffentliches Beschaffungswesen, in: Europabrevier, Zürich, 45-47

Makatsch, Tilman (2004), Gesundheitsschutz im Recht der Welthandelsorganisation (WTO), Berlin

Senti, Richard (2013), Regionale Freihandelsabkommen, Zürich und Berlin

Senti, Richard (2015), TTIP, Transatlantische Handels- und Investitionspartnerschaft zwischen der EU und den USA, Auswirkungen auf die Schweiz, Zürich

Thürer/Weber/Portmann/Kellerhals, Hrsg. (2007), Bilaterale Verträge I & II Schweiz-EU, Zürich

WTI (2014), World Trade Institute, Universität Bern, Potential Impacts of a EU-US Free Trade Agreement on the Swiss Economy and External Economic Relations, Bern

WTO (2011), World Trade Report 2011, Genf

Haben wir das wirklich so gewollt?! Gemeinwohlüberlegungen in der chinesischen Fusionskontrolle

Andreas Kellerhals[1]

I. Einführung

Während Jahren haben westliche Staaten China nicht als Marktwirtschaft anerkannt,[2] u.a. mit dem Verweis darauf, dass China über kein Wettbewerbsrecht verfüge.[3] Die chinesische Regierung hat dieses Argument aufgegriffen und vor ein paar Jahren ein umfassendes, nicht unerheblich am EU-Recht orientiertes Wettbewerbsrecht – wenn gleich auch mit chinesischen Besonderheiten – erlassen. Seit dieses Gesetz in Kraft ist und sich namentlich im Bereich der Fusionskontrolle eine Praxis entwickelt hat, fragen sich viele westliche Experten, ob es wirklich eine gute Idee gewesen ist, den Chinesen die Einführung eines Wettbewerbsrechts nahezulegen.

II. Entwicklungsgeschichte

Mit der Machtübernahme der Kommunistischen Partei unter Mao Zedong und der Ausrufung einer Volksrepublik im Jahre 1949 wurde in China ein streng an planwirtschaftlichen Systemen ausgerichtetes Wirtschaftsregime eingerichtet, in welchem es weder Privateigentum und rechtsstaatliche Garantien noch Wirtschaftsfreiheit gab. Wettbewerb als wirtschaftlicher Ko-

---

1 Prof. Dr. Andreas Kellerhals, Rechtsanwalt LL.M., Titularprofessor für Wirtschaftsrecht, Europarecht und Privatrecht an der Universität Zürich, Direktor des Europa Instituts an der Universität Zürich, Visiting Professor an der Hong Kong University, Mitglied der Schweizerischen Wettbewerbskommission.

2 Außer der EU und den USA haben dies bis heute die meisten Regierungen gemacht, oft im Austausch mit interessanten Freihandelsabkommen.

3 Vgl. http://europa.eu.int/comm/trade/issues/bilateral/countries/china/pr280604_en.html; http://usinfo.state.gov/el/Archive/2004/Apr/30-591232.html.

ordinationsmechanismus war inexistent.[4] Erst nach dem Tode Mao Zedongs 1978 begann sich China vom planwirtschaftlichen Wirtschaftssystem zu lösen und führte 1993 – nach dem Sturz der sog. „Viererbande" – unter Führung von Deng Xiaoping offiziell ein Wirtschaftssystem der sogn. *„sozialistischen Marktwirtschaft"* ein.

Mit Vornahme dieses revolutionären Schritts begann sich das weiterhin kommunistisch regierte China[5] graduell als ein marktwirtschaftliches Wirtschaftssystem zu verstehen,[6] wenn auch eines nach spezifisch chinesischen Mustern.[7] Auch wenn nie ganz klar wurde, was China darunter genau versteht, so ist doch festzustellen, dass die chinesische Regierung in den letzten Jahren im Wettbewerbsbereich einige bemerkenswerte Regelungen in Kraft gesetzt hat. Diesen ist es zu verdanken, dass China heute über eine Art „technische" wirtschaftsrechtliche Infrastruktur verfügt, mit einem Schwergewicht insbesondere im Vertragsrecht, Konkursrecht, Gesellschaftsrecht, Investitionsrecht und Wertpapierrecht. Trotz der erfolgten Neuausrichtung des Wirtschaftssystems hat die chinesische Führung aber immer deutlich gemacht, dass sie auch unter veränderten Rahmenbedingungen ihre wirtschaftliche Gestaltungsfunktion aufrechterhalten und die Entwicklung der Volkswirtschaft nicht allein den Marktkräften überlassen will.[8]

---

4 Vgl. *Wang Xiaoye*, Recent Development in Chinese Antitrust Law, Speech to ABA on October 5, 2004 (www.abanet.org/antitrust/committees/international/international_word_docs/speech_to_aba_on_oct.5.doc).

5 Die chinesische Verfassung führt in Art. 1 bis heute noch folgende Festlegung auf: "The People's Republic of China is a socialist State under the people's democratic dictatorship. The socialist system is the basic system of the People's Republic of China".

6 Die „geplante Warenwirtschaft" wurde schließlich auf dem 14. Nationalen Volkskongress im Oktober 1992 durch das aktuelle Reformziel einer „sozialistischen Marktwirtschaft" ersetzt, welches im März 1993 auch in der chinesischen Verfassung verankert wurde.

7 Art. 15 der 2004 revidierten chinesischen Verfassung lautet: „That State practises socialist market economy".

8 Vgl. dazu *Opper*, Wirtschaftsreform und Beschäftigungswandel in der VR China, Baden-Baden 1999, 72.

III. Wettbewerbsrecht in China

Die chinesische Führung hat in Bezug auf wettbewerbsspezifische Erlasse seit Beginn der 90-er Jahren verschiedene wichtige Regelungen in Kraft gesetzt, so etwa bereits 1993 ein Gesetz gegen den unlauteren Wettbewerb, 1997 ein spezifisches Preisgesetz und am 1. Januar 2000 ein Gesetz über öffentliche Kaufangebote resp. „mergers and acquisitions“. Diesen Gesetzen und einer Reihe von nur provisorisch geltenden administrativen Weisungen war allerdings nur ein mäßiger Erfolg beschieden.[9] Um diese wettbewerbsrechtlich unbefriedigende Situation zu verbessern, führte China auf den 1. August 2008 ein eigentliches „Anti-Monopoly Law“ (AML) ein. Das neue Gesetz bezweckt die Schaffung eines wirtschaftlichen Umfeldes, das frei von monopolitischen Einflüssen ist, die Sicherung und Förderung des Wettbewerbs, die Stärkung der wirtschaftlichen Effizienz, den Schutz der legitimen Rechte und Interessen der Konsumenten, den Schutz des öffentlichen Interesses und eine gesunde Entwicklung der sozialistischen Marktwirtschaft (Art. 1).[10] Mit Ausnahme der letztgenannten Vorgabe sind dies alles gemeinwohlorientierte Zielsetzungen, welche ähnlich auch westlichen Wettbewerbsgesetzen zugrunde liegen.[11]

Das AML, welches sich von seinem Aufbau her wesentlich an deutschen und europäischen Vorbildern orientiert, basiert auf dem heute weltweit verbreiteten Dreisäulenprinzip und kennt damit nebst einem Kartellverbot sowie dem Verbot des Missbrauchs einer marktbeherrschenden Stellung auch eine präventive Fusionskontrolle.

---

9 *Wang Xiaoye*, Recent Development in Chinese Antitrust Law, Speech to ABA on October 5, 2004, www.abanet.org/antitrust/committees/international/international_word_docs/speech_to_aba_on_oct.5.doc, 5 f.

10 „… guarding against or ceasing monopolistic conduct, safeguarding and promoting the order of market competition, improving economic efficiency, protecting the legitimate rights and interests of the consumer, protecting the public interest, and promoting the healthy development of the socialist market economy" (Art. 1).

11 Zum Vergleich: Zielsetzung des schweizerisches Kartellgesetzes ist es „volkswirtschaftlich oder sozial schädliche Auswirkungen von Kartellen und anderen Wettbewerbsbeschränkungen zu verhindern und damit den Wettbewerb im Interesse einer freiheitlichen marktwirtschaftlichen Ordnung zu fördern“ (Art. 1 KG).

IV. Fusionskontrolle

Durch die *Fusionskontrolle* sollen drei Arten von Zusammenschlüssen erfasst werden: die Verschmelzung mehrerer Unternehmen oder der Kontrollerwerb, entweder durch den Erwerb der Aktienmehrheit oder durch sonstigen bestimmenden Einfluss auf das andere Unternehmen (z.B. durch Verträge) (Art. 20 AML).[12] Wie heute allgemein üblich knüpft das Gesetz an Schwellenwerten an, die allerdings nicht im Gesetz selbst genannt werden, sondern deren Festsetzung dem Staatsrat überlassen wurde (Art. 21 AML). Geplante Zusammenschlüsse müssen beim MOFCOM angemeldet werden (Art. 21 AML), wenn keine Ausnahme greift (Art. 22 AML).

Im Rahmen der Überprüfung eines angemeldeten Zusammenschlusses sind Faktoren wie etwa Marktanteile, Konzentrationsverhältnisse auf einem spezifischen Markt, Marktzutrittsschranken, Auswirkungen auf die Konsumenten und die Entwicklung der nationalen Volkswirtschaft sowie weitere, im AML nicht spezifizierte Gesichtspunkte, welche die Wettbewerbsbehörde als sinnvoll erachtet, zu berücksichtigen (Art. 27 AML).[13] Die bereits im Bereich der Fusionskontrolle weitgefassten Ermessenskompetenzen der chinesischen Wettbewerbsbehörde werden noch dadurch vergrößert, als das MOFCOM von einem Verbot Abstand nehmen kann, wenn die involvierten Unternehmen darlegen können, dass entweder die Vorteile des Zusammenschlusses dessen Nachteile überwiegen, oder dass der Zusammenschluss im öffentlichen Interesse ist („is in harmony with the public interest“). Damit wurde offensichtlich bewusst auf eine möglichst klare Trennung zwischen den wettbewerblichen und den nicht-wettbewerblichen Faktoren verzichtet. Entsprechend wurde von Beginn weg von westlicher Seite vielfach befürchtet, dass in der behördlichen Praxis[14] in China das Gemeinwohl resp. nationale Wirtschaftsinteressen wohl eine wichtigere Rolle spielen könnten als dies etwa in der EU oder den USA der Fall ist.

Dass diese Befürchtungen nicht völlig unbegründet waren, zeigt das Beispiel des Zusammenschlusses von Glencore International AG (nachfol-

---

12 Siehe dazu auch etwa *Ritzenhoff* GRUR Int. 2014, 33.

13 Dabei ist allerdings zu beachten, dass die im Jahre 2006 erlassenen Provisions on Acquisition of Domestic Enterprises by Foreign Investors in ihrem fünften Teil („Anti-Monopoly Examination“) entsprechende Kriterien aufstellen, welche für die Anwendung dieses Gesetzes weiterhin Gültigkeit haben.

14 Siehe dazu etwa *Ritzenhoff* GRUR Int. 2014, 33 ff.

gend Glencore) und Xstrata AG (nachfolgend Xstrata), zwei in der Schweiz ansässigen global tätigen Unternehmen.[15] Im Rahmen dieser im Februar 2012 vereinbarten Transaktion kaufte Glencore, einer der weltgrößten Rohstoffhändler, zum Preis von USD 64 Billionen Xstrata, einen der weltweit größten Bergbaukonzerne. Die fusionierte Unternehmung sollte einen der weltgrößten Rohstoffkonzerne bilden mit einem Jahresumsatz von rund 200 Milliarden Dollar, der die gesamte Wertschöpfungskette vom Abbau über den Handel bis zur Lagerung und dem Transport unter einem Firmendach bündelt.

In seinem Entscheid analysierte das MOFCOM jene Marktsegmente im Detail, in welchen die chinesische Wirtschaft besonders dringend auf Importe angewiesen ist, nämlich insbesondere Kupfer, Zinn und Blei. Obwohl das MOFCOM dabei den relevanten geografischen Markt grundsätzlich weltweit definierte, kam es dennoch zum Schluss, dass der chinesische Markt vom Zusammenschluss besonders betroffen sei, da China der grösste Abnehmer von Glencore und ein wichtiger Zielmarkt für die Produkte von Xstrata sei. Basierend darauf kam MOFCOM bei einem Marktanteil des fusionierten Unternehmens in China von weniger als 18 Prozent – etwas überraschend – dennoch zum Ergebnis, dass der geplante Zusammenschluss den Wettbewerb in China unzulässig beschränken würde. Die Behörde sah die Gefahr darin, dass Glencore nach dem Zusammenschluss nicht nur eine verstärkte Kontrolle über die relevanten Rohmaterialprodukte haben würde, sondern dass es dem Unternehmen auch möglich wäre, dadurch eine stärkere vertikale Integration von Produktion, Licferung und Handel vorzunehmen. Zusammen mit einem gestiegenen Marktanteil in den Marktsegmenten Handel und Produktion, hohen Zutrittsschranken und der Möglichkeit, die von Xstrata abgeschlossenen Verträge mit chinesischen Unternehmen neu auszuhandeln und dabei deren schwache Verhandlungsposition auszunützen, kam MOFCOM zum Schluss, dass dies nicht im öffentlichen Interesse Chinas und einer gesunden Entwicklung seiner sozialistischen Marktwirtschaft (Art. 1) liege. Dieses letzte Argument wurde so zwar nicht explizit aufgeführt, steht aber klar im Kontext des Entscheides.

Trotz dieses Befundes wurde der Zusammenschluss am 16. April 2013 von MOFCOM genehmigt, allerdings nur unter Auflagen und Bedingun-

15 Glencore/Xstrata, [2013] MOFCOM Public Announcement No. 20, April 16, 2013.

gen. So etwa bestand MOFCOM u.a. darauf, dass Glencore die große peruanische Kupfermine Las Bambas verkaufen musste. In dieser kühnen Argumentationslinie vermag es dann nur bedingt zu überraschen, dass der Käufer dieser Kupfermine ein staatlich kontrolliertes chinesisches Unternehmen war![16]

V. Chinesische Begründung

Der Entscheid des MOFCOM in Sachen Glencore/Xstrata umfasst 15 Seiten und stellt damit die bisher umfassendste wettbewerbsrechtliche Analyse in der Praxis der Behörde dar. Obwohl MOFCOM damit einen willkommenen Schritt zu mehr Transparenz unternahm, kann die Begründung nicht darüber hinwegtäuschen, dass das Vorgehen von MOFCOM mit Sorge zu betrachten ist. Dies daher, weil bei einem kombinierten Marktanteil des fusionierten Unternehmens Glencore/Xstrata von weniger als 18% keine Wettbewerbsbehörde in der EU oder den USA auf den Gedanken gekommen wäre, die Genehmigung des Zusammenschlusses von Bedingungen und Auflagen abhängig zu machen; der Zusammenschluss wäre schlicht unproblematisch! Nicht so aber in China: Hier waren die Behörden bereit einzugreifen, weil China für das Wachstum seiner Wirtschaft stark von den entsprechenden Rohstoffen abhängt und dieser Wirtschaftsbereich daher als sensitiv gilt. Die chinesischen Behörden äußerten große Bedenken, dass die Fusion den Import von solchen Produkten, namentlich Kupfer, wofür China der weltgrößte Importeur ist, erschweren könnte. Und um dies zu verhindern, war man bereit, dem neuen Unternehmen eine marktmächtige Stellung zuzuschreiben, obwohl wie erwähnt weniger als 18% Marktanteile zur Diskussion standen. Mit diesem Entscheid sollte sichergestellt werden, dass China aus der Fusion keine Nachteile erwachsen. Er zeigt zudem, dass MOFCOM bereit ist, in strategisch wichtigen Märkten das Wettbewerbsrecht ausgeweitet zu interpretieren und mehr industriepolitische und handelspolitische Argumente denn wettbewerbliche Gesichtspunkte zu berücksichtigen.

16 Glencore/Xstrata, [2013] MOFCOM Public Announcement No. 20, April 16, 2013.

VI. Are we trapped?

Auf Drängen der westlichen Regierungen hat China vor ein paar Jahren ein eigenes Wettbewerbsgesetz eingeführt. Dieser Erlass, welcher sich an anerkannten internationalen Standards ausrichtet, war ein mutiger und begrüßenswerter Entscheid der chinesischen Führung und bedeutet einen wichtigen Schritt in Richtung einer voll etablierten Marktwirtschaft. Allerdings zeigen Entscheide wie jener im Falle Glencore/Xstrata, dass China bereit ist, die im Gesetz vorgesehene extraterritoriale Anwendung des Gesetzes (Art. 2 AML) tatsächlich anzuwenden.[17] Diese Regelung, welche sich an entsprechende Bestimmungen etwa in den USA oder der EU anlehnt, bewirkt, dass auch Unternehmen außerhalb Chinas dem chinesischen Wettbewerbsrecht und damit der chinesischen Verwaltung und Justiz mit all ihren möglichen Unwägbarkeiten unterstellt sind, wenn ihre Verhaltensweisen Auswirkungen auf den chinesischen Markt haben. Dass diese Auswirkungen nicht nur wettbewerblicher Art, sondern auch rein industrie- und handelspolitischer Natur sein können, lässt aufhorchen. Entsprechend sollten sich ausländische Unternehmen vom neuen Wettbewerbsgesetz nicht nur Vorteile versprechen, sind es doch gerade sie, welche dank ihren neuen, qualitativ oft überlegenen Produkten relativ schnell der Ausnutzung ihrer marktmächtigen Stellung in China bezichtigt werden könnten, je nachdem wie eng der relevante Markt von den Behörden festgelegt wird. Für diese in der Tendenz protektionistische Praxis können sich die chinesischen Wettbewerbsbehörden auf das im Wettbewerbsgesetz aufgeführte Gemeinwohlverständnis stützen. Verkürzt und zugespitzt gesagt: Wettbewerblich zulässig ist, was Chinas Wirtschaftsinteressen nützt.

Im Ergebnis führt es dazu, dass heute weltweit tätige Unternehmen bei Zusammenschlüssen auf die Zustimmung der chinesischen Wettbewerbsbehörden angewiesen sind. Diese können Bedingungen und Auflagen formulieren, die wenig mit einer möglichen marktmächtigen Stellung des fusionierten Unternehmens, aber sehr viel mit strategischen Interessen Chinas zu tun haben. Und diese Auflagen müssen akzeptiert werden, weil

17 „This Law is applicable to monopolistic conduct in economic activities within the territory of the People's Republic of China. This Law is applicable to monopolistic conduct outside the territory of the People's Republic of China that eliminates or has restrictive effects on competition in the domestic market of the People's Republic of China" (Art. 2).

zum einen es sich heute kein Unternehmen mehr leisten kann, sich aus dem chinesischen Markt zu verabschieden, und zum anderen es gegen den Entscheid von MOFCOM keine wirklichen rechtlichen Möglichkeiten gibt. Solange es in China keine unabhängige Justiz gibt, sollten international tätige Unternehmen in ihren Wirtschaftsaktivitäten dies in Betracht ziehen. Ansonsten gilt: „We are trapped“!

Europäisches Investitionsschutzrecht im Jahre 2015. Oder: Die Balance zwischen Individualrechtsschutz und Gemeinwohlinteressen

Marc Bungenberg

I. Einführung

Eines der strittigsten Themen der zukünftigen Ausgestaltung der vertraglichen gemeinsamen Handelspolitik (GHP) der Europäischen Union ist der Bereich des Investitionsschutzes. Hieran erhitzen sich insbesondere seit Beginn der Verhandlungen eines Transatlantic Trade and Investment Partnership-Abkommens (TTIP) die Gemüter, die Flammen schlagen nunmehr auf das mit Kanada bereits ausgehandelte Comprehensive Economic and Trade Agreement (CETA) über und werden unter Umständen den Gesamtbereich des internationalen Investitionsschutzrechtes erfassen, zudem darf bei dieser „Brandgefahr" nicht vergessen werden, dass EU-Mitgliedstaaten an dem Abschluss von etwa 1500 der bereits abgeschlossenen ca. 3250 internationalen Investitionsschutzabkommen (IIA) beteiligt sind. Deutschland allein – als das Land, aus dem derzeit die wohl stärkste Kritik kommt – hat nicht nur 1959 den ersten „modernen" Investitionsschutzvertrag abgeschlossen, sondern ist darüber hinaus als Vertragspartei an über 140 solcher Verträge beteiligt[1] und insoweit hier (vor China und der Schweiz) „Weltmarktführer". Überraschenderweise wird zu einem Zeitpunkt Kritik an diesem Politik- und Rechtsbereich geübt, an dem eine Neuausgestaltung mit der Chance einer Verbesserung ansteht. Die Kritik jedoch bezieht sich vielfach auf „altes Recht", Reformbestrebungen und -erfolge werden ignoriert. Im Zentrum der aktuellen Diskussionen steht die Frage, wie gleichzeitig Individualrechtsschutz sichergestellt und weiterhin Gemeinwohlinteressen durch Staaten verfolgt werden können.

Die Europäische Union hat die Chance, durch einen jedenfalls aus EU-mitgliedstaatlicher Sicht umfassenden Neuansatz – zusammen mit den an-

1 S. hier die Aufstellung unter http://unctad.org/Sections/dite_pcbb/docs/bits_germany.pdf.

deren wirtschaftspolitischen Schwergewichten China und USA – die Zukunft des Investitionsschutzrechtes mitzubestimmen. Dies gilt es im Nachfolgenden zu skizzieren; letztlich kommt der Politik in den kommenden Jahren die Aufgabe zu, trotz sicher weiter starker – und teilweise falscher – Kritik, für diesen Neuansatz zu werben.

II. Die Ausgangslage: Eine Neuordnung von Organ- und Verbandskompetenzen im Investitionsschutzrecht

Der Vertrag von Lissabon hat bekanntlich nicht nur der EU die langersehnte (ausschließliche) Kompetenz über Direktinvestitionen beschert, sondern darüber hinaus auch dem Europäischen Parlament (EP) ein umfassendes Mitentscheidungsrecht in nahezu allen Fragen der GHP gebracht und letztere auf die Verfolgung von in Art. 21 EUV gelisteten allgemeinpolitischen Zielen verpflichtet.[2] Seit dem Inkrafttreten des Lissabonner Vertrages prägen daher diese weitreichenden Modifikationen der verfassungsrechtlichen Ausgangslage in der GHP deren Neustrukturierung. Hinzu kommt die derzeit vielbeschriebene Multilateralismuskrise als Folge des Scheiterns der Doha-Runde sowie die Vielzahl von laufenden Vertragsverhandlungen von neuen EU-Freihandelsabkommen.[3]

Mit der vertikalen Kompetenzverschiebung kommt es nunmehr der EU zu, Investitionsschutzabkommen zu verhandeln und hier neue Konzepte zu erarbeiten.[4] Das EP fordert insbesondere die Einbeziehung von sozialen und ökologischen Gesichtspunkten in alle neuen Abkommen unter Hinweis auf sein Vetorecht. Die Kommission hat diese horizontale Kompetenzverschiebung und neue Stärke des Parlaments bei allen Verhandlungen und Politikbereichsneuausgestaltungen zu berücksichtigen – zusätzlich zu den Vorstellungen, die insoweit der Rat als quasi-Sprachrohr der Mitgliedstaaten äußert. Insoweit geht es also bei der „neuen" EU-Investitionsschutzpolitik nicht nur um eine zukünftige Berücksichtigung der bisherigen mitgliedstaatlichen Praxis – verbunden mit einer „Anreicherung" als Reaktion auf die jüngere Praxis sowie auch um solche Punkte, die früher

---

2 Hierzu *Bungenberg* EuR-Beiheft 1/2009, 195 ff.

3 Der aktuelle Stand ist jeweils abrufbar unter http://trade.ec.europa.eu/doclib/docs/2006/december/tradoc_ 118238.pdf.

4 Für eine umfassende Analyse vgl. u.a. die Beiträge in Bungenberg/Reinisch, The Anatomy of the (Invisible) EU Model BIT, Special Issue JWIT 2014.

wegen der komplexen Kompetenzaufteilung zwischen Mitgliedstaaten und EU nicht Bestandteil von IIAs sein konnten, etwa Fragen des Marktzugangs[5] – sondern zugleich auch um die Einbeziehung von parlamentarischen Anliegen, die gemeinhin als sehr verbraucher- bzw. allgemeinwohlorientiert gelten. Die Kommission muss also – bei teilweise diametral entgegengesetzter Interessenlage – zugleich Mitgliedstaaten und Parlament gerecht werden und dabei noch als kompetenter Verhandlungspartner gegenüber u.a. den USA, Kanada, China, Japan und Indien auftreten. Eine nicht zu unterschätzende Aufgabe also!

III. Individualrechtlicher Investitionsschutz aus Gemeinwohlgesichtspunkten

Die Verankerung von Investitionsschutzgarantien in völkerrechtlichen Verträgen wird vielfach als Neokapitalismus bezeichnet. Hierbei wird allerdings unterschlagen, dass der Investitionsschutz zumindest zunächst auch eine starke entwicklungspolitische Komponente innehatte. Die Präambeln einer großen Anzahl von IIAs weisen darauf hin, dass *„die Anregung, die Förderung und der Schutz dieser (Kapital-)Anlagen dazu beitragen werden, die wirtschaftliche Initiative der Investoren zu beleben und den Wohlstand der beiden Staaten zu mehren“* (so das deutsch-chinesische BIT von 2003).[6] Ging es zunächst darum, Investoren aus Industriestaaten eine Absicherung für Investitionen in risikoreiche und insbesondere politisch instabile – und daher vielfach auch unterentwickelte – Staaten zur Verfügung zu stellen und zu Gunsten dieser Staaten damit auch einen Kapitalzufluss anzukurbeln, so wird heute zusätzlich auch in „Nord-Nord-Abkommen“, d.h. zwischen Industrienationen, der Investitionsschutz als notwendige Ergänzung von Handelskapiteln angesehen. So stellt im Staatenwettbewerb um das beste ökonomische System ein Investor-Staat-Streitbeilegungsverfahren (ISDS) einen Faktor der Förderung von wirt-

---

5 Vgl. etwa Article X.4. CETA Investment Text; hierzu *Shan/Zhang*, in: Bungenberg/Reinisch, The Anatomy of the (Invisible) EU Model BIT, Special Issue JWIT 2014, 422 ff.

6 „Abkommen zwischen der Bundesrepublik Deutschland und der Volksrepublik China über die Förderung und den gegenseitigen Schutz von Kapitalanlagen“ vom 1.12.2003, BGBl. II 2005, 732 ff.

schaftlicher Attraktivität dar.[7] Zudem ist es den Wirtschaftsmächten EU, USA und Kanada durch die Entwicklung einer gemeinsamen Position im Rahmen von Abkommen auch möglich, Impulse für eine auch gemeinwohlorientierte Ausgestaltung dieser Schutzsysteme zu geben.

IV. Die Gefahr eines Regulatory Chill durch Individualrechtsschutz

Vielfach wird in der aktuellen Diskussion argumentiert, dass der Investitionsschutz zu einem Regulatory Chill führe, zu einer Hemmung nationaler Gesetzgebung insbesondere in den Bereichen Sozialstandards, Verbraucher-, Umwelt- und Gesundheitsschutz allein durch die Androhung von Investor-Staat-Schiedsverfahren;[8] hierzu werden (derzeit noch nicht entschiedene) Klagen wegen des deutschen Atomausstiegs, Fracking-Moratorien und des Verbots von Tabakwerbung angeführt. Hier ist allerdings beachtlich, dass in weniger als einem Drittel der bisherigen Verfahren ein Urteil zu Gunsten der klagenden Investoren ergangen ist;[9] in nur den allerwenigsten Fällen wurden staatliche Legislativakte von privaten Unternehmen erfolgreich angegriffen. Westliche Industriestaaten sind bislang nur in sehr wenigen Fällen – nämlich willkürlicher Ungleichbehandlung oder Enteignungsmaßnahmen – unterlegen gewesen, da rechtsstaatlich orientierten Staaten nur ganz ausnahmsweise diskriminierende, unfaire oder unausgewogene Maßnahmen ohne finanzielle Ausgleichs- oder Entschädigungsregelung vorgeworfen werden. In eben diesen Fällen wäre es auch wahrscheinlich gewesen, dass die Investoren vor nationalen Gerichten genauso erfolgreich gewesen wären. Die Gefahr eines Regulatory Chill besteht jedenfalls in rechtsstaatlich ausgerichteten Jurisdiktionen nicht wirklich.

---

7 *Bungenberg* KSzW 2011, 116; *ders.*, in: Herrmann/Terhechte, European Yearbook of International Economic Law 2010, 123.

8 S. etwa *van Harten*, Investment Treaty Arbitration and Public Law, Oxford 2007.

9 Vgl. *Credibility International*, Study of Damages in International Center for the Settlement of Investment Disputes Cases, June 2014, 1, 6,.

V. Schaffung eines rechtsstaatlichen Investor-Staat-Streitverfahrens

In den derzeitigen öffentlichen Diskussionen wird vielfach das (Sonder-)Klagerecht für Unternehmen angeprangert und auf die „Problematik“ von „Sondergerichten“ hingewiesen. Dabei wird in der Grundüberlegung vernachlässigt, dass in einem marktwirtschaftlichen System die Einräumung von freiheitlichen Schutzstandards ein Kernelement darstellt, das durchsetzbar sein muss. Nicht nur viele der seitens Deutschlands in der Vergangenheit abgeschlossenen IIAs sehen ISDS vor, auch ca. 90 % aller weltweit abgeschlossenen Abkommen[10] wie auch alle offiziellen Unionsdokumente zur Ausgestaltung zukünftiger EU-IIAs sehen ISDS vor;[11] die USA und Kanada haben hier dieselbe Position. Selbst hochentwickelte Rechtssysteme in Kanada, den USA und den meisten EU-Mitgliedstaaten garantieren nämlich nicht, dass durch nationale Gerichte mit staatlich verursachten nichtkommerziellen Beeinträchtigungen ausländischer Investoren immer in nichtdiskriminierender und fairer Art und Weise umgegangen wird. Hier stellt ISDS eine letzte Gewähr von Rechtsschutz sicher. Daher muss in der Diskussion beachtet werden, dass verschiedene EU-Mitgliedstaaten auf Korruptions- und Rechtsstaatlichkeitsindices niedrig gelistet sind – auch die Kommission selbst kritisiert beispielsweise immer wieder die Ausgestaltung und das Funktionieren des Justizsystems in Bulgarien und Rumänien. Zudem schließen neuerdings EU-Abkommen vereinzelt ihre unmittelbare Anwendbarkeit ausdrücklich aus – ein Investitions(schutz)kapitel ist aber sinnlos, wenn mangels unmittelbarer Anwendbarkeit im nationalen Recht[12] Einzelpersonen keine Klagemöglichkeiten vor nationalen Gerichten haben und es zudem im Abkommen keinen internationalen Streitbeilegungsmechanismus gibt.

---

10 *Pohl* u.a., Dispute Settlement Provisions in International Investment Agreements, OECD Working Papers on International Investment, No. 2012/2, November 2012, 11.

11 Rat der Europäischen Union, Conclusions on a comprehensive European international investment policy, 3041st Foreign Affairs Council Meeting, Punkt 18; Mitteilung der Kommission vom 7.7.2010, Auf dem Weg zu einer umfassenden europäischen Auslandsinvestitionspolitik, KOM(2010) 343 endg., Punkt 3; Entschließung des Europäischen Parlaments vom 6. April 2011 zur künftigen europäischen Auslandsinvestiti-onspolitik (2010/2203(INI)); *Rat,* Directives for the negotiation on the Transatlantic Trade and Investment Partnership between the European Union and the United States of America, 17 Juni 2013, Punkt 23.

12 CETA Text, Chapter on Dispute Resolution, Article 14.16: „Private Rights“.

Die europäische Investitionsschutzpolitik scheint um einen verstärkten Rule of Law-Ansatz im ISDS-Bereich stark bemüht zu sein. Die Gefahr einer inkonsistenten und unvorhersehbaren Schiedsrechtsprechung wird möglicherweise zukünftig über die Einführung einer zweiten Instanz, etwa durch einen festen Streitschlichtungskörper oder Gerichtshof, behoben werden. EU-Abkommen werden auf Grund einer Bindung an die neuen UNCITRAL Arbitration Rules 2013[13] schließlich neue Maßstäbe im Bereich der Transparenz setzen: Schiedssprüche und alle relevanten Schriftsätze und Verhandlungsprotokolle sind zu veröffentlichen. Anhörungen und Verhandlungen sollen grundsätzlich öffentlich sein, interessierte Verfahrensbeteiligte werden mittels Amicus Curiae-Briefs Stellung nehmen können.[14] Offen ist hier allerdings, inwieweit insbesondere nach dem jüngsten EuGH-EMRK-Gutachten[15] eine autonome Investitionsschiedsgerichtsbarkeit mit dem durch den EuGH beanspruchten Auslegungsmonopol vereinbar sein soll.

VI. Die Konkretisierung der individualrechtlichen Schutzstandards und das Right to Regulate aus allgemeinpolitischen Gründen

Investitionsschutzrechtliche Schutzstandards wollen, ebenso wie im nationalen Recht die Grundrechte oder im Unionsrecht die Grundfreiheiten (und Grundrechte), bestimmte staatliche Maßnahmen, wie entschädigungslose, diskriminierende und willkürliche Enteignungen von Auslandsinvestitionen sowie Verletzungen von Grundsätzen der Fairness und Gleichbehandlung verhindern. Investoren sollen grundsätzlich fair und gerecht behandelt werden. So gibt es im Investitionsschutzrecht die Grundsätze und Schutzstandards der fairen und gerechten Behandlung (FET), des Verbots diskriminierender Behandlung durch Meistbegünstigung (MFN) und Inländerbehandlung sowie des vollen Schutzes und der Sicherheit. Diese Kernstandards sind der den Ausländern nach Völkergewohnheitsrecht geschuldeten Behandlung ähnlich, ebenso lassen sie sich im Grundsatz auch dem nationalen wie europäischen Verfassungsrecht ent-

---

13 Vgl. Article 33 CETA Text on Investment, UNCITRAL, Report of Working Group II (Arbitration and Conciliation) on the work of its fifty-eighth session (New York, 4-8 February 2013), A/CN.9/765.

14 Vgl. Article 35 CETA Text on Investment.

15 EuGH, Gutachten 2/13 v. 18. Dezember 2014.

nehmen. Sie inkorporieren rechtsstaatlich orientierte, aber unbestimmtere völkergewohnheitsrechtliche Konzepte in Völkervertragsrecht.[16]

Tatsächlich beinhalten völkervertragliche Verpflichtungen – und nichts anderes sind IIAs – eine gewisse Beschränkung staatlicher Souveränität. Gleichzeitig ist es aber bereits in der Vergangenheit sehr selten der Fall gewesen und zukünftig noch unwahrscheinlicher, dass die genannten Standards geeignet sind, staatliche Regulierungssouveränität („right to regulate") unangemessen zu beeinträchtigen.

Zwar hat es zunächst einige – und immer wieder zitierte – Fälle gegeben, in denen vornehmlich auf die Beeinträchtigung wirtschaftlicher Interessen der Investoren abgestellt wurde. Zunehmend scheinen aber die Investitionsschiedsgerichte bemüht, einen gewissen Interessenausgleich herzustellen und auch die politischen Beweggründe für bestimmte staatliche Maßnahmen, die Investitionen betreffen, in ihre Gesamtbewertung miteinzubeziehen. Hier ist zudem zu berücksichtigen, dass die derzeitige Entscheidungspraxis vielfach auf den „älteren" IIAs der EU-Mitgliedstaaten basiert, die relativ strenge Schutzstandards und nur wenige Ausnahmevorschriften vorsehen.

Eine besondere Berücksichtigung des „right to regulate" aus allgemeinpolitischen Gründen wird durch die EU-Institutionen gefordert.[17] So kann es gerade in Bezug auf das „right to regulate" als große Chance angesehen werden, dass die mitgliedstaatlichen BITs zukünftig durch EU-Abkommen abgelöst werden sollen, so auch die Abkommen zwischen EU-Mitgliedstaaten und Kanada durch das CETA, die neun mit den USA abgeschlossenen Abkommen durch das TTIP und die 27 Abkommen mit China durch ein neues EU-China-Investitionsschutzabkommen. Mit diesen EU-Abkommen würde die in bisherigen mitgliedstaatlichen IIAs bestehende Unbestimmtheit der Schutzstandards, die Schiedsgerichten einen relativ weiten Beurteilungsspielraum gibt, durch Klarstellungen und Präzisierungen des Enteignungs-, FET- und MFN-Standards reduziert.

Staatliche Regulierungsinteressen finden bereits in den Präambelerwägungen des CETA wie auch des Singapur-EU-FTA-Textes Erwähnung.

---

16 Hierzu: *Hobe*, in: Bungenberg/Griebel/Hobe/Reinisch, Handbook on International Investment Law, Baden-Baden 2015.

17 Entschließung des Europäischen Parlaments vom 6.4.2011 zur künftigen europäischen Auslandsinvestitionspolitik; Mitteilung der Kommission, Auf dem Weg zu einer umfassenden europäischen Auslandsinvestitionspolitik, KOM(2010) 343 endg., S. 12 f.

Die im CETA enthaltene Präzisierung des Enteignungsbegriffs erkennt das staatliche „right to regulate“ ausdrücklich an und stellt klar, dass nichtdiskriminierende Maßnahmen, die legitimen allgemeinpolitischen Zielsetzungen dienen – wie dem Gesundheits- oder Umweltschutz oder dem Schutz der öffentlichen Sicherheit – keine indirekten Enteignungen darstellen. Zudem wird eine Verhältnismäßigkeitsprüfung in den Tatbestand eingeführt, wenn nämlich überzogene staatliche Regelungen tatbestandlich doch als indirekte Enteignungen zu qualifizieren sind.[18] Auch die neuartige Definition des FET-Standards macht diesen berechenbarer. Er wird nunmehr z.B. im CETA konkretisiert, die wichtigsten durch die Rechtspraxis entwickelten Fallgruppen werden ausdrücklich anerkannt.[19] Allerdings besteht damit zugleich die Gefahr, dass dieser Schutzstandard seine „Dynamik“ und Flexibilität verliert. Der MFN-Standard gibt den Vertragsstaaten auf, ausländischen Investoren auf seinem Staatsgebiet dieselben Begünstigungen zukommen zu lassen, die Investoren aus Drittstaaten genießen. Nicht erstreckt wird der Meistbegünstigungsgrundsatz nunmehr auf prozessuale Fragen,[20] was seit der *Maffezini*-Entscheidung[21] hoch umstritten gewesen ist. Auch wird die Einbeziehung von sog. *Umbrella Clauses* von der Rechtspraxis mit dem jeweiligen Verhandlungspartner abhängig gemacht.

Mit dieser in den neuen Abkommen vorgesehenen Schutzstandardkonkretisierung ist sichergestellt, dass Staaten ihre Regulierungsfreiheit beibehalten. Zudem wird im CETA wie auch im Singapur-Abkommen der EU vorgesehen, dass die staatlichen Vertragsparteien durch für die Schiedsgerichte verbindliche Interpretationen sicherstellen können, dass sie normative Kontrolle über die Auslegung der Abkommen haben. Schließlich sind prozedurale Elemente in das CETA aufgenommen worden um sicherzustellen, dass Investitionsschiedsgerichte Staaten nicht dazu zwingen können, von staatlicher Regulierung in einer bestimmten Richtung abzusehen. So können Schiedsgerichte nur monetäre Kompensation anordnen, nicht aber zu einem bestimmten tatsächlichen oder gesetzgeberischen Verhalten verpflichten.

---

18 Annex Article X.11 CETA Investment Text.

19 Article X.9 CETA Investment Text.

20 Article X.8 CETA Investment Text.

21 *Maffezini v. The Kingdom of Spain*, ICSID Case No. ARB/97/7, Decision on Objections to Jurisdiction, 25.1.2000.

VII. Die Aufladung des Investitionsschutzrechtes mit allgemeinpolitischen Zielen

Durch die „Politisierung“ auch der GHP wird es zu einer Implementierung von allgemeinpolitischen Zielsetzungen wie Umwelt- und Menschenrechtsschutz auch in das europäische Investitionsschutzrecht kommen. Gem. Art. 21 EUV sollen die Werte der EU zum Modell der internationalen Beziehungen gemacht werden. Dem unionalen Verfassungsrecht ist damit ein ausdrücklicher Auftrag zu einer bi- und multilateralen werteorientierten Weltordnungspolitik der EU zu entnehmen. Diese wird vom EP auch für die neue EU-Investitionsschutzpolitik eingefordert.[22] So verlangt das Parlament die Begünstigung von Investoren, „*die nachhaltig und umweltfreundlich sind (insbesondere in den mineralgewinnenden Sektoren) und gute Arbeitsbedingungen in den Unternehmen fördern, in die die Investitionen fließen*“, und „*fordert die Kommission auf, in alle künftigen Abkommen einen Verweis auf die aktualisierten OECD-Leitsätze für multinationale Unternehmen aufzunehmen.*“[23] Auch finden sich in den ersten EU-Abkommen Vorschriften, die verhindern sollen, dass Sozial- und Umweltvorschriften verwässert werden, um Investitionen anzuziehen.

VIII. Fazit

Investitionsförderung und -schutz sind seit langer Zeit grundlegender Bestandteil der Völkerrechtsordnung und finden sich bereits in über 3200 bi- und plurilateralen Abkommen. Die EU-Kommission hat offenbar die Kritik am bestehenden System ernst genommen und versucht, in den laufenden Verhandlungen Antworten zu finden und zugleich teilweise entgegengesetzten Forderungen von EP und Mitgliedstaaten gerecht zu werden. Die konkrete Ausgestaltung des Schutzes ausländischer Investoren erfährt eine „neue Balance“ zwischen Investorenschutz und staatlicher Souveränität insbesondere durch die stärkere Betonung einer staatlichen Regulierungsmöglichkeit aus allgemeinpolitischen Gründen („right to regulate“). Es gelingt der Kommission insoweit bereits, einen eigenständigen, sich von ihren Mitgliedstaaten unterscheidenden, modernen Neuansatz dieses Politikbereichs zu entwickeln. Noch ist hier aber erst ein Teil der Arbeit

---

22 Vgl. Entschließung des Europäischen Parlaments, 2010/2203(INI), Punkt 27 ff.

23 Vgl. Entschließung des Europäischen Parlaments, 2010/2203(INI), Punkt 27.

getan. Zusammen mit den USA sowie mit den parallel mit der Volksrepublik China laufenden Verhandlungen über ein Investitionsschutzabkommen kann die EU in diesem Bereich die Weichen für die Zukunft stellen und die Inhalte einer neuen Generation von Abkommen beeinflussen. Insbesondere ein Investitionsschutzkapitel in einem Handelsabkommen zwischen der EU und den USA wird eine hohe Signalwirkung für die Weiterentwicklung des gesamten internationalen Investitionsschutzrechtes haben und solche Standards wie die, auf die sich diese beiden Parteien einigen, werden auch das Modell für anschließende Verhandlungen beider mit Drittstaaten darstellen.

Investorenschutz und Gemeinwohl in der Europäischen Union – Die Rechtsdurchsetzung zwischen Privatinitiative und öffentlichem Interesse

Thomas Wiedmann

Sind Investoren auf private Schiedsgerichte angewiesen? Die Frage hat zu Debatten in deutschen Talkshows geführt. In Österreich haben 500 000 Leser der Kronen Zeitung dazu eine eindeutige Meinung geäußert. Ebenso wie 150 000 Bürger und Organisationen europaweit, die sich an der Online-Konsultation der Europäischen Kommission zu dem geplanten Freihandelsabkommen mit den USA (TTIP) beteiligt haben. Private Schiedsverfahren gegen Staaten gefährden den Rechtsstaat und die Demokratie, so die landläufige Kritik. Wenn das Volk sich empört wie über TTIP, bleibt das nicht ohne Wirkung. Regierungen und Parlamente in Europa haben sich von den Investitionsschutzregelungen in TTIP und CETA, einem vergleichbaren Abkommen mit Kanada, schon distanziert.

Im internationalen Investitionsschutzrecht war es bislang weithin anerkannt, dass zum Investorenschutz Investor-Staats-Schiedsgerichte gehören. Rechte laufen leer, wenn es keine Möglichkeit zur ihrer Durchsetzung gibt. Ausländische Unternehmen können sich aber nur bedingt vor den Gerichten des Gaststaates wehren, wenn dessen Behörden sie entgegen internationalen Regeln diskriminieren, exzessiv besteuern oder enteignen. Deshalb gestatten ihnen die rund 3000 Abkommen, in denen sich Staaten gegenseitig den Schutz ihrer Investoren zusichern, bei Verstößen vor Schiedsgerichten zu klagen. Dazu zählen auch die 1400 Verträge, welche die EU Mitgliedstaaten abgeschlossen haben, darunter rund 200 untereinander. Auch der Vertrag über die Energiecharta, ein Handels- und Investitionsschutzabkommen im Energiebereich, sieht Schiedsgerichte für Investitionsstreitigkeiten vor.

Ob die Investor-Staats-Schiedsgerichtsbarkeit (ISDS), wenn sich Volkes Zorn wieder gelegt hat, noch eine Zukunft hat, wird sich zeigen. Die Frage nach den Alternativen stellt sich jedoch schon heute. Dies gilt für die internationalen Verhandlungen, die durch die öffentliche Empörung über ISDS schwer belastet sind. Erst recht stellt sich die Frage für die Europäische Union und ihre innere Rechtsordnung. In dieser ist kein Raum für internationalen Investitionsschutz durch Investor-Staats-Schiedsgerichte, wie ihn auch die 200 Investitionsförderabkommen vorsehen, die noch immer zwischen den 28 Mitgliedstaaten in Kraft sind. Die Gründe, jenseits aller Bedenken in Bezug auf Demokratie und Rechtsstaatlichkeit, sollen hier nur angedeutet werden: Die Schutzstandards international-rechtlicher Abkommen überschneiden sich mit Binnenmarktvorschriften; die Schiedsgerichte, die sie anwenden, unterliegen nicht der Kontrolle der europäischen Gerichte, die allein dazu berufen sind, über Rechte und Pflichten der Mitgliedstaaten im Binnenmarkt zu urteilen. Die sog. Intra-EU-Investitionsförderverträge müssen darum aufgehoben werden, wie die Europäische Kommission dies fordert. Sie wurden noch geschlossen, als zumindest eine der Vertragsparteien noch nicht der EU angehörte. Mit dem EU Beitritt sind sie obsolet geworden. Oder etwa doch nicht?

Zweifel verlauten nicht nur aus Mitgliedstaaten, die an den Investitionsförderverträgen mit ihren EU-Partnern nach wie vor festhalten. Auch die Investoren wollen offensichtlich nicht auf Schiedsgerichte verzichten. Die Zahl der Investor-Staats-Schiedsgerichtsverfahren hat in den letzten Jahren stetig zugenommen. Die internationalen Schiedsgerichte gelten vielen als das einzig neutrale Forum für internationale Streitigkeiten, dazu noch als schneller, effizienter und kompetenter als die staatlichen Gerichte. Damit aber stellt sich die Frage, ob grenzüberschreitende Investitionen ohne Schiedsgerichte tatsächlich angemessenen Schutz finden.

I. Haben Investoren ausreichenden Rechtsschutz?

Die europäischen Verträge garantieren jedem Einzelnen Investitions- und Niederlassungsfreiheit, Arbeitnehmerfreizügigkeit und Eigentumsschutz. Die Durchsetzung dieser Rechte haben sie in erster Linie der Europäischen Kommission überantwortet (Art. 17 Abs. 1 EUV). Zu diesem Zweck kann die Kommission Vertragsverletzungsverfahren einleiten und vor dem Europäischen Gerichtshof Klage erheben, sollte ein Mitgliedstaat seinen vertraglichen Verpflichtungen nicht nachkommen (Art. 258 AEUV).

Auch Private können ihre Ansprüche aufgrund europäischen Rechts einklagen. 1963 schrieb der Gerichtshof in Van Gend & Loos europäischen Normen direkte Wirkung zu. Er hielt die Initiative Privater für unerlässlich zur Durchsetzung europäischen Rechts: „Die Wachsamkeit der an der Wahrung ihrer Rechte interessierten Einzelnen stellt eine wirksame

Kontrolle dar, welche die durch die Kommission … ausgeübte Kontrolle ergänzt“. Schon in seinen frühen Entscheidungen jedoch hat der Gerichtshof den Unterscheid hervorgehoben zwischen Verfahren, welche von Privaten eingeleitet werden, und Verfahren der Kommission. Die Klagen Einzelner zielten auf den Schutz ihrer Rechte in einem Einzelfall. Demgegenüber bezwecke das Vertragsverletzungsverfahren der Kommission, die allgemeine und einheitliche Beachtung des EU-Rechts sicherzustellen (Rechtssache 28/67, Molkerei-Zentrale). Das bedeutet, die Kommission handelt im „allgemeinen“ Interesse und nicht notwendigerweise auch im Interesse Einzelner. Der Vertrag räumt ihr dabei Ermessen ein. Individuelle Ansprüche, ein Vertragsverletzungsverfahren gegen einen Mitgliedstaat einzuleiten, bestehen daher nicht.

Nicht nur weil das Vertragsverletzungsverfahren in erster Linie dem öffentlichen Interesse dient, kann es „private“ Rechtsschutzmittel nicht ersetzen. Es ist auch nicht für den Individualrechtsschutz ausgelegt. Der Europäische Gerichtshof trifft in diesem Verfahren lediglich die Feststellung, ob eine Vertragsverletzung vorliegt oder nicht. Weder kann er vertragswidrige Maßnahmen der Mitgliedstaaten aufheben, noch Einzelnen Schadensersatz zusprechen. Dazu sind allein die nationalen Gerichte aufgrund nationalen Rechts in der Lage. Artikel 19 Absatz 1 EUV verlangt daher: "Die Mitgliedstaaten schaffen die erforderlichen Rechtsbehelfe, damit ein wirksamer Rechtsschutz in den vom Unionsrecht erfassten Bereichen gewährleistet ist."

Private sind damit weitgehend darauf angewiesen, ihre Ansprüche aus EU-Recht – etwa aus den Grundfreiheiten oder dem Gebot der Inländergleichbehandlung - vor den nationalen Gerichten geltend zu machen. Gewiss sind nationale Gerichte zugleich europäische Gerichte. Der Europäische Gerichtshof hat sie in diese Pflicht genommen. Seit er europäischen Regeln direkte Wirkung zuerkannte, sind die nationalen Gerichte nicht nur in der Lage, sondern auch verpflichtet, Vorschriften des EU Rechts, soweit sie sich dafür eignen, direkt anzuwenden. Dennoch unterscheiden sich die nationalen Gerichte vom EuGH. Sie sind, selbst wenn sie europäisches Recht anwenden und als europäische Gerichte fungieren, an die nationalen Verfahren gebunden und in ihrer nationalen Rechtskultur und Tradition verwurzelt.

Aus der Sicht des internationalen Investitionsschutzrechts ist dies unbefriedigend. Dieses zeichnet ein gewisses Misstrauen gegenüber nationalen Gerichten aus. Ausländische Investoren treibt seit je die Sorge um, vor den Gerichten des Gaststaates einen schweren Stand zu haben, wenn dessen

Gesetze oder Behörden ihre Investitionen gefährden. International hat sich darum der Standard durchgesetzt, Streitigkeiten zwischen Investoren und einem Staat nicht allein vor dessen Gerichten auszutragen. Daher rühren auch die Zweifel, ob die mitgliedstaatlichen Gerichte ausreichenden Investitionsschutz garantieren. Kaum jemand spricht es aus, aber gemeint sind vor allem die Gerichte in einigen süd- und osteuropäischen Ländern. Sind die mitgliedstaatlichen Gerichte wirklich willens und in der Lage, Investorenrechte aus den EU-Grundfreiheiten notfalls auch gegen nationale Gesetze zur Geltung zu bringen? Werden sie dem ausländischen Investor Entschädigung zusprechen für unverhältnismäßige Eingriffe in das Eigentum?

Gewiss, Investoren geht es da nicht anders als anderen Privatrechtssubjekten. Wer sich als Einzelner auf die Freiheiten und Rechte der europäischen Verträge berufen will, bleibt auf nationale Rechtsbehelfe angewiesen. Nicht immer hat sich dieses Prinzip bewährt. Wie dieser Beitrag zeigen will, gibt es durchaus Grund, auch über Investorenschutz nachzudenken.

II. Verschiedene Ansätze, Defizite nationaler Rechtsbehelfe zu beheben

In ganz unterschiedlichen Bereichen trat bereits zutage, dass die nationalen Rechtsbehelfe nicht immer geeignet sind, europäisches Recht wirksam zur Geltung zu bringen. Immer wieder sah sich der europäische Gesetzgeber darum zu Vorgaben für die Durchsetzung europäischer Normen veranlasst. Nur selten verfolgten die bisherigen Initiativen allerdings auch den Schutz von Investoren. Der Schutz des geistigen Eigentums etwa zählt dazu. Die Richtlinie 2004/48/EG zur Durchsetzung der Rechte des geistigen Eigentums verlangt von den Mitgliedstaaten, effektiven Rechtsschutz gegen Produktnachahmung und Produktpiraterie vorzusehen. Darüber hinaus werden Patente den Schutz durch eine einheitliche und spezialisierte Gerichtsbarkeit genießen, sobald das Patentgericht auf der Grundlage der 2012 unterzeichneten internationalen Vereinbarungen errichtet sein wird. Zahlreicher finden sich Vorgaben für den nationalen Rechtsschutz in anderen, nicht direkt dem Investitionsschutz zurechenbaren Bereichen.

1. EU-Regeln mit Anforderungen an nationale Rechtsbehelfe

Im Vergaberecht erwies es sich als unbefriedigend, dass die frühen Richtlinien aus den 1970er Jahren keine Regelungen zu ihrer „tatsächlichen Anwendung“ trafen. Nicht in allen Mitgliedstaaten standen Bietern Rechtsmittel gegen willkürliche Entscheidungen der öffentlichen Auftraggeber zur Verfügung. Darum führte die sog. Rechtsmittelrichtlinie 89/665/EWG detaillierte Vorgaben für die Überprüfung der Auftragsvergabe ein. Die Richtlinie verlangt insbesondere, dass Vergabeentscheidungen "effektiv” und “so schnell als möglich" überprüft werden können, verschiedene Formen vorläufigen Rechtsschutzes, die aufschiebende Wirkung von Rechtsmitteln, die effektive Durchsetzung von Rechtsmittelentscheidungen, die Unabhängigkeit der Nachprüfungsinstanzen, angemessene Qualifikationen ihrer Mitglieder, bis hin zu Schadensersatzansprüchen für geschädigte Bieter.

Auch im Umweltrecht sah sich der europäische Gesetzgeber zu einer Reihe von verfahrensrechtlichen Vorgaben veranlasst. So forderte er Informationsrechte für die „betroffene Öffentlichkeit“, insbesondere Umweltschutzorganisationen. Diese müssen nach besonderen Vorgaben an Umweltgenehmigungsverfahren beteiligt werden. Bei Richtlinienverletzungen müssen ihnen Anfechtungs- und Unterlassungsklagen vor Gericht offenstehen. Die entsprechenden Verfahren müssen "fair, gerecht, zügig, und nicht übermäßig teuer durchgeführt“ werden (Richtlinie 2003/35/EG).

Noch weitergehende Verfahrenseingriffe finden sich im EU-Wettbewerbsrecht. Seine Durchsetzung übernahm die Europäische Kommission zunächst selbst. Dazu wurde sie mit weitreichenden Befugnissen ausgestattet. Die „Brüsseler Wettbewerbshüter“ können nicht nur eigene Ermittlungen durchführen und dazu Durchsuchungen bei Unternehmen vornehmen. Sie können auch Bußgelder verhängen. Im Zuge der Dezentralisierung von 2003 wuchs auch den nationalen Wettbewerbsbehörden und Gerichten Verantwortung für die europäische Wettbewerbsaufsicht zu. Die Kommission selbst beschränkt sich seither auf Fälle, denen sie unionsweite Bedeutung zumisst. Jedoch übertrug die Verordnung des Rates 1/2003 nicht Kompetenzen von der Kommission auf die nationalen Behörden, ohne beide Seiten zur Zusammenarbeit und gegenseitigen Unterrichtung zu verpflichten. Mehr noch: Sie ermächtigte die Kommission, in nationalen Gerichtsverfahren zu intervenieren und sogar Fälle an sich zu ziehen. Nationale Gerichte sind in ihren Entscheidungen weitgehend an Stellungnahmen der Kommission gebunden.

Auch im Bereich des Verbraucherschutzes setzt der europäische Gesetzgeber seit langem prozessuale Standards. Die ersten Vorgaben stammen aus dem Jahr 1998. Die Richtlinie über Unterlassungsklagen zum Schutz von Verbraucherrechten (2009 neugefasst) schreibt den Mitgliedstaaten vor, die notwendigen Stellen und Rechtsschutzverfahren zum Schutz kollektiver Verbraucherinteressen vorzusehen. 2004 gelangte der europäische Gesetzgeber zu dem Schluss, dass die nationalen Rechtsschutzverfahren den Herausforderungen des Binnenmarktes nicht gerecht wurden. Die Schwierigkeiten bei der Rechtsdurchsetzung untergrüben das Vertrauen der Verbraucher in grenzüberschreitende Geschäfte, heißt es im zweiten Erwägungsgrund der Verordnung 2006/2004/EG. Die Verordnung schreibt den Mitgliedstaaten vor, Stellen zu benennen, die für die Durchsetzung von Verbraucherrechten zuständig sind, miteinander kooperieren und über ausreichende Ermittlungs- und Durchsetzungsbefugnisse verfügen.

2. Nationale Gerichte auf dem Prüfstand der EU-Institutionen

Die Liste von Anforderungen an nationale Rechtsmittel gegen die Verletzung europäischen Rechts ließe sich noch verlängern. Sie reicht von allgemeinen Rechtsbehelfsvorgaben nach der Berufsanerkennungsrichtlinie 2005/36/EG bis hin zu den sehr detaillierten Verfahrens- und Rechtsbehelfsgarantien der Asylverfahrensrichtlinie 2013/32/EU. Interessant ist jedoch, dass neuerdings die mitgliedstaatlichen Gerichtsbarkeiten insgesamt, das heißt nicht nur in Bezug auf einzelne Politikbereiche, auf den Brüsseler Prüfstand kamen. Die nationalen Gerichte gerieten ins Visier der Kommission und des Rates, weil sie vielerorts Mängel aufweisen. Sie werden darum ihrer Aufgabe als Unionsgerichte nicht voll gerecht. Auf dem Spiel steht das Vertrauen in die europäische Rechtsordnung insgesamt. Damit unmittelbar zusammen aber hängt die wirtschaftliche Leistungsfähigkeit der EU. Seit 2012 kommt daher der Qualität und Unabhängigkeit der nationalen Gerichte Priorität im Rahmen des Europäischen Semesters zu, der jährlichen wirtschaftspolitischen Koordinierung der EU.

Schon zwei Mal, 2013 und 2014, hat die Kommission ein sog. EU-Justizbarometer veröffentlicht. Es liefert Daten zur Effizienz, Qualität und Unabhängigkeit der mitgliedstaatlichen Gerichte. Die Ausgabe 2014 hebt hervor, dass entsprechende Erhebungen notwendig sind wegen der Bedeutung der Justiz für das Wirtschaftsumfeld und das Investitionsklima. Eine gut funktionierende Justiz bildet einen starken Anreiz für Investitionen und Beschäftigung, heißt es dort weiter. Das Justizbarometer verweist dazu auf Studien des Internationalen Währungsfonds, der Europäischen Zentralbank, der OECD, der Weltbank und anderer Institutionen.

Wie die Justizbarometer 2013 und 2014 zeigen, geben die mitgliedstaatlichen Justizsysteme Anlass zur Sorge. Im Mittelpunkt der Ausgabe 2014 stehen die Zivil-, Handels- und Verwaltungsgerichtsverfahren. Danach stellen überlange Verfahrensdauern, geringe Fallabschlussquoten sowie die große Zahl anhängiger Verfahren viele Mitgliedstaaten vor erhebliche Herausforderungen. Auch die Qualifikationen der Richter weisen Defizite auf. Fortbildungsbedarf sieht das Justizbarometer 2014 namentlich im Europarecht und im ausländischen Recht. Schließlich hat sich die Unabhängigkeit der Gerichte in mehreren Mitgliedstaaten in der öffentlichen Wahrnehmung verschlechtert. Zwar findet sich die Hälfte der Mitgliedstaaten noch immer im oberen Drittel der Weltrangliste. Sechs von ihnen rangieren allerdings in der unteren Hälfte.

Die in den Justizbarometern zu Tage getretenen Mängel veranlassten den Rat schon 2013 und erneut 2014, gegenüber zehn Mitgliedstaaten Empfehlungen zur Verbesserung der Effizienz, Qualität oder Unabhängigkeit ihrer Justizsysteme auszusprechen (Bulgarien, Spanien, Ungarn, Italien, Lettland, Malta, Polen, Rumänien, Slowenien und Slowakei). Unter besonderer Aufsicht stehen ohnehin das bulgarische und das rumänische Justizwesen. Sie erfüllten 2007 nicht die Beitrittsanforderungen der EU. Im Rahmen des sog. Kooperations- und Überprüfungsmechanismus stellte die Kommission seither wiederholt Korruption und politische Einflussnahme auf die Richter fest, zuletzt in ihren Berichten an das Europäische Parlament und den Rat vom Januar 2014.

III. Der Auftrag zu leichterem Zugang zum Recht und zur Förderung alternativer Streitbeilegung

Grenzüberschreitende Rechtsstreitigkeiten stellen die nationalen Justizsysteme vor besondere Herausforderungen. Sie erfordern Kenntnisse des internationalen, europäischen und nationalen Rechts. Die Verfahren ziehen sich länger hin und werden teurer als in rein nationalen Fällen. Der Europäische Rat hat seit langem auf die Probleme grenzüberschreitender Verfahren in Zivil- und Handelssachen hingewiesen. Er forderte leichteren Zugang zur Justiz und alternative Methoden der Streitbeilegung. Der letzte

Auftrag dazu findet sich im Stockholmer Programm 2009. Darin heißt es: "Der Zugang zum Recht im europäischen Rechtsraum muss erleichtert werden, besonders bei grenzüberschreitenden Verfahren. Gleichzeitig müssen weitere Anstrengungen unternommen werden, alternative Methoden der Streitbeilegung zu verbessern."

Die europäischen Institutionen sind diesem Auftrag nachgekommen. Regeln über die internationale Zuständigkeit der Gerichte und die Vollstreckung ausländischer Entscheidungen, die grenzüberschreitende Zustellung und Beweisaufnahme, Prozesskosten, Mahnverfahren oder Verfahrenserleichterungen bei geringfügigen Forderungen haben den grenzüberschreitenden Rechtsschutz erheblich erleichtert. Hinzu kamen in neuerer Zeit gesetzliche Maßnahmen zur Förderung alternativer Streitbeilegung (ADR). Zu nennen sind hier etwa die Mediationsrichtlinie 2008/52/EG und die Verbraucher-ADR-Richtlinie 2013/11/EU. Letztere wird ergänzt durch die Verordnung 524/2013/EU über online-Streitbeilegung für Verbraucher, die dabei hilft, die zuständige ADR-Stelle zu finden.

Auffallend ist, dass zum Investorenschutz bislang keine entsprechenden Initiativen unternommen wurden. Die genannten Maßnahmen beschränken sich weitgehend auf das Zivil- und Handelsrecht. Investoren, deren Rechte durch nationale Behörden beschnitten werden, sind aber in der Regel auf den Verwaltungsrechtsweg verwiesen. Hier fehlt es bislang nicht nur an entsprechenden europäischen Initiativen; das Nachdenken darüber hat noch kaum begonnen. Dass die nationalen Verwaltungsgerichtsbarkeiten den europäischen Gesetzgeber bislang nur in wenigen Spezialgebieten auf den Plan gerufen haben, überrascht. Denn ihre allgemeine Bedeutung für die Anwendung des EU-Rechts steht jener der Zivil- und- Handelsgerichtsbarkeit in nichts nach. Die Herausforderungen grenzüberschreitender Verfahren sind dieselben.

IV. Eine rechtspolitische Überlegung

Anleger, die im Ausland investieren, gehen dort oft höhere Risiken ein als im Inland. In der fremden Rechtsordnung fällt es noch schwerer als zuhause abzuschätzen, wie die rechtlichen Rahmenbedingungen sich entwickeln und inwieweit gegebenenfalls Rechtsschutz gewährleistet ist. Vor allem kleine und mittlere Unternehmen stellt dies vor Herausforderungen. Investoren genießen von EU-Rechts wegen freien Kapitalverkehr und die Niederlassungsfreiheit. Doch müssen sie diese Freiheiten vor den Behörden und Gerichten des Gaststaates einfordern, ohne dass ihnen der Rechtsweg zum Europäischen Gerichtshof offen stünde. Das Vertrauen in die europarechtlichen Freiheiten würde gestärkt, wenn die EU nicht nur Rechte, sondern auch Rechtsschutz bieten könnte. So fielen Investitionen im Ausland leichter, würden europäische Vorgaben garantieren, dass Eingriffe in den freien Kapitalverkehr, etwa Enteignungen, „effektiv“ und „so schnell als möglich" von unabhängigen Instanzen überprüft werden und Entschädigungsansprüche nach sich ziehen können. Gerade kleine und mittlere Unternehmen könnten ihre Rechte gegenüber den Behörden des Gastlandes leichter einfordern, würden EU-Vorschriften für „faire, gerechte und nicht übermäßig teure“ Verwaltungs- und Gerichtsverfahren sorgen, die Kommission notfalls zu Interventionen in nationalen Gerichtsverfahren ermächtigen, die Behörden des Gaststaates zur Kooperation mit den Behörden des Herkunftsstaates verpflichten oder alternative Methoden zur Beilegung von Investor-Staatsstreitigkeiten zur Verfügung stellen. Der europäische Gesetzgeber würde damit weniger ein Sonderrecht für Investoren schaffen, wie dies den Investitionsförderverträgen vorgeworfen wird. Er würde vielmehr im Investitionsschutz nachholen, was er anderswo längst für notwendig angesehen hat.

Beteiligung des Deutschen Bundestages oder des Europäischen Parlaments bei der Auswahl von Schiedsrichtern in Investor-Staat-Schiedsverfahren (ISDS)

*Heribert Hirte**

Einleitung

Juristenausbildung war das Thema, das den Verfasser dieser Zeilen über viele Jahre hinweg in der gemeinsamen Arbeit mit *Peter-Christan Müller-Graff* im „Ständigen Ausschuss" des Deutschen Juristen-Fakultätentages beschäftigt hat. Und da hätte es durchaus nahelegen, hier auch dieses Thema aufzuspießen – zumal die Diskussion um die Reform der Juristenausbildung so alt ist wie die Juristenausbildung selbst.

Der geneigte Leser dieses Werkes würde Ausführungen zu diesem Fragenkreis aber an dieser Stelle wohl eher nicht erwarten. Und deshalb soll hier ein Problem aus dem Bereich des internationalen Wirtschaftsrechts aufgegriffen werden, und damit aus dem Feld, das *Müller-Graff* und der Unterzeichner mit unterschiedlicher Schwerpunktsetzung in den letzten Jahren wissenschaftlich begleitet haben[1] – und für das der Unterzeichner jetzt auch in der parlamentarischen Arbeit (mit) verantwortlich zeichnet:

In der öffentlichen Diskussion um das europäisch-amerikanische Freihandelsabkommen TTIP (aber auch andere) stößt die beabsichtigte Zuweisung etwaiger Streitigkeiten an Schiedsgerichte, das sogenannte „Investor-Staat-Schiedsverfahren", auf besondere Kritik.

Zunächst einmal ist dies gerade in Deutschland besonders gut verständlich: Denn das Vertrauen der Deutschen in ihre Justiz und ihren Rechtsstaat ist groß, und ebenso groß ist – jedenfalls bei vielen Bürgern – das

---

* Die Ausführungen gehen in Teilen zurück auf einen Blog-Beitrag des Verfassers in den „Unternehmensrechtlichen Notizen" am 21.9.2014 (http://notizen.duslaw.de/ttip-schiedsverfahren-bundestag-koennte-bundesrichter-zu-schiedsrichtern-waehlen/).

1 Zu ISDS siehe kürzlich etwa *Müller-Graffs* Überlegungen bei der Lecture auf der Conference on the Relation between the EU and Central Asia in Almaty am 28. August 2014 (http://iep-berlin.de/wp-content/uploads/2014/10/Lecture_M%C3%BCller-Graff.pdf).

Vertrauen darauf, dass der Staat eine Aufgabe besser bewältigen kann als Private. Gleichzeitig handelt es sich aber bei den aus Freihandels- bzw. Investitionsschutzabkommen folgenden Streitverfahren um komplexe (und zudem sehr umfangreiche) wirtschaftsrechtliche Streitigkeiten auf höchstem Niveau – und zudem mit grenzüberschreitendem Bezug. Wirtschafts- und völkerrechtliche und insbesondere wirtschaftswissenschaftliche Kenntnisse gehören aber (leider) nicht zum Standardrepertoire vieler deutscher Richter, und die Justizverwaltungen tun sich auch schwer damit, die erforderlichen Ressourcen, etwa in Form von Schulungen, bereitzustellen. Das hat etwa die Diskussion um die jüngste Insolvenzrechtsreform gezeigt. Was rechtsvergleichende oder gar fremdsprachliche Arbeit in der deutschen Justiz angeht, sieht es nicht viel besser aus. Zudem sind deutsche Zivilgerichte schon heute an der Kapazitätsgrenze angelangt – der durchschnittliche Landrichter hat deutlich mehr als 100 Verfahren auf seinem Schreibtisch liegen. Man kann sich also vorstellen, mit welcher Begeisterung (und Intensität) ein transnationales Verfahren mit einem Aktenumfang von mehreren Umzugskisten von einem einzelnen (möglicherweise frisch von der Universität kommenden) Richter bearbeitet werden wird. Wenn man trotz eines solchen Befundes großes Vertrauen in die wirtschaftsrechtliche und internationale Kompetenz deutscher Gerichte hat, wäre die Ausklammerung einer einheitlichen Neuregelung von internationalen Schiedsgerichtsverfahren aus den Abkommen zu vertreten – aber sollte auch auf eine künftig bessere finanzielle Ausstattung hoffen lassen.

Wer aber Schiedsverfahren für ein europäisch-amerikanisches Freihandelsabkommen ablehnt, übersieht noch mehr: Zum einen wären in einem solchen Fall auf europäischer Seite ja nicht nur die hoch angesehenen und trotz der genannten Vorbehalte durchaus gut qualifizierten deutschen Gerichte zu Urteilen berufen, sondern gleichermaßen auch die aller anderen europäischen Mitgliedstaaten. Hier gibt es aber durchaus Staaten und Regionen, in denen Qualität und Ausstattung der Justiz auch auf absehbare Zeit nicht mit der unsrigen vergleichbar sind. Beispielsweise vermeiden selbst wohlmeinende (Nord-)Italiener das Prozessieren an süditalienischen Gerichten, es sei denn, sie suchen einen Weg zur Rechtsverweigerung. Wer sich im europäisch-amerikanischen Kontext daher gegen Schiedsverfahren wendet, mutet dem „anderen Teil“ eine erhebliche Rechtsunsicherheit zu – und muss sich der Konsequenzen dieser Forderungen daher auch bewusst sein. Ein klar reguliertes System von einheitlichen Schiedsgerichtsverfahren kann hingegen gleiche Standortbedingungen in ganz Europa bedeuten.

Zum Zweiten: Es ist nachvollziehbar, den eigenen Justizstandort gegen eine Aushöhlung durch Schiedsgerichte verteidigen zu wollen. Aber das muss dann selbstverständlich in beide Richtungen gelten. Deutsche (und europäische) Unternehmen wären daher spiegelbildlich verpflichtet, ihre Ansprüche und Forderungen wegen Verletzungen des Freihandelsabkommens vor nationalen und regionalen US-Gerichten durchzusetzen. Das wäre vielen Amerikanern sicher willkommen, da es keinem Amerikaner in den Sinn käme, die mangelnde Rechtsstaatlichkeit der eigenen Justiz in Frage zu stellen. Nur: Wer jemals vor US-Gerichten geklagt hat, weiß, welchen Aufwand und welche Kosten dies mit sich bringt. Eine Erstattung der Prozesskosten des obsiegenden Teils in einem Verfahren etwa gibt es in den Vereinigten Staaten grundsätzlich nicht.[2] Zudem ist eine gewisse Tendenz zur Stärkung des „eigenen Standortes" in Urteilen bei grenzüberschreitenden Sachverhalten – denken wir nur an Ausschreibungsverfahren, bei denen im ersten Durchgang europäische Firmen gewonnen hatten, dieses Ergebnis aber später revidiert wurde (Stichwort Tankflugzeuge für die US Air Force) – nicht zu verhehlen. Wer also in Europa streitenden amerikanischen Unternehmen die deutsche (bzw. europäische) Justiz "anbietet", muss wissen, dass er damit spiegelbildlich deutschen (und europäischen) Unternehmen die lokale US-Justiz "zumutet". Wirtschaftliches Verständnis mag dort durchaus mehr als in deutschen Gerichten vorhanden sein, aber rechtsvergleichendes Verständnis oder gar Fremdsprachenkenntnis sind dort (noch) weniger vorhanden als in europäischen Gerichten. Auch darf nicht vergessen werden, dass Richter in den USA häufig direkt vom Volk gewählt werden und sich daher (auch) ihren Wählern direkt verpflichtet fühlen. Zudem ist es nicht auszuschließen, dass ein Prozess am Ende vor einem der einzelstaatlichen Gerichte verhandelt wird, die in Sachen Protektionismus durchaus einen „guten Ruf" haben.

Die einfache "Verteufelung von Schiedsverfahren" für die Bewältigung von Streitigkeiten im Zusammenhang mit Freihandelsabkommen hilft aber nicht weiter. Was wir brauchen, ist ein Ansatz, der die teilweise durchaus berechtigten Bedenken gegen solche Verfahren aufgreift und andererseits einen für die Investoren auf beiden (!) Seiten des Atlantiks verlässlichen Rechtsrahmen bereit hält. Die EU-Kommission ist, wie die von Ende März bis Ende Juni 2014 durchgeführte öffentliche Konsultation zeigt,

2 *Alyeska Pipeline Serv. Co. v. Wilderness Soc'y*, 421 U.S. 240, 247, 95 S.Ct. 1612, 1616 (1975); dazu BGH Urt. v. 4.6.1992 – IX ZR 149/91 = WM 1992, 1451, 1457.

hierfür offen und will entsprechende Anregungen in die weiteren Verhandlungen einfließen lassen.[3] Einen ersten Eindruck davon vermittelt das von der EU-Handelskommissarin *Malmström* im Frühjahr 2015 eingebrachte Konzeptpapier, in welchem sie erste Reformbemühungen bezüglich der Richterauswahl, der Transparenz der Verfahren und der Forderung nach einem festen internationalen Handelsgerichtshof vorstellt.[4] Ebenso hat das Europäische Parlament in seinem Entschließungsantrag vom 8. Juli 2015 seine Forderungen nach Änderungen bei den Verhandlungszielen bekundet, was der vielseitigen Kritik Rechnung trägt.[5]

II. Bundesrichter als Schiedsrichter in ISDS-Verfahren

1. Grundfragen (bei ausschließlicher Beteiligung der Bundesrepublik Deutschland)

a) Als „vermittelnder Ansatz" hierfür bietet sich zunächst an, in die vorgeschlagene Liste von Schiedsrichtern seitens Deutschlands nur *deutsche Berufsrichter* – besser noch nur Bundesrichter – zu *wählen*. Das könnte unschwer durch den Deutschen Bundestag erfolgen, wo es für die Wahl der Bundesrichter und Bundesverfassungsrichter einen bewährten gesetzlichen Rahmen gibt. Rechtlich ließe sich das im entsprechenden Begleitgesetz zur Ratifikation des Abkommens regeln, möglicherweise sogar, ohne

---

3 Arbeitsunterlage der Kommissionsdienststellen, Öffentliche Online-Konsultation zum Investitionsschutz und zur Investor-Staat-Streitbeilegung (ISDS) im Rahmen des Abkommens über die transatlantische Handels- und Investitionspartnerschaft (TTIP) SWD(2015) 3 final vom 13.1.2015 (http://trade.ec.europa.eu/doclib/docs/2015/march/tradoc_153302.pdf). Zu weiteren Verbesserungsmöglichkeiten der Blog-Beitrag des Verfassers im Handelsblatt-Rechtsboard „Investor-Staat-Schiedsgerichte: Vorlagerecht zu BGH und EuGH einführen!" am 6.12.2014 (http://blog.handelsblatt.com/rechtsboard/author/hirte/).

4 *Cecilia Malmström*, "Concept Paper – Investment in TTIP and beyond – the path for reform" vom 6.5.2015 (http://trade.ec.europa.eu/doclib/docs/2015/may/tradoc_153408.PDF).

5 Entschließung des Europäischen Parlaments vom 8. Juli 2015 mit den Empfehlungen des Europäischen Parlaments an die Kommission zu den Verhandlungen über die Transatlantische Handels- und Investitionspartnerschaft (TTIP) (2014/2228(INI)) (http://www.europarl.europa.eu/sides/getDoc.do?pubRef=-//EP//TEXT+TA+P8-TA-2015-0252+0+DOC+XML+V0//DE&language=DE).

dass es dafür einer ausdrücklichen „Öffnung" im Abkommen selbst bedürfte.

Dabei wird selbstverständlich nicht verkannt, dass der Staat schon jetzt im Rahmen der Auswahl des von ihm zu benennenden Schiedsrichters mitwirkt, allerdings nur seitens der Exekutive. Zudem hat er keinen bzw. nur einen äußerst indirekten Einfluss auf den „Pool" von Schiedsrichtern, aus dem ein für das konkrete Verfahren zu bestimmender Schiedsrichter ausgewählt werden kann.

Entscheidend bei diesen Überlegungen ist es, die demokratische Legitimation der Schiedsgerichte zu stärken, auch wenn das Verfahren durch die Ratifikation der zugrundeliegenden völkerrechtlichen Abkommen schon heute grundsätzlich demokratisch legitimiert ist. Deshalb steht dem Ansatz nicht entgegen, dass deutsche Bundesrichter zur Zeit möglicherweise nicht über ausreichende Sprach- und/oder völkerrechtliche Kenntnisse verfügen, um eine solche Tätigkeit zu übernehmen (was auch ein Grund dafür sein könnte, dass Bundesrichter bislang von der Bundesregierung noch nie als Schiedsrichter vorgeschlagen wurden, obwohl diese Möglichkeit grundsätzlich auch heute schon besteht). Denn es stünde dem Deutschen Bundestag selbstverständlich frei, das Richterwahlrecht so anzupassen, dass nur die ausdrücklich auch als ISDS-geeignet angesehenen Bundesrichter in den speziellen ISDS-Pool einbezogen werden, so wie er selbstverständlich auch um solche Personen ergänzt werden kann, die bislang nicht Berufsrichter sind (insbesondere Rechtsanwälte). Gerade der Notwendigkeit ausreichender Sprachkompetenz insbesondere in den ICSID-Sprachen Englisch, Französisch und Spanisch) ließe sich so leicht Rechnung tragen.

Für das Ziel, die demokratische Legitimation der von der „eigenen Seite" vorgeschlagenen Schiedsrichter zu stärken, ist es selbstverständlich ohne Belang, ob dies auch seitens der von der „anderen Seite" vorgeschlagenen Schiedsrichter gilt: Denn es ist – plastisch ausgedrückt – nicht unsere Aufgabe, die Demokratie in den Vereinigten Staaten von Amerika zu verbessern ….! Die Bestellung der „eigenen" Schiedsrichter stärkt im Übrigen indirekt auch die demokratische Legitimation der Schiedsgerichtsvorsitzenden. Denn diese werden im Zusammenwirken der beiden von den Verfahrensbeteiligten nominierten Schiedsrichter benannt. Wenn auf wenigstens einer Seite die Macht eines Schiedsrichters (stärker) vom Parlament abgeleitet ist, wird eben dieser auch bei der Bestellung des Vorsitzenden stärker auf eine entsprechende Rückbindung an die Volksvertretung achten. Verfahrensverzögerungen sind (selbstverständlich) durch eine solche Einbindung des Parlaments nicht zu befürchten: Denn bei der vorgeschlagenen parlamentarischen Beteiligung handelt es sich bei der Einbindung des Parlaments nach dem EUZBBG[6] um eine solche im „Innenverhältnis".

b) Richtig ist allerdings, dass deutsche Bundesgerichte schon heute häufig an ihrer Kapazitätsgrenze arbeiten. Deshalb stellt sich die Frage nach freien *Kapazitäten* und nach der Deckung der entstehenden *Kosten*. Was zunächst die Kapazitätsseite angeht, dürfte eine Lösung in der Form naheliegen, dass ein aus dem gewählten ISDS-Pool zu bestellender Schiedsrichter, der bislang Bundesrichter ist, für die Dauer des Verfahrens an der Ausübung seiner bisherigen richterlichen Tätigkeit gehindert ist, insoweit also der Vertretungsfall eintritt. Es bedürfte also nicht etwa der Einrichtung eigener Stellen, zumal sich ISDS-Verfahren bislang nicht gerade häufig ergeben haben (Deutschland wurde erst zwei Mal verklagt). Je nach zu erwartender Verfahrenslänge könnte dann für die Vertretung des zum Schiedsrichter bestellten Bundesrichters ein neuer Bundesrichter aus dem Kreis der vom Deutschen Bundestag bereits gewählten Richter vorzeitig ernannt werden. Die Kosten für die schiedsrichterliche Tätigkeit würden selbstverständlich im Verhältnis zu den Parteien nach den Verfahrensregeln der einschlägigen Schiedsordnung abgerechnet werden; ein vom Deutschen Bundestag gewählter Richter hätte das entsprechende Entgelt aber an die Staatskasse abzuführen, weil sie ihrerseits seine Alimentation durch die weiterlaufende Richterbesoldung sicherstellt.

Um die Attraktivität einer solchen Tätigkeit für staatliche Richter zu steigern, wäre die (befristete) Einordnung des betreffenden Richters in eine höhere Besoldungsgruppe denkbar, auch um zu verhindern, dass der von deutscher Seite benannte Richter nicht „auf gleicher Augenhöhe" mit dem von der anderen Partei benannten Richter stünde. Andererseits müsste eine mögliche Pensionierung für die Zeit eines Verfahrens hinausgeschoben werden.

c) Manche der vorgenannten Schwierigkeiten tauchen nicht auf, wenn – was nach dem hier favorisierten Ansatz durchaus möglich ist – *pensionierte Richter oder andere Personen (insbesondere Rechtsanwälte)* in den Pool gewählt werden, die keine hauptberuflichen Richter sind. Bei pensionierten Richtern könnte sich dann allerdings die Frage stellen, ob sie allein aufgrund ihrer bisherigen Tätigkeit ausreichende Expertise für die Mitwir-

6 Gesetz über die Zusammenarbeit von Bundesregierung und Deutschem Bundestag in Angelegenheiten der Europäischen Union vom 4. Juli 2013 (BGBl. I S. 2170).

kung in einem ISDS-Verfahren mitbringen. Bei anderen Juristen könnten sich demgegenüber möglicherweise Interessenkonflikte ergeben, während umgekehrt eine größere Erfahrung bei der Mitwirkung in (internationalen) Schiedsverfahren eher sichergestellt wäre.

Das braucht hier nicht entschieden zu werden: Denn es wäre nach dem hier vertretenen Konzept eine Entscheidung des Gesetzgebers und des Richterwahlausschusses des Deutschen Bundestages, welches Anforderungsprofil für die Mitwirkung an einem ISDS-Schiedsverfahren aufgestellt wird. Dass ISDS-qualifizierte Anwälte (bzw. Juristen) in Deutschland nach vielfach vertretener Auffassung derzeit rar sind, ist daher kein Argument: Denn es läge in der Hand des Deutschen Bundestages, sich auf die bislang mit diesen Verfahren befassten Personen zu beschränken oder auch andere – vielleicht weniger erfahrene – in den „Pool" einzubeziehen. Und in einem zweiten Schritt läge es in den Händen der konkreten Verfahrenspartei, welchen Schiedsrichter aus dem demokratisch legitimierten Pool er tatsächlich für „sein Verfahren" auswählt.

2. Schiedsverfahren unter Beteiligung der Europäischen Union

Bei den vorstehenden Überlegungen stand die Frage im Mittelpunkt, wie bei einem *mit der Bundesrepublik Deutschland* geschlossenen Investitionsschutzabkommen die demokratische Legitimation der Schiedsrichter durch Einbeziehung des Deutschen Bundestages verbessert werden könnte. Steht demgegenüber ein Abkommen in Rede, bei dem die Europäische Union auch (so im Falle eines „gemischten Abkommens") oder ausschließlich Vertragspartner ist, liegen die Dinge komplizierter, vor allem wenn nur Deutschland als einer von 28 Mitgliedstaaten der Europäischen Union auf eine solche Beteiligung drängen sollte.

Sicher ist dabei im Ausgangspunkt, dass die Benennung EU-weit einheitlich geregelt werden müsste. Im Übrigen ist sowohl denkbar, die Benennung der Schiedsrichter dem Europäischen Parlament zu überlassen wie auch, (sämtliche) nationalen Parlamente zu einer solchen Benennung zu ermächtigen – wobei dies wiederum sowohl alternativ als auch kumulativ denkbar ist. In diesem Fall müsste im Sinne der Gleichberechtigung aber wohl jedenfalls jedem Mitgliedstaat ein Vorschlagsrecht eingeräumt werden. Ob alle Mitgliedstaaten hier brauchbare Vorschläge einreichen können (oder wollen), ist dabei ohne Belang; denn es gibt (selbstverständlich) keinen Zwang, von der Möglichkeit einer Beteiligung Gebrauch zu machen.

Der Deutsche Bundestag könnte eine solche Parlamentsbeteiligung – welcher Art auch immer – bei einem „gemischten Abkommen“, das der Ratifikation durch das deutsche Parlament bedarf, zur Vorausssetzung der Ratifikation machen. Im Übrigen könnte er der Bundesregierung nach § 8 EUZBBG[7] entsprechende Verhandlungsvorgaben machen.

3. *Bestellung des Vorsitzenden*

Gelingt die Bestellung eines Schiedsrichters bzw. die Einigung auf einen Vorsitzenden in einem TTIP betreffenden Verfahren nicht, bietet sich die Einbeziehung der beiden Institutionen an, welche auf beiden Seiten des Atlantiks geschaffen wurden, um das Vertrauen in die Justiz in grenzüberschreitenden Sachverhalten sicherzustellen. Das ist auf der europäischen Seite der Europäische Gerichtshof, dessen Ziel es ja gerade ist, durch Einbeziehung von Richtern aus ganz Europa ein von Nationalismus und Protektionismus freies und einheitliches europäisches Recht zu erhalten. Auf der anderen Seite ist dies die US-amerikanische Bundesgerichtsbarkeit mit dem US Supreme Court an ihrer Spitze, welche schon länger auf amerikanischem Boden ähnliche Ziele verfolgt. Natürlich könnten die entsprechenden Entscheidungen über mögliche Schiedsrichter auch an einzelne Kammern delegiert werden. Eine Richterbestellung für Streitigkeiten aus einem europäisch-amerikanischen Freihandelsabkommen ist daher in den gemeinsamen Händen dieser beiden hochangesehenen Institutionen – etwa in Form eines Euro/US-Supreme Court für Wirtschaftsrecht gut vorstellbar. Das hohe Vertrauen in das eigene Justizsystem, die Souveränität der Staaten und der notwendige Investorenschutz ließen sich auf diese Weise miteinander versöhnen. Und selbstverständlich ließen sich diese Institutio-

---

7 § 8 EUZBBG lautet auszugsweise:
(2) Gibt der Bundestag eine Stellungnahme ab, legt die Bundesregierung diese ihren Verhandlungen zugrunde. […]
(4) Macht der Bundestag von der Gelegenheit zur Stellungnahme gemäß Artikel 23 Absatz 3 Satz 1 des Grundgesetzes Gebrauch, legt die Bundesregierung in den Verhandlungen einen Parlamentsvorbehalt ein, wenn der Beschluss des Bundestages in einem seiner wesentlichen Belange nicht durchsetzbar ist. […]“.

nen im Rahmen eines denkbaren Instanzenzuges auch weitergehend zur Kontrolle etwaiger Schiedssprüche einbeziehen.

III. Zusammenfassung

Durch die Einbeziehung des Deutschen Bundestages (bzw. auf europäischer Ebene u.U. des Europäischen Parlaments) in den Prozess der Auswahl und Bestellung von Schiedsrichtern im Rahmen von ISDS-Schiedsverfahren könnte der Kritik an der fehlenden demokratischen Legitimation der bestellten Schiedsrichter in einem entscheidenden Punkt der Boden entzogen werden. Technisch wäre ein solcher Schritt – zumindest teilweise – auch für den nationalen Gesetzgeber alleine umsetzbar. Einige Fingerzeige für die Ausgestaltung einer solchen Parlamentsbeteiligung sollten die vorstehenden Überlegungen geben – und es wird mit Spannung zu beobachten sein, ob sich die eine oder andere dieser Überlegungen beim Erscheinen dieses Buches schon hat durchsetzen können – oder nicht. *Peter-Christian Müller-Graff* wird es sicher aufmerksam beobachten.

The Dispute Settlement System of the WTO: A Bright Picture with a Few Dark Spots

Claus-Dieter Ehlermann

Already in the very first years of its existence, the Dispute Settlement Understanding (DSU) was qualified as the "Jewel in the Crown" of the WTO. Several Director-Generals of the WTO have used this expression, notably Pascal Lamy. Academic publications frequently refer to it, most recently Michael Trebilcock in his Robert Hudec Public Lecture in Bern.

However, today, the qualification "Jewel in the Crown" seems to be used less often than in the past. Perhaps, this may be because the DSU is no longer a novelty, but a familiar part of the WTO. Perhaps this is to avoid quarrels with the critics of the WTO jurisprudence, who do not agree with certain reports on the use of trade defence instruments. Pure speculation may even lead to the thought that less praise for the DSU attenuates psychologically the appalling lack of equilibrium between the judicial and the political branch of the WTO.

The lack of equilibrium is obvious: On the one hand, we have the highly efficient DSU – with its panels and the Appellate Body, adopting reports – if necessary by a majority of two to one; on the other hand, there is the ministerial conference composed of 160 Member States operating, in practice, only by consensus. On the first point, it is useful to recall two sentences of the so-called Sutherland Report of 2005. First: "The current WTO dispute settlement procedures … are to be admired and are a very significant step forward in the general system of rules-based international diplomacy." And second: "By most accounts, and most measures, the operation of the dispute settlement system in the WTO has been a remarkable success." To which James Bacchus, a former Member and Chairman of the AB adds: "Today, WTO law is seen worldwide as one of the main sources of international law. In fact, WTO dispute settlement may well have produced more new international law in the form of international jurisprudence in the past two decades than all the other proliferating sources of international law combined."

However, the lack of equilibrium between the judicial and the political branches of the WTO is dangerous. I have already stressed this while I was still a Member of the AB. The concern has been expressed most powerfully in the Farewell Speech of former AB Member David Unterhalter. It is worthwhile to read Unterhalter's full text. Here, I will just quote three key sentences: "Adjudication is robust when it lives in a dynamic relationship with legislative competence. If too much rests upon dispute settlement, the system gets out of kilter, and the atrophy of one part of the system ultimately takes hold of everything else. …[I]t is important to recognize that the system is fragile: its success depends upon its utility to the membership; and it will develop only if the WTO project as a whole does so."

Views of the consequences of the weakness of political decision making on the DSU might differ. But everybody will agree that this weakness has major consequences for RTAs. The number and importance of RTAs has dramatically increased, i. a. because of the incapacity of the WTO to decide politically. The fate of the DOHA Round and the latest blockage of the Draft Bali package are a vivid demonstration of this incapacity.

The current debates on FTAs between the EU and Canada and the USA have led me to reflect about the risks, which the more and more refined dispute settlement mechanisms of RTAs present for the DSU. Fortunately, my initial fears seem to be unjustified. Modern FTAs of the EU demonstrate that the EU takes great care to respect the DSU as well as the findings of panels and the AB. More generally, a recent study of the WTO shows that RTA partners continue to be frequent users of the DSU to resolve their trade disputes, including those that could have been brought under the mechanisms established in their RTAs. Academic literature has identified a host of reasons which explain the attraction the DSU offers compared with similar mechanisms of RTAs. Some authors go so far as to plead for the use of WTO panels and the AB to settle disputes arising under RTAs – an apparent analogy with the possibility offered through "Enhanced Cooperation" in the EU. Such a system of "Organleihe" would certainly be desirable, but this is highly unlikely to be accepted by at least some of the major Members of the WTO.

While competition with RTAs and their dispute settlement is not a threat for the WTO, increased workload would become so, at least for the AB. The largest part of the AB's Annual Report for 2013 is devoted to this problem. The number of *parties* involved, and *claims* raised, in an average WTO dispute has more than doubled since the early years of the WTO. Disputes involving more than one *complainant* have become a frequent occurrence. The number of *third* parties has also increased, to an average of slightly less than ten per dispute. The number of *claims* raised is, in many cases, between 10 and 20. The increased workload of panels is reflected in the workload of the AB. Appeals involve more *participants* and *third participants* as well as a higher number of *issues*. All this has been compounded by an increase in the factual complexity of disputes and is reflected in longer panel and AB reports.

There is nothing abnormal in this evolution. It is rather a confirmation of the success of WTO dispute settlement. However, it raises problems, in particular for the AB, due to the 90-day deadline and having the small number of only 7 Members. I have been and remain a passionate defender of the 90-day deadline, and for this I see reasons for increasing the number to more than 7. I am, however, worried about the possible consequences of the practical situation. These consequences are described – I believe for the first time – in a still unpublished paper by the current Chairman of the AB, Ricardo Ramírez. They include (first) a concentration on issues that are central to the dispute and a relative neglect for other issues; (second) a shortage of time for the search of consensus among the three Members who decide the appeal; (third) an impossibility to "complete the analysis"; and (fourth) an even more deferential attitude towards panels.

There is no magic solution to solve the workload problem for the AB. In the immediate future, the most appropriate technique would seem to be to stagger the filing dates of appeals, which pre-supposes a staggering of the issuance of panel reports. Some remedies to the workload problem are inevitable in order to avoid negative effects on the quality of AB reports.

Finally, I would like to point to a threat for the AB which has increased recently and is seriously undermining its credibility. I am referring to the denaturation of the selection process of AB Members. To submit the candidates for AB membership to a process of scrutiny which resembles the selection of judges to the Supreme Court of the USA is highly detrimental to the independence – and the outside appearance of independence – of the AB, in particular in combination with the shortness of the mandate of AB Members. I have always criticized the shortness of this mandate. The possibility to prolong the first mandate of 4 years by a second mandate, also of 4 years, does not improve the situation. On the contrary, in a certain sense, it makes its worse.

In sum, 20 years of dispute settlement in the WTO offers a bright picture, even if there are a few dark spots.

C.
Verfassungsrecht

I. Deutsche Verfasstheit

Grundlagen und Grenzen der Mitgliedschaft Deutschlands in der Europäischen Union

BVR Prof. Dr. Peter M. Huber, Karlsruhe / München

Die verfassungsrechtliche Sicht auf die Europäische Union und das Unionsrecht versteht man nur, wenn man erkennt, dass die Geltung des Unionsrechts auf einem nationalen Rechtsanwendungsbefehl beruht (I.), der seinerseits an die Verfassung gebunden ist (II.). Das ist keine „querelle d ′Allemands“,[1] sondern hat in der weitaus überwiegenden Zahl der Mitgliedstaaten der Europäischen Union Gefolgschaft gefunden (III.).

I. Das Zustimmungsgesetz als Grundlage für die Geltung des Unionsrechts in Deutschland

Ausgangspunkt für das Verständnis der Europäischen Union im Allgemeinen und des Unionsrechts im Besonderen ist auch in Deutschland, dass die Europäische Union kein Staat ist, sondern ein Staaten- und Verfassungs-, Verwaltungs-, Rechtsprechungs- und Verfassungsgerichtsverbund, der seine Grundlagen letztlich in völkerrechtlichen Verträgen der Mitgliedstaaten findet, auch wenn mit diesen Verträgen zugleich eine eigenständige (Teil-)Rechtsordnung begründet worden ist. Rechtlich (und politisch) gesehen ist die Europäische Union jedenfalls abhängig von ihren Mitgliedstaaten, die, wie es in der Rechtsprechung des Bundesverfassungsgerichts so schön heißt, Herren der Verträge[2] sind und bleiben und als solche durch einen nationalen Rechtsanwendungsbefehl darüber entscheiden, ob und inwieweit das Unionsrecht im jeweiligen Mitgliedstaat Geltung und Vorrang

---

1 *E. François*, Das Bundesverfassungsgericht und die deutsche Rechtskultur, in: Stolleis (Hrsg.), Herzkammern der Republik, 2011, S. 52.

2 BVerfGE 75, 223 (242) – Kloppenburg ; 89, 155 (190) – Maastricht; 123, 267 (348 f., 381 ff.) – Lissabon; 126, 286 (302 f.) – Honeywell; BVerfG, Beschluss vom 14. Januar 2014 - 2 BvR 2728/13 u.a. – juris, Rn. 26; für Österreich *Th. Öhlinger*, Verfassungsfragen einer Mitgliedschaft zur Europäischen Union, 1999, S. 165 (185).

beanspruchen kann. So gesehen erscheint es nur folgerichtig, dass Unionsrecht, d. h. Rechtsakte von Organen und sonstigen Stellen der Europäischen Union, in den einzelnen Mitgliedstaaten nur zur Anwendung gelangen kann, wenn es auch im Rahmen des durch die jeweilige verfassungsmäßige Ordnung Erlaubten erlassen worden ist, in Deutschland also im Rahmen der durch Art. 23 Abs. 1 GG bestimmten Grenzen offenen Staatlichkeit.

II. Integrationsprogramm und Verfassungsidentität als Grenzen

Zwei verfassungsrechtliche Grenzen der offenen Staatlichkeit und damit auch des dem Unionsrecht zukommenden Anwendungsvorrangs hat das Bundesverfassungsgericht im Laufe einer über 40-jährigen Rechtsprechung herausgearbeitet: das Integrationsprogramm (1.) und die grundgesetzliche Verfassungsidentität (2.).

1. Integrationsprogramm und Ultra vires-Kontrolle

Soweit das im deutschen Zustimmungsgesetz enthaltene Integrationsprogramm keine Ermächtigung für eine Tätigkeit der Organe der Europäischen Union enthält, verfügt diese für ihr Handeln über keine (hinreichende) demokratische Legitimation. Es ist deshalb (auch) Aufgabe des Bundesverfassungsgerichts, die Einhaltung des Integrationsprogramms sicherzustellen und für die Gewährleistung des Demokratieprinzips auch beim Vollzug von Unionsrecht zu sorgen.[3]

Da die Kontrolle der Zuständigkeitsordnung und die Wahrung des Prinzips der begrenzten Einzelermächtigung in der Sache freilich zuvörderst Aufgabe des Europäischen Gerichtshofes (Art. 19 EUV) und mit der Zuerkennung einer Rechtsprechungsaufgabe auch stets das Risiko verbunden ist, dass das ermächtigte Gericht Fehler macht – insoweit unterscheidet sich der Europäische Gerichtshof nicht vom Bundesverfassungsgericht –, muss die verfassungsrechtliche Kontrolle des Integrationsprogramms durch das Bundesverfassungsgericht – ähnlich wie im Verhältnis zur

3 BVerfGE 89, 155 (188) - Maastricht; früher schon BVerfGE 75, 223 (235, 242) – Kloppenburg.

Fachgerichtsbarkeit[4] – eine gewisse Fehlertoleranz üben,[5] und zwar bis zur Grenze der Willkür.

Diese Grenze war nach Ansicht des Richters *Landau*[6] bei dem 2010 ergangenen „*Honeywell-* Beschluss" überschritten, bei der es – wie bei der so umstrittenen Rechtssache *Mangold*[7] – um die unionsrechtlichen Anforderungen an den Schutz gegen Altersdiskriminierung ging. Der Zweite Senat verneinte einen ausbrechenden Rechtsakt allerdings und präzisierte, dass eine Ultra-vires-Kontrolle durch das Bundesverfassungsgericht nur in Betracht kommt, wenn ein Kompetenzverstoß der europäischen Organe hinreichend qualifiziert ist. Das setze voraus, „dass das kompetenzwidrige Handeln der Unionsgewalt offensichtlich ist und der angegriffene Akt im Kompetenzgefüge zu einer strukturell bedeutsamen Verschiebung zulasten der Mitgliedstaaten führt."[8] In der Sache bedeutet dies nichts anderes, als dass das Bundesverfassungsgericht nur bei einer willkürlichen Auslegung durch den EuGH auf einen Ultra-vires-Akt erkennen wird, weil es sonst die ihm durch Art. 19 Abs. 1 Satz 2 EUV zugewiesene Aufgabe unterlaufen würde. Mit Blick auf den OMT-Beschluss der Europäischen Zentralbank hat es dies nun erstmals (vorläufig) getan und die Sache dem Europäischen Gerichtshof vorgelegt.[9]

2. Verfassungsidentität (Art. 79 Abs. 3 GG)

Die zweite[10] Grenze offener Staatlichkeit bildet die Verfassungsidentität. Sie fällt – obwohl die Struktursicherungsklausel des Art. 23 Abs. 1 Satz 1 GG weitergehende Zielvorgaben für die Mitwirkung Deutschlands in der

---

4 Siehe insoweit *W. Pauly/H. Beutel*, DÖV 2014, 160 ff.

5 Dazu bereits *P. M. Huber*, AöR 116 (1991), 210 (240 f.).

6 Sondervotum *Landau* BVerfGE 126, 286 (318 ff.) – Honeywell.

7 EuGH, Urt. v. 22. November 2005, Rs. C-144/04 – Mangold/Helm – Slg. 2005, I-9981.

8 BVerfGE 126, 286 ff. – Honeywell.

9 BVerfG, Beschluss vom 14. Januar 2014 - 2 BvR 2728/13 u.a. – juris, Rn. 26.

10 Eine Harmonisierung beider Vorbehalte, wie sie von *H. G. Dederer*, JZ 2014, 313 ff., vorgeschlagen wird, dürfte nicht möglich sein, weil die Ultra-vires-Kontrolle eine Art Vorfeldsicherung für die in Art. 79 Abs. 3 GG geschützte Verfassungsidentität ist, dazu *P. M. Huber*, Die EU als Herausforderung für das Bundesverfassungsgericht, in: Pernice/Schwarz (Hrsg.), Europa in der Welt – Von der Finanzkrise zur Reform der Union, 2013, S. 329 (349).

Europäischen Union enthält – ausweislich des Art. 23 Abs. 1 Satz 3 GG in eins mit der Ewigkeitsgarantie des Art. 79 Abs. 3 GG. Die dort niedergelegten Grundsätze der Art. 1 und 20 GG, die Gliederung des Bundes in Länder und die grundsätzliche Mitwirkung der Länder bei der Gesetzgebung des Bundes sind daher nicht nur einer Verfassungsänderung entzogen; sie sind auch integrationsfest.

a) Dass das Grundgesetz der europäischen Integration Deutschlands auch Grenzen setzt, war nicht von Anfang an klar. Die 1949 abgefasste Präambel, die von Deutschland als einem gleichberechtigten Glied in einem vereinten Europa spricht, warf bei den Zeitgenossen vor allem die Frage nach dem „Wie“ und „Wann“ auf, weniger die Frage nach Umfang und Grenzen.[11] Letztere traten erst im Laufe der Zeit hervor, und zwar in dem Maße, in dem sich das Grundgesetz im Bewusstsein der Gesellschaft von einem mit geringen Emotionen befrachteten, technokratischen Übergangsstatut zu einer geschätzten, wenn nicht verehrten Verfassung auf Dauer entwickelt. Die erfolgreiche Etablierung des demokratischen Rechtsstaates nach 1949 und die im Großen und Ganzen gelungene Bewältigung gesellschaftlicher Herausforderungen wie der außerparlamentarischen Opposition, der Studentenunruhen von 1968 oder des Terrorismus der Baader-Meinhof-Gruppe lassen in den 1970er und 1980er Jahren zunächst einen „Verfassungspatriotismus“[12] wachsen, auf dessen Grundlage die Integrität des Grundgesetzes als Eigenwert begriffen wird, den es zu verteidigen gilt. Dass wenig später auch die Wiedervereinigung auf der Basis des Grundgesetzes vollzogen und ihre ökonomischen, sozialen und politischen Folgen nach und nach bewältigt werden konnten, ja dass sich aus dem Provisorium eine auch im globalen Vergleich vielfach als vorbildlich empfundene Verfassungsordnung entwickelt hatte, haben die retardierende Dimension des Verfassungsrechts zweifellos verstärkt. Im Einzelnen:

Schon in der Solange I - Entscheidung von 1974, in der es darum ging, ob man Vollzugsakte der Europäischen Union an den Grundrechten des Grundgesetzes messen kann, heißt es, dass Art. 24 Abs. 1 GG, die damals maßgebliche Grundlage für die Integration Deutschlands, nicht dazu ermächtige, „die Grundstruktur der Verfassung, auf der ihre Identität beruht, ohne Verfassungsänderung … zu ändern“ und dass eine Änderung des

11 Vgl. etwa *J. Kaiser/P. Badura*, VVDStRL 23 (1964), 1 ff.; 34 ff..

12 *D. Sternberger*, Verfassungspatriotismus, 1982; erstmals in FAZ vom 23. Mai 1979, S. 1.

Vertrages, „die die Identität der geltenden Verfassung der Bundesrepublik Deutschland durch Einbruch in die sie konstituierenden Strukturen aufheben würde“, an Art. 24 GG scheitere.[13] Zwölf Jahre später hört sich dies im Solange II – Beschluss vom 22. Oktober 1986 noch kategorischer an, wenn es dort – nun ohne einschränkende Hinweise auf mögliche Verfassungsänderungen – pauschal heißt, dass Art. 24 GG nicht dazu ermächtige,

> „im Wege der Einräumung von Hoheitsrechten für zwischenstaatliche Einrichtungen die Identität der geltenden Verfassungsordnung durch Einbruch in ihr Grundgefüge, in die sie konstituierenden Strukturen, aufzugeben“.[14]

Damit war der seinerzeit noch verbreiteten, wenn auch dogmatisch nicht überzeugenden Auffassung eine Absage erteilt, nach der das Grundgesetz keine unüberwindlichen Hürden auf dem Weg zu einer wie auch immer gearteten europäischen Integration enthalte.[15] Der verfassungsändernde Gesetzgeber hat dies in Art. 23 Abs. 1 Satz 3 GG dann auch so kodifiziert.

Das Bundesverfassungsgericht hat an dieser Linie nicht nur festgehalten, sondern sie vor allem im Maastricht-[16] und im Lissabon-Urteil[17] unter dem Gesichtspunkt des Demokratieprinzips näher auszubuchstabieren versucht.[18] Das ist zum Teil polemisch kritisiert worden,[19] obwohl das Gericht damit nur der – in ganz Europa anerkannten und geradezu selbstverständlichen – Einsicht Ausdruck verliehen hat, dass Parlament und Regierung und die sie materiell prägenden bzw. überformenden politischen Parteien als sog. pouvoirs constitués nicht ermächtigt sind, die Republik über die Köpfe des Volkes hinweg abzuschaffen, sondern dass sie, wenn sie die Verfassungsidentität denn beseitigen oder ändern wollen, dazu das Volk fragen müssen.[20] Nicht ganz geglückt war freilich der Versuch, fünf wesentliche Bereiche demokratischer Gestaltung zu identifizieren – das Staatsbürgerschaftsrecht, das zivile und militärische Gewaltmonopol, Ein-

---

13 BVerfGE 37, 271 (279 f.) – Solange I.

14 BVerfGE 73, 339 (375 ff.) – Solange II.

15 *H. P. Ipsen*, Der Staat 24 (1985), 325 (344); *P. Kunig,* in: v. Münch/Kunig, Präambel Rdn. 24; *Zuleeg* in: AK, Präambel Rdn. 24; dazu *P. M. Huber*, in: Sachs (Hrsg.), GG., 7. Aufl., 2014, Präambel, Rn. 45 i. E.

16 BVerfGE 89, 155 (182 ff.) – Maastricht.

17 BVerfGE 123, 267 (344 ff.) –Lissabon.

18 BVerfGE 123, 267 (343) –Lissabon.

19 *D. Halberstam/Chr. Möllers*, 10 GERM LJ 2009, 1241 ff.

20 Siehe dazu *P. M. Huber*, in: Sachs (Hrsg.), 7. Aufl., 2014, Art. 146 Rn. 7 ff. m. w. N.

nahmen und Ausgaben, die Strafrechtspflege und die Kultur – und die integrationsfeste Verfassungsidentität damit näher zu konturieren. Die Stringenz dieser verfassungsrechtlichen Ableitung mag zu wünschen übrig lassen; auch stört ihre Kontrafaktizität, denn in fast allen diesen Bereichen gibt es bereits mehr oder weniger weitreichende unionsrechtliche Regelungen, ohne dass deren prinzipielle Unzulässigkeit geltend gemacht worden wäre. Man kann diese Passage allerdings auch als den Versuch lesen, die aus dem Maastricht-Urteil überkommene Formel vom „Übergewicht an Aufgaben und Befugnissen", das bei den Mitgliedstaaten zu verbleiben habe,[21] näher zu konkretisieren. Auch wenn das im Detail nicht ganz überzeugend gelungen sein mag – dass die nationalstaatlich konzipierte Demokratie nicht zuletzt daran hängt, dass dem Deutschen Bundestag Aufgaben und Befugnisse von substantiellem Gewicht verbleiben, wird man nicht ernsthaft in Zweifel ziehen können.

b) In der Sache ist es freilich nicht ganz einfach, den Gewährleistungsgehalt unserer Verfassungsidentität präzise zu bestimmen. Wenn auch einigermaßen klar ist, was Art. 79 Abs. 3 GG mit der Gliederung des Bundes in Länder und ihrer grundsätzlichen Mitwirkung bei der Gesetzgebung meint, so trifft auf den Kern der Ewigkeitsgarantie, „die in den Artikeln 1 und 20 niedergelegten Grundsätze", doch nach wie vor das napoleonische Bonmôt zu, wonach eine Verfassung „courte et obscure" sein müsse. Was die Grundsätze der Art. 1 und 20 GG sind, weiß eigentlich niemand so genau. Bisher bestand auch selten die Notwendigkeit, dies auszubuchstabieren.[22]

Die seit 2010 andauernde Euro- bzw. Finanzkrise hat das Bundesverfassungsgericht allerdings dazu gezwungen, einen Ausschnitt aus den in Art. 20 GG niedergelegten Grundsätzen genauer zu konturieren: die haushaltspolitische Gesamtverantwortung und das Budgetrecht des Deutschen Bundestages als eine wesentliche Ausprägung des Demokratieprinzips.[23]

Da die Entscheidung über Einnahmen und Ausgaben der öffentlichen Hand ein grundlegender Teil der demokratischen Selbstgestaltungsfähigkeit im Verfassungsstaat ist, muss der Deutsche Bundestag dem Volk ge-

21 BVerfGE 89, 155 (186) – Maastricht.

22 Siehe aber BVerfGE 30, 1 (26 ff.) – Abhörurteil; 84, 90 (120 f.) – Bodenreform I; 94, 49 (102 ff.) –Asylnovelle; 102, 370 (392 f.) – Zeugen Jehovas; 109, 279 (310 f.) – Großer Lauschangriff; BVerfGE 83, 37 (59) – kommunales Ausländerwahlrecht HH; HmbVerfG, NordÖR 2009, 502 ff., Rn. 15.

23 BVerfGE 132, 195 (240 f.), Rn. 109 f. – ESM.

genüber verantwortlich über Einnahmen und Ausgaben entscheiden. Insofern stellt das Budgetrecht ein zentrales Element der demokratischen Willensbildung dar.[24] Schon in der Entscheidung zur Griechenlandhilfe und der EFSF hatte das Gericht daher ausgesprochen, dass das – über Art. 38 Abs. 1 GG subjektivierte – Demokratieprinzip aus Art. 20 Abs. 1 und 2 GG namentlich dann verletzt wird, „wenn sich der Deutsche Bundestag seiner parlamentarischen Haushaltsverantwortung dadurch entäußert, dass er oder zukünftige Bundestage das Budgetrecht nicht mehr in eigener Verantwortung ausüben können"[25]. Zudem dürften keine dauerhaften völkervertragsrechtlichen Mechanismen begründet werden, die auf eine Haftungsübernahme für Willensentscheidungen anderer Staaten hinauslaufen, vor allem, wenn sie mit schwer kalkulierbaren Folgewirkungen verbunden sind. „Jede ausgabenwirksame solidarische Hilfsmaßnahme des Bundes größeren Umfangs im internationalen oder unionalen Bereich" – so das Gericht – „muss vom Bundestag im Einzelnen bewilligt werden."[26]

III. Parallelen und „Nachbilder"

Der vom Bundesverfassungsgericht in einer über 40-jährigen Rechtsprechung entwickelte Ansatz ist, anders als dies von Politikern und Funktionsträgern in europäischen Organen und ihren wissenschaftlichen Gefolgsleuten gerne suggeriert wird, kein Euroskeptizismus in richterlichem Gewande, sondern eine notwendige Konsequenz der der Europäischen Union eigenen Verbundstruktur. In diesem Staaten-, Verfassungs-, Rechtsetzungs-, Verwaltungs- und Rechtsprechungsverbund ist die Souveränität zwar de facto geteilt und das Letztentscheidungsrecht der Mitgliedstaaten und ihre Herrschaft über die Verträge sind vor allem theoretische Merkposten und Orientierungspunkte; das ändert jedoch nichts daran, dass diese Merkposten und Orientierungspunkte nach wie vor existieren.

Nicht von ungefähr hat der Ansatz des Bundesverfassungsgerichts daher auch in fast allen Mitgliedstaaten Gefolgschaft, Widerhall oder Nach-

---

24 Vgl. BVerfGE 70, 324 (355 f.) – Haushaltskontrolle der Nachrichtendienste; 79, 311 (329) – Staatsverschuldung; 129, 124 (177) – EFS.

25 BVerfGE 129, 124 (177) – EFS.

26 BVerfGE 129, 124 (177 ff.) – EFS; jüngst BVerfG, Beschluss vom 14. Januar 2014 - 2 BvR 2728/13 u. a. – juris, Rn. 28.

bilder gefunden.[27] Mit unterschiedlichen Nuancen im Detail gehen so gut wie alle Mitgliedstaaten davon aus, dass das Unionsrecht in den Mitgliedstaaten aufgrund des jeweiligen nationalen Rechtsanwendungsbefehls gilt, dass dabei die Anforderungen des nationalen Europaverfassungsrechts zu beachten sind und dies auch zu einer Relativierung des vom Unionsrecht beanspruchten Vorrangs führen kann. Die Existenz von Konfliktlinien zwischen nationalem Verfassungsrecht und Unionsrecht ist vor diesem Hintergrund gemeineuropäischer Befund und lässt sich – ohne Anspruch auf Vollständigkeit – auch in der Rechtsprechung des französischen *Conseil Constitutionnel*,[28] der italienischen *Corte costituzionale*, des britischen[29] und irischen[30] *Supreme Courts*, des estnischen,[31] polnischen,[32] spanischen[33] und tschechischen[34] Verfassungsgerichts oder des dänischen *Højesteret*[35] nachweisen.

1. Ultra-vires-Kontrolle

So lässt sich eine konkrete Inanspruchnahme einer Ultra-vires-Kontrolle nach dem Vorlagebeschluss des Bundesverfassungsgerichts zum OMT-Programm der Europäischen Zentralbank[36] heute nicht nur für Deutschland nachweisen. Das tschechische Verfassungsgericht hat mit seinem Urteil im Fall *Holoubec* vom 31. Januar 2012, sogar ein Urteil des Europä-

---

27 Siehe den Überblick bei *P. M. Huber*, Offene Staatlichkeit: Vergleich, in: IPE II, § 26 Rn. 29 ff. m. w. N.

28 CC, Dec. Nr. 2006-540 DC vom 27. Juli 2006, 19. Erwägungsgrund; Dec. Nr. 2011-631 DC vom 9. Juni 2011, 45. Erwägungsgrund.

29 UK Supreme Court - R (on the application of HS2 Action Alliance Limited) (Appellant) v The Secretary of State for Transport and another (Respondents) - [2014] UKSC 3; *Thoburn v. Sunderland City Council*, [2002] 1 CMLR 50, 101.

30 Supreme Court, v. 9. April 1987, [1987] ILRM 400 (402 f.) - Crotty.

31 Riigikohus, Urt. v. 12. Juli 2012 - 3-4-1-6-12 -, Abs.-Nr. 128, 223.

32 Trybunal Konstytucyjny, Urteile vom 11. Mai 2005 - K 18/04 -, Rn. 4.1., 10.2., vom 24. November 2010 - K 32/09 -, Rn. 2.1. ff.; vom 16. November 2011 - SK 45/09 -, Rn. 2.4., 2.5., m.w.N.

33 Tribunal Constitucional, Erklärung vom 13. Dezember 2004, DTC 1/2004.

34 Ústavni Soud, Urt. v. 31. Januar 2012 - 2012/01/31 - Pl. ÚS 5/12 -, Abschn. VII.

35 Højesteret, Urt. v. 6. April 1998 - I 361/1997 -, Abschn. 9.8.

36 BVerfG, Beschluss vom 14. Januar 2014 - 2 BvR 2728/13 u. a. – juris,.

ischen Gerichtshofes als Ultra-vires-Akt qualifiziert.[37] In dem Fall ging es um Rentenansprüche nach der Dismembration von Tschechien und der Slowakei, die tschechischen Bürgern nur insoweit zuerkannt worden waren, als sie auch in Tschechien gearbeitet hatten. was der Europäische Gerichtshof als Verstoß gegen die Verordnung (EWG) Nr. 1408/71 eingestuft hatte.[38] Ob die rechtliche Beurteilung des tschechischen Verfassungsgerichts überzeugt, mag dahinstehen. Fakt ist, dass es damit als erstes nationales Gericht auf einen Ultra-vires-Akt erkannt und den Vorrang des Unionsrechts in einem konkreten Fall in Frage gestellt hat.

Im Zugang zwar etwas subtiler, in der Sache jedoch nicht minder deutlich, greift auch die jüngste Entscheidung des *UK Supreme Courts* vom 22. Januar 2014 in Sachen HS2 auf eine Art Ultra-vires-Kontrolle zurück. In ihr lehnt der *Supreme Court* – formal in Übereinstimmung mit der Rechtsprechung des Europäischen Gerichtshofes, in der Sache aber in deutlichem Widerspruch dazu – eine gerichtliche Kontrolle der strategischen Umweltplanung im Parlament durch nationale Gerichte ab.[39]

2. *Verfassungsidentität*

Die meisten Mitgliedstaaten der Europäischen Union kennen darüber hinaus mehr oder weniger weit gefasste grundlegende Verfassungsrechtssätze, die in der Regel einen besonderen Bestandsschutz genießen. Sie lassen sich – bei allen Unterschieden, was Inhalt und Funktionsweise im Detail anlangt, – durchaus mit dem auch unionsrechtlich anerkannten (vgl. Art. 4 Abs. 2 Satz 1 EUV) Begriff der Verfassungsidentität umschreiben und sind von den Verfassungs- und Obergerichten der Mitgliedstaaten in den vergangenen Jahren gerade im Hinblick auf die europäische Integration nach und nach herausgearbeitet und betont worden.[40]

---

37 Ústavni Soud, Urt. v. 31. Januar 2012 - 2012/01/31 - Pl. ÚS 5/12 -, Abschn. VII (Holoubec).

38 EuGH, Urt. v. 22. Juni 2011, Rs. C-399/09 – Marie Landtová gegen Česká správa socialního zabezpečení – Slg. 2011, I-5573.

39 UK Supreme Court - R (on the application of HS2 Action Alliance Limited) (Appellant) v The Secretary of State for Transport and another (Respondents) - [2014] UKSC 3, Lord Neuberger and Lord Mance with whom Lady Hale, Lord Kerr, Lord Sumption, Lord Reed and Lord Carnwath agree.

40 *P. M. Huber*, Offene Staatlichkeit: Vergleich, in: IPE II, § 26 Rn. 83 ff.

In Dänemark gilt dies für das Erfordernis der souveränen Staatlichkeit,[41] in Griechenland für die Menschenrechte und die Grundlagen der demokratischen Staatsordnung (Art. 28 Abs. 2 und 3 GriechVerf.), die in Art. 110 Abs. 1 GriechVerf. aufgeführten Schutzgüter der „präsidierten" parlamentarischen Demokratie, der Menschenwürde, des gleichen Zugangs zu öffentlichen Ämtern, der freien Entfaltung der Persönlichkeit, der Freiheit der Person und der Gewaltenteilung.[42] In Großbritannien werden neben der *Sovereignty of Parliament* auch eine Reihe anderer Verfassungsgrundsätze, etwa Art. 9 der *Bill of Rights* von 1689, für (de facto) unantastbar erachtet,[43] in Italien[44] und Frankreich[45] die republikanische Staatsform, wobei darunter mehr verstanden wird als ein bloßes Monarchieverbot. In Österreich markieren die „Baugesetze der Bundesverfassung" in der Form, die sie durch das EU-BeitrittsB-VG 1994 erhalten haben, die Verfassungsidentität,[46] und die schwedische Regierungsform benennt „die Prinzipien betreffend den Zustand des Staates" als Grenze für die Integration, wozu die Literatur vor allem die Druckfreiheitsverordnung, die Transparenz und den Zugang zu Dokumenten zählt.[47] Auch in Spanien hat das *Tribunal Constitucional* auf einen „Kern" von integrationsfesten „Werten und Prinzipien" der spanischen Verfassung erkannt, deren genauere Konturierung jedoch offen gelassen.[48] Entscheidungen zur Verfassungsidentität bzw. zu den Grenzen einer Übertragung von Souve-

---

41 Højesteret, Urt. v. 6.4.1998, I 361/1997, EuGRZ 1999, S. 49, 52 Rn. 9.8.

42 *J. Iliopoulos-Strangas*, Offene Staatlichkeit: Griechenland, in: IPE II, § 16 Rn. 41 ff.

43 Zu der Frage, ob es parlamentsfeste Verfassungsprinzipien gibt *P. Birkinshaw/M. Künnecke*, Offene Staatlichkeit: Großbritannien, § 17 Rn. 41; siehe jüngst UK Supreme Court - R (on the application of HS2 Action Alliance Limited) (Appellant) v The Secretary of State for Transport and another (Respondents) - [2014] UKSC 3, Rn. 202 ff.

44 Art. 139 Cost.; Corte Cost.Entscheidung Nr. 183/1973; Entscheidung Nr. 168/1991 – Frontini.

45 Art. 89 CF.; CC No. 92-312 DC v. 2.9.1992, EuGRZ 1993, S. 193, 194 – *Maastricht II*; Entscheidung Nr. 2006-540 DC vom 27. Juli 2006, 19. Erwägungsgrund; Entscheidung Nr. 2011-631 DC vom 9. Juni 2011, 45. Erwägungsgrund; *J. F. Flauss*, Rapport français, in: Schwarze (Hrsg.), Die Entstehung einer europäischen Verfassungsordnung, 2000, S. 25 (79).

46 *Chr. Grabenwarter*, Offene Staatlichkeit: Österreich, in: IPE II, § 20 Rn. 34, 55.

47 Kapitel 10 Art. 6 Satz 1 RF; *J. Nergelius*, Offene Staatlichkeit: Schweden, in: IPE II, § 22 Rn. 19, 34.

48 STC 64/1991; DTC 1/2004; *A. López Castillo*, Offene Staatlichkeit: Spanien, in: IPE II, § 24 Rn. 21, 63 ff.

ränitätsrechten auf die Europäische Union finden sich schließlich in Estland,[49] Irland,[50] Lettland,[51] Polen[52] und in der Tschechischen Republik.[53]

49 Riigikohus, Urt. v. 12. Juli 2012 - 3-4-1-6-12 -, Abs.-Nr. 128, 223.

50 Supreme Court of Ireland, Crotty v. An Taoiseach, (1987), I.R.713 (783); S.P.U.C. (Ireland) Ltd. v. Grogan, (1989), I.R. 753 (765).

51 Satversmes tiesa, Urt. v. 7. April 2009 - 2008-35-01 -, Abs.-Nr. 17.

52 Trybunal Konstytucyjny, Urteile vom 11. Mai 2005 - K 18/04 -, Rn. 4.1., 10.2.; vom 24. November 2010 - K 32/09 -, Rn. 2.1. ff.; vom 16. November 2011 - SK 45/09 -, Rn. 2.4., 2.5., m. w. N.

53 Ústavni Soud, Urt. v. 31. Januar 2012 - 2012/01/31 - Pl. ÚS 5/12 -, Abschn. VII (Holoubec).

Quo vadis Bundesverfassungsgericht?

Jörn Ipsen

Der Titel ist zugegebenermaßen nicht originell, weil er schon mehrfach verwandt worden ist.[1] Wenn er gleichwohl nochmals gewählt wird, so deshalb, weil er Ausdruck berechtigter Sorge ist, wohin der Weg des Bundesverfassungsgerichts in seiner Rechtsprechung zur europäischen Integration führen wird. Der 70. Geburtstag des hervorragenden Vertreters der Europarechtswissenschaft und überzeugten Europäers *Peter-Christian Müller-Graff* ist willkommener Anlass für diese – nachdrücklich kritische – verfassungsrechtliche Skizze.

I.

Die heroischen Jahre des Gerichts sind inzwischen Geschichte. Es ist nicht nur Courtoisie, wenn allenthalben betont wird, dass die Entwicklung der Bundesrepublik anders verlaufen wäre, als sie verlaufen ist, wenn es das Bundesverfassungsgericht nicht gegeben hätte. Gegen vielfache Widerstände hat sich das Gericht seinen Platz im Quartett der höchsten Staatsorgane – um den ebenso häufig benutzten wie unzutreffenden Begriff des „Verfassungsorgans" zu vermeiden – erobert, ist anerkannt und angesehen, zeitweise auch gefürchtet. Es machte sich – dies hat *Schönberger*[2] zutreffend beobachtet – eine in Deutschland tief verankerte Rechts- und Autoritätsgläubigkeit zunutze und hat dem neu gegründeten und seiner selbst noch nicht gewissen Staat wesentliche Impulse gegeben. Es hat zur kritischen Auseinandersetzung mit der nationalsozialistischen Vergangenheit beigetragen[3] und dem an Gehorsam gegenüber der Obrigkeit gewöhnten (west-)deutschen Volk die Erfahrung vermittelt, dass auch die Staatsorgane an Recht und Gesetz gebunden sind und es verfehlen können. Dies

---

1 So *Delbrück*, in: FS für Menzel, 1975, S. 83; *Isensee* JZ 1996, 1085.

2 Vgl. *Schönberger*, in: Jestaedt/Lepsius/Möllers/Schönberger, Das entgrenzte Gericht, 2011, 43 f.

3 Vgl. *J. Ipsen*, Der Staat der Mitte, 2009, 301 ff.

alles ist so oft beschrieben und in Reden so häufig wiederholt worden,[4] dass es bei diesen wenigen Strichen sein Bewenden haben möge.

II.

In seiner früheren Rechtsprechung zeigte das Bundesverfassungsgericht bei der Kontrolle völkerrechtlicher Verträge eine bemerkenswerte Zurückhaltung und zugleich einen ausgeprägten Realitätssinn. Im Normenkontrollverfahren gegen das Saarstatut wurde der Grundsatz entwickelt, dass völkerrechtliche Verträge, die die besatzungsrechtliche Ordnung schrittweise abbauen, dann nicht gegen das Grundgesetz verstoßen, wenn sie dem verfassungsmäßigen Zustand näher kommen als der bisherige Rechtszustand.[5] Der in der Literatur alsbald als „Annäherungstheorie" bezeichnete Topos[6] ist mehrfach bekräftigt worden und durfte fernerhin als ständige Rechtsprechung gelten.[7]

Das Grundvertragsurteil, das in die Zuständigkeit des *Zweiten* Senats fiel,[8] lässt die Behutsamkeit, die der Erste Senat hinsichtlich der verfassungsrechtlichen Beurteilung völkerrechtlicher Verträge bewiesen hatte, nicht mehr erkennen. Zwar ist schon in den Leitsätzen von einem „judicial self-restraint" die Rede;[9] die Beschränkung, die sich der Senat auferlegte, hinderte ihn freilich nicht daran, der Bundesregierung die Grundsätze ihrer

4 Vgl. nur die 1976 zum 25jährigen Bestehen von *Starck* herausgegebene Festschrift und die aus Anlass des 50jährigen Bestehens (2001) von *Badura* und *Dreier* herausgegebene Festschrift. Aus jüngerer Zeit ist die „kritische Bilanz" von *Jestaedt*, *Lepsius*, *Möllers* und *Schönberger*, Das entgrenzte Gericht, 2011, hervorzuheben.

5 Vgl. BVerfG, 4.5.1955 – 1 BvF 1/55 = BVerfGE 4, 157 (169 f.).

6 So BVerfGE 4, 157 (170): „Wollte man nur eine dem Grundgesetz voll entsprechende vertragliche Regelung als verfassungsmäßig gelten lassen, so hieße das, einen verfassungsrechtlichen Rigorismus vertreten, der sich in den Satz verdichten ließe: Das Schlechte darf dem Besseren nicht weichen, weil das Beste (oder von diesem Standpunkt aus: das allein Gute) nicht erreichbar ist. Das kann vom Grundgesetz nicht gewollt sein.".

7 Wiederholt in BVerfG, 20.3.1963 – 1 BvR 505/59 = BVerfGE 15, 337 (348 f.); 3.12.1969 – 1 BvR 624/56 = BVerfGE 27, 253 (282); Bezugnahme noch in BVerfG, 8.10.1996 – 1 BvR 1183/90 = BVerfGE 95, 39 (46).

8 BVerfG, 31.7.1973 – 2 BvF 1/73 = BVerfGE 36, 1.

9 BVerfG, 31.7.1973 – 2 BvF 1/73 = BVerfGE 36, 1 LS 2.

Wiedervereinigungspolitik zu diktieren.[10] Der Umstand, dass die Ratifikation des Grundvertrags zwei Tage nach der mündlichen Verhandlung (19. Juni 1973), aber sechs Wochen vor Verkündung des Urteils erfolgte, löste im Gericht schwere Verärgerung aus, die noch in den Urteilsgründen spürbar ist.[11] Das Grundvertragsurteil zeigt die Entschlossenheit des Zweiten Senats, auch im Felde des internationalen Rechts die Letztentscheidungskompetenz für sich in Anspruch zu nehmen, wobei schon seinerzeit schwerlich zu erkennen war, worin die selbstauferlegte Selbstbeschränkung bestehen sollte.[12]

In engem *zeitlichen*, aber auch unübersehbarem *sachlichen* Zusammenhang mit dem Grundvertragsurteil steht der „Solange I-Beschluss" des Zweiten Senats vom 29. Mai 1974,[13] mit dem der Senat die Befugnis in Anspruch nahm, Rechtsakte der Europäischen Gemeinschaft am Maßstab der Grundrechte des Grundgesetzes zu prüfen – und gegebenenfalls zu verwerfen –, *solange* der Integrationsprozess der Gemeinschaft nicht so weit fortgeschritten sei, dass das Gemeinschaftsrecht einen von einem Parlament beschlossenen und in Geltung stehenden Katalog von Grundrechten enthielte, der dem Grundrechtskatalog des Grundgesetzes adäquat sei.[14] Vor der Entscheidung des Bundesverfassungsgerichts sollte zwar eine Entscheidung des Europäischen Gerichtshofs einzuholen sein; dies änderte freilich nichts daran, dass der Zweite Senat eine Letztentscheidungskompetenz über die Geltung von Rechtsakten der Europäischen Gemeinschaft auf dem Gebiet der Bundesrepublik in Anspruch nahm.[15] Schon seinerzeit kritisierten die in der Abstimmung unterlegenen drei Richter in ihrem abweichenden Votum, dass das Bundesverfassungsgericht mit dem Beschluss seine durch das Grundgesetz festgelegten Ent-

---

10 Vgl. hierzu *Delbrück* (Fn. 1), 95; *Scheuner* DÖV 1973, 581 ff.; *Tomuschat* DÖV 1973, 801 ff.; *Wilke/Koch* JZ 1975, 233 ff.

11 So werden alle Ausführungen der Urteilsbegründung, auch die, die sich nicht ausschließlich auf den Inhalt des Vertrags beziehen, zu tragenden Gründen im Sinne des § 31 Abs. 1 BVerfGG erklärt, mit der Folge, dass sämtliche Staatsorgane hieran gebunden waren (BVerfGE 36, 1 [36]).

12 Vgl. *J. Ipsen* (Fn. 3), 338 f.

13 BVerfG, 29.5.1974 – 2 BvL 52/71 = BVerfGE 37, 271.

14 So BVerfG, 29.5.1974 – 2 BvL 52/71 = BVerfGE 37, 271 LS.

15 Vgl. zum „Solange I-Beschluss" nur *H. P. Ipsen* EuR 1975, 1 ff.; *Scheuner* AöR 100 (1975), 30 ff., *Calliess* JZ 2009, 113 ff.

scheidungskompetenzen überschritten habe.[16] In Erinnerung sei die Mahnung der Dissenters gerufen,

> „die Aufgabe des Bundesverfassungsgerichts, Hüter der Verfassung zu sein, (könne) auch bei Vorliegen eines noch so dringenden rechtspolitischen Bedürfnisses nicht zu einer Erweiterung der Zuständigkeit führen (...).“[17]

Zwölf Jahre später korrigierte der Zweite Senat seine Rechtsprechung in dem „Solange II-Beschluss“.[18] Sollte 1974 die Letztentscheidungsbefugnis *solange* in Anspruch genommen werden, wie es an einem wirksamen Grundrechtsschutz fehle, so verzichtete das Bundesverfassungsgericht nunmehr auf seine „Gerichtsbarkeit“, *solange* der Europäische Gerichtshof einen wirklichen Grundrechtsschutz gewährleiste, der dem des Grundgesetzes vergleichbar sei.[19] Ausdrücklich werden Vorlagebeschlüsse nach Art. 100 Abs. 1 GG für die Zukunft als *unzulässig* erklärt.[20]

Schien mit dem „Solange II-Beschluss“ das Verhältnis von Gemeinschaftsrecht und nationalem Recht – institutionell gewendet: das Verhältnis von EuGH und Bundesverfassungsgericht – geklärt, so beanspruchte das Gericht mit seinem „Maastricht-Urteil“ vom 12. Oktober 1993[21] eine vollständig neue Rolle als Akteur im europäischen Integrationsprozess. Mit dem Einigungsvertrag und dem Zwei-Plus-Vier-Vertrag war die deutsche Einheit vollendet, wie es nunmehr in Satz 2 der Präambel des Grundgesetzes heißen sollte.[22] Allerdings war die gemeinsame europäische Währung, wie sie das Kernstück des Maastricht-Vertrags bildete, nur die Kehrseite der Wiedervereinigung. Nicht nur die rasche zeitliche Abfolge zwischen deutscher Einigung und Unionsvertrag, sondern auch die Vielzahl der bekannt gewordenen Regierungsdokumente bezeugen, dass die

---

16 So BVerfG, 29.5.1974 – 2 BvL 52/71 = BVerfGE 37, 291 (303) abw. Votum.

17 So BVerfG, 29.5.1974 – 2 BvL 52/71 = BVerfGE 37, 291 (303) abw. Votum.

18 BVerfG, 22.10.1986 – 2vR 197/83 = BVerfGE 73, 339.

19 So BVerfG, 22.10.1986 – 2vR 197/83 = BVerfGE 73, 339, 340 LS 2. Als rechtshistorische Fußnote bleibt zu bemerken, dass die Konjunktion „solange“ auch im Leitsatz des Beschlusses vom 29. Mai 1974 verwandt worden ist, freilich in einem entgegengesetzten Sinn. Die rein verbale Verknüpfung vermochte nicht darüber hinwegzutäuschen, dass der Zweite Senat seine Rechtsprechung grundlegend *geändert* hatte.

20 So BVerfG, 22.10.1986 – 2vR 197/83 = BVerfGE 73, 339 (340) LS 2.

21 BVerfG, 12.10.1993 – 2 BvR 2134/92 und 2 BvR 2159/92 = BVerfGE 89, 155; vgl. hierzu *Meessen* NJW 1994, 549 ff.

22 Art. 4 Ziff. 1 Einigungsvertrag vom 31. August 1990 (BGBl. II, S. 889).

gemeinsame Währung der Preis für die Einigung war.[23] Dieser Zusammenhang war allen Zeitgenossen bewusst, mag auch die offizielle Politik aus verständlichen Gründen ein Junktim mit der Begründung geleugnet haben, der Plan einer gemeinsamen Währung habe bereits vor der Vereinigung vorgelegen.[24] Dass nun ausgerechnet das Bundesverfassungsgericht aus dem Grundgesetz Grenzen der europäischen Einigung herauslas, die seit seiner Ursprungsfassung als beseelter Wille des deutschen Volkes bezeichnet worden war, stellt ein verfassungsgeschichtliches Paradoxon dar.

Den Weg zu einer Sachentscheidung öffnete sich der Senat dadurch, dass er die Verfassungsbeschwerde eines Beschwerdeführers für teilweise zulässig hielt,[25] während sie im Übrigen – ebenso wie weitere Verfassungsbeschwerden – als unzulässig verworfen wurde.[26] Die vom Bundesverfassungsgericht in ständiger Rechtsprechung angewandte Zulässigkeitstrias für Rechtssatzverfassungsbeschwerden – *unmittelbare* und *gegenwärtige* Betroffenheit des Beschwerdeführers selbst[27] – ist durch das Urteil faktisch gegenstandslos geworden. Ein einzelner Beschwerdeführer kann nicht geltend machen, durch einen völkerrechtlichen Vertrag, mit dem eine Wirtschafts- und Währungsunion gegründet wird, *selbst*, *unmittelbar* und *gegenwärtig* in seinem Wahlrecht nach Art. 38 Abs. 1 Satz 1 GG verletzt zu sein. Weder betraf der Maastricht-Vertrag den Beschwerdeführer *selbst*, sondern alle Staatsangehörigen der Vertragsstaaten, noch war die Rechtsbeeinträchtigung *unmittelbar* und *gegenwärtig*, denn der Vertrag richtete sich auf eine ferne Zukunft. Man mag es drehen wie man will; mit der Zulassung der auf Art. 38 GG gestützten Verfassungsbeschwerde hat der Zweite Senat eine *Popularklage* gegen Integrationsakte kreiert und sich damit die prozessualen Voraussetzungen geschaffen, auch

---

23 Vgl. hierzu nur *Herbert*, Geschichte Deutschlands im 20. Jahrhundert, 2011, 1131 ff.; *Rödder*, Deutschland einig Vaterland, 2009, 160 f.; *Schwarz*, Helmut Kohl. Eine politische Biographie, 2012, 557 ff. jew. m.w.N.; *Kohl* selbst bezeichnete die europäische Einheit und die deutsche Einheit als „zwei Seiten derselben Medaille“ (zit. nach Schwarz, Kohl, S. 596).

24 Vgl. *Genscher*, Erinnerungen, 1997, S. 678 ff.

25 BVerfG, 12.10.1993 – 2 BvR 2134/92 und 2 BvR 2159/92 = BVerfGE 89, 155 (173).

26 BVerfG, 12.10.1993 – 2 BvR 2134/92 und 2 BvR 2159/92 = BVerfGE 89, 155 (157).

27 BVerfG, 29.6.1983 – 2 BvR 1546/79 = BVerfGE 64, 301 (319); 12.2.1986 – 1 BvR 1578/82 = BVerfGE 72, 1 (5 f.); 24.4.2013 – 1 BvR 1215/07 = BVerfGE 133, 277 (311 f.); st. Rspr.

in Zukunft Verträge über die Integration Europas der Kontrolle hierfür weder bestimmter noch geeigneter Maßstäbe zu unterwerfen. Es ist verfassungsgeschichtlich mehr als bemerkenswert, dass, nachdem die Bundesrepublik drei Jahre zuvor ihre Souveränität erlangt hatte, nunmehr die in Art. 79 Abs. 3 GG benannte Staatsqualität als Schranke der Integration herangezogen wurde.[28]

Mit dem Maastricht-Urteil hatte das Bundesverfassungsgericht die Stichworte für die Begründung zukünftiger gegen Integrationsakte gerichteter Verfassungsbeschwerden geliefert. So konnte es nicht ausbleiben, dass auch der Vertrag von Lissabon Gegenstand eines Beschwerdeverfahrens vor dem Bundesverfassungsgericht wurde. Der Zweite Senat geht in der Zulässigkeitsprüfung noch einen Schritt weiter als im Maastricht-Urteil und erklärt die Verfassungsbeschwerden für zulässig,

> „soweit die Beschwerdeführer auf der Grundlage von Art. 38 Abs. 1 Satz 1 GG eine Verletzung des Demokratieprinzips, den Verlust der Staatlichkeit der Bundesrepublik Deutschland und eine Verletzung des Sozialstaatsprinzips durch das Zustimmungsgesetz und die Begleitgesetzgebung rügen."[29]

Was im Maastricht-Urteil noch unter Anknüpfung an die Rechtsprechung zur Rechtssatzverfassungsbeschwerde überdeckt wurde, wird hier offensichtlich: Die rügefähigen Verfassungsprinzipien entbehren jeglichen subjektiven Gehalts und bedeuten, dass der Zweite Senat *contra legem* (§§ 90 ff. BVerfGG) und *contra constitutionem* (Art. 93 Abs. 1 Nr. 4 a GG) eine Popularklage gegen Integrationsakte geschaffen hat, die ihn vollends als Akteur im Prozess der europäischen Einigung erscheinen lässt.

Den vorläufigen Höhepunkt dieser Akteursstellung bildet der Vorlagebeschluss des Zweiten Senats bezüglich des Beschlusses der Europäischen Zentralbank über „technical features of Outright Monetary Transactions" (OMT-Beschluss) vom 14. Januar 2014.[30] In diesem Verfahren geht es – anders als in den vorhergehenden Verfassungsbeschwerdeverfahren – nicht um ein Zustimmungsgesetz des Bundestages; gerügt wird vielmehr, dass Bundesregierung und Bundestag keine Maßnahmen gegen die ver-

---

28 BVerfG, 12.10.1993 – 2 BvR 2134/92 und 2 BvR 2159/92 = BVerfGE 89, 155 (172); s. auch *Voßkuhle* NVwZ-Beilage 2013, 27 ff.

29 So BVerfG, 30.6.2009 – 2 BvE 2/08, 2 BvE 5/08, 2 BvR 1010/08, 2 BvR 1022/08, 2 BvR 1259/08, 2 BvR 182/09 = BVerfGE 123, 267 (328); vgl. hierzu *Schorkopf* EuZW 2009, 718 ff.; *v. Bogdandy* NJW 2010, 1 ff.

30 BVerfG, 14.1.2014 – 2 BvR 2728/13 = BVerfGE 134, 366.

meintlichen *ultra vires* liegenden Handlungen der Europäischen Zentralbank ergriffen hätten.[31] Die Zulässigkeit der zahlreichen Verfassungsbeschwerden wird nur knapp behandelt, insbesondere geht der Senat auf den Vortrag von Bundesregierung und Bundestag nicht ein.[32] Gegenstand der Verfassungsbeschwerde war ein *unterlassenes* Regierungs- bzw. Parlamentshandeln. Wie *G. Lübbe-Wolff* in ihrem abweichenden Votum darlegt, ist mit dieser Rechtsprechung eine neue Dimension verfassungsgerichtlicher Kontrolle erreicht.[33] Der Senat nimmt für sich in Anspruch, nicht nur *Rechtsakte* auf die Übereinstimmung mit den von ihm entwickelten Grenzen europäischer Integration zu überprüfen, sondern unternimmt es, andere Staatsorgane zu politischem oder rechtlichem *Handeln* zu verpflichten.

III.

Der Zweite Senat des Bundesverfassungsgerichts hat in einer sich steigernden Intensität die Rechtsakte zur europäischen Integration einer engen Kontrolle unterworfen, für die eigens bis dahin noch nicht bekannte Maßstäbe aus dem Grundgesetz abgeleitet wurden. Voraussetzung für den schon im Maastricht-Urteil gezeigten Aktivismus war die Erweiterung des Verfassungsbeschwerdeverfahrens zu einer Popularklage, mit der die Verletzung von Verfassungsprinzipien durch einzelne Bürger gerügt werden konnte. Die Rechtsprechung des Zweiten Senats ist durch ein zweifaches Paradoxon gekennzeichnet. Zum einen hat der Senat offensichtlich seine Entscheidungszuständigkeiten überschritten, in dem er das zur Verteidigung *subjektiver* Rechte bestimmte Verfassungsbeschwerdeverfahren zu einer Popularklage erweitert und sich damit die Möglichkeit der – stets spektakulären – mündlichen Verhandlung und Letztentscheidung geschaffen hat. Mit am Maßstab des Grundgesetzes *ultra vires* getroffenen Entscheidungen unternimmt es der Zweite Senat, *ultra-vires*-Akte von Gemeinschaftsorganen zu verhindern.

Das zweite Paradoxon besteht darin, dass zur Wahrung des demokratischen Prinzips ohne weiteres der *demokratische* Willensbildungsprozess

---

31 Vgl. BVerfG, 14.1.2014 – 2 BvR 2728/13 = BVerfGE 134, 366 (374 f.).

32 Vgl. hierzu kritisch *Heun* JZ 2014, 331.

33 So BVerfG, 14.1.2014 – 2 BvR 2728/13 = BVerfGE 134, 366 (419 ff.) abw. Votum.

in der Bundesrepublik, der zu den Integrationsakten geführt hat, diskreditiert wird. Der Zweite Senat hat damit die Funktion übernommen, die in anderen Mitgliedstaaten allein dem Referendum zukommt.[34] Es bleibt das für die Geschichte der Bundesrepublik schwer begreifbare Phänomen, dass sich auf dem durch das Grundgesetz vorgezeichneten, gleichwohl steinigen Weg zu einem vereinten Europa Hindernisse auftürmen, die ein *Gericht* aus eben dieser Verfassung ableitet. Im Widerspruch zu allen Beteuerungen, demokratische Willensbildungsprozesse zu gewährleisten, nimmt das Bundesverfassungsgericht die Rolle eines *praeceptor Germaniae* ein, der dem Volk und den von ihm gewählten Organen vorgibt, welches Maß an Integration erlaubt ist. Zu der verfassungsrechtlich vorgeschriebenen Zustimmung von Bundestag und Bundesrat tritt damit faktisch auch die Billigung des (Zweiten) *Senats* hinzu. Die „üblichen Verdächtigen" werden von der ihnen eröffneten Möglichkeit, eine Popularklage zu erheben, vermutlich auch zukünftig Gebrauch machen. Die europäische Einigung wird deshalb wesentlich durch das Bundesverfassungsgericht bestimmt werden.

---

34 Vgl. *J. Ipsen* (Fn. 3), 100.

Integrationssicherung durch Obliegenheit – Das neue Staatsangehörigkeitsrecht vor dem Grundgesetz

Bernd Grzeszick

A. Internationale Einbindung der Staaten als Herausforderung

Das komplexe und komplementäre Verhältnis zwischen Deutschland, der Europäischen Union und den weiteren Staaten ist eines der zentralen Themenfelder im Werk von Peter-Christian Müller-Graff. Mit den aus der internationalen Einbindung der Staaten folgenden grundlegenden Fragen hat er sich immer wieder intensiv auseinandergesetzt und dabei aktuelle Entwicklungen mit prinzipiellen Überlegungen begleitet. Einer der zentralen Themenbereiche seines Werkes ist dabei das Verhältnis zwischen nationaler Identität und Integration.[1] Eben dieses Verhältnis prägt auch die jüngste Reform des Staatsangehörigkeitsrechts, deren verfassungsrechtliche Aspekte im Folgenden erörtert werden.

B. Reform der Optionsobliegenheit

Die Reform betrifft die Optionsobliegenheit für Personen, die wegen ihres Geburtsortes die deutsche Staatsangehörigkeit und wegen ihrer Abstammung zusätzlich eine weitere Staatsangehörigkeit erworben haben. Diese Personen unterlagen bislang der Obliegenheit, nach Erreichen der Volljährigkeit zu erklären, ob sie die deutsche oder die ausländische Staatsange-

---

1 Dazu nur *Müller-Graff*, Das Karlsruher Lissabon-Urteil: Bedingungen, Grenzen, Orakel und integrative Optionen, integration 2009, 329; *ders.*, Der Raum der Freiheit, der Sicherheit und des Rechts: Integrationswert für Bürger und Gesellschaft, Mitgliedstaaten und Union, integration 2012, 100; *ders.*, Deutsche Einigung und europäische Integration – aus rechtlicher und rechtspolitischer Sicht –, in: Kohler-Koch (Hrsg.), Die Osterweiterung der EG (1991), 23; *ders.*, Verfassungsrechtliche Rahmenbedingungen der Europäischen Union: Kontinuität oder Wandel? Rahmenbedingungen des deutschen Verfassungsrechts für die Mitwirkung an der EU?, in: Schneider/Jopp/Schmalz (Hrsg.), Eine neue deutsche Europapolitik? Rahmenbedingungen – Problemfelder – Optionen (2001), 299.

hörigkeit behalten wollen. Kinder von Staatsangehörigen anderer EU-Mitgliedstaaten oder der Schweiz hatten dabei einen Anspruch auf Erteilung einer Genehmigung für die Beibehaltung der deutschen Staatsangehörigkeit.

Die neue Regelung sieht nun vor, dass die Optionsobliegenheit für Personen entfällt, die neben der deutschen Staatsangehörigkeit diejenige eines anderen Mitgliedstaates der EU oder die der Schweiz besitzen sowie für Personen, die zwar diese Voraussetzung nicht erfüllen, aber die deutsche Staatsangehörigkeit in Folge von Geburt in Deutschland erworben haben und zudem in Deutschland aufgewachsen sind und deshalb über einen engen Bezug zu Deutschland verfügen. In Deutschland aufgewachsen ist, wer sich, bezogen auf das 21. Lebensjahr, acht Jahre gewöhnlich in Deutschland aufgehalten hat oder sechs Jahre in Deutschland eine Schule besucht hat oder über einen in Deutschland erworbenen Schulabschluss oder eine in Deutschland abgeschlossene Berufsausbildung verfügt. Zudem gilt als im Inland aufgewachsen, wer im Einzelfall einen vergleichbar engen Bezug zu Deutschland hat und für den die Optionsobliegenheit nach den Umständen des Falles eine besondere Härte bedeuten würde.

Die Voraussetzungen für das Entfallen der Optionsobliegenheit dürfte von vielen ius-soli-Deutschen erfüllt werden. Für diejenigen, die weiterhin der Optionsobliegenheit unterfallen, stellt sich aber die Frage nach deren rechtlicher Zulässigkeit. Neben dem Unionsrecht[2] und dem Völkerrecht[3] ist dabei das Verfassungsrecht in den Blick zu nehmen.

C. Vereinbarkeit der Optionsobliegenheit mit Verfassungsrecht

I. Verlust der Staatsangehörigkeit und deren Rechtfertigung

Die Fortgeltung der Optionsobliegenheit für Personen, die neben der deutschen Staatsangehörigkeit die Staatsangehörigkeit eines Staates haben, der

---

2 Dazu näher *Hailbronner*, in: Hailbronner/Renner/Maaßen (Hrsg.), Staatsangehörigkeitsrecht (5. Aufl. 2010), 190 ff.; *Zimmermann/Schütte/Sener*, Deutsche zweiter Klasse? (2013), 29 ff.; *Zimmermann*, DÖV 2014, 429, 431 f.; *Grzeszick*, ZRP 2015, 42 ff.

3 Dazu näher *Zimmermann*, DÖV 2014, 429, 432; *Zimmermann*, ZAR 2014, 97 ff.; *Zimmermann/Schütte/Sener*, Deutsche zweiter Klasse? (2013), 22 ff.; *Hailbronner*, in: Hailbronner/Renner/Maaßen (Hrsg.), Staatsangehörigkeitsrecht (5. Aufl. 2010), 61 ff.; *Martenczuk*, KritV 2000, 194 ff.

weder Mitgliedstaat der EU noch die Schweiz ist, kann zu einem Verlust der deutschen Staatsangehörigkeit im Sinne von Art. 16 Abs. 1 Satz 2 GG führen, nicht zu einem – unzulässigen – Entzug im Sinne von Art. 16 Abs. 1 Satz 1 GG, denn die Betroffenen können den Wegfall der deutschen Staatsangehörigkeit durch ihr eigenes Verhalten, die Ausübung des Wahlrechts, vermeiden.

Hinter der Fortgeltung der Optionsobliegenheit stehen Gründe, die diese rechtfertigen. Die Optionsobliegenheit ist wesentliches Element der differenzierten Öffnung des deutschen Staatsangehörigkeitsrechts für die Integration von Kindern ausländischer Eltern. Die Einführung der Optionsobliegenheit war verbunden mit der Einführung des Erwerbs der deutschen Staatsangehörigkeit mit Geburt in Deutschland. Dieser Erwerb ist sozusagen die Schokoladenseite der Optionsobliegenheit, denn ein derartiger Erwerb war dem deutschen Staatsangehörigkeitsrecht bis zur Reform im Jahr 1999 fremd, da es die Staatsangehörigkeit zuvor im Grundsatz nur für die Kinder deutscher Eltern vorsah.

Durch die Möglichkeit, die deutsche Staatsangehörigkeit auch bei ausländischen Eltern mit Geburt in Deutschland zu erhalten, sollte die Integration der in Deutschland aufwachsenden Kinder ausländischer Eltern erleichtert werden. Da eine dauerhafte und verlässliche Integration erreicht werden sollte, wurde der Erwerb an bestimmte Voraussetzungen geknüpft, die sicherstellen sollen, dass die tatsächlichen Voraussetzungen einer erfolgreichen Integration gegeben sind. Da diese ex-ante-Prognose aber in Hinsicht auf den gewünschten Integrationserfolg relativ unsicher ist, wurde zudem mit der Optionsobliegenheit sichergestellt, dass die zu Deutschen qua Geburtsort gewordenen Kinder ausländischer Eltern sich mit Erreichen der Volljährigkeit vorbehaltslos für die deutsche Staatsangehörigkeit entscheiden müssen. Damit sollen Loyalitätskonflikte, die einer dauerhaften Integration entgegenstehen können, ausgeschlossen werden.

II. Bedeutung der Staatsangehörigkeit sowie Mehrstaatigkeit

Die Fortgeltung der Optionsobliegenheit in den übrigen Konstellationen der ius-soli-Staatsangehörigkeit dient der Vermeidung von Mehrstaatlichkeit und den damit verbundenen rechtlichen und tatsächlichen Komplikationen. Staatsangehörigkeit ist aufgrund der damit verbundenen Rechte und Pflichten mehr als die Zugehörigkeit zu einer Personenverbindung, mehr als die Mitgliedschaft in einem Verein mit Rechten und Pflichten.[4] Sie impliziert mit der Zugehörigkeit zu einer grundsätzlich umfassenden politischen Gemeinschaft eine gegenseitige Loyalität, Solidarität und Verbundenheit, die sich für den Einzelnen nicht in der Beachtung der allgemein geltenden Gesetze und von Seiten des Staates nicht in der Gewährung von Aufenthalts- und partiellen Mitbestimmungsrechten erschöpft, sondern den grundsätzlich umfassenden Rechte- und Pflichtenstatus des Verbandes widerspiegelt.

Aus diesen Überlegungen folgt zwar nicht stets eine strikte Ablehnung von Mehrstaatigkeit. Es kann Konstellationen geben, in denen angesichts der Internationalisierung von wirtschaftlichen und persönlichen Beziehungen die Abgrenzungsaspekte einer exklusiv verstandenen Staatsangehörigkeit mit gegenläufigen Aspekten abzuwägen sind.[5] Diese werden in der vorliegenden Situation greifbar mit der Chance, die Integration hier geborener und aufgewachsener Kinder von Ausländern durch Akzeptanz der Mehrstaatigkeit zu erleichtern. Allerdings weist eben dieses Argument auf die Bedeutung der Staatsangehörigkeit als Ausdruck tatsächlicher und politischer Zugehörigkeit hin: Wenn und soweit die Aufgabe einer Staatsangehörigkeit als Problem oder Hindernis von gelingender dauerhafter Integration angesehen wird, ist dies Beleg für die erhebliche Bedeutung der Staatsangehörigkeit als Ausdruck einer umfassenden Zuordnung. In der Konsequenz spricht daher auch dies dafür, Staatsangehörigkeit nicht als eine bloße Formalie anzusehen, sondern als Konsequenz einer grundsätzlichen Zugehörigkeit, weshalb mit Mehrstaatigkeit weiterhin zurückhaltend umgegangen werden sollte. Dies ist ein hinreichender Grund dafür, in den Konstellationen, in denen keine überwiegenden Gründe für die Hinnahme von Mehrstaatigkeit vorliegen, die Optionsobliegenheit beizubehalten.

Auch unabhängig davon kann allein aus der Möglichkeit der leichteren Integration kein Argument für eine generelle Aufgabe des Prinzips der Vermeidung von Mehrstaatigkeit abgeleitet werden. Vielmehr folgt daraus die Aufgabe des Gesetzgebers, eine Entscheidung unter Abwägung der Vor- und Nachteile zu treffen. Da die Integrationsszenarien sich aus dieser Sicht erheblich unterscheiden, ist ein schrittweises und abgestuftes Vorgehen sinnvoll, um zu vermeiden, dass die politische Erwartung enttäuscht

4 *Hailbronner*, ZAR 2013, 357, 362 f.
5 *Hailbronner*, ZAR 2013, 357, 363.

wird, dass der Doppelstaater sich mit Deutschland als dem Staat seines Lebensmittelpunktes identifiziert und primär zugehörig fühlt.[6]

III. Hinnahme von Mehrstaatigkeit in Bezug auf andere EU-Staaten und Schweiz

Dieses Ziel wird nicht dadurch in Frage gestellt, dass die Komplikationsgefahren für Mehrstaatigkeiten in Bezug auf andere Mitgliedstaaten der EU und die Schweiz vom Gesetzgeber anders eingeschätzt werden. Die unterschiedliche Behandlung ist dadurch begründet, dass im Verhältnis zu diesen Staaten die durch Mehrstaatigkeit typischerweise entstehenden rechtlichen und tatsächlichen Probleme erheblich reduziert sind, weil mit diesen Staaten Beziehungen bestehen, die im Regelfall eine Entstehung entsprechender Probleme besser vermeiden oder zumindest deren Lösung erleichtern. Auch ist bei Staatsangehörigen dieser Staaten aufgrund der tatsächlichen Voraussetzungen eine gelingende Integration im Regelfall wahrscheinlicher als bei anderen Staaten. Schließlich ist der mit dem Regierungsentwurf verbundene Verzicht auf eine bewusste Entscheidung für die Beibehaltung der deutschen Staatsangehörigkeit in dieser Konstellation als geringfügige Änderung zu bewerten, da dieser Personenkreis bereits jetzt einen Anspruch auf Beibehaltung der anderen Staatsangehörigkeit hat, weshalb bereits nach jetziger Rechtslage eine Entscheidung für eine der Staatsangehörigkeiten nicht erforderlich ist, sondern nur ein Verfahren zu betreiben ist. Die im Gesetzesentwurf vorgeschlagene Entscheidung des Gesetzgebers für die teilweise Beibehaltung der Optionsobliegenheit ist daher aus diesem Aspekt nicht zu beanstanden.

IV. Weitergehende Mehrstaatigkeit für in Deutschland aufgewachsene ius-soli-Deutsche

Anders stellt sich die Ausgangslage hinsichtlich der weitergehenden Entscheidung dar, auch Deutsche von der Optionsobliegenheit auszunehmen, die zwar nicht die Staatsangehörigkeit eines anderen Mitgliedstaates der EU oder der Schweiz haben, sondern eines anderen Staates, die aber die

6 *Hailbronner*, ZAR 2013, 357, 364.

deutsche Staatsangehörigkeit in Folge von Geburt in Deutschland erworben haben und in Deutschland aufgewachsen sind. Dieser mit der Neuregelung verbundene Schritt ist ein substantieller, weil in diesen Konstellationen auf eine bewusste Entscheidung für die Beibehaltung der deutschen Staatsangehörigkeit verzichtet wird und bislang kein Regelanspruch auf Genehmigung der Beibehaltung der anderen Staatsangehörigkeit bestand.

In dieser Konstellation sollen die beiden kumulativen Voraussetzungen – Geburt und Aufwachsen in Deutschland – sicherstellen, dass die entsprechenden Personen so weitgehend in Deutschland integriert sind, dass die üblicherweise mit Mehrstaatigkeit verbundenen Probleme bei ihnen gleichfalls deutlich reduziert sind. Allerdings ist nicht abzusehen, dass die integrationspolitische Lage derjenigen entspricht, die hinsichtlich der Staatsangehörigen anderer EU-Staaten oder der Schweiz gegeben ist.[7] Insoweit erfolgt der mit der Neuregelung vorgenommene Verzicht auf eine bewusste Entscheidung für die deutsche Staatsangehörigkeit in einem sensibleren Umfeld. Auch sind die Voraussetzungen des Aufwachsens nicht übermäßig anspruchsvoll, da die Optionsobliegenheit bereits bei 8 Jahren Aufenthalt nach Melderegister entfällt, und zwar unabhängig davon, in welchem Lebensalter dieser Zeitraum liegt.

Die Begründung der neuen Regelung verweist daher auf zwei weitere Gründe für die Aufhebung der Optionsobliegenheit: Zum einen sei für viele junge ius-soli-Deutsche die Optionsobliegenheit eine schwierige Entscheidung; zum anderen liefen sie Gefahr, wegen Nichtausübung der Option die deutsche Staatsangehörigkeit zu verlieren.

Ob die Belastung durch die Optionsobliegenheit und die Gefahr eines nicht hinreichend antizipierten Verlustes der deutschen Staatsangehörigkeit tatsächlich so groß ist, ist nicht sicher festzustellen. Grund dafür ist, dass in diesem Bereich bislang allein die Sonderkonstellation untersucht werden kann, in der eine Übergangsregelung in Anspruch genommen wurde und Eltern für ihre Kinder die Einbürgerung beantragt haben. Dies legt nahe, dass bei diesem Personenkreis die Präferenz für die deutsche Staatsangehörigkeit möglicherweise stärker ausgeprägt ist als bei den übrigen Fällen der Optionsobliegenheit. Die darauf bezogenen Untersuchungen sind aber dennoch von Interesse, denn sie zeigen deutlich, dass die Optionsobliegenheit zwar zum Teil als subjektiv gefühlte Belastung empfunden wird. Das tatsächliche Entscheidungsverhalten der Optionspflichtigen

7 *Hailbronner*, ZAR 2013, 357, 364.

fällt aber trotz dieser teilweise gefühlten Belastung überdeutlich aus, nämlich für die deutsche Staatsangehörigkeit.[8] Die Optionsobliegenheit mag zwar gelegentlich als persönlich belastend empfunden werden, aber eine materielle und das reale Entscheidungsverhalten signifikant beeinflussende Belastung geht von der Optionsobliegenheit wohl nur selten aus.

Erheblich größer ist die Gefahr, dass die Bedeutung und die zeitliche Dimension des Verfahrens verkannt werden.[9] Nicht wenige der Befragten unterliegen offenbar Fehleinschätzungen hinsichtlich der Fristen des Verwaltungsverfahrens und der Frage, wer wann welchen Schritt zu gehen hat. Die subjektiv lang erscheinende Zeit bis zum 23. Geburtstag verleitet zur Passivität, insbesondere wenn der Betroffene die Bedeutung der Wahl der Staatsangehörigkeit für das eigene, künftige Leben nicht richtig erfasst. Auch ein engagiertes Handeln der Staatsangehörigkeitsbehörden über Anschreiben und z.T. persönliches Aufsuchen der Optionspflichtigen kann hier offenbar nur begrenzte Abhilfe schaffen. Damit besteht unabhängig von den Motiven für das Zögern das Risiko ungewollter Verluste der deutschen Staatsangehörigkeit, wenn beispielsweise die Entlassung aus der ausländischen Staatsangehörigkeit zu spät beantragt wird.

In der Gesamtschau ist damit auch die Entscheidung, Deutsche von der Optionsobliegenheit auszunehmen, die zwar nicht die Staatsangehörigkeit eines anderen Mitgliedstaates der EU oder der Schweiz haben, sondern eines anderen Staates, die aber die deutsche Staatsangehörigkeit in Folge von Geburt in Deutschland erworben haben und in Deutschland aufgewachsen sind, rechtlich vertretbar.

V. Individuelle Unmöglichkeit oder Unzumutbarkeit der Optionsobliegenheit

Schließlich ist die Neuregelung auch insoweit rechtmäßig, als die fortbestehende Optionsobliegenheit zu einer individuell unzumutbaren Belastung führen kann. Infolge der weiterbestehenden Optionspflicht für nicht in Deutschland aufgewachsene ius-soli-Deutsche sind zwar Fälle möglich, in denen ein ius-soli-Deutscher, der Mehrstaater ist, für die Beibehaltung der deutschen Staatsangehörigkeit optieren möchte, diese Entscheidung

---

8 *Worbs/Scholz*, ZAR 2013, 129, 131 ff. m.N.

9 *Worbs/Scholz*, ZAR 2013, 129, 133 ff. m.N.

aber durch schwer nachvollziehbare Vorgaben oder eine rechtsstaatlichen Anforderungen wenig entsprechende Verwaltungspraxis des anderen Staates erheblich erschwert wird. Für diese Konstellationen sieht das Gesetz vor, dass eine Genehmigung zur Beibehaltung der ausländischen Staatsangehörigkeit zu erteilen ist, falls die Aufgabe oder der Verlust der ausländischen Staatsangehörigkeit nicht möglich oder nicht zumutbar ist oder bei einer Einbürgerung hinzunehmen wäre. Die Optionsobliegenheit erfasst daher im Ergebnis nur Konstellationen, in denen die Aufgabe oder der Verlust der ausländischen Staatsangehörigkeit den betroffenen Mehrstaatern möglich und zumutbar ist. Auch in dieser Hinsicht enthält die Reform eine angemessene Regelung.

D. Résumé

Nach alledem verstößt die partielle Fortgeltung der Optionsobliegenheit nicht gegen Verfassungsrecht. Hinter der Optionsobliegenheit für Personen, die neben der deutschen Staatsangehörigkeit die Staatsangehörigkeit eines Staates haben, der weder Mitgliedstaat der EU noch die Schweiz ist, steht der legitime Schutz des zwischen dem Staat und seinen Staatsbürgern bestehenden Verhältnisses besonderer Verbundenheit und Loyalität, das der Staatsangehörigkeit zugrunde liegt. Das legitime Ziel wird auch auf angemessene Weise sichergestellt, da die Optionsobliegenheit im Ergebnis hinreichend Rücksicht darauf nimmt, dass die Aufgabe oder der Verlust der ausländischen Staatsangehörigkeit den betroffenen Personen möglich und zumutbar ist. Die neuen Regelungen, die das Konzept der Staatsangehörigkeit als Ausdruck der Zugehörigkeit zu einer grundsätzlich umfassenden politischen Gemeinschaft mit gegenseitiger Loyalität, Solidarität und Verbundenheit in einer zunehmend internationalisierten und verflochtenen Welt differenziert fortentwickeln, sind daher mit Art. 16 GG, dem Gleichheitssatz sowie dem Gebot einer kohärenten und folgerichtigen Ausgestaltung vereinbar.

Das Amt des Bundespräsidenten in der Rechtsprechung des Bundesverfassungsgerichts

Meinhard Schröder

I. Überblick

Eingehendere Beschreibungen des Amtes des Bundespräsidenten konnten sich in der Vergangenheit kaum auf das Bundesverfassungsgericht stützen.[1] Offenbar war eine verfassungsgerichtliche Klärung der Befugnisse des Bundespräsidenten im Organstreitverfahren infolge kluger und zurückhaltender Amtsführung der Bundespräsidenten lange Zeit entbehrlich.[2] Die viel diskutierte Frage etwa, ob und in welchem Umfang der Bundespräsident als „Hüter der Verfassung" ein Prüfungsrecht, insbesondere bei Gesetzen und Ernennungen besitzt,[3] hat zu keinen gerichtlichen Auseinandersetzungen geführt. Die zweimalige vorzeitige Auflösung des Bundestages 1982/83 und 2005 hat zwar Entscheidungen hervorgebracht, die den Prüfungsrahmen des Bundespräsidenten nach Art 68 GG abgesteckt haben. Zu grundsätzlicheren Ausführungen zum Amt des Bundespräsidenten ist es dabei aber nicht gekommen.[4]

Bemerkenswert ist die Zunahme der Entscheidungen in den letzten Jahren. Sie verdankt sich wesentlich der Wahl durch die Bundesversammlung, um deren Status nach dem Rücktritt von Bundespräsident Köhler 2010 und der Affäre um Bundespräsident Wulff 2012 viel gestritten wur-

---

1 *U. Scheuner,* Das Amt des Bundespräsidenten als Aufgabe verfassungsrechtlicher Gestaltung, 1966, S. 30 ff.; *Kimminich* VVDStRL 25 (1967), 2 ff.; *Kaltefleiter*, Die Funktionen des Staatsoberhauptes in der parlamentarischen Demokratie, 1970, S. 198 ff.; *Schlaich*, in: Isensee/Kirchhoff, Handbuch des Staatsrechts Bd. II, 2. Aufl. 1998, § 47 ff.; *Nettesheim*, in: Isensee/Kirchhoff, Handbuch des Staatsrechts Bd. II, 3. Aufl. 2005, § 61 ff.

2 *Fritz*, in: Bonner Kommentar, GG, Art 54 GG, Rn. 46 f.; *Nettesheim* (Fn. 1), § 61, Rn. 65.

3 Dazu statt aller *Kloepfer*, Verfassungsrecht I, 2011, § 17, Rn. 115, 127 ff.; *Rau* DVBl 2004, 1 ff.

4 BVerfG, Beschl. v. 12.1.1983 – 2 BvL 23/81 = BVerfGE 63,1; Urt. v. 25.8.2005 – 2 BvE 4/05, 2 BvE 7/05 = BVerfGE 114, 121.

de, bis hin zur Forderung nach einer künftigen Direktwahl.[5] Soweit es dabei zur Anrufung des Bundesverfassungsgerichts gekommen ist, hat dies – nicht überraschend – eingehendere Aussagen des Gerichts zum Amt des Bundespräsidenten zur Folge gehabt. Denn die Ausgestaltung der Wahl durch die Bundesversammlung ist „durch die besondere Stellung des Staatsoberhauptes geprägt“[6] und gibt dessen Status „ein eigenes, für Amtsverständnis und Stellung im Verfassungsgefüge kennzeichnendes Gepräge.“[7] Zur grundsätzlichen Klärung des Amtsinhalts beigetragen haben negative Äußerungen von Bundespräsident Gauck über die NPD vor der Bundestags-Wahl 2013.

II. Konturen des Amtes

Die weitgehende Offenheit des Grundgesetzes hinsichtlich der Stellung und Befugnisse des Bundespräsidenten hat seit jeher Leitbilder und Funktionsbeschreibungen hervorgebracht, die dem Amt Konturen geben sollen. Sie ist der einleuchtende Grund dafür, dass sich das Bundesverfassungsgericht bei der Konturierung des Amtes in den Organstreitverfahren zur Klärung der Rechte von Mitgliedern der Bundesversammlung und zur Äußerungsbefugnis des Bundespräsidenten in Bezug auf politische Parteien weniger von verfassungstheoretischen Konstrukten leiten lässt als von der Amtspraxis der bisherigen Bundespräsidenten.[8] Die freie Gestaltung durch die Amtsinhaber tritt dadurch in den Vordergrund. *Der Focus liegt auf der Kennzeichnung des Bundespräsidenten als Staatsoberhaupt, das keiner der drei Gewalten zuzuordnen ist*[9] *und die integrierende, die Einheit des Staates und Volkes repräsentierende Autorität darstellen soll.*[10] Deshalb wird die geistig-moralische Wirkung, auf die das Amt angelegt

---

5 So beispielsweise der frühere Bundesverfassungsrichter *G.Mahrenholz* am 17.2.2012: www.deutschlandradio.de/ mahrenholz-fordert-direktwahl-des-bundespraesidenten; *Volmer* am 25.1.2012: www.n-tv.de/politik/politik-kommentare/Schluss -mit-der-Kastration-Für-eine-direktwahl-des-bundespraesidenten.

6 VerfGH NRW, Urt. v. 26.5.2009 – VerfGH 2/09 = NVwZ 2009, 1097, 1098.

7 *Nettesheim* (Fn. 1), § 63, Rn. 1.

8 Vgl. dazu *Stern*, Staatsrecht Bd. II, 1980, § 30 I 4 c), S. 201.

9 BVerfG, Urt. v. 10.6.2014 – 2 BvE 2/09, 2 BvE 2/10, Rn. 94 = NVwZ 2014, 1149, 1152.

10 BVerfG, Urt. v. 10.6.2014 – 2 BvE 2/09, 2 BvE 2/10, Rn. 91 = NVwZ 2014, 1149, 1152.

ist,[11] und die mit dem Amt verbundene Würde, die sonst kaum thematisiert wurde, betont[12] - letzteres vielleicht auch als Reflex auf die mediale Diskussion um die Würde des Bundespräsidenten in der causa Wulff.[13] Funktionen des Bundespräsidenten, die im Zusammenhang mit den ihm durch das Grundgesetz zugewiesenen Aufgaben stehen, werden nicht näher behandelt. Bestimmend sind vor allem Repräsentations- und Integrationsaufgaben.[14] Wie er diese erfüllt, entscheidet der Bundespräsident grundsätzlich selbst. Dabei besitzt er einen weiten Gestaltungsspielraum.[15] Denn er kann „den mit dem Amt verbundenen Erwartungen nur gerecht werden, wenn er auf gesellschaftliche Entwicklungen und allgemeinpolitische Herausforderungen entsprechend seiner Einschätzung eingehen kann und dabei in der Wahl der Themen ebenso frei ist wie in der Entscheidung über die jeweils angemessene Kommunikationsform."[16] Die Befugnis zur öffentlichen Äußerung ist seinem Amt immanent. Sie bedarf keiner gesetzlichen Ermächtigung.[17] Freilich bleibt die Wahrnehmung des Amtes immer Ausübung von Staatsgewalt mit der Folge der Bindung an die Grundrechte sowie an Gesetz und Recht.[18]

In das Konzept der freien Amtsgestaltung fügen sich auch die *Feststellungen zum „Leitbild" der Neutralität des Bundespräsidenten* ein. Sie weichen deutlich von der früheren Rechtsprechung ab. In der ersten einschlägigen Entscheidung ging das Bundesverfassungsgericht noch von einer *Verpflichtung* nach der „verfassungsrechtlichen Ausgestaltung und nach der gewachsenen Tradition seit Bestehen der Bundesrepublik *zur parteipolitischen Neutralität*" aus.[19] Die zweite Entscheidung zur vorzeitigen Auflösung des Bundestages benutzte die schon auf die Entstehungsge-

---

11 BVerfG, Urt. v. 10.6.2014 – 2 BvE 2/09, 2 BvE 2/10, Rn. 94 = NVwZ 2014, 1149, 1152.

12 BVerfG, Urt. v. 10.6.2014 – 2 BvE 2/09, 2 BvE 2/10, Rn. 94, 98 = NVwZ 2014, 1149, 1152 f.

13 Dazu etwa *Dachsel*, Nachlese der Bundespräsidentenaffäre. Die Würde des Amtes ist unfassbar.www.taz.de/88023 v. 20.2.2012.

14 BVerfG, Urt. v. 10.6.2014 – 2 BvE 2/09, 2 BvE 2/10, Rn. 94 = NVwZ 2014, 1149, 1152.

15 BVerfG, Urt. v. 10.6.2014 – 2 BvE 4/13, Rn. 22, 30 = NVwZ 2014,1156, 1157 f.

16 BVerfG, Urt. v. 10.6.2014 – 2 BvE 4/13, Rn. 22 = NVwZ 2014,1156, 1157.

17 BVerfG, Urt. v. 10.6.2014 – 2 BvE 4/13, Rn. 22 = NVwZ 2014,1156, 1157.

18 BVerfG, Urt. v. 10.6.2014 – 2 BvE 4/13, Rn. 24 = NVwZ 2014,1156, 1158.

19 BVerfG, Beschl. V. 27.1.1994 – 1 BvR 1693/92 = BVerfGE 89, 359, 362 f. – Hervorhebung hier.

schichte des Grundgesetztes zurückgehende Vorstellung des Bundespräsidenten als *„pouvoir neutre"*, dessen Wort Gewicht für den Umfang der gerichtlichen Kontrolle habe.[20] Abgesehen davon, dass der Topos des „pouvoir neutre" diesen Umfang nicht klärt,[21] war bemerkenswert, dass das Bundesverfassungsgericht ihn verwendete, obschon im Schrifttum seine Untauglichkeit zur Kennzeichnung der Stellung des Bundespräsidenten seit langem feststand: Mit der konstitutionellen Monarchie verbunden, lässt er sich nicht für die Demokratie umdeuten.[22] Nunmehr spricht das Bundesverfassungsgericht von *„verfassungsrechtlichen Erwartungen* an das Amt des Bundespräsidenten und der gefestigten Tradition seit Bestehen der Bundesrepublik Deutschland, *dass der Bundespräsident eine gewisse Distanz zu Zielen und Aktivitäten von politischen Parteien und gesellschaftlichen Gruppen wahrt.*"[23] *Der Bundespräsident entscheidet selbst, inwieweit er sich in seiner Amtsführung am Leitbild eines „neutralen Bundespräsidenten" orientiert.* Eine diesbezügliche gerichtliche Überprüfung besteht weder generell noch im Einzelfall.[24] Damit tritt das Gericht behaupteten zwingenden Neutralitätsvorstellungen entgegen. An deren Stelle tritt in Übereinstimmung mit dem Schrifttum mit gutem Grund die Offenheit gegenüber allen gesellschaftlichen und politischen Positionen bei Vermeidung von Einseitigkeit und willkürlicher Ausgrenzung: Denn es kann dem Bundespräsidenten nicht verwehrt sein, „mit Blick auf gesellschaftliche Problemlagen zu Schlussfolgerungen zu kommen, die auch von anderen Gruppen – etwa Parteien – vertreten werden".[25] Um seiner Integrationsaufgabe gerecht zu werden, kann er geradezu zur Identifikation mit oder gegen eine Richtung gezwungen sein.[26]

---

20 BVerfG, Urt. v. 25.8.2005 – 2 BvE 4/05, 2 BvE 7/05 = BVerfGE 114, 121, 159 – Hervorhebung hier.

21 *Schröder*, in: FS für Krause, Wallerath (Hrsg.), 2006, 349, 355.

22 *Schlaich* (Fn. 1), § 49, Rn. 86 mit umfangreichen Nachw.; für Umdeutung oder Konkretisierung aber *Stein*, ‚ZaöRV 69 (2009), 249, 252.

23 BVerfG, Urt. v. 10.6.2014 – 2 BvE 2/09, 2 BvE 2/10, Rn. 95 = NVwZ 2014, 1149, 1152; Urt. v. 10.6.2014 – 2 BvE 4/13 Rn. 23 = NVwZ 2014, 1156, 1158 - Hervorhebung hier; dazu *Cornils*, in: FS für Hufen, Geis/Winkler/Bickenbach (Hrsg.), 2015, 151 ff.

24 BVerfG, Urt. v. 10.6.2014 – 2 BvE 4/13, Rn. 30 = NVwZ 2014, 1156, 1159.

25 *Nettesheim,* (Fn. 1), § 61, Rn. 20.

26 *Schlaich* (Fn. 1), § 49, Rn. 82; vgl. auch *Herzog*, in Maunz/Dürig, GG, Art. 54 GG, Rn. 91: ein striktes Neutralitätsgebot gibt es nicht; ferner *Fritz* (Fn. 2), Rn. 119.

III. Der Zusammenhang von Wahl und Amt

Das Verfahren durch und in der Bundesversammlung korrespondiert mit dem Amt des Bundespräsidenten.[27] Konsequenterweise kann auch der Status der Mitglieder der Bundesversammlung nicht losgelöst von der Stellung des Bundespräsidenten gesehen werden.[28] Der Versuch, diesen Status im Organstreitverfahren für eine Politisierung der Bundesversammlung zu nutzen, musste im Blick auf den Textbefund der einschlägigen Vorschriften und ihrer Entstehungsgeschichte scheitern. Diesen, die Wahl durch die Bundesversammlung prägenden Befund bezeichnete der Präsident des Bundesverfassungsgerichts Voßkuhle bei der Verkündung des Urteils als eigentümlich demokratisch veredelten Rückgriff auf das Erbe der konstitutionellen Monarchie, der vom Verfassungsgeber so gewollt war und der Bundesrepublik Deutschland gut getan habe.[29] Im Urteil selbst findet der Befund markanten Ausdruck in dem immer wieder betonten Würde- und Symbolcharakter der Wahl[30] und in der Absage an jede Parallele zum parlamentarischen Verfahren: kein Rückgriff auf die Rechte der Bundestagsabgeordneten zur Bestimmung der Rechte der Mitglieder der Bundesversammlung;[31] keine Geschäftsordnungsautonomie der Versammlung;[32] keine entsprechende Anwendung der Vorstellungen über die Öffentlichkeit der Beratungen des Bundestages, weil es bei der Wahl des Bundespräsidenten allein auf die Sichtbarkeit des Wahlakts in seinen realen und symbolischen Dimensionen ankomme;[33] keine (Selbst-) Vorstellung der Kan-

---

27 BVerfG, Urt. v. 10.6.2014 – 2 BvE 2/09, 2 BvE 2/10, Rn. 96 = NVwZ 2014, 1149, 1152.

28 BVerfG, Urt. v. 10.6.2014 – 2 BvE 2/09, 2 BvE 2/10, Rn. 90 = NVwZ 2014, 1149, 1152.

29 Zitiert nach www.tagessiegel.de/politik/bundesverfassungsgericht-urteil-joachim-gauck-darf-rechtsradikale-spinner-nennen/10012998.html (10.6.2014).

30 BVerfG, Urt. v. 10.6.2014 – 2 BvE 2/09, 2 BvE 2/10, Rn. 98, 103, 109, 115, 117 = NVwZ 2014, 1149, 1153 f.

31 BVerfG, Urt. v. 10.6.2014 – 2 BvE 2/09, 2 BvE 2/10, Rn. 99 = NVwZ 2014, 1149, 1153.

32 BVerfG, Urt. v. 10.6.2014 – 2 BvE 2/09, 2 BvE 2/10, Rn. 101f. = NVwZ 2014, 1149, 1153.

33 BVerfG, Urt. v. 10.6.2014 – 2 BvE 2/09, 2 BvE 2/10, Rn. 103 = NVwZ 2014, 1149, 1153.

didaten in der Bundesversammlung[34] als Konsequenz des Aussprecheverbotes nach Art. 54 Abs. 1 GG, weil Vorstellung und Aussprache darüber der Würde des Wahlakts, der dem parteipolitischen Streit enthoben sein soll, zuwiderlaufen würde. Informationen über die Kandidaten müssen deshalb außerhalb der Bundesversammlung beschafft werden.[35] An diesem Punkt zeigt sich besonders deutlich, dass die Entpolitisierung der Wahl des Bundespräsidenten im Ergebnis nicht gelingen kann, weil sich mit dem Bundespräsidenten, wie das Gericht an anderer Stelle sagt, nicht die Vorstellung eines politisch indifferenten Amtswalters verbindet.[36] Das Verbot bewirkt nur, dass die Kandidatendiskussion in anderen Gremien und in der Öffentlichkeit stattfindet und deshalb der parteipolitische Streit nicht vermieden werden kann.[37]

Auf der Grundlage der skizzierten Positionen können Mitgliedern der Bundesversammlung, abgesehen vom Teilnahmerecht an der Stimmabgabe und dem Anspruch auf Bewertung ihrer abgegebenen Stimme, nur geringe Rechte, die der Wahrnehmung des Wahlrechts dienen, zustehen:[38] jedenfalls kein Recht auf Aussprache[39] und kein Recht zu einer Personal- oder Sachdebatte.[40] Anträge, die nicht die Durchführung der Wahl an sich betreffen oder offensichtlich verfassungswidrig sind, dürfen vom Leiter der Bundesversammlung zurückgewiesen bzw. müssen nicht zur Abstimmung gestellt werden, ohne dass dem Antragsteller zuvor das Wort erteilt wurde.[41] Das trifft auch auf den Antrag eines Mitgliedes auf Ausschluss

---

34 Auch keine – etwa auf Art. 38 Abs. 1 GG gestützte – (Selbst-)Kandidatur von Personen, die in der Bundesversammlung nicht aktiv wahlberechtigt sind: BVerfG, Beschl. v. 14.3.2012 – 2 BvQ 14/12 = BeckRS 2012, 51057.

35 BVerfG, Urt. v. 10.6.2014 – 2 BvE 2/09, 2 BvE 2/10, Rn. 109 = NVwZ 2014, 1149, 1154; Urt. als überaus knappe Aussage bezeichnet: *Sachs* JuS 2014, 860, 861.

36 BVerfG, Urt. v. 10.6.2014 – 2 BvE 4/13, Rn. 28 = NVwZ 2014, 1156, 1158.

37 Dazu *Fritz* (Fn. 2), Rn. 140ff; *Nierhaus*, in: Sachs, GG, 7. Aufl. 2014, Art. 54 GG, Rn. 17; *Nettesheim* (Fn. 1), § 63, Rn. 12; *Isensee* NJW 1994, 1329, 1330; *Burkczak* JuS 2004, 278, 280.

38 BVerfG, Urt. v. 10.6.2014 – 2 BvE 2/09, 2 BvE 2/10, Rn. 105, 110 = NVwZ 2014, 1149, 1153 f.

39 BVerfG, Urt. v. 10.6.2014 – 2 BvE 2/09, 2 BvE 2/10, Rn. 105 = NVwZ 2014, 1149, 1153.

40 BVerfG, Urt. v. 10.6.2014 – 2 BvE 2/09, 2 BvE 2/10, Rn. 108 = NVwZ 2014, 1149, 1154.

41 BVerfG, Urt. v. 10.6.2014 – 2 BvE 2/09, 2 BvE 2/10, Rn. 120, 128 = NVwZ 2014, 1149, 1155.

anderer Mitglieder der Bundesversammlung wegen angeblicher Fehlerhaftigkeit ihrer Bestimmung durch die Landtage zu, weil die Bundesversammlung keine Befugnis zur Überprüfung der ordnungsgemäßen Entsendung ihrer Mitglieder besitzt.[42] Erneut[43] wird auch ein Recht zur Benennung eines Wahlbeobachters bei der Auszählung der Stimmen mit der Begründung verneint, dass er im geltenden Recht nicht nachweisbar sei und die Praxis der Bundesversammlung bei der Kontrolle der Stimmauszählung den aus dem Grundsatz der Öffentlichkeit der Wahl ableitbaren Kriterien der Nachvollziehbarkeit und Überprüfbarkeit entspreche.[44]

IV. Hinweise auf Fehlentwicklungen und Warnungen vor Gefahren als Gegenstand öffentlicher Äußerungen des Bundespräsidenten

Vielleicht noch mehr Aufmerksamkeit als die Ausführungen des Bundesverfassungsgerichts zur Wahl werden diejenigen zur Äußerungsbefugnis des Bundespräsidenten finden, weil sie sich mit einem *zentralen Gegenstand seiner Amtstätigkeit* befassen. Dazu enthalten sie allgemeine Gesichtspunkte. Im Schwerpunkt befassen sie sich allerdings, bedingt durch den von der NPD angestrengten Organstreit, mit negativen Äußerungen des Bundespräsidenten über politische Parteien.

Zu den wesentlichen Aufgaben, die der Bundespräsident nach Ansicht des Bundesverfassungsgerichts durch sein öffentliches Auftreten wahrnimmt, um die Einheit des Gemeinwesens sichtbar zu machen und durch seine Amtsautorität zu fördern, gehören Hinweise auf von ihm identifizierte Missstände und Fehlentwicklungen und die Warnung vor Gefahren. Dabei darf er auch die von ihm als Verursacher ausgemachten Kreise oder Personen benennen.[45] Damit enden im Grunde die allgemeinen Feststellungen zu öffentlichen Äußerungen des Bundespräsidenten, wenn man nicht noch die Bindung an die Grundrechte sowie an Recht und Gesetz hinzunimmt.[46] Inwieweit diese, auf der Ausübung von Staatsgewalt beru-

42 BVerfG, Urt. v. 10.6.2014 – 2 BvE 2/09, 2 BvE 2/10, Rn. 80, 122f. = NVwZ 2014, 1149, 1151, 1155; v. 16.12.2014 – 2 BvE 2/12, NVwZ 2015, 216, Rn. 32.

43 Siehe bereits BVerfG, Beschl. v. 14.3.2012 – 2 BvQ 16/12, Rn. 13ff. = BeckRS 2012, 51058.

44 BVerfG, Urt. v. 10.6.2014 – 2 BvE 2/09, 2 BvE 2/10, Rn. 134 = NVwZ 2014, 1149, 1156; v. 16.12.2014 – 2 BvE 2/12, NVwZ 2015, 216, Rn. 34.

45 BVerfG, Urt. v. 10.6.2014 – 2 BvE 4/13, Rn. 22, 28 = NVwZ 2014, 1156, 1157 f.

46 BVerfG, Urt. v. 10.6.2014 – 2 BvE 4/13, Rn. 24 = NVwZ 2014, 1156, 1158.

hende Bindung auch Äußerungen über Missstände oder Gefahren (z.B. der Atomenergie) Grenzen setzt, bedarf noch der Klärung. Sie wird im Weiteren, prozessual bedingt, nur für politische Parteien und, ansatzweise, gesellschaftliche Gruppen[47] entfaltet.

Für Äußerungen des Bundespräsidenten über politische Parteien gelten andere *Grundsätze* als für die Öffentlichkeitsarbeit der Bundesregierung.[48] Sie sind *Ausprägung der* beschriebenen *Konfiguration des Amtes* als Repräsentations- und Integrationsaufgabe. So darf der Bundespräsident, wenn Gefahren oder Risiken von einer politischen Partei ausgehen, sie zum Gegenstand öffentlicher Äußerungen machen. Es besteht keine Vorgabe aus der verfassungsrechtlichen Erwartung einer gewissen Distanz zu politischen Parteien und gesellschaftlichen Gruppen, weil der Bundespräsident nicht als politisch indifferenter Amtswalter zu verstehen ist;[49] keine Rechtspflicht zu umfassender, nachvollziehbarer Abwägung und Rechenschaft darüber.[50] Der Bundespräsident darf sich auch in zugespitzter Form äußern, solange der Gemeinwohlbezug der Äußerung erkennbar ist und mit ihr keine Ausgrenzung oder Begünstigung, keine Schmähkritik einer politischen Partei verbunden ist.[51]

An dem *Umfang, in dem Äußerungen über politische Parteien der verfassungsgerichtlichen Kontrolle unterliegen,* wird deutlich, dass ihre Einordnung in die Integrations- und Repräsentationsaufgabe des Bundespräsidenten diesen weitgehend „kontrollfrei" stellt, ja stellen muss. Denn rechtliche Vorgaben gibt es nicht, wenn der Bundespräsident seine Amtsgestaltung selbst bestimmen darf und „Neutralität" von ihm nicht gefordert, sondern nur selbstbestimmter Orientierungspunkt ist, dessen Beachtung „weder generell noch im Einzelfall" gerichtlich überprüft wird.[52] Die Chancengleichheit der Parteien, die auch der Bundespräsident bei seinen Äußerungen zu beachten hat,[53] wird nur selten relevant. Sie bietet nur Schutz bei negativen Äußerungen, welche die Integrationsaufgabe *evident* ver-

47 BVerfG, Urt. v. 10.6.2014 – 2 BvE 4/13, Rn. 28 = NVwZ 2014, 1156, 1158.
48 BVerfG, Urt. v. 10.6.2014 – 2 BvE 4/13, Rn. 26 f. = NVwZ 2014, 1156, 1158.
49 BVerfG, Urt. v. 10.6.2014 – 2 BvE 4/13, Rn. 26 f. = NVwZ 2014, 1156, 1158.
50 BVerfG, Urt. v. 10.6.2014 – 2 BvE 4/13, Rn. 23 = NVwZ 2014, 1156, 1158.
51 BVerfG, Urt. v. 10.6.2014 – 2 BvE 4/13, Rn. 28, 29 = NVwZ 2014, 1156, 1158 f.
52 BVerfG, Urt. v. 10.6.2014 – 2 BvE 4/13, Rn. 30 = NVwZ 2014, 1156, 1159.
53 BVerfG, Urt. v. 10.6.2014 – 2 BvE 4/13, Rn. 25 = NVwZ 2014, 1156, 1158.

nachlässigen, weil sie willkürlich Partei ergreifen.[54] Mit häufigeren gerichtlichen Klagen gegen den Bundespräsidenten ist nicht zu rechnen.

Die Bewertung des Negativurteils „ Spinner“ in Bezug auf Mitglieder, Unterstützer und Aktivisten der NPD als nicht willkürliche Äußerung des Bundespräsidenten beruht auf der im Wunsiedelbeschluß des Bundesverfassungsgerichts befürworteten speziellen Sicht der Verbreitung nationalsozialistischen Gedankenguts. Dort hatte der 1. Senat vor dem Hintergrund, dass das Grundgesetz weithin als Gegenentwurf zum Totalitarismus des nationalsozialistischen Regimes zu sehen sei, ausgeführt, Meinungen, die die Gewalt- und Willkürherrschaft propagandistisch gutheißen, könnten nicht allein auf der Grundlage der allgemeinen Regeln zu den Grenzen der Meinungsfreiheit erfasst werden.[55] Diesen Ansatz übernimmt der 2. Senat im Organstreit und entzieht die Bezeichnung „Spinner“ dem Vorwurf der „Schmähkritik“: Sie diene in concreto als Sammelbegriff für Menschen, die unbeeindruckt von den verheerenden Folgen des Nationalsozialismus nationalistische und antidemokratische Überzeugungen vertreten. Mit dem Aufruf zu bürgerschaftlichem Engagement gegenüber solchen Ansichten habe der Bundespräsident in einer dem Grundgesetz entsprechenden Form der geistigen Auseinandersetzung geworben.[56] Verallgemeinern für künftige Äußerungen zu Parteien lässt sich die Bewertung nicht,[57] wohl aber die auch gezogene Grenze, dass gewaltsame Aktionen in der Auseinandersetzung zwischen Parteien nicht unterstützt oder gut geheißen werden dürfen.[58]

V. Neue und vorgezeichnete Aspekte der Rechtsprechung

Die von der NPD angestrengten Organstreitverfahren haben *Grundsatzurteile zum Amt des Bundespräsidenten* hervorgebracht. Erstmals werden die Rechte der Mitglieder der Bundesversammlung bestimmt und präzisiert. Im übrigen sind manche der getroffenen Aussagen im neueren Schrifttum vorgezeichnet gewesen: so die Betonung der repräsentativen und integrati-

---

54 BVerfG, Urt. v. 10.6.2014 – 2 BvE 4/13, Rn. 30 = NVwZ 2014, 1156, 1159.

55 BVerfG, Beschl. v. 4.11.2009 – 1 BvR 210/08, Rn. 65, 66 = NJW 2010, 47, 51.

56 BVerfG, Urt. v. 10.6.2014 – 2 BvE 4/13, Rn. 33 = NVwZ 2014, 1156, 1159.

57 Zutreffend: *Janisch*, www.sueddeutsche.de/politik/gauck-versus-npd-ein-hauch-von-monarchie-1.1994313.

58 BVerfG, Urt. v. 10.6.2014 – 2 BvE 4/13, Rn. 32 = NVwZ 2014, 1156, 1159.

ven Funktion des Bundespräsidenten,[59] die politische Qualität des Amtes und in deren Zusammenhang der Unterschied zum Bereich Parlament und Regierung,[60] die Absage an eine strikte Neutralität des Bundespräsidenten[61] und die besondere Rolle der Rede, des Gesprächs und des öffentlichen Auftritts zur Beeinflussung von Politik und Gesellschaft.[62] Mit den Aussagen zur Äußerungsbefugnis des Bundespräsidenten verbinden sich allerdings auch diskussionsbedürftige Gesichtspunkte, die die pauschale Feststellung, der Bundespräsident sei an Gesetz und Recht gebunden,[63] in teilweise neuem Licht erscheinen lassen: Dass die Bindung jedenfalls bei Äußerungen über politische Parteien nur greifen soll, wenn eine evidente Vernachlässigung der Amtsausübung vorliegt, kann man in den Zusammenhang mit einer Position stellen, die im 2. Urteil zur Auflösung des Bundestags formuliert wurde. Danach muss das Bundesverfassungsgericht „den anderen Verfassungsorganen den vom Grundgesetz garantierten Raum freier politischer Gestaltung und Verantwortung offenhalten.“[64] Für den Bundespräsidenten, dessen Amt im Grundgesetz nur punktuelle Regelungen erfahren hat, gilt dies in besonderer Weise.

59 *Stern* (Fn. 8), S. 198.
60 *Nettesheim* (Fn. 1), § 61, Rn. 19.
61 *Schlaich* (Fn. 1), § 49, Rn. 82, 86; *Nettesheim* (Fn. 1), § 61, Rn. 20 ff.
62 *Schlaich* (Fn. 1), § 49, Rn. 4; *Nettesheim* (Fn. 1), § 62, Rn. 25 f.; *Herzog* (Fn. 26), Rn. 92 ff.; *Fritz* (Fn. 2), Rn. 113 ff.
63 *Nettesheim* (Fn. 1), § 61, Rn. 13.
64 BVerfG, Urt. v. 25.8.2005 – 2 BvE 4/05, 2 BvE 7/05 = BVerfGE 114, 121, 160.

Medizinische Versorgung zwischen Recht und Ökonomie – Verfassungsrechtliche Grenzen der Priorisierung und Rationierung von Gesundheitsleistungen

Rainer Pitschas

I. Medizinische Versorgung zwischen Leistungsversprechen und Kostendruck

1. Nachfrage nach Gesundheitsleistungen und Begrenzung ihrer Finanzierung

Der anhaltende und durch das verabschiedete sog. Versorgungsstärkungsgesetz[1] nicht wirklich abgemilderte Streit um die künftige Finanzierung der Gesetzlichen Krankenversicherung (GKV) macht nicht nur deutlich, dass unsere Gesellschaft die „Gesundheit" sowie die bedarfsgerechte Krankenversorgung als besonders wertvoll empfinden. Mehr und mehr rückt im demografischen Wandel und des damit einhergehenden Verlusts an ärztlichem bzw. nicht-ärztlichem Personal sowie angesichts des medizinischen-technischen Fortschritts die Problematik in den Vordergrund des gesellschaftlichen und politischen Interesses, ob wir uns die gegenwärtig auf hohem Niveau entwickelte medizinische Versorgung und deren Qualität zukünftig noch werden leisten können. Wir stehen deshalb vor der zentralen Frage, nach welchen Kriterien gesundheitsbezogene Leistungen förderhin angeboten bzw. vorenthalten werden sollen/dürfen, wenn sich die relative Mittelknappheit verstärkt und die Effizienzreserven nicht ausreichen, die der intendierte Wettbewerb im Gesundheitswesen zu schöpfen verspricht.[2]

---

1 Gesetz zur Stärkung der Versorgung in der gesetzlichen Krankenversicherung (GKV-Versorgungsstärkungsgesetz-GKV-VSG) vom 29.12.2014, BR-Drucks. 641/14.

2 Dazu näher *Huster* DVBl 2010, 1069 ff.

Zu der insoweit geführten Debatte um die Ökonomisierung der Medizin mit ihren ethischen, politischen und rechtlichen Anteilen[3] sollte allerdings zunächst und einerseits festgestellt werden, dass die zu treffenden Allokationsentscheidungen auch davon abhängen, wer mit welchem Wissen, welchem Einfluss, welchen Präferenzen und in welchen Verfahren über die Verteilung der begrenzten Ressourcen für die gesundheitliche Versorgung entscheidet.[4] Ferner und andererseits bleibt zu klären, nach welchen Kriterien medizinische Leistungen angeboten bzw. vorenthalten werden sollen (z. B. Verschulden?, Alter? u. a. m.), wenn relative Mittelknappheit herrscht.[5] Schließlich ist unabdingbar, dass die Verteilungskriterien rechtsstaatlich-demokratisch legitimiert sind und auf rationalen sowie fairen Grenzziehungen beruhen. Der Klärung dessen widmen sich die nachfolgenden Überlegungen.

2. Rationale Verteilungsentscheidungen durch Priorisierung oder Rationierung

Für die Auflösung des Spannungsverhältnisses zwischen Ressourcenknappheit und Leistungserwartungen von Patienten werden im Rahmen der vorgenannten Debatte im Wesentlichen drei Wege vorgeschlagen, nämlich entweder durch Rationalisierung der Leistungserbringung nach Maßgabe von Wirtschaftlichkeitsparametern, durch Priorisierung oder durch Rationierung zu einem Ergebnis zu gelangen.

Alle drei Formen der Allokation von Gesundheitsleistungen existieren bereits heute, schaut man etwa auf den Pflegenotstand in den Krankenhäusern oder auf die Streitigkeiten zwischen verordnenden Ärzten und den Medizinischen Diensten der Krankenkassen darüber, was in konkreten Fällen medizinisch „notwendig“ sei. Andere Beispiele bilden etwa die Fälle der Organspende sowie die dabei maßgeblichen Kriterien der Dringlichkeit und der Erfolgsaussichten, des Selbstverschuldens bei der Entstehung von Krankheiten und das besonders umstrittene Priorisierungskriterium

3 Nachweise aus der Literatur dazu unter Betonung der (verfassungsrechtlichen) Seite bei *Huster* (Fn. 2), 1073 mit Fn. 30; vgl. ferner die Beiträge in: Schmitz-Luhn/Bohmeier (Hrsg.), Priorisierung in der Medizin. Kriterien im Dialog, Berlin 2013.

4 So treffend *Kingreen,* in: VVDStRL Bd. 70 (2011), S. 152 (154 f.).

5 *Wenner* GesR 2009, 169, 170 ff.

des Alters.[6] Hingewiesen sei auch und ergänzend auf das unrühmliche Schicksal des Wunsch- und Wahlrechts im Kontext der Leistungserbringung nach § 9 Abs. 1, Abs. 3 SGB IX.[7]

a) Unter Rationalisierung versteht man in diesen Zusammenhängen den Vorgang, vorhandene Wirtschaftlichkeitsreserven auszuschöpfen, ohne dass dadurch die Versorgungsqualität für irgendeinen der Betroffenen abgesenkt würde.[8] Einem Irrtum unterliegen allerdings diejenigen, die annehmen, durch solchermaßen verstandene Rationalisierungsmaßnahmen würden die Betroffenen keine Einbußen erleiden. Eines Besseren belehrt hierüber z.B. die Rechtsprechung des BSG zum Wunsch- und Wahlrecht bei Entscheidungen über die Leistungen und bei der Ausführung der Leistungen zur Teilhabe.[9]
Wenn es hingegen um empfindliche bzw. nicht konditionierte Leistungsbegrenzungen geht, sollte von („offener“ bzw. „expliziter“ oder von „heimlicher“ bzw. „impliziter“) Rationierung die Rede sein, auch wenn die Terminologie im Einzelnen strittig ist.[10] Einen eklatanten Fall bildet diesbezüglich die Organspende mit den dabei auftretenden Verteilungskonflikten.[11] Soweit in diesem Zusammenhang unter den Bedingungen von Knappheit im Einzelfall Vorrangentscheidungen über Behandlungen mit der daraus resultierenden Aussicht auf Kostenersparnis getroffen werden, geht es letztlich um Priorisierung, d. h. darum, Ranglisten der Versorgung nach bestimmten Gesichtspunkten

---

6 *Gutmann*, in: Gutmann/Schmidt (Hrsg.), Rationierung und Allokation im Gesundheitswesen, Weilerswist 2012, S. 179, 203; *Katzenmeier*, in: Schmitz-Luhn/Bohmeier (Fn. 3), S. 1, 6; *Welti* MedR 2010, 379, 387; *Ladeur/T. Augsberg*, Die Funktion der Menschenwürde im Verfassungsstaat, Tübingen 2007, S. 51.

7 Dazu *Bold* NZS 2014, 129, 130, 131 mit erheblicher Kritik an der vom BSG bevorzugten Beschränkung des Wahlrechts nach § 9 SGB IX auf einen mit dem Wirtschaftlichkeitsgebot gem. § 12 SGB V konformen Anwendungsbereich.

8 Zur Reichweite von Effizienz – bzw. Rationalisierungsreserven und zu der Pflicht zu deren vorrangige Nutzung eher skeptisch *Huster* (Fn. 2), 1071; ferner zum Kosten-Nutzen-Verhältnis *Felder*, in: Schmitz-Luhn/Bohmeier (Fn. 3), S. 61 ff.

9 BSGE 113, 231, 236, 237 f.; die Entscheidung „rationalisiert“ das Wunsch- und Wahlrecht der Klägerin hinweg; sie dürfte ggü. der UN-Behindertenrechtskonvention auch völkerrechtswidrig sein.

10 Einen differenzierten Überblick gibt *Wenner* (Fn. 5), 170 ff.

11 Dazu u. a. *Lauerer/Baier/Alber/Nagel*, in: Schmitz-Luhn/Bohmeier (Fn. 3), S. 161 ff.

zu erstellen. Insoweit handelt es sich um eine „weiche" Form der Rationierung.[12]

b) Wenn Rationierungs- bzw. Priorisierungskriterien rational begründet werden und auf fairen Entscheidungs- bzw. Verteilungsmechanismen beruhen müssen – so fordert dies jedenfalls, wie sogleich zu zeigen sein wird, das Grundgesetz -, so gibt es auch notwendigerweise eine dementsprechend verpflichtende *Rangordnung von Allokationsentscheidungen*: Auf einer ersten und weniger den Patienten belastenden Stufe müssen bei Ressourcenknappheit erst einmal alle Möglichkeiten der konsequenten Rationalisierung ausgeschöpft werden („Rationalisierungsvorrang"). Rationalisierung statt Priorisierung und Rationierung lautet somit die verfassungsrechtliche Devise.

c) Vor diesem Hintergrund liegt der Versuch aller „Mitspieler" im deutschen Gesundheitswesen nahe – und er ist auch nachvollziehbar –, tatsächliche Leistungsminderungen durch Verweise auf Ressourcenersparnisse zu kaschieren bzw. Umgehungstatbestände zu konstruieren. Dies könnte etwa der Fall bei der Berechnung von Betten- und/oder Personalkapazitäten sein, bei der Nutzung des Priorisierungskriteriums des Alters im Übrigen oder aber bei der „wertenden" Antwort auf die Frage, wie viel Medizin in welcher Qualifikation und an welchem Ort gebraucht wird, damit die Patienten optimal behandelt werden können.[13] Dies aber hat ggf. Folgewirkungen: In der aktuellen Qualitätsdiskussion rückt dann das allseitige Bemühen um Qualitätssicherung plötzlich in ein anderes Licht. Zuviel Verlangen nach Qualität in der ambulanten spezialfachärztlichen Versorgung (ASV) gem. § 116 b SGB V n. F. erweist sich möglicherweise als ein Aspekt der gewollten Leistungsbegrenzung durch dann einzuführende Vergütung nach Qualitätsstufen; sie führt zu einer Verknappung der Behandlungsressourcen – wie z.B. für den Krankenhaussektor bei bestimmten Karzinomen befürchtet wird – und in der Folge dessen zu konsequenter Rationierung durch Reduzierung der Behandlungskapazitäten.

---

12 *Huster/Bohmeier*, in: Schmitz-Luhn/Bohmeier (Fn. 3), S. 53, 59 ff.

13 *Bruch*, Ärzte Zeitung vom 25.3.2014, zur Debatte um Klinikqualität.

II. Dynamische Feinsteuerung von Allokationsentscheidungen durch Verfassungsrecht

1. Staatliche Gewährleistung medizinischer (Grund-)versorgung

Entscheidungen über Knappheit und Ressourcenverteilung im Gesundheitswesen müssen sich vor unserer Verfassung rechtfertigen. In Verbindung mit Art. 2 Abs. 1 und Art. 2 Abs. 2 GG besteht die Verantwortung des Sozialstaats (Art. 20, 28 GG) für eine Jedermann zustehende bedarfsgerechte Gesundheitsversorgung. Das Grundgesetz begreift „Gesundheit" als ein existenzielles und zugleich transzendentales Gut. Letzteres beruht auf dem Menschenwürdekern des Grundrechtsschutzes (Art. 1 Abs. 1 GG) – oder, wie das BVerfG formuliert, der „unmittelbare verfassungsrechtliche Leistungsanspruch auf Gewährleistung eines menschenwürdigen Existenzminimums" umfasse insbesondere „die physische Existenz des Menschen, also Nahrung, Kleidung, Hausrat, Unterkunft, Heizung, Hygiene und Gesundheit".[14]

a) Deutlich wird darin und zunächst der herausragende Wertebezug von Gesundheitsleistungen. Zwar gibt es damit noch kein individuelles „Recht auf Gesundheit", aber die „Aufwendungen für die Kranken- und Pflegeversorgung, insbesondere entsprechende Versicherungsbeiträge" werden in der Diktion des BVerfG als Bestandteil des „Existenzminimums" angesehen, also in Art. 1 Abs. 1 i.V.m. Art. 2 Abs. 1 und Abs. 2 GG verortet.
b) Im Jahr 2013 hat dazu das BVerfG im Anschluss an die sog. „Nikolausentscheidung" des Gerichts aus dem Jahr 2005[15] entschieden, dass zwar „aus diesen Grundrechten regelmäßig kein verfassungsrechtlicher Anspruch gegen die Krankenkassen auf Bereitstellung bestimmter und insbesondere spezieller Gesundheitsleistungen" bestehe. Die Gestaltung des Leistungsrechts der gesetzlichen Krankenversicherung habe sich jedoch an der objektiv-rechtlichen Pflicht des Staates zu orientieren, sich schützend und fördernd vor die Rechtsgüter des Art. 2 Abs. 2 S. 1 GG zu stellen.[16] Und das Gericht fährt fort: „Insofern können die-

---

14 BVerfG, Urt. v. 9.2.2010 – 1 BvL 1, 3, 4/09 (Hartz IV) Rn. 135 m. w. Nachw. aus der VerfRspr.

15 BVerfG, Beschl. v. 6.12.2005 – 1 BvR 347/98 (Gesetzliche Krankenversicherung).

16 BVerfG, Beschl. v. 6.12.2005 – 1 BvR 347/98 (Gesetzliche Krankenversicherung) Rn. 55.

se Grundrechte in besonders gelagerten Fälle die Gerichte zu einer grundrechtsorientierten Auslegung der maßgeblichen Vorschriften des Krankenversicherungsrechts verpflichten".[17]

c) Verfassungsrechtlicher Maßstab ist darüber hinaus für Begrenzungsentscheidungen der Art. 3 Abs. 1 GG. Das Recht auf Gesundheitsleistungen und die Gewährleistungspflicht des Staates lassen nach der Auffassung des BVerfG Leistungsausschlüsse insbesondere dann rechtfertigungsbedürftig werden, wenn sie bei einem Versicherten dazu führen, „dass die unter Berücksichtigung des allgemeinen Versorgungsstandards notwendigen Leistungen nicht zumutbar beschafft werden können".[18] Grundrechtliche Verfahrensstandards treten hinzu, vor allem das Recht des einzelnen Betroffenen auf „faire Entscheidungsverfahren" bei etwaigen Leistungsausschlüssen.

2. *Die gesetzliche Krankenversicherung als verfassungskomplementäres Leistungssystem*

a) Vor diesem verfassungsrechtlichen Hintergrund hat der parlamentarische Gesetzgeber mit dem deutschen Krankenversicherungsrecht in Gestalt des Sozialgesetzbuchs – Teil V (SGB V)[19] unter Ausstrahlung auf die private Krankenversicherung (PKV) ein geschlossenes System von Behandlungs- und Leistungsansprüchen des/der Versicherten errichtet. Es beansprucht die in seinen Strukturen ergehende Entscheidung darüber, wer welche Krankheitsrisiken zu welchem Beitrag versichern muss und welche Leistungen im Versicherungsfall zu erwarten sind.[20]

Dieser Anspruch unterliegt allerdings den sich aus § 2 Abs. 1 und § 12 Abs. 1 SGB V ergebenden Einschränkungen. Er umfasst nur solche Leistungen, die zweckmäßig und wirtschaftlich sind und deren Qualität

17 BVerfG, Beschl. v. 6.12.2005 – 1 BvR 347/98 (Gesetzliche Krankenversicherung) Rn. 55.

18 BVerfG, Beschl. v. 6.12.2005 – 1 BvR 347/98 (Gesetzliche Krankenversicherung) Rn. 57 ff..

19 Sozialgesetzbuch (SGB) Fünftes Buch (V) Gesetzliche Krankenversicherung (SGB V) v. 20.12.1988 (BGBl. I S. 2477, 2482), zul. geändert durch G. v. 22.12.2013 (BGBl. I S. 4382).

20 *Igl/Welti*, Gesundheitsrecht. Eine Einführung, München 2014, Rn. 101, 107, 208 ff.

und Wirksamkeit dem allgemein anerkannten Stand der medizinischen Erkenntnisse entsprechen. Die fragliche Therapie muss daher rechtlich von der Leistungspflicht der GKV umfasst sein. Diese setzt ferner voraus, dass der *Gemeinsame Bundesausschuss (G-BA)* in Richtlinien nach § 92 SGB V eine positive Empfehlung über den diagnostischen und therapeutischen Nutzen der Behandlungsmethode abgegeben hat und der Bewertungsausschuss sie zudem zum Gegenstand des sog. Einheitlichen Bewertungsmaßstabs (EBM) gemacht hat. Durch die Richtlinien des G-BA wird zudem der Umfang der den Versicherten von den Krankenkassen geschuldeten ambulanten Leistungen verbindlich festgelegt.

b) Hierüber hinausgehend hat die Rechtsprechung Grundsätze für ein Systemversagen entwickelt, die ergänzend zu den vorgenannten Regelungsstrukturen bestehen.[21] Komplementär dazu hält die Rechtsprechung Bedarfsanmeldungen von Patienten im Rahmen einer zulassungsüberschreitenden Anwendung von Arzneimitteln (§ 35 c SGB V – „Off-Label-Use“) zur Behandlung einer schwerwiegenden (lebensbedrohlichen oder die Lebensqualität auf Dauer nachhaltig beeinträchtigenden) Erkrankung für zulässig.[22]

   Das BSG hat ferner Grundsätze einer grundrechtsorientierten Leistungsbeanspruchung entwickelt. Diese setzt u. a. als Reaktion auf die Rechtsprechung des BVerfG voraus, dass Versicherte an einer Krankheit leiden, die mit einer lebensbedrohlichen oder regelmäßig tödlich verlaufenden Erkrankung wertungsmäßig vergleichbar ist. Nicht erfasst wird eine Krankheit unterhalb dieser Schwelle.[23] Schließlich finden sich Grundsätze eines Seltenheitsfalles herausgearbeitet, wonach bei Arzneimitteln ausnahmsweise eine Leistungspflicht der GKV besteht.[24]

c) Damit sind durch die Rechtsprechung und mit Blick auf das Grundgesetz rechtsförmig knappheitsrelevante Entscheidungsstrukturen ausgeprägt, in denen das gesetzliche Leitbild eines bedarfsgerechten Gesundheitsrechts konkretisiert wird. Die Erstgenannte übernimmt denn auch unter Usurpation parlamentarischer Funktionen der Normsetzung die Feinsteuerung der dynamischen Rationalisierung aller Mittelvertei-

---

21 BSGE 113, 241, 245 f. m. w. Nachw.
22 BSGE 111, 168, 171.
23 BSGE 111, 168, 172.
24 BSGE 111, 168, 172 f.

lung. Dies geschieht unter Einsatz wertender Differenzierungen der unaufhaltbaren Innovations- und Fortschrittsdynamik der Medizin, z. T. auch durch Entscheidung über „mehr Geld im System".
Im Übrigen hat der parlamentarische Gesetzgeber zwei konflikthafte Grundentscheidungen getroffen: Zum einen wird der Gewährleistungsverantwortung des Staates für Gesundheitsleistungen mit Blick auf die Knappheit von Ressourcen sowie im Anschluss an die Rechtsprechung des BVerfG dadurch Rechnung getragen, dass § 2 Abs. 1 und Abs. 1a SGB V „offen" reformuliert wurden. Zum anderen eröffnet der Gesetzgeber inhaltlich über Organisation und Verfahren gesundheitspolitischer Allokationsentscheidungen durch die soziale Selbstverwaltung dieser dysfunktional ein breites Betätigungsfeld.

d) Fragwürdig ist ferner und neben der Verwischung kompetenzieller Entscheidungszuständigkeit die Berufung der Rechtsprechung zu einem „Motor" der Ökonomisierung medizinischer Versorgung. Denn immer geht es um das verfassungsrechtlich verankerte Wirtschaftlichkeitsgebot (§ 12 Abs. 1 SGB V), das die überschießende Mittelverteilung begrenzt, indem es alle Leistungen auf das „Maß des Notwendigen" einreguliert und über dessen Reichweite der Rechtsprechung nunmehr die letzte Entscheidung zufällt. So ist das „Notwendige" immer auch das „Wirtschaftliche". Deshalb bleiben die Fragen nach der Priorisierung und Rationierung in anderer Wendung wiederum virulent und einer ökonomischen Entscheidung durch die Justiz überantwortet: Was ist in der gegebenen Situation das „Notwendige"? Das, was der Arzt sagt? Und was ist die Folge der Mittelknappheit, wenn die nach herkömmlicher Auffassung „notwendigen" Leistungen das Budget sprengen sollten? Immerhin, auch das ist zu bedenken, enthält die Feststellung einer Krankheit eine „normative" Dimension; sie unterliegt der Wertung.

III. Verfassungsrechtliche Minima der Rationierungsdebatte

1. Teilhabe an der medizinischen Versorgung durch Inklusion

In alledem liegt nicht etwa ein verfassungsgestütztes Plädoyer für die Rationierung oder Priorisierung von Gesundheitsleistungen durch den „Gemeinsamen Bundesausschuss (G-BA).[25] Auch die vielfach empfohlene Orientierung an „qualitätsbereinigten Lebensjahren" (QALY) mit der Folge von versteckten Priorisierungslösungen ist verfassungswidrig; sie verstößt gegen das Grundgesetz.[26] Im Vordergrund steht vielmehr für dieses der individuelle Anspruch auf „Heilung" i. S. einer gleichberechtigten und nicht ausgrenzbaren medizinischen Inklusion.

Allerdings ist nicht zu verkennen, dass auch insoweit der Möglichkeitsvorbehalt gilt: Unter Gesichtspunkten der Verteilungsgerechtigkeit dürfte in einer rechtstaatlich-demokratisch verfassten Gesellschaft die Suche nach „weichen" bzw. im Einzelfall revidierbaren Kriterien und Verfahren zur medizinischen Leistungsbegrenzung innerhalb des öffentlichen Gesundheitssystems wegen der Begrenztheit der Mittel unumgänglich sein.[27]

Doch muss dieser Schritt durch rationale Kriterien und Verfahren fairer Zuteilungsentscheidungen vorbereitet bzw. begleitet werden. Erst dann sind auf der Stufenleiter von Allokationsentscheidungen nachrangige Leistungsbegrenzungen verfassungsrechtlich zulässig.

2. *Grenzen klinischer Entscheidungskompetenz*

a) Nicht verträglich mit diesen grundgesetzlichen Maßgaben ist die Delegation von Zuteilungsentscheidungen an die Ärzte am Krankenbett (sog. implizite Rationierung). Gleiches gilt für rein verhaltensbezogene Kriterien (z. B. Lebensstil) oder auch für persönliche patientenbezogene Merkmale (gesellschaftlicher Status). Ausscheiden müssen auch Ausschließungserwägungen zur Restlebenszeit bei klinischer Behandlung („klinischer Mindestnutzen"). So stellt sich die Verfassung auch jenen Vorschlägen in den Weg, Schwellenwerte für medizinische Ver-

---

25 Dazu nuanciert *Heun*, Diskussionsbeitrag, VVDStRL Bd. 70 (2011), S. 125.

26 Entgegengesetzter Ansicht und provokant *Huster* (Fn. 2), 1075 f., der allein – und dann noch „schief" – mit Blick auf Art. 3 Abs. 1 GG argumentiert, wenn „alle Menschen am Lebensende" (!) von Kosten-Nutzen-Erwägungen betroffen werden würden, stießen diese „auf erheblich weniger Bedenken". Damit rechtfertigt der Autor den Einsatz des Bemessungsmaßstabs „quality adjusted life year (QALY)".

27 Aber ab welchem Moment sind die Mittel überhaupt begrenzt und durch wen? *Wenner* (Fn. 5), 178 (nach Fn. 77) weiß dazu sogar konkrete Summen zu nennen!

sorgung von weniger als vier Wochen Lebenszeitgewinn oder weniger als 10% Lebensqualitätsverbesserung festzulegen.[28]

b) Zutreffend hat deshalb der G-BA in seiner Sitzung am 20. März 2014 im Rahmen der frühen Nutzenbewertung von Arzneimitteln nach § 35 a SGB V im gegebenen Einzelfall einen positiven Zusatznutzen bejaht, weil der vorgestellte neue Wirkstoff die Verlängerung medianen Lebens um immerhin zweiundvierzig Tage ermöglichen würde.

28 Derartige „Schwellenwerte" bejaht der Vortrag von *Schöne-Seifert*, FF 3 (2011), S. 12.

Bewährungshilfe durch einen freien Träger – zur Erfüllung von Gemeinwohlaufgaben durch Private

Dieter Dölling

Die in den letzten Jahren intensiv geführte Diskussion über die Privatisierung öffentlicher Aufgaben[1] hat auch vor der Strafrechtspflege nicht Halt gemacht. So hat die Frage einer Privatisierung von Aufgaben des Strafvollzugs erhebliche Aufmerksamkeit gefunden.[2] Ein neues Kapitel in der Privatisierungsdiskussion hat das Land Baden-Württemberg aufgeschlagen, indem es die Bewährungshilfe, die Gerichtshilfe und den Täter-Opfer-Ausgleich, soweit dieser im Erwachsenenstrafrecht durchgeführt wird, auf einen freien Träger übertragen hat. Diese Übertragung soll vorliegend erörtert werden, wobei sich die Ausführungen auf die Bewährungshilfe konzentrieren. Zunächst wird die Übertragung der Bewährungshilfe in Baden-Württemberg auf einen freien Träger geschildert. Anschließend wird die rechtliche Problematik skizziert. Sodann wird die tatsächliche Situation der privatisierten Bewährungshilfe behandelt.

Die Bewährungshilfe wurde in Baden-Württemberg bis vor 10 Jahren von Beamten[3] wahrgenommen, die dem Landgericht zugeordnet waren und deren Vorgesetzter der Präsident des Landgerichts war.[4] Fachliche Standards für die inhaltliche Arbeit der Bewährungshilfe existierten kaum. Diese Situation wurde wegen großer Unterschiede in der Aufgabenerfüllung durch die einzelnen Bewährungshelfer, Fehlens einer wirksamen Fachaufsicht, hoher Probandenzahlen pro Bewährungshelfer und unzureichender Sachausstattung der Bewährungshilfe zunehmend als reformbe-

---

1 Vgl. dazu *Burgi*, Privatisierung öffentlicher Aufgaben. Gutachten D zum 67. Deutschen Juristentag, 2008.

2 Siehe etwa *Nibbeling*, Die Privatisierung des Haftvollzugs, 2001.

3 Aus Gründen leichterer Lesbarkeit wird die männliche Form verwendet. Die Bezeichnung schließt Frauen in der jeweiligen Funktion mit ein.

4 Rechtsgrundlage war das Gesetz über die Sozialarbeiter der Justiz vom 13.12.1979, GBl. für Baden-Württemberg S. 550. Zur Entwicklung der Bewährungshilfe in Baden-Württemberg siehe Justizministerium Baden-Württemberg, Evaluation der Bewährungs- und Gerichtshilfe und des Täter-Opfer Ausgleichs in Baden-Württemberg, 2014, 15 ff.

dürftig angesehen. Im Jahr 2002 setzte das Justizministerium Baden-Württemberg zur Erarbeitung von Reformvorschlägen eine Projektgruppe ein. 2004 wurde die Verwaltungsvorschrift „Bewährungshilfe, Gerichtshilfe und Sozialarbeit im Justizvollzug" mit einer ergänzenden Richtlinie erlassen, die erstmals eingehende fachliche Vorgaben für die Arbeit der Bewährungshilfe enthielt.[5] Die Verwaltungsvorschrift und die Richtlinie wurden 2009 durch Nachfolgeregelungen ersetzt.[6]

Das Land Baden-Württemberg hat dann die Bewährungshilfe auf einen freien Träger, die Neustart gGmbH, übertragen. Die Neustart gGmbH ist eine hundertprozentige Tochter des österreichischen gemeinnützigen Vereins Neustart, der in Österreich neben anderen Aufgaben die Bewährungshilfe wahrnimmt. Nach einem Pilotprojekt in zwei Landgerichtsbezirken in den Jahren 2005 und 2006 übertrug das Land durch den Beleihungs-, Durchführungs- und Dienstleistungsüberlassungsvertrag vom 10.11.2006 der Neustart gGmbH die Aufgaben der Bewährungshilfe und der Gerichtshilfe für das ganze Land Baden-Württemberg vom 1.1.2007 bis zum 31.12.2016 als Beliehener. Rechtsgrundlage hierfür ist § 7 Abs. 1 des Landesgesetzes über die Bewährungs- und Gerichtshilfe sowie die Sozialarbeit im Justizvollzug (LBGS) vom 1.7.2004[7], der eine entsprechende Beleihung eines privaten Trägers zulässt.

Die vom Land beschäftigten Bewährungs- und Gerichtshelfer bleiben im Landesdienst, das Land stellt aber nach dem Vertrag das Ergebnis ihrer Dienstleistungen der Neustart gGmbH unentgeltlich zur Verfügung. Die Rechtsgrundlage hierfür findet sich in § 8 LGBS. Die Landesbediensteten unterliegen den fachlichen Weisungen von der Neustart gGmbH. Scheidet ein Landesbediensteter insbesondere aus Altersgründen aus dem Landesdienst aus, erhält die Neustart gGmbH vom Land einen dauerhaften finanziellen Ausgleich, mit dem sie die Landesbediensteten durch Angestellte ersetzen kann. Das Land stellt der Neustart gGmbH unentgeltlich Räumlichkeiten für die Bewährungshilfe und die Gerichtshilfe zur Verfügung. Die Neustart gGmbH erhält vom Land ein Entgelt, das sich nach dem Vertrag auf jährlich über fünf Millionen Euro beläuft, später aber teilweise reduziert wurde. Die Neustart gGmbH unterliegt der Fach- und Finanzaufsicht des Landes. Die Leistungserbringung hat entsprechend dem dem Beleihungsvertrag beigefügten „Grundlagenkonzept" zu erfolgen. Ziel der

5 Abgedruckt in Die Justiz 2004, 314.
6 Abgedruckt in Die Justiz 2009, 151.
7 GBl. für Baden-Württemberg S. 469, 504.

Übertragung der Bewährungshilfe auf einen freien Träger ist es, die Qualität der Bewährungshilfe bei gleichen oder geringeren Kosten zu erhöhen. Es geht also um eine Steigerung der Effizienz der Bewährungshilfe.[8]

Die Neustart gGmbH (im Folgenden: Neustart) ist wie folgt organisiert: An der Spitze steht die Geschäftsführung in Stuttgart. Sie besteht aus einem Geschäftsführer für wirtschaftliche Angelegenheiten und einem Geschäftsführer für Sozialarbeit. Diesen unterstehen fünf Zentralbereiche, nämlich Sozialarbeit, Personal, Marketing, Infrastruktur und Recht. Unterhalb der Geschäftsführung sind Einrichtungen in neun Städten angesiedelt. Jede Einrichtung wird von einem Einrichtungsleiter geleitet. Die Einrichtungen sind in Abteilungen gegliedert, die jeweils von einem Abteilungsleiter geführt werden. Den Abteilungen sind die einzelnen Sozialarbeiter zugeordnet. Neustart ist hierarchisch organisiert. Die jeweils höhere Stelle hat ein Weisungsrecht gegenüber der nachgeordneten Stelle und übt dieser gegenüber die Fachaufsicht aus. Die Bewährungshelfer dokumentieren ihre Tätigkeit in einer elektronischen Klientendokumentation (Klidok), deren Inhalte auch Grundlage der Fachaufsicht sind. Die Leitung von Neustart hat für die Tätigkeit der Bewährungshilfe zahlreiche Vorschriften erlassen, die in einem so genannten Qualitätshandbuch niedergelegt sind, das Bestandteil der Klidok ist.

Es ist umstritten, ob die Übertragung der Aufgaben der Bewährungshilfe auf einen privaten Träger mit dem Grundgesetz vereinbar ist. Die insoweit bestehenden Rechtsprobleme können hier nur kurz skizziert werden. Teilweise wird ein Verstoß gegen den Funktionsvorbehalt des Art. 33 Abs. 4 GG angenommen. Nach dieser Vorschrift ist die Ausübung hoheitsrechtlicher Befugnisse als ständige Aufgabe in der Regel Angehörigen des öffentlichen Dienstes zu übertragen, die in einem öffentlich-rechtlichen Dienst- und Treueverhältnis stehen. Da der Bewährungshelfer mit der Überwachung der dem Probanden erteilten Auflagen und Weisungen eine justizspezifische Kontrollfunktion ausübe und seine der Resozialisierung des Probanden dienende Betreuungstätigkeit sowie seine die Entscheidung des Richters über Straferlass oder Widerruf der Bewährung dienenden Berichte für den Probanden von erheblicher Grundrechtsrelevanz seien, stelle die Tätigkeit des Bewährungshelfers eine Ausübung hoheitsrechtlicher Befugnisse i. S. v. Art. 33 Abs. 4 GG dar.[9] Für eine Ausnahme

8 Justizministerium Baden-Württemberg (Fn. 4), 30 f.

9 *Sterzel*, Privatisierung der Bewährungs- und Gerichtshilfe, 2006, 65 f.

von der Regel der Ausübung hoheitlicher Befugnisse durch Beamte sei kein Raum, da der dafür erforderliche sachliche Grund nicht vorliege. Der Staat verfüge über ausreichende Sachkunde für die Ausübung der Bewährungshilfe und Effizienzsteigerungen ließen sich auch im öffentlichen Dienst erzielen.[10]

Außerdem wird teilweise angenommen, dass die mit der Konstruktion des Dienstleistungsüberlassungsvertrags geschaffene Möglichkeit der Verwendung von Beamten bei einer privaten Einrichtung gegen die hergebrachten Grundsätze des Berufsbeamtentums i. S. v. Art. 33 Abs. 5 GG verstoße.[11] Nach dem Verwaltungsgericht Sigmaringen ist die Übertragung des fachlichen Weisungsrechts und der Fachaufsicht über die Bewährungshelfer mit Beamtenstellung auf Neustart mit der Einbindung des Beamten in die behördliche Hierarchie als einem prägenden Strukturmerkmal des tradierten Berufsbeamtentums nicht vereinbar.[12] Weiterhin wird teilweise ein Verstoß gegen das Demokratieprinzip der Art. 20 und 28 GG angenommen. Nach dem Demokratieprinzip bedarf amtliches Handeln mit Entscheidungscharakter einer Legitimation, die sich in einer ununterbrochenen Kette auf das Staatsvolk zurückführen lässt,[13] wobei zwischen einer personellen Legitimation des Entscheiders durch Ernennung und Amtsübertragung und einer sachlich-inhaltlichen Legitimation durch Gesetzesbindung und Bindung an Weisungen der Regierung unterschieden wird.[14] Diese Legitimation sei bei der Übertragung der Bewährungshilfe auf Neustart nicht gegeben, weil die Entscheidungsherrschaft personell-demokratisch legitimierter Amtsträger auf allen Verwaltungsebenen nicht mehr ausreichend sichergestellt sei.[15]

Die Gegenmeinung hält die Übertragung der Aufgaben der Bewährungshilfe auf Neustart für verfassungsgemäß. Ein Verstoß gegen Art. 33 Abs. 4 GG liege nicht vor, weil es sich bei der Tätigkeit der Bewährungshilfe nicht um die Ausübung hoheitlicher Befugnisse i. S. v. Art. 33 Abs. 4 GG handele. Die Bewährungshilfe sei eine eher untergeordnete Tätigkeit zur Unterstützung der Gerichte, Staatsanwaltschaften und Gnadenbehör-

---

10 A.a.O., 90 ff.

11 A.a.O., 103 ff.

12 VG Sigmaringen, Beschl. v. 26.6.2008 – 6 K 512/07, zitiert nach juris.

13 BVerfG, Beschl. v. 24.5.1995 – 2 BvF 1/92, BVerfGE 93, 37, 72; BVerfG, Beschl. v. 5.12.2002 – 2 BvL 5, 6/98, BVerfGE 107, 59, 87.

14 BVerfG, Urt. v. 18.1.2012 – 2 BvR 133/10, BVerfGE 130, 76, 124.

15 *Sterzel* (Fn. 9), 140 ff.

den. Alle grundrechtsrelevanten Entscheidungen würden durch die Gerichte, Staatsanwaltschaften und Gnadenbehörden getroffen.[16] Wenn man die Ausübung hoheitlicher Befugnisse durch die Bewährungshilfe bejahe, sei die Übertragung der Bewährungshilfe auf Neustart als Ausnahme von der Regel des Art. 33 Abs. 4 GG gerechtfertigt. Die Bewährungshilfe stelle bezogen auf die Strafrechtspflege des Landes Baden-Württemberg einen Ausnahmefall dar und ihre Übertragung auf Neustart werde von einem sachlichen Grund getragen, weil die Ziele der Steigerung der Wirksamkeit und Wirtschaftlichkeit der Bewährungshilfe innerhalb der bisherigen Struktur nicht erreicht werden könnten.[17]

Nach der Ansicht des Verwaltungsgerichtshofs Baden-Württemberg stellt die Verwendung der Bewährungshelfer mit Beamtenstatus bei Neustart keinen Verstoß gegen hergebrachte Grundsätze des Berufsbeamtentums i. S. v. Art. 33 Abs. 5 GG dar.[18] Das Land Baden-Württemberg habe durch die Verordnung des Justizministeriums zur Durchführung des Landesgesetzes über die Bewährungs- und Gerichtshilfe sowie die Sozialarbeit im Justizvollzug[19] an den Orten, an denen sich die Einrichtungen von Neustart befinden, Dienststellen der Bewährungshilfe errichtet. An diese Dienststellen und nicht an die Niederlassungen von Neustart habe das Land die Bewährungshelfer versetzt, sodass eine zulässige organisationsrechtliche Versetzung vorliege. Da die Bewährungshelfer weiterhin mit Aufgaben der Bewährungshilfe befasst seien, sei ihnen auch ein angemessenes Funktionsamt übertragen. Die Übertragung von Weisungs- und Aufsichtsrechten zur Ausübung auf Neustart verletzt nach Ansicht des Verwaltungsgerichtshofs Baden-Württemberg Art. 33 Abs. 5 GG nicht, weil dem Land als Dienstherrn der Bewährungshelfer, dem die Fachaufsicht über den freien Träger und die Dienstaufsicht über die Bewährungshilfe obliege, hinreichende Kontroll- und Eingriffsbefugnisse eingeräumt seien.[20] Im Hinblick auf die demokratische Legitimation der Ausübung der Bewährungshilfe könnte überlegt werden, ob durch die Bindung von Neustart an die Verwaltungsvorschriften, den Beleihungsvertrag und das Grundlagenkonzept ein ausreichendes Legitimationsniveau geschaffen wird.

16 Justizministerium Baden-Württemberg (Fn. 4), 37.
17 A.a.O., 38 f.
18 VGH Baden-Württemberg, Urt. v. 5.2.2013 – 4 S 1569/12, zitiert nach juris.
19 Vom 2.1.2008, GBl. für Baden-Württemberg S. 30.
20 VGH Baden-Württemberg, Urt. v. 22.1.2013 – 4 S 2968/11, zitiert nach juris.

Die angesprochenen verfassungsrechtlichen Fragen können vorliegend nicht abschließend geklärt werden. Deutlich geworden sein dürfte freilich, dass die Übertragung der Bewährungshilfe auf Neustart mit erheblichen rechtlichen Problemen verbunden ist. Im Folgenden soll der Blick darauf gerichtet werden, wie sich die Tätigkeit der Bewährungshilfe nach der Übertragung auf Neustart tatsächlich darstellt. Hierzu wird auf Befunde einer Evaluation der fachlichen Qualität der Bewährungshilfe in Baden-Württemberg zurückgegriffen, die das Heidelberger Institut für Kriminologie gemeinsam mit dem Lehrstuhl für Ökonometrie der Universität Frankfurt a. M. im Auftrag des Justizministeriums Baden-Württemberg durchgeführt hat.[21] Bei der Evaluation wurden anhand der einschlägigen Literatur Qualitätsstandards für die Bewährungshilfe entwickelt. Zur Erfassung des Standes der Bewährungshilfe in Baden-Württemberg wurden Statistiken und andere Dokumente analysiert, fanden Gruppendiskussionen mit Bewährungshelfern, Richtern, Staatsanwälten, Sozialarbeitern im Justizvollzug und Mitarbeitern anderer freier Träger der Straffälligenhilfe statt und wurden diese Gruppen sowie Probanden der Bewährungshilfe befragt. Die Befunde der 2013 abgeschlossenen Evaluation können hier nur knapp dargestellt werden.

Als ein Indikator für den Erfolg der Bewährungshilfe wird teilweise die Widerrufsquote, also der Anteil der Widerrufe der Bewährung an der Gesamtheit der beendeten Unterstellungen unter Bewährungshilfe, angesehen. Dieser Indikator ist problematisch, da die Widerrufsquote nicht nur von der Qualität der Arbeit der Bewährungshilfe abhängt, sondern auch davon, welche Verurteilten eine Bewährung erhalten und nach welchen Maßstäben die Gerichte über Widerruf oder Straferlass entscheiden. Die Widerrufsquote in Baden-Württemberg liegt seit langem unter dem bundesweiten Durchschnitt. Sie ist nach der Übernahme der Bewährungshilfe durch Neustart zunächst angestiegen und im Zeitraum der Evaluation dann wieder auf den früheren Stand gesunken. Die Zahl der Probanden pro Arbeitskraftanteil hauptamtlicher Bewährungshelfer ist von über 90 vor der Übernahme der Bewährungshilfe durch Neustart auf 70 im Jahr 2012 zurückgegangen. Der Grund hierfür ist neben einer zunehmenden Zahl von

---

21 Siehe *Dölling/Entorf/Hermann*, Evaluation der Bewährungs- und Gerichtshilfe sowie des Täter-Opfer-Ausgleichs in Baden-Württemberg, 2014, veröffentlicht auf den Internetseiten des Justizministeriums Baden-Württemberg. Die Buchversion ist im Druck. Zur Notwendigkeit der Evaluierung von Privatisierungsprojekten vgl. *Dölling*, Festschrift für Tiedemann, 2008, 1539, 1545.

ehrenamtlichen Bewährungshelfern darin zu sehen, dass Neustart die Zahl der hauptamtlichen Bewährungshelfer durch Neueinstellungen erhöht hat. Das war möglich, weil die von Neustart eingestellten Bewährungshelfer eine geringere Entlohnung erhalten als die beim Staat beschäftigten Bewährungshelfer.

Eine anhand der Klientendokumentation von Neustart vorgenommene Überprüfung der Einhaltung der Vorgaben der Verwaltungsvorschriften ergab, dass eine Reihe von Vorgaben tendenziell erfüllt wird. So fand bei 65 % der 2012 begonnenen Unterstellungen unter Bewährungshilfe die Kontaktaufnahme mit dem Probanden innerhalb von zwei Wochen nach Kenntnisnahme von der Unterstellung statt. Andererseits zeigten sich Implementationslücken. So erfolgten Hausbesuche, die nach den Vorgaben durchzuführen sind, wenn kein zwingender Grund dagegen spricht, lediglich bei 18 % der Unterstellungen. Die Analyse von Bewährungshilfeberichten ergab Lücken bei der Erfüllung der Vorgaben. So fehlten vielfach Angaben über die Situation des Probanden, die über die Bereiche Wohnung, Arbeit und Familie hinausgingen. Häufig wurden für die Angaben keine Quellen genannt. In qualitativer Hinsicht unterschieden sich die Berichte erheblich.

Bei den Befragungen sahen Richter und Staatsanwälte bei der Ermittlung der persönlichen Verhältnisse der Probanden durch die Bewährungshilfe Lücken. Die Betreuungstätigkeit der Bewährungshelfer betrachteten die Richter und Staatsanwälte überwiegend als engagiert. Von den Sozialarbeitern im Justizvollzug beurteilten nur 16 % die Zusammenarbeit mit Neustart als gut. Die Tätigkeit der Bewährungshilfe ist seit der Übernahme durch Neustart nach Ansicht von 28 % der Richter (46 % der Staatsanwälte) besser geworden, nach Meinung von 46 % (38 %) gleich geblieben und nach Auffassung von 26 % (16 %) schlechter geworden. Die Probanden beurteilten die Arbeit der Bewährungshilfe sehr positiv. Die Angaben der Probanden müssen allerdings sehr vorsichtig interpretiert werden, weil von Seiten der Evaluatoren nicht kontrolliert werden konnte, welche Probanden auf den Dienststellen der Bewährungshilfe die Fragebögen ausfüllten und welche nicht.

Das elektronische Dokumentationssystem von Neustart schätzten nur 18 % der Bewährungshelfer ohne Führungsfunktion und 34 % der Bewährungshelfer mit Führungsfunktion (Einrichtungs- und Abteilungsleiter) als geeignet ein. Die Dokumentations- und Verwaltungstätigkeit nimmt nach Ansicht der Mehrheit der Bewährungshelfer zu viel Zeit in Anspruch. Die Mehrheit der Bewährungshelfer hielt die Regelungsdichte bei Neustart für zu groß und sah die Organisation von Neustart als zu hierarchisch an. Über 90 % der Bewährungshelfer identifizierten sich mit der Aufgabe der Bewährungshilfe. Eine Identifikation mit Neustart bejahten demgegenüber nur 27 % der Bewährungshelfer ohne Führungsfunktion (6 % der Landesbediensteten, 62 % der Neustart-Angestellten) und 64 % der Bewährungshelfer mit Führungsfunktion.

Ein Problempunkt sind die hohen Kosten für das Marketing von Neustart. So hat Neustart im Jahr 2011 für Marketing 179.000 Euro ausgegeben. Das sind 72 % der 250.000 Euro, die in diesem Jahr für die Fortbildung ausgegeben wurden. 90 % der Bewährungshelfer ohne Führungsfunktion und 45 % der Bewährungshelfer mit Führungsfunktion sehen das Marketing von Neustart als übertrieben an. Ein Kostenvorteil von Neustart besteht darin, dass die Durchschnittskosten pro Arbeitskraftanteil Sozialarbeiter geringer sind, als wenn das Land die Bewährungshilfe tragen würde und die Bewährungshelfer als Angestellte bezahlen würde. Noch höhere Kosten würden anfallen, wenn das Land die Bewährungshelfer als Beamte besolden würde. So kostete nach Berechnungen des Justizministeriums Baden-Württemberg die Bewährungshilfe durch Neustart im Jahr 2012 25.862.000 Euro.[22] Bei einer hypothetischen Reform in staatlicher Trägerschaft, also mit verbeamteten Bewährungshelfern, lägen die Kosten nach den Berechnungen des Ministeriums mit 28.434.000 Euro deutlich höher. Wäre die Reform nicht durchgeführt worden, würde die Bewährungshilfe nach den Berechnungen des Ministeriums 25.371.000 Euro kosten, also etwa genauso viel wie bei der Durchführung der Bewährungshilfe durch Neustart, es wären dann allerdings 65 Arbeitskraftanteile Sozialarbeit weniger vorhanden und die Probandenzahlen pro Arbeitskraftanteil Bewährungshilfe wären deutlich höher. Die Frage, ob die Bewährungshilfe bei Neustart verbleiben oder auf den Staat zurückübertragen werden soll, wurde von den befragten Berufsgruppen sehr unterschiedlich beurteilt.

Insgesamt ergibt sich ein „durchwachsenes Bild". Als positive Veränderungen sind die Ausrichtung der Bewährungshilfe an einheitlichen Standards, die Einführung einer Fachaufsicht durch Sozialarbeiter und der Schritt zu einem elektronischen Dokumentationssystem zu nennen. Diese Veränderungen sind freilich in anderen Bundesländern in einem staatli-

22 Vgl. hierzu und zum Folgenden Justizministerium Baden-Württemberg (Fn. 4), 173 ff.

chen Rahmen ebenfalls erfolgt. In der Organisation von Neustart bestehen erhebliche Spannungen. Andererseits kann Neustart Kostenvorteile geltend machen. Das vorliegende Beispiel zeigt, dass die Auswirkungen von Privatisierungsentscheidungen sehr differenziert betrachtet werden müssen.

Das Bundesverwaltungsgericht hat mit Urteil vom 27.11.2014[23] entschieden, dass das Landesgesetz über die Bewährungs- und Gerichtshilfe keine ausreichende Rechtsgrundlage darstellt, um Neustart das Weisungs- und Aufsichtsrecht über die im Beamtenverhältnis stehenden Bewährungshelfer zu übertragen. Der gegenwärtige Zustand kann nach dem Urteil noch für eine Übergangszeit, längstens bis Ende 2016, hingenommen werden. Am 21.7.2015 hat das baden-württembergische Kabinett beschlossen, dass die Bewährungs- und Gerichtshilfe in Baden-Württemberg in staatliche Trägerschaft zurückgeführt wird.

23 BVerwG – 2 C 24/13, DÖV 2015, 531 (Leitsätze).

II. Europäische Verfasstheit

1. Entwicklungen

Kein „chocolate-cream soldier“: Johann Caspar Bluntschli (1808–1881) und sein „Modernes Völkerrecht der civilisirten Staten als Rechtsbuch dargestellt“ (1868)

Christian Hattenhauer

Wenn ein Heidelberger Rechtslehrer sich für das Generalthema der Festschrift anbietet, dann der Züricher Johann Caspar Bluntschli, der von 1860 bis 1881 an der Ruperto-Carola wirkte. 1868 legte er als das bedeutendste Werk seiner Heidelberger Zeit sein völkerrechtliches Hauptwerk, „Das moderne Völkerrecht der civilisirten Staten als Rechtsbuch dargestellt“ vor – eine private Niederschrift des Völkerrechts zum Wohle aller, auch und gerade der europäischen Völker. Der Jubilar hat sich in der Ringvorlesung der Fakultät zur 625-Jahr-Feier der Universität mit dem Titel „Recht überwindet Grenzen“ neben Thibaut, Goldschmidt und anderen Heidelbergern gerade auch Bluntschli und dessen „Organisation des europäischen Staatenvereins“ von 1878 gewidmet.[1] Die folgenden Ausführungen verstehen sich als knappe Ergänzung: Auch und vor allem mit seinem „Rechtsbuch“ überwand Bluntschli weltweit Grenzen.

I.

Als Bluntschli nach Heidelberg kam, hatte er bereits in Zürich und in München gewirkt.[2] Als Student des Savigny-Schülers Friedrich Ludwig

---

1 *Müller-Graf*, Recht überwindet Grenzen. *Thibaut*, *Bluntschli*, *Goldschmidt* und andere Heidelberger, in: Baldus/Kronke/Mager (Hrsg.), Heidelberger Thesen zu Recht und Gerechtigkeit, Tübingen 2013, 67-94, 79-91.

2 Wegen der Umfangsbegrenzung durch die Herausgeber sind die Nachweise knapp gehalten. Vgl. daher zum Folgenden vor allen *Röben* (geb. Baker), *Bluntschli*, *Lieber* und das moderne Völkerrecht 1861-1881, Baden-Baden 2003. Die von *Hans Hattenhauer* (Kiel) betreute Dissertation ist auch deshalb bemerkenswert, weil sie von einer amerikanischen Völkerrechtlerin auf Deutsch verfasst ist und das angebliche Ende des Deutschen als Wissenschaftssprache widerlegt.

Keller in Zürich, Friedrich Carl von Savignys selbst in Berlin und des Gaius-Entdeckers Barthold Georg Niebuhr in Bonn stand Bluntschli zwar unter dem Einfluss der Historischen Rechtsschule. Er entwickelte aber schon als junger Professor für römisches Recht, deutsches Privatrecht und zürcherisches Partikularrecht in Zürich eigenständige Ansätze. So suchte er den Ausgleich zwischen der historischen und der sogenannten „philosophischen Schule". Insbesondere überwand er die kodifikationsfeindliche Haltung der Wissenschaft seiner Zeit: Als Mitglied des Großen Rates des Kantons Zürich übernahm er im Jahr 1840 die von Keller begonnenen Arbeiten an dem 1854-56 Kraft gesetzten Privatrechtlichen Gesetzbuch für den Kanton Zürich eine der bedeutendsten Kodifikationen des 19. Jahrhunderts, die Zürcher Rechtstraditionen mit den pandektistischen und handelsrechtlichen Entwicklungen der damaligen Zeit auf gelungene Weise verband.

Mangels politischer Perspektiven in Zürich ging Bluntschli 1848 als Professor für Deutsches Privatrecht und Staatsrecht nach München. 1861 wechselte er als Nachfolger Robert von Mohls an die Universität Heidelberg auf den Lehrstuhl für Staatsrecht und Staatswissenschaft. In Baden betätigte er sich wieder politisch, insbesondere auch kirchenpolitisch. Wie schon sein Vorgänger war er ein „politischer Professor" – eine auch heute in Heidelberg gepflegte Tradition. Unter anderem war Bluntschli Mitglied der badischen Ersten Kammer, Abgeordneter und auch Präsident der Zweiten Kammer, Abgeordneter im deutschen Zollparlament in Berlin, Präsident des von ihm mitgegründeten Deutschen Protestantenvereins sowie Präsident der badischen evangelischen Generalsynode. Hoffnungen auf ein Ministeramt zerschlugen sich nicht zuletzt wegen Bluntschlis Eintreten für einen preußisch geführten deutschen Staat. Wie auch heute nicht selten, litt sein Engagement in der Lehre unter den außeruniversitären Tätigkeiten. In Heidelberg wandte Bluntschli sich internationalen Themen zu und war etwa 1873 Mitbegründer des Institut de Droit International in Genf.

II.

Den Anstoß für Bluntschlis völkerrechtliche Arbeiten und schließlich für das „Moderne Völkerrecht" gab vor allem das Bedürfnis der Zeit nach einem humanitären Kriegsvölkerrecht. Bluntschli war zwar selbst nie Soldat, erlebte aber kriegerische Auseinandersetzungen und Kriegsgefahr auf dem europäischen Kontinent als Dauerzustand. Die Spanne reichte von den napoleonischen Kriegen über den schweizerischen Sonderbundkrieg, den Krimkrieg, die schleswig-holsteinische Erhebung gegen Dänemark, die italienischen Unabhängigkeitskriege gegen Österreich, den deutsch-dänischen Krieg bis zum Deutschen Krieg von 1866. Nach Erscheinen des „Modernen Völkerrechts" kam noch der deutsch-französische Krieg von 1870/71 hinzu, den Bluntschli als Leiter der Heidelberger Kriegslazarette erlebte.

Eine wichtige Rolle spielte der amerikanische Bürgerkrieg (1861–65), in dem der Deutschamerikaner Franz (Francis) Lieber (1800–72), Kollege und Freund Bluntschlis, völkerrechtlich eine bedeutende Rolle spielte. Als sechzehnjähriger Freiwilliger war der gebürtige Berliner Lieber auf preußischer Seite bei Waterloo verwundet worden. Als Liberaler in Preußen politisch verfolgt, studierte er in Jena. In Griechenland kämpfte Lieber gegen die Türken, um nach zehnmonatiger Haft in Preußen 1826 über England in die Vereinigten Staaten auszuwandern. Wegen seiner Ablehnung der Sklaverei gab er seine Professur für Staatsphilosophie, Geschichte und Staatshaushalt am South Carolina College 1857 auf, um am New Yorker Columbia College Geschichte und politische Ökonomie zu lehren. Als Berater der Bundesregierung in Washington entwarf er die einflussreichen „Instructions for the Government of Armies of the United States in the Field" – den 1863 von Präsident Lincoln förmlich in Kraft gesetzten sogenannten „Lieber-Code".

Nach diesem Vorbild veröffentlichte Bluntschli, der im Herbst 1865 den Entschluss zu einer Darstellung des Völkerrechts als Rechtsbuch gefasst hatte, angesichts des drohenden Deutschen Krieges im Sommer 1866 „Das moderne Kriegsrecht der civilisirten Staten als Rechtsbuch dargestellt" – im Wesentlichen eine Übersetzung und Ergänzung von Liebers Code: „Zunächst hoffte ich durch klare Aussprache des Kriegsrechtes, wie es den heutigen Sitten und Ansichten der civilisierten Welt entspreche, wolthätig einzuwirken und wollte vor Barbarei und Wildheit auch die Führer abmahnen. Ich dachte so einigermaassen denselben Zweck mit ähnlichen Mitteln zu fördern, wie ihn Lincoln mit Hilfe Lieber's, freilich in der wirksameren Form statlicher Autorität erreicht hatte. In der Hauptsache schienen mir die nordamerikanischen Vorschriften ganz ebenso in Europa anwendbar, und ich bemühte mich nur, dieselben teils juristisch schärfer auszuprägen, teils zu ergänzen."[3] Ebenfalls 1866 erschien die Schriftfassung eines Vortrags vom November 1865 über „Die Bedeutung und Fortschritte des modernen Völkerrechts", die Bluntschli später als Einleitung des „Modernen Völkerrechts" verwendete.

III.

Die besondere Verbindung Bluntschlis zu Lieber wird im „Modernen Völkerrecht" auf der ersten Seite deutlich. Statt eines Vorworts wählte Bluntschli einen Brief vom September 1867 an seinen „lieben Freund" Lieber, den „freundlichen Pathen" des Werks:[4] „Ihr glücklicher Gedanke, der amerikanischen Armee ein kurz gefasstes Kriegsrecht als Instruction ins Feld mitzugeben, und mit den Mahnungen des Rechts die wilden Leidenschaften des Kriegs möglichst zu zähmen, hat mich zuerst zu dem Vorsatze angeregt, die Grundzüge des modernen Völkerrechts in Form eines Rechtsbuchs darzustellen und Ihre Briefe haben mich ermuthigt, dieses Wagniß durchzuführen."

Bluntschli wollte die „andern trefflichen Darstellungen des Völkerrechts [...] durch den neuen Versuch einer gesetzähnlichen Formulirung ergänzen". Mit einem „Rechtsbuch", einer privaten Rechtsaufzeichnung, zielte er auf die von ihm erwartete künftige Kodifikation des Völkerrechts. Deutlich wird die Anknüpfung an die Tradition Eike von Repgows, der im Rahmen der europäischen Aufzeichnungswelle 600 Jahre zuvor im Sachsenspiegel als Privatmann das Recht der Sachsen niedergeschrieben und diesem dadurch zu gesetzgleicher Wirkung verholfen hatte. Sein Rechtsbuch könne „Autorität gewinnen, als die heutige civilisirte Welt in ihm einen zeitgemässen und wahren Ausdruck ihres Rechtsbewusstsein erkennt, und die Macht auf die öffentliche Meinung achtet", schrieb Bluntschli an Lieber. Anders als Eike ging es Bluntschli nicht um die Niederschrift bestehenden eigenen Rechts zur Abwehr des eindringenden fremden Rechts. Vielmehr wollte er Einfluss auf die Entwicklung des Völkerrechts nehmen.

---

3 *Bluntschli*, Denkwürdiges aus meinem Leben, III. Band, Heidelberg 1861–1881, Nördlingen 1884, 169.

4 *Bluntschli*, Das moderne Völkerrecht der civilisirten Staten als Rechtsbuch dargestellt, Nördlingen 1868, V–VII, daraus die folgenden Zitate.

In der Völkerrechtslehre des „Rechtsbuchs“ entwickelte Bluntschli eigenständige Ansätze gegenüber der herrschenden Lehre der Historischen Schule. Mit deren Volksgeistlehre erkannte er den Ursprung des Völkerrechts im „Rechtsbewusstsein der Menschheit“ (§ 4). Er ging dabei über von Savigny hinaus, der die Rechtsentstehung aus dem Volksgeist auf die einzelnen Völker beschränkte und einem übergreifenden Völkerrecht keinen positivrechtlichen, sondern lediglich sittlichen Charakter beimaß. Die „eigentliche Grundlage“ des Völkerrechts“ war nach Bluntschli „die Menschennatur, sein Ziel ist die menschliche Weltordnung, seine Mittel sind statliche Rechtsmittel, und seine Ausbildung ist das Werk der menschlichen Wissenschaft und Praxis“ (§ 6). Es hänge nicht von der „Willkür eines States ab, das Völkerrecht zu achten oder zu verwerfen. Da sich kein Stat seiner Menschennatur entledigen kann, so darf er sich auch seiner Menschenpflicht nicht entziehen“ (§ 3).

Deutlich distanzierte Bluntschli sich in seinem Schreiben an Lieber von der „neueren Rechtswissenschaft“, die über die Betrachtung der Vergangenheit „die Bewegung des Lebens nach der Zukunft hin aus dem Gesichte verloren“ habe. Das gegenwärtige Recht sei nicht nur ein „gewordenes“, sondern auch ein „werdendes“. Das Recht erschöpfe sich nicht in einem „unveränderlichen starren System fester äusserer Gesetze“, sondern sei „eine lebendige Ordnung in der Menschheit“. „Das Recht des natürlichen Wachsthums der Völker und Staten, das Recht der Entwicklung der Menschheit, das Recht des fortschreitenden Lebens muss von der Wissenschaft unzweideutiger und entschiedener als bisher anerkannt und vertreten werden, wenn dieselbe ihr hohe sittliche und geistige Mission erfüllen soll, ihre leuchtende Fackel auf den Wegen der Menschheit voran zu tragen. Die Rechtswissenschaft darf […] nicht bloss die schon in frühern Zeiten zur Geltung gelangten Rechtssätze protokolliren, sondern soll auch die in der Gegenwart wirksame Rechtsüberzeugung neu aussprechen und durch diese Aussprache ihr Anerkennung und Geltung verschaffen helfen. Je empfindlicher der Mangel gesetzgeberischer Organe ist, welche für die Fortbildung des Völkerrechts sorgen, um so weniger darf sich die Wissenschaft dieser Aufgabe entziehn.“

IV.

Bei der Abfassung des „Modernen Völkerrechts“ verband Bluntschli seine zivilrechtlichen, staats-, völker- und europarechtlichen Kenntnisse. Er nutzte insbesondere auch seine Erfahrungen aus der Gesetzgebung des Zürcher PGB und folgte denselben Grundsätzen. Um die Lücken des positiven Völkerrechts zu füllen, griff er auf ältere Lehrmeinungen sowie auf die damals geltenden Grundsätze des Rechts und der Moral zurück. Den einleitenden Ausführungen über „Die Bedeutung und Fortschritte des modernen Völkerrechts“ schloss er das eigentliche Rechtsbuch mit 862, häufig kommentierten Paragraphen an. Diese Normen verteilte er auf 9 Bücher: I. Begründung, Natur und Grenzen des Völkerrechts, II. Völkerrechtliche Personen, III. Völkerrechtliche Organe, IV. Die Statshoheit im Verhältniss zum Land, V. Die Statshoheit im Verhältniss zu den Personen, VI. Völkerrechtliche Verträge, VII. Verletzung des Völkerrechts und Verfahren zur Herstellung desselben, VIII. Das Kriegsrecht, IX. Recht der Neutralität.

Das Kriegsrecht beansprucht mit 231 Paragraphen mit Abstand den meisten Raum. Im Anhang findet sich der „Lieber-Code“, in den Folgeauflagen ergänzt durch das auf der Brüsseler Konferenz von 1874 verabschiedete „Projet d'une déclaration internationale concernant les lois et coutumes de la guerre“ sowie die „Solution pacifique des différends internationaux, Projet de règlement pour la procédure arbitrale internationale“ des Institut de Droit International von 1875.

Das „Moderne Völkerrecht“ wurde weltweit ein Erfolg. Die deutsche Fassung erlebte zwei Neuauflagen in den Jahren 1872 und 1878, die von Lieber angeregte, 1870 erschienene französische Übersetzung im Jahr 1895 sogar eine fünfte Auflage. 1871 erschien eine spanische Übersetzung, ferner gibt es zumindest noch ungarische, chinesische (1880, von William Alexander Parsons Martin) und russische Fassungen. Zu der von Bluntschli erwarteten englischen Fassung kam es zwar nicht. Doch findet sich sein „Modernes Völkerrecht“ in den Entscheidungen US-amerikanischer Gerichte als geltendes Völkerrecht zitiert.[5] Wie Eikes Sachsenspiegel entfaltete Bluntschlis Rechtsbuch offenbar gesetzesgleiche Wirkung. Zutreffend erkannte Otto von Bismarck denn auch in dem von Bluntschli eingeschlagenen Weg eines Rechtsbuchs den „einzig gangbare[n], nur die durch wissenschaftliche Forschungen gefundenen Rechtssaetze in den internationalen Verkehr der Völker einzuführen“.[6] Überhaupt setzte sich Bluntschlis Werk durch, war das von Diplomaten häufig allein benutzte

5 Nachw. bei *Röben* (Fn. 2), 58.
6 Bismarck an Bluntschli v. 4.12.1867, bei *Röben* (Fn. 2), 57 f.

Kompendium. Kritisiert wurde mitunter lediglich, dass Bluntschli nicht oder nicht deutlich genug zwischen geltendem und lediglich entstehendem Völkerrecht unterschied.

In Deutschland war die Reaktion in der Wissenschaft allerdings recht verhalten. Man äußerte sich überwiegend ablehnend – von Bluntschli nicht unerwartet: Es „überraschte ihn nicht sehr“, dass die von ihm beabsichtigte Fortbildung des Völkerrechts „in Amerika, in Frankreich und in Russland rascher erkannt und unbedenklicher gebilligt wurde, als in Deutschland“.[7] Neben dem Vorwurf, er vermische geltendes und seiner Ansicht nach gelten sollendes Recht, lehnte man insbesondere seine Auffassung ab, das Völkerrecht hänge nicht von der Willkür der Staaten ab. Die deutsche Lehre folgte insoweit überwiegend Hegel und führte die Geltung des Völkerrechts allein auf die Staaten als dessen Subjekte zurück.[8] Bluntschli negiere die Anwendbarkeit des Rechtsbegriffs auf das Völkerrecht,[9] „humane Ideen“ begründeten lediglich ein „Pseudo-Völkerrecht“[10].

V.

Anders als der vermutlich nach ihm benannte[11] Schweizer Artilleriehauptmann Bluntschli in George Bernard Shaws „Arms and the Man“ (1894, dt.: „Helden – oder der Schokoladensoldat“) war Bluntschli kein kurzsichtiger „Schokoladensoldat“. Ob er Schokolade mochte, ist nicht bekannt, seine Erinnerungen schweigen zu dieser Frage. Immerhin hatte sein Berner Landsmann Rodolphe Lindt knapp zwei Jahre vor Bluntschlis Tod die Methode des Conchierens entwickelt, das die bisher grobkörnige Schokolade cremig machte und den Weltruhm der Schweizer Schokolade begründete. So besteht eine gewisse Wahrscheinlichkeit, dass Bluntschli die neue Schokolade gekostet und geschätzt hat. Während aber Shaws Hauptmann Bluntschli als Antiheld und „chocolate-cream soldier“ statt Munition Schokolade in seiner Patronentasche verwahrte und einen Ausweg aus

---

7 *Bluntschli* (Fn. 3), 171.

8 *Hegel*, Grundlinien der Philosophie des Rechts, Berlin 1821, § 333.

9 *Jellinek*, Die rechtliche Natur der Staatenverträge. Ein Beitrag zur juristischen Construction des Völkerrechts, Wien 1880, 3, Fn. 3.

10 *Bergbohm*, Staatsverträge und Gesetze als Quellen des Völkerrechts, Dorpat 1876, 8.

11 Englisch „blunt“ = ungehobelt, offenherzig – der Charakter von Shaws Hauptmann Bluntschli.

dem Krieg suchte, akzeptierte der Völkerrechtler Bluntschli den Krieg als Mittel der Politik. So hoffte er etwa in einem Brief an Lieber vom Mai 1866, dass der drohende Deutsche Krieg „die Dünste verjage & den modernen Ideen Licht & Raum verschaffe“.[12] War Bluntschli auch selbst nie Soldat, so drückte er sich anders als sein literarischer Namensvetter nicht vor seiner Verantwortung, sondern leistete über sein völkerrechtliches Werk einen wesentlichen Schritt auf dem Weg zu einem humanitären Völkerrecht.

12 Bluntschli an Lieber v. 25.5.1866, bei *Röben* (Fn. 2), 54.

Pour l'Europe[1] : Relire Robert Schuman aujourd'hui

Olivier Cachard

Si l'amitié franco-allemande est une notion diplomatique, elle est d'abord une aventure humaine reposant sur le respect mutuel et la connaissance de la langue parlée outre-Rhin. Véritable amoureux de la langue française dont il connaît les nuances, promoteur d'une vision holistique des études européennes, le doyen Müller-Graff est une figure éminente de ce dialogue franco-allemand. Sa coopération fidèle avec la Faculté de droit de Nancy constitue une réponse à l'exhortation de Schuman à l'établissement de relations culturelles et académiques[2]. Il était donc naturel de revenir sur la pensée de Schuman qui fut l'inspirateur d'une génération d'européens.

Au soir de sa vie politique, Schuman rassemble ses principales déclarations dans un ouvrage inscrivant ses idées dans la continuité d'un siècle d'histoire tumultueuse. Le titre sobre, *Pour l'Europe,* rend compte d'un but clairement tracé et d'une politique déjà conduite. Le style concis, ordonnant les idées en 8 chapitres, est significatif. Intellectuel et bibliophile averti, issu de la tradition académique allemande où les notes de bas de page doivent être exhaustives, Schuman choisit pourtant de publier un texte qui en est exempt. Il faut y voir le signe d'une pensée personnelle en action, développée à un moment où l'Europe n'a pas encore été théorisée par l'Université[3]. Le Traité de l'Elysée, signé le 22 janvier 1963 par de Gaulle et Adenauer, vient concrétiser l'élan donné le 9 janvier 1950 par Schuman. Le temps politique veut que le moissonneur ne soit pas le semeur. La vie de Schuman bien connue par les travaux de biographes alle-

1 *Schuman*, Pour l'Europe, Editions Nagel, Paris, 1963 ; 3ème éd. préfacée par J. Delors et précédée d'un hommage du Président Mitterrand ; 5ème éd., 2010, les éditions Nagel SA.

2 *Schuman*, ibid, p. 73.

3 Si ce n'est par Reuter, «La conception du pouvoir politique dans le plan Schuman», Revue française des sciences politiques, 1951, juill-sept., p. 256 s.; La Communauté du charbon et de l'acier, Paris, LGDJ, 1953 (Préf. R. Schuman).

mands[4], français[5] et hollandais[6], nous voudrions mettre ici en lumière quelques aspects déterminants de l'action de Schuman, et de sa singularité par rapport à Jean Monnet.

Né au Luxembourg, Schuman choisit d'accomplir sa *peregrinatio academica* dans l'Allemagne d'alors. C'est ce parcours qui le conduit à Metz pour passer son *Abitur,* puis pour s'installer comme avocat à la Cour d'appel où il déploie une activité en droit civil et en droit commercial[7]. Les territoires d'Alsace et de Moselle recouvrés par la France, Schuman choisit d'y demeurer et acquiert la nationalité française. Faut-il pour cela considérer que Schuman successivement Luxembourgeois, Allemand et Français, était indifférent à la Nation, lui qui avait vécu sa formation dans l'espace étendu de l'ancienne Lotharingie? Une lecture trop étroitement régionaliste du terreau de Schuman et de son œuvre ne rend justice ni à l'ambition de son projet européen, ni à son attachement à la nation.

Soucieux de la défense des intérêts des alsaciens-lorrains lors de la reconstruction après la Grande Guerre, Schuman défriche, par des questions en apparence locales, les futures méthodes de l'harmonisation européenne. A la Chambre des députés, il est l'artisan des lois d'introduction de la législation civile et de la législation commerciale françaises dans les territoires recouvrés, lois des 5 et 8 avril 1924 connues sous le nom de *lex Schuman*. Au terme d'un travail de droit comparé conduit dans des commissions qui évoquent la *comitologie*, il opère une remarquable acculturation des droits allemands et français[8] motivée par le vœu d'adopter une

---

4 *Mittendorfer*, Robert Schuman, Architekt des neuen Europa, Hildesheim, 1983; *Conzemius*, Robert Schuman. Christ und Staatsman, Hambourg, Wittig, 1985; *Debus*, Robert Schuman, Lothringer, Europäer, Christ, Speyer, Pilger Verlag, 1995.

5 *Pennera*, Robert Schuman: La jeunesse et les débuts politiques d'un grand européen de 1886 à 1924, Sarreguemines, Pierron éditeur, 1985; *Lejeune*, Robert Schuman: une âme pour l'Europe, Paris, Saint-Paul 1986; *Lejeune*, Robert Schuman, père de l'Europe (1886-1963) – La politique, chemin de sainteté, Paris, Fayard, 2000; *Pelt*, Robert Schuman, Père de l'Europe, Serge Domini éd., 2001; *Roth*, Robert Schuman , du Lorrain des frontières au Père de l'Europe, Fayard, 2008.

6 *Krijtenburg*, Schuman's Europe, His Frame of Reference, Leiden University Press, 2013; L'Europe de Schuman, Editions des Paraiges, Metz, 2014.

7 Allocution du *Bâtonnier Petit*, Schuman, l'avocat, Colloque du cinquantenaire, Metz, 21 novembre 2013.

8 *Cachard*, «L'élaboration des lois Schuman : l'émergence d'une méthode.», Schuman Avocat, Colloque du cinquantenaire, Metz, 21 novembre 2013, à paraître in Revue de droit local.

législation expérimentale empruntant le meilleur des deux systèmes juridiques, afin de la généraliser à terme sur l'ensemble du territoire français.

Alors qu'il a traversé trois systèmes constitutionnels, Schuman s'est tenu à l'écart des magnificences des ors de la République. Les témoins racontent la simplicité vraie de la vie quotidienne du Président du Conseil, à la manière de l'exercice du pouvoir dans des pays nordiques. Contrairement à d'autres, portés par de partis et soucieux de construire leur légende, Schuman n'a pas voulu être une figure de proue. Il l'est pourtant devenu, élevé à la dignité de Père de l'Europe. C'est que Schuman, en dépit de sa discrétion et de sa retenue, sut faire preuve de sang froid et de courage[9], tant dans les affaires intérieures à l'occasion des grèves insurrectionnelles de 1947 alors qu'il était Président du Conseil, que dans les affaires européennes à l'occasion de la déclaration du 9 mai 1950 alors qu'il est ministre des affaires étrangères.

Cette courtoise détermination est à relier à la profondeur de la vie spirituelle de Robert Schuman, attestée par le dossier volumineux rassemblé lors de l'enquête canonique à l'appui de sa cause de béatification. La foi de Schuman ne l'entraîne ni dans une mondanité d'appartenance, ni dans une posture vindicative. Elle le conduit plutôt à rechercher, selon les circonstances, le meilleur ajustement, travaillant «*sans relâche à la réconciliation et à la construction d'une société solidaire et fraternelle, trouvant dans sa foi chrétienne motivations et aliment pour son engagement dans la vie politique*»[10].

Cinquante ans après la signature du Traité de l'Elysée, la relecture de *Pour l'Europe* s'impose naturellement en ce temps de crise de l'idéal européen. La compréhension que Schuman avait du *donné* des Etats nations et du *construit* (I) peut certainement éclairer les difficultés présentes. Son intelligence des *fins* et des *moyens* trace une voie souhaitable pour l'avenir de la construction européenne (II).

---

9 *Le Maire*, «Courage et politique», in De Robert Schuman à demain, suite du Christ et engagement politique, Colloque organisé par la Pontificia Università Gregoriana, 16 novembre 2013.

10 Message de sa Sainteté le Pape François, transmis par le Cardinal Bertone, in Robert Schuman, Sainteté et politique, Acte des journées organisées à Metz du 4 au 8 septembre 2013 par l'Institut Saint-Benoît, Metz, Editions des Paraiges, 2014, p. 9.

I. La compréhension du donné et du construit

Si elle est parfois critiquée par la sociologie constructiviste[11], la distinction entre le *donné* et le *construit* demeure pertinente du point de vue de l'analyse de la construction européenne, qui mobilise l'histoire et l'anthropologie du droit[12].

Certains éléments du donné poussent les Etats européens à la convergence. Le *donné de géographie physique* constitue un facteur sur lequel Schuman ne s'arrête guère car, à leurs débuts, les Communautés ne sont pas à l'échelle du continent[13]. Le donné de *l'identité culturelle des Etats,* aujourd'hui reconnu par la Cour de justice, est certainement plus significatif. Le *donné de l'identité spirituelle* des Etats, enfin, est déterminant. Lecteur de Maritain, Schuman souligne que les nations démocratiques de l'Europe ont le christianisme en partage: «*La démocratie doit son existence au christianisme. Elle est née le jour où l'homme a été appelé à réaliser dans sa vie temporelle la dignité de la personne humaine, dans la liberté individuelle, dans le respect des droits de chacun et dans la pratique de l'amour fraternel à l'égard de tous*», principes qui «*sont devenus et demeurés les caractéristiques de la civilisation contemporaine*». Schuman ne fait pourtant pas l'apologie de la théocratie puisque, conformément à la doctrine sociale de l'Eglise, il insiste sur la séparation de l'Eglise et du pouvoir politique qui, l'une et l'autre, sont, selon des voies différentes, au service de la société civile[14].

D'autres éléments donnés agissent au contraire comme des forces centrifuges. Schuman dénonce en particulier le mouvement de balancier d'un impérialisme qui s'est exprimé de façon cyclique tantôt en France, tantôt en Allemagne, au nom de la prétendue vocation universelle de chacun: «*On impute trop souvent les torts à la nation rivale*», ce qui demeure vrai aujourd'hui, en particulier au regard du pacte de stabilité. Le polémique appel de Cochin, lancé en 1978 et soutenu par une partie de la classe politique, l'illustre encore pour la France: «*Comme toujours quand il*

---

11 *Bachelard*, La formation de l'esprit scientifique, Paris, Librairie philosophique Vrin, 1938.

12 *Rouland*, Anthropologie juridique, Paris, PUF, 1988.

13 Soulignant seulement qu'il ne s'agit pas «d'inventer une géographie rationalisée et dirigée»; voir *Barnier*, L'Europe cartes sur table, Atlas, Acropole, Paris, 2008.

14 Catéchisme de l'Eglise catholique, n° 1910.

s'agit de l'abaissement de la France, le parti de l'étranger est à l'œuvre avec sa voix paisible et rassurante»[15].

Pour Schuman, le *donné* centrifuge ne saurait être ignoré par le *construit* qui doit alors le sublimer. A l'affrontement des protectionnismes, il faut préférer une coopération régulée par des institutions communes. En outre, le construit est par nature inachevé: «*la démocratie est une création continue; elle sait qu'elle est toujours perfectible. Le totalitarisme entretient l'illusion de posséder la vérité non seulement complète mais immédiate et définitive*»[16]. Avec clairvoyance, Schuman comprend que la partition de l'Europe cessera pourvu que la démocratie fasse ses preuves. Ainsi, en 1962, la communauté de destins des peuples européens se heurte au mur de l'idéologie communiste. Comme le souligne le Cardinal Peter Erdö, «*Tous les peuples de la zone communiste, indépendamment de la position adoptée pendant la guerre, ont eu exactement le même sort. Les vainqueurs ont reçu comme prix exactement ce que les perdants ont reçu comme punition*»[17]. Mais ce construit là, abrité derrière les hauts murs du matérialisme, n'a pas résisté aux aspirations à la liberté. La réunification que Schuman envisage pour l'Allemagne se produit à une échelle plus vaste restaurant la communauté de destins.

II. L'intelligence des fins et des moyens

La contribution de Schuman est parfois présentée sous un jour doublement restrictif, par réduction à des considérations purement économiques et par assimilation à la pensée de Monnet qui serait l'auteur du Plan. En réalité, une thèse[18] établit que c'est un lorrain, le Professeur Paul Reuter, qui rédige les premières ébauches de la déclaration et du Traité après avoir été le collaborateur de Schuman alors Ministre des affaires étrangères; à cette place stratégique, il a pu s'imprégner de la pensée de Schuman. Et Schuman, juriste de formation, est loin de n'avoir qu'une vision économique qui, en réalité, appartient davantage à Monnet. Certes, *Pour l'Europe* con-

---

15 Sur cet appel qu'il ne désavoue pas au fond, *Chirac*, Mémoires, Paris, Nil, 2009, p. 252.

16 *Schuman*, op. cit., p. 58.

17 *Erdö*, «L'Europe de Robert Schuman: une communauté de peuples unis par leurs racines chrétiennes», in Robert Schuman, Sainteté et politique, p. 137.

18 *Krijtenburg*, L'Europe de Schuman, op. cit., p. 127 s.

tient de substantiels développements sur la C.E.C.A. dont l'intérêt est aujourd'hui historique. Seulement, dans une économie encore industrielle, cette dimension du projet est plus politique qu'économique: «*Conclure une union durable et contrôlée au sujet du charbon et de l'acier, c'est en effet enlever à chacun des pays ainsi associés la possibilité non seulement de faire mais de préparer une guerre contre les autres associés*»[19].

Au plan institutionnel, bien plus que Monnet, Schuman est un fédéraliste, attaché à la nation. Sans équivoque, Schuman écrit «*Le terme de fédération est la formule juridique d'une pensée plus profonde et humaine riche en perspectives nouvelles*».[20] Les Communautés sont donc conçues comme une phase transitoire. Mais comment concilier cette perspective avec l'attachement à la nation, rappelé plus haut: «*Nous ne sommes pas, nous ne serons jamais des négateurs de la patrie, oublieux des devoirs que nous avons envers elle*»? Pour concilier ces deux aspects, la doctrine française contemporaine[21] propose la figure théorique de la Fédération d'Etats nations.

Au plan des politiques, enfin, la pensée de Schuman recèle plusieurs points cardinaux. Elle martèle d'abord la nécessité de la solidarité entre les nations associées, solidarité aujourd'hui nécessaire alors que les pays méditerranéens traversent une crise financière et migratoire grave. Elle souligne ensuite «*l'égalité de nature de tous les hommes*» et «*la dignité du travail*», valeurs constantes de la doctrine sociale de l'Eglise. Elle affirme encore «*la primauté des valeurs intérieures qui seules ennoblissent l'homme*», appel à ne pas réduire les politiques européennes aux seules libertés de circulation.[22] Enfin, l'attitude de Schuman vis-à-vis de l'environnement,[23] qui se manifeste par la conscience de l'interdépendance avec la nature et par une forme de tempérance, constitue un témoignage par l'exemple en faveur d'une écologie humaine, conduite non pour elle-même, mais au service de l'homme. A cet égard, dans le contexte de la libéralisation multilatérale, l'Union européenne pourrait bien être le gardien de la politique environnementale.

---

19 *Schuman*, op. cit, p. 114.

20 *Schuman*, op. cit, p. 100.

21 *Mouton*.

22 *Schuman*, op. cit., p. 46.

23 *Pelt*, Heureux les simples!, Flammarion, Paris, 2014, spéc. p. 211 sur les valeurs de l'écologie chez Schuman.

Europa, Nation, Souveränität

Barna Mezey

István Bibó, einer der größten ungarischen politischen Denker des 20. Jahrhunderts sieht Europa – größtenteils unter der Wirkung von László Németh[1] und István Hajnal,[2] und wie ein Bogen zwischen den Theorien von Domokos Kosáry[3] und Jenő Szűcs[4] – als einen Kontinent von Regionen, wobei er die Auffassung entschieden zurückweist, gemäß der die russische Entwicklung mit der ostmitteleuropäischen Entwicklung verwandt wäre.[5] Die besonderen und ähnlichen Kennzeichen in der Geschichte der tschechischen, polnischen und ungarischen Gesellschaft, die sich als staatsbildende Nationen organisieren und die Randzone des Europa Occidens vertreten, umreißen die regionalen Grenzen einer eigenartigen gesellschaftlichen Entwicklung.[6]

Der Zusammenfall ist in der Chronologie der ostmitteleuropäischen Gesellschaftsentwicklung am augenfälligsten. Im Vergleich zu den Staatsgründungen in Westeuropa, überwiegend im 5. Jahrhundert, befestigt die Dynastie der Przemysl ihren Staatsrahmen im Jahre 955 und schaut nach Westen, die Piasten treiben ihr Volk im Jahre 966 unter das Taufwasser, und Stephan aus dem Hause der Árpáden wird im Jahre 1000 zum christlichen König gekrönt. Der Zeitabschnitt von einem Jahrtausend, der zwischen der Entwicklung der Länder der Randzonen, die sich der Gemeinschaft christlicher europäischer Staaten anschlossen, und der Entwicklung

---

1 *Bibó*, Németh László Kelet-Európa-koncepciója és Szekfű Gyulával folytatott vitája, in: Válogatott tanulmányok III. 1971-1979. 379.

2 Vgl. *Hajnal*, A kis nemzetek történetírásának munkaközösségéről, 1942,. Zeitschrift „Századok", 1942, Hefte 1-3 und 4-6.

3 *Kosáry*,Az európai fejlődési modell és Magyarország, in: A történelem veszedelmei, 1987.

4 *Szűcs*, Vázlat Európa három történeti régiójáról, 1983; *Szűcs/Hanák*, Európa régiói a történelemben, 1986.

5 *Niederhauser*, Bibó István kelet-Európa képe, in: Bibó Emlékkönyv I. 1991, 119.

6 *Mezey*, Modernisierung und Rechtskontinuität im Vormärz in Ungarn, in: Rossová (Hrsg.), Integration und Desintegration in Mitteleuropa. Pläne und Realität, 2009, 317.

des als Modell angesehenen westlichen Zentrums liegt, wies der allgemeinen Gesellschaftsgeschichte der Peripheriestaaten eine eindeutige Position zu.

In Folge dieses von der Geschichtsschreibung „Verspätung“ genannten fünfhundertjährigen zeitlichen Abstands nach dem von der tschechischen, polnischen und ungarischen politischen Elite bewusst unternommenen Anschluss an den Westen kamen die neuen christlichen Gesellschaften auf ein eigentümliches Zwangsgleis. Nach Abklingen der anfänglichen Euphorie beim schwungvollen Kopieren stellten sich die Unterschiede heraus, die zwischen der Entwicklung in den organisch gewachsenen Gesellschaften und in der Entwicklung von Gesellschaften bestanden, die gemäß einem zentralen politischen Willen dem Modell folgten. Ein Kennzeichen der damals mehrere Jahrhunderte alten westlichen Gesellschafts- und Staatsentwicklung war, dass sich die Strukturelemente der Gesellschaft mit „organischer Spontaneität“ von unten aufbauten. Die internen Ordnungsprinzipien der ‚Gesellschaft‘ dominierten gegenüber dem ‚Staat‘.[7] Die Gesellschaften des Westens kamen auf ihren eigenen Wegen ins Leben, gehorsam ihrer eigenen internen Dynamik, und nicht durch Befolgung externer Muster. Die definierbaren Institutionen der Gesellschaft entstanden in allen Sphären der Gesellschaft proportional, durch eine organische Entwicklung.

Die Stabilität des in seinen Grundlagen desintegrierten Westens wurde gerade dadurch stark, dass er nicht ‚von oben‘ integriert werden konnte. Die Kraftlinien der Integration entfalteten sich ‚von unten‘, was der entstehenden Staatskonstruktion eine unglaubliche Festigkeit verlieh. Die politische Elite der ostmitteleuropäischen Region verfügte aber nicht über diesen Spielraum. Nach Erfüllung der Anschlussvoraussetzungen kopierten oder adaptierten sie die bereits bestehenden christlichen Staatsmuster des Westens im Zuge eines in schnellem Tempo durchgeführten Systemwechsels, und die Probe der Praxis wurde aufgeschoben. Die ostmitteleuropäische Gesellschaft baute „von oben nach unten“, was den politischen Klassen einen besonderen Platz einräumte, indem sie große Verantwortung für den Erfolg der jeweiligen aktuellen Musterbefolgungsaktionen und der Modernisierung trugen. Es dürfte also kaum Zufall sein, dass die Situation eine berufene Reformelite schuf, die von „einem messianistischen Berufungsbewusstsein geleitet“ war und ihre politischen Mittel entschlossen

7 *Szűcs*, Vázlat Európa három történeti régiójáról, in: Bibó Emlékkönyv I., 1991,187.

anwendete. Dies trug aber auch die Möglichkeit geschichtlicher Wenden in sich, die in Folge fehlerhafter Entscheidungen entstehen und die Gesellschaft auf Zwangsgleise führen.[8] Deshalb lastete die Politik im Laufe der Geschichte als eine „übergewichtige“ gesellschaftliche Erscheinung auf dem Leben der Region und durchtränkte alle seine Elemente. Gerade in diesem Zusammenhang macht uns István Bibó auf die in der Geschichte der Region besondere, typisch ostmitteleuropäische Erscheinung aufmerksam, dass nämlich Situationen traditionsgemäß falsch ausgelegt werden und die Politik kontraselektiv funktioniert. „In der jüngsten neuzeitlichen Geschichte, insbesondere vom Ende des 19. Jh. angefangen, erwies sich das Land in entscheidenden Momenten der Geschichte verhängnisvoll als unfähig, die tatsächlichen Gegebenheiten seiner eigenen Situation und die daraus resultierenden Aufgaben zu erkennen… Es konnte seine Führungspersönlichkeiten nicht finden oder (ihnen) zur Macht verhelfen, die seine Bedürfnisse, Interessen und seinen Weg hätten gut ausdrücken und finden können.“[9]

Bibó fasste die europäische Geschichte Ungarns als einen Prozess in drei Phasen auf. In ihren ersten fünfhundert Jahren näherten sich die Ungarn in ihrer Beschaffenheit und ihrer Gesellschaftsstruktur dem Westen an.[10] Zwar „in einem einfacheren Gewebe, etwas provinziell”, aber immerhin ging die mitteleuropäische, darunter auch die ungarische Gesellschaft den Weg der westlichen Entwicklung. Dieser Weg war markiert durch flüchtig gebastelte, kaum belastbare gesellschaftliche Konstruktionen, wobei die darin „verborgenen Missverhältnisse, Asymmetrien und versteckten Mängel“ die Konstruktion leicht ins Wanken bringen oder verletzen konnten.[11]

Die nach Ende des Mittelalters entstandenen Umstände verweigerten ihm diesen Rahmen und zwangen es in eine ostmitteleuropäische Konstruktion auf Zwangsgleisen. Dorthin, wo sich die gesellschaftlichen Kräfteverhältnisse nicht bewegten, wo das geschichtliche Schicksal durch tote Punkte und hoffnungslose Rückkehrversuche gekennzeichnet ist. Die ungarische Gesellschaft „geht damit von der Bühne der europäischen Politik,

---

8 *Hankiss*, Kényszerpályán? Tanulmányvázlat a magyar társadalom legújabb kori fejlődéséről, in: Medvetánc, 1983/5. 5.

9 *Bibó*, Eltorzult magyar alkat, zsákutcás magyar történelem, in: Válogatott tanulmányok II., 1986, 573.

10 *Bibó* (Fn. 9), 575.

11 *Bogár*, Kitörési kísérleteink, 1989, 14.

das Land findet sich damit ab, ein Land des Habsburgerreiches geworden zu sein", und es setzt seinen Weg „in einem dementsprechenden geschlossenen, provinziellen gesellschaftlichen und geistigen Rahmen fort."[12]

Bibó definierte als ein Kennzeichen der osteuropäischen Gesellschaftsentwicklung[13] diejenige Welt, „die aus einem wie eine Kaste geschlossenen Grundbesitzeradel, aus der Willkür der Grundbesitzer einseitig ausgelieferten, rau uniformierten osteuropäischen Leibeigenen, und parallel dazu aus einem eng gefassten Kreis von politisch nicht erwachten Bürgern und einer der Macht gegenüber servil eingestellten Intelligenz besteht."[14]

Und auch die spektakulären Elemente der westlichen Entwicklung in Ungarn sind nichts anderes als forcierte und anstrengende Anpassungsversuche einer ostmitteleuropäischen Gesellschaft, die ihre Verspätung zu überwinden versucht. „Seine ganze Geschichte ist eine verzweifelte Anstrengung, die Beziehungen zum Westen zu festigen",[15] Versuche der Peripherie, sich dem Zentrum anzugleichen (Versuche zur Überwindung der Verspätungspsychose[16]).

(Die dritte Etappe der ungarischen Gesellschaftsentwicklung begann im 19. Jh., und sie mündete in eine typische Sackgasse der Geschichte, aus der – wie er es formulierte – den Ausweg nur eine erneute Eingliederung in die westlichen Gesellschaftsformeln bedeuten konnte.[17])

Es bedarf kaum einer Beweisführung zu sehen, dass der wichtigste Organisator der Gesellschaft und zugleich Dirigent der seit tausend Jahren wichtigsten Modernisierungsaufgabe, der ostmitteleuropäische Staat, besondere Eigenschaften in sich reifen ließ, um die Herausforderung bewältigen zu können. Seine Formeln zur Anpassung an die gesellschaftlichen Konstruktionen sind steifer, seine Reaktionen auf die wirtschaftlichen und gesellschaftlichen Prozesse heftiger, seine Politik ist weniger verständnisvoll, seine etatistischen Ziele sind schriller, er hat zahlreiche Konfliktpunkte, seine Neigung zur administrativen Lösung von Problemen ist stärker als im westlichen Muster. Seine Vertreter vindizieren sich im Interesse des Erreichens des großen Ziels besondere Rechte in der Kontrolle aller

12 *Bibó* (Fn. 9), 575.

13 *Bibó* István, A magyar társadalomfejlődés és az 1945 évi változás értelme, in: Válogatott tanulmányok II., 1986, 491.

14 *Bibó* (Fn. 13), 494.

15 *Bibó* (Fn. 13), 494.

16 *Hankiss* (Fn. 7), 7.

17 *Szűcs* (Fn. 6), 217.

Bereiche der Gesellschaft und in der Beeinflussung aller ihrer Funktionen. Während die Staaten im Westen die Mächte eher zusammenzufassen versuchten, aus den kleinen Kreisen der Freiheiten hervorgegangene Gemeinschaften eher „zusammenadministrieren" wollten, schworen die Staaten der östlichen Mitte auf eine allumfassende Kontrolle, Regelung und Beeinflussung. Sie wollten Wirtschaft, Wissenschaft, schöngeistige Literatur, Kunst, Architektur und das allgemeine Denken konsequent unter Kontrolle halten. Sie waren tief davon überzeugt, dass Entwicklungsmängel mit Hilfe von Mitteln anderer Bereiche zu heilen seien, also Wirtschaftsprobleme und asymmetrische Entwicklungen in der Gesellschaft sich durch juristische Regelung beheben ließen, und dass fehlende kulturelle Voraussetzungen durch romantisch angeheizten historischen Enthusiasmus zu ersetzen seien. Diese Denkweise räumt dem Begriff der Nation eine besonders wichtige Stellung ein.

Laut Bewertung von Csaba Kiss Gy. war eine der wichtigsten Erkenntnisse von Bibó, dass in Westeuropa die Idee von der Nation dank der organischen Entwicklung mit den demokratischen Forderungen im Einklang war, während in Ostmitteleuropa Demokratie und Nationalismus einander oft gegenüberstanden. Bibó ist davon überzeugt, dass dies der schwerwiegendste Widerspruch im Begriff der Nation sei.[18] In seinem Geschichtsbild ist die Nation eine anderthalb Jahrtausend alte historische Formation, deren ertastbare Rahmen eine überraschende Beständigkeit aufweisen. Die Träger der Nationen waren die Dynastien, die Aristokratien, die ihre Interessen einander gegenüber mit ziemlicher Entschlossenheit vertraten. Bis zum 15. Jh. entfalteten sich die fünf als führend angesehenen Nationen – die italienische, die französische, die englische, die deutsche und die spanische – prägnant, und an ihrem Rande ließen sich allmählich die Konturen auch kleinerer Nationen erkennen.[19] Das große Ergebnis der europäischen Verfassungsentwicklung in den 15-18. Jh. war die Vervollständigung des modernen Staates. Zu den Verwaltungsbestrebungen der zentralisierten ständischen Monarchie (systematische Verwaltung, professionelles Finanzwesen, Staatsdienst als Lebensberuf, auf fachlicher Ausbildung beruhendes Militär) gesellte sich die Zielsetzung des Staates, das politische Leben der Nation an sich zu reißen. Das zeigte sich an der Einheit

18 *Kiss Gy. Cs.*, A nemzetfogalom néhány antinómiája Kelet-Közép-Európában, in: Bibó Emlékkönyv I., 1991, 113.

19 *Bibó*, Az európai egyensúlyról és békéről, in. Válogatott tanulmányok I., 1986, 316 ff.

des nationalen Bewusstseins mit der Wirtschaft, am Hauptstadtsitz als deren Symbol, an der Intelligenz, die sich mit ihrem Fachwissen an der Gestaltung des nationalen Selbstbewusstseins immer mehr beteiligte und den Staatsapparat lenkte, sowie am städtischen Bürgertum. Diese Formation bereitete die demokratische Öffnung der Großen Französischen Revolution vor, also die Übernahme der Nation durch breite gesellschaftliche Schichten. Andererseits nahmen die Nationen die territorialen staatlichen Rahmen in Besitz (bzw. sie besaßen sie bereits).

Demgegenüber wiesen in Ostmitteleuropa kaum Tendenzen in diese Richtung. Das seit dem 16. Jh. für dieses Gebiet maßgebliche Habsburgerreich konnte keine ähnliche Basis darstellen, da seine eigene Identität auf wackeligen Füßen stand. „Das Land von Maria Theresia hat nicht einmal einen Namen, da es eine bloße Gemeinschaft von Nationen oder Bruchnationen (österreichisch, ungarisch, tschechisch, lombardisch, belgisch, kroatisch) mit unterschiedlichen Sprachen, Rechts- und Verwaltungssystemen, sowie unterschiedlichem Bewusstsein ist."[20] Diese Ebenen standen in scharfem Kontrast mit den Rahmen eines Reichs, denn die in den Institutionen, Symbolen, manchmal in Verfassungsformeln erscheinenden nationalen politischen Erlebnisse waren außer Stande, die neu diktierten dynastischen politischen Formeln zu füllen. „In Ostmitteleuropa war der nationale Rahmen eine Sache, die geschafft ... erkämpft werden musste, und die nicht nur vor den Machtmitteln der bestehenden dynastischen Rahmen zu hüten war, sondern auch vor der Gleichgültigkeit eines großen Teils der eigenen Bevölkerung und vor dem wankenden Nationalbewusstsein."[21] Diese Völker besaßen im 18. und 19. Jh. noch keine nationalen Rahmen, keinen eigenen Staat, keinen ausgebauten Staatsapparat, keine Hauptstadt, keine auf eigenen Füßen stehende Wirtschaft, keine einheitliche politische Kultur, keine eingeübte nationale Elite, und deshalb wurde das durch die nationale Sprache gekennzeichnete Volk zum Träger der nationalen Eigentümlichkeiten.[22] Die wichtigste Aufgabe im 18 und 19. Jh. bestand in der Auflösung der bestehenden (Habsburgischen) staatlichen Rahmen und in der Schaffung und Entwicklung von nationalen Wirtschafts- und Kulturzentren sowie nationalen Institutionen als Gegensatz zur früheren Ordnung. Die Unterstützung dazu kam von den Gemeinschaften mit gleicher Muttersprache (was häufig mit Verdrängung Anderssprachiger einher-

20 *Bibó* (Fn. 19), 321.
21 *Bibó* (Fn. 19), 332.
22 *Niederhauser* (Fn. 5), 121.

ging).[23] So wurde der Sprachnationalismus zu einer besonderen ostmitteleuropäischen Erscheinung. Im Westen entstand eine Nation niemals als eine Gemeinschaft gleichsprachiger Menschen. Der moderne Gedanke von der Nation ist ein politischer Begriff. Seinen Ausgangspunkt bildet der staatliche Rahmen, „den das Volk durch die Kraft der demokratisierten nationalen Massengefühle in Besitz nehmen und sein Eigen wissen will.“[24] Weil aber in der ostmitteleuropäischen nationalen Entwicklung wegen der genannten Mängel die Sprache und die mit ihr verbundenen sonstigen kulturellen Momente eine unvergleichlich wichtigere Rolle spielten, kam es zur – von Bibó eher negativ beurteilten – Durchpolitisierung auch der Kultur.[25]

Eine Vielzahl von territorialen Streitigkeiten, enge und aggressive Beschaffenheit des Nationalismus von Nationen, die Neigung, maßhaltende politische Methoden zu verlassen, mangelnder demokratischer Geist, Neigung zur politischen Irrealität, gegenseitiger Hass, Berufung auf Rechtstitel statt auf Leistungen, Erwerben von Vorteilen zu Lasten von Nachbarn und Schicksalsgefährten, Unverantwortlichkeit in gesamteuropäischen Fragen, determinierende Rolle von Nachbarstreitigkeiten statt langfristiger Interessen in politischen Entscheidungen – so summierte Bibó 1946 die Besonderheiten der Region.[26]

Zur großen politischen Wende musste die Politik des 11. Jh. fast die ganze politisch-ideologische Struktur aus dem Westen importieren: Ordnung der Staatsorgane, wenigstens aber ihr Funktionssystem, Aufbau des Militärs, politische Ideologie, römisches Christentum, und damit zusammen die durch das Christentum vermittelte Bildung, Schrifttum und Recht usw., Außenpolitik nach westlichem Muster, die nach dem westlichen Modell ausgestaltete, jedoch in zahlreichen Zügen anders geartete gesellschaftliche Gliederung. Dieser Zwang steckte die ein Jahrtausend währenden Rahmen ab, innerhalb derer die verfassungsmäßige Entwicklung vor sich ging, und von denen die Staaten der Region durch Zeiten und Ereignisse mehr oder weniger weit weg gestoßen wurden. Die Politik wähnt in Angst vor Andersdenkern, Anderssprachigen, Andersgearteten, anderen Nationen überall Revolution, Verschwörungen, böse Absichten, unbe-

---

23 *Kiss* (Fn. 18), 113-114.

24 *Bibó*, A kelet-európai kisállamok nyomorúsága, in: Bibó István: Válogatott tanulmányok I., 1986, 195.

25 *Niederhauser* (Fn. 5), 122.

26 *Niederhauser* (Fn. 5), 120.

kannte Feinde, feindliche Propaganda. Als Antwort auf gefürchtete Verhaltensformen liegen Kraftreaktionen der Macht auf der Hand: Beobachtung, Kontrolle, strafrechtliche Konsequenzen. „Im ständigen Angst- und Gefahrgefühl wurde alles zur Regel, was echte Demokratien nur in der Stunde echter Gefahr kennen: Kürzung öffentlicher Freiheiten, Zensur, Suche nach Söldlingen des Feindes und nach Verrätern, Erzwingen der Ordnung oder wenigstens ihres Anscheins, und der nationalen Einheit um jeden Preis, auch zu Lasten der Freiheit. Es erschienen die unterschiedlichsten Formen der Verfälschung und Korruption der Demokratie, angefangen von den subtilsten und häufig gar nicht bewussten Methoden bis zu den äußerst brutalen: Ausspielen des allgemeinen Wahlrechts gegen die demokratische Entwicklung, System von ungesunden und auf schmutzigen Grundlagen beruhenden Koalitionen und Kompromissen, Wahlsysteme, die eine gesunde gemeinschaftliche Willensbildung verhindern oder verfälschen, Missbräuche, Putsche, Diktaturen.“[27] In der Formel von Bibó schafft diese Situation den Typ des falschen Realpolitikers, der geeignet ist, mit Hilfe von Begabung, Schlauheit und Aufdringlichkeit die in demokratischen Formen verlaufende antidemokratische Regierung zu bedienen. Das gekippte Gleichgewicht zwischen der korrumpierten, abgeschwächten gesetzgebenden Gewalt und der wuchernden, ohne Bremsen funktionierenden vollziehenden Gewalt verleiht dem Staatsoberhaupt ein besonderes Ansehen, von dem die Untertanen den Schutz vor der „randalierenden“ Regierung erwarten. Der unsicher formulierte, aber ständig präsente Anspruch auf Ordnung und die Sehnsucht nach Stabilität ruft die Romantik „eines großen Mannes, eines genialen politischen Anführers“ ins Leben, die Konsolidierer, also große Realisten bedauerlicherweise in den Hintergrund drängt.[28]

An der Betätigung des Staates leistet die so genannte nationale Intelligenz[29] den Löwenanteil. Sie stellt als Pfleger der nationalen Wissenschaften den Betreibern des Staates auf wissenschaftlichen Grundlagen erarbeitete politische Publizistik zur Verfügung, damit die sich „in auf metaphysischen Rang erhobenen Manifestationen des Absolut Guten oder des Absolut Bösen, in mystische Wesen, in magische Zaubersprüche“ verwandelten Gedanken als verfassungsmäßige Mittel in der alltäglichen politischen

---

27 *Bibó* (Fn. 19), 335.
28 *Bibó* (Fn. 19), 342.
29 *Bibó* (Fn. 17), 336-337.

Praxis funktionieren können.[30] All diese Erscheinungen machen eine stark zentralisierte, zugleich aber traditionelle Struktur der Staatsmacht mit von ständigen Modernisierungsversuchen begleiteten Adaptierungsprozessen im Netz der von Existenzangst der Gesellschaft umgebenen Sehnsucht nach Freiheit wahrscheinlich.

30 *Bibó* (Fn. 17), 341.

Schulden- sowie Vermögensverteilung im Rahmen der Staatensukzession

Georg Ress

I. Probleme der Staatensukzession und insbesondere der Nachfolge in Schulden und Vermögen des Vorgängerstaates haben sowohl in der Europäischen Union als auch unter den Vertragsstaaten der Europäischen Menschenrechtskonvention eine Rolle gespielt. Dabei ist die Frage, welchen Leitprinzipien die Aufteilung von Vermögen und Schulden auf die Nachfolgestaaten folgen sollte, von ganz entscheidender Bedeutung,[1] also die Frage nach den Verteilungsprinzipien. Wie weit ist das Prinzip der *Equity* (Angemessenheit/Gerechtigkeit) als *Leitprinzip* auch gegenüber den anderen Prinzipien wie Territorialität (Belegenheit der Sache/Zuordnung einer Forderung) entscheidend? Damit sind ganz entscheidende Fragen des Eigentumsschutzes angesprochen. Der Europäische Gerichtshof für Menschenrechte hatte jüngst im Fall *Ališić and others v. Bosnia and Herzegovina, Croatia, Serbia, Slowenia and the former Yugoslav Republic of Mazedonia*, (Urteil vom 16. Juli 2014[2]) über die Frage zu entscheiden, ob Serbien bzw. Slowenien verpflichtet sind, Forderungen gegen die Ljubljanska Banka zu honorieren. Der Gerichtshof kam unter Anknüpfung an die Resolution des Institut de Droit International aus dem Jahr 2001 zum Ergebnis, dass für die Verteilung der Forderungen und Schulden das Prinzip der Equity vorrangig auch gegenüber dem Prinzip der Territorialität ist. Dieses Urteil wird, wie Richterin *Ineta Ziemele* in ihrer concurring opinion schrieb, „become one of the leading cases dealing with the specific context of state succession and the application of the European Convention on Human Rights in a particularly sensitive area: that of sharing of responsibility of debts. The Court had to ascertain the relevant principles of the law on state succession that might influence the interpretation of Article 1 of Protocol no. 1 in this case."

1 Siehe *Ress*, in: Annuaire de l'Institut de Droit International, session de Vancouver, vol. 69 (2000-2001), 241 ff.
2 Nr. 60642/08, Urteil der Großen Kammer.

II. Für das Völkerrecht und das europäische Wirtschaftsrecht haben die in diesem Urteil entwickelten Prinzipien grundlegende Bedeutung, und es ist anzunehmen, dass sie sich allgemein durchsetzen werden, zumal auch die Resolution des Institut de Droit International, auf die sich das Urteil stützt, vom Institut einstimmig (bei zwei Enthaltungen) angenommen wurde. Die Resolutionen des Institut werden entweder als zusammenfassende Festlegung des Gewohnheitsrechts oder als Leitprinzipien (guiding principles) oder Standards[3] angesehen, so wie es auch in der Präambel der Institutsresolution heißt. Diese *guiding principles* könnten auch in die Kategorie eingeordnet werden, die in der Literatur mit dem Begriff des „soft law" umschrieben wird.[4] Bei der Staatennachfolge spielt das Prinzip der Aufteilung von Vermögen und Schulden in angemessener Weise (equitable portion) eine entscheidende Rolle. Die Resolution des Instituts hat Hinweise darauf gegeben, was als „angemessen" anzusehen ist. Dabei hat sich die Resolution mit einer im Völkerrecht bisher kaum angesprochenen Problematik auseinandergesetzt, nämlich mit der Frage, wie weit Staaten die Regeln der Staatensukzession zu ihrem eigenen Vorteil durch entsprechende Sukzessionsbehauptungen nutzen dürfen bzw. nutzen wollen. Wenn ein Staat wie zum Beispiel Serbien lange Zeit behauptet, mit dem Staat Jugoslawien identisch zu sein, mit anderen Worten ablehnt, dass im Hinblick auf die eigene Rechtsperson überhaupt eine Staatennachfolge stattgefunden hat, und darauf hinweist, dass andere Rechtssubjekte möglicherweise abgespaltene Neustaaten sind, so hat nach der bisherigen Völkerrechtsdoktrin diese Konstruktion für Serbien den Vorteil, dass es, weil es mit Jugoslawien identisch ist, alle Rechte - aber natürlich auch Pflichten - des Staates Jugoslawien in Anspruch nehmen kann. Dabei geht es u. a. um den Zugriff auf das Staatsvermögen (u. a. Reserven der Nationalbank), auch das Vermögen im Ausland (u. a. Bestand an diplomatischen Vertretungen). Natürlich hängt à la longue diese Rechtskonstruktion von der Akzeptanz durch die Staatengemeinschaft ab. So hat Serbien diese Konstruktion auf lange Sicht nicht durchhalten können und musste sich bequemen anzuerkennen, dass es selbst, ebenso wie die anderen Nachfolgestaaten Jugoslawiens, ein den Regeln der Staatensukzession unterworfener Nachfolgestaat ist.[5] Um solche Manipulationen der Nachfolgeregelungen zu vermei-

---

3 Siehe dazu *Giegerich*, in: Berichte der Deutschen Gesellschaft für Internationales Recht, Nr. 33/2014, 101ff.

4 Vgl. *Flauss*, Das Soft law der europäischen Organisationen, Bern 2012, 428.

5 Siehe *Ress* (Fn. 1), 241 ff.

den, hat die Resolution vorgeschlagen, auch auf diese Fälle das Prinzip des equitable share[6] (*principle of equitable proportion*) von vorneherein anzuwenden und auch dem identischen Staat nicht die Inanspruchnahme aller Rechte und Pflichten zu gestatten. Das setzt voraus, dass auch für solche Situationen wenigstens in analoger Weise eine Aufteilung der Rechte und Pflichten trotz der Personenidentität stattfindet. Für das traditionelle Völkerrecht wäre die Anerkennung der Ausdehnung des „principle of equitable proportion" auch auf Fälle, in denen formal gesehen eine Staatensukzession gar nicht vorliegt, ein Schritt ins Neuland, den aber das Institut de Droit International, man könnte sagen erstaunlicherweise, insofern dem Rapporteur folgend, gewagt hat.

III. Letztlich beruht auch das im Völkerrecht anerkannte Prinzip der ungerechtfertigten Bereicherung als Regulativ für Situationen der Nachfolge in Vermögen und Schulden auf der vorausgehenden Berücksichtigung der Rechtskonstruktion der Staatennachfolge. Man könnte daher, in Abweichung von der bisherigen klassischen Auffassung, die Situation einer Staatsidentität auch über die analoge Anwendung der Regeln über ungerechtfertigte Bereicherung lösen. So hat auch die Richterin *Ziemele* in ihrer concurring opinion zum Fall *Ališić* darauf hingewiesen, dass „the unjust enrichment principle... might also be relevant to the facts of the case" and "that the solution is in line with their essence and with their application in international practice" (Nr. 3 der concurring opinion).

IV. Wie der Straßburger Gerichtshof festgestellt hat,[7] "one of the most intriguing and still unresolved problems of state succession is the extent to which the rules of state succession apply. That question relates not only to the private law relations, for instance relations between the banks and other financial institutions within the former predecessor states (but also after the event of succession now to different entities within the successor states)". Ein anderes noch offenes Problem betrifft die Frage der Anwendung der Regeln der Staatensukzession auf sogenannte *odiöse* Ansprüche, also Ansprüche aus völkerrechtswidrigem Handeln des vorausgegangenen Staates. Soll der Nachfolgestaat oder sollen die Nachfolgestaaten wirklich die Haftung für Schäden übernehmen, die der Vorgängerstaat durch grobe Verletzungen der Menschenrechte, durch Genozid oder andere Verbre-

6 Siehe dazu das Urteil des IGH im Fall North Sea Continental Shelf (Federal Republic of Germany v. Denmark, and the Netherlands, ICJ Reports 1969 at. pp. 3 ss.).

7 Case of Kovacich and others v. Slowenia, judgment October 3, 2008, no. 44574/98 and my concurring opinion to that case.

chen ausgelöst hat? Die frühere herrschende Lehre hat die Anwendung der Regeln der Staatensukzession auf derartige Ansprüche abgelehnt.[8] Neuere Vorschläge etwa im Rahmen des Institut de Droit International gehen insoweit in eine andere Richtung. Es würde vielleicht naheliegen, auf derartige Ansprüche auch das Territorialitätsprinzip anzuwenden und den Nachfolgestaat, auf dessen Territorium diese Ansprüche ausgelöst wurden, auch insofern für verantwortlich zu halten, die anderen Nachfolgestaaten aber aus dieser Staatensukzession auszunehmen. Jedenfalls führt eine rein formale Betrachtungsweise bei der Beantwortung dieser Frage nicht weiter, sondern es muss auf die einzelnen inhaltlichen Aspekte der Entstehung der Ansprüche zurückgegriffen werden.[9]

V. Von besonderer Bedeutung ist nach wie vor die Frage, ob es Situationen gibt, in denen überhaupt die Regeln der Staatensukzession keine Anwendung finden. Im Falle einer Staatennachfolge kann es Situationen geben, in denen es um die Nachfolge in Forderungen geht, die der Vorgängerstaat gegen die ausdrücklichen Interessen des Nachfolgestaates eingegangen ist. Er kann damit zum Beispiel einen Krieg gegen den Nachfolgestaat finanziert haben. In der Vergangenheit wurden solche „odious debts" aus der Staatennachfolge ausgesondert. Neuere Überlegungen wollen auch solche Forderungen den Regeln der Staatensukzession unterwerfen. Staatenpraxis für einen solchen Paradigmenwechsel liegen bisher allerdings nicht vor. Man wird daher nach wie vor von der überkommenen völkerrechtlichen Regel ausgehen müssen.

---

8 Siehe dazu *Stein/von Buttlar*, Völkerrecht, München 2012.

9 Siehe näher dazu *Georg Ress*, Staatennachfolge in Ansprüche und Schulden („odious claims and debts") aus Völkerrechtsverletzungen, in: Herausforderungen an Staat und Verfassung, Hrsg. Prof. Dr. Christian Calliess, 2015, S. 328 ff., 336 f.

Ein Kurzüberblick über einige europarechtliche Schriften von Karl Carstens

Stephan Hobe

Am 14. Dezember 2014 wäre Karl Carstens, fünfter Präsident der Bundesrepublik Deutschland und Staatsrechtslehrer, Völker- und Europarechtslehrer an der Universität zu Köln, 100 Jahre alt geworden. Weder ist, außer einer längeren Biographie über Karl Carstens,[1] sein politisches Wirken bislang besonders gewürdigt worden noch gibt es, was im hiesigen Zusammenhang relevanter ist, eine Würdigung seiner rechtswissenschaftlichen Schriften. Dem soll hier insofern abgeholfen werden, als – notgedrungen kursorisch – ein Überblick über einige zentrale europarechtliche Schriften von Carstens, dem Mit-Direktor des Kölner Instituts für das Recht der Europäischen Gemeinschaften, gegeben werden soll. Dies erscheint auch deshalb angemessen, weil der hier zu ehrende Jubilar sich wesentlich auf dem Gebiete des Europarechts literarisch verbreitet hat und zudem seinen ersten Lehrstuhl zwischen 1982 und 1985 an der Universität zu Köln innehatte.[2]

I. Einige Gesichtspunkte der Vita von Karl Carstens

Carstens wächst in Bremen auf. 1933 absolviert er das Abitur und studiert dann in Frankfurt, Greifswald, Dijon, München, Königsberg und Hamburg, um 1936 glanzvoll die erste juristische Staatsprüfung und 1939 das Assessorexamen zu bestehen. 1938 wird er mit der zivilrechtlichen Dissertation „Der gutgläubige Erwerb von Pfandrechten an Grundstücksrechten" promoviert. Während des gesamten Zweiten Weltkrieges ist Carstens Soldat bei der Flakartillerie. Nach Kriegsende wird er zunächst Anwalt und in der Zeit zwischen 1945 und 1947 für den stellvertretenden Bürgermeister und Justizsenator in Bremen tätig und ist so aktiv an der Formulierung der

---

1 *S. T. Szatkowski*, Karl Carstens. Eine politische Biographie, Köln u.a. 2007.

2 *Müller-Graff*, in: FS für Carstens, Jahrreiß/Börner/Stern (Hrsg.), Köln 1984, S. 209 ff.

dortigen Verfassung beteiligt. 1948/1949 absolviert Carstens ein, sein späteres akademisches Wirken maßgeblich prägendes, Studium an der Yale University in New Haven (Connecticut), welches er mit dem akademischen Grad eines Master of Laws abschließt. Yale ist in diesen Jahren durch die bekannt gewordene New Haven School gerade im Begriff, für den Bereich des internationalen Rechts schulbildend zu werden.[3]

Schon 1950 erhält er einen Lehrauftrag an der Universität zu Köln, wo er sich im Jahre 1952, betreut von Hermann Jahrreiß, mit der Schrift „Grundgedanken der amerikanischen Verfassung und ihre Verwirklichung“[4] habilitiert.

1955 beginnt mit einer Tätigkeit im Auswärtigen Amt und als ständiger Vertreter der Bundesrepublik Deutschland beim Europarat in Straßburg Carstens' europarechtliche Befassung. Er wird Experte für Europarechtsfragen und Stellvertreter des Bundesaußenministers sowie im Jahre 1958 Leiter der Abteilung „West I Europa“.

Im Jahre 1960 erfolgt die Berufung zum Professor für Staats- und Völkerrecht, also auch des Europarechts, an der Universität Köln.

Mit der Großen Koalition 1966 beginnt Carstens' Karriere in der Spitzenpolitik, zwischenzeitlich jedoch unterbrochen durch die sozialliberale Ära. Er wird Fraktionsvorsitzender der CDU/CSU, Bundestagspräsident und schließlich am 23. Mai 1973 zum fünften Präsidenten der Bundesrepublik Deutschland gewählt. Dieses Amt, welches ihm die schwierige Aufgabe der Auflösung des Deutschen Bundestages auferlegte, versieht er in hoher staatspolitischer Verantwortung.

II. Das literarische Oeuvre und die Lehre in Köln

Der Jurist Karl Carstens hat eine große Spannbreite des publizistischen Wirkens durchmessen.[5] Zunächst ausgehend von einer zivilrechtlichen Dissertation zum klassischen Immobiliarsachenrecht, ist seine Habilitati-

---

3 Zur New Haven School s. etwa *M. Reisman*, The View from the New Haven School of International Law, International Law in Contemporary Perspective, New York 1992.

4 *K. Carstens*, Grundgedanken der amerikanischen Verfassung und ihre Verwirklichung, Berlin 1954.

5 Vgl. dazu die bibliographische Übersicht, in: *R. Vogel*, Karl Carstens, Zusammenleben in Freiheit, Reden und Schriften, Der politische Weg des 5. Bundespräsidenten, Heidelberg 1979, S. 327 – 337; in Ergänzung dazu die Übersicht der staatsrechtli-

onsschrift eher auf dem Gebiet des ausländischen öffentlichen Rechts anzusiedeln.

Erste Tätigkeiten der Lehre an der Universität zu Köln befassen sich zunächst mit dem ausländischen öffentlichen Recht. Er liest zum Verfassungsrecht der Vereinigten Staaten von Nordamerika seit 1950.

III. Grundzüge einiger Schriften zum europäischen Gemeinschaftsrecht

Wurde Carstens also zunächst auf den Gebieten des Völkerrechts und des ausländischen öffentlichen Rechts tätig, so ist in der zweiten Hälfte der 1950er Jahre – maßgeblich bedingt durch die Tätigkeit im Auswärtigen Amt als Vertreter am Europarat und späteren Europaabteilungsleiter – eine Hinwendung zum Recht der Europäischen Gemeinschaften zu verzeichnen. Diese Befassung mit dem Europarecht soll nachfolgend unter die Lupe genommen werden, indem in notwendig gedrängter Form vier Schriften aus diesem Bereich näher vorgestellt werden.

1. Da sticht zunächst die große Abhandlung „Die Errichtung des gemeinsamen Marktes in der Europäischen Wirtschaftsgemeinschaft, Atomgemeinschaft und Gemeinschaft für Kohle und Stahl" in der Zeitschrift für ausländisches öffentliches Recht und Völkerrecht[6] hervor.

Carstens als einer der ersten Kommentatoren der relativ frisch ausgehandelten europäischen Verträge ist hier mit der Bewertung von deren juristischer Bedeutung konfrontiert. Dabei darf nicht vergessen werden, dass zum damaligen Zeitpunkt zunächst einmal die Information über die entstandenen vertraglichen Grundlagen für die drei Europäischen Gemeinschaften eine wichtige Aufgabe war, was deutlich wird, wenn man bedenkt, dass mit dem neuen Europäischen Gemeinschaftsrecht eine sowohl von der Dogmatik als auch von der Wirkweise bislang unbekannte Materie zur Erörterung anstand. Carstens hebt sogleich zu Beginn den spezifischen, supranationalen Charakter der Gemeinschaften hervor: Durch sie seien „Hoheitsrechte der Mitgliedstaaten auf europäische Institutionen mit der Folge übertragen worden, dass europäische Organe Herrschaftsgewalt unmittelbar über Unternehmen und Einzelpersonen in den Mitgliedstaaten

chen Schriften von Carstens in dessen Personalakte, Universitätsarchiv der Universität zu Köln.

6 *Carstens* ZaöRV (18) 1957/58, 459 – 525.

ausüben"[7] konnten. Im Wesentlichen geht es Carstens um das Aufzeigen des Verhältnisses der drei Vertragsrechte zueinander.[8] So macht er auf den unterschiedlichen zeitlichen Geltungsbereich der Vertragswerke aufmerksam: Während die Verträge zur Europäischen Wirtschaftsgemeinschaft (EWG) und zur Europäischen Atomgemeinschaft (EAG) auf unbegrenzte Zeit geschlossen worden seien, sei der Vertrag über die Europäische Gemeinschaft für Kohle und Stahl (EGKS) auf 50 Jahre befristet. Dass auch nach Auslaufen des EGKS-Vertrages Abgaben und mengenmäßige Beschränkungen im Verkehr mit Kohle und Stahl nicht wieder eingeführt werden dürften, dafür sei im damaligen Artikel 12 EWG-Vertrag, der dann nach Auslaufen des EGKS-Vertrages Geltung besitze, Sorge getragen.[9] Sodann wird in systematisierender Weise dargestellt, welche Rechtsvorschriften für die sukzessive Beseitigung der Hemmnisse des Warenverkehrs im Gemeinschaftsbereich sorgen sollten.[10] Hier mag erstaunen, dass der später vom Europäischen Gerichtshof (EuGH) maßgeblich im Urteil Dassonville[11] interpretierte Topos der „Abgaben gleicher Wirkung",[12] der sowohl für Einfuhr- als auch Ausfuhrbeschränkungen tatbestandsmäßig ist, noch nicht die besondere Aufmerksamkeit des Autors erregt.[13]

Auch Regeln für den Warenverkehr mit Drittstaaten werden eingehend unter die Lupe genommen.[14] Dabei ist – insbesondere in historischer Perspektive – die aus berufsbedingter Sachkenntnis fließende Beschreibung der Zusammensetzung des Zolltarifs von besonderem Interesse.[15] Zutreffend und vorausschauend wird hier bereits festgehalten, dass der gemeinsame Zolltarif den Gemeinschaften eine der wenigen Fälle ausschließlicher Kompetenz zuerkennen wird.[16] Starkes Interesse findet schließlich auch die Beschreibung der gemeinsamen Handelspolitik.[17]

So erweckt diese chronographische Abhandlung den Eindruck einer authentischen – seiner Zeit gemäßen – Interpretation des frühen Vertrags-

7 *Carstens* ZaöRV (18) 1957/58, 459.
8 *Carstens* ZaöRV (18) 1957/58, 462.
9 *Carstens* ZaöRV (18) 1957/58, 463.
10 *Carstens* ZaöRV (18) 1957/58, 468 ff.
11 EuGH, Urt. v. 11.7.1974, C-8/74 (Dassonville), Slg. 1974, 837.
12 EuGH (Fn. 11), Rn. 5 f.
13 Vgl. z.B. ZaöRV (18) 1957/58,. 484.
14 *Carstens* ZaöRV (18) 1957/58, 468 ff.
15 *Carstens* ZaöRV (18) 1957/58, 487 ff.
16 *Carstens* ZaöRV (18) 1957/58, 495.
17 *Carstens* ZaöRV (18) 1957/58, 497 ff.

rechts, der weitgehend die Funktion eines Kommentars zuerkannt werden kann.

2. In einer weiteren Abhandlung von 1961 „Die kleine Revision des Vertrages über die Europäische Gemeinschaft für Kohle und Stahl“[18] zeigt sich die glückliche Verbindung von Carstens‘ staatsrechtlichen und staatstheoretischen sowie völker- und europarechtlichen Kenntnissen. Bevor er die Vertragsrevision thematisiert, geht es ihm jedoch zunächst um die Kennzeichnung der EGKS.[19] Zutreffend wird diese gerade nicht als Staat eingeordnet, da ihr keine Kompetenz-Kompetenz zukomme.[20] Es handele es sich auch nicht um einen Staatenbund – jedenfalls nicht im herkömmlichen Sinne. Denn weder sei die EGKS unauflöslich, noch habe sie Direktionsmacht in außenpolitischen und militärischen Angelegenheiten.[21] Zielsicher kennzeichnet Carstens die EGKS als überstaatliche Gemeinschaft eben wegen des supranationalen Charakters, also deren Kompetenz, Herrschaftsakte mit unmittelbarer Wirkung für Unternehmen und Einzelpersonen zu erlassen.[22] Diese allgemeinen Erklärungen dienen allerdings nur der rechtlichen Einbettung der eigentlichen Erörterung der „kleinen Vertragsrevision“ des EGKS-Vertrages, damals vorgesehen in Art. 95 Abs. 3 und 4 des EGKS-Vertrages, im Unterschied zu der die Ratifikation aller Vertragspartner vorsehenden großen Vertragsrevision des Art. 96 EGKS-Vertrag. Jene kleine Vertragsrevision war 1959/60 erstmals praktisch angewendet worden. Heute könnte man im Rahmen der Europäischen Union wohl an das vereinfachte Vertragsänderungsverfahren des Art. 48 Abs. 6 und 7 AEUV denken, zu dem sich das Bundesverfassungsgericht in seinem Lissabon-Urteil eindrücklich geäußert hat.[23]

Carstens destilliert neben anderen Möglichkeiten der Vertragsänderung die spezifischen Voraussetzungen der im damaligen Art. 95 EGKS-Vertrag vorgesehenen sog. „kleinen“ Revision heraus, die also unterschiedlich zu der Ratifikation oder jedenfalls das einfache Verfahren vorsehenden „großen“ Vertragsänderung sei. Unvorhergesehene Schwierigkeiten in Einzelheiten der Anwendung des Vertrages oder eine tiefgreifende Ände-

---

18 In *Carstens* ZaöRV (21) 1961, 1 – 37.
19 *Carstens* ZaöRV (21) 1961, 3 ff.
20 *Carstens* ZaöRV (21) 1961, 6.
21 *Carstens* ZaöRV (21) 1961, 9.
22 *Carstens* ZaöRV (21) 1961, 10.
23 BVerfG, 30.6.2009 – 2 BvE 2/08; 2 BvE 5/08; 2 BvR 1010/08; 2 BvR 1022/08; 2 BvR 1259/08; 2 BvR 182/09 (Lissabon) Rn. 290 f.

rung der wirtschaftlichen oder technischen Bedingungen, die den Kohle- und Stahlmarkt beeinflussen, müssten dafür auf- bzw. eingetreten sein. In solchen Fällen dürften einmal (nur) die Regeln über die Ausübung der Befugnisse der Hohen Behörde ohne Beeinträchtigung der Grundsatzartikel 2 bis 4 und unter Beibehaltung des Gleichgewichts der Organe zueinander geändert werden.[24] Zu diesen Voraussetzungen habe der EuGH in seiner Stellungnahme zu einem Änderungsverfahren zwei weitere benannt: das Verhältnis der Organe untereinander und zu den Mitgliedstaaten dürfe nicht verändert werden. Diese extensive Auslegung der Klausel durch den EuGH wird von Carstens mit Skepsis betrachtet; Art. 95 sei gerade für Reaktionen auf kurzfristige Krisen gedacht.[25]

Deutlich durch das völkerrechtliche Vorverständnis geprägt ist sodann die Erörterung der Wirkung eines einstimmigen Beschlusses der Mitgliedstaaten im Rat. Aufgrund der Anklänge an die im Recht der internationalen Organisationen öfters anzutreffende Rechtsfigur des „dédoublement fonctionnel“,[26] eine Idee, die Carstens selbst in seiner bedeutenden Schrift zum „Recht des Europarates“[27] von 1961 angeführt hat, sei jedenfalls denkbar, dass die Vertreter im Rat bindende Erklärungen entweder als Angehörige des Organs Rat oder eben als Vertreter der Mitgliedstaaten abgäben, was jeweils durch Auslegung sorgfältig zu ermitteln sei.[28]

Jedenfalls sei die nach Anregungen des EuGH dann neu entstandene Fassung des Art. 56 Ziff. 2 EGKS-Vertrag, die der Hohen Behörde in Krisenzeiten eine Möglichkeit der Beihilfengewährung eröffne, insofern kritisch zu beurteilen, als es dabei nicht lediglich um die Änderung technischer Rahmenbedingungen im Rahmen der allgemeinen Ziele der Hohen Behörde gehe, sondern hier ein Tätigwerden der Behörde bei grundlegenden Änderungen der Absatzbedingungen vorgesehen sei.[29] Carstens gelangt zu einer luziden Interpretation der Vertragsänderungsmechanismen des EGKS-Vertrages, die ihn zu einer skeptischen Stellungnahme der Vertragspraxis veranlasst.

---

24 *Carstens* ZaöRV (21) 1961, 15 ff.

25 *Carstens* ZaöRV (21) 1961, 21.

26 *Carstens* ZaöRV (21) 1961, 23; s. auch den französischen Völkerrechtler *Scelle*, in: FS für Wehberg, Schätzel/Schlochauer (Hrsg.),Wiesbaden 1956, S. 324 ff.

27 *Carstens*, Das Recht des Europarates, Berlin 1956, S. 31 ff.

28 *Carstens* ZaöRV (21) 1961, 23.

29 *Carstens* ZaöRV (21) 1961, 35.

3. Von weiterem Interesse sind schließlich die Ausführungen von Carstens in der Festschrift für Otto Riese aus dem Jahre 1964. Er nimmt hier zum Thema Stellung „Der Rang europäischer Verordnungen gegenüber deutschen Rechtsnormen".[30]

Dies ist insbesondere deshalb von so großem Interesse, weil der EuGH in just demselben Jahr in der bahnbrechenden Entscheidung „Costa ./. E.N.E.L."[31] die Vorrangwirkung europäischen Rechts auf den Grundsatz des effet utile stützte.

Carstens steht dem durchaus ambivalent gegenüber, ohne bereits das Urteil zu kennen. Seine der Exegese des europäischen Vertragsrechts folgenden Ergebnisse bleiben auf der Linie des EuGH in der Rechtssache „van Gend en Loos",[32] wonach die unmittelbare Anwendbarkeit des Gemeinschaftsrechts – ohnehin für Verordnungen aus dem Primärrecht folgend – zwar angeordnet sei, sich eine darüber hinausgehende Vorrangwirkung indes nicht zwingend aus dem europäischen Recht ergebe.

Carstens untersucht zunächst die Rechtslage nach den Gemeinschaftsverträgen und stellt hier fest, dass die Vorrangwirkung nach Gemeinschaftsrecht nur insofern wirklich eine Frage sei, als es in bestimmten Mitgliedstaaten eine richterliche Überprüfung völkerrechtlicher Verträge auf deren Verfassungsmäßigkeit nicht gebe. Eine solche Überprüfung sei von den sechs Mitgliedstaaten nur in Italien und Deutschland möglich. Aus den Verträgen selbst mag Carstens keine Vorrangwirkung europäischen Rechts herleiten, auch aus dem Effektivitätsgrundsatz lasse sich gerade keine Vorrangwirkung des Unionsrechts herleiten.[33] Eine institutionelle Verpflichtung der Staaten, europäischem Recht Vorrang einzuräumen, gebe es ebenfalls nicht, vielmehr räumten beide Vorschriften den Staaten einen Handlungsspielraum ein.[34] Insbesondere sieht Carstens in Bezug auf die Verordnungen ein rechtspolitisches Problem: Während das europäische Primärrecht durch die nationalen Parlamente demokratisch legitimiert sei, mangele es dem Sekundärrecht an einer solchen Legitimation.[35]

---

30 *Carstens*, in: FS für Riese, Aubin/Caemmerer u.a. (Hrsg.), Karlsruhe 1964, S. 65 – 81.

31 EuGH, Urt. v. 15.7.1964, C-6/64 (Costa E.N.E.L.), Slg. 1964, 1141.

32 EuGH, Urt. v. 5.2.1963, C-26/62 (van Gend en Loos), Slg. 1963, 1.

33 FS Riese, (Fn. 30), S. 70.

34 FS Riese, (Fn. 30), S. 74.

35 FS Riese, (Fn. 30), S. 73.

Dieses in der Praxis nicht passende Ergebnis versucht Carstens dann für das deutsche Recht durch eine Interpretation von Art. 24 GG zu revidieren. Das europäische Vertragsrecht genieße insofern eine Sonderstellung in der deutschen Rechtsordnung, als Rechtsakte, die auf der Basis der von Deutschland übertragenen Hoheitsrechte in Deutschland wirkten, durch späteres nationales Recht im selben Bereich nicht ihrer innerstaatlichen Wirkung beraubt werden dürften und schon deswegen einer Sonderstellung bedürften.[36] Diese nur für Deutschland konstatierbare Wirkung kommt derjenigen im Ergebnis gleich, der der EuGH durch seine am effet utile orientierte Rechtsprechung in der Entscheidung „Costa ./. E.N.E.L." dann Bahn gebrochen hat.

4. Für diese kursorischen Betrachtungen abschließend soll nun noch eine Bemerkung zu Carstens' bedeutendem Aufsatz „Das politische Element in den europäischen Gemeinschaften"[37] in der Festschrift für den ersten Kommissionspräsidenten Walter Hallstein aus dem Jahre 1966 folgen. Carstens betont dieses politische Element, indem er, hier ganz auf Hallsteins Pfaden wandelnd, die EWG als Teil einer einheitlichen politischen Union, ja deren Herzstück begreift.[38] Zwar sei es so, dass einerseits der nichtstaatliche Charakter nicht schon ein Einwand gegen den politischen Charakter der Gemeinschaften – vor allem der EWG – sei, andererseits aber sei dieser politische Charakter der Gemeinschaften noch nicht aus dem Vorhandensein etwa einer Wirtschafts- und Landwirtschaftspolitik zu folgern.[39] Die Gemeinschaften seien indes eine wesentliche Etappe zur Verwirklichung der politischen Einigung Europas.[40] Dabei deutet Carstens in dem Beitrag nur an, welche juristischen Konsequenzen aus dieser Charakterisierung folgen könnten – vieles klingt nach der Vollendung der von ihm aktuell als „quasi-bundesstaatlich"[41] beschriebenen Struktur der Gemeinschaften. Jedenfalls wird in dieser Abhandlung deutlich, dass für Carstens bei aller wissenschaftlichen Akribie doch auch die politische Verortung gerade des Europagedankens prägend gewesen ist.

---

36 FS Riese (Fn. 30), S. 77 f.

37 *Carstens*, in: FS für Hallstein, Caemmerer/Schlochauer/Steindorff (Hrsg.), Frankfurt 1966, S. 96 ff.

38 FS Hallstein (Fn. 30), S. 101.

39 FS Hallstein (Fn. 30), S. 111.

40 FS Hallstein (Fn. 30), S. 98.

41 FS Hallstein (Fn. 30), S. 109.

IV. Schuss

Diese skizzenartige Wiedergabe der Carstens'schen europarechtlichen Gedanken mögen genügen. Sie zeichnen das Bild eines völkerrechtlich inspirierten und mit der europarechtlichen Dogmatik Vertrauten. Carstens ist mit Herz und Verstand Europäer, der den Integrationsgedanken als politische Idee versteht. Dem klugen Dogmatiker des europäischen Rechts sind freilich allzu kühne Kunstgriffe, wie sie sie etwa gelegentlich vom EuGH vollzogen wurden und auch heute noch werden, nicht eigen gewesen. Man wird so feststellen können, dass Carstens in der Frühzeit des Europarechts einen bedeutenden Beitrag zu dessen Erklärung und Verbreitung geleistet hat, wofür ihm Anerkennung gebührt.

2. Ziele

Integrationsgedanken

Eckart Klein

I. Integration und Integrationsprinzip

1. Integrationsbegriff

Nach den gängigen Definitionen meint Integration "Vorgänge, bei denen Elemente so zu einem Ganzen zusammengebracht werden, daß die neue Einheit eine Qualität erhält, die über die bloße Verbindung der ursprünglichen Teile hinausgeht."[1] Integration beschreibt zudem, solange das Integrationsziel noch nicht erreicht ist, einen prozesshaften Vorgang, der durch politische und soziale Kräfte und Mächte vorangetrieben wird, die ihrerseits häufig desintegrierende Gegenkräfte ins Leben rufen.[2] Geht man auf die lateinische Wurzel des Begriffs zurück, *integrare, integratio, integrascere,* so ergeben sich weitere Bedeutungen wie "wiederherstellen", "ergänzen", "erneuern" sowie "(sich) verjüngen" und ihre substantivischen Äquivalente.[3]

2. Europäische Integration und Integrationsprinzip

Wenden wir uns der europäischen Integration zu, der Peter-Christian Müller-Graff einen Großteil seines Lebenswerkes gewidmet[4] und die uns immer stark verbunden hat, so ist im Anschluss an die lateinische Urbedeutung aufschlussreich, dass Walter Hallstein gemeint hat, Europa sei "keine Neuschöpfung. Es ist eine Wiederentdeckung."[5] In der Tat hat die

---

1 *Mols*, in: Görres-Gesellschaft (Hrsg.), Staatslexikon, Bd. 3, 7. Aufl. 1987, Sp. 111; ähnlich *Smend*, in: Herzog (Hrsg. u.a.), Evangelisches Staatslexikon, Bd. 1, 3. Aufl. 1987, Sp. 1354, 1355.

2 Meyers Enzyklopädisches Lexikon, Stichwort: Integration, Bd. 12, 9. Aufl. 1974, 637.

3 *Georges*, Kleines lateinisch-deutsches Handwörterbuch, 9. Aufl. 1909, Sp. 1475 f.

4 Überwältigende Nachweise ergeben sich aus der Bibliographie des Jubilars.

5 *Hallstein*, Die Europäische Gemeinschaft, 2. Aufl. Düsseldorf/Wien 1974, 11.

gesamteuropäische Idee tief gründende historische Wurzeln. Frühere Versuche waren allerdings, jedenfalls in der politischen Praxis, durch Machtpolitik und Streben nach Hegemonie charakterisiert,[6] während das sich seit der Verkündung des Schuman-Monnet-Plans am 9. Mai 1950 realisierende europäische Einigungsprojekt zur Zielverfolgung allein das Instrument des Rechts einsetzt, das auf von den Mitgliedstaaten freiwillig eingegangene Verpflichtungen gegründet ist.

Soweit ersichtlich taucht der Begriff der Integration im europäischen Zusammenhang erstmals in der durch das Protokoll von 1954 geänderten Präambel des Brüsseler Vertrags von 1948 (WEU-Vertrag) auf: "to promote the unity and to encourage the progressive integration of Europe."[7] Die Europaratsprämbel (1950) spricht von "closer unity" und "closer association" der europäischen Staaten, die Präambel der Montanunion (1952) von dem Beitrag, "den ein organisiertes und lebendiges Europa für die Zivilisation leisten kann." Der EWG-Vertrag von 1958 bekundet im ersten Absatz der Präambel den Willen, "die Grundlagen für einen immer engeren Zusammenschluss ("an ever closer union") der europäischen Völker zu schaffen". Diese Formulierung zieht sich bis heute durch die Verträge, ist jetzt im ersten Präambelabschnitt des AEU-Vertrags (Lissabon 2007) zu finden. Mit dem Vertrag von Maastricht (1992) zur Gründung der Europäischen Union wird die Entschlossenheit, den "Prozess der europäischen Integration auf eine neue Stufe zu heben" zum Ausdruck gebracht und zugleich festgestellt, dass der Vertrag eine solche neue Stufe darstellt (Art. 1 UAbs. 2 EUV). Entsprechendes findet sich im Vertrag von Lissabon wieder. Man kann daher festhalten, dass der immer engere Zusammenschluss der europäischen Völker den Inhalt der Integrationsbemühung definiert.

Das die europäische Integration prägende Prinzip habe gegenüber der auch für Staaten wichtigen Integrationsidee, so Hans Peter Ipsen, ganz spezifische Züge. So sei mit ihr vor allem die Vorstellung eines die Gemeinschaft kreierenden Akts, des "Gesamtakts", an dem die Mitgliedstaaten Anteil haben, verbunden.[8] Wir wissen heute, dass diese Deutung unzutreffend ist: Weder hat, was diese Theorie begründen will, eine Lösung der

---

6 *Leisner*, in: FS Steinberger, Cremer/Giegerich/Richter/Zimmermann (Hrsg.), Berlin u.a. 2002, 1245 ff.

7 In deutscher Übersetzung: "Die Einheit Europas zu fördern und seiner fortschreitenden Integrierung Antrieb zu geben", BGBl. 1955 II 283.

8 *Ipsen*, Europäisches Gemeinschaftsrecht, Tübingen 1972, 66.

Verträge von ihrer völkerrechtlichen Grundlage stattgefunden,[9] noch hindert diese Erkenntnis, dem Unionsrecht gegenüber dem nationalen Recht Vorrang einzuräumen.[10] Richtig hingegen ist, dass der sein konkretes Ziel nicht kennende Integrationsvorgang von einem "Zug zeitiger Unerfülltheit" geprägt ist, dass er immer weiter gehen möchte, dass also das Integrationsprinzip "seine eigene Wirksamkeit mit seiner Verfolgung automatisch prolongiert, intensiviert und erweitert."[11] Es ist nicht zu verkennen, dass diese Entwicklung trotz Fehlens der Kompetenz-Kompetenz der Union Gegenkräfte, zumindest sich verstärkende Skepsis, auf den Plan gerufen hat, auf die noch einzugehen ist.[12]

II. Integrationszweck und Integrationsprozess

1. Entwicklung

Man muss die Präambeln der europäischen Gründungsdokumente – von der Satzung des Europarats (1949) bis zu den Römischen Verträgen (1958) – aufmerksam lesen, um eine Ahnung zu bekommen, wie sehr die angestrebte Einigung Europas zum Ziel hatte, eine Wiederkehr der schrecklichen Ereignisse der ersten Hälfte des 20. Jahrhunderts unmöglich zu machen und damit dem Frieden und der Sicherheit der freien Völker Europas zu dienen. Man kann die Integrationsidee als "a political messianic venture par excellence" betrachten.[13] Doch der bereits in vier von sechs Staaten gebilligte Vertrag über eine Europäische Verteidigungsgemeinschaft (EVG) und der anvisierte Vertrag über eine Europäische Politische Gemeinschaft (EPG) wären fast zur Realität geworden und gingen schon zu Beginn der 1950er Jahre weit über das hinaus, was heute erreicht ist und erreichbar erscheint.[14] Das Scheitern des EVG-Vertrags im französischen Parlament war für Konrad Adenauer ein Tiefpunkt seiner politischen Bemühungen, die natürlich auch auf eine möglichst schnelle und

---

9 *E. Klein* VVDStRL 50 (1991) 56 (59).

10 Ebenso *Streinz*, Europarecht, 9. Aufl. 2012, Rn. 125 ff.

11 *Ipsen* (Fn. 8), S. 67. Richtig erkannt auch von BVerfGE 123, 267 (351 f.).

12 S.u. II., III. und IV.

13 *Weiler*, European Integration, in: MPEPIL-online edition (Stand 2009) Rn. 3.

14 *Berthold*, Die Europäische Politische Gemeinschaft (EPG) 1953 und die Europäische Union (EU) 2001, Frankfurt/M. 2002, 59 ff.

umfassende Gleichstellung der Bundesrepublik Deutschland mit den anderen westlich orientierten europäischen Staaten abzielten.[15]

Die Idee, den immer engeren Zusammenschluss der europäischen Völker zu erreichen, wurde mit Hilfe der "Integrationsmethode" vorangetrieben, die zunächst darin bestand, dass die Kommission, die das Gemeinschaftsinteresse zu verkörpern hatte, für die Setzung des sekundären Gemeinschaftsrechts das Monopol des Vorschlags erhielt, von dem nur einstimmig abgewichen werden konnte, für die Zustimmung dagegen die (qualifizierte) Mehrheit genügte.[16] Im Verlauf der Entwicklung ist das Mehrheitsprinzip zunehmend ausgebaut worden, die Grundlage der Integrationsmethode unberührt geblieben.[17] Dies hat die Dynamik der Integration zweifellos – und nach der Intention der Verträge: gewollt – gefördert. Allerdings ist seit dem politischen Widerstand des französischen Staatspräsidenten Charles de Gaulle das verschiedentlich deutlich herausgehobene Leitziel der Integration, nämlich die Begründung eines europäischen Bundesstaates,[18] mehr und mehr in den Hintergrund getreten; für die Mitgliedstaaten ist der Verlust ihrer Staatlichkeit, und zwar im völkerrechtlichen Sinn, derzeit jedenfalls nicht (mehr) vorstellbar.[19]

2. *Finalitätsfrage*

Mit und seit dem Wegfall der bundesstaatlichen Zielsetzung ist das Integrationsziel undefiniert. Es werden auch keine Anstrengungen unternommen, diese das Fundament der Integration bedrohende Ziellosigkeit zu beseitigen. "An ever closer Union" mag den Weg, kann aber nicht das Ziel markieren. Der Weg ist eben nicht stets das Ziel. Zwar funktioniert die "Sachlogik", die "psychologische Kettenreaktion der Integration"[20] immer noch, ja das Rad dreht sich immer schneller, aber obgleich dies in genereller Übereinstimmung mit den Verträgen erfolgt, stellt sich Unbehagen ein,

---

15 *Adenauer*, Erinnerungen 1953 – 1955, Stuttgart 1966, 289 ff.

16 *Hallstein* (Fn. 5) 67 f.

17 Vgl. Art. 293 AEUV.

18 *Hallstein* (Fn. 5) 11 f. Die Erstauflage des Buches (1969) hieß "Der unvollendete Bundesstaat".

19 Vgl. *Haack*, Verlust der Staatlichkeit, Tübingen 2007.

20 *Hallstein* (Fn. 5) 21, 25.

weil zwar die allgemeine Richtung des Zuges bekannt ist, nicht aber die Stelle, wo er zum Halten kommen soll.

Neben dem Fehlen einer genauen Zielvorstellung hat sich die Skepsis gegenüber der Union auch an anderen Stellen festgemacht. Zu nennen ist zunächst die ihre eigenen Kriterien (Kopenhagen) missachtende Aufnahme von Staaten, die zur Gefahr einer territorialen und politischen Überdehnung der Union führt.[21] Die Missachtung eigener Kriterien liegt auch im Kontext des Beitritts einiger Staaten zum Euro und bei der Durchsetzung der vertraglich geforderten Haushaltsdisziplin seit vielen Jahren auf der Hand.[22] Für lange Zeit, das Problem spielt derzeit keine große Rolle mehr, wurde die Effektivität des von der Gemeinschaft gewährten Grundrechtschutzes bezweifelt. Wichtigster Aspekt der heutigen Skepsis dürfte indes das sog. Demokratiedefizit der Union sein. Der früher im Bild der kommunizierenden Röhren aufscheinenden Möglichkeit, die demokratische Legitimation durch immer stärkere Mitwirkung des Europäischen Parlaments bei gleichzeitiger Abnahme des Zuflusses demokratischer Legitimation durch die (Parlamente der) Mitgliedstaaten zu sichern, hat das Bundesverfassungsgericht mit seinem Lissabon-Urteil von 2009 ein Ende gesetzt.[23] Die Ausschließlichkeit unionaler Legitimationssicherung scheitert nicht nur am Fehlen eines europäischen Volkes, eines einheitlichen Wahlrechts und europäischer Parteien, sondern an der mitglied*staatlichen* Unionsstruktur, an der, wie oben ausgeführt, nach dem Willen der Mitgliedstaaten nicht gerüttelt werden soll und, jedenfalls nach dem Grundgesetz, auch nicht gerüttelt werden darf.[24] Sich dieser Kraftquelle der Mitgliedstaaten zu vergewissern, sie möglicherweise durch Rückgabe von Kompetenzen zu stärken, könnte durchaus im Sinne der Union sein.[25] Allerdings bleibt dabei offen, wie sich dies zur Fundamentalaussage verhält, einen immer engeren Zusammenschluss der europäischen Völker zu schaffen.

---

21 Zur parallelen Entwicklung des Europarats *Djerić* ZaöRV 60 (2000) 605 ff.

22 Dazu *Bark*, Das gemeinschaftsrechtliche Defizitverfahren, Frankfurt/M. 2004.

23 BVerfGE 123, 267 (368, 373 ff.) gegenüber BVerfGE 89, 155 (184 ff.).

24 BVerfGE 123, 267 (348, 364, 398).

25 Das ist das Plädoyer von *Grimm*, in: FAZ vom 11.8.2014,11. Freilich ist die Rückgabe von Kompetenzen, wie die Ergebnisse der Föderalismusreform in Deutschland zeigen, weder leicht noch immer mit dem vorgestellten Erfolg. Im Übrigen wird bezweifelt, ob die Mitgliedstaaten wirklich noch die Potenzen sind, als die sie häufig angesehen werden; dazu sehr kritisch *Engels*, Auf dem Weg ins Imperium, Berlin 2014.

III. *Integrationsgewalt, Integrationsgrenzen und Integrationsverantwortung*

Die zunehmende, zu Beginn aus der Grundrechtsproblematik erwachsende Skepsis gegenüber der Union hat dazu geführt, dass man sich unter kräftiger Mithilfe des Bundesverfassungsgerichts zunehmend der Konkretisierung der Grenzen der nationalen Integrationsgewalt angenommen hat. Die verfassungsrechtliche Anerkennung dieser Gewalt (Art. 23; früher: Art 24 Abs. 1)[26] gehört zu den besonderen Charakteristika des Grundgesetzes; sie hätte keinen Sinn, wenn sie gleichbedeutend wäre mit der Fähigkeit, völkerrechtliche Verträge zur Gründung einer normalen internationalen Organisation abzuschließen (Art. 59 Abs. 2 GG). Aber es ist zutreffend, dass das Grundgesetz der Integrationsgewalt Grenzen gezogen hat. Sie ergeben sich nach allgemeiner Ansicht aus Art. 79 Abs. 3 GG, der die maßgeblichen Elemente der damit zugleich mitgarantierten Staatlichkeit der Bundesrepublik Deutschland definiert. Es ist verständlich, dass das Bundesverfassungsgericht sich insoweit für zuständig erachtet, im Rahmen zulässiger Verfahren zu prüfen, ob "der unantastbare Kerngehalt der Verfassungsidentität" verletzt ist (Identitätskontrolle).[27]

Die im Lissabon-Urteil[28] scharf akzentuierte "Integrationsverantwortung" Deutschlands, genauer seiner Organe, ist im dargestellten Sinn negatorisch-abwehrend, geht aber über die Verteidigung der Verfassungsidentität dadurch hinaus, dass sie auch "im Fall von ersichtlichen Grenzüberschreitungen bei Inanspruchnahme von Zuständigkeiten durch die Europäische Union" verfassungsgerichtlich eingefordert werden kann (Ultra-vires-Kontrolle).[29] Für mich ist diese Kontrollkompetenz des Bundesverfassungsgerichts angesichts der vertraglich akzeptierten Jurisdiktion des Europäischen Gerichtshofs (Art. 19 EUV) nur insoweit plausibel, als sie sich mit der Identitätskontrolle deckt.[30] Auch wenn die Honeywell-Entscheidung die Gefahr einer Kollision mit den sich daraus für die Anwend-

26 Von *Ipsen* (Fn. 5) 58, bildhaft als "Integrationshebel" bezeichnet.

27 BVerfGE 123, 267 (354).

28 BVerfGE 123, 267 (351 ff., 356 ff.).

29 BVerfGE 123, 267 (353 f.) unter Verweis auf frühere Rechtsprechung.

30 *E. Klein*, in: Niedobitek/Sommermann (Hrsg.), Die Europäische Union als Wertegemeinschaft, Berlin 2013, 59 (74 f.).

barkeit des Unionsrechts ergebenden Folgen verringert hat,[31] ist der prinzipielle Einwand gegen diese Rechtsprechung nicht beseitigt.

IV. Integrationspolitik der Mitgliedstaaten

1. Dilemma

Die Aporie, in die die Mitgliedstaaten geraten sind, liegt auf der Hand. Das Unionsrecht schränkt ihre rechtlichen und politischen Handlungsmöglichkeiten zunehmend ein.[32] Man muss freilich beachten, dass bereits das geltende Unionsrecht die Grundsätze der gegenseitigen Rücksichtnahme und Subsidiarität enthält (Art. 4 und 5 EUV), die allerdings meist als nicht sehr wirksam eingeschätzt werden. Zu beachten ist auch, dass alle Vertragsänderungen, die ja von den Mitgliedstaaten zu verantworten sind, stets weitere Zuständigkeitsverlagerungen auf die Gemeinschaft/Union gebracht haben und extensive Zuständigkeitsinterpretationen des Europäischen Gerichtshofs bei diesen Gelegenheiten von den Mitgliedstaaten nie korrigiert worden sind. Das Dilemma besteht darin, dass – vom eben Gesagten abgesehen - die Kritik an der Union, insbesondere auch am Gerichtshof, durchaus in Widerspruch steht mit dem Integrationsleitbild eines immer engeren Zusammenschlusses und der sich daraus ergebenden Verpflichtung zu dynamischer Entwicklung.

2. Remedur

Was können die Mitgliedstaaten, ihr Handlungsinteresse vorausgesetzt, tun, um diesem Dilemma zu entgehen? Mehrere Varianten erscheinen prinzipiell denkbar.

a) Die Mitgliedstaaten sind heute vertraglich berechtigt, die Union zu verlassen (Art. 50 EUV). Für Deutschland ist dies aus politischen und rechtlichen Gründen eine sehr fernliegende Option.[33]

---

31 BVerfGE 126, 286; 123, 267 (354).

32 Ein eher düsteres Bild entwirft *H. H. Klein* AöR 139 (2014) 165, 185 ff.

33 Vgl. dazu Präambel und Art. 24 Abs. 1 GG.

b) In Deutschland könnte der *pouvoir constituant* (Art. 146 GG) im Wege der Verfassungsgebung die sich aus Art. 79 Abs. 3 GG ergebenden Integrationsgrenzen obsolet machen.[34] Anzeichen für einen entsprechenden Volkswillen sind nicht erkennbar.

c) Denkbar ist die konzertierte Einforderung der Beachtung der bereits jetzt im Primärrecht verankerten Prinzipien der Subsidiarität und Verhältnismäßigkeit durch die Mitgliedstaaten. Darunter lässt sich auch die Forderung einer vorrangigen Nutzung der Richtlinie fassen, wenn die Union über die Auswahl des geeigneten Rechtsinstruments bestimmen kann.[35] Soll die Verordnung zugunsten der Richtlinie in weiterem Umfang zurückgedrängt werden, bedarf es einer Vertragsänderung. Allerdings sollte man in diesem Zusammenhang nicht übersehen, dass es die Mitgliedstaaten sind, die durch Nicht- oder Falschumsetzung Richtlinien zu konterkarieren oder aus den sich ergebenden Freiräumen der Umsetzung Wettbewerbsvorteile zu erzielen suchen.

d) Der Vorschlag, die Reichweite der Verträge auf einen "verfassungsartigen Teil" zu beschränken, alle Bestimmungen über die Politiken der Union auf die Ebene des einfachen Rechts hinabzustufen, um so die Rechtsprechung des EuGH durch Gesetz kontrollieren und korrigieren zu können, zielt auf eine grundlegende Änderung des Vertragswerks.[36] Seine Realisierung ist ganz unwahrscheinlich, vor allem wenn auch die Grundfreiheiten ihren Rang verlieren sollten. Im Übrigen ist bei Aufrechterhaltung des Integrationsprinzips die maximierende Auslegung durch den Gerichtshof kaum vermeidbar.

e) Demgegenüber ist kürzlich "eine kopernikanische Wende" der politischen Philosophie der europäischen Integration gefordert worden.[37] Will man dies, setzt der Vorschlag am richtigen Punkt an; es soll nämlich das zur Dynamik der Integration führende Postulat, einen immer engeren Zusammenschluss zu erreichen, aus den Verträgen gestrichen werden, da es einem "konsolidierten Staatenverbund" nicht mehr angemessen sei.[38] Dann mag man auch mit Aussicht auf Erfolg die Abkehr von einer integrationsorientierten Auslegung des Unionsrechts fordern.

---

34 Vgl. *Klein* (Fn. 32) 194.
35 Etwa *Hwang* DÖV 2014, 681, 686 ff.
36 *Grimm* (Fn. 25) 11.
37 *Klein* (Fn. 32) 192.
38 Ebd.

f) Die geforderte kopernikanische Wende werden die Mitgliedstaaten nicht vollziehen. Zuviel gerade die Freiheit der Unionsbürger förderndes Potential würde dadurch entwertet Dies heißt nicht, dass Korrekturen unnötig wären. Anzusetzen ist aber nicht an dem Integrationsprinzip als solchem, sondern an der ausstehenden vertraglichen Festlegung des Integrationsziels. Die Finalität der Union muss definiert werden – unter Beachtung des politischen Willens aller Mitglieder und ihrer verfassungsrechtlichen Voraussetzungen. Im so definierten Sinn soll sich die Integration entwickeln - und dabei auch haltmachen. Darüber mag Streit entstehen. Getrost mag man dann auf ein römisches, lebenskluges Zitat verweisen: *amantium irae amoris integratio est.*[39]

39 *Terenz*, Andria 555 (166 v. Chr.).

Die Europäische Wirtschaftsverfassung zwischen Input- und Output-Legitimation. Ein verfassungsökonomisches Impromptu

Stefan Okruch

I. Orientierung

„Eulen nach Athen tragen" – dieses Bild mag einem in den Sinn kommen, wenn es unternommen wird, die Bedeutung der Wirtschaftsverfassung für die Europäische Integration in einer Festschrift für Peter-Christian Müller-Graff zu behandeln. Auch dass diese Erörterung interdisziplinär angelegt ist, ist eine Selbstverständlichkeit: Es bedeutet genauso die sprichwörtlichen Eulen in die griechische Hauptstadt zu tragen, wenn Interdisziplinarität in die ungarische Metropole transportiert wird – oder genauer: an die von Peter-Christian Müller-Graff wesentlich mitgestaltete deutschsprachige Andrássy Universität Budapest. Und doch wird am Schnittpunkt dieser zwei Selbstverständlichkeiten ein spannendes Forschungsfeld eröffnet. Einerseits muss das Erfolgsmodell der europäischen Wirtschaftsverfassung seinerseits als interdisziplinäre Errungenschaft gesehen werden. Andererseits werden an das Projekt der Europäischen Integration – gerade nach dem Erfolg der Wirtschaftsintegration – neue und zusätzliche Ansprüche gestellt,[1] sodass der ordoliberale Wirtschaftskonstitutionalismus sich einem nachlassenden politischen Einfluss gegenübersieht. Dies koinzidiert mit Entwicklungen in der Ökonomik, wo die wissenschaftliche Überzeugungskraft ordoliberaler Lehren massiv geschwunden ist. In diesem Sinne geht es aus ökonomischer Sicht nicht nur um Verständnisansätze zwischen Ordoliberalismus und einem Programm weitergehender Konstitutionalisierung, sondern auch um ein neues konstitutionenökonomisches Verständnis für den Ordoliberalismus.

---

1 Vgl. dazu *Müller-Graff*, in: FS für Posch, Boric u.a. (Hrsg.), 2011, 513-524.

II. Die Ökonomik auf der Suche nach Legitimation

1. Ordoliberalismus: Erfolg auf historischer Grundlage?

Kernstück der positiven Analyse des Ordoliberalismus ist eine wettbewerbstheoretische Wirkungsanalyse. Freilich benötigt die Suche nach und die Empfehlung einer „guten" Wettbewerbsordnung ein normatives Kriterium. Die frühe Ordnungstheorie Euckens leitet die wünschenswerte (Wirtschafts-)Verfassung aus „der Natur der Sache und des Menschen" ab, hält die Wahrheit seiner diesbezüglichen Erkenntnisse für hinreichend begründet und durch „geschichtliche Tendenzen"[2] vorgezeichnet. Derartige Legitimationsfiguren sind folgerichtig, da ein klar konturierter Effizienzbegriffs (der ansonsten häufig als ökonomisches Basis-Werturteil dient) fehlt, allerdings fordern sie zugleich eine methodische Analyse heraus. Hier kann auf die „Überwindung des Historismus", die Eucken für seine Methode reklamiert, nicht näher eingegangen werden. Festzuhalten bleibt, dass Euckens Projekt, die Wahrheit gegen Relativismus und Fatalismus zu verteidigen und so Theorie und Geschichte zu verbinden, mit einem „versteckten Sieg des Historismus innerhalb des theoretischen Denkens"[3] endet. Ohne diesen historischen Anker bietet dann Euckens „transzendentalphilosophische Methodik … keinen Halt mehr in der sozialwissenschaftlichen Debatte".[4]

Dieser Befund ist im Hinblick auf die europäische Wirtschaftsverfassung alarmierend. Denn es steht außer Frage, welche Bedeutung das ordnungsökonomische und insbesondere das ordoliberale Denken für die Entwicklung der europäischen Wirtschaftsverfassung in der Vergangenheit hatte. Zuerst kann, unabhängig von seinem faktischen Erfolg, die Validität des ordoliberalen Modells bezweifelt werden. Sodann muss für die Wirtschaftsverfassung und für die weitergehende Konstitutionalisierung der Europäischen Union ein anderer Maßstab gefunden werden.

---

2 *Eucken*, Grundsätze der Wirtschaftspolitik, 6. Aufl. 1990, 373 f.

3 *Albert*, Marktsoziologie und Entscheidungslogik, Tübingen 1998, 142.

4 *Blümle/Goldschmidt*, in: Külp/Vanberg, Freiheit und wettbewerbliche Ordnung, 2000, 39.

2. Input-orienterte vs. Output-orientierte Legitimation

Das diagnostizierte Legitimationsdilemma der Ordnungspolitik (historischer Erfolg vs. fragwürdige historische Methode) ähnelt dem häufig problematisierten „Demokratiedefizit“ der europäischen Integration, bei dem es in gleicher Weise um das Spannungsverhältnis von faktischem Fortschritt und unklarer Legitimation geht. Die innerhalb der Politikwissenschaft gefundenen Argumente zur differenzierten Erörterung des „Demokratiedefizits“ sind deshalb auch für die ordnungspolitische Analyse viel versprechend. Hierbei geht es um die grundlegende Unterscheidung zweier Modi der Legitimation, namentlich der Input-orientierten und der Output-orientierten Legitimation.[5]

Während Input-Legitimation die Herrschaft durch das Volk betont, steht für die Output-Legitimation der Gedanke der Herrschaft für das Volk im Zentrum. Im einen Fall sind politische Entscheidungen durch die partizipative Abbildung des „Volkswillens“ legitimiert, also – aus individualistischer Perspektive – durch die Berücksichtigung der Präferenzen der Bürger. Im zweiten Fall wird Legitimität zugesprochen, soweit die politischen Entscheidungen „auf wirksame Weise das allgemeine Wohl im jeweiligen Gemeinwesen fördern“,[6] also die implementierten politischen Lösungen eine (wiederum an den Präferenzen der Verfassungsbürger gemessene) überlegene Problemlösungskapazität besitzen.

3. Neue Legitimationsfiguren in der Ökonomik

Nachdem die Hoffnung der frühen Ordnungstheorie, die „richtige“ Ordnung aus der Natur der Sache zu bestimmen, nicht mehr fraglos ist, besteht der Ausweg darin, die gute Verfassung prozedural zu sichern. Die Konstitutionenökonomik überträgt dazu die Tauschlogik des Marktes auf Abstimmungen zur Setzung von (Verfassungs-)Regeln und folgt damit einem kontraktualistischen Ansatz. Normativ wird das Werturteil der Effizienz ersetzt durch dasjenige der Einstimmigkeit: Der geforderte (faktische) Konsens sichert die vollständige Berücksichtung der individuellen konstitutionellen Präferenzen der Verfassungsbürger.

---

5 Grundlegend *Easton*, A System Analysis of Political Life, Chicago/London 1965. Mit Blick auf die EU: *Scharpf*, Regieren in Europa, Frankfurt/Main 1999.

6 *Scharpf* (Fn. 5), 16.

Die konstitutionenökonomische Fassung der Ordnungstheorie basiert also ganz wesentlich auf dem Gedanken der Input-Legitimation, womit es gelingt, den Staat als unverzichtbare ordnende Potenz individualistisch zu begründen. Das normative Ziel steht somit im Vordergrund und die Konstitutionenökonomik kann – wie der Kontraktualismus allgemein – bestenfalls Als-ob-Erklärungen der realen Verfassungsentwicklung bieten. Der normative Anspruch des Ansatzes ist allerdings erklärtermaßen auf die Realität gerichtet und trotz zahlreicher theoretischer Voraussetzungen eminent praktisch. Ein Doyen der Verfassungsökonomik, James Buchanan, hat sich wiederholt zum Projekt einer europäischen Verfassung zu Wort gemeldet und dabei sehr handfeste Empfehlungen abgegeben.[7] Solche Reformbeiträge einer angewandten Konstitutionenökonomik können aber zwangsläufig dem eigenen Legitimationskriterium nicht genügen, da zwar der Ausweis überlegener Verfassungsregeln mithilfe eines hypothetischen Konsenses gelingen mag, der entscheidende Test faktischer Zustimmung aber offensichtlich ausbleibt. Letztlich zeigt sich daran das grundlegende Problem der Einstimmigkeit als alternative ökonomische Norm: Ähnlich wie das Schwesterkriterium der Effizienz ist Konsens zugleich trennscharf – und utopisch. Beide Kriterien können also, wenn ihre diesseitige Erfüllung augenfällig schwierig ist, zu „Nirwana-Fehlschlüssen" verleiten.

Somit gelangt der Versuch einer verfassungsökonomischen Input-Legitimation an Grenzen und es ist deshalb reizvoll, alternativ nach Möglichkeiten der Output-Legitimation zu suchen. Dabei ist die Überlegung leitend, dass es in föderalen oder Mehr-Ebenen-Systemen die (unterschiedlich weitgehende) Möglichkeit der „Abstimmung zu Fuß" gibt. Sobald Produktionsfaktoren abwandern können, mit Gütern auch die in ihnen inkorporierten Regulierungsregimes die Grenzen überschreiten oder (wie im Gesellschaftsrecht) Teile der Rechtsordnung mobil sind, entsteht Systemwettbewerb, als Verfahren der laufenden wettbewerblichen Kontrolle von Wirtschaftsordnungen. In einem funktionsfähigen Wettbewerb der Systeme ist dann nicht mehr die Zustimmung entscheidend, sondern die ständig wettbewerbliche Überprüfung der Problemlösungsfähigkeit von Regeln und Regulierungen, kurzum: die Output-Legitimation. Und wie stets in Wettbewerbsprozessen ist nicht nur die Kontrollfunktion des Wettbewerbs

---

7 Vgl. etwa *Buchanan/Lee*, in: Journal des Economistes et des Etudes Humaines, 1994, 219; *Buchanan* Cato Journal 1991, 619.

von Bedeutung, sondern gleichermaßen auch die Innovationsfunktion. Systemwettbewerb ist – idealiter – auch ein experimentelles Verfahren von Versuch und Irrtumselimination. Gerade diese Funktion macht allerdings die Bewertung der Ergebnisse des Wettbewerbs schwierig.

Die Berücksichtigung des Systemwettbewerbs ist das wohl wichtigste Merkmal der neueren Ordnungsökonomik und wurde von dieser gerade im Hinblick auf den europäischen Integrationsprozess in einer Vielzahl von Beiträgen erörtert.[8] Die Debatte zum Systemwettbewerb ist inzwischen uferlos geworden und kann hier nicht nachgezeichnet werden. Bei allen instruktiven Detailerkenntnissen bleibt aber die Funktionsfähigkeit des Wettbewerbs der Systeme immer fraglich – und damit die Frage der Legitimation: Da Systemwettbewerb durch individuelle Standortentscheidungen entsteht, ist das Entstehen kollektiv erwünschter Regeln keineswegs voraussetzungslos gesichert. Eine naheliegende ordnungstheoretische Voraussetzung ist dabei eine Wettbewerbsordnung für den Systemwettbewerb. Die Frage lautet dabei: Welche supranationalen oder internationalen Verfassungsregeln sind erforderlich, damit der Systemwettbewerb erwünschte Ergebnisse liefern kann?[9] Freilich wird mit dieser „Lösung“ das ordnungspolitische Problem nur auf eine höhere Ebene verschoben, auf der es dann (wieder) im Konsens gelöst werden muss – und (wieder) nicht gelöst werden kann.

Der Versuch, über eine im Systemwettbewerb beständig auf den Prüfstand gestellte Wirtschaftsverfassung deren Output-Legitimation zu gewährleisten, führt somit in einen infiniten Regress. Wenn mithin weder Input- noch Output-Legitimation allein ausreichend sind, ist die im faktischen Systemwettbewerb des Binnenmarktes wirksame Mischung von beiden unvermeidlich. Das im konkreten geschichtlichen Moment richtige Mischungsverhältnis bleibt freilich experimentell.

An dieser Stelle ist es angebracht, sich eine weitere Implikation der ordoliberalen „Überwindung des Historismus“ zu vergegenwärtigen: Mit dem Ausweis der historisch vorgezeichneten Ordnungsidee sollten auch das „Zeitalter der Experimente“ und die „Wirtschaftspolitik der Experimente“ beendet werden. Dieser Anspruch ist dann aber ebenso wenig einzulösen wie das Ideal der Letztbegründung einer Ordnung. Schlussendlich

8 Vgl. grundlegend *Vihanto*, in: Journal of Institutional and Theoretical Economics, 1992, 411; *Vanberg/Kerber* Constitutional Political Economy 5 (1994), 193.

9 Vgl. *Kerber*, Zum Problem einer Wettbewerbsordnung für den Systemwettbewerb, in: Jahrbuch für Neue Politische Ökonomie, Band 17, 1998, 199.

muss akzeptiert werden, dass die Suche nach den wünschenswerten Institutionen oder der guten Verfassung notwendig ein Experiment bleibt.

III. Abschluss

„*Alles Leben ist Problemlösen*", also ein Experiment – dies ist gleichsam das Motto der späten evolutorischen Philosophie Karl Poppers. Von diesem Standpunkt einer evolutorischen Epistemologie (oder des philosophischen Pragmatismus) ist es nicht verwunderlich, dass die Suche nach der definitiven Legitimation (sei sie ordoliberal oder konstitutionenökonomisch) für eine stabile und definitive Rahmenordnung in der Aporie endet. Zugleich kann aber die Europäische Wirtschaftsverfassung als gelungenes Experiment anerkannt werden – und übrigens auch das Urteil über die theoretischen Hintergründe und ihre Versuche endgültiger Begründung milder ausfallen.

Europäische Integration bleibt ein Experiment – auf der konstitutionellen Ebene ebenso wie in konkreten Einrichtungen. Die schon eingangs erwähnte Andrássy Universität ist eine solche und wagt das Experiment eines gemeinsamen internationalen Hochschulbetriebs mit *lingua franca* Deutsch. Der Beitrag von Peter-Christian Müller-Graff zu dieser einzigartigen Universität reicht aus, um zu zeigen, dass er auf allen Ebenen des „Experiments Europa" zu Hause ist – jede weitere Erläuterung zu seinen Beiträgen zur (wirtschafts-)konstitutionellen Ebene wäre wirklich „Eulen nach Athen"!

Das Gemeinwohl-Ziel der Europäischen Union

Jiří Zemánek

I. Fragestellung

Die Feststellung eines verfassungsrechtlichen Systemrahmens der europäischen Integration nach dem Vertrag von Lissabon enthält auslegungsoffene Klauseln, deren voller Sinn sich erst allmählich zeigt. Dabei kann es sich in langfristiger Perspektive der Rechtspraxis, befasst logisch vor allem mit der Rechtsetzung und Rechtsprechung, um ganz bedeutsame Bestimmungen handeln.

Eine davon ist die Abgrenzung der wirtschaftlich-politischen Ziele der Union. Während die frühere Fassung des Vertrages die Erreichung einer harmonischen, ausgewogenen und nachhaltigen Entwicklung, eines hohen Niveaus der Beschäftigung und des Sozialschutzes, eines hohen Grades der Konkurrenzfähigkeit, des Umweltschutzes sowie des Schutzes der Lebensqualität und die Stärkung des Zusammenhalts zwischen den Mitgliedsstaaten mit dem Grundsatz „der offenen Marktwirtschaft mit freiem Wettbewerb" verbunden hat, sind die heutigen qualitativen Aspirationen der Union verbunden mit „einer im hohen Maße wettbewerbsfähigen sozialen Marktwirtschaft".[1] Der ursprüngliche Wortlaut des Grundsatzes erscheint zwar auch weiterhin, jedoch im System der Verträge auf weniger prominenten Stellen.[2] Es kam ebenfalls zur Umstellung der Prioritäten, wo die Problematik der Bildung des Binnenmarktes jetzt im Katalog der Ziele der Union erst hinter der Gewährleistung des Raumes der Freiheit, der Sicherheit und des Rechts den Unionsbürgern folgt.

Handelt es sich um eine die Bemühungen der Union um größeres Entgegenkommen gegenüber den Bürgern symbolisierende Betonung, was nicht lediglich politisches Postulat ist, bzw. um eine Umformulierung ohne normative Bedeutung, die jetzt nur den schon früher erreichten Stand der Entwicklung mit echten Worten nennt, und verlässt somit nur das frü-

---

1 Art. 3 Abs. 3 EUV.

2 Art. 119 Abs. 1 und 120 AEUV.

here, durch *political correctness* begründete Vorgehen, welches den echten Sinn der Begriffe verschleiernd ausgedrückt hatte? Oder, stellt sie gemeinsam mit den anderen Vertragsinnovationen „eine neue Stufe bei der Verwirklichung einer immer engeren Union der Völker Europas“ dar, d.h. eine konzeptionelle Änderung der europäischen Integration sowie qualitative Umgestaltung des Gleichgewichts zwischen den liberalen und regulierenden Tendenzen des Binnenmarktes?

Die Ziele der Union sind zweifellos immer ein Leitfaden zur Vollendung des Unionsrechts,[3] wobei selbst die Anwendung des Begriffes „soziale Marktwirtschaft“ eine Auslegung durch den Gerichtshof der EU – hinsichtlich seiner wesentlichen Bedeutungsstreuung – verlangt. Handelt es sich also um eine Klausel, die in Verbindung mit den klassischen liberalen Werten der Union deren Organe eher zur Zurückhaltung bei dem Treffen von Maßnahmen mit beschränkenden Wirkungen gegenüber den individuellen Freiheiten führt? Oder – insoweit sich diese Klausel auch auf die modernen gesellschaftlichen Werte bezieht – verpflichtet sie die Union zur aktiven Entfaltung der Lebensumstände der Unionsbürger, die auch den Mitgliedstaaten einen ausreichenden Raum zur politischen Gestaltung solcher Umstände übriglässt?

II. Kontinuität des Verfassungsrahmens des Binnenmarkts

Die Grundfreiheiten der Freizügigkeit der Personen und des freien Waren-, Dienstleistungs-, und Kapitalverkehrs, die Wettbewerbsregeln, grundlegende wirtschaftliche und soziale Rechte des Einzelnen sowie die Harmonisierungszuständigkeit der Union – als Teile der Wirtschaftsverfassung der EU – wurden durch die letzte Vertragsänderung in ihrem Wesen nicht geändert. Das ist keine überraschende Feststellung, denn der ausgewogene Stand zwischen den Regeln eines gleichen Herangehens an die Ausübung der wirtschaftlichen Freiheiten und den zulässigen Ausnahmen wird durchlaufend von der Kommission und dem EuGH gehalten, welche sich auf eine breite Auslegung der verbotenen Handlungen (als Regeln) und eine restriktive Auslegung der die Schutz- oder Interventionsmaßnah-

---

3 Z.B. im „Dienste“ der sog. Flexibilitätsklausel Art. 352 AEUV in Verbindung mit den Erklärungen Nr. 41 und 42.

men der Mitgliedstaaten berechtigenden Gründe (als Ausnahmen) stützt, und dadurch die Legitimität des *status quo* bestätigt.

Welches wirtschaftlich-politische Profil hat eigentlich die post-Lissaboner Union von der vorherigen Vertragsentwicklung übernommen? Ein neutrales,[4] das den Unionsinstitutionen und bzw. auch den Mitgliedstaaten einen Raum für die eventuelle Korrektur jenes Gleichgewichts durch weitere Eingriffe in die Marktverhältnisse bietet, oder ein deutlich wettbewerbsorientiertes, dem die eingetretene Liberalisierungstendenz zur Beseitigung solcher Eingriffe entspricht, und das schon unumstößlich ist? [5]

Die Durchführung der wirtschaftlichen Politik „im Einklang mit dem Grundsatz der offenen Marktwirtschaft mit freiem Wettbewerb" wurde zwar für ein systemschwer erfassbares Programmpostulat gehalten,[6] das jedoch aber auch als ein sehr wichtiger, gerichtlich relevanter Auslegungs- und Anwendungsgrundsatz des Gemeinschaftsrechts charakterisiert wurde,[7] von dem nur in besonders begründeten Fällen[8] abzuweichen ist, ohne dass er jedoch unmittelbare, gerichtlich eintreibbare individuelle Ansprüche begründet.[9] Diese werden erst von den einzelnen Grundfreiheiten des Binnenmarktes abgeleitet, welche lediglich aufgrund eines allgemeinen Interesses eingeschränkt werden können, bei Einhaltung des Verhältnismäßigkeitsprinzips. Obwohl die Nichtstörung des freien Wettbewerbs eines der Referenzkriterien der Legalität der Rechtsakte der Gemeinschaft wurde oder auch als subjektives Recht proklamiert worden ist,[10] waren die Hauptgarantien des Gleichgewichts die den Mitgliedstaaten bestimmten Verbote der Begünstigung von öffentlichen Unternehmen, der staatliche Beihilfen sowie des ungleichen Zugangs zu öffentlichen Aufträgen. Dazu trug die Rechtsprechung des EuGH über die unmittelbare Anwendbarkeit der wirtschaftlichen Grundrechte als allgemeiner Rechtsgrundsätze bei, welche – neben der Grundrechtecharta der EU – auch von der Europäischen Menschenrechtskonvention gewährleistet sind und sich aus den Verfassungstraditionen der Mitgliedstaaten ergeben.

---

4 *van Themaat*, in: FS für von Groeben, Mestmäcker/Möller/Schwarz (Hrsg.), 1987, 425 ff.

5 *Everling*, in: FS für Mestmäcker, Immenga/Möschel/Reuter (Hrsg.), 1996, 365 ff.

6 Z.B. *Möschel* JZ 2003, 1021 ff.

7 *Hatje* EuR Beiheft 3/2004, 9.

8 *Müller-Graff* EuR Beiheft 1/2002, 22.

9 EuGH, Urt. v. 3.10.2000, Rs. C-9/99 (Échiroles Distribution), Slg. 2000, I-8207.

10 *Birk*, Das Prinzip des unverfälschten Wettbewerbs und seine Bedeutung im europäischen Gemeinschaftsrecht, Dissertation, Konstanz 2000, 168.

Eine bestimmte, den wettbewerbsorientierten *Habitus* des Binnenmarktes relativierende Antithese stellten die Bereiche der Integrationspolitik mit einer starken Regulierung dar, wie die gemeinsame Landwirtschaftspolitik, Verbraucherschutz, Schutz der öffentlichen Gesundheit oder die ökologische und soziale Dimension anderer Politiken. Die Schlussfolgerung über eine eher „gemischte" Natur des Verfassungsrahmens des Binnenmarktes war deswegen seinerzeit nicht unbegründet.[11] Hinsichtlich des ganzen Systems der Verträge handelte es sich jedoch nur um den Zusammenhalt zwischen den einzelnen Politiken und Tätigkeiten der Union im Einklang mit den ihr übertragenen Zuständigkeiten, ihre apriorische gegenseitige Über- oder Unterordnung ausschließend. Es kam nicht zur Durchbrechung der Grundformel des Binnenmarktes „Regel-Ausnahme", die auf einem Gleichgewicht zwischen dem Verwaltungs- bzw. Gerichtsschutz der Regel durch die Prüfung der Notwendigkeit und Verhältnismäßigkeit einer Ausnahme gegründet ist und gegenüber den Zielen anderer Politiken nicht in antagonistischem Verhältnis steht. Als verfehlt ist deswegen die (Miss)interpretation einiger Urteile des EuGH[12] als Zusage der absoluten Priorität der Marktfreiheiten vor anderen Aspirationen des Vertrages[13] anzusehen, sowie auch umgekehrt.

Ähnlich sieht es auch aus mit der Ausgliederung der Unternehmen, die mit Dienstleistungen von allgemeinem wirtschaftlichem Interesse nach Art. 106 Abs. 2 AEUV betraut sind, welche den Vorschriften der Verträge unterliegen, nur soweit die Anwendung dieser Vorschriften nicht die Erfüllung dieser besonderen Aufgaben rechtlich oder tatsächlich verhindert. Auch abgesehen davon, dass der Vertrag von Amsterdam diese Dienstleistungskategorie unter die gemeinsamen Werte der Union aufgewertet hat und auf ihre Bedeutung bei der Unterstützung der sozialen und territorialen Kohäsion hingewiesen hat, handelt es sich auch weiterhin um eine aufhebende Bestimmung, welche die subjektiven Rechte des Einzelnen aus der Freizügigkeit zu Gunsten partikularer nationaler Interessen beschränkt,

11 *Oppermann*, in: Müller-Graff/Zuleeg (Hrsg.), Staat und Wirtschaft in der EG, 1987, 59.

12 Z.B. EuGH, Urt. v. 11.12.2007, Rs. C-438/05 (Viking Line), Slg. 2007, I-10779; Urt. v. 18.12.2007, Rs. C-341/05 (Laval), Slg. 2007, I-11767.

13 Die überzeugende Gegenargumente s. insb. *von Bogdandy*, in: Grabitz/Hilf (Hrsg.), Das Recht der Europäischen Union – Kommentar, 2009, Art. 2 EGV, Rn. 64.

deren Anwendung der restriktiven Auslegung unterliegt und die Grundformel des Binnenmarktes „Regel-Ausnahme“ eher bestätigt als widerlegt.[14]

III. Die tschechische verfassungsgerichtliche Perspektive

Einige interpretationsoffene Bestimmungen des EU-Vertrags brauchen die Klärung, inwieweit sie nur einen Symbolwert darstellen oder auch eine normative Wirkung haben können.

Die Aufzählung der Vertragsziele der Union wurde anlässlich der Ratifizierung des Vertrages von Lissabon durch Senatoren des tschechischen Parlaments zur Überprüfung der Verfassungsmäßigkeit gebracht.[15] Die Antragsteller behaupteten, dass das neue Leitbild „einer in hohem Maße wettbewerbsfähigen sozialen Marktwirtschaft“ dem Verfassungsprinzip der politischen Neutralität widerspricht, weil dadurch die möglichen Entscheidungen der parlamentarischen Mehrheit vorgeurteilt und deren Gestaltungsspielraum eingeschränkt werde.

Das Verfassungsgericht lehnte diesen Einwand mit Hinweis auf seine ältere Rechtsprechung damit ab, dass „die Verfassung nicht auf Wertneutralität gegründet ist. Sie sei nicht eine bloße Abgrenzung der Institutionen und Prozesse, sondern sie bezieht in ihrem Text auch bestimmte regulative Ideen ein, welche die grundlegenden unantastbaren Werte der demokratischen Gesellschaft darstellen“.[16] Der Ausschluss, den Staat an eine bestimmte Ideologie zu binden, „bedeutet nicht eine Wert- und Ideenleere der Verfassung sowie der gesamten Verfassungsordnung, bzw. der Normen, welche sich auf deren Grundlage durchsetzen – wie zum Beispiel die Rechtsordnung der Europäischen Union (…). Wenn also der Artikel 3 EUV die regulativen mittels der Ziele der Europäischen Union geäußerten Ideen abgrenzt, findet daran das Verfassungsgericht nichts, was der Verfassungsordnung der Tschechischen Republik widersprechen würde.“[17]

Obwohl das VerfG mit dem Hinweis auf Werte der Verfassung die Klagegründe verworfen hatte, kann doch ein Streit zukünftig nicht ausge-

---

14 EuGH, Urt. v. 17.5.2001, Rs. C-340/99 (TNT Traco), Slg. 2001, I-4109, Rn. 56.

15 Art. 87 Abs. 2 Verf.

16 Urteil vom 21.12.1993, Rs. Pl. US 19/93 *Rechtswidrigkeit des kommunistischen Regimes* (www.usoud.cz).

17 Urteil vom 3.11.2009, Rs. Pl. US 29/09 *Vertrag von Lissabon II*, 142 (www.usoud.cz).

schlossen werden, wie z.B. im Anwendungsbereich des Protokolls Nr. 26 über Dienste von allgemeinem Interesse, wenn seine Durchführung unter individuellen spezifischen Umständen eines Einzelfalls zur sog. Drosseln-Wirkung führen würde. Weil das VerfG also zukünftig die Zulassung von Verfassungsbeschwerden ausnahmsweise nicht ausgeschlossen hat, kann man *ex post* den Druck von potentiellen Beschwerdeführern auf autonome einschränkende („verfassungskonforme") Auslegung der gemeinwohlorientierten Vertragsziele auch nicht ausschließen. Dann würde die Bereitwilligkeit des VerfG, die Vorlage aufgrund des Art. 267 AEUV an den EuGH zu stellen, auf den Prüfstand kommen.

IV. Fazit

Dem *Topos* der Integration ist eine Besitzstandwahrung sowie Kontinuität immanent. Die Beziehung zwischen Grundfreiheiten und Wettbewerbsregeln, die zusammen mit Grundrechten die Kernbestandteile und wesentlichen Garantien der Funktionsfähigkeit der EU-Wirtschaftsverfassung darstellt, ist grundsätzlich unverändert geblieben. Die maßgebliche europäische Systemfigur einer „offenen Marktwirtschaft mit freiem Wettbewerb" ist auch weiterhin im EU-Primärrecht abgesichert, obwohl dieses Leitprinzip seine exponierte Ausstrahlungswirkung in Lissabon verloren hat und seine Justitiabilität als ein eigenständiger Rechtmäßigkeitsmaßstab im binnenmarktbezogenen Gleichgewicht teilweise umstritten geblieben ist.

Die Beibehaltung des Regel-Ausnahme-Verhältnisses zwischen den wettbewerbsverfassten Wirtschaftsfreiheiten und Marktinterventionen wird auch weiterhin durch eine grundsätzlich weite Auslegung der Verbotstatbestände sowie eine vertiefte Begründungsbedürftigkeit und Legitimation der unionalen und mitgliedsstaatlichen Regelungen geprägt. Das Bekenntnis der Union zur Gewährleistung einer unionsweit wirksamen Wirtschaftsverfassung kann nicht als ein Vorranganspruch im innerstaatlichen Bereich gelten, denn die Union achtet die grundlegenden Funktionen der Mitgliedstaaten, die zu ihrer nationalen Identität gehören.[18] Vor dem Hintergrund der EuGH-Rechtsprechung sollen die zulässigen nationalen Partikularismen, die Binnenmarktrechte des Einzelnen beeinträchtigen, unter

---

18 Art. 4 Abs. 2 EUV.

Anwendung des Subsidiaritäts- und Verhältnismäßigkeitsgrundsatzes gerechtfertigt werden.

Als Beispiel kann die Unterstreichung des Stellenwerts der Dienste von allgemeinem wirtschaftlichem Interesse innerhalb der gemeinsamen Werte der Union dienen: Ihre Bedeutung bei der Förderung des sozialen und territorialen Zusammenhalts in Art. 14 AEUV sowie auch die Hervorhebung der Ermessensspielräume, Präferenzgebote, Leistungsniveaus und des Gleichheitssatzes bei Zugangsmöglichkeiten im Protokoll Nr. 26 offenbaren die Zuständigkeit innerstaatlicher Organe, diese Dienste zur Verfügung zu stellen, in Auftrag zu geben und zu finanzieren, und lassen deswegen den wettbewerbsschonenden Grundsatz des Art. 106 Abs. 2 AEUV auch weiterhin „unbeschadet". Das Gleichgewicht zwischen dem Geltungsanspruch des Unionsgebots (unverfälschte Anwendung der Wettbewerbsregeln) und unternehmerischen Befreiungsvoraussetzungen (Gefährdung oder Verhinderung der übertragenen öffentlichen Aufgaben) ist dadurch abgesichert. Die neue EU-Kompetenz, die wirtschaftlichen und finanziellen Grundsätze für Dienstleistungen von allgemeinem wirtschaftlichem Interesse durch Verordnungen zu bestimmen,[19] verfolgt den Zweck, die Nachweispflicht der Mitgliedstaaten betr. das Vorliegen einer Befreiungsvoraussetzung zu präzisieren und seinem Übermaßgebrauch auszuweichen, begründet aber keine neue supranationale Befugnis, die der Zielsetzung der nationalen Gemeinwohlpolitik vorgreift.

Obwohl der Vertrag von Lissabon eine Neuausrichtung der EU-Wirtschaftsverfassung nicht gebracht hat, doch ist ein Bedeutungszuwachs zugunsten des Sozialen zu erblicken. Sein Ausgleich mit Staatszielbestimmungen verlangt, „ein modern verstandener Sozialstaatsbegriff darf nicht auf soziale Probleme im engeren Sinne (soziale Notlage, soziale Gerechtigkeit) reduziert werden, sondern muss auch Sozialverträglichkeit beinhalten."[20]

---

19 Art. 14 AEUV.

20 *Von Münch*, Staatsrecht, Bd. I, 1993, 125.

Gerechtigkeit als Standard der Europäischen Gesellschaft – Sechs Thesen zu Art. 2 S. 2 EUV

Stephan Kirste

Einleitung

Die Europäische Union gründet sich auf die Werte der Menschenwürde, der Freiheit, der Gleichheit, der Wahrung der Menschen- und Minderheitenrechte sowie von Rechtsstaat und Demokratie. Der EUV statuiert, daß diese Werte von allen Mitgliedstaaten geteilt werden, die ein Gesellschaftsmodell besitzen, das neben Pluralismus, Toleranz, Nichtdiskriminierung, Geschlechtergleichheit und Solidarität durch Gerechtigkeit gekennzeichnet ist (Art. 2 EUV).

Der Ausdruck „Gerechtigkeit" wird in der Europarechtswissenschaft mit Ratlosigkeit, Skepsis und Kritik quittiert. Gerechtigkeit sei als Europäischer Verfassungsbegriff untauglich,[1] die Formulierung in Art. 2 S. 2 EUV „nebulös",[2] eine verunglückte Kompromißformel.[3] Es entstehe der falsche Eindruck einer letztgültigen materialen Orientierung der EU. Der Begriff der Gerechtigkeit in den Verträgen teilt mithin das Schicksal, das die „guten Sitten" im nationalen Recht ereilt:[4] Sie werden als Leerformeln[5] verstanden.

Ich werde zeigen, daß Gerechtigkeit Potential für die rechtliche Berücksichtigung gesellschaftlicher Wertvorstellungen besitzt. Gerade ihre inhaltliche Unbestimmtheit als Struktur der Gesellschaft kann Bürger zum Engagement für Verfahrensgerechtigkeit mobilisieren.

---

1 *Ruffert*, in: Calliess/Ruffert, EUV/AEUV, 4. Aufl. 2011, Art. 3 Rn. 27; vgl. aber *Eichenhofer* JZ 2007, 209.
2 *Calliess* JZ 2004, 1033ff., 1038.
3 *F. Reimer* ZG 2003, 208-217, 208, Fn. 3.
4 §§ 26 u. 879 ABGB, § 138 BGB.
5 Zu den „guten Sitten" in § 138 BGB etwa *Sack* NJW 1985, 761-768, 761.

I. Gerechtigkeit ist ein Verfassungsbegriff mit kurzer europarechtlicher Tradition und vagem Inhalt

Es geht im Folgenden nicht um einen philosophischen Begriff der Gerechtigkeit, sondern um Gerechtigkeit als europäischen Rechtsbegriff. Dieser unterscheidet sich von einem philosophischen Begriff dadurch, daß er durch den systematischen Zusammenhang mit anderen europarechtlichen Normen beschränkt wird.

Die Verträge und die Grundrechtecharta helfen wenig, europäische Gerechtigkeit zu bestimmen. Neben dem erwähnten Art. 2 gehört „soziale Gerechtigkeit" zu den Zielen, die die EU verfolgt (Art. 3 III, 2. UAbs. EUV). In ihren Außenbeziehungen leistet die Union einen Beitrag zum „gerechten Handel" (Art. 3 V EUV). Die GrCh verspricht in der Überschrift von Art. 31 ein Recht auf „gerechte und angemessene Arbeitsbedingungen", worunter Abs. 2 auch eine gewisse Zeitgerechtigkeit versteht.[6] Schließlich gibt Art. 41 GrCh dem einzelnen im Rahmen des Rechts auf unparteiische Verwaltung auch ein Recht auf „gerechte" Behandlung der eigenen Angelegenheiten.

In der Geschichte der Verträge tauchte „Gerechtigkeit" zwar im Euratom-Vertrag als Verteilungsgerechtigkeit auf, fand dann aber erst wieder in der Präambel der Einheitlichen Europäischen Akte im Sinne der sozialen Gerechtigkeit Verwendung. Nachdem er im Maastricht- und den Folgeverträgen herausgefallen war, erwähnt die Präambel des Entwurfs über den Verfassungsvertrag neben den meisten in Art. 2 EUV enthaltenen Werten und weiteren Merkmalen auch die Gerechtigkeit. Art. 2 VVE ist wortgleich mit Art. 2 des EUV-Lissabon. Betont wird soziale Gerechtigkeit und der Zusammenhang mit den Grundwerten der „humanistischen" Entwicklung Europas, die durch die Trias von Freiheit, Gleichheit und Menschenwürde gekennzeichnet ist.

Das Völkerrecht verwendet den Begriff der Gerechtigkeit besonders in der überkommenen Formel von „Frieden und Gerechtigkeit". Die AEMR stellt schon in ihrer Präambel die Achtung der Würde und der Menschenrechte als Grundlage der Gerechtigkeit dar, ein Gedanke, den die beiden Pakte von 1966 wiederholen. Auch die EMRK bezeichnet in ihrer Präambel die Menschenrechte und Grundfreiheiten die Grundlagen der Gerechtigkeit.

---

6 *Kirste*, Heidelberger Thesen zu Recht und Gerechtigkeit, Tübingen 2013, 375-401.

Kaum eine Verfassung der Mitgliedstaaten verzichtet auf den Begriff der Gerechtigkeit. Frankreich gehört wohl wegen seiner laizistischen Vergangenheit dazu, ferner Dänemark, Luxemburg, Niederlande. Selbst Österreichs wertneutrale Verfassung nennt in der Regelung des Art. 14 Va neben anderen Gerechtigkeit als Grundwert, den die Schule vermittelt. Vier Bedeutungen des Verfassungsbegriffs der Gerechtigkeit können unterschieden werden: 1. Der Zusammenhang von „Frieden und Gerechtigkeit";[7] 2. soziale Gerechtigkeit;[8] 3. Verfahrensgerechtigkeit[9] und 4. – und das ist der wichtigste Aspekt –: der Zusammenhang von Freiheit, Gleichheit und Menschenwürde.[10] Ähnlich wie in Art. 2 EUV steht die Gerechtigkeit hier im engen Zusammenhang mit diesen drei Werten und den aus ihnen fließenden Rechten. Dennoch bleibt der Gehalt des Begriffs vage: Offenbar handelt es sich um ein Grundprinzip, das in Beziehung zu Freiheit, Gleichheit und Menschenwürde steht und sich doch von ihnen abgrenzen soll. Dieses Prinzip ist insbesondere bei Fragen der sozialen Ordnung, in Verfahren und beim auswärtigen Handeln zu berücksichtigen. Ein notwendiges Verfassungselement ist Gerechtigkeit gleichwohl weder national noch europäisch.[11]

II. Gerechtigkeit ist kein Europäischer Wert i.S.v. Art. 2 S. 1 EUV

Gerechtigkeit gehört nicht zur Liste der in Art. 2 S. 1 EUV genannten Werte. Satz 2 bezeichnet diese Werte als Gemeinsamkeit der Mitgliedstaaten und verweist auf gewisse Eigenschaften der Gesellschaften, auch auf Gerechtigkeit. Die Bestimmung postuliert jedoch keine bestimmte Gesellschaftsstruktur als Bedingung der Werte oder diese als Grundlage der gerechten Gesellschaft. Pluralismus ist zum Beispiel einerseits Wirkungsbe-

---

7 Art. 135 Vf.-Litauen; Art. 1 I Vf.-Spanien; Art. 11 Vf.-Italien; Art. 1 II Vf.-Thüringen.

8 Art. 23 Vf.-Belgien; Art. 44 Vf.-Italien; Art. 43 II (1) Vf.-Irland; Art. 10 II Landesverfassungsgesetz Salzburg.

9 Als Recht auf gute Verwaltung, z.B. Art. XXIV Vf.-Ungarn; oder das gerechte und faire Gerichtsverfahren, z.B. Art. 92 Vf.-Lettlands; Art. 20 IV der Vf.-Portugals.

10 Präambel der Vf.-Bulgarien von 1991: „Freiheit, Frieden, Humanismus, Gleichheit, Gerechtigkeit und Toleranz".

11 *Müller-Graff*, Europäische Verfassung und Grundrechtscharta: Die Europäische Union als transnationales Gemeinwesen, Integration 1 (2000), 34 f.

dingung von Demokratie, indem er die Möglichkeiten von Alternativen für einen Machtwechsel zeigt.[12] Andererseits ist aber Freiheit Voraussetzung für Pluralismus.

Unterschiedlich ist auch die Reichweite der Geltung von Werten und Gerechtigkeit. Während die Präambel die im Satz 1 bezeichneten Werte als „universell" bezeichnet, wird dieser Anspruch hinsichtlich der in Satz 2 genannten Merkmale nirgends erhoben. Vielmehr spricht der Ausdruck „in einer Gesellschaft, die sich ... auszeichnet" für eine europaweite Geltung.

Die europäischen Werte des Satzes 1 und die Gerechtigkeit nebst den anderen Merkmalen stehen jedoch nicht beziehungslos nebeneinander. Es ist nicht anzunehmen, daß die EU ein grob ungerechtes Verhalten von Mitgliedstaaten nicht ahnden (Art. 7 EUV) oder eventuellen europäischen Unrechtsstaaten den Beitritt ermöglichen will (Art. 49 EUV), obwohl nicht Gerechtigkeit, sondern nur die Werte als Beitritts- genannt bzw. als Vertragsverletzungskriterium aufgeführt werden. Der Vertrag dürfte vielmehr davon ausgehen, daß sich die Gerechtigkeitsmerkmale bereits aus den Werten ergeben und Staaten, die diese erfüllen, jedenfalls nicht grob ungerecht und in diesem Sinne Unrechtsstaaten sind.

III. Autor und Adressat der Gerechtigkeit ist die europäische Gesellschaft

Unterschiedlich sind auch die Adressaten der Werte in Satz 1 und der Merkmale in Satz 2. Während die Werte die EU begründen und den Mitgliedstaaten gemeinsam sind, ist die Gerechtigkeit ein Merkmal, das die „Gesellschaft ... auszeichnet".

Fraglich ist, ob sich die Merkmale des zweiten Satzes auf eine einheitliche europäische Gesellschaft beziehen oder ob es um Strukturprinzipien geht, die in jeder Gesellschaft der europäischen Mitgliedstaaten gelten.[13] Eine einheitliche europäische Gesellschaft mit einer entsprechenden Öffentlichkeit ist jedoch nur in Ansätzen vorhanden. Dieser gesellschaftliche Charakter deutet vielmehr auf das prozedurale Element der Begründung europäischer Gerechtigkeit hin.[14] Gerechtigkeit steht im Kontext von To-

---

12 *Frenz*, Werte der Union, Rechtstheorie 2010, 400-418, 416.

13 *Calliess* (Fn. 2) 1038.

14 *Mandry*, Europa als Wertegemeinschaft, 2009, 193 f. *Calliess*, in: Calliess/Ruffert, EUV/AEUV, 4. Aufl. 2011, Art. 2, Rn. 29.

leranz und Pluralismus als Prinzipien, die steuern, wie die Werte des Satzes 1 konkretisiert werden.[15]

IV. Gerechtigkeit ist ein Standard im rechtstechnischen Sinn

Der Verweis auf die Gesellschaft zeichnet die Gerechtigkeit als einen Standard im rechtstechnischen Sinn aus: Ein Standard ist ein Rechtsbegriff, der auf gewisse gesellschaftliche Maßstäbe verweist. Einerseits können solche Standards von Gerichten wertungsmäßig ausgefüllt werden; andererseits beziehen sie sich auf gesellschaftlich entwickelte Wertkriterien.[16]

Mit anderen Standards teilt die Gerechtigkeit auch die Kritik der Unbestimmtheit, Unsicherheit und damit mangelnder Fairness.[17] Seana V. Shiffrin zeigt jedoch, daß sich die Untugend der Vagheit von Standards als Tugend erweist. Standards können in bestimmten Anwendungsbereichen zu moralischen und ethischen Reflexionen anregen, die strikte Normen („rules“) bereits entschieden haben. Sie geben damit in bestimmten Bereichen der Gesellschaft die Verantwortung für die Ausformulierung dieser Standards zurück. Gerade wenn Standards auch in der Moral verwendete Begriffe gebrauchen, veranlassen sie Bürger, an der Interpretation der Standards teilzunehmen.[18] So werden gesellschaftliche Debatten über die Konkretisierung dieser Standards angestoßen.[19]

Freilich formuliert das Recht nach Georg Jellinek umgekehrt auch selbst ein ethisches Minimum.[20] Diese kodifizierten Wertmaßstäbe sind der Rahmen für die Anerkennung derartiger gesellschaftlicher Standards. Dank ihrer demokratischen Entstehung verfügen sie über eine höhere Legitimation als die in oft diffusen, kaum verfahrensrechtlich strukturierten gesellschaftlichen Prozessen interpretierten Standards. Sie binden die Gerichte auch bei der Feststellung der Gerechtigkeitsstandards. Mithin kommt den Gerichten die Funktion zu, aus den erwartbar heterogenen Ge-

15 KOM(2003) 606 endgültig v. 15.10.2003.

16 *K.F. Röhl/H. Chr. Röhl*, Allgemeine Rechtslehre, 3. Aufl. 2008, 557 f.

17 *Shiffrin*, Inducing Moral Deliberation: On the Occasional Virtues of Fog, 123 Harvard Law Journal 2010, 1214 ff., 1215 f.

18 *Shiffrin* (Fn. 17) 1223.

19 *Shiffrin* (Fn. 17) 1224 f.

20 *G. Jellinek*: Die sozialethische Bedeutung von Recht, Unrecht und Strafe. 2. Aufl. 1908, 45.

rechtigkeitsvorstellungen der Gesellschaft überlappende Gehalte zu ermitteln und festzustellen.

V. Gerechtigkeit ist der an der Menschenwürde orientierte angemessene Ausgleich von Freiheit und Gleichheit

Es ist kein Widerspruch zu dem zuvor Gesagten, wenn nun auf philosophische Fragen der Gerechtigkeit eingegangen wird. Dabei soll nicht der Rechtsbegriff der Gerechtigkeit im Sinne einer „best moral explanation“ Dworkins erweitert, sondern der philosophische Begriff der Gerechtigkeit auf den vom positiven Recht her systematisch möglichen Gehalt reduziert werden. Die philosophische Diskussion dient dann dazu, die Interpretationsmöglichkeiten des Rechtsbegriffs der Gerechtigkeit aufzuzeigen.

Ich konzentriere mich auf drei Aspekte:[21] Seit den ersten differenzierteren philosophischen Diskussionen über die Gerechtigkeit bei den griechischen Sophisten geht es darum, ob die Gerechtigkeit eher Freiheit oder eher Gleichheit bedeutet. Sie stritten darüber, ob Gerechtigkeit das Recht des Stärkeren meine oder ob sie umgekehrt fordere, den Schwächeren vor dessen ungehemmtem Freiheitsgebrauch zu schützen.

Der auch bei Aristoteles und Platon ungelöste Streit erhält durch Ulpian einen neuen Aspekt. Er identifiziert neben Freiheit und Gleichheit die Würde des Menschen als ein drittes Element der Gerechtigkeitsdiskussion, das bei den griechischen Klassikern im Hintergrund gestanden hatte. Er versteht Recht und Gerechtigkeit als eine Verbindung des Nichtschadensprinzips (negative Freiheit), der Gleichheit und der Würde.

Ende des 18. Jhs. greift Kant dies auf. Er stellt die Würde des Menschen an die Spitze dieser Wertetrias: Tritt zu anderen Menschen in Rechtsverhältnisse, denn nur in diesen kannst Du mit ihnen als Subjekten und nicht nur als Objekten verkehren; achte ihre negative Freiheit und gründe mit ihnen eine Gesellschaft, in der jedem das Seine vor willkürlichen Entscheidungen gesichert ist![22]

---

21 Vgl. *Kirste*, „Der Mensch ist das Maß der Dinge“ – Dimensionen rechtlicher Gerechtigkeit, Europäische Grundwerte, v. Sedmak (Hrsg.), Darmstadt 2014, 7-34, 27 ff.

22 *Kant*, Die Metaphysik der Sitten, Rechtslehre, Weischedel (Hrsg.), Frankfurt/Main 1984, 344.

Das 19. Jahrhundert mit seinem ungeheuren wirtschaftlichen und technischen Fortschritt hat gezeigt, daß ungehemmte Wirtschaftsfreiheit keine gerechten Zustände herbeiführt, sondern eine strukturelle Ungleichheit, aus der sich der Einzelne nicht mehr selbst befreien und seine Fähigkeiten realisieren kann, wie zunächst Hegel und später Marx nachgewiesen haben. Im 20. Jahrhundert schlägt das Pendel in das andere Extrem aus: Sozialismus und Korporativismus haben mit ihren wirtschaftslenkenden Systemen die freie Entfaltung der Einzelnen unterdrückt und damit zwar eine gewisse Gleichheit hervorgebracht, jedoch auch das Gesamtniveau des Wohlstands erheblich abgesenkt und die Entfaltung des „Ingeniums", wie man im Renaissancehumanismus gesagt hätte, verhindert. Ungehemmte Freiheit wie undifferenzierte Gleichheit beeinträchtigen mithin die freie Entfaltung der menschlichen Potentiale. Sie mißachten so den Menschen als ein Wesen, das die Fähigkeit dazu hat, sich zu dem machen zu können, der es sein will (Pico della Mirandola, Jean-Paul Sartre).

John Rawls gibt der Gerechtigkeitsdiskussion eine neue Richtung. Einerseits bringt er Freiheit und Gleichheit in seinen beiden Gerechtigkeitsgrundsätzen in eine lexikalische Reihenfolge mit dem Vorrang der Freiheit.[23] Danach ist eine Gesellschaft gerecht, wenn jeder ein Recht auf ein größtmögliches System von Grundfreiheiten besitzt, sofern zu erwarten ist, daß die daraus hervorgehenden Ungleichheiten jedermanns Vorteil dienen und in einer Rechtsordnung festgelegt werden, an der jeder partizipieren kann. Später stärkt Rawls die prozeduralen Elemente seiner Theorie.[24] Mit Hilfe des „überlappenden Konsenses" sollen in einem hermeneutischen Verfahren geteilte Auffassungen der Gerechtigkeit ermittelt und doch normativ („vernünftiger" Konsens) bewertet werden. Deutlicher als andere zeigt Rawls, daß bei aller Bedeutung der Legitimation durch Verfahren nur grundsätzlich gerechte Verfahren zu gerechten Ergebnissen führen;[25] so auch in der europäischen Gerechtigkeitsdebatte.

Bezieht man die Menschenwürde ein, so erweist sich Gerechtigkeit in einem ganz allgemeinen Sinn als der an der Menschenwürde orientierte angemessene Ausgleich von Freiheit und Gleichheit. Die Menschenwürde verlangt jedoch nicht nur, daß der Mensch überhaupt als freiheitsfähiges Wesen, mithin als (Rechts-)Subjekt nicht angetastet, daß seine Entfaltung gegenüber der öffentlichen Gewalt durch negative Abwehrrechte geachtet

---

23 *Rawls*, Theorie der Gerechtigkeit, Frankfurt/Main 1975, 81.

24 Näher *Tschentscher*, Prozedurale Theorien der Gerechtigkeit, 2. Aufl. 2009, 199 ff.

25 *Rawls*, Politischer Liberalismus, Frankfurt/Main 1998, 219 ff.

und ggf. – wenn ihm die Entfaltung aus eigener Kraft nicht gelingt – durch positive Leistungsrechte geschützt wird (Art. 1 GrCh); vielmehr ist er als Subjekt auch bei der Entscheidung über und der Interpretation des Rechts anzuerkennen und in die entsprechenden Verfahren einzubeziehen.[26] Dies greift die Grundrechtecharta auf, wenn sie dem Einzelnen ein Recht auf ein gerechtes Verwaltungs- und Gerichtsverfahren gibt (Art. 41 GrCh). Dazu gehört aber auch, daß er an den Wertentscheidungen seiner politischen Gemeinschaft teilhaben kann (Art. 39 GrCh). Insgesamt ergibt sich so ein Konzept der Verfahrensgerechtigkeit.[27] Gerechtigkeit, die aus Verfahren hervorgeht, ist also wiederum durch Prinzipien der Gerechtigkeit geprägt: Die Würde des Menschen verlangt, daß er nur derjenigen Gerechtigkeitsordnung unterworfen ist, an deren verfahrensmäßiger Begründung er Anteil haben kann.

Es ist also eine Forderung der rahmenhaften Gerechtigkeitsordnung der Europäischen Union, die auf die Werte von Menschenwürde, Freiheit und Gleichheit gestützt ist, daß der Prozeß der Konkretisierung dieser Werte und die weitere Entwicklung der Union als einer Wertegemeinschaft nicht ohne, sondern mit den Menschen als Bürgern der Union erfolgt.

VI. Die Werte der Europäischen Union verlangen die Ermöglichung und Beachtung des gesellschaftlichen Gerechtigkeitsdiskurses

Der Standard der Gerechtigkeit entwickelt und konkretisiert sich im „demokratischen Leben" aller Bürgerinnen und Bürger der Union als einem europäischen politischen Prozeß (Art. 10 III EUV). Die Bürger nehmen daran nicht nur durch ihre Meinungsfreiheit, ihre gesellschaftlichen und politischen Assoziationen, sondern auch durch mittelbare und unmittelbare Demokratieformen teil. Der Dialog mit den repräsentativen Vertretern der Zivilgesellschaft nach Art. 11 II EUV ergänzt durch „partizipative Demokratie", mittelbare und unmittelbare Demokratieformen. Art. 17 AEUV

---

26 *Kirste*, Menschenwürde und Freiheitsrechte des Status Activus. Renaissancehumanismus und gegenwärtige Verfassungsdiskussion, in: Des Menschen Würde: (wieder)entdeckt oder erfunden im Humanismus der italienischen Renaissance?, Gröschner/Kirste/Lembcke (Hrsg.) , Tübingen 2008, 187 ff.

27 Gerechtigkeit durch Verfahren, insbesondere durch verfahrensrechtliche Grundrechtsverwirklichung ist im nationalen Recht längst bekannt, vgl. dazu etwa *Denninger*, Staatliche Hilfe zur Grundrechtsausübung, in: HdBStR IX, 3. Aufl. 2011, Rn. 5 ff.

hat den „besonderen Beitrag“, den die Kirchen, sonstigen Religions- und Weltanschauungsgemeinschaften dabei leisten, anerkannt und hebt den transparenten und offenen Dialog mit ihnen ausdrücklich hervor (Art. 17 III AEUV). Die in den Organisationsformen der Zivilgesellschaft agierenden Bürger partizipieren an der sich entwickelnden europäischen Öffentlichkeit[28] und ihrem Ringen um Gerechtigkeit und Gemeinwohl.[29] Zugleich sichert sich die Europäische Union hier die in der Gesellschaft entwickelten, durchaus polyphonen „Ressourcen der Sinn- und Identitätsstiftung“.[30]

Europäische Gerechtigkeit ist somit Verfahrensgerechtigkeit, keine reine Verfahrensgerechtigkeit, sondern eine, die aus gerechten Verfahren hervorgeht.[31] Gerecht sind diese Verfahren, wenn sie die Werte der Menschenwürde, Freiheit und Gleichheit, aus denen heraus sie nur konkretisiert werden können, achten. Sie ist keine Gerechtigkeit schlechthin, sondern eine Europäische Gerechtigkeit, weil sie aus den Wertüberzeugungen der Europäischen Bürger hervorgeht. Daher ist sie ein Standard der Europäischen Gesellschaft. Das schließt nicht aus, daß sie zum Angebot an dritte Staaten wird, auf dieser Basis mit der EU in Verbindung zu treten (Art. 3 V EUV).

---

28 *Habermas* (Fn. 30) 243 f.

29 *Häberle*, Europäische Rechtskultur, Lüneburg 1999, 350 f.

30 *Habermas*, Die öffentliche Stimme der Religion, in: Blätter für deutsche und internationale Politik 2007, 1441ff., 1444.

31 *Tschentscher* nennt sie eine Quasi-reine prozedurale Gerechtigkeit, *Tschentscher* (Fn. 24) 128 f. Ihr kommt eine dienende Funktion für die grundlegenden Gerechtigkeitsparameter zu.

Gemeinwohl und Solidarität in der Europäischen Union

Michèle Knodt

Die Schaffung eines „europäischen Gemeinwohls" ist nicht einfach in der Summe der mitgliedstaatlichen Anstrengungen, Gemeinwohlbelangen in den jeweiligen Nationalstaaten Rechnung zu tragen. Vielmehr hat sich das „europäische Gemeinwohl" von den nationalen Gemeinwohlbelangen der Mitgliedstaaten „emanzipiert"[1] und richtet sich auf die Unions- und Gemeinschaftsziele aus. Gleichzeitig ergibt sich aus den Kooperations- und Koordinationserfordernissen des europäischen Mehrebenensystems die Notwendigkeit einer „Verzahnung von nationalem und europäischem Gemeinwohl".[2] Der Kitt, der nationales und europäisches Gemeinwohl zusammenhält, ist das Prinzip der Solidarität, das eines der europäischen Narrative darstellt, das die Gemeinschaftsbildung der europäischen Staaten von Beginn an begleitete[3] und das mit dem Lissabonner Vertrag eine prominente Platzierung erhalten hat.

Um Solidarität diese Art der Brückenfunktion zwischen nationalstaatlichem und europäischem Gemeinwohl zuschreiben zu können, muss jedoch deutlich gemacht werden, dass in der EU nicht nur die Individualebene, sondern auch Mitgliedstaaten als kollektive Akteure als Träger und Adressaten von Solidarität konzeptionalisiert werden können. Dies scheint vor allem dann möglich, wenn man Solidarität zunächst als „Idee eines wechselseitigen Zusammenhangs zwischen den Mitgliedern einer Gruppe"[4] fasst. In dieser allgemeinen Form scheint die Übertragung auch auf Mehrebenensysteme möglich. Problematisch erscheint bei der Übertragung allerdings der von vielen Autoren als eine Grundvoraussetzung postulierte Gemeinschaftssinn, die gemeinsame Identität oder das Gemeinschaftsgefühl.

---

1 *Calliess*, in: Calliess, Verfassungswandel im europäischen Staaten- und Verfassungsverbund, 2007, 187, 231.

2 Ebenda.

3 *Menéndez* Ratio Juris 16 (2003), 374.

4 *Bayertz*, in: Bayertz, Solidarität. Begriff und Problem, 1998, 11.

Die Anknüpfungspunkte für diese Argumentation finden sich bereits bei Durkheim,[5] der den Solidaritätsbegriff zur Erklärung stabiler sozialer Ordnung entfaltet. Ausgangspunkt bei ihm ist die historische Entwicklung von einfachen segmentären Gesellschaften hin zu komplexen Gesellschaften der Moderne. Letztere sind durch funktionale Differenzierung gekennzeichnet. Diese beiden Typen von Gesellschaften sind bei Durkheim verbunden mit unterschiedlichen Formen von Solidarität. Die wenig differenzierten archaischen Gesellschaften zeichnen sich durch einen hohen Grad an Ähnlichkeit und geringen Grad an Arbeitsteilung aus. In solchen sozialen Ordnungen existiert nach Durkheim vor allem eine mechanische Solidarität. Dagegen konzipiert Durkheim die differenzierte, hochentwickelte und auf komplexer Arbeitsteilung beruhende moderne Industriegesellschaft, die durch einen hohen Grad an Differenz ausgezeichnet ist. Sie ist gekennzeichnet durch das Paradox der starken Interdependenzen bei sich gleichzeitig stark entwickelnder Ideologie des Individualismus. In solchen Gesellschaften dominiert die Form der organischen Solidarität, die Zusammenhalt aufgrund kontraktueller Strukturen schafft. Denn, so das Argument, in Gesellschaften mit hoher funktionaler Interdependenz kann das Eigeninteresse an sozialen Gütern nur in Kooperation zufriedengestellt werden. Somit schließen sich Eigeninteresse und Solidarität per se nicht aus. Gemeinschaften werden somit als Instrumente der Nutzenmaximierung konzipiert.[6]

Diese Sichtweise ist fundamental für die Übertragung des Solidaritätsbegriffs auf die europäische Ebene. Denn nur durch das Überbordwerfen von vorsolidarischen Bedingungen, wie Gefühlen der Zusammengehörigkeit und Verbundenheit von Individuen, und nur durch die Interpretation von Solidarität als Möglichkeitsraum für Integration stiftende Wirkmechanismen ist es möglich, Solidarität auch im europäischen Mehrebenenkontext zu denken.

In vielen der älteren Arbeiten zur Solidarität in der Europäischen Gemeinschaft und Union wurde die Möglichkeit der Solidarität durch fehlende Identitätsstrukturen verneint.[7] Will man dem nicht folgen, so muss man von einer breiteren Definition von Solidarität ausgehen, die als „Einheit (z.B. einer Gruppe oder Klasse) [bezeichnet wird], die auf einer Gemein-

5 *Durkheim*, Über soziale Arbeitsteilung: Studie über die Organisation höherer Gesellschaften, 1988.

6 *Bayertz* (Fn. 4), 51, mit Rückgriff auf *Hare* 1992.

7 So etwa *Offe*, in: Blätter für deutsche und internationale Politik 2001, 4, 423-435.

schaft von Interessen, Zielen und Maßstäben basiert oder diese hervorbringt".[8] Damit wird die als unbedingte Voraussetzung für Solidarität konzipierte Form von Verbundenheit[9] oder ein Wir-Gefühl[10] überwunden. Eine solche ist somit eine mögliche, jedoch keine notwendige Voraussetzung für Solidarität in der EU. Somit scheint im hoch differenzierten europäischen Mehrebenensystem gerade Durkheimsche organische Solidarität durchaus denkbar.

Allerdings erstreckt sich die Differenz nicht nur auf wie ursprünglich von Durkheim gedachte funktionale Differenz in hoch arbeitsteiligen modernen Gesellschaften, sondern auch in der Ausdehnung der Integrationsprozesse über Ebenen und Akteurskategorien hinweg. Die bei Durkheim und anderen noch auf Individuen als Adressaten und Träger von Solidarität konzentrierte Konzeption muss für den EU-Kontext aufgeweicht werden. Die Sichtweise der organischen Solidarität ermöglicht es, die Begrenzung der Solidarität auf eine Gemeinschaft im Tönnies'schen Sinn zu überwinden und Solidarität auch im Hinblick auf kollektive Akteure wie Staaten zu konzipieren.

Systematisch kann man vier Formen der Solidarität unterscheiden, indem man die Ebenendimension mit der Akteursdimension kombiniert.[11] In Mehrebenensystemen werden politische Strukturen und Prozesse über territorial organisierte politische Einheiten in Form von Ebenen organisiert. Die Organisation kann sich dabei horizontal wie auch vertikal gestalten. Horizontal werden Strukturen ausgebildet, die sich innerhalb einer Ebene befinden. Vertikal überspannt Solidarität dabei die jeweiligen Ebenen in durchaus unterschiedlicher Weise.[12] Ebenfalls mit dem Charakteristikum des europäischen Mehrebenensystems verbunden ist der bereits erwähnte Umstand, dass Adressat und Träger von Solidarität sowohl Individuen als auch kollektive Akteure wie die Mitgliedstaaten der Europäischen Union sein können. Dabei ergeben sich folgende Typen von Solidarität: Transna-

8 *Preuß*, in: Bayertz, Solidarität. Begriff und Problem, 1998, 399, Preuß zitiert dabei aus Webster's Wörterbuch.

9 *Mau,* in: Harnisch/Maull/Schieder, Solidarität und internationale Gemeinschaftsbildung, 2009, 63.

10 *Kleger/Mehlhausen*, in: Politische Vierteljahresschrift, 2013, 54 (1), 50, 52.

11 *Knodt/Tews*, in: Knodt/Tews: Solidarität in der EU, Baden-Baden 2014, 7-18.

12 *Kleger/Mehlhausen* (2013) benutzen ebenfalls die horizontal/vertikal Unterscheidung als eine Dimension in der Kategorisierung ihrer Typologie, füllen sie jedoch unterschiedlich und nicht auf die Mehrebenenproblematik bezogen.

tionale, supranationale, intergouvernementale und internationale Solidarität.[13]

Transnationale Solidarität als horizontal ausgerichtete Solidarität in der EU, die auf die Ebene des Individuums gerichtet ist, basiert wie auch in nationalen Systemen auf ähnlichen Lebensbedingungen der Handelnden, die sie zu einem gemeinsamen Zweck verbinden. Individuen schließen sich zu einer Gruppe zusammen, um gemeinsam ihre Interessen zu vertreten. In der Literatur wird hierbei vor allem auf den Solidaritätsbegriff der französischen Revolution und der deutschen Arbeiterbewegung als einigender Kampfbegriff verwiesen. Damit wird der Schwerpunkt auf den Zweck einer Abwehr gemeinsamer Feinde gelegt und eine gemeinsame Identität postuliert. Transnationale Solidarität knüpft dabei durchaus an die Idee der internationalen Arbeiterbewegung an, geht jedoch über sie hinaus. Solche grenzüberschreitende Kooperation in transnationalen Zusammenschlüssen können der Europäische Gewerkschaftsbund (EGB) und europäische Betriebsräte ebenso sein wie soziale Bewegungen, die sich für Gemeinwohlinteressen einsetzen und eine Art Bewegungssolidarität darstellen.[14]

Supranationale Solidarität hat, wie auch die transnationale Solidarität, das Individuum als Träger und Adressat und bezieht sich auf die vertikale Dimension des europäischen Mehrebenensystems. Sie schafft dabei eine unmittelbare Solidarität der Bürger des europäischen Mehrebenensystems. Das solidaritätsstiftende Moment ist hierbei nicht die bereits existierende Gemeinschaft, sondern die Zugehörigkeit europäischer Bürger zu einem politischen Gemeinwesen mit den zugehörigen Rechten und Pflichten. Supranationale Solidarität zielt auf die Herstellung gleichwertiger, im Sinne der Angleichung innereuropäischer Lebensbedingungen und betont vor allem den Gemeinwohlcharakter. Dies kann sowohl durch regulierende wie auch Umverteilungsmaßnahmen – distributiven sowie redistributiven Charakters – der europäischen Politik erreicht werden. Hier findet sich die von Durkheim konzipierte organische Solidarität. Der vertikale Charakter der

---

13 Internationale Solidarität zielt auf kollektive Akteure und meint auf horizontaler Ebene Solidarität im Sinne einer Außendimension europäischer Politik, in der sich die EU als Ganzes mit Gesellschaften und Staaten in internationalen Arenen auseinander setzt. Internationale Solidarität existiert nur in einem eingeschränkten Bereich und zielt weniger auf Gemeinwohlbelange innerhalb des europäischen Mehrebenensystems. Sie soll hier deshalb keine Rolle spielen.

14 *Mau* (Fn. 9), 78.

supranationalen Solidarität zeigt sich darin, dass diese nicht als ausschließlich auf der europäischen Ebene zu findende Solidaritätsform erscheint, sondern einen die unteren Ebenen ergänzenden oder zum Teil überwölbenden Charakter aufweist, in dem sie den Bürgern der EU, die auch gleichzeitig Bürger der Mitgliedstaaten sind, zusätzliche, ihr nationalstaatliches Territorium übergreifende Rechte zuspricht. Dies betrifft vor allem Bereiche, in denen die ökonomische Integration und die Vollendung des europäischen Binnenmarkts mit gemeinwohlorientierten Maßnahmen und einer sozialen Dimension ergänzt und kompensiert werden sollen. Zudem beinhaltet die Strukturfondsförderung der EU mit dem Europäischen Sozialfonds (ESF) eine sozialpolitische distributive bzw. redistributive Komponente. Sozialpolitik als klassisches Politikfeld für solidarische Umverteilungsmechanismen zur Gemeinwohlbildung bildet bislang einen vergleichsweise kleinen Teil der europäischen politischen Ordnung,[15] stellt jedoch ein bevorzugtes Feld zur Beschäftigung mit dem Phänomen der Solidarität dar. Europäische Sozialrechte haben sich erst spät und unvollständig auf der europäischen Ebene entwickelt. Mittlerweile spannt die europäische Verrechtlichung in diesem Bereich einen neuen supranationalen gemeinwohlorientierten Solidaritätsraum auf.

Intergouvernementale Solidarität adressiert nicht die einzelnen Individuen, sondern die nationalen Mitgliedstaaten der Europäischen Union. Auch sie umfasst die vertikale Dimension des europäischen Mehrebenensystems, greift jedoch nicht bis zur Individualebene durch, sondern kreiert eine europäische Solidarität kollektiver Akteure – der Mitgliedstaaten. Diese dient der Förderung der Gemeinschaft, muss jedoch immer auch Rücksicht auf mitgliedstaatliche Regelungen im Sinne einer autonomieschonenden Politik nehmen. Das aktuellste und klassischste Beispiel der intergouvernementalen Solidarität ist in der immer noch nachwirkenden Finanzkrise zu sehen, die die Diskussion um Kredithilfen, Rettungspakete und -schirme sowie weit reichende Garantien im europäischen Eurosolidarraum hervorbrachte. Zum einen wurde die Schicksalsgemeinschaft der Eurostaaten beschworen. Sowohl nationale als auch europäische Politiker zeichneten das Bild einer europäischen Gemeinschaft, die sich politisch und ökonomisch nur gemeinsam gegen andere globale Machtzentren behaupten könne,[16] um Gemeinwohl in der EU zu sichern. Zum anderen je-

---

15 *Börner*, in: Knodt/Tews, Solidarität in der Europäischen Union, 2014, 63.
16 *Kleger/Mehlhaus* (Fn 12), 65.

doch ging die Diskussion mit einem am Eigeninteresse – vor allem der Geberstaaten – orientierten Solidaritätsgedanken einher. Zudem wurde hier eine besondere Art der konditionalisierten Solidarität gelebt.[17] Dabei kommt das Prinzip des Tausches solidarischer Hilfen gegen nachweisbare Reform- und Konsolidierungsbemühungen zur Anwendung. Das Maßnahmenprogramm 2011 und der Europäische Fiskalpakt zeigen klare Zielvorgaben für die Haushaltskonsolidierung, Schuldenreduktion und die Wettbewerbsfähigkeit der betroffenen Mitgliedstaaten sowie klar definierte Sanktionsmechanismen.

Die geforderte Solidarität zwischen den Mitgliedstaaten zeigt sich auch in der Energiepolitik und hier insbesondere im Bereich der Energiesicherheit. Energiepolitik sollte sich hierbei „im Geiste der Solidarität zwischen den Mitgliedstaaten" (Art. 194,1 AEUV) vollziehen und vor allem Versorgungssicherheit gewährleisten. Nationalstaatliche Entscheidungen über den Energiemix bleiben davon unberührt. Intergouvernementale Solidarität zeigt sich auch in der Solidaritätsklausel, die festlegt, dass die Mitgliedstaaten „gemeinsam im Geiste der Solidarität" handeln, „wenn ein Mitgliedstaat von einem Terroranschlag, einer Naturkatastrophe oder einer vom Menschen verursachten Katastrophe betroffen ist" (Art. 222,1 AEUV). Die hier eingeforderte intergouvernementale Solidarität beschwört eine Gemeinschaft, die in der Not zusammensteht und der gegenseitigen Hilfe verpflichtet ist, um Gemeinwohl zu sichern. Die Solidaritätsklausel im Katastrophenfall ist eindeutig gemeinschaftsförderlich angelegt. Aber auch hier findet sich ein autonomieschonendes Moment. Zum Schutz der nationalen Souveränität kann der Mechanismus nämlich nur durch die Regierung des betroffenen Mitgliedstaates ausgelöst werden. Die derzeitigen Umsetzungspläne bauen zudem ein weiteres handlungsleitendes Prinzip der EU in die Solidaritätsklausel ein. Der Umsetzungsvorschlag sieht zurzeit vor, eine Subsidiaritätsschwelle[18] zu verankern, die definiert, dass nur schwere Katastrophen, welche die Fähigkeiten des betroffenen Mitgliedstaates überfordern, für die Anwendung der Klausel zuzulassen sind. Damit würde die EU nur solche Fälle für den Solidaritätsfall als legitim anerkennen, die ihren Werten der Subsidiarität entsprechen. Die autonomieschonende Solidarität wird noch deutlicher in dem klassischen Fall der intergouvernementalen Solidarität der Außen- und Sicher-

---

17 *Heinemann,* in: Knodt/Tews (Fn. 11), 113-142.

18 *Von Ondarza/Parkes*SWP-Aktuell 2010/A 54.

heitspolitik. Obwohl erst mit dem Maastrichter Vertrag als solche primärrechtlich verankert, stellte Solidarität schon für die Europäischen Gemeinschaften ein wichtiges Moment der Friedenssicherung dar.[19] Bereits in der Europäischen Sicherheitsstrategie 2003 wird deutlich die Relevanz des Solidaritätsprinzips für die Akteursqualität der EU hervorgehoben. Trotzdem bleibt in diesem Politikbereich die Solidarität besonders stark an die Souveränität der Mitgliedstaaten geknüpft. Gleiches gilt für die Gemeinsame Europäische Sicherheits- und Verteidigungspolitik (GSVP).

Vor allem im Bereich der intergouvernementalen Solidarität wurde die Brückenfunktion der Solidarität deutlich. Allerdings wird auch in dieser Solidaritätsform besonders die Bedeutung der Balance zwischen den Prinzipien der Gemeinschaftsförderung und Autonomieschonung deutlich. Die Europäische Union zeichnet sich zum einen durch sich zunächst widersprechende Handlungsprinzipien aus, die durch die Konstruktion der Union miteinander versöhnt werden: Politische Entscheidungen sollten sowohl autonomieschonend als auch gemeinschaftsförderlich sein.[20] Intergouvernementale Solidarität legt besonderen Wert auf die Autonomieschonung. Daher muss jede europäische Solidarität als gemeinschaftsförderndes Instrument unter den autonomieschonenden Vorbehalt gestellt werden. Gleichzeitig ist die intergouvernementale Solidarität auch mit dem Prinzip der Subsidiarität verbunden. Das Subsidiaritätsprinzip bestimmt die Kompetenzverteilung im europäischen Mehrebenensystem und ist damit als Legitimationsprinzip der europäischen Gemeinschaft eng mit dem Solidaritätsprinzip verknüpft.[21] Der Gemeinwohlhorizont wird somit vermittelt über die Brückenfunktion der Solidarität in seiner Reichweite von den tragenden Prinzipien des europäischen Mehrebenensystems, der Autonomieschonung versus Gemeinschaftsförderung sowie der Subsidiarität begrenzt.

---

19 *Rüger*, in: Knodt/Tews (Fn. 11), 241-266.

20 *Scharpf*, in: Jachtenfuchs/Kohler-Koch, Europäische Integration, 1996, 109, 129-131.

21 *Calliess,* Subsidiaritäts- und Solidaritätsprinzip in der Europäischen Union, Baden-Baden 2. Auflage 1999; *Domurath*, in: Journal of European Integration 35 (4), 459.

Solidarity between Member States as a constitutional principle of the European Union? Progress and limits in the case of the "area of freedom, security and justice"

Jörg Monar

I. Introduction

In any form of political community solidarity in terms of mutual support and burden-sharing is not only needed to pursue objectives of common good but also – and ultimately in a more critical way – to make sure that in a situation of pressure and crisis members of the community are not left to their own means and fate. A failure on either account puts into question the community's very rationale and existence. Solidarity can thus be regarded as an essential value, a constitutional *conditio sine qua non*, and this must apply also to the European Union (EU) as an "ever closer Union" pursuing common values, objectives and policies. Solidarity has thus to be regarded as an essential part of those "horizons of common good" ("Gemeinwohlhorizonte") which this *Festschrift* wishes to explore.

The EU remains constitutionally a Union of the Member States which have established it "among themselves" (Art. 1 TEU) and hence, if at all, only indirectly – via the Member States – one of citizens. Solidarity in a constitutional sense remains therefore primarily a principle applicable to the relationship which the Union has created between the Member States, both directly and via the political, legal and institutional framework of the Union.In a Union in which Member States retain not only primary constitutional and fiscal powers but also large margins of national policy-making autonomy this solidarity continues to be a constant challenge.

EU justice and home affairs, since the Treaty of Amsterdam regrouped under the fundamental treaty objective of the "area of freedom, security and justice" (AFSJ), can be regarded as one of the most interesting domains to explore the progress and limitations of solidarity between the Member States: It is not only the EU policy domain which has expanded most since the Treaty of Amsterdam in terms of new structures, mechanisms and legislation, but also one in which Member States are exposed to considerable asymmetric pressures which have made solidarity emerge as a key issue which has also led to special provisions being included in the TFEU.

II. Asymmetric pressures within the AFSJ

The AFSJ constitutes according to the Treaties a common "area" without internal borders based on common approaches regarding asylum, immigration, external borders and internal security (Art. 3(2) TEU, 67(2) and 67(3) TFEU). The concept of a common "area" would ideally imply a fairly equal distribution of the benefits and burdens of this "area" amongst all Member States. Yet precisely this is in practice rendered very difficult by major asymmetric pressures on Member States which exist in all four fields:

a) In the *asylum* field the pressure on Member States measured in terms of numbers of asylum application per million inhabitants varied in 2013 from 50 (Portugal) to 5680 (Sweden) in the case of the two most exposed with an EU average of 860.[1] This makes a difference in the exposure ratio of 1:114. Such differences have inevitably given rise to political tensions over the question of solidarity through burden-sharing.
b) In the *immigration* field the illegal immigration pressure on Member States measured in terms of illegal border crossings between legal border crossings points also reveals major asymmetries. In 2013 Italy and Malta alone accounted for 42,7% of the total of such reported illegal crossings,[2] a figure highlighting the hugely asymmetric exposure of southern Member States.
c) In the *external borders* field there are not only major differences between the length and nature (land and/or sea) of external borders which Member States have to control in the common interest but also in the density of the migration and crime challenges which they have to face.
d) In the *internal security* field the challenges posed by serious forms of cross-border crime such as organised crime and terrorism are also

1 Eurostat, Asylum in the EU28, Eurostat Newsrelease STAT/14/46, 24 March 2014.
2 Frontex, Frontex Annual Risk Analysis 2014, Warsaw (Frontex) 2014, 31.

rather asymmetric.[3] Only five of the 28 Member States, for instance, reported in 2013 terrorist incidents, and out of those five three – France, the United Kingdom and Spain – accounted for 86,2% (131) of the total of 152 incidents.[4]

The asymmetry of pressures on Member States within the AFSJ is therefore considerable, and this to an extent that it can put its functioning at risk as was shown during the 2011 'Schengen crisis' when tensions over the influx of 'Arab Spring' refugees led several Member States to question the functioning of the Schengen system.[5]

III. Solidarity within in the AFSJ: the legal framework

In addition to the aforementioned general solidarity and mutual assistance clauses of Art. 3(3) and 4(3) TEU – which do not provide any indication of the content or reach of solidarity between the Member States – the Treaty of Lisbon has introduced two specific AFSJ provisions on solidarity:

The first is to be found in Art. 67(2) TFEU according to which the "common policy on asylum, immigration and external border control" is to be based on "solidarity between the Member States". This reference to solidarity in the "general provisions" on the AFSJ is complemented by a second specific provision applying to the TFEU chapter on asylum, immigration and border control, Article 80 TFEU, which is one of the most extensive on the principle of solidarity in the Treaties: It provides that "the policies of the Union set out in this Chapter and their implementation shall be governed by the principle of solidarity and fair sharing of responsibility, including its financial implications, between the Member States. Whenever necessary, the Union acts adopted pursuant to this Chapter shall contain appropriate measures to give effect to this principle." These provisions justify several considerations:

---

3 Europol, EU Serious and Organised Crime Threat Assessment 2013, The Hague (Europol) 2013.

4 Europol, TE-SAT 2014. European Union Terrorism Situation and Trend Report 2014, The Hague (Europol) 2014, 46-47.

5 *Monar*, Justice and Home Affairs, in: Journal of Common Market Studies – Annual Review 2011, Vol. 50 (2012), 117, 122-123.

On the one hand Art. 67(2) and 80 TFEU can be regarded as a quite forceful affirmation of the principle of solidarity: Solidarity among Member States is not only declared to be a basis for the common policy in the respective three major AFSJ fields but also linked explicitly to burden-sharing ("sharing of responsibility") between the Member States. To be noted is also the direct reference made to the use of financial instruments ("financial implications") for the implementation of the principle of solidarity. Most other EU Treaty provisions on solidarity lack such an explicit reference to the possible use of EU budgetary means so that solidarity is given here at least one dimension of more concrete meaning in terms of its application.

On the other hand, however, the drafters of the Treaties have made no effort to give a mandatory content to the principle of solidarity. There is no duty to assist a Member State exposed to an asymmetric pressure, there is no right to be assisted which such a Member State could invoke, and the importance of the aforementioned reference to "financial implications" finds itself reduced by the absence of any defined right to financial assistance. To be "governed" by the principle of solidarity is clearly to be understood in a political rather than a legal sense, and when it comes to assessing the substance of solidarity as a political guideline one is immediately confronted with vagueness of the undefined term "fair" which precedes the "sharing of responsibility". To add an even wider margin for manoeuver for EU policy-makers Art. 80 TFEU specifies that Union acts in the fields of asylum, immigration and border control shall contain appropriate measures (only) "whenever necessary" without any criteria being added on the circumstances under which this might indeed be "necessary".

Overall, therefore, the Treaty provisions on solidarity between the Member States within the AFSJ do not go beyond a strongly worded, but fairly general and legally undefined and not enforceable affirmation of solidarity as a political principle of common policy development in the fields of asylum, immigration and border controls.

IV. Solidarity within the AFSJ: The political dimension

A major example of the affirmation of political solidarity are the "Council conclusions on a Common Framework for genuine and practical solidarity towards Member States facing particular pressures on their asylum systems, including through mixed migration flows"[6] which were adopted on 8 March 2012 largely in response to the aforementioned 'Schengen crisis' of 2011, and provided the European Commission with a wide-ranging political mandate on monitoring and furthering solidarity in the fields in question. There is today no major political programming text regarding the AFSJ which does not also reaffirm the importance of solidarity, the most recent being the Conclusions of the European Council of 26/27 June 2014 on the "strategic guidelines" for legislative and operational planning for the coming years within the AFSJ which duly emphasize "the Treaty principles of solidarity and fair sharing of responsibility".[7]

Yet, however often solidarity within the AFSJ is reaffirmed in a political context its substance can ultimately only be ascertained in actual EU policy outputs, and in this respect it is useful to distinguish between a financial and an operational dimension of solidarity:

V. Solidarity within the AFSJ: The financial support instruments

Within the context of the EU's 2014-2020 Multiannual Financial Framework Member States can benefit from financial solidarity measures primarily under three financial programming instruments:[8]

1. the "Asylum, Migration and Integration Fund" (AMIF) with a financial envelope of € 3.137 billion;
2. the "Internal Security Fund" (ISF) with a financial envelope of € 3.764 billion, which is divided between an "ISF-Borders" part (€2.76 billion) and an "ISF-Police" part (€ 1.004 billion);
3. the "Justice Programme" (JP) with a financial envelope of € 0.337 billion for judicial cooperation in civil and criminal matters.

The total amount of financial support available under these three instruments amounts thus to € 7.238 billion, which makes 0,75% of the total 2014-2020 MFF framework. If one compares this amount with other large EU budgetary headings under the MFF it may be regarded as verging on the purely symbolic, and it is evident that this financial framework can on-

6 Council of the European Union, doc. 7485/12 of 9 March 2012.
7 Council of the European Union, doc. EUCO 79/14 of 27 June 2014.
8 Based on Council documents 17794/13 of 16 December 2013 and 8916/14 of 14 April 2014.

ly allow for limited emergency and pilot project support. However, at least one positive trend should be mentioned: Although the 2014-2020 MFF was subject to an overall reduction from 1.12% of GNI to 1.0% with regard to the previous MFF, the AMIF and ISF Funds have seen an increase under the new MFF by around 50%.[9] This can at least partially be ascribed to the impact of the solidarity debate generated by the 2011 "Schengen crisis".

VI. Solidarity within the AFSJ: The operational instruments

As regards operational solidarity between the Member States the relocation of asylum seekers between Member States cannot be regarded as a very positive solidarity indicator: Under the currently only fully-fledged intra-EU relocation scheme, the EUREMA II pilot project for intra-EU relocation of asylum seekers from Malta, only eight of the 28 Member States participated in the scheme 2012-2013, making a total of only 91 pledges to accept international protection beneficiaries from Malta which received in the same period 4,217 new asylum applications.[10]

A slightly more positive assessment can be arrived at with regard to the "European Asylum Support Teams" which can be deployed by European Asylum Support Office (EASO).[11] This still relatively new mechanism has already been used several times. A major example is the deployment in 2013 to Greece of over 40 experts nominated by 14 Member States in over 50 ASTs to help Greece tackling its huge asylum applications backlog, setting up a sustainable and efficient asylum and reception structure and guaranteeing the quality of the asylum and reception process.[12] However, it seems evident that 40 experts from other Member States cannot make a fundamental difference to the huge task of clearing a backlog which in 2013 was close to 50,000 applications.

---

9 European Parliamentary Research Service, EU Funds for asylum, migration and borders, Briefing 11/02/2014, Luxemburg (European Parliament) 2014, 8.

10 European Asylum Support Office (EASO), Annual Report Situation of Asylum in the European Union 2013, Malta (EASO) 2104, 73-74 and 111.

11 Council Regulation (EU) No 439/2010 of 19 May 2010 establishing a European Asylum Support Office, OJ L 132 of 29 May 2010.

12 European Asylum Support Office (note 10), 57.

A similar mechanism to the ASTs – and actually pre-dating it – exists in the field of external border management. There European Border Guard Teams (EBGTs) formed by Frontex out of a pool of national border guards designated by the Member States can be deployed in "joint operations", "pilot projects" or (more short-term) "rapid interventions" in response to specific control and surveillance challenges at EU external borders, especially in situations of "disproportionate pressures".[13] The number of border guards designated by Member States for the EBGTs was increased during 2013 to 2,500,[14] reflecting the higher political priority given by Member States to border management challenges. Frontex can also call upon Member States to make necessary equipment, such as aircrafts and ships, available. During 2013 no less than 20 of such joint operations were organised at external EU air, land and sea borders.[15] Yet the instrument has also its limitations. Apart from the fact that only part of the Member States tend to participate the operations are always temporary and cannot permanently remedy capacity deficits of particularly exposed Member States.

VII. Conclusions

Overall solidarity in the EU justice and home affairs domain, which has been strengthened by the Treaty of Lisbon, can today clearly be regarded as a financial and operational reality, which it was not yet in any substantive sense a decade ago - but also as a still rather limited and incomplete one. Its progress seems to depend more on pressures reaching the stage where they can put the sustainability of the AFSJ and hence the interests of most or all Member States at risk – as this was the case during the 2011 "Schengen crisis".

For solidarity in the EU more generally this means that in a policy domain where there are clearly identifiable solidarity needs an essentially functional rationale prevails: Solidarity instruments are primarily consid-

---

13 Article 3 of Regulation (EU) No 1168/2011 of 25 October 2011 amending Council Regulation (EC) No 2007/2004 establishing a European Agency for the Management of Operational Cooperation at the External Borders, OJ L 304 of 22 November 2011.

14 Frontex, Annual Activity Report 2013, Warsaw (Frontex) 2014, 14.

15 Ibid., 51-53.

ered useful and necessary only to avert systemic risks, and they are consequently mostly designed to address situations in which such risks can become acute. This does not only privilege short-term 'reactive' responses over more long-term 'proactive' policies but also shows that solidarity in the EU is still more of an instrument to address certain functional challenges than a community value and fully accepted constitutional principle. The EU's "horizons of common good" still have their elusive dimension.

Ein unvollendetes Projekt (über manche Probleme der europäischen Integration)

Jerzy Stelmach

I. Kants Träume

Zum ersten Mal in der Geschichte unseres Kontinents scheint er beinahe wahr zu werden. Der Traum von der Einheit und Integrität Europas, das eine Föderation unabhängiger republikanischer Staaten sein sollte.[1] Wir haben mit einem völlig einzigartigen Projekt in der Geschichte der gegenwärtigen Zivilisation zu tun, einem Versuch, weil das Projekt sich nach wie vor in der Realisierungsphase befindet, eine übernationale Struktur aufzubauen, die sich auf vier fundamentale Grundsätze stützt: Freiheit, Gleichheit der die Gemeinschaft bildenden Subjekte, Achtung des Gemeinwohls und Solidarität. Aus gewissen Gründen, die ich hier ansprechen möchte, ist das Projekt stets unvollendet, es wird ständigen Modifizierungen und Rekonstruktionen unterzogen. Daher liegt eine Frage nahe: Lässt es sich überhaupt zu Ende bringen? Jede hypothetische Antwort bedarf einer vertieften Analyse mindestens einiger Aspekte, die mit dem Problem der so genannten „europäischen Integration" zusammenhängen. Diesem Problem will ich vor allem den folgenden Beitrag widmen.

II. Integrationsräume

Ich möchte hier der Reihe nach drei solche Integrationsräume besprechen, und zwar den axiologischen, den wirtschaftlichen und den rechtlichen.

Über den axiologischen Integrationsraum wurde bereits sehr viel geschrieben und gesprochen. Denn man schreibt darüber in der Regel leicht und schön. Man kann sich allenfalls um den endgültigen Inhalt der „Werteliste" und eventuell um die „Hierarchie" streiten, jedoch nicht um die

---

1 Vgl. *Kant*, Wydawnictwo Antyk 2000, 35 f., auch *Kant*, *Zum ewigen Frieden*, Philipp Reclam 1984, S. 16 f.

Tatsache an sich, dass eine solche Liste besteht. Sie besteht, weil wir dieselben oder zumindest ähnliche kulturelle und religiöse „Wurzeln“ haben, eine ähnliche Geschichte, in der Folge auch eine ähnliche Moralität und ähnliches Recht. Mit Sicherheit streiten wir uns auch nicht um die sogenannten Grundwerte, wie Freiheit, Gleichheit, Gemeinwohl, Solidarität, Toleranz, Humanismus, Gerechtigkeit, Leben, Gesundheit, Schutz der Privatsphäre usw. Wir verstehen und akzeptieren sie. Diese Werte haben mit voller Sicherheit unsere Europäische Gemeinschaft gebildet, zugleich ethische Bedingungen für den möglichen Integrationsraum festlegend.

Man sollte jedoch nicht vergessen, dass die Idee der Europäischen Union ihren Anfang nicht in der universellen Axiologie, sondern in der pragmatisch verfassten Wirtschaft genommen hat. Zuerst entstand nämlich die Europäische Wirtschaftsgemeinschaft, erst dann das „Große Europäische Projekt”, das heißt die Europäische Union in ihrer heutigen Gestalt. Der Integrationsprozess scheint eben in dem wirtschaftlichen Bereich am besten sichtbar zu sein. Es wurden alle institutionellen und rechtlichen Grundlagen für den gemeinsamen Markt (die Freihandelszone) gebildet, insbesondere wurden Zölle und Grenzsteuern abgeschafft, Regelungen geschaffen, die einen freien Personen- und Kapitalverkehr ermöglichen, schließlich wurde die gemeinsame Währung ausgedacht, ein beispielloses wirtschaftliches Projekt. Zwar umfasst die „Eurozone“ nicht alle EU-Länder, aber die „Idee der gemeinsamen Währung“ ist trotzdem ein integrierendes Element, ein wirtschaftliches Modell, auch für diejenigen Staaten, sei es ihre Wahl, sei es die wirtschaftliche Notwendigkeit, die zu der Währungsunion bisher nicht gehören.

Der letzte hier erwähnte „Integrationsraum” ist der rechtliche Raum. Es wurden meistens gelungene Versuche unternommen, ein einheitliches europäisches Rechtssystem zu schaffen. Allerdings ist der Prozess nicht vollendet, in der weiteren Perspektive hängt er nämlich von der endgültigen Gestalt der Europäischen Union ab, was ich ausführlicher im letzten Teil dieses Beitrags ansprechen will. Es entstanden EU-Justizinstitutionen. Als Juristen haben wir gelernt, mit dem europäischen Recht zu leben. Und es war für uns eine große Herausforderung. Einerseits waren wir nämlich stark von der Autonomie der staatlichen Rechtsordnungen überzeugt, andererseits verstanden wir doch das Prinzip des „Vorrangs“ des Europarechts im Verhältnis zum mitgliedstaatlichen Recht. Die Verzögerung im Prozess des Anpassens der nationalen Rechtsordnung an das Europarecht, ich meine hier den Fall Polens, hat eine Reihe von praktischen Problemen verursacht, die mit der Anwendung der europäischen Rechtsnormen verbunden waren. Immer noch können wir nicht völlig richtig gegenseitige Verhältnisse (Einflüsse) interpretieren, die zwischen dem europäischen Recht und den nationalen Rechtsordnungen bestehen.[2]

III. Antinomien

Nun können die in den oben genannten „Integrationsräumen" auftauchenden Antinomien unter die Lupe genommen werden. Gewisse Widersprüche sind in diesem phänomenalen Projekt meines Erachtens nach 2008 stärker geworden, also nach der Wirtschaftskrise, die besonders wesentlich die Länder der Eurozone betroffen hat. Es treten immer häufiger wichtige kritische Stimmen auf, auch von Seiten der „Förderer", der „ideologischen Gründerväter" der Europäischen Union. Ich meine hier unter anderem Habermas, der sich ca. seit 2008 in seinen Veröffentlichungen, Vorlesungen und Interviews mehrmals stark kritisch über die Union äußerte. Wollen wir uns diese Widersprüche etwas näher anschauen.

Die meisten Widersprüche sind meiner Ansicht nach, was aber auch etwas widersinnig sein könnte, gerade innerhalb des axiologischen Integrationsraums aufgetreten. Zweien von diesen möchte ich besondere Aufmerksamkeit schenken. Der erste Widerspruch hängt mit Situationen zusammen, in denen doppelte ethische Standards gelten. Einerseits werden die für die Gemeinschaft grundlegenden Werte, wie Freiheit, Gleichheit der die Gemeinschaft bildenden Subjekte, Achtung des Gemeinwohls oder Solidarität, von allen EU-Mitgliedstaaten gleichermaßen anerkannt und verstanden. Jedoch versuchen wir in Krisensituationen, diese natürlichen Werte (Grundsätze) zu verändern und neu zu definieren. Infolgedessen beginnen wir, statt auf die absoluten ethischen Werte, uns auf die Situationsethik zu berufen. Das Interesse der einzelnen EU-Mitgliedstaaten gewinnt die Oberhand über die universelle Moralität. Ein Beispiel hierzu kann etwa die Haltung mancher EU-Länder zum Ukraine-Russland-Konflikt sein. Der andere Widerspruch bezieht sich auf das Problem einer anderen Interpretation der einzelnen Werte (Grundsätze). In der einen Weise wollen das Prinzip der Gleichheit die „Großen" in der Union begreifen, in der anderen Weise die „Kleinen". Ähnlich verschieden begreifen die „reichen" und die „armen" Mitgliedstaaten das Solidaritätsprinzip. Wir bekennen uns zu

---

2 Vgl. *Müller-Graff*, in: FS für Konzen, Dauner-Lieb (Hrsg.), 2006, 583-602.

denselben Werten, obgleich wir diese unterschiedlich interpretieren, vor allem was die Grenzen ihrer Geltung betrifft. Besonders sichtbar ist es im bioethischen und rechtlichen Streit in manchen EU-Ländern.

Wie ich bereits angedeutet habe, hat sich die Integration im wirtschaftlichen Raum in großem Maße bereits vollzogen. Die letzte Krise der Eurozone jedoch, insbesondere starke wirtschaftliche Turbulenzen einiger Länder der Eurozone, vor allem in Griechenland und Spanien, haben wesentliche Schwächen dieses Projekts offenbart. Man kann gewisse Zweifel hegen, ob dieselbe Währung in Staaten mit unterschiedlichem wirtschaftlichem Status eingeführt werden kann.

Das nächste Bedenken bezieht sich auf unterschiedliche Steuersysteme in Ländern mit gemeinsamer Währung. Diese Angelegenheit hat bei mir immer große Skepsis erweckt. Ich kann wirtschaftliche Unterschiede zwischen den Ländern mit gemeinsamer Währung noch verstehen. Auch innerhalb einzelner Staaten haben wir doch nicht selten mit regionaler wirtschaftlicher Differenzierung zu tun. Aber wie soll ein Wirtschaftsbereich mit gemeinsamer Währung funktionieren, in dem grundsätzlich unterschiedliche Steuer- und Steuererhebungssysteme existieren? Der Fall Griechenlands hat deutlich gezeigt: Gut kann es nicht funktionieren.

Der dritte Zweifel ist mit der Teilung Europas in zwei Staatsgruppen verbunden, die Euro-Gruppe und die Gruppe von Staaten mit eigener Währung. In der Zukunft kann diesbezüglich eine ernsthafte Spaltung drohen, laut manchen Politikern kann eine Union der „zwei Geschwindigkeiten" entstehen.

Dazu sind noch ein paar zusätzliche Bedenken über den wirtschaftlichen Integrationsraum hinzuzufügen. Zuerst die mit dem zu sozialen Charakter des gemeinsamen Marktes verbundenen, aus dem eine geringe Konkurrenzfähigkeit resultiert. Dann die mit der Überregulierung und übermäßigen Bürokratisierung des Unionsmarktes verbundenen. Schließlich die mit dem Bestehen von drei Entscheidungszentren verbundenen, das heißt der Europäischen Kommission, des Rates und des Europäischen Parlaments. Mit einem gewissen Sarkasmus könnte ich hier feststellen, dass die Entscheidungen, wenn auch zum Glück für die „durchschnittlichen" EU-Mitgliedstaaten, sowieso vom Kanzler der Bundesrepublik Deutschland getroffen bzw. gebilligt werden. Es ist also durchaus klar, dass auch der wirtschaftliche Integrationsraum nicht frei von Spannungen und Antinomien ist, die nur auf dem Wege wirklicher und tiefer Reformen zu beseitigen sind.

Mit absoluter Sicherheit ist das Projekt des Aufbaus eines Europarechtssystems nicht vollendet. Der rechtliche Integrationsraum der EU ist stets nicht abgeschlossen. Immer noch bestehen Spannungen oder etwa Antinomien zwischen dem Europarecht und den nationalen Rechtsordnungen. Die Tradition, die Gewohnheiten und die Ausbildung der europäischen Juristen waren doch immer mit dem nationalen Recht verbunden. Deswegen erfolgt der Vereinheitlichungsprozess sehr langsam. Wir verstehen und verwenden natürlich das Prinzip des „Vorrangs des Europarechts", zugleich aber hängen wir immer noch am nationalen Recht. Es fällt uns immer noch schwer, den besonderen Dualismus zu überwinden und einheitliche Standards zu erarbeiten, die das geltende Recht im europäischen Umfang begreifen ließen. Es gibt mehrere Gründe dafür, einer von denen ist mit Sicherheit das Fehlen einer Europarechts-Philosophie. Alle wichtigen Rechtsphilosophien wurden nämlich in Bezug auf das nationale Rechtssystem oder die in diesem System enthaltenen Normen gebildet. In nur wenigen Auffassungen finden wir eine vertiefte Reflexion über die Verhältnisse des nationalen zum internationalen Recht. Mit dem „neuen Phänomen" Europarecht wollen sich die Philosophen und Rechtstheoretiker irgendwie gar nicht befassen.

IV. Rekonstruktion oder Dekonstruktion?

Die Rekonstruktion will ich als eine Reform oder Änderung des bestehenden Standes der Dinge verstehen, die Dekonstruktion dagegen als eine grundlegende, wesentliche, tiefe Änderung oder auch den Anfang, eine gewisse Struktur neu aufzubauen. Ich bin davon überzeugt, dass wir immer ernsthafter einen prinzipiellen Umbau, also eine Dekonstruktion in Erwägung ziehen sollten, und nicht etwa die nächsten *Facelifts*, die in der Europäischen Union immer wieder vollzogen werden. Vor uns steht mehr oder weniger folgende Wahl: Entweder bewahren wir den bisherigen Status der Union, halten den Prozess einer weiteren Integration auf, und lernen mit den oben besprochenen Antinomien zu leben, oder wir bemühen uns um die volle Integration, deren Folge das Entstehen eines föderativen Staates namens „Europa" wäre. Einen „dritten Weg" gibt es meines Erachtens einfach nicht. Die nächsten wirtschaftlichen und politischen Krisen können die Europäische Union ganz einfach zum Zerfall führen. In diesem Kontext lohnt es sich wohl zu überlegen, was eigentlich der vollen Realisierung des Europäischen Projekts entgegensteht. Es gibt viele Gründe, die auch in ihrer Art unterschiedlich sind. Vielleicht sollte man sich einige näher betrachten.

Ein wichtiges Hindernis, das Europäische Projekt zu Ende zu bringen, sind sicher der Nationalismus und die nationalen Ressentiments. Ein gewisser Sekundär-Effekt des Integrationsprozesses ist paradoxerweise die Verstärkung nationalistischer Tendenzen in vielen EU-Ländern, was übrigens die Ergebnisse der letzten Europawahlen bestätigt haben. Dem Nationalismus liegt vor allem, wovon ich als Philosoph tief überzeugt bin, das Ressentiment zugrunde, eine Haltung, deren Folge die so genannte „zweite Flucht von der Freiheit" ist.[3]

Die nächste Ursache, die die Vollendung des Integrationsprozesses erschwert, sind der Egoismus und Opportunismus der politischen Klasse und der Beamtenstrukturen. Die Politiker wollen natürlich die nächsten Wahlen gewinnen, also an der Macht bleiben oder die Macht ergreifen, die Beamten wollen um jeden Preis ihre Stellen behalten. Jeder hat also eigenes Interesse. Infolgedessen wird die Debatte über die europäische Solidarität und das Gemeinwohl immer wieder, insbesondere in der Zeit der Wahlen und in der Krisenzeit, unterbrochen.

Wer weiß, ob das größte Hindernis nicht etwa das Fehlen eines einheitlichen eindeutigen strukturellen Modells der Integration ist. Zu diesem Thema wurde schon unheimlich viel gesagt. Trotz der Manifeste und Abkommen, ich meine hier vor allem den Vertrag von Lissabon, sind wir uns stets nicht im Klaren, was wir eigentlich anstreben. Soll die Europäische Union langfristig eine Föderation, ein neuer Staat namens „Europa", oder eine Konföderation von Staaten mit allmählich nachlassenden Gemeinschaftszügen sein?[4] Sprechen wir uns in Anbetracht dessen für einen starken (kosmopolitischen) oder etwa einen schwachen (statischen) Universalismus aus?[5] Es steht außer Zweifel, dass eine volle, effektive Integration der Europäischen Union nur dann möglich ist, wenn sowohl die erste Be-

---

3 Mehr zu diesem Thema schreibe ich im Beitrag *Ressentiment als Quelle normativer Überzeugungen*, The Emergence of Normative Orders, im Druck bei Copernicus Center Press, Ausgabetermin: 2015.

4 Unter anderem diesem Problem ist auch der gerade veröffentlichte Beitrag von Habermas gewidmet. Vgl. *Habermas* Der Staat 53 (2014), 167-192.

5 Eine vertiefte und interessante Analyse dieser Teilung macht *M. Soniewicka* in ihrem Buch Granice sprawiedliwości. Sprawiedliwość ponad granicami, [Die Grenzen der Gerechtigkeit. Die Gerechtigkeit über den Grenzen], Wolters Kluwer business 2010, S. 235-307.

dingung, also der Föderalismus, als auch die zweite, also der starke Universalismus realisiert werden.

Für mich sind auch sowohl das wirtschaftliche als auch das soziale Modell der Europäischen Union nicht ganz klar. Auch in diesem Fall können grundsätzliche Zweifel auftreten. Ein philosophisches Muster für die beiden Modelle wurde unter anderem in der Auffassung des „Völkerrechts" (*The Law of Peoples*) von Rawls gesucht, was er übrigens selbst in seinen „drei Briefen" (*Three Letters on The Law of Peoples and the European Union*) bestritten hat".[6] Nach seiner Ansicht sollte die Europäische Union nur Ländern in der Transformationsperiode helfen, also in der Zeit des Übergehens vom undemokratischen System zur Demokratie. Ich teile völlig die Auffassung von Rawls. Das Ziel der Europäischen Union kann nicht, auch wenn es heute der Fall ist, eine einfache Umverteilung der Finanzmittel sein, es kann doch nicht darum gehen, dass reichere Länder ärmeren Ländern, und in bereits bekannten Fällen einfach unwirtschaftlichen Ländern, das Geld geben.[7] Die Europäische Union kann auf lange Sicht keine karitative Organisation sein, sondern eine reibungslos verwaltete wirtschaftliche Struktur. Ihr Ziel soll die Förderung aller „innovativen" Unterfangen sein, nicht die Hilfeleistung an ärmere.

Ein Paradox (das nächste übrigens) besteht darin, dass wir im wirtschaftlichen und sozialen Sinne, was allerlei Garantien angeht, „föderative Effekte" erzielen wollen, auf der nationalen und politischen Ebene dagegen wollen wir konföderative Strukturen behalten, das heißt wir wollen nach wie vor gleichzeitig „den Speck haben und das Schwein behalten". Ist also der Bau einer völlig integrierten Struktur, eines Staates namens „Europa" überhaupt möglich? Sind wir dazu bereit? Angesichts der mir bekannten Tatsachen und Meinungen sowie der obigen Ausführungen würde ich nein sagen. Was bleibt also übrig? Sicherlich das ständige „Verbessern" der Europäischen Union, um ihre Beständigkeit in der jetzigen Gestalt zu ermöglichen. Auf lange Sicht kann es allerdings eine Bedrohung für das mit voller Sicherheit wichtigste und faszinierendste Projekt unserer Zeit bedeuten.

---

6 Vgl. *Rawls*, The Law of Peoples with „The Idea of Public Reason Revisited", Harvard University Press 1999 und *Rawls Van Parijs* Revue de philosophie économique, 7 (2003), 7-20.

7 Ich meine hier vor allem Griechenland, das die EU-Finanzmittel in großem Maße unterschlagen hat, indem es sie für verschiedene soziale Privilegien und Garantien ausgegeben hat.

Die Europäische Idee in der Krise

Wernhard Möschel

Als Charles de Gaulle, damals Major in der französischen Armee, zu einer Dienstreise in den Nahen Osten aufbrach, meinte er: „Vers l'Orient compliqué je partais avec des idées simples."[1] Nicht immer helfen in komplexen Sachlagen einfache Gedanken. Die Europäische Union in ihrem gegenwärtigen Zustand zeugt davon. Es dürfte keine Übertreibung sein, wenn man sie in einer schweren Legitimationskrise sieht. Marksteine dieser Entwicklung sind das Scheitern des Verfassungsvertrages in den französischen und niederländischen Referenden vom Jahre 2005 und das anhaltende Tohuwabohu um die Europäische Währungsunion.[2]

Man spricht gerne von der Erfolgsgeschichte der Europäischen Union in der 2. Hälfte des 20. Jahrhunderts. Es kann gut sein, dass diese Aussage in einer ungewohnten Präzision zu verstehen ist: Die Erfolgsgeschichte könnte mit Ablauf des vorigen Jahrhunderts zu Ende gegangen sein.

I. Zu den Ursachen

Die Ursachen reichen tief.[3]

- Wichtig für die Integration Europas war die politisch/militärische Bedrohung (West-) Europas aus dem Osten. Dieser Kitt ist zerbröselt. P. H. Spaak hatte Josef Stalin einmal als Vater der europäischen Einigung bezeichnet. Dieser gehört heute der Geschichte an.
- Alle Mitgliedstaaten der EU sind gegenwärtig mit gravierenden innenpolitischen Problemen konfrontiert (Überalterung der Bevölkerung mit der Ausnahme Frankreichs, Gefährdung der Systeme der sozialen Sicherung, Verlust der früher eher als selbstverständlich wahrgenomme-

---

1 Zitiert nach *Scholl-Latour*, Die Angst des weißen Mannes, Berlin 2009, S. 386.

2 Siehe dazu *Selmayr*, in: Mestmäcker/Möschel/Nettesheim, Verfassung und Politik im Prozess der europäischen Integration, Baden-Baden 2008, S. 47 ff.

3 Dazu *Möschel* (Fn. 2), S. 93 ff.

nen technologischen Überlegenheit im globalen Wettbewerb). Der Anreiz, sich auf Kosten Dritter zu salvieren, nimmt zu.

- Die Europäische Gemeinschaft begann als Wirtschaftsgemeinschaft. Hier gelten Soll und Haben. Die Fortentwicklung zu einer politisch aufgeladenen Gemeinschaft, die namentlich unter Jacques Delors begann, setzt eine sehr viel engere Bindung unter den Betroffenen voraus. Sonst akzeptieren Minderheiten keine Mehrheitsentscheidungen. Doch bestehen unverändert gravierende Interessengegensätze unter den Mitgliedstaaten fort. Es sei dazu nur auf den Versuch der englischen und der französischen Politik unter Lady Thatcher und Mitterrand verwiesen, die deutsche Wiedervereinigung zu hintertreiben. Der Versuch scheiterte am Widerstand der USA, dem von der Regierung Kohl vorgelegten Tempo und – vor allem – an der Neudefinition der sowjetischen Europainteressen unter Gorbatschow.
- Diese Interessengegensätze erfassen selbst den Binnenmarkt als das Herzstück der Integration. Die Errichtung eines Marktes in dem Sinne, dass Hindernisse für die freie Bewegung von Gütern und Produktionsfaktoren beseitigt werden, hat handelsschaffende und insofern wohlstandssteigernde Wirkung. Die internationale Arbeitsteilung wird verbessert. Dies ist für eine liberale Sicht selbstverständlich. Man kann das auch anders sehen. So meinte der französische Industrieminister Arnaud Montebourg im vergangenen Jahr: „Der Freihandel ist der Feind der Völker."[4] Er bestätigte dies vor wenigen Wochen: „Der Colbertismus ist zurück – und das ist gut so."[5]
  Es ist daran zu erinnern, dass in Deutschland demgegenüber die grundsätzliche Freihandelsorientierung der Wirtschaftspolitik von allen, auch von den Gewerkschaften, immer mitgetragen wurde.
- Gleiche Divergenzen im Grundsätzlichen, wo man sich keine Millimeterunschärfen erlauben sollte, bestehen im Vorverständnis der Verfassungsgebundenheit der EU. Dieser Konstitutionalismus ist historisch aus den USA nach Europa gekommen. Die Idee der EU als einer Rechtsgemeinschaft mit vorrangigem, allüberall gleichmäßig geltendem Recht ist eine unmittelbare Ausprägung davon. De Gaulle hat das schon früh mit Skepsis gesehen: „Internationale Verträge welken dahin

4 In o. V., Kultur steht Freihandel im Weg, FAZ Nr. 134 vom 13.6.2013, S. 10.
5 In o. V., Frankreich gründet Staatsbergbaukonzern, FAZ Nr. 45 vom 22.2.2014, S. 9.

wie die Rosen und die jungen Mädchen."[6] Er hat dies in den 60er Jahren durch die Tat – Politik des leeren Stuhles – unter Beweis gestellt, jedenfalls für den Kernbereich der Politik. Frau Lagarde, die vor ihrem jetzigen Amt im IMF französische Wirtschaftsministerin gewesen war, meinte im Kern dasselbe, als sie unlängst auf einer Konferenz ausrief: „Ich verlasse den Raum, wenn noch einmal das Wort Bundesverfassungsgericht fällt."[7]

Dahinter steht ein anderes Verständnis von Politik: Allzuständigkeit der Entscheidungsträger, prioritär gegenüber Märkten, sprich den Handlungsfreiheiten der Bürger, und diskretionär im Sinne von Regelungebundenheit. Unabhängige Institutionen als Erscheinungsformen der Gewaltenteilung sind von daher grober Unfug. Vielleicht erinnert sich der eine oder andere noch an die Invektiven, die der Soziologe Bourdieu gegen das Projekt einer unabhängigen Europäischen Zentralbank vorbrachte. Gleiches gilt für die Verselbständigung der Wechselkurspolitik. Für eine „Wirtschaftspolitik aus einem Guß" ist das schlicht ein Denkfehler. Folgerichtig lässt sich die Wirtschaftspolitik der deutschen Regierung als gemeinschaftsschädlich qualifizieren, im schlimmsten Fall sanktionieren, wenn die Exportüberschüsse des Landes zu Ungleichgewichten in den Handelsbilanzen führen. In Wirklichkeit ist dies nur die Folge von Wettbewerb auf der Ebene individueller Marktteilnehmer in einem System des grenzüberschreitenden Freihandels. Man erkennt darin letztlich das Konzept der Volkssouveränität im Sinne von Jean-Jacques Rousseau, unteilbar und nicht übertragbar. Dass Volkssouveränität faktisch nicht die Souveränität des Volkes ist, sondern die Souveränität der „classe politique", ist dabei eine Pointe, die fast schon ermüdend wirkt.

- Hinzu treten verlorene Illusionen: Die erste bestand in der Vorstellung, man könne die europäische Integration über die Köpfe der Betroffenen, sozusagen von oben herab, vorantreiben. Mittlerweile wird als Defizit deutlich: Es ist nicht gelungen, die Bürger hinreichend mitzunehmen.
- Eine zweite Illusion bestand in der Idee, über eine immer engere wirtschaftliche Zusammenarbeit automatisch zu einer politischen Union zu kommen. Es gilt die Einsicht des ehemaligen deutschen Botschafters

---

6 Zitiert nach Deutsch-Französisches Institut Ludwigsburg (Hrsg.), Deutschland-Frankreich. Ein neues Kapitel ihrer Geschichte (1948-1988), Chronologie 1963, Bonn 1988, S. 33-37.

7 Zitiert nach *Müller*, Unter Karlsruher Kuratel, FAZ Nr. 265 vom 14.11.2013, S. 8.

bei der UN und in Rom Hans Arnold: „Politische Integration von Staaten lässt sich nicht erwirtschaften, sie lässt sich nur politisch erreichen."[8]

- Von Gewicht, mindestens in der Wahrnehmung der Bevölkerungen ist etwas, was man die technokratische Arroganz der Brüsseler Beamtenschaft nennen kann. Manches wird zwar zu unrecht kritisiert: Bei der Normierung der berühmten Europagurke und ihrer Krümmung handelt es sich um eine sinnvolle Standardisierung. Gurken werden in Kartons gehandelt. So wird gewährleistet, dass in einem Karton eine einigermaßen gleiche Menge von Gurken enthalten ist.
  Im Falle einer umgekehrten Diskriminierung (Importe aus dem Ausland ins Inland dürfen nicht durch Regulierungen behindert werden, die inländische Produktion dagegen schon) sind es häufig die inländischen Unternehmen bzw. ihre Verbände, die in Brüssel auf Harmonisierung drängen, nicht unbedingt die dortige Bürokratie. Doch gibt es abundante Zuständigkeitserschleichungen der Union. Die wohl am meisten missbrauchte Vorschrift ist m. E. Art. 114 AEUV, der frühere Art. 100a Abs. 1 EG-Vertrag. Er betrifft die Rechtsangleichung im Binnenmarkt. Kautelen, wie die limitierte Einzelermächtigung oder das Subsidiaritätsprinzip, letzteres im Maastrichtvertrag als Placebo für die Deutschen verankert, erweisen sich bislang als von eher bescheidener Wirkungskraft.

II. Brüchige finalité européenne

Die hier in Erinnerung gerufenen Begrenzungen und Schwächen tangieren die finalité européenne, die Endziele einer europäischen Integration.[9]

1. Das Friedensargument

Es verwirklichte in Ablösung früherer Hegemonie- und balance of power-Konzepte eine neuartige, geniale Ordnungsidee: Kontrolle aller durch alle. Für Helmut Kohl ist die europäische Integration auch im 21. Jahrhundert

8 *Arnold*, Europa am Ende? Die Auflösung von EG und Nato, München 1963, S. 64.

9 Zum Folgenden *Möschel*, in: Theurl, Europa am Scheideweg, Berlin 2013, S. 33 ff.; *ders.* 64 ORDO (2013), 475 ff.

unverändert eine Frage von Krieg oder Frieden. Nicht jeder wird ihm da folgen wollen, zumal die Deutschen, als unsichere Kantonisten wahrgenommen, durch die Integration längst in eine Art Käfig gesperrt sind (A. Grosser). Die Präsenz der USA auf dieser Seite des Atlantiks gilt vielen als wichtiger.

2. Das Binnenmarktargument

Es ist in der deutschen Diskussion unantastbar. Für die französische Tradition trifft das nicht zu. Dort setzt man spätestens seit Cardinal de Richelieu et de Périgord auf den Staat als Angelpunkt der Wirtschaft. Um noch einmal den Industrieminister Montebourg zu zitieren: „Die Regierung sieht den Staat als einen intelligenten Akteur in der Wirtschaft an, der den Interessen unserer Nation dient."[10]

3. Das Deutschen-Argument

Die deutsche Frage, nach de Gaulle „la question européenne par excellence"[11], hat sich mit der Wiedervereinigung etwas konsolidiert.

Während man hierzulande, m. E. zu Recht, unverändert der Auffassung folgt „Deutsche Außenpolitik ist nicht möglich außerhalb von Allianzen" (Michael Stürmer), spricht man von außen her schon einmal von der Bundesrepublik als dem Vierten Reich, z.B. im Zusammenhang der Krisenbewältigung in der Währungsunion. Was immer man davon halten mag, das Argument verliert aufgrund der demografischen Entwicklung an Gewicht. Etwa ab 2060 wird es wieder mehr Franzosen als Deutsche geben.

4. Das imperiale Argument

Zunehmender (verbaler) Beliebtheit erfreut sich das imperiale Argument: Europa müsse den Willen haben, eine Weltmacht zu werden. Dies hat eine sicherheitspolitische, eine außenhandelspolitische und eine umweltpolitische Komponente. Eine gemeinsame europäische Antwort auf hier beste-

10 AaO (Fn. 5).

11 Zitiert nach *Vernet* Vol. 59, No. 1, 1994, 273, 276.

hende Gefährdungen setzt freilich eine einheitliche Zieldefinition voraus. Eine solche ist nicht wirklich erkennbar. Nationale Letztverantwortung behält oberste Priorität. Mitterrand drückte dies beim Stapellauf des milliardenteuren Flugzeugträgers de Gaulle so aus: „... damit Frankreich Herr seines Schicksals bleibt.“[12]

5. Spezifische Interessenlagen

Auf einige spezifische Interessenlagen sei nicht weiter eingegangen.[13]

III. Bundesstaat kein Modell

Aus diesem Befund werden unterschiedliche Schlussfolgerungen gezogen:

- Einige meinen, die Antwort könne nur eine entschlossene Bewegung hin zu „mehr Europa“ sein. Als Exponentin sei das ehemalige Kommissionsmitglied Viviane Reding zitiert.[14] Sie vertritt das Konzept eines europäischen Bundesstaates.
- Andere treten für ein „weniger Europa“ ein, u. a. für einen Rückbau der als hypertroph empfundenen europäischen Zuständigkeiten. Dies ist die Richtung der gegenwärtigen britischen Politik.
- Denkbar ist auch das übliche Weiterwursteln ohne klares Konzept (Methode Monnet).

  Wofür die Zeit nicht reif zu sein scheint, sind bundesstaatliche Konzepte. Ihr harter Kern besteht darin, dass das europäische Gemeinwohl im Willensbildungsprozess eines europäischen Parlaments, im power play der dort vertretenen gesellschaftlichen Kräfte gefunden würde und dass die Politikergebnisse trotz eines gegebenenfalls vorhandenen Verfassungsrahmens prinzipiell unbekannt wären. Die politische Primärverantwortung, welche gegenwärtig bei den Mitgliedstaaten liegt, ginge auf die europäische Ebene über.

  Einem solchen Konzept fehlen sämtliche Funktionsvoraussetzungen.

---

12 *Mitterrand*, Mitterrand stellt atomar getriebenen Flugzeugträger in Dienst, FAZ Nr. 107 vom 9.5.1994, S. 2.

13 Dazu näher *Möschel* 64 ORDO (2013), 475, 478 ff.

14 Der neue Bund, FAZ Nr. 47 vom 25.2.2013, S. 7.

- Es gibt kein europäisches Volk, welches Quelle einer demokratischen Legitimation sein könnte. Europa ist keine Erfahrungsgemeinschaft. Es wurzelt in seinen unterschiedlichen Identitäten und Kulturen. Christliche Ursprünge, das Vermächtnis der Aufklärung, Rechtsstaat, Demokratie und Marktwirtschaft reichen zu einer hinreichenden Identitätsstiftung offenbar nicht aus. Was Bundespräsident Gauck unlängst als identitätsstiftenden zeitlosen Wertekanon bezeichnet hat, ist im Wesentlichen nur ein Hinweis auf universale Menschenrechte.[15]
- Europa ist auch keine Kommunikationsgemeinschaft. Eine europäische öffentliche Meinung hat sich nicht herausbilden können. Ein gemeinschaftsweiter Diskurs, der eine Gesetzgebung kritisch begleitet und in eine Art volonté générale münden könnte, findet nicht statt.
- Ein Staatsvolk setzt mehr voraus als die Gleichheit eines abstrakten staatsbürgerlichen Status. Es bedingt eine meist geschichtlich gewachsene innere Verbundenheit der Staatsbürger, welche für Minderheiten eine Akzeptanz von Mehrheitsentscheidungen erträglich macht. Ein europäisches Staatsvolk lässt sich nicht dekretieren. „Staaten leben von Voraussetzungen, die sie selbst nicht schaffen können."[16]
- Das größte Hindernis gegen eine Verwirklichung bundesstaatlicher Vorstellungen dürfte aus unverändert gravierenden Interessengegensätzen zwischen den Mitgliedstaaten der EU erwachsen. Das Problem ist in einem Bundesstaat von struktureller Art. Man unterwirft sich grundsätzlich unbekannten Mehrheitsentscheidungen, die man als Minderheit nicht mehr beeinflussen kann. Die Verhältnisse in der EZB sind ein abschreckendes Beispiel dafür. Fortbestehende Verantwortung eines Mitgliedstaates als „safe harbour" gibt es dann nicht mehr.

  Auf der Agenda fundamentaler Konflikte zeichnen sich ab:

  1. Ein eventuelles Scheitern der Reformpolitik in den Südstaaten der EU mit den daraus erwachsenden Gefährdungen der Währungsunion.
  2. Transferanliegen, die im Zusammenhang der Währungsunion eine unvorstellbare Größenordnung erreichen können. Ob nationales Verfassungsrecht helfen kann, bleibt zweifelhaft.

---

15 *Gauck,* Vertrauen erneuern – Verbindlichkeit stärken, FAZ Nr. 46 vom 23.2.2013, S. 8.

16 *Böckenförde*, Staat, Gesellschaft, Freiheit, Frankfurt 1976, S. 60.

3. Ungleichgewichte in den Handelsbilanzen (als wohl einzig praktikable Sanktionen kommen pekuniäre Kompensationen in Betracht).
4. Die Integration der Wechselkurse in eine Wirtschaftspolitik der EZB und/oder der Gemeinschaft „aus einem Guß“. Der Euro war für die französische Wirtschaft viel zu stark.
5. Die Ausformung einer „europäischen Wirtschaftsregierung“. Sie dürfte Colbert näher stehen als Adam Smith.

Ich schließe mit dem Transfer einer völlig missglückten Metapher auf die deutschen Verhältnisse (der amerikanische Präsident Gerald Ford hatte sie einmal auf Abraham Lincoln angewandt): „Wenn Ludwig Erhard noch lebte, würde er sich im Grabe umdrehen.“

Die Grenzen der Europäischen Union

Thomas Oppermann[1]

An der Ehrung für *Peter-Christian Müller-Graff* beteilige ich mich gerne. Unsere freundschaftliche Bekanntschaft datiert seit Jahrzehnten. Schon als Tübinger Student war er am Europarecht interessiert, welches auf den Lehrstühlen der verschiedenen Universitäten, die ihn beriefen, zu seiner großen Leidenschaft wurde. *Müller-Graff* ist auch in Zeiten wachsender Skepsis und Krisen vom definitiven Gelingen der europäischen Einigung überzeugt geblieben.[2] Er hat seinen Anteil am Fortschritt der europäischen Integration mit der Übernahme wichtiger wissenschaftlicher und rechtspraktischer Ämter auf deutscher, ausländischer und europäischer Ebene sowie mittels eines immensen Schrifttums zum Europarecht erbracht. Seine Stimme hat in Deutschland wie in der ganzen EU Gewicht.

So mögen ihn einige Überlegungen zu den Grenzen der Europäischen Union interessieren, als eine Thematik, in der viel vom derzeit kritischen Zustand der EU mitschwingt, aber auch von den Chancen ihrer Stabilisierung.

I. Immer grösser, immer weiter ?

Aus den sechs „Gründerstaaten" (Deutschland, Frankreich, Italien und Benelux) 1952/58 geboren, war die Europäische Gemeinschaft und spätere Union von Anfang an darauf ausgerichtet, sich zur Organisation Gesamteuropas zu entwickeln. Heute bringen dies die Präambel des EU-Vertrages („Überwindung der Teilung des europäischen Kontinents") und Art 1 EUV („Verwirklichung einer immer engeren Union der Völker Europas") zum Ausdruck.

So steht die Union grundsätzlich jedem europäischen Staat offen, der die Werte der EU achtet und bestimmte materielle Voraussetzungen erfüllt

1 Professor Dr. iur. Dres h.c., Tübingen.
2 Zuletzt etwa *Müller-Graff,* Vertrag über die Arbeitsweise der Europäischen Union, in: FS für P. Kirchhof, Kube u.a. (Hrsg.), Bd I, 2013, 1073.

(Art. 49 EUV). Abgesehen von einigen wenigen Ländern wie der Schweiz oder Norwegen, die aus eigenen Gründen bisher freiwillig auf eine Mitgliedschaft verzichtet haben, ist das Beitrittsangebot der Verträge in den vergangenen sechs Jahrzehnten von der großen Mehrzahl der europäischen Staaten angenommen worden. Die „Sechsergemeinschaft" der fünfziger Jahre hat sich in fünf Verhandlungsrunden (Nord-, Süd-, „EFTA"-, Ost- und Südosterweiterung) bis 2013 von 6 auf 28 Mitgliedstaaten erweitert.[3] Mit weiteren Balkanstaaten und der als „europäisch" erklärten Türkei wird über einen Beitritt verhandelt beziehungsweise es ist ihnen eine Beitrittsperspektive eröffnet worden. Ausgeschlossen vom EU-Beitritt für eine ungeklärte Zukunft oder überhaupt bleiben vom geografischen Europa aus Gründen der Randlage, des Entwicklungsstandes oder der schieren Größe der „Koloss" Russland, Weißrussland, die Ukraine (die bereits 2020 als Beitrittsdatum angemahnt hat) sowie einige Schwarzmeer- und Kaukasusstaaten. Eine Union von 30 und mehr Mitgliedern ist absehbar. Darüber hinaus: immer grösser, immer weiter? Wo liegen die Grenzen der Union? Sind sie vielleicht bereits überschritten? Seit einiger Zeit hat die EU begonnen, einen Typus von Spezialabkommen zu entwickeln, mit denen dauerhafte Beziehungen zu den Staaten in der Nachbarschaft als Beitrittsalternative begründet werden sollen („Nachbarschaftspolitik").[4] Damit wird die Vision einer geographisch abgeschlossenen Union entwickelt, die von einem „Ring verantwortungsvoll regierter Staaten" umgeben ist.

II. Die Kopenhagener Kriterien – Wandlungen der Union

Die Problematik einer „Überdehnung" der Union wurde mit dem Zusammenbruch des europäischen Kommunismus 1989 ff. und den daraus folgenden Beitrittsanträgen zahlreicher mittelosteuropäischer Staaten sichtbar. Zur Antwort wurden die 1993 beschlossenen „Kopenhagener Kriterien" der Union.[5] Mit ihnen wurden die politischen und wirtschaftlichen Beitrittsvoraussetzungen ausbuchstabiert (Bekenntnis zu Freiheit, Demokratie, Menschenrechten und Rechtsstaatlichkeit – Verpflichtung zur wettbewerbsorientierten sozialen Marktwirtschaft). Ein besonderes viertes Kri-

---

3 *Naß*, in: FS für Götz, Luthe/Meyerholdt/Wolf (Hrsg.), 2005, 17.

4 *Lippert*, Europäische Nachbarschaftspolitik, Jahrbuch Europäische Integration, Baden-Baden 2012, 269.

5 Bulletin Bundesregierung, 1993, 629.

terium richtete sich zugleich an die Union selbst, nämlich ihre Fähigkeit, „die Stoßkraft der europäischen Union" bei der Aufnahme neuer Mitglieder zu erhalten.[6] Man kann bezweifeln, dass dieser Voraussetzung bei der (nahezu) Verdoppelung der Mitgliedschaft von 15 auf 28 EU-Staaten zwischen 1995 und 2013 die gebührende Aufmerksamkeit geschenkt worden ist. Freilich war es politisch unmöglich, die gerade vom Kommunismus befreiten Staaten Mittelosteuropas vor den Türen der Europäischen Union stehen zu lassen.

Beitritte neuer Mitglieder haben kraft ihrer nationalen Eigenart die Identität der Union von Anfang an innerlich gewandelt. Der Beitritt des weltweit engagierten Großbritannien prägt seit 1973 die EU-Handelspolitik. Die Süderweiterung der achtziger Jahre gab Anstöße für eine europäische Regional- und Strukturpolitik. Die Ost- und Südosterweiterungen um meist hilfsbedürftige neue Mitglieder seit den neunziger Jahren bedeuteten Herausforderungen für die finanzrelevanten Aktivitäten der EU. Die heutige 28er Union trägt auch bei teilweise gleichen Vertragstexten ein anderes Gesicht als die EWG der sechs Gründerstaaten in den fünfziger Jahren.

III. Grenzen und Wesen der Union

Stellt man das eben Gesagte in Rechnung, wird deutlich, dass sich die Frage nach den Grenzen der Europäischen Union nicht nach festen und abstrakten Kriterien ein für allemal beantworten lässt. Grundlage der EU-Beitrittspolitik bleibt vertragsgemäß die Schaffung eines gesamteuropäischen Verbundes, der Frieden unter seinen Mitgliedern, deren demokratische Ordnung sowie Schutz nach außen garantiert und für möglichst allgemeinen wirtschaftlichen Wohlstand sorgt. Darüber hinaus ist mit wachsender Mitgliederzahl die bereits erwähnte Wandlung mit Blick auf das politische Leitbild unverkennbar, dem die Union in ihrer „Finalität" zustrebt.

Für die ursprüngliche Sechsergemeinschaft der fünfziger Jahre des vorigen Jahrhunderts galt der Europäische Bundesstaat („Vereinigte Staaten von Europa") nach dem Vorbild der USA als Endziel der Einigung.[7] Auch als das gaullistische Frankreich ein Jahrzehnt später dieser Vision ein wenig konturiertes „Europa der Vaterländer" entgegensetzte, blieb die föde-

---

6 *Oppermann*, in: FS für Zuleeg, Gaitanides/Kadelbach/Iglesias (Hrsg.), 2005, 72.

7 *Mosler*, in: FS für Everling, Bernhardt/Geck/Jaenicke/Steinberger (Hrsg.), 1995, 911.

rale Idee zunächst auf der Tagesordnung und geistert gelegentlich in hoffnungsfrohen Augenblicken bis heute durch den europäischen Ideenhimmel.

Ob das Fernziel des Europäischen Bundesstaates jemals eine realistische Option darstellte, ist ungewiss. Es hat sich inzwischen jedenfalls aus mancherlei Gründen, besonders durch die Vervielfachung politisch und gesellschaftlich heterogener EU-Mitglieder und die damit verbundene Ausweitung der Grenzen der Union immer mehr verflüchtigt. Vertraglich hat die Austrittsmöglichkeit des mit dem Lissabon-Vertrag aufgenommenen Art. 50 EUV Klarheit geschaffen. Aus einem Bundesstaat kann man nicht austreten.

Heute lässt sich Europäische Union am ehesten mit dem von *Paul Kirchhof* geprägten Begriff des „Staatenverbundes“ umreißen, der in intensivem, teilweise föderalisiert-supranationalem Zusammenwirken auf „unbegrenzte Zeit“ (Art. 53 EUV) eine „staatsähnliche“ Verbindung zwischen seinen Mitgliedern geschaffen hat.[8] Dieser Zustand wird seit 1999/2002 durch die Errichtung der Währungsunion kompliziert, der bisher lediglich 19 der 28 EU-Staaten angehören. Die Entwicklung der europäischen Finanzkrise seit 2010 hat in Gestalt des Sonderrechts der „Euro-Rettungsmaßnahmen“ (ständiger Krisenmechanismus ESM, Fiskalpakt, Bankenunion u.a.m.) Grenzen zwischen Gesamt-EU und Eurozone markiert.[9] Es ist deutlich geworden, dass eine Suche nach definitiven Grenzen der EU nach innen wie nach außen wenig Sinn macht. Wenn sich die Zuständigkeiten und Befugnisse der Union unter dem Druck der Verhältnisse ändern und erweitern, stellt sich für die Mitglieder jeweils die Frage, ob sie zum Mitmachen bereit sind. Sie wird z.B. beim Fiskalpakt unterschiedlich beantwortet. Bei näherer Betrachtung entsteht so eine Art „Flickenteppich-EU“.

IV. Grenzen der Größe ?

Auch der gegenwärtige EU-Staatenverbund lässt jedoch Grenzen mit Blick auf die Größe künftiger Beitrittsaspiranten erkennen. Während der Beitritt der noch außerhalb der EU verbliebenen kleineren Balkanstaaten

---

8 *P. Kirchhof,* Der europäische Staatenverbund, in : Bogdandy/Bast (Hrsg.), Europäisches Verfassungsrecht, 2. Aufl. 2009, 1009.

9 *Oppermann,* Europäische Integration, in : Kube u.a. (Hrsg.) (Fn. 2), 1055.

im Sinne der gesamteuropäischen Mission der EU absehbar ist und in der Logik ihrer gesamteuropäischen Mission liegt, wirft das künftige Verhältnis einiger „Groß-Staaten" zur Union grundsätzliche Fragen ihres inneren Gefüges auf.

Ein Beitritt Russlands zur EU verbietet sich – ganz abgesehen vom aktuellen Expansionsstreben Moskaus – aufgrund der schieren Größe des eurasischen Kolosses. Die Stabilität des gegenwärtigen EU-Staatenverbundes basiert auf einem ausgewogenen Verhältnis einiger größerer und mittlerer Mitglieder (Deutschland, Frankreich, Großbritannien, Italien, Polen und Spanien) gegenüber den über 20 kleineren EU-Staaten. Die enge Abstimmung zwischen Berlin und Paris spielt dabei – solange sie funktioniert – die Rolle eines Impulsgebers für die Fortentwicklung der Union. Persönlichkeiten aus kleineren Mitgliedern haben der Union von *Paul-Henri Spaak* bis *Claude Juncker* immer wieder ihren Stempel aufgedrückt. Der Beitritt einer Weltmacht wie Russland müsste die Willensbildung innerhalb der Union aus den Fugen werfen.

Gilt grundsätzlich etwas Anderes für einen Beitritt der beiden großen Randstaaten Türkei und Ukraine? Die sich seit 2005 hinschleppenden „ergebnisoffenen" Beitrittsverhandlungen mit der Türkei demonstrieren die Malaise einer EU mit Grenzen zu Syrien, dem Irak und Iran und einer demnächst 80 Millionen umfassenden islamischen Bevölkerung.[10] Ohne das leichtfertige Beitrittsversprechen im Assoziationsvertrag EWG/Türkei von 1963 hätte sich eine Aufnahme der Türkei von Anfang an verboten, da sie geografisch – abgesehen vom kleinen Landzipfel um Istanbul – kein „europäischer Staat" ist. Gegen die Aufnahme der Türkei sprechen bis heute letztlich weniger einzelne Probleme der Kostenbelastung, des Migrationsdrucks oder Menschenrechtsfragen als letztlich wiederum die Verschiebung des inneren Gleichgewichts der EU im Falle der Aufnahme eines großen, soziokulturell „fremden" Gemeinwesens. Großbritannien, das seit jeher mit supranationaler Integration fremdelt und neuerdings mit dem Gedanken des Austritts spielt, ist nicht zufällig der lebhafteste Befürworter des Türkeibeitritts. Er wäre ein großer Schritt auf dem Wege der Rückbildung des Staatenverbundes in Richtung einer nur wirtschaftlich gemeinten Freihandelszone und so ein „Ende der EU" (*Giscard d'Estaing)* im Sinne des auch politisch geprägten Staatenverbundes.

10 *Müller-Graff/Kabaalioglu,* Turkey and the EU, Baden-Baden 2012.

Der im Zuge der Auseinandersetzung mit Russland seit 2014 immer vernehmlichere Wunsch der Ukraine nach einer Beitrittsperspektive ist aus der Sicht des gefährdeten Landes nur zu verständlich.[11] Gleichwohl gibt es auch in diesem Falle aus Sicht der Union gewichtige Gründe, ihre heutigen Grenzen nicht weiter nach Osten zu verschieben. Außen- und geopolitisch sprechen die bisherigen Erfahrungen für die Erhaltung einer Art „neutralen Puffers“ zwischen Russland und der EU in Gestalt der Ukraine und Weißrusslands. Aber auch mit Blick auf die innere Struktur der Union stellt sich ähnlich wie im Falle der Türkei die Frage, ob die EU den Beitritt eines weiteren großen, konstitutionell wenig gefestigten Randstaates „verkraften“ könnte, ohne an ihrer politischen und soziokulturellen Identität Schaden zu nehmen. Nachdem die EU-Verfassungsreform von Nizza 2001 bis Lissabon 2009 nur marginale Fortschritte bei der Handlungsfähigkeit reformierter Institutionen erbracht hat, ließen ein um die Türkei und Ukraine erweiterter Rat, Kommission und Europäisches Parlament wenig Hoffnungen auf eine in der Entschlusskraft verbesserte Aktion der Union zu. Im Gegenteil drohte die dann stark gewachsene kulturelle Diversität innerhalb der Union eher Differenzen und Blockaden zu begünstigen.

V. Grenzen und Erfolg

Der Blick auf die Grenzen der Europäischen Union hat sich als komplexe Thematik erwiesen. Einerseits ist die EU mit ihrer Zielsetzung einer umfassenden europäischen Friedens- und Wohlfahrtsgemeinschaft zunächst einmal „grenzziehungsfeindlich“, indem sie möglichst die Gesamtheit der europäischen Staaten in einem Binnenmarkt als „Raum ohne Grenzen“ (Art. 26 AEUV) in sich vereinigen möchte.

Andererseits haben sich bestimmte Fakten wie Lage, Größe, Entwicklungsstand als Grenzziehungskriterien erwiesen, die einer Gleichsetzung des geografischen mit dem integrierten Europa entgegenstehen. Gerade wer wie *Peter-Christian Müller-Graff* ungeachtet aller Krisen und Rückschläge den Erfolg des Einigungsprozesses für notwendig und unumkehrbar hält, darf solche „eingrenzenden“ Faktoren nicht übersehen. Nimmt

---

11 Ukraine, Russland, Europa, Aus Politik und Zeitgeschichte 47-48/2014 (Mehrere Beiträge).

man Alles in Allem, kommen die heutigen Grenzen der EU jedoch den Visionen der Gründungsgeneration bereits recht nahe.[12]

12 *Wieland* JZ 2012, 213.

3. Normen

Gedanken zur Rechtsnatur des EWR-Abkommens

Carl Baudenbacher

Mit Peter-Christian Müller-Graff feiert ein Grande des deutschen und des europäischen Rechts seinen 70. Geburtstag. Ein Grande ist er nicht nur wegen seiner Brillanz und der Breite der von ihm vertretenen Fächer, sondern auch im Hinblick auf seine geographische Präsenz, welche neben vielen anderen Teilen der Welt die EFTA-Staaten des Europäischen Wirtschaftsraums (EWR) umfasst. Entsprechend hat sich der Jubilar frühzeitig dem EWR-Recht zugewandt.[1]

I. Einleitung

Die Natur des EWR-Rechts war Gegenstand mehrerer Grundsatzentscheidungen des EFTA-Gerichtshofs, des EuGH und des EuG. Der vorläufig letzte Punkt wurde am 18. Dezember 2014 gesetzt. In der Rechtssache E-10/14 *Enes Deveci u.a.* hatte der EFTA-Gerichtshof über die Relevanz

1 Vgl. *Müller-Graff*, The Treaty of Amsterdam: Content and Implications for EEA-EU-Relations, in: Müller-Graff/Selvig, EEA-EU Relations, Berlin 1999, 11 ff.; *ders.*, The Impact of Climate, Geography and Other Non-Legal Factors on EC Law and EEA Law, in: Baudenbacher/Tresselt/Örlygsson (eds.), The EFTA Court Ten Years On, Oxford/Portland Oregon 2005, 55 ff.; *ders.*, EEA-Agreement and EC Law: A Comparison in Scope and Content – Overview on the Basic Legal Link between Norway and the European Union, in: Müller-Graff/Selvig (eds.), The European Economic Area – Norway's Basic Status in the Legal Construction of Europe, 17 ff.; *ders.*, European Regulatory Measures and Economic Growth, in: Müller-Graff/ Selvig (eds.), Regulation Strategies in the European Economic Area, 29 ff.; Norway in the Dynamics of European Legal Integration, in: Coexistence, Cooperation and Solidarity, Liber Amicorum Rüdiger Wolfrum, in: Hestermeyer/König/ Mart-Lück/Röben/Seibert-Fohr/Stoll/Vöneky, Volume II, Leiden/Boston 2012, 2019 ff.; *ders.*, The Compatibility of Norwegian Ownership Rules with the EEA-obligations of Norway, in: Norges offentlige utredninger 2002: 3: Eierbegrensning og eierkontroll i finansinstitusjoner, Oslo 2002, 57 ff.; *ders.*, Supranationality and National Legal Autonomy: Community Law and EEA Compared, in: Graver (ed.), National Judicial Reaction to Supranationality in the EC and the EEA (IUSEF Nummer 45), Oslo 2004, 35 ff.

von Artikel 16 der Grundrechtecharta der Europäischen Union im EWR-Recht zu urteilen.[2] Die Vorschrift bestimmt unter dem Titel "Unternehmerische Freiheit":

> "Die unternehmerische Freiheit wird nach dem Unionsrecht und den einzelstaatlichen Rechtsvorschriften und Gepflogenheiten anerkannt."

Der Fall betraf die Auslegung der Betriebsübergangsrichtlinie 2001/23.[3] Eine der Parteien des Ausgangsrechtsstreits machte u.a. geltend, die Richtlinie sei im Einklang mit Art. 16 der Charta auszulegen. Zwar sei die Charta nicht in das EWR-Abkommen inkorporiert worden. Doch sei sie gemäss dem Homogenitätsgrundsatz für die Interpretation der Richtlinie im EWR-Recht relevant.[4] Die norwegische Regierung trug vor, diese Auffassung sei mit der Staatssouveränität und dem Prinzip, dass internationale Verpflichtungen nur mit Zustimmung der Staaten entstehen können, unvereinbar. Artikel 16 gehe von seinem Umfang her über die die den Rechtsordnungen der EFTA-Staaten gemeinsamen Grundrechte hinaus. Die EFTA-Überwachungsbehörde argumentierte, die unternehmerische Freiheit sei im EWR unabhängig von den Vorschriften der Charta gewährleistet.[5] Die Europäische Kommission begnügte sich mit dem Hinweis, dass der EuGH in der Rechtssache C-426/11 *Alemo-Herron u.a.* entschieden hat, Art. 3 der Richtlinie 2001/23 sei "auf jeden Fall im Einklang mit Art. 16 der Charta zur unternehmerischen Freiheit auszulegen."[6]

Der EFTA-Gerichtshof sah keinen Grund, sich mit der Anwendbarkeit des Art. 16 der Charta auseinanderzusetzen. Er stellte fest, das EWR-Abkommen habe die Märkte der EWR/EFTA-Staaten mit dem Binnenmarkt der EU verbunden. Akteure eines Marktes seien u.a. Unternehmen. Die unternehmerische Freiheit sei deshalb ein Herzstück des EWR-Abkommens und müsse nach dem EWR-Recht und den einzelstaatlichen Rechtsvorschriften und Gepflogenheiten anerkannt werden.[7] Damit hat der EFTA-Gerichtshof einen Ansatz betont, der angesichts der Geschichte des EWR-Abkommens nicht selbstverständlich ist. Der Binnenmarktfokus impliziert nämlich, dass das Abkommen in erster Linie die Akteure dieses

---

2 Urt. v. 18.12.2014, Rs. E-10/14 (Enes Deveci u.a.), 2014 EFTA Ct. Rep., noch nicht in Slg.

3 Betriebsübergangsrichtlinie 2001/23/EG des Rates v. 12.3.2001, ABl. Nr. L 82/16.

4 A.a.O., Rn. 40.

5 A.a.O., Rn. 52.

6 A.a.O., Rn. 31.

7 A.a.O., Rn. 64.

Marktes im EU-Pfeiler und im EFTA-Pfeiler schützt. Akteure sind neben den Unternehmen die Arbeitnehmer, die Händler, die Investoren und die Konsumenten.

II. Rückblende: Klassischer völkerrechtlicher Vertrag?

Dass das EWR-Abkommen von seinen Vätern und Müttern als völkerrechtlicher Vertrag konzipiert wurde, darf bezweifelt werden.[8] Trotzdem bezeichnete der EuGH das Abkommen im Gutachten 1/91 als völkerrechtlichen Vertrag,

> "der Rechte und Pflichten im wesentlichen nur zwischen seinen Vertragsparteien begründet und keine Übertragung von Souveränitätsrechten auf die mit ihm eingesetzten zwischenstaatlichen Organe vorsieht."[9]

Dagegen stelle der EWG-Vertrag

> "die Verfassungsurkunde einer Rechtsgemeinschaft dar, er habe eine neue Rechtsordnung geschaffen, zu deren Gunsten die Staaten in immer weiteren Bereichen ihre Souveränitätsrechte eingeschränkt haben und deren Rechtssubjekte nicht nur die Mitgliedstaaten, sondern auch deren Bürger sind".[10]

Es sei nicht sichergestellt, dass insbesondere die Grundsätze der unmittelbaren Wirkung und des Vorrangs Teil des EWR-Rechts sind, ja es sei nicht einmal die Homogenität des Rechts im gesamten EWR gewährleistet.[11]

Die Regierungen der dualistischen nordischen EFTA-Staaten beriefen sich in der Folge regelmässig auf diese Charakterisierung, wenn es um die Rechte der Bürger und der Wirtschaftsakteure ging. Sie argumentierten gegen Vorrang und Direktwirkung, gegen Staatshaftung, aber auch für die Freiheit ihrer Höchstgerichte, dem EFTA-Gerichtshof eine Frage des

---

8 Vgl. z.B. *Norberg* u.a., The European Economic Area, EEA Law; A Commentary on the EEA Agreement, Stockholm 1993, 53 ff.

9 Gutachten des Gerichtshofes vom 14. Dezember 1991 zum Entwurf eines Abkommens zwischen der Gemeinschaft einerseits und den Ländern der Europäischen Freihandelsassoziation andererseits über die Schaffung eines Europäischen Wirtschaftsraums, Slg. 1991, I-6079, Rn. 20.

10 A.a.O., Rn. 21.

11 A.a.O., Rn. 27, 28.

EWR-Rechts vorzulegen oder nicht.[12] Es kann auch kein Zufall sein, dass die norwegische Regierung, im Gegensatz zur britischen und zur schwedischen, im ersten Fall, in dem sich der EFTA-Gerichtshof mit der Relevanz von Grundrechten für die Auslegung des EWR-Rechts befasste, weder auf die Europäische Menschenrechtskonvention noch auf das Fallrecht des Europäischen Menschenrechtsgerichtshofs verwies.[13] Das EWR-Abkommen wurde m.a.W. als zwischenstaatliche Veranstaltung begriffen, als klassischer völkerrechtlicher Vertrag mit einigen Reflexwirkungen für Bürger und der Wirtschaftsakteure.

III. Wiederentdeckung der Markt- und Verfassungselemente

Der EuGH hat seine Aussagen aus dem Gutachten 1/91 nie zurückgenommen. Die ihnen zugrundeliegenden Prognosen sind aber zu einem grossen Teil falsifiziert worden. Schon in der Rechtssache T-115/94 *Opel Austria* hat das Gericht festgestellt, das EWR-Abkommen bringe

„eine weitgehende Integration mit sich, deren Ziele über die eines blossen Freihandelsabkommens hinausgehen.“[14]

Das beziehe sich auf den Anwendungsbereich, die Überwachung und den gerichtlichen Schutz sowie auf die Homogenitätsregeln.[15] Entsprechend hat das Gericht entschieden, dass die Vorschriften des EWR-Abkommens der Direktwirkung fähig sind.[16]

Der EFTA-Gerichtshof hat in der Rechtssache E-9/97 *Sveinbjörnsdóttir* gegen den Widerstand Islands, Norwegens, Schwedens und – überraschend – der Europäischen Kommission die Staatshaftung als Teil des EWR-Rechts bezeichnet. Er hat sich dabei auf den Homogenitätsgrundsatz, die Notwendigkeit des – auch gerichtlichen – Schutzes der Rechte der Bürger und der Wirtschaftsakteure und die Treuepflicht der EWR/EFTA-Staaten berufen. In klarer Abkehr von der Position des EuGH im Gutachten 1/91 stellte der EFTA-Gerichtshof hinsichtlich der Rechtsnatur

---

12 Vgl. z.B. *Baudenbacher*, Was ist aus dem Gutachten des EuGH 1/91 geworden?, in: Georges S. Baur (Hrsg.), Europäer – Botschafter – Mensch: Liber Amicorum für Prinz Nikolaus von Liechtenstein, Vaduz 2007, 3 ff.

13 Vgl. den Sitzungsbericht in Rs. E-8/97 TV 1000, 1998 EFTA Ct. Rep., 68.

14 EuG, Urt. v. 15.7.1998, Rs. T-115/94 (Opel Austria), Slg. 1997, II-39, Rn. 107.

15 EuG (Fn. 14), Rn. 108.

16 EuG (Fn. 14), Rn. 101 f.

des EWR-Abkommens fest, es handle sich um einen internationalen Vertrag *sui generis*, der eine eigene, von den Rechtsordnungen der EWR/EFTA-Staaten getrennte, Rechtsordnung enthalte. Die Integration sei weniger tief als nach dem Gemeinschaftsrecht, aber Anwendungsbereich und Ziel gingen weiter als bei völkerrechtlichen Abkommen üblich ist.[17] Damit wurde die Prognose des EuGH, im EWR-Recht gebe es keine Direktwirkung, zu einem guten Teil widerlegt. *George A. Berman* hat die Staatshaftung treffend als "the surest legally enforceable mechanism for promoting member state compliance" bezeichnet.[18] Direktwirkung und Vorrang des EWR-Rechts hat der EFTA-Gerichtshof zwar in den Rechtssachen E-1/94 *Restamark* und E-1/01 *Einarsson* verneint. Er hat aber eine Quasi-Direktwirkung und einen Quasi-Vorrang in dem Sinne angenommen, dass EWR-Recht, das in die nationalen Rechtsordnungen der EWR/EFTA-Staaten implementiert wurde, vor den nationalen Gerichten von Bürgern und Wirtschaftsakteuren angerufen werden kann. Das folgt aus dem EWR-Abkommen.[19] Seine Position zu EWR-Grundrechten hat der EFTA-Gerichtshof in der Rechtssache E-2/03 *Ásgeirsson* dahin umschrieben, dass sowohl die Vorschriften des EWR-Abkommens als auch die Verfahrensbestimmungen des Abkommens der EFTA-Staaten zur Schaffung einer Überwachungsbehörde und eines Gerichtshofs im Lichte der Grundrechte auszulegen sind; die Vorschriften der EMRK und das Fallrecht des Straßburger Gerichtshofs sind wichtige Quellen für die Bestimmung des Umfangs dieser Rechte.[20] Das wichtigste Grundrechtsurteil ist fraglos E-15/10 *Norway Post* zur gerichtlichen Nachprüfung von Entscheidungen der EFTA-Überwachungsbehörde im Kartellrecht.[21]

Der EuGH hat seinerseits zu dieser Fortbildung des EWR-Rechts beigetragen. In der Rechtssache C-140/97 *Rechberger*, in der es u.a. um die

17 Urt. v. 10.12.1998, Rs. E-9/97 (Sveinbjörnsdóttir), 1998 EFTA Ct. Rep., Slg. 1998, 95, Rn. 58 ff.

18 *Berman*, in: FS für Iglesias, Colneric/Edward/Puissochet/Ruiz-Jarabo (Hrsg.), 2003, 305, 306.

19 Urt. v. 16.12.1994, Rs. E-1/94, 1994-95 EFTA Ct Rep., 15, Rn. 75 ff.; 2002 EFTA Ct. Rep, 1, Rn. 47 ff.; dazu *Hans Petter Graver*, Supranationality and National Legal Autonomy in the EEA-agreement, ARENA Working Papers 00/23, online abrufbar unter http://www.sv.uio.no/arena/english/research/publications/arena-publications/workingpapers/working-papers2000/wp00_23.htm, zuletzt besucht am 7. Januar 2015.

20 Urt. v. 12.12.2003, Rs. E-2/03 (Ásgeirsson), 2003 EFTA Ct. Rep., 185, Rn. 23.

21 Urt. v. 18.4.2012, Rs. E-15/10 (Norway Post), 2012 EFTA Ct. Rep., 246, Rn. 85 ff.

EWR-Staatshaftung ging, war er zwar nicht zuständig, weil sich die Fakten während der Mitgliedschaft Österreichs in der EWR/EFTA ereignet hatten. Trotzdem stellte er in einem *obiter dictum* fest:

> "Unter Berücksichtigung des dem EWR-Abkommen zugrunde liegenden Zieles einer einheitlichen Auslegung und Anwendung ist im übrigen darauf hinzuweisen, daß die für die Haftung eines EFTA-Staates wegen Verstosses gegen eine Richtlinie, auf die im EWR-Abkommen Bezug genommen wird, geltenden Grundsätze Gegenstand des Urteils des EFTA-Gerichtshofes vom 10. Dezember 1998 in der Rechtssache E-9/97 (Sveinbjörnsdóttir [....]) waren."[22]

Die *Common Market Law Review* bemerkte dazu in einem Herausgeberkommentar, der EuGH habe mit dieser Bezugnahme zugegeben, dass seine These, wonach das EWR-Abkommen nur Rechte und Pflichten zwischen Regierungen schafft, zu einseitig war.

> "This is more than a 'coup de chapeau', a salute to the EFTA Court. With this statement, it is important to note, the EC Court appears to endorse the EFTA Court's judgment."[23]

In der Rechtssache C-452/01 *Margarethe Ospelt* stellte der EuGH des weiteren fest, es sei eines der Hauptziele des EWR-Abkommens, den EU-Binnenmarkt auf die EFTA-Staaten auszuweiten. Mehrere Bestimmungen dienten der Sicherstellung einer möglichst einheitlichen Auslegung im gesamten EWR. Insoweit verwies der EuGH auf sein EWR-freundliches Gutachten 1/92 vom 10. April 1992.[24] Schliesslich stellte er fest, es sei seine Aufgabe sicherzustellen, dass die Vorschriften des EWR-Abkommens, die im Wesentlichen mit denen des EU-Rechts identisch sind, innerhalb der EU-Mitgliedstaaten einheitlich ausgelegt werden.[25] In der Rechtssache C-286/02 *Bellio Fratelli* führte der EuGH aus, sowohl er selbst als auch der EFTA-Gerichtshof hätten die Notwendigkeit anerkannt, über die einheitliche Auslegung inhaltsgleicher Vorschriften des EWR-Abkom-

22 EuGH, Urt. v. 15.6.1999, Rs. C-140/97 (Rechberger), Slg. 1999 I-3499, Rn. 39.

23 Editorial comments: European Economic Area and European Community: Homogeneity of legal orders?, CMLRev 1999, 697, 700.

24 Gutachten des Gerichtshofes vom 14. Dezember 1991 zum Entwurf eines Abkommens zwischen der Gemeinschaft einerseits und den Ländern der Europäischen Freihandelsassoziation andererseits über die Schaffung eines Europäischen Wirtschaftsraums, Slg. 1992, I-2821.

25 EuGH, Urt. v. 23.9.2003, Rs. C-452/01 (Margarethe Ospelt), Slg. 2003, I-9743, Rn. 29.

mens zu wachen und verwies dazu auf sein Ospelt-Urteil und auf die Rechtsprechung des EFTA-Gerichtshofs.[26]

IV. Access to Justice

Obwohl Artikel 34 des Abkommens der EFTA-Staaten zur Schaffung einer Überwachungsbehörde und eines Gerichtshofs keine Vorlagepflicht der Höchstgerichte statuiert, hat auch hier eine Entwicklung eingesetzt, welche dem Individualrechtsschutz ebenso zugute kommt wie dem Funktionieren des EWR-Binnenmarktes. Letztlich kann ein Binnenmarkt nur funktionieren, wenn die Einheitlichkeit der Rechtsprechung gewährleistet ist. In der Rechtssache E-18/11 *Irish Bank* stellte der EFTA-Gerichtshof zunächst fest, sein Verhältnis zu den nationalen Höchstgerichten der EWR/EFTA-Staaten sei zwar partnerschaftlicher als das des EuGH zu den nationalen Höchstgerichten der EU-Staaten. Gleichzeitig würden („will“) die Höchstgerichte der EWR/EFTA-Staaten der Tatsache gebührend Rechnung tragen, dass sie nach Art. 3 EWRA zur Treue verpflichtet sind. Unter Bezugnahme auf das *Ospelt*-Urteil des EuGH wies der EFTA-Gerichtshof darauf hin, dass Bürger und Wirtschaftsakteure aus den EU-Staaten aufgrund der in der EU bestehenden Vorlagepflicht der Höchstgerichte über den vollen Zugang zum EuGH verfügten.[27] In der Rechtssache E-3/12 *Jonsson* stellte der EFTA-Gerichtshof fest, es sei wichtig, dass ihm Fragen des EWR-Rechts bei unklarer Rechtslage vorgelegt würden. Dadurch würden unnötige Fehler bei der Auslegung und Anwendung des EWR-Rechts vermieden und die Kohärenz und Reziprozität bezüglich der Rechte von EWR-Bürgern einschliesslich EFTA-Staatsangehöriger in der EU gesichert.[28]

---

26 EuGH, Urt. v. 1.4.2004, Rs. C-286/02 (Bellio Fratelli), Slg. 2004, I-3465, Rn. 34.

27 Urt. v. 28.9.2012, 2012 EFTA Ct. Rep. 592, Rn. 57 und 58. Der EFTA-Gerichtshof verwies insoweit auf EuGH, Urt. v. 23.9.2003, Rs. C-452/01 (Ospelt und Schlössle Weissenberg), Slg. 2003, I-9743.

28 Urt. v. 20.3.2013, 2013 EFTA Ct. Rep. 136, Rn. 60.

V. Akzeptanz

Die Entwicklung des EWR-Abkommens in Richtung eines Markterstreckungsabkommens mit Verfassungselementen ist von den EWR/EFTA-Staaten und ihren Höchstgerichten (zum Teil *nolens volens*) akzeptiert worden. Das gilt zunächst für die Staatshaftung.[29] Aber auch die Grundrechtspraxis des EFTA-Gerichtshofs hat sich durchgesetzt. Die norwegische Regierung hat sie in der Rechtssache E-10/14 *Deveci* als „State of the Art“ bezeichnet.[30] Sogar in die Frage einer impliziten Vorlagepflicht der nationalen Höchstgerichte ist Bewegung gekommen. Die diesbezügliche Rechtsprechung des EFTA-Gerichtshofs ist vor allem in Liechtenstein, aber auch in Island auf fruchtbaren Boden gefallen. Der Liechtensteinische Staatsgerichtshof hat am 7. April 2014 im Fall *Spitzer* entschieden, dass er zur Vorlage an den EFTA-Gerichtshof verpflichtet ist, wenn eine Frage des EWR-Rechts entscheidungserheblich und die Rechtslage unklar ist.[31] Der isländische Oberste Gerichtshof hat – ohne eine explizite Vorlagepflicht anzuerkennen – ebenfalls eine Unklarheitsregel entwickelt.[32] Nur der norwegische Oberste Gerichtshof ist bislang davon ausgegangen, dass er bei der Entscheidung über eine Vorlage absolut frei ist.[33] Der EFTA-Gerichtshof und der norwegische OGH haben darüber aber einen Dialog aufgenommen.[34] Im Übrigen haben Wirtschaftsakteure mit dem Argument, eine systematische Ablehnung von Vorlageersuchen sei mit der Treuepflicht der EWR/EFTA-Staaten nicht vereinbar, Beschwerde an die

29 Vgl. dazu *Baudenbacher*, If not EEA State Liability, then What? Reflections Ten Years After the EFTA Court’s Sveinbjörnsdóttir Ruling, Chi. J. Int’l L. 2009, 333, 347 ff.

30 Urt. v. 18.12.2014, Rs. E-10/14 (Enes Deveci u.a.), 2014 EFTA Ct. Rep, Rn. 43 und 44.

31 StGH 2013/172, Erw. 2.1; dazu *Ungerank*, Anmerkung zu StGH 2013/172, LES 3/14, 149.

32 Vgl. bspw. die Begründung in dem Vorlagebeschluss in der Rechtssache E-26/13 (Iceland v Gunnarsson), s. dazu Sitzungsbericht vom 03. April 2014, noch nicht in Slg., Rn. 22.

33 Vgl. *Schei*, Chief Justices’ Tea Time: To Refer or not to Refer, that is the question, online verfügbar unter, http://www.domstol.no/en/Enkelt-domstol/-Norges-Hoyesterett/The-Supreme-Court-of-Norway-/Articles/EFTA-Courts-20th-Anniversary-Conference-June-2014/; zuletzt besucht am 6. Januar 2015.

34 http://www.eftacourt.int/press-publications/browse/1/, zuletzt besucht am 7. Januar 2015.

EFTA-Überwachungsbehörde erhoben.[35] Damit ist auch klar, dass das EWR-Abkommen *in action* entgegen den Annahmen in den Jahren nach 1991 durchaus Facetten einer Verfassungsordnung aufweist.[36] Das Urteil *Deveci* stellt mit seinem Abstellen auf den Aspekt des Binnenmarktes und des Schutzes der Marktakteure eine konsequente Fortsetzung des eingeschlagenen Weges dar.

VI. Schluss

Die skizzierten Entwicklungen waren nur möglich, weil sich einzelne Protagonisten dafür eingesetzt haben. Das ist freilich kein Spezifikum des EWR-Rechts, sondern gilt überall. In diesem Sinne ist es dem Verfasser Freude und Ehre zugleich, zur Festschrift eines Freundes beizutragen, der durch seinen persönlichen Einsatz und seinen unverwechselbaren Stil das deutsche und das europäische Recht auf so nachhaltige Weise geprägt hat.

---

35 http://www.eftasurv.int/media/public-documents/657221.pdf, zuletzt besucht am 7. Januar 2015.

36 Vgl. *Baudenbacher*, in: FS für Iglesias, Colneric/Edward/Puissochet/Ruiz-Jarabo (Hrsg.), 2003, 343 ff.

Unionale Notstandsverfassung und europäisches Wirtschaftsrecht

Jörg Philipp Terhechte

I. Problemaufriss

Der Grenzgang zwischen Verfassungs- und Wirtschaftsrecht ist eine bewährte Übung *Peter-Christian Müller-Graffs*.[1] Auf der Ebene des Rechts der Europäischen Union muss ein solcher Grenzgang in gewisser Weise als idyllisches Spazieren über die „grüne Grenze" anmuten, besitzt das europäische Wirtschaftsrecht doch zu weiten Teilen Verfassungsrang (bzw. ist überwiegend Teil des unionalen Primärrechts).[2] Dies gilt etwa für die Grundfreiheiten, das europäische Kartell- und Beihilfenrecht sowie andere sektorielle Politiken mit wirtschaftlichem Profil (z. B. die Verkehrs-, Industrie- und Energiepolitik).

Aus dem Verfassungsrang des europäischen Wirtschaftsrechts resultieren mitunter Fragestellungen, die nur selten mit wirtschaftsrechtlichen Regelungskomplexen in Verbindung gebracht werden. Das gilt insbesondere für die Frage, ob das Unionsrecht eine Art „Notstandsverfassung" kennt, und wie ggf. das Verhältnis einer solchen Notstandsverfassung zum Wirtschaftsrecht der EU beschaffen ist. Schon die mit der Thematik verbundenen grundsätzlichen Erwägungen zeigen, dass beschauliche Grenzgänge auch im Unionsrecht in unwegsames Gelände führen können, das nur noch mit Hilfe allgemeiner Prinzipien passierbar ist. Einerseits prägt nämlich das europäische Verfassungsrecht das Wirtschaftsrecht der EU ganz erheblich, andererseits sorgt die nach wie vor zu verzeichnende Dominanz

---

1 S. etwa aus jüngerer Zeit *Hatje/Müller-Graff*, Europäisches Organisations- und Verfassungsrecht, in: dies. (Hrsg.), Europäisches Organisations- und Verfassungsrecht (EnzyEuR Bd. 1), 2015, § 1; *Müller-Graff*, Europäisches Wirtschaftsordnungsrecht: Das System, in: ders. (Hrsg.), Europäisches Wirtschaftsordnungsrecht (EnzyEuR Bd. 4), 2015, § 1.

2 Dazu etwa am Beispiel des Wettbewerbsrechts *Terhechte*, Wandlungen der europäischen Wettbewerbsverfassung nach dem Vertrag von Lissabon?, in: Fastenrath/ Nowak (Hrsg.), Die Europäische Union nach dem Reformvertrag von Lissabon (2009), 187 ff.

wirtschaftsrechtlicher Normenkomplexe auf der Ebene des Unionsrechts dafür, dass der „Notstand" meist auf den Binnenmarkt und seine Funktionsfähigkeit bezogen ist. Entsprechend kann auch von einem „Binnenmarktrecht der Wirtschaftskrisen" gesprochen werden.[3]

Hiermit kann es allerdings nicht sein Bewenden haben. Vielmehr ist das Binnenmarktrecht in den Kontext der allgemeinen unionsrechtlichen Regelungen über den Notstand zu stellen, um so eine Art „unionale Notstandsverfassung" entwerfen zu können. Entscheidend ist hierbei zunächst, in welchen Kontexten der Notstand überhaupt als Frage des Unionsrechts begriffen wird und welche Normenkomplexe hier zusammengeführt werden müssen.

II. Zum Begriff der Notstandsverfassung

Der Begriff der „Notstandsverfassung" bzw. des „Staatsnotstandes" ist ein tradierter Terminus des deutschen Verfassungsrechts.[4] Er bezeichnet die Gesamtheit der verfassungsrechtlichen Vorschriften, die sich mit dem *äußeren Notstand* (Verteidigungs- und Spannungsfall) und dem *inneren Notstand* (Naturkatastrophen, drohende Gefahren für die freiheitliche demokratische Grundordnung) beschäftigen.[5] Damit ist zunächst klargestellt, dass der „Notstand" nicht etwa eine rechtsfreie Situation darstellt, sondern dass das Recht auch und gerade seine Maßstäblichkeit und Steuerungskraft in solchen Situationen unter Beweis stellen muss, die gemeinhin als „Krise", „Katastrophe" oder eben als „Notstand" angesehen werden.[6]

Bemerkenswert ist hierbei, dass der „Notstand" häufig gerade nicht als wirtschaftliche Krise begriffen wird, sondern als Situation, in der es zu Gefährdungen politischer oder staatlicher Strukturen kommt. Dass auch

---

3 *Repasi*, Das Binnenmarktrecht der Wirtschaftskrisen, in: Müller-Graff (Hrsg.), Europäisches Wirtschaftsordnungsrecht (EnzyEuR Bd. 4), 2015, § 25.

4 Dazu etwa *Benda*, Notstandsverfassung (1968); *Zwitter*, Rechtstheoretische Erläuterungen zur Begrifflichkeit und Theorie des Staatsnotstandes, in: ders. (Hrsg.), Notstand und Recht (2012), 20 ff.

5 *Hesse*, Grundzüge des Verfassungsrechts der Bundesrepublik Deutschland, 20. Aufl., (1995), 300 ff.; eingehend dazu auch *Hertwig*, Staatsnotstandsrecht in Deutschland, in: Zwitter (Hrsg.), Notstand und Recht (2012), 112 ff.

6 Deshalb ist der Notstand oder die Krise auch nicht mit dem „Ausnahmezustand" gleichzusetzen. Zur Figur des Ausnahmezustandes s. *C. Schmitt*, Politische Theologie I (1996), 11.

schwere Wirtschaftskrisen zu Notsituationen führen können, ist zwar durch die Staatsrechtslehre nicht ignoriert worden.[7] Gleichwohl bleibt es dabei, dass der sich „Notstand" aus der Warte des deutschen Verfassungsrechts eher polit-strukturell darstellt oder aber Situationen umschreibt, die sich der Beeinflussung durch den Menschen gänzlich entziehen (z. B. Naturkatastrophen).

Nicht nur das deutsche Verfassungsrecht kennt die Figur des Notstandes, sondern in nahezu allen Verfassungen der EU-Mitgliedstaaten finden sich Normen, die „außergewöhnliche Situationen", politische Krisen und ähnliche Konstellationen zum Gegenstand haben.[8] Gemein ist dem mitgliedstaatlichen Verfassungsrecht die Unterscheidung zwischen inneren und äußeren Notstandssituationen.[9] Indes scheint es einen allgemeinen Ansatz des mitgliedstaatlichen Verfassungsrechts zu verkörpern, dass der „Notstand" in der Regel keine ökonomische Ausnahmesituation ist, sondern ein Bedrohungsszenario für die jeweiligen politischen Strukturen.

III. Notstand und Notstandsverfassung im Unionsrecht

1. Allgemeines

Notstandssituationen sind auch und insbesondere für das Unionsrecht zunächst eine Frage von Regel und Ausnahme. Traditionell reagierte das europäische Recht auf Krisen in den Mitgliedstaaten mit der Gewährung von Ausnahmen, d. h. in der Notstandssituation wurden die Mitgliedstaaten zumindest teilweise von unionsrechtlichen Verpflichtungen freigestellt (s. etwa ex-Art. 297 EGV).[10] Ist der Notstand damit ein rein mitgliedstaatliches Phänomen? Entscheidet im europäischen Verfassungsverbund nur der Mitgliedstaat in Notstandssituationen?

Ein näherer Blick auf die Regelungen des Unionsrecht zeigt, dass insbesondere der Lissabonner Vertrag Neuerungen eingeführt hat, die auch im – zunächst mitgliedstaatlichen – Notstand Beachtung finden müssen,

7 *Hesse*, Grundzüge des Verfassungsrechts der Bundesrepublik Deutschland, 20. Aufl. (1995), 301.

8 Dazu etwa *A. Weber*, Europäische Verfassungsvergleichung (2010), 67 ff.

9 *A. Weber*, ebenda.

10 Eingehend dazu *Roeder*, Staatsnotstand im Recht der Europäischen Union, in: Zwitter (Hrsg.), Notstand und Recht (2012), 83 ff.

und die Union so in die Lage versetzen sollen, in Krisensituationen zu helfen. Die Notstandsverfassung der EU hat damit zwei Gesichter: Das der Solidarität und Kooperation und das der Ausnahme. Hierbei ist das Spektrum der antizipierten Krisen längst nicht mehr nur im Kontext des Binnenmarktes zu sehen, sondern hält Regelungen für terroristische Bedrohungen, politische Gefahren und Naturkatastrophen bereit.

2. Solidarität im Notstand – der neue Art. 222 AEUV

Zurückgehend auf den EVV (Art. I-43 Abs. 1 und Art. III-329) ist mit dem Vertrag von Lissabon eine Solidaritätsklausel (Art. 222 AEUV) in das Unionsrecht aufgenommen worden. Sie fordert gemeinsames Handeln von Union und Mitgliedstaaten im Geist der Solidarität ein, soweit ein Mitgliedstaat von einem Terroranschlag, einer Naturkatastrophe oder einer vom Menschen verursachten Katastrophe betroffen ist.[11] Hier wird deutlich, dass der Notstand zunächst als Krisensituation in den Mitgliedstaaten begriffen wird. Einen genuinen „Unionsnotstand" gibt es so nicht. Art. 222 AEUV zeigt indes, dass dieser Notstand kein ausschließliches Problem der Mitgliedstaaten ist, sondern dass es Aufgabe der EU ist, sie in entsprechenden Situationen zu unterstützen. Wie diese Unterstützung aussehen kann, ist in Art. 222 AEUV nicht geregelt, sondern steht letztlich im Ermessen des Rates, der gem. Art. 222 Abs. 3 AEUV aufgrund eines gemeinsamen Vorschlags der Kommission und des Hohen Vertreters der Union für Außen- und Sicherheitspolitik tätig werden kann. Dass Art. 222 AEUV allerdings schwerwiegende Ausnahmesituationen vor Augen hat, verdeutlicht die in der Vorschrift vorgesehene Einschaltung des Politischen und Sicherheitspolitischen Komitees (Art. 38 EUV)[12] bzw. des Ständigen Ausschusses „Innere Sicherheit" nach Art. 71 AEUV[13].

Im Kontext des EU-Wirtschaftsrechts stellt sich insbesondere die Frage, ob die Tatbestandsvariante der „menschlich verursachten Katastrophe" auch auf wirtschaftlich gelagerte Ausnahmesituationen Anwendung finden

---

11 S. dazu *U. Becker*, in: Schwarze (Hrsg.), EU-Kommentar, 3. Aufl. 2012, Art. 222 AEUV, Rn. 1.

12 Zum PSK s. *Terhechte*, in: Schwarze (Hrsg.), EU-Kommentar, 3. Aufl. 2012, Art. 38 EUV, Rn. 3 ff.

13 Dazu *Herrnfeld*, in: Schwarze (Hrsg.), EU-Kommentar, 3. Aufl. 2012, Art. 71 AEUV, Rn. 1 ff.

kann. Dies wird man so sehen können, wobei nicht jede Wirtschaftskrise (z. B. auch Absatzeinbruch in einer wichtigen Branche) hierunter fallen dürfte, sondern nur exzeptionelle und schwerwiegende Krisensituationen.[14]

3. *The apocalypse would need to happen first – Die Allgemeine Notstandsklausel (Art. 347 AEUV)*

Während also Art. 222 AEUV auf den Geist der Solidarität und Kooperation setzt, beinhaltet Art. 347 AEUV die Möglichkeit, für die Mitgliedstaaten in Krisensituationen unionsrechtliche Vorgaben außer Acht zu lassen.[15] Nach dieser Vorschrift setzen sich die Mitgliedstaaten miteinander ins Benehmen, um durch gemeinsames Vorgehen zu verhindern, dass das Funktionieren des Binnenmarktes durch Maßnahmen beeinträchtigt wird, die ein Mitgliedstaat bei einer schwerwiegenden innerstaatlichen Störung der öffentlichen Ordnung, im Kriegsfall, bei einer ernsten, eine Kriegsgefahr darstellenden internationalen Spannung oder in Erfüllung der Verpflichtungen trifft, die er im Hinblick auf die Aufrechterhaltung des Friedens und der internationalen Sicherheit übernommen hat.[16]

Dass es sich um eine Ausnahmevorschrift handelt, wird im Zusammenspiel mit Art. 348 AEUV deutlich, der die auf Art. 347 AEUV gestützten Verfälschungen des Binnenmarktes thematisiert. Nimmt man die Art. 347 AEUV zugrundeliegenden Konstellationen in den Blick, dann offenbart sich die Hauptaufgabe der Vorschrift: Sie soll politische Bedrohungen und Kriegsfälle ins Verhältnis zum Binnenmarktziel (Art. 3 Abs. 3 EUV, Art. 26 AEUV) setzen und sicherstellen, dass selbst in solchen außergewöhnlichen Situationen das Unionsrecht nicht völlig zur Seite gedrängt wird. Denn zum einen müssen die Mitgliedstaaten sich immerhin ins Benehmen setzen, zum anderen ist der EuGH gem. Art. 348 AEUV zwar auf den ersten Blick auf eine bloße Missbrauchskontrolle beschränkt, es lässt sich hier aber eine deutliche Tendenz in Richtung einer stärkeren rechtlichen Kontrolle beobachten.[17] In der Rechtsprechung des EuGH ist somit

---

14 Ebenda, Rn. 5.

15 *Roeder* (Fn. 10), S. 83 ff.

16 Dazu etwa *Repasi* (Fn. 3) § 25 Rn. 27.

17 EuGH, Rs. C-372/05, Kommission/Deutschland, Slg. 2009, I-11801; dazu auch *Kottmann*, Introvertierte Rechtsgemeinschaft (2014), 140 ff.; vgl. auch EuGH,

ein Wandel zu verzeichnen. Art. 347 AEUV ist schon lange kein *judicial no man's land* mehr, wie es GA Jacobs einmal formulierte[18], sondern eine sehr voraussetzungslastige Norm – *apocalypse would need to happen first.*[19]

4. Sektorielle Notstandsklauseln und ordre public-Vorbehalte

Neben den allgemeinen Bestimmungen über Solidarität und Notstand sind spezielle „Notstandsvorschriften" bzw. ordre public-Vorbehalte über die Unionsverträge verstreut. Zu erwähnen sind etwa Art. 27 Abs. 2 AEUV als horizontale Anforderung an Ausnahmen i. R. d. Binnenmarktes, Art. 36, 52, 66 AEUV (i. R. d. Grundfreiheiten), Art. 42 AEUV (i.R.d. Agrarpolitik), Art. 72 AEUV (i. R. d. Visa-, Asyl- und Einwanderungspolitik), Art. 114 Abs. 5 AEUV (i. R. d. Rechtsangleichung) sowie diverse Bestimmungen im Rahmen der WWU, z. B. Art. 143 und Art. 144 AEUV. Diese Vorschriften weisen insgesamt eine erheblich höhere Anwendungsrelevanz auf als Art. 222 AEUV und Art. 347 AEUV, was zeigt, dass Probleme und Krisen anstelle einer „Totalausnahme" (Art. 347 AEUV) mehr im System des Unionsrechts abgearbeitet werden.

IV. Unionale Notstandsverfassung und europäisches Wirtschaftsrecht

1. Allgemeines

Insbesondere auf der Ebene des europäischen Wirtschaftsrechts zeigt sich, dass der Notstand „gewöhnlich" durch spezifische Ausnahmearrangements und ordre public-Vorbehalte gemeistert werden soll. Die Regelungstechnik der Verträge ist hierbei allerdings unterschiedlich. So erlaubt

---

Rs. C-120/94R, Kommission/Griechenland, Slg. 1996, I-1513 (absoluter Ausnahmefall).

18 SchlA des GA Jacobs in EuGH, Rs. C-120/94R, Kommission/Griechenland, Slg. 1996, I-1513, Rn. 50 ff. mit weiteren Nachw. zum Ursprung der Formulierung.

19 Diese Formulierung stammt von einer Website, in der Bestrebungen im Vereinigten Königreich kommentiert werden, die Arbeitnehmerfreizügigkeit unilateral auszuhebeln (verfügbar unter www.freemovement.org.uk/can-the-uk-suspend-free-movement).

Art. 122 AEUV bei Krisen im Bereich der Wirtschaftspolitik direkte Unterstützungsleistungen durch die EU, während die Grundfreiheiten spezielle Ausnahmetatbestände kennen, die *auch* in Notsituationen greifen können (vgl. etwa Art. 36, 52, 66 AEUV). Dagegen sind etwa dem Kartellrecht ausdrückliche Ausnahmen für Notsituationen unbekannt. Hier wird es allerdings im Wege der Auslegung möglich sein, bestimmte Krisensituationen in den Griff zu bekommen. Das europäische Beihilfenrecht kennt schließlich mit der Figur der sog. „Katastrophenbeihilfe" ein Instrument, das explizit den Notstand als Folge von „Naturkatastrophen oder sonstige außergewöhnlichen Ereignisse" thematisiert (Art. 107 Abs. 1 lit. b AEUV) sowie weitere Ausnahmemöglichkeiten.

2. *Gravierende Versorgungsschwierigkeiten als Notstand (Art. 122 AEUV)*

Art. 122 AEUV verkörpert eine der wenigen Normen, die es der EU erlauben, direkten Einfluss auf die mitgliedstaatliche Wirtschaftspolitik zu nehmen.[20] Falls in einem Mitgliedstaat gravierende Schwierigkeiten in der Versorgung mit bestimmten Waren, vor allem im Energiebereich, auftreten, kann die EU im Geiste der Solidarität „angemessene Maßnahmen" beschließen.[21] Art. 122 Abs. 2 AEUV sieht bei besonders ernsten Situationen gar die Möglichkeit der Gewährung finanziellen Beistandes durch die Union vor. Hiervon können auch „wirtschaftliche Schocks" umfasst sein.[22] Die entsprechenden finanziellen Hilfen, die auf der Grundlage des Art. 122 Abs. 2 AEUV gewährt wurden, sind gleichwohl kritisiert und teilweise als Umgehung des bailout-Verbots des Art. 125 AEUV angesehen worden.[23]

---

20 *Hattenberger*, in: Schwarze (Hrsg.), EU-Kommentar, 3. Aufl. 2012, Art. 122 AEUV, Rn. 1.

21 Zur Anwendungspraxis etwa *Kämmerer*, in: Siekmann (Hrsg.), EWU (Kommentar zur europäischen Währungsunion), 2012, Art. 122 AEUV, Rn. 57 ff.

22 *Kämmerer* (Fn. 21), Art. 122 AEUV, Rn. 28; *Frenz/Ehlenz*, Der Euro ist gefährdet: Hilfsmöglichkeiten bei drohendem Staatsbankrott, EWS 2010, 65 (68); *Häde*, Staatsbankrott und Krisenhilfe, EuZW 2009, 399 (401 f.).

23 *Kämmerer* (Fn. 21), Art. 122 AEUV, Rn. 61 ff.

3. Grundfreiheiten und Notstand

Die bereits erwähnten allgemeinen Ausnahmebestimmungen zu den Grundfreiheiten (Art. 36, 52, 66 AEUV) stehen im Verhältnis der Spezialität zu Art. 347 AEUV[24] und greifen sowohl bei inneren als auch bei äußeren Notlagen.[25] Diese weite Auslegung der entsprechenden Bestimmungen hat dafür gesorgt, dass eine Berufung auf Art. 347 AEUV so gut wie nie erwogen wird, sondern die spezifischen Notlagen „sachmaterienspezifisch" gemeistert wurden. Allerdings ist die EU kaum mit Situationen konfrontiert worden, die den in Art. 347 AEUV thematisierten Notlagen nahe käme. Ob aber in einem solchen Fall die „sachmaterienspezifische" Herangehensweise noch adäquat wäre, mag dahinstehen. Die Ausnahmen zu den Grundfreiheiten sind eher auf die Moderation „interner Konflikte" ausgerichtet und nicht so sehr auf die Frage, wie auf äußere Notstände zu reagieren ist und wer entsprechend handlungsbefugt ist. Dies zeigt sich auch daran, dass staatliche Maßnahmen im Zuge von Notsituationen durchaus als „zwingende Erfordernisse" eingeordnet werden können.[26]

V. Funktionen der Notstandsregelungen und die Rolle der EU-Institutionen

Die Regelungen über den Notstand auf der Ebene der EU verfolgen angesichts der aufgezeigten Entwicklungen unterschiedliche Ziele: In erster Linie geht es hier aus der Sicht des Unionsrechts darum, eine eindeutige Zuordnung von Rechten und Pflichten in Krisensituationen zu ermöglichen, was gerade in einem derart komplexen föderal organisierten System wie der EU von höchster Bedeutung sein dürfte. Diese Zuordnung erlaubt es, Stabilität in der Krise sicherzustellen. Doch zeigen die entsprechenden Regelungen des Unionsrechts auch, dass es hier um mehr geht: Die Union rückt in Krisensituationen zunehmend in eine aktive Rolle, sei es, dass sie auf der Grundlage des Art. 222 AEUV tätig wird, oder sei es, dass sie auf der Grundlage des Art. 122 Abs. 2 AEUV direkte Hilfszahlungen leistet. Sie wird zum Krisenhelfer und Krisenmanager, was angesichts der theore-

24 EuGH, Rs. C-367/89, Richardt, Slg. 1991, I-4621 Rn. 22; *Karpenstein*, in: Schwarze (Hrsg.), EU-Kommentar, 3. Aufl. 2012, Art. 347 AEUV, Rn. 12.

25 *Karpenstein* (Fn. 24), Art. 347 AEUV, Rn. 1.

26 *Repasi* (Fn. 3), § 25 Rn. 28.

tisch eminent wichtigen Regelungen über den Notstand ein weiterer Beleg für die Bedeutung der EU ist. Und sie ist interessanterweise – gerade im europäischen Wirtschaftsrecht – *Schiedsrichter der Krise*, indem sie verbindlich über die Zulässigkeit von Ausnahmen zu entscheiden vermag.

Auch auf der Ebene der EU ist die Krise aber zunächst die Stunde der Exekutive, denn es sind Kommission und Rat, die in Krisensituationen zu handeln haben (vgl. Art. 122, 222, 347 AEUV). Dagegen ist die Rolle des Europäischen Parlaments alles andere als prominent. Zum Teil sehen die Notstandsbestimmungen immerhin Unterrichtungspflichten vor, so etwa Art. 222 Abs. 3 a. E. AEUV. Dagegen scheint der EuGH gerade in Bezug auf Art. 346 und 347 AEUV zu einer strikteren Kontrolle überzugehen, was zeigt, dass er seiner Rolle gem. Art. 19 EUV auch in Krisen nachkommen will. Beide Tendenzen sind unter dem Strich zu begrüßen, denn es entspricht den Zielen und Werten der Union, demokratische Legitimation und judizielle Kontrolle nicht vollkommen auszuschalten. Diese Tendenz zeigt sich auch bei notstandsbedingten „völkerrechtlichen Ausweichmanövern" der Mitgliedstaaten, wie dem Fiskalpakt und dem ESM. So verfügt etwa der EuGH auch im Rahmen des – völkerrechtlichen – Vertrags über die Stabilität, Koordinierung und Steuerung in der Wirtschafts- und Währungsunion (sog. Fiskalpakt) über bestimmte Kompetenzen (Art. 8 SKSV).[27] Freilich verkörpern viele „Krisenmanöver" zugleich eine ernste Bedrohung der rechtlich gewachsenen Strukturen der EU.

VI. Notstand und Souveränität der Mitgliedstaaten

Der Notstand betrifft immer auch die Souveränität der Mitgliedstaaten. Es liegt auf der Hand, dass im Kontext der EU entscheidende Fragen der Aufgabenverteilung zwischen der EU und den Mitgliedstaaten angesprochen sind. Nun ist eigentlich unbestritten, dass die Mitgliedstaaten der EU zumindest teilweise ihre Souveränität bzw. Kompetenzen zugunsten der EU eingeschränkt bzw. aufgegeben haben. Im Falle des Notstandes ist aber dieser Souveränitätsverzicht bislang eher überschaubar geblieben. Der Notstand bleibt in erster Linie ein durch die Mitgliedstaaten zu lösendes Problem. Sie haben aber in den Verträgen die Grundlage dafür gelegt, dass

---

27 Abgedruckt bei *Schwarze* (Hrsg.), EU-Kommentar, 3. Aufl. 2012, 2957 ff.; eingehend dazu die Beiträge in *Hatje* (Hrsg.), Die Einheit des Unionsrechts im Zeichen der Krise, EuR-Beiheft 1/2013.

die Union Hilfestellung leisten kann. Zudem müssen die Mitgliedstaaten auch in der Krise bestimmte Kooperationsverpflichtungen ebenso erfüllen wie auch die Union mit unterschiedlichen ex-ante und ex post-Kontrollen überprüfen wird, ob wirklich eine Notsituation vorgelegen hat.

VII. Schluss

Notstandssituationen sind im europäischen Verfassungsverbund nicht nur eine Herausforderung bzw. Bedrohung für die Mitgliedstaaten, sondern stellen stets auch die EU auf die Probe. Es fällt auf, dass sich im primären Unionsrecht immer deutlicher Züge einer unionalen Notstandsverfassung abzeichnen, die auf wohldosierten Ausnahmen einerseits und der Gewährung und Vermittlung von Solidarität andererseits basiert. Angesichts der Gefahren, die durch Notsituationen auch für die Unionsrechtsordnung entstehen können, vermag die stetige Ausdifferenzierung nicht zu überraschen. Dennoch fällt auf, dass der Binnenmarkt vielfach im Zentrum des Interesses steht. Vielleicht sind im 21. Jahrhundert Wirtschaftskrisen ebenso gefährliche strukturelle Gefährdungen wie politische Krisen und Notstände – und zwar nicht nur für die Ökonomie selbst, sondern insbesondere auch für die rechtliche Verfasstheit der freiheitlichen Gesellschaft.

Die Rekonstruktion des Anwendungsvorranges des Rechts der Europäischen Union

Martin Borowski

In berühmten Entscheidungen der sechziger und siebziger Jahre des 20. Jahrhunderts begründete der Europäische Gerichtshof für das damalige Gemeinschaftsrecht den Anspruch auf Anwendungsvorrang vor jeglichem nationalen Recht, auch vor nationalem Verfassungsrecht.[1] Angesichts der Versuchung des nationalen Protektionismus kann ein europäischer Binnenmarkt ohne Anwendungsvorrang des supranationalen Rechts schlicht nicht realisiert werden. Dieses Argument verlangt weiter eine Zentralisierung der Kontrollkompetenz für das supranationale Recht bei einem supranationalen Gericht. Die Europäische Union bildet, wie der Jubilar treffend ausgeführt hat, ein „zielbezogenes transnationales Gemeinwesen eigener Prägung".[2] Berühmen sich nationale Gerichte einer Kontrollkompetenz für das supranationale Recht, scheint nicht weniger bedroht als das Gelingen des gesamten Projekts der europäischen Integration.[3] Dies legte es nahe, den Anwendungsvorrang supranationalen Rechts im Sinne des Grundsatzes *lex superior derogat legi inferiori* als bedingungslos, strikt oder absolut zu deuten, und die Formulierungen in den erwähnten Entscheidungen des Luxemburger Gerichtshofes haben nicht von ungefähr etwas Kategorisches.

---

1 Rechtssache 26/62, *Van Gend en Loos*; Rechtssache 6/64 – *Costa v. E.N.E.L.*; Rechtssache 11/70, *Internationale Handelsgesellschaft*; Rechtssache 106/77, *Simmenthal*.

2 *P.-C. Müller-Graff*, Verfassungsziele der Europäischen Union, in: M. A. Dauses (Hrsg.), Handbuch des EU-Wirtschaftrechts, Bd. 1, München, Loseblattsammlung: Stand 2014, Rn 62.

3 Vgl. *P.-C. Müller-Graff*, Das Lissabon-Urteil: Implikationen für die Europapolitik, in: Aus Politik und Zeitgeschichte 2010, S. 22-29 (27).

I. Der Anwendungsvorrang als Ausdruck von formeller Superiorität

Eine Klasse von Normen besitzt formelle Superiorität gegenüber einer anderen Klasse von Normen, wenn Normen der ersten Klasse durch formelle Kriterien gegenüber Normen der zweiten Klasse ausgezeichnet sind und sich in allen Fällen kraft dieses formellen Unterschiedes bei Kollisionen gegenüber Normen der zweiten Klasse durchsetzen.[4] Paradigmatisch ist das Verhältnis zwischen einer Verfassungsnorm und einer einfachgesetzlichen Norm. Ob und inwieweit eine Kollision vorliegt, muss durch Auslegung beider Arten von Normen ermittelt werden, aber wenn eine Kollision vorliegt, setzt sich definitionsgemäß die Verfassungsnorm durch. Ein derart bedingungsloser Vorrang des Unionsrechts entspricht jedoch nicht der rechtlichen Grundkonstruktion der Union. Sie besitzt zwar gemäß Art. 47 EUV Rechtspersönlichkeit, aber keinerlei originäre Hoheitsgewalt. Die Versuche, mit Hilfe einer „rechtspluralistischen" Konstruktion einen originären Geltungsanspruch einer vermeintlich eigenständigen, den mitgliedstaatlichen Rechtsordnungen von vornherein gleichrangig gegenübertretenden Unionsrechtsordnung zu konstruieren,[5] scheitern schon daran, dass sie auf einem wenig überzeugenden, primär rechtssoziologischen Begriff von Rechtsnorm und Rechtssystem beruhen, auf dessen Grundlage Normenkonflikte nicht entschieden werden können.[6] Sie scheitern weiter daran, dass sie die derivative Natur von Union und Unionsrecht nicht zu rekonstruieren vermögen.[7] Art. 24 I GG und nun Art. 23 GG setzen diese derivative Natur ebenso klar voraus wie das Prinzip der begrenzten Einzelermächtigung in Art. 5 I, II EUV die Tatsache, dass der Union keine originäre und grundsätzlich unbegrenzte rechtliche Gewalt im Sinne der Souverä-

---

4 *A. J. Merkl*, Prolegomena einer Theorie des rechtlichen Stufenbaus, in: A. Verdross (Hrsg.), Gesellschaft, Staat und Recht. Untersuchungen zur Reinen Rechtslehre, Festschrift Hans Kelsen zum 50. Geburtstag gewidmet, Wien 1931, S. 252-294 (276), wieder abgedruckt in: Adolf Julius Merkl, Gesammelte Schriften, hrsg. von D. Mayer-Maly/H. Schambeck/W.-D. Grussmann, Bd. 1, Berlin 1993, S. 437-492 (468 f.).

5 Vgl. beispielsweise *N. MacCormick*, Questioning Sovereignty (Oxford University Press: Oxford, 1999), S. 75 et passim.

6 *M. Borowski*, Legal Pluralism in the European Union, in: A. J. Menéndez/J. E. Fossum, Law and Democracy in Neil MacCormick's Legal and Political Theory Dordrecht et al. 2011, S. 185-209 (194 ff.).

7 Ibid., S. 201 f.

nität nach dem Westfälischen Friedens, Art. VIII §§ 1, 2 IPO, zukommt, die für Staaten charakteristisch ist.

Mit Blick auf den Rechtsgedanken von Art. 31 III lit. b der Wiener Vertragsrechtskonvention könnte man die Frage stellen, ob die Mitgliedstaaten einen unbedingten Anwendungsvorrang des Unionsrechts im Laufe der Jahrzehnte in der Praxis akzeptiert haben. Allerdings haben verschiedene mitgliedstaatliche Gerichte, nicht zuletzt das Bundesverfassungsgericht in ständiger Rechtsprechung,[8] einen unbedingten Anwendungsvorrang des Unionsrechts bestritten. Dass auch die Mitgliedstaaten weder einen unbedingten Anwendungsvorrang des Unionsrechts noch eine exklusive Interpretationskompetenz des Europäischen Gerichtshofs in der Vorrangfrage anerkennen, zeigt sich nicht zuletzt daran, dass die Vertragsklausel über den Vorrang des Unionsrechts in Art. I-6 des Entwurfes des Vertrages über eine Verfassung für Europa[9] gerade nicht in den Vertrag von Lissabon übernommen wurde. Formelle Superiorität des Unionsrechts wurde also weder in den Verträgen begründet noch in der Praxis in rechtlich erheblicher Weise anerkannt.

II. Der von den mitgliedstaatlichen Verfassungsordnungen gewährte prinzipielle Anwendungsvorrang

Das Gemeinschaftsrecht entstammte sowohl historisch als auch systematisch den Verfassungsordnungen der Mitgliedstaaten, und gleiches gilt gegenwärtig für das Unionsrecht. Es handelt sich um delegiertes Recht.

1. Delegiertes Recht als notwendig nachrangiges Recht?

Eine delegierte Natur des Unionsrechts legt auf den ersten Blick nahe, das Unionsrecht stehe im Rang unterhalb der Verfassungen der Mitgliedstaa-

---

8 Zu den Grenzen des Anwendungsvorranges nach der Rspr. des BVerfG vgl. nur *R. Streinz*, Vollzug des europäischen Rechts durch deutsche Staatsorgane, in: J. Isensee/P. Kirchhof (Hrsg.), Handbuch des Staatsrechts der Bundesrepublik Deutschland, 3. Aufl., Bd. X, Heidelberg 2012, S. 507-552, Rn 49 ff.

9 Diese Bestimmung des Entwurfs lautete: „Artikel I-6. Das Unionsrecht. Die Verfassung und das von den Organen der Union in Ausübung der der Union übertragenen Zuständigkeiten gesetzte Recht haben Vorrang vor dem Recht der Mitgliedstaaten".

ten, was wiederum einen Anwendungsvorrang des Unionsrechts vor mitgliedstaatlichen Verfassungen auszuschließen scheint. Bei genauerem Hinsehen stellt sich aber doch die Frage, ob delegiertes Recht notwendig nachrangiges Recht sein muss. Diese Frage wird durch den Stufenbau des Rechts aufgeworfen, der von der Reinen Rechtslehre genauer rekonstruiert wurde. Dabei stand für Merkl und Kelsen der Bedingungs- oder Ermächtigungszusammenhang ganz im Vordergrund, der auf die rechtliche Ermächtigung und auf die durch Ausübung von Ermächtigungen entstehenden Delegationsrelationen abstellt. Ob der Stufenbau nach dem Bedingungszusammenhang notwendig mit dem Stufenbau nach dem Derogationszusammenhang parallel läuft, hat Kelsen nicht ausdrücklich erörtert. Aus seiner – höflich gesagt: etwas eigentümlichen – Lehre der „Alternativ-Bestimmungen“[10] kann man allerdings schließen, dass er eine solche Parallelität nicht für notwendig hält. Auch Merkl hat hervorgehoben, dass die Frage, ob eine im Bedingungszusammenhang höher stehende Norm eine tiefer stehende Norm derogiere, eine Frage des positiven Rechts sei.[11] Die Parallelität von Bedingung und Derogation im Stufenbau findet man am oberen und am unteren Ende des Stufenbaus ohnehin nicht,[12] und dazwischen erweist sie sich nicht als analytisch notwendig. Der Grund dafür, im Stufenbau nach dem Bedingungszusammenhang höheren Normen normalerweise auch den höheren Rang im Derogationszusammenhang zuzuschreiben, besteht darin, dass damit die Ermächtigung geschützt wird, durch Normen, die in Ausübung ihrer selbst geschaffen werden, abgeschafft, eingeschränkt oder modifiziert zu werden.

2. Anwendungsvorrang durch ein formelles Prinzip

Das entscheidende Element in der Rekonstruktion des Anwendungsvorranges des Unionsrechts besteht in einem formellen Prinzip. Formelle Prinzipien wurden in der Prinzipientheorie vor allem zu dem Zweck entwickelt, die rechtliche Autorität des demokratisch unmittelbar legitimier-

---

10 *H. Kelsen*, Reine Rechtslehre, 1. Aufl., Leipzig/Wien 1934, S. 94 ff.; *ders.*, Reine Rechtslehre, 2. Aufl., Wien 1960, S. 271 ff.

11 *Merkl* (Fn. 4), S. 277, 284 (GS 1/1 S. 470, 480).

12 *M. Borowski*, Sein und Sollen am unteren Ende des Stufenbaus der Rechtsordnung, in: M. Anderheiden et al. (Hrsg.), Verfassungsvoraussetzungen. Gedächtnisschrift für Winfried Brugger, Tübingen 2013, S. 183-201 (200 f.).

ten Gesetzgebers in der bundesverfassungsgerichtlichen Abwägung rekonstruieren zu können. Sie statuieren eine prima facie-Bindung an – aus der Perspektive des Abwägenden – fremde Entscheidungen.[13] Das Bundesverfassungsgericht ist nicht ermächtigt, seine Auffassung von der richtigen Abwägung verfassungsrechtlicher Rechte und Güter einfach an die Stelle der Auffassung des Gesetzgebers zu setzen. Anderenfalls resultierte, worauf Ernst-Wolfgang Böckenförde zu Recht hingewiesen hat, der „verfassungsgerichtliche Jurisdiktionsstaat", in dem der demokratische Prozess seine Bedeutung verloren hat.[14] Das Bundesverfassungsgericht hat in die Abwägung nach Maßgabe der Verhältnismäßigkeit nicht nur die kollidierenden materiellen Prinzipien, sondern auch ein formelles Prinzip einzustellen, welches die rechtliche Autorität der Entscheidung des demokratisch legitimierten Gesetzgebers rekonstruiert.[15] Je mehr abstraktes Gewicht man diesem formellen Prinzip zuschreibt, desto mehr Spielraum gewährt das Bundesverfassungsgericht dem parlamentarischen Gesetzgeber.

Diese Idee formeller Prinzipien kann auch in der Rekonstruktion des Anwendungsvorranges des Unionsrechts fruchtbar gemacht werden. Auf der Ebene der Verfassung findet man die Integrationsermächtigung und den Integrationsauftrag in Art. 23 I GG. Diese Integrationsermächtigung schließt die Ermächtigung ein, bei der Mitwirkung an einem vereinten Europa materielle Gehalte des Grundgesetzes und die dem Bundesverfassungsgericht anvertraute Kontrolle ein gutes Stück weit zu relativieren. Denn weder der Binnenmarkt noch die anderen Ziele der Union können ohne den prinzipiellen Anwendungsvorrang des Unionsrechts gegenüber nationalem Recht realisiert werden. Diese Ziele werden durch die Integrationsermächtigung in Art. 23 GG auch zu grundgesetzlichen Zielen – insofern stellt sich das „zielbezogene transnationale Gemeinwesen eigener Prägung"[16] mit seinen teleologisch notwendigen Eigenschaften als verfas-

---

13 Vgl. zur Idee formeller Prinzipien *R. Alexy*, Theorie der Grundrechte, 3. Aufl., Frankfurt am Main 1996, S. 87, 120; *J. R. Sieckmann*, Regelmodelle und Prinzipienmodelle des Rechtssystems, Baden-Baden 1990, S. 147; *M. Borowski*, Grundrechte als Prinzipien, 2. Aufl., Baden-Baden 2007, S. 127. Vgl. bereits *R. Dworkin*, Taking Rights Seriously, Cambridge, Mass. 1977, S. 38.

14 *E.-W. Böckenförde*, Grundrechte als Grundsatznormen, in: ders., Staat, Verfassung, Demokratie, 2. Aufl., Frankfurt am Main 1992, S. 159-199 (190).

15 *M. Borowski*, Formelle Prinzipien und Gewichtsformel, in: M. Klatt (Hrsg.), Prinzipientheorie und Theorie der Abwägung, Tübingen 2013, S. 151-200 (184 ff.) m.w.N.

16 *Müller-Graff* (Fn. 2), Rn 62.

sungsgeboten dar. Kommt es zu einem Konflikt des Unionsrechts mit deutschem Recht, handelt es sich aus der Perspektive juristischer Konstruktion letztlich um einen innergrundgesetzlichen Konflikt – zwischen (1) der Integrationsermächtigung und dem Unionsrecht, zu dem es ermächtigt, und (2) der übrigen Verfassung und der nationalen unterverfassungsrechtlichen Rechtsordnung. Dieser Konflikt ist nach dem Grundsatz der Einheit der Verfassung aufzulösen. Zu den teleologischen Notwendigkeiten der europäischen Integration gehört, dass jeder aktuelle Eingriff des Bundesverfassungsgerichts in den Anwendungsvorrang des Unionsrechts die Gefahr heraufbeschwört, dass auch nationale Gerichte oder Behörden anderer Mitgliedstaaten den Anwendungsvorrang bestreiten. Damit sehen einige die Möglichkeit eines dynamischen Prozesses der Desintregation des Unionsrechts, der letztlich zum politischen Zerfall der Union führen könnte, am Horizont aufscheinen. Allerdings sollte man diese Gefahr auch nicht dramatisieren. Das Unionsrecht und sein prinzipieller Anwendungsvorrang sind heute ein fester Bestandteil der mitgliedstaatlichen Rechtsordnungen, und Unionsorgane können und sollten heute gelassener reagieren als der EuGH in den sechziger und siebziger Jahren des vorigen Jahrhunderts, als das Gemeinschaftsrecht noch um seinen prinzipiellen Anwendungsvorrang gegenüber mitgliedstaatlichem Recht ringen musste.

Aufgrund der Bedeutung des Prozesses der europäischen Integration aus der Perspektive des Grundgesetzes und der Gefahr für diesen Prozess, die in einer Zurückweisung des Anwendungsvorranges des Unionsrechts durch das Bundesverfassungsgericht in einem konkreten Fall liegen würde, bleibt das Bundesverfassungsgericht darauf begrenzt, nur in wirklich evidenten Fällen eine ernsthafte Kontrolle des Unionsrechts durchzuführen – in Betracht kommt vor allem eine Grundrechtskontrolle, eine *ultra vires*-Kontrolle und die Kontrolle daraufhin, ob die Verfassungsidentität respektiert wird. Der weite Spielraum für die Unionsorgane und vor allem den Europäischen Gerichtshof wird durch ein gewichtiges formelles Prinzip begründet, welches dem Bundesverfassungsgericht prima facie gebietet, die Entscheidung des Gerichtshofes zu respektieren.[17]

Auch wenn das Narrativ der europäischen Integration aus der empirisch-soziologischen oder politikwissenschaftlichen Perspektive das Bild einer autonomen Rechtsordnung mit Selbstand gegenüber den mitgliedstaatlichen Rechtsordnungen beansprucht, gebietet die juristische Kon-

---

17 *Borowski* (Fn. 6), S. 206 f.

struktion die Deutung der unionalen Rechtsordnung als abgeleitet. Auf dieser Grundlage kann dem Unionsrecht mit Hilfe des formellen Prinzips der prinzipielle Anwendungsvorrang in dem Maße zuteil werden, das zum Gelingen des europäischen Projekts erforderlich ist. Einen stärkeren, insbesondere einen unbedingten Anwendungsvorrang kann man *de constitutione lata* nicht rechtfertigen.

Abstrakte Regeln oder Einzelfallprüfung?

Wulf-Henning Roth

I. Einführung

Das Unionsrecht stellt große Anforderungen an die Mitgliedstaaten hinsichtlich der unionsrechtskonformen Ausgestaltung und Fortentwicklung ihrer Rechtsordnungen. Deren Legislative und Judikative stehen aufgrund der fortlaufenden Konkretisierung und Fortbildung des Primärrechts – vor allem der Grundfreiheiten - durch den Gerichtshof der Europäischen Union (EuGH) unter ständigem Anpassungsdruck. Anpassungsbedarf besteht vor allem aber auch aufgrund des Richtlinienrechts, das den nationalen Gesetzgeber nicht nur zu einer Umsetzung der Richtlinienvorgaben – unter Beachtung der unionsrechtlichen Grundrechte und allgemeinen Rechtsgrundsätze - verpflichtet, sondern ihn oftmals wegen der erst späteren Präzisierungen durch den Gerichtshof auch zu vielen Nachbesserungen zwingt.[1]

Lassen sich diese Anforderungen an die Legislative und Judikative der Mitgliedstaaten als notwendige Folge der Europäisierung der Rechtsordnungen verstehen, so ist im Folgenden ein Phänomen zu diskutieren, das mit der Europäisierung der Rechtsordnungen zusammenhängt, aber keineswegs als deren notwendige Folge zu begreifen ist: Es geht um Tendenzen in der Rechtssprechung des EuGH, den nationalen Organen für die Erreichung der Unionsrechtskonformität des nationalen Rechts den Weg zur Entwicklung und Ausformulierung von abstrakten Rechtsregeln zu versperren, um ihnen statt dessen eine Entscheidung aufgrund *aller Umstände des Einzelfalles* abzufordern. Diese Tendenzen führen zu Belastungen für Verwaltung und Justiz, über deren Einhegung nachzudenken ist - dies als Anregung für einen Dialog mit dem *Jubilar*, der mit seinem umfangrei-

---

1 Vgl. nur die Rechtsprechung zu den Ein- und Ausbaukosten bei Lieferung einer mangelhaften Ware; EuGH, Urt. v. 16.6.2011, Rs. C-65/09 und C-87/09 (Weber und Putz), Slg. 2011, I-5257, Rn. 68 ff.

chen Oeuvre[2] die Europarechtswissenschaft[3] in vielfältiger Weise bereichert hat.

II. Primärrecht

Die Grundfreiheiten verlangen nach einer Rechtfertigung mitgliedstaatlicher Maßnahmen, die als Behinderungen der Grundfreiheiten wirken. Im Hinblick auf die in den Schutzklauseln des AEUV (z.B. Art. 36 AEUV) genannten Rechts- und Schutzgüter und die sog. zwingenden Gründe des Allgemeininteresses (z.B. den Verbraucher-, Umwelt-, Kulturschutz) sind die mitgliedstaatlichen Maßnahmen an den Grundsätzen der Geeignetheit, Erforderlichkeit und Kohärenz zu messen. Hierbei tendiert der EuGH vor allem in seiner jüngeren Judikatur zu einer Präzisierung dieser Prüfungsmaßstäbe dahingehend, dass die nationalen Behörden und Gerichte sich nicht mit abstrakten Erwägungen und allgemeinen Standards zufrieden geben dürfen, sondern in eine Einzelfallanalyse und unter Umständen in detaillierte Erhebungen zu den konkret aufgeworfenen Fragen einsteigen müssen. Im Folgenden seien als Beleg für diese Entwicklung einige exemplarische Beispiele herausgegriffen.

1. Zulassungsregelungen für Gesundheitsdienstleister

Eine erste Fallgruppe bezieht sich auf Regelungen der Mitgliedstaaten, die über eine Zulassungskontrolle für Apotheken[4] und Optikergeschäfte[5] die Niederlassungsfreiheit beschränken. Die in Frage stehenden Bestimmungen sehen bedarfsorientierte Beschränkungen bei der Errichtung von Apotheken bzw. Optikergeschäften in Bezirken mit bestimmter Einwohnerzahl vor, wobei auch mit dem Erfordernis einer Mindestentfernung eines neu

---

2 Zu den im Folgenden behandelten Grundfreiheiten etwa *Müller-Graff*, in: von der Groeben/Schwarze/Hatje (Hrsg.), Europäisches Unionsrecht, 7. Aufl. 2015, Bd. 1, Art. 34 – 36 AEUV; *Müller-Graff*, in: Streinz (Hrsg.), EUV/AEUV, 2. Aufl. 2012, Art. 49-62 AEUV.

3 Zu diesem Begriff etwa Schuppert/Pernice/Haltern (Hrsg.), Europarechtswissenschaft, Baden-Baden 2005.

4 EuGH, Urt. v. 1.6.2010, Rs. C-570/07 und C-571/07 (Pérez und Gómez), Slg. 2010, I-4629; EuGH, Urt. v. 13.2.2014, Rs. C-367/12 (Sokoll-Seebacher), EU:C:2014:68.

5 EuGH, Urt. v. 26.9.2013, Rs. C-539-11 (Ottica New Line), EU:C:2013:591.

zu errichtenden Geschäfts von bereits bestehenden Geschäften gearbeitet wird. Die daraus für den Marktzugang erwachsenden Beschränkungen lassen sich zumindest dem Grunde nach mit Blick auf das allgemeine Ziel des Gesundheitsschutzes (Art. 52 Abs. 1 AEUV) rechtfertigen: Eine gleichmäßige Verteilung der Gesundheitsdienstleister, um Lücken in der Gesundheitsversorgung der Bevölkerung zu schließen und eine Doppelversorgung zu vermeiden. Die (anzuerkennende) *Eignung* der Regelungen – Begrenzung auf einen einzigen Gesundheitsdienstleister pro nach Einwohnerzahl bestimmtem Bezirk - zur Absicherung einer adäquaten Gesundheitsversorgung liegt in der mittelbaren Steuerungswirkung der Regelung: Eine Konzentration der Anbieter auf (ertragreichere) Ballungsgebiete wird unterbunden; eine Umleitung auf weniger attraktive, unterversorgte (ländliche) Gebiete wird erreicht. Mindestentfernungsbestimmungen können eine Mehrfachversorgung vermeiden und damit mittelbar eine adäquate Versorgung in der Fläche bewirken. Freilich begnügt sich der EuGH nicht mit diesen Aussagen. Vielmehr ist auch zu untersuchen, ob das Ziel in *kohärenter* und *systematischer* Weise erreicht wird.[6] Dies eröffnet den Einstieg in eine detaillierte Prüfung der konkreten Regelung: So wird darauf hingewiesen, dass die auf den Durchschnittsfall bezogenen Regelungen über die (Mindest-) Einwohnerzahl pro Apotheke unter Umständen ihr Ziel einer angemessenen Versorgung der Bevölkerung nicht erreichen können, wenn es sich um ländliche Gebiete mit zerstreuter Besiedelung handelt und/oder soweit es um die Versorgung von Menschen mit eingeschränkter Mobilität geht.[7] Auch kann die Vorgabe einer Mindestentfernung zwischen Apotheken in Ballungsgebieten zu Schwierigkeiten bei der Versorgung der Bevölkerung mit pharmazeutischen Leistungen führen.[8] Dies bedeutet im Ergebnis, dass generelle, auf Durchschnittssituationen bezogene Regelungen, die für die Verfolgung des Gesundheitsschutzes als geeignet anzusehen sind, durch Regelungen zu ergänzen sind, die auf Sonderlagen bzw. auf den Einzelfall abstellen.

---

6 EuGH, Urt. v. 1.6.2010, Rs. C-570/07 und C-571/07 (Pérez und Gómez), Slg. 2010, I-4629, Rn. 94; vorher etwa in EuGH, Urt. v. 10.3.2009, C-169/07 (Hartlauer), Slg. 2009, I-1721, Rn. 55.

7 EuGH, Urt. v. 13.2.2014, Rs. C-367/12 (Sokoll-Seebacher), EU:C:2014:68, Rn. 45 f.

8 EuGH, Urt. v. 1.6.2010, Rs. C-570/07 und C-571/07 (Pérez und Gómez), Slg. 2010, I-4629, Rn. 96, 99.

2. *Zum Anwendungsbereich der Freiheiten*

In der Rechtssache *Carpenter* hatte der EuGH den Anwendungsbereich der Dienstleistungsfreiheit dahingehend bestimmt, dass eine Ausweisungsverfügung gegen die Ehefrau eines im freien Dienstleistungsverkehr tätigen Unternehmers dann als eine Beschränkung der Grundfreiheit angesehen werden kann, wenn sich die dadurch erfolgende Trennung der Eheleute nachteilig auf ihr Familienleben und damit auf die Bedingungen auswirkt, unter denen der Dienstleistende seine Grundfreiheit wahrnehmen kann.[9] Zu Ende gedacht bedeutet dies, dass die Behandlung des Ehepartners einer Person, die im grenzüberschreitenden Dienstleistungsverkehr tätig ist, in den Schutzbereich der Grundfreiheit fallen kann – etwa mit der Konsequenz, dass eine gegen einen solchen (haushaltsführenden und/oder kindererziehenden) Ehepartner eines Unionsbürgers ausgesprochene Gefängnisstrafe als rechtfertigungsbedürftige Beschränkung der Grundfreiheit des Unternehmers anzusehen sein mag. Wer *Carpenter* für einen auf die Dogmatik der Grundfreiheiten bezogenen Fehlgriff des EuGH einstufen will,[10] wird durch die Entscheidung *S.* und *G.* eines anderen belehrt, wenn darin die Grundsätze des Urteils *Carpenter* auf den Anwendungsbereich der Arbeitnehmerfreizügigkeit übertragen werden: Die praktische Wirksamkeit dieser Freiheit soll es gebieten, dass einem Drittstaatsangehörigen, der Familienangehöriger eines Unionsbürgers ist, ein abgeleitetes Aufenthaltsrecht zu gewähren ist, damit der Unionsbürger die Arbeitnehmer-Grundfreiheit tatsächlich auch ausüben kann.[11] Es liegt in der Logik dieses Urteils, dass seine Aussagen etwa auch auf die durch Art. 21 AEUV gewährleistete Freizügigkeit der Unionsbürger übertragen werden können.

Für unsere Thematik ist ein besonderer Aspekt von Bedeutung: Der Anwendungsbereich der Arbeitnehmerfreizügigkeit (hier als Freiheit, vorübergehend in anderen Mitgliedstaaten als dem Wohnsitzstaat tätig zu sein) wird nicht durch einen abstrakt-generellen Standard für den Begriff der (Ausgangs-) Beschränkung bestimmt, sondern es soll vielmehr darauf ankommen, ob der Familienangehörige des Unionsbürgers *in der konkreten Situation* dazu beiträgt, dass der Unionsbürger seine Grundfreiheit tatsächlich ausüben kann;[12] - oder anders gewendet: ob der Unionsbürger

9 EuGH, Urt. v. 11.7.2002, Rs. C-60/00 (Mary Carpenter), Slg. 2002, I-6279, Rn. 39.
10 Vgl. etwa *Editorial Comments* C.M.L.Rev. 40 (2004) 537.
11 EuGH, Urt. v. 12.3.2014, Rs. C-457/12 (S. und G.), EU:C:2014:136, Rn. 40 ff.
12 EuGH, Urt. v. 12.3.2014, Rs. C-457/12 (S. und G.), EU:C:2014:136, Rn. 42.

durch die Verweigerung eines abgeleiteten Aufenthaltsrechts für seinen Familienangehörigen von seiner grenzüberschreitenden Tätigkeit tatsächlich abgehalten wird.[13] Damit wird der Blick auf die *konkrete Situation* des Familienverhältnisses gelenkt: Welche Funktionen nimmt der Familienangehörige im Familienverbund wahr? Geht es um Kindersorge und/oder Haushaltsführung? Spielt es eine Rolle, ob der Unionsbürger auch eine Kinderfrau oder Haushaltshilfe einstellen könnte? Und noch mehr richtet sich der Blick auf die Umstände des Einzelfalls, wenn der Gerichtshof es als bedeutsam wertet, dass es sich bei der Drittstaatsangehörigen in *Carpenter* um die Ehefrau des Unionsbürgers gehandelt habe, während bei bloßen Verwandten aufsteigender Linie (Großmutter), denen die Kindersorge übertragen werde, die Verweigerung der Aufenthaltserlaubnis „für sich allein nicht die Feststellung einer derartigen abschreckenden Wirkung" für die Wahrnehmung der Arbeitnehmerfreizügigkeit soll rechtfertigen können.[14] Offensichtlich soll das nationale Gericht – jenseits der Familienbande - zu einer Würdigung aller Umstände des Einzelfalls im Hinblick auf diese „abschreckende Wirkung" angehalten werden (wobei deren qualitative wie quantitative Natur im Nebulösen verbleibt).

III. Sekundärrecht

Für das im Folgenden zu diskutierende Richtlinienrecht[15] lässt sich eine Tendenz in der Rechtsprechung des EuGH nachweisen, wonach die Mit-

---

13 Der Gerichtshof spricht insoweit von einer „abschreckenden Wirkung" in Bezug auf die tatsächliche Ausübung der Arbeitnehmerfreizügigkeit; EuGH, Urt. v. 12.3.2014, Rs. C-457/12 (S. und G.), EU:C:2014:136, Rn. 43 und 44.

14 EuGH, Urt. v. 12.3.2014, Rs. C-457/12 (S. und G.), EU:C:2014:136, Rn. 43.

15 Dabei soll nicht verkannt werden, dass das unmittelbar anwendbare Verordnungsrecht der Union auch mit Begriffen arbeitet, die die nationalen Behörden und Gerichte zu einer Einzelfallbetrachtung zwingen (wollen): z.B. der Begriff des „gewöhnlichen Aufenthalts" des Kindes in Art. 8 Abs. 1 VO Nr. 2201/2003, ABl. 2003 L 338/1; der „gewöhnliche Aufenthalt" des Erblassers im Zeitpunkt seines Todes gem. Art. 4 VO Nr. 650/2012, ABl. 2012 L 201/107. Auf eine Einzelfallbetrachtung legt das Unionsrecht die nationalen Gerichte fest, wenn es – wie etwa in Art. 4 Abs. 3 Rom I-VO, ABl. 2008 L 177/6 – für die von der Regelanknüpfung abweichende objektive Vertragsanknüpfung auf die „Gesamtheit der Umstände" Bezug nimmt; vgl. auch EuGH, Urt. v. 23.10.2014, C-305/13 (Haeger & Schmidt), EU:C:2014:2320, Rn. 48 f. (zum Römischen Schuldvertrags-Übereinkommen von 1980).

gliedstaaten die Umsetzung der Richtlinienvorgaben jedenfalls im Grundsatz nicht in Form allgemein-formaler Regeln, sondern durch eine Regelung umzusetzen haben, die die Vielfalt der möglicherweise relevanten Aspekte in sich aufnimmt. Dies scheint auf einer Sicht des EuGH zu beruhen, wonach die Zielsetzung einer Richtlinienvorgabe (oftmals) eher (oder nur) durch eine am Einzelfall orientierte Betrachtung eingelöst werden kann als mittels einer Umsetzung durch allgemein-formale Regelungen.[16]

Art. 6 Abs. 2 der Richtlinie 93/13/EWG[17] verpflichtet die Mitgliedstaaten dazu, alle erforderlichen Maßnahmen zu treffen, dass der Verbraucher bei einer Wahl eines drittstaatlichen Rechts im Verbrauchervertrag den von der Richtlinie gewährten Schutz nicht verliert, sofern „der Vertrag einen engen Zusammenhang mit dem Gebiet der Mitgliedstaaten ausweist." Spanien hatte – in Anlehnung an Art. 5 des Römischen Schuldvertrags-Übereinkommens[18] - die Vorgabe des „engen Zusammenhangs" dahingehend konkretisiert, dass der Verbraucher seine Willenserklärung im spanischen Gebiet abgegeben haben und dort auch seinen Aufenthalt haben musste. Damit wird aber – so der EuGH im Urteil *Kommission gg. Spanien* – der Zweck des als „absichtlich unscharf"[19] bezeichneten Begriffs des „engen Zusammenhangs" verfehlt, der „je nach den Umständen des Einzelfalls die Berücksichtigung verschiedener Anknüpfungspunkte … ermöglichen" solle.[20] In der Sache wird damit der Weg zu einer klaren

16 Von den folgenden Überlegungen auszugrenzen sind solche Richtlinienvorgaben, die ausdrücklich oder implizit eine Umsetzung durch die Mitgliedstaaten unter Berücksichtigung „sämtlicher Umstände des Einzelfalls" erfordern. Der Zwang zur Einzelfallbetrachtung beruht hier nicht auf der Judikatur des EuGH, sondern einer expliziten Entscheidung des Unionsgesetzgebers. Beispiel: Für den Parodienschutz in Art. 5 Abs. 3 lit. k der Richtlinie 2001/29/EG, ABl. 2001 L 167/10 ordnet der 31. Erwägungsgrund an, dass „ein angemessener Rechts- und Interessenausgleich zwischen den verschiedenen Kategorien …. von Rechtsinhabern und Nutzern von Schutzgegenständen gesichert werden" muss. Mit dem Verweis auf einen „angemessenen Ausgleich" der Rechte und Interessen wird die Anforderung an die nationale Gesetzgebung gestellt, sämtliche Umstände des Einzelfalls zu berücksichtigen; EuGH, Urt. v. 3.9.2014, Rs. C-201/13 (Deckmyn), EU:C:2014:2132, Rn. 28.

17 ABl. 1993 L 95/29.

18 BGBl. 1986 II, S. 810.

19 EuGH, Urt. v. 9.9.2004, Rs. C-70/03 (Kommission ./. Spanien), Slg. 2004, I-7999, Rn. 33.

20 EuGH, Urt. v. 9.9.2004, Rs. C-70/03 (Kommission ./. Spanien), Slg. 2004, I-7999, Rn. 32.

und voraussehbaren Normsetzung versperrt und die Lösung von Rechtsanwendungskonflikten einer Entscheidung im Einzelfall überantwortet.

Bei der von der Richtlinie 2004/38/EG[21] in den Erwägungsgründen Nr. 10 und Nr. 16 angesprochenen Prüfung der „unangemessen" Inanspruchnahme der Sozialhilfeleistungen des Aufnahmemitgliedstaats soll, entsprechend dem Urteil *Peter Brey*, nicht nur die besondere Situation des Anspruchsstellers berücksichtigt werden, die zu einer Gewährung der Sozialhilfe verpflichten kann, sondern es ist darüber hinausgehend eine „umfassende Beurteilung" der Frage vorzunehmen, „welche Belastung dem nationalen Sozialhilfesystem in seiner Gesamtheit aus der Gewährung dieser Leistung nach Maßgabe der individuellen Umstände, die für die Lage des Betroffenen kennzeichnend sind, konkret entstünde."[22] Dabei verbaut der EuGH den nationalen Entscheidungsträgern den Weg zu einer abstrakt-formalen Regelung dadurch,[23] dass bei der Prüfung der Unangemessenheit nicht nur die Dauer des Aufenthalts, die Höhe der Leistung und der Zeitraum der Gewährung zu berücksichtigen sein sollen, sondern auch Aussagen über die Belastung des Sozialhilfesystems in seiner Gesamtheit durch die Gewährung dieser Leistung zu treffen sind, wobei genauere Angaben hinsichtlich der Zahl solcher (potentiellen) Sozialhilfeempfänger in vergleichbarer Lage zu erheben sind. Durch solche Anforderungen werden nationale Behörden und Gerichte nicht nur mit schwierigen Erhebungen und Einschätzungen hinsichtlich der Leistungskraft des Sozialhilfesystems belastet, sondern es wird auch verhindert, dass angesichts sich verändernder Umstände sich in der Zeit klare Vorgaben und Standards entwickeln können, die für Voraussehbarkeit und Rechtssicherheit sorgen.

IV. Analyse

Der hier dargelegte Befund (der sich mühelos durch weitere Beispiele ergänzen ließe) erweist eine ausgeprägte Tendenz in der Judikatur des EuGH, den Mitgliedstaaten bei der Anpassung des nationalen Rechts an das (primäre wie sekundäre) Unionsrecht aufzugeben, anstelle formal-ab-

21 ABl. 2004 L 158/77.

22 EuGH, Urt. v. 19.9.2013, Rs. C-140/12 (Peter Brey), EU:C:2013:565, Rn. 64, 77.

23 Dass ein Mitgliedstaat den Beleg für eine „unangemessene" Inanspruchnahme der Sozialhilfe nicht bereits in dieser Inanspruchnahme sehen kann (Rn. 75 und 76 des Urteils), leuchtet natürlich ein.

strakter Regelungen Lösungen zu wählen, die die Berücksichtigung aller Umstände des Einzelfalls ermöglichen. Damit wird für das nationale Recht eine Regelungstechnik verlangt, die der europäische Gesetzgeber für sein eigenes Verordnungsrecht ebenfalls verwendet,[24] aber auch als Vorgabe in manchen seiner Richtlinien formuliert[25] - eine Regelungstechnik, die natürlich auch im autonomen nationalen Recht in gleicher Weise (weit) verbreitet ist. Von daher kann dem von der Rechtsprechung des EuGH verfolgten Ansatz seine Legitimität nicht von vorneherein abgesprochen werden, spiegelt sich doch in ihm ein altbekanntes Problem[26] jeglicher Normbildung - sei es durch Gesetzgebung oder Richterrecht - wider, die angesichts der Komplexität der Sachverhalte einerseits und der Differenziertheit der maßgeblichen Wertungen andererseits schon immer vor der Frage gestanden ist, ob mit formal-abstrakten Regelungen, mit nur exemplifizierenden „offenen" Normen, mit Generalklauseln oder einer Kombination davon zu arbeiten ist.[27]

1. Primärrecht

Mitgliedstaatliche Regelungen (im Allgemeininteresse), die mit (allzu) abstrakt-formalen Kriterien arbeiten, können leicht Gefahr laufen, über ihr berechtigtes Regelungsziel hinauszuschießen und dadurch in ungerechtfertigter Weise die maßgebliche Grundfreiheit zu beeinträchtigen. Von daher erscheint eine Überprüfung mitgliedstaatlicher Regelungen, wie sie bisher vom EuGH praktiziert worden ist, sinnvoll und geboten. Allerdings ist zu fragen, ob die oben angesprochene Judikatur zur adäquaten Versorgung der Bevölkerung mit Gesundheitsdienstleistungen nicht ihrerseits über das Erforderliche hinausgeht. Wenn unter dem Gesichtspunkt der Kohärenz eine passgenaue „richtige" Regelung hinsichtlich der Einwohnerzahl pro Bezirk und hinsichtlich der Bestimmung des Mindestabstands zwischen den Standorten verlangt wird, erscheint dies unter zwei Gesichtspunkten als problematisch: Die im Namen der Kohärenz gestellten Anforderungen – Berücksichtigung des Regelungsziels im Hinblick auf unterschiedliche

---

24 S. oben (Fn. 15).
25 S. oben (Fn. 16).
26 Vgl. nur zum US-amerikanischen Kollisionsrecht: *Reese* Cornell L. Rev. 57 (1972) 315.
27 Dazu etwa *Noll*, Gesetzgebungslehre, Reinbeck 1973, 264 ff. m.w.N.

Bevölkerungsstrukturen mit ihren variierenden Bedürfnissen ebenso wie Rücksichtnahme auf variierende geographische Verhältnisse – erfordern vom nationalen Entscheidungsträger eine Feinsteuerung in der Regelung, die vielleicht unter dem Gesichtspunkt einer Grundrechtsprüfung (Berufsfreiheit) angemessen sein mag, dagegen aber im Hinblick auf die Zielsetzung der Grundfreiheiten, den Marktzugang offen zu halten, als überzogen anzusehen ist.[28] Genauso problematisch erscheint es, wenn unter dem Gesichtspunkt einer kohärenten und systemischen Regelung dem nationalen Gesetzgeber aufgegeben wird, auch auf von den Durchschnittsanforderungen abweichende Sonderfälle Rücksicht zu nehmen: Statt mit klaren und einfachen Regelungen arbeiten zu können, gelten dann schwer zu administrierende Vorgaben, die zu gerichtlichen Auseinandersetzungen geradezu einladen. Ist es wirklich notwendig, dass Behörden und nationale Gerichte rechtstatsächliche Erhebungen über die Verteilung der Bevölkerung treffen und sich mit den Untiefen der Statistik[29] beschäftigen müssen? Diese die Arbeit von Behörden und Gerichten belastenden Konsequenzen werden in der Judikatur des Gerichtshofs einfach hingenommen, was umso problematischer erscheint, als es bisweilen nur schwer einsehbar ist, dass die Freiheit des Marktzugangs wirklich auf den Einzelfall abstellende, passgenaue Regelungen im Bereich der Gesundheitsdienstleistungen erfordert.

Es gehört zu den tradierten Aussagen des EuGH, dass für die Verwaltung entstehende Schwierigkeiten keine Rechtfertigung für eine Einschränkung der Freiheiten darstellen können.[30] Jedoch bleibt zu konstatieren, dass mit der hier dargestellten Judikatur im Ergebnis ein wesentlicher Effektivitätsverlust der nationalen Verwaltung bei der Durchsetzung ihres Gemeinwohlauftrags verbunden ist. Von daher sollte die Bestimmung der

---

28 Was hat es mit dem Zugang zum spanischen Apothekenmarkt zu tun, wenn zwar das Erfordernis eines Mindestabstands zwischen Apotheken als grundsätzlich gerechtfertigt anzusehen ist, diese Regelung aber im Hinblick auf die unterschiedlichen Verhältnisse in den Regionen/Städten als zu wenig differenziert gewertet werden kann?

29 S. zu diesem Erfordernis EuGH, Urt. v. 26.9.2013, Rs. C-539/11 (Ottica New Line), EU:C:2013:591, Rn. 56.

30 Z.B. EuGH, Urt. v. 4.12.1986, Rs. 205/84 (Kommission ./. BRD), Slg. 1986, 3755, Rn. 54; EuGH, Urt. v. 23.11.1999, Rs. C-369/96 und C-376/96 (Arblade), Slg. 1999, I-8453, Rn. 37; EuGH, Urt. v. 3.10.2000, Rs. C-58/98 (Corsten), Slg. 2000, I-7919, Rn. 42; EuGH, Urt. v. 25.10.2001, Rs. C-493/99 (Kommission ./. BRD), Slg. 2001, I-8163, Rn. 21.

Reichweite der Freiheiten den Gesichtspunkt einer effektiven Administrierbarkeit im Auge behalten. Es sollte vermieden werden, dass (Massen-) Sachverhalte, die nach relativ klaren, abstrakt-formalen Regeln entscheidbar sind, durch die Notwendigkeit der Bezugnahme auf den Einzelfall unadministrierbar werden.

2. Sekundärrecht

Die Vorgabe, nur aufgrund aller Umstände des Einzelfalls zu entscheiden, bedeutet einen Verlust an Rechtssicherheit und Voraussehbarkeit und ermuntert zu rechtlichen Auseinandersetzungen, die mit Belastungen der nationalen (Behörden und) Gerichte einhergehen, die den Zugang zur Justiz für andere Streitigkeiten im Ergebnis erschwert. Solche Konsequenzen sind hinzunehmen, wenn der europäische Gesetzgeber selbst klarstellt, dass der Zweck der Norm eine einzelfallorientierte Entscheidung erfordert. Eine richtliniengetreue Umsetzung hat sich daran zu orientieren. Freilich sollte dabei vermieden werden, dass ein solcher Ansatz – wie oben zu der Richtlinie 2004/38/EG („unangemessener Anspruch“) angedeutet – nicht seinerseits die nationalen Behörden und Gerichte zu einer Beurteilung zwingt, die ihre Erkenntnismöglichkeiten strapaziert, wenn nicht gar überfordert.

Den Mitgliedstaaten sollte bei der Richtlinienumsetzung nach Möglichkeit ein Freiraum erhalten bleiben, der eine an den Erfordernissen der Voraussehbarkeit und Rechtsklarheit des nationalen Rechts ausgerichtete Gestaltung ermöglicht. Der Unionsgesetzgeber selbst hat einen solchen Weg gewiesen, wenn in der Richtlinie 93/13/EWG über missbräuchliche Klauseln[31] die Generalklausel des Verbots missbräuchlicher Klauseln (Art. 3 Abs. 1) nicht nur (nach den in Art. 4 Abs. 1 genannten Kriterien) einzelfallbezogen angewendet werden soll, sondern eine „nach generell festgelegten Kriterien erfolgende Beurteilung der Missbräuchlichkeit“ verlangt wird,[32] die sich in der im Anhang „als Hinweis dienenden“ Liste von Klauseln niederschlägt, die als missbräuchlich angesehen werden können (Art. 3 Abs. 3). In der Sache wird damit eine Vermutung für die Missbräuchlichkeit durch Regelbeispiele aufgestellt, ohne dabei eine am Ein-

31 ABl. 1993 L 95/29.

32 Erwägungsgrund Nr. 16.

zelfall orientierte – ergänzende – Missbrauchsanalyse zu verdrängen. Gesetzgebungstechnisch geht es dabei um einen Kompromiss zwischen den Anforderungen der Rechtsklarheit und Voraussehbarkeit einerseits und einer Durchsetzung der Steuerungsziele der Norm andererseits, die nicht durch zu abstrakt-formale Kriterien der Regelung in Frage gestellt werden sollen.[33] In eine ähnlich Richtung weist die oben erwähnte Entscheidung *Kommission ./. Spanien* zum Begriff des „engen Zusammenhangs" mit dem Gebiet der Mitgliedstaaten, wenn der EuGH für diesen „absichtlich" unscharfen Begriff zwar eine mitgliedstaatliche Umsetzung mittels abstrakt-formaler Kriterien verweigert, dies aber mit dem Hinweis verbindet, dass die Mitgliedstaaten „unter Umständen" den Begriff durch Vermutungen konkretisieren können,[34] um – vom EuGH allerdings nicht ausdrücklich formuliert – den Bedürfnissen nach Rechtssicherheit und Voraussehbarkeit der Entscheidungen Rechnung zu tragen.

Die hier angedeuteten Überlegungen könnten und sollten den EuGH ganz allgemein bei der Beurteilung mitgliedstaatlicher Umsetzungsbemühungen inspirieren.

3. *Schlussbemerkung*

Die Europäisierung des Rechts der Mitgliedstaaten aufgrund des Primär- und Sekundärrechts hat zur Konsequenz, dass das nationale Recht inhaltlich an die Vorgaben des Unionsrechts angepasst werden muss. Die in der Judikatur des EuGH deutlich werdenden Anforderungen an die Ausgestaltung der mitgliedstaatlichen Normsetzung und die darauf beruhende Praxis von Behörden und Gerichten, die auf eine Entscheidung unter Berücksichtigung aller Umstände des Einzelfalls weisen, führen zu einem strukturellen Umbau einzelstaatlichen Rechts unter Verzicht auf abstrakt-for-

---

33 Gesetzgebungstechnisch ähnlich die Regelungen der objektiven Vertragsanknüpfung im Römischen Schuldvertrags-Übereinkommen, BGBl. 1986 II, S. 810, wonach die Maßgeblichkeit der Anknüpfung nach der „engsten Verbindung" in Art. 4 Abs. 1 durch die Vermutungen in Art. 4 Abs. 2-4 überlagert und ergänzt wird. Die Rom I-Verordnung hat zur Erreichung eines höheren Grades an Rechtssicherheit die in Art. 4 Abs. 1 formulierten Anknüpfungen nicht mehr als bloße Vermutungen ausgestaltet, die Anknüpfungen aber weiterhin durch eine Ausweichklausel ergänzt.

34 EuGH, Urt. v. 9.9.2004, Rs. C-70/03 (Kommission ./. Spanien), Slg. 2004, I-7999, Rn. 33.

male Regelungen. Erkauft wird dies mit einem Verlust an Voraussehbarkeit der Entscheidungen, zugleich aber auch mit einer Belastung von Ressourcen bei Behörden und Gerichten. Diese Konsequenzen werden in der Judikatur des EuGH nicht - zumindest nicht explizit - reflektiert. Dies sollte sich ändern.

Hjalte's Legacy: On The Struggle between National Legislators and The EU-Court

Carl Michael von Quitzow

> "Small opportunities are often the beginning of great enterprises", Demosthenes

I. Introduction

Hjalte Rasmussen was a source of inspiration and dear friend of mine and of Peter-Christian Müller-Graff. We enjoyed several discussions on the development of European Law, where Hjalte contributed with highly valued standpoints. Hjalte, who unfortunately passed away two years ago, will undoubtely continue to inspire scholars throughout Europe. Despite the fact that we not always shared the same conclusions, Hjalte has contributed to European law with two major maxims: critical review of judicial and political powers, and doubt as to whether the present state of law is the ideal one from the perspective of individual citizens.

Hjalte's doctoral thesis, 'On Law and Policy in the European Court of Justice', was a pilot study about the interaction between democratically elected governments and judiciaries in the process of shaping the laws of the European Union.[1] Hjalte's study was highly controversial when it was published in 1986. His main hypothesis was that the Court of Justice is an activistic court that construes EU-law beyond the borders intended by the governments of the Member States, and he also critisised the (then) present state of (what was then) European Community law.

However, this view confronts two schools of jurisprudence: natural law constitutionalism, and the Scandinavian Legal Realism advocated by the Danish scholar Alf Ross. Hjalte's views in fact to a considerable extent rely on the traditions of Ross, who is one of the most important contributors to Scandinavian jurisprudence in the 20th century, an icon, whose views are quite seldom subject to critical review.

1 Published by *Martinus Nijhoff*, Doordrecht 1986.

Peter-Christian has developed his important contributions to EU law from quite another perspective, which I would call the 'Common Market Realism' ('Gemeinsamer Marktrealismus'). This view is based on the assumption that the Common/Internal Market of the EU is the motor for the overall development of EU-law, may it concern institutional aspects as well as market related aspects, the functioning and regulation of the Common Market being the core role of the union.

Hjalte's views are based on criticism and Peter-Christian's on realism. Both do place the citizens and their rights in the centre of the EU system, albeit from different perspectives. The purpose of this essay is to discuss whether Scandinavian Legal Realism, the school in which Hjalte was raised, is viable in the EU legal order in the perspective of Common Market Realism.[2] The hypothesis is that the Scandinavian Legal Realism has become obsolete.

II. Institutional balances in the EU legal system

The EU legal order is based upon similar constitutional assumptions as the U.S. Constitution: the division of powers. Fundamentally, the common political institutions have been modelled on the basis of accountability. The members of the Council are accountable to national parliaments, and the Commission is accountable to the European Parliament. The last instance of checks lies at the citizens' level, the voters. This seems quite logical. Both the Council and the Commission consist of politicians. Thus, it is a matter for the voters, and, as their representatives, national politicians, to decide whether political control is exercised efficiently or not. The national parliaments also decide on amendments of the EU treaties. The issue of a democratic deficit is still perceived as a weakness in the EU system, although since direct elections to the European Parliament and the major increases over the years in the latter's powers and influence, political control and accountability of the EU's institutions is much stronger than it was.

If the political processes towards increasing integration are more active at the common level, this may call for increased activity from the voters

2 The author would like to express his gratitude to Laurence W. Gormley for comments and discussion regarding this essay.

collectively at the national level of the Member States. Then, the relevant question is how the national voters should be activated.

The answer to this question is that the politicians at the national level (including, for these purposes, members of the European Parliament) have to activate the voters. Insufficiencies in this respect are, however, a matter for the politicians acting at all levels. (Unfortunately the Nordic countries' voting rates regarding elections to the European Parliament range among the lowest within the EU. This is result of an information deficit and gives evidence to a level of disinterest on the part of European Citizens which is disturbing.)

Surely the role of the Court of Justice and of the General Court is to ensure that the law is observed (Art. 18 (1) TEU). Thereby they have created guarantees in favour of individuals to enforce rights according to treaty provisions. The Court of Justice essentially is a constitutional court, the General Court an administrative court. This becomes more obvious since, when it comes to exercising judicial control over the political processes, the two courts mainly control the legality of decisions taken at political levels. However, the discretion in relation to political and economical choices is not merely limited by fundamental values and rights.[3] The two most important instruments for the development of the EU-law have been infringement proceedings (Article 258) and Article 267 references for preliminary rulings. The latter has proven to be the most important instrument for bringing Member States legislation in compliance with EU-law. The vast majority of landmark cases have also been Article 267 references.

The primary legal sources of the Union are the epicentres of all activities carried out at common levels. But, it is only for revision of the Treaties that the collective of nationally-elected politicians control the shaping of the primary legal sources as "Masters" of the Treaty" ("Herren der Verträge"), otherwise it is the Court of Justice that deserves this epithet. This means that Hjalte's criticism of the Court of Justice may be crit-

---

3 See e.g. Case 29/77 Roquette Frères v France [1977] ECR 1835, paras. 19—20; See Léger, Adv. Gen., in Case C-40/03 P Rica Foodfs v Commission [2005] ECR I-6811, at points 45—50 of his Opinion (difference between political discretion and economic discretion. As to discretion in relation to liability in damages, see e.g Case T-341/07 Sison v Council [2011] ECR II-7915, para. 34 and authorities cited there; Case C-331/05 P Internationaler Hilfsfonds v Commission [2007] ECR I-5475, para. 31.

icised for being wrong. This is due to the fact that the Treaties have only been shaped by nationally-elected politicians and that they do not remain in the control of the politicians after the treaties have entered into force. Thus, from a pure formal point of view, it is a matter for the political levels of the Member States to activate the voters in the political processes of the Union.

Shortcomings at the national levels in activating voters in the processes at the common level are in many cases due to the fact that many national politicians use the argument that it is the Union that has pressed for impopular political decisions, rightly or wrongly. This results in the political processes at the common level being used to canalise negative political output from the national levels of the Member States. However, it must be born in mind that the main enforcement of common rules actually takes place by national institutions and national courts.

Thus it appears that there is a continuing imbalance between common institutions and national institutions which makes it necessary to ask whether it is appropriate to criticise the common judiciary for being 'activist' towards national institutions.

III. Hjalte's views

Hjalte argued that a policy of activism in the Court of Justice displaced democratically elected governments of the Member States, which gave rise to indignant reactions by both judges and scholars. Perhaps this formed the background to the initial refusal of Hjalte's first version of his work by the doctorate council of the law faculty at the University of Copenhagen. It was only after considerable revision that Hjalte's thesis was accepted by the doctoral committee and allowed for defense of the doctoral degree in Copenhagen. Despite the criticism for being controversial, Hjalte defended his thesis with distinction. In this respect, three concluding remarks can be made. First, Hjalte was certainly ahead of his time. Secondly, it is not prohibited for a legal scholar to be controversial. On the contrary, controversial views may increase speedy adjustment of errors in legislation or case law. Thirdly, the collective approach towards critical remarks is in many cases *per se* negative. This negative output might well curb innovative new research. Hjalte was, however, made of stronger stuff: he did not fear opponents in the legal research collective and his thesis certainly got a debate going.[4]

The idea behind Hjalte's hypothesis is that the politicisation of judges in the U.S. Supreme Court can be found to the same extent in the Court of Justice. When he was a visiting scholar at Ann Arbor, he became interested in the role of the Supreme Court and its justices. To appoint judges to the Supreme Court is a highly political issue in the U.S., (usually) quite contrary to the appointment of judges to the Court of Justice. The impact of the political backgrounds of the justices in the US may have inspired him to compare the roles of the judges in the two different courts.[5]

However, I am not convinced that Hjalte's conclusions are entirely correct. The U.S. Supreme Court is an explicitly political court designed to defend the constitution. The constitution regulates nearly all aspects of society. The Court of Justice was designed to handle economic integration between the Member States. Its judgements do not have the same political impact as the ones from the U.S. Supreme Court. Even such landmark cases as van Gend en Loos, Costa v. ENEL, Cassis de Dijon and Grogan[6] cannot be compared with cases like Roe v. Wade from the U.S. Supreme Court.[7]

That economic integration will more or less inevitably lead to increased political integration is a well-known fact in economic theory.[8] Tinbergen's theory of integration has been well accepted among scholars who have influenced the development of EU-law. Hence, economic integration may have indirect political consequences which are known to judges, but not

---

4 See e.g. *Capelletti* (1987) 12 ELRev 3; *Weiler* (1987) 24 CMLRev 555 and *Hjalte* Rasmussen's reply (1988) 13 ELRev 28.

5 E.g. the differences between the Warren court and the Rehnquist court.

6 Cases 26/62 van Gend en Loos [1963] ECR 1, 6/64 Costa v. ENEL [1964] ECR 585, C-106/77 Simmenthal [1978] ECR 629, 120/78 Cassis de Dijon [1979] ECR 629 and C-159/90 Grogan [1991] ECR I-4605.

7 See *Roe v. Wade*, 410 U.S. 113 (1973) concerning abortion.

8 See e.g. *Tinbergen*, J. International Economic Integration, Amsterdam 1954 (2nd. Ed., 1965) and *Zijlstra*, Politique économique et le problèmes de la concurrence dans le CEE et dans les pays membres de la CEE (CEE études, série concurrence, no. 2), Buxelles 1966.

foreseen by politicians.[9] But this is not the same as defining judges as policy-makers.[10]

On the basis that Common Market Realism is the motor for the Court of Justice and its judgments,[11] Hjalte's theories may be open to criticism.

1. The "Market Realism" theory in practice

Most of the judges during the first period of the EU (1957-1986) were familiar with Tinbergen's theory of market integration and the concept of integration through law. Thus, they did not hesitate to introduce new concepts into the case law in order to strengthen economic integration. During this period the basic concepts of EU law, which are still valid today in their new treaty contexts, were developed. Judges as Everling, Pescatore and Mertens de Wilmars were very familiar with the intentions of the original fathers of the Treaties.[12] Thus, their so called "activist" judgments did not give rise to any significant political actions to curb their judicial powers.

It was actually only after the accession of the UK that political sensitivity can be identified within the court (according to Hjalte).

The van Duyn case, which was decided six months before the British referendum in June 1975 on continued membership in the EEC, dealt with the refusal of entry to a member of the scientology movement.[13] The measure was justified, the UK argued, as a matter of public policy. Given the proximity of the decision of the Court of Justice to the UK's referendum,

---

9 See e.g. *Green*, Political Integration by Jurisprudence, Leyden 1969 and *Mann*, The function of judicial decision in European Economic Integration, the Hague 1972.

10 The political importance of the Supreme Court judges can also be illustrated by the fact that they are appointed during good behaviour, rather than for a term of years, which means that it is virtually impossible to get rid of them. A judge at the Court of Justice or the General Court is appointed for a period of six years (less initially, if she or he is being appointed for the remainder of her/his predecessor's term of office) with the possibility of reappointment. For a particularly stimulating attack on non-reappointment, see *Everling's* contribution in Verhandlung des 60. Deutschen Juristentags (Munich, 1994) Vol. II N 9 at N 20-21.

11 Compare *Lord Denning*, The Discipline of Law, London 1979, p. 17 pp.

12 *Wohlfahrt/Everling/Glaesner/Sprung* (eds.), Die Europäische Wirtschaftsgemeinschaft, Kommentar zum Vertrag, Berlin/ Frankfurt a.M. 1960.

13 Case 41/74 van Duyn v. Home Office [1975] ECR 358.

Hjalte argued that the British government would have had more difficulties in persuading the public if the case had gone against the UK's position, that the outcome of this case had a political background, and compared van Duyn with the later case Adoui and Cournaille.[14] There, the Court came to a quite different solution. In that case there were no possible political implications such as in the van Duyn case. Hjalte argued that this supported his view that the Court acts politically. Furthermore, Hjalte also argued that the Court of Justice acted politically when it held that the principle of freedom of movement of goods should apply to products covered by the Euratom Treaty.[15]

However, with all due respect to Hjalte, it is far from evident that the Court was acting in a political manner in any of these cases. Instead the Court acted in order to ensure respect of the common market values, a common market realism, and not deliberate political action.

It is well-known that market integration accelerates political integration due to the need to regulate unwanted market behaviour.[16] Negative integration ('liberalisation') is followed by positive integration (i.e. new or changed regulatory instruments). In this respect it must be born in mind that the secondary market regulatory measures (usually positive integration measures) are decided by elected representatives in the European Parliament and the Council. There is therefore a double democratic check before such measures are agreed. As was noted above, in the European context the nature of the judiciary presupposes its independence, in particular from political institutions and (party political) interests. This is seen as an essential safeguard of freedoms for individuals.

Accordingly, there should be no links between the political decision makers and judges. However, the concept is somewhat different from what is characteristic of Scandinavian legal realism. This latter view is based upon the assumption that the legislator always does the right thing. However, it is the very fundament of constitutionalism that the legislator

---

14 Joined cases 115/81 and 116/81 Adoui and Cournaille [1982] ECR 1665. See also case C-268/99 Jany [2001] ECR-08615.

15 Case 1/78, ruling regarding Euratom [1979] ECR 2151.

16 See e.g. *Capelletti/Seccombe/Weiler* (eds.), Integration through law, Europe and the American Federal Experience, Berlin, 1986. See also *Green*, Political Integration by Jurisprudence, Leyden 1969 and *Mann*, The function of judicial decision in European Economic Integration, the Hague 1972.

cannot be trusted this far. Democratically elected representatives may act totally against fundamental society values.

V. Judicial Activism versus Scandinavian Legal Realism

One of the major scholars of Scandinavian legal realism was, as earlier mentioned, the Dane Alf Ross.[17] Of his opus magnum 'On Law and Justice' in 1953,[18] one of his main theories was the prognosis theory, which means that the present state of the law can be seen as a function of one or more rules which will be used by a judge in a hypothetical case. He rejected the natural law view that there are rules that are valid independently from human decisions and conventions. Moreover, Scandinavian legal realism focuses on the role of the legislator, e.g. regarding the use of preparatory works as one of the main sources of interpretation of legislation. Quite simplified, it is presumed that the legislator has a monopoly on "the common good".

This also means that judges are not fully independent and are more or less reduced to a kind of public servant whose duty is to find out the intentions of the legislator behind a certain piece of legislation. This is quite contrary to the Courts of the EU which apply the teleological approach to construe rules, i.e. they focus on the functioning and purpose of a given rule.

The most developed version of this Scandinavial Legal Realism system was to be found in Sweden, where its most famous representatives were Wilhelm Lundstedt[19] and Karl Olivecrona[20] ('the Uppsala School'). They were inspired by the philosopher Axel Hägerström.[21] The fundament of this school is the 'nihilism of values' ('Wertnihilismus'), which presupposes that there are no absolute rights. Furthermore, if a judge in a given case must create law, the focus must lie on the community benefit and not on the individual. Finally, Scandinavian legal realism presupposes that every legal problem has more than one conceivable solution. The legal sys-

17 1899-1979.
18 Om ret og retfærdighed, Gyldendahls, København 1953.
19 1882-1955.
20 1897-1980.
21 1868-1939.

tem is only a construction by the society and not an expression for a universal morality.

In Sweden in recent years quite a lot of criticism has been expressed against the fact that the majority of the judges in both the two supreme courts as well as in lower courts come from a civil service background in national ministeries. It is argued that this gives rise to a politicisation of the legal system and to favouring the government and authorities at the expense of the legal protection of the individual. However, there is now an ongoing development due to both EU law and the European Convention of Human Rights which has led to considerable changes in the system, regarding the supreme courts.

Alf Ross, who gained his legal doctorate at Uppsala, was a less rigid scholar. However, he was a firm defender of the parliament's role as leader in the development of legislation and the legal system.[22]

Hjalte was barely weaned from these views when studying law and working in the Danish Ministry of Education. I think that this is the reason for him raising the criticism against the Court of Justice. But it must not be forgotten that the EU legal system is founded upon the constitutionalism tradition. Hjalte's view may in this respect be regarded as an expression of a clash between legal philosophies.

The outcome of some court cases have resulted in political consequences, such as when the European Parliament was granted standing in the actions before the Court, and with the introduction of institutional transparency in line with thc Scandinavian standards.[23] The Court has also clearly taken political consequences into consideration in cases such as Nisin additives, Walloon Waste, and Franzén.[24] In Franzén, regarding the Swedish retail monopoly on alcoholic beverages, in which I pleaded on the behalf on the plaintiffs, the Court counstrued the rules on freedom of movement unexpectedly narrow in favour of the interests of the Swedish government, which also was totally contrary to the opinion of the Advocate General. Therefore my impression is that, when a case does not have any major political implications, the Court of Justice is more likely to make a straightforward use of fundamental principles of EU-law such as

22 Ross's works have been reprinted several times.

23 See e.g. case T-174/95 Svenska Journalistförbundet v. Council [1998] ECR II-2289.

24 Cases 53/80 Eyssen [1981] ECR 409, C-2/90 Commission v. Belgium; Wallonian Waste [1992] ECR I- 4431 and C-189/95 Franzén [1997] ECR I 504.

in the Kortas case, which was decided upon the principles of direct effect of directives and of mutual recognition.[25] The Court was quite innovative to give and take for both individuals and the Swedish Government in Franzén. It struck down the import restrictions, but preserved the formal retail monopoly. However, in Rosengren, [26] despite two oral hearings and two Advocate General opinions in favour of the Swedish government, the Court quite unexpectedly struck down the Swedish rules restricting private imports of alcoholic beverages.[27] However, this judgement did not result in any undermining of the Swedish restrictive alcohol policy. However, neither market integration, nor the maintainence of national market regulations have suffered from the outcome of both cases.

These examples clearly show that the Court of Justice has a political realist compass when dealing with sensitive issues of the society. Many advocate generals also look for inspiration from the U.S. Supreme Court and other federal judiciaries. But despite this I am not inclined to designate the Court of Justice as an activist court.

On the contrary, I regard it as a market realistic court. It balances, for the benefit of the Common Market, between the Community (now the Union) interest and the national interest. This balancing of interests may sometimes lead to outcomes that can be difficult to understand and explain at the first sight. However, there is a clear 'rationale' for delivering politically workable solutions that in the long run benefit the integration processes.

There is another circumstance that must be taken into account. Justices of the U.S. Supreme Curt may submit dissenting opinions. This is (as yet) not possible in the Court of Justice. The nearest to a dissenting view is to be seen when the Court disagrees with the opinions of its Advocate Generals.[28]

Moreover, the strengthening of the role of the European Parliament in the legal system of the EU has resulted in a countervailing power to the Court of Justice at the same level. Rather than having any types of control on a national basis, parliamentary influence on legislative decision-making

---

25 Case C-319/97 Kortas [1999] ECR I-272.

26 Case C-170/04 Rosengren [2007] ECR I-313.

27 In this respect it can be mentioned that my written observations in the Rosengren case were my shortest ever, 3,5 A4 pages.

28 Compare opinions and rulings in the cases C-189/95 Franzén [1997] ECR I-504 and C-170/04 Rosengren [2007] ECR I-313.

processes must work at the same level. In my opinion the view of the Scandinavian legal realism must be rejected. There is no longer room for these views in a system based upon the rule of law and legal protection of individuals.

VI. European Constitutionalism as the prevailing element

Both the European Convention of Human Rights and the EU law system focus on the legal protection of the individual against abuses by the national legislator or decision-maker. They provide expressed legal instruments for individuals to vindicate their rights. Both systems are very much inspired by the American Bill of Rights, which can be seen as an expression of natural law.

The EU legal system seems to be inspired by the same views. This is very evident in Advocate General Warner's opinion in Transocean Marine Paint.[29] This also indicates that Hjalte's views consist of a clash between the Scandinavian legal realism and the Anglo-Saxon, French and German legal traditions. The natural law elements are, it is respectfully submitted, inherent in EU law. The introduction of the Charter of Fundamental Rights of the European Union must also be seen in this light.

This is also in line with the Tinbergen theory of market integration, which the writings of no less authorities than Kapteyn and Verloren van Themaat also demonstrate.[30] The theory of European Market Realism must therefore be regarded as based upon natural law inspired constitutionalism.

These elements are also inherent in the European legal system and finally defended by the Courts. Accordingly, this is the reason why Hjalte's views gave rise to so many responses, both positive and negative. Thus, it must be examined which positive consequences Hjalte's views might have had for the development of EU law.

---

29 See p.1088pp. Case 17/74 Transocean Marine Paint Ass'n v. Commission [1974] ECR 1063.

30 *Kapteyn/Verloren van Themaat in:* Gormley (Ed.), Introduction to the Law of the European Communities: from Maastricht to Amsterdan, 3rd. Ed. 1998, London.

VII. Conclusions

It is respectfully submitted that the most extreme defenders of the Scandinavian Legal Realism have been defeated in what has been the "battle of European legal cultures". This can be shown in the decision of the Swedish Supreme Court in June 2013, regarding the 'Ne bis in idem' principle.[31] Here, that court fully surrendered to the case law of the European Court of Human Rights. The Swedish Courts for a long time had struggled to maintain the Swedish system of the imposition of standardised tax penalties parallel to criminal prosecution of tax crimes. Some courts, however, revolted against this view (Hovrätten över Västra Sverige and Haparanda Tingsrätt). Bearing in mind that many of the judges of the Swedish Supreme Court have their background in the civil service it was quite a sensational step to make this unconditional surrender to European Law, grant a retrial in such cases, and declare that the system of double penalisation is incompatible with the supremate European Legal System.[32]

A similar struggle between national views and European views can be found in the resistance of the German government against the Cassis de Dijon case law.[33] However, the firm subsequent case law of the Court of Justice stood against the attempts of the German government to torpedo this landmark case. This became obvious in the Reinheitsgebot case. Nowadays, the principle of mutual recognition has been recognised to be a constitutional rights' principle in European Law, and a great number of the secondary legislative instruments in the internal market programme are based upon this principle.[34] The Court of Justice in this political context showed that it is not sensible towards national political pressure when this is directed towards the pillars of ongoing integration. Exceptions may occur in specific cases which do not threaten the fundaments of integration. This can be summarized as the very heart of the European Market Realism.

Many of the authors having dealt with the Cassis case law from a factual and unbiased point of view were German scholars, and in particular late

31 Case Ö-1526-13, of July 16th 2013, JS v. Riksåklagaren.

32 Over 400 cases shall be retried.

33 Case 120/78 Rewe-Zentrale [1979] ECR 649 and case 178/84 Comission v. Germany; Reinheitsgebot [1987] ECR 1227. See also case 307/85 3Glocken [1988] ECR 4233.

34 See also the Cecchini report.

Eberhard Grabitz and Peter-Christian Müller-Graff. Peter-Christian in his works has very much contributed to the European Common Market Realism School from different angles. His efforts to explain and decode the language of the Court of Justice cannot be underestimated.

Peter-Christian's works explain the structures of EU law and its subtilities, and it may be clearly shown that the Scandinavian Legal Realism has been left behind. Hjalte's Legacy consists of the protection of democratic values in the EU law system. This has become even more valuable than ever in the perspective of the anti-privacy legal acts that have been adopted in the past few years in order to counteract terrorism.[35]

The other help might be to strenghten the control of the European Parliament. Regarding secondary legislation restricting citizens' rights, it is extremely important that the Court of Justice has annulled the directive on telecommunication data storage adopted by the Council.[36]

It is when the individuals exercise their rights that the objectives of EU law are fulfilled. The Court of Justice has always strived to attain gains for integration, whether through activism or self restraint, I think that its judges have fulfilled their obligations according to the intentions of the fathers of the Treaty. Therefore, I think that even the thought of any kind of existence of political accountability that would threathen the independence of the Court of Justice is wholly unacceptable.

From the above it can be concluded that various legal schools have made clear contributions to the development of EU law. The process has been quite Hegelesque – a thesis and anti-thesis evolution. While undoubtedly the constitutionalised Common Market Realism has been the prevailing one, Hjalte's message of criticism must be heeded. Every exercise of powers, may it be political or judicial, must be subject to criticism, but setting out from a market integration point of view.

The protection of individual rights and control over the excercise of political powers in order to protect democratic values must be the overriding interests for the Court of Justice and the General Court. In my opinion, this is Hjalte's true legacy.

---

35 See *Vlcek* European Foreign Affairs Review, 11: 491-507, 2006. See also case T-306/01 and T-315/01 Al Barakat et al v. Council and Commission (OJ C 281 12.11.2005); p. 17.

36 See joined cases C-293/12 and 594/12 Digital Rights Ireland and Seitlinger and others; Data Detention Directive, judgment of April 8 2014.

„Effet utile" – Phantom oder Selbstverständlichkeit in der Rechtsprechung des EuGH (kurze Skizze über die Auslegung und Anwendung des Unionsrechts)

*Luboš Tichý**

I. Einführung

Der „effet utile" stellt im Unionsrecht eine besondere Erscheinung dar. Obschon er seit dem Beginn seiner Tätigkeit vom EuGH relativ häufig angewandt wird, wird ihm trotz seiner Erwähnung im sekundären Unionsrecht und sogar in den Entscheidungen der Europäischen Kommission relativ wenig Aufmerksamkeit[1] gewidmet. Deshalb kommt der Eindruck eines Phantoms oder einer Selbstverständlichkeit auf, die man als eine Banalität voraussetzt.

Die herrschende Lehre hält ihn für einen Teil der teleologischen Auslegung,[2] die schon im römischen Recht[3] bekannt wurde.

In der Rechtsprechung des EuGH wird der effet utile seit dem Urteil Grad[4] ziemlich häufig angewandt und zwar zur Begründung der Wirksamkeit des Gemeinschaftsrechts und zur Stützung der neu begründeten Doktrin der direkten Anwendbarkeit des Gemeinschaftsrechts. Seine Anwen-

---

* Der Autor bedankt sich bei Jan Kalbheim, DAAD-Lektor an der juristischen Fakultät der Karlsuniversität Prag, für anregende Diskussionen.

1 Zu den bemerkenswerten Beiträgen gehören: *Ormand*, La notion de „l´effet utile" des traités communautaires dans la jurisprudence de la cour de justice des communauté européennes, Paris 1975; *Streinz*, in: FS für Everling, Due/Lutter/Schwarze (Hrsg.), Bd. II, 1995, 491 ff.; *Seyr*, Der Effet utile in der Rechtsprechung des EuGH, Berlin 2008; *Potacs* EuR 2009, 469 ff.; *Tichý/Potacs/Dumbrovský* (Hrsg.), Effet utile, Prag 2014.

2 Für alle *Stotz*, in: Riesenhuber (Hrsg.), Europäische Methodenlehre, 2. Aufl., 2010, 661.

3 Siehe den Spruch: ut res magis valeat quam tereat. Mehr dazu *Heinze*, in: Basedow/Hopt/Zimmermann (Hrsg.), Handwörterbuch des europäischen Privatrechts, 2009, 338 und *Vogenauer*, Auslegung vor Rechtsnormen, ibidem, 131 ff.

4 EuGH, Urt. v. 6.10.1970, Rs. C-9/70 (Franz Grad v. Finanzamt Traunstein), Slg. 1970, I-825.

dung wird in den Entscheidungen des EuGH jedoch praktisch nicht begründet[5].

Der EuGH hat jedoch bis heute den Inhalt dieses Begriffs nicht definiert, und zwar trotz der Häufigkeit und der unterschiedlichen Formen seiner Anwendung. Der effet utile stellt deshalb ein sehr ungenügend begründetes Instrument mit einem sehr vagen begrifflichen Inhalt dar.

Der Zweck dieses kurzen Beitrags ist, den Versuch zu unternehmen, nach einer Beschreibung (II) die Natur des effet utile im Widerspruch zur herrschenden Meinung zu definieren (III). Infolge dieser Erkenntnis ist es konsequent, sich mit den Voraussetzungen der Anwendung des effet utile sowie dessen Grenzen zu beschäftigen (IV). Im letzten Teil erfolgt eine Zusammenfassung (V).

II. Motive und Gründe der Anwendung des effet utile

1. Die Lage

Wie schon angedeutet, hat sich der EuGH nicht mit der Begründung der Anwendung beschäftigt, geschweige denn, dass er deren Hintergründe erklären würde.

Die Antwort auf die Frage, warum er Gebrauch vom effet utile macht, muss man im jeweiligen Kontext suchen. In den „großen“ Fällen ging es um die grundsätzlichen Fragen des Verhältnisses zwischen dem Gemeinschaftsrecht (Unionsrecht) und der nationalen Rechtsordnung der Mitgliedstaaten (II.2), in denen die bedeutendsten Doktrinen, nämlich des Vorrangs und der unmittelbaren Anwendbarkeit des Gemeinschaftsrechts, und die Doktrin der mittelbaren und unmittelbaren Wirkung, getragen durch die Idee der funktionsfähigen Integration der Gemeinschaft, entwickelt wurden. Auch der Eingriff des Gemeinschaftsrechts in die nationalen Rechtsordnungen der Mitgliedstaaten stand auf dem Plan.

Schwieriger ist der Grund der Nutzung des effet utile in den weniger wichtigen Entscheidungen zu entdecken. Hier kann man manchmal kaum die Motive seiner Anwendung entdecken. Hier spielt der Umstand eine Rolle, dass aufgrund der grammatikalischen oder der systematischen Interpretation die Wirkung des Normenzwecks nicht durchsetzbar ist. Ganz un-

5 Bezeichnend *Dänzer-Vanotti*: "denn welcher Norm Wirkung verliehen werden soll, sagt er gerade nicht", in: FS für Everling (Fn. 1), 216.

beantwortet wird hier die Frage gelassen, ob man immer zum denselben Ergebnis kommt, ohne den effet utile ausdrücklich zu nennen.

2. Kurze Analyse der Anwendungspraxis des EuGH

Alle analysierten Entscheidungen betreffen ein bestimmtes Problem des Verhältnisses zwischen dem Unionsrecht (Gemeinschaftsrecht) und den Rechtsordnungen der Mitgliedstaaten: das Unionsrecht „durchdringt sie" und im Interesse des Fungierens der EU erfolgt ihre Harmonisierung.

Im folgenden Text werden 21 Urteile untersucht, um festzustellen, (i) inwieweit die Terminologie, in der effet utile ausgedrückt wurde, in 3 Sprachversionen (Französisch, Englisch und Deutsch) einig ist, (ii) ob das Maß der Ingerenz inklusive des Umbruchs in der Auffassung der Expressivität der Form der Terminologie, insbesondere des Adjektivs (z.B. volle nützliche, bestmögliche Wirkung), das im Äquivalent des effet utile im Urteil erwähnt ist, entspricht, und (iii) mit welchen Anforderungen der Vollzug der Verpflichtungen, die Bestandteil der Durchsetzung der Wirkung der angewandten Rechtsnorm sind, verbunden ist.

a) Unmittelbare Anwendung von Richtlinien

Als Beispiel dient die Entscheidung Grad,[6] die zur Anwendung nicht nur der nichtumgesetzten Richtlinien, sondern auch des Primärrechts angewandt werden sollte (insbesondere Urteile von Binsbergen[7] und Reyners[8]).

Im Urteil Grad wurde die „nüchterne" Terminologie (effet utile, effectiveness, nützliche Wirksamkeit) angewandt, die für die weitere Spruchpraxis grundlegend war, und die man als einheitlich in allen sprachlichen Fassungen betrachten kann. Terminologisch unterscheiden sich die Urteile von Binsbergen und Reyners (trotz unerheblicher Verschiebungen) nicht. Durch ihr Maß an Ingerenz in die nationalen Rechtsordnungen stellen die Entscheidungen einen Wandel zugunsten des Gemeinschaftsrechts dar. Den Mitgliedstaaten wurde eine zwar nur auf die Rechtsprechung be-

---

6 S. (Fn. 4).
7 EuGH, Urt. v. 3.12.1974, Rs. C-33/74 (van Binsbergen), Slg. 1974, I-1299.
8 EuGH, Urt. v. 21.6.1974, Rs. C-2/74 (Reyners), Slg. 1974, I-631.

grenzte, aber erhebliche Verpflichtung auferlegt. Ihrer Durchsetzung entsprechen die zurückhaltenden Adjektive kaum.

b) Die volle Wirksamkeit des Wettbewerbsrechts

Die Vorschriften des Wettbewerbsrechts und ihre Wirksamkeit sollten nicht dadurch beeinträchtigt werden, dass die Gerichte der einzelnen Mitgliedstaaten das gemeinschaftliche Kartellrecht unterschiedlich anwenden würden (Walt Wilhelm[9]). Der Intensität der Durchsetzung der einheitlichen Anwendung des Gemeinschaftskartellrechts entspricht volle Wirksamkeit. Das ist auch im Einklang mit der Verpflichtung der Nichtanwendung des nationalen Rechts der Adressaten des Wettbewerbsrechts. Terminologisch kam es zu geringfügigen Verschiebungen in den Adjektiven des effet utile, die die Einheitlichkeit der drei Sprachfassungen nicht gefährden.

c) Vorrang des Gemeinschaftsrechts (Costa[10])

Trotz bahnbrechender Bedeutung dieses Urteils hat der EuGH den Mitgliedstaaten keine konkreten expliziten Verpflichtungen auferlegt. Im Urteil ist die Durchsetzung (auch der effet utile) nicht erwähnt: die Relevanz der Entscheidung ist erheblich, ihre Wirkung aber erst mittelbar.

d) Ausweitung der Kompetenzen der EU (AETR[11])

Trotz dem massiven Eingriff in die nationalen Rechtsordnungen ist das Vokabular zwar einheitlich, aber seine milde Form entspricht nicht dem enormen Aufwand, der mit der Durchsetzung des Zwecks der aufgrund der „implied powers“ Doktrin geschaffenen Rechtsgrundlage.

---

9 EuGH, Urt. v. 13.2.1969, Rs. C-14/68 (Walt Wilhelm und andere v. Bundeskartellamt), Slg. 1969, I-1.

10 EuGH, Urt. v. 15.7.1964, Rs. C-6/64 (Costa v. E.N.E.L.), Slg. 1964, I-1141.

11 EuGH, Urt. v. 31.3.1971, Rs. C-22/70 (Kommission v. Rat (AETR)), Slg. 1971, I-263.

e) Schadenshaftung der Mitgliedstaaten (Francovich[12])

Die revolutionäre und manchmal als problematisch angesehene[13] Entscheidung hat eine einheitliche und der den Mitgliedstaaten auferlegten Verpflichtung und ihrer Durchsetzung entsprechende Terminologie.

f) Einschränkung der Kompetenzen von Mitgliedstaaten

In der Entscheidung Kreil[14] ist der EuGH in die Organisation von Militär der Mitgliedstaaten eingeschritten, obschon diese Materie nicht in der Kompetenz der EU liegt. Trotz enormem Aufwand, der mit der Erfüllung (Durchsetzung) der den Mitgliedstaaten auferlegten Verpflichtung verbunden ist, vermied der EuGH, überhaupt den effet utile zu erwähnen.

Neben den 7 bedeutendsten Entscheidungen wurden weitere 11 Urteile kurz analysiert.[15] Die Ergebnisse der zwei Gruppen von Urteilen unterscheiden sich praktisch nicht. Daher können die Resultate basierend auf

---

12 EuGH, Urt. v. 19.11.1991, verb. Rs. C-6/90 und C-9/90 (Francovich), Slg. 1991, I-5957.

13 Siehe z.B. *Dänzer-Vanotti* (Fn. 5).

14 EuGH, Urt. v. 11.1.2000, Rs. C-285/98 (Kreil v. Deutschland), Slg. 2000, I-69.

15 EuGH, Urt. v. 7.10.2010, Rs. C-162/09 (Lassal), Slg. 2010, I-9217 (effet utile, effectiveness, praktische Wirksamkeit); Urt. v. 2.8.1993, Rs. C-158/91 (Ministere Public and Direction du Travail et de l'Émploi/Levy), Slg. 1993, I-4287 (le plein effet, full efffect, praktische Wirksamkeit); Urt. v. 8.9.2010, Rs. C-409/06 (Winner Wetten), Slg. 2010, I-8015 (la plénitude des effets, effectiveness, volle Wirkung); Urt. v. 24.11.1992, Rs. C-286/90 (Anklagemyndigkeden/Poulsen u. Diva Navigation), Slg. 1992, I-6019 (le maximum d'effet utile, the practical effect, größtmögliche Wirkung); Urt. v. 6.10.1976, Rs. 12/76 (Industrie Tessili Italiana/Dunlop AG), Slg. 1976, 1473 (efficacité, fully effective, volle Wirksamkeit); Urt. v. 5.10.2004, verb. Rs. C-397/01 – 403/01 (Bernhard Pfeiffer u.a.), Slg. 2004, I-8835 (pleine effectivité, full effectiveness, volle Wirksamkeit); Urt. v. 8.11.1983, Rs. 165/82 (Europäische Kommission/UK), Slg. 1983, 3431 (complet effet, completely effective, volle Wirksamkeit); Urt. v. 7.5.1998, Rs. C-350/96 (Clean Car Auto Services/ Landeshauptmann von Wien), Slg. 1998, I-2521 (etre efficace et utile, truly effective, volle Wirkung); Urt. v. 4.12.1974, Rs. 41/74 (Van Duyn/Home Office), Slg. 1974, 1337; Urt. v. 21.9.1983, Rs. 205/82-215/82 (Deutsche Milchkontor GmbH), Slg. 1983, 2633 (efficacité, effectiveness, Wirksamkeit); Urt. v. 11.9.2003, Rs. C-201/01 (Walcher), Slg. 2003, I-8827 (plein effet, full effect, volle Wirksamkeit).

den 3 oben erwähnten Prüfungskriterien folgendermassen zusammengefasst werden:

(i) Die Sprachfassungen sind in der Mehrheit einheitlich. In den einzelnen Sprachen gibt es jedoch Variierungen ohne sichtbaren Grund.
(ii) Manchmal entspricht die Ausdrucksweise (das Adjektiv des effet utile) dem Maß des Aufwands der Durchsetzung der den Mitgliedstaaten und anderen Adressaten auferlegten Verpflichtungen nicht.
(iii) Verblüffend wirkt das Fehlen der Erwähnung des effet utile in den Entscheidungen, in denen die Intensität der Durchsetzung ausserordentlich hoch ist.

III. Effet utile als Instrument bei der Rechtsanwendung

1. Effet utile und das Prinzip der Effektivität

Das Prinzip der Effektivität und der Begriff effet utile werden relativ oft verwechselt, was auch in der Standardliteratur nachweisbar ist.[16] Es wird auch die Meinung vertreten, dass das Effektivitätsprinzip eine Unterkategorie des Effet utile ist.

Der EuGH verwendet das Prinzip der Effektivität im Zusammenhang mit der Durchsetzung von Rechten, die durch die nationalen Gerichte und Ämter gewährt wurden.[17] Die nationalen Organe der Mitgliedstaaten sind verpflichtet, diese Rechte und deren Schutz mit der Unterstützung der eigenen Rechtsordnung, falls die Rechtsinstrumente der Union fehlen, zu gewährleisten. Dieser Schutz sollte nicht weniger nützliche Ergebnisse haben als diejenigen, die das innerstaatliche Recht für innerstaatlich gewährte Rechte festlegt. Ihr Vollzug darf nicht durch die mitgliedstaatliche Rechtsordnung unmöglich gemacht oder erschwert werden, was eine Folge der unvollständigen Gesetzgebung der EU ist. Dieses Prinzip überlässt ihre Durchsetzung den nationalen Rechtsordnungen. Es geht nicht um ein Auslegungsprinzip, sondern um eine Verpflichtung der Mitgliedstaaten zur effektiven Durchsetzung des Unionsrechts, die durch das Richterrecht der Union kreiert wurde.

---

16 Bieber/Epiney/Haag (Hrsg.), Die Europäische Union, 9. Aufl. 2011, 231, 244.
17 *Heinze* (Fn. 3), 337.

Im Falle des effet utile und des Prinzips der Effektivität geht es um zwei Begriffe, die sich in ihrer Bedeutung überlappen, ohne dass der eine dem anderen unterworfen oder sein Teil wäre. Ihre gegenseitige Unterschiedlichkeit ergibt sich schon daraus, dass der effet utile durch die Rechtsprechung des EuGH in das Unionsrecht eingeführt wurde, während das Prinzip der Effektivität vor dem Lissabonner Vertrag aus dem Art. 10 EGV bzw. Art. 4 Abs. 3 EUV abgeleitet wurde und seit dem Lissabonner Vertrag in den Art. 19 Abs. 1 und 2 des EUV festgeschrieben ist. Das Prinzip der Effektivität ist dadurch eigentlich im geschriebenen Primärrecht der EU kodifiziert.

2. *Effet utile und seine Natur. Rechtsauslegung und Rechtsanwendung*

Im Hinblick auf den effet utile und seine Anwendung muss man seine Aufgabe in der Rechtsanwendung betonen. Diesen Begriff sollte man als einen Begriff verstehen, der unterschiedliche Gebiete einbezieht. Man kann hier zwischen der Anwendung von durch den Staat oder die Union erlassenen Rechtsnormen, dem Richterrecht und der Umsetzung der Rechtsnormen des Unionsrechts unterscheiden. Und um die Umsetzung des Unionsrechts (im weiteren Sinn) geht es in der Rechtsprechung des EuGH.

Entscheidend für die Rechtsanwendung ist nicht nur eine kognitive Vorstellung. Die Rechtsanwendung ist zwar eine Form des logischen Herangehens, die darin besteht, dass der Schluss über die Existenz einer Pflicht oder eines Rechts sich aus der Rechtsnorm und den Fakten ergibt, die unter den Anwendungsbereich dieser Rechtsnorm zu subsumieren sind. Dieses Vorgehen ist aber um eine Vorbereitung der höheren und niedrigeren Prämisse reicher, aus der man den Schluss ableiten kann.[18] Die Vorbereitung der höheren Prämisse ist ein Ergebnis der Rechtsauslegung, das ein bestimmtes Maß der Unsicherheit seines Ergebnisses einbezieht.[19] Eine Gestaltung der höheren Prämisse ist also die Sache der Auslegung, aber auch der richterlichen Rechtsfortbildung. Hier wird der effet utile eingeführt. Er verhilft dem Zweck der Rechtsnorm mit einer Intensität, die von der Auslegung des Kontexts und der höheren Prinzipien ab-

18 *Bydlinski*, Juristische Methodenlehre und Rechtsbegriff, 2. Aufl. 1991.

19 *Pavčnik*, Juristisches Verstehen und Entscheiden, 1993, 132: „Subsumption ist keine Einbahnstrasse.“.

hängt, zur Durchsetzung. Im Hintergrund stehen vor allem zwei Grundsätze: die Rechtssicherheit und die Zweckmäßigkeit des Unionsrechts.[20] Auch der effet utile ist nur ein Optimierungsgebot, das dem Ermessen des Richters unterliegt.

Der effet utile verlangt ein solches Verständnis der Rechtsnorm, das deren Umgehung verhindert und zu ihrer praktischen Durchsetzung verhilft. Der Inhalt ist aber ausfüllungsbedürftig:[21] Er ergibt sich aus dem Zweck des Unionsrechts.

Eine solche Norm bzw. ihr Inhalt sollte dann mit der Intensität angewandt werden, die sich je nach der Abstufung des effet utile ableiten lässt. Die Wirkung (Durchsetzbarkeit) wird dann eine bestmögliche oder maximale.

Der charakteristische Zug des Effet utile ist diese Wirkung, die er der Rechtsnorm gibt.

IV. Bedingungen und Grenzen der Anwendung des effet utile

Die Bedingungen der Anwendung des effet utile im konkreten Fall sind nicht nur durch den Zweck der konkreten anwendbaren Rechtsnorm gegeben, sondern sie sind auch aus anderen Quellen bekannt, wie z.B. aus der Rechtsprechung des EuGH und vor allem aus den Prinzipien des Unions-Gesetzgebers. Man sollte also nicht nur die teleologische Auslegung, sondern auch vor allem die systematische Interpretation berücksichtigen.[22] Da die relevanten Faktoren auch nicht nur parallel, sondern gegenseitig wirken können, ist die Intensität der Durchsetzung, die von dem Maß des effet utile abhängt, unterschiedlich.

Die Rechtsprechung sollte das Maß der Durchsetzung, das mit dem damit verbundenen Aufwand ihrer Adressaten zusammenhängt, in der entsprechenden Stufe des Adjektivs des effet utile zum Ausdruck bringen.

Relevant wird der potentielle Konflikt zwischen den Vorschriften und den Prinzipien des Binnenmarkts einerseits und der Charta der Grundrech-

---

20 *Kadelbach*, Allgemeines Verwaltungsrecht unter europäischen Einfluss, 2005, 99.

21 *Gebauer*, in: Gebauer/Wiedmann (Hrsg.), Zivilrecht unter europäischen Einfluss, 2005, 99.

22 *Potacs/Mayer*, in: Tichý/Potacs/Dumbrovský (Fn. 1), Effet utile as a Method of Interpretation, 21.

te der Union andererseits.[23] Auch der effet utile ist den Prinzipien der Subsidiarität und Verhältnismäßigkeit des Unionsrechts zu unterwerfen. Diese beiden Prinzipien, zusammen mit dem Prinzip der begrenzten Einzelermächtigung, sind Maßstäbe seiner Anwendung.

Die Bedingungen für die Anwendung des effet utile sind von zweierlei Art. Ihre Grundlage ist in der Rechtstechnik, und die Bedingung besteht in den Lücken im System des Unionsrechts. Die andere Voraussetzung ist die Notwendigkeit zur Durchsetzung der Rechtsnorm unter zwei Voraussetzungen: der Durchsetzung des Unionsrechts, um dadurch einen Beitrag zur Integration der EU sowie der Harmonisierung des Rechts zu leisten, oder der Gewährung von Rechten der Unionsbürger und deren Rechtsschutz.

Der effet utile sichert, dass der Zweck der Norm erzielt wird. Bei mehreren möglichen Auslegungen einer unionsrechtlichen Vorschrift wird diejenige Auslegung gewählt, die die Wirksamkeit dieser Vorschrift zu wahren geeignet ist. Bei dieser Wahl müssen die relevanten Interessen und Werte, die für die Abstufung der Wirkung (der Intensität der Einwirkung des Unionsrechts auf die Rechtsordnungen der Mitgliedstaaten) relevant sind, berücksichtigt werden.

V. Zusammenfassung

Der effet utile ist ein Instrument des Unionsrechts, das ausgehend von der Rechtsauslegung der Rechtsanwendung dient und als ein relatives Optimierungsgebot zu verstehen ist. Er ist unter anderem auch durch die jeweilige Rechtsprechungspolitik/politische Wertgrundlage bedingt.[24] Der effet utile unterscheidet sich unter den Rechtsauslegungsmethoden vor allem von der teleologischen Methode dadurch, dass die Durchsetzung des Ziels der Rechtsnorm akzentuiert wird. Die Intensität oder das Maß der Intensität der Anwendung des effet utile hängt vom Kontext in der konkreten Lage ab.

Die Intensität des effet utile wird durch ein Adjektiv zum Ausdruck gebracht. Die Abstufung geht von einer nützlichen Wirkung als mildeste Form der Einwirkung bis zur maximalen Effektivität als der intensivsten

---

23 *Potacs* (Fn. 1), 476-478.

24 *Rüthers*, Die unbegrenzte Auslegung, 7. Aufl. 2012, 437.

Form der Durchsetzung des Unionsrechts gegenüber einem nationalen Rechtssystem des Mitgliedstaates.

Ohne diese rationale Begründung und einheitliche Terminologie in allen Sprachfassungen hätte die Anwendung unterschiedlicher Adjektive kaum einen Sinn, und sie würde eher zu einem Verdacht verführen, dass die Doktrin des effet utile eine Blamage ist, weil das Instrument (effet utile) arbiträr angewandt wird.

Zur objektiven Wirkungsdimension von Richtlinien: Eine Skizze

Alina Lengauer

I. Einführende Bemerkungen

Wahrhaftig ist es keine leichthin zu nehmende Aufgabe, Professor *Peter-Christian Müller-Graff* einen Beitrag zu widmen – dies auch, weil man doch in persönlicher Verbundenheit (insbesondere) für den Jubilar schreiben möchte, und daher ein Thema wählen will, das (so erhofft man es sich zumindest) auf Interesse stößt, und schließlich weil eine Festschrift doch stets zu prägnanter Strukturierung anhält. Ein Blick in die Schwerpunkte der wissenschaftlichen Tätigkeit des Jubilars erschwert diese Aufgabe noch ein wenig, lässt sie einen die ungeheure Spannweite seines wissenschaftlichen Wirkens erahnen.

Nie hat sich der Jubilar jedoch gescheut, Grundsätzliches aufzugreifen – sohin soll in diesem Beitrag geradezu ein Ausschnitt an Grundsätzlichem dargelegt werden, nämlich einige Erwägungen zu objektiver Richtlinienwirkung. Die untenstehenden Ausführungen sollen die gewählte Thematik und ihre Lösungsansätze in Rechtsprechung und Judikatur der Europäischen Union in Bezug auf diese determinierenden Prinzipien des Unionsrechts beleuchten; aufgrund des gewählten Themas, das einer durchaus ausführlichen Betrachtung und Analyse zugänglich ist, möge der Autorin gelegentliches Skizzieren einer überaus vielschichtigen Problematik im Hinblick auf notwendige Platzbeschränkung nachgesehen werden.

II. Zur Abgrenzung des Untersuchungsgegenstandes: Eine Verlaufsanalyse

Der vorliegende Beitrag soll einige Gedanken zu dem Problemkreis objektiver Richtlinienwirkung beisteuern; aufgrund der in einschlägiger Literatur unterschiedlich gefassten Begrifflichkeit muss jedoch zunächst eine nach Tunlichkeit eindeutige Bezugnahme gefunden werden. Im Folgenden sollen jene Fallkonstellationen näher betrachtet werden, die etwa als „belastende Drittwirkung (Privater)"[1] aufgrund nicht rechtzeitig oder schlecht umgesetzter Richtlinien, als „belastende Eingriffe in Rechtspositionen Privater"[2] oder als Ausschnitt des Problemkreises „Direktwirkung von Richtlinien gegenüber Privaten"[3] analysiert werden. In den nun folgenden Ausführungen soll der angesprochene Problemkreis unter der Bezeichnung „objektive Wirkungsdimension",[4] oder schlicht „objektive Richtlinienwirkung" näher beleuchtet werden. Dies erfolgt nicht etwa deswegen, weil sowohl Gerichte als auch Verwaltungsbehörden vertikaler unmittelbarer Wirkung einer Richtlinie Folge leisten müssen – dies folgt ja bereits aus dem in Art. 4 Abs. 3 EUV normierten Grundsatz der Loyalität.[5] Sohin wird objektive Richtlinienwirkung oder aber objektive Wirkungsdimension von Richtlinien gerade nicht als „Baustein" oder notwendige Voraussetzung für unmittelbare Wirkung von Richtlinien verstanden.[6]

An dieser Stelle mag es nützlich erscheinen, einige Vorgaben im Grundsatz für die nun folgenden Überlegungen zu erläutern:

Eine Richtlinie gemäß Art. 288 AEUV legt auf Unionsebene Regelungsziele verbindlich fest, überlässt jedoch deren Umsetzung den Mitgliedstaaten; somit handelt es sich bei dem Gesetzgebungsakt der Richtlinie um ein „zweistufiges" und „mittelbares" Rechtssetzungsinstrument, das vornehmlich der Rechtsangleichung innerhalb der Union dienen soll.[7] Richtlinien sehen dem Wortlaut von Art. 288 Abs. 3 AEUV nach die Erreichung eines Zieles vor – ein Vergleich der verschiedenen Sprachfassungen (résultat, result, risultato, resultaat etc.) lässt jedoch die Schlussfolgerung zu, dass mit dem Begriff „Ziel" vielmehr in deutschsprachiger Kon-

---

1 *Hetmaier*, in: Lenz/Borchardt, EU-Verträge, 6. Aufl. 2012, 2810, Rn. 14 ff.

2 *Nettesheim*, in: Grabitz/Hilf/Nettesheim, Das Recht der Europäischen Union 2014, Art. 288 AEUV, Rn. 160; bezüglich Grundlagen und Begriffswahl ähnlich: *Jarass/ Beljin* EuR 2004, 714; *Baldus* GPR 2003/2004, 124.

3 Vgl. etwa *Eilmansberger* JBl 2004, 283 und 364; *Baldus* GPR 2003/2004, 124.

4 *Biervert*, in: Schwarze/Becker/Hatje/Schoo, EU-Kommentar, 3. Aufl. 2012, Art. 288 AEUV, Rn. 31; in ähnlicher Betrachtung und Begriffswahl: *E. Klein*, Objektive Wirkung von Richtlinien, in: Due/Lutter/Schwarze (Hrsg.), Festschrift für Ulrich Everling, Bd. I, 1995, 641.

5 Vgl. in vollständiger Klarheit *Hatje*, in: Schwarze/Becker/Hatje/Schoo, EU-Kommentar, 3. Aufl. 2012, Art. 4 EUV, Rn. 39: „Die unmittelbare Wirkung einer Richtlinie ist vom Amts wegen zu berücksichtigen.".

6 In diesem Sinne jedoch offenbar *E. Klein* (Fn. 4) 642.

7 *Biervert* (Fn. 4) Rn. 23-24; EuGH, Urt. v. 29.6.1993, Rs. C-298/89 (Regierung von Gibraltar gegen Rat der Europäischen Gemeinschaften), Slg. 1993, I-3648, Rn. 16.

zeption ein Ausschnitt des Bedeutungsgehaltes „Ergebnis“ gemeint ist.[8] Die Modalitäten der Erreichung des vorgesehenen Ergebnisses werden in der Rechtssache „TA-Luft“ präzisiert.[9]

Der oben angesprochenen Rechtssache liegt auf faktischer Ebene die Umsetzung von Richtlinienbestimmungen zu Grenzwerten bei Emissionen von Schwefeldioxid und Schwebestaub mittels Verwaltungsvorschriften eines Mitgliedstaates zugrunde; wiewohl in diesem Falle nicht streitig war, dass es sich bei der Umsetzungsmaßnahme um eine solche allgemeiner Art handelt, hält der EuGH mehrfach die Notwendigkeit der Umsetzung durch eine Maßnahme allgemeiner Art, die obendrein das Kriterium der Rechtsverbindlichkeit zu erfüllen hat, fest.[10]

Schließlich muss das Kriterium der „Öffentlichkeit“ hinzutreten, so dass Einzelne die Möglichkeit haben, Kenntnis von dem Ursprung der ihnen verliehenen Rechte zu erhalten und sich gegebenenfalls auf diese berufen können. *Vedder* etwa hält in Übereinstimmung mit der allgemeinen Auffassung in der Literatur unter Bezugnahme auf die deutsche Rechtslage fest, dass normkonkretisierende Verwaltungsvorschriften aus dem Gesichtspunkt der Rechtssicherheit nicht den rechtsstaatlichen Anforderungen des Unionsrechts entsprechen.[11]

Die Begründung hierfür liegt im *effet utile* des Unionsrechts. Hierbei handelt es sich um einen wesentlichen Grundsatz des Unionsrechts, der einerseits auf dem Grundsatz der praktischen Wirksamkeit des Unionsrechts, zum anderen aus der spezifischen Ausprägung des Grundsatzes

8 *Biervert* (Fn. 4) Rn. 25; *Ipsen*, in: Festschrift für Carl Friedrich Ophüls, Hallstein/Schlochauer (Hrsg.), 1965, 73 f.

9 EuGH, Urt. v. 30.5.1991, Rs. C-361/88 (TA-Luft), Slg. 1991, I-2596, Rn. 15: „ […] ; je nach dem Inhalt der Richtlinie kann ein allgemeiner rechtlicher Rahmen genügen, wenn er tatsächlich die vollständige Anwendung der Richtlinie in so klarer und bestimmter Weise gewährleistet, dass – soweit die Richtlinie Ansprüche des einzelnen begründen soll – die Begünstigten in der Lage sind, von allen ihren Rechten Kenntnis zu erlangen und diese gegebenenfalls vor den nationalen Gerichten geltend zu machen.“; vgl. hierzu *Langenfeld/Schlemmer-Schulte* EuZW 1991, 622, 624 (mit Ausführungen zur deutschen Rechtslage).

10 „Anwendungsbereich der Verwaltungsvorschrift ist damit die unmittelbare Nachbarschaft ganz bestimmter Bauten oder Einrichtungen, während die Richtlinie einen weiteren Anwendungsbereich hat, der sich auf den gesamten Hoheitsbereich der Mitgliedstaaten erstreckt“, EuGH, Urt. v. 30.5.1991, Rs. C-361/88 (TA-Luft), Slg. 1991, I-2596, Rn 19; vgl. auch Rn. 20 des genannten Urteils.

11 *Vedder* EuZW 1001, 293.

von Treu und Glauben gewissermaßen fußt;[12] die oben angesprochenen formellen Anforderungen an die Umsetzung einer jeden Richtlinie sollen gerade – neben dem Grundsatz der Loyalität nach Art. 4 Abs. 3 EUV – insbesondere dem Grundsatz der Effektivität genügen.

Unter bestimmten Voraussetzungen greift nun unmittelbare Wirkung einer Richtlinie ein: Wurde diese nicht, verspätet oder nicht ausreichend umgesetzt, so kann sich nach übereinstimmender Lehre und Rechtsprechung ein Individuum gegenüber dem betroffenen Mitgliedstaat, insbesondere jedoch vor Gerichten und Verwaltungsbehörden, auf Bestimmungen dieser Richtlinie berufen; dies dann, wenn durch Bestimmungen der Richtlinien dem Einzelnen Rechte verliehen werden und die durch dieses Rechtsinstrument verliehenen Rechte als inhaltlich unbedingt und hinreichend genau angesehen werden können.[13]

Unmittelbare Wirkung von Richtlinien wiederum gründet nach weitgehend übereinstimmenden Stellungnahmen in der Literatur auch wesentlich auf dem Grundsatz des Verbotes des *venire contra factum proprium*, nämlich darauf, dass es „treuwidrig" wäre, wenn ein säumiger Mitgliedstaat sich einem Einzelnen gegenüber darauf berufen könne, die sich aus Art. 288 AEUV ergebenden Verpflichtungen gerade nicht erfüllt zu haben.[14]

Für die nun anzuschließenden Überlegungen soll folgende, als Bausteine titulierte Grundlage einbezogen werden: Die aus Art. 288 Abs. 3 AEUV abzuleitende Pflicht eines Mitgliedstaates, eine Richtlinie umzusetzen, bezieht sich strukturell nicht so sehr auf ein allenfalls zu erreichendes vages Ziel, sondern vielmehr auf ein präzise rechtlich und faktisch zu verwirklichendes Ergebnis. Diese Folgerung wird durch eine Reihe formeller Kriterien, die seitens des EuGH an das jeweils vorgeschriebene materielle Ergebnis der Richtlinie gestellt werden, untermauert.

Formelles und materielles Ergebnis einer Richtlinienumsetzung, jedoch auch – auch dies soll aus den vorstehenden Ausführungen gefolgert werden – jede Art von Richtlinienwirkungen im innerstaatlichen Bereich, unterstehen einer Reihe von Prinzipien des Unionsrechts und werden daher von diesen materiell determiniert.

---

12 *Bieber/Epiney/Haag*, Die Europäische Union, Baden-Baden 10. Aufl. 2013, 201.

13 Vgl. etwa EuGH, Urt. v. 19.1.1982, Rs. 8/81 (Ursula Becker gegen Finanzamt Münster-Innenstadt), Slg. 1982, 55.

14 Vgl. etwa *Biervert* (Fn. 4) Rn. 29.

III. Bausteine und Prinzipien

Beispielhaft sollen drei Urteile des EuGH herausgegriffen werden – stellvertretend für drei Fallgruppen - und in gebotener Kürze für die nun anstehenden Überlegungen fruchtbar gemacht werden:

Zunächst ist das Urteil des EuGH in der Rechtssache „Wärmekraftwerk Großkrotzenburg“[15] zu nennen, das zugleich den Ausgangspunkt der objektiven Wirkungsdimension von Richtlinien darstellt: Dieser Rechtssache liegt eine nach der UVP-Richtlinie unterbliebene „formelle Umweltverträglichkeitsprüfung“ zugrunde. Eine Prüfung der Umweltauswirkungen des beantragten Projektes (*in casu* eines Wärmekraftwerks) fand hingegen ordnungsgemäß statt. In seinem Urteil hält der EuGH fest, dass die einschlägigen Bestimmungen der UVP-Richtlinie die nationalen Behörden unmissverständlich dazu verpflichten, bestimmte Projekte einer (formellen und richtlinienkonformen) Umweltverträglichkeitsprüfung zu unterziehen,[16] wiewohl in diesem Verfahren keine Berufung eines Einzelnen auf etwaige, durch die Richtlinie vermittelten Rechte auszumachen war.[17]

Die Rechtssache „CIA Security“ wiederum befasst sich mit einer in einer Zivilrechtsstreitigkeit relevierten und aufgrund der Informationsrichtlinie[18] nicht ordnungsgemäß notifizierten Regelung über die Zulassung von Alarmsystemen. Der EuGH gelangt zu dem Schluss, dass eine nicht notifizierte Vorschrift, die unter Verstoß gegen die Mitteilungspflicht der Informationsrichtlinie in Kraft gesetzt worden war, in dem nationalen Verfahren nicht zur Anwendung gelangen dürfe.[19]

---

15 EuGH, Urt. v. 11.8.1995, Rs. C-431/92 (Wärmekraftwerk Großkrotzenburg), Slg. 1995, I-2211.

16 EuGH, Urt. v. 11.8.1995, Rs. C-431/92 (Wärmekraftwerk Großkrotzenburg), Slg. 1995, I-2211, Rn. 39-40; für eine ausführliche Besprechung vgl. *Pechstein* EWS 1996, 261.

17 Vgl. zu dieser Fallgruppe auch: EuGH, Urt. v. 7.1.2004, Rs. C-201/02 (Wells), Slg. 2004, I-748; für einen ausschnittartigen Überblick für das Immissionsschutzrecht: *Müggenborg/Duikers* NVwZ 2007, 623.

18 In der für das angesprochene Verfahren geltenden Fassung: Richtlinie 88/182/EWG über ein Informationsverfahren auf dem Gebiet der Normen und technischen Vorschriften, ABl. L 81/1988, 75 vom 26.3.1988.

19 EuGH, Urt. v. 30.4.1996, Rs. C-194/94 (CIA Security International SA/Signalson), Slg. 1996, I-2230; Vgl zu dieser Fallgruppe auch: EuGH, 26.9.2000, Rs. C-443/98 (Unilever), Slg. 2000, I-7535.

Schließlich soll an dieser Stelle die Rechtssache „Abt“[20] angeführt werden; in dieser Rechtssache sollen verfahrensrechtliche Bestimmungen der Aktionärsrechterichtlinie (mit Bezug auf Einberufungsfristen einer Hauptversammlung) unmittelbar im Rahmen einer zivilrechtlichen Streitigkeit zur Anwendung gelangen.[21]

Die oben – gewissermaßen *pars pro toto* – angeführten Rechtssachen sollen nun im Lichte und unter Heranziehung der Prinzipien der Loyalität, der Effektivität und des Verbotes des *venire contra factum proprium* gelesen werden. Es erscheint geradezu selbstverständlich, dass Nicht- oder Schlechtumsetzung einer Richtlinie zugleich einen Verstoß gegen den in Art. 4 Abs. 3 EUV normierten Grundsatz der Loyalität darstellt,[22] ebenso wie gegen jenen der Effektivität des Unionsrechts. Schließlich wird hierdurch auch das Erreichen des durch eine Richtlinie vorgegebenen formellen und materiellen Ergebnisses vereitelt.[23]

Fraglich ist jedoch, ob bereits vertikale Richtlinienwirkung tatsächlich (auch) auf dem Grundsatz des Verbotes des *venire contra factum proprium* beruht, oder ob es sich nicht hierbei vielmehr um eine spezielle Ausprägung des Grundsatzes der Rechtssicherheit handelt.[24] Würden die hierzu ergangenen Aussagen des EuGH[25] – mit einer wesentlichen Einschränkung, die unten noch anzusprechen sein wird – diesem Verständnis folgend gelesen und auch vertikale Richtlinienwirkung dem Grundsatz der Rechtssicherheit zugeordnet,[26] so ergibt sich ein gänzlich anderes Bild:

---

20 EuGH, Beschl. v. 24.3.2011, Rs. C-194/10 (Robert Nicolaus Abt u.a. Hypo Real Estate Holding AG u.a.), ABl. L 252, 8 mit ausführlicher Besprechung *Foerster* EuR 2012, 190.

21 Dieser Fallgruppe beispielhaft zuordenbar: EuGH, Urt. v. 12.3.1996, Rs. C-441/93 (Panagis Pafitis), Slg. 1996, I-1363.

22 Ausführlich hierzu *Klamert*, The Principle of Loyalty in EU Law, Oxford 2013, 173 ff.

23 Zu der Lesart „Zielvorgabe“ als „Vorgabe eines zu erzielenden Ergebnisses“ vgl. oben unter 2.

24 In diesem Sinne bereits zweifelnd *Craig/de Burca*, EU Law, 2nd ed. 1998, mit der Bezeichnung „some kind of estoppel“, 194-195; sowie unmittelbare Wirkung von Richtlinien bereits dem Prinzip der Rechtssicherheit zuordnend: *Craig/de Burca*, EU Law, 4th ed. 2008, 282 ff.

25 Für einen Überblick vgl. *Jarass/Beljin* EuR 2004, 714.

26 Dies mit dem Argument, dass der Einzelne durchaus auf fristgerechte und korrekte Umsetzung einer Richtlinie durch einen Mitgliedstaat vertrauen kann.

IV. Schlussfolgerung

In dieser Betrachtung wird sowohl vertikale als auch horizontale Wirkungsdimension von Richtlinien durch Abwägung und Zusammenspiel der unionsrechtlichen Prinzipien der Loyalität, der Effektivität und der Rechtssicherheit bestimmt. Demgegenüber tritt die Frage nach einer allfälligen Belastung Einzelner in den Hintergrund; objektive Wirkungsdimension von Richtlinien findet in Bezug auf Belastung Einzelner bloß dort eine Grenze, wo wiederum ein Grundsatz des Unionsrechts eingreift, nämlich jener des *nulla poena sine lege* für den engeren Bereich des Strafrechts.[27]

Nach hier vertretener Ansicht handelt es sich bei objektiver Wirkungsdimension von Richtlinien daher um einen Ausschnitt unmittelbarer Wirkung, der – unter Wahrung der übrigen Voraussetzungen – dem Einzelnen ein Recht auf Durchführung eines in den anzuwendenden Richtlinienbestimmungen normierten Verfahrens zuspricht, sowie auf Teilnahme an diesem Verfahren. Dessen Ausgang – und damit die Frage der allfälligen Begünstigung eines Einzelnen – bleibt notwendigerweise ungewiss und bestimmt sich nach der jeweiligen Rechts- und Faktenlage. Sohin können verwaltungsvermittelte Belastungen, und *a maiore ad minus* ebenso belastende Reflexwirkungen für Einzelne, hingenommen werden.[28] Auf dem Grundsatz der Rechtssicherheit fußend, sollen nur jene Belastungen ausgeschlossen werden, die sich aus der Richtlinie selbst ergeben.

Für objektive Wirkung von Richtlinien genügt nach hier vertretener Auffassung, dass hinreichend bestimmte und klare Bestimmungen einer Richtlinie im Falle fehlender oder mangelhafter Umsetzung natürlichen oder juristischen Personen Mitwirkungsrechte an Verfahren oder aber Pflichten von Behörden zur Durchführung eines bestimmten Verfahrens – und zur Erzielung eines durch die Richtlinien vorgegebenen materiellen Ergebnisses – normieren.

27 Hierin folgend: *Jarass/Beljin* EUR 2004, 714, 724; in der hier vertretenen Lesart daher durchaus stimmig: EuGH, Urt. v. 16.6.1998, Rs. C-226/97 (Strafverfahren gegen Johannes Martinus Lemmens), Slg. 1998, I-3711.

28 Vermutlich zustimmend: *Jarass/Beljin* EuR 2004, 714, 732.

Halten Gesetze, was sie (ver)sprechen?

Dagmar Kaiser

I. Problem

Europarecht ist Richterrecht. Das bereitet erhebliche Legitimationsprobleme und für Rechtsordnungen mit kodifiziertem Recht die Schwierigkeit, dass das Gesetz nicht wiedergibt, was Recht ist. Das möchte ich an einem arbeitsrechtlichen Beispiel verdeutlichen.

II. Beispiel: Urlaubsübertragung in anderes Kalenderjahr, § 7 Abs. 3 S. 3 BUrlG

Nach § 7 Abs. 3 BUrlG muss ein Arbeitnehmer seinen Jahresurlaub im laufenden Jahr nehmen und kann ihn ausnahmsweise auf die ersten drei Monate des folgenden Kalenderjahres übertragen. Erkrankt ein Arbeitnehmer bis zum 31.3. des Folgejahres, verfiel sein Urlaub nach seit 1982 ständiger Rechtsprechung des BAG endgültig.[1] Auf Vorlage des LAG Düsseldorf hat der EuGH aus Art. 7 Abs. 1 Arbeitszeitrichtlinie[2] 2003/88 EG gefolgert, dass das nationale Recht den Verlust des (gesetzlichen) Urlaubsanspruchs nur vorsehen dürfe, wenn es dem Arbeitnehmer tatsächlich möglich gewesen sei, Urlaub zu nehmen, also nicht gegenüber Arbeitnehmern, die bis zum Ende des Bezugszeitraums krank waren.[3] Dem ist das BAG gefolgt: Kann der Arbeitnehmer seinen Jahresurlaub wegen Krank-

---

1 BAG 13.5.1982 – 6 AZR 360/80.

2 Obwohl der EuGH den Urlaubsanspruch über Art. 6 Abs. 1 EUV mit Art. 31 Abs. 2 GRC im primären Unionsrecht verankert (Urt. v. 22.11.2011, Rs. C-214/10 (KHS), Slg. 2011, I-11757, Rn. 37; Urt. v. 3.5.2012, Rs. C-337/10 (Neidel), EU:C:2012:263, Rn. 40), legt er diesem keine primärrechtlich unmittelbare Wirkung bei (Urt. v. 24.1.2012, Rs. C-282/10 (Dominguez), EU:C:2012:33, Rn. 32 ff.: unmittelbare Wirkung nur von Art. 7 Abs. 1 RL): ErfK/*Gallner* (2015) § 1 Rn. 6a, § 7 BUrlG Rn. 43 m.w.N.

3 EuGH, Urt. v. 20.1.2009, Rs. C-350/06 und C-520/06 (Schultz-Hoff), Slg. 2009, I-00179, Rn. 28 f., 34 ff., 52 m.w.N.

heit nicht bis zum 31.3. des Folgejahres nehmen, verfällt sein Anspruch nie.[4] Auf Vorlage des LAG Hamm hat der EuGH seine Aussagen „nuanciert“: Der Erholungszweck rechtfertige nur eine zeitliche begrenzte Übertragung; erkrankte Arbeitnehmer dürften nicht jahrelang Urlaubsansprüche ansammeln. Der Übertragungszeitraum müsse die Dauer des Bezugszeitraums deutlich überschreiten; hierfür seien 15 Monate wie im konkreten Fall eines Tarifvertrags ausreichend.[5] Auch dem ist das BAG gefolgt: Unionsrechtskonform verfallen nach § 7 Abs. 3 Satz 3 BUrlG Urlaubsansprüche arbeitsunfähiger Arbeitnehmer 15 Monate nach Ablauf des jeweiligen Kalenderjahres.[6] Damit ist § 7 Abs. 3 S. 3 BUrlG seither wie folgt (kursiv) zu ergänzen: „Im Fall der Übertragung muss der Urlaub in den ersten drei Kalendermonaten des folgenden Kalenderjahres gewährt und genommen werden; *Urlaub, der aufgrund einer Arbeitsunfähigkeit infolge Krankheit nicht genommen werden kann, spätestens bis zum 31.3. des Folgefolgejahres.*“

III. Europarechtskonforme „Auslegung“

1. Bindung an den EuGH

Die nationalen Gerichte müssen das Europarecht mit allen ihnen zur Verfügung stehenden Mitteln durchsetzen, nicht nur durch Auslegung, sondern insbesondere durch die Fortbildung des nationalen Rechts, etwa durch teleologische Reduktion oder Extension.[7]

Die Umsetzungspflicht besteht unabhängig davon, ob die Auslegung der Richtlinie durch den EuGH überzeugt – wie nicht zur AZRL 2003/88/EG: Art. 7 garantiert lediglich „einen bezahlten Mindestjahresurlaub von vier Wochen“ und verweist für die „Bedingungen der Inanspruchnahme und die Gewährung“ auf die Rechtsvorschriften der Mit-

---

4 BAG, 24.3.2009 – 9 AZR 983/07, Rn. 64 ff.; 23.3.2010 – 9 AZR 128/09, Rn. 70.

5 EuGH, Urt. v. 22.11.2011, Rs. C-214/10 (KHS), Slg. 2011, I-11757, Rn. 29, 30 ff.

6 BAG, 7.8.2012 – 9 AZR 353/10, Rn. 32 ff.; 12.11.2013 - 9 AZR 727/12, Rn. 12.

7 S. nur EuGH, Urt. v. 10.4.1984, Rs. 14/83 (von Colson und Kamann), Slg. 1984, I-01891, Rn. 26; Urt. v. 5.10.2004, Rs. C-397/01 bis C-403/01 (Pfeiffer), Slg. 2004, I-08835, Rn. 114 ff.; Urt. v. 24.1.2012, Rs. C-282/10 (Dominguez), EU:C:2012:33, Rn. 27; „Auslegung“ i.S. des EuGH ist für das deutsche Recht Auslegung und Rechtsfortbildung: BGH 26.11.2008 – VIII ZR 200/05, Rn. 21 = NJW 2009, 427, 428; BAG 24.3.2009 – 9 AZR 983/07, Rn. 65.

gliedstaaten; dieser Reglungsvorbehalt gilt auch für Regelungen über den Verlust des Urlaubsanspruchs und dessen Übertragung. Weil so gleichsam die Entstehung des Anspruchs geregelt werde, sollen die Mitgliedstaaten aber nicht vorschreiben dürfen, dass Arbeitnehmer, die im Bezugszeitraum keinen Urlaub nehmen konnten, ihren Urlaubsanspruch verlieren („anspruchsvereitelnde Erlöschensregelung“[8]). Mit dieser Auslegung der AZRL überdehnt der EuGH seine judikative Kompetenz zulasten des europäischen Gesetzgebers und der in der AZRL bewusst zugunsten der Mitgliedstaaten zurückgenommenen Kompetenz der Europäischen Union.[9] Auch zur zeitlichen Begrenzung der Urlaubsübertragung auf Folgejahre steht in der AZRL nichts, erst Recht nicht für die Aussage„Übertragungszeitraum muss die Dauer des Bezugszeitraums, für den er gewährt wird, deutlich überschreiten“[10]. Das als Auslegungshilfe heranziehbare[11] IAO-Übereinkommen Nr. 132, dem die AZRL 2003/88/EG nach ihrem sechsten Erwägungsgrund Rechnung tragen möchte,[12] legt in Art. 9 Abs. 1 andere Fristen nahe (ein Jahr für den ununterbrochenen Jahresurlaub von zwei Wochen und 18 Monate für den weiteren Urlaub).

Dass der Jahresurlaub befristet auf das Folgefolgejahr übertragen werden muss, folgt nicht aus der AZRL, sondern ist Ergebnis der Rechtsprechung des EuGH. Auch wenn Art. 288 Abs. 3 AEUV die nationalen Gerichte nur dazu verpflichtet, das nationale Recht so weit wie möglich anhand des Wortlauts und des Zwecks der Richtlinie auszulegen,[13] impliziert dies, dass sie der Interpretation der Richtlinie durch den EuGH folgen müssen: Art. 288 Abs. 3 AEUV formt die Pflicht zur Unionstreue des Art. 4 Abs. 3 EUV näher aus; diese verpflichtet nach BVerfG „auch Gerichte, dazu … diejenige Auslegung des nationalen Rechts zu wählen, die dem Inhalt einer EU-Richtlinie in der ihr vom Europäischen Gerichtshof gegebenen Auslegung entspricht“.[14] Das ist deswegen richtig, weil der

---

8 *Kamanabrou* SAE 2009, 121, 124.

9 *Bauer/Arnold* NJW 2009, 631, 632; *Franzen* NZA 2011, 1403, 1404; *Höpfner* RdA 2013, 16, 18.

10 EuGH 22.11.2011, C-214/10 (KHS), Rn. 38.

11 *Forst* Anm. EzA EG-Vertrag 1999 Richtlinie 2003/88 Nr. 7; *Düwell* NZA-Beil. 2011, 133, 139. S. auch BAG, 7.8.2012 – 9 AZR 353/10, Rn. 38 f.

12 EuGH, Urt. v. 22.11.2011, Rs. C-214/10 (KHS), Slg. 2011, I-11757, Rn. 41 f.

13 EuGH, Urt. v. 19.1.2010, Rs. C-555/07 (Kücükdeveci), Slg. 2010, I-00365, Rn. 48; Urt. v. 24.1.2012, Rs. C-282/10 (Dominguez), EU:C:2012:33, Rn. 24 m.w.N.

14 BVerfG, 26.9.2011 – 2 BvR 2216/06, 2 BvR 469/07 (Heininger) Rn. 46; BAG, 9.9.2010 – 2 AZR 714/08, Rn. 17; BGH, 21.12.2011 – VIII ZR 70/08, Rn. 24. Zu

EuGH über Art. 267 AEUV ein Auslegungsmonopol für die Richtlinien hat;[15] er ist gesetzlicher Richter i.S. des Art. 101 Abs. 1 GG.[16]

2. *Grenzen der Bindung*

Die Pflicht zur Verwirklichung des Richtlinienziels findet ihre Grenzen an dem nach innerstaatlicher Rechtstradition methodisch Erlaubten.[17] Sie rechtfertigt es nicht, das nationale Recht contra legem fortzubilden.[18] Der Wortlaut des Gesetzes zieht aber keine starre Grenze: Art. 20 Abs. 3 GG verpflichtet die Gerichte, „nach Gesetz *und Recht*" zu entscheiden und erlaubt zwar keine Auslegung,[19] wohl aber eine Rechtsfortbildung jenseits des Wortlauts.[20]

a) Unbefristete Übertragung des Urlaubs

Wegen des engen Wortlauts „muss der Urlaub in den folgenden drei Monaten des Kalenderjahres gewährt und genommen werden" im Zusammenhang mit S. 2 „Übertragung des Urlaubs auf das nächste Kalenderjahr" kann § 7 Abs. 3 Abs. 3 BUrlG nicht europarechtskonform dahin ausgelegt werden, dass der Urlaubsanspruch für erkrankte Arbeitnehmer unbefristet aufrechterhalten bleibt.[21] Für eine planwidrige Regelungslücke als Vor-

---

abw. Begründungen: *Ruffert,* in: Calliess/Ruffert, EUV/AEUV (2011), § 288 AEUV, Rn. 78 f.

15 EuGH, Urt. v. 9.11.2010, Rs. C-137/08, Slg. 2010, I-10847, Rn. 36 ff.; Urt. v. 16.1.2014, Rs. C-430/13 (Baradics), noch nicht in der amtl. Slg. veröffentlicht, Rn. 30.

16 BVerfG, 17.1.2013 – 1 BvR 121/11, 1 BvR 1295/11 (LG Bonn), Rn. 28.

17 BVerfG, 26.9.2011 – 2 BvR 2216/06, 2 BvR 469/07 (Heininger), Rn. 47.

18 EuGH 15.4.2008, C-268/06 (Impact), Rn. 100; 24.1.2012, C-282/10 (Dominguez), Rn. 25 m.w.N. BVerfG 26.9.2011 – 2 BvR 2216/06, 2 BvR 469/07 (Heininger, Rn. 46); 17.1.2013 – 1 BvR 1216/11, 1 BvR 1295/11 (Rn. 32).

19 BGH, 26.11.2008 - VIII ZR 200/05, Rn. 20; *Canaris,* in: FS für Franz Bydlinski, Koziol/Rummel (Hrsg.), 2002, 47, 81 ff.; *Kaiser* JZ 2011, 978, 980 m.w.N.

20 BVerfG, 26.9.2011, a.a.O. (Heininger), Rn. 56 f.; BAG, 24.3.2009 – 9 AZR 983/07, Rn. 65; BGH 26.11.2008 – VIII ZR 200/05, Rn. 21.

21 *Bauer/Arnold* NJW 2009, 631, 633; *Ch. Picker* ZTR 2009, 230, 233; *Höpfner* RdA 2013, 16, 24; Abw.: *Rummel* AuR 2009, 160, 162; *Sedlmeier*, EuZA 2010, 88, 96; *Gallner,* in: FS für Gerhard Etzel, Bader/Lipke/Rost/Weigand (Hrsg.),

aussetzung einer teleologischen Reduktion genügt es entgegen dem BAG nicht, dass aus der Gesetzgebungsgeschichte des BUrlG „kein Anhaltspunkt für eine den Richtlinienzielen widersprechende Zielsetzung des deutschen Gesetzgebers“[22] folgt: Für die Feststellung einer planwidrigen Regelungslücke ist richtigerweise allein auf das nationale Recht abzustellen;[23] das BUrlG ist nicht lückenhaft. Selbst wenn man mit der wohl herrschenden Meinung[24] eine Richtlinie dann zum Plan des nationalen Gesetzgebers erhebt, wenn dieser zumindest abstrakt deren europarechtskonforme Umsetzung beabsichtigte, besteht keine planwidrige Lücke: Das BUrlG (1963) ist älter als die AZRL (93/104/EG als Vorläufer der AZ-RL 2003/88/EG). Dass durch das ArbZG vom 6.6.1994 (BGBl. I, 1170) zeitgleich mit der AZRL 93/104/EG der gesetzliche Urlaubsanspruch in § 3 Abs. 1 BUrlG von 18 auf 24 Werktage erhöht wurde, genügt nicht, um die Richtlinie hinsichtlich der übrigen Normen des BUrlG in den Plan des Gesetzgebers einzubeziehen.[25] Der Wille einer allumfassenden RL-Umsetzung scheitert insbesondere daran, dass der maßgebliche § 7 BUrlG kurz vorher ohne jeden europarechtlichen Bezug (durch das PflegeVG vom 26.5.1994, BGBl I, 1014) um S. 2 ergänzt worden ist.[26] Selbst wenn man sich darüber hinwegsetzte und einen abstrakten Umsetzungswillen unterstellte oder Richtlinien nach Verstreichen der Umsetzungsfrist immer in den Plan der Gesamtrechtsordnung einbezöge,[27] kann aus § 7 Abs. 3 BUrlG nicht teleologisch herausgelesen werden, dass der Urlaubsanspruch verfällt. Dem steht der konkrete Wille des Gesetzgebers entgegen: § 7

2011, 155, 165; *Suckow/Klose* JbArbR 49 (2012) 59, 71; *Schinz* RdA 2012, 181, 184.

22 BAG 24.3.2009 – 9 AZR 983/07, Rn. 67; wie hier *Krieger/Arnold* NZA 2009, 530, 531; *Höpfner* Anm. AP BUrlG § 11 Nr. 65.

23 *Herdegen* WM 2005, 1921, 1929; *Schürnbrand* JZ 2007, 910, 913 f.; *Gsell* JZ 2009, 522, 525; *Höpfner* JZ 2009, 403, 404 f. und RdA 2013, 16, 22; *Kaiser* JZ 2011, 978, 980 f. und JZ 2013, 346, 347 m.w.N.

24 Nw. bei *Gebauer,* in: Gebauer/Wiedmann (2010) Kap. 4 Rn. 40, 42.

25 Noch für eine konkrete Umsetzungsabsicht BGH, 26.11.2008 – VIII ZR 200/05 , Rn. 22 ff., 25; so auch *Thüsing* RdA 2010, 187, 189; *Höpfner* Anm. AP BUrlG § 11 Nr. 65. S. aber BGH, 21.12.2011 – VIII ZR 70/08 , Rn. 34.

26 *Höpfner* Anm. AP BUrlG § 11 Nr. 65; *Sedlmeier* EuZA 2010, 88, 96. S. aber BAG, 24.3.2009 – 9 AZR 983/07, Rn. 67.

27 Etwa: *Canaris,* in: FS für Franz Bydlinski, Koziol/Rummel (Hrsg.), 2002, 47, 84; *W.-H. Roth,* in: Riesenhuber, Europäische Methodenlehre, § 14 Rn. 50 f.; *Langenbucher*, in: Langenbucher, Europarechtliche Bezüge des Privatrechts, § 1 Rn. 99 ff. m.w.N., 105.

Abs. 3 S. 2, 3 BUrlG bezieht die auf den 31.3. des Folgejahres befristete Übertragung des Urlaubs gerade auch auf „in der Person des Arbeitnehmers liegende Gründe".[28] Zudem hat der Gesetzgeber für die Sonderfälle des Mutterschutzes (mit § 17 S. 2 MuSchG seit 2002) und der Elternzeit (mit § 17 Abs. 2 BEEG seit 2006 [BErzGG ab 1985]) längere Übertragungsfristen geregelt und ist damit auch nach Inkrafttreten der AZ-RL 93/104/EG davon ausgegangen, dass der Urlaubsanspruch aus in der Person des Arbeitnehmers liegenden Gründen nicht unbeschränkt besteht, sondern zu befristen ist.[29] Der konkrete, in § 7 Abs. 3 BUrlG zum Ausdruck kommende Wille, den Urlaub erkrankter Arbeitnehmer nicht zu übertragen, steht dem – für das BUrlG allenfalls zu vermutenden – generellen Willen zur Richtlinienumsetzung entgegen. Die konkrete Sachentscheidung muss sich durchsetzen – alles andere wäre Rechtsfortbildung contra legem.[30]

b) Auf 15 Monate befristete Übertragung

Auch die Begrenzung des Übertragungszeitraums auf 15 Monate lässt sich nicht mit Methoden des nationalen Rechts rechtfertigen.[31] Das BAG betont selbst, es sei „klarzustellen, dass sich die Länge des Übertragungszeitraums von 15 Monaten nicht zwingend aus dem Unionsrecht ergibt".[32] Nationalrechtlich ist das Ende des nachfolgenden Kalenderjahres der Höchstübertragungszeitraum (in § 7 Abs. 3 S. 4 BUrlG für den Teilurlaub sowie in § 17 S. 2 MuSchG, § 17 Abs. 2 BEEG, § 4 Abs. 2 ArbPlSchG). Europarechtlich ist ein Jahr aber zu kurz, da es nicht, wie vom EuGH ge-

---

28 *Ch. Picker* ZTR 2009, 230, 233. Dies hatte das BAG vor 1982 allerdings nicht gehindert, den Urlaubsverfall für erkrankte Arbeitnehmer auszuschließen, BAG 13.11.1969 – 5 AZR 82/69.

29 *Ch. Picker* ZTR 2009, 230, 233; *Höpfner* RdA 2013, 16, 24.

30 *Höpfner* Anm. AP BUrlG § 11 Nr. 65 und RdA 2013, 16, 22; *Ch. Picker* ZTR 2009, 230, 233; allg. *Mayer/Schürnbrand* JZ 2004, 545, 551; auch *Habersack,* in: FS für Eduard Picker, Wilhelm/Richardi/Lobinger (Hrsg.), 2010, 327, 339. Gegen eine richtlinienkonforme Rechtsfortbildung von § 13 Abs. 1 S. 1, Abs. 2 S. 1 BUrlG wegen Judizierens contra legem BAG, 17.11.2009 – 9 AZR 844/08, Rn. 26 ff.

31 Auch *Forst* Anm. EzA EG-Vertrag 1999 Richtlinie 2003/88 Nr. 7.

32 BAG, 7.8.2012 – 9 AZR 353/10, Rn. 32, 40.

fordert, deutlich länger ist als das Urlaubsjahr.[33] Mangels eindeutiger Vorgaben durfte nicht das BAG, sondern muss der Gesetzgeber entscheiden.[34]

IV. Grundsatzkritik

Die europarechtskonforme „Auslegung" des § 7 Abs. 3 BUrlG läuft sowohl dem Verbot der unmittelbaren horizontalen Drittwirkung von Richtlinien zuwider als auch der Gesetzesbindung des Richters als Ausdruck der Gewaltenteilung. Das Bedürfnis nach Europarechtskonformität rechtfertigt es nicht, dass ein Gericht sich aus der Rolle des Normanwenders in die einer normsetzenden Instanz begibt;[35] der Richter darf eindeutige nationale Regelungen nicht selbst fortbilden oder streichen, sondern muss die Änderungen dem Gesetzgeber überlassen. Andernfalls wird das Recht nur durch Gerichte legitimiert: durch den EuGH und dessen Gefolge (BAG und BGH). Das Europarecht setzte sich durch,[36] das nationale Recht verwiese dynamisch auf die Richtlinie in ihrer jeweiligen Auslegung durch den EuGH.[37]

Zudem wird dem Rechtsanwender zu viel abverlangt.[38] Der EuGH betont in ständiger Rechtsprechung, die Richtlinienumsetzung müsse eine so „bestimmte, klare und transparente Lage schaffen, dass der Einzelne seine Rechte in vollem Umfang erkennen und sich vor den nationalen Gerichten auf sie berufen kann".[39] Das europarechtliche Transparenzgebot[40] gebietet es, die befristete Übertragung des Erholungsurlaubs auf das Folgefolgejahr gesetzlich zu regeln – und mit § 7 Abs. 3 S. 4 BUrlG für den Teilurlaub,

---

33 BAG a.a.O., Rn. 37; *Bauer/von Medem* NZA 2012, 113, 115; *Forst* Anm. EzA EG-Vertrag 1999 Richtlinie 2003/88 Nr. 7 (unter IV. 5); *Höpfner* RdA 2013, 16, 24; abw. *Thüsing/Pötters/Stiebert* RdA 2012, 281, 285. Neun Monate sind jedenfalls zu kurz: EuGH, Urt . v. 3.5.2012, Rs. C-337/10 (Neidel), EU:C:2012:263, Rn. 42 f.

34 So noch zweifelnd: BAG, 13.12.2011 – 9 AZR 399/10, Rn. 37. Vgl. aber BVerfG, 25.7.2012 – 2 BvE 9/11, 2 BvF 3/11, 2 BvR 2670/11, Rn. 144.

35 So im Grundsatz: BVerfG, 26.9.2011 – 2 BvR 2216/06 (Heininger), Rn. 44 ff.

36 Überdeutlich: *Auer* NJW 2007, 1106, 1108 m.w.N.

37 Krit. *Herdegen* WM 2005, 1921, 1929; *Schürnbrand* JZ 2007, 910, 913; *Gsell* JZ 2009, 522, 524.

38 Auch *Ch. Picker* ZTR 2009, 230, 233; *Thüsing/Pötters/Stiebert* RdA 2012, 281, 287.

39 EuGH 18.1.2001, C-162/99, Rn. 22 m.w.N.

40 *Schroeder*, in: Streinz, EUV/AEUV, Art. 288 AEUV, Rn. 95, 125 ff. m.w.N.

§ 17 S. 2 MuSchG, § 17 Abs. 2 BEEG und § 4 Abs. 2 ArbPlSchG abzustimmen.

Der erweiterte Individualrechtsschutz gegen EU-Rechtsetzungsakte auf dem Prüfstand

Dieter H. Scheuing

Mit Art. 263 Abs. 4 Var. 3 AEUV hat der Lissabonner Vertrag eine neue Möglichkeit zentralen Individualrechtsschutzes gegen EU-Rechtsetzungsakte eröffnet. Die Tragweite dieser Reform war alsbald Gegenstand intensiven Meinungsstreits. Inzwischen sind dazu Entscheidungen der Unionsgerichte ergangen, die Anlass zu kritischen Anmerkungen geben.

I. Die Vertragsreform

Hintergrund der Reform war bekanntlich jene frühe Weichenstellung durch den EuGH, der zufolge Individuen Nichtigkeitsklage nach dem EWGV gegen Rechtsetzungsakte der Gemeinschaftsorgane nur bei entscheidungsähnlicher Sonderbetroffenheit erheben konnten.[1] Ließ sich diese allzu restriktive Rechtsprechung vielleicht durch anfängliche Furcht vor Überlastung erklären, so hielt der EuGH hieran im Wesentlichen selbst dann noch fest, als gegen Ende der Achtzigerjahre zu seiner Entlastung das EuG geschaffen wurde. Den schließlich im Jahr 2002 von Generalanwalt Jacobs und dem EuG eingeforderten Übergang zu einer rechtsschutzfreundlicheren Auslegung des Merkmals der individuellen Betroffenheit[2] verweigerte der EuGH unter – verfehlter – Berufung auf die Notwendigkeit einer vorherigen Vertragsänderung und auf angeblich ausreichende Rechtsschutzmöglichkeiten durch Ungültigkeitsvorlagen mitgliedstaatlicher Gerichte in Vorabentscheidungsverfahren.[3] Möglicherweise wollte

1 EuGH, Urt. v. 15.7.1963, Rs. 25/62 (Plaumann), Slg. 1963, 199.

2 GA Jacobs, Schlussanträge v. 21.3.2002, Rs. C-50/00 P (Unión de Pequeños Agricultores), Slg. 2002, I-6677, Rn. 43; EuG, Urt. v. 3.5.2002, Rs. T-177/01 (Jégo-Quéré), Slg. 2002, II-2365.

3 EuGH, Urt. v. 25.7.2002, Rs. C-50/00 P (Unión de Pequeños Agricultores), Slg. 2002, I-6677; EuGH, Urt. v. 1.4.2004, Rs. C-263/02 P (Jégo-Quéré), Slg. 2004, I-3425.

sich der EuGH nicht einfach drängen lassen und auch deshalb Zurückhaltung üben, weil ohnehin Vertragsverhandlungen anstanden.

Daraufhin kam es im Zuge des Lissabonner Vertrags zur Rechtsschutzreform. Nach Art. 263 Abs. 4 AEUV können jetzt – seit 1. Dezember 2009 – Einzelpersonen unionsrechtliche Nichtigkeitsklage nicht nur erheben „gegen die an sie gerichteten oder sie unmittelbar und individuell betreffenden Handlungen“, sondern auch „gegen Rechtsakte mit Verordnungscharakter, die sie unmittelbar betreffen und keine Durchführungsmaßnahmen nach sich ziehen“.

Klar ist, dass diese Neuregelung den zentralen Individualrechtsschutz gegen EU-Rechtsetzungsakte – über die Fälle entscheidungsähnlicher Sonderbetroffenheit hinaus – erweitern sollte und erweitert hat und dass hierfür auf das Erfordernis zwar nicht der unmittelbaren, wohl aber der individuellen Betroffenheit bewusst verzichtet wurde. Umschrieben wird die zusätzliche Klagemöglichkeit indessen mit neuen Begriffen, die sich nirgendwo sonst im Vertrag finden.

Diese Situation erforderte unionsgerichtliche Klärung. Besonders gespannt durfte man auf die Beantwortung der Streitfrage sein, ob unter den Begriff „Rechtsakte mit Verordnungscharakter“ in Art. 263 Abs. 4 Var. 3 AEUV auch „Gesetzgebungsakte“ im Sinne des Art. 289 Abs. 3 AEUV zu fassen seien oder nur sonstige – ohne das EP zustande gekommene – EU-Rechtsetzungsakte. Die nachstehenden Hinweise konzentrieren sich auf diese Problematik.

II. Zur Deutung des Begriffs „Rechtsakte mit Verordnungscharakter“ durch die Unionsgerichte

Im Inuit-Fall ging es um eine Individualnichtigkeitsklage gegen eine Verordnung, die bestimmte Verbote des Inverkehrbringens von Robbenerzeugnissen festlegte. Die Verordnung war im September 2009 im Mitentscheidungsverfahren ergangen und nunmehr im Lichte des AEUV als Gesetzgebungsakt einzustufen. Übereinstimmend haben das EuG, Generalanwältin Kokott und der EuGH die Klage als unzulässig qualifiziert, da EU-Gesetzgebungsakte keine „Rechtsakte mit Verordnungscharakter“ darstellten und daher von Einzelnen vor der Unionsgerichtsbarkeit weiterhin nur in Fällen entscheidungsähnlicher Sonderbetroffenheit direkt angegriffen werden könnten.[4]

Diese enge Auslegung des Art. 263 Abs. 4 Var. 3 AEUV wurde seither in etlichen unionsgerichtlichen Entscheidungen wiederholt;[5] sie war dort jedoch nicht entscheidungserheblich, da keine Gesetzgebungsakte in Frage standen.

Die zur Begründung der Inuit-Rechtsprechung vorgebrachten Argumente vermögen schwerlich zu überzeugen.

So leuchtet es zwar ein, dass dem Begriff „Rechtsakte mit Verordnungscharakter" eine geringere Tragweite zukommen muss als dem Begriff „Handlungen" in Art. 263 Abs. 4 Var. 1 und 2 AEUV, der als Oberbegriff sowohl für individuelle Handlungen als auch für Handlungen mit allgemeiner Geltung zu verstehen ist. Diese geringere Tragweite ist aber schon gewährleistet, wenn man unter Art. 263 Abs. 4 Var. 3 AEUV (nur) alle Handlungen mit allgemeiner Geltung fasst; eine zusätzliche Ausgrenzung von Gesetzgebungsakten aus dem Anwendungsbereich der Bestimmung und eine kurzerhand hierauf gestützte Einschränkung des Normzwecks lassen sich dadurch nicht rechtfertigen. Hätte im Übrigen bei der Vertragsreform Einigkeit über eine solche Ausgrenzung bestanden, so wäre es ein Leichtes gewesen, in Art. 263 Abs. 4 Var. 3 AEUV eine diesbezügliche Formulierung wie „Rechtsakte ohne Gesetzescharakter" aufzunehmen; das aber ist gerade nicht geschehen.

Mit Generalanwältin Kokott ist jedenfalls davon auszugehen, dass die hier interessierende Tragweite des Art. 263 Abs. 4 Var. 3 AEUV unter Berücksichtigung des Wortlauts und des Regelungszusammenhangs letztlich im Unklaren bleibt. Allerdings bietet auch die von ihr sowie dem EuG und dem EuGH zur Aushilfe bemühte Entstehungsgeschichte keinen verlässlichen Aufschluss. In der Tat haben die vor einer Vertragsänderung in einem Mandat formulierten Verhandlungsabsichten allenfalls Indizwert; entscheidend sind allein die Verhandlungsergebnisse, die von dem Mandat

4 EuG, Beschl. v. 6.9.2011, Rs. T-18/10 (Inuit), Slg. 2011, II-5599; GA Kokott, Schlussanträge v. 17.1.2013, Rs. C-583/11 P (Inuit), EU:C:2013:21; EuGH, Urt. v. 3.10.2013, Rs. C-583/11 P (Inuit), EU:C:2013:625.

5 Vgl. z.B. EuG, Urt. v. 25.10.2011, Rs. T-262/10 (Microban), EU:T:2011:623, Rn. 21; EuG, Beschl. v. 4.6.2012, Rs. T-381/11 (Eurofer), EU:T:2012:273, Rn. 42; EuG, Urt. v. 12.9.2013, Rs. T-380/11 (Palirria Souliotis), EU:T:2013:420, Rn. 27; EuG, Beschl. v. 4.12.2013, Rs. T-438/10 (Forgital), EU:T:2013:648, Rn. 37; EuG, Beschl. v. 21.1.2014, Rs. T-596/11 (Bricmate), EU:T:2014:53, Rn. 65.

durchaus abweichen können. Vor allem aber verliert die wörtliche Übernahme des Formulierungsvorschlags des Verfassungskonvents in den AEUV an Aussagekraft, wenn man bedenkt, dass – anders als im Verfassungsentwurf – im Rahmen des AEUV eben kein kategorialer Unterschied mehr zwischen Verordnungen und Gesetzgebungsakten besteht, sondern auch Gesetzgebungsakte nur als Verordnungen (bzw. als Richtlinien oder Beschlüsse) ergehen können, und dass die Gesetzesterminologie, wo sie noch beibehalten wurde, nur noch verfahrensmäßig die Mitwirkung des Europäischen Parlaments am Zustandekommen von Sekundärrechtsakten kennzeichnet.

Zwar weisen Sekundärrechtsakte dieser letzteren Art, wie Generalanwältin Kokott hervorhebt, eine besondere demokratische Legitimation auf; das ändert indessen nichts daran, dass auch sie das EU-Primärrecht einhalten und aus rechtsstaatlichen Gründen einer entsprechenden – freilich demokratische Handlungsspielräume respektierenden – Gerichtskontrolle unterworfen sein müssen. Versagt man nun durch enge Auslegung des Art. 263 Abs. 4 Var. 3 AEUV den Betroffenen den Direktangriff gegen EU-Gesetzgebungsakte vor der Unionsgerichtsbarkeit, so wird damit deren notwendige Gültigkeitskontrolle lediglich in Durchführungsstreitigkeiten verschoben. Es ist jedoch nicht ersichtlich, inwiefern eine solche Verschiebung dem demokratischen Ansehen des EP auch nur dienlich sein könnte. Zum einen kann es dann nämlich dazu kommen, dass die Gültigkeitsfrage – und damit das primärrechtskonforme Verhalten des EP – in zahlreichen Prozessen gegen Durchführungsakte vor mitgliedstaatlichen Gerichten erörtert wird und schließlich mit geraumer Verzögerung doch von der Unionsgerichtsbarkeit zu entscheiden ist, und zwar durch den EuGH aufgrund von Ungültigkeitsvorlagen mitgliedstaatlicher Gerichte. Zum anderen kann gegebenenfalls Nichtigkeitsklage gegen Durchführungsakte auch vor dem EuG erhoben werden, dem es daraufhin obliegt, die Gültigkeit der Grundverordnung inzident zu überprüfen. So hat das EuG in einem zweiten, gegen eine Durchführungsverordnung der Kommission gerichteten Inuit-Verfahren in der Tat die Vereinbarkeit der Grundverordnung mit dem EU-Primärrecht eingehend untersucht und bejaht.[6] Hätte es dem EP denn geschadet, wenn das EuG diese Kontrolle schon auf die Klage gegen die Grundverordnung hin vorgenommen hätte, statt diese als unzulässig abzuweisen?

6 EuG, Urt. v. 25.4.2013, Rs. T-526/10 (Inuit II), EU:T:2013:215.

Dass das EuG die Klage gegen die Grundverordnung als unzulässig behandelt hat, könnte die Vermutung aufkommen lassen, damit habe das Gericht einer von ihm (im Jahr 2002 noch nicht) befürchteten Klagenflut gegen parlamentsbeschlossene Rechtsetzungsakte vorbeugen wollen. Sollte dieser Gesichtspunkt überhaupt eine Rolle gespielt haben, so ist auf alle Fälle zu beachten, dass gerade ein sofortiger zentraler Rechtsschutz viele weitere Prozesse zu vermeiden hilft und dass Art. 263 Abs. 4 Var. 3 AEUV auch nur Rechtsakte erfasst, die keine Durchführungsmaßnahmen nach sich ziehen. Ferner ist anzunehmen, dass auf Klägerseite ein denkbarer anfänglicher Überschwang im Gebrauchmachen von der neuen Klagemöglichkeit gegen Gesetzgebungsakte rasch einer umsichtigeren Handhabung nach Maßgabe der Erfolgsaussichten bei der Begründetheitsprüfung Platz machen würde.

Dass der EuGH dann seinerseits Art. 263 Abs. 4 Var. 3 AEUV eng ausgelegt hat, hat zur Folge, dass auch künftig ihm allein – abgesehen von Fällen entscheidungsähnlicher Sonderbetroffenheit Einzelner – das Recht zur förmlichen Verwerfung (Ungültigerklärung oder Nichtigerklärung) von EU-Gesetzgebungsakten wegen Primärrechtsverstößen verbleibt, und zwar auf Vorabentscheidungsersuchen mitgliedstaatlicher Gerichte hin sowie im Rahmen von Nichtigkeitsklagen durch Unionsorgane oder Mitgliedstaaten. Von daher wird dem EuGH gelegentlich ein schlichtes Streben nach Sicherung der eigenen Position unterstellt. Indessen ist seine Rechtsprechung zur Vorlagepflicht mitgliedstaatlicher Gerichte in Ungültigkeitsfällen erkennbar nicht von solchen Rücksichten, sondern von der Sorge um die einheitliche Geltung des Unionsrechts bestimmt.[7] Und immerhin umfasste das jetzt in Art. 277 AEUV verankerte Recht auch des EuG zur Inzidentkontrolle selbst über Rechtsetzungsakte, die unter Mitwirkung des EP zustande gekommen sind, von vornherein zugleich ein entsprechendes Inzidentverwerfungsrecht des EuG. Deshalb würde es für das Verhältnis zwischen EuG und EuGH letztlich keine entscheidende Veränderung, für den Individualrechtsschutz jedoch einen entscheidenden Fortschritt bedeuten, dem EuG auch eine prinzipale Rechtmäßigkeitskontrolle gegenüber EU-Gesetzgebungsakten zuzuerkennen.

Für eine dahingehende weite Auslegung des Art. 263 Abs. 4 Var. 3 AEUV spricht nicht nur das Unionsgrundrecht auf effektiven gerichtlichen

---

7 Vgl. EuGH, Urt. v. 22.10.1987, Rs. 314/85 (Foto-Frost), Slg. 1987, 4199; EuGH, Urt. v. 10.1.2006, Rs. C-344/04 (IATA und ELFAA), Slg. 2006, I-403.

Rechtsschutz, das jetzt durch Art. 47 GRC garantiert wird. Vielmehr war es auch offenkundiger Zweck der Vertragsreform, den Individualrechtsschutz gegenüber solchen EU-Rechtsetzungsakten zu verstärken, die den Einzelnen unmittelbar Gebote und Verbote auferlegen. Die Einzelnen sollten davor bewahrt werden, zunächst gegen derartige Gebote oder Verbote verstoßen zu müssen, um erst daraufhin den Rechtsweg beschreiten zu können. Auf diese Zumutung dürfte es aber häufig hinauslaufen, wenn die Unionsgerichte Gesetzgebungsakte aus dem Anwendungsbereich des Art. 263 Abs. 4 Var. 3 AEUV ausklammern und insoweit auf den Rechtsschutz gegen Durchführungsakte vor mitgliedstaatlichen Gerichten verweisen. Die Zumutung lässt sich auch nicht dadurch vermeiden, dass entsprechend dem Vorschlag von Generalanwältin Kokott die Einzelnen, statt gegen die Gebote oder Verbote zu verstoßen, vorherige Rechtsauskünfte über deren Anwendbarkeit von mitgliedstaatlichen Behörden oder Unionsorganen einzuholen versuchen; denn solche Rechtsauskünfte auf ungewisser Grundlage und von unklarer Tragweite sind nicht mehr als ein theoretisches Konstrukt.[8] Überdies ist der Rechtsschutz in den Mitgliedstaaten von den dortigen Verfahren abhängig und allemal mit erheblichen Verzögerungen, Kosten und Unwägbarkeiten verbunden bis hin zu dem Problem, dass das Unionsrecht kein Individualrecht auf Vorlage an den EuGH vorsieht, falls ein mitgliedstaatliches Gericht seiner Vorlagepflicht nicht nachkommt; hierüber kann auch die Redeweise, die Einzelnen könnten gegebenenfalls entsprechende Vorlagen „veranlassen“,[9] nicht hinwegtäuschen. Somit ist die Effektivität des Umwegs über mitgliedstaatlichen Rechtsschutz – ungeachtet des Art. 19 Abs. 1 UAbs. 2 EUV – mitnichten derjenigen einer sofortigen prinzipalen Gültigkeitskontrolle des EuG auch über Gesetzgebungsakte nach Art. 263 Abs. 4 Var. 3 AEUV vergleichbar.

Dem Zweck der Vertragsreform, wirksamen Individualrechtsschutz sicherzustellen, läuft die Ausklammerung von Gesetzgebungsakten aus dem Begriff „Rechtsakte mit Verordnungscharakter“ auch noch aus einem weiteren Grunde zuwider. Infolge dieser Ausklammerung scheiden nämlich ausgerechnet solche Rechtsakte als Gegenstände direkter unionsgerichtlicher Kontrolle aus, denen es in erster Linie zukommt, jene normativen Ge-

8 So zu Recht GA Wathelet, Schlussanträge v. 29.5.2013, Rs. C-132/12 P (Woonpunt), EU:C:2013:335, Rn. 62.

9 So EuGH, Urt. v. 3.10.2013, Rs. C-583/11 P (Inuit), EU:C:2013:21, Rn. 93; EuGH, Urt. v. 19.12.2013, Rs. C-274/12 P (Telefónica), EU:C:2013:852, Rn. 29; EuG, Urt. v. 26.9.2014, T-601/11 (Dansk Automat Brancheforening), EU:T:2014:839, Rn. 59.

bote und Verbote zu statuieren, gegen welche die Vertragsreform verbesserten Rechtsschutz gewährleisten sollte; bezüglich delegierter Verordnungen wird dies sogar noch durch den ausdrücklichen Wesentlichkeitsvorbehalt in Art. 290 Abs. 2 S. 2 AEUV zugunsten der Grundverordnungen unterstrichen. Zwar kann bei der Gerichtskontrolle über nachgeordnete Verordnungen inzident auch die Primärrechtskonformität der Grundverordnungen überprüft werden. Das läuft aber wiederum auf einen erschwerten Rechtsschutz auf Umwegen hinaus, mit dem man sich nicht zufriedengeben muss, wenn ein direkter prinzipaler Rechtsschutz zur Verfügung steht.

Somit ist festzuhalten: Da die wörtliche, systematische und entstehungsgeschichtliche Auslegung des Art. 263 Abs. 4 Var. 3 AEUV zu keinem eindeutigen Ergebnis führen und auf jeden Fall auch ein Verständnis der Vorschrift gestatten, wonach dort Gesetzgebungsakte miterfasst sind, ist dieses Verständnis zugleich nach den Grundsätzen der teleologischen und der grundrechtskonformen Auslegung zwingend geboten. Das Gegenargument der Unionsgerichte, Art. 47 GRC verlange keine neuen Klagemöglichkeiten, geht hier schon deshalb fehl, weil durch die Vertragsreform eine neue Klagemöglichkeit längst eingeführt wurde und nur noch deren sinnvolle Ausdeutung im Lichte des Gebots effektiven Rechtsschutzes in Frage steht. Diese Ausdeutung kann richtiger Ansicht nach nur in dem Sinne erfolgen, dass Art. 263 Abs. 4 Var. 3 AEUV Direktangriffe Einzelner vor der Unionsgerichtsbarkeit auch gegen EU-Gesetzgebungsakte erlaubt.

III. Ausblick

Nach alledem ist die mit der Vertragsreform beabsichtigte Erweiterung des zentralen Individualrechtsschutzes in einem wichtigen Teilaspekt durch die Unionsgerichte bisher nicht vollzogen worden. Die in der Inuit-Rechtsprechung für die Herausnahme der EU-Gesetzgebungsakte aus diesem Rechtsschutz angeführten Gründe leuchten nicht ein. Auch ist das entsprechende Meinungsbild innerhalb der Unionsgerichtsbarkeit nicht einheitlich. So ist Generalanwalt Wathelet mit überzeugenden Argumenten für eine weite Auslegung des Art. 263 Abs. 4 Var. 3 AEUV unter Einschluss von Gesetzgebungsakten eingetreten.[10] Es bleibt zu hoffen, dass die Unionsgerichte sich früher oder später doch noch zu einer großzügigeren Haltung entschließen werden.

Solange Letzteres nicht der Fall ist, stellen sich Folgeprobleme wie die, welche Mindeststandards der einschlägige mitgliedstaatliche Rechtsschutz erfüllen muss und wie – gemäß dem vom EuGH gemachten Extremvorbehalt[11] – der Rechtsschutz gegen EU-Gesetzgebungsakte bei Verfehlung dieser Standards aussehen soll.

Nach dem jetzigen Stand der Rechtsprechung (Ende 2014) erschließt Art. 263 Abs. 4 Var. 3 AEUV – nur und immerhin – eine neue Direktklage gegen EU-Rechtsetzungsakte ohne Gesetzescharakter. Möglich sind danach Direktklagen Einzelner sowohl gegen delegierte Verordnungen und Durchführungsverordnungen im Sinne der Art. 290 und 291 AEUV als auch gegen sonstige EU-Rechtsakte mit allgemeiner Geltung, an deren Erlass das EP nicht mitgewirkt hat.[12] Hierin liegt im Vergleich zur vorherigen Rechtslage eine begrenzte, aber durchaus begrüßenswerte Rechtsschutzerweiterung.

Freilich darf die durch die Vertragsreform bewirkte Rechtsschutzerweiterung (unabhängig vom Ein- oder Ausschluss von EU-Gesetzgebungsakten) nicht dadurch unterlaufen werden, dass den beiden in Art. 263 Abs. 4 Var. 3 AEUV zusätzlich aufgestellten Zulässigkeitskriterien (unmittelbare Betroffenheit und fehlendes Nach-sich-Ziehen von Durchführungsmaßnahmen) ihrerseits eine zu weitgehende Ausgrenzungsfunktion zugesprochen wird. Deshalb darf insbesondere die Erforderlichkeit gebundener Durchführungsmaßnahmen nicht einerseits mit Blick auf die unmittelbare Betroffenheit als irrelevant, andererseits aber im Zusammenhang mit dem Nach-sich-Ziehen von Durchführungsmaßnahmen doch noch als zulässigkeitsausschließend behandelt werden.[13] Vielmehr bedarf es einer Ver-

---

10 GA Wathelet, Schlussanträge v. 29.5.2013, Rs. C-132/12 P (Woonpunt), EU:C:2013:335, Rn. 53 ff.

11 EuGH, Urt. v. 3.10.2013, Rs. C-583/11 P (Inuit), EU:C:2013:21, Rn. 104.

12 Beispiele: EuG, Urt. v. 25.10.2011, Rs. T-262/10 (Microban), EU:T:2011:623; EuG, Urt. v. 27.2.2013, Rs. T-367/10 (Bloufin Touna Ellas Naftiki Etaireia), EU:T:2013:97; EuG, Urt. v. 7.3.2013, Rs. T-96/10 (Rütgers), EU:T:2013:109; EuG, Urt. v. 30.5.2013, Rsn. T-454/10 und T-482/11 (Anicav), EU:T:2013:282.

13 Im letzteren Sinne jedoch z.B. EuG, Beschl. v. 4.6.2012, Rs. T-381/11 (Eurofer), EU:T:2012:273, Rn. 59; EuG, Urt. v. 6.6.2013, Rs. T-279/11 (T&L), EU:T:2013:299, Rn. 53; EuG, Beschl. v. 9.9.2013, Rs. T-400/11 (Altadis), EU:T:2013:490, Rn. 47; EuG, Urt. v. 12.9.2013, Rs. T-457/11 (Valeo Vision), EU:T:

schränkung der beiden Kriterien, wonach sie Individualklagen nur dann unzulässig machen, wenn die Belastung der Kläger sich nicht schon aus dem angegriffenen Rechtsetzungsakt selbst oder aus gebundenen Durchführungsmaßnahmen zu demselben ergibt, sondern erst als Folge einer Ausnutzung von Durchführungsspielräumen eintreten kann.[14]

Insgesamt sollten in einer EU, die ganz wesentlich eine Rechtsetzungsunion ist, die Unionsgerichte Individualklagen gegen EU-Rechtsetzungsakte möglichst nicht an Zulässigkeitshindernissen scheitern lassen, sondern im Interesse der Rechtssicherheit und des Rechtsfriedens über die Begründetheit solcher Klagen entscheiden und dabei sowohl den nötigen Gestaltungsspielräumen der EU-Rechtsetzungsorgane als auch den von diesen zu beachtenden Grenzen und grundrechtlichen Maßgaben angemessen Rechnung tragen.

2013:414, Rn. 74; EuG, Beschl. v. 7.3.2014, Rs. T-134/10 (FESI), EU:T:2014:143, Rn. 30.

14 Vgl. dazu GA Wathelet, Schlussanträge v. 29.5.2013, Rs. C-132/12 P (Woonpunt), EU:C:2013:335, Rn 76; GA Cruz Villalón, Schlussanträge v. 14.10.2014, Rs. C-456/13 P (T&L), EU:C:2014:2283, Rn. 32.

Die Auslegung der mitgliedstaatlichen Norm als prozessuale Vorfrage im Vorabentscheidungsverfahren

Carl Friedrich Nordmeier

I. Einleitung

Prozessualen Fragestellungen, die sich aus der Mehrebenenstruktur des im europäischen Integrationsprozess geschaffenen Rechts ergeben, hat sich der Jubilar wiederholt gewidmet.[1] Die justizielle Zusammenarbeit in Zivilsachen nebst ihrer institutionellen Rahmenbedingungen fand gleichfalls sein Interesse.[2] Der folgende Beitrag ist ihm daher mit den herzlichsten Glückwünschen zum 70. Geburtstag gewidmet.

Im Kooperationsverhältnis zwischen EuGH und mitgliedstaatlichen Gerichten – verankert in Art. 267 Abs. 1 AEUV – legt der Gerichtshof Primär- und Sekundärrecht aus, wohingegen Auslegung und Anwendung mitgliedstaatlichen Rechts dem mitgliedstaatlichen Gericht obliegt.[3] Die Bedingungen erfolgreicher Kooperation im Rahmen dieser Aufgabenteilung sind Gegenstand eingehender Erörterung.[4] Vorliegend sollen sie an-

---

1 *Müller-Graff*, Europäisches Gemeinschaftsrecht vor nationalen Gerichten, in: Zalar (Hrsg.), Five Challenges for European Courts: The Experiences of German and Slovenian Courts (2004) 303; *ders.* DRiZ 1996, 259 und 305.

2 Siehe nur *Müller-Graff*, Die ziviljustizielle Zusammenarbeit im „Raum der Freiheit der Sicherheit und des Rechts“ im System des Europäischen Verfassungsvertrags, in: Mansel/Pfeiffer/Kronke/Kohler/Hausmann (Hrsg.), Festschrift für Erik Jayme, Bd. 2 (2004) 1323.

3 EuGH, Urt. v. 16.12.1981 – Rs. 244/80, Pasquale Foglia ./. Mariella Novello, ECLI:EU:C:1981:302 Tz. 14; *Wegener*, in: Calliess/Ruffert, EUV/AEUV (4. Aufl. 2011) Art. 267 AEUV Rn. 5; *Broberg/Fenger*, Das Vorabentscheidungsverfahren vor dem Gerichtshof der Europäischen Union (2014) 132; *Stotz*, in: Riesenhuber (Hrsg.), Europäische Methodenlehre (3. Aufl. 2015) § 22 Rn. 20; *Hess*, Europäisches Zivilprozessrecht (2010) § 12 Rn. 4; *Thiele*, Europäisches Prozessrecht (2. Aufl. 2014) § 9 Rn. 26; *Kruis*, Der Anwendungsvorrang des EU-Rechts in Theorie und Praxis (2013) 52 f.; kritisch *Groh*, Die Auslegungsbefugnis des EuGH im Vorabentscheidungsverfahren (2005) 33 ff.; *ders.* EuZW 2002, 460, 461 f.

4 Siehe nur *Everling*, Das Vorabentscheidungsverfahren vor dem Gerichtshof der Europäischen Gemeinschaften (1986) 13 ff.; *Rösler*, Europäische Gerichtsbarkeit

hand der Auslegung als prozessualer Vorfrage im Vorabentscheidungsverfahren näher beleuchtet werden.

II. Die prozessuale Vorfrage im Vorabentscheidungsverfahren

Auf dem Weg zur Sachentscheidung im Vorabentscheidungsverfahren kann nationales Recht in verschiedener Weise als prozessuale Vorfrage in Erscheinung treten. Unter einer solchen wird im Folgenden eine Fragestellung verstanden, deren Beantwortung nicht eine das Vorabentscheidungsverfahren betreffende Zulässigkeitsfrage oder die Vorlagefrage selbst (Hauptfragen) erledigt, sondern die diesen Fragen vorgelagert ist.[5] Die Auslegung oder das Verständnis mitgliedstaatlichen Rechts[6] erweist sich in dieser Konstellation als notwendig, um die Hauptfrage zu beantworten. Die Auslegung nationalen Rechts als prozessuale Vorfrage ist zu unterscheiden von der Kompetenz zur Konkretisierung unbestimmter unionaler Rechtsbegriffe.[7] Denn in diesem Fall ist die Auslegung unionalen Rechts in Abgrenzung zu seiner Anwendung im Einzelfall betroffen, wohingegen in jenem die Auslegung mitgliedstaatlichen Rechts in Frage steht.

Fragen der vorliegend zu untersuchenden Art können sich sowohl im Rahmen der Zulässigkeit des Vorabentscheidungsersuchens als auch bei

---

auf dem Gebiet des Zivilrechts (2012) 31 ff.; *Gsell* AcP 214 (2014), 99 (Referat für die Zivilrechtslehrertagung 2013 m. Diskussionsbericht *Kroh* AcP 214 (2014), 151); *F. Kirchhof* EuR 2014, 267, 272 ff.; *Hess* RabelsZ 66 (2002), 470, 497 ff.; spezifisch aus kollisionsrechtlicher Sicht *Kohler*, Verständigungsschwierigkeiten zwischen europäischem Gemeinschaftsrecht und internationalem Privatrecht, in: FS Jayme (Fn. 2), Bd. 1, 445 ff.

5 Das mitgliedstaatliche Recht nicht als Recht, sondern als Sachverhaltselement aufzufassen (so *Broberg/Fenger* (Fn. 3) 132), führt nur zu einer Verschiebung der Perspektive. Denn auch hier stellt sich das Problem dessen richtiger Erfassung.

6 *Franzen*, Der EuGH und das bürgerliche Recht – dargestellt am Beispiel der EuGH-Urteile „Dietzinger“ und „Draehmpaehl“, in: Geis/D. Lorenz (Hrsg.), Staat, Kirche, Verwaltung – Festschrift für Hartmut Maurer zum 70. Geburtstag (2001) 889, 897, spricht vom „rechtlichen Umfeld“, in welches der Sachverhalt eingebettet ist.

7 Näher *Tomuschat*, Die gerichtliche Vorabentscheidung nach den Verträgen über die europäischen Gemeinschaften (1964) 86 f.; *Rösler* (Fn. 4) 451 ff.; *Bieder*, Abgrenzung zwischen der Auslegung und der Anwendung des Europarechts – dargestellt am Beispiel der Richtlinie über missbräuchliche Klauseln in Verbraucherverträgen, in: Gsell/Hau (Hrsg.), Zivilgerichtsbarkeit und Europäisches Justizsystem (2012) 155 ff.

der Hauptsacheentscheidung stellen. So muss das vorlegende Gericht den tatsächlichen und rechtlichen Rahmen, in den sich die Vorlagefrage einfügt, festlegen oder zumindest die tatsächlichen Annahmen erläutern, auf denen sie beruht.[8] Insoweit kann es auf die nationale Rechtslage ankommen.[9]

Eine gleichgelagerte Problematik findet sich für das Zulässigkeitserfordernis des Bezugs zu den tatsächlichen Begebenheiten und dem Gegenstand des Ausgangsrechtsstreits. Der EuGH prüft die Umstände, unter welchen er vom vorlegenden Gericht angerufen wird, um nicht über einen hypothetischen Sachverhalt zu entscheiden.[10] Auch hier kann die Gültigkeit oder Auslegung nationalen Rechts von Bedeutung sein, wenn die Entscheidungserheblichkeit aus Gründen, welche in diesem liegen, fehlt.[11]

III. Zwei Beispiele

Wie sich die Auslegung nationalen Rechts als Vorfrage im Vorabentscheidungsverfahren auswirkt, soll im Folgenden anhand zweier Beispiele aus der jüngeren Rechtsprechung des Gerichtshofs beleuchtet werden.

1. Die Zustellungsvollmacht des Schadensregulierungsbeauftragten

Bei Straßenverkehrsunfällen mit Auslandsbezug ist die Möglichkeit, eine gegen den im Ausland ansässigen Haftpflichtversicherer gerichtete Klage an dessen inländischen Schadensregulierungsbeauftragten zuzustellen, von großer praktischer Relevanz. Art. 21 Abs. 5 der Kfz-Haftpflichtversiche-

8 St. Rspr., EuGH, Urt. v. 5.12.2013 – Rs. C-514/12, Zentralbetriebsrat der gemeinnützigen Salzburger Landeskliniken Betriebs GmbH ./. Land Salzburg, ECLI:EU:C:2013:799 Tz. 17; Urt. v. 18.10.2011 – verb. Rs. C-128/09 bis C-131/09, C-134/09, C-135/09, Antoine Boxus u.a. ./. Région wallonne, ECLI:EU:C:2011:667 Tz. 23; *Middeke*, in: Rengeling/ders./Gellermann, Handbuch des Rechtsschutzes in der Europäischen Union, (3. Aufl. 2014) § 10 Rn. 48.

9 Vgl. *Broberg/Fenger* (Fn. 3) 276.

10 EuGH, Urt. v. 24.10.2013 – Rs. C-180/12, Stoilov i Ko EOOD ./. Nachalnik na Mitnitsa Stolichna, ECLI:EU:C:2013:693 Tz. 38 m.w.N.; *Stotz*, in: Riesenhuber (Fn. 3) § 22 Rn. 21; *Fredriksen*, Europäisches Vorlageverfahren und nationales Zivilprozessrecht (2009) 165 ff.

11 Vgl. EuGH, Rs. C-180/12 (Fn. 10) Tz. 42.

rungs-Richtlinie[12] ordnet an, dass der Schadensregulierungsbeauftragte über „ausreichende Befugnisse" verfügen muss, um das Versicherungsunternehmen gegenüber Geschädigten zu vertreten und deren Ansprüche in vollem Umfang zu befriedigen. Der deutsche Gesetzgeber hat diese Vorgabe in § 7b Abs. 2 S. 2 VAG, in dem sich auch der Begriff „ausreichende Befugnisse" findet, umgesetzt. Es fragt sich, ob diese auch eine passive Zustellungsvollmacht für Klagen gegen den Versicherer umfassen. Die Frage legte das LG Saarbrücken[13] vor. Zudem wollte es für den Fall einer bejahenden Antwort in Erfahrung bringen, ob die Richtlinienbestimmung „unmittelbare Wirkung" entfalte, sodass auch dann von einer wirksamen Zustellung auszugehen sei, wenn der Schadensregulierungsbeauftragte nicht durch Rechtsgeschäft zustellungsbevollmächtigt sei und das nationale Recht keine gesetzliche Zustellungsvollmacht begründe.

Der EuGH[14] bejaht – überzeugend und hier nicht weiter zu erörtern – die erste Frage und lässt die zweite offen. Da es sich bei § 7b Abs. 2 VAG um eine „quasi wörtliche Umsetzung" des Art. 21 Abs. 5 der Richtlinie handele, ergebe die Auslegung der nationalen Norm im Einklang mit dem Unionsrecht, dass der Schadensregulierungsbeauftragte befugt sei, die Zustellung gerichtlicher Schriftstücke entgegenzunehmen.[15]

Als unproblematisch erweist sich der erste Schritt der Argumentation: Die zweite Frage nach der vom EuGH stets abgelehnten[16] horizontalen Drittwirkung braucht nicht beantwortet zu werden, wenn das nationale Recht unter keinem – oder einem durch Auslegung behebbaren – Umsetzungsdefizit leidet.

Die richtlinienkonforme Auslegung obliegt dem mitgliedstaatlichen Gericht. Bemerkenswert ist daher, dass der Gerichtshof die Frage der Ausle-

---

12 Richtlinie 2009/103/EG des Europäischen Parlaments und des Rates vom 16.9.2009 über die Kraftfahrzeug-Haftpflichtversicherung und die Kontrolle der entsprechenden Versicherungspflicht, ABl. EU 2009 L 263 11.

13 LG Saarbrücken, Vorlagebeschl. v. 22.6.2012 – 13 S 12/12, NJOZ 2012, 1765.

14 EuGH, Urt. v. 10.10.2013 – Rs. C-306/12, Spedition Welter GmbH ./. Avanssur SA, ECLI:EU:C:2013:650 = ZfSch 2013, 689 m. Anm. Diehl.

15 EuGH, Rs. C-306/12 (Fn. 14) Tz. 31.

16 EuGH, Urt. v. 21.10.2010 – Rs. C-227/09, Antonio Accardo u.a. ./. Comune di Torino, ECLI:EU:C:2010:624 Tz. 45 m.w.N.; *Frenz*, Handbuch Europarecht Bd. 5: Wirkungen und Rechtsschutz (2010) Rn. 1088; *Gebauer*, in: ders./Wiedmann (Hrsg.), Zivilrecht unter europäischem Einfluss (2. Aufl. 2010) Kap. 4 Rn. 17; *W.-H. Roth* RabelsZ 75 (2011), 788, 817.

gung des nationalen Rechts selbst beantwortet.[17] Dies ist erforderlich, wenn die Frage nach der horizontalen Drittwirkung offenbleiben soll. Die Auslegung des § 7b Abs. 2 VAG stellt damit eine prozessuale Vorfrage zur Beurteilung der Entscheidungserheblichkeit der zweiten vorgelegten Hauptfrage dar.

Erstaunlich ist jedoch, dass sich der EuGH jeglicher Ausführungen zum Charakter des § 7b Abs. 2 VAG enthält. Bei der deutschen Umsetzung des Art. 21 Abs. 5 der Richtlinie handelt es sich grundsätzlich um eine aufsichtsrechtliche, wie die Verankerung im Versicherungsaufsichtsgesetz zeigt. § 7b Abs. 2 S. 3 VAG verlangt, dass der dem VAG unterworfene Versicherer seinem Schadensregulierungsbeauftragten ausreichende Befugnisse einräumt, und sichert dies mit aufsichtsrechtlichen Sanktionsmitteln.[18] Legt man diesen Gedanken zugrunde, dürfte der Schadensregulierungsbeauftragte nur zustellungsbevollmächtigt sein, wenn der Versicherer ihn durch Rechtsgeschäft tatsächlich bevollmächtigt hat. Um dem Regelungsgehalt des Art. 21 Abs. 5 Kfz-der Richtlinie gerecht zu werden, wurde deshalb vorgeschlagen, bei § 171 S. 1 ZPO anzusetzen.[19]

Die Auslegung des § 7b Abs. 2 S. 3 VAG durch den EuGH kann dennoch mit guten Gründen im deutschen Recht übernommen werden. Unter systematischen Gesichtspunkten ist es tragbar, in § 7b Abs. 2 VAG eine Regelung mit privatrechtlichem, internationalzivilprozessualem Gehalt zu erblicken. Denn in § 7b Abs. 3 S. 4 VAG findet sich ebenfalls eine internationalzivilprozessuale Bestimmung. Hilfsweise ließe sich mit einer richtlinienkonformen Rechtsfortbildung helfen.[20]

---

17 Vgl. *Gebauer* JbitalR 27 (2014), 57, 64.

18 LG Wiesbaden, Urt. v. 7.6.2014 – 1 O 106/14.

19 *Staudinger* IPRax 2011, 229, 233; *ders./Czaplinski* NJW 2009, 2249, 2253; ablehnend KG, Beschl. v. 5.3.2008 – 22 W 6/08, NJW-RR 2008, 1023; OLG Saarbrücken, Urt. v. 9.2.2010 – 4 U 449/09, NJOZ 2010, 1152, 1153 (wegen Heilung der Zustellung aufgehoben durch BGH, Urt. v. 7.12.2010 – VI ZR 48/10, NJW-RR 2011, 417); weitere Nachweise zum Streitstand bei LG Saarbrücken, NJOZ 2012, 1765, 1766. Auf § 171 ZPO hatte auch Generalanwalt Cruz Villalón, Schlussanträge v. 30.5.2013 – Rs. C-306/12, Spedition Welter GmbH ./. Avanssur SA, ECLI:EU:C:2013:359 Tz. 42, rekurriert.

20 LG Wiesbaden, Urt. v. 7.6.2014 – 1 O 106/14; zum Aspekt der richtlinienkonformen Rechtsfortbildung siehe auch *Nordmeier* GPR 2013, 266, 267.

2. *Das deutsche dingliche Vorkaufsrecht und Art. 22 Nr. 1 EuGVVO*

Das zweite Beispiel[21] betrifft die Erfassung des dinglichen Vorkaufsrechts im System der internationalen Zuständigkeit nach der EuGVVO.[22]

Zwei Schwestern stritten um die Ausübung eines dinglich gesicherten Vorkaufsrecht an einem Miteigentumsanteil eines Münchener Grundstücks. Beim Tribunale ordinario di Milano war eine Klage anhängig geworden, in welcher die Erwerberin unter anderem die Feststellung begehrte, dass die vorkaufsberechtigte Schwester das am Grundstück bestehende Vorkaufsrecht nicht wirksam ausgeübt habe. In einem später anhängig gewordenen Verfahren vor Münchener Gerichten, in welchem die vorkaufsberechtigte Schwester auf Bewilligung der Eintragung im Grundbuch klagte, war unter anderem von Bedeutung, ob eine Entscheidung des Mailänder Gerichts gegen Art. 22 Nr. 1 EuGVVO a.F. verstoßen würde. Das OLG München[23] legte diese zusammen mit weiteren Fragen, welche auch die von Art. 27 EuGVVO geforderte Partei- und Anspruchsidentität betrafen,[24] vor.

Zur Eingrenzung des Art. 22 Nr. 1 EuGVVO wird dahingehend differenziert, dass nur eine Klage aus einem dinglichen Recht, nicht aber auf ein dingliches Recht die ausschließliche Zuständigkeit der Belegenheitsgerichte begründet.[25] Ein Übereignungsanspruch kann auch dann nicht im

---

21 EuGH, Urt. v. 3.4.2014 – Rs. C-438/12, Irmengard Weber ./. Mechthilde Weber, ECLI:EU:C:2014:212 = IPRax 2015 m. Anm. *Nordmeier* = EuZW 2014, 469 m. Anm. *Dietze*.

22 Verordnung (EG) Nr. 44/2001 des Rates vom 22.12.2000 über die gerichtliche Zuständigkeit und die Anerkennung und Vollstreckung von Entscheidungen in Zivil- und Handelssachen, ABl. EG 2001 L 12/1; reformiert Verordnung (EU) Nr. 1215/2012 des Europäischen Parlaments und des Rates vom 12.12.2012 über die gerichtliche Zuständigkeit und die Anerkennung und Vollstreckung von Entscheidungen in Zivil- und Handelssachen (Neufassung), ABl. EU 2012 L 351/1.

23 OLG München, Beschl. v. 16.2.2012 – 21 W 1098/11, BeckRS 2012, 04406.

24 OLG München, 21 W 1098/11 (Fn. 23) Fragen 1 und 2; siehe hierzu *Mansel/Nordmeier*, Partei- und Anspruchsidentität im Sinne des Art. 27 Abs. 1 EuGVVO bei Mehrparteienprozessen – Ein Beitrag zur Konkretisierung des europäischen Streitgegenstandsbegriffs und der Kernbereichslehre, in: Geimer/Schütze (Hrsg.), Recht ohne Grenzen – Festschrift für Athanassios Kaissis zum 65. Geburtstag (2012) 629 ff.

25 *Mansel/Nordmeier* (Fn. 24) 633 f.; *Solomon*, Der Immobiliargerichtsstand im Europäischen Zuständigkeitsrecht, in: Kronke/Thorn (Hrsg.), Grenzen überwinden – Prinzipien bewahren: Festschrift für Bernd von Hoffmann zum 70. Geburtstag

dinglichen Gerichtsstand geltend gemacht werden, wenn er mit einer Vormerkung gesichert ist.[26] Nach Ansicht des EuGH fällt die Mailänder Klage unter Art. 22 Nr. 1 EuGVVO.[27] Dass die besseren Argumente für die entgegengesetzte Auffassung sprechen, ist an anderer Stelle dargelegt.[28]

Die Frage nach den rechtlichen Wirkungen des deutschen dinglichen Vorkaufsrechts stellt sich als Vorfrage zur Hauptfrage, ob die auf dessen Ausübung bezogene Mailänder Klage dem Gerichtsstand des Art. 22 Nr. 1 EuGVVO unterliegt. Im hiesigen Zusammenhang hat die Art und Weise Bedeutung, in welcher der EuGH den Regelungsgehalt des deutschen dinglichen Vorkaufsrechts erfasst. Aus „den dem Gerichtshof vorliegenden Akten“ ergäbe sich, dass ein Vorkaufsrecht wie das des § 1094 BGB den Anspruch des Vorkaufsberechtigten auf Übertragung auch gegenüber Dritten sichere und die wirksame Ausübung des Vorkaufsrechts dazu führe, dass der Kauf dem Vorkaufsberechtigten gegenüber unwirksam sei.[29] Verwiesen wird zudem auf die Schlussanträge des Generalanwalts.[30] Weshalb der Umstand, dass die Ausübung des deutschen dinglichen Vorkaufsrechts nur einen schuldrechtlichen, wenn auch dinglich gesicherten Übereignungsanspruch auf die Sache begründet, nicht bis in die Akten des EuGH vordrang, lässt sich nicht mit Sicherheit beurteilen.

IV. Optimierung des Kooperationsverhältnisses

Die beiden vorgestellten Fälle werfen die Frage auf, inwiefern das Kooperationsverhältnis zwischen dem EuGH und mitgliedstaatlichen Gerichten im Hinblick auf das Verständnis mitgliedstaatlichen Rechts als Vorfrage im Vorabentscheidungsverfahren optimiert werden kann.

(2011) 731 (mit teilweise abweichender Konzeption); *Clarkson/Hill*, The Conflict of Laws (4. Aufl. 2011) 72.

26 *Schlosser*, EU-Zivilprozessrecht (3. Aufl. 2009) Art. 22 EuGVVO Rn. 5.

27 EuGH, Rs. C-438/12 (Fn. 21) Tz. 39-47; zustimmend *Dietze* EuZW 2014, 472.

28 *Nordmeier* IPRax 2015, 120, 121 ff. sowie *Mansel/Thorn/R. Wagner* IPRax 2015, 1, 18.

29 EuGH, Rs. C-438/12 (Fn. 21) Tz. 45.

30 Schlussanträge GA Jääskinen v. 30.1.2014 – Rs. C-438/12, Irmengard Weber ./. Mechthilde Weber, ECLI:EU:C:2014:43 Tz. 31, auf die EuGH, Rs. C-438/12 (Fn. 21) Tz. 44, verweist. Eine Erörterung der Rechtsfolgen des dinglichen Vorkaufsrechts deutschen Rechts findet sich dort nicht.

Das Vorabentscheidungsersuchen, durch welches das mitgliedstaatliche Recht an den EuGH herangetragen wird, und mit ihm die Rolle des nationalen Gerichts, stehen bisher im Vordergrund der Überlegungen.[31] Ein möglicher Filter liegt in strengeren Anforderungen hinsichtlich der inhaltlichen Darlegungen durch das vorlegende Gericht.[32] Dies empfiehlt sich jedoch nicht. Der Zugang zum EuGH würde – insbesondere für nach Art. 267 Abs. 2 AEUV vorlageberechtigte Instanzgerichte – erheblich erschwert. Sie drohten, als „Motor für Vorlagen und frühzeitige Rechtsklärungen"[33] an Kraft einzubüßen.

Vorzugswürdig scheint es daher, etwaige Missverständnisse oder Irrtümer bei der Beantwortung prozessualer Vorfragen, welche die Auslegung mitgliedstaatlichen Rechts zum Gegenstand haben, durch die Intensivierung der Kooperation zwischen EuGH und mitgliedstaatlichem Gericht zu minimieren.[34] Nach Art. 101 der Verfahrensordnung steht die Möglichkeit offen, das vorlegende Gericht als für die Auslegung mitgliedstaatlichen Rechts zuständige Instanz zur Klarstellung aufzufordern. Die verstärkte Nutzung dieses Mechanismus würde zudem das Kooperationsverhältnis zwischen Gerichtshof und mitgliedstaatlichen Gerichten stärken.

---

31 *Franzen* (Fn. 6) 903; *Gsell* AcP 214 (2014), 99, 133 ff.; *Hakenberg* RabelsZ 66 (2002), 367, 373 f.; *Hess* RabelsZ 66 (2002), 470, 480 f.; *Rösler* EuZW 2014, 606; siehe auch bereits *Everling* (Fn. 4) 76 ff.

32 Vgl. auch *Köber* (Fn. 11) 251 ff. (mit Vergleich zum certiorari des U.S. Supreme Court); *Thiele* (Fn. 3) § 9 Rn. 90-96.

33 *Rösler* EuZW 2014, 606, 611.

34 Die Stärkung der Kooperation durch Rückfragen des EuGH vorschlagend *Everling* (Fn. 4) 75 f.; *Dauses*, Das Vorabentscheidungsverfahren nach Art. 177 EG-Vertrag (1995) 48; allgemein für eine stärkere Berücksichtigung des „nationalen Kontext" des Verfahrens *Rösler* (Fn. 4) 455; spezifisch für das Verhältnis zwischen EuGH und BVerfG *F. Kirchhof* EuR 2014, 267, 273.

4. Multipolare Verhältnisse

Gedanken zur vertikalen Gewaltenteilung

Thomas Cottier

I. Einleitung

Peter Christian Müller-Graf hat sich in seinem langjährigen Wirken tradierten Unterscheidungen von öffentlichem Recht und privatem Recht, von Landesrecht und Völkerrecht, von Staats- und Völkerrecht auf eindrückliche Weise entzogen und den Blick über die Verengungen fakultärer Lehrstühle an den kontinentalen Universitäten Europas hinaus für das Ganze freigelegt. Sein Wirken ist und bleibt in dieser Hinsicht vorbildlich. Es hat aufgezeigt, dass Wirtschaftsrecht und Privatautonomie nicht ohne engen Bezug zum Verfassungsrecht, und dieses wiederum nicht ohne enge Verschränkung zum Wirtschaftsrecht verstanden und weiter entwickelt werden kann. Das gleiche gilt für das Europarecht. Die Trennung von europäischem Verfassungsrecht und von europäischem Wirtschaftsrecht macht denn auch wenig Sinn. Das eine kann ohne das andere nicht verstanden und weiterentwickelt werden. Das trifft auch für das Wirtschaftsvölkerrecht zu, namentlich der WTO. Es bildet die Grundlagen des europäischen Außenwirtschaftsrechts, für das sich Peter Christian Müller-Graf stets interessiert hat. Es ist kein Zufall, dass sich diese Disziplin weit mehr als das traditionelle Staatsrecht mit Fragen der globalen Verfassung beschäftigt und gemeinsam mit dem Europarecht die Grundlagen der *Multilevel Governance* oder der Theorie der Mehrebenenregierung gelegt hat. Die zu lösenden Probleme und Herausforderungen verlangen zugleich nach neuen Strukturen der Entscheidfindung und der Rechtskontrolle. Sie können letztlich nur mit einer umfassenden Sicht und einem neuen Verständnis des Verfassungs- und Wirtschaftsrechts beantwortet werden.

Dies und die Erinnerung an gemeinsame Dreiländer-Tagungen im Rahmen der European Studies Association (ECSA) veranlassen, ein paar Gedanken zur vertikalen Gewaltenteilung vorzulegen. Sie bringen all die angesprochenen Gebiete im Rahmen dessen zusammen, was ich ein *Five Storey House* genannt habe. Diese Theorie knüpft an der innerstaatlichen föderalen Tradition an und spinnt ihn weiter auf die EU und die globale Ebene des Völkerrechts. Das Recht, die Regelung von Märkten und die

Bereitstellung von Infrastrukturen werden verstanden als ein Kontinuum auf verschiedenen Stufen einer umfassenden Verfassungsordnung, vom lokalen und regionalen Recht zum nationalen Recht und europäischen Recht und schließlich zum globalen Recht. All diese Ebenen weisen gemeinsame und unterschiedliche Strukturelemente auf; sie dienen letztlich gemeinsam der Regelung menschlichen Zusammenlebens in einer Welt mit beschränkten Ressourcen. Bei allen Unterschieden ist es wichtig, die Ebenen in ihren Zusammenhängen zu denken. Das bringt mich zum Thema der vertikalen Gewaltenteilung.

Gewaltenteilung versteht sich hergebrachter Weise im Staatsrecht horizontal, innerhalb eines bestimmten Gemeinwesens und damit innerhalb einer bestimmten Stufe, als Grundlage für die Trennung von Gesetzgebung und Justiz bei Montesquieu, als Gewaltentarierung, *checks and balances* in der amerikanischen Tradition und als institutionelles Gleichgewicht der verschiedenen Organe der Europäischen Union. Letztere unterscheiden sich von klassischen Vorstellungen kategorialer Lehre dadurch, dass sie realistischerweise nicht auf die Trennung von Rechtssetzung und Rechtsanwendung rekurrieren, sondern die beiden vielmehr als ein Kontinuum der Rechtsgewinnung verstehen, aber mit der Notwendigkeit, dass sich die verschiedenen Akteure in Vorbeugung von Macht- und Rechtsmissbrauch gegenseitig im Schach halten müssen. Gewaltenteilung regelt so das Verhältnis von Verfassung und Gesetzgebung, die Delegation von Regelungsbefugnissen und umfasst im Wesentlichen die Regelungstheorie mit ihrem Rekurs auf Prinzipien, offene und dichte Normen und die damit verbundene Allokation von Regelungsbefugnissen zwischen Gesetzgeber, Regierung, Verwaltung und Gerichten.

Gewaltenteilung und Gewaltentarierung, *checks and balances* und institutionelles Gleichgewicht bestehen aber auch vertikal, ohne dass dies allerdings im Rahmen föderalistischer Strukturen gemeinhin so bezeichnet wird. Hier herrschen die Figuren der enumerativen Ermächtigung von Kompetenzen, der Subsidiarität, Grundsätze der Bundestreue und des Vorranges vor. Ebenso wichtig sind indessen die Auswirkungen von Grundrechten und Grundfreiheiten.

II. Die vertikale Aufgabenverteilung

1. Grundsatz der Enumeration und Subsidiarität

Seit den *Federalist Papers* ist die Zuweisung von Regelungskompetenzen auf der vertikalen Achse Gegenstand von politischen und rechtlichen Auseinandersetzungen. Der Übertragung tradierter Kompetenzen widersetzen sich konservative Kräfte seit jeher oder führen auf internationaler Ebene mangelhafte demokratische Legitimität ins Feld. Für die Übertragung auf die übergeordnete Stufe werden umgekehrt die Herausforderungen der neuen Zeit und damit neue Regelungsbedürfnisse angerufen. Das war bei der Bildung der modernen Verfassungsstaaten nicht anders und beschäftigt heute vor allem Diskussion um die Aufgaben der Europäischen Union. Die jüngsten Auseinandersetzungen in Deutschland um die Währungsunion sind lediglich jüngstes Kapitel einer langen Entwicklungsgeschichte stufenweiser Erweiterung der Union. Gleiches gilt, wenn auch weniger deutlich, für das Recht der WTO. Die Frage, was hier neu geregelt werden soll, bestimmte im Wesentlichen die Agenda der Uruguay Runde und führte zu neuem Recht namentlich im Bereich der Dienstleistungen und des Immaterialgüterrechts.

Wenig entwickelt hat sich dabei in Europa und auf internationaler Ebene die *implied* und *inherent powers* Doktrin. Das dürfte im Verfassungsstaat auf die Erfordernisse demokratischer Entscheidung und auf der Stufe der EU auf eine breite Formulierung der Binnenmarktkompetenz und der Redundanz der früher wichtigen ergänzenden, der Einstimmigkeit unterliegenden Vertragsergänzung zurückzuführen sein. Im Völkerrecht liegt die Beschränkung im Prinzip des Konsenses und einer stark am Wortlaut orientierten Auslegung des Vertragsrechts. In den Vordergrund traten vielmehr im Bundesstaat die Ideen des kooperativen Föderalismus und in der Union die der Subsidiarität. Das erste verhinderte eine zunehmende Zentralisierung und Verlagerung von Kompetenzen durch verstärkte Zusammenarbeit der Gliedstaaten. Das zweite verpflichtet zur genauen Prüfung und Begründung neuer Kompetenzen auf der übergeordneten Ebene der Europäischen Union. Von daher hat es etwa auch Eingang in das schweizerische Bundestaatsrecht gefunden, obgleich hier grundlegende Entscheidungen der Kompetenzübertragung Volk und Ständen vorbehalten sind. Die Subsidiarität ist nur beschränkt justiziabel. Die Frage, ob eine neue Aufgabe im Sekundärrecht der EU aufzunehmen ist oder nicht, kann im Wesentlichen lediglich gerichtlich auf die Einhaltung des Verfahrens und der Begründungspflicht hin überprüft werden. Das ist nicht wenig, da Kommission, Rat und Parlament zu sorgfältiger Abwägung gezwungen werden.

2. *Rekurs auf die Theorie öffentlicher Güter*

Die Allokation von Kompetenzen bleibt Kernpunkt der Debatte. Die genannten Prinzipien bringen allein keine Klärung herbei. Hier dürfte interessant sein, die ökonomische Kategorie der öffentlichen Güter vermehrt einzubringen. Darunter wird die Herstellung von Leistungen verstanden, deren Bezug nicht ausschließlich ist und die nicht dem Wettbewerb unterstehen (*non-excludable, non-rivalrous*). Sie eignen sich damit nicht für die Privatwirtschaft im klassischen Sinne, es sei denn, diese werde von einem staatlich finanzierten Leistungsauftrag begleitet. Zu diesen Gütern gehören Infrastrukturleistungen, aber auch die Rechtsordnung als Kulturgut. Diese steht allen unter dem Gleichheitssatz gleichermaßen zu. Ihr Geltungsbereich richtet sich notwendigerweise nach Maßgabe ihrer geographischen Tragweite. Herstellung und Unterhalt einer Dorfstraße fallen so sinnvollerweise in die lokale Kompetenz, während ein nationales oder europäisches Straßennetz vom Nationalstaat bzw. der Union geplant und verantwortet werden müssen. Globale Netze, wie das Internet oder künftig ein *Global Grid* im Bereich nachhaltig hergestellter Elektrizität, verlangen entsprechend nach einer globalen Verortung der Regelung. Die gleichen Überlegungen können auch für die Finanzierung herangezogen werden. Die Steuerhoheit sollte da liegen, wo die Herstellung öffentlicher Güter anfällt. Das bedingt entsprechend eine Abstufung und die Einräumung eigenständiger Kompetenzen auf allen Stufen des Gemeinwesens. Besonders ausgeprägt ist dies in der Schweiz, wo – im Unterschied zu Deutschland und Österreich – Gemeinden und Kantone je über eine eigenständige Steuerhoheit verfügen. Diese bildet Grundlage des Steuerwettbewerbs, abgefedert durch den Finanzausgleich.

Was für Infrastrukturnetze und ihre Finanzierung zutrifft, gilt auch für die Regelung von Märkten, deren Grundlage Vertragsrecht, Haftpflicht und je nach dem staatliche Interventionen bilden. Die geographische Tragweite eines Marktes ist bestimmend für dessen Regelungsstufe. So lässt sich die Rezeption des glossierten römischen Rechts, die Kodifikation des Privatrechts und die Herausbildung nationaler Märkte im 19. Jahrhundert, die Herausbildung des europäischen Binnenmarktes und die schrittweise

Regelung des Welthandels im Rahmen des GATT und der WTO im 20. Jahrhundert als Ausdruck dieses Phänomens und der Herstellung entsprechender öffentlicher Güter für einen geographischen Raum verstehen. Die Genese dieser Entwicklungen ist durchaus vergleichbar und unterscheidet sich nicht grundsätzlich voneinander, sondern lediglich in ihrem Ausmaß.

3. Modalitäten der Kompetenzallokation

Die Herstellung öffentlicher Güter durch die Rechtsordnung für einen bestimmten geographischen Raum kann auf verschiedene Weise geschehen. Es lassen sich im Wesentlichen die folgenden Spielarten unterschieden:

(i) Die Vereinheitlichung und volle Harmonisierung – gewissermaßen die Bundeslösung – ist nur eine Spielart unter andern, die sich durch Abstufungen und unterschiedliche Reglungsansätze auszeichnen. Während sie im Bundestaat namentlich durch die Entwicklung des Sozial- und Wohlfahrtsstaates weit fortgeschritten ist, zeichnet sich das Recht der EU stärker durch eine vertikale Gewaltenteilung aus. Nur wenige Bereiche, namentlich das Währungsrecht, das Außenwirtschaftsrecht und das Wettbewerbsrecht, liegen im ausschließlichen Bereich der EU. Aber selbst hier erfolgt eine Teilung, in dem mit Ausnahme der Währungspolitik die Durchführung wesentlich von nationalen Behörden abhängig ist und somit einer Gewaltenteilung unterliegt.

(ii) Aufgaben können in der Form von Rahmenerlassen nur teilweise übertragen werden. Das gilt ausgeprägt für die Richtlinien der EU, findet sich indessen auch im Rahmengesetz des Bundesrechts.

(iii) Die Anwendung von verfassungsmäßigen Rechten, Grundrechten, Menschenrechten und Grundfreiheiten bewirkt eine Kanalisierung nachgeordneter Regelungen nach Maßgabe von statuierten Prinzipien, so namentlich das Verbot der Diskriminierung nach Maßgabe der Herkunft einer Person oder eines Produktes (Güter und Dienstleistungen). Diese Rechte und Prinzipien resultieren in einer im Einzelfall determinierten Teilharmonisierung durch die Gerichte. Die Wirtschaftsfreiheit, die *Interstate Commerce Clause* der US-Verfassung oder die Grundfreiheiten mit ihrem Kern der Nichtdiskriminierung in der EU tragen so auf ihre Weise zur Herstellung eines geographisch erweiterten Marktes bei. Sie verpflichten die nachgeordnete und auf einen kleineren Raum bezogene Rechtsordnung, sich dem erweiterten Raum anzupassen und sich diesem namentlich durch den Schutz ihrer ökonomischen Renteninteressen nicht zu widersetzen. Im diesem Rahmen aber bleiben die nachgeordneten Gemeinwesen frei.

Eine Spielart dieser Teilharmonisierung ist auch der Grundsatz des Herkunftsprinzips oder der Äquivalenz, wie es sich in der EU herausgebildet und auch seitens der WTO für die Beseitigung von nicht-tarifären Handelshemmnissen empfohlen wird. Das grundlegende *Cassis-de-Dijon* Prinzip führt zur Anerkennung ausländischer Normen, ohne dass diese harmonisiert werden müssen. Darin liegt eine geographische Ausweitung des Geltungsbereiches nachgeordneter Gemeinwesen, die durch das übergeordnete Recht herbeigeführt wird.

(iv) Schließlich lassen sich gemeinsame öffentliche Güter auch auf dem Wege der Zusammenarbeit erreichen. Das widerspiegelt sich in Abkommen von Gliedstaaten (*interstate compounds*, Konkordate), welche das Recht ohne Zentralisierung ganz oder teilweise harmonisieren. Innerhalb der EU zeigt sich das vor allem in Bereichen, wo nicht alle Mitgliedstaaten mitmachen, wie namentlich im Patentrecht.

In all diesen Bereichen bleibt die Durchsetzung von zwingenden öffentlichen Interessen des nachgeordneten Gemeinwesens vorbehalten. Während das übergeordnete Recht die Ausdehnung und Tragweite des Marktes bestimmt, bleibt es den Gemeinwesen vorbehalten, in diesem Markt ihre vitalen Interessen durchzusetzen. Das gilt nicht nur für die EU und die Kantone in der Schweiz (Binnenmarktgesetz), sondern umso mehr für die Welthandelsordnung. Erneut lässt sich darin ein Element der vertikalen Gewaltenteilung und von *balances* im Interesse legitimer Politikziele erkennen.

4. Die zentrale Rolle des Fallrechts

Die Modalitäten der vertikalen Kompetenzallokation lässt die zentrale Bedeutung der Gerichte und des Fallrechts für die vertikale Gewaltenteilung erkennen. Das gilt für die Verfassungsgerichte, den Europäischen Gerichtshof für Menschenrechte, den Europäischen Gerichtshof wie für Panels und Appellate Body der WTO.

Der schrittweise Ausbau des Grundrechtsschutzes der Nachkriegszeit, auf der Grundlage der Europäischen Menschenrechtskonvention als Minimalstandard und der nationalen Verfassungen, lässt sich als Elemente der

Gewaltentarierung im Sinne von vertikalen *checks* und Mittel gegen Staatsversagen verstehen. Sie führt zur Einschränkung des Spielraumes nachgeordneter Gemeinwesen und setzt den Schutz oftmals ungenügend geschützter Minderheiten durch. Eine besondere Erwähnung verdient hier die Anerkennung von ungeschriebenen Grundrechten durch das schweizerische Bundesgericht und den Europäischen Gerichtshof.

Die Entwicklung des Grundrechtsschutzes in der EU lässt sich als Ausdruck vertikaler Gewaltenteilung verstehen. Der Vorbehalt des nationalen Schutzes bewirkte die Einschränkung eines damals rein funktional auf die Schaffung des Binnenmarktes verstandenen EU-Rechts. Dieser wiederum löste die Einführung ungeschriebener Grundrechte auf der Stufe der EU aus. Denn der Vorrang des EU-Rechts konnte im praktischen Ergebnis nur durch die selbständige Gewährleistung der Grundrechte im Geltungsbereich des Vertrages sichergestellt werden.

Zentral für die Tragweite und Wirksamkeit solcher *checks* ist die Frage der unmittelbaren Anwendbarkeit des übergeordneten Rechts. Im Verfassungsstaat ist dies mit Ausnahme von programmatischen Sozialstaatsbestimmungen ohne weiteres gegeben. Das gleiche gilt auch für die Grundrechte der EMRK. In der Europäischen Union ist sie Folge einer langjährigen Entwicklung hin zu einem verfassungsrechtlichen Verständnis der Verträge, die ihren Ausdruck darin findet, dass sich nicht nur Mitgliedstaaten und Organe, sondern auch Private auf die Nichtdiskriminierung und die Grundfreiheiten berufen können. In dem Maße, wie dies anerkannt ist, muss widersprechendes nachgeordnetes Recht weichen. Das gilt in der EU auch in Bezug auf präferenzielle Staatsverträge, nicht aber in Bezug auf die Welthandelsordnung. Dieser wird heute generell in der Folge der US-amerikanischen Gesetzgebung kein Vorrang gegenüber dem nachgeordneten Recht zugemessen. Diese Zurückhaltung ist teilweise widersprüchlich. Sie reflektiert letztlich eine merkantilistische Grundhaltung. Sie kann aber als Ausdruck einer Gewaltentarierung und -teilung verstanden werden. Das übergeordnete Recht kann hier nur auf dem Wege der internationalen Streitbeilegung auf horizontaler Ebene, nicht aber vertikal vor landesrechtlichen Gerichten durchgesetzt werden. Die Wirkung des WTO-Rechts beschränkt sich hier auf den Grundsatz der völkerrechtskonformen Auslegung im Rahmen des EU- und Landesrechts.

Eine vergleichbare Entwicklung ist es, wenn der Gerichtshof nunmehr den Schutz der eigenen Grundrechte vor die übergeordneten Regeln der Vereinten Nationen stellt. Das Einstehen für einen hinreichenden Rechtsschutz - unabhängig von der Regelungsebene – ist Ausdruck einer vertikalen Gewaltenteilung und der Einschränkung der übergeordneten Rechtsmacht. Wie seinerzeit in der EU wird sie in der UN dialektisch zu einem Ausbau des Verfahrensschutzes und der Bindung der UNO an die von ihr für andere postulierten Menschenrechte führen.

III. Folgerungen

Das vertikale Verhältnis von verschiedenen Stufen der Rechtordnung zeichnet sich durch Gewaltenteilung wie durch *checks* und *balances* aus. Es folgt durchaus vergleichbaren Modalitäten, die sich an der Figur öffentlicher Güter orientieren können. Eine eigentliche Teilung findet sich in Bezug auf die explizite Zuordnung von Kompetenzen nach Massgabe von Enumeration und Subsidiarität. *Checks* erkennen wir in Figuren der Teilharmonisierung in Rahmenerlassen, aber vor allem den Auswirkungen übergeordneter Prinzipien der verfassungsmäßigen Rechte, der Grundrechte und Menschenrechte, der Grundfreiheiten und den Grundsätzen der Nichtdiskriminierung und der Äquivalenz. Ihre Anwendung durch das Fallrecht stellt die Herstellung größerer Räume der Rechtsordnung ohne eigentliche Harmonisierung des Rechts her. Umgekehrt bewahren die nachgeordneten Stufen der Rechtsordnung eine gewisse Autonomie, die sich in den Ausnahmen und der Anerkennung von legitimen Politikzielen manifestiert. Sie können als die eigentlichen *balances* bezeichnet werden. Die Handhabung von *checks* und *balances* liegt auf allen Stufen der Rechtsordnung wesentlich in den Händen der Gerichte, während die formale Übertragung von Kompetenzen dem politischen Prozess vorbehalten bleibt.

Europäisches Gemeinwohl im Maß der Subsidiarität

Legitimationspotential und positivrechtliche Relevanz des Subsidiaritätsprinzips für die europäische Integration

Josef Isensee

I. Der Name in Vertragstexten

Das Subsidiaritätsprinzip gehört zu den Leitgedanken der Europäischen Union. Ihr Recht bezieht sich mehrfach ausdrücklich auf dieses Prinzip: in dem Versprechen, die Entscheidungen entsprechend dem Subsidiaritätsprinzip möglichst bürgernah zu treffen,[1] sowie in der Sperrklausel für die Ausübung ihrer Kompetenzen[2] einschließlich ihrer kompetenz- und verfahrensrechtlichen Ausprägungen.[3] Die nationalen Parlamente werden ausdrücklich eingeladen, dafür zu sorgen, daß der Grundsatz der Subsidiarität in den vorgesehenen Verfahren beachtet wird.[4] Die europarechtlichen Regeln werden vom deutschen Verfassungsrecht gestützt, das erwartet und fordert, daß die Europäische Union, an deren Entwicklung Deutschland mitwirkt, – auch – dem Grundsatz der Subsidiarität verpflichtet ist.[5]

Das Europarecht hat das Subsidiaritätsprinzip nicht erfunden, ebensowenig wie andere Grundsätze, zu denen es sich bekennt, Demokratie, Rechtsstaatlichkeit, Menschenrechte. Es greift auf vorhandene meta-positive Begriffe und Bedeutungen zurück, macht sie sich in bestimmtem Maße zu eigen, paßt sie sich an und verleiht ihnen positivrechtliche Geltung.

1 Präambel EUV.

2 Art. 5 Abs. 1 S. 2, Abs. 3 EUV.

3 Art. 5 Abs. 3 II, Art. 12 lit. b EUV, Art. 69 AEUV; Protokoll über die Anwendung der Grundsätze der Subsidiarität und der Verhältnismäßigkeit (Subsidiaritäts-Protokoll), ABl. Nr. C 340, S. 105.

4 Art. 12 b EUV. Zum sog. Frühwarnsystem: BVerfG, Urt. v. 30.6.2009 – 2 BvE 2/08 = BVerfGE 123, 267 (388 f.).

5 BVerfG, Urt. v. 12.10.1993 – 2 BvR 2159/92, 2 BvR 2134/92 = BVerfGE 89, 155 (211 f.). Zur normativen Flexibilität und Integrationsabhängigkeit der Struktursicherungsklausel des Art. 23 Abs. 1 S. 1 Hs. 2 GG: *Durner*, in: Handbuch des Staatsrechts der Bundesrepublik Deutschland (= HStR), Band X, 3. Aufl. 2012, § 216, Rn. 26 ff.

Wörter, die im theoretischen und im politischen Diskurs diffus, vieldeutig, sinnvariabel sind, können in ihrer positivrechtlichen Erscheinung zu Prägnanz und Sinnidentität gelangen. Doch gehen sie darum nicht in ihrer Positivierung auf. Ihr nichtpositiviertes, ethisches wie politisches Sinnpotential hat sich nicht erledigt. Es vermag, Impulse zu geben, Richtungen zu weisen und Zusammenhänge aufzudecken, Legitimation herbeizuführen, aber auch zu entziehen.

Wenn sich die Union auf das Subsidiaritätsprinzip beruft, so will sie mehr, als der Kompetenzklausel des Art. 5 Abs. 3 EUV irgendeinen Namen zu geben. Vielmehr wählt sie einen Namen, der einen vorgegebenen Inhalt repräsentiert und der seines Inhalts wegen politische wie sozialethische Reputation genießt. Mit der Namenswahl versucht die Union, an dieser Reputation teilzuhaben. Sie plaziert die rechtstechnische Klausel in einen größeren rechtethischen Horizont. Daher ist es angebracht, das Subsidiaritätsprinzip zunächst in seiner prä-positiven, sozialethischen Bedeutung zu betrachten.

II. Leitbild: dezentrale Verwirklichung des Gemeinwohls

1. Die klassische Formulierung

Was für das Prinzip der Gewaltenteilung eine Passage aus Montesquieus „De l'esprit des Lois" (1748), ist für das Prinzip der Subsidiarität eine Passage aus Papst Pius XI. Enzyklika „Quadragesimo anno" (1931): die klassische Formulierung, an der alle „modernen" Fortschreibungen, Modifikationen, Anwendungen gemessen werden:

„Wie dasjenige, was der Einzelmensch aus eigener Initiative und mit seinen eigenen Kräften leisten kann, ihm nicht entzogen und der Gesellschaftstätigkeit zugewiesen werden darf, so verstößt es gegen die Gerechtigkeit, das, was die kleineren und untergeordneten Gemeinwesen leisten und zum guten Ende führen können, für die weitere und übergeordnete Gemeinschaft in Anspruch zu nehmen; zugleich ist es überaus nachteilig und verwirrt die ganze Gesellschaftsordnung. Jedwede Gesellschaftstätigkeit ist ja ihrem Wesen und Begriff nach subsidiär; sie soll die Glieder des

Sozialkörpers unterstützen, darf sie aber niemals zerschlagen oder aufsaugen."[6]

Das Lehrschreiben erhebt Einspruch gegen die Tendenz zur Zentralisierung, Standardisierung, Verstaatlichung aller Lebensbereiche als Folge eines überzogenen Individualismus, und es erinnert – nicht ohne verklärende Nostalgie – an das einstmals blühende, reichgegliederte Sozialwesen, das sich in der Fülle verschiedenartiger Gemeinschaftsformen entfaltet habe.[7] Das Subsidiaritätsprinzip geht davon aus, daß die hergebrachten Strukturen sich verflüssigen und die öffentlichen Aufgaben sich bewegen und verändern. Wenn aber alles im Fluß ist, bedarf es fester Maßstäbe, um den Lebens- und Handlungsraum der kleineren und schwächeren Glieder zu sichern, zumal den des kleinsten und schwächsten: des Individuums als Person, um deretwillen doch jedwede soziale Ordnung besteht. Wo Traditionen und historisches Wachstum versagen, bedarf es der rationalen Kriterien, um eine dezentrale Ordnung zu gewährleisten und auf dem Boden der Moderne die Vielfalt des Gemeinwesens zu erneuern.

Das Subsidiaritätsprinzip ist eine Frucht der katholischen Soziallehre. Doch hat es sich ihr gegenüber verselbständigt.[8] Es ist nicht auf naturrechtlich-neuscholastische Begründungen angewiesen und findet sich in wesentlichen Zügen auch in den Traditionen des Föderalismus und des Liberalismus wieder.[9] Überhaupt kommt es ohne einen philosophischen Überbau aus, weil es evidenten praktischen Sinn macht als Klugheitsregel wie als sozialethische Maxime.

2. *Anwendungsmöglichkeiten*

Leitbild ist die dezentrale Verwirklichung des Gemeinwohls. Sie vollzieht sich von unten nach oben, im arbeitsteiligen solidarischen Zusammenwirken aller Glieder des hierarchisch gestuften Gemeinwesens. Der jeweils unteren Ebene kommt prinzipiell der Vorrang im Handeln zu. Das Gemeinwohl zeigt sich in zwiefacher Bedeutung. In einem weiten, aristoteli-

---

6 Quadragesimo anno, n. 79 in amtlicher römischer Übersetzung.

7 Quadragesimo anno, n. 78.

8 Vollends haben sich die konfessionellen Assoziationen verflüchtigt (*Papier*, in: FS für Isensee, Depenheuer u.a. (Hrsg.), 2007, 691, (693).

9 Zu den geistigen Grundlagen: *Isensee*, Subsidiaritätsprinzip und Verfassungsrecht, Berlin 2001, S. 18 ff., 35 ff., 340 ff. (Nachw.).

schen Verständnis bezeichnet es das gute Leben der Gemeinschaft und so den ethischen Horizont, in dem sich alles soziale Handeln vollzieht. In einem engeren, praktischen Verständnis bezeichnet es die durch soziales Handeln herzustellenden rechtlichen wie realen Bedingungen des guten Lebens.[10] So verstanden, lassen sich aus dem Gemeinwohl unterschiedliche („öffentliche") Aufgaben ableiten, die sich rechtlich umschreiben und als Kompetenzen den höheren oder niederen Handlungsebenen zuweisen lassen.[11] Hier setzt das Subsidiaritätsprinzip ein, indem es die Kompetenzen auf die verschiedenen Ebenen verteilt und, falls mehrere Ebenen für eine Aufgabe zuständig sind, regelt, welcher von ihnen der Zugriff zukommt. Es fungiert damit als Maxime der Zuteilung wie der Ausübung von Kompetenzen. Wo mehrere Prätendenten einer Aufgabe gewachsen sind, kommt der Vorrang grundsätzlich dem „unteren" zu. Soweit dieser aber versagt, kommt der „obere" zum Zuge, freilich unter dem Vorbehalt, daß er sie besser und wirksamer zu erfüllen vermag. Daß er es aber vermag, dafür obliegt ihm die Begründungs- und Beweislast. Das Subsidiaritätsprinzip hält Hierarchien in Schach, indem es dem Vorrang der Akteure den Nachrang im Handeln entgegenstellt. Je höher die Position, desto größer die Begründungs- und Beweislast. Soweit die vorhandenen Akteure als einzelne zu schwach sind, um neuartige Aufgaben wirksam wahrzunehmen, rechtfertigt das Subsidiaritätsprinzip, diese mit vereinten Kräften, gegebenenfalls in gemeinsamer Organisation, anzugehen. Hier zeigt sich ein Ansatz zur Legitimation der Europäischen Union.

3. Offenheit des Subsidiaritätsprinzips und Relativität des Gemeinwohls

Die Abstraktionshöhe des Subsidiaritätsprinzips und seine Anknüpfung an die formale Beziehung zwischen einer unteren und einer höheren Einheit sichern ihm ein reiches Feld der Anwendungsmöglichkeiten. Es kann sich auf das Verhältnis des Individuums zu Institutionen beziehen, auf das privater Einrichtungen zur Staatsgewalt, auf das Verhältnis der lokalen, regionalen und nationalen Binnenebenen der Staatsorganisation zueinander

10 Näher: *Isensee*, Gemeinwohl und öffentliches Amt, Wiesbaden 2014, S. 21 ff.

11 Zu Unterscheidung und Zusammenhang von Aufgabe und Kompetenz: *Isensee*, in: HStR IV, 3. Aufl. 2006, § 73 Rn. 12 ff., 19 f.; *ders.*, in: HStR VI, 3. Aufl. 2008, § 133 Rn. 1 ff., 38 ff.

wie auf deren Verhältnis zu supranationalen und internationalen Organisationen. Es paßt sich flexibel dem jeweiligen Kontext an. Wenn und soweit es, über seine genuin ethische Bedeutung hinausgreifend, zu rechtlicher Relevanz gelangt, findet es zu unterschiedlicher Geltungsmodalität, je nachdem, ob es sich um das Verhältnis der Privatautonomie zu öffentlicher Regulierung, das Verhältnis des grundrechtlichen Schutzbereichs zum staatlichem Eingriff, der Selbstverwaltung zur Aufsichtsinstanz, der gliedstaatlichen zur gesamtstaatlichen, der nationalstaatlichen zur supranationalen Kompetenz handelt.

Entscheidend für die Anwendbarkeit des Prinzips ist der identische Gemeinwohlhorizont, innerhalb dessen die Kompetenzprätendenten agieren. Der Horizont verschiebt sich, wenn es sich um das Gemeinwohl einer gesellschaftlichen Gruppe handelt, um das der staatlichen Gemeinschaft, einer kontinentalen oder einer globalen Organisation. Innerhalb des jeweiligen Horizonts können die unterschiedlichen Ebenen konkurrieren wie kollidieren, so daß ein Ausgleich nötig wird. Das Gemeinwohl – hier in seinem Doppelsinn als umgreifende und als kompetenzdifferenzierte Größe verstanden – ist ein relatives Prinzip, das abhängt von der jeweiligen Gemeinschaft. Es hat eine unterschiedliche Innen- und Außenseite. Nach innen altruistisch, zielt es auf Integration der Glieder und fordert deren Solidarität, so daß es um der inneren Balance willen das Subsidiaritätsprinzip, das die Eigenständigkeit der Glieder sichert, als Widerlager herausfordert. Nach außen, im Verhältnis der Gemeinschaft zu anderen Mächten, ist das Gemeinwohl tendenziell eigennützig, weil sich das Gemeinwesen in der Konkurrenz zu anderen Größen zu behaupten hat und weil es seine eigenen Belange einschließlich der Belange seiner Glieder gegenüber höheren Autoritäten zur Geltung bringen muß, die ihrerseits eine höhere, externe Solidarität einfordern, um den partikularen sacro egoismo zu dämpfen und einzufangen.

III. Positivrechtliche Geltung des Subsidiaritätsprinzips

1. Das rechtliche Konzept

Mit dem Vertrag von Maastricht ist das Subsidiaritätsprinzip 1993 in das europäische Primärrecht eingezogen.[12] Der neue, kräftige Integrationsschub, den der Vertrag anstieß, wurde begleitet von einem Zeichen, das furchtsame Gemüter wie Skeptiker hätte beruhigen können: daß die Integration ein rechtliches Maß wahren und sich in berechenbaren Bahnen bewegen werde. Dem zentripetalen Sog der Integration sollte ein zentrifugales Prinzip trotzen, das „einer Erosion mitgliedstaatlicher Zuständigkeiten und damit einer Entleerung der Aufgaben und Befugnisse des Bundestages“ entgegenwirkt und dazu beiträgt, die nationale Identität zu wahren.[13]

Der Rückgriff auf das ehrwürdige gravissimum principium der Sozialethik bot sich an, Vertrauen in die Rechtlichkeit, Rationalität und Seriosität des Prozesses einzuwerben. Als Bestandteil des europäischen Primärrechts hat das Subsidiaritätsprinzip denn auch zunächst hohe Erwartungen geweckt.[14]

a) Konkurrierende Kompetenzen

Die Union macht sich das Subsidiaritätsprinzip in seiner Funktion als Regulativ der Kompetenzausübung zu eigen.[15] Die Funktion der Kompetenzverteilung bleibt außen vor. Sie erlangt keine positivrechtliche Geltung.[16]

Das Regulativ der Kompetenzausübung bezieht sich nur auf Aufgaben, welche die Union mit den Mitgliedsstaaten teilt, wie Binnenmarkt, Sozialpolitik, Umwelt und Verbraucherschutz:[17] in der Sprache des Grundgeset-

---

12 Entstehungsgeschichte: *Lecheler*, Das Subsidiaritätsprinzip, Berlin 1993, S. 17 ff.

13 BVerfG, Urt. v. 12.10.1993 – 2 BvR 2159/92, 2 BvR 2134/92 = BVerfGE 89, 155 (211, 212).

14 „Eine wahre Begeisterungswelle“ – so *Oppermann/Classen/Nettesheim*, Europarecht, München 2014, § 11, Rn. 32. Zu den Erwartungen: *Albin* NVwZ 2006, 629, 629 f.; *Lecheler* (Fn. 12), 67 f., 121 ff.; *Gutknecht*, FS für Schambeck, 1994, 921, 925 ff.

15 Heute: Art. 5 Abs. 1 S. 2 EUV.

16 Dagegen spricht *Puttler* dem Subsidiaritätsprinzip beide Funktionen zu (vgl. *Puttler*, in: HStR VI, 3. Aufl. 2008, § 142, Rn. 14).

17 Art. 4 AEUV.

zes konkurrierende Zuständigkeiten. Die ausschließlichen Zuständigkeiten wie Zollunion und gemeinsame Handelspolitik werden ausdrücklich ausgenommen.[18] Das versteht sich für eine Kompetenzausübungsregel von selbst. So taugt das Subsidiaritätsprinzip im Verhältnis der Bürger zum Staat nicht als Argument, um das Gewaltmonopol aufzukündigen, und im Verhältnis einzelner Staaten zu den Vereinten Nationen nicht als Argument, um eigenmächtig in Drittstaaten zu intervenieren.

Von der europarechtlichen Garantie des Subsidiaritätsprinzips ist dessen korrespondierende staatsrechtliche Garantie in der Struktursicherungsklausel des Art. 23 Abs. 1 S. 1 GG zu unterscheiden. Diese statuiert nicht nur die verfassungsrechtlichen Anforderungen Deutschlands an die Entwicklung der Europäischen Union, sondern auch die Grenzen der verfassungsrechtlichen Ermächtigung, Hoheitsrechte auf die Union zu übertragen (Art. 23 Abs. 1 S. 2 GG).[19] In dieser Übertragung ist Deutschland seinerseits an das Subsidiaritätsprinzip gebunden. Es bildet einen Maßstab dafür, zwischen den Agenden zu unterscheiden, die unter bestimmten Voraussetzungen übertragen werden können, und solchen, die dem deutschen Mitgliedsstaat als Hausgut verbleiben müssen.[20]

b) Hürde der supranationalen Kompetenzausübung

Das Subsidiaritätsprinzip knüpft an den Grundsatz der begrenzten Einzelermächtigung an.[21] Die Union verfügt nur über die Zuständigkeiten, die ihr die Mitgliedsstaaten vertraglich übertragen haben. Die Kompetenz-Kompetenz kommt ihr nicht zu. Die Mitgliedsstaaten sind die Herren der Verträge.[22] Die konkurrierenden Kompetenzen sind vorgegeben. Ihre Ausübung obliegt grundsätzlich den Mitgliedsstaaten. Die Union kann sie nur

---

18 Art. 3 AEUV. Allgemein: *Lienbacher*, in: Schwarze (Hrsg.) EU-Kommentar, 2012, Art. 5 EUV, Rn. 19 f.

19 BVerfG, Urt. v. 18.7.2005 – 2 BvR 2236/04 = BVerfGE 113, 273 (299), (319 [320 ff., 325 f., 330 f.], Sondervotum *Broß*); BVerfG, Urt. v. 30.6.2009 – 2 BvE 2/08 = BVerfGE 123, 267 (359); *Merten*, in: ders. (Hrsg.), Die Subsidiarität Europas, 1993, S. 83 ff.

20 Vgl. BVerfG, Urt. v. 30.6.2009 – 2 BvE 2/08 = BVerfGE 123, 267 (359 f.).

21 Art. 4 Abs. 1, Art. 5 Abs. 1 S. 1 und Abs. 2 EUV.

22 BVerfG, Urt. v. 12.10.1993 – 2 BvR 2159/92; 2 BvR 2134/92 = BVerfGE 89, 155 (181, 192, 194 ff., 209 ff.); Urt. v. 30.6.2009 – 2 BvE 2/08 = BVerfGE 123, 267 (349 ff., 392 ff.).

beanspruchen, sofern die Ziele der in Betracht gezogenen Maßnahmen von den Mitgliedsstaaten nicht ausreichend verwirklicht werden können (negatives Kriterium), vielmehr wegen ihres Umfangs oder ihrer Wirkungen auf Unionsebene besser zu verwirklichen sind: also einen Mehrwert für das europäische Gemeinwohl erbringen (positives Kriterium).[23] Ergänzend tritt der Grundsatz der Verhältnismäßigkeit hinzu, der verwehrt, daß die Inanspruchnahme der Kompetenzen über das zur Erreichung der vertraglichen Ziele erforderliche Maß hinausgeht.[24] Der Union obliegt die Begründungslast, daß ihre Maßnahmen den Grundsätzen der Kompetenzausübung genügen. Vermag sie ihren Rechtsakt nicht zu rechtfertigen, so ist dieser grundsätzlich nichtig.[25]

Die Kompetenzregel steuert nicht nur den Ausbau, sondern auch den Rückbau des Unionsrechts. Sie bezieht sich nicht nur auf den Erlaß eines Rechtsakts, sondern auch auf seinen Bestand. Wenn er seinen Mehrwert verliert, Vernunft Unsinn und Wohltat Plage wird, jedoch die Mitgliedstaaten der Regelungsaufgabe gewachsen sind, fällt diese in den nationalen Kompetenzbereich zurück. Zwar verliert die Norm nicht ipso jure ihre Geltung. Das würde die Rechtssicherheit beeinträchtigen. Doch können die Mitgliedstaaten die Aufhebung verlangen.[26]

Das Subsidiaritätsprotokoll nennt die qualitativen wie quantitativen Kriterien des Subsidiaritätsprinzips, darunter den Finanz- und Verwaltungsaufwand aller virtuell Beteiligten und Betroffenen. In eine prophylaktische Subsidiaritätskontrolle („Frühwarnsystem“) sind die nationalen Gesetzgebungsorgane einschließlich ihrer föderalen zweiten Kammern einbezogen. Eingehende Verfahrensregelungen sehen Anhörungen, Stellungnahmen und Berichte vor und zwingen die Gesetzgebungsorgane der EU, sich mit den begründeten Stellungnahmen der nationalen Parlamente auseinanderzusetzen, ohne daß jedoch die Entscheidungskompetenz des EU-Gesetzgebers angetastet würde, der allein einem Spruch des Europäischen Gerichtshofs weicht. Diesen aber können die Mitgliedsstaaten anrufen mit Klagen wegen Verstoßes gegen das Subsidiaritätsprinzip. Um dem

---

23 Art. 5 Abs. 3 EUV. Dazu *Papier* (Fn. 8), 694 f.; *Lienbacher* (Fn. 18), Art. 5 EUV, Rn. 23 ff.

24 Art. 5 Abs. 4 EUV.

25 *Oppermann/Classen/Nettesheim*, Europarecht, München 2014, § 11, Rn. 29.

26 Zur heutigen Bedeutung der gemeinrechtlichen Cessante-causa-Regel: *Krause,* in: ZRG Kan. Abt. 77 (1960), 81 (104 ff., 108 ff.); *Löwer*, Cessante ratione legis cessat ipsa lex, 1989, S. 25 ff.

Bundestag und dem Bundesrat die Subsidiaritätsklage zu öffnen, ist das Grundgesetz förmlich ergänzt worden.[27] Das Subsidiaritätsprinzip wird auf diese Weise prozeduralisiert. Die Schranke der Kompetenzausübung verwandelt sich zum Argument im Diskurs. Wer das erste Wort hat, also die Kommission, die den Gesetzentwurf erstellt und in eigener Sache über seine Subsidiaritätskonformität entscheidet, präjudiziert praktisch weithin das Ergebnis, selbst dann, wenn sich Widerspruch im Verfahren regen sollte.

Das Bundesverfassungsgericht sieht jedoch die Bundesregierung kraft deutschen Verfassungsrechts verpflichtet, ihren Einfluß auf die Gesetzgebung der Union zugunsten einer strikten Handhabung des Subsidiaritätsprinzips geltend zu machen, um so den Sicherstellungsauftrag zu erfüllen, indes der Bundestag kraft seiner verfassungsrechtlich gesicherten Mitwirkung an der staatsinternen Willensbildung auf die Ratspraxis einwirken und sie im Sinn des Subsidiaritätsprinzips beeinflussen muß.[28] Das Subsidiaritätsprinzip fungiert hier als Garant deutsch-europäischer Verfassungshomogenität.

c) Dichotomie des Kompetenzsystems

Die europarechtlichen Formulierungen des Subsidiaritätsprinzips zeigen das Bild eines vielstufigen Gemeinwesens, wenn unterhalb der Union die zentralen, regionalen und lokalen Ebenen der Mitgliedsstaaten[29] und über diese hinaus die Wirtschaftsteilnehmer, schließlich die Bürger zur Sprache kommen (Art. 5 S. 5 Subsidiaritäts-Protokoll). Damit scheint sich eine Skala gleitender Zuständigkeiten aufzubauen, die bei den Bürgern ansetzt, von ihnen ausgeht und sich in der Union vollendet, die, ihrem Vertragsziel gemäß „die Entscheidungen entsprechend dem Subsidiaritätsprinzip möglichst bürgernah" trifft. Die Visionen eines Europas der Regionen und der Kommunen, eines Europas der Bürger scheinen hier rechtliche Gestalt anzunehmen.

---

27 Art. 8 Subsidiaritätsprotokoll i. V. m. Art. 263 AEUV und Art. 23 Abs. 1 a GG. Das verfassungsrechtliche nihil obstat: BVerfG, Urt. v. 30.6.2009 – 2 BvE 2/08 = BVerfGE 123, 267 (431 f.).

28 BVerfG, Urt. v. 12.10.1993 – 2 BvR 2159/92; 2 BvR 2134/92 = BVerfGE 89, 155 (211 f.).

29 Art. 5 Abs. 3 I EUV.

Der Eindruck täuscht. In juridischem Lichte reduziert sich die Skala auf das Verhältnis der Union zu ihren Mitgliedsstaaten. Das Kompetenzsystem der EU ist binär kodiert. Eine Aufgabe liegt entweder auf supranationaler oder auf nationaler Ebene oder sie ist beiden Ebenen gemeinsam. Eine dritte oder weitere Ebene ist dem System fremd.[30] Die Einrichtung regionaler oder lokaler Organisationen und deren Ausstattung mit Kompetenzen fallen in die ausschließliche Zuständigkeit der Mitgliedsstaaten. Sie gehören zu ihrer nationalen Identität, die auch in ihrer regionalen und lokalen Binnenorganisation zum Ausdruck kommt.[31]

Das Subsidiaritätsprinzip des Art. 5 Abs. 2 EUV dient dazu, die Kompetenzen der Mitgliedsstaaten als solcher gegenüber der EU zu schützen. Aber es begründet kein Recht der regionalen und der kommunalen Gebietskörperschaften, auch nicht der einzelnen Bürger.[32] Diesen fällt allerdings ein Schutzreflex zu, weil die Hürde für die supranationale Expansion sich unter Umständen günstig für die innerstaatlichen Organisationseinheiten auswirkt, darunter für die deutschen Länder, die großen Verlierer im Prozeß der Integration.[33] Allerdings erlangen die Länder und Kommunen auch keinen Schutz gegen den Nationalstaat durch die EU. Diese kann über die Kompetenzhürde des Art. 5 Abs. 3 EUV nicht „Bürgernähe" erreichen, wie die Vertragspräambel „entsprechend dem Subsidiaritätsprinzip" vollmundig verheißt. Freilich kann sie durch zurückhaltende Ausübung ihrer Zuständigkeiten den Mitgliedsstaaten die Möglichkeit offenhalten, daß in ihrem Kompetenzbereich bürgernahe Entscheidungen getroffen werden.

Die Dichotomie kehrt im innerstaatlichen Recht wieder in der Kompetenzverteilung auf Bund und Länder zurück, ebenso im Verhältnis zwischen Staatsaufsicht und Selbstverwaltung sowie – mutatis mutandis – sogar im grundrechtlichen Verhältnis zwischen dem Adressaten und den Trägern der Grundrechte.

30 Zur Dichotomie: *Isensee* NdsVBl 2015, 1, 2 f.

31 Art. 4 Abs. 2 S. 1 EUV. Zum Subsidiaritätsprinzip als Gebot der Achtung vor dem mitgliedstaatlichen Föderalismus: *Schmitt Glaeser*, Grundgesetz und Europarecht als Elemente Europäischen Verfassungsrechts, Berlin 1996, S. 226 ff.

32 *Puttler* (Fn. 16), § 142, Rn. 15 ff.; *Oppermann/Classen/Nettesheim* (Fn. 25), § 11, Rn. 30.

33 *Isensee* (Fn. 30), S. 3 ff. Vgl. auch *Puttler* (Fn. 16), § 142, Rn. 2, 9 ff. Kritisch zu den Topoi „Bürgernähe" und „Europa der Regionen": *Lecheler* (Fn. 12), S. 85 ff.

Die Dichotomie des supranationalen Kompetenzsystems, die von der Binnenorganisation der Mitgliedsstaaten abstrahiert, sichert deren Gleichheit vor dem Vertrag.[34] Ihre Rechte und Pflichten hängen nicht ab von ihrer internen Organisation. Wie immer sie organisiert sind, als Bundesstaaten wie Deutschland, Österreich und Belgien oder als Einheitsstaaten wie Frankreich und Spanien, dezentralisiert wie Italien und Polen oder zentralisiert wie Dänemark und Griechenland - sie alle werden von der Union als Einheitsstaaten behandelt.[35] Eine föderale oder dezentrale Binnenstruktur mag die Europatauglichkeit des Staates beeinträchtigen, seine Mitwirkung in den supranationalen Gremien erschweren und den mitgliedsstaatlichen Vollzug supranationalen Rechts verkomplizieren,[36] doch darf es deshalb nicht auf rechtliche Nachsicht der EU-Organe und der übrigen Mitgliedsstaaten rechnen (allenfalls auf politisches Verständnis und auf Courtoisie). Ein jeder Mitgliedsstaat muß als Entscheidungs- und Verantwortungseinheit so organisiert sein, daß er seine Rechte in der Union wahrnehmen und seine Pflichten ihr gegenüber erfüllen kann. Der Bund nimmt in seiner gesamtstaatlichen Funktion die europäischen Subsidien entgegen, die den Kompetenzbereich der Länder betreffen. Er haftet für deren europarechtliche Fehlleistungen gegenüber der EU.[37]

2. *EU-spezifische rechtliche Schwierigkeiten*

Die Kompetenzausübungsregel des Subsidiaritätsprinzips stößt auf eigentümliche rechtliche Schwierigkeiten. Das erfuhr schon sein staatsrechtliches Pendant, Art. 72 Abs. 2 GG. Die Vorschrift lief lange Zeit leer, weil das Bundesverfassungsgericht ihre Anwendung dem politischen Ermessen des Bundesgesetzgebers überließ, der als Richter in eigener Sache über die Voraussetzungen seines Handelns entschied. Erst spät nahm sich das Gericht der (neu gefaßten) Regel an und führte sie zu Judiziabilität und leidlicher Wirksamkeit.[38]

---

34 Art. 4 Abs. 2 S. 1 EUV.

35 *Ossenbühl* in: ders. (Hrsg.), Föderalismus und Regionalismus in Europa, 1990, S. 117, 146.

36 *Papier* (Fn. 8), S. 705; *Puttler* (Fn. 16), § 142, Rn. 1, 7.

37 *Puttler* (Fn. 16), § 142, Rn. 57 ff.; *Streinz*, in: HStR X, 3. Aufl. 2012, § 218, Rn. 59 ff.

38 BVerfG, Urt. v. 24.10.2002 – 2 BvF 1/01 = BVerfGE 106, 62 (135 ff.); Urt. v. 27.7.2007 – 2 BvF 2/02 = BVerfGE 111, 226 (252 ff.); Urt. v. 26.1.2005 – 2

Die Anwendung des Art. 5 Abs. 3 EUV ist über das erste Stadium noch nicht hinaus gelangt. Sie hat es besonders schwer, weil die EU-Kompetenzen nicht als Sachbereiche definiert, sondern auf Ziele hin angelegt sind:[39] nicht feste Bausteine einer Institution, sondern gleitende Größen im Fluß der Integration. Der deutsche Vertragstext spricht nicht zufällig von „Maßnahmen", also situationsbezogenen Regelungen, deren Bedeutung sich in einer gewissen Phase der Zielverwirklichung erschöpft. Die Maßnahme ist Instrument, nicht dauerhafte, allgemeine Ordnung.[40] Das Primärrecht hat selbst nicht den festen Aggregatzustand der Normativität erreicht, wie er dem nationalen Verfassungsrecht eigen ist. So nimmt es nicht wunder, daß sich der europäische Gerichtshof weniger als Hüter der Verträge denn als Motor der Integration begreift.[41] In einem solchen Selbstverständnis lassen sich die einzelnen Kompetenztitel um die „implied powers" erweitern und auf den „effet utile" hin dehnen, so daß die Grenze zwischen Vertragsauslegung und Vertragserweiterung verwischt.[42] Die Grundrechte verwandeln sich unterderhand in Integrationstitel,[43] und das Prinzip der begrenzten Einzelermächtigung mutiert vom Kompetenzerfordernis zum Optimierungsauftrag.[44]

Eine wirksame Subsidiaritätskontrolle unterbleibt. Der Europäische Gerichtshof versagt auf ganzer Linie.[45] Soweit er das Prinzip überhaupt zur Kenntnis nimmt, hält er sich an die Einschätzung der politischen Organe.[46] Diese aber neigen dazu, das negative Kriterium eines Versagens der

---

BvF 1/03 = BVerfGE 112, 226 (243 ff.); Beschl. v. 14.10.2008 – 1 BvF 4/05 = BVerfGE 122, 1 (21. f.); Beschl. v. 27.1.2010 – 2185/04 u.a. = BVerfGE 125, 141 (155 ff.). Dazu: *Rüfner*, in: FS für Isensee, Depenheuer u.a. (Hrsg.), 2007, 389 ff.; *Rengeling*, in: HStR VI, 3. Aufl. 2008, § 135, Rn. 163 ff.

39 *Schulze-Fielitz*, in: FS für Scheuing, Müller-Graff/Schmahl/Skouris (Hrsg.), 2011, 165, 166 ff.; *Kirchhof*, in: HStR X, 3. Aufl. 2012, § 214, Rn. 187.

40 Zur literarischen Tradition des Begriffs Maßnahmegesetz: *Forsthoff*, in: GS für Jellinek, Bachof (Hrsg.), 1955, 221 ff.; *Schneider*, Gesetzgebung, 1991, S. 136 ff.

41 *Huber*, in: HGR Bd. VI/2, 2009, § 172, Rn. 92; *Kirchhof* (Fn. 39), § 214, Rn. 61, 186; *Streinz* (Fn. 37), S. 63, 224 f. (auch zu neueren Tendenzen).

42 So die kritische Sicht in: BVerfG, 12.10.1993 – 2 BvR 2159/92; 2 BvR 2134/92 = BVerfGE 89, 155 (210).

43 *Kirchhof* (Fn. 39), § 214, Rn. 65, 67. Allgemein: *Gärditz*, in: HStR IX, 3. Aufl. 2011, § 189, Rn. 17, 50 ff.

44 *Kirchhof* (Fn. 39), § 214, Rn. 66.

45 Berichte und Analysen: *Albin* (Fn. 14), S. 632 ff.; *Lienbacher* (Fn. 18), Art. 5 EUV, Rn. 31.

46 *Oppermann/Classen/Nettesheim* (Fn. 25), § 11, Rn. 30.

Mitgliedsstaaten zu überspringen und nur nach dem Mehrwert einer supranationalen Regelung zu fragen.[47] Hier liegt der Kurzschluß nahe, die europäische Lösung per se als die bessere gegenüber der nationalen Lösung zu erklären. Die Kompetenzausübung folgt nunmehr nicht dem Subsidiaritätsprinzip, sondern umgekehrt das Subsidiaritätsprinzip der Kompetenzausübung.

Das Bundesverfassungsgericht kann aus nationaler Perspektive das Kontrolldefizit nur partiell ausgleichen, wenn es den Ultra-vires-Vorbehalt aus Art. 23 Abs. 1 S. 1 und 3 GG zur Geltung bringt. Von ihm gehen wichtige Impulse zur Aktualisierung des Prinzips der begrenzten Einzelermächtigung aus.[48] Allerdings konzediert es dem Europäischen Gerichtshof (damit allen anderen EU-Organen) einen „Anspruch auf Fehlertoleranz",[49] der sich als Freibrief zur kompetenz- und subsidiaritätslosen Rechtsetzung erweisen könnte.

3. Praktische Wirkungslosigkeit

Das Subsidiaritätsprinzip hat bislang keine praktische Bedeutung erlangt.[50] Von einer „Brüsseler Subsidiaritätskultur" ist wenig zu erkennen.[51] Die rechtlichen Regeln und Rituale geraten in Verdacht, weiter nichts zu sein als Palliativmedizin im unaufhaltbaren Prozeß nationalstaatlicher Auszehrung.

Das Subsidiaritätsprinzip dämmt die steigende Flut der supranationalen Gesetzgebung nicht ein und es verhindert nicht, daß sie, wo immer sie auf

---

47 *Oppermann/Classen/Nettesheim* (Fn. 25), § 11, Rn. 29.

48 BVerfG, Beschl. v. 18.7.2005 – 2 BvR 2236/04 = BVerfGE 113, 273 (299 ff.). Abstrakt auch in: BVerfG, Urt. v. 12.10.1993 – 2 BvR 2159/92, 2 BvR 2134/92 = BVerfGE 89, 155 (181, 192, 194 ff.); Urt. v. 30.6.2009 – 2 BvE 2/08 = BVerfGE 267 (349 ff., 392 ff.) – doch aufweichend in BVerfG, Beschl. v. 6.7.2010 – 2 BvR 2661/06 = BVerfGE 126, 286 (301 ff.).

49 BVerfG, Beschl. v. 6.7.2010 – 2 BvR 2661/06 = BVerfGE 126, 286 (307). Kritisch: *Jestaedt*, in: Hillgruber (Hrsg.), Gouvernement des juges – Fluch oder Segen?, 2014, S. 21, 27 ff.

50 *Albin* (Fn. 14), S. 630 ff.; *Papier* (Fn. 8), S. 696 (bisher kein Beweis der Praxistauglichkeit); *Durner* (Fn. 5), § 216, Rn. 3; *Oppermann/Classen/Nettesheim* (Fn. 25), § 11, Rn. 32.

51 *Oppermann/Classen/Nettesheim* (Fn. 25), § 11, Rn. 32. Doch positive Ansätze in der Vorfeldkontrolle: *Albin* (Fn. 14), S. 630, 634; weitergehend *Lienbacher* (Fn. 18), Art. 5 EUV, Rn. 18.

keinen nationalen Widerstand stößt, sich flächendeckend ausweitet und in kleinste Winkel und Ritzen vordringt. Angesichts einer Regelungsmaschinerie, die es innerhalb von sieben Jahren auf 18.167 Verordnungen und 750 Richtlinien bringt,[52] versagen alle supranationalen und nationalen Rechtfertigungs- und Kontrollvorkehrungen. Die nach Art. 296 Abs. 2 AEUV vorgeschriebenen Begründungen erschöpfen sich weithin in stereotypen Formeln, die Abstimmungen in pauschalen Durchwinkprozeduren.[53] Auf der anderen Seite wetteifern die 28 Kommissare um den statistischen Erfolg der Normenproduktionszahlen. Mitgliedsstaatliche Regierungen drängen unpopuläre Projekte der wählerfernen supranationalen Organisation zu und suchen sich so der politischen Verantwortung zu entledigen, indes die Unionsorgane, der Sündenbockrolle überdrüssig, neuerlich dazu neigen, sich aus ihrer Verantwortung herauszuwinden und den schwarzen Peter den nationalen Regierungen oder den Lobbies zuzuschieben. Es droht ein Vakuum der politischen Verantwortung, und das auf einer Ebene, der demokratische Legitimation nur in schmalen Rinnsalen zufließt. Der Drang zur Vielregiererei läßt in der EU das Bild des aufgeklärten Absolutismus wiedererstehen, der kraft obrigkeitlicher Vernunft alles regelt, was dem Glück der Untertanen dienlich ist, ohne auf deren beschränkten Verstand Rücksicht nehmen zu müssen – allein gerechtfertigt durch den gemeinwohlförderlichen Output, der den fehlenden Input von seiten der Regierten erübrigt.[54]

Die „immer engere Union der Völker Europas“, in der laut Vertragspräambel „entsprechend dem Subsidiaritätsprinzip“ möglichst bürgernah entschieden werden soll, könnte am Ende zur Garrotte aller kleineren Einheiten geraten. Jedenfalls trägt die grenzen- und rastlose Hyperaktivität, die chronische Mißachtung des Subsidiaritätsprinzips, dazu bei, die Kluft zwischen den europäischen Institutionen und den Bürgern zu vertiefen. Auch wenn derzeit die Bevölkerung in allen Mitgliedsstaaten die Zugehörigkeit zur Union akzeptiert – in Deutschland 72%, in Frankreich 68%, in Spanien 64%, selbst in Großbritannien 51% –, lehnen sie überall mehrheitlich weitere Kompetenzübertragungen ab und befürworten eine Rückgabe von

---

52 Angaben zu den Jahren 1998 bis 2004 bei *Papier* (Fn. 8), S. 697. Vgl. auch *Kirchhof* (Fn. 39), § 214, Rn. 57 ff.; *Albin* NVwZ 2006, 629, 630.

53 Kritisch *Papier* (Fn. 8), S. 697.

54 Heute wird die These vertreten, daß der Gemeinwohl-Nutzen der EU ihr demokratisches Defizit kompensiere. So *Peters*, Elemente einer Verfassung Europas, 2001, S. 567 ff. Gegenposition: *Müller-Franken* AöR 134 (2009), 542, 552 ff.

Befugnissen an die Nationalstaaten: in Deutschland 44%, in Frankreich 58%, in Spanien 41%, in Großbritannien 62%.[55] Die subsidiaritätswidrige Detailversessenheit der supranationalen Rechtsproduktion, die bis zu Finessen von Gurken, Glühbirnen, Topfhandschuhen und Wasserspülungen vordringt, verhindert, daß den Normen sozialethisches Ansehen zuwächst, und macht sie „bisweilen lächerlich“.[56]

Die Chancen des Akzeptanzgewinns, den eine juridische Anwendung des Subsidiaritätsprinzips erschließen könnte, liegen brach.

IV. Legitimationschancen

Die Feststellung der praktischen Unwirksamkeit darf nicht das letzte Wort zum Thema Subsidiarität in Europa sein. Die Praxis kann sich ändern und sich an den normativen Geltungsanspruch der Kompetenzausübungsdirektive erinnern. Die Europapolitik sollte auch auf die nichtpositivierte Bedeutung des Subsidiaritätsprinzips als pragmatische Direktive der Kompetenzverteilung zurückgreifen,[57] zumal in einer Zeit, in der die Union unter den Folgen der Mißachtung des Prinzips leidet, nachdem sie ein funktionstüchtiges, dezentrales Währungssystem ohne Not und voreilig durch die nicht hinreichend fundierte, unvorsichtig geplante, instabile Währungsunion abgelöst, Mitgliedsstaaten wie Bürger in die Krise gestürzt hat und selber in eine Akzeptanzkrise geschliddert ist.

Doch sogar die Interpretation des Art. 5 Abs. 3 EUV kann zu neuen Einsichten führen, die über die unmittelbar rechtserhebliche, auf Anwendung ausgerichtete Bedeutung hinausgehen, damit auch über die Dichotomie des Kompetenzsystems hinaus, das sich auf das Verhältnis der EU zu den Mitgliedsstaaten in ihrer zentralen Außenvertretung beschränkt. Die ausdrückliche Nennung der staatsinternen regionalen und lokalen Ebenen ist, rechtspraktisch gesehen, überflüssig,[58] doch weist sie auf die Vielgestalt hin, die das sich organisierende Europa nicht schafft, sondern voraus-

55 Ergebnis einer Untersuchung des Instituts für Demoskopie Allensbach: *Bruttel*, in: FAZ v. 15.8.2014, Nr. 188, S. 8.

56 *Streinz*, Europarecht, Heidelberg 2001, S. 60 (nicht mehr in der 9. Auflage 2012, S. 63 f.).

57 Symptome einer konkludenten politischen Anwendung: *Monar*, in: Müller-Graff (Hrsg.), Der Raum der Freiheit, der Sicherheit und des Rechts, 2005, 29, 38 f.

58 Dagegen spricht auch nicht die Existenz des Ausschusses der Regionen, des fünften Rades am EU-Vehikel. Dazu: *Isensee* (Fn. 30), S. 6 f.

setzt, mehr noch: aus der es lebt. Die dezentrale Ordnung erschöpft sich nicht in den staatlichen Institutionen. Sie zeigt sich in den spontanen und organisierten Aktivitäten der offenen Gesellschaft, den Emanationen der Freiheit des Bürgers. Das Leitbild des subsidiaritätsgerechten Gemeinwesens kommt in den Vertragstexten in verschiedenen Zusammenhängen und unter verschiedenen Aspekten zu Wort. Nur in der Vielzahl und Vielfalt auch der Kräfte, die nicht ihrer Regelungsgewalt unterliegen, kann die EU als die ihrer rechtlichen Stellung nach bürgerfernste Einrichtung „entsprechend dem Subsidiaritätsprinzip", wenn auch nicht die erstrebte „Bürgernähe", so doch die Bürgerakzeptanz gewinnen und so ihren eigentlichen und letzten Legitimationsgrund erreichen. Das Subsidiaritätsprinzip bietet sich als Legitimationsmittler an.

Im Vorverständnis eines vorpositiven Subsidiaritätsprinzips wird ein bonum commune Europaeum erkennbar, das aus der Vielgestalt der Handlungsebenen und der Akteure hervorgeht. Das sich institutionell einende Europa wahrt seine Vielfalt, die seit jeher seine Identität ausmacht. Ergab sich die Einheit herkömmlich aus Religion, Kultur, Lebensart, Selbstbewußtsein, also gleichsam anarchisch, so findet sie nun auch zu rechtlicher Form.[59]

---

59 Dazu: *Müller-Graff* (Hrsg.), Der Zusammenhalt Europas – In Vielfalt geeint, 2009.

Europa und das Grundgesetz

Carl Otto Lenz

I. Einleitung

Seit dem Maastricht-Urteil (MVU) des Bundesverfassungsgerichts (BVerfG) schwebt über jedem neuen Vertrag zur Weiterentwicklung der Europäischen Union (EU) das Damoklesschwert eines Verfahrens vor dem BVerfG wegen angeblicher Verfassungswidrigkeit trotz der Präambel und des Artikels 23 des Grundgesetzes (GG). Nach der Präambel „hat sich das Deutsche Volk...von dem Willen beseelt, als gleichberechtigtes Glied in einem vereinten Europa dem Frieden der Welt zu dienen ... kraft seiner verfassunggebenden Gewalt dieses Grundgesetz gegeben." Nach Artikel 23 wirkt die Bundesrepublik Deutschland (D) „zu Verwirklichung des vereinten Europas bei der Entwicklung der Europäischen Union mit", die den dort bezeichneten Grundsätzen verpflichtet ist und einen wirksamen Grundrechtsschutz gewährleistet.

II. Zu einzelnen Fragen

Die Vorstellung mancher Kritiker, dass die Ratifizierung der Vereinbarungen zur Bekämpfung der Schuldenkriese die im GG festgelegten Grenzen der möglichen Übertragungen von Kompetenzen auf die EU überschreite, hat seinen Ursprung in der Vorstellung, dass D ein souveräner, national verfasster demokratischer Staat[1] und deshalb der Eintritt Deutschlands in einen (europäischen) Bundesstaat grundgesetzwidrig sei.[2] Nun besteht kein Zweifel, dass D ein unabhängiger, keiner fremden Gewalt unterworfener demokratischer Staat ist. Aber es fragt sich, ob sie dadurch nach dem GG gehindert ist, in einen europäischen Bundestaat einzutreten?

---

1 Siehe *van Ooyen*, Die Staatstheorie des Bundesverfassungsgerichts, 5. Aufl. Baden-Baden 2014, Vorwort, 4, 98 ff.

2 BVerfG, Urt. v. 30.6.2009 - 2 BvE 2/08; 2 BvE 5/08; 2 BvR 1010/08; 2 BvR 1022/08; 2 BvR 1259/08; 2 BvR 182/09 (Lissabon), Rn. 228.

1. Zum Begriff „souverän"

Zunächst einige Bemerkungen zur Staatstheorie des BVerfG. Danach ist D ein souveräner Staat, der sich durch völkerrechtliche Vereinbarungen an der Gründung und Entwicklung der EU beteiligt hat. Diese ist also ein Geschöpf der Mitgliedstaaten (MS), das den Verfassungen der MS unterworfen ist. Das ist eine in sich durchaus stimmige Theorie, sofern sie mit dem GG übereinstimmt. Der Begriff „souverän" steht nicht im GG und erst recht nicht über dem GG, sondern muss, wenn man ihn überhaupt verwendet, grundgesetzkonform ausgelegt werden. Hier kommen nun die Präambel und Art. 23 ins Spiel:

2. Zu „Glied in einem vereinten Europa"

Die verfassungsmäßige Identität D's ist vor allem ihre Bestimmung, „als gleichberechtigtes Glied in einem vereinten Europa dem Frieden der Welt zu dienen". Das steht unübersehbar am Anfang des GG. „Die Präambel charakterisiert das Wesen des Grundgesetzes".[3] Das heißt: Das ganze GG ist vom Geist der Präambel durchdrungen und muss entsprechend ausgelegt werden.

Die Bezeichnung "Glied" oder "Gliedstaat" war zur Zeit der Entstehung des Grundgesetzes eine häufige Bezeichnung für das Verhältnis der Länder zu dem zu schaffenden oder gerade gegründeten deutschen Gesamtstaat, bezeichnete also eine besonders enge staatsrechtliche Beziehung.[4]

---

3 *Carlo Schmid*, Generalberichterstatter, in der Zweiten Sitzung des Plenums des Parlamentarischen Rates am 8. September 1948.

4 Siehe Art. 50 der Verfassung des Landes Baden; Art. 23 der Verfassung von Baden-Württemberg von 1950; Art. 64 der Verf. von Bremen von 1947; Art. 64 der Verf. v. Hessen v. 1946, "Glied der deutschen Republik und Europas"; Art. 1 d. Verf. v. NRW v. 1950; Art. 74 d. Verf. v. Rheinland-Pfalz v. 1947; Art. 1 d. Verf. v. Schleswig-Holstein; Art. 43 d. Verf. v. Württemberg-Baden und Art. 1 d. Verf. v. Württemberg-Hohenzollern v. 1947.

Zur Zeit der Beratung des GG wurden verschiedene Formen der Einigung Europas diskutiert, darunter die Gründung der Vereinigten Staaten von Europa.[5]

> „Ich beschäftigte mich sehr mit dem Problem der Vereinigten Staaten von Europa, denen Deutschland angehören musste. Ich sah in den künftigen Vereinigten Staaten von Europa die beste und dauerhafteste Sicherung der westlichen Nachbarn Deutschlands."[6]

Der Parlamentarische Rat, der das GG ausarbeitete und dessen Präsident Adenauer war, nahm in dieser Diskussion nicht Partei, sondern benutzte die offene Formulierung "vereintes Europa", legte also die Bundesrepublik nicht fest, schloss aber auch keine der diskutierten Formen und schon gar nicht die der Vereinigten Staaten von Europa aus.[7]

Insofern kann man nicht sagen, was die Verfassungsschöpfer wollten, sei unklar. Sie wollten, dass das deutsche Volk als Glied in einem vereinten Europa lebe, sofern die Gleichberechtigung Deutschlands gewahrt war.

3. Zu „Eintritt in einen Bundesstaat"

Das BVerfG glaubt aber, das GG verbiete einen Eintritt in einen Bundesstaat.[8] Im Lichte der vorangegangenen Ausführungen ist diese Ansicht unzutreffend.

Auch durch den Eintritt in einen Bundestaat würde die BRD ihren Staatscharakter nicht verlieren. Auch Bayern und Hamburg sind Länder, d.h. Mitgliedstaaten eines Bundestaates, D's. Bei den im Zusammenhang

---

5 "Wir müssen so etwas wie die Vereinigten Staaten von Europa schaffen", Winston Churchill, 19. Sept 1946, Zürich; Hertensteiner Programm der europäischen Föderalisten, Sept. 1946; Erster Kongress der Union Europäischer Föderalisten, Montreux, 27.-31 August 1947; Europäischer Kongress in Den Haag, 7.-10. Mai 1948, siehe *Gasteyger*, Einigung und Spaltung Europas, Fischer 1965, 35-49; siehe auch Wikipedia, „Vereinigte Staaten von Europa" abgefragt am 28.7.2014.

6 *Konrad Adenauer*, Erinnerungen 1945-1953, Stuttgart 1965, 41.

7 So auch *Brockmeyer*, in: Schmidt-Bleibtreu/Klein, Kommentar zum GG, 10. Aufl., zu Art. 23, Anm. 5a; ähnlich *Kermani*, Gespräch mit Stephan Detjen, AnwBl 9/2014, 677 „Im GG ist dieser Übergang zu einer europäischen Ordnung angedacht".

8 BVerfG, Urt. v. 30.6.2009 - 2 BvE 2/08; 2 BvE 5/08; 2 BvR 1010/08; 2 BvR 1022/08; 2 BvR 1259/08; 2 BvR 182/09 (Lissabon), Rn. 228.

mit der Schuldenkrise diskutierten Kompetenzübertragungen handelt es sich nicht um die Gründung eines Bundesstaates, sondern um Übertragung begrenzter Einzelermächtigungen im Rahmen einer Union, aus der man austreten kann.[9] *Dass die Verfasser des GG für diese Ermächtigungen eine unübersteigbare Grenze für den verfassungsändernden Gesetzgeber ziehen wollten, steht jedenfalls nicht im Text des GG, sondern wird hineininterpretiert.*[10] Sie bleiben weit hinter dem zurück, was unter der Herrschaft des GG schon beschlossen wurde, ohne dass hier verfassungsrechtliche Bedenken die Beschlussfassung verhinderten.

4. EGKS, EVG, EPG

In den 50er Jahren wurde die Unterstellung der Stahlindustrie und des Kohlebergbaus (beide damals unentbehrlich für den Wiederaufbau) sowie der Kernenergie unter europäische Kontrolle beschlossen, ohne dass die Verfassungsmäßigkeit dieser Unterstellung in Zweifel gezogen wurde. Das gilt auch für die vom Bundestag gebilligte Unterstellung deutscher Streitkräfte und die Koordinierung der deutschen Außenpolitik in der Europäischen Verteidigungsgemeinschaft und der Europäischen (Politischen) Gemeinschaft, die zwar scheiterten, aber eben nicht an deutschen verfassungsrechtlichen Bedenken, obwohl eine konstitutive Zustimmung des Deutschen Bundestages zum Einsatz deutscher Soldaten nicht vorgesehen war. Damals lag die Ausarbeitung und Verabschiedung des GG noch keine zehn Jahre zurück und gehörte zu den Erinnerungen vieler Beteiligter. Wenn Zweifel an der Verfassungsmäßigkeit der Übertragung dieser Kompetenzen auf die europäischen Institutionen bestanden hätten, wären sie gewiss geäußert worden. Das BVerfG geht darauf nicht ein.[11]

5. Wiedervereinigung

An dieser Rechtslage hat sich auch nach der Wiedervereinigung nichts geändert.

---

9 Art. 50 EUV.

10 *Vorländer* APuZ 2011, 15, 21.

11 BVerfG, Urt. v. 30.6.2009 - 2 BvE 2/08; 2 BvE 5/08; 2 BvR 1010/08; 2 BvR 1022/08; 2 BvR 1259/08; 2 BvR 182/09 (Lissabon), Rn. 225.

Präambel

Die Formulierung "vereintes Europa" wurde auch bei den Grundgesetzänderungen nach der Wiedervereinigung beibehalten.

Die Drei (West-)Mächte und die Bundesrepublik hatten sich nämlich verpflichtet, zusammenzuwirken, um "... ihr gemeinsames Ziel zu verwirklichen: Ein wiedervereinigtes Deutschland, das eine freiheitlich-demokratische Verfassung, ähnlich wie die Bundesrepublik, besitzt und das in die europäische Gemeinschaft integriert ist".[12] Die Beibehaltung des Begriffs "vereintes Europa" nimmt diesen Gedanken auf. Da die Schaffung der Währungsunion damals eine weitere Stufe im Prozess der europäischen Integration war, bestand auch ein rechtlicher Zusammenhang zwischen der Integrierung Deutschlands in die europäische Währungsunion und der Wiedervereinigung Deutschlands. Sie war der Beweis, dass auch das wiedervereinigte Deutschland „in die europäische Gemeinschaft integriert" blieb und bleibt, oder, in der einprägsamen Formulierung von Helmut Kohl:

"Die deutsche Einheit und die europäische Einigung sind zwei Seiten einer Medaille."

b) Art. 23

Dies wurde bekräftigt, indem ein neuer Art. 23 in das GG eingefügt wurde. Danach wirkt die Bundesrepublik Deutschland zur Verwirklichung des vereinten Europas bei der Entwicklung der Europäischen Union mit. Hier werden die Worte vom "vereinten Europa" aus der Präambel aufgenommen. Der neue Wortlaut trat an die Stelle der Bestimmung, wonach das Grundgesetz, das einen Bundestaat aus den dort genannten Ländern gebildet hatte, und in den das Saarland inzwischen aufgenommen worden war, in anderen Teilen Deutschlands nach deren Beitritt in Kraft zu setzen ist. Der neue Wortlaut tritt also an die Stelle einer Bestimmung, die das Bestehen und die Erweiterung eines Bundesstaates zum Gegenstand hat.

Was liegt näher als die Annahme, dass sich auch der neue Art. 23, der die Entwicklung einer Staatenorganisation zum Gegenstand hat, die Entwicklung zu einem Bundesstaat erlaubt? Für eine andere Auffassung las-

12 Art. 7 Abs. 2 Deutschlandvertrag, BGBl 1955 II, 305.

sen sich jedenfalls keine Anhaltspunkte erkennen. Art. 23 GG erlaubt also auch die Teilnahme Deutschlands an einem europäischen Bundesstaat. Mit seiner gegenteiligen Ansicht legt das BVerfG das GG nicht aus, sondern „versteckt“ sich hinter der Verfassung.[13]

6. *Maastricht-Vertrag*

Nachdrückliche Zweifel an der Verfassungsmäßigkeit ab der Übertragung substantieller Hoheitsrechte auf die EU wurden im Zusammenhang mit der Währungsunion im Gesetzgebungsverfahren nicht geäußert. Später wurden Verfassungsbeschwerden eingelegt.[14]

7. *Verfassungsvertrag*

Der Europäische Verfassungsvertrag sollte die Handlungsfähigkeit der erweiterten Europäischen Union, den Grundrechtschutz durch die Rechtsverbindlichkeit der Grundrechtecharta sowie die Rechte des Europäischen Parlaments stärken und Mitwirkungsrechte der nationalen Parlamente im Rahmen der Subsidiaritätskontrolle schaffen. Er bedurfte der Zustimmung von 2/3 der Mitglieder des Bundestages und 2/3 der Stimmen des Bundesrates. Er wurde im Mai 2005 vom Bundestag mit 568 Stimmen bei 23 Gegenstimmen und zwei Enthaltungen[15] und vom Bundesrat mit allen Stimmen bei Enthaltung von Mecklenburg-Vorpommern[16] gebilligt. Verfassungsrechtliche Bedenken wurden aus den Reihen der 23 mit „nein“ stimmenden Abgeordneten (Gauweiler, CSU, und Hohmann, fraktionslos (vormals CDU), Dr. Gesine Lötzsch, Die Linke) geäußert.

Der CSU-Abgeordnete Gauweiler erhob Verfassungsklage. Darüber wurde jedoch nicht entschieden, da der Verfassungsvertrag in den Referenden in Frankreich und den Niederlanden die Mehrheit verfehlte.[17]

---

13 *Vorländer* (Fn. 11) 20.

14 MVU, Rubrum.

15 Protokoll der Sitzung des Bundestages vom 12.5.2005, 16383.

16 Stenografischer Bericht der 811. Sitzung vom 27.5.2005, 201 B.

17 Bei den Referenden in Spanien und Luxemburg ergab es Mehrheiten für den Verfassungsvertrag.

8. Lissabon-Vertrag

Der Vertrag von Lissabon nahm im Wesentlichen die Bestimmungen des Verfassungsvertrages auf, verzichtete aber auf alle Bestimmungen, die als Hinweise auf eine Staatlichkeit der EU hätten gedeutet werden können.[18] Gegen den Vertrag wurden Argumente ins Feld geführt, die schon gegen den Maastricht- und Verfassungsvertrag erhoben worden waren, u.a. durch den Abg. Gauweiler. Der Vertrag wurde am 24.4.2008 mit 515:58:1 Stimmen vom Bundestag[19] und am 23.5.2008 mit allen Stimmen bei Enthaltung Berlins vom Bundesrat[20] gebilligt.

Zusammenfassend kann man sagen, dass Bundesregierung, Bundestag und Bundesrat ebenso wie der Bundespräsident der Ansicht waren, dass die genannten Verträge dem Charakter D's als „gleichberechtigtes Glied in einem vereinten Europa" gerecht wurden. Sie stießen nicht etwa an die Grenzen des GG, wie es in dem Verfahren gegen den Maastricht-Vertrag schon vorgetragen worden war.

9. Demokratiegebot

Ein Argument des BVerfG gegen Übertragungen von Kompetenzen auf die EU ist der behauptete Verstoß gegen die unabänderliche demokratische Identität D's,[21] das unabdingbare Demokratiegebot. Bundestag, Bundesrat und Bundesregierung werden davor gewarnt, weitere Hoheitsübertragungen in Bereichen vorzunehmen, die „als besonders sensibel für die demokratische Selbstgestaltungsfähigkeit eines Verfassungsstaates gelten".[22] Hier wird weniger ein abgeschlossener Zustand beurteilt, als der Wille deutlich, die zukünftige Entwicklung zu gestalten.[23]

Niemand wird das Demokratiegebot in Frage stellen. Die Frage ist nur: Kann es nur auf der Ebene des Nationalstaates mit einem Staatsvolk ver-

---

18 Z.B. Flagge, Hymne, Amtsbezeichnung „Außenminister".

19 Plenarprotokoll der Sitzung des Bundestages vom 24.4.2008, 16482 D.

20 Stenografischer Bericht der 844. Sitzung vom 23.5.2998, 136.

21 Art. 20 mit Art. 79 Abs. 3 GG.

22 BVerfG, Urt. v. 30.6.2009 - 2 BvE 2/08; 2 BvE 5/08; 2 BvR 1010/08; 2 BvR 1022/08; 2 BvR 1259/08; 2 BvR 182/09 (Lissabon), Rn. 252.

23 Siehe *Möllers*, Legalität, Legitimität und Legitimation des Bundesverfassungsgerichts, in: Das entgrenzte Gericht, Frankfurt/Main 2011, 283, 405.

wirklicht werden,[24] oder kann nicht auch eine Union von Völkern, die durch gemeinsame Werte verbunden sind und gemeinsame Ziele verfolgen, demokratisch regiert werden?

Eine ausdrückliche Grenze für Kompetenzübertragungen zieht das GG nicht. Im Gegenteil: In der Beteiligung an der „Verwirklichung eines vereinten Europas" verwirklicht D seine Identität als „Glied" in einem vereinten Europa". Die Übertragung von Kompetenzen erfolgt nicht willkürlich, sondern als Antwort auf real existierende Herausforderungen. Die vollzogenen und geplanten Kompetenzübertragungen im Zusammenhang mit der Finanz- und Schuldenkrise sind dafür ein aktuelles Beispiel. Die der EU übertragenen Befugnisse gehen dem Bürger nicht verloren. Sie wurden bisher von den Bürgern in jedem einzelnen Staat unabhängig voneinander ausgeübt. Sie werden nun von den Bürgern gemeinsam in der Europäischen Union ausgeübt und unterliegen parlamentarischer Kontrolle durch ein von ihnen gewähltes Parlament, dem Europäischen Parlament (EP). Soweit sie von den Regierungen ausgeübt werden, sind sie durch die Demokratie in den MS legitimiert. Soweit sie von Unionsorganen ausgeübt werden, werden sie durch demokratisch legitimierte Unionsorgane, insbesondere das EP, legitimiert.

Beide Stränge leiten sich von den Unionsbürgern ab, die in jedem Falle die Gesamtheit der ausgeübten öffentlichen Gewalt legitimieren, sei es auf dem nationalen oder auf dem gemeinschaftlichen Weg. Die Macht des Bürgers erstreckt sich auf beide Bereiche. Im nationalen Bereich teilt er sie mit den anderen Staatsbürgern. Im anderen Fall teilt er sie mit den Unionsbürgern. Sie erstreckt sich auf die ganze Union, soweit diese zuständig ist.[25] Man kann sagen: Alle öffentliche Gewalt in der Union geht von den Unionsbürgern aus. Sie wird von ihnen durch Wahlen und Abstimmungen

---

24 Siehe hierzu *Schönberger*, Anmerkungen zu Karlsruhe, in: Das entgrenzte Gericht, Frankfurt/Main 2011, 9 ff., 59; *Jestaedt*, Phänomen Bundesverfassungsgericht, in: Das entgrenzte Gericht, Frankfurt/Main 2011, 79, 126 ff. Dass zahlreiche Richter Lehrer des (deutschen) Staatsrechts sind, tut ein Übriges, *Jestaedt* a.a.O, 129; *Möllers,* 362. Gegenstand des Staatsrechts ist nun einmal der (deutsche) Staat und nicht das „vereinte Europa" aus der Präambel des GG. Verantwortlich für diese Zusammensetzung sind das Wahlmännergremium des Bundestages und der Bundesrat (Art. 94 GG, § 6 Bundesverfassungsgerichtsgesetz).

25 Siehe *Lenz*, in: Festschrift für Manuel Diez de Velasco, 1993; auch Referat im Rahmen der Vortragsreihe „Das Weißbuch der Kommission und die Realität des Binnenmarktes – Erfolge und Misserfolge", Vorträge und Berichte Nr. 27, Bonn 1.2.1993, 33.

und durch besondere Organe der Gesetzgebung, der vollziehenden Gewalt und der Rechtsprechung in den Mitgliedstaaten und der Union ausgeübt.[26] Ich vermag eine Verfassungswidrigkeit einer solchen Organisation der Unionsgewalt in einem vereinten Europa dem GG nicht zu entnehmen.

Ein anderes Argument lautet, die degressive Vertretung der Unionsbürger der einzelnen MS[27] widerspreche den Grundsätzen der Wahlrechtsgleichheit[28] und der Gleichheit der Unionsbürger.[29] Es ist zuzugeben, dass die Abstimmungsregeln, die bis zum 31.10.2014 im Rat gegolten haben, die Wähler in den bevölkerungsschwachen MS begünstigten. Durch die Berücksichtigung der Bevölkerungsstärken in den Artikeln 16 EUV und 238 AEUV ist diesem Einwand Rechnung getragen worden.

Die Regelung entspricht m.E. „demokratischen Grundsätzen" im Sinne von 23 GG. Eine einfache Übertragung der Regeln des GG auf die Europäische Union scheint mir weder von der Präambel noch von Art. 23 GG gefordert zu sein.[30] Es wird genügen, dass die Abstimmungsregeln die unterschiedlichen Bevölkerungszahlen der MS insoweit berücksichtigen, dass verhindert wird, dass eine Mehrheit von Mitgliedstaaten mit einer Minderheit von Unionsbürgern eine Minderheit von MS mit einer Mehrheit von Unionsbürgern überstimmt. Dies scheint mir gewährleistet zu sein.

Auch ist zu fragen, ob der Grundsatz „one man, one vote" für die Wahlen zum EP ein durchgängig geltender Grundsatz für eine demokratische Union der Völker und Staaten in einem vereinten Europa nach Art der EU ist.

Das BVerfG ist sich der Problematik durchaus bewusst, dass es auch in demokratischen Staaten Ungleichheiten des Wahlrechts gibt. Sie würden jedoch nur bei „zweiten Kammern" toleriert. Es weist in diesem Zusammenhang auf den Senat der Vereinigten Staaten hin.[31] Dort ist bekanntlich jeder Bundesstaat mit zwei Senatoren vertreten, unabhängig von der Be-

26 Siehe Art. 20 Abs. 2 GG und Art. 13 EUV.

27 Art. 14 Abs. 2 AEUV.

28 Art. 38 Abs. 1 GG, „one man, one vote"; BVerfG, Urt. v. 30.6.2009 - 2 BvE 2/08; 2 BvE 5/08; 2 BvR 1010/08; 2 BvR 1022/08; 2 BvR 1259/08; 2 BvR 182/09 (Lissabon), Rn. 279.

29 Art. 18 AEUV.

30 BVerfG, 30.6.2009 - 2 BvE 2/08; 2 BvE 5/08; 2 BvR 1010/08; 2 BvR 1022/08; 2 BvR 1259/08; 2 BvR 182/09 (Lissabon), Rn. 266 f.

31 Rn. 286: „Derartig ausgeprägte Ungleichgewichte werden in föderalen Staaten regelmäßig nur für die zweite Kammer neben dem Parlament - in Deutschland und

völkerungszahl. Kalifornien hat nach der Volkszählung im Jahr 2000 33 871 648 Einwohner, Wyoming 493782.[32] Das ist ein Verhältnis von 1:68,6. Ein Senator aus Kalifornien vertritt 68,6mal so viele Einwohner wie ein Senator aus Wyoming. Ein Europaabgeordneter aus Malta vertritt 67 000 Einwohner,[33] ein Europaabgeordneter aus Deutschland 857 000,[34] 12mal so viele wie ein Abgeordneter aus Malta. Das Argument, es handele sich um eine zweite Kammer, hilft nicht weiter: Der Senat wird in Art. 1 der US-Verfassung an erster Stelle genannt und an zweiter Stelle geregelt. Er ist auch nicht weniger mächtig als das Repräsentantenhaus, in dem sich die Zahl der Abgeordneten nach der Zahl der Einwohner richtet.

Die „Überföderalisierung“[35] der USA setzt sich bei der Präsidentenwahl fort. Kalifornien hat 55 Wahlmänner, Wyoming 3. Ein Wahlmann aus Wyoming vertritt rd. 164 594 Einwohner, ein Wahlmann aus Kalifornien vertritt 615 848, 3,7mal so viele. Mein Fazit ist, dass jede politische Gemeinschaft das Wahlrecht entsprechend ihren Bedürfnissen so regeln muss, dass die Regelung von Vertretern und Vertretenen gleichermaßen als fair empfunden wird. Der Regelung für das EP haben die Parlamente aller MS zugestimmt. Das sollte auch das BVerfG akzeptieren.[36] Das BVerfG erscheint mit der Rolle eines Bewahrers der europäischen Demokratie „überfordert“.[37]

10.BVerfG.letzte.Instanz?

Das BVerfG bejaht die Bindung der Gerichte der MS an die Rechtsprechung der Unionsgerichte, insbesondere des EuGH, aber nicht für Verfassungsgerichte.[38] Das ist aus seiner Sicht verständlich, ist aber nicht durch

---

Österreich entspricht dieser zweiten Kammer der Bundesrat, in Australien, Belgien und den Vereinigten Staaten von Amerika der Senat – toleriert.“.

32 Nach Wikipedia, Liste der Bundesstaaten der Vereinigten Staaten nach Einwohnerzahl, abgefragt am 31.8.2014.

33 Einwohnerzahl insgesamt 0.4 Mio (Europäische Kommission, „Die Europäische Union, Mitgliedstaaten und Beitrittsländer“ 2001).

34 Einwohnerzahl insgesamt 82 Mio (Quelle wie Fn. 27).

35 BVerfG über die EU, BVerfG, Urt. v. 30.6.2009 - 2 BvE 2/08; 2 BvE 5/08; 2 BvR 1010/08; 2 BvR 1022/08; 2 BvR 1259/08; 2 BvR 182/09 (Lissabon), Rn. 288.

36 Die Verletzung der Wahlrechtsgleichheit werde als Verstoß gegen das Demokratieprinzip überbewertet. Die EU mische das demokratische mit dem föderativen Gleichheitsprinzip vgl. *Decker* APuZ 2014, 7 f.

37 *Möllers* (Fn. 23) 405.

38 Siehe BVerfG, Urt. v. 30.6.2009 - 2 BvE 2/08; 2 BvE 5/08; 2 BvR 1010/08; 2 BvR 1022/08; 2 BvR 1259/08; 2 BvR 182/09 (Lissabon), Rn. 333, 336. A.A. EuGH, Urt. v. 22.6.2010, verb. Rs. C-188/10 und C-189/10 (Melki und Abdeli), Rn. 56:

das GG gedeckt. Die Schaffung eines vereinten Europa verlangt den Vorrang des Unionsrechts.

„Der Integrationsauftrag des Grundgesetzes und das geltende europäische Vertragsrecht fordern mit der Idee einer unionsweiten Rechtsgemeinschaft die Beschränkung der Ausübung mitgliedstaatlicher Rechtsprechungsgewalt. Es sollen keine die Integration gefährdenden Wirkungen dadurch eintreten, dass die Einheit der Gemeinschaftsrechtsordnung durch unterschiedliche Anwendbarkeitsentscheidungen mitgliedstaatlicher Gerichte in Frage gestellt wird.“[39]

Dieses Ziel kann nicht erreicht werden, wenn 28 „mitgliedstaatliche Rechtsprechungsorgane mit verfassungsrechtlicher Funktion“ von dieser Bindung ausgenommen werden. Diese haben die Möglichkeit, ihre Auffassung dem EuGH vorzutragen. Alle Mitgliedstaaten können sich äußern. Der EuGH ist verpflichtet, die nationale Identität der MS zu achten.[40]

Die Anwendung der geschilderten Auslegung des BVerfG könnte unabsehbare Folgen haben.[41] Die Bundesorgane stünden zwischen der Pflicht zur Beachtung des Unionsrechts und des Urteils des BVerfG. Es könnte zu einem Vertragsverletzungsverfahren vor dem EuGH und einer Deutschland verurteilenden Entscheidung führen. Andere Verfassungsgerichte könnten anders entscheiden. Das BVerfG hätte also keineswegs automatisch das „letzte Wort“.[42] Die Herrschaft des Rechts wäre durch divergierende Entscheidungen in Frage gestellt.[43]

...die nationalen Gerichte, deren Entscheidungen selbst nicht mehr mit Rechtsmitteln des innerstaatlichen Rechts angefochten werden können, (sind) grundsätzlich nach Art. 267 Abs. 3 AEUV verpflichtet, den Gerichtshof zur Gültigkeit dieser Richtlinie zu befragen und anschließend die Konsequenzen zu ziehen, die sich aus dem vom Gerichtshof im Vorabentscheidungs- verfahren erlassenen Urteil ergeben....; so auch der österreichische Verfassungsgerichtshof, siehe *Grabenwarter* JRP 20, 298, 300.

39 Siehe BVerfG, 30.6.2009 - 2 BvE 2/08; 2 BvE 5/08; 2 BvR 1010/08; 2 BvR 1022/08; 2 BvR 1259/08; 2 BvR 182/09 (Lissabon), Rn. 337.

40 Art. 4 Abs. 2 EUV.

41 Siehe *Brauneck* EWS, 2014, 258, 262.

42 *Vorländer* (Fn. 14) 21.

43 *Möllers* (Fn. 36) 405.

III. Schluss

Aufgabe des BVerfG ist die Durchsetzung des deutschen partikularen Rechts, des GG. Daher tritt es ein für den Vorrang des deutschen partikularen Rechts, des GG.

Aufgabe des EuGH ist die Wahrung, die Durchsetzung des gemeinsamen europäischen Rechts. Daher tritt er ein für den Vorrang des gemeinsamen Rechts. Das haben die Mitgliedsaaten im Lissabon-Vertrag ausdrücklich beschlossen.[44] Der Vorrang des partikularen Rechts birgt die Gefahr eines Zerfalls der Rechtseinheit.

Das deutsche partikulare Recht, das GG, fordert und ermöglicht die Schaffung des „vereinten Europa“. Es erlaubt und ermöglicht damit den Vorrang des gemeinsamen Rechts und die Erreichung des gemeinsamen Ziels, „einen Raum der Freiheit, der Sicherheit und des Rechts ohne Binnengrenzen, in dem … der freie Personenverkehr gewährleistet ist“.[45] Das ist vom Deutschen Bundestag mit einer überwältigenden, verfassungsändernden Mehrheit beschlossen worden. Wie dieses Ziel erreicht werden soll, wenn das Partikularrecht der MS letztlich Vorrang hat, bleibt offen, es sei denn, wir schaffen einen europäischen Bundesstaat. Will das das Bundesverfassungsgericht?

---

44 Siehe Erklärung Nr. 17 zu Bestimmungen der Verträge, „Erklärung zum Vorrang“.
45 Art. 3 Abs. 2 EUV.

Die Verfassungsidentität der Mitgliedstaaten und das Recht der Europäischen Union

Rudolf Streinz

I. Einleitung

Das Europarecht beeinflusst bzw. bestimmt durch seine Vorgaben in unterschiedlicher Intensität, aber zunehmend auch in Bereichen nationaler Vorbehalte wie dem Strafrecht, alle Bereiche der Rechtsordnungen der Mitgliedstaaten. Es ist daher zwangsläufig eine intradisziplinäre Materie und führt Zivilrechtler, Öffentlichrechtler und Völkerrechtler und auch Strafrechtler zusammen, die die Auswirkungen des Europarechts auf ihrem jeweiligen Spezialgebiet behandeln. Dies wird durch die Autoren dokumentiert, die für die zehnbändige von Peter-Christian Müller Graff und Armin Hatje als Gesamtherausgeber verantwortete Enzyklopädie des Europarechts[1] gewonnen wurden.

Müller-Graff hat als einer der ersten die Auswirkungen auf das Zivilrecht intensiv behandelt[2] und die Entwicklungen im Binnenmarkt kontinuierlich weiter verfolgt. Ich bin daher sehr glücklich, ihn für die Kommentierung der Grundfreiheiten, für die er noch nicht anderweitig gebunden war, gewinnen zu können.[3] Seine Befassung mit dem Europarecht geht aber über diese Verbindung von Europarecht und Privatrecht hinaus. Müller-Graff erfasst bereits früh das Recht der Institutionen,[4] dann z.B. Bereiche des Raums der Freiheit, der Sicherheit und des Rechts (RFSR)[5]

---

1 *Müller-Graff/Hatje* (Hrsg.), Enzyklopädie Europarecht [EnzEuR], 10 Bde., 2012 ff.

2 *Müller-Graff*, Privatrecht und Europäisches Gemeinschaftsrecht, Baden-Baden 1989.

3 *Müller-Graff*, in: Streinz (Hrsg.), EUV/AEUV-Kommentar, 2. Aufl. 2012.

4 *Müller-Graff* Recht und Staat, Heft 468/469, 1977.

5 *Müller-Graff* (Hrsg.), Der Raum der Freiheit, der Sicherheit und des Rechts, Baden-Baden 2005; *ders.*, in: Eilmansberger/Grille/Obwexer (Hrsg.), Rechtsfragen der Implementierung des Vertrags von Lissabon, Wien 2011, 359.

und das Verfassungsrecht[6] und die Verfassungsziele der Europäischen Union.[7]

Grundfragen des Verhältnisses der Union zu ihren Mitgliedstaaten sind durch den Vertrag von Lissabon in Art. 4 EUV festgelegt: Der Verweis auf das Prinzip der begrenzten Einzelermächtigung mit der deklaratorischen Folge für die Kompetenzen der Mitgliedstaaten (Abs. 1); der Grundsatz der loyalen Zusammenarbeit (Abs. 3); schließlich die Pflicht der Union, „die Gleichheit der Mitgliedstaaten vor den Verträgen und ihre jeweilige nationale Identität, die in ihren grundlegenden politischen und verfassungsmäßigen Strukturen einschließlich der regionalen und lokalen Selbstverwaltung zum Ausdruck kommt", zu achten (Abs. 2 Satz 1). Der Ansatz der vom BVerfG im Lissabon-Urteil postulierten „Identitätskontrolle" findet sich somit auch im Unionsrecht, ist insoweit aber ein unionsrechtlicher Begriff. Fraglich ist, in welchem Verhältnis die verfassungsrechtliche und die unionsrechtliche Verankerung zueinander stehen und welche Folgen dies hat.

Diese Frage wurde in der Literatur eingehend und kontrovers diskutiert.[8] Müller-Graff hielt in seiner kritischen, aber durchaus differenzierten Besprechung des Lissabon-Urteils des BVerfG die generelle Aussage des Gerichts, dass die Verfassungsidentität der Bundesrepublik bei fortschreitender Integration anders als durch eine „Identitätskontrolle" seitens des BVerfG nicht gewahrt werden könne, für „aus verschiedenen Gründen diskussionsbedürftig".[9] Ein kleiner Beitrag zu dieser Diskussion soll hier unter Berücksichtigung der Rechtsprechung des BVerfG sowie des BVerwG einerseits, des EuGH andererseits erfolgen.

---

6 Intradisziplinär *Müller-Graff/E. Riedel* (Hrsg.), Gemeinsames Verfassungsrecht in der Europäischen Union, Baden-Baden 1998.

7 *Müller-Graff*, in: Dauses (Hrsg.), Handbuch des EU-Wirtschaftsrechts, Loseblatt, Bd. I, A. I (EL 31/2012).

8 Vgl. die umfangreichen Literaturhinweise in den Kommentaren zu Art. 4 Abs. 2 EUV, z.B. *Puttler*, in: Calliess/Ruffert, EUV/AEUV-Kommentar, 4. Aufl. 2011; *von Bogdandy/Schill*, in: Grabitz/Hilf/Nettesheim, Das Recht der Europäischen Union, Loseblatt (EL 53/2014); *Streinz*, in: ders. (Hrsg.), EUV/AEUV, 2. Aufl. 2012; *Lenz*, in: Lenz/Borchardt (Hrsg.), EU-Verträge. Kommentar, 6. Aufl. 2012; ferner die Anmerkungen zum Lissabon-Urteil; an ausführlicheren Beiträgen z.B. *Kotmann/Wohlfahrt* ZaöRV 69 (2009), 443; *von Bogdandy/Schill* ZaöRV 70 (2010), 701; *Pernice* AöR 136 (2011) 185; *M. Walter* ZaöRV 72 (2012) 177.

9 *Müller-Graff* integration 32 (2009), 331, 348 ff.

II. Die Identitätskontrolle nach der Rechtsprechung deutscher Gerichte

1. Die Begründung der Identitätskontrolle im Lissabon-Urteil des BVerfG

Im Urteil über die Vereinbarkeit des deutschen Zustimmungsgesetzes zum Vertrag von Lissabon hat das BVerfG nach der Grundrechtskontrolle[10] und der Ultra-vires-Kontrolle[11] die „Identitätskontrolle" als dritten Kontrollmaßstab für deutsche Begründungs- und Vollzugsakte von Unionsrecht postuliert.[12] Als deutsche Rechtsakte unterliegen diese Akte der Jurisdiktion des BVerfG, allerdings modifiziert durch Einschränkungen, die die Vorgaben des Unionsrechts berücksichtigen. Die fortbestehenden Verfassungsvorbehalte schränken den durch die Rechtsprechung des EuGH geforderten Vorrang des Unionsrechts vor dem Recht der Mitgliedstaaten einschließlich Verfassungsrecht ein[13] und würden bei ihrer Realisierung zu Konflikten zwischen dem Unionsrecht und dem nationalen Recht führen. Sie sind daher „europarechtsfreundlich" restriktiv zu interpretieren, wobei dem EuGH durch Vorlagefragen gemäß Art. 267 Abs. 3 AEUV Gelegenheit zu geben ist, den Konflikt seinerseits zu entschärfen.[14]

Gemäß dem Lissabon-Urteil prüft das BVerfG ausdrücklich über die Ultra-vires-Kontrolle hinaus, „ob der unantastbare Kerngehalt der Verfassungsidentität des Grundgesetzes nach Art. 23 Abs. 1 Satz 3 in Verbin-

10 Entwickelt im Urteil Solange I (BVerfG, 29.5.1974 – 2 BvL 52/71), umgekehrt im Urteil Solange II (BVerfG, 22.10.1986 – 2 BvR 197/83), weiter entschärft im Bananenmarktordnungsbeschluss (BVerfG, 7.6.2000 – 2 BvL 1/97).

11 Entwickelt im Maastricht-Urteil (BVerfG, 12.10.1993 – 2 BvR 2134/92; 2 BvR 2159/92), bestätigt im Lissabon-Urteil (BVerfG, 30.6.2009 – 2 BvE 2/08; 2 BvE 5/08; 2 BvR 1010/08; 2 BvR 1022/08; 2 BvR 1259/08; 2 BvR 182/09, Ls 4, Satz 1: „ausbrechender Rechtsakt").

12 BVerfG, 30.6.2009 – 2 BvE 2/08; 2 BvE 5/08; 2 BvR 1010/08; 2 BvR 1022/08; 2 BvR 1259/08; 2 BvR 182/09 (Lissabon-Urteil), Ls 4, Satz 2: Die „Grundstruktur der Verfassung, auf der ihre Identität beruht" wurde als Kern verfassungsrechtlicher Vorbehalte erstmals im Solange I – Beschluss (BVerfG, 29.5.1974 – 2 BvL 52/71) genannt; vgl. dazu *von Bogdandy/Schill* (Fn. 8), Art. 4 EUV, Rn. 25.

13 Die Vorrangregel des Art. I-6 EVV wurde nicht in den Vertrag von Lissabon übernommen. Die Erklärung Nr. 17 verweist auf die gefestigte Rechtsprechung des EuGH, Urt. v. 15.7.1964, Rs. 6/64 (Costa/ENEL), Slg. 1964, 1141, Rn. 8 f., die unter den in ihr festgelegten Bedingungen den Vorrang des Unionsrechts begründet.

14 Deutlich BVerfG, 6.7.2010 – 2 BvR 2661/06 (Honeywell) Rn. 304.

dung mit Art. 79 Abs. 3 GG gewahrt ist".[15] Damit soll die Identitätskontrolle ein eigener Prüfungsmaßstab sein, der sich allerdings mit der Ultra-vires-Kontrolle und vor allem der Grundrechtskontrolle überschneiden kann. „Die Ausübung dieser verfassungsrechtlich radizierten Prüfungskompetenz folgt dem Grundsatz der Europarechtsfreundlichkeit des Grundgesetzes, und sie widerspricht deshalb auch nicht dem Grundsatz der loyalen Zusammenarbeit (Art. 4 Abs. 3 EUV-Lissabon)". Die notwendige verfassungsrechtliche Verankerung der Prüfungskompetenz des BVerfG leitet dieses aus den in Art. 23 Abs. 1 GG enthaltenen Schranken der Integrationsermächtigung her, soweit diese von der Ewigkeitsklausel des Art. 79 Abs. 3 GG erfasst werden.[16] Die „Europarechtsfreundlichkeit", die mit dem Verfassungsauftrag des Art. 23 Abs. 1 GG und der Präambel des GG mit entsprechender Bindung der deutschen Verfassungsorgane begründet wird,[17] fordert ihre Ausübung in einer Weise, dass Konflikte durch Kooperation mit dem EuGH vermieden werden. Die Ansicht des BVerfG, „anders" könnten „die von Art. 4 Abs. 2 Satz 1 EUV-Lissabon anerkannten grundlegenden politischen und verfassungsmäßigen Strukturen souveräner Mitgliedstaaten bei fortschreitender Integration nicht gewahrt werden", ist in der Tat diskussionsbedürftig:[18] Die Kooperation mit dem EuGH und dessen Beitrag zur Wahrung des in Art. 4 Abs. 2 Satz 1 EUV enthaltenen Achtungsgebots darf nicht außer Acht gelassen werden. Dem trägt das BVerfG jetzt hinsichtlich der Ultra-vires-Kontrolle durch die Reduktion des Prüfungsmaßstabs auf die Feststellung eines evidenten und „systemrelevanten" ausbrechenden Rechtsakts, die Einräumung erheblicher (auch Fehler-) Toleranz gegenüber dem EuGH sowie der Pflicht zur Vorlage an den EuGH vor einer möglichen Feststellung eines in Deutschland nicht umsetzbaren Aktes Rechnung.[19] Letztere Vorgabe befolgt das BVerfG erstmals in seiner Vorlage an den EuGH wegen der Frage, ob sich die EZB durch den OMT-Beschluss noch im Rahmen ihrer

15 Diese und die folgenden Zitate stammen aus BVerfG, 30.6.2009 – 2 BvE 2/08; 2 BvE 5/08; 2 BvR 1010/08; 2 BvR 1022/08; 2 BvR 1259/08; 2 BvR 182/09 (Lissabon-Urteil) Ls 4, Satz 2.

16 BVerfG, 30.6.2009 – 2 BvE 2/08; 2 BvE 5/08; 2 BvR 1010/08; 2 BvR 1022/08; 2 BvR 1259/08; 2 BvR 182/09 (Lissabon-Urteil) Rn. 343 f.

17 BVerfG, 30.6.2009 – 2 BvE 2/08; 2 BvE 5/08; 2 BvR 1010/08; 2 BvR 1022/08; 2 BvR 1259/08; 2 BvR 182/09 (Lissabon-Urteil) Rn. 347.

18 Die folgenden Passagen greifen knapp Argumente von *Müller-Graff* (Fn. 10), 348 ff. auf.

19 BVerfG, 6.7.2010 – 2 BvR 2661/06 (Honeywell) Rn. 303 ff.

durch die Verträge übertragenen Kompetenzen hält.[20] Jedenfalls diese ist auch bei der Identitätskontrolle möglich und geboten.[21] Schwieriger ist die Frage zu beantworten, durch wen und wie letztlich ein Verstoß gegen das Gebot, die *jeweilige* nationale Identität zu achten, festzustellen ist. Denn bereits der Wortlaut zeigt, dass es dabei um 28 verschiedene Identitäten geht. Schließlich bedarf der Begriff der „Verfassungsidentität", der sich zwar in Art. 4 Abs. 2 Satz 1 EUV, nicht aber im Grundgesetz findet, einer Konkretisierung. Das BVerfG hat sich um die Entwicklung eines (nicht erschöpfenden) „Katalogs" bemüht,[22] der auf erhebliche Kritik gestoßen ist,[23] aber auch für einen demokratischen Staat wesentliche Elemente enthält.[24] Hinzu kommt, dass ein „Identitätswechsel" der Bundesrepublik Deutschland vom im „Staatenverbund" der Europäischen Union souverän bleibenden Staat[25] zum Gliedstaat eines Bundesstaats nach Ansicht des BVerfG vom Grundgesetz und damit auch durch verfassungsändernde Handlungen des pouvoir constitué (Art. 79 Abs. 2 GG) nicht mehr gedeckt wäre, sondern ein billigendes Referendum des Volkes als pouvoir constituant gemäß Art. 146 bräuchte.[26]

---

20 BVerfG, 18.3.2014 – 2 BvR 1390/1; 2 BvR 1421/12; 2 BvR 1438/12; 2 BvR 1439/12; 2 BvR 1440/12; 2 BvR 1824/12; 2 BvE 6/12 (ESM und Fiskalpakt).

21 Vgl. dazu bereits *Müller-Graff* (Fn. 9), 356 f.

22 BVerfG, 30.6.2009 – 2 BvE 2/08; 2 BvE 5/08; 2 BvR 1010/08; 2 BvR 1022/08; 2 BvR 1259/08; 2 BvR 182/09 (Lissabon-Urteil) Rn. 359 ff.

23 Vgl. z.B. *Schönberger* GLJ 2009, 1201, 1210 f.

24 Dies gilt vor allem für die Budgethoheit des Parlaments, die das BVerfG unter Anerkennung von dessen politischer Gestaltungsfreiheit in seiner Rechtsprechung zur Griechenlandhilfe (BVerfG, 7.9.2011 – 2 BvR 987/10; 2 BvR 1485/10 und 2 BvR 1099/10 [Euro-Rettungsschirm] Rn. 179 ff.) und ESM (BVerfG, 12.9.2012 – 2 BvR 1390/12; 2 BvR 1421/12; 2 BvR 1438/12; 2 BvR 1439/12; 2 BvR 1440/12 und 2 BvR 6/12 [ESM] Rn. 239 ff.), Rn. 106 ff. betont, da damit auch die politische Gestaltungsfreiheit zusammenhängt.

25 BVerfG, 30.6.2009 – 2 BvE 2/08; 2 BvE 5/08; 2 BvR 1010/08; 2 BvR 1022/08; 2 BvR 1259/08; 2 BvR 182/09 (Lissabon-Urteil) Ls 1. Ablehnend zur Identität als „Souveränitätsreserve" *Pernice* (Fn. 8), 195 f. m.w.N., der andererseits eine zutreffende Unterscheidung eines Mitgliedstaats der EU zu einem Mitgliedstaat eines Bundesstaats herausarbeitet (ebd, 199) und im Grundsätze-Teil des Lissabon-Urteils (BVerfG, 30.6.2009 – 2 BvE 2/08; 2 BvE 5/08; 2 BvR 1010/08; 2 BvR 1022/08; 2 BvR 1259/08; 2 BvR 182/09 (Lissabon-Urteil) Rn. 344 ff.) einen „durchaus aufgeklärten Begriff der Souveränität" erkennt (ebd., 208).

26 BVerfG, 30.6.2009 – 2 BvE 2/08; 2 BvE 5/08; 2 BvR 1010/08; 2 BvR 1022/08; 2 BvR 1259/08; 2 BvR 182/09 (Lissabon-Urteil) Rn. 349, 364 f.

2. Konkretisierungen

Mit dem erwähnten „Katalog“ werden vom BVerfG für möglich gehaltene Konfliktfelder beschrieben. Für die Präzisierung, was gegen die deutsche Verfassungsidentität konkret verstoßen würde, liegen soweit ersichtlich ein Urteil des BVerfG und zwei inhaltsgleiche Urteile des BVerwG vor.

a) Vorratsdatenspeicherungsurteil des BVerfG

Im Urteil, das die Umsetzung der EU-Vorratsdatenspeicherungsrichtlinie[27] durch die §§ 113a und 113b Telekommunikationsgesetz (TKG) und § 100g Abs. 1 Satz 1 StPO[28] aufgrund von 34.000 Verfassungsbeschwerden, von denen 43 ausgewählt wurden, wegen Verstoßes gegen Art. 10 GG für nichtig erklärt hat, führte das BVerfG aus: „Dass die Freiheitswahrnehmung der Bürger nicht total erfasst und registriert werden darf, gehört zur verfassungsrechtlichen Identität der Bundesrepublik Deutschland (vgl. zum grundgesetzlichen Identitätsvorbehalt BVerfGE 123, 267 [353 f.]), für deren Wahrung sich die Bundesrepublik in europäischen und internationalen Zusammenhängen einsetzen muss“.[29] Von einer Vorlage an den EuGH gemäß Art. 267 Abs. 3 AEUV sah das BVerfG mangels der von Art. 267 II AEUV vorausgesetzten Entscheidungserheblichkeit ab, da es die Richtlinie angesichts der den Mitgliedstaaten eröffneten Umsetzungsspielräume für verfassungskonform umsetzbar sah.[30] Dies ist zwar konsequent, aber problematisch, da das BVerfG dafür die Richtlinie auslegen muss, für deren verbindliche Auslegung allein der EuGH zuständig

---

27 Richtlinie 2006/27/EG der Kommission vom 3. März 2006 zur Anpassung der Richtlinien 93/14/EWG des Rates über Bremsanlagen für zweirädrige oder dreirädrige Kraftfahrzeuge, 93/34/EWG des Rates über vorgeschriebene Angaben an zweirädrigen oder dreirädrigen Kraftfahrzeugen, 95/1/EG des Europäischen Parlaments und des Rates über die bauartbedingte Höchstgeschwindigkeit sowie das maximale Drehmoment und die maximale Nutzleistung des Motors von zweirädrigen oder dreirädrigen Kraftfahrzeugen und 97/24/EG des Europäischen Parlaments und des Rates über bestimmte Bauteile und Merkmale von zweirädrigen oder dreirädrigen Kraftfahrzeugen an den technischen Fortschritt, ABl. 2006 Nr. L 105/54.

28 Gesetz vom 21.12.2007, BGBl. I S. 3198.

29 BVerfG, 2.3.2010 – 1 BvR 256/08; 1 BvR 263/08 und 1 BvR 586/08 (Vorratsdatenspeicherung) Rn. 324.

30 Ebd., S. 308.

ist, und da fraglich ist, ob die detaillierten Umsetzungsvorgaben des BVerfG mit der Richtlinie wirklich vereinbar sind, und die Frage, ob die Richtlinie selbst mit den EU-Grundrechten vereinbar ist, ungeklärt blieb. Dafür war freilich auch der EuGH verantwortlich, der die – freilich ausdrücklich auf die Frage der Tragfähigkeit von Art. 114 AEUV als Rechtsgrundlage beschränkte – Nichtigkeitsklage Irlands abwies und die Grundrechtsfrage ausdrücklich ausklammerte.[31] Sollte mit dem Identitätsvorbehalt und inzident auf die nach einer Identitätskontrolle folgende Nichtanwendbarkeit der abweichend von den zwingenden Vorgaben des BVerfG ausgelegten Richtlinie ein Hinweis an den EuGH enthalten gewesen sein, so wurde dieser mehr als berücksichtigt. Denn der EuGH erklärte die Richtlinie wegen Verstoßes gegen Art. 7 i.V.m. Art. 8 GRCh insgesamt für ex tunc nichtig.[32] Ob der EuGH damit über die Anforderungen des BVerfG hinausging, ist angesichts der unterschiedlichen Prüfungsansätze nicht sicher, wenngleich sich nach dem EuGH-Urteil die Frage stellt, ob eine wirkliche Vorratsdatenspeicherung überhaupt zulässig sein kann. Das BVerfG legte die Umsetzungsspielräume der Richtlinie weit und damit die nach ihr zulässigen Grundrechtseinschränkungen restriktiv aus, während der EuGH insbesondere die fehlende Präzision des Unionsgesetzgebers monierte, der die Wahrung des unionsrechtlich gebotenen Grundrechtsstandards selbst vorschreiben müsse und nicht dem jeweiligen nationalen Gesetzgeber überlassen dürfe. Dadurch ging er über den Schlussantrag des Generalanwalts Cruz Villalón hinaus, der die Richtlinie zwar auch für mit den EU-Grundrechten unvereinbar hielt, mit Hinweis auf die bisher meist restriktive Umsetzung in den Mitgliedstaaten aber die Einräumung einer Übergangsfrist gemäß Art. 264 Abs. 2 AEUV analog vorschlug. Jedenfalls zeigte der EuGH in diesem Fall, dass der durch die EU-Verträge einschließlich der EU-Grundrechtecharta als „Verfassung" der Union geforderte „Identitätsvorbehalt" dem grundgesetzlichen hier nicht nachsteht.[33]

31 EuGH, Urt. v. 10.2.2009, Rs. C-301/06 (Richtlinie über Vorratsdatenspeicherung), Slg. 2009, I-593.

32 EuGH, Urt. v. 8.4.2014, Rs. C-293/12 und C-594/12 (Digital Rights), EU:C:2014:238.

33 Vgl. zu alledem *Streinz* JuS 2014, 758 m.w.N.

b) Die TEHG-Urteile des BVerwG

Das BVerwG sah sich in zwei im entscheidenden Punkt gleich lautenden Urteilen[34] mit der Frage konfrontiert, ob die in § 18 des Gesetzes über den Handel mit Berechtigungen zur Emission von Treibhausgasen (TEHG)[35] angeordnete Zahlungspflicht mit dem Grundgesetz, insbesondere mit dem verfassungsrechtlichen Schuldgrundsatz vereinbar ist. § 18 TEHG setzte die Richtlinie 2003/87/EG des Europäischen Parlaments und des Rates vom 13.10.2003[36] um, die den Mitgliedstaaten nur in sehr engen Grenzen Umsetzungsspielraum lässt. Der EuGH hat – anders als Generalanwalt Mengozzi – die angegriffene Auferlegung einer starren, d.h. ohne Anpassung nach dem Grundsatz der Verhältnismäßigkeit bestehenden Zahlungspflicht für mit den Unionsgrundrechten vereinbar erklärt.[37] Das BVerwG stellt zunächst fest, dass eine Überprüfung von § 18 Abs. 1 TEHG am Maßstab der deutschen Grundrechte insoweit ausscheidet, als er zwingende Vorgaben des Unionsrechts umsetzt. Ob eine Verletzung der Wesensgehaltsgarantie des Art. 19 Abs. 2 GG auch ausscheidet, ließ es offen, da es dafür keine Anhaltspunkte gab. Jedenfalls der Schuldgrundsatz dürfte aber von dem Ausschluss der Überprüfung am Maßstab des Grundgesetzes nicht umfasst sein. Der Grundsatz, dass jede Strafe Schuld voraussetzt, habe nach der Rechtsprechung des BVerfG eine Grundlage in der Menschenwürdegarantie des Art. 1 Abs. 1 GG, „das Schuldprinzip gehört zu der wegen Art. 79 Abs. 3 GG unverfügbaren Verfassungsidentität, die auch vor Eingriffen durch die supranational ausgeübte öffentliche Gewalt geschützt ist“. Dabei verweist es auf das Lissabon-Urteil des BVerfG[38] und folgert: „Hat die Maßnahme eines Organs der Europäischen Union Auswirkungen, die die durch Art. 79 Abs. 3 GG geschützte Verfassungsidentität berühren, so ist sie in Deutschland von vornherein unanwendbar“.[39] § 18 Abs. 1 TEHG sei mit dem bundesverfassungsrechtlichen Schuldgrundsatz jedoch vereinbar.[40] Dadurch wird die potentielle Kon-

---

34 BVerwG, Urt. v. 20.2.2014, 7 C 6/12 und 7 C 8/12.

35 Gesetz vom 8.7.2014, BGBl. I S. 1578.

36 ABl. 2003 Nr. L 275/32.

37 EuGH, Urt. v. 17.10.2013, Rs. C-203/12 (Billerud), EU:C:2013:664, Rn. 37 ff.

38 BVerfG, 30.6.2009 – 2 BvE 2/08; 2 BvE 5/08; 2 BvR 1010/08; 2 BvR 1022/08; 2 BvR 1259/08; 2 BvR 182/09 (Lissabon-Urteil) Rn. 413.

39 BVerwG (Fn. 34), Rn. 19. Hinweis auf BVerfG, 14.1.2014 – 2 BvR 2728/13 (ESM/EZB) Rn. 27.

40 Ebd. mit näherer Begründung in Rn. 20-23.

fliktsituation mit dem Unionsrecht, die ggf. eine Vorlage an den EuGH erfordern würde,[41] vermieden.

III. Die Rechtsprechung des EuGH zur Identitätskontrolle gemäß Art. 4 Abs. 2 EUV

1. Die Relevanz der Achtung der nationalen Identität der Mitgliedstaaten vor dem Vertrag von Lissabon

Die Vorgängervorschrift (Art. 6 Abs. 3 EUV a.F.), wonach die Union die nationale Identität der Mitgliedstaaten achtet, war von der Jurisdiktion des EuGH ausgeschlossen.[42] Gleichwohl erkannte der EuGH, dass „der Schutz der nationalen Identität der Mitgliedstaaten ein rechtmäßiges Ziel" zur Beschränkung der Grundfreiheiten darstellt.[43] Wegen der unterschiedlichen Prägung der nationalen Identität sah der EuGH auch zwischen den Mitgliedstaaten abweichende Lösungen von Konflikten zwischen Grundfreiheiten und Grundrechten und bei der Umsetzung von Richtlinien als möglicherweise gerechtfertigt an.[44] Seit dem Inkrafttreten des Vertrags von Lissabon am 1.12.2009 unterliegt die Einhaltung der Achtungspflichten des Art. 4 Abs. 2 EUV als unionsrechtliche Verpflichtung der Kontrolle durch den EuGH, dessen Jurisdiktion sich jetzt mit grundsätzlicher Ausnahme der GASP[45] auf den gesamten EUV erstreckt.

---

41 Eine erneute Vorlage an den EuGH, um diesen ggf. mit dem Argument der Gefährdung der auch durch Art. 4 Abs. 2 EUV geschützten Verfassungsidentität und drohenden Konflikten zwischen unaufgebbarem Verfassungsrecht und Unionsrecht zu einem Überdenken seiner Rechtsprechung zu bewegen, ist zulässig und – wie oben gezeigt – geboten.

42 Art. 46 EUV a.F. bezieht diese Bestimmung nicht ein.

43 EuGH, Urt. v. 2.7.1996, Rs. C-473/93 (Kommission/Luxemburg), Slg. 1996, I-3207, Rn. 35 – der Staatsangehörigkeitsvorbehalt wurde allerdings als unverhältnismäßig beurteilt, ebd., Rn. 35 ff.

44 Vgl. dazu *Streinz*, in: ders. (Hrsg.), EUV/AEUV-Kommentar, 2. Aufl. 2012, Art. 4 EUV, Rn. 19; *von Bogdandy/Schill* (Fn. 8), Art. 4, Rn. 19, jeweils m.w.N. Zur Einordnung als indirekte Berücksichtigung siehe unten III.2.b).

45 Art. 24 Abs. 1 UAbs. 2 Satz 6 EUV, Art. 275 Abs. 1 AEUV. Insoweit entscheidet der EuGH allein Abgrenzungsfragen (Art. 40 EUV) und über restriktive Maßnahmen gegenüber natürlichen und juristischen Personen (Art. 275 Abs. 2 AEUV).

2. Konkrete Fälle

a) Direkte Anwendung des Art. 4 Abs. 2 EUV

Der EuGH verwendete bereits in mehreren Fällen das auf Art. 4 Abs. 2 EUV gestützte Argument des Schutzes der „nationalen Identität". Im Fall Sayn-Wittgenstein hielt er die mit der Wahrung der Identität der dahingehend geprägten republikanischen Staatsform begründete Weigerung der Republik Österreich, den Nachnamen eines eigenen Staatsangehörigen, der für diesen in seinem Aufenthaltsstaat Deutschland durch Adoption als Erwachsener bestimmt wurde, in allen seinen Bestandteilen (einschließlich „Fürstin von") anzuerkennen, und die damit verbundene Beschränkung der Freizügigkeit für gerechtfertigt, wenn dieser Nachname einen Adelstitel enthält, der in Österreich „aus verfassungsrechtlichen Gründen[46] unzulässig ist".[47] Unter den Begriff der nationalen Identität subsumierte der EuGH auch den Schutz der offiziellen Landessprache bzw. Landessprachen, der als legitimes Ziel eine Beschränkung der Grundfreiheiten rechtfertigen könne, allerdings nur unter Beachtung des Grundsatzes der Verhältnismäßigkeit.[48] Die Grenzen von auf Art. 4 Abs. 2 EUV gestützten Einwänden werden offenbar, wenn der EuGH die Weigerung, sekundärrechtliche Schutznormen für Arbeitnehmer hinsichtlich Teilzeitrichtern nur deshalb abzulehnen, weil diese Teil der rechtsprechenden Gewalt eines Mitgliedstaats sind, nicht akzeptiert.[49] Dies wirft die Frage auf, welches Gericht in solchen Fragen das Letztentscheidungsrecht hat.[50]

Die Achtung der nationalen Identität wurde in einer Reihe von Schlussanträgen der Generalanwälte angesprochen, ohne dass der EuGH darauf einging.[51] Dazu gehören zuletzt auch die Schlussanträge von Generalan-

---

46 Verfassungsrang des Adelsaufhebungsgesetzes gem. Art. 149 Abs. 1 B-VG.

47 EuGH, Urt. v. 22.12.2010, Rs. C-208/09 (Ilonka Sayn-Wittgenstein/Landeshauptmann von Wien), Slg. 2010, I-13693, Rn. 81 ff.

48 EuGH, Urt. v. 12.5.2011, Rs. C-391/09 (Runevic-Vardyn und Wardyn), Slg. 2011, I-3787, Rn. 84 ff.; EuGH, Urt. v. 16.4.2013, Rs. C-202/11 (Anton Las/PSA Antwerp NV), EU:C:2013:239, Rn. 26. In diesen Fälle jeweils unverhältnismäßig.

49 EuGH, Urt. v. 1.3.2012, Rs. C-393/10 (Dermod Patrick O`Brien), EU:C:2012:110, Rn. 51.

50 Siehe dazu unten IV.

51 Siehe dazu *von Bogdandy/Schill* (Fn. 8), Art. 4 EUV, Rn. 21 m.w.N.

walt Bot im Fall Melloni.[52] Während der EuGH nach hier ziemlich dürftiger Grundrechtsprüfung, die deshalb besonders bedenklich ist, weil er zu Recht in Art. 53 GRCh keine Rechtfertigung für eine den Vorrang des Unionsrechts negierende Anwendung eines höheren mitgliedstaatlichen Grundrechtsstandards sieht, die Bedenken gegen durchaus problematische Bestimmungen des Rahmenbeschlusses über den Europäischen Haftbefehl zurückweist, meint der Generalanwalt, dass ein Mitgliedstaat, wäre er der Auffassung, „dass eine Vorschrift des abgeleiteten Rechts seine nationale Identität verletzt", sie „unter Berufung auf Art. 4 Abs. 2 EUV anfechten" könne. Im konkreten Fall sei dies aber nicht geltend gemacht worden.[53]

b) Indirekte Berücksichtigung

Bereits in der Akzeptanz nationaler Verfassungsgrundsätze als Rechtfertigung für die Beschränkung von Grundfreiheiten kann ein Aspekt der Achtung nationaler Identität gesehen werden.[54] Damit wurde die nationale Identität bereits vor dem Inkrafttreten des Art. 4 Abs. 2 EUV indirekt berücksichtigt.[55] Der „Klassiker" dazu ist der Fall Omega, in dem der EuGH die Beschränkung der Dienstleistungsfreiheit durch das Verbot des aus dem Vereinigten Königreich kommenden und dort zugelassenen „Laserdrome"-Spiels, bei dem mit Laserpistolen das Töten von Menschen simuliert wird, aus Gründen der öffentlichen Ordnung wegen Verstoßes des Spiels gegen die Menschenwürde für gerechtfertigt hielt. Zwar verweist der EuGH auf den Schutz der Menschenwürde im Unionsrecht (jetzt Art. 1 GRCh) und geht von diesem und nicht dem besonderen Schutz der Menschenwürde in Deutschland durch ein selbstständiges Grundrecht (Art. 1 Abs. 1 GG) als Rechtfertigungsgrund aus, hält es aber für „nicht unerlässlich, dass eine von Behörden eines Mitgliedstaats erlassene beschränkende Maßnahme einer allen Mitgliedstaaten gemeinsamen Auffassung darüber entspricht, wie das betreffende Grundrecht oder berechtigte Interesse zu

52 EuGH, Urt. v. 26.2.2013, Rs. C-399/11 (Melloni/Ministerio Fiscal), EU:C:2013:107.

53 Vgl. dazu und zu den vielschichtigen Problem des Urteils Melloni *Streinz* JuS 2013, 661, 662 f. m.w.N.

54 So *von Bogdandy/Schill* (Fn. 8), Art. 4 EUV, Rn. 19.

55 Siehe dazu oben III.1.

schützen ist".[56] Damit wird die jeweilige Bewertung eines Grundrechts und dessen Bedeutung für die jeweilige „nationale Identität" den Mitgliedstaaten überlassen. Die Kontrolle des EuGH beschränkt sich darauf, ob die Berufung darauf im konkreten Fall plausibel ist.[57] Nicht zu Unrecht wird dieses Urteil aus unterschiedlicher Sicht als Musterbeispiel für die erforderliche gegenseitige Rücksichtnahme von Union und Mitgliedstaaten (vgl. jetzt Art. 4 Abs. 3 EUV) gesehen.[58]

IV. Fazit

In diesem Sinne ist auch die Frage zu beantworten, wem das Letztentscheidungsrecht über die nationale Identität zukommt. Da die Präzisierung der *jeweiligen* nationalen Identität letztlich nur „national" erfolgen kann, obliegt deren verbindliche Auslegung den nationalen Verfassungsgerichten, soweit diesen nach nationalem Verfassungsrecht dafür die Kompetenz zukommt.[59] Dabei ist *verfassung*srechtlich die Bestimmung der Kontrolldichte bzw. der Befugnis zu Vorgaben gegenüber Maßnahmen des Gesetzgebers und ggf. (Art. 79 Abs. 3 GG) sogar des Verfassungsgesetzgebers im Lichte der Gewaltenteilung zu beachten. Die Auslegung des Inhalts des Achtungsgebots des Art. 4 Abs. 2 EUV und die Prüfung der plausiblen Geltendmachung von Identitätsvorbehalten gegenüber Unionsrecht kommt

---

56 EuGH, Urt. v. 14.10.2004, Rs. C-36/02 (Omega/Bundesstadt Bonn) – Laserdrome, Slg. 2004, I-9609, Rn. 33 ff., 34, 37.

57 Vgl. ebd., Rn. 38 ff. Darin liegt keine unzulässige Abwägung der „unantastbaren" Menschenwürde mit der Grundfreiheit, sondern es wird allein die Verhältnismäßigkeit der damit begründeten Maßnahme geprüft. Da der Verstoß gegen Art. 1 Abs. 1 GG im konkreten Fall selbst in Deutschland umstritten ist, konzediert der EuGH hier einen relativ weitgehenden Bewertungsspielraum.

58 Vgl. z.B. den Präsidenten des EuGH *Skouris*, in: Merten/Papier (Hrsg.), Handbuch der Grundrechte in Deutschland und Europa, Bd. VI/2, Heidelberg 2009, 121, 137 ff. [§ 171, Rn. 30 ff.] und den Richter des BVerfG *P. M. Huber*, Das Verhältnis des Europäischen Gerichtshofes zu den nationalen Gerichten, ebd., 151, 183 f. [§ 172, Rn. 91].

59 *Streinz* (Fn. 8), Art. 4, Rn. 20. Vgl. zur Rolle anderer Verfassungsgerichte im europäischen Integrationsprozess *Voßkuhle* NVwZ Beilage 1/2013, 27, 29 ff. Zu deren Rspr. hinsichtlich Ultra vires- und Identitätskontrolle vgl. BVerfG, v. 14.1.2014 – 2 BvR 2728, 2729, 2730, 2731/13; 2 BvE 13/13 (OMT-Vorlagebeschluss), Rn. 30.

dagegen dem EuGH zu.[60] Art. 4 Abs. 2 EUV und dessen Konkretisierung im Zusammenspiel von EuGH und nationalen Verfassungsgerichten bzw. Höchstgerichten mit deren Funktion überwindet *unionsrechtlich* „die Vorstellung eines absoluten und bedingungslosen Vorranganspruchs des Unionsrechts“[61] und trägt damit den fortbestehenden (Rest-) Verfassungsvorbehalten der jeweiligen Integrationsermächtigung (in Deutschland Art. 23 Abs. 1 GG) Rechnung. Art. 4 Abs. 2 EUV „etabliert eine pluralistische Perspektive“, die es den Mitgliedstaaten „unter eng begrenzten prozessualen[62] und materiell-rechtlichen Voraussetzungen[63] erlaubt, verfassungsrechtliche Vorbehalte gegenüber dem Unionsrecht geltend zu machen“.[64] Wenn das BVerfG die verfassungsrechtliche Identitätskontrolle auf die „absolute Grenze“ der Essentialia des Art. 79 Abs. 3 GG beschränkt, unterscheidet sie sich materiell in der Tat „wesentlich von der Überprüfung des Art. 4 Abs. 2 Satz 1 EUV durch den Gerichtshof“.[65] Denn die Ansicht des BVerfG, dass dieser ein Begriff der nationalen Identität zugrunde liegt, der weit über den Begriff der Verfassungsidentität im Sinne von Art. 79 Abs. 3 GG hinausreicht, wird durch die Rechtsprechung des EuGH bestätigt.[66] Während eine weit gefasste nationale Identität ein „abwägungsfähiger Belang“ z.B. gegenüber Beschränkungen der Grundfreiheiten ist, kann eine „absolute Grenze“ wie die des Art. 79 Abs. 3 GG einer Abwägung nicht zugänglich sein. Ihre Geltendmachung muss allerdings plausibel erfolgen. Das Fortbestehen jeweiliger „Letztentscheidungsrechte“ für die nationalen Verfassungsgerichte und den EuGH im Rahmen der jeweiligen Jurisdiktion erfordert Sensibilität und gegenseitige Rücksicht-

---

60 Vgl. zum Zusammenwirken der nationalen Stellen mit dem EuGH *Lenz* (Fn. 8), Art. 4 EUV, Rn. 4 m.w.N.

61 Zutreffend *von Bogdandy/Schill* (Fn. 8), Art. 4 EUV, Rn. 48.

62 Z.B. die Vorlagepflicht gem. Art. 267 Abs. 3 AEUV vor einem die Einheitlichkeit des Unionsrecht gefährdenden oder von der Rechtsprechung des EuGH abweichenden Urteil als Realisierung des „Kooperationsverhältnisses“.

63 Enge, konfliktvermeidende „europarechtsfreundliche“ Auslegung der verfassungsrechtlichen Vorgaben. Als Gegenzug sensible Berücksichtigung der jeweiligen, auch differenzierten verfassungsrechtlichen Essentialia, wie sie von den Verfassungsgerichten präsentiert werden, durch den EuGH. Vgl. auch *Puttler* (Fn. 8), Art. 4 EUV, Rn. 22.

64 *von Bogdandy/Schill* (Fn. 8), Art. 4 EUV, Rn. 48 m.w.N.

65 So BVerfG, v. 14.1.2014 – 2 BvR 2728, 2729, 2730, 2731/13; 2 BvE 13/13 (OMT-Vorlagebeschluss), Rn. 29.

66 Ebd. mit Nachweisen aus der Rspr. des EuGH.

nahme, um Konflikte zu vermeiden und die Akzeptanz für das Unionsrecht zu fördern.[67]

67 Vgl. auch *Walter* (Fn. 8), 196 ff.

Zur Wahrung nationaler Identität in der europäischen Integration: Das Bundesverfassungsgericht zwischen Ewigkeitsklausel des Grundgesetzes und immer engerer Union

*Wolfgang Heusel**

Zu den vielfältigen Verdiensten von Peter-Christian Müller-Graff um das deutsche und europäische Recht gehört sein Einsatz als Wegbereiter der im Juni 1992 in Trier gegründeten Europäischen Rechtsakademie. Auch wenn die politische Initiative zur Gründung der Akademie im Zuge der Binnenmarktgesetzgebung seit den späten 80er Jahren vom Europäischen Parlament ausgegangen war,[1] stützten sich die Gründer fachlich auf „Thesen zur Europäischen Rechtsakademie", die eine Arbeitsgruppe der Gesellschaft für Rechtspolitik unter Federführung von Peter-Christian Müller-Graff 1988 formuliert hatte.[2] Mit dem vorliegenden Beitrag verbindet der Verfasser seinen tief empfundenen Dank für Rat und Tat, mit denen Peter-Christian Müller-Graff Entstehung und Entwicklung der ERA seit einer Generation begleitet.

I. Einführung

Die Dynamik der europäischen Integration, die so schön in der Zielsetzung der Präambel zum Vertrag über die Europäische Union der „Schaffung einer immer engeren Union der Völker Europas" zum Ausdruck

---

* Dr. Wolfgang Heusel, Direktor, ERA. – Eine ausführliche englische Vorfassung dieses Beitrags erschien im Mai 2014 in der Festschrift für Fennelly: Preserving national identity: the *Bundesverfassungsgericht* between national constitutional constraints and an ever closer European Union, in: Bradley/Whelan/Travers (Hrsg.), Of Courts and Constitutions, Hart 2014, 375.

1 Vgl. zuletzt Entschließung vom 10.9.1991, ABl. C267/33, 14.10.1991.

2 Sonderdruck des Ministeriums der Justiz des Landes Rheinland-Pfalz, 1988. Zur Entwicklung der ERA vgl. *Müller-Graff*, in: Heusel (Hrsg.), A European Law Practitioner, ERA Forum 2011, suppl. 1, 165.

kommt, steht in einem unvermeidbaren Spannungsverhältnis zur Verfassungsidentität der Mitgliedstaaten, über die in Deutschland das BVerfG zu wachen hat. Dieses Spannungsverhältnis wird vom Vertrag selbst bereits in der Präambel aufgenommen, wenn er das Ziel der immer engeren Union mit dem Subsidiaritätsprinzip in einem Atemzug nennt und darüber hinaus in seinem Art. 4 Abs. 2 die nationale Identität und insbesondere die Verfassungsidentität der Mitgliedstaaten ausdrücklich anerkennt.[3] Der folgende Beitrag versucht, aus der Perspektive des Unionsrechts die integrationsrechtsbezogene Rechtsprechung des BVerfG in dieses Spannungsverhältnis einzuordnen. Die Perspektive des deutschen Verfassungsrechts ist also *kein* Maßstab der nachstehenden Erörterungen.

II. Ausgangspunkt Lissabon-Urteil

Das in Deutschland häufig kritisch rezipierte *Lissabon*-Urteil vom 30. Juni 2009[4] liefert einen recht vollständigen Überblick über die vom Gericht entwickelte Doktrin zu Integrationsfragen. Die drei wesentlichen Schlussfolgerungen des Gerichts seien hier kurz in Erinnerung gerufen:

- Zum ersten weist das BVerfG den Gesetzgeber an, vor Ratifizierung des Vertrages besondere gesetzliche Vorkehrungen für das Verfahren bei künftigen Kompetenzübertragungen auf der Grundlage des Vertrages zu treffen, um jede Kompetenzerweiterung durch die EU-Organe an einen ausdrücklichen Willensakt des deutschen Gesetzgebers zurückzubinden. Denn „[d]as Grundgesetz ermächtigt die deutschen Staatsorgane nicht, Hoheitsrechte derart zu übertragen, dass aus ihrer Ausübung heraus eigenständig weitere Zuständigkeiten für die Europäische Union begründet werden können. Es untersagt die Übertragung der Kompetenz-Kompetenz“.[5]

---

3 Der Begriff der „*nationalen Identität*“ erscheint zum ersten Mal in Art. F des Maastrichter Vertrags. Zur Interpretation des Begriffs *Grewe*, in: Saiz Arnaiz/Alcoberro Llivina (Hrsg.), National Constitutional Identity and European Integration National Constitutional Identity and European Integration, Cambridge/Antwerp/Portland 2013, 37 ff. sowie *Streinz*, Die Verfassungsidentität der Mitgliedstaaten (in diesem Band).

4 BVerfG, Urt. v. 30.6.2009 - 2 BvE 2/08; 2 BvE 5/08; 2 BvR 1010/08; 2 BvR 1022/08; 2 BvR 1259/08; 2 BvR 182/09 (Lissabon).

5 BVerfG (Fn. 4), Rn. 233.

- Zum zweiten definiert das BVerfG abstrakte verfassungsrechtliche Grenzen für einen immer weitergehenden Souveränitätstransfer an die EU, die es aus den Artt. 79 Abs. 3 und 20 GG ableitet. Ausgehend vom Wahlrecht der Bf.[6] betont das Gericht die Bedeutung des Demokratieprinzips als eines der tragenden Strukturprinzipien des deutschen Staates. Die Abschirmung der in Art. 20 genannten Prinzipien vor dem Zugriff des verfassungsändernden Gesetzgebers durch die Verfassung selbst (Art. 79 Abs. 3 GG) mache sie zum Kern der „unverfügbaren Verfassungsidentität" des deutschen Staates, der gleichzeitig die abstrakte und absolute Grenze für jede Übertragung von Hoheitsrechten definiert.[7]
- Zum dritten bekräftigt das Gericht erneut seine Entschlossenheit und Verpflichtung, auch nach der Ratifizierung des Vertrages zu prüfen, „ob Rechtsakte der europäischen Organe und Einrichtungen sich … in den Grenzen der ihnen im Wege der begrenzten Einzelermächtigung eingeräumten Hoheitsrechte halten".[8] Denn einem supranationalen System mit eigener Rechtssetzungskompetenz sei das Risiko der Kompetenzüberschreitung eigen.

III. Verfassungsanforderungen an die Ratifizierung oder Umsetzung von Unionsrecht

Es ist kein Grund ersichtlich, aus dem die Prüfung der Vereinbarkeit einer neuen Vertragsbestimmung mit der Verfassung eines Mitgliedstaats vor Ratifizierung eine unionsrechtliche Verpflichtung dieses Mitgliedstaats

---

6 „Das Wahlrecht begründet einen Anspruch auf demokratische Selbstbestimmung, auf freie und gleiche Teilhabe an der in Deutschland ausgeübten Staatsgewalt sowie auf die Einhaltung des Demokratiegebots einschließlich der Achtung der verfassungsgebenden Gewalt des Volkes.", BVerfG (Fn. 4), Rn. 208; parallel dazu stellt das BVerfG *obiter dictum* klar, dass das GG auch geändert werden könnte, um Volksentscheide auch auf Bundesebene zuzulassen (Rn. 270).

7 BVerfG (Fn. 4), Rn. 217, 219.

8 Vierter Leitsatz des Lissabon-Urteils BVerfG (Fn. 4). Vgl. wörtlich in Rn. 235: „Der unübertragbaren und insoweit integrationsfesten Identität der Verfassung (Art. 79 Abs. 3 GG) entspricht die europarechtliche Pflicht, die verfassungsgebende Gewalt der Mitgliedstaaten als Herren der Verträge zu achten. Das Bundesverfassungsgericht hat im Rahmen seiner Zuständigkeit gegebenenfalls zu prüfen, ob diese Prinzipien gewahrt sind.".

verletzen könnte. Solange der Staat die Vertragsänderung nicht ratifiziert hat, kann ihr Regelungsgehalt ihn über die Grenzen von Art. 24 der Wiener Vertragsrechtskonvention hinaus nicht binden. Auch gibt es sicher keine unionsrechtliche Verpflichtung zur Beteiligung an Vertragsänderungen, denn jede Änderung der Verträge im ordentlichen oder vereinfachten Verfahren (Art. 48 EUV) setzt die Ratifizierung durch alle Mitgliedstaaten gemäß ihrem verfassungsrechtlichen Verfahren voraus. Die Mitgliedstaaten sind frei, nicht zu ratifizieren; auch darin manifestiert sich ihre fortbestehende Vertragsherrschaft.[9] Folgerichtig mag die verfassungsgerichtliche Untersagung der Ratifizierung einer Vertragsänderung durch ein mitgliedstaatliches Gericht politisch kritisiert werden, kann aber für sich genommen Unionsrecht nicht verletzen.[10]

Das gleiche gilt für Anforderungen, die ein nationales Gericht an die verfassungskonforme *Umsetzung* von Unionsrecht stellt, solange diese Anforderungen sich innerhalb der Vorgaben des (umzusetzenden) Unionsrechts bewegen. Wenn das Unionsrecht selbst den Mitgliedstaaten einen Ermessensspielraum für seine Umsetzung eröffnet, kann die Entscheidung eines nationalen Gerichts, die nur eine von mehreren eröffneten Umsetzungsvarianten für verfassungsgemäß erklärt, logisch nicht gegen Unionsrecht verstoßen. Dieses Prinzip bildet also das Spiegelbild zum unionsrechtlichen Grundsatz der unionsrechtskonformen Auslegung nationalen Rechts und findet eine primärrechtliche Stütze im Anspruch auf Achtung der nationalen Identität durch die Union nach Art. 4 Abs. 2 EUV.

Auf der Grundlage dieser trivialen Ableitungen ist das *Lissabon*-Urteil des BVerfG aus unions*recht*licher Sicht unproblematisch, soweit es die Vereinbarkeit der Ratifizierung des Lissabonner Vertrages durch die Bundesrepublik Deutschland mit den Anforderungen des Grundgesetzes prüft und spezifische nationale Verfahren für die Übertragung weiterer Zuständigkeiten auf die Union auf der Grundlage bestimmter Vertragsklauseln verlangt. Diese Vorabprüfung ist ein Akt gerichtlicher Ausübung der nationalen Souveränität, der schon deshalb in Einklang mit Unionsrecht steht, weil dieser Teil der Souveränität noch gar nicht übertragen ist. Das Gleiche gilt jedenfalls im Hinblick auf die europäische *lex ferenda* auch für die vom BVerfG aus den Artikeln 79 Abs. 3 und 20 GG herausgelese-

---

9 Vgl. BVerfG (Fn. 4), Rn. 235, 298.

10 Das gleiche gilt *mutatis mutandis*, wenn ein nationales Gericht die Inanspruchnahme einer *Passerelle*-Klausel durch Zustimmung des Vertreters des Mitgliedstaats im (Europäischen) Rat untersagt.

nen absoluten Grenzen der europäischen Integration, die den Verfassungskern des deutschen Staates definieren. Soweit diese Grundsätze der deutschen Verfassung als letzte Schranken für *künftige* Kompetenzübertragungen herangezogen werden, sind sie aus der Sicht des geltenden Unionsrechts irrelevant.

Verfassungsrechtliche Vorbehalte oder Einwände, die das Unionsrecht selbst nicht berühren, hat das BVerfG auch in anderen Entscheidungen erhoben, die häufig Akte der Sekundärrechtssetzung betrafen. Ohne hierauf im einzelnen eingehen zu können, seien exemplarisch die Entscheidung zum Europäischen Haftbefehl,[11] die Urteile zur Verfassungswidrigkeit der Sperrklausel im Gesetz über die Wahlen zum Europäischen Parlament[12] und die einstweilige Verfügung im ESM-Fall[13] genannt. Diese Urteile berühren Unionsrecht nicht, weil sie sich entweder darauf beschränken, den Umsetzungsgesetzgeber anzuweisen, den vom Unionsrecht belassenen Spielraum (nur) in der vom GG vorgegebenen Weise zu nutzen und dabei dessen Vorgaben vollständig zu beachten (Haftbefehl; Sperrklausel), oder weil die Abgabe völkerrechtlich relevanter Vorbehalte zur Gewährleistung einer bestimmten Auslegung künftiger Vertragsverpflichtungen (ESM) geradezu die klassische Wahrnehmung der vor Ratifikation bestehenden verfassungsrechtlichen Prüfungsrechte darstellt und als *minus* aus Sicht des Unionsrechts ebenso wenig zu beanstanden ist wie die vollständige Verweigerung der Ratifizierung neuen Primärrechts.

Die ESM-Entscheidung vom 12.9.2012 ist für unsere Betrachtung allerdings in anderer Hinsicht bemerkenswert, weil sich das Gericht zu folgen-

---

11 BVerfG, Urt. v. 18.7.2005 - 2 BvR 2236/04 (Europäischer Haftbefehl).

12 BVerfG, Urt. v. 9.11.2011 - 2 BvC 4/10, 2 BvC 6/10, 2 BvC 8/10 (Fünf-Prozent-Sperrklausel); BVerfG, Urt. v. 26.2.2014 - 2 BvE 2/13 u.a. (Drei-Prozent-Sperrklausel). An beiden Entscheidungen mag politisch kritisiert werden, dass sie der gestärkten Stellung des Europäischen Parlaments nach dem Inkrafttreten des Lissabonner Vertrages nicht hinreichend Rechnung tragen; sie bleiben aber innerhalb des den Mitgliedstaaten vom Unionsrecht belassenen Ermessensspielraums bei der Regelung des Wahlverfahrens. Die Vermutung liegt nahe, die Änderung der Rechtsprechung des BVerfG seit 1979 stehe in Zusammenhang mit seiner wiederholten Kritik am von Art. 14 Abs. 2 EUV vorgegebenen Grundsatz der degressiven Proportionalität, der mit dem elementaren deutschen Verfassungsprinzip der Wahlrechtsgleichheit unvereinbar ist.

13 BVerfG, Urt. v. 18.3.2014 - 2 BvR 1390/12 u.a. (ESM und Fiskalpakt). Das am 18.3.2014 (nach Abtrennung des OMT-Komplexes am 14.1.2014) ergangene Urteil in der Hauptsache beschränkt sich nicht überraschend darauf, die Regelungen der einstweiligen Verfügung im Wesentlichen zu bestätigen.

der Feststellung veranlasst sieht: „[E]in Erwerb von Staatsanleihen am Sekundärmarkt durch die Europäische Zentralbank, der auf eine von den Kapitalmärkten unabhängige Finanzierung der Haushalte der Mitgliedstaaten zielte, ist als Umgehung des Verbotes monetärer Haushaltsfinanzierung ebenfalls untersagt".[14] Die hier angekündigte Absicht zur Prüfung des OMT-Beschlusses der EZB im Rahmen des Hauptsacheverfahrens fällt schon in die Kategorie der Überprüfung bestehender EU-Rechtsakte.

IV. Prüfung der Verfassungsmäßigkeit von bestehendem EU-Recht

Während die Verwerfung künftigen Unionsrechts durch ein nationales Verfassungsgericht aufgrund festgestellter Unvereinbarkeit mit der Verfassung vor Ratifizierung durch den Mitgliedstaat unionsrechtlich unproblematisch ist, liegt die Sache kategorisch anders, wenn das betroffene Unionsrecht den Status von *lex lata* erlangt hat. Zwei fundamentale Grundsätze des Unionsrechts scheinen die Prüfung erlassener Rechtsakte am Maßstab des nationalen Verfassungsrechts auszuschließen: der Vorrang des Unionsrechts und das Monopol des Gerichtshofs für dessen Auslegung (Art. 19 Abs. 3 (b) EUV und Art. 263 AEUV). Der Anspruch eines mitgliedstaatlichen Verfassungsgerichts, vom EuGH verbindlich ausgelegtes Unionsrecht im Hinblick auf seine Vereinbarkeit mit der nationalen Verfassung zu prüfen, verkörpert daher auf Gerichtsebene die unaufhebbare Spannung, die im Mehrebenensystem der supranationalen Integration zwischen zwei fundamentalen Rechtsgrundsätzen besteht – der nationalen Souveränität und dem Vorrang des supranationalen Rechts.

Die erste Frage ist daher, ob der bloße Prüfungsanspruch eines mitgliedstaatlichen Verfassungsgerichts mit Unionsrecht vereinbar ist. Die zweite Frage wird sein, wie dieses Recht – falls es denn vom Unionsrecht anerkannt wird – aus unionsrechtlicher Sicht ausgeübt werden darf und was die Rechtsfolgen divergierender Entscheidungen der beiden Gerichte sein würden.

---

14 BVerfG (Fn. 13), Rn. 174.

1. Unionsrechtliche Zulässigkeit des Prüfungsanspruchs

Ausgehend vom Grundsatz der begrenzten Ermächtigung im supranationalen System der Union liegt die Feststellung auf der Hand, dass der Vorrang des Unionsrechts und seine Auslegung durch den EuGH nur so weit gehen können, wie die Geltung des Unionsrechts reicht und soweit der Union Zuständigkeiten übertragen wurden (Art. 5 Abs. 2 EUV). Es kann daher auf einer ersten Argumentationsebene logisch keinen Widerspruch geben zwischen der ausschließlichen Zuständigkeit des EuGH für die Auslegung des Unionsrechts und die Entscheidung über dessen Wirksamkeit einerseits und andererseits dem von einem nationalen Gericht in Anspruch genommenen Recht zu prüfen, ob die Ausübung einer behaupteten Kompetenz durch die EU sich noch innerhalb der Grenzen der übertragenen Hoheitsrechte bewegt: Nicht übertragene Hoheitsrechte liegen nicht im Zuständigkeitsbereich des EuGH und entziehen sich seiner Auslegung, und auf einer nicht übertragenen Zuständigkeit basierendes Unionsrecht ist unwirksam und kann die Gerichtsbarkeit eines nationalen Verfassungsgerichts nicht beschränken.[15]

Allerdings ist nur in einer idealen Welt davon auszugehen, dass beide Gerichte stets zu übereinstimmenden Beurteilungen von Umfang und Wirksamkeit der Zuständigkeitsübertragung kommen, die Grundlage der streitbefangenen EU-Handlung ist. Dabei ist der Begriff der nationalen Verfassungsidentität in Art. 4 Abs. 2 EUV ein unionsrechtlicher und unterliegt der ausschließlichen Auslegungskompetenz des EuGH; seine Ausfüllung dagegen kann nur auf mitgliedstaatlicher Ebene erfolgen und liegt daher auch aus unionsrechtlicher Sicht in der Zuständigkeit des nationalen Verfassungsgerichts.

15 In diesem Sinn auch *Gisbert*, in: Saiz Arnaiz/Alcoberro Llivina, National Constitutional Identity and European Integration (Fn. 3), 75 (76). Anderer Ansicht *Martinico*, in: Saiz Arnaiz/Alcoberro Llivina, National Constitutional Identity and European Integration (Fn. 3), 93, der das Risiko einer "interpretative anarchy" sieht (97).

2. *Reichweite und unionsrechtliche Folgen der Kontrolle*

Das BVerfG hat schon im *Solange I*-Urteil vom 29. Mai 1974,[16] in dem es erstmals eine Kompetenz für die Prüfung von sekundärem Gemeinschaftsrecht in Anspruch nahm, die ausschließliche Zuständigkeit des EuGH für die Auslegung von Gemeinschaftsrecht anerkannt.[17] Dieser Grundlinie folgen auch die Grundentscheidungen zu *Maastricht* 1993[18] und *Lissabon* 2009, deren im Vergleich zur versöhnlichen Tonlage von *Solange II*[19] harsche Rhetorik auf einen Konflikt mit dem EuGH zuzusteuern schien.

Klarheit über Reichweite und Verfahren der Prüfung sekundärer Rechtsakte brachte dann die *Honeywell*-Entscheidung des BVerfG 2010,[20] die auf das auf ähnlicher Sachverhaltsgrundlage ergangene und in seiner kompetenzrechtlichen Begründung nicht überzeugende *Mangold*-Urteil des EuGH zur Anwendbarkeit einer vermeintlich altersdiskriminierenden Regelung des deutschen Arbeitsrechts folgte.[21] Entgegen der Erwartung vieler Beobachter erklärte das BVerfG die *Mangold*-Entscheidung trotz ernster Zweifel an der Vertretbarkeit des vom EuGH postulierten gemeinsamen Verfassungsprinzips eines Verbots der Altersdiskriminierung nicht für unanwendbar.[22] Statt dessen beschränkte es sein Recht zur Prüfung behaupteter *ultra-vires*-Handlungen von EU-Organen ausdrücklich auf „hinreichend qualifizierte" Kompetenzüberschreitungen, d.h. auf „offensichtlich" kompetenzwidriges Handeln der Unionsgewalt, bei dem „der angegriffene Akt im Kompetenzgefüge zwischen Mitgliedstaaten und Union im Hinblick auf das Prinzip der begrenzten Einzelermächtigung … erheblich ins Gewicht fällt".[23] Das Gericht unterstreicht die Notwendigkeit, seine *ultra vires*-Kontrolle „zurückhaltend" auszuüben, um nicht die Einheit

---

16 BVerfG, Urt. v. 29.5.1974 - 2 BvL 52/71 (Solange I).

17 BVerfG (Fn. 16), Rn. 48. Das BVerfG unterstreicht, dass es nicht befugt sei, über die *Wirksamkeit* eines Rechtsakts der EG zu urteilen, sondern nur über dessen *Anwendbarkeit in Deutschland*, Rn. 49.

18 BVerfG, Urt. v. 12.10.1993 - 2 BvR 2134/92; 2 BvR 2159/92 (Maastricht).

19 BVerfG, Urt. v. 22.10.1986 - 2 BvR 197/83 (Solange II).

20 BVerfG, Urt. v. 6.7.2010 - 2 BvR 2661/06 (Honeywell).

21 EuGH, Urt. v. 22.11.2005, Rs. C-144/04 (Mangold), Slg. 2005, I-9981. Für eine detaillierte Besprechung beider Urteile vgl. *Stein*, in: Heusel (Hrsg.), A European Law Practitioner, ERA Forum 2011 suppl. 1, 219, 225-227.

22 BVerfG (Fn. 20), Rn. 78.

23 BVerfG (Fn. 20), Rn. 61; das BVerfG bezieht sich ausdrücklich auf die Definition des EuGH eines „hinreichend qualifizierten" Verstoßes in dessen Rechtsprechung zur Staatshaftung.

des Unionsrechts und die Rolle des EuGH zu beschädigen; es konzediert dem EuGH sogar ausdrücklich einen „Anspruch auf Fehlertoleranz".[24]

Die *Honeywell*-Entscheidung ist eine außerordentlich bedeutsame Konkretisierung des vom BVerfG weiter in Anspruch genommenen Prüfungsrechts. Sie stellt nicht nur die engen Grenzen klar, innerhalb derer diese Kontrolle ausgeübt wird, sondern betont darüber hinaus, dass das BVerfG „die Entscheidungen des Gerichtshofs grundsätzlich als verbindliche Auslegung des Unionsrechts zu beachten" und „vor der Annahme eines Ultra-vires-Akts der europäischen Organe und Einrichtungen ... deshalb dem Gerichtshof im Rahmen eines Vorabentscheidungsverfahrens nach Art. 267 AEUV die Gelegenheit zur Vertragsauslegung sowie zur Entscheidung über die Gültigkeit und die Auslegung der fraglichen Rechtsakte zu geben" hat.[25]

Mit dem am 14. Januar 2014 erlassenen Beschluss im OMT-Fall[26] zieht das BVerfG die Konsequenz aus seiner Honeywell-Rechtsprechung und legt zum ersten Mal dem EuGH die Frage nach der Auslegung eines Rechtsakts vor, den es jedenfalls für den Fall einer weiten Auslegung als hinreichend qualifizierte Kompetenzüberschreitung betrachtet.[27] Dabei legt das BVerfG im einzelnen dar, worin es eine das Prinzip der begrenzten Einzelermächtigung spezifisch verletzende Kompetenzüberschreitung durch den angegriffenen Rechtsakt sieht. Das Gericht legt dem EuGH eine restriktive („unionsrechtskonforme") Auslegung des OMT-Beschlusses nahe, um dessen Beurteilung als qualifizierte Kompetenzüberschreitung zu vermeiden[28]. Es lässt die weitergehende Frage ausdrücklich offen, ob der OMT-Beschluss auch die deutsche Verfassungsidentität verletze; wäre dies der Fall, sei er in Deutschland a priori unanwendbar.[29]

Für die vorliegende Betrachtung kann dahinstehen, ob das BVerfG gut beraten war, seine Kompetenzrechtsprechung ausgerechnet mit einer Vor-

---

24 BVerfG (Fn. 20), § 66.

25 BVerfG (Fn. 20), Rn. 60.

26 BVerfG, Urt. v. 14.1.2014 - 2 BvR 2728/13 (ESM/EZB).

27 Ausdrücklich fragt das BVerfG den EuGH, ob der OMT-Beschluss mit Primärrecht (und der EZB-Satzung) „unvereinbar" (sic) sei, „weil er über das ... Mandat der [EZB] hinausgeht und in die Zuständigkeit der Mitgliedstaaten übergreift" (Frage 1a).

28 BVerG (Fn. 26), Rn. 99.

29 BVerfG (Fn. 26), Rn. 27; das Vorliegen einer Identitätsverletzung sei aufgrund der vom EuGH vorzunehmenden Auslegung zu beurteilen (Rn. 102, 103).

lage zum OMT-Beschluss der EZB auf die nächste Stufe zu bringen.[30] Für uns entscheidend wird der Umgang mit dem am 16. Juni 2015 verkündeten Urteil des EuGH sein.[31] Die Große Kammer folgt darin weitgehend den zurückhaltenden Schlussanträgen von Generalanwalt Cruz Villalón[32]. Sie stellt zunächst fest, dass der Grundsatz der begrenzten Einzelermächtigung auch für ESZB und EZB gilt und seine Einhaltung folglich der Kontrolle durch den Gerichtshof unterliegt. Konkret sei der OMT-Beschluss aber als währungspolitische Maßnahme zu qualifizieren und falle daher grundsätzlich in den Zuständigkeitsbereich der EZB. Auch seien Verhältnismäßigkeit und das Verbot der monetären Staatsfinanzierung gewahrt, solange die EZB eine nicht näher spezifizierte Mindestfrist zwischen der Emission einer Staatsanleihe und ihrem Erwerb auf dem Sekundärmarkt beachte.

Es ist zu erwarten, dass das BVerfG diese Entscheidung (noch) als ausreichend restriktive Auslegung der EZB-Kompetenzen akzeptieren und nicht als „hinreichend qualifizierte" Kompetenzüberschreitung im Sinn der *Honeywell*-Rechtsprechung bewerten wird. In diesem Fall bleiben Normenkontrollklage und Verfassungsbeschwerden erfolglos, der Konflikt der Gerichte wird vermieden.[33] Wie aber wäre die Rechtslage, wenn das BVerfG die Entscheidung, des EuGH doch als hinreichend qualifizierte Kompetenzüberschreitung werten sollte?

Auch in diesem Fall wäre die Bewertung des OMT-Beschlusses durch den EuGH aus unionsrechtlicher Sicht bindend und auch im Selbstverständnis des BVerfG nach *Honeywell* verbindlicher Ausgangspunkt seiner eigenen Entscheidung. Das Urteil des EuGH könnte aus Sicht des deutschen Verfassungsrechts jedoch das Recht (und die Pflicht) des BVerfG nicht beschränken, seinerseits zu prüfen, ob dieses Urteil eine qualifizierte Kompetenzüberschreitung im Sinn von *Honeywell* darstelle, denn eine solche Kompetenzüberschreitung läge jenseits des Bereichs übertragener Hoheitsrechte und könnte daher das BVerfG nicht binden.[34] Umgekehrt erscheint aus unionsrechtlicher Sicht die Ausübung einer solchen Kontroll-

---

30 Kritisch z.B. *Ukrow* ZEuS 2014, 119 ff.; *Thiele* EuZW 2014, 694 ff.; *Mayer* EuR 2014, 473 ff.; *Gött* EuR 2014, 514 ff.

31 C-62/14 *Gauweiler u.a.* (Große Kammer), ECLI:EU:C:2015:400.

32 C-62/14 *Gauweiler u.a.* Schlussanträge vom 14.1.2015, ECLI:EU:C:2015:7.

33 Genauso unproblematisch wäre umgekehrt ein den OMT-Beschluss für unwirksam erklärendes Urteil des EuGH gewesen.

34 BVerfG (Fn. 26), Rn. 26.

kompetenz in einem Fall, in dem der EuGH die Zuständigkeit der EU und die Wirksamkeit des angegriffenen Rechtsakts bereits festgestellt hat, nur schwerlich hinnehmbar. Sie könnte allenfalls im Licht der Verpflichtung zur Achtung der nationalen Verfassungsidentität nach Art. 4 Abs. 2 EUV gerechtfertigt sein, die vorliegend auch die Kompetenzen des BVerfG in seiner eigenen Interpretation des Grundgesetzes umfasst, zumal dem BVerfG dabei immer die Möglichkeit eines Ausgleichs seiner ursprünglichen *ultra-vires*-Bedenken mit der vom EuGH festgestellten Lage des Unionsrechts offen steht.

Sobald das BVerfG in seinem Endurteil allerdings feststellt, dass die OMT-Entscheidung der EZB in der Auslegung durch den EuGH und dessen Entscheidung über ihre Wirksamkeit tatsächlich eine qualifizierte Kompetenzüberschreitung darstellt, wäre eine Eskalationsstufe erreicht, für die sich eine unionsrechtliche Rechtfertigung nicht ohne weiteres anbietet. Im außergewöhnlichen Fall der Feststellung eines Übergriffs in den „unantastbaren Kernbestand der Verfassung", den zu beurteilen das BVerfG zu Recht für seine ureigene Zuständigkeit hält,[35] erscheint dem Verfasser allerdings eine Auslegung von Art. 4 Abs. 2 EUV als vertretbar, die den Mitgliedstaat von der Pflicht zur Beachtung des Unionsrechts freistellt. In diesem Zusammenhang ist das Argument des BVerfG beachtlich, dass der EuGH im *Kadi*-Urteil selbst den Grundsatz akzeptierte, dass verbindliches Völkerrecht (in diesem Fall ein Beschluss des UN-Sicherheitsrats) von den EU-Organen nicht beachtet werden müsse, wenn andernfalls fundamentale Prinzipien der Unionsrechtsordnung nicht eingehalten werden könnten.[36] Nach Auffassung des BVerfG muss das Gleiche innerhalb der Unionsrechtsordnung gelten, wenn das BVerfG „ausnahmsweise, unter besonderen und engen Bedingungen" EU-Recht in Deutschland für unanwendbar erklärt, falls „nur auf diese Weise ein Verstoß gegen tragende Grundsätze der Verfassung abzuwenden ist".[37]

Auch könnte man versuchen, den in anderem Zusammenhang vom Unionsrecht ausdrücklich anerkannten *ordre-public*-Vorbehalt[38] für diesen

35 BVerfG (Fn. 26), Rn. 27.

36 EuGH, Urt. v. 3.9.2008 - C-402/05 P; C-415/05 P (Kadi/Rat und Kommission), Slg. 2008, I-6351, insbesondere Rn. 285.

37 BVerfG (Fn. 4), Rn. 340.

38 Alle vier Freiheiten des Binnenmarkts unterliegen einem Ordre-public-Vorbehalt (vgl. Art. 36 für den freien Warenverkehr, Artt. 52 und 62 für die Niederlassungs- und Dienstleistungsfreiheit, Art. 5 I b für den freien Kapitalverkehr), wobei die

Fall fruchtbar zu machen. Eine solche Berufung müsste erst recht zur Abwehr eines Übergriffs in den Kernbereich der Verfassungsidentität zulässig sein, auch wenn wiederum allein der EuGH die Voraussetzungen und Schranken der Berufung auf ein solches Recht festlegen kann.[39]

Es ist also denkbar, dass die Erklärung der Unanwendbarkeit eines EU-Rechtsakts in Deutschland durch das BVerfG dem Unionsrecht nicht widerspricht, weil der Rechtsakt nach dem Urteil des BVerfG in die deutsche Verfassungsidentität eingreift und das Unionsrecht in der Auslegung des EuGH die Abwehr dieses Eingriffs akzeptiert. Es fragt sich allerdings, ob dies auch für die vom BVerfG offensichtlich als eigenständigen Gegenstand seiner Kontrollbefugnis gesehene Prüfung „einfacher" *ultra-vires*-Akte gelten kann, die nicht in den Kernbereich der Verfassungsidentität eingreifen.[40] Man darf vermuten, dass der EuGH bei der Anerkennung einer Anwendungsausnahme für einen solchen nach deutschem Verfassungsrecht als „qualifizierte Kompetenzüberschreitung" zu wertenden Rechtsakt eher zurückhaltend sein wird als im Fall der Geltendmachung eines Übergriffs in den Kernbereich der Verfassungsidentität. Andererseits weist das BVerfG zu Recht darauf hin, dass der Begriff der „Verfassungsidentität" in Art. 4 Abs. 2 EUV weiter geht als der Kernbereich der deutschen Verfassung nach Art. 79 Abs. 3 GG.[41] Da es auch im Rahmen der Kontrolle „einfacher" *ultra-vires*-Akte nur qualifizierte, „erheblich ins Gewicht fallende" Kompetenzüberschreitungen beanstanden will, erscheint nicht ausgeschlossen, dass der EuGH auch deren Nichtanwendung unter Berufung auf Art. 4 Abs. 2 EUV in bestimmten Grenzen akzeptieren könnte.

Es bleibt die Möglichkeit einer äußersten Zuspitzung des Konflikts, wenn der EuGH die Berufung auf Art. 4 Abs. 2 EUV oder einen anderen unionsrechtlich anerkannten Rechtfertigungsgrund ablehnt und die Nichtanwendung des beanstandeten Rechtsakts in Deutschland als Bruch des Unionsrechts erklärt. In diesem Fall bleibt dem BVerfG ein einziger uni-

---

Berufung auf diese Bestimmungen vom EuGH entwickelten Kriterien und Grenzen unterliegt. Vgl. *Kessedjan* Erasmus Law Review 2007, 25.

39 *Claes*, in: Saiz Arnaiz/Alcoberro Llivina (Hrsg.), National Constitutional Identity and European Integration (Fn. 3), betont zu Recht, es sei Sache des EuGH zu entscheiden, ob die Geltendmachung eines auf die nationale Identität gestützten Anspruchs die Nichtbeachtung von Unionsrecht rechtfertigen könne (112).

40 BVerfG (Fn. 26), Rn. 23-26.

41 BVerfG (Fn. 26), Rn. 29.

onsrechtlich nicht zu beanstandender Weg: Der nach deutschem Verfassungsrecht als *ultra vires* qualifizierte EU-Rechtsakt muss von den deutschen Behörden solange angewendet werden, wie Deutschland Mitglied der EU bleibt. Das Gericht müsste die deutschen Verfassungsorgane in diesem Fall allerdings dazu verpflichten, einen verfassungsmäßigen Zustand auf einem von drei möglichen Wegen herzustellen: die Rücknahme des übergriffigen Unionsrechtsakts zu erreichen; die deutsche Verfassungslage im dafür zulässigen Verfahren an die Unionsrechtslage anzupassen; oder aber die supranationale Ordnung zu verlassen, die zentrale Anforderungen der deutschen Verfassung nicht mehr achtet.[42]

V. Schlussbemerkung

Die Rechtsprechung des BVerfG hat seit den frühen Tagen der *Solange*-Rechtsprechung einen recht einheitlichen Ansatz durchgehalten. Auch wenn die Stärke der verwendeten Rhetorik schwankt, verdeckt die Oszillation zwischen *cris de guerre* und einem „*high degree of harmony between Karlsruhe and Luxemburg*“[43] allzu häufig, dass das BVerfG im wesentlichen einem kontinuierlichen Kurs gefolgt ist: den Kerngehalt des GG zu wahren, der seine Identität im Sinne des Art. 4 Abs. 2 EUV ausmacht. In einem supranationalen System, das noch immer allein den Mitgliedstaaten das Recht zur Übertragung von Hoheitsrechten auf die Union vorbehält, steht das Recht der Verfassungsgerichte der Mitgliedstaaten zu prüfen, ob eine von einem EU-Organ in Anspruch genommene Zuständigkeit aus Sicht ihrer Verfassung tatsächlich übertragen worden ist, im Einklang mit dem Recht der Union. Zuständigkeitskonflikte mit dem EuGH können dabei in einer Weise ausgetragen werden, die mit beiden Rechtsordnungen vereinbar ist. Sie auf diese Weise auszutragen ist nicht zuletzt ein Gebot der Unionstreue nach Art. 4 Abs. 3 EUV.

---

42 Das BVerfG bezieht sich im Lissabon-Urteil ausdrücklich auf diese Option (Fn. 4, Rn. 264).

43 *Tomuschat*, in: Saiz Arnaiz/Alcoberro Llivina (Fn. 3), 205 ff., 219.

Les juges constitutionnels nationaux et la procédure préjudicielle devant la Cour de justice de l'Union européenne. Autour de la jurisprudence de la Cour de justice

Hélène Gaudin

> *La libre communication des pensées et des opinions est un des droits les plus précieux de l'Homme : tout citoyen peut donc parler, écrire, imprimer librement, sauf à répondre de l'abus de cette liberté dans les cas déterminés par la Loi*
> *Déclaration des Droits de l'Homme et du Citoyen, 1789*

Les relations entre le droit de l'Union européenne et les droits constitutionnels nationaux se sont nouées de longue date. Si l'arrêt *Internationale Handelsgesellschaft* est connu pour la protection des droits fondamentaux qu'il a mis en place face aux revendications des juges nationaux, il contenait en germe les domaines potentiels de différends entre les deux ordres juridiques et qui étaient les atteintes portées aux droits fondamentaux mais aussi aux principes d'une structure constitutionnelle nationale.[1] A ces deux premiers domaines, on pourrait rajouter à partir de l'arrêt *Simmenthal* la question des procédures constitutionnelles au premier rang desquelles les procédures devant les juges constitutionnels.[2]

Cette mise en contact a été le fait de la procédure préjudicielle qui a permis ce dialogue parfois précoce entre droit de l'Union et droits constitutionnels nationaux : question préjudicielle du Tribunal administratif de Francfort sur le Main dans l'affaire *Internationale Handelsgesllschaft*, question préjudicielle du Pretore de Susa, dans l'affaire *Simmenthal*.

Mais ce dialogue était à l'initiative des juges nationaux ordinaires et non des juridictions constitutionnelles. Ceci explique que celles-ci, leurs compétences et leurs décisions aient été soumises de longue date, à travers ces questions préjudicielles posées par d'autres, au droit de l'Union (I). Dans une stratégie délibérée, les juges constitutionnels ont fait le choix d'utiliser la procédure préjudicielle à compter des années 1990 et surtout

---

1 CJCE, arrêt du 17.12.1970, 11/70 (Internationale Handelsgesellschaft), Rec. 1970, 1125.

2 CJCE, arrêt du 9.3.1978, 106/77 (Simmenthal), Rec. 1978, 629.

2000. Ce choix s'inscrit dans un dialogue formalisé et non plus informel.[3] Ils sont alors devenu de véritables acteurs et de la procédure préjudicielle et du système européen de juridictions qui se met en place (II).

I. Les juges constitutionnels nationaux soumis à la question préjudicielle.

C'est de longue date et indirectement que les juges constitutionnels nationaux se sont trouvés soumis à la procédure préjudicielle que ce soit vis-à-vis du principe de primauté (1) ou vis-à-vis de la concurrence de celle-ci et des procédures incidentes de contrôle de constitutionnalité (2).

1. Procédure incidente de contrôle de constitutionalité et principe de primauté du droit de l'Union.

L'existence d'une procédure incidente de contrôle de constitutionnalité dans certains Etats membres s'est heurtée au principe de primauté du droit communautaire dès les années 1970. En effet, les ordres juridiques nationaux, organisés autour du monopole de contrôle de la loi, entendaient protéger à la fois le statut de la loi et la compétence des juridictions constitutionnelles nationales.

La Cour a très vite été saisie de la question par voie préjudicielle. Dans son célèbre arrêt *Simmenthal,*[4] elle a adopté ce que l'on a considéré comme la conception absolue de la primauté.

Au monopole de compétence du juge constitutionnel en Italie, la Cour rétorque que, quand la primauté du droit de l'Union est en cause, la compétence d'écarter le droit national, quel qu'il soit, appartient au juge national et à tout juge national. Cette compétence est acquise au titre de la primauté.

A propos de l'ordre juridique allemand qui interdit au juge de renvoi de laisser inappliquée une disposition en vigueur de la législation nationale si cette disposition n'a pas été au préalable déclarée inconstitutionnelle par la

---

3 Par exemple, *Müller-Graff* Regards sur l'économie allemande, 2012/3, n°106, 5 ; *du même auteur* Regards sur l'économie allemande, 2011/3, 5 ; *du même auteur* Regards sur l'économie allemande, 2009/3, n°92, 5 ;*Müller-Graff* RAE, 2012/1, 133.

4 CJCE, arrêt du 9.3.1978, 106/77 (Simmenthal), Rec. 1978, 629.

Cour constitutionnelle allemande, la Cour réitère sa position dans son arrêt *Kücükdeveci.*[5] Elle la renforce également en appuyant le principe de primauté par la procédure préjudicielle.

L'application du droit de l'Union ne doit pas dépendre d'une procédure incidente devant une autre juridiction serait-elle constitutionnelle.[6]

Cette première question entraîne celle de l'assimilation du contrôle de primauté au contrôle de constitutionnalité et/ou leur équivalence, qui est souvent en débat devant les juges constitutionnels eux-mêmes, et dont la mise en lumière s'est faite récemment à propos d'une jurisprudence de la Cour constitutionnelle autrichienne de mars 2012 sur la Charte des droits fondamentaux.[7]

La logique de l'assimilation du droit de l'Union au droit constitutionnel national a été rejetée historiquement et continuellement par la Cour de justice sur le fondement du principe d'autonomie, clé de voute de l'ordre juridique de l'Union. Plus épineux était le problème du principe d'équivalence pourtant reconnu par la Cour dans ses arrêts de 1976, *Rewe* et *Comet.*[8] La Cour avait déjà été confrontée à ce principe concernant une procédure constitutionnelle espagnole et le principe de responsabilité de l'Etat pour violation du droit de l'Union.[9]

Dans l'affaire *A c/B*, le juge autrichien inverse la logique du principe d'équivalence en le transformant en principe de renforcement de l'autonomie procédurale nationale. Il était évident que la Cour ne pouvait accepter cette nouvelle perspective. Elle y répond en rappelant le respect de l'article 267 TFUE dans la lignée de l'arrêt *Melki et Abdeli.*[10]

---

5 CJUE, arrêt du 19.1.2010, C-555/07 (Kücükdeveci), Rec. 2010, p. I-365.

6 La jurisprudence de la Cour est constante. Voir aussi, CJCE arrêt du 19.11.2009, C-314/08 (Filipiak), Rec. 2009, I-11049 ; CJUE, arrêt du 22.6.2010, C-188/10 et C-189/10 (Melki et Abdeli), Rec. 2010, I-5667; CJUE, arrêt du 26.2.2013, C-617/10 (Akerberg Fransson), EU:C:2013:105; CJUE, arrêt du 11.9.2014, C-112/13 (A), EU:C:2014:2195.

7 CJUE, arrêt du 11.9.2014, C-112/13 (A), EU:C:2014:2195.

8 CJCE, arrêt du 16.12.1976, 33/76 (Rewe), Rec. 1976, 1989; CJCE, arrêt du 16.12.1976, 45/76 (Comet), Rec. 1976, 2043.

9 CJUE, arrêt du 26.1.2010, C-118/08 (Transportes Urbanos), Rec. 2010, I-635.

10 CJUE, arrêt du 11.9.2014, C-112/13 (A), EU:C:2014:2195, préc.

2. *Procédure incidente de contrôle de constitutionalité et procédure préjudicielle devant la Cour de justice de l'Union.*

Effectivement, les deux procédures – procédure incidente de contrôle de constitutionnalité et procédure préjudicielle – peuvent coexister, la coexistence pouvant conduire à la concurrence.[11] L'hypothèse où le juge national saisi d'un litige considère qu'une disposition nationale est contraire au droit de l'Union en même temps qu'affecté d'un vice de constitutionnalité n'est pas nécessairement une hypothèse d'école.[12]

Dans ce cas, et l'arrêt *Melki et Abdeli*[13] en fournit la synthèse, la Cour de justice affirme la liberté du juge national pour poser une question préjudicielle,[14] même en cas de recours obligatoire devant le juge constitutionnel.[15]

La relation dans le temps des deux procédures est particulièrement travaillée par la Cour.

Si la procédure incidente de contrôle de constitutionnalité est déclenchée en premier, alors le juge national d'application doit mettre en place une protection juridictionnelle provisoire des droits tirés du droit de l'Union,[16] dans la lignée d'une jurisprudence classique.[17]

Par ailleurs, si, saisi en premier, le juge constitutionnel déclare une loi conforme à la Constitution, et que la décision de la Cour, saisie en second,

---

11 CJUE, arrêt du 22.6.2010, C-188/10 et C-189/10 (Melki et Abdeli), Rec. 2010, I-5667, préc.

12 CJCE, arrêt du 26.6.2007, C-305/05 (Ordre des barreaux francophone et germanophone), Rec. 2007, I-5305, ou encore, CJCE, arrêt du 17.11.2009, C-169/08 (Président du Conseil des Ministres), Rec. 2009, I-10821.

13 CJUE, arrêt du 22.6.2010, C-188/10 et C-189/10 (Melki et Abdeli), Rec. 2010, I-5667, préc.

14 Ou obligé en fonction de son statut de juridiction de dernier ressort, voir aussi CJUE, arrêt du 11.9.2014, C-112/13 (A), EU:C:2014:2195, préc.

15 Pour un arrêt annonciateur de la jurisprudence *Melki et Abdeli* et particulièrement clair, concernant l'ordre juridique portugais, CJCE, arrêt du 27.6.1991, C-348/89 (Mecanarte), Rec. 1991, I-3277.

16 CJUE, arrêt du 22.6.2010, C-188/10 et C-189/10 (Melki et Abdeli), Rec. 2010, I-5667, préc.; CJUE, arrêt du 22.6.2010, C-188/10 et C-189/10 (Melki et Abdeli), Rec. 2010, I-5667, préc.

17 CJCE, arrêt du 19.6.1990, C-213/89 (Factortame), Rec. 1990, I-2433 ; ou encore, CJCE, arrêt du 21.2.1991, C-143/88 et C-92/89 (Zuckerfabrik), Rec. 1991, I-415.

conduit le juge ordinaire à la considérer contraire au droit de l'Union, alors celui-ci est lié par l'interprétation de la Cour.[18]

Le cas des lois de transposition des directives pose un problème spécifique. Le contrôle juridictionnel se fait alors prioritairement au niveau de l'Union. En effet, la question de la validité de la directive est préalable à celle de la constitutionnalité de la loi. Cette position a été suivie par le Conseil constitutionnel français.[19]

Si la Cour de justice, saisie en premier, décide que le droit de l'Union est valide et que, par la suite, le juge constitutionnel, saisi de la loi nationale la déclare contraire à la Constitution, le risque de conflit est encore plus grand. Des solutions sont néanmoins possibles, à titre préventif. Ainsi, il est possible que le juge constitutionnel pose alors une question préjudicielle à la Cour comme a pu le faire le Conseil constitutionnel français,[20] ou encore la Cour constitutionnelle italienne.[21] Le dialogue est possible soit sur le fondement de cette notion qu'est l'identité constitutionnelle nationale ou encore sur l' »*aiguillage* » entre niveau de protection particulièrement mise en lumière dans l'affaire *Arcelor*.[22]

18 Historiquement, on peut citer les arrêts CJCE, arrêt du 6.4.1962, 13/61 (Bosch), Rec. 1962, 89, ou encore CJCE, arrêt du 16.1.1974, 166/73 (Rheinmulhen), Rec. 1974, 33. Voir ensuite CJCE, arrêt du 16.3.2006, C-234/04 (Kapferer), Rec. 2006, I-2585 ; CJUE, arrêt du 9.3.2010, C-378/08 (ERG), Rec. 2010, I-1919 ; CJCE, arrêt du 19.11.2009, C-314/08 (Filipiak), Rec. 2009, I-11049 ; CJUE, arrêt du 5.10.2010, C-173/09 (Elchinov), Rec. 2010, I-8889; ou encore CJUE, arrêt du 15.1.2013, C-416/10 (Krizan), EU:C:2013:8.

19 CC, Déc° n°2010-605 DC du 12.5.2010, *Loi relative à l'ouverture à la concurrence et à la régulation du secteur des jeux d'argent et de hasard en ligne.*

20 CJUE, arrêt du 30.5.2013, C-168/13 (Jeremy F), EU:C:2013:358, PPU ; Voir aussi lorsque le juge constitutionnel statue par voie d'action, et où la question de constitutionnalité est conditionnée par le renvoi préjudiciel, CJCE, arrêt du 9.10.2008, C-239/07 (Sabatauskas), Rec. 2008, I-7523, préc.

21 Voir l'exposé de l'affaire, dans laquelle est en cause l'article 117 Constitution italienne, dans l'arrêt CJUE, arrêt du 26.11.2014, C-22/13, C-61/13 à C-63/13 et C-418/13 (Mascolo, Napolitano, e.a.), EU:C:2014:2401.

22 CJCE, arrêt du 16.12.2008, C-127/07 (Arcelor), Rec. 2008, I-9895. Voir notamment les conclusions de l'AG Maduro, 21.5.2008, C-127/07 (Arcelor), EU:C: 2008:292 spéc. pt 15.

II. Les juges constitutionnels nationaux acteurs de la question préjudicielle.

Progressivement s'est développée une jurisprudence des juges constitutionnels en faveur de la question préjudicielle (1). Cette véritable stratégie a été favorablement accueillie par la Cour de justice (2).

1. Le choix des juges constitutionnels nationaux d'utiliser la procédure préjudicielle.

Il faut attendre la fin des années 1990 pour voir une première question préjudicielle posée par un juge constitutionnel national, en l'occurrence la Cour d'Arbitrage de Belgique.[23] Encore convient-il de signaler que cette question n'avait guère d'implication constitutionnelle. Dès lors, les questions préjudicielles posées par des juges constitutionnels nationaux devaient se développer de manière modérée mais régulière dans le courant des années 2000, notamment sous l'impulsion des juges constitutionnels belge et autrichien,[24] puis se généralisent. Les juges constitutionnels nationaux entrent alors progressivement dans le système juridictionnel de l'Union.

Dans l'ordre chronologique, on peut citer les arrêts ou ordonnances suivant : *Wählergruppe Gemeinsam*[25]*(Autriche)*, *Östeirreichischer Rundfunk*[26]*(Autriche)*, *Clerens*[27]*(Belgique)*, *Ordre des barreaux francophone et germanophone*[28]*(Belgique)*, *Gouvernement de la Communauté française et gouvernement wallon*[29]*(Belgique)*, *Sabatauskas*[30]*(Lituanie)*, *Président*

23 CJCE, arrêt du 16.7.1998, C-93/97 (Fédération belge des chambres syndicales de Médecins ASBL/Gouvernement flamand), Rec. 1998, I-4837.

24 Auteur de la deuxième question préjudicielle ayant conduit à l'arrêt CJCE, arrêt du 8.11.2001, C-143/99 (Adrian Wien Pipeline, Wietersdorfer & Peggauer Zementwerke), Rec. 2001, I-8365.

25 CJCE, arrêt du 8.5.2003, C-171/01 (Wählergruppe Gemeinsam), Rec. 2003, I-4301.

26 CJCE, arrêt du 20.5.2003, C-465/00, C-138/01 et C-139/01 (Österreichischer Rundfunk e.a), Rec. 2003, I-4989.

27 CJCE, ord. du 1.10.2004, C-480/03 (Clerens), EU:C:2004:581.

28 CJCE, arrêt du 26.6.2007, C-305/05 (Ordre des barreaux francophones et germanophone e.a.), Rec. 2007, I-5305.

29 CJCE, arrêt du 1.4.2008, C-212/06 (Gouvernement de la Communauté française et Gouvernement wallon), Rec. 2008, I-1683.

30 CJCE, arrêt du 9.10.2008, C-239/07 (Sabatauskas e.a.), Rec. 2008, I-7523.

du Conseil des Ministres c/Région Sardaigne[31]*(Italie), Melloni*[32]*(Espagne), Jeremy F.*[33](France). Le juge constitutionnel allemand, après une longue résistance, a saisi la Cour de justice d'une question préjudicielle sur le rachat des obligations souveraines par la Banque centrale européenne.[34]

Ce choix de l'utilisation de la procédure préjudicielle part de multiples constats: d'abord le droit de l'Union rencontre toujours davantage les droits constitutionnels ; ensuite les juges constitutionnels entendent ne pas se faire déposséder de compétences par les juges ordinaires du fait du droit de l'Union; enfin, les juges constitutionnels entendent faire entendre leur voix directement auprès de la Cour de justice, dans l'espoir de peser sur sa jurisprudence.

2. *Les réponses de la Cour de justice aux questions préjudicielles posées par les juges constitutionnels.*

A cette recherche de dialogue, non toujours dénuée de rouerie, la Cour fait deux réponses.

D'une part, elle fait preuve d'un libéralisme certain face à ce nouveau type de questions préjudicielles et à leur recevabilité.

Ceci explique que la Cour accueille très volontiers ces nouvelles questions préjudicielles. Notamment, elle ne souligne en rien la particularité de ces saisines, le juge constitutionnel entrant alors tout naturellement dans la catégorie « *juridiction d'un Etat membre* » inscrite à l'article 267 TFUE. Il faut attendre l'affaire *Sabatauskas* en 2008 pour que la particularité du juge constitutionnel, en l'occurrence lituanien, et plus particulièrement de sa compétence, et de son mode de saisine, soit exposée si ce n'est débattue.[35] Mme l'avocat général Kokott dresse un portrait des compétences des juges constitutionnels dont certaines (principalement le contrôle préventif) s'adapteraient mal au texte de l'article 267 TFUE.[36] Reste que la Cour n'a

31 CJCE, arrêt du 17.11.2009, C-169/08 (Presidente del Consiglio dei Ministri), Rec. 2009, I-10821.

32 CJUE, arrêt du 26.2.2013, C-399/11 (Melloni), EU:C:2013:107.

33 CJUE, arrêt du 30.5.2013, C-168/13 (PPU), EU:C:2013:358.

34 CJUE, C-62/14 (Gauweiler e.a.).

35 CJCE, arrêt du 9.10.2008, C-239/07 (Sabatauskas e.a.), Rec. 2008, I-7523, préc..

36 Concl. de l'AG Kokott, 12.6.2008, C-239/07 (Sabatauskas e.a.), EU:C:2008:344 précité, *spéc.* pts 15-18.

pas confirmé cette position de l'avocat général et que le juriste français se voit plongé dans l'incertitude quant au contrôle préventif de constitutionnalité de la loi exercé par le Conseil constitutionnel.

Sur le fond, la Cour est plus ambiguë dans son souci de faire respecter le principe de primauté du droit de l'Union. Pour ce faire, elle insiste sur l'existence d'une répartition des compétences entre elle-même et les juges constitutionnels nationaux. Ainsi, dans le cas de la transposition d'une directive, il revient à la Cour le soin de contrôler la directive, et il revient au juge constitutionnel le soin de contrôler le respect non seulement de l'obligation de transposition mais aussi de contrôler que la directive ne saurait aller à l'encontre directe de la Constitution ou de sa « quintessence » à savoir l'identité constitutionnelle.

Par ailleurs, se dessine le critère Arcelor ainsi exprimé par l'avocat général « *Tandis qu'il est du devoir des juges nationaux de garantir le respect de ces valeurs dans le champ d'application de leurs Constitutions, il est de la responsabilité de la Cour d'en faire de même dans le cadre de l'ordre juridique communautaire* ».[37]

Sur le fond encore, le thème des droits fondamentaux[38] reste une pierre d'achoppement avec les juges constitutionnels nationaux.[39] Le dernier exemple, certainement le plus fort, en date est l'affaire *Melloni*. A rebours de l'interprétation supposée de l'article 53 de la Charte, et à l'encontre des

37 Conclusions de l'AG Maduro, 21.5.2008, C-127/07 (Arcelor), EU:C:2008:292, préc., spéc. pt 15.

38 *Müller-Graff*, in: Andriantsimbazovina/Geslot (ed.), Les Communautés et l'Union européennes face aux défis de l'élargissement, La documentation française, 2005, 223.

39 A titre d'exemples, CJCE, arrêt du 20.5.2003, C-465/00, C-138/01 et C-139/01 (Österreichischer Rundfunk), Rec. 2003, I-4989, préc., à propos de la Directive 95/46/CE du Parlement européen et du Conseil du 24.10.1995, relative à la protection des personnes physiques à l'égard du traitement des données à caractère personnel et à la libre circulation de ces données, JO 1995 L 281/31; CJCE, arrêt du 26.6..2007, C-305/05 (Ordre des barreaux francophone et germanophone e.a.), Rec. 2007, I-5305, préc., à propos de la Directive 31/308/CEE du Conseil, du 10.6.1991, relative à la prévention de l'utilisation du système financier aux fins du blanchiment de capitaux, JO 1991 L 166/77; CJUE, arrêt du 30.5.2013, C-168/13 (PPU), EU:C:2013:358, préc., à propos de la possibilité de former un recours suspensif contre une décision d'exécution du mandat d'arrêt européen ; ou encore, CJUE, arrêt du 26.2.2013, C-399/11 (Melloni), EU:C:2013:107, préc., à propos du mandat d'arrêt européen et du respect des droits de la défense.

prétentions de l'ordre constitutionnel espagnol, la Cour y rappelle le principe de primauté du droit de l'Union.

Au delà cette réaffirmation du principe de primauté, la Cour met en place la possibilité d'une adaptation en fonction du degré de « rattachement » du droit national au droit de l'Union. Elle dessine ainsi une frontière entre les domaines où l'article 53 de la Charte trouverait à s'appliquer et les domaines où l'article 53 de la Charte ne trouve plus à s'appliquer. Dans le cas d'une harmonisation par l'Union européenne, les Etats ne sont plus libres de mettre en avant leur protection constitutionnelle.

Reste à savoir si la Cour pourrait maintenir cette jurisprudence dans le cas où un Etat invoquerait un droit révélateur de son identité constitutionnelle, notion dont on peut supposer qu'elle transcende cette frontière mise en place par la Cour. Et sans nul doute, c'est sur cette notion que les juges constitutionnels doivent appeler la Cour à réfléchir, dans le cadre du dialogue préjudiciel.

Europäische Rechtsgemeinschaft und staatliche Gerichtsbarkeit

Armin Hatje

I. Der europäische Gerichtsverbund

Ein zentrales Element im wissenschaftlichen Werk des Jubilars bilden die Funktionsbedingungen des heutigen Unionsrechts, seine innere Logik und die Voraussetzungen seiner Wirksamkeit.[1] Dass dem Gerichtshof der Europäischen Union bei der Entwicklung der stilprägenden Merkmale des europäischen Rechts besondere Verdienste zukommen, sei hier, obwohl fast schon Gemeinplatz, nur deshalb erwähnt, weil damit zugleich die Schattenseite dieses verdienten Ruhmes umrissen wird: Die bisweilen unterschätzte Rolle der staatlichen Gerichte bei der Entwicklung der Unionsordnung.

Allenfalls schaffen es Verfassungs- und andere Höchstgerichte in die Schlagzeilen. Dabei sind über 60 Jahre europäische Rechtsgemeinschaft ohne die Arbeit der nationalen Fachgerichte nicht denkbar. Mehr noch: Die EU wäre heute nicht, was sie ist, ohne den Mut, die Weitsicht oder einfach nur die ordentliche Arbeit vieler nationaler Richter. Sie sind dem EuGH durch das Vorabentscheidungsverfahren des Art. 267 AEUV in einem Kooperationsverhältnis verbunden. Nur die nationalen Gerichte haben in diesem Verfahren ein Initiativrecht und unter bestimmten Umständen sogar eine Initiativpflicht.[2] Im Kern geht es bei dieser Kooperation um die Wahrung der Rechtseinheit in der EU.[3] Innerhalb dieses Rahmens haben Vorabentscheidungsersuchen allerdings verschiedene Meta-Funktionen, je nachdem, welche Sachverhalte ihnen zugrunde liegen und welche unionsrechtlichen Fragen sie aufwerfen. Es versteht sich von selbst, dass

1 Aus den fast 500 (!) Einzelbeiträgen sei nur exemplarisch auf *Müller-Graff*, in: Müller-Graff (Hrsg.), Europäisches Wirtschaftsordnungsrecht (EnzEuR Bd. 4), Baden-Baden 2014, § 1: Europäisches Wirtschaftsordnungsrecht: Das System, verwiesen.

2 Zum Gerichtsbegriff nach Art. 267 AEUV *von Danwitz*, in: Hatje/Müller-Graff (Hrsg.), Europäisches Organisations- und Verfassungsrecht (EnzEuR Bd. 1), Baden-Baden 2014, § 13: Rechtsschutz in der Europäischen Union, Rn. 25.

3 Vgl. nur EuGH, Urt. v. 16.1.1974, Rs. 166/73 (Rheinmühlen), Slg. 1974, 33 Rn. 2.

in dem hier gesteckten Rahmen keine umfassende Analyse dieser im Einzelnen sehr komplexen Rechtsbeziehungen zwischen nationalen Gerichten und dem EuGH vorgenommen werden kann. Methodisch folgen Sie dem Eisbergprinzip: Dem Wenigen, was gesagt wird, steht ungleich mehr gegenüber, was noch hätte gesagt können oder gar gesagt werden müssen.

II. Funktionen der Justizkooperation im europäischen Rechtsprechungsverbund

In einer Art Querschnittsanalyse sollen vier Funktionen des Vorabentscheidungsverfahrens herausgearbeitet werden, die insbesondere aus der Perspektive nationaler Gerichte bedeutsam sind: Die Erschließung juristischen Neulands (1.), die Bewältigung des gerichtlichen Alltags (2.), die Delegation von Verantwortung (3.) und die Moderation von Kompetenzkonflikten (4.).

1. Erschließung juristischen Neulands

Eine grundlegende Funktion des Vorabentscheidungsverfahrens ist die Erschließung von juristischem Neuland. Ohne die Vorlagen nationaler Gerichte würde es ein Unionsrecht heutigen Zuschnitts nicht geben. So verschaffte die Vorlage der Tariefcommissie Amsterdam in der Rechtssache Van Gend & Loos dem Gerichtshof die Gelegenheit, die Neuartigkeit des damaligen Gemeinschaftsrechts zu begründen und die Voraussetzungen der unmittelbaren Wirkung europäischer Rechtsnormen zu definieren.[4] Dem Friedensgericht Mailand gebührt unser Dank für die Vorlagefragen der Rechtssache Costa / ENEL. Sie gaben dem EuGH die Möglichkeit, den Ball aufzunehmen und die Grundzüge einer neuen Ordnung des Völkerrechts näher zu entfalten.[5] Selbst die falsche Formulierung der Frage erwies sich nachträglich als Glücksfall, weil sie dem Gerichtshof erlaubte, seine Befugnis zur Emanzipation vom Wortlaut einer Vorlage zu betonen.[6]

---

4 EuGH, Urt. v. 5.2.1963, Rs. 26/62 (Van Gend & Loos), Slg. 1963, 1.
5 EuGH, Urt. v. 15.7.1964, Rs. 6/64 (Costa/ENEL), Slg. 1964, 1141, 1270.
6 EuGH (Fn. 5), 1268.

Sicherlich, diese Themen hätten prinzipiell auch Gegenstand einer Vertragsverletzungsklage sein können. Jedoch machte bereits die Rechtssache Van Gend & Loos deutlich, wer die eigentlichen Hüter der Unionsrechtsordnung sind: neben dem EuGH die nationalen Gerichte. Sie sind die stärksten Verbündeten des Einzelnen bei der Durchsetzung seiner Unionsrechte. Denn ohne eine richterliche Vorlage kann der EuGH weder das Unionsrecht auslegen noch – sieht man von der für Einzelne nur punktuell relevanten Nichtigkeitsklage ab – eine Maßnahme des Sekundärrechts für unwirksam erklären. Außerdem lassen sich ohne die verbindliche Streitentscheidung der nationalen Gerichte unionsrechtlich begründete Ansprüche in den Mitgliedstaaten kaum wirksam durchsetzen. Zu Recht wird daher von einem System der dezentralen Kontrolle der Anwendung des Unionsrechts gesprochen.[7]

Den Gerichten kommt dabei eine Doppelfunktion zu. Ihr korrespondiert eine gespaltene Loyalität: Sie sind einerseits die Rechtsprechungsorgane der Mitgliedstaaten und an deren Rechtsordnung gebunden, andererseits verpflichtet sie das Unionsrecht auf verschiedenen Wegen, seine Inhalte mit Vorrang auf nationaler Ebene zu verwirklichen. Würden die nationalen Gerichte ihren Dienst versagen, hätte der Einzelne als Hüter des Unionsrechts einen mächtigen Verbündeten weniger. Aus dieser Perspektive ist das Urteil des EuGH zur drastischen Absenkung des Pensionsalters von Staatsanwälten, Notaren und vor allem Richtern in Ungarn[8] nicht nur eine weitere Entscheidung gegen Altersdiskriminierung, sondern auch eine Maßnahme zur Sicherung der Unabhängigkeit der nationalen Richter mit Blick auf ihre unionsrechtlichen Funktionen. Zahlreiche weitere Urteile ließen sich nennen, wie etwa die rigoros formulierte Entscheidung in der Rechtssache Internationale Handelsgesellschaft, wonach Gemeinschaftsrecht gegenüber jedwedem nationalen Recht einschließlich des Verfassungsrechts einen Anwendungsvorrang genießt.[9] Allerdings zeigt der wei-

---

7 In diesem Sinne auch *Ehlermann*, in: Capotorti/Ehlermann/Frowein/Jacobs u.a. (Hrsg.), Du droit international de'l intégration au droit– Liber amicorum Pierre Pescatore, Baden-Baden 1987, 205; im Übrigen gehören manche Fälle, die beim BVerfG wegen der Verletzung des gesetzlichen Richters durch Nichtvorlage anhängig gemacht wurden, in Wahrheit auch in diese Gruppe der „Neuland-Vorlagen". Sie sind dadurch gekennzeichnet, dass nationale Gerichte sich offenkundig weigern, die sich abzeichnende Weiterentwicklung des Unionsrechts zu befördern.

8 EuGH, Urt. v. 6.11.2012, Rs. C-286/12 (Kommission/Ungarn), EU:C:2012:687.

9 EuGH, Urt. v. 7.12.1970, Rs. 11/70 (Internationale Handelsgesellschaft), Slg. 1970, 1125 Rn. 3.

tere Verlauf der Geschichte, dass gerade dieses Urteil des EuGH zugleich die Grenzen der Akzeptanz des vorlegenden Gerichts berührte. Der nächste Schritt war bekanntlich die Richtervorlage gemäß Art. 100 Abs. 1 GG und der Solange I-Beschluss des Bundesverfassungsgerichts.[10] Ferner zählt auch die Haftung der Mitgliedstaaten für Verletzungen des Unionsrechts zu den Grundsätzen, die abrundend die Neuartigkeit dieses Zusammenschlusses dokumentieren und auf Initiative eines staatlichen Gerichts im Verfahren der Vorabentscheidung grundlegend entwickelt wurden.[11]

Im Ergebnis genügten diese Entscheidungen, die Unionsrechtsordnung vom klassischen Völkerrecht abzugrenzen und ihm das Schicksal zu ersparen, lediglich als geographische Herkunftsbezeichnung traditionellen internationalen Rechts in den Lehrbüchern berücksichtigt zu werden. Anders gesagt: Ohne die gelungene judizielle Kooperation hätten Gemeinschafts- und Unionsrecht wahrscheinlich nie ihre beispiellose Wirksamkeit erlangt.

2. *Bewältigung des gerichtlichen Alltags*

Die zweite Funktion der Vorabentscheidungsersuchen ist die Bewältigung des gerichtlichen Alltags. Sie kann sich mit der Erschließungsfunktion überschneiden, wenn etwa in einem scheinbar unspektakulären Fall eine grundlegende Rechtsfrage steckt, wie es bei Van Gend & Loos der Fall war. Im Regelfall ist diese Gruppe durch Vorlagefragen gekennzeichnet, deren sachliche Relevanz sich auf den konkreten Fall oder eher technische Materien beschränkt. Deshalb eignen sich diese Fälle in der Regel nicht als „Landmark Cases“. Daher sind „Constitutional Moments“[12] meist nicht zu erwarten. Hierzu gehören vor allem die zahlreichen Verfahren zur Auslegung des Gemeinsamen Zolltarifs, der Umsatzsteuer-Richtlinien und selbst der Grundfreiheiten. Ein wesentliches Kennzeichen dieser Verfahren ist die – im Einzelfall selbstverständlich individuell höchst

---

10 BVerfG, 29.5.1974 – 2 BvL 52/71 (Solange I).

11 Siehe nur EuGH, Urt. v. 19.11.1991, verb. Rs. C-6/90 und C-9/90 (Francovich), Slg. 1991, I-5357; EuGH, Urt. v. 5.3.1996, verb. Rs. C-46/93 und C-48/93 (Brasserie du Pecheur u.a.), Slg. 1996, I-1029.

12 Siehe etwa *Kotzur*, in: Häberle (Hrsg.), Jahrbuch des Öffentlichen Rechts der Gegenwart – Neue Folge Band 62, Tübingen 2014, 445, in Anlehnung an Bruce Ackerman.

bedeutsame – Bearbeitung alltäglicher Rechtsfragen. Ihnen wohnt für den Unbeteiligten meist ein Zug der Langeweile inne. Allenfalls eignen sich etwa Probleme der Einordnung in den Gemeinsamen Zolltarif als anekdotisches Rohmaterial für Vorträge oder Vorlesungen, wenn z.B. die Tarifierung von Christbaumschmuck[13] oder Geflügelteilen[14] geklärt werden soll. Ihre prinzipielle Bedeutung liegt gerade darin, dass sie Ausdruck der judiziellen Normalität im vereinigten Europa sind, was wiederum das Vorabentscheidungsersuchen als ein selbstverständliches Instrument der Rechtsfindung nationaler Gerichte kenntlich macht.

3. Delegation der Entscheidungsverantwortung

Ferner nutzen staatliche Gerichte die Vorabentscheidungsmöglichkeit zur Verlagerung der Entscheidungslast auf den Gerichtshof. Sie rufen den EuGH an, um ein gewünschtes oder befürchtetes Ergebnis (dann wenigstens) „von Luxemburg" absegnen zu lassen. Wohlgemerkt, damit soll kein negatives Urteil oder gar ein Vorwurf verbunden sein. Vielmehr wird nur eine Technik beschrieben, welche die Verantwortung für kontroverse Ergebnisse auf zwei Ebenen verteilt und die das europäische Recht durchaus voran gebracht hat.

Auch hierfür ist die Rechtsprechung des EuGH zur Haftung der Mitgliedstaaten für Verletzungen des Unionsrechts ein wichtiges Beispiel. Durch sie wurden nicht nur in Deutschland haftungsrechtliche Tabus gebrochen. Dazu gehören namentlich der Haftungsausschluss für legislatives Unrecht und die Haftungsbeschränkungen für richterliches Fehlverhalten. So führte die haftungsrechtliche Privilegierung des parlamentarischen Gesetzgebers zur Vorlageentscheidung in der Rechtssache Francovich.[15] Auch die Klage der Brasserie du Pecheur gegen die Bundesrepublik Deutschland drehte sich u.a. um die Frage, ob legislatives Unterlassen eine Amtshaftung des deutschen Staates begründen kann.[16] Bekanntlich schließt der BGH in ständiger Rechtsprechung in diesen Fällen eine Haftung generell aus. Die Vorlage an den EuGH mit ihrem sicher zu erwartenden Ergebnis vermittelte dem BGH immerhin die Legitimation, eine

---

13 Vgl. etwa EuGH, Urt. v. 14.7.1981, Rs. 205/80 (ELBA), Slg. 1981, 2097.
14 Vgl. EuGH, Urt. v. 18.2.1970, Rs. 40/69 (Bollmann), Slg. 1970, 69.
15 Siehe EuGH (Fn. 11).
16 Siehe EuGH (Fn. 11).

Haftung des Staates zumindest nicht a priori auszuschließen. Dass der europäische Anspruch gleichwohl im Ergebnis nicht durchgriff, steht auf einem anderen Blatt.[17] In dieselbe Kategorie fällt die Rechtssache Köbler.[18] Sie machte deutlich, dass es im Anwendungsbereich des Unionsrechts keinen prinzipiellen Haftungsausschluss für richterliches Unrecht geben kann.[19] Auch in diesem Fall muss dem vorlegenden Gericht bewusst gewesen sein, welche Folgen die Vorlage für eine nationale Regelung haben kann, die eine Haftung für judikatives Unrecht explizit ausschließt.

Ähnlich dürfte auch die Vorlage des britischen House of Lords in der Rechtssache Factortame einzuordnen sein.[20] Sie hatte die Frage zum Gegenstand, ob das Gemeinschaftsrecht einem nationalen Grundsatz entgegensteht, der vorläufigen Rechtsschutz gegen Gesetze ihrer Majestät verbietet, wenn dadurch die praktische Wirksamkeit des Vorabentscheidungsverfahrens in Frage gestellt wird. Konkret ging es um gesetzliche Vorschriften über Niederlassungsbeschränkungen für ausländische Betreiber von Fischereifahrzeugen. Die Antwort des Gerichtshofs schränkte die Wirkung des sog. crown privilege entscheidend ein, welches den Gerichten untersagt, gegen die Krone einstweilige Maßnahmen zu erlassen.[21] Weitere Beispiele, wie etwa das Urteil in der Rechtssache Viking Line,[22] welches die Kollision zwischen einer Grundfreiheit und Arbeitnehmerrechten zum Gegenstand hatte, ließen sich nennen, die in diese Gruppe einzureihen wären. Es wäre naiv zu glauben, die vorlegenden Richter hätten nicht gewusst, dass die Antwort des Gerichtshofs über ihren konkreten Fall hinaus reichen wird. Gerade deshalb, so darf man vermuten, wurde zusätzlich der EuGH bemüht, um die Last der Verantwortung zu teilen.

Darüber hinaus ist auch der Fall Mangold durch eine Delegation von Entscheidungsverantwortung gekennzeichnet.[23] Die Nichtanwendung

---

17 Dazu eingehend *Hatje* EuR 1997, 297.

18 EuGH, Urt. v. 30.9.2003, Rs. C-224/01 (Köbler), Slg. 2003, I-10239.

19 Zum Problemkreis der Haftung für judikatives Unrecht näher *Terhechte*, in: Deutsches Anwaltsinstitut (Hrsg.), Brennpunkte des Verwaltungsrechts 2010, Berlin 2010, 280.

20 EuGH, Urt. v. 19.6.1990, Rs. 213/89 (Factortame), Slg. 1990, I-2433.

21 EuGH (Fn. 20), Rn. 21.

22 EuGH, Urt. v. 11.12.2007, Rs. C-438/05 (Viking Line), Slg. 2007, I-10779.

23 EuGH, Urt. v. 22.11.2005, Rs. C-144/04 (Mangold), Slg. 2005, I-9981; zu der daran anschließenden Grundsatzdiskussion siehe auch *Hatje*, in: FS für H. P. Bull, Mehde/Ramsauer/Seckelmann (Hrsg.), 2011, 137.

einer Befristungsregelung für ältere Arbeitnehmer fiel dem Gericht nach der Entscheidung des EuGH sicherlich leichter. Schließlich kann man sich fragen, ob nicht auch die Richter von Tanja Kreil die Schützenhilfe in Luxemburg gesucht haben, um über ihren Zugangsanspruch zur Bundeswehr entscheiden zu können.[24] Immerhin stand einer der Klage stattgebenden Entscheidung neben einfachrechtlichen Vorschriften auch das verfassungsrechtlich begründete Gebot des Ausschlusses von Frauen vom Dienst mit der Waffe entgegen.[25]

4. *Moderation von Kompetenzkonflikten*

Eine vierte Funktion von Vorabentscheidungsersuchen dient der Moderation justizieller Konflikte. Dabei geht es vor allem um eine genauere Abgrenzung der Jurisdiktionen. Selbstverständlich schwingt diese Frage bei jeder Auslegungs- oder Gültigkeitsvorlage mit. Jedoch gibt es Fallgestaltungen, in denen sich die Machtfrage im Justizverbund in aller Deutlichkeit stellt. Erinnert sei an den Widerstand des Bundesfinanzhofes gegen die unmittelbare Wirkung von Richtlinien,[26] die Vorbehalte in Grundrechtsfragen der italienischen Corte Constituzionale und des Bundesverfassungsgerichts, die einschränkende Rechtsprechung des polnischen Verfassungsgerichts zur Vorrangwirkung des Unionsrechts im Hinblick auf die Verfassung, oder die Vorbehalte des dänischen Höchstgerichts und des Bundesverfassungsgerichts bei (vermeintlichen) ultra vires-Akten der Union.[27] In allen diesen Fällen wird die Letztentscheidungskompetenz des Gerichtshofs für die Auslegung und die Entscheidung über die Wirksamkeit des Unionsrechts in Frage gestellt.

Wie immer man zu den Positionen der nationalen Gerichte im Einzelnen steht, soviel ist klar: An diesem Punkt hat die Rechtsgemeinschaft eine Grenze erreicht. Sie hält für diese Fälle keine allgemein verbindliche oder zumindest akzeptierte Kollisionsregel bereit. Immerhin betont etwa das BVerfG bei der Klärung von Zweifeln an der Vereinbarkeit von

---

24 EuGH, Urt. v. 11.1.2000, Rs. C-285/98 (Kreil), Slg. 2000, I-69.

25 EuGH (Fn. 24), Rn. 12.

26 Dieser Konflikt spiegelt sich in der Kloppenburg-Entscheidung des Bundesverfassungsgerichts wider, BVerfG, 8.4.1987 – 2 BvR 687/85 (Kloppenburg).

27 Siehe dazu näher *Hatje*, in: Schwarze/Becker/Hatje/Schoo (Hrsg.), EU-Kommentar, 3. Aufl. 2012, Art. 4 EUV Rn. 43.

Rechtsakten der EU mit der Kompetenzordnung den Vorrang des Gerichtshofs, prozessual also den Vorrang des Vorabentscheidungsverfahrens vor der Verfassungsbeschwerde und der konkreten Normenkontrolle.[28] Jedoch bleibt ein Rest an Unsicherheit bestehen, wenn der Gerichtshof einen Unionsakt für kompetenzgemäß erklärt, das vorlegende Gericht aber weiterhin Zweifel an der Zuständigkeit der Union hat. Der Solange I-Beschluss des BVerfG von 1974 betraf genau eine solche Situation.[29] Auch im derzeit anhängigen Verfahren zur Verbindlichkeit des OMT-Beschlusses der europäischen Zentralbank geht es um das berühmte „letzte Wort“ im europäischen Justizverbund.[30] Die Antwort hängt davon ab, wie weit die Autonomie des Unionsrechts reicht. Der Gerichtshof geht von einer absoluten Autonomie aus, die jede unionsrechtliche Frage seiner abschließenden Entscheidung unterwirft. Die meisten mitgliedstaatlichen Höchst- und Obergerichte sehen die Autonomie durch staatliches Recht begrenzt, zumal durch das nationale Verfassungsrecht, welches den Rahmen definiert, innerhalb dessen sich das betreffende Land an der europäischen Integration beteiligen darf. Je nachdem, welche Konzeption man zugrunde legt, von denen keine zwingend ist, kommt man zu unterschiedlichen Antworten bei der Frage nach dem „letzten Wort“.

Wer dies als Mangel der europäischen Rechtsordnung begreift, übersieht die enge Beziehung zwischen Rechtsgemeinschaft und politischer Union. Das Recht kann nicht mehr Einheit schaffen, als die politische Union anstrebt. Sie bleibt ausweislich der vertraglichen Ziele unterhalb der Schwelle staatlicher Einheit, während die staatlichen Verfassungen von der Fortexistenz ihres Substrats ausgehen. Wenn Recht zumindest auch verbindliche Politik ist, so bleibt einem nichts anderes übrig, als diese durch die beschränkte politische Union vorgezeichnete Grenze der Rechtsgemeinschaft anzuerkennen. Umso wichtiger ist die prozedurale Einhegung dieser grundlegenden Konflikte in das Vorabentscheidungsverfah-

28 BVerfG, 6.7.2010 – 2 BvR 2661/06 (Honeywell).

29 BVerfG, 29.5.1974 – 2 BvL 52/71 (Solange I); es war gleichsam das „Nachbeben“ der Entscheidung des EuGH in der Rechtssache „Internationale Handelsgesellschaft“.

30 Siehe hierzu *Mayer* EuR 2014, 473; *Gött* EuR 2014, 514.

ren.[31] In diesem Rahmen kann ein rechtlich geordneter Dialog der Gerichte stattfinden, der einen schonenden Ausgleich der Positionen ermöglicht.

III. Zusammenfassung

Die Rolle der nationalen Gerichte für die Entwicklung des Unionsrechts als „neuer Rechtsordnung des Völkerrechts", als „eigenständiger Rechtsordnung" oder als „autonomer Rechtsordnung" kann gar nicht überschätzt werden. Durch Art. 267 AEUV ermächtigt und in bestimmten Fällen sogar verpflichtet, bilden sie das wichtigste Bindeglied zwischen dem Einzelnen und dem EuGH. Erst durch die nationalen Gerichte bekommt das Unionsrecht die tatsächliche Durchschlagskraft, die notwendig ist, um die anspruchsvollen Ziele der EU zu erreichen. Gleichzeitig erfüllt der EuGH für die nationalen Gerichte wichtige Funktionen, die sich nicht in der Sicherung der Einheit des Unionsrechts erschöpfen. In diesem prozedural-institutionellen Rahmen sind die wesentlichen Konzepte des Unionsrechts entstanden, die Peter-Christian Müller-Graff in seiner wissenschaftlichen Arbeit immer wieder inspiriert haben.

---

31 So *Müller-Graff* in einem Diskussionsbeitrag auf dem XXIII. Wissenschaftliches Kolloquium der Wissenschaftlichen Gesellschaft für Europarecht am 27./28. November 2014 in Berlin (Thema: Europäisches Unionsrecht in der Rechtsprechung nationaler Obergerichte).

Gemeinwohl und nationale Identität

Michael Anderheiden

Es war keine leichte Aufgabe für Konrad Peutinger.[1] Der Augsburger Stadtschreiber[2] war geladen, den schier unheimlichen Reichtum der Stadt und ihrer Großkaufleute zu verteidigen. Widersprach dieser nicht eklatant dem Gemeinwohl? Musste nicht, wo so viel Licht gebündelt war, noch viel mehr im Schatten liegen? Wurden die wenigen Reichen nicht aufgewogen durch eine Unzahl Armer, ja bettelarmer Mitmenschen, Brüder und Schwestern im Herrn? Und verarmten nicht tatsächlich viele, auch vormals wohlhabende Bürger und Adelige, während einige wenige, vor allem die im Fernhandel Tätigen aus Süddeutschland, unermesslich reich wurden?

Dem Humanisten und Juristen Peutinger stand eine selten geschlossene allgemeine Meinung gegenüber: Was der eine sich nimmt, und sei es noch so rechtmäßig, entbehrte nach der Vorstellung der Zeit und aller Tradition dem anderen. Eine solche Schieflage war nicht nur ungerecht, sie widersprach auch fundamental den Gemeinwohlvorstellungen. Und da war es ganz gleich, ob er einen katholischen, einen lutherischen oder einen reformierten Verteidiger von Gemeinwohl und Gerechtigkeit traf: Übergroßer Reichtum, der nicht auf einer besonderen Zuweisung des Herrn beruhte, war Sünde, im Ergebnis Unrecht, ungerecht und gemeinwohlschädlich.[3]

Peutingers große Rede vor dem Reichstag in seiner Heimatstadt Augsburg 1530 ist nicht im Wortlaut überliefert. Aber in der Sache wissen wir, welch historische Stunde geschlagen hatte: Denn Peutinger entwickelte als Erster einigermaßen systematisch und zielführend für die Verteidigung der Stadt Augsburg, ihrer Fugger und Welser den Gedanken des Mehrwerts:

---

1 Zu Peutinger (1465-1547) s. *Biehler*, Der Eigennutz – Feind oder „wahre Begründer" des Gemeinwohls?, Epfendorf 2011, S. 227 ff. m. w. N.

2 Entspricht heute dem für Rechtsfragen zuständigen Bürgermeister.

3 Zur katholischen Haltung s. *v. Aquin*, De Regimine Principum I, 14; bei *Luther*, Kleiner Sermon gegen den Wucher, 1519; *ders.*, Großer Sermon gegen den Wucher, 1520; zu Th. Müntzer und anderen in den Bauernkriegen: *Biehler* (Fn. 1), 126 f., für Calvin: Brief Calvins an Claude de Sachin, 1545, CO 10/1, 245-249 (Begründung für die Begrenzung des erlaubten Zinssatzes auf 5%).

Was der eine besitzt und nutzt, wird nicht notwendig jemand anderem weggenommen, ja es muss dem anderen nicht einmal zum Schaden gereichen. Obwohl einige wenige wohlhabender, ja sehr viel wohlhabender sind als andere, kann es dennoch sein, dass diese Ungleichverteilung zum Vorteil aller ist. Der Eigennutz kann zum Gemeinwohl führen, selbst ein Monopol allgemeinen Wohlstand befördern. Das augustinische ex malo bonum[4] verbindet sich so zur Zeit der Reformation mit dem durch Giles von Rom und anderen propagierten Gedanken, dass das gemeine Wohl innerweltlich zu definieren sei.[5] Das Gemeinwohl lässt damit eine Ungleichverteilung der materiellen Güter zu, ja fordert diese geradezu, während es Fragen der gerechten Verteilung offen lässt. Peutinger löste damit das „Gemeinwohl" von der „Gerechtigkeit" und schuf so die Voraussetzung, den Reichtum seiner Heimatstadt und ihrer Bürger zu legitimieren. Zugleich spaltete er die Phalanx seiner Gegner, denn die stritten untereinander darüber, welche Verteilung „gerecht" genannt werden durfte.

Die weiteren Folgen von Peutingers bahnbrechender Argumentation sind noch gravierender: Es bedurfte nun nicht notwendig mehr einer Verteidigung, wenn ein einfach geborener Mann (von Frauen war noch länger nicht die Rede) durch Fleiß, Geschick und Glück wohlhabend wurde. Dazu bedurfte es insbesondere keiner Vorrechte durch Geburt, keiner Heirat in höhere Stände, keiner Absicherung durch die Verleihung eines Adelstitels. Bürgerschaft und Adel konnten endgültig auseinanderfallen, jener aufsteigen und dieser verarmen, ja beide Schichten wurden permeabel, auch von unten her und weiter nach unten. Das Gemeinwohl verlangte weitergehend die gesellschaftliche Einteilung in Stände nicht mehr. Es konnte sie hinnehmen, aber wenn die Zeit reif erschien, auch verwerfen. Damit war die Frage des Gemeinwohls im Prinzip auch gelöst von der Vorgegebenheit einer Staatsform: Nicht mehr die Monarchie als Spitze einer hierarchisch gestaffelten Gesellschaft,[6] nicht mehr die prinzipielle Unterteilung in adelig und bürgerlich, nicht mehr eine Herrschaft von Gottes Gnaden unter bloßer weltlicher oder geistlicher Beratung war gefor-

---

4 *Augustinus*, Predigten, Predigt LXI, Abschnitt 2 („Sed qui semper est bonus, ipse facit ex malo bonum"), gegen Seneca, Epistulae morales 87, 22 gerichtet („Non nascitur itaque ex malo bonum, non magis quam ficus ex olis.").

5 Zu Giles von Rom, James von Viterbo und John de Paris s. *Kempshall*, The Common Good in Late Medieval Political Thought, Oxford 1999, S. 266 ff.

6 Das Bild entstand knapp vier Jahrhunderte zuvor (1156-59): *v. Salesbury*, Policraticus, Cambridge 1990, Buch VI, Kap. 24 und 25, S. 131 ff.

dert, vielmehr war das Tor weit offen für andere Formen der staatlichen Organisation, für Republiken und Demokratien, für ein allgemeines und gleiches oder ein nach Besitz- und Steuerklassen gestaffeltes Wahlrecht. Das Gemeinwohl konnte sich mit anderen Systemgedanken verbinden und wurde formbar, Gemeinwohlvorstellungen konnten inhaltlich differieren und dennoch legitim sein. Die Aufhebung der Landherrschaft oder ihre revolutionäre Überwindung wurden in der Rückschau seit jenem Jahr 1530 denkbar. Peutinger selbst dürfte das alles kaum vor Augen gestanden haben.

Was in der Rückschau denkbar wurde, harrte vielmehr noch ein, zwei Jahrhunderte der Umsetzung, ja, und das ist heute das Entscheidende, es gab keine gemeinsame Umsetzung dieses Gedankens. Diese war weder nötig, noch wünschenswert. Die gemeineuropäische Einigkeit darüber, dass Gemeinwohl mit Gerechtigkeit eng zusammenhing, und die damit einhergehende relativ strikt vorgegebene Vorstellung davon, was dem Gemeinwohl diente, wich einer Pluralität der Auffassungen, was das Gemeinwohl denn nun fordere. Entsprechend konnte praktisch experimentiert und theoretisch plausibilisiert werden.

Bedeutsam wurde Adam Smiths berühmte Abhandlung über den „Wealth of Nations". Fünf Bücher lang legt Smith auseinander, warum es prinzipiell zum Vorteil aller sei, den Markt sich frei entwickeln zu lassen. Erst im sechsten Buch geht er über zu den Problemen des Marktversagens und führt hier einige altbekannte Erscheinungen zusammen zu einer ersten Theorie der öffentlichen Güter. Alle weitere ökonomische Theorie entwickelt sich von Smith aus. Das Element des Marktversagens wird häufig als Extremfall marginalisiert, aber auch prominent ins Zentrum der Untersuchungen gerückt.[7] Wenn es eine ökonomische Einigkeit gibt, dann diejenige, dass es angesichts divergierender Umstände häufig genug unterschiedliche Antworten darauf gibt, wie denn nun rational das Gemeinwohl zu fassen und zu verwirklichen sei. Entsprechend haben die im 19. Jahrhundert entstandenen, planvoll regierten Nationalstaaten recht unterschiedliche Antworten darauf gefunden, mit Marktversagen umzugehen. Zugleich prägen diese Antworten auf die Herausforderung des Marktversagens heute die Wirtschafts- und Sozialpolitik sowohl der Staaten, vor al-

---

7 Bei Pareto etwa oder Kaldor und Hicks, bei Musgrave und, ganz aktuell, bei Tirole, dem Träger des landläufig so genannten „Nobelpreises" für Ökonomie 2014, und in Deutschland etwa von *Fritsch*, Marktversagen und Wirtschaftspolitik, München 2011.

lem in Europa, als auch der überstaatlichen Verbünde und hier zu allererst der EU. Mit gewissem Recht lässt sich deshalb sagen, dass die unterschiedlichen, aber immer für das Wohlergehen eines Staates zentralen Antworten auf die Fragen des Marktversagens die nationale Identität der europäischen Staaten mindestens genauso ausmachen wie die davon nicht völlig gelösten Fragen der Staatsorganisation und der sozialen Gerechtigkeit.

Um so erstaunlicher ist, dass diese Facette nationalen Denkens in der Kommentierung zu Artikel 4 Absatz 2 des EU-Vertrages wie auch schon zuvor zu den Identitätsklauseln des Art. F Abs. 1 Hs. 1 EUV-Maastricht und Art. 6 Abs. 3 EUV-Amsterdam kaum thematisiert wird und auch als Negativfolie für Art. 17 Abs. 3 AEUV, soweit ersichtlich, keine Rolle spielt. Gewiss wird das Gemeinwohl, sei es als nationales Wohl, sei es als europäisches Gemeinwohl, nicht expressis verbis in den Verträgen erwähnt. Die Präzisierung, die der Begriff der „*nationalen Identität*“ in Art. 4 Abs. 2 EUV erfahren hat, lässt aber eine Querverbindung zum Gemeinwohl zu, denn die dort exemplarisch angeführten „grundlegenden (…) Strukturen“ nationaler Identität sind bewusst offen formuliert.[8] Wenn also die Ausführungen in Art. 4 Abs. 2 EUV nur exemplarischen Charakter haben, dann fragt sich, wie „nationale Identität“ dort zu verstehen ist.

Einigkeit besteht insoweit, dass der Begriff zwar ein europarechtlicher ist, aber dennoch von den dazu berufenen souveränen Staaten auszufüllen sei. Eine vollständige Definition durch die EU wäre in der Tat ein pragmatischer Widerspruch. Dennoch lassen sich gemeineuropäisch notwendige, aber nicht hinreichende Konturen eines solchen Begriffs aus dem Europarecht heraus ableiten. Zunächst einmal ist „nationale“ Identität in Art. 4 II EUV staatliche Identität; denn bei einem Auseinanderfallen von nationalem Selbstverständnis und Staatlichkeit in Vielvölkerstaaten könnten sonst die einzelnen Völker jeweils ihre Identität definieren, hätten also Schotten eine schottische Identität, Katalanen eine katalanische, die Menschen in Flandern eine flämische, usw. Art. 4 Abs. 2 EUV soll aber eine britische, belgische, spanische etc. Identität schützen. Der Grund liegt auf der Hand: Die Vorschrift soll dem Machtstreben der EU Grenzen ziehen zugunsten der Mitgliedstaaten, ihnen Sphären der Eigenverantwortung vorbehalten, zumindest aber[9] Gegenstandsbereiche zur vorrangigen Erledigung überlas-

8 Zur Entstehung: *v. Bogdandy/Schill*, in: Grabitz/Hilf/Nettesheim, Das Recht der Europäischen Union Kommentar, Stand 2010, Art. 4 EUV, Rn. 3 f.

9 So *Britz* EuR 2010, Beiheft 1, 151 ff.

sen. Die Vorschrift steht in engem Zusammenhang mit dem Subsidiaritäts- und dem Grundrechtsvorbehalt und dient so der Vermeidung und allfälligen Lösung von Zuständigkeitskonflikten in Europa. In solche Konflikte können aber nur die Akteure des Europarechts kommen, also die EU und die Staaten, nicht aber die Nationen. Auch soweit die Nationen als (autonome) Regionen in Europa anzusehen sind und vor allem über Art. 300 AEUV an der europäischen Willensbildung mitwirken, kommt ihnen nur beratende, nicht mitentscheidende Funktion zu, so dass ein harter Interessenkonflikt, wie ihn Art. 4 Abs. 2 EUV auflösen soll, nicht vorgesehen ist.

Weitergehend wird „Identität" im Zusammenhang des Art. 4 Abs. 2 EV objektiv oder intersubjektiv, jedenfalls aber nicht subjektiv verstanden. Das subjektive Verständnis von „Identität" stellt auf die persönliche Identifikation mit etwas, vor allem einer Person mit einem Kollektiv oder einem Ziel ab.[10] Hier geht es aber nicht um die subjektive Identifikation eines Staates (so es das überhaupt gibt) mit einem anderen Kollektiv. Auch ist die innere Verbundenheit eines States mit einem Ziel nicht hinreichend, wie sich aus der exemplarischen Aufzählung von Identitätsbildenden Faktoren in Art. 4 Abs. 2 EUV ergibt; denn diese erfordern sämtlich mehr als nur eine bloß immanente oder programmatische staatliche Haltung, sie erfordern deren Objektivierung. Insofern unterscheidet sich Art. 4 Abs. 2 EUV von Art. 17 Abs. 3 AEUV, der die Kirchen (und wohl auch die Religions- und Weltanschauungsgemeinschaften) bereits in ihrer subjektiven Identität schützt. Unter „objektiver Identität" versteht man dagegen die manifest besonders wichtigen, persönlichkeits- bzw. strukturprägenden Attribute einer natürlichen oder juristischen Person.

Dabei sind einerseits die Subjekte einer Art von denen einer anderen Art unterschieden, etwa Staaten von Kommunen, andererseits differieren die Subjekte einer Art, also etwa ein Staat von anderen, sei es einzeln (anderen Staaten) oder in Gruppen (Mitglieder bestimmter völkerrechtlicher Organisationen). Die gemeinsame Identität innerhalb des Typus Staat lässt weitergehend für die Untergruppe der Mitgliedstaaten der EU eine gemeineuropäische Identität zu.

Im Fokus steht so zunächst die Staatlichkeit eines Staates. Diese lässt sich aus dem allgemeinen Begriff des Staates gewinnen, indem dessen Minima benannt werden: Staaten können ohne Rücksicht auf konkrete Zu-

---

10 So etwa bei *Bos*, in: Müller-Graff (Hrsg.), Der Zusammenhalt Europas – in Vielfalt geeint, 2009, 73 ff.

stände nach überkommener und weithin geteilter Lehre[11] nicht ihr Staatsvolk einfach austauschen oder aufgeben, ohne unterzugehen, sie können nicht ihr Staatsgebiet vollständig ändern, sie müssen gewisse Kompetenzen über ihre Kompetenzen und deren Wahrnehmung behalten, um Staatsgewalt ausüben zu können. Das schließt selbstverständlich nicht aus, dass Staatsvolk, Staatsgebiet und Staatsgewalt allmähliche Änderungen erfahren: Die Ein- und Ausbürgerungsregeln können nach und nach geändert werden, ohne dass ein Staat untergeht, Teile des Staatsgebiets können ausgegliedert oder neue Gebiete in einen Staat integriert werden, Teile der Staatsgewalt können etwa auf eine suprastaatliche Einrichtung übertragen werden.

Identitätsbildend für konkrete Staaten sind nur solche Attribute, die sie in ihrem historischen Selbstverständnis und ihrem manifesten überkommenen Geltungsanspruch nicht aufgeben können, ohne in ihrer Individualität als Einzelne oder in einer eng definierten Gemeinschaft von Staaten unterzugehen. Allen Mitgliedstaaten der EU gemeinsam sind dabei die Charakteristika, die ihnen erst die Gründung der bzw. den Beitritt zur Europäischen Union ermöglicht haben, also die Kopenhagener Konvergenzkriterien. Erst auf der dritten Stufe kommen, neben den in Art. 4 II EUV genannten Strukturen, vor allem Gemeinwohlkonkretisierungen in Betracht, die dann in ihren Bedeutsamkeitsabschichtungen für diesen einen Staat charakteristisch sind und sich vor allem in den verfassungsrechtlichen Festlegungen zeigen. Das Bundesverfassungsgericht zieht insofern regelmäßig Art. 79 III GG i.V.m. Art. 1 und 20 GG heran.[12]

Demnach lässt sich fragen, ob das Bundesverfassungsgericht, ungeachtet der Kritik an der Festlegung eines Katalogs verfassungsnotwendiger Staatsaufgaben,[13] gut daran getan hat, als solche „unaufgebbaren Bereiche" für Deutschland gleichrangig materiellen Einsatz und prozeduralen Gebrauch des Strafrechts, das staatliche Gewaltmonopol, das Budgetrecht, die sozialstaatliche Gestaltung von Lebensbereichen und „kulturell besonders bedeutsame Entscheidungen etwa im Familienrecht, Schul- und Bil-

---

11 *Jellinek*, Allgemeine Staatslehre, 2. Aufl. 1905, S. 183. Mehr verlangen viele, weniger, nämlich nur ein Normensystem, verlangen Kelsen und seine Anhänger.

12 Zuletzt und m.w.N. BVerfG, Vorlagebeschl. V. 14.1.2014 - 2 BvR 2728/13 u.a., 2 BvE 13/13 (OMT-Beschluss), DE:BVerfG:2014:rs20140114.2bvr272813, Rn. 22 und 27 ff.

13 Exemplarisch *Halberstam/Möllers* GLJ 10 (2009), 1241, 1250, unter http://www.germanlawjournal.com/index.php?pageID=11&artID=1157.

dungssystem oder über den Umgang mit religiösen Gemeinschaften" auszumachen[14] und dem wenig später die „Wahrung der haushaltspolitischen Gesamtverantwortung des Deutschen Bundestages" hinzuzufügen.[15]

Nach der hier verfolgten Differenzierung dürften das Budgetrecht und die Kompetenz-Kompetenz im Einsatz von Gewalt (vulgo: Gewaltmonopol) bereits zum Begriff von Staatlichkeit insgesamt gehören, die Definition des Einsatzbereiches des materiellen wie prozeduralen Strafrechts eine spezifische Konkretisierung des Gewaltmonopols darstellen. Dagegen sind die beiden Bereiche des sozialen Zusammenlebens und der kulturellen deutschen Spezifika Attribute gerade deutscher Staatlichkeit: Sie können zwar hinweggedacht werden, ohne dass die Staatlichkeit Deutschlands auf dem Spiel stünde, sie sind aber zentraler Teil der gegenwärtigen deutschen Verfassungslage. Ohne Budget und sein Recht dagegen kommt nur eine personale Herrschaft, aber kein Staat aus. Und ohne den Anspruch, den Einsatz von Gewalt nach innen und außen im letzten zu kontrollieren, wenn auch vielleicht in vielen Bereichen zu delegieren, ist Staatsgewalt ebenfalls nicht denkbar. Ein Gebilde ohne Budget und Anspruch auf das Gewaltmonopol wäre kein Staat, selbst wenn es die mit Staatlichkeit verfolgten Gemeinwohlziele eines grundsätzlichen Friedenszustandes und der Fähigkeit, Marktversagen zu bekämpfen, ebenfalls garantieren könnte.

Die „Wahrung der haushaltspolitischen Gesamtverantwortung des Deutschen Bundestages" schließlich ist zuvörderst eine organisationsrechtliche Aufgabe, freilich mit demokratiehistorischem Hintergrund („no taxation without representation"). Denn der Bundestag soll nicht verpflichtet sein, die Haftung für Willensentscheidungen Dritter mit schwerkalkulierbaren Folgewirkungen zu übernehmen. Auf dem Gebiet des Budgetrechts muss der Bundestag vielmehr „Herr seiner Beschlüsse" bleiben.[16] Das Kriterium der „Wahrung der haushaltspolitischen Gesamtverantwortung des Deutschen Bundestages" kombiniert so das alte parlamentarische Vorrecht des Budgets mit der staatlichen Unabhängigkeit eines im Staatenverbund eingehegten Gemeinwesens. Die demokratische Anknüp-

14 BVerfG, Urt. v. 30.6.2009 – 2 BvE 2/08, NJW 2009, 2267, 2276 ff., Rn. 267, 359 ff.

15 BVerfG, Urt. v. 12.9.2012 – 2 BvR 1390/12 u.a., 2 BvE 6/12, NJW 2012, 3145, 3147, Rn. 195, 239 ff.

16 Inzwischen st. Rspr: BVerfG, Urt. v. 12.9.2012 - 2 BvR 1390/12 u.a., NJW 2012, 3145, 3147, Rn. 195, 239; Vorlagebeschl. v. 14.1.2014 - 2 BvR 2728/13 u.a., NJW 2014, 907, 916, Rn. 102.

fung zeigt einerseits die Besonderheiten der deutschen parlamentarischen Demokratie, andererseits den Bezug zum Gemeinwohlunterfangen solider öffentlicher Haushaltsführung.

Es sind diese beiden Gegenstandsbereiche, die exemplarisch im Staatenverbund zugeordnet werden müssen: Die Verpflichtung auf die (Mitglied)Staatlichkeit der Mitgliedstaaten ist Aufgabe aller Kräfte in der EU, die Sorge um die staatliche Gemeinwohlsicherung Aufgabe zuvörderst der jeweils staatlichen Organe. In diesem Zusammenwirken tritt dann die nationale Identität der Mitgliedstaaten gem. Art. 4 Abs. 2 EUV hervor – nicht nur, aber vor allem als Vorbehalt der Aufgabenwahrnehmung.[17] Die Grundlagen der daraus resultierenden Diversifizierung in der EU legte unwissentlich Konrad Peutinger vor fast 500 Jahren.

---

17 Ganz parallel lässt sich dann die Beschränkung der Grundfreiheiten konstruieren, s. dazu *Müller-Graff*, in: Hatje/Müller-Graff (Hrsg.), Enzyklopädie Europarecht, Band I, 3. Aufl. Baden-Baden 2014, § 9, Rn. 54 ff.

Konkurrierende Strafgewalten im Raum der Freiheit, der Sicherheit und des Rechts

Martin Böse

I. Einleitung

Aus der Perspektive des Strafrechtlers stechen aus dem umfangreichen Werk des Jubilars seine Beiträge zum Raum der Freiheit, der Sicherheit und des Rechts hervor, mit denen er maßgeblich dazu beigetragen hat, den normativen Gehalt dieses Konzepts zu entfalten und zu konturieren.[1] Der Raum der Freiheit, der Sicherheit und des Rechts ist aus dem im Binnenmarkt angelegten Raum ohne Binnengrenzen hervorgegangen, erschöpft sich aber nicht in dieser marktorientierten Dimension: Mit Blick auf das allgemeine Freizügigkeitsrecht als Element der Unionsbürgerschaft ist er auch und vor allem ein Raum der Freiheit.[2] Diese Freiheit gerät in Gefahr, wenn ein Verhalten mit grenzüberschreitenden Bezügen dem Strafrecht mehrerer Mitgliedstaaten unterliegt, ohne dass dem Unionsbürger eine klare Orientierung darüber vermittelt wird, welcher Rechtsrahmen für sein Verhalten maßgeblich sein soll. Der folgende Beitrag will aufzeigen, wie die vertraglichen Kompetenzen der Union genutzt werden können, um dem Unionsbürger nicht nur ein hohes Maß an Sicherheit zu bieten, sondern auch seine Freiheit gegenüber miteinander konkurrierenden Strafgewalten der Mitgliedstaaten zu schützen.

---

1 *Müller-Graff*, in: ders. (Hrsg.), Der Raum der Freiheit, der Sicherheit und des Rechts (2005), 11 ff.; *ders.*, in: Gaitanides/Kadelbach/Rodriguez Iglesias (Hrsg.), Festschrift für Manfred Zuleeg, 2. Aufl. (2007), 605 ff.; *ders.* EuR-Beiheft 1/2009, 105 ff.

2 *Müller-Graff* EuR-Beiheft 1/2009, 105, 125 f.; s. auch bereits *Müller-Graff*, in: Due/Lutter/Schwarze (Hrsg.), Festschrift für Ulrich Everling, Bd. II (1995), 925, 940 f.

II. Extraterritoriale Strafgewalt als Bedrohung von Freiheit und Rechtssicherheit

1. Der Raum der Freiheit und das Freizügigkeitsrecht (Art. 21 AEUV)

Der Umstand, dass die Strafrechtsangleichung auf der Grundlage des Art. 83 AEUV in erster Linie der Gewährleistung von Sicherheit (Bekämpfung grenzüberschreitender Kriminalität, Art. 83 Abs. 1 AEUV) bzw. der Durchsetzung des Unionsrechts (sog. Annexkompetenz, Art. 83 Abs. 2 AEUV) dient, sollte nicht den Blick darauf verstellen, dass das Unionsrecht über die wirtschaftlichen Grundfreiheiten auch einen liberalisierenden Effekt auf das Strafrecht der Mitgliedstaaten hat, soweit dieses auch auf grenzüberschreitende Sachverhalte Anwendung findet.[3] Die Erstreckung der Strafgewalt auf Auslandstaten kann sich insbesondere dann als unverhältnismäßige Beschränkung einer Grundfreiheit erweisen, wenn das jeweilige Rechtsgut bereits durch das Strafrecht des Tatortstaates angemessen geschützt wird.[4] Der Emanzipation des Marktteilnehmers zum Unionsbürger folgend (s. oben I.), weist das entkriminalisierende Potential des Unionsrechts über die wirtschaftlichen Grundfreiheiten hinaus und kann nunmehr auch an das allgemeine Freizügigkeitsrecht (Art. 21 AEUV) anknüpfen.[5] Welche Auswirkungen ein drohendes Strafverfahren in einem Mitgliedstaat auf das Freizügigkeitsrecht haben kann, hat der Fall „Krombach“ deutlich vor Augen geführt.[6] Dass das Freizügigkeitsrecht durchaus geeignet ist, nationale Strafverfolgungsinteressen zu verdrängen, spiegelt sich nicht zuletzt auch darin wider, dass der Gerichtshof die weite Auslegung des Grundsatzes „ne bis in idem“ und die Reichweite des

---

3 Näher *Böse*, in: ders. (Hrsg.), Europäisches Strafrecht mit polizeilicher Zusammenarbeit, EnzEuR Bd. 9 (2013), § 1 Rn. 7 ff.

4 S. etwa mit Blick auf die spezifische Eingriffsintensität eines mit Kriminalstrafe bewehrten Verbotes: EuGH, Urt. v. 6.11.2003, Rs. C-243/01 (Gambelli), Slg. 2003, I-13031 Rn. 72 f.

5 Vgl. zur Umgehung von gesetzlichen Regelungen durch Ausübung des Freizügigkeitsrechts: EuGH, Urt. v. 1.3.2012, Rs. C-467/10 (Akyüz), Rn. 76.

6 S. zur Auslieferung wegen einer in Deutschland begangenen Tat von Österreich nach Frankreich: OLG Innsbruck, Beschluss vom 2.2.2000 – 6 Bs 43/00, NStZ 2000, 663; s. eingehend zum Fall „Krombach“: *Netzer* ZJS 2009, 752 ff.

grenzüberschreitenden Strafklageverbrauchs (Art. 54 SDÜ) maßgeblich mit der Bedeutung des Freizügigkeitsrechts begründet hat.[7]

2. Der Raum des Rechts und das Gesetzlichkeitsprinzip (Art. 49 GRC)

Die Ausdehnung mitgliedstaatlicher Strafgewalt führt nicht nur zu einer Beschränkung grenzüberschreitender Freiheit, sondern auch zu erheblicher Rechtsunsicherheit. Die Konfrontation mit dem Strafrecht mehrerer Mitgliedstaaten, wonach ein und dasselbe Verhalten aufgrund unterschiedlicher kriminalpolitischer Wertungen unter Umständen zum Teil als strafbar, zum Teil als straflos angesehen wird, lässt den Normadressaten über die an ihn gestellten Verhaltensanforderungen im Unklaren.[8] Mit dem Grundsatz „nullum crimen, nulla poena sine lege" (Art. 49 GRC) ist dies kaum in Einklang zu bringen: Diesem Grundsatz ist mit der bloßen gesetzlichen Inkraftsetzung von Strafnormen nicht Genüge getan, sondern die strafbewehrten Normen müssen für den Handelnden eine hinreichende materielle Orientierungsfunktion bieten, indem sie diesen auch in der konkreten Situation im Ausland erreichen.[9] Eine Vielzahl miteinander konkurrierender Strafgewalten dürfte den Normadressaten überfordern, jedenfalls aber seine Fähigkeit beeinträchtigen, den normativen Anforderungen des jeweils anwendbaren Strafgesetzes zu entsprechen. Die im Raumkonzept enthaltenen Elemente der Freiheit und des Rechts (Rechtssicherheit) sprechen also für eine Beschränkung extraterritorialer Strafgewalt in Bezug auf Taten innerhalb der Union. Die Mitgliedstaaten wären allerdings mit einer solchen Aufgabe überfordert, da sie eine Koordination der mitgliedstaatlichen Strafrechtsordnungen erfordert, die der nationale Gesetzgeber nicht vornehmen kann, denn ihm fehlt die Kompetenz, über den Geltungsbereich des Strafrechts der anderen Mitgliedstaaten zu bestimmen. Damit ist die Frage aufgeworfen, ob die Union über eine entsprechende Zuständigkeit verfügt.

---

7 EuGH, Urt. v. 11.2.2003, verb. Rs. C-187/01 und C-385/01 (Gözütok and Brügge), Slg. 2003, I-1345 Rn. 38; Urt. v. 9.3.2006, Rs. C-436/04 (van Esbroeck), Slg. 2006, I-2333 Rn. 34.

8 Näher *Böse/Meyer*, ZIS 2011, 336, 339.

9 S. zum nach Art. 103 Abs. 2 GG geschützten Vertrauen in die Verlässlichkeit der inländischen Rechtsordnung: BVerfG, Urt. v. 18.7.2005, 2 BvR 2236/04, BVerfGE 113, 273, 308.

III. Die Unionskompetenz zur Verhinderung und Beilegung von Kompetenzkonflikten

1. Art. 82 Abs. 1 Unterabs. 2 lit. b AEUV als einschlägige Ermächtigungsgrundlage

Nach Art. 82 Abs. 1 Unterabs. 2 lit. b AEUV kann die Union im Rahmen der justiziellen Zusammenarbeit in Strafsachen Maßnahmen erlassen, um "Kompetenzkonflikte zwischen den Mitgliedstaaten zu verhindern und beizulegen". Mit Blick auf eine Beschränkung extraterritorialer Strafgewalt stellt sich damit die Frage, ob der Begriff der Kompetenz nur die (prozessuale) Zuständigkeit der inländischen Justiz umfasst oder auch die (materiell-rechtliche) Festlegung des Geltungsbereichs der inländischen Strafgesetze einschließt. Für die erstgenannte Auslegung spricht der verfahrensrechtliche Kontext der Ermächtigung, die außer den strafrechtlichen Kompetenzkonflikten die grenzüberschreitende Zusammenarbeit, insbesondere auf der Grundlage des Prinzips der gegenseitigen Anerkennung (Art. 82 Abs. 1 Unterabs. 2 lit. a AEUV), und die Angleichung des innerstaatlichen Strafverfahrensrechts (Art. 82 Abs. 2 AEUV) zum Gegenstand hat. Einem solchen Verständnis ist offenbar auch der Unionsgesetzgeber gefolgt, als er auf der Grundlage der im Wesentlichen gleichlautenden, vor Inkrafttreten des Lissabonner Vertrages geltenden Vertragsbestimmung einen verfahrensrechtlichen Mechanismus zur Vermeidung und Beilegung von Kompetenzkonflikten im Strafverfahren festgelegt hat.[10] Das materielle Strafrecht ist demgegenüber Gegenstand der – auf bestimmte Straftaten beschränkten – Harmonisierungskompetenz nach Art. 83 AEUV. Das Sekundärrecht zur Strafrechtsangleichung enthält in der Regel unionsrechtliche Vorgaben zur Ausdehnung mitgliedstaatlicher Strafgewalt auf Auslandstaten.[11] Dass diese Regelungen mit der Überschrift „Gerichtsbarkeit“ versehen wurden, deutet allerdings darauf hin, dass der Unionsgesetzgeber dabei nicht streng zwischen materiell-rechtlichen und prozessualen Aspekten unterschieden hat. Für die Einbeziehung

---

10 Rahmenbeschluss 2009/948/JI vom 30.11.2009 über die Vermeidung und Beilegung von Kompetenzkonflikten in Strafverfahren, ABl. L 328/42 vom 15.12.2009.

11 Z.B. Art. 10 Richtlinie 2011/36/EU vom 5.4.2011 zur Verhütung und Bekämpfung des Menschenhandels, ABl. L 101/1 vom 15.4.2011; Art. 17 Richtlinie 2011/36/EU vom 13.12.2011 zur Bekämpfung des sexuellen Missbrauchs und der sexuellen Ausbeutung von Kindern, ABl. L 335/1 vom 17.12.2011.

strafprozessualer Aspekte spricht nicht zuletzt, dass die nach Art. 83 AEUV erlassenen Rechtsakte durch Festlegung eines strafrechtlichen Mindeststandards sicherstellen sollen, dass keine „Oasen der Straflosigkeit“ entstehen, was neben materiell-rechtlichen Strafvorschriften auch eine entsprechende Ermittlungs- und Verfolgungstätigkeit erfordert.[12]

2. Die Orientierung am völkerrechtlichen Jurisdiktionsbegriff

Vor diesem Hintergrund lässt sich auch der in Art. 82 Abs. 1 Unterabs. 2 lit. b AEUV verwendete Begriff der „Kompetenz“ in einem weiten Sinne verstehen, der – entsprechend dem Wortlaut der englischen Fassung („prevent and settle conflicts of jurisdiction“) – sowohl die strafrechtliche Regelungsgewalt (jurisdiction to prescribe) als auch die Zuständigkeit zur Verfolgung und Aburteilung (jurisdiction to adjudicate and to enforce) umfasst.[13] Die Vermeidung von Kompetenzkonflikten wird nach diesem Verständnis nicht allein durch eine frühzeitige Information über parallele Verfahren, sondern auch und vor allem dadurch erreicht, dass die Reichweite extraterritorialer Strafgewalt beschränkt und dadurch – soweit möglich – die Entstehung eines Jurisdiktionskonfliktes von vornherein verhindert wird. Die weite Auslegung der Ermächtigung ermöglicht damit den Erlass von Regelungen, die in besonders wirksamer Weise dazu beitragen, dass Kompetenzkonflikte in Strafverfahren und die damit einhergehenden Belastungen der Verfahrensbeteiligten und der mitgliedstaatlichen Ressourcen vermieden werden.

3. Die Parallele zu Kompetenzkonflikten in Zivilverfahren (Art. 81 Abs. 2 lit. c AEUV)

Gegen eine solche Interpretation könnte schließlich eingewandt werden, dass die entsprechende Ermächtigung im Rahmen der justiziellen Zusammenarbeit in Zivilsachen zwischen den Kollisionsnormen, anhand derer das anwendbare materielle Recht bestimmt wird, und der Vermeidung von

12 *Caeiro* KritV 2010, 366, 373.

13 S. zu dieser Unterscheidung: American Law Institute (Hrsg.), Restatement (Third) of the Law – The Foreign Relations of the United States, Vol. 1: §§ 1- 488 (1987), § 401.

Kompetenzkonflikten unterscheidet (Art. 81 Abs. 2 lit. c AEUV). Da sich die Lösung von Kompetenzkonflikten damit auf den Erlass von Vorschriften über die internationale Zuständigkeit (Gerichtsstand) reduziert[14], könnte man geneigt sein, auch im Rahmen der strafrechtlichen Zusammenarbeit einem engen (prozessualen) Begriffsverständnis zu folgen. Eine solche Schlussfolgerung wäre jedoch verfehlt, denn sie verkennt die unterschiedliche Entwicklung der privat- und strafrechtlichen Terminologie: Während im Zivilrecht traditionell zwischen der Festlegung des anwendbaren materiellen Rechts (Kollisionsrecht) einerseits und des internationalen Gerichtsstandes andererseits unterschieden wird, sind die materielle und die prozessuale Dimension im Strafrecht regelmäßig Gegenstand ein- und derselben Regelung. Die einschlägigen Normen finden sich in den meisten Mitgliedstaaten im Allgemeinen Teil des jeweiligen Strafgesetzbuches, haben aber zugleich eine prozessuale Funktion, da sich aus der Anwendbarkeit des inländischen Strafrechts auch die Zuständigkeit der inländischen Strafverfolgungsbehörden und Gerichte ergibt (s. auch oben 1.).[15] Aus der begrifflichen Differenzierung zwischen materiell-rechtlichen und prozessualen Aspekten bei der Zusammenarbeit in Zivilsachen lassen sich daher keine Rückschlüsse für die Terminologie im Rahmen der strafrechtlichen Zusammenarbeit ziehen. Anstelle eines Umkehrschlusses erscheint mit Blick auf den Sinn und Zweck des Art. 81 Abs. 2 lit. c AEUV vielmehr eine Anlehnung an den weiten Anwendungsbereich dieser Regelung naheliegend: Die Vereinheitlichung der Kollisionsnormen zielt darauf ab, dass das materielle Recht unabhängig von dem Gerichtsstand bestimmt wird und auf diese Weise eine Gleichbehandlung der Unionsbürger gewährleistet und die Entstehung von Freizügigkeitshindernissen verhindert werden.[16] Diese Erwägungen müssen erst recht für einen so eingriffsintensiven Bereich wie das Strafrecht gelten, in dem die Grundsätze der Rechtssicherheit und der Schutz der Freiheitsrechte des Bürgers von elementarer Bedeutung sind. Nach alledem ist im Ergebnis festzuhalten, dass Art. 82 Abs. 1 Unterabs. 2 lit. b AEUV auch zum Erlass von Vor-

---

14 *Leible*, in: Leible/Terhechte (Hrsg.), Europäisches Rechtsschutz- und Verfahrensrecht, EnzEuR Bd. 3 (2014), § 14 Rn. 83.

15 Näher *Böse/Meyer/Schneider*, in: dies. (Hrsg.), Conflicts of Jurisdiction in Criminal Matters in the European Union, Bd. I (2013), 411, 424 f. m.w.N.

16 *Leible*, in: Leible/Terhechte (Fn. 14), Rn. 81.

gaben zur Beschränkung des nationalen Strafanwendungsrechts ermächtigt.[17]

IV. Schluss

Die vorgeschlagene Auslegung des Art. 82 Abs. 1 Unterabs. 2 lit. b AEUV gibt der Union die Möglichkeit, die strafrechtliche Regelungsgewalt der Mitgliedstaaten – und damit deren ius puniendi – zu beschränken. Derartige Regelungen finden sich bislang nur in Rechtsakten zur Strafrechtsangleichung, die auf bestimmte Delikte bzw. Kriminalitätsformen beschränkt sind. Auf der Grundlage des Art. 82 Abs. 1 AEUV könnten nunmehr allgemeine, d.h. grundsätzlich für das gesamte Strafrecht geltende Vorgaben für die Ausgestaltung des nationalen Strafanwendungsrechts entwickelt werden.[18] Eine durch solche Vorgaben bewirkte Beschränkung extraterritorialer Strafgewalt liefe der bisherigen Gesetzgebungspraxis auf Unionsebene zuwider, welche die Mitgliedstaaten auf der Grundlage der traditionellen Anknüpfungspunkte (u.a. aktives und passives Personalitätsprinzip) verpflichtet, ihre Strafgewalt auch auf Auslandstaten zu erstrecken. Darin läge, das ist kaum zu leugnen, ein empfindlicher Eingriff in die nationale Strafgewalt als Kernbereich mitgliedstaatlicher Souveränität. Die Koordinierung der mitgliedstaatlichen Strafgewalten ist indes eine Aufgabe, die von den Mitgliedstaaten nicht bewältigt werden kann und daher auf Unionsebene gelöst werden muss. Eine behutsame, an dem Grundsatz der Verhältnismäßigkeit (Art. 5 Abs. 4 EUV) orientierte Reduzierung extraterritorialer Strafgewalt durch einen unionsrechtlichen Rahmen ist unverzichtbar, um dem einzelnen Bürger in einem Raum der Freiheit, der Sicherheit und des Rechts einen verlässlichen Orientierungsrahmen zur Bestimmung des für ihn maßgeblichen Rechts zu bieten und ihn nicht zum Spielball konkurrierender Strafgewalten werden zu lassen.

---

17 *Caeiro*, in: Klip (Hrsg.), Substantive Criminal Law of the European Union (2011), 123, 125; *Vogel*, in: Grabitz/Hilf/Nettesheim (Hrsg.), Das Recht der Europäischen Union (43. Ergänzungslieferung – März 2011), Art. 82 AEUV Rn. 61.

18 S. den entsprechenden Regelungsvorschlag von *Böse/Meyer/Schneider*, Conflicts of Jurisdiction in Criminal Matters, Bd. II (2014), 381 ff.

Der Kampf gegen Korruption als gemeinsame Aufgabe der Mitgliedstaaten und der Europäischen Union

Rolf Wägenbaur

Der mit dieser Festschrift zu ehrende Jubilar hat sich in einer Vielzahl von Veröffentlichungen mit dem „Raum der Freiheit, der Sicherheit und des Rechts“ beschäftigt. Er hat damit einen wertvollen Beitrag zur Erschließung dieses relativ neuen Betätigungsfelds der „immer engeren Union der Völker Europas“ geleistet. Eine Studie zum Stand der Bekämpfung der Korruption mag deswegen geeignet sein, das Interesse des Jubilars zu finden.[1]

I. Zum Thema Korruption

In Übereinstimmung mit der Praxis der Staatengemeinschaft (Vereinte Nationen, OECD, Europarat, EU,...) soll im folgenden der Begriff der Korruption weit verstanden werden, so dass er jeglichen Machtmissbrauch zur Erlangung privater Vorteile erfasst, unabhängig davon, ob die Auswirkungen grenzüberschreitend oder nur innerstaatlich spürbar sind und wie es um die strafrechtliche Beurteilung steht.

Seit langen Zeiten ist der Menschheit bewusst, dass Korruption ein Übel ist, das „eigentlich“ nicht geduldet werden kann, sondern im Gegenteil auf das schärfste bekämpft gehört. Es gibt keinen Zweifel, dass Korruption ethisch verwerflich ist. Sie ist kein Kavaliersdelikt. Das lateinische „corrumpere“ bedeutet „verderben“. Sie ist auch kein „politisches Naturgesetz“, wie die FAZ einmal in Bezug auf Brasilien formuliert hat. Korruption ist vielmehr zutiefst demokratie- und rechtsstaatsfeindlich, verursacht großen finanziellen Schaden und behindert die wirtschaftliche Entwicklung eines Landes. In der EU, die sich als integrierten Wirtschaftsraum und als Wertegemeinschaft versteht, gefährdet Korruption das Funk-

1 Auf Fundstellen- und Literaturangaben ist im Folgenden bewusst weitgehend verzichtet worden. Beide sind ohne weiteres über Internet zugänglich.

tionieren des Binnenmarktes und das der EU entgegengebrachte Vertrauen. Mit Recht erwarten die Bürger, dass die EU als solche ihren Beitrag leistet, um den Mitgliedstaaten und ihren Bürgern im Kampf gegen Korruption beizustehen.

Die Berechnung der durch Korruption verursachten Kosten ist nach übereinstimmender Ansicht aller interessierten Organisationen, angefangen mit Transparency International (TI), sehr schwierig. Allgemein schätzt man den Korruptionsanteil am BIP auf 5 %. Daraus errechnen sich für die EU Kosten von jährlich mindestens 120 Mrd. Euro. Nach Erhebungen der EU-Kommission (Eurobarometer) sind drei von vier EU-Bürgern der Meinung, dass Korruption in ihrem Land ein schwerwiegendes Problem darstelle. Dabei ist zu beachten, dass die Wahrnehmung der Korruption in den einzelnen Ländern sehr unterschiedlich ist. TI bestätigt, dass es unter den Staaten eine recht klare Rangordnung gibt. Von 177 Ländern schneiden Dänemark (Platz 1), Finnland und Schweden am besten ab. Deutschland nimmt Platz 12 ein. Schlusslichter in Europa bilden Rumänien, Bulgarien und Griechenland (Platz 81).

II. Korruptionsbekämpfung

Deswegen ist – heute mehr denn je – Korruptionsbekämpfung angesagt. Die Mitgliedstaaten der EU und deren Institutionen haben sich dieser Herausforderung einvernehmlich gestellt, wenn auch bisher nicht mit durchschlagendem Erfolg. Dabei ergaben sich kaum je ausgesprochene Kompetenzkonflikte. Selbstverständlich sind für eine ganze Reihe von Fragen in erster Linie die Mitgliedstaaten gefordert. Soweit dies der Fall ist, müssen sie im Ergebnis auch die Regeln aufstellen und ihre Einhaltung überwachen. Aber die EU hat den Einsatz von EU-Finanzmitteln z.B. in der Entwicklungspolitik in eigener Regie zu überwachen. Darüber hinaus kann sie sich für ein koordiniertes Vorgehen der Mitgliedstaaten einsetzen.

Für die Mitgliedstaaten der EU stellt der Kampf gegen die Korruption jedenfalls im Prinzip keine Neuerung dar. Nationales Strafrecht sieht jeweils mindestens die Tatbestände der aktiven und passiven Bestechung vor, sei es als Bestandteil des Strafgesetzbuchs, sei es als besonderen Rechtsakt, wie etwa nach britischem Recht auf Grund des UK Bribery Act 2010. Es sei nicht verkannt, dass durch diese Strafvorschriften nicht unbedingt jeweils die gleichen Sachverhalte erfasst werden.

Anders verhält es sich mit der EU. In seiner ursprünglichen, am 1. Januar 1958 in Kraft getretenen Fassung war der EWG-Vertrag darauf ausgerichtet, insbes. durch die Errichtung eines Gemeinsamen Marktes eine „harmonische Entwicklung des Wirtschaftslebens innerhalb der Gemeinschaft“ (Art. 2) anzustreben. Nach allgemeiner Rechtsüberzeugung war damit kein Mitspracherecht der Gemeinschaft zum Thema „Korruption“ verbunden. Es bedurfte vielmehr des Vertrags über die Europäische Union von 1993 (vgl. Art. 29), und insbes. des Vertrags von Amsterdam, der in Art. 2 EUV das Ziel der Erhaltung und Weiterentwicklung der Union als Raum der Freiheit, der Sicherheit und des Rechts vorsah. Seit dem Vertrag von Lissabon stellt schließlich der aus dem sog. „dritten Pfeiler“ hervorgegangene „Raum der Freiheit, der Sicherheit und des Rechts“ (Art. 67 ff. AEUV) ein dem Binnenmarktziel gleichgestelltes Integrationsziel dar (Art. 3 Abs. 2 EUV), das – zusammen mit einer Vielzahl weiterer Maßnahmen (vgl. z.B. KOM (2009)262) – den Kampf gegen Korruption einschließt. Es fällt nicht sehr ins Gewicht, dass der Vertrag in Artikel 74 AEUV nur eine inhaltlich beschränkte Handlungsermächtigung vorsieht, die zudem noch stark vom klassischen Verfahrensschema abweicht.

III. Neuere Initiativen

Als jüngsten Beitrag hat die EU-Kommission am 3.2.2014 einen „Bericht über die Korruptionsbekämpfung in der EU“ vorgelegt (KOM (2014) 38 final). Er spiegelt zahlreiche allgemeine Erkenntnisse bei der Korruptionsbekämpfung wider, umfasst aber auch eine ausführliche Untersuchung der öffentlichen Auftragsvergabe, die sich als besonders korruptionsgefährdet erwiesen hat. Nach einer Darstellung häufig auftretender Korruptionspraktiken lenkt der Bericht das Augenmerk auf Korruptionsprävention, Risikomanagement- und Antikorruptionsstrategien, mit einer Fülle von Hinweisen auf Verbesserungsmöglichkeiten. Als Anlage sind ausführliche Länderberichte beigefügt, leider nur in der jeweiligen Landessprache. Wer derer nicht mächtig ist, kann aus den Erfahrungen der anderen Länder keinen Nutzen ziehen. Man vermisst außerdem eine Darstellung der Lage innerhalb der Europäischen Institutionen. Diese Bresche hat unmittelbar nach Erscheinen des Kommissionsberichts einstweilen TI ausgefüllt: Am 29.4.2014 veröffentlichte das EU Office von TI eine ausführliche Studie zum Thema „The European Union Integrity System“: ein Opus von 245

Seiten, das die Lage in den wichtigsten EU-Institutionen behandelt und zahlreiche Verbesserungsvorschläge präsentiert.

Die Kommission beabsichtigt, als nächsten Schritt ein Programm auf den Weg zu bringen, um den Erfahrungsaustausch unter Mitgliedstaaten zu erleichtern, damit z.B. Einigung über bewährte Verfahren der Korruptionsbekämpfung erzielt werden kann und Schwachstellen in den Antikorruptionsstrategien leichter aufgedeckt und beseitigt werden können.

IV. Vorgeschichte

In der Einleitung geht die Kommission nur bis zu ihrer Mitteilung zur „Korruptionsbekämpfung in der EU" vom 6.6.2011 zurück (KOM (2011) 308), in der der soeben vorgestellte Bericht angekündigt wurde. Darüber hinaus enthält die Mitteilung eine Vielzahl von Überlegungen und Anregungen für eine Verbesserung der Instrumente zur Korruptionsbekämpfung. Allgemein beklagt die Kommission den Mangel an politischem Willen, mit Nachdruck gegen alle Formen der Korruption vorzugehen. Sie drängt daher die Mitgliedstaaten, alle völkerrechtlichen Instrumente zur Korruptionsbekämpfung soweit erforderlich zu ratifizieren und den eingegangenen Verpflichtungen nachzukommen.

Aber die EU-Initiativen zur Korruptionsbekämpfung gehen in Wahrheit sehr viel weiter zurück. Nur die wichtigsten Etappen sollen hier genannt sein. Ausdrücklich sei auch in diesem Zusammenhang auf die Verdienste von TI hingewiesen. Es waren maßgeblich zwei Memoranden von TI vom November 1995 und November 1999, die die ersten Mitteilungen der Kommission veranlassten.

Schon im Jahr 1997 legte die Kommission eine erste Mitteilung „über eine Politik der EU zur Bekämpfung von Korruption" vor (KOM (97) 192). Sie umfasste einen Katalog von Maßnahmen (z.B. das Verbot der steuerlichen Absetzbarkeit von Schmiergeldern, Vorschriften für öffentliche Ausschreibungen, schwarze Listen für Unternehmen usw.), deren Einführung die Kommission als erfolgversprechend ansah. Am 28.5.2003 folgte eine Mitteilung über „Eine umfassende EU-Politik zur Bekämpfung der Korruption" (KOM (2003)317). Darin verpflichtete sich die Kommission dazu, die Korruption in der Politik als Element der organisierten Kriminalität und im Privatsektor zu bekämpfen. Noch im selben Jahr fasste der Rat den wichtigen Rahmenbeschluss 2003/568 JI (vom 22.7.2003) zur verstärkten Bekämpfung der Bestechung im privaten Sektor, der allerdings immer noch nicht von allen Mitgliedstaaten vollständig umgesetzt worden ist.

Das Jahr 2005 brachte das sog. „Haager Programm" des Europäischen Rates. Ihm folgte 2009 das sog. „Stockholmer Programm" unter dem Motto „Ein offenes und sicheres Europa im Dienste und zum Schutz der Bürger". Es bekräftigte den Auftrag an die Kommission, eine „umfassende Antikorruptionsstrategie" zu entwickeln. Ein darauf folgender Aktionsplan der Kommission (KOM (2010) 171 v. 20.4.2010) führte unter der Überschrift „Wirtschaftskriminalität und Korruption" eine Vielzahl von Maßnahmen auf, deren Ausführung in den folgenden Jahren die Kommission übernehmen wollte.

V. Lösungsansätze: Allgemeine Bemerkungen

.Im Anschluss an diese knapp gefasste Analyse des bisherigen Geschehens auf EU-Ebene gilt es, Bilanz zu ziehen und Lösungsansätze aufzuzeigen. Ein paar allgemeine Bemerkungen drängen sich als erstes auf:

1. Im Rahmen der neueren EU-Politikfelder ist zwar die Korruptionsbekämpfung nur eine Komponente unter anderen zur Verwirklichung eines „Raums der Freiheit, der Sicherheit und des Rechts", aber eine außerordentlich wichtige, wie der Europäische Rat und das Europäische Parlament mehrfach hervorgehoben haben. Sie verdient es daher, dass ihr die größtmögliche Förderung zu teil wird.
2. Die hier vorgenommene Darstellung des Standes der Korruptionsbekämpfung musste sich auf die internen Arbeiten der EU-Institutionen beschränken. Die bestehenden Internationalen Abkommen gegen Korruption dürfen jedoch nicht verkannt werden (Vereinte Nationen: United Nations Convention Against Corruption – UNCAC, in Kraft seit Dezember 2005, Beitritt der EU im September 2008, ABl. L 287/1 v. 29.10.2008; die Ratifizierung durch Deutschland steht vor dem Abschluss. OECD-Konvention von 1997 über die Bekämpfung der Bestechung ausländischer Amtsträger im internationalen Geschäftsverkehr. Europaratsgruppe GRECO, an der sämtliche Mitgliedstaaten mitwirken).
3. Unter allen Institutionen der EU obliegt es in erster Linie der Kommission, die erforderliche Konzeptionsarbeit zu leisten und die übrigen Institutionen, sowie die Mitgliedstaaten, von ihren Vorstellungen

zu überzeugen. Es muss anerkannt werden, dass die Kommission in dieser Hinsicht gute Arbeit geleistet hat. Es sei vermerkt, dass die Kommission als „think-tank“ von der Zivilgesellschaft, vor allem auch von Nichtregierungsorganisationen wie TI, viel Unterstützung erfahren durfte. Auf diese Unterstützung wird sie weiterhin angewiesen sein.

4. Versucht man eine vorsichtige Würdigung des Erfolgs der bisherigen Bemühungen, so erscheint es gerechtfertigt, ein besseres Verständnis der öffentlichen Meinung für die mit der Korruptionsbekämpfung verfolgten Anliegen festzustellen. Auch in Einzelfragen gibt es Fortschritte: Die steuerliche Absetzbarkeit von Bestechungsgeldern ist abgeschafft. Exportkreditversicherungen decken nicht mehr als „nützliche Aufwendungen“ versteckte Schmiergelder ab. Die Bestechung ausländischer Entscheidungsträger ist jetzt überall strafbar. Noch bleibt viel zu tun, auch in Deutschland. Dazu gehört etwa die Regelung der Strafbarkeit der Abgeordnetenbestechung, die stärkere Überwachung der Parteienfinanzierung, der Schutz von Hinweisgebern („whistle-blower“) und die völlig ungenügende Transparenz der Lobbyarbeit.

VI. Vorschläge

Als Lösungsansätze seien eine Reihe von Gedankengängen skizziert:

1. Die bisherige Arbeit der EU-Institutionen sollte unverdrossen fortgesetzt werden. Mit der Vorlage des oben erörterten Berichts vom 3. 2. 2014 ist die Kommission auf dem richtigen Wege. Das bestätigen die Reaktionen der unmittelbaren Adressaten (Rat und Europäisches Parlament) wie der weiteren Öffentlichkeit. Auch die Ankündigung, in Zukunft alle zwei Jahre einen Fortschrittsbericht zum gleichen Thema vorzulegen, geht in die richtige Richtung (zusätzlich sollten unbedingt alle Länderberichte in Übersetzungen beigefügt werden, denn nur dann können die anderen Mitgliedstaaten daraus lernen). Die Lage in den EU-Institutionen sollte eigentlich in die Berichte einbezogen werden. Im Sinne intelligenter Arbeitsteilung wäre jedoch zu überlegen, ob diese Aufgabe nicht erneut TI überlassen werden könnte.

2. Mit Blick auf die Erweiterungspolitik der EU sollte überlegt werden, ob die sog. Kopenhagener Beitrittskriterien nicht unter Berücksichtigung aller inzwischen zugefügten Ergänzungen neu gefasst und – unter ausdrücklichem Hinweis auf das Erfordernis geeigneter Maßnahmen zur Korruptionsbekämpfung – in Form eines separaten Rechtsakts publik gemacht werden sollten. Wegen der Defizite in der Rechtsstaatlichkeit sollten Bulgarien und Rumänien weiterhin von der EU unter Beobachtung gehalten werden.
3. Um das Ziel einer (annähernd) korruptionsfreien Gesellschaft zu erreichen, erscheint es wünschenswert, sich an den europäischen Staaten zu orientieren, in denen die wahrgenommene Korruption am geringsten ist (Dänemark, Finnland und Schweden). In den drei Ländern sollte die Kommission danach forschen, auf Grund welcher kulturellen Besonderheiten sie es fertig bringen, weitgehend ohne Korruption auszukommen. Daraus müssten sich Erfolgsrezepte ableiten lassen.
4. Im internationalen Wirtschaftsrecht hat sich der Begriff der „Corporate Social Responsibility" eingebürgert. Es geht darum, dass die Wirtschaft sich verpflichtet, bestimmte Standards für verantwortungsvolles unternehmerisches Handeln einzuhalten. Die OECD hat hierzu „Guidelines for Multinational Enterprises" entwickelt. Auf der gleichen Linie liegt es, wenn der Bob- und Schlittenverband (BSD), ein Spitzenverband des Deutschen Olympischen Sportbundes (DOSB), unter Assistenz von TI einen eigenen Ethik-Code verabschiedet, wie vor einiger Zeit geschehen. Das Thema Ethik-Code beschäftigt auch den DOSB. Solange dieser aber nicht zu einer entsprechenden Selbstverpflichtung gefunden hat, wäre es zu begrüßen, wenn andere Spitzenverbände – etwa der tausend Mal größere Deutsche Fußball-Bund? – dem BSD nacheifern würden. Der Korruptionsbekämpfung wäre ein großer Dienst erwiesen. Die EU-Kommission könnte eine bedeutsame Rolle spielen, um dieses Gedankengut auf alle EU-Mitgliedstaaten zu übertragen. Allerdings: Die Fifa verfügt über einen Ethik-Kodex von 55 Seiten. Er wird aber offenbar nicht von allen ernst genommen.
5. In Deutschland gibt es in vielen Großunternehmen bereits gut funktionierende Compliance-Systeme. Diese Praxis sollte schrittweise auf weitere Unternehmen ausgedehnt und von allen Mitgliedstaaten eingeführt werden. Hierzu passt, dass in die Richtlinie 2013/34/EU über den Jahresabschluss bestimmter Unternehmen von öffentlichem Inter-

esse künftig auch Angaben zu den Konzepten zur Korruptionsbekämpfung aufgenommen werden sollen.

6. Im Idealfalle könnte daran gedacht werden, letztlich in Anlehnung an das skandinavische Modell eine authentische „Kultur der Korruptionsfreiheit" in allen Mitgliedstaaten durch Einbindung aller Entscheidungsträger des wirtschaftlichen, des kulturellen und des politischen Lebens anzustreben. Der EU käme mit diesem Vorhaben weltweit eine Vorbildfunktion zu. Es mag allerdings sein, dass dieses Ziel nicht weniger als eine kulturelle Revolution voraussetzte, die mit einer Didaktik im Hinblick auf die Verbreitung der Werte der Demokratie beginnen müsste.

5. Institutionen

Das verkannte Europäische Parlament

Christoph Vedder

Das BVerfG missachtet das EP. Es spricht ihm die demokratische Legitimation ab, verkennt dessen Rolle in einem sich parlamentarisierenden Regierungssystem der EU und verstößt damit gegen Unionsverfassungsrecht. Dazu zwölf Bemerkungen.

1. Die demokratische Legitimation des Unionsgesetzgebers, Art. 10 EUV

Nach dem durch den Vertrag von Lissabon primärrechtlich formulierten Art. 10 Abs. 2 Satz 1 EUV sind die Unionsbürger „auf Unionsebene unmittelbar im Europäischen Parlament vertreten". Das EP ist direkt demokratisch legitimiert – durch die Direktwahlen. Uabs. 2 dieser Norm statuiert, dass der Europäische Rat und der Rat über die mitgliedstaatlichen Mechanismen indirekt demokratisch legitimiert ist. Die beiden "Kammern" des Gesetzgebers der Union sind jede für sich demokratisch legitimiert. Art. 10 Abs. 2 EUV kodifiziert beschreibend den Ist-Zustand und ist zugleich eine normative Vorgabe. Die Kommission ist als Initiator der Unionsrechtsetzung durch Art. 17 Abs. 7 EUV ansatzweise indirekt demokratisch legitimiert.

2. Das EP: Repräsentation der Unionsbürger, Art. 14 EUV

Art. 10 EUV wird durch Art. 14 Abs. 2 EUV, die Leitvorschrift zum EP, aufgegriffen: das EP „setzt sich aus Vertretern der Unionsbürgerinnen und Unionsbürger zusammen". Das ist das vorläufige Ende eine langen Reise. Im bis 2009 geltenden Art. 189 EGV hieß es noch: das EP „besteht aus Vertretern der Völker der in der Gemeinschaft zusammengeschlossenen Staaten". Diese Formulierung bestand seit Art. 137 EWGV von 1957 identisch fort, allerdings war das EP ursprünglich tatsächlich eine und hieß bis zur EEA von 1986 auch formal „Beratende Versammlung".

3. *Das EP und die Wahlrechtsgleichheit*

Das BVerfG betont in der Lissabon-Entscheidung[1] zwar, dass die „wahlrechtliche Erfolgschancengleichheit“ nur innerhalb eines Volkes, nicht in einem „supranationalen Vertretungsorgan“ gelte. Dann stellt es jedoch apodiktisch fest, dass es „an einem durch gleiche Wahl aller Unionsbürger zustande gekommenen politischen Entscheidungsorgan mit der Fähigkeit zur einheitlichen Repräsentation des Volkswillens“ fehle. Auch nach der Neuformulierung des Art. 14 Abs. 2 EUV und „entgegen dem Anspruch, den Art. 10 Abs. 1 EUV-Lissabon zu erheben scheint“, sei das EP „kein Repräsentationsorgan eines souveränen europäischen Volkes“. Wegen der nach nationalen Kontingenten von Abgeordneten erfolgenden Wahl sei das EP „als Vertretung der Völker“ nicht eine „Vertretung der Unionsbürger als ununterschiedene Einheit nach dem Prinzip der Wahlrechtsgleichheit“. Das EP bleibe wegen der Kontingentierung der Sitze eine Vertretung der Völker der Mitgliedstaaten und das Gericht weist auf das etwa um einen Faktor bis zu 12 unterschiedliche Repräsentationsgewicht der MdEP hin. Das Gericht konstatiert „(ein) – gemessen an staatlichen Demokratieanforderungen – bestehende(s) Defizit der europäischen Hoheitsgewalt“. Damit scheidet das EP für das BVerfG als Legitimationsorgan aus und die Unionsgewalt muss aus deutscher Verfassungssicht durch den Bundestag und ggf. den Bundesrat legitimiert werden.

Das BVerfG geht in seinen Erwägungen nicht ernstlich auf Art. 10 Abs. 2 EUV ein und legt Art. 14 Abs. 2 EUV entgegen dem Wortlaut mit einem Ergebnis aus, dass der alten und nicht der durch Lissabon geänderten Rechtslage entspricht. Die nationale Kontingentierung ist für das Gericht der Stein des Anstoßes. Es sieht „keine eigenständige Volkssouveränität der Gesamtheit der Unionsbürger“. In dieser und anderen Formulierungen wie die von einem „souveränen europäischen Volk“ scheinen allerdings auch Verfassungsvorstellungen mitzuschwingen, die davon ausgehen, dass Hoheitsgewalt nur auf ein in irgendeiner Weise homogenes „Staats“volk aufbauen kann.

1 BVerfG, 30.6.2009- 2 BvE 2/08(Lissabon*)* Rn. 280 ff., insbesondere Rn. 281, 289.

4. Ein mit gleichem Erfolgswert gewähltes EP

Auf eine Volkssouveränität kommt es jedoch für eine supranationale Hoheitsgewalt nicht an. Vordergründig geht es für das BVerfG auch allein um die Wahlrechtsgleichheit. Würde bei gegenwärtigem Wahlrecht jede Stimme den gleichen Erfolgswert haben und der kleinste Mitgliedstaat Malta weiterhin 6 Abgeordnete stellen – 1 MdEP also 66.666 Menschen repräsentieren –, würde das EP 7563 Abgeordnete haben, mit einem Mitgliedstaat Türkei sogar 8713; Deutschland stellte als größter Mitgliedstaat 1230 Abgeordnete. Würde man Malta nur 1 Abgeordneten zubilligen, also 1 MdEP 400.000 Menschen vertreten,[2] würde die Zahl der EP-Mitglieder auf 1262 schrumpfen, Deutschland 410 Abgeordnete stellen.

Das erste Modell würde buchstäblich jeden Rahmen sprengen und selbst den Chinesischen Volkskongress mit 3000 Delegierten überflügeln. Das zweite Modell bedeutete eine Abkehr von dem Prinzip, dass die EP-Wahlen die politische Situation eines jeden Mitgliedstaates widerspiegeln sollen – daher die Mindestzahl von 6 EP-Abgeordneten. Nur 1 Abgeordneter pro kleinem Mitgliedstaat würde bedeuten, dass dieser höchstwahrscheinlich von der zur Zeit der EP-Wahl herrschenden Regierungsmehrheit gestellt würde. Dadurch würde eine Nähe zur nationalen Exekutive hergestellt und der nationale Bezug des EP verstärkt werden. Eine Mindestzahl von 2 oder 3 EP-Mitgliedern für Malta würde bei Erfolgswertgleichheit der Stimmen zu einem EP mit 2525 bzw. 3784 Mitgliedern führen, kein tauglicher Kompromiss.

Die Union ist mit einer Bevölkerung von 507,4 Mio. die drittgrößte politische Einheit weltweit. Die Zahl der von einem einzigen Abgeordneten repräsentierten Menschen beträgt in China bei einer Bevölkerung von 1,36 Mrd. 453.666, in Indien 2.201.835 (543 Mitglieder des Kongresses bei 1,2 Mrd.), in den USA 726.436 (435 Mitglieder des Repräsentantenhauses bei 316 Mio.), in Indonesien 446.428 (560 Abgeordnete auf 250 Mio.), in Brasilien 391.813 (513 Abgeordnete auf 201 Mio.), in Russland 318.444 (450 Duma-Abgeordnete auf 143 Mio.) und in Japan 264.583 (480 Unterhaus-Mitglieder auf 127 Mio.). In einem EP von 751 Mitgliedern steht rein

2 Die Zahlen sind sehr rund gerechnet und entsprechen keiner präzisen Wahl-Mathematik; dazu *Pukelsheim*, Proportional Representation – Apportionment Methods and Their Application, 2014; diesem und weiteren Zahlen-Spielen liegen die Zahlen der Bevölkerung der Staaten zugrunde, nicht die der Wahlberechtigten.

rechnerisch ein Abgeordneter für 675.632 Bürger, also nahe bei dem Repräsentationsverhältnis in den USA.

5. Ein unionseinheitliches Wahlrecht

Art. 223 Abs. 1 AEUV sieht vor, dass für die EP-Wahlen ein einheitliches Wahlverfahren geschaffen werden soll. Dies war in Art. 138 Abs. 3 EWGV von 1957 als alleinige Möglichkeit vorgesehen. Mit dem Direktwahlakt von 1976, der die Weichen zur ersten unmittelbaren Wahl zum EP im Jahr 1979 gestellt hat, und dessen Neufassung von 2002 ist das nicht gelungen; das Wahlverfahren wurde „im Einklang mit den allen Mitgliedstaaten gemeinsamen Grundsätzen" geregelt – so als Alternative zum einheitlichen Wahlverfahren die Formulierung in Art. 223 Abs. 1 AEUV und seinen Vorgängern seit Art. 190 Abs. 4 EGV i.d.F. v. Amsterdam. Vor der ersten Direktwahl wurden die Abgeordneten von den nationalen Parlamenten in das EP entsandt. Alle Versuche, ein einheitliches Wahlrecht zu schaffen, sind fehlgeschlagen und mit der Formulierung des Art. 190 Abs. 4 EGV und Art. 223 Abs. 1 AEUV wurde die Verpflichtung auf ein einheitliches Wahlverfahren aufgegeben.

Nur ein einheitliches Wahlverfahren machte die nationale Kontingentierung, die allein eine notwendige Folge der Wahl nach nationalen Verfahren ist, überflüssig. Der Weg wäre frei, die Wahlrechtsgleichheit als fünften, in Art. 12 Abs. 3 EUV und dem DWA sowie Art. 39 Abs. 2 GRCh im Vergleich zu Art. 38 GG fehlenden, Wahlrechtsgrundsatz einzuführen und eine Obergrenze von 751 MdEP beizubehalten. Die Parteien würden sich wohl so, wie sie sich im EP zu Fraktionen zusammengeschlossen haben, in europaweiten Listen oder Listenverbindungen zur Wahl stellen. Parteien, die nur in einem oder wenigen, gar kleinen, Mitgliedstaaten antreten, hätten allerdings kaum Chancen auf den Einzug ins EP – auch ohne Sperrklauseln.

Das so entstehende europäische Wahlvolk wäre der Nukleus eines durch die Unionsbürgerschaft definierten „Staats"volkes der Union und damit ein Schritt zu einer Staatwerdung der Union. Im Sinne des Drei-Elementen-Kriteriums des Völkerrechts ist eine sprachliche oder andere Homogenität für ein Staatsvolk nicht erforderlich. Die Debatte der 90er Jahre um die fehlende Verfassungsfähigkeit der Union[3] geht fehl. Allerdings wäre ein europäischer (Bundes)staat nicht mit der durch Art. 20 Abs. 1, 23 Abs. 1 Satz 1 und 79 Abs. 3 GG garantierten Staatlichkeit und Verfassungsidentität der Bundesrepublik vereinbar; Staatlichkeit gehört auch nicht zur Finalität der EU.

6. Ungleiches Wahlrecht zum EP: ein unabänderliches Merkmal der parlamentarischen Repräsentation auf Unionsebene

So wie die durch Lissabon eingeführte gleiche, nämlich eine, Stimme der Mitgliedstaaten im Rat, wie auch zuvor die degressiv-proportionale Stimmgewichtung, nicht zu einer der Bevölkerungszahl oder wirtschaftlichem Gewicht entsprechender Stimmverteilung im Rat führt, wird auch das ungleiche Stimmgewicht der Wähler bei der Wahl zum EP ein dauerhaftes Merkmal der Union sein. Für das BVerfG scheidet das EP damit auf Dauer als Vermittler demokratischer Legitimation aus. Diese grundsätzliche und dauerhafte Missachtung des EP steht in Widerspruch zur rechtlichen und politischen Entwicklung des EP im Institutionengefüge der Union und zum geltenden Unionsverfassungsrecht, insbesondere Art. 10 Abs. 2 EUV.

7. Weitere „Defizite" des EP

Verglichen mit einem nationalen Parlament wie dem Bundestag fehlt es dem EP an einem Initiativrecht zur Unionsgesetzgebung. Das Initiativrecht der Parlamente war ein wesentlicher Schritt der Parlamentarisierung im Frühkonstitutionalismus. Das nur indirekte Initiativrecht des Art. 225 AEUV, das rechtlich nur schwach, politisch aber wirksam ist, sollte und kann bei der nächsten Vertragsänderung leicht zu einem unmittelbaren Initiativrecht – neben dem der Kommission und dem ebenfalls zu schaffenden des Rates – ausgebaut werden.

Im ordentlichen Gesetzgebungsverfahren des Art. 294 AEUV, das für alle wesentlichen Regelungen der rechtliche und tatsächliche Normalfall der Unionsgesetzgebung ist, ist das EP neben dem Rat Mit-, nicht alleini-

---

3 *Grimm* JZ 1995, 581, 585.

ger Gesetzgeber. Dieses erscheint nur auf den ersten Blick als großes Defizit. In föderalen Systemen liegt die Gesetzgebung in der Hand zweier Kammern, auch, obwohl der Bundesrat üblicherweise nicht als „Zweite Kammer“ gesehen wird, in Deutschland. Zustimmungsgesetze, die in der Realität des Verfassungslebens überwiegen, kommen ohne Zustimmung des Bundesrates nicht zustande. Der Unterschied ist allein, dass der Bundestag zunächst ein Gesetz beschließt, das ggf. später am Bundesrat scheitert, während in der Union EP und Rat in einem einheitlichen Verfahren, zum Dialog gezwungen und zeitlich verschränkt, agieren, und dass in der Union alle im ordentlichen Gesetzgebungsverfahren zu beschließenden Rechtsakte somit wechselseitig „Zustimmungsgesetze“ sind.

Die für die Auffassung des BVerfG entscheidende nationale Kontingentierung der Abgeordneten ist allein ein – derzeit und künftig notwendiger – Organisationsmechanismus der Wahl, wie die Landeslisten bei der Bundestagswahl. Das EP konstituiert sich, arbeitet und stimmt ab wie ein nationales Parlament in nach politischer Ausrichtung organisierten Fraktionen. Die Geschäftsordnung des EP, das Abgeordneten-Statut, das Parteien-Statut und die parlamentarische Realität kennen keine nationale Ausrichtung.

8. Die demokratische Legitimierung des Grundrechtekatalogs der EU

In *Solange I* hatte das BVerfG es 1974 als verfassungsrechtlich notwendig erachtet, dass ein europäischer Grundrechtekatalog von einem europäischen Parlament beschlossen sein müsse, diesen Vorbehalt 1986 in *Solange II* aber ohne Begründung nicht aufrechterhalten.[4] Eine Legitimierung durch das zwischen beiden Entscheidungen erstmals direkt gewählte EP schien dem BVerfG nicht mehr wichtig zu sein.

---

4 BVerfG, 29.5.1974 – 2 BvL 52/71, (Solange I) Rn. 22, 23; deutlicher in der in BVerfG, 22.10.1986 – 2 BvR 197/83, (Solange II) Rn. 96 enthaltenen Rückverweisung; neue Auffassung des Gerichts: Rn. 98 ff.; die Grundrechte-Charta ist schließlich im Vertragsänderungsverfahren verwirklicht worden.

9. Die Aufhebung der Sperrklausel für die EP-Wahl

Durch eine Entscheidung vom Mai 1979, unmittelbar vor der ersten Direktwahl des EP, hat das BVerfG die wie selbstverständlich in das Europawahlgesetz aufgenommene 5 %-Klausel für verfassungsrechtlich gerechtfertigt gehalten.[5] Es hat sich dabei der Argumente bedient, die auch für die 5 %-Klausel bei Bundestagswahlen gelten. Seither sind die Kompetenzen und das institutionelle Gewicht des EP sowohl im Rechtsetzungsverfahren als auch bei der Bestellung der Kommission erheblich erweitert, eigentlich erst begründet worden und haben sich der Lage in Deutschland angenähert. Eine Klage der NPD gegen die Sperrklausel wurde vor der EP-Wahl 2004 als verfristet zurückgewiesen.[6]

Von der Entscheidung von 1979 ist das BVerfG mit seinen Entscheidungen zur 5 %- und zur 3 %-Klausel 2011 und 2014 in der Beurteilung der Rolle und des Funktionierens des EP diametral abgewichen.[7] Das Gericht würdigt die seit 1979 erreichte gewaltige rechtliche und politische Entwicklung des EP nicht. Das EP hat eine gewichtige Kreations- und Legitimitätsfunktion erlangt; es hat bei allen Vertragsänderungen an Kompetenzen gewonnen und hat eine „staatsanaloge" Stellung erlangt; die EP-Wahl 2014 war erstmalig auch eine Wahl im Blick auf den künftigen Präsidenten der Kommission.

Grundsätzlich, so das BVerfG, könne eine Gefährdung der Funktionsfähigkeit des Parlaments eine Sperrklausel rechtfertigen. Eine solche sieht das Gericht jedoch nicht, vor allem weil sich die nationalen Parteien in den EP-Fraktionen zusammenfinden. Es hat überdies seine Einschätzung und Prognose der politischen Folgen der Aufhebung der Sperrklausel an die Stelle der Einschätzungsprärogative des Bundestages gesetzt. Die so grundsätzlich unterschiedliche Bewertung des EP und des Bundestages im jeweiligen Regierungssystem überzeugt rechtlich wie politisch nicht, es sei denn, man versteht diese Entscheidungen als Beginn des Endes der 5 %-Klausel bei den Bundestagswahlen.

Nach der EP-Wahl 2014 sind 185 nationale Parteien in das EP eingezogen, darunter 84 mit nur einem Abgeordneten und 7 Parteilose; dabei be-

---

5 BVerfG, 22.5.1979- 2 BvR 193/79 (Sperrklausel, Europawahlgesetz), 234 ff.

6 BVerfG, 8.6.2004- 2 BvE 1/04 (Sperrklausel, Europawahlgesetz); dazu *Vedder*, in: FS für Volkmar Götz, Hendler/Ibler/Soria (Hrsg.), 2005, 109 ff.

7 BVerfG, 9.11.2011– 2 BvC 4/10 (5-%-Klausel); BVerfG, 26.2.2014 – 2 BvE 2/13 (3-%-Klausel).

standen in 16 Mitgliederstaaten Sperrklauseln. Aus Deutschland sind 14 Parteien in das EP eingezogen, darunter 7 mit nur einem Abgeordneten, auch eine „Partei“ eines Kabarettisten, die das EP ad absurdum führen will. Unter Geltung der 5 %-Klausel wären es nur 6 Parteien, unter der 3 % Klausel 7 Parteien (mit der FDP) gewesen. Bei einer Wahlbeteiligung von 48,1 % in Deutschland haben 0,6 % der Stimmen ausgereicht, einen Sitz im EP zu erreichen.

In Konsequenz dessen, dass das Gericht, wenn es um die demokratische Legitimation geht, der nationalen Kontingentierung des EP übergroßes Gewicht beimisst, betrachtet es die Sperrklausel allein aus deutscher verfassungsrechtlicher Sicht. Zwar prüft das Gericht, ob eine Sperrklausel durch den DWA unionsrechtlich verpflichtend vorgegeben sei, was richtigerweise verneint wird. Weitere unionsrechtliche Wirkungen des DWA werden jedoch nicht gesehen.

Wenn der DWA, dessen Auftrag es ist, ein Wahlverfahren nach allen Mitgliedstaaten gemeinsamen Grundsätzen zu schaffen, in Erkenntnis dessen, dass Sperrklauseln bei nationalen Wahlen üblich sind, ausdrücklich auch für EP-Wahlen Sperrklauseln für möglich erklärt, so ist damit primärrechtlich – unter Zustimmung der Bundesrepublik – eine Rechtsgrundlage geschaffen, die Sperrklauseln bei der Wahl zu einem Unionsorgan unionsprimärrechtlich für zulässig erklärt. Davon hat der Bundestag Gebrauch gemacht. Dazu steht eine grundsätzliche national-verfassungsrechtliche Unzulässigkeit in Widerspruch; das BVerfG wird – trotz des Vorbehalts einer neuen Bewertung unter geänderten Umständen – mit gegebenen Argumenten konsequenterweise nicht zur Zulässigkeit einer Sperrklausel zurückkommen können.[8] Der DWA hat den Mitgliedstaaten unionsrechtlich, d.h. unabhängig vom nationalen Verfassungsrecht, die Kompetenz zur Schaffung von Sperrklauseln eingeräumt. Diese unionsverfassungsrechtlich begründete Zulässigkeit von Sperrklauseln hat das Gericht nicht beachtet.

---

8 So auch abweichende Meinung Müller zu BVerfG, *3-%-Klausel* (Fn. 7), Rn. 13; in ihrer abweichenden Meinung zur *5-%-Klausel*-Entscheidung (Fn. 7), 346, 352, weisen die Richter di Fabio und Mellinghoff darauf hin, dass die „Verantwortung zur gesamten Hand“ gebiete, die europäischen Kontexte zu berücksichtigen.

10. Das erfundene Grundrecht oder: vom Grundrechtssenat zum angemaßten Staatsgerichtshof

In seiner *Maastricht*-Entscheidung hat das BVerfG 1992 das in Art. 38 GG verankerte individuelle Grundrecht auf Wahlen zu einem Grundrecht des Wählers darauf, dass der von ihm gewählte Bundestag gegenüber der EU ein gewisses Maß an Kompetenzen behält, erweitert. Das Gericht hat sich so die Möglichkeit geschaffen, auf Verfassungsbeschwerden über den Umfang der Übertragung von Hoheitsrechten zu entscheiden. Damit versetzt das Gericht Individuen in die Lage, es mit Fragen zu befassen, die sonst nur Kläger aus dem Bereich „der Politik" vor das Gericht bringen können. Das GG hat im ausgewogenen System der verfassungsgerichtlichen Verfahren solche Fragen gerade nicht zum Gegenstand von Popularklagen gemacht. Der Grundrechtssenat hat sich in Fragen des Unionsrechts zum Staatsgerichtshof gemacht und die individuelle Verfassungsbeschwerde, eine Errungenschaft des GG mit internationaler Ausstrahlung, überdehnt. Das BVerfG wollte und will entscheiden und hat einem Kreis der üblichen Europa-Kritiker und -Gegner ein Forum eröffnet.[9]

11. Staatsziel europäische Integration

Vor der Schaffung des Art. 23 GG n.F. beruhte die Mitwirkung der Bundesrepublik auf Art. 24 Abs. 1 GG, einer knappen, offenen und mit Bedacht so formulierten Rechtsgrundlage. Der neue „Europa-Artikel" 23 Abs. 1 GG hat, Feststellungen des BVerfG kodifizierend, die Mitwirkung in der EU materiell und verfahrensmäßig eingeschränkt und in Abs. 2 ff. Bundestag und Bundesrat an der Willensbildung der Bundesregierung im Vorfeld von Ratsentscheidungen beteiligt. Der Bundestag macht davon zurückhaltend Gebrauch.

Viel einschneidender ist die Mitwirkung des Bundestages, die das Gericht in *Lissabon* als Bedingung für die Ratifikation festgestellt und die der Gesetzgeber in das IntVG übernommen hat. Die nach dem IntVG notwendigen vorherigen Beschlüsse und Art. 23-Gesetze treffen Beschlüsse und Akte der Union, denen der deutsche Gesetzgeber im Grundsatz bereits

9 Die Zulässigkeit der Verfassungsbeschwerde wird anlässlich des *OMT*-Beschlusses in den abweichenden Meinungen Lübbe-Wolf und Gerhard verneint, BVerfG, 14.1.2014- 2 BvR 2728/13(*OMT*), Rn. 106, 118 ff., 133 ff.

mit dem Ratifikationsgesetz zugestimmt hat und die somit vom Integrationsprogramm bereits gedeckt sind.

Durch den Vertrag von Lissabon werden die nationalen Parlamente und damit Bundestag und Bundesrat jeweils für sich unionsprimärrechtlich über Art. 12 EUV und das Subsidiaritätsprotokoll in die Gesetzgebungsverfahren der EU außerhalb der, inhaltlich begrenzten, ausschließlichen Unionskompetenzen mit der Möglichkeit der Subsidiaritätsrüge und einer späteren Subsidiaritätsklage einbezogen. Das Unionsrecht macht die nationalen Parlamente, die durch die Ausübung von Unionskompetenzen an Gestaltungsmacht verlieren, zum Wächter der mitgliedstaatlichen Kompetenzen gegenüber der Unionsgewalt. Die Einbeziehung der nationalen Parlamente in das Rechtsetzungsverfahren der Union gem. Art. 12 EUV und die in Art. 10 EUV fundierte demokratische Legitimation in der EU gehören zu den wesentlichen Errungenschaften des Vertrages von Lissabon.

Mit der weder unionsrechtlich noch verfassungsrechtlich abgeleiteten oder notwendigen Charakterisierung der Union als „staatsanalog“ in *Lissabon* verkennt das BVerfG die Eigenständigkeit und Besonderheit der Unionsrechtsordnung und nimmt für sich in Anspruch, unter Eintreten für die Rechte des Bundestages den Nationalstaat zu bewahren. Die öffentlichen Debatten zwischen den Präsidenten des Gerichts und des Bundestages und Jürgen Habermas sind erhellend.[10]

Das Staatsziel der Mitwirkung an der europäischen Integration ist durch die Rechtsprechung des BVerfG, über die selbstverständlichen Grenzen des Art. 79 Abs. 3 GG hinausgehend, inhaltlich und verfahrensmäßig – die staatsrechtlich geschaffene Mitwirkung des Bundesgesetzgebers und die für unionsrechtliche Grundfragen eröffnete Verfassungsbeschwerde – nationalstaatlich stark zurückgenommen worden.

12. Die (Mit)gestaltung der Europäischen Union

Das BVerfG hat es seit *Maastricht* erfolgreich unternommen, die Entwicklung der EU mitzugestalten. Bei jeder Vertragsänderung schaut Europa auf das BVerfG. Staatspräsidenten, die eine vom Parlament beschlossene Ratifikation verweigern, sind weniger interessant. In den Verfahren zum

---

10 Podiumsdiskussion Lammers – Voßkuhle im Wissenschaftlichen Dienst des Bundestages, Berlin 17.11.2011; Diskussion Voßkuhle – Habermas – Skouris - Frieden, Deutscher Juristentag München, 20.9.2012.

Europäischen Stabilitätsmechanismus und zum OMT-Beschluss der EZB[11] misst das BVerfG – auf Klagen der üblichen Euro-Gegner – in einer Phase notgedrungen experimenteller Politik das Handeln und sogar ein Nicht-Handeln von Regierung und Bundestag anhand eigener, nationaler verfassungsrechtlicher Maßstäbe. Zwar hat das Gericht in seinem OMT-Beschluss unionsrechtliche Fragen dem EuGH vorgelegt, diesem aber die von ihm allein zu akzeptierenden Antworten bereits diktiert.

Von aktiver Gestaltung Europas, gar von einem Aufbruch nach Europa, ist nichts mehr zu spüren. In den frühen Jahren der E(W)G hat sich auf der Basis des zwar „supranational", jedoch rein völkerrechtlich verstandenen Gründungsvertrages ein rechtlicher Aufbruch vollzogen, der im Text des Vertrages nicht offen angelegt war. Interessant zu verfolgen ist die Wandlung des Verständnisses des EWGV durch Hans Peter Ipsen in der Frage des Vorrangs des Gemeinschaftsrechts, die mit dem Bensheimer Referat vor 51 Jahren auf der ersten Tagung der Wissenschaftlichen Gesellschaft für Europarecht im Juli 1964 ihren Abschluss fand.[12] Das ist in Auslegung des Art. 24 Abs. 1 GG in den frühen Jahren vom BVerfG mitgetragen worden. *Ipsens* 1972 erschienene, erste große Gesamtdarstellung des Gemeinschaftsrechts auf 1100 Seiten[13] ist ein Monument dieses Aufbruchs. *Peter-Christian Müller-Graff* gibt zusammen mit *Armin Hatje* die Enzyklopädie Europarecht heraus, die mit 11.000 Seiten ein neues Monument des Unionsrechts darstellt, und zugleich den ersten Band, der die institutionellen und verfassungsrechtlichen Grundlagen der Union unter Einschluss der Verfassungen der Mitgliedstaaten behandelt. Dies ist nicht zuviel Unionsrecht für eine deutsche Verfassung, sondern nur die von den Gründungsvätern und frühen rechtswissenschaftlichen Begleitern der europäischen Integration in diesem Ausmaß nicht vorhergesehene Konsequenz der Realisierung des Staatszieles europäische Integration.

Zuviel oder Zuwenig ist eine Frage der politischen Meinungsbildung – über Europa bestand und besteht in „der Politik" immer großer Konsens – und es ist nicht die Aufgabe eines Verfassungsgerichts, – über Art. 79 Abs. 3 GG hinausgehend und die „Bresche im Souveränitätspanzer" ge-

---

11 BVerfG, 18.3.2014- 2 BvE 6/12 (ESM); BVerfG, 14.1.2014- 2 BvR 2728/13 (OMT).

12 *Ipsen*, Bensheimer Referat, Abhandlungen aus dem Gesamten Bürgerlichen Recht, 1965, Heft 29, 1 21 ff.

13 *Ipsen*, Europäisches Gemeinschaftsrecht, Tübingen 1. Auflage 1972.

ringachtend – im GG Grenzen zu finden, die so nicht gesetzt sind.[14] Die Argumentationslinien des Gerichts sind nicht als die einzig zwingenden aus dem GG abzuleiten und das Gericht blickt aus verfassungsrechtlicher Perspektive nicht auf die europäische Dimension der sich stellenden Fragen. In der Grundfrage, wieweit die Bundesrepublik in der Union mitmachen und deren weitere Entwicklung aktiv gestaltend voranbringen will, nimmt das BVerfG mit seiner rechtlichen Gestaltungsmacht aufgrund von nur zweifelhaft zulässigen individuellen Verfassungsbeschwerden eine weder unionsverfassungsrechtlich zwingend vorgegebene noch durch das GG gerechtfertigte Haltung ein.

---

14 In ihrer abweichenden Meinung zum *OMT*-Beschluss (Fn. 11) hinterlässt Richterin Lübbe-Wolf eine Mahnung zu inhaltlicher und verfahrensmäßiger Zurückhaltung.

Bedeutung von Abgeordneten, Fraktionen und Parteien für die europäische Integration

Sven Hölscheidt

I. Müller-Graff und die europäische Integration

Peter-Christian Müller-Graff hat sich schon früh mit der europäischen Integration beschäftigt. Seine umfangreiche Publikationsliste nennt bereits 1977 als einen der ersten Titel „Die Direktwahl des europäischen Parlaments".[1] Zwei Jahre später ist von Müller-Graff ein Tagungsbericht erschienen, der die Überschrift „Die politischen Parteien im Demokratisierungsprozess der Europäischen Gemeinschaft" trägt.[2] Er behandelt in beiden Publikationen nach wie vor aktuelle Probleme. Das gilt z.B. für die fehlende Wahlrechtsgleichheit bei den Wahlen zum Europäischen Parlament,[3] das fehlende Initiativrecht[4] und die Integrationsverantwortung,[5] die drei Jahrzehnte später zu einem europarechtlichen Zentralbegriff[6] wurde. Müller-Graff ist dem Integrationsthema treu geblieben.[7]

Europäische Integration meint sowohl das Ziel des Zusammenschlusses von Demokratien als auch den Weg dorthin.[8] Der Schlüssel für die europäische Integration liegt bei den Unionsbürgern. Ohne Bürger ist kein demokratischer Staat zu machen, auch kein Staatenverbund, wie ihn die EU darstellt. Es kann keine Demokratie ohne Bürgermitwirkung geben. In einem demokratischen Gemeinwesen ist Privatinitiative daher unverzicht-

---

1 Recht und Staat, Heft 468/469.

2 *Müller-Graff* NJW 1979, 471 f.

3 *Müller-Graff* (Fn. 1) 40 f.; *ders.* (Fn. 2) 471; aus jüngerer Zeit *ders.*, Der Vertrag von Lissabon auf der Systemspur des Primärrechts, integration 2008, 131.

4 *Müller-Graff* (Fn. 1) 44.

5 *Müller-Graff* (Fn. 2) 471.

6 BVerfGE 123, 267 ff.

7 Aus jüngster Zeit: Hatje/Müller-Graff (Hrsg.), Europäisches Organisations- und Verfassungsrecht, 1. Aufl. 2014.

8 *Piepenschneider*, in: Bergmann (Hrsg.), Handlexikon der Europäischen Union, 5. Aufl. 2015, Stichwort „Integration"; „Zur Zukunft der Europäischen Union", *Müller-Graff*, a.a.O., 1103 ff.

bar. Damit ist (schon ausweislich des Generalthemas dieser Festschrift) ein weiterer zentraler Gegenstand im Werk von Müller-Graff genannt. Privatinitiative bedeutet in diesem Zusammenhang, dass jemand aus eigenem Antrieb zu handeln beginnt und den Integrationsprozess unterstützt. Unionsbürger müssen sich in Parteien engagieren, sich zur Wahl stellen, gewählt werden und dann als Abgeordnete und Fraktionsmitglieder in den Parlamenten ihre Mandate wahrnehmen. Je mehr Bürger aktiv sind, desto besser ist das für die Demokratie.

Abgeordnete, Fraktionen und Parteien gibt es auf der nationalen Ebene, also in jedem Mitgliedstaat, und auch auf der europäischen Ebene. Ihre Rechtsgrundlagen bergen zahlreiche Probleme in sich. Einige davon werden im Folgenden angesprochen.

II. Abgeordnete des Europäischen Parlaments

Ihr Status richtet sich im Primärrecht in erster Linie nach Art. 14 Abs. 2, 3 EUV; Art. 223 AEUV; Art. 5 Abs. 2, Art. 6, 7, 12, 13 Direktwahlakt[9] und Art. 7, 8, 9 und 12 Vorrechteprotokoll.[10] Im Sekundärrecht ist das Abgeordnetenstatut[11] einschlägig. Es ist zu Beginn der vergangenen siebten Wahlperiode des EP in Kraft getreten.[12] Die Durchführung des Statuts ist in umfangreichen Bestimmungen geregelt (Art. 24 AbgStatut).[13] Zusätzlich enthält die Geschäftsordnung des EP (vor allem in Art. 2 ff.) spezifische Normierungen des Abgeordnetenstatus. Er richtet sich im Übrigen nach nationalen Vorschriften. Im Wesentlichen entspricht er dem Status der Bundestagsabgeordneten.

9 Vom 20.9.1976, ABl. 1976 L 278/1; BGBl. 1977 II 734, zuletzt geändert durch Beschluss des Rates vom 25.6.2002 und 23.9.2002, ABl. 2002 L 283/1; BGBl. 2003 II 810; in Kraft getreten in allen Mitgliedstaaten am 1.4.2004, BGBl. 2004 II 520; im Folgenden DWA.

10 Protokoll (Nr. 7) zum Vertrag von Lissabon über die Vorrechte und Befreiungen der Europäischen Union.

11 ABl. 2005 L 262/1.

12 *Hölscheidt*, in: Grabitz/Hilf/Nettesheim, Das Recht der EU, 54. EL (2014), Art. 223 AEUV Rn. 49 ff.

13 Beschluss des Präsidiums des EP vom 19.5. und 9.7.2008 mit Durchführungsbestimmungen zum Abgeordnetenstatut des EP, ABl. 2009 C 159/1, zuletzt geändert durch Beschluss des Präsidiums des EP vom 1.7.2013, ABl. 2013 C 194/6 (im Folgenden: Durchführungsbestimmungen).

Auch die Abgeordneten des EP sind Inhaber eines freien Mandats. Sie sind frei und unabhängig (Art. 2 Abs. 1 AbgStatut) und weder an Aufträge noch an Weisungen gebunden (Art. 6 Abs. 1 S. 2 DWA; Art. 3 Abs. 1 S. 2 AbgStatut; Art. 2 Abs. 1 S. 2 GO EP). Sie haben Rederecht (Art. 145 Abs. 1, Art. 149 ff. GO EP), das Recht Entschließungsanträge einzureichen (Art. 120 GO EP) und ein sogar im Primärrecht abgesichertes Fragerecht (Art. 230 Abs. 2 AEUV). Indemnität genießen sie gemäß Art. 8 Vorrechteprotokoll. Für die Abgeordneten des EP gilt allerdings kein einheitliches Immunitätsrecht.[14] Art. 9 Abs. 1 lit. a Vorrechteprotokoll verweist auf die Immunitätsregelungen der Mitgliedstaaten. Demgegenüber enthält Art. 9 Abs. 1 lit. b Vorrechteprotokoll eine materielle unionsrechtliche Immunitätsregelung. Dieser Immunitätsunterschied stellt kein gravierendes Problem dar. Mit einem Federstrich des Vertragsgebers kann ein einheitliches Immunitätsrecht geschaffen werden. Schwieriger – wenn überhaupt – zu lösen sind drei grundlegende Statusprobleme.

Die Abgeordneten stützen sich auf eine unterschiedliche Legitimationsbasis. Sie werden in allgemeinen, unmittelbaren, freien und geheimen Wahlen gewählt (Art. 14 Abs. 3 EUV; Art. 1 Abs. 2 DWA; Art. 39 Abs. 2 GRC). Der Grundsatz der Gleichheit der Wahl ist auf der Unionsebene nur in seinem Kern, nicht aber voll verwirklicht.[15] Das wird von der Rechtswissenschaft (u.a. von Müller-Graff[16]) zu Recht kritisiert.[17]

Die Abgeordneten des EP haben anders als die Abgeordneten des Bundestags nicht die Möglichkeit, Rechtsetzungsinitiativen zu ergreifen. Dem EP steht nur ein indirektes Initiativrecht zu (Art. 225 AEUV). Das Initiativmonopol liegt bei der Kommission. Jeder Abgeordnete des EP hat zwar gemäß Art. 5 AbgStatut das Recht, einen Vorschlag für einen Unionsakt einzubringen. Das bedeutet aber nur die Möglichkeit, ein langwieriges parlamentarisches Verfahren in Gang zu setzen, das selbst im günstigen Fall bei dem Initiativaufforderungsrecht des EP gemäß Art. 225 AEUV endet.[18]

---

14 *Hölscheidt* (Fn. 12) Art. 223 AEUV Rn. 65 ff.

15 *Hölscheidt*, in: Grabitz/Hilf/Nettesheim, 52. EL (2014) Art. 14 EUV Rn. 84.

16 *Müller-Graff* integration 2008, 131.

17 A. A. *Decker* APuZ 2014, 3, 7.

18 *Hölscheidt* (Fn. 12) Art. 225 AEUV Rn. 9.

Die Abgeordnetenentschädigung ist ein Dauerbrenner des Parlamentsrechts.[19] Die Europaabgeordneten haben gemäß Art. 9 Abs. 1 AbgStatut Anspruch auf eine angemessene Entschädigung, die ihre Unabhängigkeit sichert. Die Entschädigung beläuft sich auf 38,5 Prozent der Grundbezüge eines Richters am EuGH (Art. 10 AbgStatut, Art. 1 Durchführungsbestimmungen). Diese Grundbezüge wiederum richten sich nach den Bezügen eines EU-Beamten einer bestimmten Besoldungsgruppe.[20] Daraus errechnet sich eine monatliche Entschädigung von 7956,87 Euro. Die Abgeordneten haben Anspruch auf Unterstützung durch persönliche Mitarbeiter, die sie selbst auswählen (Art. 21 Abs. 1 AbgStatut). Das EP trägt die Beschäftigungskosten (Art. 21 Abs. 2 AbgStatut, Art. 33 ff. Durchführungsbestimmungen): Der monatliche Höchstbetrag beläuft sich auf 21209 Euro. Außerdem haben die Abgeordneten Anspruch auf ein Tagegeld in Höhe von 304 Euro für jeden Tag ihrer Anwesenheit an einem Arbeits- oder Sitzungsort des EP oder in einer Ausschusssitzung eines nationalen Parlaments (Art. 24 Durchführungsbestimmungen). Sämtliche Zahlungen werden aus dem Haushalt der EU geleistet (Art. 23 AbgStatut, Art. 63 ff. Durchführungsbestimmungen). Im Gesamthaushaltsplan 2014 sind beim Parlament für die „Mitglieder des Organs" Ausgaben i.H.v. 224 Mio. Euro vorgesehen, für „Beamte und Bedienstete auf Zeit" 595 Mio. Euro, für „Sonstige Bedienstete und externes Personal" 98 Mio. Euro. Alle in Deutschland gewählten Abgeordneten erhalten zusätzlich Geld- und Sachleistungen aus dem Bundeshaushalt. Dazu zählt eine Aufwandsentschädigung, um die durch das Mandat veranlassten Aufwendungen abzugelten (§ 10 a EuAbgG).

Diese Entschädigungsregelung ist problematisch. Zu messen ist sie am Gleichheitssatz. Die Gleichheit ist ein universeller Wert der EU (Präambel EUV), auf den sich die Union gründet (Art. 2 EUV). Außerdem ist die Gleichheit in Art. 20 ff. GRC und zahlreichen weiteren Artikeln des Primärrechts geregelt.[21] Dass alle Abgeordneten gleich entschädigt werden, deutet zunächst darauf hin, dass der Gleichheitssatz eingehalten ist. Gleiche Entschädigung für gleiche Mandatswahrnehmung zu gewähren er-

---

19 Zum deutschen Recht Schüttemeyer/Schmidt-Jortzig (Hrsg.), Der Wert der parlamentarischen Repräsentation, 2014; zum Unionsrecht *von Arnim* NJW 2014, 2250.

20 VO Nr. 422/67/EWG, Nr. 5/67/EURATOM, ABl. 1967 L 187/1, zuletzt geändert durch VO Nr. 904/2012 vom 24.9.2012, ABl. 2012 L 269/1.

21 *Hölscheidt*in: Meyer (Hrsg.), Charta der Grundrechte der Europäischen Union, 4. Aufl. 2014, Vor Titel III Rn. 15 ff.

scheint aus der Sicht des EP in der Tat gleichheitsgerecht. Aus der Sicht der Mitgliedstaaten, in denen die Abgeordneten gewählt werden, stellt sich das anders dar. Die wirtschaftlichen Unterschiede in der äußerst heterogenen Union sind sehr groß. Deshalb hat ein Abgeordneter, der in einem Mitgliedstaat mit niedrigem Preisniveau gewählt worden ist, real viel mehr Entschädigungsleistung zur Verfügung als ein Abgeordneter aus einem Land mit einem hohen Preisniveau. Noch deutlicher wird die Ungleichbehandlung, wenn man berücksichtigt, dass in einem Staat mit niedrigem Einkommensniveau für denselben Höchstbetrag wesentlich mehr Mitarbeiter eingestellt werden können als in einem Land mit hohem Einkommensniveau.[22] Außerdem ist die Regelung intransparent. Denn die Entschädigung erhöht sich automatisch, ohne dass ein Rechtsetzungsakt erforderlich ist. Sie ist an die Richterbezüge gekoppelt, die ihrerseits an die Beamtenbezüge angebunden sind. Dadurch wird ein offener, transparenter und regelmäßiger Dialog mit der Zivilgesellschaft vermieden, den das EP gemäß Art. 11 Abs. 2 EUV zu pflegen hat.

III. Fraktionen im Europäischen Parlament

Das Primärrecht beschäftigt sich nicht mit ihnen. Fraktionsrecht ist im Wesentlichen Geschäftsordnungsrecht. Abgeordnete können sich zu Fraktionen zusammenschließen (Art. 8 AbgStatut, Art. 32 GO EP), in Ausübung des freien Mandats, entsprechend ihrer politischen Zugehörigkeit. Jede Fraktion muss mindestens 25 Mitglieder haben, die in mindestens einem Viertel der Mitgliedstaaten gewählt worden sind.

Zu Beginn der aktuellen Wahlperiode gibt es sieben Fraktionen im EP.[23] Ähnlich wie Bundestagsfraktionen nehmen sie ihre Funktionen wahr.[24] Sie haben eine Parlamentsfunktion, nehmen also Teil an der Rechtsetzungs-, Kontroll-, Kreations-, und Öffentlichkeitsfunktion des EP. Die Fraktionen koordinieren die Arbeit ihrer Mitglieder (Mitgliederfunktion) und haben eine Außenfunktion. Sie äußert sich vor allem darin, dass die Fraktionen eigenes Personal verwalten. Allerdings haben sie keine Parteifunktion. Weil es keine europäischen Parteien gibt, ist die europäische Fraktion nicht die europäische Partei im EP. Problematisch ist die

---

22 *von Arnim* (Fn. 19) 2253.
23 *Hrbek* integration 2014, 205, 218.
24 *Hölscheidt* (Fn. 12) Art. 223 AEUV Rn. 112 ff.

Fraktionsfinanzierung.[25] Sie erfolgt unmittelbar aus dem Haushalt des EP, und zwar als Globalveranschlagung. Daher ist eine effektive Kontrolle des Finanzgebarens nicht möglich. Das ist misslich, denn immerhin geht es um einen Betrag von 60 Mio. Euro für 2014.[26]

IV. Politische Parteien auf europäischer Ebene

Das Primärrecht regelt sie in Art. 10 Abs. 4 EUV; Art. 224 AEUV und Art. 12 Abs. 2 GRC. Die Vorschriften setzen den Parteibegriff voraus. Art. 10 Abs. 4 EUV und Art. 12 Abs. 2 GRC enthalten nur Funktionsbeschreibungen, die unnötigerweise unterschiedlich formuliert sind. „Politische Parteien auf europäischer Ebene tragen zur Herausbildung eines europäischen politischen Bewusstseins und zum Ausdruck des Willens der Bürgerinnen und Bürger der Union bei“, heißt es bürgerfern in Art. 10 Abs. 4 EUV. Dass Art. 12 Abs. 2 GRC den Hinweis auf das europäische Bewusstsein weglässt, macht die Aussage nicht klarer. Daher fehlen im Primärrecht handhabbare Vorgaben für die Sekundärrechtsetzung. EP und Rat haben also weitgehend freie Hand, wenn sie gemäß Art. 224 AEUV ein Parteienstatut festlegen.

Das geltende Parteienstatut hat die Ursprungsfassung aus dem Jahr 2003 im Jahr 2007 geändert.[27] Es regelt im Wesentlichen die Parteifinanzierung.[28] Von dieser Finanzierung schließt es zahlreiche Parteien (z.B. neue und kleine) aus, weil sie die Voraussetzungen der transnationalen Vertretung und der Mindestrepräsentativität gemäß Art. 3 Abs. 1 lit. b Parteienstatut nicht erfüllen. Die Haushaltsmittel des EP für die Finanzierung betragen 28 Mio. Euro für 2014. Sie werden unter den politischen Parteien auf europäischer Ebene, deren Finanzierungsantrag (Art. 4 Parteienstatut) stattgegeben wurde, wie folgt aufgeteilt: 15% erhalten sie zu gleichen Teilen; die übrigen 85% werden nur unter denjenigen aufgeteilt, die durch Abgeordnete im EP vertreten sind, und zwar im Verhältnis zur Mitgliederzahl (Art. 10 Abs. 1 Parteienstatut).

---

25 *Hölscheidt* (Fn. 12) Art. 223 AEUV Rn. 116 ff.

26 Näher *Leinen/Pescher* integration 2014, 228, 242.

27 ABl. 2003 L 297/1, geändert durch VO (EG) Nr. 1524/2007 des EP und des Rates vom 18.12.2007 (ABl. L 343/5).

28 Ausführlich *Hölscheidt* (Fn. 12) Art. 224 AEUV Rn. 19 ff.

Das ist eine sehr schöne Regelung für die etablierten Parteien auf politischer Ebene, denn sie werden rundum bedacht. Nicht im EP vertretene politische Parteien auf europäischer Ebene bekommen demgegenüber nur einen Anteil aus dem 15%-Segment. Sie werden also erheblich benachteiligt. Als Rechtfertigungsgrund wird das Kriterium des Wahlerfolgs angeführt. Das ist nur abstrakt überzeugend, nicht aber konkret in Bezug auf eine so weitgehende Benachteiligung. Nach nochmaliger Änderung 2014 tritt das neue Statut 2017 in Kraft. Ihm gelingt es nur, einige Kritikpunkte an der gegenwärtigen Regelung zu beseitigen.[29]

V. Schluss

Abgeordnete, Fraktionen und Parteien haben große Bedeutung für die europäische Integration. Sie sind die Bausteine des Parlamentarismus. Abgeordnete werden in ein Parlament gewählt und schließen sich zu Fraktionen zusammen. Entsprechende Parteien entstehen erst später. Mit der Bedeutung dieser Bausteine korrespondiert die Bedeutung ihrer Rechtsgrundlagen. Deren Analyse ergibt ein unterschiedliches Bild. Das Abgeordnetenrecht ist eine komplizierte, nur mäßig gelungene Mischung aus zahlreichen unionalen und nationalen Vorschriften. Obwohl es das Abgeordnetenrecht logischerweise schon so lange gibt wie das EP, muss es noch an wichtigen Stellen verbessert werden. Das Fraktionsrecht ist Unionsrecht. Die knappen Vorschriften erfüllen im Wesentlichen ihren Zweck. Auch das Parteienrecht ist Unionsrecht. Anders als das Abgeordnetenrecht steckt es noch in den Kinderschuhen. Gegenwärtig ist das Parteienrecht in Gestalt des Parteienstatuts im Kern Finanzierungsrecht. Es ist auf der Grundlage des Status quo entstanden und soll ihn möglichst bewahren. Es ist nicht dazu geeignet, neue parteipolitische Initiativen zu fördern. Dogmatische juristische Kritik daran zu üben ist nicht leicht, weil das Primärrecht dem Sekundärrecht keine klaren Vorgaben macht. Die Finanzierungsregelungen sowohl für Abgeordnete, Fraktionen und Parteien leiden an Ungerechtigkeit und Intransparenz. Das ist nicht gut für die europäische Integration, denn die Politikfinanzierung steht unter besonderer öffentlicher Beobachtung.

29 Positivere Sicht bei *Leinen/Pescher* (Fn. 26) 228, 234 ff.

Das Europäische Parlament und die deutschen Splitterparteien

Prof. Dr. iur. Reinhard Mußgnug

I.

Daß das Bundesverfassungsgericht die Europawahl 2014 geprägt habe, wäre übertrieben. Aber an seinem Rande hat das Gericht das Ergebnis dieser Wahl doch beeinflußt. Ohne sein Urteil vom 26. Februar 2014,[1] mit dem es auch die auf 3% abgesenkte Sperrklausel des Europawahlgesetzes für nichtig erklärt hat,[2] hätten nur sieben Parteien Mandate errungen: Die CDU, die SPD, die GRÜNEN, DIE LINKE, die AfD, die CSU und als letzte die FDP, die mit einem Stimmenanteil von 3,4 % auf drei Mandate gekommen ist. So indessen sind sieben weitere Parteien, die an der vom BVerfG beiseite geräumten 3 %-Hürde gescheitert wären, mit je einem Abgeordneten in das Europäische Parlament eingezogen: Die Freien Wähler (1,5 %), die Piraten (1,4 %), die Tierschutzpartei (1,2 %), die NPD (1 %), die Familien-Partei (0,7 %), die Ökologisch-Demokratische Partei (0,6 %) und als letzte die Partei, die sich rühmt, „Die PARTEI" zu sein,[3] die ebenfalls auf 0,6 % gekommen ist, aber 535 Stimmen weniger als die ÖDP erhalten hat.[4] Von den Abgeordneten dieser sieben Kleinstparteien haben immerhin fünf in einer der sechs Fraktionen des Europäischen Parlaments Unterschlupf gefunden.[5] Zwei dagegen – Martin Sonneborn von der PARTEI und Udo Voigt von der NPD – gehören keiner Fraktion an,

---

1 BVerfG, 26.2.2014 – 2 BvE 2/13 (3%-Sperrklausel).

2 BVerfG, 9.11.2011 – 2 BvC 4/10 (5%-Sperrklausel).

3 Ihr voller Name lautet „Partei für Arbeit, Rechtsstaat, Tierschutz, Elitenförderung und basisdemokratische Initiative". Diesen Namen führt sie auf ihrer Website (http://www.die-partei.de/programm/) jedoch nur, um ihn zu P-A-R-T-E-I abzukürzen und mit dieser Abbreviatur auf sich aufmerksam zu machen.

4 http://de.wikipedia.org/wiki/Europawahl_in_Deutschland_20.

5 Der Pirat und der Abgeordnete der ÖDP bei der Fraktion der „Grünen/Europäische Freie Allianz", der Vertreter der Tierschutzpartei bei den „Vereinten Europäischen Linken/Nordische Grüne Linke", der Abgeordnete der Freien Wähler bei der „Allianz der Liberalen und Demokraten für Europa" und der Repräsentant der Familien-Partei bei den „Europäischen Konservativen und Reformisten".

Sonneborn, weil er sich nirgendwo einbinden lassen möchte,[6] Voigt, weil ihn verständlicherweise keine Fraktion bei sich hat aufnehmen wollen.

Es sieht also ganz danach aus, als habe das BVerfG nicht nur den Splitterparteien, sondern auch den Splitterchen der deutschen Parteienlandschaft im EP ein Tummelfeld geschaffen, auf dem sie zwar kaum etwas bewegen, wohl aber mit einigem Geschick und etwas Glück einem ihrer Wortführer Sitz, Stimme, Diäten,[7] Aufwandsentschädigungen[8] und als Dreingabe ein Büro in einem der Bundestagsgebäude in Berlin[9] verschaffen können. Ob das BVerfG damit gut beraten war, sei dahingestellt. Es ist nicht das Ziel dieses Beitrags, den Stimmen, die seine beiden Urteile zur europäischen Sperr-Klausel kritisieren,[10] eine weitere hinzuzufügen. Ihm geht es statt dessen um die Frage, ob dem Bundeswahlausschuß bei der Zulassung der sieben erfolgreichen und der darüber hinaus ebenfalls zugelassenen elf weiteren Zwergparteien,[11] denen es zum Mandatsgewinn nicht gereicht hat, Fehler unterlaufen sind.

Zu dieser Frage besteht Anlaß. Sinken die Bedingungen des Mandatsgewinns, so steigt das Gewicht der Voraussetzungen, von denen die Kandidatur abhängt. Insbesondere gewinnt Bedeutung, daß gemäß § 8 Abs. 1

---

6 Das hat er in einem am 6.11.2014 dem Deutschlandfunk gewährten Interview angedeutet, das unter http://www.deutschlandfunk.de/europawahl-die-partei-in-bruessel.862.de.html?dram:article_id=29094 zu finden ist.

7 Nach Abzug der Steuern und des Versorgungsbeitrags monatlich 6.250,37 €.

8 Monatlich 4 299 € zuzüglich Tagegelder, Reisekostenerstattung und einer sog. Sekretariatszulage bis maximal 21.209 € für die Besoldung von Mitarbeitern und Hilfskräften.

9 Im Falle der sieben Einzelkämpfer im EP allerdings nur ein karges Gemeinschaftsbüro, in dem sich der Abg. Sonneborn der FAS vom 21.12.2014, S. 5 zufolge „in die Besenkammer abgeschoben" fühlt.

10 Allen voran denen der dissentierenden Richter di Fabio, Mellinghoff und Müller.

11 Republikaner (0,4 %), Demokratie durch Volksabstimmung (0,3 %), Bayernpartei (0,2 %), Partei Bibeltreuer Christen (0,2 %), Pro NRW (0,2 %), Partei für Arbeit, Umwelt und Familie (0,2 %), Christliche Mitte (0,1 %), DKP (0,1 %), Marxistisch-Lenistische Partei Deutschlands (0,1 %) sowie als Schlußlichter die Bürgerrechtsbewegung Solidarität und die Partei für Soziale Gleichheit, Sektion der 4. Internationale, die deutlich unter 1 ‰ geblieben sind. Diesen elf „Sonstigen" ist auch die Parteienfinanzierung versagt geblieben, die gemäß § 18 Abs. 4 ParteienG einen Stimmenanteil von 0,5 % voraussetzt, während sie dank ihrer 0,6 % der PARTEI 240.000 € sowie die Aussicht auf weitere Jahresraten eingetragen hat (http://www.die-partei.de/?p=*).

EuWahlG[12] auch bei der Europawahl Wahlvorschläge nur von politischen Parteien eingereicht werden können. Weil das EuWahlG keine Direktmandate kennt, um die sich auch parteiunabhängige Kandidaten bewerben können, ist sein Parteien-Monopol[13] sogar exklusiver als das des BWahlG, das dieses Monopol nur für die kollektive Kandidatur auf den Landeslisten vorsieht.

II.

Der Bundeswahlausschuß handhabt das Parteienmonopol bei der Europawahl freilich ebenso großzügig, wie er das bei der Zulassung der Wahlvorschläge für die Bundestagswahlen zu tun pflegt. Er hält sich an § 2 Abs. 1 ParteienG, der die Parteien definiert als

> „Vereinigungen von Bürgern, die dauernd oder für längere Zeit für den Bereich des Bundes oder eines Landes auf die politische Willensbildung Einfluß nehmen und an der Vertretung des Volkes im Deutschen Bundestag oder einem Landtag mitwirken wollen, wenn sie nach dem Gesamtbild der tatsächlichen Verhältnisse, insbesondere nach Umfang und Festigkeit ihrer Organisation, nach der Zahl ihrer Mitglieder und nach ihrem Hervortreten in der Öffentlichkeit eine ausreichende Gewähr für die Ernsthaftigkeit dieser Zielsetzung bieten."

Wie es die Wahlbewerber mit den beiden materiellen Merkmalen dieses Partei-Begriffs, dem Streben nach *Einfluß auf die politische Willensbildung* und der *Ernsthaftigkeit dieser Zielsetzung* halten, beurteilt der Wahlausschuß jedoch im wesentlichen nach den leichter kontrollierbaren formalen Kriterien des § 2 Abs. 1 ParteienG. Für ihn ist jede Vereinigung schon dann Partei, wenn sie

---

12 „Wahlvorschläge können ... *von Parteien* und von sonstigen mitgliedschaftlich organisierten, auf Teilnahme an der politischen Willensbildung und Mitwirkung in Volksvertretungen ausgerichteten Vereinigungen mit Sitz, Geschäftsleitung, Tätigkeit und Mitgliederbestand in den Gebieten der Mitgliedstaaten der Europäischen Union (sonstige politische Vereinigungen) eingereicht werden." Mit den „sonstigen Vereinigungen" meint § 8 Abs. 1 die ausschließlich an den Wahlen zum EP teilnehmenden Parteien, die wegen ihres Verzichts auf die Teilnahme an den Bundes- und Landtagswahlen nicht als Parteien i. S. des § 2 Abs. 1 ParteienG gelten. Die „sonstigen Vereinigungen" durchbrechen das Parteienmonopol daher nicht; sie tragen nur den Besonderheiten der europäischen Wahlen Rechnung (Lenz/Gerhard, Europawahlgesetz 2012, Einleitung Rn. 65).

13 Zu ihm *Mußgnug* JR 1976, 353 ff.

- eine gewisse Zahl von Mitgliedern nachweisen kann,
- einigermaßen stabil organisiert ist,
- sich in der Öffentlichkeit hinreichend bemerkbar macht
- und ihren Willen zur Teilnahme an der politischen Willensbildung mit dem Einreichen einer Kandidatenliste bekundet.

Das *Politische* ihres Programms, das die Parteien von den anderen allenfalls politiknahen, aber nicht genuin politischen Interessenvertretungen, Weltanschauungsvereinen, berufsständischen Organisationen, Debattierclubs, Bürgerinitiativen und all den vielen Gruppen unterscheidet, die man in Österreich treffend als „die Kümmerer" bezeichnet, interessiert den Wahlausschuß weniger. Das Programm der Wahlbewerber und ihre Wahlversprechen sind ihm nicht gerade eine quantité négligeable. Aber wenn die formalen Kriterien der Mitgliederzahl, der Organisation und der Propaganda-Arbeit stimmen, befaßt er sich nicht näher mit der an sich entscheidenden Frage, ob die Inhalte der Parteiprogramme als „*politisch*" zu qualifizieren sind.

Darin bestärkt ihn das BVerfG. Es hält den Wahlausschuß in ständiger Rechtsprechung dazu an, keine besonders strengen Anforderungen zu stellen und vor allem die neu gegründeten erstmals antretenden Parteien nicht zu überfordern. Zurückweisen soll der Wahlausschuß nur solche Vereinigungen, „die nach ihrem Organisationsgrad und ihren Aktivitäten offensichtlich nicht imstande sind, auf die politische Willensbildung des Volkes Einfluß zu nehmen, bei denen die Verfolgung dieser Zielsetzung erkennbar unrealistisch und aussichtslos ist und damit nicht als ernsthaft eingestuft werden kann."[14]

So lange eine Sperrklausel sicherstellt, daß nur solche „Parteien" Mandate erringen, die zumindest 3 % der abgegebenen Stimmen auf sich vereinigen,[15] mag das angehen. Denn die Quantität dieses Zuspruchs gleicht aus, was dem jeweiligen Parteiprogramm an eindeutiger Subsumierbarkeit unter den Begriff des Politischen möglicherweise abgeht. Bei den Europawahlen ist die Substitution des Politischen in den Parteiprogrammen durch den Erfolg im politischen Konkurrenzkampf jedoch fragwürdig geworden.

---

14 So zuletzt der Beschluß – 2 BvC 4/13 vom 23. 7. 2013, mit dem das BVerfG die Zurückweisung einer „Partei der Bedrängten" von der Bundestagswahl 2013 gutgeheißen hat, weil diese nur aus 8 Mitgliedern bestand und „in der Öffentlichkeit bislang kaum hervorgetreten" war.

15 2014 waren das bei einer Wahlbeteiligung von 48,1% rund 985.000 Stimmen.

Hier kann nicht mehr länger auf sich beruhen bleiben, ob es sich bei den Gruppen, die kandidieren möchten, wirklich um *politische* Parteien handelt. Der Wegfall der Sperrklausel gebietet ein genaueres Hinsehen. Der Tierschutz*verein* mag zur politischen Partei mutieren, wenn es ihm gelingt, mehr als 5 % der abgegebenen Stimmen zu erringen. Er steigt jedoch keineswegs per se zur *politischen* Partei auf, wenn er sich kurzangebunden als solche ausgibt und bei der Europawahl – wie 2014 geschehen – auf gerade eben 1,2 % Stimmen kommt.[16] Ein derart schwaches Wählervotum kann die stillschweigende Verwandlung des *nichtpolitischen* Idealvereins zur *politischen* Partei nicht fingieren. Genügt es mangels Sperrklausel dennoch für den Mandatsgewinn, ist sorgfältiger darauf zu achten, ob die Wahlbewerber wirklich politische Parteien oder nur als Parteien verkleidete Hochstapler sind. Das aber läßt sich nicht an ihrer Mitgliederzahl, ihrem Organisationsgrad und der Lautstärke ihrer Propaganda abzählen. Diese *formalen* Kriterien kann jede beliebige unpolitische Vereinigung erfüllen. Tritt zu ihnen nicht das Korrektiv einer angemessenen Sperrklausel hinzu, so muß das Programm der Wahlbewerber gewissenhafter als bislang in ihre wahlrechtliche Beurteilung einbezogen werden.

III.

Zu entscheiden, ob es sich bei den Programmen der Wahlbewerber um ein im *materiellen* Sinne dieses Begriffs *politisches* Programm handelt, fällt freilich schwer. Denn „das Beziehungsfeld des Politischen"[17] ändert sich fortwährend. Was die Politik heute umtreibt, kann morgen vergessen sein, wie umgekehrt morgen als beherrschendes Thema im Mittelpunkt der Politik stehen kann, was heute noch gänzlich außerhalb ihres Blickfeldes liegt. Deshalb ist im Grunde so gut wie alles „politisch", was die öffentliche Meinung mit einer gewissen Intensität und Breite beschäftigt und von ihr nicht nur beredet, sondern auch mit konkreten Forderungen verbunden wird. Aber auch das bleibt nur so lange „politisch", als die Politik es nicht von ihrer Tagesordnung absetzt.

---

16 Selbst das ist ihm, mit seinen 366.598 Stimmen allein wegen der spärlichen Wahlbeteiligung geglückt; bezogen auf die Gesamtzahl der Wahlberechtigten beträgt sein Stimmanteil lediglich 0,6 %.

17 *Carl Schmitt*, Der Begriff des Politischen", 2. Aufl. 1963, 9.

Aus diesem Grunde gibt es keine einfachen, ohne weiteres einleuchtenden Kriterien, die sich zu einer *positiven* Definition des Politischen verdichten und für die Handhabung des wahlrechtlichen Parteienprivilegs fruchtbar machen ließen.[18] Ein *negative* Definition, die aufdeckt, welche Vereinigungen ungeachtet ihres Strebens nach Parlamentsmandaten, der Zahl ihrer Mitglieder und der Lautstärke ihres Auftretens mit Sicherheit *keine* politische Partei sind und daher zu den Europawahlen nicht zugelassen werden können, ist indessen durchaus möglich. Die Merkmale, die sie kennzeichnen, gewinnen Kontur, wenn man drei der zur Europawahl 2014 zugelassenen Nanoparteien, die PARTEI, die Tierschutzpartei und die Bayernpartei, etwas genauer unter die Lupe nimmt.

1. Die PARTEI ist 2004 noch mit einem „Grundsatzprogramm"[19] angetreten, das zu keinen Zweifeln an ihrer Partei-Qualität Anlaß gab. Zur Europawahl 2014 hat sie sich jedoch mit einem „Regierungsprogramm 2014 – 2114" vorgestellt, in dem sie einleitend ankündigt, *„daß ihre „Vertreter monatlich zurücktreten, so daß immerhin 60 Leute einen mit rund 33.000 Euro dotierten Monat in Brüssel und Straßburg verbringen können*".[20] Außerdem bekennt sie sich zu dem Slogan *„Europa ist uns egal!*" und propagiert die *„Einführung der Faulenquote, die Abschaffung der Sommerzeit, den Bau neuer Mauern, z.B. um die Schweiz herum*" sowie eine Reihe weiterer Clownerien ähnlichen Kalibers. Mit diesem Programm stand die PARTEI dem § 118 BGB weit näher als den für die Zulassung ihrer Liste maßgeblichen §§ 8 Abs. 1 EuWahlG und 2 Abs. 1 ParteienG.[21] Von einer „ausreichenden Gewähr für die Ernsthaftigkeit" ihrer Absicht, „auf die politische Willensbildung Einfluß nehmen und an der Vertretung

---

18 Carl Schmitts berühmte Formel von der Politik als der Unterscheidung zwischen Freund und Feind (aaO. S. 26) hilft nicht weiter. Sie beschreibt das Politische der außenpolitischen, sozialen und ökonomischen Konflikte; für die Abgrenzung der passiv wahlberechtigten politischen Parteien von den nicht zur Kandidatur zugelassenen Vereinigungen gibt sie nichts her.

19 AaO. Fn. 3.

20 Wobei sie etwas übertreibt. Rund 2/3 der ominösen monatlich 33.000 € entfallen auf die Sekretariatszulage, die die Abgeordneten weder für sich vereinnahmen, noch zu Apanagen für familiär, geschäftlich oder amourös Nahestehende privatisieren können.

21 Daß die PARTEI ihr Wahlversprechen, ihren Abgeordneten monatlich zu wechseln, bislang nicht eingehalten hat, ändert daran nichts. Für ihre Zulassung zur Wahl gab den Ausschlag, wie sie sich bis zur Entscheidung über sie am 14. 3. 2014 präsentiert hat. Wie sie sich nach einem eventuellen Wahlerfolg verhalten werde, war damals nicht vorherzusehen.

des Volkes … mitzuwirken, konnte daher schwerlich die Rede sein. Die Öffentlichkeit nimmt die PARTEI so denn auch nicht als *politische* Partei wahr. Sie sieht in ihr eine „*Spaß*partei", die sich nur deshalb Partei nennt, weil sie die anderen Parteien und ihre Politik karikieren möchte.

Es verwundert, daß der Bundeswahlausschuß dabei nicht eingehakt hat. Um so mehr ist geboten, künftig strengere Maßstäbe an die Spaßparteien anzulegen, die nicht als Insider Politik betreiben, sondern sie als Außenstehende nur parodieren wollen. Auch diese Spaßparteien haben ihr Existenzrecht; sie beziehen es aus ihrem Unterhaltungswert und daraus, Denkanstöße vermitteln zu können, wenn sie nicht auf dem Comedy-Niveau privater Fernsehprogramme stehen bleiben, sondern wirklich gut sind. Aber die Spaßparteien gehören nicht ins Parlament. Ihre Bühne ist das Kabarett, ihr Sprachrohr das Satiremagazin.

2. Zu Zweifeln an ihrer Partei-Qualität geben ferner die Parteien Anlaß, die sich allzu einseitig nur einem allzu engen Teilbereich der Politik widmen. Die Frage, ob es sich bei ihr um eine solche monothematische Nichtpartei handelt, stellt sich vor allem bei der Tierschutzpartei. Der Tierschutz ist zwar ein wichtiges Anliegen. Daß sich die Politik seiner annehmen muß, ist offenkundig. Der Tierschutz braucht auch eine Lobby, die darüber wacht, daß die für ihn politisch Verantwortlichen ihn nicht vernachlässigen. Aber die Politik umspannt sehr viel mehr als nur den Tierschutz. Versteht man die Politik als die Sorge um das Gemeinwohl in seiner Gesamtheit, so versteht sich, daß allein mit dem Tierschutz nur ein verschwindend kleines Randgebiet der Politik erfaßt ist.

Vereinigungen, die dem Begriff des Politischen mit der Breite ihrer Ziele nicht hinreichend gerecht werden, sind daher ebenfalls keine politischen Parteien. Sie bleiben Interessenverbände, wie sie das wahlrechtliche Parteienmonopol aus den Parlamenten bewußt heraushalten will, weil ihre Sprecher keine *Volks*vertreter sind. Ihnen fehlt die Fähigkeit zum unabhängigen Abwägen aller öffentlichen Belange; sie kämpfen ausschließlich für die Belange ihres Verbandes.

Es versteht sich freilich, daß nicht von jeder Partei das Abdecken des gesamten Spektrums der Politik erwartet werden kann. Es kommt lediglich darauf an, daß die Parteien ihre Schwerpunkte so setzen, daß sie zentrale Bereiche der Politik erfassen. Eine Partei, die sich die Wahrung des Friedens zum Ziel setzt, erfüllt die Voraussetzungen für die Zulassung zur Wahl ohne Zweifel, auch wenn die Finanzpolitik in ihrem Programm nicht vorkommt. Wie es in dieser Hinsicht mit der Tierschutzpartei steht, kann im Rahmen dieses Beitrags nicht abschließend beurteilt werden. Mit ihrem vollen Namen „Partei Mensch Umwelt Tierschutz“ gibt sie immerhin zu erkennen, daß ihr bewußt ist, daß sie allein mit dem Tierschutz zu kurz griffe. Ob sie wirklich eine Partei ist, hängt daher davon ab, wie intensiv sie sich dem Umweltschutz und den sozialen, ethischen und gesundheitspolitischen Voraussetzungen des Menschseins widmet. Das bedingte ein weiteres Ausholen, als es der hier zur Verfügung stehende Raum erlaubt. Eine „Deutsche Schokolade-Partei“ indessen fände zwar gewiß den Beifall des Jubilars, den diese Zeilen ehren wollen; aber zur Europawahl zugelassen werden könnte sie nicht.

3. Die Bayernpartei, die bei der Europawahl 2014 erfolglos geblieben ist, erinnert last but not least daran, daß bei der Europawahl auch die Kandidatur nationaler Regionalparteien problematisch wirkt. Für die bayrische Politik ist der Münchner Landtag zuständig. Dem Bund gegenüber wird Bayern im Bundesrat von seiner Landesregierung vertreten. Was Bayern gegenüber der EU bewegt, hat die Bundesregierung im Ministerrat zur Sprache zu bringen und vor der Kommission zu vertreten. Dem EP dagegen fehlt jede Kompetenz für spezifisch bayerische Fragen. Das nährt die Bedenken gegen die Kandidatur der BP. Mit ihr hat sich die BP um einen Platz in einem Parlament beworben, das sich mit nichts von alledem beschäftigt, was eine nur in Bayern aktive Partei auf der Ebene der EU vorzutragen hat.

Auch darüber wird der Bundeswahlausschuß bei der nächsten Wahl zum EP sorgfältiger nachzudenken haben, als er das im März 2014 getan hat. Tut er das nicht, so vertut er die Chance, für seinen Teil dazu beizutragen, daß die Bundesrepublik im EP auch nach dem Wegfall aller Sperrklauseln uneingeschränkt seriös vertreten wird.

Passen Politisierung der Europäischen Kommission und an „Westminster“ orientierte Polarisierung im Europäischen Parlament zur politisch-institutionellen Architektur der EU?

Rudolf Hrbek

Die politisch-institutionelle Architektur der heutigen EU, wie sie sich seit den Anfängen der neuen Integrationsgemeinschaft zu Beginn der Fünfziger Jahre des 20. Jahrhunderts schrittweise entwickelt hat, zeigt ein hohes Maß an Komplexität. Sie ist, auch weil sie sich von Strukturen der den Menschen im Kontext der Nationalstaaten vertrauten „Staatlichkeit“ grundlegend unterscheidet, für viele unverständlich und fremd geblieben. Entscheidungsprozesse in der EU werden als intransparent wahrgenommen; in der Summe wird ein Demokratie-Defizit konstatiert und scharf kritisiert. Das liegt wohl vor allem daran, dass nicht gesehen wird, dass der Staatenverbund EU zwei zentrale Legitimationsquellen hat: ein Strang verläuft über und durch das Europäische Parlament; der zweite Strang über die Regierungen der Mitgliedstaaten, die ihrerseits durch Wahlen legitimiert sind. Es handelt sich um „Demokratie im Verbund“[1].

Im folgenden wird zunächst die politisch-institutionelle Architektur der EU in ihren Grundzügen in Erinnerung gerufen und erläutert, in wiefern sie sich von der Struktur der Mitgliedstaaten - mit parlamentarischer Regierungsweise – unterscheidet. Danach werden, anhand von zwei Beispielen, Überlegungen, Vorschläge und Maßnahmen zur Stärkung und Verbesserung der demokratischen Legitimation der EU erörtert, die auf das Parlament und Strategien der Politisierung und (parteipolitischen) Polarisierung zielen, damit aber der konstitutionellen Realität der EU nicht gerecht werden.

---

1 *Udi Di Fabio*, Eine demokratische Zäsur? Wie Jürgen Habermas die Wirklichkeit der Europawahl auf den Kopf stellt. In: FAZ 10.6.2014.

I. „Demokratie im Verbund“: Die politisch-institutionelle Architektur der EU

Die ursprüngliche, in den Fünfziger Jahren des 20. Jahrhunderts begründete Struktur war vergleichsweise einfach und übersichtlich: die Kommission (vorher: die mit mehr Kompetenzen – allerdings für das sehr begrenzte Aufgabenfeld der EGKS – ausgestattete Hohe Behörde) hatte das Recht und die Aufgabe, Rechtsetzungs-Initiativen vorzulegen, und sie war für die spätere Umsetzung von Beschlüssen zuständig; die (parlamentarische) Versammlung gab zu den Initiativen, in lediglich beratender Funktion, Stellungnahmen ab; der aus den Regierungen der Mitgliedstaaten gebildete (Minister-)Rat traf, ohne an das Votum der Versammlung (oder die Stellungnahme des ebenfalls nur beratend tätigen Wirtschafts- und Sozialausschusses) gebunden zu sein, im Übrigen einstimmig, die Entscheidung; dem Gerichtshof oblag die Auslegung des Gemeinschaftsrechts.

Diese auch „Gemeinschaftsmethode“ genannte Struktur veränderte sich im Lauf des Integrationsprozesses beträchtlich: insbesondere durch die Stärkung der Befugnisse der dann „Europäisches Parlament“ (EP) genannten und seit 1979 direkt gewählten Versammlung bis hin zum Recht der Mitentscheidung zusammen mit dem Rat (heute „ordentliches Gesetzgebungsverfahren“ nach Art. 294 AEUV), sowie die Einführung qualifizierter Mehrheitsentscheidungen im Rat, die für immer mehr Fälle gelten. Hinzu kamen weitere Reformen und Neuerungen, wie etwa die Schaffung neuer Institutionen (vor allem: Europäischer Rat) oder die Einführung neuer Verfahrensregeln (zum Beispiel zur Kontrolle der Einhaltung des Subsidiaritätsprinzips, wobei in diesem Zusammenhang nationale Parlamente als weitere institutionelle Akteure hinzutreten). Diese Neuerungen und Reformen erfolgten durch Änderungen und Ergänzungen der Verträge oder auch durch Maßnahmen und Entscheidungen von Gemeinschaftsorganen oder Regierungen der Mitgliedstaaten (wie etwa der sog. „*Luxemburger Kompromiss*“ oder die Entscheidung zur Abhaltung von Direktwahlen und zur Institutionalisierung der Gipfelkonferenzen; in letzter Zeit fallen Maßnahmen der Regierungen der Euro-Zone zur Überwindung der Finanzkrise in diese Kategorie).

Die gelegentlich und gerade in letzter Zeit wieder stark dominierende Kooperation von Regierungen der Mitgliedstaaten – die intergouvernementale Komponente im politisch-institutionellen Gefüge der EU – wird auch „Unionsmethode“ [2] genannt. Das Nebeneinander der supranationalen und der intergouvernementalen Komponente im Gefüge der EU hat den Integrationsprozess und die Integrationsgemeinschaft von allem Anfang an geprägt, wobei die Balance zwischen beiden nie starr festgefügt war, sondern immer wieder neu gefunden werden musste. Die Spannung zwischen beiden gehört ganz wesentlich zu den Charakteristika der politisch-institutionellen Architektur der EU.

Diese Architektur – man kann auch vom Regierungssystem der EU sprechen – unterscheidet sich grundlegend vom Typus parlamentarischer Regierungsweise, wie sie, wenn auch in unterschiedlicher Ausprägung im Einzelnen, für die EU-Mitgliedstaaten gilt. Deren Hauptcharakteristikum ist, dass die im Sinn der Forderung nach Gewaltenteilung oder, besser: Gewaltenhemmung und gegenseitiger Gewaltenkontrolle zu beachtende Trennlinie nicht zwischen der Exekutive (der Regierung) einerseits und der Legislative (dem Parlament) andererseits verläuft, sondern dass wir es mit einem System der Gewaltenverschränkung dergestalt zu tun haben, dass die Trennlinie zwischen der Regierung und der sie stützenden Mehrheit im Parlament einerseits (diese fungiert als verlässliche politische Gefolgschaft der Regierung , die gegenüber der parlamentarischen Mehrheit eine in der Regel unbestrittene Führungsrolle wahrnimmt) und der Parlamentsminderheit (der Opposition) andererseits verläuft. Gelegentlich auftretende Minderheitsregierungen[3] sind lediglich eine besondere Spielart parlamentarischer Regierungsweise, die generell von miteinander konkurrierenden politischen Parteien, als weiterem Charakteristikum, geprägt wird. Ausmaß und Art der Parteien-Konkurrenz bewegen sich zwischen Polarisierung und Kooperation.

Das Regierungssystem der EU unterscheidet sich davon in mehrfacher Hinsicht ganz grundlegend.

- Da ist zunächst der Umstand, dass es keine Regierung gibt, die aufs engste mit einer parlamentarischen Mehrheit (einer einzelnen Partei oder einer Koalition von Parteien) verknüpft ist, nämlich nicht nur von ihr eingesetzt, sondern dauerhaft und verlässlich von ihr unterstützt wird. Und: der die parlamentarische Minderheit als Opposition gegenübersteht. Die Kommission ist sicherlich nicht die Regierung der EU,

2 Die Bezeichnung geht auf eine Rede von Bundeskanzlerin Merkel am 2.11.2010 vor dem Europakolleg Brügge zurück.

3 Sie haben beispielsweise in Dänemark eine gewisse Tradition.

auch wenn sie zum Teil exekutive Funktionen wahrnimmt. Sie ist ein Kollegium, dessen Mitglieder von den Regierungen der Mitgliedstaaten - im Einvernehmen mit dem nach Art. 17 Abs. 7 EUV vom EP gewählten Kommissionspräsidenten – vorgeschlagen werden. Ein Bezug zur politischen Zusammensetzung des EP besteht dabei nicht. Dieses wirkt am weiteren Verfahren zur Bestellung der Kommissionsmitglieder allerdings insofern mit, als sich die vorgeschlagenen Kandidaten – denen der Präsident der Kommission jeweils ein bestimmtes Ressort zugeschrieben hat – im entsprechenden Ausschuss des EP einer überaus gründlichen Befragung [4] unterziehen müssen, bei der es, neben Fragen der fachlichen Eignung für das vorgesehene Ressort, auch um politische Aspekte geht. Das hat aber nichts mit der Begründung einer für parlamentarische Regierungsweise typischen festen Verbindung zwischen dem EP und den Mitgliedern des Kommissions-Kollegiums zu tun. Von diesen wird vielmehr gemäß Art. 17 Abs. 3 EUV ausdrücklich verlangt, dass sie „die volle Gewähr für ihre Unabhängigkeit bieten." Weiter wird postuliert, dass die Kommission „ihre Tätigkeit in voller Unabhängigkeit" ausübt und dass ihre Mitglieder „Weisungen von einer Regierung, einem Organ, einer Einrichtung oder jeder anderen Stelle weder einholen noch entgegennehmen" dürfen. Diese bewusst vorgeschriebene Unabhängigkeit ist eine wesentliche Voraussetzung dafür, dass die Kommission ihre Vermittlungsfunktion gegenüber Rat und Parlament glaubwürdig und wirkungsvoll wahrnehmen kann.

- Der Rat, der von den Regierungen der Mitgliedstaaten gebildet wird, entscheidet im ordentlichen Gesetzgebungsverfahren der Union gleichberechtigt mit dem Parlament. Dafür sind im Rat Entscheidungen mit qualifizierter Mehrheit vorgesehen. Auch wenn der Anteil solcher Entscheidungen zunimmt, dominiert weiterhin das Bemühen um Einvernehmen. Konsenssuche, also das Bemühen um einen Ausgleich unterschiedlicher Interessen, ist ein zentrales Merkmal in der intergouvernementalen Dimension des politisch-institutionellen Systems der Union. Der Verzicht auf Majorisierung und damit Marginalisierung einzelner oder einer Gruppe von Mitgliedstaaten auf dem Weg mühsamer, oft

4 Das Befragungsverfahren hat keine vertragliche Grundlage, sondern wurde vom EP eigenständig über eine entsprechende neue Bestimmung der Geschäftsordnung eingeführt. Es ist mittlerweile unbestrittener Teil des „konstitutionellen" *acquis* der Union und Ausdruck der verstärkten Rolle des EP im politisch-institutionellen Gefüge.

auch langwieriger Aushandlungsprozesse – nicht selten mit Hilfe von „*Paketlösungen*" -, dient dem Zusammenhalt der Union und soll ihre schrittweise Weiterentwicklung ermöglichen. Das in den Vertrag in den Artikeln 326-334 AEUV aufgenommene Konzept der „*verstärkten Zusammenarbeit*" soll einer Minderheiten-Gruppe von Mitgliedstaaten ermöglichen, auf bestimmten Gebieten eine engere Kooperation zu praktizieren. Das Konzept stellt eine Ergänzung der unverändert gültigen generellen Maxime dar, sich im Kreis der Mitgliedstaaten um einvernehmliche Lösungen zu bemühen.

- Die Mitglieder des Europäischen Parlaments werden seit 1979 direkt gewählt, wobei es kein einheitliches EU-weites Wahlsystem gibt. Alle Mitgliedstaaten haben sich mittlerweile für ein Verhältniswahlsystem entscheiden; die Modalitäten der jeweiligen nationalen Wahlsysteme – wie etwa Art und Größe der Wahlkreise oder Festlegung von Sperrklauseln – weisen aber erhebliche Unterschiede auf. Die Festsetzung der Zahl der Mandate – jetzt insgesamt 751 - für die Mitgliedstaaten erfolgte nach dem Grundsatz degressiver Proportionalität. Die Direktwahlen gelten im Wesentlichen immer noch als „*Second-Order National Elections*"[5]; danach geben jeweils im nationalen Kontext liegende Faktoren den Wahlen in den Mitgliedstaaten ihr Gepräge[6], den Wahlen fehlt also ein wirklich europäischer Charakter. Das Parlament hat mit dem Vertrag von Lissabon im Rechtsetzungsverfahren ganz erheblich an Gewicht gewonnen und ist mit dem Rat gleichberechtigt. Es tritt aber dem Rat als Gesamtorgan gegenüber. Das bedeutet: es muss – um sein Gewicht wirksam in die Waagschale werfen zu können – die in den unterschiedlichen Verfahren bzw. Verfahrensschritten jeweils erforderlichen Mehrheiten (absolute Mehrheit der Mitglieder oder absolute Mehrheit der abgegebenen Stimmen) bilden. Bei gegenwärtig sieben Fraktionen – zwei große mit je weniger als 30% und fünf kleinere mit je weniger als 10% der Abgeordneten, ergänzt um eine kleinere

---

5 Diese These wurde von Reif und H. Schmitt für die erste Direktwahl begründet (Nine Second-Order National Elections – A conceptual framework for the analysis of European election results, in: European Journal of Political Research 1/1980, 3-45).

6 Näheres zu Modifikationen dieser These bei *Hrbek*, Europawahlen als „Second-Order National Elections"? Ein Paradigma im Licht der Europawahlen 2004 und 2009, in: Mittag (Hrsg.): 30 Jahre Direktwahlen zum Europäischen Parlament 1979-2009, Baden-Baden 2011, 63-79.

Gruppe fraktionsloser Abgeordneter – sind Absprachen und Bündnisse unerlässlich. Solche ad hoc-Bündnisse (keine festen Koalitionen!) in wechselnder Zusammensetzung prägen nicht erst in der jetzigen Wahlperiode das Erscheinungsbild des Parlaments, in dem nicht Konfrontation, sondern Kooperation (begleitet von Aushandlungsprozessen) bestimmend ist. Das auf Ausgleich und Einvernehmen ausgerichtete Verhalten prägt, wie bereits mit Blick auf den Rat erwähnt wurde, nicht allein das Geschehen im Parlament; es ist für Entscheidungsprozesse in der Union insgesamt charakteristisch.[7] Hier kann an die Charakterisierung der Integrationsgemeinschaft als „*Konkordanzsystem*" erinnert werden.[8]

II. Mehr demokratische Legitimation der EU durch Politisierung und Polarisierung?

1. Mehr „Westminster" für das Europäische Parlament?

Im Vorfeld der Europawahl 2009 präsentierte der britische Politikwissenschaftler Simon Hix Überlegungen und Vorschläge zu auf das Europäische Parlament zielenden Reformen, für die er sich erkennbar am Leitbild des britischen Parlamentarismus („*Westminster*") orientiert hatte.[9] Er kritisierte, dass die nationalen Parteien keine echten Europawahlen wollten, sowie dass nicht vermittelt worden sei, „dass der Ausgang der Europawahl großen Einfluss auf die europäische Politik hätte." Das EP könnte selbst dazu beitragen das zu ändern: erstens, indem es beschließt, „dass die größte Fraktion mehr Macht bekäme, die Agenda des Parlaments zu bestimmen"; zweitens, „dass die größte Fraktion die ersten fünf oder zehn Ausschussvorsitzenden bekommt und die anderen sich den Rest teilen"; drittens regte er an, den Parlamentspräsidenten für die ganze Wahlperiode zu

7 Ein Beispiel ist das „Trilog" genannte informelle Verfahren, in dem sich Repräsentanten von Rat, Parlament und Kommission darum bemühen, durch das Ausloten möglicher Kompromisslösungen den Rechtsetzungsprozess zu beschleunigen und ggf. schon in der Ersten Lesung zu einer abschließenden Entscheidung zu kommen.

8 *Hrbek*, Die EG ein Konkordanzsystem? Anmerkungen zu einem Deutungsversuch der politikwissenschaftlichen Europaforschung, in: Gedächtnisschrift Sasse, Baden-Baden 1981, 87-103.

9 Interview mit Andreas Ross (Die Parteien wollen keine echten Europawahlen), in FAZ 8.6.2009.

wählen, was Koalitionsbildung oder Vereinbarungen zwischen den Fraktionen - nicht nur der beiden größten wie bisher – voraussetze; mit der von ihm gewünschten Folge, dass die Tage der großen Koalition (sie würde das EP „so unpolitisch“ machen und deshalb würde auch die Wahlentscheidung „so irrelevant“) gezählt wären. Demgegenüber postulierte er, „dass das Parlament mehr erkennbare Gewinner und Verlierer braucht.“

Diese Überlegungen und „Rezepte“ können nicht überzeugen, weil Hix die Realität ausblendet. So wird die Agenda des EP stark von prozeduralen Regeln bestimmt, wonach es ihm zugeleitete Vorlagen unter Einhaltung von Fristen bearbeiten muss; zudem hat es auch kein substanzielles Initiativrecht. Im stark fragmentierten EP wäre die Vorrangstellung der relativ größten Fraktion für die anderen Gruppen nicht akzeptabel und für das EP bei der Wahrnehmung seiner Rolle als Gesamtinstitution gegenüber dem Rat kontraproduktiv. Die Beachtung von Proporz-Regeln hat dem EP bisher nicht geschadet, vielmehr zur Herausbildung einer spezifischen parlamentarischen „Kultur“ beigetragen, die seiner Rolle im Gesamtgefüge angemessen ist. Kurz: Merkmale und Errungenschaften von „*Westminster*“, insbesondere Elemente des Konfrontativen, die mit der Existenz einer förmlichen Opposition verbunden sind, passen nicht zum EP und den Anforderungen an ein Konkordanzsystem.

2. *Innovationspotential durch „Spitzenkandidaten“?*

Zur Europawahl 2014 hatten die wichtigsten und größten Parteien auf europäischer Ebene „*Spitzenkandidaten*“ für das Amt des neuen Präsidenten der Kommission aufgestellt. Die Begründung für diese in den Verträgen nicht vorgesehene – aber auch nicht untersagte – Novität lautete wie folgt: Personalisierung und der Wettbewerb zwischen Kandidaten mit deutlich unterschiedlichem politisch-programmatischen Profil sollten eine Politisierung bewirken, den Wahlkampf beflügeln, ihm eine transnationale Dimension geben und so die Herausbildung eines europäischen öffentlichen Raums fördern; mehr Interesse bei der Wählerschaft wecken und zu höherer Wahlbeteiligung führen; schließlich dem Wahlausgang eine direkte Wirkung auf die Bestellung der Position des Kommissions-Präsidenten geben. Klaus Hänsch[10] unterstreicht als Insider, dass es dem Verfassungs-

10 Was erlauben Schulz? In: FAZ 21.7.2014.

Konvent seinerzeit nicht um die Etablierung einer „Unionsregierung“ (das hieße dann auch: Politisierung der Kommission)oder voller Parlamentarisierung gegangen sei, sondern vorrangig um die Stärkung des EP. Das sei gelungen, im Unterschied zu den anderen Zielen.[11]

Das EP hat, wie erinnerlich, mehrheitlich rasch die Initiative ergriffen und den Europäischen Rat aufgefordert, den Kandidaten Juncker – er hatte das beste Ergebnis - zur Wahl vorzuschlagen; damit hatte das EP zugleich signalisiert, dass dieser Kandidat die für die Wahl erforderliche Unterstützung finden wird. Dieses Procedere war in Einklang mit den Vertragsregeln; der Vorgang der Bestellung Junckers hat das konstitutionelle Gleichgewicht der Union im Kern nicht tangiert, wohl aber die Position des EP gestärkt. Die von manchen befürchtete Politisierung der Kommission als Folge der Rolle von „*Spitzenkandidaten*“ erfolgte nicht.

11 Im Einzelnen dazu *Hrbek* integration 3/2014, 205-227.

Definition des Gemeinwohls innerhalb der EU nach dem Lissabonner Vertrag: Wirkungen des neuen Verfahrens zur Wahl des Kommissionspräsidenten

*Ulrich Fastenrath**

„Ich will eine politische Kommission, die dem Gemeinwohl und den Bürgern Europas zu Diensten steht", erklärte der Präsident der Europäischen Kommission Jean-Claude Juncker am 22. Oktober 2014 in einer Rede[1] im Europäischen Parlament (EP), bevor dieses gemäß Art. 17 Abs. 7 UAbs. 3 Satz 1 EUV seine Kommission bestätigte. Dieser Satz klingt banal. Die Kommission war schon immer ein politisches Organ, wenn auch ihre Bezeichnung – und mehr noch die des Vorläufers in der Europäischen Gemeinschaft für Kohle und Stahl: Hohe Behörde – eher auf ein unpolitisches Expertengremium hindeuten und der Einfluss auf die politische Agenda über das weitreichende Initiativmonopol (Art. 17 Abs. 2 EUV) nicht immer zielstrebig genutzt worden sein mag. Man denke aber etwa an den früheren Kommissionspräsidenten Jacques Delors, der mit dem Konzept des Binnenmarkts wieder Schwung in den Gemeinsamen Markt brachte und die Wirtschafts- und Währungsunion maßgeblich vorantrieb,[2] oder an die Erweiterungsstrategie des Kommissars Verheugen, zwei Beispiele für die – schon immer vorhandenen – immensen politischen Möglichkeiten der Kommission. Mit dem Lissabonner Vertrag ist deren Politisierung jedoch strukturell verfestigt worden, und Juncker hat dieses Potential für die erste auf der neuen vertraglichen Grundlage berufene Kommission beherzt genutzt – weshalb der eingangs zitierte Satz nicht Ausdruck

* Meiner Mitarbeiterin Franziska Knur, M.A. in Internationalen Beziehungen, danke ich für Recherchen und ihre kritischen Anmerkungen zum Entwurf dieses Beitrags.

1 Abrufbar unter: europa.eu/rapid/press-release_SPEECH-14-705_de.htm (Zugriff 1.11.2014).

2 Die politische Aufwertung des Amts des Kommissionspräsidenten infolge der Präsidentschaft von Delors hatte zur Folge, dass danach nur noch frühere Regierungschefs ihrer Heimatstaaten in dieses Amt gelangten, s. *Nasshoven*, The Appointment of the President of the European Commission (2011), 135, 217. Als Kommissionspräsidenten blieben sie dennoch durchweg blass.

einer Selbstverständlichkeit ist, sondern ein Fanal, die Tageszeitungen ihn zu Recht wörtlich wiedergegeben haben[3] und das neue Verfahren zur Ernennung der Kommission einer näheren Betrachtung wert ist.

Ebenfalls nur auf den ersten Blick bedeutungsarm erscheint in Junckers Rede der Hinweis auf die Gemeinwohlorientierung der Kommission. Wofür sollte sie als Unionsorgan sonst stehen? Diese Frage zeigt aber schon, dass das Gemeinwohl in Gefahr steht, zum Gemeinplatz zu werden. Nicht alles, was nicht aus Eigennutz geschieht, dient deshalb schon dem Gemeinwohl. Hier ist nicht der Ort, einen Beitrag zur philosophischen, juristischen, politischen, ökonomischen und sozialwissenschaftlichen Debatte um diesen Begriff zu leisten;[4] ohne eine Annäherung an ihn kann es jedoch nicht gehen, um zeigen zu können, wie das neue Verfahren zur Wahl des Kommissionspräsidenten das Gemeinwohl in der EU befördert.

I. Gemeinwohldefinitionen

Offensichtlich gibt es unterschiedliche Welt- und Menschenbilder, aus denen wiederum verschiedene Vorstellungen von sozialen Ordnungen resultieren. Dann kann es aber auch keinen einheitlichen Begriff für das Wohl eines Gemeinwesens oder das gemeinsame Wohl aller geben. Wenn wir nicht glauben, im Besitz der letzten Wahrheiten zu sein, oder nicht einmal annehmen, dass es sie gibt, dann müssen wir von divergierenden Gemeinwohlvorstellungen ausgehen, die gleichzeitig nebeneinander bestehen und sich weder mit Argumenten wegdiskutieren, noch durch höhere Einsichten oder Abstimmungen beseitigen lassen. Da Gemeinwohlvorstellungen aber in einer sozialen Ordnung nicht beliebig wirksam werden können, ohne die Ordnung ihres (ordnenden) Charakters zu berauben, muss über sie entschieden werden. Jede Gemeinschaft muss mithin für sich festlegen, wie es Gemeinwohl definiert. Damit betraut sie Institutionen und Personen.[5]

---

3 FAZ vom 23.10.2014, S. 1.

4 Dazu *Brugger*, Gemeinwohl als Ziel von Staat und Recht an der Jahrtausendwende – Das Beispiel der Europäischen Gemeinschaft, in: Müller-Graff/Roth (Hrsg.), Recht und Rechtswissenschaft (2000), 15-34; *Münkler/Fischer* (Hrsg.), Gemeinwohl und Gemeinsinn, Berlin 2001; *Schuppert/Neidhardt*, Gemeinwohl – Auf der Suche nach Substanz, Berlin 2002.

5 Zum Ganzen *Engel,* Offene Gemeinwohldefinitionen, Rechtstheorie 32, Bonn 2001, 23-52.

Die grundlegenden Ordnungsvorstellungen werden zumeist in die Verfassungen aufgenommen, also dem Verfassungsgeber überantwortet. Für die EU finden sie sich prononciert etwa in Art. 2 und 3 EUV, 7 bis 17, 67 und 119 AEUV, darüber hinaus aber in zahlreichen anderen Bestimmungen des EUV, AEUV und der Grundrechte-Charta. Solche Festlegungen sind nur schwer zu ändern, andererseits aber durchweg vage genug, um Konkretisierungen verschiedener Art und Anpassungen zu ermöglichen. Des Weiteren wird das Gemeinwohl durch den Gesetzgeber in Gesetzen definiert, die wiederum in aller Regel bei der Anwendung noch Spielräume für unterschiedliche Gemeinwohlvorstellungen lassen. So wenig also die Definition des Gemeinwohls durch Verfassung und Gesetz abgeschlossen ist, so wenig ist das Gemeinwohl auf das in rechtlichen Bestimmungen Geregelte beschränkt. In der wissenschaftlichen Literatur und in den Medien wird darüber diskutiert, gesellschaftliche Gruppierungen und Parteien suchen die allgemeinen Vorstellungen in ihrem Sinne zu beeinflussen, Abgeordnete debattieren darüber in den Parlamenten. Offene Gesellschaften ertragen die Unentschiedenheit divergierender Gemeinwohlvorstellungen in einem gewissen Rahmen durchaus und brauchen sie sogar: Sie bewahren sich dadurch ihre Dynamik.

Über die Definition des Gemeinwohls wird in einer Gemeinschaft aber nicht einfach dezisionistisch entschieden. Der Verfassung- und Gesetzgebung gehen politische Aushandlungsprozesse voraus, es wird öffentlich über die Gründe für solche Festlegungen diskutiert, europäische Rechtsakte müssen Auskunft über die leitenden Vorstellungen geben (Art. 296 Abs. 2 AEUV); Akte der Rechtsanwendung haben in der Begründung die maßgeblichen Kriterien für Abwägungsentscheidungen offenzulegen, und im öffentlichen Diskurs kann man ohnehin nur mit guten Gründen überzeugen. Das klingt nun doch so, als ob am Ende alles möglich wäre und jede hinreichend begründete Gemeinwohlvorstellung Bestand hätte. Dem ist aber nicht so. Der Gesetzgeber muss die Verfassungsgerichte, die Exekutive sonstige Gerichte überzeugen, die dabei auch die relative Stärke einer Gemeinwohlvorstellung gegenüber anderen konkurrierenden berücksichtigen; und im öffentlichen Diskurs muss sich eine Gemeinwohlvorstellung erst einmal durchsetzen, um gesellschaftlich wirksam werden zu können. Gemeinwohldefinitionen gelten also nur bedingt und nur auf Zeit, was in einer demokratischen Herrschaftsordnung den unvermeidlich verbleibenden Rest an Dezision der Mandats- und Amtsträger bei Entscheidungen zwischen unvereinbaren Gemeinwohlvorstellungen erträglich macht.[6]

Aus der Notwendigkeit, das Gemeinwohl in einer Gemeinschaft definieren zu müssen (statt es a priori vorzufinden), folgt noch ein weiteres: Es kommt auf die Personen an, die an den Schaltstellen der Macht sitzen. In der EU gehören dazu nicht nur die Mitglieder von Rat und EP, sondern ganz besonders auch die der Kommission, die mit ihren Initiativen (Art. 289 AEUV) die europäische Rechtsentwicklung steuert und deshalb als Motor der Integration bezeichnet wird.

II. Kriterien für die Auswahl des Kommissionspräsidenten vor und nach Lissabon

In der Anfangszeit machten die mitgliedstaatlichen Regierungen „im gegenseitigen Einvernehmen" (vgl. Art. 10 Nr. 1 Abs. 3 FusV) unter sich aus, wer zum Präsidenten und zu den übrigen Mitgliedern der Kommission bestellt wurde. Dementsprechend hatte die Nationalität der Kandidaten einen überragenden Stellenwert. Es wurde ein Rotationsverfahren verabredet, nachdem sich große und kleine, nördliche und südliche Mitgliedstaaten ablösen sollten.[7] Die Staaten, die an der Reihe waren, schlugen jeweils einen Kandidaten vor, der in der politischen Ausrichtung mit derjenigen der Regierung übereinstimmte. Allerdings war darauf zu achten, dass der Kandidat unter den Regierungen der Mitgliedstaaten konsensfähig war, weshalb er politisch nicht zu exponiert sein durfte.[8] Gemeinwohlvorstellungen spielten bei der Auswahl keine Rolle, wenngleich alle Kommissionspräsidenten die europäische Integration mehr oder weniger stark befürworteten.[9]

Daran änderte sich auch nichts mit dem Vertrag von Maastricht, der dem EP ein Anhörungsrecht vor der Benennung des Kommissionspräsidenten gab und die gesamte Kommission dem zustimmenden Votum des EP unterstellte (Art. 158 EGV). Zwar trat jetzt die Nationalität des Kandidaten für das Amt des Kommissionspräsidenten in den Hintergrund – auch

6 *Engel* (Fn. 5) S. 50.

7 *Nasshoven* (Fn. 2) S. 114-118.

8 Dies war der Grund, dass die Niederlande mit ihrem Kandidaten Mansholt 1958 und 1967 nicht durchdringen konnten.

9 *Nasshoven* (Fn. 2) S. 126-137.

wegen der starken Erweiterung der EU, die das Rotationsverfahren unpraktikabel machte. Die Auswahl der Kommissionsmitglieder einschließlich ihres Präsidenten blieb aber weitgehend in der Hand der Mitgliedstaaten. Das EP verstand sich nur als Vetospieler, der ungeeignet erscheinende Kandidaten ablehnen konnte, aber von sich aus keine vorschlug. Dies blieb auch so, als mit dem Vertrag von Amsterdam das Anhörungsrecht des EP durch ein Zustimmungserfordernis zur Benennung des Kommissionspräsidenten ersetzt wurde (Art. 214 Abs. 2 EG).[10]

Mit den Wahlen zum EP im Jahr 2014 haben sich die Rollen allerdings vertauscht. Der Lissabonner Vertrag hat mit Art. 17 Abs. 7 UAbs. 1 EUV die Position des EP symbolisch dadurch aufgebessert, dass er die Zustimmung zum – von den mitgliedstaatlichen Regierungen gekürten – Kommissionspräsidenten in eine Wahl durch das EP auf Vorschlag des Europäischen Rates verwandelte; das ändert die tatsächlichen Einflussmöglichkeiten nicht, lässt aber das EP als das maßgebliche Organ für die personelle Besetzung des Amtes erscheinen. Hinzu kommt jedoch die Regelung, dass der Europäische Rat bei seinem Personalvorschlag das Ergebnis der letzten Europawahlen berücksichtigen muss. Das besagt als solches zwar noch wenig, bedeutet insbesondere keine Festlegung darauf, dass der vorzuschlagende Kandidat politisch der stärksten Fraktion im EP oder einer möglichen Koalition von Fraktionen mit einer Mehrheit im EP zuzurechnen sein müsste. Der Europäische Rat hat sich jedoch das Heft aus der Hand nehmen lassen. Die beiden, mit Abstand größten Parteiblöcke in Europa, die Europäische Volkspartei (EVP) und die Allianz der Sozialisten und Demokraten (S&D), sind mit Juncker bzw. Martin Schulz als Spitzenkandidaten in den Wahlkampf gegangen. Obwohl sie offenbar gar nicht in allen Mitgliedstaaten in dieser Funktion wahrgenommen wurden, dieser zumindest keine besondere Bedeutung beigemessen wurde, erklärten die Kandidaten dennoch mit Rückendeckung ihrer Fraktionen, das EP werde niemand anders als einen von ihnen zum Kommissionspräsidenten wählen.[11] Da Schulz in der Kürze der Zeit kein Bündnis mit anderen Partei-

---

10 *Nasshoven* (Fn. 2) S. 137-142; zur Entwicklung des Vertragsrechts bezüglich des Ernennungsverfahrens für den Kommissionspräsidenten s. *Staeglich*, Der Kommissionspräsident als Oberhaupt der Europäischen Union, Dissertation, Berlin 2007, S. 117-121.

11 *Hobolt*, A vote for the President? The role of Spitzenkandidaten in the 2014 European Parliament elections, Journal of European Public Policy 2014, 1528, 1534-1537.

gruppierungen schmieden konnte, das ihm zu einer Mehrheit im EP verholfen hätte, zog er als der Kandidat der kleineren Fraktion seine Bewerbung zurück. Dafür erhielt er die Zusage der EVP, ihn zum Präsidenten des EP zu wählen. So blieb für das Amt des Kommissionspräsidenten nur die Kandidatur von Juncker übrig, den die Staats- und Regierungschefs im Europäischen Rat (dem Juncker fast zwei Jahrzehnte bis zu der kurz zuvor verlorenen Wahl im Heimatland angehört hatte, lange Zeit als Chef der Euro-Gruppe) dann auch mehrheitlich akzeptierten.

Diese Vorgehensweise wird sich das EP künftig kaum mehr nehmen lassen mit der Folge, dass die Spitzenkandidaturen von EVP und S&D in den kommenden Europawahlen deutlich stärker wahrgenommen und wahrscheinlich auch stärker mit Wahlprogrammen unterlegt werden.[12] Eine Folge dieses Verfahrens ist zudem, dass deutlich profiliertere und durchsetzungsstärkere Persönlichkeiten ins Amt des Kommissionspräsidenten gelangen. Eine einheitliche politische Ausrichtung der Kommission insgesamt ist jedoch nicht gesichert. Die Kommissare werden weiterhin von den mitgliedstaatlichen Regierungen vorgeschlagen, die dabei ihrer eigenen politischen Färbung folgen. EP und Kommissionspräsident treten solchen Vorschlägen nur entgegen, wenn sie die Kandidaten für persönlich ungeeignet halten, aber nicht wegen ihrer Parteizugehörigkeit. Deshalb wird die Kommission auch künftig nahezu notwendig „bunt" zusammengesetzt sein.[13]

Juncker will allerdings mit einer Neuerung dafür sorgen, dass die Kommission künftig einheitlicher agiert. Die Kommissare werden auf ein Arbeitsprogramm verpflichtet, das in einzelnen Bereichen von sieben Vizepräsidenten ohne eigenes Ressort koordiniert wird. Der Erfolg dieser Maßnahme ist noch offen; sie bietet aber die Chance, der Politik der Kommission eine klarere Richtung zu geben und die Kommissare mit ihren Ressortverantwortlichkeiten besser einzubinden. Das in Art. 250 AEUV ver-

---

12 Allerdings ist es verfehlt, den Spitzenkandidaten der schwächeren Parteiengruppierung auch künftig mit dem Amt des Parlamentspräsidenten zu „entschädigen"; der Verlierer einer Wahl gehört in die Opposition, aber nicht in ein repräsentatives Amt. Für 2014 war dies dennoch ein kluger politischer Schachzug, weil Schulz so für das EP sprechen und allen Versuchen des Europäischen Rates entgegentreten konnte, doch noch einen anderen Vorschlag für das Amt des Kommissionspräsidenten zu machen.

13 Positiv gewendet, erhöht sich dadurch die Integrationsfähigkeit der EU, s. *Fastenrath*, Wie wird die EU regiert?, in: Mensen, Europäische Union: Erwartungen – Befürchtungen (2006) 23, 41.

ankerte Kollegialprinzip hat sich in der Praxis hierfür nicht als taugliches Mittel erweisen.

III. Strukturelle Verbesserungen für die Gemeinwohlorientierung der EU

Wo liegen nun die Gemeinwohlgewinne des neuen Verfahrens zur Ernennung des Kommissionspräsidenten?

1.Der über Art. 17 Abs. 7 UAbs. 1 Satz 1 EUV hergestellte, politische Gleichklang zwischen einer Mehrheit im EP und dem Kommissionspräsidenten erhöhen das politische Gewicht der Kommission als einer „Institution im Dienste des europäischen Gemeinwohls“[14] und damit zugleich deren Durchsetzungschancen gegenüber dem Rat, in dem die Mitgliedstaaten – zumindest auch – ihre jeweiligen Eigeninteressen vertreten.

2. Das größere politische Gewicht des Kommissionspräsidenten zieht um der politischen Machtbalance willen eine höherrangige Besetzung anderer Positionen nach sich, etwa der Ämter des Präsidenten des Europäischen Rates und des EP, sodass auch hier die Chance besteht, Gemeinwohlbelange der EU besser zu artikulieren.

3.Die Definition von Gemeinwohlbelangen wird befördert, da der Kommissionspräsident für ein bestimmtes politisches Programm steht, das er bereits als Spitzenkandidat deutlich gemacht, mit dem er die Wahlen gewonnen und das ihm zu seinem Amt verholfen hat. Das erhöht die Wahrscheinlichkeit, dass sich die programmatischen Gemeinwohldefinitionen auch durchsetzen und nicht im Alltagsgeschäft zwischen den verschiedenen politischen Kräften diffundieren.

4.Das EP wird vermehrt zu einem Katalysator von Gemeinwohlvorstellungen, wenn es sich nicht mehr nur mit den Einzelheiten von Rechtsetzungsvorschlägen beschäftigt, sondern mit der Kommission die politische Richtung bestimmt. Auch die Anti-Integrationisten können hier ihre Rolle finden; schließlich ist nicht jede europäische Kompetenzwahrnehmung positiv zu bewerten.

---

14 Formuliert in Anlehnung an *Bach*, Europa als bürokratische Herrschaft, in: Schuppert/Pernice/Haltern, Europawissenschaft (2005), 575, 582.

Dynamics of the integration process: The European Council as driver of the 'Integration Spiral' in the EU's constitutional evolution

Wolfgang Wessels[1]

Personal remark

Within the impressive oeuvre of Peter-Christian Müller-Graff, his works concerning the development of the EU system take up a prominent role. A major focus is put on the analysis and evaluation of the constitutional evolution of the EU and of the area of freedom, security and justice. Thus, the following article is devoted to link both aspects by discussing the role of the European Council within a fusion process characterized by an integration spiral.

The puzzle: relevance and approach

Studying the construction of the EU-system over the last four decades, one major fascination relates to the puzzle how and why member states as 'Masters of the Treaty'[2] have transferred major areas of national sovereignty to the EU level, granting supranational institutions an increasing weight in the decision-making. To answer this question I argue that the European Council as the regulatory summitry of national leaders has taken up the role of a constitutional architect transforming the EU's multi-level polity in a dynamic process which can be described as integration spiral. The intended or unintended consequences promote a fusion process through which the Heads of State or Governments merge, in a vertical direction, national and EU agendas and competences. In a horizontal direction, they jointly exercise the responsibilities of several institutions. In this view, the European Council can be regarded as the centrally located and

1 The author thanks Leonie Völker for her support.
2 BVerfG, 30.6.2009 – 2 BvE 2/08, para. 150 = EuR-Beiheft 2010, 212, 248.

pivotal player in both a multilevel constellation and in a multi-institutional architecture of the EU system.

As a case for identifying and explaining the driving forces behind such an evolution this article will look at the step by step evolution in the 'area for freedom, security and justice' (Art. 3 (1)TEU) as one core area of national sovereignty (see Art. 4 (2) TEU; see also Art. 72 TFEU).

The Model: Integration Spiral

In the focus of the study are recurring patterns through which the highest political representatives of nation states have driven a dialectic step by step fusion process via the European Council. This is characterised by a follow up between the legal words of the EU-Treaties and the real world practices within the living EU architecture.

Figure 1 represents phases of such an ascending trajectory based on implicit dynamics which trigger an evolution from one phase to the next. The respective points on the vertical axis refer to Union competences as laid down in the Lisbon TFEU (Art. 2-6). The horizontal axis shows procedural rules of the Lisbon TEU and TFEU (see especially Art. 294 TFEU). The movement from the lower left to the upper right is characterised by a shift of competences from the national to the EU level in the form of 'shared' or even 'exclusive' competences and, at the same time, by a shift towards the rules of the 'ordinary legislative procedure' (OLP), formerly known as the 'co-decision procedure'. With this extension of the Community method, the EP, the Commission and the Court of Justice each gain extended powers. Such a movement towards the supranational direction indicates a loss of national sovereignty in view of the areas of national autonomy, and at the same time, a decreasing weight of the national voice in EU policy-making.

Figure 1: The phases of the Integration Spiral

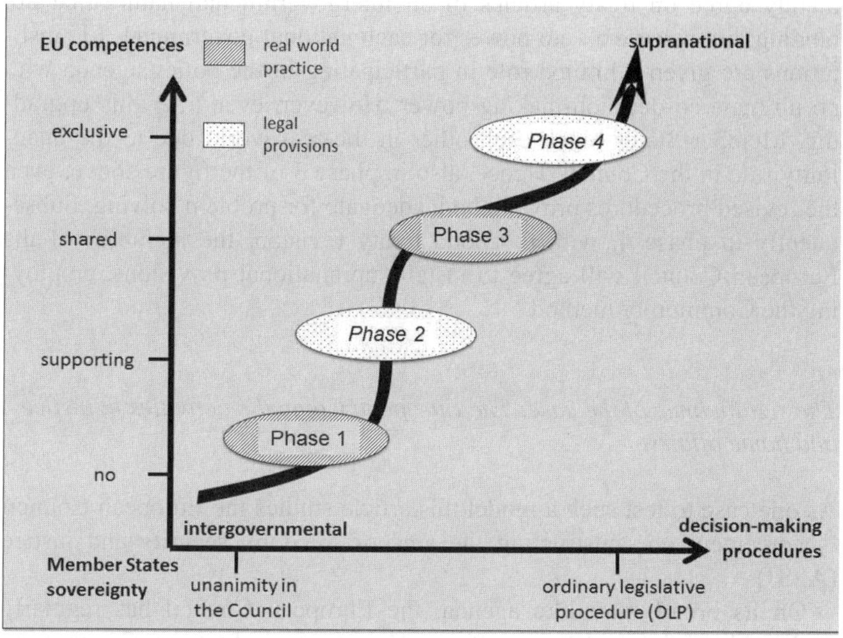

Source: Compiled by the author.

The typical pattern of such an integration spiral includes four phases of shifting sovereignty to the EU level and of reducing the national institutions' autonomy. Such an analysis also explains why the national leaders paradoxically push towards a more supranational form of governance.

In a first phase of such a transformation process, national governments identify shared problems in a given policy area. In order to deal with those common challenges, the Heads of State or Government in the European Council agree on non-binding informal procedures for problem-solving, which keep sovereignty at the national level and the role of EU institutions limited. However, in the real world, this practice of intergovernmental coordination then proves to be inefficient to pursue and achieve the objectives agreed upon.

As a lesson learned from the 'expectation-capability gap',[3] the European Council will consequently introduce legal provisions for policy-mak-

3 *Hill* Journal of Common Market Studies 31 (3) 1993, 305-328.

ing in the relevant area. In this second phase, national leaders however merely agree on treaty articles of an intergovernmental nature that are binding, but reserve a veto power for each national government. EU institutions are given a limited role in participating in the policy agenda with no ultimate co-decision-making power. However, even after this upgrading, Member States block each other in the real world due to the unanimity rule in the Council. Hence, also in phase 3 of the figure above, even the revised procedures prove to be inadequate for problem-solving. Subsequently in phase 4, with a second treaty revision, the members of the European Council will agree to install supranational provisions, employing the Community method.

The significance of the case: The European Council´s activities in justice and home affairs

As one case to test such a model this article studies the European Council ´s agreement on constructing the area of freedom, security and justice (AFSJ).

On its broad, state-like agenda, the European Council has regularly dealt with justice and home affairs. The Heads of State or Government were concerned with some traditional key functions of the European state. Despite the significance of matters traditionally regarded as 'domestic affairs', several successive generations of European Council members have extensively discussed a growing list of items from this domain of national public policies.[4] The record of the European Council shows a considerable increase in the scope and intensity of such activities, as well as of the promulgation of significant system-making agreements within this traditionally sensitive area of governance.[5]

Through their activities and agreements the Heads of State or Government have reacted to what they perceived as a growing popular demand for coordinated trans-border cooperation: '[T]he area of freedom, security

---

4 See e.g. *Lavenex*, in: Wallace/Pollack/Young (eds.), Policy-Making in the European Union, 2010, 457. See also *Monar*, in: Monar (ed.), The Instiutional Dimensions of the European Union's Area of Freedom, Security and Justice, 2010, 23.

5 *Wessels*, The European Council, 2015.

and justice is a key priority for citizens' (Brussels, June 2008).[6] The need for a stronger involvement of the EU is partly the consequence of a spill-over from European Community activities, particularly as a result of a Union without internal borders, and from the Economic and Monetary Union.[7] In part, this is also a reaction to dramatic external shocks, such as the terrorist attacks in New York and Washington (2001), Madrid (2004) and London (2005).

'The Constitutional Architect at Work': Constructing the Area of Freedom, Security and Justice

The Rome treaty did not mention issues of home and justice affairs. Also, when the Heads of State or Government launched their ambitious programme for joint policy-making at the summits in The Hague (1969) and Paris (1972), the broad agenda for future activities did not include this domain of public policies. However, even since its first session in Dublin (1975) the European Council has dealt with the issue of trans-border terrorism, which had become an issue of central importance for its members. Since then, the involvement of the Heads of State or Government in this area has profoundly changed the EU's way of dealing with these core areas of national sovereignty. Through its activities, the European Council has acted as constitutional architect, by framing and making respective treaty provisions.

One starting point for the European Council's system-making efforts within the sphere of justice and home affairs was an initiative put forward by the French President Giscard d'Estaing in 1977, in which the creation of 'a European judicial area' was proposed (Brussels, December 1977). The Presidency Conclusions remarked that '[t]he European Council took note of a communication from the President of France on developing legal cooperation between the Member States' (Brussels, December 1977).

As an important pre-constitutional step, the European Council created the informal, purely intergovernmental grouping of senior officials from

---

6 References in brackets are made to the (Presidency) Conclusions of the European Council by quoting place and date of the respective meeting.

7 See *Monar,* The Institutional Framework of the AFSJ, 2010, 38.

justice and home affairs ministries in December 1975 in Rome.[8] The so-called TREVI Group received the mandate to deal with issues of terrorism, radicalism, extremism and violence (international).

In 1984 the European Council asked the *ad hoc* committee on 'a People's Europe' to prepare '[…] a study of the measures which could be taken to bring about the abolition of all police and customs formalities for people crossing intra Community frontiers' in the near future (Fontainebleau, June 1984).

At the first significant treaty revision, the Single European Act, the Heads of State or Government did not include any issues of justice and home affairs in primary law, but they continued to initiate several specific forms of cooperation.[9] The Maastricht Treaty created a new, so-called 'third pillar' which labelled the legal provisions as 'cooperation in the fields of justice and home affairs' (Title VI of the TEU (Maastricht)).

In the amendments made to the Maastricht Treaty at Amsterdam (1997), the Heads of State or Government again revised respective articles of primary law. They adopted provisions for what the treaty had since then called 'the area of freedom, security and justice' (see Titles VI and Title VII TEU Amsterdam). The revisions in the Nice Treaty (2001) added procedures for enhanced cooperation in this policy field (Art. 40 TEU (Nice)).

As the latest stage of this step-by-step process, the Heads of State or Government formulated a set of new provisions in the Lisbon Treaty. The High Contracting Parties put the 'area of freedom, security and justice' higher than before on the list of the Union's priorities (Art. 3 (2) TEU) and classified it as a 'shared competence' (Art. 4 TFEU). According to this category of competence 'the Union may legislate and adopt binding legal acts' (Art. 2 (2) TFEU) in essential areas of justice and home affairs. For exercising these shared competences the Lisbon Treaty envisages the 'ordinary legislative procedure' which is a key element of the supranational Community method. However, the provisions in this area also include some notable exceptions such as the 'emergency break'[10] that allows for a national veto in judicial cooperation in criminal matters (Art. 82 (3) and

---

8 See *Lewis/Spence*, in: Monar (ed.) The Institutional Dimensions of the European Union's Area of Freedom, Security and Justice, 2010, 86.

9 See e.g. *Lavenex*, Justice and Home Affairs, 2010, 459.

10 *Piris*, The Lisbon Treaty: A legal and political Analysis, 2010, 185-187.

83 (3) TFEU) or the right of initiative for a group of Member States (Art. 97 (3).)[11]

Traditionally, it has not been easy for the European Council to reach agreements on such a highly sensitive area with strongly divergent views of what the EU should do, and not do. To reach consensus, the European Council has pursued a strategy of allowing some flexibility for Member States. Its decisions, for example, have created different forms of 'opt outs' for Denmark, Ireland, and the United Kingdom.[12]

Conclusions: The Fusion Spiral Revisited

In an overall view, the activities, acts and agreements of the European Council in the AFSJ exhibit a significant evolution of the EU system as such and of the European Council more specifically. By framing, making and revising the constitutional and institutional set-up, the European Council has been the driving wheel in a spiral between phases of ineffective real-world practices on the one hand, and steps in a legal upgrading on the other hand. From initiating loose ad hoc forms of cooperation, particularly the TREVI-Group in the 1970s and 1980s, it has – via the establishment of a set of complex intergovernmental rules in the Maastricht Treaty – 'communitarised' the former third pillar in the Lisbon Treaty.[13]

Following an instinct to solve problems together the governmental heads have repeatedly and increasingly transferred items of justice and home affairs on the list of the Union's shared competences and have thus opened the way to shifting the responsibility in a vertical direction from the national to the European level. With this treaty-based evolution they have also moved the horizontal balance towards the 'ordinary legislative procedures', reinforcing the Community method with strong powers for supranational EU institutions.

At the same time, the EU's national leaders have, however, reconfirmed their desire to preserve national sovereignty. The treaties underline that the

---

11 See *Monar*, The Institutional Framework of the AFSJ, 2010, 47.

12 See *Tekin*, Differentiated Integration at Work, 2012; *Nilsson/Siegl*, in: Monar (ed.) The Insitutional Dimensions of the European Union's Area of Freedom, Security and Justice, 2010, 53-82; Monar, in: Dyson/Sepos (eds.), Which Europe? The Politics of Differentiated Integration, 2010, 279-292.

13 See *Piris*, The Lisbon Treaty, 2010, 177f.

articles regulating the AFSJ 'shall not affect the exercise of the responsibilities incumbent upon the Member States with regard to the maintenance of law and order and of safeguarding the internal security' (Art. 72 TFEU; see also Art. 4 (2) TEU). Member States also introduced the above-mentioned prerogative for individual governments to use a veto as an emergency brake in case of voting for those few articles that affect fundamental aspects of the respective national judicial system (Art. 82 and Art. 83 TFEU). In these cases the members can use the European Council as the highest political instance of appeal.

The Lisbon provisions concerning the AFSJ thus outline the on-going dilemma faced by national leaders. In this traditional core area of public policies the Heads of State or Government still search an optimal way to balance the fundamental inclination to solve problems with an efficient and effective institutional architecture via the EU, and the reflex to, at the same time, protect national sovereignty. However, compared with the situation in the 1970s, national leaders have reached agreements which lead to a vertical and horizontal fusion of responsibilities, competences and instruments.

Using the insights of this case, further research should test this fusion process via an integration spiral also in other forms of governance in the EU system, such as common foreign and security policy, environmental and energy policy as well as in the process of constitutionalising the Charter of Fundamental Rights.[14]

---

14 *Wessels*, The European Council, 2015.

Unionsagenturen – Eine Chance zur Demokratisierung der EU?

René Repasi

I. Einleitung

Der Binnenmarkt, um dessen wissenschaftliche Aufbereitung sich der Jubilar[1] verdient gemacht hat, wird von Art. 26 Abs. 2 AEUV als ein „Raum ohne Binnengrenzen" definiert, „in dem der freie Verkehr von Waren, Personen, Dienstleistungen und Kapital gemäß den Bestimmungen der Verträge gewährleistet ist." Der Binnenmarkt reflektiert die ökonomischen Theorien der komparativen Kostenvorteile[2] und der „Economies of Scale",[3] die eine Wohlfahrtssteigerung durch den Freiverkehr von Gütern und Dienstleistungen begründen, und verwirklicht das Faktorausgleichstheorem,[4] dem zufolge eine Spezialisierung von Volkswirtschaften entlang von Produktionsfaktoren von einer grenzüberschreitenden Freizügigkeit der Produktionsfaktoren Arbeit und Kapital begleitet werden muss, damit Wohlfahrtsgewinne durch Freihandel nicht durch steigende Faktorpreise wieder egalisiert werden.

Die Wohlfahrtssteigerungen sollen gezielt politisch eingesetzt werden, um durch die Schaffung des Binnenmarktes letztlich eine grenzüberschreitende Integration souveräner Staaten zu erreichen. Durch die fortschreitende grenzüberschreitende wirtschaftliche Verflechtung im Binnenmarkt soll der Staatsbürger aus seinem nationalstaatlichen Referenzrahmen herausgelöst und als Marktbürger einem europäischen Referenzrahmen zugeführt werden, so dass eine Integration der Bürger erreicht wird, die die Abgabe von staatlicher Souveränität an die europäische Ebene zu einer Handlungsnotwendigkeit für souveräne Staaten werden lässt. Mithilfe der Wirtschaftsintegration soll letztlich eine politische Integration bewirkt werden.

---

1 *Müller-Graff* EuR 1989, 107; *ders.* ZHR, 159 (1995), 34; *ders.* EuR-Beiheft 1/2002, 7.

2 *Ricardo,* On the Principles of Political Economy and Taxation, London 1817.

3 *Krugman* American Economic Review 70 (1980), S. 950.

4 *Samuelson* Economic Journal 58 (1948), 163; *Lerner* Economica 19 (1952), 1.

Die Hauptinstrumente zur Schaffung eines Binnenmarktes sind die negative Integration und die positive Integration. Negative Integration meint dabei die ersatzlose Beseitigung grenzüberschreitender Handelshemmnisse.[5] Positive Integration meint die rechtsetzende Unterstützung der negativen Integration. Die ersatzlose Beseitigung von insbesondere ordnungs- und steuerpolitischen Regeln führt zu einer Abwärtsspirale mit Wohlfahrtsverlusten, so dass eine einheitliche Rechtsetzung notwendig ist, um gleiche und faire Wettbewerbsbedingungen auf einem gemeinsamen Markt zu erreichen.[6]

II. Positive Integration im Wege der Rechtsangleichung

Von zentraler Bedeutung für die positive Integration im Binnenmarkt ist die Rechtsetzung auf Grundlage des Art. 114 AEUV. Diese bewegt sich im „triangulären Spannungsfeld" von mitgliedstaatlicher Regelungshoheit, Herstellung grenzüberschreitender Marktfreiheit und dem regulatorischen Prinzip, dem zufolge ein hoher binnenmarktweiter Schutzstandard zu gewährleisten ist.[7] Sie ist nach dem Wortlaut des Art. 114 Abs. 1 AEUV auf die Errichtung und das Funktionieren des Binnenmarktes ausgerichtet und muss dabei nach Art. 114 Abs. 3 AEUV ein hohes Schutzniveau erreichen, ohne die grundsätzliche Regelungshoheit der Mitgliedstaaten über das notwendige Maß hinaus zu beschränken. Dabei entsteht die besondere Spannung in diesem Spannungsfeld aus der paradox anmutenden Tatsache, dass einerseits die grundsätzliche Regelungshoheit der Mitgliedstaaten geschont werden soll, aber andererseits gerade die sich zum Grundfreiheitenverstoß verdichtete Divergenz mitgliedstaatlicher Rechtsvorschriften den Grund für die Rechtsangleichung liefert. Aufgelöst wird diese Paradoxie, indem Art. 114 AEUV lediglich Rechtsangleichung, nicht jedoch Rechtsvereinheitlichung ermöglicht.[8] Rechtsfolge einer auf Grundlage von Art. 114 AEUV erlassenen Richtlinie, der am häufigsten genutzten Handlungsform zur Rechtsangleichung, ist die Pflicht der Mitgliedstaaten zur

5 Entwickelt bei *Tinbergen,* International Economic Integration, Amsterdam 2. Aufl. 1965, S. 18, S. 117 ff.

6 *Tinbergen* (Fn. 5), S. 18, 122.

7 *Müller-Graff* (Fn. 1), S. 118 ff.

8 Vgl. nur *Kahl,* in: Calliess/Ruffert, EUV/AEUV, Art. 114 AEUV, Rn. 13.

Umsetzung der Richtlinienvorgabe in die nationale Rechtsordnung (Art. 288 Abs. 3 AEUV).

Die Angleichung des mitgliedstaatlichen Rechts führt allerdings nicht zwangsläufig zu einer Entspannung des aufgezeigten triangulären Spannungsfelds. So kann der Herstellung grenzüberschreitender Marktfreiheit entgegenstehen, dass trotz mittlerweile angeglichenen mitgliedstaatlichen Rechts die hierauf gründende Entscheidungspraxis der mitgliedstaatlichen Verwaltung weiterhin Hindernisse für den Freiverkehr errichtet. Gleichermaßen kann ein hoher binnenmarktweiter Schutzstandard daran scheitern, dass mitgliedstaatliche Regulierungsbehörden zwar angeglichenes Recht anwenden, jedoch aufgrund von grenzüberschreitenden Kompetenzstreitigkeiten nicht rechtzeitig entscheiden oder die Entscheidungspraxis derart divergent bleibt, dass durch die schlichte Rechtsangleichung kein einheitlicher Schutzstandard erreicht werden kann.

III. Positive Integration im Wege der Entscheidungsangleichung

In diesen Fällen liegt der nächste Schritt der positiven Integration in der Angleichung des Exekutivhandelns. Besonders deutlich wurde dies in der europäischen Regulierungstätigkeit in Folge der Wirtschafts- und Finanzkrise seit 2008. Der Unionsgesetzgeber verschärfte nämlich nicht nur die Finanzmarktregulierung durch Rechtsangleichung. Er schuf zugleich unionale Aufsichtsagenturen: die europäische Bankenaufsichtsbehörde (EBA),[9] die europäische Aufsichtsbehörde für das Versicherungswesen und die betriebliche Altersversorgung (EIOPA)[10] und die europäische Wertpapier- und Marktaufsichtsbehörde (ESMA).[11] Diese Unionsagenturen erhielten Eingriffsrechte, um bei anhaltender Unionsrechtsverletzung durch nationale Aufsichtsbehörden[12] sowie im Krisen-[13] und Konfliktfall[14] Entscheidungen gegenüber Marktakteuren anstelle der eigentlich zuständigen nationalen Behörden zu erlassen. Die ESMA erhielt dabei noch ein

---

9 VO (EU) Nr. 1093/2010, ABl. L 331/36.
10 VO (EU) Nr. 1094/2010, ABl. L 331/48.
11 VO (EU) Nr. 1095/2010, ABl. L 331/84.
12 Art. 17 Abs. 6 der VOen 1093/2013, 1094/2013, 1095/2013.
13 Art. 18 Abs. 3 und 4 der VOen 1093/2013, 1094/2013, 1095/2013.
14 Art. 19 Abs. 3 und 4 der VOen 1093/2013, 1094/2013, 1095/2013.

Sondereingriffsrecht. Sie darf in besonderen Ausnahmesituationen Leerverkäufe verbieten.[15]

1. Positive Integration durch Schaffung von Unionsagenturen

Wenige Jahre vor dem Ausbruch der Wirtschafts- und Finanzkrise schuf der EuGH die Grundlage dafür, dass eine positive Integration jenseits der Rechtsangleichung aufgrund von Art. 114 AEUV möglich wurde. Der Unionsgesetzgeber darf „zur Erleichterung der einheitlichen Durchführung und Anwendung von auf [Art. 114 AEUV] gestützten Rechtsakten" jede Maßnahme erlassen, die „geeignet erscheint, zur Verwirklichung des Harmonisierungsprozesses beizutragen." Darunter fällt auch die Errichtung einer Unionsagentur, sofern ihre Aufgaben „in engem Zusammenhang mit den Bereichen stehen, auf die sich die Rechtsakte zur Angleichung der Rechts- und Verwaltungsvorschriften der Mitgliedstaaten beziehen." Für die Annahme eines solchen Bezugs ist ausreichend, dass die Aufgaben der Unionsagentur „sich auf die einheitliche Durchführung der Harmonisierungsmaßnahmen auswirken und deren Anwendung erleichtern können."[16] Eine solche Erleichterung durch eine Unionsagentur erkennt der EuGH „insbesondere in den Bereichen [...], die durch komplexe technische Eigenheiten gekennzeichnet sind."[17]

2. Positive Integration durch Übertragung von Eingriffsbefugnissen

Die Beseitigung von Hemmnissen aufgrund divergierender mitgliedstaatlicher Entscheidungspraxis verlangt Selbsteintritts- und Weisungsrechte für eine Unionsagentur. Da solche Eingriffsrechte der Erleichterung der einheitlichen Durchführung von Sekundärrecht dienen, erschien es auf der Grundlage der Ausführungen des EuGH zur Einrichtung von Unionsagenturen nach Art. 114 AEUV nur naheliegend, dass der Unionsgesetzgeber auch derartige Eingriffsrechte auf Unionsagenturen übertragen durfte.

15 Art. 28 der VO (EU) Nr. 236/2012, ABl. L 86/1.

16 EuGH, Urt. v. 2.5.2006, Rs. C-217/04 (UK/Parlament und Rat), Slg. 2006, I-3771, Rn. 44 f.

17 EuGH, Urt. v. 2.5.2006, Rs. C-217/04 (UK/Parlament und Rat), Slg. 2006, I-3771, Rn. 43.

Der EuGH bestätigte dies in seinem Urteil zu den Eingriffsbefugnissen der ESMA in Art. 28 der VO 236/2012. Er erkannte, dass zur Gewährleistung eines einheitlichen Marktes „die Angleichung nur der allgemeinen Vorschriften nicht ausreicht". Vielmehr kann es notwendig werden, auch verbindliche Einzelentscheidungen gegenüber Marktakteuren zu erlassen. Eine derartige Notwendigkeit ist insbesondere dann anzunehmen, „wenn die zu ergreifenden Maßnahmen ein spezifisches technisches Fachwissen und die Reaktionsfähigkeit einer solchen Stelle voraussetzen."[18] Damit setzte sich der EuGH in Gegensatz zu dem Generalanwalt, der die Befugnis zum Erlass rechtsverbindlicher Maßnahmen nicht mehr für Angleichung hielt, die daher nur auf Grundlage von Art. 352 AEUV übertragen werden darf.[19] Erkennt man jedoch die Funktion des Art. 114 AEUV darin, durch positive Rechtsetzung Hemmnisse für das Funktionieren des Binnenmarktes zu beseitigen, dann ist hiervon auch die Übertragung von Eingriffsbefugnissen an Unionsagenturen erfasst, wenn der Abbau der Hemmnisse durch schlichte Angleichung mitgliedstaatlicher Rechtsvorschriften nicht erreicht wird.[20]

IV. Grenzen der Übertragung von Eingriffsbefugnissen durch das institutionelle Gleichgewicht

Die Übertragung von Eingriffsbefugnissen auf Unionsagenturen muss sich in vertikaler Weise gegenüber der grundsätzlichen Durchführungskompetenz der Mitgliedstaaten und in horizontaler Weise von den primärrechtlich verliehenen Befugnissen der anderen Unionsorgane abgrenzen.

1. Vertikale Abgrenzung zu der Durchführungskompetenz der Mitgliedstaaten

Auf den ersten Blick scheint Art. 291 AEUV das vertikale Verhältnis von Durchführungsbefugnissen auf der unionalen und der mitgliedstaatlichen

---

18 EuGH, Urt. v. 22.1.2014, Rs. C-270/12 (UK/Parlament und Rat), EU:C:2014:18, Rn. 105 ff.

19 Schlussanträge GA Jääskinen, 12.9.2013, Rs. C-270/12 (UK/Parlament und Rat), EU:C:2013:562, Nr. 50 ff.

20 *Saurer* DÖV 2014, 549, 554.

Ebene festzulegen. Abweichend von der grundsätzlichen Durchführungskompetenz der Mitgliedstaaten können Befugnisse ausnahmsweise aufgrund der Notwendigkeit von „einheitlichen Bedingungen für die Durchführung der verbindlichen Rechtsakte der Union“ der Kommission oder dem Rat übertragen werden. Das Schweigen von Art. 291 AEUV im Hinblick auf Unionsagenturen schließt jedoch eine Übertragung von Eingriffsbefugnissen auf diese nicht aus.[21] So sehen die Verträge nicht nur die Möglichkeit von Rechtsschutz vor Unionsgerichten gegen Entscheidungen von anderen Einrichtungen als der Kommission und des Rates vor. Vor allem aber grenzen sich die Hoheitsgewalten der Union und der Mitgliedstaaten durch das Prinzip der begrenzten Einzelermächtigung in Art. 5 EUV ab. Mithin entscheidet die Rechtsgrundlage auch darüber, welche Ebene das Unionsrecht durchführt. Somit ist notwendig, aber auch ausreichend, dass die Rechtsgrundlage die Übertragung von Eingriffsbefugnissen zur Erleichterung der einheitlichen Durchführung des auf ihrer Grundlage erlassenen Unionsrechts trägt.[22]

2. *Horizontale Abgrenzung zu den Befugnissen der Unionsorgane*

Die Grenze einer Übertragung von Eingriffsbefugnissen auf andere Einrichtungen als die Kommission wurde jahrzehntelang nach der sog. *Meroni*-Rechtsprechung aus dem Jahr 1958[23] gezogen. Hiernach dürfen „keine weiterreichenden Befugnisse übertragen werden [...], als sie der übertragenden Behörde nach dem Vertrag selbst zustehen“, und die „Übertragung von Befugnissen mit Ermessensspielraum auf andere Einrichtungen“ ist ausgeschlossen.[24] In *Meroni* ging es um Kompetenzen, die das Primärrecht der Kommission (und nicht etwa dem Unionsgesetzgeber) zuwies und deren Ausübung die Kommission einer privatrechtlichen Einrichtung übertrug, die nicht der Aufsicht der Kommission unterlag und deren Entscheidungen nicht vom EuGH hätten überprüft werden können. Eine sol-

---

21 EuGH, Urt. v. 22.1.2014, Rs. C-270/12 (UK/Parlament und Rat), EU:C:2014:18, Rn. 79.

22 Vgl. *Bast,* in: Grabitz/Hilf/Nettesheim, EUV/AEUV, Art. 5 EUV Rn. 29.

23 EuGH, Urt. v. 13.6.1958, Rs. 9/56 (Meroni I), Slg. 1958, 9; Urt. v. 13.6.1958 Rs. 10/56 (Meroni II), Slg. 1958, 51.

24 EuGH, Urt. v. 13.6.1958, Rs. 9/56 (Meroni I), Slg. 1958, 9, 40, 44; Urt. v. 13.6.1958, Rs. 10/56 (Meroni II), Slg. 1958, 51, 79, 81.

che Verlagerung von Entscheidungsbefugnissen in einen rechtlich unkontrollierten Raum durch eine Entscheidung der Exekutive sollte verhindert werden.[25] Die Übertragung von Eingriffsbefugnissen auf Unionsagenturen ist jedoch eine Entscheidung der Legislative. Diese ist hierzu nach Maßgabe der jeweiligen Rechtsgrundlage ermächtigt. Den Rechtsschutz sichert mit dem Inkrafttreten des Vertrags von Lissabon der EuGH, da mittlerweile auch Entscheidungen von Unionsagenturen der gerichtlichen Kontrolle durch den EuGH unterliegen.

Es verbleibt die Frage nach der Übertragung von Ermessensspielraum, die nach dem EuGH in *Meroni* zu einer unzulässigen tatsächlichen Verlagerung von Verantwortung führt.[26] In den *Meroni*-Fällen ging es dabei um Ermessensentscheidungen, die die Mitgliedstaaten im EGKSV ausdrücklich der Hohen Behörde überantwortet hatten. Durch die Übertragung dieser Entscheidungsbefugnis auf private Stellen ohne Möglichkeit einer Einflussnahme auf die Entscheidungsfindung entledigte sich die Hohe Behörde unzulässigerweise ihrer Verantwortung gegenüber den Mitgliedstaaten. In *Meroni* behandelte der EuGH damit die Verantwortung der Exekutive gegenüber der „Legislative", die nicht verlagert werden darf. Anders liegt der Fall bei der Übertragung von Eingriffsbefugnissen durch die Legislative. Die Legislative unterliegt einer politischen Verantwortung. Der Unionsgesetzgeber kann daher Ermessensentscheidungen auf eine Unionsagentur übertragen, soweit es sich nicht um politische Abwägungsentscheidungen handelt,[27] die nur ihm selbst vorbehalten sind. Dabei muss der Unionsgesetzgeber eine ausreichende Kontrolle bei der Ausübung des übertragenen Ermessens sicherstellen, um seiner politischen Verantwortung gerecht zu werden. Je intensiver mithin die auf eine Unionsagentur übertragenen Eingriffsrechte sind, umso stärker muss eine Kontrolle dieser Eingriffsrechte gewährleistet sein.[28] Die politische Verantwortung der verantwortlichen Unionsorgane darf nicht abgegeben werden, sondern muss

---

25 Vgl. *Häde* EuZW 2011, 662, 663; *Nettesheim,* in: Grabitz/Hilf/Nettesheim, EUV/AEUV, Art. 3 EUV Rn. 45 ff.

26 EuGH, Urt. v. 13.6.1958, Rs. 9/56 (Meroni I), Slg. 1958, 9, 44; Urt. v. 13.6.1958, Rs. 10/56 (Meroni II), Slg. 1958, 51, 81.

27 Vgl. Schlussanträge GA Jääskinen, 12.9.2013, Rs. C-270/12 (UK/Parlament und Rat), EU:C:2013:562, Nr. 93 mit Verweis auf EuGH, Urt. v. 5.9.2012, Rs. C-355/10 (Parlament/Rat), EU:C:2012:516, Rn. 65.

28 Auf das Verhältnis von Kontrolle und Eingriffsintensität stellen ebenfalls ab *Uerpmann* AöR 125 (2000), 551, 570 f.; *Remmert* EuR 2003, 134, 142; kritisch dazu *Groß,* Das Kollegialprinzip in der Verwaltungsorganisation, Tübingen 1999, 357 f.

gewahrt bleiben. Das bedeutet bei einer Übertragung auf Grundlage von Art. 114 AEUV, der das ordentliche Gesetzgebungsverfahren vorschreibt, dass das Europäische Parlament und der Rat gleichberechtigt in die Kontrolle miteinbezogen sein müssen. Denkbar sind dabei Mitentscheidungs-, Aufsichts- und Informationsrechte.

V. Demokratisierung der EU durch Unionsagenturen

Zu Recht wird die demokratische Legitimation der aktuell errichteten Unionsagenturen bezweifelt.[29] In den Aufsichtsgremien zahlreicher Unionsagenturen sitzen lediglich Vertreter der Kommission und der nationalen Behörden. Eine parlamentarische Rückbindung findet allenfalls durch Berichtspflichten statt. Die Finanzmarktaufsichtsagenturen sind insoweit etwas fortschrittlicher, als das Europäische Parlament das Führungspersonal wählt, den Vorsitzenden abberufen kann und die jährliche Entlastung des Haushaltsplans beschließt. Dennoch besteht keine Möglichkeit für das Europäische Parlament, Entscheidungsträger in diesen Unionsagenturen politisch zur Verantwortung zu ziehen, da sowohl der Vorsitzende als auch der Kommissionvertreter kein Stimmrecht haben. Im Fall der ESMA mag das noch hinnehmbar sein, da deren Eingriffsbefugnisse „genau eingegrenzt" sind und es sich im Kern um „eine Tatsachenbeurteilung technischer Art" handelt.[30] Sollte jedoch der Ermessensspielraum für eine einheitliche Durchführung von Sekundärrecht größer werden, ließe sich dies nach dem Urteil des EuGH zur ESMA nur erreichen, wenn das Europäische Parlament effektive Aufsichtsrechte erhält, die etwa mit denjenigen des Deutschen Bundestags über die Bundesanstalt für Finanzdienstleistungsaufsicht (Bafin) vergleichbar sind.

Vor diesem Hintergrund wird das demokratisierende Potential deutlich, das in der vom EuGH vorgenommenen Loslösung der Übertragung von Eingriffsbefugnissen auf die Unionsebene von Art. 291 AEUV liegt. Nach Art. 291 Abs. 3 AEUV kontrollieren nämlich lediglich die Mitgliedstaaten die Wahrnehmung der Durchführungsbefugnisse der Kommission. Die Kontrolle von Befugnissen, die auf Unionsagenturen übertragen werden, eröffnet eine größere europaparlamentarische Mitsprache.

---

29 *Wittinger* EuR 2008, 609, 619 ff.; *Adamski* ELRev 39 (2014), 812, 831 ff.

30 EuGH, Urt. v. 22.1.2014, Rs. C-270/12 (UK/Parlament und Rat), EU:C:2014:18, Rn. 52 f.

Der EuGH macht damit die positive Integration fit für den nächsten Integrationsschritt, in dem neben die punktuell weiterhin notwendige negative Integration und die Sekundärrechtssetzung die Angleichung der Entscheidungspraxis der Verwaltung tritt. Die hierfür erforderlichen Eingriffsbefugnisse auf Unionsebene benötigen jedoch eine demokratische Legitimation, die bei den heutigen Unionsagenturen noch nicht gewährleistet ist und die durch den EuGH im Rechtsetzungsweg ermöglicht wird.

Rechtsschutz gegen Europäische Agenturen – vor einem neuen Aufbruch?

Eberhard Schmidt-Aßmann

I. Die Entwicklung der administrativen Dimension der Union

Märkte bauen auf Privatinitiative. Sie verlangen einen verlässlichen Rechtsrahmen, der Rechtsetzung und Rechtsdurchsetzung umgreift. Bei der Rechtsdurchsetzung wirken Judikative und Exekutive zusammen. Die Vertragswerke der europäischen Integration haben die Bedeutung dieser instrumentellen Seite von Anfang an zutreffend anerkannt: in der Schaffung eines Gerichtshofs, in der Einbindung der nationalen Gerichte durch das Vorabentscheidungsverfahren, in den Kompetenzen der Kommission zur Wettbewerbs- und Beihilfeaufsicht. Zudem musste es für jeden, der Recht nicht als ein abstraktes Gebilde, sondern als ein auf Verwirklichung angelegtes Steuerungsmittel versteht, von vorneherein klar sein, dass eine Montanunion, eine Zollunion und ein Agrarmarkt, wie sie in den Verträgen konzipiert waren, nur unter Einsatz erheblicher Verwaltungsressourcen realisiert werden konnten.

Trotzdem blieb die *administrative Dimension* des europäischen Einigungsprozesses zunächst eigentümlich blass, ihre Wahrnehmung eher verschämt, ihr Ausbau unsystematisch. Erst als das Binnenmarktziel klarere Konturen erlangte, wurde deutlich, dass der Gemeinschaftsraum auch ein einheitlicher Verwaltungsraum sein muss, der Gemeinschaft und Mitgliedstaaten zur Kooperation ihrer Exekutiven verpflichtet.[1] Detailliert entfaltet wurde diese Perspektive dann 1994 in der Mitteilung der Kommission über die Entwicklung der Zusammenarbeit bei der Anwendung und Durchsetzung des Gemeinschaftsrechts für den Binnenmarkt.[2]

Etwa gleichzeitig begann ein verstärkter Ausbau der unionseigenen Verwaltung durch Schaffung rechtlich verselbständigter Verwaltungsein-

---

1 Mitteilung der Kommission an den Rat „Die optimale Gestaltung des Binnenmarktes: Strategisches Programm“, KOM (93) 632 endg. S. 13 f. unter der Rubrik: „Binnenmarktmanagement“.

2 KOM (94) 29 endg. Tz. 10.

heiten. In diese Zeit fielen u.a. die Gründungen der Europäischen Umweltagentur (1994) und der Europäischen Arzneimittelagentur (1995); das Harmonisierungsamt für den Binnenmarkt folgte 1999. Um die Jahrtausendwende war diese Entwicklung so weit fortgeschritten, dass sie auch politisch systematischer Reflexion bedurfte. Im Weißbuch *Europäisches Regieren* formulierte die Kommission 2001 erstmals „Bedingungen für die Schaffung von Regulierungsagenturen auf EU-Ebene“,[3] die sie ein Jahr später weiter entfaltete:[4] Unterschieden wurden jetzt zwei Typen von Agenturen: *Exekutivagenturen* zur praktischen Durchführung finanzieller Gemeinschaftsprogramme und *Regulierungsagenturen*, die vor allem dem Informationsmanagement dienen, in einigen Fällen aber auch Einzelentscheidungen treffen sollten.

Dieses dualistische Konzept bestimmte die weitere Rechtsentwicklung. Die Exekutivagenturen werden von der Kommission nach einer einheitlichen Modellverordnung für eine begrenzte Zeit ins Leben gerufen und sind ihr strikt nachgeordnet.[5] Den Regulierungsagenturen, in neueren Dokumenten als dezentrale Agenturen bezeichnet, ist dagegen nach Maßgabe des jeweiligen Gründungsstatuts eine gewisse Unabhängigkeit eingeräumt. Wie weit diese Unabhängigkeit im Lichte der sog. „Meroni“-Doktrin gehen darf,[6] ist – wie das Urteil vom 22.1.2014 zu den Leerverkaufsverboten der Europäischen Bankenaufsicht zeigt – allerdings schwer zu bestimmen:[7] Zu politischen Gestaltungsentscheidungen dürfen Agenturen nicht ermächtigt werden. Sie sind andererseits aber auch nicht auf reine Vollzugstätigkeiten beschränkt. Rat und Parlament können ihnen vielmehr Handlungsbefugnisse übertragen, die auch komplexe Bewertungen umgreifen, sofern ihnen dazu „Kriterien und Bedingungen“ mitgegeben werden. Dabei wird auch auf den unabhängigen Sachverstand hingewiesen, der sich in den dezentralen Agenturen niederschlagen soll.

Politisch bilden die dezentralen Agenturen eine Konfliktzone zwischen der Kommission, die sich der Idee der „Einheit der Verwaltung“ verpflich-

---

3 Europäisches Regieren – Ein Weißbuch, KOM (2001) 428 endg., ABl. (EG) Nr. C 287/1 (20).

4 Mitteilung der Kommission „Rahmenbedingungen für die europäischen Regulierungsagenturen“, KOM (2002) 718 endg.

5 Verordnung (EG) Nr. 58/2002, ABl. 2003 Nr. L 11/1.

6 EuGH, Urt. v. 13.6.1958, Rs. C-9/56 (Meroni), Slg. 1958, I-00011; Urt. v. 13.6.1958, Rs. C-10/56 (Meroni), Slg. 1958, I-00053.

7 EuGH, Urt. v. 22.12.2014, Rs. C-270/12 (Vereinigtes Königreich gegen Parlament und Rat), EU:C:2014:18.

tet sieht, und dem Rat, der den Mitgliedstaaten in den Gremien Einfluss auf Teile der europäischen Verwaltungsführung sichern will. Seit 2008 haben Rat, Kommission und Parlament immerhin zu einem „Interinstitutionellen Dialog" zusammengefunden und seit 2013 gibt es eine *Gemeinsame Erklärung* der drei Organe. Sie weist den Weg, um die dezentralen Agenturen als festen Organisationstyp mit klareren Konturen zu installieren. Die Organisationspolitik der Union hat hier erkennbar den Vorzug systematisch erarbeiteter allgemeiner Regelungen vor dem sonst beliebten Entscheiden und Lavieren case by case entdeckt. Es geht darum, verlässliche Bauformen für ein mehrgliedriges Verwaltungsgefüge vorzuhalten, die Transparenz, Kohärenz und verantwortliches Handeln durch rechtliche Strukturbildung gewährleisten.

Auch primärrechtlich ist die administrative Dimension der Union in den Verträgen von Lissabon erheblich klarer erfasst: Art. 17 Abs. 1 S. 5 EUV hebt die Exekutiv- und Verwaltungsfunktionen der Kommission gesondert hervor. Art. 291 und 292 AEUV stellen dazu differenzierte Handlungsermächtigungen zur Verfügung. Art. 298 AEUV betont die Bedeutung einer offenen, effizienten und unabhängigen europäischen Verwaltung. Hier und in anderen Bestimmungen der Unionsverträge werden die „Einrichtungen und sonstigen Stellen" heute neben den Unionsorganen ausdrücklich genannt und indizieren die Existenz eines ausdifferenzierten Gefüges dekonzentrierter und dezentralisierter Verwaltungseinheiten.

II. Gestaltungsfragen des Rechtsschutzes

Zu diesen Bestimmungen gehört auch Art. 263 AEUV, der textlich gleich zweimal um die „Einrichtungen und sonstigen Stellen" angereichert worden ist: Absatz 1 S. 2 erstreckt die Nichtigkeitsklage auch auf deren Handeln und bestätigt damit einen Rechtszustand, den das Gericht bereits 2008, über den seinerzeit engeren Vertragstext hinausgreifend, festgestellt hatte – unter den Geboten des Art. 47 GRCh und des Art. 6 EMRK eigentlich eine Selbstverständlichkeit.[8]

Für die Rechtsschutzdogmatik wichtiger ist der neu eingeführte Absatz 5 des Art. 263 AEUV. Die Vorschrift gestattet es dem Unionsgesetzgeber,

8 EuG, Urt. v. 8.10.2008, Rs. T-411/06 (Sogelma), Slg. 2008, II-02771, Rn. 37 ff.; *Krämer*, Rechtsschutz im EG-Eigenverwaltungsrecht zwischen Einheitlichkeit und sektorieller Ausdifferenzierung, Berlin 2005, S. 61 ff.

in den Gründungsrechtsakten von Einrichtungen und Stellen „besondere Bedingungen und Einzelheiten“ für die Erhebung von Klagen natürlicher und juristischer Personen zu normieren. Damit werden zunächst einmal die bisher schon in den Gründungsstatuten zahlreicher Agenturen vorgesehenen, der Erhebung der gerichtlichen Klage vorgeschalteten behördeninternen Beschwerdeverfahren und sonstigen Widerspruchsverfahren, deren Konformität mit dem Primärrecht umstritten war, auf eine sichere Rechtsgrundlage gestellt.[9] Darüber hinaus können künftige Gründungsrechtsakte Modalitäten des Rechtsschutzes festlegen, die vom Standardprozessrecht der Unionsgerichte in Einzelpunkten, z.B. bei den Klagefristen oder der Klagebefugnis, abweichen. Ein vollständiger Ausschluss des dem Beschwerderechtsweg nachfolgenden Gerichtsschutzes oder seine vollständige Substituierung durch ein Kontrollorgan, z.B. einen Ombudsman oder Datenschutzbeauftragten, kommt dagegen nicht in Betracht. Auch eine Bindung der Gerichte an die Feststellungen einer voraufgehenden Beschwerdeentscheidung oder eine gezielte Veränderung der gerichtlichen Kontrollintensität kann auf diese Weise nicht dekretiert werden.[10]

Art. 263 Abs. 5 AEUV gibt aber generell die Veranlassung, dass sich Gesetzgebung, Judikatur und Wissenschaft noch genauer mit dem *Handlungssystem der Agenturen* und seiner rechtsschutzadäquaten Einordung beschäftigen. Auch das gehört zur besseren Erfassung der administrativen Dimension der Union; denn wie sich die Organisation der Unionsverwaltung ausdifferenziert hat, so haben sich auch ihre Handlungsweisen zu einem breiten Spektrum entfaltet, das von regelnden Entscheidungen bis zu Realakten reicht.[11] Diese Entwicklung ist zwar nicht auf Agenturen beschränkt. Aber sie zeigt sich bei ihnen besonders deutlich, weil Agenturen immer mehr zu Verwaltungsstellen mit einem Handlungsauftrag „vor Ort“ werden. Sieht man sich ihre Aufgaben näher an, so lassen sich typisierend etwa folgende Handlungsweisen benennen:[12]

---

9 Vgl. *Krämer* (Fn. 8), S. 74 ff.

10 Teilweise anders *Dörr*, in: Grabitz/Hilf/Nettesheim, EUV/AEUV, Art. 263 AEUV, Rn. 114 f. (allerdings mit dem Hinweis auf die Notwendigkeit, solche Maßnahmen an Art. 47 i.V. Art. 52 GRC zu messen).

11 Systematisch *Rademacher*, Realakte im Rechtsschutzsystem der Europäischen Union, Tübingen 2014.

12 *Rademacher* (Fn. 11), S. 76 ff.

- Entscheidungen mit einzelfallbezogenem oder allgemeinem Regelungsgehalt
- Sammlung, Aufarbeitung und Verfügbarmachung von Daten
- Anforderung von Informationen bei Verwaltungen oder Unternehmen
- Weitergabe von Informationen an andere Verwaltungsstellen oder an Dritte
- Gezielte Veröffentlichungen von Informationen
- Inspektionen und andere Untersuchungen in Unternehmen, Betrieben oder auf Schiffen
- Operative Maßnahmen im Zusammenwirken mit mitgliedstaatlichen Einsatzkräften, z.B. bei der Grenzsicherung
- Amts- und Informationshilfeleistungen im Verkehr mit Drittstaaten
- Reine Realhandlungen, wie die Unterhaltung bestimmter Netze und Serviceeinrichtungen.

Sie alle können auf die eine oder andere Weise die durch das Unionsrecht gewährleisteten Rechte der Adressaten, Dritter oder Unbeteiligter beeinträchtigen. Selbst dort, wo Agenturen nicht mehr tun, als Informationen zu prozedieren, beschränken sich die Wirkungen oft nicht auf den Innenbereich der Verwaltung, sondern lösen direkt oder indirekt, gezielt oder beiläufig eine Vielzahl von Effekten aus. Dass viele dieser Vorgänge in enger Zusammenarbeit mit mitgliedstaatlichen Verwaltungsstellen ablaufen, erschwert die präzise Erfassung und Zuordnung ihrer Steuerungs- und Belastungswirkungen zusätzlich.

Schon die bisherigen Gründungsstatuten der Agenturen treffen zwar durchaus Rechtsschutzregelungen.[13] Allerdings geschieht das meistens punktuell, wenig systematisch und oft so, dass die wirklich wichtigen Punkte ausgespart werden. Ein Beispiel bildet etwa die Verordnung zur Errichtung der Europäischen Grenzschutzagentur Frontex,[14] die auch in der jüngsten Fassung wohl den Rechtsschutz für den Anspruch auf Dokumentenzugang und für Haftungsansprüche regelt, die intrikate Frage aber, inwieweit Entscheidungen der Agentur bei der Bildung und dem Einsatz von Grenzschutzteams und Mitwirkungshandlungen bei der Abschiebung dem Rechtschutz zugänglich sind, offen lässt.[15] Insgesamt allerdings hat

13 *Saurer* EuR 2010, 51, 56 ff.

14 VO (EG) Nr. 2007/2004 geändert durch VO (EU) Nr. 1168/2011, bes. Art. 10b, 19 Abs. 3 und Art. 28.

15 *Rademacher* (Fn. 11), S. 119 ff.

sich die Sensibilität des Unionsgesetzgebers gegenüber Rechtsschutzproblemen des Agenturhandelns in letzter Zeit erhöht. Neben den weitgreifenden Regelungen, wie sie von Anfang an etwa für den Rechtsschutz im Markenrecht bestanden,[16] haben vor allem die Verordnungen von 2010 zur Gründung der drei Agenturen für Finanzmarktaufsicht Rechtschutzregelungen getroffen, die zunächst die Anrufung eines Beschwerdeausschusses und danach nach Maßgabe der Art. 263, 265 AEUV die Möglichkeit einer Nichtigkeits- oder Untätigkeitsklage vor den Unionsgerichten vorsehen. Die entsprechenden Formulierungen sind so getroffen, dass auch Fälle jenseits der Standardeingriffsbefugnisse der Agentur erfasst werden können.[17] Ähnlich widmet der seit 2013 vorliegende Entwurf der Europol-Verordnung dem Rechtsschutz detaillierte Vorschriften.[18] Europol galt lange Zeit als Sorgenkind in Sachen Rechtsschutz; insbesondere die Letztverbindlichkeit der Entscheidungen der Gemeinsamen Kontrollkommission vermochte nicht zu überzeugen. Die vorgesehenen neuen Regelungen stärken die Rechte Betroffener durch den Ausbau der Datenschutzgarantien und die Einschaltung des Europäischen Datenschutzbeauftragten als umfassend tätige Kontroll- und Beschwerdeinstanz (Art. 34-48). Gegen dessen Entscheidungen kann ohne Einschränkungen Klage bei den Unionsgerichten erhoben werden (Art. 50). Für Streitigkeiten um den freien Informationszugang stehen der Weg zum Bürgerbeauftragten und der Klageweg wahlweise zur Verfügung (Art. 67). Insgesamt sind die Handlungszusammenhänge von Europol besser analysiert und sensibler auf die von ihnen ausgelösten Rechtsschutzbedürfnisse eingestellt worden.

Vor dem Hintergrund des Art. 263 Abs. 5 AEUV sollte der Unionsgesetzgeber diesen Weg weitergehen und dem Agenturhandeln in seiner Vielfalt besondere Aufmerksamkeit schenken. Ein einheitliches Rechtschutzmodell, wie es für die Exekutivagenturen besteht, wird sich gerade angesichts dieser Vielfalt für die dezentralen Agenturen zwar nicht entwerfen lassen. Aber eine „maßgeschneiderte" Rechtschutz- und Haftungsregelung sollte künftig ein integraler Bestandteil jeder Gründungsverordnung sein. Angesichts der schweren Durchschaubarkeit der europäischen Verbundverwaltung ist dabei dem Gebot der Rechtswegklarheit besondere Aufmerksamkeit zu widmen. Das gilt nicht nur für diejenigen Agenturen,

---

16 Vgl. Art. 63 ff. und 91 ff. VO (EG) Nr. 40/94; dazu ausf. *Krämer* (Fn. 8) 103 ff.

17 Vgl. Art. 60 f. VO (EU) Nr. 1093/2010.

18 KOM (2013) 173 endg.

die klar definierte Entscheidungen mit Außenwirkung gegenüber natürlichen und juristischen Personen treffen, sondern auch für solche, zu deren Aufgaben es gehört, in sonstiger Weise auf die Rechtssphäre Dritter einzuwirken – und die Zahl dieser Agenturen wird zunehmen.

Bedacht werden muss dabei allerdings, dass Art. 263 Abs. 5 AEUV Modifikationen von Klagen natürlicher oder juristischer Personen nur insoweit zulässt, als sie Agenturhandlungen betreffen, „die eine Rechtswirkung gegenüber diesen Personen haben". Sekundärrechtlich Klagen vorzusehen, die über dieses Tatbestandsmerkmal hinausgehen wollen, erscheint nicht möglich.[19] Das gesamte oben aufgezeigte Handlungsspektrum der Agenturen wird sich diesem Merkmal nicht zuordnen lassen. Auf der anderen Seite muss nicht das denkbar engste Verständnis der „Handlungen mit Rechtswirkungen" zugrundegelegt werden. Die Judikatur lässt vielmehr unterschiedliche Deutungen zu:[20] Der restriktiven Linie, wie sie in „Tillack" zum Ausdruck kommt,[21] stehen andere Urteile gegenüber, die vor allem für den behördlichen Umgang mit Informationen einen umfassenderen Rechtsschutz über die Nichtigkeitsklage ermöglichen, indem sie dem behördlichen Realhandeln so weit wie möglich implizite Entscheidungen zuordnen.[22] Wichtig ist es, den unterschiedlichen Bewirkungsweisen und Wirkungsintensitäten des Agenturhandelns Rechnung zu tragen. Hier setzt das Urteil vom 5. 9. 2012 zur Befugnisausstattung von Frontex ein positives Zeichen:[23] Es betrifft zwar nicht direkt Probleme des Rechtsschutzes, sondern des Gesetzgebungsvorbehalts, zeigt aber deutlich, dass die Grundrechtsrelevanz des komplexen Agenturhandelns heute klar erkannt und mit rechtsstaatlichen Schutzmechanismen eingehegt wird. Auf dieser Linie sind auch der Primär- und der Sekundärrechtsschutz gegenüber einer ausdifferenzierten Unionsverwaltung fortzuentwickeln.[24]

---

19 Ebenso *Dörr* (Fn. 10), Rn. 114.

20 Vgl. die Urteilsanalysen bei *Rademacher* (Fn. 11), S. 17-36.

21 EuG, Urt. v. 4.10.2006, Rs. T-193/04 (Tillack), Slg. 2006, II-03995, Rn. 66 ff.

22 So schon EuGH, Urt. v. 24.6.1986, Rs. 53/85 (AKZO), Slg. 1986, I-01965, Rn. 17 ff.

23 EuGH, Beschl. v. 2.9.2010, Rs. C-355/09, EU:C:2010:491, bes. Rn. 73.

24 Zu Möglichkeiten eines Vorgehens mit der Haftungsklage nach Art. 268 i.V. mit Art. 340 Abs. 2 AEUV ausf. *Rademacher* (Fn. 11), 260 ff.

Europäische Horchposten der Justiz – Die europäischen Vereinigungen der Präsidenten, Generalstaatsanwälte und Anwaltschaften bei den Obersten Gerichtshöfen

Norbert Gross

Seit unvordenklichen Zeiten folgt Recht den Kaufleuten und macht an Grenzen nicht halt. Die Justiz hingegen ist ein von festen Grenzen umzäuntes Instrument nationaler Rechtsdurchsetzung, das nur gelegentlich Ausblicke zu und Handreichungen mit den Justizbehörden anderer Länder erlaubt. Im Laufe der letzten 25 Jahre haben sich, zeitlich versetzt, aber mit übereinstimmenden Zielsetzungen, europäische *Horchposten der Justiz* entwickelt, mit deren Hilfe die Spitzenvertreter der Obersten Gerichtshöfe, die Präsidenten, Generalstaatsanwälte und die Anwaltschaften bei den Obersten Gerichtshöfen als Experten, die sie sind, Zukunftsvorstellungen entwickelt haben. In der Reihenfolge ihrer Entstehung sollen nachstehend die *Europäische Vereinigung der Anwaltschaften bei den Obersten Gerichtshöfen* (1990), das *Netzwerk der Präsidenten der Obersten Gerichtshöfe in der EU* (2004) und das *Netzwerk der Generalstaatsanwälte bei den Obersten Gerichtshöfen in der EU* (2009) dargestellt werden.

I. Die Europäische Vereinigung der Anwaltschaften bei den Obersten Gerichtshöfen

Während die Anwälte und ihre nationalen Organisationen international und europäisch gut vernetzt sind, traf dies für die kleine Gruppe der beim Bundesgerichtshof zugelassenen Rechtsanwälte und den ähnlich strukturierten Anwaltschaften bei einigen Kassationshöfen in Europa nicht zu.

1.Das änderte sich, als die Kommission gegen die Bundesrepublik und Frankreich eine Vertragsverletzungsklage mit der Begründung einleitete, diese Mitgliedstaaten verstießen gegen ihre Verpflichtungen aus dem EWG-Vertrag und der Richtlinie vom 22.3.1977, weil damit der freie

Dienstleistungsverkehr der Rechtsanwälte beeinträchtigt werde.[1] Erst in der mündlichen Verhandlung vom 8.7.1987 räumte die Kommission ein, dass die für das Vertragsverletzungsverfahren vorgetragenen Argumente „auf die besondere Situation spezialisierter Rechtsanwaltschaften wie der Rechtsanwaltschaft beim Bundesgerichtshof nicht anwendbar sind."[2] Nicht nur die eigens bei den Obersten Gerichtshöfen zugelassenen Revisions- und Kassationsanwälte, auch deren Richter waren von der Vorstellung entsetzt, dass bei absoluter Geltung der Dienstleistungsfreiheit jeder ausländische Rechtsanwalt aus einem Mitgliedstaat vor dem Bundesgerichtshof oder dem französischen Kassationshof auftreten könnte. Die Kommission hatte schlicht die Existenz - und natürlich die Funktion - besonderer Anwaltschaften bei den Obersten Gerichtshöfen übersehen.[3]

2.Die Zulassung von Rechtsanwälten bei den Obersten Gerichtshöfen in Europa ist höchst unterschiedlich geregelt.[4] In manchen Ländern ist eine besondere, an hohe Hürden geknüpfte Zulassung erforderlich; in anderen erfolgt eine berufszeitabhängige Zulassung, die z.B. in Italien zur Zulassung von rund 60.000 Kassationsanwälten führt.[5] Unter Führung der Pariser Kassationsanwälte traten die nach Struktur und Funktion besonders gestalteten Revisions- bzw. Kassationsanwaltschaften in Frankreich, Belgien und Deutschland Ende der 80er Jahre in näheren Kontakt. Allen drei war gemeinsam, dass sie eine eigene öffentlich-rechtliche Organisation,

---

1 Richtlinie 77/249/EWG des Rates vom 22.3.1977 zur Erleichterung der tatsächlichen Ausübung des freien Dienstleistungsverkehrs der Rechtsanwälte, ABl. L 78 vom 26.3.1977, S. 17.

2 EuGH, Urt. v. 25.2.1988, Rs. 427/85, Slg. 1988, 1154, 1166, Erwggrd. 44.

3 Auch bei den unmittelbar Betroffenen bestanden keine oder nur schemenhafte Vorstellungen über entsprechend organisierte Anwaltschaften in den Nachbarländern. So wird z.B. in dem Urteil des EGMR vom 26.7.2002 in den Rs. Meftah u.a. /. Frankreich, Rs. 32911/96, 35237/97, 34595/97, Rn. 29 von einer speziell organisierten Kassationsanwaltschaft nur in Frankreich und Belgien gesprochen. Die in Deutschland bestehende Anwaltschaft wurde schlicht übersehen, obwohl ein EGMR-Richter Deutscher war.

4 *Norbert Gross*, Rechtsanwälte in Europa – Die Vertretung vor den Obersten Gerichtshöfen, in: FS Günter Hirsch, 2008, S. 483; Überblick in dem Arbeitsbericht aus Anlass der Gründungsversammlung der Vereinigung der Präsidenten der Obersten Gerichtshöfe der Europäischen Union vom 10.3.2004 in Paris unter dem Titel: La représentation de la défense des parties ..., Actes de l'Assemblée constitutive du Réseau des Présidents des Cours Suprêmes Judiciaires de l'Union Européenne du 10 mars 2004, Cour de cassation 2004 (frz./engl.). Journaux officiels.

5 Entsprechendes gilt für Griechenland.

Rechtsanwaltskammern, bildeten, zahlenmäßig beschränkt waren und nach einer strengen Auswahl einer besonderen ministeriellen Zulassung bedurften. Damit war die Idee einer Europäischen Vereinigung der Anwaltschaften bei den Obersten Gerichtshöfen geboren.

Arbeitssprache, Rechtsform und Sitz sowie Führung sollten bei einer dreiköpfigen Struktur keine unüberwindlichen Hindernisse bereiten. Wie immer steckte der Teufel im Detail. Auf eine gemeinsame Arbeitssprache konnte, musste man sich aber auch nicht einigen, weil allseits ausreichende Sprachkompetenz vorlag. Sitz der Vereinigung sollte sinnvollerweise nicht eine nationale Hauptstadt, sondern eine Europastadt wie Straßburg, Brüssel oder Luxemburg sein. Schließlich wurde am 7.5.1990 in Luxemburg die nach belgischem Recht errichtete Satzung für die *Europäische Vereinigung der Anwaltschaften bei den Obersten Gerichtshöfen* unterzeichnet.[6] Mit Genehmigung des belgischen Königs wurde die „Association Européenne des Barreaux des Cours suprêmes" im Moniteur Belge veröffentlicht.[7] Mit Rücksicht auf die geistige Urheberschaft fiel die erste Präsidentschaft dem französischen Vertreter zu. Der Wechsel im Präsidentenamt erfolgte anfangs jährlich.

3.Die Gründung dieser *Europäischen Vereinigung*, deren erste Mitglieder der Ordre des avocats aux Conseils in Paris, die Rechtsanwaltskammer beim belgischen Kassationshof in Brüssel und die Rechtsanwaltskammer beim Bundesgerichtshof in Karlsruhe waren, führte in der Folgezeit zu einem jährlichen Gedankenaustausch und Kolloquien und konnte auf einigen Feldern zu einem wirklichen *Horchposten der Justiz* werden. Die offensichtliche Lücke der Dienstleistungsrichtlinie des Jahres 1977 wurde durch Art. 5 Nr. 3 der Richtlinie vom 16.2.1998 korrigiert,[8] die nun aus-

---

6 Association Européenne des Barreaux des Cours suprêmes, Association Internationale, ID-Nr. 8049/91. Sitz des Vereins sind die Amtsräume der Anwaltskammer beim Belgischen Kassationshof, Im Justizpalast, Place Poellart, B-1000 Brüssel (Art. 3 Abs. 1). Dieser Sitz kann auch an einen anderen Ort in Belgien verlegt werden (Art. 3 Abs. 2).

7 Annexe au Moniteur belge vom 30.5.1991 Nr. 8049–8058, S. 3737 mit abgedruckter deutscher Übersetzung: Europäischer Verband der Rechtsanwaltskammern bei den Obersten Gerichtshöfen.

8 Richtlinie 98/5/EG des Europäischen Parlaments und des Rates vom 16.2.1998 zur Erleichterung der ständigen Ausübung des Rechtsanwaltsberufes in einem anderen Mitgliedstaat als dem, in dem die Qualifikation erworben wurde, ABl. L 77 vom 14.3.1998, S. 36. Art. 5 Abs. 3: "Um das ordnungsgemäße Funktionieren der Rechtspflege sicherzustellen, können die Mitgliedstaaten jedoch besondere Regeln

drücklich vorsah, dass zur Sicherstellung der Funktion der Rechtspflege die Mitgliedstaaten besondere Regelungen für den Zugang zu den höchsten Gerichten durch spezialisierte Rechtsanwälte vornehmen können. Zum 20. Jahrestag der Gründung fand am 20.3.2011 im Kassationshof in Paris eine Tagung zu Aufgaben, Filterwirkung, Revisionstechnik und Entscheidungsfindung im Kassationsverfahren statt, ein einmaliger europäischer Querschnitt.[9] 2013 wurde im belgischen Kassationshof in Brüssel die gesetzliche und praktische Neuausrichtung der niederländischen Kassationsanwaltschaft erörtert und im Juni 2014 im Hoge Raad in Den Haag Unterschiede und Gemeinsamkeiten in Frankreich, Belgien, Deutschland und den Niederlanden dargestellt. Im Anschluss daran wurde die *Vereniging van Civiele Cassatieadvokaten* einstimmig als viertes Mitglied aufgenommen. Die Neuregelung in den Niederlanden hatte seit 1.7.2012 zu einer zahlenmäßig beschränkten, durch Prüfung und Auswahl ermittelten und nur für Zivilsachen vorgesehenen besonderen Kassationsanwaltschaft geführt.

Zum 25. Jahrestag der Gründung fand Ende Mai 2015 beim Bundesgerichtshof in Karlsruhe ein deutsch-französisch-belgisch-niederländisches Forum statt, das sich mit Aufgabe und Funktion des Verfahrens in Zivilsachen vor den Obersten Gerichtshöfen befasste. Die Ergebnisse werden in einem Tagungsband veröffentlicht werden.

Dieser anwaltliche *Horchposten der Justiz* kann sich sehen lassen. Im letzten Jahrzehnt des 20. Jahrhunderts noch vielfach als gemeinschafts- und verfassungswidrig angegriffen, haben inzwischen nicht nur der Europäische Gesetzgeber,[10] der EuGH[11] und der EGMR,[12] sondern auch die

für den Zugang zu den höchsten Gerichten vorsehen und z.B. nur spezialisierte Rechtsanwälte zulassen".

9 Le Juge de Cassation en Europe, Ordre des Avocats au Conseil d'Etat et à la Cour de Cassation (Hrsg.), Cecca/Dalloz, 2012.

10 Art. 5 Abs. 3 Richtlinie 98/5/EG des Europäischen Parlaments und des Rates vom 16.2.1998, in der Bundesrepublik Deutschland umgesetzt durch §§ 6 Abs. 1 und 27 Abs. 1 S. 2 EuRAG.

11 EuGH, Urt. v. 25.2.1988, Rs C-427/85, Slg. 1988, 1154, 1156, Rn. 44 = NJW 1988, 887.

12 Für das entsprechende französische Modell EGMR, Urt. v. 26.7.2002, Meftah u.a. ./. Frankreich, Rs. 32911/96, 35237/97 und 34595/97, Rn. 29 ff.

nationalen Obersten Gerichtshöfe[13] das Konzept einer besonderen Anwaltschaft bei den Obersten Gerichtshöfen gebilligt.

II. Das Netzwerk der Präsidenten der Obersten Gerichtshöfe der Europäischen Union

Zur Feier von 200 Jahren Code civil rief der Präsident des französischen Kassationshofs die Chefpräsidenten der Obersten Gerichtshöfe der Europäischen Union zur Gründung eines Netzwerkes der Präsidenten der Obersten Gerichtshöfe der Europäischen Union zusammen. Begründet wurde dies damit, dass deren Stimme in Europa damit eine erheblich größere Bedeutung zukommen würde.

1.Von vornherein lagen Initiative und Vorbereitung ausschließlich in den Händen des Präsidenten des französischen Kassationshofs, der das Netzwerk nicht nur zu einem europäischen *Horchposten*, sondern mehr noch zu einem europäischen *Sprachrohr* machen wollte. Sogleich stellten sich die drei klassischen Fragen nach Sitz, Rechtsform und anwendbarem Recht, Arbeitssprache und Führung. Schon der erste Satzungsentwurf sah nur Französisch und Englisch als Arbeitssprachen vor. Der einzige Änderungswunsch betraf das Sprachregime. Im Hinblick auf die Zahl der Bürger in deutschsprachigen Gerichtssystemen sollte neben Englisch und Französisch auch deutsch vorgesehen werden. Der deutsche BGH-Präsident *Hirsch,* vorher selbst als EuGH-Richter mit den Besonderheiten des EuGH-Sprachenregimes vertraut, nahm ausdrücklich auf die gemeinsame Erklärung zum 40. Jahrestag des Elysée-Vertrages Bezug, wonach Bundeskanzler und Staatspräsident ihre Entschlossenheit bekräftigten, die notwendigen Maßnahmen für die Verwendung des Deutschen und des Französischen in den Institutionen der Europäischen Union zu treffen.[14] Gar-

---

13 Für Deutschland BVerfG, Beschl. v. 31.10.2002 – 1 BvR 819/02 = NJW 2002, 3765 (BGH-Singularzulassung); BVerfG, Beschl. v. 27.2.2008 – 1 BvR 1295/07 = NJW 2008, 1293 (BGH-Wahlverfahren); näher hierzu *Norbert Gross*, Die Anwaltschaft beim Bundesgerichtshof, in: Anwälte und ihre Geschichte (Hrsg. DeutscherAnwaltVerein) 2011, S. 369, 388; für Belgien: Urt. des Belgischen Kassationshofs v. 16.12.2011 – D.11,0014.F; Urt. des belgischen Verfassungsgerichtshofs v. 20.12.2012 – Nr. 160/2012; Urt. des belgischen Verfassungsgerichtshofs v. 21.11.2013 – Nr. 161/2013.

14 Schreiben des BGH-Präsidenten Prof. Dr. Günter Hirsch v. 11.11.2003 und 9.1.2004 mit wörtlichem Zitat aus Ziff. 12 der Anlage „Gemeinsame Erklä-

niert mit viel Lob für die schöne deutsche Sprache der Dichter[15] scheiterte der Vorstoß schon an den von der Kommission nur für Englisch und Französisch bereitgestellten Übersetzungskosten. Am 10.3.2004 wurde in Paris das *Réseau des Présidents des Cours suprêmes Judiciaires de l'Union Européenne/Network of the Presidents of the Supreme Judicial Courts of the European Union* ins Leben gerufen und der Entwurf zur Satzung des Vereins erhoben.[16] Sitz des nach französischem Recht gegründeten Vereins wurde Paris, erster Präsident der Präsident des französischen Kassationshofs, gefolgt von jährlich wechselnden Präsidenten. Dem Netzwerk gehören inzwischen die Präsidenten der Obersten Gerichtshöfe aller 28 Mitgliedstaaten der Europäischen Union und zudem als Beobachter die Präsidenten der Gerichtshöfe von Liechtenstein, Montenegro und Norwegen an. Die Präsidenten des EuGH und des EGMR können an den Generalversammlungen und Tagungen teilnehmen.[17]

2.Das Netzwerk wird aus Mitteln der Europäischen Kommission für die jährlich stattfindenden Tagungen, Ausschusssitzungen, Übersetzungsaufwand und Veröffentlichungen finanziert. Austauschprogramme für richterliche Mitglieder der Obersten Gerichtshöfe wurden ab 2005 eingerichtet. Einmal jährlich finden regelmäßig an einem der nationalen Obersten Gerichtshöfe Generalversammlungen statt. Der dabei vorgenommene Vergleich der Justizsysteme macht auch vor schwierigen, manchmal auch politisch infizierten Themen nicht halt. Im Oktober 2012 wurde in Paris unter dem neutral gehaltenen Titel *„Ernennung der Richter an den Obersten Gerichtshöfen, dem EuGH und dem EGMR"* die Frage nach Publizität und Transparenz der Kandidatenbenennung und der etwaigen Rolle der Regierungen bei der Ernennung erörtert. Die nationalen Berichte ließen erken-

---

rung zum 40. Jahrestag des Elysée-Vertrages: Die deutsch-französische Freundschaft im Dienste einer gemeinsamen Verantwortung für Europa" von Bundeskanzler Gerhard Schröder und Staatspräsident Jacques Chirac: „Wir werden darauf achten, dass die Mehrsprachigkeit in den Institutionen der Europäischen Union eingehalten wird und sind entschlossen, die notwendigen Maßnahmen für die Verwendung des Deutschen und des Französischen in ihren Gremien zu treffen ...".

15 Schreiben des Präsidenten des französischen Kassationshofs Guy Canivet v. 27.1.2004: «La langue allemande est une grande langue de culture historique et juridique qui mérite d'être utilisée par tous».

16 Abdruck in: Actes de l'Assemblée constitutive de Réseau des Présidents des Cours Suprêmes Judiciaires de l'Union Européenne du 10 mars 2004, Cour de Cassation 2004 (frz./engl.), Journaux officiels.

17 Art. 6 der Satzung.

nen, dass in weiten Bereichen Auswahl und Ernennung der Richter an den Obersten Gerichtshöfen, dem EuGH und dem EGMR keineswegs öffentlich und transparent und schon gar nicht ohne Einfluss durch die Politik ausgestaltet sind.

3.Dem Thema der Jahrestagung 2012 in Paris war vorausgegangen, dass im Dezember 2011 der in der Generalversammlung vom Oktober 2011 in Sofia gerade erst für ein Jahr gewählte Präsident des Netzwerks, der Präsident des Ungarischen Obersten Gerichtshofs, überraschend mitteilen musste, dass aufgrund einer von der neuen Parlamentsmehrheit soeben veranlassten Gesetzesänderung sein Amt als Gerichtspräsident mit dem 1.1.2012, dreieinhalb Jahre vor Ablauf der Amtsperiode, enden werde. Damit wurde eindrucksvoll belegt, dass nicht nur die Ernennung, sondern auch die Beendigung des höchsten Richteramtes politischem Einfluss unterliegen kann. Die Generalversammlung des Netzwerks wählte daraufhin den nunmehr ehemaligen Präsidenten des Ungarischen Obersten Gerichtshofs zu ihrem von der bisherigen Satzung nicht einmal vorgesehenen *Ehrenpräsidenten.*

Mehr und mehr traten Themenbereiche mit weitreichenden justizpolitischen Ansätzen in den Vordergrund. 2010 wurde in Dublin die Frage erörtert, ob Richter ein politisches Mandat übernehmen oder überhaupt sonstige Nebentätigkeiten wie Schiedsrichter, Sachverständiger etc. ausüben können, letztlich also die Frage nach Unabhängigkeit und Unparteilichkeit des Richters. Im Oktober 2011 in Sofia wandten sich die Präsidenten der national und international hoch umstrittenen Frage zu, ob und in welchem Umfang die Obersten Gerichtshöfe über eigene Haushaltsmittel und ein eigenes Budgetrecht verfügen sollten, und im September 2013 in Helsinki wurde erörtert, in welcher Weise die Obersten Gerichthöfe Grundrechtsschutz in dem Neben- oder Übereinander von Verfassung, Europäischer Grundrechtecharta und Europäischer Menschenrechtskonvention zu leisten in der Lage sind. Kaum einer der Präsidenten der Obersten Gerichtshöfe eines EU-Mitgliedstaates wird den von der durchaus unterschiedlich gelebten und weitgehend unbekannten Praxis der Justiz geprägten Erfahrungsaustausch ohne persönlichen Gewinn nach Hause mitgenommen haben.

III. Das Netzwerk der Generalstaatsanwälte der Obersten Gerichtshöfe der Europäischen Union

Auch der dritte Anlauf zu einem Europäischen Netzwerk war federführend von Frankreich ausgegangen, hinkte allerdings in der Entstehung den vorgenannten Vereinigungen deutlich hinterher.

1.Im Januar 2008 wandte sich der Generalstaatsanwalt beim französischen Kassationshof an die deutsche Generalbundesanwältin und die Generalstaatsanwälte der Obersten Gerichtshöfe der Europäischen Union mit dem Anliegen, ein dem präsidialen entsprechendes Netzwerk der Generalstaatsanwälte aus der Taufe zu heben. Als *Expertenrunde der Justiz* wolle man einen nützlichen Beitrag bei der Schaffung einer gemeinsamen europäischen „Justizkultur" leisten, einen Erfahrungsaustausch mit Blick auf Rolle, Organisation und Funktionsweise der Generalstaatsanwaltschaften bei den Obersten Gerichtshöfen vornehmen und Vorstellungen zur Harmonisierung der Gesetzeslage in den Mitgliedstaaten der Europäischen Union entwickeln.

Die Gründung des Netzwerks stand zunächst unter keinem guten Stern. Das galt vor allem für die deutsche Seite. Wie bei dem fünf Jahre zuvor gegründeten Präsidenten-Netzwerk wurde erneut die Sprachenfrage aufgeworfen. Hinzu kam aus Sicht des Bundesjustizministeriums angesichts der föderalen Struktur der deutschen Strafverfolgungsbehörden die Frage, ob nicht die bei den Oberlandesgerichten eingerichteten Generalstaatsanwaltschaften die richtigen Gesprächsteilnehmer seien, zumal die zu behandelnden Themen weit über den Bereich der Strafverfolgungszuständigkeit der Bundesanwaltschaft hinausgingen.

Dem Netzwerk-Projekt lag erneut allein das französische Modell mit einem beim Kassationshof angesiedelten Generalstaatsanwalt mit einer zentralen und umfassenden, das Straf- und das Zivilrecht einschließenden Zuständigkeit zugrunde. Schon der Rücklauf einer ersten Fragebogenaktion zeigte erhebliche Unterschiede. Dass im Bundesstaat die Aufgaben der Strafverfolgungsbehörden zwischen Ländern und Bund aufgeteilt sind, war bis dahin ebenso wenig europäisches Allgemeingut wie der süffisante Hinweis der englischen und schottischen Vertreter darauf, dass es dort überhaupt keinen Generalstaatsanwalt *beim* Obersten Gerichtshof gebe und sie zudem nicht nur ein, sondern zwei Generalstaatsanwälte seien, der eine in England und Wales, der andere in Schottland. Der Satzungsentwurf wurde daraufhin auf blasse „vergleichbare Institutionen" erweitert.

2.Die Enttäuschung in Paris war groß, als nach einer zunächst positiven Reaktion nur wenige Tage vor der mit republikanischem Glanz einberufenen Gründungsversammlung das Bundesjustizministerium dem französischen Justizministerium in deutscher Sprache – mit einer zusätzlichen „*traduction de courtoisie*“ – mitteilte, dass Deutschland sich nun doch – als einziges EU-Mitgliedsland – dem Gründungsaufruf verschlossen habe und nicht Mitglied des Netzwerks werden wolle.

Der Gründungsaufwand am 6.2.2009 war erheblich. Justizministerin, Chefpräsident und Generalstaatsanwalt beim Kassationshof bildeten den glänzenden Rahmen für die Gründungsversammlung und die Unterzeichnung der Gründungsurkunde. Allein das Tagungsprotokoll umfasste mehrere hundert Seiten. Wie eineiige Zwillinge traten die Generalstaatsanwälte von England und Wales sowie Schottland dem Netzwerk als „vergleichbare Institutionen“ und eigenständige Mitglieder bei. Nur Deutschland war bei diesem Anlass nicht einmal vertreten. Es blieb bei der etwas sperrigen zweisprachigen französisch-englischen Bezeichnung und Satzung des *Reseau des Procureurs Généraux ou institutions équivalentes près les Cours suprêmes judiciares des Etat membres de l'Union Européenne / Network of Public Prosecutors or equivalent institutions of the Supreme Judicial Courts of the Member States of the European Union* (Art. 1).

Ob die deutsche Seite ein derartiges Netzwerk nur für überflüssigen bürokratischen Aufwand oder mit der föderalen Struktur der Bundesrepublik letztlich unvereinbar gehalten oder ob das die deutsche Sprache erklärtermaßen verdrängende Sprachenregime zu einer Verstimmung geführt hat, lässt sich nicht mehr feststellen. Denkbar ist auch, dass das Justizministerium sich die europäische Justiz-Außenpolitik nicht aus der Hand nehmen lassen wollte.

3.Da weiterhin ein starkes Interesse am Beitritt Deutschlands, des einzigen sich verweigernden EU-Mitgliedstaates, bestand, wurden in der Folge die gesamten Protokolle und Tagungsunterlagen der Bundesanwaltschaft wie einem echten Mitglied in der Erwartung zugesandt, dass der Damm schon brechen werde. Die faktische Einbindung der Bundesanwaltschaft in den Austausch von Beiträgen zu allgemein interessierenden Fragen zur Ermittlungspraxis sowie Einladungen zu den anstehenden Tagungen führten schließlich dazu, dass die Bundesanwaltschaft nach Abstimmung mit dem Ministerium im Mai 2010 in Madrid dem Netzwerk beitrat. Änderungen im Sprachenregime erfolgten natürlich nicht.

Der in den Jahrestagungen und Beratungsforen des Netzwerks erfolgte Erfahrungsaustausch zeigte sehr bald gravierende Struktur- und Funktionsunterschiede. Der Vorstellung, beim organisierten Verbrechen könne eine von oben verordnete Prioritätenliste der Strafverfolgung aufgestellt werden, wurde von deutscher Seite das Legalitätsprinzip entgegen gehalten, über dessen Anwendung auch im Bereich der organisierten Kriminalität die Strafverfolgungsbehörden der Länder entscheiden. Ein absolutes Nicht-Thema, dem die deutsche Seite nur pure Verständnislosigkeit entgegenbrachte, war die Einbindung in Zivilsachen der französischen und belgischen Generalstaatsanwälte bei den Kassationshöfen. Auch für die deutschen Teilnehmer eher wunderliche, aber die Praxis aus gutem Grund beschäftigende Themen standen auf der Tagesordnung. Im Mai 2011 wurde in Rom die Frage erörtert, ob neben den Richtern auch Staatsanwälte in den einzelnen Mitgliedstaaten im Sinne gesteigerter Transparenz gesetzlich verpflichtet sind oder sein sollen, jährlich ihr Vermögen, ihre Funktionen, Mandate, Nebenbeschäftigungen etc. offenzulegen. Tendenziell eher zurückhaltend war die Abschlusserklärung in Krakau 2011 zur angeregten Errichtung einer Europäischen Staatsanwaltschaft. In eher klassischen Bahnen verlief dagegen die unter deutscher Präsidentschaft 2014 in Trier abgehaltene Jahrestagung zu dem Thema, wie sich Entscheidungen von EuGH und EGMR auf die Praxis der Strafverfolgungsbehörden auswirken. Die ungewöhnlichen Umstände um die Abberufung des deutschen Generalbundesanwalts *Harald Range* Anfang August 2015 werden in der nächsten Jahrestagung des Netzwerks die peinliche Frage gewiss nicht verstummen lassen, welchen Abstand zur Politik ein Generalbundesanwalt bei Ausübung seines Amtes auch in Deutschland in Anspruch nehmen darf.

IV. Vom Horchposten zum Sprachrohr der Justiz

Alle drei Netzwerke haben unter den Beteiligten das Verständnis wohl eher der Unterschiede als der Gemeinsamkeiten entwickelt. Die Vorstellung von einem uniformen bürokratischen Aufbau einer nationalen Justiz mit Präsidenten, Generalstaatsanwälten und Rechtsanwälten nach französischem Muster in allen Mitgliedstaaten der Union ist in der Folge der Erkenntnis gewichen, dass die Welt der Justiz noch immer und auf Jahre und Jahrzehnte hinaus von nationalen Vorgaben geprägt ist, die alles andere als ein einheitliches Schema wiedergeben, auch wenn in manchen Bereichen Abfärbungen eingetreten oder Anpassungen erfolgt sind. Die Wahrnehmung dieser Unterschiede ist allerdings ebenso weiterführend wie die selbstverständliche Unterstellung der Gemeinsamkeiten. Für alle in den zwei Jahrzehnten zwischen 1990 und 2009 entstandenen drei Vereinigungen gilt, dass ohne den durchaus auch national motivierten Einsatz und den Einfallsreichtum der französischen Spitzenvertreter beim Kassationshof diese drei *Horchposten der Justiz* sich nicht hätten entwickeln können. Das lässt über manche Geburtsmängel hinwegsehen. Diese drei *Horchposten* in reger Abstimmung untereinander zu einem wirklichen europäischen *Sprachrohr der Justiz* mit einer Stimme fortzuschreiben, wird die Aufgabe der Zukunft sein.

6. Unionsbürgerschaft und Grundrechte

Unionsbürgerschaft als Projektionsfläche. Drei divergente methodische Zugänge

Daniel Thym

Mit der Unionsbürgerschaft befasste sich Müller-Graff einzig indirekt, dafür jedoch in der Frühphase, als mit den ersten Direktwahlen zum Europäischen Parlament die Grundlagen für den heutigen Bürgerstatus geschaffen wurden. Pointiert brachte er die Erwartung auf den Punkt, die Direktwahl werde zum „Prüfstein für die Ernsthaftigkeit des integrationspolitischen Willens ... zur Schaffung einer Politischen Europäischen Union."[1] Im Vergleich hierzu waren die frühen Reaktionen auf den Vertrag von Maastricht resignativ. Kommentatoren kritisierten die neu eingeführte Unionsbürgerschaft als „zynische Öffentlichkeitsarbeit" seitens der Vertragsparteien, die eine Bürgerschaft ohne Inhalte vortäuschten.[2] Diese Einschätzung änderte sich erst, als der Gerichtshof Ende der 1990er-Jahre zu einer dynamischen Rechtsprechung ansetzte, die zu den faszinierendsten Entwicklungen im EU-Recht gehört.

Zentrale Inhalte und wesentliche Entwicklungslinien der Rechtsprechung wurden bereits häufig geschildert.[3] Stattdessen verfolgt der vorliegende Beitrag das Ziel, divergente konzeptionelle Zugänge bei der Beantwortung konkreter Rechtsfragen herauszuarbeiten. Mit Blick auf die Unionsbürgerschaft ist dies besonders ertragreich, weil deren Entwicklung besonders häufig durch eine zukunftsoffene Dynamik geprägt ist, die eine Ausweitung auf neue Themenfelder begünstigt.[4] In einer idealtypischen Abstufung können mindestens drei methodische Zugänge unterschieden werden, die in der zukunftsgerichteten Projektion normativer Gerechtigkeitsvorstellungen ihren Ausgang nimmt, sodann die textliche und syste-

---

1 *Müller-Graff*, Die Direktwahl des europäischen Parlaments, Tübingen 2. Auflage 1979, S. 6.

2 *Weiler*, in: Winter u.a., Reforming the Treaty on European Union, 1996, 57, 73.

3 Etwa von *Kochenov* ICLQ 62 (2013), 97-136 und *Wollenschläger*, Grundfreiheit ohne Markt, Tübingen 2007.

4 Ausführlicher *Thym*, in: Kochenov (Hrsg.), EU Citizenship and Federalism, Cambridge, 2015, i.E.

matische Radizierung der Vertragsbestimmungen ins Zentrum rückt und schließlich ein Verständnis von Bürgerschaft als soziale Praxis betrachtet, das die empirische Seite der Rechtsintegration berücksichtigt.

I Bürgerschaft als normative Imagination

Es entspricht der Tradition eines im Kern rechtsgesteuerten Integrationsprozesses, dass in der EU das Recht häufig zur zukunftsgerichteten Gestaltung eingesetzt wird. Anders formuliert: Vertragsvorschriften sind kein Abbild der sozialen Wirklichkeit, sondern weisen einer prospektiven Veränderung den Weg.[5] Diese Besonderheit der EU-Integration mag eine Erklärung dafür bilden, dass die Unionsbürgerschaft in Wissenschaft und Praxis alsbald zur Eroberung neuer Themenfelder eingesetzt wurde, die Beobachter früh prognostiziert hatten.[6] Hinzu tritt ein generelles Kennzeichen des Bürgerschaftsbegriffs, der bei einer vergleichenden Betrachtung vielfach die Ausweitung von Zugehörigkeit und Beteiligungsmöglichkeiten anleitete, in Europa ebenso wie Nordamerika.[7] Einzig im deutschen Verfassungsrecht konnte die „Bürgerschaft" keine klaren rechtlichen Konturen entfalten.[8] Europa folgt diesem Beispiel nicht.

Speziell in der englischsprachigen Literatur ist ein normativ-imaginärer Zugang zu den Fragen der Unionsbürgerschaft verbreitet. Bei der rechtlichen Beurteilung dient der Bürgerschaftsbegriff – ganz ähnlich wie die Grundrechte[9] – als Projektionsfläche für normative Gerechtigkeitsvorstellungen über das Wesen einer guten Gesellschaft.[10] Über die Unionsbürgerschaft sollen die supranationale Rechtsordnung normativ umgestaltet und auf diesem Wege gesellschaftliche Veränderungen angestoßen werden, indem etwa die Grundfreiheiten auf reine Inlandssachverhalte er-

---

5 Vgl. *Weiler*, in: Dickson/Eleftheriadis (Hrsg.), Philosophical Foundations of European Union Law, 2012, 137, 149-156.

6 Siehe *Shaw*, in: Collected Courses of the Academy of European Law, Vol. VI-1 (1998), S. 237 (278-296) und *Tomuschat*, in: Drexl u.a. (Hrsg.), Europäische Demokratie, Baden-Baden 1. Auflage 1999, S. 73, 75.

7 Siehe *Magnette*, Citizenship, Colchester 2005 und *Shklar*, American Citizenship, Harvard University Press 1991.

8 Näher *Gärditz*, VVDStRL 72 (2013), 49, 53-60.

9 Vgl. *Kumm*, L. & Ethics Hum. Rts. 4 (2010), 141, 144-152.

10 Siehe *Nettesheim* JZ 2011, 1030, 1031-1033.

streckt[11] oder das Aufenthaltsrecht von drittstaatsangehörigen Familienangehörigen ausgebaut werden.[12] Kurzum, die Unionsbürgerschaft dient als rechtliche Verankerung für normative Imagination.

Die Schattenseite dieses Zugriffs beschränkt sich nicht auf die nachfolgend erörterten Rechtsgrenzen, sondern erfasst den Inhalt selbst der normativen Bürgerschaftskonzepte, weil diese durch Fluidität geprägt sind. Gewiss begünstigt der Bürgerschaftsbegriff eine prinzipielle Gleichheit, verlangt nach politischer Partizipation und stärkt die Grundrechte.[13] Jenseits eines solchen Grundbestands an Werten endet die Gemeinsamkeit jedoch alsbald; das Konzept und in der Folge auch der Rechtsbegriff der Bürgerschaft sind eine nahezu idealtypische Verwirklichung eines essenziell umstrittenen Projekts, dessen Konturen offen für unterschiedliche Inhalte sind.[14] Verfassungstheoretisch handelt es sich um einen unvollständig theoretisierten Vertrag, dessen Offenheit für unterschiedliche Interpretationen der abstrakten Verständigung über die Einführung zu Grunde liegt.[15]

Selbst zur Hochzeit des Nationalstaates koexistierten liberale, republikanische, sozialistische sowie ethnische Erzählungen über die theoretischen Grundlagen der Staatsbürgerschaft.[16] Im Fall der Europäischen Union wird diese Vieldeutigkeit noch ergänzt um die prinzipielle Ungewissheit, inwiefern staatliche Bürgerschaftskonzepte auf die überstaatliche Ebene übertragen werden können,[17] zumal es gute Gründe gibt, angesichts der fortschreitenden Entterritorialisierung der öffentlichen Gewalt, nicht nur in Europa, neue Formen einer trans-, supra- oder postnationalen Bürgerschaft zu entwickeln.[18] Bei der Unionsbürgerschaft überschneiden sich diese vielfältigen Unsicherheiten, ohne dass auf theoretischer und/oder

---

11 Exemplarisch *Kochenov* C.Y.E.L.S. 15 (2012-13), 197-226; und *Spaventa* CML Rev. 45 (2008), 13, 30-39.

12 In diesem Sinn *de Waele*, in: Talani (Hrsg.), Globalisation, Migration and the Future of Europe, 2011, 191, 198-202.

13 Siehe *Bellamy*, Citizenship, Oxford 2008.

14 Vgl. *Bosniak*, Ind. J. Global Legal Stud. 7 (2000), 447, 450-453.

15 Näher *Sunstein*, Legal Reasoning and Political Conflict, Oxford 1996, Kap. 2.

16 Vgl. *Magnette* (Fn. 7), Kap. 3. .

17 Siehe *Bellamy*, Citizenship Studies 12, 2008, 597-611; und *Wahl* JZ 2005, 916-925.

18 Näher *Kostakopoulou,* The Future Governance of Citizenship, Cambridge 2008, Kap. 4.

rechtspraktischer Ebene eine neue Gewissheit entstünde.[19] Der Inhalt einer Bürgerschaft jenseits des Staates unterliegt einer prinzipiellen normativen Deutungsoffenheit.

Aus dem Vorstehenden sollte nicht gefolgert werden, dass die Unionsbürgerschaft nicht länger als Projektionsfläche einer normativen Imagination dienen sollte. Zurückgewiesen wird einzig eine Selbstgefälligkeit des wissenschaftlichen Urteils, wenn etwa bestimmte Resultate ohne weiteres als „crystal clear" oder „natural and fitting conclusion"[20] ausgewiesen werden. Ob dies stimmt, richtet sich nach dem zugrunde gelegten Bürgerschaftskonzept, das bei der wissenschaftlichen Bewertung offen gelegt werden sollte, weil erst auf seiner Grundlage eine ganzheitliche Beurteilung möglich ist.[21] Methodisch ist dies ein Plädoyer für einen verfassungsrechtlichen Ansatz, der den Bürgerschaftsbegriff als Prinzip des Unionsverfassungsrechts begreift und auf dieser Ebene einen wissenschaftlichen Abgleich mit außerrechtlichen Betrachtungsweisen vornimmt.[22] Vom EuGH wird man eine derartige theoretische Reflexionsoffenheit nicht erwarten dürfen,[23] wohl jedoch von der europäischen Verfassungsrechtswissenschaft.[24] Richter müssen Fälle entscheiden, während die Wissenschaft die verfassungsrechtliche Infrastrukturpflege vorantreibt.

II Bürgerschaft als rechtliche Konstruktion

Gleichsam als Gegenpart der normativen Imagination erscheint ein Verständnis der Unionsbürgerschaft, das im Kern auf die Ausgestaltung der vertraglichen Grundlagen abstellt. In der Tat sind die textlichen Fundamente bis heute vergleichsweise bescheiden ausgebildet, wenn diese etwa den komplementären Charakter im Verhältnis zur Staatsangehörigkeit hervorheben[25] oder für das Freizügigkeitsrecht die „Beschränkungen und Be-

---

19 Näher *von Bogdandy/Bast*, Europäisches Verfassungsrecht, Berlin u.a. 2. Auflage 2009, S. 611, 645 ff. und *Besson/Utzinger* ELJ 13 (2007), 573-590.

20 So etwa *Kochenov* Col. J Eur. L. 18 (2011), 56, 94.

21 Im Fall des genannten Autors wurde dies später klargestellt als „citizenship without duties", vgl. *ders.* ELJ 20 (2014), 482-498.

22 Näher *von Bogdandy* EuR 2009, 749, 752-755.

23 Siehe *Sarmiento*, in: van de Heyning/de Visser (Hrsg.), Constitutional Conversations in Europe, 2012, 13-40; sowie *Thym* ZEuS 2012, 501, 521-523.

24 Vgl. *Röhl*, VVDStRL 74 (2015), i.E.

25 Vgl. Art. 20 Abs. 1 S. 3 AEUV.

dingungen“[26] akzentuieren. Textliches Einfallstor für innovative Entwicklungen ist der Bürgerschaftsbegriff als solcher, den der EuGH durch die allseits bekannte und nur im Deutschen spröde Formel[27] von der Unionsbürgerschaft als „grundlegender Status“[28] ins Zentrum rückte.

Damit wäre ein Grundwiderspruch bezeichnet, der die Entwicklung der Unionsbürgerschaft bis heute prägt. Die normativ-imaginäre Entwicklungsoffenheit des Bürgerschaftsbegriffs steht in einem Spannungsverhältnis zur eher schlichten Infrastruktur der einzelnen Vertragsartikel, die gleichwohl offen genug ausgestaltet sind, um dem Gerichtshof eine inhaltliche Deutungsvielfalt zu ermöglichen.[29] In Urteilen wie *Martínez Sala*, *Grzelczyk*, *Baumbast* sowie *Vatsouras & Koupatantze* akzentuierte der EuGH die normative Imagination,[30] während Entscheidungen wie *Förster* oder *Dano* die Bedingungen und Grenzen ins Zentrum rückten. Der Gerichtshof mutiert gleichsam zum Techniker des Rechts und enthält sich ausgreifender verfassungsrechtlicher Visionen.[31] Über Einzelheiten der Interpretation lässt sich naturgemäß streiten, aber das zugrunde liegende Spannungsverhältnis tritt deutlich zu Tage.

Bei genauer Betrachtung umfasst die Ambivalenz selbst die Formel vom „grundlegenden Status“, die von Anfang an eine janusköpfige Doppelgestalt aufwies, wenn die einleitenden Worte einer Deutungsoffenheit den Weg wiesen, die durch den Verweis des nachfolgenden Gliedsatzes auf die „Beschränkungen und Bedingungen“ sogleich wieder eingefangen wurde. Bezeichnenderweise zitierte der Gerichtshof speziell bei großzügigen Urteilen einzig die Einleitung, während restriktive Urteile die gesamte

---

26 Art. 21 Abs. 1 AEUV.

27 Im französischen „a vocation à être“ (Englisch: „is destined/intended to be“) wird die zukunftsgewandte Entwicklungsoffenheit semantisch besser ausgedrückt.

28 Erstmals EuGH, Urt. v. 20.9.2001, Rs. C-184/99 (*Grzelczyk*), Slg. 2001, I-6193 , Rn. 31. .

29 Vgl. *Stone Sweet*, in: Craig/de Búrca (Hrsg.), The Evolution of EU Law, Oxford u.a. 2. Auflage 2011, S. 121, 126-128.

30 Kritisch *Hailbronner* JZ 2005, 1138-1144.

31 Nicht jede normative Imagination muss großzügig sein, weil auch restriktive Urteile der Ausdruck eines (restriktiven) theoretischen Grundansatzes sein können.

Formel wiedergaben.[32] Dies bekräftigt die beständige Fluktuation zwischen normativer Imagination und rechtlicher Konstruktion.

Wichtig ist die Einsicht, dass zur rechtlichen Infrastruktur nicht allein die Vorschriften über die Unionsbürgerschaft gehören, sondern der gesamte supranationale Verfassungsrahmen. Hieraus folgt ganz konkret, dass eine Antwort auf Fragen wie die Geltung der Freizügigkeit bei reinen Inlandssachverhalten die Auswirkungen auf das sonstige Verfassungsgefüge mitdenken muss.[33] Aus diesem Grund vermag der Verweis auf die Entwicklung von einer auf grenzüberschreitende Wirtschaftstätigkeit gerichteten Marktbürgerschaft hin zu einer vollwertigen Bürgerschaft für sich den Verzicht auf den grenzüberschreitenden Bezug nicht zu rechtfertigen,[34] weil dieser mit der Autonomie der Mitgliedstaaten einen Verfassungswert schützt, der durch eine isolierte Auslegung der Unionsbürgervorschriften ausgeblendet würde.[35] Gewiss besteht auch bei einer solchen Gesamtbetrachtung noch hinreichend Raum für vielfältige Auslegungsmöglichkeiten, die methodisch jedoch immer die erweiterten Auswirkungen mitzudenken haben.

III Bürgerschaft als soziale Praxis

Beide ausgeführten Zugänge haben eine Gemeinsamkeit: Sie konzipieren die Unionsbürgerschaft als Ausfluss normativer Gerechtigkeitsvorstellungen oder des positiven Rechts und sind insofern idealistisch. Im Gegensatz hierzu konzentriert sich ein Verständnis als soziale Praxis auf die gesellschaftliche, politische und wirtschaftliche Wirklichkeit und „erdet" die Debatte insofern.[36] Dies ist auch deshalb hilfreich, weil die Europarechtswissenschaft heute bisweilen dazu neigt, das Innovationspotenzial der

---

32 Volles Zitat etwa bei EuGH, Urt. v. 11.11.2014, Rs. C-333/13 (Dano), EU:C: 2014:2358, Rn. 48; kürzer insb. EuGH, Urt. v. 17.9.2002, Rs. C-413/99 (Baumbast & R), C-413/99, Slg. 2002, I-7091, Rn. 82 und EuGH, Urt. v. 8.3.2011, Rs. C-34/09 (Ruiz Zambrano), Slg. 2011, I-1177, Rn. 41; näher *Šadl* EuConst 9 (2013), 205, 221-224.

33 Siehe auch *Horsley* CML Rev. 50 (2013), 931-963.

34 So jedoch insb. *Spaventa* (Fn. 11), 14-30 und *Kochenov* (Fn. 11), 205-211.

35 In diesem Sinn bereits *Hailbronner/Thym* NJW 2011, 2008, 2009 f.; ausführlicher *Schönberger,* Unionsbürger, Tübingen 2005.

36 Näher *Koskenniemi*, From Apology to Utopia, 2. Auflage, Cambridge 2006, Kap. 8.

Unionsbürgerschaft zu überschätzen, gleichsam in Umkehr der anfänglichen Zurückhaltung. Ein Grund hierfür dürfte die Konzentration auf individuelle Rechte und Gerichtsurteile sein, die ein unvollständiges und idealisiertes Bild zeichnen.[37] Speziell überstaatliches Recht jedoch vermag nur insofern auf die soziale Wirklichkeit zurückzuwirken, als es in der sozialen Praxis aufgegriffen wird.[38] Ansonsten verkommt die Unionsbürgerschaft zu einer leeren Hülle, die mehr verspricht als sie hält.

Greifbare Auswirkungen zeitigt ein solcher Zugang bei der politischen Teilhabe, die heute ein fester Bestandteil der Unionsbürgerschaft ist,[39] in ihrer Bedeutung jedoch nicht auf die formalen Wahlmöglichkeiten reduziert werden sollte, weil bürgerschaftliche Teilhabe von Kontextfaktoren wie einer tragfähigen öffentlichen Debatte lebt.[40] In welchem Ausmaß der rechtliche Ausbau an Mitsprachemöglichkeiten der Unionsbürger die europäische Demokratie fördert, hängt mithin auch an der realen Nutzung, die die empirische Analyse anders verorten mag als ein vertragliches Idealbild.[41] Gleiches gilt für die „bestimmte finanzielle Solidarität“,[42] die der EuGH von den Mitgliedstaaten gegenüber bedürftigen Unionsbürgern verlangt. Dass deren rechtliche Konturen in vielfacher Hinsicht unscharf bleiben,[43] liegt auch daran, dass das rechtliche Solidaritätspostulat bislang wohl nur im begrenzten Umfang in eine bürgerschaftliche Identifikationsbasis übersetzt wurde, die redistributive Politiken zu tragen vermag. Insoweit kann es durchaus als Eingeständnis einer nur eingeschränkten sozialen Basis gedeutet werden, wenn der Gerichtshof die Unionsbürgerrechte in der aktuellen Finanzkrise nicht zur Problemlösung heranzieht.[44] Dies belegt den Mehrwert, den die gedankliche Abstufung unterschiedlicher konzeptioneller Zugänge bei der Durchdringung zentraler Rechtsfragen der Bürgerschaft zu entfalten vermag.

---

37 Siehe *Bosniak* (Fn. 14), 464-470 und *Bellamy* (Fn. 17), 603-606.

38 Siehe *Everson* GLJ 15 (2014), 965, 966 f..

39 Näher *Nic Shuibhne* CML Rev. 47 (2010), 1597, 1619-1627.

40 Über das Ausmaß der Anforderungen besteht vielfacher Streit.

41 Vgl. *Favell,* Politique européenne, Studie, 30 (2010), S. 187, 191-202.

42 EuGH, Urt. v. 20.9.2001, Rs. C-184/99 (Grzelczyk), Slg. 2001, I-6193, Rn. 44.

43 Näher *Thym*CML Rev. 52 (2015), 17-50.

44 Vgl. *José Menéndez* GLJ 15 (2014), 907, 928-931.

Kontroversen in Polen um die Charta der Grundrechte der Europäischen Union

Stanisław Biernat

I. Einleitung

Der Grundrechtschutz bildet eine der axiologischen Grundlagen der Europäischen Union.[1] Anlaß zu folgenden, einen Aspekt dieser Problematik betreffenden und notgedrungen kurz gefaßten Erwägungen waren die Stimmen einiger Politiker und Journalisten, denen zufolge die Grundrechtecharta in Polen keine Geltungskraft besitze. Die der Charta in Polen zukommende Bedeutung wird auch im Schrifttum diskutiert. Diesbezügliche Bedenken gehen auf das Protokoll Nr. 30 zum Vertrag von Lissabon über die Anwendung der Charta der Grundrechte der Europäischen Union auf Polen und das Vereinigte Königreich zurück.[2] Das von britischer Seite erwirkte Protokoll wurde im Juni 2007 dem Verhandlungsmandat für die Regierungskonferenz beigefügt. Polen hatte sich zuerst die Möglichkeit des Beitritts zum britischen Protokoll vorbehalten, was auf der Regierungskonferenz in der zweiten Hälfte 2007 auch erfolgt ist.

Hier ist an die der Annahme dieses Protokolls in beiden Staaten zugrundeliegenden Umstände zu erinnern. Im Vereinigten Königreich (UK) waren es Gründe rechtlicher und politischer Natur. Die britische Regierung gab den Befürchtungen Ausdruck, die Charta räume dem Einzelnen direkt einklagbare soziale Rechte ein. Das Protokoll hatte diese Möglichkeit auszuschließen.[3] In Polen dagegen waren hinsichtlich der Charta kritische

---

1 *Müller-Graff* ZöR 2013, 685-705.

2 Im Folgenden auch: Protokoll.

3 *Dougan* CMLRev 2008, 666; *Barnard*, The 'Opt-Out' for the UK and Poland from the Charter of Fundamental Rights, in: The Lisbon Treaty, Griller/Ziller (Hrsg.), 2008, 260 ff; *Mehde* EuGRZ 2008, 271; *Calliess*, Die neue Europäische Union nach dem Vertrag von Lissabon, 2010, 332; *Blanke*, The Protection of Fundamental Rights in Europe in: The European Union after Lisbon, Blanke/Mangiameli (Hrsg.), 2012, 175. Anders *Belling* ELJ 2012, 252 ff.

Stimmen zu hören,[4] die vor deren möglichen Auswirkungen in solch sensiblen Fragen wie Abtreibung, Sterbehilfe, eingetragene Partnerschaften, gleichgeschlechtliche Ehen sowie Ansprüche ehemaliger Eigentümer im Westteil Polens warnten. Im Hinblick auf den Anwendungsumfang der Charta sowie ihren Inhalt entbehrten diese Befürchtungen jeder rechtlichen Begründung.[5] Die Gründe für den Beitritt zum Protokoll waren in Polen jedenfalls anderer Natur als im Vereinigten Königreich, was die Unangepaßtheit seines Inhalts an polnische Verhältnisse zu erklären vermag.

II. Der Protokollinhalt und ein Versuch seiner Auslegung

Nach dem einschlägigen Schrifttum ist der Protokollinhalt unklar und läßt unterschiedliche Schlußfolgerungen zu. Einige Autoren stellen alternative Auslegungsvorschläge einer konkreten Vorschrift bzw. des ganzen Protokolls dar.[6]

Gemäß der nahezu übereinstimmenden Meinung des Schrifttums schließt das Protokoll die Geltung und Anwendbarkeit der Charta in Polen und im UK nicht aus (opt-out). Uneinig ist man sich dagegen darüber, ob und worin eventuelle Beschränkungen bei der Anwendung der Charta in diesen Staaten bestehen.

Die aus dem Protokoll hervorgehenden Beschränkungen verbieten es nach der in Polen vertretenen Meinung, die im EU-Recht und im nationalen Recht vorgesehenen Gerichtsverfahren für die Prüfung der Vereinbar-

---

4 *Florczak*, Krytyka Karty Praw Podstawowych w Polsce, in: Karta Praw Podstawowych UE, Wacławczyk (Hrsg.), 2010, 66 ff.

5 *Wyrzykowski*, Wprowadzenie: granice władzy i granice interpretacji in: Ochrona praw podstawowych w Unii Europejskiej, Barcz (Hrsg.), 2008, 25–33; *Wyrozumska*, Inkorporacja Karty Praw Podstawowych do prawa UE, in: Barcz (Hrsg.), Fn. 5, 100–111; *Kowalik-Bańczyk*, Konsekwencje przyjęcia protokołu polsko-brytyjskiego dotyczącego stosowania Karty Praw Podstawowych, in: Karta Praw Podstawowych w europejskim i krajowym porządku prawnym, Wróbel (Hrsg.), 2009, 141–143.

6 *Dougan* (Fn. 3), 667 ff; *Barnard* (Fn. 3), 267–268; *Calliess* (Fn. 3), 336 ff; *Beal/ Hickman* Judicial Review 2011, 122–123; *Besselink*, General Report, in: The Protection of Fundamental Rights Post-Lisbon, in: Laffranque (Hrsg.), 2012, 111-113; *Ladenburger*, European Union Institutional Report, in: Laffranque (Hrsg.), 180-182.

keit des polnischen Rechts mit der Charta anzuwenden.[7] Damit stimmt die Meinung überein, das Protokoll schließe den Vorrang und die unmittelbare Wirkung der Charta aus[8] bzw. beschränke diese Wirkungen ausschließlich auf das, was sich schon aus dem polnischen Recht ergebe.[9] Die präsentierten Standpunkte finden allerdings keine allgemeine Anerkennung.[10]

Entsprechend dem Standpunkt vieler, vorwiegend, wenn auch nicht nur britischer Autoren dagegen schließt das Protokoll die Anwendung der Charta nicht aus, sondern bestätigt lediglich das, was sich insbesondere schon aus Art. 6 Abs. 1 EUV und Art. 51 Abs. 2 der Charta ergibt.[11] Demnach habe das Protokoll klarstellenden Charakter und diene als Interpretationshilfe.[12] Auch sind Stimmen zu hören, die dem Protokoll Bedeutung absprechen, weil es keinen neuen Normativinhalt enthalte[13] und keinen rechtlichen, sondern ausschließlich politischen Charakter habe.[14]

Viele Formulierungen der umfangreichen Präambel lassen den Schluß zu, daß das Protokoll keinen Ausschluß der Anwendbarkeit der Charta in Polen und im UK bezweckt.[15] Von entscheidender Bedeutung bei der Auslegung des Art. 1 Abs. 1 des Protokolls ist das Verständnis der Formu-

---

7 Vgl. Gutachten des Legislativrates vom 17.03.2008 (RL-0303-8/08). Vgl. auch *Muszyński*, Polska Karta Praw Podstawowych po Traktacie Lizbońskim. Charakter prawny i granice związania, Przegląd Sejmowy 2009/1, 72–73; *Mik*, Karta Praw Podstawowych: wyznaczniki standardów ochronnych in: Barcz (Fn. 5). 78–79; *Kowalik-Bańczyk* (Fn. 5), 146–147.

8 *Kowalik-Bańczyk* (Fn. 5), 144–145; *Muszyński* (Fn. 7), 77.

9 *Muszyński* (Fn. 10), 70.

10 Vgl. kritische Bewertung des Gutachtens des Legislativrates, *Wyrozumska* (Fn. 5), 94–96.

11 Vgl. *Wyrozumska* (Fn. 5), 93; *Craig* ELRev 2008, 163; *Pernice*, The Treaty of Lisbon and Fundamental Rights, in: Griller/Ziller (Hrsg.) (Fn. 3), 245, 248; *Barnard* (Fn. 3), 276; *Calliess* (Fn. 3), 335 f. *Kokott/Sobotta* EuGRZ 2010, 270. *Beal/Hickman* (Fn. 8), 124–125. Vgl. auch House of Lords, European Union Committee, The Treaty of Lisbon, Vol. 1: Report, 2008, 106; Doradczy Komitet Prawny przy Ministrze Spraw Zagranicznych, Opinia z 21.05.2008 r. Przegląd Legislacyjny, [2011/1] 157–160.

12 House of Lords (Fn. 11), 106; *Barnard* (Fn. 3), 102; *Dougan* (Fn. 3), 668–669; *Kowalik-Bańczyk* (Fn. 5), 139, 141, 148; *Calliess* (Fn. 3), 358; *Mehde* (Fn. 3), 272; *Beal/Hickman* (Fn. 6), 123; *Belling* (Fn. 3), passim.

13 Doradczy Komitet Prawny (Fn. 11), Pkt. 6; *Ehlers*, Allgemeine Lehren der Grundrechte in: Europäische Grundrechte und Grundfreiheiten, in: Ehlers (Hrsg.), 2009, 456.

14 *Dougan* (Fn. 3), 671; *Mehde* (Fn. 3), 274. Anders dagegen *Mik* (Fn. 7), 78.

15 Vgl. insbesondere Absätze 2, 3, 8 i 9.

lierung „die Charta bewirkt keine Ausweitung der Befugnis" des EuGH oder eines nationalen Gerichts. Begründet erscheint die Interpretation, nach der sich aus der Charta, außer den bereits aus dem Unions- bzw. nationalen Recht hervorgehenden, keine neuen Kompetenzen ergeben.[16]

Von größter normativer Bedeutung kann Art. 1 Abs. 2 des Protokolls[17] sein, dessen Inhalt sich im Kontext der oben erwähnten Bedenken der britischen Regierung erklären läßt. Es ist davon auszugehen, daß die in Titel IV der Charta enthaltenen, die Protokollstaaten betreffenden Vorschriften dahingehend zu interpretieren sind, daß sie „Grundsätze", nicht aber „Rechte" enthalten.[18] Weder in Polen noch im UK kann sich ein Einzelner vor Gericht unmittelbar auf die sich aus den Vorschriften des Titel IV der Charta ergebenden Rechte berufen, wenn ihm solche Rechte nicht nach nationaler Rechtsordnung zustehen. Die meisten Vorschriften dieses Titels verweisen übrigens auf die „nationale Gesetzgebung und Praxis", bis auf wenige, die allerdings derart allgemein formuliert sind, daß sich aus ihnen bestimmte einklagbare Rechte kaum ableiten lassen. Es bleiben einige Vorschriften, die in der Rechtsprechung nationaler Gerichte und des EuGH theoretisch als eine Quelle individueller Rechte des Einzelnen anzusehen wären (Art. 29, 31, 32, 33 ECR).

Aus polnischer Sicht stellt Art. 1 Abs. 2 des Protokolls kein größeres Problem dar, da auf dem Boden der polnischen Rechtsordnung die meisten der in Titel IV proklamierten Rechte durch die Verfassung, Gesetze, völkerrechtliche Verträge bzw. durch das sekundäre EU-Recht gewährleistet sind. Aus politischen und historischen Gründen aber sorgte diese Vorschrift für Verlegenheit, weshalb Polen, in seinem Willen, dem britischen Protokoll gemäß dem Motto „alles oder nichts" beizutreten, eine einseitige

16 Es bleiben dabei verschiedene Interpretationsmöglichkeiten. Vgl. *Belling* (Fn. 3), passim; *Besselink* (Fn. 6), 111-113; *Ladenburger* (Fn. 6), 180-182.

17 Auf die komplizierte Natur dieser Vorschrift weist *Ladenburger* hin (Fn. 6), 180-182.

18 Eine Unterscheidung zwischen Rechten und Freiheiten einerseits und Grundsätzen andererseits ist in Art. 6 Abs. 1 EUV und im Schlußteil der Präambel zu der Charta zu finden, entwickelt in Art. 52 Abs. 5 der Charta. Bestätigt wird sie auch durch Absatz 4 der Präambel zum Protokoll. Vgl. House of Lords (Fn. 11) 105; *Pernice* (Fn. 14), 248; *Dougan* (Fn. 3), 670; *Kowalik-Bańczyk* (Fn. 5), 146; *Barnard* (Fn. 3) 269; *Calliess* (Fn. 3), 340-341.

Erklärung abgegeben hat,[19] deren Inhalt mit Art. 1 Abs. 2 des Protokolls geradezu im Gegensatz steht, vom unterschiedlichen rechtlichen Charakter zu schweigen.[20]

Art. 2 des Protokolls findet Anwendung auf diese Bestimmungen der Charta, die auf die nationale Gesetzgebung und Praxis verweisen. Außer Titel IV sind solche bzw. ähnliche Bezugnahmen auch in einigen anderen Vorschriften der Charta zu finden,[21] und auch auf diese ist die Norm des Art. 2 zu beziehen. Eine Interpretation dieser Vorschrift läßt Schwierigkeiten aufkommen, da sie tautologisch erscheint.[22] Auch ihr normativer Neuwert ist im Kontext des Art. 52 Abs. 6 der Charta eher zu bezweifeln.[23]

III. Schlussfolgerungen aus der bisherigen Rechtsprechung

In den Erwägungen zum Charakter und den Wirkungen des Protokolls ist die Rechtsprechung des EuGH zu berücksichtigen. Von größter Bedeutung ist hierbei das Urteil in den verbundenen Rechtssachen C-411/10 und C-493/10,[24] in denen auf Ersuchen eines britischen Gerichts die aus dem EU-Asylrecht hervorgehenden Verpflichtungen des Mitgliedstaates zu erwägen waren. Bei der Prüfung dieser Frage hatte der EuGH einige Vorschriften der Charta zu berücksichtigen und auszulegen. Darüber hinaus war ein eventueller Einfluß des Protokolls Nr. 30 auf die Verpflichtungen des Vereinigten Königreiches zu prüfen. Nach Meinung der Generalanwältin bedeutet das Protokoll kein opt-out von der Charta und somit kein Hindernis für die Anwendung der Charta in dem zu prüfenden Fall. Der EuGH schloß sich diesem Standpunkt an: Art. 1 Abs. 1 des Protokolls bestätigt den Inhalt des Art. 51 Charta, stellt aber die die betroffenen Staaten weder von der Einhaltung der Bestimmungen der Charta frei noch hindert er die Gerichte dieser Staaten daran, für die Einhaltung dieser Bestimmungen zu sorgen. Der EuGH enthielt sich allerdings einer Auslegung des

---

19 Vgl. Erklärung Nr. 62 über die Anwendung der Charta der Grundrechte der Europäischen Union auf Polen und das Vereinigte Königsreich. Vgl. dazu *Wyrzykowski* (Fn. 5), 33–35; *Wyrozumska* (Fn. 5), 98–99; *Muszyński* (Fn. 7), 73–74.

20 *Barnard* (Fn. 3), 276; *Blanke* (Fn. 3), 175–176.

21 Vgl. Art. 16, 9 i 10 Abs. 2 der Charta.

22 Ähnlich *Beal/Hickman* (Fn. 6), 124.

23 House of Lords (Fn. 11), 105–106; *Dougan* (Fn. 3) 670; *Kokott/Sobotta* (Fn. 11), 271.

24 Urteil vom 21.12. 2011.

Art. 1 Abs. 2 des Protokolls mit der Begründung, die in der zu entscheidenden Sache betroffenen Rechte fielen nicht unter Titel IV der Charta.

In einem anderen Urteil[25] nahm der EuGH auf Vorlage eines britischen Gerichts die Auslegung von Vorschriften einer EU-Richtlinie bezüglich der dem Arbeitnehmer im Erholungsurlaub zustehenden Vergütungsbestandteile vor. Die Frage galt u.a. auch dem durch Art. 31 Abs. 2 Charta garantierten Recht auf Urlaub. In seinem Urteil knüpfte der EuGH an die berufene Vorschrift an, ohne allerdings auf die Zulässigkeit der Berufung auf die Charta selbst sowie auf den Einfluß des Protokolls auf die Entscheidung einzugehen, obwohl es in diesem Fall indirekt um die Vereinbarkeit des britischen Rechts mit dem EU-Recht ging und der berufene Art. 31 Abs. 2 in Titel IV der Charta enthalten ist.

Zu beachten ist auch eine weitere Rechtssache,[26] in der das polnische Oberste Gericht (OG) dem EuGH ein Ersuchen um Vorabentscheidung vorgelegt hat. Das rechtliche Problem betraf die Interpretation des *ne bis idem*-Verbots in dem durch das EU-Recht und das polnische Strafrecht zu regelnden Bereich. Das OG erhob rechtliche Bedenken vor dem Hintergrund der Auslegung einer EU-Verordnung, der EMRK sowie der Rechtsprechung des EGMR, ohne auf die Charta Bezug zu nehmen. In ihren Schlußanträgen betonte die Generalanwältin dagegen das sich aus Art. 50 Charta ergebende Verbot doppelter Bestrafung und stellte dabei fest, daß die Anwendbarkeit der Charta durch das Protokoll nicht in Frage gestellt wird. In seinem Urteil jedoch knüpfte der EuGH weder an die Charta noch an das Protokoll an.

Zusammenfassend ist festzustellen, daß die bisherigen Aussagen der Rechtsprechung nicht dem ganzen Protokoll galten. Nach Meinung des EuGH schließt aber Art. 1 Abs. 1 die Anwendbarkeit der Charta nicht aus und hat klarstellenden Charakter. Die durch Art. 1 Abs. 2 und Art. 2 Charta entfalteten Wirkungen wurden noch nicht im vollen Umfang bestimmt. Unbestätigt blieb die Annahme, daß die Charta in Polen und im UK eine andere Bedeutung haben könnte als in sonstigen Mitgliedstaaten. Auch Verfahren zum Schutz der Grundrechte wurden in diesen Staaten weder ausgeschlossen noch eingeschränkt. Vorabentscheidungsvorlagen polnischer und britischer Gerichte zur Auslegung der Charta sind zulässig.[27]

---

25 Urteil vom 15.9.2011, C-155/10.

26 Urteil vom 25.6.2012, C-489/10.

27 Vgl. z.B. Vorlage des polnischen Obersten Gerichts in der Rechtssache C-397/14.

IV. Fazit

Die Auslegung der Protokollbestimmungen und eine Analyse der EU-Rechtsprechung führen zum Schluß, daß das Protokoll Nr. 30 das schon aus dem EUV und der Charta selbst Hervorgehende bestätigt und präzisiert. Das Protokoll schließt die Zulässigkeit der Rechtsprechung des EuGH bzw. der mitgliedstaatlichen Gerichte auf der Grundlage bzw. unter Berücksichtigung der Charta nicht aus. Alle im Unions- bzw. im nationalen Recht vorgesehenen Prozeduren können Anwendung finden. Aus den Bestimmungen des Protokolls ergibt sich die Verpflichtung der nationalen und der Unionsgerichte, auf nationale Gesetzgebungen und die Praxis gebührend Rücksicht zu nehmen, wo es die Charta gebietet, ohne allerdings ihre Bestimmungen ausdehnend auszulegen.

Die einzige Vorschrift, die die Bestimmungen der Charta gegenüber Polen und dem UK potentiell modifizieren kann, scheint die in Art. 1 Abs. 2 enthaltene Norm zu sein. Wird angenommen, daß die Vorschriften von Titel IV Grundsätze, nicht aber Rechte enthalten, so kann dies potentiell zu Unterschieden bei der Auslegung und Anwendung der Charta gegenüber den Protokollstaaten und den übrigen EU-Mitgliedstaaten führen, auch wenn dies wenig wahrscheinlich erscheint.[28]

In den Erwägungen über das Protokoll wird betont, daß selbst bei Ausschluß der Anwendbarkeit der Charta in bestimmten Mitgliedstaaten der Grundrechtsschutz nicht vollständig ausgeschlossen wird. Auch die betroffenen Staaten sind an Art. 6 Abs. 3 EUV gebunden. Sollte nämlich auf Grund des Protokolls die Berufung auf die Charta in Polen bzw. im UK ausgeschlossen sein, so bleibt nach wie vor die Möglichkeit der Berufung auf die allgemeinen Grundsätze des EU-Rechts - eine für den Einzelnen allerdings weniger günstige Lösung.

Das Protokoll spielt heute in Polen eine politische und nicht eine rechtliche Rolle.[29] Nichts an dieser Bewertung ändert der Umstand, daß es formal ein Teil des EU-Primärrechts ist.[30] Für Euroskeptiker ist das Protokoll (oder vielmehr eine irrige Vorstellung desselben) ein Garant für die vom

28 Diese Möglichkeit schließen nicht aus z.B. *Craig* (Fn. 11), 163; *Barnard* (Fn. 3), 269; *Blanke* (Fn. 3), 175. Anders u.a. *Mehde* (Fn. 3), 272; *Beal/Hickman* (Fn. 6), 125.

29 Es bleibt mir nur zu hoffen, daß der Jubilar mir das Festhalten an einer von der seinen abweichenden Meinung verzeiht. Vgl. *Müller-Graff* (Fn. 1), 693.

30 Betont von *Mik* (Fn. 7), 77 ff.

europäischen Wertesystem abweichende Identität. Die Befürworter einer vollen Realisierung der europäischen Konzeption des Grundrechtsschutzes dagegen sehen in dem Protokoll ein negatives Beispiel einer Distanzierung von den in der Charta festgeschriebenen Werten und einen die Anwendbarkeit der Charta ausschließenden Akt (was unzutreffend ist).

Von vielen Kommentatoren wird das Protokoll kritisch bewertet.[31] Nur schwer wären Argumente rechtlicher, und heute auch politischer Natur für das Festhalten Polens an dessen Bestimmungen anzuführen. Zu begrüßen sind daher Postulate, vom Protokoll zurückzutreten.

Ein solcher Rücktritt hätte einen inneren und äußeren Aspekt. Der letztere käme im Abschluß eines Vertrags über den Ausschluß Polens vom Geltungsbereich des Protokolls zum Ausdruck. Der innere nähme die Gestalt eines Gesetzes über die Zustimmung zum Rücktritt vom Protokoll an. Im Ratifizierungsverfahren des Vertrags von Lissabon wurde eine politische Verpflichtung getroffen,[32] daß der Verzicht Polens auf das Protokoll eines besonderen, in Art. 90 der polnischen Verfassung vorgesehenen Verfahrens bedarf (Zweidrittelmehrheit in beiden Parlamentskammern bzw. Volksentscheid). Diesen Anforderungen in den nächsten Jahren genügen zu können, scheint allerdings wenig aussichtsreich. Es gilt nun, die polnischen Gerichte dazu aufzurufen, die Grundrechte des Einzelnen auf der Grundlage der Verfassung, der Gesetze, der EMRK und auch der Charta der Grundrechte wirksam zu schützen. Das Protokoll Nr. 30 steht dem nicht im Wege.

---

31 Vgl. scharfe Kritiken des Protokolls *Craig* (Fn. 11) 164; *Dougan* (Fn. 3) 670: *Wyrzykowski* (Fn. 5) 28, 37 *Kowalik-Bańczyk* (Fn. 5) 149.

32 Vgl. Beschluß des Sejm vom 1.4.2008, Monitor Polski, Nr. 31, Pos. 270.

Geltung der Charta der Grundrechte der Europäischen Union nach Maßgabe des Vorrangprinzips – Wer bestimmt über das Verhältnis von Freiheit und Gemeinwohl im europäischen Verfassungsverbund?

Ute Mager

I. Einleitung

Die Entscheidung des EuGH in der Rechtssache Akerberg Fransson[1] hat die Diskussion über die Reichweite des unionsrechtlichen Grundrechtsschutzes neu belebt. Normativer Ausgangspunkt ist seit Dezember 2009 Art. 51 GrChEU. Im Lichte der Rechtsprechung des EuGH wie der Entstehungsgeschichte der GrChEU wird um die Auslegung der Formulierung „Die Charta gilt … für die Mitgliedstaaten ausschließlich bei der Durchführung des Rechts der Union" gestritten. Weder der Wortlaut noch die – stets unabgeschlossenen – Fallgruppen der Rechtsprechung führen aber zu einer klaren Antwort. Antoine Bailleux hat in seinem Beitrag zur Diskussion um die Reichweite der Geltung der GrChEU einen intergouvernementalen, einen konventionsrechtlichen und einen verfassungsrechtlichen Ansatz unterschieden.[2] Der intergouvernementale Ansatz betont als Funktion der Unionsgrundrechte die Beschränkung der Unionsgewalt, insbesondere der Unionsorgane. Der konventionsrechtliche Ansatz sieht in der GrChEU einen unionsweiten Grundrechtsmindeststandard in Entsprechung zur Bedeutung der EMRK. Der verfassungsrechtliche Ansatz strebt eine unmittelbare Bindung der Mitgliedstaaten in allen Regelungsbereichen des Unionsrechts an. Keine Erwähnung findet ein möglicher vierter Ansatz, obwohl er nach der Entwicklung der Unionsgrundrechte und dem Verhältnis von Union und Mitgliedstaaten am überzeugendsten ist. Gemeint ist ein genuin supranationaler Ansatz zur Bestimmung der Reichweite der Unionsgrundrechte. Supranationalität ist insbesondere charakterisiert durch die unmittelbare Anwendbarkeit des Unionsrechts sowie

1 EuGH, Urt. v. 26.2.2013, Rs. C-617/10 (Åkerberg Fransson), EU:C:2013:105.
2 *Bailleux* Revue trimestrielle des droits de l´homme 25 (2014), 215 – 235.

durch dessen Anwendungsvorrang vor dem Recht der Mitgliedstaaten.[3] Supranationale Geltung der Unionsgrundrechte, wie sie heute in der GrChEU kodifiziert sind, bedeutet demnach Geltung nach Maßgabe des unionsrechtlichen Anwendungsvorrangs.

II. Entwicklung und Funktion von Grundrechten im Integrationsprozess

Der EuGH entwickelte Grundrechte als allgemeine Rechtsprinzipien, um zu verhindern, dass nationale Gerichte auf gemeinschaftsrechtlich geregelte Sachverhalte nationale Grundrechte anwenden und dadurch die Einheit der Gemeinschaftsrechtsordnung beeinträchtigen.[4] Im Gegensatz zu Art. 1 Abs. 3 GG, der in der Bundesrepublik Deutschland nicht nur die staatliche Gewalt des Bundes, sondern auch die der Länder unmittelbar an die Grundrechte des GG bindet, gelten die Unionsgrundrechte nur für die Unionsgewalt[5] und keinesfalls für ausschließlich nationale Hoheitsgewalt.Nach ihrer Entstehungsgeschichte besteht ihre Funktion darin, dort Grundrechtsschutz zu vermitteln, wo die nationalen Grundrechte infolge des Anwendungsvorrangs zur Sicherung der einheitlichen Anwendung des Unionsrechts nicht hinreichen bzw. verdrängt werden. Nationaler und unionsrechtlicher Grundrechtsschutz sind danach komplementär.[6] Dies schließt nicht aus, dass in einem konkreten Fall GrChEU und nationale Grundrechte nebeneinander zur Anwendung kommen, allerdings nicht parallel, sondern einander ergänzend. Nationale Hoheitsträger sind folglich nicht unmittelbar, sondern nur vermittelt über Auslegung und Anwendung anderen Unionsrechts an die GrChEU gebunden. Die GrChEU ist aus der Sicht der nationalen Hoheitsträger gewissermaßen in die EU-Rechtsordnung eingewoben, hat aber keine unmittelbare Geltung für sie.[7]

---

3 Dazu *Müller-Graff* EWS 2002, 206, 209.

4 Exemplarisch EuGH, Urt. v. 17.12.1970, Rs. 11/70 (Internationale Handelsgesellschaft), Slg. 1970, I-1125, Rn. 3; s. auch *Mager* EuR Beiheft 3 (2004), 41, 44; *Kingreen* EuR 2010, 338, 351; *ders.* EuR 2013, 446, 453.

5 S. *Müller-Graff* INTEGRATION 2000, 34, 35, 39.

6 Vgl. auch *Kingreen* (Fn. 4), 352 f., der eine Entwicklung vom komplementären zum konkurrierenden Grundrechtsschutz konstatiert, wobei allerdings Grundrechte neben der Charta sowie im Sekundärrecht in Bezug genommen werden.

7 Gegen eine unmittelbare Teilhabe der Gemeinschaftsgrundrechte am Anwendungsvorrang schon *Ruffert* EuGRZ 1995, 518, 523; s. auch *van Bockel*/*Wattel* European

III. Grundrechtsgeltung bei der Umsetzung und Anwendung von Sekundärrecht

Einigkeit besteht, dass die mitgliedstaatlichen Behörden bei der Anwendung von EU-Verordnungen sowie die nationalen Parlamente bei der Umsetzung von Richtlinien und die mitgliedstaatlichen Behörden bei der Anwendung von umgesetzten Richtlinien die GrChEU zu beachten haben. Erörtert wird in dieser Konstellation vor allem die Frage nach der Geltung nationaler Grundrechte im Bereich von Spielräumen, sei es bei der Ergänzung von EU-Verordnungen durch nationales Recht, sei es bei Umsetzungs- und Anwendungsspielräumen im Rahmen von Richtlinien. Folgt man der These von der Geltung der GrChEU nach Maßgabe des Anwendungsvorrangs, gilt in diesen Fällen, dass die vom Unionsrecht gewährten Spielräume durch Auslegung des Unionsrechts unter Berücksichtigung der Charta-Grundrechte zu ermitteln sind. In den nach dieser Auslegung verbleibenden Spielräumen sind die nationalen Gesetzgeber und Behörden nach Maßgabe des jeweiligen Verfassungsrechts an die nationalen Grundrechte gebunden.[8]

IV. Grundrechtsgeltung bei der mitgliedsstaatlichen Einschränkung von Binnenmarktfreiheiten

Macht ein Mitgliedstaat von einer unionsrechtlichen Kompetenz zur Einschränkung der Binnenmarktfreiheiten Gebrauch, so gilt auch hier, dass die Reichweite der Einschränkungskompetenz unter Heranziehung der Unionsgrundrechte zu ermitteln ist.[9] Soweit die unionsrechtlich gewährten

---

Law Review 38 (2013), 866, 877: „the Charter applies to every situation covered by EU Law: but, crucially, goes no further than that.“.

8 BVerfG, Beschluss v. 4.10.2011 – 1 BvL 3/08, BVerfGE 129, 186 Rn. 47 – Investitionszulagen; BVerfG, Urt. v. 24.1.2012 – 1 BvR 1299/05, BVerfGE 130, 151, Rn. 104-106– Vorratsdatenspeicherung; kritisch zum Ansatz des BVerfG *Wendel* EuZW 2012, 213, 216, der vom „Charme der Klarheit“ aber „Nachteil der Unterkomplexität“ spricht. Dem ist zu entgegen, dass die Schwierigkeiten, im Einzelfall die Reichweite des Anwendungsvorrangs zu bestimmen, nichts daran ändert, dass die Reichweite der Geltung der GrChEU richtiger Weise nach diesem Prinzip zu bestimmen ist.

9 Exemplarisch EuGH, Urt. v. 18.6.1991, Rs. C-260/89 (ERT), Slg. 1991, I-2925; ablehnend *Cremer* EuGRZ 2011, 545, 551.

Einschränkungsbefugnisse Spielräume lassen, sind die Mitgliedstaaten nach Maßgabe der jeweiligen eigenen Verfassung wiederum an die nationalen Grundrechte gebunden. Hieraus ergibt sich etwa für die Heranziehung der Versammlungsfreiheit als Rechtfertigung für ein Nichteinschreiten der Polizei zur Gewährleistung der Warenverkehrsfreiheit wie im Fall Schmidberger,[10] dass die Frage, inwieweit die Versammlungsfreiheit Einschränkungen der Warenverkehrsfreiheit rechtfertigen kann, nach Maßgabe der unionsrechtlichen Gewährleistung der Versammlungsfreiheit zu beantworten ist. In diesem Rahmen kann der Mitgliedstaat eine Einschränkung der Warenverkehrsfreiheit zulassen. Es ist ihm aber unbenommen, wenn die nationalen Grundrechte es zulassen, gegen eine Versammlung vorzugehen, um die Wettbewerbsfreiheit durchzusetzen. Die betroffenen Versammlungsteilnehmer können sich dagegen nicht auf Unionsgrundrechte berufen, sondern in den Grenzen dessen, was Unionsgrundrechte ermöglichen, allein auf nationale Grundrechte, denn der Mitgliedstaat verstößt nicht gegen die Warenverkehrsfreiheit, die von ihm das Unterlassen von Beeinträchtigungen verlangt, und er ist bei Anwendung seines Versammlungsrechts im Übrigen nicht an die Versammlungsfreiheit der GrChEU gebunden. Diese stellt – wie schon gesagt – weder einen grundrechtlichen Mindeststandard auf noch bindet sie die Mitgliedstaaten unmittelbar. Die Unionsgrundrechte geben danach das Maximum dessen vor, was zur Rechtfertigung von Beeinträchtigungen der Binnenmarktfreiheiten erlaubt ist. Sie determinieren damit nicht gleichzeitig ein in allen Mitgliedstaaten einheitliches Ausmaß an Marktfreiheit oder Versammlungsfreiheit. In diese Konzeption fügt sich auch die OMEGA-Entscheidung des EuGH[11] ein. Die Menschenwürdegarantie der GrChEU rechtfertigt, dass ein Mitgliedstaat fingierte Tötungsspiele verbietet. Mitgliedstaaten, deren nationales Verfassungsrecht ein solches Verbot nicht fordert, ist es aber unbenommen, die Dienstleistungsfreiheit nicht einzuschränken.

V. Grundrechtsgeltung im Fall Akerberg Fransson

Es bleibt zu untersuchen, zu welchem Ergebnis die These von der Grundrechtsgeltung nach Maßgabe des Anwendungsvorrangs in der als neu ein-

---

10 EuGH, Urt. v. 12.6.2003, Rs. C-112/00 (Schmidberger), Slg. 2003, I-5659.

11 EuGH, Urt. v. 14.10.2004, Rs. C-36/02 (Omega), Slg. 2004, I-9609.

gestuften Fallkonstellation Akerberg Fransson führt. In diesem Fall geht es um die Anwendung von genuin nationalem Recht zur steuerrechtlichen sowie strafrechtlichen Sanktionierung[12] einer Steuerhinterziehung. Bezug zum Unionsrecht ergab sich allein daraus, dass es um die Hinterziehung von Mehrwertsteuer ging, einer Steuerart, die eine EU-Finanzierungsquelle darstellt und zu deren wirksamer Erhebung die Mitgliedstaaten durch die Mehrwertsteuerrichtlinie[13] verpflichtet sind. Damit geht es um einen Fall der Flankierung von Unionsrecht durch nationales Recht beim Vollzug. In diesen Fällen sind die Mitgliedstaaten nach dem in Art. 4 Abs. 3 EUV niedergelegten Grundsatz der Unionstreue verpflichtet, ihr nationales Recht nach den Grundsätzen der Äquivalenz und Effektivität anzuwenden.[14] Aus dem Äquivalenzprinzip folgt, dass ein Mitgliedstaat für den Fall, dass er bei der Hinterziehung rein nationaler Steuern steuerrechtliche und strafrechtliche Sanktionen kombiniert, dies auch bei der Durchsetzung unionsrechtlich geregelter Steuern zu tun hat. Lehnt ein Mitgliedstaat wegen eines nach nationalem Recht bestehenden Verbots der Doppelbestrafung eine solche Kombination ab, verlangt das Äquivalenzprinzip nichts anderes für unionsrechtlich determinierte Sachverhalte. Nach Maßgabe des Effektivitätsgrundsatzes stellt sich dagegen die Frage, ob eine Sanktionskombination zur effektiven Durchsetzung geboten ist. Diese Frage ist nicht nur – aber auch – im Lichte der Unionsgrundrechte zu beantworten: Wenn das unionsrechtliche Verbot der Doppelbestrafung einer Kombination strafrechtlicher und steuerrechtlicher Sanktionen entgegensteht, dann kann ein grundrechtskonform auszulegender Effektivitätsgrundsatz eine solche Kombination von den Mitgliedstaaten jedenfalls nicht verlangen. Die Zulässigkeit einer Sanktionskombination ist dann allein eine Frage des nationalen Verfassungs- und einfachen Rechts.[15] Steht das unionsrechtli-

12 Zur Geltung der GrChEU im Straf- und Strafprozessrecht s. Dannecker JZ 2013, 616, 617 f.

13 RL 2006/112/EG des Rates v. 28.11.2006 über das gemeinsame Mehrwertsteuersystem, insbes. Art. 2, 250 Abs. 1 und 273 der Richtlinie iVm. Art. 4 Abs. 3 EUV sowie Art. 325 AEUV, ABl. 2006 Nr. L 347/1.

14 Vgl. EuGH, Urt. v. 10.4.2003, Rs. C-276/01 (Steffensen), Slg. 2003, I-3735, dazu *Scheuing* EuR 2005, 162, 166 ff.

15 Andere Schlüsse aus der Entscheidung Akerberg Fransson zieht *Kingreen* Jura 2014, 295, 302; *ders.*, (Fn. 4), 452, kritisiert die Entscheidung aber. Nach hier vertretener Ansicht setzt ein unionsgrundrechtlicher Mindeststandard voraus, dass eine unionsgrundrechtskonforme Auslegung von Sekundärrecht dies zwingend verlangt.

che Verbot der Doppelbestrafung einer Sanktionskombination nicht entgegen, ist es eine Frage der Auslegung, was das Effektivitätsprinzip in dem jeweiligen rechtlichen Zusammenhang verlangt. Angenommen, das Effektivitätsprinzip verlangt im konkreten Fall eine Sanktionskombination, dann folgt aus dem Anwendungsvorrang, dass entgegenstehendes nationales Verfassungsrecht unangewendet bleiben muss. Verlangt das Effektivitätsprinzip keine doppelte Sanktionierung, dann ist es wiederum allein eine Frage des nationalen Rechts, ob eine „Doppelbestrafung" zulässig ist.

Etwas anderes scheint die vom EuGH verwendete Formulierung nahe zu legen, wonach „weder das Schutzniveau der Charta, wie sie vom Gerichtshof ausgelegt wird, noch der Vorrang, die Einheit und die Wirksamkeit des Unionsrechts beeinträchtigt" werden darf. Während der zweite Halbsatz zum Beleg der hier vertretenen Auffassung herangezogen werden kann, scheint der EuGH im ersten Halbsatz die GrChEU als Grundrechtsmindeststandard zu statuieren. Die Formulierung hatte der Gerichtshof zuvor in der Rs. Melloni[16] verwendet, bei der es um einen typischen Fall der Grundrechtsgeltung bei Durchführung von Unionsrecht geht. Entscheidungserheblich war im Fall Melloni allerdings allein der Anwendungsvorrang des Unionsrechts einschließlich des unionsgrundrechtlichen Schutzniveaus, das hinter dem nationalen Schutzniveau zurückblieb. Der Hinweis, dass das Schutzniveau der Charta nicht beeinträchtigt werden dürfe, hatte in diesem Zusammenhang jedenfalls nicht den Sinn, dass nationale Grundrechte nicht in ihrem Schutzgehalt hinter dem der Unionsgrundrechte zurückbleiben dürfen. Eine solche Bedeutung kommt diesem Satz auch im Fall Akerberg Fransson nicht zu. Da der EuGH das Verbot der Doppelbestrafung nicht verletzt sah, ging es in diesem Fall entscheidend um die Reichweite des Effektivitätsgrundsatzes, nicht aber um ein grundrechtliches Schutzniveau. Die Formel von der Nichtbeeinträchtigung des Schutzniveaus sollte daher nicht in der Weise überinterpretiert werden, dass der EuGH einen Grundrechtsmindeststandard statuieren wollte. Vielmehr ist auch diese Aussage im Lichte des Anwendungsvorrangs zu verstehen. Sofern der europäische Grundrechtsschutz zur Anwendung kommt, darf seine Geltung nicht beeinträchtigt werden, weder durch schlechteren noch durch besseren nationalen Grundrechtsschutz. Insbesondere die zweite Variante ist im Blick auf die missverständliche Formulierung des Art. 53 GrChEU, wonach „keine Bestimmung der Charta als eine

16 EuGH, Urt. v. 26.2.2013, Rs. C-399/11 (Melloni), EU:C:2013:107.

Einschränkung oder Verletzung der Menschenrechte auszulegen [ist], die … durch die Verfassungen der Mitgliedstaaten anerkannt werden", von Bedeutung. Eine Auslegung im Sinne der Statuierung eines verbindlichen unionsrechtlichen Grundrechtsmindeststandards wäre dagegen eine unzulässige Ausdehnung der Reichweite der GrChEU.

VI. Fazit

Nach Entstehungsgeschichte und Funktion ist der Geltungsbereich der Unionsgrundrechte supranational, das heißt nach Maßgabe des Anwendungsvorrangs der Unionsrechtsordnung zu bestimmen.[17] Das obiter dictum, wonach das Schutzniveau der Charta durch nationale Grundrechte nicht beeinträchtigt werden dürfe, sollte nicht voreilig als Statuierung eines unionsrechtlichen Grundrechtsmindeststandard missverstanden werden.

---

17 S. auch *Kingreen* (Fn. 4), 453; *Kadelbach*, Die Bindung an die Grundrechte der Europäischen Union bei der Anwendung staatlichen Strafrechts, Kritische Vierteljahresschrift für Gesetzgebung und Rechtswissenschaft, Bd. 96 (2013), 276, 289, 290.

Grundfreiheiten, Grundrechte und Normenkontrollmonopole

Michael Holoubek

I. Grundfreiheiten und Grundrechte

Die „Vereinbarung der Marktgrundfreiheiten als Grundlagen des Binnenmarktziels" bildet nach wie vor wesentlich das Profil der Europäischen Union.[1] Inwieweit insbesondere mit der Grundrechtecharta als unionalem Grundrechtskatalog die Unionsgrundrechte in vergleichbarer Weise profilgebend wirken, ist in Diskussion.[2] Natürlich fehlt es nicht an einschlägigen Zuschreibungen,[3] und die Grundrechte haben als Forschungsgegenstand wie Fokus der richterlichen Rechtsentwicklung durch den EuGH den Grundfreiheiten in jüngerer Zeit etwas den Rang abgelaufen. Über die Zeitachse betrachtet müssen sich die Grundrechte als Eckpfeiler der unionalen Rechtsgemeinschaft freilich noch bewähren. Gerade die jüngere Rechtsprechung des EuGH – Stichwort etwa Vorratsdatenspeicherung[4] – zeigt, dass die Bauarbeiten in vollem Gang sind.

Dabei ist nicht zu verkennen, dass die Entwicklungsgeschichte der Unionsgrundrechte, insbesondere was ihre Entwicklung als allgemeine Rechtsgrundsätze im Wege der Rezeption der EMRK und gemeinsamer Verfassungsüberlieferungen der Mitgliedstaaten durch den EuGH anlangt, eng – um nicht zu sagen untrennbar – mit Kompetenzfragen insbesondere der Abgrenzung der Zuständigkeiten von EuGH und mitgliedstaatlichen Höchst- und Verfassungsgerichten verbunden ist. Hat das Bundesverfassungsgericht mit seiner Solange-Rechtsprechung[5] den Stein ins Rollen gebracht, so mutet es heute etwas als Sisyphosarbeit an, wenn versucht wird,

1 *Müller-Graff*, Vertrag über die Arbeitsweise der Europäischen Union, in: FS für P. Kirchhof, Kube/Mellinghoff/Morgenthaler u.a. (Hrsg.), 2013, § 101 Rn. 6 ff.

2 Auch dazu nur *Müller-Graff* ZÖR 2013, 685 ff.

3 Siehe nur *von Bogdandy* JZ 2001, 157ff; *Holoubek*, in: FS für Schwarze, Becker/Hatje/Wunderlich/Potacs (Hrsg.), 2014, 109 ff. jeweils mwH.

4 EuGH, Urt. v. 8.4.2014, verb. Rs C-293/12, C-594/12 (Digital Rights Ireland und Seitlinger ua.), EU:C:2014:238.

5 BVerfG, 29.5.1974 – 2 BvL 52/71 (Solange I) und BVerfG, 22.10.1986 – 2 BvR 197/83 (Solange II).

diesen in kompetenziell geordnete Bahnen zu lenken. Auch wenn die Entstehung der Grundrechtecharta stark von einem materiell verfassungsgebenden Impetus getragen ist, die Kompetenzfrage war auch hier immer verlässlicher Begleiter und Art. 51 Abs. 1 GRC hat, wie die Entwicklung zeigt, den Kompetenzstreit auf Unionsverfassungsebene positiviert.

In der Entwicklungsgeschichte war auch rasch klar, dass sich die Kompetenzfrage am Schnittpunkt zwischen Grundfreiheiten und Grundrechten kristallisiert. Hier greifen die historischen Beispiele der Integrationswirkung der Anwendung von Bundesgrundrechten auf gliedstaatliche Gesetzgebung durch das Verfassungsgericht des Bundes und hier stellen sich tendenziell häufiger jene auch gesellschaftspolitisch sensiblen Grundrechtsfragen, deren Entscheidung vielfach mit der Verwirklichung des Binnenmarkts in einem engeren Sinn eben nur am Rande zu tun hat. Die grundsätzlich vergleichbare dogmatische Struktur von Grundfreiheiten und Grundrechten, die beide als Gewährleistung individueller Verhaltensfreiheiten[6] aufweist, begünstigt insbesondere über das damit grundgelegte Schrankendenken diesen Kulminationspunkt. Dabei geht es um zwei Ausprägungen: In der klassischen ERT-Konstellation[7] geht es dogmatisch zunächst um ein Argument (verfassungs-)systematischer Interpretation. Der EuGH kann, wenn er die Vereinbarkeit einer nationalen gesetzlichen Regelung mit einer Grundfreiheit zu beurteilen hat, aus unionsrechtlicher Sicht keine Maßnahme als rechtens anerkennen, die mit den von ihm zu wahrenden Unionsgrundrechten im Widerspruch steht. Die Rechtfertigung einer mitgliedstaatlichen Beschränkung einer Grundfreiheit wird damit nicht nur zu einer Verhältnismäßigkeitsfrage im Hinblick auf das Normprogramm der jeweiligen Grundfreiheit, sondern auch zu einer solchen im Hinblick auf ein Unionsgrundrecht, dessen Schutzbereich durch die mitgliedstaatliche Regelung ebenso beeinträchtigt wird. Dabei können – verkürzt formuliert – Normprogramm der jeweiligen Grundfreiheit und des jeweils betroffenen Grundrechts mehr oder weniger miteinander zu tun haben. Die Verhältnismäßigkeitsprüfung von Verkehrsbeschränkungen für bestimmte Produkte unter Verbraucherschutz- oder Wettbewerbsordnungsgesichtspunkten mag sub titulo Warenverkehrsfreiheit wie sub titulo

6 So zu Recht auch für die Grundfreiheiten *Müller-Graff* ZÖR 2013 (Fn. 2), 699 im Anschluss an *Schindler*, Die Kollision von Grundfreiheiten und Gemeinschaftsgrundrechten: Entwurf eines Kollisionsmodells unter Zusammenführung der Schutzpflichten. und der Drittwirkungslehre, Berlin 2000, 185.

7 EuGH, Urt. v. 18.6.1991, Rs. C-260/89 (ERT), Slg. 1991, I-02925.

Berufsfreiheit nicht wesentlich anders ausfallen. Ein – im übertragenen Sinn – regional begrenztes, wenig Zwischenstaatsbezug aufweisendes Handels- (weil Sende-)monopol einer öffentlichen Rundfunkanstalt muss freilich unter den Zielsetzungen der Warenverkehrsfreiheit und jenen grundrechtlicher Meinungsäußerungsfreiheit nicht zwingend gleichermaßen erforderlich wie notwendig in einer demokratischen Gesellschaft beurteilt werden. Die Frage, ob gleichgeschlechtliche Partner, die von ihrer Freizügigkeit in der Union Gebrauch machen und in ihrem Herkunftsstaat auch eine Ehe eingehen können, im Aufenthaltsstaat das gleiche Recht haben sollen, auch wenn dort die Ehe auf die Partnerschaft von Mann und Frau begrenzt ist, ist auch unter Gleichheitsargumenten am Normprogramm der Freizügigkeit und jenem des Diskriminierungsverbots nach der sexuellen Orientierung gemäß Art. 21 GRC nicht zwingend gleich gelagert.[8] Charakteristikum dieser Konstellation ist, dass Grundfreiheit und Grundrecht grundsätzlich in die selbe Richtung, nämlich freiheits- und gleichheitsverstärkend wirken. Freilich in unterschiedlichem normativem Kontext und – für Dreieckskonstellationen eine Binsenweisheit – nicht in jeder Hinsicht.

Eine zweite Konstellation betrifft keine Konkurrenz-, sondern eine Kollisionssituation, wenn sich die mitgliedstaatliche, Grundfreiheiten beschränkende Maßnahme als staatliche Gewährleistung von Grundrechtsausübung[9] oder als Schutzpflichtwahrnehmung durch den nationalen Gesetzgeber[10] darstellt.

Die beiden Konstellationen unterscheiden sich in einem für die Kompetenzfrage maßgeblichen Punkt: In der Konkurrenzsituation beeinträchtigt die eigenständige grundrechtliche Beurteilung das Normprogramm der Grundfreiheit nicht. Wenn die Warenverkehrsfreiheit das Handelsmonopol verbietet oder die Freizügigkeit den Zugang zur Ehe verlangt, wirkt die Grundfreiheit grundrechtsverstärkend.[11] Ist die mitgliedstaatliche Rege-

---

8 Vgl. mit einem entsprechenden kompetenziellen Lösungsvorschlag auch die Entscheidung des Österreichischen Verfassungsgerichtshofs vom 12.3.2014, B 166/2013.

9 Durch Nichtuntersagung der Versammlung gegenüber dem blockierten Warenverkehr, also die „Schmidberger" Konstellation, siehe EuGH, Urt. v. 12.6.2003, Rs. C-112/00 (Schmidberger), Slg. 2003, I-5659.

10 Omega-Konstellation, siehe EuGH, Urt. v. 14.10.2004, Rs. C-36/02 (Omega), Slg. 2004, I-9609.

11 Die Grundfreiheit setzt sich – wie typischerweise bei Grundfreiheiten beschränkenden mitgliedstaatlichen Regelungen – gegen kollidierende politische Zielset-

lung als im Allgemeininteresse liegende, verhältnismäßige Maßnahme nicht wirtschaftlicher Art gerechtfertigt oder stellt sich als allgemeine zivilrechtliche Regelung erst gar nicht als Beschränkung der Freizügigkeit dar, zeigt sich der Selbststand der grundrechtlichen Beurteilung besonders deutlich. In der Kollisionssituation ist es demgegenüber ein Nullsummenspiel: entweder es wird versammelt oder gefahren, entweder ich kann unionsweit in einer Peepshow arbeiten oder es ist in bestimmten Mitgliedstaaten verboten. Die grundrechtliche Beurteilung entscheidet über die Effektuierung der Grundfreiheit und vice versa.

II. Normenkontrollmonopole im Binnenmarkt

Dem EuGH kommt, das ist unbestritten, die alleinige Zuständigkeit zu, eine Handlung der Union und insbesondere eine Richtlinie für ungültig zu erklären.[12] Diese Zuständigkeit soll Rechtssicherheit gewährleisten, indem sie die einheitliche Anwendung des Unionsrechts sicherstellt.[13] Dem EuGH kommt also das Normenkontroll- und Verwerfungsmonopol über abgeleitetes Unionsrecht zu, womit die mitgliedstaatlichen Gerichte unabhängig von ihrer innerstaatlichen Stellung im Instanzenzug verpflichtet sind, Fragen der Gültigkeit von abgeleitetem Unionsrecht nur nach Befassung des EuGH gemäß Art. 267 AEUV zu beantworten. Das Vorabentscheidungsverfahren ist in diesen Fällen ein zwingendes Zwischenverfahren im nationalen Rechtsstreit.

In jenen Mitgliedstaaten, die über eine eigene Verfassungsgerichtsbarkeit verfügen, gilt typischerweise nach nationalem Verfassungsrecht Vergleichbares für die Frage der Beurteilung der Verfassungswidrigkeit von Gesetzen. Im Anwendungsbereich des Unionsrechts beseitigt der Vorrang des Unionsrechts diese mitgliedstaatlichen Normenkontrollmonopole, in-

---

zungen des Mitgliedstaates durch. Kompliziert, weil in die Kollisionssituation hineinführend, liegen die Dinge freilich dann, wenn sich die mitgliedstaatliche Zielsetzung als grundrechtlich gebotene Maßnahme darstellt, etwa (nur beispielhaft und nicht als grundrechtsdogmatische Aussage verstanden) als Schutz tatsächlicher Meinungsvielfalt durch ein öffentlich rechtliches Rundfunkmonopol oder der Ehe von Mann und Frau (Art. 12 EMRK).

12 Ständige Rechtsprechung seit EuGH, Urt. v. 22.10.1987, Rs. C-314/85 (Foto Frost), Slg. 1987, 452 Rn. 15 ff.

13 Zuletzt mit Nachweis der Rechtsprechung EuGH, Urt. v. 11.9.2014, Rs. C-112/13 (A/B u.a.), EU:C:2014:2195, Rn. 41.

dem jedes Gericht, das im Rahmen seiner Zuständigkeit die Bestimmungen des Unionsrechts anzuwenden hat, gehalten ist, für die volle Wirksamkeit dieser Normen Sorge zu tragen, indem es erforderlichenfalls jede – auch spätere – entgegenstehende Bestimmung des nationalen Rechts aus eigener Entscheidungsbefugnis unangewendet lässt, ohne dass es die vorherige Beseitigung dieser Bestimmung auf gesetzgeberischem Weg oder durch irgendein anderes verfassungsrechtliches Verfahren beantragen oder abwarten müsste.[14] Selbst wenn das verfassungsgerichtliche Normenkontrollverfahren im mitgliedstaatlichen Gerichtsverfahren nur ein Zwischenverfahren darstellt: Bei einem Widerspruch zwischen einer unionsrechtlichen Bestimmung und einem staatlichen Gesetz muss aus Gründen der vollen Wirksamkeit des Unionsrechts die Lösung dieses Normenkonflikts dem das Verfahren führenden Gericht ohne jedes Zwischenverfahren zukommen.[15] Insbesondere die Grundfreiheiten haben auf diese Weise ihre liberalisierende Wirkung entfaltet, und unmittelbar anwendbare Richtlinienbestimmungen haben Umsetzungsdefizite effektiv sanktioniert.

All das ist heute selbstverständlich. Anders als vielleicht die Frage des Vorrangs des Unionsrechts auch vor mitgliedstaatlichem Verfassungsrecht war der Vorrang der Grundfreiheiten und die Vorrangwirkung unmittelbar anwendbarer Richtlinienbestimmungen, aus denen der einzelne ein Recht gegenüber dem Staat ableiten kann, auch nicht nachhaltig Gegenstand kontroversieller Auseinandersetzungen. Das hat neben aller rechtlichen Anordnung wohl auch mit der inneren Überzeugungskraft des Konzepts zu tun. Der Binnenmarkt als Kern der europäischen Integration trägt auch die Akzeptanz dafür, dass dem EuGH zu seiner Verwirklichung uneingeschränkt die Leitfunktion zukommt. Damit hängt wohl im Kern auch zusammen, dass ebenso akzeptiert ist, dass, wenn der Unionsgesetzgeber harmonisierend tätig wird, seine Anordnungen auch umgesetzt werden müssen und auch hier dem EuGH die Leitfunktion bei der Sicherung der Effektivität der Durchsetzung des Unionsrechts zugeordnet wird. Damit ist aber auch das Normenkontrollmonopol des EuGH über (unter anderen) Maßnahmen des Unionsgesetzgebers grundsätzlich unbestritten.[16]

---

14 EuGH, Urt. v. 9.3.1978, Rs. C-106/77 (Simmenthal), Slg. 1978, 49, Rn. 21, 24 und seitdem ständige Rechtsprechung.

15 EuGH, Urt. v. 9.3.1978, Rs. C-106/77 (Simmenthal), Slg. 1978, 49, Rn. 23.

16 Grenzfragen wie ein allfälliger Verstoß gegen einen wie immer definierten „nationalen Verfassungskern" können hier außer Betracht bleiben.

Dass über die Frage des Vorrangs einer unmittelbar anwendbaren Richtlinienbestimmung gegenüber einem mitgliedstaatlichen Gesetz kein nationales Normenkontrollmonopol Bestand haben kann, liegt auf der Hand: Es würde mit dem des EuGH zur Auslegung der Richtlinie kollidieren. Die Frage ist in der nach Art. 267 AEUV vorgezeichneten Zuständigkeitsverteilung ausschließlich zwischen dem die beiden Rechtsvorschriften im Verfahren anwendenden Gericht und dem über das Auslegungs- und Verwerfungsmonopol über die Richtlinie verfügenden EuGH zu entscheiden. Dass gegenüber Grundfreiheiten ein nationales Normenkontrollmonopol auch nur als Zwischenverfahren nicht Bestand haben kann, ist ebenso klar. Auch hier würde es mit Letztauslegungszuständigkeit und damit Leitfunktion des EuGH kollidieren und im Übrigen in der Sache wenig Sinn machen, weil der Anwendungsvorrang im Anwendungsbereich des Unionsrechts die Anwendung des mitgliedstaatlichen Gesetzes auf rein innerstaatliche Sachverhalte unter unionsrechtlichen Gesichtspunkten unberührt lässt. Allfällige Inländerdiskriminierungen insbesondere am Maßstab des nationalen Gleichheitsgrundsatzes muss wiederum – im Rahmen seines Normenkontrollmonopols – das dafür zuständige Verfassungsgericht lösen. Das Auslegungsmonopol des EuGH über die Grundfreiheiten drängt ein nationales Normenkontrollmonopol eines Verfassungsgerichts nur soweit zurück, als der Anwendungsbereich der Grundfreiheiten reicht.

III. Normenkontrollmonopole und Unionsgrundrechte

Wie sieht nun das Bild aus, wenn es um die Anwendung der Unionsgrundrechte geht? Ohne hier die Diskussion um den Anwendungsbereich insbesondere nach Art. 51 Abs. 1 GRC auf mitgliedstaatliche Gesetze nachzuzeichnen,[17] lässt sich auf dem Boden der Rechtsprechung des EuGH wohl folgendes in der gebotenen Kürze festhalten: Unbestritten ist, dass Unionsrechtsetzung ausschließlich durch Unionsgrundrechte bestimmt ist. Das hat zur Folge, dass auch die mitgliedstaatliche Rechtsetzung dort, wo sie ohne weiteren Spielraum unionsrechtliche Vorschriften umsetzt, ebenso ausschließlich unionsgrundrechtlich bestimmt ist.[18] Das ist die grund-

---

17 Siehe zuletzt mit weiteren Hinweisen *Holoubek/Lechner/Oswald*, Art. 51 GRC, in: Holoubek/Lienbacher (Hrsg.), GRC-Kommentar, Wien 2014, Rn. 15 ff.

18 Siehe EuGH, Urt. v. 26.2.2013, Rs. C-399/11 (Melloni), EU:C:2013:107.

rechtliche Seite des Normenkontrollmonopols des EuGH über (abgeleitetes) Unionsrecht.

Wo das Unionsrecht freilich dem mitgliedstaatlichen Gesetzgeber Spielräume lässt, steht das Unionsrecht einer Anwendung auch mitgliedstaatlicher Grundrechte auf die nationale gesetzliche Regelung nicht entgegen.[19] Erst recht muss dies gelten, wenn der mitgliedstaatliche Gesetzgeber unionsrechtlich nicht determiniert, sondern nur insofern beschränkt ist, als er nicht gegen Grundfreiheiten verstoßen darf. Ungeachtet der Frage der Reichweite des Anwendungsbereichs insbesondere der Grundrechtecharta im Einzelnen ist es also nach der Rechtsprechung des EuGH in diesen Konstellationen unbestritten, dass jedenfalls auch die mitgliedstaatlichen Grundrechte zur Anwendung kommen. Das ist auch nur konsequent, denn wo der mitgliedstaatliche Gesetzgeber nicht unionsrechtlich determiniert ist, determiniert ihn die innerstaatliche Verfassung und damit die innerstaatlichen Grundrechte. Da die mitgliedstaatliche Regelung unionsrechtlich nicht geboten ist, kommt es zu keiner Anwendung mitgliedstaatlicher Grundrechte auf Unionsrecht.[20]

Damit stellt sich aber die Frage, wie Normenkontrollmonopole zu beurteilen sind, wenn es um die Anwendung sowohl von Unionsgrundrechten wie mitgliedstaatlichen Grundrechten geht. Eine mögliche Antwort ist die folgende: Soweit der Anwendungsbereich der Unionsgrundrechte reicht, ist ihre Vorrangwirkung vor den nationalen Grundrechten nach denselben Grundsätzen wahrzunehmen, wie sie der EuGH sonst für Normenkollisionen zwischen Unionsrecht und mitgliedstaatlichem Recht aufgestellt hat. Insbesondere kann die Tatsache, dass daneben allenfalls auch eine nationale Grundrechtsprüfung zu erfolgen hat, nichts an diesem Anwendungsvorrang der Unionsgrundrechte ändern. Die Normverwerfungszuständigkeit über das mitgliedstaatliche Gesetz liegt – wie bei den Grundfreiheiten – unter Bindung an die Leitfunktion des EuGH bei der Auslegung der Unionsgrundrechte beim jeweils das Verfahren führenden mitgliedstaatli-

---

19 Siehe EuGH, Urt. v. 26.2.2013, Rs. C-617/10 (Akerberg/Fransson), EU:C:2013:280, Rn. 29; Die „Akerberg" Konstellation ist also von der „Melloni" Konstellation zu unterscheiden, siehe diesen Unterschied besonders betonend *Skouris*, Aspekte des Grundrechtschutzes der Europäischen Union nach Lissabon, in: Leutheusser-Schnarrenberger (Hrsg.), vom Recht auf Menschenwürde, Tübingen 2013, 83 (92 f.).

20 Lässt man zunächst einmal die Konstellation, dass ein innerstaatliches Grundrecht eine bestimmte Regelung qua Schutzpflicht insbesondere gebietet, außer Betracht.

chen Gericht. Verfassungsrechtlich allenfalls gebotene Normenkontrollverfahren im Hinblick auf die innerstaatlichen Grundrechte sind in dieser Lesart mit dem Anwendungsvorrang der Unionsgrundrechte auch im Bereich „doppelter Bindung" des mitgliedstaatlichen Gesetzgebers sowohl an Unions- wie an nationale Grundrechte nicht vereinbar.

Es ist bemerkenswert, dass der EuGH diese Antwort so nicht gibt, sondern differenziert ansetzt.[21] Der EuGH beschränkt nämlich die soeben dargelegten Rechtswirkungen auf „die parallele Anwendbarkeit der von einer nationalen Verfassung garantierten Grundrechte und der von der Charta garantierten Grundrechte auf nationale Rechtsvorschriften zur Durchführung des Unionsrechts im Sinne von Art. 51 Abs. 1 der Charta" auf jene Fallkonstellation, dass sich das mitgliedstaatliche Normenkontrollverfahren auf die „Verfassungsmäßigkeit eines nationalen Gesetzes, dessen Inhalt sich auf die Umsetzung zwingender Bestimmungen einer Unionsrichtlinie beschränkt", bezieht. Hier darf das nationale Normenkontrollverfahren auch als Zwischenverfahren das Normverwerfungsmonopol des EuGH aus den oben dargestellten Gründen der Rechtssicherheit durch einheitliche Anwendung des Unionsrechts nicht beeinträchtigen.[22] „Im Übrigen steht es, wenn das Unionsrecht den Mitgliedstaaten bei der Durchführung eines Unionsrechtsakts einen Ermessensspielraum einräumt, den nationalen Behörden und Gerichten weiterhin frei, die Einhaltung der durch die nationale Verfassung gewährleisteten Grundrechte sicherzustellen, sofern durch die Anwendung nationaler Schutzstandards für die Grundrechte weder das Schutzniveau der Charta, wie sie vom EuGH ausgelegt wird, noch der Vorrang, die Einheit und die Wirksamkeit des Unionsrechts beeinträchtigt werden".[23]

Dass der EuGH in diesem Zusammenhang auf das „Schutzniveau" der Charta[24] und damit wohl auf ein generelles Argument eines Schutzstandards und nicht auf die konkrete Grundrechtswirkung im Einzelfall abstellt, dürfte Ausdruck dessen sein, dass der EuGH im Bereich paralleler

21 Aufbauend auf der Grundsatzentscheidung EuGH, Urt. v. 22.6.2010, verb. Rs. C-188/10, C-181/10 (Melki und Abdeli), Slg. 2010, I-5667 zuletzt ausführlich EuGH, Urt. v. 11.9.2014, Rs. C-112/13 (A/B u.a.), EU:C:2014:2195.

22 EuGH, Urt. v. 11.9.2014, Rs. C-112/13 (A/B u.a.), EU:C:2014:2195, Rn. 41 f.

23 So unter ausdrücklicher Verweisung auf die Melloni-Konstellation EuGH, Urt. v. 11.9.2014, Rs. C-112/13 (A/B u.a.), EU:C:2014:2195, Rn. 44.

24 Siehe auch schon EuGH, Urt. v. 26.2.2013, Rs. C-617/10 (Akerberg/Fransson), EU:C:2013:280, Rn. 29.

Anwendung von Unionsgrundrechten und mitgliedstaatlichen Grundrechten mitgliedstaatliche Beurteilungsspielräume bei der Grundrechtsanwendung dort annehmen könnte, wo die Grundrechtsfrage – wie in vielen Konstellationen bei Grundfreiheiten beschränkenden Regelungen insbesondere – keinen unmittelbaren Zusammenhang mit der Auslegung von Unionsrecht aufweist (wenn man einmal von dem Umstand absieht, dass es in aller Regel auch ein zum innerstaatlichen Grundrecht inhaltsgleiches oder inhaltsähnliches Unionsgrundrecht geben wird). Die Betonung einer parallelen Anwendbarkeit von Unionsgrundrechten und mitgliedstaatlichen Grundrechten und damit insoweit einer „doppelten Bindung“[25] durch den EuGH macht auch nur Sinn, wenn nicht gleichzeitig die mitgliedstaatlichen Gerichte unionsrechtlich verpflichtet sein sollen, in einer solchen Situation jedenfalls einmal zunächst das Unionsgrundrecht unter (ausschließlicher) Bindung an die Auslegung des EuGH anzuwenden. Das Unionsrecht kann in diesen Konstellationen auch ohne Einbußen bei seiner Wirksamkeit akzeptieren, dass die mitgliedstaatliche Verfassung zunächst die Anwendung der innerstaatlichen Grundrechte vorsieht, wenn zweierlei gesichert ist: dass erstens die Frage der Vereinbarkeit der mitgliedstaatlichen Maßnahme mit dem Unionsrecht, insbesondere etwa mit einer Grundfreiheit, unabhängig von der Frage der Vereinbarkeit der Regelung mit innerstaatlichen Grundrechten nach autonomer Entscheidung des Gerichts vor oder nach Klärung der Grundrechtsfrage (gegebenenfalls nach Vorlage an den EuGH) entschieden werden kann (einschließlich des Umstands, dass das Gericht alle Maßnahmen vorläufigen Rechtsschutzes zur Sicherung der Durchsetzung des Unionsrechts ergreifen kann), und dass das mitgliedstaatliche Gericht die innerstaatliche Grundrechtsentscheidung, auch wenn sie vom nationalen Verfassungsgericht getroffen wird, im Wege der Vorabentscheidung an den EuGH im Hinblick darauf herantragen kann, ob das Schutzniveau der Grundrechtecharta nicht beeinträchtigt ist. Unter diesen Voraussetzungen, so der EuGH ausdrücklich, steht das Unionsrecht, insbesondere Art. 267 AEUV, auch einem nach innerstaatlichem Verfassungsrecht zwingenden Normenkontrollverfahren vor einem Verfassungsgericht, mithin der Aufrechterhaltung seines Normenkontrollmonopols im Hinblick auf die innerstaatliche Grundrechtsfra-

25 Siehe zu diesem Topus im vorliegenden Zusammenhang *Öhlinger*, EU-Beitritts-BVG, in: Korinek/Holoubek (Hrsg.), Österreichisches Bundesverfassungsrecht, Wien 1999 ff., Rn. 75 f.

ge, nicht entgegen.[26] Unter diesen Voraussetzungen, das müsste die Konsequenz sein, kann das innerstaatliche Verfassungsrecht aber auch vorsehen, dass die Grundrechtsfrage zunächst am Maßstab der innerstaatlichen Grundrechte unter der Leitfunktion des mitgliedstaatlichen Verfassungsgerichts und insoweit unter Aufrechterhaltung seines Normenkontrollmonopols geklärt wird.[27]

IV. Verfassungsgerichtliche Normenkontrollverfahren – Zwischenverfahren mit Zukunft?

Parallele Zuständigkeiten sind immer kompliziert. Sie erfordern Koordination,[28] um zum einen zu vermeiden, dass ohne Grund zweimal dasselbe getan wird, und zum anderen sichergestellt ist, dass sich die Zuständigkeiten auch so zueinander fügen, dass keine ungewollten Leerräume entstehen. Ersteres scheint der EuGH bewältigen zu wollen, indem er im unionsrechtlich nicht determinierten Bereich für die Unionsgrundrechtsprüfung auf die Wahrung des Schutzniveaus der GRC und die Sicherung von Vorrang, Einheit und Wirksamkeit des Unionsrechts vor Beeinträchtigungen abstellt.[29]

---

26 So für die Konstellation Charta-/Grundrechtsauslegung EuGH, Urt. v. 11.9.2014, Rs. C-112/13 (A/B u.a.), EU:C:2014:2195, Rn. 46. Für Fragen der Richtlinienauslegung – also wiederum in einer anderen Konstellation – betont der EuGH die jederzeitige Vorlageberechtigung und gegebenfalls -verpflichtung des verfahrensführenden Gerichts, siehe EuGH, Urt. v. 4.6.2015, Rs. C-5/14 (Kernkraftwerk Lippe-Ems), EU:C:2015:354, Rn. 36. Auch eine im nationalen Recht vorgesehene Pflicht, das Verfahren bis zur Erledigung des verfassungsrechtlichen Zwischenverfahrens auszusetzen (Art. 100 Abs. 1 Satz 1 GG), darf das Gericht nicht an der Vorlage zur Klärung der Auslegungsfrage in Bezug auf die Richtlinie hindern (EuGH, a.a.O., Rn. 37).

27 Es steht zwar dem mitgliedstaatlichen Gericht frei, die Grundrechtsfrage zunächst unionsgrundrechtlich an den EuGH heranzutragen – wenn, das ist die Prämisse, man hier aber von einem Beurteilungsspielraum zugunsten mitgliedstaatlicher Grundrechtsanwendung ausgeht, dann bleibt innerstaatlich dabei das Gericht an die verfassungsrechtlichen Vorgaben gebunden.

28 Eine „Trennungsthese“, wie sie das BVerfG in seinem Urteil zur Antiterrordatei (BVerfG, 24.4.2013 - 1 BvR 1215/07 (Antiterrordatei) Rn. 88 ff.) vertritt, vermeidet dieses Problem, verbindet aber eben zwei Rechtsordnungen nicht, sondern trennt sie.

29 So für Ermessensspielräume bei der Durchführung eines Unionsrechtsakts EuGH, Urt. v. 26.2.2013, Rs. C-399/11 (Melloni), EU:C:2013:107, Rn. 60; EuGH, Urt.

Der zweite Aspekt betrifft das Verhältnis von Leitfunktion und Normenkontrollmonopol des EuGH zu den entsprechenden Zuständigkeiten mitgliedstaatlicher Verfassungsgerichte. Dabei gilt es noch einmal in Erinnerung zu rufen, dass auch und gerade in der Rechtsprechung des EuGH sein striktes Normenkontrollmonopol über abgeleitetes Unionsrecht wesentlich von einem Rechtssicherheitsargument getragen ist: Das „Unionsgesetz", insbesondere auch die Richtlinie beansprucht unionsweit unbedingte Geltung. Dieses kann nur vom EuGH für ungültig erklärt und gerade eben nicht punktuell von Gerichten in den Mitgliedstaaten, auch wenn an einem entsprechenden Verständnis der einschlägigen primär- wie sekundärrechtlichen Vorschriften kein vernünftiger Zweifel bestehen vermag, wegen Widerspruchs zu primärem Unionsrecht außer Acht gelassen werden. Dieselben rechtsstaatlichen wie demokratischen Gründe tragen entsprechende Normenkontrollmonopole mitgliedstaatlicher Verfassungsgerichte. Dass sich das Unionsrecht im Falle seiner unmittelbaren Anwendbarkeit auch dort über nationale Normenkontrollmonopole hinweggesetzt, wo – wie insbesondere bei den Grundfreiheiten - kein Konflikt mit dem Normenkontrollmonopol des EuGH besteht, hat mit dem spezifischen Unbedingtheitsanspruch des Unionsrechts im – je nach Zugang – föderalen oder Mehrebenensystem zu tun. Wo dieser aber nicht in Rede steht, weil es um die unionsrechtlich legitime und im grundrechtlichen Kooperationsverhältnis entsprechend koordinierte Anwendung mitgliedstaatlicher Grundrechte – nämlich im unionsrechtlich nicht determinierten Bereich, mithin dort, wo kompetenzrechtlich genuin mitgliedstaatliche Zuständigkeit besteht – geht, gibt es keinen Konflikt zwischen dem (Unbedingtheitsanspruch des) Unionsrecht(s) und einem mitgliedstaatlichen Normenkontrollmonopol. Es muss nur gesichert sein, dass parallel geführte Unionsrechtsfragen (insbesondere nach der Vereinbarkeit einer mitgliedstaatlichen Regelung mit einer Grundfreiheit) autonom und unbedingt nach Unionsrecht entschieden werden und dass über die Einhaltung der jeweiligen Zuständigkeiten im Koordinationsverfahren letztlich der EuGH und damit unionsrechtliche Maßstäbe entscheiden. Daher steht das Unionsrecht, insbesondere Art. 267 AEUV, einem auf einem verfassungsgerichtlichen Normenkontrollmonopol beruhenden nationalen Zwischenverfahren nach

v. 11.9.2014, Rs. C-112/13 (A/B u.a.), EU:C:2014:2195, Rn. 44. Dies müsste konsequent erst recht für den Bereich Grundfreiheiten beschränkender mitgliedstaatlicher Regelungen gelten, wenn und insoweit dort eine genuin mitgliedstaatliche Regelungszuständigkeit besteht.

der Rechtsprechung des EuGH nicht entgegen, „soweit es den ordentlichen Gerichten freisteht, in jedem Moment des Verfahrens, den sie für geeignet halten, und selbst nach Abschluss eines Zwischenverfahrens zur allgemeinen Normenkontrolle, dem EuGH jede Frage zur Vorabentscheidung vorzulegen, die sie für erforderlich halten, (weiters) jede Maßnahme zu erlassen, die erforderlich ist, um den vorläufigen gerichtlichen Schutz der durch die Rechtsordnung der Union eingeräumten Rechte sicherzustellen, und nach Abschluss eines solchen Zwischenverfahrens die fragliche nationale gesetzliche Bestimmung unangewendet zu lassen, wenn sie sie als unionsrechtswidrig ansehen."[30]

Das allgemeine Gesetz hat eine wesentliche freiheits- und gleichheitssichernde Funktion. Aus hier nicht zu wiederholenden Gründen[31] haben sich mitgliedstaatliche Verfassungen mit einer eigenen Verfassungsgerichtsbarkeit für ein entsprechendes Normenkontrollmonopol über Gesetze entschieden. Das Unionsrecht hat dieses System im Normenkontrollmonopol des EuGH über abgeleitetes Unionsrecht übernommen. Diesem kommt wegen der spezifischen Bedeutung der Grundrechtskontrolle von Gesetzen eine besondere Rolle insbesondere auch in demokratischer Hinsicht zu. Wo das Unionsrecht die Zuständigkeit mitgliedstaatlicher Grundrechte und Grundrechtsprüfung nicht beschränkt, steht es unter Wahrung der dargestellten unionsrechtlichen Kautelen aber einem mitgliedstaatlichen Normenkontrollmonopol des Verfassungsgerichts nicht entgegen.

Die Gesetzesprüfung bei einem speziell konstituierten und damit (insbesondere auch demokratisch) spezifisch legitimierten Verfassungsgericht zu konzentrieren ist ein verfassungsrechtliches Modell, das sich nach allgemeiner Einschätzung bewährt hat. Das Unionsrecht lässt diesem Modell nicht mehr allen, aber weiterhin gewissen Raum. Gerade in einem sensiblen Bereich des grundrechtlichen Mehrebenensystems der Union, nämlich bei der Grundrechtsprüfung im Anwendungsbereich des Unionsrechts, aber im unionsrechtlich nicht determinierten Bereich, also insbesondere bei vielen Fällen mitgliedstaatlicher Regelungen, die Grundfreiheiten beschränken, belässt auch die Rechtsprechung des EuGH einem

---

30 EuGH, Urt. v. 22.6.2010, verb. Rs. C-188/10, C-181/10 (Melki und Abdeli), Slg. 2010, I-5667, Rn. 57; EuGH, Urt. v. 11.9.2014, Rs. C-112/13 (A/B u.a.), EU:C:2014:2195, Rn. 46.

31 Dazu immer noch besonders einprägsam *Korinek*, Die Verfassungsgerichtsbarkeit im Gefüge der Staatsfunktionen, VVDStRL 39, Berlin 1981, 7 ff.

mitgliedstaatlichen Normenkontrollmonopol als „Zwischenverfahren“ seine Funktion.

Die Rechtsprechung des EuGH sichert damit auch ein geordnetes Nebeneinander des Normenkontrollmonopols des EuGH mit nationalen Normenkontrollmonopolen und damit vor allem auch Rechtsicherheit für das allgemeine Gesetz. Damit bleibt seine freiheits- und gleichheitssichernde Wirkung erhalten. Auch nach in Krafttreten der Europäischen Grundrechtecharta bleiben das Unionsgesetz wie auch weiterhin das mitgliedstaatliche Gesetz für die Gerichte verbindlich.

Für ein sachgerechtes Miteinander von europäischem und nationalem Grundrechtsschutz. Zu Art. 51 GRC

Claus Dieter Classen

I. Einleitung

Wenige Professoren des Privatrechts befassen sich so intensiv und kompetent mit verfassungsrechtlichen Fragen wie Peter-Christian Müller-Graff.[1] Daher soll ihm ein Beitrag zu den Unionsgrundrechten und damit formal zu verfassungsrechtlichen Fragen gewidmet werden. Materiell entziehen sich die Grundrechte wegen deren erheblicher Bedeutung für das Privatrecht nicht nur auf europäischer Ebene für den Jubilar ohnehin der Einteilung in Öffentliches Recht und Privatrecht und bilden eine eigene, beide überwölbende Kategorie, denn sie sind die Grundlage der Privatautonomie, aber zugleich mit ihren je unterschiedlichen Schranken auch der Rahmen für die Sicherung des Gemeinwohls.

Wurde lange die Effektivität der europäischen Grundrechte bezweifelt,[2] wird nunmehr auch gefragt, ob diese nicht zu weit ausgreifen. Neben den Diskussionen um die Drittwirkung steht die um Art. 51 GRC. Mitgliedstaaten sind danach an die Grundrechtscharta nur gebunden, soweit sie das Recht der Union „durchführen". Der deutsche Wortlaut legt nahe, dass die frühere, auf den „Anwendungsbereich" des Unionsrechts abstellende Judikatur des EuGH[3] korrigiert werden sollte.[4] Allerdings spielten im Konvent weniger die vom EuGH entwickelten Fallgruppen als Versuche eine Rolle,

---

1 Siehe etwa *ders.*, Die Direktwahl des Europäischen Parlaments, 2. Aufl. (1979); *ders.*, Verfassungsziele der EG/EU, in: Dauses (Hrsg.), HB des EU-Wirtschaftsrechts (Stand 2012).

2 Beispielhaft: BVerfG, 2 BvL 52/71, 29.5.1974; *Scholz* NJW 1990, 941 ff.

3 Etwa EuGH, Rs. C-260/89 (ERT), 18.6.1991, Rn. 42.

4 So *Masing* JZ 2015, 477 (481); *Huber* NJW 2011, 2385 (2387), der allerdings später gegenläufig dazu zustimmend ein Kontinuität signalisierendes EuGH-Urteil (Rs. C-457/09 (Chartry), 1.3.2011, Rn. 24) zitiert. Zum offeneren Wortlaut anderer Sprachfassungen *Ward*, in: Peers/Hervey/Kerner/Ward (Hrsg.), The EU Charter of fundamental rights (2014) Rn. 51.49.

den Anwendungsbereich noch auszuweiten.[5] Dies spricht für die Richtigkeit der Kontinuität signalisierenden amtlichen Erläuterungen sowie der jüngeren Judikatur des Gerichtshofs. Zum insoweit besonders kritisierten Urteil in der Rs. Åkerberg Fransson[6] haben nun beide Senate des BVerfG „Contra“ gegeben.[7] Stattdessen sollen Unionsgrundrechte nur in vom Unionsrecht "determinierten" Fällen gelten[8] oder nur bei Gefährdung von dessen „Einheit, Vorrang und Wirksamkeit“[9].

II. Åkerberg Fransson, Durchführung und Anwendungsbereich des Unionsrechts

Das Urteil in der Rs. Åkerberg Fransson provoziert wohl vor allem wegen der Aussage, dass die konkreten, am Maßstab der Unionsgrundrechte zu prüfenden nationalen Rechtsvorschriften gar nicht zwecks Umsetzung von Unionsrecht erlassen wurden.[10] Nun verlangt die Umsetzung einer Richtlinie generell keinen speziellen Rechtsakt; das nationale Recht muss nur insgesamt die geforderten Ergebnisse gewährleisten. Daher ist das eigentlich selbstverständlich.

Den daneben vorgebrachten Hinweis auf die finanziellen Interessen der Union kann man nur so erklären, dass der EuGH seine erwähnte Annahme ergebnisorientiert absichern wollte. Tatsächlich aber war eher Verwirrung die Folge – die Berührung der finanziellen Interessen der Union begründet als solche keine Anwendbarkeit des Unionsrechts und damit auch nicht die der Unionsgrundrechte. Zu Recht hat der EuGH daher mehrfach klargestellt, dass mittelbare Auswirkungen auf das Unionsrecht nicht ausreichen. Vielmehr muss dieses für den Mitgliedstaat Verpflichtungen begrün-

---

5 Dazu *Eeckhout* CMLR 39 (2002), 945, 956 f.

6 EuGH, Rs. C-617/10, 26.2.2013, Rn. 36.

7 BVerfG, 1 BvR 1215/07, 24.4.2013, Rn. 91; 2 BvR 1561/12, 28.1.2014, Rn. 177.

8 *F. Kirchhof* EuR 2014, 267, 270 mit unzutreffender Berufung auf das BVerfG (Fn. 8, 1. Senat, Rn. 88), das dort nur die Reichweite des nationalen Grundrechtsschutzes anspricht.

9 *Britz*, EuGRZ 2015, 275 (278 ff.), it Hinweis auf EuGH, Rs. C-198/13 (Hernández), 10.7.2014, Rn. 47, der diese Voraussetzung jedoch nicht exklusiv, sondern ergänzend zu anderen versteht (siehe bei Fn. 12). Insgesamt deutlich stärker nuancierend *Masing* (Fn. 4) 485 ff.

10 (Fn. 6), Rn. 28.

den,[11] oder es müssen sonstwie dessen Einheit, Vorrang und Wirksamkeit gefährdet sein.[12] Damit wird ein gegenüber Art. 18 AEUV engeres Verständnis zugrundgelegt.[13]

Bei der Frage, wann diese Voraussetzungen erfüllt sind, kommt es allerdings nicht allein auf den Rechtsakt selbst an. So enthalten z. B. etliche Rechtsakte keine Aussage zum Thema Rechtsschutz. Trotzdem muss dieser im Anwendungsbereich von Unionsrecht gewährleistet werden. Dies lässt sich auch Art. 19 EUV entnehmen, doch die individualrechtliche, auf Schutz der Rechte des Bürgers abzielende Dimension folgt nur aus Art. 47 GRC. Dessen Anwendungsbereich muss sich also mit dem von Art. 19 EUV decken. Dann kann aber nichts anderes gelten, wenn es anstatt um den Schutz um die Bestrafung des Bürgers geht. Der Anwendungsbereich des Unionsrechts kann nicht abhängig davon sein, ob sich dieses zu Gunsten oder zu Lasten des Bürgers auswirkt. Bei zwei so auch auf die praktischen Wirkungen normativer Vorgaben achtenden Regelwerken wie dem Unionsrecht (dazu noch IV.2.) und den Grundrechten gehört daher auch das Strafrecht schon dann zur Durchführung i.S.v. Art. 51 GRC, wenn wie hier (nur) das verletzte Rechtsgut unionsrechtlicher Natur ist und es allein überhaupt um die Möglichkeit einer Bestrafung geht[14] – auch wenn die Sanktion als solche nicht unionsrechtlich vorgesehen ist.

III. Missachtung nationaler Spielräume?

Kritik findet die Anwendung der Unionsgrundrechte, soweit den Mitgliedstaaten Gestaltungsspielräume zustehen.[15] Allerdings bestehen solche selbst bei der unumstrittenen nationalen Durchführung von Verordnun-

11 EuGH, Rs. C-206/13 (Siragusa), 6.3.2014, Rn. 24 ff.; Rs. C-481/13 (Qurbani), 17.7.2014, Rn. 24; vgl. auch Rs. Åkerberg Fransson (Fn. 6) Rn. 28.

12 EuGH, Rs. Hernández (Fn. 9).

13 Dazu *Thym* NVwZ 2013, 889, 893.

14 Hier fraglich wegen anderweitiger Sanktionen. Anderes gilt für die Ausgestaltung der Strafsanktionen. Ebenso zur Abgrenzung zwischen Art. 175 EGV und Art. 31 EUV a.F. EuGH, Rs. C-176/03 (Kommission/Rat), 13.9.2005, Rn. 48 ff. Siehe jetzt Art. 83 Abs. 2 AEUV.

15 Zu den Grundfreiheiten *Huber* (Fn. 4) 2386; zu Umsetzungsakten *Britz* (Fn. 9), 278 ff.; nuancierend *Masing* (Fn. 4) 485 ff.

gen.[16] Daher kann die drohende Beeinträchtigung von „Einheit, Vorrang und Wirksamkeit des Unionsrechts“ nicht zwingende Voraussetzung für die Anwendung europäischer Grundrechte sein. Zugleich ist dann eine Bindung auch bei der Umsetzung von Richtlinien zwingend. Verordnung und Richtlinie unterscheiden sich zwar formal, mit Blick auf die Adressaten und die Wirkungen, erheblich.[17] Die materielle Bindung der Mitgliedstaaten hängt dagegen vom Einzelfall ab; ein prinzipieller unionsrechtlicher Unterschied zwischen Vollzug von Verordnungen und Umsetzung von Richtlinien besteht insoweit nicht. Und auch bei den Grundfreiheiten bestehen nationale Spielräume nur in einem unionsrechtlich definierten Rahmen; jede nationale Beschränkung bedarf einer unionsrechtlichen Rechtfertigung. Letztlich macht die in Art. 51 GRC vorgesehene Grundrechtsbindung auch der Mitgliedstaaten ohnehin nur Sinn, wenn diese auch über Spielräume verfügen.

IV. Fragen jenseits von Art. 51 GRC

1. Gleichlauf mit den sonstigen allgemeinen Rechtsgrundsätzen

Die Kritik am EuGH ist häufig auf Art. 51 GRC fokussiert und übergeht die allgemeinen Regeln für den nationalen Vollzug von Unionsrecht. Diese Norm betrifft nicht den Anwendungsbereich der allgemeinen Rechtsgrundsätze,[18] aus denen ja auch die europäischen Grundrechte ursprünglich abgeleitet wurden, die es aber auch anderswo gibt, etwa im allgemeinen Verwaltungsrecht; dort haben sie sogar ihren Ursprung.[19] Daher führt ein restriktives Verständnis von Art. 51 GRC zu Verwerfungen: Entweder gilt für grundrechtliche Rechtsgrundsätze ein anderer Anwendungsbereich als für alle anderen, es wird also zwischen Grundsätzen mit und ohne

---

16 Dazu EuGH, Rs. 5/88 (Wachauf), 13.7.1989, Rn. 19, 22; ferner Rs. C-411/10 u.a. (N.S.), 21.12.2011, Rn. 68.

17 Eine intensive, kontroverse Diskussion im Dezember 1992 in Tübingen über die unmittelbare Horizontalwirkung von Richtlinien steht am Anfang meiner Bekanntschaft mit P.-C. Müller-Graff; siehe dazu einerseits bejahend *ders.* NJW 1993, 13, 20 f.; andererseits verneinend *Classen* EuZW 1993, 83, 84.

18 Zu deren Geltung im Anwendungsbereich des Unionsrechts etwa EuGH, Rs. C-349/07 (Sopropé), 18.12.2008, Rn. 38.

19 EuGH, verb. Rs. 7/56 u.a. (Algera u.a.), Slg. 1957, 81, 118 f.: Zulässigkeit des Widerrufs eines Verwaltungsaktes.

grundrechtlichen Charakter differenziert. Bei Prinzipien wie dem Vertrauensschutz oder Ähnlichem ist dies aber nicht sachgerecht. Oder die grundrechtlichen allgemeinen Rechtsgrundsätze sind wie bisher anwendbar und damit auch, soweit die GRC nach Art. 51 nicht anwendbar ist.[20] Damit ist die mit der GRC erreichte Kodifikation wertlos.

2. *Gleichlauf mit der Anwendbarkeit von Äquivalenz- und Effektivitätsprinzipien*

Für die Anwendung von nationalem Recht im Anwendungsbereich des Unionsrechts hat der EuGH die Grundsätze von Äquivalenz und Effektivität postuliert.[21] Die konkreten Anforderungen an "hinreichend effektive Rechtsdurchsetzung"[22] können aber nicht ohne Blick auf die Unionsgrundrechte definiert werden. Auch daher müssen diese im gesamten Anwendungsbereich des Unionsrechts gelten.

3. *Grundrechtsschutz als Voraussetzung gegenseitiger Anerkennung*

Zur Vermeidung materieller Harmonisierung enthält das Unionsrecht häufig die Pflicht zur "Anerkennung" von Rechtsakten anderer Mitgliedstaaten. Als Voraussetzung hierfür ist der Grundrechtsschutz der Union von zentraler Bedeutung.[23]

4. *Rechtspolitische Randbemerkung zur EMRK*

Die Unionsgrundrechte decken sich in erheblichem Umfang mit den Garantien der EMRK. An diese aber sind die Mitgliedstaaten umfassend gebunden, so dass der EuGH insoweit nur eine materiell-rechtlich ohnehin bestehende Bindung durchsetzt. Dem wird zwar zum Teil entgegengehal-

---

20 Gegen eine Verdrängung der Grundsätze durch die Charta offenbar EuGH, Rs. C-562/12 (Liivimaa Lihaveis MTÜ), 17.9.2014, Rn. 75.

21 EuGH, Rs. 33/76 (Rewe), 16.12.1976, Rn. 5.

22 Ausführlich *Kulms*, Das Effektivitätsprinzip, 2013.

23 Dazu EGMR, 17502/07 (Avotiņš), 25.2.2014, Rn. 47; *Herrnfeld*, in: FS Schwarze, 2014, 81 ff.; *Classen*, ebd., 556, 568 f.; *Bergé* RTDE 2014, 361 ff.

ten, dass die EMRK nur einen Mindeststandard enthalte (Art. 53), während die Grundrechtecharta einen Vollstandard gewährleisten solle.[24] Tatsächlich aber hat sich der EGMR schon mehrfach bei der Konkretisierung der EMRK auf Bestimmungen der GRC bezogen, die sich nicht auf Garantien der EMRK stützen, und dies sogar mit Blick auf nicht der EU angehörende Staaten.[25] Und umgekehrt gewährt der EuGH bei der Beschränkung von Grundrechten viel Spielraum (dazu sogleich).

V. Für ein sachgerechtes Miteinander von nationalem und europäischem Grundrechtsschutz

Die Diskussionen um den Anwendungsbereich der europäischen Grundrechte, vor allem die Reaktionen aus Karlsruhe,[26] sind wohl nicht zuletzt mit der Sorge um die Wirksamkeit der nationalen Grundrechte zu erklären. Wo sich Unionsgrundrechte ausbreiten, wird ein Rückzug des nationalen Grundrechtsschutzes befürchtet. Und in der Tat gibt es in der Balance zwischen Privatautonomie und Gemeinwohl und damit auch bei den Grundrechten zwischen den Mitgliedstaaten etliche erhebliche Unterschiede, die über Art. 51 GRC nicht eingeebnet werden sollten.

Allerdings spielt bei der Interpretation beider Grundrechtsordnungen die EMRK eine wichtige, harmonisierende Rolle.[27] Vor allem aber finden, soweit das Unionsrecht Spielräume lässt, nationale Grundrechte durchaus Anwendung.[28] Und zu den Unionsgrundrechten betont der EuGH zumeist nur die Notwendigkeit einer von ihm nicht spezifisch determinierten Ab-

24 *Britz* (Fn. 9), 276; Masing '(Fn. 4) 480, 484.

25 Beispielhaft EGMR, 41615/07 (Neulinger und Shuruk/Schweiz), 6.7.2010, Rn. 135; ferner 28957/95 (Goodwin), 11.7.2002, Rn. 100.

26 Fn. 7 bis 9.

27 Siehe bei IV.4. einerseits, BVerfG, 2 BvR 2130/04 (Görgülü), 14.10.2004, Rn. 32 andererseits.

28 EuGH, Rs. C-399/11 (Melloni), 26.2.2013, Rn. 60; Rs. C-168/13 PPU (F.), 30.5.2013, Rn. 51 ff. Kritisch *Britz* (Fn. 9), 280; skeptisch zur Praktikabilität auch *Masing* (Fn. 4) 484 ff.

wägung;[29] klare Vorgaben sind selten.[30] Dies gilt auch für die Auflösung von Grundrechtskollisionen mit Beteiligung Dritter.[31] Selbst beim Datenschutz, wo der EuGH wohl die intensivste Kontrolle praktiziert, erreicht diese nicht das vom BVerfG bekannte Ausmaß. Die Nichtigerklärung der Richtlinie zur Vorratsdatenspeicherung[32] ist allein im atypischen Umstand begründet, dass – aus kompetenzrechtlichen Gründen – jede einhegende Regelung zum Umgang mit den Daten fehlte. Grund für die zumeist begrenzte Kontrolldichte ist die Wahrung der horizontalen Kompetenzverteilung. Genauso sollte auch die vertikale Kompetenzverteilung den Spielraum der Mitgliedstaaten beeinflussen, vor allem im Anwendungsbereich der Grundfreiheiten.[33] Manche Probleme resultieren auch aus einer zu weiten Definition des Anwendungsbereichs materiellen Unionsrechts, was mit Art. 51 GRC unmittelbar nichts zu tun hat.[34]

Schwierigkeiten entstünden wohl vor allem, würde der EuGH die Grundrechte so detailreich wie das BVerfG interpretieren, insbesondere einfachrechtliche Normen umfassend im Lichte präzise verstandener grundrechtlicher Vorgaben auslegen. Letzteres hat der Gerichtshof bisher nur einmal im Kontext des Datenschutzes getan,[35] aber selbst hier kein präzises Ergebnis vorgegeben. Gleiches gälte, wenn der EuGH aus den Grundrechten ähnlich wie das BVerfG umfassende Gestaltungsaufträge und präzise positive Vorgaben ableiten würde, doch ist auch dies derzeit nicht absehbar. Zudem besitzt die Union gerade in den gesellschaftspolitisch und grundrechtlich sensiblen Bereichen kaum Zuständigkeiten. Die Sorge vor Konflikten zwischen den Grundrechtsordnungen beruht auch auf unberechtigten Extrapolationen deutschen Grundrechtsverständnisses in das Unionsrecht.

---

29 EuGH, Rs. C-260/89 (ERT), 18.6.1991, Rn. 44 f.; verb. Rs. C-465/00 u.a. (ORF u.a.), 20.5.2003, Rn. 73 ff.; Rs. C-36/02 (Omega), 14.10.2004, Rn. 38 f.; Rs. C-438/05 (ITF), 11.12.2007, Rn. 84 ff.; Rs. C-131/12 (Google Spain), 13.5.2014, Rn. 62 ff.

30 Siehe aber EuGH, Rs. C-368/95 (Familiapress), 26.6.1997, Rn. 25 ff. zum Verbot von Zeitschriften; Rs. C-60/00 (Carpenter), 11.7.2002, Rn. 40 ff. zum Aufenthaltsrecht von Drittstaatern bei zweifelhafter Anwendbarkeit des Gemeinschaftsrechts.

31 EuGH, Rs. C-201/13 (Deckmyn), 3.9.2014, Rn. 29 ff.; enger GA Cruz Villalón, Rn. 71 ff.; zur EMRK in BVerfG (Fn. 27), Rn. 57 ff.

32 EuGH, verb. Rs. C-293/12 und C-594/12 (Digital Rights Ireland u.a.), 8.4.2014.

33 Vgl. auch *Masing* (Fn. 4) 487; *Ohler* NVwZ 2013, 1433 (1437).

34 Rs. Carpenter (Fn. 30) und ORF (Fn. 29).

35 Rs. ORF (Fn. 29), Rn. 90. Zu rechtskulturellen Unterschieden *Masing* (Fn. 4) 487.

VI. Fazit

Letztlich stellt der EuGH bei Art. 51 GRC nicht auf entscheidend andere Kriterien ab, als sich das BVerfG das offenbar vorstellt: Es müssen unionsrechtliche Verpflichtungen bestehen oder sonstwie das Unionsrecht beeinträchtigt werden. Dies kann aber auch dann der Fall sein, wenn dem Mitgliedstaat – unionsrechtlich determinierte – Spielräume verbleiben. Das ist konsequent, wenn man die Mitgliedstaaten überhaupt an die Charta binden will. Zudem gäbe es anderenfalls Verwerfungen mit anderen, bei der nationalen Umsetzung des Unionsrechts zu beachtenden Grundsätzen. Vor allem die gegenseitige Anerkennung setzt wirksamen europäischen Schutz voraus. Trotzdem bleibt ein großer Spielraum für vielfältigen nationalen Grundrechtsschutz, denn es besteht kein Anhaltspunkt zur Annahme bzw. Sorge, dass der EuGH die Grundrechte mit gleicher Präzision konkretisieren wird wie das BVerfG. Um die Wirkkraft des deutschen Grundrechtsschutzes mit seinen spezifischen Aussagen zum Verhältnis von Freiheit und Gemeinwohl muss man sich also auch künftig keine Sorgen machen.

Europäischer Rechtsprechungsdialog in Grundrechtsfragen – am Beispiel der Vorratsdatenspeicherung

Christoph Grabenwarter

I. Einleitung

Der Grundrechtsschutz in den Staaten der Europäischen Union hat drei Ebenen: die völkerrechtliche Ebene der Europäischen Konvention für Menschenrechte (EMRK), die Ebene der Europäischen Union und die Ebene der nationalen Verfassungen. Während die Ebenen der EMRK und der Verfassungen seit jeher über einen geschriebenen Rechtekatalog verfügen, ist ein solcher auf der Ebene der Europäischen Union erst mit dem Inkrafttreten des Vertrags von Lissabon in Gestalt der Grundrechte-Charta vorhanden.

Die Grundrechte-Charta wiederholt praktisch alle Rechte der EMRK und nimmt eine Reihe weiterer Rechte auf, die ihre Grundlage sowohl im Unionsrecht als auch in den nationalen Verfassungen haben können. Zu diesen neuen Rechten zählt das Grundrecht auf Datenschutz. Es wurde unter der EMRK im Rahmen des Art. 8 durch die Rechtsprechung des EGMR entwickelt,[1] auf der Ebene der Verfassungen finden sich sowohl Beispiele judikativer Schöpfung[2] als auch geschriebene Rechte, wie im Beispiel des § 1 Datenschutzgesetz in Österreich. In Umsetzung der Vorratsdatenspeicherungsrichtlinie ergingen gesetzliche Regelungen in den Mitgliedstaaten, die in einigen Staaten früher oder später vor den Höchst- und Verfassungsgerichten landeten.

Das Bundesverfassungsgericht hatte bereits im März 2010 seine Entscheidung zu den Umsetzungsregelungen des Telekommunikationsgesetzes getroffen. Es musste auf der Basis seiner Rechtsprechung zu Unionsgrundrechten die Richtlinie nicht unter Grundrechtsaspekten prüfen, da

---

1 EGMR, Urt. v. 4.12.2008 – 30562/04 (S. u. Marper) u. a., abrufbar unter: http://hudoc.echr.coe.int.

2 BVerfG, 15.12.1983 – 1 BvR 209/83; 1 BvR 269/83; 1 BvR 362/83; 1 BvR 420/83; 1 BvR 440/83; BVerfG, 15.12.1983 – 1 BvR 484/83 (Volkszählungsurteil); BVerfG, 27.2.2008 – 1 BvR 370/07 (Online-Durchsuchung).

eine Umsetzung im Rahmen der Richtlinie in einer dem Grundgesetz entsprechenden Weise möglich war.[3]

Der Irische High Court entschied bereits zu Beginn des Jahres 2012, die Frage der Vereinbarkeit der Vorratsdatenspeicherungsrichtlinie mit den Art. 7 und 8 der Charta dem Gerichtshof der Europäischen Union vorzulegen. Diesem Beispiel folgte der österreichische Verfassungsgerichtshof am 27. November 2012, in dem er sowohl die Frage nach der Gültigkeit der Richtlinie als auch Fragen der Auslegung der Grundrechte-Charta dem EuGH vorlegte.

Der EuGH verband die beiden Verfahren und erklärte die Richtlinie am 8. April 2014 zur Gänze für ungültig.[4] Der Österreichische Verfassungsgerichtshof hob im fortgesetzten Normenkontrollverfahren die die Richtlinie umsetzenden gesetzlichen Vorschriften im Telekommunikationsgesetz, in der Strafprozessordnung und im Sicherheitspolizeigesetz mit Erkenntnis vom 27. Juni 2014 auf.[5] Der folgende Beitrag soll einige Schlaglichter auf den Rechtsprechungsdialog werfen, wobei die Grundposition des Verfassungsgerichtshofes zur Anwendung der Grundrechte-Charta vorausgeschickt sei.

II. Die Ausgangssituation: Charta-Rechte als verfassungsgesetzlich gewährleistete Rechte

Der Verfassungsgerichtshof geht seit einer Leitentscheidung[6] im März 2012 davon aus, dass die Rechte der Grundrechte-Charta unter bestimmten Voraussetzungen den Grundrechten der Bundesverfassung gleichgestellt sind und als solche vor dem Verfassungsgerichtshof geltend gemacht werden können bzw. im Normenkontrollverfahren Prüfungsmaßstab sind, wenn zwei Voraussetzungen gegeben sind.

3 BVerfG, 2.3.2010 – 1 BvR 256/08, 1 BvR 263/08, 1 BvR 586/08.

4 EuGH, Urt. v. 8.4.2014, Rs. C-293/12 und C-594/12 (Digital Rights Ireland und Seitlinger u.a.).

5 VfGH, 27.6.2014, verb. Rs. G 47/2012 - 49, G 59/2012 - 38, G 62/2012 - 46, G 70/2012 - 40, G 71/2012 – 36 = EuGRZ 2014, 429, abrufbar unter: https://www.ris.bka.gv.at.

6 VfGH, 14.3.2012, Rs. U 466/11 u.a = EuGRZ 2012, 331.

Zum einen müssen die Garantien der Grundechte-Charta in ihrer Formulierung und Bestimmtheit verfassungsgesetzlich gewährleisteten Rechten der Bundesverfassung gleichen.

Die zweite Voraussetzung ist, dass es sich um einen Fall handelt, der unter den Tatbestand der "Durchführung des Unionsrechts" nach Art. 51 der Grundrechte-Charta fällt. Dies ist nach der Rechtsprechung des Verfassungsgerichtshofes jedenfalls bei der Umsetzung von Richtlinien der Fall.

Die Rechtsprechung des Verfassungsgerichtshofes ist in der Frage des Anwendungsbereiches der Grundrechte-Charta von zeitnaher Rezeption der einschlägigen Urteile des EuGH geprägt. Gleichzeitig zeigt die jüngere Entwicklung Zurückhaltung und Differenzierung. Zunächst zitierte der Verfassungsgerichtshof zwar das Åkerberg-Urteil des EuGH,[7] eine Übernahme der Aussage, dass die Grundrechte-Charta im Anwendungsbereich des Unionsrechts anwendbar sei, erfolgt jedoch nicht.[8] Vielmehr erachtete es der Verfassungsgerichtshof bei Handeln im Bereich der Grundfreiheiten des Binnenmarkts für die Frage der Anwendbarkeit der Charta in Anlehnung an den EuGH als erforderlich zu prüfen, ob mit einer Regelung eine Durchführung einer Bestimmung des Unionsrechts bezweckt werde, welchen Charakter diese Regelung habe und ob mit ihr nicht andere als die unter das Unionsrecht fallenden Ziele verfolgt würden, dies selbst dann, wenn sie das Unionsrecht mittelbar beeinflussen könne. Ferner ist nach der Rechtsprechung des Verfassungsgerichtshofes zu prüfen, ob es eine Regelung des Unionsrechts gibt, die für diesen Bereich spezifisch ist oder ihn beeinflussen kann. Anders gewendet ist die Grundrechte-Charta dann im Verhältnis zu einer österreichischen Regelung unanwendbar, wenn die unionsrechtlichen Vorschriften in dem betreffenden Sachbereich keine Verpflichtungen der Mitgliedstaaten im Hinblick auf den im Ausgangsverfahren fraglichen Sachverhalt schaffen.[9]

7 EuGH, Urt. v. 26.2.2013, Rs. C-617/10 (Åkerberg Fransson), EU:C:2013:105.

8 VfGH, 12.3.2014, B 166/2013, Rn. 24 ff.

9 VfGH 12.3.2014, B 166/2013 unter Hinweis auf: EuGH, Urt. v. 18.12.1997, Rs. C-309/96 (Annibaldi), Slg. 1997, I-7493, Rn. 21-23; EuGH, Urt. v. 8.11.2012, Rs. C-40/11 (Iida), EU:C:2012:691, Rn. 79; EuGH, Urt. v. 8.5.2013, Rs. C-87/12 (Ymeraga u.a.), EU:C:2013:291, Rn. 41; EuGH, Urt. v. 6.3.2014, Rs. C-206/13 (Siragusa), EU:C:2014:126, Rn. 25.

III. Unterschiedliche Akzente in der Praxis der Gerichtshöfe

Vergleicht man die Ergebnisse des EuGH zur Vorratsdatenspeicherungsrichtlinie mit jenen des Verfassungsgerichtshofes, so sind die Unterschiede auf den ersten Blick nicht wahrnehmbar – beide Gerichte kommen zum Ergebnis eines Verstoßes gegen die Grundrechte. Betrachtet man aber die Begründung im Detail, so zeigen sich doch Unterschiede.

1. Das angewendete Grundrecht

Während der EuGH selbstverständlich auf die Grundrechte-Charta zurückgreift, zieht der Verfassungsgerichtshof diese nicht heran, obwohl man dies unter Umständen vor dem Hintergrund des Vorbringens in den Gesetzesprüfungsanträgen und der Rechtsprechung namentlich in der genannten Leitentscheidung zur Grundrechte-Charta erwarten durfte. In dieser Erkenntnis hat der Verfassungsgerichtshof allerdings auch festgestellt, dass er im Fall eines gleichen oder noch günstigeren Grundrechts als jenem der Charta im innerstaatlichen Verfassungsrecht bzw. als Teil desselben in der EMRK letzteres heranzieht. Im Fall des Datenschutzgrundrechts ist dies der Fall, enthält doch § 1 Datenschutzgesetz 2000 einen strengen Vorbehalt des formellen Gesetzes und ein striktes Kriterium der Wahl des gelindesten Mittels. Da dieses Grundrecht und seine Auslegung nicht die Einheitlichkeit allenfalls entgegenstehenden Unionsrechts beeinträchtigt, kann eine „Melloni-Konstellation“[10] nicht auftreten.

2. Maßstäbe und Kontrolldichte

Der Wortlaut des § 1 Datenschutzgesetz 2000 und die Rechtsprechung des Verfassungsgerichtshofes zu dieser Bestimmung[11] machen deutlich, dass verfassungsrechtlich ein strenger Verhältnismäßigkeitsgrundsatz vorgegeben ist, der jedenfalls nicht hinter jenem der Charta zurückbleibt und in der Frage der gesetzlichen Grundlage sogar strenger ist. Die Kontrolldich-

10 EuGH, Urt. v. 26.2.2013, Rs. C-399/11 (Melloni), EU:C:2013:107.

11 VfGH, 27.6.2014, verb. Rs. G 47/2012 - 49, G 59/2012 - 38, G 62/2012 - 46, G 70/2012 - 40, G 71/2012 - 36 = EuGRZ 2014, 429, Rn. 149; unter Hinweis auf VfGH, 28.11.2001, B2271/00.

te beider Gerichte ist durchaus vergleichbar, in beiden Begründungen spielt die Rechtsprechung des EGMR, namentlich das Urteil S. und Marper,[12] eine besondere Rolle.

3. Unterschiede im Kontrollobjekt

Während der EuGH eine Richtlinie zu überprüfen hatte – die, bevor es zum Grundrechtseingriff kommen kann, noch der Umsetzung bedarf – überprüfte der Verfassungsgerichtshof Speicherung und Auskunftsregelungen in den drei zuvor genannten Bundesgesetzen. Diese Gesetze müssen aber nicht nur der Richtlinie, sondern auch den nationalen und europäischen Grundrechten entsprechen. Der EuGH bemängelt an verschiedenen Stellen, dass die Richtlinie keine Verpflichtungen der Mitgliedstaaten enthalte, bestimmte Regelungen zu treffen, welche überhaupt erst die Grundrechtskonformität herbeiführen können. So vermisst der EuGH präzise Verpflichtungen der Mitgliedstaaten zum Erlass von Regelungen über die Unversehrtheit und Vertraulichkeit gespeicherter Daten, ein objektives Kriterium zur Beschränkung des Zugangs der Behörden zu den Daten und der späteren Nutzung, weitere materielle und verfahrensrechtliche Voraussetzungen sowie ein objektives Kriterium zur Beschränkung der Zahl der Personen, die zum Zugang zu den Daten befugt sind, auf das absolut Notwendige.[13]

Mit diesen und weiteren Aussagen wird der Charakter einer Richtlinie vernachlässigt. Richtlinien sind bekanntlich nach Art. 288 Abs. 3 AEUV für die Mitgliedstaaten nur hinsichtlich des zu erreichenden Ziels verbindlich, sie überlassen jedoch den innerstaatlichen Stellen die Wahl der Form und der Mittel. Vor dem Hintergrund dieser Definition erscheint es wenig überzeugend, die Richtlinie gleich einem in seinen Einzelheiten den Eingriff bestimmenden Gesetz am Maßstab der grundrechtlichen Anforderungen, insbesondere jener der gesetzlichen Grundlage zu messen. Eine Grundrechtsprüfung von Sekundärrechtsakten, die erst der Umsetzung durch den nationalen Gesetzgeber bedürfen, müsste also nicht nur den Sekundärrechtsakt, sondern auch die nationalen Umsetzungsakte berücksichtigen. Erst beide zusammen, Richtlinie und umsetzendes Gesetz, bestim-

---

12 EGMR, 4.12.2008 – 30562/04 (S. u. Marper).

13 EuGH, Urt. v. 8.4.2014, verb. Rs. C-293/12 und C-594/12 (Digital Rights Ireland und Seitlinger u.a.), EU:C:2014:238, Rn. 62.

men den Grundrechtseingriff, weshalb der Beurteilung durch den EuGH in einem Vorabentscheidungsverfahren betreffend die Gültigkeit einer Richtlinie, insbesondere in der Frage, ob der Eingriff über eine hinreichende „gesetzliche" Grundlage verfügt, in der Regel nur eine unvollständige Beurteilungsbasis zugrunde liegt.[14]

Dass diese Einsicht durchaus systemkonform ist, verdeutlicht wiederum Art. 51 Abs. 1 der Charta. Er bindet nämlich nicht nur die Organe der Union beim Erlass der Richtlinie, sondern auch die Mitgliedstaaten bei der Durchführung des Rechts der Union. Da die Umsetzung der Richtlinie ohnehin in den Anwendungsbereich der Charta fällt, ist sichergestellt, dass den Anforderungen der Charta spätestens bei der Prüfung des Umsetzungsgesetzes Rechnung getragen wird.

4. *Gemeinsamkeiten in der Gewichtung*

Vergleicht man die Begründung des EuGH mit jener des Verfassungsgerichtshofes, so wird eine Gemeinsamkeit in den Gewichtungen deutlich. Beide Gerichte vermissen Begrenzungen hinsichtlich der Art der Daten, der betroffenen Personen und der Straftaten, für deren Aufklärung die Vorratsdatenspeicherung eingesetzt werden soll. Bemerkenswert ist, dass der Verfassungsgerichtshof, insbesondere beim Hinweis auf die große Streubreite des Eingriffs, wesentliche Impulse aus der Begründung des Vorratsdatenspeicherungsurteils des Bundesverfassungsgerichts vom 2. März 2010 bezieht.[15]

5. *Fragen geographischer Beschränkungen und der Territorialität*

Der EuGH vermisst unter anderem eine geographische Beschränkung der Vorratsdatenspeicherung.[16] Demgegenüber enthält die Entscheidung des Verfassungsgerichtshofes kein vergleichbares Begründungselement. Eben-

14 Zur Problematik z.B. *Wolff* DÖV 2014, 608, 611; vgl. auch *Ehlers*, in: Ehlers, Europäische Grundrechte und Grundfreiheiten, § 14, Rn. 98.

15 VfGH, verb. Rs. 27.6.2014, G 47/2012 - 49, G 59/2012 - 38, G 62/2012 - 46, G 70/2012 - 40, G 71/2012 36 = EuGRZ 2014, 429, Rn. 181.

16 EuGH, Urt. v. 8.4.2014, verb. Rs. C-293/12 und C-594/12 (Digital Rights Ireland und Seitlinger u.a.), EU:C:2014:238, Rn. 59.

so bemängelt der EuGH unter Hinweis auf grundrechtliche Kontrollerfordernisse das Fehlen der Verpflichtung zur Speicherung innerhalb der EU.[17] Die Entscheidung des Verfassungsgerichtshofes enthält – durchaus im Bewusstsein, dass es hier um ein allgemeines Problem geht – kein vergleichbares Begründungselement. Dies muss auch vor dem Hintergrund des Umstandes gesehen werden, dass in der mündlichen Verhandlung vor dem Verfassungsgerichtshof nicht hinreichend dargetan werden konnte, dass die Datenschutzbehörden in effektiver Form zur Überprüfung der Einhaltung der angefochtenen Vorschriften tätig geworden wären.

IV. Perspektiven einer Rollenverteilung zwischen den europäischen Gerichtshöfen und Verfassungsgerichten im Grundrechtsbereich

Die Entscheidungen des EuGH und des Verfassungsgerichtshofs in Sachen Vorratsdatenspeicherung beziehen sich in der Struktur und im Inhalt ihrer Verhältnismäßigkeitsprüfung maßgeblich auf Impulse der Rechtsprechung des EGMR zu Art. 8 EMRK, dies, obwohl sowohl die Grundrechte-Charta als auch das österreichische Verfassungsrecht über spezifische Datenschutzgrundrechte verfügen. Damit zeigt sich einmal mehr die Rolle der EMRK als Speicher für grundrechtsdogmatische Lösungswege in anderen Grundrechtsschichten.

Die Verfassungsgerichte haben in vielen Fällen – ebenso wie der EGMR – die Rolle von auf die Grundrechtskontrolle spezialisierten Gerichten, die Grundrechtseingriffe im relativ geschlossen verfassten politischen Gemeinwesen der Mitgliedstaaten auf gesicherter grundrechtsdogmatischer Basis kontrollieren. Dieses Bewusstsein zeigt sich etwa in der Begründung des Verfassungsgerichtshofes zur Abwägungsentscheidung, die sich auf einige Grundsatzaussagen aus der ständigen Rechtsprechung und aus dem nationalen Diskurs stützen.[18] Dazu gehören Passagen zur großen Bedeutung der Verwiesenheit der Entwicklung der Persönlichkeit des Einzelnen auf die Vertraulichkeit seiner Individualkommunikation und das Außerstreitstellen der Erfordernisse der Kriminalitätsbekämpfung. Diese Besonderheit ist zum Teil mit unterschiedlichen Begründungsstilen,

---

17 EuGH, Urt. v. 8.4.2014, verb. Rs. C-293/12 und C-594/12 (Digital Rights Ireland und Seitlinger u.a.), EU:C:2014:238, Rn. 68.

18 VfGH, 27.6.2014, verb. Rs. G 47/2012 - 49, G 59/2012 - 38, G 62/2012 - 46, G 70/2012 - 40, G 71/2012 - 36 = EuGRZ 2014, 429, Rn. 157 ff.

zum Teil aber auch mit verschiedenen Rollenverständnissen erklärbar. Aus den Reihen des EuGH heißt es denn auch immer bewusst, dass der EuGH kein Grundrechtsgericht sei und auch nicht zu einem solchen werden wolle.

Der EuGH ist vielmehr heute mehr denn je unumstrittener Hüter der Einheitlichkeit des Unionsrechts, der nun eben auch für das Handeln der Unionsorgane, aber auch für einen Teil des Handelns der Mitgliedstaaten der Union die Grundrechte-Charta als konkreten Maßstab zur Hand hat. Daneben ist und bleibt der EuGH das letztentscheidende Spezialgericht in den Fragen der Auslegung und Einhaltung des primären und sekundären Unionsrechts, das über das Vorabentscheidungsverfahren Dialogpartner nicht nur der Verfassungsgerichte, sondern aller (Fach-)Gerichte der Mitgliedstaaten ist.[19]

Bei allen Überschneidungen müssen sich die Verfassungsgerichte wie die Gerichtshöfe auf europäischer Ebene der Gefahr der Überforderung widersetzen, die durch das Vorbringen der Prozessparteien entsteht und durch richterliches Pflichtbewusstsein begünstigt wird. So manches unionsrechtliche Problem, das ein Beschwerdeführer vor dem Verfassungsgericht in ein verfassungsrechtliches Argument kleidet, soll und darf dieses nicht lösen. Umgekehrt ist nicht jedes Problem der nationalen Grundrechte, das Beteiligte eines Verfahrens als ein unionsgrundrechtliches reformulieren, ein Problem der Grundrechte-Charta.

---

19 So auch: *Voßkuhle* NVwZ 2010, 1, 8; vgl. *Merli* VVDStRL 2007, 418; BVerfG, 14.5.2007 – 1 BvR 2036/05, Rn. 41.

Effektivität der Sicherheitspolitik und Schutz personenbezogener Daten als Gemeinwohlbelange der Europäischen Union: Freier Datenverkehr und Datenschutz in der GASP

Wolff Heintschel von Heinegg

I. Einführung

Ausweislich der Grundsätze der europäischen Außenpolitik in Art. 21 EUV ist die Europäische Union entschlossen, in der Außen- und Sicherheitspolitik als ernstzunehmender Akteur wahrgenommen zu werden. Insbesondere sollen eine gemeinsame Politik sowie Maßnahmen festgelegt und durchgeführt werden, um die in Art. 21 Abs. 2 EUV festgelegten Ziele zu erreichen, die durchaus als ambitioniert bezeichnet werden können. Dies gilt zuvorderst für gemeinsame zivile Missionen und militärische Operationen in Drittstaaten sowie für Maßnahmen zur Bekämpfung des internationalen Terrorismus im Rahmen der GSVP.

Insbesondere im Bereich der GSVP kommt es mit Blick auf den Erfolg der jeweiligen Maßnahmen, Missionen oder Operationen nicht allein auf einen wie auch immer gearteten Informationsaustausch an. Vielmehr ist es angesichts der stetig zunehmenden Abhängigkeit von modernen Informations- und Kommunikationssystemen unabdingbar, dass die entsprechenden Datensätze möglichst schnell an alle beteiligten Akteure weitergegeben werden, um einen einheitlichen Informationsstand zu gewährleisten. Ein operatives Vorgehen in Drittstaaten wird schwerlich gelingen, wenn die daran beteiligten Mitgliedstaaten wegen des Fehlens einheitlicher Regeln und Standards nicht in der Lage sind, die erforderlichen Daten auszutauschen. In der Vergangenheit haben unterschiedliche nationale Regeln über den Datenaustausch eine effektive Kommunikation verhindert, weil die Kommunikationssysteme nicht kompatibel waren oder weil ein unterschiedliches Schutzniveau galt. Aber auch in den Beziehungen zu Drittstaaten und internationalen Organisationen muss ein möglichst freier Datenverkehr sichergestellt sein. Im Bereich der Terrorismusbekämpfung ist dies offensichtlich, hat doch die Union eine Reihe bilateraler Abkommen über den Austausch personenbezogener Daten abgeschlossen.[1] Aber auch bei einem operativen Vorgehen der Union handeln die Mitgliedstaaten nicht immer allein, sondern kooperieren mit Drittstaaten oder sie greifen auf die Fähigkeiten der NATO oder einer anderen internationalen Organisation zurück.[2] Beispielsweise operieren im Einsatzgebiet der Operation Atalanta nicht allein die Kriegsschiffe der Mitgliedstaaten, sondern auch Einheiten aus Drittstaaten. Eine effektive Kooperation aller Akteure zur Bekämpfung der Piraterie setzt einen möglichst raschen und umfassenden Informations- und Datenaustausch voraus, der nicht an unterschiedlichen nationalen Regelungen scheitern darf.

II. Voraussetzungen eines einheitlichen Rechtsrahmens nach Art. 39 EUV

Durch Art. 39 EUV wird der Rat auch für den Bereich der GASP ermächtigt, einen einheitlichen Rechtsrahmen für den freien Datenverkehr und den Schutz personenbezogener Daten zu schaffen und dabei den Schutz personenbezogener Daten gebührend zu berücksichtigen.

---

1 Vgl. z.B. Beschluss 2012/472/EU des Rates vom 26.4. 2012 über den Abschluss des Abkommens zwischen den Vereinigten Staaten von Amerika und der Europäischen Union über die Verwendung von Fluggastdatensätzen und deren Übermittlung an das United States Department of Homeland Security, ABl. 2012, L 215/4; Beschluss 2012/381/EU des Rates vom 13.12.2012 über den Abschluss des Abkommens zwischen der Europäischen Union und Australien über die Verwendung von Fluggastdatensätzen (Passenger Name Records – PNR) und deren Übermittlung durch die Fluggesellschaften an den Australian Customs and Border Protection Service, ABl. 2012, L 186/3; Beschluss 2010/16/GASP/JI des Rates vom 30.11.2009 über die Unterzeichnung – im Namen der Europäischen Union – des Abkommens zwischen der Europäischen Union und den Vereinigten Staaten von Amerika über die Verarbeitung von Zahlungsverkehrsdaten und deren Übermittlung aus der Europäischen Union an die Vereinigten Staaten für die Zwecke des Programms zu Aufspüren der Finanzierung des Terrorismus, ABl. 2010, L 8/9.

2 Beschluss 2003/211/GASP des Rates vom 24.02.2003 über den Abschluss des Abkommens zwischen der Europäischen Union und der Nordatlantikvertrags-Organisation über den Geheimschutz, ABl. 2003, L 80 /35.

1. Beschlussfassung

Der Ausschluss der Anwendbarkeit von Art. 16 Abs. 2 AEUV ist vor dem Hintergrund des generellen Ausschlusses von Gesetzgebungsakten im Bereich der intergouvernementalen GASP[3] nur folgerichtig. Daher bleibt das Europäische Parlament außen vor, so dass der Rat den Beschluss allein zu fassen berechtigt ist.[4] Damit wird zugleich eine „Vergemeinschaftung" der GASP durch die Hintertür des Datenschutzes verhindert.[5] Gemäß Art. 31 Abs. 1 UAbs. 1 Satz 1 ist der Beschluss einstimmig zu fassen. Regelt der Beschluss nicht allein den Schutz personenbezogener Daten, sondern auch den freien Datenverkehr, kommt eine der Ausnahmen des Art. 31 Abs. 2 UAbs. 1 EUV schwerlich in Betracht, da sich der Beschluss voraussichtlich auch auf militärische und verteidigungspolitische Maßnahmen erstrecken wird, für den stets Einstimmigkeit erforderlich ist (Art. 31 Abs. 4 EUV).

2. Adressaten

Ausweislich des Wortlauts von Art. 39 EUV sollen allein die Mitgliedstaaten Adressaten des Beschlusses sein. Dies bedeutet nicht, dass die Union auf den Schutz der personenbezogenen Daten nicht verpflichtet sein soll.[6] Allerdings besteht ein Bedarf für einen Ratsbeschluss über einen einheitlichen Rechtsrahmen im Bereich der intergouvernementalen GASP allein hinsichtlich der Verarbeitung dieser Daten durch die Mitgliedstaaten.

---

3 Art. 24 Abs. 1 UAbs. 2 Satz 3 und Art. 31 Abs. 1 UAbs. 1 Satz 2 EUV.

4 Vgl. auch *Kaufmann-Bühler*, in: Grabitz/Hilf/Nettesheim, EUV/AEUV, Art. 39 EUV, Rn. 3, 5.

5 In diesem Zusammenhang sei auf die Erklärung Nr. 20 zu Art. 16 AEUV hingewiesen, aus der deutlich hervorgeht, dass die Mitgliedstaaten unter Hinweis auf ihre nationale Sicherheit auch im Bereich der anderen Politikbereichen einem zu weitreichenden Schutz personenbezogener Daten ablehnend gegenüberstehen.

6 Vgl. *Kugelmann*, in: Streinz, EUV/AEUV, Art. 39 EUV, Rn. 4, der zutreffend darauf hinweist, dass die Organe der Union, mithin auch der Hohe Vertreter, hinsichtlich des Datenschutzes an die Verordnung 45/2001/EG des Europäischen Parlaments und des Rates vom 18.12.2000 zum Schutz natürlicher Personen bei der Verarbeitung personenbezogener Daten durch die Organe und Einrichtungen der Gemeinschaft und zum freien Datenverkehr, ABl. 2001 L 8/1, gebunden sind.

3. Ziele des Art. 39 EUV

Außen- und sicherheitspolitische Operationen betreffen nicht allein Staaten und internationale Organisationen, sondern sind insbesondere im Rahmen der Terrorismusbekämpfung zunehmend gegen natürliche Personen gerichtet (sog. „smart sanctions"), oder sie erfordern die Verarbeitung und Weitergabe personenbezogener Daten. Da die Union auch im Rahmen der GASP an die Menschenrechte gebunden ist, muss auch für diesen Bereich sichergestellt werden, dass Art. 8 Abs. 1 GR-Charta und die völkerrechtlichen Vorschriften über den Schutz der Privatsphäre (Art. 8 Abs. 1 EMRK) Beachtung finden. Art. 39 EUV dient daher zugleich der Gewährleistung der Bindung des außen- und sicherheitspolitischen Handelns der Mitgliedstaaten an diese Individualrechte.

4. Erforderlichkeit eines Beschlusses nach Art. 39 EUV

Bislang hat der Rat von der Ermächtigung keinen Gebrauch gemacht, sondern sich auf Einzelmaßnahmen zur Gewährleistung des Informations- und Datenaustauschs, einschließlich des Geheimschutzes, beschränkt. Wenn in diesem Zusammenhang vorgeschlagen wird, der Rat könne von der Ermächtigung nach Art. 39 Satz 1 EUV durch einen Beschluss über die Anwendbarkeit der Datenschutz-Richtlinie[7] auch für den Bereich der GASP Gebrauch machen,[8] so würde dies schwerlich ausreichen, den Zielen der Ermächtigung gerecht zu werden. Ein auf Art. 39 EUV gestützter Beschluss muss nicht vorrangig den Schutz personenbezogener Daten zum Gegenstand haben, sondern den besonderen Erfordernissen der Außen- und Sicherheitspolitik, die in der Regel Drittstaaten mit einbezieht, entsprechen. Gerade im Bereich der GASP ist ein maßgeschneiderter einheitlicher Rechtsrahmen unabdingbar, weil nur so ein hinreichender Ausgleich der unterschiedlichen Interessen – möglichst freier und schneller Datenaustausch und möglichst wirksamer Schutz personenbezogener Daten – gewährleistet werden kann. Daher wird der Rat nicht umhin kommen, von

7 Richtlinie 95/46/EG des Europäischen Parlaments und des Rates vom 24.10.1995 zum Schutz natürlicher Personen bei der Verarbeitung personenbezogener Daten und zum freien Datenverkehr, ABl. 1995, L 281/31.

8 So *Kugelmann*, in: Streinz, EUV/AEUV, Art. 39 EUV, Rn. 6.

der Ermächtigung des Art. 39 EUV möglichst bald Gebrauch zu machen und einen eigenständigen Beschluss zu erlassen.

5. *Anforderungen an den freien Datenverkehr im Bereich der GASP*

Bei der Beschlussfassung wird der Rat daher zunächst ins Auge nehmen müssen, welche technischen und sonstigen Voraussetzungen erfüllt sein müssen, um ein effektives Agieren der Union und ihrer Mitgliedstaaten auf internationaler Ebene gewährleisten zu können. Freilich besteht hier bereits eine erste erhebliche Schwierigkeit, können die diversen Handlungsformen der GASP doch schwerlich in einer Kategorie zusammengefasst werden. Auch die zivilen Missionen und militärischen Operationen entziehen sich angesichts ihrer unterschiedlichen Ziele, der verschiedenen Einsatzorte sowie der wechselnden Beteiligung der Mitgliedstaaten einer einheitlichen Regelung. Müssen andere internationale Organisationen oder Drittstaaten in den Informationsaustausch einbezogen werden, wird eine zufriedenstellende Ausgestaltung des erforderlichen Rechtsrahmens ohne besondere ergänzende Vereinbarungen wohl schwerlich gelingen. Ein weiteres Problem stellt die technische Kompatibilität der verschiedenen Informations- und Kommunikationssysteme dar, die bislang weder innerhalb noch außerhalb der Union gewährleistet ist.

6. *Schutz personenbezogener Daten*

Aufgrund des Verweises in Art. 39 EUV auf Art. 16 AEUV muss der Beschluss des Rates in besonderem Maße auf den Schutz personenbezogener Daten gerichtet sein.[9] Dieses Individualrecht, das auch in Art. 8 Abs. 1 GR-Charta und in Art. 8 Abs. 1 EMRK garantiert wird, soll mithin nicht allein im unionsinternen Bereich geachtet werden, sondern auch das Tätigwerden der Mitgliedstaaten im Bereich der GASP leiten. Zugleich wird aber anerkannt, dass die Verarbeitung personenbezogener Daten ein wichtiger Bestandteil des mitgliedstaatlichen Handelns in diesem Politikbereich ist.

---

9 *Kaufmann-Bühler*, in: Grabitz/Hilf/Nettesheim, EUV/AEUV, Art. 39 EUV, Rn. 6 ff.

a) Schutzbereich

Personenbezogene Daten sind alle Informationen über eine bestimmte oder bestimmbare natürliche Person. Da in Satz 1 ausdrücklich auf den Schutz natürlicher Personen abgestellt wird, ist die im Zusammenhang mit Art. 16 Abs. 1 AEUV diskutierte Streitfrage, ob auch juristische Personen geschützt werden,[10] im Kontext des Art. 39 EUV ohne Bedeutung. „Verarbeitung" ist mit Blick auf die Bedeutung des Schutzes personenbezogener Daten in einem umfassenden Sinne zu verstehen, so dass davon die Erhebung, Speicherung und Verwendung erfasst wird.[11] Grundsätzlich muss der Beschluss des Rates darauf gerichtet sein, dass ein hohes, einheitliches Datenschutzniveau in diesem Bereich gewährleistet ist. Zugleich ist den Erfordernissen eines möglichst freien Datenverkehrs zwischen den Mitgliedstaaten sowie zwischen den Mitgliedstaaten und Drittstaaten oder internationalen Organisationen Rechnung zu tragen, um die Zusammenarbeit der Behörden zu stärken und zu erleichtern. Ebenso wie in anderen Politikbereichen kann das Recht auf Schutz der personenbezogenen Daten mithin keine uneingeschränkte Geltung beanspruchen, sondern muss im Hinblick auf seine gesellschaftliche Funktion gesehen[12] und mit anderen wichtigen Interessen in Einklang gebracht werden.

b) Schranken

Wenngleich Art. 16 Abs. 1 EUV und Art. 39 EUV keine Bestimmung über die Schranken des Rechts auf Schutz der personenbezogenen Daten enthalten, folgt aus Art. 52 Abs. 1 GR-Charta, dass dieses Recht eingeschränkt werden kann, sofern diese Einschränkungen gesetzlich vorgesehen sind, den Wesensgehalt dieser Rechte und Freiheiten achten, unter Wahrung des Grundsatzes der Verhältnismäßigkeit erforderlich sind und den von der Union anerkannten dem Gemeinwohl dienenden Zielsetzungen oder den Erfordernissen des Schutzes der Rechte und Freiheiten anderer tatsächlich entsprechen. Zu den anerkannten Interessen, die eine ver-

10 Vgl. dazu die Nachweise bei *Herrmann*, in: Streinz, EUV/AEUV, Art. 16 AEUV, Rn. 7.

11 Vgl. allein *Herrmann*, in: Streinz, EUV/AEUV, Art. 16 AEUV, Rn. 7.

12 Vgl. allein EuGH, Urt. v. 9.11.2010, verb. Rs. C-92/09 und C-93/09 (Volker und Markus Schecke und Hartmut Eifert*)*, Slg. 2010, I-11063.

hältnismäßige Einschränkung rechtfertigen können, gehört seit jeher das Interesse am Geheimschutz.[13] Gerade dann, wenn von Drittstaaten oder internationalen Organisationen zur Verfügung gestellte Daten aus dem sensiblen Bereich der äußeren Sicherheit verarbeitet werden, kommt dem Geheimschutz eine erhebliche Bedeutung zu, sodass ein Ratsbeschluss nach Art. 39 EUV dieses Interesse berücksichtigen darf. Drittstaaten und internationale Organisationen sind grundsätzlich nur dann zu einer engen Kooperation im sicherheitspolitischen Bereich bereit, wenn ihr Geheimschutzinteresse gebührend berücksichtigt wird.[14] Zudem fehlt es an einheitlichen Regelungen der Mitgliedstaaten über die Einschränkung des freien Datenverkehrs durch Geheimschutzvorschriften, sodass auch aus diesem Grunde eine einheitliche Vorgabe durch den Rat von besonderer Wichtigkeit ist.[15] Dabei wird der Rat insbesondere auch Vorgaben für den Auskunfts- und Berichtigungsanspruch nach Art. 8 Abs. 2 Satz 2 GR-Charta machen müssen.

7. Überwachung

Nach Art. 39 Satz 2 EUV wird die „Einhaltung dieser Vorschriften von unabhängigen Behörden überwacht.“ Da der Beschluss nur an die Mitgliedstaaten gerichtet sein soll und zudem der Begriff „Behörde“ im Plural verwendet wird, soll die Überwachung der Vereinbarkeit der Datenverarbeitung mit den Vorgaben des Ratsbeschlusses auf der Ebene der Mitgliedstaaten, nicht auf Unionsebene, erfolgen. Welchen Behörden die Überwachung überantwortet wird, braucht in dem Ratsbeschluss nicht geregelt zu werden, da Satz 2 hinreichend klar und bestimmt ist. Allerdings muss die Überwachung durch staatliche Einrichtungen oder Einrichtungen unter staatlicher Aufsicht erfolgen, da andernfalls der Begriff „Behörden“ keinen Sinn machte. Die Unabhängigkeit umfasst insbesondere die Wei-

---

13 Vgl. dazu Beschluss 2011/292/EU des Rates vom 31.03.2011 über die Sicherheitsvorschriften für den Schutz von EU-Verschlusssachen, ABl. 2011, L 141/17; Beschluss 2013/488/EU des Rates vom 23.9.2013 über die Sicherheitsvorschriften für den Schutz von EU-Verschlusssachen, ABl. 2013, L 274/1.

14 Vgl. z.B. das Abkommen zwischen der Europäischen Union und der Nordatlantikvertrags-Organisation über den Geheimschutz, ABl. 2003, L 80/36.

15 S.a. *Kugelmann*, in: Streinz, EUV/AEUV, Art. 39 EUV, Rn. 7.

sungsfreiheit, die freilich im staatlichen Bereich nicht schrankenlos gewährleistet werden kann.[16]

III. Schlussbemerkung

Mit Art. 39 EUV wird die Möglichkeit eröffnet, Effektivität und Effizienz des außen- und sicherheitspolitischen Handelns der Union zu gewährleisten. Der Rat sollte alsbald von dieser Ermächtigung Gebrauch machen, um zu verhindern, dass insbesondere zivile Missionen und militärische Operationen wegen Fehlens einheitlicher Regeln und Standards erheblich erschwert werden. Angesichts der besonderen Natur der GASP und GSVP sollte der Rat sich zunächst an den technischen und materiellen Erfordernissen eines reibungslosen und wirksamen Datenaustauschs orientieren, nicht aber an der bisherigen Ausgestaltung des Datenverkehrs und Datenschutzes.

16 Vgl. dazu sowie zum Vorstehenden *Kugelmann*, in: Streinz, EUV/AEUV, Art. 39 EUV, Rn. 9; *Kingreen*, in: Calliess/Ruffert, EUV/AEUV, Art. 16 AEUV, Rn. 8.

Die Garantie der Medienfreiheit und ihrer Pluralität in Art 11 Grundrechtecharta – Individuelles oder dienendes Freiheitsrecht?

Dieter Dörr

I. Einleitung

Mit dem Vertrag von Lissabon zur Änderung des Vertrags über die Europäische Union und des Vertrags zur Gründung der Europäischen Gemeinschaft[1] haben die Unionsgrundrechte ganz erheblich an Bedeutung gewonnen. Dieser Vertrag ist aus dem an den negativen Volksabstimmungen in Frankreich und den Niederlanden gescheiterten Verfassungsvertrag hervorgegangen, der unter anderem die rechtsverbindliche Aufnahme der Grundrechtecharta und den Beitritt der EU zur EMRK vorsah. Zwar sollen der neue EU-Vertrag und der Vertrag über die Arbeitsweise der Union (AEUV) ausweislich der verwendeten Begrifflichkeiten gerade keinen Verfassungscharakter haben. Die Bestimmung des Art. 6 EUV wurde aber, wie im Verfassungsvertrag beabsichtigt, zu einem umfassenden „Grundrechtsanerkennungsartikel" umgestaltet, in dem sowohl die Rechte, Freiheiten und Grundsätze der Charta der Grundrechte der Europäischen Union vom 7. Dezember 2000 in der am 12. Dezember 2007 in Straßburg angepassten Fassung als auch die in der EMRK niedergelegten Grundrechte als „gemeinsame Verfassungsüberlieferungen der Mitgliedstaaten" und „allgemeine Grundsätze" als Teil des Unionsrechts anerkannt sind.

Dabei geht Art. 6 Abs. 1 EU im Hinblick auf die EU-Grundrechtecharta über eine bloße Anerkennung weit hinaus. Der Zusatz, dass die Charta der Grundrechte und die Verträge rechtlich gleichrangig sind, macht deutlich, dass es sich bei der Charta um eine echte Rechts(geltungs)quelle handelt. Damit verfügt die Union seit dem Inkrafttreten des Lissaboner Vertrages über einen verbindlichen Grundrechtskatalog, so dass die darin enthaltenen Grundrechte die Grundfreiheiten verstärken, aber ihnen in denkbaren Konfliktfällen auch als gleichrangige Rechte entgegen treten können.

1 Vgl. ABl. EG Nr. C 306 v. 17.12.2007, 1 ff.

Für die Auslegung der in der GRCh verankerten Grundrechte kommt der EMRK eine zentrale Bedeutung zu. Deren Schutzniveau darf gemäß Art. 53 GRCh nicht unterschritten werden. Dabei ist nicht nur auf den Text, sondern vor allem auch auf die Rechtsprechung des EGMR abzustellen. Insofern gilt Ähnliches wie für das Verhältnis zwischen den Grundrechten des Grundgesetzes und den Menschenrechten der EMRK.[2] Die GRCh hat demnach eine eigenständige, über die EMRK hinausgehende Bedeutung, wenn das in ihr verankerte einschlägige Grundrecht das Schutzniveau der EMRK überschreitet.

II. Die Gewährleistung der Medienfreiheit

1. Allgemeines

Die Meinungsfreiheit wird durch Art. 11 GRCh gewährleistet. Diese Bestimmung hat erkennbar Art. 10 EMRK zum Vorbild. So entspricht Art 11 Abs. 1 GRCh wörtlich der Bestimmung des Art. 10 Abs. 1 Sätze 1 und 2 EMRK. Allerdings geht Art. 11 Abs. 2 GRCh seinem Wortlaut nach über Art. 10 EMRK hinaus. Dieser Absatz legt fest, dass die Freiheit der Medien und ihre Pluralität geachtet werden. Eine vergleichbare Formulierung fehlt in Art. 10 EMRK. Bei den Beratungen der GRCh war dieser Absatz Gegenstand intensiver Diskussionen.[3] Es wurden unterschiedliche Textvorschläge unterbreitet. Unklar blieb, ob mit der in Art. 11 Abs. 2 GRCh verankerten Medienfreiheit der Sache nach die Idee einer dienenden Freiheit, wie sie das Bundesverfassungsgericht vertritt, übernommen werden, oder ob nicht im Hinblick auf Art. 11 Abs. 1 EU-Grundrechtecharta eher eine Medienunternehmerfreiheit, also ein individuelles Freiheitsrecht, im Vordergrund stehen sollte.

2. Das Konzept der dienenden Freiheit

Um diese Frage klären zu können, muss zunächst dargelegt werden, was sich hinter einer „dienenden Freiheit“, also einem funktionalen Verständ-

---

2 Grundlegend dazu *Dörr*, Faires Verfahren, Kehl 1984, 146 ff.

3 Vgl. dazu im Einzelnen *Stock*, Medienfreiheit in der EU-Grundrechtscharta, Frankfurt/Main 2000, 298 ff.

nis der Medienfreiheiten verbirgt. Nach dieser Vorstellung gibt es neben den subjektiven Freiheitsrechten auch Verbürgungen von Befugnissen, die im Interesse Dritter gegen den Zwang und die Intervention des Staates abgeschirmt sind. Der Sinn von Freiheit kann demnach auch darin liegen, einem Rechtssubjekt Handlungs-, Gestaltungs- und Entscheidungsautonomie zuzuerkennen, weil entweder ein öffentliches Interesse an einem aus autonomer Handlung, Gestaltung und Entscheidung hervorgegangenen geistigen oder gegenständlichen Produkt besteht,[4] oder weil die Abschirmung von Handlungsbefugnissen der Gewährleistung des Rechts- und Freiheitsstatus Dritter dient.[5] Diese letztgenannte Kategorie von drittnützigen Freiheitsrechten, zu der nach der Rechtsprechung des BVerfG klassischerweise die Rundfunkfreiheit zu zählen ist,[6] kann am sinnfälligsten als dienende Freiheitsgewährleistung gekennzeichnet werden.[7] Es geht bei ihr darum, die umfassende Information der Bürgerinnen und Bürger zu gewährleisten und damit letztlich die Grundvoraussetzungen einer rechtstaatlichen Demokratie zu sichern.

Nach dieser Konzeption verlangt die Rundfunkfreiheit, dass der Gesetzgeber auch eine positive Ordnung schafft. Diese muss die Meinungsvielfalt gewährleisten und sicherstellen, dass der Rundfunk ebenso wenig dem Staat wie einzelnen gesellschaftlichen Gruppen oder gar einer einzigen gesellschaftlichen Gruppe ausgeliefert wird. Daher widerspricht es dem ver-

---

4 So verhält es sich etwa bei der verfassungsrechtlichen Gewährleistung der Freiheit von Forschung und Lehre; andeutungsweise in diesem Sinn BVerfG, 1.3.1978 – 1 BvR 333/75; 1 BvR 174/75; 1 BvR 178/75; 1 BvR 191/75 (Hessisches Universitätsgesetz), Rn. 379; näher dazu *Burmeister*, Die Freiheit von Forschung und Lehre – Typus eines dritt- oder gemeinnützigen Individualfreiheitsrechts, in: 10 Jahre Fachhochschule für die Verwaltung des Saarlandes, 1991, 63, 77 ff.; *Dörr*, in: Brocker/Droege/Jutzi, Verfassung für Rheinland-Pfalz, Baden-Baden 2014, Art. 39 Rn. 13 f.; *ders.*, in: Wendt/Rixecker, Verfassung des Saarlandes, Saarbrücken 2009, Art. 33, Rn. 10.

5 So bei der Rundfunkfreiheit, dazu *Niepalla*, Die Grundversorgung durch die öffentlich-rechtlichen Rundfunkanstalten, Köln 1990, 21 ff.

6 So BVerfG, 12.3.2008 – 2 BvF 4/03 (Parteibeteiligungen an Rundfunkunternehmen), Rn. 50; BVerfG, 11.9.2007 – 1 BvR 2270/05; 1 BvR 809/06 und 1 BvR 830/06 (Rundfunkgebühr), Rn. 214; BVerfG, 22.2.1994 – 1 BvL 30/88 (8. Rundfunkentscheidung), Rn. 87 ff.; BVerfG, 6.10.1992 – 1 BvR 1586/89; 1 BvR 487/92 (7. Rundfunkentscheidung), Rn. 197; BVerfG, 5.2.1991 – 1 BvF 1/85 und 1 BvR 1/88 (6. Rundfunkentscheidung), Rn. 295; BVerfG, 16.6.1981 – 1 BvL 89/78 (3. Rundfunkentscheidung), Rn. 319.

7 Vgl. dazu *Stock*, Medienfreiheit als Funktionsgrundrecht, München 1985, 325 ff.

fassungsrechtlichen Gebot, die Freiheit des Rundfunks zu gewährleisten, wenn dieser dem freien Spiel der Kräfte überlassen würde.[8] Der Gesetzgeber hat also, wenn man dieser Konzeption folgt, nach der Verfassung den Auftrag, die Rundfunkfreiheit gesetzlich auszugestalten. Er hat dabei die Informationsfreiheit des Bürgers, also die Ausgewogenheit und Vielfältigkeit des Gesamtangebotes zu gewährleisten.[9]

3. *Die Rechtsprechung des EGMR zu Art. 10 EMRK*

a) Die Meinungsfreiheit als Individualrecht

Einem vergleichbaren Verständnis des Art. 11 Abs. 2 GRCh könnte allerdings entgegenstehen, dass Art. 10 EMRK als Vorbild für den gesamten Art. 11 GRCh diente und dieser Bestimmung ein institutionelles Verständnis fremd zu sein scheint. Die Vorschrift des Art. 10 Abs. 1 EMRK garantiert in erster Linie das individuelle Recht auf freie Meinungsäußerung mittels aller Kommunikationsformen. Dieses schließt, wie Art. 10 Abs. 1 Satz 2 EMRK zeigt, zwar die Informationsfreiheit ein. Jedoch kennt Art. 10 Abs. 1 EMRK keine von dem individuellen Recht auf aktive und passive Meinungsfreiheit abgerückte Garantie einer freien Presse und eines freien Rundfunks. Daher hat der EGMR Art. 10 Abs. 1 EMRK zunächst individualrechtlich ausgelegt und die in der Meinungsäußerungsfreiheit ebenfalls enthaltene Rundfunkfreiheit als eine Art Unternehmerfreiheit, also die Freiheit, in privater Form Rundfunk veranstalten zu dürfen, angesehen.[10]

---

8 Vgl. eingehend dazu BVerfG, 16.6.1981 – 1 BvL 89/78 (3. Rundfunkentscheidung), Rn. 323; BVerfG, 4.11.1986 – 1 BvF 1/84 (4. Rundfunkentscheidung), Rn. 172.

9 Vgl. nur BVerfG, 5.2.1991 – 1 BvF 1/85 und 1 BvR 1/88 (6. Rundfunkentscheidung), Rn. 297 f.; BVerfG, 22.2.1994 - 1 BvL 30/88 (8. Rundfunkentscheidung), Rn. 88 ff.

10 Vgl. dazu vor allem EGMR, Urt. v. 24.11.1993 – A/276 (Lentia Informationsverein); ähnlich EGMR, Urt. v. 28.3.1990 – A/173 (Groppera/Schweiz); dazu *Stock* K&R 2001, 289, 292 ff.

b) Der besondere Schutz der Medien

Allerdings zeigen sich bei der neueren Rechtsprechung des EGMR bemerkenswerte Entwicklungen. So betont er die besondere Bedeutung der Medien in der Demokratie und führt insoweit aus: „Der Gerichtshof hat die wesentlichen Aufgaben der Presse in einer demokratischen Gesellschaft wiederholt hervorgehoben. Wenn sie auch gewisse Grenzen nicht überschreiten darf, insbesondere hinsichtlich des Schutzes des guten Rufs und der Rechte anderer, hat sie doch die Pflicht, in einer Weise, die mit ihren Verpflichtungen und ihrer Verantwortung vereinbar ist, Informationen und Ideen über alle Fragen von öffentlichem Interesse zu vermitteln. Nicht nur hat die Presse die Pflicht, solche Informationen und Ideen zu vermitteln, die Öffentlichkeit hat auch das Recht, sie zu empfangen. Wäre es anders, könnte die Presse ihre wichtige Rolle als ‚public watchdog' nicht spielen (. . .)."[11]

Aus diesen Gründen stellt der EGMR die Tätigkeiten der Medien insgesamt im Vergleich zu sonstigen Veröffentlichungen, etwa privater oder künstlerischer Natur, unter einen privilegierten Schutz.[12] So erkennt der EGMR ausdrücklich an, dass sich die Medien der Methoden des investigativen Journalismus bedienen[13] und bis zu einem gewissen Grad übertreiben oder provozieren dürfen.[14] Demnach leitet der EGMR der Sache nach aus Art. 10 Abs. 1 EMRK eine besondere Medienfreiheit ab, deren Schutz über den der allgemeinen Meinungsfreiheit hinausreicht.

Den Begriff der „Medien" zieht der Gerichtshof in diesem Zusammenhang weit und schließt darin die Presse (sowohl in gedruckter Form[15] als

---

11 EGMR, Urt. v. 7.2.2012 – 40660/08 und 60641/08 (Hannover/Deutschland Nr. 2).

12 Eingehend dazu *Oster/Wagner*, Kommunikation und Medien, in: Dauses, Handbuch des EU-Wirtschaftsrechts, 36. Aufl. 2014, E. V. Rn. 29-31; vgl. auch EGMR, Urt. v. 21.12.2004 – 61513/00 (Busuioc/Moldawien) Rn. 64, sowie Urt. v. 21.1.1999 – 25 716/94 (Janowski/Polen) Rn. 32.

13 EGMR, Urt. v. 17.12.2004 - 33348/96 (Cumpana/Romania) Rn. 96.

14 Vgl. etwa EGMR, Urt. v. 26.4.1995 – 15974/90 (Prager und Oberschlick/Österreich) Rn. 38; EGMR, Urt. v. 22.10.2007 - 21279/02 und 36 448/02 (Lindon u.a./Frankreich) Rn. 62; EGMR, Urt. v. 2.11.2006 - 60899/00 (Kobenter und Der Standard/Österreich) Rn. 31.

15 Grundlegend EGMR, Urt. v. 26.4.1979 – 6538/74 (Sunday Times/UK) Rn. 66.

auch in Internet-Archiven[16]), audiovisuelle Medien[17] und auch die öffentlich-rechtliche Rundfunkanstalten ein.[18]

c) Die Übernahme der Konzeption der dienenden Freiheit

Schließlich hat der EGMR den Gedanken der „dienenden Funktion“ der Medienfreiheit an anderer Stelle, nämlich bei Art. 10 Abs. 2 in Verbindung mit Art. 10 Abs. 1 Satz 3 EMRK, aufgegriffen und nutzbar gemacht.

So betonte er bereits in der Entscheidung zum österreichischen Rundfunkmonopol[19] nachdrücklich, dass der Erhalt eines pluralen und kulturell vielfältigen Rundfunkangebotes durchaus ein Ziel sei, welches die Rundfunkveranstalterfreiheit begrenzen könne. Die Notwendigkeit, den Medienpluralismus im Rahmen des Art. 10 EMRK zu sichern, hat der EGMR auch im Fall Jersild[20] und in der Entscheidung Piemont[21] hervorgehoben.

Noch wesentlich weiter geht der Gerichtshof in der Entscheidung „Manole“.[22] Dort greift er den Gedanken auf, dass der Staat verpflichtet ist, die Rundfunkordnung auszugestalten. Er weist darauf hin, dass dem Fernsehen wegen seiner Macht, Botschaften durch Bilder und Töne zu vermitteln, eine stärkere Kraft als der Presse zukomme. Deshalb dürfe keine mächtige ökonomische oder politische Gruppe eine dominierende Stellung in den audiovisuellen Medien erhalten. Daraus folgert der EGMR, dass Art. 10 EMRK den Staat nicht nur verpflichtet, Eingriffe zu unterlassen, sondern ihn auch dazu anhält, positive Schutzmaßnahmen durch seine Rechtsetzung zu ergreifen. Insbesondere müsse der Staat der Garant für den Pluralismus sein und durch den gesetzlichen Rahmen die institutionelle Unabhängigkeit garantieren.[23] Insbesondere müsse verhindert werden, dass gewichtige ökonomische oder politische Gruppen oder der Staat eine

16 EGMR, Urt. v. 10.3.2009 – 3002/03 und 23 676/03 (Times Newspapers/UK) Rn. 27.

17 EGMR, Urt. v. 23.9.1994 – 15890/89 (Jersild/Dänemark) Rn. 31; EGMR, Urt. v. 30.3.2004 - 53984/00 (Radio France/Frankreich) Rn. 33.

18 EGMR, Urt. v. 7.12.2006 – 35841/02 (Österreichischer Rundfunk) Rn. 49.

19 EGMR, Urt. v. 24.11.1993 – A/276 (Lentia Informationsverein).

20 EGMR, Urt. v. 23.9.1994 – 15890/89 (Jersild/Dänemark) Rn. 31.

21 EGMR, Urt. v. 27.4.1995 – 15773/89 und 15774/89 (Piermont/Frankreich).

22 EGMR, Urt. v. 17.9.2009 – 13936/02 (Manole/Moldawien) Rn. 95-102.

23 EGMR, Urt. v. 17.9.2009 – 13936/02 (Manole/Moldawien) Rn. 97 f.

dominante Stellung über eine Rundfunkanstalt oder innerhalb einer Rundfunkanstalt einnehmen und hierdurch Druck ausüben können.[24]

Daraus ergibt sich insgesamt, dass der EGMR die gesellschaftlich-kulturelle und politisch-demokratische Funktion der Medien berücksichtigt, wenn auch im Rahmen der Schrankenbestimmung des Art. 10 Abs. 2 EMRK. Die in Art. 10 EMRK enthaltene Medienfreiheit stellt also auch nach Auffassung des EGMR nicht nur ein individuelles Recht dar. Vielmehr folgt aus ihr auch die Pflicht, den Meinungspluralismus und die kulturelle Vielfalt der Medien im Interesse einer funktionierenden Demokratie und der Informationsfreiheit aller Bürger wirksam zu sichern. Damit macht sich der EGMR der Sache nach auch den Gedanken der dienenden Freiheit zu Eigen.[25]

4. Konsequenzen für die Auslegung des Art. 11 Abs. 2 GRCh

Vor dem Hintergrund der Rechtsprechung des EGMR zu Art 10 EMRK ergibt sich für die Auslegung des Art. 11 Abs. 2 GRCh folgender Befund. Es kann letztlich dahinstehen, ob dieser Bestimmung eine eigenständige Bedeutung gegenüber Absatz 1 zukommt oder ob sie lediglich klarstellende Funktion hat. Richtigerweise wird man das Verhältnis der beiden Absätze so deuten können, dass Absatz 1 auch die Meinungsäußerungsfreiheit der Medien schützt und insoweit *lex specialis* zu Absatz 2 ist. Absatz 2 erfasst demgegenüber – vergleichbar Art. 5 Abs. 1 Satz 2 GG – die institutionelle Absicherung der Medien und ihre Tätigkeit von der Beschaffung der Information bis zur Verbreitung der Nachrichten und Meinungen.[26] Die Medienfreiheit stellt auch in Art. 11 GRCh ein subjektives Recht dar. Dagegen verkörpert die Medienpluralität einen Grundsatz, an den sich die Adressaten zu „halten" haben.[27] Grundsätze müssen nach Art. 52 Abs. 5 GRCh lediglich umgesetzt werden, begründen aber keine

---

24 EGMR, Urt. v. 17.9.2009 – 13936/02 (Manole/Moldawien) Rn. 98.

25 Dazu umfassend *Cole*, Europarechtliche Rahmenbedingungen für die Pluralismussicherung im Rundfunk, in: BLM-Medienrechtssymposion, München 2008, 93 ff., *Dörr*, in: HK-RStV, Heidelberg 2015, Bd. 1, IV, Rn. 8 f.

26 *Oster/Wagner* (Fn. 12) E. V. Rn. 34.

27 So *Oster/Wagner* (Fn. 12) E. V. Rn. 36.

subjektiven Rechte.[28] Damit bestätigt dieser Grundsatz, dass kulturell vielfältige und plurale Mediensysteme in Europa geboten sind. Sie sind etwa durch eine vorbeugende Konzentrationskontrolle bzw. durch Zugangsoffenheit der Übertragungswege, also durch gesetzliche Ausgestaltungen, zu gewährleisten.[29]

Demnach enthält Art. 11 Abs. 2 GRCh nicht nur individuelle Rechte. Zwar steht der Charakter als individuelles Freiheitsrecht im Vordergrund. Daneben enthält die Bestimmung aber auch institutionelle Elemente, stellt also, wenn man der Terminologie des BVerfG folgt, eine dienende Freiheit dar. Es geht auch bei ihr darum, eine plurale und umfassende Willensbildung durch vielfältige Medienangebote zu ermöglichen, also die Voraussetzungen für funktionsfähige Demokratien in Europa zu gewährleisten. Die Eingangsfrage ist also dahingehend zu beantworten, dass es sich bei Art. 11 Abs. 2 GRCh sowohl um ein individuelles Recht als auch um eine dienende Freiheit handelt. Die Vorschrift bekennt sich damit zur Privatinitiative, also zur Medienunternehmerfreiheit, und der Gemeinwohlorientierung, nämlich der Sicherstellung eines vielfältigen und pluralen Mediengesamtangebotes im Interesse der Demokratie.

---

28 *Frenz,* Handbuch Europarecht, Bd. 4, Europäische Grundrechte, Berlin/Heidelberg 2009, Rn. 2035; *Stern,* in: Tettinger/Stern (Hrsg.), Kölner Gemeinschaftskommentar zur Europäischen Grundrechtecharta, München 2006, Art. 11, Rn. 33.

29 Vgl. auch dazu *Stock*, Medienfreiheit in der EU-Grundrechtscharta, Frankfurt/Main 2000, 300 ff.

Berufs- und Unternehmensfreiheit im Unionsrecht. Zur Abgrenzung der Berufsfreiheit des Art. 15 GRCh und der Unternehmerischen Freiheit des Art. 16 GRCh[1]

Hans D. Jarass

I.

Geht es um das Gemeinwohl im Wirtschaftsbereich, ist die Sicherung der Privatautonomie eine zentrale Aufgabe, soll eine leistungsfähige Wirtschaftsordnung gewährleistet werden. Ohne eine Sicherung ausreichender Freiräume für die im Wirtschaftsbereich tätigen Personen können die Vorzüge einer marktwirtschaftlichen Ordnung nicht zum Tragen kommen. Auf der Ebene der Grundrechte geht es dabei insbesondere um die Eigentumsgarantie und die Sicherung der unternehmerischen Freiheit wie der Berufsfreiheit.

Vor diesem Hintergrund ist von Interesse, dass die „Charta der Grundrechte der Europäischen Union" (GRCh), die seit 2009 in Kraft ist und in der Rechtsprechung des Europäischen Gerichtshofs immer häufiger auftritt, im Bereich der wirtschaftlichen Grundrechte eine Neuerung enthält, die eine Vielzahl von Fragen aufwirft. In Art. 15 Abs. 1 GRCh wird jeder Person das Recht gewährleistet, „zu arbeiten und einen frei gewählten oder angenommenen Beruf auszuüben". In Art. 15 Abs. 2 GRCh wird dann auf die Arbeitnehmerfreizügigkeit, auf die Niederlassungsfreiheit und auf die Dienstleistungsfreiheit verwiesen.[2] Art. 15 Abs. 3 GRCh schließlich trifft Regelungen zur Stellung von Arbeitnehmern aus Dritt-

---

1 Dem Jubilar fühle ich mich besonders verbunden, nicht nur wegen unseres langjährigen wissenschaftlichen Austausches, sondern auch wegen des Umstands, dass wir am gleichen Tag geboren sind.

2 Ob die Vorschrift nur klarstellenden Charakter hat oder zusätzlich die Grundfreiheiten verankert, ist unsicher; vgl. *Streinz*, in: ders. (Hrsg.), EUV/AEUV, 2. Aufl. 2012, Art. 15 GRCh Rn. 14; *Jarass*, Charta der Grundrechte der Europäischen Union, 2. Aufl. 2013, Art. 15 Rn. 20.

staaten.[3] Die amtliche Überschrift des Art. 15 lautet: „Berufsfreiheit und Recht zu arbeiten". Hinzu tritt, und das ist das Novum, ein weiteres Grundrecht in Art. 16 GRCh, das als „Unternehmerische Freiheit" überschrieben ist.[4] Dort heißt es: „Die unternehmerische Freiheit wird nach dem Unionsrecht und den einzelstaatlichen Rechtsvorschriften und Gepflogenheiten anerkannt". Das wirft die Frage auf, in welchem Verhältnis die beiden Gewährleistungen zueinander stehen und welche relative Bedeutung sie aufweisen. Vor allem die Freiheit des Art. 15 Abs. 1 GRCh und die des Art. 16 GRCh scheinen sich weithin zu überschneiden.

Im Grundgesetz werden die Bereiche des Art. 15 Abs. 1 GRCh und des Art. 16 GRCh von einem einheitlichen Grundrecht erfasst, der Berufsfreiheit des Art. 12 Abs. 1 GG, die im Bereich der selbständigen wie der unselbständigen Betätigungen zum Tragen kommt,[5] auch wenn das Grundrecht in der Praxis für die unternehmerischen Betätigungen besondere Bedeutung erlangt hat. In der Rechtsprechung des EuGH zu den entsprechenden, als allgemeine Rechtsgrundsätze entwickelten Grundrechten findet sich ebenfalls keine den beiden Grundrechten des Art. 15 GRCh und des Art. 16 GRCh vergleichbare klare Trennung.[6] Dementsprechend wird in den gem. Art. 52 Abs. 7 GRCh bedeutsamen Erläuterungen zur Charta der Grundrechte sowohl zu Art. 15 GRCh wie zu Art. 16 GRCh auf die Leitentscheidung Nold verwiesen, in der von der „Freiheit der Arbeit, des Handels und anderer Berufstätigkeiten" gesprochen wird.[7] Auch spätere Entscheidungen des Gerichtshofs lassen sich so verstehen, dass es ein einheitliches Grundrecht der Berufsfreiheit gibt, das sowohl auf selbständige wie unselbständige Erwerbstätigkeiten Anwendung findet. Andererseits lassen es die Formulierungen des Gerichtshofs auch zu, mehrere Grundrechte in diesem Bereich anzunehmen. Klare Aussagen dazu finden sich nicht.

---

3 Die Vorschrift hat nur begrenzte Bedeutung, da sie, wie ausdrücklich gesagt wird, voraussetzt, dass durch andere Vorschriften den Drittstaatsangehörigen das Recht vermittelt wird, im Gebiet der Mitgliedstaaten zu arbeiten.

4 Ähnliches findet sich in einzelnen Verfassungen der Mitgliedstaaten, etwa in Art. 35, 38 der Spanischen Verfassung.

5 BVerfG, 18.6.1980 – 1 BvR 697/77 = BVerfGE 54, 301, 322; *Jarass*, in: Jarass/Pieroth, Grundgesetz, 13. Aufl. 2014, Art. 12 Rn. 5.

6 Vgl. *Grabenwarter*, in: ders. (Hrsg.), Europäischer Grundrechtsschutz, 2014, § 13 Rn. 26; *Jarass* EuGRZ 2011, 360.

7 EuGH, Urt. v. 14.5.1974, Rs. C- 4/73 (Nold), Slg. 1974, 491, Rn. 14.

II.

Mit dem Inkrafttreten der Charta ist es nunmehr notwendig, die beiden Grundrechte klarer gegeneinander abzugrenzen. Das folgt schon aus dem praktischen Erfordernis, dass in der Rechtsanwendung gesagt werden muss, ob Art. 15 GRCh oder Art. 16 GRCh oder beide Grundrechte zur Anwendung kommen. Wichtiger noch ist, dass die Rechtsfolgen der beiden Grundrechte unterschiedlich ausfallen. Auffällig ist insoweit vor allem der Verweis „nach dem Unionsrecht und den einzelstaatlichen Rechtsvorschriften und Gepflogenheiten“ in Art. 16 GRCh, der in Art. 15 GRCh fehlt.[8] Welche Bedeutung dieser Verweis hat, ist allerdings unsicher.

Zunächst könnte man daran denken, dass die Gewährleistung des Art. 16 GRCh wegen des Verweises als bloßer Grundsatz im Sinne des Art. 52 Abs. 5 GRCh und nicht als echtes (Grund-)Recht einzustufen ist.[9] Dann wäre die Justiziabilität des Art. 16 GRCh deutlich eingeschränkt.[10] Das würde aber einen gravierenden Bruch mit der Rechtsprechung des EuGH zu den als allgemeine Rechtsgrundsätze entwickelten Grundrechten bedeuten, hat doch der EuGH im Schutz der Unternehmen immer ein echtes, ohne konkretisierende Regelungen anwendbares und direkt einklagbares Recht gesehen, auch wenn die Einschränkungsmöglichkeiten meist sehr betont wurden. Zudem würde eine solche Deutung zur Folge haben, dass im Bereich der unternehmerischen Freiheit das alte, vom EuGH entwickelte Rechtsgrundsatz-Grundrecht zur Anwendung kommen müsste. Gem. Art. 6 Abs. 3 EUV gelten die Rechtsgrundsatz-Grundrechte weiter neben der in Art. 6 Abs. 1 EUV angesprochenen Charta.[11] Würde daher die Charta an einem Punkt einen geringeren Schutz vermitteln, kämen die Rechtsgrundsatz-Grundrechte zum Tragen.[12] Art. 16 GRCh enthält somit

8 Der Verweis findet sich auch bei anderen Grundrechten und Grundsätzen der Charta; dazu *Jarass*, Charta der Grundrechte der Europäischen Union, 2. Aufl. 2013, Art. 52 Rn. 83 ff.

9 Für möglich gehalten von *Everson/Correira*, in: Peers u.a., The EU Charter of Fundamental Rights, 2014, 16.14, 16.29.

10 Dazu *Kingreen*, in: Calliess/Ruffert, EUV/AEUV, 4. Aufl. 2011, Art. 52 GRCh Rn. 15; *Jarass*, Charta der Grundrechte der Europäischen Union, 2. Aufl. 2013, Art. 52 Rn. 80 ff.

11 *Jarass*, Charta der Grundrechte der Europäischen Union, 2. Aufl. 2013, Einl. 30.

12 Eben das hat der EuGH für das Recht aus Art. 41 GRCh angenommen, weil es nur an die Unionsstellen adressiert ist, während die entsprechenden allgemeinen Rechtsgrundsätze auch die Mitgliedstaaten binden, wenn sie Unionsrecht durch-

ein echtes Grundrecht, wovon auch die neuen Entscheidungen des EuGH zu Art. 16 GRCh ausgehen.[13]

Eine weitere Deutung des Verweises auf das Unionsrecht und die einzelstaatlichen Rechtsvorschriften und Gepflogenheiten könnte darin bestehen, dass der Schutzbereich des Art. 16 GRCh durch diese Regelungen bestimmt wird. Die Reichweite des Art. 16 GRCh hinge dann von vornherein vom Unionsrecht und dem Recht der Mitgliedstaaten ab. Noch mehr: Die unternehmerische Freiheit käme erst dann und nur insoweit zum Tragen, als das Unionsrecht oder das Recht des jeweiligen Mitgliedstaats einen Schutz der unternehmerischen Tätigkeiten vorsieht. Das kann schwerlich überzeugen, hätte doch dann das Grundrecht in jedem Mitgliedstaat einen unterschiedlichen Schutzbereich. Zudem würde der Schutz des Art. 16 GRCh hinter dem Schutz der Freiheit der Arbeit, des Handels und anderer Berufstätigkeiten, wie er vom EuGH als allgemeiner Rechtsgrundsatz auch und gerade für unternehmerische Aktivitäten entwickelt wurde, zurückbleiben, bei der der Schutzbereich regelmäßig alle unternehmerischen Tätigkeiten erfasste, unabhängig von Regelungen des Unionsrechts wie der Mitgliedstaaten.[14] Das würde es wiederum notwendig machen, neben Art. 16 GRCh die vom EuGH entwickelte Freiheit der Arbeit, des Handels und anderer Berufstätigkeiten anzuwenden.

Diese Befunde sprechen dafür, dass der Verweis auf das Unionsrecht und die einzelstaatlichen Rechtsvorschriften und Gepflogenheiten erst auf der Stufe der Rechtfertigung von Grundrechtseinschränkungen Bedeutung entfaltet, wie das der EuGH nunmehr klargestellt hat: Einschränkungen der unternehmerischen Freiheit des Art. 16 GRCh sind, so der Gerichtshof, auf der Grundlage des Art. 52 Abs. 1 GRCh möglich, wie das auch für die Freiheit des Art. 15 Abs. 1 GRCh gilt. Im Rahmen der damit erforderlichen Verhältnismäßigkeitsprüfung des Art. 52 Abs. 1 S. 2 GRCh kommt der Verweis auf das Unionsrecht und das Recht der Mitgliedstaaten zum

führen; EuGH, Urt. v. 17.7.2014, Rs. C-141/12 (YS), EU:C:2014:2081, Rn. 67; auch EuGH, Urt. v. 8.5.2014, Rs. C-604/12 (N), EU:C:2014:302, Rn. 49 ff.

13 Die Entscheidungen des EuGH zu Art. 16 GRCh enthalten keinerlei Hinweis auf einen bloßen Grundsatz. Er behandelt die Gewährleistung wie andere (echte) Grundrechte.

14 Der EuGH hat bei der Bestimmung des Schutz- bzw. Anwendungsbereichs des Grundrechts in keiner Entscheidung auf die Regelungen im Unionsrecht bzw. in den Mitgliedstaaten abgehoben.

Tragen.[15] Der EuGH hat dazu festgehalten: „Angesichts des Wortlauts von Art. 16 der Charta, der sich von dem der anderen grundrechtlich geschützten Freiheiten, die in ihrem Titel II verankert sind, unterscheidet und dabei dem Wortlaut einiger Bestimmungen ihres Titels IV ähnelt, kann die unternehmerische Freiheit einer Vielzahl von Eingriffen der öffentlichen Gewalt unterworfen werden, die im allgemeinen Interesse die Ausübung der wirtschaftlichen Tätigkeit beschränken können. Dieser Umstand spiegelt sich vor allem darin wider, auf welche Weise nach Art. 52 Abs. 1 der Charta der Grundsatz der Verhältnismäßigkeit zu handhaben ist."[16] Der Verweis auf das Unionsrecht und das Recht der Mitgliedstaaten verdeutlicht, dass es sich um ein normgeprägtes Grundrecht handelt, das im Hinblick auf die „gesellschaftliche Funktion" der geschützten Tätigkeiten der Union wie den Mitgliedstaaten vielfach weitreichende Regelungs- und Ausgestaltungsmöglichkeiten eröffnet.[17] Andererseits kann dieser Spielraum in bestimmten Konstellationen deutlichen Einschränkungen unterliegen. So ist bei gewichtigen Eingriffen in die unternehmerische Freiheit sowie bei Eingriffen mit besonders personalem Bezug eine erhöhte Kontrolldichte und damit eine intensivere Prüfung geboten. Der Unterschied zur Kontrolldichte bei Art. 15 Abs. 1 GRCh kann dann vollständig verschwinden. Es besteht somit auch auf der Rechtfertigungsebene kein prinzipieller Unterschied zwischen den beiden Grundrechten; deutlich wird aber, dass im Bereich der unternehmerischen Freiheit häufiger ein Einschränkungsbedarf als bei der Berufsfreiheit besteht, die, wie sich noch zeigen wird, im Ergebnis nur bei unselbständigen Berufstätigkeiten zum Tragen kommt. Ein solches Verständnis entspricht im Übrigen der Recht-

---

15 EuGH, Urt. v. 22.1.2013, Rs. C-283/11 (Sky Österreich), EU:C:2013:28, Rn. 46; Urt. v. 28.11.2013, Rs. C-348/12 P (Kala Naft), EU:C:2013:776, Rn. 27; *Jarass* EuGRZ 2011, 363; vgl. *Durner*, in: Merten/Papier, Handbuch der Grundrechte, Bd.VI/1, 2010, § 162 Rn. 38.

16 EuGH, Urt. v. 22.1.2013, Rs. C-283/11 (Sky Österreich), EU:C:2013:28, Rn. 46 f.

17 EuGH, Urt. v. 22.1.2013, Rs. C-283/11 (Sky Österreich), EU:C:2013:28, Rn. 46; ähnlich EuGH, Urt. v. 28.4.1998, Rs. C-200/96 (Metronome), Slg.1998, I-1953, Rn. 21; Urt. v. 9.9.2004, Rs. C-184/02 (Spanien/Parlament), Slg. 2004, I-7789, Rn. 52; a.A. *Grabenwarter*, in: drs., Europäischer Grundrechtsschutz, 2014, § 13 Rn. 44.

sprechung des EuGH zur Berufsfreiheit, die im unternehmerischen Bereich häufig die Spielräume des Gesetzgebers betont hat.[18]

Art. 15 GRCh und Art. 16 GRCh weisen damit auf der Stufe der Rechtfertigung gewisse Unterschiede auf, auch wenn deren Ausmaße, wie sich noch zeigen wird, nicht überschätzt werden dürfen. Daher ist es erforderlich, sich klar zu machen, ob in einem bestimmten Fall das Grundrecht des Art. 15 GRCh oder das des Art. 16 GRCh zum Tragen kommt; eine gemeinsame Heranziehung von Art. 15 GRCh und Art. 16 GRCh ist wenig hilfreich.[19] In den Entscheidungen des EuGH wird denn auch fast durchweg und zu Recht allein auf Art. 15 GRCh oder auf Art. 16 GRCh abgehoben und damit werden die beiden Gewährleistungen als eigenständige Grundrechte eingestuft.[20]

III.

1. Für die Abgrenzung von Art. 15 GRCh und Art. 16 GRCh werden unterschiedliche Auffassungen vertreten, die jeweils bestimmte Stärken und Schwächen aufweisen, weshalb eine Entscheidung nicht einfach ist. Eine erste Möglichkeit besteht darin, unternehmerische Tätigkeiten insoweit und nur insoweit auch von Art. 15 Abs. 1 GRCh geschützt zu sehen, als sie sich „in einem eng verstandenen Sinn als Elemente der Ausformung der Persönlichkeit des Menschen darstellen".[21] Im Überschneidungsfall käme dann die weiterreichende Regelung des Art. 15 GRCh zum Tragen, da sie den umfangreicheren Schutz bietet. Zu dem gleichen Ergebnis führt es, wenn man „die klassischen persönlichkeitsgebundenen Kerngewähr-

---

18 Etwa EuGH, Urt. v. 17.10.1995, Rs. C-44/94 (Fishermen's Organisations), Slg. 1995, I-3115, Rn. 57; Urt. v. 29.2.1996, Rs. C-296/93 (Frankreich und Irland/ Kommission), Slg. 1996, I-795, Rn. 31.

19 Vgl. *Grabenwarter*, in: drs., Europäischer Grundrechtsschutz, 2014, § 13 Rn. 26.

20 Zu Art. 15 GRCh EuGH, Urt. v. 21.7.2011, Rs. C-159/10 (Fuchs), Slg. 2011, I-6919, Rn. 62; Urt. v. 5.7.2012, Rs. C-141/11 (Hörnfeldt), EU:C:2012:421, Rn. 37; zu Art. 16 GRCh EuGH, Urt. v. 22.1.2013, Rs. C-283/11 (Sky Österreich), EU:C:2013:28, Rn. 42; Urt. v. 17.10.2013, Rs. C-101/12 (Schaible), EU:C: 2013:661, Rn. 24 ff; Urt. v. 18.7.2013, Rs. C-426/11 (Alemo- Herron), EU:C: 2013:521, Rn. 32; anders EuGH, Urt. v. 6.9.2012, Rs. C-544/10 (Deutsches Weintor), EU:C:2012:526, Rn. 54, wo allerdings der Schutzbereich überhaupt nicht angesprochen wird.

21 *Bernsdorff*, in: Meyer, Charta der Grundrechte der Europäischen Union, 4. Aufl. 2014, Rn. 10.

leistungen der Berufsfreiheit", „die sich einem eng verstandenen Sinn als Element der Ausformung der Persönlichkeit des Menschen darstellen", allein durch Art. 15 Abs. 1 GRCh geschützt sieht, eine Anwendung des Art. 16 GRCh also von vornherein in diesem Bereich ausscheidet.[22] Doch enthält Art. 16 keinen Anhaltspunkt für eine Ausklammerung von unternehmerischen Tätigkeiten mit personalem Bezug. Vor allem aber führt dieser Ansatz in schwierige Abgrenzungsprobleme, da ein personaler Bezug angesichts der höchst unterschiedlichen wirtschaftlichen Aktivitäten in allen Abstufungen auftreten kann. Wenn solche Abgrenzungsprobleme bereits bei der Frage auftreten, welches Grundrecht einschlägig ist, behindert das die Rechtsanwendung erheblich und gefährdet die praktische Wirksamkeit der beiden Grundrechte. Zudem kann der personale Bezug im Zeitverlauf stark schwanken, was dann zu einem Wechsel des Grundrechts führen würde. Insgesamt wirft daher dieser Ansatz große Probleme auf.

Alternativ könnte man daran denken, Art. 16 GRCh auf Unternehmen zu beschränken, die Arbeitnehmer einsetzen. Das würde zu einer klaren und einfach zu handhabenden Abgrenzung führen. Auch könnte man insoweit geltend machen, dass die weitergehenden Einschränkungsmöglichkeiten sachlich berechtigt sind, wenn Arbeitsnehmer beschäftigt werden. Doch findet sich dafür im Wortlaut des Art. 16 GRCh wie in der Entstehungsgeschichte kein Anhaltspunkt.

Schließlich ist vorstellbar, Art. 15 GRCh auf unselbständige Tätigkeiten zu beschränken und alle selbständigen Erwerbstätigkeiten Art. 16 GRCh zuzuweisen. Auch dieser Ansatz würde eine klare und einfach zu handhabende Abgrenzung ermöglichen. In diesem Sinne hat der Generalanwalt Wahl in einem Schlussantrag festgehalten, dass Art. 16 GRCh auf die „Handlungsfreiheit der Unternehmen" ausgerichtet ist, während „Art. 15 eher die Rechte von Arbeitnehmern" betrifft.[23] Zugunsten dieser Auffassung kann man auch anführen, dass in den Charta-Erläuterungen zu Art. 15 GRCh gerade auf die Gemeinschaftscharta der sozialen Grundrechte der Arbeitnehmer verwiesen wurde.[24] Allerdings bestehen gegen

---

22 *Nowak*, in: Heselhaus/Nowak (Hrsg.), Handbuch der europäischen Grundrechte, 2006, § 30 Rn. 32; in diese Richtung auch *Grabenwarter*, in: ders. (Hrsg.), Europäischer Grundrechtsschutz, 2014, § 13 Rn. 25.

23 Schlussanträge GA Wahl, 29.5.2013, Rs. C-101/12 (Schaible), EU:C:2013:334, Rn. 24.

24 ABl 2007 C 303/23.

diese Auffassung auch gewichtige Gegenargumente. Zunächst wird in der deutschen Fassung des Art. 15 Abs. 1 GRCh von „Person" gesprochen, was grundsätzlich als Indiz dafür genommen wird, dass ein Grundrecht juristischen Personen ebenfalls zusteht.[25] Das verträgt sich nicht mit einer Beschränkung auf Arbeitnehmer. Allerdings kommt dem Begriff der „Person" in der deutschen Fassung der Charta lediglich indizielle Bedeutung zu; im Einzelfall kann ein solches Grundrecht auch auf natürliche Personen beschränkt sein. Gewichtiger ist der Einwand, dass Art. 15 Abs. 2 GRCh sich nicht nur auf die Arbeitnehmerfreizügigkeit, sondern auch auf die Niederlassungsfreiheit und die Dienstleistungsfreiheit beziehen. Das macht nur bei selbstständigen Berufstätigen Sinn. Allerdings ist zu bedenken, dass der eigenständige Schutz der unternehmerischen Betätigung in Art. 16 GRCh erst im Laufe der Beratungen in die Charta aufgenommen wurde.[26] Möglicherweise hat man dabei die Anpassung des Art. 15 Abs. 2 GRCh übersehen, zumal der Verweis auf die Niederlassungsfreiheit und die Dienstleistungsfreiheit im Bereich der unternehmerischen Betätigung besonders wichtig wäre.

2. Für welche dieser Möglichkeiten soll man sich nun entscheiden? Der EuGH hat sich dazu noch nicht klar geäußert. Bemerkenswert ist aber die jüngst ergangene Entscheidung in der Rechtssache Schaible.[27] Dort ging es um einen Schäfer, der persönlich und ohne Mitarbeiter eine Schafhaltung betrieb und sich gegen bestimmte Auflagen des EU-Rechts bei der Schafhaltung wandte. Die dagegen gerichtete Klage wurde unter anderem mit Art. 15 GRCh begründet. Das deutsche Verwaltungsgericht hat dagegen vor allem auf Art. 16 GRCh abgehoben.[28] Im Vorlageverfahren hat dann der Gerichtshof allein Art. 16 GRCh angewandt und ist auf Art. 15 GRCh überhaupt nicht eingegangen, obwohl sich der Generalanwalt Wahl in seinem Schlussantrag ausführlich mit der Abgrenzung von Art. 15 GRCh und Art. 16 GRCh beschäftigt hatte.[29] Der Gerichtshof hat in der

---

25 EuGH, Urt. v. 22.12.2010, Rs. C-279/09 (DEB), Slg. 2010, I-13849, Rn. 39; *Jarass*, Charta der Grundrechte der Europäischen Union, 2. Aufl. 2013, Art. 51 Rn. 59.

26 *Bernsdorff*, in: Meyer (Hrsg.), Charta der Grundrechte der Europäischen Union, 4. Aufl. 2014, Art. 16 Rn. 4.

27 EuGH, Urt. v. 17.10.2013, Rs. C-101/12 (Schaible), EU:C:2013:661.

28 Vgl. die Darstellung in den Schlussanträgen GA Wahl, 29.5.2013, Rs. C-101/12 (Schaible), EU:C:2013:334, Rn. 17.

29 Schlussanträge GA Wahl, 29.5.2013, Rs. C-101/12 (Schaible), EU:C:2013:334, 23 ff.

Regelung zur Schafhaltung eine Einschränkung der unternehmerischen Freiheit gesehen.[30] Dass der Schäfer keine Personen beschäftigte und auch die Tätigkeit stark persönlich geprägt war, spielte keine Rolle. Die Entscheidung deutet daher darauf hin, dass Art. 16 GRCh für alle selbständigen Erwerbstätigkeiten gilt und es auch im Teilbereich persönlich geprägter Tätigkeiten nicht zu einem Vorrang des Art. 15 GRCh kommt. Im Ergebnis läuft das auf eine Beschränkung des Art. 15 GRCh auf unselbständige Tätigkeiten, auf Arbeitnehmer hinaus. Das Grundrecht wäre auch dann durchaus bedeutsam, handelt es sich doch bei den Arbeitsnehmern um immerhin 90 % der Erwerbstätigen in der Europäischen Union.[31] Denkbar ist zudem, Art. 15 GRCh zunächst auf alle Erwerbstätigkeiten zu erstrecken, dann aber die Gewährleistung des Art. 16 GRCh als lex specialis einzustufen, die in ihrem Anwendungsbereich Art. 15 GRCh verdrängt.[32]

Folgt man dieser Lösung, und dafür sprechen gute Gründe, müssen die Bedeutung persönlich geprägter Tätigkeiten und der Unterschied zwischen Art. 15 Abs. 1 GRCh und Art. 15 GRCh bei der Grundrechtseinschränkung nicht unter den Tisch fallen. Man kann dem im Rahmen der Verhältnismäßigkeitsprüfung Rechnung tragen. So kann man die geringeren Beschränkungsmöglichkeiten bei Art. 15 Abs. 1 GRCh damit erklären, dass es hier generell um persönlich geprägte Tätigkeiten geht. Dagegen geht es im Rahmen des Art. 16 GRCh häufig um die Tätigkeiten von Wirtschaftsunternehmen, bei denen das regelmäßig nicht der Fall ist. Wenn es aber im Anwendungsbereich des Art. 16 GRCh in bestimmten Fällen doch um persönlich geprägte Tätigkeiten geht, etwa bei freiberuflich tätigen Personen, kann man dem systematischen Zusammenhang mit Art. 15 GRCh entnehmen, dass der Einschränkungsspielraum (auch) im Rahmen des Art. 16 deutlich geringer ausfällt.[33] Das hat zudem den Vorteil, dass man der Intensität der persönlichen Prägung unschwer Rechnung tragen kann, ohne damit das Grundrecht wechseln zu müssen.

Insgesamt ist eine sachgerechte Zuordnung der beiden Grundrechte des Art. 15 GRCh und des Art. 16 GRCh durchaus möglich. Die damit ver-

---

30 EuGH, Urt. v. 17.10.2013, Rs. C-101/12 (Schaible), EU:C:2013:661, Rn. 24 ff.

31 *Rebhahn*, in: Grabenwarter (Hrsg.), Europäischer Grundrechtsschutz, 2014.

32 So Schlussanträge GA Trstenjak, 24.11.2010, Rs.C-316/09 (MSD Sharp & Dohme), Slg. 2011, I-3249, Rn. 83; *Nowak*, in: Heselhaus/Nowak (Hrsg.), Handbuch der europäischen Grundrechte, 2006, § 30 Rn. 58; *Jarass* EuGRZ 2011, 360 f.

33 *Jarass* EuGRZ 2011, 363.

bundenen Unsicherheiten werden gleichwohl fortbestehen, bis der EuGH für mehr Klarheit gesorgt hat. Dass dies baldmöglichst geschieht, ist im Interesse der beiden Grundrechte zu hoffen. Unklarheiten im Anwendungsbereich einer Regelung fördern nicht gerade die Bereitschaft, sie zum Einsatz zu bringen. Das wäre bedauerlich, werden doch die beiden Grundrechte zusammen mit dem Eigentumsrecht des Art. 17 GRCh als die zentralen Wirtschaftsgrundrechte eingestuft.[34] Ohne die Sicherung dieser Grundrechte sind, um auf die einleitenden Bemerkungen zurückzukehren, Gemeinwohl und Privatautonomie gefährdet.

34 *Ruffert*, in: Calliess/Ruffert (Hrsg.), EUV/AEUV, 4. Aufl. 2011, Art. 15 GRCh Rn. 1; *Frenz*, Handbuch Europarecht, Bd. 4, 2009, Rn. 2652; *Rengeling* DVBl 2004, 455.

Civil status and the freedom of movement in the EU

Gerard-René de Groot/David A.J.G. de Groot

Introduction

European citizens enjoy the right of free movement within the European Union.[1] Third country nationals may also have – be it restricted – free movement rights within the European Union, whether as family member of a Union citizen[2] or as a permanent resident third country national.[3] However, the migrants involved may *inter alia* be confronted with difficulties due to the reluctance of the host Member State to recognise aspects of the civil status acquired or recognised in another Member State.

In this contribution we define "civil status" as the legal identity of a natural person - based on his life events - for the state. This includes particularly data on the birth, the name, the nationality, parentage, adoption, marriage, registered partnership, divorce, dissolution and death.

Regrettably, it is not impossible that the authorities in the host Member State come to the conclusion e.g. that the name of the migrant differs from the name established by the authorities of the previous Member State of residence; that the migrant concerned is not married; that his registered partnership is not recognised; that he has a different parentage or even that (s)he is of a different gender. It has to be underlined that these difficulties do not only arise if the authorities of the host Member State refuse to recognise a certain civil status aspect *established* in another Member State but also if the civil status aspect established in a third country was *re-*

---

1 Art. 20(2)(a) and 21(1) TFEU.

2 Directive 2004/38/EC of the European Parliament and of the Council of 29 April 2004 on the right of citizens of the Union and their family members to move and reside freely within the territory of the Member States amending Regulation (EEC) No 1612/68 and repealing Directives 64/221/EEC, 68/360/EEC, 72/194/EEC, 73/148/EEC, 75/34/EEC, 75/35/EEC, 90/364/EEC, 90/365/EEC and 93/96/EEC, OJ 2004, L 158, 30.4.2004, p. 77.

3 Council Directive 2003/109/EC of 25 November 2003 concerning the status of third-country nationals who are long-term residents, OJ 2004 L 16, 23.1.2004, p. 44.

cognised in another Member State. Furthermore, one should realise that not only third country nationals moving from one Member State to another can be confronted with differing recognition rules and policies regarding civil status aspects established in third countries. A European citizen may have been born as a third country national who has later acquired the nationality of a Member State or a European citizen may have been born outside the Union or may have been active outside the Union in matters which had civil status consequences.

It is not difficult to imagine that the non-recognition of a certain civil status aspect by the host State is experienced as a hindrance of the migrant's free movement rights. The question therefore arises whether the European Union has already acted in order to remove this type of hindrance, either by regulations or via case law.

2. Legislative action by the European Union in the field of civil status

Legislative measures in respect of the above mentioned civil status issues can be based on Art. 81 TFEU. That sounds hopeful but most expectations evaporate mindful that Art. 81(3) provides that measures concerning family law have to be taken with unanimity. Furthermore, Denmark is not bound by measures taken on the basis of Art. 81, whereas Ireland and the United Kingdom decide in respect of each proposal based on this article whether or not to opt in. The background for this special procedural treatment of family law is the fact that Member States have strong feelings concerning this type of issues: some Member States are proud on their rules allowing same sex marriages, whereas other Member States have rules expressly forbidding these marriages; some Member States have elaborated rules on surrogacy arrangements with parentage consequences for the commissioning parents, while other Member States declare expressly that such arrangements violate their international public policy.

That being so, it is unsurprising that to date only one regular regulation was adopted with relevancy for civil status: Brussels IIbis.[4] But even in the context of that Regulation, Denmark is not bound. Furthermore, the

4 Council Regulation (EC) No 2201/2003 of 27 November 2003 concerning jurisdiction and the recognition and enforcement of judgments in matrimonial matters and the matters of parental responsibility, repealing Regulation (EC) No 1347/2000, OJ 2003 L 338, 23.12.2003, p. 1.

obligation to recognise judgments on divorce or legal separation from other Member States which exists under Brussels IIbis does not apply to judgments of third country courts which were recognised in another Member State. [5]

The Brussels IIbis regulation does not include conflict rules on the determination of the applicable law in matters of divorce and legal separation. The attempt to adopt another regulation on that issue was not successful but an enhanced cooperation instrument in this field achieved sufficient support. On 21 June 2012 the Rome III Regulation[6] came into force and is, at the time of writing, binding on sixteen Member States.

In December 2010 the Green paper 'Less bureaucracy for citizens: promoting free movement of public documents and recognition of the effects of civil status records'[7] tried to pave the way for further legislative action in the field of civil status. As a partial follow-up action, a proposal for a regulation on the recognition of civil status documents was published.[8] The final text of that regulation is at the time of writing still under negotiation. However, the proposed regulation does not bring much progress in the field of recognition of foreign civil status issues. The draft regulation focusses on the obligation to recognise foreign civil status documents without requiring legalisation or an apostille. All Member States are contracting parties to the Hague Convention on the exemption of legalisation of documents;[9] furthermore many Member States are also bound by the CIEC-convention on multilingual excerpts of civil status documents.[10] In

---

5 See on that issue *Pauline Kruiniger*, Islamic divorces in Europe; Bridging the gap between European and Islamic legal orders, PhD thesis Maastricht, Den Haag: Eleven Publishers 2015, p. 339-442.

6 Council Regulation (EU) No 1259/2010 of 20 December 2010 implementing enhanced cooperation in the area of the law applicable to divorce and legal separation, OJ 2010 L 343, 29.12.2010, p. 10.

7 Green paper Less bureaucracy for citizens: promoting free movement of public documents and recognition of the effects of civil status records, COM(2010) 747 final.

8 Proposal for a Regulation of the European Parliament and of the Council on promoting the free movement of citizens and businesses by simplifying the acceptance of certain public documents in the European Union and amending Regulation (EU) No 1024/2012, 2013/0119 (COD).

9 12. Hague Convention Abolishing the requirement of Legislation for Foreign Public Documents, Concluded 5 October 1961.

10 CIEC Convention on the issue of multilingual extracts from civil-status records, signed at Vienna on 8 September 1976.

light of these two conventions the rules of the draft regulation are only very small steps forward.

This is also the case in light of the Dafeki judgment[11] of the ECJ, which obliges Member States to recognise the formal validity of civil status documents of another Member State, unless their accuracy is seriously undermined by concrete evidence. The draft regulation does achieve some progress in respect of the difficulty created when a translation of the foreign document is requested. This difficulty was already reduced by multilingual excerpts as introduced under the CIEC convention referred to above, but the draft regulation now prescribes that also translations made by a translator in another Member State have to be accepted and even self-made translations should be accepted. Only if the quality of a translation is so poor that the content cannot be understood anymore another (professional) translation can be required. The draft regulation does not address the notorious hot potatoes: the recognition of the civil status aspects and consequences of the submitted document - which is explicitly excluded from the scope in Art. 2(2) of the proposed regulation - or the civil status aspects established in third countries, which are already recognised by the authorities of another Member State.

Another point of concern in respect to the draft regulation is its legal basis. The draft regulation is not based on Art. 81, but on Art. 21(2) TFEU, concerning citizenship. Using the latter article as a legal basis is an obvious attempt to circumvent the unanimity requirement of the first mentioned provision. However, it is questionable whether Art. 21 TFEU is sufficiently broad to carry the proposed regulation. Art. 20 TFEU is the core article on European citizenship but in the context of the recognition of civil status documents of other Member States, not only documents of European citizens are relevant but also documents of third country nationals with (restricted) free movement rights. We submit that Art. 20 TFEU cannot be used as a legal basis for an obligation of a Member State to recognise civil status documents of another Member State regarding third country nationals.

---

11 Case C-336/94 *Eftalia Dafeki v. Landesversicherungsanstalt Württemberg,* [1997] ECR I-6761.

3. Case law of the ECJ on civil status

The ECJ has already delivered several judgments on the name of persons. The two most important judgments are Grunkin-Paul[12] and Sayn-Wittgenstein.[13]

In Grunkin-Paul the issue concerned the application of the Danish law on names with respect to a German child born in Denmark. When moving to Germany the authorities did not recognise his name as according to the German private international law (PIL), the law of nationality, being the German one, should have been applicable, while according to the Danish PIL rules the law of the habitual residence, being Denmark, should apply. The Court decided that "[i]*n circumstances such as those of the case in the main proceedings, Article* [20 TFEU] *precludes the authorities of a Member State, in applying national law, from refusing to recognise a child's surname, as determined and registered in a second Member State in which the child – who, like his parents, has only the nationality of the first Member State – was born and has been resident since birth."*[14]

In Sayn-Wittgenstein the issue concerned the non-recognition by Austria of a name containing a title of nobility acquired through adoption in Germany by an Austrian national, because the Austrian Constitution prohibits such names. The Court decided that such a restriction of Art. 21 TFEU is allowed if it is based on the Member State's constitutional law and "*provided that the measures adopted by those authorities in that context are justified on public policy grounds".*[15]

It can be derived from this that there is an obligation to recognise the name of a person established or modified in another Member State, except in cases where this would be contrary to the international public policy reflecting constitutional values.[16]

Does this obligation also exist in respect of other civil status aspects? This would be very desirable but doesn't the international public policy (*ordre public*) exception often stand in the way of recognition, due to the strong feelings Member States have concerning family law matters with

---

12 Case C-353/06 *Grunkin-Paul,* [2010] ECR I-07639.

13 Case C-208/09 *Ilonka Sayn-Wittgenstein v. Landeshauptmann von Wien,* [2010] ECR I-13693.

14 Case C-353/06 *Grunkin-Paul,* [2010] ECR I-07639, para. 39.

15 Case C-208/09 *Ilonka Sayn-Wittgenstein v. Landeshauptmann von Wien*, para. 95.

16 See also: Case C-391/09 *Runevič-Vardyn* [2011], ECR I-03787.

relevance to civil status? In the next paragraph we will argue that the obligation to recognise the possession of the nationality of another Member State also limits the use of the international public policy exception.

4. Limits of the public policy exception due to the obligation to recognise the nationality of another Member State

It is beyond any doubt that a Member State of the European Union has the obligation to recognise a national of another Member State as a European citizen, without being allowed to raise questions on the ground of acquisition of the nationality concerned.[17] Even arguments related to public policy (e.g. abuse of nationality law) are not allowed. [18] This unconditional obligation to recognise the possession of the nationality of another Member State by a certain person restricts often also the possibility to use the public policy exception for the recognition of other civil status aspects. This is caused by the fact that the ground for acquisition of a nationality is frequently parentage. If a person possesses the nationality of a Member State *iure sanguinis* (by descent) due to a parentage tie with a parent who is a national, all other Member States have to recognise that nationality in spite of the fact they are not in favour of the rules of the first Member State which were the basis of the establishment of parentage. We will illustrate this with two examples:

a) X, a male national of Member State A is under application of the law of that State married with Y, a male third country national. They adopt child Z outside the European Union in State B. This international adoption is recognised in State A. Subsequently, X, Y and Z move to Member State C, which is against same sex marriage and against adoption by homosexuals. Member State C is, nevertheless, under the obligation to recognise Z as a European citizen. However, we would like to submit that this restricts considerably the possibility not to recognise the parentage tie for other purposes by using the exception of the international *ordre public*.

17 Case C-369/90 *Mario Vicente Micheletti and others v Delegación del Gobierno en Cantabria,* [1992] ECR I-4239, para. 15.

18 Case C-200/02 *Zhu and Chen* [2004], ECR I-9925.

b) X, a female national of Member State A is under application of the law of that State married with Y, a female third country national. Using assisted reproduction technologies (ART) Y gives birth to a child, Z. According to the law of Member State A X is automatically considered a parent of Z due to her marriage with Y and Z becomes *iure sanguinis* a national of Member State A. When the family moves to Member State C, which is against same sex marriages and does not allow the use of ART, Member State C still is under an obligation to recognise Z's nationality of Member State A.

In other words, in these examples a Member State cannot use any *ordre public* argumentation in order to refuse the recognition of the acquisition of the nationality of another Member State by the children involved. The relevant incidental question on the establishment of parentage is already answered in the affirmative by the other Member State and due to this Member State's autonomy in nationality matters the children concerned are European citizens. This *fait accompli* also has, in our opinion, to be taken on board if in another context (e.g. succession law or rights of custody) the question has to be answered whether or not a parentage tie exists between the persons involved. Another approach would be inconsistent.

In light of this, we conclude that the obligation to recognise the nationality of another Member State limits the use of the public policy exception: a small but significant step towards a better recognition of in particular parentage aspects of the civil status acquired in another Member State.

Die soziale Dimension der Freizügigkeit in der Europäischen Union

Siegfried Magiera

I. Freizügigkeit als Ziel der Union

Die Freizügigkeit ist eine der sichtbarsten Errungenschaften der Europäischen Union sowie maßgeblicher Motor für wirtschaftliches Wachstum und eine vom zwischenstaatlichen Austausch profitierende Gesellschaft. In diesem Sinn formulieren die Staatssekretäre aus elf Bundesministerien in ihrem von der Bundesregierung angenommenen Abschlussbericht vom 28.8.2014 zur Inanspruchnahme grenzüberschreitender sozialer Leistungen durch Unionsbürger den Entwicklungsstand der europäischen Integration auf diesem Gebiet.[1] Anlass für den Bericht war die Feststellung einer zunehmend kritischen Sicht der Zuwanderung nach Deutschland. Sie ließ sich zurückführen auf Erkenntnisse aus dem Kommunalbereich über unhaltbare Wohnverhältnisse, ausbeuterische Beschäftigung, Kinder ohne Schulbesuch oder mangelhafte Gesundheitsversorgung, ferner auf das Umfeld der Europawahl 2014 mit dem verbreiteten Slogan „Wer betrügt, der fliegt" und auf den Schweizer Volksentscheid zur Begrenzung der Freizügigkeit von Unionsbürgern.

Auch die Europäischen Institutionen sehen insoweit erheblichen Handlungsbedarf. So soll das Programm „Europa für Bürgerinnen und Bürger" im Zeitraum 2014-2020 mit einem Finanzbeitrag von rund 185 Millionen Euro die Unionsbürgerschaft fördern und den Informationsstand der Bürger über die Union, ihre Geschichte und ihre Vielfalt verbessern.[2]

Freizügigkeit als Bewegungs- und Aufenthaltsfreiheit von Personen in allen Mitgliedstaaten der Europäischen Union gehörte von Anfang an zu den Zielen der europäischen Integration, die *Peter-Christian Müller-Graff,*

---

1 BT Drucks. 18/2470, 5, 59, 63.

2 VO (EU) Nr. 390/2014 des Rates v. 14.4.2014 über das Programm „Europa für Bürgerinnen und Bürger" für den Zeitraum 2014-2020, ABl. 2014 Nr. L 115/3; vgl. auch Kommission, Freizügigkeit der EU-Bürger und ihrer Familien, COM(2013) 837.

dem diese Zeilen in Dankbarkeit gewidmet sind, umfassend untersucht und verdeutlicht hat.[3] Sie beschränkte sich zunächst auf die wirtschaftliche Freizügigkeit der Arbeitnehmer, der selbständig Erwerbstätigen und der Beteiligten am Dienstleistungsverkehr. Zur Einführung einer darüber hinausgehenden allgemeinen Freizügigkeit kam es 1990 im Rahmen des Sekundärrechts durch drei Richtlinien für aus dem Erwerbsleben ausgeschiedene Personen, für Studierende und für sonstige nicht wirtschaftlich tätige Personen.[4] Seit dem Vertrag von Maastricht von 1992 gewährleistet auch das Primärrecht den Unionsbürgern das Recht, sich ohne wirtschaftliche Betätigung im Hoheitsgebiet der Mitgliedstaaten frei zu bewegen und aufzuhalten, jedoch nur vorbehaltlich der im Unionsrecht vorgesehenen Beschränkungen und Bedingungen.[5] Einzelheiten dazu sind in der Freizügigkeits-Richtlinie von 2004 festgelegt, die die drei Richtlinien zur allgemeinen Freizügigkeit sowie weitere Sekundärrechtsakte zur wirtschaftlichen Freizügigkeit abgelöst und geändert hat.[6]

II. Wirtschaftliche Freizügigkeit

Die wirtschaftliche Freizügigkeit gewährleistet den Staatsangehörigen der Mitgliedstaaten die grundsätzliche Gleichbehandlung mit den Erwerbstätigen in den jeweils anderen Mitgliedstaaten. Für Arbeitnehmer erstreckt sie sich ausdrücklich auch auf die Inanspruchnahme von steuerlichen und sozialen Vergünstigungen.[7] Parallel zur Freizügigkeit der Arbeitnehmer hat auch die Niederlassungsfreiheit der selbständig Erwerbstätigen eine weite Auslegung ihres Anwendungsbereichs erfahren.[8] Gleiches gilt für die Freizügigkeit im Rahmen des Dienstleistungsverkehrs, insbesondere durch

---

3 *Müller-Graff*, Verfassungsziele der Europäischen Union, in: Dauses, Handbuch des EU-Wirtschaftsrechts, 2012, Bd. I, Kap. A.I.

4 RL 90/364/EWG, 90/365/EWG und 90/366/EWG des Rates v. 28. 6.1990 über das Aufenthaltsrecht, ABl. 1990 Nr. L 180/26 ff.

5 Art. 8a, später Art. 18 EGV, nunmehr Art. 21 AEUV.

6 RL 2004/38/EG des Europäischen Parlaments und des Rates v. 29.4.2004 über das Recht der Unionsbürger und ihrer Familienangehörigen, sich im Hoheitsgebiet der Mitgliedstaaten frei zu bewegen und aufzuhalten (berichtigte Fassung), ABl. 2004 Nr. L 229/35.

7 Art. 7 Abs. 2 VO (EU) Nr. 492/2011 über die Freizügigkeit der Arbeitnehmer innerhalb der Union, ABl. 2011 L 141/1.

8 EuGH, Urt. v. 30.11.1995, Rs. C-55/94 (Gebhard), Slg. 1995, I-4165, Rn. 25.

Einbeziehung der Empfänger von Dienstleistungen. Dadurch eröffnet sich ein personell weiter, wenn auch zeitlich begrenzter, Anwendungsbereich für die damit verbundene Freizügigkeit, u.a. zu Geschäfts- und Studienreisen, Schulbesuch, medizinischer Behandlung oder allgemein als Tourist.[9]

Im Bereich der sozialen Sicherheit gewährleistet die Koordinierungs-Verordnung von 2004 den Erwerbstätigen, die von einem Zweig der sozialen Sicherheit eines Mitgliedstaates erfasst sind, grundsätzliche Gleichbehandlung mit den Angehörigen des Aufenthaltsstaats und Mitnahme der ihnen zustehenden Geldleistungen in einen anderen Mitgliedstaat. Ausgenommen von der „Exportierbarkeit" und damit dem Wohnortprinzip verhaftet sind jedoch Leistungen der sozialen und medizinischen Fürsorge sowie „besondere beitragsunabhängige Geldleistungen", die Merkmale sowohl der sozialen Sicherheit wie der Sozialhilfe aufweisen und von dem Mitgliedstaat als solche benannt sowie in den Anhang der Verordnung aufgenommen worden sind.[10]

Beschränkungen bestehen für die Beschäftigung von Arbeitnehmern in der öffentlichen Verwaltung sowie für selbständig Erwerbstätige und im Dienstleistungsverkehr bei der Ausübung öffentlicher Gewalt.[11] Vorbehalten bleiben ferner mitgliedstaatliche Regelungen für Ausländer, die aus Gründen der öffentlichen Ordnung, Sicherheit oder Gesundheit gerechtfertigt sind[12] und in der Freizügigkeits-Richtlinie von 2004 eine nach der Aufenthaltsdauer im Aufnahmemitgliedstaat differenzierende Ausgestaltung erfahren haben.[13]

III. Allgemeine Freizügigkeit

Die allgemeine Freizügigkeit gewährleistet den Unionsbürgern nicht nur das schlichte Recht, sich in einen anderen Mitgliedstaat zu begeben und dort aufzuhalten, sondern auch einen Anspruch auf grundsätzliche Gleichbehandlung mit den Staatsangehörigen des Aufnahmemitgliedstaats.[14]

---

9 EuGH, Urt. v. 31.1.1984, Rs. 286/82 (Luisi u. Carbone), Slg. 1984, 377, Rn. 16.

10 Art. 2 ff., Art. 70 VO (EG) Nr. 883/2004 des Europäischen Parlaments und des Rates v. 29.4.2004zur Koordinierung der Systeme der sozialen Sicherheit (berichtigte Fassung), ABl. 2004 Nr. L 200/1.

11 Art. 45 Abs. 4, Art. 51, Art. 62 AEUV.

12 Art. 45 Abs. 3, Art. 52, Art. 62 AEUV.

13 Art. 27 ff. RL 2004/38 (Fn. 6).

14 EuGH, Urt. v. 20.9.2001, Rs. C-184/99 (Grzelczyk), Slg. 2001, I-6193, Rn. 30 ff.

Dementsprechend können den allgemein Freizügigkeitsberechtigten im Aufnahmemitgliedstaat vielfältige Ansprüche auf Gleichbehandlung immaterieller wie materieller Art zustehen, etwa im Hinblick auf Erziehungsgeld, Studienbeihilfen oder sonstige soziale Leistungen.[15]

Die allgemeine Freizügigkeit gilt vorbehaltlich der im Vertragsrecht und in den Durchführungsvorschriften vorgesehenen Beschränkungen und Bedingungen.[16] Neben Einschränkungen zum Schutz der öffentlichen Ordnung, Sicherheit und Gesundheit, wie sie auch für die wirtschaftliche Freizügigkeit gelten, sind dies eine umfassende Krankenversicherung und ausreichende Existenzmittel, deren Höhe eine Inanspruchnahme von Sozialhilfeleistungen des Aufnahmemitgliedstaats grundsätzlich ausschließt.[17] Die zusätzlichen Erfordernisse sollen sicherstellen, dass die allgemein Freizügigkeitsberechtigten die öffentlichen Finanzen des Aufenthaltsmitgliedstaats nicht über Gebühr belasten.[18] Besonderheiten bestehen für Studierende, für Arbeitssuchende und für Sozialhilfebedürftige.

IV. Studierende

Studierende, die sich zur Studienaufnahme in einen anderen Mitgliedstaat begeben, hatten zunächst im Aufnahmemitgliedstaat lediglich einen Anspruch auf gleichberechtigten Zugang zum Studium.[19] Aufgrund ihrer vertraglich gewährleisteten Unionsbürgerschaft haben sie nunmehr auch einen Anspruch auf Gleichbehandlung bei der Vergabe von Studienbeihilfen, wenn sie sich dort im Rahmen ihrer allgemeinen Freizügigkeit für eine gewisse Zeit aufgehalten und zu einem gewissen Grad in dessen Gesellschaft integriert haben.[20] Ein vertraglich begründeter Anspruch auf Gleichbehandlung bei der Stipendienvergabe für ein Studium in einem an-

---

15 EuGH, Urt. v. 12.5.1998, Rs. C-85/96 (Martínez Sala), Slg. 1998, I-2691, Rn. 57 (Erziehungsgeld); EuGH, Urt. v. 15.3.2005, Rs. C-209/03 (Bidar), Slg. 2005, I-2119, Rn. 30 ff. (Studienbeihilfen); EuGH, Urt. v. 20.9.2001, Rs. C-184/99 (Grzelczyk), Slg. 2001, I-6193, Rn. 46 (Sozialhilfe).

16 Art. 21 Abs. 1 AEUV.

17 Art. 7 Abs. 1 lit. b u. c, Art. 14, Art. 24 Abs. 2, Art. 27 ff. RL 2004/38/EG (Fn. 6).

18 Erwägungsgründe 4 bzw. 5 RL 90/364/EWG, 90/365/EWG, 90/366/EWG (Fn. 4) sowie 10 u. 16 RL 2004/38 (Fn. 6).

19 EuGH, Urt. v. 13.2.1985, Rs. 293/83 (Gravier), Slg. 1985, 593, Rn. 19 ff.

20 EuGH, Urt. v. 15.3.2005, Rs. C-209/03 (Bidar), Slg. 2005, I-2119, Rn. 42 ff., 56 ff.

deren Mitgliedstaat besteht auch gegenüber dem Heimatstaat, soweit dieser entsprechende Studienbeihilfen im Inland gewährt.[21]

Demgegenüber sind die Mitgliedstaaten nach der Freizügigkeits-Richtlinie von 2004 nicht verpflichtet, Studierenden aus anderen Mitgliedstaaten vor Erwerb des Daueraufenthaltsrechts Studienbeihilfen „in Form eines Stipendiums oder Studiendarlehens" zu gewähren.[22] Das Vertragsrecht lässt Ausführungsvorschriften jedoch nur zur Erleichterung der allgemeinen Freizügigkeit zu.[23] Deshalb ist die betreffende Bestimmung der Freizügigkeits-Richtlinie im Hinblick auf Studierende, die sich in die Gesellschaft des Aufnahmemitgliedstaats hinreichend integriert haben, dahin zu verstehen, dass die für den Daueraufenthalt erforderliche Mindestfrist von fünf Jahren nicht den ausschließlichen Maßstab für das Integrationserfordernis bildet.[24] Vielmehr ist der erforderliche Grad der Verbundenheit mit dem Aufnahmemitgliedstaat auch anhand anderer geeigneter Merkmale, wie etwa Schulbesuch oder Sprachkenntnisse, festzustellen.[25]

V. Arbeitssuchende

Arbeitssuchende, die sich in einen anderen Mitgliedstaat begeben, hatten dort zunächst nur ein vertragliches Recht auf Gleichbehandlung im Hinblick auf den Zugang zur Beschäftigung.[26] Aufgrund der Unionsbürgerschaft gilt dies nunmehr auch im Hinblick auf finanzielle Leistungen, die ihnen den Zugang zum Arbeitsmarkt erleichtern sollen. Voraussetzung dafür ist, dass zwischen ihnen und dem Arbeitsmarkt in dem Aufnahmemitgliedstaat eine tatsächliche Verbindung, etwa durch Wohnsitznahme, besteht.[27] Nach der Freizügigkeits-Richtlinie von 2004 ist der Aufnahmemitgliedstaat jedoch nicht verpflichtet, Arbeitssuchenden vor Erwerb eines

---

21 EuGH, Urt. v. 23.10.2007, Rs. C-11/06 (Morgan), Slg. 2007, I-9161, Rn. 22 ff.

22 Art. 24 Abs. 2 RL 2004/38 (Fn. 6).

23 Art. 21 Abs. 2 AEUV.

24 So zunächst EuGH, Urt. v. 18.11.2008, Rs. C-158/07 (Förster), Slg. 2008, I-8507, Rn. 51 ff.; a. A. Schlussanträge GA Mazák, 10.7.2008, Rs. C-158/07 (Förster), Slg. 2008, I-8507, Nr. 128 ff.

25 EuGH, Urt. v. 4.10.2012, Rs. C-75/11 (Kommission/Österreich), EU:C:2012:605; EuGH, Urt. v. 24.10.2013, Rs. C-220/12 (Thiele Meneses), EU:C:2013:683, Rn. 35 ff.

26 EuGH, Urt. v. 26.2.1991, Rs. C-292/89 (Antonissen), Slg. 1991, I-745, Rn. 13 f.

27 EuGH, Urt. v. 25.10.2012, Rs. C-367/11 (Prete), EU:C:2012:668, Rn. 32 ff.

Daueraufenthaltsrechts Sozialhilfe zu gewähren.[28] Bei vertragskonformer Auslegung muss die Bestimmung dahin verstanden werden, dass sich dieser Ausschluss nicht auf finanzielle Leistungen bezieht, die den Arbeitssuchenden den Zugang zum Arbeitsmarkt erleichtern sollen.[29] Im Einklang mit der bisherigen Rechtsprechung erschiene dafür ein Aufenthaltszeitraum von bis zu sechs Monaten angemessen, wenn der Betroffene nicht nachweist, dass er auch danach mit begründeter Aussicht auf Erfolg Arbeit sucht.[30]

VI. Sozialhilfebedürftige

Probleme ergeben sich, wenn Unionsbürger ihr Recht auf Freizügigkeit wahrnehmen, aber mangels ausreichender Mittel auf Sozialhilfeleistungen des Aufnahmemitgliedstaats angewiesen sind. Darunter sind im Rahmen der Freizügigkeits-Richtlinie von 2004 öffentliche Hilfeleistungen zu verstehen, die jemand wegen unzureichender Existenzmittel im Aufnahmemitgliedstaat in Anspruch nimmt und dadurch dessen Finanzen mit Auswirkungen auf das gesamte Beihilfenniveau belastet.[31] Die Begriffsbestimmung unterscheidet sich von derjenigen der sozialen Fürsorgeleistungen in der Koordinierungs-Verordnung von 2004. Die Koordinierungs-Verordnung soll bei der Wahrnehmung der Freizügigkeit Benachteiligungen im Hinblick auf Leistungen der sozialen Sicherheit verhindern, während die Freizügigkeits-Richtlinie die Wahrnehmung der Freizügigkeit erleichtern soll, jedoch nur bedingt, insbesondere durch die grundsätzliche Verfügbarkeit eigener Existenzmittel für den Aufenthalt.[32]

Die Freizügigkeits-Richtlinie unterscheidet allgemein zwischen erwerbstätigen und nicht erwerbstätigen Unionsbürgern sowie zwischen einer Aufenthaltsdauer bis zu drei Monaten, einer Aufenthaltsdauer über drei Monate hinaus und dem Daueraufenthaltsrecht nach fünf Jahren. In allen Fällen kann, wenn auch im Einzelnen differenziert, bei Rechtsmiss-

---

28 Art. 24 Abs. 2 RL 2004/38 (Fn. 6).

29 EuGH, Urt. v. 4.6.2009, Rs. C-22/08 (Vatsouras), Slg. 2009, I-4585, Rn. 45.

30 EuGH, Urt. v. 26.5.1993, Rs. C-171/91 (Tsiotras), Slg. 1993, I-2925, Rn. 13; vgl. auch Art. 14 Abs. 4 lit. b RL 2004/38/EG (Fn. 6).

31 EuGH, Urt. v. 19.9.2013, Rs. C-140/12 (Brey), EU:C:2013:565, Rn. 61.

32 EuGH, Urt. v. 19.9.2013, Rs. C-140/12 (Brey), EU:C:2013:565, Rn. 50 ff.; vgl. dazu auch *Hailbronner* JZ 2014, 869 ff.; *Kingreen* BayVBl. 2014, 289 ff.; *Thym* NZS 2014, 81 ff.

brauch oder Betrug eine Ausweisung erfolgen[33] sowie bei Verstößen gegen die öffentliche Ordnung oder Sicherheit ein Aufenthaltsverbot verhängt werden.[34]

Erwerbstätige Unionsbürger sowie nach Erwerb des Daueraufenthaltsrechts auch andere Unionsbürger haben in ihrem Aufnahmemitgliedstaat ein Recht auf Gleichbehandlung mit dessen eigenen Staatangehörigen auch im Hinblick auf Sozialhilfeleistungen.[35]

Zuvor haben nicht erwerbstätige Unionsbürger für einen Zeitraum von über drei Monaten ein Aufenthaltsrecht lediglich, wenn sie über eine umfassende Krankenversicherung und ausreichende Existenzmittel verfügen, so dass sie keine Sozialhilfeleistungen des Aufnahmemitgliedstaats in Anspruch nehmen müssen.[36] Dieser ist deshalb nicht verpflichtet, Unionsbürgern ohne ausreichende Mittel, die von ihrer Freizügigkeit nur Gebrauch machen, um in den Genuss von Sozialhilfeleistungen zu gelangen, solche Leistungen zu gewähren.[37] Dazu gehören auch die besonderen beitragsunabhängigen Geldleistungen gemäß der Koordinierungs-Verordnung, die dazu bestimmt sind, den Lebensunterhalt des bedürftigen Empfängers zu sichern. Eine Inanspruchnahme von Sozialhilfeleistungen ist im Übrigen jedoch nicht völlig ausgeschlossen. Vielmehr sollen die Bedürftigen die Sozialhilfeleistungen des Aufnahmemitgliedstaats nur nicht unangemessen in Anspruch nehmen.[38] Die Inanspruchnahme von Sozialhilfeleistungen darf deshalb nicht automatisch zur Ausweisung führen, sondern es muss eine Prüfung im Einzelfall nach dem Grundsatz der Verhältnismäßigkeit erfolgen, etwa im Hinblick auf die Dauer des Aufenthalts, auf die Größe der Schwierigkeiten und die Folgen für das Sozialhilfesystem des Aufnahmemitgliedstaats.[39]

Für einen Zeitraum bis zu drei Monaten haben Unionsbürger ein Aufenthaltsrecht ohne weitere Bedingungen, wenn sie im Besitz eines gülti-

---

33 Art. 35 RL 2004/38 (Fn. 6).

34 Art. 27 ff. RL 2004/38 (Fn. 6).

35 Art. 14 Abs. 4 lit. a, Art. 16 RL 2004/38 (Fn. 6).

36 Art. 7 Abs. 1 lit. b u. c, Art. 24 Abs. 2 RL 2004/38 (Fn. 6).

37 EuGH, Urt. v. 11.11.2014, Rs. C-333/13 (Dano), EU:C:2014:2358, Rn. 76 ff.

38 Erwägungsgründe 10 u. 16 RL 2004/38 (Fn. 6).

39 Art. 8 Abs. 4, Art. 14 Abs. 2 u. 3, Erwägungsgrund 16 RL 2004/38 (Fn. 6); EuGH, Urt. v. 19.9.2013, Rs. C-140/12 (Brey), Rn. 64 ff.; EuGH, Urt. v. 11.11.2014, Rs. C-333/13 (Dano), EU:C:2014:2358, Rn. 80; Schlussanträge GA Wathelet, 20.5.2014, Rs. C-333/13 (Dano), EU:C:2014:341, Nr. 126 ff.

gen Reisepasses oder Personalausweises sind.[40] Soweit sie nicht erwerbstätig sind, ist der Aufnahmemitgliedstaat jedoch nicht verpflichtet, ihnen einen Anspruch auf Sozialhilfe zu gewähren.[41] Andererseits steht ihnen das dreimonatige Aufenthaltsrecht solange zu, wie sie die Sozialhilfeleistungen des Aufnahmemitgliedstaats nicht unangemessen in Anspruch nehmen.[42] Insoweit sind sie den Unionsbürgern bei einem Aufenthalt von mehr als drei Monaten grundsätzlich gleichgestellt,[43] so dass bei Inanspruchnahme von Sozialhilfeleistungen für den Fall einer Ausweisung ebenfalls eine Einzelfallprüfung erfolgen muss.[44] Diese kann sich aber angesichts der kürzeren Aufenthaltsdauer darauf beschränken, ob der Unionsbürger dafür bei seiner Einreise über ausreichende Mittel verfügte und diese nur unvorhergesehen, z.B. durch Diebstahl, verloren hat oder ob er mittellos in der Absicht eingereist ist, Sozialhilfe zu erlangen.

40 Art. 6 RL 2004/38 (Fn. 6).

41 Art. 24 Abs. 2 RL 2004/38 (Fn. 6).

42 Art. 14 Abs. 1 RL 2004/38 (Fn. 6).

43 EuGH, Urt. v. 21.12.2011, Rs. C-424/10 (Ziolkowski u. Szeja), Slg. 2011, I-14035, Rn. 39 f.

44 Art. 14 Abs. 2 RL 2004/38 (Fn. 6).

Freizügigkeit und mitgliedstaatliches Sozialrecht

Peter Axer

Die primärrechtlichen Kompetenzen der Union zur Gestaltung eines harmonisierten, einheitlichen europäischen Sozialrechts sind selbst nach dem Vertrag von Lissabon verglichen mit den Befugnissen der Europäischen Union auf anderen Feldern immer noch gering. Die Kompetenzbestimmungen in den einschlägigen Kapiteln des AEUV über die Beschäftigung, die Sozialpolitik oder das Gesundheitswesen sehen für die Union nur beschränkt sozialrechtliche Kompetenzen im Sinne eines engeren, insbesondere das Arbeitsrecht ausklammernden Verständnisses von Sozialrecht vor. Nach ständiger Rechtsprechung des EuGH liegt die primäre Zuständigkeit für die Ausgestaltung der sozialen Sicherungssysteme nach wie vor bei den Mitgliedstaaten; in Ermangelung einer Harmonisierung auf Unionsebene bestimmt das Recht eines jeden Mitgliedstaats, unter welchen Voraussetzungen zum einen ein Recht auf Anschluss an ein System der sozialen Sicherheit oder eine Verpflichtung hierzu und zum anderen ein Anspruch auf Leistung besteht[1].

Spätestens seit dem Maastrichter Vertrag betont die Union allerdings verstärkt die Bedeutung des Sozialen für ihr Handeln. So finden sich heute im Primärrecht in den Ziel- und Wertebestimmungen der Union vermehrt sozialpolitische Gesichtspunkte und enthält die Grundrechte-Charta einen umfangreichen Katalog sozialer Grundrechte. Die Rechtsprechung des EuGH führte zudem durch die Pflicht, bei der Ausgestaltung der nationalen sozialen Sicherungssysteme das Wettbewerbsrecht – selbst wenn der Gerichtshof in Bezug auf den Unternehmensbegriff bislang eher zurückhaltend urteilt – sowie die Grundfreiheiten zu beachten, zu einem größeren Einfluss des Unionsrechts und zugleich zu einer Stärkung der Freizügigkeit. Beginnend mit den die Warenverkehrs- bzw. die Dienstleistungsfreiheit betreffenden Entscheidungen in den Rechtssachen *Decker* und *Kohll*

---

1 Vgl. nur: EuGH, Urt. v. 28.4.1998, Rs. C-120/95 (Decker), Slg. 1998, I-1831, Rn. 21 f.; Urt. v. 5.10.2010, Rs. C-173/09 (Elchinov), Slg. 2010, I-8889, Rn. 40.

aus dem Jahre 1998[2] weitete der EuGH die Möglichkeiten grenzüberschreitender Inanspruchnahme von Gesundheitsleistungen aus und stärkte die Patientenmobilität. Vor allem aber erfuhr die Freizügigkeit in Bezug auf Sozialleistungen, die schon seit den Anfangstagen der europäischen Integration über die Koordinierungsverordnungen gerade zur Absicherung der Arbeitnehmerfreizügigkeit gewährleistet wurde, durch die kraftvolle und dynamische Rechtsprechung des EuGH zur Unionsbürgerschaft eine weitere und erhebliche Stärkung: Vom Marktbürger hin zum Unionsbürger mit sozialrechtlichem Gleichbehandlungsanspruch.

Die von der Rechtsprechung entfaltete soziale Dimension der Freizügigkeit wirft Fragen auf, gerade auch dahingehend, wieweit die Solidarität der Mitgliedstaaten bezüglich Sozialleistungen für Bürger anderer EU-Staaten reichen kann und muss. Diese stellen sich umso mehr, wenn aufgrund unterschiedlicher wirtschaftlicher Verhältnisse Migrationsbewegungen in einzelne Staaten zunehmen und diese dann mehr und höhere Sozialleistungen zu gewähren haben. Die Diskussion, die in Deutschland oftmals unter dem Begriff des Sozialtourismus, dem Unwort des Jahres 2013, geführt wird, illustriert die Problematik und führt zu Rufen nach begrenzenden Vorschriften, die wiederum in Einklang mit dem primären und sekundären Unionsrecht stehen müssen. Rechtlich weisen gerade die Vorlagebeschlüsse des Sozialgerichts Leipzig aus dem Jahre 2013 in der Rechtssache *Dano* und des Bundessozialgerichts in der Rechtssache *Alimanovic* betreffend den Ausschluss von Leistungen der Grundsicherung nach dem SGB II, landläufig Hartz-IV, auf das Spannungsverhältnis zwischen leistungsbegrenzenden mitgliedstaatlichen Normen sowie europäischem Freizügigkeitsrecht und Koordinierungssozialrecht hin[3].

---

2 EuGH, Urt. v. 28.4.1998, Rs. C-120/95 (Decker), Slg. 1998, I-1831; Urt. v. 28.4.1998, Rs. C-158/96 (Kohll), Slg. 1998, I-1931.

3 Siehe dazu die Entscheidung des EuGH, Urt. v. 11.11.2014, Rs. C-333/13 (Dano), EU:C:2014:2358; BSG, Vorlagebeschl. v. 12. 12. 2013 - B 4 AS 9/13 R, NZS 2014, 234 (Alimanovic) sowie die Schlussanträge des Generalanwalts Wathelet v. 26.3.2015 in der Rs. C-67/14. Im Hinblick auf § 7 Abs. 1 S. 2 Nr. 1 SGB II siehe LSG Nordrhein-Westfalen, Vorlagebeschl. vom 22. 5. 2014 - L 7 AS 2136/13, BeckRS 2014, 73423.

I. Unionsbürgerschaft und Freizügigkeit

Nach Art. 21 Abs. 1 AEUV hat jeder Unionsbürger das Recht, sich im Hoheitsgebiet der Mitgliedstaaten vorbehaltlich der in den Verträgen und in den Durchführungsvorschriften vorgesehenen Beschränkungen und Bedingungen frei zu bewegen und aufzuhalten. Damit erstreckt der Vertrag die unionale Freizügigkeit über die Personenverkehrsfreiheiten hinaus auf Personen, die keiner wirtschaftlichen Betätigung nachgehen, und schafft ein umfassendes, unmittelbar geltendes, wenngleich beschränkbares Recht der Unionsbürger, ein- und auszureisen und sich im Hoheitsgebiet der Mitgliedstaaten frei zu bewegen und aufzuhalten.

Aus dem Freizügigkeitsrecht entwickelte der EuGH besonders seit der Jahrtausendwende - gerade auch in Verbindung mit dem allgemeinen Diskriminierungsverbot (Art. 18 AEUV) - weit reichende Ansprüche bei Aufenthalt in einem anderen Mitgliedstaat auf gleichberechtigte Teilhabe an mitgliedstaatlichen Sozialleistungen[4], damit auf Rechte im Aufenthalt, und stärkte die soziale Dimension der Unionsbürgerschaft. Grundlegend und maßgebend war insoweit die Entscheidung in der Rechtssache *Grzelczyk,* mit der der EuGH in grundsätzlicher Hinsicht den Zugang zu sozialen Leistungen eröffnete: „Der Unionsbürgerstatus ist nämlich dazu bestimmt, der grundlegende Status der Angehörigen der Mitgliedstaaten zu sein, der es denjenigen unter ihnen, die sich in der gleichen Situation befinden, erlaubt, unabhängig von ihrer Staatsangehörigkeit und unbeschadet der insoweit ausdrücklich vorgesehenen Ausnahmen die gleiche rechtliche Behandlung zu genießen“ [5]. In der Folgezeit baute der Gerichtshof seine Rechtsprechung weiter aus, sowohl im Hinblick auf den persönlichen als auch auf den sachlichen Schutzbereich. Auf das Freizügigkeitsrecht konnten sich Unionsbürger auch gegenüber ihrem Herkunftsstaat berufen, an das Erfordernis des grenzüberschreitenden Bezugs wurden keine hohen Anforderungen mehr gestellt und Drittstaatsangehörige können (abgeleitet) von der Unionsbürgerschaft profitieren. Der gerichtliche Schutz und die Gewährleistung des Kernbestands der durch den Unionsbürgersta-

---

4 Vgl. dazu und zur Entwicklung der Unionsbürgerschaft m.w.N. *Stewen*, Die Entwicklung des allgemeinen Freizügigkeitsrechts der Unionsbürger und seiner Begleitrechte, 2011; *Thym*, in: ders./Becker/Tichý, Die Entwicklung der Union zu einem „sozialen Europa“, Bonn 22. Europa-Symposium 2013, 1 ff.

5 EuGH, Urt. v. 20.9.2001, Rs. C-184/99 (Grzelczyk), Slg. 2001, I-6193, Rn. 31.

tus verliehenen Rechte verdeutlichen den Stellenwert der Unionsbürgerschaft allgemein.

II. Beschränkungen der Freizügigkeit wegen Bezugs von Sozialleistungen

Das Freizügigkeitsrecht des Art. 21 AEUV steht unter dem Vorbehalt der „in den Verträgen und in den Durchführungsbestimmungen vorgesehenen Beschränkungen und Bedingungen". Für die Frage nach der Bedeutung und den Folgen des Bezugs von Sozialleistungen kommt der Freizügigkeits-Richtlinie (Richtlinie 2004/38) zentrale Relevanz zu. Diese sieht ein zeitlich und nach Statusgruppen differenziertes System vor, das von folgenden Grundsätzen geleitet wird: Alle Unionsbürger und die sie begleitenden Familienangehörigen haben für bis zu drei Monate ein Recht auf Aufenthalt im Hoheitsgebiet eines anderen Mitgliedstaats (Art. 6 RL 2004/38). Bei einem Aufenthalt von über drei Monaten ist, soweit es sich nicht um Arbeitnehmer oder Selbständige und deren Familienangehörige handelt, das Recht auf Aufenthalt grundsätzlich daran geknüpft, dass der Unionsbürger für sich und seine Familienangehörigen über ausreichende Existenzmittel verfügt, so dass sie während des Aufenthalts keine Sozialhilfeleistungen in Anspruch nehmen müssen, und sie über einen umfassenden Krankenversicherungsschutz im Aufenthaltsmitgliedstaat verfügen (Art. 7 RL 2004/38). Nach Art. 16 Abs. 1 RL 2004/38 erwirbt jeder Unionsbürger, der sich rechtmäßig fünf Jahre lang ununterbrochen im Aufnahmemitgliedstaat aufgehalten hat, das Recht, sich auf Dauer dort aufzuhalten, das dann vom Vorliegen ausreichender Existenzmittel entkoppelt ist.

Die Freizügigkeits-Richtlinie regelt zudem die Gleichbehandlung im Aufenthalt. Vorbehaltlich anderweitiger Regelungen genießt jeder Unionsbürger, der sich aufgrund der RL 2004/38 im Hoheitsgebiet des Aufnahmemitgliedstaats aufhält, im Anwendungsbereich des Vertrags die gleiche Behandlung wie die Staatsangehörigen dieses Mitgliedstaats (Art. 24 Abs. 1 S. 1 RL 2004/38). Abweichend davon ist nach Abs. 2 der Aufnahmemitgliedstaat jedoch nicht verpflichtet, anderen Personen als Arbeitnehmern oder Selbstständigen, Personen, denen dieser Status erhalten bleibt, und ihren Familienangehörigen während der ersten drei Monate des Aufenthalts oder gegebenenfalls während des längeren Zeitraums nach Art. 14 Abs. 4 lit. b RL 2004/38 einen Anspruch auf Sozialhilfe oder vor Erwerb des Rechts auf Daueraufenthalt Studienbeihilfen, einschließlich Beihilfen zur Berufsausbildung, in Form eines Stipendiums oder Studiendarlehens, zu gewähren. Zudem steht das Aufenthaltsrecht nach Art. 6 RL 2004/38 nur zu, solange Sozialhilfeleistungen nicht unangemessen in Anspruch genommen werden; die Inanspruchnahme von Sozialhilfeleistungen darf aber nicht automatisch zu einer Ausweisung führen (Art. 14 Abs. 1, 3 RL 2004/38).

Die Regelungen werfen vielfältige Fragen auf[6], schon deshalb, weil die Mitgliedstaaten nach drei Monaten grundsätzlich zur Gleichbehandlung in Bezug auf Sozialhilfeleistungen verpflichtet werden, andererseits die Inanspruchnahme von Sozialhilfeleistungen gerade auch zu einem Verlust des Aufenthaltsrechts führen kann. Der Begriff der Sozialhilfeleistung ist weit zu verstehen, allerdings ist nur ein unangemessener Bezug freizügigkeitsrechtlich relevant. Unangemessen wiederum ist ein unbestimmter, offener und der Konkretisierung bedürftiger Begriff. Gefordert ist eine Prognoseentscheidung, die neben den früheren Hilfen gerade die künftig zu erwartenden Hilfeleistungen einbezieht. Zwar wird die einzelne Leistung für sich kaum die finanzielle Stabilität und die Funktionsfähigkeit des gesamten Sozialleistungssystems in Frage stellen, jedoch dürfen die jeweiligen Sozialleistungen insgesamt nicht zu einer übermäßigen Belastung werden, die Auswirkungen auf das gesamte Niveau der jeweiligen Hilfe haben könnte, die der Staat gewähren kann. Letztlich ist vor allem darauf abzustellen, ob der Leistungsbezug nur vorübergehend ist, welche Höhe er hat oder wie die jeweilige Situation unter Einschluss der bisherigen Aufenthaltsdauer im Hinblick auf die Integration im Aufenthaltsstaat zu beurteilen ist. Nicht jeder Bezug von Sozialleistungen ist schon unangemessen; insoweit verlangt das Unionsrecht ein gewisses Maß an finanzieller Solidarität mit den Angehörigen anderer Mitgliedstaaten.

Art. 21, 18 AEUV sowie Art. 24 Abs. 1 RL 2004/38 fordern keine strikte Rechtsgleichheit. Gerechtfertigt werden können Ungleichbehandlungen durch objektive, von der Staatsangehörigkeit des Betroffenen unabhängige Erwägungen. Der Leistungsbezug kann abhängig gemacht werden von der tatsächlichen Verbindung zum Arbeitsmarkt oder einem gewissen Integrationsgrad in die Gesellschaft des Aufnahmestaates. Ein Gleichbehandlungsgebot kennt sozialkoordinationsrechtlich zudem Art. 4 VO 883/2004. Auch hier dürfte keine strikte Gleichbehandlung, sondern eine Rechtferti-

6 Dazu etwa: *Fuchs* ZESAR 2014, 103 ff.; *Hailbronner* JZ 2014, 869 ff.; *Thym* NZS 2014, 81 ff.; aus der Rechtsprechung des EuGH etwa EuGH, Urt. v. 19.9.2013, Rs. C-140/12 (Brey), EU:C:2013:565.

gung aus objektiven, von der Staatsangehörigkeit der Betroffenen unabhängigen Erwägungen möglich sein. Unabhängig davon ist das Zusammenspiel der aufenthaltsrechtlichen Freizügigkeits-Richtlinie und der sozialrechtlichen Koordinierungs-Verordnung 883/2004, gerade in Bezug auf beitragsunabhängige Leistungen nach Art. 70 VO 883/2004, d. h. Leistungen, die aufgrund ihres Geltungsbereichs, ihrer Ziele und/oder ihrer Anspruchsvoraussetzungen sowohl Merkmale der in Art. 3 Abs. 1 VO 883/2004 genannten Rechtsvorschriften der sozialen Sicherheit als auch Merkmale der Sozialhilfe aufweisen, nicht unproblematisch; nach Ansicht des Generalanwalts in der Rechtssache *Dano* können Hartz-IV-Leistungen durchaus besondere beitragsabhängige Leistungen im Sinne des Koordinierungsrechts und Sozialhilfeleistungen im Sinne der Freizügigkeits-Richtlinie sein; der EuGH hat insoweit entschieden, dass Hartz-IV-Leistungen nicht nur Sozialhilfeleistungen im Sinne der Freizügigkeitsrichtlinie, sondern auch besondere beitragsunabhängige Leistungen im Sinne des Koordinierungsrechts sind[7].

III. Auf dem Weg zur Sozialbürgerschaft?

Das Freizügigkeitsrecht des Art. 21 AEUV gewährleistet auf der Grundlage der Rechtsprechung des EuGH die soziale Integration der Unionsbürger in die Rechtsordnung des jeweiligen anderen Mitgliedstaats und fördert die sozialen Verflechtungen innerhalb der Union. Insoweit hat sich die Unionsbürgerschaft zu einer Sozialbürgerschaft entwickelt. Diese beschränkt sich allerdings auf einen diskriminierungs- und beschränkungsfreien Anspruch auf mitgliedstaatlich unterschiedlich ausgestaltete Sozialleistungen, damit letztlich auf einen Anspruch auf sozialrechtliche Inländergleichbehandlung, der, selbst wenn nur in engen Grenzen, noch beschränkt werden kann. Die sozialpolitische Verantwortung liegt dann etwa nicht mehr beim Herkunftsstaat, sondern beim Aufnahmemitgliedstaat, bleibt aber weiterhin auf der Ebene der Mitgliedstaaten; zu einer Änderung des jeweiligen mitgliedstaatlichen Sozialmodells und zu einer europaweiten Angleichung der Sozialsysteme zwingt die Unionsbürgerschaft auch in der Rechtsprechung des EuGH nicht. Dass allerdings Tendenzen

---

7 Schlussanträge GA Wathelet, 20.5.2014, Rs. C-333/13 (Dano), EU:C:2014:341; EuGH, Urt. v. 11.11.2014, Rs. C-333/13 (Dano), EU:C:2014:2358.

bestehen, sozialpolitisch weiter zu gehen, zeigen die Überlegungen zu einer europäischen Arbeitslosenversicherung. Ob eine solche oder eine noch weitergehende Europäisierung sozialer Sicherheit angesichts unterschiedlicher Sicherungssysteme in den Mitgliedstaaten sowie der Pfadabhängigkeit sozialer Sicherheit überhaupt möglich ist, erscheint zweifelhaft; zudem dürfte die Errichtung einer europäischen Sozialversicherung eine Vertragsänderung erfordern.

IV. Klarheit und Kohärenz

Soweit sich gegen die extensive Rechtsprechung des Gerichtshofs zur sozialen Dimension der unionsbürgerschaftlichen Freizügigkeit – bei der inzwischen auch Tendenzen der Eingrenzung zu konstatieren sind – Kritik richtet, ist zu bedenken, dass es in den Händen der Vertragsstaaten und der am Rechtsetzungsprozess Beteiligten lag und liegt, eindeutige – und wenn gewollt einschränkende – Vorgaben im Hinblick auf den Sozialleistungsbezug zuzulassen. Wenn sich stattdessen jedoch Formelkompromisse und offene und inkohärente Regelungen finden, darf es nicht überraschen, dass der EuGH zu Ergebnissen gelangt, die einzelne Mitgliedstaaten so nicht wollten, und die ihre Sozialleistungssysteme erheblich betreffen können. Es liegt in der Verantwortung der Mitgliedstaaten und der Europäischen Union, klar und deutlich werden zu lassen, wie weit die Solidarität in Bezug auf Sozialleistungen reichen soll. Die Forderung nach Kohärenz, die der EuGH grundfreiheitsrechtlich für mitgliedstaatliche Regelungen aufstellt, trifft auch den EU-Gesetzgeber.

Das Dublin-Asylrecht als Integrationsmotor – „Privatinitiative" von Flüchtlingen versus EU-Gemeinwohl?

Jan Bergmann

I. Ausgangspunkt: Die tatsächliche Situation

Die EU leidet gewissermaßen unter einem Wohlstandproblem. Natürlich ist auch sie gespalten in Reich und Arm, in Geber und Nehmer, in Sieger und Verlierer, wie zuletzt insbesondere die Schuldenkrise für jedermann unübersehbar machte. Aufs Ganze gesehen ist der Lebensstandard innerhalb der Union dennoch phänomenal, jedenfalls im Vergleich zu anderen Teilen Europas oder gar weiten Teilen der übrigen Welt. Wohl noch nie hat es einen Zustand gegeben, der einer utopischen Gesellschaft näher kam als derjenige, den wir heute in der EU leben.

Dies ist auch dem Rest Europas bzw. der übrigen Welt nicht verborgen geblieben. Die Union entfaltet deshalb universale Magnetwirkung auf all diejenigen, die etwas zu gewinnen haben. Kommen Kriege oder Krisen oder Seuchen hinzu, wie heute in zu vielen Teilen der Welt, schlägt sich dies unmittelbar in Flüchtlingsströmen und steigenden Asylzahlen nieder. Wies Eurostat[1] bis 2010 längere Zeit relativ gleichbleibende Antragszahlen in der EU von +/- 260.000 aus, stiegen diese bis 2013 auf 435.385. Für 2014 werden monatlich rund 40.000 Flüchtlinge ausgewiesen, sodass absehbar ist, dass der Zuzug von über 500.000 Flüchtlingen pro Jahr in die EU demnächst erreicht wird.

Besondere Magnetwirkung entfaltet dabei unsere Heimat. Unter regelmäßig abenteuerlichen und nicht selten lebensgefährlichen Bedingungen ergreifen immer mehr Flüchtlinge aus aller Welt „Privatinitiative", um unbedingt zu uns zu kommen. Eurostat meldete für Deutschland von 2005 bis 2009 jährlich rund 25.000 Flüchtlinge. 2012 waren es dann 77.650 und 2013 sogar 126.995 Asylbewerber. Tendenz steigend. Allein im Juli 2014 stieg die Zahl der in Deutschland registrierten Asylneubewerber auf

1 http://epp.eurostat.ec.europa.eu/portal/page/portal/statistics/search_database?_piref 458_1209540_458_211810_211810.node_code=migr_asy (Zugriff: 21.10.2014).

19.415, den höchsten Monatswert seit dem Asylkompromiss im Jahr 1993. Und es gibt keinerlei Anhaltspunkte für einen nachhaltigen Rückgang in den nächsten Monaten bzw. 2015.

Die Gründe hierfür liegen auf der Hand. Die Bundesrepublik Deutschland wird aufgrund der starken Wirtschaftsdaten weithin – natürlich durchaus zu Recht – als „Insel der Seligen“ wahrgenommen. Wie sich in vielen Gerichtsverhandlungen zeigt, spricht sich zudem das humane Urteil des BVerfG zum Asylbewerberleistungsgesetz[2] in der Welt herum, in Folge dessen die Grundleistungen gemäß § 3 AsylbLG allein für den „Haushaltsvorstand“ von (verfassungswidrigen) 224,97 EUR, inklusive Taschengeld-Barbetrag von 40,90 EUR, auf derzeit insgesamt 362 EUR, inklusive attraktivem monatlichen Barauszahlungsbetrag von 140,00 EUR, angehoben wurden. Zum Vergleich: Das erhobene Durchschnittseinkommen in Nicht-EU-Osteuropa[3] liegt bei monatlich 250 – 350 EUR, in „wohlhabenderen“ Oststaaten wie z.B. Serbien bei umgerechnet bis zu 370 EUR, allerdings mit Vollzeitarbeit und brutto. In Nigeria liegt das Durchschnittseinkommen sogar nur bei monatlich umgerechnet 77 EUR, in Somalia bei etwa 55 EUR und in Eritrea und Afghanistan gar nur bei rund 30 EUR.

Kriege, Krisen und diese ökonomische Misere in den Hauptherkunftsländern spiegeln sich unmittelbar in den Flüchtlingszahlen wider. Im August 2014 kamen in Deutschland[4] etwa rund 23% der Flüchtlinge aus Nicht-EU-Osteuropa, 22% kamen aus dem syrischen Kriegsgebiet, 19% aus Eritrea, Somalia und Nigeria sowie rund 5% aus Afghanistan. Auch die Verschärfung des Asylrechts durch die Einstufung von Serbien, Mazedonien und Bosnien-Herzegowina als sogenannte „sichere Herkunftsländer“ wird kaum dazu führen, dass die Asylanträge vor allem der Roma aus diesen Ländern drastisch abnehmen werden, auch weil im Gegenzug Erleichterungen beim Arbeitsmarktzugang, der Residenzpflicht und im Sozialrecht zugesagt wurden[5]. Nach praktischer Erfahrung spricht einiges dafür, dass vor allem die legalen Arbeitsmöglichkeiten noch im Asylverfahren, regelmäßig schon drei Monate nach gestattetem Aufenthalt im Bun-

---

2 BVerfG, 18.7.2012 – 1 BvL 10/10.

3 http://durchschnittseinkommen.net/liste-durchschnittseinkommen/ (Zugriff: 21.10.2014).

4 BAMF, Aktuelle Zahlen zu Asyl, 8/2014, 6.

5 Vgl. BRat-Zustimmung v. 19.9.2014, Drs. 383/14.

desgebiet, einen Anreiz entfalten, zum verhältnismäßig guten deutschen Arbeitsmarkt vorzudringen.

Dies dürfte die bestehende Schieflage hinsichtlich der eigentlich im Gemeinsamen Asylsystem angestrebten „gerechten Verteilung“ der Flüchtlinge auf alle Mitgliedstaaten weiter verschlechtern[6]. Während etwa im Jahr 2007 von insgesamt 222.635 Asylbewerbern in der gesamten EU nur 19.165 (8,6%) ihren Antrag in Deutschland stellten, waren dies im Jahr 2010 bei insgesamt 260.835 EU-Anträgen schon 48.590 (18,6%), 2012 bei insgesamt 336.015 EU-Anträgen dann 77.650 (23,1%) und 2013 – auch nach Umsetzung des Urteils des BVerfG zum AsylbLG –bei 435.385 EU-Anträgen insgesamt 126.995, d.h. nunmehr knapp 30%. Dieser Trend verstärkte sich bis Ende 2014 deutlich. Im Monat August 2014 meldete Eurostat, dass von insgesamt 37.845 Asylbewerbern in der gesamten EU nunmehr 17.680 ihren Antrag in Deutschland gestellt haben, das entspricht fast 47%.

II. Die Regelung im Gemeinsamen Europäischen Asylsystem

Das Gemeinsame Europäische Asylsystem versucht dieses „Verteilungsproblem“ durch die Dublin-Verordnungen zu lösen. Nach der aktuellen Dublin III-VO 604/2013/EU ist grundsätzlich derjenige Dublin-Staat[7], in dem der erste Antrag auf internationalen Schutz gestellt wurde, für das Asylverfahren des Asylbewerbers zuständig. Ausnahmen gibt es im Wesentlichen nur bei Minderjährigen, Familienangehörigen oder dem Besitz eines Aufenthaltstitels. Die Überstellung des Flüchtlings durch den Aufenthaltsstaat in den zuständigen Staat soll dabei grundsätzlich binnen maximal sechs Monaten erfolgen, wenn der Aufenthaltsstaat nicht nach Ermessen entscheidet, das Asylverfahren selbst durchzuführen, was er selbstredend auch völkerrechtlich jederzeit darf. Die Überstellung an einen anderen Dublin-Staat ist allerdings gesperrt, wenn dort „das Asylverfahren und die Aufnahmebedingungen systemische Schwachstellen aufweisen“, die für den Flüchtling „eine Gefahr einer unmenschlichen oder entwürdi-

6 Zahlen von Eurostat: http://epp.eurostat.ec.europa.eu/portal/page/portal/statistics/search_database?_piref458_1209540_458_211810_211810.node_code=migr_asy (Zugriff: 21.10.2014).

7 Am Dublin(II)-System nehmen inzwischen alle 28 EU-Mitgliedstaaten teil sowie die Nicht-EU-Staaten Norwegen, Island, Schweiz und Liechtenstein.

genden Behandlung im Sinne des Art. 4 GRCh mit sich bringen“[8]. Dies wird seit dem EGMR-Urteil M.S.S.[9] und dem sich anschließenden Folgeurteil N.S.[10] des EuGH auch derzeit noch bezüglich Griechenland bejaht; bezüglich aller sonstigen Dublin-Staaten hingegen zwischenzeitlich in der (sehr uneinheitlichen) Rechtsprechung überwiegend abgelehnt.

III. Die Rechtsprechung des EuGH

Die bisherige EuGH-Judikatur zu den Dublin-Verordnungen ist dünn gesät. Neben dem Urteil N.S. sind im Wesentlichen nur die Urteile Puid und Abdullahi besonders zu erwähnen. Im Urteil Puid[11] entschied der EuGH, dass bei Vorliegen systemischer Mängel, die beim konkreten Asylbewerber zu einer unmenschlichen oder erniedrigenden Behandlung im Sinne von Art. 4 GRCh führen, der eigentlich nicht zuständige Staat zunächst weiter prüfen darf, ob anhand der Dublin-Regelungen ein anderer Dublin-Staat für eine Überstellung in Frage kommt. Dabei hat der eigentlich nicht zuständige Staat darauf zu achten, dass kein unangemessen langes Verfahren entsteht. Erforderlichenfalls sollte er den Asylantrag unter Inanspruchnahme des mitgliedstaatlichen Selbsteintrittsrechts selbst prüfen. Der EuGH stellte allerdings ausdrücklich klar, dass der Asylbewerber hierauf keinen Rechtsanspruch besitzt. Damit hat er zugleich der Sache nach klargestellt, dass ein Asylbewerber nur Anspruch darauf hat, dass sein Antrag auf internationalen Schutz auf dem Gebiet des „unvollendeten Bundesstaates EU“ geprüft wird, nicht aber darauf, dass er gerade in einem bestimmten Dublin-Staat eigener Wahl geprüft wird (kein „forum shopping“). Indem der EuGH dem Selbsteintrittsrecht der Mitgliedstaaten nach den Dublin-Verordnungen die drittschützende Wirkung absprach, hat er zugleich angelegt, dass auch den anderen Verfahrensvorschriften, insbesondere den Fristenregelungen, grundsätzlich keine drittschützende Wirkung zukommt.

---

8 Vgl. Art. 3 Abs. 2 Dublin III-VO.

9 EGMR, Urt. v. 21.1.2011 – 30696/09.

10 EuGH, Urt. v. 21.12.2011, verb. Rs. C-411/10 und 493/10 (N.S.), EU:C:2011:13905.

11 EuGH, Urt. v. 14.11.2013, Rs. C-4/11 (Puid), EU:C:2013:740.

Im Urteil Abdullahi[12] hat er dies klargestellt, nachdem im Verfahren ausdrücklich nach dem Drittschutz von Dublin-Zuständigkeitsverfahrensvorschriften gefragt worden war. Der EuGH antwortete wiederum verneinend und in aller Klarheit, dass in dem Moment, in dem ein Dublin-Zielstaat der (Wieder-)Aufnahme des Asylbewerbers zugestimmt hat, dieser hiergegen ausschließlich dortige systemische Mängel einwenden kann, die in seinem konkreten Einzelfall zu einer Verletzung von Art. 4 GRCh führen würden. Denn die Zuständigkeitsregelungen seien im Sinne von „organisatorischen Vorschriften" der Mitgliedstaaten und nach dem „Prinzip des gegenseitigen Vertrauens" normiert worden, um - auch wegen des öffentlichen Beschleunigungsinteresses hinsichtlich einer zeitnahen Feststellung des zuständigen Staates - einem „forum shopping" entgegenzuwirken.

Seither steht im Sinne eines „acte éclairé" fest, dass sämtliche nicht grundrechtlich aufgeladenen Dublin-Zuständigkeitsregelungen vom Asylbewerber gerichtlich regelmäßig[13] nicht durchgesetzt werden können. Ein Drittschutz kann insoweit allenfalls bei überlanger Verfahrensdauer gemäß dem über Art. 51 GRCh hier direkt anwendbaren Art. 47 Satz 2 GRCh anerkannt werden, damit keine „refugee in orbit"-Situation entsteht. Eine Ausnahmekonstellation, die aufgrund der hintereinander geschalteten Wochen- und Monatsfristen der Dublin-Verordnungen sicherlich ein Untätigbleiben von weit über einem Jahr voraussetzt.[14]

IV. Einzelfragen

Abgesehen von diesen weitgehend geklärten, allerdings ganz und gar nicht von allen Gerichten akzeptierten grundlegenden Weichenstellungen des EuGH stecken die Dublin-Verordnungen voller - für das konkrete Rechtsschutzergebnis entscheidungsrelevanter - Detailprobleme. Der rechtliche Bogen spannt sich hier weit. Insbesondere folgende Fragen sind derzeit hoch streitig: Hemmt oder unterbricht ein (später negativ abgeschlossenes) Eilverfahren den Ablauf der regelmäßig maximal sechs Monate langen

12 EuGH, Urt. v. 10.12.2013, C-394/12 (Abdullahi), EU:C:2013:813.

13 Ausnahmen können sich bei erhobener Untätigkeitsklage oder dann ergeben, wenn das Bundesamt von sich aus in eine Sachprüfung eingetreten war; vgl. VGH Bad.-Württ., 16.4.2014 – A 11 S 1721/13.

14 Vgl. VG Stuttgart, 28.2.2014 – A 12 K 383/14..

Überstellungsfrist?[15] Was ist die statthafte Klageart gegen die Unzuständigkeitserklärung hinsichtlich des konkreten Asylverfahrens und der Abschiebungsanordnung?[16] Welche Klagefrist läuft bei der Abschiebungsanordnung?[17] Kann der Flüchtling die Dublin-Zuständigkeitsregelungen manipulieren, indem er im anderen Staat seinen Asylantrag nach Zustimmung[18] des Dublin-Zielstaates zur Überstellung zurücknimmt oder beschränkt?[19]

Weiter: Ist der Begriff der „systemischen Mängel“ eher weit oder eng zu fassen? Fasst man den Begriff der systemischen Mängel eng, verlangt spiegelbildlich das Gebot des effektiven Rechtsschutzes, dass der Abschiebungsanordnung umfangreich auch inlandsbezogene Vollstreckungshindernisse entgegen gestellt werden können bzw. von den Behörden von Amts wegen geprüft werden müssen, insbesondere die Reiseunfähigkeit im weiteren Sinne.[20] Wer trägt die Beweislast für das Vorliegen systemischer Mängel?[21] Greift der Schutz des unbegleiteten Minderjährigen auch dann noch, wenn der Antragsteller bei Antragstellung minderjährig war[22], im Laufe des Gerichtsverfahrens aber volljährig geworden ist?[23] Gelten die Zuständigkeitsregelungen des Art. 12 Dublin III-VO immer dann, wenn der Asylbewerber irgendwann einmal einen Aufenthaltstitel oder ein Visum gehabt hat?[24] Müssen dem Flüchtling auch die konkrete Form der geplanten Überstellung und alle diesbezüglichen Einzelheiten und Modalitäten so rechtzeitig bekanntgegeben werden, dass er – was nach ersten Er-

---

15 Ablaufhemmung, VGH BW, 27.8.2014 – A 11 S 1285/14.

16 Nur AK, VGH BW, 16.4.2014 – A 11 S 1721/13.

17 Zweiwochenfrist, VG Stgt., 26.5.2014 – A 12 K 12/14.

18 Bei Rücknahme davor endet die Anwendbarkeit der Dublin-VO nach EuGH, 3.5.2012, Rs. C-620/10 (Kastrati).

19 Nein, VG Stgt., 20.5.2014 – A 12 K 1131/14 .

20 M.E. ist von einem engen Begriff auszugehen, weil im ggf. bitterarmen Überstellungszielstaat der dort allgemein übliche Standard maßgeblich und vom Flüchtling hinzunehmen ist, ohne dass dieser zugleich als ein solcher „Mangel“ gewertet werden darf, vgl. BVerfG, 17.09.2014 – 2 BvR 1795/14.

21 Das Bundesamt, wenn es tatsächlich (etwas bzgl. der Erreichbarkeit eines bestimmten Medikaments im Zielstaat) zum non-liquet kommt, VG Stgt., 21.3.2014 – A 12 K 984/14 .

22 Dann Zuständigkeit Aufenthaltsstaat: EuGH, Urt. v. 6.6.2014, Rs. C-648/11 (MA), EU:C:2013:367.

23 Ja, VG Stgt., 16.9.2014 – A 1 K 447/14.

24 Nein, VG Stgt., 11.9.2014 – A 5 K 3472/14.

fahrungswerten bei rund der Hälfte der Betroffenen passiert – noch untertauchen kann?[25]

Oder: Führt die „Flucht ins Kirchenasyl“ dazu, dass im Sinne des § 34a Abs. 1 Satz 1 AsylVfG dann nicht mehr hinreichend „feststeht“, dass die Überstellung durchgeführt werden kann?[26] Sperrt das zwischenzeitliche Verlassen des Dublin-Gebietes den Erlass einer Abschiebungsanordnung?[27] Kann der Flüchtling nach erfolglosen Gerichtsverfahren auf eigene Initiative freiwillig in den Dublin-Zielstaat ausreisen?[28] Ist die Abschiebungsanordnung eine Rückkehrentscheidung im Sinne der Rückführungs-RL 2008/115/EG?[29] Gelten die Dublin-Verordnungen auch (analog) für anerkannte Flüchtlinge?[30] Schließlich: Kann ein rechtskräftig unterlegener Asylbewerber beim Bundesverfassungsgericht unter Berufung auf das GG mittels Verfassungsbeschwerde weiteren Rechtsschutz erhalten?[31] Und für den Anwalt: Welcher Gegenstandswert ist bezüglich einer Abschiebungsanordnung festzusetzen?[32]

Fragen über Fragen, die aufgrund der regelmäßigen Asyl-Entscheidung durch den Einzelrichter und der begrenzten Rechtsmittelmöglichkeiten[33] noch lange ober- und höchstrichterlicher Klärung harren dürften. Klar ist, dass das Dublin-System in der Praxis heute nur schlecht funktioniert und Lasten mit sich bringt. Die „Privatinitiative“ der Flüchtlinge wird das EU-Gemeinwohl jedoch dann steigern, wenn die Mitgliedstaaten endlich gemeinsam, besser: partnerschaftlich, Lösungen für das Flüchtlingsproblem suchen und finden. Da der Einwanderungsdruck auf die EU steigt, stehen die Chancen hierfür nicht schlecht[34]. Dann aber wird sich das – zu reformierende – Dublin-Asylrecht als kraftvoller Integrationsmotor erweisen.

---

25 Ja, VGH BW, 27.8.2014 – A 11 S 1285/14; Nichtbeachtung führt aber nicht zur Rechtswidrigkeit des Bundesamtsbescheids.

26 Will man zu einer solchen „Flucht“ anstiften?

27 Ja, der Richter muss die „Zwischenausreise“ allerdings glauben.

28 Ja, VGH BW, 27.8.2014 – A 11 S 1285/14.

29 Nein, VGH BW, 16.4.2014 – A 11 S 1721/13.

30 Ja, VG Stgt., 28.2.2014 – A 12 K 383/14.

31 Nein (Solange II), aber BVerfG, 17.9.2014 – 2 BvR 1795/14.

32 5.000 EUR, VG Stgt., 30.4.2014 – A 12 K 473/14.

33 Vgl. §§ 76, 78 AsylVfG.

34 Hierzu: *Bergmann*, in: Festschrift für Stein, Calliess (Hrsg.), 2015, 403.

D.
Gelehrtes und gelebtes Recht

Iustitia

Werner F. Ebke

Iustitia
zug. *Marten de Vos*, *1532 Antwerpen † 4.12.1603 Antwerpen (Foto: *Christian Mitko*)

I. Sehnsucht nach Gerechtigkeit

Iustitia – Gerechtigkeit – gehört zu dem Kernbestand menschlicher Glücksvorstellungen (*pursuit of happiness*). Doch: Was ist Gerechtigkeit?[1] Hat das Wort „Gerechtigkeit" (*justice*, *giustizia*, *justicia*, *Gerechtigheid*, δικαιοσύνη, справедливость, 正義) für alle Menschen dieselbe Bedeutung? Kann es die *eine*, die vollkommene Gerechtigkeit überhaupt geben? Gibt es vielleicht verschiedene Gerechtigkeitsmodelle mit unterschiedli-

1 Zur Bedeutung der Zahl Acht als Symbol der Gerechtigkeit siehe *von Moeller*, Die Zahlensymbolik in ihren Beziehungen zur Gerechtigkeit, Zeitschrift für christliche Kunst 21 (1908), 137 (142-146); *Großfeld*, Zeichen und Zahlen im Recht, 1993, S. 56-57. Zur Iustitia als Personifikation der Gerechtigkeit siehe unten bei Fn. 6.

chen Gerechtigkeitsvorstellungen? Inwieweit bedingen individuelle Gerechtigkeitsempfindungen, kollektive Erfahrungen, religiöse oder weltanschauliche Vorverständnisse, ideologische Postulate, kulturelle Leitformen oder interessenspezifische Wertungen solche Gerechtigkeitsvorstellungen?

II. „Gerechtigkeit ist im Auge des Betrachters"

Die Geschichte lehrt uns: Menschen in unterschiedlichen geschichtlichen Phasen, sozialen, kulturellen, religiösen bzw. ideologisch geprägten Welten haben verschiedene, häufig sogar grundverschiedene Auffassungen von Gerechtigkeit. Es gibt sie also nicht: die *eine* fest umrissene, klar definierte Gerechtigkeit,[2] jedenfalls nicht als empirisch messbaren Kernbestandteil des allgemeinen (Rechts-)Bewusstseins. Im Gegenteil: Es ist ein Grundzug des Menschen, dass er aus seinen eigenen Überzeugungen und seinen persönlichen Erfahrungen auch seinen individuellen Entwurf einer gerechten Welt ableitet, das Bild einer von ihm als „gerecht" empfundenen Ordnung des Öffentlichen und des Privaten entwickelt.[3] Deshalb sagt man: „Justice is in the eye of the beholder" – „Gerechtigkeit ist im Auge des Betrachters".[4]

III. Gerechte Ordnung

Solche individuell entwickelten persönlichen („subjektiven") Auffassungen und Vorstellungen von Gerechtigkeit sind in ihrer Vielfalt und Verschiedenheit aber nicht geeignet und in der Lage, einen verlässlichen, allgemein verbindlichen („objektiven") Maßstab für den Aufbau eines Gemeinwesens abzugeben, das seinerseits als eine gerechte Ordnung bezeichnet werden könnte. Andererseits gilt: Keines der Prinzipien, nach de-

---

2 *A. Kaufmann*, Grundprobleme der Rechtsphilosophie, 1994, S. 140 („Was die Gerechtigkeit ist, läßt sich nicht – noch weniger als der Rechtsbegriff – in einer exakten, abschließenden Definition sagen").

3 *Dworkin*, Law's Empire, 1986, S. 97 („Justice is a matter of the correct or best theory of moral and political rights, and anyone's conception of justice is his theory, imposed by his own personal convictions, of what these rights actually are").

4 Siehe aber aus ökonomischer Sicht auch *James Konow*, Is Fairness in the Eye of the Beholder? An Impartial Spectator Analysis of Justice, Social Choice and Welfare 33 (2009), 101-127.

nen das Maß der Gerechtigkeit beurteilt werden kann, ist geeignet und in der Lage, in einem Gemeinwesen alle widerstreitenden Interessen zur Zufriedenheit aller zu lösen, also eine vollkommen gerechte Ordnung zu bewirken. Gerechtigkeit ist und bleibt also ein Begriff, der im Lichte der naturgegebenen Individualität und der Freiheit der Menschen sowie ihrer sozialen Verantwortung und ihrer Gleichheit vor dem Gesetz nur „in der Mehrzahl gedacht“[5] werden kann, auch wenn es sich bei dem Substantiv „Gerechtigkeit“ um ein Singularetantum handelt.

Autoritäre sowie totalitäre Weltanschauungen haben ein fest umrissenes, einheitliches Gerechtigkeitsbild, das jeden einzelnen Systemunterworfenen bindet. Diese Erfahrung musste im letzten Jahrhundert auch Deutschland unter drei der fünf politischen Systeme auf deutschem Boden machen. In einem freiheitlichen, demokratischen, sozialen und rechtsstaatlichen Gemeinwesen besteht dagegen ein ständiger, offener, sich immer wieder neu entfachender Wettbewerb zwischen verschiedenen Vorstellungen und Formen von Gerechtigkeit. Doch: Ein so hohes Gut wie die Gerechtigkeit dürfen wir nicht allein dem Wettbewerb als Entdeckungsverfahren (*Friedrich August von Hayek*) überlassen in der Hoffnung, dass sich die (aus wessen Sicht?) „richtige“ oder „bessere“ Auffassung, die „überlegene“ Form von Gerechtigkeit am Ende schon durchsetzen wird. In einer parlamentarischen Demokratie wie Deutschland führt deshalb der politische Entscheidungsprozess konkurrierende Gerechtigkeitsvarianten – oft in der Form eines mehrheitsfähigen Kompromisses – auf dem Weg verfassungsmäßiger Gesetzgebung zu normativer Verfestigung.

IV. Gerechtigkeit als normativer Begriff

Es ist also die Gesetzgebung, die im Geltungsbereich und für die Geltungszeit der verabschiedeten Gesetze über die gültigen Maßstäbe für gutes staatliches und privates Verhalten entscheidet und für Gerechtigkeit innerhalb der staatlichen und gesellschaftlichen Ordnung sorgt. Gerechtigkeit ist mithin ein normativer, mit einem Sollen verbundener Begriff. Wir verbinden mit ihm die Aufforderung, ungerechte Zustände in gerechte umzuwandeln: „Iustitia est constans et perpetua voluntas ius suum cuique tri-

5 *Rüthers*, Das Ungerechte an der Gerechtigkeit. Defizite eines Begriffs, 2. Aufl. 1993, S. 9.

buendi" (Dig. 1, 1, 10 pr., *Ulp.* 1 reg.) – „Gerechtigkeit ist der beständige und dauerhafte Wille, jedem sein Recht zuzuteilen". Für die römischen Juristen war die Verbindung von Recht mit dem Guten und Gerechten untrennbar: „Est autem a iustitia appellatum: nam, ut eleganter Celsus definit, ius est ars boni et aequi" (Dig. 1, 1, 1 pr., *Ulp.* 1 inst.) – „Es (*i.e.*, das Recht) wird aber nach der Gerechtigkeit benannt. Denn, wie Celsus elegant definiert, ist Recht die Kunst des Guten und Gerechten". Das jeweilige System von Recht und Gesetz verbürgt indes nicht die *eine* ideale, zeitlose, gleichsam übermenschliche, göttliche oder naturrechtliche Gerechtigkeit im Sinne eines letztgültigen, unumstößlichen Ideals. Das kann das System nicht leisten, denn es ist von Menschen gemacht und unterliegt daher Fehlern, Irrtümern, Fehleinschätzungen und Verkennungen und schließt Versuchungen, ja selbst Akte gesetzgeberischer Willkür nicht aus.

V. Gerechtigkeit und Rechtsprechung

Deshalb gibt es Rechtsprechung: ordentliche und spezialisierte Gerichte, Instanzenzüge, das Bundesverfassungsgericht, den Europäischen Gerichtshof, den Europäischen Gerichtshof für Menschenrechte und den Internationalen Gerichtshof – Gerichte, die wie die *Iustitia* als bildhafte Personifikation der Gerechtigkeit ohne Ansehen der Person (Augenbinde) nach sorgfältiger Abwägung der Sach- und Rechtslage (Waage) Recht sprechen und es mit der nötigen Härte durchsetzen (Richtschwert), sowohl gegenüber dem Einzelnen als auch gegenüber dem Staat und seine Verwaltung, und damit Rechtsfrieden schaffen.[6] Dass auch eine noch so qualifizierte, funktionsfähige, unabhängige, unparteiische, unbefangene, abwägende, professionelle, sich selbst mit geregelten Verfahren im Rechtsmittelzug überprüfende Rechtsprechung letzte Einzelfallgerechtigkeit *nicht* garantieren kann, ist zwar schmerzlich, ist aber Folge der Tatsache, dass uns eine

---

6 Zur Ikonographie der *Iustitia* als allegorische Personifikation der Gerechtigkeit siehe *Dennis E. Curtis/Judith Resnik*, Images of Justice, Yale L.J. 96 (1987), 1727-1772; *David Daube*, The Scales of Justice, Jurid. Rev. 63 (1951), 109-129; *Otto R. Kissel*, Die Justitia: Reflexionen über ein Symbol und seine Darstellung in der bildenden Kunst, 2. Aufl. 1997; *Lambert E. van Holk*, Justitia – Bild und Sinnbild im 17. Jahrhundert in den Niederlanden, in: Louis Carlen (Hrsg.), Forschungen zur Rechtsarchäologie und Rechtlichen Volkskunde, Bd. 3, 1981, S. 155-199.

wissenschaftlich verlässliche, exakte und abschließende Erfassung der *vollkommenen* Gerechtigkeit versagt ist.[7]

VI. Gerechtigkeit und Rechtswissenschaft

Das bedeutet nicht, dass die Rechtswissenschaft – die *iuris prudentia* – zu den Gerechtigkeitsfragen keinen Beitrag zu leisten vermöchte. Im Gegenteil: „Iuris prudentia est … iusti atque iniusti scientia“ (Dig. 1, 1, 10, 2, *Ulp.* 1 reg.) – „Rechtswissenschaft ist … das Wissen vom Rechten und Unrechten“, heißt es schon im römischen Recht. Deshalb nannte man Rechtswissenschaftler damals auch Priester (*sacerdotes*) der Gerechtigkeit: „Cuius merito quis nos sacerdotes appellet: Iustitiam namque colimus et boni et aequi notitiam profitemur, aequum ab iniquo separantes, licitum ab illicito discernentes …“ (Dig. 1, 1, 1, 1, *Ulp.* 1 inst.) – „… Denn wir verehren die Gerechtigkeit und wir lehren die Erkenntnis des Guten und des Gerechten, indem wir das Gerechte von dem Ungerechten trennen, das Erlaubte von dem Unerlaubten unterscheiden …“.

VII. „Magisches Dreieck“

Richtig ist: Die *iuris prudentia* verfügt über Instrumente und Methoden, derer es bedarf, um Gerechtigkeitsfragen zu erkennen, zu strukturieren und zu lösen. Jurisprudenz kennt die Kriterien, die als Maßstäbe für Gerechtigkeit angesehen werden können, und tastet sich mit ihrer Hilfe an die Gerechtigkeit heran: im materiellen Recht, im Verfahrensrecht und im Kollisionsrecht. Rechtswissenschaft schöpft außerdem Erkenntnisse aus

---

7 *P. Kirchhof*, Das Maß der Gerechtigkeit. Bringt unser Land wieder ins Gleichgewicht, 2009, S. 16 („Gerechtigkeit scheint entrückt, ist nie gänzlich erreichbar, wird zu einem Ideal, das vollkommen nur vom Übermenschlichen verwirklicht werden kann“). Siehe ferner *Hans Kelsen*, Was ist Gerechtigkeit?, 1953, S. 9 („Was ist Gerechtigkeit? Keine andere Frage ist so leidenschaftlich erörtert, für keine andere Frage so viel kostbares Blut, so viel bittere Tränen vergossen worden, über keine andere Frage haben die erlauchtesten Geister – von Platon bis Kant – so tief gegrübelt. Und doch ist diese Frage heute so unbeantwortet wie je. Vielleicht, weil es einer jener Fragen ist, für die die resignierte Weisheit gilt, dass der Mensch nie eine endgültige Antwort findet, sondern nur suchen kann, besser zu fragen“).

der Rechtsgeschichte, der Rechtsvergleichung und der Interdisziplinarität („magisches Dreieck“):

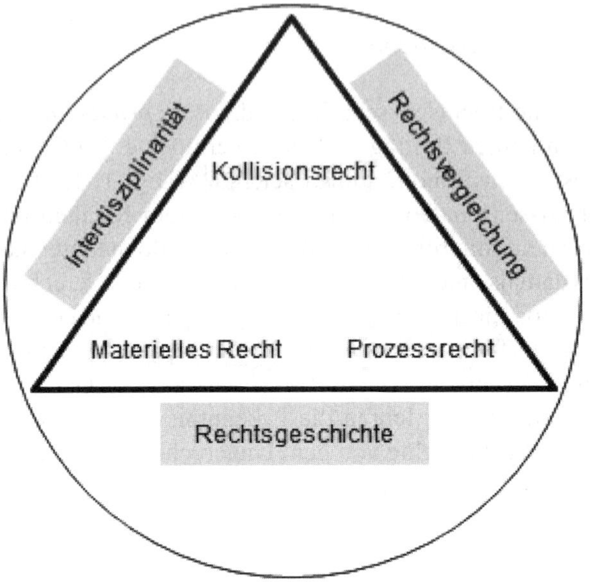

Die Jurisprudenz erweitert dadurch ihren Erkenntnishorizont über zeitliche, nationale und fachliche Grenzen hinweg und bewahrt sich so vor anmaßenden und apodiktischen Thesen zu Fragen der Gerechtigkeit, die dem Streben nach wahrer Gerechtigkeit nur abträglich sein können.

VIII. Sinn- und Leitbild

So betrachtet ist *Marten de Vos*’ Darstellung der *Iustitia* nicht nur *Sinn*bild für die Sehnsucht des Menschen nach wahrer Gerechtigkeit, sondern auch *Leit*bild für das beharrliche Bemühen der Legislative, Judikative und Exekutive sowie der Rechtswissenschaft, einen gewichtigen und nachhaltigen Beitrag zur Erreichung individueller und überindividueller Gerechtigkeit, zur Wahrung von Recht und Gesetz sowie zur Sicherung von Freiheit und

Gleichheit im Rahmen der verfassungsmäßigen, europarechtlichen und völkerrechtlichen Ordnung zu leisten.[8]

---

8 Zu Leben und Werk von *Marten de Vos*

MARTINUS VOSSIUS. ANTVERPIAN. PICTOR

siehe *Armin Zweite*, Studien zu Marten de Vos. Ein Beitrag zur Geschichte der Antwerpener Malerei in der zweiten Hälfte des 16. Jahrhunderts, 1974 (Diss. phil. Göttingen) (seine Ausführungen auf S. 259-268 zu dem Gemälde *De Vierschaar van de Brabantse Munt te Antwerpen* [*The Tribunal of the Brabant Mint in Antwerpen*], das heute zu der Sammlung des Museums Rockoxhuis in Antwerpen gehört und in Belgien allgemein als *De Justitia van Antwerpen* bekannt ist, hat der Autor in der späteren Buchveröffentlichung seiner Dissertation präzisiert bzw. teilweise korrigiert: *Armin Zweite*, Marten de Vos als Maler. Ein Beitrag zur Geschichte der Antwerpener Malerei in der zweiten Hälfte des 16. Jahrhunderts, 1980, S. 215-258 und 303-304; zum Stand der neueren Forschung zur *Justitia van Antwerpen* siehe *Erk Volkmar Heyen*, Gruppenbild mit Dame: „Das Gericht der Brabanter Münzergilde" von Maarten de Vos [1594], RG 15 [2009], 62-76); siehe ferner *Victor A. Dirksen*, Die Gemälde des Martin de Vos, Dissertation, Berlin 1914; *Adelheid Reinsch*, Die Zeichnungen des Marten de Vos: Stilistische und ikonographische Untersuchungen, Dissertation, Tübingen 1967; *Hermann Arthur Lier,* Vos: Marten de, in: Historische Kommission bei der Bayerischen Akademie der Wissenschaften (Hrsg.), Allgemeine Deutsche Biographie, Bd. 40, 1896, S. 322-323; *Suzanne Sulzberger*, Essai de monographie sur Martin de Vos (1532-1603), Dissertation, Brüssel 1938; *dies.*, À propos de deux peintures de Martin De Vos, Revue belge d'archéologie et d'histoire de l'art 6 (1936), 121-132; *Antoinette Doutremont*, Martin De Vos et l'entrée triomphale de l'Archiduc Ernest d'Autriche à Anvers en 1549, Bulletin de l'Institut historique belge de Rome 18 (1937), 125-198; *Otto Benesch*, Werk van Marten de Vos, Onze Kunst 22 (1925), 59-64; *Francisco de la Maza*, El pintor Martín de Vos en México, 1971.

Als in Europa die Lichter erloschen: Ehrenpromotionen an der Heidelberger Juristischen Fakultät im Ersten Weltkrieg

Klaus-Peter Schroeder

Seit dem Kriegsausbruch 1914, durch den Europa in den von Georg Jellinek vorausgesehenen „Weltbrand" hinein geschlittert war, wurde der Lehr- und Forschungsbetrieb an der Heidelberger Juristischen Fakultät, wie an der gesamten Universität, nur noch in einem beschränkten Umfang aufrechterhalten.[1] 1917 erreichte der Erste Weltkrieg seinen Höhepunkt: In sich zusammen fiel das brüchige Riesenreich des russischen Zaren; die USA traten auf Seiten der Entente-Mächte in den Weltkrieg ein, nachdem sich Deutschland zur Wiederaufnahme des uneingeschränkten U-Boot-Krieges entschlossen hatte.

I. Dr. jur. h.c. Carl Leopold Netter

1. Der Promotor: Karl Heinsheimer

Noch glaubte man mit ungebrochenem Selbstvertrauen an einen Sieg der deutschen Waffen. Hellsichtig hatte aber bereits der greise Doyen der Heidelberger Juristischen Fakultät, Ernst Immanuel Bekker, vor übertriebenen Siegeshoffnungen gewarnt. Im Jahr 1916 befürwortete weit mehr als ein Drittel der Hochschullehrer die von der nationalen Rechten und den Militärs bekämpfte Politik des Reichskanzlers Bethmann Hollweg, der sich für eine gemäßigte Kriegszielpolitik ausgesprochen hatte. Auch 32 Heidelber-

---

1 Vgl. *K.-P. Schroeder*, „Eine Universität für Juristen und von Juristen" – Die Heidelberger Juristische Fakultät im 19. und 20. Jahrhundert, Tübingen 2010, 368 ff., 373 ff. - Herr Kollege Christian Müller-Graff ist es gewesen, welcher in seiner Eigenschaft als Dekan im Jahr 2002 diese Fakultätsgeschichte gelegentlich eines „Arbeitsessens" anregte. Ihre Fortsetzung findet jene Studie in dem 2014 publizierten Band: „Immer gerettet und aufrecht geblieben" – Die Juristische Fakultät der kurpfälzischen Universität Heidelberg von ihren Anfängen bis zum Jahr 1802, Neustadt an der Weinstraße 2014.

ger Professoren wendeten sich mit einer Resolution in klaren Worten gegen die als weit übertrieben angesehenen Annexionsabsichten der 1917 begründeten, extrem nationalistisch ausgerichteten „Deutsche(n) Vaterlandspartei".

Ihrem Kreis gehörte ebenso Karl Heinsheimer an, welcher 1907 in der Nachfolge Heinrich Buhls auf den Lehrstuhl für Zivilprozessrecht, badisches Landrecht und deutsches bürgerliches Recht berufen worden war.[2] Seit jeher galt Heinsheimers besonderes Interesse auch dem weiten Gebiet der Rechtsvergleichung, dessen große Tradition an der Heidelberger Hohen Schule Carl Joseph Anton Mittermaier schon in der ersten Hälfte des 19. Jahrhunderts begründet hatte. Aber im bezeichnenden Gegensatz zu Frankreich war es in Deutschland noch nicht gelungen, das Gebiet der Rechtsvergleichung als eigenständige Disziplin an den heimatlichen juristischen Fakultäten zu etablieren. Mit der 1895 in Berlin begründeten „Internationale(n) Vereinigung für vergleichende Rechtswissenschaft und Volkswirtschaftslehre" stand aber nun eine Organisation zur Verfügung, welche dem neuen Gebiet die Verankerung im Kanon der herkömmlichen juristischen Fächer wesentlich erleichterte.

2. Der Geehrte: Carl Leopold Netter

Mitten in den angedeuteten Umbrüchen des Ersten Weltkrieges, der so verhängnisvollen „Urkatastrophe" des alten Europa, veranlasste Heinsheimer den preußischen Kommerzienrat und Ältesten der Berliner Kaufmannschaft Carl Leopold Netter, einen Verwandten der zweiten Frau seines Vaters, eine Stiftung für ein „Seminar für rechtswirtschaftliche und rechtsvergleichende Studien" zu errichten. In der Stiftungsurkunde heißt es: „Sie soll … zur Erinnerung daran, dass in Deutschland auch während der Kriegszeit die Ziele friedlicher Arbeit nicht vergessen wurden, die Jahreszahl 1916 in ihrem Namen führen."[3] Auf ausdrücklichen Wunsch Carl Leopold Netters verzichtete die Fakultät darauf, die Anfang 1916 eingerichtete „Stiftung von 1916" mit seinem Namen zu verbinden; Netter

---

2 S. insb. *Coulin*, Karl August Heinsheimer (1869-1929) – Vom badischen Richter zum Lehrer an der Universität Heidelberg, Frankfurt/Main 2009, 62 ff.

3 Zit. nach der Stiftungsurkunde, abgebildet in: Wahl/Serick/Niederländer (Hrsg.), Rechtsvergleichung und Rechtsvereinheitlichung, Heidelberg 1967, 9 ff. (10); s. ebenso *Coulin* (Fn. 2), 154 Anm. 833.

spendete als Stiftungskapital 100.000 Mark und 25.000 Mark für Umbauten und Einrichtungen des heute noch bestehenden „Institut(s) für ausländisches und internationales Privatrecht“.[4] Im Namen des Dekans Hans Thoma dankte die Fakultät dem Stifter für dieses „Werk von hohem kulturellem Werte“, welches „in Gegenwart und Zukunft“ Beweis dafür ablege, „daß in Deutschland auch inmitten des gewaltigsten Krieges opferwillige Liebe zu den idealen Bestrebungen der Wissenschaft am Werke ist.“[5]

Ungewöhnlich rasch verlief trotz der Kriegswirren die Etablierung der Stiftung: Am 15. Dezember 1916 genehmigte Großherzog Friedrich II. auf Antrag der Juristischen Fakultät die Stiftung; bereits am 13. November war ein Statut für das Seminar beschlossen worden. Seiner Eröffnung stimmte am 1. April 1917 das Ministerium des Kultus und Unterrichts zu, nachdem Netter das Stiftungskapital überwiesen hatte. Gleichzeitig übernahm er für sich und seine Erben die – durch einmalige Zahlung von 60.000 Mark ablösbare – Verpflichtung, alljährlich und für immer 3.000 Mark an das Großherzoglich Badische Ministerium des Kultus und Unterrichts zu entrichten. Mit der Leitung des Instituts, dem man die „Räume im Erdgeschoß des Hauses Augustinergasse Nr. 9 … auf 1. April lf. Jahres zur Verfügung“ stellte, wurde der Initiator der Einrichtung, Karl Heinsheimer, betraut. Für ihn und seinem Anverwandten Netter sollte es in jenen Jahren des Schlachtens und Mordens ein weithin sichtbares Zeichen der Völkerverständigung sein, ein stilles Signal der Hoffnung für ein künftiges friedlicheres Miteinander der europäischen Staatengemeinschaft.

Netter stammte aus der badischen Kleinstadt Bühl, wo er 1864 als Sohn des angesehenen jüdischen Kaufmanns Jacob Netter geboren wurde. Der Vater führte eines der ersten Großhandelsunternehmen für Eisen und Metalle in Süddeutschland, welches nach der Reichsgründung unter der Leitung seiner Söhne beständig expandierte. 1905 war das Unternehmen mit über 3.000 Beschäftigten und einer Produktion von mehr als 70.000 Tonnen Feinblechen im Jahr das größte und gewinnträchtigste auf dem europäischen Festland.

Auch die Heidelberger Juristische Fakultät wollte die namhafte Stiftung Netters nicht mit Stillschweigen übergehen, sondern ihn, einer alten akademischen Tradition folgend, mit der Verleihung der Würde eines „Doctor

---

4 S. *Reinhart*, Das Institut für ausländisches und internationales Privat- und Wirtschaftsrecht an der Universität Heidelberg 1917-1967: Ein Rechenschaftsbericht, in: Wahl/Serick/Niederländer (Fn. 3), 21-41.

5 Zit. nach *Reinhart*, in: Wahl/Serick/Niederländer (Fn. 3), 28 Anm. 30.

iuris honoris causa" auszeichnen. Wieder war es Karl Heinsheimer, welcher die von Seiten der Fakultät einhellig begrüßte Initiative ergriff. Unter dem 1. Dezember 1917 konnte er in seiner Eigenschaft als Dekan mit unverhohlenem Stolz Kommerzienrat Netter den Beschluss der Heidelberger Juristischen Fakultät vom 24. November 1917 über die Verleihung des Grades eines Dr. jur. h.c. an ihn mitteilen.

Ungesäumt antwortete der auf diese Weise Geehrte mit einem Dankesschreiben vom 4. Dezember 1917, in dem Netter versicherte, dass er „durch die engere Verbindung mit der herrlichen Ruperto-Carola nun erst recht veranlasst werde, dauernd meine Sympathie und mein Interesse der jüngsten Schöpfung, dem Seminar für rechtswirtschaftliche und rechtsvergleichende Studien zu widmen und die Errichtung mit allen Kräften zu fördern ..."[6] Und nur ein Jahr später erfolgte die in Aussicht gestellte weitere Schenkung, mit der Netter die Geldmittel zur Errichtung einer neuen ordentlichen Professur, deren „Lehrfach dem im Stiftungsbrief der Stiftung von 1916 näher bezeichneten Gebiete der rechtswirtschaftlichen und rechtsvergleichenden Studien angehören und deren Inhaber stets zugleich Leiter des Seminars für rechtswirtschaftliche Studien sein soll," zur Verfügung stellte.[7] In der Schenkungsurkunde gab er seiner Hoffnung Ausdruck, „daß die neue Lehrstelle immerdar frei von politischen und religiösen Vorurteilen, einzig nach der sachlichen Eignung besetzt werde." Mit der Berufung Friedrich Carl Neubeckers sollte sich die von Netter ausgesprochene Erwartung erfüllen. Im Alter von nur 51 Jahren verstarb jedoch der hoch angesehene Rechtsgelehrte am 31. Dezember 1923 in Heidelberg;[8] ihm vorangegangen war ein Jahr zuvor der großzügige Förderer der Heidelberger Juristischen Fakultät, ihr Ehrendoktor Carl Leopold Netter. Heinsheimer musste nunmehr wieder die gesamte Leitung des neu begründeten Instituts, mittlerweile umbenannt in „Institut für Auslandsrecht", übernehmen.

---

6 Universitätsarchiv Heidelberg, H-II-868/2.

7 Urkunde vom 23. April 1918 (vgl. *Reinhart*, in: Wahl/Serick/Niederländer [Fn. 3], 30 Anm. 39).

8 Zu ihm vgl. *Schroeder* (Fn. 1) 417 ff.; *Gutzwiller*, Aus der Frühgeschichte des Heidelberger Instituts für Auslandsrecht (1917-1936), in: Wahl/Serick/Niederländer (Fn. 3), 13-21, 15 f.

II. Dr. jur. h.c. Rudolf Mosse

1. Der Promotor: Otto Gradenwitz

Zu den brillantesten, gleichzeitig aber auch zu den eigentümlichsten Persönlichkeiten, die an der Juristischen Fakultät der Ruperto-Carola in der ersten Hälfte des 20. Jahrhunderts lehrten, zählt Otto Gradenwitz. Mit bewundernswerter Schaffenskraft widmete er sich zahlreichen Projekten auf den unterschiedlichsten Forschungsgebieten. Von immenser Bedeutung waren die bereits in seiner Berliner Habilitationsschrift untersuchten Textveränderungen römischer Rechtsquellen. Auch auf dem noch jungen Gebiet der Papyrologie leistete Gradenwitz Pionierarbeit. Ihm zur Seite stand dabei Friedrich Preisigke, dem die Heidelberger Juristenfakultät auf Anregung von Gradenwitz 1910 in Anerkennung seiner herausragenden wissenschaftlichen Verdienste um dieses Spezialgebiet die Ehrendoktorwürde verlieh.

Bedeutsamer für die Heidelberger Juristische Fakultät wurde jedoch eine weitere Ehrenpromotion, die gleichfalls auf die Initiative von Gradenwitz zurückgeht. Schon lange hatte er daran gedacht, ein Papyrus-Institut zu begründen, das Preisigke als Direktor führen sollte. Bewusst war ihm, dass für ein solches „esoterisches Vorhaben" einzig und allein ein privater Mäzen in den schweren Zeiten des Ersten Weltkrieges gewonnen werden konnte. Und es gelang Gradenwitz tatsächlich, eine rasche Verwirklichung seines Vorhabens bei Rudolf Mosse, einem der großen jüdischen Pioniere des deutschen Zeitungswesens, zu erreichen. Mosse stellte für Gradenwitz keineswegs einen Unbekannten dar, sondern er war ihm verbunden durch dessen Bruder Albert, einem früheren Kollegen an der Königsberger Juristenfakultät. Der Universität Heidelberg überließ Mosse im Jahr 1917 Stipendien in Höhe von 100.000 Mark, „um Heidelberger Studenten den Winteraufenthalt in Berlin und Berliner Studierenden den Sommeraufenthalt an südwestdeutschen Universitäten zu ermöglichen."[9] In Anerkennung nicht allein dieser Spende, sondern ebenso im Hinblick auf sein vielfältiges soziales Engagement verlieh ihm die Heidelberger Juristische Fakultät die Ehrendoktorwürde.[10] Hocherfreut über diese, gewiss nicht unerwartete akademische Auszeichnung übersandte Rudolf Mosse Otto Gra-

9 Zit. nach *Kraus*, Die Familie Mosse – Deutsch-jüdisches Bürgertum im 19. und 20. Jahrhundert, München 1999, 639 Anm. 113.

10 Universitätsarchiv Heidelberg, H-II-862/2 (Urkunde vom Dezember 1917).

denwitz unter dem 19. Dezember 1917 eine „Erklärung wegen Errichtung einer Rudolf-Mosse Stiftung mit dem Sitz in Heidelberg“ und stellte ihm gleichzeitig einen „Scheck über das Stiftungscapital“ in Aussicht.[11] Wenige Monate später konnte Gradenwitz im März 1918 die Juristische Fakultät über den Eingang des Schecks „zu treuer Hand“ in Höhe von 400.000 Mark unterrichten. Nun nahm alles seinen zügigen Verlauf: Mit Datum vom 22. April 1918 erteilte „Seine Königliche Hoheit“, Großherzog Friedrich II. von Baden, die staatliche Genehmigung zur Errichtung der Stiftung.

In Erinnerung an den großen Gelehrten und ersten deutschen Nobelpreisträger für Literatur, Theodor Mommsen, gleichfalls Lehrer von Gradenwitz, sollte das Institut sich vorwiegend der Erforschung des antiken wie des deutschen Rechts in seiner geschichtlichen Entwicklung widmen. „Lebhaft“ begrüßte die gesamte Fakultät das neue Institut, welches „einen höchst wertvollen Zuwachs für die Universität bedeutet.“[12] Als eine der wenigen Stiftungen überdauerte die Mosse-Stiftung die Inflationszeit wie auch die NS-Diktatur und besteht bis heute an der Universität Heidelberg.

2. Der Geehrte: Rudolf Mosse

Mit einem geschätzten Vermögen von fünfzig bis sechzig Millionen Reichsmark zählte Rudolf Mosse vor Ausbruch des Ersten Weltkriegs zu den größten Steuerzahlern der Reichshauptstadt Berlin. Am 9. Mai 1843 wurde er in Grätz (Provinz Posen) als eines von 14 Kindern eines jüdischen Arztes geboren. 1867 begründete er, nach einer Buchhandelslehre und Mitarbeit in mehreren Verlagen, in Berlin die Annoncen-Expedition Rudolf Mosse und legte damit den Grundstein zum späteren Medienkonzern. Innerhalb seines Zeitungsimperiums erschienen seit 1871 das „Berliner Tageblatt“, 1889 folgte die „Berliner Morgen-Zeitung“ und 1904 die „Berliner Volkszeitung“; hinzu kamen noch über 130 Fachzeitschriften.

Obgleich die „Mosse-Blätter“ am Berliner Hof und im breiten Publikum als „links bis rot“ galten, bot ihm Kaiser Wilhelm II. die Nobilitierung an, die Rudolf Mosse als „ein Mann, der eitle Ehren stets verachtet hat“, aber ablehnte.[13] Den Anlass für diese, doch etwas überraschende

---

11 Universitätsarchiv Heidelberg, B-9726 (Rudolf Mosse Stiftung).

12 Unter dem 26.3.1918 (Universitätsarchiv Heidelberg, B-9726).

13 Zit. nach *Kraus* (Fn. 9), 434.

Geste des deutschen Kaisers stellte das weitausgreifende Mäzenatentum Mosses dar, der nicht allein passionierter Sammler und Stifter war, sondern sich ebenso vielfältig auf sozialem Gebiet engagierte. Diese herausragenden philanthropischen Ambitionen bildeten ebenfalls den Hintergrund für die Verleihung der Ehrendoktorwürde der Heidelberger Juristischen Fakultät an Rudolf Mosse.

Als gewisse Kreise aus antisemitischen Motiven der Fakultät die Käuflichkeit der Ehrendoktorwürde unterstellten, notierte Gradenwitz süffisant, dass „doch viel geringere Leute als Herr Mosse nach geringeren Spenden promoviert" wurden. Einzelne rechtsgerichtete Presseorgane erregten sich über diese Bemerkung in einem solchen Ausmaß, dass sich der Historiker Hermann Oncken als Vertreter der Ruperto Carola in der Ersten Kammer des badischen Landtags zu einer Intervention veranlasst sah. Mit scharfen Worten wies er die Unterstellung einer vermeintlichen Käuflichkeit des Doktortitels als „parteipolitisch und – um ganz offen zu reden – z.t. auch antisemitisch" zurück.[14]

Zu einem weiteren „Trauerspiel" um die Verleihung der Ehrendoktorwürde kam es unmittelbar nach dem Tode Rudolf Mosses am 8. September 1920. Nunmehr waren es die politischen Gegner auf dem linken Rand des Parteienspektrums, die in einem Nachruf Mosse zu diskriminieren suchten. Unter dem 11. September 1920 findet sich in dem Kampfblatt „Rote Fahne" der KPD ein Artikel, welcher die Persönlichkeit Mosses vom marxistisch-leninistischen Klassenstandpunkt aus mehr gehässig denn kritisch beleuchtete; deutlich wird, dass sich in der gegen Mosse und damit gegen alle Juden betriebenen Stimmungsmache weder das rechte noch das linke Lager grundlegend unterschieden.

13 Jahre später wurde von den nun endgültig an die Macht gelangten Nationalsozialisten das bereits zuvor in eine wirtschaftliche Schieflage geratene Mosse-Imperium zerschlagen. Das ansehnliche Mosse-Palais am Leipziger Platz in Berlin, Ausstellungsort der erlesenen Kunstsammlung Rudolf Mosses mit Werken von Menzel, Corinth, Liebermann und Spitzweg, wurde vom nationalsozialistischen Regime enteignet und die Bilder versteigert.

---

14 Vgl. hierzu *Kraus* (Fn. 9), 435 f., 694 m. Anm. 97.

Inquisidores

Walter Eckel

Das Heidelberg Center Lateinamerika, Exzellenzzentrum in Forschung und Lehre der Universität Heidelberg in Santiago de Chile, bedankt sich herzlich bei Herrn Professor Peter-Christian Müller-Graff für die tatkräftige Unterstützung des Masterstudiengangs in International Law. Dieser wird seit 2004 gemeinsam mit der Universidad de Chile durchgeführt. Wissenschaftliche Unterstützung gewähren das Max-Planck-Institut für ausländisches öffentliches Recht und Völkerrecht sowie das Institut für internationale Studien der Universidad de Chile. Inzwischen hat dieser Studiengang weit über 200 Absolventen aus über 30 Ländern hervorgebracht. Die Zeitschrift *AméricaEconomía*, das lateinamerikanische Pendant zum englischen *Economist*, hat in ihrer Ausgabe vom November 2014 diesen Magister Legum in einem weltweiten Ranking mit dem 2. Platz ausgezeichnet. Das Heidelberg Center Lateinamerika bedankt sich mit dem Gedicht „Los Inquisidores" von Óscar Hahn, einem renommierten chilenischen Dichter, das von Walter Eckel ins Deutsche übersetzt wurde. In: Óscar Hahn, Der Regenpassagier. Rimbaud Verlag 2013, S. 115.

Inquisidores
Lo sagrado y lo profano
son las dos caras
de una misma cabeza

Eso dijo el hombre
frente al tribunal de la Inquisición

Los jueces lo declararon
sacrílego y blasfemo
y lo condenaron a la hoguera

En ese mismo instante
una gran llamarada
quemó el rostro de los inquisidores

Salió el hombre del Tribunal
con sus dos caras intactas:
la sagrada y la profana

y se alejó en direcciones opuestas

Inquisitoren
Das Heilige und das Weltliche
sind die beiden Gesichter
eines selben Kopfes

Dies sagte der Mann
vor dem Inquisitionsgericht

Die Richter erklärten
ihn zum Frevler und Gotteslästerer
und verurteilten ihn zum Scheiterhaufen

In demselben Augenblick
verbrannte eine Stichflamme
das Gesicht der Inquisitoren

Der Mann verließ das Gericht
mit seinen beiden Gesichtern unversehrt:
dem heiligen und dem weltlichen
und entfernte sich in entgegengesetzte Richtungen

Deutsche Juristenausbildung – Standhaftigkeit in Zeiten der Bolognarisierung

Götz Schulze

Die Substantivierung von Eigennamen symbolisiert meist nichts Gutes. Manch einer mag sich an die *Finnlandisierung* als Metapher für die Abhängigkeit neutraler Staaten von ihren Schutzmächten[1] oder an die *MacDonaldisierung* für Kulturverluste durch eine fließbandartige Zubereitung und den schnellen Verzehr von wenig gesunden Nahrungsmitteln erinnern. Wenn von der *Bolognarisierung* in der Juristenausbildung die Rede ist, so geht es um die Aufgabe einer Jahrhunderte alten Ausbildungstradition im Jurastudium. Die Juristischen Staatsprüfungen bilden in Deutschland seit friederizianischer Zeit die Grundlage für die höheren juristischen Weihen, verbinden römischrechtliche Falllösungstechnik mit preußischen Tugenden der Urteilskraft und einem Studium in Selbstverantwortlichkeit, an deren Ende eine staatlich administrierte Abschlussprüfung besonderer Validität steht.[2] Mit diesem Bild behauptet sich das 1. Juristische Staatsexamen (die „Erste Prüfung“) bis heute gegen bildungspolitische Moden und Mächte. Der verehrte Jubilar ist nicht zuletzt aufgrund seiner Eigenschaft als Vorsitzender des Deutschen Juristen-Fakultätentages immer wieder pointiert für die Beibehaltung der klassischen deutschen Juristenausbildung eingetreten. Ihm sind die nachfolgenden Gedanken in Heidelberger Verbundenheit gewidmet.

Wir meinen etwas Verschiedenes, wenn wir von Bologna im Bildungssystem einerseits und von Bologna in der Rechtswissenschaft andererseits sprechen. Es ist eine historisch zufällige Koinzidenz, dass die oberitalienische Stadt Bologna sowohl der Ort war, an dem im Jahr 1088 die erste mittelalterliche Universität entstand und die Rezeption des römischen

---

1 Vorbild war die schleichende Entmündigung des finnischen Staates durch die machtpolitischen Einflussnahmen der früheren Sowjetunion in den Zeiten des Kalten Krieges.

2 Siehe *Rüfner*, in: Baldus/Finkenauer/Rüfner (Hrsg.), Bologna und das Rechtsstudium, Tübingen 2011, S. 3, 28-30; *Papier/Schröder* NJW 2012, 2860, 2862 (auch im europäischen Vergleich „fraglos bewährt“).

Rechts zu einem Siegeszug über Europa und die Welt ansetzte. Verhältnismäßig bescheiden nimmt sich dagegen die bildungspolitische Bedeutung von Bologna aus. Es ist der Ort, an dem sich im Jahr 1999 die Bildungsminister von 29 europäischen Staaten zu einer Kultusministerkonferenz trafen, um das Europäische Hochschulwesen zu vereinheitlichen. Die Juristenausbildung gehört neben der Medizin und den Ingenieurwissenschaften zu den Fächern, für die die Verheißungen der sog. Bologna-Bewegung zwar auch Geltung beanspruchen, die sie aber weitgehend zurückgewiesen haben. Die Struktur des heutigen Staatsexamensstudiengangs Rechtswissenschaft gerät damit im europäischen Kontext in einen historischen Wettstreit zum angelsächsischen Bachelor-Master-Konzept, das in Europa weithin unverstanden übernommen und verallgemeinert wurde.

I. Bildungs-Bologna

Am 19. Juni 1999 wurde die völkerrechtlich unverbindliche Bologna-Erklärung[3] unterzeichnet, wonach Maßnahmen zur Vereinheitlichung der Studienbedingungen und zur besseren Vergleichbarkeit von Hochschulabschlüssen in Europa einen einheitlichen Europäischen Hochschulraum errichten sollten. Obgleich hinter der Erklärung *nur* eine gesellschaftliche Bewegung steht, die sich die freiwillige Teilnahme aus besserer Einsicht auf die Fahne schrieb, werden die Bologna-Vorgaben bildungspolitisch befolgt und in ihrer innerstaatlichen Umsetzung gegen erhebliche Widerstände erzwungen.[4] Ihre Unterstützer verstehen sich als progressiv und didaktisch anspruchsvoll. Sie kämpfen für eine verbesserte Lehre. Freizügigkeit, Internationalisierung, Austausch und Anerkennung schmücken die Rhetoriken ihrer Protagonisten. Die Gegner sehen dagegen eine mutwillige Zerstörung erfolgreich gewachsener Ausbildungstraditionen. Das Stu-

3 Gemeinsame Erklärung der Europäischen Bildungsminister v. 19.6.1999, Bologna, http.//www.bmbf.de/ pub/bologna_deu.pdf (zuletzt aufgerufen 16.12.2014).

4 Das Bundesverfassungsgericht hat mit Beschluss v. 7.8.2007 – 1 BvR 2667/05 = NVwZ RR 2007, 33 eine Verfassungsbeschwerde nicht zur Entscheidung angenommen, mit der eine wirtschaftswissenschaftliche Fakultät die zwingende Umwandlung des Studiensystems in Bachelor- und Masterstudiengänge aufhalten wollte. Das BVerfG verneinte die Verletzung des der Fakultät zustehenden Grundrechts auf Wissenschaftsfreiheit gem. Art. 5 Abs. 3 GG.

dium gehe unter.[5] Kurzfristiges Lernen unverdauter Lernprodukte statt (Selbst-) Studium und Reflexion grundlegender Fragen. Wenn Lernleistungen an die Stelle von Verstehensleistungen treten, sinke das Jurastudium zu einer Ausbildung in Fachkunde Recht herab. Eine Verlagerung der Lernziele hin zu handwerklichen Fertigkeiten unter dem Stichwort „employability" habe mit der Humboldtschen Einheit von Forschung und Lehre nichts mehr gemein.[6]

In der bisherigen rund fünfzehnjährigen Entwicklungszeit hat der Bolognaprozess in den beteiligten europäischen Staaten auch für die Rechtswissenschaften grundlegende Änderungen im Studiensystem ausgelöst. Ziel war eine europaweite Vergleichbarkeit von Hochschulabschlüssen, die die aufwändige gegenseitige Anerkennung von Diplomen und Studienabschlüssen im Einzelfall entbehrlich machen sollte. Kernstück ist die Einführung eines in zwei Phasen aufgeteilten Studiums, an das künftig als dritte Phase auch die Promotion in modularisierter Form angeschlossen werden könnte. Auf eine Grundausbildung von mindestens drei Jahren, die mit einem ersten grundständigen Abschluss (Bakkalaureus/Bachelor[7], anglifiziert als LL.B.) endet, folgt ein Aufbaustudium, das zum Erwerb eines zweiten spezialisierten Grades (Magister/Master, besser bekannt, wenn auch irreführend, als LL.M.) führt. Die Bologna-Bewegung wollte sowohl die Studenten- als auch die Dozentenmobilität erhöhen. Sie wollte die Bereitschaft zum grenzüberschreitenden Studienortwechsel fördern und die Auslandserfahrung zur Regel werden lassen. In praxi behindert das in „workloads" modularisierte Bologna-Studium die studentische Mobilität aber. Auslandsmodule, die sich im Inland in die universitätseigenen Ausbildungssysteme einpassen, gibt es praktisch nicht mehr.[8] Planung und

---

5 *Herrmann* FuL 2009, 34 f. sieht gar ein Herabsinken des Niveaus unter das der Fachhochschulen; *Papier/Schröder* NJW 2012, 2860, 2862 weisen zu recht ferner auf die unverzichtbare Funktion als juristische Eingangsprüfung für das Referendariat hin.

6 Zur Zukunftstauglichkeit der Humboldtschen Bildungsideale und -programme *Lenhart*, in: Kempter/Meusburger (Hrsg.), Bildung und Wissensgesellschaft, Heidelberger Jahrbücher 49 (2005) 33 ff.

7 *Wieling*, in: Baldus/Finkenauer/Rüfner (Hrsg.), Juristenausbildung in Europa zwischen Tradition und Reform, Tübingen 2008, 47, 58 hat darauf hingewiesen, dass Baccalaureat historisch kein akademischer Grad, sondern seit etwa 1300 eine durch Zeitablauf erworbene Bezeichnung für fortgeschrittene Studenten war.

8 Das einzigartige Modell der Schweizer Universitäten Lausanne und Genf, die jahrzehntelang durch die Einrichtung deutscher und rechtsvergleichender Lehrstühle

Durchführung eines „Auslandssemesters“ gleicht einem kleinteilig verwalteten Hürdenlauf, das immer mehr Ressourcen bei Lehrenden und Lernenden bindet und daher besser in die Praktika oder die poststudentische Ausbildung, etwa eines fremdsprachlichen ausländischen LL.M., investiert wird. Dieser aus der Vorzeit von Bologna stammende postgraduierte Abschluss dauert auch nur ein Jahr und erfreut sich großer Beliebtheit ausländischer Studierender im Inland und vice versa deutscher Juristen im Ausland.

Von deutschen Rechtsfakultäten ist das Bachelor-Master-System auf breiter Front abgelehnt worden. Ausnahmen bildeten spezialisierte Bachelorstudiengänge, wie sie etwa die Universitäten Mannheim, Dresden oder Frankfurt/Oder anbieten. Stattdessen wurden durch Bologna induzierte neue Studienordnungen in den 44 deutschen Rechtsfakultäten eingeführt. Das *Schwerpunktbereichsstudium* mit universitätseigener Prüfung sollte getrennt von der Staatsprüfung zu einer stärkeren Profilbildung der Fakultäten beitragen. Die auf das Jahr 2003 zurückgehende Umstellung von Staatsprüfungen auf Schwerpunktbereichsstudien in Eigenregie der Universitäten hat die früheren einheitlichen Strukturen jedoch weithin zerstört. Ein Studierender im ersten Semester muss nun mehrtägige Einführungsprogramme absolvieren, um das für ihn gültige, durch Schwerpunktbereiche und Module angereicherte Studiensystem seiner Universität zu verstehen.[9] Die Planung des (Inlands-)Studiums berücksichtigt Studienzeiten im Ausland nur im Einzelfall. Auslandssemester können nicht mehr kurzfristig in den Studienplan integriert werden. Wer nicht bereits zu Beginn des Studiums weiß, dass er nach dem 3. oder dem 4. Semester in das Ausland gehen und an welche Universität er zum Examen anschließend zurückkehren wird, verheddert sich in den fein ziselierten Studienprogrammen seiner Heimat- und/oder seiner Zieluniversität. Verschulung und

---

auch Übungs- und Seminarscheine für das deutsche Jurastudium anboten, ist durch die Reformbewegungen im Vorgriff auf Bologna existentiell gefährdet, vgl. *G. Schulze*, in: Peter (ed.), 300 ans d'enseignement du droit à Lausanne, Genf 2010, 301, 306 ff.

9 Erschwerend wirkt sich die fehlende Anerkennung von Bachelor of Laws-Abschlüssen aus. Das Verwaltungsgericht Köln sieht hierin kein Studium der Rechtswissenschaft im Sinne von § 7 Abs. 1 Nr. 1 NW-JAG (Ausbildungsgesetz des Landes Nordrhein-Westphalen) Beschl. v. 17.3.2008 – 6 L 210/08 = NVwZ 2008, 1039, 1040; ebenso *Staats*, in: Staats, DRiG Kommentar, 1. Aufl. 2012, § 5 Rn. 4.

Bürokratisierung haben die früheren Spielräume verengt.[10] Die Vielfalt der deutschlandweit geforderten Studienleistungen ist unüberschaubar geworden. Jede Fakultät konfiguriert ihre Prüfungs- und Ausbildungswege (Schwerpunktbereiche) selbst. Aber auch spezialisierte Bachelorstudiengänge lassen neue Einbahnstraßen entstehen, in die Studierende hinein gelockt werden, vor denen sie aber eher gewarnt werden müssten. Profilschärfung, Komplementarität und Leuchtturmdenken gefährden die Juristenausbildung, denn sie haben Vereinzelung, Spezialistentum und nationale wie internationale Akzeptanzverluste zur Folge.[11] Es entstehen allenthalben Zertifikate, ergänzende Programme und eine unüberschaubare Anzahl an postgraduierten (weiterbildenden) Magister Legum (LL.M.)-Angeboten, die die Inländer adressiert und die das Bologna-System nicht erfasst. Bildungsbologna hat seine Ziele, die Vergleichbarkeit von Studienleistungen und die Förderung der Studierendenmobilität, weithin verfehlt. Auch die Situation der Dozenten ist eher verschlechtert als verbessert worden. Durch Verschulung, Praxisorientierung und Ökonomisierung wandelt sich das Berufsbild des Universitätsprofessors. Ein deutscher Ordinarius für Theologie, der sich dem „Terror ökonomisch verkürzten Denkens" nicht länger aussetzen wollte, hat seinen Mainzer Lehrstuhl wegen der Bedrückungen durch Bologna aufgegeben.[12] Positive Wirkungen sind vor allem von den vielfältigen wirtschaftlichen Unterstützungsleistungen, namentlich durch das breit angelegte Erasmus-Programm ausgegangen. Eine beträchtliche Anzahl von Studentinnen und Studenten werden weltweit verschickt. Leider funktioniert die Lenkung der Studentenströme nicht nach deren Interessen und dem guten Ruf der gewählten ausländischen Universität, sondern nach dem ökonomischen Gegenseitigkeitsprinzip. Studierende werden finanziell nur unterstützt, wenn auch ebenso viele

10 So ist für die Dozentenmobilität die Vereinheitlichung der Vorlesungszeiten bereits als Hindernis erkannt worden. Was die Studenten anbetrifft, so hatte das alte System nach der weit überwiegenden Auffassung der Erasmus-Koodinatoren und Auslandsbeauftragten gar nicht zu Beeinträchtigungen der Studiermobilität geführt, *Kaube*, Unverstandene Kehrtwende – Wie viele Studenten leiden unter Semesterzeiten?, FAZ 25.2.2009, N 5.

11 Es widerspricht ferner offen dem Leitbild des„europäischen Juristen" als einem methodensicheren, transnationale Bezüge erfassenden Entscheider, s. *Voßkuhle* RW 2010, 326, 339 f.

12 Zu den Motiven näher *Reiser*, Anfang und Ende der Universität, Bonn 2010, 68 ff.; Respekt zu diesem Schritt bekunden viele Kollegen, *Zaczyk/Hettinger*, Bildung in Modulen zum Marktpreis gehandelt, FAZ v. 27.1.2009, 8.

Studenten den umgekehrten Weg an die entsendende Universität finden. Das verzerrt den Wettbewerb der Studienstandorte. Wirtschaftlicher Eigensinn verstellt den Weg.

II. Bologna für die Rechtswissenschaft

Die oberitalienische Stadt Bologna steht mit ihrer Universitätsgründung im 11. Jahrhundert zugleich für die Wiederentdeckung des Corpus Iuris Civilis und dessen in Bologna ab dem 12. Jahrhundert beginnenden Aufarbeitung. Der über Jahrhunderte verlaufende Prozess von den Glossatoren, den Postglossatoren über einen usus modernus zu der späteren systematisierten Aufbereitung des Rechtsstoffes im Pandectenrecht begründete den wissenschaftlichen Charakter des Rechts. Die Rezeption des römischen Rechts nimmt in Bologna ihren Ausgangspunkt und prägt die Rechtsentwicklung bis heute. Prägenden Einfluss gewinnt die Pandektistik bei der Schaffung des Bürgerlichen Gesetzbuches. Vergleichbare Einflüsse finden sich in allen heutigen europäischen Kodifikationen, besonders deutlich ausgeprägt in den Civil-Law-Staaten, die ein positivrechtliches Rechtsverständnis aufweisen. Bologna hat aus Sicht des Juristen daher zunächst einen inhaltlichen Bezug zum römischen Recht und der aus der Antike stammenden römischen Rechtstradition. Mit ihr verbinden sich sowohl die Falllösungstechnik, die Wissenschaftlichkeit des Rechts als auch die Grundlegung und Genialität vieler tradierter Rechtsregeln.[13] Die mittelalterliche universitäre Juristenausbildung in Bologna dauerte sechs bis acht Jahre. Gegenstand waren die lateinischen Texte der justinianischen Kodifikation, die in Vorlesungen behandelt und in öffentlichen Disputationen (quaestiones publice disputatae) diskutiert wurden.[14] Die Abschlüsse durch Lizenz und Doktorat schufen das Bild des Einheitsjuristen und wurden in ganz Europa anerkannt.[15] Die weitere Entwicklung der Juristenaus-

---

13 Bspw. das Bereicherungsverbot als Grundlage des Rechts der ungerechtfertigten Bereicherung (§ 812 ff. BGB). *Pomponius* D. 12, 6, 14 „Nam hoc natura aequum est neminem cum alterius detrimento fieri locupletiorem." [Denn es entspricht der natürlichen Gerechtigkeit, dass niemand sich zum Nachteil eines anderen bereichern darf].

14 Zum Rechtsstudium in Bologna *Rüfner*, in: Baldus/Finkenauer/Rüfner (Hrsg.), Bologna und das Rechtsstudium, Tübingen 2011, 3, 12–15.

15 *Rüfner* (Fn. 14), 15; zum europäischen Wert des „Einheitsjuristen" s. nur *Voßkuhle* (Fn. 11), S. 326, 336 ff..

bildung im klassisch historischen Bolognamodell[16] kann hier nicht nachgezeichnet werden. Sie soll auch nicht zum romantisch verklärten Modell für die Gegenwart werden. Eine geschichtsvergessene Bildungspolitik, die sich solcher Erfahrungen verschließt, wird aber dennoch scheitern. Die Reform der Reform ist längst angezeigt[17] und eine Erneuerung der Lehr- und Lerninhalte ohne Modularithmetik in vollem Gange.[18]

III. Bologna an der Universität Potsdam

Die Juristische Fakultät der Universität Potsdam führte zum Wintersemester 2013/14 einen sechssemestrigen grundständigen Bachelorstudiengang ein, der die englische Bezeichnung Bachelor of Laws (LL.B.) trägt. Das Studium ist in den Staatsexamensstudiengang integriert, nachschaffend modularisiert und durch Leistungspunkte (LP) strukturiert.[19] Entscheidend ist das zum klassischen Staatsexamensstudiengang teilidentische Bachelorstudium. Der Bachelor bietet zwar auch eine frühe spezielle Orientierung durch ein sog. Profilfach, im Vordergrund steht aber die juristische Allgemeinbildung. Der Potsdamer Bachelor ist damit um praktische und interdisziplinäre Anteile im wählbaren Profilfach ergänzt. Er soll ein vollwertiger Abschluss sein. Die weitgehend identischen Lehrinhalte halten den Studierenden die Entscheidung zwischen „nur"-Bachelor und Staatsexamen bis zum sechsten Semester offen. Das Studienmodell ermöglicht so internationale Anschlussfähigkeit für ausländische Studierende, die nach Potsdam wechseln wollen. Inländische Studierende können mit dem Bachelor aus Potsdam im europäischen Hochschulraum einen Master studieren. Die Beibehaltung des Staatsexamens ist jedoch essentiell. Nur auf diesem Wege ist der Weg in die höheren juristischen Berufe offen. Die

---

16 *Rüfner* macht für Niedergangsszenarien eine im 17. Jahrhundert in Frankreich und England einsetzende verstärkte staatliche Einflussnahme und Regulierungen verantwortlich, (Fn. 14), 3, 20.

17 Zum gegenwärtigen Stand: *Müller-Graff*, in: HRK-Nexus, Juristenausbildung heute – Zwischen Berlin und Bologna, 2014, 10 f.

18 *Dauner-Lieb* ZDRW 2014, 1-7.

19 Einer darüber hinaus geplanter konsekutiver vier semestriger Masterstudiengang unter der Bezeichnung LL.M. Entertainment. Event-, Sport- und Medienrecht ist aus Ressourcenmangel wieder aufgegeben worden. Hierdurch wäre ein Bolognakonformes Studienmodell abgebildet worden; vgl. näher *G. Schulze*, in: HRK-Nexus, Juristenausbildung heute – Zwischen Berlin und Bologna, 2014, 58 f.

Befähigung zum Richteramt nach § 5 DRiG bleibt die zentrale Qualifikation. Der Bachelor bildet damit eine vor allem psychologisch wertvolle Rückfallposition im Staatsexamensstudium, allerdings für den Preis, dass nahezu alle Studierende ihn erwerben und die Ressourcen meist ausgleichslos belasten! Die Eigenständigkeit des Bachelor muss sich erst noch am Arbeitsmarkt beweisen. Die Verknüpfung von Bachelor- und Staatsexamensstudiengang war im Dienste eines Politainments ersonnen worden, um der Juristischen Fakultät eine Zukunft im politischen Raum zu sichern! Möglicherweise kann daraus dennoch ein Erfolgsmodell werden. Die Marke "Staatsexamen" darf nur nicht preisgegeben werden.

Zwölf Thesen zur Internationalisierung der Juristenausbildung

Michael Stürner

Kaum eine Diskussion wird so ausdauernd geführt wie diejenige um die Reform der Juristenausbildung. Der Jubilar hat sich wiederholt und pointiert daran beteiligt.[1] Als Vorsitzender des Juristen-Fakultätentages bestimmt er die Entwicklung an maßgeblicher Stelle mit.[2] Insofern ist auf sein Interesse an den nachfolgenden Thesen zur Internationalisierung[3] der Juristenausbildung zu hoffen.[4]

1. Grundlage der Juristenausbildung ist das eigene Recht

Die Juristenausbildung muss ihr Fundament im deutschen Recht legen. Man muss wissen, was das Eigene ist, bevor man das Fremde verstehen

---

1 Siehe etwa *Müller-Graff*, in: Haverkate/Hommelhoff/Rittershaus (Hrsg.), Anwaltsorientierte Juristenausbildung, 2001, S. 13; *ders.*, in: Baldus/Finkenauer/Rüfner (Hrsg.), Juristenausbildung in Europa zwischen Tradition und Reform, 2008, S. 379; *ders.*, in: Baldus/Finkenauer/Rüfner (Hrsg.), Bologna und das Rechtsstudium, 2011, S. 275; *ders.*, in: Hochschulrektorenkonferenz/Stifterverband für die Deutsche Wissenschaft (Hrsg.), Juristenausbildung heute: Impulse für Studium und Lehre, 2012, S. 7; *ders.*, Bestandsaufnahmen der Juristenausbildung sind Momentaufnahmen im Strom der Zeit – Positionen des Deutschen Juristen-Fakultätentages, in: Hochschulrektorenkonferenz (Hrsg.), Juristenausbildung heute – zwischen Berlin und Bologna, 2014, S. 10; *ders.*, ebenda, S. 34.

2 Siehe dazu *Müller-Graff*, in: Hochschulrektorenkonferenz, Juristenausbildung heute – zwischen Berlin und Bologna (Fn. 1), S. 10.

3 Der Fokus des Beitrags liegt auf der Internationalisierung der deutschen Juristenausbildung. Teilweise wird der Begriff auch so verwendet, dass er die Beziehungen der EU-Hochschulen zu Drittstaaten bezeichnet, vgl. insb. die Schlussfolgerungen des Rates vom 11. Mai 2010 zur Internationalisierung der Hochschulbildung (2010/C 135/04), ABl. EU C 135/12 vom 26.5.2010.

4 Siehe bereits *M. Stürner*, in: Schmidt-Kessel (Hrsg.), German National Reports on the 19th International Congress of Comparative Law, 2014, S. 135. Aus sozialwissenschaftlicher Sicht siehe jüngst *Gall*, Internationalisierung von rechtswissenschaftlichen Fakultäten. Ein Vergleich zwischen Deutschland und den USA, Diss. Hamburg 2014.

lernen kann. Es ist daher richtig, wenn im Grundstudium ganz vorrangig das derzeit geltende Recht gelehrt wird. Eine Sonderstellung dürfte mittlerweile das Europarecht einnehmen, das so eng mit dem nationalen Recht verwoben ist, dass es über kurz oder lang seinen Platz bereits im zweiten Studienjahr haben sollte.[5]

2. *Die Juristenausbildung muss so international sein wie das Recht*

Gleichzeitig muss die Juristenausbildung die gelebte Rechtsrealität widerspiegeln. Je prägender Einflüsse von außen auf das nationale Recht wirken, desto internationaler muss auch die Juristenausbildung werden. Das klingt nach einem Allgemeinplatz. Nach wie vor spielen internationale Zusammenhänge aber in der staatlichen Pflichtfachprüfung der Ersten Juristischen Prüfung nur eine untergeordnete Rolle. Die in vielen Prüfungsordnungen verkündeten Internationalisierungsansprüche werden in der Praxis nur selten eingelöst. Kaum einmal geht ein Prüfungsamt das Wagnis ein, eine wirklich international orientierte Klausur zu stellen. Das Internationale Privatrecht etwa dient allenfalls einmal als Aufhänger oder als Zusatzfrage.[6] Selten bis nie spielen ausländisches oder transnationales Recht oder gar Modellgesetze wie der Draft Common Frame of Reference eine Rolle. Dabei könnten auch solche aus der Ausbildung oftmals kaum bekannten Normgefüge – deren Kenntnis im Detail selbstverständlich nicht vorausgesetzt werden kann – im Rahmen so genannter Märchenklausuren durchaus als Prüfstein juristischen Methodenverständnisses verwendet werden. Die Zurückhaltung der Prüfungsämter steuert wiederum die „Nachfrage“ bei den Studierenden, ein Umstand, der nolens volens zumindest mittelbar auch den Inhalt der Ausbildung beeinflusst.[7]

---

5 *Müller-Graff*, in: Hochschulrektorenkonferenz, Juristenausbildung heute – zwischen Berlin und Bologna (Fn. 1), S. 34: „spätestens ab dem dritten Semester“.

6 Beifallswert sind daher die Forderungen zur stärkeren Berücksichtigung dieses Rechtsbereichs von *M.-Ph. Weller* ZEuP 2014, 463, 464.

7 Ähnlich in Bezug auf das Unionsrecht auch *Müller-Graff*, in: Hochschulrektorenkonferenz, Juristenausbildung heute – zwischen Berlin und Bologna (Fn. 1), S. 34.

3. Internationalisierung darf kein Selbstzweck sein

Indessen darf die Internationalisierung nicht zu einem Fetisch verkommen, einer Worthülse, die in wohlmeinenden rechtspolitischen Stellungnahmen fast schon inflationäre Verwendung findet. Die Frage muss gestellt werden: cui bono? Nicht alle Juristen benötigen gleichermaßen internationales Handwerkszeug.[8] Weite Bereiche der internationalen Bezüge des Rechts sind daher Spezialisierungsveranstaltungen vorbehalten. Diese Funktion üben derzeit vor allem die Schwerpunktbereiche aus. Weiter zu nennen sind die mittlerweile recht zahlreichen bi- und trinationalen Doppelabschlüsse, die auf allen Ebenen der Juristenausbildung bis hin zur cotutelle de thèse bei Dissertationen gehen.[9] Solche Angebote werden diejenigen Studierenden wahrnehmen, bei denen Neigung und Interesse den Mehraufwand solcher Studiengänge aufwiegen. Nach wie vor gilt, dass die am Modell des Einheitsjuristen orientierte Erste Juristische Prüfung die passende Prüfungsform für die juristischen Professionen ist. Der weltweit gute Ruf, den die Juristenausbildung in Deutschland genießt, ist nicht zuletzt auf die fast durchweg hohen Standards zurückzuführen, die durch die Anonymität und Delokalisierung der Staatsprüfungen erst ermöglicht werden.

4. Schwerpunktstudium als Möglichkeit der Diversifizierung

Nicht jeder Student muss gleichermaßen international ausgerichtet sein. Aber diejenigen, die es wollen, sollen jedenfalls im Schwerpunktstudium die Möglichkeit haben, entsprechende Akzente zu setzen. Diesbezüglich machen die deutschen Rechtsfakultäten nach dem Eindruck des Verfassers erfreulich vielfältige Angebote.[10] Dass die im universitären Teil der Ersten Juristischen Prüfung erzielte Teilnote zwar mit 30% in die Gesamtnote eingeht, in der Praxis aber zumeist nicht viel zählt, ja regelrecht herausgerechnet wird, ist vor diesem Hintergrund bedauerlich, scheint sich doch

---

8 Bemerkenswert ist hierbei, dass es vor allem international tätige Großkanzleien sind, die entsprechend ausgebildeten Nachwuchs brauchen und daher einschlägige Studienformate vielfach auch finanziell fördern. Dies ist nicht grundsätzlich negativ zu bewerten; es darf jedoch nicht dazu führen, dass Internationalisierung rein wirtschaftsrechtlich verstanden wird. Siehe zu den Kanzleien als Akteuren im Prozess der Internationalisierung *Gall* (Fn. 4), S. 130 ff.

9 Näher *M. Stürner* (Fn. 4), S. 135, 142 f.

10 Beispiele bei *M. Stürner* (Fn. 4), S. 135, 140 f.

der im Schwerpunktstudium von Studierenden- wie von Dozentenseite oftmals betriebene Aufwand nicht auszuzahlen. Konsequenz könnte eine teilweise bereits abzusehende Marginalisierung der Schwerpunktausbildung sein, die einerseits in einer Reduzierung der obligatorischen Prüfungsleistungen seitens der Landesjustizprüfungsämter besteht, andererseits in einer inhaltlichen Annäherung des Schwerpunktstoffs an den Pflichtfachbereich durch die Universitäten. Dass eine solche Entwicklung gerade die international ausgerichteten Fächer trifft, liegt auf der Hand.

5. *Internationalisierung braucht Zeit*

Im Kleinen wie im Großen gilt: Wer sein Studium international ausrichtet, braucht dafür Zeit. Die Praxis der Zuerkennung von Freisemestern für Auslandsaufenthalte, Teilnahme an internationalen Moot Courts etc. sollte daher durch die Landesjustizprüfungsämter großzügig gehandhabt werden. Auch die Internationalisierung der Juristenausbildung selbst sollte sich organisch entwickeln und nicht ausschließlich an Studierendenstatistiken oder gar am wirtschaftlichen Erfolg entsprechender Programme gemessen werden.

6. *Internationalisierung erfordert Mobilität der Studierenden*

„Genieße das Leben auf der Reise und ziehe hin, wo du es vergnüglich und nützlich findest. Vor dem ersten halben Jahre bedürfen wir deiner nicht; du kannst dich also nach Belieben in der Welt umsehen: denn die beste Bildung findet ein gescheiter Mensch auf Reisen.“[11] Der Kern dieses Goethe-Zitats gilt nicht zuletzt für die Juristenausbildung. Mobilitätsprogramme wie vor allem Erasmus sind erfolgreich[12] und bedürfen eines wei-

---

11 *Goethe*, Wilhelm Meisters Lehrjahre, Erstdruck: Berlin, Unger, 1795-1796, V. Buch, 2. Kap.

12 Eine von der EU-Kommission in Auftrag gegebene Studie („The Erasmus Impact Study“, 2014, vgl. Pressemitteilung vom 22.9.2014, IP/14/1025) kommt zum Schluss, dass Absolventen mit internationaler Erfahrung auf dem Arbeitsmarkt nachgefragte Eigenschaften wie Toleranz, Selbstvertrauen, Problemlösungsfähigkeit, Aufgeschlossenheit, Bewusstsein für eigene Stärken bzw. Schwächen und Entscheidungsfreudigkeit in deutlich überdurchschnittlichem Maße aufweisen und seltener arbeitslos werden. Nicht nur das: Ein Drittel der ehemaligen Erasmus-Stu-

teren Ausbaus. Es scheint jedoch, dass die Einführung des universitären Schwerpunktbereichsstudiums diesbezüglich negative Anreize setzt. Vielfach überwiegt die Sorge, durch einen Auslandsaufenthalt zu sehr aus den universitären Abläufen herausgerissen zu werden. Dem gilt es durch sinnvolle Bündelung des Stoffes und einer Optimierung der Prüfungsgestaltung in den Schwerpunktbereichen entgegenzuwirken – ohne aber ein race to the bottom und eine weitere Marginalisierung der Schwerpunktnote zu provozieren. Der hochschulpolitisch teilweise befürwortete Ausbau von online-Angeboten, den sog. massive open online courses (MOOC),[13] als virtuelle Mobilitätsförderung sollte dagegen mit Skepsis betrachtet werden, da diese allenfalls einen geringen Ausschnitt aus der Rechtswirklichkeit abzubilden geeignet sind.

7. *Anerkennung als Rechtsprinzip – nicht nur im Europäischen Justizraum*

Die Anforderungen in der Ersten Juristischen Prüfung bestimmen ganz entscheidend das Studienverhalten. Zur Förderung der Mobilität gehört daher die Akzeptanz ausländischer Studienleistungen und Prüfungen. Vorbildlich in diesem Sinne sind Landesprüfungsordnungen, die im Rahmen des universitären Schwerpunktbereichsstudiums eine komplette Absolvierung dieser Phase des Studiums an ausländischen Fakultäten erlauben.[14] Selbstverständlich setzt dies eine Vergleichbarkeit der dort erbrachten

denten hat eine Partnerin oder einen Partner mit einer anderen Staatsangehörigkeit – gegenüber 13% bei denjenigen ohne Auslandsaufenthalt – und 27% der Erasmus-Studierenden haben ihre langfristige Partnerin bzw. ihren langfristigen Partner im Rahmen des Erasmus-Aufenthalts kennengelernt. Auf dieser Grundlage schätzt die Kommission, dass seit 1987 rund eine Million Kinder aus Erasmus-Partnerschaften hervorgegangen sind. Ein Schelm, wer Arges dabei denkt….

13 Siehe etwa die Mitteilung der EU-Kommission vom 11.7.2013 „Europäische Hochschulbildung in der Welt“, KOM(2013) 499 endg., S. 6 ff., auch wenn dort die physische Mobilität der Studierenden nach wie vor als „effizientestes Instrument der Internationalisierung“ bezeichnet wird (S. 4).

14 So in Bayern Art. 43 BayJAPO oder in Berlin Art. 4 Abs. 3 JAG. Nur halbherzig nimmt sich dagegen die jüngste Reform in Baden-Württemberg aus. Hier wurde den Fakultäten durch die Vierte Verordnung des Justizministeriums zur Änderung der Juristenausbildungs- und Prüfungsordnung vom 22. April 2013 immerhin angetragen, eine Anerkennung von an ausländischen Fakultäten geschriebenen Seminararbeiten im Rahmen der Schwerpunktbereichsprüfung zu ermöglichen. Der

Prüfungsleistungen voraus. Regelmäßig wird hierfür die Einrichtung strukturierter Austauschprogramme erforderlich sein. Zahlreiche Beispiele belegen indessen deren Potential.

8. Studienaufbau und Internationalisierung sind getrennt zu betrachten

Auch wenn die Bologna-Erklärung für die Juristenausbildung ohnehin keine Vorgaben macht: Eine Modularisierung à la bolognese ist nicht erforderlich für eine bessere Verankerung internationaler Elemente. Es scheint eher der umgekehrte Zusammenhang zu bestehen: Bologna hat in vielen Fachrichtungen zu einer regelrechten Atomisierung des Curriculums in immer höher spezialisierte Studiengänge geführt, die nirgendwo anders, schon gar nicht im Ausland angeboten werden. Dies schafft kaum gute Voraussetzungen für eine Anerkennung von anderswo erbrachten Studienleistungen.

9. Internationalisierung erfordert mehr als nur juristische Fertigkeiten

Internationalisierung ist mehr als die Kenntnis ausländischen Rechts und der Beherrschung der entsprechenden Terminologie. Hinzu kommen müssen die spezifische soziale Kompetenz, Sprache und kulturelles Einfühlungsvermögen. All dies lässt sich am besten vor Ort erlernen.

10. Internationalisierung benötigt eine neue Debattenkultur in der Ausbildung

Das Verständnis für andere rechtliche Ansätze wird nicht nur, und vielleicht nicht einmal entscheidend, durch die juristische Durchdringung des ausländischen Rechts erreicht, sondern durch die Fähigkeit, auf einer Meta-Ebene das hinter einer Regelung stehende gesellschaftliche Problem zu erfassen. In der Rechtsvergleichung spricht man diesbezüglich vom tertium comparationis. Hierfür wäre in der Juristenausbildung an geeigneter Stelle eine stärkere Loslösung von der bloßen Stoffvermittlung und der

---

Vorschlag, die gesamte Schwerpunktbereichsprüfung im Wege der Anerkennung von im Ausland erbrachten Leistungen zu substituieren, wurde nicht umgesetzt.

Dogmatik des geltenden Rechts von Nöten. Dies könnte gerade in den Anfangssemestern geschehen, weil hier der Blick noch nicht so sehr verstellt ist durch das manchmal fast krampfhafte Festklammern am positiven Recht. Die englischen Debating Societies bieten hier manches Anschauungsmaterial. Letztlich fordert ein solcher Ansatz natürlich eine intensive und nur in Kleingruppen zu leistende Lehre. Viele Fakultäten werden dies ohne zusätzliche Finanzmittel kaum realisieren können.

11. Internationalisierung erfordert Mobilität des Lehrkörpers

Auch die Mobilität der Dozenten sollte stärker als bisher gefördert werden. Das Erasmus Teaching Staff Mobility Programm sollte ausgebaut werden. Auslandserfahrung, etwa im Rahmen von Lehr- und Forschungsaufenthalten oder Masterprogrammen, könnte bei Berufungen größeres Gewicht beigemessen werden. Umgekehrt sollten vermehrt ausländische Gastdozenten in das Curriculum integriert werden – und dies nicht nur im Rahmen der an sich löblichen Einführungsveranstaltungen in ausländische Rechtsordnungen oder Rechtssprachen. Dies entspricht letztlich den Forderungen des Wissenschaftsrates von 2012.[15] Allerdings sind die dort vorgeschlagenen Forschungsgastprofessuren für ausländische Kolleginnen und Kollegen ohne massive externe Unterstützung sicherlich nur für größere Rechtsfakultäten realisierbar.[16]

12. Mehrsprachigkeit ist ein wesentliches Kennzeichen der Internationalisierung

Recht ist eine kulturelle Errungenschaft, die aufs Engste mit der es vermittelnden Sprache zusammenhängt.[17] Wie überall gilt auch im Bereich der Jurisprudenz, dass sich Rechtstexte am besten in der Originalsprache erschließen. Dabei wird Fremdsprachenkenntnis häufig auf die Beherrschung der englischen Sprache reduziert. Zu Unrecht! Mehrsprachigkeit

---

15 Perspektiven der Rechtswissenschaft in Deutschland. Situation, Analysen, Empfehlungen, Drucks. 2558-12 vom 9.11.2012.

16 Dies verkennt auch der Wissenschaftsrat nicht, *Wissenschaftsrat* (Fn. 15), S. 43.

17 Dazu jüngst wieder – mit Blick vor allem auf das IPR – *Jayme*, in: Kube/Morgenthaler/Mellinghoff (Hrsg.), FS für Paul Kirchhoff, Band I, 2013, 341 m.w.N.

sollte unbedingt gefördert werden – Englisch ist vielleicht die lingua franca, beileibe aber nicht die einzige Sprache der Internationalisierung.[18] Abzulehnen sind Bestrebungen, eine gewisse Anzahl englischsprachiger Lehrveranstaltungen verpflichtend im Curriculum vorzusehen. Englischsprachige LLM-Studiengänge zum deutschen Recht mögen den Kreis möglicher Interessenten vergrößern, sind aber skeptisch zu sehen. Ähnliches gilt für englischsprachige Veranstaltungen für Erasmus-Studenten. Wer als Austauschstudent ins Inland kommt, sollte möglichst Kurse in der Landessprache hören. Englischsprachige Lehrveranstaltungen können aber in solchen Rechtsbereichen sinnvoll sein, wo eine rechtskulturelle Nähebeziehung besteht. Dies gilt etwa für das Recht der internationalen Schiedsgerichtsbarkeit, für bestimmte Bereiche des Völkerrechts oder UN-Kaufrecht. Strukturierte Fachsprachenprogramme, wie sie an einigen Fakultäten bereits erfolgreich praktiziert werden, sollten Nachahmung finden.

---

18 In diese Richtung zu Recht der *Wissenschaftsrat* (Fn. 15), S. 62; dies betonend auch KOM(2013) 499 endg., S. 7.

La Coopération internationale universitaire Montpellier – Heidelberg: un exemple à suivre, propos d'amitié

Evelyne Cave

Gustave Flaubert a écrit : «L'avenir nous tourmente, le passé nous retient, c'est pour cela que le présent nous échappe…».

Il me paraît plus réaliste de penser que « L'avenir est serein, que le passé nous échappe et que nous vivons bien le présent».

Il y a 46 ans, trois fortes personnalités se sont rencontrées, trois juristes.

Les trois éminents professeurs allemands et français étaient: Edouard Wahl, Hermann Weitnauer et Jean-Marc Mousseron.

L'observation, la connexion, l'exploitation des échanges étaient pour eux les objectifs de leur rapprochement. Si au départ la volonté de connaître l'autre était très forte de part et d'autre et si au début ils avaient pensé à formaliser l'échange, à donner un cadre juridique à cette volonté de rapprochement, ils ont très vite opté pour un «cadre administratif «souple».

Pourquoi un cadre administratif «souple» ? Ils souhaitaient tout simplement se lier par une déclaration commune. Pour eux l'échange ne pouvait pas être que conventionnel, il devait être aussi amical, il est donc atypique: le maître-mot est AMITIE.

Le cadre juridique, administratif pourrait gommer la spontanéité et la liberté dont ils étaient si friands. Il existe des sociétés de fait…Ils ont donc créé «l'association de fait» au grand «dam» de certains *juristes puristes*.

L'échange porta sur des thèmes choisis d'un commun accord intéressants l'évolution de la doctrine et de la jurisprudence. Mais le côté culturel n'était jamais occulté à chacune de nos rencontres. C'était pour eux le moyen important de mieux se connaître et même parfois ils organisaient des visites chez l'habitant, les vignerons, les collectionneurs…

Par la suite, il s'est avéré que l'échange ne pouvait continuer sans assistance financière. Nos Universités n'étaient pas encore convaincues de l'opportunité des actions des trois professeurs ni même de leur mission, elles étaient pourtant sûres de leur engagement. L'Institut de droit International Privé pour Heidelberg et le Centre du Droit de l'Entreprise pour Montpellier avaient demandé conjointement à leurs Facultés de libérer un poste d'assistant pour renforcer l'échange, ce qui fut fait. Les Directeurs de l'IPR et du CDE se sont tournés vers ce qui avait été créé par la volonté des politiques (au sens noble du terme): «l'Office Franco-allemand pour la Jeunesse».

Jeunesse, c'est ce mot qu'il faut retenir.

L'OFAJ a, dans la limite de ses moyens, aidé à la réussite de cette grande aventure.

La déclaration préliminaire de la relation de partenariat du Traité d'Amitié signé par le Chancelier Konrad Adenauer et Charles De Gaulle en 1969 sont les termes mêmes du credo de nos professeurs :

«Compréhension et Amitié».

Si au fil du temps, certains échanges se sont un peu distendus, les liens entre les juristes se sont renforcés d'année en année.

Les créateurs de cet échange nous ont tous malheureusement quittés mais leur engagement a été tellement fort qu'il est toujours présent et leurs successeurs ont toujours à cœur de poursuivre le même investissement.

Parfois les rencontres entraînent d'autres objectifs.

Ainsi en 2011, le Professeur Peter-Christian Müller-Graff et le Professeur Jacques Raynard ont convenu d'un accord de collaboration pour préparer et organiser des colloques, des communications, des publications d'articles et des soutenances de thèses...

Aucune compétition, aucune concurrence ne vient entacher le désir d'être à l'écoute de l'autre, bien que «la politique» et certains ignorants donnent des coups de boutoir aux différents évènements et rencontres qui émaillent cette magnifique alliance.

Heidelberg – Montpellier: la volonté d'être ensemble est et restera la plus forte. L'aventure se poursuit. Si, il y a fort longtemps, on a pu parler de réconciliation, depuis plus de quarante ans on parle d'échange, de rencontre, d'amitié.

Il est des circonstances de la vie universitaire qui permettent à des hommes très différents bien qu'exerçant le même métier et habitant de part et d'autre du Rhin d'être profondément attachés les uns aux autres.

«Le passé a été, le futur sera l'affaire des autres, concentrons nous sur le présent».

Prof. Peter-Christian Müller-Graff und seine Initiativen zur Förderung der Integration Polens und der Ukraine mit der Europäischen Union

Kazimierz Lankosz

I. Einleitung

Wissenschaftliche und im Ergebnis auch persönliche Kontakte zwischen Akademikern aus Deutschland und Polen zeichnen sich oft durch gegenseitige Anerkennung und Sympathie aus und haben eine jahrzehntelange, wenn nicht gar längere, Tradition. In Zeiten, in denen Polen als „Volksrepublik Polen“ unter sowjetischem Einfluss stand, wurden Kontakte zwischen Deutschen und Polen durch die kommunistischen Machthaber erschwert. Die Situation änderte sich erst Ende 1989, Anfang 1990 im Zuge der Systemtransformation in Polen und der Aufnahme freundschaftlicher Beziehungen zwischen Polen und der Bundesrepublik Deutschland.

Es entstand somit eine günstige Situation für die (Wieder-)Aufnahme der Zusammenarbeit zwischen polnischen und deutschen Universitäten. Eines dieser Kooperationsprojekte ist die 1998 ins Leben gerufene Schule des Deutschen Rechts, ein gemeinsames Programm der Ruprecht-Karls-Universität Heidelberg, der Jagiellonen-Universität Krakau und der Johannes Gutenberg-Universität Mainz. Ich nahm an den ersten Gesprächen über die Gründung der Schule, gemeinsam mit Prof. *Horst Konzen* (Mainz) und Prof. *Peter Hommelhoff*, (Heidelberg) teil. Unser Ziel war nicht nur die Schaffung einer Möglichkeit zum Austausch zwischen Wissenschaftlern, sondern auch die Übermittlung von Kenntnissen des jeweils anderen Rechtssystems an die junge Generation deutscher und polnischer Jurastudenten. Wir wollten zugleich bestehende Vorurteile abbauen und eine Atmosphäre schaffen, die zwei benachbarten europäischen Nationen das gegenseitige Kennenlernen ermöglicht. Damals dachten wir noch nicht an einen raschen Beitritt Polens zur Europäischen Union.

Es stellte sich heraus, dass die Mitte der neunziger Jahre entstandene Idee einer Schule für deutsches Recht nicht nur überdauerte, sondern sich stetig weiterentwickelte und bis heute Früchte trägt. Um diese Tatsache haben sich verschiedene Personen verdient gemacht, in besonderem Maße aber der Jubilar, Prof. Peter-Christian Müller-Graff. Von Anfang an trug der Jubilar zum Erfolg dieses Projekts bei: als Dozent im Rahmen der Rechtsschule an der Jagiellonen-Universität, als Veranstalter und Leiter zahlreicher alljährlich stattfindender Seminare und in allen anderen Unterfangen sowohl der Schule des Deutschen Rechts, als auch deren Schwesterprojekten.

II. Schule des Deutschen Rechts

Das Wirken des Jubilars zur Förderung der deutsch-polnischen wissenschaftlichen Zusammenarbeit begann mit der Schule des Deutschen Rechts an der Jagiellonen-Universität Krakau, an der er seit ihren ersten Jahren die Vorlesung zum Europarecht hielt. Zum Anfang des neuen Jahrtausends war für Viele noch unvorstellbar, dass Polen bald Mitglied der Europäischen Union werden könnte. Und doch war für Prof. Müller-Graff von Anfang an klar, dass die junge Generation polnischer Juristen gerade auch im Europarecht ausgebildet werden soll, um den späteren Aufgaben im gemeinsamen europäischen Rechtsraum gewachsen zu sein.

Das Programm der Rechtsschule umfasst seit ihrer Gründung einen einsemestrigen Kurs der deutschen juristischen Fachsprache sowie zwölf Grundlagenvorlesungen zu verschiedenen Bereichen des deutschen und europäischen Rechts: deutsches Verfassungsrecht in Europa, Grundlagen des Europarechts, Einführung in das deutsche Zivilrecht, Verwaltungsrecht, Verfassungsrecht, Vertragsrecht (insbesondere Kaufrecht), die Falllösungsmethode anhand von Beispielen zu Veräußerungsgeschäften, deutsches und europäisches Gesellschaftsrecht, Wirtschaftsrecht, Arbeitsrecht, Kreditsicherungsrecht und Strafrecht. Der Rechtskurs, zu dem die 30 besten Absolventen des Fachsprachenunterrichts zugelassen werden, endet mit einer mündlichen Prüfung, die einer Prüfung im 1. Juristischen Staatsexamen ähnelt. Die erfolgreichen Absolventen erhalten nach Bestehen des Rechtskurses bei einer feierlichen Abschlusszeremonie ihre Zeugnisse. Der oder die beste Absolventin erhält zudem ein Promotionsstipendium, dessen kontinuierliche Finanzierung durch verschiedene Sponsoren, zuletzt die Gerta-Scharffenorth-Stiftung, dem Einsatz Prof. Müller-Graffs zu verdanken ist. Die Kontakte und Freundschaften, die der Jubilar infolge seiner akademischen und richterlichen Aktivitäten in Deutschland und Europa geknüpft hat, setzte er stets auch für die Schule des Deutschen Rechts ein. So hielten auf Einladung des Jubilars führende Persönlichkeiten aus

Rechtswissenschaft, Wirtschaft und Politik Gastvorträge während der Abschlussfeiern der Schule des Deutschen Rechts, u.a. der Präsident des Europäischen Gerichtshofs Prof. Dr. *Vassilios Skouris,* der Präsident des EFTA-Gerichtshofs Prof. Dr. *Carl Baudenbacher* oder der ehem. Generalanwalt beim EuGH Prof. Dr. *Carl Otto Lenz.*

Im Laufe der Jahre wurde über diesen Rechtskurs hinaus ein umfangreiches Gemeinschaftsprojekt geschaffen, woran der Jubilar als Dozent und seit 2004, nach Übergabe des Direktorenpostens durch Prof. Dr. *Peter Hommelhoff,* nunmehr als Heidelberger Direktor der Schule des Deutschen Rechts aktiv und maßgeblich mitwirkte. So ist es dem Einsatz von Prof. Müller-Graff als Dekan der Juristischen Fakultät der Ruprecht-Karls-Universität Heidelberg zu verdanken, dass die juristischen Fachbereiche der Universitäten Heidelberg und Krakau am 17. Juni 2003 eine Partnerschaftsvereinbarung unterzeichneten, die es polnischen Absolventen der Schule des Deutschen Rechts ermöglichte, ihr Studium des deutschen Rechts im Rahmen des LL.M.-Programms in Heidelberg fortzuführen und dabei den Rechtskurs der SDDR als erstes Semester des LL.M.-Programms angerechnet zu bekommen. Diese Regelung, welche auf Betreiben des Mainzer Direktors der Rechtsschule, *Prof. Dr. Udo Fink* und des damaligen und mittlerweile verstorbenen Leiters des Auslandsbüros Jura, *Prof. Dr. Reinhard Hepting*, auch an der Universität Mainz umgesetzt wurde, führte dazu, dass das Programm der Schule des Deutschen Rechts seit 2010 vom Deutschen Akademischen Austauschdienst (DAAD) als Deutschsprachiger Studiengang „Recht in Deutschland" anerkannt und finanziert wird. Im Rahmen dieses Studiengangs studierten bis zum Sommersemester 2014 43 Absolventen der Krakauer Rechtsschule an den Universitäten Heidelberg und Mainz und schlossen ihr Studium mit dem Erwerb des LL.M.-Titels ab. An der Universität Heidelberg ist der Jubilar für Krakauer Studenten stets ein offener Ansprechpartner und oft auch Betreuer ihrer Magisterarbeiten.

III. Deutsch-polnische und deutsch-polnisch-ukrainische Rechtsseminare

Die Idee der Privatinitiative und der transnationalen Zusammenarbeit, welche das Wirken und Schaffen des Jubilars durchdringt, äußerte sich im Streben zur Förderung des gegenseitigen Kennenlernens und voneinander-Lernens im wissenschaftlichen, aber auch persönlichen Bereich. So ist Prof. Müller-Graff die treibende Kraft des deutsch-polnischen Dialogs und seit 2008 des deutsch-polnisch-ukrainischen Trialogs im Rahmen gemeinsamer, zweimal jährlich abwechselnd in Krakau, Mainz, Heidelberg und Kiew gehaltener Blockseminare. Im Rahmen dieser Seminare erhalten junge deutsche, polnische und ukrainische Juristen die Gelegenheit, durch rechtsvergleichende Betrachtung die Rechtssysteme der jeweiligen Partnerländer vertieft kennenzulernen. Die Breite des wissenschaftlichen Wirkens des Jubilars wird dabei an der Vielfalt der Themen deutlich, welche unter seiner Leitung während der Seminare besprochen wurden. Sie reichen von wirtschafts- und privatrechtlichen Themen wie „Europäisches Wirtschaftsprivatrecht" (03-06.11.2005 in Krakau), „Das Recht der sozialen Marktwirtschaft" (16.-19.12.2010 in Heidelberg) oder „Moderne Vertragstypen" (14.-17.07.2011 in Mainz) über aktuelle europarechtliche Themen wie „Europäisches Umweltrecht" (02.-05.06.2005 in Heidelberg), „Die Nachbarschaftspolitik der Europäischen Union gegenüber beitrittswilligen osteuropäischen Demokratien" (14.-16.06.2007 in Krakau), „Europas Währungs-, Haushalts- und Finanzmarktrecht in der Krise" (12.-15.12.2011 in Heidelberg), bis hin zu fundamentalen verfassungsrechtlichen Fragen wie „Gewaltenteilung im Verfassungsrecht" (25.-27.11.2009 in Krakau) und „Die Dritte Gewalt in Europa" (06.-09.07.2012 in Kiew). Das Seminar zur Nachbarschaftspolitik der Europäischen Union wurde auf Betreiben des Jubilars zudem zusammen mit einer Tagung des Arbeitskreises Europäische Integration gehalten, deren Ergebnisse in einem Tagungsband festgehalten wurden.[1]

Die Integration der Völker in Europa hängt aber nur zum Teil von politischen Entscheidungen oder der Anpassung der Rechtssysteme ab. Vielleicht werden auf längere Sicht die zwischenmenschlichen Kontakte, insbesondere die zwischen jungen Menschen verschiedener Nationen, für die europäische Einigung entscheidend sein. Denn diese jungen Menschen werden bald das neue Europa, ein gemeinsames europäisches Haus errichten. Ein solches Projekt kann nur gelingen, wenn es auf gegenseitigem Verständnis basiert. Daher war es für den Jubilar immer wichtig, die gemeinsamen Dialog- und Trialog-Seminare nicht nur als Gelegenheit zum wissenschaftlichen Austausch, sondern auch zum persönlichen Kennenlernen zu begreifen. Ob beim Besuch des Heidelberger Weihnachtsmarktes mit polnischen und ukrainischen Studenten, der Vorführung deutschen

1 *Lankosz/Müller-Graff/Fink* , Osteuropäische Nachbarschaft der Europäischen Union, Schriftenreihe des Arbeitskreises Europäische Integration e.V., Band 65, Baden-Baden 2009.

und polnischen Liedguts während einer Schlittenfahrt im Tal von Chochołów in der Hohen Tatra, der Feier des Beitritts Polens zur Europäischen Union am 01. Mai 2004 gemeinsam mit polnischen Studenten inmitten einer Menschenmenge auf dem Krakauer Marktplatz oder dem Besuch der Barrikaden am Kiewer Maidan im Juli 2014 – stets animierte Prof. Müller-Graff die Studenten zum vertieften Erleben und Begreifen.

IV. Europäisches Graduiertenkolleg

Weiterer Wirkungskreis des Jubilars in der wissenschaftlichen Zusammenarbeit zwischen den Universitäten Heidelberg, Krakau und Mainz war das Europäische Graduiertenkolleg, dessen geschäftsführender Sprecher er im Jahre 2006 wurde. Das Europäische Graduiertenkolleg ist Ende 2001 auf der Grundlage einer Förderungszusage durch die Deutsche Forschungsgemeinschaft (DFG) ins Leben gerufen worden. Es hatte zum Ziel, die rechtliche Dimension von Transformation, Rechtsangleichung und Integration zu ergründen. Die Nachwuchswissenschaftler aus Deutschland und Polen beschäftigten sich mit Rechtsfragen, die mit der Schaffung legislativer Grundlagen für eine freiheitlich-demokratische Grundordnung und die soziale Marktwirtschaft in Polen einhergingen. Dabei setzen sie sich intensiv und kritisch mit dem deutschen Rechtssystem auseinander, um beste Lösungen für das polnische Recht zu entwickeln. Die Analyse des polnischen Transformationsprozesses und die Rezeption verschiedener Rechtsordnungen auf der Suche nach der Lösungsansätzen resultierte aber auch in Arbeiten, die interessante Ansätze für die Modernisierung des deutschen Rechts enthielten.

Das Europäische Graduiertenkolleg wurde von einer Evaluierungskommission der DFG, bestehend aus sechs Universitätsprofessoren und Vertretern der Deutschen Forschungsgemeinschaft, mit der Bestnote „exzellent“ bewertet und bis zum Herbst 2010 über drei Förderperioden unterstützt, was maßgeblich dem Einsatz der deutschen und polnischen Kollegsmitgliedern, den Leistungen der Doktoranden und der Leitung des Jubilars zu verdanken ist.

V. Deutsch-polnisch-ukrainische Zusammenarbeit

Nachdem Prof. Müller-Graff Heidelberger Direktor der gemeinsamen Schule des Deutschen Rechts in Krakau geworden war, äußerte er Interesse daran – wie von polnischer Seite schon länger erwünscht – die Aktivitäten der Schule auf die Ukraine auszudehnen. Er nutzte die Gelegenheit eines in Krakau vom Geschäftsführer der Rechtsschule und DAAD-Fachlektor, Herrn Dr. *Ulrich Ernst*, arrangierten Treffens mit dem Dekan der Mohyla-Akademie Kiew, Prof. Dr. *Andriy Meleshevych*, zu Beginn des Jahres 2007. Da auch von ukrainischer Seite erhebliches Interesse an einem gemeinsamen Programm bestand, vereinbarte man eine Sommerschule für deutsches Recht in Kiew, welche als Filiale des Krakauer Programms eingerichtet wurde.

Der dreiwöchige Kurs für deutschsprachige Juristen aus der Ukraine und ihren Nachbarländern findet seit 2007 statt. Prof. Müller-Graff hält alljährlich die Einführungsvorlesung „Recht in Deutschland“, oft nach einer Anfahrt mit dem Nachtzug aus Krakau. Der Kurs basiert auf den langjährigen Erfahrungen der Schule des Deutschen Rechts und möchte den ukrainischen Studenten die Grundlagen des deutschen Rechts, aber auch deren Einfluss auf die polnischen Transformationserfahrungen näher bringen. Gerade dieser letzte Aspekt – Systemtransformation und Annäherung an europäische Standards – war dem Jubilar besonders wichtig. Zu Zeiten, als in der Ukraine Bürgerrechte und Wissenschaftsfreiheit eingeschränkt wurden, hielten die Partneruniversitäten in Kiew auf Initiative des Jubilars Rechtsseminare zu grundlegenden Themen der europäischen Rechtsstaatlichkeit wie Gewaltenteilung und die Rolle der Dritten Gewalt in Europa. Auch die jüngsten Ereignisse des Kiewer Maidan und Bedenken über die Sicherheitslage im Osten der Ukraine konnten die Zusammenarbeit der Partneruniversitäten nicht beeinträchtigen. Im Juli 2014 fanden sowohl das Trialog-Seminar, als auch die Sommerschule wie geplant unter der Leitung von Prof. Müller-Graff statt.

Die Sommerschule und die gemeinsamen Rechtsseminare sind zu einem festen Bestandteil der Kooperation zwischen Heidelberg, Kiew, Krakau und Mainz geworden. Die besten Absolventen der Kiewer Sommerschule haben die Möglichkeit, ihr Studium an der Schule des Deutschen Rechts in Krakau fortzuführen. Mehrere herausragende Absolventinnen der Sommerschule absolvierten ein deutsches LL.M.-Studium, eine promoviert bei Herrn Prof. Müller-Graff in Heidelberg.

VI. Schlussworte

Die Zusammenarbeit in den verschiedenen geschilderten Projekten, auf deren Entwicklung der Jubilar maßgeblichen und nachhaltigen Einfluss hatte, ließ zwischen Deutschen, Polen und Ukrainern feste wissenschaftliche Kontakte und Freundschaften, in manchen Fällen sogar Ehen, entstehen. Durch sein wissenschaftliches Werk und unermüdliches Engagement, seinen Einsatz und seine Warmherzigkeit erlangte der Jubilar an der Jagiellonen-Universität ein hohes Ansehen, welches im Jahre 2011 mit der Verleihung der Ehrendoktorwürde zum Ausdruck kam. Dieses Ansehen, aber auch die tiefe Freundschaft, die den Jubilar und seine Krakauer Kollegen – zu denen auch der Verfasser dieser Worte zählt – verbindet, finden womöglich keine bessere Beschreibung, als die Worte der Laudatio von Prof. Dr. *Wojciech Pyzioł* aus Anlass der Verleihung der Ehrendoktorwürde:

„Prof. Müller-Graff ist ein Intellektueller und Gelehrter immensen Wissens in verschiedenen humanistischen Gebieten (neben den Rechtswissenschaften) wie Geschichte (auch die Geschichte Polens), Kunst und Philosophie. Er ist ausgewiesener Kenner der deutschen Kultur. Den Bestand dieser Kultur suchte er stets seinen polnischen Kollegen, Mitarbeitern und Doktoranden zu vermitteln, indem er mit besonderer Sorgfalt das Kulturprogramm jedes im Rahmen des Graduiertenkollegs organisierten Seminars entwarf. Dank ihm konnten die Kollegsmitglieder viele überaus interessante Städte und ihre Sehenswürdigkeiten (z.B. Goslar, Meißen oder Trier) kennenlernen, attraktive Museen (Dresden) besichtigen und Opernaufführungen bekannter deutscher Künstlern besuchen. Prof. Müller-Graff ist ein Mensch mit strahlender Persönlichkeit, voll unverwüstlicher Energie, offen, warmherzig, wohlwollend, gesellig und mit Sinn für Humor.

Er steht uns – seinen polnischen Kollegen und Mitarbeitern – sehr nahe.“

Ich schließe mich diesen Worten vollumfänglich und in tiefster Überzeugung an.

Europarecht im Donauraum: Peter-Christian Müller-Graff und Budapest

Ekkehart Reimer

Europa ist von natürlichen Grenzen durchzogen, den großen Wasserscheiden. *Peter-Christian Müller-Graff* hatte sich früh festgelegt: Seine Studien- und akademischen Dienstorte liegen an Leine und Spree, an Neckar, Rhein und Mosel, die alle zur Nordsee entwässern. Sie gehören zum Europäischen Westen und damit zum Kerngebiet der frühen Wirtschaftsgemeinschaft. Doch der Wissenschaftler überschreitet Grenzen, erschließt neue Gebiete, dringt zu fremden Flüssen vor und wird zum großen Brückenbauer. Die deutschen Wirkungsstätten *Müller-Graffs* finden ein erstes natürliches Gegenstück in der Jagiellonen-Universität der alten polnischen Hauptstadt Krakau, die geographisch zur Ostsee hin orientiert ist, und ein zweites in der mediterranen Reformuniversität Montpellier.

Seiner bayerischen Heimat nach ist der Jubilar aber vor allem mit dem Einflussgebiet der Donau verbunden, dem Gebiet des „europäischsten aller Flüsse“[1], dessen Mittelpunkt in Ungarn liegt. Auf vielfältige Weise hat *Müller-Graff* sich um die rechtswissenschaftliche Zusammenarbeit, die Pflege gemeinsamer methodologischer Ausgangspunkte und die Stärkung und Fortentwicklung des Unionsrechts in Ungarn und Deutschland verdient gemacht. Davon künden freundschaftliche Beziehungen zu ungarischen Wissenschaftlern und ein hohes fachliches Engagement, das bereits in die Zeit vor 1989 zurückreicht[2] und sich später besonders in zahllosen Arbeiten zum Beitritt der Republik Ungarn zu den Europäischen Verträgen[3] und in genuin privatrechtlichen Studien[4] niederschlägt. Schon im Jahr 2002 hat die Juristische Fakultät der Eötvös-Loránd-Universität (EL-

---

1 S. den Beitrag von *Stasiuk*, in: *Andruchowytsch/Stasiuk*, Mein Europa (2004).

2 *Müller-Graff*, Langzeitverträge im Recht gegen Wettbewerbsbeschränkungen. Bericht für das Institut der Staats- und Rechtswissenschaften der Ungarischen Akademie der Wissenschaften (1988).

3 Herausragend Mádl/Müller-Graff (Hrsg.), Hungary – From Europe Agreement [sic] to a Membership in the European Union (1996).

4 Müller-Graff/Vékás (Hrsg.), Privatrechtsreform in Deutschland und Ungarn (2009).

TE) dieses Engagement durch ein Ehrendoktorat und zugleich eine Ehrenprofessur gewürdigt; seit 2008 ist er der offizielle Beauftragte des Heidelberger Rektors für die gesamtuniversitären Beziehungen der Ruperto Carola zur Eötvös-Loránd-Universität. Mindestens gleich bedeutsam ist der Einsatz *Müller-Graffs* für die Deutschsprachige Andrássy-Universität Budapest. Schon 2002 hat ihn der damalige Heidelberger Rektor *Peter Hommelhoff* zum Beauftragten für den Aufbau der Andrássy-Universität gemacht; parallel wurde er kooptiertes Mitglied ihres Senats. Einer Reihe herausragender Heidelberger Kollegen hat er Brücken an die Andrássy-Universität gebaut und dort auch selbst gelehrt.

In gemeinsamem Interesse an der ungarischen Rechtswissenschaft und ihrer Stellung im Konzert der Wissenschaft vom Europäischen Recht geht der nachfolgende Beitrag zu Ehren des Jubilars drei Charakteristika Ungarns aus unionsrechtlicher Sicht nach: der Bedeutung des ungarischen EU-Beitritts für die Union und ihr Recht im Ganzen (I.), der spezifisch finanzrechtlichen Qualifizierung Ungarns als eines „Mitgliedstaats, für den eine Ausnahmeregelung gilt" i.S.d. Art. 139 AEUV (II.), und den Perspektiven des Rechtsstaatsdialogs zwischen Ungarn und Deutschland (III.). Auswahl und Analyse aller drei Charakteristika haben etwas Exemplarisches; sie zielen aber auf eine übergreifende Gemeinsamkeit: die Konsequenzen und Kontingenzen einer auf dem Vertragsgedanken beruhenden Union.

I. Die Bedeutung des ungarischen EU-Beitritts für die Union und ihr Recht im Ganzen

Bereits die Zugehörigkeit der Republik Ungarn zur Europäischen Gemeinschaft und zur Europäischen Union, die mit dem Abschluss der Verhandlungen über die historisch größte Erweiterungsrunde im Dezember 2002 abgeschlossen und zum 1. Mai 2004 wirksam wurde, ist formell und materiell Ausfluss vertraglicher Einigungen[5]. Darin liegt eine Konstante der Europäischen Integration seit den 1950er Jahren, die stets vertragsförmig verlaufen ist.

---

5 Merli/Huster (Hrsg.), Die Verträge zur EU-Osterweiterung: Kommentar mit systematischen Erläuterungen (2008); *Niedobitek*, Völker- und europarechtliche Grundfragen des EU-Beitrittsverträge, in: JZ 2004, 369 ff.; und *Zila*, Die neuen Schutznormen der Beitrittsabkommen der Europäischen Union (2008).

1. Das Fehlen von Gestaltungsmöglichkeiten: Ungarn in der Ratifikationslage

Abgenommen hat allerdings – insbesondere im Vergleich zu 1957 – die Gestaltungsfreiheit der Parteien. Der Beitritt ist nur unter Wahrung der Identität der Union als Friedensgemeinschaft mit Binnenmarkt und in den Grundkoordinaten des Raumes der Freiheit, der Sicherheit und des Rechts möglich[6]. Die „Aufnahmebedingungen", die die 15 bisherigen Mitgliedstaaten den 10 Beitrittskandidaten ausdrücklich gestellt haben (Art. 1 Abs. 2 des Beitrittsvertrags; vgl. auch Art. 49 UAbs. 2 EUV), gehen allerdings weit über diese Grundkoordinaten hinaus: Sie folgen den sog. Kopenhagener Kriterien und zielen auf die Übernahme des gesamten *acquis communautaire*.

Weitere Kontingenzen ergaben sich aus der Parallelität der Beitritte so vieler ehemaliger Ostblockstaaten, darunter der Slowakei als dem nördlichen Nachbarstaat mit einem großen ungarischstämmigen Bevölkerungsanteil. Der Akzeptanz, die ein verfasstes Gemeinwesen im Volk findet, ist die Zustimmung in einer bloßen Ratifikationslage weniger förderlich als eine Neukonstituierung. Dieser Gedanke war mitursächlich für die Konventsarbeiten an einem Europäischen Verfassungsvertrag, um den sich der Jubilar verdient gemacht hat[7] und die 2009 in das Vertragswerk von Lissabon eingeflossen sind: Sie waren der Ort für eine Partizipation auch der 10 Beitrittsstaaten an der rechtlichen Ausgestaltung der Union.

Ob es historisch richtig war, die Konventsarbeiten von vornherein der Finalität von „Erweiterung und Vertiefung" zu unterstellen oder ob bereits die Erweiterung von 2004 eine flexiblere Zuständigkeitsordnung, insbesondere eine weniger starre Ausgestaltung des Instituts der verstärkten Zusammenarbeit erfordert hätte, bedürfte separater Diskussion[8]. Die – auch im Vergleich der 10 Beitrittsländer – hohe Zustimmung, die der EU-Beitritt bei dem ungarischen Referendum vom 12. April 2003 gefunden hat (83 Prozent Ja-Stimmen, damit deutlich mehr als v.a. in Polen und Tsche-

---

6 Zu diesem Topos die Beiträge bei Müller-Graff (Hrsg.), Der Raum der Freiheit, der Sicherheit und des Rechts (2005), passim.

7 *Müller-Graff*, Der Europäische Verfassungskonvent. Ludwig-Boltzmann-Institut für Europarecht (Wien): Vorlesungen und Vorträge, Bd. 21 (2004).

8 Vgl. *Reimer*, Der atmende Bund. Perspektiven einer Flexibilisierung der Europäischen Integration (2015), Internet: www.ub.uni-heidelberg.de/archiv/18139 (22.08.2015).

chien), erweist sich in dieser Lage jedenfalls als großer Vertrauensvorschuss für die Integrationsidee, dessen sich die Union bewusst bleiben wird.

2. Der Beitrittsantrag als souveräner Akt ungarischer Staatlichkeit

Die Vertragsidee denkt nicht in Blöcken. Sie kennt keine Vetorechte externer Akteure. Nachdem Ungarn sich aus der Verklammerung des Warschauer Pakts gelöst hatte, hat das Erfordernis eines multilateralen Konsenses über den Beitrittsvertrag die Mitgliedschaft Ungarns in Freiheit ermöglicht. Zugleich hat es der Zugehörigkeit Ungarns zu EU und EG auch zu der zeitlichen und rechtsstaatlichen Stabilität verholfen, die schon für das klassische Völkerrecht charakteristisch, für das Unionsrecht letztlich unangefochten ist. Auch in der „Nachbeitrittskrise“, die Ungarn durchlebt und die von teils schriller Kritik an den Unionsorganen begleitet wird[9], stand und steht die Zugehörigkeit des Landes zur Europäischen Union nicht mehr zur Disposition.

3. Annahmebedürftigkeit und Aufnahmebedingungen

Die Europäische Union kennt aber auch keine materiellen Beitrittsrechte; die Mitgliedschaft in der Europäischen Union kann – anders als das sog. Selbstbestimmungsrecht der Völker – nicht durch einseitig ausgeübtes Gestaltungsrecht, sondern nur in den Formen des Art. 49 EUV begründet werden. Allseitiger Konsens hat seinen Preis: Schon äußerlich erhöht er die Dauer und Komplexität der Erweiterungsverhandlungen und begünstigt das Entstehen asymmetrischer Übergangsregelungen, wie sie – namentlich im Bereich der Personenverkehrsfreiheiten – auch zu Lasten ungarischer Marktteilnehmer vereinbart worden sind. Historisch gehört dies zu den ernüchternden, gerade im traditionell pessimistischen Ungarn[10]

9 Vgl. *Dieringer*, Ungarn in der Nachbeitrittskrise, in: Aus Politik und Zeitgeschichte Heft 29-30/2009 v. 06.07.2009, S. 12 ff.

10 Quantitative und qualitative Analyse aus politikwissenschaftlich-empirischer Sicht bei *Ágh*, Ungarn in der EU, in: Aus Politik und Zeitgeschichte Heft 29-30/2009 v. 06.07.2009, S. 12 ff.

sensibel registrierten Erfahrungen der postkommunistischen Vergangenheit[11].

II. Ungarn als „Mitgliedstaat, für den eine Ausnahmeregelung gilt" (Art. 139 AEUV)

Die Europäische Union ist Motor und Ergebnis einer differenzierten Integration[12], einer Gleichzeitigkeit des Ungleichzeitigen. Exemplarisch für eine Reihe von Besonderheiten bei der Adoption des *acquis* durch die Republik Ungarn steht ihre Abstinenz von der Währungsunion. Während sieben der zehn im Jahr 2004 der EU beigetretenen Staaten die Gemeinschaftswährung inzwischen eingeführt haben und sich damit dem wichtigsten Teilintegrationsverbund[13] angeschlossen haben, gilt für Ungarn – ebenso wie für Polen und Tschechien – noch eine Ausnahmeregelung (Art. 139 AEUV). Damit untersteht Ungarn zwar der Beobachtung durch den Wirtschafts- und Finanzausschuss[14], behält aber vorläufig die eigene Währung bei.

1. Finanzwirtschaftliche Lage

Ungeachtet einer ohnehin heterogenen Interessenlage steht dem Beitritt Ungarns zur Währungsunion gegenwärtig noch entgegen, dass das Land nicht alle Konvergenzkriterien erfüllt. Zwischenzeitlich unter den Schutz

---

11 Exemplarisch *Szombati*, Ungarn und die EU: Auf der Suche nach Achtung und Solidarität. Beitrag vom 23.05.2014, Internet: https://www.boell.de/de/2014/05/22/ungarn-und-die-eu-auf-der-suche-nach-achtung-und-solidaritaet (22.08.2015).

12 *Müller-Graff*, ‚Differenzierte Integration': Konzept mit sprengender oder unitarisierender Kraft für die Europäische Union?, in: integration 2007, S. 129 ff., 138 f.; vgl. in anderem Zusammenhang auch *dens.*, Modelle einer differenzierten Integration im Gemeinschaftsprivatrecht, in: Jung/Baldus (Hrsg.), Differenzierte Integration im Gemeinschaftsprivatrecht (2007), S. 109 ff.

13 *Herrmann,* in: Ehlers/Fehling/Pünder (Hrsg.), Besonderes Verwaltungsrecht, Bd. 1, 3. Aufl. (2012), § 10 Rn. 33.

14 Zu diesem gemeinsamen Unterorgan von Rat und Kommission s. die Kommentierung von *Palm,* in: Grabitz/Hilf/Nettesheim (Hrsg.), Das Recht der Europäischen Union, 46. EL (Oktober 2011), Art. 134 AEUV.

des Internationalen Währungsfonds geflüchtet[15], hat Ungarn allerdings bereits 2013 alle noch ausstehenden Beistandskredite des IWF vorzeitig getilgt, sich damit der Bindungen an das Strukturanpassungsprogramm entledigt, sein jährliches Haushaltsdefizit seit 2012 stabil unter dem Maastrichter Schwellenwert von 3 Prozent des BIP gehalten[16] und den IWF zur Schließung seines Verbindungsbüros in Budapest aufgefordert. Damit gingen gesetzlich angeordnete Konversionen privater Fremdwährungsdarlehen in Darlehen in Landeswährung, aber auch ein zunehmendes Engagement des Staates im unternehmerischen Bereich einher. Mit Blick auf eine – langsam[17] – sinkende Schuldenstandsquote hat der IWF diese Maßnahmen im Rahmen seiner fortdauernden regelmäßigen Berichterstattung[18] zuletzt nur zurückhaltend kritisiert[19].

2. *Unionale Perspektiven*

Im Unterschied zu Dänemark und dem Vereinigten Königreich, die das Recht haben, der Währungsunion dauerhaft fernzubleiben, ist Ungarn zur Erfüllung der Konvergenzkriterien verpflichtet und hat sodann die Gemeinschaftswährung einzuführen. Wenn die ungarische Regierung in dieser Frage auch keine Zeichen von Eile zeigt, hat sie doch mit der Einführung des „Europäischen Semesters" und der Etablierung einer unional koordinierten Finanzplanung während der ungarischen Ratspräsidentschaft

---

15 Zu seiner Funktion *Dreher*, Die Kreditvergabe von IWF und Weltbank: Ursachen und Wirkungen aus politisch-ökonomischer Sicht (2003); *Schlemmer-Schulte,* Internationales Währungs- und Finanzrecht, in: Tietje (Hrsg.), Internationales Wirtschaftsrecht (2009), S. 382 ff.; *Tietje,* Architektur der Weltfinanzordnung. Beiträge zum transnationalen Wirtschaftsrecht Heft 109 (2011), S. 14; *Ebke*, State Debt Crisis, Private Creditors, and the IMF Articles of Agreement, in: FS Wolfrum (2012), Bd. I, S. 17 ff.; *Oeter,* in: Ehlers/Fehling/Pünder (Hrsg.), Besonderes Verwaltungsrecht, Bd. 1, 3. Aufl. (2012), § 3 Rn. 28 ff.; *Reimer,* Internationales Finanzrecht, in: Isensee/Kirchhof, HStR, 3. Aufl., Bd. X (2013), § 250 Rn. 24, 29 f.

16 *IWF*, IMF Executive Board Concludes Article IV Consultation with Hungary. Pressemitteilung Nr. 15/156 v. 03.04.2015, Internet: http://www.imf.org/external/np/sec/pr/2015/pr15156.htm (24.08.2015).

17 Die Schuldenstandsquote Ungarns betrug 2013 noch 77,3 Prozent des BIP, soll 2015 auf 75,5 Prozent des BIP und 2017 auf 73,9 Prozent des BIP fallen: *IWF* (Fn. 16).

18 Zu dieser Handlungsform m.w.N. *Oeter* (Fn. 15), Rn. 35.

19 *IWF* (Fn. 16).

im ersten Halbjahr 2011 auch für das eigene Land einen wichtigen Zugangsweg in den Euro eröffnet. Die Neuregelung verpflichtet den Europäischen Rat dazu, alljährlich im Frühjahr anhand eines Berichts der Kommission wichtige wirtschaftspolitische Brennpunkte zu ermitteln und strategische Empfehlungen zu geben. Unter Berücksichtigung dieser Empfehlungen überprüfen die Mitgliedstaaten ihre mittelfristigen Haushaltsplanungen. Im Juni und Juli geben der Europäische Rat und der ECOFIN-Rat politische Empfehlungen ab, bevor im Herbst die parlamentarischen Haushaltsberatungen in den Mitgliedstaaten beginnen[20].

III. Rechtsstaatlichkeit als Herzstück der Integration

1. Ungarn

Ein drittes Aufmerksamkeitsfeld fällt in das Zentrum der Europäischen Integration. Aus dem schillernden, facettenreichen und unübersetzbaren Begriff des Rechtsstaats kommt der Beachtung des Unionsrechts, der Vermeidung aus diesem Rahmen ausbrechender mitgliedstaatlicher Akte und hier insbesondere der Wahrung der Verfassungshomogenität und des grund- und menschenrechtlichen *acquis* höchste Bedeutung zu. Kein Mitgliedstaat hat Rechtsstaatlichkeit und Demokratie auf Ewigkeit gepachtet; kein Mitgliedstaat ist gegen Grundrechtsverletzungen gefeit. So wichtig in der mitgliedstaatlichen und europäischen Öffentlichkeit deshalb die kritische Begleitung jeder falschen politischen Rhetorik[21] und jeder Anfa-

---

20 VO (EG) Nr. 1466/971 über den Ausbau der haushaltspolitischen Überwachung und der Überwachung und Koordinierung der Wirtschafspolitiken i.d.F. der VO (EU) Nr. 1175/2011 des Europäischen Parlaments und des Rates v. 16.11.2011; flankierend RL 2011/85/EU des Rates v. 08.11.2011 über die Anforderungen an die haushaltspolitischen Rahmen der Mitgliedstaaten, ABl. EU L 306/41; VO (EU) Nr. 1176/2011 des Europäischen Parlaments und des Rates v. 16.11.2011 über die Vermeidung und Korrektur makroökonomischer Ungleichgewichte, ABl. EU L 306/25; beschränkt auf die Euro-Gruppe außerdem die VO (EU) Nr. 1174/2011 des Europäischen Parlaments und des Rates v. 16.11.2011 über Durchsetzungsmaßnahmen zur Korrektur übermäßiger makroökonomischer Ungleichgewichte im Euro-Währungsgebiet, ABl. EU L 306/9.

21 Besonders deutlich in dem halblauten Nachdenken von Ministerpräsident *Victor Orbán* über eine – mit dem Protokoll Nr. 6 zur EMRK über die Abschaffung der Todesstrafe v. 28.04.1983, dem Protokoll Nr. 13 zur EMRK bezüglich der Abschaffung der Todesstrafe unter allen Umständen v. 03.05.2002, mit Art. 2 Abs. 2

chung von Angst und Schrecken zu Lasten ethnischer, religiöser oder politischer Minderheiten ist[22], so deutlich ist doch in der rechtlichen Analyse auf die Funktionsfähigkeit und die starken Selbstreinigungskräfte des ungarischen Rechtsstaats hinzuweisen.

In seinem Zentrum steht eine funktionierende, in einem Vierteljahrhundert gereifte Dritte Gewalt. Die ungarische Justiz ist Teil des Europäischen Rechtsprechungsverbunds. Sie argumentiert umsichtig und – wie die zahlreichen Vorabentscheidungsersuchen (Art. 267 AEUV) an den EuGH zeigen – auf hohem methodischem und intellektuellem Niveau. Sie erfüllt im Innern ihre Funktion als Wahrerin von Verfassung und Gesetzen im Rahmen der Gewaltenkontrolle[23]. Ihre Mitglieder beteiligen sich zugleich an pluralen verfassungsrechtlichen und verfassungspolitischen Debatten[24] und suchen den Dialog mit den Schwestergerichten anderer Mitgliedstaaten, insbesondere auch mit den deutschen und österreichischen obersten Bundesgerichten.

2. *Wehrhaftigkeit des Unionsrechts*

Gleichwohl aktiviert der politische Diskurs innerhalb und zwischen den Mitgliedstaaten stets auch das unionale Immunsystem. Für die Wehrhaf-

---

GRCh und mit Art. 2 und Art. 6 EUV unvereinbaren – Wiedereinführung der Todesstrafe. Hierzu *Löwenstein*, Orbán will Todesstrafe „auf der Agenda" behalten, in: FAZ.net v. 29.04.2015; *N.N.*, Orbán fordert abermals Nachdenken über Todesstrafe, in: FAZ.net v. 08.05.2015, Internet: www.faz.net (24.08.2015).

22 Umfassend *Halmai*, Illiberal Democracy and Beyond in Hungary, in: Verfassungsblog v. 28.08.2014, Internet: http://www.verfassungsblog.de/en/illiberal-democracy-beyond-hungary-2/ (24.08.2015).

23 Das zeigt etwa die kürzlich vom Präsidenten der Kúria qua Amtes bei dem ungarischen Verfassungsgericht beantragte abstrakte Normenkontrolle eines Parlamentsgesetzes, das die Durchsuchung und Überwachung von Dienst- und Privaträumen von Richtern erlaubt hätte.

24 Exemplarisch *Paczolay,* The First Experiences of the New Jurisdiction of the Hungarian Constitutional Court – A View from Inside, in: Szente/Mandák/Fejes (Hrsg.), Challenges and Pitfalls in the Recent Hungarian Constitutional Development. Discussing the New Fundamental Law of Hungary (2015), S. 169 ff. Kritisch zu einer weiterhin (zu) starken Korrelation des Entscheidungsverhaltens der Richter des Verfassungsgerichtshofs zu den sie jeweils nominierenden Parteien allerdings *Szente,* The Decline of Constitutional Review in Hungary – Towards a Partisan Constitutional Court?, in: Szente/Mandák/Fejes (Hrsg.), a.a.O., S. 185 ff.

tigkeit der EU gegen Gefährdungen von Rechtsstaatlichkeit und Grundrechten gilt indes ebenfalls das Gebot einer Trennung von Politik und Recht, oder präziser in den Worten *Müller-Graffs:* von Privatrechtsgesellschaft und verfasster Staatlichkeit[25]. Eine starke Privatrechtsgesellschaft, die – jenseits allen rechtsgeschäftlichen und ökonomischen Handels – das offene Wort pflegt, ist das Fundament der *ordo liberalis*. In der stabilen Konstruktion der Aufklärung sorgt die freie öffentliche Willensbildung für eine immunologische Grundversorgung, die Radikalisierungen entgegen wirkt. In einem weiteren, d.h. spezifisch unionalen Sicht entspricht sogar das koordinative Handeln der (sc. einzelnen) Mitgliedstaaten als solchen noch privatrechtlichen Deutungsmustern. Auf die Regierungsbeteiligung der FPÖ im Jahr 2000 haben nicht primär Unionsorgane[26], sondern die Regierungen von 14 Mitgliedstaaten reagiert; aus Sicht der Akteure gehört diese Immunreaktion – die in der Rückschau nur vordergründig als ephemer erscheint[27] – insoweit in den Raum des Politischen. Sie ist geprägt von Bauformen horizontaler Koordination, nicht subordinationsrechtlicher Auferlegung oder Gewährung von Rechten und Pflichten.

Aber auch der Binnenraum des Europäischen Rechts überantwortet die Pflege von Grundrechten, Rechtsstaatlichkeit und Demokratie in erstaunlichem Maße den horizontal-koordinationsrechtlichen Handlungsformen. Die genuin unionsrechtlichen Instrumente zur Selbstsicherung des Raums der Freiheit, der Sicherheit und des Rechts sind vertragsförmig. Schon vor

---

25 Paradigmatisch *Müller-Graff,* Die Europäische Privatrechtsgesellschaft in der Verfassung der Europäischen Union, in: ders./H. Roth (Hrsg.), Recht und Rechtswissenschaft. Signaturen und Herausforderungen zum Jahrtausendbeginn (2000), S. 271 ff.

26 S. allerdings die Entschließungen des Europäischen Parlaments zu dem Ergebnis der Parlamentswahlen in Österreich und dem Vorschlag zur Bildung einer Koalitionsregierung zwischen der Österreichischen Volkspartei (ÖVP) und der Freiheitlichen Partei Österreichs (FPÖ) v. 03.02.2000, ABl. EG C 309/87; und des Ausschusses der Regionen zur „Regierungskoalition in Österreich" v. 16.02.2000, 2000/C 156/08 (juris).

27 Kritisch *Adamovich*, Juristische Aspekte der "Sanktionen" der EU-14 und des "Weisenberichtes", in: EuGRZ 2001, 89 ff.; *Unruh,* Die Unionstreue, in: EuR 2002, 41 ff.; *Schorkopf*, Die Maßnahmen der XIV EU-Mitgliedstaaten gegen Österreich – Möglichkeiten und Grenzen einer "streitbaren Demokratie" auf europäischer Ebene (2002); *Serini*, Sanktionen der Europäischen Union bei Verstoß eines Mitgliedstaats gegen das Demokratie- oder Rechtsstaatsprinzip (2009); *Ströhle/Strauß*, Sanktionen – 10 Jahre danach. Die Maßnahmen der Länder der Europäischen Union gegen die österreichische Regierung im Jahr 2000 (2010).

Lissabon gaben Art. 7 i.V.m. Art. 6 Abs. 1 EUV a.F. dem Rat eine – bisher nie aktiv angewandte – Handhabe gegen Verletzungen der Europäischen Grundwerte. Die Feststellung einer schwerwiegenden und anhaltenden Verletzung der in Art. 7 Abs. 1 EUV a.F. (ex-Art. F.1) genannten Grundsätze setzte Einstimmigkeit voraus; und mit feinem Gespür ist nach ihrer Justiziabilität gefragt worden[28]. Konsens, das Fehlen einer Inhaltskontrolle und das Verbot der Drittschädigung (Art. 7 Abs. 2 Satz 2 EUV a.F.) sind typische Vertragsmuster; das Anhörungserfordernis (Art. 7 Abs. 1 EUV a.F.) erschien deshalb eher als Beiwerk. Immerhin: Elemente einer Vertikalisierung und damit einer Konstitutionalisierung fehlten nicht völlig. Schon vor Lissabon zeigten sie sich in dem Initiativrecht der Kommission und dem Erfordernis einer qualifizierten Zustimmung des Europäischen Parlaments (Art. 7 Abs. 1 EUV a.F.).

Das Vertragswerk von Lissabon hat diese Regelungen in der Sache unangetastet gelassen, schaltet ihnen aber – dies im Sinne einer behutsamen Konstitutionalisierung – auf einer ersten Stufe einen wiederum eher konstitutionell-vertikalen Mechanismus zur rechtsstaatlichen Gefahrenabwehr vor: Nach Art. 7 Abs. 1 EUV n.F. kann der Rat mit Vier-Fünftel-Mehrheit die Gefahr einer (sc. ihrerseits erst später festzustellenden) schwerwiegenden und anhaltenden Verletzung von in Art. 6 Abs. 1 genannten Grundsätzen feststellen. Diese Regelungen müssen nicht aktiv angewandt werden, um zu wirken. Mit Blick auf die jüngere Integrationsgeschichte – auch auf Ungarn – scheint es vielmehr ein weniger juristisch als eher diskurstheoretisch greifbares Ineinandergreifen soziologischer, staatenzentriert-politischer und unionsrechtsförmiger Elemente zu sein, das gegenwärtig eine Stabilisierung der Rechtsstaatlichkeit in der Union bewirkt[29].

---

28 Art. 46 EUV a.F.; hierzu die Schriftliche Anfrage E-1484/00 des Abg. *Rübig* (PPE/DE) an den Rat v. 12.05.2000 (juris). Zu Recht verweist der Rat in seiner Antwort auf die Konkretisierung der Regelungen des Art. 7 durch Art. 309 EG-Vertrag a.F., der auch vor 2009 nicht von Art. 46 EUV a.F. erfasst war. Verletzungen von Art. 309 EG-Vertrag waren daher von Anfang an justiziabel.

29 Kritik bei *Steinbeis,* Junckers Scheidungs-Drohung gegen Ungarn: Noch nicht mal lustig, in: Verfassungsblog v. 01.06.2015, Internet: http://www.verfassungsblog.de/junckers-scheidungs-drohung-gegen-ungarn-noch-nicht-mal-lustig/ (24.08.2015).

IV. Fazit

Die drei hier untersuchten Besonderheiten des staatlichen Beitritts, der finanzrechtlichen Stellung und des rechtsstaatlichen Verhältnisses Ungarns zur Union belegen einerseits die schon heute bestehende Flexibilität des vertragsförmigen Unionsrechts. Es ist anpassungsfähig und hat die Kraft zur Integration soziologischer, ökonomischer und möglicherweise auch rechtskultureller Besonderheiten einzelner Mitgliedstaaten. Auf allen drei Feldern liefert die Beobachtung der Situation Ungarns insofern Ergebnisse, die sich verallgemeinern lassen.

Andererseits verstellt diese Analyse nicht den Blick darauf, wie wertvoll, ja historisch einzigartig die Zugehörigkeit Ungarns zur Union ist. Die Öffnung seiner Grenzen zu Österreich im Sommer 1989 liefert wirkmächtige Bilder. Hinter ihnen liegt – gerade in Budapest bis heute spürbar – die Rückkehr einer Gelehrtenrepublik in den Verbund der mitteleuropäischen Staaten. Ungarn liegt in Europas Mitte. Seine Geschichte gibt dem Beitritt zum Raum der Freiheit, der Sicherheit und des Rechts, 2011 dann der erstmaligen Übernahme einer Ratspräsidentschaft mit ihrer erfolgreichen Arbeit an der Aufnahme Kroatiens in die EU etwas Regelgemäßes. Der besondere Integrationsverlauf ist Ausdruck eines starken Drangs nach Bindung in Freiheit, nach Rechtsstaatlichkeit und wirtschaftlichem Wohlstand. Er ist von der vollen Wiederaufnahme des gelehrten Gesprächs quer durch die juristischen Disziplinen geprägt, das der Jubilar meisterlich pflegt. Wo dieses Gespräch durch eine nach dem Geiger *Jancsi Rigó* benannte Spezialität[30] angeregt wird, vermag es Sprachgrenzen und Wasserscheiden zu überbrücken.

Wenn *Peter-Christian Müller-Graff* im kollegialen Kontakt mit dem Präsidenten der traditionsreichen *Kúria* der Republik Ungarn, *Péter Darák,* nun bereits den 60. Jahrestag des Volksaufstands vom Herbst 1956 in den Blick nimmt, legt er Entwicklungslinien frei, die der beginnenden Einheit Europas zeitlich und sachlich nur wenig vorausliegen. In der Erinnerung an 1956 verbinden sich Mut und Trauer, Scham und Stolz[31]. Die

---

30 Alternativ *Simon,* Zum Dahinschmelzen. Kleine Kuchen mit flüssigem Kern (2013).

31 Statt vieler *Alföldy,* Ungarn 1956: Aufstand, Revolution, Freiheitskampf (1997); *Göllner,* Die ungarische Revolution von 1956, in: Agethen/Buchstab (Hrsg.), Oppositions- und Freiheitsbewegungen im früheren Ostblock (2003), S. 89 ff.; *Dalos/ Lessing*, 1956. Der Aufstand in Ungarn (2006); *Lendvai*, Der Ungarnaufstand

Erinnerung ist eine Rückbesinnung auf freiheitliche, rechtsstaatliche und kulturelle Konstanten. Ad multos annos kündet sie von Identität und Einheit der europäischen Rechtsgemeinschaft, dem Wert offener Grenzen und der friedenssichernden Funktion des Binnenmarktrechts.

1956 – eine Revolution und ihre Folgen (2006); zu einzelnen Aspekten auch *Granville*, „Caught With Jam on Our Fingers": Radio Free Europe and the Hungarian Revolution in 1956, in: Diplomatic History Bd. 29 (2005), S. 811 ff.

Liste wissenschaftlicher Veröffentlichungen des Jubilars

Einzeltitel (Monographien, Kommentierungen, Herausgeberschaften)

1. Rechtliche Auswirkungen einer laufenden Geschäftsverbindung im amerikanischen und deutschen Recht (Beiträge zum Privat- und Wirtschaftsrecht, Band 24; zugleich Diss. Tübingen), Karlsruhe 1974 (VVW).
2. Die Direktwahl des europäischen Parlaments (Recht und Staat, Heft 468/469), Tübingen 1977 (J.C.B. Mohr).
3. L'intervention des pouvoirs publics dans la vie économique. Etude de droit comparé (dir. par Robert Savy), Tome 1: Institutions et Politiques. 2ème Partie: Les politiques économiques, S. 178-506 jeweils Stichwort "Allemagne" (mit Dieter H. Scheuing), Paris 1978 (Presses Universitaires de France).
4. Titel wie 2), 2., erweiterte Auflage mit Parteibundsatzungen und Rechtstextauszügen, Tübingen 1979 (J.C.B. Mohr).
5. Hi amesos eklogi tou europaikou koinobouliou (griechische Ausgabe von 4); Übersetzung von Nikolaos Klamaris, Athen 1979 (A. Sakkoulas).
6. Unternehmensinvestitionen und Investitionssteuerung im Marktrecht. Zu Maßstäben und Schranken für die überbetriebliche Steuerung von Produktionsinvestitionen aus dem Recht des wettbewerbsverfaßten Marktes (Tübinger Rechtswissenschaftliche Abhandlungen, Band 59; zugleich Habilitationsschrift Tübingen), Tübingen 1984 (J.C.B. Mohr).
7. Staat und Wirtschaft in der EG (Hrsg. mit Manfred Zuleeg), Baden-Baden 1987 (Nomos).
8. Langzeitverträge im Recht gegen Wettbewerbsbeschränkungen. Bericht für das Institut der Staats- und Rechtswissenschaften der Ungarischen Akademie der Wissenschaften, Budapest/Tübingen 1988.
9. Binnenmarktziel und Rechtsordnung - Binnenmarktrecht (Kölner Juristische Gesellschaft, Band 8), Bergisch Gladbach, Köln 1989 (Eul / O. Schmidt).
10. Privatrecht und Europäisches Gemeinschaftsrecht - Gemeinschaftsprivatrecht, Baden-Baden 1989 (Nomos).

11. Binnenmarkt und Rechtsordnung, (Reihe "Mainzer Runde" des Ministerium der Justiz des Landes Rheinland-Pfalz, Vortrag 1989) Mainz 1990.
12. Artt. 30 - 36 EWGV - Freier Warenverkehr -, Kommentierung in: Hans von der Groeben, Jochen Thiesing, Claus-Dieter Ehlermann (Hrsg.), Kommentar zum EWG-Vertrag, 4. Aufl., Baden-Baden 1991 (Nomos).
13. Technische Regeln im Binnenmarkt (Hrsg.) (Schriftenreihe des Arbeitskreises Europäische Integration, Band 28), Baden-Baden 1991 (Nomos).
14. Beseitigung der mengenmäßigen Beschränkungen zwischen den Mitgliedstaaten (Text wie 12). In: Handbuch des Europäischen Rechts, hrsg. von Claus-Dieter Ehlermann und Roland Bieber, Baden-Baden 1991 (Nomos).
15. Privatrecht und Europäisches Gemeinschaftsrecht - Gemeinschaftsprivatrecht -, 2., um einen Rechtstextanhang erweiterte Auflage, Baden-Baden 1991 (Nomos).
16. Wettbewerbsregeln des gemeinschafteuropäischen Binnenmarktes (Schriftenreihe der Wirtschafts- und Sozialwissenschaftlichen Gesellschaft Trier, Heft 17), Trier 1991 (WSG Trier).
17. Die Bedeutung der Rechtsfortbildung bei der Fortentwicklung des Gemeinschaftsrechts, : Europäische Rechtsakademie Trier, Mainz 1991 (zugleich französisch "Les objectifs de la formation continue en droit dans le contexte de l'evolution du droit communautaire", 1991, und englisch "Postgraduate Studies in Law in the Light of the Developments in Community Law", 1991).
18. Öffentliche und privilegierte Unternehmen im Recht der Europäischen Gemeinschaften (mit Franz Zehetner), Linz, 1991 (ISW Gutenberg).
19. Handkommentar zum EWG-Vertrag (mit Kay Hailbronner, Eckart Klein, Siegfried Magiera), Köln, Berlin, Bonn, München, 1991; seit 1994: Handkommentar zum EU-Vertrag; seit 1995: Handkommentar zum Vertrag über die Europäische Union (EUV/EGV) (Heymanns).
20. Europarecht, Energierecht, Wirtschaftsrecht (Hrsg. mit Jürgen F. Baur und Manfred Zuleeg), Köln, Berlin, Bonn, München, 1992 (Heymanns).
21. Gemeinsames Privatrecht in der Europäischen Gemeinschaft (Hrsg.) (Schriftenreihe des Arbeitskreises Europäische Integration, Band 33), Baden-Baden 1993 (Nomos).

22. The Legal, Economic and Administrative Adaptations of Central European Countries to the European Community (mit Malcolm Anderson/Jean-Claude Gautron/Joachim Jens Hesse/Michael Moran) (Schriftenreihe European Communities Studies Association, Vol. 1), Baden-Baden 1993 (Nomos).
23. East Central European States and the European Communities Legal Adaptation to the Market Economy (ed.) (Schriftenreihe European Communities Studies Association, Vol. 2), Baden-Baden 1993 (Nomos).
24. Kartellverbot und Freistellung. Kommentierung des Art. 85 EGV, in: Handkommentar zum EU-Vertrag, Köln, Berlin, Bonn, München, 1994, Art. 85, S. 1-92.
25. Festschrift für Ralf Vieregge (Hrsg. mit Jürgen F. Baur, Rainer Jacobs und Manfred Lieb), Berlin, New York, 1995 (de Gruyter).
26. Der Wirtschafts- und Sozialausschuß. Kommentierung der Artt. 193-198 EGV, in: Handkommentar zum Vertrag über die Europäische Union (EUV/EGV), Köln, Berlin, Bonn, München, 1995, S. 1-36 (Heymanns).
27. Hungary - From Europe Agreement to a Membership in the European Union (Hrsg. mit Ferenc Mádl), (Schriftenreihe European Communities Studies Association, Vol. 3), Baden-Baden 1996 (Nomos).
28. Europäische Zusammenarbeit in den Bereichen Justiz und Inneres - Der dritte Pfeiler der Europäischen Union - (Hrsg.), (Schriftenreihe des Arbeitskreises Europäische Integration, Band 38), Baden-Baden, 1996 (Nomos).
29. Das öffentliche Auftragswesen in der EG (Hrsg. mit Jürgen Schwarze), Europarecht, Beiheft 1/1996, Baden-Baden 1996 (Nomos).
30. Poland and the European Union - Between Association and Membership (Hrsg. mit Andrzej Stepniak), (Schriftenreihe European Communities Studies Association, Vol. 4) Baden-Baden 1997 (Nomos).
31. Artt. 30 - 36 EGV -Freier Warenverkehr-, Kommentierung, in: Hans von der Groeben, Jochen Thiesing, Claus-Dieter Ehlermann (Hrsg.), Kommentar zum EU-/EG-Vertrag, 5. Aufl., Baden-Baden 1997, Band 1, S. 602-846 (Nomos).
32. Beseitigung der mengenmäßigen Beschränkungen zwischen Mitgliedstaaten (Text wie 31), in: Handbuch des Europäischen Rechts, hrsg. von Claus-Dieter Ehlermann und Roland Bieber, Baden-Baden 1997 (Nomos).

33. 17. FIDE-Kongreß - Die deutschen Landesberichte: Deutsches Verfassungsrecht und europäische Integration; Energie und Umweltschutz in europäischer Perspektive; Verfahren und Sanktionen im Wirtschaftsverwaltungsrecht (Hrsg. mit Jürgen Schwarze), Europarecht Beiheft 1/1997, Baden-Baden 1997 (Nomos).
34. East Central Europe and the European Union: From Europe Agreements to a Member Status in the Union (Hrsg.) (Schriftenreihe European Communities Studies Association, Vol. 5) Baden-Baden 1997 (Nomos).
35. The European Economic Area: Norway and the European Union (Hrsg. mit Erling Selvig), (Deutsch-Norwegisches Forum des Rechts, Band 1) Berlin/Oslo 1997 (Berlin Verlag/Tano Aschehoug).
36. Gemeinsames Verfassungsrecht in der Europäischen Union (Hrsg. mit Eibe Riedel), (Schriftenreihe des Arbeitskreises Europäische Integration, Band 43), Baden-Baden, 1998 (Nomos).
37. Europäische Rechtseinheit durch einheitliche Rechtsdurchsetzung (Hrsg. mit Jürgen Schwarze), Europarecht, Beiheft 1/1998, Baden-Baden 1998 (Nomos).
38. Perspektiven des Rechts in der Europäischen Union (Hrsg.), (Heidelberger Forum für Europäisches Recht Band 1), Heidelberg 1998 (C.F. Müller).
39. Das Haushaltsrecht der EG-Finanzvorschriften. Kommentierung der Artt. 199-203a EGV, in: Handkommentar zum Vertrag über die Europäische Union (EUV/EGV), Köln, Berlin, Bonn, München 1998, 57 S. (Heymanns).
40. Gemeinsames Privatrecht in der Europäischen Gemeinschaft (Hrsg.) (Schriftenreihe des Arbeitskreises Europäische Integration, Band 33), 2. Aufl., Baden-Baden 1999 (Nomos).
41. Die Praxis der rechtsberatenden Berufe (Hrsg. mit Peter Hommelhoff und Peter Ulmer), (Schriftenreihe der Juristischen Schulung Heft 139), München 1999 (C.H. Beck).
42. EU-EEA-Relations (Hrsg. mit Erling Selvig), (Deutsch-Norwegisches Forum des Rechts, Band 2), Berlin 1999 (Berlin Verlag).
43. Rechtskontrolle und Rechtsschutz nach Amsterdam (Hrsg. mit Jürgen Schwarze), Europarecht, Beiheft 1/1999, Baden-Baden (Nomos).
44. Arbeitsteilung in der Europäischen Union - die Rolle der Regionen (mit Franz H. U. Borkenhagen/Thomas Fischer/Fritz Franzmeyer/Siegfried Magiera), Gütersloh 1999 (Verlag Bertelsmann Stiftung).

45. Das Haushaltsrecht der Europäischen Gemeinschaften. Kommentierung der Artt. 204-209a EGV, in: Handkommentar zum Vertrag über die Europäische Union (EUV/EGV), Köln, Berlin, Bonn, München 1999 (Heymanns).
46. Die Europäische Gemeinschaft in der Welthandelsorganisation (Hrsg.) (Schriftenreihe des Arbeitskreises Europäische Integration, Band 47), Baden-Baden 2000 (Nomos).
47. Die Praxis des Richterberufs (Hrsg. mit Herbert Roth), Berlin 2000 (Berlin Verlag).
48. Recht und Rechtswissenschaft - Signaturen und Herausforderungen zum Jahrtausendbeginn - Ringvorlesung der Juristischen Fakultät der Ruprecht-Karls-Universität Heidelberg (Hrsg. mit Herbert Roth), Heidelberg 2000 (C.F. Müller).
49. Europa und Europabilder (mit Karl Otmar Frhr. v. Aretin u.a.), Heidelberg 2000 (Universitätsverlag C. Winter).
50. Europäische Verfassungsentwicklung (Hrsg. mit Jürgen Schwarze), Europarecht, Beiheft 1/2000, Baden-Baden 2000 (Nomos).
51. Europas Vollendung vorbereiten (mit Werner Weidenfeld u.a.), Gütersloh 2000 (Verlag Bertelsmann Stiftung).
52. Haushaltsrecht der EG. Kommentierung der Artt. 268-272 EGV, in: Handkommentar zum Vertrag über die Europäische Union (EUV/ EGV), Köln, Berlin, Bonn, München 2000 (Heymanns).
53. Der Wirtschafts- und Sozialausschuss. Kommentierung der Artt. 257-262 EGV, in: Handkommentar zum Vertrag über die Europäische Union (EUV/EGV), Köln, Berlin, Bonn, München 2000 (Heymanns).
54. European Law in the German-Norwegian Context (Hrsg. mit Erling Selvig), (Deutsch-Norwegisches Forum des Rechts, Band 4), Berlin 2002 (Berlin Verlag).
55. Europarecht im Querschnitt - Europäische Verfassung, Nizza, Europäischer Wirtschaftsraum, Unionsbürgerschaft, Referenden, Gemeinschaftsprivatrecht - (Hrsg.), Baden-Baden 2003 (Nomos) (Heidelberger Schriften zum Wirtschaftsrecht und Europarecht, Band 10).
56. Kirchen und Religionsgemeinschaften in der Europäischen Union (Hrsg. mit Heinrich Schneider) (Schriftenreihe des Arbeitskreises Europäische Integration, Band 50), Baden-Baden 2003 (Nomos).
57. Warenverkehrsfreiheit. Kommentierung der Artt. 28-30 EGV, in: Hans von der Groeben (Hrsg.), Kommentar zum EU-/EG–Vertrag, 6. Aufl., Baden-Baden 2003 S. 942-1139 (Nomos).

58. Rechtsschutz nach Nizza (Hrsg. mit Ulrich Everling und Jürgen Schwarze), Europarecht, Beiheft 1/2003, Baden-Baden 2003 (Nomos).
59. Niederlassungsfreiheit. Kommentierung der Artt. 43 - 48 EGV, in: Rudolf Streinz (Hrsg.), EUV/EGV, München 2003, S. 635-693 (C.H. Beck).
60. Dienstleistungsfreiheit. Kommentierung der Artt. 49 - 55 EGV, in: Rudolf Streinz (Hrsg.), EUV/EGV, München 2003, S. 693-747 (C.H. Beck).
61. XX. FIDE-Kongress – Die deutschen Landesberichte: EU Recht und nationales Verfassungsrecht; Finanzdienstleistungen in der Ära von Euro und elektronischem Handel; Grenzüberschreitende Zusammenschlüsse im Gesellschaftsrecht und Wettbewerbsrecht (als Mithrsg. mit Jürgen Schwarze), Europarecht Beiheft 1/2004, Baden-Baden 2004 (Nomos).
62. The Approach to European Law in Germany and Norway (Hrsg. mit Erling Selvig) (Deutsch-Norwegisches Forum des Rechts, Band 5), Berlin 2004 (BWV).
63. Der Europäische Verfassungskonvent, Wien 2004 (Ludwig Boltzmann Institut).
64. Der Raum der Freiheit, der Sicherheit und des Rechts (Hrsg.) (Schriftenreihe des Arbeitskreises Europäische Integration, Band 51), Baden-Baden 2005 (Nomos).
65. XXI-FIDE-Kongreß – Die deutschen Landesberichte: Reform der Durchsetzung des Europäischen Wettbewerbsrechts; Einwanderungs- und Asylrecht in der Europäischen Union; Polizeiliche und Justitielle Zusammenarbeit in Strafrechtsfragen (als Mithrsg. mit Jürgen Schwarze), Europarecht Beiheft 1/2005, Baden-Baden 2005 (Nomos).
66. Vollzug des Europäischen Wirtschaftsrechts zwischen Zentralisierung und Dezentralisierung (Hrsg. mit Jens-Peter Schneider und Jürgen Schwarze), Europarecht Beiheft 2/2005 (Nomos).
67. Die Rolle der erweiterten Europäischen Union in der Welt (Hrsg.) (Schriftenreihe des Arbeitskreises Europäische Integration, Band 57), Baden-Baden 2006 (Nomos).
68. The European Economic Area Enlarged (Hrsg. mit Erling Selvig) (Deutsch-Norwegisches Forum des Rechts, Band 6), Berlin 2006 (Berliner Wissenschaftsverlag).
69. Dienste von allgemeinem wirtschaftlichem Interesse. Kommentierung des Art. III-122 VVE, in: Christoph Vedder/Wolff Heintschel von

Heinegg (Hrsg.), Europäischer Verfassungsvertrag, Baden-Baden, S. 336-338, 2007 (Nomos)

70. Wettbewerbsregeln für Unternehmen (Kartellverbot, Mißbrauchsaufsicht, Rechtsetzungsermächtigung, Durchsetzung). Kommentierung der Artt. III-161 – III-165 VVE, in: Christoph Vedder/Wolff Heintschel von Heinegg (Hrsg.), Europäischer Verfassungsvertrag, Baden-Baden, 2007, S. 453-484 (Nomos).
71. Öffentliche und privilegierte Unternehmen, Kommentierung des Art. III-166 VVE, in: Christoph Vedder/Wolff Heintschel von Heinegg (Hrsg.), Europäischer Verfassungsvertrag, 2007, S. 484-489 (Nomos).
72. Beihilfenaufsichtsrecht, Kommentierung der Artt. III-167 – III-169 VVE, in: Christoph Vedder/Wolff Heintschel von Heinegg (Hrsg.), Europäischer Verfassungsvertrag, Baden-Baden 2007, S. 489-500 (Nomos).
73. Die Generalklausel im Europäischen Privatrecht. Zur Leistungsfähigkeit der deutschen Wissenschaft aus romanischer Perspektive (Hrsg. mit Christian Baldus), München 2006 (Sellier).
74. Die Europäische Gemeinschaft im internationalen Umweltschutz (Hrsg. mit Eckart Pache und Dieter H. Scheuing) (Schriftenreihe des Arbeitskreises Europäische Integration, Band 56) Baden-Baden 2006 (Nomos).
75. Europäisches öffentliches Recht. Ausgewählte Beiträge von Dieter H. Scheuing (Hrsg. mit Christoph Ritzer) (Ius Europaeum Band 40), Baden-Baden 2006 (Nomos).
76. Medien in der Europäischen Gemeinschaft (Hrsg. mit Dieter Dörr), Baden-Baden 2007 (Schriftenreihe des Arbeitskreises Europäische Integration Band 59) (Nomos).
77. Nachbarschaften innerhalb der Europäischen Union (Hrsg. mit Ulrich Hufeld und Stefan Okruch), Baden-Baden 2007 (Schriftenreihe des Arbeitskreises Europäische Integration Band 62) (Nomos).
78. XXII.FIDE-Kongress - Die deutschen Landesberichte: Direkte Steuern und Grundfreiheiten der EG; Vollzug des EG-Beihilfenrechts in Deutschland, Außenbeziehungen der EU und die Mitgliedstaaten (Hrsg. mit Jürgen Schwarze), Europarecht Beiheft 3/2007, Baden-Baden 2007 (Nomos).
79. Die Schweiz im europäischen Integrationsprozeß (Hrsg. mit Fritz Breuss und Thomas Cottier), Baden-Baden/Basel 2008 (Schriftenreihe des Arbeitskreises Europäische Integration Band 61) (Nomos/ Helbing Lichtenhahn).

80. Deutschlands Rolle in der Europäischen Union (Hrsg.), Baden-Baden 2008 (Schriftenreihe des Arbeitskreises Europäische Integration, Band 60) (Nomos).
81. Regulatory Strategies in the European Economic Area (Hrsg. mit Erling Selvig), Berlin 2008 (Berliner Wissenschaftsverlag).
82. Gemeinschaftsgerichtsbarkeit und Rechtsstaatlichkeit in der erweiterten Europäischen Union (Hrsg. mit Dieter H. Scheuing), Europarecht Beiheft 3/2008, Baden-Baden 2008 (Nomos).
83. Der Zusammenhalt der Europäischen Union - In Vielfalt geeint (Hrsg.), Baden-Baden 2009 (Schriftenreihe des Arbeitskreises Europäische Integration Band 64) (Nomos).
84. Transatlantic Perspectives on International Economic Law (Hrsg. mit John H. Jackson) (Heidelberger Schriften zum Wirtschaftsrecht und Europarecht Band 53), Baden-Baden 2009 (Nomos).
85. Osteuropäische Nachbarschaft der Europäischen Union (Hrsg. mit Kazimierz Lankosz und Udo Fink), Baden-Baden 2009 (Schriftenreihe Europäische Integration Band 65) (Nomos).
86. XXIII. FIDE-Kongreß – Die deutschen Landesberichte: Reformbedarf des Primärrechts der EG/EU; Die Modernisierung des EG-Kartellrechts; Die Dienstleistungsrichtlinie und ihre Umsetzung in Deutschland (Hrsg. mit Jürgen Schwarze), Europarecht Beiheft 2/2009, Baden-Baden 2009 (Nomos).
87. Privatrechtsreform in Deutschland und Ungarn (Hrsg. mit Lajós Vékás), Baden-Baden 2009 (Heidelberger Schriften zum Wirtschaftsrecht und Europarecht Band 50) (Nomos).
88. Europäisches Gesellschaftsrecht auf neuen Wegen (Hrsg. mit Christoph Teichmann), Baden-Baden 2010 (Schriftenreihe des Arbeitskreises Europäische Integration Band 67) (Nomos).
89. Deutschlands Rolle in der Europäischen Union, 2.Auflage, Baden-Baden 2009 (Schriftenreihe des Arbeitskreises Europäische Integration Band 60) (Nomos).
90. Hi amesos eklogi tou europaikou koinobouliou, 2.Aufl., Athen 2009 (A. Sakkoulas).
91. Kommunale Daseinsvorsorge und Binnenmarkt (Hrsg. mit Oscar Gabriel und Christian O. Steger), Baden-Baden 2010 (Schriftenreihe des Arbeitskreises Europäische Integration Band 68) (Nomos).
92. Dienste von allgemeinem wirtschaftlichem Interesse. Kommentierung des Art. 14 AEUV, in: Christoph Vedder/Wolff Heintschel von Heinegg (Hrsg.), Europäisches Unionsrecht (EUV/AEUV/Grundrechte-

Charta) Handkommentar, Baden-Baden/Zürich/Wien, 2012, S. 275-278 (Nomos/Dike/facultas).

93. Wettbewerbsregeln für Unternehmen (Kartellverbot, Mißbrauchsverbot, Zusammenschlusskontrolle, Kartellverfahrensrecht), Kommentierung der Artt. 101 - 105 AEUV, in: Christoph Vedder/Wolff Heintschel von Heinegg (Hrsg.), Europäisches Unionsrecht (EUV/AEUV/Grundrechte-Charta) Handkommentar, Baden-Baden/Zürich/Wien, 2012, S. 519-562 (Nomos/Dike/facultas).
94. Öffentliche und privilegierte Unternehmen. Kommentierung des Art. 106 AEUV, in: Christoph Vedder/Wolff Heintschel von Heinegg (Hrsg.), Europäisches Unionsrecht (EUV/AEUV/Grundrechte-Charta) Handkommentar, Baden-Baden/Zürich/Wien, 2012, S. 562-568 (Nomos/Dike/facultas).
95. Beihilfenaufsichtsrecht. Kommentierung der Artt. 107 - 109 AEUV, in: Christoph Vedder/Wolff Heintschel von Heinegg (Hrsg.), Europäisches Unionsrecht (EUV/AEUV/Grundrechte-Charta), Handkommentar, Baden-Baden/Zürich/Wien, 2012, S. 568-581.
96. Niederlassungsfreiheit. Kommentierung der Artt. 49 - 55 AEUV, in: Rudolf Streinz (Hrsg.), EUV/AEUV. Kommentar, 2.Aufl. München 2012, S. 699-774.
97. Dienstleistungsfreiheit. Kommentierung der Artt. 56 - 62 AEUV, in: Rudolf Streinz (Hrsg.), EUV/AEUV. Kommentar, 2.Aufl. München 2012, S. 774-833.
98. Europäisches Privatrecht in Vielfalt geeint - Einheitsbildung durch Gruppenbildung im Sachen-, Familien- und Erbrecht?/Droit privé européen: l´unité dans la diversité - Convergences en droit des biens, de la famille et des successions? (als Hrsg. mit Christian Baldus), München 2011 (Sellier).
99. XXIV.-FIDE-Kongress - Die deutschen Landesberichte: Bundestag und Bundesrat in der Europäischen Union - Judicial Application of European Competition Law -Öffentliches Kapital und öffentliche Interessen (Hrsg. mit Jürgen Schwarze), Europarecht Beiheft 1/2011, Baden-Baden 2011 (Nomos).
100. European Law in an Era of Crisis (Hrsg. mit Erling Selvig), Berlin 2012 (Berliner Wissenschafts-Verlag).
101. Europäisches Recht zwischen Bewährung und Wandel. Festschrift für Dieter H. Scheuing (Hrsg. mit Stefanie Schmahl und Vassilios Skouris), Baden-Baden 2011 (Nomos).

102. Neues Europäisches Wirtschafts- und Wettbewerbsrecht? (Hrsg. mit Jürgen Schwarze), Europarecht Beiheft 2/2011, Baden-Baden 2011 (Nomos).
103. Turkey and the European Union - Different Dimensions (Hrsg. mit Haluk Kabaalioglu), Baden-Baden 2012 (Schriftenreihe des Arbeitskreises Europäische Integration Band 76) (Nomos).
104. Enzyklopädie des Europarechts (Gesamtherausgeber mit Armin Hatje), 10 Bände, Baden-Baden, ab 2012 (Nomos).
105. Drittwirkung der Grundfreiheiten und Grundrechte im Unionsrecht – Die horizontale Direktwirkung, Bonn 2012 (Zentrum für Europäisches Wirtschaftsrecht der Rheinischen Friedrich-Wilhelms-Universität Bonn).
106. XXV.FIDE-Kongress - Die deutschen Landesberichte: Der Grundrechtsschutz nach Lissabon – Energie, Umwelt und Wettbewerb in der Schnittmenge des Unionsrechts – Strafrecht im Raum der Freiheit, der Sicherheit und Rechts (Hrsg. mit Jürgen Schwarze), Europarecht Beiheft 3/2013, Baden-Baden 2013 (Nomos)..
107. The Rising Complexity of European Law (Hrsg. mit Ola Mestad), Berlin 2014 (Berliner Wissenschafts-Verlag).
108. Gemeinsames Europäisches Kaufrecht. Kommentierung von Kapitel I: Artikel 1-7, 10-12 GEK des Kommissionsvorschlags von 2011, in: Martin Schmidt-Kessel (Hrsg.), Der Entwurf für ein Gemeinsames Europäisches Kaufrecht, München 2014, S. 124-164, 175-184 (Sellier).
109. Europäisches Organisations- und Verfassungsrecht (Band 1 der Enzyklopädie Europarecht) (Hrsg. mit Armin Hatje), Baden-Baden 2014 (Nomos).
110. Europäisches Wirtschaftsordnungsrecht (Band 4 der Enzyklopädie Europarecht) (Hrsg.), Baden-Baden 2015 (Nomos).
111. Warenverkehrsfreiheit – Kommentierung der Artt. 34-36 AEUV, in: Hans von der Groeben/Jürgen Schwarze/Armin Hatje (Hrsg.), Europäisches Unionsrecht (EUV, AEUV, GRC), 7. Aufl., Baden-Baden 2015, S. 1291-1496 (Nomos).
112. Der Raum der Freiheit, der Sicherheit und des Rechts: Kommentierung der Artt. 57 bis 80 AEUV (2015, im Druck).
113. Das Recht der Unionsziele (2015, in Druckvorbereitung).
114. Dienste von allgemeinem wirtschaftlichem Interesse. Kommentierung des Art. 14 AEUV, 2. Aufl. (2015, in Druckvorbereitung).

115. Wettbewerbsregeln für Unternehmen (Kartellverbot, Missbrauchsverbot, Zusammenschlusskontrolle, Kartellverfahrensrecht). Kommentierung der Art. 101 bis 105 AEUV und der Fusionskontrollverordnung, 2. Aufl. (2015, in Druckvorbereitung).
116. Öffentliche und privilegierte Unternehmen. Kommentierung des Art. 106 AEUV, 2. Aufl. (2015, in Druckvorbereitung).
117. Beihilfenaufsichtsrecht. Kommentierung der Art. 107 bis 109 AEUV, 2. Aufl. (2015, in Druckvorbereitung)

Einzelbeiträge

1. Die rechtliche Form freiberuflicher Zusammenarbeit, in: Zeitschrift für Rechtspolitik (ZRP) 1975, 1-7 (mit Georg Sandberger).
2. Zur Geschichte der Formel "Im Namen des Volkes", in: Zeitschrift für Zivilprozeß (ZZP) 1975, 442-445.
3. Die Geschäftsverbindung als Schutzpflichtverhältnis, in: Juristenzeitung (JZ) 1976, 153-156.
4. Zur Frage der Umgehung des Abstimmungsverbots des § 47 Abs. 4 GmbHG, in: Juristenzeitung (JZ) 1976, 586-588.
5. Vertragsgestaltung: Die Vererbung eines Personengesellschaftsanteils, in: Juristische Schulung (JuS) 1977, 323-329.
6. Das Gesetz zur Regelung des Rechts der Allgemeinen Geschäftsbedingungen, in: Juristenzeitung (JZ) 1977, 245-256.
7. Intermediäre Marktverbände im Wettbewerbs- und Warenverkehrsrecht des EWG-Vertrages, in: Juristenzeitung (JZ) 1977, 632-637.
8. Öffentliche Aufträge und Forschungspolitik (Tagungsbericht), in: Neue Juristische Wochenschrift (NJW) 1978, 2346-2347.
9. Die Außenhaftung des Kommanditisten bei fehlerhaftem KG-Eintritt, in: Juristische Schulung (JuS) 1979, 24-29.
10. Die wichtigsten Rechtsquellen und Rechtsdurchsetzungsverfahren des EG-Rechts im systematischen Überblick, in: Textsammlung Europa, Tübingen 1979, S. 102-103.
11. Die politischen Parteien im Demokratisierungsprozeß der Europäischen Gemeinschaften (Tagungsbericht), in: Neue Juristische Wochenschrift (NJW) 1979, 471-472.
12. Direct Elections to the European Parliament, in: 11 Case Western Reserve Journal of International Law 1-36 (1979).

13. Rechtsangleichung in der EG, in: Handwörterbuch des Agrarrechts; hrsg. von Volkmar Götz/Karl Kroeschell/Wolfgang Winkler, Berlin 1982, Sp. 649-655 (Erich Schmidt Verlag).
14. Übergangsregelungen für Neumitglieder der EG, in: Handwörterbuch des Agrarrechts; hrsg. von Volkmar Götz/Karl Kroeschell/Wolfgang Winkler, Berlin 1982, Sp. 899-900 (Erich Schmidt Verlag).
15. Zur deliktischen Schadensersatzhaftung bei Nutzungsbeeinträchtigung (Anmerkung zum Elbe-Seiten-Kanal-Urteil des BGH), in: Juristenzeitung (JZ) 1983, 860-864.
16. Fakultatives Kollisionsrecht im internationalen Wettbewerbsrecht?, in: Rabels Zeitschrift für ausländisches und internationales Privatrecht (RabelsZ) 48 (1984), 289-318.
17. Das Gleichheitsprinzip im Wirtschaftsrecht, in: Féderation Internationale pour le Droit Européen (FIDE), Le principe d'égalité en droit économique - The Principle of Equality in Economic Law - Das Gleichheitsprinzip im Wirtschaftsrecht, Den Haag 1984.
18. Ordnungspolitische Divergenzen und wettbewerbliche Lauterkeit in der Verfassung des Gemeinsamen Marktes, in: Festschrift für Karl Carstens (hrsg. von Hermann Jahrreiß/Bodo Börner/Klaus Stern), Köln, Berlin, Bonn, München 1984, S. 209-230 (Heymanns).
19. Berufshaftung und Organisationshaftung bei der ärztlichen Anfängeroperation, in: Juristische Schulung (JuS) 1985, 352-360.
20. Wettbewerbsbeschränkung durch Gesetz: Preisbindungspflicht bei Büchern, in: Europarecht (EuR) 1985, 293-308.
21. Long-Term Business Relations: Conflicts and the Law, in: Journal of Institutional and Theoretical Economics/Zeitschrift für die gesamte Staatswissenschaft, (JITE/ZgStW) Band 141, 547-557 (1985).
22. AGB-Einbeziehung bei kaufmännischer Geschäftsübung und AGB-Gesetz, in: Festschrift für Klemens Pleyer (hrsg. von Paul Hofmann/ Ulrich Meyer-Cording/Herbert Wiedemann), Köln, Berlin, Bonn, München 1986, S. 401-420 (Heymanns).
23. Zur Vermarktung eines parodierten Firmenemblems, BGH in: Entscheidungen zum Wirtschaftsrecht (EWIR) § 1 UWG 21/86, 1237-1238.
24. Zur inländischen Zweigniederlassung einer "private limited company" englischen Rechts, BayObLG in: Wirtschafts- und Bankrecht (WuB) II N. § 13 b HGB 1.87, 473-478.

25. Unterlassungshaftung bei Fremdkennzeichenbezugnahme in Fernsprechbüchern, Teil I, in: Gewerblicher Rechtsschutz und Urheberrecht (GRUR) 1987, 483-500.
26. Unterlassungshaftung bei Fremdkennzeichenbezugnahme in Fernsprechbüchern, Teil II, in: Gewerblicher Rechtsschutz und Urheberrecht (GRUR) 1987, 611-623.
27. Privatrecht und europäisches Gemeinschaftsrecht, in: Staat und Wirtschaft in der EG (hrsg. von Peter-Christian Müller-Graff/Manfred Zuleeg), Baden-Baden 1987, S. 17-52 (Nomos).
28. Zum Arbeitseinkommen im Vermögensbegriff des § 1365 BGB, BGH in: Wirtschafts- und Bankrecht (WuB) IV A. § 1365 BGB 2.87, 1559-1561.
29. Franchising - A Case of Long-Term Contracts, in: Journal of Institutional and Theoretical Economics/Zeitschrift für die gesamte Staatswissenschaft, (JITE/ZgStW) Band 144, 122-144 (1988).
30. Sanierungswerbung durch Unternehmensberater und Wettbewerbsrecht, in: Gewerblicher Rechtsschutz und Urheberrecht (GRUR) 1988, 95-106.
31. Zur Befangenheitsablehnung von Prüfungsverband und verbandsfremdem Prüfer im Genossenschaftsrecht, LG Münster in: Wirtschafts- und Bankrecht (WuB) II D. § 56 GenG 1.88, 593-595.
32. Branchenspezifischer Wettbewerbsschutz geographischer Herkunftsangaben, in: Gewerblicher Rechtsschutz und Urheberrecht (GRUR) 1988, 659-667.
33. Die Erscheinungsformen der Leistungssubventionstatbestände aus wirtschaftsrechtlicher Sicht, in: Zeitschrift für das gesamte Handels- und Wirtschaftsrecht (ZHR) 152 (1988), 403-438.
34. Vorwort zu K.J.Dauner, Einkaufsgemeinschaften im Kartellrecht, Baden-Baden 1988, S. I-IV (Nomos).
35. (Mitarb.) Thesen zur Europäischen Rechtsakademie, hrsg. vom Justizministerium von Rheinland-Pfalz, Mainz 1988.
36. Die Rechtsangleichung zur Verwirklichung des Binnenmarktes, in: Europarecht (EuR) 1989, 107-151.
37. German National Report on European Communities Studies: Law, in: Kommission der Europäischen Gemeinschaften (Hrsg.), Place de l'Integration Européenne dans les Programmes Universitaires, Brüssel 1989, S. 63-76.
38. Dienstleistungsfreiheit und Erbringungsformen grenzüberschreitender Dienstleistungen, in: Festschrift für Rudolf Lukes, hrsg. von Herbert

Leßmann/Bernhard Großfeld/Lothar Vollmer Köln, Berlin, Bonn, München 1989, S. 471-493 (Heymanns).

39. Der Stand der europäischen Integrationsgrundlagenforschung in der Rechtswissenschaft. Schriftlicher Beitrag zur Konferenz der Akademie der Wissenschaften zu Berlin über Europäische Integrationsgrundlagenforschung, Berlin 1989.
40. Basic Economic Principles in the European Communities. In: Kommission der Europäischen Gemeinschaften, The Values of Europe, Brüssel 1990.
41. (Mitarb.) Entwurf für ein Statut der Europäischen Rechtsakademie, hrsg. vom Justizministerium in Rheinland-Pfalz, Mainz, 1990.
42. Deutsche Einigung und europäische Integration - aus rechtlicher und rechtspolitischer Sicht -, in: Die Osterweiterung der EG, hrsg. von Beate Kohler-Koch, Baden-Baden 1991 S. 23-55 (Nomos).
43. Die Regeln der Technik im Binnenmarkt. In: Technische Regeln im Binnenmarkt, hrsg. von Peter-Christian Müller-Graff, Baden-Baden, 1991, S. 7-16 (Nomos).
44. Regionalförderung im vereinigten Deutschland vor dem Hintergrund des Beihilfenrechts der EG, in: Deutsch-deutsche Wirtschafts-, Währungs- und Sozialunion im Rahmen der EG, hrsg. von Wulfdiether Zippel, Baden-Baden, 1991, S. 37-65 (Nomos).
45. Der völkerrechtliche Rahmen der europäischen Integration unter besonderer Beachtung des Verkehrs, in: Verkehrsmarkt Europa, Tendenzen - Problemfelder - Lösungen, Dresden 1991, S. 8-24.
46. Haftungsrecht und Gesellschaftsrecht: Der Maßstab der "diligentia quam in suis" für Geschäftsführer in Personengesellschaften, in: Archiv für die civilistische Praxis (AcP) 1991, 475-494.
47. Gemeinsames Privatrecht in der Europäischen Gemeinschaft: Ebenen und gemeinschaftsprivatrechtliche Grundfragen, in: Europarecht, Energierecht, Wirtschaftsrecht, Festschrift für Bodo Börner, hrsg. von Jürgen F. Baur/Peter-Christian Müller-Graff/Manfred Zuleeg, Köln, Berlin, Bonn, München, 1992, S. 303-344 (Heymanns).
48. Die Freistellung vom Kartellverbot, in: Europarecht (EuR) 1992, 1-40.
49. Dienstleistungsfreiheit, in: St. Galler Europarechtskurse, St. Gallen 1992, Abschnitt 12 (ergänzte Fassungen 1993, 1994, 1995).
50. Geschäfte vor Eintragung der GmbH & Co. KG, in: Juristische Schulung (JuS) 1992, 493-497 (mit Josef Blank).

51. Common Private Law in the European Community, in: The Common Law of Europe and the Future of Legal Education (ed. by Bruno de Witte/Caroline Forder), Deventer, Cambridge, Maastricht, 1992, p. 239-254 (Kluwer).
52. Der Marktgedanke im europäischen Gemeinschaftsrecht, in: Prace prawnice wydane dla uczczenia pracy naukowej Karola Gandora, Kattowice 1992, S. 149-162 (Prace naukowe Uniwersytetu Śląskiego w Katowicach nr 1271).
53. Grundelemente des Gemeinschaftsrechtsrahmens für Verkehrsdienstleistungen, in: Festschrift für Rudolf Nirk, hrsg. von Karl Bruchhausen, Wolfgang Hefermehl, Peter Hommelhoff, Herbert Messer, München 1992, S. 715-734 (C.H.Beck).
54. Die Dienstleistungsfreiheit (Art. 36-39 EWR-A), in: Olivier Jacot-Guillarmod (éd.), Accord EEE-EWR Abkommen, Zürich, Bern 1992, S. 225-238 (Schulthess/Stämpfli).
55. Europäisches Gemeinschaftsrecht und Privatrecht. Das Privatrecht in der europäischen Integration, in: Neue Juristische Wochenschrift (NJW) 1993, 13-23.
56. Osteuropa und die EG: Die Anpassung des Rechts an die Marktwirtschaft der Europäischen Gemeinschaften, Sitzungsbericht, Integration 1993, 113-118.
57. Verfassungsziele der Europäischen Gemeinschaften, in: Manfred Dauses (Hrsg.), Handbuch des EG-Wirtschaftsrechts, München 1993, A I, S. 1-52. (C.H.Beck)
58. Nachlaß in Thüringen, in: Juristische Schulung (JuS) 1993, 572-577 (mit Cordula Stumpf).
59. Beihilfenaufsicht, in: Sachwörterbuch zur Europäischen Union; hrsg. von Joerg Monar/Nanette Neuwahl/Paul Noack, Stuttgart 1993, S. 36-38 (Kröner).
60. Europäische Patentorganisation, in: Sachwörterbuch zur Europäischen Union; hrsg. von Joerg Monar/Nanette Neuwahl/Paul Noack, Stuttgart 1993, S. 106-107 (Kröner).
61. Europäisches Patent, in: Sachwörterbuch zur Europäischen Union; hrsg. von Joerg Monar/Nanette Neuwahl/Paul Noack, Stuttgart 1993, S. 128 (Kröner).
62. Europäisches Patentamt, in: Sachwörterbuch zur Europäischen Union; hrsg. von Joerg Monar/Nanette Neuwahl/Paul Noack, Stuttgart 1993, S. 128-129 (Kröner).

63. Gemeinschaftsmarke, in: Sachwörterbuch zur Europäischen Union; hrsg. von Joerg Monar/Nanette Neuwahl/Paul Noack, Stuttgart 1993, S. 184 (Kröner).
64. Gemeinschaftspatent, in: Sachwörterbuch zur Europäischen Union; hrsg. von Joerg Monar/Nanette Neuwahl/Paul Noack, Stuttgart 1993, S. 184-185 (Kröner).
65. Die Stellung des Handwerksmeisters im Binnenmarktrecht, in: Europarecht, Kartellrecht, Wirtschaftsrecht, Festschrift für Arved Deringer (hrsg. von Ulrich Everling, Karl-Heinz Narjes, Jochim Sedemund), Baden-Baden 1993, S. 95-109 (Nomos).
66. Europäische Politische Zusammenarbeit/Gemeinsame Außen- und Sicherheitspolitik - Kohärenzgebot aus rechtlicher Sicht, Integration 1993, 147-157.
67. Gemeinsames Privatrecht in der Europäischen Gemeinschaft - Ansatzpunkte, Ausgangsfragen, Ausfaltungen - in: Peter-Christian Müller-Graff (Hrsg.), Gemeinsames Privatrecht in der Europäischen Gemeinschaft, Baden-Baden 1993, S. 7-44 (Nomos).
68. Legal Adaptation to the Market Economy of the European Communities, in: Malcolm Anderson/Jean-Claude Gautron/Joachim Jens Hesse/Michael Moran/Peter-Christian Müller-Graff, The Legal, Economic and Administrative Adaptations of Central European Countries to the European Community (Schriftenreihe European Communities Studies Association, Vol. 1), Baden-Baden 1993, p. 69-103 (Nomos).
69. EZP/GASP im System der Europäischen Union - Kohärenzgebot aus rechtlicher Sicht, in: Elfriede Regelsberger (Hrsg.), Die Gemeinsame Außen- und Sicherheitspolitik der Europäischen Union (Analysen zur Europapolitik des Instituts für Europäische Politik, Band 9), Bonn 1993, S. 53-68, Text wie 183 (Europa Union Verlag).
70. Eastern Central Europe and the European Communities: Legal Adaptation to the Market Economy of the European Communities -General Report, in: Peter-Christian Müller-Graff (ed.), East Central European States and the European Communities: Legal Adaptation to the Market Economy (Schriftenreihe European Communities Studies Association, Vol. 2), Baden-Baden 1993, p. 7-49 (Nomos).
71. Legal Aspects of the Treaty of Maastricht and of the European Monetary Union, in: Institut Universitaire International Luxembourg (ed.), European Monetary Union: Legal Foundations and Economic Implications (IUIL Vol. 25), Luxemburg 1994, 45-80 (IUIL).

72. The European Internal Market and the Law, in: Prescriptive Formality and Normative Rationality, in: Modern Legal Systems, Festschrift für Robert S. Summers (ed. by Werner Krawietz/Neil MacCormick/ Georg Henrik von Wright), Berlin 1994, p. 463-480 (Duncker & Humblot).
73. Private Law Unification by Means Other than of Codification, in: Towards a European Civil Code (ed. by A.S. Hartkamp /M.W. Hesselink/E.H. Hondius/C.E. du Perron/J.B.M. Vranken), Dordrecht, Boston, London, 1994, p. 19-36 (Ars Aequi Libri/Martinus Nijhoff).
74. Implementation of Community Policies and the Principle of Subsidiarity: Comparative Experiences - Conclusions, in: European Community Studies Association/European Commission (eds.), Federalism, Subsidiarity and Democracy in the European Union, Brüssel 1994, Group VII p. 15-16.
75. The Third Pillar of the Union Treaty, in: Common Market Law Review 31 (1994) 493-510
76. The Legal Bases of the Third Pillar (Cooperation in the Fields of Justice and Home Affairs) and its Position in the Framework of the Union Treaty, in: Joerg Monar/Roger Morgan (eds.), The Third Pillar of the European Union, Brüssel 1994, p. 21-36 (European Interuniversity Press).
77. Zum Maastricht-Urteil des Bundesverfassungsgerichts, in: Der Staatenverbund der Europäischen Union, in: Peter Hommelhoff/Paul Kirchhof (Hrsg.), Der Staatenverbund der Europäischen Union, Heidelberg 1994, S. 67-72 (C.F.Müller).
78. Industriepolitik der EG – Diskussionsbeitrag – in: Rupert Scholz (Hrsg.), Deutschland auf dem Weg in die Europäische Union, Köln 1994, S. 337-339 (J.P.Bachem).
79. Grundrechtsschutz im Gemeinschaftsrecht – Diskussionsbeitrag – in: Rupert Scholz (Hrsg.), Deutschland auf dem Weg in die Europäische Union, Köln 1994, S. 203-206, 211 (J.P.Bachem).
80. Staat und Europäische Integration – Diskussionsbeitrag – in: Rupert Scholz (Hrsg.), Deutschland auf dem Weg in die Europäische Union, Köln 1994, S. 227-229, 238-240 (J.P.Bachem).
81. Ordnungspolitik in der Europäischen Wirtschaftsverfassung (Skript zur Sitzung der Studiengruppe Wirtschafts- und Währungsunion des Instituts für Europäische Politik, Frankfurt a. M. 1994, S. 1-20.
82. Subsidiarity as a Legal Principle - What will be the Role of the Court of Justice? in: Företag & Samhälle, Studieförbundet Näringsliv och

Samhälle subsidiaritetskonferens, Specialnummer/95, Stockholm 1995, S. 13-23 (SNS).

83. Die Gemeinsame Außen- und Sicherheitspolitik, in: Europäische Gespräche im Reichstagsgebäude in Berlin, Teil III, Die Europäische Union - Antwort auf die heutigen Herausforderungen?, Bonn 1995, S. 32-34 (Presse- und Informationsamt der Bundesregierung).
84. Binnenmarktauftrag und Subsidiaritätsprinzip? in: Zeitschrift für das gesamte Handels- und Wirtschaftsrecht (ZHR), 159 (1995), 34-77.
85. Zweispurige Gemeinschaftsgerichtsbarkeit, Diskussionsbeitrag: Verhandlungen des Sechzigsten Deutschen Juristentages in Münster, Band II/2, Sitzungsberichte, Abteilung Europarecht, München 1994, N 81-84 (C.H. Beck).
86. The Dublin Convention. Pioneer and Lesson for Third-Pillar-Conventions, in: Roland Bieber/Joerg Monar (eds.), Justice and Home Affairs in the European Union. The Development of the Third Pillar, Brüssel 1995, p. 49-63 (European Interuniversity Press).
87. Die Europäische Zusammenarbeit in den Bereichen Justiz und Inneres (JIZ) - Verbindungen und Spannungen zwischen dem dritten Pfeiler der Europäischen Union und der Europäischen Gemeinschaft, in: Festschrift für Ulrich Everling (hrsg. von Ole Due, Marcus Lutter, Jürgen Schwarze), Baden-Baden 1995, S. 925-944 (Nomos).
88. Eigenkapitalerhöhung öffentlicher Banken durch Fusion in den beihilferechtlichen Wettbewerbsregeln des EG-Vertrages, Festschriftbeitrag, in: Festschrift für Ralf Vieregge (hrsg. von Jürgen F. Baur, Rainer Jacobs, Manfred Lieb, Peter-Christian Müller-Graff), Berlin, New York 1995, S. 661-676 (de Gruyter).
89. Judikative Konzernrechtsentwicklung und kodifiziertes Aktiengesellschaftsrecht, in: Festschrift für Alkis Agyriadis, Athen 1995, S. 687-710 (Sakkoulas).
90. Európai Közösségi jog és magánjog, in: Magyar Jog (MJ) 1995, 687-691.
91. Justiz und Inneres, in: Lexikon der Politik (hrsg. von Dieter Nohlen), Band 5: Die Europäische Union (hrsg. von Beate Kohler-Koch/ Wichard Woyke), München 1996, S. 177-179 (C.H. Beck).
92. Subsidiarity as a Legal Principle, in: The European Union Review 1/1996, 75-91.
93. Funktion und Ausgestaltung der Europäischen Zusammenarbeit in den Bereichen Justiz und Inneres, in: Müller-Graff (Hrsg.), Europäische Zusammenarbeit in den Bereichen Justiz und Inneres (Schriften-

reihe des Arbeitskreises Europäische Integration, Band 38), Baden-Baden 1996, S. 11-39 (Nomos).

94. Verrechtlichung und Deregulierung, - Signaturen im Verhältnis von Staat und Gesellschaft seit 1945 -, in: Max Vollkommer (Hrsg.), 1945-1995: Zum Verhältnis von Staat und Gesellschaft in den letzten fünfzig Jahren, Atzelsberger Gespräche 1995 (Erlanger Forschungen Reihe A Band 76), Erlangen 1996, S. 7-46 (Universitätsbund Erlangen-Nürnberg).
95. Europäische Normgebung und ihre judikative Umsetzung in nationales Recht -Teil I: Fachgerichtliche Problembegegnung-, Deutsche Richterzeitung (DRiZ) 1996, 259-266.
96. Europäische Normgebung und ihre judikative Umsetzung in nationales Recht -Teil II: Querschnittsfragen-, Deutsche Richterzeitung (DRiZ), 1996, 305-315.
97. The European Union and Eastern Europe, in: East-West-Dialogue Vol. 1 No.1 (1996), 43-55 (Hong Kong).
98. The European Community as a Community of Law, in: Estudos Europeus de Macau (EEM), October 1996, no. 2, 4-9.
99. Binnenmarktrecht: Gemeinschaftsrecht oder Rechtswettbewerb? in: Europäische Union - Schon eine Union des Rechts? (hrsg. von Rupert Scholz), Köln 1996, S. 201-204 (J. P. Bachem).
100. Cooperation in the Fields of Justice and Home Affairs (CJHA), in: Jörg Monar/Nanette Neuwahl/David O'Keeffe/William Robinson (eds.), Butterworth's Expert Guide to the European Union, London, Edinburgh, Dublin, 1996, p. 68-70 (Butterworth).
101. Technical Standards, in: Jörg Monar/Nanette Neuwahl/David O'Keeffe/William Robinson (eds.), Butterworth's Expert Guide to the European Union, London, Edinburgh, Dublin, 1996, p. 294-295 (Butterworth).
102. Federal Regulation of Commerce as an Alternative to International Regulation, in: International Law Institute (ed.), Heinrich-Kronstein-Sysmposium, Washington/Heidelberg, 1996, S. 1-7.
103. Diritto privato comunitario. Realtà in Germania e prospettive per l'Europa, in: Vito Rizzo (a cura di), Diritto Privato Comunitaria, Volume I: Fonti, princípi, obbligazioni e contratti, Napoli 1997, p. 6-31 (Edizioni Scientifiche Italiane).
104. Incidenza del diritto comunitario sul diritto privato interno in Germania (Text wie 223), in: Rassegni di diritto civile, 1997, 281-310.

105. Legal Framework for Relations between the European Union and Central and Eastern Europe: General Aspects, in: Marc Maresceau (ed.), Enlarging the European Union - Relations between the EU and Central and Eastern Europe -, London/New York 1997, p. 27-40 (Longman).
106. Le cadre juridique européen de l'attribution des marchés publics, in: Juristische Fakultät der Universität Heidelberg (ed.), L'influence du droit privé et public de la construction sur l'activité des entreprises en droit allemand, français et européen, Heidelberg 1997, p. 107-126.
107. Der gemeinschaftsrechtliche Rahmen der Vergabe öffentlicher Aufträge, in: Juristische Fakultät der Universität Heidelberg (Hrsg.), Der Einfluß des privaten und öffentlichen Baurechts auf die Unternehmenstätigkeiten nach deutschem, französischem und europäischem Recht, Heidelberg 1997, S. 87-105.
108. Verfassungsziele der EG/EU, in: Handbuch des EG-Wirtschaftsrechts, EL 4, München 1997, A I, S. 1-58 (C.H. Beck).
109. From Europe Agreements to a Member Status in the European Union, in: Peter-Christian Müller-Graff (ed.), East Central Europe and the European Union: From Europe Agreements to a Member Status (Schriftenreihe European Communities Studies Association, Vol. 5), Baden-Baden 1997, p. 9-41 (Nomos).
110. EEA-Agreement and EC Law: A Comparison in Scope and Content - Overview on the Basic Legal Link between Norway and the European Union, in: Peter-Christian Müller-Graff/Erling Selvig (Hrsg.), The European Economic Area - Norway's Basic Status in the Legal Construction of Europe -, Berlin/Oslo 1997, p. 17-42. (Berlin Verlag/ Tano Aschehoug).
111. Die Europäischen Regionen in der Verfassung der EG, in: Integration 1997, 145-159.
112. Justiz und Inneres nach Amsterdam - Die Neuerungen in erster und dritter Säule, in: Integration 1997, 271-284.
113. Die wettbewerbsverfaßte Marktwirtschaft als gemeineuropäisches Verfassungsprinzip?, in: Europarecht (EuR) 1997, 433-457.
114. Normung und Welthandelsrecht, in: Österreichische Fachzeitschrift für nationale, europäische und internationale Normen Nr. 48 (Dezember 1997), S. 4-11.
115. Verpflichtungen aus dem Übereinkommen über technische Handelshemmnisse (Text wie 235), in: CEN (ed.), Speeches at the General Assembly of CEN in Vienna, 1997, S. 1-11.

116. European Court of Justice, Term 1996-1997, in: International Law Institute (ed.), Law in the United States and Europe, Washington/ Heidelberg, 1997, S. 1-28.
117. Law Development by the European Court of Justice - The Balance in the Court's Jurisprudence between Law-Making by the Union's Political Processes and the Judiciary, in: The European Union Review, 1997, Vol. 2 No. 3, p. 43-71.
118. Gemeinsames Verfassungsrecht in der Europäischen Union (mit Eibe Riedel), in: Peter-Christian Müller-Graff/Eibe Riedel (Hrsg.), Gemeinsames Verfassungsrecht in der Europäischen Union, Baden-Baden 1998, S. 9-14 (Nomos).
119. Die wettbewerbsverfaßte Marktwirtschaft als gemeineuropäisches Verfassungsprinzip? (Text wie 223), in: Peter-Christian Müller-Graff/ Eibe Riedel (Hrsg.), Gemeinsames Verfassungsrecht in der Europäischen Union, Baden-Baden 1998, S. 53-76 (Nomos).
120. Liberalisierung und Wettbewerb in der Telekommunikation in der EG, in: Siegfried Lamnek/Marie-Theres Tinnefeld (Hrsg.), Globalisierung und informationelle Rechtskultur in Europa, Baden-Baden 1998, S. 156-175 (Nomos).
121. Whose Responsibilities are Frontiers? in: The Frontiers of Europe (ed. by Malcolm Anderson/Eberhard Bort), London/Washington 1998, S. 11-21 (Pinter).
122. EC-Directives as a Means of Private Law Unification, in: Arthur Hartkamp/Martijn Hesselink/Ewond Hondius/Carla Joustra/Edgar du Perron (eds.), Towards a European Civil Code, 2nd ed., Nijmwegen/The Hague/London/Boston 1998, p. 71-90 (Ars Aequi Libri/Kluwer Law International).
123. The European Treaty Framework and the Criminal Law - EC Competences in Criminal Law, in: Peter J. Cullen/William C. Gilmore (eds.), Crime Sans Frontières: International and European Legal Approaches, Hume Papers on Public Policy Vol. 6 Nos. 1 & 2, Edinburgh 1998, p. 100-110 (Edinburgh University Press).
124. Normung im Welthandelsrecht: Verpflichtungen aus dem Übereinkommen über technische Handelshemmnisse, DIN Mitteilungen 1998, 411-414.
125. The Quality of European and National Legislation, in: Alfred E. Kellermann/Guiseppe Ciavarini Azzi/Scott H. Jacobs/Rex Deighton-Smith (eds.), Improving the Quality of Legislation in Europe, The Hague/Boston/London, 1998, p. 111-128 (Kluwer Law International).

126. Rechtsangleichung im Privatrecht durch die EG, in: 40 Jahre Römische Verträge - Von der Europäischen Wirtschaftsgemeinschaft zur Europäischen Union (hrsg. von Norbert Horn/Jürgen F. Baur/Klaus Stern) (R.I.Z.-Schriften Band 9), Berlin/New York 1998, S. 107-150 (de Gruyter).
127. Euro, Bundesverfassungsgericht und Gerichtshof der Europäischen Gemeinschaften - Währungsstabilität und richterliche Kontrolle, Integration 1998, 86-102.
128. The Quality of European and National Legislation (Text wie 245), in: Europäische Zeitschrift für Wirtschaftsrecht (EuZW) 1998, 325-331.
129. Europäische Verfassungsrechtspolitik für Wirtschaft und Union: Europäische Privatrechtsgesellschaft und überstaatliche Autorität, in: Peter-Christian Müller-Graff (Hrsg.), Perspektiven des Rechts in der Europäischen Union (Heidelberger Forum für Europäisches Recht Band 1), Heidelberg 1998, S. 183-222 (C.F. Müller).
130. Umweltschutz und Grundfreiheiten, in: Handbuch zum europäischen und deutschen Umweltrecht (hrsg. von Hans-Werner Rengeling), Köln/Berlin/Bonn/München, 1998, S. 222-273 (Carl Heymanns).
131. Institutionelle und materielle Reformen in der Zusammenarbeit in den Bereichen Justiz und Inneres, in: Die Europäische Union nach dem Vertrag von Amsterdam (hrsg. von Waldemar Hummer), Wien 1998, S. 259-280 (Manz).
132. Die Europäische Integration aus der Sicht der Rechtsprechung nationaler Verfassungsgerichte (mit Anja Reichel), in: Mathias Jopp / Andreas Maurer / Heinrich Schneider (Hrsg.), Europapolitische Grundverständnisse im Wandel, (Analysen zur Europapolitik des Instituts für Europäische Politik, Band 14) Bonn 1998, S. 365-418 (Europa Union Verlag).
133. Asyl-, Einwanderungs- und Visapolitik (mit Friedemann Kainer), in: Jahrbuch der Europäischen Integration 1997/1998 (hrsg. von Werner Weidenfeld und Wolfgang Wessels), Bonn 1998, S. 123-128 (Europa Union Verlag).
134. Europäische Rechtseinheit und einheitliche Rechtsdurchsetzung (Bericht Fachgruppe Europarecht), JZ 1998, 1003-1004.
135. Die Einheit des Primärrechts nach Amsterdam: Einheit und Kohärenz der Vertragsziele von EG und EU, in: Konsolidierung und Kohärenz des Primärrechts nach Amsterdam (hrsg. von Armin von Bogdandy und Claus-Dieter Ehlermann), Europarecht Beiheft 2/1998, S. 67-80 (Nomos).

136. Einheit und Kohärenz der Vertragsziele von EG und EU (Text wie 255), in: Europäisches Parlament (Hrsg.), Konsolidierung und Kohärenz des Primärrechts der Europäischen Union nach Amsterdam, Arbeitsdokument Reihe Rechtsfragen JURI 102 DE, 7-1998 Luxemburg, 1998.
137. Les perspectives d'un droit privé européen, in: Revue des Affaires Européennes (RAE) 1998, 242-253.
138. European Private Law and Transnational Litigation, in : Transnational Litigation – Conference Book, Paris 1998, S. 1-6.
139. Facing Litigation : Jurisdiction and Choice of Law, in : Transnational Litigation – Conference Book, Paris 1998, S. 7-17.
140. Gemeinsames Privatrecht in der Europäischen Gemeinschaft - Ansatzpunkte, Ausgangsfragen, Ausfaltungen -, in: Peter-Christian Müller-Graff (Hrsg.), Gemeinsames Privatrecht in der Europäischen Gemeinschaft, 2. Aufl., Baden-Baden 1999, S. 9-100 (Nomos).
141. Der Vertrag von Amsterdam, in: Der Einfluß des europäischen Rechts auf die Schweiz, Festschrift für Roger Zäch (hrsg. von Peter Forstmoser/Hans Caspar von der Crone/Rolf H. Weber/Dieter Zobl), Zürich 1999, S. 733-748 (Schulthess).
142. The Legal Framework for the Enlargement of the Internal Market in Central and Eastern Europe, in: Maastricht Journal of European and Comparative Law 192-207 (1999).
143. Die Kompetenzen in der Europäischen Union, in: Werner Weidenfeld (Hrsg.), Europa-Handbuch, Gütersloh 1999 (Verlag Bertelsmann Stiftung), S. 779-801.
144. Zentralisierungs- vs. Dezentralisierungstendenzen - Vektoren in der Entwicklung eines europäischen Gemeinwesens, in: Franz H. U. Borkenhagen/Thomas Fischer/Fritz Franzmeyer/Siegfried Magiera/Peter-Christian Müller-Graff, Arbeitsteilung in der Europäischen Union - die Rolle der Regionen, Gütersloh 1999 (Verlag Bertelsmann Stiftung), S. 55-64.
145. Asyl-, Einwanderungs- und Visapolitik (mit Friedemann Kainer), in: Jahrbuch der Europäischen Integration 1998/1999 (hrsg. von Werner Weidenfeld und Wolfgang Wessels), Bonn 1999, S. 135-140 (Europa-Union Verlag).
146. Auswirkungen des Amsterdamer Vertrages auf den EG-Vertrag und den EU-Vertrag, in: Bundesministerium der Justiz / Deutsche Stiftung für internationale rechtliche Zusammenarbeit (Hrsg.), Der Prozeß der Angleichung innerstaatlichen Rechts an das Recht der

Europäischen Union - Chance und Herausforderung für die Staaten Mittel- und Osteuropas, Bonn 1999, S. 1-16.

147. The Treaty of Amsterdam: Content and Implications for EEA-EU-Relations, in: Peter-Christian Müller-Graff/Erling Selvig (eds.), EU-EEA-Relations, Berlin 1999, S. 11-30 (Berlin Verlag).
148. Zweiseitige Unternehmensgeschäfte im Gemeinschaftskartellrecht, in: Systembildung und Systemlücken in Kerngebieten des Europäischen Privatrechts (hrsg. von Stefan Grundmann), Tübingen 2000, S. 645-668 (Mohr Siebeck).
149. Wirtschafts- und Währungsunion: Pionier oder Risiko für eine Union des Rechts?, in: Europa als Union des Rechts (hrsg. von Rupert Scholz), Köln 2000, S. 215-218 (J.P.Bachem).
150. European Integration Requirements to Adapt National Constitutions - German Experience and Lithuanian Perspectives, in: Stojmas, Europos Sajunga ir konstitucja, Vilnius 2000, S. 108-121 (Eugrimas).
151. Verfassungsziele der EG/EU, in: Handbuch des EU-Wirtschaftsrechts (hrsg. von Dauses, Manfred), 8. EL 2000, A I. S. 1-72 (C.H. Beck)
152. The Treaty of Amsterdam. Characteristics and Perspectives, in: The European Union Review 5/2000, 7-21.
153. Die Europäische Gemeinschaft in der Welthandelsorganisation - Einführung in die Fragestellungen, in: Peter-Christian Müller-Graff (Hrsg.), Die Europäische Gemeinschaft in der Welthandelsorganisation, Baden-Baden 2000, S. 9-15 (Nomos).
154. Die Maßstäbe des Übereinkommens über technische Handelshemmnisse (ÜTH) als Bauelemente eines Weltmarktrechts, in: Peter-Christian Müller-Graff (Hrsg.), Die Europäische Gemeinschaft in der Welthandelsorganisation, Baden-Baden 2000, S. 111-130 (Nomos).
155. Europäische Verfassung und Grundrechtscharta: Die Europäische Union als transnationales Gemeinwesen, Integration 2000, 34-47.
156. Die Einigung Europas als Herausforderung an das Rechtssystem, in: Karl Otmar Frhr. v. Aretin u.a., Europa und Europabilder, Heidelberg 2000, S. 115-138 (Universitätsverlag C. Winter).
157. Normung und Welthandelsrecht - Zum Übereinkommen über technische Handelshemmnisse, in: Klaus Vieweg (Hrsg.), Techniksteuerung und Recht, Köln, Berlin, Bonn, München 2000, S. 265-285 (Carl Heymanns).
158. La dimension juridique de l'Union monétaire européenne, in: Die Rechtsfolgen der Einführung des Euro für die Unternehmen / L'Euro

et les Entreprises (hrsg. von der Juristischen Fakultät der Universität Heidelberg), Heidelberg 2000, S. 69-94 (Universität Heidelberg).

159. Zusammenarbeit in Zivilsachen (mit Friedemann Kainer), in: Europa von A bis Z (hrsg. von Werner Weidenfeld / Wolfgang Wessels), 7. Aufl. Bonn 2000, S. 381-383 (Europa Union Verlag).

160. Zusammenarbeit in Strafsachen (mit Friedemann Kainer), in: Europa von A bis Z (hrsg. von Werner Weidenfeld / Wolfgang Wessels), 7. Aufl. Bonn 2000, S. 376-380 (Europa Union Verlag).

161. Asyl-, Einwanderungs- und Visapolitik (mit Friedemann Kainer), in: Jahrbuch der Europäischen Integration 1999/2000 (hrsg. von Werner Weidenfeld und Wolfgang Wessels), Berlin 2000, S. 123-130 (Europa Union Verlag).

162. New Issues in a Sensitive Relationship: Tanja Kreil between Secondary Community Law and National Constitutional Law (mit Friedrich Wenzel Bulst), in: Europarättslig Tidskrift 2000, 295-302.

163. Die Umsetzung der Beschlüsse des Europäischen Rates von Helsinki - Rechtliche Gestaltungsfragen der Gemeinsamen Europäischen Sicherheits- und Verteidigungspolitik (Positionspapier Auswärtiges Amt), Berlin 2000.

164. The Legal Framework for the Common European Currency in Germany, in: Euro Spectator: Implementing the Euro 1999 (dir. by Jean-Victor Louis) German Report, European University Institute, EUI Working Paper Law No. 2000/6, p. 94-101 (EUI).

165. Europäische Föderation als Revolutionskonzept im europäischen Verfassungsraum?, in: Integration 2000, 157-170.

166. Die Europäische Privatrechtsgesellschaft in der Verfassung der Europäischen Union, in: Recht und Rechtswissenschaft - Signaturen und Herausforderungen zum Jahrtausendbeginn - Ringvorlesung der Juristischen Fakultät der Ruprecht-Karls-Universität Heidelberg (hrsg. von Peter-Christian Müller-Graff/Herbert Roth), Heidelberg 2000, S. 271-306 (C.F. Müller).

167. Die justitielle Zusammenarbeit in Zivilsachen in der Europäischen Union, in: Deutsche Richterzeitung (DRiZ) 2000, 350-354 (mit Friedemann Kainer).

168. XIX. FIDE-Kongreß in Helsinki: Grundlagenfragen und Neuentwicklungen im Europarecht (Tagungsbericht), in: Mitteilungen der Gesellschaft für Rechtsvergleichung, Heft 28, 2000, S. 168-169.

169. Gleiches Recht für alle: Gewaltenteilung im Zeitraffer, in: Deutscher Bundestag (Hrsg.), Das Parlament, Berlin, 1-2/2001, S. 12.

170. Positionen zur anwaltsorientierten Juristenausbildung, in: Anwaltsorientierte Juristenausbildung, Heidelberg 2001, S. 13-18 (C.F. Müller).
171. Der Post-Nizza-Prozeß: Auf dem Weg zu einer neuen europäischen Verfassung?, in: integration 2001, 208-222.
172. Extending Private Autonomy Across Borders, in: Party Autonomy and the Role of Information in the Internal Market (edited by Stefan Grundmann, Wolfgang Kerber, Stephen Weatherill), Berlin, New York 2001, S. 133-150 (de Gruyter).
173. La Qualification de l'Ordre Juridique Communautaire - Les points de vue en Allemagne, in: Droit Constitutionnel, Droit Communautaire - Vers un respect constitutionnel réciproque? (dir. par Hélène Gaudin), 2001, p. 355-362 (Presses Universitaires d'Aix-Marseille / Economica).
174. Rechtsgrundlagen im Gemeinschaftsrecht für die Europäische Privatgesellschaft, in: Peter Hommelhoff / Dietmar Helms (Hrsg.), Neue Wege in die Europäische Privatgesellschaft, Köln 2001, S. 281-310 (Verlag Dr. Otto Schmidt).
175. Verfassungsrechtliche Rahmenbedingungen der Europäischen Union: Kontinuität oder Wandel? Rahmenbedingungen des deutschen Verfassungsrechts für die Mitwirkung an der EU?, in: Eine neue deutsche Europapolitik? Rahmenbedingungen - Problemfelder - Optionen (hrsg. von Heinrich Schneider / Mathias Jopp / Uwe Schmalz), Berlin 2001, S. 299-324 (Europa Union Verlag).
176. Die fortentwickelnde Übernahme des Acquis der "Dritten Säule" in die "Erste Säule" der Union, in: Rechtsfragen in der Anwendung des Amsterdamer Vertrages (hrsg. von Waldemar Hummer), Wien 2001, S. 53-76 (Manz).
177. Die Konstitutionalisierung der Europäischen Union als Option deutscher Außenpolitik, in: Eine neue deutsche Europapolitik? Rahmenbedingungen - Problemfelder - Optionen (hrsg. von Heinrich Schneider / Mathias Jopp / Uwe Schmalz), Berlin 2001, S. 725-750 (Europa Union Verlag).
178. Wege zu einem EU-Grundvertrag - eine Systematik möglicher Ansätze zur Vertragsvereinfachung (Positionspapier Auswärtiges Amt), Berlin 2001, S. 1-6.
179. Asyl-, Einwanderungs- und Visapolitik (mit Friedemann Kainer), in: Jahrbuch der Europäischen Integration 2000/2001 (hrsg. von Werner Weidenfeld und Wolfgang Wessels), Berlin 2001, S. 127-134 (Europa Union Verlag).

180. Primärrechtliche Entwicklungsperspektiven der Justiz- und Innenpolitik im Post-Nizza-Prozeß (Positionspapier Auswärtiges Amt), Berlin 2001, S. 1-7.
181. Der Post-Nizza-Prozeß – Auf dem Weg zu einer neuen europäischen Verfassung?, in: Mathias Jopp / Barbara Lippert / Heinrich Schneider (Hrsg.), Das Vertragswerk von Nizza und die Zukunft der Europäischen Union, Berlin 2001, S. 180-193 (Wiederabdruck des Textes 291) (Europa Union Verlag).
182. Recent Trends of European Law Unification in Relation to National Legal Systems, Nihon Review, in: Nihon University Comparative Law, Vol. 18 (2001), 163-181.
183. Discours introductif au XXXII. Séminaire Commun des Facultés de Droit de Montpellier et de Heidelberg, in: Juristische Fakultät der Universität Heidelberg (Hrsg.), Europäisches Sozial- und Arbeitsrecht unter besonderer Berücksichtigung der Organisation der Unternehmen / L'Europe sociale et le droit du travail, Heidelberg 2001, S. 1-6.
184. Die rechtliche Dimension der Osterweiterung der Europäischen Union, in: Die Osterweiterung der Europäischen Union / Eastern Enlargement of the European Union / L'élargissement vers l'Est de l'Union européenne (hrsg. von Wolfgang Heusel) Schriftenreihe der Europäischen Rechsakademie Trier Band 34, Köln 2002, S. 21-48 (Bundesanzeiger); zugleich in: Europäische Kommission/ECSA (Hrsg.), Enlarging the European Union, Brüssel ED 2000.
185. The Compatibility of Norwegian Ownership Rules with the EEA-obligations of Norway, in: Norges offentlige utredninger 2002: 3: Eierbegrensning og eierkontroll i finansinstitusjoner, Oslo 2002, S. 57-71 (Statens forvaltningstjeneste Informasionsforvaltning).
186. Europäische Verfassungsordnung - Notwendigkeit, Gestalt und Fortentwicklung, in: Europäisches Wirtschafts- und Steuerrecht (EWS) 2002, 206-216.
187. Bürgerliches Recht - Diskussionsbeiträge, in: Das BGB im Wandel der Epochen - 10. Symposion der Kommission „Die Funktion des Gesetzes in Geschichte und Gegenwart“ hrsg. von Uwe Diederichsen / Wolfgang Sellert (Abhandlungen der Akademie der Wissenschaften zu Göttingen, Philologisch-Historische Klasse Dritte Folge, Band 248), Göttingen 2002, S. 70 f., 106 f., 154, 186 (Vandenhoeck & Ruprecht).

188. The Future of the European Treaties - A Systematic Approach, in: European Integration and International Coordination. Studies in Transnational Economic Law in Honour of Claus-Dieter Ehlermann (eds.: Armin von Bogdandy / Petros C. Mavroidis / Yves Mény), Den Haag 2002, p. 331-350 (Kluwer Law International).
189. Die Verdichtung des Binnenmarktrechts zwischen Handlungsfreiheiten und Sozialgestaltung, in: Das Binnenmarktrecht als Daueraufgabe (hrsg. von Armin Hatje), Europarecht Beiheft 1/2002, S. 7-73.
190. Die rechtsstaatliche Einbindung der europäischen Wirtschaftsverwaltung (Tagungsbericht), in: Juristenzeitung (JZ) 2002, 288-290.
191. Dem Medizinrechtler Laufs zur Emeritierung, in: Medizinrechtliche Probleme der Humangenetik (hrsg. von Thomas Hillenkamp), Berlin/Heidelberg/New York 2002, S. 141-145 (Springer).
192. Constitutional Aspects of the Reform of Prudential Supervision in Germany, in: Jean-Victor Louis (ed.), The Euro in the National Context, London 2002, S. 153-155 (The British Institute of International and Comparative Law).
193. Asyl-, Einwanderungs- und Visapolitik (mit Friedemann Kainer), in: Jahrbuch der Europäischen Integration 2001/2002 (hrsg. von Werner Weidenfeld und Wolfgang Wessels), Berlin 2002, S. 127-134 (Europa Union Verlag).
194. A Single Legal Personality and Simplification of the Treaties: Single Treaty Model Falling into Two Parts – Stellungnahme für den Konvent zur Zukunft Europas, Brüssel 2002, S. 1-18.
195. Europäische Universität Erfurt – Idee zum richtigen Zeitpunkt, in: Aribert W. J. Spiegler/Elmar Schmid (Hrsg.), Europäische Universität Erfurt, Dokumente und Reflexionen zur Geschichte einer Bürgerinitiative, Weimar 2002, S. 144-146 (Rhino).
196. Grundfreiheiten und Gemeinschaftsgrundrechte, in: Tradition und Weltoffenheit des Rechts, Festschrift für Helmut Steinberger (hrsg. von H.-J. Cremer/ T. Giegerich/ D. Richter/ A. Zimmermann) Beiträge zum ausländischen öffentlichen Recht und Völkerrecht Band 152, Berlin/Heidelberg/New York, 2002, S. 1281-1301 (Springer).
197. Asyl-, Einwanderungs- und Visapolitik (mit Friedemann Kainer), in: Europa von A bis Z (hrsg. von Werner Weidenfeld / Wolfgang Wessels), 8. Aufl. Bonn 2002, S. 73-77 (Europa Union Verlag).
198. Zusammenarbeit in Strafsachen (mit Friedemann Kainer), in: Europa von A bis Z (hrsg. von Werner Weidenfeld / Wolfgang Wessels), 8. Aufl. Bonn 2002, S. 376-380 (Europa Union Verlag).

199. Zusammenarbeit in Zivilsachen (mit Friedemann Kainer), in: Europa von A bis Z (hrsg. von Werner Weidenfeld / Wolfgang Wessels), 8. Aufl. Bonn 2002, S. 381-383 (Europa Union Verlag).
200. Private Law Society in the Constitution of the European Union, in: Michael Faure / Jan Smits / Hildegard Schneider (eds.), Towards a European Ius Commune in Legal Education and Research, Antwerpen / Groningen 2002, S. 57-70 (Intersentio).
201. Die Kompetenzen in der Europäischen Union, in: Europa-Handbuch (hrsg. von Werner Weidenfeld), Bonn 2002, S. 374-392 (Bundeszentrale für politische Bildung; vom Verlag ohne Zustimmung des Autors veränderter Text).
202. Hermann Mosler zum Gedenken, in: Akademische Gedenkfeier für Hermann Mosler, Heidelberg 2002, S. 1-6 (Ruprecht-Karls-Universität Heidelberg/ Heidelberger Akademie der Wissenschaften/ Max-Planck-Institut Heidelberg).
203. Umweltschutz und Grundfreiheiten, in: Handbuch zum europäischen und deutschen Umweltrecht Band I (hrsg. von Hans-Werner Rengeling), 2. Aufl. Köln, Berlin, Bonn, München 2003, S. 239-293 (Carl Heymanns).
204. Gemeinschaftsrecht und Europäisches Handelsregister, in: Perspektiven eines einheitlichen Europäischen Handelsregisters (hrsg. von Gerte Reichelt), (Schriftenreihe des Ludwig-Boltzmann Institutes für Europarecht, Band 11), Wien 2003, S. 25-36 (Manz).
205. Einflussregulierungen in Gesellschaften zwischen Binnenmarktrecht und Eigentumsordnung, in: Festschrift für Peter Ulmer (hrsg. von Mathias Habersack u.a.), Berlin 2003, S. 929-954 (De Gruyter Recht).
206. Europäische Verfassungsordnung, in: Dieter H. Scheuing (Hrsg.), Europäische Verfassungsordnung (Ius Europeum, Band 22), Baden-Baden 2003, S. 11-36 (Nomos).
207. Kirchen und Religionsgemeinschaften in der Europäischen Union, in: Peter-Christian Müller-Graff / Heinrich Schneider (Hrsg.), Kirchen und Religionsgemeinschaften in der Europäischen Union, Baden-Baden 2003, S. 7-11 (Nomos).
208. Erwartungen der Europarechtswissenschaft an eine europäische Verfassung, in: Heidelberger Akademie der Wissenschaften (Hrsg.), Erwartungen an eine Europäische Verfassung, Heidelberg 2003, S. 45-51 (Heidelberger Akademie der Wissenschaften).

209. Prudential Supervision in the Context of the European Monetary Union, in: Jean Victor Louis/Assimakis P. Komninos (eds.), The Euro – Law, Politics, Economics, London 2003, p. 499-504 (British Institute of International and Comparative Law).
210. Tabakwerbeverbot - Die EG erneut auf schmalem Grat - Editorial, in: Europäisches Wirtschafts- und Steuerrecht (EWS) 2003, Heft 2 S. I.
211. Gemeinschaftsrechtliche Rahmenbedingungen der Liberalisierung und Privatisierung der Energiewirtschaft, in: Festschrift für Winfried Tilmann (hrsg. von Erhard Keller / Clemens Plassmann/ Andreas von Falck), Köln / Berlin / Bonn / München 2003, S. 721-736 (Heymanns).
212. Die Kopfartikel des Verfassungsentwurfs für Europa - ein europarechtlicher Vergleichsblick, integration 2003, 111-129.
213. Wolfgang Hefermehl zum Gedenken, in: Akademische Gedenkfeier für Wolfgang Hefermehl, München 2003, S. 9-16 (C.H.Beck).
214. Die Dynamik des europäischen Wirtschaftsrechts, in: Goslarer Ratsgymnasium, Mitteilungsblatt, Goslar 2003, S. 144-151.
215. Asyl-, Einwanderungs- und Visapolitik (mit Friedemann Kainer), in: Jahrbuch der Europäischen Integration 2002/2003 (hrsg. von Werner Weidenfeld und Wolfgang Wessels), Berlin 2003, S. 139-148 (Europa-Union Verlag).
216. Die Systemrationalität im Konventsentwurf eines Verfassungsvertrags für Europa, (Positionspapier Auswärtiges Amt), Berlin 2003, S. 1-11.
217. Die Kopfartikel des Verfassungsentwurfs für Europa, in: Zbornik Vol. 53 (2003), S. 529-552 (Wiederabdruck des Textes 332) (Zagreb).
218. Gemeinschaftsprivatrecht heute – Ein Geleitwort, in: Gemeinschaftsprivatrecht (GPR) 2003, S. 4-5.
219. Systemrationalität in Kontinuität und Änderung des Europäischen Verfassungsvertrags, in: Integration 2003, 301-316.
220. Privatrechtsangleichung der EG im Schnittfeld von Sachrecht und Kollisionsrecht, in: Ole Lando/Ulrich Magnus/Monika Novak-Stief (Hrsg.), Angleichung des materiellen und des internationalen Privatrechts der EU, (Internationalrechtliche Studien und Beiträge zum Internationalen Privatrecht, zum Einheitsrecht und zur Rechtsvergleichung, Band 18), Frankfurt/Main u.a. 2003, S. 7-24 (Lang).
221. Eine neue Verfassung für Europa – Kriterien der Europarechtswissenschaft, in: eine Verfassung für Europa (hrsg. von Klaus Beckmann,

Jürgen Dieringer, Ulrich Hufeld), Tübingen 2004, S. 209-224 (Mohr Siebeck).

222. Discours Introductif au XXXIV. Séminaire Commun des Facultés de Droit de Montpellier et de Heidelberg, in: Der Aufbau eines Raumes der Freiheit, der Sicherheit und des Rechts in Europa (hrsg. von der Juristischen Fakultät der Universität Heidelberg), Heidelberg 2004, S. III-IV.
223. Wandel des Europäischen Wirtschaftsverfassungsrechts?, Zeitschrift für das gesamte Handels- und Wirtschaftsrecht (ZHR) 168 (2004), S. 1-6.
224. Die ziviljustizielle Zusammenarbeit im System des Europäischen Verfassungsvertrags, in: Festschrift für Erik Jayme, München 2004, S. 1323-1338 (Sellier).
225. Grenzüberschreitende Niederlassungsfreiheit nach der Osterweiterung der Gemeinschaft, Recht der Internationalen Wirtschaft (RIW) 2004, Heft 6, S. I.
226. Supranationality and National Legal Autonomy: Community Law and EEA Compared, in: Hans Petter Graver (ed.), National Judicial Reaction to Supranationality in the EC and the EEA (IUSEF Nummer 45), Oslo 2004, S. 35-65 (Universitetsforlaget Oslo).
227. Die Kompetenzen in der Europäischen Union, in: Werner Weidenfeld (Hrsg.), Die Europäische Union - Politisches System und Politikbereiche (Schriftenreihe der Bundeszentrale für politische Bildung, Band 442), Bonn 2004, S. 141-165 (bpb).
228. Die konstitutionelle Rolle der binnenmarktlichen Grundfreiheiten im neuen Europäischen Verfassungsvertrag, in: Europarecht im Zeitalter der Globalisierung – Festschrift für Peter Fischer (hrsg. von Heribert Franz Köck/Alina Lengauer/Georg Ress), Wien 2004, S. 363-378 (Linde Verlag).
229. Rechtsstaatlichkeit als EU-Beitrittsvoraussetzung, in: Polens Rechtsstaat am Vorabend des EU-Beitritts (hrsg. von Claus Dieter Classen/Helmut Heiss/Anne Suprón-Heidel), Tübingen 2004, S. 1-20 (Mohr Siebeck).
230. L'identité de l'Union élargie en matière de droits de l'homme et de droits fondamentaux (mit Liane Bednarz), in: Les Communautés et l'Union européenne face aux défis de l'élargissement, 2ème Atelier: L'Identité de l'Union Européenne élargie dans le monde (dir. par. Joël Andriantsimbazovina), Paris 2004, 3ème CD-ROM (Droit In-Situ) ; zugleich im gleichnamigen Buch (éd. par Joël Andriantsimbazo-

vina/Christophe Geslot), Paris 2005, p. 223-238 (La documentation Française).

231. Die Auswirkungen der Francovich-Doktrin auf das deutsche Deliktsrecht, in: Durchsetzung des Gemeinschaftsrechts von Frankovich zu Köbler: Zwölf Jahre gemeinschaftsrechtlicher Staatshaftung (hrsg. von Sofia Moreira de Sousa/ Wolfgang Heusel), Köln 2004, S. 153-164 (Schriftenreihe der Europäischen Rechtsakademie Trier, Band 37; Bundesanzeiger).

232. Directives as a Means of Private Law Unification, in: Arthur Hartkamp/ Martijn Hesselink/ Ewoud Hondius/ Carla Joustra/ Edgar du Perron/ Muriel Veldman (eds.), Towards a European Civil Code, 3rd. ed. Nijmegen 2004, S. 77-100 (Ars Aequi Libri/ Kluwer Law International).

233. Die Europäische Verfassungsordnung im Entwurf des Konvents, in: Jerzy Stelmach/ Reiner Schmidt (Hrsg.), Krakauer-Augsburger Rechtsstudien – Probleme der Angleichung des Europäischen Rechts, Krakau/München 2004, S. 51-72 (Kantor Wydawnictw Zakamycze/ Wolters Kluwer Deutschland).

234. Länderübergreifende Bankgeschäfte, in: Peter Derleder/ Kai-Oliver Knops/ Heinz-Georg Bamberger (Hrsg.), Handbuch zum deutschen und europäischen Bankrecht, Berlin/Heidelberg/New York 2004, S. 1549-1568 (Springer).

235. L'économie de marché concurrentielle comme principe constitutionnel commun dans l'Union européenne?, in : Études en l'Honneur de Jean Claude Gautron, Les Dynamiques du Droit Européen en Début de Siècle, Paris 2004, S. 479-499 (Éditions Pedone).

236. Geleitwort für Studentische Zeitschrift für Rechtswissenschaft, in: Studentische Zeitschrift für Rechtswissenschaft Heidelberg, 2004, 1. Ausgabe, S. III-IV.

237. Europäisches Gemeinschaftsrecht vor nationalen Gerichten, in: Bostjan Zalar (ed.), Five Challenges für European Courts: The Experiences of German and Slovenian Courts / Pet Izzivov za Europska Sodisca: Izkusnje Nemeskih in Slovenskih Sodisc, Ljubljana 2004, S. 303-336 (Slovenian Association of Judges and Supreme Court of the Republic of Slovenia / Slovensko Sodnisko Drustvo in Vrhovno Sodisce Republike Slovenije).

238. Pravo evropske skupnosti na nacionalnih sodiscih, in: Bostjan Zalar (Fundstelle s.o. 357), S. 711-744.

239. European Community Law in National Courts, in: Bostjan Zalar (Fundstelle s.o. 357), Ljubljana 2004, p. 269-302.
240. Die Zukunft der Europäischen Privatrechtsgesellschaft in der Verfassung der Europäischen Union, in: Annales Universitatis Scientiarum Budapestinensis de Rolando Eötvös Nominatae, Sectio Iuridica, Tomus XLIV, Budapest 2004, S. 37-59.
241. Asyl-, Einwanderungs- und Visapolitik (mit Friedemann Kainer), in: Jahrbuch der Europäischen Integration 2003/2004 (hrsg. von Werner Weidenfeld und Wolfgang Wessels), Baden-Baden 2004, S. 129-136 (Nomos).
242. Strukturmerkmale des neuen Verfassungsvertrages für Europa im Entwicklungsgang des Primärrechts, integration 2004, S. 186-201.
243. Entwicklungslinien des Europäischen Verfassungsvertrags, in: Jahrbuch der Europäischen Integration 2003/2004 (hrsg. von Werner Weidenfeld und Wolfgang Wessels), Baden-Baden 2004, S. 39-50 (Nomos).
244. Europäische Wirtschaftsverfassung im Umbau?, in: Zeitschrift für Europarecht (EuZ) 2004, 126-136 (BWV/Schulthess).
245. Reform der EU-Strukturen und Institutionen jenseits von Nizza, in: Erhard Busek/ Waldemar Hummer (Hrsg.), Etappen auf dem Weg zu einer europäischen Verfassung, Wien / Köln / Weimar, 2004, S. 71-86 (Europapolitische Reihe des Herbert-Batliner-Europainstituts, Böhlau).
246. Approaching the European Constitutional Discourse from the German Legal Tradition, Zagreb 2004 (Tagungsskript).
247. Der Raum der Freiheit, der Sicherheit und des Rechts – Der primärrechtliche Rahmen, in: Peter-Christian Müller-Graff (Hrsg.), Der Raum der Freiheit, der Sicherheit und des Rechts, Baden-Baden 2005, S. 11-28 (Nomos).
248. Strukturmerkmale des neuen Verfassungsvertrags, in: Matthias Jopp / Saskia Matl (Hrsg.), Der Vertrag über eine Verfassung für Europa. Analysen zur Konstitutionalisierung der Europäischen Union, Baden-Baden 2005, S. 87-108 (Nomos).
249. Der „Raum der Freiheit, der Sicherheit und des Rechts“ im neuen Verfassungsvertrag für Europa – Neuerungen und Notwendigkeit seiner primärrechtlichen Rekonstruktion -, Festschriftbeitrag, in: Charlotte Gaitanides / Stefan Kadelbach / Gil Carlos Rodriguez Iglesias (Hrsg.), Europa und seine Verfassung, Festschrift für Manfred Zuleeg zum 70. Geburtstag, Baden-Baden 2005, S. 605-623 (Nomos).

250. Ein neuer Verfassungsvertrag für Europa – Kriterien der Europarechtswissenschaft, in: Klaus Beckmann / Jürgen Dieringer / Ulrich Hufeld (Hrsg.), Eine Verfassung für Europa, 2. Aufl. Tübingen 2005, S. 311-328 (Mohr Siebeck).
251. Discours Introductif au XXXV. Séminaire Commun des Facultés de Droit de Montpellier et de Heidelberg, 2005.
252. Vertrag und Gesetz. Diskussionsbeiträge, in: Okko Behrends / Christian Starck (Hrsg.), Gesetz und Vertrag II (12. Symposion der Kommission „Die Funktion des Gesetzes in Geschichte und Gegenwart“). Abhandlungen der Akademie der Wissenschaften in Göttingen, Philosophisch-Historische Klasse, Dritte Folge, Band 266, Göttingen, 2005, S. 34 f., 56 ff., 96 f., 149 f., 180 f. (Vandenhoeck & Ruprecht).
253. Involvement of the German Länder in EC/EU Law and Policy Making, in: Stephen Weatherill / Ulf Bernitz (eds.), The Role of Regions and Sub-National Actors in Europe, Oxford / Portland 2005, S. 103-118 (Hart).
254. Der europäische Konvent zur Zukunft Europas, in: Jürgen Dieringer / Stefan Okruch (Hrsg.), Von der Idee zum Konvent (Andrássy-Schriftenreihe Band 3), Budapest 2005, S. 119-140 (AUB).
255. The Process and Impact of "EU-Constitution"-"Making": "Voice and Exit", in: Deirdre Curtin / Alfred E. Kellermann / Steven Blockmans (eds.), The EU Constitution: The Best Way Forward? (Asser Institute Colloquium on European Law Session XXXIV), Den Haag, 2005, S. 71-80 (T.M.C. Asser Press).
256. The Impact of Climate, Geography and other Non-Legal Factors on EC Law and EEA Law, in: The EFTA Court – Ten Years on (ed. by Carl Baudenbacher, Per Tresselt, Thorgeir Örlygsson), Oxford / Portland, 2005, S. 55-70 (Hart).
257. Unitarisierung in der Europäischen Union?, in: Recht – Kultur – Finanzen, Festschrift für Reinhard Mußgnug (hrsg. von Klaus Grupp und Ulrich Hufeld), Heidelberg 2005, S. 311-328 (C.F. Müller).
258. Asyl-, Einwanderungs- und Visapolitik (mit Friedemann Kainer) in: Werner Weidenfeld / Wolfgang Wessels (Hrsg.), Jahrbuch der Europäischen Integration, 2005, Baden-Baden 2005, S. 139-146 (Nomos).
259. Deutsche Wiedervereinigung: Bilanz der rechtlichen Dimension, in: Volker Sellin (Hrsg.), Deutschland fünfzehn Jahre nach der Wiedervereinigung, Heidelberg, 2005, S. 57-68 (C.F. Müller).

260. La réunification allemande: bilan de la dimension juridique, in: Volker Sellin (Hrsg.), L´Allemagne quinze ans après la réunification, Heidelberg, 2005, S. 69-76 (C.F.Müller).
261. Welche Zukunft für die Europäische Union?, in: Wolfgang W. Mickel / Jan Bergmann (Hrsg.), Handlexikon der Europäischen Union, 3. Aufl., Stuttgart 2005, S. 840-845 (Omnia und Nomos).
262. Linhas evolutivas de Tratado sobre a Constituiçao de Europa, in: Wilhelm Hofmeister (Org.), Anuário Brasil-Europa, Rio de Janeiro, 2005, 11-30.
263. Supranationality and Legal Autonomy: Community Law and EEA Compared (Wiederabdruck), in: Studia Universitatis Babes-Bolyai – Jurisprudentia (SUBB), Anul L, 2005, 1-18 (Sfera Cluj-Napoca).
264. Le risque et le droit. Kolloquiumstext, Montpellier 2005, S. 1-5.
265. Die primärrechtlichen Grundlagen der Außenbeziehungen der Europäischen Union, in: Peter-Christian Müller-Graff (Hrsg.), Die Rolle der erweiterten Europäischen Union in der Welt, Baden-Baden 2006, S. 11-24 (Nomos).
266. Major Developments of the Jurisprudence of the ECJ on the Four Freedoms, in: Peter-Christian Müller-Graff / Erling Selvig (Hrsg.), The European Economic Area Enlarged, Berlin 2006, S. 33-58 (BWV).
267. Asyl-, Einwanderungs- und Visapolitik (mit Friedemann Kainer), in: Werner Weidenfeld / Wolfgang Wessels (Hrsg.), Europa von A bis Z - Taschenbuch der europäischen Integration, 9. Aufl., Berlin 2006 / 10. Aufl., Berlin 2007, S. 69-73 (Nomos).
268. Raum der Freiheit, der Sicherheit und des Rechts (mit Friedemann Kainer), in: Werner Weidenfeld / Wolfgang Wessels (Hrsg.), Europa von A bis Z - Taschenbuch der europäischen Integration, 9. Aufl. Berlin 2006 / 10. Aufl. Berlin, S. 332-333 (Nomos).
269. Zusammenarbeit in Strafsachen (mit Friedemann Kainer), in: Werner Weidenfeld / Wolfgang Wessels (Hrsg.), Europa von A bis Z - Taschenbuch der europäischen Integration, 9. Aufl., Berlin 2006 / 10. Aufl., Berlin 2007, S. 388-391 (Nomos).
270. Zusammenarbeit in Zivilsachen (mit Friedemann Kainer), in: Werner Weidenfeld / Wolfgang Wessels (Hrsg.), Europa von A bis Z - Taschenbuch der europäischen Integration, 9. Aufl., Berlin 2006 / 10. Aufl., Berlin 2007, S. 392-394 (Nomos).
271. Eurojust (mit Friedemann Kainer), in: Werner Weidenfeld / Wolfgang Wessels (Hrsg.), Europa von A bis Z - Taschenbuch der europä-

ischen Integration, 9. Aufl., Berlin 2006 / 10. Aufl., Berlin 2007, S. 134-135 (Nomos).

272. Verfassungsvertragliche Neuerungen und Rekonstruktion des „Raums der Freiheit, der Sicherheit und des Rechts" (Text wie 369), in: Waldemar Hummer/Walter Obwexer (Hrsg.), Der Vertrag über eine Verfassung für Europa, 2007, S. 284-306 (Nomos).
273. Zuständigkeiten: Kompetenzen und Instrumente in der Europäischen Union (mit Friedemann Kainer), in: Werner Weidenfeld / Wolfgang Wessels (Hrsg.), Taschenbuch der europäischen Integration, 9. Aufl., Berlin 2006, S. 395-406 (Nomos).
274. Verrechtlichung des Verhältnisses von Staat und Markt im deutschen, europäischen und amerikanischen Recht. Vergleichsskizze für drei WTO-Mitglieder, in: Zivil- und Wirtschaftsrecht im Europäischen und Globalen Kontext (Private and Commercial Law in a European and Global Context) – Festschrift für Norbert Horn (hrsg. von Klaus Peter Berger / Georg Borges / Harald Hermann / Andreas Schlüter / Ulrich Wackerbarth), Berlin 2006, S. 491-508 (De Gruyter Recht).
275. Elemente einer gemeinschaftsprivatrechtlichen Dogmatik der Generalklausel – Was leistet die deutsche Wissenschaft vom Europäischen Privatrecht?, in: Christian Baldus / Peter-Christian Müller-Graff (Hrsg.), Die Generalklausel im Europäischen Privatrecht. Zur Leistungsfähigkeit der deutschen Wissenschaft aus romanischer Perspektive, München 2006, S. 131-144 (Sellier - European Law Publishers).
276. Bilanz von zehn Jahren Europarecht für das Zivilrecht und Gesellschaftsrecht – Auswirkungen und Perspektiven, in: Dietmar Pauger (Hrsg.), Bilanz von 10 Jahren EU-Recht – Auswirkungen und Perspektiven. 5. Fakultätstag der Rechtswissenschaftlichen Fakultät der Universität Graz, Graz 2006, S. 13-38 (Karl-Franzens-Universität Graz).
277. Das Verhältnis von Grundrechten und Grundfreiheiten im Lichte des Europäischen Verfassungsvertrages, in: Jürgen Schwarze (Hrsg.), Europäische Verfassung und Grundrechtecharta, Europarecht Beiheft 1/2006, S. 19-42 (Nomos).
278. Die Zukunft der Daseinsvorsorge in der Entwicklung der europäischen Wirtschaftsverfassung, in: Lubos Tichý (Hrsg.), Daseinsvorsorge in der Tschechischen Republik, Deutschland, Österreich und in der Europäischen Union, Universitas Carolina Facultas Iuridica, Sborníky 36, Prag 2007, S. 55-67.

279. Budoucnost verejné sluzby ve vývoji evropské hospodaárské koncepe, in:Lubos Tichý (ed.), Verejná sluzba v Ceské republice, Nemecku, Rakousku a Evropské unii, Univerzita Karlova v Praze Právnická Fakulta, Sborniký 36, Praha 2007, 54-54.
280. Institutional Changes in the Constitutional Treaty – A Reason for Its Rejection?, in: Anneli Albi / Jacques Ziller (eds.), The European Constitution and National Constitutions: Ratification and Beyond (European Monographs vol. 54), Alphen aan den Rijn, 2007, S. 215-222 (Kluwer Law International).
281. The Common Commercial Policy Enhanced by the Reform Treaty of Lisbon? in: Law and Practice of EU External Relations – Salient Features of a Changing Landscape (ed. by Alan Dashwood and Marc Maresceau), Cambridge 2007, S. 188-201 (Cambridge University Press).
282. Die Einwirkung des nationalen Rechts auf die Entwicklung des Europäischen Gemeinschaftsrechts, in: Festschrift für Horst Konzen zum siebzigsten Geburtstag (hrsg. von Barbara Dauner Lieb / Peter Hommelhoff / Matthias Jacobs / Dagmar Kaiser / Christoph Weber), Tübingen 2006, S. 583-602 (Mohr Siebeck).
283. Protectionism or Reasonable National Regulation? – The Protection of Non-Economic Interests as Barriers to the Free Movement of Goods: A Comparison of EC-Law and WTO-Law, in: Stefan Griller (ed.), At the Crossroads. The World Trading System and the Doha Round, Wien/New York, 2008, S. 147-167 (European Community Studies Association of Austria, Publication Series Vol.8) (Springer).
284. Europäische Verfassung und Grundrechtecharta, Fachgruppenbericht der 30. Tagung für Rechtsvergleichung (mit Claus Kreß und Alexander Lorz), JZ 2006, 455-456.
285. Modelle differenzierter Integration im Gemeinschaftsprivatrecht, in: Peter Jung/Christian Baldus (Hrsg.), Differenzierte Integration im Gemeinschaftsprivatrecht, München 2007, S. 109-127 (Sellier - European Law Publishers)
286. Philosophical Fundamentals of Human Rights, Tagungsskript Straßburg 2006.
287. Übernahmeabwehr als Staatsaufgabe im Binnenmarktrecht?, in: Zeitschrift für das gesamte Handels- und Wirtschaftsrecht (ZHR) 170 (2006), S. 365-372.
288. La Fonction Représentative d'un État fédéral dans l'Union Européenne, in : Die Herausforderung von Grenzen/ Le défi des frontières.

Festschrift für Roland Bieber (hrsg. von Astrid Epiney/Marcel Haag/ Andreas Heinemann), Baden-Baden/Zürich/St.Gallen, 2007, S. 387-392 (Nomos/Dike)..

289. Europäisches Gemeinwohl und Europäischer Gerichtshof, in: Gerold Ambrosius / Peter Schmitt-Egner (Hrsg.), Europäisches Gemeinwohl – Historische Dimension und aktuelle Bedeutung, Baden-Baden 2006, S. 127-145 (Nomos).
290. Asyl-, Einwanderungs- und Visapolitik (mit Friedemann Kainer), in: Werner Weidenfeld / Wolfgang Wessels (Hrsg.), Jahrbuch der Europäischen Integration 2006, Baden-Baden 2007, S. 137-144 (Nomos).
291. Die Europatauglichkeit der grundgesetzlichen Föderalismusreform, in: Wege gelebter Verfassung in Recht und Politik – Festschrift für Rupert Scholz (hrsg. von Rainer Pitschas und Arnd Uhle) Berlin 2007, S. 705-728 (Duncker & Humblot).
292. „Differenzierte Integration“: Konzept mit sprengender oder unitarisierender Kraft für die Europäische Union?, in: integration 2007, 129-139.
293. The Rule of Law in the Relation of State and Market – German, European and US-American Approaches, in: State and Market in a Globalized World (ed. by Detlef Junker/Wilfried Mausbach/Martin Thunert), Heidelberg 2009, S. 25-39 (American Studies - A Monograph Series Vol. 164) (Universitätsverlag Winter) = in: Transatlantic Perspectives on International Law (ed. by Peter-Christian Müller-Graff/John H. Jackson), Baden-Baden 2009, S. 79-92 (Baden-Baden).
294. Die europäischen Regionen im geltenden und projektierten Primärrecht, in: Ulrich Hufeld/Peter-Christian Müller-Graff/Stefan Okruch (Hrsg.), Nachbarschaften innerhalb der Europäischen Union, Baden-Baden 2007, S. 39-46 (Nomos).
295. Das Autonomieparadox der Schweiz in der europäischen Integration, in: Fritz Breuss/Thomas Cottier/Peter-Christian Müller-Graff (Hrsg.), Die Schweiz im europäischen Integrationsprozess, Baden-Baden/ Basel 2008, S. 331-334 (Nomos/ Helbing Lichtenhahn).
296. European Regulatory Measures and Economic Growth, in: Lubos Tichý/ Bela Plechanovova/ Ondrej Schneider (eds.), European Integration at the Crossroads, Prag 2008, S. 7-19 (Univerzita Karlova, Právinicka Fakulta) (= Revista Semestral de Direito Empresarial (RS-DE) No.1/2007, 233-254 = in: Peter-Christian Müller-Graff/Erling

Selvig (eds.), Regulatory Strategies in the European Economic Area, 2008, p. 29-44).

297. Länderübergreifende Bankgeschäfte, in: Peter Derleder/ Kai Oliver Knops/ Heinz Georg Bamberger (Hrsg.), Handbuch zum deutschen und europäischen Bankrecht, 2.Aufl. 2008, S. 2201-2220 (Springer).
298. Außenwirtschaftsrecht (mit Carl Friedrich Nordmeier), in: Susanne Czech-Winkelmann/Anke Kopsch (Hrsg.), Handbuch International Business, 2008, S. 73-88 (Erich Schmidt).
299. Modern Comparative Law – The Forces Behind, the Challenges Ahead in the Age of Transnational Harmonisation, in: New Directions in Comparative Law (ed. by Antonina Bakardjieva Engelbrekt/ Joakim Nergelius), Cheltenham/Northampton, 2009, S. 255-270 (Edward Elgar).
300. The Constitutionalisation of Europe – Law for Politics and the Economy, in: Transatlantic Perspectives on International Economic Law (ed. by Peter-Christian Müller-Graff/John H.Jackson), Baden-Baden 2009, S. 23-37 (Nomos).
301. Die Zukunft des Europäischen Verfassungstopos und Primärrechts nach der Deutschen Ratspräsidentschaft, integration 2007, 223-237; zugleich in: Ingolf Pernice/Miroslav Angelov (Hrsg.), Auf dem Weg zum Vertrag von Lissabon (Forum Constitutionis Europae – Band 9), Baden-Baden 2008, S. 105-124 (www.whi-berlin.de).
302. Primärrechtliche Entwicklungsschritte der Gemeinschaftsintegration in ein transnationales Gemeinwesen, integration 2007, 407-421.
303. Sektorale kartellrechtliche Preiskontrolle im Lichte der Grundfreiheiten des Binnenmarktes, in: Festschrift für Günter Hirsch (hrsg. von Gerda Müller, Eilert Osterloh, Torsten Stein), München 2008, S. 273-284 (C.H.Beck).
304. Der integrierte Bahnkonzern im Lichte des Europäischen Gemeinschaftsrechts, in: Europa im Wandel. Festschrift für Hans-Werner Rengeling (hrsg. von Jörn Ipsen und Bernhard Stüer), Köln/München 2008, S. 357-368 (Carl Heymanns).
305. Closer Cooperation in European Community Contract Law, in: The Future of European Contract Law – Essays in Honour of Ewoud Hondius (ed. By Katharina Boele-Woelki/Willem Grosheide), Austin/ Boston/Chicago/New York/The Netherlands, 2007, S. 91-106 (Wolters Kluwer)..
306. Haftungsrecht als Teil des Wirtschaftsordnungsrechts, Gemeinschaftsprivatrecht (GPR) 2007, 209 (Editorial).

307. Asyl-, Einwanderungs- und Visapolitik (mit Friedemann Kainer), in: Jahrbuch der Europäischen Integration 2007 (hrsg. von Werner Weidenfeld/Wolfgang Wessels), Baden-Baden 2008, S. 113-120 (Nomos).
308. Incidenza di diritto comunitario sul diritto interno in Germania, in: Pietro Perlingeri/Lucia Ruggeri (a cura di), Diritto privato comunitario, Napoli/Roma 2008, S. 187-200 (Edizioni Scientifiche Italiane).
309. Der Stil der europäischen Rechtsetzung, in: Europäische Rechtskultur. Symposium für Heinrich Honsell zum 65. Geburtstag (hrsg. von Friedrich Harrer und Michael Gruber), München 2009, S. 1-30 (C.H.Beck)..
310. Entwurf eines Gesetzes über die Information des Landtags in Angelegenheiten der Europäischen Union, Schriftliche Stellungnahme 2007, www.hessischer -landtag.de.
311. Staatshaftung bei Verletzung von Verteidigungsrechten in der Fusionskontrolle nach deutschem Recht. Schriftliche Stellungnahme, Brüssel 2007 (Juristischer Dienst der Europäischen Kommission).
312. Europäische Wirtschaftsverfassung in der Bewährung bei grenzüberschreitenden Unternehmensübernahmen, in: Ernst-Joachim Mestmäcker/ Wernhard Möschel/ Martin Nettesheim (Hrsg.), Verfassung und Politik der Europäischen Union (Wirtschaftsrecht und Wirtschaftspolitik Band 226), Baden-Baden 2008, S. 295-222 (Nomos).
313. Die Zukunft der Juristenausbildung in Deutschland. Anhang zur Podiumsdiskussion, in: Christian Baldus/Thomas Finkenauer/Thomas Rüfner (Hrsg.), Juristenausbildung in Europa zwischen Tradition und Reform, Tübingen 2008, S. 379-381 (Mohr Siebeck).
314. Verflixt und vorvererbt (mit Ben Koslowski und Ann Gäbler), StudZR 2008, 69-304 (C.F.Müller).
315. Der Vertrag von Lissabon auf der Systemspur des Primärrechts, integration 2008, 123-144.
316. La compatibilité de la garantie décennale francaise avec le droit communautaire de la libre prestation de services, Tagungsskript, 22.S, Brüssel 2008.
317. Unionsprivatrecht statt Gemeinschaftsprivatrecht?, Gemeinschaftsprivatrecht (GPR), 2008, 105 (Editorial).
318. Societas Privata Europea und Unternehmergesellschaft: Abschied von kleiner „Kapitalgesellschaft“ und Seriosität?, Europäisches Wirtschafts- und Steuerrecht (EWS) 2008, Heft 7, Seite 1 (Editorial).

319. Lokale Tätigkeit in der Daseinsvorsorge und deren Binnenmarktrelevanz, in: Oscar Gabriel/Peter-Christian Müller-Graff/Christian O. Steger (Hrsg.), Kommunale Aufgaben im Europäischen Binnenmarkt, Baden-Baden 2010, S. 27-43.
320. Die Marktfreiheiten als Herzstück der europäischen Wettbewerbsidee, in Hermann-Josef Blanke/Arno Scherzberg/Gerhard Wagner (Hrsg.), Dimensionen des Wettbewerbs, Tübingen 2010 (Neue Staatswissenschaften Band 11), S. 329-343 (Mohr Siebeck).
321. Kodifikationsgewinn durch Inkorporation von Schuldrechtsrichtlinien in das BGB?, in: Gemeinschaftsprivatrecht (GPR) 2009, 106-120 = in: Peter-Christian Müller-Graff/Lajos Vékás (Hrsg.), Privatrechtsreform in Deutschland und Ungarn, Baden-Baden 2009, S. 29-60.
322. Das wirtschaftsverfassungsrechtliche Profil des Lissabonner Vertrags, in: Ulrich Fastenrath/Carsten Nowak (Hrsg.), Der Lissabonner Reformvertrag. Änderungsimpulse in einzelnen rechts- und Politikbereichen, Berlin 2009, S. 173-185 (Duncker & Humblot).
323. Der Raum der Freiheit, der Sicherheit und des Rechts in der Lissabonner Reform, in: Jürgen Schwarze/Armin Hatje (Hrsg.), Der Reformvertrag von Lissabon, Europarecht Beiheft 1/2009, S. 105-126 (Nomos).
324. Asyl-, Einwanderungs- und Visapolitik (mit Friedemann Kainer), in: Werner Weidenfeld/Wolfgang Wessels (Hrsg.), Jahrbuch der Europäischen Integration 2008, Baden-Baden 2009, S. 123-130 (Nomos).
325. Gesellschaftsrecht im Kontext des Europäischen Wirtschaftsordnungsrechts, in: Europäisches Wirtschafts- und Steuerrecht (EWS) 2009, 489-502 = in: Peter-Christian Müller-Graff/Christoph Teichmann (Hrsg.), Europäisches Gesellschaftsrecht auf neuen Wegen, Baden-Baden 2010, S. 9-42 (Nomos).
326. Norway in the Dynamics of European Legal Integration, in: Coexistence, Cooperation and Solidarity. Liber Amicorum Rüdiger Wolfrum (ed. by Holger P. Hestermeyer, Doris König, Nele Matz-Lück, Volker Röben, Anja Seibert-Fohr, Peter-Tobias Stoll, Silja Vöneky), Volume II, Leiden/Boston 2012, S. 2019-2040 (Martinus Nijhoff Publishers) = in: Peter-Christian Müller-Graff/Erling Selvig (eds.), European Law in an Era of Crisis, Berlin 2012, S. 115-134 (Berliner Wissenschaftsverlag).
327. Europäische Zuwanderungspolitik: Chancen und Risiken in europarechtlicher Dimension, in: Die Welt im Spannungsfeld zwischen Regionalisierung und Globalisierung. Festschrift für Heribert Franz

Köck (hrsg. von Peter Fischer/Margit Maria Karollus/Sigmar Stadlmeier), Wien 2009, S. 237-252 (Linde).

328. Asyl-, Einwanderungs- und Visapolitik (mit Friedemann Kainer), in: Werner Weidenfeld/Wolfgang Wessels (Hrsg.), Europa von A bis Z - Taschenbuch der europäischen Integration, 11.Aufl., Berlin 2009, S. 78-83 (Nomos).
329. Der Raum der Freiheit, der Sicherheit und des Rechts (mit Friedemann Kainer), in: Werner Weidenfeld/Wolfgang Wessels (Hrsg.), Europa von A bis Z - Taschenbuch der europäischen Integration, 11.Aufl., Berlin 2009, S. 314-316 (Nomos).
330. Zusammenarbeit in Strafsachen (mit Friedemann Kainer), in: Werner Weidenfeld/Wolfgang Wessels (Hrsg.), Europa von A bis Z - Taschenbuch der europäischen Integration, 11.Aufl., Berlin 2009, S. 392-396 (Nomos).
331. Zusammenarbeit in Zivilsachen (mit Friedemann Kainer), in: Werner Weidenfeld/Wolfgang Wessels (Hrsg.), Europa von A bis Z - Taschenbuch der europäischen Integration, 11.Aufl., Berlin 2009, S. 396-399 (Nomos).
332. Eurojust (mit Friedemann Kainer), in: Werner Weidenfeld/Wolfgang Wessels (Hrsg.), Europa von A bis Z - Taschenbuch der europäischen Integration, 11.Aufl., Berlin 2009, S. 143-145 (Nomos).
333. Zuständigkeiten, Kompetenzen und Instrumente in der Europäischen Union (mit Friedemann Kainer), in: Werner Weidenfeld/Wolfgang Wessels (Hrsg.), Europa von A bis Z - Taschenbuch der europäischen Integration, 11.Aufl., Berlin 2009, S. 378-391 (Nomos).
334. Lissabonskii Dogowar w sisteme perwiznogo prawa Ewropeiskogo sojusa, in: Prawo 1/2009, 80-99 (Moskau).
335. Passos do Desenvolvimento do Direito Primário da Integracao Comunitária em Direcao a um Ente Comunitário Transnacional, in: Revista dos Tribunais, vol 887, 2009, S. 57-79.
336. Finanzmarktkrise und Wirtschaftsordnungsrecht: Aufwind für den Regulierungsstaat?, in: Europäische Wirtschafts- und Steuerrecht (EWS) 2009, 201-211.
337. EU Directives as a Means of Private Law Unification, in: Arthur S. Hartkamp/Martijn W. Hesselink/Ewoud H.Hondius/Chantal Mak/ C.Edgar du Perron (eds.), Towards a European Civil Code, 4th ed., Alphen aan den Rijn, 2011, S. 149-183 (Wolters Kluwer).

338. Das verschleierte Antlitz der Lissabonner Wirtschaftsverfassung, Zeitschrift für das gesamte Handels- und Wirtschaftsrecht (ZHR) 173 (2009), 443-453.
339. Konflikt der Rechtskulturen im Internet: Europas Urheberrechte und Amerikas Prozessrecht, in: Gemeinschaftsprivatrecht (GPR), 2009, 149 (Editorial).
340. L´arrêt de Karlsruhe sur le Traité de Lisbonne, Regards sur l´Économie Allemande (REA) Bulletin Économique du CIRAC, No.92/2009, S. 5-12.
341. Marktreaktionsverantwortung im Dienstleistungsrecht: Die baurechtliche Décennale-Pflichtversicherung, in: Europäische Zeitschrift für Wirtschaftsrecht (EuZW) 2009, 679-684.
342. Das Karlsruher Lissabon-Urteil: Bedingungen, Grenzen, Orakel und integrative Optionen, in: integration 2009, 329-358.
343. Die Jean-Monnet-Aktion und die Entwicklung der Studien der europäischen Rechtsintegration, in: Europäische Kommission/ Commission européenne/European Commission (Hrsg.), 20 Years of Support for European Integration Studies - From the Jean Monnet Action to the Jean Monnet Programme/20 ans de soutien aux études en intégration européenne - De l´action Jean Monnet au programme Jean Monnet, Luxemburg, 2011, S. 235-241 (Publications Office of the European Union): (www.europa.eu/education/jean-monnet/doc/conf09/graff_de.pdf.
344. Europa kann mit dem Lissabon-Urteil leben, in: www.euractiv.de/zukunft-und-reformen/artikel, 25.9.2009.
345. Europarechtliche Verständnisansätze zwischen Ordoliberalismus und Konstitutionalisierungsprogramm?, in: Tomislav Boric/Brigitta Lurger/Peter Schwarzenegger/Ulfried Terlitza (Hrsg.), Öffnung und Wandel – Die internationale Dimension des Rechts II – Festschrift für Willibald Posch, Wien 2011, S. 513-524 (LexisNexis).
346. Asyl-, Einwanderungs- und Visapolitik (mit Friedemann Kainer), in: Werner Weidenfeld/Wolfgang Wessels (Hrsg.), Jahrbuch der Europäischen Integration 2009, Baden-Baden 2009, S. 125-132.
347. Prefácio/Vorwort zu: Augusto Jaeger Junior, Mercados Comum e Interno e Liberdades Econômicas Fundamentais, Curitiba 2010, S. 9-16 (Juruá Editora).
348. Die supranationale Offenheit des Grundgesetzes, in: Piotr Czarny/ Piotr Tuleja/Krzysztof Wojtyczek (Hrsg.), Verfassung im Zeitalter

der Europäisierung und Globalisierung (Hrsg.), Krakau 2011, S. 11-20 (Księngarnia Akademicka).

349. The European Openness of the German Constitution in the Light of the Jurisprudence of the Federal Constitutional Court -A Systematic Stocktaking-, in: Henning Koch/Karsten Hagel-Sörensen/Ulrich Haltern/Joseph H.H.Weiler (eds.), Europe. The New Legal Realism, Essays in Honor of Hjalte Rasmussen, Kopenhagen 2010, S. 501-516 (DJÖF Publishing).

350. Vorwort zu: Miklós Kengyel/Victória Harsági (Hrsg.), Der Einfluss des Europäischen Zivilverfahrensrechts auf die nationalen Rechtsordnungen (Heidelberger Schriften zum Wirtschaftsrecht und Europarecht Band 54), Baden-Baden 2010, S. 5-6 (Nomos).

351. Das Lissabon-Urteil: Implikationen für die Europapolitik, in: Aus Politik und Zeitgeschichte (APuZ) 18/2010 v. 3. Mai 2010, 22-29 (= in: Claudia Lima Marques/Christoph Benicke/Augusto Jaeger Junior (org.), Diálogo entre o Direito Brasileiro e o Direito Alemâo, Porto Algre 2011, S. 275-285 (Orquestra)).

352. Einander ausgeliefert (Rechtsfragen der Krise der Europäischen Währungsunion), in: Frankfurter Allgemeine Zeitung v. 20.5.2010 (Nr. 115), S. 8 (Staat und Recht) = Reinhard Müller (Hrsg.), Staat und Recht, München 2011, S. 52-55 (C.H.Beck).

353. Transnationale Sitzverlegung von Kapitalgesellschaften im primären Binnenmarktrecht nach der Lissabonner Reform, in: Festschrift für Hans-Jürgen Hellwig (hrsg. von Michael Hoffmann-Becking/Peter Hommelhoff/Friedrich Graf von Westphalen, Köln 2010, S. 251-268 (Verlag Dr. Otto Schmidt).

354. Gestaltung und Gestalt der europäischen Rechtsetzung, in: Zeitschrift für Europarecht (EuZ) 2010, 82 - 94.

355. The Rule of Law in the Relation of State and Market (Chinesische Übersetzung von 414), in: Economic Law Forum (Jing Ji Fa Lun Cong) 2010, S. 1-23 (Wuhan University Press).

356. Juristische Fakultät der Universität Heidelberg - Heidelberger Rechtswissenschaft im 21.Jahrhundert, in: Peter Meusburger/Thomas Schuch (Hrsg.), Wissenschaftsatlas der Universität Heidelberg (625 Jahre Ruperto Carola), Knittlingen 2011, S. 158-161 (Bibliotheca Palatina).

357. Asyl-, Einwanderungs- und Visapolitik (mit Friedemann Kainer), in: Werner Weidenfeld/Wolfgang Wessels (Hrsg.), Europa von A bis Z –

Taschenbuch der europäischen Integration, 12. Aufl., Baden-Baden 2011, S. 75-80 (Nomos).

358. Justizielle Zusammenarbeit in Strafsachen (mit Friedemann Kainer), in: Werner Weidenfeld/Wolfgang Wessels (Hrsg.), Europa von A bis Z – Taschenbuch der europäischen Integration, 12. Aufl., Baden-Baden 2011, S. 285-290 (Nomos).

359. Justizielle Zusammenarbeit in Zivilsachen (mit Friedemann Kainer), in: Werner Weidenfeld/Wolfgang Wessels (Hrsg.), Europa von A bis Z – Taschenbuch der europäischen integration, 12. Aufl., Baden-Baden, 2011, S. 289-292 (Nomos).

360. Raum der Freiheit, der Sicherheit und des Rechts (mit Friedemannj Kainer), in: Werner Weidenfeld/Wolfgang Wessels (Hrsg.), Europa von A bis Z – Taschenbuch der europäischen integration, 12. Aufl., Baden-Baden 2011, S. 326-328 (Nomos).

361. Zuständigkeiten: Instrumente und Kompetenzen (mit Friedemann Kainer), in: Werner Weidenfeld/Wolfgang Wessels (Hrsg.), Europa von A bis Z – Taschenbuch der europäischen Integration, 12. Aufl., Baden-Baden 2011, S. 403-415 (Nomos).

362. Sechzig Jahre Grundgesetz aus der Sicht des Europarechts, in: Jahrbuch des öffentlichen Rechts (JöR) 2011, S. 141-168 (Mohr Siebeck) = Peter Häberle (Hrsg.), 60 Jahre deutsches Grundgesetz, Tübingen 2011, S. 175-202 (Mohr Siebeck).

363. Europäische Wirtschafts- und Währungsunion: Rechtliche Rahmenbedingungen einer Reform, in: Recht, Ordnung und Wettbewerb. Festschrift für Wernhard Möschel, Baden-Baden 2011, S. 885-899 (Nomos).

364. Realisierung des Raums der Freiheit, der Sicherheit und des Rechts, in: Thomas Eilmansberger/ Stefan Griller/ Walter Obwexer (Hrsg.), Rechtsfragen der Implentation des Vertrags von Lissabon (Schriftenreihe der Österreichischen Gesellschaft für Europarecht Band 14), Wien New York 2011, S. 359-384 (Springer).

365. Das Prinzip der Selbstverantwortung - Europarechtliche Grundlagen, in: Karl Riesenhuber (Hrsg.), Das Prinzip der Selbstverantwortung Walter Eucken Institut: Untersuchungen zur Ordnungstheorie und Ordnungspolitik Band 61), Tübingen 2011, S. 139-158 (Mohr Siebeck).

366. Das "Soft Law" der Europäischen Organisationen, in: Europarecht (EuR) 2012, 18-33; = in: Julia Iliopoulos-Strangas/Jean-Francois Flauss (Hrsg.), Das soft law der europäischen Organisationen/ The

Soft Law of European Organisations/ Le soft law des organisations européennes, Baden-Baden/Athen(Bern 2012, S. 139-157 (Nomos/ Stämpfli/Sakkoulas).

367. Perspectives of European Studies and the Role of ECSA in Europe, Brüssel 2011, S. 1-6 (Europäische Kommission): www.europa.eu/ kommission/ecsa.

368. European Law and National Constitutions: The Case of Germany (Text wie 470), in: Comenius Universität Bratislava, Juristische Fakultät (Hrsg.), Harmonization and Unification of Law in the European Context, Bratislava 2011, S. 199-206 (Comenius Universität Bratislava).

369. Asyl-, Einwanderungs- und Visapolitik (mit Friedemann Kainer), in: Werner Weidenfeld/Wolfgang Wessels (Hrsg.), Jahrbuch der Europäischen Integration 2010, Baden-Baden 2011, S. 129-136 (Nomos).

370. Konvergenz der Rechte. Einführung, in: Christian Baldus/Peter-Christian Müller-Graff (Hrsg./Ed.), Europäisches Privatrecht in Vielfalt geeint, Einheitsbildung durch Gruppenbildung im Sachen-, Familien- und Erbrecht / Droit privé européen: l´unité dans la diversité – Convergences en droit des biens, de la famille et des successions, München 2011, S. 3-6 = La Convergence des droits. Introduction, ebda., S. 7-10 (sellier european publishers).

371. Deutsche Juristenausbildung im internationalen Kontext, in: Christian Baldus/Thomas Finkenauer/Thomas Rüfner (Hrsg.), Bologna und das Rechtsstudium, Tübingen 2011, S. 275-280 (Mohr Siebeck).

372. Lissabonner Umwertung oder Kontinuität der Vertragsziele der Europäischen Union, in: Fritz von Schwind/Hans Hoyer/Helmut Ofner (Hrsg.), Festschrift 50 Jahre ZfRV, Wien 2013, S. 139-153 (Manz).

373. L´arrêt „Lisbonne" de la Cour constitutionnelle fédérale d´Allemagne: Les implications pour la politique européenne, in: Revue des Affaires Européennes (RAE) 2012/1, S. 133-142.

374. Reflexions sur l´impact de la réunification de l´Allemagne sur l´Union monétaire européenne, in: Revue des Affaires Européennes (RAE) 2012/3, S. 613-620.

375. L´arrêt de Karlsruhe sur les aides budgétaires dans la zone Euro, in: Regards sur l´Économie Allemande (REA) – Bulletin Économique du CIRAC, No 102/2011, S. 5-14.

376. The Legal Professions in Europe and the Role of the Europäische Rechtsakademie: Back-of-an Envelope Reflections, in: A European

Law Practitioner. Liber amicorum John Toulmin (ed. by Wolfgang Heusel/Jean-Philippe Rageade), ERA Forum Vol. 12, Supplement 1, May 2011, S. 165-179 (Springer).

377. Zur Zukunft der Europäischen Union, in: Jan Bergmann (Hrsg.), Handlexikon der Europäischen Union, 4.Aufl. Baden-Baden 2012, S. 1053-1059 (Nomos).

378. Soziale Marktwirtschaft als neuer Primärrechtsbegriff der Europäischen Union, in: Europäisches Recht zwischen Bewährung und Wandel – Festschrift für Dieter H. Scheuing (hrsg. von Peter-Christian Müller-Graff/ Stefanie Schmahl/ Vassilios Skouris, 2011, S. 600-623 (Nomos).

379. Vertragskonforme Rettung der Währungsunion?, Editorial, in: Europäisches Wirtschafts- und Steuerrecht (EWS) Heft 9/2011, S. I.

380. Das Gemeinschaftsprivatrecht der Europäischen Union – Schlusswort zu Semantik, Inhalt und Pluralität nach Lissabon, in: Gemeinschaftsprivatrecht (GPR) 2011, 274-276.

381. Asyl-, Einwanderungs- und Visapolitik (mit Friedemann Kainer), in: Werner Weidenfeld/Wolfgang Wessels (Hrsg.), Jahrbuch der Europäischen Integration 2011, Baden-Baden 2011, S. 131-140 (Nomos).

382. Na nas jako uczonych spoczywa szczególna odpowiedzialnosc, in: Alma Mater (Miesiecznik Uniwersytetu Jagiellonskiego), Krakau 2011 nr.142-143, S. 61-63.

383. Konvergenz im Unternehmensrecht?, in: Oliver Cachard/Liliane Nau (Hrsg.), Europäisches Privatrecht in Vielfalt geeint - Droit privé européen: l´unité dans la diversité. Einheitsbildung durch Gruppenbildung im Unternehmensrecht? - Convergences en droit de l´entreprise? München 2012, S. 349-352 (sellier european publishers).

384. Rechtliche Steuerung der Leistungsqualität für Verbraucher (Bayreuth 2011, im Druck).

385. Euroraum-Budgethilfenpolitik im rechtlichen Neuland, integration 2011, 289-307.

386. Gegenseitige Anerkennung im Europäischen Unionsrecht -Rapport de Synthèse-, in: Zeitschrift für Vergleichende Rechtswissenschaft (ZVgl.RWiss) 111 (2012), 72-86.

387. Ein fakultatives Europäisches Kaufrecht als Instrument der Marktordnungspolitik? in: Hans Schulte-Nölke/Fryderyk Zoll/Nils Jansen/ Reiner Schulze (Hrsg.), Der Entwurf für ein optionales europäisches Kaufrecht, München 2012, S. 21-46 (sellier european publishers).

388. Das internationale Engagement der Universität Heidelberg und die Perspektiven der Deutschsprachigen Andrássy-Universität Budapest, in: Jahrbuch für Vergleichende Staats- und Rechtswissenschaften 2012, Baden-Baden 2012, S. 23-33 (Nomos).
389. Die Verfassungsziele der Europäischen Union, 4.Aufl., in: Manfred Dauses (Hrsg.), Handbuch des EU-Wirtschaftsrechts, EL 31, München 2012, A I S. 1-76 (C.H.Beck).
390. Von der Haftung der Mitgliedstaaten zu einem System des europäischen Haftungsrechts, in: Franz Leidenmühler/Julia Eder/Leo Leingartner/Claudia Winkler (Hrsg.), Grundfreiheiten – Grundrechte – Europäisches Haftungsrecht, 11.Österreichischer Europarechtstag 2011 in Linz (Recht und Praxis der Europäischen Union. Linzer europawissenschaftliche Schriften Band 1), Wien/Graz 2012, S. 203-220 (NWV).
391. Contracts of Distribution in German Law, in: Los Contratos de Distribución, Madrid 2013 (La Ley).
392. Ungerechtfertigte Bereicherung im Unionsrecht: Die Kondiktion als Teil der unionsrechtlichen Staatshaftung und Unionshaftung, in: Festschrift für Peter Hommelhoff (hrsg. von Bernd Erle/Wulf Goette/Detlef Kleindiek/Gerd Krieger/Hans-Joachim Priester/Christian Schubel/Martin Schwab/Christoph Teichmann/Carl-Heinz Witt), Köln 2012, S. 815-834 (Verlag Dr. Otto Schmidt).
393. Die rechtliche Neujustierung der Wirtschafts- und Währungsunion, in: Zeitschrift für das gesamte Handels- und Wirtschaftsrecht, ZHR (176) 2012, S. 1-13.
394. Europarecht - Vorwort zu Ratislav Funta/Stefan Nebeský/Filip Juris, Európske právo, Brno 2012, S. 9-13 (Tribun EU).
395. Wer spricht und wer handelt für die Europäische Union nach der Lissabonner Vertragsreform?, in: Festskrift till Pär Hallström (red.: Mattias Derlén/Johan Lindholm), Uppsala 2012, S. 267-282 (Iustus Förlag).
396. Der Raum der Freiheit, der Sicherheit und des Rechts: Integrationswert für Bürger und Gesellschaft, Mitgliedstaaten und Union (= Positionspapier für Auswärtiges Amt), integration 2012, 100-109.
397. Kompetenzgrundlage für ein Gemeinsames Europäisches Kaufrecht, Stellungnahme für das Bundesministerium der Justiz, Berlin 2012, S. 1-10.
398. The European External Action Service: Challenges in a Complex Institutional Framework, in: The European Union in the World. Essays

in Honour of Marc Maresceau (ed. by Inge Govaere/Erwan Lannon/ Peter Van Elsuwege/Stanislas Adam), Leiden/Boston 2014, S. 117-127 (Martinus Nijhoff).

399. Universalist im 21.Jahrundert, in: Der Universalist, Heft 2, Heidelberg 2012/2013, S. 1-3.

400. The German Constitutional Court Judgement on Transnational Budget Aids in the Euro-Area, in: 19 Maastricht Journal of European and Comparative Law (MJECL) 2012, 97-110.

401. The Heidelberg Faculty of Law, in: Peter Meusburger/Thomas Schuch (Hrsg.), Wissenschaftsatlas of Heidelberg University, Knittlingen 2012, S. 158-161 (Bibliotheca Palatina).

402. Der Introitus des Optionalen Europäischen Kaufrechts: Das erste Kapitel im Kontext von Kodifikation und Primärrecht, in: Martin Schmidt-Kessel (Hrsg.), Ein einheitliches europäisches Kaufrecht? Eine Analyse des Vorschlags der Kommission, München 2012, S. 51-86 (sellier european law publishers).

403. Asyl-, Einwanderungs- und Visapolitik (mit René Repasi), in: Werner Weidenfeld/Wolfgang Wessels (Hrsg.), Jahrbuch der Europäischen Integration 2012, Baden-Baden 2012, S. 143-152 (Nomos).

404. Laudatio auf Vassilios Skouris, www.cecl2.gr/attachments/article/426 /MULLER-GRAFF.pdf (2012, S. 1-10).

405. Verleihung des Friedensnobelpreises an die Europäische Union, in: http://studrz.bloh.wordpress.com/fachbeitraege 2012, S. 1-8.

406. Europäisierung des Rechts, 10 Thesen, in: Hochschulrektorenkonferenz/ Stifterverband für die Deutsche Wissenschaft (Hrsg.), Juristenausbildung heute: Impulse für Studium und Lehre, 2012, S. 7.

407. A decisão „Lisboa“ do Tribunal Constitucional Federal Alemão – Implicações para a politica europeia, in: Stefan Grundmann/ Gilmar Mendes/ Claudia Lima Marques/ Christian Baldus/ Manuel Malheiros (Hrsg.), Direito Privado, Constituição e Fronteiras – Privatrecht, Verfassung und Grenzüberschreitung, Porto Alegre/Brasilia 2012, S. 22-34 (Orquestra Editora); 2.a edição revista, atualizada e ampliada, Revista dos Tribunais, 2013, S. 125-142 (São Paulo, Thomson Reuters).

408. Asyl-, Einwanderungs- und Visapolitik (mit René Repasi) in: Werner Weidenfeld/Wolfgang Wessels (Hrsg.), Jahrbuch der Europäischen Union 2013, Baden-Baden 2013, S. 137-146 (Nomos).

409. Transnationale Budgethilfen im Euroraum aus der Sicht des Deutschen Bundesverfassungsgerichts, in: Festschrift für Josef Aicher

(hrsg. von Florian Schuhmacher/Peter Stockhuber/Manfred Straube/ Christian Zib), Wien 2012, S. 471-486 (Verlag Österreich).

410. L´arrêt de Karlsruhe à propos du MES, in: Regards sur l´économie allemande – Bulletin Économique du CIRAC (RAE), No. 106/2012, S. 5-15.

411. Entscheiden und Entscheidungen im Verständnis Winfried Bruggers aus Sicht eines europarechtlichen Konflikts, in: Verfassungsvoraussetzungen. Gedächtnisschrift für Winfried Brugger (hrsg. von Michael Anderheiden / Stephan Kirste / Rainer Keil / Jan Philipp Schaefer) (Heidelberger Rechtswissenschaftliche Abhandlungen Band 9), Tübingen 2013, S. 683-691 (Mohr Siebeck).

412. Europejska polityka wsparcia budżetów państw strefy Euro –Próba delimitacjo prawnej pojęcia politycznego (mit Jan Victor Tkaczyński), in: Politeja 3 (21) 2012, S. 199-211 (= in: Przegląd Prawa Konstytucyjnego Nr. 2 (14)/2013, 15-31).

413. „Nous ne coalisons des Ètats – nous unissons des hommes" – Variationen zu *Jean Monnet* in: Mensch und Recht. Festschrift für Eibe Riedel (hrsg. von Dirk Hanschel/ Sebastian Graf Kielmansegg/ Uwe Kischel/ Christian Koenig/ Ralph Alexander Lorz), Berlin 2013; S. 429-440 (Duncker & Humblot).

414. Der Vertrag über die Arbeitsweise der Europäischen Union, in: Leitgedanken des Rechts. Festschrift für Paul Kirchhof (hrsg. von Hanno Kube / Rudolf Mellinghoff / Gerd Morgenthaler / Ulrich Palm / Thomas Puhl / Christian Seiler), Heidelberg 2013, S. 1073-1084 (§ 101) (C.F.Müller).

415. The Legal Readjustment of the European Economic and Monetary Union, in: Inge Govaere/ Dominik Hanf (eds.), Scrutinizing Internal and External Dimensions of European Law / Les dimensions internes et externs du droit européen à l´épreuve. Liber Amicorum Paul Demaret (Cahiers du Collège d´Europe No. 17), Brüssel/Bern/Berlin/ Frankfurt am Main/New York/Oxford/Wien, 2013, S. 347-359 (P.I.E Peter Lang) (= in: Peter-Christian Müller-Graff/ Ole Mestad (Hrsg.), The Rising Complexity of European Law, Berlin 2014, S. 207-220).

416. Recht überwindet Grenzen – *Thibaut, Bluntschli, Goldschmidt* und andere Heidelberger, in: Heidelberger Thesen zu Recht und Gerechtigkeit (hrsg. von Christian Baldus/ Herbert Kronke /Ute Mager (Heidelberger Rechtswissenschaftliche Abhandlungen Band 8), Tübingen 2013, S. 67-94 (Mohr Siebeck).

417. Das EuGH-Urteil zum Europäischen Stabilitätsmechanismus – Die itio in partes in der Europäischen Wirtschaftsunion: EU und ESM, in: Recht der Internationalen Wirtschaft (RIW) 2013, S. 111-118.
418. Die Rolle der Grundrechte in der föderalen Rechtsgemeinschaft der Europäischen Union, in: Zeitschrift für öffentliches Recht (ZöR) , Band 68 (2013) 685-705.
419. Zuständigkeiten, Kompetenzen und Instrumente der Europäischen Union (mit Friedemann Kainer), in: Werner Weidenfeld/ Wolfgang Wessels, Europa von A bis Z – Taschenbuch der europäischen Integration, 13. Aufl., Baden-Baden 2014, S. 478-491 (Nomos).
420. Asyl-, Einwanderungs- und Visapolitik der Europäischen Union (mit Friedemann Kainer), in: Werner Weidenfeld/ Wolfgang Wessels (Hrsg.), Europa von A bis Z – Taschenbuch der europäischen Integration, 13. Aufl., Baden-Baden, 2014, S. 88-94 (Nomos).
421. Die justizielle Zusammenarbeit in Strafsachen (mit Friedemann Kainer), in: Werner Weidenfeld/ Wolfgang Wessels, Europa von A bis Z – Taschenbuch der europäischen Integration, 13. Aufl., Baden-Baden 2014, S. 342-346 (Nomos).
422. Die justizielle Zusammenarbeit in Zivilsachen (mit Friedemann Kainer), in: Werner Weidenfeld/ Wolfgang Wessels (Hrsg.), Europa von A bis Z – Taschenbuch der europäischen Integration, 13. Aufl., Baden-Baden, 2014, S. 347-350 (Nomos).
423. Der Raum der Freiheit, der Sicherheit und des Rechts (mit Friedemann Kainer), in: Werner Weidenfeld/ Wolfgang Wessels (Hrsg.), Europa von A bis Z – Taschenbuch der europäischen Integration, 13. Aufl., Baden-Baden, 2014, S. 401-403 (Nomos).
424. Bestandsaufnahmen der Juristenausbildung sind Momentaufnahmen im Strom der Zeit, in: Hochschulrektorenkonferenz (Hrsg.), Juristenausbildung heute, Bonn 2014, S. 10-11.
425. Die Europäisierung der rechtswissenschaftlichen Lehre, in: Hochschulrektorenkonferenz (Hrsg.), Juristenausbildung heute, Bonn 2014, S. 34-35.
426. Europäische Gesellschaftsrechtspolitik auf hoher See des Wettbewerbs, in: Zeitschrift für das gesamte Handels- und Wirtschaftsrecht (ZHR) 177 (2013), S. 563-576.
427. Die Pauschalierung von Schadensersatzansprüchen bei Kartellabsprachen in Vergabeverträgen (mit Friedemann Kainer), in: Zeitschrift für Wirtschafts- und Bankrecht (WM), 2013, 2149-2155.

428. Die horizontale Direktwirkung der Grundfreiheiten, in: Europarecht (EuR) 2014, S. 3-29.
429. Elysée-Vertrag und Europäische Union – Eine konzeptionelle Annäherung, in: Festschrift für Manfred A. Dauses (hrsg. von Daniela Heid/ Rüdiger Stotz/ Arsène Verny), München 2014, S. 259-269 (C.H.Beck).
430. The Idea and Rule of Law as Foundation of the EU-Acquis, in: From Eastern Partnership to the Association – A Legal and Political Analysis (ed. By Naděžda Šišková), Newcastle upon Tyne, 2014, S. 164-172 (Cambridge Scholarship Publishing).
431. Schuldrecht und Arbeitsrecht unter Einwirkung des Unionsrechts – Eine systematisierende Momentaufnahme, in: Festschrift für Gerrick Frhr.v.Hoyningen-Huene (hrsg. von Burkhard Boemke/ Mark Lembke/ Rüdiger Linck), München 2014, S. 313-334 (C.H.Beck).
432. On "Justice Light" – The European Small Claims Procedure, in Nanette Neuwahl/ Said Hammamoun (eds.), The European Small Claims Procedure and the Philosophy of Small Change – La procédure européenne de petites créances ou la gestion d´un changement progressif, Montreal 2014, S. 1-6 (Les Èditions Thémis).
433. Länderübergreifende Bankgeschäfte (Handbuchbeitrag, 2014 im Druck).
434. Andrássy Gyula Deutschsprachige Universität Budapest (2014, im Druck).
435. Ein juristisches Studieninstitut für Europa? (mit Christian Baldus), in; Gemeinschaftsprivatrecht (GPR) 2014, 2-4.
436. Zur Integrationskraft zivilrechtlicher Dogmatik im Querschnitt von Referenzgebieten - Zugleich ein Blick in das Unionsrecht, in: Thomas Lobinger/ Andreas Piekenbrock/ Markus Stoffels (Hrsg.), Zur Integrationskraft zivilrechtlicher Dogmatik (Heidelberger Rechtswissenschaftliche Abhandlungen Band 10), Tübingen 2014, S. 121-137 (Mohr Siebeck).
437. Die Schweiz und der EU-Binnenmarkt – drinnen, draußen oder am liebsten beides?, in: Andreas Kellerhals (Hrsg.), Bilateralismus im multilateralen Europa, Zürich/Basel/Genf, 2014, S. 283-297 (Schulthess).
438. Ist die Europäische Union noch eine Rechtsgemeinschaft? (Hamburg 2014, im Druck).
439. The Role of Fundamental Rights in the Federal Legal Community of the European Union (Festschriftbeitrag, im Druck).

440. Der Begriff der Rechtsangleichung in Art. 114 AEUV im Licht eines Gemeinsamen Europäischen Kaufrechts, in Ulrich Becker/ Armin Hatje/ Michael Potacs/ Nina Wunderlich (Hrsg.), Verfassung und Verwaltung in Europa, Festschrift für Jürgen Schwarze, Baden-Baden 2014, S. 617-640 (Nomos).
441. Banque centrale européenne: monnaie, justice, démocratie – de Karlsruhe à Luxembourg, in: Regards sur l´ Économie Allemande (REA) No. 112/2014, S. 17-24.
442. Unternehmenssanierungsrecht in Deutschland als Produkt von Eigenentwicklung, Rechtsvergleichung und Internationalisierung (Athen 2014, im Druck).
443. Asyl-, Einwanderungs- und Visapolitik (mit René Repasi), in: Werner Weidenfeld/Wolfgang Wessels (Hrsg.), Jahrbuch der Europäischen Integration 2014, Baden-Baden 2014, S. 165-174 (Nomos).
444. Die vielen Gesichter Europas, in: Draussen & Drinnen - Ruperto Carola Forschungsmagazin, Ausgabe 5, Oktober 2014, S. 88-95 (Universität Heidelberg).
445. Protection sociale et droit de la concurrence. Le concept d´"économie sociale de marché" issu du droit primaire de l´Union européenne, in: Gazette du Palais (Spécialisée) 143 (2014) No. 234 à 235, 11-17 (Paris).
446. Europäisches Organisations- und Verfassungsrecht (mit Armin Hatje), in: Armin Hatje/Peter-Christian Müller-Graff (Hrsg.), Europäisches Verfassungs- und Organisationsrecht (Band 1 der Enzyklopädie Europarecht), Baden-Baden 2014, S. 51-88 (Nomos).
447. Grundfreiheiten und Wettbewerbsordnung, in: Armin Hatje/Peter-Christian Müller-Graff (Hrsg.), Europäisches Organisations- und Verfassungsrecht (Band 1 der Enzyklopädie Europarecht), Baden-Baden 2014, S. 477-542 (Nomos).
448. Natural Resources in Central Asia: A Challenge to Regional Law and Politics?, in: http://iep-berlin.de/blog/international-conference-on-prospects-of-eu-central-asia-relations-in-almaty-kazakhstan/ (2014).
449. Europäisches Wirtschaftsordnungsrecht – Das System, in: Peter-Christian Müller-Graff (Hrsg.), Europäisches Wirtschaftsordnungsrecht (Band 4 der Enzyklopädie Europarecht), Baden-Baden 2015, S. 51-118 (Nomos).
450. Welche Zukunft für die Europäische Union 2051 – aus der Sicht des Jahres 2014?, in: Jan Bergmann (Hrsg.), Handlexikon der Europäischen Union, 5. Aufl., Baden-Baden 2015, S. 1103-1110 (Nomos).

451. Handelsabkommen – "frei" und "fair"? Der Erfahrungsbeitrag des Binnenmarktrechts der EU, in: 68 ifo Schnelldienst (2015), Heft 7, S. 21-24 (ifo Institut, Leibniz Institut für Wirtschaftsforschung).
452. Europa-Idee in der Krise (Berlin 2015; im Druck).
453. Free Movement of Goods in the EEA (2015, im Druck).
454. Die Reform der Wirtschafts- und Währungsunion: Eine Zwischenbilanz zu Institutionen, Vertragsgrundlagen und Funktionsbedingungen (Festschriftbeitrag 2015; im Druck).
455. Zivilrechtliche Gesamtschuldnerschaft von Kartellbeteiligten – Zur Kausalität in § 830 Abs. 1 S. 1 BGB, (Festschriftbeitrag 2015; im Druck).
456. Allgemeines Gemeinschaftsprivatrecht der Europäischen Union (2015, in Druckvorbereitung).
457. Les principes de droit communautaire en matière de protection sociale (2015 in Druckvorbereitung).

Rezensionen

1. Weigel: Gerichtsbarkeit, internationale Zuständigkeit und Territorialitätsprinzip im deutschen gewerblichen Rechtsschutz, in: Zeitschrift für Zivilprozeß (ZZP) 1975, 115-120.
2. Giesen: Die zivilrechtliche Haftung des Arztes bei neuen Behandlungsmethoden und Experimenten, in: Juristenzeitung (JZ) 1976, 736.
3. Hommelhoff: Die Sachmängelhaftung beim Unternehmenskauf, in: Juristenzeitung (JZ) 1977, 38-39.
4. Götz/Winkler: Organisationsmodelle für die Agrarwirtschaft, in: Juristenzeitung (JZ) 1977, 37-38.
5. Schönle: Bank- und Börsenrecht, 2. Auflage, in: Juristenzeitung (JZ) 1977, 766-767.
6. Lutter (Hrsg.): Die Europäische Aktiengesellschaft, in: Juristenzeitung, JZ 1978, 247-248.
7. Löwe/Graf von Westphalen/Trinkner: Kommentar zum AGB-Gesetz, in: Zeitschrift für Zivilprozeß (ZZP) 1978, 123-128.
8. Immenga: Politische Instrumentalisierung des Kartellrechts? in: Juristenzeitung (JZ) 1978, 580.
9. Elsing: Erweiterte Kommanditistenhaftung und atypische Kommanditgesellschaft. Zugleich ein Beitrag zur Lehre von der unterkapitali-

sierten KG, in: Zeitschrift für das gesamte Handels- und Wirtschaftsrecht (ZHR) 143 (1979), 99-103.

10. Preuss: Vertragsbruch als Delikt im anglo-amerikanischen Recht. Zur Entwicklungsgeschichte der Zweispurigkeit des Haftungsrechts und ihr Einfluß auf die Ersatzfähigkeit des Vermögensschadens, in: Juristenzeitung (JZ) 1979, 239-240.
11. Constantinesco: Das Recht der Europäischen Gemeinschaften, Band 1: Das institutionelle Recht, in: Die Verwaltung 1979, 242-245.
12. Schürmann: Wirtschaftsverwaltungsrecht, in: Die Verwaltung 1980, 394-397.
13. Hollmann: Rechtsstaatliche Kontrolle der Globalsteuerung, in: Die Verwaltung 1983, 110.
14. Häuser: Unbestimmte "Maßstäbe" als Begründungselement richterlicher Entscheidungen, dargestellt anhand von Entscheidungen des II. Zivilsenats des Bundesgerichtshofs zum Recht der Personengesellschaften, in: Zeitschrift für das gesamte Handels- und Wirtschaftsrecht (ZHR) 147 (1983), 598-603.
15. Löwe/Graf von Westphalen/Trinkner: Kommentar zum AGB-Gesetz, 2. Auflage, Band II (Verfahrensrecht), in: Zeitschrift für Zivilprozeß (ZZP) 1985, 100-105.
16. Schwarz: Kartellvertrag und sonstige wettbewerbsbeschränkende Verträge, in: Deutsches Verwaltungs-Blatt (DVBl.) 1986, 1121-1122.
17. Serick: Eigentumsvorbehalt und Sicherungsübertragung, Bände V und VI, in: Deutsche Notar-Zeitschrift (DNZ) 1988, 395-397.
18. Baur/Hopt/Mailänder (Hrsg.), Festschrift für Ernst Steindorff, in: Zeitschrift für Bankrecht und Bankwirtschaft (ZBB) 1991, 203-208.
19. Von der deutschen zur europäischen Wirtschaftsverfassung, in: Rabels Zeitschrift für ausländisches und internationales Privatrecht (RabelsZ) 59 (1995), 749-756.
20. Fikentscher: Recht und wirtschaftliche Freiheit, in: Deutsches Verwaltungs-Blatt (DVBl.) 1996, 1451-1452.
21. Stadler: Die Liberalisierung des Dienstleistungshandels am Beispiel der Versicherungen - Kernelemente bilateraler und multilateraler Ordnungsrahmen einschließlich des GATS, in: Archiv des Völkerrechts 36 (1998), S. 380-383.
22. Schnichels: Reichweite der Niederlassungsfreiheit. Dargestellt am Beispiel des deutschen internationalen Gesellschaftsrechts, in: Archiv des öffentlichen Rechts (AöR) 123 (1998), S. 156-158.

23. Weltkartellrecht, in: Uniform Law Review / Revue de Droit Uniforme 2000, 393-396.
24. Nachbaur: Niederlassungsfreiheit. Geltungsbereich und Reichweite des Art. 52 EGV im Binnenmarkt, in: Europarecht 2001, 797-800.
25. Hummer/Simma/Vedder: Europarecht in Fällen. Die Rechtsprechung des EuGH, des EuG und deutscher und österreichischer Gerichte, 3. Aufl., in: Common Market Law Review 39 (2002), 196-198.
26. Cascante: Rechtsschutz im WTO-Recht, in: Common Market Law Review (CMLRev) 42 (2005), 281-282.
27. Gebauer/Wiedmann: Zivilrecht unter europäischem Einfluß, in: Juristenzeitung (JZ) 2007, 516-517.
28. Mayer (Hrsg.), Kommentar zum EU-Vertrag und EG-Vertrag, in: Zeitschrift für Europäisches Wirtschaftsrecht (EuZW), 2008, 298.
29. Riesenhuber (Hrsg.), Privatrechtsgesellschaft, in: Gemeinschaftsprivatrecht (GPR) 2008, 197-198.
30. von Hein, Die Rezeption US-amerikanischen Gesellschaftsrechts in Deutschland, in: Gemeinschaftsprivatrecht (GPR) 2010, 35-36.

Stichwortverzeichnis

Stichwörter, die Überschriften der Gliederung entsprechen, sind hier nicht mehr flächendeckend und systematisch erfasst (wie etwa Privatrecht, Verfassungsrecht etc.).

Soweit Begriffe im Wesentlichen gleichbedeutend sind, wurden die deutschen Entsprechungen verwendet (beispielsweise Verfassungsidentität anstelle von identité constitutionnelle). Eigennamen blieben freilich unverändert (wie etwa Cour de cassation, Conseil constitutionnel).

Aufgrund von Verschiebungen nach der Fahnenkorrektur können vereinzelte Abweichungen auftreten.

Personenverzeichnis

Aufgrund von Verschiebungen nach der Fahnenkorrektur können vereinzelte Abweichungen auftreten.

Ortsverzeichnis

Aufgrund von Verschiebungen nach der Fahnenkorrektur können vereinzelte Abweichungen auftreten.

Rechtsaktsverzeichnis

Nicht umgesetzte Vorschläge für Verordnungen und Richtlinien wurden nicht in das Rechtsaktsverzeichnis aufgenommen, sondern erscheinen im Stichwortverzeichnis unter den bekannten Schlagwörtern (zB. gemeinsames europäisches Kaufrecht). Einem alphabetischen Register folgen Verordnungen Richtlinien und Protokolle jeweils gesondert in chronologischer Reihenfolge.

Aufgrund von Verschiebungen nach der Fahnenkorrektur können vereinzelte Abweichungen auftreten.

Konventionen / Gesetze

I. Verordnungen

II. Richtlinien

III. Protokolle

[illegible] (2019), 724 [illegible]

[illegible] zur [illegible] der [illegible] 2019), 773 [illegible]

[illegible]

[illegible]

[illegible]

III. Protokolle

Protokoll [illegible]

Protokoll [illegible]

[illegible]

[illegible]

Entscheidungsregister

Das Register umfasst nur ausgewählte Entscheidungen und Schlussanträge des EGMR, des EuGH, des EuG und des Bundesverfassungsgerichts, da insgesamt eine vierstellige Zahl von Entscheidungen besprochen wird. Die Entscheidungen und Schlussanträge sind chronologisch geordnet.

Aufgrund von Verschiebungen nach der Fahnenkorrektur können vereinzelte Abweichungen auftreten.

Europäischer Gerichtshof für Menschenrechte

Gerichtshof der Europäischen Union

Gericht der Europäischen Union

Schlussanträge

Bundesverfassungsgericht